さ　行

た行

〔編修委員〕
姉崎洋一／荒牧重人／小川正人／喜多明人／廣澤　明／元兼正浩

解説 教育六法

令和3年版

2021

Compendium of Japanese Law on Education

三省堂

［編修委員］
北海道大学名誉教授
姉崎洋一
山梨学院大学教授
荒牧重人
放送大学特任教授
小川正人
早稲田大学名誉教授
喜多明人
明治大学教授
廣澤　明
九州大学教授
元兼正浩

装丁＝やぶはなあきお

はしがき

この六法をご活用いただく方々へ

日本の教育界は、子どもや教育現場をとりまく深刻な状況あるいは国や地方における急速かつ大幅な教育改革・教育再編成の中、まさしく激変期が続いています。それに対して、教育現場や教育行政の関係者のみならず、研究者・専門家ですら充分に理解し、対応することが困難な状況でもあるといえます。その教育改革・教育再編成についての評価は、置かれている立場によって異なり、また教育をどのように変えていくのかの考え方によっても違いがあるでしょう。しかし、どのような見地においても、共通の土俵を持たなければ、建設的な対話や改革の推進はできません。

日本には、教育基本法をはじめ、学校教育、社会教育（生涯学習）、教職員、教育行財政、健康・安全等にかかわる多数の教育関係法規が存在します。「教育における法律主義」を採用している日本では、教育政策や行政も教育関係法規に基づいて実施されます。その解釈・運用のおおもとは、日本国憲法であり、教育を権利としてとらえていることです。そして、憲法、教育基本法、子どもの権利条約等といった教育政策・行政を方向づけている基本的な法規範との整合的な解釈・運用が求められます。今日の教育の有り様が法令とのかかわりで問われているのです。このことは、教育界の多くの人びとが教育法制への理解と関心を持つ所以のひとつです。

本書は、このような教育界の現実やニーズを受けとめて、教育およびそれと関連する文化・福祉分野を含めて数多くの法令・資料の中から、学習・研究・実務などに欠かせない重要な法令や資料を選び出し、体系的に配列し、集成した教育六法です。

本書の特徴と活用について

本書は、以下のような特徴を持っています。

一つは、教育関係法規についての《複眼的な視点》からの法律学習、条文理解に役立ててほしいという、一九七一年の創刊以来の基本的な編修方針です。法律の具体化には解釈が必要です。現実には行政実例や通達の形をとる行政解釈が第一次的に通用する解釈になっていますが、法的には判例を通じての裁判所の解釈（＝司法解釈）も重要ですし、また、教育法学界の研究者などを中心とした教育法的解釈もあります。故・有倉遼吉初代編修代表が書き記したように（本書巻末に所収）、教育法的解釈が「正しいものであるとしても、直ちに通用するものではない。しかし、それゆえに正しい解釈の探求を断念することは、国民の中の教育とその法を研究する者」などが「とるべき態度ではない」のです。私たちは、このことを胸に刻み、教育を権利としてとらえることを基本にして《複眼的な視点》を提示するよう心がけています。

本書は、主要法規の条文ごとに、参照条文、行政実例・通達、判例を掲げ、さらに平易で簡潔な解説をつけています。そこには、本書の読者が、行政実例や通達をふまえつつも、法規の「正しい解釈」を形成するために司法解釈としての判例や教育法的解釈としての解説を大いに活用してもらいたい、という願いを込めています。

二つめの特徴は、教育六法に収めるべき法規を広げ、国内法規を中心に置きつつも、教育に関連する条約・勧告・宣言などの国際法規および条例などの自治立法も対象としています。国際化がいわれながら、日本の教育行政あるいは裁判所は、国際法規を反映させることが不充分であると、たびたび指摘されてきました。それは、国内法規中心の六法主義の影響を受けてきたことにもその一因があると考えられます。私たちは、そのような問題点をふまえて、新しい教育六法のあり方として、国内で効力を持つ国際法規を含めて教育法を構成し、解釈・運用していくことができるよう体系化に取り組んでいます。また、地方分権一括法の制定などを契機として、条例など自治立法としての教育法の形成がいっそう望まれるようになったことを視野に入れ、注目すべき教育関連の自治立法を収録しています。

三つめには、子どもや教育をめぐる諸問題を解決していくためには福祉をはじめ関連分野との連携・協働が不可欠です。その意味でも、できるかぎり関係する法規・資料を掲載しています。加えて、いじめ問題や多様な教育機会の確保などの今日的課題について、法規や資料をまとめて収録し、理解・検討をしやすくしています。さらに、教育法制の多面的な学習と理解の促進のために、「資料編」を充実させ、教育政策にかかわる資料、主要教育判例一覧（必要に応じて要旨）、統計などを収録し、巻末に「近代教育法制史年表」を入れています。

なお、本書の編修は、二〇〇〇年版より新体制に移行しています。それまで約三〇年近く本書の編纂にご尽力いただいた、有倉遼吉編修代表をはじめ、新井隆一、伊ヶ崎暁生、浦田賢治、神田修、島田修一、永井憲一、中山和久、山崎眞秀、また、新体制に移行してからご尽力いただいた戸波江二、吉岡直子、清水敏の各編修委員の方々のご努力とご意志を受け継ぎつつ、教育法学の発展の基礎となるような六法の編修に努めていきたいと考えております。

二〇二一年版について

今年版では、「学校教育法施行規則」「私立学校法」「科学技術・イノベーション基本法（科学技術基本法を改称）」「高等学校等修学支援金の支給に関する法律施行令」「セクシュアル・ハラスメントの防止等」「教育公務員特例法施行令」「教育職員免許法施行規則」「個人情報の保護に関する法律」「著作権法」などの改正を織り込み、新たに「文化観光拠点施設を中核とした地域における文化観光の推進に関する法律」「公立の義務教育諸学校等の教育職員の給与等に関する特別措置法施行規則」「公立学校の教育職員の業務量の適切な管理その他教育職員の服務を監督する教育委員会が教育職員の健康及び福祉の確保を図るために講ずべき措置に関する指針」「パワー・ハラスメントの防止等」などを収録しました。

資料編では、新型コロナウイルス感染症の流行に関連して、国連子どもの権利委員会声明、ユネスコ教育の未来に関する国際委員会意見、国内の主な教育関連資料を新収録しました。

なお、今年版の編修にあたっては、斎藤一久・名古屋大学准教授、村元宏行・活水女子大学准教授、早津裕貴・金沢大学准教授、平野裕二・子どもの人権連代表委員らに協力をしてもらっています。

今後とも引き続き読者の方々のご理解をいただき、本書のご活用を願うとともに、本書をより充実したものにするためにご意見やご要望などをお寄せいただければ幸いです。

二〇二一年一月

解説教育六法編修委員会

総目次

（太字は三段組等の法令）

教育基本編

学校教育編

社会教育・生涯学習編

教育行財政編

教育職員編

福祉編

子どもの権利・自治体立法編

教育関連法編

資料編

本書の使い方

この本は教員・教育行政担当者など教育にたずさわる人たちが、実務の中で利用されることはもちろん、研究者・学生をはじめ、教育に関心をもつすべての人びとが活用できるよう、教育に関する法規と、判例・行政実例等を系統的に収録し、解説を加えて、集大成したものである。以下の点につき御留意の上、御使用いただきたい。

一、収録した法令等

法令等の件数
法律・条約・政令・省令・人事院規則・勧告・宣言など計二七八件を収録する。

法令の新しさ
二〇二〇年一二月一一日公布現在（令和二年臨時国会で成立した新法・改正法の最終公布日）を原則とする。

収録方法
1 左記の重要法令については、三段組とし、あらまし・参照条文・判例・行政実例・解説を付した。
日本国憲法
教育基本法（旧法も参考として掲載）
児童憲章（あらましのみ）
世界人権宣言（あらましのみ）
経済的、社会的及び文化的権利に関する国際規約
市民的及び政治的権利に関する国際規約
児童の権利に関する条約
学校教育法　同施行令　同施行規則
私立学校法
社会教育法
生涯学習の振興のための施策の推進体制等の整備に関する法律
地方教育行政の組織及び運営に関する法律
地方公務員法
教育公務員特例法
2 教育職員免許法は、四段組に参照条文・判例・行政実例を付した。
3 それ以外の法令はすべて四段組とした。
4 本則の条文等の一部を省略して収録した場合、標題（法令名）の下に「〔抄〕」「〔抜粋〕」などを付した。

公布と施行の期日
法令の公布年月日と番号は、標題（法令名）の左下に（令和三年一月一日 法律第一号）のようにして掲げてある。施行期日については、法令名の次の「施行」欄に、主な施行期日を示した。なお、施行期日が特に規定されていない場合には、法適用通則法第二条の定めるところによる。

改正経過
収録法令で制定後に改正されているものについては、「施行」欄の次に、「改正」欄または「最終改正」欄を設け、改正法令の年次と法令番号を掲げて、改正経過を示した。

用字
法令本文の用字は、漢字については新字体を採用し、かなづかいおよびひらがな・かたかなの別、濁点の有無については原文のままである。

二、法令等のさがし方

五十音順の引き方
おもて表紙の内側（見返し）に法令索引を付した。

分類による引き方
総目次および各編の最初のページにある各部門別目次による。

部門分類
本書の部門分類は左記により、爪がけで明示してある。
教育基本編
学校教育編
社会教育・生涯学習編
教育行財政編
教育職員編
福祉編
子どもの権利・自治体立法編
教育関連法編
資料編

三、条文

条文見出し
法令に固有の条文見出しは（　）でくくられているので、これと区別するために編集者のつけたものは［　］でかこんである。これらはすべてゴシック体にして一目でわかるようになっている。

項番号
項番号は項の頭につけてあるが、法令に固有のものは2、3…となっているので、これと区別するために、編集者のつけたものは②、③…としてある。なお第一項には項番号はつけていない。

四、判例要旨

三段組の法令に条文ごとに判例要旨を載せている。

判決年月日と裁判所
要旨の末尾に判決年月日と判決裁判所を付してあるが、裁判所名は混乱が避けられる範囲で省略してある。また、最高裁の大法廷による裁判は「最大」とし、判決は「判」、決定は「決」と示した。

判決全文への検索
判例要旨をさらに具体的に研究される人たちのために、当該判決全文が載っている判例集を裁判所名の次に示した。おもな判例集の出典は原則として左記による。
民集……………最高裁判所民事判例集
刑集……………最高裁判所刑事判例集
裁判集民………最高裁判所裁判集　民事
裁判集刑………最高裁判所裁判集　刑事
高民集…………高等裁判所民事判例集

高刑集……高等裁判所刑事判例集
行例集……行政事件裁判例集
労民集……労働関係民事裁判例集
下民集……下級裁判所民事裁判例集
下刑集……下級裁判所刑事裁判例集
刑事月報……刑事裁判月報
判時……判例時報
判タ……判例タイムズ
労経速……労働経済判例速報
労旬……労働法律旬報
労判……労働判例

なお、ページ数は巻数・号数・通しページ数で示してある。

〈例〉（日本国憲法二六条）

[判例] **義務教育の無償［教科書費国庫負担請求事件］** 憲法二六条二項後段にいう義務教育の無償とは、授業料不徴収の意味である。（最大判昭39・2・26判時三六三—九）

注＝昭和39年2月26日最高裁判所大法廷判決で、判例時報三六三号九ページに全文が載っていることを示す。

また、判例集に掲載がない判例でも、裁判所のウェブサイト（http://www.courts.go.jp/app/hanrei_jp/search1）に掲載されているものについては、出典を「裁判所ウェブサイト」として要旨を載せている。

五、行政実例（通達・回答等）の要旨

1 三段組の法律（教育職員免許法は四段組）では、条文ごとに行政実例要旨を載せている。

〈例〉（学校教育法施行規則七一条）

[通達] **進路指導主事の職務** 校長の監督を受け、進路指導に関する学校の全体計画の立案、進路情報の収集、整理及び生徒の進路相談等進路指導に関する事項をつかさどり、当該事項について教職員間の連絡調整に当たるとともに、関係教職員に対する指導、助言に当たるものであること。（昭51・1・13文初地一三六事務次官）

注＝文部省事務次官が昭和51年1月13日に通達を出した。文書番号は文初地一三六号であることを示す。

2 本書で扱う[回答]は具体的な照会に対する回答（いわゆる行政実例）を原則としているが、ときには、文部科学省などによる職員研修会で行われた質疑応答の内容を載せた場合がある。

3 行政実例のなかで、[通達]・[回答]等の区別と標題名のみの場合は、その次に示す年月日を参考にして行政実例集への検索ができるようにした。

4 社会権規約・自由権規約のなかで、[意見]・[所見]とあるのは、委員会の一般的意見・総括所見を示している。

5 児童の権利条約のなかで、[所見]とあるのは、子どもの権利委員会による日本に対する審査の総括所見（concluding observations）を示している。

六、解説

法令等のあらまし・解説

重要法律・条約については、当該法令等の冒頭に、制定経過・立法の背景・概要、現状の問題点などを中心に編修委員によって解説した。

逐条解説

条文ごとに、法文・判例・行政実例の説明を編修委員によって施したものがある。

七、参照条文

三段組の法令（教育職員免許法は四段組）・条約に条文ごとに＊印をもって参照条文を付した。

参照される順序

参照条文の順序は、条文全体にかかるものを冒頭に示し、以下第一項、第二項……の順とした。

参照事項

まず参照する事項を示し、参照すべき法令名・条項号を（ ）内に示した。（ ）内をさらに事項で分類する場合は＝でつないである。

参照事項の項・号

①・②・③……の印は項にかかる参照条文を、㈠・㈡・㈢……の印は号にかかる参照条文を示す。

参照する条・項・号

参照条文の中で一・二・三……は条、1・2・3……は項、(1)・(2)・(3)……は号を示す。法令名は適宜、略称を使用した。略称はうら表紙の内側（見返し）に示した。

八、資料

本書は現行の法令を必要な限り収録しているが、さらに教育法制に関する重要な資料および教育統計・近代教育法制史年表を収載している。判例・行政実例・解説とともに法律の解釈に役立てていただきたい。

九、総合事項索引

巻末に総合事項索引を付した。教育法令用語を索引を通して利用するためのものである。利用方法は総合事項索引の「はんれい」を参照されたい。

元号年の表記について

元号年は、原則として官報による公布等でなされたものに沿って表記をし、一部を除いてこの置換えは実施していない。

教育基本編

── 目　次 ──

第1章　教育基本（国内）

●日本国憲法

施行、昭二二・五・三

朕は、日本国民の総意に基いて、新日本建設の礎が、定まるに至つたことを、深くよろこび、枢密顧問の諮詢及び帝国憲法第七十三条による帝国議会の議決を経た帝国憲法の改正を裁可し、ここにこれを公布せしめる。

御名御璽

昭和二十一年十一月三日

内閣総理大臣兼
外務大臣　吉田　茂
男爵 国務大臣　幣原喜重郎
司法大臣　木村篤太郎
内務大臣　大村清一
文部大臣　田中耕太郎
農林大臣　和田博雄
国務大臣　斎藤隆夫
逓信大臣　一松定吉
商工大臣　星島二郎
厚生大臣　河合良成
国務大臣　植原悦二郎
運輸大臣　平塚常次郎
大蔵大臣　石橋湛山
国務大臣　金森徳次郎
国務大臣　膳　桂之助

日本国憲法

① 日本国民は、正当に選挙された国会における代表者を通じて行動し、われらとわれらの子孫のために、諸国民との協和による成果と、わが国全土にわたつて自由のもたらす恵沢を確保し、政府の行為によつて再び戦争の惨禍が起ることのないやうにすることを決意し、ここに主権が国民に存することを宣言し、この憲法を確定する。そもそも国政は、国民の厳粛な信託によるものであつて、その権威は国民に由来し、その権力は国民の代表者がこれを行使し、その福利は国民がこれを享受する。これは人類普遍の原理であり、この憲法は、かかる原理に基くものである。われらは、これに反する一切の憲法、法令及び詔勅を排除する。

② 日本国民は、恒久の平和を念願し、人間相互の関係を支配する崇高な理想を深く自覚するのであつて、平和を愛する諸国民の公正と信義に信頼して、われらの安全と生存を保持しようと決意した。われらは、平和を維持し、専制と隷従、圧迫と偏狭を地上から永遠に除去しようと努めてゐる国際社会において、名誉ある地位を占めたいと思ふ。われらは、全世界の国民が、ひとしく恐怖と欠乏から免かれ、平和のうちに生存する権利を有することを確認する。

③ われらは、いづれの国家も、自国のことのみに専念して他国を無視してはならないのであつて、政治道徳の法則は、普遍的なものであり、この法則に従ふことは、自国の主権を維持し、他国と対等関係に立たうとする各国の責務であると信ずる。

④ 日本国民は、国家の名誉にかけ、全力をあげてこの崇高な理想と目的を達成することを誓ふ。

＊①国民主権（一）、最高法規（九八1）、②平和主義（九）、③国際主義（九八2）

判例 **平和的生存権［百里基地訴訟］** 平和的生存権は、具体的訴訟において国の行為の効力の判断基準になるものとはいえない。（最判平1・6・20判時一三一八―三）

第一章　天皇

第一条［天皇の象徴的地位、国民主権］ 天皇は、日本国の象徴であり日本国民統合の象徴であつて、この地位は、主権の存する日本国民の総意に基く。

＊天皇の権能（三・四・六・七・九六2）、天皇の特殊的地位（八、皇室典範九・一〇・二二・二三1・二四―二七、刑二三二2、元号2、祝日二）、憲法尊重擁護義務（九九）、国民主権（前文1、情報公開一、内閣）、国旗・国歌（国旗国歌）

日本国憲法のあらまし

制定の背景　第二次世界大戦後、日本の民主化とともに明治憲法の改正は不可避であった。日本政府は当初独自の憲法草案を作成したが、それは明治憲法と大差なく保守的なものであった。そこで、占領軍総司令部は独自の草案（マッカーサー草案）を作成し、日本側に提示した。日本政府はやむなくそれに基づいて憲法改正草案を作成した。草案は戦後最初の帝国議会に提出され、約四か月の審議のち一部修正のうえ可決された。日本国憲法は、公布から六か月後の一九四七年五月三日施行された。

基本原理　日本国憲法の基本原理は、国民主権、基本的人権尊重主義、平和主義である。権力分立、法治国家、福祉国家、地方自治、国際協調なども重要な原理である。国民主権は、国の政治は国民が決定するという原理である。代表民主制の下では国民を代表する国会が決定する。戦後の日本の政治は国民主権を基礎として民主的に営まれてきている。基本的人権の尊重は、一人ひとりの「個人の尊重」を基礎として、個人の自由や尊厳を保障する。人権の保障は、民主的憲法の究極の目的である。また、日本国憲法は、第二次大戦での他国への侵略と戦争の被害を反省し、平和主義に立脚して、憲法九条「戦争の放棄」を宣言した。平和は民主主義と人権保障の前提であるとともに、その究極の目標でもある。

憲法は最高法規であり、違憲の法令や国家行為は無効である。最高裁判所は、憲法の番人として違憲審査権をもつ。憲法改正手続は厳格であり、最終的に国民投票によって決せられる。

憲法の内容と構成　日本国憲法は立憲主義憲法として、国家権力を制限して個人の権利・自由をまもるという立場に立つ。その構成は、特殊日本的な天皇と九条の規定のほか、人権宣言と統治機構の二部から成る。人権では、個人の尊重（人間の尊厳）を基礎として、表現の自由、信教の自由、刑事手続の権利などの自由権を厚く保障し、生存権、教育を受ける権利などの社会権を取り入れている。知る権利、環境権などの新しい人権も解釈上認められてきている。統治機構では、権力分立原理に基づき、国会・内閣・裁判所にそれぞれの権能を分担させている。違憲審査制の創設、国際協調の宣言は、国際的な潮流に沿っている。

戦後の憲法政治の展開　日本国憲法は施行後一度も改正されず、日本の政治・社会の基礎法としてその発展を支えてきた。とはいえ、その歩みは必ずしも平坦ではない。戦後長期にわたり政権を担当してきた自民党は改憲を党是と

第二条　［**皇位の世襲と継承**］　皇位は、世襲のものであつて、国会の議決した皇室典範の定めるところにより、これを継承する。

＊皇位継承　（皇室典範一—四・二四、元号2）

第三条　［**天皇の国事行為に対する内閣の助言・承認と責任**］　天皇の国事に関するすべての行為には、内閣の助言と承認を必要とし、内閣が、その責任を負ふ。

＊国事行為　（四・六・七・九六2）

第四条　［**天皇の権能、国事行為の委任**］　天皇は、この憲法の定める国事に関する行為のみを行ひ、国政に関する権能を有しない。

②　天皇は、法律の定めるところにより、その国事に関する行為を委任することができる。

＊①国事行為　（三・六・七・九六2）、②国事行為の委任（国事行為の臨時代行に関する法律）

第五条　［**摂政**］　皇室典範の定めるところにより摂政を置くときは、摂政は、天皇の名でその国事に関する行為を行ふ。この場合には、前条第一項の規定を準用する。

＊摂政　（皇室典範一六—二一）、憲法尊重擁護義務　（九九）

第六条　［**天皇の任命権**］　天皇は、国会の指名に基いて、内閣総理大臣を任命する。

②　天皇は、内閣の指名に基いて、最高裁判所の長たる裁判官を任命する。

＊①国会の指名　（六七、国会六五2・八六）、②最高裁判所の長の任命　（裁判所三九1）

第七条　［**天皇の国事行為**］　天皇は、内閣の助言と承認により、国民のために、左の国事に関する行為を行ふ。

一　憲法改正、法律、政令及び条約を公布すること。
二　国会を召集すること。
三　衆議院を解散すること。
四　国会議員の総選挙の施行を公示すること。
五　国務大臣及び法律の定めるその他の官吏の任免並びに全権委任状及び大使及び公使の信任状を認証すること。
六　大赦、特赦、減刑、刑の執行の免除及び復権を認証すること。
七　栄典を授与すること。
八　批准書及び法律の定めるその他の外交文書を認証すること。
九　外国の大使及び公使を接受すること。
十　儀式を行ふこと。

＊《一》憲法改正　（九六）、法律　（四一・五九・七四、国会六六）、政令　（七三⑹）、条約　（七三⑶・六一）、《二》国会の召集　（五二—五四1、国会一—二の三）、《三》衆議院の解散　（四五・五四・六九）、《四》総選挙　（五四）、《五》公務員の任免　（六八・七三⑷）、《六》恩赦　（七三⑺）、《七》栄典　（一四2 3）

第八条　［**皇室の財産授受**］　皇室に財産を譲り渡し、又は皇室が、財産を譲り受け、若しくは賜与することは、国会の議決に基かなければならない。

＊皇室財産の国有　（八八）、国会の統制　（皇室経済法二）

第二章　戦争の放棄

第九条　［**戦争の放棄、戦力の不保持、交戦権の否認**］　日本国民は、正義と秩序を基調とする国際平和を誠実に希求し、国権の発動たる戦争と、武力による威嚇又は武力の行使は、国際紛争を解決する手段としては、永久にこれを放棄する。

②　前項の目的を達するため、陸海空軍その他の戦力は、これを保持しない。国の交戦権は、これを認めない。

＊平和主義　（前文1 2）、平和的生存権　（前文2）、国際主義　（前文3・九八2）、自衛権　（国連憲章五一、自衛三）、防衛　（自衛、日米安保条約、国連平和協力法、国際平和支援法、重要影響事態法、武力攻撃事態法、国民保護法、児童権利三八）

［判例］　**日米安保条約の合憲性**　［**砂川事件**］　憲法九条にいう戦力とは、わが国が主体となって指揮権・管理権を行使し得る戦力をいい、外国の軍隊は、わが国に駐留するとしても、戦力には該当しない。日米安保条約とそれに基づくアメリカ合衆国軍隊の駐留は、憲法九条等の平和主義に反して違憲無効であることが一見明白であるとは認められない。（最大判昭34・12・16判時二〇八—一〇）

［判例］　**自衛隊の合憲性**　［**長沼事件**　（第一審）］　憲法九条にいう戦力とは、外敵に対する実力的な戦闘行動を目的とする人的、物的組織体をいい、自衛隊は戦力に該当す

し、とくに憲法九条をめぐり護憲論と対立してきた。もっとも、一九六〇年代以降、政府は自衛隊の合憲性を九条解釈の枠内で説明し、また、政治の関心が経済に向いたため、改憲論は政治の背後に退いた。そして、高度経済成長による経済発展の流れのなかで、自衛隊、教科書検定、靖国参拝などの憲法問題は国論を二分するような大論争にはならずに推移した。

一九九〇年前後に、社会主義の崩壊と東西冷戦の解消、湾岸戦争と自衛隊の海外派遣など、国の内外に大きな政治的変化が生じ、日本国憲法が制度疲労したとする改憲論が強まった。そして、二〇〇〇年には衆参両院に憲法調査会が設置され、憲法改正の意見を含む報告書が提出された。二〇〇七年には憲法改正のための国民投票法が制定された。その後、二〇〇九年には民主党への政権交代が実現し、憲法改正への機運は遠のいたが、二〇一二年に自民党が政権に復帰し、第二次安倍内閣の下で改憲の動きが強まった。

まず、二〇一四年の国民投票法改正では、投票権年齢が法施行から四年後の二〇一八年までは二〇歳以上、その後は一八歳以上とされ、憲法改正の手続は整備された。また、二〇一五年、集団的自衛権行使容認の閣議決定に基づくいわゆる「安保法制」が成立し、存立危機事態での自衛隊の外国での武力行使など自衛隊の活動範囲や武器使用が拡大された。政府は憲法の範囲内と説明するが、違憲の「戦争法案」であるとの声も大きい。さらに二〇一七年衆院選挙では、民進党の分裂などのために改憲を志向する政党・議員が多数を占め、そのために、自民党安倍政権は、自衛隊を憲法上明記する憲法九条改正を押し進めようとしている。

教育に関する憲法原則　明治憲法では教育は臣民の義務とされ、天皇の大権に委ねられていた。これに対して、日本国憲法は教育を人権として保障し、教育に関する事項を法律事項とした。憲法二六条の教育を受ける権利は教育に関する中心的な権利保障であり、憲法二三条の学問の自由も保障された。さらに、憲法を補完する教育基本法が制定され、戦後の教育を支えてきた。しかし、改憲論の高まりに呼応して、二〇〇六年、教育基本法が改正され、「国を愛する態度」の養成が教育目標に掲げられるなど、国家的視点が多く取り入れられた。

人格的な成長を促し、平和を希求する自主的精神に充ちた国民を育成するという日本国憲法の教育に対する要請は、改正教育基本法にも受け継がれている。

る。（札幌地判昭48・9・7判時七一二—二四）

判例 **イラク特措法による自衛隊の空輸活動**　イラクでの空輸活動は、イラク特措法を合憲とした場合でも、武力行使を禁止したイラク特措法二条二項、活動地域を非戦闘地域に限定した同条三項に違反し、かつ、憲法九条一項に違反する活動を含んでいる。平和的生存権は、裁判所に対してその保護・救済を求め法的強制措置の発動を請求し得るという意味における具体的権利性が肯定される場合があるが、本件派遣によっても、控訴人らの具体的権利としての平和的生存権が侵害されたとまでは認められない。（名古屋高判平20・4・17判時二〇五六—七四）

判例 **憲法九条の私法上の効力［百里基地訴訟］**　憲法九条の規範がそのまま民法九〇条にいう「公の秩序」の内容を形成することはなく、自衛隊基地設置のために国が私人との間で売買契約を締結することは社会的に許容されていたので、その契約は民法九〇条に違反しない。（最判平1・6・20判時一三一八—三）

政府解釈 **二〇一四年安倍内閣による集団的自衛権に関する政府解釈の変更**　我が国と密接な関係にある他国に対する武力攻撃が発生し、これにより我が国の存立が脅かされ、国民の生命、自由及び幸福追求の権利が根底から覆される明白な危険がある場合において、これを排除し、我が国の存立を全うし、国民を守るために他に適当な手段がないときに、必要最小限度の実力を行使することは、従来の政府見解の基本的な論理に基づく自衛のための措置として、憲法上許容される。（平26・7・1閣議決定）

解説　日本国憲法は平和主義を実定化するために、九条一か条をもって「戦争の放棄」の章を設けた。一項では戦争の放棄を、二項では戦力の不保持、交戦権の否認を定めている。そのうちで最も論争を呼ぶのが「戦力の不保持」であり、一九五四年に創設された自衛隊の合憲性は当初から争われていた。

政府は、自衛隊の合憲性を自衛権論によって説明している。つまり、国家は外部からの急迫不正な攻撃に対して固有の権利として自衛権を有しており、自衛のために必要最小限度の実力の保持は禁止されていないとする。自衛隊の違憲性を争う訴訟は、一九五〇〜七〇年代に各地で提起されたが、最高裁が合憲・違憲の最終判断を示さないまま、自衛隊を容認する世論の広がりにつれ、自衛隊裁判は鎮静化した。

その後、自衛隊の海外派遣が問題となった。一九九〇年イラク湾岸戦争が勃発し、自衛隊の多国籍軍への参加が要請されたが、自衛隊の海外での武力行使は憲法九条によって禁止されているという政府解釈によって派遣されず、国際的な批判を受けた。一九九二年に成立したPKO国際平和法では、国連の平和維持活動（PKO）への参加が認められたが、武器の使用は命の防護のための必要最小限に限るなどの五原則の遵守が要求されていた。その後、自衛隊は、PKO活動としてカンボジア、ゴラン高原などへ、後方支援としてペルシャ湾、イラクなどへ派遣され、さらにソマリア海賊対処、地雷・機雷除去、難民支援、災害救助などもしばしば行っている。二〇一一年東日本大震災など国内での災害救助活動も数多く、自衛隊に対する国民の評価は高まってきている。

戦後の憲法政治では改憲論と護憲論の対立が底流にあったが、その中心は憲法九条であった。改憲の狙いは自衛隊を正規の軍隊として憲法上認知することにあったが、護憲論は平和主義に立脚する九条の意義を強調して憲法改正に反対した。この間、政府は憲法改正を積極的に提案せず、自衛権論に基づく憲法解釈によって自衛隊の合憲性を説明してきたが、そのため、集団的自衛権の行使は憲法上禁止されていると解釈してきた。つまり、自衛隊は専守防衛のための実力であるので、日本が攻撃を受けていないにもかかわらず外国での武力の行使に参加することは許されず、集団的自衛権は国家として保持しているものの、その行使は憲法上禁止されているとの解釈である。しかし、東アジアの安全とアメリカとの防衛協力の強化をめざす政府は、二〇一四年に閣議決定によって従来の政府解釈を変更し、集団的自衛権の行使が憲法上容認されていると決定した。そして二〇一五年、国民の多数の反対にもかかわらず、存立危機事態での自衛隊の外国での武力行使を可能とするなど自衛隊の活動範囲や武器使用を拡大したいわゆる「安保法制」を成立させた。政府は憲法の範囲内であると説明するが、多数の憲法学者や歴代法制局長官は閣議決定および安保法制が違憲であると論じている。

戦後政治のなかで憲法九条は、一方では、空洞化の道をたどっているようにみえる。他方、憲法九条は、日本国憲法の平和主義の象徴的存在として、また、現実の日本の防衛力の強化に対する歯止めとして、重要な役割を果たしてきた。国民からも幅広い支持を得ている。憲法改正の動きが加速するなかで、戦後の日本政治の原点となった憲法九条の意義が再確認されるべきである。

第三章　国民の権利及び義務

第一〇条［日本国民の要件］　日本国民たる要件は、法律でこれを定める。

＊法律（国籍法、戸籍法一〇二—一〇六）、国籍（自由権規約二四３、児童権利七、女子差別撤廃九）、国籍離脱の自由（二二２）

判例 **日本人の父の認知による日本国籍の取得［国籍法非嫡出子差別訴訟］**　国籍法三条一項は、日本人の父から生後認知を受けた子について、父母の婚姻により嫡出子たる身分を取得した者に限り日本国籍の取得を認めているが、このため、同じく日本人の父から認知された子でありながら、父母が法律上の婚姻をしていない非嫡出子は、日本国籍を取得できない。この区別は、同条が制定された一九八〇年当時には合理性があったが、その後の社会環境・家族生活の変化、国際化の進展、外国立法・国際人権条約の規定の変化によって、少なくとも上告人が国籍取得届を提出した当時には合理的な理由のない差別となっており、憲法一四条一項に違反する。ただし、同条のうちで「父母の婚姻」のみが過剰な要件となっているので、生後認知された上告人にも日本国籍の取得が認められる。（最大判平20・6・4判時二〇〇二—三）

第一一条［基本的人権の享有］　国民は、すべての基本的人権の享有を妨げられない。この憲法が国民に保障する基本的人権は、侵すことのできない永久の権利として、現在及び将来の国民に与へられる。

＊基本的人権の本質（一二・一三・九七）、人権保障の国際性（国連憲章前文、世界人権宣言、国際人権規約、人種差別撤廃、児童権利）

判例 **外国人の政治活動と在留更新［マクリーン事件］**　基本的人権の保障は、権利の性質上日本国民のみを対象としているものを除き、外国人にも等しく及び、政治活動の自由についても、わが国の政治的意思決定またはその実施に影響を及ぼすものを除き、保障が及ぶ。しかし、在留制度の枠内で与えられているにすぎないから、在留期間中の基本的人権の保障を受ける行為を在留期間の更新の際に消極的な事情として斟酌されないことまでの保障は与えられていない。（最大判昭53・10・4判時九〇三—三）

判例 **外国人の生活保護**　生活保護法が本邦に不法に滞在する外国人を保護の対象としていないことは、憲法二五条に違反しない。（最判平13・9・25判時一七六八—四七）

判例 **法人の政治活動［八幡製鉄事件］**　基本的人権の保障は、性質上可能な限り、内国の法人にも適用され、会社は国や政党を支持しまたは反対するなどの政治的行為をなす自由を有する。（最大判昭45・6・24判時五九六—三）

判例 **人権の私人間効力［三菱樹脂事件］**　憲法の人権規定は、もっぱら国または公共団体と個人との関係を規律し、私人相互の関係を直接規律するものではない。私人間においては、権利の対立の調整は私的自治に委ねられ、その侵害に対しては、立法措置によって是正を図り、または民法一条、九〇条や不法行為法によって適切な調整を図る方途が存在する。(最大判昭48・12・12判時七二四—一八)→一四条・一九条

判例 **学生の政治活動の規制**〔**昭和女子大学事件**〕　大学は、国公立であると私立であるとを問わず、学生の教育と学術の研究を目的とする公共的な施設であり、必要な事項を学則等により一方的に制定し、学生を規律する包括的権能を有する。とくに私立学校には、建学の精神に基づく独自の校風と教育方針を実践することが認められ、学生の政治活動について広範な規律を及ぼしても、不合理な制限とはいえない。(最判昭49・7・19判時七四九—三)

判例 **丸刈り校則**〔**熊本県玉東中学校丸刈り校則事件**〕　中学校長は教育の実現のために生徒を規律する包括的権能を有し、生徒の服装等にどの程度の規制をするかは中学校長の専門的、技術的な判断に委ねられている。丸刈り校則は著しく不合理であることが明らかであるとはいえない。(熊本地判昭60・11・13判時一一七四—四八)

判例 **バイク校則**　憲法の自由権の保障は国または公共団体と個人との関係を規律するものであり、私立学校の校則違反を理由とする自主退学勧告について、憲法違反かどうかを論ずる余地はない。オートバイに関するいわゆる三ない原則を定めた校則は、社会通念上不合理とはいえない。(最判平3・9・3判時一四〇一—五六)

判例 **運転免許取得・パーマ禁止校則**〔**修徳学園パーマ校則自主退学事件**〕　運転免許取得の制限は、交通事故から生徒の生命身体を守り、非行化を防止し、勉学に専念する時間を確保するためのものであり、パーマ禁止は高校生にふさわしい髪形を維持し、非行を防止するためであって、本件校則は社会通念上不合理ではない。(最判平8・7・18判時一五九九—五三)

判例 **公務員の政治的行為の禁止**(**国公法一〇二条**)〔**猿払事件**〕　公務員の政治的行為の禁止につき、行政の中立的運営と国民の信頼確保という目的は正当であり、公務員の政治的中立性を損うおそれがある政治的行為を禁止することは禁止目的と合理的に関連しており、禁止は意見表明そのものを制約するものではなく、行動の禁止に伴う間接的・付随的規制にすぎない。(最大判昭49・11・6判時七五七—三三)

判例 **公務員の政治的行為の禁止**〔**堀越事件**〕　国家公務員法一〇二条一項にいう「政治的行為」とは、公務員の職務の遂行の政治的中立性を損なうおそれが、現実的に起こり得るものとして実質的に認められるものを指す。管理職的地位になく、その職務の内容や権限も裁量の余地のない国家公務員によって、勤務時間外である休日に、国ないし職場の施設を利用せずに、職務と無関係に、公務員により組織される団体の活動としての性格もなく行われた政党機関紙の配布行為には、公務員の職務の遂行の政治的中立性を損なうおそれは実質的に認められない。(最判平24・12・7判時二一七四—二一)

判例 **公務員の政治的行為の禁止**〔**宇治橋事件**〕　厚生労働省大臣官房統計情報部社会統計課長補佐による政党機関紙の配布は、それが勤務外のものであったとしても、当該公務員による裁量権を伴う職務権限の行使の過程の様々な場面でその政治的傾向が職務内容に現れる蓋然性が高まり、職務の遂行の政治的中立性が損なわれるおそれが実質的に生ずるので、同配布行為への罰則の適用は、憲法二一条等に違反しない。(最判平24・12・7判時二一七四—三二)

判例 **在監者の閲読の自由**〔**よど号ハイジャック記事抹消事件**〕　未決拘禁者の閲読の自由の保障は、逃亡および罪証隠滅の防止という勾留目的のほか、監獄内の秩序維持のために必要な限度で制限を受ける。ハイジャック記事の閲読による障害が生ずる相当の蓋然性があるかどうかは、監獄の長の裁量的判断にまつべきである。(最大判昭58・6・22判時一〇八二—三)

第一二条〔**自由・権利の保持の責任と濫用の禁止**〕　この憲法が国民に保障する自由及び権利は、国民の不断の努力によつて、これを保持しなければならない。又、国民は、これを濫用してはならないのであつて、常に公共の福祉のためにこれを利用する責任を負ふ。

＊公共の福祉(一三・二二1・二九2、民一1、刑訴一、行訴二五4・二七3)、権利濫用の禁止(民一3)

第一三条〔**個人の尊重、幸福追求権、公共の福祉**〕　すべて国民は、個人として尊重される。生命、自由及び幸福追求に対する国民の権利については、公共の福祉に反しない限り、立法その他の国政の上で、最大の尊重を必要とする。

＊基本的人権の本質(一一・九七)、個人の尊厳(二四、民二)、公共の福祉(一二・二二1・二九2、民一1、刑訴一、行訴二五4・二七3)

判例 **アイヌ民族の文化享有権**〔**二風谷事件**〕　アイヌ民族は少数・先住民族として民族固有の文化享有権を保障されており、アイヌ民族の聖地といわれる二風谷地域にダム建設の事業認定をしたことは違法である。(札幌地判平9・3・27判時一五九八—三三)

判例 **患者の輸血に関する自己決定・人格権**〔**エホバの証人輸血拒否事件**〕　患者が自己の宗教上の信念に反するとして輸血を拒否する意思決定をする権利は人格権として保障されなければならず、医師が緊急の場合には輸血をするとの方針を告げないまま手術の際に輸血をした場合、損害賠償の責任を負う。(最判平12・2・29判時一七一〇—九七)

判例 **ハンセン病患者の隔離措置**〔**ハンセン病訴訟**〕　ハンセン病患者の隔離等を規定するらい病予防法(平成八年廃止)は、ハンセン病患者の居住移転の自由ばかりでなく、人格権をも侵害するものであり、国は損害賠償の責任を負う。(熊本地判平13・5・11判時一七四八—三〇)

判例 **肖像権**〔**京都府学連事件**〕　個人の私生活上の自由の一つとして、何人も、承諾なしにみだりに容ぼうを撮影されない自由を有し、警察官が正当な理由なく個人の容ぼう等を撮影することは、憲法一三条の趣旨に反し許されない。しかし、現に犯罪が行われた後間もないと認められる場合で、証拠保全の必要性・緊急性があり、撮影の方法が相当である場合には許容される。(最大判昭44・12・24判時五七七—一八)

判例 **プライバシー権**〔**宴のあと事件**〕　私生活をみだりに公開されない権利ないし自由は、法的に保護される人格的な権利である。プライバシー侵害といえるためには、公開された内容が私生活上の事実または事実らしく受け取られるおそれがあり、一般人を基準に公開を欲しないであろうと認められ、一般の人々に知られていない事柄であることを必要とする。(東京地判昭39・9・28判時三八五—一二)

判例 **外国人登録法の指紋押なつ制度**　何人もみだりに指紋の押なつを強制されない自由を有するが、外国人登録法の指紋押なつ制度は、外国人の居住・身分関係を明確にするための最も確実な制度であり、立法目的には必要性・合理性があり、その方法も相当であった。(最判平7・12・15判時一五五五—四七)

判例 **モデル小説による名誉・プライバシーの侵害および差止**〔**石に泳ぐ魚事件**〕　被上告人をモデルとして、顔面の腫瘍や父親の逮捕などの事実の記載や、問題ある新興宗教への入信などの虚構の記載がある小説において、主人公と被上告人とは容易に同定可能であり、小説の公表によって名誉・プライバシーおよび名誉感情が侵害された。(最判平14・9・24判時一八〇二—六〇)

判例 **前科の照会に対する開示**〔**前科照会事件**〕　前科等を有する者もこれをみだりに公開されないという法律上の保護に値する利益を有しており、市区町村長が弁護士の照会に漫然と応じ、前科等のすべてを報告することは、公権力の違法な行使にあたる。(最判昭56・4・14

判時一〇〇一—三）

判例 **大学の講演会参加者名簿の警察への提出［江沢民名簿提出事件］** 学籍番号、氏名、住所及び電話番号は秘匿されるべき必要性が必ずしも高いものではないが、このような個人情報についても、プライバシーに係る情報として法的保護の対象となる。大学が外国要人の講演会の実施にあたり、参加者に同意を得ることなく参加者名簿を警察に提出したことは、プライバシーを侵害する。（最判平15・9・12判時一八三七—三）

判例 **住民基本台帳ネットワークと個人情報［住基ネット事件］** 個人の私生活上の自由の一つとして、何人も、個人に関する情報をみだりに第三者に開示又は公表されない自由を有するが、住基ネットによって管理、利用等される本人確認情報は氏名、生年月日、性別、住所の四情報などであり、個人の内面に関わるような秘匿性の高い情報とはいえない。また、住基ネットにシステム技術上又は法制度上の不備があり、そのために不当に第三者に開示又は公表される具体的な危険が生じているともいえない。（最判平20・3・6判時二〇〇四—一七）

判例 **少年の犯罪報道と少年法六一条［堺通り魔事件］** 犯罪報道における被害者の特定は犯罪事実と並んで社会の重要な関心事であり、凶悪重大な事件において現行犯逮捕された場合には、実名報道も許される。一九歳の少年の顔写真を掲載したことをもってプライバシー権の侵害とはいえない。（大阪高判平12・2・29判時一七一〇—一二一）

判例 **少年の犯罪報道と少年法六一条［長良川リンチ事件］** 少年法六一条は、少年の成長発達権を保護するとともに、少年の名誉・プライバシー権を保護しているから、少年事件の実名報道をする者は、本人に対し不法行為責任を負う。（名古屋高判平12・6・29判時一七三六—三五）

判例 **少年法六一条の推知報道の禁止とプライバシー［長良川リンチ事件＝前記名古屋高裁の上告審判決］** 本件記事には本人と特定するに足りる事項の記載はないから、少年と面識等のない不特定多数の一般人が、少年が当該事件の本人であることを推知できるとはいえず、本件記事は少年法六一条に違反しない。本件記事が本人の名誉を毀損し、プライバシーを侵害するとしても、不法行為が成立するか否かについては、諸事情を個別具体的に審理し、比較衡量して判断する必要がある。（最判平15・3・14判時一八二五—六三）

判例 **教育情報の開示［大田区立小指導要録開示請求事件］**（最判平15・11・11判時一八四六—三）→学教施規二四条

判例 **GPS捜査** 個人のプライバシーの侵害を可能とする機器をその所持品に秘かに装着することによって、合理的に推認される個人の意思に反してその私的領域に侵入する捜査手法であるGPS捜査は、個人の意思を制圧して憲法の保障する重要な法的利益を侵害するものとして、刑訴法上、特別の根拠規定がなければ許容されない強制の処分に当たる。（最大判平29・3・15判時二三三三—四）

判例 **忘れられる権利** 検索事業者が、ある者のプライバシーに属する記事等が掲載されたウェブサイトのURL等情報を提供する行為が違法となるか否かは、当該事実を公表されない法的利益と当該URL等情報を検索結果として提供する理由に関する諸事情を比較衡量して判断すべきである。児童買春による逮捕という事実はプライバシーに属するが、児童買春が社会的に強い非難の対象とされていることに照らし、公共の利害に関する事項といえる。（最決平29・1・31判時二三二八—一〇）

判例 **公害差止請求と人格権・環境権［大阪空港公害訴訟］** 航空機の夜間の離着陸の差止請求の根拠として、個人の生命、身体、精神、生活に関する利益は各人の人格に本質的なものであり、このような人格権に対する侵害には、それを排除する権能が認められる。人格権に基づく差止請求が容認される以上、環境権理論の当否については判断しない。（大阪高判昭50・11・27判時七九七—三六）

判例 **公害差止請求と人格権・環境権［大阪空港公害訴訟］** 航空機の離着陸の規制は空港管理権と航空行政権とが不可分一体的に行使されるため、航空機の離着陸のための国営空港の供用の差止めを求める民事の訴えは不適法である。本件空港の供用の公共性が高度のものであっても、それを理由に原告住民に対して被害を受忍すべきことを要求できない。しかし、将来の損害賠償請求については明確な具体的基準による損害賠償の確定は困難である。（最大判昭56・12・16判時一〇二五—三九）

判例 **景観利益の保護［国立市景観権訴訟］** 良好な景観に近接して居住している者が良好な景観の恵沢を享受する景観利益は法律上保護に値するが、それは現時点では「景観権」とまで認めることはできない。ある行為が景観利益に対する違法な侵害といえるためには、侵害行為の態様や程度の面で社会的相当性を欠くことが求められるが、本件建物の建築はそれには当たらない。（最判平18・3・30判時一九三一—三）

解説 本条前段は、基本的人権の尊重の根底にある「個人の尊重」の原理について定める。個人の尊重は、一人一人の個人を大切にするという個人主義の表明であるが、さらに、個人を人間として尊さと誇りをもって遇するという「人間の尊厳」の原理をも意味する。

後段は、「幸福追求権」を保障するとともに、人権が「公共の福祉」によって制限されることを定める。幸福追求権は、一四条以下の個別的人権として列挙されていない人権を導き出す根拠となる権利であり、人権カタログのうちで重要な地位を占める。幸福追求権から導き出される権利として重要なのが、プライバシー権、環境権、自己決定権である。プライバシー権は、みだりに私生活を公開されないという消極的な側面のほか、自己情報をコントロールするという積極的側面をも有しており、後者では、教育に関する自己情報の開示請求が裁判で争われている。環境権は、判例では個人の具体的権利とはいえないとされているが、環境保護に関する憲法上の根拠となる。自己決定権は、自己に関することがらをみずから決定する権利をいい、尊厳死、安楽死やインフォームドコンセントなどの生命・医療に関する自己決定、子どもをつくるかどうかの自己決定、服装・髪型・趣味などのライフスタイルの自由などを含む。とくに校則裁判に関連して、髪形・服装の自由、バイク乗車の自由などが自己決定権の内容をなすかどうか争いがある。また、教育との関係では、幸福追求権から教育の自由が導き出されるとする学説があるほか、少年の犯罪報道に関連して成長発達権が議論されている。

「公共の福祉」は、人権の一般的制約原理となる。人権といえども無制限ではなく、他人の権利を侵害してはならないなどの限界があり、日本国憲法はその限界を公共の福祉と呼んでいる。しかし、公共の福祉の具体的な内容は人権の制限に応じてさまざまであり、人権制限が憲法上許されるかどうかは、規制の目的・態様、規制される人権の種類・性質等を具体的に検討して決しなければならない。公共の福祉を名目にして人権制限を安易に合憲としてはならない。

第一四条［法の下の平等、貴族制度の否認、栄典］ すべて国民は、法の下に平等であつて、人種、信条、性別、社会的身分又は門地により、政治的、経済的又は社会的関係において、差別されない。

② 華族その他の貴族の制度は、これを認めない。

③ 栄誉、勲章その他の栄典の授与は、いかなる特権も伴はない。栄典の授与は、現にこれを有し、又は将来これを受ける者の一代に限り、その効力を有する。

＊①平等（一五3・二四・二六1・四四、男女共同参画社会基本法、民二、国公二七、地公一三、教基四、地自一〇2・二四四3、労基三・四、労組五2、雇用均等、生保二、女子差別撤廃、人種差別撤廃）、天皇・皇族の特例（一・二、皇室典範九・一〇・二二・二三1・二六・

二七、刑二三二2)、③栄典（七(7)

判例 **女性若年定年制［日産自動車事件］**　男性の定年年齢を六〇歳、女性を五五歳と定める就業規則は、性別による不合理な差別であり、民法九〇条により無効である。（最判昭56・3・24判時九九八—三）

判例 **女性の再婚禁止期間（民法七三三条）**（最大判平27・12・16判時二二八四—二〇）→二四条

判例 **尊属殺（旧刑法二〇〇条）**　尊属に対する尊重報恩という基本的道義の維持は刑法上保護に値するので、尊属殺人罪を設けて刑を加重しても違憲ではないが、刑法二〇〇条の法定刑は死刑または無期懲役のみで手段として重罰にすぎるので、憲法一四条に違反する。（最大判昭48・4・4判時六九七—三）

判例 **婚外子法定相続分の差別**　昭和二二年民法改正時から現在に至るまでの間の社会の動向、我が国における家族形態の多様化やこれに伴う国民の意識の変化、諸外国の立法のすう勢及び我が国が批准した条約の内容とこれに基づき設置された委員会からの指摘、嫡出子と嫡出でない子の区別に関わる法制等の変化等を総合的に考察すれば、家族という共同体の中における個人の尊重がより明確に認識されてきている。法律婚という制度自体は我が国に定着しているとしても、父母が婚姻関係になかったという、子にとっては自ら選択する余地のない事柄を理由としてその子に不利益を及ぼすことは許されない。したがって、民法九〇〇条四号但書前段の規定は、遅くとも平成一三年七月当時において、憲法一四条一項に違反していた。（最大決平25・9・4判時二一九七—一〇）

判例 **同性愛者の青年の家の利用拒否**　同性愛者の青年の家利用申請に対する東京都教育委員会の不承認処分は、青年の家が青少年の教育施設であることを考慮しても、同性愛者に対する不当な差別的取扱いである。（東京高判平9・9・16判タ九八六—二〇六）

判例 **性同一性障害者の性別取扱い変更の要件としての「子がいないこと」**　性同一性障害者につき性別の取扱いの変更の審判が認められるための要件として「現に子がいないこと」を求める性同一性障害者の性別の取扱いの特例に関する法律三条一項三号の規定は、合理性を欠くとはいえない。（最判平19・10・19家裁月報六〇—三—三六）

判例 **外国人（イラン人）の入学差別**　大学が、附置研究所の研究生の入学に関し、安全保障理事会決議及び文部科学省の依頼等の安全保障上の配慮を理由にイラン人の入学を拒否する場合には、難民であることなど国籍だけではない他の事情が認められなければならず、その事情を適切に考慮しなかった以上、イラン人という国籍を理由として不合理な差別をしたことになる。（東京地判平23・12・19判タ一三八〇—九三）

判例 **議員定数不均衡［一九七六年違憲判決］**　投票価値の平等は憲法の要請であり、投票価値の不平等が合理性を有するものとは到底考えられない程度に達しているときに違憲となる。本件選挙における約五対一の偏差は選挙権の平等の要求に反し、合理的期間内に是正されなかったので、定数配分規定は全体として違憲である。しかし、当該配分規定によって行われた選挙は違法と宣言するにとどめ、無効とはしない。（最大判昭51・4・14判時八〇八—二四）

判例 **議員定数不均衡［一九八五年違憲判決］**　一九八三年施行の総選挙当時の一対四・四の較差は、一九七五年の較差是正後一九八〇年当時に違憲状態に陥ったのち是正されなかったので、違憲であり、定数配分規定は全体として違憲であるが、選挙は無効としない。（最大判昭60・7・17判時一一六三—三）

判例 **一人別枠方式の違憲性［二〇一一年判決］**　一人別枠方式は、人口の少ない地方における定数の急激な減少への配慮などの状況の下で採られた方策であるが、平成二一年八月の本件選挙時には、その合理性は失われていた。本件選挙区割りの下で生じていた選挙区間の投票価値の較差は、最大で二・三〇四倍に達し、較差二倍以上の選挙区の数も増加してきており、そのため、本件選挙時において、一人別枠方式およびそれに基づく本件選挙区割りは、いずれも憲法の投票価値の平等の要求に反するに至っていたが、いずれも憲法上要求される合理的期間内における是正がされなかったとはいえない。（最大判平23・3・23判時二一〇八—三）

判例 **違憲状態だが合理的期間内［二〇一五年判決］**　一人別枠方式の削除、〇増五減ののちも、一人別枠方式に基づく区割り基準が残り、較差は二・一二九倍に達していたので、平成二六年一二月施行の衆議院総選挙は違憲の状態にあった。しかし、立法府での選挙制度の見直しの検討などに照らして、裁量権の行使として相当なものでなかったとはいえない。（最大判平27・11・25判時二二八一—二〇）

判例 **衆議院定数不均衡［二〇一八年判決］**　平成二九年一〇月施行の総選挙当時の一対一・九七九の較差は、アダムズ方式の導入、〇増六減の措置により、較差を縮小させる漸進的な是正が図られており、違憲とはいえない。（最大判平30・12・19判時二四〇三—二六）

判例 **参議院定数不均衡［一九九六年判決］**　平成四年七月施行の選挙当時の一対六・五九の較差はもはや到底看過することができない程度に達しており、違憲状態が生じていたが、是正のための合理的期間を経過しておらず、違憲とはいえない。（最大判平8・9・11判時一五八二—三）

判例 **参議院の議員定数不均衡［二〇一二年判決］**　平成二二年七月施行の選挙が平成一八年の四増四減の措置後に実施された二回目の通常選挙であることを勘案しても、本件選挙当時、投票価値の不均衡は違憲の問題が生ずる程度の著しい不平等状態に至っていたが、本件選挙までに定数配分規定を改正しなかったことが国会の裁量権の限界を超えるものとはいえない。より適切な民意の反映のために、単に一部の選挙区の定数の増減にとどまらず、都道府県を単位として各選挙区の定数を設定する現行の方式を改めるなどの見直しが必要である。（最大判平24・10・17判時二一六六—三）

判例 **参議院合区後の不平等の解消［二〇一七年判決］**　平成二八年七月の選挙は、都道府県を選挙区とする選挙を見直して初めて合区を行った平成二七年改正法に基づいて施行され、それまで数十年間の五倍前後の最大較差は二・九七倍（本件選挙当時は三・〇八倍）にまで縮小するに至ったものであり、本件選挙当時の投票価値の不均衡は著しい不平等状態にあったとはいえない。（最大判平29・9・27判時二三五四—三）

判例 **東京都議会の議員定数不均衡**　平成二五年六月施行の東京都議会議員選挙当時、特例選挙区以外の選挙区間の人口の最大較差は一対一・九二であったが、東京都議会において地域間の均衡を図るために通常考慮し得る諸般の要素をしんしゃくしてもなお一般的に合理性を有するものとは考えられない程度に達していたということはできない。（最判平27・1・15判時二二五一—二八）

解説　本条は、個人の尊重の原理に基づいて、すべての個人を同等に尊重することを要求する。人間には貴賤はなく、特定の人々を差別することは禁止される。とはいえ、個人の間には、職業・収入・社会的地位その他の点でさまざまな相違があり、その相違に応じて異なった取扱いをすることは本条に違反しない。異なった取扱いに合理的理由があるかどうかが、平等違反の判断の分かれ目となる。その際に、本条の挙げる人種・信条・性別・社会的身分・門地という五つの区別事由は、過去にみられた重大な差別をとくに列挙したものであり、この五つの事由による異なった取扱いには、十分な正当化理由がなければならない。

第一五条［公務員の選定罷免権、全体の奉仕者、普通選挙、投票の秘密］　公務員を選定し、及びこれを罷免することは、国民固有の権利である。

② すべて公務員は、全体の奉仕者であつて、一部の奉仕者ではない。

③　公務員の選挙については、成年者による普通選挙を保障する。

④　すべて選挙における投票の秘密は、これを侵してはならない。選挙人は、その選択に関し公的にも私的にも責任を問はれない。

＊国民主権（前文1・一）、①公務員の選定罷免（四三・九三2・七九2－4、地自一一・一三・一七・七六－八八）、②全体の奉仕者（国公八二1(3)・九六1、地公二九1(3)・三〇、教特一）、③普通選挙（一四・四四、公選九、地自一八）、④秘密投票（公選四六4・五二）

判例　**拡大連座制の合憲性**　選挙運動の総括主宰者等が特定の選挙犯罪を犯し刑に処せられたときに、公職の候補者が五年間立候補することを禁止する公職選挙法二五一条の二の規定は、憲法一五条、三一条、九三条二項に反しない。（最判平8・7・18判時一五八〇－九二）

判例　**労働組合の統制権と立候補の自由**［三井美唄事件］　立候補の自由は憲法一五条で保障された重要な権利であるから、労働組合の統一候補以外の組合員が立候補しようとする場合に、立候補の取りやめの勧告・説得の域を超えて、立候補の取りやめの要求に従わないことを理由に処分することは、労働組合の統制権の範囲を超え、違法である。（最大判昭43・12・4判時五三七－一八）

判例　**在外選挙の立法不作為の違憲性**　国民の選挙権又はその行使を制限するためには、そのような制限をすることがやむを得ないと認められる事由がなければならず、そして、そのような制限なしには選挙の公正を確保しつつ選挙権の行使を認めることが事実上不能ないし著しく困難であると認められる場合でない限り、やむを得ない事由があるとはいえない。一九九八年改正前の公職選挙法が一九九六年衆議院選挙当時在外国民の投票を認めていなかったことは、憲法一五条一項、三項等に違反していた。また、一九九八年改正は在外選挙制度を設けたものの、当分の間衆議院小選挙区選出議員選挙及び参議院選挙区選出議員選挙については投票を認めなかったが、これは遅くとも本判決言渡し後に初めて行われる衆議院議員の総選挙又は参議院議員の通常選挙の時点においては、憲法一五条一項、三項等に違反する。（最大判平17・9・14判時一九〇八－三六）↓八一条

判例　**外国人の国政選挙権**（公選法九条）　国会議員の選挙権を日本国民にのみ認めることは、憲法一五条、一四条に違反しない。（最判平5・2・26判時一四五二－三七）

判例　**外国人の地方選挙権**　在留外国人について、法律によって、地方公共団体の長、その議会の議員等に対する選挙権を付与する措置を講ずることは、憲法上禁止されていない。（最判平7・2・28判時一五二三－四九）

判例　**外国人の管理職公務員就任**［東京都管理職試験事件］　住民の権利義務を直接形成するなどの公権力の行使に当たる行為を行うことなどを職務とする公権力行使等地方公務員については、国民主権の原理に基づき、原則として日本国民が就任することが想定されており、外国人の就任は本来我が国の法体系の想定するところではない。普通地方公共団体が、公権力行使等地方公務員の職とその他の職とを包含する一体的な管理職の任用制度を構築した上で、日本国民である職員に限って管理職に昇任できることとすることは、合理的な理由に基づいており、憲法一四条に違反しない。（最大判平17・1・26判時一八八五－三）

判例　**成年被後見人の選挙権の制限**　公職選挙法一一条一項一号が成年被後見人の選挙権を一律に制限していることについてやむを得ない事由があるということはできず、同号は、憲法一五条一項及び三項、四三条一項並びに四四条ただし書に違反する。（東京地判平25・3・14判時二一七八－三）

判例　**受刑者の選挙権の制限**　公職選挙法一一条一項二号が受刑者の選挙権を一律に制限していることについてやむを得ない事由があるということはできず、同号は、憲法一五条一項及び三項、四三条一項並びに四四条ただし書に違反する。しかし、国家賠償法上、廃止立法不作為が違法であるとはいえない。（大阪高判平25・9・27判時二二三四－二九）

解説　本条は選挙権を保障し、あわせて公務員の選定および全体の奉仕者について定める。選挙権は国民主権に基づく国民の権利であり、三項で「成年者による普通選挙」を保障している。普通選挙とは、狭義では、財産や納税額の少ない者に選挙権を与えないとする制限選挙を否定するが、広義では、女性選挙権も含めてすべての成年者に等しく選挙権を保障するという原則である。ここにいう成年者は民法上の成年年齢と同じである必要はなく、選挙権行使の適性の観点から国会で定められる。戦後公選法で選挙権年齢は二〇歳と定められたが、憲法改正国民投票の投票年齢が一八歳と定められたこととの関係で、二〇一五年に一八歳に引き下げられた。

普通選挙の原則に照らせば、選挙権またはその行使を制限するためには、やむを得ない事由がなければならない。このことを確認した二〇〇五年在外選挙違憲判決は画期的な判決となった。その後、成年被後見人や受刑者についても選挙権を認めないことが違憲であるとする裁判例が登場している。また、実際に選挙権が行使できるように、不在者投票、期日前投票なども認められてきているが、郵便投票が障害者手帳保持者等にしか認められていないなど、なお改善の余地がある。選挙運動の規制も全般に厳しすぎるが、二〇一三年にインターネット選挙運動が解禁された。

第一六条［**請願権**］　何人も、損害の救済、公務員の罷免、法律、命令又は規則の制定、廃止又は改正その他の事項に関し、平穏に請願する権利を有し、何人も、かかる請願をしたためにいかなる差別待遇も受けない。

＊請願（請願法、国会七九－八二・一〇二、地自一二四・一二五）

第一七条［**国及び公共団体の賠償責任**］　何人も、公務員の不法行為により、損害を受けたときは、法律の定めるところにより、国又は公共団体に、その賠償を求めることができる。

＊賠償責任（国賠、民七〇九）

判例　**郵便法の責任制限規定の合憲性**［郵便法違憲判決］　国の損害賠償責任を限定する郵便法の規定について、郵便の役務を低廉迅速であまねく公平に提供するという立法目的は正当であるが、郵便業務従事者の故意又は重過失による不法行為にまで免責を認めることには合理性はなく、また、特別送達郵便物について、軽過失による不法行為による損害賠償の免責・制限に合理性・必要性があるとはいえず、いずれも憲法一七条の立法裁量を逸脱している。（最大判平14・9・11判時一八〇一－二八）

第一八条［**奴隷的拘束・苦役からの自由**］　何人も、いかなる奴隷的拘束も受けない。又、犯罪に因る処罰の場合を除いては、その意に反する苦役に服させられない。

＊強制労働・酷使の禁止（労基五・六九）、刑罰（刑九）、拘束からの自由の回復（人身保護法）

第一九条［**思想・良心の自由**］　思想及び良心の自由は、これを侵してはならない。

＊思想の自由（二〇・二一・二三）、信条による差別（一四1・四四）

判例　**謝罪広告の強制**　裁判所の判決において、名誉回復の処分として謝罪広告の新聞紙等への掲載を命ずることは、単に事態の真相を告白し陳謝の意を表明するにとどまる程度のものであれば、良心の自由を侵害しない。（最大判昭31・7・4判時八〇－三）

判例　**企業の採用の際の思想調査**［三菱樹脂事件］　企業者が雇用の自由を有し、思想・信条を理由として雇入れ

を拒んでも違法とすることができない以上、企業者が労働者の採否決定にあたり、労働者の思想・信条を調査し、その申告を求めることも違法ではない。（最大判昭48・12・12判時七二四—一八）

判例 **税理士会の政治献金［南九州税理士会事件］** 強制加入の公益団体である税理士会が政治団体に金員を寄付することは、たとえ税理士に係る法令の制定改廃に関する要求を実現するためであっても、会員の思想・信条の自由と抵触するので、会員から特別会費を徴収する旨の決議は無効である。（最判平8・3・19判時一五七一—一六）

判例 **司法書士会の罹災司法書士会への義援金［群馬司法書士会事件］** 司法書士会が他の司法書士会との間で業務その他について提携、協力、援助等をすることはその活動範囲に含まれ、阪神・淡路大震災により被災した兵庫県司法書士会に三〇〇〇万円の復興支援拠出金を寄付するために特別に負担金を徴収することはその権利能力の範囲内である。（最判平14・4・25判時一七八五—三一）

判例 **内申書の記載［麹町中学校内申書事件］** 内申書の特記事項として、校内において政治活動を行った旨の記載は、上告人の思想・信条そのものを記載したものではなく、この記載にかかる外部的行為によって上告人の思想・信条を了知しうるものでもない。（最判昭63・7・15判時一二八七—六五）

判例 **君が代のピアノ伴奏の職務命令［君が代ピアノ伴奏訴訟］** 入学式に音楽教師にピアノ伴奏を求める職務命令は、同人の歴史観・世界観を否定するものでも、特定の思想を持つことを強制・禁止するものでもないから、思想および良心の自由を侵すものとはいえない。（最判平19・2・27判時一九六二—三）

判例 **卒業式での起立・斉唱義務［君が代訴訟］** 都立高校の教諭に対して卒業式の際に起立斉唱行為を求める職務命令は、上告人の歴史観ないし世界観それ自体を否定するものではなく、特定の思想を持つことを強制したり禁止したりするものではないので、個人の思想及び良心の自由を直ちに制約するものではない。もっとも、職務命令は、個人の歴史観ないし世界観に由来する行動と異なる外部的行為である敬意の表明の要素を含む行為を求めており、上告人の思想及び良心の自由の間接的な制約となる。このような間接的な制約の許容性は、職務命令の目的及び内容並びに制約の態様等を総合的に較量して、当該職務命令の必要性及び合理性が認められるか否かという観点から判断されるが、本件職務命令は、高等学校教育の目標や卒業式等の儀式的行事の意義等を定めた学校教育法、学習指導要領、国旗国歌法などの諸規定の趣旨に沿い、かつ、地方公務員の地位の性質及びその職務の公共性に踏まえた上で、教育上の行事にふさわしい秩序の確保と式典の円滑な進行を図るものであるので、その必要性及び合理性が認められる。（最判平23・5・30判時二一二三—三）

判例 **君が代起立職務命令違反に対する懲戒処分** 国歌斉唱の際に起立斉唱行為を命ずる職務命令違反に対する懲戒処分において、過去に同種の行為による懲戒処分等の処分歴のない者に対してした戒告処分は違法とはいえないが、過去に入学式の際の服装等に係る職務命令違反による戒告一回の処分歴があることのみを理由としてした減給処分は、裁量権の範囲を超え、違法である。（最判平24・1・16判時二一四七—一二七）

判例 **君が代起立職務命令違反に対する再雇用拒否** 再任用等職員の選考にあたり、君が代起立・斉唱を命ずる職務命令に違反した点をとくに重視すべき要素として評価し、その評価に基づいて不合格の判断をすることは、著しく合理性を欠くものであったとはいえない。（最判平30・7・19判時二三九六—五五）

判例 **大阪府国歌国旗条例の合憲性［大阪府高槻市事件］** 学校行事の際の国歌斉唱において起立斉唱を求める大阪府国旗国歌条例、それに基づく高槻市教委の通達、校長による職務命令は、不起立によって処分を受けた原告の思想及び良心の自由、信教の自由を侵害せず、また、児童・生徒の思想及び良心の自由、学習権を侵害せず、教師の教育の自由を侵害するものでもない。（大阪地判平29・5・10判タ一四四七—一七四）

解説 本条は、個人の内心の思想の自由を保障する。「思想及び良心」とは、世界観・宗教観・イデオロギーなどの精神作用をいい、個人は内心にどのような思想でも自由にもつことができる。そこでまず第一に、個人に特定の思想をもち、またはもたないことを強制することは本条に違反する。戦前の国家主義教育や、天皇崇拝の強制がその例であるが、国旗への敬礼や国歌の唱和を生徒に要求することも本条に違反する。ただし、学校教育では、民主主義や平和思想を教えることは原理的に否定されない。第二に、特定の思想をもっていることを理由に不利益を課することも本条に違反する。学生処分や教員処分にあたって、特定の思想の保持、特定の政治団体への帰属などを理由に不利益処分を課することは許されない。第三に、内心の思想の表明を要求することも許されない。すなわち、本条は沈黙の自由をも保障しており、内心の思想を推知しようとすることは本条に違反する。ただし、教育の過程では、生徒の人格的教育・指導の観点から本人の思想に関する質問が必要となる場合がありうる。

思想に基づいて社会的義務を拒否できるかどうかは、信仰の場合と同様に多くの場面で問題となる。教育の場面では、国旗・国歌への忠誠要求の拒否、宗教教育への出席拒否などがある。義務の免除が認められるかどうかは、思想の内容、社会的義務の内容、教育上の必要など、さまざまな要素を勘案して決定されよう。卒業式等の国歌斉唱の際に起立を命ずる職務命令に従わない教員に対する懲戒処分が争われている。本人の思想に反する行為を強制することは、それが思想の強制や禁止の意図がなくとも、思想の自由の制約となる。起立を求める職務命令の適法性は疑わしいが、たとえそれが一般に適法であったとしても、自己の思想に基づく不起立は思想の自由によって保護され、君が代を忌避する思想をもつ者の思想の自由の侵害となるというべきである。しかし、最高裁はそれを合憲と判示した。

民主主義を否定する思想・表現・結社等を禁止するのが、「闘う民主制」である。第二次世界大戦後の西ドイツでは、ナチスへの反省に基づいて、闘う民主制を憲法原則とした。日本では、たとえ反民主主義的思想であっても思想の自由を認めると考える説が優勢である。

第二〇条［信教の自由、政教分離］ 信教の自由は、何人に対してもこれを保障する。いかなる宗教団体も、国から特権を受け、又は政治上の権力を行使してはならない。

② 何人も、宗教上の行為、祝典、儀式又は行事に参加することを強制されない。

③ 国及びその機関は、宗教教育その他いかなる宗教的活動もしてはならない。

＊①信教の自由（宗法一・2）、宗教団体（宗法二）、③公の財産支出制限（八九）、宗教教育（教基四・一五）

判例 **日曜参観授業の欠席［日曜参観授業訴訟］** 公立小学校が日曜日の参観授業を実施するにあたって、教会学校に参加する児童の出席を免除すると、公教育の宗教的中立性を保つ上で好ましくなく、また公教育上の成果を阻害することにもなるので、欠席扱いにしても違法とはいえない。（東京地判昭61・3・20判時一一八五—六七）

判例 **信仰に基づく剣道の受講拒否［エホバの証人剣道拒否事件］** 信仰上の理由によって剣道の必修実技を拒否した高等専門学校の学生に対して、代替措置について検討することなく原級留置処分をし、単位不認定の理由および全体成績について勘案することなく退学処分にした校長の措置は、裁量権の範囲を超え違法である。（最判平8・3・8判時一五六四—三）

判例 **宗教法人の解散命令［オウム真理教解散命令事件］**

宗教法人法八一条の解散命令の制度は、専ら宗教法人の世俗的側面を対象とするものであって、宗教団体や信者の精神的・宗教的側面に容かいする意図によるものではなく、合理的である。本件オウム真理教の代表役員や幹部は、大量殺人を目的としてサリンを生成するという公共の福祉を明らかに害する行為を行ったものであり、本件解散命令は必要やむを得ない法的規制である。（最決平8・1・30判時一五五五―三）

判例 **神式地鎮祭［津地鎮祭事件］** 憲法二〇条三項にいう宗教的活動とは、その目的が宗教的意義をもち、その効果が宗教に対する援助・助長・促進、または圧迫・干渉等になる行為をいい、市が体育館の建設に際して行った神式地鎮祭はこれにあたらない。（最大判昭52・7・13判時八五五―二四）

判例 **殉職自衛官の合祀［殉職自衛官合祀事件］** 社団法人隊友会による殉職自衛官の護国神社への合祀申請行為に対する自衛隊職員の協力行為は、憲法二〇条三項の宗教的活動とはいえない。静謐な宗教的環境の下で信仰生活を送るべき利益は、法的利益とは認められない。（最大判昭63・6・1判時一二七七―三四）

判例 **忠魂碑［箕面忠魂碑・慰霊祭訴訟］** 箕面市が遺族会所有の忠魂碑を移設し敷地を無償貸与した行為は、その目的・効果の点で憲法二〇条三項に違反せず、忠魂碑の前での慰霊祭に教育長等が参列した行為も社会的儀礼にとどまるので政教分離規定に違反しない。（最判平5・2・16判時一四五四―四一）

判例 **県知事の玉串料の奉納［愛媛玉串料事件］** 憲法二〇条三項にいう宗教的活動とは、国及びその機関と宗教とのかかわり合いが相当とされる限度を超えるものに限られ、当該行為の目的が宗教的意義を持ち、その効果が宗教に対する援助、助長、促進又は圧迫、干渉等になるような行為をいう。ある行為が宗教的活動に該当するかどうかは、当該行為の外形的側面のみにとらわれることなく、当該行為の行われる場所、当該行為に対する一般人の宗教的評価、当該行為者が当該行為を行うについての意図、目的及び宗教的意識の有無、程度、当該行為の一般人に与える効果、影響等、諸般の事情を考慮し、社会通念に従って、客観的に判断しなければならない。靖国神社又は護国神社が各神社の境内において挙行した恒例の宗教上の祭祀である例大祭等に際して、玉串料等を奉納するため、愛媛県知事が公金から支出したことは、県が特定の宗教団体の挙行する重要な宗教上の祭祀にかかわり合いを持ったということであり、一般人に対して県が当該特定の宗教団体を特別に支援しており、それらの宗教団体が他の宗教団体とは異なる特別のものであるとの印象を与え、特定の宗教への関心を呼び起こすものであって、その目的が宗教的意義を持ち、その効果が特定の宗教に対する援助、助長、促進になる。（最大判平9・4・2判時一六〇一―四七）

判例 **知事の大嘗祭への参列** 知事が大嘗祭に参列し拝礼した行為は、宗教とのかかわり合いを持つ行為ではあるが、政教分離原則に違反しない。（最判平14・7・11判時一七九九―九九）

判例 **小泉首相の靖国参拝** 人が神社に参拝する行為自体は、他人の信仰生活等に対して圧迫、干渉を加えるものではないから、他人が特定の神社に参拝することによって、自己の心情ないし宗教上の感情が害され、不快の念を抱いたとしても、これを被侵害利益として損害賠償を求めることはできない。（最判平18・6・23判時一九四〇―一二二）

判例 **神社への市有地の無償利用提供［砂川市空知太神社事件］** 砂川市による本件神社への市有地の利用提供行為は、宗教施設に長期間継続的に便益を提供し続けているなどの具体的態様に照らし、二〇条一項後段の禁止する宗教団体に対する特権の付与にも該当する。（最大判平22・1・20判時二〇七〇―二一）→八九条

判例 **都市公園内の孔子廟［久米孔子廟事件］** 都市公園内への孔子廟施設の設置について、那覇市による一般社団法人への占有使用料の免除は、施設が学習の場として の社会的意義を有していたとしても憲法二〇条一項後段および三項に反する。（那覇地判平30・4・13判例地方自治四五四―四〇）

解説 本条は、個人の人権としての信教の自由と、国家の宗教への関与を禁止する政教分離を定める。信教の自由は、個人の精神的自由の核心に位置し、近代の人権思想の花形であった。また、日本では、明治憲法の下で神道が国教として優遇され、キリスト教などは弾圧された。とりわけ戦死した軍人を神として祀った靖国神社は、軍国主義の精神的支柱となった。本条は、戦前の国家神道に対する反省に基づいている。

個人の信仰が社会秩序や社会的義務と衝突した場合に、その調整が問題となる。一夫多妻の教義と一夫一婦制、宗教的儀式での麻薬の使用、信仰に基づく犯人の隠匿などがその例である。一般には、信仰・教義の重要性、社会的義務の内容と必要性などを衡量して決せられよう。学校教育と生徒の信仰の対立も同様であり、学校行事での宗教施設の参観、文化祭の際の生徒の宗教的発表、信仰に基づく授業参加の拒否など、さまざまな問題が生じうる。公立学校には宗教的中立性の原則があるが、それを過度に強調して、生徒の信仰の自由を無視してはならない（エホバの証人剣道拒否事件参照）。

政教分離原則は、国家と宗教との結びつきを禁止し、国家の宗教的中立性を要求する原則であり、本条一項後段・三項、八九条（宗教団体への公金支出の禁止）で定められている。政教分離原則が厳格分離かゆるやかな分離かについて、学説の多数は戦前の国家神道への反省を重視して厳格分離説に立つが、判例は目的効果基準によって神道式地鎮祭を合憲と判示した津地鎮祭事件以来、基本的にゆるやかな分離論に立っている。もっとも、愛媛玉串料訴訟では、愛媛県知事の靖国神社への玉串料等の支出を政教分離違反と判示している。二〇一〇年の砂川市空知太神社判決は、神社による市有地の無償使用について、これまで用いられてきた目的効果基準に拠らずに違憲と判断した。

政教分離原則は、教育基本法では教育における宗教的中立性の原則（一五条二項）に具体化され、公立学校での宗教教育その他の宗教的活動を禁止している。他方、私立学校では、特定の宗派のための宗教教育を行うことができる。

第二一条［集会・結社・表現の自由、検閲の禁止、通信の秘密］ ① 集会、結社及び言論、出版その他一切の表現の自由は、これを保障する。

② 検閲は、これをしてはならない。通信の秘密は、これを侵してはならない。

＊①集会・デモ行進（諸「公安条例」、道交七七）、結社（破防）、公務員の政治的行為（国公一〇二、地公三六、人規一四―七、教特一八、中立確保三、裁判所五二、自衛六一1）、政治教育（教基一四）、名誉（刑二三〇1・二三〇の二1）、わいせつ文書（刑一七五）、ビラまき・ビラ貼り（道交七七、軽犯一）、知る権利（情報公開、放送法一）、②検閲（郵便法七、電気通信事業法三、関税法六九の二・六九の一一）、通信の秘密（刑一三三、刑訴一〇〇、通信傍受法、郵便法八、電気通信事業法四、刑事収容施設・処遇法二二一―二二七）

判例 **わいせつ文書（刑法一七五条）** 修正済みの写真であっても、修正の範囲が狭くかつ不十分で、物語性や芸術性・思想性などが見当たらず、専ら見る者の好色的興味に訴える書物は、「わいせつな図画」に当たる。（最判昭58・3・8判時一〇七四―三八）

判例 **青少年保護条例による有害図書規制** 青少年保護条例による有害図書の自動販売機への収納の禁止は、青少年の健全な育成を阻害する有害環境を浄化するための制約であるから、憲法二一条に違反しない。（最判平1・9・19判時一三二七―九）

判例 **監視機能のついた自販機による有害図書販売** 監視機能を備えた販売機であっても、その監視及び販売の態

勢等からすれば、青少年に有害図書類が販売されないことが担保されているとはいえない以上、本件機器を含めて自動販売機に有害図書類を収納することを禁止する必要性は高い。（最判平21・3・9判時二〇六四―一五七）

判例 **名誉毀損と真実性の証明［夕刊和歌山時事事件］** 刑法二三〇条の二の規定は、人格権としての個人の名誉保護と言論の保障との調和を図ったものであり、事実が真実であることの証明がない場合でも、事実を真実であると誤信し、その誤信について確実な資料、根拠に照らし相当の理由のあるときは、犯罪の故意がなく、名誉毀損罪は成立しない。（最大判昭44・6・25判時五五九―二五）

判例 **名誉毀損における「公共の利害」［月刊ペン事件］** 私人の私生活上の行状であっても、その社会的活動の性質や社会に及ぼす影響力の程度などによっては、「公共ノ利害ニ関スル事実」にあたる場合がある。（最判昭56・4・16判時一〇〇〇―二五）

判例 **意見による名誉毀損と公正な論評** 公共の利害に関する事項についての批判、論評は、その目的が専ら公益を図るものであり、かつ、その前提とする事実が主要な点において真実であることの証明があったときは、人身攻撃に及ぶなど論評としての域を逸脱したものでない限り、名誉侵害の不法行為の違法性を欠く。（最判平1・12・21判時一三五四―八八）

判例 **インターネットでの名誉毀損** インターネットの個人利用者による表現行為の場合も、行為者が摘示した事実を真実であると誤信したことについて確実な資料、根拠に照らして相当の理由があると認められるときに限り名誉毀損罪が成立しないのであり、より緩やかな要件で同罪の成立を否定すべきではない。（最決平22・3・15判時二〇七五―一六〇）

判例 **日の丸の焼却** 国民体育大会の会場に掲揚された日の丸を焼却する行為は、日の丸旗の掲揚に抗議する象徴的表現行為であったとしても、器物損壊罪、建造物侵入罪等は表現の抑圧とは無関係である。（福岡高那覇支判平7・10・26判時一五五五―一四〇）

判例 **卒業式での国旗国歌に反対する行動** 卒業式の開式直前に、式典会場において、主催者に無断で、着席していた保護者らに対して大声で呼び掛けを行い、これを制止した教頭に対して怒号するなどの行為につき、威力業務妨害罪の罪に問うことは、憲法二一条に違反しない。（最判平23・7・7判時二一三〇―一四四）

判例 **報道の自由、知る権利とテレビフィルム提出命令［博多駅テレビフィルム提出命令事件］** 報道機関の報道は国民が国政に関与するにつき重要な判断の資料を提供し、国民の「知る権利」に奉仕するものであるので、事実の報道の自由も憲法二一条の保障の下にあり、取材の自由も憲法二一条の精神に照らし十分尊重に値する。しかし、取材の自由も公正な裁判の実現のために制約を受け、制約の当否は比較衡量によって決せられる。本件でのテレビフィルム提出命令は報道機関が受忍すべきものである。（最大決昭44・11・26判時五七四―一一）

判例 **NHKの受信料** 公共放送事業者と民間放送事業者との二本立て体制の下において、NHKの財政的基盤を受信設備設置者に受信料を負担させることにより確保する仕組みは、国民の知る権利を実質的に充足すべく採用されたものであり、立法裁量の範囲内である。（最大判平29・12・6判時二三六五―三）

判例 **反論権［サンケイ新聞事件］** 共産党を批判する自民党の意見広告に対する反論文掲載請求権は、法の明文の規定は存在せず、それを是認すれば批判的記事の掲載を躊躇させ、表現の自由を間接的に侵す危険があるので、反論文掲載請求権を認めることはできない。（最判昭62・4・24判時一二六一―七四）

判例 **出会い系サイト規制法の届出義務** インターネット異性紹介事業を行おうとする者に届出義務を課し、義務違反に対して罰則を定める規定は、児童の犯罪からの保護という正当な立法目的を達成するための手段として必要かつ合理的なものであり、憲法二一条等に違反しない。（最判平26・1・16判時二二二五―一四四）

判例 **生徒会誌への教師の投稿の削除命令** 高等学校の校長が、職務命令として、教諭が寄稿した政治的見解の表明を含む回想文を生徒会誌から削除するように指示することは、憲法二一条、二三条、二六条に違反しない。（最判平16・7・15判時一八七五―四八）

判例 **九条俳句の公民館だよりへの不掲載** 公民館が「公民館だより」に『梅雨空に「九条守れ」の女性デモ』の俳句を、その思想・信条を理由として掲載しなかったことは人格的利益を侵害するだけでなく、不公正な取扱いとして許されない。（東京高判平30・5・18判時二三九五―四七）

判例 **ヘイトスピーチからの救済** 在日朝鮮人学校の近辺等での示威活動およびその映像のインターネットでの公開について、その発言の主眼は在日朝鮮人を嫌悪・蔑視してその人格を否定し、在日朝鮮人に対する差別意識を世間に訴え、我が国の社会から在日朝鮮人を排斥すべきであるとの見解を声高に主張することにあり、公益を図る目的であったとはいえないので、名誉毀損に基づく損害賠償および差止の請求は是認される。（大阪高判平26・7・8判時二二三二―三四）

判例 **ヘイトデモの差止請求** 在日コリアンの集住地域に事務所を置いて民族差別の解消に取り組む社会福祉法人に対する違法性が顕著なヘイトデモについて、人格権に基づく差止めの仮処分は是認される。（横浜地川崎支決平28・6・2判時二二九六―一四）

判例 **駅構内でのビラ配布** 私鉄の駅構内で、駅係員の許諾を受けないで乗降客にビラ多数を配布して演説等を繰り返したうえ、駅管理者からの退去要求を無視して滞留した行為につき、鉄道営業法三五条および刑法一三〇条後段を適用しても、憲法二一条一項に違反しない。（最判昭59・12・18判時一一四二―三）

判例 **町による署名者名簿の確認** 小学校の統廃合に反対するための署名活動を行うことは表現の自由、請願権によって保障されているところ、本件要望書の署名者に対してなされた本件戸別訪問の調査は、その目的が真意確認にあるのではなく、被控訴人の町長が統廃合に反対する町民の意見を封ずるという不当な目的にあり、その手段も相当性の認められない戸別訪問と調査によって行われているので、表現の自由、請願権を侵害する。本件戸別訪問の態様は、署名者に対して意見の変更を迫っているので、思想良心の自由を侵害する。本件署名簿から作成された本件一覧表を戸別訪問に利用したことは目的外利用であるので、署名者のプライバシーを侵害する。（名古屋高判平24・4・27判時二一七八―二三、上告棄却）

判例 **市民会館の利用拒否［泉佐野市民会館事件］** 公の施設の利用申請に対して、管理者が正当な理由なく拒否すると集会の自由を不当に制限することになるが、当該施設での集会によって関係する人々の生命、身体、財産が侵害される事態が生ずることが具体的に明らかに予見される場合には、利用を拒否できる。（最判平7・3・7判時一五二五―三四）

判例 **教職員組合による教育研究集会のための学校施設の使用許可［広島県教組呉教研集会会場使用拒否事件］** 学校施設は、道路や公民館等とは異なり、本来学校教育の目的に使用すべきものとして設置されているから、学校施設の目的外使用を許可するか否かは原則として管理者の裁量にゆだねられている。本件使用許可申請に対して、校長がいったんは口頭で許可の意思表示をしたのちに、市教育委員会が過去の右翼団体の妨害行動を例に挙げて使用させない方向に指導し、自らも不許可処分をしたものであり、社会通念に照らし著しく妥当性を欠いている。（最判平18・2・7判時一九三六―六三）

判例 **ホテルによる日教組大会会場使用拒否［プリンスホテル日教組大会会場使用拒否事件］** 日教組の教研集会開催のための宴会場予約に対して、ホテルによるその一方的拒否は、宴会場を教研全国集会のため、使用させなければならないとの本件仮処分命令等に違反し、民事保

教基

全によって保護されるべき利益を侵害し、本件全体集会の中止を余儀なくさせるものであって、円滑な教研集会の運営を阻害するものであるから、違法であることは明白である。（東京地判平21・7・28判時二〇五一—三、同旨東京高判平22・11・25判時二一〇七—一一六、上告棄却）

判例 **図書館での違法な図書の廃棄と著作者の権利［つくる会教科書廃棄事件］** 公立図書館は、住民に対して思想、意見等の情報を含む図書館資料を提供してその教養を高めること等を目的とする公的な場であり、図書館職員は、公正に図書館資料を取り扱うべき職務上の義務を負う。図書館職員が、著作者または著作物に対する独断的な評価や個人的な好みによって図書を廃棄したときは、当該図書の著作者の人格的利益を侵害し国賠法上違法となる。（最判平17・7・14判時一九一〇—九四）

判例 **公安条例［東京都公安条例事件］** 集団行動に対して、地方公共団体は、法と秩序を維持するに必要最小限度の措置を事前に講ずることができる。（最大判昭35・7・20判時二二九—六）

判例 **税関検査［税関検査訴訟］** 憲法二一条二項にいう検閲とは、行政権が主体となって、思想内容等の表現物を対象とし、その全部または一部の発表の禁止を目的として、対象とされる一定の表現物につき網羅的・一般的に発表前にその内容を審査した上、不適当と認めるものの発表を禁止することをいい、検閲は絶対的に禁止される。税関検査は検閲に該当せず、「風俗を害すべき」をわいせつな書籍、図画等と解すれば、不明確ともいえない。国外のわいせつ表現物の流入を水際で阻止することはやむを得ない。（最大判昭59・12・12判時一一三九—一二）

判例 **教科書検定［教科書裁判第二次訴訟（杉本判決）］**（東京地判昭45・7・17判時六〇四—二九）→教基一六条

判例 **教科書検定［教科書裁判第一次訴訟］** 教科書検定は、一般図書としての発行を妨げず、発表禁止目的や発表前の審査などの特質がないから、検閲には当たらない。普通教育の場では、教育の中立・公正、一定水準の確保の要請のために不適切な図書の発行を禁止する必要がありその制限も、不適切な内容の図書のみを教科書として発行することを禁ずるにすぎないので、憲法二一条一項に違反しない。（最判平5・3・16判時一四五六—六二）→二六条

判例 **教科書検定と裁量［教科書裁判第三次訴訟］**（最判平9・8・29判時一六二三—四九）→教基一六条

判例 **名誉毀損と事前差止め［「北方ジャーナル」事件］** 表現行為に対する事前抑制は、厳格かつ明確な要件の下でのみ許容され、差止めの対象が公務員または公職候補者に対する批判等である場合には、例外的に、表現内容が真実でなく、またはそれが専ら公益を図る目的のものでないことが明白であって、かつ、被害者が重大にして著しく回復困難な損害を被るおそれがあるときは、事前差止めが許される。（最大判昭61・6・11判時一一九四—三）

解説 本条の表現の自由は、個人の内心の思想や意見を外部に表明し、他者に伝達することを保障しており、人権体系のなかで重要な地位を占める。表現の自由を支える社会的価値には、個人が言論活動を通じて自己の人格を発展させるという個人的な価値（自己実現）と、言論活動によって国民が政治的意思形成に参加するという民主的価値（自己統治）の二つがある。「表現」とは、思想・意見を外部に発表する行為を広く含み、表現の手段・方法の自由も保障する。

表現の自由も無制限ではなく、重要な社会的利益の達成のために規制を受ける。しかし、表現の自由のもつ高度の価値に照らして、表現の自由の規制は必要最小限度でなければならない。具体的には、表現の自由を規制する法律の合憲性の審査は、「二重の基準」論に基づく厳格な審査を必要とする。二重の基準論とは、表現の自由を中心とする精神的自由とその他の自由、とりわけ経済的自由とを区別し、精神的自由は他の自由に比べて優越的地位を占め、それを規制する法律の合憲性は、経済的自由を規制する法律の合憲性よりも厳格に審査されなければならない、と説く理論である。学説では広く支持されているが、判例では必ずしも積極的に展開されていない。

表現の自由の現代的状況との関係で重要なのが、国民の知る権利、マス・メディアの発達、IT（情報技術）革命である。知る権利は、言論の送り手であるマス・メディアと、受け手である一般市民とが分離したことに伴い、言論の受け手としての国民の地位に着目して提唱された。知る権利が本条に根拠を置く憲法上の権利であることは、学説・判例で広く認められている。知る権利は、報道の自由を根拠づけるほか、情報公開制度を要請する。各地方公共団体の情報公開条例のほか、二〇〇一年施行の情報公開法は、知る権利の具体化法といえる。教育の分野でも、体罰・いじめ報告書や職員会議議事録などに関する情報公開請求が問題となっている。

マス・メディアは、世論形成、政治批判、国民への情報提供など、多様かつ重要な活動をしている。国民はマス・メディアを通じてさまざまな情報を取得しており、マス・メディアの報道は国民の知る権利に奉仕するものといえる。もっとも、犯罪報道、プライバシー保護、少年報道などで行き過ぎた報道もみられる。さらに、インターネットをはじめとする情報技術の発展は、世界規模での情報の自由な流通を飛躍的に進歩させている。現代の表現の自由は、圧倒的な情報の自由を特徴とする。同時に、放送・通信の法的規制と保護が問題となっている。

表現の自由の規制が問題となるのは、性表現、名誉・プライバシー、青少年保護、営利的言論、差別的言論、集会・デモ行進、ビラ活動、公務員の政治活動など、多岐にわたる。

本条二項は検閲を禁止する。検閲は表現が受け手に届く前に禁圧する強力な規制方法であるので、とくに禁止されている。通説によれば、検閲とは、行政権が表現内容を、その受領前に審査し、場合によっては表現を禁止することを意味する。判例の検閲の定義（税関検査訴訟最高裁判決参照）は詳細にすぎ、狭すぎると批判されている。なお、多数説・判例は、検閲と事前抑制とを区別し、検閲は絶対的に禁止されるのに対して、検閲に至らない事前抑制は厳格な審査に服するものの、必ずしも絶対的に禁止されないと説いている。検閲ないし事前抑制の禁止が争われた主要な事件として、公安条例によるデモ行進の許可制、税関検査、名誉毀損言論の事前差止めなどがあるが、とくに教育に関しては教科書検定が問題となった。

教科書検定では、憲法二一条との関係では、①教科書検定が「検閲」に該当しないか、②教科書執筆にかかる表現の自由ないし学問の自由を侵害しないか、③個々の修正意見の付加が違憲ないし裁量権の逸脱・濫用ではないかが問題となる。判例は、不合格図書が一般図書として発行されうること、発表禁止目的や発表前の審査などの特質がないことを理由に検閲にあたらないとし、また、普通教育での中立・公正・水準維持の要請のための規制であることなどを理由に、合理的で必要やむをえない制限であると論じ、ただし、検定の過程に過誤があった場合には裁量権の逸脱として国家賠償法上違法となると判示している。学説では、検定が行政権による思想内容の審査であり、教科書として執筆した図書の刊行が禁止されるのであるから、検閲に該当すると説く見解も有力である。また、教科書検定が国による思想・学説への干渉であることなどを理由とする違憲論も有力である。

教科書は、生徒の教育水準に見合った教育上適切な内容でなければならず、その限りで、教科用図書の内容を審査する制度自体を直ちに違憲と解することは困難である。しかし、個々の検定の過程で国が記述内容に干渉し、特定の思想を強制することはありうる。そのような検定措置は違憲と判断されなければならない。

第二二条〔居住・移転・職業選択の自由、外国移住の自由、国籍離脱の自由〕　何人も、公共の福祉に反しない限り、居住、移転及び職業選択の自由を有する。

②　何人も、外国に移住し、又は国籍を離脱する自由を侵されない。

＊公共の福祉（一二・一三・二九）、居住移転の制限（破産法三七、刑訴九五、刑二五の二、民八二一・八五七）、職業選択の自由（職安二、労基六、民八二三・八五七）、②国籍離脱（国籍法一一―一六、戸籍法一〇三―一〇六）、海外渡航の制限（旅券法一三）

判例　**小売市場の許可制〔小売市場事件〕**　個人の経済活動に対しては、社会公共の安全と秩序の維持という消極的目的からの規制のみでなく、経済の調和的発展と経済的弱者保護という積極的な社会経済政策のための規制も許容され、その規制については立法府が裁量権を逸脱し、当該法的規制措置が不合理であることの明白である場合に限って違憲とすることができる。（最大判昭47・11・22判時六八七―二三）

判例　**薬局開設の距離制限〔薬局事件〕**　営業の許可制は、自由な職業活動が社会公共にもたらす弊害を防止するための消極的・警察的措置である場合には、よりゆるやかな規制によっては目的を達成できないと認められることを要する。薬局の適正配置規制は、不良医薬品の供給等の危険を防止するための警察的規制であるが、距離制限をとらなければ薬品の管理に不備が生ずるという因果関係を見出すことができず、規制の必要性・合理性を肯定することはできない。（最大判昭50・4・30判時七七七―八）

判例　**海外旅行の自由（旅券法一三条一項五号）〔帆足計事件〕**　外国旅行の自由は憲法二二条二項で保障されているが、日本国の利益または公安が害されるおそれのある場合に旅券発給を拒否できるとする規定は違憲ではない。（最大判昭33・9・10判時一六二―六）

判例　**外国人の外国旅行〔森川キャサリン事件〕**　わが国に在留する外国人は、憲法上外国へ一時旅行する自由を保障されていない。（最判平4・11・16裁判集民一六六―五七五）

第二三条〔学問の自由〕　学問の自由は、これを保障する。

＊学問の自由（教基二）、大学の自治（学教九三、教特三―一〇）、教育を受ける権利（二六）、科学技術の規制（ヒトクローン技術規制法）

判例　**学問の自由と大学の自治〔東大ポポロ事件〕**　学問の自由はとくに大学について保障され、大学教授は教授の自由を保障され、また、研究者の人事、大学の施設と学生の管理について大学の自治が認められる。学生の集会も大学の自治の範囲で自治が認められるが、集会が真に学問的な研究と発表のためではなく、実社会の政治的社会的活動に当たる場合には、大学の自治は享有しない。本件集会は大学の自治を享有せず、警察官が立ち入ったことは大学の自治を犯すものではない。（最大判昭38・5・22判時三三五―五）

判例　**普通教育での教育の自由〔旭川学テ事件〕**　普通教育の教師には一定の範囲で教授の自由が保障されるが、生徒に批判能力がなく、学校や教師の選択の余地がなく、教育の全国的水準の確保の要請があるので、完全な教授の自由を認めることはとうてい許されない。（最大判昭51・5・21判時八一四―三三）

判例　**教科書検定〔教科書裁判第一次訴訟〕**　教科書は普通教育の場で使用される図書であって、学術研究の結果の発表を目的とするものではなく、教科書検定は、申請図書に記述された研究結果が、たとえ執筆者が正当と信ずるものであってもいまだ学界で支持を得ていなかったり、児童・生徒の教育として取り上げるにふさわしい内容と認められないときなど、検定基準に違反する場合に、教科書の形態における研究結果の発表を制限するにすぎないので、憲法二三条に違反しない。（最判平5・3・16判時一四五六―六二）

判例　**私立大学における学問の自由**　私立大学の教員が新聞紙上で行った「歴史認識の見直し機運高まる」、「史観の押付けが問題」等の発言は、第二次世界大戦下の日本が採った諸政策に関する教員の意見表明にすぎず、これによって所属大学の社会的評価の低下毀損を生じさせるものではなく、教員の講義方法等が直ちに懲戒事由に該当すると認めるのは困難であるので、教員に対する戒告処分は懲戒権の濫用であり無効である。（最判平19・7・13判時一九八二―一五二）

解説　本条は、人間の精神活動のうち、とくに学問・研究の自由を保障している。学問・研究は性質上既存の価値と常識を疑い批判することを内容としており、そのため公権力の干渉を受けやすく、現実にも明治憲法下で天皇機関説の弾圧等が生じた。本条がとくに学問の自由の保障を掲げたのもそのためである。

学問の自由の保障は、学問研究の自由、学問研究の成果の発表の自由、教授ないし教育の自由から成る。これらの自由の保障を大学の研究者に限定して考えるか、広く市民一般まで含めるかについて対立がある。すなわち、大学および研究者の研究を中心に考えるドイツ的思考と、市民一般の表現の自由のなかでとらえるアメリカ的思考である。学問の自由が市民一般に保障されることは疑いないが、大学の自治が導き出されるように、大学が特別の地位にあることも否定できない。これに関係して、教授・教育の自由が大学教授の他に小・中・高校の教師にも保障されるかどうか争いがある。この問題について、判例は、普通教育の教師にも教授の自由が一定の限度で認められるが、完全な自由はとうてい認められないとしている。また、研究の自由との関係では、近年科学技術の急速な進歩とともに、遺伝子組換え技術、ヒト・クローンなどの生殖技術などの分野で、研究自体の制限が必要ではないかが議論されている。

本条は、大学の自治をも保障している。大学の自治とは、大学が外部勢力の干渉を受けずに教育研究・組織運営を自主的に決定することをいい、その内容には、人事の自治、教育研究の自主決定権、施設管理権、財政自治権などが含まれる。とくに人事に関しては、教授会が大学内での決定機関とされ（学校教育法九三条）、大学での人事の自主選考権が保障されている（教育公務員特例法三〜一〇条）。大学の管理・運営の自治は、大学内の施設管理と学生管理について認められる。この点でとくに問題となったのが、警察による大学構内での情報収集活動であり、大学の自治を脅かすと批判された。また、一九六〇年代後半以降の大学紛争の際には、学生参加も議論された。

現代では、大学の大衆化、学生意識の変化などに伴い、従来の学問の府としての大学像は変容を余儀なくされている。少子高齢化、一八歳人口の減少などの現象もみられる。大学の自治を名目に外部からの批判を拒否することは許されなくなっている。大学は社会的責任を自覚し、みずから率先して改革に取り組んでいかなければならない。

第二四条〔家族生活における個人の尊厳と両性の平等〕　婚姻は、両性の合意のみに基いて成立し、夫婦が同等の権利を有することを基本として、相互の協力により、維持されなければならない。

②　配偶者の選択、財産権、相続、住居の選定、離婚並びに婚姻及び家族に関するその他の事項に関しては、法律は、個人の尊厳と両性の本質的平等に立脚して、制定されなければならない。

＊男女平等（一四）、個人の尊厳（一三）、婚姻・家族における男女平等（女子差別撤廃一六）、①婚姻と合意（民七三一―七七一）、夫婦の相互協力（民七五二）、②個人の尊厳と両性の本質的平等（民二、民四編・五編）

判例　**女性の再婚禁止期間（民法七三三条）**　女性の再婚禁止期間のうち一〇〇日超過部分は、父性推定の重複を回避するという立法目的との関連において合理性を欠くものと解され、両性の本質的平等にも立脚せず、憲法一四条・二四条に違反する。（最大判平27・12・16判時二二八四—二〇）

判例 **夫婦同氏原則（民法七五〇条）の合憲性**　婚姻の際に「氏の変更を強制されない自由」は、憲法上の権利である人格権の一内容とはいえず、民法七五〇条は、憲法一三条に違反しない。また、夫婦の氏の選択を協議に委ねており、男女間の差別的な取扱いを定めておらず、憲法一四条一項にも違反しない。憲法二四条一項は婚姻するについて当事者間の自由かつ平等な意思決定に委ねているが、民法七五〇条は婚姻について直接の制約を定めたものではない。憲法二四条二項は婚姻及び家族に関する制度の構築を第一次的には国会の立法裁量に委ねており、その制度が憲法二四条に違反するかどうかは、その規定が個人の尊厳と両性の本質的平等の要請に照らして合理性を欠き、国会の立法裁量の範囲を超えるかどうかという観点から判断すべきである。そして、夫婦同氏制は家族が同一の集団であることを識別する機能を有すること、子の嫡出性を示すという意義があること、夫婦の氏の選択は夫婦間の協議に委ねられていること、氏を改める者が受けるアイデンティティの喪失などの不利益は婚姻前の氏の通称使用によって一定程度緩和され得ること等を考慮すると、民法七五〇条が夫婦別氏を認めないとしても、憲法二四条に違反しない。（最大判平27・12・16判時二二八四—三八）

解説　本条は、婚姻・家族に関する基本原則を定める。明治憲法下での戸主を中心とする家制度、男尊女卑、家中心の制度を廃棄し、個人の尊厳と平等に基づく婚姻・家族制度をめざした。本条の下で、民法の身分法が改正された。

本条は、一項で、結婚の自由、夫婦の同権、二項で婚姻・家族に関する法律における個人の尊厳と両性の本質的平等の原則、を定める。結婚の自由は、当事者の合意のみに基づいて成立するので、第三者が結婚を強制し、本人の結婚の意思を阻害することは許されない。結婚の自由に関して、未成年の子の婚姻に少なくとも父母の一方の同意を必要としている（民法七三七条）のは、未成年の子の判断能力に配慮して保護を図るものであるので本条に違反しないが、男性一八歳・女性一六歳の結婚適齢の差異（民法七三一条）、女性の再婚禁止期間（七三三条）については、合憲性が疑われている。また、企業の労働協約等での女子結婚退職制は本条に違反する。

家族は社会の基本単位であり、生活の面でも子どもを育てるという面でも重要な役割を担っているので、憲法が家族制度を保障したことには大きな意味がある。国は、家族の保護を図る施策を採用しなければならず、その際には、個人の尊厳と両性の平等に基づかなければならない。しかし、他方、現在では、家族の変容が生じており、離婚や再婚、単身、母子家庭、婚姻届を出さないカップルが増加している。また同性婚も議論されている。家族の保護の要請が、家族以外の生活形態を規制し、不利益を与えるものであってはならない。この意味で、婚外子の法定相続分差別を違憲とした二〇一三年最高裁決定は高く評価されるが、夫婦同氏原則を婚姻の制度設計の問題として立法裁量を広汎に認めて合憲とした二〇一五年最高裁判決は強く批判されよう。

第二五条［生存権、国の社会保障義務］

すべて国民は、健康で文化的な最低限度の生活を営む権利を有する。

② 国は、すべての生活部面について、社会福祉、社会保障及び公衆衛生の向上及び増進に努めなければならない。

＊①生存権（生保、厚生年金保険法、労基、最低賃金法、児福等）、②国の社会保障義務（健康保険法、国民年金法、社会福祉法、環境基等）

判例 **生存権のプログラム性［朝日訴訟］**　憲法二五条一項は、すべての国民が健康で文化的な生活を営み得るように国政を運営すべきことを国の責務として宣言したにとどまり、直接個々の国民に対して具体的権利を付与したものではない。具体的権利は生活保護法によって初めて与えられる。（最大判昭42・5・24判時四八一—九）

判例 **社会保障の併給禁止立法［堀木訴訟］**　憲法二五条一項にいう健康で文化的な最低限度の生活は、きわめて抽象的・相対的な概念であって、その具体的内容は、その時々の文化の発達、経済的・社会的条件等との関連で判断されるべきものであり、具体的にどのような立法措置を講ずるかの選択決定は立法府の広い裁量にゆだねられており、明らかに裁量の逸脱・濫用となるような場合を除き、裁判所の審理判断の対象にはならない。障害福祉年金と児童扶養手当との併給禁止規定は、憲法二五条、一四条に反しない。（最大判昭57・7・7判時一〇五一—二九）

判例 **生活保護と高校修学のための貯蓄［学資保険訴訟］**　生活保護法の趣旨目的にかなった目的と態様で保護金品等を原資としてされた貯蓄等は、収入認定の対象とすべき資産には当たらない。生活保護法上、高等学校修学に要する費用は保護の対象とはされていないが、実務においても世帯内修学を認めてきているのであるから、被保護世帯において、最低限度の生活を維持しつつ、子弟の高等学校修学のための費用を蓄えることは、同法の趣旨目的に反しない。（最判平16・3・16判時一八五四—二五）

判例 **生活保護での老齢加算の廃止**　生活保護基準中の老齢加算に係る部分の改定に際し、最低限度の生活を維持する上で老齢であることに起因する特別な需要が存在するか、高齢者に係る改定後の生活扶助基準の内容が健康で文化的な生活水準を維持できるものであるか、の判断に当たっては、厚生労働大臣に専門技術的かつ政策的な裁量権が認められ、老齢加算を段階的に廃止した大臣の判断の過程及び手続に過誤、欠落はない。（最判平24・2・28判時二一四五—三）

判例 **外国人の社会保障［塩見訴訟］**　限られた財源の下で社会福祉的給付を行うにあたり、自国民を在留外国人より優先的に扱うことも許される。（最判平1・3・2判時一三六三—六八）

判例 **公害に関する判例**→一三条

解説　生存権について定める本条は、同時に社会権の総則規定としての意味をもつ。社会権は、一九世紀の自由主義と資本主義経済の展開とともに生じた失業、貧困、富の偏在、労働条件の悪化などの社会的弊害を克服するために、二〇世紀に登場した人権である。その特質は、国家に生活の配慮を求める作為請求権であり、貧困者・失業者・労働者などの社会的・経済的弱者に対する保障である点にある。憲法二六条の教育を受ける権利もまた、国に積極的な教育整備を要求している点で、社会権に数えられる。

本条一項は、国民の権利として生存権を定め、二項は社会保障等を増進すべき国の義務を定める。生存権の保障は、個人の尊厳を保持し、「人間に値する生活」を現実に保障することを目的としている。生存権の法的性格について、判例はいわゆるプログラム規定説を採用し、生存権は国民の生存を確保するように国政を運営すべきことを国の責務として宣言したにとどまり、直接個々の国民に具体的権利を保障したものではない、と説いている。これに対して、学説の多数は、生存権の権利性を強調し、本条は国民に対して「権利」を保障し、国は国民の生存権を確保すべき義務を負うが、それは抽象的権利であり、具体化立法によってはじめて具体的権利となると説いている。

しかし、本条は裁判規範性を有し、生存権を具体化した社会保障立法の不備を違憲とする基準となりうる。判例もまた、立法裁量の逸脱・濫用を本条違反と判断できるとしている。とくに「最低限度の生活」に関しては、裁判規範性を強く認め、最低限度の生活をみたさない社会保障立法ないし国家行為は本条に違反すると解すべきであろう。また、国民年金法などの社会保障一般に関する法律に不合理、不平等があれば、憲法一四条違反のほか、本条にも違反することになる。

第二六条［教育を受ける権利、教育を受けさせる義務、義務教育の無償］ すべて国民は、法律の定めるところにより、その能力に応じて、ひとしく教育を受ける権利を有する。

② すべて国民は、法律の定めるところにより、その保護する子女に普通教育を受けさせる義務を負ふ。義務教育は、これを無償とする。

＊教育への権利（社会権規約一三・一四、児童権利二八・二九、女子差別撤廃一〇）、①教育を受ける権利（教基四、社教一・三、学生支援、生保一一1(2)・一三・三二）、②教育の義務（教基五、学教一七・二〇）、義務教育の無償（教基五4、学教六、教科書無償措置、教育費負担）

判例 **教育権［旭川学テ事件］** 憲法二六条は子どもの学習権を保障したものである。教育内容決定権の帰属について、親の子どもの教育の自由は家庭教育等にあらわれ、私学教育の自由や教師の教育の自由も一定の範囲で肯定できるが、それ以外の領域では、国は、適切な教育政策を実施すべく、必要かつ相当と認められる範囲で、教育内容について決定する権能を有する。（最大判昭51・5・21判時八一四―三三）

判例 **助成［私学訴訟］**（大阪地判昭55・5・14判時九七二―七九）→教基八条

判例 **学習指導要領の拘束力**（教科書使用義務）**［伝習館高校事件］**（最判平2・1・18判時一三三七―三）→学教三三条・三四条

判例 **身障少年の教育を受ける権利［尼崎高校事件］**（神戸地判平4・3・13判時一四一四―二六）→教基四条

判例 **特別支援学級への入級決定［特別支援学級入級処分取消請求事件］**（札幌高判平6・5・24判時一五一九―六七）→教基四条

判例 **外国人の普通教育を受けさせる義務［京都市立中学校外国籍生徒退学届受理事件］** 憲法二六条二項前段の規定に従って普通教育の内容を定めるに当たっては、言語（国語）の問題や歴史の問題を考えれば明らかなように、わが国の民族固有の教育内容を排除することができないのであるから、わが国に在留する外国籍の子ども（の保護者）に対して、一律にわが国の民族固有の教育内容を含む教育を受けさせる義務を課せば、当該外国人がその属する民族固有の教育内容を含む教育を受ける権利を侵害することになりかねない。したがって、憲法二六条二項前段の義務は、外国籍の子どもの保護者に対して課せられた義務ということはできない。（大阪地判平20・9・26判時二〇二七―四二）

判例 **私立学校での教育内容の変更［江戸川学園論語教育廃止変更事件］**（最判平21・12・10判時二〇七一―四五）→教基八条

判例 **義務教育の無償［教科書費国庫負担請求事件］** 憲法二六条二項後段にいう義務教育の無償とは、授業料不徴収の意味である。（最大判昭39・2・26判時三六三―九）

判例 **朝鮮高校への就学支援** 朝鮮高校において北朝鮮の指導者に敬愛の念を抱き北朝鮮の国家理念を賛美する内容の教育が行われており、この教育に朝鮮総連が一定程度関与している事実をもって特段の事情があるということはできず、朝鮮高校が「高等学校の課程に類する課程を置くもの」と認められないとした文部科学大臣の判断は、裁量権を逸脱・濫用している。（大阪地判平29・7・28訟務月報六六―三―三三五）

判例 **朝鮮高校への就学支援** 不指定処分の法的効果は、愛知朝鮮高校で学ぶ生徒に年額一一万八八〇〇円の就学支援金の受給資格が認められないというものにとどまり、民族教育を行う自由を法的に規制する効果を伴うものでも、愛知朝鮮高校にて学ぶ自由を法的に規制する効果を伴うものでもない。また、法令に基づく学校運営が適正に行われていない疑いのある学校における就学を、公費による支援対象とすることができないという不指定処分の理由は合理的である。不指定処分が、憲法一三条、二六条に違反すると認めることは困難である。（名古屋地判平30・4・27判時二四〇〇―二〇）

解説 本条は、教育に関する最も中心的な人権規定である。一項の教育を受ける権利は、学習を通じて人格的に成長することを権利として保障している。それはまた、教育の機会均等、義務教育の無償、国の教育条件整備義務などの教育法上の基本原理とも関連し、国に対して教育制度を整えることを義務づけている。教育を受ける権利はすべての国民に保障されるが、成人に対する社会教育の他に、とくに子どもに学校教育を受けることを保障している。同時に、外国人の子どもにも日本の学校の門戸を開放しなければならない。本条一項にいう「法律」として、教育基本法・学校教育法等が定められ、公教育制度が整備されている。「その能力に応じて」とは、能力の程度に応じてというよりも、障害児の教育をも視野に入れて、すべての子どもが能力発達のしかたに応じて能力をのばすことができる教育を保障したものである。「ひとしく」とは教育の機会均等を意味し、とくに経済的理由による不就学がないようにすることを要求している。

本条二項は、子どもの親（親権者）に、教育を受けさせる義務を定める。親の義務は、義務教育との関係で、子どもを就学させる義務（学校教育法一七条）と義務違反に対する罰則（同一四四条）に具体化されている。もっとも、子どもを教育すべき親の「義務」は、法的な意味での「義務」を超えて、親が子どもを自己の教育方針に従って教育する「権利」ととらえ直すことができる。この親の子どもに対する教育権を重視して「教育の私事性」ないし「私教育の伝統」を中心に考える立場は、国民教育権説につらなる。また、二項後段の義務教育の無償の範囲については、授業料の不徴収を意味するとするのが判例である。

教育を受ける権利は、国に対する関係では、学校施設、体育館・図書館等の整備など、教育条件を整備すべき義務を課している。この義務は、教育を受ける権利の社会権の側面の現れであり、とりわけ公教育制度の整備・維持を内容としている。とはいえ、子どもないし親が、憲法二六条を根拠に、国に対して教育条件の整備を要求することまで保障されているとは解されていない。教育に関する施策は多様であって、その選択は立法府・行政府の政策判断に委ねられる。ただし、特定の個人が正当な理由なく入学を拒否された場合には、教育を受ける権利の侵害と解されよう。

教育を受ける権利に対応する国の義務が教育の内容にまで及ぶかどうかは、「教育権」の所在の問題として議論されている。つまり、国が教育内容を決定する権能をもつかどうかであり、それを肯定する国家教育権説と否定する国民教育権説とが対立している。国は教育の外的事項を超えて内的事項についても決定できるか、あるいは、国の教育内容への関与が教育基本法一六条の「不当な支配」となりうるか、という問題でもある。この問題は、戦後の教育裁判のなかで最も中心的な論争となったが、学テ最高裁判決は、基本的に国の教育内容決定権を肯定している。

国家教育権と国民教育権の論争に関連して、教師の教育の自由も争われたが、本条が教育の自由の根拠となりうるかどうかについても議論がある。教師の教育の自由は、憲法二三条の学問の自由によって保障されるとするのが多数説であるが、子どもの成長発達を可能とする教育が行われるためには、教師の教育の自由が不可欠の前提となるという理由から、教育の自由を本条に求める説も有力である。教育の自由といっても、学校教育の自由のほかに、私学教育の自由、社会教育の自由、学校設立の自由などさまざまなものがあり、それぞれの特質に応じて憲法上の根拠を探究していくべきである。その意味で、教師の教育の自由の根拠を、憲法二三条の他に本条に求めることには理由がある。ただし、そこにいう教育の自由が、市民的な思想・表現の自由ではなく、むしろ教師の職務上の教育の専門的自主性を意味することには注意を要する。

第二七条［勤労の権利・義務、勤労条件の基準、児童の酷使の禁止］すべて国民は、勤労の権利を有し、義務を負ふ。

② 賃金、就業時間、休息その他の勤労条件に関する基準は、法律でこれを定める。

③ 児童は、これを酷使してはならない。

＊①勤労の権利（職安、労働施策総合推進法、雇用保険法、雇用均等）、②勤労条件の基準（労基、最低賃金法）、③児童の酷使の禁止（労基五六―六四、児福三四）

第二八条［労働基本権］勤労者の団結する権利及び団体交渉その他の団体行動をする権利は、これを保障する。

＊団結権（労組一・二・五―一二、国公一〇八の二、地公五二―五六、行政執行法人の労働関係に関する法律四・七）、団体交渉権（労組一・一四―一八、労調四、行政執行法人の労働関係に関する法律八―一二、国公一〇八の五、地公五五）、争議行為の制限（労調三五の二―四三、国公九八2 3、地公三七、行政執行法人の労働関係に関する法律一七・一八、スト規制法二・三）

判例 **公務員等の争議行為の禁止（旧公労法一七条）［全逓東京中郵事件］** 公務員も憲法二八条にいう勤労者であり、労働基本権の保障を受けるが、国民生活全体の利益の見地からの制限を内包する。制限は合理性のある必要最小限度にとどめられ、職務の公共性の強いものに関して国民生活に及ぼす重大な障害のために必要やむをえない場合に限られ、刑事制裁は必要やむをえない場合に限られ、代償措置のあることを要する。(旧)公労法一七条の争議行為の禁止規定は合憲であるが、正当な争議行為は刑事免責される。（最大判昭41・10・26判時四六〇―一〇）

判例 **公務員等の争議行為の禁止（地公法三七条）［都教組事件］** 地公法がすべての地方公務員の一切の争議行為を禁止し、あおり行為をすべて処罰する趣旨と解するならば、違憲の疑いが生ずる。争議行為、あおり行為ともに、違法性の強いものに限って処罰される。（最大判昭44・4・2判時五五〇―二一）

判例 **公務員等の争議行為の禁止［全農林警職法事件］** 公務員の地位の特殊性と職務の公共性を根拠にその労働基本権を必要やむをえない限度で制限することは合理的な理由がある。公務員の給与その他の勤務条件は、国会の制定した法律・予算によって定められるので、政府に対する争議行為は的はずれである。（最大判昭48・4・25判時六九九―二二）

判例 **人事院勧告によらない国家公務員給与の減額** 人事院勧告によらずに国家公務員の給与の減額を講ずる給与改定・臨時特例法は、当時の国の厳しい財政事情、東日本大震災の復旧・復興の財源確保、また、二年間の臨時的な措置などに照らして、人事院勧告制度がその本来の機能を果たすことができないと評価すべき不合理な立法とはいえず、憲法二八条に違反しない。（東京地判平26・10・30判時二二五五―三七）

第二九条［財産権の保障］財産権は、これを侵してはならない。

② 財産権の内容は、公共の福祉に適合するやうに、法律でこれを定める。

③ 私有財産は、正当な補償の下に、これを公共のために用ひることができる。

＊②公共の福祉（一二・一三・二二1、民一）、③正当な補償（土地収用法）

判例 **共有林の分割制限（森林法一八六条）［森林法共有林事件］** 財産権の制限は、立法目的が公共の福祉に合致しないことが明らかか、または、規制手段に必要性・合理性が欠けていることが明らかな場合に限り違憲となる。森林経営の安定化を図るという立法目的は公共の福祉に合致するが、分割請求を認めないことは規制目的との関係で必要性・合理性を肯定できない。（最大判昭62・4・22判時一二二七―二一）

判例 **インサイダー取引の規制** 上場会社が、その役員・主要株主が自社株の短期売買で得た利益の提供を求めることができると定める証券取引法（現・金融商品取引法）一六一条一項は、いわゆるインサイダー取引を規制する規定であるところ、証券取引市場の公平性・公正性を維持し一般投資家の利益と証券取引市場に対する信頼を確保するという立法目的は正当であり、規制手段も必要性又は合理性に欠けるとはいえない。（最大判平14・2・13判時一七七七―三六）

判例 **農地改革と正当な補償［農地改革事件］** 憲法二九条三項にいう正当な補償とは、その当時の自由な取引によって成立すると考えられる価格に基づき、合理的に算出された相当な額をいい、必ずしもこの価格と完全に一致することを要しない。自作農創設特別措置法の定めた価格は不合理ではない。（最大判昭28・12・23判時一八―三）

第三〇条［納税の義務］国民は、法律の定めるところにより、納税の義務を負ふ。

＊租税法律主義（八四）

第三一条［法定手続の保障］何人も、法律の定める手続によらなければ、その生命若しくは自由を奪はれ、又はその他の刑罰を科せられない。

＊法律の定める手続（七七、刑訴、刑訴規則、警職、少）、刑罰（七三(6)、行組一二、刑九、軽犯、地自一四3・一五2）、行政手続（行手）

判例 **刑罰法規の明確性［徳島市公安条例事件］** ある刑罰法規があいまい不明確のゆえに憲法三一条に違反するかどうかは、通常の判断能力を有する一般人の理解において、具体的場合に当該行為がその適用を受けるものかどうかの判断を可能ならしめるような基準が読みとれるかどうかによって決定すべきである。公安条例の掲げる「交通秩序を維持すること」とは、道路における集団行進等が一般的に秩序正しく平穏に行われる場合に随伴する交通秩序阻害の程度を超えた、殊更な交通秩序の阻害をもたらすような行為を避止すべきものと解され、通常の判断能力を有する一般人がさほどの困難を感じることなく判断できる。（最大判昭50・9・10判時七八七―二二四）

判例 **刑罰法規の明確性［「淫行」条例事件］** 福岡県青少年保護条例にいう「淫行」とは、青少年に対する性行為一般をいうのではなく、青少年を誘惑する等その心身の未成熟に乗じた不当な手段により行う性交または性交類似行為のほか、青少年を単に自己の性的欲望を満足させるための対象としてのみ扱っているような性交または性交類似行為をいい、このように解釈すれば、処罰の範囲が広すぎて不明確であるとはいえない。（最大判昭60・10・23判時一一七〇―三）

判例 **暴走族の取締り［広島市暴走族追放条例事件］** 広島市暴走族追放条例にいう「集会」は、暴走行為を目的として結成された集団である本来的な意味における暴走族のほか、服装、旗、言動などにおいてこのような暴走族に類似し社会通念上これと同視することができる集団によって行われるものに限定され、このように解釈すれば、憲法二一条一項、三一条に違反しない。（最判平19・9・18判時一九八七―一五〇）

判例 **告知と聴聞［第三者所有物没収事件］** 関税法違反の貨物の没収にあたり、その所有者たる第三者に告知、弁解、防御の機会を与えずに没収することは、適正な法律手続によらないで財産権を侵害するにほかならない。（最大判昭37・11・28判時三二一九―六）

判例 **行政手続の適正〔成田新法事件〕** 行政手続についても、それが刑事手続ではないとの理由のみで、憲法三一条の保障の枠外にあるわけではない。しかし、行政手続は刑事手続とは性質上差異があり、また、行政目的に応じて多様であるから、行政処分の相手方に事前の告知、弁解、防御の機会を与えるかどうかは、権利の内容・性質、制限の程度、公益の内容・程度・緊急性等を総合衡量して決せられる。成田新法による工作物使用禁止命令については、新空港の安全等高度かつ緊急の必要性を有することなどを考慮すれば、事前の告知等がなくても憲法三一条に違反しない。（最大判平4・7・1判時一四二五—四五）

第三二条〔裁判を受ける権利〕 何人も、裁判所において裁判を受ける権利を奪はれない。

＊裁判所（七六、裁判所）、公正迅速な裁判（三七、民訴二）、訴訟関係法規（民訴、刑訴、行訴）

第三三条〔逮捕に対する保障〕 何人も、現行犯として逮捕される場合を除いては、権限を有する司法官憲が発し、且つ理由となつてゐる犯罪を明示する令状によらなければ、逮捕されない。

＊現行犯（刑訴二一二—二一七）、逮捕状（刑訴一九九—二〇四）、緊急逮捕（刑訴二一〇・二一一）

第三四条〔抑留・拘禁に対する保障〕 何人も、理由を直ちに告げられ、且つ、直ちに弁護人に依頼する権利を与へられなければ、抑留又は拘禁されない。又、何人も、正当な理由がなければ、拘禁されず、要求があれば、その理由は、直ちに本人及びその弁護人の出席する公開の法廷で示されなければならない。

＊弁護人依頼権（三七3、刑訴三〇）、告知（刑訴七六・七七・二〇三・二〇四）、勾留理由の開示（刑訴八二—八六）、公開法廷（八二1、裁判所六九）、拘束からの自由の回復（人身保護法）

第三五条〔住居侵入・捜索・押収に対する保障〕 何人も、その住居、書類及び所持品について、侵入、捜索及び押収を受けることのない権利は、第三十三条の場合を除いては、正当な理由に基いて発せられ、且つ捜索する場所及び押収する物を明示する令状がなければ、侵されない。

② 捜索又は押収は、権限を有する司法官憲が発する各別の令状により、これを行ふ。

＊押収・捜索（刑訴九九—一二七・二一八・二二九）、令状によらない差押え等（刑訴二二〇）、②令状（刑訴一〇六・一〇七・二一八・二一九）

判例 **税法上の質問検査と令状主義〔川崎民商事件〕** 憲法三五条一項は、本来主として刑事責任追及の手続における強制に対する保障であるが、当該手続が刑事責任追及を目的としないという理由のみで憲法三五条の保障の枠外に判断すべきではない。しかし、税務官吏による質問検査は、所得税の公平確実な賦課徴収のための資料収集を目的とし、刑事責任の追及を目的とするものではなく、強制の程度も不均衡・不合理であるとはいえないので、令状によらない調査であっても憲法三五条の法意に反しない。（最大判昭47・11・22判時六八四—一七）

第三六条〔拷問・残虐な刑罰の禁止〕 公務員による拷問及び残虐な刑罰は、絶対にこれを禁ずる。

＊拷問等による自白の証拠能力（三八2）、特別公務員暴行陵虐罪（刑一九五）

判例 **死刑と残虐な刑罰** 死刑について、火あぶり、はりつけ、さらし首、釜ゆでの刑のような残虐な執行方法を定めれば憲法三六条に違反するが、死刑そのものは残虐な刑罰とはいえない。（最大判昭23・3・12判タ三—六）

第三七条〔刑事被告人の権利〕 すべて刑事事件においては、被告人は、公平な裁判所の迅速な公開裁判を受ける権利を有する。

② 刑事被告人は、すべての証人に対して審問する機会を充分に与へられ、又、公費で自己のために強制的手続により証人を求める権利を有する。

③ 刑事被告人は、いかなる場合にも、資格を有する弁護人を依頼することができる。被告人が自らこれを依頼することができないときは、国でこれを附する。

＊①裁判を受ける権利（三二）、裁判の公開（八二）、公平な裁判所（刑訴二〇—二六）、②証人審問権（刑訴一四三—一六四）、③弁護人依頼権（三四）、国選弁護人（刑訴三六—三八の三・二八九・二九〇）

第三八条〔自己に不利益な供述、自白の証拠能力〕 何人も、自己に不利益な供述を強要されない。

② 強制、拷問若しくは脅迫による自白又は不当に長く抑留若しくは拘禁された後の自白は、これを証拠とすることができない。

③ 何人も、自己に不利益な唯一の証拠が本人の自白である場合には、有罪とされ、又は刑罰を科せられない。

＊①供述拒否権（刑訴一九八2・二九一4・三一一）、②自白の証拠能力（刑訴三一九1）、③不利益な唯一の証拠である自白（刑訴三一九2）

第三九条〔刑罰法規の不遡及、二重処罰の禁止〕 何人も、実行の時に適法であつた行為又は既に無罪とされた行為については、刑事上の責任を問はれない。又、同一の犯罪について、重ねて刑事上の責任を問はれない。

＊遡及処罰の禁止（刑六）、一事不再理（刑訴三三七(1)）、不利益な再審の禁止（刑訴四三五・四三六）

第四〇条〔刑事補償〕 何人も、抑留又は拘禁された後、無罪の裁判を受けたときは、法律の定めるところにより、国にその補償を求めることができる。

＊無罪の裁判（刑訴三三六）、補償請求（刑事補償法）

第四章　国会

第四一条〔国会の地位、立法権〕 国会は、国権の最高機関であつて、国の唯一の立法機関である。

＊三権分立（六五・七六）、国会（四二—四八、国会、公選）、立法（五九・六一・七三(3)・九六）、国会以外の立法（七三(6)・五八2・七七・九四、行組一二・一三、国公一六）

第四二条〔両院制〕 国会は、衆議院及び参議院の両議院でこれを構成する。

＊衆議院の優越（五九2・六〇・六一・六七2）

第四三条〔両議院の組織〕 両議院は、全国民を代表する選挙された議員でこれを組織する。

② 両議院の議員の定数は、法律でこれを定める。

＊①国民代表（前文1）、選挙（一五・四四・四七、公選）、②議員の定数（公選四1 2）

第四四条〔議員・選挙人の資格〕 両議院の議員及びその選挙人の資格は、法律でこれを定める。但し、人種、信条、性別、社会的身分、門地、教育、財産又は収入によつて差別してはならない。

＊法の下の平等（一四）、成年者による普通選挙（一五3）、選挙権（公選九・一一）、被選挙権（公選一〇—一一の二）

第四五条［**衆議院議員の任期**］衆議院議員の任期は、四年とする。但し、衆議院解散の場合には、その期間満了前に終了する。

＊任期の起算（公選二五六）、解散（七(3)・六九）

第四六条［**参議院議員の任期**］参議院議員の任期は、六年とし、三年ごとに議員の半数を改選する。

＊任期の起算（公選二五七）

第四七条［**選挙事項の法定**］選挙区、投票の方法その他両議院の議員の選挙に関する事項は、法律でこれを定める。

＊選挙に関する法律（公選、政治資金規正法）、選挙区（公選一三・一四・別表）、投票（一五4、公選三五―六〇）

第四八条［**両議院議員の兼職の禁止**］何人も、同時に両議院の議員たることはできない。

＊両院制（四二）、退職（国会一〇八）

第四九条［**議員の歳費**］両議院の議員は、法律の定めるところにより、国庫から相当額の歳費を受ける。

＊歳費等（国会三五）

第五〇条［**議員の不逮捕特権**］両議院の議員は、法律の定める場合を除いては、国会の会期中逮捕されず、会期前に逮捕された議員は、その議院の要求があれば、会期中これを釈放しなければならない。

＊法律の定める場合（国会三三―三四の三・一〇〇）

第五一条［**議員の発言・表決の無責任**］両議院の議員は、議院で行つた演説、討論又は表決について、院外で責任を問はれない。

＊院内の紀律（国会一一六・一一九・一二〇）、懲罰（五八2、国会一二一―一二四）

判例 **国会議員の名誉毀損発言** 国会議員が国会で行った質疑等において個別の国民の名誉や信用を低下させる発言があったとしても、これにより当然に国家賠償法一条一項による国の損害賠償責任が生ずるものではなく、右責任が肯定されるには、当該国会議員が、その職務とはかかわりなく違法または不当な目的をもって事実を摘示し、あるいは、虚偽であることを知りながらあえてその事実を摘示するなど、国会議員がその付与された権限の趣旨に明らかに背いてこれを行使したものと認め得るような特別の事情があることを必要とする。（最判平9・9・9判時一六三一―五七）

第五二条［**常会**］国会の常会は、毎年一回これを召集する。

＊召集（七(2)）、常会召集（国会一・二）、会期（国会一〇）

第五三条［**臨時会**］内閣は、国会の臨時会の召集を決定することができる。いづれかの議院の総議員の四分の一以上の要求があれば、内閣は、その召集を決定しなければならない。

＊臨時会の要求（国会三）、必要的臨時会（国会二の三）

第五四条［**衆議院の解散、特別会、参議院の緊急集会**］衆議院が解散されたときは、解散の日から四十日以内に、衆議院議員の総選挙を行ひ、その選挙の日から三十日以内に、国会を召集しなければならない。

② 衆議院が解散されたときは、参議院は、同時に閉会となる。但し、内閣は、国に緊急の必要があるときは、参議院の緊急集会を求めることができる。

③ 前項但書の緊急集会において採られた措置は、臨時のものであつて、次の国会開会の後十日以内に、衆議院の同意がない場合には、その効力を失ふ。

＊①解散（七(3)・六九）、総選挙（公選三一3―5）、特別会（国会一13・一一―一四）、②緊急集会（国会九九―一〇二の五）、③衆議院の同意（国会一〇二の四）

第五五条［**議員の資格争訟の裁判**］両議院は、各々その議員の資格に関する争訟を裁判する。但し、議員の議席を失はせるには、出席議員の三分の二以上の多数による議決を必要とする。

＊議員の資格（四四）、資格争訟（国会一一一―一一三）

第五六条［**定足数・表決**］両議院は、各々その総議員の三分の一以上の出席がなければ、議事を開き議決することができない。

② 両議院の議事は、この憲法に特別の定のある場合を除いては、出席議員の過半数でこれを決し、可否同数のときは、議長の決するところによる。

＊①定足数（国会四九・九一）、②表決（国会五〇・九二）、特別の定め（五五・五七1・五八2・五九2・九六1、国会六二）

第五七条［**会議の公開、秘密会、会議録**］両議院の会議は、公開とする。但し、出席議員の三分の二以上の多数で議決したときは、秘密会を開くことができる。

② 両議院は、各々その会議の記録を保存し、秘密会の記録の中で特に秘密を要すると認められるもの以外は、これを公表し、且つ一般に頒布しなければならない。

③ 出席議員の五分の一以上の要求があれば、各議員の表決は、これを会議録に記載しなければならない。

＊①傍聴（国会五二・九七・一一八）、秘密会（国会六二）、②秘密記録の非公表（国会六三）

第五八条［**役員の選任、議院規則、懲罰**］両議院は、各々その議長その他の役員を選任する。

② 両議院は、各々その会議その他の手続及び内部の規律に関する規則を定め、又、院内の秩序をみだした議員を懲罰することができる。但し、議員を除名するには、出席議員の三分の二以上の多数による議決を必要とする。

＊①役員（国会六・一六―三一）、②議院規則（衆議院規則、参議院規則）、院内の秩序（国会一一四―一二〇）、懲罰（国会一二一―一二四）

第五九条［**法律案の議決、衆議院の優越**］法律案は、この憲法に特別の定のある場合を除いては、両議院で可決したとき法律となる。

② 衆議院で可決し、参議院でこれと異なつた議決をした法律案は、衆議院で出席議員の三分の二以上の多数で再び可決したときは、法律となる。

③ 前項の規定は、法律の定めるところにより、衆議院が、両議院の協議会を開くことを求めることを妨げない。

④ 参議院が、衆議院の可決した法律案を受け取つた後、国会休会中の期間を除いて六十日以内に、議決しないときは、衆議院は、参議院がその法律案を否決したものとみなすことができる。

＊①立法権（四一）、内閣の法律案提出（七二、内閣五、行組一一、国会五八・五九）、議員の発議（国会五六）、委員会の法律案提出（国会五〇の二）、特別の定め（五四23・九五）、②両院間の法律案送付回付（国会八

三・八三の二）、③両院協議会（国会八四―九八）、④休会（国会一五）

第六〇条【**衆議院の予算先議と優越**】予算は、さきに衆議院に提出しなければならない。

② 予算について、参議院で衆議院と異なつた議決をした場合に、法律の定めるところにより、両議院の協議会を開いても意見が一致しないとき、又は参議院が、衆議院の可決した予算を受け取つた後、国会休会中の期間を除いて三十日以内に、議決しないときは、衆議院の議決を国会の議決とする。

＊①予算の提出（七三⑸・八六、内閣五）、②両院協議会の要求（国会八五）、休会（国会一五）

第六一条【**条約の国会承認と衆議院の優越**】条約の締結に必要な国会の承認については、前条第二項の規定を準用する。

＊条約の締結（七三⑶）、条約の遵守（九八2）

第六二条【**議院の国政調査権**】両議院は、各ミ国政に関する調査を行ひ、これに関して、証人の出頭及び証言並びに記録の提出を要求することができる。

＊国政調査（国会一〇三―一〇六、議院における証人の宣誓及び証言等に関する法律）

第六三条【**国務大臣の議院出席**】内閣総理大臣その他の国務大臣は、両議院の一に議席を有すると有しないとにかかはらず、何時でも議案について発言するため議院に出席することができる。又、答弁又は説明のため出席を求められたときは、出席しなければならない。

＊国務大臣と議席（六七1・六八1）、発言の通告（国会七〇）、委員会の出席要求（国会七一）

第六四条【**弾劾裁判所**】国会は、罷免の訴追を受けた裁判官を裁判するため、両議院の議員で組織する弾劾裁判所を設ける。

② 弾劾に関する事項は、法律でこれを定める。

＊裁判官の弾劾（七八）、②弾劾裁判所（国会一二五―一二九、裁判官弾劾法）

第五章　内閣

第六五条【**行政権・内閣**】行政権は、内閣に属する。

＊行政権（七三、内閣一、行組）、内閣の組織と責任（六六13、内閣一・二）、行政運営の公正と透明（行手）、情報公開（情報公開）

第六六条【**内閣の組織、文民、国会に対する責任**】内閣は、法律の定めるところにより、その首長たる内閣総理大臣及びその他の国務大臣でこれを組織する。

② 内閣総理大臣その他の国務大臣は、文民でなければならない。

③ 内閣は、行政権の行使について、国会に対し連帯して責任を負ふ。

＊内閣の組織（内閣二、内閣府設置法）、内閣総理大臣の任命（六七・六八1）、国務大臣の任免（六八・七⑸）、③内閣の責任（三・六九、内閣一2）

第六七条【**内閣総理大臣の指名、衆議院の優越**】内閣総理大臣は、国会議員の中から国会の議決で、これを指名する。この指名は、他のすべての案件に先だつて、これを行ふ。

② 衆議院と参議院とが異なつた指名の議決をした場合に、法律の定めるところにより、両議院の協議会を開いても意見が一致しないとき、又は衆議院が指名の議決をした後、国会休会中の期間を除いて十日以内に、参議院が、指名の議決をしないときは、衆議院の議決を国会の議決とする。

＊①内閣総理大臣の指名（六1・六六2、国会六五2・八六1）、②両院協議会（国会八六2・八八―九八）、休会（国会一五）

第六八条【**国務大臣の任免**】内閣総理大臣は、国務大臣を任命する。但し、その過半数は、国会議員の中から選ばれなければならない。

② 内閣総理大臣は、任意に国務大臣を罷免することができる。

＊①国務大臣の任命（六六2・七⑸、内閣二1）、②罷免（七⑸）

第六九条【**衆議院の内閣不信任決議**】内閣は、衆議院で不信任の決議案を可決し、又は信任の決議案を否決したときは、十日以内に衆議院が解散されない限り、総辞職をしなければならない。

＊国会に対する責任（六六3、内閣一2）、解散（七⑶・五四1）、総辞職（七〇・七一、国会六四）

第七〇条【**内閣総理大臣の欠缺・総選挙と内閣の総辞職**】内閣総理大臣が欠けたとき、又は衆議院議員総選挙の後に初めて国会の召集があつたときは、内閣は、総辞職をしなければならない。

＊内閣総理大臣の欠缺（国会六四、内閣九）、国会の召集（七⑵・五二―五四1）、総辞職（七一）

第七一条【**総辞職後の内閣の職務**】前二条の場合には、内閣は、あらたに内閣総理大臣が任命されるまで引き続きその職務を行ふ。

＊内閣総理大臣の任命（六1・六七）、内閣の職務（三・七・六五・七三）

第七二条【**内閣総理大臣の職務**】内閣総理大臣は、内閣を代表して議案を国会に提出し、一般国務及び外交関係について国会に報告し、並びに行政各部を指揮監督する。

＊内閣の代表（内閣五）、議案の提出（六〇1・七三⑸、内閣五、国会五八・五九）、国会への報告（六六3・九一）、行政各部の指揮監督（内閣六―八）

判例 **内閣総理大臣の職務権限【ロッキード事件丸紅ルート判決】**内閣総理大臣は、閣議にかけて決定した方針が存在しない場合においても、少なくとも内閣の明示の意思に反しない限り、行政各部に対し、随時、その所掌事務について一定の方針で処理するよう指導、助言等の指示を与える権限を有する。（最大判平7・2・22判時一五二七―三）

第七三条【**内閣の事務**】内閣は、他の一般行政事務の外、左の事務を行ふ。

一 法律を誠実に執行し、国務を総理すること。

二 外交関係を処理すること。

三 条約を締結すること。但し、事前に、時宜によつては事後に、国会の承認を経ることを必要とする。

四 法律の定める基準に従ひ、官吏に関する事務を掌理すること。

五 予算を作成して国会に提出すること。

六 この憲法及び法律の規定を実施するために、政令を制定すること。但し、政令には、特にその法律の委任がある場合を除いては、罰則を設けることができない。

七　大赦、特赦、減刑、刑の執行の免除及び復権を決定すること。

＊一般行政事務（六五、内閣三、内閣府設置法六、行組五1）、《一》法律（七(1)・五九・七四）、《二》外交関係（七(5)(8)(9)・七三・九八2）、《三》条約（七(1)・六一・九八2）、《四》官吏に関する事務（国公一2・三・一八の二、教特）、《五》予算（六〇・八六、内閣五、財政法二七―三〇）、《六》政令（七(1)・七四、内閣一一、行組一一―一三）、罰則（三一）、《七》恩赦（七(6)、恩赦法）

第七四条［**法律・政令の署名**］法律及び政令には、すべて主任の国務大臣が署名し、内閣総理大臣が連署することを必要とする。

＊法律（七(1)・五九・七三(1)）、政令（七(1)・七三(6)）、主任の国務大臣（内閣三、内閣府設置法六、行組五）

第七五条［**国務大臣の訴追**］国務大臣は、その在任中、内閣総理大臣の同意がなければ、訴追されない。但し、これがため、訴追の権利は、害されない。

＊訴追（刑訴一九九・二〇七・二四七・二五六）

第六章　司法

第七六条［**司法権、裁判所、特別裁判所の禁止、裁判官の独立**］すべて司法権は、最高裁判所及び法律の定めるところにより設置する下級裁判所に属する。

② 特別裁判所は、これを設置することができない。行政機関は、終審として裁判を行ふことができない。

③ すべて裁判官は、その良心に従ひ独立してその職権を行ひ、この憲法及び法律にのみ拘束される。

＊①司法権（裁判所三1）、裁判所の組織（裁判所）、最高裁判所（七七・七九・八一、裁判所六―一四の三）、下級裁判所（八〇、裁判所二・一五―三八）、裁判所以外の機関が行う裁判（五五・六四）、違憲法令審査制（八一）、②行政機関の前審としての審判（裁判所三2、行訴三3・八、行服、国公三3 4、地公八8 9）、③裁判官（七九・八〇、裁判所五・三九―五二）、司法権の独立（七八、裁判所四八・八一）、裁判員（裁判員法）

判例　**大学の単位認定行為**［**富山大学単位不認定事件**］自律的な法規範を有する部分社会での法律上の係争には、それが一般市民法秩序と直接の関係を有しない内部問題にとどまる限り、司法審査の対象とはならない。大学は特殊な部分社会を形成しており、単位の授与行為は大学内部の問題として大学の自主的、自律的な判断に委ねられる。（最判昭52・3・15判時八四三―二二）

判例　**裁判員制度の合憲性**　裁判員制度は、公平な裁判所における適正な裁判を制度的に十分保障しており、裁判官は刑事裁判の基本的な担い手とされ、憲法が定める刑事裁判の諸原則を確保する上で支障はないから、日本国憲法三一条、三二条、三七条一項、七六条一項、八〇条に反しない。また、憲法が一般に国民の司法参加を許容し、裁判員法が憲法に適合するようにこれを法制度化している以上、同法の評決制度の下で、裁判官が自らの意見と異なる結論に従わざるを得ない場合があるとしても、それは憲法に適合する法律に拘束される結果であり、日本国憲法七六条三項に違反しない。（最大判平23・11・16判時二一三六―三）

第七七条［**裁判所の規則制定権**］最高裁判所は、訴訟に関する手続、弁護士、裁判所の内部規律及び司法事務処理に関する事項について、規則を定める権限を有する。

② 検察官は、最高裁判所の定める規則に従はなければならない。

③ 最高裁判所は、下級裁判所に関する規則を定める権限を、下級裁判所に委任することができる。

＊①最高裁判所規則（民訴三、民訴規則、刑訴規則）、司法行政（裁判所八〇）、最高裁判所の司法行政事務（裁判所一二）、訴訟手続（民訴、刑訴、行訴、人事訴訟法）、弁護士（弁護士法）、②検察官（検察庁法三）、③下級裁判所の司法行政事務（裁判所二〇・二九・三七）

第七八条［**裁判官の身分保障**］裁判官は、裁判により、心身の故障のために職務を執ることができないと決定された場合を除いては、公の弾劾によらなければ罷免されない。裁判官の懲戒処分は、行政機関がこれを行ふことはできない。

＊身分保障（裁判所四八）、公の弾劾（六四、国会一二五―一二九、裁判官弾劾法）、懲戒（裁判所四九）

判例　**裁判官の政治運動の禁止**（**裁判所法五二条**）［**寺西裁判官事件**］　裁判官の政治活動の禁止の目的は、裁判官の独立と中立・公正を確保し、国民の信頼を維持するとともに、司法と立法、行政とのあるべき関係を規律することにあり、この目的と禁止との間には合理的関連性がある。（最大決平10・12・1判時一六六三―六六）

判例　**裁判官のツイッター投稿**　裁判官も一市民として表現の自由を有することは当然であるが、職務を行うについて表面的かつ一方的な情報や理解のみに基づき予断をもって判断をするのではないかという疑念を国民に与える投稿の場合には、裁判所法四九条の懲戒事由である「品位を辱める行状」に当たる。（最決平30・10・17判時二三九一―五）

第七九条［**最高裁判所裁判官**］最高裁判所は、その長たる裁判官及び法律の定める員数のその他の裁判官でこれを構成し、その長たる裁判官以外の裁判官は、内閣でこれを任命する。

② 最高裁判所の裁判官の任命は、その任命後初めて行はれる衆議院議員総選挙の際国民の審査に付し、その後十年を経過した後初めて行はれる衆議院議員総選挙の際更に審査に付し、その後も同様とする。

③ 前項の場合において、投票者の多数が裁判官の罷免を可とするときは、その裁判官は、罷免される。

④ 審査に関する事項は、法律でこれを定める。

⑤ 最高裁判所の裁判官は、法律の定める年齢に達した時に退官する。

⑥ 最高裁判所の裁判官は、すべて定期に相当額の報酬を受ける。この報酬は、在任中、これを減額することができない。

＊①最高裁判所（七六1・七七・八一）、長たる裁判官（六2、裁判所五1・三九1）、その他の裁判官（裁判所五1 3・三九2 3）、任命資格（裁判所四一・四六）、②国民審査（一五1、裁判所三九4、最高裁判所裁判官国民審査法）、⑤定年（裁判所五〇）、⑥報酬（裁判所四八・五一）

判例　**最高裁判所裁判官の国民審査**　国民審査制度の実質はいわゆる解職制度であるから、白票を罷免を可としない票に数えても思想・良心の自由に反しない。（最大判昭27・2・20判タ一九―五八）

第八〇条［**下級裁判所裁判官**］下級裁判所の裁判官は、最高裁判所の指名した者の名簿によつて、内閣でこれを任命する。その裁判官は、任期を十年とし、再任されることができる。但し、法律の定める年齢に達した時には退官する。

② 下級裁判所の裁判官は、すべて定期に相当額の報酬を受ける。この報酬は、在任中、これを減額することができない。

＊下級裁判所（七六1）、①任命（七(5)、裁判所四〇）、任命資格（裁判所四二―四六）、任期（裁判所四〇3）、定

年（裁判所五〇）、②報酬（裁判所四八・五一）

第八一条〔**違憲審査権**〕最高裁判所は、一切の法律、命令、規則又は処分が憲法に適合するかしないかを決定する権限を有する終審裁判所である。

＊憲法の最高法規性（九八1）、違憲問題の裁判（裁判所一〇(1)(2)、民訴三一二・三二七・三三六、刑訴四〇五(1)・四三三、刑訴規則二五四・二五六）

判例 **違憲審査権の性格**〔**警察予備隊違憲訴訟**〕現行制度の下では、特定の者の具体的な法律関係について紛争の存する場合にのみ裁判所に判断を求めることができるのであり、裁判所が具体的事件を離れて抽象的に法律命令等の合憲性を判断できるとの見解には、憲法上および法令上根拠がない。最高裁を第一審とする警察予備隊の設置等の無効確認請求は不適法である。（最大判昭27・10・8判タ二五―三九）

判例 **日米安保条約の司法審査**〔**砂川事件**〕日米安保条約はわが国の存立の基礎に重大な関係をもつ高度の政治性を有するものであって、その合憲性の判断は、一見極めて明白に違憲無効と認められない限りは、司法審査権の範囲外にある。日米安保条約は一見極めて明白に違憲無効とは認められない。（最大判昭34・12・16判時二〇八―一〇）

判例 **衆議院の解散と統治行為**〔**苫米地事件**〕直接国家統治の基本に関する高度に政治性のある国家行為は、それが法律上の争訟となり、有効無効の判断が法律上可能であっても、裁判所の審査権の外にある。衆議院の解散行為は統治行為にあたる。（最大判昭35・6・8判時二二五―六）

第八二条〔**裁判の公開**〕裁判の対審及び判決は、公開法廷でこれを行ふ。

② 裁判所が、裁判官の全員一致で、公の秩序又は善良の風俗を害する虞があると決した場合には、対審は、公開しないでこれを行ふことができる。但し、政治犯罪、出版に関する犯罪又はこの憲法第三章で保障する国民の権利が問題となつてゐる事件の対審は、常にこれを公開しなければならない。

＊①公開裁判を受ける権利（三四・三七1）、訴訟記録の閲覧（民訴九一・九二、刑訴五三）、②公開停止の手続（裁判所七〇）、絶対的公開（二一1、刑訴五三3）、非訟事件等の非公開（非訟事件手続法三〇、家事事件手続法三三、民事調停法二二、少二二2）

第七章　財政

第八三条〔**財政処理の基本原則**〕国の財政を処理する権限は、国会の議決に基いて、これを行使しなければならない。

＊財政の国会中心主義（四一・六六3・八四―八六・九〇・九一）

第八四条〔**租税法律主義**〕あらたに租税を課し、又は現行の租税を変更するには、法律又は法律の定める条件によることを必要とする。

＊納税義務（三〇）、地方税（地自二二三）、租税以外の課徴金等（財政法三）

第八五条〔**国費支出と国の債務負担**〕国費を支出し、又は国が債務を負担するには、国会の議決に基くことを必要とする。

＊国会の議決（八六―八八、財政法三一・三三）、国の債務負担行為（財政法四・五・七・一五）、公金支出の制限（八九）

第八六条〔**予算の作成と国会の議決**〕内閣は、毎会計年度の予算を作成し、国会に提出して、その審議を受け議決を経なければならない。

＊予算作成権（六五・七三(5)・八八）、会計年度（財政法一一）、予算の作成・提出（財政法一四―三〇）、予算の審議・議決（六〇）、予備費（八七）

第八七条〔**予備費**〕予見し難い予算の不足に充てるため、国会の議決に基いて予備費を設け、内閣の責任でこれを支出することができる。

② すべて予備費の支出については、内閣は、事後に国会の承諾を得なければならない。

＊①予備費（財政法二四・三五・三六2）、②国会の承諾（財政法三六3）

第八八条〔**皇室財産・皇室費用**〕すべて皇室財産は、国に属する。すべて皇室の費用は、予算に計上して国会の議決を経なければならない。

＊皇室の財産授受（八）、皇室用財産（国有財産法三2(3)）、皇室の費用（皇室経済法四―六）

第八九条〔**公の財産の支出利用の制限**〕公金その他の公の財産は、宗教上の組織若しくは団体の使用、便益若しくは維持のため、又は公の支配に属しない慈善、教育若しくは博愛の事業に対し、これを支出し、又はその利用に供してはならない。

＊宗教上の組織への支出（二〇3、教基一五2）、慈善・教育・博愛事業等への支出（二三・二五・二六、私学五九、私学助成、社教一三）

判例 **助成**〔**私学訴訟**〕（大阪地判昭55・5・14判時九七二―七九）→教基八条

判例 **私立大学病院への公金支出**〔**私立大学病院公金支出事件**〕「公の支配」に属する事業とは、国または公共団体が人事、組織、予算等について根本的に支配することまで必要とする趣旨ではない。私立学校への公的助成は、私立学校の自主性・独立性を害し、あるいは私立学校の信念・主義等を助長することにより思想・良心・学問に対する国家の公正・中立性がそこなわれる場合には、許されないが、本件の私立病院建設のための市原市の土地無償譲渡にはそのおそれはない。（千葉地判昭61・5・28判時一二一六―五七）

判例 **幼児教室への助成**〔**幼児教室公金支出事件**〕教育事業が公の支配に服する程度は、国または地方公共団体が当該教育事業の運営、存立に影響を及ぼすことにより、右事業が公の利益に沿わない場合に是正しうる途が確保され、公の財産が濫費されるのを防止できれば足り、必ずしも、当該事業の人事、予算等に公権力が直接関与することを要しない。（東京高判平2・1・29判時一三五一―四七）

解説 本条は、財政の章のなかで、公金支出に実質的な制約を加えている。前段は宗教上の組織・団体に対する公金支出を、後段は公の支配に属しない慈善、教育、博愛の事業に対する公金支出を、それぞれ禁止する。

前段は憲法二〇条の政教分離原則を財政面から確保することを意図する。「宗教上の組織若しくは団体」について、それを寺院・教団等の宗教団体に限定する狭義説と、宗教上の事業・活動等への支出をも含むとする広義説とがある。広義説では、宗教と無関係の団体の宗教活動への支出も本条で禁止されることになるが、判例は宗教活動を本来の目的とする団体と解し、忠魂碑の所有者である遺族会は該当しないと判示した。神社・仏閣の修復のために宗教団体に補助金を交付し、宗教団体の経営する私立学校に補助金を交付することなどは、他の一般団体にも同様の補助金が交付されるものであるので、原則として本条違反とはならない。なお、二〇一〇年の砂川市空知太神社判決は、憲法二〇条三項ではなく、八九条違反と判示しており、注目される。

本条後段の「公の支配に属しない慈善、教育、博愛の事業」への公金支出がなぜ禁止されるのか、その趣旨は明確ではない。学説では、①私的な慈善・教育事業の自主性を阻害しないように公権力による干渉を排除することにあるとする自主性確保説、②教育等の事業の主体の宗教性や政治性への特別な優遇がないようにすることにあるとする中立性確保説、③慈善・教育等の事業への公金支出によって公費が濫用されるのを防ぐとする公費濫用防止説があり、また、①説と③説、②説と③説を組み合わせる説もある。本条後段に関して最も議論のある私学助成に関して、①説を強調すると違憲性が強まり、③説では合憲となりやすいという一般的傾向があるが、必ずしも絶対的ではない。

本条は「公の支配に属しない」事業に対する公金支出を禁じているため、私学助成の合憲性が問題となってきた。私学助成については、私学助成法五九条、私立学校振興助成法等は、国の監督権限として、①業務・会計の報告、質問・検査、②入学定員の大幅増の入学への是正命令、③不適当な予算の変更勧告、④法令違反の役員の解職勧告、などを定めるが、この程度の「監督」で「公の支配」に属するといえるかどうかが問題になる。「公の支配」の解釈には、厳格説と緩和説とがある。厳格説は事業の根本的な方向に重大な影響を及ぼすことができる権力を有する必要があるとし、多くの場合に自主性確保説と結びついて私学助成の合憲性に疑義を呈する。これに対して、緩和説は、私立学校が法律の規律に服していること、事業が公的性質をもっていること、あるいは、財政的援助の限度での監督を受けていることなど、さまざまな理由を挙げて、私学助成を合憲とする。その際に最も重要な理由として、憲法一四条、二五条、二六条等を体系的・総合的に解釈すべきであるとし、憲法二六条の教育を受ける権利の実質的保障のために私学助成の義務が生じ、私学助成によって私立学校の教育の充実と学生・生徒の教育を受ける権利の充足が図られるとともに、私立学校の自治や教育の自由が「公の支配」の内容をなす国の監督権を限定することとの必要性が説かれる。

私立学校が日本の教育制度のなかで重要な役割を果たしている以上、私学助成を違憲とすべきではなく、緩和説こそが支持されよう。そもそも、本条が「公の支配に属しない教育」に対して公金支出を禁止していること自体に、根本的な問題がある。

第九〇条〔**決算、会計検査院**〕国の収入支出の決算は、すべて毎年会計検査院がこれを検査し、内閣は、次の年度に、その検査報告とともに、これを国会に提出しなければならない。

② 会計検査院の組織及び権限は、法律でこれを定める。

＊①収入支出（財政法二）、会計年度（財政法一一）、決算（財政法三七・三八）、国会への提出（財政法四〇、国会七二）、②会計検査院（会計検査院法）

第九一条〔**財政状況の報告**〕内閣は、国会及び国民に対し、定期に、少くとも毎年一回、国の財政状況について報告しなければならない。

＊国会への報告（七二、財政法四六）

第八章　地方自治

第九二条〔**地方自治の原則**〕地方公共団体の組織及び運営に関する事項は、地方自治の本旨に基いて、法律でこれを定める。

＊地方公共団体（地自一の三・二）、地方自治の本旨（地自一・一の二・二11―15）

第九三条〔**地方公共団体の議会・長・議員等の直接選挙**〕地方公共団体には、法律の定めるところにより、その議事機関として議会を設置する。

② 地方公共団体の長、その議会の議員及び法律の定めるその他の吏員は、その地方公共団体の住民が、直接これを選挙する。

＊①議会（地自八九―一三八）、②地方公共団体の長（地自一三九―一五九）、議員（地自九〇―九三・一二六―一二八）、住民（地自一〇1）、選挙（一五3、地自一一・一七）

判例 **憲法上の地方公共団体と特別区**　憲法上の地方公共団体といえるためには、事実上住民が経済的文化的に密接な共同生活を営み、共同体意識をもっているという社会的基盤があり、沿革的にも現実の行政上も相当程度の自主立法・行政・財政権等の基本的権能を付与された地域団体であることを必要とする。特別区は憲法九三条二項の地方公共団体とはいえない。（最大判昭38・3・27判時三三〇―七）

第九四条〔**地方公共団体の権能**〕地方公共団体は、その財産を管理し、事務を処理し、及び行政を執行する権能を有し、法律の範囲内で条例を制定することができる。

＊地方公共団体の事務（地自二2―16・二五二の一九・二八一）、財産の管理（地自二〇八―二四三の五）、条例・規則（地自一四―一六・九六1(1)）

判例 **法律と条例**〔**徳島市公安条例事件**〕　条例が国の法令に違反するかどうかは、両者の対象事項と規定文言を対比するのみではなく、それぞれの趣旨、目的、内容、効果を比較して、両者に矛盾抵触があるかどうかによって決しなければならない。（最大判昭50・9・10判時七八七―二四）

判例 **住民投票の拘束力**　市長が事務の執行について住民投票の過半数の意思を尊重するものとすると規定するにとどまる条例の下で、住民投票の結果に拘束力を認めることはできない。（那覇地判平12・5・9判時一七四六―一二二）

第九五条〔**特別法の住民投票**〕一の地方公共団体のみに適用される特別法は、法律の定めるところにより、その地方公共団体の住民の投票においてその過半数の同意を得なければ、国会は、これを制定することができない。

＊特別法（国会六七、地自二六一・二六二）

第九章　改正

第九六条〔**憲法改正の手続**〕この憲法の改正は、各議院の総議員の三分の二以上の賛成で、国会が、これを発議し、国民に提案してその承認を経なければならない。この承認には、特別の国民投票又は国会の定める選挙の際行はれる投票において、その過半数の賛成を必要とする。

② 憲法改正について前項の承認を経たときは、天皇は、国民の名で、この憲法と一体を成すものとして、直ちにこれを公布する。

＊①国民主権（前文1・一）、国民投票（日本国憲法の改正手続に関する法律）、改正の発議（国会一〇二の七）、憲法審査会（国会一〇二の六―一〇二の一〇）、②公布（七(1)）

解説 憲法改正の意義は、憲法典を時代の変化に適合させることにあるが、同時に、憲法自身が定めた手続によって合法的に憲法を変更することにある。憲法改正の手続は、通常、法律制定の手続よりも加重された要件で行われるが、それは憲法が国民主権と人権保障を定める最高法規であるという立憲主義思想に基づいている。日本国憲法は、①衆参各議院の総議員の三分の二以上の賛成による発議と、②国民投票での過半数の賛成、という厳しい要件を課しており、硬性の度合いが強い。

憲法改正の限界について、改正手続ですべての条項を改正できるとする無限界説はごく少数であり、多くは憲法の基本原理を改正することは許されないと解している。国民主権・人権尊重原理・平和主義は憲法改正の外にあるとされる。憲法九六条の改正、とくに厳格な発議要件を緩和する改正が改憲論から唱えられている。しかし、発議要件の緩和は日本国憲法の立憲主義を弱めるものであって許されないというべきである。学説では、憲法制定者が定めた憲法改正手続を、その改正手続によって改正することは授権の範囲を超え許されないという見解も有力である。

二〇〇七年に「日本国憲法の改正手続に関する法律」(国民投票法)が制定された。投票年齢を一八歳としたこと、憲法改正原案は衆議院一〇〇名以上参議院五〇名以上の議員の賛成で国会に提出できること、憲法改正原案の発議は関連項目ごとに区分して行うこと、国会発議後六〇〜一八〇日間ほどの期間を経た後に国民投票を行うことなどが定められた。しかし、国民投票運動について広く制限していること、最低投票数に関する規定がないことなど、問題も少なくない。とくに投票年齢、公務員の政治的行為の制限、国民投票の対象拡大の三点については法制上必要な措置をとる旨の附則がつけられたが、それらについては二〇一四年の法改正によって一応決着がついたため、憲法改正のための手続はほぼ整えられた。

第十章　最高法規

第九七条〔基本的人権の本質〕　この憲法が日本国民に保障する基本的人権は、人類の多年にわたる自由獲得の努力の成果であつて、これらの権利は、過去幾多の試錬に堪へ、現在及び将来の国民に対し、侵すことのできない永久の権利として信託されたものである。

＊基本的人権の享有（前文1 2・一一・一二）

第九八条〔最高法規、条約・国際法規の遵守〕　この憲法は、国の最高法規であつて、その条規に反する法律、命令、詔勅及び国務に関するその他の行為の全部又は一部は、その効力を有しない。

② 日本国が締結した条約及び確立された国際法規は、これを誠実に遵守することを必要とする。

＊①最高法規（前文1・八一）、②国際主義（前文3・九）、条約（七(1)(8)・六一・七三(3)）

第九九条〔憲法尊重擁護義務〕　天皇又は摂政及び国務大臣、国会議員、裁判官その他の公務員は、この憲法を尊重し擁護する義務を負ふ。

＊天皇（一）、摂政（五）、国務大臣（六六1）、国会議員（四三）、裁判官（七九・八〇）、憲法破壊団体員の公務員不適格（国公三八(4)、地公一六(4)）

第十一章　補則

第一〇〇条〔施行期日〕　この憲法は、公布の日から起算して六箇月を経過した日（昭二二・五・三）から、これを施行する。

② この憲法を施行するために必要な法律の制定、参議院議員の選挙及び国会召集の手続並びにこの憲法を施行するために必要な準備手続は、前項の期日よりも前に、これを行ふことができる。

第一〇一条〔国会に関する経過規定〕　この憲法施行の際、参議院がまだ成立してゐないときは、その成立するまでの間、衆議院は、国会としての権限を行ふ。

第一〇二条〔第一期参議院議員の任期〕　この憲法による第一期の参議院議員のうち、その半数の者の任期は、これを三年とする。その議員は、法律の定めるところにより、これを定める。

第一〇三条〔公務員に関する経過規定〕　この憲法施行の際現に在職する国務大臣、衆議院議員及び裁判官並びにその他の公務員で、その地位に相応する地位がこの憲法で認められてゐる者は、法律で特別の定をした場合を除いては、この憲法施行のため、当然にはその地位を失ふことはない。但し、この憲法によつて、後任者が選挙又は任命されたときは、当然その地位を失ふ。

●教育基本法

（平成一八年一二月二二日 法律第一二〇号）

施行、平一八・一二・二二

教育基本法（昭和二十二年法律第二十五号）の全部を改正する。

我々日本国民は、たゆまぬ努力によって築いてきた民主的で文化的な国家を更に発展させるとともに、世界の平和と人類の福祉の向上に貢献することを願うものである。

我々は、この理想を実現するため、個人の尊厳を重んじ、真理と正義を希求し、公共の精神を尊び、豊かな人間性と創造性を備えた人間の育成を期するとともに、伝統を継承し、新しい文化の創造を目指す教育を推進する。

ここに、我々は、日本国憲法の精神にのっとり、我が国の未来を切り拓く教育の基本を確立し、その振興を図るため、この法律を制定する。

＊憲法の精神（憲前文、児童憲章前文）

説明資料 **基本法をなぜ今、改正するのか**　教育基本法の制定から半世紀以上が経ちました。その間、教育水準が向上し、生活が豊かになる一方で、都市化や少子高齢化の進展などによって、教育を取り巻く環境は大きく変わりました。近年、子どものモラルや学ぶ意欲の低下、家庭や地域の教育力の低下などが指摘されており、若者の雇用問題なども深刻化しています。

このような中で、教育の根本にさかのぼった改革が求められており、将来に向かって新しい時代の教育の基本理念を明確に示し、国民の皆さまの共通理解を図りながら、国民全体で教育改革を進め、我が国の未来を切り拓く教育を実現していくため、教育基本法を改める必要があります。

政府では、平成一二年三月に内閣総理大臣の私的諮問機関として設けられた「教育改革国民会議」から、同年一二月に教育基本法の見直しが提言されました。これを踏まえ、中央教育審議会は、一五年三月に「新しい時代にふさわしい教育基本法と教育振興基本計画の在り方について」答申を提出しました。

与党においても、教育基本法の改正について精力的な検討が約三年間にわたり行われ、一八年四月に最終報告がまとめられました。

これらを踏まえ、政府は、一八年四月二八日に教育基本法の全部改正案を閣議決定し、国会に提出したところです。（平成18年5月文部科学省）

訓令 **教育基本法制定の要旨について**（昭22・5・3文部省訓令四号）→資料編第10節

通達 **教育勅語等の取扱いについて**（昭23・6・25発秘七事務次官）

閣議決定 **教育勅語を道徳教育に用いようとする動きに関する質問に対する答弁書**（平29・4・21）→資料編第2節

判例 **教育基本法の法的地位［旭川学テ事件］**　教育基本法は、憲法において教育のあり方の基本を定めることに代えて、わが国の教育及び教育制度全体を通じる基本理念と基本原理を宣明することを目的として制定されたものであって、戦後の諸改革中最も重要な問題の一つとされていた教育の根本的改革を目途として制定された諸立法の中で中心的地位を占める法律であり、それ故、同法における定めは、形式的には通常の法律規定として、これと矛盾する他の法律規定を無効にする効力をもつものではないけれども、一般に教育関係法令の解釈及び運用については、法律自体に別段の規定がない限り、できるだけ教育基本法の規定及び同法の趣旨、目的に沿うように考慮が払われなければならない。（最大判昭51・5・21判時八一四—三三）

判例 **教育基本法の法的地位［勤評不提出校長の免職事件］**　教育基本法の成立の経緯および立法趣旨よりして、後に制定された一般教育関係諸法は、同法の掲げる諸条項を実施するために制定されたものというべきであるから、この意味において教育基本法については、後法は前法を破るとの一般原則を直ちに適用することはできない。（東京高判昭49・5・8行例集二五—五—三七三）

判例 **前文の意義［旭川学テ事件］**　前文で教育の基本理念を示したのは、戦前の教育が国家による強い支配の下で形式的・画一的に流れ、時に軍国主義的又は極端な国家主義的傾向を帯びる面があったことに対する反省によるもので、その理念は、これをさらに具体化した本法各規定を解釈するにあたっても、強く念頭におかれるべきものである。（最大判昭51・5・21判時八一四—三三）

解説 二〇〇六年一二月二二日に公布された改正教育基本法は、戦後六〇年余り日本教育法制の根幹を占めてきた旧教育基本法に関して、現代という時代に対応しつつ、かついまの時代の政治的、社会的な要求により必要な理

教育基本法のあらまし

旧教基法の意義　旧教基法は、戦後のわが国の教育の基本を確立するために一九四七年三月に公布施行された。そこには、戦前の軍国主義・国家主義教育の反省にたって、新憲法に基づく民主主義・自由主義の教育理念が示されており、憲法・教育基本法体制と呼ばれた。

改正過程　旧法制定当初より、保守勢力は「国への忠誠」「家族」「伝統」等の理念に欠けること、連合国の指導下で制定されたこと等を批判し、改正に意欲を示してきた。今回の改正の端緒は教育改革国民会議の見直し提言（二〇〇〇年）であり、その後、中教審が答申を提出した（二〇〇三年）。これらを踏まえて、政府は、二〇〇六年四月に教基法改正案を閣議決定し国会に提出、同年一二月一五日改正法が成立した。

改正理由としては、制定から半世紀以上の経過、子どものモラル・学ぶ意欲の低下等が挙げられたが、この理由が改正を正当化し得たかは疑問である。また、準憲法的性格を有するとされていた重要法律を改正する際には、本来十分な国民的論議と慎重な手続が必要であるが、この点も拙速であったとの批判は免れない。

改正内容　旧法にはない四章の章立てがなされ、条文数は一一か条から一八か条へと増加した。新設規定は、二条、三条、四条二項、五条二・三項、六条二項、七条、八条、一〇条、一一条、一三条、一七条である。大幅な改正規定は一六条であり、残りの規定は旧法をほぼ踏襲している（五条一項は部分改正）。廃止規定は旧二条（教育の方針）と旧五条（男女共学）である。

解釈上の理論的枠組み　改正法には理念的道義的規定が多く設けられたことから、その法的性格が問題となる。価値の多元性を前提とする民主主義社会においては、一般に道徳規範の法定には慎重さが必要とされるが、教育理念規定についても、それが次世代の価値観の形成に深く関わるだけに法による強制に本来的になじまず、訓示規定と解することが妥当である。第二に、改正法は旧法と比べ憲法との適合性が曖昧になったとみられることから、憲法の趣旨精神に則った解釈の必要性が大きくなったといえる。二条の「国を愛する態度の養成」については、憲法一九条（思想・良心の自由）に照らし、子どもの内心を制約する指導は許されないと解することが重要である。第三に、法律は条約の下位法であるから、条約による本法の拘束という論点も生ずる。六条二項は学校における「規律の重視」を定めたが、子どもの権利条約二八条2は、規律につき、「子どもの人間の尊厳との適合」及び「条約に従った運用」と

念の追加、修正がなされたものということができる。

前文においては、第二段に「公共の精神」「伝統」の理念が追加され、旧法にあった「われらは、さきに、日本国憲法を確定し」「……教育の力にまつべきものである。」（一段）、「普遍的にしてしかも個性ゆたかな文化の創造」（二段）、「教育の目的を明示して」（三段）などの文言が削除された。また、主語は旧法の「われら」から「我々日本国民」「我々」へ、「真理と平和を希求する」（旧法二段）は「真理と正義を希求し」（本法二段）に修正された。

これらの改正をへた前文は、二条に新設された教育目標群とともに、多分に時代の政治的要求に合わせて追加された側面が強いが、これらの部分修正を受けたとしても前文全体の大きな枠組みとしては、旧法の憲法・教育基本法制の枠組みを堅持しているとみることができる。本法の前文第一段では、「民主的で文化的な国家」の発展（旧法では「建設」）、「世界の平和と人類の福祉」の向上への「貢献」など、旧法で記された日本国憲法の理想が掲げられていること、第二段では、憲法の「理想」の「実現」のために、「個人の尊厳を重んじ」、「真理」の「希求」、「文化の創造」を掲げていること、第三段では、「日本国憲法の精神にのっとり」「教育の基本を確立」することがうたわれており、その基本的な骨格は旧法の精神を受け継いでいると解するのが妥当であろう。このように、前文では、本法においても「準憲法」としての基本的な性格が堅持されていること、あえて「前文」を設定して法の制定趣旨・原理などを明示することを通して現行教育法制の根幹にある法律であることを明確にした、ということができる。

ただし本法においては、先述した政治的な要求を背景として、「我々」「我々日本国民」という主語の置き換えや、「公共の精神」「伝統」の強調、「普遍的にしてしかも個性ゆたかな文化」の削除など、やや復古調かつ国家主義的な表現、さらには現代おとな社会の一方的な論理の押し付けとみられる表現が目立つ。また、「平和」の希求を「正義」の希求に置き換えることなど平和主義の後退とみられる表現にも注視しておきたい。こうした点は、今後において憲法および改正法の教育人権的な諸原理との整合的な理解が求められるものと考えられる。

第一章　教育の目的及び理念

（教育の目的）

第一条　教育は、人格の完成を目指し、平和で民主的な国家及び社会の形成者として必要な資質を備えた心身ともに健康な国民の育成を期して行われなければならない。

＊教育の目的（五2、社会権規約一三1、児童権利二九1）、教育の目標（二）、学校の目的（学教二一・二九・四五・五〇・六三・七二・八三・一〇八・一一五）、人格の完成（三、社会権規約一三1、児童権利二九1）、平和国家（前文、憲前文・九）、民主国家（前文、憲前文・一五）、国家・社会の形成者の育成（五2・一四1、学教五一）

判例　**人格の完成**　**［旭川学テ事件］**　憲法二六条の規定の背後には、国民各自が、一個の人間として、また、一市民として、成長、発達し、自己の人格を完成、実現するために必要な学習をする固有の権利を有すること、特に、みずから学習することのできない子どもは、その学習要求を充足するための教育を自己に施すことを大人一般に対して要求する権利を有するとの観念が存在していると考えられる。換言すれば、子どもの教育は、教育を施す者の支配的権能ではなく、何よりもまず、子どもの学習をする権利に対応し、その充足をはかりうる立場にある者の責務に属するものとしてとらえられているのである。（最大判昭51・5・21判時八一四―三三）

判例　**人格の完成**　**［内申書裁判（第一審）］**　教育の目的が生徒の人格の完成をめざし（教基法一条）、思想、信条により差別されるべきでない（同三条）とされていることにかんがみれば、公立中学校においても、生徒の思想、信条の自由は最大限に保障されるべきであって、生徒の思想、信条のいかんによって生徒を分類評定することは違法なものというべきである。また、生徒の言論、表現の自由もしくはこれにかかる行為も、教育の目的にかんがみ最大限に尊重されるべきである。（東京地判昭54・3・28判時九二一―一八）

判例　**人格の完成**　**［丸刈り校則事件］**　中学校長は、教育の実現のため、生徒を規律する校則を定める包括的な権能を有するが、教育は人格の完成をめざす（教育基本法一条）ものであるから、右校則の中には、教科の学習に関するものだけでなく、生徒の服装等いわば生徒のしつけに関するものも含まれる。（熊本地判昭60・11・13判時一一七四―四八）

判例　**健康な国民の育成**　**［長生高校柔道部事故事件］**　高校におけるクラブ活動が学校教育の一環として行われているのは、教基法一条の趣旨に照らし相当である。（東京高判昭52・4・27判タ三五七―二五三）

解説　本条は、教育の目的を定めるが、旧一条に対応している。教育目的については、まず、国が教育目的を法律で定めることは許されるか、という論点がある。法定禁止説は、①法と道徳を区別すべきこと、②国家には思想

いう条件を課しており、条約の枠内でしか規律は行使できないと解される。この点に照らして、文科省の懲戒・体罰見直し通知（二〇〇七年二月）を検討すべきである。第四に、旧法の文言が維持されている場合は、旧法に関する最高裁の判断が依然として有効であると考えられる。一六条一項の「不当な支配」の禁止についていえば、旧法一〇条の「直接責任」規定（一項後段）や「教育行政の任務」規定（二項）は削除されたが、最高裁学テ判決は、これらの規定とは関係なく、「法令に基づく教育行政機関の行為」も不当な支配となりうると解していた。改正法に新たに定められた「法律の定めるところにより」については、これと並列して「不当な支配」の禁止が残されたことから、不当な教育支配を禁ずる旧法の趣旨が維持されたとみることができる（新設規定の意味は教育の法律主義の確認と解される）。第五に、本法は、教育を受ける権利（憲法二六条）を具体化する役割を担っており、国の義務規定の内容が大きな意味を持つ。この点、新自由主義的な教育費削減政策が進行する状況下で、一六条四項が国の財政措置義務を明記したことは注目に値する。また、教育振興基本計画（一七条）も、運用いかんによっては格差の拡大に対する歯止めとして機能する可能性も有している。

改正後の動向　二〇〇七年六月に教育三法が成立した。①学教法改正では、義務教育の目標を新設するとともに、副校長その他の新しい職を設置した。②地教行法改正では、教委の法令違反等に対し、文科大臣は是正・改善の指示ができること等を定めた。③教員免許法・教特法改正では、免許更新制の導入を盛り込んだ。これらの改正には、教育再生会議（二〇〇六年設置）の意向が反映されている。二〇〇九年に政権交代が起きたが、教育政策の見直しが進まぬまま、二〇一二年に自公政権に復帰した。第二次安倍政権下、二〇一四年には、本法一七条との関連で、教育振興基本計画の大綱策定に関する首長の関与を認める地教行法の改正がなされ、また、本法七条との関連で、大学内の最終決定権が学長に帰属することを明確化する学教法改正がなされた。さらに、二〇一五年には、本法二条との関連で、道徳を教科化する学習指導要領の改正、本法六条との関連で、新たな学校種別として義務教育学校を創設する学教法改正がそれぞれ行われた。

的中立性（憲法一九条）が要請されること、③政治権力が国民支配の手段として利用する危険性が高いこと、④憲法価値といえども強制の対象にはできないこと、等を根拠に挙げ、内容のいかんを問わず教育目的を法定することは許されないとする。一方、法定許容説は、①教育は本来価値志向性を有すること、②「価値の多元性を認めた上での秩序づけ」は許されること、③国民意思の民主的決定により国家政策を統制する必要があること、④憲法教育が要請されること、等を理由として、憲法的価値に立脚した教育目的の法定は認められるとする。

次に、本条の内容については、旧一条が掲げていた教育目的の多くは新二条の「教育の目標」に移行されたので、文言上の変更は、「国家」の前に「民主的な」が挿入されたことのみである。旧法については、一般に、戦前の国家主義教育の反省に立って、新憲法に基づく個人主義・民主主義の教育目的を示したものと理解されてきたが、この挿入は、旧法の教育目的を維持しつつ、これを明確化したものとみるのが妥当である。確かに、二条の教育目標群には、憲法理念からみて整合性に疑義のある表現も目につくが、目標は目的の下位概念であるから、二条に照らして一条を解釈することは適切ではない。逆に、一条が二条を拘束するというべきである。また、「平和」が残されたことも重要である。国家の形成者を育成する際の「国家」は「平和国家」でなければならない。二条の「我が国を愛する態度の養成」についても、本条の趣旨に則れば、この「我が国」は平和的な国を意味しており、他国に脅威を与える愛国心教育は禁止されているといってよい。

（教育の目標）

第二条　教育は、その目的を実現するため、学問の自由を尊重しつつ、次に掲げる目標を達成するよう行われるものとする。

一　幅広い知識と教養を身に付け、真理を求める態度を養い、豊かな情操と道徳心を培うとともに、健やかな身体を養うこと。

二　個人の価値を尊重して、その能力を伸ばし、創造性を培い、自主及び自律の精神を養うとともに、職業及び生活との関連を重視し、勤労を重んずる態度を養うこと。

三　正義と責任、男女の平等、自他の敬愛と協力を重んずるとともに、公共の精神に基づき、主体的に社会の形成に参画し、その発展に寄与する態度を養うこと。

四　生命を尊び、自然を大切にし、環境の保全に寄与する態度を養うこと。

五　伝統と文化を尊重し、それらをはぐくんできた我が国と郷土を愛するとともに、他国を尊重し、国際社会の平和と発展に寄与する態度を養うこと。

＊教育の目的（一・五2、世界人権宣言二六、社会権規約一三1、児童権利二九1）、学問の自由（憲二三、教員の地位に関する勧告六一、個人情報保護四三、破防三）、教育の目標（学教二一・二三・三〇1・四六・五一・六四）、㈠真理の探究（前文・七、国立国会図書館前文）、㈡個人の価値の尊重（前文、憲一三・二四2、民二、障害基一・三、児童買春処罰一五、男女共同参画社会基本法三、配偶者からの暴力の防止及び被害者の保護等に関する法律前文）、自主・自律の精神（学教二一）、㈢男女平等（四1、憲一四1・二四2、児童権利二九1、女子差別撤廃、民二、労基四、雇用均等一、男女共同参画社会基本法三、配偶者からの暴力の防止及び被害者の保護等に関する法律前文）、公共の精神（前文、憲一二・一三、学教二一）、社会の形成に参画（学教二一）、㈣生命・自然の尊重（学教二一）、環境の保全（児童権利二九1、学教二一、環境基二五、環境教育九）、㈤伝統・文化の尊重（前文、学教二一）、国・郷土を愛する態度（憲一九、国旗国歌、学教二一）、国際社会の平和・発展（憲前文、世界人権宣言二六、社会権規約一三1、学教二一、国立国会図書館前文）

答申　**新しい時代にふさわしい教育基本法と教育振興基本計画の在り方について**

（個人の自己実現と個性・能力、創造性の涵養）　教育においては、国民一人一人が自らの生き方、在り方について考え、向上心を持ち、個性に応じて自己の能力を最大限に伸ばしていくことが重要であり、このような一人一人の自己実現を図ることが、人格の完成を目指すこととなる。また、大競争の時代を迎え、科学技術の進歩を世界の発展と課題解決に活かすことが期待される中で、未知なることに果敢に取り組み、新しいものを生み出していく創造性の涵養が重要である。

（感性、自然や環境とのかかわりの重視）　美しいものを美しいものとして感じ取り、それを表現することができる力は、人の有する普遍の価値であって、文化の創造の基礎にある心であり、力である。特に、日本人は、古来より自然を愛で慈しみ、豊かな文化を築いてきた。しかし今や、子どもの生育環境の中からは、自然が失われつつある。地球環境の保全が大きな課題となっている今日、自然と共に人は生きているものであり、自然を尊重し、愛することが、人間などの生命あるものを守り、慈しむことにつながることを理解することが重要である。

（社会の形成に主体的に参画する「公共」の精神、道徳心、自律心の涵養）　これからの教育には、「個人の尊厳」を重んじることとともに、それを確保する上で不可欠な「公共」に主体的に参画する意識や態度を涵養することが求められている。このため、国民が国家・社会の一員として、法や社会の規範の意義や役割について学び、自ら考え、自由で公正な社会の形成に主体的に参画する「公共」の精神を涵養することが重要である。さらに、社会の一員としての使命、役割を自覚し、自らを律して、その役割を実践するとともに、社会における自他の関係の規律について学び、身に付けるなど、道徳心や倫理観、規範意識をはぐくむことが求められている。

（日本の伝統・文化の尊重、郷土や国を愛する心と国際社会の一員としての意識の涵養）　グローバル化が進展し、外国が身近な存在となる中で、我々は国際社会の一員であること、また、我々とは異なる伝統・文化を有する人々と共生していく必要があることが意識されるようになってきた。そのような中で、まず自らの国や地域の伝統・文化について理解を深め、尊重し、日本人であることの自覚や、郷土や国を愛する心の涵養を図ることが重要である。さらに、自らの国や地域を重んじるのと同様に他の国や地域の伝統・文化に対しても敬意を払い、国際社会の一員として他国から信頼される国を目指す意識を涵養することが重要である。

なお、国を愛する心を大切にすることや我が国の伝統・文化を理解し尊重することが、国家至上主義的考え方や全体主義的なものになってはならないことは言うまでもない。（平15・3・20中央教育審議会）

判例　**学問の自由［旭川学テ事件］**（最大判昭51・5・21判時八一四—三三）→憲二六条

判例　**真理教育［教科書裁判第二次訴訟（杉本判決）］**　児童、生徒の学び、知ろうとする権利を正しく充足するためには、必然的に何よりも真理教育が要請される。（東京地判昭45・7・17判時六〇四—二九）

告示　**学習指導要領**　入学式や卒業式などにおいては、その意義を踏まえ、国旗を掲揚するとともに、国歌を斉唱するよう指導するものとする。（平10・12・14文告一七五＝小学校、平10・12・14文告一七六＝中学校、平11・3・29文告五八＝高等学校）

通知　**「児童の権利に関する条約」について**（平6・5・20文初高一四九事務次官）→第2章　教育基本（国際）

通知　**学校における国旗及び国歌に関する指導について**（平11・9・17文初小一四五初中局長・高等教育局長）

→資料編第2節

[通達]（東京都）**入学式、卒業式等における国旗掲揚及び国歌斉唱の実施について**（平15・10・23東京都一五教指企五六九）→資料編第2節

[判例]**日の丸・君が代［東京都君が代予防訴訟事件］**（東京地判平18・9・21判時一九五二―四四）→一六条

[判例]**日の丸・君が代［卒業式での起立・斉唱義務］**（最判平23・5・30判時二一二三―三）→憲一九条

[判例]**日の丸・君が代［教職員国旗国歌訴訟］**（最判平24・1・16判時二一四七―一二七）→地公二九条

[判例]**元号**　卒業証書の生年月日や作成年月日が元号で表記されたことが、思想・信条を制限したことにあたるとは到底認めることができない。（大阪地判平6・11・11判例集未登載）

[解説]　本条は、教育目標を定めており、旧二条（教育の方針）にも関連しているが、実質的には新設といってよい。多くの教育目標の項目が設けられたが、このような理念的道義的規定の過剰さは、「法と道徳との峻別」という近代法原則に反している。さらに、理念の内容も問題視され、最も論議を呼んだのは五号の「我が国を愛する態度の養成」である。この規定導入の背景には、戦前教育への回帰や憲法改正を目指す国家主義的潮流がある。けれども、日本国憲法の拠って立つ近代立憲主義の国家観、すなわち、国家の正当性は、民族や共同体それ自体がもつ価値からではなく、個人の権利・利益から導かれるとする考え方は、本条の解釈においても貫かれなければならない。文科省は、二〇〇八年学習指導要領の改訂に際し、指導にあたっては、「国を愛すること」は、「偏狭で排他的な自国賛美」ではなく、「国によってものの感じ方や考え方、生活習慣などが違っても、どの国の人々も同じ人間として尊重し合い、差別や偏見をもたずに公正、公平に接する」ことと関連づけた指導が大切であるとしている（中学校学習指導要領の解説・道徳編）。これは、すでに中教審答申（二〇〇三年）が、自国と同様に他国にも敬意を払う意識が重要であり、国家至上主義的・全体主義的な考え方になってはならないとしていたことに呼応している。

本条の解釈運用にあたっては、体系的解釈・憲法適合的解釈が重要であり、具体的には、①このような理念的道義的規定は、法による強制に本来的になじまないことから訓示規定と解する余地があること、②二条五号の文言に則り、「我が国を愛する」態度は「他国を尊重する」態度と同じ比重で取り扱うべきこと、③目標は目的の下位概念であり、二条は一条の平和教育理念に拘束されることから、「我が国」は平和的な国を意味し、他国に脅威を与える愛国心教育は禁止されていること、④目標の達成には、二条本文の「学問の自由」（したがって教育の自由）の尊重という条件が付されていることから、教師には愛国心教育の具体的方法の選択につき一定の裁量が認められること、⑤憲法一九条に照らして、国家の思想的中立性に反する強制は禁止されること、子どもの愛国心についての態度を理由とする不利益措置（成績評価等）は違憲となること、子どもの将来に亘る思想・良心の形成を妨げるような指導も許されないこと、強制に反対する教師の行為は「良心の自由」の行使として保護される可能性があること、等が踏まえられなければならない。現実には、過度の愛国心教育が推進される危惧は否定できない。教育現場において本条をいかに理解するか、が大きな意味をもっているといえる。その際、たとえば、「愛国心」の再定義を試みることや、新しい国旗・国歌の可能性を探求することも、教育上の課題となりうるであろう。

これ以外の教育目標としては、「男女平等」（三号）、「生命尊重」（四号）等、憲法や国際人権法に照らして普遍的価値を有する事柄が新たに規定される一方、「公共の精神」（三号）、「伝統の尊重」（五号）のように、思想的立場によって意見が分かれる可能性のある事柄も導入された。後者に関しては、一方的な見解を強要しないよう慎重な配慮が求められる。

（生涯学習の理念）

第三条　国民一人一人が、自己の人格を磨き、豊かな人生を送ることができるよう、その生涯にわたって、あらゆる機会に、あらゆる場所において学習することができ、その成果を適切に生かすことのできる社会の実現が図られなければならない。

＊学習権（憲二六1、学習権宣言、万人のための教育世界宣言）、生涯学習（生涯学習、社教三1、高齢社会対策基本法一一、文部科学省設置三・四、中央教育審議会令）、学校教育（五・六、学教、私学）、家庭教育（一〇、民八一八・八二〇―八二三・八五七）、社会教育（一二、社教、図書館、博物館、スポーツ、音楽文化振興整備法、子どもの読書活動推進法、文字・活字文化振興法、人権教育啓発推進法、環境教育）

[答申]**新しい時代にふさわしい教育基本法と教育振興基本計画の在り方について**　教育の機会均等に関して、現行法に「教育を受ける機会」と規定されているのを、憲法と同様に「教育を受ける権利」と改めてはどうかとの意見があったが、現行法の規定が、憲法上の権利を具体化してそれをより実質化するためには「教育を受ける機会」が確保される施策を進めることが重要である、との趣旨を表現したものであることに十分留意する必要がある。また、「生涯にわたり学習する権利」を規定してはどうかとの意見があったが、生涯学習については、教育全体を貫く基本的な理念として位置付けることが適当と考える。（平15・3・20中央教育審議会）

[通達]**生涯学習の振興のための施策の推進体制等の整備に関する法律等について**　新法制定の趣旨は、中央教育審議会答申（「生涯学習の基礎整備について」（平成二年一月三〇日））を受けて、国民が生涯にわたって学習する機会があまねく求められているという状況にかんがみ、生涯学習の振興に資するための都道府県の事業に関しその推進体制の整備その他の必要な事項を定め、及び特定の地区において生涯学習に係る機会の総合的な提供を促進するための構想の作成その他の措置について定めるとともに、生涯学習に係る重要事項を調査審議する審議会を設置する等の措置を講ずることにより、生涯学習の振興のための施策の推進体制及び地域における生涯学習に係る機会の整備を図ることとしたものであること。（平2・9・28文生生一八〇事務次官）

[判例]**年齢による差別［群馬大学事件］**　大学は医師として活躍するには、六年間の課程に加えて、臨床研修二年間も含め卒業後一〇年くらいの経験が必要であることを考慮するように入学試験応募者に説明しているが、このような点を考慮することには合理性があり、受験者を合理的な理由なく単に年齢によって差別することとはならない。以上のとおり、本件入試の合否判定にあたり、原告が年齢により差別されたことが明白であるとは認められず、大学が合否判定の権限を逸脱、濫用したとはいえない。（東京高判平19・3・29判時一九七九―七〇）

[解説]　新設規定。「生涯学習」という文言は、すでに「生涯学習の振興のための施策の推進体制等の整備に関する法律」（平成二年法律第七一号）にあり、「生涯学習」の定義の欠如とあいまって、同法の規制緩和、産業振興法的性格の強い文言が本法に組み込まれたことを意味する。他方、教育の機会均等については、旧二条（教育の方針）の文言の過半が削除され、その一部「あらゆる機会に、あらゆる場所において」のみが継承されただけであり、「学問の自由を尊重し、実際生活に即し、自発的精神を養い、自他の敬愛と協力によって、文化の創造と発展」が削除され、二条の従属的規定となった。本条後段の「学習」の「成果を適切に生かすことのできる社会」とは、前段の「国民一人一人が、自己の人格を磨き、豊かな人生を送る」と照応関係にあり、主に個人レベルの生涯設計において「生涯学習」を位置づけ、「適切」な評価のもとでの学習の有用化を求めるものとなっており、住民相互の共同学習支援やユネスコなどのすべ

ての人の「学習権宣言」や同「学習：秘められた宝」などの学習の社会的協同的規定とは大きな齟齬が生じている。この点で、「教育の非権力性の原則」に基づく、国民の協同による不断の努力のなかで「生涯学習」の展望を開く意思を宣言したものとはいえない。なお、旧二条の理念を受けていた社会教育法三条などは、二〇〇八年に大きな改正がなされた。

（教育の機会均等）

第四条　すべて国民は、ひとしく、その能力に応じた教育を受ける機会を与えられなければならず、人種、信条、性別、社会的身分、経済的地位又は門地によって、教育上差別されない。

2　国及び地方公共団体は、障害のある者が、その障害の状態に応じ、十分な教育を受けられるよう、教育上必要な支援を講じなければならない。

3　国及び地方公共団体は、能力があるにもかかわらず、経済的理由によって修学が困難な者に対して、奨学の措置を講じなければならない。

＊①教育を受ける権利（憲二六1、社会権規約一三1、児童権利二八1、地教行四九）、教育の機会均等（五3・一六2、地教行一の二、教育費負担一、学生支援三、定通一、へき振一、過疎地域自立促進特別措置法二）、差別の禁止（憲一四1、自由権規約二1、社会権規約二2・一〇3、児童権利二、人種差別撤廃五、女子差別撤廃一〇、人権教育啓発推進法）、②特別支援学校（学教七二—八〇、学教施令一一・二二の三、特別支援学校奨励）、特別支援学級（学教八一2）、通常学級における障害児支援（学教七四・八一1、学教施令五、学教施規一四〇）、障害者教育（児童権利二三、障害者権利宣言、障害者機会均等化標準規則、障害基三・一六、発達障害者支援八、障害者の日常生活及び社会生活を総合的に支援するための法律、児福）、③就学の援助（学教一九、就学奨励二、学保健安全二四・二五、学校給食一二2、振興センター一三2）、教育扶助（生保一一・一三・三二）、学資の貸与・支給（学生支援一四—一七の五、私学助成八）、私学助成（憲八九、私学五九、私学助成、私学事業団、私立大学の研究設備に対する国の補助に関する法律）

判例　**入学者選抜［和歌山大附属中抽せん入学事件］**　憲法二六条および教基法三条は、すべての国民がその能力に応じて等しく教育を受ける権利を有し、人種等によって教育上差別されない旨を宣明したものであり、このことから直ちに選抜手続が常に学力試験によらねばならないということはできず、附属学校が固有の教育方針、計画に基づき自らの判断において入学志願者の選抜方法として抽せんの方法を採用しても、論難すべきではない。（和歌山地判昭50・2・3判時七八一—六三、最判昭53・7・7判タ三六九—一五八）

判例　**入学者選抜［大分県立高校合同選抜事件］**　原告らは、本件合同選抜制度は、学校間格差の是正という目的のため、能力以外の理由で入学の許否を決しようとするものであって、憲法二六条一項、教育基本法三条一項に違反する旨主張する。しかしながら、原告らのいう「能力」とは、所詮検査順位に現われた度合を指称するものと解されるが、それでは単なる所謂「能力主義」であって、能力主義が多くの弊害の根源となっていることは、次において述べるとおりである。右各条項における「能力」とは、能動的に教育上の差別を正当化し、単に先天的能力に恵まれた者や検査成績上位の者が、その希望する学校への入学を拒否された場合に、これを直ちに違憲、違法とする契機となるものではない。発育途上にある子供達の能力は、顕在化したもののみで評価できず、多くの潜在し開発の可能な部分を内包しているものであり、また刻々と発達成長しているものである。従って、右にいう「能力」は、「……能力に応じて、ひとしく……」（憲法二六条一項）と定められているように、教育を受ける権利や教育の機会均等を実質的に保障しつつ、その子の能力発達に必要とされる教育とその条件、環境整備を積極的に国家に対して要求する根拠となりうべきものである。この観点からすれば、むしろ、学校間格差の是正という本件合選制の目的は、通学区域内各所に水準の均しい教育施設を整備することによって、その水準に達する能力を有する者が、ひとしく能力発達を可能ならしめる高等学校教育を容易に受けうる条件整備を目指すものであり、かかる観点から本件制度も採用された経緯を有するもので、「能力に応じて均しく教育を受ける」権利実現に資するという側面をも有しているとも評価しうる。（大分地判昭62・2・23判時一二三一—九六）

判例　**マイノリティによる差別［高槻市多文化共生・国際理解事業廃止・縮小事件］**　児童の権利条約三〇条の文言は、自由権規約二七条と同様「権利を否定されない」とするものであって、国家に積極的な作為を求める権利を保障するものではない。憲法二六条の規定が、直ちに控訴人らの主張するようなマイノリティとしての教育を受ける権利までを想定して規定しているとはいえず、また、憲法二六条一項及び旧教育基本法三条一項は、国の責務について、いずれも理念を掲げるにすぎず、これらの規定が、控訴人らが主張するようなマイノリティの教育権という具体的な権利を直接保障していると認めることも困難である。（大阪高判平20・11・27判時二〇四四—八六）

判例　**外国人（イラン人）の入学差別**（東京地判平23・12・19判タ一三八〇—九三）→憲一四条

判例　**信条による差別［昭和女子大事件］**　私立大学において、その建学の精神に基づく校風と教育方針に照らし、学生が政治的目的の署名運動に参加し又は政治的活動を目的とする学外団体に加入することを放任することは教育上好ましくないとする見地から、学則等により、学生の署名運動について事前に学校当局に届け出るべきこと及び学生の学外団体加入について学校当局の許可を受けるべきことを定めても、これをもって直ちに学生の政治的活動の自由に対する不合理な規制ということはできない。（最判昭49・7・19判時七四九—三）

判例　**信条による差別［麹町中学校内申書事件］**　本件調査書の備考欄及び特記事項欄に「大学生ML派の集会に参加している。学校側の指導説得をきかないで、ビラを配ったり、落書をした」等の記載があるが、いずれも、上告人の思想、信条そのものを記載したものでないことは明らかであり、その思想、信条自体を高校の入学者選抜の資料に供したものとは到底解せない。（最判昭63・7・15判時一二八七—六五）

通知　**学校教育法施行令の一部改正について**　今回の学校教育法施行令の改正は、平成二四年七月に公表された中央教育審議会初等中等教育分科会報告「共生社会の形成に向けたインクルーシブ教育システム構築のための特別支援教育の推進」（以下「報告」という。）において、「就学基準に該当する障害のある子どもは特別支援学校に原則就学するという従来の就学先決定の仕組みを改め、障害の状態、本人の教育的ニーズ、本人・保護者の意見、教育学、医学、心理学等専門的見地からの意見、学校や地域の状況等を踏まえた総合的な観点から就学先を決定する仕組みとすることが適当である。」との提言がなされたこと等を踏まえ、所要の改正を行うものであること。なお、報告においては、「その際、市町村教育委員会が、本人・保護者に対し十分情報提供をしつつ、本人・保護者の意見を最大限尊重し、本人・保護者と市町村教育委員会、学校等が教育的ニーズと必要な支援について合意形成を行うことを原則とし、最終的には市町村教育委員会が決定することが適当である。」との指摘がなされており、この点は、改正令における基本的な前提として位置付けられるものであること。

平成二三年七月に改正された障害者基本法第一六条においては、障害者の教育に関する以下の規定が置かれているところであり、障害のある児童生徒等の就学に関する手続については、これらの規定を踏まえて対応する必要があること。特に、改正後の学校教育法施行令第一八条の二に基づく意見の聴取は、市町村の教育委員会において、当該視覚障害者等が認定特別支援学校就学者に当たるかどうかを判断する前に十分な時間的余裕をもって行うものとし、保護者の意見については、可能な限りその意向を尊重しなければならないこと。（平25・9・1文科初六五五事務次官）

判例 **障害者支援**［**尼崎高校事件**］　障害者がその能力の全面的発達を追求することもまた教育の機会均等を定めている憲法その他の法令によって認められる当然の権利である。現在の施設・設備が不十分なことは入学を拒否する理由とはならない。（神戸地判平4・3・13判時一四一四―二六）

判例 **障害者支援**［**特別支援学級入級処分取消請求事件**］　市教委が市立中学校に特別支援学級を設置して、そこに入級処分をしたからといっても、現行法上は生徒またはその親に、普通学級と特別支援学級のいずれに所属するかについての選択権が付与されていると解することはできない。（札幌高判平6・5・24判時一五一九―六七）

判例 **障害者支援**［**大阪市立貝塚養護学校廃校処分事件**］　就学すべき学校の選択については、同令上その基準は設けられておらず、児童生徒等又はその保護者がその選択に関与することを予定していると解される規定も存しない。特別支援学校を設置している市町村の区域内にその住所を有する児童及び生徒並びにその保護者は、当該市町村の設置する特定の特別支援学校において義務教育として行われる特別支援教育を受け又は受けさせる権利を有するものではないというべきである。（大阪地決平21・1・30判タ一三〇〇―一三三）

判例 **障害者支援**［**奈良県下市町肢体不自由児中学校就学指定事件**］　当該生徒が認定就学者に該当するか否かの判断については、当該市町村の教育委員会に一定限度の裁量の余地が認められるものの、当該生徒及び保護者の意向、当該市町村の設置する中学校の施設や設備の整備状況、指導面で専門性の高い教員が配置されているか否か、当該生徒の障害の内容、程度等に応じた安全上の配慮や適切な指導の必要性の有無・程度などを総合考慮した上、当該生徒を当該市町村の設置する中学校に就学させることが、障害のある生徒等一人一人の教育上のニーズに応じた適切な教育を実施するという観点から相当といえるか否かを慎重に検討しなければならず、その判断が、事実に対する評価が合理性を欠くなど著しく妥当性を欠き、特別支援教育の理念を没却するような場合には、その裁量権を逸脱又は濫用したものとして違法であるというべきである。（奈良地決平21・6・26判例地方自治三二八―二一）

判例 **生活保護と高校修学のための貯蓄**［**学資保険訴訟**］（最判平16・3・16判時一八五四―二五）→憲二五条

解説 本条は、教育の機会均等を定める。一項・三項は旧三条一項・二項を引き継いでいるが、二項は新設規定である。本条は、憲法一四条（法の下の平等）と二六条（教育を受ける権利）を具体化したものである。一項は、すべての人を法的に均等に取り扱うという形式的平等を意味しており、二項（障害者の支援）および三項（経済的修学困難者の奨学）は、社会的弱者に対してより厚く保護を与えるという実質的平等の実現を定めたものと解される。

重要な解釈上の論点として、一項前段の「ひとしく、その能力に応じた」の意味は何か、がある。これにつき、能力以外の理由で差別をしてはならないと解する説（憲法学説）と、子どもの能力発達の仕方に応じた（発達の要求・必要に応じた）教育を保障されると解する説（教育法学説）とが対立している。一項後段の六つの列挙事由は憲法一四条と類似しているが、異なるのは、本条は私立学校にも直接適用されること、「経済的地位」を列挙していることである。なお、子どもの権利条約二条は、憲法一四条や本条が定めていない「国民的出身」「障害」による差別禁止を規定している。

障害者支援に関する規定（二項）が設けられたことは意義深い。ただし、本条を具体化した「特別支援教育」（学教七二条以下）が、分離教育を正当化するものであってはならず、障害者権利条約の掲げるインクルージョン教育を推進することが求められている。その際、①「障害」を理由とする差別については「能力」を理由とする区別と異なり厳格な審査をすべきこと（憲法一四条列挙事項と同様の性質を有する）、②本人・保護者の意見を第一義的に尊重すべきこと（学教施令一八条の二）が踏まえられる必要があろう。三項は、経済的修学困難者の奨学を定めるが、この規定の具体化として、市町村による就学援助（学教一九条）や、就学奨励法、学校保健安全法、学校給食法、日本スポーツ振興センター法における国の補助規定がある。生活保護法の教育扶助も本条に関連する。

第二章　教育の実施に関する基本

（**義務教育**）

第五条　国民は、その保護する子に、別に法律で定めるところにより、普通教育を受けさせる義務を負う。

2　義務教育として行われる普通教育は、各個人の有する能力を伸ばしつつ社会において自立的に生きる基礎を培い、また、国家及び社会の形成者として必要とされる基本的な資質を養うことを目的として行われるものとする。

3　国及び地方公共団体は、義務教育の機会を保障し、その水準を確保するため、適切な役割分担及び相互の協力の下、その実施に責任を負う。

4　国又は地方公共団体の設置する学校における義務教育については、授業料を徴収しない。

＊①義務教育（憲二六2、社会権規約一三2、児童権利二八1、学教一六―二一・二九・三〇・四五・四六）、普通教育（憲二六2、学教一六・二一・二九・四五・五〇・六三）、義務教育の期間（学教一六）、就学義務（学教一六・一七・一三八・一四四、児福四八）、就学義務の猶予・免除（学教一八、少年院二六・二七、国籍法一四、構造改革特別区域法一三）、使用者の義務（学教二〇・一四五）、②教育の目的（一）、義務教育の目標（学教二一）、国家・社会の形成者の育成（一・一四1、学教五一）、③教育の機会均等（四・一六2、地教行一の二、教育費負担一、学生支援三、定通一、へき振一、過疎地域自立促進特別措置法一）、教育水準の維持向上（一六2、地教行一の二）、国と地方公共団体の役割分担（一六1、地教行一の二、地自二）、地方公共団体の学校設置義務（学教三八・四九・八〇）、④義務教育の無償（一六4、憲二六2、社会権規約一三2・一四、児童権利二八1、教育費負担一）、授業料の不徴収（学教六）、教科書の無償（教科書無償措置三・五）

答申 **新しい時代にふさわしい教育基本法と教育振興基本計画の在り方について**　義務教育に関して、社会の変化や保護者の意識の変化に対応し、義務教育制度をできる限り弾力的なものにすべきとの観点から、(i)就学年齢について、発達状況の個人差に対応した弾力的な制度、(ii)学校区分について、小学校六年間の課程の分割や幼小、小中、中高など各学校種間の多様な連結が可能となるような仕組み、(iii)保護者の学校選択、教育選択などの仕組み、などについて様々な意見が出された。これらの事項については、法制上は、学校教育法等において具体的に規定されている就学年齢、学校区分、就学指定等に関する事項であるので、今後、関係分科会等において検討し、実現可能なものについては、学校教育法等の改正などにより対応することが適当である。（平15・3・20中央教育審議会）

通知 **日本国に居住する大韓民国国民の法的地位及び待遇に関する協議における教育関係事項の実施について**　1

学校の課外における韓国語等の学習の取扱い　「日本国に居住する大韓民国国民の法的地位及び待遇に関する日本国と大韓民国との間の協定における教育関係事項の実施について」（昭和四〇年一二月二八日付け文初財四六四号）の記4は、学校教育法第一条に規定する学校の正規の教育課程に関するものであり、学校に在籍する在日韓国人に対し、課外において、韓国語や韓国文化等の学習の機会を提供することを制約するものではないこと。2　就学案内　市町村の教育委員会においては、公立の義務教育諸学校への入学を希望する在日韓国人がその機会を逸することのないよう、学校教育法施行令第五条第一項の就学予定者に相当する年齢の在日韓国人の保護者に対し、入学に関する事項を記載した案内を発給すること。3　在日韓国人以外の外国人の取扱い　在日韓国人以外の日本国に居住する日本国籍を有しない者についても、上記1及び2の内容に準じた取扱いとすること。（平3・1・30文初高六九初中局長）

通知 **外国人児童生徒教育の充実について**　1　就学案内等の徹底　平成一五年八月の総務省の「外国人児童生徒等教育に関する行政評価・監視結果に基づく通知」の指摘を受け、文部科学省において、平成一七年四月に「就学ガイドブック」について、就学案内の例文の掲載を行う等の改訂を行い、各都道府県、市町村教育委員会に配布したことを踏まえ、以下の事柄について徹底すること。(1)外国人の子どもが義務教育諸学校への入学の機会を逸することのないよう、外国語による就学ガイドブックについて、地域の実情に応じた自治体独自のものを作成・配布し、外国語による就学案内、就学援助制度等の教育関連情報の的確な提供を行うこと。(2)公立中学校新入学相当年齢の外国人の子どもについても、公立中学校への就学案内を発給するなど、義務教育を受ける機会を適切に保障するための方策を講ずること。（平18・6・22文科初三六八初中局長）

判例 **外国人の教育を受ける権利と退学届の受理［京都市立中学校外国籍生徒退学届受理事件］**（大阪地判平20・9・26判時二〇二七―四二）→憲二六条

通知 **通学区域制度の弾力的運用について**　市町村教育委員会は、当該市町村の設置する小学校又は中学校が二校以上ある場合、学校教育法施行令の規定により就学予定者等の就学すべき小学校又は中学校を指定することとされています。その際、市町村教育委員会は、通常あらかじめ各学校ごとに通学区域を設定し、これに基づいて就学すべき学校を指定しています。この通学区域制度の運用に当たって配慮すべき事項については、昭和六二年五月八日付け文初高第一九〇号「臨時教育審議会「教育改革に関する第三次答申」について」をもって通知したところでありますが、このたび、行政改革委員会の「規制緩和の推進に関する意見（第二次）」（平成八年一二月一六日）において、保護者の意向に対する十分な配慮や選択機会の拡大の重要性、学校選択の弾力化に向けた取組などについて提言がなされました。（平9・1・27文初小七八初中局長）

通知 **学校教育法施行規則の一部を改正する省令について**　今回の改正の趣旨は、市町村教育委員会の判断により、いわゆる学校選択制を導入する場合には、学校教育法施行令第五条第二項に基づく就学校の指定の際、あらかじめ保護者の意見を聴取できることを明確にするとともに、その手続等を定め公表するものとすること。また、同令第八条に基づく就学校の変更の際、その手続等の透明性を図る観点から、その要件及び手続を明確化し公表するものとすること。（平15・3・31文科初一三三〇初中局長）

通知 **不登校への対応の在り方について（出席扱いの要件）**　不登校児童生徒が学校外の施設において相談・指導を受けるとき、所定の要件を満たすとともに、当該施設への通所又は入所が学校への復帰を前提とし、かつ、不登校児童生徒の自立を助けるうえで有効・適切であると判断される場合に、校長は指導要録上出席扱いとすることができる。（平15・5・16文科初二五五初中局長）

通知 **不登校児童生徒が自宅においてIT等を活用した学習活動を行った場合の指導要録上の出欠の取扱い等について**　不登校児童が自宅においてIT等を活用した学習活動を行うとき、一定の要件を満たし、当該学習活動が学校への復帰に向けての取組であり、不登校児童の自立を助ける上で有効・適切である場合には、校長の判断により、当該学習活動について、指導要録上出席扱いとすることができるとともに、当該学習活動の成果を指導要録や通知票に記載するなどして、評価に反映することもできること。（平17・7・6文科初四三七初中局長）

通知 **不登校児童生徒への支援の在り方について**（令1・10・25元文科初六九八初中局長）→資料編第6節

判例 **普通教育を受けさせる義務**（岐阜家判昭51・2・12家庭裁判月報二八―一〇―一四）→学教一四四条

判例 **普通教育［神戸市立菅の台小学校の長欠児童進級処分事件］**（神戸地判平5・8・30判タ八三三―一七七）→学教施規五七条

判例 **情報公開［枚方市全国学力調査非公開決定事件］**　学校別調査結果である本件情報については、文部科学省が参加主体（各都道府県教育委員会及び市町村教育委員会等）に対し実施要領等を通じて個々の学校名を明らかにした公表をしないよう求めており、学校別調査結果を公にすることについては学力の特定の一部分についての調査結果のみに基づいた序列化や過度な競争の発生等の様々な弊害の発生が危惧されており、本件情報を非公開としなければ、過度な競争の結果として全国学力調査の結果に児童生徒の学力・学習状況が正確に反映されない事態が生ずるおそれがあり、国（文部科学省）は、同調査を通じて、全国の児童生徒の学力・学習状況を漏れなく、かつ、正確に把握することができなくなり、その結果、児童生徒の学力・学習状況の分析に基づいて教育及び教育施策の成果と課題を検証し、その改善を図ることが不可能ないし著しく困難となり、また、各地方公共団体（教育委員会）においても、国（文部科学省）から提供を受けた調査結果に基づいて全国的な状況との関係において自らの教育及び教育施策の成果と課題を把握し、その改善を図ることが不可能ないし著しく困難となって、同調査を実施する意義そのものを没却することにもなりかねないから、学校別調査結果について個々の学校名を明らかにした公表を行わないものとすることは、同調査を適切に遂行し、もってその目的を達成する上で、必要不可欠なものであり、かつ、教育基本法の定める義務教育の理念等にも沿う合理的なものということができる。（大阪地判平21・5・15判時二〇六五―三二）

判例 **授業料の不徴収［教科書費国庫負担請求事件］**　憲法二六条二項の義務教育無償の規定は、義務教育における授業料不徴収の意味と解するのが相当であり、教科書、学用品その他教育に必要な一切の費用まで無償にすべく定めたものではない。（最大判昭39・2・26判時三六三―九）

解説　本条は、憲法二六条二項を受けて義務教育について定める。一項・四項は旧四条一項・二項に対応しているが、二項・三項は新設規定である。旧四条一項は憲法二六条の義務教育の年限を「九年」と明示していた点に重要な意味があったが、この「九年」を本法から学校教育法一六条に移行させたため、本条一項は憲法二六条二項前段と同一の無意味な規定となってしまった。この移行は、義務教育の弾力化（飛び級・早期就学）や延長論（幼稚園・高校）の反映といわれる。解釈上の論点としては、第一に、「国民」に外国人が含まれるかが問題となる。外国人には民族教育を受ける自由が保障されるため、学教法一六条の就学義務はないと解するのが妥当である。第二に、「法律で定めるところにより」は、「法律」への委任を意味しており、一八条とともに本法の準憲法的性格の根拠となる。第三に、「普通教育を受けさせる義務」については、①義務の名宛人は誰か（子どもに対する義務か、国に対する義務か）、②就学義務（学教一七条）と同じ意味か（家庭義務教育は認められるか）、③公立の学校選択制は義務教育の本質（公共財としての性格）

に反しないか、という重要争点がある。なお、「普通教育」とは、職業教育・専門教育に対置される概念であり、すべての人間に必要とされる一般的・基礎的教育を意味する。

二項の義務教育の目的規定は、一条の教育目的規定と学教法二一条の義務教育の目標規定を架橋している。三項の国と地方公共団体の役割分担規定は、一六条（教育行政）と同旨である。四項（旧四条二項とほぼ同一）は、憲法二六条二項の義務教育無償の規定を受けて、授業料不徴収を定める。憲法の「無償」の範囲はどこまでかにつき、本条を憲法の確認規定とみる授業料無償説（多数説）と憲法の例示規定とみる就学必需費無償説とが対立しているが、最高裁は授業料無償説を採っている。

（学校教育）

第六条　法律に定める学校は、公の性質を有するものであって、国、地方公共団体及び法律に定める法人のみが、これを設置することができる。

2　前項の学校においては、教育の目標が達成されるよう、教育を受ける者の心身の発達に応じて、体系的な教育が組織的に行われなければならない。この場合において、教育を受ける者が、学校生活を営む上で必要な規律を重んずるとともに、自ら進んで学習に取り組む意欲を高めることを重視して行われなければならない。

＊①法律に定める学校（九1・一四2、学教一）、公の性質（八、憲八九、私学一、社教一〇、学教一三七）、学校の設置者（学教二・附則六、構造改革特別区域法一二・一三・二〇、社会権規約一三4、児童権利二九2）、地方公共団体（地自一の三・二八一・二八四、学教三九・一四〇、地教行三〇）、法律に定める法人（私学三、国大法人二1、独立行政法人国立高等専門学校機構法、地方独立行政法人六八1）、②教育の目標（二、学教二一・二三・三〇1・四六・五一・六四）、規律の重視（児童権利二八2、学教一一・二一・二三・三五・四九、学教施規二六）、学習意欲の重視（学教三〇2・四九・六二）

判例　**公教育［旭川学テ事件］**　私事としての親の教育及びその延長としての私的施設による教育をもってしては、近代社会における経済的、技術的、文化的発展と社会の複雑化に伴う教育要求の質的拡大及び量的増大に対応しきれなくなるに及んで、子どもの教育が社会における重要な共通の関心事となり、子どもの教育をいわば社会の公共的課題として公共の施設を通じて組織的かつ計画的に行ういわゆる公教育制度の発展をみるに至り、現代国家においては、子どもの教育は、主としてこのような公共施設としての国公立の学校を中心として営まれるという状態になっている。（最大判昭51・5・21判時八一四―三三）

解説　本条は学校教育について定める。一項は旧六条一項を引き継いでいるが、二項は新設条項である（なお、旧六条二項（教員）は九条に移行された）。一項前段は、法律に定める学校は公の性質を有すると定める。「法律の定める学校」とは、学教法一条が定める八種類の「学校」、いわゆる一条校、および認定こども園法が定める「幼保連携型認定こども園」を指す。専修学校、各種学校、および、学教法以外の法律が定める教育施設には本条は適用されない。「公の性質」とは、学校の非営利的性格を示している。一項後段は、学校の設置者を国、地方公共団体、法律に定める法人の三者に限定した。「法律に定める法人」は、実質的には学校法人を指すといってよい。なお、本条の「法律に定める学校」のうち、大学と幼稚園についてはその重要性・特殊性に鑑み独立条文が新設された（七条・一一条）。また、本条の「法律に定める法人」が設置する学校、すなわち私立学校についても、その役割が増大している状況を受けて新たな規定（八条）が設けられた。

二項は、学校教育の基本的役割と、学校教育において重視されるべき事柄を定めているが、これらは各学校において心がけるべき教育方針といってよく、必ずしも法律に規定することになじまないものといえる。

（大学）

第七条　大学は、学術の中心として、高い教養と専門的能力を培うとともに、深く真理を探究して新たな知見を創造し、これらの成果を広く社会に提供することにより、社会の発展に寄与するものとする。

2　大学については、自主性、自律性その他の大学における教育及び研究の特性が尊重されなければならない。

＊①大学（学教八三―一一四、国大法人、地方独立行政法人法六八―八〇、私学、構造改革特別区域法一二・一三、放送大学）、高等教育（社会権規約一三2、児童権利二八1）、大学の目的（学教八三・一〇八）、大学の設置（学教二1・四12・九四・九五、大学基準、短大基準、大学設置学校法人審議会令）、大学の入学（学教九〇、消費者契約法二・九・一〇、高等学校卒業程度認定試験規則）、大学の認証評価（学教一〇九―一一三）、②大学の自主性・自律性（憲二三、学教九三、教特三一〇、私学一・三六）、教育研究の特性（国大法人三）

判例　**大学の自治［東大ポポロ事件］**　学問の自由はとくに大学について保障され、大学教授は教授の自由を保障され、また、研究者の人事、大学の施設と学生の管理について大学の自治が認められる。学生の集会も大学の自治の範囲で自治が認められるが、集会が真に学問的な研究と発表のためではなく、実社会の政治的社会的活動に当たる場合には、大学の自治は享有しない。本件集会は大学の自治を享有せず、警察官が立ち入ったことは大学の自治を犯すものではない。（最大判昭38・5・22判時三三五―五）

判例　**大学サークルボックス使用禁止事件**　各種法令により、（大学に）一定の施設の設置が義務づけられているとしても、法令は国と大学との間の関係を規律するものであるから、大学は、法令に基づく義務を学生に対して負うものではない。学生を大学の自治の主体と解することはできず、大学当局からの干渉からの自由をも内容とする学生のための大学の自治については、これを導き出すに足りる具体的な理論的根拠がない。（東京地判平18・4・26判タ一二四四―一九五）

判例　**理事会と教授会［甲南学園事件］**（大阪高判平10・11・26労判七五七―五九）→学教九三条

判例　**私立大学における学問の自由**（最判平19・7・13判時一九八二―一五二）→憲二三条

解説　本条は、大学に関する新設規定である。憲法二三条（学問の自由・大学の自治）を具体化し、学教法の大学に関する規定（九章・八三条以下）に架橋している。六条は、学校の種類については学教法に委任しているが、本条は例外的に大学の重要性・特殊性に鑑み独立条文を設けたものとされる。一項の大学の目的規定は、学教法八三条とほぼ同旨である（「社会発展への寄与」は本条で追加された表現）。二項の「大学の特性」としては、①自主性・自律性、②教育と研究の一体性、③国際性の三点が指摘されているが、とくに重要なのが①である。憲法二三条は、とくに大学における学問の自由を保障しており、そのコロラリーとしての「大学の自治」の保障を含んでいる。大学の自治の内容には、人事の自治、施設・学生の管理の自治、予算管理の自治の三つがある。本条が、憲法二三条を受けて、「自主性・自律性の尊重」を明示し、大学の教育・研究に対する国家権力の介入を実定法上禁止した点にはきわめて大きな意義があるといってよい。

今日的問題点として、二〇〇四年国立大学の法人化により、①役員会・経営協議会・学長選考会議への学外者の参画が図られた結果、教授会が弱体化し、大学の自治が形骸化していること、②文科省の国立大学法人評価委員会による評価が資源配分に反映するため、財政誘導を通じて学問の自由が侵害される恐れが強いことを指摘できる。私立大学については、私学法三六条が理事会の最高意思決定機関性を定める一方、学教法九三条は教授会の重要事項審議権を規定しているため、両者の人事権限をめぐり多くの紛争が生じてきた。二〇一四年には学教法九三条が改正され、学内の最終決定権が学長に帰属することが明確化された。

（私立学校）

第八条　私立学校の有する公の性質及び学校教育において果たす重要な役割にかんがみ、国及び地方公共団体は、その自主性を尊重しつつ、助成その他の適当な方法によって私立学校教育の振興に努めなければならない。

＊私立学校（学教二2、私学、私学助成、私学事業団）、私学の設置（学教二1・附則六、私学三、構造改革特別区域法一二・一三・二〇、社会権規約一三4、児童権利二九2）、私学行政（学教四・四四・四九・六二・九八、私学四、地教行二二・二七の五）、公の性質（六1、憲八九、私学一、社教一〇）、私学の重要な役割（私学助成一）、私学の自主性（私学一・三六）、私学助成（一六4、憲八九、私学五九、私学助成、私学事業団、私立大学の研究設備に対する国の補助に関する法律）

通達　今後学校法人の管理運営が適正を欠く場合および補助金の申請、各種の報告等の内容に虚偽があった場合は、補助金交付等の法令の規定にのっとりいっそう厳正な態度で対処する。（昭58・7・29文管企二〇七事務次官）

通知　私立大学等経常費補助金の交付を不正に受け補助金の返還を求められた事態の発生を、各学校法人は深刻に受けとめ、同補助金に係る事業の適正な遂行に努力してほしい。（昭58・6・16文管振一一一管理局長）

判例　**私立学校における人権規定の効力［昭和女子大学事件］**　憲法一九条、二一条、二三条等のいわゆる自由権的基本権の保障規定は、国又は公共団体の統治行動に対して個人の基本的な自由と平等を保障することを目的とした規定であって、専ら国又は公共団体と個人との関係を規律するものであり、私人相互間の関係について当然に適用ないし類推適用されるものでないことは、当裁判所大法廷判例（昭48・12・12―三菱樹脂事件）の示すところである。したがって、その趣旨に徴すれば、私立学校の学則の細則としての性質をもつ生活要録の規定について直接憲法の右基本権保障規定に違反するかどうかを論ずる余地はない。（最判昭49・7・19判時七四九―三）

判例　**私立学校での教育内容の変更［江戸川学園論語教育廃止変更事件］**　論語を使った道徳教育の廃止において、教育内容の変更が不法行為となるのは、変更の合理性や学校側の裁量などを考慮し、社会通念上認められない場合に限られる。本件学校は、論語を使う手法を廃止したにとどまり、教育内容の中核の変更とは言えない。（最判平21・12・10判時二〇七一―四五）

判例　**学生生徒の地位**（東京地八王子支判平1・6・23判時一三二三―九七）→学教施規七九条の九

判例　**中高一貫教育と在学契約**（高知地判平6・11・28判時一五四一―一二一）→学教四七条

判例　**助成［私学訴訟］**　①憲法二六条は、無償制の義務教育制度の設置はこれを明確に義務づけているけれども（二項）、義務制とされない段階における教育条件の整備の内容については明確に規定しておらず（教基法二条の規定もいまだこれを具体的に定めているとはいえない）。抽象的に規定するにとどまっており、その具体的内容は、その時代の文化、社会の発展の程度、教育に対する社会の関心、熱意その他の諸状況によって変動しうる。②教育を受ける権利は、国民全体又は国民のかなりの部分を対象として国家の積極的関与を要求する性格上、これを実現するためには莫大な額の予算を必要とするのであって、他の諸政策との調和を図りつつ、総合的かつ長期的展望に立った国会や内閣の政治的、専門的裁量が不可避である。③国民のうち多数の者が現にその子女を高校に進学させ、又は将来進学させるはずであって、高校教育の充実を求める国民は、その意思を選挙、請願等の手段を通じて政策決定の場に大きく反映させることが可能であると認められるから、講ぜられるべき施策の内容の決定を国会の広範な裁量に委ねることには高度の合理性がある。④教育を受ける権利が保障されるか否かは国民の直接の生死にかかわる生活保護（生存権の保障）の問題に較べれば、緊急性、重要性の程度に差があり、しかも保障の限界の画定もより困難である。以上の諸点を勘案すると、憲法は、高校教育にかかる教育諸条件の整備について、国会、内閣に対し極めて広汎な裁量を許しているものといわなければならない。（大阪地判昭55・5・14判時九七二―七九）

判例　**助成［私立大学病院公金支出事件］**（千葉地判昭61・5・28判時一二一六―五七）→憲八九条

判例　**助成［幼児教室公金支出事件］**（東京高判平2・1・29判時一三五一―四七）→憲八九条

解説　本条は、私立学校に関する新設規定である。私学法一条は、自主性の重視と公共性の高揚を基本理念としているが、本条は、これを確認し、私学の位置づけを高めたものである。「私立学校」とは、学校法人の設置する学校をいう（学教二条二項）。私学が「公の性質」を有するとは、私学も、系統的な学校制度の一翼を担っていることを示している。学校法人の特質はその非営利性（利益の教育への還元）にあるが、この点、今日、構造改革特区法により、株式会社に学校設置が認められていることが問題視される。次に、私学の「自主性」とは、私学の設置・教育の自由を意味するが、一般に、私学の自由は憲法二一条（結社の自由）により保障されていると解されている（社会権規約一三条四項も参照）。私学の自由は、①子ども・親の学校選択権を実質化する必要性、②国家の教育独占に歯止めをかけ、社会の多元性を維持する必要性に根拠づけられる。
　本条は、国・地方公共団体に私学「助成」の努力義務を課している。設置者負担主義（学教五条）に基づき、私学の経費は学校法人が負担するのが原則であるが、学校教育における私学の役割はきわめて大きい一方、人件費・学校設備費等は莫大な財政負担を伴うため、実際上の必要から助成が求められる。ただし、憲法八九条後段は「公の支配」に属しない教育事業に対する公金支出を禁止しているため、私学助成の合憲性が大きな争点となってきた。多数説は、私学助成法（五条・一二条等）の財政監督に服していることから「公の支配」に属しているとし、合憲と解している。また、憲法八九条前段の宗教団体への公金支出の禁止との関係で、宗教系私学への助成が違憲ではないかという論点もある。これについては、一般に、政教分離に関する目的効果基準に則り合憲性を判断すべきであり、違憲となるケースもあり得ると解されている。

（教員）

第九条　法律に定める学校の教員は、自己の崇高な使命を深く自覚し、絶えず研究と修養に励み、その職責の遂行に努めなければならない。

2　前項の教員については、その使命と職責の重要性にかんがみ、その身分は尊重され、待遇の適正が期せられるとともに、養成と研修の充実が図られなければならない。

＊①法律に定める学校（六1・一四2、学教一）、教員（学教七―九・二七・三七・四九・六〇・六九・八二・九二・一二〇、教特二、給与負担一・二、地教行三一）、任用（教特一一・一二、地公一五―二二の三）、服務（地公三〇―三八、教特一七―一九、地教行四三）、分限・懲戒（地公二七―二九の二、労基一九・二〇、教特一四）、免許の更新・失効（免許九の二―一〇）、指導不

適切教員の人事（地教行四七の二、教特二五・二五の二）、②身分の尊重（地公一三・二七・四九―五一の二・五六・五七、教特三・一一・一五、地教行三五）、待遇の適正（憲二七・二八、教員の地位に関する勧告、地公一四・二四―二六の三・四一―四八・五二―五六、地教行四二、教特一三、人材確保、教職給与、労基、雇用均等、地公育児休業、育児介護）、養成（免許三・四・五、小学校及び中学校の教諭の普通免許状授与に係る教育職員免許法の特例等に関する法律）、研修（教特二一―二五の二、地公三九、地教行二一・四五・四八2、学生支援一三、社教九の六、生涯学習三）、人事評価（地公二三、教特五の二、地教行四四）

通知 **指導が不適切な教員―地教行法四七条の二第一項一号「児童又は生徒に対する指導が不適切であること」について**　「児童又は生徒に対する指導が不適切であること」に該当する場合には、様々なものがあり得るが、具体的な例としては、①教科に関する専門的知識、技術等が不足しているため、学習指導を適切に行うことができない場合（教える内容に誤りが多かったり、児童生徒の質問に正確に答え得ることができない等）、②指導方法が不適切であるため、学習指導を適切に行うことができない場合（ほとんど授業内容を板書するだけで、児童生徒の質問を受け付けない等）、③児童生徒の心を理解する能力や意欲に欠け、学級経営や生徒指導を適切に行うことができない場合（児童生徒の意見を全く聞かず、対話もしないなど、児童生徒とのコミュニケーションをとろうとしない等）。

地教行法四七条の二第一項二号「研修等必要な措置が講じられたとしてもなお児童又は生徒に対する指導を適切に行うことができないと認められること」について　①法四七条の二第一項二号の「研修等必要な措置」の例としては、(ア)学校内における校長、教頭等による指導、(イ)学級担任を外すなどの校務分掌の変更、(ウ)都道府県教育委員会又は市町村教育委員会による研修、(エ)他の学校への転任、等が考えられるが、具体的にどのような措置を講じるかは、各都道府県教育委員会等において、教員の状況等に応じ、種々工夫がなされ、適切に対応すべきものであること。②児童生徒に対する指導が不適切な状態に一時的に陥ったとしても、校務分掌の変更や転任、研修等の措置により、指導を適切に行うことができると認められる場合には、第二号の要件に該当せず、本措置は適用されないこと。また、同号の要件に該当するか否かは、一般的には、それまでに、当該教員に対して講じられた研修等の措置の内容やその成果等を踏まえて適切に判断されるべきものであること。③第二号の要件は、都道府県教育委員会に対して、新たな指導や研修等を行うことを義務付けたものではなく、これまでの指導等から見て新たな研修等の措置を講じたとしても効果がないと判断できるならば、同号の要件を満たすことになること。（平13・8・29文科初五七一事務次官）

判例 **研修［白老小学校事件］**（札幌高判昭52・2・10判時八六五―九七）→教特二二条

判例 **研修［広島県教組呉教研集会会場使用拒否事件］**（最判平18・2・7判時一九三六―六三）→憲二一条

判例 **懲戒処分［福岡県教委内申抜き処分事件］**　本件三市教育委員会は、被上告人から統一的な処分の方針・基準を示され、また、いずれも教職員のストライキは違法であり本来懲戒処分の対象となるものであることを認識しながら、組合の反発や抗議行動とかそれに伴う教育現場の混乱などといった各教職員の服務監督上の問題とは直接関係のない事情に対する配慮又は予想される被上告人の処分の選択・量定に対する一般的な批判から、本件各ストライキの参加者については一切処分内申をしないというのであって、このような本件三市教育委員会の対応は、服務監督者としてとるべき措置を怠り、人事管理上著しく適正を欠くものといわざるをえない。したがって、かかる場合においては、前示のとおり、任命権者たる被上告人としては、本件三市教育委員会の内申がなくても上告人らに対し懲戒処分を行うことが許される。（最判昭61・3・13判時一一八七―二四）

判例 **懲戒処分［都立高校「君が代」不起立教職員懲戒処分事件］**（最判平24・1・16判時二一四七―一二七）↓地公二九条

判例 **私学の解雇［湘南女子学園教員解雇事件］**　本条二項の教員の身分尊重の条項には、私立学校も含まれ、私学教員の勤務関係が労働契約関係であっても、私学経営者は当然に教員の身分尊重義務を負うべきで、その具体化は解雇権の制限に現われるものである。（横浜地横須賀支判昭46・12・14判タ二八二―二五二）

判例 **転任［組合役員の配転処分執行停止事件］**　人事権の裁量にあたって教基法六条二項、一〇条一、二項等により教職員について認められる身分保障法理により法的制限があるとし、当該教職員個人または同教職員の勤務する学校の計画的教育活動を過度に阻害し、さらにはもっぱらその組合活動を抑制する等非教育的目的のために行われ、しかも事前に教職員の意見希望を十分徴しないで樹立された異動計画に基づく転任処分は、裁量権の範囲を逸脱し濫用にあたる。（高知地決昭45・2・12行例集二一―二―一〇九）

判例 **任用更新［大学共同利用機関非常勤職員任用更新拒否事件］**　①任命権者が、非常勤職員に対して、任用予定期間満了後も任用を続けることを確約ないし保障するなど、右期間満了後も任用が継続されると期待することが無理からぬものと見られる行為をしたというような特別な事情があるにもかかわらず、任用更新をしない理由に合理性を欠く場合、②任命権者が不当・違法な目的をもって任用更新を拒絶するなど、その裁量権の範囲をこえまたはその濫用があった場合、③その他任期付きで任用された公務員に対する任用更新の拒絶が著しく正義に反し社会通念上是認しえない場合など、特段の事情が認められる場合には、権利濫用・権限濫用の禁止に関する法理ないし信義則の法理により、任命権者は当該非常勤職員に対する任用更新を拒絶できない。（東京地判平18・3・24判時一九二九―一〇九）

判例 **任用更新［中野区立保育園非常勤保育士雇い止め事件］**　一審原告らの任用の際には、長期間の職務従事に対する期待を抱かせるかのような説明がされ、その後の再任用手続も、本人の意思を明示的に確認しないで再任用が常態化していたことに照らせば、その任用に制度上は期間の限定があるとされていることを認識していたとしても、自ら退職希望を出さない限り、当然に再任用されるとの期待を一審原告らが抱くのはごく自然なことである。一審原告らが再任用されるとの期待は、法的保護に値するというべきであるところ、一審被告は一審原告らを再任用せず、一審原告らの上記期待権を侵害したのであるから、一審被告は、一審原告らに対して、その期待権を侵害したことによる損害を賠償する義務を負うべきである。（東京高判平19・11・28判時二〇〇二―一四九）

解説 「教員」については旧六条の「学校教育」条項のなかに定められていた。本法ではそれを切り離して独立条文としたものである。旧法では、教員は「全体の奉仕者」であることが明記されていた。本法ではそれを削除したが、国公私立の教員が公教育の担い手であることを否定したものではない。また、教員の使命と職責の重要性にかんがみ、教員については、身分が尊重され、待遇の適正が期せられるとともに、「養成と研修」の充実が図られなければならないとされている。

（家庭教育）

第一〇条　父母その他の保護者は、子の教育について第一義的責任を有するものであって、生活のために必要な習慣を身に付けさせるとともに、自立心を育成し、心身の調和のとれた発達を図るよう努めるものとする。

2　国及び地方公共団体は、家庭教育の自主性を尊重しつつ、保護者に対する学習の機会及び情報の提供その他の家庭教育を支援するために必要な施策を講ずるよう努めなければならない。

＊①保護者の教育責任（憲二六2、世界人権宣言二六3、児童権利五・一四2・一八1、民八一八・八二〇―八二三・八五七、児福二、児童虐待防止法四67・一四1、食育基本法五）、保護者の教育委員への選任（地教行四5）、②国・地方公共団体の支援（一一・一六・一七、憲二四・二五・二六、自由権規約二三1・二四1、社会権規約一〇1、児童権利一八23、社教三23、児福六の三・一二―一二の五・一三―一八の三・二一の八―二一の一七・三四の八・三四の九・三四の一二・四四の二、次世代育成支援対策推進法、育児介護、母子保健法、母子及び父子並びに寡婦福祉法、児童手当法、児童扶養手当法、特別児童扶養手当法）、学習の機会（学教一〇七、社教五・四八―五七、生涯学習）、情報の提供（学教二四・四三・一三三、社教五、生涯学習三1、児福二一の一一・四八の四）

判例 **親の教育の自由［旭川学テ事件］** 親は、子どもに対する自然的関係により、子どもの将来に対して最も深い関心をもち、かつ、配慮をすべき立場にある者として、子どもの教育に対する一定の支配権、すなわち子女の教育の自由を有すると認められるが、このような親の教育の自由は、主として家庭教育等学校外における教育や学校選択の自由にあらわれるものと考えられる。（最大判昭51・5・21判時八一四―三三）

判例 **親の教育の自由［大阪府立八尾高校事件］** 親権者の子に対する監護教育権は、子女の身体の保全育成と精神の発達向上をはかる権利であり、学校においてほどこされる教育が法令に違反し子女の精神の発達向上を妨げるものであれば、親権者の右権利は侵害されることになる。したがって親権者はその子女が学校においてほどこされる教科・科目の授業およびそのもとになる教育課程の編成について法律上の利害関係を有するものというべきであり、原告には右課程の編成の取消しを求める適格がある。（大阪地判昭48・3・1判時七二一―二四）

判例 **親の教育の自由［大田区立小指導要録開示請求事件］**（最判平15・11・11判時一八四六―三）→憲一三条、学教施規二四条

判例 **親の教育の自由［町田市立つくし野中学校作文開示請求事件］** 自我の萌芽がない幼児を除き、子の個人情報は親の個人情報と区別されるべきであり、子の独立の人格を認める以上、親といえども子の秘匿する情報に介入しないことが相互の信頼の基礎とされるものといえる。しかし、子が親の監護、養育の下に置かれ、社会的にも親が監護、養育の権利を行使することが期待される場合においては、子の対外的言動は監護、養育を行うべき親に対する評価の基礎となる親の個人情報というべき側面をも有するものであり、また、子の交友関係等は、本来的には子の判断に委ねられつつも、なお監護、養育権者としても当然に認識しておくべき事項というべきであり、また、子の固有の情報であっても、子の死亡によって当然にその個人情報の主体が消滅するものと解すべきではなく、子の個人情報が当該家族共同体の社会的評価の基礎資料となるものはもとより、家族共同体の一員として関心を持ち、その情報を管理することが社会通念上も当然と認められる情報については、家族共同体構成員の固有情報と同視することができる場合がある。（東京地判平9・5・9判時一六一三―九七）

判例 **学校選択権［大分県立高校合同選抜事件］** 公立学校間における学校選択の自由が憲法上保障された権利であるとしても、公立学校の本来の設立目的や性質（教育の機会均等の実現）からして、そこに学校選択の自由がある程度の制約を受けることは承認されなければならない。学校教育の歴史は、学校選択の自由と教育の機会均等という二つの理念をその根底に有し、それを両輪として実践されてきたものである。公立高等学校間における学校選択の自由に重心を傾けると、所謂「有名校」に希望が集中し、学校間格差が拡大されるとともに、受験勉強が過熱し、特定希望校に入学できなかった者が中学浪人となったり、「陥没校」の生徒等が強い劣等感を抱くなど、教育実践上大きな障害要因を生じさせ、公立学校の本来の制度目的にもとる結果にもなる。県教委が、高校生としての人格形成にも、かつまた学校間格差の是正にも最善と判断して採用に至った本件合同選抜制度が、学校選択の自由の違法不当な制限にあたるとはいえない。（大分地判昭62・2・23判時一二三二―九六）

判例 **学校選択権［江戸川学園論語教育廃止変更事件］**（最判平21・12・10判時二〇七一―四五）→憲二六条

解説 家庭教育に関する新設規定である。旧七条一項は「家庭教育」を「社会教育」の一部として位置づけていたが、改正法では、社会教育規定（一二条）とは別に家庭教育に関する独立規定を設けた。一項は、保護者の第一義的教育責任を定めている。家庭教育の機能として、生活習慣の習得、自立心の育成、心身の調和的発達が掲げられているが、二項の「家庭教育の自主性」に照らし、この部分は親に対する義務づけ規定と解すべきではなく、訓示規定とみるのが妥当である（制定過程の政府答弁、同旨）。

二項は、国・地方公共団体が家庭教育の自主性を尊重しつつ支援の責務を負うことを定める。憲法は、親の教育の自由の明文規定をもっていないが、多数説は憲法一三条により保障されていると解している。本条は、「家庭教育の自主性の尊重」を定め、親の教育の自由を実定法上明示した点に大きな意義を見いだすことができよう。なお、八条（私立学校）・一一条（幼児教育）・一二条（社会教育）においては、国・自治体による「振興」が規定されているのに対し、本条が「支援」としているのは、とくに家庭の自主性に配慮したことによるとされる。

（幼児期の教育）

第一一条 幼児期の教育は、生涯にわたる人格形成の基礎を培う重要なものであることにかんがみ、国及び地方公共団体は、幼児の健やかな成長に資する良好な環境の整備その他適当な方法によって、その振興に努めなければならない。

＊幼児教育・保育（児童権利一八3、女子差別撤廃一一2、ILO家族的責任平等条約五、学教二二―二八、児福二四・三九、認定こども園、構造改革特別区域法一三・二〇、食育基本法五、幼稚園教育要領、保育所保育指針）、国・地方公共団体の任務（一〇・一六・一七、憲二五・二六、学教二四、児福二・二一の八―二一の一七・五六の七・五六の八、次世代育成支援対策推進法）

通知 **幼稚園と保育所の施設の共用化等に関する指針について** (1)幼稚園及び保育所について、保育上支障のない限り、その施設及び設備について相互に共用することができる。(2)共用化された施設について必要とされる基準面積は、原則として、それぞれ幼稚園設置基準、児童福祉施設最低基準により幼児数を基に算定するものとする。ただし、この方法によることが適切でないと認められる場合には実情に即した方法により算定するものとする。共用部分については、原則として幼稚園及び保育所の各々の専有面積により按分して管理する。(3)幼稚園と保育所が共用化されている施設における職員の数については、それぞれ幼稚園設置基準、児童福祉施設最低基準により算定するものとする。(4)幼稚園及び保育所に備えられている園具・教具・用具について、幼稚園及び保育所は相互に使用することができる。(5)幼稚園と保育所が共用化されている施設においては、教育・保育内容に関し、合同で研修を実施するように努める。（平17・5・13文科初二六二初中局長・雇児発〇五一三〇〇三雇用均等・児童家庭局長）

通知 **幼児教育振興プログラムについて** 幼稚園については、入園を希望するすべての満三歳児～五歳児の就園を目標に引き続き整備を進めつつ、以下の視点に立って施策の展開を図る。(ア)幼稚園教育の展開に当たっては、集団生活を通じて、幼児一人一人の発達に応じ、主体的な

活動としての遊びを通して総合的な指導を行い、「生きる力」の基礎や小学校以降の学校教育全体の生活及び学習の基盤を培うという基本に立って、教育活動及び教育環境の充実を図る。(イ)幼稚園の基本を生かす中で幼稚園運営の弾力化を図り、地域の幼児教育のセンターとしての子育て支援機能を活用して、「親と子の育ちの場」としての幼稚園の役割や機能を充実する。(ウ)幼稚園教育と小学校教育との間で円滑な移行や接続を図る観点に立って、幼稚園と小学校の連携を推進する。(エ)幼稚園と保育所は、各々の目的と役割を有するとともに、双方とも小学校就学前の幼児を対象としていること等を踏まえつつ、両施設の連携を一層推進する。（平13・3・29文科初五九一初中局長）

判例 **【徳島県藍住町立幼稚園障害児就園不許可事件】** 子どもには、一人の個人又は市民として、成長、発達し、自己の人格を完成するために必要な教育を受ける権利が憲法上保障されており、子どもに対する教育の制度や条件を整備することは国家の重要な責務であるというべきである。子どもにとって、幼児期は、その健康かつ安全な生活のために必要な習慣を身につけたり、自主的、自立的な精神を育んだり、集団生活を経験することによって社会生活をしていく上での素養を身につけたりするなどの重要な時期であり、幼稚園教育は、義務教育や普通教育ではないものの、幼児の心身の成長、発達のために重要な教育として位置づけられるべきものということができる。そうだとすれば、地方公共団体としては、幼児の保護者から公立幼稚園への入園の申請があった場合には、これを拒否する合理的な理由がない限り、同申請を許可すべきであり、合理的な理由がなく不許可としたような場合には、その裁量権を逸脱又は濫用したものとして、その不許可処分は違法になると解するのが相当である。（徳島地決平17・6・7判例地方自治二七〇—四八）

判例 **【東大和市障害児保育園入園不承諾事件】** 障害のある児童であっても、その障害の程度及び内容に照らし、保育所に通う障害のない児童と身体的、精神的状態及び発育の点で同視することができ、保育所での保育が可能な場合であるにもかかわらず、処分行政庁が、児童福祉法二四条一項ただし書にいう「やむを得ない事由」があるとして、当該児童に対し、保育所における保育を承諾しなかった場合には、そのような不承諾処分は、考慮すべき事項を適切に考慮しなかったという点において、処分行政庁の裁量の範囲を超え、又は裁量権を濫用したものというべきであって、違法であると解するのが相当である。（東京地判平18・10・25判時一九五六—六二）

判例 **【横浜市立保育所廃止・民営化事件】** 本件改正条例は、本件各保育所の廃止のみを内容とするものであって、他に行政庁の処分を待つことなく、その施行により各保育所廃止の効果を発生させ、当該保育所に現に入所中の児童及びその保護者という限られた特定の者らに対して、直接、当該保育所において保育を受けることを期待し得る法的地位を奪う結果を生じさせるものであるから、その制定行為は、行政庁の処分と実質的に同視し得るものということができる。（最判平21・11・26判時二〇六三—三）

解説 本条は、幼児期の教育に関する新設規定である。新設の理由としては、①「認定こども園」（二〇〇六年一〇月）制度等、すでに進行している幼稚園と保育所の連携の推進の必要性、②今後の義務教育の弾力化をめざした幼稚園と小学校の連携の必要性が指摘される。国や地方公共団体の振興等の努力義務については、具体的には、幼稚園教育要領の改訂、幼稚園就園奨励費補助、私立幼稚園の経常費補助、家庭教育支援総合推進事業、放課後子どもプランの実施等が挙げられている。本法改正後、二〇〇七年学教法改正において、幼稚園関連では、①学校種の規定順を幼稚園から始めたこと（第三章）、②目的に「義務教育の基礎を培う」ことを加えたこと（二二条）、③目標に「規範意識の芽生え」の養成を加えたこと（二三条）、④保護者等に対する幼児教育支援の規定を設けたこと（二四条）の四点の改正がなされた。また、二〇〇八年教育振興基本計画において、幼児教育の無償化の検討が明記された。

（社会教育）

第一二条 個人の要望や社会の要請にこたえ、社会において行われる教育は、国及び地方公共団体によって奨励されなければならない。

2 国及び地方公共団体は、図書館、博物館、公民館その他の社会教育施設の設置、学校の施設の利用、学習の機会及び情報の提供その他の適当な方法によって社会教育の振興に努めなければならない。

＊①社会教育の定義（社教二）、社会教育行政（一六・一七、社教三—八、文部科学省設置四、地教行二一、生涯学習、スポーツ、音楽文化振興整備法、子どもの読書活動推進法、文字・活字文化振興法、人権教育啓発推進法、環境教育）、社会教育関係職員（社教九の二—九の七・一五—一八）、社会教育関係団体（社教一〇—一四）、②図書館（社教九、図書館、地教行三〇、ユネスコ公共図書館宣言）、博物館（社教九、博物館、地教行三〇）、公民館（社教二〇—四二、地教行三〇、公民館基準）、学校施設の利用（学教一三七、社教四三—四八、スポーツ、学校施設の確保に関する政令）、公の施設の利用（地自二四四）、学習の機会（学教一〇七、社教五・四八—五七、生涯学習、社会通信教育規程）、情報の提供（学教二四・四三・一三三、社教五、生涯学習三1、児福二一の一一・四八の四）

通知 **【社会教育関係団体に対する助成の基本方針】** 憲法にいう教育の事業に該当しない事業であって公共性のある適切かつ緊急な事業なら社会教育関係団体に対して、その自主性を尊重しつつ積極的に助成を行う。（昭34・12・14文社社二三二社会教育局長）

回答 **【憲法八九条にいう「教育の事業」について】** 補助金の支出が禁じられる場合、「教育の事業」とは、人の精神的又は肉体的な育成をめざして人を教え導びくことを目的とする事業であって、教育する者と教育される者との存在を離れてこれを考えることはできない。すなわち、教育される者についてその精神的又は肉体的な育成を図るべき目標があり、教育する者が教育される者を教え導びいて計画的にその目標の達成を図る事業でなければ教育の事業ということはできない。「単に人の知識を豊富にしたり、その関心を高めたりすることを目的とするだけの事業」は、「教育の事業」には該当しない。（昭32・2・22一発八法制局第一部長）

判例 **公立図書館の著作物の廃棄【つくる会教科書廃棄事件】**（最判平17・7・14判時一九一〇—九四）→憲二一条・社教九条

解説 「教育の目的」が「あらゆる機会、あらゆる場所」（旧法二条、本法三条）に実現されるべき具体的な時空間として旧七条が冒頭に置いていた「家庭教育及び勤労の場所」が削除され、代わりに「個人の要望や社会の要請にこたえ」が冒頭に挿入された。この意味することは大きい。旧法の社会教育の主体としての国民の自主的主体的な相互学習、共同学習の精神が後退し、「要望」「要請」が重視され、地域での家庭教育学習や働く場所での社会教育は対象外とされ、学びの空間が縮減される危惧が生じたといえる。

二項では、旧七条二項の「図書館、博物館、公民館等の施設の設置」という文言が「図書館、博物館、公民館その他の社会教育施設の設置」に代わったが、この変化は微細なようでいて大きい。「その他の社会教育施設」の「設置」が図書館、博物館、公民館と並列の位置に置かれ、むしろそのことが重視される危惧がある。

また、旧七条二項は、旧二条の「教育の目的」の「実現に努めなければならない」ものとして、「施設の設置」「学校の施設の利用その他適当な方法」をあげていたが、本条は、「社会教育の振興」のために「施設の設置、学校の施設の利用」に加えて「学習の機会及び情報の提供」を新たに加え、公的社会教育施設の設置が必ずしも主要な責務とならないことを示した。ここには、「社会教育の振興」が、社会教育の公的保障とは必ずしも限らず、民間事業者の学習機会の利用や情報提供を含めて考えられていることを示している。これが公的保障の後退に通じるとすれば、「社会教育の振興」にはならず矛盾を含む規定となることになる。「社会教育の振興」を本来の趣旨に立って解釈することが重要である。

（学校、家庭及び地域住民等の相互の連携協力）

第一三条　学校、家庭及び地域住民その他の関係者は、教育におけるそれぞれの役割と責任を自覚するとともに、相互の連携及び協力に努めるものとする。

＊学校・家庭・地域の連携（六・一〇・一二、社教三2・一五―一八、生涯学習三3・一一）、学校評議員（学教施規四九）、学校運営協議会（地教行四七の五）

通知 **学校評議員関係**　小学校、中学校、高等学校、中等教育学校、盲学校、聾（ろう）学校、養護学校及び幼稚園に、設置者の定めるところにより、学校評議員を置くことができることとしたこと。また、学校評議員は、校長の求めに応じ、学校運営に関し意見を述べることができることとし、当該学校の職員以外の者で教育に関する理解及び識見を有するもののうちから、校長の推薦により、当該学校の設置者が委嘱することとしたこと。（平12・1・21文教地二四四事務次官）

通知 **学校運営協議会関係**（平16・6・24文科初四二九事務次官）→地教行四七条の六

判例 **［福岡県教育情報公開訴訟事件］**　「福岡県情報公開条例」に基づき、同県内の各県立高校の中途退学者数・原級留置者数を記載した公文書の開示請求をしたところ、県教育委員会が非開示決定をした場合、右文書は非開示事由のいずれにも該当せず、開示請求が権利濫用にも当たらないとして、非開示決定が取り消された事例。（福岡高判平3・4・10判時一三九一―一四〇）

判例 **［尾張西部地区教科書協議会議事録公開請求事件］**　教科書採択はできる限り公正かつ透明な手続で行われることが望ましく、住民に対する公開を前提にしない審議を行うことが公正な採択という行政目的からみて合理的とは言い難く、当該議事録を公開すべきである。また教科書採択協議会の議事録の公開請求を非公開とされた場合、住民に対する公開を前提としない審議を行うことが公正な採択という行政目的からみて合理的とは言い難い等から本件文書は非公開事由には当たらない。（名古屋地判平13・11・9判例地方自治二二三〇―五二）

解説　本条は、学校、家庭及び地域住民等の相互の連携協力についての新設規定である。「地域住民その他の関係者」とは、地域に居住する人々のほか、地域の関係行政諸機関（児童相談所、警察等）、地域に存在する企業、NPOなど、地域を構成するすべての関係者を指すとされる。第一に、学校と家庭の「役割と責任」については、知育と徳育の区別がとくに重要である。学校は主として知育を担当する機関であるから、授業の学習面については専門的判断を行う役割・責任が課せられているといえる。一方、徳育に関しては家庭が中心的な役割・責任を有しているとみられるので、学校は子どもの価値形成については抑制的な対応をすることが求められる。とくに、愛国心教育や道徳教育について、子どもの思想・良心の形成を妨げるような指導は許されない。第二に、学校と地域の「役割と責任」に関しては、主権者・納税者としての住民が学校に参加する意義が重視されなければならない。この点、二〇〇四年地教行法改正による学校運営協議会（コミュニティ・スクール）の設置（四七条の五）は、住民参加の選択肢を拡大するものとして大いに注目される。ただし、住民参加の実施方法が適切でない場合、私益の要求が公共性を喪失させるという側面が顕在化するという点にも留意が必要であろう。近年の法改正は、親・住民の位置づけを高める方向に推移しており、二〇〇七年には、①学校は、保護者・住民に対し、学校運営情報を積極的に提供すること（学教四三条）、②教育委員の任命に当たっては保護者を含め選任すること（地教行四条四項）、がそれぞれ義務づけられた。

（政治教育）

第一四条　良識ある公民として必要な政治的教養は、教育上尊重されなければならない。

2　法律に定める学校は、特定の政党を支持し、又はこれに反対するための政治教育その他政治的活動をしてはならない。

＊①公民の政治的教養（前文・一・五2、憲前文・一五・一九、学教五一）、②法律に定める学校（六1・一四2、学教一）、政党（政治資金規正法三、政党助成法二）、教育の政治的中立（中立確保）、教育公務員の政治的行為（教特一八、地公三六、国公一〇二・一一〇1、人規一四―七）、教育者の選挙運動（公選一三七）

通達 **教育基本法第八条の解釈について**　本法八条二項の趣旨は、学校の政治的中立を確保することにある。ここに規定されているのは教育活動の主体としての学校の活動についてであり、学校をはなれて一公民としての教員の行為についてではない。教員が学校教育活動として、また学校を代表してなす等の行為は、学校の活動と考えられる。教員の個々の行為が同法八条二項に抵触するか否かは、具体的実情を精査して大学以外では教育委員会において適切な判断がなされるべきである。たとえば特定政党の政治活動のため、教員が家庭訪問を行ない、それに学校教育活動の内容が含まれている場合は同法八条二項に抵触する。また教員が自校の生徒に対して特定政党のイデオロギーに基づく政治教育を行なう場合は、通常は同法八条二項に抵触すると解するが、他校の生徒を対象とする場合は、通常、同法八条二項に抵触しない。（昭24・6・11委総一大臣官房総務課長）

通知 **高等学校等における政治的教養の教育と高等学校等の生徒による政治的活動等について**（平27・10・29文科初九三三初中局長）→資料編第2節

判例 **政治的中立性［市立桃山中『毛沢東語録』解説・配布事件］**　教基法前文・八条などに定められた教育の根本精神が、憲法の基本たる民主主義の政治原理を尊重することにあり、また教育において特定の思想ないし特定の政治勢力の主義主張を一方的に価値の高いものとして教えこみあるいはそのように理解するよう教育指導することを一般的に排していることは文言自体から明らかに看取される。（山口地判昭52・7・21判時八六一―一一七）

判例 **政治的中立性［私立目黒高校事件］**　学校法人の理事者等は、教員の教育内容に対し命令、監督することを避けるべきであり、それは援助、助言ないし助成でなければならない。校長が、教員の授業内容を無断で録音したことは、教育の自由を侵害する。授業は教基法八条二項の禁止する政治的活動にあたらない。したがって右授業内容を根拠とする本件解雇は無効である。（東京地判昭47・3・31判時六六四―二三）

判例 **政治的中立性**　中学校教員が、中学生を引率して遠足に行った際に、かねて社会科担任の教諭の出題していた市の経済活動についての調査資料を提供するため、市所在の共産党事務所に赴き、同所に居合わせた者から調査資料を得させたことが認められるとしても、生徒等に対して一党一派に偏した政治活動をしたという点について教育委員会が何ら立証するところがない場合には、この教員の行動を目して学校教育の政治的中立性を害する政治活動であるとして、教育基本法八条の趣旨に反するものと断ずることはできず、教員としての適格性を欠いていない。（横浜地判昭32・10・7行例集八―一〇―一八八二）

判例 **政治的中立性**　研究発表会場で、養護学校教員が、憲法九条の文言の一部と反戦イラストを記載されたポロシャツを着用したまま登壇する行為は、政治的な色彩を帯びた行為であり、当該行為の阻止は教育公務員の政治的中立性を保つための措置であり、教育の自由の侵害には当たらない。（福岡地小倉支判平12・7・13判例地方自治二一一—五四）

判例 **政治的中立性**　教職員は教育の中立性を堅持するため、学童等に及ぼす影響を考慮し「学区」内において特定政党、特定者の支持、推薦行為を行ってはならない。（東京高判昭34・1・30判時一七八—一〇）

判例 **生徒会誌への教師の投稿の削除命令**（最判平16・7・15判時一八七五—四八）→憲二一条

解説 政治教育に関する本条は旧八条とほぼ同文である。一項にいう「良識ある公民」とは立憲主義の基本価値を自覚した主権者たる国民をいい、その養成がめざされるべきであるが、ここでも一条・二条の教育目的・目標と結びつくと、「国家及び社会の形成者」のための政治教育のみが推進されかねない。政治教育は社会に対する判断力、批判力をもった政治教育でなければならない。二〇一五年に一八歳選挙権が実現した。本条の掲げる政治教育（主権者教育）の意義はますます大きくなるに違いない。二項は教育の政治的中立性を定めるが、政治教育その他政治的活動を禁止されるのは、条文上「学校」であって個々の教師ではない。教職員の政治活動は、職務外の市民としての活動であれば、本条に反しない。ただし、教育公務員特例法一八条により、国家公務員法一〇二条、人事院規則一四—七の政治的行為の禁止規定の適用を受ける。主権者教育における政治的中立性の確保のあり方が今後論点となるだろう。

（宗教教育）

第一五条　宗教に関する寛容の態度、宗教に関する一般的な教養及び宗教の社会生活における地位は、教育上尊重されなければならない。

2　国及び地方公共団体が設置する学校は、特定の宗教のための宗教教育その他宗教的活動をしてはならない。

＊①信教の自由（憲二〇1 2、自由権規約一八、児童権利一四、宗法一2）、宗教的寛容（社会権規約一三1、児童権利二九1）、親の宗教教育（社会権規約一三3、自由権規約一八4、児童権利一四2）、私学の宗教教育（学教施規五〇2）、②国の宗教的活動の禁止（憲二〇3）、公の財産の支出利用の制限（憲八九、社教二三）、学校施設の目的外使用（学教一三七、社教四四、学校施設の確保に関する政令）

通達 **社会科その他、初等および中等教育における宗教の取扱いについて**　国立または公立の学校が主催して、神社、寺院、教会その他の宗教的施設を訪問することについて学校が主催して、礼拝や宗教的儀式、祭典に参加する目的をもって神社、寺院、教会その他の宗教的施設を訪問してはならない。学校で主催するという意味は、学校で計画して団体で訪問すること、または個々の児童、生徒が学校から課せられて、神社、寺院、教会その他の宗教的施設を訪問することである。国宝や文化財を研究したり、あるいはその他の文化上の目的をもって、学校が主催して神社、寺院、教会その他の宗教的施設を訪問することは、次の条件の下では許される。(イ)児童、生徒に強要してはならない。(ロ)学校が主催する旅行中に、神社、寺院、教会その他の宗教施設を訪問する児童、生徒の団体は、その宗教的施設の儀式や祭典に参加してはならない。(ハ)学校が主催して神社、寺院、教会その他の宗教的施設を訪問したとき、教師や指導者が命令して、敬礼その他の儀式を行わせてはならない。(ニ)学校が主催して、靖国神社、護国神社（以前に護国神社あるいは招魂社であったものを含む）および主として戦没者を祭った神社を訪問してはならない。（昭24・10・25文初庶一五二事務次官）

回答 **公立学校の校庭に招魂社を建設することは適法か**　公立学校用地に招魂社を建設することは、直接学校教育に関係のない恒久的施設を学校構内に設けることになるばかりでなく、それが宗教施設とみなされやすい場合には、信教の自由や政教分離を規定する憲法や地方自治法の精神に反する結果になるとも考えられるから、これを学校構内に建設することは避けること。（昭28・10・22雑初四六八初中局長）

回答 校地内に忠魂碑を建設することは、学校教育上の立場から、できるだけ避けることが望ましい。（昭29・9・3委初二九三初中局長）

判例 **［日曜参観授業訴訟］**（東京地判昭61・3・20判時一一八五—六七）→憲二〇条

判例 **［エホバの証人剣道拒否事件］**（最判平8・3・8判時一五六四—三）→憲二〇条

判例 **［県立高校「神棚」訴訟事件］**　県立高校の武道場に棚を設置するため公金を支出したことにつき、当該棚が「神棚」として設置されたものでなく、また当該棚に神殿ないし社が置かれる可能性があるとしても、宗教とのかかわり合いは極めて微弱であり、憲法二〇条三項の禁止する宗教的活動には当たらない。（千葉地判平4・11・30判タ八一四—一五一）

解説 本条では、旧九条の規定に、一項の教育上尊重しなければならないものとして「宗教に関する一般的な教養」が加えられた。この背景には、オウム真理教等の反社会的宗教カルトの問題、子ども・若者のなかに目立つ命の軽視あるいは公共心・道徳心の希薄さなどがある。このことに関連して、改定過程においては、「宗教的情操の涵養」を導入するか否かが焦点の一つになった。しかし、公明党の反対もあって、本条のような規定になった。この「宗教に関する一般的な教養」という規定は、「宗教的情操」という観念が、第二次世界大戦前に学校教育へ国家神道の導入を招き、天皇への忠誠という教育勅語の精神を補完する役割を果たしたことなどをふまえ、「宗教的情操の涵養」につながるように理解されてはならない。

なお、「宗教に関する寛容の態度」の尊重とは、宗教を信じる者も信じない者も尊重する趣旨であり、「宗教の社会生活における地位」の尊重とは、宗教の本質・歴史的役割・社会的機能等を客観的な態度で教育のなかに採り入れることを意味し、いずれも異質なものが多様に存在する社会の民主主義原理に由来している。

二項は、憲法二〇条三項の政教分離の原則を学校教育に具体化したものである。国公立学校における宗教的中立を定めている。

第三章　教育行政

（教育行政）

第一六条　教育は、不当な支配に服することなく、この法律及び他の法律の定めるところにより行われるべきものであり、教育行政は、国と地方公共団体との適切な役割分担及び相互の協力の下、公正かつ適正に行われなければならない。

2　国は、全国的な教育の機会均等と教育水準の維持向上を図るため、教育に関する施策を総合的に策定し、実施しなければならない。

3　地方公共団体は、その地域における教育の振興を図るため、その実情に応じた教育に関する施策を策定し、実施しなければならない。

4　国及び地方公共団体は、教育が円滑かつ継続的に実施されるよう、必要な財政上の措置を講じなければならない。

＊①不当な支配（社教一二、中立確保一）、教育の法律主義（憲二六）、国と地方公共団体の役割分担（五3・一七、地教行一の二、地自二）、②教育の機会均等（四・五3、地教行一の二、教育費負担一、学生支援三、定通一、へき振一、過疎地域自立促進特別措置法一）、教育水準の維持向上（五3、地教行一の二）、教育施策の総

合的実施（一七1）、文部科学省の任務（文部科学省設置三・四）、③地域の実情に応じた教育施策の実施（一七2）、教育委員会の組織（地教行二―二〇）、教育委員会の任務（地教行一五・二一・二五・二六・三三、地自一八〇の八）、文部科学大臣と教育委員会の関係（地教行四八―五四、地自二四五の五―二四五の七）、地方公共団体の長の任務（地教行二二・二三・二七の五）、④義務教育の無償（五4、憲二六2、学教六、教科書無償措置）、国・地方公共団体の財政措置（地財一〇、教育費負担二・三、人材確保三、施設費負担三、災害復旧三、理振九、産振一五、へき振、学校給食一二、社教四、生涯学習八）、私学助成（八、憲八九、私学五九、私学助成、私学事業団、私立大学の研究設備に対する国の補助に関する法律）

判例 **学習指導要領**［**旭川学テ事件**］　学習指導要領の内容を通覧するに、おおむね、中学校において地域差、学校差を超えて全国的に共通なものとして教授されることが必要な最小限度の基準と考えても必ずしも不合理とはいえない事項が、その根幹をなしていると認められるのであり、その中には、ある程度細目にわたり、かつ、詳細に過ぎ、また、必ずしも法的拘束力をもって地方公共団体を制約し、又は教師を強制するのに適切でなく、また、はたしてそのように制約し、ないしは強制する趣旨であるかどうか疑わしいものが幾分含まれているとしても、右指導要領の下における教師による創造的かつ弾力的な教育の余地や、地方ごとの特殊性を反映した個別化の余地が十分に残されており、全体としてはなお全国的な大綱的基準としての性格をもつものと認められるし、また、その内容においても、教師に対し一方的な一定の理論ないしは観念を生徒に教え込むことを強制するような点は全く含まれていないのである。それ故、上記指導要領は、全体としてみた場合、教育政策上の当否はともかくとして、少なくとも法的見地からは、上記目的のために必要かつ合理的な基準の設定として是認することができるものと解するのが、相当である。（最大判昭51・5・21判時八一四―三三）

判例 **学習指導要領**［**伝習館高校事件**（第一審）］　学習指導要領の条項中には法的拘束力のある条項と指導助言文書たる条項があるが、まず教育課程の構成要素、各教科・科目及びその単位数、高等学校卒業に必要な単位数及び授業時数、単位修得の認定等いわば学校制度に関連する教育課程の規制に関する条項について法的拘束力があることは疑いない。しかし、各教科・科目に掲げられた目標・内容には、その法的拘束力は及ばない。（福岡地判昭53・7・28判時九〇〇―三）

判例 **学習指導要領**［**伝習館高校事件**（上告審）］　高等学校学習指導要領は法規としての性質を有するとした原審の判断は、正当として是認することができ、右学習指導要領の性質をそのように解することが憲法二三条、二六条に違反するものでないことは、最高裁大法廷判決（昭51・5・21）の趣旨とするところである。（最判平2・1・18判時一三三七―三）

判例 **学習指導要領**［**北九州市立学校君が代斉唱拒否処分事件**］　学習指導要領中の定めは、国歌に関する指導や卒業式、入学式の方法という細目についての詳細を定めるものとはいえ、学習指導要領中に、ほかに教育目的に対して特定の機会をとらえて指導をすべきことを定めた規定が見当たらないことからしても、上記定めは法的拘束力をもって各地方公共団体の教育委員会を制約し、又は教師を強制するのに適切な規定とはいえず、教育内容および方法について必要かつ合理的な大綱的基準を定めたものであると解することはできない。（福岡地判平17・4・26裁判所ウェブサイト）

判例 **学習指導要領**［**都立高校「君が代」不起立教員戒告処分事件**］　学習指導要領は、学校教育法四三条、同法施行規則八四条に基づいて文部科学大臣が定めて公示したものであって、その定めには法的効力があるところ、「指導するものとする」という文言は、「指導しなければならない」よりは緩やかではあっても、指導することを義務づける趣旨と解すべきである（なお、法令ではなく「要領」であることも、義務づけであっても緩やかな文言を用いる理由になっていると解される。）。そして、学習指導要領の国旗・国歌条項が、「日本人としての自覚を養い、国を愛する心を育てるとともに、児童・生徒が将来、国際社会において尊敬され、信頼される日本人として成長していくためには、国旗・国歌に対して正しい認識をもたせ、それらを尊重する態度を育てることが必要であり、また学校における入学式や卒業式は、学校生活に有意義な変化や折り目を付け、厳粛かつ清新な雰囲気の中で、新しい生活の展開への動機付けを行い、学校、社会、国家などへの所属感を深める上でよい機会となるものであることから、これらの学校行事式典において、国旗を掲揚し、国歌を斉唱するよう指導するものとする」こととして設けられていること、既に認定したとおり、平成元年三月一五日、従前の学習指導要領では「国民の祝日などにおいて儀式などを行う場合には、児童・生徒に対してこれらの祝日などの意義を理解させるとともに、国旗を掲揚し、国歌を斉唱させることが望ましい。」と定められていたのを、「入学式や卒業式などにおいては、その意義を踏まえ、国旗を掲揚するとともに、国歌を斉唱するものとする。」と改訂していることに照らせば、同規定は法的拘束力を及ぼす趣旨であると解すべきものである。そして、この定め自体は、大綱的基準を定めるものとして、「不当な支配」に当たるものとは解されない。（東京高判平23・3・10判時二一一三―六二）

判例 **教科書検定**［**教科書裁判第一次訴訟**］　教科書検定による審査は、単なる誤記、誤植等の形式的なものにとどまらず、記述の実質的な内容に及ぶが、普通教育の場においては、児童、生徒の側にはいまだ授業の内容を批判する十分な能力は備わっていないこと、学校、教師を選択する余地も乏しく教育の機会均等を図る必要があることなどから、教育内容が正確かつ中立・公正で、地域、学校のいかんにかかわらず全国的に一定の水準であることが要請されるのであり、児童、生徒に対する教育の内容が、その心身の発達段階に応じたものでなければならないことも明らかであり、その審査基準である旧検定基準も、右目的のための必要かつ合理的な範囲を超えているものとはいえず、子どもが自由かつ独立の人格として成長することを妨げるような内容を含むものでもない。また、右のような検定を経た教科書を使用することが、教師の授業等における前記のような裁量の余地を奪うものでもないので、憲法二六条に違反しない。（最判平5・3・16判時一四五六―六二）

判例 **教科書検定**［**教科書裁判第二次訴訟**（杉本判決）］　教科書検定は、誤記・誤植その他の客観的に明らかな誤り、造本その他の技術的事項および教科書の内容が、教育課程の大綱的基準の枠内にあるかの諸点にとどめられるべきものであり、教科書の記述内容の当否にまで及ぶときは、検閲に該当し、教育基本法一〇条に違反する。（東京地判昭45・7・17判時六〇四―二九）

判例 **教科書検定**［**教科書裁判第三次訴訟**］　教科書検定における合否の判定、条件付合格の条件の付与等についての判断の過程に看過し難い過誤がある場合には、裁量権の範囲を逸脱して違法となる。「七三一部隊」に関する事柄を教科書に記述することが時期尚早として、全部削除する必要がある旨の修正意見を付したことには、判断過程に看過し難い過誤がある。（最判平9・8・29判時一六二三―四九）

判例 **教科書使用義務**［**伝習館高校事件**（上告審）］　学校教育法五一条により高等学校に準用される同法二一条は、高等学校における教科書使用義務を定めたものであるとした判断は正当として是認することができ、憲法二六条、教育基本法一〇条に違反するものではない。（最判平2・1・18判時一三三七―三）

判例 **教育行政機関の不当な支配**［**旭川学テ事件**］　憲法に適合する有効な他の法律の命ずるところをそのまま執行する教育行政機関の行為がここにいう「不当な支配」

となりえないことは明らかであるが、上に述べたように、他の教育関係法律は教基法の規定及び同法の趣旨、目的に反しないように解釈されなければならないのであるから、教育行政機関がこれらの法律を運用する場合においても、当該法律規定が特定的に命じていることを執行する場合を除き、教基法一〇条一項にいう「不当な支配」とならないように配慮しなければならない拘束を受けているものと解されるのであり、その意味において、教基法一〇条一項は、いわゆる法令に基づく教育行政機関の行為にも適用があるものといわなければならない。（最大判昭51・5・21判時八一四—三三）

判例 **教育委員会の不当な支配［北九州市立学校君が代斉唱拒否処分事件］**　国歌斉唱を実施することやどのような方法でこれを実施するかは、各学校の卒業式、入学式の方法、児童、生徒及び保護者や地域住民の状況を把握しうる校長がその裁量において判断すべき事項といえるから、国歌斉唱の実施及びその方法について、校長が文部省又は教育委員会の指導、助言に従わざるを得ず、その裁量を行使できない場合には、そのような教育委員会の指導、助言は、教育基本法一〇条一項にいう「不当な支配」にあたる。（福岡地判平17・4・26裁判所ウェブサイト）

判例 **教育委員会の不当な支配［東京都君が代予防訴訟事件］**　本件通達及びこれに関する被告都教委の一連の指導等は、入学式、卒業式等の式典における国旗掲揚、国歌斉唱の実施方法等、教職員に対する職務命令の発令等について、都立学校の各校長の裁量を許さず、これを強制するものと評価することができるうえ、原告ら教職員に対しても、都立学校の各校長の職務命令を介して、入学式、卒業式等の式典において国歌斉唱の際に起立して国歌を斉唱すること、ピアノ伴奏をすることを強制していたものと評価することができる。そうだとすると、本件通達及びこれに関する被告都教委の都立学校の各校長に対する一連の指導等は、教育の自主性を侵害するうえ、教職員に対し一方的な一定の理論や観念を生徒に教え込むことを強制することに等しく、教育における機会均等の確保と一定の水準の維持という目的のために必要かつ合理的と認められる大綱的な基準を逸脱しているとの謗りを免れない。したがって、本件通達及びこれに関する被告都教委の都立学校の各校長に対する一連の指導等は、教育基本法一〇条一項所定の不当な支配に該当するものとして違法と解するのが相当である。（東京地判平18・9・21判時一九五二—四四）

判例 **教育委員会の不当な支配［退職校長の非常勤選考不合格事件］**　「不当な支配」とは、旧教育基本法一〇条一項の「不当な支配」と同様、教育が国民の信託にこたえて自主的に行われることをゆがめるような支配を指すものであり、教育行政機関が教育関係法令の解釈及び運用をする場合においても、教育行政機関は、法律の規定が特定的に命じていることを執行する場合を除き、「不当な支配」とならないよう配慮しなければならないものと解されるが、許容される目的のために必要かつ合理的と認められる規制をすることは、たとえ教育の内容及び方法に関するものであっても、不当な支配とはならない。教委は校長の権限とされている事務についても必要がある場合は具体的な命令を発することができる。（東京高判平25・2・7判例地方自治三七三—四二）

判例 **教育委員会の不当な支配**　学習指導要領の国旗国歌条項は、最大判昭51・5・21が示した全国的に教授されることが必要な最小限度の基準を定めたものということができるから、国旗国歌条項の定めは、教基法一六条が禁じる「不当な支配」に該当するということはできないが、特に混乱の生じなかった伴奏拒否に対して、戒告処分より重い処分を選択することはできない。（東京高判平28・7・19判例地方自治四一四—四八）

判例 **校長の不当な支配**　校長は教職員の指揮監督のために教室を見廻り授業学習を参観することができ、当該校長はこの点を重視し実行していたのであり、これをもって当該教員の授業を妨害し、教諭としての教授権または地位を侵害し、その名誉信用を傷つけたものとは認められない。（東京高判昭36・8・7教職員人事関係裁判例集二—六一）

判例 **校長の不当な支配**　小学校長が教諭に学級担任をさせなかった校務分掌に関する措置は、校長の裁量権の範囲を逸脱したものとはいえず、不当な支配とはみられない。（名古屋地判平2・11・30判時一三八九—一五〇）

判例 **学校法人理事の不当な支配［私立目黒高校事件］**　確知方法を教育の場面において直ちに容認するときは、教育の自由の空気は失われ、教員の授業における自由および自主性が損われることは否定できない。してみれば、申請人の授業内容も後述のとおりであるが、それはともかく右の如き手段によって収集した申請人の授業内容を根拠として申請人を解雇した本件はすでにこの点において前記教育基本法第一〇条第一項の「不当な支配」に該当し、右は公秩序に反し、このような被申請人の解雇の意思表示は権利の濫用として許されないものといわねばならない。（東京地判昭47・3・31判時六六四—二三）

判例 **議員の不当な支配［都立深川商高講師配転事件］**　授業中に創価学会を批判した高校講師に対して、都教育庁総務部長が公明党都議から同講師への非難、叱責の機会をつくったことは、教基法一〇条の「不当な支配」に当たる。（東京地判昭49・7・26判時七五四—六四）

判例 **議員の不当な支配［都立七生養護学校事件］**　養護学校の教員がその児童生徒らに対する教育の内容及び方針を検討する上で、都議らによる一方的な批判や非難を保護者らのそれと同様に受忍しなければならない理由はないというべきである。都議らの上記行為は、上記原告らに対する侮辱によって上記原告らの名誉感情を侵害したものであり、民法七〇九条の不法行為責任を負う。都議らが本件視察の際に保健室において原告を批判し、非難した行為は政治家である都議らがその政治的な主義、信条に基づき、本件養護学校の性教育に介入・干渉するものであり、本件養護学校における教育の自主性を阻害しこれを歪める危険のある行為として、旧教基法一〇条一項の「不当な支配」に当たる。都議らの視察に同行した被告都教委の職員らには、このような都議らによる「不当な支配」から本件養護学校の個々の教員を保護する義務があった。ところが、都教委の職員らは、都議らが直接原告らに対して本件性教育の内容の批判や非難を始めたのに、これを制止したり、同原告らを保健室から退室させたりすることもなく、都議らが同原告らに対して批判や非難をするのに任せたもので、都教委は、上記保護義務に違反したものである。（東京地判平21・3・12判例集未登載）

判例 **養護学校の性教育に対する「不当な支配」**　本件養護学校における性教育が学習指導要領に違反すると断ずることはできないが、東京都議が、自己の特定の教育の在り方に関する考え方に基づいて公立学校における具体的な教育の内容・方法につき否定的な見解を述べたとしても「不当な支配」に当たるということもできない。（東京高判平23・9・16判例集未登載）

判例 **地方自治の原則［旭川学テ事件］**　現行法制上、教育に関する地方自治の原則が採用されているが、これは、戦前におけるような国の強い統制の下における全国的な画一的教育を排して、それぞれの地方の住民に直結した形で、各地方の実情に適応した教育を行わせるのが教育の目的及び本質に適合するとの観念に基づくものであつて、このような地方自治の原則が現行教育法制における重要な基本原理の一つをなすものであることは、疑いをいれない。そして、教育に関する地方自治の原則からすれば、地教委の有する教育に関する固有の権限に対する国の行政機関である文部大臣の介入、監督の権限に一定の制約が存する。（最大判昭51・5・21判時八一四—三三）

解説　本条は、旧一〇条に対応しているが、大幅な改正がなされた。本条は、旧一〇条一項との関係では、「教育は、不当な支配に服することなく」（前段）を引き継ぎつつ、国民全体に対する直接責任（後段）を削除し、代わりに、「この法律及び他の法律の定めるところにより行われるべきもの」を追加した。この改正により、教育行政による教育内容関与の抑制が取り除かれたのではないか、という強い危惧が指摘されている。しかし、旧法の下で、最高裁学テ判決は、「法令に基づく教育行政機関の行為」にも「不当な支配」禁止原理が適用されると解していた。法改正がなされても、旧法の文言が維持されている場合は旧法に関する最高裁の判断が依然として有効であるとみるべきであるから、本条においても「不当な支配」禁止の趣旨は変更されておらず、法令に基づく教育行政の行為にも適用されると解するのが妥当である（制定過程の政府答弁、同旨）。新設された「教育行政は…公正かつ適正に行われなければならない」との規定（一項後段）も、この解釈を補強するものである。従来、「不当な支配」に該当するとされていた事柄、たとえば、①一方的な理論・観念を教え込むよう強制すること、②全国的な大綱的基準を超えた基準を設定すること、③教師による創造的・弾力的な教育の余地を残さない職務命令を発すること、などは本法の下でも違法の評価を受けることになると解される。

次に、新たに追加された「この法律及び他の法律の定めるところにより行われるべき」との規定をどう解するか、が問題となる。この追加により、政府・文科省による教育支配が正当化されたとみる見解も存在するからである。しかし、この文言の趣旨は、憲法二六条の定める「教育の法律主義」の原則を確認した点にあると解するのが妥当である。憲法二六条の「法律の定めるところにより」は、重要な教育事項は法律で定めるべきこと、すなわち、「教育の法律主義」の原則を要請したものと解されている。ところが、教育分野においては、他の行政分野と比べても、委任立法や通達行政の比重が極めて大きく、「教育の法律主義」の原則は形骸化していることを指摘できる。したがって、憲法適合的解釈に則り、この文言の挿入は、行政の自由度を拡大する意味で理解されてはならず、むしろ行政を拘束する方向で解釈されなければならない。

旧一〇条二項が定めていた教育行政の条件整備義務は、本条において、国と地方公共団体との役割分担規定（二項・三項）、財政措置規定（四項）として具体化された。これは、一七条の教育振興基本計画策定の根拠規定にもなっている。国と地方自治体の役割分担のあり方を考えるに当たっては、教育の地方自治の理念に則り、都道府県と市町村の関係見直しを含め、地方分権改革の目的にかなった適切な法制度整備とその運用が必要である。なお、地方自治体における教育委員会の位置づけの再検討も課題であるが、二〇一四年地教行法改正により、首長の一部関与が認められた。

四項は、国・地方公共団体に対し、「必要な財政上の措置」を義務づけた。教育を受ける権利（憲法二六条）の生存権的性質に着目した場合、これは、国民の権利を実現する国の義務を財政面で担保するための規定とみることができる。二〇〇六年当時、新自由主義的な教育費削減政策が進行する状況下で、国の財政措置義務を明文化したことは注視される。これについては、一九九〇年代末からの行政改革・分権改革によって、文科省は教育行財政の後退を余儀なくされてきたが、その歯止めとして導入したものであるとの指摘がなされている。新自由主義的政策に対する文科省の対抗策に位置づくものである。今後、義務教育費国庫負担制度のあり方も含め、適切な法制度整備とその運用を担保する教育財源保障制度をどう構築できるかは、教育を受ける権利の実現にとって喫緊の課題であるといえよう。

（教育振興基本計画）

第一七条　政府は、教育の振興に関する施策の総合的かつ計画的な推進を図るため、教育の振興に関する施策についての基本的な方針及び講ずべき施策その他必要な事項について、基本的な計画を定め、これを国会に報告するとともに、公表しなければならない。

2　地方公共団体は、前項の計画を参酌し、その地域の実情に応じ、当該地方公共団体における教育の振興のための施策に関する基本的な計画を定めるよう努めなければならない。

＊①政策に関する基本的な方針（内閣一二2⑵、内閣府設置法三）、教育施策の総合的実施（一六2）、政府の基本計画（障害基一一1、環境基一五、科学技術・イノベーション基本法一二、男女共同参画社会基本法一三、食育基本法一六、人権教育啓発推進法七）、②地域の実情に応じた教育施策の実施（一六3）、地方公共団体の基本計画（障害基一一23、環境基三六、男女共同参画社会基本法一四、食育基本法一七・一八）

[答申] **新しい時代にふさわしい教育基本法と教育振興基本計画の在り方について**　実効ある教育改革は、教育基本法の理念や原則の再構築とともに、具体的な教育制度の改善と施策の充実、さらに、教育に携わる者、教育を受ける者、国民一人一人の意識改革とがあいまって、初めて実現されるものである。近年、「環境」、「科学技術」、「男女共同参画」、「食料・農業・農村」、「知的財産」など、行政上の様々な重要分野について、基本法が制定されるとともに、それぞれの基本法に基づく基本計画が策定されている。これらの計画には、施策の基本方針や目標、各種の具体的な施策、施策を推進するために必要な事項等が、総合的・体系的に盛り込まれ、国民に分かりやすく示されており、閣議決定を経て政府全体の重要課題と位置付けられている。

しかしながら、昭和二二年に制定された教育基本法には、基本計画に関する規定が置かれておらず、現在まで、教育に関する政府全体の基本計画は策定されてこなかった。教職員定数改善計画、国立大学施設整備計画、コンピュータ整備計画、留学生受入れ一〇万人計画など、個々の施策の計画は策定されてきており、最近では「21世紀教育新生プラン」のように教育施策を体系化して国民に分かりやすく示す試みも行われている。しかし、これらは、文部科学省の施策の枠内で取りまとめられたものであり、政府全体として教育の重要性に明確な位置付けを与え、総合的に取り組む計画とはなっていない。

政府として、未来への先行投資である教育を重視するという明確なメッセージを国民に伝え、施策を国民に分かりやすく示すという説明責任を果たすためにも、教育の根本法である教育基本法に根拠を置いた、教育振興に関する基本計画を策定する必要がある。（平15・3・20中央教育審議会）

[閣議決定] **教育振興基本計画**　平成一八年一二月、制定から約六〇年を経て教育基本法が改正された。改正教育基本法においては、教育を取り巻く様々な状況の変化を踏まえた上で、「人格の完成」や「個人の尊厳」などこれまで教育基本法に掲げられてきた普遍的な理念は大切にしつつ、教育の目的を実現するために達成すべき目標を新たに掲げるなど、新しい時代の教育の基本理念が明示された。同時に、教育改革を実効あるものとするためには、我が国の教育の目指すべき姿を国民に明確に提示し、その実現に向けて具体的に教育を振興していく道筋を明らかにすることが重要であるとの観点から、同法第一七条第一項において、教育の振興に関する施策の総合的かつ計画的な推進を図るため、政府が基本的な計画（教育振興基本計画）を定めることが規定された。今後、知識基盤社会の進展や国内外における競争の激化など社会が大きく変化していく中で、個人が幸福で充実した生涯を実現する上でも、また、我が国が一層の発展を遂げ、国際社会に貢献していく上でも、その礎となるのは人づくり、すなわち教育である。約六〇年ぶりに改正された教育基本法の理念の実現に向け、我が国は今改めて「教育立国」を目指し、我が国の未来を切り拓く教育の振興に政府全体で取り組んでいく必要がある。ここに、

教育基本法第一七条第一項の規定に基づき、教育振興基本計画を策定する。（平20・7・1）

閣議決定　**教育振興基本計画**　今正に我が国に求められているもの、それは「自立・協働・創造に向けた一人一人の主体的な学び」である。

グローバル化の進展などにより世界全体が急速に変化する中にあって、産業空洞化や生産年齢人口の減少など深刻な諸課題を抱える我が国は、極めて危機的な状況にあり、東日本大震災の発生は、この状況を一層顕在化・加速化させた。これらの動きは、これまでの物質的な豊かさを前提にしてきた社会の在り方、人の生き方に大きな問いを投げ掛けている。

これらの危機を乗り越え、持続可能な社会を実現するための一律の正解は存在しない。社会を構成する全ての者が、当事者として危機感を共有し、自ら課題探求に取り組むなど、それぞれの現場で行動することが求められる。何もしないことが最大のリスクである。幸いにして、日本には世界から評価される「人の絆」や基礎的な知識技能の平均レベルの高さなど様々な「強み」がある。これらを踏まえて、経済成長のみを追求するのではない、成熟社会に適合した新たな社会モデルを構築していくことが求められている。そのためには、多様性を基調とする「自立、協働、創造」の三つがキーワードとなる。

そして、教育こそが、人々の多様な個性・能力を開花させ人生を豊かにするとともに、社会全体の今後一層の発展を実現する基盤である。特に、今後も進展が予想される少子化・高齢化を踏まえ、一人一人が生涯にわたって能動的に学び続け、必要とする様々な力を養い、その成果を社会に生かしていくことが可能な生涯学習社会を目指していく必要がある。これこそが、我が国が直面する危機を回避させるものである。

教育行政としては、このような社会、すなわち、改正教育基本法の理念を踏まえた「教育立国」の実現に向け、教育の再生を図り、何より、責任を持って教育成果の保証を図っていくことが求められる。このため、第2期計画においては「①社会を生き抜く力の養成」、「②未来への飛躍を実現する人材の養成」、「③学びのセーフティネットの構築」、「④絆づくりと活力あるコミュニティの形成」を基本的方向性として位置付け、明確な成果目標の設定と、それを実現するための具体的かつ体系的な方策を示す。（平25・6・14）

閣議決定　**教育振興基本計画**（平30・6・15）→資料編第3節

解説　新設規定。一六条に規定された国と地方自治体の役割分担を具体化する一方策として、特に、政府に教育振興基本計画の策定を義務づけている点は重要である。教育基本法改正を提言した中教審答申（二〇〇三年三月二〇日）では、教育振興基本計画には、「教育の目標」や「教育改革の基本的方向」とともに具体的な政策目標を設定するとし、例示的に、「確かな学力」の育成、良好な教育環境の確保、教育の機会均等の確保、私学の教育研究の振興等を盛り込むこと等を示していた。政府の中長期的な基本計画とそれを担保する教育予算の優先的確保は最重要課題であるが、それら政策目標の設定には、国と地方自治体の役割分担の在り方や教育の自主性・自律性保障にもかかわる問題でもあるため、国会での慎重な審議を含めた適切な決定手続が不可欠である。また、振興基本計画は一六条を根拠に策定すべきことになっているから、一六条四項を空文化しないためには、基本計画に財源確保の数値目標を掲げることが本来必要となる。しかし、二〇〇八年振興基本計画策定では、結局数値は盛り込まれなかった。二〇一三年第2期教育振興基本計画においては、当初の中教審答申は、日本の公財政支出が極めて低い点に着目して、「将来的には恒久的な財源を確保しOECD諸国並みの公財政支出を目指す」と初めて明記したが、財務省の反発を受け、結局閣議決定では、第1期計画と同様、諸外国の「教育投資の状況を参考とする」と後退した内容となった。なお、第2期計画の特徴としては、第1期計画が学校段階ごとの縦割りで記されていたのに対し、各学校間や職業生活等との円滑な接続を重視していること、成果目標とその達成度を客観的に測定するための指標を設定したこと、などをあげることができる。

第四章　法令の制定

第一八条　この法律に規定する諸条項を実施するため、必要な法令が制定されなければならない。

＊法律（憲五九）、政令（憲七三、内閣一一、内閣府令（内閣府設置法七3）、省令（行組一二）、行政委員会規則（行組一三）、告示（内閣府設置法七5、行組一四1）、訓令・通達（内閣府設置法七6、行組一四2）、条例（憲九四、地自一四・九六1）、地方公共団体の長の規則（地自一五）、教育委員会規則（地自一三八の四2、地教行一五・三三）

判例　**教育基本法の性格**［**旭川学テ事件**］（最大判昭51・5・21判時八一四―三三）→前文

答申　**教育基本法の改正を受けて緊急に必要とされる教育制度の改正について**　中央教育審議会は、二月六日に文部科学大臣からの審議要請を受け、教育基本法の改正を踏まえて、緊急に必要とされる以下の教育制度の改正について、約一か月間にわたり、集中的な審議を行ってきた。

①学校の目的・目標の見直しや学校の組織運営体制の確立方策等（学校教育法の改正）、②教員免許更新制の導入等（教育職員免許法等の改正）、③教育委員会の在り方や国と地方の役割分担（地方教育行政の組織及び運営に関する法律の改正）。（平19・3・10中央教育審議会）

解説　旧一一条の内容を引き継いだ規定である。本条は、教基法が施行「法令」に対する本法としての地位に立つことを示している。ここから、教基法の準憲法的性格、すなわち、本法は他の教育法律に対し上位法的機能を有し、「後法優先の原則」や「特別法優先の原則」は妥当しないことが導かれる。最高裁も、教基法は他の教育法律の解釈基準になることを認めている。

附　則（省略）

〔参考〕

●教育基本法（旧法）

（昭和二二年三月三一日 法律第二五号）

われらは、さきに、日本国憲法を確定し、民主的で文化的な国家を建設して、世界の平和と人類の福祉に貢献しようとする決意を示した。この理想の実現は、根本において教育の力にまつべきものである。

われらは、個人の尊厳を重んじ、真理と平和を希求する人間の育成を期するとともに、普遍的にしてしかも個性ゆたかな文化の創造をめざす教育を普及徹底しなければならない。

ここに、日本国憲法の精神に則り、教育の目的を明示して、新しい日本の教育の基本を確立するため、この法律を制定する。

第一条（**教育の目的**）教育は、人格の完成をめざし、平和的な国家及び社会の形成者として、真理と正義を愛し、個人の価値をたつとび、勤労と責任を重んじ、自主的精神に充ちた心身ともに健康な国民の育成を期して行われなければならない。

第二条（**教育の方針**）教育の目的は、あらゆる機会に、あらゆる場所において実現されなければならない。この目的を達成するためには、学問の自由を尊重し、実際生活に即し、自発的精神を養い、自他の敬愛と協力によつて、文化の創造と発展に貢献するように努めなければならない。

第三条（**教育の機会均等**）すべて国民は、ひとしく、その能力に応ずる教育を受ける機会を与えられなければならないものであつて、人種、信条、性別、社会的身分、経済的地位又は門地によつて、教育上差別されない。

② 国及び地方公共団体は、能力があるにもかかわらず、経済的理由によつて修学困難な者に対して、奨学の方法を講じなければならない。

第四条（**義務教育**）国民は、その保護する子女に、九年の普通教育を受けさせる義務を負う。

② 国又は地方公共団体の設置する学校における義務教育については、授業料は、これを徴収しない。

第五条（**男女共学**）男女は、互に敬重し、協力し合わなければならないものであつて、教育上男女の共学は、認められなければならない。

第六条（**学校教育**）法律に定める学校は、公の性質をもつものであつて、国又は地方公共団体の外、法律に定める法人のみが、これを設置することができる。

② 法律に定める学校の教員は、全体の奉仕者であつて、自己の使命を自覚し、その職責の遂行に努めなければならない。このためには、教員の身分は、尊重され、その待遇の適正が、期せられなければならない。

第七条（**社会教育**）家庭教育及び勤労の場所その他社会において行われる教育は、国及び地方公共団体によつて奨励されなければならない。

② 国及び地方公共団体は、図書館、博物館、公民館等の施設の設置、学校の施設の利用その他適当な方法によつて教育の目的の実現に努めなければならない。

第八条（**政治教育**）良識ある公民たるに必要な政治的教養は、教育上これを尊重しなければならない。

② 法律に定める学校は、特定の政党を支持し、又はこれに反対するための政治教育その他政治的活動をしてはならない。

第九条（**宗教教育**）宗教に関する寛容の態度及び宗教の社会生活における地位は、教育上これを尊重しなければならない。

② 国及び地方公共団体が設置する学校は、特定の宗教のための宗教教育その他宗教的活動をしてはならない。

第一〇条（**教育行政**）教育は、不当な支配に服することなく、国民全体に対し直接に責任を負つて行われるべきものである。

② 教育行政は、この自覚のもとに、教育の目的を遂行するに必要な諸条件の整備確立を目標として行われなければならない。

第一一条（**補則**）この法律に掲げる諸条項を実施するために必要がある場合には、適当な法令が制定されなければならない。

●児童憲章

（昭和二六年五月五日）

われらは、日本国憲法の精神にしたがい、児童に対する正しい観念を確立し、すべての児童の幸福をはかるために、この憲章を定める。

児童は、人として尊ばれる。
児童は、社会の一員として重んぜられる。
児童は、よい環境のなかで育てられる。

一　すべての児童は、心身ともに健やかにうまれ、育てられ、その生活を保障される。

二　すべての児童は、家庭で、正しい愛情と知識と技術をもつて育てられ、家庭に恵まれない児童には、これにかわる環境が与えられる。

三　すべての児童は、適当な栄養と住居と被服が与えられ、また、疾病と災害からまもられる。

四　すべての児童は、個性と能力に応じて教育され、社会の一員としての責任を自主的に果たすように、みちびかれる。

五　すべての児童は、自然を愛し、科学と芸術を尊ぶように、みちびかれ、また、道徳的心情がつちかわれる。

六　すべての児童は、就学のみちを確保され、また、十分に整つた教育の施設を用意される。

七　すべての児童は、職業指導を受ける機会が与えられる。

八　すべての児童は、その労働において、心身の発育が阻害されず、教育を受ける機会が失われず、また、児童としての生活がさまたげられないように、十分に保護される。

九　すべての児童は、よい遊び場と文化財を用意され、わるい環境からまもられる。

十　すべての児童は、虐待・酷使・放任その他不当な取扱からまもられる。
あやまちをおかした児童は、適切に保護指導される。

十一　すべての児童は、身体が不自由な場合、または精神の機能が不充分な場合に、適切な治療と教育と保護が与えられる。

十二　すべての児童は、愛とまことによつて結ばれ、よい国民として人類の平和と文化に貢献するように、みちびかれる。

児童憲章のあらまし

制定経過　戦後、日本国憲法の下、教育基本法、児童福祉法、少年法等の子ども関連諸法令が施行された。しかし、古い児童観の残存、縦割り行政の弊害等の状況下、浮浪児問題、少年犯罪等の児童問題が山積していた。そこで、新しい児童観と児童行政を確立するための総合化・体系化の必要が求められ、国民が実践活動をする際の一規範ともいうべき憲章をつくろうという気運が高まった。

一九四九年六月、第一四回児童福祉審議会は児童憲章制定草案準備委員会を設置し、五〇年五月の第四回全国児童福祉大会において憲章制定の基本方針が決議された。その後、さらに広く児童関係者の参画を求めるため、制定作業の所管は厚生省から総理府に移され、五一年三月、総理府の内閣官房審議室は、関係各官庁の推薦による五五人の委員（民間人）から成る児童憲章草案準備会を設置した。同準備会は憲章草案を確定し、同年五月四日・五日、内閣総理大臣が召集した児童憲章制定会議（衆参両院議員三〇名、中央官庁推薦六八名、都道府県知事推薦二二八名、計三二六名）において、この草案は二か所の修正を経ただけで、満場一致で承認された。

性格・意義　児童憲章は、国会で制定された法律ではないから、国民や国家機関を直接に法的に拘束する力はもっていない。しかし、それは、国民の日常生活上の行為を道義的に拘束し、国家機関が児童立法・児童攻策を策定するに際し、原理的な指針を提示する機能を果たしているといえる。一九五九年に国連が制定した子どもの権利宣言と比べた場合、「権利」の文言が使用されていない（子どもは権利の主体であるという観点が十分ではない）、責任主体（国・親など）が明示されていないといった弱点を有していることは否めない。しかし、「人として尊ばれる」という「独立した人格主体」としての子ども観を、日本で初めて（国連の宣言に先んじて）打ち出した文書として、高く評価すべき側面を有している。この理念は、やがて一九八九年に国連が制定した子どもの権利条約（日本は一九九四年に批准）において、より具体的に、より明確な権利性をともなって結実したといってよい。

第2章　教育基本（国際）

●世界人権宣言

（一九四八年一二月一〇日　第三回国連総会採択）

前文

人類社会のすべての構成員の固有の尊厳と平等で譲ることのできない権利とを承認することは、世界における自由、正義及び平和の基礎であるので、

人権の無視及び軽侮が、人類の良心を踏みにじつた野蛮行為をもたらし、言論及び信仰の自由が受けられ、恐怖及び欠乏のない世界の到来が、一般の人々の最高の願望として宣言されたので、

人間が専制と圧迫とに対する最後の手段として反逆に訴えることがないようにするためには、法の支配によつて人権を保護することが肝要であるので、

諸国間の友好関係の発展を促進することが、肝要であるので、

国際連合の諸国民は、国際連合憲章において、基本的人権、人間の尊厳及び価値並びに男女の同権についての信念を再確認し、かつ、一層大きな自由のうちで社会的進歩と生活水準の向上とを促進することを決意したので、

加盟国は、国際連合と協力して、人権及び基本的自由の普遍的な尊重及び遵守の促進を達成することを誓約したので、

これらの権利及び自由に対する共通の理解は、この誓約を完全にするためにもつとも重要であるので、

よつて、ここに、国際連合総会は、

社会の各個人及び各機関が、この世界人権宣言を常に念頭に置きながら、加盟国自身の人民の間にも、また、加盟国の管轄下にある地域の人民の間にも、これらの権利と自由との尊重を指導及び教育によつて促進すること並びにそれらの普遍的かつ効果的な承認と遵守とを国内的及び国際的な漸進的措置によつて確保することに努力するように、すべての人民とすべての国とが達成すべき共通の基準として、この世界人権宣言を公布する。

第一条［**自由平等・同胞の精神**］すべての人間は、生れながらにして自由であり、かつ、尊厳と権利とについて平等である。人間は、理性と良心とを授けられており、互いに同胞の精神をもつて行動しなければならない。

第二条［**差別の禁止**］1　すべて人は、人種、皮膚の色、性、言語、宗教、政治上その他の意見、国民的若しくは社会的出身、財産、門地その他の地位又はこれに類するいかなる事由による差別をも受けることなく、この宣言に掲げるすべての権利と自由とを享有することができる。

2　さらに、個人の属する国又は地域が独立国であると、信託統治地域であると、非自治地域であると、又は他のなんらかの主権制限の下にあるとを問わず、その国又は地域の政治上、管轄上又は国際上の地位に基づくいかなる差別もしてはならない。

第三条［**生命、自由、身体の安全**］すべて人は、生命、自由及び身体の安全に対する権利を有する。

第四条［**奴隷・苦役の禁止**］何人も、奴隷にされ、又は苦役に服することはない。奴隷制度及び奴隷売買は、いかなる形においても禁止する。

第五条［**拷問・虐待・残虐刑の禁止**］何人も、拷問又は残虐な、非人道的な若しくは屈辱的な取扱若しくは刑罰を受けることはない。

第六条［**人間として認められる権利**］すべて人は、いかなる場所においても、法の下において、人として認められる権利を有する。

第七条［**法の前の平等**］すべての人は、法の下において平等であり、また、いかなる差別もなしに法の平等な保護を受ける権利を有する。すべての人は、この宣言

国際人権章典のあらまし

国際人権章典とは、世界人権宣言、経済的、社会的及び文化的権利に関する国際規約、同選択議定書、市民的及び政治的権利に関する国際規約、同選択議定書、同第二選択議定書の総称である。これらは国際人権法の中核に位置する。

世界人権宣言　国際連合は、二つの世界大戦の反省にたって、平和と人権の密接な関係を認識し、人権の尊重を目的の一つにしている。国連は、この目的を実現するために、国際人権章典の制定に取りかかり、当初単一の国際人権章典の作成（宣言、条約、実施措置という三部構成）をめざした。しかし、人権認識や保障方法の違い、審議の進行具合などから、共通の基準としての宣言の部分を先行させ、一九四八年一二月一〇日に世界人権宣言を採択した。宣言は、前文と三〇か条から構成され、いわゆる伝統的な自由権、社会権などを列挙している。教育への権利は二六条で、初等教育の無償制・義務性、技術・職業教育の一般利用性、高等教育へのアクセス、教育の目的、親の教育選択権などが規定されている。なお、宣言は国際慣習法になっており、日本国憲法九八条が誠実に遵守することを求めている「確立した国際法規」に該当すると理解されている。

国際人権規約　国連は、世界人権宣言の採択に続き、条約の形式・内容を備えた国際人権規約の作成にあたった。国に対する人権保障の義務のあり方などから、経済的・社会的・文化的権利に関する規約案と市民的・政治的権利に関する規約案に分けて審議され、それぞれ一九六六年に採択された（七六年発効）。経済的、社会的及び文化的権利に関する国際規約は、社会権規約と言われるように、国家の積極的な関与によって個人の生存や自由を確保しようとするものである。社会権規約には、両規約にほぼ共通の総則および人民の自決権に加えて、労働や労働条件に関する権利、労働基本権、社会保障や生活水準の権利、家族・母親・子どもの保護、健康権、教育への権利、文化・科学に関する権利などが規定されている。教育への権利は一三条と一四条で詳細に定められ、教育の目的、初等・中等・高等教育へのアクセス等の保障、基礎教育の充実、学校制度等の発展、教育の自由、さらには無償義務教育の計画義務まで含んでいる。市民的及び政治的権利に関する国際規約は、自由権規約とも言われるように、伝統的な自由権を中心に規定している。生命の権利、思想・表現・集会・結社・プライバシー・移動等の権利、人身の自由、裁判を受ける権利、参政権、法の下の平等、家族の権利、子どもの

に違反するいかなる差別に対しても、また、そのような差別をそのかすいかなる行為に対しても、平等な保護を受ける権利を有する。

第八条［救済を受ける権利］ すべて人は、憲法又は法律によつて与えられた基本的権利を侵害する行為に対し、権限を有する国内裁判所による効果的な救済を受ける権利を有する。

第九条［逮捕・拘禁・追放に対する保障］ 何人も、ほしいままに逮捕、拘禁、又は追放されることはない。

第一〇条［公平な裁判を受ける権利］ すべて人は、自己の権利及び義務並びに自己に対する刑事責任が決定されるに当つて、独立の公平な裁判所による公正な公開の審理を受けることについて完全に平等の権利を有する。

第一一条［刑事訴追に対する保障］ 1　犯罪の訴追を受けた者は、すべて、自己の弁護に必要なすべての保障を与えられた公開の裁判において法律に従つて有罪の立証があるまでは、無罪と推定される権利を有する。

2　何人も、実行の時に国内法又は国際法により犯罪を構成しなかつた作為又は不作為のために有罪とされることはない。また、犯罪が行われた時に適用される刑罰より重い刑罰を課せられない。

第一二条［プライバシー・通信・名誉の保護］ 何人も、自己の私事、家族、家庭若しくは通信に対して、ほしいままに干渉され、又は名誉及び信用に対して攻撃を受けることはない。人はすべて、このような干渉又は攻撃に対して法の保護を受ける権利を有する。

第一三条［移転・居住の自由］ 1　すべて人は、各国の境界内において自由に移転及び居住する権利を有する。

2　すべて人は、自国その他いずれの国をも立ち去り、及び自国に帰る権利を有する。

第一四条［迫害からの避難］ 1　すべて人は、迫害を免れるため、他国に避難することを求め、かつ、避難する権利を有する。

2　この権利は、もつぱら非政治犯罪又は国際連合の目的及び原則に反する行為を原因とする訴追の場合には、援用することはできない。

第一五条［国籍に関する権利］ 1　すべて人は、国籍をもつ権利を有する。

2　何人も、ほしいままにその国籍を奪われ、又はその国籍を変更する権利を否認されることはない。

第一六条［婚姻・家庭に関する権利］ 1　成年の男女は、人種、国籍又は宗教によるいかなる制限をも受けることなく、婚姻し、かつ家庭をつくる権利を有する。成年の男女は、婚姻中及びその解消に際し、婚姻に関し平等の権利を有する。

2　婚姻は、両当事者の自由かつ完全な合意によつてのみ成立する。

3　家庭は、社会の自然かつ基礎的な集団単位であつて、社会及び国の保護を受ける権利を有する。

第一七条［財産権の保障］ 1　すべて人は、単独で又は他の者と共同して財産を所有する権利を有する。

2　何人も、ほしいままに自己の財産を奪われることはない。

第一八条［思想・良心・宗教の自由］ すべて人は、思想、良心及び宗教の自由に対する権利を有する。この権利は、宗教又は信念を変更する自由並びに単独で又は他の者と共同して、公的に又は私的に、布教、行事、礼拝及び儀式によつて宗教又は信念を表明する自由を含む。

第一九条［表現の自由］ すべて人は、意見及び表現の自由に対する権利を有する。この権利は、干渉を受けることなく自己の意見をもつ自由並びにあらゆる手段により、また、国境を越えると否とにかかわりなく、情報及び思想を求め、受け、及び伝える自由を含む。

第二〇条［集会・結社の自由］ 1　すべての人は、平和的集会及び結社の自由に対する権利を有する。

2　何人も、結社に属することを強制されない。

第二一条［政治的権利］ 1　すべての人は、直接に又は

権利、マイノリティの権利などが保障されている。両規約が不可分のものであることは採択時から強調されている。
日本は両規約を一九七九年に批准している。その際、公休日の報酬支払（社会権規約七条(d)）、罷業権（同八条1(d)）、中等・高等教育の無償化（同一三条2(b)(c)）の規定を留保し（二〇一二年に一三条の留保は撤回した）、消防職員が警察職員に含まれる（同八条2、自由権規約二二条2）という解釈宣言をした。なお、個人通報制度を定めた自由権規約選択議定書（七六年発効）および死刑廃止条約と称される同規約の第二選択議定書（九一年発効）について日本は未批准である。

国際人権規約の実施措置　自由権規約はその内容を確保するために、一八人の専門家からなる自由権規約委員会を設置している。そこでは、定期的報告制度により、締約国の規約実施状況を監視している。また国家通報制度を設け、委員会の審査権限の受入れを宣言した国の間では、国の通報により規約上の人権侵害について審議調停を求めることができる。さらに第一選択議定書により、規約上の人権侵害について、被害者個人が国内救済手続を尽くした上で自由権規約委員会へ申し立てる途を開いている（日本は未批准）。社会権規約の場合も、定期的報告制度に加えて、二〇〇八年に新たに個人通報制度を導入し（発効は二〇一三年、日本は未批准）、規約上の機関ではないが一八人の専門家からなる社会権規約委員会のもとで審査がなされている。いずれの委員会も報告制度の一環として審査後に「総括所見」を出し、締約国に規約の実施を提案・勧告している。さらに、「一般的意見」を出して、規約の解釈・運用基準を示している。
日本は、自由権規約の報告制度のもとで、第一回（一九八〇年報告書提出、八一年審査）、第二回（八八年提出、同年審査）、第三回（九二年提出、九三年審査）、第四回（九七年提出、九八年審査）、第五回（〇六年提出、〇八年審査）、第六回（一二年提出、一四年審査）と回を重ねているが、いずれも日本の規約実施状況に厳しい懸念や勧告が示されている。第七回報告書（二〇年提出）の審査は二一年に行われる予定である。社会権規約の場合は、八二年から八六年に三回に分けて第一回報告書を提出、第二回は九九年に提出、〇一年に審査、第三回は〇九年に提出、一三年に審査された。自由権規約と同様に、詳細な懸念と勧告が出されている。次回の報告書提出期限は一八年である（二〇年九月現在、未提出）。
なお、人権条約の報告審査と人権理事会での普遍的・定期的レビュー（UPR）とのいっそうの関連・連携がそれぞれの特質を活かしながらも求められている。

自由に選出された代表者を通じて、自国の政治に参与する権利を有する。

2　すべて人は、自国においてひとしく公務につく権利を有する。

3　人民の意思は、統治の権力の基礎とならなければならない。この意思は、定期のかつ真正な選挙によつて表明されなければならない。この選挙は、平等の普通選挙によるものでなければならず、また、秘密投票又はこれと同等の自由が保障される投票手続によつて行われなければならない。

第二二条［**社会保障・経済的・社会的及び文化的権利**］すべて人は、社会の一員として、社会保障を受ける権利を有し、かつ、国家的努力及び国際的協力により、また、各国の組織及び資源に応じて、自己の尊厳と自己の人格の自由な発展とに欠くことのできない経済的、社会的及び文化的権利を実現する権利を有する。

第二三条［**労働に関する権利**］1　すべて人は、勤労し、職業を自由に選択し、公正かつ有利な勤労条件を確保し、及び失業に対する保護を受ける権利を有する。

2　すべて人は、いかなる差別をも受けることなく、同等の勤労に対し、同等の報酬を受ける権利を有する。

3　勤労する者は、すべて、自己及び家族に対して人間の尊厳にふさわしい生活を保障する公正かつ有利な報酬を受け、かつ、必要な場合には、他の社会的保護手段によつて補充を受けることができる。

4　すべて人は、自己の利益を保護するために労働組合を組織し、及びこれに参加する権利を有する。

第二四条［**労働時間の制限・休息の権利**］すべて人は、労働時間の合理的な制限及び定期的な有給休暇を含む休息及び余暇をもつ権利を有する。

第二五条［**生活の保障・母子の保護**］1　すべて人は、衣食住、医療及び必要な社会的施設等により、自己及び家族の健康及び福祉に十分な生活水準を保持する権利並びに失業、疾病、心身障害、配偶者の死亡、老齢その他不可抗力による生活不能の場合は、保障を受ける権利を有する。

2　母と子とは、特別の保護及び援助を受ける権利を有する。すべての児童は、嫡出であると否とを問わず、同じ社会的保護を受ける。

第二六条［**教育への権利**］1　すべて人は、教育を受ける権利（the right to education）を有する。教育は、少なくとも初等の及び基礎的の段階においては、無償でなければならない。初等教育は、義務的でなければならない。技術教育及び職業教育は、一般に利用できるものでなければならず、また、高等教育は、能力に応じ、すべての者にひとしく開放されていなければならない。

2　教育は、人格の完全な発展並びに人権及び基本的自由の尊重の強化を目的としなければならない。教育は、すべての国又は人種的若しくは宗教的集団の相互間の理解、寛容及び友好関係を増進し、かつ、平和の維持のため、国際連合の活動を促進するものでなければならない。

3　親は、子に与える教育の種類を選択する優先的権利を有する。

第二七条［**文化に関する権利**］1　すべて人は、自由に社会の文化生活に参加し、芸術を鑑賞し、及び科学の進歩とその恩恵とにあずかる権利を有する。

2　すべて人は、その創作した科学的、文学的又は美術的作品から生ずる精神的及び物質的利益を保護される権利を有する。

第二八条［**人権実現の秩序の享受**］すべて人は、この宣言に掲げる権利及び自由が完全に実現される社会的及び国際的秩序に対する権利を有する。

第二九条［**人権制限に対する保障**］1　すべて人は、その人格の自由かつ完全な発展がその中にあつてのみ可能である社会に対して義務を負う。

2　すべて人は、自己の権利及び自由を行使するに当つては、他人の権利及び自由の正当な承認及び尊重を保障すること並びに民主的社会における道徳、公の秩序及び一般の福祉の正当な要求を満たすことをもつぱら目的として法律によつて定められた制限にのみ服する。

3　これらの権利及び自由は、いかなる場合にも、国際連合の目的及び原則に反して行使してはならない。

第三〇条［**人権破壊活動の禁止**］この宣言のいかなる規定も、いずれかの国、集団又は個人に対して、この宣言に掲げる権利及び自由の破壊を目的とする活動に従事し、又はそのような目的を有する行為を行う権利を認めるものと解釈してはならない。

●経済的、社会的及び文化的権利に関する国際規約

（昭和五四年八月四日 条約第六号）

効力発生、昭五四・九・二一

〔注〕本条約中、所見とあるのは、後掲の「経済的、社会的及び文化的権利に関する国際規約・社会権規約委員会の総括所見：日本」（二〇一三年採択）を示している。項番号のみ掲載したので、後掲資料の当該項を参照。

この規約の締約国は、

国際連合憲章において宣明された原則によれば、人類社会のすべての構成員の固有の尊厳及び平等のかつ奪い得ない権利を認めることが世界における自由、正義及び平和の基礎をなすものであることを考慮し、

これらの権利が人間の固有の尊厳に由来することを認め、

世界人権宣言によれば、自由な人間は恐怖及び欠乏からの自由を享受するものであるとの理想は、すべての者がその市民的及び政治的権利とともに経済的、社会的及び文化的権利を享有することのできる条件が作り出される場合に初めて達成されることになることを認め、

人権及び自由の普遍的な尊重及び遵守を助長すべき義務を国際連合憲章に基づき諸国が負っていることを考慮し、

個人が、他人に対し及びその属する社会に対して義務を負うこと並びにこの規約において認められる権利の増進及び擁護のために努力する責任を有することを認識して、

次のとおり協定する。

第一部

第一条〔**人民の自決権**〕1　すべての人民は、自決の権利を有する。この権利に基づき、すべての人民は、その政治的地位を自由に決定し並びにその経済的、社会的及び文化的発展を自由に追求する。

2　すべての人民は、互恵の原則に基づく国際的経済協力から生ずる義務及び国際法上の義務に違反しない限り、自己のためにその天然の富及び資源を自由に処分することができる。人民は、いかなる場合にも、その生存のための手段を奪われることはない。

3　この規約の締約国（非自治地域及び信託統治地域の施政の責任を有する国を含む。）は、国際連合憲章の規定に従い、自決の権利が実現されることを促進し及び自決の権利を尊重する。

＊国連憲章一2、自由権規約一

第二部

第二条〔**締約国の規約実施義務**〕1　この規約の各締約国は、立法措置その他のすべての適当な方法によりこの規約において認められる権利の完全な実現を漸進的に達成するため、自国における利用可能な手段を最大限に用いることにより、個々に又は国際的な援助及び協力、特に、経済上及び技術上の援助及び協力を通じて、行動をとることを約束する。

2　この規約の締約国は、この規約に規定する権利が人種、皮膚の色、性、言語、宗教、政治的意見その他の意見、国民的若しくは社会的出身、財産、出生又は他の地位によるいかなる差別もなしに行使されることを保障することを約束する。

3　開発途上にある国は、人権及び自国の経済の双方に十分な考慮を払い、この規約において認められる経済的権利をどの程度まで外国人に保障するかを決定することができる。

＊①条約の遵守（憲九八2）、国際協力（世界人権宣言二二、児童権利四・二三4・二四4・二八3）、②差別の禁止（憲一四、自由権規約二1、児童権利二、障害者差別解消法、部落差別解消法、アイヌ施策推進法四）

所見 ↓7―12・24・30・32（二〇一三年）

意見 **3（5）締約国の義務の性質**　1　このような義務には、……行為義務および結果義務と称しうるもののいずれもが含まれる。……そのうちのひとつは、……関連の権利が「（いかなる）差別もなしに行使されることを保障することを約束」したものである。

2　もうひとつは、二条一項に掲げられている、「行動をとる」ことの約束である。……関連の権利の完全な実現は漸進的に達成されてもよいが、その目標に向けた行動は当該締約国において規約が発効したのち合理的な短期間のうちにとられなければならない。

9　二条一項に反映されている主要な結果義務は、規約において「認められる権利の完全な実現を漸進的に達成するため」に行動をとることである。……これはその目標に向かってできるかぎり迅速にかつ効果的に行動する義務を課すものである。さらに、この点に関するいかなる意図的な後退的措置も、最大限に慎重な考慮が求められるとともに、規約で規定された権利の全体を参照しかつ利用可能な最大限の資源を全面的に用いることを踏まえて、完全に正当化される必要があろう。（一九九〇年）

意見 **9（19）規約の国内適用**　14　裁判所は、司法審査の職務を適切に行使するという制約のなかで、国の行為が規約上の義務と一致することを確保するために必要である場合には規約上の権利を考慮するべきである。裁判所がこの責任を果たさないことは法の支配の原則と両立しない。法の支配の原則には人権に関する国際的な義務の尊重が含まれていると、常に見なされなければならないためである。（一九九八年）

解説　日本では社会権規約の実施義務について、「漸進的実現」と一般的に理解する傾向が根強いが、社会権規約委員会の一般的意見などを検討すれば、権利の完全な実現が達成されていないことが直ちに本条約違反にならないとしても、規約が求める行動・措置を何もとらない場合（不作為）、あるいは権利の最低限度不可欠なレベルを充足させていない（中核的義務を果たしていない）場合などには規約違反になる。これらは当然のことながら、一三条・一四条の教育への権利にも当てはまる。また、社会権規約にも、一三条二項(a)の初等教育の義務制・無償制、三項の親の学校選択および宗教的・道徳的教育の自由、四項の私立学校設立の自由をはじめ、司法その他の機関による即時的適用の規定がたくさんある。裁判所においても社会権規約を裁判規範として適用していくことが要請されている。

第三条〔**男女の同等の権利**〕この規約の締約国は、この規約に定めるすべての経済的、社会的及び文化的権利の享有について男女に同等の権利を確保することを約束する。

＊自由権規約三、男女共同参画社会基本法、政治分野男女共同参画推進法

所見 ↓10・13・19・20・26（二〇一三年）

意見 **16　男女平等**　8　男女の実質的平等は、一見ジェ

ンダー中立的な法律を制定しまたはそのような政策を採択するだけでは達成されない。……締約国は、そのような法律、政策および実務が、男女の不平等に対応できないばかりかそれを悪化させうる場合もあることを、考慮に入れるべきである。

30　一三条との関連で三条を実施するためには、とくに、あらゆる教育段階で男女の子どもに同一の入学基準を確保する立法および政策を採択することが求められる。締約国は、……カリキュラムにおいて平等および差別の禁止が促進されることを確保するべきである。締約国は、通学路において子ども、とくに女子の安全を確保するために望ましい条件を整えなければならない。

[意見] **20　差別の禁止**　7　差別の禁止は、規約における即時的かつ横断的な義務である。……差別とは、差別禁止事由に直接的または間接的に基づくあらゆる区別、排除、制限もしくは特恵または他の異なる取扱いであって、平等の立場における規約上の権利の承認、享有または行使を無効にしもしくは害する意図または効果を有するものである……。差別には、差別の扇動およびいやがらせも含まれる。

8　規約上の権利がいかなる種類の差別もなく行使されることを締約国として「保障する」ため、差別は形式的にも実質的にも撤廃されなければならない。（二〇〇九年）

[解説]　本条の解釈・適用にあたっては、女性差別撤廃条約および女性差別撤廃委員会の総括所見さらには世界女性会議の行動計画などを踏まえる必要があろう。日本では、国際的な取り組みを背景にして、一九九九年に男女共同参画基本法が成立している。教育に関わっては、女性差別撤廃条約の五条や一〇条などを実現するため、教育における女性差別の撤廃、役割に基づく偏見等の撤廃、家庭に関する教育の改善・促進などがいまなお重要である。

第四条［**権利の制限**］この規約の締約国は、この規約に合致するものとして国により確保される権利の享受に関し、その権利の性質と両立しており、かつ、民主的社会における一般的福祉を増進することを目的としている場合に限り、法律で定める制限のみをその権利に課することができることを認める。

第五条［**解釈適用上の注意**］1　この規約のいかなる規定も、国、集団又は個人が、この規約において認められる権利若しくは自由を破壊し若しくはこの規約に定める制限の範囲を超えて制限することを目的とする活動に従事し又はそのようなことを目的とする行為を行う権利を有することを意味するものと解することはできない。

2　いずれかの国において法律、条約、規則又は慣習によつて認められ又は存する基本的人権については、この規約がそれらの権利を認めていないこと又はその認める範囲がより狭いことを理由として、それらの権利を制限し又は侵すことは許されない。

第三部

第六条［**労働権**］1　この規約の締約国は、労働の権利を認めるものとし、この権利を保障するため適当な措置をとる。この権利には、すべての者が自由に選択し又は承諾する労働によつて生計を立てる機会を得る権利を含む。

2　この規約の締約国が1の権利の完全な実現を達成するためとる措置には、個人に対して基本的な政治的及び経済的自由を保障する条件の下で着実な経済的、社会的及び文化的発展を実現し並びに完全かつ生産的な雇用を達成するための技術及び職業の指導及び訓練に関する計画、政策及び方法を含む。

＊憲二七

[所見]↓14－16（二〇一三年）

[意見] **18　労働権**　7　規約六条に定められた労働は、人間にふさわしい労働でなければならない。それは、人間の基本的権利、ならびに、労働安全および報酬の条件面での労働者の権利が尊重されるような労働である。そこではまた、……労働者が自分自身およびその家族を扶養できるだけの所得も提供される。これらの基本的権利には、就労の現場における労働者の身体的および精神的不可侵性の尊重も含まれる。（二〇〇五年）

[解説]　労働権は、すべての者が享有し、労働によって生計を立てる機会を得る権利であり、労働者に雇用選択の自由が保障されている。この権利は不当な雇用の終了（解雇）からの保護を含むものと解されている。締約国がとる措置としては、技術・職業の指導・訓練が含まれ、これらはＩＬＯの雇用政策条約などを踏まえて行われる必要がある。

第七条［**公正・良好な労働条件を享受する権利**］この規約の締約国は、すべての者が公正かつ良好な労働条件を享受する権利を有することを認める。この労働条件は、特に次のものを確保する労働条件とする。

(a)　すべての労働者に最小限度次のものを与える報酬

(i)　公正な賃金及びいかなる差別もない同一価値の労働についての同一報酬。特に、女子については、同一の労働についての同一報酬とともに男子が享受する労働条件に劣らない労働条件が保障されること。

(ii)　労働者及びその家族のこの規約に適合する相応な生活

(b)　安全かつ健康的な作業条件

(c)　先任及び能力以外のいかなる事由も考慮されることなく、すべての者がその雇用関係においてより高い適当な地位に昇進する均等な機会

(d)　休息、余暇、労働時間の合理的な制限及び定期的な有給休暇並びに公の休日についての報酬

＊憲二七

[所見]↓16－21（二〇一三年）

[意見] **23　労働条件**　6　第七条は、公正かつ良好な労働条件を保障するための基本的要素を非網羅的に列挙している。「特に」という文言への言及は、明示的に言及されていない他の要素も関連性を有することを示すものである。この点につき、委員会は、強制労働ならびに子どもおよび若者の社会的・経済的搾取の禁止、暴力およびいやがらせ（セクシュアルハラスメントを含む）からの自由ならびに有給の母性・父性・育児休暇のような要素を体系的に強調してきた。（二〇一六年）

[留保]　日本国は、経済的、社会的及び文化的権利に関する国際規約第七条(d)の規定の適用に当たり、この規定にいう「公の休日についての報酬」に拘束されない権利を留保する。（昭54・8・4外務省告示一八七号）

[解説]　本条は、男女同一報酬条約、最低賃金設定条約、安全・健康条約、雇用・職業差別禁止条約、暴力・ハラスメント条約など関連するＩＬＯ条約とその運用を踏まえて理解される必要がある。二〇〇一年の所見でも、男女の賃金格差の是正、労働時間の短縮、雇用の安定などについて勧告されており、二〇一三年の所見では、さらに職場におけるいやがらせの防止も勧告された。教育に関わっては、(d)の休息・余暇・労働時間の合理的制限、および定期的な有給休暇が重要な意味を持つ。後者については、ＩＬＯの有給教育休暇条約の批准が待たれる。なお、「公の休日についての報酬」について、日本は留保

している。労働基準法は国民の祝日を休日として扱っておらず、その対応は報酬の問題を含め企業の労使間の合意に委ねられているが、本条の趣旨からしても留保を撤回し、法改正をすることが望まれる。

第八条［労働基本権］ 1　この規約の締約国は、次の権利を確保することを約束する。

(a)　すべての者がその経済的及び社会的利益を増進し及び保護するため、労働組合を結成し及び当該労働組合の規則にのみ従うことを条件として自ら選択する労働組合に加入する権利。この権利の行使については、法律で定める制限であつて国の安全若しくは公の秩序のため又は他の者の権利及び自由の保護のため民主的社会において必要なもの以外のいかなる制限も課することができない。

(b)　労働組合が国内の連合又は総連合を設立する権利及びこれらの連合又は総連合が国際的な労働組合団体を結成し又はこれに加入する権利

(c)　労働組合が、法律で定める制限であつて国の安全若しくは公の秩序のため又は他の者の権利及び自由の保護のため民主的社会において必要なもの以外のいかなる制限も受けることなく、自由に活動する権利

(d)　同盟罷業をする権利。ただし、この権利は、各国の法律に従つて行使されることを条件とする。

2　この条の規定は、軍隊若しくは警察の構成員又は公務員による1の権利の行使について合法的な制限を課することを妨げるものではない。

3　この条のいかなる規定も、結社の自由及び団結権の保護に関する千九百四十八年の国際労働機関の条約の締約国が、同条約に規定する保障を阻害するような立法措置を講ずること又は同条約に規定する保障を阻害するような方法により法律を適用することを許すものではない。

＊憲二八

留保　日本国は、経済的、社会的及び文化的権利に関する国際規約八条1(d)の規定に拘束されない権利を留保する。ただし、日本国政府による同規約の批准の時に日本国の法令により前記の規定にいう権利が与えられている部門については、この限りでない。（昭54・8・4外務省告示一八七号）

解釈宣言　日本国政府は、結社の自由及び団結権の保護に関する条約の批准に際し同条約第九条にいう「警察」には日本国の消防が含まれると解する旨の立場をとったことを想起し、経済的、社会的及び文化的権利に関する国際規約第八条2……にいう「警察の構成員」には日本国の消防職員が含まれると解釈するものであることを宣言する。（昭54・8・4外務省告示一八七号）

解説　本条もILOの結社の自由・団結権保護条約、団結権・団体交渉権条約などの国際的解釈・運用を踏まえることが大切である。日本は本条一項(d)を留保し、二項の「警察の構成員」に消防職員が含まれるという解釈宣言をしている。この点において、ILOの監視機構は、日本の消防職員の団結権が地方公務員法で否定されていることは結社の自由・団結権条約に違反する（なお、同条約の保護範囲は本条よりも広い）と長年指摘しており、また条約勧告適用専門家委員会は、公務員全般に対するストライキ権の制限および平和的なストライキ行動に対する懲役刑も同条約違反であるとしていることに留意しておこう。二〇〇一年の所見でも、公務員のストライキ権の保障が勧告されている。なお、本条の適用制限を定めた二項において、政策判断を伴うような職務を遂行する「国家行政に携わる人々」を「公務員」と訳していることは、権利制限を必要以上に広げる危険性がある。

第九条［社会保障］　この規約の締約国は、社会保険その他の社会保障についてのすべての者の権利を認める。

＊憲二五、児童権利二六

所見　→9・18・22（二〇一三年）

第一〇条［家族・母親・子どもの保護］　この規約の締約国は、次のことを認める。

1　できる限り広範な保護及び援助が、社会の自然かつ基礎的な単位である家族に対し、特に、家族の形成のために並びに扶養児童の養育及び教育について責任を有する間に、与えられるべきである。婚姻は、両当事者の自由な合意に基づいて成立するものでなければならない。

2　産前産後の合理的な期間においては、特別な保護が母親に与えられるべきである。働いている母親には、その期間において、有給休暇又は相当な社会保障給付を伴う休暇が与えられるべきである。

3　保護及び援助のための特別な措置が、出生その他の事情を理由とするいかなる差別もなく、すべての児童及び年少者のためにとられるべきである。児童及び年少者は、経済的及び社会的な搾取から保護されるべきである。児童及び年少者を、その精神若しくは健康に有害であり、その生命に危険があり又はその正常な発育を妨げるおそれのある労働に使用することは、法律で処罰すべきである。また、国は、年齢による制限を定め、その年齢に達しない児童を賃金を支払つて使用することを法律で禁止しかつ処罰すべきである。

＊①家族に対する保護・援助（次世代育成支援対策推進法、育児介護、子ども・子育て支援法、介護保険法、配偶者からの暴力の防止及び被害者の保護等に関する法律、世界人権宣言一六3、自由権規約二三1 2、児童権利前文）、子どもの養育・教育に関する援助（児童権利一八2 3）、婚姻の成立（憲二四）、②特別な保護（母子保健法、母子及び父子並びに寡婦福祉法、児福二三、労基六章の二、雇用均等、世界人権宣言二五2）、母性休暇（育児介護）

所見　→23・24（二〇一三年）

解説　本条の中心は三項の子どもの保護であり、その前提として一項・二項の家族および母親の保護が規定されている。自由権規約でも、二三条が家族の保護を、二四条が子どもの権利を定めている。本条はこれらの規定に加えて、子どもの権利条約、女性差別撤廃条約、障害者の権利条約、関連のILO条約などを踏まえて理解される必要がある。三項が「児童」に加えて「年少者」を対象にしているのは、児童労働禁止等に関わるILO条約の影響とされる。なお、一般的意見3では、三項は即時的適用が可能な規定としている。

また、自由権規約委員会や子どもの権利委員会などからも指摘されている婚外子差別について、二〇〇一年の所見は、「非嫡出子」の概念が「近代社会では受け入れられない」とし、それを法律および慣行から取り除くことなどを促している。なお、二〇一三年の最高裁決定は相続に関わる民法九〇〇条四号但書を違憲とし、同条但書は同年中に改正された。

第一一条［充分な生活水準、衣食住、生活条件の向上の権利］ 1　この規約の締約国は、自己及びその家族のための相当な食糧、衣類及び住居を内容とする相当な生活水準についての並びに生活条件の不断の改善についてのすべての者の権利を認める。締約国は、この権利の実現を確保するために適当な措置をとり、このためには、自由な合意に基づく国際協力が極めて重要で

あることを認める。

2　この規約の締約国は、すべての者が飢餓から免れる基本的な権利を有することを認め、個々に及び国際協力を通じて、次の目的のため、具体的な計画その他の必要な措置をとる。

(a)　技術的及び科学的知識を十分に利用することにより、栄養に関する原則についての知識を普及させることにより並びに天然資源の最も効果的な開発及び利用を達成するように農地制度を発展させ又は改革することにより、食糧の生産、保存及び分配の方法を改善すること。

(b)　食糧の輸入国及び輸出国の双方の問題に考慮を払い、需要との関連において世界の食糧の供給の衡平な分配を確保すること。

＊憲二五、児童権利二七、子どもの貧困対策法

［所見］→9・24—26（二〇一三年）

［意見］**4（6）充分な住居への権利**　7　住居への権利は……安全に、平和にかつ尊厳をもってどこかに住む権利……である。（一九九一年）

［意見］**12（20）充分な食糧への権利**　8　委員会は、充分な食糧への権利の核となる内容は次のようなものであると考える。食事に関わる個人のニーズを満たすのに量の面でも質の面でも充分であり、有害な物質が含まれておらず、かつその文化において受け入れられる食糧の入手可能性……。（一九九九年）

第一二条［健康権］　1　この規約の締約国は、すべての者が到達可能な最高水準の身体及び精神の健康を享受する権利を有することを認める。

2　この規約の締約国が1の権利の完全な実現を達成するためにとる措置には、次のことに必要な措置を含む。

(a)　死産率及び幼児の死亡率を低下させるための並びに児童の健全な発育のための対策

(b)　環境衛生及び産業衛生のあらゆる状態の改善

(c)　伝染病、風土病、職業病その他の疾病の予防、治療及び抑圧

(d)　病気の場合にすべての者に医療及び看護を確保するような条件の創出

＊憲二五、児童権利二四

［所見］↓17・25（二〇一三年）

［意見］**14　健康への権利**　4　……健康についての権利は人々が健康的な生活を送ることができる状況を促進する広範囲の経済的・社会的要素を含み、……健康の基礎となる要素に及ぶ。

24　健康に対する子どもおよび青少年の権利を保障するためのすべての政策および計画においては、彼ら／彼女らの最善の利益が第一義的に考量されるべきである。（二〇〇〇年）

［意見］**22　リプロダクティブヘルス**　49　締約国には、少なくとも、セクシュアル／リプロダクティブヘルスに対する権利の充足のために不可欠な最低水準を確保する中核的義務がある。……中核的義務には少なくとも次のものが含まれる。……(f)すべての個人および集団が、セクシュアル／リプロダクティブヘルスについての、非差別的な、偏見のない、証拠に基づいた、かつ子ども・青少年の発達しつつある能力を考慮に入れた包括的な教育および情報にアクセスできることを確保すること。……

63　……充足義務の違反は、セクシュアル／リプロダクティブヘルスについての正確な最新情報が適切な言語および形式により公に利用可能とされ、かつすべての個人がこれにアクセスできることを確保するための措置、および、すべての教育機関がその必須カリキュラムに公平な、科学的に正確な、証拠に基づく、年齢に応じた包括的な性教育を編入することを確保するための措置を国がとらないときにも生じる。（二〇一六年）

第一三条［教育への権利］　1　この規約の締約国は、教育についてのすべての者の権利を認める。締約国は、教育が人格の完成及び人格の尊厳についての意識の十分な発達を指向し並びに人権及び基本的自由の尊重を強化すべきことに同意する。更に、締約国は、教育が、すべての者に対し、自由な社会に効果的に参加すること、諸国民の間及び人種的、種族的又は宗教的集団の間の理解、寛容及び友好を促進すること並びに平和の維持のための国際連合の活動を助長することを可能にすべきことに同意する。

2　この規約の締約国は、1の権利の完全な実現を達成するため、次のことを認める。

(a)　初等教育は、義務的なものとし、すべての者に対して無償のものとすること。

(b)　種々の形態の中等教育（技術的及び職業的中等教育を含む。）は、すべての適当な方法により、特に、無償教育の漸進的な導入により、一般的に利用可能であり、かつ、すべての者に対して機会が与えられるものとすること。

(c)　高等教育は、すべての適当な方法により、特に、無償教育の漸進的な導入により、能力に応じ、すべての者に対して均等に機会が与えられるものとすること。

(d)　基礎教育は、初等教育を受けなかった者又はその全課程を修了しなかった者のため、できる限り奨励され又は強化されること。

(e)　すべての段階にわたる学校制度の発展を積極的に追求し、適当な奨学金制度を設立し及び教育職員の物質的条件を不断に改善すること。

3　この規約の締約国は、父母及び場合により法定保護者が、公の機関によつて設置される学校以外の学校であつて国によつて定められ又は承認される最低限度の教育上の基準に適合するものを児童のために選択する自由並びに自己の信念に従つて児童の宗教的及び道徳的教育を確保する自由を有することを尊重することを約束する。

4　この条のいかなる規定も、個人及び団体が教育機関を設置し及び管理する自由を妨げるものと解してはならない。ただし、常に、1に定める原則が遵守されること及び当該教育機関において行われる教育が国によつて定められる最低限度の基準に適合することを条件とする。

＊①教育への権利（憲二六、教基四・五、普通教育機会確保法、生涯学習一、高齢社会対策基本法一一、中国残留邦人等帰国促進・自立支援法一一、日本語教育推進法、世界人権宣言二六1、社会権規約一三1、人種差別撤廃五(e)(v)、女子差別撤廃三、児童権利二八1、難民条約二二1）、教育の目的（児童権利二九1）、②(a)—(c)初等・中等・高等教育（児童権利二八1）、(e)学校制度の発展（私学五九、私学助成、へき振、理振、産振）、奨学金制度等（教基四3、学生支援、私学助成八、女子差別撤廃一〇(d)、難民条約二二2、児童権利二八1(b)）、教育職員の物質的条件の改善（地教行四一・四二、教職給与負担、人材確保、定数標準、高校定数標準）、④私人による教育機関の設置およびその基準（児童権利二九2）

所見 →27—29（二〇一三年）

留保 日本国は、経済的、社会的及び文化的権利に関する国際規約第一三条2(b)及び(c)の規定の適用に当たり、これらの規定にいう「特に、無償教育の漸進的な導入により」に拘束されない権利を留保する。（昭54・8・4外務省告示一八七号）

留保の撤回 日本国政府は、昭和四十一年十二月十六日にニューヨークで作成された「経済的、社会的及び文化的権利に関する国際規約」の批准書を寄託した際に、同規約第十三条2(b)及び(c)の規定の適用に当たり、これらの規定にいう「特に、無償教育の漸進的な導入により」に拘束されない権利を留保していたところ、同留保を撤回する旨を平成二十四年九月十一日に国際連合事務総長に通告した。よって、日本国は、平成二十四年九月十一日から、これらの規定の適用に当たり、これらの規定にいう「特に、無償教育の漸進的な導入により」に拘束される。（平24・9・24外務省告示三二八号）

意見 **13（21）　教育への権利**　6　あらゆる形態のおよびあらゆる段階における教育は、相互に関連するきわめて重要な以下の特徴を示すものでなければならない。(a)利用可能性。(b)アクセス可能性。差別の禁止。物理的アクセス可能性。経済的アクセス可能性。(c)受け入れ可能性。(d)適合可能性。

7　これらの……適切な適用について検討するさいは、生徒の最善の利益が第一義的に考慮されなければならない。

9　委員会は、「初等教育」という文言の適切な解釈に関する指針を、万人のための教育に関する世界宣言から得るものである。……「初等教育は、すべての子どもを対象とし、あらゆる子どもの基本的な学習ニーズが満たされることを確保し、かつ地域の文化、ニーズおよび機会を考慮に入れたものでなければならない」（第五条）。

12　第一三条二項(b)は「種々の形態の」中等教育に適用されるとされているので、中等教育においては異なる社会的および文化的環境の生徒のニーズに対応するために柔軟な学習課程および多様な提供システムが要求されることが認められている。

13　「一般的に利用可能」という表現は、第一に、中等教育は生徒の外見上の理解力または能力に依存するものではないということを、第二に、中等教育はすべての者にとって平等に利用可能となるような方法で全国に展開されるということを、意味するものである。

14　「無償教育の漸進的な導入」とは、国は無償の初等教育の提供に優先順位を置かなければならないものの、無償の中等教育および高等教育の達成に向けて具体的な措置をとる義務もあるということを意味する。

15　技術的および職業的教育（TVE）は教育への権利と労働権（第六条二項）にまたがるものである。……委員会は、TVEはあらゆる段階の教育の不可欠な要素であるという見解をとるものである。

23　基礎教育への権利は、その「基本的な学習ニーズ」をまだ満たしていないすべての者に及ぶ。

24　基礎教育は成人教育および生涯学習の不可欠な構成要素である。基礎教育はあらゆる年齢集団の権利であるため、学習課程および提供システムはあらゆる年齢の生徒にふさわしい形になるよう工夫されなければならない。

25　「すべての段階にわたる学校制度の発展を積極的に追求し」なければならないという要請は、締約国には学校制度に関する総合的発展戦略を持つ義務があるということを意味する。

27　規約は「教育職員の物質的条件を不断に改善すること」を求めているが、実際には、近年、教職員の一般的労働条件が悪化し、かつ容認できないほど低水準に達している締約国が多い。これは第一三条二項(e)に一致しないのみならず、教育に対する生徒の権利の全面的実現にとって重大な障害である。委員会は……ユネスコとILOが共同で行った教職員の地位に関する勧告（一九六六年）およびユネスコの高等教育職員の地位に関する勧告（一九九七年）に対して締約国の注意を……促す。

34　委員会は、子どもの権利に関する条約第二条およびユネスコの教育における差別の禁止に関する条約第三条(e)に留意し、差別の禁止の原則が、締約国の領域内に居住する、国民でない者を含む学齢期のすべての者に、その法的地位に関わりなく及ぶものであることを確認する。

38　委員会は……、教育への権利は教職員および学生の学問の自由がともなわなければ享受できないという見解をとるに至った。……委員会は、教育部門のすべてにわたる教職員および学生が学問の自由への権利を有しており、かつ以下の所見の多くは一般的に適用されるものであることを、強調したい。

41　委員会の見解では、体罰は、世界人権宣言および二つの国際人権規約の前文に掲げられた国際人権法の基本的指導原則、すなわち個人の尊厳に一致しないものである。学校における規律の維持の他の側面も、人前で屈辱を与えることのように、人間の尊厳に一致しない場合がある。また、いかなる形態の規律の維持も、食糧への権利のような、規約に基づく他の権利を侵害すべきではない。締約国は、その管轄下にあるいかなる公的または私的教育機関においても規約に一致しない規律の維持が生じないことを確保するための措置をとることが求められる。

49　締約国は、あらゆる段階の教育制度の学習課程が第一三条一項に挙げられた目標を指向することを確保するよう求められる。また、教育が実際に第一三条一項に掲げられた教育目標を指向しているかどうかを監視する、透明かつ効果的なシステムを確立しかつ維持する義務もある。（一九九九年）

意見 **24　ビジネス活動**　22　……規約上の権利の享受のために不可欠な財およびサービスを民間の主体が提供することにより、支払い能力がなければ規約上の権利が享受できない事態が生じるべきではない。これは新たな形態の社会経済的隔離の創出につながる。教育の民営化はこのような危険性を例証するものである。民間教育機関によって質の高い教育が社会の最富裕層にしか手の届かない特権となる場合、または、民間教育機関が十分に規制されず、最低教育基準を満たさないような形態の教育を提供する一方で、締約国にとっては教育への権利の充足に対する自国の義務を履行しない都合のよい言い訳となっている場合などがこれに該当する。……（二〇一七年）

解説 社会権規約は、一四条の初等教育実施義務を含む詳細な国の義務規定および教育目的の法定など、教育への権利の保障を重視している（教育への権利の認識については、児童の権利条約二八条・二九条の解説を参照）。教育への権利はすべての者に対して、学校教育にとどまらず生涯にわたって保障される。この権利は人格の全面的発達を中核にし価値志向性を持つものであり、保障されるべき教育の質を問題にする権利である。本条の教育の目的は、人類史の遺産を継承するとともに、今日の国際社会の課題に対応するものである。本条はいわゆる社会権としての教育への権利に対応する義務として、初等教育の義務制と無償制、中等・高等教育へのアクセスの拡大、基礎教育の促進、学校制度の発展、教育職員の条件の改善などを規定している。他方で本条は、教育の目的、親の私立学校選択および宗教的・道徳的教育確保の自由、個人および団体の私立学校設立の自由などの点から、教育の国家的独占・支配について歯止めをかけている。

日本では、すべての者が学校教育への平等なアクセスを保障されているとはいえない現状がある。外国籍の子どもの就学はかなり充足されつつあるが、外国人登録をしていない者の子どもや無国籍の子どもなどの就学には新たな行政措置などが必要である。就学後においても、教育の内容がもっぱら日本語指導やいわゆる適応指導に限定されているので、本条にふさわしい内容のための教育プログラムの開発や教職員の配置などがすすめられねばならない。また、二〇〇一年の所見でも勧告されているように、在日韓国・朝鮮人のいわゆる民族学校の「承認」の問題もある。さらに、アイヌ民族の言語および高等教育等における差別の解消も必要である。また、障害のある子どもについては、とりわけ国連の障害者の権利条約を踏まえることが大切である。なお、同条約二四条一項には、教育目的として「自己価値の意識」「人間の多様性の尊重」の発達・強化が追加されている。いわゆる不登校・登校拒否の子ども、高校の中途退学者に対しては、これらの数を減少させる適切な措置をとるとともに、これらの子どもたちの「最善の利益」になるような教育を保障するための措置が必要である。

義務教育の無償については、日本国憲法二六条二項に定めがあるが、これを受けた旧教育基本法四条二項や学校教育法六条では授業料を徴収しないことに限定し（最高裁も容認、最大判昭39・2・26）、義務教育諸学校の教科用図書無償法と同措置法により、教科書が無償配布されている。一般的意見11・13などからすれば、無償の範囲を授業料と教科書以外にも拡大していくための立法を含めた措置が求められる。なお日本は、本条二項(b)(c)の「特に、無償教育の漸進的導入により」の部分について、私立学校進学者との負担の衡平の観点、および私学制度の根本原則に関わる問題を理由にして留保していた。しかし、民主党政権のもとで公立高校の授業料が無償化され、国立・私立高校、さらには外国人学校も（ただし、朝鮮学校は除外されている。この問題は裁判で争われている）、就学支援金の創設により教育費負担を減らし、事実上無償化された。この措置を受けて、二〇一二年九月、日本は本条二項(b)(c)の留保を撤回した。しかし、第二次安倍政権は無償化に所得制限を設けた。なお、二〇一三年の所見では、入学金・教科書も無償化するよう勧告されている。高等教育においても「特に、無償教育の漸進的な導入により」という規定に拘束されることになる。義務教育を実質的に終了していない者が相当数にのぼると推定される現状では、例えば夜間中学校を正規の学校体系に位置づけ、夜間中学校の増設、生徒の実態に見合った修学年数の設定やカリキュラム・教材の作成、教職員の増員と待遇改善などが指摘されていた。夜間中学校に関わる課題の一端は、義務教育機会確保法の実施により解決の方向にむかう可能性がある。

学校教育において学習指導要領や教科書検定などを通じて、本条の趣旨に反するような内容を強制していることが問題になる。また、本条の教育目的の国際的水準をふまえ、その趣旨をカリキュラムのなかに盛り込むことが望まれる。さらに、検定制度が合憲・合法かという問題は残るが、少なくとも本条の教育目的に反するような検定意見をつけることは許されない。子ども・親の宗教的・道徳的教育の自由の点では、宗教上の理由で格技授業に参加しない者に対して進級拒否などの不利益な取扱いが許されるかどうかが問題になった事件で、最高裁は授業の代替措置を講じないままに処分したことを違法と判決した（最判平8・3・8）。

第一四条［無償の初等義務教育の実施義務］ この規約の締約国となる時にその本土地域又はその管轄の下にある他の地域において無償の初等義務教育を確保するに至つていない各締約国は、すべての者に対する無償の義務教育の原則をその計画中に定める合理的な期間内に漸進的に実施するための詳細な行動計画を二年以内に作成しかつ採用することを約束する。

＊一三2(a)

意見 **11（20）初等教育** 6 義務的。義務の要素は、子どもが初等教育にアクセスできるべきかという決定を選択の余地があるものとして扱う権利は親にも保護者にも国にもないことを浮き彫りにしている。……提供される教育が質的に充分であり、子どもに関連しており、かつ子どもの他の権利の実現を促進するものでなければならないことが強調されるべきである。

7 無償。この権利は、子ども、親または保護者に対して対価を要求することなく初等教育が利用可能となることが確保されるよう、はっきりとした書き方がされている。政府、地方の公的機関または学校が課す料金およびその他の直接の費用はこの権利の享受に対する阻害要因となり、その実現を危うくする可能性がある。……親に対する強制的負担要求（実際には任意ではないのに任意であるかのように説明されることもある）のような間接的な費用、あるいは比較的高価な制服の着用義務も、同じ範疇に含まれうる。（一九九九年）

解説 本条に基づく締約国の義務は行為の義務の典型的なものであるとされ、無償で義務的な初等教育の制度だけではなく、すべての者が平等にアクセスができ、かつその内容が保障されることを求めている。

日本政府報告書は、本条について日本では何の問題もないように記述しているが、一三条で検討したように、初等教育の無償制の範囲は授業料や教科書代に限定されないので、無償制の確保・充実のための行動計画を作成しなければならなくなる。さらに、本条は、日本が国際援助・協力をすすめる際に重要な基準となる。

第一五条［文化への権利］ 1 この規約の締約国は、すべての者の次の権利を認める。

(a) 文化的な生活に参加する権利

(b) 科学の進歩及びその利用による利益を享受する権利

(c) 自己の科学的、文学的又は芸術的作品により生ずる精神的及び物質的利益が保護されることを享受する権利

2 この規約の締約国が1の権利の完全な実現を達成するためにとる措置には、科学及び文化の保存、発展及び普及に必要な措置を含む。

3 この規約の締約国は、科学研究及び創作活動に不可欠な自由を尊重することを約束する。

4 この規約の締約国は、科学及び文化の分野における国際的な連絡及び協力を奨励し及び発展させることによつて得られる利益を認める。

＊①(a)(b)文化・科学への権利（教基一二、社教、図書館、学図、博物館、文化財、アイヌ施策推進法、障害基二五、科学技術・イノベーション基本法、世界人権宣言二七、児童権利三一）、(c)精神的・物質的利益の保護（特許法、実用新案法、意匠法、商標法、種苗法、著作権法、不正競争防止法）、②科学・文化の保存・発展・普及（社教、生涯学習、理振、図書館、学図、博物館、文化財、アイヌ施策推進法）、③科学研究・創作活動の自由（憲二一・二三、科学技術・イノベーション基本法九）、④国際的連絡・協力（科学技術・イノベーション基本法二一、ユネスコ活動に関する法律）

所見 ↓30・31（二〇一三年）

意見 **17 著作者等の権利** 35 つまるところ知的所有権とは社会的構築物であって、社会的機能を有する。したがって締約国は、……不合理に高い費用によって、健康、食糧および教育に対する多数の住民の権利が阻害されることを防止する義務を負う。締約国はさらに、……人権および人間の尊厳に反する目的で科学的および技術的進歩が利用されることを防止するべきである。（二〇〇五年）

意見 **21 文化権** 26 ……締約国は、教育的発達の基本的目的が、個人および社会が自己のアイデンティティおよび価値を見出す共通の文化的および道徳的価値を伝達し、かつ豊かにしていくところにあることを想起するべきである。したがって、教育は、文化的に適切であり、かつ人権教育を含むとともに、子どもがその人格および文化的アイデンティティを発達させ、かつ、自ら属する共同体の文化的価値および慣行ならびに他の共同体および社会のそれを学びかつ理解できるようにするものでな

ければならない。

27　この点について委員会は、締約国の教育プログラムにおいては、国民的または民族的、言語的および宗教的マイノリティならびに先住民族の文化的固有性が尊重され、かつ、その歴史、知識および技術ならびに社会的、経済的および文化的価値ならびに希望が編入されるべきであることを想起したい。このようなプログラムは、マイノリティおよび先住民族向けのものだけではなく、すべての者を対象とする学校カリキュラムに含まれるべきである。……（二〇〇九年）

意見　**25　科学と経済的・社会的・文化的権利**　31　……国は、良質な科学教育および科学者としてのキャリアへの女児・女性によるアクセスに影響を及ぼしている障壁を直ちに解消しなければならない。さらに国は、たとえば女性を科学から排除することにつながるステレオタイプを解消するために公衆の意識啓発を図り、または男女双方が家庭生活および科学者としてのキャリアのバランスをとれるようにするための政策を採用することにより、科学教育および科学者としてのキャリアへのアクセスにおける女性の実質的平等を確保するための措置をとらなければならない。……

38　国は、貧困下で暮らしている子ども（特に障害のある子ども）が、科学の進歩およびその利用による利益に参加しかつこれを享受する権利の享有に全面的にアクセスできることを確保するための措置をとるべきである。これらの子どもは、とくに子どもの人格、才能ならびに精神的および身体的能力を最大限可能なまで発達させることを可能にする教育手段および良質な科学教育を通じ、特別なケアおよび援助を受ける権利を有しているためである。（二〇二〇年）

解説　本条の一項から三項は、固有の人権としての文化への権利の内容を規定している。文化への権利は教育への権利などと密接な関係をもって生成している。文化の発展なしに教育への権利の実現はあり得ないし、また教育は文化の向上のための基底的な活動であって、その発展は文化への権利の確立に不可欠である。文化への権利の中心はすべての個人・集団の文化的生活へのアクセスと参加である。

日本では、文化への権利についての認識を向上させること、権利保障のために積極的な措置をとることなどが必要になる。とりわけ、アイヌの人々の誇りが尊重される社会を実現するための施策推進法は成立したが、本条、一三条および自由権規約二七条等に基づき、アイヌ民族や琉球・沖縄の人々や在日朝鮮民族等の文化的アイデンティティの確立などのために教育措置を含む特別な措置をとることが望まれる。

第四部

第一六条［締約国の報告義務］　1　この規約の締約国は、この規約において認められる権利の実現のためにとつた措置及びこれらの権利の実現についてもたらされた進歩に関する報告をこの部の規定に従つて提出することを約束する。

2(a)　すべての報告は、国際連合事務総長に提出するものとし、同事務総長は、この規約による経済社会理事会の審議のため、その写しを同理事会に送付する。

(b)　国際連合事務総長は、また、いずれかの専門機関の加盟国であるこの規約の締約国によつて提出される報告又はその一部が当該専門機関の基本文書によりその任務の範囲内にある事項に関連を有するものである場合には、それらの報告又は関係部分の写しを当該専門機関に送付する。

第一七条［締約国の報告の時期と内容］　1　この規約の締約国は、経済社会理事会が締約国及び関係専門機関との協議の後この規約の効力発生の後一年以内に作成する計画に従い、報告を段階的に提出する。

2　報告には、この規約に基づく義務の履行程度に影響を及ぼす要因及び障害を記載することができる。

3　関連情報がこの規約の締約国により国際連合又はいずれかの専門機関に既に提供されている場合には、その情報については、再び提供の必要はなく、提供に係る情報について明確に言及することで足りる。

第一八条［専門機関による報告のための取極］　経済社会理事会は、人権及び基本的自由の分野における国際連合憲章に規定する責任に基づき、いずれかの専門機関の任務の範囲内にある事項に関するこの規約の規定の遵守についてもたらされた進歩に関し当該専門機関が同理事会に報告することにつき、当該専門機関と取極を行うことができる。報告には、当該専門機関の権限のある機関がこの規約の当該規定の実施に関して採択した決定及び勧告についての詳細を含ませることができる。

第一九条［人権委員会による検討と一般的勧告］　経済社会理事会は、第十六条及び第十七条の規定により締約国が提出する人権に関する報告並びに前条の規定により専門機関が提出する人権に関する報告を、検討及び一般的な性格を有する勧告のため又は適当な場合には情報用として、人権委員会に送付することができる。

第二〇条［締約国および専門機関による意見の提出］　この規約の締約国及び関係専門機関は、前条にいう一般的な性格を有する勧告に関する意見又は人権委員会の報告において若しくはその報告で引用されている文書において言及されている一般的な性格を有する勧告に関する意見を、経済社会理事会に提出することができる。

第二一条［経済社会理事会から総会への報告］　経済社会理事会は、一般的な性格を有する勧告を付した報告、並びにこの規約の締約国及び専門機関から得た情報であつてこの規約において認められる権利の実現のためにとられた措置及びこれらの権利の実現についてもたらされた進歩に関する情報の概要を、総会に随時提出することができる。

第二二条［技術援助に関する注意の喚起］　経済社会理事会は、技術援助の供与に関係を有する国際連合の他の機関及びこれらの補助機関並びに専門機関に対し、この部に規定する報告により提起された問題であつて、これらの機関がそれぞれの権限の範囲内でこの規約の効果的かつ漸進的な実施に寄与すると認められる国際的措置をとることの適否の決定に当たつて参考となるものにつき、注意を喚起することができる。

第二三条［権利実現のための国際的措置の形態］　この規約の締約国は、この規約において認められる権利の実現のための国際的措置には条約の締結、勧告の採択、技術援助の供与並びに関係国の政府との連携により組織される協議及び検討のための地域会議及び専門家会議の開催のような措置が含まれることに同意する。

第二四条［規約と国連憲章等との関係］　この規約のいか

なる規定も、この規約に規定されている事項につき、国際連合の諸機関及び専門機関の任務をそれぞれ定めている国際連合憲章及び専門機関の基本文書の規定の適用を妨げるものと解してはならない。

第二五条［天然の富および資源を享有する権利］　この規約のいかなる規定も、すべての人民がその天然の富及び資源を十分かつ自由に享受し及び利用する固有の権利を害するものと解してはならない。

第五部

第二六条［署名・批准・加入・寄託］　1　この規約は、国際連合又はいずれかの専門機関の加盟国、国際司法裁判所規程の当事国及びこの規約の締約国となるよう国際連合総会が招請する他の国による署名のために開放しておく。

2　この規約は、批准されなければならない。批准書は、国際連合事務総長に寄託する。

3　この規約は、1に規定する国による加入のために開放しておく。

4　加入は、加入書を国際連合事務総長に寄託することによつて行う。

5　国際連合事務総長は、この規約に署名し又は加入したすべての国に対し、各批准書又は各加入書の寄託を通報する。

第二七条［効力発生］　1　この規約は、三十五番目の批准書又は加入書が国際連合事務総長に寄託された日の後三箇月で効力を生ずる。

2　この規約は、三十五番目の批准書又は加入書が寄託された後に批准し又は加入する国については、その批准書又は加入書が寄託された日の後三箇月で効力を生ずる。

第二八条［連邦国家に対する適用］　この規約は、いかなる制限又は例外もなしに、連邦国家のすべての地域について適用する。

第二九条［改正の手続］　1　この規約のいずれの締約国も、改正を提案し及び改正案を国際連合事務総長に提出することができる。同事務総長は、直ちに、この規約の締約国に対し、改正案を送付するものとし、締約国による改正案の審議及び投票のための締約国会議の開催についての賛否を同事務総長に通告するよう要請する。締約国の三分の一以上が会議の開催に賛成する場合には、同事務総長は、国際連合の主催の下に会議を招集する。会議において出席しかつ投票する締約国の過半数によつて採択された改正案は、承認のため、国際連合総会に提出する。

2　改正は、国際連合総会が承認し、かつ、この規約の締約国の三分の二以上の多数がそれぞれの国の憲法上の手続に従つて受諾したときに、効力を生ずる。

3　改正は、効力を生じたときは、改正を受諾した締約国を拘束するものとし、他の締約国は、改正前のこの規約の規定（受諾した従前の改正を含む。）により引き続き拘束される。

第三〇条［事務総長による通報事項］　第二十六条5の規定により行われる通報にかかわらず、国際連合事務総長は、同条1に規定するすべての国に対し、次の事項を通報する。

(a)　第二十六条の規定による署名、批准及び加入

(b)　第二十七条の規定に基づきこの規約が効力を生ずる日及び前条の規定により改正が効力を生ずる日

第三一条［正文］　1　この規約は、中国語、英語、フランス語、ロシア語及びスペイン語をひとしく正文とし、国際連合に寄託される。

2　国際連合事務総長は、この規約の認証謄本を第二十六条に規定するすべての国に送付する。

●市民的及び政治的権利に関する国際規約（抄）

（昭和五四年八月四日条約第七号）

効力発生、昭五四・九・二一

【注】本条約中、所見とあるのは、後掲の「市民的及び政治的権利に関する国際規約・自由権規約委員会の総括所見：日本」（二〇一四年採択）を示している。項番号のみ掲載したので、後掲資料の当該項を参照。

この規約の締約国は、

国際連合憲章において宣明された原則によれば、人類社会のすべての構成員の固有の尊厳及び平等のかつ奪い得ない権利を認めることが世界における自由、正義及び平和の基礎をなすものであることを考慮し、

これらの権利が人間の固有の尊厳に由来することを認め、

世界人権宣言によれば、自由な人間は市民的及び政治的自由並びに恐怖及び欠乏からの自由を享受するものであるとの理想は、すべての者がその経済的、社会的及び文化的権利とともに市民的及び政治的権利を享有することのできる条件が作り出される場合に初めて達成されることになることを認め、

人権及び自由の普遍的な尊重及び遵守を助長すべき義務を国際連合憲章に基づき諸国が負つていることを考慮し、

個人が、他人に対し及びその属する社会に対して義務を負うこと並びにこの規約において認められる権利の増進及び擁護のために努力する責任を有することを認識して、

次のとおり協定する。

第一部

第一条［人民の自決権］　（省略）〔社会権規約第一条と同文〕

第二部

第二条［締約国の規約実施義務］ 1 この規約の各締約国は、その領域内にあり、かつ、その管轄の下にあるすべての個人に対し、人種、皮膚の色、性、言語、宗教、政治的意見その他の意見、国民的若しくは社会的出身、財産、出生又は他の地位等によるいかなる差別もなしにこの規約において認められる権利を尊重し及び確保することを約束する。

2 この規約の各締約国は、立法措置その他の措置がまだとられていない場合には、この規約において認められる権利を実現するために必要な立法措置その他の措置をとるため、自国の憲法上の手続及びこの規約の規定に従つて必要な行動をとることを約束する。

3 この規約の各締約国は、次のことを約束する。

(a) この規約において認められる権利又は自由を侵害された者が、公的資格で行動する者によりその侵害が行われた場合にも、効果的な救済措置を受けることを確保すること。

(b) 救済措置を求める者の権利が権限のある司法上、行政上若しくは立法上の機関又は国の法制で定める他の権限のある機関によつて決定されることを確保すること及び司法上の救済措置の可能性を発展させること。

(c) 救済措置が与えられる場合に権限のある機関によつて執行されることを確保すること。

＊①条約の遵守（憲九八2）、②差別の禁止（憲一四、児童権利二、社会権規約二2）

所見 →6・7・11・12（二〇一四年）

意見 **15（27） 外国人の地位** 1 一般的に言って、規約に規定された権利は、相互保障の有無や国籍の別にかかわらず、無国籍者を含むすべての人に適用される。（一九八六年）

意見 **31 締約国の法的義務** 10 規約上の権利の享受は締約国の市民に限られるものではなく、国籍またはその有無に関わらず、締約国の領域内または管轄下にあるすべての個人（庇護希望者、難民、移住労働者その他の者等）に対して利用可能とされなければならない。

15（二条三項上の）救済措置には、一定の類型に属する者（とくに子どもを含む）が置かれているとくに被害を受けやすい立場を考慮に入れられるよう、適切な修正が施されるべきである。委員会は、締約国が、国内法にもとづく権利侵害の主張に対応するための適切な司法上および行政上の機構を設置することを重視する。……行政上の機構は、侵害の訴えを、独立のかつ公正な機関を通じて迅速に、徹底的にかつ効果的に調査する一般的義務を実施するためにとくに求められるところである。……侵害の訴えを締約国が調査しないことは、それ自体で別個の規約違反となる場合がある。（二〇〇四年）

解説 自由権規約は自動執行的であり、裁判所で直接適用できる条約として位置づけられている。本条の要請する義務は、権利を尊重し確保することであり、権利実現のために必要な立法措置その他の措置をとることであり、権利侵害を受けた者に効果的な救済措置をとることである。これらは基本的には即時的な義務であるとされる。この義務の及ぶ範囲は「管轄下にある」個人であって、国籍の如何を問わず（無国籍の者も含む）、また、その国の管轄下にない者でも侵害行為を介して「管轄下にある」ことになる。締約国の実施義務に関わって、日本は総括所見のなかで、報告審査の後に出された委員会の勧告の大部分が実行されていないことに遺憾の意が表されている。また総括所見では、とりわけ独立した国内人権機関の設置、および裁判官に対する規約の広報・研修が具体的に勧告されている。

第三条［男女の同等の権利］ この規約の締約国は、この規約に定めるすべての市民的及び政治的権利の享有について男女に同等の権利を確保することを約束する。

＊社会権規約三

所見 →8－10（二〇一四年）

意見 **28 男女の権利の平等** 3 締約国は、保護措置をとるだけではなく、効果的かつ平等な女性のエンパワーメントを達成するために、あらゆる分野で積極的措置をとらなければならない。

27 二三条の文脈における家族の概念を理解するに際して重要なことは、事実婚の夫婦とその子ども、ひとり親とその子どもを含むさまざまな形態の家族の概念が受け入れられ、こうした状況にある女性が平等に扱われることを確保することである。（二〇〇〇年）

第四条［緊急事態における権利の制限］ 1 国民の生存を脅かす公の緊急事態の場合においてその緊急事態の存在が公式に宣言されているときは、この規約の締約国は、事態の緊急性が真に必要とする限度において、この規約に基づく義務に違反する措置をとることができる。ただし、その措置は、当該締約国が国際法に基づき負う他の義務に抵触してはならず、また、人種、皮膚の色、性、言語、宗教又は社会的出身のみを理由とする差別を含んではならない。

2 1の規定は、第六条、第七条、第八条1及び2、第十一条、第十五条、第十六条並びに第十八条の規定に違反することを許すものではない。

3 義務に違反する措置をとる権利を行使するこの規約の締約国は、違反した規定及び違反するに至つた理由を国際連合事務総長を通じてこの規約の他の締約国に直ちに通知する。更に、違反が終了する日に、同事務総長を通じてその旨通知する。

第五条［解釈適用上の注意］ 1 この規約のいかなる規定も、国、集団又は個人が、この規約において認められる権利若しくは自由を破壊し若しくはこの規約に定める制限の範囲を超えて制限することを目的とする活動に従事し又はそのようなことを目的とする行為を行う権利を有することを意味するものと解することはできない。

2 いずれかの国において法律、条約、規則又は慣習によつて認められ又は存する基本的人権については、この規約がそれらの権利を認めていないこと又はその認める範囲がより狭いことを理由として、それらの権利を制限し又は侵すことは許されない。

解説 自由権規約委員会は、所見のなかで、国内法と矛盾した場合に自由権規約が優先することが明瞭ではないこと、規約の条項が憲法のなかに充分に包含されていないこと、「公共の福祉」の概念を定義し、かつ規約を超える「公共の福祉」を理由とする制約が課されないことを立法化することなどを指摘している。

第三部

第六条［生命に対する権利］ 1 すべての人間は、生命に対する固有の権利を有する。この権利は、法律によつて保護される。何人も、恣意的にその生命を奪われない。

2 死刑を廃止していない国においては、死刑は、犯罪が行われた時に効力を有しており、かつ、この規約の規定及び集団殺害犯罪の防止及び処罰に関する条約の規定に抵触しない法律により、最も重大な犯罪についてのみ科することができる。この刑罰は、権限のある裁判所が言い渡した確定判決によつてのみ執行することができる。

3　生命の剝奪が集団殺害犯罪を構成する場合には、この条のいかなる規定も、この規約の締約国が集団殺害犯罪の防止及び処罰に関する条約の規定に基づいて負う義務を方法のいかんを問わず免れることを許すものではないと了解する。

4　死刑を言い渡されたいかなる者も、特赦又は減刑を求める権利を有する。死刑に対する大赦、特赦又は減刑は、すべての場合に与えることができる。

5　死刑は、十八歳未満の者が行つた犯罪について科してはならず、また、妊娠中の女子に対して執行してはならない。

6　この条のいかなる規定も、この規約の締約国により死刑の廃止を遅らせ又は妨げるために援用されてはならない。

＊憲一三・三一・三六、児童権利六・三七(a)

[所見] ↓13（二〇一四年）

[意見] **36　生命に対する権利**　23　生命に対する権利を保護する義務により、締約国は、特定の脅威または以前から存在する諸態様の暴力のためにその生命が特段の危険にさらされている、被害を受けやすい状況に置かれた者に向けた特別な保護措置をとることを要求される。……このような者には、子ども、とくに路上の状況にある子ども、保護者のいない子どもの移住者および武力紛争の状況下にある子ども……が含まれる場合がある。……60　規約二四条一項は、すべての子どもに対し、未成年者であることから必要とされるそのような保護措置を家族、社会および国から提供される権利を認めている。同条は、六条によって要求されるすべての個人の生命を保護するための一般的措置に加え、すべての子どもの生命の保護を目的とした特別措置の採択を要求するものである。特別な保護措置をとるにあたり、締約国は、子どもの最善の利益を、かつすべての子どもの生存、発達およびウェルビーイングを確保する必要性を指針とすることが求められる。（二〇一九年）

[解説]　自由権規約委員会は生命の権利を非常に広くとらえ、環境破壊や戦争の問題なども対象にする。そして、戦争等の回避が生命への権利保障に最も重要であり、なかでも核兵器の製造、実験、保有、配備および使用は生命への権利の最大の脅威であるとして、それらは禁止され、また人道に対する罪と認識されるべきであるという。その上で委員会は生命への権利を保障するために国に積極的な措置をとるよう求めている。なお、委員会は一般的意見6（一九八二年）および14（一九八四年）に替えて一般的意見36（二〇一九年）を新たに採択したが、このような見解は維持されている。また、本条は死刑の廃止を指向しており、それゆえ死刑廃止をめざす第二選択議定書が一九八九年に採択され、九一年に発効している（日本は未批准）。日本の死刑をめぐる問題点については、一九九三年、九八年、二〇〇八年、一四年の所見でも指摘されている。

第七条［拷問または非人道的な行為の禁止］　何人も、拷問又は残虐な、非人道的な若しくは品位を傷つける取扱い若しくは刑罰を受けない。特に、何人も、その自由な同意なしに医学的又は科学的実験を受けない。

＊拷問等の禁止（憲一三・三六・三八 1 2、刑一九五、刑訴二六二・三一九、配偶者からの暴力の防止及び被害者の保護等に関する法律、障害者虐待防止法、世界人権宣言五、児童権利三七(a)、拷問等禁止）

[所見] ↓13・14（二〇一四年）

[意見] **20**（**44**）　**拷問の禁止**　2　第七条の目的は、個人の尊厳と、身体的・精神的完全性の双方を保護することにある……。5　七条の禁止は身体的苦痛をもたらす行為だけでなく、被害者に対し精神的苦痛をもたらす行為にも及ぶ。委員会の見解では、さらにその禁止は、犯罪に対する処罰または教育的、懲戒的措置としての行き過ぎた懲罰などの体罰にも及ぶ。この点に関しては、七条は、とくに、教育および医療施設における子ども、生徒、患者を保護するものであることを強調することが相当である。（一九九二年）

[判例] **指紋押捺事件**（第二審）　指紋押捺の強制を続ける実質的な必要性は乏しくなり、本件指紋押捺拒否当時には、指紋の照合より確実性は劣ってもより人権侵害の程度の低い代替的手段を取るべく検討すべき段階に至っていたというべき……。指紋押捺を強制することは人権を制限する必要性が充分でない……国民の間で不均等な取扱いをする合理的根拠が乏しい。……平和条約国籍離脱者に適用する限りで……規約七条、二六条に違反する状態だったのではないかとの疑いを否定できない。（大阪高判平6・10・28判時一五一三—七一）

[解説]　本条が禁止している行為は身体的苦痛のみならず精神的苦痛をもたらすものにも及ぶ。さらにその禁止は、拷問等禁止条約の解釈・運用でも同様であるが、教育的、懲戒的措置としての行き過ぎた懲罰などの体罰にも及ぶ。本条の一般的意見は、とくに教育および医療施設における子ども・生徒・患者を保護するものであることを強調するとともに、当該関係者に対する広報やトレーニングをするよう国に要請している。体罰の禁止については、国連・子どもの権利委員会は、とくに学校のなかで体罰が広く用いられていることを懸念し、それを解消するための包括的な計画の作成およびその実施の監視、さらには体罰禁止の意識啓発キャンペーンを行うよう勧告している。

なお、在日外国人に対する指紋押捺制度は廃止され、代替的措置がとられることになったが、入管法改正により入国の際に指紋認証が義務づけられた。

第八条［奴隷、隷属状態および強制労働の禁止］　1　何人も、奴隷の状態に置かれない。あらゆる形態の奴隷制度及び奴隷取引は、禁止する。

2　何人も、隷属状態に置かれない。

3 (a)　何人も、強制労働に服することを要求されない。

(b)　(a)の規定は、犯罪に対する刑罰として強制労働を伴う拘禁刑を科することができる国において、権限のある裁判所による刑罰の言渡しにより強制労働をさせることを禁止するものと解してはならない。

(c)　この3の規定の適用上、「強制労働」には、次のものを含まない。

(i)　作業又は役務であつて、(b)の規定において言及されておらず、かつ、裁判所の合法的な命令によつて抑留されている者又はその抑留を条件付きで免除されている者に通常要求されるもの

(ii)　軍事的性質の役務及び、良心的兵役拒否が認められている国においては、良心的兵役拒否者が法律によつて要求される国民的役務

(iii)　社会の存立又は福祉を脅かす緊急事態又は災害の場合に要求される役務

(iv)　市民としての通常の義務とされる作業又は役務

＊憲一八

[所見] ↓14—16（二〇一四年）

第九条［身体の自由と安全］　1　すべての者は、身体の自由及び安全についての権利を有する。何人も、恣意的に逮捕され又は抑留されない。何人も、法律で定め

る理由及び手続によらない限り、その自由を奪われない。

2　逮捕される者は、逮捕の時にその理由を告げられるものとし、自己に対する被疑事実を速やかに告げられる。

3　刑事上の罪に問われて逮捕され又は抑留された者は、裁判官又は司法権を行使することが法律によつて認められている他の官憲の面前に速やかに連れて行かれるものとし、妥当な期間内に裁判を受ける権利又は釈放される権利を有する。裁判に付される者を抑留することが原則であつてはならず、釈放に当たつては、裁判その他の司法上の手続のすべての段階における出頭及び必要な場合における判決の執行のための出頭が保証されることを条件とすることができる。

4　逮捕又は抑留によつて自由を奪われた者は、裁判所がその抑留が合法的であるかどうかを遅滞なく決定すること及びその抑留が合法的でない場合にはその釈放を命ずることができるように、裁判所において手続をとる権利を有する。

5　違法に逮捕され又は抑留された者は、賠償を受ける権利を有する。

＊憲三一・三三・三四、児童権利三七

所見　→17—19（二〇一四年）

意見　**35　人身の自由および安全**　62　子どもの自由の剥奪は、最後の手段として、かつもっとも短い適当な期間でのみ行うことができる。各種の自由の剥奪に適用されるその他の要件に加え、自由の剥奪を開始しまたは継続する旨のあらゆる決定において、子どもの最善の利益が第一次的に考慮されなければならない。子どもを施設養護措置の対象とすることは、第九条にいう自由の剥奪に相当する。子どもの自由を剥奪する旨の決定は、その必要の継続性および適切性に関する定期的再審査に服さなければならない。子どもは、自由の剥奪に関するいかなる決定についても直接にまたは弁護士その他の適当な援助者を通じて意見を聴かれる権利を有しており、また採用される手続は子どもにふさわしいものであるべきである。（二〇一四年）

第一〇条［被拘禁者の取扱い］　1　自由を奪われたすべての者は、人道的にかつ人間の固有の尊厳を尊重して、取り扱われる。

2(a)　被告人は、例外的な事情がある場合を除くほか有罪の判決を受けた者とは分離されるものとし、有罪の判決を受けていない者としての地位に相応する別個の取扱いを受ける。

(b)　少年の被告人は、成人とは分離されるものとし、できる限り速やかに裁判に付される。

3　行刑の制度は、被拘禁者の矯正及び社会復帰を基本的な目的とする処遇を含む。少年の犯罪者は、成人とは分離されるものとし、その年齢及び法的地位に相応する取扱いを受ける。

＊憲一八・三六、児童権利三七・四〇

所見　→13・17—19（二〇一四年）

第一一条［契約上の義務不履行による拘禁の禁止］　何人も、契約上の義務を履行することができないことのみを理由として拘禁されない。

第一二条［移動の自由］　1　合法的にいずれかの国の領域内にいるすべての者は、当該領域内において、移動の自由及び居住の自由についての権利を有する。

2　すべての者は、いずれの国（自国を含む。）からも自由に離れることができる。

3　1及び2の権利は、いかなる制限も受けない。ただし、その制限が、法律で定められ、国の安全、公の秩序、公衆の健康若しくは道徳又は他の者の権利及び自由を保護するために必要であり、かつ、この規約において認められる他の権利と両立するものである場合は、この限りでない。

4　何人も、自国に戻る権利を恣意的に奪われない。

＊憲二二、児童権利一〇

所見　→24（二〇一四年）

解説　出入国管理および難民認定法二六条は、再入国の許可を事前に得た外国人だけが、永住権を失うことなく国を離れ、帰国できると定めている。自由権規約委員会は、この規定が規約一二条四項に合致しないとして、日本で生まれた韓国・朝鮮人のような永住者については、再入国のために事前の許可を必要とする制度を取り除くよう強く求めている。なお、この点については、二〇一二年七月から簡易な「みなし再入国」制度が導入されている。

第一三条［外国人の追放］　合法的にこの規約の締約国の領域内にいる外国人は、法律に基づいて行われた決定によつてのみ当該領域から追放することができる。国の安全のためのやむを得ない理由がある場合を除くほか、当該外国人は、自己の追放に反対する理由を提示すること及び権限のある機関又はその機関が特に指名する者によつて自己の事案が審査されることが認められるものとし、このためにその機関又はその者に対する代理人の出頭が認められる。

第一四条［公正な裁判を受ける権利］　1　すべての者は、裁判所の前に平等とする。すべての者は、その刑事上の罪の決定又は民事上の権利及び義務の争いについての決定のため、法律で設置された、権限のある、独立の、かつ、公平な裁判所による公正な公開審理を受ける権利を有する。報道機関及び公衆に対しては、民主的社会における道徳、公の秩序若しくは国の安全を理由として、当事者の私生活の利益のため必要な場合において又はその公開が司法の利益を害することとなる特別な状況において裁判所が真に必要があると認める限度で、裁判の全部又は一部を公開しないことができる。もつとも、刑事訴訟又は他の訴訟において言い渡される判決は、少年の利益のために必要がある場合又は当該手続が夫婦間の争い若しくは児童の後見に関するものである場合を除くほか、公開する。

2　刑事上の罪に問われているすべての者は、法律に基づいて有罪とされるまでは、無罪と推定される権利を有する。

3　すべての者は、その刑事上の罪の決定について、十分平等に、少なくとも次の保障を受ける権利を有する。

(a)　その理解する言語で速やかにかつ詳細にその罪の性質及び理由を告げられること。

(b)　防御の準備のために十分な時間及び便益を与えられ並びに自ら選任する弁護人と連絡すること。

(c)　不当に遅延することなく裁判を受けること。

(d)　自ら出席して裁判を受け及び、直接に又は自ら選任する弁護人を通じて、防御すること。弁護人がいない場合には、弁護人を持つ権利を告げられること。司法の利益のために必要な場合には、十分な支払手段を有しないときは自らその費用を負担することなく、弁護人を付されること。

(e) 自己に不利な証人を尋問し又はこれに対し尋問させること並びに自己に不利な証人と同じ条件で自己のための証人の出席及びこれに対する尋問を求めること。

(f) 裁判所において使用される言語を理解すること又は話すことができない場合には、無料で通訳の援助を受けること。

(g) 自己に不利益な供述又は有罪の自白を強要されないこと。

4 少年の場合には、手続は、その年齢及びその更生の促進が望ましいことを考慮したものとする。

5 有罪の判決を受けたすべての者は、法律に基づきその判決及び刑罰を上級の裁判所によつて再審理される権利を有する。

6 確定判決によつて有罪と決定された場合において、その後に、新たな事実又は新しく発見された事実により誤審のあつたことが決定的に立証されたことを理由としてその有罪の判決が破棄され又は赦免が行われたときは、その有罪の判決の結果刑罰に服した者は、法律に基づいて補償を受ける。ただし、その知られなかつた事実が適当な時に明らかにされなかつたことの全部又は一部がその者の責めに帰するものであることが証明される場合は、この限りでない。

7 何人も、それぞれの国の法律及び刑事手続に従つて既に確定的に有罪又は無罪の判決を受けた行為について再び裁判され又は処罰されることはない。

＊憲三一―四〇、児童権利四〇

所見 ↓13・18・19（二〇一四年）

意見 **13（21）被告人の権利** 13 三項(f)は、被告人は、裁判所において使用される言語を理解することまたは話すことができない場合には、無料で通訳の援助を受ける権利を有すると定める。この権利は、裁判の結果とは無関係であり、自国民のみならず外国人にも適用される。

16 一四条四項は、少年の場合には、手続は、その年齢およびその更生の促進が望ましいことを考慮したものとすると定める。……少年は、少なくとも、一四条の下で成人に与えられているのと同一の保障および保護を享受すべきである。（一九八四年）

解説 本条も一〇条と同様に、自由権規約委員会の見解と日本の取扱いの差が大きく、権利保障の課題が多いところである。代用監獄での取調べ、自白偏重、証拠資料へのアクセス、弁護人との連絡等防御の準備など、委員会から懸念や勧告が出されている。なお、無料で通訳の援助を受ける権利について、日本では刑事訴訟費用等に関する法律二条二号によって被告人が有罪判決を受けた場合には通訳費用の負担をさせられている。この点が自由権規約違反か否かについては、判例も分かれているが、委員会の一般的意見は、裁判の結果とは無関係であり、この権利は自国民のみならず外国人にも適用されるという見解である。

第一五条［遡及処罰の禁止］ 1 何人も、実行の時に国内法又は国際法により犯罪を構成しなかつた作為又は不作為を理由として有罪とされることはない。何人も、犯罪が行われた時に適用されていた刑罰よりも重い刑罰を科されない。犯罪が行われた後により軽い刑罰を科する規定が法律に設けられる場合には、罪を犯した者は、その利益を受ける。

2 この条のいかなる規定も、国際社会の認める法の一般原則により実行の時に犯罪とされていた作為又は不作為を理由として裁判しかつ処罰することを妨げるものではない。

＊憲三一・三九、刑六、世界人権宣言一一2

第一六条［人として認められる権利］ すべての者は、すべての場所において、法律の前に人として認められる権利を有する。

＊憲一一・三二、世界人権宣言六

第一七条［プライバシー・通信・名誉の保護］ 1 何人も、その私生活、家族、住居若しくは通信に対して恣意的に若しくは不法に干渉され又は名誉及び信用を不法に攻撃されない。

2 すべての者は、1の干渉又は攻撃に対する法律の保護を受ける権利を有する。

＊憲一三・二一、個人情報保護、児童権利一六

所見 ↓20（二〇一四年）

意見 **16（32）プライバシー** 10 公機関、私人または私的団体を問わず、コンピュータ、データバンク、その他の装置の個人情報を収集し、保有することは、法によって規制されなければならない。……自分の私生活を最も効果的に保護するため、各人は、自分のデータがデータファイルに保存されているか否か、保存されている場合にはその内容、その保存の目的を、理解できる形で確認する権利を持たなければならない。……このファイルの中に誤った個人データがあり、またはこのファイルが法の規定に反して収集または処理されていた場合には、各人は修正または削除を求める権利を持つものとする。（一九八八年）

解説 自由権規約委員会は、本条のプライバシーの権利について、不法なあるいは恣意的な干渉を受けないこととともに、個人情報の保護など自己情報のコントロールという内容を含んだ現代的な概念として理解している。恣意性の概念について、法律で定められた干渉でさえ規約の規定や目的と一致しなければならず、かつどのような場合でも特定の状況において合理的でなければならないとしている点も重要である。日本の家庭・学校・施設等におけるプライバシー保障は、子どもの権利委員会の二〇〇四年の総括所見（33項・34項）でも指摘されているように課題が多い。

第一八条［思想・良心および宗教の自由］ 1 すべての者は、思想、良心及び宗教の自由についての権利を有する。この権利には、自ら選択する宗教又は信念を受け入れ又は有する自由並びに、単独で又は他の者と共同して及び公に又は私的に、礼拝、儀式、行事及び教導によつてその宗教又は信念を表明する自由を含む。

2 何人も、自ら選択する宗教又は信念を受け入れ又は有する自由を侵害するおそれのある強制を受けない。

3 宗教又は信念を表明する自由については、法律で定める制限であつて公共の安全、公の秩序、公衆の健康若しくは道徳又は他の者の基本的な権利及び自由を保護するために必要なもののみを課することができる。

4 この規約の締約国は、父母及び場合により法定保護者が、自己の信念に従つて児童の宗教的及び道徳的教育を確保する自由を有することを尊重することを約束する。

＊①②③思想・良心の自由（憲一九・二〇、児童権利一四）、④父母等の指示権（民八二〇・八三九・八五七、世界人権宣言二六3、社会権規約一三3、児童権利一四2）

所見 →21（二〇一四年）

意見 **22（48）　思想・良心・宗教の自由**　2　一八条は、有神論的、非有神論的および無神論的信念、さらには宗教または信念を告白しない権利をも保護している。信念および宗教という語は広く解釈されなければならない。

6　一八条四項は、公立学校における一般の宗教史および倫理等の科目の指導は中立的かつ客観的な方法で行われるのであれば、これを認めている。父母および法定保護者が一八条四項に定められるとおり、自己の信念に従って子どもの宗教的および道徳的教育を確保する自由は、一八条一項に定められる宗教または信念を教導する自由の保障に関連している。委員会は、特定の宗教または信念の指導を含む公教育は、父母および保護者の意向と調和する、当該科目の無差別的免除または代替科目のための措置が設けられないかぎり、一八条四項と矛盾すると考える。

8　宗教または信念を受け入れまたは有することを強制されることからの自由、ならびに父母および保護者が宗教的および道徳的教育を確保する自由は制限されない。（一九九三年）

解説　親・保護者の宗教的・道徳的教育の自由は、本条四項の思想・宗教の自由という系からと、社会権規約一三条の国の教育支配・独占を排除するという系から意義づけられ理解されている。その際、子どもの権利保障のための自由として把握されてきていることに留意する必要がある。なお、親・保護者の当該自由と国公立学校の教育方針・カリキュラムなどとの関係について、自由権規約委員会は、右の一般的意見パラ6に加えて、親が学校での宗教教育を拒否する場合、子どもに代替的に宗教・倫理史の授業への出席を義務づけたフィンランドの法律が自由権規約に違反するか否かが争われた事件で、代替的な教育課程が中立的かつ客観的であり無神論という親の信念を尊重するものである場合には規約違反はないと判断している（Hartikainen v. Finland（No.40/1978））。他方、親の選択に子どもが不同意の場合には子どもの権利はどうなるか、あるいは子ども自身が自らの信念に一致する宗教的・道徳的教育を確保しうるのか、その決定過程に参加する権利を持つのかどうか。これらの問題は国際人権規約の解釈論としては未解決であるが、子どもの権利条約が子どもの最善の利益確保（三条）や子どもの意見の尊重（一二条）を一般原則とし、子どもの思想・宗教の自由を認めた上で「子どもの能力の発達と一致する方法」でしか親の指示する権利・義務を規定していない（一四条）ことなどが考慮されねばならない。なお、学校行事における国旗（日の丸）・国歌（君が代）の扱いについて、教員の地位に関する勧告（一九六六年）の適用状況を監視しているCEART（ILO・ユネスコ教職員勧告適用合同専門家委員会）は、二〇一九年三月、日本政府に対し、国旗掲揚の際の起立、国歌斉唱への参加を望まない教員への適切な対応について教員団体と対話するよう促す勧告を公表しており、学校行事のあり方をあらためて見直すことが必要である。

第一九条［表現の自由］　1　すべての者は、干渉されることなく意見を持つ権利を有する。

2　すべての者は、表現の自由についての権利を有する。この権利には、口頭、手書き若しくは印刷、芸術の形態又は自ら選択する他の方法により、国境とのかかわりなく、あらゆる種類の情報及び考えを求め、受け及び伝える自由を含む。

3　2の権利の行使には、特別の義務及び責任を伴う。したがつて、この権利の行使については、一定の制限を課することができる。ただし、その制限は、法律によつて定められ、かつ、次の目的のために必要とされるものに限る。

(a)　他の者の権利又は信用の尊重

(b)　国の安全、公の秩序又は公衆の健康若しくは道徳の保護

＊憲二一、児童権利一二・一三

所見 **表現の自由**　14　委員会は、表現の自由の権利の尊重に関して、一部の法律および判決において制限的なアプローチが存在しているように思えることを遺憾に思う。（一九九三年）

所見 →22・23（二〇一四年）

判例 **第三次家永教科書訴訟**（最高裁）　規約一九条三項には、表現の自由についての権利の行使は、……法律による制限に服すべきことが明記されている。そして、憲法二一条の表現の自由といえども、公共の福祉による合理的でやむを得ない限度の制限を受けることは……、表現の自由を保障した前記規約一九条の規定も、公共の福祉による合理的でやむを得ない限度の制限を否定する趣旨ではないことは、同条の文言から明らかである。本件検定が表現の自由を保障した憲法二一条の規定に違反するものでないことは前記のとおりであるから、本件検定が前記規約一九条の規定に違反するとの論旨は採用することができない。（最判平9・8・29判時一六二三—四九）

解説　本条は意見を持つ権利、表現の自由を定め、そのなかに情報を求め受ける権利、知る権利を含めている。問題は、本条の制定過程でも議論になったように、三項がこの権利行使には特別の義務および責任を伴うとし、法律に定められ、三項(a)・(b)に規定する条件のもとで権利行使の制限を認めている点である。これをもって、文言上一切の制限を認めず、検閲も明文で禁止する日本国憲法二一条の方が手厚いと評価する見解がある。しかし、第三次家永教科書訴訟最高裁判決は、憲法二一条と規約一九条を同趣旨とみなし、憲法の表現の自由も公共の福祉の制限を受けるのであるから、教科書検定が二一条違反でなければ当然に規約違反もないとする。判決は教科書が特殊な出版物であることを前提にした論理構成をとっているが、本条の対象はあらゆる種類の情報や考えであり、そのなかに教科書も含まれるので、教科書検定による表現の自由の制限、知る権利の制限が法律に定められ、三項(a)・(b)の条件に該当するか否かを独自に判断する必要があったのである。なお、「権利の行使には特別の義務及び責任を伴う」という表現は、子どもの権利条約一三条（表現・情報の自由）の規定にはない。

第二〇条［戦争宣伝および憎悪唱道の禁止］　1　戦争のためのいかなる宣伝も、法律で禁止する。

2　差別、敵意又は暴力の扇動となる国民的、人種的又は宗教的憎悪の唱道は、法律で禁止する。

＊世界人権宣言三〇、人種差別撤廃四、ヘイトスピーチ対策法

所見 ↓12

意見 **11（19）**（二〇一四年）　2　ここで要求されている禁止は、一九条の表現の自由の権利と完全に両立するのであり、表現の自由の権利の行使には特別の義務と責任を伴うのである。……二〇条が充分実効性を有するようになるためには、そこで規定された宣伝および唱道が公序に反することを明確にし、かつ、侵害の場合に適切な制裁を定める法律が存在しなくてはならない。（一九八三年）

解説　本条は戦争宣伝および差別・敵意・暴力の扇動となる憎悪唱道（ヘイトスピーチ等）を法律で禁止するよう要請しており、表現の自由などと衝突する可能性はある。しかし一般的意見は、表現の自由の行使が特別の義務と責任を伴うので、本条は一九条と完全に両立すると理解している。ここでも一九条同様に、本条と日本国憲法二一条との関係が問題になる。憲法は例え戦争宣伝であろうが、それが表現行為であるかぎり容認するし、いわゆる「たたかう民主制」の考え方も採用しておらず、広く表現の自由を認めている。また、本条の戦争宣伝にしろ憎悪の唱道にしろ非常に曖昧で、法律上定義するこ

とが困難な概念である。それゆえ、日本国憲法のなかで本条の要請を応えるのは困難で、留保ないし解釈宣言すべきであるという見解もある。なお、自由権規約委員会（二〇一四年）・人種差別撤廃委員会（同年、二〇一八年）からの勧告を受け、ヘイトスピーチ規制をめぐる議論が活発になっている。

第二一条［**集会の自由**］　平和的な集会の権利は、認められる。この権利の行使については、法律で定める制限であつて国の安全若しくは公共の安全、公の秩序、公衆の健康若しくは道徳の保護又は他の者の権利及び自由の保護のため民主的社会において必要なもの以外のいかなる制限も課することができない。

＊憲二一、児童権利一五

第二二条［**結社の自由・団結権**］　1　すべての者は、結社の自由についての権利を有する。この権利には、自己の利益の保護のために労働組合を結成し及びこれに加入する権利を含む。

2　1の権利の行使については、法律で定める制限であつて国の安全若しくは公共の安全、公の秩序、公衆の健康若しくは道徳の保護又は他の者の権利及び自由の保護のため民主的社会において必要なもの以外のいかなる制限も課することができない。この条の規定は、1の権利の行使につき、軍隊及び警察の構成員に対して合法的な制限を課することを妨げるものではない。

3　この条のいかなる規定も、結社の自由及び団結権の保護に関する千九百四十八年の国際労働機関の条約の締約国が、同条約に規定する保障を阻害するような立法措置を講ずること又は同条約に規定する保障を阻害するような方法により法律を適用することを許すものではない。

＊憲二一、社会権規約八、児童権利一五

［解釈宣言］　日本国政府は、結社の自由及び団結権の保護に関する条約の批准に際し同条約九条にいう「警察」には日本国の消防が含まれると解する旨の立場をとったことを想起し、……市民的及び政治的権利に関する国際規約二二条2にいう「警察の構成員」には日本国の消防職員が含まれると解釈するものであることを宣言する。（昭54・8・4外務省告示一八七号）

第二三条［**家族の保護および婚姻の権利**］　1　家族は、社会の自然かつ基礎的な単位であり、社会及び国による保護を受ける権利を有する。

2　婚姻をすることができる年齢の男女が婚姻をしかつ家族を形成する権利は、認められる。

3　婚姻は、両当事者の自由かつ完全な合意なしには成立しない。

4　この規約の締約国は、婚姻中及び婚姻の解消の際に、婚姻に係る配偶者の権利及び責任の平等を確保するため、適当な措置をとる。その解消の場合には、児童に対する必要な保護のため、措置がとられる。

＊①②③（社会権規約一〇1）、④配偶者の権利・責任の平等（憲二四、民七三〇・七五二・七六〇・八一八1・3・八七七、男女共同参画社会基本法六、世界人権宣言一六1、女子差別撤廃五(b)・一六(c)(d)、児童権利一八1、ＩＬＯ家族的責任平等条約）、婚姻の解消の際の子どもの保護（民七六六・七七一・八一九、児童扶養手当法二）

［所見意見］　**19**（**39**）↓8・10・11（二〇一四年）　**婚姻と家族**　5　家族を形成する権利は、原則として、子を産みかつ同居する可能性を意味する。……同居する可能性は、国内レベルで、かつ、場合によっては他国と協力して、家族、とくにその構成員が政治的、経済的または類似の理由で別居させられている場合に、その一体性または再結合を確保する適当な措置をとることを意味する。

6　婚姻を理由とする国籍の取得または喪失については、性に基づくいかなる差別も生じてはならない。同様に、各配偶者が自己の姓の使用を保持する権利、または家族の新しい姓の選択に平等に参加する権利が保障されるべきである。配偶者は、婚姻中、家族のなかで平等の権利および責任を持つべきである。この平等は、住居の選択、世帯の維持、子の教育、資産の管理など、両者の関係から生じるすべての問題に及ぶ。このような平等は、法的な別居または婚姻の解消に関する取決めについても適用される。したがって、別居もしくは離婚、子の監護、扶養もしくは別居手当、訪問権または親権の喪失もしくは回復の理由および手続に関するあらゆる差別的取扱いは禁止されなければならず、この関係では、子どもの最善の利益が考慮に入れられなければならない。（一九九〇年）

［解説］　社会権規約一〇条の解説参照。

第二四条［**子どもの権利**］　1　すべての児童は、人種、皮膚の色、性、言語、宗教、国民的若しくは社会的出身、財産又は出生によるいかなる差別もなしに、未成年者としての地位に必要とされる保護の措置であつて家族、社会及び国による措置についての権利を有する。

2　すべての児童は、出生の後直ちに登録され、かつ、氏名を有する。

3　すべての児童は、国籍を取得する権利を有する。

＊①差別の禁止（児童権利二）、②③出生登録・国籍（児童権利七1）

［所見意見］　**17**（**35**）↓25（二〇一四年）　**子どもの権利**　2　委員会は、二四条の定める権利は規約が子どもに認める唯一の権利ではなく、子どもは、個人として、規約で言明されるすべての市民的権利の利益を享受することを指摘する。この権利を定めるにあたり、規約のいくつかの規定は、成人以上の保護を未成年者に与えるためにとるべき措置を国に対し明示的に指示している。

5　委員会は、規約の定める権利享有における非差別は、子どもについては、二条及び二六条の法律の前の平等からも生じるものであり、二四条の非差別条項は、本条の規定で定める保護措置に特に関連していることに留意する。締約国の報告は、相続、特に自国民の子どもと外国人の子どもの間または嫡出子と婚外子との間の問題、などあらゆる分野において、差別の除去を目指す保護措置を法律および実務でどのように確保していくかを示すべきである。

6　子どもに必要な保護を保障する責任は、家族、社会及び国にある。規約は、この責任がどのように分配されるべきかを示していないが、子どもの人格の調和的発展及び規約の認める権利の享有を促進する条件をつくるのは、第一次的に家族――これは、当該締約国の社会の中で家族を構成するすべての者を含むように広く解釈される――特に親の責任である。しかし、父親および母親が住居外で有給で雇用されることは、ごく普通のことであるから、締約国の報告は、子どもの保護を確保するについて家族を援助するという責任を、社会、社会機関および国がどのように遂行しているかを示すべきである。さらに、両親と家族がその義務を著しく果たさず、子どもを虐待または放任する場合には、国は、介入して親権を制限するべきであり、必要な状況の場合には、子どもをその家族から分離することができる。結婚が解消された場合には、子どもの最善の利益を考慮しながら、子どもに必要な保護を与え、かつ、できるだけ両親との個人的な関係を保障するための措置がとられるべきである。

8　子どもに与えられる保護の観点では、二四条三項で定められた、国籍を取得するというすべての子どもの権利に対しても、特別の注意が払われるべきである。……国は、国内で、また他国と協力して、すべての子どもが出生時に国籍を持つことを確保するための適切な措置をすべてとらなければならない。この関連で、国内法における国籍取得に関する差別……は一切認められない。（一九八九年）

判例　**婚外子相続差別事件**（最大判平20・6・4判時二〇〇二—三）↓児童権利条約二条

解説　子どもの権利にかかわる規定は自由権規約にも社会権規約にも存在するが、規約全体としては十分とはいえない。ここに、本条が規定された背景と意図がある。両規約で規定されている権利は子どもにも当然ながら保障されるが、本条が独立の条文で子どもの権利を規定した意義は大きい。本条は、すべての子どもに対していかなる差別もなしに、未成年者としての地位に必要とされる保護の権利を保障する。本条はさらに、子どもが登録され名前を持つ権利、国籍を取得する権利という、権利保障の出発点となる内容を個別に規定している。自由権規約委員会は（これまでの報告書を見れば日本政府も同様に）、本条が子どもの福祉・教育・少年司法などを含む広範囲の領域を補足している規定ととらえている。なお、本条の規定は、子どもの権利条約のなかでより詳細に具体化されているので、同条約の関連規定および子どもの権利委員会の勧告などをふまえて解釈・適用される必要がある。

差別なく保護を受けることに関わって、本条では二条一項や二六条に列挙されている「政治的意見その他の意見」「他の地位」が落ちているが、これらによる差別が許容されるわけではなく、両条により補完されると解されている。婚外子（非嫡出子）について、自由権規約委員会は、出生の届書と戸籍に関する規定（戸籍法四九条一項）と実務は規約一七条や本条に反し、相続権上の差別（民法九〇〇条四号）は規約二六条や本条からも許されないとする（なお、国籍法三条は改正された。さらに、民法九〇〇条四号但書は違憲の最高裁決定が出され同但書が改正された）。また、子どもの権利条約七条二項でも規定されているように、国は何らかの措置をとらなければ子どもが無国籍になる場合、国内的にかつ他国と協力して出生後直ちに国籍を取得することを確保するためのあらゆる適切な措置をとることが要請されている。

第二五条［**参政権**］すべての市民は、第二条に規定するいかなる差別もなく、かつ、不合理な制限なしに、次のことを行う権利及び機会を有する。

(a)　直接に、又は自由に選んだ代表者を通じて、政治に参与すること。

(b)　普通かつ平等の選挙権に基づき秘密投票により行われ、選挙人の意思の自由な表明を保障する真正な定期的選挙において、投票し及び選挙されること。

(c)　一般的な平等条件の下で自国の公務に携わること。

＊憲一五・一六・四四・九三

意見　**25**（**57**）**政治に参与する権利**　5　第二五条(a)で言及される政治は、政治的権力の行使に関連する広範な概念である。このなかには、とくに立法権、執行権および行政権の行使が含まれる。（一九九六年）

第二六条［**法の前の平等**］すべての者は、法律の前に平等であり、いかなる差別もなしに法律による平等の保護を受ける権利を有する。このため、法律は、あらゆる差別を禁止し及び人種、皮膚の色、性、言語、宗教、政治的意見その他の意見、国民的若しくは社会的出身、財産、出生又は他の地位等のいかなる理由による差別に対しても平等のかつ効果的な保護をすべての者に保障する。

＊憲一四

所見　↓8—11・20・21（二〇一四年）

意見　**18**（**37**）**法律の前の平等**　7　委員会は、本規約で用いられている「差別」という用語は、人種、皮膚の色、性、言語、宗教、政治的意見その他の意見、国民的もしくは社会的出身、財産、出生または他の地位などあらゆる理由に基づく、あらゆる区別、排除、制限または優先であって、すべての人が平等の立場であらゆる人権と自由とを認識し、享有しまたは行使することを無効にし、もしくは害する目的または効果を有するものを意味すると理解されるべきものと考える。

10　委員会は、また、平等の原則によって、締約国が、規約で禁止する差別を永続化し、またはこれを助長するような状況を減少または根絶するため、積極的な差別是正措置を採らなければならない場合があることを指摘したい。

12　二六条は、すでに二条で規定された保障を単に繰り返すものではなく、それ自身で独自の権利を規定するものである。同条は、公的機関が規制しかつ保護しているあらゆる分野において、法律上、事実上の差別を禁止するものである。

13　取扱いに区別があっても、その基準が合理的かつ客観的であり、その目的が規約の下で正当とされる目的を達成するためであれば、この区別がすべて差別となるわけではない。（一九八九年）

判例　**在日韓国人元軍属訴訟**（第二審）　援護法が、A、B両規約を批准した後も引き続き国籍条項及び戸籍条項を存置していることは、A規約二条2に違反するとはいえないものの、B規約二六条に違反する疑いがあるものと考えられるから、国会には、B規約批准後はできるだけ速やかに、国籍条項及び戸籍条項をそのまま存置することがB規約二六条に抵触しないかどうかを検討の上、これらの規定を改廃したり、新たな立法措置を講ずるなどして、在日韓国人である軍人軍属等に対する法的取扱いをB規約二六条に適合するように是正することが要請されることになったものというべきである。（大阪高判平11・10・15判時一七一八—三〇）

解説　本条は二条の繰り返しではなく、本条自体が自律的な権利規定であり、本規約上の権利に限定されるわけではない。本条は人種差別撤廃条約、女性差別撤廃条約、障害者の権利条約などを踏まえて解釈・運用していくことが肝要である。日本における差別については、一九九三年・九八年・〇八年・一四年の所見のなかで、在日韓国・朝鮮人、被差別部落の人々・アイヌ民族・琉球沖縄の人々のような社会的民族的集団への差別、永住外国人の証明書常時携帯問題、あるいは婚外子や性的マイノリティに対する差別的な法規定などが改正あるいは廃止するよう勧告されている。一九九三年の所見でも指摘されていた旧日本軍属の韓国・朝鮮・台湾出身者に対する援護法の適用拒否については、最高裁は戸籍法の適用＝国籍条項を合憲としたが（最判平4・4・28）、大阪高裁は自由権規約二六条違反などの疑いがあるとして法改正・立法措置を要請している（大阪高判平11・10・15）。なお、婚外子差別問題については、児童権利条約二条を参照。

第二七条［**民族的、宗教的または言語的少数者の権利**］種族的、宗教的又は言語的少数民族が存在する国において、当該少数民族に属する者は、その集団の他の構成員とともに自己の文化を享有し、自己の宗教を信仰しかつ実践し又は自己の言語を使用する権利を否定されない。

＊アイヌ施策推進法、児童権利三〇

所見　↓26（二〇一四年）

意見　**23**（**50**）**少数者の権利**　5-2　二七条は、締約国内に「存在する」少数者に属する者へ権利を付与している。……このような個人は国民または市民である必要がないばかりではなく、永住者である必要もない。したがって、締約国内においてこのような少数者を構成する移住労働者または短期滞在者であっても、この権利の行使を否定されない権利を有する。……締約国内における種族的、宗教的または言語的少数者の存在は、当該締約国による判断によってではなく、客観的基準によって定められることが必要である。
6－1　二七条では否定表現が用いられているが、同条は「権利」の存在を認め、この権利が否定されないことを要求している。したがって、締約国は、この権利の存在および行使が否定または侵害されないよう保護することを確保する義務を負う。……
6－2　二七条によって保護される権利は個人の権利であるが、この権利は少数者の集団が自己の文化、言語または宗教を維持する能力にも依存している。したがって、少数者の同一性を保護し、かつ、この少数者の構成員が他の構成員とともに自己の文化および言語を享有し発展させ、また自己の宗教を実践する権利を保護するための締約国による積極的措置もまた必要である。
7　二七条において保護される文化的権利の行使に関して、委員会は、文化というものはさまざまな形、とくに先住民の場合には資源使用に結びついた独特の生活様式といった形で、自らを表現すると考える。……このような権利の享有は、積極的な法的保護措置および少数者の集団に属する構成員が自己に影響を与える決定に実効的に参加することを確保する措置を必要とする。（一九九四年）

判例　**二風谷ダム訴訟**　憲法一三条によりその属する少数民族たるアイヌ民族固有の文化を享有する権利を保障されていると解することができる。……アイヌの人々は我が国の統治が及ぶ前から主として北海道において居住し、独自の文化を形成し、またアイデンティティを有しており、これが我が国の統治に取り込まれた後もその多数構成員の採った政策等により、経済的、社会的に大きな打撃を受けつつも、なお独自の文化及びアイデンティティを喪失していない社会的な集団であるということができるから、前記のとおり定義づけられた「先住民族」に該当するというべきである。……B規約は少数民族に属する者に対しその民族固有の文化を享有する権利を保障するとともに、締約国に対し、少数民族の文化等に影響を及ぼすおそれのある国の政策決定及び遂行に当たっては、これに十分な配慮を施す責務を各締約国に課したものと解するのが相当である。そして、アイヌ民族は、文化の独自性を保持した少数民族としてその文化を享有する権利をB規約二七条で保障されているのであって、我が国は憲法九八条二項の規定に照らしてこれを誠実に遵守する義務があるというべきである。（札幌地判平9・3・27判時一五九八—三三）

解説　本条のいう種族的、宗教的または言語的な少数者は、締約国の市民である必要も、永住者である必要もない。しかも当該少数者の存在は締約国の判断ではなく、客観的基準によって決められる。自由権規約委員会は先住民族も二七条の少数者に含まれることを確認している。日本政府は、一九八〇年の第一回報告書では、日本には少数民族は存在しないという見解を示し、委員会で批判されたが、その認識を変えなかった。八七年の第二回報告書ではアイヌ民族が独自の宗教や言語や文化を保存・保持していることを認め、九一年の第三回報告書ではアイヌ民族が本条にいう少数民族であると記述するに至った。なお、二風谷ダム訴訟の地裁判決はアイヌ民族を先住民族と認めており、またアイヌの人々の誇りが尊重される社会を実現するための施策推進法によりアイヌが先住民族であることが法律に初めて明記された。また、本条の規定の末尾が当時の国際社会の現状を反映して「否定されない」となっているが、けっして否定的・消極的な規定ではなく、本条は権利の存在や行使が否定などされないよう、締約国に特定の義務を課し、積極的な保護措置を要請している。一九九三年の所見では、在日韓国・朝鮮人が少数者に位置づけられていないこと、一九九八年の所見では、朝鮮・韓国学校が学校教育法一条校として認められていないことなどに懸念が示されていたが、この差別事例の解消にむけて積極的な措置が必要となる。さらに、アイヌ民族や琉球・沖縄の人々については、二〇〇八年の所見で、国内法によって先住民族として明確に認め、文化遺産や伝統的生活様式、土地の権利、自らの言語による教育を受ける機会などを保障することが勧告されている。

第四部

第二八条［人権委員会の設置と構成］　1　人権委員会（以下「委員会」という。）を設置する。委員会は、十八人の委員で構成するものとし、この部に定める任務を行う。
2　委員会は、高潔な人格を有し、かつ、人権の分野において能力を認められたこの規約の締約国の国民で構成する。この場合において、法律関係の経験を有する者の参加が有益であることに考慮を払う。
3　委員会の委員は、個人の資格で、選挙され及び職務を遂行する。

第二九条［候補者の指名］　1　委員会の委員は、前条に定める資格を有し、かつ、この規約の締約国により選挙のために指名された者の名簿の中から秘密投票により選出される。
2　この規約の各締約国は、一人又は二人を指名することができる。指名される者は、指名する国の国民とする。
3　いずれの者も、再指名される資格を有する。

第三〇条［委員の選挙］　1　委員会の委員の最初の選挙は、この規約の効力発生の日の後六箇月以内に行う。
2　第三十四条の規定に従つて空席（第三十三条の規定により宣言された空席をいう。）を補充するための選挙の場合を除くほか、国際連合事務総長は、委員会の委員の選挙の日の遅くとも四箇月前までに、この規約の締約国に対し、委員会の委員に指名された者の氏名を三箇月以内に提出するよう書面で要請する。
3　国際連合事務総長は、2にいう指名された者のアルファベット順による名簿（これらの者を指名した締約国名を表示した名簿とする。）を作成し、名簿を各選挙の日の遅くとも一箇月前までにこの規約の締約国に送付する。
4　委員会の委員の選挙は、国際連合事務総長により国際連合本部に招集されるこの規約の締約国の会合において行う。この会合は、この規約の締約国の三分の二をもつて定足数とする。この会合においては、出席しかつ投票する締約国の代表によつて投じられた票の最多数で、かつ、過半数の票を得た指名された者をもつて委員会に選出された委員とする。

第三一条［選挙の際の留意事項］　1　委員会は、一の国の国民を二人以上含むことができない。
2　委員会の選挙に当たつては、委員の配分が地理的に衡平に行われること並びに異なる文明形態及び主要な法体系が代表されることを考慮に入れる。

第三二条［委員の任期］　1　委員会の委員は、四年の任期で選出される。委員は、再指名された場合には、再選される資格を有する。ただし、最初の選挙において選出された委員のうち九人の委員の任期は、二年で終了するものとし、これらの九人の委員は、最初の選挙の後直ちに、第三十条4に規定する会合において議長によりくじ引で選ばれる。

2　任期満了の際の選挙は、この部の前諸条の規定に従つて行う。

第三三条［空席の宣言］1　委員会の委員が一時的な不在以外の理由のためその職務を遂行することができなくなつたことを他の委員が一致して認める場合には、委員会の委員長は、国際連合事務総長にその旨を通知するものとし、同事務総長は、当該委員の職が空席となつたことを宣言する。

2　委員会の委員が死亡し又は辞任した場合には、委員長は、直ちに国際連合事務総長にその旨を通知するものとし、同事務総長は、死亡し又は辞任した日から当該委員の職が空席となつたことを宣言する。

第三四条［空席の補充］1　前条の規定により空席が宣言された場合において、当該宣言の時から六箇月以内に交代される委員の任期が満了しないときは、国際連合事務総長は、この規約の各締約国にその旨を通知する。各締約国は、空席を補充するため、二箇月以内に第二十九条の規定により指名された者の氏名を提出することができる。

2　国際連合事務総長は、1にいう指名された者のアルファベット順による名簿を作成し、この規約の締約国に送付する。空席を補充するための選挙は、この部の関連規定に従つて行う。

3　前条の規定により宣言された空席を補充するために選出された委員会の委員は、同条の規定により委員会における職が空席となつた委員の残余の期間在任する。

第三五条［委員の受ける報酬］委員会の委員は、国際連合総会が委員会の任務の重要性を考慮して決定する条件に従い、同総会の承認を得て、国際連合の財源から報酬を受ける。

第三六条［委員会の職員・便益］国際連合事務総長は、委員会がこの規約に定める任務を効果的に遂行するために必要な職員及び便益を提供する。

第三七条［委員会の会合］1　国際連合事務総長は、委員会の最初の会合を国際連合本部に招集する。

2　委員会は、最初の会合の後は、手続規則に定める時期に会合する。

3　委員会は、通常、国際連合本部又はジュネーヴにある国際連合事務所において会合する。

第三八条［委員の宣誓］委員会のすべての委員は、職務の開始に先立ち、公開の委員会において、職務を公平かつ良心的に遂行する旨の厳粛な宣誓を行う。

第三九条［役員の選出・手続規則］1　委員会は、役員を二年の任期で選出する。役員は、再選されることができる。

2　委員会は、手続規則を定める。この手続規則には、特に次のことを定める。

(a)　十二人の委員をもつて定足数とすること。

(b)　委員会の決定は、出席する委員が投ずる票の過半数によつて行うこと。

第四〇条［締約国の報告および委員会による検討］1　この規約の締約国は、(a)当該締約国についてこの規約が効力を生ずる時から一年以内に、(b)その後は委員会が要請するときに、この規約において認められる権利の実現のためにとつた措置及びこれらの権利の享受についてもたらされた進歩に関する報告を提出することを約束する。

2　すべての報告は、国際連合事務総長に提出するものとし、同事務総長は、検討のため、これらの報告を委員会に送付する。報告には、この規約の実施に影響を及ぼす要因及び障害が存在する場合には、これらの要因及び障害を記載する。

3　国際連合事務総長は、委員会との協議の後、報告に含まれるいずれかの専門機関の権限の範囲内にある事項に関する部分の写しを当該専門機関に送付することができる。

4　委員会は、この規約の締約国の提出する報告を検討する。委員会は、委員会の報告及び適当と認める一般的な性格を有する意見を締約国に送付しなければならず、また、この規約の締約国から受領した報告の写しとともに当該一般的な性格を有する意見を経済社会理事会に送付することができる。

5　この規約の締約国は、4の規定により送付される一般的な性格を有する意見に関する見解を委員会に提示することができる。

第四一条［義務不履行の通報ならびに委員会による検討と報告］1　この規約の締約国は、この規約に基づく義務が他の締約国によつて履行されていない旨を主張するいずれかの締約国からの通報を委員会が受理しかつ検討する権限を有することを、この条の規定に基づいていつでも宣言することができる。この条の規定に基づく通報は、委員会の当該権限を自国について認める宣言を行つた締約国による通報である場合に限り、受理しかつ検討することができる。委員会は、宣言を行つていない締約国についての通報を受理してはならない。この条の規定により受理される通報は、次の手続に従つて取り扱う。

(a)　この規約の締約国は、他の締約国がこの規約を実施していないと認める場合には、書面による通知により、その事態につき当該他の締約国の注意を喚起することができる。通知を受領する国は、通知の受領の後三箇月以内に、当該事態について説明する文書その他の文書を、通知を送付した国に提供する。これらの文書は、当該事態について既にとられ、現在とつており又は将来とることができる国内的な手続及び救済措置に、可能かつ適当な範囲において、言及しなければならない。

(b)　最初の通知の受領の後六箇月以内に当該事案が関係締約国の双方の満足するように調整されない場合には、いずれの一方の締約国も、委員会及び他方の締約国に通告することにより当該事案を委員会に付託する権利を有する。

(c)　委員会は、付託された事案について利用し得るすべての国内的な救済措置がとられかつ尽くされたことを確認した後に限り、一般的に認められた国際法の原則に従つて、付託された事案を取り扱う。ただし、救済措置の実施が不当に遅延する場合は、この限りでない。

(d) 委員会は、この条の規定により通報を検討する場合には、非公開の会合を開催する。

(e) (c)の規定に従うことを条件として、委員会は、この規約において認められる人権及び基本的自由の尊重を基礎として事案を友好的に解決するため、関係締約国に対してあつ旋を行う。

(f) 委員会は、付託されたいずれの事案についても、(b)にいう関係締約国に対し、あらゆる関連情報を提供するよう要請することができる。

(g) (b)にいう関係締約国は、委員会において事案が検討されている間において代表を出席させる権利を有するものとし、また、口頭又は書面により意見を提出する権利を有する。

(h) 委員会は、(b)の通告を受領した日の後十二箇月以内に、報告を提出する。報告は、各事案ごとに、関係締約国に送付する。

(i) (e)の規定により解決に到達した場合には、委員会は、事実及び到達した解決について簡潔に記述したものを報告する。

(j) (e)の規定により解決に到達しない場合には、委員会は、事実について簡潔に記述したものを報告するものとし、当該報告に関係締約国の口頭による意見の記録及び書面による意見を添付する。

2 この条の規定は、この規約の十の締約国が1の規定に基づく宣言を行つた時に効力を生ずる。宣言は、締約国が国際連合事務総長に寄託するものとし、同事務総長は、その写しを他の締約国に送付する。宣言は、同事務総長に対する通告によりいつでも撤回することができる。撤回は、この条の規定に従つて既に送付された通報におけるいかなる事案の検討をも妨げるものではない。宣言を撤回した締約国による新たな通報は、同事務総長がその宣言の撤回の通告を受領した後は、当該締約国が新たな宣言を行わない限り、受理しない。

第四二条［特別調停委員会］ 1(a) 前条の規定により委員会に付託された事案が関係締約国の満足するように解決されない場合には、委員会は、関係締約国の事前の同意を得て、特別調停委員会（以下「調停委員会」という。）を設置することができる。調停委員会は、この規約の尊重を基礎として当該事案を友好的に解決するため、関係締約国に対してあつ旋を行う。

(b) 調停委員会は、関係締約国が容認する五人の者で構成する。調停委員会の構成について三箇月以内に関係締約国が合意に達しない場合には、合意が得られない調停委員会の委員については、委員会の秘密投票により、三分の二以上の多数による議決で、委員会の委員の中から選出する。

2 調停委員会の委員は、個人の資格で、職務を遂行する。委員は、関係締約国、この規約の締約国でない国又は前条の規定に基づく宣言を行つていない締約国の国民であつてはならない。

3 調停委員会は、委員長を選出し及び手続規則を採択する。

4 調停委員会の会合は、通常、国際連合本部又はジュネーヴにある国際連合事務所において開催する。もつとも、この会合は、調停委員会が国際連合事務総長及び関係締約国との協議の上決定する他の適当な場所において開催することができる。

5 第三十六条の規定により提供される事務局は、また、この条の規定に基づいて設置される調停委員会のために役務を提供する。

6 委員会が受領しかつ取りまとめる情報は、調停委員会の利用に供しなければならず、また、調停委員会は、関係締約国に対し、他のあらゆる関連情報を提供するよう要請することができる。

7 調停委員会は、事案を十分に検討した後に、かつ、検討のため事案を取り上げた後いかなる場合にも十二箇月以内に、関係締約国に通知するため、委員会の委員長に報告を提出する。

(a) 十二箇月以内に事案の検討を終了することができない場合には、調停委員会は、事案の検討状況について簡潔に記述したものを報告する。

(b) この規約において認められる人権の尊重を基礎として事案の友好的な解決に到達した場合には、調停委員会は、事実及び到達した解決について簡潔に記述したものを報告する。

(c) (b)に規定する解決に到達しない場合には、調停委員会の報告には、関係締約国間の係争問題に係るすべての事実関係についての調査結果及び当該事案の友好的な解決の可能性に関する意見を記載するとともに関係締約国の口頭による意見の記録及び書面による意見を添付する。

(d) (c)の規定により調停委員会の報告が提出される場合には、関係締約国は、その報告の受領の後三箇月以内に、委員会の委員長に対し、調停委員会の報告の内容を受諾するかどうかを通告する。

8 この条の規定は、前条の規定に基づく委員会の任務に影響を及ぼすものではない。

9 関係締約国は、国際連合事務総長が作成する見積りに従つて、調停委員会の委員に係るすべての経費を平等に分担する。

10 国際連合事務総長は、必要なときは、9の規定による関係締約国の経費の分担に先立つて調停委員会の委員の経費を支払う権限を有する。

第四三条［委員の特権・免除］ 委員会の委員及び前条の規定に基づいて設置される調停委員会の委員は、国際連合の特権及び免除に関する条約の関連規定に規定する国際連合のための職務を行う専門家の便益、特権及び免除を享受する。

第四四条［他の諸条約等による手続との関係］ この規約の実施に関する規定は、国際連合及び専門機関の基本文書並びに国際連合及び専門機関において作成された諸条約により又はこれらの基本文書及び諸条約に基づき人権の分野に関し定められた手続を妨げることなく適用するものとし、この規約の締約国の間で効力を有する一般的な又は特別の国際取極による紛争の解決のため、この規約の締約国が他の手続を利用することを妨げるものではない。

第四五条〔**委員会の年次報告**〕委員会は、その活動に関する年次報告を経済社会理事会を通じて国際連合総会に提出する。

第五部

第四六条〔**規約と国連憲章との関係**〕〔省略〕〔社会権規約第二四条と同文〕

第四七条〔**天然の富及び資源を共有する権利**〕〔省略〕〔社会権規約第二五条と同文〕

第六部〔社会権規約第五部と同文〕

第四八条から第五三条まで〔省略〕

●「経済的、社会的及び文化的権利に関する国際規約」及び「市民的及び政治的権利に関する国際規約」の日本国による批准等に関する件（抄）

（昭和五四年八月四日 外務省告示第一八七号）

1　日本国は、経済的、社会的及び文化的権利に関する国際規約第七条(d)の規定の適用に当たり、この規定にいう「公の休日についての報酬」に拘束されない権利を留保する。

2　日本国は、経済的、社会的及び文化的権利に関する国際規約第八条1(d)の規定に拘束されない権利を留保する。ただし、日本国政府による同規約の批准の時に日本国の法令により前記の規定にいう権利が与えられている部門については、この限りでない。

3　日本国は、経済的、社会的及び文化的権利に関する国際規約第十三条2(b)及び(c)の規定の適用に当たり、これらの規定にいう「特に、無償教育の漸進的な導入により」に拘束されない権利を留保する。（平二四外告三一八により、平二四・九・一一から留保撤回）

4　日本国政府は、結社の自由及び団結権の保護に関する条約の批准に際し同条約第九条にいう「警察」には日本国の消防が含まれると解する旨の立場をとつたことを想起し、経済的、社会的及び文化的権利に関する国際規約第八条2及び市民的及び政治的権利に関する国際規約第二十二条2にいう「警察の構成員」には日本国の消防職員が含まれると解釈するものであることを宣言する。

●経済的、社会的及び文化的権利に関する国際規約・社会権規約委員会の総括所見：日本（第三回）

（二〇一三年五月一七日 国際人権規約社会権規約委員会第五〇会期で採択）

1　経済的、社会的および文化的権利に関する委員会は、二〇一三年四月三〇日に開かれた第三回および第四回会合（E/C.12/2013/SR.3-4）において日本の第三回報告書（E/C.12/JPN/3）を検討し、二〇一三年五月一七日に開かれた第二八回会合において以下の総括所見を採択した。

A　序

2　委員会は、日本による第三回定期報告書の時宜を得た提出を歓迎する。当該報告書は、委員会の報告ガイドラインにしたがっており、かつ、委員会が前回の総括所見で行なったいくつかの勧告の実施に関する最新情報を提供するものであった。委員会はまた、共通コアドキュメント（HRI/CORE/JPN/2012）の提出を歓迎する。

3　委員会は、事前質問事項に対する詳細な書面回答（E/C.12/JPN/Q/3/Add.1）の受領、および、締約国のハイレベルな省庁横断型代表団との建設的対話に、満足感をもって留意する。

B　積極的な側面

4　委員会は、二〇〇一年に行なわれた締約国との前回の対話以降、締約国が以下の文書を批准したことを歓迎する。

(a)　子どもの売買、児童買春および児童ポルノに関する子どもの権利条約の選択議定書および武力紛争への子どもの関与に関する同選択議定書（それぞれ二〇〇五年一月二四日および二〇〇四年八月二日）。

(b)　強制失踪からのすべての者の保護に関する国際条約（二〇〇九年七月二三日）。

5　委員会は、無償教育の漸進的導入に関する第一三条第二項(b)および(c)についての締約国の留保が撤回されたことに、満足感をもって留意する。

6　委員会は、経済的、社会的および文化的権利の実施を促進するために締約国が行なっている努力に、評価の意をもって留意する。これには以下の取り組みが含まれる。

(a)　アイヌを先住民族として認めたこと。

(b)　中等教育までの授業料無償化プログラムを導入したこと。

(c)　「待機児童ゼロ作戦」を実施したこと。

(d)　二〇〇九年に国籍法を改正し、婚外子が日本人父の国籍を取得できるようにしたこと。

C　主要な懸念事項および勧告

7　委員会は、締約国が国内法体系において規約の規定を実施していない旨の前回の懸念をあらためて表明する。このような状況が、規約の規定は適用されないという締約国の裁判所の決定につながってきた。委員会はまた、締約国が、規約上の義務は即時的効力を有しないと解していることを懸念する。（第二条第一項）

委員会は、国内法体系において規約を全面的に実施するために必要な措置をとるよう、締約国に対して促す。そのための手段には、締約国が規約の規定に自動執行力がないと考える場合に関連の法律を制定することも含まれる。これとの関連で、委員会は、締約国に対し、規約の国内適用に関する一般的意見9号（一九九八年）を参照するよう求める。

さらに、締約国の義務の性質に関する一般的意見3号（一九九〇年）を参照しつつ、委員会は、規約上の権利には即時的性質を有する最低限の中核的義務がともなっていること、および、「漸進的実現」の語は、規約上の権利の全面的実現を可能なかぎり迅速かつ効果的に達成する義務を課すものであることを、締約国が想起するよう求める。

委員会はまた、締約国に対し、委員会の先例および一般的意見を念頭に置きながら、司法研修所のカリキュラムならびに司法専門職および弁護士を対象とする研修プログラムにおいて経済的、社会的および文化的権利の裁判適用可能性が十分に取り上げられることを確保するよう求める。

8　委員会は、締約国で国内人権機関がいまなお設置されていないことに、懸念をもって留意する。

この点に関する前回の勧告をあらためて繰り返しながら、委員会は、締約国に対し、パリ原則にしたがった国内人権機関の設置を速やかに進めるよう促す。委員会は、締約国に対し、とくに経済的、社会的および文化的権利の保護における国際人権機関の役割に関する一般的意見10号（一九九八年）を参照するよう求める。

9　委員会は、社会的扶助に対する予算配分額が相当に削減されたことにより、とりわけ全住民のうち不利な立場に置かれた集団および周縁化された集団にとって、経済的および社会的権利の享受に悪影響が生じていることに、懸念をもって留意する。（第二条第一項、第二条第二項、第九条、第一一条）

締約国の義務の性質に関する一般的意見3号（一九九〇年）を想起しながら、委員会は、後退的措置は利用可能な最大限の資源を全面的に活用する中でのみとられることを確保するよう、締約国に対して求める。さらに、委員会は、締約国に対し、社会的給付の削減が受給者による規約上の権利の享受に及ぼす影響を監視するよう求める。委員会はまた、社会保障についての権利に関する一般的意見19号（二〇〇七年）のパラ42、および、世界的な経済・財政危機の文脈における規約上の義務に関して委員会の委員長が締約国に送付した二〇一二年五月一六日付書簡に対して、締約国の注意を喚起する。

10　委員会は、法改正を行う際に規約上の義務との一致を確保しようとする締約国の努力にも関わらず、女性、婚外子および同性カップルに対して差別的な規定が締約国の法律に存

在し続けていることに、規約上の権利が関係するかぎりにおいて、懸念をもって留意する。（第二条第二項）

委員会は、規約上の権利の行使および享受に関して法律で直接または間接の差別が行なわれないことを確保するため、法律を包括的に見直し、かつ必要であれば改正するよう、締約国に対して促す。

11　委員会は、雇用等の分野では差別の禁止に関する法規定が存在するにも関わらず、締約国の法律において、規約が禁じている事由にもとづく差別からの全面的保護が提供されていないことに、懸念をもって留意する。（第二条第二項）

委員会は、法律で、規約の規定にしたがって経済的、社会的および文化的権利の全分野における差別が効果的に禁じられ、かつそのような差別に対する制裁が定められることを確保するよう、締約国に対して求める。これとの関連で、委員会は、形式的および実体的差別を解消し、かつ特別措置の実施について規定することを目的とした、差別の禁止に関する包括的法律を制定するよう、締約国に対して奨励する。委員会はまた、締約国に対し、経済的、社会的および文化的権利についての差別の禁止に関する一般的意見20号（二〇〇九年）を参照するよう求める。

12　委員会は、締約国の雇用法において障害を理由とする差別からの全面的保護が定められていないことに、懸念をもって留意する。さらに、委員会は、必要な場合に職場で合理的配慮を行なう法律上の義務が存在しないことも懸念する。委員会はまた、労働へのアクセス可能性を高めるための措置のような措置がとられているにも関わらず、障害のある人が雇用面で事実上の差別を経験していること（基準以下の条件で保護的就労施設に配置されることを含む）に、懸念をもって留意する。（第二条第二項）

委員会は、雇用のあらゆる側面において障害のある人に対する差別を禁止し、かつ必要な場合に職場で合理的配慮を行なう義務についても定める改正障害者基本法を速やかに制定するよう、締約国に対して求める。委員会はまた、保護的就労施設で働く障害のある人に対して労働基準を適用するとともに、障害のある人を対象とした、労働市場における生産的なかつ有給の就労の機会を、クオータ（割当枠）制の適用等も通じて引き続き促進するよう、締約国に対して求める。委員会はさらに、締約国に対し、障害のある人の権利に関する条約を批准するよう奨励する。

13　委員会は、締約国で根深く残るジェンダー役割についてのステレオタイプのため、女性による経済的、社会的および文化的権利の平等な享受が妨げられ続けていることを懸念する。委員会はまた、数次にわたる男女共同参画基本計画の採択のような措置がとられたにも関わらず、ジェンダー役割に関する社会一般の態度の変革を狙った十分な措置がとられてこなかったことに、懸念をもって留意する。さらに、委員会は、締約国の称賛すべき努力にも関わらず、労働市場における垂直および水平のジェンダー分離がいまなお徹底していること、および、出産後に離職またはパートタイム就労への移行を余儀なくされる女性の割合が高いことに表れているように、進展がなかなか見られないことを懸念する。委員会は、第三次男女共同参画基本計画で締約国が控えめな目標しか設定しておらず、規約上の権利の行使に関する平等の達成が加速されることはないであろう点を遺憾に思う。（第三条）

委員会は、締約国に対し、以下の措置をとるよう促す。

(a)　ジェンダー役割に関する社会のとらえ方を変革するための意識啓発キャンペーンを実行すること。

(b)　伝統的にいずれかの性が多数を占めてきた分野以外の分野での教育の追求を促進する目的で、女子および男子に対して平等な就業機会に関する教育を行なうこと。

(c)　男女共同参画基本計画において男女双方を対象とするいっそう大胆な目標を採択するとともに、教育、雇用ならびに政治的および公的意思決定の分野においてクオータ（割当枠）制等の一時的措置を実施すること。

(d)　コース別雇用管理制度および妊娠を理由とする解雇のような、女性差別である慣行を廃止すること。

(e)　待機児童ゼロの達成をいっそう速やかに進めるとともに、保育が負担可能な料金で利用できるようにすること。

委員会は、締約国が、規約上の権利の享受に関する、性別、所得水準別および学歴別に細分化された統計データを（対話の際に代表団によって宣言されたとおり）次回の定期報告書に記載するとともに、男女平等に関する政策立案においてこのようなデータがどのように参考にされたかを説明するよう要請する。

14　委員会は、締約国の刑法が、強制労働の禁止に関する規約の規定に違反して、刑の一つとして懲役を規定していることに、懸念をもって留意する。（第六条）

委員会は、矯正措置または刑としての強制労働を廃止し、かつ、規約第六条に基づく義務にしたがって関連の規定を改正しまたは廃止するよう、締約国に対して求める。委員会はまた、締約国に対し、強制労働の廃止に関するＩＬＯ第一〇五号条約の批准を検討するよう奨励する。

15　委員会は、雇用および職業における差別に関するＩＬＯ第一一一号条約の批准を検討するべきである旨の締約国に対する勧告をあらためて繰り返す。

16　委員会は、契約の性質に関係なくすべての被用者について同一の評価・能力認定制度を活用するよう促す奨励策を締約国がとっているにも関わらず、使用者によって有期契約が濫用されており、かつ、有期契約労働者が不利な労働条件を課されやすい状態に置かれていることを懸念する。委員会はまた、使用者が、有期契約を更新しないことにより、改正労働契約法で導入された有期契約から無期契約への転換を回避していることを懸念する。（第六条、第七条）

委員会は、締約国が、有期契約に適用される明確な基準を定める等の手段により、有期契約の濫用を防止するための措置をとるよう勧告する。同一価値労働について平等な報酬を確保する締約国の義務を参照しながら、委員会はまた、締約国が、有期契約労働者の不平等な待遇を防止するという目的が奨励金制度によって達成されているか否かを監視するよう勧告する。さらに、委員会は、有期契約労働者の契約が不公正に更新されないことを防止するため、労働契約法の執行を強化しかつ監視するよう、締約国に対して求める。

17　委員会は、使用者による自主的取り組みを奨励するために締約国がとった措置にも関わらず、相当数の労働者が著しい長時間労働に従事し続けていることに、懸念をもって留意する。委員会はまた、過労死、および、職場における心理的いやがらせを理由とする自殺が起こり続けていることを懸念する。（第七条）

委員会は、安全かつ健康的な作業条件および労働時間の合理的な制限に対する労働者の権利を保護する義務（規約第七条）にしたがい、締約国が、長時間労働を防止するための措置を強化し、かつ、労働時間の延長制限の違反に対して抑止的制裁が適用されることを確保するよう勧告する。委員会はまた、締約国が、必要な場合には、職場におけるあらゆる形態のいやがらせを禁止しかつ防止するための法令を制定するよう勧告する。

18　委員会は、締約国全域の最低賃金の平均水準が、最低生活水準、生活保護給付額および上昇する生活費に満たないことを懸念する。（第七条、第九条、第一一条）

委員会は、労働者およびその家族が人間にふさわしい生活を送れることを確保する目的で、最低賃金水準を決定する際に考慮される要素を見直すよう、締約国に対して促す。委員会はまた、締約国が、最低賃金以下の報酬しか支払われていない労働者の割合に関する情報を次回の定期報告書で提供するよう要請する。

19　委員会は、進展があったにも関わらず、締約国において、とくに男女間の賃金格差が依然として相当に大きいことに、懸念をもって留意する。（第七条）

委員会は、同一価値労働について男女で異なる評価額を適用することの違法性およびこの点に関する使用者の義務についての意識啓発を進め、かつ、報酬差別が行なわれた場合にアクセスしやすくかつ効果的な救済措置を提供するよう、締約国に対して求める。締約国はまた、締約国が、同一価値労働同一報酬の原則の適用について労働基準監督官に対する研修を行なうとともに、適用される法律の効果的執行を確保するためのその他の措置をとるよう勧告する。

20　二〇〇六年の男女雇用機会均等法改正以降、職場におけるセクシュアルハラスメントに関する意識が高まっていることには留意しながらも、委員会は、法律上、セクシュアルハラスメントが禁じられていないことに、懸念をもって留意する。（第七条）

委員会は、締約国に対し、とくに職場におけるセクシュアルハラスメントに関して、犯罪の重大性に相応する制裁をともなったセクシュアルハラスメント罪を法律に導入するよう促す。委員会はまた、締約国が、被害者が報復を恐れることなく苦情を申し立てられることを確保するよう勧告する。委員会は、締約国が、セクシュアルハラスメントに反対する公衆の意識を引き続き高めるよう勧告する。

21　委員会は、移住労働者も国民と同じ労働法によって保護されているにも関わらず、移住労働者（非正規な移民資格しか有していない者、庇護希望者および難民を含む）の不公正な待遇が報告されていることを懸念する。（第七条）

委員会は、締約国が、移住労働者（非正規な移民資格しか有していない者、庇護希望者および難民を含む）の不平等な待遇を解消するために法令を強化するよう勧告する。委員会はまた、移民資格に関わらずすべての労働者に対して労働法が適用されることに関する意識啓発を進めるよう、締約国に対して求める。

22　委員会は、締約国の高齢者、とくに無年金高齢者および低年金者の間で貧困が生じていることを懸念する。委員会は、貧困が、年金拠出期間が受給資格基準に達していない高齢女性に主として影響を与えていること、およびスティグマのために高齢者が生活保護の申請を抑制されていることをとりわけ懸念する。委員会はさらに、「国民年金及び企業年金等による高齢期における所得の確保を支援するための国民年金法等の一部を改正する法律」で導入された改正により、多くの高齢者が無年金のままとなることを懸念する。（第九条）

委員会は、国民年金制度に最低年金保障を導入するよう締約国に対して求めた前回の勧告をあらためて繰り返す。委員会はまた、生活保護の申請手続を簡素化し、かつ申請者が尊厳をもって扱われることを確保するための措置をとるよう、締約国に対して求める。委員会はまた、生活保護につきまとうスティグマを解消する目的で、締約国が住民の教育を行なうよう勧告する。委員会は、締約国が、性別、収入源および所得水準によって細分化された高齢者（被爆者を含む）の状況に関する情報を、次回の定期報告書で提供するよう要請する。委員会は、高齢者の経済的、社会的および文化的権利に関する一般的意見6号（一九九五年）および社会保障についての権利に関する一般的意見19号（二〇〇八年）を参照するよう、締約国に対して求める。

23　委員会は、暴力をふるう配偶者に対する保護命令の違反が改正配偶者間暴力防止・被害者保護法で処罰対象とされている一方、配偶者間暴力および夫婦間強姦が明示的に犯罪化されていないことに、懸念をもって留意する。（第一〇条）

委員会は、締約国に対し、夫婦間強姦を含む配偶者間暴力を犯罪化するよう促す。委員会は、配偶者暴力相談支援センターの設置状況および自治体による基本計画の実施状況ならびにそれが配偶者間暴力の減少に及ぼした効果についての最新情報を、次回の定期報告書で委員会に対して提供するよう、締約国に対して要請する。

24　東日本大震災および福島原発事故の結果に対する救援対応の複雑さに留意しつつ、委員会は、避難の際にならびに再建および復興の取り組みにおいて、不利な立場および脆弱な立場に置かれた集団（高齢者、障害のある人、女性および子ども等）の特有のニーズが十分に満たされていないことを懸念する。（第一一条、第一二条第二項）

東日本大震災および福島原発事故の結果から得られた教訓により、救援および復興のための今後の取り組みにおける被災コミュニティ（脆弱な立場に置かれた集団を含む）のニーズへの対応を改善するための新たな体制が整備されたことに留意しつつ、委員会は、締約国が、災害対応、リスク軽減および復興のための取り組みに対して人権を基盤とするアプローチをとるよう勧告する。とりわけ、委員会は、締約国が、防災計画において経済的、社会的および文化的権利の享受に関する差別が行なわれ、またはそのような差別がもたらされないことを確保するよう勧告する。

委員会は、東日本大震災および福島原発事故の結果への対応に関する、ならびに、避難の際にならびに再建および復興のための活動において被害者がどのように経済的、社会的および文化的権利を享受したかに関する包括的な情報（性別および脆弱な立場に置かれた集団別に細分化された統計データを含む）を次回の定期報告書で提供するよう、締約国に対して要請する。委員会はまた、締約国に対し、裁判を受ける被害者の権利がどのように保障されてきたかについての情報を記載するよう要請する。

25　委員会は、原子力発電所の安全性に関して透明性が欠けておりかつ必要な情報が開示されていないこと、ならびに、原子力事故の防止および処理に関する地域的備えが全国的に不十分であることに関する懸念をあらためて表明する。このような状況が、福島原発事故に際し、被害者の経済的、社会的および文化的権利の享受に悪影響を及ぼすことにつながった。（第一一条、第一二条）

委員会は、締約国が、原子力発電所の安全性に関する諸問題についての透明性を高め、かつ原発事故に対する備えをいっそう強化するよう、再度勧告する。とくに、委員会は、潜在的危険、防止措置および対応計画に関する包括的な、信頼できる、かつ正確な情報を住民に対して提供するとともに、事故が発生した場合にはあらゆる情報が速やかに開示されることを確保するよう、締約国に対して促す。

26　委員会は、到達可能な最高水準の身体的および精神的健康の享受に対するすべての者の権利に関する特別報告者が締約国を最近訪問した際に行なった勧告を実施するよう、締約国に対して奨励する。

委員会は、「慰安婦」が受けてきた搾取により、彼女たちによる経済的、社会的および文化的権利の享受ならびに彼女たちの賠償請求権に対する悪影響が永続していることを懸念する。（第一一条、第三条）

委員会は、搾取の永続的影響に対応し、かつ「慰安婦」による経済的、社会的および文化的権利の享受を保障するため、締約国があらゆる必要な措置をとるよう勧告する。委員会はまた、「慰安婦」にスティグマを付与するヘイトスピーチその他の示威行動を防止するため、締約国が「慰安婦」の搾取について公衆を教育するよう勧告する。

27　委員会は、締約国の高校教育授業料無償化プログラムから朝鮮学校が除外されていることを懸念する。これは差別である。（第一三条、第一四条）

差別の禁止は、教育のあらゆる側面に全面的かつ即時的に適用され、また国際的に定められたすべての差別禁止事由を包含していることを想起しつつ、委員会は、高校教育授業料無償化プログラムが朝鮮学校に通う子どもたちにも適用されることを確保するよう、締約国に対して求める。

28　委員会は、多数の外国人児童が学校に通っていないことに、懸念をもって留意する。（第一三条、第一四条）

委員会は、締約国に対し、義務教育の状況の監視を、法律上の地位に関わらず締約国の領域内にいるすべての子ども（国民ではない子どもを含む）に対して適用するよう促す。

29　委員会は、規約第一三条(b)にしたがって完全無償の中等教育を漸進的に提供するため、締約国が、可能なかぎり早期に、入学料および教科書費を授業料無償化プログラムの対象に含めるよう勧告する。

30　委員会は、アイヌ民族が先住民族として認められ、かつその他の進展が達成されたにも関わらず、経済的、社会的および文化的権利の享受に関してアイヌ民族が不利な立場に置かれたままであることを依然として懸念する。委員会は、アイヌ語が消滅の危機にあることをとりわけ懸念する。（第一五条、第二条第二項）

委員会は、締約国が、アイヌ民族の生活水準を向上させるための努力を強化し、かつ、とくに雇用および教育の分野において追加的な特別措置を実施するよう勧告する。委員会は、これらの措置を、北海道外在住のアイヌ民族に対しても適用するよう勧告する。委員会は、締約国に対し、アイヌ語を保全しかつ振興するためにとられた措置の成果に関する情報を次回の定期報告書に記載するよう要請する。

31　委員会は、科学の進歩およびその利用による利益を享受する権利に関して対話の際に提供された情報について、締約国に感謝する。この点について、委員会は、締約国に対し、この権利が実際にどのように実施されているかに関するいっそう詳細な情報および具体例を次回の定期報告書に記載するよう要請する。（第一五条）

32　政府開発援助に対する締約国の貢献は認知しながらも、委員会は、国際的基準である（対GNI比）〇・七%という目標を達成する目的で速やかに拠出水準を高めるとともに、規約に掲げられた権利を全面的に編入した開発協力政策において人権を基盤とするアプローチを追求するよう、締約国に対して奨励する。

33　委員会は、締約国に対し、規約上の義務の履行に関する十分に細分化された統計データを次回の定期報告書に記載するよう要請する。

34　委員会は、締約国に対し、規約第七条(d)および第八条第一項(d)に付した留保を撤回するよう奨励する。

35　委員会は、締約国に対し、経済的、社会的および文化的権利に関する（国際）規約の選択議定書に署名し、かつこれを批准することを検討するよう奨励する。

36　委員会は、社会のあらゆるレベルで、またとくに公務員、司法機関および市民社会組織の間でこの総括所見を広く普及するとともに、総括所見を実施するためにとった措置について、次回の定期報告書で委員会への情報提供を行なうよう、締約国に対して要請する。委員会はまた、次回の定期報告書の提出前に国内レベルで行なわれる議論において、市民社会組織（今回の報告書審査への関心を示してきた組織を含む）の関与を引き続き得るよう、締約国に対して奨励する。

37　委員会は、締約国に対し、委員会が二〇〇八年に採択したガイドライン（E/C.12/2008/2）にしたがって、次回の定期報告書を二〇一八年五月三一日までに提出するよう要請する。

（社会権規約NGOレポート連絡会議訳）

●市民的及び政治的権利に関する国際規約・自由権規約委員会の総括所見：日本

（二〇一四年七月二三日　自由権規約委員会第三〇九一回及び第三〇九二回会合で採択）

1　自由権規約委員会は、日本の第六回定期報告（CCPR／C／JPN／6）を、二〇一四年七月一五日及び一六日に開催された第三〇八〇回及び第三〇八一回会合（CCPR／C／SR.3080,CCPR／C／SR.3081）において審査し、二〇一四年七月二三日に開催された第三〇九一回及び第三〇九二回会合（CCPR／C／SR.3091,CCPR／C／SR.3092）において、以下の最終見解を採択した。

A　序論

2　委員会は、日本の第六回定期報告の提出及びそこに示された情報を歓迎する。委員会は、規約の規定を実施するために締約国が報告期間にとった措置に関し締約国代表団と建設的対話を継続する機会を得られたことに謝意を表する。委員会は、締約国の質問リスト（リスト・オブ・イシュー）への書面回答（CCPR／C／JPN／Q／6／Add.1）及び代表団の口頭回答による補足情報、並びに書面で委員会に提供された補足情報に感謝する。

B　肯定的側面

3　委員会は、締約国によってとられた以下の立法的及び制度的措置を歓迎する。

(a)　二〇〇九年一二月の人身取引対策行動計画の策定

(b)　二〇一〇年一二月の第三次男女共同参画基本計画の決定

(c)　同性カップルがもはや公営住宅制度から排除されないという旨の、二〇一二年の公営住宅法の改正

(d)　嫡出でない子に対する差別規定を除去した、二〇〇八年の国籍法及び二〇一三年の民法の改正

4　委員会は、締約国による以下の国際条約の批准を歓迎する。

(a)　強制失踪からのすべての者の保護に関する条約（二〇〇九年）

(b)　障害者の権利に関する条約（二〇一四年）

C　主な懸念事項及び勧告

前回の最終見解

5　委員会は、締約国の第四回及び第五回定期報告審査後の検討後に発出された勧告の多くが履行されていないことを懸念する。

締約国は、委員会によって採択された今回及び以前の最終見解における勧告を実施すべきである。

国内裁判所による規約上の権利の適用可能性

6　委員会は、締約国によって批准された条約が国内法の効力を有することに留意する一方、規約の下で保護される権利が裁判所によって適用された事例の件数が限られていることを懸念する（第二条）。

委員会は、前回の勧告（CCPR／C／JPN／CO／5,para.7）を繰り返し、締約国に対し、規約の適用及び解釈が下級審を含めあらゆるレベルで弁護士、裁判官及び検察官に対する専門職業的研修の一部となることを確保するよう求める。締約国はまた、実効的な救済が規約の下で保護される権利の侵害に対して利用できることを確保すべきである。締約国は、個人通報制度を規定する規約の選択議定書への加入を検討すべきである。

国内人権機構

7　委員会は、二〇一二年一一月の人権委員会設置法案の廃案以降、締約国に統合された国内人権機構を設置するための如何なる前進も見られないことに遺憾の意をもって留意する（第二条）。

委員会は、前回の勧告（CCPR／C／JPN／CO／5,para.9）を想起し、締約国に対し、パリ原則（General Assembly

resolution 48／134,annex）に沿って、幅広い人権に関する権限を有する独立した国内人権機構の設置を再検討し、機構に対して適切な財政的及び人的資源を提供することを勧告する。

男女平等

8　委員会は、「婚姻制度及び家族制度の基本的概念に影響を与える」おそれがあるとの根拠で、離婚後六ヶ月間の女性の再婚を禁止し、男性と女性の婚姻年齢の相違を設定する、民法の差別規定を改正することを締約国が拒否し続けていることを懸念する（第二条、第三条、第二三条及び第二六条）。

締約国は、家庭や社会における女性と男性の役割に関する固定観念が、法の下の平等に対する女性の権利の侵害を正当化するために用いられないことを確保すべきである。締約国は、したがって、しかるべく民法を改正するための緊急行動をとるべきである。

9　委員会は、第三次男女共同参画基本計画の決定を歓迎する一方、政治的役割を担う女性の数が低水準に留まっていることに鑑み、本計画の影響力が限られていることを懸念する。委員会は、部落の女性を含む、マイノリティ女性の政策決定を担う立場への参加に関する情報が乏しいことを遺憾に思う。委員会は、女性がパートタイム労働力の七〇パーセントを占め、同等の仕事に対して男性が受け取る給与の平均五八パーセントを得るという報告について懸念する。委員会はまた、セクシュアル・ハラスメント、あるいは妊娠及び出産を理由とした女性の解雇に対する処罰措置が不足していることを懸念する（第二条、第三条及び第二六条）。

締約国は、第三次男女共同参画基本計画の進展を実効的に監視及び評価し、政党における法定クオータのような、暫定的な特別措置を含め、公務分野における女性の参画拡大のための、迅速な行動をとるべきである。締約国は、部落の女性を含むマイノリティ女性の政治参加を評価及び支援し、フルタイムの労働者としての女性の雇用を促進し、男性と女性との間の賃金格差を埋めるための一層の努力を行うための、具体的措置をとるべきである。締約国はまた、セクシュアル・ハラスメントを犯罪とし、妊娠及び出産を理由とした不当な扱いを、適切な刑罰をもって禁止し、制裁するための必要な立法措置をとるべきである。

ジェンダーに基づく暴力及びドメスティック・バイオレンス

10　委員会は、前回の勧告にもかかわらず、締約国に刑法における強姦の定義の範囲を広げ、性交同意年齢を一三歳より上に設定し、職権による強姦及び他の性犯罪を訴追するための如何なる前進も見られないことを遺憾に思う。委員会は、ドメスティック・バイオレンスが広く存在し続けていること、保護命令の発令過程が長期にわたること、本犯罪のために処罰される加害者の数が非常に少ないことを、懸念をもって留意する。委員会は、同性カップルと移民女性に対する保護が不十分であるとの報告を懸念する（第三条、第六条、第七条及び第二六条）。

委員会の前回の勧告（CCPR／C／JPN／CO／5,paras 14 and 15）に沿って、締約国は、第三次男女共同参画基本計画によって策定されたように、職権による強姦及び他の性的暴力の犯罪を訴追し、一日も早く性交同意年齢を引き上げ、強姦罪の構成要件を見直すための具体的行動をとるべきである。締約国は、同性カップルのものを含む全てのドメスティック・バイオレンスの報告が完全に調査されること、加害者が訴追され、有罪であれば、適切な制裁によって罰せられること、緊急保護命令が与えられること及び性的暴力の被害者である移民女性が在留資格を失わないようにすることを含め、被害者が適切な保護にアクセスできることを確保するための努力を強化すべきである。

性的指向及び性別認識に基づく差別

11　委員会は、レズビアン、ゲイ、バイセクシャル、トランスジェンダーの人々に係る社会的嫌がらせ及び非難についての報告、及び自治体によって運営される住宅制度から同性カップルを排除する差別規定についての報告を懸念する（第二条及び第二六条）。

締約国は、性的指向及び性別認識を含む、あらゆる理由に基づく差別を禁止する包括的な反差別法を採択し、差別の被害者に、実効的かつ適切な救済を与えるべきである。締約国は、レズビアン、ゲイ、バイセクシャル、トランスジェンダーの人々に対する固定観念及び偏見と闘うための啓発活動を強化し、レズビアン、ゲイ、バイセクシャル、トランスジェンダーの人々に対する嫌がらせの申立てを捜査し、またこうした固定観念、偏見及び嫌がらせを防止するための適切な措置をとるべきである。締約国はまた、自治体レベルで、公営住宅制度において同性カップルに対し適用される入居要件に関して残っている制限を除去すべきである。

ヘイトスピーチ及び人種差別

12　委員会は、韓国人、中国人、部落民といったマイノリティ集団のメンバーに対する憎悪や差別を煽り立てている人種差別的言動の広がり、そして、こうした行為に刑法及び民法上の十分な保護措置がとられていないことについて、懸念を表明する。委員会は、当局の許可を受けている過激派デモの数の多さや、外国人生徒を含むマイノリティに対し行われる嫌がらせや暴力、そして「Japanese only」などの張り紙が民間施設に公然と掲示されていることについても懸念を表明する。

締約国は、差別、敵意、暴力を煽り立てる人種的優位性や憎悪を唱道する全てのプロパガンダを禁止すべきである。また、こうしたプロパガンダを広めようとするデモを禁止すべきである。締約国はまた、人種差別に対する啓発活動に十分な資源を割り振り、裁判官、検察官、警察官が憎悪や人種差別的な動機に基づく犯罪を発見するよう研修を行うようにすべく、更なる努力を払うべきである。締約国はまた、人種差別的な攻撃を防止し、容疑者らを徹底的に捜査・訴追し、有罪の場合には適切な処罰がなされるよう必要な全ての措置を取るべきである。

死刑

13　委員会は、一九の死刑に相当する罪のいくつかが、死刑を「最も重大な犯罪」に限定する規約の要件を満たしていないこと、死刑確定者が執行までに最長で四〇年も昼夜間単独室に収容されていること、死刑確定者もその家族も執行日を事前に通知されないことを引き続き懸念する。委員会は、さらに、死刑確定者と弁護士との秘密交通権が保障されていないこと、執行に直面する人々が「心神喪失の状態にある」か否かを判断するための精神鑑定が独立したものでないこと、再審あるいは恩赦の請求が刑の執行を延期する効果を持たず、実効的でないことに留意する。さらに、死刑が、袴田巌の事件を含め、自白強要の結果として様々な機会で科されているという報告は、懸念事項である（第二条、第六条、第七条、第九条及び第一四条）。

締約国は以下のことをすべきである。

(a)　死刑の廃止を十分に考慮すること、あるいはその代替として、死刑の対象となる犯罪の数を、生命喪失をもたらす最も重大な犯罪にまで削減すること。

(b)　死刑確定者及びその家族に対し、予定されている執行日時に関する妥当な事前通知を与えること、及び、ごく例外的な状況において厳格に制限された期間となる場合を除き、死刑確定者を昼夜間単独室に収容しないことによって、死刑確定者の収容体制が、残虐、非人道的又は品位を傷付ける取扱い又は刑罰にならないよう保障すること。

(c)　とりわけ弁護側に全ての検察官の証拠への完全なアクセスを保障すること、また拷問あるいは不当な処遇によって得られた自白が証拠として援用されないことを確保することによって、不当な死刑判決に対する法的セーフガードを速やかに強化すること。

(d)　委員会の前回の最終見解（CCPR／C／JPN／CO／5,para.17）に照らし、

再審あるいは恩赦の請求に執行停止効果を持たせつつ、死刑事例における義務的かつ実効的な再審査制度を創設し、また再審請求に関する死刑確定者と弁護士との間の全ての面会に厳格な秘密交通権を保障すること。

(e) **死刑確定者の精神状態を把握するための独立した仕組みを構築すること。**

(f) **死刑の廃止を目的とする、第二選択議定書への加入を検討すること。**

「慰安婦」に対する性奴隷慣行

14　委員会は、締約国が「慰安婦」は戦時中日本軍により「強制連行」されなかったとする一方で、軍や軍のために行動した者による強制や脅迫を通じ、多くの場合、本人の意思に反して慰安所における女性の「募集、移送、管理」はなされたとする締約国の矛盾した立場を懸念する。委員会は、被害者の意思に反して実行されたこうした行為は、それらの行為が締約国の直接的な法的責任を伴う人権侵害と見なすに十分であると考える。委員会は、元「慰安婦」が、公人や締約国の曖昧な立場により促された者による非難を含め、名誉を貶められることにより、再び被害者となることについても懸念する。委員会は、日本の裁判所への被害者による補償のための全ての申立てが棄却されたとの情報や、加害者に対する犯罪捜査や訴追を求める全ての告発が時効を理由に却下されたとの情報を考慮する。委員会は、こうした状況は、過去の人権侵害の被害者として、被害者が活用し得る効果的救済措置が欠如していることを示すばかりでなく、被害者の人権侵害が継続していることをも示すと考える（第二条、第七条及び第八条）。

締約国は、次のことを確保するために迅速で効果的な立法府及び行政府による措置をとるべきである。

(a) **戦時中日本軍により行われた性奴隷制もしくは他の人権侵害に対する全ての申立てが、効果的、独立的かつ公平に調査され、加害者を訴追し、有罪であれば処罰すること**

(b) **司法へのアクセス及び被害者やその家族への十分な補償**

(c) **入手可能な全ての証拠の開示**

(d) **本問題についての教科書での十分な言及を含めた生徒及び一般公衆への教育**

(e) **公的な謝罪表明及び締約国の責任の公認**

(f) **被害者を中傷しあるいは当該案件を否定するあらゆる企てへの反論**

人身取引

15　委員会は、人身取引に対する締約国による取組については評価する一方、人身取引の現象が根強く継続していること、加害者に科せられる実刑判決が少ないこと、裁判にかけられた強制労働の加害者がいないこと、被害者認定が減少していること及び被害者に対する支援が不十分なことに関して引き続き懸念する（第八条）。

委員会の前回の最終見解（CCPR／C／JPN／CO／5,para.23）に沿って、締約国は以下のことをすべきである。

(a) **とりわけ強制労働の被害者に関して、被害者認定手続を強化し、労働基準監督官を含む全ての法執行機関関係者に対し、専門研修を提供すること。**

(b) **加害者を積極的に捜査及び訴追し、有罪の場合には、犯した行為の重大さに見合った刑罰を科すこと。**

(c) **通訳サービス及び賠償請求のための法的支援を含む、現行の被害者保護措置を強化すること。**

技能実習制度

16　委員会は、外国人研修生及び技能実習生に対する労働法の保護を拡大した法改正にもかかわらず、いまだに技能実習制度において性的搾取、労働関連死亡事故、強制労働となり得る条件について多くの報告があることに懸念をもって留意する（第二条及び第八条）。

前回の委員会の最終見解（CCPR／C／JPN／CO／5,para.24）に沿って、締約国は、現行の制度を低賃金労働者の確保のためではなく、能力養成に焦点を置いた新たな制度へと代えることを真剣に検討すべきである。その一方で、締約国は、実地調査回数を増やし、独立した申立ての仕組みを設立し、労働搾取目的の人身取引事例やその他の労働法違反については実効的に捜査、訴追し、制裁措置をとるべきである。

非自発的入院

17　委員会は、多くの精神障害者が、非常に広範な条件で、また権利侵害に異議を申し立てるための実効的な救済措置なく、非自発的入院の対象となっていること、また、代替となるサービスがないために入院が不必要に延長されるとの報告があることを懸念する（第七条及び第九条）。

締約国は、以下のことをすべきである。

(a) **精神障害者のための地域密着型あるいは代替となるサービスを増やすこと。**

(b) **非自発的入院が、必要最小限の期間で、最後の手段としてのみ課されること、また自傷他害防止のために必要な場合のみかつ相応とされる程度のみ課されることを確保すること。**

(c) **虐待に対する実効的捜査と制裁措置及び虐待の被害者とその家族への補償を目的とする、精神病棟に対する実効的かつ独立した監視及び報告制度を確保すること。**

代替収容制度（代用監獄）及び自白強要

18　委員会は、締約国が、利用可能な資源の欠如及び本制度が犯罪捜査に効率的であるとの理由から、代用監獄の利用を正当化し続けていることを遺憾に思う。委員会は、起訴前における保釈の権利や国選弁護人選任の権利がないことが、代用監獄において強要された自白を引き出す危険性を強めていることを引き続き懸念する。さらに、委員会は、取調べの実施に関する厳格な規則がないことに懸念を表明し、二〇一四年の「改革プラン（Report for Reform Plan）」において提案された、取調べのビデオ録画義務の範囲が限定されていることを遺憾に思う（第七条、第九条、第一〇条及び第一四条）。

締約国は、代替収容制度を廃止する、もしくは、規約第九条及び第一四条における全ての保障に完全に準拠していることをとりわけ以下の点を保障することによって確保する、ためのあらゆる措置をとるべきである。

(a) **起訴前の勾留期間において、保釈といった勾留の代替手段が十分に検討されること。**

(b) **全ての被疑者が、逮捕時から弁護人を依頼する権利が保障されること、及び弁護人が取調べ中に立ち会うこと。**

(c) **取調べ（全体がビデオ録画されるべきである）の継続時間に係る厳格な制限及び取調べの方法を規定する立法措置。**

(d) **都道府県公安委員会から独立し、また取調べ中の拷問及び虐待の申立てを即時、公正、かつ実効的に捜査する権限を有する不服審査メカニズム。**

庇護申請者及び不法移住者の退去及び収容

19　委員会は、二〇一〇年に一人の死を引き起こした退去強制中の不当な扱いに関する事件の報告に関して懸念を表明する。委員会はまた、出入国管理及び難民認定法の改正にもかかわらず、ノン・ルフールマン原則が実際には実効的に実施されていないことを懸念する。委員会はさらに、庇護に関する否定的な決定に対する、停止効果を有する独立した上訴メカニズムがないこと、並びに十分な理由を示すことなく、また収容決定に係る独立した審査もない中での長期にわたる行政収容があることを懸念する（第二条、第七条、第九条及び第一三条）。

締約国は、以下のことをすべきである。

(a) **移住者が退去強制中に不当な扱いの対象とならないことを保障するための全ての適切な措置をとること。**

(b) **国際的保護を求める全ての人々が、（保護の可否にかかる）決定及びルフールマン（迫害を受ける危険のある国家へ追放・送還すること）からの保護に対する公平な手続へのアクセスが与えられることを保障し、否定的な決定に対し（退去強制の）停止効果を有する独立した上訴メカニズムへ**

アクセスすることを保障すること。

(c) 収容が、最短の適切な期間であり、行政収容の既存の代替手段が十分に検討された場合にのみ行われることを確保し、また移住者が収容の合法性を決定し得る裁判所に訴訟手続をとれるよう確保するための措置をとること。

ムスリムの監視

20 委員会は、法執行機関関係者による広範なムスリムの監視に関する報告に関して懸念する（第二条、第一七条及び第二六条）。

締約国は、以下のことをすべきである。

(a) 法執行機関関係者に対して、文化的な意識、及び法執行機関関係者による広範なムスリムの監視を含む、人種的分析が認められないことに関して教育を行うこと。

(b) （権力の）乱用がある場合には、影響を受けた人々が、実効的救済へアクセスできることを確保すること。

拉致及び強制改宗

21 委員会は、新たな宗教活動へ強制改宗させることを目的とした、家族による（家族の一員に対する）拉致及び強制監禁がなされているとの報告を懸念する（第二条、第九条、第一八条及び第二六条）。

締約国は、全ての人が宗教や信仰を持つ又は選ぶ自由を害されうる強制を受けない権利を保障するための実効的措置をとるべきである。

「公共の福祉」を理由とした基本的自由の制限

22 委員会は、「公共の福祉」の概念が曖昧で制限がなく、規約の下で許容されている制限を超える制限を許容し得ることに、改めて懸念を表明する（第二条、第一八条及び第一九条）。

委員会は、前回の最終見解（CCPR／C／JPN／CO／5,para.10）を想起し、締約国に対し、第一八条及び第一九条の各第三項に規定された厳格な要件を満たさない限り、思想、良心及び宗教の自由あるいは表現の自由に対する権利への如何なる制限を課すことを差し控えることを促す。

特定秘密保護法

23 委員会は、最近成立した特定秘密保護法が、秘密として指定可能な事項についての曖昧かつ広範な定義及び秘密指定の一般的な前提条件を含み、また、ジャーナリスト及び人権擁護者の活動を萎縮させ得る重い罰則を規定していることを懸念する。

締約国は、特定秘密保護法及びその適用が規約第一九条の厳格な要件に適合することを確保するためのあらゆる方策をとるべきであり、とりわけ、以下の点を保障すべきである。

(a) 指定できる情報の範囲が狭く定められ、情報を求め、受け及び伝える権利に対する如何なる制限も、適法性の原則、比例性の原則及び特定のかつ確認可能な国家安全保障への脅威を防止するために必要なものであるとの原則に適合したものであること。

(b) 何人も国家安全保障を侵害しない正当な公共の利益に資する情報の流布により処罰されないこと。

福島原子力災害

24 委員会は、福島において締約国によって被ばくレベルが高く設定されていること、及びいくつかの避難区域の解除の決定により人々を高度に汚染された地域に戻らざるを得なくしている状況を懸念する（第六条、第一二条及び第一九条）。

締約国は、福島における原子力災害によって影響を受けた人々の生命を保護するための全ての必要な措置をとり、放射線レベルが住民を危険にさらさない場合にのみ、汚染地域の避難区域の指定を解除すべきである。締約国は、放射線レベルを監視し、この情報を影響を受けている人々に対し時宜を得て公表すべきである。

体罰

25 委員会は、体罰が学校でのみ明示的に禁止されていることに注目し、その普及と社会的受容に懸念を表明する（第七条及び第二四条）。

締約国は、あらゆる状況において体罰に終止符を打つための、適切な場合には立法的措置を含む実践的な措置をとるべきである。締約国は、体罰の代替手段としての非暴力的な規律の形態を促進すべきであり、また体罰の悪影響について啓発するための公的な広報キャンペーンを実施すべきである。

先住民族の権利

26 委員会は、アイヌの人々の先住民グループとしての承認を歓迎する一方、琉球及び沖縄人というものを認めていないこと、並びにそれらのグループの伝統的な土地や資源に対する権利、あるいは彼らの児童が彼らの言葉で教育を受ける権利が認められていないことに関して懸念を改めて表明する（第二七条）。

締約国は、法制を改正し、アイヌ、琉球及び沖縄のコミュニティの伝統的な土地及び天然資源に対する権利を十分保障するためのさらなる措置をとるべきであり、それは、影響を受ける政策に事前に情報を得た上で自由に関与する権利を尊重しつつ行われるべきである。また、可能な限り、彼らの児童に対する彼ら自身の言葉での教育を促進すべきである。

27 締約国は、規約、第六回定期報告、委員会によって作成された質問リスト（リスト・オブ・イシュー）への書面回答及び本最終見解を、司法、立法及び行政当局、国内で活動する市民社会及びNGO、並びに一般公衆に広く広報すべきである。

28 委員会手続規則第七一条第五項に従い、締約国は、上記第13、14、16及び18パラグラフにおいて発出された委員会の勧告の実施に関する情報を一年以内に提出しなければならない。

29 委員会は、締約国に対し、二〇一八年七月三一日提出期限の次回の定期報告において、全ての勧告の実施及び規約全体に関する明確で最新の情報を提供することを要請する。委員会はまた、締約国に対し、次回の定期報告の準備に際しては、市民社会及び国内で活動するNGOと広く協議することを要請する。

（外務省注：訳文中の「締約国」は、日本を指す。太字部分は勧告部分。）

（外務省仮訳）

●児童の権利に関する条約

（平成六年五月一六日　条約第二号）

効力発生、平六・五・二二
改正、平一五―条約三

〔注〕本条約中、[所見]とあるのは、後掲の「子どもの権利委員会の総括所見」を示している。項番号のみ掲載したので、「一九九八年」とあるのは「第一回」を、「二〇〇四年」は「第二回」を、「二〇一〇年」は「第三回」を、それぞれ参照されたい。

前文

この条約の締約国は、

国際連合憲章において宣明された原則によれば、人類社会のすべての構成員の固有の尊厳及び平等のかつ奪い得ない権利を認めることが世界における自由、正義及び平和の基礎を成すものであることを考慮し、

国際連合加盟国の国民が、国際連合憲章において、基本的人権並びに人間の尊厳及び価値に関する信念を改めて確認し、かつ、一層大きな自由の中で社会的進歩及び生活水準の向上を促進することを決意したことに留意し、

国際連合が、世界人権宣言及び人権に関する国際規約において、すべての人は人種、皮膚の色、性、言語、宗教、政治的意見その他の意見、国民的若しくは社会的出身、財産、出生又は他の地位等によるいかなる差別もなしに同宣言及び同規約に掲げるすべての権利及び自由を享有することができることを宣明し及び合意したことを認め、

国際連合が、世界人権宣言において、児童は特別な保護及び援助についての権利を享有することができることを宣明したことを想起し、

家族が、社会の基礎的な集団として、並びに家族のすべての構成員特に児童の成長及び福祉のための自然な環境として、社会においてその責任を十分に引き受けることができるよう必要な保護及び援助を与えられるべきであることを確信し、

児童が、その人格の完全なかつ調和のとれた発達のため、家庭環境の下で幸福、愛情及び理解のある雰囲気の中で成長すべきであることを認め、

児童が、社会において個人として生活するため十分な準備が整えられるべきであり、かつ、国際連合憲章において宣明された理想の精神並びに特に平和、尊厳、寛容、自由、平等及び連帯の精神に従って育てられるべきであることを考慮し、

児童に対して特別な保護を与えることの必要性が、千九百二十四年の児童の権利に関するジュネーブ宣言及び千九百五十九年十一月二十日に国際連合総会で採択された児童の権利に関する宣言において述べられており、また、世界人権宣言、市民的及び政治的権利に関する国際規約（特に第二十三条及び第二十四条）、経済的、社会的及び文化的権利に関する国際規約（特に第十条）並びに児童の福祉に関係する専門機関及び国際機関の規程及び関係文書において認められていることに留意し、

児童の権利に関する宣言において示されているとおり「児童は、身体的及び精神的に未熟であるため、その出生の前後において、適当な法的保護を含む特別な保護及び世話を必要とする。」ことに留意し、

国内の又は国際的な里親委託及び養子縁組を特に考慮した児童の保護及び福祉についての社会的及び法的な原則に関する宣言、少年司法の運用のための国際連合最低基準規則（北京規則）及び緊急事態及び武力紛争における女子及び児童の保護に関する宣言の規定を想起し、

極めて困難な条件の下で生活している児童が世界のすべての国に存在すること、また、このような児童が特別の配慮を必要としていることを認め、

児童の保護及び調和のとれた発達のために各人民の伝統及び文化的価値が有する重要性を十分に考慮し、

あらゆる国特に開発途上国における児童の生活条件を改善するために国際協力が重要であることを認めて、

次のとおり協定した。

[解説] 前文は、条約の背景や理念を規定しており、一条以下の条文を理解し解釈していくための指針を示している。ただし、前文自体としては、法的拘束力はない。人間の尊厳という人権保障の基底的理念が条約全体を貫いている。また、条約は、困難な条件下で生活している子どもがすべての国に存在しているという状況認識を示し、これらの子どもへの特別な考慮を求めている。

なお、前文九段に規定された、子どもの出生前後の特別な保護とケアをめぐって、胎児の権利保障の問題や女性の権利とくに人工妊娠中絶との関係が議論された。起草過程では、胎児の権利を認めるべきだという意見もだされたが、各国の考え方や法制度に違いがありすぎて合意がなされなかった。その結果、第一部の実体的権利規定ではなく前文に、国連・子どもの権利宣言の前文三段を再確認するかたちで規定された。

条約批准の際に議論になった条約の名称を「児童」にするか「子ども」にするかの問題は、条約の法的効果に直接の影響を及ぼすものではないが、条約の理解と普及にかかわる重要なことである。「児童」という用語は、子どもの権利の観点からすれば、もっぱら保護の対象としての子ども観に立脚するもので、権利の享有・行使の主体として子どもをとらえることから出発する条約の基本理念を反映した用語とはいえない。学力テスト旭川事件最高裁大法廷判決においても、子どもを権利の主体としてとらえる考え方を反映して「子ども」という用語を使っている（なお、文科省は二〇一三年七月以降、「子供」と表記することにした）。また、条約が、従来「すべての者」のなかに含まれているとされながら権利無視あるいは不十分な権利保障しかされてこなかった「子ども」の権利を国際的に保障していく取組みを受けて作成されたことからしても、「児童」はふさわしくない。なお、国内法での「児童」の年齢は、児童福祉法や児童手当法などでは一八歳未満、母子及び寡婦福祉法では二〇歳未満、道路交通法では六歳以上一三歳未満など不統一である。

第一部

第一条〔子どもの定義〕　この条約の適用上、児童とは、十八歳未満のすべての者をいう。ただし、当該児童で、その者に適用される法律によりより早く成年に達したものを除く。

＊児童の定義（児福四、児童虐待防止法二、児童手当法三、児童扶養手当法三、母子及び父子並びに寡婦福祉法六3、道交一四3、労基五六1）、学齢児童・生徒の定義（学教一七）、少年の定義（少二）、成年・成人の定義（民四、公選九、少二）、成年擬制（民六・七五三）

[所見] →22・23（二〇〇四年）、31・32（二〇一〇年）、16（二〇一九年）

解説 二〇一八年の民法改正により二〇二二年四月から成人年齢が一八歳に引き下げられることとなり、条約にいう「子ども」と国内法における未成年者の定義が一致することとなった。このこと自体は条約の解釈・実施には直接関係しない。なお、法的な年齢条項は各法律の目的に基づいて個別に定められるべきものであり、少年法など他の法律の適用年齢等もあわせて引き下げるかどうかについては慎重な検討が必要である。今回の民法改正によりこれまで男子一八歳・女子一六歳とされていた婚姻適齢がともに一八歳とされたことは、男女差別の禁止等の観点から前進であると評価できる。

第二条［差別の禁止］ 1 締約国は、その管轄の下にある児童に対し、児童又はその父母若しくは法定保護者の人種、皮膚の色、性、言語、宗教、政治的意見その他の意見、国民的、種族的若しくは社会的出身、財産、心身障害、出生又は他の地位にかかわらず、いかなる差別もなしにこの条約に定める権利を尊重し、及び確保する。

2 締約国は、児童がその父母、法定保護者又は家族の構成員の地位、活動、表明した意見又は信念によるあらゆる形態の差別又は処罰から保護されることを確保するためのすべての適当な措置をとる。

＊憲一四・二六1、教基四、児福一、世界人権宣言二・七・二五2、障害者差別解消法、ヘイトスピーチ対策法、部落差別解消法、自由権規約二1、社会権規約二2・一〇3、人種差別撤廃、女子差別撤廃、障害者権利条約

所見 →13・35（一九九八年）、24−26（二〇〇四年）、33・34（二〇一〇年）、17・18・39・42（二〇一九年）

意見 **9 障害のある子ども** 9 一般論として、締約国は、……(a)差別の禁止に関する憲法条項に差別禁止事由として障害を明示的に掲げ、かつ（または）、差別を禁ずる具体的な法律または法規定に、障害を理由とする差別の具体的禁止を掲げること。(b)障害児の権利が侵害された場合に、……容易にアクセスできる効果的救済を提供すること。(c)障害児の事実上の差別を防止および解消する目的で、公衆一般および特定の専門職集団を対象とする意識啓発・教育キャンペーンを行うこと。（二〇〇六年）

意見 **22 移住者である子ども（一般的原則）** 21 国際的移住に関与しまたはその影響を受けているすべての子どもは、子どももまたはその親、法定保護者もしくは家族構成員の年齢、ジェンダー、ジェンダーアイデンティティもしくは性的指向、民族的もしくは国民的出身、障害、宗教、経済的地位、移住者／在留資格、無国籍、人種、皮膚の色、婚姻もしくは家族に関わる地位、健康状態もしくは他の社会的条件、活動、表明された意見または信条にかかわらず、自己の権利を享受する資格を有する。この原則は、どのような理由で移動しているか、子どもに保護者が付き添っているか否か、移動中かもしくはその他の形で定住しているか、在留資格または他のいずれかの資格を有しているか否かにかかわらず、すべての子どもおよびその親に全面的に適用される。

22 差別の禁止の原則は、移住に関連するすべての政策および手続（国境管理措置を含む）の中心に、子どももまたはその親の移住者資格にかかわらず、位置づけられる。移住者の異なる取扱いは、いかなるものであっても、適法性および比例性を備え、正当な目的を追求し、かつ子どもの最善の利益ならびに国際人権法上の規範および基準に一致していなければならない。同様に、締約国は、移住者である子どもおよびその家族が、その人権の効果的実現および国民と平等なやり方によるサービスへのアクセスを通じ、受入れ社会に統合されることを確保するべきである。（二〇一七年）

判例 **国籍法婚外子差別事件** 諸外国においては、非嫡出子に対する法的な差別的取扱いを解消する方向にあることがうかがわれ、我が国が批准した市民的及び政治的権利に関する国際規約及び児童の権利に関する条約にも、児童が出生によっていかなる差別も受けないとする趣旨の規定が存する。さらに、国籍法三条一項の規定が設けられた後、自国民である父の非嫡出子について準正を国籍取得の要件としていた多くの国において、今日までに、認知等により自国民との父子関係の成立が認められた場合にはそれだけで自国籍の取得を認める旨の法改正が行われている。以上のような我が国を取り巻く国内的、国際的な社会的環境等の変化に照らしてみると、準正を出生後における届出による日本国籍取得の要件としておくことについて、前記の立法目的との間に合理的関連性を見いだすことがもはや難しくなっているというべきである。（最大判平20・6・4判時二〇〇二—三）

判例 昭和二二年民法改正時から現在に至るまでの間の社会の動向、我が国における家族形態の多様化やこれに伴う国民の意識の変化、諸外国の立法のすう勢及び我が国が批准した条約の内容とこれに基づき設置された委員会からの指摘、嫡出子と嫡出でない子の区別に関わる法制等の変化、更にはこれまでの当審判例における度重なる問題の指摘等を総合的に考察すれば、家族という共同体の中における個人の尊重がより明確に認識されてきたことは明らかであるといえる。そして、法律婚という制度

児童（子ども）の権利条約のあらまし

成　立　条約は、国際連合・子どもの権利宣言三〇年にあたる一九八九年一一月二〇日、国連総会において全会一致で採択され、九〇年九月二日に発効した。条約は、理想を定めているのではなく、ユニセフが「静かな緊急事態」と呼ぶほど世界中で深刻になっている子どもの危機的状況を解決するために、人類共通の権利保障の基準を示し、具体的な取組みを求めている。条約制定の客観的要因は、世界の子どもたちが置かれている現実である。条約制定の主体的な契機の一つは第一次・第二次大戦で何百万人もの子どもが犠牲になったポーランドのイニシアティブである。また、ユニセフなどの国際機関、非政府組織（NGO）が条約の制定を促進させた。

内　容　条約は、前文（条約の背景・趣旨・原則）と、第一部（総則・個別的権利を含む実体規定）、第二部（条約の国際社会における実施措置）、第三部（発効・批准などの最終条項）の五四か条で構成されている。条約は、他の人権条約と比べても、かなり詳細な権利規定を有するものであり、子どもの権利保障に関わるこれまでの国際文書の水準と同一かそれ以上の水準を含んでいる。

条約は、あらゆる差別の禁止、子どもの最善の利益確保、生命・生存・発達への権利、子どもの意見の尊重を一般原則にしている。その上で、表現の自由・プライバシーの保護等の市民的権利、子どものケアや家庭環境に関わる権利、教育や福祉の権利、法に抵触した子どもの権利、難民・先住民の子どもや障害のある子どもの権利等、子どもが一人の人間として自立していく上で必要な権利をほとんど規定している。また条約は、これまでもっぱら保護される客体と捉えられていた子ども観の転換を求め、独立した人格と尊厳を持ち、権利を享受し行使する主体として子どもを捉えている。

選択議定書　二〇〇〇年五月二五日に条約の内容を補完し具体化する二つの選択議定書＝「児童の売買、児童買春及び児童ポルノに関する選択議定書」と「武力紛争における児童の関与に関する選択議定書」が採択され、二〇〇二年に発効している。二〇一一年一二月には個人通報制度を定めた三つ目の選択議定書が採択され、二〇一四年四月に発効した。

日本の批准　日本政府は、「子どものための世界サミット」にあわせて一九九〇年九月二一日に署名をし（一〇九番目）、九四年四月二二日に批准書を国連事務総長に送り（一五八番目の締約国）、条約は同年五月二二日に国内発効した。日本国憲法に準ずる法的効力を持つ国内法規範とな

自体は我が国に定着しているとしても、上記のような認識の変化に伴い、上記制度の下で父母が婚姻関係になかったという、子にとっては自ら選択ないし修正する余地のない事柄を理由としてその子に不利益を及ぼすことは許されず、子を個人として尊重し、その権利を保障すべきであるという考えが確立されてきているものということができる。以上を総合すれば、遅くともAの相続が開始した平成一三年七月当時においては、立法府の裁量権を考慮しても、嫡出子と嫡出でない子の法定相続分を区別する合理的な根拠は失われていたというべきである。したがって、本件規定（民法九〇〇条四号ただし書前段）は、遅くとも平成一三年七月当時において、憲法一四条一項に違反していたものというべきである。（最大決平25・9・4判時二一九七―一〇）

通知 **性同一性障害に係る児童生徒に対するきめ細かな対応の実施等について**（平27・4・30文科初児生三児生課長）

解説　本条は条約の一般原則の一つである。ここでは、民族的出身と障害による差別の禁止が人権条約史上新しく規定され、また子どもの親（保護者）、家族構成員にかかわる差別を禁止しているなど、子どもに対する差別の禁止規定は手厚い。条約は歴史的にも現在でも、差別の理由となっている事柄を明示的に禁止している。子どもの権利委員会は、単に法律で差別を禁止するにとどまらず、事実上の差別を積極的に是正することによりあらゆる子どもに対して条約上の権利を「確保する」ことまで求めている。同委員会は、婚外子（非嫡出子）に対する法的・制度的差別が是正されなければならず、また、とくに外国人（資格外滞在者も含む）や難民を含む国民的・民族的マイノリティ、女子、障害のある子ども、貧困層・低所得層に属する子ども、HIV・エイズの影響を受けた子どもなどに注意が向けられなければならない、とする。権利享受の地理的格差もここで禁じられている差別にあたるというのが同委員会の見解である。委員会の第三回・第四回所見では、包括的な反差別法の制定を勧告されている。なお、女性差別撤廃委員会からも改めて男女の婚姻適齢を一八歳に設定すること、婚外子の民法・戸籍法上の差別規定を撤廃するよう勧告されている（二〇〇九年総括所見17・18）。また、社会権規約委員会（二〇一三年）や自由権規約委員会（二〇一四年）から勧告されたように、性的指向やジェンダー・アイデンティティに基づく差別からの保護も求められている。なお、民法の婚外子相続差別規定については、二〇一三年九月四日の最高裁決定が違憲とし、民法九〇〇条が改正された。また、二〇一八年の民法改正により婚姻適齢は男女とも一八歳とされた（二〇二二年施行）。

第三条［子どもの最善の利益］　1　児童に関するすべての措置をとるに当たっては、公的若しくは私的な社会福祉施設、裁判所、行政当局又は立法機関のいずれによって行われるものであっても、児童の最善の利益が主として考慮されるものとする。

2　締約国は、児童の父母、法定保護者又は児童について法的に責任を有する他の者の権利及び義務を考慮に入れて、児童の福祉に必要な保護及び養護を確保することを約束し、このため、すべての適当な立法上及び行政上の措置をとる。

3　締約国は、児童の養護又は保護のための施設、役務の提供及び設備が、特に安全及び健康の分野に関し並びにこれらの職員の数及び適格性並びに適正な監督に関し権限のある当局の設定した基準に適合することを確保する。

＊①児童の最善の利益（九1 3・一八1・二〇1・二一・三七(c)・四〇2(b)(iii)、女子差別撤廃五(b)・一六(d)(f)、児福二1、子ども・若者育成支援推進法二、子どもの貧困対策推進法二1）、②児童の保護・ケアの確保（児福、児童虐待防止法、児童手当法、児童扶養手当法、特別児童扶養手当法、母子保健法五、世界人権宣言二五2、自由権規約二四1、社会権規約一〇1 3）、③施設等の基準（児福、社会福祉法、幼稚園基準等）

所見 ↓37―40（二〇一〇年）、19（二〇一九年）

意見 **14　子どもの最善の利益**　4　子どもの最善の利益の概念は、条約で認められているすべての権利の全面的かつ効果的な享受および子どものホリスティックな発達の双方を確保することを目的としたものである。……条約に定められたすべての権利は「子どもの最善の利益」にのっとったものであり、いかなる権利も、子どもの最善の利益を消極的に解することによって損なうことはできない。

6　委員会は、子どもの最善の利益が三層の概念であることを強調する。(a)実体的権利：争点となっている問題について決定を行うためにさまざまな利益が考慮される際、自己の最善の利益を評価され、かつ第一次的に考慮される子どもの権利であり、かつ、一人の子ども、特定のもしくは不特定の子どもの集団または子どもたち一般に関わる決定が行われるときは常にこの権利が実施されるという保障である。……(b)基本的な法的解釈原理：ある法律上の規定に複数の解釈の余地がある場合、子どもの最善の利益にもっとも効果的にかなう解釈が選択されるべきである。……(c)手続規則：一人の子ども、特定の

ったわけである。批准にあたって政府は、三七条(c)第二文の留保と九条一項・一〇条一項の解釈宣言をつけ、新たな国内立法措置や予算措置は不要であるという見解を示した。なお、「条約の理念に則り」（目的）、「意見を十分に尊重しつつ、その最善の利益を考慮する」（基本理念）とする子ども・若者育成支援推進法が二〇〇九年に公布され、それに基づき「子ども・若者ビジョン」が二〇一〇年に策定されている。さらに、児童福祉法が二〇一六年に改正され、「全て児童は、児童の権利に関する条約の精神にのっとり…福祉を等しく保障される権利を有する」（一条）ことが原理とされ、これはすべての子どもに関する法令の施行にあたって常に尊重されなければならない（三条）。自治体レベルでは、「川西市子どもの人権オンブズパーソン条例」「川崎市子どもの権利条例」など、条約を根拠にして、子どもの権利を条例で保障していこうとする動きが出ている。

なお、両議定書は、二〇〇二年五月一〇日に署名され、児童売買等に関する選択議定書は二〇〇五年二月二四日に、武力紛争に関する選択議定書は二〇〇四年九月二日に国内で発効している。個人通報制度に関する選択議定書については署名もしていない。

子どもの権利委員会　条約は、実施措置として締約国による定期的報告制度を採用し、個人資格の専門家一八人で構成される子どもの権利委員会を設置して、締約国の条約実施状況を監視させている。選択議定書についても同じシステムが採用された。委員会は審査後に「総括所見」を採択し、条約実施に関わる懸念を表明するとともにその改善のための提案・勧告を行う。さらに、「一般的意見」を出し、または「一般的討議」で勧告を採択することを通じて、条約の解釈や実施のあり方に関する見解を示している。なお、二〇一六年に委員として大谷美紀子弁護士が選出された。

委員会は一九九八年五月二七・二八日に日本の第一回報告書（一九九六年提出）、二〇〇四年一月二八日に第二回報告書（二〇〇一年提出）、二〇一〇年五月二七日・二八日に第三回報告書（二〇〇八年提出）を審査し、それぞれ総括所見を採択している。なお、第三回報告書の審査時には二つの選択議定書の報告書（二〇〇八年提出）も同時に審査し、総括所見を採択している。第四回・第五回統合報告書（二〇一七年提出）は二〇一九年一月一六日から一七日に審査され、二月に総括所見が採択された（正式発表は三月五日付）。所見では、とくに差別の禁止、子どもの意見の尊重、体罰、家庭環境を奪われた子ども、リプロダクティブヘルス・精神保健、少年司法の六つの分野で「緊急の措置」をとることが促されている。

子どもの集団または子どもたち一般に関わる決定が行われるときは常に、意思決定プロセスに、当該決定が当事者である子ども（たち）に及ぼす可能性のある（肯定的または否定的な）影響についての評価が含まれなければならない。子どもの最善の利益を評価・判定するためには手続上の保障が必要である。さらに、ある決定を正当とする理由の説明において、この権利が明示的に考慮に入れられたことが示されなければならない。……

43 子どもの最善の利益の評価には、子どもに影響を与えるすべての事柄について自由に自己の意見を表明し、かつ表明された意見を正当に重視される子どもの権利の尊重が含まれなければならない。……第一二条の要素が満たされなければ、第三条の正しい適用はありえない。

……

83 状況によって、子どもに影響を及ぼす「保護」関連の要因（これは、たとえば権利の制約または制限を含意する場合がある）を、「エンパワーメント」（これは、権利を制限なく全面的に行使できることを含意する）のための措置との関連で評価しなければならないことがあるかもしれない。このような状況においては、諸要素の比較衡量にあたり、その子どもの年齢および成熟度が指針とされるべきである。……（二〇一三年）

解説 子どもの最善の利益は条約のキー概念の一つであり、条約の一般原則である。この原則は、社会福祉機関・裁判所・行政・立法機関などの子どもにかかわるすべての活動において第一義的に考慮される。この原則は、親が子どもの養育や発達に責任を果たす際にも、基本的な関心事項となる（一八条）。しかし、最善の利益を誰がいかなる基準でどのような手続きによって確定するのかは曖昧なままであるため、一二条の子どもの意見の尊重・参加の権利の保障が不可欠になる。本条一項は単なる理念規定ではなく、個別事案から公共政策に至る、子どもに影響を与えるさまざまな決定および活動において適用されるべき手続上の一般原則である。子どもの利益は、親や社会の利益に従属しない独立した要素として、可能なあらゆる選択肢も考慮に入れつつ正当に重視されなければならない。また、さまざまな場面で行われる意思決定の過程でこの原則が適用されるようにするため、何らかの手続や機構を導入することも求められよう。

第四条［締約国の実施義務］ 締約国は、この条約において認められる権利の実現のため、すべての適当な立法措置、行政措置その他の措置を講ずる。締約国は、経済的、社会的及び文化的権利に関しては、自国における利用可能な手段の最大限の範囲内で、また、必要な場合には国際協力の枠内で、これらの措置を講ずる。

＊社会権の実施（社会権規約二1）、国際協力（一七(b)・二三4・二四4・二八3）

所見 →10−15・18・19（二〇〇四年）、11−30（二〇一〇年）、7−15（二〇一九年）

意見 **2 独立した国内人権機関** 4 国内人権機関は、……「国際連合・国家機関の地位に関する原則」（パリ原則）にしたがって設置されなければならない。

7 子どもの権利の促進および保護を担当する独立した人権機関はすべての国に必要である。委員会の主要な関心は、その機関が、形態はどうあれ、独立してかつ効果的に子どもの権利を監視、促進および保護できるというところにある。

8 国内人権機関は、……法律による委任が与えられなければならない。（二〇〇二年）

意見 **5 実施に関する一般的措置** 9 実施に関する一般的措置は、条約上のあらゆる権利をすべての子どもが全面的に享受することを促進するよう意図されたものである。権利の享受は、立法、調整・監視のための政府機関および独立機関の設置、包括的なデータ収集、意識啓発・訓練、適切な政策、サービスおよびプログラムの策定・実施を通じて促進される。

11 国は、条約の文脈において、一人ひとりの子どもに対する明確な法的義務を履行する役割を自覚しなければならない。子どもの人権の実施は、子どもにいいことをしてあげるという慈善のプロセスとしてとらえられてはならない。

12 行政機関、議会および司法機関全体で子どもの権利の視点を発展させていくためには、とくに委員会が一般原則に掲げた条約の条項に照らし、条約全体を効果的に実施していくことが必要である。（二〇〇三年）

意見 **19 公共予算** 31 第四条によって締約国に課されている、利用可能な資源を「最大限に用いることによ〔り〕」子どもの経済的、社会的および文化的権利を実現する義務は、締約国は……意図的な後退的措置をとるべきではないということでもある。締約国は、子どもの権利の享受に関わる現行水準の低下を許すべきではない。

……

57 ……委員会は、締約国には、自国の予算編成過程において、子どもの権利を実現するのに十分なやり方で歳入創出および支出管理を進めるための措置をとる義務があることを強調する。委員会は、子どもの権利を実現するための十分な資源の確保を達成するには、条約の一般原則および予算原則（有効性、効率性、公平性、透明性および持続可能性）を考慮することも含め、多くの方法があることを認識するものである。条約の締約国は、子どもの権利を実現する予算上の義務を果たすことについての説明責任を有する。（二〇一六年）

解説 子どもの権利委員会は、本条との関連で、立法措置、予算・国際協力に関するものも含む政策立案、調整・監視を始めとする各種の実施機構など、条約実施の前提となるさまざまな論点を取り扱ってきた。日本に対する所見でも、立法の見直し、子どもの権利の包括的法律の制定、裁判所による条約の適用、政策調整、データ収集、独立した監視機構、資源配分、NGO（非政府組織）との対話・協力などの点について問題点や課題が指摘されている。

第五条［親の指導の尊重］ 締約国は、児童がこの条約において認められる権利を行使するに当たり、父母若しくは場合により地方の慣習により定められている大家族若しくは共同体の構成員、法定保護者又は児童について法的に責任を有する他の者がその児童の発達しつつある能力に適合する方法で適当な指示及び指導を与える責任、権利及び義務を尊重する。

＊親権者の権利義務（憲二六2、民八一八・八二〇—八二四・八二七・八三九—八四一、児福二・六・二七・四七、児童虐待防止法一四1）

意見 **7 乳幼児** 17 五条には、親（および他の者）は子どもに与える支援および指導の水準を継続的に修正していく責任があるという原則が掲げられている。このような修正は、子どもの関心および望みならびに自律的な意思決定能力ならびに最善の利益の理解力を考慮に入れて行われなければならない。……発達しつつある能力は、権利行使を可能にする積極的な原則としてとらえられるべきであって、……権威主義的慣行の言い訳としてとらえられるべきではない。親（および他の者）は、子ども中心の方法で、対話することおよび模範を示すことを通じ、……自己の権利を行使する乳幼児の能力を増進させるようなやり方で、「指示および指導」を与えるよう、奨励されるべきである。（二〇〇五年）

解説 本条は、子どもの権利行使を前提とし、その能力の発達と一致する方法で親が適当な指示・指導を行う責任・権利・義務の尊重を規定したものである。ここでいう親の権利は子どもの権利を保障するために付与されたものであり、子どもの能力の発達に応じてその内容および範囲が変わっていくと解される。その意味で、子どもに対する支配的な権限としての側面が残る現行の親権法制は本条と一致しない面がある。

第六条［生命・生存・発達への権利］ 1 締約国は、すべての児童が生命に対する固有の権利を有することを認める。

2　締約国は、児童の生存及び発達を可能な最大限の範囲において確保する。

＊①生命権（自由権規約六1）、②生存権（一九・二四・二六・二七、憲一三・二五、児福一・二）、発達権（一九―二一・二三・二四・二六―二九・三一・三九、憲二六・二七3、児福一・二、教基一・一一、少一）

［所見］→47・48（二〇〇四年）、41・42（二〇一〇年）、20（二〇一九年）

［意見］**7　乳幼児**　10　生存および発達に対する権利の実施は、健康、十分な栄養、社会保障、十分な生活水準、健康的かつ安全な環境、教育および遊びに対する権利……を含む条約の他のあらゆる規定を執行することを通じ、ならびに、親の責任を尊重し、かつ援助および良質なサービスを提供すること……を通じ、ホリスティックなやり方で進められたときに初めて可能になる。（二〇〇五年）

［意見］**20　思春期の子ども**　11　すべての子どもの最適な発達を子ども期の全期間で確保するためには、人生の各期間がその後の段階に与える影響を認識する必要がある。思春期は、それ自体が子ども期における貴重な時期の一つではあるが、ライフチャンスを高めるための移行および機会がともなうきわめて重要な時期でもある。……さらに、思春期における前向きかつ支援的な機会は、乳幼児期にこうむった危害の影響の一部を相殺し、かつ、将来の被害を緩和するためのレジリエンスを構築する目的で活用することが可能である。そこで委員会は、ライフコースの視点の重要性を強調する。（二〇一七年）

［解説］本条も条約の一般原則の一つである。条約は、本条の生命への固有の権利および生存と発達の確保を出発点として、実体的権利を包括的に保障している。子どもに関わるさまざまな措置は、それが子どもの発達にとって有益なものかどうかという観点から判断されなければならない。その際、「発達」保障の名目で子どもの権利を不適切に制約することは許されず、条約上の諸権利を踏まえた検討が必要である。

第七条［名前・国籍への権利、親を知り養育される権利］　1　児童は、出生の後直ちに登録される。児童は、出生の時から氏名を有する権利及び国籍を取得する権利を有するものとし、また、できる限りその父母を知りかつその父母によって養育される権利を有する。

2　締約国は、特に児童が無国籍となる場合を含めて、国内法及びこの分野における関連する国際文書に基づく自国の義務に従い、1の権利の実現を確保する。

＊①出生登録（戸籍法一三―一五ほか、自由権規約二四2）、名前（民七九〇・八一〇、戸籍法六・一八・五〇・五七2、自由権規約二四2）、国籍（憲一〇、国籍法、世界人権宣言一五1、自由権規約二四3）、親によって養育される権利（民八一八・八二〇・八七七1）

［所見］→45・46（二〇一〇年）、23（二〇一九年）

［解説］出生登録および国籍への権利は、子どもが法律上の人格として認められ、その他の権利の享受を確保するための前提となる基本的な権利である。二項は、世界中で国籍をもたないためにさまざまな権利が保障されないままでいる子どもの現実に対応する規定であり、無国籍の防止を規定しているが、国籍法二条一号は出生時に父または母が日本国民であることを日本国籍取得の要件とし、かつ婚外子の出生後認知の遡及効果が運用上認められていないことなどの理由により、いまなお無国籍が生ずる場合がある（二条も参照）。

第八条［アイデンティティの保全］　1　締約国は、児童が法律によって認められた国籍、氏名及び家族関係を含むその身元関係事項について不法に干渉されることなく保持する権利を尊重することを約束する。

2　締約国は、児童がその身元関係事項の一部又は全部を不法に奪われた場合には、その身元関係事項を速やかに回復するため、適当な援助及び保護を与える。

［解説］政府訳は identity を「身元関係事項」としているが、本条が identity のなかに家族関係を含ませていることや、日本語として使われている意味からして、不適切な訳出である。

第九条［親からの分離禁止原則］　1　締約国は、児童がその父母の意思に反してその父母から分離されないことを確保する。ただし、権限のある当局が司法の審査に従うことを条件として適用のある法律及び手続に従いその分離が児童の最善の利益のために必要であると決定する場合は、この限りでない。このような決定は、父母が児童を虐待し若しくは放置する場合又は父母が別居しており児童の居住地を決定しなければならない場合のような特定の場合において必要となることがある。

2　すべての関係当事者は、1の規定に基づくいかなる手続においても、その手続に参加しかつ自己の意見を述べる機会を有する。

3　締約国は、児童の最善の利益に反する場合を除くほか、父母の一方又は双方から分離されている児童が定期的に父母のいずれとも人的な関係及び直接の接触を維持する権利を尊重する。

4　3の分離が、締約国がとった父母の一方若しくは双方又は児童の抑留、拘禁、追放、退去強制、死亡（その者が当該締約国により身体を拘束されている間に何らかの理由により生じた死亡を含む。）等のいずれかの措置に基づく場合には、当該締約国は、要請に応じ、父母、児童又は適当な場合には家族の他の構成員に対し、家族のうち不在となっている者の所在に関する重要な情報を提供する。ただし、その情報の提供が児童の福祉を害する場合は、この限りでない。締約国は、更に、その要請の提出自体が関係者に悪影響を及ぼさないことを確保する。

＊①親からの分離禁止原則（民八一八・八二〇・八二一、児福二七4）、離婚等にともなう分離（民七六六・七七一・八一八3・八一九）、虐待・放任等を理由とする分離（民八一七の六・八三四―八三五、児福二八・三三・三三の八、児童虐待防止法八・一二）、②利害関係者の意見表明権（児福二七4、家事事件手続法四二・二五八）、③個人的関係・接触の維持（民七六六4・七七一、刑訴八〇・八一）

［所見］→28・29・42（二〇一九年）

［宣言］日本国政府は、児童の権利に関する条約九条一項は、出入国管理法に基づく退去強制の結果として児童が父母から分離される場合に適用されるものではないと解釈するものであることを宣言する。（平6・5・16外務省告示二六二号）

［判例］憲法九八条一・二項（条約・国際法規の遵守）及び憲法九九条（公務員の憲法尊重擁護義務）によれば、我が国の公務員は、このような国際人権条約（B規約や児童の権利条約）の精神やその趣旨（家族の結合の擁護や児童の最善の利益の保障）を誠実に遵守し、尊重する義務を負う。したがって、当該外国人に在留特別許可を付与するか否かを判断するに当たって、被控訴人法務大臣は、国際人権条約（B規約や児童の権利条約）の精神やその趣旨を重要な要素として考慮しなければならない。

（中略）以上のような（本件に関連する事実関係を）日本国が尊重を義務づけられているB規約及び児童の権利条約の規定に照らしてみるならば、入国申請の際に違法な行為（中略）があったことを考慮しても、本件裁決は、社会通念上著しく妥当性を欠くことが明らかであり、被控訴人法務大臣の裁量権の範囲を逸脱又は濫用した違法があるというべきであるから、その余の点を判断するまでもなく、取消しを免れない。（福岡高判平17・3・7判タ一二三四―七三）

解説　九条一項について、政府は、「出入国管理法に基づく強制退去の結果として児童が父母から分離される場合については」適用されないと解釈する。しかし、同項は、子どもが親の意思に反して親から分離されないことを原則にし、その例外として、権限ある機関（当局）が子どもの最善の利益に照らして親子の分離が必要であると決定した場合をあげているのである。子どもの権利委員会は、これまでの審査において解釈宣言のような理解を採用しておらず、解釈宣言を撤回の方向で見直すよう奨励している。

第一〇条［家族の再統合のための出入国］　1　前条1の規定に基づく締約国の義務に従い、家族の再統合を目的とする児童又はその父母による締約国への入国又は締約国からの出国の申請については、締約国が積極的、人道的かつ迅速な方法で取り扱う。締約国は、更に、その申請の提出が申請者及びその家族の構成員に悪影響を及ぼさないことを確保する。

2　父母と異なる国に居住する児童は、例外的な事情がある場合を除くほか定期的に父母との人的な関係及び直接の接触を維持する権利を有する。このため、前条1の規定に基づく締約国の義務に従い、締約国は、児童及びその父母がいずれの国（自国を含む。）からも出国し、かつ、自国に入国する権利を尊重する。出国する権利は、法律で定められ、国の安全、公の秩序、公衆の健康若しくは道徳又は他の者の権利及び自由を保護するために必要であり、かつ、この条約において認められる他の権利と両立する制限にのみ従う。

＊出入国（入管）

宣言　日本政府は、更に、児童の権利に関する条約一〇条一項に規定される家族の再統合を目的とする締約国への入国または締約国からの出国の申請を「積極的、人道的かつ迅速な方法」で取り扱うとの義務は、そのような申請の結果に影響を与えるものではないと解釈するものであることを宣言する。（平6・5・16外務省告示二六二号）

意見　**出身国外にあって保護者のいない子ども**　13　保護者のいない子どもおよび養育者から分離された子どもとの関係で条約から派生する義務は、すべての統治部局……に適用される。……このような責任は、すでに保護者のいないまたは養育者から分離された子どもに対して保護および援助を提供することに限られるものではなく、分離を防止するための措置（避難の場合に保護措置を実施することも含まれる）も含む。

82　出身国における家族再統合は、そのような帰還が子どもの基本的人権の侵害につながる「合理的おそれ」があるときは子どもの最善の利益にかなうものではなく、したがって追求されるべきではない。

83　出身国における家族再統合が不可能な場合は、……つねに条約第九条および第一〇条にもとづく義務が発動されるのであり、自国における家族再統合についての受入国の決定においてもこれらの義務が指針とされるべきである。（二〇〇五年）

解説　一〇条一項について、政府は、出入国申請の審査結果を予断し、拘束するものではないと解するが、この解釈が文理上明確ではないので、解釈宣言するという。しかし、同規定が要請するような申請の取扱い義務とその結果は必ずしも一致しない場合があることは当然であり、あえて政府のような解釈宣言をする必要はない。出入国管理手続において「積極的、人道的かつ迅速な方法」での申請取扱いや不服申立て制度の整備こそ求められるべきで、上記のような解釈宣言は不要である。子どもの権利委員会も、解釈宣言を撤回の方向で見直すよう奨励している。

第一一条［国外不法移送・不返還の防止］　1　締約国は、児童が不法に国外へ移送されることを防止し及び国外から帰還することができない事態を除去するための措置を講ずる。

2　このため、締約国は、二国間若しくは多数国間の協定の締結又は現行の協定への加入を促進する。

＊民八二一、刑二二六・二二七1、子の奪取に関するハーグ条約、ハーグ条約実施法

所見　→31（二〇一九年）

第一二条［子どもの意見の尊重］　1　締約国は、自己の意見を形成する能力のある児童がその児童に影響を及ぼすすべての事項について自由に自己の意見を表明する権利を確保する。この場合において、児童の意見は、その児童の年齢及び成熟度に従って相応に考慮されるものとする。

2　このため、児童は、特に、自己に影響を及ぼすあらゆる司法上及び行政上の手続において、国内法の手続規則に合致する方法により直接に又は代理人若しくは適当な団体を通じて聴取される機会を与えられる。

＊①意見表明の権利（憲一三・二一1、民九六一、世界人権宣言一九、自由権規約一九1）、子どもの意見の尊重（児福二1、子ども・若者育成支援推進法二、子どもの貧困対策推進法二1・一五6）、児童の同意（民七九七1・八二四）、未成年者の行為能力（民五・六・七五三、民訴二八・三一）、②意見の聴取の機会（憲一三・三一、家事事件手続法四二・二五八、刑訴八四2）、意見表明手続の適用除外（行手三、行服七）

所見　→13・35（一九九八年）、27・28（二〇〇四年）、43・44（二〇一〇年）、5・21・22（二〇一九年）

意見　**7　乳幼児**　14　委員会は、一二条は年少の子どもと年長の子どもの双方に適用されるものであることを強調したい。……乳幼児は、話し言葉または書き言葉という通常の手段で意思疎通ができるようになるはるか以前に、さまざまな方法で選択を行い、かつ自分の気持ち、考えおよび望みを伝達しているのである。……(c)……参加の権利を達成するためには、おとなが子ども中心の態度をとり、乳幼児の声に耳を傾けるとともに、その尊厳および個人としての視点を尊重することが必要とされる。おとなが、乳幼児の関心、理解水準および意思疎通の手段に関する好みにあわせて自分たちの期待を修正することにより、忍耐と創造性を示すことも必要である。（二〇〇五年）

意見　**12　意見を聴かれる子どもの権利**　105　教育において意見を聴かれる子どもの権利を尊重することは、教育に対する権利の実現にとって根本的に重要である。……

110　意思決定プロセスへの子どもたちの着実な参加は、……とくに、学級会、生徒会、ならびに、学校理事会および学校委員会への生徒代表の参加を通じて達成されるべきである。このような場で、子どもたちは学校方針および行動規範の策定および実施について自由にその意見を表明できる。これらの権利は、それを実施しようという公的機関、学校および校長の善意に依拠するのではなく、立法に掲げられる必要がある。

111　締約国は、学校に留まらず、教育政策のあらゆる側面について地方および国のレベルで子どもたちと協議するべきである。（二〇〇九年）

意見　**20　思春期の子ども**　24　委員会は、政治的および市民的関与の手段としての参加の重要性を強調する。思

春期の子どもたちは、このような参加を通じて自己の権利の実現のための交渉および主張を行い、かつ国の説明責任を問うことができるのである。各国は、主体的な市民性の発達において有用である政治的参加の機会を増やすための政策を採用するよう求められる。思春期の子どもは、……デジタルメディアを含むさまざまな手段による参加を可能にする手段である団体の結成について支援を受けられなければならない。国が投票年齢の一八歳未満への引き下げを決定するときは、市民性教育および人権教育、ならびに、思春期の子どもの関与および参加を妨げる障壁の特定およびこれへの対応等の手段により、思春期の子どもが主体的市民としての自己の役割を理解し、認識しかつ充足することの支援となるような措置に投資するべきである。

25　委員会は、思春期の子どもが参加権を享有するためにはこの権利に関するおとなの理解および意識が重要であることに留意し、国に対し、とくに親および養育者、思春期の子どもとともにおよびこれらの子どものために働く専門家ならびに政策立案および意思決定に携わる関係者を対象とした研修および意識啓発に投資するよう奨励する。思春期の子どもが自分自身の生活およびまわりの人々の生活に対していっそうの責任を引き受けられるようにするため、おとながメンター（良き導き手）およびファシリテーターになれるようにするための支援が必要である。（二〇一七年）

通知　↓後掲「**児童の権利に関する条約**」**について**（平6・5・20文初高一四九事務次官）五・六参照

解説　本条は条約の一般原則であり、子どもが権利行使の主体であることを端的に示している規定の一つである。子どもの権利委員会は、単に意見表明の機会を保障するにとどまらず表明された意見が正当に重視されることが求められている規定の趣旨に基づき、「子どもの意見の尊重」の原則と位置づけている。この点で、政府の「相応に考慮」という訳は原義を正確に反映したものとは言いがたい。また、「意見表明の機会」を保障することに限定するような理解は問題である。子どもの権利委員会は、本条から子どもの参加の権利を導き出している。子どもの参加の権利は一三条から一七条のいわゆる市民的権利条項からも根拠づけられている。この権利を保障するためには子どもの意見表明や参加を支える手続やしくみが必要である。とりわけ、停学・退学等の不利益処分の際には子どもの意見表明の権利が制度的に保障されなければならず、文初高一四九号通知六のように「配慮」を求めるだけでは充分とはいえない。

本条の意見表明・参加の権利は、子どもの年齢と成熟度の高い段階では、自己決定権とほぼ同義となりうるものであり、その意味で自己決定権につながる権利として理解される。また、この権利は表現の自由のカテゴリーとしての意見表明の自由でもある。さらに、この権利は自己に影響を及ぼすすべての事柄の決定過程に参加する権利としての意味も持つ。そして、この権利は自分の最善の利益を確保する際の手続的権利としての意義を有する。この意見表明・参加の権利は、複合的な性格を持つ権利として理解される。

子どもの権利委員会は、一般的意見12「意見を聴かれる子どもの権利」（二〇〇九年）を採択し、個人的側面と集団的側面から詳細に、この権利の法的保障のあり方を示している。

第一三条［**表現・情報の自由**］1　児童は、表現の自由についての権利を有する。この権利には、口頭、手書き若しくは印刷、芸術の形態又は自ら選択する他の方法により、国境とのかかわりなく、あらゆる種類の情報及び考えを求め、受け及び伝える自由を含む。

2　1の権利の行使については、一定の制限を課することができる。ただし、その制限は、法律によって定められ、かつ、次の目的のために必要とされるものに限る。

(a)　他の者の権利又は信用の尊重

(b)　国の安全、公の秩序又は公衆の健康若しくは道徳の保護

＊憲二一、自由権規約一九

所見　↓29・30（二〇〇四年）

通知　↓後掲「**児童の権利に関する条約**」**について**（平6・5・20文初高一四九事務次官）四参照

解説　条約は、すべての人の権利を保障している国際人権規約と同様、表現・思想・集会等の自由やプライバシーの権利などいわゆる市民的権利を規定している。条約は「子どもだから」「心身ともに発達途上にあるから」という理由で、これらの市民的権利を制限することは認めていない。これらの権利を制限することは逆に、成長や自立を妨げると考えている。右の文部省通知も日本政府報告書においても、本条にかかわって校則の問題を指摘し、校則については学校の責任と判断で決定することを強調するが、子どもの権利委員会の所見が学校制度において子どもが参加の権利を行使する上で困難に直面していること、またプライバシーの権利の保障が不充分であることを懸念している点に留意すべきである。

また、学校教育において、心身ともに発達途上にある子どもに対しては、その教育目的を達成するために必要な合理的範囲内で一定の制約を加えてもよい、という主張がみられる。本条を含む市民的権利は、「教育目的達成のため」とか「合理的範囲内」とかいうようなあいまいな理由で、学校・教師が制約することを認めていない。むしろ教育によって子どもに権利を知らせ獲得させることこそ求められているのであって、教育の名による権利制限はあってはならない。

第一四条［**思想・良心・宗教の自由**］1　締約国は、思想、良心及び宗教の自由についての児童の権利を尊重する。

2　締約国は、児童が1の権利を行使するに当たり、父母及び場合により法定保護者が児童に対しその発達しつつある能力に適合する方法で指示を与える権利及び義務を尊重する。

3　宗教又は信念を表明する自由については、法律で定める制限であって公共の安全、公の秩序、公衆の健康若しくは道徳又は他の者の基本的な権利及び自由を保護するために必要なもののみを課することができる。

＊憲一九・二〇、教基四・一五、自由権規約一八

通知　↓後掲「**児童の権利に関する条約**」**について**（平6・5・20文初高一四九事務次官）七参照

解説　国旗・国歌の問題はもっぱらおとなの視点、教育指導の観点から論議されてきたが、本条などに照らし、子ども自身がどのように考えるのか、子どもの権利を侵害するか否かという観点も大切である。国旗・国歌法の施行後、子どもに対して起立・敬礼や斉唱を強要することはないという政府答弁にもかかわらず、強制による指導が強化されている（自由権規約一八条の解説も参照）。また、道徳が特別の教科として強化される傾向とともに、文科省の『わたしたちの道徳』さらには愛国心を評価する通知表などによって子どもの内面に過度に介入しようとする動きが強まっている。さらに、改正された教育基本法には、「我が国と郷土を愛する」ことなど多くの徳目が規定されている。これらは子どもの思想・良心の自由を制約することにつながる可能性がある。

第一五条［**結社・集会の自由**］1　締約国は、結社の自由及び平和的な集会の自由についての児童の権利を認める。

2　1の権利の行使については、法律で定める制限であって国の安全若しくは公共の安全、公の秩序、公衆の健康若しくは道徳の保護又は他の者の権利及び自由の

保護のため民主的社会において必要なもの以外のいかなる制限も課することができない。

＊憲二一、自由権規約二一・二二

所見 →29・30（二〇〇四年）

第一六条［プライバシー・通信・名誉の保護］ 1　いかなる児童も、その私生活、家族、住居若しくは通信に対して恣意的に若しくは不法に干渉され又は名誉及び信用を不法に攻撃されない。

2　児童は、1の干渉又は攻撃に対する法律の保護を受ける権利を有する。

＊憲一三・二一、少六一、自由権規約一七

所見 →33・34（二〇〇四年）

第一七条［適切な情報へのアクセス］ 締約国は、大衆媒体（マス・メディア）の果たす重要な機能を認め、児童が国の内外の多様な情報源からの情報及び資料、特に児童の社会面、精神面及び道徳面の福祉並びに心身の健康の促進を目的とした情報及び資料を利用することができることを確保する。このため、締約国は、

(a)　児童にとって社会面及び文化面において有益であり、かつ、第二十九条の精神に沿う情報及び資料を大衆媒体（マス・メディア）が普及させるよう奨励する。

(b)　国の内外の多様な情報源（文化的にも多様な情報源を含む。）からの情報及び資料の作成、交換及び普及における国際協力を奨励する。

(c)　児童用書籍の作成及び普及を奨励する。

(d)　少数集団に属し又は原住民である児童の言語上の必要性について大衆媒体（マス・メディア）が特に考慮するよう奨励する。

(e)　第十三条及び次条の規定に留意して、児童の福祉に有害な情報及び資料から児童を保護するための適当な指針を発展させることを奨励する。

＊適切な情報へのアクセス（憲一三・二一、放送法、図書館、児福八9、学図一・三―八、障害基二二、青少年条例）、有害な情報からの保護（刑一七四・一七五、電波法一〇八、児福八9、青少年インターネット環境整備法、放送法、風俗営業、青少年条例）

意見 **16　企業と子どもの権利** 58……メディアは、情報および表現の自由に対する子どもの権利を認めつつも有害な情報（とくにポルノ的な資料、または暴力、差別および子どもの性的イメージを描写し若しくは強化する資料）から子どもを保護するため、適切に規制されなければならない。国は、マスメディアに対し、すべてのメディア報道において子どもの権利が全面的に尊重されること（暴力からの保護および差別を固定化させる描写からの保護を含む）を確保するための指針を発展させるよう、奨励すべきである。国は、視覚障害その他の機能障害を有する子どもにとってアクセス可能な形式で書籍その他の印刷物を複製することを認める、著作権上の例外を定めることが求められる。

59……国は、適切な規制を行うこと、ならびに、企業に対し、行動規範を遵守し、かつ親および子どもが消費者として十分な情報に基づく決定を行えるようにする明瞭かつ正確な製品表示および製品情報を用いるよう奨励することにより、宣伝および広告が子どもの権利に悪影響を与えないことを確保するべきである。

60　デジタルメディアは特段の懸念の対象である。……国は、子どもの売買、児童買春および児童ポルノに関する選択議定書上の義務を履行するとともに、子どもがリスクに対応し、かつどこに助けを求めればよいか知ることができるよう、ウェブ関連の安全に関する、年齢にふさわしい情報を子どもに提供するべきである。国は、情報通信技術産業が子どもを暴力および不適切な資料から保護するための十分な措置を発展させかつ整備するよう、当該産業との調整を図るよう求められる。（二〇一三年）

解説　本条は、一三条とともに、子どもの権利行使において重要な情報への権利を保障している。条約起草過程では、当初は有害情報からの保護のみが提案されたが、マスメディアは積極的な役割も果たしうるという意見を受けて現行のように規定された経緯がある。このような経緯や条約の子ども観を踏まえれば、有害な情報から子どもを隔離しようとするだけではなく、有益な情報をさまざまな形で提供する、子どものメディア・リテラシーを促進するなどの積極的取り組みが必要とされる。

第一八条［親の第一義的養育責任と国の援助］ 1　締約国は、児童の養育及び発達について父母が共同の責任を有するという原則についての認識を確保するために最善の努力を払う。父母又は場合により法定保護者は、児童の養育及び発達についての第一義的な責任を有する。児童の最善の利益は、これらの者の基本的な関心事項となるものとする。

2　締約国は、この条約に定める権利を保障し及び促進するため、父母及び法定保護者が児童の養育についての責任を遂行するに当たりこれらの者に対して適当な援助を与えるものとし、また、児童の養護のための施設、設備及び役務の提供の発展を確保する。

3　締約国は、父母が働いている児童が利用する資格を有する児童の養護のための役務の提供及び設備からその児童が便益を受ける権利を有することを確保するためのすべての適当な措置をとる。

＊①父母の共同養育責任（五、憲二四、民七三〇・八二〇ほか、児福二・六、男女共同参画社会基本法六、世界人権宣言一六1、自由権規約二三4、女子差別撤廃五(b)・一六(d)、ＩＬＯ家族的責任平等条約）、②子育ての援助（憲二五・二六、児福、次世代育成支援対策推進法、育児介護、母子保健法、母子及び父子並びに寡婦福祉法、児童手当法、児童扶養手当法、特別児童扶養手当法、世界人権宣言一六3、自由権規約二三1、社会権規約一〇1）、③保育サービス・施設（児福二四・三四の八・三九・五〇―五六の二、次世代育成支援対策推進法、女子差別撤廃一一2(b)(c)、ＩＬＯ家族的責任平等条約五(b)）

所見 →50・51（二〇一〇年）、27・40（二〇一九年）

意見 **7　乳幼児** 20　子どもの権利の実現は、相当程度、そのケアに責任を負う者のウェルビーイングおよびそのような者が利用可能な資源に依拠している。……(a)統合的なアプローチには、子どもの最善の利益を促進する親の能力に間接的に影響を及ぼす介入策（たとえば税制および諸手当、十分な住居、労働時間）も、より直接的な結果につながる介入策（たとえば母子を対象とする産前保健サービス、親教育、家庭訪問）とともに、含まれる。（二〇〇五年）

意見 **16　企業と子どもの権利** 54　第一八条第三項にしたがい、国は、働く親および養育者が子どもに対する養育責任を果たすことを援助する雇用環境を企業内で創設するべきである。このような環境としては、家族にやさしい職場方針（育児休暇を含む）の導入、母乳育児の支援および推進、良質な保育サービスへのアクセス、十分な生活水準を維持するに足る賃金の支払い、職場における差別および暴力からの保護、ならびに、職場における安心および安全などがある。（二〇一三年）

解説　条約は、子どものケア・発達のための親および家族（環境）を重視し、親により養育される権利（七条）などを受け、親ならびに家族の保護・援助を通して子どもの発達や権利を保障しようとする。本条は親双方が子どもの養育や発達に第一義的な責任を果たし、それは共同の責任であるとする。国は親がそのような責任を果たす

ことを適当な方法で援助しなければならない。本条は、三条二項や五条とともに、国と親・保護者と子どもの関係についての規定である。

第一九条［親等による虐待・放任・搾取からの保護］ 1　締約国は、児童が父母、法定保護者又は児童を監護する他の者による監護を受けている間において、あらゆる形態の身体的若しくは精神的な暴力、傷害若しくは虐待、放置若しくは怠慢な取扱い、不当な取扱い又は搾取（性的虐待を含む。）からその児童を保護するためすべての適当な立法上、行政上、社会上及び教育上の措置をとる。

2　1の保護措置には、適当な場合には、児童及び児童を監護する者のために必要な援助を与える社会的計画の作成その他の形態による防止のための効果的な手続並びに1に定める児童の不当な取扱いの事件の発見、報告、付託、調査、処置及び事後措置並びに適当な場合には司法の関与に関する効果的な手続を含むものとする。

＊虐待の禁止（憲二六2・二七3、軽犯一(18)(22)、民一23・二・八二〇、児童虐待防止法、児福三四、児童福祉施設の設備及び運営に関する基準九の二）、虐待からの保護（児童虐待防止法、民八一七の六ほか、児福一一・一二・一二の四・一三4・一七・二五―三〇の二・三三・三三の七―三三の一七）

所見 ↓35―38（二〇〇四年）、47・49・56・57（二〇一〇年）、24―26・28・29（二〇一九年）

意見 **8　体罰等**　18　「あらゆる形態の身体的または精神的な暴力」という文言は、いかなる水準のものであれ、子どもに対する合法的な暴力を認める余地を残していないのである。体罰その他の残虐なまたは品位を傷つける形態の罰は暴力の諸形態に含まれるのであって、国は、その撤廃のためにあらゆる適当な……措置をとらなければならない。（二〇〇六年）

意見 **13　暴力を受けない権利**　4　暴力の定義。この一般的意見の適用上、「暴力」とは、条約一九条一項に列挙されているとおり、「あらゆる形態の身体的または精神的な暴力、侵害または虐待、放任または怠慢な取扱い、性的虐待を含む不当な取扱いまたは搾取」として理解される。ここで暴力という用語を選んだのは、子どもに対する暴力に関する国際連合研究（二〇〇六年）で用いられた用語法にしたがって、一九条一項に列挙された、子どもに対するあらゆる形態の危害を表現するためである。（二〇一一年）

通知 **「体罰等によらない子育てのために」の周知・啓発について**（令2・2・21子発〇二二一―六／障発〇二二一―一厚生労働省子ども家庭局長／厚生労働省社会・援護局障害保健福祉部長）

解説　子どもの虐待が日本でも社会問題になって久しい。本条は、このような虐待や放任などから子どもを保護するためにあらゆる措置をとることを、国に義務づけている。日本でも、二〇〇〇年に児童虐待防止法が制定され、改正が繰り返されてきた。子どもの権利委員会の所見も指摘するように、虐待の発見、相談、保護などの効果的な救済制度の確立、虐待された子どもの心身のリハビリやケアならびに虐待する親に対するケアや教育などが求められている。また、子どもを虐待から救済するだけでなく、虐待の要因でもある家庭崩壊や家庭の養育機能の低下を防ぎ、子どもの成長や発達にふさわしい家庭をつくるために、親や家庭に対する援助が必要である。国連は、子どもに対する暴力防止に向けて特別報告官を任命し取組みを強化しており、子どもの権利委員会も一般的意見13を採択し、指針を示している。なお、子どもの権利委員会による勧告等を受けて、家庭におけるものも含めて体罰を法律で全面禁止した国は、ドイツ・フランスなど六〇か国に達している（二〇二〇年九月現在）。日本も二〇一九年六月に児童虐待防止法・児童福祉法を改正し、親権者およびそれに準ずる者（施設長・里親等）による体罰を禁じ、現在、民法八二二条の懲戒権規定についても見直しが進められている。

第二〇条［家庭環境を奪われた子どもの養護］ 1　一時的若しくは恒久的にその家庭環境を奪われた児童又は児童自身の最善の利益にかんがみその家庭環境にとどまることが認められない児童は、国が与える特別の保護及び援助を受ける権利を有する。

2　締約国は、自国の国内法に従い、1の児童のための代替的な監護を確保する。

3　2の監護には、特に、里親委託、イスラム法のカファーラ、養子縁組又は必要な場合には児童の監護のための適当な施設への収容を含むことができる。解決策の検討に当たっては、児童の養育において継続性が望ましいこと並びに児童の種族的、宗教的、文化的及び言語的な背景について、十分な考慮を払うものとする。

＊②代替的養護（児福二七・二八・三一・三五・三七・四一―四四）、養子縁組（二一）、③児童の養育の継続性（児福二七5 6・三二）

所見 ↓39（一九九八年）、52・53（二〇一〇年）、28・29（二〇一九年）

解説　二〇条・二一条については、子どもの権利委員会の提案を受けて国連総会で「子どもの代替的養護に関する指針」（二〇〇九年）が採択されている。これを踏まえた対応が必要である。

第二一条［養子縁組］　養子縁組の制度を認め又は許容している締約国は、児童の最善の利益について最大の考慮が払われることを確保するものとし、また、

(a)　児童の養子縁組が権限のある当局によってのみ認められることを確保する。この場合において、当該権限のある当局は、適用のある法律及び手続に従い、かつ、信頼し得るすべての関連情報に基づき、養子縁組が父母、親族及び法定保護者に関する児童の状況にかんがみ許容されること並びに必要な場合には、関係者が所要のカウンセリングに基づき養子縁組について事情を知らされた上での同意を与えていることを認定する。

(b)　児童がその出身国内において里親若しくは養家に託され又は適切な方法で監護を受けることができない場合には、これに代わる児童の監護の手段として国際的な養子縁組を考慮することができることを認める。

(c)　国際的な養子縁組が行われる児童が国内における養子縁組の場合における保護及び基準と同等のものを享受することを確保する。

(d)　国際的な養子縁組において当該養子縁組が関係者に不当な金銭上の利得をもたらすことがないことを確保するためのすべての適当な措置をとる。

(e)　適当な場合には、二国間又は多数国間の取極又は協定を締結することによりこの条の目的を促進し、及びこの枠組みの範囲内で他国における児童の養子縁組が権限のある当局又は機関によって行われることを確保するよう努める。

＊養子縁組（民四編三章二節、民間あっせん機関による養子縁組のあっせんに係る児童の保護等に関する法律）、国際養子縁組（法の適用に関する通則法三一、国際養子

縁組ハーグ条約)、不当利得の禁止（児福三四1(8)・六〇2、刑二二五・二二六・二二八、児童売買等選択議定書)

所見 →39・40（二〇〇四年）、54・55（二〇一〇年）、30（二〇一九年）

解説 本条(a)からすると民法七九八条（未成年の養子）の但書は削除しなければならない。政府は、直系卑属の養子の場合、家庭裁判所の許可にかえ、戸籍事務管掌者が事実認定の上で認めるので、権限ある当局の判断を経ているという。しかし、戸籍事務管掌者が本条(a)の要請する認定手続とその内容を充たしていないことは明確であり、条約に抵触する。このことは、条約起草過程において日本政府代表も示唆していた。

第二二条［難民の子どもの保護・援助］ 1 締約国は、難民の地位を求めている児童又は適用のある国際法及び国際的な手続若しくは国内法及び国内的な手続に基づき難民と認められている児童が、父母又は他の者に付き添われているかいないかを問わず、この条約及び自国が締約国となっている人権又は人道に関する他の国際文書に定める権利であって適用のあるものの享受に当たり、適当な保護及び人道的援助を受けることを確保するための適当な措置をとる。

2 このため、締約国は、適当と認める場合には、1の児童を保護し及び援助するため、並びに難民の児童の家族との再統合に必要な情報を得ることを目的としてその難民の児童の父母又は家族の他の構成員を捜すため、国際連合及びこれと協力する他の権限のある政府間機関又は関係非政府機関による努力に協力する。その難民の児童は、父母又は家族の他の構成員が発見されない場合には、何らかの理由により恒久的又は一時的にその家庭環境を奪われた他の児童と同様にこの条約に定める保護が与えられる。

＊入管七章の二・七〇の二、世界人権宣言一四、難民条約、難民議定書、拷問等禁止三

所見 →77・78（二〇一〇年）、42（二〇一九年）

意見 **出身国外にあって保護者のいない子ども** 74 一九五一年難民条約の難民の定義は、子どもが経験する迫害の特別な動機ならびに形態および表れを考慮に入れ、年齢およびジェンダーに配慮した方法で解釈されなければならない。

84 出身国への帰還は、そのような帰還が子どもの基本的人権の侵害をもたらす「合理的おそれ」があるとき、およびとくにノン・ルフールマンの原則が適用されるときは、選択肢とはならない。出身国への帰還の手配は、原則として、そのような帰還が子どもの最善の利益にかなう場合にのみ行われなければならない。……出身国への帰還は、出身国への帰還と同時にケアおよび監護責任を保障する確実かつ具体的な体制が事前に整っている場合でなければ、原則として行われるべきではない。（二〇〇五年）

第二三条［障害のある子どもの権利］ 1 締約国は、精神的又は身体的な障害を有する児童が、その尊厳を確保し、自立を促進し及び社会への積極的な参加を容易にする条件の下で十分かつ相応な生活を享受すべきであることを認める。

2 締約国は、障害を有する児童が特別の養護についての権利を有することを認めるものとし、利用可能な手段の下で、申込みに応じた、かつ、当該児童の状況及び父母又は当該児童を養護している他の者の事情に適した援助を、これを受ける資格を有する児童及びこのような児童の養護について責任を有する者に与えることを奨励し、かつ、確保する。

3 障害を有する児童の特別な必要を認めて、2の規定に従って与えられる援助は、父母又は当該児童を養護している他の者の資力を考慮して可能な限り無償で与えられるものとし、かつ、障害を有する児童が可能な限り社会への統合及び個人の発達（文化的及び精神的な発達を含む。）を達成することに資する方法で当該児童が教育、訓練、保健サービス、リハビリテーション・サービス、雇用のための準備及びレクリエーションの機会を実質的に利用し及び享受することができるように行われるものとする。

4 締約国は、国際協力の精神により、予防的な保健並びに障害を有する児童の医学的、心理学的及び機能的治療の分野における適当な情報の交換（リハビリテーション、教育及び職業サービスの方法に関する情報の普及及び利用を含む。）であってこれらの分野における自国の能力及び技術を向上させ並びに自国の経験を広げることができるようにすることを目的とするものを促進する。これに関しては、特に、開発途上国の必要を考慮する。

＊①充分かつ人間に値する生活（憲一三・二五、障害基）、②③特別なケア・援助（障害基、児福三四の七・四二—四三の二・四六の二・四章、学教一七・一八・八章・附則六、障害者権利条約）

所見 →43・44（二〇〇四年）、58—61（二〇一〇年）、32（二〇一九年）

意見 **9 障害のある子ども** 11 二三条一項は、障害児を対象として条約を実施する原則の筆頭と見なされなければならない。……同項の中核的メッセージは、障害児は社会に包含されなければならないということである。障害児に関わって条約上の権利を実施するために……とられる措置は、社会において障害児が最大限に包含されることを明示的に目指すものでなければならない。

66 障害児教育においてはインクルーシブ教育が目標とされるべきである。

67 中核的には、インクルーシブ教育とは、すべての生徒にとって意味のある、効果的かつ良質な教育を追求しようとする一連の価値観、原則および実践であり、障害児だけではなくすべての生徒の多様な学習条件および要求に正当に対応しようとするものである。この目標は、子どもの多様性を尊重するさまざまな組織的手段によって達成することができる。……インクルージョンが、障害児をその課題およびニーズに関わらず普通制度に統合するだけのものとして理解および実践されるべきではないことは、重要な点として理解されなければならない。（二〇〇六年）

解説 本条は国連「障害者の権利宣言」（一九七五年）、「障害者に関する世界行動計画」（一九八二年）などを基礎としている。また、国連「障害を持つ人々の機会均等化に関する標準規則」（一九九三年）、ユネスコ「特別なニーズ教育における原則、政策、実践に関するサラマンカ宣言」（一九九四年）、そして国連「障害者の権利条約」（二〇〇六年、一四年日本批准）などを踏まえて理解される必要がある。そこではまず、障害のある人の「人間の尊厳」が確保され、自立と参加の促進が図られる。近年は障害のある人の権利の考え方の進展などから、「インクルージョン」「合理的配慮」という考え方が基本におかれている。なお、国連・障害者権利委員会は「インクルーシブ教育」に関する一般意見4（二〇一六年）を採択している。

第二四条［健康・医療への権利］ 1 締約国は、到達可能な最高水準の健康を享受すること並びに病気の治療及び健康の回復のための便宜を与えられることについての児童の権利を認める。締約国は、いかなる児童も

このような保健サービスを利用する権利が奪われないことを確保するために努力する。

2　締約国は、1の権利の完全な実現を追求するものとし、特に、次のことのための適当な措置をとる。

(a)　幼児及び児童の死亡率を低下させること。

(b)　基礎的な保健の発展に重点を置いて必要な医療及び保健をすべての児童に提供することを確保すること。

(c)　環境汚染の危険を考慮に入れて、基礎的な保健の枠組みの範囲内で行われることを含めて、特に容易に利用可能な技術の適用により並びに十分に栄養のある食物及び清潔な飲料水の供給を通じて、疾病及び栄養不良と戦うこと。

(d)　母親のための産前産後の適当な保健を確保すること。

(e)　社会のすべての構成員特に父母及び児童が、児童の健康及び栄養、母乳による育児の利点、衛生（環境衛生を含む。）並びに事故の防止についての基礎的な知識に関して、情報を提供され、教育を受ける機会を有し及びその知識の使用について支援されることを確保すること。

(f)　予防的な保健、父母のための指導並びに家族計画に関する教育及びサービスを発展させること。

3　締約国は、児童の健康を害するような伝統的な慣行を廃止するため、効果的かつ適当なすべての措置をとる。

4　締約国は、この条において認められる権利の完全な実現を漸進的に達成するため、国際協力を促進し及び奨励することを約束する。これに関しては、特に、開発途上国の必要を考慮する。

＊憲一三・二五、医療法、医師法、医薬品、医療機器等の品質、有効性及び安全性の確保等に関する法律、母子保健法、地域保健法、予防接種法、学校保健安全、社会権規約一二

所見　→45－48（二〇〇四年）、62－65（二〇一〇年）、33－37（二〇一九年）

意見　**3　HIV／AIDS**　18　教育は、HIV／AIDSに関する、生活に密着した適切な情報を子どもたちに提供するうえできわめて重要な役割を果たす。そのような情報は、この現象に関する意識と理解を高めることに寄与し、かつHIV／AIDSの被害者に対する否定的な態度を防止しうるものである……。さらに、教育は、HIV感染のリスクから身を守るよう子どもたちをエンパワーしうるし、エンパワーしなければならない。（二〇〇三年）

意見　**4　思春期の健康・発達**　8　自由に意見を表明し、かつその意見を考慮される権利（一二条）も、健康・発達に対する思春期の青少年の権利を実施するうえで基本的な重要性を有するものである。……思春期の青少年が意思決定過程を含む社会に対等に参加することに貢献するような、信頼、情報の共有、話を聴く能力および健全な指示にもとづいた環境をつくっていく必要がある。（二〇〇三年）

意見　**15　子どもの健康権**　59　子どもは、ライフスタイルおよび保健サービスへのアクセスに関して十分な情報に基づく選択を行えるようにするための、健康のあらゆる側面に関する情報および教育を必要とする。……情報および教育は、子どもの健康権、政府の義務、ならびに、健康情報および保健サービスにアクセスできる方法・場所についての適切な情報を包含し、かつ、学校カリキュラムの中核的一部として、また保健サービスを通じて、かつ学校に行っていない子どものために他の場所においても、提供することが求められる。健康に関する情報提供資料は、子どもたちと連携しながら制作し、かつ広範な公共の場所において普及するべきである。

60　セクシュアルヘルスおよびリプロダクティブヘルスに関する教育には、……すべての子ども（女子および男子）がアクセスできるべきである。このような教育は、性的な健康およびウェルビーイングに関連する内容（身体の変化および成熟過程についての情報等）を含み、かつ、子どもがリプロダクティブヘルスおよびジェンダーを理由とする暴力の予防についての知識を獲得し、かつ責任のある性的行動をとれるようになるやり方で立案することが求められる。

64　暴力が子ども、とくに青少年の死亡および罹病の重要な原因の一つであることを認識し、委員会は、子どもを暴力から保護し、かつ家庭、学校および公共空間における態度および行動の変容への子ども参加を奨励する環境づくりの必要性、健康的な子どもの養育について親および養育者を支援する必要性、ならびに、あらゆる形態の暴力に対する寛容およびその容認を固定化する態度に異議を申し立てていくこと（マスメディアによる暴力の描写を規制する等の手段によるものも含む）の必要性を、強調する。（二〇一三年）

意見　**18　有害慣行**　61　締約国は、女性・女子が人権および自由の全面的な行使を制約する父権的なイデオロギーおよび構造に立ち向かい、かつこれを変革する義務を負う。多くの女子・女性が経験しており、搾取、有害慣行およびその他の形態のジェンダーに基づく暴力の被害をいっそう受けやすくなる原因となっている社会的排除および貧困を克服するためには、女子・女性が、自己の権利（自分自身の生活について自律的な、十分な情報に基づく決定および選択を行う権利を含む）を主張するために必要なスキルおよび能力を身につけることが必要である。このような文脈において、教育は、女性・女子が自己の権利を主張できるようエンパワーメントを図るための重要な手段となる。

67　子ども時代および遅くとも前思春期は、ジェンダーに基づく態度を変革し、かつ家庭、学校およびもっと広い社会において、より肯定的な役割および行動形態をとるように女子・男子の双方を援助しかつ支援するための入口である。……（二〇一四年）

第二五条［措置の定期的審査］　締約国は、児童の身体又は精神の養護、保護又は治療を目的として権限のある当局によって収容された児童に対する処遇及びその収容に関連する他のすべての状況に関する定期的な審査が行われることについての児童の権利を認める。

解説　本条の権利保障のような明確な規定は国内法には存在しないが、医療施設や養護施設などの施設に措置された子どもの権利侵害が発生しやすいがゆえに、自己になされた治療や処遇などについて定期的に審査を受ける権利を具体化することは早急に必要である。

第二六条［社会保障への権利］　1　締約国は、すべての児童が社会保険その他の社会保障からの給付を受ける権利を認めるものとし、自国の国内法に従い、この権利の完全な実現を達成するための必要な措置をとる。

2　1の給付は、適当な場合には、児童及びその扶養について責任を有する者の資力及び事情並びに児童によって又は児童に代わって行われる給付の申請に関する他のすべての事項を考慮して、与えられるものとする。

＊社会権規約九

第二七条［生活水準への権利］　1　締約国は、児童の身体的、精神的、道徳的及び社会的な発達のための相当な生活水準についてのすべての児童の権利を認める。

2　父母又は児童について責任を有する他の者は、自己

の能力及び資力の範囲内で、児童の発達に必要な生活条件を確保することについての第一義的な責任を有する。

3　締約国は、国内事情に従い、かつ、その能力の範囲内で、1の権利の実現のため、父母及び児童について責任を有する他の者を援助するための適当な措置をとるものとし、また、必要な場合には、特に栄養、衣類及び住居に関して、物的援助及び支援計画を提供する。

4　締約国は、父母又は児童について金銭上の責任を有する他の者から、児童の扶養料を自国内で及び外国から、回収することを確保するためのすべての適当な措置をとる。特に、児童について金銭上の責任を有する者が児童と異なる国に居住している場合には、締約国は、国際協定への加入又は国際協定の締結及び他の適当な取決めの作成を促進する。

＊①生活水準への権利（憲二五、社会権規約一一1）、②親の第一義的責任（一八1）、③国による援助（一八2、生保、子どもの貧困対策法、社会権規約一一1）、④扶養料の回復（民七六六・七七一・七八八・八二〇）

所見 →66—69（二〇一〇年）、37・38（二〇一九年）

解説 本条は、子どもの成長発達のために「十分な」（adequate）生活水準に対する子どもの権利を認めている。二〇一〇年の所見では、子どもの貧困問題が取り上げられ、子どもの成長発達の権利も考慮しながら貧困削減戦略を策定することなどが勧告された。ひとり親世帯（とりわけ母子世帯）をはじめ、特に不利な立場にある家族の状況に配慮することも促されている。扶養料の回復（四項）についても、二〇一〇年の所見で、特に父親が扶養義務を果たしていないこと、養育費の回復のための現行手続が不十分であることについて懸念が表明され、養育費の立替えおよび回収を行う国家的基金の創設などが勧告された。

この点、二〇一三年六月に子どもの貧困対策推進法が成立（二〇一九年六月改正）し、子どもの貧困対策が政策課題として法的に位置づけられたことは前進である。他方、生活保護については基準額の引下げ等の引き締めが開始されており、子どもへの悪影響が懸念される。子どもの権利委員会や二〇一三年の社会権規約委員会の勧告も踏まえ、人権の視点から生活保護制度を検討・改善していくことが必要である。

第二八条［教育への権利］ 1　締約国は、教育についての児童の権利を認めるものとし、この権利を漸進的にかつ機会の平等を基礎として達成するため、特に、

(a)　初等教育を義務的なものとし、すべての者に対して無償のものとする。

(b)　種々の形態の中等教育（一般教育及び職業教育を含む。）の発展を奨励し、すべての児童に対し、これらの中等教育が利用可能であり、かつ、これらを利用する機会が与えられるものとし、例えば、無償教育の導入、必要な場合における財政的援助の提供のような適当な措置をとる。

(c)　すべての適当な方法により、能力に応じ、すべての者に対して高等教育を利用する機会が与えられるものとする。

(d)　すべての児童に対し、教育及び職業に関する情報及び指導が利用可能であり、かつ、これらを利用する機会が与えられるものとする。

(e)　定期的な登校及び中途退学率の減少を奨励するための措置をとる。

2　締約国は、学校の規律が児童の人間の尊厳に適合する方法で及びこの条約に従って運用されることを確保するためのすべての適当な措置をとる。

3　締約国は、特に全世界における無知及び非識字の廃絶に寄与し並びに科学上及び技術上の知識並びに最新の教育方法の利用を容易にするため、教育に関する事項についての国際協力を促進し、及び奨励する。これに関しては、特に、開発途上国の必要を考慮する。

＊①教育への権利（憲二六、教基四、普通教育機会確保法、日本語教育推進法、世界人権宣言二六1、社会権規約一三1、人種差別撤廃五(e)(v)、女子差別撤廃三・一〇、難民条約二二1）、障害児教育（二三2・3）、(a)初等義務教育（憲二六2、教基五、学教二九ほか、児福四八、社会権規約一三2）、初等義務教育の無償（教基五4、学教六、教科書無償、教科書無償措置、教育費負担、施設費負担、社会権規約一三2・一四）、就学援助（教基四3、学教一九、生保一三・三二、学保健安全二四・二五、学校給食一二2、就学奨励、特別支援学校奨励）、(b)中等教育（憲二六2、教基五、学教四五ほか、児福四八、社会権規約一三2）、職業教育（学教五五ほか、産振、職業能力開発促進法三の二4、社会権規約一三2）、中等教育の財政的援助（教基四3、学生支援、特別支援学校奨励、私学助成八、社会権規約一三2）、(c)高等教育（学教八三—九一ほか、社会権規約一三2）、(d)情報・指導（学教二一⑽ほか、職安二四・二章四節・三三の二、少年院二六・二七）、(e)定期的出席の奨励（学教一七1 2・二〇・一四四・一四五）、②学校の規律の運用（学教一一・三五・四九）、③国際協力（ユネスコ活動に関する法律、地教行二一⒂）

所見 →22・43・45（一九九八年）、35・36・49・50（二〇〇四年）、47—49・70—73（二〇一〇年）、24—26・39（二〇一九年）

意見 **8　体罰**　11　委員会は、「体」罰を、どんなに軽いものであっても、有形力が用いられ、かつ何らかの苦痛または不快感を引き起こすことを意図した罰と定義する。……委員会の見解では、体罰はどんな場合にも品位を傷つけるものである。これに加えて、同様に残虐かつ品位を傷つけるものであり、したがって条約と両立しない、体罰以外の形態をとるその他の罰も存在する。これには、たとえば、子どもをけなし、辱め、侮辱し、身代わりに仕立て上げ、脅迫し、こわがらせ、または笑いものにするような罰が含まれる。

46　……国は、親、養育者、教員および子ども・家族とともに働いている他のすべての者を対象として、積極的かつ非暴力的な関係および教育が絶えず促進されることを確保しなければならない。……（二〇〇六年）

意見 **13　暴力を受けない権利**　17　例外は存在しない。委員会は、どんなに軽いものであっても、子どもに対するあらゆる形態の暴力は受け入れられないという立場を一貫して維持してきた。「あらゆる形態の身体的もしくは精神的な暴力」という文言は、いかなる水準のものであっても、子どもに対する合法的な暴力が成立する余地を残していない。暴力の頻度、危害の深刻さおよび危害の意図は、暴力の定義の前提ではないのである。

27　子ども同士の暴力。これには、子ども（しばしば集団の子ども）によって他の子どもに加えられる、いじめの形をとることが多い身体的、心理的および性的暴力が含まれる。……子どもが行為者であるとはいえ、このような暴力に適切な形で対応しかつこれを防止するためのすべての試みにおいて、これらの子どもに責任を有するおとなの役割が決定的に重要である。このような試みにおいて措置をとる際には、懲罰的アプローチをとることおよび暴力に対して暴力を用いることにより暴力が悪化しないことを確保しなければならない。（二〇一三年）

意見 **22　移住者である子ども（一般的原則）**　59　国際的移住の文脈にあるすべての子どもは、地位の如何を問わず、その子どもが住んでいる国の国民との平等を基礎として、あらゆる段階およびあらゆる側面の教育（乳幼

児期教育および職業訓練を含む）に全面的にアクセスできなければならない。この義務が意味するところにより、国は、移住者であるすべての子どもに対し、その移住者資格にかかわらず、良質のかつインクルーシブな教育への平等なアクセスを確保するよう求められる。

62　処遇の平等の原則により、国は、移住者である子どもに対するいかなる差別も解消するとともに、教育上の障壁を克服するための適切なかつジェンダーに配慮した対応をとらなければならない。すなわち、必要な場合には、追加的な言語教育、スタッフの加算およびその他の異文化支援を含む、いかなる種類の差別もない対象特化型の措置がとられなければならないということである。国は、移住者である子どもが教育にアクセスするための便宜を図り、かつ移住者である子どもの学校への統合を促進することに専念するスタッフを配置するよう奨励される。加えて、国は、移住者である子どもが効果的統合の手段としての新たな言語を学習することを確保するため、いかなる種類の教育的隔離も禁止しかつ防止するための措置をとるべきである。

63　国は、移住者コミュニティと受入れコミュニティとの異文化間対話を醸成し、かつ、移住者である子どもに対する排外主義もしくはあらゆる態様の差別または関連の不寛容に対応しかつこれを防止するための具体的措置を発展させるべきである。加えて、教育カリキュラムに人権教育……を統合することは、移住者の統合に長期的に影響しかねない排外主義的態度およびその他の形態の差別的態度の防止に貢献するだろう。（二〇一七年）

通知　↓後掲**「児童の権利に関する条約」について**（平6・5・20文初高一四九事務次官）二・三参照

通知　↓学校教育編第7章・**問題行動を起こす児童生徒に対する指導について**（平19・2・5文科初一〇一九初中局長）

通知　↓資料編第6節・**体罰の禁止及び児童生徒理解に基づく指導の徹底について**（平25・3・13文科初一二六九初中局長・スポーツ・青少年局長）

通知　**体罰根絶に向けた取組の徹底について**（平25・8・9文科初五七四初中局長・スポーツ・青少年局長）

通知　**日本語教育の推進に関する法律の施行について**（令1・6・28元文庁三九七文化庁次長）

通知　**日本語教育の推進に関する施策を総合的かつ効果的に推進するための基本的な方針について**（令2・6・23二文庁六二七文化庁次長）

解説　教育への権利は子どもの権利のなかでも重要な位置を占めている。教育を受ける権利（「子どもの権利宣言」七条）ではなく、主体的で能動的な概念である教育への権利（right to education）であることに留意しておこう。本条一項はまず、教育への権利保障の条件整備として、初等教育の義務制・無償制、中等教育の無償制の導入などによる発展、さらに高等教育へのアクセスの保障を定めている。この規定は、社会権規約一三条や一四条とあわせて理解・運用する必要がある。その際、社会権規約委員会の一般的意見11「初等教育のための行動計画」、同13「教育への権利」が重要である。同規約一三条二項は、基礎教育について「初等教育を受けなかった者又はその全課程を修了しなかった者のため、できる限り奨励され又は強化されること」、高等教育について「無償教育の漸進的な導入」を行うこと、そして「すべての段階にわたる学校制度の発展を積極的に追求し、適当な奨学金制度を設立し及び教育職員の物質的条件を不断に改善すること」なども定めている。

一項(b)について、政府は起草過程において、「無償教育の導入」と財政的援助の規定はオプショナルなものであり、必要な場合にとる措置の「例示」であって締約国を必ずしも拘束しないと主張したりした。この点は合意されなかったにもかかわらず、政府はこの規定を、あらゆる児童・生徒が中等教育を利用できるようにするための措置の一つとして無償教育の導入を例示したもので、高校の無償化を義務づけたものではないと解釈している。起草過程の議論や社会権規約一三条二項(b)からすれば、一項(b)において中等教育へのアクセス保障は、「無償教育の漸進的な導入」が原則であると解釈されよう。なお、民主党政権下で高校授業料が実質的に無償化され（朝鮮学校は除外。第二次安倍政権で無償化に所得制限を導入）、社会権規約一三条二項(b)(c)の留保も撤回した。この点では、教育指導上必要な原簿とされる指導要録および入学者選抜の際の調査書（内申書）にかかわる問題が指摘され、本条ならびに一六条（プライバシーの権利）からすれば、少なくとも指導要録や内申書は本人に開示すべきであるとの見解が有力である。本条一項はさらに、子どもの学校への定期的な出席および中途退学の減少のための措置を求めている。本条に基づいて具体的な措置がとられる必要があるが、例えば学校への通学強制や通学しない子どもへの不利益な取扱いにつながらないよう配慮することが求められる。

本条二項との関連で、学校における懲戒や規律のあり方が問題になっている。子どもの権利委員会の一般的意見も指摘するように、体罰を行ったり、プライバシーを侵したり、名誉・人格を傷つけるなど人権侵害にあたる懲戒は許されず、懲戒手続きにおいても、意見表明をはじめとする権利が保障されなければならない。この点で、二〇〇七年二月五日の文科省通知「問題行動を起こす児童生徒に対する指導について」で示された「懲戒・体罰について」の考え方は、体罰を容認するような内容を含んでおり、問題が多い。なお、文科省はスポーツ・部活動における体罰が社会問題になったことを背景にして、当該分野の体罰の実態把握・早期対応・未然防止等にかかわる通知「体罰根絶に向けた取組の徹底について」を出している。

本条三項は、教育に関する問題についての国際協力を要請している。とくに非識字者の根絶や、科学的知識や最新の教育方法へのアクセスの保障は、教育への権利保障の基礎といえるので、発展途上国のニーズに特別な考慮を払いつつ、この分野での国際協力をいっそう推進することが求められている。

第二九条［教育の目的］　1　締約国は、児童の教育が次のことを指向すべきことに同意する。

(a)　児童の人格、才能並びに精神的及び身体的な能力をその可能な最大限度まで発達させること。

(b)　人権及び基本的自由並びに国際連合憲章にうたう原則の尊重を育成すること。

(c)　児童の父母、児童の文化的同一性、言語及び価値観、児童の居住国及び出身国の国民的価値観並びに自己の文明と異なる文明に対する尊重を育成すること。

(d)　すべての人民の間の、種族的、国民的及び宗教的集団の間の並びに原住民である者の間の理解、平和、寛容、両性の平等及び友好の精神に従い、自由な社会における責任ある生活のために児童に準備させること。

(e)　自然環境の尊重を育成すること。

2　この条又は前条のいかなる規定も、個人及び団体が教育機関を設置し及び管理する自由を妨げるものと解してはならない。ただし、常に、1に定める原則が遵守されること及び当該教育機関において行われる教育が国によって定められる最低限度の基準に適合することを条件とする。

＊①教育の目的（教基、学教、社教一・二、人権教育啓発推進、環境基二五、世界人権宣言二六2、社会権規約一三1）、②私人による教育機関の設置（教基六1、学教二1・附則六、私学、私学施令、私学施規、私学助成、

私学助成施令、私学事業団、普通教育機会確保法、社会権規約一三4）

所見 ↓22・23・43・49（一九九八年）、21・49・50（二〇〇四年）、70・71・74・75（二〇一〇年）、13・35・37（二〇一九年）

意見 1 教育の目的　1 教育の目的は、条約の核である価値観、すなわちすべての子どもに固有の人間としての尊厳、および平等かつ不可譲の権利を促進し、支え、かつ保護するものである。2 第二九条一項は、第二八条で認められた教育への権利に、子どもの権利および固有の尊厳を反映した質的側面を付け加えるだけにとどまらない。同時に、教育を、子ども中心の、子どもにやさしい、かつエンパワーにつながるようなものにしなければならないと力説しているのである。また、教育プロセスがそこで認められた原則そのものにもとづくものでなければならないことも、強調している。すべての子どもがそれに対する権利を有している教育とは、子どもにライフスキルを与え、あらゆる範囲の人権を享受する子どもの能力を強化し、かつ適切な人権の価値観が浸透した文化を促進するような教育である。その目標は、子どものスキル、学習能力その他の能力、人間としての尊厳、自尊感情および自信を発達させることにより、子どもをエンパワーすることにある。9 第二八条が教育制度の確立および教育制度へのアクセスの確保に関わる締約国の義務に焦点を当てているいっぽうで、第二九条一項が強調するのは、特定の質を備えた教育に対する独立した実体的権利である。18 第二九条一項を効果的に促進するためには、そこに掲げられた教育のさまざまな目的を含めるためにカリキュラムを根本的に策定し直すこと、および、教科書その他の教材および教育技術ならびに学校方針を体系的に改訂することが求められる。（二〇〇一年）

通知 ↓後掲**「児童の権利に関する条約」について**（平6・5・20文初高一四九事務次官）一参照

解説　本条が独立した条文で教育の目的を規定していることは、ファシズムや戦争のもとでの教育の反省から教育の国家主義的または民族主義的な悪用・濫用を防ぐことの大切さや、教育が人間の発達や社会の発展に果たす役割への期待を示すものである。教育への権利は、教育へのアクセスの保障やそのための条件整備だけでなく、保障されるべき教育の質まで問題にする権利であり、価値指向性を有する権利である。本条の解釈・運用にあたっては、子どもの権利委員会の一般的意見1「教育の目的」を踏まえる必要がある。

本条は、世界人権宣言二六条二項や経済的、社会的及び文化的権利に関する国際規約一三条一項を進展させ、教育目的を規定している。なお、障害者権利条約二四条一項により、「自己価値の意識」「人間の多様性の尊重」の発達・強化が教育目的として追加されている。これらの目的は、学校だけではなく家庭・地域・企業その他のあらゆるタイプとレベルでの子どもにかかわる教育活動の指針となるものである。そしてなによりも国家の教育政策・行政を方向づけるものである。本条二項の、個人および団体の私立学校設置の自由は、一項の教育の目的規定とならんで、政府が教育を独占・支配することを歯止めないし排除するという意義を持っている。

子どもの権利委員会の所見も指摘するように、競争主義的な教育制度の改善や、子どもの権利条約の普及および人権教育の促進が求められている。

第三〇条［マイノリティ・先住民の子どもの権利］

種族的、宗教的若しくは言語的少数民族又は原住民である者が存在する国において、当該少数民族に属し又は原住民である児童は、その集団の他の構成員とともに自己の文化を享有し、自己の宗教を信仰しかつ実践し又は自己の言語を使用する権利を否定されない。

＊アイヌ施策推進法、自由権規約二七

所見 ↓49・50（二〇〇四年）、86・87（二〇一〇年）、18・39（二〇一九年）

意見 **11 先住民族の子ども**　58 教育の目的が条約と一致することを確保するため、締約国は、条約二条に掲げられたあらゆる形態の差別から子どもを保護することおよび人種主義と積極的に闘うことについて責任を負う。この義務は、先住民族の子どもとの関係でとりわけ妥当するところである。この義務を効果的に実施するため、締約国は、カリキュラム、教材および歴史教科書において先住民族の社会および文化が公正に、正確にかつ豊かな情報とともに描写されることを確保するよう求められる。文化的および伝統的服装の利用の制約のような差別的慣行は、学校現場では回避されるべきである。（二〇〇九年）

判例 **二風谷ダム訴訟**（札幌地判平9・3・27判時一五九八—三三）↓自由権規約二七条

判例 **マイノリティの教育を受ける権利**　この条項の文言は、自由権規約二七条と同様「権利を否定されない」とするものであって、国家に積極的な作為を求める権利を保障するものではない。（大阪高判平20・11・27判時二〇四四—八六）

解説　自由権規約二七条の解説を参照。なお、政府が indigenous の訳語として「原住民」という、差別的な語感があるため現在使われなくなりつつある言葉を用いたことは問題である。なお、自由権規約委員会は、アイヌ民族に加えて「琉球・沖縄の人々」も先住民族として明確に認め、その言語・文化についての教育保障などを勧告している（二〇〇八年）。

第三一条［休息・余暇、遊び、文化的・芸術的生活への参加］

1 締約国は、休息及び余暇についての児童の権利並びに児童がその年齢に適した遊び及びレクリエーションの活動を行い並びに文化的な生活及び芸術に自由に参加する権利を認める。

2 締約国は、児童が文化的及び芸術的な生活に十分に参加する権利を尊重しかつ促進するものとし、文化的及び芸術的な活動並びにレクリエーション及び余暇の活動のための適当かつ平等な機会の提供を奨励する。

＊遊び・レクリエーション（児福三五・四〇、社教二—六・二〇—二二、スポーツ、都市公園法一）、文化的・芸術的生活（社会権規約一五）

所見 ↓22・43（一九九八年）、41（二〇一九年）

意見 **7 乳幼児**　34 創造的な遊びおよび探求的な学習の価値は、乳幼児期教育において広く認められているところである。それでもなお、休息、余暇および遊びに対する権利は、子ども中心であり、安全であり、支援的であり、刺激があり、かつストレスのない環境で乳幼児同士が会い、遊びかつ交流する機会が十分に用意されないことにより、阻害されることが多い。子どもの遊ぶ権利の余地は、多くの都市環境ではとりわけ危機にさらされている。……子どもの遊ぶ権利は、……競争的な学校教育によって阻害される場合もある。……まちづくりの計画ならびに余暇および遊びの施設のための計画においては、適切な協議を通じて、子どもの意見表明権が考慮に入れられなければならない。（二〇〇五年）

意見 **17 休息・遊び等の権利**　27 第二八条・第二九条：教育は、子どもの人格、才能ならびに精神的・身体的能力を可能なかぎり最大限に発達させることを目的として行われなければならない。第三一条に基づく諸権利を実施することは、第二九条に定められた権利の遵守の達成にとって不可欠である。子どもたちがその潜在的可能性を最大限に発揮するためには、文化的・芸術的発達ならびにスポーツや遊戯への参加の機会が必要となる。委員会はまた、第三一条に基づく諸権利が子どもたちの教育上の発達にとっても積極的利益を有することを強調する。……

58 ……(g)学校：教育環境は、第三一条に基づく義務の履行に際して主要な役割を果たすべきである。これには以下の点が含まれる。／教育現場の物理的環境：締約国は、遊び、スポーツ、遊戯および演劇を促進するための十分な屋内・屋外空間が開校時間中およびその前後に用意されること、……運動場、自然の遊び場および遊びのための設備が安全であり、かつ定期的に適正な検査を受けること、運動場に適切な境界が設けられること、障害のある子どもを含むすべての子どもたちが平等に参加できるような形で設備および空間が設計されること、遊び場においてあらゆる形態の遊びの機会が提供されること、遊び場の立地・設計に際して十分な保護措置がとられ、かつその設計・開発に子どもたちが関与することを確保することを、目指すべきである。／日課：子どもたちが、その年齢および発達上のニーズにしたがって十分な休息・遊びの機会を持てることを確保するため、宿題に関するものを含む法令上の対応により、日中に適切な時間を保障するべきである。／学校カリキュラム：教育の目的に関する第二九条上の義務に一致する形で、子どもたちが文化的・芸術的活動（音楽、演劇、文学、詩および美術を含む）ならびにスポーツおよび遊戯を学び、これに参加し、かつこれを生み出すための十分な時間および専門的支援が、学校カリキュラムの枠内で与えられなければならない。／教授法：学習環境は積極的かつ参加型のものであるべきであり、かつ、とくに低年齢の時期においては、遊びの要素に満ちた活動および参加形態を提供するものであるべきである。（二〇一三年）

解説　本条の、とくに休息の権利は子どもに対する各種の調査において、子ども自身が行使したい、保障されたい条文の上位にくることからも伺い知れるように、本条の具体的な実施は日本の子どもの権利保障にとって重要な課題になっている。子どもの権利委員会の所見も、子どもが競争の激しい教育制度のストレスにさらされ、その結果として余暇・運動・休息などの時間が得られないために発達障害が生じていることを懸念し、その解決を求めている。

第三二条〔経済的搾取・有害労働からの保護〕 1　締約国は、児童が経済的な搾取から保護され及び危険となり若しくは児童の教育の妨げとなり又は児童の健康若しくは身体的、精神的、道徳的若しくは社会的な発達に有害となるおそれのある労働への従事から保護される権利を認める。

2　締約国は、この条の規定の実施を確保するための立法上、行政上、社会上及び教育上の措置をとる。このため、締約国は、他の国際文書の関連規定を考慮して、特に、

(a)　雇用が認められるための一又は二以上の最低年齢を定める。

(b)　労働時間及び労働条件についての適当な規則を定める。

(c)　この条の規定の効果的な実施を確保するための適当な罰則その他の制裁を定める。

＊憲一八・二七3、労基、船員法八六、児福三四、学教二〇、風俗営業、世界人権宣言四、自由権規約八、児童労働ＩＬＯ条約、強制労働ＩＬＯ条約

第三三条〔麻薬・向精神薬からの保護〕 締約国は、関連する国際条約に定義された麻薬及び向精神薬の不正な使用から児童を保護し並びにこれらの物質の不正な生産及び取引における児童の使用を防止するための立法上、行政上、社会上及び教育上の措置を含むすべての適当な措置をとる。

＊麻薬・向精神薬（刑一三六―一四一、麻薬及び向精神薬取締法）、その他の有害物質（毒物及び劇物取締法、未成年者飲酒禁止法、未成年者喫煙禁止法、風俗営業二二1(6)・二八12(5)・三二3）

第三四条〔性的搾取・虐待からの保護〕 締約国は、あらゆる形態の性的搾取及び性的虐待から児童を保護することを約束する。このため、締約国は、特に、次のことを防止するためのすべての適当な国内、二国間及び多数国間の措置をとる。

(a)　不法な性的な行為を行うことを児童に対して勧誘し又は強制すること。

(b)　売春又は他の不法な性的な業務において児童を搾取的に使用すること。

(c)　わいせつな演技及び物において児童を搾取的に使用すること。

＊性的虐待からの保護（刑一七六―一八二、児童虐待防止法）、性的搾取からの保護（児童買春処罰、児福三四、刑一七四・一七五・一八二、売春防止法六―一三、風俗営業、出会い系サイト規制法、青少年条例、児童売買等選択議定書）

所見　→51・52（二〇〇四年）、81・82（二〇一〇年）、24・46（二〇一九年）、子どもの権利委員会の人身売買等選択議定書第一回総括所見（二〇一〇年）

解説　本条などをより充実・強化するために「児童の売買、児童買春及び児童ポルノに関する選択議定書」が作成された（日本は二〇〇五年に批准）。本条および「子どもの商業的性的搾取を禁止する世界会議」（一九九六年、二〇〇一年、二〇〇八年）などを受けて、児童買春処罰法が制定されている（一九九九年）。なお、子どもの権利委員会は同選択議定書の実施に関するガイドラインを作成している（二〇一九年）。

第三五条〔誘拐・売買・取引の防止〕 締約国は、あらゆる目的のための又はあらゆる形態の児童の誘拐、売買又は取引を防止するためのすべての適当な国内、二国間及び多数国間の措置をとる。

＊刑二二四―二二八の三、児福三四1(7)・六〇、児童買春処罰八、人身保護法、世界人権宣言四、児童売買等選択議定書、人身売買及び他人の売春からの搾取の禁止に関する条約

所見　→43（二〇一九年）

第三六条〔他のあらゆる形態の搾取からの保護〕 締約国は、いずれかの面において児童の福祉を害する他のすべての形態の搾取から児童を保護する。

＊児福一―三・三四・六〇、暴力団員による不当な行為の防止等に関する法律四章

第三七条〔死刑・拷問等の禁止、自由を奪われた子どもの適切な取扱い〕 締約国は、次のことを確保する。

(a)　いかなる児童も、拷問又は他の残虐な、非人道的な若しくは品位を傷つける取扱い若しくは刑罰を受けないこと。死刑又は釈放の可能性がない終身刑は、十八歳未満の者が行った犯罪について科さないこと。

(b)　いかなる児童も、不法に又は恣意的にその自由を奪われないこと。児童の逮捕、抑留又は拘禁は、法律に従って行うものとし、最後の解決手段として最も短い適当な期間のみ用いること。

(c)　自由を奪われたすべての児童は、人道的に、人間の固有の尊厳を尊重して、かつ、その年齢の者の必要を考慮した方法で取り扱われること。特に、自由を奪われたすべての児童は、成人とは分離されないことがその最善の利益であると認められない限り成人とは分離されるものとし、例外的な事情がある場合を除くほか、通信及び訪問を通じてその家族との

(d)　接触を維持する権利を有すること。
自由を奪われたすべての児童は、弁護人その他適当な援助を行う者と速やかに接触する権利を有し、裁判所その他の権限のある、独立の、かつ、公平な当局においてその自由の剝奪の合法性を争い並びにこれについての決定を速やかに受ける権利を有すること。

＊(a)拷問等の禁止（一九・二八2、憲三六・三八2、刑一九五、刑訴三一九1、警職七、世界人権宣言五、自由権規約七・八、拷問等禁止）、死刑・終身刑の禁止（少五一・五八1・五九、自由権規約六4、死刑廃止条約）、(b)(c)(d)（刑九ほか、刑訴五九ほか、少一七ほか、少年院、自由権規約九・一〇）

所見 ↓27・48（一九九八年）、53・54（二〇〇四年）、47−49（二〇一〇年）、6・42・44・45（二〇一九年）

意見 8 **体罰等**↓二八条解説参照

意見 24 **子ども司法制度における子どもの権利** 85 自由の剝奪の利用に関する主導的原則は次のとおりである。(a)子どもの逮捕、拘禁または収監は、法律にしたがって行うものとし、最後の手段として、かつもっとも短い適切な期間でのみ用いられる。(b)いかなる子どもも、不法にまたは恣意的にその自由を奪われない。……各国はさらに、子どもが移送留置または警察における留置の対象とされず（最後の手段としてかつもっとも短い適切な期間である場合を除く）、かつ成人とともに収容されないこと（そのような収容が子どもの最善の利益にかなう場合を除く）を確保するべきである。親または適切な大人のもとに速やかに釈放する手続を優先させることが求められる。
86……未決拘禁はもっとも深刻な事案を除いて利用されるべきではなく、もっとも深刻な事案においても、コミュニティへの措置について慎重に検討した後でなければ利用されるべきではない。未決段階でのダイバージョンは拘禁の利用を少なくすることにつながり、たとえ子どもが子ども司法制度における審判の対象とされる場合でも、未決拘禁の利用を制限するために社会内処遇措置が注意深く目指されるべきである。（二〇一九年）

留保　日本国は、児童の権利に関する条約三七条(c)の適用に当たり、日本国においては、自由を奪われた者に関しては、国内法上原則として二〇歳未満の者と二〇歳以上の者とを分離することとされていることにかんがみ、この規定の第二文にいう「自由を奪われたすべての児童は、成人とは分離されないことがその最善の利益であると認められない限り成人とは分離される」に拘束されない権利を留保する。（平6・5・16外務省告示二六二号）

解説　本条は四〇条とともに少年司法にかかわる重要な規定である。両規定とも、子どもの権利委員会の所見でも指摘されているように、北京規則、リヤド・ガイドライン、ハバナ規則など一連の国際準則を踏まえて解釈・運用されなければならない。なお、体罰も非人道的で品位を傷つける取扱いに含まれる。
本条にかかわって、政府は自由を奪われた子どもについて、日本では少年法や少年院法などで二〇歳で分離されることになっており、「条約の定める分離の基準の年齢とは明らかな差異が存在する」（政府報告書パラ一三三）として、本条(c)の第二文を留保している。しかし、この留保の適用範囲は不明確であり、「成人からの分離原則」全体を留保するのは不適切であるという批判が強い。子どもの権利委員会の所見は、留保の撤回を求めている。

第三八条〔**武力紛争における子どもの保護**〕1　締約国は、武力紛争において自国に適用される国際人道法の規定で児童に関係を有するものを尊重し及びこれらの規定の尊重を確保することを約束する。
2　締約国は、十五歳未満の者が敵対行為に直接参加しないことを確保するためのすべての実行可能な措置をとる。
3　締約国は、十五歳未満の者を自国の軍隊に採用することを差し控えるものとし、また、十五歳以上十八歳未満の者の中から採用するに当たっては、最年長者を優先させるよう努める。
4　締約国は、武力紛争において文民を保護するための国際人道法に基づく自国の義務に従い、武力紛争の影響を受ける児童の保護及び養護を確保するためのすべての実行可能な措置をとる。

所見 ↓47（二〇一九年）、子どもの権利委員会の武力紛争選択議定書第一回総括所見（二〇一〇年）

解説　本条などをより具体化し、武力紛争から子どもを守るため、「武力紛争における児童の関与に関する児童の権利に関する条約の選択議定書」を採択した（日本は二〇〇四年に批准）。この議定書は、一八歳未満の子どもの徴兵や戦闘行為への参加を禁じるもので、本条およびこれまでの国際条約の水準を超える内容を持っている。

第三九条〔**犠牲になった子どもの心身の回復と社会復帰**〕締約国は、あらゆる形態の放置、搾取若しくは虐待、拷問若しくは他のあらゆる形態の残虐な、非人道的な若しくは品位を傷つける取扱い若しくは刑罰又は武力紛争による被害者である児童の身体的及び心理的な回復及び社会復帰を促進するためのすべての適当な措置をとる。このような回復及び復帰は、児童の健康、自尊心及び尊厳を育成する環境において行われる。

＊児童虐待防止法、児童買春処罰一・一二・一五―一六の二、拷問等禁止一四

第四〇条〔**少年司法**〕1　締約国は、刑法を犯したと申し立てられ、訴追され又は認定されたすべての児童が尊厳及び価値についての当該児童の意識を促進させるような方法であって、当該児童が他の者の人権及び基本的自由を尊重することを強化し、かつ、当該児童の年齢を考慮し、更に、当該児童が社会に復帰し及び社会において建設的な役割を担うことがなるべく促進されることを配慮した方法により取り扱われる権利を認める。
2　このため、締約国は、国際文書の関連する規定を考慮して、特に次のことを確保する。
(a)　いかなる児童も、実行の時に国内法又は国際法により禁じられていなかった作為又は不作為を理由として刑法を犯したと申し立てられ、訴追され又は認定されないこと。
(b)　刑法を犯したと申し立てられ又は訴追されたすべての児童は、少なくとも次の保障を受けること。
(i)　法律に基づいて有罪とされるまでは無罪と推定されること。
(ii)　速やかにかつ直接に、また、適当な場合には当該児童の父母又は法定保護者を通じてその罪を告げられること並びに防御の準備及び申立てにおいて弁護人その他適当な援助を行う者を持つこと。
(iii)　事案が権限のある、独立の、かつ、公平な当局又は司法機関により法律に基づく公正な審理において、弁護人その他適当な援助を行う者の立会い及び、特に当該児童の年齢又は境遇を考慮して児童の最善の利益にならないと認められる場合を除くほか、当該児童の父母又は法定保護者の立会いの下に遅滞なく決定されること。

(iv) 供述又は有罪の自白を強要されないこと。不利な証人を尋問し又はこれに対し尋問させること並びに対等の条件で自己のための証人の出席及びこれに対する尋問を求めること。

(v) 刑法を犯したと認められた場合には、その認定及びその結果科せられた措置について、法律に基づき、上級の、権限のある、独立の、かつ、公平な当局又は司法機関によって再審理されること。

(vi) 使用される言語を理解すること又は話すことができない場合には、無料で通訳の援助を受けること。

(vii) 手続のすべての段階において当該児童の私生活が十分に尊重されること。

3 締約国は、刑法を犯したと申し立てられ、訴追され又は認定された児童に特別に適用される法律及び手続の制定並びに当局及び施設の設置を促進するよう努めるものとし、特に、次のことを行う。

(a) その年齢未満の児童は刑法を犯す能力を有しないと推定される最低年齢を設定すること。

(b) 適当なかつ望ましい場合には、人権及び法的保護が十分に尊重されていることを条件として、司法上の手続に訴えることなく当該児童を取り扱う措置をとること。

4 児童がその福祉に適合し、かつ、その事情及び犯罪の双方に応じた方法で取り扱われることを確保するため、保護、指導及び監督命令、カウンセリング、保護観察、里親委託、教育及び職業訓練計画、施設における養護に代わる他の措置等の種々の処置が利用し得るものとする。

＊①罪を犯した児童の取扱い（少、少年審判規則、少年院ほか、自由権規約一〇3・一四4）、②(a)不遡及の原則（自由権規約一五）、(b)(i)無罪の推定（自由権規約一四2）、(ii)罪の告知、防御の準備・提出および法的その他の援助（自由権規約一四3(a)(b)(d)）、(iii)独立・公平な機関による決定（憲三一・三二・三七1・七六1 3、刑訴二〇ほか、刑訴規則一三・一五、少二三・二四、少年審判規則三・三二、自由権規約一四1、拷問等禁止七3）、援助者・保護者の立会い（刑訴一五七・二七三3・二八九・二九〇、少年審判規則二五・二九—三一）、遅滞なき決定（自由権規約一四3(c)）、(iv)自白強制の禁止（自由権規約一四3(g)）、証人尋問権（自由権規約一四3(e)）、(v)上訴権（自由権規約一四5）、(vi)無料通訳（自由権規約一四3(f)）、(vii)プライバシーの尊重（少二二2・六一、少年審判規則七1・一〇、刑訴規則二一五、自由権規約一四1）、③(a)刑事責任年齢（刑四一、少二〇）、④多様な処分（少一八ほか、児福二六1・二七1(1)—(3)、更生保護法三章）

所見 →27・48（一九九八年）、53・54（二〇〇四年）、83—85（二〇一〇年）、44・45（二〇一九年）

意見 **24 子ども司法制度における子どもの権利** 3 委員会は、公共の安全の保全が、子ども司法制度を含む司法制度の正当な目的のひとつであることを認知する。しかしながら、締約国は、子どもの権利条約に掲げられた子ども司法の原則を尊重しかつ実施する自国の義務を前提として、この目的を追求するべきである。条約が第四〇条ではっきりと述べているように、刑法に違反したとして申し立てられ、罪を問われまたは認定された子どもは、常に、尊厳および価値についての子どもの意識を促進するのにふさわしい方法で取り扱われることが求められる。エビデンスの示すところによれば、子どもが行う犯罪の発生件数は、これらの原則にのっとった制度が採択された後に減少する傾向にある。

9 ……調査研究の結果、さまざまな社会制度（家庭、学校、コミュニティ、仲間関係）に存在する、子どもが示す深刻な行動上の困難を助長する側面に肯定的変化をもたらすことを目的とした、家庭およびコミュニティを基盤とする集中的な処遇プログラムにより、子どもが刑事司法制度に関与するようになるおそれの低減につながることが実証されている。防止および早期介入のプログラムにおいては、家族、とくに脆弱な状況にある家族または暴力が生じている家族への支援に焦点が当てられるべきである。……締約国はまた、子どもの特有のニーズ、問題、悩みおよび関心に対応し、かつその家族に適切なカウンセリングおよび指導を提供するような、コミュニティを基盤とするサービスおよびプログラムも発展させることが求められる。（二〇一九年）

解説 本条および三七条にかかわって、少年法の改正が問題になる。重要なことは子どもの権利委員会の所見でも指摘されているように、条約や北京規則、リヤドガイドライン、ハバナ規則等の国際基準に照らして、少年司法制度を見直すことであり、拘禁の代替措置の確立、監視および不服申立手続の保障、代用監獄のあり方の見直し、さらには非行からの立ち直りシステムの確立であろう。さらに、子どもの権利委員会の一般的意見24「子ども司法制度における子どもの権利」で指摘されている諸点の実施も必要である。

なお、本条2(b)(vi)の少年司法における無料通訳規定にともない、少年法三一条（費用の徴収）の改正が必要になるという見解が有力である。政府は、条約の規定を訴訟または審判の遂行過程において費用を負担させてはならない趣旨と理解する。つまり、事後的に費用を徴収することは可能とするのである。しかし、遂行過程と事後を分ける根拠はどこにもない。また、少年司法の現状からすれば、本条2(b)(ii)の自己防御権規定などに基づいて、少年法一〇条の付添人を全面的に義務化する規定が望まれる。

第四一条［既存の権利の確保］ この条約のいかなる規定も、次のものに含まれる規定であって児童の権利の実現に一層貢献するものに影響を及ぼすものではない。

(a) 締約国の法律

(b) 締約国について効力を有する国際法

解説 この条約が規定する権利よりも子どもの権利保障に有効な保障をしている国内法や国際条約などがあれば、それらの適用が優先される。本条は、子どもにこれまで保障されている権利の水準を下げてはならないことを定めている。

政府は批准にあたって、日本には憲法があり、国際人権規約も批准しているので、条約が規定する権利はすでに認められているし、新たな国内立法措置を必要としない、としたが、子どもにかかわる多くの国内法令ならびに国際人権規約などの批准した条約を、本条の要請に基づいて比較検討し、子どもの権利保障のための法整備を総合的に行っていくことが必要である。

第二部

第四二条［条約の広報義務］ 締約国は、適当かつ積極的な方法でこの条約の原則及び規定を成人及び児童のいずれにも広く知らせることを約束する。

所見 →11・33（一九九八年）、20・21（二〇〇四年）、89（二〇一〇年）、13（二〇一九年）

意見 **5 実施に関する一般的措置** 66 ……子どものまわりのおとな、子どもの親その他の家族構成員、教員および養育者が条約の意味するところを、そしてとくに条約において権利の主体としての子どもの平等な地位が確認されていることを理解していなければ、多くの子どもにとって、条約の定める権利が実現されることはきわめて望み薄である。

68 子どもたちは自分の権利についての知識を身につけ

なければならない。委員会は、あらゆる段階の学校カリキュラムに条約および人権一般についての学習を編入することをとくに重視している。「教育の目的」（第二九条一項）」と題する委員会の一般的意見1号（二〇〇一年）もこれとの関係で読まれなければならない。……（二〇〇三年）

通知 1 学校教育及び社会教育を通じ、広く国民の基本的人権尊重の精神が高められるようにするとともに、本条約の趣旨にかんがみ、児童が人格を持った一人の人間として尊重されなければならないことについて広く国民の理解が深められるよう、一層の努力が必要であること。（平6・5・20文初高一四九事務次官）

通知 →後掲「**児童の権利に関する条約**」について（平6・5・20文初高一四九事務次官）八参照

解説 本条は、条約の原則や規定をおとなのみならず子どもに対しても周知させることを締約国に義務づけている。条約が独立条文で広報義務を課している意味は大きい。おとながこの条約をよく知り、子どもの権利について意識変革しなければならない。また、権利主体である子ども自身が条約の内容を知らされ、その学習を通じて自分の権利についての認識を深め、権利行使能力を習得するためのあらゆる手段や実践の機会を持つ必要がある。そのさい、子どもの権利委員会が勧告するように、子どもを権利主体として位置づけ、条約をすべての教育機関のカリキュラムに盛り込むこと、子どもにかかわるすべての専門家に対する研修・再研修を行うことなど、「適当かつ積極的な手段により」条約を広報・普及し、それらの効果についても評価していくことが求められている。

第四三条【**子どもの権利委員会**】1 この条約において負う義務の履行の達成に関する締約国による進捗の状況を審査するため、児童の権利に関する委員会（以下「委員会」という。）を設置する。委員会は、この部に定める任務を行う。

2 委員会は、徳望が高く、かつ、この条約が対象とする分野において能力を認められた十八人の専門家で構成する。委員会の委員は、締約国の国民の中から締約国により選出されるものとし、個人の資格で職務を遂行する。その選出に当たっては、衡平な地理的配分及び主要な法体系を考慮に入れる。

3 委員会の委員は、締約国により指名された者の名簿の中から秘密投票により選出される。各締約国は、自国民の中から一人を指名することができる。

4 委員会の委員の最初の選挙は、この条約の効力発生の日の後六箇月以内に行うものとし、その後の選挙は、二年ごとに行う。国際連合事務総長は、委員会の委員の選挙の日の遅くとも四箇月前までに、締約国に対し、自国が指名する者の氏名を二箇月以内に提出するよう書簡で要請する。その後、同事務総長は、指名された者のアルファベット順による名簿（これらの者を指名した締約国名を表示した名簿とする。）を作成し、この条約の締約国に送付する。

5 委員会の委員の選挙は、国際連合事務総長により国際連合本部に招集される締約国の会合において行う。これらの会合は、締約国の三分の二をもって定足数とする。これらの会合においては、出席しかつ投票する締約国の代表によって投じられた票の最多数で、かつ、過半数の票を得た者をもって委員会に選出された委員とする。

6 委員会の委員は、四年の任期で選出される。委員は、再指名された場合には、再選される資格を有する。最初の選挙において選出された委員のうち五人の委員の任期は、二年で終了するものとし、これらの五人の委員は、最初の選挙の後直ちに、最初の選挙が行われた締約国の会合の議長によりくじ引で選ばれる。

7 委員会の委員が死亡し、辞任し又は他の理由のため委員会の職務を遂行することができなくなったことを宣言した場合には、当該委員を指名した締約国は、委員会の承認を条件として自国民の中から残余の期間職務を遂行する他の専門家を任命する。

8 委員会は、手続規則を定める。

9 委員会は、役員を二年の任期で選出する。

10 委員会の会合は、原則として、国際連合本部又は委員会が決定する他の適当な場所において開催する。委員会は、原則として毎年一回会合する。委員会の会合の期間は、国際連合総会の承認を条件としてこの条約の締約国の会合において決定し、必要な場合には、再検討する。

11 国際連合事務総長は、委員会がこの条約に定める任務を効果的に遂行するために必要な職員及び便益を提供する。

12 この条約に基づいて設置する委員会の委員は、国際連合総会が決定する条件に従い、同総会の承認を得て、国際連合の財源から報酬を受ける。

第四四条【**締約国の報告義務**】1 締約国は、(a)当該締約国についてこの条約が効力を生ずる時から二年以内に、(b)その後は五年ごとに、この条約において認められる権利の実現のためにとった措置及びこれらの権利の享受についてもたらされた進歩に関する報告を国際連合事務総長を通じて委員会に提出することを約束する。

2 この条の規定により行われる報告には、この条約に基づく義務の履行の程度に影響を及ぼす要因及び障害が存在する場合には、これらの要因及び障害を記載する。当該報告には、また、委員会が当該国における条約の実施について包括的に理解するために十分な情報を含める。

3 委員会に対して包括的な最初の報告を提出した締約国は、1(b)の規定に従って提出するその後の報告においては、既に提供した基本的な情報を繰り返す必要はない。

4 委員会は、この条約の実施に関連する追加の情報を締約国に要請することができる。

5 委員会は、その活動に関する報告を経済社会理事会を通じて二年ごとに国際連合総会に提出する。

6 締約国は、1の報告を自国において公衆が広く利用できるようにする。

解説 条約は、実施措置として、国際人権規約や女性差別撤廃条約などと同様に、締約国による定期的報告制度を採用する。そして、一八人の個人資格の専門家で構成される子どもの権利委員会を設置し、締約国の義務の実施状況を監視する。締約国は委員会に対して、条約の規定する権利の実現のためにとった措置、権利の享受における進歩、締約国の義務を果たす上での障害などを報告しなければならない。報告制度は、締約国報告書の作成、委員会での審査および総括所見の採択、国内でのフォローアップという一連のプロセスとして位置づけられ、これを何度も積み重ねるなかで意味を持ってくる。そこでの総括所見は、国際社会の条約の解釈・運用の水準に基づき、条約の国際的実施機関による検証を経たうえでの、日本における条約実施の優先的課題である。総括所見は、条約が実施措置として採用している報告制度の一環であり、それを誠実に履行することは条約上の義務の一部といえる。総括所見は、現在の報告制度の性質上、締約国に対して裁判所の判決のような直接の法的拘束力はないが、当該国において正当に尊重され誠実に履行されなければならない。

第四五条［国際協力のための委員会の機能］　この条約の効果的な実施を促進し及びこの条約が対象とする分野における国際協力を奨励するため、

(a)　専門機関及び国際連合児童基金その他の国際連合の機関は、その任務の範囲内にある事項に関するこの条約の規定の実施についての検討に際し、代表を出す権利を有する。委員会は、適当と認める場合には、専門機関及び国際連合児童基金その他の権限のある機関に対し、これらの機関の任務の範囲内にある事項に関するこの条約の実施について専門家の助言を提供するよう要請することができる。委員会は、専門機関及び国際連合児童基金その他の国際連合の機関に対し、これらの機関の任務の範囲内にある事項に関するこの条約の実施について報告を提出するよう要請することができる。

(b)　委員会は、適当と認める場合には、技術的な助言若しくは援助の要請を含んでおり又はこれらの必要性を記載している締約国からのすべての報告を、これらの要請又は必要性の記載に関する委員会の見解及び提案がある場合は当該見解及び提案とともに、専門機関及び国際連合児童基金その他の権限のある機関に送付する。

(c)　委員会は、国際連合総会に対し、国際連合事務総長が委員会のために児童の権利に関連する特定の事項に関する研究を行うよう同事務総長に要請することを勧告することができる。

(d)　委員会は、前条及びこの条の規定により得た情報に基づく提案及び一般的な性格を有する勧告を行うことができる。これらの提案及び一般的な性格を有する勧告は、関係締約国に送付し、締約国から意見がある場合にはその意見とともに国際連合総会に報告する。

第三部

第四六条［署名］　この条約は、すべての国による署名のために開放しておく。

第四七条［批准］　この条約は、批准されなければならない。批准書は、国際連合事務総長に寄託する。

第四八条［加入］　この条約は、すべての国による加入のために開放しておく。加入書は、国際連合事務総長に寄託する。

第四九条［効力発生］　1　この条約は、二十番目の批准書又は加入書が国際連合事務総長に寄託された日の後三十日目の日に効力を生ずる。

2　この条約は、二十番目の批准書又は加入書が寄託された後に批准し又は加入する国については、その批准書又は加入書が寄託された日の後三十日目の日に効力を生ずる。

第五〇条［改正の手続］　1　いずれの締約国も、改正を提案し及び改正案を国際連合事務総長に提出することができる。同事務総長は、直ちに、締約国に対し、その改正案を送付するものとし、締約国による改正案の審議及び投票のための締約国の会議の開催についての賛否を示すよう要請する。その送付の日から四箇月以内に締約国の三分の一以上が会議の開催に賛成する場合には、同事務総長は、国際連合の主催の下に会議を招集する。会議において出席しかつ投票する締約国の過半数によって採択された改正案は、承認のため、国際連合総会に提出する。

2　1の規定により採択された改正は、国際連合総会が承認し、かつ、締約国の三分の二以上の多数が受諾した時に、効力を生ずる。

3　改正は、効力を生じたときは、改正を受諾した締約国を拘束するものとし、他の締約国は、改正前のこの条約の規定（受諾した従前の改正を含む。）により引き続き拘束される。

第五一条［留保］　1　国際連合事務総長は、批准又は加入の際に行われた留保の書面を受領し、かつ、すべての国に送付する。

2　この条約の趣旨及び目的と両立しない留保は、認められない。

3　留保は、国際連合事務総長にあてた通告によりいつでも撤回することができるものとし、同事務総長は、その撤回をすべての国に通報する。このようにして通報された通告は、同事務総長により受領された日に効力を生ずる。

第五二条［廃棄］　締約国は、国際連合事務総長に対して書面による通告を行うことにより、この条約を廃棄することができる。廃棄は、同事務総長がその通告を受領した日の後一年で効力を生ずる。

第五三条［寄託］　国際連合事務総長は、この条約の寄託者として指名される。

第五四条［正文］　アラビア語、中国語、英語、フランス語、ロシア語及びスペイン語をひとしく正文とするこの条約の原本は、国際連合事務総長に寄託する。

●児童の権利に関する条約の日本国による批准等に関する件

（平成六年五月一六日
外務省告示第二六二号）

書簡をもって啓上いたします。本使は、本国政府を代表して、日本国政府は児童の権利に関する条約を批准するに際し次の留保を付することを通告する光栄を有します。

「日本国は、児童の権利に関する条約第三十七条(c)の適用に当たり、日本国においては、自由を奪われた者に関しては、国内法上原則として二十歳未満の者と二十歳以上の者とを分離することとされていることにかんがみ、この規定の第二文にいう『自由を奪われたすべての児童は、成人とは分離されないことがその最善の利益であると認められない限り成人とは分離される』に拘束されない権利を留保する。」

本使は、更に、日本国政府による次の宣言を通告する光栄を有します。

1　日本国政府は、児童の権利に関する条約第九条1は、出入国管理法に基づく退去強制の結果として児童が父母から分離される場合に適用されるものではないと解釈するものであることを宣言する。

2　日本国政府は、更に、児童の権利に関する条約第十条1に規定される家族の再統合を目的とする締約国への入国又は締約国からの出国の申請を「積極的、人道的かつ迅速な方法」で取り扱うとの義務はそのような申請の結果に影響を与えるものではないと解釈するものであることを宣言する。

●「児童の権利に関する条約」について（通知）

（平成六年五月二〇日
文初高第一四九号
文部事務次官）

このたび、「児童の権利に関する条約」（以下「本条約」という。）が平成六年五月一六日条約第二号をもって公布され、平成六年五月二二日に効力を生ずることとなりました。本条約の概要及び全文等は別添のとおりです。

本条約は、世界の多くの児童（本条約の適用上は、児童は一八歳未満のすべての者と定義されている。）が、今日なお貧困、飢餓などの困難な状況に置かれていることにかんがみ、世界的な視野から児童の人権の尊重、保護の促進を目指したものであります。

本条約は、基本的人権の尊重を基本理念に掲げる日本国憲法、教育基本法（昭和二二年三月三一日法律第二五号）並びに我が国が締約国となっている「経済的、社会的及び文化的権利に関する国際規約」（昭和五四年八月四日条約第六号）及び「市民的及び政治的権利に関する国際規約」（昭和五四年八月四日条約第七号）等と軌を一にするものであります。したがって、本条約の発効により、教育関係について特に法令等の改正の必要はないところでありますが、もとより、児童の人権に十分配慮し、一人一人を大切にした教育が行われなければならないことは極めて重要なことであり、本条約の発効を契機として、更に一層、教育の充実が図られていくことが肝要であります。このことについては、初等中等教育関係者のみならず、広く周知し、理解いただくことが大切であります。

また、教育に関する主な留意事項は下記のとおりでありますので、貴職におかれましては、十分なご配慮をお願いします。

なお、各都道府県教育委員会にあっては管下の各市町村教育委員会及び関係機関に対して、また、各都道府県知事にあっては所管の私立学校及び学校法人等に対して、国立大学長にあっては管下の学校に対して、趣旨の徹底を図るようお願いします。

記

一　学校教育及び社会教育を通じ、広く国民の基本的人権尊重の精神が高められるようにするとともに、本条約の趣旨にかんがみ、児童が人格を持った一人の人間として尊重されなければならないことについて広く国民の理解が深められるよう、一層の努力が必要であること。

この点、学校（小学校、中学校、高等学校、高等専門学校、盲学校、聾学校、養護学校及び幼稚園をいう。以下同じ。）においては、本条約の趣旨を踏まえ、日本国憲法及び教育基本法の精神にのっとり、教育活動全体を通じて基本的人権尊重の精神の徹底を一層図っていくことが大切であること。

また、もとより、学校において児童生徒等に権利及び義務をともに正しく理解させることは極めて重要であり、この点に関しても日本国憲法や教育基本法の精神にのっとり、教育活動全体を通じて指導すること。

二　学校におけるいじめや校内暴力は児童生徒等の心身に重大な影響を及ぼす深刻な問題であり、本条約の趣旨をふまえ、学校は、家庭や地域社会との緊密な連携の下に、真剣な取組の推進に努めること。

また、学校においては、登校拒否及び高等学校中途退学の問題について十分な認識を持ち、一人一人の児童生徒等に対する理解を深め、その個性を尊重し、適切な指導が行えるよう一層の取組を行うこと。

三　体罰は、学校教育法第一一条により厳に禁止されているものであり、体罰禁止の徹底に一層努める必要があること。

四　本条約第一二条から第一六条までの規定において、意見を表明する権利、表現の自由についての権利等の権利について定められているが、もとより学校においては、その教育目的を達成するために必要な合理的範囲内で児童生徒等に対し、指導や指示を行い、また校則を定めることができるものであること。

校則は、児童生徒等が健全な学校生活を営みよりよく成長発達していくための一定のきまりであり、これは学校の責任と判断において決定されるべきものであること。

なお、校則は、日々の教育指導に関わるものであり、児童生徒等の実態、保護者の考え方、地域の実情等を踏まえ、より適切なものとなるよう引き続き配慮すること。

五　本条約第一二条1の意見を表明する権利については、表明された児童の意見がその年齢や成熟の度合いによって相応に考慮されるべきという理念を一般的に定めたものであり、必ず反映されるということまでをも求めているものではないこと。

なお、学校においては、児童生徒等の発達段階に応じ、児童生徒等の実態を十分把握し、一層きめ細かな適切な教育指導に留意すること。

六　学校における退学、停学及び訓告の懲戒処分は真に教育的配慮をもって慎重かつ的確に行われなければならず、その際には、当該児童生徒等から事情や意見をよく聴く機会を持つなど児童生徒等の個々の状況に十分留意し、その措置が単なる制裁にとどまることなく真に教育的効果を持つものとなるよう配慮すること。

また、学校教育法第二六条の出席停止の措置を適用する際には、当該児童生徒や保護者の意見をよく聴く機会を持つことに配慮すること。

七　学校における国旗・国歌の指導は、児童生徒等が自国の国旗・国歌の意義を理解し、それを尊重する心情と態度を育てるとともに、すべての国の国旗・国歌に対して等しく敬意を表する態度を育てるためのものであること。その指導は、児童生徒等が国民として必要とされる基礎的・基本的な内容を身につけるために行うものであり、もとより児童生徒等の思想・良心を制約しようというものではないこと。今後とも国旗・国歌に関する指導の充実を図ること。

八 本条約についての教育指導に当たっては、「児童」のみならず「子ども」という語を適宜使用することも考えられること。

●子どもの権利に関する条約〔抄〕

（国際教育法研究会訳）

前文

この条約の締約国は、

国際連合憲章において宣明された原則に従い、人類社会のすべての構成員の固有の尊厳および平等のかつ奪えない権利を認めることが世界における自由、正義および平和の基礎であることを考慮し、

国際連合の諸人民が、その憲章において、基本的人権ならびに人間の尊厳および価値についての信念を再確認し、かつ、社会の進歩および生活水準の向上をいっそう大きな自由の中で促進しようと決意したことに留意し、

国際連合が、世界人権宣言および国際人権規約において、全ての者は人種、皮膚の色、性、言語、宗教、政治的意見その他の意見、国民的もしくは社会的出身、財産、出生またはその他の地位等によるいかなる種類の差別もなしに、そこに掲げるすべての権利および自由を有することを宣明しかつ同意したことを認め、

国際連合が、世界人権宣言において、子ども時代は特別のケアおよび援助を受ける資格のあることを宣明したことを想起し、

家族が、社会の基礎的集団として、ならびにそのすべての構成員とくに子どもの成長および福祉のための自然的環境として、その責任を地域社会において十分に果たすことができるように必要な保護および援助が与えられるべきであることを確信し、

子どもが、人格の全面的かつ調和のとれた発達のために、家庭環境の下で、幸福、愛情および理解のある雰囲気の中で成長すべきであることを認め、

子どもが、十分に社会の中で個人としての生活を送れるようにすべきであり、かつ、国際連合憲章に宣明された理想の精神の下で、ならびにとくに平和、尊厳、寛容、自由、平等および連帯の精神の下で育てられるべきであることを考慮し、

子どもに特別なケアを及ぼす必要性が、一九二四年のジュネーブ子どもの権利宣言および国際連合総会が一九五九年一一月二〇日に採択した子どもの権利宣言に述べられており、かつ、世界人権宣言、市民的及び政治的権利に関する国際規約（とくに第二三条および第二四条）、経済的、社会的及び文化的権利に関する国際的規約（とくに第一〇条）、ならびに子どもの福祉に関係ある専門機関および国際機関の規程および関連文書において認められていることに留意し、

子どもの権利宣言において示されたように、「子どもは、身体的および精神的に未成熟であるため、出生前後に、適当な法的保護を含む特別の保護およびケアを必要とする」ことに留意し、

国内的および国際的な里親託置および養子縁組にとくに関連した子どもの保護および福祉についての社会的および法的原則に関する宣言、少年司法運営のための国際連合最低基準規則（北京規則）、ならびに、緊急事態および武力紛争における女性および子どもの保護に関する宣言の条項を想起し、

とくに困難な条件の中で生活している子どもが世界のすべての国に存在していること、および、このような子どもが特別の考慮を必要としていることを認め、

子どもの保護および調和のとれた発達のためにそれぞれの人民の伝統および文化的価値の重要性を正当に考慮し、

すべての国、とくに発展途上国における子どもの生活条件改善のための国際協力の重要性を認め、

次のとおり協定した。

第一部

第一条［子どもの定義］ この条約の適用上、子どもとは、一八歳未満のすべての者をいう。ただし、子どもに適用される法律の下でより早く成年に達する場合は、この限りでない。

第二条［差別の禁止］ 1 締約国は、その管轄内にある子ども一人一人に対して、子どもまたは親もしくは法定保護者の人種、皮膚の色、性、言語、宗教、政治的意見その他の意見、国民的、民族的もしくは社会的出身、財産、障害、出生またはその他の地位にかかわらず、いかなる種類の差別もなしに、この条約に掲げる権利を尊重しかつ確保する。

2 締約国は、子どもが、親、法定保護者または家族構成員の地位、活動、表明した意見または信条を根拠とするあらゆる形態の差別または処罰からも保護されることを確保するためにあらゆる適当な措置をとる。

第三条［子どもの最善の利益］ 1 子どもにかかわるすべての活動において、その活動が公的もしくは私的な社会福祉機関、裁判所、行政機関または立法機関によってなされたかどうかにかかわらず、子どもの最善の利益が第一次的に考慮される。

2 締約国は、親、法定保護者または子どもに法的な責任を負う他の者の権利および義務を考慮しつつ、子どもに対してその福祉に必要な保護およびケアを確保することを約束し、この目的のために、あらゆる適当な立法上および行政上の措置をとる。

3 締約国は、子どものケアまたは保護に責任を負う機関、サービスおよび施設が、とくに安全および健康の領域、職員の数および適格性、ならびに職員の適正な監督について、権限ある機関により設定された基準に従うことを確保する。

第四条［締約国の実施義務］ 締約国は、この条約において認められる権利の実施のためのあらゆる適当な立法上、行政上およびその他の措置をとる。経済的、社会的および文化的権利に関して、締約国は、自国の利用可能な手段を最大限に用いることにより、および必要な場合には、国際協力の枠組の中でこれらの措置をとる。

第五条［親の指導の尊重］ 締約国は、親、または適当な場合には、地方的慣習で定められて

いる拡大家族もしくは共同体の構成員、法定保護者もしくは子どもに法的な責任を負う他の者が、この条約において認められる権利を子どもが行使するにあたって、子どもの能力の発達と一致する方法で適当な指示および指導を行う責任、権利および義務を尊重する。

第六条［生命への権利、生存・発達の確保］１　締約国は、すべての子どもが生命への固有の権利を有することを認める。

２　締約国は、子どもの生存および発達を可能なかぎり最大限に確保する。

第七条［名前・国籍を得る権利、親を知り養育される権利］１　子どもは、出生の後直ちに登録される。子どもは、出生の時から名前を持つ権利および国籍を取得する権利を有し、かつ、できるかぎりその親を知る権利および親によって養育される権利を有する。

２　締約国は、とくに何らかの措置をとらなければ子どもが無国籍になる場合には、国内法および当該分野の関連する国際文書に基づく自国の義務に従い、これらの権利の実施を確保する。

第八条［アイデンティティの保全］１　締約国は、子どもが、不法な干渉なしに、法によって認められた国籍、名前および家族関係を含むそのアイデンティティを保全する権利を尊重することを約束する。

２　締約国は、子どもがそのアイデンティティの要素の一部または全部を違法に剥奪される場合には、迅速にそのアイデンティティを回復させるために適当な援助および保護を与える。

第九条［親からの分離禁止と分離のための手続］１　締約国は、子どもが親の意思に反して親から分離されないことを確保する。ただし、権限ある機関が司法審査に服することを条件として、適用可能な法律および手続に従い、このような分離が子どもの最善の利益のために必要であると決定する場合は、この限りでない。当該決定は、親によって子どもが虐待もしくは放任される場合、または親が別れて生活し、子どもの居所が決定されなければならない場合などに特別に必要となる。

２　１に基づくいかなる手続においても、すべての利害関係者は、当該手続に参加し、かつ自己の見解を周知させる機会が与えられる。

３　締約国は、親の一方または双方から分離されている子どもが、子どもの最善の利益に反しないかぎり、定期的に親双方との個人的関係および直接の接触を保つ権利を尊重する。

４　このような分離が、親の一方もしくは双方または子どもの抑留、拘禁、流刑、追放または死亡（国家による拘束中に何らかの理由から生じた死亡も含む）など締約国によってとられた行為から生じる場合には、締約国は、申請に基づいて、親、子ども、または適当な場合には家族の他の構成員に対して、家族の不在者の所在に関する不可欠な情報を提供する。ただし、情報の提供が子どもの福祉を害する場合は、この限りではない。締約国は、さらに、当該申請の提出自体が関係者にいかなる不利な結果ももたらさないことを確保する。

第一〇条［家族再会のための出入国］１　家族再会を目的とする子どもまたは親の出入国の申請は、第九条１に基づく締約国の義務に従い、締約国によって積極的、人道的および迅速な方法で取り扱われる。締約国は、さらに、当該申請の提出が申請者および家族の構成員にいかなる不利な結果ももたらさないことを確保する。

２　異なる国々に居住する親をもつ子どもは、例外的な状況を除き、定期的に親双方との個人的関係および直接の接触を保つ権利を有する。締約国は、この目的のため、第九条１に基づく締約国の義務に従い、子どもおよび親が自国を含むいずれの国からも離れ、自国へ戻る権利を尊重する。いずれの国からも離れる権利は、法律で定める制限であって、国の安全、公の秩序、公衆の健康もしくは道徳、または他の者の権利および自由の保護のために必要とされ、かつこの条約において認められる他の権利と抵触しない制限のみに服する。

第一一条［国外不法移送・不返還の防止］１　締約国は、子どもの国外不法移送および不返還と闘うための措置をとる。

２　この目的のため、締約国は、二国間もしくは多数国間の協定の締結または現行の協定への加入を促進する。

第一二条［意見表明権］１　締約国は、自己の見解をまとめる力のある子どもに対して、その子どもに影響を与えるすべての事柄について自由に自己の見解を表明する権利を保障する。その際、子どもの見解が、その年齢および成熟に従い、正当に重視される。

２　この目的のため、子どもは、とくに、国内法の手続規則と一致する方法で、自己に影響を与える司法的および行政的手続においても、直接にまたは代理人もしくは適当な団体を通じて聴聞される機会を与えられる。

第一三条［表現・情報の自由］１　子どもは表現の自由への権利を有する。この権利は、国境にかかわりなく、口頭、手書きもしくは印刷、芸術の形態または子どもが選択する他のあらゆる方法により、あらゆる種類の情報および考えを求め、受け、かつ伝える自由を含む。

２　この権利の行使については、一定の制限を課することができる。ただし、その制限は、法律によって定められ、かつ次の目的のために必要とされるものに限る。

(a)　他の者の権利または信用の尊重

(b)　国の安全、公の秩序または公衆の健康もしくは道徳の保護

第一四条［思想・良心・宗教の自由］１　締約国は、子どもの思想、良心および宗教の自由への権利を尊重する。

２　締約国は、親および適当な場合には法定保護者が、子どもが自己の権利を行使するにあたって、子どもの能力の発達と一致する方法で子どもに指示を与える権利および義務を尊重する。

３　宗教または信念を表明する自由については、法律で定める制限であって、公共の安全、公の秩序、公衆の健康もしくは道徳、または他の者の基本的な権利および自由を保護するために必要な制限のみを課することができる。

第一五条［結社・集会の自由］１　締約国は、子どもの結社の自由および平和的な集会の自由への権利を認める。

２　これらの権利の行使については、法律に従って課される制限であって、国の安全もしくは公共の安全、公の秩序、公衆の健康もしくは道徳の保護、または他の者の権利および自由の保護のために民主的社会において必要なもの以外のいかなる制限も課することができない。

第一六条［プライバシィ・通信・名誉の保護］

１　いかなる子どもも、プライバシィ、家族、住居または通信を恣意的にまたは不法に干渉されず、かつ、名誉および信用を不法に攻撃されない。

２　子どもは、このような干渉または攻撃に対する法律の保護を受ける権利を有する。

第一七条［適切な情報へのアクセス］締約国は、マスメディアの果たす重要な機能を認め、かつ、子どもが多様な国内的および国際的な情報源からの情報および資料、とくに自己の社会的、精神的および道徳的福祉ならびに心身の健康の促進を目的とした情報および資料へアクセスすることを確保する。

この目的のため、締約国は、次のことをする。

(a)　マスメディアが、子どもにとって社会的および文化的利益があり、かつ第二九条の精神と合致する情報および資料を普及することを奨励すること。

(b)　多様な文化的、国内的および国際的な情報源からの当該情報および資料の作成、交換および普及について国際協力を奨励すること。

(c)　子ども用図書の製作および普及を奨励すること。

(d)　マスメディアが、少数者集団に属する子どもまたは先住民である子どもの言語上のニーズをとくに配慮することを奨励するこ

と。

(e) 第一三条および第一八条の諸条項に留意し、子どもの福祉に有害な情報および資料から子どもを保護するための適当な指針の発展を奨励すること。

第一八条［親の第一次的養育責任と国の援助］

1 締約国は、親双方が子どもの養育および発達に対する共通の責任を有するという原則の承認を確保するために最善の努力を払う。親または場合によって法定保護者は、子どもの養育および発達に対する第一次的責任を有する。子どもの最善の利益が、親または法定保護者の基本的関心となる。

2 この条約に掲げる権利の保障および促進のために、締約国は、親および法定保護者が子どもの養育責任を果たすにあたって適当な援助を与え、かつ、子どものケアのための機関、施設およびサービスの発展を確保する。

3 締約国は、働く親をもつ子どもが、受ける資格のある保育サービスおよび保育施設から利益を得る権利を有することを確保するためにあらゆる適当な措置をとる。

第一九条［親による虐待・放任・搾取からの保護］ 1 締約国は、（両）親、法定保護者または子どもの養育をする他の者による子どもの養育中に、あらゆる形態の身体的または精神的な暴力、侵害または虐待、放任または怠慢な取扱い、性的虐待を含む不当な取扱いまたは搾取から子どもを保護するためにあらゆる適当な立法上、行政上、社会上および教育上の措置をとる。

2 当該保護措置は、適当な場合には、子どもおよび子どもを養育する者に必要な援助を与える社会計画の確立、およびその他の形態の予防のための効果的な手続、ならびに上記の子どもの不当な取扱いについての実例の認定、報告、照会、調査、処理および追跡調査のため、および適当な場合には、司法的関与のための効果的な手続を含む。

第二〇条［家庭環境を奪われた子どもの保護］

1 一時的にもしくは恒常的に家庭環境を奪われた子ども、または、子どもの最善の利益に従えばその環境にとどまることが容認されえない子どもは、国によって与えられる特別な保護および援助を受ける資格を有する。

2 締約国は、国内法に従い、このような子どものための代替的養護を確保する。

3 当該養護には、とりわけ、里親託置、イスラム法のカファラ、養子縁組、または必要な場合には子どもの養護に適した施設での措置を含むことができる。解決策を検討するときには、子どもの養育に継続性が望まれることについて、ならびに子どもの民族的、宗教的、文化的および言語的背景について正当な考慮を払う。

第二一条［養子縁組］ 養子縁組の制度を承認および（または）許容している締約国は、子どもの最善の利益が最高の考慮事項であることを確保し、次のことをする。

(a) 子どもの養子縁組が権限ある機関によってのみ認可されることを確保すること。当該機関は、適用可能な法律および手続に従い、関連がありかつ信頼できるあらゆる情報に基づき、親、親族および法定保護者とかかわる子どもの地位に鑑みて養子縁組が許容されることを決定する。必要があれば、当該養子縁組の関係者が、必要とされるカウンセリングに基づき、養子縁組に対して情報を得た上での同意を与えることを確保すること。

(b) 国際養子縁組は、子どもが里親家族もしくは養親家族に託置されることができないか、または子どもがいかなる適切な方法によってもその出身国において養護されることができない場合には、子どもの養護の代替的手段とみなすことができることを認めること。

(c) 国際養子縁組された子どもが、国内養子縁組に関して存在しているのと同等の保障および基準を享受することを確保すること。

(d) 国際養子縁組において、当該託置が関与する者の金銭上の不当な利得とならないことを確保するためにあらゆる適当な措置をとること。

(e) 適当な場合には、二国間または多数国間の取決めまたは協定を締結することによってこの条の目的を促進し、かつ、この枠組の中で、子どもの他国への当該託置が権限ある機関または組織によって実行されることを確保するよう努力すること。

第二二条［難民の子どもの保護・援助］ 1 締約国は、難民の地位を得ようとする子ども、または、適用可能な国際法および国際手続または国内法および国内手続に従って難民とみなされる子どもが、親または他の者の同伴の有無にかかわらず、この条約および自国が締約国となっている他の国際人権文書または国際人道文書に掲げられた適用可能な権利を享受するにあたって、適当な保護および人道的な援助を受けることを確保するために適当な措置をとる。

2 この目的のため、締約国は、適当と認める場合、国際連合および他の権限ある政府間組織または国際連合と協力関係にある非政府組織が、このような子どもを保護しかつ援助するためのいかなる努力にも、および、家族との再会に必要な情報を得るために難民たる子どもの親または家族の他の構成員を追跡するためのいかなる努力にも、協力をする。親または家族の他の構成員を見つけることができない場合には、子どもは、何らかの理由により恒常的にまたは一時的に家庭環境を奪われた子どもと同一の、この条約に掲げられた保護が与えられる。

第二三条［障害児の権利］ 1 締約国は、精神的または身体的に障害を負う子どもが、尊厳を確保し、自立を促進し、かつ地域社会への積極的な参加を助長する条件の下で、十分かつ人間に値する生活を享受すべきであることを認める。

2 締約国は、障害児の特別なケアへの権利を認め、かつ、利用可能な手段の下で、援助を受ける資格のある子どもおよびその養育に責任を負う者に対して、申請に基づく援助であって、子どもの条件および親または子どもを養育する他の者の状況に適した援助の拡充を奨励しかつ確保する。

3 障害児の特別なニーズを認め、2に従い拡充された援助は、親または子どもを養育する他の者の財源を考慮しつつ、可能な場合にはいつでも無償で与えられる。その援助は、障害児が可能なかぎり全面的な社会的統合ならびに文化的および精神的発達を含む個人の発達を達成することに貢献する方法で、教育、訓練、保健サービス、リハビリテーションサービス、雇用準備およびレクリエーションの機会に効果的にアクセスしかつそれらを享受することを確保することを目的とする。

4 締約国は、国際協力の精神の下で、障害児の予防保健ならびに医学的、心理学的および機能的治療の分野における適当な情報交換を促進する。その中には、締約国が当該分野においてその能力および技術を向上させ、かつ経験を拡大することを可能にするために、リハビリテーション教育および職業上のサービスの方法に関する情報の普及およびそれへのアクセスが含まれる。この点については、発展途上国のニーズに特別な考慮を払う。

第二四条［健康・医療への権利］ 1 締約国は、到達可能な最高水準の健康の享受ならびに疾病の治療およびリハビリテーションのための便宜に対する子どもの権利を認める。締約国は、いかなる子どももこのような保健サービスへアクセスする権利を奪われないことを確保するよう努める。

2 締約国は、この権利の完全な実施を追求し、とくに次の適当な措置をとる。

(a) 乳幼児および子どもの死亡率を低下させること。

(b) 基本保健の発展に重点をおいて、すべての子どもに対して必要な医療上の援助および保健を与えることを確保すること。

(c) 環境汚染の危険およびおそれを考慮しつつ、とりわけ、直ちに利用可能な技術を適用し、かつ十分な栄養価のある食事および清潔な飲料水を供給することにより、基礎保健の枠組の中で疾病および栄養不良と闘うこと。

(d) 母親のための出産前後の適当な保健を確保すること。

(e) すべての社会構成員とくに親および子どもが子どもの健康および栄養の基礎的知識、母乳育児および衛生ならびに環境衛生の利益、ならびに事故の予防措置を活用するにあたって、情報が提供され、教育にアクセスし、かつ援助されることを確保すること。

(f) 予防保健、親に対する指導、ならびに家庭計画の教育およびサービスを発展させること。

3　締約国は、子どもの健康に有害な伝統的慣行を廃止するために、あらゆる効果的でかつ適当な措置をとる。

4　締約国は、この条の認める権利の完全な実現を漸進的に達成するために、国際協力を促進しかつ奨励することを約束する。この点については、発展途上国のニーズに特別な考慮を払う。

第二五条［医療施設等に措置された子どもの定期的審査］　締約国は、身体的または精神的な健康のケア、保護または治療のために権限ある機関によって措置されている子どもが、自己になされた治療についておよび自己の措置に関する他のあらゆる状況についての定期的審査を受ける権利を有することを認める。

第二六条［社会保障への権利］　1　締約国は、すべての子どもに対して社会保険を含む社会保障を享受する権利を認め、かつ、国内法に従いこの権利の完全な実現を達成するために必要な措置をとる。

2　当該給付については、適当な場合には、子どもおよびその扶養に責任を有している者の資力および状況を考慮し、かつ、子どもによってまた子どもに代わってなされた給付の申請に関する他のすべてを考慮しつつ行う。

第二七条［生活水準への権利］　1　締約国は、身体的、心理的、精神的、道徳的および社会的発達のために十分な生活水準に対するすべての子どもの権利を認める。

2　(両)親または子どもに責任を負う他の者は、その能力および資力の範囲で、子どもの発達に必要な生活条件を確保する第一次的な責任を負う。

3　締約国は、国内条件に従いかつ財源内において、この権利の実施のために、親および子どもに責任を負う他の者を援助するための適当な措置をとり、ならびに、必要な場合にはとくに栄養、衣服および住居に関して物的援助を行い、かつ援助計画を立てる。

4　締約国は、親または子どもに財政的な責任を有している他の者から、自国内においても外国からでも子どもの扶養料を回復することを確保するためにあらゆる適当な措置をとる。とくに、子どもに財政的な責任を有している者が子どもと異なる国に居住している場合には、締約国は、国際協定への加入または締結ならびに他の適当な取決めの作成を促進する。

第二八条［教育への権利］　1　締約国は、子どもの教育への権利を認め、かつ、漸進的におよび平等な機会に基づいてこの権利を達成するために、とくに次のことをする。

(a) 初等教育を義務的なものとし、かつすべての者に対して無償とすること。

(b) 一般教育および職業教育を含む種々の形態の中等教育の発展を奨励し、すべての子どもが利用可能でありかつアクセスできるようにし、ならびに、無償教育の導入および必要な場合には財政的援助の提供などの適当な措置をとること。

(c) 高等教育を、すべての適当な方法により、能力に基づいてすべての者がアクセスできるものとすること。

(d) 教育上および職業上の情報ならびに指導を、すべての子どもが利用可能でありかつアクセスできるものとすること。

(e) 学校への定期的な出席および中途退学率の減少を奨励するための措置をとること。

2　締約国は、学校懲戒が子どもの人間の尊厳と一致する方法で、かつこの条約に従って行われることを確保するためにあらゆる適当な措置をとる。

3　締約国は、とくに、世界中の無知および非識字の根絶に貢献するために、かつ科学的および技術的知識ならびに最新の教育方法へのアクセスを助長するために、教育に関する問題について国際協力を促進しかつ奨励する。この点については、発展途上国のニーズに特別の考慮を払う。

第二九条［教育の目的］　1　締約国は、子どもの教育が次の目的で行われることに同意する。

(a) 子どもの人格、才能ならびに精神的および身体的能力を最大限可能なまで発達させること。

(b) 人権および基本的自由の尊重ならびに国際連合憲章に定める諸原則の尊重を発展させること。

(c) 子どもの親、子ども自身の文化的アイデンティティ、言語および価値の尊重、子どもが居住している国および子どもの出身国の国民的価値の尊重、ならびに自己の文明と異なる文明の尊重を発展させること。

(d) すべての諸人民間、民族的、国民的および宗教的集団ならびに先住民間の理解、平和、寛容、性の平等および友好の精神の下で、子どもが自由な社会において責任ある生活を送れるようにすること。

(e) 自然環境の尊重を発展させること。

2　この条または第二八条のいかなる規定も、個人および団体が教育機関を設置しかつ管理する自由を妨げるものと解してはならない。ただし、つねに、この条の1に定める原則が遵守されること、および当該教育機関において行われる教育が国によって定められる最低限度の基準に適合することを条件とする。

第三〇条［少数者・先住民の子どもの権利］　民族上、宗教上もしくは言語上の少数者、または先住民が存在する国においては、当該少数者または先住民に属する子どもは、自己の集団の他の構成員とともに、自己の文化を享受し、自己の宗教を信仰しかつ実践し、または自己の言語を使用する権利を否定されない。

第三一条［休息・余暇、遊び、文化的・芸術的生活への参加］　1　締約国は、子どもが、休息しかつ余暇をもつ権利、その年齢にふさわしい遊びおよびレクリエーション的活動を行う権利、ならびに文化的生活および芸術に自由に参加する権利を認める。

2　締約国は、子どもが文化的および芸術的生活に十分に参加する権利を尊重しかつ促進し、ならびに、文化的、芸術的、レクリエーション的および余暇的活動のための適当かつ平等な機会の提供を奨励する。

第三二条［経済的搾取・有害労働からの保護］　1　締約国は、子どもが、経済的搾取から保護される権利、および、危険があり、その教育を妨げ、あるいはその健康または身体的、心理的、精神的、道徳的もしくは社会的発達にとって有害となるおそれのあるいかなる労働に就くことからも保護される権利を認める。

2　締約国は、この条の実施を確保するための立法上、行政上、社会上および教育上の措置をとる。締約国は、この目的のため、他の国際文書の関連条項に留意しつつ、とくに次のことをする。

(a) 最低就業年齢を規定すること。

(b) 雇用時間および雇用条件について適当な規則を定めること。

(c) この条の効果的実施を確保するための適当な罰則または他の制裁措置を規定すること。

第三三条［麻薬・向精神薬からの保護］　締約国は、関連する国際条約に明示された麻薬および向精神薬の不法な使用から子どもを保護し、かつこのような物質の不法な生産および取引に子どもを利用させないために、立法上、行政上、社会上および教育上の措置を含むあらゆる適当な措置をとる。

第三四条［性的搾取・虐待からの保護］　締約国は、あらゆる形態の性的搾取および性的虐待から子どもを保護することを約束する。これらの目的のため、締約国は、とくに次のことを防止するためのあらゆる適当な国内、二国間および多数国間の措置をとる。

(a)　何らかの不法な性的行為に従事するよう子どもを勧誘または強制すること。

(b)　売春または他の不法な性的行為に子どもを搾取的に使用すること。

(c)　ポルノ的な実演または題材に子どもを搾取的に使用すること。

第三五条［誘拐・売買・取引の防止］締約国は、いかなる目的またはいかなる形態を問わず、子どもの誘拐、売買または取引を防止するためにあらゆる適当な国内、二国間および多数国間の措置をとる。

第三六条［他のあらゆる形態の搾取からの保護］締約国は、子どもの福祉のいずれかの側面にとって有害となる他のあらゆる形態の搾取から子どもを保護する。

第三七条［死刑・拷問等の禁止、自由を奪われた子どもの適正な取扱い］締約国は、次のことを確保する。

(a)　いかなる子どもも、拷問または他の残虐な、非人道的なもしくは品位を傷つける取扱いもしくは刑罰を受けない。一八歳未満の犯した犯罪に対して、死刑および釈放の可能性のない終身刑を科してはならない。

(b)　いかなる子どももその自由を不法にまたは恣意的に奪われない。子どもの逮捕、抑留または拘禁は、法律に従うものとし、最後の手段として、かつ最も短い適当な期間でのみ用いられる。

(c)　自由を奪われたすべての子どもは、人道的におよび人間の固有の尊厳を尊重して取扱われ、かつその年齢に基づくニーズを考慮した方法で取扱われる。とくに、自由を奪われたすべての子どもは、子どもの最善の利益に従えば成人から分離すべきでないと判断される場合を除き、成人から分離されるものとし、かつ、特別の事情のある場合を除き、通信および面会によって家族との接触を保つ権利を有する。

(d)　自由を奪われたすべての子どもは、法的および他の適当な援助に速やかにアクセスする権利、ならびに、その自由の剥奪の合法性を裁判所または他の権限ある独立のかつ公平な機関において争い、かつ当該訴えに対する迅速な決定を求める権利を有する。

第三八条［武力紛争における子どもの保護］1　締約国は、武力紛争において自国に適用可能な国際人道法の規則で子どもに関連するものを尊重し、かつその尊重を確保することを約束する。

2　締約国は、一五歳に満たない者が敵対行為に直接参加しないことを確保するためにあらゆる可能な措置をとる。

3　締約国は、一五歳に満たないいかなる者も軍隊に徴募することを差控える。締約国は、一五歳に達しているが一八歳に満たない者の中から徴募を行うにあたっては、最年長の者を優先するよう努める。

4　締約国は、武力紛争下における文民の保護のための国際人道法に基づく義務に従い、武力紛争の影響を受ける子どもの保護およびケアを確保するためにあらゆる可能な措置をとる。

第三九条［犠牲になった子どもの心身の回復と社会復帰］締約国は、あらゆる形態の放任、搾取または虐待の犠牲になった子ども、拷問または他のあらゆる形態の残虐な、非人道的なもしくは品位を傷つける取扱いもしくは刑罰の犠牲になった子ども、あるいは、武力紛争の犠牲になった子どもが身体的および心理的回復ならびに社会復帰することを促進するためにあらゆる適当な措置をとる。当該回復および復帰は、子どもの健康、自尊心および尊厳を育む環境の中で行われる。

第四〇条［少年司法］1　締約国は、刑法に違反したとして申し立てられ、罪を問われ、または認定された子どもが、尊厳および価値についての意識を促進するのにふさわしい方法で取扱われる権利を認める。当該方法は、他の者の人権および基本的自由の尊重を強化するものであり、ならびに、子どもの年齢、および子どもが社会復帰しかつ社会において建設的な役割を果たすことの促進が望ましいことを考慮するものである。

2　締約国は、この目的のため、国際文書の関連する条項に留意しつつ、とくに次のことを確保する。

(a)　いかなる子どもも、実行の時に国内法または国際法によって禁止されていなかった作為または不作為を理由として、刑法に違反したとして申し立てられ、罪を問われ、または認定されてはならない。

(b)　法的に違反したとして申し立てられ、または罪を問われた子どもは、少なくとも次の保障をうける。

(i)　法律に基づき有罪が立証されるまで無罪と推定されること。

(ii)　自己に対する被疑事実を、迅速かつ直接的に、および適当な場合には親または法定保護者を通じて告知されること。自己の防御の準備およびその提出にあたって法的または他の適当な援助をうけること。

(iii)　権限ある独立のかつ公平な機関または司法機関により、法律に基づく公正な審理において、法的または他の適当な援助者の立会いの下で、および、とくに子どもの年齢または状況を考慮し、子どもの最善の利益にならないと判断される場合を除き、親または法定保護者の立会いの下で遅滞なく決定を受けること。

(iv)　証言を強制され、または自白を強制されないこと。自己に不利な証人を尋問し、または当該証人に尋問を受けさせること。平等な条件の下で自己のための証人の出席および尋問を求めること。

(v)　刑法に違反したと見なされた場合には、この決定および決定の結果科される措置が、法律に基づき、上級の権限ある独立のかつ公平な機関または司法機関によって再審理されること。

(vi)　子どもが使用される言語を理解することまたは話すことができない場合は、無料で通訳の援助を受けること。

(vii)　手続のすべての段階において、プライバシィが十分に尊重されること。

3　締約国は、刑法に違反したとして申し立てられ、罪を問われ、また認定された子どもに対して特別に適用される法律、手続、機関および施設の確立を促進するよう努める。とくに次のことに努める。

(a)　刑法に違反する能力を有しないと推定される最低年齢を確立すること。

(b)　適当かつ望ましい時はつねに、人権および法的保障を十分に尊重することを条件として、このような子どもを司法的手続によらずに取扱う措置を確立すること。

4　ケア、指導および監督の命令、カウンセリング、保護観察、里親養護、教育および職業訓練のプログラムならびに施設内処遇に替わる他の代替的措置などの多様な処分は、子どもの福祉に適当で、かつ子どもの状況および罪のいずれにも見合う方法によって子どもが取扱われることを確保するために利用可能なものとする。

第四一条［既存の権利の確保］この条約のいかなる規定も、次のものに含まれる規定であって、子どもの権利の実現にいっそう貢献する規定に影響を及ぼすものではない。

(a)　締約国の法

(b)　締約国について効力を有する国際法

第二部

第四二条［条約広報義務］締約国は、この条約の原則および規定を、適当かつ積極的な手段により、大人のみならず子どもに対しても同様に、広く知らせることを約束する。

第四三条から**第四五条**まで（省略）

第三部（省略）

●武力紛争における児童の関与に関する児童の権利に関する条約の選択議定書

（平成一六年八月四日 条約第一〇号）

効力発生、平一六・九・二

この議定書の締約国は、

児童の権利に関する条約に対して、児童の権利の促進及び保護のために努力する広範な意志を表す圧倒的な支持があることに励まされ、

児童の権利は特別な保護を必要とすることを再確認し、また、差別なく児童の状況を不断に改善すること並びに平和で安全な状況において児童が発達し及び教育を受けることを要請し、

武力紛争が児童に及ぼす有害かつ広範な影響並びにこれが永続性のある平和、安全及び発展に及ぼす長期的な影響を憂慮し、

武力紛争の状況において児童を標的とすること及び学校、病院等一般的に多数の児童が存在する場所その他の国際法に基づいて保護されている対象を直接攻撃することを非難し、

国際刑事裁判所規程が採択されたこと、特に同規程が、国際的な武力紛争及び非国際的な武力紛争の双方において、十五歳未満の児童を強制的に徴集し及び志願に基づいて編入し並びに敵対行為に積極的に参加させるために使用することを戦争犯罪として規定していることに留意し、

したがって、児童の権利に関する条約において認められている権利の実現を更に強化するためには、武力紛争における関与から児童を一層保護することが必要であることを考慮し、

児童の権利に関する条約第一条が、同条約の適用上、「児童とは、十八歳未満のすべての者をいう。ただし、当該児童で、その者に適用される法律によりより早く成年に達したものを除く。」と規定していることに留意し、

軍隊に採用することができる者の年齢及びこれらの者が敵対行為に参加する年齢を引き上げる選択議定書は、児童に関するすべての措置をとるに当たっては児童の最善の利益が主として考慮されるべきであるとの原則の実施に効果的に資することを確信し、

千九百九十五年十二月の第二十六回赤十字・赤新月国際会議が、紛争当事国は十八歳未満の児童を敵対行為に参加させないことを確保するためのすべての実行可能な措置をとることを特に勧告したことに留意し、

武力紛争において使用するための児童の強制的な徴集を特に禁止する最悪の形態の児童労働の禁止及び撤廃のための即時の行動に関する国際労働機関の条約（第百八十二号）が千九百九十九年六月に全会一致で採択されたことを歓迎し、

国の軍隊と異なる武装集団が敵対行為において国境内で又は国境を越えて児童を採用し、訓練し及び使用することを最も重大な関心をもって非難し、並びにこの点に関連して児童を採用し、訓練し及び使用するものの責任を認識し、

武力紛争の各当事者が国際人道法の規定を遵守する義務を負っていることを想起し、

この議定書が国際連合憲章（第五十一条等）に定める目的及び原則並びに人道法の関連する規範を害するものではないことを強調し、

同憲章に定める目的及び原則の十分な尊重並びに人権に関する適用可能な文書の遵守に基づく平和で安全な状況が、特に武力紛争及び外国による占領の期間中における児童の十分な保護に不可欠であることに留意し、

経済的若しくは社会的地位又は性別のため、この議定書に反して特に採用され又は敵対行為に使用されやすい児童についての特別な必要性を認識し、

武力紛争における児童の関与についての経済的、社会的及び政治的な根本的原因を考慮に入れる必要性に留意し、

この議定書の実施における国際協力並びに武力紛争による被害者である児童の身体的及び心理社会的なリハビリテーション並びに社会復帰における国際協力を強化する必要性を確信し、

社会、特に被害者である児童その他の児童がこの議定書の実施に関する広報及び教育に関する計画の普及に参加することを奨励して、

次のとおり協定した。

第一条［一八歳未満の者による敵対行為への直接参加の禁止］ 締約国は、十八歳未満の自国の軍隊の構成員が敵対行為に直接参加しないことを確保するためのすべての実行可能な措置をとる。

第二条［一八歳未満の者の強制的徴集の禁止］ 締約国は、十八歳未満の者を自国の軍隊に強制的に徴集しないことを確保する。

第三条［入隊志願者の最低年齢の引上げおよび保障］ 1 締約国は、児童の権利に関する条約第三十八条に定める原則を考慮し及び同条約に基づき十八歳未満の者は特別な保護を受ける権利を有することを認識して、自国の軍隊に志願する者の採用についての最低年齢を同条3に定める年齢より年単位で引き上げる。

2 各締約国は、この議定書を批准し又はこれに加入する際に、自国の軍隊に志願する者の採用が認められる最低年齢を記載する拘束力のある宣言及びそのような採用が強制され又は強要されたものではないことを確保するためにとられた保障措置についての説明を寄託する。

3 自国の軍隊に志願する十八歳未満の者の採用を認める締約国は、少なくとも次のことを確保するための保障措置を維持する。

(a) 当該採用が真に志願する者を対象とするものであること。

(b) 当該採用につき当該者の父母又は法定保護者が事情を知らされた上で同意していること。

(c) 当該者が軍務における任務につき十分な情報の提供を受けていること。

(d) 当該者が、自国の軍務に服することが認められる前に、年齢についての信頼し得る証明を提出すること。

4 各締約国は、国際連合事務総長にあてた通告により、いつでも自国の宣言の内容を拡充することができるものとし、同事務総長は、これをすべての締約国に通報する。そのような通告は、同事務総長により受領された日に効力を生ずる。

5 1に定める最低年齢を引き上げる義務は、締約国の軍隊により運営され又は管理されている学校であって、児童の権利に関する条約第二十八条及び第二十九条の規定の趣旨に沿うものについては適用されない。

第四条［国の軍隊と異なる武装集団］ 1 国の軍隊と異なる武装集団は、いかなる状況においても、十八歳未満の者を採用し又は敵対行為に使用すべきでない。

2 締約国は、1に規定する採用及び使用を防止するため、すべての実行可能な措置（1に規定する採用及び使用を禁止し並びにこれらの行為を犯罪とするために必要な法律上の措置を含む。）をとる。

3 この議定書におけるこの条の規定の適用は、武力紛争のいかなる当事者の法的地位にも影響を及ぼすものではない。

第五条［既存の権利の確保］ この議定書のいかなる規定も、児童の権利の実現に一層貢献する締約国の法律、国際文書又は国際人道法の規定の適用を妨げるものと解してはならない。

第六条［国内実施措置］ 1 各締約国は、自国の管轄の下においてこの議定書の規定の効果的な実施を確保するため、すべての必要な法律上、行政上その他の措置をとる。

2 締約国は、適当な方法でこの議定書の原則及び規定を成人及び児童のいずれにも広く知らせることを約束する。

3 締約国は、自国の管轄の下にある者であってこの議定書に反して採用され又は敵対行為に使用されたものを除隊させ又は他の方法により任務から解放することを確保するため、すべての実行可能な措置をとる。締約国は、必要な場合には、これらの者に対し、その身体的及び心理的な回復並びに社会復帰のためのすべての適当な援助を与える。

第七条［国際協力］ 1 締約国は、技術協力、

財政的援助等を通じて、この議定書に反するあらゆる行為の防止、この議定書に反する行為の被害者のリハビリテーション及び社会復帰その他のこの議定書の実施について協力する。このような援助及び協力は、関係締約国及び関係国際機関と協議した上で実施する。

2　締約国は、可能な場合には、既存の多数国間、二国間その他の計画を通じ、又は国際連合総会の規則に従って設立される任意の基金を通じ、このような援助を提供する。

第八条［**締約国の報告義務**］1　各締約国は、この議定書が自国について効力を生じた後二年以内に、参加及び採用に関する規定の実施のためにとった措置その他のこの議定書の規定の実施のためにとった措置に関する包括的な情報を提供する報告を児童の権利に関する委員会に提出する。

2　各締約国は、包括的な報告を提出した後、児童の権利に関する条約第四十四条の規定に従って児童の権利に関する委員会に提出する報告に、この議定書の実施に関するあらゆる追加の情報を含める。この議定書のその他の締約国は、五年ごとに報告を提出する。

3　児童の権利に関する委員会は、この議定書の実施に関連する追加の情報を締約国に要請することができる。

第九条［**署名・批准・加入**］1　この議定書は、児童の権利に関する条約の締約国であるか又は同条約に署名したすべての国による署名のために開放しておく。

2　この議定書は、批准されなければならず、また、すべての国による加入のために開放しておく。批准書又は加入書は、国際連合事務総長に寄託する。

3　国際連合事務総長は、児童の権利に関する条約及びこの議定書の寄託者として、同条約のすべての締約国及び同条約に署名したすべての国に対し、第三条の規定に基づく宣言を通報する。

第一〇条［**効力発生**］1　この議定書は、十番目の批准書又は加入書が寄託された後三箇月で効力を生ずる。

2　この議定書は、この議定書の効力発生の後に批准し又は加入する国については、その批准書又は加入書が寄託された日の後一箇月で効力を生ずる。

第一一条［**廃棄**］1　いずれの締約国も、国際連合事務総長に対して書面による通告を行うことにより、いつでもこの議定書を廃棄することができる。同事務総長は、その後、児童の権利に関する条約のその他の締約国及び同条約に署名したすべての国に対しこれを通報する。廃棄は、同事務総長がその通告を受領した日の後一年で効力を生ずる。ただし、廃棄を行う締約国が当該一年の期間の満了の時において武力紛争に巻き込まれている場合には、廃棄は、武力紛争の終了の時まで効力を生じない。

2　廃棄は、廃棄が効力を生ずる日前に発生した行為について、この議定書に基づく当該締約国の義務を免除するものではない。また、廃棄は、廃棄が効力を生ずる日前に児童の権利に関する委員会が既に検討していた問題について検討を継続することを妨げるものではない。

第一二条［**改正**］1　いずれの締約国も、改正を提案し及び改正案を国際連合事務総長に提出することができる。同事務総長は、直ちに、締約国に対し、その改正案を送付するものとし、締約国による改正案の審議及び投票のための締約国の会議の開催についての賛否を示すよう要請する。その送付の日から四箇月以内に締約国の三分の一以上が会議の開催に賛成する場合には、同事務総長は、国際連合の主催の下に会議を招集する。会議において出席しかつ投票する締約国の過半数によって採択された改正案は、承認のため、国際連合総会に提出する。

2　1の規定により採択された改正は、国際連合総会が承認し、かつ、締約国の三分の二以上の多数が受諾した時に、効力を生ずる。

3　改正は、効力を生じたときは、改正を受諾した締約国を拘束するものとし、他の締約国は、改正前のこの議定書の規定（受諾した従前の改正を含む。）により引き続き拘束される。

第一三条［**正文**］1　アラビア語、中国語、英語、フランス語、ロシア語及びスペイン語をひとしく正文とするこの議定書は、国際連合に寄託する。

2　国際連合事務総長は、この議定書の認証謄本を児童の権利に関する条約のすべての締約国及び同条約に署名したすべての国に送付する。

●児童の売買、児童買春及び児童ポルノに関する児童の権利に関する条約の選択議定書

（平成一七年一月二六日 条約第二号）

効力発生、平一七・二・二四

この議定書の締約国は、

児童の権利に関する条約の目的及び同条約の規定（特に、第一条、第十一条、第二十一条、第三十二条、第三十三条、第三十四条、第三十五条及び第三十六条の規定）の実施を更に達成することを目的として、児童の売買、児童買春及び児童ポルノからの児童の保護を保障するために締約国がとるべき措置を拡大することが適当であることを考慮し、

また、児童の権利に関する条約が、児童が経済的な搾取から保護され及び危険となり若しくは児童の教育の妨げとなり又は児童の健康若しくは身体的、精神的、道徳的若しくは社会的な発達に有害となるおそれのある労働への従事から保護される権利を認めていることを考慮し、

児童の売買、児童買春及び児童ポルノを目的とした児童の国際的な取引が相当数にのぼりかつ増加していることを深刻に憂慮し、

児童の売買、児童買春及び児童ポルノを直接助長するために児童が特に被害を受けやすい買春旅行が広く行われかつ継続していることを深く憂慮し、

女子である児童その他の多くの特に被害を受けやすい集団が性的搾取を受ける危険に一層さらされていること及び性的搾取を受ける者の中で女子である児童が不均衡に多いことを認識し、

インターネットその他の発展しつつある技術による児童ポルノの入手が更に容易になっていることを憂慮し、インターネット上の児童ポルノと戦う国際会議（千九百九十九年にウィーンで開催）、特に、児童ポルノを製造し、配布し、

輸出し、送信し、輸入し、意図的に保有し及び宣伝することを全世界において犯罪とすることを求めるという同会議の結論を想起し、並びに政府とインターネット業界との間のより緊密な協力及び連携の重要性を強調し、

児童の売買、児童買春及び児童ポルノの撲滅は、不十分な開発、貧困、経済的な不均衡、不衡平な社会経済的構造、家族の機能不全、教育の欠如、都市と農村との間の移住、性差別、大人の無責任な性的行動、有害な伝統的慣行、武力紛争、児童の取引その他の様々な要因に対処する全体的な取組方法を採用することにより促進されることを確信し、

児童の売買、児童買春及び児童ポルノに対する消費需要を減少させるためには、公衆の意識を向上させるための努力が必要であることを確信し、また、すべての関係者の間の世界的な連携を強化し及び国内における法の執行を促進することの重要性を確信し、

国家間にまたがる養子縁組に関する子の保護及び協力に関するハーグ条約、国際的な子の奪取の民事上の側面に関するハーグ条約、親等の責任及び子の保護措置に関する管轄権、準拠法、承認、執行及び協力に関するハーグ条約、最悪の形態の児童労働の禁止及び撤廃のための即時の行動に関する国際労働機関の条約（第百八十二号）その他の児童の保護に関する国際的な法的文書に留意し、

児童の権利に関する条約に対して、児童の権利の促進及び保護のための広範な意志を表す圧倒的な支持があることに励まされ、

児童の売買、児童買春及び児童ポルノの防止のための行動計画、千九百九十六年八月二十七日から三十一日までストックホルムで開催された児童の商業的性的搾取に反対する世界会議において採択された宣言及び行動のための課題並びに関係国際団体によるその他の関連する決定及び勧告の実施の重要性を認識し、

児童の保護及び調和のとれた発達のために各人民の伝統及び文化的価値が有する重要性を十分に考慮して、

次のとおり協定した。

第一条〔児童の売買等の禁止〕 締約国は、この議定書に従って児童の売買、児童買春及び児童ポルノを禁止する。

第二条〔定義〕 この議定書の適用上、

(a) 「児童の売買」とは、報酬その他の対償のために、児童が個人若しくは集団により他の個人若しくは集団に引き渡されるあらゆる行為又はこのような引渡しについてのあらゆる取引をいう。

(b) 「児童買春」とは、報酬その他の対償のために、児童を性的な行為に使用することをいう。

(c) 「児童ポルノ」とは、現実の若しくは擬似のあからさまな性的な行為を行う児童のあらゆる表現（手段のいかんを問わない。）又は主として性的な目的のための児童の身体の性的な部位のあらゆる表現をいう。

第三条〔立法上・行政上の措置〕 1 各締約国は、その犯罪が国内で行われたか国際的に行われたかを問わず、また、個人により行われたか組織により行われたかを問わず、少なくとも次の行為が自国の刑法又は刑罰法規の適用を完全に受けることを確保する。

(a) 前条に定義する児童の売買に関し、

(i) 児童を次の目的のため提供し、移送し又は収受すること（手段のいかんを問わない。）。

a 児童を性的に搾取すること。

b 営利の目的で児童の臓器を引き渡すこと。

c 児童を強制労働に従事させること。

(ii) 養子縁組に関する適用可能な国際的な法的文書に違反する児童の養子縁組について同意するよう、仲介者として不当に勧誘すること。

(b) 前条に定義する児童買春のため、児童を提供し、取得し、あっせんし及び供給すること。

(c) 前条に定義する児童ポルノを製造し、配布し、頒布し、輸入し、輸出し、提供し若しくは販売し又はこれらの行為の目的で保有すること。

2 締約国の国内法の規定に従って、1に規定する行為の未遂及び1に規定する行為を共謀し又は1に規定する行為に加担する行為についても、1の規定を適用する。

3 各締約国は、1及び2に定める犯罪について、その重大性を考慮した適当な刑罰を科することができるようにする。

4 各締約国は、自国の国内法の規定に従って、適当な場合には、1に定める犯罪についての法人の責任を確立するための措置をとる。法人のこの責任は、締約国の法的原則に従って、刑事上、民事上又は行政上のものとすることができる。

5 締約国は、児童の養子縁組に関与するすべての者が適用可能な国際的な法的文書に従って行動することを確保するためのすべての適当な法律上及び行政上の措置をとる。

第四条〔国内管轄権〕 1 各締約国は、前条1に定める犯罪が自国の領域内で又は自国において登録された船舶若しくは航空機内で行われる場合において当該犯罪についての自国の裁判権を設定するため、必要な措置をとる。

2 各締約国は、次の場合において前条1に定める犯罪についての自国の裁判権を設定するため、必要な措置をとることができる。

(a) 容疑者が、自国の国民である場合又は自国の領域内に常居所を有する者である場合

(b) 被害者が自国の国民である場合

3 各締約国は、容疑者が自国の領域内に所在し、かつ、犯罪が自国の国民によって行われたことを理由として他の締約国に対して当該容疑者の引渡しを行わない場合において前条1に定める犯罪についての自国の裁判権を設定するため、必要な措置をとる。

4 この議定書は、国内法に従って行使される刑事裁判権を排除するものではない。

第五条〔犯罪人の引渡し〕 1 第三条1に定める犯罪は、締約国間の現行の犯罪人引渡条約における引渡犯罪とみなされ、また、締約国間で今後締結されるすべての犯罪人引渡条約における引渡犯罪に含まれるものとする。ただし、これらの条約に定める条件に従うことを条件とする。

2 条約の存在を犯罪人引渡しの条件とする締約国は、自国との間に犯罪人引渡条約を締結していない他の締約国から犯罪人引渡しの請求を受けた場合には、この議定書を第三条1に定める犯罪に関する犯罪人引渡しのための法的根拠とみなすことができる。この犯罪人引渡しは、請求を受けた国の法令に定める条件に従う。

3 条約の存在を犯罪人引渡しの条件としない締約国は、犯罪人引渡しの請求を受けた国の法令に定める条件に従い、相互間で、第三条1に定める犯罪を引渡犯罪と認める。

4 第三条1に定める犯罪は、締約国間の犯罪人引渡しに関しては、当該犯罪が発生した場所のみでなく、前条の規定に従って裁判権を設定しなければならない国の領域内においても行われたものとみなされる。

5 第三条1に定める犯罪に関して引渡しの請求が行われた場合において、請求を受けた締約国が犯人の国籍を理由として引渡しを行わないときは、当該締約国は、訴追のため自国の権限のある当局に事件を付託するための適当な措置をとる。

第六条〔共助〕 1 締約国は、第三条1に定める犯罪について行われる捜査、刑事訴訟又は犯罪人引渡しに関する手続について、相互に最大限の援助（これらの手続に必要であり、かつ、自国が提供することができる証拠の収集に係る援助を含む。）を与える。

2 締約国は、相互間に法律上の相互援助に関する条約又は他の取極が存在する場合には、当該条約又は他の取極に合致するように、1に規定する義務を履行する。締約国は、そのような条約又は取極が存在しない場合には、自国の国内法に従って相互に援助を与える。

第七条〔押収・没収・施設閉鎖〕 締約国は、自国の国内法の規定に従って、次のことを行う。

(a) 適当な場合には、次のものを押収し又は没収することを定めるための措置をとること。

(i) この議定書に定める犯罪を行い又は助長するために使用された物（例えば、材料、財産及び他の道具）

(ii) この議定書に定める犯罪から生じた収益

(b) (a)に規定する物又は収益の押収又は没収についての他の締約国からの要請を実施すること。

(c) この議定書に定める犯罪を行うために使用された場所を一時的又は恒久的に閉鎖するための措置をとること。

第八条［被害を受けた児童の保護］ 1 締約国は、刑事司法手続のすべての段階において、特に次のことを行うことによって、この議定書によって禁止されている行為の被害者である児童の権利及び利益を保護するための適当な措置をとる。

(a) 被害者である児童が被害を受けやすいことを認め、及び当該児童の特別な必要（証人としての特別な必要等）を認めるために刑事司法手続を適合させること。

(b) 被害者である児童に対し、当該児童が有する権利及び役割並びに刑事司法手続に係る範囲、時期及び進捗状況について通知し、また、当該児童に係る事件の処理について通知すること。

(c) 被害者である児童の個人的な利益に影響を及ぼす刑事司法手続において、国内法の手続規則に合致する方法により、当該児童の意見、必要及び懸念が表明され及び考慮されることを認めること。

(d) 訴訟手続の間を通じて被害者である児童に対し適当な支援サービスを与えること。

(e) 被害者である児童の私生活及び身元関係事項を適当な場合に保護し、並びに被害者である児童の身元の特定につながるような情報の不適当な公表を避けるために国内法に従って措置をとること。

(f) 適当な場合には、被害者である児童、その家族及び被害者である児童のための証人に対する脅迫及び報復からの保護のための措置をとること。

(g) 事件の処理及び被害者である児童に対して賠償を与える命令又は決定の執行において不必要な遅延を避けること。

2 締約国は、被害者の実際の年齢が不確実であることが捜査（被害者の年齢を立証するための捜査を含む。）を開始する妨げとならないことを確保する。

3 締約国は、この議定書に定める犯罪の被害者である児童の刑事司法制度における取扱いにおいて、児童の最善の利益が主として考慮されることを確保する。

4 締約国は、この議定書によって禁止されている犯罪の被害者のために働く者に対して、適当な研修、特に法律及び心理学に関する研修を確保するための措置をとる。

5 締約国は、適当な場合には、この議定書によって禁止されている犯罪の防止又はこのような犯罪の被害者の保護及びリハビリテーションに関与する個人又は団体の安全及び信頼性を保護するための措置をとる。

6 この条のいかなる規定も、被告人が有する公正かつ公平な裁判を受ける権利を害し又はこれと両立しないものと解してはならない。

第九条［その他の実施措置］ 1 締約国は、この議定書に定める犯罪を防止するため、法律、行政措置、社会政策及び計画を採用し又は強化し、実施し及び周知させる。このような犯罪により特に被害を受けやすい児童の保護に特別の考慮を払う。

2 締約国は、この議定書に定める犯罪の防止措置及び有害な影響に関し、すべての適当な手段による広報並びに教育及び研修を通じ、児童を含む公衆一般の意識を向上させる。この条の規定に基づく義務を履行するに当たり、締約国は、社会、特に被害者である児童その他の児童が、このような広報、教育及び研修に関する計画（国際的な規模のものを含む。）に参加することを奨励する。

3 締約国は、この議定書に定める犯罪の被害者に対し、十分な社会復帰並びに十分な身体的及び心理的な回復その他のすべての適当な援助を確保するためのすべての実行可能な措置をとる。

4 締約国は、この議定書に定める犯罪の被害者であるすべての児童が、法的な責任を負う者に対し差別されることなく損害についての賠償を求めるための適当な手続を利用することができることを確保する。

5 締約国は、この議定書に定める犯罪を宣伝する物の製造及び頒布を効果的に禁止するための適当な措置をとる。

第一〇条［国際協力］ 1 締約国は、児童の売買、児童買春、児童ポルノ及び児童買春旅行に係る行為に責任を負う者について、このような行為の防止、並びに発見、捜査、訴追及び処罰のための多数国間の、地域的な又は二国間の取決めにより国際協力を強化するためのすべての必要な措置をとる。また、締約国は、締約国の当局、国内の及び国際的な非政府機関並びに国際機関の間における国際的な協力及び協調を促進する。

2 締約国は、被害者である児童の身体的及び心理的な回復、社会復帰並びに帰還を援助するための国際協力を促進する。

3 締約国は、児童が児童の売買、児童買春、児童ポルノ及び児童買春旅行により被害を受ける一因となっている貧困、不十分な開発その他の根本的な原因に対処するための国際協力を強化することを促進する。

4 締約国は、可能な場合には、既存の多数国間の、地域的な又は二国間の計画その他の計画を通じて財政的、技術的その他の援助を提供する。

第一一条［既存の権利の確保］ この議定書のいかなる規定も、次のものに含まれる規定であって児童の権利の実現に一層貢献するものに影響を及ぼすものではない。

(a) 締約国の法律

(b) 締約国について効力を有する国際法

第一二条［締約国の報告義務］ 1 各締約国は、この議定書が自国について効力を生じた後二年以内に、この議定書の規定の実施のためにとった措置に関する包括的な情報を提供する報告を児童の権利に関する委員会に提出する。

2 各締約国は、包括的な報告を提出した後、児童の権利に関する条約第四十四条の規定に従って児童の権利に関する委員会に提出する報告に、この議定書の実施に関するあらゆる追加の情報を含める。この議定書のその他の締約国は、五年ごとに報告を提出する。

3 児童の権利に関する委員会は、この議定書の実施に関連する追加の情報を締約国に要請することができる。

第一三条［署名・批准・加入］ 1 この議定書は、児童の権利に関する条約の締約国であるか又は同条約に署名したすべての国による署名のために開放しておく。

2 この議定書は、批准されなければならず、また、児童の権利に関する条約の締約国であるか又は同条約に署名したすべての国による加入のために開放しておく。批准書又は加入書は、国際連合事務総長に寄託する。

第一四条［効力発生］ 1 この議定書は、十番目の批准書又は加入書が寄託された後三箇月で効力を生ずる。

2 この議定書は、この議定書の効力発生の後に批准し又は加入する国については、その批准書又は加入書が寄託された日の後一箇月で効力を生ずる。

第一五条［廃棄］ 1 いずれの締約国も、国際連合事務総長に対して書面による通告を行うことにより、いつでもこの議定書を廃棄することができる。同事務総長は、その後、児童の権利に関する条約のその他の締約国及び同条約に署名したすべての国に対しこれを通報する。廃棄は、同事務総長がその通告を受領した日の後一年で効力を生ずる。

2 廃棄は、廃棄が効力を生ずる日前に発生した犯罪について、この議定書に基づく当該締約国の義務を免除するものではない。また、廃棄は、廃棄が効力を生ずる日前に児童の権利に関する委員会が既に検討していた問題について検討を継続することを妨げるものではない。

第一六条［改正］ 1 いずれの締約国も、改正を提案し及び改正案を国際連合事務総長に提出することができる。同事務総長は、直ちに、締約国に対し、その改正案を送付するものとし、締約国による改正案の審議及び投票のための締約国の会議の開催についての賛否を示すよう要請する。その送付の日から四箇月以内に締約国の三分の一以上が会議の開催に賛成する場合には、同事務総長は、国際連合の主催の下に会議を招集する。会議において出席しかつ投票する締約国の過半数によって採択された改正案は、承認のため、国際連合総会に提出する。

2　1の規定により採択された改正は、国際連合総会が承認し、かつ、締約国の三分の二以上の多数が受諾した時に、効力を生ずる。

3　改正は、効力を生じたときは、改正を受諾した締約国を拘束するものとし、他の締約国は、改正前のこの議定書の規定（受諾した従前の改正を含む。）により引き続き拘束される。

第一七条［正文］ 1　アラビア語、中国語、英語、フランス語、ロシア語及びスペイン語をひとしく正文とするこの議定書は、国際連合に寄託する。

2　国際連合事務総長は、この議定書の認証謄本を児童の権利に関する条約のすべての締約国及び同条約に署名したすべての国に送付する。

●通報手続を設けるための子どもの権利に関する条約の選択議定書（抄）

（二〇一一年一二月一九日　国連総会決議66/138無投票採択）

この議定書の締約国は、……

権利の主体としての、および、尊厳および発達しつつある能力を有する人間としての子どもの地位を再確認し、

子どもは特別かつ依存的な地位にあることから、子どもが自己の権利の侵害に対する救済を追求する際に真の困難が生じる可能性があることを認め、……

子どもの権利の侵害に対する救済を追求する際には子どもの最善の利益が第一義的な考慮事項として尊重されるべきこと、および、そのような救済においてはあらゆる段階で子どもに配慮した手続の必要性が考慮されるべきであることを認め、

締約国に対し、権利を侵害された子どもが国内レベルで効果的な救済措置にアクセスできるようにするための適切な国内的機構を発展させるよう奨励し、……

次のとおり協定した。

第一部　総則

第一条［子どもの権利に関する委員会の権限］（省略）

第二条［委員会の職務の指針となる一般的原則］ この議定書で付与された職務を履行するにあたり、委員会は、子どもの最善の利益の原則を指針とする。委員会はまた、子どもの権利および意見も考慮する。その際、子どもの意見は、その子どもの年齢および成熟度にしたがって正当に重視されるものとする。

第三条［手続規則］（省略）

第四条［保護措置］（省略）

第二部　通報手続

第五条［個人通報］ 1　通報は、いずれかの締約国の管轄内にあって、当該国が締約国である次のいずれかの文書に掲げられたいずれかの権利を当該締約国が侵害したことによる被害者であると主張する個人もしくは個人の集団自身が、またはこのような個人もしくは個人の集団に代わって、提出することができる。

(a)　条約

(b)　子どもの売買、子ども買春および子どもポルノグラフィーに関する選択議定書

(c)　武力紛争への子どもの関与に関する選択議定書

2　通報が個人または個人の集団に代わって提出されるときは、当該個人または個人の集団の同意を得ていなければならないものとする。ただし、申立人が、そのような同意を得ることなく当該個人または個人の集団に代わって行動していることを正当化できるときは、このかぎりでない。

第六条［暫定措置］ 1　委員会は、通報の受領後のいかなる時点においても、かつ本案に関する判断が行なわれる前に、当該締約国に対し、例外的状況下において、主張されている侵害の一または複数の被害者に対して回復不可能な被害が生じる可能性を回避するために必要と考えられる暫定措置をとるよう求める要請を送付し、緊急に検討するよう促すことができる。

第七条［受理許容性］ 委員会は、次の場合には、通報を受理することができないと見なす。

(a)　通報が匿名であるとき。

(b)　通報が書面で提出されないとき。

(c)　通報が、通報提出の権利の濫用であるとき、または条約および（または）その選択議定書の規定と両立しないとき。

(d)　同一の案件が、委員会によりすでに審査されたものであるか、または国際的な調査もしくは解決のための他の手続にもとづいて審査中であるもしくは審査されたものであるとき。

(e)　利用可能なすべての国内的救済措置が尽くされていないとき。ただし、当該救済措置の適用が不当に遅延している場合または効果的救済をもたらす可能性に乏しい場合は、このかぎりでない。

(f)　通報が明らかに根拠を欠いており、または十分に立証されていないとき。

(g)　通報の対象である事実が、当該締約国についてこの議定書が効力を生ずる前に発生したものであるとき。ただし、当該事実がその後も継続している場合はこのかぎりでない。

(h)　通報が、国内的救済措置を尽くした後一年以内に行なわれなかったとき。ただし、この期限内に通報を行なうことが不可能であったことを申立人が立証できる場合は、このかぎりでない。

第八条［通報の送付］（省略）

第九条［友好的解決］（省略）

第一〇条［通報の検討］ 1　委員会は、この議定書に基づいて受領した通報を、提出されたあらゆる書類に照らし、可能なかぎり早期に検討する。ただし、当該書類が関係当事者に送付されることを条件とする。

2　委員会は、この議定書に基づいて受領した通報を審査する際には非公開の会合を持つものとする。

3　委員会が暫定措置を要求したとき、委員会は当該通報の検討を迅速化するものとする。

4　経済的、社会的または文化的権利の侵害を主張する通報を審査するときは、委員会は、条約第四条にしたがって締約国がとった措置の妥当性を検討する。その際、委員会は、締約国が、条約に定められた経済的、社会的および文化的権利の実施のため、一定の範囲で実施可能な政策手段をとることができることに留意する。

5　通報を検討した後、委員会は、当該通報に関する委員会の見解を、勧告があれば当該勧告とともに、関係当事者に遅滞なく送付する。

第一一条［フォローアップ］ 1　締約国は、委員会の見解を、勧告があれば当該勧告ととも

に正当に考慮し、かつ委員会に対して文書回答（委員会の見解および勧告に照らしてとった措置および構想している措置に関する情報を含む）を提出する。締約国は、その回答を可能なかぎり早期に、かつ六か月以内に提出するものとする。

第一二条［国家間通報］（省略）

第三部　調査手続

第一三条［重大なまたは系統的な侵害の調査手続］ 1 委員会は、締約国が条約または子どもの売買、子ども買春および子どもポルノグラフィーに関する選択議定書もしくは武力紛争への子どもの関与に関する選択議定書に掲げられた権利の重大なまたは系統的な侵害を行なっていることを示す信頼できる情報を受領したときは、当該締約国に対し、当該情報の検討に協力すること、および、この目的のため、当該情報に関する所見を遅滞なく提出することを促すことができる。

2 当該締約国から所見が提出された場合には当該所見、および、委員会が利用できる他の信頼できる情報がある場合には当該情報を考慮に入れ、委員会は、委員の一名ないし複数名を調査担当者に指定し、かつ委員会に緊急に報告させることができる。この調査には、正当な根拠および当該締約国の同意があるときは、当該締約国の領域への訪問を含めることができる。

3 当該調査は内密裡に実施し、かつ手続のあらゆる段階で当該締約国の協力を求めるものとする。

4 委員会は、当該調査で認定された事実を検討した後、当該締約国に対し、これらの認定事実を、意見および勧告があればそれとともに、遅滞なく送付する。

5 当該締約国は、可能なかぎり早期に、かつ委員会の認定事実、意見および勧告を受領してから六か月以内に、委員会に対して自国の所見を提出する。

6 この条の2にしたがって行なわれた調査に関わる以上の手続が終了した後、委員会は、当該締約国と協議した上で、この議定書の第一六条に定められた委員会の報告に当該手続の結果の要約的説明を含めることを決定することができる。

7 各締約国は、この議定書に署名しもしくはこれを批准しまたはこれに加入する際、1に列挙された文書の一部または全部に掲げられた権利に関してこの条に定められた委員会の権限を認めない旨、宣言することができる。

8 この条の7にしたがって宣言を行なったいかなる締約国も、国際連合事務総長に通告することにより、いつでも当該宣言を撤回することができる。

第一四条［調査手続のフォローアップ］（省略）

第四部　最終条項（省略）

（平野裕二訳）

●子どもの権利委員会の総括所見：日本（第一回）（抄）

（一九九八年六月五日　子どもの権利委員会第一八会期で採択）

条約第四四条に基づき締約国によって提出された報告の検討

1 委員会は、一九九八年五月二七日および二八日に開かれた第四六五回～四六七回会合（CRC/C/SR.465-467）において日本の第一回報告（CRC/C/41/Add.1）を検討し、一九九八年六月五日に開かれた第四七七回会合において以下の総括所見を採択した。

A 序

2（省略）

B 積極的な側面

3から5まで（省略）

C 主要な懸念事項

6から12まで（省略）

13 委員会は、とりわけ、国民的および民族的マイノリティとくにアイヌおよびコリアンに属する子ども、障害のある子ども、施設に措置されたまたは自由を奪われた子ども、および婚外子など最も傷つきやすい立場に置かれたカテゴリーの子どもとの関わりで、差別の禁止（第二条）、子どもの最善の利益（第三条）および子どもの意見の尊重（第一二条）という一般原則が、子どもに関わる立法政策および計画に全面的に統合されていないことを、懸念する。委員会は、高等教育機関へのアクセスにおける不平等がコリアンの子どもたちに影響を与えていること、および社会のあらゆる分野、とくに学校制度において、一般の子どもたちが参加権（第一二条）を行使する上で困難に直面していることを、とりわけ懸念するものである。

14 委員会は、法律が、とくに出生、言語および障害との関わりで、条約が掲げるすべての事由に基づく差別から子どもを保護していないことを懸念する。委員会は、婚外子の相続権が婚内子の半分となると規定した民法第九〇〇条四号のような法律の規定が差別を明示的に容認していること、および公的文書において婚外子としての出生が記載されることを、とりわけ懸念するものである。委員会はまた、民法の規定が女子（一六歳）と男子（一八歳）で異なる最低婚姻年齢を規定していることも懸念する。

15 委員会は、とくに家庭、学校およびその他の施設において子どものプライバシーへの権利を保障するために締約国がとった措置が不充分であることを懸念する。

16 条約第一七条に照らし、委員会は、印刷メディア、電子メディアおよび視聴覚メディアの有害な影響、とりわけ暴力およびポルノグラフィーから子どもを保護するために導入された措置が不充分であることを懸念する。

17 条約第二一条に照らし、委員会は、国際養子縁組において子どもの最善の利益を確保するために必要な保護措置がとられていないことを懸念する。

18 委員会は、施設に措置される子どもが多数存在すること、ならびに特別な支援、ケアおよび保護を必要とする子どもに対して家庭環境に代わるものを提供するために設置されている構造が不充分であることを、懸念する。

19 委員会は、性的虐待も含め、家庭における子どもの虐待および不当な取扱いが増加していることを懸念する。委員会は、子どもの虐待および不当な取扱いの事案がすべて適正に調査され、加害者に対して制裁が課され、かつ行われた決定が広報されることを確保するための措置が不充分であることに、懸念とともに留意するものである。委員会はまた、虐待された子どもの早期の発見、保護およびリハビリテーションを確保するためにとられた措置が不充分であることも、懸念する。

20 障害のある子どもに関して、委員会は、一九九三年の障害者基本法に掲げられた原則にも関わらず、こうした子どもが教育に効果的にアクセスすることを確保し、かつその社会への全面的インクルージョンを促進するために締約国がとった措置が不充分であることに、懸念とともに留意する。

21 （省略）

22 識字率がきわめて高いことに表れている通り締約国が教育を重視していることに留意しながらも、委員会は、競争が激しい教育制度のストレスにさらされ、かつその結果として余暇、運動および休息の時間が得られないために子どもたちの間で発達障害が生じていることを、条約の原則および規定、とくに第三条、第六条、第一二条、第二九条および第三一条に照らして懸念する。委員会はさらに、学校忌避の事例が相当数にのぼることを懸念するものである。

23 委員会は、条約第二九条に従い、人権教育を体系的に学校カリキュラムに導入するために締約国がとった措置が不充分であることを、懸念する。

24 委員会は、学校における暴力が頻繁にかつ高いレベルで生じていること、とくに体罰が広く用いられていることおよび生徒の間で非常に多くのいじめが存在することを、懸念する。体罰を禁ずる立法、およびいじめの被害者のためのホットラインのような措置も確かに存在するものの、委員会は、現行の措置が学校暴力を防止するためには不充分であることに、懸念とともに留意する。

25 から27まで（省略）

D　提案および勧告

28 一九九三年のウィーン宣言および行動計画に照らし、委員会は、締約国に対し、第三七条(c)に対する留保および解釈宣言を撤回の方向で見直すことを検討するよう奨励する。

29 国内法における条約の地位に関して、委員会は、締約国に対し、子どもの権利に関する条約および他の人権条約が国内の裁判所で援用された事例に関する詳しい情報を、次回の定期報告で提供するよう勧告する。

30 委員会は、締約国に対し、子どもに関する包括的な政策を発展させ、かつ条約の実施の効果的な監視および評価を確保する目的で、子どもの権利に関わっているさまざまな政府機構間の調整を、全国レベルおよび地方レベルのいずれにおいても強化するよう勧告する。

31 委員会は、締約国に対し、条約のあらゆる領域に対応し、かつ、さらなる行動が必要とされている分野の特定および達成された進展の評価を促進する目的で、データ収集および細分化された適切な指標の特定のためのシステムを発展させるための措置をとるよう勧告する。

32 委員会は、締約国に対し、既存の「子どもの人権専門委員」制度を制度的に改善しかつ拡大するか、もしくは子どもの権利のためのオンブズパーソンまたはコミッショナーを創設するかのいずれかの手段により、独立した監視機構を設置するために必要な措置をとるよう勧告する。

33 委員会は、条約の規定が子どもおよび大人の双方によって広く知られかつ理解されることを確保するために、締約国がさらなる努力を行うよう勧告する。あらゆる専門家グループを対象として、子どもの権利に関する体系的な研修および再研修のプログラムが組織されるべきである。このような専門家グループには、警察および治安部隊の構成員ならびにその他の法執行官、司法職員、弁護士、裁判官、教育のあらゆる段階における教師および学校管理者、ソーシャルワーカー、中央または地方の行政職員、子どもをケアする施設の職員、ならびに心理学者を含む保健従事者および医療従事者が含まれる。委員会は、権利の全面的主体としての子どもの地位を強化するため、条約をすべての教育機関のカリキュラムに盛りこむよう勧告する。委員会はさらに、条約全文をマイノリティの言語で入手可能にし、かつ必要な場合にはマイノリティの言語に翻訳するよう勧告する。

34 委員会はさらに、締約国に対し、条約の原則および規定の実施および監視に当たって非政府組織と緊密に交流しかつ協力するよう奨励する。

35 条約の一般原則、とりわけ差別の禁止（第二条）、子どもの最善の利益（第三条）および子どもの意見の尊重（第一二条）という一般原則が、政策に関する議論および意思決定の指針となるのみならず、いかなる法改正ならびに司法上のおよび行政上の決定においても、かつ子どもに影響を与えるあらゆる事業および計画の発展および実施においても適切に反映されることを確保するために、さらなる努力が行われなければならないというのが委員会の見解である。とりわけ、婚外子に対して現在存在している差別を是正するための立法措置がとられるべきである。委員会はまた、コリアンおよびアイヌを含むマイノリティの子どもの差別的な取扱いを、それがいつどこで生じようとも全面的に調査し、かつ解消するようにも勧告する。さらに、委員会は、男女の最低婚姻年齢を同じにするよう勧告する。

36 委員会は、締約国に対し、とくに家庭、学校、ケアのための施設および他の施設において子どものプライバシーへの権利を保障するために、法的措置も含めて追加的措置をとるよう勧告する。

37 委員会は、締約国に対し、印刷メディア、電子メディアおよび視聴覚メディアの有害な影響、とくに暴力およびポルノグラフィーから子どもを保護する目的で、法的措置も含めたあらゆる必要な措置をとるよう勧告する。

38 委員会は、締約国に対し、国際養子縁組において子どもの権利が全面的に保護されることを確保するために必要な措置をとり、かつ国際養子縁組における子どもの保護および協力に関する一九九三年のハーグ条約の批准を検討するよう勧告する。

39 委員会は、締約国に対し、特別な支援、ケアおよび保護を必要としている子どもたちに対して家庭環境に代わるものを提供するために設置された構造を強化するための措置をとるよう勧告する。

40 委員会は、締約国に対し、性的なものも含め、家庭における子どもの虐待および不当な取扱いの事案に関して詳しい情報およびデータを収集するよう勧告する。委員会は、この現象に関する理解を高めるために、子どもの虐待および不当な取扱いの事案が適正に調査され、加害者に対して制裁が課され、かつ行われた決定が広報されるべきであること、および、これを達成するために、アクセスが容易でかつ子どもに優しい苦情申立て手続が確立されるべきであることを、勧告する。

41 障害者の機会均等化に関する標準規則（総会決議四八／九六）に照らし、委員会は、締約国に対し、現行法の実質的実施を確保するためにさらなる努力を行い、障害のある子どもの施設措置に代わる措置をとり、かつ、障害のある子どもに対する差別を減らしかつ彼らの社会へのインクルージョンを奨励するための意識啓発キャンペーンを構想するよう勧告する。

42 委員会は、締約国に対し、青少年の間での自殺およびHIV・エイズの発生を防止するために、情報の収集および分析、意識啓発キャンペーンの開始、リプロダクティブ・ヘルスに関する教育ならびにカウンセリング・サービスの設置を含む、あらゆる必要な措置をとるよう勧告する。

43 競争の激しい教育制度が締約国に存在すること、ならびにその結果として子どもの身体的および精神的健康に悪影響が生じていることを踏まえ、委員会は、締約国に対し、条約第三条、第六条、第一二条、第二九条および第三一条に照らして、過度のストレスおよび学校忌避を防止しかつそれと闘うために適切な措置をとるよう勧告する。

44 委員会は、締約国に対し、条約第二九条に従って、人権教育を体系的に学校カリキュラムに含めるために適切な措置をとるよう勧告する。

45 とくに条約第三条、第一九条および第二八条二項に照らし、委員会は、学校における暴力を防止するため、とくに体罰およびいじめを解消する目的で包括的な計画を作成し、かつその実施を注意深く監視するよう勧告する。加えて、委員会は、家庭、ケアのための施設およびその他の施設における体罰を法律で禁止するよう勧告するものである。委員会はまた、代替的形態によるしつけおよび規律の維持が子どもの人間の尊厳と一致する方法で、かつこの条約に従って行われることを確保するために、意識啓発キャンペーンを行うようにも勧告する。

46　委員会は、締約国に対し、一九九六年の子どもの商業的性的搾取に反対する世界会議の結論に従って、子ども売買春、子どもポルノグラフィーおよび子どもの売買を防止しかつそれと闘うための包括的な行動計画を策定しかつ実施するよう勧告する。

47　委員会は、締約国に対し、子どもによる薬物および有害物質の濫用を防止しかつそれと闘うための努力を強化し、かつ学校内外での広報キャンペーンを含むあらゆる適切な措置をとるよう勧告する。委員会はまた、締約国に対し、薬物および有害物質の濫用の犠牲となった子どものためのリハビリテーション・プログラムを支援するよう奨励する。

48　委員会は、締約国に対し、条約ならびに北京規則、リヤド・ガイドラインおよび自由を奪われた少年の保護のための国連規則といったこの分野の他の国連基準に従って、少年司法制度の見直しを行うことを構想するよう勧告する。身柄拘束に代わる手段の確立、監視および苦情申立ての手続ならびに代用監獄の環境に対し、特段の注意が向けられるべきである。

49　最後に、委員会は、条約第四四条六項に照らし、締約国が提出した第一回報告書および文書回答を広く一般公衆が入手できるようにし、かつ、報告書を関連の議事要録および委員会がここに採択した総括所見とともに刊行するよう勧告する。そのような幅広い普及は、政府、議会および関係する非政府組織を含めた一般公衆の間で、条約ならびにその実施および監視に関する議論および意識を喚起するようなものであるべきである。

〔子どもの権利条約NGOレポート連絡会議訳〕

●子どもの権利委員会の総括所見：日本（第二回）〔抄〕

（二〇〇四年一月三〇日　子どもの権利委員会第三五会期で採択）

1　委員会は、二〇〇四年一月二八日に開かれた第九四二回および第九四三回会合（CRC/C/SR.942-943 参照）において日本の第二回定期報告書（CRC/C/104/Add.2）を検討し、二〇〇四年一月三〇日に開かれた第九四六回会合において以下の総括所見を採択した。

A　序

2　〔省略〕

B　積極的な側面

3から5まで〔省略〕

C　主要な懸念事項および勧告

1　実施に関する一般的措置（条約第四条、第四二条および第四四条六項）

委員会の前回の勧告

6　委員会は、締約国の第一回報告書（CRC/C/41/Add.1）の検討後に行われた一部の懸念表明および勧告（CRC/C/15/Add.90 一九九八年六月二四日付）が立法上の措置および政策を通じて対応されてきたことに留意する。しかしながら、とくに差別の禁止（パラ35）、学校制度の過度に競争的な性質（パラ43）およびいじめを含む学校での暴力（パラ45）に関する勧告は充分にフォローアップされていない。委員会は、これらの懸念および勧告がこの総括所見においても繰り返されていることに留意するものである。

7　委員会は、締約国に対し、第一回報告書に関する総括所見の勧告のうちまだ実施されていないものに対応し、かつ第二回定期報告書に関するこの総括所見に掲げられた一連の懸念事項に対応するために、あらゆる努力を行なうよう促す。

宣言および留保

8　〔省略〕

9　一九九三年の世界人権会議のウィーン宣言および行動計画（A/CONF.157/23）にしたがい、委員会は、締約国が条約に対する宣言および留保を撤回するよう求めた勧告を繰り返す。

立法

10　〔省略〕

11　委員会は、締約国が立法の包括的見直しを行なうとともに、条約の原則および規定ならびにそこに掲げられた権利基盤型アプローチとの全面的一致を確保するためにあらゆる必要な措置をとるよう勧告する。

調整および国家行動計画

12　〔省略〕

13　委員会は、締約国が以下の措置をとるよう勧告する。

a　青少年育成施策大綱において権利基盤型アプローチがとられ、条約のすべての領域が対象とされ、かつ二〇〇二年国連子ども特別総会の成果文書「子どもにふさわしい世界」のコミットメントが考慮されることを確保するため、市民社会および若者団体と連携しながら同大綱を強化すること。

b　新たに浮上する論点および問題が青少年育成施策大綱において効果的に対応されることを確保するため、市民社会および子どもとともに同大綱を継続的に見直すこと。

独立した監視

14　〔省略〕

15　国内人権機関に関する一般的意見2号に照らし、委員会は締約国が以下の措置をとるよう勧告する。

a　計画されている人権委員会がパリ原則（総会決議48/134）にしたがって独立した効果的機構となることを確保するため、人権擁護法案を見直すこと。

b　人権委員会が、条約の実施を監視するという明確に定義された権限を有し、子どもからの苦情について子どもに配慮した方法で迅速に対応し、かつ、条約にもとづく権利の侵害に対して救済を提供することを確保すること。

c　自治体における地方オンブズマンの設置を促進し、かつ、人権委員会が設置されたときにはこれらの地方オンブズマンが同委員会と調整するための制度を確立すること。

d　人権委員会および地方レベルのオンブズマンが、充分な人的および財政的資源を提供され、かつ子どもが容易にアクセスできるものとなることを確保すること。

16（省略）

データ収集

17　委員会は、条約のあらゆる領域に関してデータが収集されること、および、そのデータが一八歳未満のすべての者を対象として年齢別ならびにとくにジェンダー別、民族的マイノリティ別および先住民族マイノリティ別に細分化されることを確保するため、締約国が現行のデータ収集機構を強化し、かつ必要な場合には追加的なデータ収集機構を設置するよう勧告する。委員会はまた、支出の影響および効果を評価する目的で、かつ子どもを対象としたさまざまな部門のサービスの費用、アクセス可能性ならびに質および実効性の観点からも、締約国が子どものための予算配分に関するデータを収集して、公共部門、民間部門およびNGO部門において〇～一八歳の子どもに用いられている国家予算の額および割合を特定するよう勧告するものである。

市民社会との協力

18（省略）

19　委員会は、条約および委員会の総括所見を実施するにあたり、締約国が市民社会と制度的に協力するよう勧告する。

広報および研修

20（省略）

21　委員会は、締約国が以下の措置をとるよう勧告する。

a　公衆一般および子どもを対象として、条約、およびとくに子どもが権利の主体であるということに関する意識啓発キャンペーンを強化すること。

b　子どもとともにおよび子どものために働いているすべての者、とくに教職員、裁判官、弁護士、議員、法執行官、公務員、自治体職員、子どもを対象とした施設および拘禁所で働く職員、心理学者を含む保健従事者、ならびにソーシャルワーカーを対象として、条約の原則および規定に関する体系的な教育および研修をひきつづき実施すること。

c　意識啓発キャンペーン、研修および教育プログラムが態度の変革、行動および子どもの取扱いに与えた影響を評価すること。

d　人権教育、およびとくに子どもの権利教育を学校カリキュラムに含めること。

2　子どもの定義（条約第一条）

22（省略）

23　委員会は、締約国が以下の措置をとるよう勧告する。

a　女子の最低婚姻年齢を男子のそれまで引上げること。

b　性的同意に関する最低年齢を引上げること。

3　一般原則（条約第二条、第三条、第六条および第一二条）

差別の禁止

24（省略）

25　委員会は、締約国が、とくに相続ならびに市民権および出生登録に関わるいかなる婚外子差別も解消するために法律を改正するとともに、法令から「嫡出でない」といった差別的用語を根絶するよう勧告する。委員会は、とくに女子、障害のある子ども、アメラジアン、コリアン、部落、アイヌその他のマイノリティ、移住労働者の子どもならびに難民および庇護申請者の子どもに関して社会的差別と闘いかつ基本的サービスへのアクセスを確保するため、締約国が、とりわけ教育・意識啓発キャンペーンを通じて、あらゆる必要な積極的措置をとるよう勧告するものである。

26　委員会は、二〇〇一年の「人種主義、人種差別、外国人排斥および関連のある不寛容に反対する世界会議」で採択されたダーバン宣言および行動計画をフォローアップするために締約国がとった措置のうち子どもの権利条約に関わるものについての具体的情報を、条約第二九条一項（教育の目的）に関する一般的意見1号も考慮にいれながら、次回の定期報告書に記載するよう要請する。

子どもの意見の尊重

27（省略）

28　委員会は、条約第一二条にしたがい、締約国が以下の措置をとるよう勧告する。

a　家庭、裁判所および行政機関、施設および学校ならびに政策立案において、子どもに影響を及ぼすあらゆる事柄に関して子どもの意見の尊重および子どもの参加を促進し、かつそのための便宜を図ること。また、子どもがこの権利を知ることを確保すること。

b　意見を考慮される子どもの権利および子どもの参加権について、とくに親、教育者、政府の行政職員、司法関係者および社会一般に対し、教育的情報を提供すること。

c　子どもの意見がどのぐらい考慮されているか、またそれが政策、プログラムおよび子どもたち自身にどのような影響をあたえているかについて定期的検討を行なうこと。

d　学校、および子どもに教育、余暇その他の活動を提供しているその他の施設において、政策を決定する諸会議体、委員会その他のグループの会合に子どもが制度的に参加することを確保すること。

4　市民的権利および自由（条約第七条、第八条、第一三条～第一七条および第三七条(a)）

表現および結社の自由

29（省略）

30　委員会は、条約第一三条、第一四条および第一五条の全面的実施を確保するため、締約国が、学校内外で生徒が行なう活動を規制する法令および団体に加入するために親の同意を必要とする要件を見直すよう勧告する。

名前および国籍

31（省略）

32　委員会は、日本で生まれた子どもがひとりも無国籍にならないよう、締約国が、条約第七条との一致を確保するために国籍法および他のあらゆる関連の法令を改正するよう勧告する。

プライバシーに対する権利

33（省略）

34　委員会は、締約国が以下の措置をとるよう勧告する。

a　個人的通信および私物の検査との関連も含め、プライバシーに対する子どもの権利の全面的実施を確保すること。

b　条約第一六条との一致を確保するため児童福祉施設最低基準を改正すること。

体罰

35（省略）

36　委員会は、締約国が以下の措置をとるよう勧告する。

a　施設および家庭における体罰を禁止すること。

b　体罰に関する態度を変革するため、子どもの不当な取扱いの悪影響について教育キャンペーンを実施すること。また、そのような罰に代わる手段として、学校、施設および家庭において積極的かつ非暴力的な形態の規律およびしつけを促進すること。

c　施設および学校の子どもを対象とした苦情申立てのしくみを強化することにより、不当な取扱いの苦情が効果的に、かつ子どもに配慮した方法で対応されることを確保すること。

5　家庭環境および代替的養護（条約第五条、第一八条一～二項、第九条～第一一条、第一九条～第二一条、第二五条、第二七条四項、第三九条）

児童虐待およびネグレクト

37 （省略）

38 委員会は、締約国が以下の措置をとるよう勧告する。

a とくに市民社会、ソーシャルワーカー、親および子どもと連携しながら、児童虐待の防止のための分野横断的な国家戦略を策定すること。

b 家庭で虐待の被害を受けた子どもを対象とした保護措置を改善するために法律を見直すこと。

c 児童相談所において被害者に学際的な方法で心理カウンセリングその他の回復サービスを提供する、訓練を受けた専門家を増員すること。

d 子どもに配慮した方法で苦情を受理、監視、調査および訴追する方法について法執行官、ソーシャルワーカー、児童相談所職員および検察官に提供される研修を増加させること。

養子縁組

39 （省略）

40 委員会は、締約国が以下の措置をとるよう勧告する。

a 国内・国際養子縁組を監視する制度を強化すること。

b 国際養子縁組における子どもの保護および協力に関する第三三号ハーグ条約（一九九三年）を批准および実施すること。

子どもの奪取

41 （省略）

42 委員会は、締約国が、国際的な子どもの奪取の民事面に関する第二八号ハーグ条約（一九八〇年）を批准および実施するよう勧告する。

6 基礎保健および福祉（第六条、第一八条三項、第二三条、第二四条、第二六条、第二七条一〜三項）

障害のある子ども

43 （省略）

44 障害のある子どもに関する委員会の一般的討議（一九九七年）および障害者の機会均等化に関する国連基準規則（一九九三年一二月二〇日の国連総会決議四八／八六）を考慮にいれ、委員会は、締約国が以下の措置をとるよう勧告する。

a 障害のある子どもに影響を及ぼすあらゆる政策を、それらが障害のある子どものニーズを満たし、かつ条約および障害者の機会均等化に関する国連基準規則にしたがうことを確保する目的で、障害のある子どもおよび関連の非政府組織と連携しながら見直すこと。

b 教育ならびにレクリエーション活動および文化的活動への障害のある子どものいっそうの統合を促進すること。

c 障害のある子どものための特別な教育およびサービスに配分される人的および財政的資源を増やすこと。

思春期の子どもの健康

45 （省略）

46 委員会は、締約国が以下の措置をとるよう勧告する。

a 精神的健康、リプロダクティブ・ヘルスおよびセクシュアル・ヘルス、薬物濫用ならびにその他の関連の問題に対応する、思春期の子どもの健康に関する包括的な政策（適切な場合には予防策を含む）を策定する目的で、思春期の子どもの健康に関する研究を実施すること。

b 一八歳未満の子どもが親の同意なく医療上の相談および情報にアクセスできるようにするため、法律を改正すること。

c 思春期の子どもの精神障害および情緒障害の予防のためのプログラムを策定および実施すること。また、思春期の精神的健康の問題に子どもに配慮したやり方で対応する方法について、教職員、ソーシャルワーカーおよび子どもとともに働くその他の者を訓練すること。

若者の自殺

47 （省略）

48 委員会は、締約国が、児童相談所、ソーシャルワーカー、教職員、ヘルスワーカーその他の関連の専門家と協力しながら、若者の自殺およびその原因について詳細な研究を実施し、かつ、その情報を活用して若者の自殺に関する国家的行動計画を策定および実施するよう勧告する。

7 教育、余暇および文化的活動（条約第二八条、第二九条および第三一条）

49 委員会は、教育制度を改革し、かつそれをいっそう条約に一致させるために締約国が行なっている努力に留意する。しかしながら、委員会は以下の点について懸念するものである。

a 教育制度の過度に競争的な性質によって、子どもの身体的および精神的健康に悪影響が生じ、かつ子どもが最大限可能なまで発達することが阻害されていること。

b 高等教育進学のための過度な競争のため、学校における公教育が、貧しい家庭出身の子どもには負担できない私的教育によって補完されなければならないこと。

c 学校における子どもの問題および紛争に関して、親と教職員とのコミュニケーションおよび協力がきわめて限られていること。

d 日本にある外国人学校を卒業して大学進学を希望する者の資格基準が拡大されたとはいえ、依然として高等教育へのアクセスを否定されている者が存在すること。

e とくに中退した生徒を対象として柔軟な教育機会を提供している東京都の定時制高校が閉鎖されようとしていること。

f マイノリティの子どもたちにとって、自己の言語で教育を受ける機会がきわめて限られていること。

g 審査手続の存在にも関わらず、一部の歴史教科書が不完全または一面的であること。

50 委員会は、締約国が以下の措置をとるよう勧告する。

a 高校を卒業したすべての生徒が高等教育に平等にアクセスできるよう、高い水準の教育の質を維持しつつも学校制度の競争的性質を緩和する目的で、生徒、親および関連の非政府組織の意見を考慮にいれながらカリキュラムを見直すこと。

b 生徒および親と連携しながら、学校における問題および紛争、とくに（いじめを含む）学校における暴力に効果的に対応するための措置を発展させること。

c 東京都に対して夜間定時制高校の閉鎖を再検討するよう奨励し、かつ代替的形態の教育を拡大すること。

d マイノリティ・グループの子どもが自己の文化を享受し、自己の宗教を表明しまたは実践し、かつ自己の言語を使用する機会を拡大すること。

e 教科書でバランスのとれた見方が提示されることを確保するため、教科書の審査手続を強化すること。

8 特別な保護措置（条約第二二条、第三八条、第三九条、第四〇条、第三七条(b)〜(d)、第三二条〜第三六条）

性的搾取および人身取引

51 （省略）

52 委員会は、締約国が以下の措置をとるよう勧告する。

a 男女の子どもが平等に保護されることを確保するため、性的搾取および性的虐待に関する法律を改正すること。

b 児童相談所において被害者に心理カウンセリングその他の回復サービスを提供する、訓練を受けた専門家を増員すること。

c 子どもに配慮した方法で苦情を受理、監視、調査および訴追する方法について法執行官、ソーシャルワーカー、児童相談所職員および検察官を訓練すること。

d 未成年者の性的虐待および性的搾取に関連する法律についての資料、および教育プログラム（健康的なライフスタイルについて学校で実施されるプログラムを含む）のような、性的サービスの勧誘および提供を行なう者を対象とした防止措置を発展させること。

e　性的同意に関する最低年齢を引上げること。

少年司法

53　（省略）

54　委員会は、締約国が以下の措置をとるよう勧告する。

a　少年司法の運営に関する委員会の一般的討議（一九九五年）に照らし、少年司法に関する基準、とくに条約第三七条、第四〇条および第三九条、ならびに少年司法の運営に関する国連最低基準規則（北京規則）および少年非行の防止のための国連指針（リャド・ガイドライン）の全面的実施を確保すること。

b　法律を改正して少年に対する終身刑を廃止すること。

c　自由の剥奪が最後の手段としてのみ用いられることを確保するため、身柄拘束（審判前の身柄拘束を含む）に代わる手段の利用を増強すること。

d　現在、家庭裁判所が一六歳以上の子どもの事件を成人刑事裁判所に移送できることについて、このような実務を廃止する方向で見直しを行なうこと。

e　法律に触れた子どもに対し、法的手続全体を通じて法的援助を提供すること。

f　問題行動を抱えた子どもが犯罪者として取り扱われないことを確保すること。

g　リハビリテーションおよび再統合のためのプログラムを強化すること。

9　子どもの権利条約の選択議定書

55　（省略）

56　委員会は、締約国に対し、子どもの売買、子ども買春および子どもポルノグラフィーならびに武力紛争への子どもの関与に関する子どもの権利条約の両選択議定書を批准するよう勧告する。

10　文書の普及

57　最後に委員会は、条約第四四条六項に照らし、締約国が提出した第二回定期報告書および文書回答を広く公衆一般が入手できるようにするとともに、関連の議事要録および委員会が採択した総括所見とともに報告書を刊行することを検討するよう勧告する。このような文書は、政府、議会および一般公衆（関心のある非政府組織を含む）のあいだで、条約ならびにその実施および監視に関する議論および意識を喚起するため、広く配布されるべきである。

11　次回報告書

58　委員会は、締約国の第三回定期報告書が、期限である二〇〇六年五月二一日までに提出されることを期待する。報告書は一二〇ページ以内に収められるべきである（CRC/C/118参照）。

（子どもの権利条約NGOレポート連絡会議訳）

●子どもの権利委員会の総括所見：日本（第三回）（抄）

（二〇一〇年六月一一日　子どもの権利委員会第五四会期で採択）

〔注〕文中の〔　〕内は訳者による補足

1　委員会は、二〇一〇年五月二七日に開かれた第一五〇九回および第一五一一回会合（CRC/C/SR.1509 および CRC/C/SR.1511 参照）において日本の第三回定期報告書（CRC/C/JPN/3）を検討し、二〇一〇年六月一一日に開かれた第一五四一回会合において以下の総括所見を採択した。

A　序

2・3　（省略）

B　締約国によるフォローアップ措置および達成された進展

4から6まで　（省略）

C　主要な懸念領域および勧告

1　実施に関する一般的措置（条約第四条、第四二条および第四四条第六項）

委員会の前回の勧告

7　（省略）

8　委員会は、締約国に対し、第二回報告書審査に関する総括所見の勧告のうちまだ実施されていないもの（「調整および国家行動計画」に関するパラ12、独立した監視に関するパラ14、「子どもの定義」に関するパラ22、「差別の禁止」に関するパラ24、「名前および国籍」に関するパラ31、「体罰」に関するパラ35、障害に関するパラ43および「若者の自殺」に関するパラ47に掲げられた勧告を含む）に対応し、かつこの総括所見に掲げられた懸念事項に包括的に対応するため、あらゆる努力を行うよう促す。

留保

9　（省略）

10　委員会は、締約国が、条約の全面的適用の障害となっている条約第三七条(c)に対する留保の撤回を検討するよう勧告する。

立法

11　（省略）

12　委員会は、締約国が、子どもの権利に関する包括的法律の採択を検討し、かつ、国内法を条約の原則および規定と完全に調和させるための措置をとるよう、強く勧告する。

調整

13　（省略）

14　委員会は、締約国が、子どもの権利を実施する目的で締約国が国、広域行政圏および地方のレベルで行っているあらゆる活動を効果的に調整するための明確な権限ならびに十分な人的資源および財源を与えられた適切な国家機構を設置するとともに、子どもの権利の実施に携わっている市民社会組織との継続的交流および協力を確立するよう勧告する。

国家的行動計画

15　（省略）

16　委員会は、締約国が、地方の公的機関、市民社会および子どもを含む関係パートナーと協議および協力しながら、子どものための国家的行動計画を採択しかつ実施するよう勧告する。このような行動計画は、中長期的達成目標を掲げ、条約のすべての分野を網羅し、十分な人的資源および財源を提供し、かつ、必要に応じて成果の管理および措置の修正を行う監視機構を備えたものでなければならない。委員会はとくに、このような行動計画において、所得および生活水準の不平等、ならびに、ジェンダー、障害、民族的出身、および、子どもが発達し、学習し、かつ責任ある生活に向けた準備を進める機会を形成するその他の要因による格差に対応するよう勧告する。委員会は、締約国が、国連子ども特別総会の成果文書「子どもにふさわしい世界」（二〇〇二年）およびその中間レビュー（二〇〇七年）を考慮するよう勧告する。

独立した監視

17　（省略）

18　委員会は、締約国が以下の措置をとるよう勧告する。

(a) 早期に人権擁護法案を通過させ、かつ国内機関の地位に関する原則（パリ原則）にしたがった国家人権委員会を設置できるようにするとともに、同委員会に対し、条約の実施を監視し、苦情を受け付けてそのフォローアップを行い、かつ子どもの権利の組織的侵害を調査する権限を与えること。

(b) 次回の報告書において、国家人権委員会および子どもオンブズパーソンに与えられた権限、職務および資源についての情報を提供すること。

(c) 独立した国内人権機関の役割に関する委員会の一般的意見二号（二〇〇二年）を考慮すること。

資源配分

19 （省略）

20 委員会は、締約国が以下の措置をとるよう、強く勧告する。

(a) 子どもの権利を実現する締約国の義務を満たせる配分が行われるようにするため、中央および自治体レベルの予算を子どもの権利の観点から徹底的に検討すること。

(b) 子どもの権利に関わる優先的課題を反映した戦略的予算科目を定めること。

(c) 子どものための優先的予算科目を資源水準の変化から保護すること。

(d) 指標システムに基づいて政策の成果をフォローアップする追跡システムを確立すること。

(e) 市民社会および子どもがあらゆるレベルで協議の対象とされることを確保すること。

データ収集

21 （省略）

22 委員会は、締約国が、子どもの権利侵害を受けるおそれがある子どもについてのデータ収集の努力を強化するよう勧告する。締約国はまた、条約の実施において達成された進展を効果的に監視しかつ評価することおよび子どもの権利の分野における政策の効果を評価することを目的とした指標も開発するべきである。

広報、研修および意識啓発

23 （省略）

24 委員会は、締約国に対し、子どもおよび親の間で条約に関する情報の普及を拡大するよう奨励する。委員会は、締約国に対し、子どものためにおよび子どもとともに活動しているすべての者（教職員、裁判官、弁護士、法執行官、メディア従事者、公務員およびあらゆるレベルの政府職員を含む）を対象とした、子どもの権利を含む人権に関する体系的かつ継続的な研修プログラムを発展させるよう促す。

市民社会との協力

25 （省略）

26 委員会は、締約国に対し、市民社会との協力を強化するとともに、条約の実施のあらゆる段階（定期報告書の作成を含む）を通じて市民社会組織のより組織的な関与を図るよう奨励する。

子どもの権利と企業セクター

27 （省略）

28 委員会は、締約国に対し、企業の活動から生じるいかなる悪影響からも地域コミュニティ、とくに子どもを保護する目的で、企業セクターが企業の社会的および環境的責任に関する国内外の基準を遵守することを確保するための規制を確立しかつ実施するため、効果的措置をとるよう奨励する。

国際協力

29 （省略）

30 委員会は、締約国が、とくに子どもが受益者であるプログラムおよび措置に対して提供される資源を増加させる目的で、ＯＤＡに関する国際的達成目標へのコミットメントを再検討するよう勧告する。委員会はさらに、締約国が、当該供与相手国に関する子どもの権利委員会の総括所見および勧告を考慮するよう提案する。

2 子どもの定義（条約第一条）

31 （省略）

32 委員会は、締約国がその立場を再検討し、婚姻年齢を引き上げて両性ともに一八歳にするよう勧告する。

3 一般原則（条約第二条、第三条、第六条および第一二条）

差別の禁止

33 （省略）

34 委員会は、締約国が以下の措置をとるよう勧告する。

(a) 包括的な反差別法を制定し、かつ、どのような事由であれ子どもを差別するあらゆる立法を廃止すること。

(b) とくに女子、民族的マイノリティに属する子ども、日本人ではない子どもおよび障害のある子どもに対して実際に行われている差別を削減しかつ防止するため、意識啓発キャンペーンおよび人権教育を含む必要な措置をとること。

35 （省略）

36 委員会は、男子か女子かを問わず強姦の被害者全員が同一の保護を与えられることを確保するため、締約国が刑法改正を検討するよう勧告する。

子どもの最善の利益

37 （省略）

38 委員会は、締約国が、あらゆる法規定において、ならびに、子どもに影響を与える司法上および行政上の決定およびプロジェクト、プログラムならびにサービスにおいて、子どもの最善の利益の原則が実施されかつ遵守されることを確保するための努力を継続しかつ強化するよう勧告する。

39 （省略）

40 委員会は、締約国が以下の措置をとるよう勧告する。

(a) そのような機関が提供するサービスの質および量を対象とし、かつ公共部門および民間部門の両方に適用されるサービス基準を発展させかつ定義するための効果的措置をとること。

(b) 公共部門および民間部門の両方において、そのような基準を一貫して遵守させること。

生命、生存および発達に対する権利

41 （省略）

42 委員会は、締約国が、子どもの自殺リスク要因について調査研究を行い、防止措置を実施し、学校にソーシャルワーカーおよび心理相談サービスを配置し、かつ、困難な状況にある子どもに児童相談所システムがさらなるストレスを課さないことを確保するよう勧告する。委員会はまた、締約国が、官民問わず、子どものための施設を備えた機関が適切な最低安全基準を遵守することを確保するようにも勧告する。

子どもの意見の尊重

43 （省略）

44 条約第一二条および意見を聴かれる子どもの権利に関する委員会の一般的意見一二号（二〇〇九年）に照らし、委員会は、締約国が、あらゆる場面（学校その他の子ども施設、家庭、地域コミュニティ、裁判所および行政機関ならびに政策策定プロセスを含む）において、自己に影響を及ぼすあらゆる事柄に関して全面的に意見を表明する子どもの権利を促進するための措置を強化するよう勧告する。

4 市民的権利および自由（条約第七条、第八条、第一三～一七条、第一九条および第三七条(a)）

出生登録

45 （省略）

46 委員会は、締約国が以下の措置をとるよう勧告する。

(a) すべての子どもの登録を確保し、かつ子どもを法律上の無国籍状態から保護するため、条約第七条の規定にしたがい、国籍および市民権に関わる法律および規則を改正すること。

(b) 無国籍者の地位に関する条約（一九五四年）および無国籍の削減に関する条約（一九六一年）の批准を検討すること。

体罰

47 （省略）

48 委員会は、締約国が以下の措置をとるよう強く勧告する。

(a) 家庭および代替的養護現場を含むあらゆる場面で、子どもを対象とした体罰およびあらゆる形態の品位を傷つける取り扱いを法律により明示的に禁止すること。

(b) あらゆる場面における体罰の禁止を効果的に実施すること。

(c) 体罰等に代わる非暴力的な形態のしつけおよび規律について、家族、教職員ならびに子どもとともにおよび子どものために活動しているその他の専門家を教育するため、キャンペーンを含む広報プログラムを実施すること。

子どもに対する暴力に関する国連研究のフォローアップ

49 子どもに対する暴力に関する国連事務総長研究（A/61/299）について、委員会は、締約国が以下の措置をとるよう勧告する。

(a) 東アジア・太平洋地域協議（バンコク、二〇〇五年六月一四～一六日）の成果および勧告を考慮しながら、子どもに対する暴力に関する国連研究の勧告を実施するためにあらゆる必要な措置をとること。

(b) 以下の勧告に特段の注意を払いながら、子どもに対するあらゆる形態の暴力の撤廃に関わる同研究の勧告の実施を優先させること。

(i) 子どもに対するあらゆる形態の暴力を禁止すること

(ii) 子どもとともにおよび子どものために活動しているすべての者の能力を増進させること。

(iii) 回復および社会的再統合のためのサービスを提供すること。

(iv) アクセスしやすく、子どもにやさしい通報制度およびサービスを創設すること。

(v) 説明責任を確保し、かつ責任が問われない状態に終止符を打つこと。

(vi) 国レベルの体系的なデータ収集および調査研究を発展させ、かつ実施すること。

(c) すべての子どもがあらゆる形態の身体的、性的および心理的暴力から保護されることを確保し、かつ、このような暴力および虐待を防止しかつこれに対応するための具体的な（かつ適切な場合には期限を定めた）行動に弾みをつける目的で、市民社会と連携しながら、かつとくに子どもの参加を得ながら、これらの勧告を行動のためのツールとして活用すること。

(d) 次回の報告書において、締約国による同研究の勧告の実施に関わる情報を提供すること。

(e) 子どもに対する暴力に関する国連事務総長特別代表と協力し、かつ同代表を支援すること。

5 家庭環境および代替的養護（条約第五条、第一八条（第一～二項）、第九～一一条、第一九～二一条、第二五条、第二七条（第四項）および第三九条）

家庭環境

50 （省略）

51 委員会は、締約国が家族を支援しかつ強化するための措置を導入するよう勧告する。そのための手段としては、子育ての責任を履行する家族の能力を確保する目的で男女双方を対象として仕事と家庭生活との適切なバランスを促進すること、親子関係を強化すること、および、子どもの権利に関する意識啓発を図ることなどがあげられる。委員会はさらに、社会サービス機関が、子どもの施設措置を防止するためにも、不利な立場に置かれた子どもおよび家族に優先的に対応し、かつ適切な金銭的、社会的および心理的支援を提供するよう勧告する。

親のケアを受けていない子ども

52 （省略）

53 委員会は、第一八条に照らし、締約国が以下の措置をとるよう勧告する。

(a) 子どもの養護を、里親家庭、または居住型養護における小集団編成のような家庭的環境のもとで提供すること。

(b) 里親養護を含む代替的養護現場の質を定期的に監視し、かつ、あらゆる養護現場による適切な最低基準の遵守を確保するための措置をとること。

(c) 代替的養護現場における児童虐待を調査し、かつその責任者を訴追するとともに、虐待の被害者が苦情申立て手続、カウンセリング、医療的ケアその他の適切な回復援助にアクセスできることを確保すること。

(d) 金銭的支援がすべての里親に提供されるようにすること。

(e) 「子どもの代替的養護に関する国連指針」（国連総会決議 A/RES/64/142 参照）を考慮すること。

養子縁組

54 （省略）

55 委員会は、締約国が以下の措置をとるよう勧告する。

(a) すべての養子縁組が司法機関による許可の対象とされ、かつ子どもの最善の利益にしたがって行われること、および、養子とされたすべての子どもの登録機関が維持されることを確保するための措置をとり、かつこれを効果的に実施すること。

(b) 国際養子縁組についての子の保護および協力に関するハーグ第三三号条約（一九九三年）の批准を検討すること。

児童虐待およびネグレクト

56 （省略）

57 委員会は、締約国が、以下のものを含む措置をとることにより、児童虐待の問題に対応する現在の努力を強化するよう勧告する。

(a) 虐待およびネグレクトの否定的影響に関する公衆教育プログラム、および、家族発達プログラムを含む防止プログラムを実施することにより、積極的な、非暴力的形態のしつけを促進すること。

(b) 家庭および学校で虐待の被害を受けた子どもに十分な保護を提供すること。

6 基礎保健および福祉（条約第六条、第一八条（第三項）、第二三条、第二四条、第二六条および第二七条（第一～三項））

障害のある子ども

58 （省略）

59 委員会は、締約国が以下の措置をとるよう勧告する。

(a) 障害のあるすべての子どもを全面的に保護するために法律の改正および採択を行うとともに、進展を注意深く記録し、かつ実施における欠点を明らかにする監視システムを確立すること。

(b) 障害のある子どもの生活の質を高め、その基本的ニーズを満たし、かつそのインクルージョンおよび参加を確保することに焦点を当てた、コミュニティを基盤とするサービスを提供すること。

(c) 存在している差別的態度と闘い、かつ障害のある子どもの権利および特別なニーズについて公衆の感受性を高めること、障害のある子どもの社会へのインクルージョンを奨励すること、ならびに、意見を聴かれる子どもおよびその親の権利の尊重を促進することを目的とした、意識啓発キャンペーンを実施すること。

(d) 障害のある子どものためのプログラムおよびサービスに対して十分な人的資源および財源を提供するため、あらゆる努力を行うこと。

(e) 障害のある子どものインクルーシブ教育のために必要な便益を学校に備えるとともに、障害のある子どもが希望する学校を選択し、またはその最善の利益にしたがって普通学校と特別支援学校との間で移行できることを確保すること。

(f) 障害のある子どものためにおよびそのような子どもとともに活動している非政府組織（NGO）に対し、援助を提供すること。

(g) 教職員、ソーシャルワーカーならびに保健・医療・治療・養護従事者など、障害のある子どもとともに活動している専門的職員を対象とした研修を行うこと。

(h) これとの関連で、障害のある人の機会均等化に関する国連基準規則（国連総会決議四八／九六）および障害のある子どもの権利に関する委員会の一般的意見九号（二〇〇六年）を考慮すること。

(i) 障害のある人の権利に関する条約（署名済み）およびその選択議定書（二〇〇六年）を批准すること。

メンタルヘルス

60 〔省略〕

61 委員会は、締約国が、子どもおよび思春期の青少年の情緒的および心理的ウェルビーイングの問題に、あらゆる環境における効果的支援を確保する学際的アプローチを通じて対応するための効果的措置をとるよう勧告する。委員会はまた、締約国が、ＡＤＨＤの診断数の推移を監視するとともに、この分野における調査研究が製薬産業とは独立に実施されることを確保するようにも勧告する。

保健サービス

62 〔省略〕

63 委員会は、締約国が、児童相談所システムおよびその作業方法に関する独立の調査（リハビリテーションの成果に関する評価も含む）を委託し、かつ、このレビューの結果に関する情報を次回の定期報告書に含めるよう勧告する。

ＨＩＶ／ＡＩＤＳ

64 〔省略〕

65 委員会は、締約国が、学校カリキュラムにリプロダクティブ・ヘルス（性と生殖に関わる健康）教育が含まれることを確保し、かつ思春期の青少年に対して自己のリプロダクティブ・ライツ（性と生殖に関わる権利）に関する情報（十代の妊娠およびＨＩＶ／ＡＩＤＳを含む性感染症の予防に関するものを含む）を全面的に提供するとともに、思春期の健康および発達に関する委員会の一般的意見四号（二〇〇三年）を考慮に入れながら、ＨＩＶ／ＡＩＤＳその他の性感染症の予防のためのすべてのプログラムに思春期の青少年が容易にアクセスできることを確保するよう勧告する。

十分な生活水準に対する権利

66 〔省略〕

67 委員会は、締約国が子どもの貧困を根絶するために適切な資源を配分するよう勧告する。そのための手段には、貧困の複雑な決定要因、発達に対する子どもの権利およびすべての家族（ひとり親家族を含む）に対して確保されるべき生活水準を考慮に入れながら、貧困削減戦略を策定することも含まれる。委員会はまた、締約国に対し、親は子育ての責任を負っているために労働の規制緩和および流動化のような経済戦略に対処する能力が制約されていることを考慮に入れるとともに、金銭的その他の支援の提供によって、子どものウェルビーイングおよび発達にとって必要な家族生活を保障することができているかどうか、注意深く監視するよう促す。

子どもの扶養料の回復

68 〔省略〕

69 委員会は、締約国が以下の措置をとるよう勧告する。

(a) 婚姻しているか否かに関わらず、両方の親がその子どもの扶養に公平に貢献すること、および、いずれかの親が義務を履行しない場合に扶養義務が効果的に回復されることを確保する、現行の法律および措置の実施を強化すること。

(b) 新たな機構（すなわち、債務不履行の親の扶養義務を履行し、かつ、その後、適切な場合には民事上または刑事上の法律を通じて未払金を回収する国家基金）を設立し、扶養料の支払いがこの機構を通じて回復されることを確保すること。

(c) 親責任および子の保護措置についての管轄権、準拠法、承認、執行および協力に関するハーグ第三四号条約（一九九六年）を批准すること。

7 教育、余暇および文化的活動（条約第二八条、第二九条および第三一条）

教育（職業訓練および職業指導を含む）

70 委員会は、日本の学校制度によって学業面で例外的なほど優秀な成果が達成されてきたことを認めるが、学校および大学への入学を求めて競争する子どもの人数が減少しているにも関わらず過度の競争に関する苦情の声があがり続けていることに、懸念とともに留意する。委員会はまた、このような高度に競争的な学校環境が就学年齢層の子どものいじめ、精神障害、不登校、中途退学および自殺を助長している可能性があることも、懸念する。

71 委員会は、学業面での優秀な成果と子ども中心の能力促進とを結合させ、かつ、極端に競争的な環境によって引き起こされる悪影響を回避する目的で、締約国が学校制度および大学教育制度を再検討するよう勧告する。これとの関連で、締約国は、教育の目的に関する委員会の一般的意見一号（二〇〇一年）を考慮するよう奨励される。委員会はまた、締約国が、子ども同士のいじめと闘う努力を強化し、かつそのような措置の策定に子どもたちの意見を取り入れるよう勧告する。

72 委員会は、中国系、北朝鮮系その他の出身の子どもを対象とした学校に対する補助金が不十分であることを懸念する。委員会はまた、このような学校の卒業生が日本の大学入学試験の受験資格を得られない場合があることも懸念する。

73 委員会は、締約国に対し、外国人学校への補助金を増額し、かつ大学入試へのアクセスにおいて差別が行われないことを確保するよう奨励する。締約国は、ユネスコ・教育差別禁止条約の批准を検討するよう奨励される。

74 委員会は、日本の歴史教科書においては歴史的出来事に対する日本側の解釈しか記述されていないため、地域の異なる国々出身の子どもの相互理解が増進されていないという情報があることを懸念する。

75 委員会は、締約国が、検定教科書においてアジア・太平洋地域の歴史的出来事に関するバランスのとれた見方が提示されることを確保するよう勧告する。

遊び、余暇および文化的活動

76 委員会は、締約国が休息、余暇および文化的活動に対する子どもの権利を想起するよう求めるとともに、公共の場所、学校、子ども施設および家庭における子どもの遊び時間その他の自主的活動を促進しかつ容易にする取り組みを支援するよう勧告する。

8 特別な保護措置（条約第二二条、第三八条、第三九条、第四〇条、第三七条(b)および(d)、第三〇条ならびに第三二～三六条）

保護者のいない難民の子ども

77 〔省略〕

78 委員会は、締約国が以下の措置をとるよう勧告する。

(a) 庇護希望者の子どもの収容を防止し、このような子どもの入管収容施設からの即時放免を確保し、かつ、このような子どもに宿泊所、適切なケアおよび教育へのアクセスを提供するため、正式な機構の確立等を通じて即時的措置をとること。

(b) 公正かつ子どもに配慮した難民認定手続のもと、子どもの最善の利益が第一次的に考慮されることを確保しながら、保護者のいない子どもの庇護申請の処理を迅速に進めるとともに、後見人および法定代理人を任命し、かつ親その他の近親者の所在を追跡すること。

(c) 国連難民高等弁務官（ＵＮＨＣＲ）の「子どもの最善の利益の公式な決定に関するガイドライン」および「難民の保護およびケアに関するガイドライン」を考慮しながら、難民保護の分野における国際基準を尊重すること。

人身取引

79 〔省略〕

80 委員会は、締約国が以下の措置をとるよう勧告する。

(a) とくに子どもの人身取引に対応するための措置の効果的監視を確保すること。

(b) 人身取引の被害者に対し、身体的および心理的回復のための援助が提供されることを確保すること。

(c)　行動計画の実施に関する情報を提供すること。

(d)　国際的な組織犯罪の防止に関する国際連合条約を補足する人、とくに女性および子どもの取引を防止し、抑止しおよび処罰するための議定書（二〇〇〇年）を批准すること。

性的搾取

81　（省略）

82　委員会は、子どもの性的搾取の事件を捜査しかつ加害者を起訴するとともに、性的搾取の被害者に対してカウンセリングその他の回復援助を提供する努力を締約国が強化するよう勧告する。

少年司法の運営

83　（省略）

84　委員会はさらに、成人刑事裁判所に送致される少年の人数が顕著に増加していることを懸念するとともに、法に抵触した子どもに認められている手続的保障（弁護士にアクセスする権利を含む）が制度的に実施されていないため、とくに自白の強要および不法な捜査実務が行われていることを遺憾に思う。委員会はまた、少年矯正施設における被収容者への暴力が高い水準で行われていること、および、少年が審判前に成人とともに勾留される可能性があることも懸念する。

85　委員会は、締約国に対し、少年司法における子どもの権利に関する委員会の一般的意見一〇号（二〇〇七年）を考慮に入れながら、少年司法制度を条約、とくに第三七条、第四〇条および第三九条、ならびに、少年司法の運営に関する国連最低基準規則（北京規則）、少年非行の防止のための国連指針（リヤド・ガイドライン）、自由を奪われた少年の保護に関する国連規則（ハバナ規則）および刑事司法制度における子どもに関する行動についてのウィーン指針を含む少年司法分野のその他の国連基準と全面的に一致させる目的で、少年司法制度の機能を再検討するよう促す。とりわけ委員会は、締約国がとくに以下の措置をとるよう勧告する。

(a)　子どもが刑事司法制度と接触することにつながる社会的条件を解消するために家族およびコミュニティの役割を支援するなどの防止措置をとるとともに、その後のスティグマを回避するためにあらゆる可能な措置をとること。

(b)　刑事責任（刑事処分）に関する最低年齢との関連で法律を見直し、従前の一六歳に引き上げることを検討すること。

(c)　刑事責任年齢に達していない子どもが刑法犯として扱われまたは矯正施設に送られないこと、および、法に抵触した子どもが常に少年司法制度において対応され、専門裁判所以外の裁判所で成人として審理されないことを確保するとともに、このような趣旨で裁判員制度を見直すことを検討すること。

(d)　現行の法律扶助制度の拡大等により、すべての子どもが手続のあらゆる段階で法的その他の援助を提供されることを確保すること。

(e)　可能な場合には常に、保護観察、調停、地域奉仕命令または自由剝奪刑の執行停止のような、自由の剝奪に代わる措置を実施すること。

(f)　（審判前および審判後の）自由の剝奪が最後の手段として、かつ可能なかぎり短い期間で適用されること、および、自由の剝奪がその中止の観点から定期的に再審査されることを確保すること。

(g)　自由を奪われた子どもが、審判前の身体拘束の時期も含め、成人とともに収容されず、かつ教育にアクセスできることを確保すること。

(i)〔(h)〕　少年司法制度に関わるすべての専門家が関連の国際基準に関する研修を受けることを確保すること。

マイノリティまたは先住民族の集団に属する子ども

86　（省略）

87　委員会は、締約国に対し、民族的マイノリティに属する子どもへの差別を生活のあらゆる分野で解消し、かつ、条約に基づいて提供されるすべてのサービスおよび援助に対し、このような子どもが平等にアクセスできることを確保するため、あらゆる必要な立法上その他の措置をとるよう促す。

9　フォローアップおよび普及

フォローアップ

88　委員会は、とくに、これらの勧告を高等〔最高〕裁判所、内閣および国会の構成員ならびに適用可能な場合には地方政府に送付して適切な検討およびさらなる行動を求めることにより、これらの勧告が全面的に実施されることを確保するためにあらゆる適切な措置をとるよう勧告する。

総括所見の普及

89　委員会はさらに、条約、その実施および監視に関する意識を促進する目的で、第三回定期報告書、締約国が提出した文書回答およびこの総括所見を、公衆一般、市民社会組織、メディア、若者グループ、専門家グループおよび子どもたちが、インターネット等も通じ、日本の言語で広く入手できるようにすることを勧告する。

次回報告書

90　委員会は、締約国に対し、第四回・第五回統合報告書を二〇一六年五月二一日までに提出するように求める。報告書は一二〇ページを超えるべきではなく（CRC/C/118参照）、かつこの総括所見の実施に関する情報が記載されるべきである。

91　委員会はまた、締約国に対し、二〇〇六年六月の第五回人権条約機関委員会間会合で承認された統一報告ガイドライン（HRI/MC/2006/3）に掲げられた共通コア・ドキュメントについての要件にしたがい、最新のコア・ドキュメントを提出するよう求める。

（子どもの権利条約NGOレポート連絡会議訳）

●子どもの権利委員会の総括所見：日本（第四回・第五回）

（二〇一九年二月一日　子どもの権利委員会第八〇会期で採択）

〔注〕〔　〕内は訳者による補足

I　**はじめに**

1　委員会は、二〇一九年一月一六日および一七日に開かれた第二三四六回および第二三四七回会合（CRC/C/SR.2346 and 2347参照）において日本の第四回・第五回統合定期報告書（CRC/C/JPN/4-5）を検討し、二〇一九年二月一日に開かれた第二三七〇回会合においてこの総括所見を採択した。

2　委員会は、締約国における子どもの権利の状況についての理解を向上させてくれた、締約国の第四回・第五回統合定期報告書および事前質問事項に対する文書回答（CRC/C/JPN/Q/4-5/Add.1）の提出を歓迎する。委員会は、多部門から構成された締約国の代表団との間に持たれた建設的対話に評価の意を表するものである。

II　**締約国によってとられたフォローアップ措置および達成された進展**

3　委員会は、締約国がさまざまな分野で達成した進展（女性および男性の双方について最低婚姻年齢を一八歳と定めた二〇一八年の民法改正、二〇一七年の刑法改正、二〇一六年の児童福祉法改正、および、児童買春、児童ポルノの所持を犯罪化するに至った「児童買春、児童ポルノに係る行為等の規制及び処罰並びに児童の保護等に関する法律」の改正を含む）を歓迎する。委員会はまた、子供・若者育成支援推進大綱（二〇一六年）、第四次「青少年が安全に安心してインターネットを利用できるようにするための施策に関する基本的な計画」（二〇一八年）および子供の貧困対策に関する大綱（二〇一四年）など、前回の審査以降に子どもの権利に関連してとられた制度上および政策上の措置も歓迎する。

III　主要な懸念領域および勧告

4　委員会は、条約に掲げられたすべての権利の不可分性および相互依存性を締約国が想起するよう求めるとともに、この総括所見に掲げられたすべての勧告の重要性を強調する。委員会は、緊急の措置がとられなければならない以下の分野に関わる勧告に対し、締約国の注意を喚起したい。その分野とは、差別の禁止（パラ18）、子どもの意見の尊重（パラ22）、体罰（パラ26）、家庭環境を奪われた子ども（パラ29）、リプロダクティブヘルスおよび精神保健（パラ35）ならびに少年司法（パラ45）である。

5　委員会は、締約国が、持続可能な開発のための二〇三〇アジェンダの実施プロセス全体を通じ、条約、武力紛争への子どもの関与に関する選択議定書および子どもの売買、児童買春および児童ポルノに関する選択議定書にしたがって子どもの権利の実現を確保するよう勧告する。委員会はまた、締約国に対し、一七の目標の達成を目的とする政策およびプログラムの立案および実施において、それが子どもに関わるかぎりにおいて子どもたちの意味のある参加を確保することも促すものである。

A　実施に関する一般的措置（第四条、第四二条および第四四条⑥）

留保

6　委員会は、前回の勧告（CRC/C/JPN/CO/3、パラ10）にのっとり、締約国が、条約の全面的適用の妨げとなっている第三七条(c)への留保の撤回を検討するよう勧告する。

立法

7　さまざまな法律の改正に関して締約国から提供された情報には留意しながらも、委員会は、締約国が、子どもの権利に関する包括的な法律を採択し、かつ国内法を条約の原則および規定と完全に調和させるための措置をとるよう、強く勧告する。

包括的な政策および戦略

8　委員会は、締約国が、条約が対象とするすべての分野を包含し、かつ政府機関間の調整および相互補完性を確保する包括的な子ども保護政策を策定するとともに、十分な人的資源、技術的資源および財源に裏づけられた、当該政策のための包括的な実施戦略も策定するよう、勧告する。

調整

9　委員会は、締約国が、部門横断的にならびに国、広域行政圏および地方のレベルで行なわれている条約の実施関連のすべての活動を調整するための明確な任務および十分な権限を有する適切な調整機関、ならびに、すべての子どもおよび条約のすべての分野を対象とする評価および監視のための機構を設置するべきである旨の、前回の勧告（前掲、パラ14）をあらためて繰り返す。締約国は、当該調整機関に対し、その効果的運用のために必要な人的資源、技術的資源および財源が提供されることを確保するべきである。

資源配分

10　子どもの相対的貧困率がこの数年高いままであることに鑑み、かつ子どもの権利実現のための公共予算編成についての一般的意見一九号（二〇一六年）を想起しながら、委員会は、締約国が、子どもの権利の視点を含み、子どもに対する明確な配分額を定め、かつ条約の実施のために割り当てられる資源配分の十分性、有効性および公平性の監視および評価を行なうための具体的指標および追跡システムを包含した予算策定手続を確立するよう、強く勧告する。そのための手段には以下のものが含まれる。

(a)　子どもに直接影響を与えるすべての支出の計画、確定、補正および実際の額について、詳細な予算科目および予算項目を定めること。

(b)　子どもの権利に関連する支出の報告、追跡および分析を可能にする予算分類システムを活用すること。

(c)　サービス提供のための予算配分額の変動または削減によって、子どもの権利の享受に関する現在の水準が低下しないことを確保すること。

(d)　子供・若者育成支援推進大綱の実施のために十分な資源を配分すること。

データ収集

11　締約国によるデータ収集の取り組みには留意しながらも、委員会はまた、いまなお欠落が存在することに留意する。条約の実施に関する一般的措置についての一般的意見五号（二〇〇三年）を想起しながら、委員会は、締約国が、条約のすべての分野（とくに子どもの貧困、子どもに対する暴力ならびに乳幼児期のケアおよび発達の分野）で、データが年齢、性別、障害、地理的所在、民族的出身および社会経済的背景別に細分化されたデータ収集システムを改善するとともに、当該データを政策立案およびプログラム策定のために活用するよう、勧告する。

独立の監視

12　地方レベルで三三の子どものためのオンブズパーソンが設置されていることには留意しながらも、これらの機関は財政面および人事面の独立性ならびに救済機構を欠いているとされる。委員会は、締約国が以下の措置をとるよう勧告するものである。

(a)　子どもによる苦情を子どもにやさしいやり方で受理し、調査しかつこれに対応することのできる、子どもの権利を監視するための具体的機構を含んだ、人権を監視するための独立した機構を迅速に設置するための措置。

(b)　人権の促進および保護のための国内機関の地位に関する原則（パリ原則）の全面的遵守が確保されるよう、資金、任務および免責との関連も含めてこのような監視機関の独立を確保するための措置。

普及、意識啓発および研修

13　意識啓発プログラムおよび子どもの権利キャンペーンを実施するために締約国が行なっている努力を認識しつつ、委員会は、締約国が以下の措置をとるよう勧告する。

(a)　とくに子どもおよび親の間で、しかし立法手続および司法手続における条約の適用を確保する目的で立法府議員および裁判官も対象として、条約に関する情報の普及を拡大すること。

(b)　子どものためにおよび子どもとともに働くすべての者（教員、裁判官、弁護士、家庭裁判所調査官、メディア従事者、公務員および法執行官、ソーシャルワーカー、あらゆるレベルの政府職員を含む）を対象として、条約およびその議定書に関する具体的な研修セッションを定期的に実施すること。

市民社会との協力

14　締約国報告書の作成過程における市民社会との会合および意見交換は歓迎しながらも、委員会は、締約国が、市民社会との協力を強化し、かつ条約実施のあらゆる段階で市民社会組織の関与を組織的に得るよう勧告する。

子どもの権利とビジネスセクター

15　ビジネスセクターが子どもの権利に与える影響に関わる国の義務についての一般的意見一六号（二〇一三年）および二〇一一年に人権理事会が賛同した「ビジネスと人権に関する原則」を参照しつつ、委員会は、締約国が以下の措置をとるよう勧告する。

(a)　ビジネスと人権に関する国別行動計画を策定するにあたり、子どもの権利が統合され、かつ、企業に対し、定期的な子どもの権利影響評価および協議を実施すること、ならびに、自社の事業活動が及ぼす環境面の影響、健康関連の影響および人権面の影響ならびにこれらの影響に対処するための計画を全面的かつ公的に開示することが要求されることを確保すること。

(b)　子どもの権利に関連する国際基準（労働および環境に関するものを含む）の遵守についてビジネスセクターに説明責任を果たさせるための規則を採択しかつ実施すること。

(c)　旅行および観光の文脈における子どもの性的搾取の防止について、観光業界、メディア企業および広告企業、エンターテインメント業界ならびに公衆一般と連携して意識啓発キャンペーンを実施すること。

(d) 旅行代理店および観光業界の間で世界観光機関の世界観光倫理規範を広く普及すること。

B　子どもの定義（第一条）

16　女性および男性の双方について最低婚姻年齢を一八歳と定めた民法改正には留意しながらも、委員会は、二〇二二年にならなければ同改正が施行されないことを遺憾に思い、締約国が、それまでの間、条約に基づく締約国の義務にのっとって児童婚を完全に解消するために必要な移行措置をとるよう勧告する。

C　一般原則（条約第二条、第三条、第六条および第一二条）

差別の禁止

17　委員会は、非婚の両親から生まれた子どもに同一の相続分を認めた「民法の一部を改正する法律」の修正（原文ママ）（二〇一三年）、本邦外出身者に対する不当な差別的言動の解消に向けた取組の推進に関する法律の採択（二〇一六年）、および、対話の際に挙げられた意識啓発活動に留意する。委員会はまた、強姦罪の構成要件を見直し、男子にも保護を与えた刑法の修正（二〇一七年）も歓迎するものである。しかしながら、委員会は以下のことを依然として懸念する。

(a) 包括的な反差別法が存在しないこと。

(b) 非婚の両親から生まれた子どもの非嫡出性に関する戸籍法の差別的規定（とくに出生届に関するもの）が部分的に維持されていること。

(c) 周縁化されたさまざまな集団の子どもに対する社会的差別が根強く残っていること。

18　委員会は、締約国に対し、以下の措置をとるよう促す。

(a) 包括的な反差別法を制定すること。

(b) 非婚の両親から生まれた子どもの地位に関連する規定を含め、理由の如何を問わず子どもを差別しているすべての規定を廃止すること。

(c) とくに民族的マイノリティ（アイヌ民族を含む）、被差別部落出身者の子ども、日本人以外の出自の子ども（コリアンなど）、移住労働者の子ども、レズビアン、ゲイ、バイセクシュアル、トランスジェンダーおよびインターセックスである子ども、婚外子ならびに障害のある子どもに対して現実に行なわれている差別を減少させかつ防止するための措置（意識啓発プログラム、キャンペーンおよび人権教育を含む）を強化すること。

子どもの最善の利益

19　委員会は、自己の最善の利益を第一次的に考慮される子どもの権利が、とくに教育、代替的養護、家族紛争および少年司法において適切に統合されかつ一貫して解釈されているわけではなく、かつ、司法機関、行政機関および立法機関が、子どもに関連するすべての決定において子どもの最善の利益を考慮しているわけではないことに留意する。自己の最善の利益を第一次的に考慮される子どもの権利についての一般的意見一四号（二〇一三年）を参照しながら、委員会は、締約国が、子どもに関連するすべての法律および政策の影響評価を事前および事後に実施するための義務的手続を確立するよう勧告するものである。委員会はまた、子どもに関わる個別の事案で、子どもの最善の利益評価が、多職種チームによって、子ども本人の義務的参加を得て必ず行なわれるべきであることも勧告する。

生命、生存および発達に対する権利

20　委員会は、前回の勧告（CRC/C/JPN/CO/3、パラ42）を想起し、締約国に対し、以下の措置をとるよう促す。

(a) 子どもが、社会の競争的性質によって子ども時代および発達を害されることなく子ども時代を享受できることを確保するための措置をとること。

(b) 子どもの自殺の根本的原因に関する調査研究を行ない、防止措置を実施し、かつ、学校にソーシャルワーカーおよび心理相談サービスを配置すること。

(c) 子ども施設が適切な最低安全基準を遵守することを確保するとともに、子どもに関わる不慮の死亡または重傷の事案が自動的に、独立した立場から、かつ公的に検証される制度を導入すること。

(d) 交通事故、学校事故および家庭内の事故を防止するための的を絞った措置を強化するとともに、道路の安全、安全および応急手当の提供ならびに小児緊急ケアの拡大を確保するための措置を含む適切な対応を確保すること。

子どもの意見の尊重

21　二〇一六年の児童福祉法改正規定が子どもの意見の尊重に言及していること、および、家事事件手続法が諸手続における子どもの参加に関わる規定を統合していることには留意しながらも、委員会は、自己に関わるあらゆる事柄について自由に意見を表明する子どもの権利が尊重されていないことを依然として深刻に懸念する。

22　意見を聴かれる子どもの権利についての一般的意見一二号（二〇〇九年）を想起しながら、委員会は、締約国に対し、子どもの脅迫および処罰を防止するための保護措置をとりつつ、意見を形成することのできるいかなる子どもに対しても、年齢制限を設けることなく、その子どもに影響を与えるすべての事柄について自由に意見を表明する権利を保障し、かつ、子どもの意見が正当に重視されることを確保するよう、促す。委員会はさらに、締約国が、意見を聴かれる権利を子どもが行使できるようにする環境を提供するとともに、家庭、学校、代替的養護および保健医療の現場、子どもに関わる司法手続および行政手続ならびに地域コミュニティにおいて、かつ環境問題を含むあらゆる関連の問題に関して、すべての子どもが意味のある形でかつエンパワーされながら参加することを積極的に促進するよう、勧告するものである。

D　市民的権利および自由（第七条、第八条および第一三～一七条）

出生登録および国籍

23　持続可能な開発目標のターゲット16.9に留意しつつ、委員会は、締約国が以下の措置をとるよう勧告する。

(a) 両親の国籍を取得できない子どもに対しても出生時に自動的に国籍を付与する目的で国籍法第二条(3)の適用範囲を拡大することを検討するとともに、締約国に暮らしているすべての子ども（非正規移住者の子どもを含む）が適正に登録され、かつ法律上の無国籍から保護されることを確保する目的で国籍および市民権に関わるその他の法律を見直すこと。

(b) 登録されていないすべての子ども（庇護希望者である子どもなど）が教育、保健サービスその他の社会サービスを受けられることを確保するために必要な積極的措置をとること。

(c) 無国籍の子どもを適正に特定しかつ保護するための無国籍認定手続を定めること。

(d) 無国籍者の地位に関する条約および無国籍の削減に関する条約の批准を検討すること。

E　子どもに対する暴力（第一九条、第二四条(3)、第二八条(2)、第三四条、第三七条(a)および第三九条）

虐待、ネグレクトおよび性的搾取

24　委員会は、性的虐待の被害者のためのワンストップセンターが各都道府県に設置されたこと、および、自己の監護下にある一八歳未満の者と性交しまたはこのような者をわいせつ行為の対象とした者に関わる罪名を新設する目的で刑法第一七九条が改正された（原文ママ）ことを歓迎する。しかしながら委員会は、あらゆる形態の暴力からの自由に対する子どもの権利についての委員会の一般的意見一三号（二〇一一年）を想起し、かつ持続可

能な開発目標のターゲット16.2に留意しながら、子どもの暴力、性的な虐待および搾取が高い水準で発生していることを懸念し、締約国が、子どもに対するあらゆる形態の暴力の撤廃に優先的に取り組み、かつ以下の措置をとるよう勧告するものである。

(a)　虐待（学校におけるものも含む）および性的搾取の被害を受けた子どもを対象とし、被害を受けた子どもの特有のニーズに関する訓練を受けたスタッフによって支えられる、通報、苦情申立ておよび付託のための子どもにやさしい機構の設置を速やかに進めること。

(b)　このような事件を捜査し、かつ加害者を裁判にかけるための努力を強化すること。

(c)　性的な搾取および虐待の被害を受けた子どもにスティグマが付与されることと闘うための意識啓発活動を実施すること。

(d)　子どもの虐待を防止しかつこれと闘うための包括的な戦略ならびに被害を受けた子どもの回復および社会的再統合のための政策を策定する目的で、子どもたちの関与を得て教育プログラムを強化すること。

体罰

25　委員会は、学校における体罰が法律で禁じられていることに留意する。しかしながら、委員会は以下のことを深刻に懸念するものである。

(a)　学校における禁止が効果的に実施されていないこと。

(b)　家庭および代替的養育の現場における体罰が法律で全面的に禁じられていないこと。

(c)　とくに民法および児童虐待防止法が適切な懲戒の使用を認めており、かつ体罰の許容性について明確でないこと。

26　委員会は、体罰その他の残虐なまたは品位を傷つける形態の罰から保護される子どもの権利についての一般的意見八号（二〇〇六年）に留意しながら、委員会の前回の総括的勧告（CRC/C/JPN/CO/3、パラ48）を想起するとともに、締約国に対し、以下の措置をとるよう促す。

(a)　家庭、代替的養護および保育の現場ならびに刑事施設を含むあらゆる場面におけるあらゆる体罰を、いかに軽いものであっても、法律（とくに児童虐待防止法および民法）において明示的かつ全面的に禁止すること。

(b)　意識啓発キャンペーンを強化し、かつ積極的な、非暴力的なかつ参加型の形態の子育てならびにしつけおよび規律を推進する等の手段により、あらゆる現場で実際に体罰を解消するための措置を強化すること。

F　家庭環境および代替的養護（第五条、第九〜一一条、第一八条⑴および⑵、第二〇条、第二一条、第二五条ならびに第二七条⑷）

家庭環境

27　委員会は、締約国が、以下のことを目的として、十分な人的資源、技術的資源および財源に裏づけられたあらゆる必要な措置をとるよう勧告する。

(a)　仕事と家庭生活との適切なバランスを促進すること等の手段によって家族の支援および強化を図るとともに、とくに子どもの遺棄および施設措置を防止する目的で、困窮している家族に対して十分な社会的援助、心理社会的支援および指導を提供すること。

(b)　子どもの最善の利益に合致する場合には（外国籍の親も含めて）子どもの共同親権を認める目的で、離婚後の親子関係について定めた法律を改正するとともに、非同居親との個人的関係および直接の接触を維持する子どもの権利が恒常的に行使できることを確保すること。

(c)　家事紛争（たとえば子どもの扶養料に関するもの）における裁判所の命令の法執行を強化すること。

(d)　子どもおよびその他の親族の扶養料の国際的回収に関するハーグ条約、扶養義務の準拠法に関するハーグ議定書、および、親責任および子の保護措置に関する管轄権、準拠法、承認、執行および協力に関するハーグ条約の批准を検討すること。

家庭環境を奪われた子ども

28　委員会は、家庭を基盤とする養育の原則を導入した二〇一六年の児童福祉法改正、および、六歳未満の子どもは施設に措置されるべきではないとする「新しい社会的養育ビジョン」（二〇一七年）の承認に留意する。しかしながら、委員会は以下のことを深刻に懸念するものである。

(a)　家族から分離される子どもが多数にのぼるとの報告があること、および、子どもは裁判所の命令なくして家族から分離される可能性があり、かつ最高二か月、児童相談所に措置されうること。

(b)　いまなお多数の子どもが、水準が不十分であり、子どもの虐待の事件が報告されており、かつ外部者による監視および評価の機構も設けられていない施設に措置されていること。

(c)　児童相談所がより多くの子どもを受け入れることに対する強力な金銭的インセンティブが存在すると主張されていること。

(d)　里親が包括的支援、十分な研修および監視を受けていないこと。

(e)　施設に措置された子どもが、生物学的親との接触を維持する権利を剥奪されていること。

(f)　児童相談所に対し、生物学的親が子どもの分離に反対する場合または子どもの措置に関する生物学的親の決定が子どもの最善の利益に反する場合には家庭裁判所に申立てを行なうべきである旨の明確な指示が与えられていないこと。

29　子どもの代替的養護に関する指針に対して締約国の注意を喚起しつつ、委員会は、締約国に対し、以下の措置をとるよう促す。

(a)　子どもを家族から分離するべきか否かの決定に関して義務的司法審査を導入し、子どもの分離に関する明確な基準を定め、かつ、親からの子どもの分離が、最後の手段としてのみ、それが子どもの保護のために必要でありかつ子どもの最善の利益に合致する場合に、子どもおよびその親の意見を聴取した後に行なわれることを確保すること。

(b)　明確なスケジュールに沿った「新しい社会的養育ビジョン」の迅速かつ効果的な執行、六歳未満の子どもを手始めとする子どもの速やかな脱施設化およびフォスタリング機関の設置を確保すること。

(c)　児童相談所における子どもの一時保護の慣行を廃止すること。

(d)　代替的養護の現場における子どもの虐待を防止し、これらの虐待について捜査を行ない、かつ虐待を行なった者を訴追すること、里親養育および施設的環境（児童相談所など）への子どもの措置が独立した外部者により定期的に再審査されることを確保すること、ならびに、子どもの不当な取扱いの通報、監視および是正のためのアクセスしやすく安全な回路を用意する等の手段により、これらの環境におけるケアの質を監視すること。

(e)　財源を施設から家族的環境（里親家族など）に振り向け直すとともに、すべての里親が包括的な支援、十分な研修および監視を受けることを確保しながら、脱施設化を実行に移す自治体の能力を強化し、かつ同時に家庭を基盤とする養育体制を強化すること。

(f)　子どもの措置に関する生物学的親の決定が子どもの最善の利益に反する場合には家庭裁判所に申立てを行なうよう児童相談所に明確な指示を与える目的で、里親委託ガイドラインを改正すること。

養子縁組

30　委員会は、締約国が以下の措置をとるよう勧告する。

(a)　すべての養子縁組（養子となる子どもまたは保護者の直系親族によるものを含む）が裁判所による許可の対象とされ、かつ子どもの最善の利益にしたがって行なわれることを確保すること。

(b) 養子とされたすべての子どもの登録情報を維持し、かつ国際養子縁組に関する中央当局を設置すること。

(c) 国際養子縁組についての子の保護および協力に関するハーグ条約の批准を検討すること。

31 **不法な移送および不返還**

委員会は、締約国が、子どもの不法な移送および不返還を防止しかつこれと闘い、国内法を国際的な子の奪取の民事上の側面に関するハーグ条約と調和させ、かつ、子どもの返還および面会交流権に関する司法決定の適正かつ迅速な実施を確保するために、あらゆる必要な努力を行なうよう、勧告する。委員会はさらに、締約国が、関連諸国、とくに締約国が監護または面会権に関する協定を締結している国々との対話および協議を強化するよう、勧告するものである。

G **障害、基礎保健および福祉（第六条、第一八条⑶、第二三条、第二四条、第二六条、第二七条⑴～⑶および第三三条）**

32 **障害のある子ども**

委員会は、合理的配慮の概念を導入した二〇一一年の障害者基本法改正および障害者差別解消法の採択（二〇一三年）を歓迎する。障害のある子どもの権利についての一般的意見九号（二〇〇六年）に留意しながら、委員会は、前回の勧告（CRC/C/JPN/CO/3、パラ59）を想起するとともに、締約国が、障害について人権を基盤とするアプローチをとり、障害のある子どものインクルージョンのための包括的戦略を確立し、かつ以下の措置をとるよう勧告するものである。

(a) 障害のある子どもに関するデータを恒常的に収集し、かつ効率的な障害診断システムを発展させること（このことは、障害のある子どものための適切な政策およびプログラムを整備するために必要である）。

(b) 統合された学級におけるインクルーシブ教育を発展させかつ実施すること、ならびに、専門教員および専門家を養成し、かつ学習障害のある子どもに個別支援およびあらゆる適正な配慮を提供する統合された学級に配置すること。

(c) 学童保育サービスの施設および人員に関する基準を厳格に適用し、かつその実施を監視するとともに、これらのサービスがインクルーシブであることを確保すること。

(d) 障害のある子どもが保健ケア（早期発見介入プログラムを含む）にアクセスできることを確保するための即時的措置をとること。

(e) 障害のある子どもとともに働く専門スタッフ（教員、ソーシャルワーカーならびに保健、医療、治療およびケアに従事する人材など）を養成しかつ増員すること。

(f) 障害のある子どもに対するスティグマおよび偏見と闘い、かつこのような子どもの積極的イメージを促進する目的で、政府職員、公衆および家族を対象とする意識啓発キャンペーンを実施すること。

33 **健康および保健サービス**

到達可能な最高水準の健康を享受する子どもの権利についての一般的意見一五号（二〇一三年）および持続可能な開発目標のターゲット2.2を想起しながら、委員会は、締約国が以下の措置をとるよう勧告する。

(a) 高い低体重出生率の根本的原因を分析するとともに、「健やか親子21（第2次）」キャンペーン等を通じ、乳児の出生体重ならびに乳児、子どもおよび母親の栄養状態を効果的に向上させるためのエビデンスに基づいた措置を導入すること。

(b) 柔軟な勤務形態および産後休暇期間の延長を奨励する等の手段によって少なくとも産後六か月間の完全母乳育児を促進し、母性保護に関する国際労働機関条約（二〇〇〇年、第一八三号）の批准を検討し、「母乳代替品の販売促進に関する国際基準」を全面的に実施し、病院、診療所およびコミュニティにおける相談体制を通じて母親に適切な支援を提供し、かつ全国で「赤ちゃんにやさしい病院」イニシアティブを実施することを目的とする包括的キャンペーンを実施するため、あらゆる必要な措置をとること。

34 **リプロダクティブヘルスおよび精神保健**

委員会は以下のことを深刻に懸念する。

(a) 思春期の子どもの間でHIV／AIDSその他の性感染症の感染率が高まっており、かつ、セクシュアルヘルスおよびリプロダクティブヘルスならびに家族計画についての学校におけるサービスおよび教育が限られていること。

(b) 一〇代女子の妊娠中絶率が高く、かつ刑法で堕胎が違法とされていること。

(c) 思春期の子どもの精神保健に対する関心が不十分であること、精神保健上の問題に対する社会の態度が否定的であること、および、児童心理学者その他の専門的人材が不足していること。

(d) 子どもが注意欠陥・多動性障害をともなう行動上の問題を有している旨の診断および精神刺激薬によるその治療が増加している一方で、社会的決定要因および非医学的形態の処遇が等閑視されていること。

35 条約の文脈における思春期の健康と発達についての一般的意見四号（二〇〇三年）および思春期における子どもの権利の実施についての一般的意見二〇号（二〇一六年）を参照し、かつ持続可能な開発目標のターゲット5.6に留意しながら、委員会は、締約国に対し、以下の措置をとるよう促す。

(a) 思春期の子どものセクシュアルヘルスおよびリプロダクティブヘルスに関する包括的政策を採択するとともに、セクシュアルヘルスおよびリプロダクティブヘルスに関する教育が、早期妊娠および性感染症の防止にとくに注意を払いながら、学校の必須カリキュラムの一部として一貫して実施され、かつ思春期の女子および男子がその明確な対象とされることを確保すること。

(b) 良質な、年齢にふさわしいHIV／AIDS関連サービスおよび学校における教育へのアクセスを向上させ、妊娠しているHIV陽性の女子を対象とする抗レトロウィルス治療および予防治療へのアクセスおよびその受療率を向上させ、かつ、エイズ治療・研究開発センターおよび一四か所に設置されたそのブロック拠点病院に十分な支援を提供すること。

(c) あらゆる状況における中絶の非犯罪化を検討するとともに、思春期の女子を対象とする、安全な中絶および中絶後のケアのためのサービスへのアクセスを高めること。

(d) 根本的原因の分析、意識啓発および専門家の増員を含む学際的アプローチを通じ、子どもおよび思春期の青少年の情緒的および心理的ウェルビーイングへの対処を進めること。

(e) 注意欠陥・多動性障害を有する子どもの診断が徹底的に吟味されること、薬物の処方が最後の手段として、かつ個別アセスメントを経た後に初めて行なわれること、および、子どもおよびその親に対して薬物の副作用の可能性および非医療的な代替的手段について適正な情報提供が行なわれることを確保するとともに、注意欠陥・多動性障害の診断および精神刺激薬の処方が増加している根本的原因についての研究を実施すること。

36 **環境保健**

委員会は、子ども被災者支援法、福島県民健康管理基金および「被災した子どもの健康・生活対策等総合支援事業」の存在に留意する。しかしながら委員会は、持続可能な開発目標のターゲット3.9を想起しつつ、締約国が以下の措置をとるよう勧告するものである。

(a) 避難対象区域における放射線への曝露（の基準）が、子どもにとってのリスク要因に関する国際的に受け入れられた知見と合致することを再確認すること。

(b) 帰還先に指定されていない地域出身の避難者（とくに子ども）に対し、金銭的支援、住居支援、医療支援その他の支援を引き続き提供すること。

(c)　放射線の影響を受けている福島県在住の子どもへの、医療サービスその他のサービスの提供を強化すること。

(d)　放射線量が年間1mSvを超える地域の子どもを対象として、包括的かつ長期的な健康診断を実施すること。

(e)　すべての避難者および住民（とくに子どものような脆弱な立場に置かれた集団）が精神保健に関わる施設、物資およびサービスを利用できることを確保すること。

(f)　教科書および教材において、放射線への曝露のリスクについておよび子どもは放射線への曝露に対していっそう脆弱であることについての正確な情報を提供すること。

(g)　到達可能な最高水準の身体的および精神的健康を享受するすべての人の権利に関する特別報告者が行なった勧告（A/HRC/23/41/Add.3参照）を実施すること。

気候変動が子どもの権利に及ぼす影響

37　委員会は、持続可能な開発目標の目標13およびそのターゲットに対する注意を喚起する。とくに、委員会は、締約国が以下の措置をとるよう勧告するものである。

(a)　気候変動および災害リスク管理の問題を扱う政策またはプログラムの策定にあたり、子どもの特別な脆弱性およびニーズならびに子どもたちの意見が考慮されることを確保すること。

(b)　気候変動および自然災害に関する子どもの意識および備えを、学校カリキュラムおよび教員養成・研修プログラムにこの問題を編入することによって高めること。

(c)　国際的、地域的および国内的な政策、枠組みおよび協定をしかるべく策定する目的で、さまざまな災害の発生に対して子どもが直面するリスクの諸態様の特定につながる細分化されたデータを収集すること。

(d)　子どもの権利、とくに健康、食料および十分な生活水準に対する権利の享受を脅かすレベルの気候変動を回避するための国際的誓約にのっとって温室ガスの放出量を削減すること等により、気候（変動）緩和政策が条約と両立することを確保すること。

(e)　他国の石炭火力発電所に対する締約国の資金拠出を再検討するとともに、これらの発電所が持続可能なエネルギーを用いた発電所によって徐々にとって代わられることを確保すること。

(f)　これらの勧告の実施にあたり、二国間協力、多国間協力、地域的協力および国際協力を求めること。

生活水準

38　社会的移転および児童扶養手当のようなさまざまな措置には留意しながらも、委員会は、持続可能な開発目標のターゲット1.3に対する注意を喚起し、締約国が以下の措置をとるよう勧告する。

(a)　家族給付および子ども手当の制度を強化する等の手段により、親に対して適切な社会的援助を与えるための努力を強化すること。

(b)　子どもの貧困および社会的排除を低減させるための戦略および措置を強化する目的で、家族および子どもとの的を絞った協議を実施すること。

(c)　子供の貧困対策に関する大綱（二〇一四年）を実施するために必要なあらゆる措置をとること。

H　教育、余暇および文化的活動（第二八～三一条）

教育（職業訓練および職業指導を含む）

39　持続可能な開発目標のターゲット4.a、とくにいじめを経験する生徒の割合に関する4.a.2に留意しつつ、委員会は、前回の勧告（CRC/C/JPN/CO/3、パラ71、75および76）を想起し、締約国が以下の措置をとるよう勧告する。

(a)　いじめ防止対策推進法に基づく効果的ないじめ対策、ならびに、学校におけるいじめを防止するための反いじめプログラムおよびキャンペーンを実施すること。

(b)　ストレスの多い学校環境（過度に競争的なシステムを含む）から子どもを解放するための措置を強化すること。

(c)　「(高校) 授業料無償化制度」の朝鮮学校への適用を促進するために基準を見直すとともに、大学・短期大学入試へのアクセスに関して差別が行なわれないことを確保すること。

乳幼児期の発達

40　委員会は、保育所等における保育の質の確保・向上に関する検討会の設置（二〇一八年）および「子育て安心プラン」（二〇一七年）を歓迎する。持続可能な開発目標のターゲット4.2に留意しつつ、委員会は、前回の勧告（パラ71、73、75および76）を想起し、締約国が以下の措置をとるよう勧告する。

(a)　三～五歳の子どもを対象とする幼稚園、保育所および認定こども園の無償化計画を効果的に実施すること。

(b)　質の向上を図りつつ、二〇二〇年末までに不足を減らし、かつ新たな受入れの余地を設けて、大都市部における保育施設受入れ可能人数を拡大するための努力を継続すること。

(c)　保育を、負担可能で、アクセスしやすく、かつ保育施設の設備および運営に関する最低基準に合致したものにすること。

(d)　保育の質を確保しかつ向上させるための具体的措置をとること。

(e)　前掲(a)～(d)に掲げられた措置のために十分な予算を配分すること。

休息、余暇、レクリエーションならびに文化的および芸術的活動

41　休息、余暇、遊び、レクリエーション活動、文化的生活および芸術に対する子どもの権利についての一般的意見一七号（二〇一三年）を参照しつつ、委員会は、締約国が、十分かつ持続可能な資源をともなった遊び・余暇政策の採択および実施を図り、かつ余暇および自由な遊びのために十分な時間を配分する等の手段により、休息および余暇に対する子どもの権利ならびに子どもの年齢にふさわしい遊びおよびレクリエーション活動に従事する子どもの権利を保障するための努力を強化するよう、勧告する。

I　特別な保護措置（第二二条、第三〇条、第三二条、第三三条、第三五条、第三六条、第三七条(b)～(d)および第三八～四〇条）

子どもの庇護希望者、移住者および難民

42　国際移住の文脈にある子どもの人権についての合同一般的意見――すべての移住労働者およびその家族構成員の権利の保護に関する委員会の一般的意見三号および四号（二〇一七年）／子どもの権利委員会の一般的意見二二号および二三号（二〇一七年）を想起しつつ、委員会は、前回の総括所見（CRC/C/JPN/CO/3、パラ78）を想起し、締約国が以下の措置をとるよう勧告する。

(a)　子どもに関連するすべての決定において子どもの最善の利益が第一次的に考慮され、かつノンルフールマンの原則が維持されることを確保すること。

(b)　庇護希望者である親が収容されて子どもから分離されることを防止するための法的枠組みを確立すること。

(c)　庇護希望者または移住者であって保護者のいない子どももまたは養育者から分離された子どもの収容を防止し、このようなすべての子どもが入管収容施設から直ちに放免されることを確保し、かつこれらの子どもに居住場所、適切なケアおよび教育へのアクセスを提供するために、公式な機構の設置等も通じた即時的措置をとること。

(d)　庇護希望者および難民（とくに子ども）に対するヘイトスピーチに対抗するためのキャンペーンを発展させること。

売買、取引および誘拐

43　委員会は、締約国が以下の措置をとるよう勧告する。

(a)　子どもの人身取引の加害者を裁判にかけるための努力を増強するとともに、子どもの人身取引の犯罪に対する処罰を強化し、かつこのような犯罪について罰金をもって刑に代えることを認めないこと。

(b)　人身取引の被害を受けた子どもが適正に

特定され、かつサービスに付託されることを確保するため、被害者スクリーニングを増強すること。

(c) 人身取引の被害を受けた子どもに対する専門的ケアおよび援助（居住場所ならびに身体的および心理的回復およびリハビリテーションのための子どもにやさしい包括的な援助を含む）のための資源を増加させること。

少年司法の運営

44 委員会は、再犯防止推進計画（二〇一七年）に留意する。しかしながら、委員会は以下のことを深刻に懸念するものである。

(a)「刑事処罰に関する最低年齢」が一六歳から一四歳に引き下げられたこと。

(b) 弁護人選任権が組織的に実施されていないこと。

(c) 重罪を犯した一六歳の子どもが成人刑事裁判所に送致されうること。

(d) 一四～一六歳の子どもが矯正施設に拘禁されうること。

(e)「罪を犯すおそれがある」とされた子どもが自由を剥奪される場合があること。

(f) 子どもが終身刑（無期刑）を科されており、かつ、仮釈放までに必要な最低期間よりも相当長く拘禁されるのが一般的であること。

45 委員会は、締約国に対し、少年司法制度を条約その他の関連基準に全面的にのっとったものとするよう促す。とくに委員会は、前回の総括所見（CRC/C/JPN/CO/3、パラ85）を想起し、締約国に対し、以下の措置をとるよう促すものである。

(a) 子どもの犯罪の根本的原因を研究し、かつ防止措置を緊急に実施すること。

(b)「刑事処罰に関する最低年齢」をふたたび一六歳とすることの再検討の参考とするため、二〇〇〇年以降の子どもの犯罪の傾向を研究すること。

(c) 法律に抵触した子どもに対し、手続の早い段階で、かつ法的手続全体を通じて、有資格者による独立の立場からの法的援助が提供されることを確保すること。

(d) いかなる子どもも成人刑事裁判所による審理の対象とされないことを確保するとともに、刑法上の罪に問われた子どもの事件における非司法的措置（ダイバージョン、保護観察、調停、カウンセリングまたは地域奉仕活動など）の利用を増やし、かつ可能な場合には常に拘禁をともなわない刑を用いること。

(e) 審判前および審判後の自由の剥奪が最後の手段としてかつ可能なもっとも短い期間で用いられ、かつ、当該自由の剥奪がその取消しを目的として定期的に再審査されることを確保するとともに、とくに以下の措置をとること。

(i) 子どもが「罪を犯すおそれがある」旨の認定について再検討し、かつこのような子どもの拘禁を終了させること。

(ii) 子どもが行なった犯罪について終身刑（無期刑）および不定期刑を用いることを再検討し、かつ、拘禁がもっとも短い適切な期間で用いられることを確保するために特別な仮釈放制度を適用すること。

子どもの売買、児童買春および児童ポルノに関する選択議定書の実施についての委員会の前回の総括所見および勧告のフォローアップ

46 子どもの売買、児童買春および児童ポルノに関する選択議定書に基づく締約国報告書についての二〇一〇年の委員会の勧告（CRC/C/OPSC/JPN/CO/1）を実施するために締約国が行なった努力には評価の意とともに留意しながらも、委員会は、締約国が以下の措置をとるよう勧告する。

(a) あからさまな性的活動に従事する子ども（または主として子どもとして描かれている者）の画像および表現または性的目的で子どもの性的部位を描いたあらゆる表現の製造、流通、配布、提供、販売、これらの表現へのアクセス、その閲覧および所持を犯罪化すること。

(b)「女子高生サービス」（JKビジネス）および児童エロチカなど、児童買春および子どもの性的搾取を促進しまたはこれにつながる商業的活動を禁止すること。

(c) 加害者の責任および被害を受けた子どもの救済を確保するため、オンラインおよびオフラインにおける子どもの売買、児童買春および児童ポルノに関連する犯罪を捜査し、訴追しかつ処罰するための努力を増進すること。

(d) 性的な虐待および搾取の被害を受けた子どもに焦点を当てた質の高い統合的なケアおよび援助を提供するため、ワンストップ・クライシスセンターへの資金拠出および支援を引き続き増進すること。

(e) 生徒、親、教員およびケアに従事する者を対象とした、新たな技術に関連するリスクおよび安全なインターネットの利用に関する意識啓発プログラム（キャンペーンを含む）を強化すること。

(f) 子どもの売買、児童買春および児童ポルノに関する特別報告者が行なった勧告（A/HRC/31/58/Add.1、パラ74）を実施すること。

武力紛争への子どもの関与に関する選択議定書の実施についての委員会の前回の総括所見および勧告のフォローアップ

47 武力紛争への子どもの関与に関する選択議定書に基づく締約国報告書についての二〇一〇年の委員会の勧告（CRC/C/OPAC/JPN/CO/1参照）を実施するために締約国が行なった努力には評価の意とともに留意しながらも、委員会は、締約国が、日本の自衛隊を対象とする選択議定書の規定に関する研修を、とくに自衛隊が国連平和維持活動に参加する際に、引き続き強化するための具体的措置をとるよう勧告する。

J 通報手続に関する選択議定書の批准

48 委員会は、締約国が、子どもの権利の充足をさらに強化する目的で、通報手続に関する選択議定書を批准するよう勧告する。

K 国際人権文書の批准

49 委員会は、締約国が、子どもの権利の充足をさらに強化する目的で、締約国がまだ加盟していない以下の中核的人権文書の批准を検討するよう勧告する。

(a) 市民的および政治的権利に関する国際規約の第1選択議定書。

(b) 死刑の廃止を目指す、市民的および政治的権利に関する国際規約の第2選択議定書。

(c) 経済的、社会的および文化的権利に関する国際規約の選択議定書。

(d) 女性に対するあらゆる形態の差別の撤廃に関する条約の選択議定書。

(e) 拷問および他の残虐な、非人道的なまたは品位を傷つける取扱いまたは刑罰に関する条約の選択議定書。

(f) すべての移住労働者およびその家族構成員の権利の保護に関する国際条約。

(g) 障害のある人の権利に関する条約の選択議定書。

L 地域機関との協力

50 委員会は、締約国が、とくに東南アジア諸国連合・女性および子どもの権利の促進および保護に関する委員会と協力するよう勧告する。

IV 実施および報告

A フォローアップおよび普及

51 委員会は、締約国が、この総括所見に掲げられた勧告が全面的に実施されることを確保するためにあらゆる適切な措置をとるよう勧告する。委員会はまた、第四回・第五回統合定期報告書、事前質問事項に対する文書回答およびこの総括所見を同国の言語で広く入手できるようにすることも勧告するものである。

B 報告およびフォローアップのための国内機構

52 委員会は、締約国が、国際的および地域的人権機構への報告書の調整および作成ならびにこれらの機構への関与、ならびに、条約上の義務ならびにこれらの機構から出された勧告および決定の国内におけるフォローアップおよび実施の調整および追跡を任務とする常設の政府機関として、報告およびフォローアップのための国内機構を設置するよう、勧告する。委員会は、このような機関は専任のスタッフによる十分かつ継続的な支援を受けるべきであり、かつ市民社会と組織的に協議する能力を持つべきであることを強調するものである。

C　**次回報告書**

53　委員会は、締約国に対し、第六回・第七回統合定期報告書を二〇二四年一月二一日までに提出し、かつ、この総括所見のフォローアップに関する情報を当該報告書に記載するよう慫慂する。報告書は、二〇一四年一月三一日に採択された委員会の条約別調和化報告ガイドライン（CRC/C/58/Rev.3）にしたがうべきであり、かつ二一、二〇〇語を超えるべきではない（総会決議68/268、パラ16参照）。定められた語数制限を超えた報告書が提出された場合、締約国は、前掲決議にしたがって報告書を短縮するよう求められることになる。締約国が報告書を見直しかつ再提出する立場にないときは、条約機関による審査のための報告書の翻訳は保障できない。

54　委員会はまた、締約国に対し、国際人権条約に基づく報告についての調和化ガイドライン（共通コアドキュメントおよび条約別文書についてのガイドラインを含む）に掲げられた共通コアドキュメントについての要件（HRI/GEN/2/Rev.6,chap.I 参照）および総会決議68/268のパラ16にしたがい、最新のコアドキュメントを、四二、四〇〇語を超えない範囲で提出することも慫慂する。

〔子どもの権利条約NGOレポート連絡会議訳〕

●子どもの権利委員会の人身売買等選択議定書総括所見：日本（第一回）（抜粋）

（二〇一〇年六月一一日 子どもの権利委員会第五四会期で採択）

1　委員会は、二〇一〇年五月二八日に開かれた第一五一三回会合（CRC/C/SR.1513 参照）において日本の第一回報告書（CRC/C/OPSC/JPN/1）を検討し、二〇一〇年六月一一日に開かれた第一五四一回会合において以下の総括所見を採択した。

III　**実施に関する一般的措置**

普及および研修

14　委員会は、選択議定書の規定に関する意識啓発活動が不十分であることに、懸念とともに留意する。

15　委員会は、締約国が以下の措置をとるよう勧告する。

(a)　選択議定書の規定が、とくに学校カリキュラムおよびキャンペーンを含む長期的な意識啓発プログラムを通じ、とくに子ども、その家族およびコミュニティを対象として広く普及されることを確保すること。

(b)　選択議定書第九条第二項にしたがい、選択議定書に掲げられた犯罪の有害な影響および被害者が利用可能な救済手段についての意識を、研修および教育キャンペーンを通じ、子どもを含む公衆の間で促進すること。

(c)　選択議定書に関連する諸問題についての意識啓発活動および研修活動を支援するため、市民社会組織およびメディアとの協力を発展させること。

16　委員会は、法執行機関および矯正機関を除き、選択議定書に関する専門家の研修が不十分であることを懸念する。

17　委員会は、締約国が、選択議定書が対象とする犯罪の被害を受けた子どもとともに活動するあらゆる専門家集団を対象とした、選択議定書の規定に関する体系的なかつジェンダーに配慮した教育および研修を強化するよう勧告する。

V　**子どもの売買、子ども買春および子どもポルノグラフィーならびに関連する事項の禁止（第三条、第四条第二項および第三項、第五条、第六条および第七条）**

現行刑事法令

34　委員会は、選択議定書に掲げられた犯罪のさまざまな要素に対応するための措置を歓迎しながらも、子ども買春の被害者が犯罪者として扱われる可能性があることを懸念する。

35　委員会は、締約国が、法律を適切な形で改正することにより、選択議定書違反の被害者であるすべての子どもが犯罪者ではなく被害者として扱われることを確保するよう勧告する。

〔子どもの権利条約NGOレポート連絡会議訳〕

●子どもの権利委員会の武力紛争選択議定書総括所見：日本（第一回）（抜粋）

（二〇一〇年六月一一日 子どもの権利委員会第五四会期で採択）

1　委員会は、二〇一〇年五月二八日に開かれた第一五一三回会合（CRC/C/SR.1513 参照）において日本の第一回報告書（CRC/C/OPAC/JPN/1）を検討し、二〇一〇年六月一一日に開かれた第一五四一回会合において以下の総括所見を採択した。

II　**実施に関する一般的措置**

普及および研修

6　人権法および国際人道法の普及をともなう行事が軍隊のために開催されている旨の締約国の情報には留意しながらも、委員会は、締約国が、定期研修の一環としてまたは国際平和維持軍に参加するための準備において、自衛隊を対象として選択議定書の原則および規定に関する研修を行っていないことに、懸念とともに留意する。委員会はまた、徴募されまたは敵対行為において使用された可能性のある子どもとともに活動する専門家のうち一部の職種に属する者が十分な研修を受けていないこと、および、選択議定書に関する公衆一般の意識が低いことも懸念する。

7　委員会は、選択議定書第六条第二項に照らし、締約国が以下の措置をとるよう勧告する。

(a)　選択議定書の原則および規定が一般公衆および国の職員に対して広く周知されることを確保すること。

(b)　軍の関係者全員が選択議定書の原則および規定に関する研修を受けることを確保すること。

(c)　徴募されまたは敵対行為において使用された可能性のある子どもとともに活動するすべての関連の専門家集団、とくに教職員、医療従事者、ソーシャルワーカー、警察官、弁護士、裁判官およびジャーナリストを対象として、選択議定書の規定に関する意識啓発、教育および研修のための体系的プログラムを発展させること。

III　防　止

10　**人権教育および平和教育**

委員会は、平和教育との関連も含め、あらゆる段階のあらゆる学校のカリキュラムで締約国が提供している具体的な人権教育についての詳しい情報が存在しないことに、懸念とともに留意する。

11　委員会は、締約国が、すべての児童生徒を対象とする人権教育およびとくに平和教育の提供を確保するとともに、これらのテーマを子どもの教育に含めることについて教職員を研修するよう勧告する。

〔子どもの権利条約NGOレポート連絡会議訳〕

●子どもの権利宣言

（一九五九年一一月二〇日　第一四回国連総会で採択）

前文

国際連合の諸国民は、国際連合憲章において、基本的人権と人間の尊厳及び価値とに関する信念をあらためて確認し、かつ、一層大きな自由の中で社会的進歩と生活水準の向上とを促進することを決意したので、

国際連合は、世界人権宣言において、すべての人は、人種、皮膚の色、性、言語、宗教、政治上その他の意見、国民的若しくは社会的出身、財産、門地その他の地位又はこれに類するいかなる事由による差別をも受けることなく、同宣言に掲げるすべての権利と自由とを享有する権利を有すると宣言したので、

子どもは、身体的及び精神的に未熟であるため、その出生の前後において、適当な法律上の保護を含めて、特別にこれを守り、かつ、世話することが必要であるので、

このような特別の保護が必要であることは、一九二四年のジュネーヴ子ども権利宣言に述べられており、また、世界人権宣言並びに子どもの福祉に関係のある専門機関及び国際機関の規約により認められているので、

人類は、子どもに対し、最善のものを与える義務を負うものであるので、

よつて、ここに、国際連合総会は、

子どもが、幸福な生活を送り、かつ、自己と社会の福利のためにこの宣言に掲げる権利と自由を享有することができるようにするため、この子どもの権利宣言を公布し、また、両親、個人としての男女、民間団体、地方行政機関及び政府に対し、これらの権利を認識し、次の原則に従つて漸進的に執られる立法その他の措置によつてこれらの権利を守るよう努力することを要請する。

第一条［差別の禁止］　子どもは、この宣言に掲げるすべての権利を有する。すべての子どもは、いかなる例外もなく、自己又はその家庭のいずれについても、その人種、皮膚の色、性、言語、宗教、政治上その他の意見、国民的若しくは社会的出身、財産、門地その他の地位のため差別を受けることなく、これらの権利を与えられなければならない。

第二条［子どもの権利の保護］　子どもは、特別の保護を受け、また、健全、かつ、正常な方法及び自由と尊厳の状態の下で身体的、知能的、道徳的、精神的及び社会的に成長することができるための機会及び便益を、法律その他の手段によつて与えられなければならない。この目的のために法律を制定するに当つては、子どもの最善の利益について、最高の考慮が払われなければならない。

第三条［名前・国籍をもつ権利］　子どもは、その出生の時から姓名及び国籍をもつ権利を有する。

第四条［社会保障・福祉の権利］　子どもは、社会保障の恩恵を受ける権利を有する。子どもは、健康に発育し、かつ、成長する権利を有する。この目的のため、子どもとその母は、出産前後の適当な世話を含む特別の世話及び保護を与えられなければならない。子どもは、適当な栄養、住居、レクリエーション及び医療を与えられる権利を有する。

第五条［障害をもつ子どもの権利］　身体的、精神的又は社会的に障害のある子どもは、その特殊な事情により必要とされる特別の治療、教育及び保護を与えられなければならない。

第六条［発達のための家庭環境］　子どもは、その人格の完全な、かつ、調和した発展のため、愛情と理解とを必要とする。子どもは、できるかぎり、その両親の愛護と責任の下で、また、いかなる場合においても、愛情と道徳的及び物質的保障とのある環境の下で育てられなければならない。幼児は、例外的な場合を除き、その母から引き離されてはならない。社会及び公の機関は、家庭のない子どもも及び適当な生活維持の方法のない子どもに対して特別の養護を与える義務を有する。子どもの多い家庭に属する子どもについては、その援助のため、国その他の機関による費用の負担が望ましい。

第七条［教育・遊び・余暇の権利］　子どもは、教育を受ける権利を有する。その教育は、少なくとも初等の段階においては、無償、かつ、義務的でなければならない。子どもは、その一般的な教養を高め、機会均等の原則に基づいて、その能力、判断力並びに道徳的及び社会的責任感を発達させ、社会の有用な一員となりうるような教育を与えられなければならない。

子どもの教育及び指導について責任を有する者は、子どもの最善の利益をその指導の原則としなければならない。その責任は、まず第一に子どもの両親にある。

子どもは、遊戯及びレクリエーションのための充分な機会を与えられる権利を有する。その遊戯及びレクリエーションは、教育と同じような目的に向けられなければならない。社会及び公の機関は、この権利の享有を促進するために努力しなければならない。

第八条［子どもの優先的保護］　子どもは、あらゆる状況にあつて、最初に保護及び救済を受けるべき者の中に含められなければならない。

第九条［虐待・搾取・売買・有害労働等からの保護］　子どもは、あらゆる放任、虐待及び搾取から保護されなければならない。子どもは、いかなる形態においても売買の対象にされてはならない。

子どもは、適当な最低年齢に達する前に雇用されてはならない。子どもは、いかなる場合にも、その健康及び教育に有害であり、又はその身体的、精神的若しくは道徳的発達を妨げる職業若しくは雇用に、従事させられ又は従事することを許されてはならない。

第一〇条［差別的諸慣行からの保護・育成のための精神］　子どもは、人種的、宗教的その他の形態による差別を助長するおそれのある慣行から保護されなければならない。子どもは、理解、寛容、諸国民間の友愛、平和及び四海同胞の精神の下に、また、その力と才能が、人類のために捧げられるべきであるとい

う充分な意識のなかで、育てられなければならない。

●学習権宣言

（一九八五年三月二九日 第四回ユネスコ国際成人教育会議）

学習権を承認するか否かは、人類にとって、これまでにもまして重要な課題となっている。

学習権とは、

読み書きの権利であり、

問い続け、深く考える権利であり、

想像し、創造する権利であり、

自分自身の世界を読みとり、歴史をつづる権利であり、

あらゆる教育の手だてを得る権利であり、

個人的・集団的力量を発達させる権利である。

成人教育パリ会議は、この権利の重要性を再確認する。

学習権は未来のためにとっておかれる文化的ぜいたく品ではない。

それは、生き残るという問題が解決されてから生じる権利ではない。

それは、基礎的な欲求が満たされたあとに行使されるようなものではない。

学習権は、人間の生存にとって不可欠な手段である。

もし、世界の人々が、食糧の生産やその他の基本的な人間の欲求が満たされることを望むならば、世界の人々は学習権をもたなければならない。

もし、女性も男性も、より健康な生活を営もうとするなら、彼らは学習権をもたなければならない。

もし、わたしたちが戦争を避けようとするなら、平和に生きることを学び、お互いに理解し合うことを学ばねばならない。

〝学習〟こそはキーワードである。

学習権なくしては、人間的発達はあり得ない。

学習権なくしては、農業や工業の躍進も地域の健康の増進もなく、そして、さらに学習条件の改善もないであろう。

この権利なしには、都市や農村で働く人たちの生活水準の向上もないであろう。

端的にいえば、このように学習権を理解することは、今日の人類にとって決定的に重要な諸問題を解決するために、わたしたちがなしうる最善の貢献の一つなのである。

しかし、学習権はたんなる経済発展の手段ではない。それは基本的権利の一つとしてとらえられなければならない。学習活動はあらゆる教育活動の中心に位置づけられ、人々を、なりゆきまかせの客体から、自らの歴史をつくる主体にかえていくものである。

それは基本的人権の一つであり、その正当性は普遍的である。学習権は、人類の一部のものに限定されてはならない。すなわち、男性や工業国や有産階級や、学校教育を受けられる幸運な若者たちだけの、排他的特権であってはならない。本パリ会議は、すべての国に対し、この権利を具体化し、すべての人々が効果的にそれを行使するのに必要な条件をつくるように要望する。そのためには、あらゆる人的・物的資源がととのえられ、教育制度がより公正な方向で再検討され、さらにさまざまな地域で成果をあげている手段や方法が参考となろう。

わたしたちは、政府・非政府双方のあらゆる組織が、国連、ユネスコ、その他の専門機関と協力して、世界的にこの権利を実現する活動をすすめることを切望する。

エルシノア、モントリオール、東京、パリと続いたユネスコ会議で、成人教育の大きな前進が記されたにもかかわらず、一方には問題の規模の大きさと複雑さがあり、他方には適切な解決法を見出す個人やグループの力量の問題があり、そのギャップはせばめられてはいない。

一九八五年三月、ユネスコ本部で開かれた第四回国際成人教育会議は、現代の問題のスケールの大きさにもかかわらず、いやそれだからこそ、これまでの会議でおこなわれたアピールをくり返しのべて、あらゆる国につぎのことを要請する。すべての国は、成人教育の活動においても、サービスにおいてもたしかな発展をとげるために、大胆で想像力に満ちた努力をおこなうべきである。そのことによって、女性も男性も、個人としても集団としても、その目的や条件や実施上の手順を自分たちできめることができるようなタイプの成人教育を発展させるのに必要な、教育的・文化的・科学的・技術的蓄積を、わがものとなしうるのである。

この会議は、女性と婦人団体が貢献してきた人間関係における新しい方向づけとそのエネルギーに注目し、賛意を表明する。その独自の経験と方法は、平和や男女間の平等のような人類の未来にかかわる基本的問題を解決するための中心的位置を占めるものである。したがって、より人間的な社会をもたらす計画のなかでの成人教育の発展に女性が参加することは、ぜひとも必要なことである。

人類の将来がどうなるか、それは誰がきめるのか。これはすべての政府・非政府組織、個人、グループが直面している問題である。これはまた、成人の教育活動に従事している女性と男性が、そしてすべての人間が個人として、集団として、さらに人類全体として、自らの運命を自ら統御することができるようにと努力している女性と男性が、直面している問題でもある。

（国民教育研究所訳）

●万人のための教育に関する世界宣言：基本的な学習ニーズの充足〔抄〕

（一九九〇年三月九日 万人のための教育に関する世界会議で採択）

万人のための教育：目的

第一条（基本的な学習ニーズの充足） 1　すべての人──子ども、青少年および成人──は、その基本的な学習ニーズの充足を目的とした教育機会から利益を得ることができなければならない。このようなニーズは、人間が生存し、その能力を全面的に発達させ、尊厳をもって暮らしかつ働き、発展に全面的に参加し、その生活の質を向上させ、充分な情報を得たうえで決定を行ない、かつ学習を継続することができるために必要とされる必須の学習手段（識字、口頭表現、計算および問題解決の能力など）および基本的な学習内容（知識、スキル、価値観および態度など）から構成される。基本的な学習ニーズの範囲とそれを充足するためにとるべき方法は、個々の国と文化によって、かつ当然のことながら時代の経過にともなう変化によって、さまざまである。

2　このようなニーズを充たすことは、いかなる社会の個人をもエンパワーするとともに、自己の集団的な文化的、言語的および精神的遺産を尊重してそこから積み上げること、他の人々の教育を促進すること、社会正義の大義を前進させること、環境保護を達成すること、共通に受け入れられた人間的価値観および人権が支持されることを確保しつつ、自己のものとは異なる社会的、政治的および宗教的制度に対して寛容になること、および、相互依存的な世界において国際的な平和と連帯のために活動することの責任を個人に課すものである。

3　教育を発展させることのもうひとつの、かつ同じように基本的な目的は、共通の文化的および道徳的価値を伝達しかつ豊かなものにしていくことである。個人と社会は、このような価値観にこそ自己のアイデンティティと存在価値を見いだす。

4　基礎教育はそれ自体が目的であるだけに留まらない。それは生涯教育と人間開発の基盤である。各国は、生涯教育と人間開発を出発点として、教育および訓練の水準とタイプを体系的に前進させていくことができる。

万人のための教育：より幅広い展望および新たな決意

第二条（展望の形成） 1　万人の基本的な学習ニーズに対応するためには、現在のようなあり方の基礎教育への決意をあらためて表明するだけでは足りない。必要なのは、現在の実践が有する最善の部分を基盤としつつ、現在の資源水準、制度構造、学習課程および旧来の供給システムを超える「より幅広い展望」である。今日では、情報の増加と前例のないコミュニケーション能力が収斂した結果、新たな可能性が存在している。われわれは、創造力と、効果を高めることに対する決意をもって、その可能性を逃すことなくとらえなければならない。

2　第三条から第七条で詳しく述べられているとおり、より幅広い展望とは以下の要素を包含するものである。
─すべての人がアクセスできるようにし、かつ公正さを促進すること
─学習に焦点を当てること
─基礎教育の手段と範囲を拡大すること
─学習のための環境を増進すること
─パートナーシップを強化すること

3　人間の進歩とエンパワーメントに関して存在する膨大な潜在的可能性の実現は、人々が、拡大の一途にある生活関連知識の体系と、この知識を共有する新たな手段を活用するために必要な教育およびきっかけを手にすることができるかどうかにかかっている。

第三条（すべての人がアクセスできるようにし、かつ公正さを促進すること） 1　基礎教育は、すべての子ども、青少年および成人に提供されるべきである。この目的のため、質の高い基礎教育サービスが拡大されるべきであり、かつ格差を縮小するために一貫した措置がとられなければならない。

2　基礎教育を公正なものとするため、すべての子ども、青少年および成人に対し、妥当な学習水準を達成しかつ維持する機会が与えられなければならない。

3　もっとも緊急に優先されなければならないのは、女子と女性を対象とした教育へのアクセスを確保し、かつその質を向上させること、および、女子と女性の積極的な参加を阻害するあらゆる障害を取り除くことである。ジェンダーに関するステロタイプは教育から一掃されなければならない。

4　教育上の格差を取り除くことに対し、積極的な決意が表明されなければならない。充分なサービスを受けていないグループ──貧困層、ストリート・チルドレンおよび働く子ども、非都市部およびへき地の住民、ノマドおよび移住労働者、先住民、民族的・人種的および言語的少数者、難民、戦争による避難民ならびに占領下にある人民──は、学習機会へのアクセスに関していかなる差別もこうむるべきではない。

5　障害者の学習ニーズに対しては特別な注意が必要である。あらゆるカテゴリーの障害者に対し、教育制度の不可欠な一部として教育への平等なアクセスを提供するための措置がとられなければならない。

第四条（学習上の習得に焦点を当てること） 教育機会の拡大が──個人にとって、または社会にとって──意味のある発展となるかどうかは、最終的に、人々がこのような機会の結果として実際に学習できるかどうか、すなわち人々が有益な知識、推論能力、スキルおよび価値観を自らのものとするかどうかにかかっている。したがって、基礎教育の焦点は、就学、組織化されたプログラムへの継続的参加および資格要件の修了に留まることなく、実際の学習上の習得と結果に当てられなければならない。学習上の習得を確実なものとし、かつ学習者がその潜在的可能性の限界に到達できるようにするうえで、積極的なかつ参加型のアプローチはとくに有益である。したがって、教育プログラムにおいては学習上の習得に関する受入れ可能な水準を設定し、かつ、学習上の達成を評価するシステムを改善しかつ適用することが必要となる。


第五条（基礎教育の手段と範囲を拡大すること） 子ども、青少年および成人の基本的な学習ニーズは多様であり、複雑であり、かつ変化するものであるため、基礎教育の範囲を拡大し、かつ継続的に再定義することによって、以下の要素が含まれるようにすることが必要である。

─学習は出生時から始まる。このことにより、乳児期のケアと初期教育が求められる。これは、家庭、地域共同体および適切な場合には制度化されたプログラムを関与させた体制を組むことにより、提供可能である。

─家族外で子どもに基礎教育を供給する主要なシステムは初等学校教育である。初等教育は、すべての子どもを対象とし、すべての子どもの基本的な学習ニーズが充足されることを確保し、かつ、地域共同体の文化、ニーズおよび機会を考慮にいれたものでなければならない。補完的な代替プログラムは、正規の学校教育に限られた形でしかアクセスできないまたはまったくアクセスできない子どもの基本的な学習ニーズを充足する一助となりうる。ただし、そのようなプログラムが学校に適用されるのと同じ学習基準を共有し、かつ充分な支援を受けることが条件である。

─青少年と成人の基本的な学習ニーズは多様であり、さまざまな供給システムを通じて充足されなければならない。識字プログラムは必要不可欠である。識字能力はそれ自体として必要であり、かつ他のライフスキルの基盤でもあるためである。母語の識字能力は文化的アイデンティ

ティおよび遺産を強化する。他のニーズは、健康、栄養、人口、農業技術、環境、科学、技術、出生率に関する意識を含む家族生活およびその他の社会問題に関わるスキル訓練、実習および正規のおよび非正規の教育プログラムによって対応することが可能である。

―必要不可欠な知識を伝達し、かつ社会問題に関する情報提供と教育を人々に対して行う一助とするため、情報通信のために利用可能なあらゆる手段および回路、ならびに社会的行動を活用することができる。

伝統的な手段に加えて、図書館、テレビ、ラジオその他のメディアを、万人の基礎教育のニーズを満たすことに向けたその潜在的可能性を実現するために動員することが可能である。

以上の要素が、相互補完的であり、おたがいに強化しあい、かつ比較可能な水準を備えたものとしてひとつの統合的なシステムを構成しなければならない。このような要素は、生涯学習の可能性を創出しかつ発展させることに資するようなものであるべきである。

第六条（**学習のための環境を増進すること**）学習は隔離された状態で行われるものではない。したがって、社会は、すべての学習者が、教育に積極的に参加しかつ教育から利益を得るために必要な栄養、保健および全体的な物理的および精神的支援を得ることを確保しなければならない。子どもの学習環境を増進するような知識とスキルが、成人を対象とした地域学習プログラムに統合されるべきである。子どもおよびその親その他の養育者の教育は相互に支えあうものであり、このような相互作用を活用して、脈動と暖かさを備えた学習環境が万人のために創出されなければならない。

第七条（**パートナーシップを強化すること**）国、地域および地方の教育行政機関は、万人を対象として基礎教育を提供するという、他の者がとって代わることのできない義務を有している。しかし、この課題のために必要とされる人的、財政的または組織的条件を教育行政機関がすべて提供してくれると期待することはできない。あらゆる段階で、パートナーシップを新しく創出し、かつ再活性化することが必要とされる。教員および管理者その他の教育職員の特別な役割を認めたうえでの、教育のあらゆる下位部門および形態間のパートナーシップ。教育部局と、計画、財政、労働、通信その他の社会部門を含むその他の政府部局とのあいだのパートナーシップ。政府と、非政府組織、民間部門、地域共同体、宗教グループおよび家族とのあいだのパートナーシップ。家族と教員がともに果たす主要な役割を認識することが、とくに重要である。これとの関係で、万人のための教育を実施するうえで決定的な要因のひとつとなる教員の労働条件および地位が、ＩＬＯ／ユネスコが共同で行った「教員の地位に関する勧告」（一九六六年）に照らしてあらゆる国で緊急に改善されなければならない。真正のパートナーシップは、基礎教育プログラムの計画、実施、運営および評価に貢献する。「より幅広い展望新たな決意」という場合、その根本にはパートナーシップが存在するのである。

万人のための教育：必要とされること

第八条（**支えとなる政策的背景を発展させること**）１　個人および社会の向上を目的とした基礎教育の全面的な提供および活用を実現するためには、社会部門、文化部門および経済部門で支えとなる政策をとることが必要である。万人のための基礎教育の提供は、適切な財政措置に裏付けられ、かつ教育政策の改革と制度的強化によって強化された政治的決意と政治的意思にかかっている。経済、貿易、労働、雇用および保健分野で適切な政策をとることは、社会的発展に対する学習者の意欲と貢献度を高めることになろう。

２　社会はまた、基礎教育のための強力な知的および科学的環境を確保すべきである。このことは、高等教育を向上させ、かつ科学研究を発展させるということを意味する。教育のあらゆる段階で、同時代の技術的および科学的知識に緊密に接することができるようにされなければならない。

第九条（**資源を動員すること**）１　万人の基本的な学習ニーズを従来よりもはるかに幅広い範囲の行動を通じて充足しようとするならば、公的な、民間のおよび自発的な財源および人的資源を、すでにある資源か新たな資源かを問わず動員することが不可欠となろう。基礎教育に向けられる時間、エネルギーおよび資金はおそらく人間に対する、および実現しうる国の未来に対するもっとも奥深い投資であることを認識すれば、社会のあらゆる層が何らかの貢献をできるはずである。

２　公共部門の支援を拡大するということは、人間開発を担当するあらゆる政府機関の資源を活用することを意味する。これは、国内の資源に対して競合しあう要求が存在し、そのなかにあって教育は重要な要求ではあるけれども唯一の要求ではないことを認めつつ、基礎教育サービスに対する配分の絶対量と比率を高めることによって達成可能である。既存の教育資源と教育プログラムの効率性向上に真剣な注意を向けることは、より多くの成果を生み出すのみならず、新たな資源を引きつけることにもつながりうる。基本的な学習ニーズの充足という緊急課題のためには、部門間の再配分、たとえば軍事支出から教育支出への資源の移転が必要になるかもしれない。とくに、構造調整を行っている国および厳しい対外債務の負担に直面している国においては、基礎教育を特別に保護することが必要とされよう。今日では、これまで以上に、いかなる社会的、文化的および経済的構想においても教育がその基本的な側面とみなされなければならない。

第一〇条（**国際連帯を強化すること**）１　基本的な学習ニーズの充足は、人類共通の普遍的な責任である。そのためには、国際連帯と、現在存在する経済的格差を是正するための衡平かつ公正な経済関係が必要とされる。あらゆる国が、効果的な教育政策と教育プログラムを立案するために共有すべき貴重な知識と経験を有している。

２　基礎教育のための資源を相当にかつ長期的に増加させることが必要であろう。政府間機関を含む国際社会には、万人のための教育という目標を一部の国に達成できなくさせている制約を緩和する緊急の責任がある。それは、最貧国の国家予算を増大させる、または重い債務負担を軽減するような措置をとらなければならないということである。信用供与国（機関）および債権国（機関）はこのような負担を解決するために革新的かつ衡平な打開策を求めなければならない。多くの発展途上国にとって、債務問題に対する解決策を見いだすことは教育その他の基本的ニーズに効果的に対応するための能力に対する多大な援助となるからである。

３　成人と子どもの基本的な学習ニーズは、それが存在するあらゆる場所で対応されなければならない。最低発展国および低所得国は特別なニーズを有しており、一九九〇年代には基礎教育に対する国際的支援においてそのようなニーズが優先される必要がある。

４　すべての国はまた、紛争および反目を解決し、軍事占領を集結させ、かつ、避難民を定住させまたはその出身国への帰還を促進しかつその基本的な学習ニーズが充足されることを確保するために、協働しなければならない。子どももおとなも同様にすべての人間がこの宣言に掲げられた目標から利益を得られるような条件は、安定した平和的環境によってのみ創り出すことができる。

（荒牧重人・平野裕二訳）

●あらゆる形態の人種差別の撤廃に関する国際条約（抄）

（平成七年一二月二〇日 条約第二六号）

効力発生　平八・一・一四

この条約の締約国は、

国際連合憲章がすべての人間に固有の尊厳及び平等の原則に基礎を置いていること並びにすべての加盟国が、人種、性、言語又は宗教による差別のないすべての者のための人権及び基本的自由の普遍的な尊重及び遵守を助長し及び奨励するという国際連合の目的の一を達成するために、国際連合と協力して共同及び個別の行動をとることを誓約したことを考慮し、

世界人権宣言が、すべての人間は生まれながらにして自由であり、かつ、尊厳及び権利について平等であること並びにすべての人がいかなる差別をも、特に人種、皮膚の色又は国民的出身による差別を受けることなく同宣言に掲げるすべての権利及び自由を享有することができることを宣明していることを考慮し、

すべての人間が法律の前に平等であり、いかなる差別に対しても、また、いかなる差別の扇動に対しても法律による平等の保護を受ける権利を有することを考慮し、

国際連合が植民地主義並びにこれに伴う隔離及び差別のあらゆる慣行（いかなる形態であるかいかなる場所に存在するかを問わない。）を非難してきたこと並びに千九百六十年十二月十四日の植民地及びその人民に対する独立の付与に関する宣言（国際連合総会決議第千五百十四号（第十五回会期））がこれらを速やかにかつ無条件に終了させる必要性を確認し及び厳粛に宣明したことを考慮し、

千九百六十三年十一月二十日のあらゆる形態の人種差別の撤廃に関する国際連合宣言（国際連合総会決議第千九百四号（第十八回会期））が、あらゆる形態及び表現による人種差別を全世界から速やかに撤廃し並びに人間の尊厳に対する理解及び尊重を確保する必要性を厳粛に確認していることを考慮し、

人種的相違に基づく優越性のいかなる理論も科学的に誤りであり、道徳的に非難されるべきであり及び社会的に不正かつ危険であること並びに理論上又は実際上、いかなる場所においても、人種差別を正当化することはできないことを確信し、

人種、皮膚の色又は種族的出身を理由とする人間の差別が諸国間の友好的かつ平和的な関係に対する障害となること並びに諸国民の間の平和及び安全並びに同一の国家内に共存している人々の調和をも害するおそれがあることを再確認し、

人種に基づく障壁の存在がいかなる人間社会の理想にも反することを確信し、

世界のいくつかの地域において人種差別が依然として存在していること及び人種的優越又は憎悪に基づく政府の政策（アパルトヘイト、隔離又は分離の政策等）がとられていることを危険な事態として受けとめ、

あらゆる形態及び表現による人種差別を速やかに撤廃するために必要なすべての措置をとること並びに人種間の理解を促進し、いかなる形態の人種隔離及び人種差別もない国際社会を建設するため、人種主義に基づく理論及び慣行を防止し並びにこれらと戦うことを決意し、

千九百五十八年に国際労働機関が採択した雇用及び職業についての差別に関する条約及び千九百六十年に国際連合教育科学文化機関が採択した教育における差別の防止に関する条約に留意し、

あらゆる形態の人種差別の撤廃に関する国際連合宣言に具現された原則を実現すること及びこのための実際的な措置を最も早い時期にとることを確保することを希望して、

次のとおり協定した。

第一部

第一条【定義】 1　この条約において、「人種差別」とは、人種、皮膚の色、世系又は民族的若しくは種族的出身に基づくあらゆる区別、排除、制限又は優先であって、政治的、経済的、社会的、文化的その他のあらゆる公的生活の分野における平等の立場での人権及び基本的自由を認識し、享有し又は行使することを妨げ又は害する目的又は効果を有するものをいう。

2　この条約は、締約国が市民と市民でない者との間に設ける区別、排除、制限又は優先については、適用しない。

3　この条約のいかなる規定も、国籍、市民権又は帰化に関する締約国の法規に何ら影響を及ぼすものと解してはならない。ただし、これらに関する法規は、いかなる特定の民族に対しても差別を設けていないことを条件とする。

4　人権及び基本的自由の平等な享有又は行使を確保するため、保護を必要としている特定の人種若しくは種族の集団又は個人の適切な進歩を確保することのみを目的として、必要に応じてとられる特別措置は、人種差別とみなさない。ただし、この特別措置は、その結果として、異なる人種の集団に対して別個の権利を維持することとなってはならず、また、その目的が達成された後は継続してはならない。

第二条【締約国の政策推進】 1　締約国は、人種差別を非難し、また、あらゆる形態の人種差別を撤廃する政策及びあらゆる人種間の理解を促進する政策をすべての適当な方法により遅滞なくとることを約束する。このため、

(a)　各締約国は、個人、集団又は団体に対する人種差別の行為又は慣行に従事しないこと並びに国及び地方のすべての公の当局及び機関がこの義務に従って行動するよう確保することを約束する。

(b)　各締約国は、いかなる個人又は団体による人種差別も後援せず、擁護せず又は支持しないことを約束する。

(c)　各締約国は、政府（国及び地方）の政策を再検討し及び人種差別を生じさせ又は永続化させる効果を有するいかなる法令も改正し、廃止し又は無効にするために効果的な措置をとる。

(d)　各締約国は、すべての適当な方法（状況により必要とされるときは、立法を含む。）により、いかなる個人、集団又は団体による人種差別も禁止し、終了させる。

(e)　各締約国は、適当なときは、人種間の融和を目的とし、かつ、複数の人種で構成される団体及び運動を支援し並びに人種間の障壁を撤廃する他の方法を奨励すること並びに人種間の分断を強化するようないかなる動きも抑制することを約束する。

2　締約国は、状況により正当とされる場合には、特定の人種の集団又はこれに属する個人に対し人権及び基本的自由の十分かつ平等な享有を保障するため、社会的、経済的、文化的その他の分野において、当該人種の集団又は個人の適切な発展及び保護を確保するための特別かつ具体的な措置をとる。この措置は、いかなる場合においても、その目的が達成された後、その結果として、異なる人種の集団に対して不平等な又は別個の権利を維持することとなってはならない。

第三条【締約国の義務】 締約国は、特に、人種隔離及びアパルトヘイトを非難し、また、自国の管轄の下にある領域におけるこの種のすべての慣行を防止し、禁止し及び根絶することを約束する。

第四条【世界人権宣言の実現】 締約国は、一の人種の優越性若しくは一の皮膚の色若しくは種族的出身の人の集団の優越性の思想若しくは理論に基づくあらゆる宣伝及び団体又は人種的憎悪及び人種差別（形態のいかんを問わない。）を正当化し若しくは助長することを企てるあらゆる宣伝及び団体を非難し、また、このような差別のあらゆる扇動又は行為を根絶することを目的とする迅速かつ積極的な措置をとることを約束する。このため、締約国は、世界人権宣言に具現された原則及び次条に明示的に定める権利に十分な考慮を払って、特に次のことを行う。

(a)　人種的優越又は憎悪に基づく思想のあらゆる流布、人種差別の扇動、いかなる人種

若しくは皮膚の色若しくは種族的出身を異にする人の集団に対するものであるかを問わずすべての暴力行為又はその行為の扇動及び人種主義に基づく活動に対する資金援助を含むいかなる援助の提供も、法律で処罰すべき犯罪であることを宣言すること。

(b) 人種差別を助長し及び扇動する団体及び組織的宣伝活動その他のすべての宣伝活動を違法であるとして禁止するものとし、このような団体又は活動への参加が法律で処罰すべき犯罪であることを認めること。

(c) 国又は地方の公の当局又は機関が人種差別を助長し又は扇動することを認めないこと。

第五条［人種差別の禁止・撤廃］ 第二条に定める基本的義務に従い、締約国は、特に次の権利の享有に当たり、あらゆる形態の人種差別を禁止し及び撤廃すること並びに人種、皮膚の色又は民族的若しくは種族的出身による差別なしに、すべての者が法律の前に平等であるという権利を保障することを約束する。

(a) 裁判所その他のすべての裁判及び審判を行う機関の前での平等な取扱いについての権利

(b) 暴力又は傷害（公務員によって加えられるものであるかいかなる個人、集団又は団体によって加えられるものであるかを問わない。）に対する身体の安全及び国家による保護についての権利

(c) 政治的権利、特に普通かつ平等の選挙権に基づく選挙に投票及び立候補によって参加し、国政及びすべての段階における政治に参与し並びに公務に平等に携わる権利

(d) 他の市民的権利、特に、

(i) 国境内における移動及び居住の自由についての権利

(ii) いずれの国（自国を含む。）からも離れ及び自国に戻る権利

(iii) 国籍についての権利

(iv) 婚姻及び配偶者の選択についての権利

(v) 単独で及び他の者と共同して財産を所有する権利

(vi) 相続する権利

(vii) 思想、良心及び宗教の自由についての権利

(viii) 意見及び表現の自由についての権利

(ix) 平和的な集会及び結社の自由についての権利

(e) 経済的、社会的及び文化的権利、特に、

(i) 労働、職業の自由な選択、公正かつ良好な労働条件、失業に対する保護、同一の労働についての同一報酬及び公正かつ良好な報酬についての権利

(ii) 労働組合を結成し及びこれに加入する権利

(iii) 住居についての権利

(iv) 公衆の健康、医療、社会保障及び社会的サービスについての権利

(v) 教育及び訓練についての権利

(vi) 文化的な活動への平等な参加についての権利

(f) 輸送機関、ホテル、飲食店、喫茶店、劇場、公園等一般公衆の使用を目的とするあらゆる場所又はサービスを利用する権利

第六条［裁判を求める権利］ 締約国は、自国の管轄の下にあるすべての者に対し、権限のある自国の裁判所及び他の国家機関を通じて、この条約に反して人権及び基本的自由を侵害するあらゆる人種差別の行為に対する効果的な保護及び救済措置を確保し、並びにその差別の結果として被ったあらゆる損害に対し、公正かつ適正な賠償又は救済を当該裁判所に求める権利を確保する。

第七条［条約の広報］ 締約国は、人種差別につながる偏見と戦い、諸国民の間及び人種又は種族の集団の間の理解、寛容及び友好を促進し並びに国際連合憲章、世界人権宣言、あらゆる形態の人種差別の撤廃に関する国際連合宣言及びこの条約の目的及び原則を普及させるため、特に教授、教育、文化及び情報の分野において、迅速かつ効果的な措置をとることを約束する。

第二部・第三部〔省略〕

●人種差別撤廃委員会の総括所見：日本（第一〇回・第一一回）〔抜粋〕

（二〇一八年八月二八日 人種差別撤廃委員会第二六七五回会合で採択）

C 懸念及び勧告

人種差別に関する法的枠組み

8 委員会は、締約国が、人種差別の定義を、本条約第一条第一項に沿ったものとするよう確保し、民族的又は種族的出身、皮膚の色及び世系に基づくものを含むものとするべきとの過去の勧告を強調する。また、委員会は、締約国が、本条約第一条及び第二条に沿った直接的及び間接的な人種差別を禁止する個別の包括的な法律を制定することを要請する。

国内人権機構

10 締約国が、二〇一七年の普遍的・定期的レビューにおける国内人権機構の設置に向けた努力の促進に関する勧告のフォローアップを受け入れたことに留意しつつ、委員会は、締約国に対し、パリ原則（国連総会決議48/134、別添）に従い、人権の促進及び保護に関する広範な権限を有する国内人権機構を設置することを勧告する。

ヘイトスピーチ及びヘイトクライム

14 前回の勧告（CERD/C/JPN/CO/7-9、パラグラフ11）を強調するとともに、人種差別的ヘイトスピーチへの対処に関する一般的勧告35（二〇一三年）を想起し、委員会は締約国に以下を勧告する：

(a) 全ての者に対するヘイトスピーチが適切に対象に含められ、民族的マイノリティーに属する者への十分な救済措置の提供が確保されるよう、ヘイトスピーチ解消法を改正すること

(b) 法的枠組み及び被害者による救済措置へのアクセスを強化するため、本法が対象としていない、犯罪を対象とするような人種差別禁止に関する包括法を定めること

(c) 表現及び集会の自由を考慮しつつ、集会におけるヘイトスピーチの使用及び暴力の扇動を禁止し、加害者への制裁を確保すること

(d) 自主規制制度の設立を含む、インターネット及びメディアを通じたヘイトスピーチに対処するための効果的な措置をとること

(e) 次回の定期報告において、メディアを通じた人種差別の扇動及び人種差別的暴力の防止に関する放送法等の措置の実施及びその影響に関する詳細な情報を提供すること

(f) 警察官、検察官、裁判官を含む法執行機関職員に対し、ヘイトクライム及びヘイトスピーチ解消法に関する、犯罪の人種差別的動機の認定、告訴受理及び事件の捜査・起訴のための適切な方策を含む研修を行うこと

(g) 私人又は政治家を含む公人若しくは報道機関職員によるヘイトクライム、人種差別的ヘイトスピーチ及び憎悪の扇動に対して、捜査し、適正な制裁を科すこと

(h) 次回の定期報告において、被害者の民族的及び種族的出身によって細分化された捜査、起訴、有罪判決に関する統計を提出すること

(i) 締約国におけるヘイトクライム、ヘイトスピーチ及び暴力の扇動の撤廃のため、具体的な達成目標及び措置並びに適切なモニタリングを定めた行動計画を制定すること

(j) 特にジャーナリスト及び公人の役割及び責任に焦点を当てたものを含む、偏見の根本的原因に取り組み、寛容や多様性の尊重を促進するための教育キャンペーンを行うこと

アイヌの人々の状況

16 先住民族の権利に関する一般的勧告23（一九九七年）を想起し、委員会は、締約国に以下を勧告する。

(a) 雇用、教育、サービスへのアクセスにおけるアイヌの人々に対する差別の解消のための努力を強化すること

(b) 「第3次アイヌの人たちの生活向上に関す

る推進方策」等の現在とられている取組の実施及びその影響の監視を確実に行うこと、並びに次回の定期報告において、アイヌの人々の生活水準向上のためにとられた同措置及び他の措置に関する情報を提供すること

(c)アイヌの人々の土地及び資源に関する権利を保護するための措置をとること並びに文化及び言語に対する権利の実現に向けた取組の強化を継続すること

(d)アイヌ政策推進会議及びその他の協議体におけるアイヌの代表者の割合を増やすこと

琉球／沖縄の状況

18　委員会は、締約国が、琉球の人々を先住民族として認識するよう、その立場を見直し、その権利を保護する措置を強化することを勧告する。委員会は、締約国が、女性への暴力を含む、琉球／沖縄の人々の適切な安全と保護を確保し、加害者の適切な起訴及び有罪判決を確保することを勧告する。

部落民の状況

20　世系に関する一般的勧告29（二〇〇二年）第一条第一項に留意し、委員会は、締約国に以下を勧告する。

(a)部落民と協議し、部落民の明確な定義を定めること

(b)部落民に対する差別を世系に基づく差別であると認識すること

(c)次回の定期報告において、部落差別の解消の推進に関する法律の施行のためにとられた措置及びその影響について更なる情報を提供すること

(d)雇用、住居及び婚姻における部落の人々に対する差別の撤廃に向けた努力を強化すること

(e)二〇〇二年の同和特別対策の終了以降の部落民の社会経済的な状況の改善のためにとられた措置に関する情報を提供すること

(f)部落民の権利に影響する全ての政策及び措置について、部落の人々との協議を確保すること

(g)部落民の戸籍情報の秘密が守られ、戸籍登録情報の濫用に関する事案が捜査、起訴され、加害者が制裁を科されることを確保すること

(h)部落差別の解消の促進に関する法律の施行のための十分な予算措置をとること

在日韓国・朝鮮人の状況

22　市民でない者に対する差別に関する一般的勧告30（二〇〇四年）に留意し、委員会は、締約国に対し、数世代にわたり日本に在留する韓国・朝鮮人に対し、地方参政権及び公権力の行使又は公の意思の形成への参画にも携わる国家公務員として勤務することを認めることを勧告する。委員会は、韓国・朝鮮人の生徒の差別のない平等な教育の機会を保証するため、「朝鮮学校」が高等学校等就学支援金の支給にあたり不公平な取扱いをされないことを保証すべきという前回の勧告（CERD/C/JPN/CO/7-9、パラグラフ19）を繰り返す。委員会は、韓国・朝鮮人の女性及び子供が、複合差別及びヘイトスピーチから確実に保護されるよう、締約国が努力することを勧告する。

移住者の状況

30　委員会は、締約国が、移住者に対する社会的差別の根本的原因に取り組み、住居、教育、医療及び雇用の機会への差別のない平等なアクセスを確保するための措置をとることを勧告する。

市民でない者の状況

34　市民でない者に対する差別に関する一般的勧告30（二〇〇四年）に留意し、委員会は、締約国に以下の点を勧告する。

(a)市民でない者及び外国人に対して差別なく住居及び雇用へのアクセスを確保すること

(b)差別的な看板の掲示及びホテルやレストランといった民間施設による公共の用に供されるサービスの提供を外国人又は外国人風の容貌を有するという理由で除外する慣習を禁じる法制度を制定し、施行すること

(c)市民でない者が国民年金制度の対象となるようにすること

(d)市民でない者が障害基礎年金を受給できるよう法令を改正すること

(e)市民でない者、特に外国人長期在留者及びその子孫に対して、公権力の行使又は公の意思の形成への参画に携わる公職へのアクセスを認めること

(f)他の永住者と同様の方法で出入国できるよう、特定の永住者に対し、出国前の許可を得なければならないとの要件を撤廃すること

(g)一九五四年の無国籍者の地位に関する条約及び一九六一年の無国籍の削減に関する条約の批准を検討すること

D　他の勧告

市民社会との対話

42　委員会は、締約国が、次回の定期報告の準備及び今回の総括所見へのフォローアップにおいて、引き続き、人権保護に取り組む市民社会組織、とりわけ人種差別と闘うために取り組んでいるものと協議し、対話を促進することを勧告する。

次回の定期報告の準備

49　委員会は、締約国に対し、第七一会期で委員会が採択した特定文書のガイドライン（CERD/C/2007/1）及び今回の総括所見において提起された全ての点に対処し、二〇二三年一月一四日までに、一文書として第一二回～第一四回合同定期報告を提出することを勧告する。〔後略〕

（外務省仮訳）

●女子に対するあらゆる形態の差別の撤廃に関する条約〔抄〕

（昭和六〇年七月一日 条約第七号）

効力発生、昭六〇・七・二五

この条約の締約国は、

国際連合憲章が基本的人権、人間の尊厳及び価値並びに男女の権利の平等に関する信念を改めて確認していることに留意し、

世界人権宣言が、差別は容認することができないものであるとの原則を確認していること、並びにすべての人間は生まれながらにして自由であり、かつ、尊厳及び権利について平等であること並びにすべての人は性による差別その他のいかなる差別もなしに同宣言に掲げるすべての権利及び自由を享有することができることを宣明していることに留意し、

人権に関する国際規約の締約国がすべての経済的、社会的、文化的、市民的及び政治的権利の享有について男女に平等の権利を確保する義務を負っていることに留意し、

国際連合及び専門機関の主催の下に各国が締結した男女の権利の平等を促進するための国際条約を考慮し、

更に、国際連合及び専門機関が採択した男女の権利の平等を促進するための決議、宣言及び勧告に留意し、

しかしながら、これらの種々の文書にもかかわらず女子に対する差別が依然として広範に存在していることを憂慮し、

女子に対する差別は、権利の平等の原則及び人間の尊厳の尊重の原則に反するものであり、女子が男子と平等の条件で自国の政治的、社会的、経済的及び文化的活動に参加する上で障害となるものであり、社会及び家族の繁栄の増進を阻害するものであり、また、女子の潜在能力を自国及び人類に役立てるために完全に開発することを一層困難にするものであることを想起

し、

窮乏の状況においては、女子が食糧、健康、教育、雇用のための訓練及び機会並びに他の必要とするものを享受する機会が最も少ないことを憂慮し、

衡平及び正義に基づく新たな国際経済秩序の確立が男女の平等の促進に大きく貢献することを確信し、

アパルトヘイト、あらゆる形態の人種主義、人種差別、植民地主義、新植民地主義、侵略、外国による占領及び支配並びに内政干渉の根絶が男女の権利の完全な享有に不可欠であることを強調し、

国際の平和及び安全を強化し、国際緊張を緩和し、すべての国（社会体制及び経済体制のいかんを問わない。）の間で相互に協力し、全面的かつ完全な軍備縮小を達成し、特に厳重かつ効果的な国際管理の下での核軍備の縮小を達成し、諸国間の関係における正義、平等及び互恵の原則を確認し、外国の支配の下、植民地支配の下又は外国の占領の下にある人民の自決の権利及び人民の独立の権利を実現し並びに国の主権及び領土保全を尊重することが、社会の進歩及び発展を促進し、ひいては、男女の完全な平等の達成に貢献することを確認し、

国の完全な発展、世界の福祉及び理想とする平和は、あらゆる分野において女子が男子と平等の条件で最大限に参加することを必要としていることを確信し、

家族の福祉及び社会の発展に対する従来完全には認められていなかった女子の大きな貢献、母性の社会的重要性並びに家庭及び子の養育における両親の役割に留意し、また、出産における女子の役割が差別の根拠となるべきではなく、子の養育には男女及び社会全体が共に責任を負うことが必要であることを認識し、

社会及び家庭における男子の伝統的役割を女子の役割とともに変更することが男女の完全な平等の達成に必要であることを認識し、

女子に対する差別の撤廃に関する宣言に掲げられている諸原則を実施すること及びこのために女子に対するあらゆる形態の差別を撤廃するための必要な措置をとることを決意して、

次のとおり協定した。

第一部

第一条［女子差別の定義］ この条約の適用上、「女子に対する差別」とは、性に基づく区別、排除又は制限であつて、政治的、経済的、社会的、文化的、市民的その他のいかなる分野においても、女子（婚姻をしているかいないかを問わない。）が男女の平等を基礎として人権及び基本的自由を認識し、享有し又は行使することを害し又は無効にする効果又は目的を有するものをいう。

第二条［当事国の差別撤廃義務］ 締約国は、女子に対するあらゆる形態の差別を非難し、女子に対する差別を撤廃する政策をすべての適当な手段により、かつ、遅滞なく追求することに合意し、及びこのため次のことを約束する。

(a) 男女の平等の原則が自国の憲法その他の適当な法令に組み入れられていない場合にはこれを定め、かつ、男女の平等の原則の実際的な実現を法律その他の適当な手段により確保すること。

(b) 女子に対するすべての差別を禁止する適当な立法その他の措置（適当な場合には制裁を含む。）をとること。

(c) 女子の権利の法的な保護を男子との平等を基礎として確立し、かつ、権限のある自国の裁判所その他の公の機関を通じて差別となるいかなる行為からも女子を効果的に保護することを確保すること。

(d) 女子に対する差別となるいかなる行為又は慣行も差し控え、かつ、公の当局及び機関がこの義務に従つて行動することを確保すること。

(e) 個人、団体又は企業による女子に対する差別を撤廃するためのすべての適当な措置をとること。

(f) 女子に対する差別となる既存の法律、規則、慣習及び慣行を修正し又は廃止するためのすべての適当な措置（立法を含む。）をとること。

(g) 女子に対する差別となる自国のすべての刑罰規定を廃止すること。

第三条［女子の人権の保障］ 締約国は、あらゆる分野、特に、政治的、社会的、経済的及び文化的分野において、女子に対して男子との平等を基礎として人権及び基本的自由を行使し及び享有することを保障することを目的として、女子の完全な能力開発及び向上を確保するためのすべての適当な措置（立法を含む。）をとる。

第四条［暫定的特別措置］ 1　締約国が男女の事実上の平等を促進することを目的とする暫定的な特別措置をとることは、この条約に定義する差別と解してはならない。ただし、その結果としていかなる意味においても不平等な又は別個の基準を維持し続けることとなつてはならず、これらの措置は、機会及び待遇の平等の目的が達成された時に廃止されなければならない。

2　締約国が母性を保護することを目的とする特別措置（この条約に規定する措置を含む。）をとることは、差別と解してはならない。

第五条［役割論に基づく偏見と慣行の撤廃］ 締約国は、次の目的のためのすべての適当な措置をとる。

(a) 両性いずれかの劣等性若しくは優越性の観念又は男女の定型化された役割に基づく偏見及び慣習その他あらゆる慣行の撤廃を実現するため、男女の社会的及び文化的な行動様式を修正すること。

(b) 家庭についての教育に、社会的機能としての母性についての適正な理解並びに子の養育及び発育における男女の共同責任についての認識を含めることを確保すること。あらゆる場合において、子の利益は最初に考慮するものとする。

第六条［女子の売買・売春からの搾取の禁止］ 締約国は、あらゆる形態の女子の売買及び女子の売春からの搾取を禁止するためのすべての適当な措置（立法を含む。）をとる。

第二部

第七条［政治的・公的活動における差別の撤廃］ 締約国は、自国の政治的及び公的活動における女子に対する差別を撤廃するためのすべての適当な措置をとるものとし、特に、女子に対して男子と平等の条件で次の権利を確保する。

(a) あらゆる選挙及び国民投票において投票する権利並びにすべての公選による機関に選挙される資格を有する権利

(b) 政府の政策の策定及び実施に参加する権利並びに政府のすべての段階において公職に就き及びすべての公務を遂行する権利

(c) 自国の公的又は政治的活動に関係のある非政府機関及び非政府団体に参加する権利

第八条［政府代表及び国際機関活動への平等な参加］ 締約国は、国際的に自国政府を代表し及び国際機関の活動に参加する機会を、女子に対して男子と平等の条件でかついかなる差別もなく確保するためのすべての適当な措置をとる。

第九条［国籍に関する権利の平等］ 1　締約国は、国籍の取得、変更及び保持に関し、女子に対して男子と平等の権利を与える。締約国は、特に、外国人との婚姻又は婚姻中の夫の国籍の変更が、自動的に妻の国籍を変更し、妻を無国籍にし又は夫の国籍を妻に強制することとならないことを確保する。

2　締約国は、子の国籍に関し、女子に対して男子と平等の権利を与える。

第三部

第一〇条［教育の分野における差別の撤廃］ 締約国は、教育の分野において、女子に対して男子と平等の権利を確保することを目的として、特に、男女の平等を基礎として次のことを確保することを目的として、女子に対する差別を撤廃するためのすべての適当な措置をとる。

(a) 農村及び都市のあらゆる種類の教育施設における職業指導、修学の機会及び資格証

書の取得のための同一の条件。このような平等は、就学前教育、普通教育、技術教育、専門教育及び高等技術教育並びにあらゆる種類の職業訓練において確保されなければならない。

(b) 同一の教育課程、同一の試験、同一の水準の資格を有する教育職員並びに同一の質の学校施設及び設備を享受する機会

(c) すべての段階及びあらゆる形態の教育における男女の役割についての定型化された概念の撤廃を、この目的の達成を助長する男女共学その他の種類の教育を奨励することにより、また、特に、教材用図書及び指導計画を改訂すること並びに指導方法を調整することにより行うこと。

(d) 奨学金その他の修学援助を享受する同一の機会

(e) 継続教育計画（成人向けの及び実用的な識字計画を含む。）、特に、男女間に存在する教育上の格差をできる限り早期に減少させることを目的とした継続教育計画を利用する同一の機会

(f) 女子の中途退学率を減少させること及び早期に退学した女子のための計画を策定すること。

(g) スポーツ及び体育に積極的に参加する同一の機会

(h) 家族の健康及び福祉の確保に役立つ特定の教育的情報（家族計画に関する情報及び助言を含む。）を享受する機会

第一一条［雇用の分野における差別の撤廃］ 1 締約国は、男女の平等を基礎として同一の権利、特に次の権利を確保することを目的として、雇用の分野における女子に対する差別を撤廃するためのすべての適当な措置をとる。

(a) すべての人間の奪い得ない権利としての労働の権利

(b) 同一の雇用機会（雇用に関する同一の選考基準の適用を含む。）についての権利

(c) 職業を自由に選択する権利、昇進、雇用の保障並びに労働に係るすべての給付及び条件についての権利並びに職業訓練及び再訓練（見習、上級職業訓練及び継続的訓練を含む。）を受ける権利

(d) 同一価値の労働についての同一報酬（手当を含む。）及び同一待遇についての権利並びに労働の質の評価に関する取扱いの平等についての権利

(e) 社会保障（特に、退職、失業、傷病、障害、老齢その他の労働不能の場合における社会保障）についての権利及び有給休暇についての権利

(f) 作業条件に係る健康の保護及び安全（生殖機能の保護を含む。）についての権利

2 締約国は、婚姻又は母性を理由とする女子に対する差別を防止し、かつ、女子に対して実効的な労働の権利を確保するため、次のことを目的とする適当な措置をとる。

(a) 妊娠又は母性休暇を理由とする解雇及び婚姻をしているかいないかに基づく差別的解雇を制裁を課して禁止すること。

(b) 給料又はこれに準ずる社会的給付を伴い、かつ、従前の雇用関係、先任及び社会保障上の利益の喪失を伴わない母性休暇を導入すること。

(c) 親が家庭責任と職業上の責務及び社会的活動への参加とを両立させることを可能とするために必要な補助的な社会的サービスの提供を、特に保育施設網の設置及び充実を促進することにより奨励すること。

(d) 妊娠中の女子に有害であることが証明されている種類の作業においては、当該女子に対して特別の保護を与えること。

3 この条に規定する事項に関する保護法令は、科学上及び技術上の知識に基づき定期的に検討するものとし、必要に応じて、修正し、廃止し、又はその適用を拡大する。

第一二条［保健の分野における差別の撤廃］ 1 締約国は、男女の平等を基礎として保健サービス（家族計画に関連するものを含む。）を享受する機会を確保することを目的として、保健の分野における女子に対する差別を撤廃するためのすべての適当な措置をとる。

2 1の規定にかかわらず、締約国は、女子に対し、妊娠、分べん及び産後の期間中の適当なサービス（必要な場合には無料にする。）並びに妊娠及び授乳の期間中の適当な栄養を確保する。

第一三条［経済的・社会的活動の分野における差別の撤廃］ 締約国は、男女の平等を基礎として同一の権利、特に次の権利を確保することを目的として、他の経済的及び社会的活動の分野における女子に対する差別を撤廃するためのすべての適当な措置をとる。

(a) 家族給付についての権利

(b) 銀行貸付け、抵当その他の形態の金融上の信用についての権利

(c) レクリエーション、スポーツ及びあらゆる側面における文化的活動に参加する権利

第一四条［農村女子に対する平等の確保］ 1 締約国は、農村の女子が直面する特別の問題及び家族の経済的生存のために果たしている重要な役割（貨幣化されていない経済の部門における労働を含む。）を考慮に入れるものとし、農村の女子に対するこの条約の適用を確保するためのすべての適当な措置をとる。

2 締約国は、男女の平等を基礎として農村の女子が農村の開発に参加すること及びその開発から生ずる利益を受けることを確保することを目的として、農村の女子に対する差別を撤廃するためのすべての適当な措置をとるものとし、特に、これらの女子に対して次の権利を確保する。

(a) すべての段階における開発計画の作成及び実施に参加する権利

(b) 適当な保健サービス（家族計画に関する情報、カウンセリング及びサービスを含む。）を享受する権利

(c) 社会保障制度から直接に利益を享受する権利

(d) 技術的な能力を高めるために、あらゆる種類（正規であるかないかを問わない。）の訓練及び教育（実用的な識字に関するものを含む。）並びに、特に、すべての地域サービス及び普及サービスからの利益を享受する権利

(e) 経済分野における平等な機会を雇用又は自営を通じて得るために、自助的集団及び協同組合を組織する権利

(f) あらゆる地域活動に参加する権利

(g) 農業信用及び貸付け、流通機構並びに適当な技術を利用する権利並びに土地及び農地の改革並びに入植計画において平等な待遇を享受する権利

(h) 適当な生活条件（特に、住居、衛生、電力及び水の供給、運輸並びに通信に関する条件）を享受する権利

第四部

第一五条［法の前の男女平等］ 1 締約国は、女子に対し、法律の前の男子との平等を認める。

2 締約国は、女子に対し、民事に関して男子と同一の法的能力を与えるものとし、また、この能力を行使する同一の機会を与える。特に、締約国は、契約を締結し及び財産を管理することにつき女子に対して男子と平等の権利を与えるものとし、裁判所における手続のすべての段階において女子を男子と平等に取り扱う。

3 締約国は、女子の法的能力を制限するような法的効果を有するすべての契約及び他のすべての私的文書（種類のいかんを問わない。）を無効とすることに同意する。

4 締約国は、個人の移動並びに居所及び住所の選択の自由に関する法律において男女に同一の権利を与える。

第一六条［婚姻及び家族関係における差別の撤廃］ 1 締約国は、婚姻及び家族関係に係るすべての事項について女子に対する差別を撤廃するためのすべての適当な措置をとるものとし、特に、男女の平等を基礎として次のことを確保する。

(a) 婚姻をする同一の権利

(b) 自由に配偶者を選択し及び自由かつ完全な合意のみにより婚姻をする同一の権利

(c)　婚姻中及び婚姻の解消の際の同一の権利及び責任

(d)　子に関する事項についての親（婚姻をしているかいないかを問わない。）としての同一の権利及び責任。あらゆる場合において、子の利益は至上である。

(e)　子の数及び出産の間隔を自由かつ責任をもつて決定する同一の権利並びにこれらの権利の行使を可能にする情報、教育及び手段を享受する同一の権利

(f)　子の後見及び養子縁組又は国内法令にこれらに類する制度が存在する場合にはその制度に係る同一の権利及び責任。あらゆる場合において、子の利益は至上である。

(g)　夫及び妻の同一の個人的権利（姓及び職業を選択する権利を含む。）

(h)　無償であるか有償であるかを問わず、財産を所有し、取得し、運用し、管理し、利用し及び処分することに関する配偶者双方の同一の権利

2　児童の婚約及び婚姻は、法的効果を有しないものとし、また、婚姻最低年齢を定め及び公の登録所への婚姻の登録を義務付けるためのすべての必要な措置（立法を含む。）がとられなければならない。

第五部・第六部（省略）

●女性差別撤廃委員会の総括所見：日本（第七回及び第八回）〔抜粋〕

（二〇一六年三月四日　女性差別撤廃委員会第六三会期委員会で採択）

C　主要な関心事項及び勧告

差別的な法律及び法的保護の欠如

12　委員会は、既存の差別的な規定に関する委員会のこれまでの勧告への対応がなかったことを遺憾に思う。委員会は特に以下について懸念する。

(a)　女性と男性にそれぞれ一六歳と一八歳の異なった婚姻適齢を定めているように民法が差別的な規定を保持していること、

(b)　期間を六か月から一〇〇日に短縮すべきとする最高裁判所の判決にもかかわらず、民法が依然として女性のみに離婚後の再婚を一定期間禁止していること、

(c)　二〇一五年一二月一六日に最高裁判所は夫婦同氏を求めている民法第七五〇条を合憲と判断したが、この規定は実際には多くの場合、女性に夫の姓を選択せざるを得なくしていること、

(d)　二〇一三年一二月に嫡出でない子を相続において差別していた規定が廃止されたにもかかわらず、出生届時に差別的記載を求める戸籍法の規定を含め、様々な差別的規定が残っていること、並びに

(e)　頻繁にハラスメント、烙印及び暴力の対象となる様々なマイノリティ・グループの女性に対する交差的な差別を対象とする包括的な差別禁止法がないこと。

13　委員会は、これまでの勧告（CEDAW/C/JPN/CO/5）及び（CEDAW/C/JPN/CO/6）を改めて表明するとともに、以下について遅滞なきよう要請する。

(a)　民法を改正し、女性の婚姻適齢を男性と同じ一八歳に引き上げること、女性が婚姻前の姓を保持できるよう夫婦の氏の選択に関する法規定を改正すること、及び女性に対する離婚後の再婚禁止期間を全て廃止すること、

(b)　嫡出でない子の地位に関するすべての差別的規定を撤廃し、子とその母親が社会的な烙印と差別を受けないよう法による保護を確保すること、並びに、

(c)　締約国の主要義務に関する一般勧告第28号（二〇一〇年）に従って、様々なマイノリティ・グループの女性に対する、複合的／交差的な形態の差別を包括的に禁止する法律を制定し、この女性達をハラスメントと暴力から保護すること。

固定観念と有害な慣行

20　委員会は、家父長制に基づく考え方や家庭・社会における男女の役割と責任に関する根深い固定観念が残っていることを依然として懸念する。委員会は、特に以下について懸念する。

(a)　こうした固定観念の存続が、メディアや教科書に反映され続けているとともに、教育に関する選択と男女間の家庭や家事の責任分担に影響を及ぼしていること、

(b)　メディアが、性的対象とみなすことを含め、女性や女児について固定観念に沿った描写を頻繁に行っていること、

(c)　固定観念が引き続き女性に対する性暴力の根本的原因であり、ポルノ、ビデオゲーム、漫画などのアニメが女性や女児に対する性暴力を助長していること、並びに

(d)　性差別的な発言が、アイヌの女性、同和地区の女性、在日韓国・朝鮮人の女性などの民族的及びその他のマイノリティ女性や移民女性、並びに女性全般に向けて続いていること。

21　委員会は、前回の勧告（CEDAW/C/JPN/CO/6、パラ30）を改めて表明するとともに、締約国に以下を要請する。

(a)　伝統的な男女の役割を補強する社会規範を変える取組とともに女性や女児の人権の促進に積極的な文化的伝統を醸成する取組を強化すること、

(b)　差別的な固定観念を増幅し、女性や女児に対する性暴力を助長するポルノ、ビデオゲーム、アニメの製造と流通を規制するため、既存の法的措置や監視プログラムを効果的に実施すること、

(c)　差別的な固定観念を解消するため、教科書と教材を見直すこと、

(d)　アイヌの女性、同和地区の女性、在日韓国・朝鮮人の女性などの民族的及びその他のマイノリティ女性や移民女性に対する攻撃を含む、民族的優越性又は憎悪を主張する性差別的な発言や宣伝を禁止し、制裁を課す法整備を行うこと、並びに

(e)　差別的な固定観念及びアイヌの女性、同和地区の女性、在日韓国・朝鮮人の女性や移民女性に対する偏見を解消するために取られた措置の効果について独立した専門機関を通じて定期的に監視及び評価すること。

人身取引及び売買春による搾取

26　委員会は、……以下について懸念する。

(a)　女性が風俗産業において特に売買春及びポルノ映画製作のために性的搾取を受け続けていること、及び

27　委員会は、締約国に以下を勧告する。

(b)　性風俗での役務の提供やポルノ映画の製作を手掛ける組織を対象とした性的搾取を防ぐための監視と査察のプログラムを強化すること、

「慰安婦」

28　委員会は、……以下について遺憾に思う。

(a)　最近、「慰安婦」への侵害に対する締約国の責任に関して公職にある者や指導者による発言の数が増加していること、及び

「慰安婦」の問題は「最終的かつ不可逆的に解決される」とする韓国との合意の発表が被害者中心のアプローチを十分に取らなかったこと、

(c)　締約国がその他の関係国の「慰安婦」被害者に対し、国際人権法上の義務を果たしてこなかったこと、並びに

(d)　締約国が教科書から「慰安婦」の問題に

関する記述を削除したこと。

29 **委員会は、……締約国に以下を要請する。**

(a) 締約国の指導者や公職にある者が、「慰安婦」問題に対する責任を過小評価し、被害者を再び傷つけるような発言はやめるよう確保すること、

(c) 二〇一五年一二月に締約国が韓国と合同で発表した二国間合意の実施に当たっては、被害者・生存者の意向をしかるべく考慮し、被害者の真実、正義、賠償を求める権利を確保すること、

(d) 「慰安婦」の問題を教科書に適切に組み込むとともに、歴史的事実を生徒や社会全般に客観的に伝えられるよう確保すること

教育

32 委員会は、全ての教育段階において女性や女児の平等なアクセス及び初等・中等教育における女児の在学率の増加について優先的に取り組んでいることに関して、締約国を称賛する。委員会は、しかしながら、以下について懸念する。

(a) 科学、技術、工学、数学（STEM）などの伝統的に男性が優位の専攻分野だけでなく、高等教育機関、特に大学と大学院の在学率において男女の格差が大きいこと、

(b) 多くの女性が高等教育において四年間の大学課程を終えておらず、労働市場で不利になること、

(c) 教育機関の上位の管理職や意思決定を行う地位への女性の参画が少ないこと及び女性が低いレベルの地位に集中し、女性教授の数が少ないこと、

(d) 性と生殖の健康と権利に関する年齢に応じた教育内容に対し、政治家や公務員が過度に神経質になっていること、

(e) 民族的及びその他のマイノリティのコミュニティ、特にアイヌや同和地区の高齢女性で識字レベルが低いとの報告があること、並びに

(f) 移民女性や障害のある女性の教育状況についてデータが不足していること、及び特に在日韓国・朝鮮人の女性や女児をターゲットにした、学校におけるいじめや人種差別的な感情の表出への対応措置について情報が不足していること。

33 **委員会は、締約国が以下を行うよう勧告する。**

(a) 進路に関する相談活動を強化し、女子が伝統的に進出してこなかった専攻（STEM）を目指すよう奨励するとともに、女子が高等教育を修了する重要性について教員の意識啓発を行うこと、

(b) 女性教授の数を増やすとともに、教育部門の上位の管理職や意思決定を行う地位への女性の参画を拡充するため、暫定的特別措置を含む具体的方策をとること、

(c) 性と生殖に関する健康と権利について学校の教育課程に系統的に組み込めるよう、年齢に応じた教育内容と実施に関する国民の懸念に対処すること、

(d) 障害のある女性や女児、移民女性のほか、アイヌの女性、同和地区の女性、在日韓国・朝鮮人の女性などの民族的及びその他のマイノリティ女性が教育にアクセスするための全ての障害を取り除くこと、及び彼女たちの教育へのアクセス・奨学金について次回の定期報告で情報提供すること、並びに

(e) 教育機関における、いじめや人種差別的な感情の表出（特に在日韓国・朝鮮人の女性や女児をターゲットにした）を含む女性や女児に対するあらゆる形態の暴力を防ぎ、処罰し、根絶するための措置を強化すること。

健康

36 委員会は、二〇一一年の福島第一原子力発電所事故に続く放射線に関する健康面での懸念に対処する締約国の取組に留意する。委員会は、しかしながら、放射線被ばく量が年に二〇ミリシーベルト未満の汚染地域を避難区域の指定から解除する締約国の計画に懸念をもって留意する。年間被ばく量の増加により住民の中でも特に女性や女児の健康に影響を及ぼす可能性が高まるからである。

37 **委員会は、締約国が女性は男性よりも放射線に対して敏感である点を考慮し、放射線の被ばくを受けた汚染地域を避難区域の指定場所から解除することにより女性や女児に影響を与える危険因子について国際的に受け入れられている知識と矛盾しないことを再確認するよう勧告する。委員会はさらに、締約国が放射線の影響を受けた女性や女児（特に福島県内の妊婦）に対する医療その他のサービス提供を強化することを勧告する。**

38 委員会は、締約国の十代の女児や女性の間で人工妊娠中絶及び自殺の比率が高いことを懸念する。委員会は、特に以下について懸念する。

(a) 刑法第二一二条と合わせ読まれる「母体保護法」第一四条の下で、女性が人工妊娠中絶を受けることができるのは妊娠の継続又は分娩が母体の身体的健康を著しく害するおそれがある場合及び暴行若しくは脅迫によって又は抵抗若しくは拒絶することができない間に姦淫されて妊娠した場合に限られること、

(b) 女性が人工妊娠中絶を受けるためには配偶者の同意を得る必要があること、並びに

(c) 締約国の女性や女児の間では自殺死亡率が依然高い水準にあること。

39 **女性と健康に関する一般勧告第24号（一九九九年）と「北京宣言及び行動綱領」に沿い、委員会は、締約国が以下を行うよう勧告する。**

(a) 刑法及び母体保護法を改正し、妊婦の生命及び／又は健康にとって危険な場合だけでなく、被害者に対する暴行若しくは脅迫又は被害者の抵抗の有無に関わりなく、強姦、近親姦及び胎児の深刻な機能障害の全ての場合において人工妊娠中絶の合法化を確保するとともに、他の全ての場合の人工妊娠中絶を処罰の対象から外すこと、

(b) 母体保護法を改正し、人工妊娠中絶を受ける妊婦が配偶者の同意を必要とする要件を除外するとともに、人工妊娠中絶が胎児の深刻な機能障害を理由とする場合は、妊婦から自由意思と情報に基づいた同意を確実に得ること、及び

(c) 女性や女児の自殺防止を目的として明確な目標と指標を定めた包括的な計画を策定すること。

結婚・家族関係

48 委員会は、締約国において婚姻を解消する際に財産分与を定める規定がないことを懸念する。委員会は、結果として、夫婦間の交渉と合意により行われる財産分与は、判例法で形成された夫婦共有財産の概念に依拠していることに留意する。この概念の下では、夫婦の婚姻期間中に蓄積されたことが立証できるいかなる財産も名義のいかんにかかわらず公平に分与される。委員会は、以下について懸念する。

(a) 財産分与に関する交渉と合意が法的規制の枠外で行われているため、男女間で力の不均衡がある場合は、女性が不利な立場に置かれること、

(b) 離婚を考えている女性の多くは夫の事業や職業上の資産を含む経済状態について情報の開示を要求するために必要な知識も手段も不足しているとされるが、それは法律が手続的手段や指針を規定していないためであること、並びに

(c) 協議離婚制度の下では、子どもの福祉を守るための親権や養育費の問題について司法審査の手続が法律に規定されておらず、その結果、養育費の支払について合意に達しない場合、子どもは困窮を極めることになること。

49 **婚姻、家族関係及びその解消の経済的影響に関する委員会の一般勧告第29号（二〇一三年）に沿い、委員会は、締約国が以下を行うよう勧告する。**

(a) あらゆる形態の夫婦財産の分与を規律し、離婚を考えている配偶者が遵守することができる明確に定義された手続を有する包括的な法律を制定すること、

(b) 離婚を考えている女性が配偶者の経済状態に関する開示を要求し、これを取得でき

るようにするための情報へのアクセスを保証すること、並びに

(c)　子どもの親権と養育権を規律する法律を見直して、当事者が離婚の合意に至った場合の司法審査手続を規定し、養育費の支払を通じて経済的ニーズを含む子どもの福祉の保証を確保すること。

〔内閣府男女共同参画局仮訳〕

●拷問及び他の残虐な、非人道的な又は品位を傷つける取扱い又は刑罰に関する条約〔抜粋〕

（平成一一年七月五日 条約第六号）

効力発生、平一一・七・二九

第一部

第一条〔拷問の定義〕　1　この条約の適用上、「拷問」とは、身体的なものであるか精神的なものであるかを問わず人に重い苦痛を故意に与える行為であって、本人若しくは第三者から情報若しくは自白を得ること、本人若しくは第三者が行ったか若しくはその疑いがある行為について本人を罰すること、本人若しくは第三者を脅迫し若しくは強要することその他これらに類することを目的として又は何らかの差別に基づく理由によって、かつ、公務員その他の公的資格で行動する者により又はその扇動により若しくはその同意若しくは黙認の下に行われるものをいう。「拷問」には、合法的な制裁の限りで苦痛が生ずること又は合法的な制裁に固有の若しくは付随する苦痛を与えることを含まない。

2　1の規定は、適用範囲が一層広い規定を含んでおり又は含むことのある国際文書又は国内法令に影響を及ぼすものではない。

第二条〔拷問の禁止〕　1　締約国は、自国の管轄の下にある領域内において拷問に当たる行為が行われることを防止するため、立法上、行政上、司法上その他の効果的な措置をとる。

2　戦争状態、戦争の脅威、内政の不安定又は他の公の緊急事態であるかどうかにかかわらず、いかなる例外的な事態も拷問を正当化する根拠として援用することはできない。

3　上司又は公の機関による命令は、拷問を正当化する根拠として援用することはできない。

第一〇条〔法執行職員等の教育〕　1　締約国は、拷問の禁止についての教育及び情報が、逮捕され、抑留され又は拘禁される者の身体の拘束、尋問又は取扱いに関与する法執行の職員（文民であるか軍人であるかを問わない。）、医療職員、公務員その他の者に対する訓練に十分取り入れられることを確保する。

2　締約国は、1に規定する職員、公務員その他の者の義務及び職務に関する規則又は指示に拷問の禁止を含める。

第一一条〔尋問規則等の体系的再検討〕　締約国は、拷問が発生することを無くすため、尋問に係る規則、指示、方法及び慣行並びに自国の管轄の下にある領域内で逮捕され、抑留され又は拘禁される者の身体の拘束及び取扱いに係る措置についての体系的な検討を維持する。

第一二条〔国内当局による調査〕　締約国は、自国の管轄の下にある領域内で拷問に当たる行為が行われたと信ずるに足りる合理的な理由がある場合には、自国の権限のある当局が迅速かつ公平な調査を行うことを確保する。

第一三条〔国内当局への苦情申立権〕　締約国は、自国の管轄の下にある領域内で拷問を受けたと主張する者が自国の権限のある当局に申立てを行い迅速かつ公平な検討を求める権利を有することを確保する。申立てを行った者及び証人をその申立て又は証拠の提供の結果生ずるあらゆる不当な取扱い又は脅迫から保護することを確保するための措置がとられるものとする。

第一六条〔拷問以外の行為への適用〕　1　締約国は、自国の管轄の下にある領域内において、第一条に定める拷問には至らない他の行為であって、残虐な、非人道的な又は品位を傷つける取扱い又は刑罰に当たり、かつ、公務員その他の公的資格で行動する者により又はその扇動により若しくはその同意若しくは黙認の下に行われるものを防止することを約束する。特に、第十条から第十三条までに規定する義務については、これらの規定中「拷問」を「他の形態の残虐な、非人道的な又は品位を傷つける取扱い又は刑罰」と読み替えた上で適用する。

2　この条約は、残虐な、非人道的な若しくは品位を傷つける取扱い若しくは刑罰を禁止し又は犯罪人引渡し若しくは追放に関連する他の国際文書又は国内法令に影響を及ぼすものではない。

●障害者の権利に関する条約

（平成二六年一月二二日 条約第一号）

効力発生、平二六・二・一九

前文

この条約の締約国は、

(a) 国際連合憲章において宣明された原則が、人類社会の全ての構成員の固有の尊厳及び価値並びに平等のかつ奪い得ない権利が世界における自由、正義及び平和の基礎を成すものであると認めていることを想起し、

(b) 国際連合が、世界人権宣言及び人権に関する国際規約において、全ての人はいかなる差別もなしに同宣言及びこれらの規約に掲げる全ての権利及び自由を享有することができることを宣明し、及び合意したことを認め、

(c) 全ての人権及び基本的自由が普遍的であり、不可分のものであり、相互に依存し、かつ、相互に関連を有すること並びに障害者が全ての人権及び基本的自由を差別なしに完全に享有することを保障することが必要であることを再確認し、

(d) 経済的、社会的及び文化的権利に関する国際規約、市民的及び政治的権利に関する国際規約、あらゆる形態の人種差別の撤廃に関する国際条約、女子に対するあらゆる形態の差別の撤廃に関する条約、拷問及び他の残虐な、非人道的な又は品位を傷つける取扱い又は刑罰に関する条約、児童の権利に関する条約及び全ての移住労働者及びその家族の構成員の権利の保護に関する国際条約を想起し、

(e) 障害が発展する概念であることを認め、また、障害が、機能障害を有する者とこれらの者に対する態度及び環境による障壁との間の相互作用であって、これらの者が他の者との平等を基礎として社会に完全かつ効果的に参加することを妨げるものによって生ずることを認め、

(f) 障害者に関する世界行動計画及び障害者の機会均等化に関する標準規則に定める原則及び政策上の指針が、障害者の機会均等を更に促進するための国内的、地域的及び国際的な政策、計画及び行動の促進、作成及び評価に影響を及ぼす上で重要であることを認め、

(g) 持続可能な開発に関連する戦略の不可分の一部として障害に関する問題を主流に組み入れることが重要であることを強調し、

(h) また、いかなる者に対する障害に基づく差別も、人間の固有の尊厳及び価値を侵害するものであることを認め、

(i) さらに、障害者の多様性を認め、

(j) 全ての障害者（より多くの支援を必要とする障害者を含む。）の人権を促進し、及び保護することが必要であることを認め、

(k) これらの種々の文書及び約束にもかかわらず、障害者が、世界の全ての地域において、社会の平等な構成員としての参加を妨げる障壁及び人権侵害に依然として直面していることを憂慮し、

(l) あらゆる国（特に開発途上国）における障害者の生活条件を改善するための国際協力が重要であることを認め、

(m) 障害者が地域社会における全般的な福祉及び多様性に対して既に貴重な貢献をしており、又は貴重な貢献をし得ることを認め、また、障害者による人権及び基本的自由の完全な享有並びに完全な参加を促進することにより、その帰属意識が高められること並びに社会の人的、社会的及び経済的開発並びに貧困の撲滅に大きな前進がもたらされることを認め、

(n) 障害者にとって、個人の自律及び自立（自ら選択する自由を含む。）が重要であることを認め、

(o) 障害者が、政策及び計画（障害者に直接関連する政策及び計画を含む。）に係る意思決定の過程に積極的に関与する機会を有すべきであることを考慮し、

(p) 人種、皮膚の色、性、言語、宗教、政治的意見その他の意見、国民的な、種族的な、先住民族としての若しくは社会的な出身、財産、出生、年齢又は他の地位に基づく複合的又は加重的な形態の差別を受けている障害者が直面する困難な状況を憂慮し、

(q) 障害のある女子が、家庭の内外で暴力、傷害若しくは虐待、放置若しくは怠慢な取扱い、不当な取扱い又は搾取を受ける一層大きな危険にしばしばさらされていることを認め、

(r) 障害のある児童が、他の児童との平等を基礎として全ての人権及び基本的自由を完全に享有すべきであることを認め、また、このため、児童の権利に関する条約の締約国が負う義務を想起し、

(s) 障害者による人権及び基本的自由の完全な享有を促進するためのあらゆる努力に性別の視点を組み込む必要があることを強調し、

(t) 障害者の大多数が貧困の状況下で生活している事実を強調し、また、この点に関し、貧困が障害者に及ぼす悪影響に対処することが真に必要であることを認め、

(u) 国際連合憲章に定める目的及び原則の十分な尊重並びに人権に関する適用可能な文書の遵守に基づく平和で安全な状況が、特に武力紛争及び外国による占領の期間中における障害者の十分な保護に不可欠であることに留意し、

(v) 障害者が全ての人権及び基本的自由を完全に享有することを可能とするに当たっては、物理的、社会的、経済的及び文化的な環境並びに健康及び教育を享受しやすいようにし、並びに情報及び通信を利用しやすいようにすることが重要であることを認め、

(w) 個人が、他人に対し及びその属する地域社会に対して義務を負うこと並びに国際人権章典において認められる権利の増進及び擁護のために努力する責任を有することを認識し、

(x) 家族が、社会の自然かつ基礎的な単位であること並びに社会及び国家による保護を受ける権利を有することを確信し、また、障害者及びその家族の構成員が、障害者の権利の完全かつ平等な享有に向けて家族が貢献することを可能とするために必要な保護及び支援を受けるべきであることを確信し、

(y) 障害者の権利及び尊厳を促進し、及び保護するための包括的かつ総合的な国際条約が、開発途上国及び先進国において、障害者の社会的に著しく不利な立場を是正することに重要な貢献を行うこと並びに障害者が市民的、政治的、経済的、社会的及び文化的分野に均等な機会により参加することを促進することを確信して、

次のとおり協定した。

第一条（目的） この条約は、全ての障害者によるあらゆる人権及び基本的自由の完全かつ平等な享有を促進し、保護し、及び確保すること並びに障害者の固有の尊厳の尊重を促進することを目的とする。

障害者には、長期的な身体的、精神的、知的又は感覚的な機能障害であって、様々な障壁との相互作用により他の者との平等を基礎として社会に完全かつ効果的に参加することを妨げ得るものを有する者を含む。

第二条（定義） この条約の適用上、

「意思疎通」とは、言語、文字の表示、点字、触覚を使った意思疎通、拡大文字、利用しやすいマルチメディア並びに筆記、音声、平易な言葉、朗読その他の補助的及び代替的な意思疎通の形態、手段及び様式（利用しやすい情報通信機器を含む。）をいう。

「言語」とは、音声言語及び手話その他の形態の非音声言語をいう。

「障害に基づく差別」とは、障害に基づくあらゆる区別、排除又は制限であって、政治的、経済的、社会的、文化的、市民的その他のあらゆる分野において、他の者との平等を基礎として全ての人権及び基本的自由を認識

し、享有し、又は行使することを害し、又は妨げる目的又は効果を有するものをいう。障害に基づく差別には、あらゆる形態の差別（合理的配慮の否定を含む。）を含む。

「合理的配慮」とは、障害者が他の者との平等を基礎として全ての人権及び基本的自由を享有し、又は行使することを確保するための必要かつ適当な変更及び調整であって、特定の場合において必要とされるものであり、かつ、均衡を失した又は過度の負担を課さないものをいう。

「ユニバーサルデザイン」とは、調整又は特別な設計を必要とすることなく、最大限可能な範囲で全ての人が使用することのできる製品、環境、計画及びサービスの設計をいう。ユニバーサルデザインは、特定の障害者の集団のための補装具が必要な場合には、これを排除するものではない。

第三条（**一般原則**）この条約の原則は、次のとおりとする。

(a) 固有の尊厳、個人の自律（自ら選択する自由を含む。）及び個人の自立の尊重

(b) 無差別

(c) 社会への完全かつ効果的な参加及び包容

(d) 差異の尊重並びに人間の多様性の一部及び人類の一員としての障害者の受入れ

(e) 機会の均等

(f) 施設及びサービス等の利用の容易さ

(g) 男女の平等

(h) 障害のある児童の発達しつつある能力の尊重及び障害のある児童がその同一性を保持する権利の尊重

第四条（**一般的義務**）1 締約国は、障害に基づくいかなる差別もなしに、全ての障害者のあらゆる人権及び基本的自由を完全に実現することを確保し、及び促進することを約束する。このため、締約国は、次のことを約束する。

(a) この条約において認められる権利の実現のため、全ての適当な立法措置、行政措置その他の措置をとること。

(b) 障害者に対する差別となる既存の法律、規則、慣習及び慣行を修正し、又は廃止するための全ての適当な措置（立法を含む。）をとること。

(c) 全ての政策及び計画において障害者の人権の保護及び促進を考慮に入れること。

(d) この条約と両立しないいかなる行為又は慣行も差し控えること。また、公の当局及び機関がこの条約に従って行動することを確保すること。

(e) いかなる個人、団体又は民間企業による障害に基づく差別も撤廃するための全ての適当な措置をとること。

(f) 第二条に規定するユニバーサルデザインの製品、サービス、設備及び施設であって、障害者に特有のニーズを満たすために必要な調整が可能な限り最小限であり、かつ、当該ニーズを満たすために必要な費用が最小限であるべきものについての研究及び開発を実施し、又は促進すること。また、当該ユニバーサルデザインの製品、サービス、設備及び施設の利用可能性及び使用を促進すること。さらに、基準及び指針を作成するに当たっては、ユニバーサルデザインが当該基準及び指針に含まれることを促進すること。

(g) 障害者に適した新たな機器（情報通信機器、移動補助具、補装具及び支援機器を含む。）についての研究及び開発を実施し、又は促進し、並びに当該新たな機器の利用可能性及び使用を促進すること。この場合において、締約国は、負担しやすい費用の機器を優先させる。

(h) 移動補助具、補装具及び支援機器（新たな機器を含む。）並びに他の形態の援助、支援サービス及び施設に関する情報であって、障害者にとって利用しやすいものを提供すること。

(i) この条約において認められる権利によって保障される支援及びサービスをより良く提供するため、障害者と共に行動する専門家及び職員に対する当該権利に関する研修を促進すること。

2 各締約国は、経済的、社会的及び文化的権利に関しては、これらの権利の完全な実現を漸進的に達成するため、自国における利用可能な手段を最大限に用いることにより、また、必要な場合には国際協力の枠内で、措置をとることを約束する。ただし、この条約に定める義務であって、国際法に従って直ちに適用されるものに影響を及ぼすものではない。

3 締約国は、この条約を実施するための法令及び政策の作成及び実施において、並びに障害者に関する問題についての他の意思決定過程において、障害者（障害のある児童を含む。以下この3において同じ。）を代表する団体を通じ、障害者と緊密に協議し、及び障害者を積極的に関与させる。

4 この条約のいかなる規定も、締約国の法律又は締約国について効力を有する国際法に含まれる規定であって障害者の権利の実現に一層貢献するものに影響を及ぼすものではない。この条約のいずれかの締約国において法律、条約、規則又は慣習によって認められ、又は存する人権及び基本的自由については、この条約がそれらの権利若しくは自由を認めていないこと又はその認める範囲がより狭いことを理由として、それらの権利及び自由を制限し、又は侵してはならない。

5 この条約は、いかなる制限又は例外もなしに、連邦国家の全ての地域について適用する。

第五条（**平等及び無差別**）1 締約国は、全ての者が、法律の前に又は法律に基づいて平等であり、並びにいかなる差別もなしに法律による平等の保護及び利益を受ける権利を有することを認める。

2 締約国は、障害に基づくあらゆる差別を禁止するものとし、いかなる理由による差別に対しても平等かつ効果的な法的保護を障害者に保障する。

3 締約国は、平等を促進し、及び差別を撤廃することを目的として、合理的配慮が提供されることを確保するための全ての適当な措置をとる。

4 障害者の事実上の平等を促進し、又は達成するために必要な特別の措置は、この条約に規定する差別と解してはならない。

第六条（**障害のある女子**）1 締約国は、障害のある女子が複合的な差別を受けていることを認識するものとし、この点に関し、障害のある女子が全ての人権及び基本的自由を完全かつ平等に享有することを確保するための措置をとる。

2 締約国は、女子に対してこの条約に定める人権及び基本的自由を行使し、及び享有することを保障することを目的として、女子の完全な能力開発、向上及び自律的な力の育成を確保するための全ての適当な措置をとる。

第七条（**障害のある児童**）1 締約国は、障害のある児童が他の児童との平等を基礎として全ての人権及び基本的自由を完全に享有することを確保するための全ての必要な措置をとる。

2 障害のある児童に関する全ての措置をとるに当たっては、児童の最善の利益が主として考慮されるものとする。

3 締約国は、障害のある児童が、自己に影響を及ぼす全ての事項について自由に自己の意見を表明する権利並びにこの権利を実現するための障害及び年齢に適した支援を提供される権利を有することを確保する。この場合において、障害のある児童の意見は、他の児童との平等を基礎として、その児童の年齢及び成熟度に従って相応に考慮されるものとする。

第八条（**意識の向上**）1 締約国は、次のことのための即時の、効果的なかつ適当な措置をとることを約束する。

(a) 障害者に関する社会全体（各家庭を含む。）の意識を向上させ、並びに障害者の権利及び尊厳に対する尊重を育成すること。

(b) あらゆる活動分野における障害者に関する定型化された観念、偏見及び有害な慣行（性及び年齢に基づくものを含む。）と戦う

(c) 障害者の能力及び貢献に関する意識を向上させること。

2 このため、1の措置には、次のことを含む。

(a) 次のことのための効果的な公衆の意識の啓発活動を開始し、及び維持すること。

(i) 障害者の権利に対する理解を育てること。

(ii) 障害者に対する肯定的認識及び一層の社会の啓発を促進すること。

(iii) 障害者の技能、長所及び能力並びに職場及び労働市場に対する障害者の貢献についての認識を促進すること。

(b) 教育制度の全ての段階（幼年期からの全ての児童に対する教育制度を含む。）において、障害者の権利を尊重する態度を育成すること。

(c) 全ての報道機関が、この条約の目的に適合するように障害者を描写するよう奨励すること。

(d) 障害者及びその権利に関する啓発のための研修計画を促進すること。

第九条（施設及びサービス等の利用の容易さ） 1 締約国は、障害者が自立して生活し、及び生活のあらゆる側面に完全に参加することを可能にすることを目的として、障害者が、他の者との平等を基礎として、都市及び農村の双方において、物理的環境、輸送機関、情報通信（情報通信機器及び情報通信システムを含む。）並びに公衆に開放され、又は提供される他の施設及びサービスを利用する機会を有することを確保するための適当な措置をとる。この措置は、施設及びサービス等の利用の容易さに対する妨げ及び障壁を特定し、及び撤廃することを含むものとし、特に次の事項について適用する。

(a) 建物、道路、輸送機関その他の屋内及び屋外の施設（学校、住居、医療施設及び職場を含む。）

(b) 情報、通信その他のサービス（電子サービス及び緊急事態に係るサービスを含む。）

2 締約国は、また、次のことのための適当な措置をとる。

(a) 公衆に開放され、又は提供される施設及びサービスの利用の容易さに関する最低基準及び指針を作成し、及び公表し、並びに当該最低基準及び指針の実施を監視すること。

(b) 公衆に開放され、又は提供される施設及びサービスを提供する民間の団体が、当該施設及びサービスの障害者にとっての利用の容易さについてあらゆる側面を考慮することを確保すること。

(c) 施設及びサービス等の利用の容易さに関して障害者が直面する問題についての研修を関係者に提供すること。

(d) 公衆に開放される建物その他の施設において、点字の表示及び読みやすく、かつ、理解しやすい形式の表示を提供すること。

(e) 公衆に開放される建物その他の施設の利用の容易さを促進するため、人又は動物による支援及び仲介する者（案内者、朗読者及び専門の手話通訳を含む。）を提供すること。

(f) 障害者が情報を利用する機会を有することを確保するため、障害者に対する他の適当な形態の援助及び支援を促進すること。

(g) 障害者が新たな情報通信機器及び情報通信システム（インターネットを含む。）を利用する機会を有することを促進すること。

(h) 情報通信機器及び情報通信システムを最小限の費用で利用しやすいものとするため、早い段階で、利用しやすい情報通信機器及び情報通信システムの設計、開発、生産及び流通を促進すること。

第一〇条（生命に対する権利） 締約国は、全ての人間が生命に対する固有の権利を有することを再確認するものとし、障害者が他の者との平等を基礎としてその権利を効果的に享有することを確保するための全ての必要な措置をとる。

第一一条（危険な状況及び人道上の緊急事態） 締約国は、国際法（国際人道法及び国際人権法を含む。）に基づく自国の義務に従い、危険な状況（武力紛争、人道上の緊急事態及び自然災害の発生を含む。）において障害者の保護及び安全を確保するための全ての必要な措置をとる。

第一二条（法律の前にひとしく認められる権利） 1 締約国は、障害者が全ての場所において法律の前に人として認められる権利を有することを再確認する。

2 締約国は、障害者が生活のあらゆる側面において他の者との平等を基礎として法的能力を享有することを認める。

3 締約国は、障害者がその法的能力の行使に当たって必要とする支援を利用する機会を提供するための適当な措置をとる。

4 締約国は、法的能力の行使に関連する全ての措置において、濫用を防止するための適当かつ効果的な保障を国際人権法に従って定めることを確保する。当該保障は、法的能力の行使に関連する措置が、障害者の権利、意思及び選好を尊重すること、利益相反を生じさせず、及び不当な影響を及ぼさないこと、障害者の状況に応じ、かつ、適合すること、可能な限り短い期間に適用されること並びに権限のある、独立の、かつ、公平な当局又は司法機関による定期的な審査の対象となることを確保するものとする。当該保障は、当該措置が障害者の権利及び利益に及ぼす影響の程度に応じたものとする。

5 締約国は、この条の規定に従うことを条件として、障害者が財産を所有し、又は相続し、自己の会計を管理し、及び銀行貸付け、抵当その他の形態の金融上の信用を利用する均等な機会を有することについての平等の権利を確保するための全ての適当かつ効果的な措置をとるものとし、障害者がその財産を恣意的に奪われないことを確保する。

第一三条（司法手続の利用の機会） 1 締約国は、障害者が全ての法的手続（捜査段階その他予備的な段階を含む。）において直接及び間接の参加者（証人を含む。）として効果的な役割を果たすことを容易にするため、手続上の配慮及び年齢に適した配慮が提供されること等により、障害者が他の者との平等を基礎として司法手続を利用する効果的な機会を有することを確保する。

2 締約国は、障害者が司法手続を利用する効果的な機会を有することを確保することに役立てるため、司法に係る分野に携わる者（警察官及び刑務官を含む。）に対する適当な研修を促進する。

第一四条（身体の自由及び安全） 1 締約国は、障害者に対し、他の者との平等を基礎として、次のことを確保する。

(a) 身体の自由及び安全についての権利を享有すること。

(b) 不法に又は恣意的に自由を奪われないこと、いかなる自由の剥奪も法律に従って行われること及びいかなる場合においても自由の剥奪が障害の存在によって正当化されないこと。

2 締約国は、障害者がいずれの手続を通じて自由を奪われた場合であっても、当該障害者が、他の者との平等を基礎として国際人権法による保障を受ける権利を有すること並びにこの条約の目的及び原則に従って取り扱われること（合理的配慮の提供によるものを含む。）を確保する。

第一五条（拷問又は残虐な、非人道的な若しくは品位を傷つける取扱い若しくは刑罰からの自由） 1 いかなる者も、拷問又は残虐な、非人道的な若しくは品位を傷つける取扱い若しくは刑罰を受けない。特に、いかなる者も、その自由な同意なしに医学的又は科学的実験を受けない。

2 締約国は、障害者が、他の者との平等を基礎として、拷問又は残虐な、非人道的な若しくは品位を傷つける取扱い若しくは刑罰を受けることがないようにするため、全ての効果的な立法上、行政上、司法上その他の措置をとる。

第一六条（搾取、暴力及び虐待からの自由） 1 締約国は、家庭の内外におけるあらゆる形態の搾取、暴力及び虐待（性別に基づくものを含む。）から障害者を保護するための全ての適当な立法上、行政上、社会上、教育上その他の措置をとる。

2　また、締約国は、特に、障害者並びにその家族及び介護者に対する適当な形態の性別及び年齢に配慮した援助及び支援（搾取、暴力及び虐待の事案を防止し、認識し、及び報告する方法に関する情報及び教育を提供することによるものを含む。）を確保することにより、あらゆる形態の搾取、暴力及び虐待を防止するための全ての適当な措置をとる。締約国は、保護事業が年齢、性別及び障害に配慮したものであることを確保する。

3　締約国は、あらゆる形態の搾取、暴力及び虐待の発生を防止するため、障害者に役立つことを意図した全ての施設及び計画が独立した当局により効果的に監視されることを確保する。

4　締約国は、あらゆる形態の搾取、暴力又は虐待の被害者となる障害者の身体的、認知的及び心理的な回復、リハビリテーション並びに社会復帰を促進するための全ての適当な措置（保護事業の提供によるものを含む。）をとる。このような回復及び復帰は、障害者の健康、福祉、自尊心、尊厳及び自律を育成する環境において行われるものとし、性別及び年齢に応じたニーズを考慮に入れる。

5　締約国は、障害者に対する搾取、暴力及び虐待の事案が特定され、捜査され、及び適当な場合には訴追されることを確保するための効果的な法令及び政策（女子及び児童に重点を置いた法令及び政策を含む。）を策定する。

第一七条（個人をそのままの状態で保護すること） 全ての障害者は、他の者との平等を基礎として、その心身がそのままの状態で尊重される権利を有する。

第一八条（移動の自由及び国籍についての権利） 1　締約国は、障害者に対して次のことを確保すること等により、障害者が他の者との平等を基礎として移動の自由、居住の自由及び国籍についての権利を有することを認める。

(a)　国籍を取得し、及び変更する権利を有すること並びにその国籍を恣意的に又は障害に基づいて奪われないこと。

(b)　国籍に係る文書若しくは身元に係る他の文書を入手し、所有し、及び利用すること又は移動の自由についての権利の行使を容易にするために必要とされる関連手続（例えば、出入国の手続）を利用することを、障害に基づいて奪われないこと。

(c)　いずれの国（自国を含む。）からも自由に離れることができること。

(d)　自国に戻る権利を恣意的に又は障害に基づいて奪われないこと。

2　障害のある児童は、出生の後直ちに登録される。障害のある児童は、出生の時から氏名を有する権利及び国籍を取得する権利を有するものとし、また、できる限りその父母を知り、かつ、その父母によって養育される権利を有する。

第一九条（自立した生活及び地域社会への包容） この条約の締約国は、全ての障害者が他の者と平等の選択の機会をもって地域社会で生活する平等の権利を有することを認めるものとし、障害者が、この権利を完全に享受し、並びに地域社会に完全に包容され、及び参加することを容易にするための効果的かつ適当な措置をとる。この措置には、次のことを確保することによるものを含む。

(a)　障害者が、他の者との平等を基礎として、居住地を選択し、及びどこで誰と生活するかを選択する機会を有すること並びに特定の生活施設で生活する義務を負わないこと。

(b)　地域社会における生活及び地域社会への包容を支援し、並びに地域社会からの孤立及び隔離を防止するために必要な在宅サービス、居住サービスその他の地域社会支援サービス（個別の支援を含む。）を障害者が利用する機会を有すること。

(c)　一般住民向けの地域社会サービス及び施設が、障害者にとって他の者との平等を基礎として利用可能であり、かつ、障害者のニーズに対応していること。

第二〇条（個人の移動を容易にすること） 締約国は、障害者自身ができる限り自立して移動することを容易にすることを確保するための効果的な措置をとる。この措置には、次のことによるものを含む。

(a)　障害者自身が、自ら選択する方法で、自ら選択する時に、かつ、負担しやすい費用で移動することを容易にすること。

(b)　障害者が質の高い移動補助具、補装具、支援機器、人又は動物による支援及び仲介する者を利用する機会を得やすくすること（これらを負担しやすい費用で利用可能なものとすることを含む。）。

(c)　障害者及び障害者と共に行動する専門職員に対し、移動のための技能に関する研修を提供すること。

(d)　移動補助具、補装具及び支援機器を生産する事業体に対し、障害者の移動のあらゆる側面を考慮するよう奨励すること。

第二一条（表現及び意見の自由並びに情報の利用の機会） 締約国は、障害者が、第二条に定めるあらゆる形態の意思疎通であって自ら選択するものにより、表現及び意見の自由（他の者との平等を基礎として情報及び考えを求め、受け、及び伝える自由を含む。）についての権利を行使することができることを確保するための全ての適当な措置をとる。この措置には、次のことによるものを含む。

(a)　障害者に対し、様々な種類の障害に相応した利用しやすい様式及び機器により、適時に、かつ、追加の費用を伴わず、一般公衆向けの情報を提供すること。

(b)　公的な活動において、手話、点字、補助的及び代替的な意思疎通並びに障害者が自ら選択する他の全ての利用しやすい意思疎通の手段、形態及び様式を用いることを受け入れ、及び容易にすること。

(c)　一般公衆に対してサービス（インターネットによるものを含む。）を提供する民間の団体が情報及びサービスを障害者にとって利用しやすい又は使用可能な様式で提供するよう要請すること。

(d)　マスメディア（インターネットを通じて情報を提供する者を含む。）がそのサービスを障害者にとって利用しやすいものとするよう奨励すること。

(e)　手話の使用を認め、及び促進すること。

第二二条（プライバシーの尊重） 1　いかなる障害者も、居住地又は生活施設のいかんを問わず、そのプライバシー、家族、住居又は通信その他の形態の意思疎通に対して恣意的に又は不法に干渉されず、また、名誉及び信用を不法に攻撃されない。障害者は、このような干渉又は攻撃に対する法律の保護を受ける権利を有する。

2　締約国は、他の者との平等を基礎として、障害者の個人、健康及びリハビリテーションに関する情報に係るプライバシーを保護する。

第二三条（家庭及び家族の尊重） 1　締約国は、他の者との平等を基礎として、婚姻、家族、親子関係及び個人的な関係に係る全ての事項に関し、障害者に対する差別を撤廃するための効果的かつ適当な措置をとる。この措置は、次のことを確保することを目的とする。

(a)　婚姻をすることができる年齢の全ての障害者が、両当事者の自由かつ完全な合意に基づいて婚姻をし、かつ、家族を形成する権利を認められること。

(b)　障害者が子の数及び出産の間隔を自由にかつ責任をもって決定する権利を認められ、また、障害者が生殖及び家族計画について年齢に適した情報及び教育を享受する権利を認められること。さらに、障害者がこれらの権利を行使することを可能とするために必要な手段を提供されること。

(c)　障害者（児童を含む。）が、他の者との平等を基礎として生殖能力を保持すること。

2　締約国は、子の後見、養子縁組又はこれらに類する制度が国内法令に存在する場合には、それらの制度に係る障害者の権利及び責任を確保する。あらゆる場合において、子の最善の利益は至上である。締約国は、障害者が子の養育についての責任を遂行するに当たり、当該障害者に対して適当な援助を与える。

3　締約国は、障害のある児童が家庭生活について平等の権利を有することを確保する。締約国は、この権利を実現し、並びに障害のある児童の隠匿、遺棄、放置及び隔離を防止するため、障害のある児童及びその家族に対し、包括的な情報、サービス及び支援を早期に提供することを約束する。

4　締約国は、児童がその父母の意思に反してその父母から分離されないことを確保する。ただし、権限のある当局が司法の審査に従うことを条件として適用のある法律及び手続に従いその分離が児童の最善の利益のために必要であると決定する場合は、この限りでない。いかなる場合にも、児童は、自己の障害又は父母の一方若しくは双方の障害に基づいて父母から分離されない。

5　締約国は、近親の家族が障害のある児童を監護することができない場合には、一層広い範囲の家族の中で代替的な監護を提供し、及びこれが不可能なときは、地域社会の中で家庭的な環境により代替的な監護を提供するようあらゆる努力を払う。

第二四条（**教育**）1　締約国は、教育についての障害者の権利を認める。締約国は、この権利を差別なしに、かつ、機会の均等を基礎として実現するため、障害者を包容するあらゆる段階の教育制度及び生涯学習を確保する。当該教育制度及び生涯学習は、次のことを目的とする。

(a)　人間の潜在能力並びに尊厳及び自己の価値についての意識を十分に発達させ、並びに人権、基本的自由及び人間の多様性の尊重を強化すること。

(b)　障害者が、その人格、才能及び創造力並びに精神的及び身体的な能力をその可能な最大限度まで発達させること。

(c)　障害者が自由な社会に効果的に参加することを可能とすること。

2　締約国は、1の権利の実現に当たり、次のことを確保する。

(a)　障害者が障害に基づいて一般的な教育制度から排除されないこと及び障害のある児童が障害に基づいて無償のかつ義務的な初等教育から又は中等教育から排除されないこと。

(b)　障害者が、他の者との平等を基礎として、自己の生活する地域社会において、障害者を包容し、質が高く、かつ、無償の初等教育を享受することができること及び中等教育を享受することができること。

(c)　個人に必要とされる合理的配慮が提供されること。

(d)　障害者が、その効果的な教育を容易にするために必要な支援を一般的な教育制度の下で受けること。

(e)　学問的及び社会的な発達を最大にする環境において、完全な包容という目標に合致する効果的で個別化された支援措置がとられること。

3　締約国は、障害者が教育に完全かつ平等に参加し、及び地域社会の構成員として完全かつ平等に参加することを容易にするため、障害者が生活する上での技能及び社会的な発達のための技能を習得することを可能とする。このため、締約国は、次のことを含む適当な措置をとる。

(a)　点字、代替的な文字、意思疎通の補助的及び代替的な形態、手段及び様式並びに定位及び移動のための技能の習得並びに障害者相互による支援及び助言を容易にすること。

(b)　手話の習得及び聾社会の言語的な同一性の促進を容易にすること。

(c)　盲人、聾者又は盲聾者（特に盲人、聾者又は盲聾者である児童）の教育が、その個人にとって最も適当な言語並びに意思疎通の形態及び手段で、かつ、学問的及び社会的な発達を最大にする環境において行われることを確保すること。

4　締約国は、1の権利の実現の確保を助長することを目的として、手話又は点字について能力を有する教員（障害のある教員を含む。）を雇用し、並びに教育に従事する専門家及び職員（教育のいずれの段階において従事するかを問わない。）に対する研修を行うための適当な措置をとる。この研修には、障害についての意識の向上を組み入れ、また、適当な意思疎通の補助的及び代替的な形態、手段及び様式の使用並びに障害者を支援するための教育技法及び教材の使用を組み入れるものとする。

5　締約国は、障害者が、差別なしに、かつ、他の者との平等を基礎として、一般的な高等教育、職業訓練、成人教育及び生涯学習を享受することができることを確保する。このため、締約国は、合理的配慮が障害者に提供されることを確保する。

第二五条（**健康**）締約国は、障害者が障害に基づく差別なしに到達可能な最高水準の健康を享受する権利を有することを認める。締約国は、障害者が性別に配慮した保健サービス（保健に関連するリハビリテーションを含む。）を利用する機会を有することを確保するための全ての適当な措置をとる。締約国は、特に、次のことを行う。

(a)　障害者に対して他の者に提供されるものと同一の範囲、質及び水準の無償の又は負担しやすい費用の保健及び保健計画（性及び生殖に係る健康並びに住民のための公衆衛生計画の分野のものを含む。）を提供すること。

(b)　障害者が特にその障害のために必要とする保健サービス（早期発見及び適当な場合には早期関与並びに特に児童及び高齢者の新たな障害を最小限にし、及び防止するためのサービスを含む。）を提供すること。

(c)　これらの保健サービスを、障害者自身が属する地域社会（農村を含む。）の可能な限り近くにおいて提供すること。

(d)　保健に従事する者に対し、特に、研修を通じて及び公私の保健に関する倫理基準を広く知らせることによって障害者の人権、尊厳、自律及びニーズに関する意識を高めることにより、他の者と同一の質の医療（例えば、事情を知らされた上での自由な同意を基礎とした医療）を障害者に提供するよう要請すること。

(e)　健康保険及び国内法により認められている場合には生命保険の提供に当たり、公正かつ妥当な方法で行い、及び障害者に対する差別を禁止すること。

(f)　保健若しくは保健サービス又は食糧及び飲料の提供に関し、障害に基づく差別的な拒否を防止すること。

第二六条（**ハビリテーション**（**適応のための技能の習得**）**及びリハビリテーション**）1　締約国は、障害者が、最大限の自立並びに十分な身体的、精神的、社会的及び職業的な能力を達成し、及び維持し、並びに生活のあらゆる側面への完全な包容及び参加を達成し、及び維持することを可能とするための効果的かつ適当な措置（障害者相互による支援を通じたものを含む。）をとる。このため、締約国は、特に、保健、雇用、教育及び社会に係るサービスの分野において、ハビリテーション及びリハビリテーションについての包括的なサービス及びプログラムを企画し、強化し、及び拡張する。この場合において、これらのサービス及びプログラムは、次のようなものとする。

(a)　可能な限り初期の段階において開始し、並びに個人のニーズ及び長所に関する学際的な評価を基礎とするものであること。

(b)　地域社会及び社会のあらゆる側面への参加及び包容を支援し、自発的なものであり、並びに障害者自身が属する地域社会（農村を含む。）の可能な限り近くにおいて利用可能なものであること。

2　締約国は、ハビリテーション及びリハビリテーションのサービスに従事する専門家及び職員に対する初期研修及び継続的な研修の充実を促進する。

3　締約国は、障害者のために設計された補装具及び支援機器であって、ハビリテーション及びリハビリテーションに関連するものの利用可能性、知識及び使用を促進する。

第二七条（労働及び雇用）　1　締約国は、障害者が他の者との平等を基礎として労働についての権利を有することを認める。この権利には、障害者に対して開放され、障害者を包容し、及び障害者にとって利用しやすい労働市場及び労働環境において、障害者が自由に選択し、又は承諾する労働によって生計を立てる機会を有する権利を含む。締約国は、特に次のことのための適当な措置（立法によるものを含む。）をとることにより、労働についての障害者（雇用の過程で障害を有することとなった者を含む。）の権利が実現されることを保障し、及び促進する。

(a)　あらゆる形態の雇用に係る全ての事項（募集、採用及び雇用の条件、雇用の継続、昇進並びに安全かつ健康的な作業条件を含む。）に関し、障害に基づく差別を禁止すること。

(b)　他の者との平等を基礎として、公正かつ良好な労働条件（均等な機会及び同一価値の労働についての同一報酬を含む。）、安全かつ健康的な作業条件（嫌がらせからの保護を含む。）及び苦情に対する救済についての障害者の権利を保護すること。

(c)　障害者が他の者との平等を基礎として労働及び労働組合についての権利を行使することができることを確保すること。

(d)　障害者が技術及び職業の指導に関する一般的な計画、職業紹介サービス並びに職業訓練及び継続的な訓練を利用する効果的な機会を有することを可能とすること。

(e)　労働市場において障害者の雇用機会の増大を図り、及びその昇進を促進すること並びに職業を求め、これに就き、これを継続し、及びこれに復帰する際の支援を促進すること。

(f)　自営活動の機会、起業家精神、協同組合の発展及び自己の事業の開始を促進すること。

(g)　公的部門において障害者を雇用すること。

(h)　適当な政策及び措置（積極的差別是正措置、奨励措置その他の措置を含めることができる。）を通じて、民間部門における障害者の雇用を促進すること。

(i)　職場において合理的配慮が障害者に提供されることを確保すること。

(j)　開かれた労働市場において障害者が職業経験を得ることを促進すること。

(k)　障害者の職業リハビリテーション、職業の保持及び職場復帰計画を促進すること。

2　締約国は、障害者が、奴隷の状態又は隷属状態に置かれないこと及び他の者との平等を基礎として強制労働から保護されることを確保する。

第二八条（相当な生活水準及び社会的な保障）　1　締約国は、障害者が、自己及びその家族の相当な生活水準（相当な食糧、衣類及び住居を含む。）についての権利並びに生活条件の不断の改善についての権利を有することを認めるものとし、障害に基づく差別なしにこの権利を実現することを保障し、及び促進するための適当な措置をとる。

2　締約国は、社会的な保障についての障害者の権利及び障害に基づく差別なしにこの権利を享受することについての障害者の権利を認めるものとし、この権利の実現を保障し、及び促進するための適当な措置をとる。この措置には、次のことを確保するための措置を含む。

(a)　障害者が清浄な水のサービスを利用する均等な機会を有し、及び障害者が障害に関連するニーズに係る適当なかつ費用の負担しやすいサービス、補装具その他の援助を利用する機会を有すること。

(b)　障害者（特に、障害のある女子及び高齢者）が社会的な保障及び貧困削減に関する計画を利用する機会を有すること。

(c)　貧困の状況において生活している障害者及びその家族が障害に関連する費用についての国の援助（適当な研修、カウンセリング、財政的援助及び介護者の休息のための一時的な介護を含む。）を利用する機会を有すること。

(d)　障害者が公営住宅計画を利用する機会を有すること。

(e)　障害者が退職に伴う給付及び計画を利用する均等な機会を有すること。

第二九条（政治的及び公的活動への参加）　締約国は、障害者に対して政治的権利を保障し、及び他の者との平等を基礎としてこの権利を享受する機会を保障するものとし、次のことを約束する。

(a)　特に次のことを行うことにより、障害者が、直接に、又は自由に選んだ代表者を通じて、他の者との平等を基礎として、政治的及び公的活動に効果的かつ完全に参加することができること（障害者が投票し、及び選挙される権利及び機会を含む。）を確保すること。

(i)　投票の手続、設備及び資料が適当な及び利用しやすいものであり、並びにその理解及び使用が容易であることを確保すること。

(ii)　障害者が、選挙及び国民投票において脅迫を受けることなく秘密投票によって投票し、選挙に立候補し、並びに政府のあらゆる段階において実質的に在職し、及びあらゆる公務を遂行する権利を保護すること。この場合において、適当なときは支援機器及び新たな機器の使用を容易にするものとする。

(iii)　選挙人としての障害者の意思の自由な表明を保障すること。このため、必要な場合には、障害者の要請に応じて、当該障害者により選択される者が投票の際に援助することを認めること。

(b)　障害者が、差別なしに、かつ、他の者との平等を基礎として、政治に効果的かつ完全に参加することができる環境を積極的に促進し、及び政治への障害者の参加を奨励すること。政治への参加には、次のことを含む。

(i)　国の公的及び政治的活動に関係のある非政府機関及び非政府団体に参加し、並びに政党の活動及び運営に参加すること。

(ii)　国際、国内、地域及び地方の各段階において障害者を代表するための障害者の組織を結成し、並びにこれに参加すること。

第三〇条（文化的な生活、レクリエーション、余暇及びスポーツへの参加）　1　締約国は、障害者が他の者との平等を基礎として文化的な生活に参加する権利を認めるものとし、次のことを確保するための全ての適当な措置をとる。

(a)　障害者が、利用しやすい様式を通じて、文化的な作品を享受する機会を有すること。

(b)　障害者が、利用しやすい様式を通じて、テレビジョン番組、映画、演劇その他の文化的な活動を享受する機会を有すること。

(c)　障害者が、文化的な公演又はサービスが行われる場所（例えば、劇場、博物館、映画館、図書館、観光サービス）を利用する機会を有し、並びに自国の文化的に重要な記念物及び場所を享受する機会をできる限り有すること。

2　締約国は、障害者が、自己の利益のためのみでなく、社会を豊かにするためにも、自己の創造的、芸術的及び知的な潜在能力を開発し、及び活用する機会を有することを可能とするための適当な措置をとる。

3　締約国は、国際法に従い、知的財産権を保護する法律が、障害者が文化的な作品を享受する機会を妨げる不当な又は差別的な障壁とならないことを確保するための全ての適当な措置をとる。

4　障害者は、他の者との平等を基礎として、その独自の文化的及び言語的な同一性（手話及び聾文化を含む。）の承認及び支持を受ける権利を有する。

5　締約国は、障害者が他の者との平等を基礎としてレクリエーション、余暇及びスポーツの活動に参加することを可能とすることを目的として、次のことのための適当な措置をとる。

(a) 障害者があらゆる水準の一般のスポーツ活動に可能な限り参加することを奨励し、及び促進すること。

(b) 障害者が障害に応じたスポーツ及びレクリエーションの活動を組織し、及び発展させ、並びにこれらに参加する機会を有することを確保すること。このため、適当な指導、研修及び資源が他の者との平等を基礎として提供されるよう奨励すること。

(c) 障害者がスポーツ、レクリエーション及び観光の場所を利用する機会を有することを確保すること。

(d) 障害のある児童が遊び、レクリエーション、余暇及びスポーツの活動（学校制度におけるこれらの活動を含む。）への参加について他の児童と均等な機会を有することを確保すること。

(e) 障害者がレクリエーション、観光、余暇及びスポーツの活動の企画に関与する者によるサービスを利用する機会を有することを確保すること。

第三一条（統計及び資料の収集） 1　締約国は、この条約を実効的なものとするための政策を立案し、及び実施することを可能とするための適当な情報（統計資料及び研究資料を含む。）を収集することを約束する。この情報を収集し、及び保持する過程においては、次のことを満たさなければならない。

(a) 障害者の秘密の保持及びプライバシーの尊重を確保するため、法令に定める保障措置（資料の保護に関する法令を含む。）を遵守すること。

(b) 人権及び基本的自由を保護するための国際的に受け入れられた規範並びに統計の収集及び利用に関する倫理上の原則を遵守すること。

2　この条の規定に従って収集された情報は、適宜分類されるものとし、この条約に基づく締約国の義務の履行の評価に役立てるために、並びに障害者がその権利を行使する際に直面する障壁を特定し、及び当該障壁に対処するために利用される。

3　締約国は、これらの統計の普及について責任を負うものとし、これらの統計が障害者及び他の者にとって利用しやすいことを確保する。

第三二条（国際協力） 1　締約国は、この条約の目的及び趣旨を実現するための自国の努力を支援するために国際協力及びその促進が重要であることを認識し、この点に関し、国家間において並びに適当な場合には関連のある国際的及び地域的機関並びに市民社会（特に障害者の組織）と連携して、適当かつ効果的な措置をとる。これらの措置には、特に次のことを含むことができる。

(a) 国際協力（国際的な開発計画を含む。）が、障害者を包容し、かつ、障害者にとって利用しやすいものであることを確保すること。

(b) 能力の開発（情報、経験、研修計画及び最良の実例の交換及び共有を通じたものを含む。）を容易にし、及び支援すること。

(c) 研究における協力を容易にし、並びに科学及び技術に関する知識を利用する機会を得やすくすること。

(d) 適当な場合には、技術援助及び経済援助（利用しやすい支援機器を利用する機会を得やすくし、及びこれらの機器の共有を容易にすることによる援助並びに技術移転を通じた援助を含む。）を提供すること。

2　この条の規定は、この条約に基づく義務を履行する各締約国の義務に影響を及ぼすものではない。

第三三条（国内における実施及び監視） 1　締約国は、自国の制度に従い、この条約の実施に関連する事項を取り扱う一又は二以上の中央連絡先を政府内に指定する。また、締約国は、異なる部門及び段階における関連のある活動を容易にするため、政府内における調整のための仕組みの設置又は指定に十分な考慮を払う。

2　締約国は、自国の法律上及び行政上の制度に従い、この条約の実施を促進し、保護し、及び監視するための枠組み（適当な場合には、一又は二以上の独立した仕組みを含む。）を自国内において維持し、強化し、指定し、又は設置する。締約国は、このような仕組みを指定し、又は設置する場合には、人権の保護及び促進のための国内機構の地位及び役割に関する原則を考慮に入れる。

3　市民社会（特に、障害者及び障害者を代表する団体）は、監視の過程に十分に関与し、かつ、参加する。

第三四条（障害者の権利に関する委員会） 1　障害者の権利に関する委員会（以下「委員会」という。）を設置する。委員会は、以下に定める任務を遂行する。

2　委員会は、この条約の効力発生の時は十二人の専門家で構成する。効力発生の時の締約国に加え更に六十の国がこの条約を批准し、又はこれに加入した後は、委員会の委員の数を六人増加させ、上限である十八人とする。

3　委員会の委員は、個人の資格で職務を遂行するものとし、徳望が高く、かつ、この条約が対象とする分野において能力及び経験を認められた者とする。締約国は、委員の候補者を指名するに当たり、第四条3の規定に十分な考慮を払うよう要請される。

4　委員会の委員については、締約国が、委員の配分が地理的に衡平に行われること、異なる文明形態及び主要な法体系が代表されること、男女が衡平に代表されること並びに障害のある専門家が参加することを考慮に入れて選出する。

5　委員会の委員は、締約国会議の会合において、締約国により当該締約国の国民の中から指名された者の名簿の中から秘密投票により選出される。締約国会議の会合は、締約国の三分の二をもって定足数とする。これらの会合においては、出席し、かつ、投票する締約国の代表によって投じられた票の最多数で、かつ、過半数の票を得た者をもって委員会に選出された委員とする。

6　委員会の最初の選挙は、この条約の効力発生の日の後六箇月以内に行う。国際連合事務総長は、委員会の委員の選挙の日の遅くとも四箇月前までに、締約国に対し、自国が指名する者の氏名を二箇月以内に提出するよう書簡で要請する。その後、同事務総長は、指名された者のアルファベット順による名簿（これらの者を指名した締約国名を表示した名簿とする。）を作成し、この条約の締約国に送付する。

7　委員会の委員は、四年の任期で選出される。委員は、一回のみ再選される資格を有する。ただし、最初の選挙において選出された委員のうち六人の委員の任期は、二年で終了するものとし、これらの六人の委員は、最初の選挙の後直ちに、5に規定する会合の議長によりくじ引で選ばれる。

8　委員会の六人の追加的な委員の選挙は、この条の関連規定に従って定期選挙の際に行われる。

9　委員会の委員が死亡し、辞任し、又は他の理由のためにその職務を遂行することができなくなったことを宣言した場合には、当該委員を指名した締約国は、残余の期間その職務を遂行する他の専門家であって、資格を有し、かつ、この条の関連規定に定める条件を満たすものを任命する。

10　委員会は、その手続規則を定める。

11　国際連合事務総長は、委員会がこの条約に定める任務を効果的に遂行するために必要な職員及び便益を提供するものとし、委員会の最初の会合を招集する。

12　この条約に基づいて設置される委員会の委員は、国際連合総会が委員会の任務の重要性を考慮して決定する条件に従い、同総会の承認を得て、国際連合の財源から報酬を受ける。

13　委員会の委員は、国際連合の特権及び免除に関する条約の関連規定に規定する国際連合のための職務を遂行する専門家の便益、特権及び免除を享受する。

第三五条（締約国による報告）１　各締約国は、この条約に基づく義務を履行するためにとった措置及びこれらの措置によりもたらされた進歩に関する包括的な報告を、この条約が自国について効力を生じた後二年以内に国際連合事務総長を通じて委員会に提出する。

２　その後、締約国は、少なくとも四年ごとに、更に委員会が要請するときはいつでも、その後の報告を提出する。

３　委員会は、報告の内容について適用される指針を決定する。

４　委員会に対して包括的な最初の報告を提出した締約国は、その後の報告においては、既に提供した情報を繰り返す必要はない。締約国は、委員会に対する報告を作成するに当たり、公開され、かつ、透明性のある過程において作成することを検討し、及び第四条３の規定に十分な考慮を払うよう要請される。

５　報告には、この条約に基づく義務の履行の程度に影響を及ぼす要因及び困難を記載することができる。

第三六条（報告の検討）１　委員会は、各報告を検討する。委員会は、当該報告について、適当と認める提案及び一般的な性格を有する勧告を行うものとし、これらの提案及び一般的な性格を有する勧告を関係締約国に送付する。当該関係締約国は、委員会に対し、自国が選択する情報を提供することにより回答することができる。委員会は、この条約の実施に関連する追加の情報を当該関係締約国に要請することができる。

２　いずれかの締約国による報告の提出が著しく遅延している場合には、委員会は、委員会にとって利用可能な信頼し得る情報を基礎として当該締約国におけるこの条約の実施状況を審査することが必要であることについて当該締約国に通報（当該通報には、関連する報告が当該通報の後三箇月以内に行われない場合には審査する旨を含む。）を行うことができる。委員会は、当該締約国がその審査に参加するよう要請する。当該締約国が関連する報告を提出することにより回答する場合には、１の規定を適用する。

３　国際連合事務総長は、１の報告を全ての締約国が利用することができるようにする。

４　締約国は、１の報告を自国において公衆が広く利用することができるようにし、これらの報告に関連する提案及び一般的な性格を有する勧告を利用する機会を得やすくする。

５　委員会は、適当と認める場合には、締約国からの報告に記載されている技術的な助言若しくは援助の要請又はこれらの必要性の記載に対処するため、これらの要請又は必要性の記載に関する委員会の見解及び勧告がある場合には当該見解及び勧告とともに、国際連合の専門機関、基金及び計画その他の権限のある機関に当該報告を送付する。

第三七条（締約国と委員会との間の協力）１　各締約国は、委員会と協力するものとし、委員の任務の遂行を支援する。

２　委員会は、締約国との関係において、この条約の実施のための当該締約国の能力を向上させる方法及び手段（国際協力を通じたものを含む。）に十分な考慮を払う。

第三八条（委員会と他の機関との関係）この条約の効果的な実施を促進し、及びこの条約が対象とする分野における国際協力を奨励するため、

(a)　専門機関その他の国際連合の機関は、その任務の範囲内にある事項に関するこの条約の規定の実施についての検討に際し、代表を出す権利を有する。委員会は、適当と認める場合には、専門機関その他の権限のある機関に対し、これらの機関の任務の範囲内にある事項に関するこの条約の実施について専門家の助言を提供するよう要請することができる。委員会は、専門機関その他の国際連合の機関に対し、これらの機関の任務の範囲内にある事項に関するこの条約の実施について報告を提出するよう要請することができる。

(b)　委員会は、その任務を遂行するに当たり、それぞれの報告に係る指針、提案及び一般的な性格を有する勧告の整合性を確保し、並びにその任務の遂行における重複を避けるため、適当な場合には、人権に関する国際条約によって設置された他の関連する組織と協議する。

第三九条（委員会の報告）委員会は、その活動につき二年ごとに国際連合総会及び経済社会理事会に報告するものとし、また、締約国から得た報告及び情報の検討に基づく提案及び一般的な性格を有する勧告を行うことができる。これらの提案及び一般的な性格を有する勧告は、締約国から意見がある場合にはその意見とともに、委員会の報告に記載する。

第四〇条（締約国会議）１　締約国は、この条約の実施に関する事項を検討するため、定期的に締約国会議を開催する。

２　締約国会議は、この条約が効力を生じた後六箇月以内に国際連合事務総長が招集する。その後の締約国会議は、二年ごとに又は締約国会議の決定に基づき同事務総長が招集する。

第四一条（寄託者）この条約の寄託者は、国際連合事務総長とする。

第四二条（署名）この条約は、二千七年三月三十日から、ニューヨークにある国際連合本部において、全ての国及び地域的な統合のための機関による署名のために開放しておく。

第四三条（拘束されることについての同意）この条約は、署名国によって批准されなければならず、また、署名した地域的な統合のための機関によって正式確認されなければならない。この条約は、これに署名していない国及び地域的な統合のための機関による加入のために開放しておく。

第四四条（地域的な統合のための機関）１「地域的な統合のための機関」とは、特定の地域の主権国家によって構成される機関であって、この条約が規律する事項に関してその構成国から権限の委譲を受けたものをいう。地域的な統合のための機関は、この条約の規律する事項に関するその権限の範囲をこの条約の正式確認書又は加入書において宣言する。その後、当該機関は、その権限の範囲の実質的な変更を寄託者に通報する。

２　この条約において「締約国」についての規定は、地域的な統合のための機関の権限の範囲内で当該機関について適用する。

３　次条１並びに第四十七条２及び３の規定の適用上、地域的な統合のための機関が寄託する文書は、これを数に加えてはならない。

４　地域的な統合のための機関は、その権限の範囲内の事項について、この条約の締約国であるその構成国の数と同数の票を締約国会議において投ずる権利を行使することができる。当該機関は、その構成国が自国の投票権を行使する場合には、投票権を行使してはならない。その逆の場合も、同様とする。

第四五条（効力発生）１　この条約は、二十番目の批准書又は加入書が寄託された後三十日目の日に効力を生ずる。

２　この条約は、二十番目の批准書又は加入書が寄託された後にこれを批准し、若しくは正式確認し、又はこれに加入する国又は地域的な統合のための機関については、その批准書、正式確認書又は加入書の寄託の後三十日目の日に効力を生ずる。

第四六条（留保）１　この条約の趣旨及び目的と両立しない留保は、認められない。

２　留保は、いつでも撤回することができる。

第四七条（改正）１　いずれの締約国も、この条約の改正を提案し、及び改正案を国際連合事務総長に提出することができる。同事務総長は、締約国に対し、改正案を送付するものとし、締約国による改正案の審議及び決定のための締約国の会議の開催についての賛否を通報するよう要請する。その送付の日から四箇月以内に締約国の三分の一以上が会議の開催に賛成する場合には、同事務総長は、国際連合の主催の下に会議を招集する。会議において出席し、かつ、投票する締約国の三分の二以上の多数によって採択された改正案は、同事務総長により、承認のために国際連合総会に送付され、その後受諾のために全ての締約国に送付される。

２　１の規定により採択され、かつ、承認され

た改正は、当該改正の採択の日における締約国の三分の二以上が受諾書を寄託した後三十日目の日に効力を生ずる。その後は、当該改正は、いずれの締約国についても、その受諾書の寄託の後三十日目の日に効力を生ずる。改正は、それを受諾した締約国のみを拘束する。

3　締約国会議がコンセンサス方式によって決定する場合には、1の規定により採択され、かつ、承認された改正であって、第三十四条及び第三十八条から第四十条までの規定にのみ関連するものは、当該改正の採択の日における締約国の三分の二以上が受諾書を寄託した後三十日目の日に全ての締約国について効力を生ずる。

第四八条（廃棄） 締約国は、国際連合事務総長に対して書面による通告を行うことにより、この条約を廃棄することができる。廃棄は、同事務総長がその通告を受領した日の後一年で効力を生ずる。

第四九条（利用しやすい様式） この条約の本文は、利用しやすい様式で提供される。

第五〇条（正文） この条約は、アラビア語、中国語、英語、フランス語、ロシア語及びスペイン語をひとしく正文とする。

以上の証拠として、下名の全権委員は、各自の政府から正当に委任を受けてこの条約に署名した。

●国際連合教育科学文化機関憲章（ユネスコ憲章）（抜粋）

（昭和二六年一〇月六日　条約第四号）

効力発生、昭二六・七・一一
最終改正、平一四—外告二五八

この憲章の当事国政府は、その国民に代つて次のとおり宣言する。

戦争は人の心の中で生れるものであるから、人の心の中に平和のとりでを築かなければならない。

相互の風習と生活を知らないことは、人類の歴史を通じて世界の諸人民の間に疑惑と不信をおこした共通の原因であり、この疑惑と不信のために、諸人民の不一致があまりにもしばしば戦争となつた。

ここに終りを告げた恐るべき大戦争は、人間の尊厳・平等・相互の尊重という民主主義の原理を否認し、これらの原理の代りに、無知と偏見を通じて人間と人種の不平等という教義をひろめることによつて可能にされた戦争であつた。

文化の広い普及と正義・自由・平和のための人類の教育とは、人間の尊厳に欠くことのできないものであり、且つ、すべての国民が相互の援助及び相互の関心の精神をもつて果さなければならない神聖な義務である。

政府の政治的及び経済的取極のみに基く平和は、世界の諸人民の、一致した、しかも永続する誠実な支持を確保できる平和ではない。よつて、平和は、失われないためには、人類の知的及び精神的連帯の上に築かなければならない。

これらの理由によつて、この憲章の当事国は、すべての人に教育の充分で平等な機会が与えられ、客観的真理が拘束を受けずに探究され、且つ、思想と知識が自由に交換されるべきことを信じて、その国民の間における伝達の方法を発展させ及び増加させること並びに相互に理解し及び相互の生活を一層真実に一層完全に知るためにこの伝達の方法を用いることに一致し及び決意している。

その結果、当事国は、世界の諸人民の教育、科学及び文化上の関係を通じて、国際連合の設立の目的であり、且つ、その憲章が宣言している国際平和と人類の共通の福祉という目的を促進するために、ここに国際連合教育科学文化機関を創設する。

第一条（目的及び任務） 1　この機関の目的は、国際連合憲章が世界の諸人民に対して人種、性、言語又は宗教の差別なく確認している正義、法の支配、人権及び基本的自由に対する普遍的な尊重を助長するために教育、科学及び文化を通じて諸国民の間の協力を促進することによつて、平和及び安全に貢献することである。

2　この目的を実現するために、この機関は、次のことを行う。

(a)　大衆通報（マス・コミュニケーション）のあらゆる方法を通じて諸人民が相互に知り且つ理解することを促進する仕事に協力すること並びにこの目的で言語及び表象による思想の自由な交流を促進するために必要な国際協定を勧告すること。

(b)　次のようにして一般の教育と文化の普及とに新しい刺激を与えること。

加盟国の要請によつて教育事業の発展のためにその国と協力すること。

人種、性又は経済的若しくは社会的な差別にかかわらない教育の機会均等の理想を進めるために、諸国民の間における協力の関係をつくること。

自由の責任に対して世界の児童を準備させるのに最も適した教育方法を示唆すること。

(c)　次のようにして知識を維持し、増進し、且つ、普及すること。

世界の遺産である図書、芸術作品並びに歴史及び科学の記念物の保存及び保護を確保し、且つ、関係諸国民に対して必要な国際条約を勧告すること。

教育、科学及び文化の分野で活動している人々の国際的交換並びに出版物、芸術的及び科学的に意義のある物その他の参考資料の交換を含む知的活動のすべての部門における諸国民の間の協力を奨励すること。

いずれの国で作成された印刷物及び刊行物でもすべての国の人民が利用できるようにする国際協力の方法を発案すること。

3　この機関の加盟国の文化及び教育制度の独立、統一性及び実りの多い多様性を維持するために、この機関は、加盟国の国内管轄権に本質的に属する事項に干渉することを禁止される。

第三条（諸機関） この機関は、総会、執行委員会及び事務局をもつ。

第七条（国内協力団体） 1　各加盟国は、教育、科学及び文化の事項にたずさわつている自国の主要な団体をこの機関の事業に参加させるために、その特殊事情に即する措置を執らなければならない。その措置としては、広く政府及びこれらの団体を代表する国内委員会の設立によることが望ましい。

2　国内委員会又は国内協力団体があるところでは、これらは、この機関に関係がある事項について総会における各自国の代表者及び代表者代理並びに自国の政府に対して、助言的資格で行動し、かつ、この機関に関係があるすべての事項について連絡機関としての任務を行う。

3　この機関は、加盟国の要請に基いて、その国の国内委員会に対し、その事業の発展を援助するために臨時的に又は恒久的に事務局員一人を派遣することができる。

学校教育編

―目　次―

第1章　学校制度

●学校教育法

（昭和二二年三月三一日　法律第二六号）

施行、昭二二・四・一
改正、（平二六まで省略）平二七―法二七・法四六・法五〇、平二八―法四七、平二九―法五・法四一、平三〇―法三九、令一―法一一・法三七・法四四

第一章　総則

第一条［学校の定義］　この法律で、学校とは、幼稚園、小学校、中学校、義務教育学校、高等学校、中等教育学校、特別支援学校、大学及び高等専門学校とする。

＊法律に定める学校（教基六1）、名称の専用と専修学校・各種学校（一三五）、学校名称の専用違反の処罰（一四六）

通知　**一条学校の名称使用の禁止について**　一条学校の名称使用禁止は、一定の教育または研究上の設置目的を有し、法令の定める設置基準等の条件を具備する一条学校の教育を公認するとともに、一条学校以外の教育施設が一条学校の名称を用いることにより、一般私人に不利益を及ぼすことがないようにするために設けられた規定である。（昭40・2・27文総審一八文部大臣官房長）

解説　本条は、学校教育法に定める「学校」を定義したものであるが、同時に教育基本法六条一項で示された「法律に定める学校」を受けて定められている。同条をふまえ本条では、学校設置基準（本法三条）に基づく一定の教育条件を備えた九種類の「学校」に限定された。もともとは、戦後教育改革によって戦前の複線型から六・三・三・四制（小・中・高・大）の単線型の学校制度へ転換されたことを受けて、これらを「正系の学校」として法制化したものであったが、その後、一九六一年に「高等専門学校」（昭三六法一四四）が、一九九八年に「中等教育学校」（平一〇法一〇一）、二〇一五年には「義務教育学校」（平二七法四六）が追加規定され、複線化してきている。なお、障害のある子どもが通う学校は、従来の障害種別ごとの盲・聾・養護学校から特別支援学校に一本化され、単線型学校体系（小学部・中学部・高等部）のなかに組み込まれている。また、これら「正系の学校」以外の教育施設には、「専修学校」（一二四条）、「各種学校」（一三四条）がある。在日朝鮮・韓国籍の子どもが通ういわゆる民族学校などは各種学校扱いされ大学進学に不利な扱いを受けており、フリースクール等の扱いを含めて、いわゆる「一条校」問題が未解決なままとなっている。これら外国人学校に対しては、「政権交代」（二〇〇九年九月）以降、「高校実質無償化」の対象となったが、朝鮮学校は政治的事情から留保され、二〇一二年の「政権交代（逆戻り）」後に、無償制の対象から除外された。また、同じく対象外となっているフリースクール、オルタナティブスクール、（シュタイナー・フレネ・サドベリー学校等）ホームスクール及び外国人学校、戦争、経済的理由等で義務教育を十分受けられなかった人びとの学習の場（夜間中学）などを、学校外の普通教育の機会として確保し、公的支援を行うことを目的として、「義務教育の段階における普通教育に相当する教育の機会の確保に関する法律」が二〇一六年一二月に成立した。

第二条［学校の設置者］　学校は、国（国立大学法人法（平成十五年法律第百十二号）第二条第一項に規定する国立大学法人及び独立行政法人国立高等専門学校機構を含む。以下同じ。）、地方公共団体（地方独立行政法人法（平成十五年法律第百十八号）第六十八条第一項に規定する公立大学法人（以下「公立大学法人」という。）を含む。次項及び第百二十七条において同じ。）及び私立学校法（昭和二十四年法律第二百七十号）第三条に規定する学校法人（以下「学校法人」という。）のみが、これを設置することができる。

② この法律で、国立学校とは、国の設置する学校を、公立学校とは、地方公共団体の設置する学校を、私立学校とは、学校法人の設置する学校をいう。

＊法律に定める学校（教基六1）、教育機関の設置（地教行三〇）、私立学校（私学三・二四―五八）、本条の特例（附則六）、株式会社・特定非営利活動法人の学校設置（構造改革特別区域法一二・一三）

解説　本条は、旧教育基本法六条一項及び一一条（補則）を受けて定められた（改正教基法六条一項及び一八条（法令の制定））。改正教育基本法六条一項では、国、地方公共団体のほか、「法律に定める法人のみ」が学校を設置できるとしている。この三者のうち「法律に定める

学校教育法のあらまし

学校教育法とは　本法は、憲法、教基法（〇六年）の理念を受けて、日本の六・三・三・四制の学校制度の基準を定めた《学校制度法》である。本法は、旧教基法とともに一九四七年三月三一日に同日制定され、学校制度面において戦後日本の教育改革の実施に大きな役割を果たしてきた。しかし、二〇〇六年一二月の改正教基法の成立によって、その法的な枠組みを大きく変えていくことになった。

基本的な構成　改正学教法（〇七年）は、第一章「総則」で、各学校の種類にかかわらず共通に有する原則を定め、第二章「義務教育」を新設し、旧法では第七章にあった「幼稚園」を第三章にし、以下、第四章「小学校」、第五章「中学校」、第六章「高等学校」、第七章「中等教育学校」、第八章「特別支援学校」、第九章「大学」、第十章「高等専門学校」、第十一章「専修学校」と構成し直した。第十二章は「雑則（各種学校等の利用など）」、第十三章は「罰則」に関し定めている。この再構成の主な特徴は、義務教育の章を設けたことである。旧法では、目的規定（旧一七条、三五条）において初等普通教育、中等普通教育と明記し、教育学の研究成果に依拠して小学校、中学校等の目的を定めてきたが、〇七年改正で、小・中学校の目的を「義務教育として行われる普通教育」（二九条、四五条）として一括し、義務教育共通の目標規定が新設された。さらに、二〇一五年改正では、第五章「中学校」のあとに、第五章の二「義務教育学校」が追加され、義務教育学校制度が強化された。

特　徴　本法の基本的な特徴は、戦前日本の天皇制国家を支えてきた学校制度から、戦後憲法下における国民の人権としての教育を保障する学校制度へと教育改革を行うことにあった。第一には、戦前の天皇制国家を支えていた教育目的、すなわち「皇国ノ道ニ則リテ、……国民ノ基礎的錬成ヲナス」（国民学校令）という国家主義の目的が否定されて、「真理の探求」「人格の完成」（教育基本法）をめざし、すべての人々が「心身の発達に応じて」、人間として生きていくために欠かせない教育（＝普通教育）を受けることが目的化されたことである。第二には、男女別学、実業学校との枝分かれなどを基本に置いた「複線型の学校体系」から、教育の機会均等・男女共学等の原則に依拠しつつ六・三・三・四制の「単線型の学校体系」への転換を図ることであった。そのために、各学校ごとに勅令（小学校令等）によって定めていた戦前の学校法制を改め、すべての学校種別を網羅した単一総合的な法律を制定したのである。第三には、学校制度として保障する「義務教育年限」

法人」を、本条で「私立学校法第三条に規定する学校法人（以下学校法人と称する。）」とした。また、本条二項では、この三者によって設置される学校の名称を、国立学校、公立学校、私立学校の三種に分けて定義した。このように学校設置者と学校名称を特定したのは、国民・子どもの教育を受ける権利の保障という公教育性、いいかえれば学校教育の安定性や設置者の公共性を確保するためであったといえる。また、国・公・私立に属さない放送大学学園法人や国公立に準じた独立行政法人としての国立大学法人、公立大学法人等を認め、また、構造改革特別区域では、企業やNPO法人も設置者として認められており多様化しつつある。

第三条　**［学校設置基準］**　学校を設置しようとする者は、学校の種類に応じ、文部科学大臣の定める設備、編制その他に関する設置基準に従い、これを設置しなければならない。

＊学校（教基六）、学校の種類（一）、学校の設置者（二）、学校の施設・設備・環境の基準（施規一）、学校の基準（三章―一一章）

通知　**小学校設置基準及び中学校設置基準の制定等について**　私立学校を含め多様な小学校及び中学校の設置を促進する観点から、小学校及び中学校を設置するために必要な最低の基準としてそれぞれの設置基準を定めるとともに、小学校等における自己評価等及び情報の積極的な提供に関する規定等を設けるものである。（平14・3・29文科初一一五七事務次官）

解説　学校設置基準は、公教育の水準を維持し、国民の教育を受ける権利、教育の機会均等等を実現していくために、学校設置者に対して設けられた最低基準であり、子どもの教育環境として、設置者の財政事情その他の理由から人的・物的な格差を生じさせないように、と定められたものである。小学校（平一四文科令一四）及び中学校（平一四文科令一五）の設置基準は、二〇〇二年三月「私立学校を含め多様な小学校及び中学校の設置を促進する観点」（平14・3・29文科省通知一一五七号）などから制定された。このほか高校の設置基準としては、高等学校設置基準（昭二三文令一）、高等学校通信教育規程（昭三七文令三二）、高校定数標準法（昭三六法一八八）がある。大学については、学校教育法施行規則の定め（施規一四二条）、大学設置基準（昭三一文令二八）、大学院設置基準（昭四九文令二八）、専門職大学院設置基準（平一五文科令一六）がある。また、短期大学には、短期大学設置基準（昭五〇文令二一）が定められた。幼稚園についても七四条を受けて、幼稚園設置基準（昭三一文令三二）が定められている。一条に定めた学校ではないが、各種学校には、各種学校規程（昭三一文令三一）が、専修学校には、専修学校設置基準（昭三一文令二）がある。学校設置基準は、各学校段階によって法的な定めや内実にアンバランスがみられ、統一的、体系的に定められたとはいえない。また、設置基準は学校「を設置するのに必要な最低の基準」（小学校設置基準一条二項）であることから、本来はこれを上回るような良い環境にしていくために日常努力していくことが求められているといえる（前掲文科省通知）。

第四条　**［設置廃止等の認可］**　次の各号に掲げる学校の設置廃止、設置者の変更その他政令で定める事項（次条において「設置廃止等」という。）は、それぞれ当該各号に定める者の認可を受けなければならない。これらの学校のうち、高等学校（中等教育学校の後期課程を含む。）の通常の課程（以下「全日制の課程」という。）、夜間その他特別の時間又は時期において授業を行う課程（以下「定時制の課程」という。）及び通信による教育を行う課程（以下「通信制の課程」という。）、大学の学部、大学院及び大学院の研究科並びに第百八条第二項の大学の学科についても、同様とする。

一　公立又は私立の大学及び高等専門学校　文部科学大臣

二　市町村（市町村が単独で又は他の市町村と共同して設立する公立大学法人を含む。次条、第十三条第二項、第十四条、第百三十条第一項及び第百三十一条において同じ。）の設置する高等学校、中等教育学校及び特別支援学校　都道府県の教育委員会

三　私立の幼稚園、小学校、中学校、義務教育学校、高等学校、中等教育学校及び特別支援学校　都道府県知事

②　前項の規定にかかわらず、同項第一号に掲げる学校を設置する者は、次に掲げる事項を行うときは、同項の認可を受けることを要しない。この場合において、当該学校を設置する者は、文部科学大臣の定めるところにより、あらかじめ、文部科学大臣に届け出なければならない。

一　大学の学部若しくは大学院の研究科又は第百八条第二項の大学の学科の設置であつて、当該大学が授

を、戦前の六年制（小学校―「国民学校令」下では八年義務制がうたわれたが実施されなかった）から、新制中学校の三年間を加えた九年制に延長したことである。もちろん義務教育の質は、戦前の《国民の義務》としての教育観から《国民の権利》としての教育（これを保障する行政の無償制・学校設置義務・保護者の就学義務＝義務教育）観へと転換された。

なお、近年に入り小中学校の不登校の子どもが増加し、二〇一九年一〇月の文科省発表で一六万人となった。夜間中学を含め、フリースクールやホームエデュケーションのほか、シュタイナースクール、サドベリースクールなどのオルタナティブスクール、外国人学校など学校教育法一条から除外されていた学びの場を、学校外の普通教育の機会として確保するために、二〇一六年一二月、「義務教育の段階における普通教育に相当する教育の機会の確保等に関する法律」が成立した。

変　遷　日本の学校は、戦後の政策転換もあり当初の改革と異なる制度に変質してきている。とくに、教育の平等主義に基づく単線型の学校体系は、その後、高等専門学校（昭三六）、短期大学の恒常的設置（昭三九）、専修学校（昭五〇）、中等教育学校（平一〇）、義務教育学校（平二七）の設置、高校から大学へのとび級等法制化（平一三）、高校専攻科課程（二年）修了者の大学編入学（平二七）など、「個性と能力の多様性」に依拠した複線型の学校体系に変質してきている。その流れの中で、筑波大学等の設置をはかる《新構想大学》（昭四八）、放送大学（昭五六）、単位制高校（昭六三）の位置づけ、一九五〇年代以降の「地教行法」の成立、「勤評」「学テ」、教頭職の法制化（昭四九）、主任制の省令化（昭五〇）、校長主宰の職員会議設置（平一二）、副校長、主幹教諭、指導教諭の法制化（平一九）等教員の階層化、ラインの強化がなされた。二〇〇一年の教育改革国民会議報告等を契機に、社会奉仕体験活動の導入（平一三）、専門職大学院制度の創設、第三者評価制度の導入（平一四）、学校運営協議会制度設置（平一六）、特別支援教育の整備（平一八）等がなされた。〇七年改正では、義務教育目標規定の新設、文科大臣の定める対象が、「教科に関する事項」から「教育課程に関する事項」（三三条、四八条）に拡大され、教育内容の国家管理が強化され、学校運営改善のための評価規定や保護者・住民への情報提供義務規定が定められた。二〇一四年改正（平二六法八八）では、教授会の学長諮問機関化をはかる等（九三条）、大学自治の形骸化が進んでいる。

なお、二〇一七年三月の学校教育法施行規則改正（六五条の二・六五条の三）により、スクールカウンセラー、スクールソーシャルワーカーが法制化された。

与する学位の種類及び分野の変更を伴わないもの

二　大学の学部若しくは大学院の研究科又は第百八条第二項の大学の学科の廃止

三　前二号に掲げるもののほか、政令で定める事項

③　文部科学大臣は、前項の届出があつた場合において、その届出に係る事項が、設備、授業その他の事項に関する法令の規定に適合しないと認めるときは、その届出をした者に対し、必要な措置をとるべきことを命ずることができる。

④　地方自治法（昭和二十二年法律第六十七号）第二百五十二条の十九第一項の指定都市（以下「指定都市」という。）（指定都市が単独で又は他の市町村と共同して設立する公立大学法人を含む。）の設置する高等学校、中等教育学校及び特別支援学校については、第一項の規定は、適用しない。この場合において、当該高等学校、中等教育学校及び特別支援学校を設置する者は、同項の規定により認可を受けなければならないとされている事項を行おうとするときは、あらかじめ、都道府県の教育委員会に届け出なければならない。

⑤　第二項第一号の学位の種類及び分野の変更に関する基準は、文部科学大臣が、これを定める。

＊設置義務を負う者の設置する学校（三八・四九・八〇）、小・中学校の設置廃止（施令二五）、認可を受ける事項（施令二三－二七、施規三－一五）、所轄庁（私学四・六）、大学の設置（大学の設置等の認可の申請及び届出に係る手続等に関する規則（平一八文科令一二））

解説　学校設置・廃止等に際して、現行法上認可制度を設けた本来の趣旨は、憲法二六条のもとで、国民の教育を受ける権利保障にふさわしい教育条件の確保のために設定された学校設置基準を最低限満たしているかどうかをチェックしていくことにある、と考えられる。しかし、第三者による、安全基準など環境面のチェック機能があいまいなまま放置されてきた結果、学校施設瑕疵による子どもの事故が引き起こされるなど、設置認可行政の不備も指摘されてきた。なお、本条では、一九九九年のいわゆる「地方分権化一括法」（平一一法八七）の成立により、各学校種別ごとに監督庁が明文化された。また、大学・大学院・短期大学の設置認可について、二〇〇二年の法改正によって二項が追加され、学位授与の課程に変更のない場合には認可が不要とされ、認可の弾力化が図られた。

第四条の二〔**市町村立幼稚園の設置廃止等**〕　市町村は、その設置する幼稚園の設置廃止等を行おうとするときは、あらかじめ、都道府県の教育委員会に届け出なければならない。

解説　「地域改革整備法」（平二三法三七）により新設された。市町村立幼稚園の設置廃止等に関し都道府県教育委員会へ「認可」から「届出」へとした。

第五条〔**設置者による管理・負担**〕　学校の設置者は、その設置する学校を管理し、法令に特別の定のある場合を除いては、その学校の経費を負担する。

＊学校の管理（地教行二一・二二、地自二三５、私学三七）、経費の負担（地自二三二、地財九）、法令に特別の定めのある場合（地財一〇・一〇の三(7)、給与負担、教育費負担、施設費負担、災害復旧、学図、理振、産振、へき振、学校給食等）

解説　本条は、前段で設置者管理主義、後段で設置者負担主義を明記した。前者については、文字通り学校設置者（二条）が設置する学校を管理するのはごく自然な理解ではあるが、「管理」の意味合いについては、これまで長く論議されてきた。学校の「管理」とは、一般に、人的、物的管理及び運営管理が含まれると解されてきたが、その管理の対象が直接の教育活動に及ぶ場合、旧教育基本法一〇条（新一六条）で明記された「不当な支配」に当たらないか、学校の管理権と教育の内的事項に係わる人的、運営管理、広く学校の教育自治的な営みとの調整の仕方が問題とされてきた。後者は、学校設置者が学校の経費を負担する原則を定めたものであるが、人件費、学校施設費などが莫大な財政負担を伴うために、公教育維持のために、この原則とは別な負担法制も整備してきた。「給与負担法」などの「法令に特別の定のある場合」のほか、憲法二六条の「義務教育の無償」義務に基づき国が負担することが望ましい費用の負担（義務教育費国庫負担制度）や、国が教育振興策として打ち出した費用の負担（理振法・産振法など）、私学法・私学助成法に基づく費用負担、地方交付税法に基づく費用負担などである。現在では「授業料」「学校徴収金」など国民側の負担が増す一方で、「政権交代」（二〇〇九年九月）以降、高校授業料について実質無償化が図られた。国民の教育を受ける権利（憲法二六条）を保障する国の憲法上の義務を財政面で担保する意義は今日においても失われていない、といえる。

第六条〔**授業料の徴収**〕　学校においては、授業料を徴収することができる。ただし、国立又は公立の小学校及び中学校、義務教育学校、中等教育学校の前期課程又は特別支援学校の小学部及び中学部における義務教育については、これを徴収することができない。

＊義務教育無償（憲二六２）、義務教育における授業料不徴収（教基五４）

回答　**授業料の意味**　学校教育法にいう公立学校は、地方公共団体の営造物であって、一般に営造物の使用については、利用者から使用料を徴収しうべく、学校と学校生徒との間の関係は、この営造物利用の一般関係と異なるものではない。したがって授業料も使用料の一種である。（昭23・8・18自発六五二自治課長）

判例　**学納金返還請求事件**　在学契約の解除の意思表示が三月三一日までになされた場合、授業料や諸会費の不返還特約は無効となるが、入学金については大学には返還義務はない。（最判平18・11・27判時一九五八－一二）

回答　**外国人に対する但書の適用**　適用はない。（昭28・1・20初中局財務課長）

通知　**義務教育無償の内容**　国立または公立の義務教育諸学校における授業料不徴収をいう。（昭36・4・20委初四三初中局長）

判例　**義務教育無償の内容**〔**教科書費国庫負担請求事件**〕（最大判昭39・2・26判時三六三－九）→憲二六条、教基五条

解説　本条は、学校における授業料徴収を定めた規定であるが、小中学校の不徴収の他、今日高校や幼稚園も「実質無償」となる状況が生じており、近い将来は、高等教育や私学などの「例外的徴収」規定に組みかえられる可能性もある。

ところで、本条は教育基本法五条とともに憲法二六条二項の「義務教育無償」原則の規定を具体的に定めたものと解される。現代において学校教育諸経費に占める授業料の割合は低く、他方、保護者が支出する教育費は少なからぬ額に達しており、授業料を教育に対する反対給付とする見方は実態にそぐわないものとなっている。義務教育の無償とは、義務教育を受けることに伴う経費を子どもの家庭に負担させることなく、公費でこれを支出することを意味する。これは教育を受ける権利保障、機会均等、学校の公共性という教育の基本原則から要請されるものである。無償の範囲と対象費目については解釈が分かれているが、単に授業料、教科書のほか、教材費や給食費、修学旅行費等、その他の経費についても可能な限り公費負担とすることが憲法の趣旨に添うあり方と考えられる。

第七条〔**校長・教員の配置**〕　学校には、校長及び相当数

の教員を置かなければならない。

＊校長・教員の設置（三七1 2＝小学校、四九＝中学校、六〇1 2＝高等学校、六九1 2＝中等教育学校、九二1 2＝大学、一二〇1 2＝高等専門学校、八二＝特別支援学校、二七1 2＝幼稚園、一二九＝専修学校・定数標準・高校定数標準）

第八条〔**校長・教員の資格**〕　校長及び教員（教育職員免許法（昭和二十四年法律第百四十七号）の適用を受ける者を除く。）の資格に関する事項は、別に法律で定めるもののほか、文部科学大臣がこれを定める。

＊教員の性格・身分（教基九）、職員の設置（三七、施規四三—四七・六四—六五の三＝小学校、四九、施規七〇・七一・七九＝中学校、六〇、施規八一・八二＝高等学校、六九＝中等教育学校、九二＝大学、一二〇＝高等専門学校、八二、施規一二四・一二五・一二九＝特別支援学校、二七＝幼稚園、一二九＝専修学校、一三四3＝各種学校）、教育職員免許法の適用を受ける者（免許二1）、法律の定め（教特三）、校長（施規二〇—二二）、教頭（施規二三）

解説　本条にいう免許法の適用者を除く「校長及び教員」とは、高等学校以下の校長、教頭、短大を含む大学及び高等専門学校の教員を指す。これらの職種は、特別な免許制度がなく、「別に法律で定めるもの」として法一二九条のほか、学教施行規則に定めがある。前記の校長の任用資格は、施行規則二〇条・二二条に定められたほか、省令改正（施規二二条—平一二文令三）により、教員免許状によらない任用が可能となり、校長の民間登用に道が開かれた。最近では企業人を校長に任用し、夜間の補習授業等を実施して脚光をあびるなど「民間校長」が注目されているが、公教育としての学校の性格を損なうのではないか、との批判もある。なお、教頭のそれは同二三条に準用されている。

第九条〔**校長・教員の欠格事由**〕　次の各号のいずれかに該当する者は、校長又は教員となることができない。

一　禁錮以上の刑に処せられた者

二　教育職員免許法第十条第一項第二号又は第三号に該当することにより免許状がその効力を失い、当該失効の日から三年を経過しない者

三　教育職員免許法第十一条第一項から第三項までの規定により免許状取上げの処分を受け、三年を経過しない者

四　日本国憲法施行の日以後において、日本国憲法又はその下に成立した政府を暴力で破壊することを主張する政党その他の団体を結成し、又はこれに加入した者

＊禁錮以上の刑（刑九）、免許状取上げの処分（免許一一—一四）、政党（政治資金規正法三、政党助成法二）

解説　本条は、校長及び教員の欠格の要件が列挙されており、明示された要件一つでも該当すると校長又は教員になることができないことが定められている。とくに要件の二号の教育職員免許法一〇条一項の二号・三号の該当者、三号の同法一一条一項～三項の該当者が問題となろう。前者は、免許状の失効の条件であり、公立学校の教員で懲戒免職、分限処分を受けたもの、後者は、国立学校及び私立学校の教員が懲戒免職を事由として解雇された場合および、「法令の規定に故意に違反し、又は教育職員たるにふさわしくない非行があって、その情状が重いと認められるとき」などは、免許管理者により免許状が取り上げられる旨規定されている。

なお、関連して教育職員免許法九条（効力）では、普通免許状に一〇年間という期限付きの有効期間が明示され、九条の二で有効期間の更新及び延長が、九条の三で免許状更新講習の詳細が規定された。そこでは三〇時間以上の免許更新講習が義務付けられており、講習を受けない場合は、更新がされずに自動的に免許状は失効となる。毎年、学校の多忙さゆえに講習時期であることを忘れて免許状を失効してしまう教員がおり、社会問題となっている。

第一〇条〔**私立学校長の届出**〕　私立学校は、校長を定め、大学及び高等専門学校にあつては文部科学大臣に、大学及び高等専門学校以外の学校にあつては都道府県知事に届け出なければならない。

＊校長の理事就任（私学三八）、届出の場合の添付書類（施規二七）

第一一条〔**児童・生徒・学生の懲戒**〕　校長及び教員は、教育上必要があると認めるときは、文部科学大臣の定めるところにより、児童、生徒及び学生に懲戒を加えることができる。ただし、体罰を加えることはできない。

＊文部科学大臣の定め（施規二六）、正当行為（刑三五）

通達　**懲戒の程度**　身体に対する侵害、被罰者に肉体的苦痛を与えるような懲戒は体罰に該当する。（昭23・12・22法務庁調査二発一八法務府法務調査意見長官）

通達　**生徒に対する体罰禁止に関する教師の心得**　(1)用便に行かせなかったり食事時間が過ぎても教室に留め置くことは肉体的苦痛を伴うから体罰となり、学校教育法に違反する。(2)遅刻した生徒を教室に入れず、授業を受けさせないことはたとえ短時間でも義務教育では許されない。(3)授業時間中、怠けたり、騒いだからといって生徒を教室外に出すことは許されない。教室内に立たせることは体罰にならない限り懲戒権内として認めてよい。(4)人の物を盗んだり、こわしたりした場合など、こらしめる意味で、体罰にならない程度に、放課後残してもさしつかえない。(5)盗みの場合などその生徒や証人を放課後訊問することはよいが、自白や供述を強制してはならない。(6)遅刻や怠けたことによって掃除当番などの回数を多くするのは差支えないが、不当な差別待遇や酷使はいけない。(7)遅刻防止のための合同登校は構わないが軍事教練的色彩を帯びないように注意すること。（昭24・8・2法務府発表）

判例　**〔公立中学校体罰事件〕**　殴打のような暴行行為は、仮りに教育上必要な懲戒行為としても、それだからといって犯罪成立のための違法性は阻却されない。（大阪高判昭30・5・16高刑集八—四—五四五）

判例　**〔水戸市立第五中学校事件〕**　学校教育法が禁止する体罰とは要するに、懲戒権の行使として相当と認められる範囲を超えて有形力を行使して生徒の身体を侵害し、あるいは生徒に対して肉体的苦痛を与えることをいうものと解すべきであって、有形力の内容・程度が体罰の範ちゅうに入るまでに至った場合、それは法的に許されない。教育作用をして、本来の機能と効果を教育の場で十分に発揮させるためには、懲戒の方法・形態として単なる口頭による説教のみにとどまることなく、そのような方法・形態によるだけでは微温的に過ぎて感銘力に欠け、生徒に訴える力に乏しいと認められる時には、教師は必要に応じ生徒に対し一定の限度内で有形力を行使することも許されてよい場合がある。（東京高判昭56・4・1判時一〇〇七—一三三）

通知　児童生徒の指導に当たつては、教師は、児童生徒の生活実態のきめ細かい把握に基づき、児童生徒との間の信頼関係の上に立つて指導を行うことが必要であり、いやしくも、禁止されている体罰が行われることのないよう留意すること。（昭60・6・29文初中二〇一初中局長）

判例　**体罰の禁止〔岐阜県立岐陽高校事件〕**　被害者の校則違反の程度に比してもし烈極まるもので教育的懲戒とは無縁であり、信頼する担任教師の手で若い命を失わせた結果は重大であり、体罰容認の風潮が岐陽高校内にあったとしても実刑で臨むのはやむを得ない。（水戸地土浦支判昭61・3・18判タ五八九—一四二）

判例　**体罰禁止の趣旨**　体罰を禁止しているのは、体罰が

とかく感情的行為と区別し難い一面を具有している上、それらを加えられる者の人格の尊厳を著しく傷つけ、相互の信頼と尊敬を基調とする教育の根本理念と背馳しその自己否定につながるおそれがあるからであって、教師の指導が困難を加えつつある現状を前提としても、その趣旨は学校教育の現場においてなによりも尊重、遵守されなければならない。（福岡高判平8・6・25判時一五八〇—一五〇）

判例 **［龍野市小学校体罰自殺事件］**　本件殴打は、単なる不満のはけ口として行ったもので、懲戒ではなく単なる暴力である。理不尽な暴力とそれを受けた後に児童が自殺したことに相当因果関係があり、さらに行為後に謝罪するなどの措置をとって衝撃を和らげられていれば自殺を防げた可能性があったにもかかわらずこれを怠ったのであるから、措置をとらなかったことと自殺との間にも相当因果関係がある。（神戸地姫路支判平12・1・31判例地方自治一九八—二四）

通知 **学校教育法第一一条に規定する児童生徒の懲戒・体罰に関する考え方**　児童生徒に対する有形力（目に見える物理的な力）の行使により行われた懲戒は、その一切が体罰として許されないというものではない。（平19・2・5文科初一〇一九初中局長〈別紙〉）

判例 **［天草市立小学校体罰事件］**　被上告人は、悪ふざけをした上、これを注意したAのでん部付近を二回にわたって蹴って逃げ出した。Aは、被上告人を追い掛けて捕まえ、その胸元を右手でつかんで壁に押し当て、大声で「もう、すんなよ。」と叱った。Aの本件行為は、児童の身体に対する有形力の行使ではあるが、他人を蹴るという被上告人の一連の悪ふざけについて、これからはそのような悪ふざけをしないように被上告人を指導するために行われたものであり、悪ふざけの罰として被上告人に肉体的苦痛を与えるために行われたものではない。Aは、自分自身も被上告人による悪ふざけの対象となったことに立腹して本件行為を行っており、本件行為にやや穏当を欠くところがなかったとはいえないとしても、本件行為は、その目的、態様、継続時間等から判断して、教員が児童に対して行うことが許される教育的指導の範囲を逸脱するものではなく、学校教育法一一条ただし書にいう体罰に該当するものではない。（最判平21・4・28判時二〇四五—一一八）

判例 **［北九州市小学校体罰自殺事件］**　問題行動のあった児童に対して担任教諭が胸ぐらを両手でつかんでゆすった行為は、「体罰」に該当し、さらに衝動的な行動に出やすい児童であったことを考慮して教諭は精神的衝撃を和らげる措置を講ずる義務を負っていたのに、「帰る」と言って教室を飛び出した児童を放置した過失があり、本件体罰と自殺との間に相当因果関係がある。（福岡地小倉支判平21・10・1判時二〇六七—八一）

通知 **学校教育法第一一条に規定する児童生徒の懲戒・体罰等に関する参考事例**

(1)体罰（通常、体罰と判断されると考えられる行為）

○身体に対する侵害を内容とするもの

・体育の授業中、危険な行為をした児童の背中を足で踏みつける。・帰りの会で足をぶらぶらさせて座り、前の席の児童に足を当てた児童を、突き飛ばして転倒させる。・授業態度について指導したが反抗的な言動をした複数の生徒らの頰を平手打ちする。・立ち歩きの多い生徒を叱ったが聞かず、席につかないため、頰をつねって席につかせる。・生徒指導に応じず、下校しようとしている生徒の腕を引いたところ、生徒が腕を振り払ったため、当該生徒の頭を平手で叩く。・給食の時間、ふざけていた生徒に対し、口頭で注意したが聞かなかったため、持っていたボールペンを投げつけ、生徒に当てる。・部活動顧問の指示に従わず、ユニフォームの片づけが不十分であったため、当該生徒の頰を殴打する。

○被罰者に肉体的苦痛を与えるようなもの

・放課後に児童を教室に残留させ、児童がトイレに行きたいと訴えたが、一切、室外に出ることを許さない。・別室指導のため、給食の時間を含めて生徒を長く別室に留め置き、一切室外に出ることを許さない。・宿題を忘れた児童に対して、教室の後方で正座で授業を受けるよう言い、児童が苦痛を訴えたが、そのままの姿勢を保持させた。

(2)認められる懲戒（通常、懲戒権の範囲内と判断されると考えられる行為）（ただし肉体的苦痛を伴わないものに限る。）

※学校教育法施行規則に定める退学・停学・訓告以外で認められると考えられるものの例

・放課後等に教室に残留させる。・授業中、教室内に起立させる。・学習課題や清掃活動を課す。・学校当番を多く割り当てる。・立ち歩きの多い児童生徒を叱って席につかせる。・練習に遅刻した生徒を試合に出さずに見学させる。

(3)正当な行為（通常、正当防衛、正当行為と判断されると考えられる行為）

○児童生徒から教員等に対する暴力行為に対して、教員等が防衛のためにやむを得ずした有形力の行使

・児童が教員の指導に反抗して教員の足を蹴ったため、児童の背後に回り、体をきつく押さえる。

○他の児童生徒に被害を及ぼすような暴力行為に対して、これを制止したり、目前の危険を回避するためにやむを得ずした有形力の行使

・休み時間に廊下で、他の児童を押さえつけて殴るという行為に及んだ児童がいたため、この児童の両肩をつかんで引き離す。・全校集会中に、大声を出して集会を妨げる行為があった生徒を冷静にさせ、別の場所で指導するため、別の場所に移るよう指導したが、なおも大声を出し続けて抵抗したため、生徒の腕を手で引っ張って移動させる。・他の生徒をからかっていた生徒を指導しようとしたところ、当該生徒が教員に暴言を吐きつばを吐いて逃げ出そうとしたため、生徒が落ち着くまでの数分間、肩を両手でつかんで壁へ押しつけ、制止させる。・試合中に相手チームの選手とトラブルになり、殴りかかろうとする生徒を、押さえつけて制止させる。

（平25・3・13文科初一二六九初中局長スポーツ青少年局長〈別紙〉）

判例 **［桜宮高校自殺事件］**　教員の指導を契機として自殺に至るいわゆる「指導死」の事例が相当の件数に達していて社会問題化しており、そのことが報道や公刊物等を通じて社会一般に広く知られるようになる中で、文科省も適切な指導を行うべき旨の示達を周知していたことが認められるが、本件暴行の態様は、上記の記事等において「指導死」の原因として例示されている教師の指導の態様に比べてもはるかに強い精神的苦痛を生徒に与え、深い絶望感を伴う精神的な窮境に追い詰めるものであった等の事情を総合考慮すれば、本件生徒の自殺について予見可能性があったものと認めるのが相当である。（東京地判平28・2・24判時二三二〇—七一）

解説　児童・生徒・学生に対する懲戒には事実行為としての懲戒（叱責、作業命令等）と法的効果を伴う懲戒（退学、停学、訓告　施行規則二六条＝懲戒処分）とがある。事実行為としての懲戒は日常の教育活動の中で随時になされるもので教育活動そのものということができ、校長及び教員がこれを行う。法的効果を伴う懲戒は学生・生徒・児童の法的な地位に重大な変動を及ぼす。処分権者は校長であるが、当然のことながらこれは校長の独断を認めるものではなく、校長を含め教師集団が慎重に検討しその総意として決定すべき性格のものである。その際、子ども本人に聴聞の機会が保障されねばならない（子どもの権利条約一二条）。法による体罰禁止は教育令（明治一二年）以来一四〇年の歴史を持ち、小学校令（明治三三年）にはすでに本条とほぼ同様の文言が見られる。にもかかわらず、厳罰主義の台頭の中で、体罰一部容認の文科省通知（平19・2・5）や最高裁判決（平21・4・28）も出された。しかし、二〇一二年の大阪・桜宮高校の生徒体罰自殺事件は、社会的にも問題提起をした。桜

宮高校事件直後の二〇一三年三月には、東京オリンピック招致という国策もあり、とりわけスポーツからの暴力一掃（全柔連事件）へ文科省も動いた。「体罰の禁止及び児童生徒理解に基づく指導の徹底について（通知）」（→資料編第6節）を出して「懲戒、体罰に関する解釈・運用については、今後、本通知によるもの」とし、「認められる懲戒」行為を限定するなど、体育・スポーツ部活に限っては体罰の全面禁止を打ち出した。

二〇一九年六月、千葉県野田市の一〇歳女子虐待死事件（同年一月）をきっかけとして児童虐待防止法等が改正され、親の体罰禁止が法制化され、親の懲戒権についても二年後に見直されることになった。これに伴い、教師の懲戒権についても見直しを図ることが求められている。

二〇二〇年二月、親の体罰禁止法制化に先立ち、「体罰等によらない子育てのために」と題するガイドラインが作成され、「身体に、何らかの苦痛を引き起こし、又は不快感を意図的にもたらす行為（罰）である場合は、どんなに軽いものであっても体罰に該当」するとし、「親以外の監護・教育をする権利を持たない者を含む全ての人について、体罰は許されません。」と明文化された。これを契機として、日本は五九番目の体罰全面禁止国となったと評価された。

第一二条［健康診断等］ 学校においては、別に法律で定めるところにより、幼児、児童、生徒及び学生並びに職員の健康の保持増進を図るため、健康診断を行い、その他その保健に必要な措置を講じなければならない。

＊別に定める法律（学保健安全）、保健所との関係（地教行五七）

解説 「保健に必要な措置」とは、①健康診断のほか、②感染症の予防（学校保健安全法一九条・二〇条）、③学校の環境衛生の維持（同法六条）を指している。かつては、本条前身規定が学校保健の根拠規定となっていたが、現在は学校保健安全法でカバーされている。

第一三条［学校閉鎖］ 第四条第一項各号に掲げる学校が次の各号のいずれかに該当する場合においては、それぞれ同項各号に定める者は、当該学校の閉鎖を命ずることができる。

一　法令の規定に故意に違反したとき
二　法令の規定によりその者がした命令に違反したとき
三　六箇月以上授業を行わなかつたとき

② 前項の規定は、市町村の設置する幼稚園に準用する。この場合において、同項中「それぞれ同項各号に定める者」とあり、及び同項第二号中「その者」とあるのは、「都道府県の教育委員会」と読み替えるものとする。

＊私立学校に対する閉鎖命令（四）、罰則規定（一四三）

解説 これまで本条は、学校閉鎖命令を出す「監督庁」があいまいなまま行政解釈に委ねられていたが、一九九九年の「地方分権化一括法」（平一一法八七）により、四条が改正されて、各学校種別ごとの監督庁が明記された（四条参照）。

第一四条［設備・授業等の変更］ 大学及び高等専門学校以外の市町村の設置する学校については都道府県の教育委員会、大学及び高等専門学校以外の私立学校については都道府県知事は、当該学校が、設備、授業その他の事項について、法令の規定又は都道府県の教育委員会若しくは都道府県知事の定める規程に違反したときは、その変更を命ずることができる。

回答 **その他の事項** 「設備、授業」という例示があるので、それによって範囲がおのずから限定される。（昭27・12・25委初四三〇初中局長）

第一五条［文部科学大臣の勧告］ 文部科学大臣は、公立又は私立の大学及び高等専門学校が、設備、授業その他の事項について、法令の規定に違反していると認めるときは、当該学校に対し、必要な措置をとるべきことを勧告することができる。

② 文部科学大臣は、前項の規定による勧告によつてもなお当該勧告に係る事項（次項において「勧告事項」という。）が改善されない場合には、当該学校に対し、その変更を命ずることができる。

③ 文部科学大臣は、前項の規定による命令によつてもなお勧告事項が改善されない場合には、当該学校に対し、当該勧告事項に係る組織の廃止を命ずることができる。

④ 文部科学大臣は、第一項の規定による勧告又は第二項若しくは前項の規定による命令を行うために必要があると認めるときは、当該学校に対し、報告又は資料の提出を求めることができる。

解説 二〇〇二年の法改正によって、本条には是正措置の整備に関する定めが盛られた。法令違反の大学等に対する是正措置として、従来は一三条の閉鎖命令しかなかったが、本条は改善勧告、変更命令、学部等の廃止命令などを規定した。これは、法科大学院等の専門職大学院の創設と第三者評価制度の導入にともない、法令違反の大学に対する是正措置として、閉鎖命令以外の措置を整備したものである。

第二章　義務教育

第一六条［義務教育］ 保護者（子に対して親権を行う者（親権を行う者のないときは、未成年後見人）をいう。以下同じ。）は、次条に定めるところにより、子に九年の普通教育を受けさせる義務を負う。

第一七条［就学義務］ 保護者は、子の満六歳に達した日の翌日以後における最初の学年の初めから、満十二歳に達した日の属する学年の終わりまで、これを小学校、義務教育学校の前期課程又は特別支援学校の小学部に就学させる義務を負う。ただし、子が、満十二歳に達した日の属する学年の終わりまでに小学校の課程、義務教育学校の前期課程又は特別支援学校の小学部の課程を修了しないときは、満十五歳に達した日の属する学年の終わり（それまでの間においてこれらの課程を修了したときは、その修了した日の属する学年の終わり）までとする。

② 保護者は、子が小学校の課程、義務教育学校の前期課程又は特別支援学校の小学部の課程を修了した日の翌日以後における最初の学年の初めから、満十五歳に達した日の属する学年の終わりまで、これを中学校、義務教育学校の後期課程、中等教育学校の前期課程又は特別支援学校の中学部に就学させる義務を負う。

③ 前二項の義務の履行の督促その他これらの義務の履行に関し必要な事項は、政令で定める。

＊就学義務（憲二六12、教基五1）、親権（民八一八－八三七）、後見人（民八三八－八七五）、就学義務（施令一－二二）、児童相談所長・児童福祉施設の長の親権（児福三三の二・四七）、児童自立支援施設在所者と就学（児福四八）、少年院在院者と就学（少年院二六・二七）、

学教

保護者等の就学義務不履行の処罰（一四四）、就学年齢（年齢計算）、就学義務の猶予・免除（一八）、修業年限（三二・四七・四九の四）、指導要録（施規二四）、出席簿の作成（施規二五）、小学校の課程の修了（施規五七・五八）

回答 **帰国学齢児童の編入学について**　日本国籍を有する学齢児童または学齢生徒（満六歳から満一五歳まで）が外国から帰国した場合、保護者はその学齢児童または学齢生徒を小学校または中学校に就学させる義務を負うことになつており、他方当該学齢児童・生徒の住所地の市町村（東京都にあつては特別区）は、児童・生徒をその年齢に応じ、その設置する小学校または中学校の相当学年に入学させなければならないことになつているので、このような場合、編入学のための試験を行い、その結果によつて入学の許可または不許可を決するという措置はとりえないことになつている（国立または私立の学校の場合は試験が行われることはある）。なお言葉の不自由等により相当学年の課程における教育を受けることが適当でないと認められるときは、保護者の希望等により学校の生活に適応するまで、下学年に一時的に編入する措置がとられる場合もある。（昭35・4・25国初一一事務次官）

回答 **年齢計算について**　年齢計算ニ関スル法律により出生の日より起算して翌年の出生の日の前日までをもって満一年とすることになっている。すなわち四月一日生れの者は翌年三月三一日をもって満一才となる。（昭26・2・5文部省地方連絡課長）

回答 **長期欠席児童の進級手続**　中学校へ入学の時すでに満一五歳を超えている場合には教育委員会の入学許可を要するが、中学校に在学中に満一五歳を超えた場合には、あらためて許可をうける必要はない。（昭29・7・14委初二六一初中局長）

通知 **小学校未修了者の中学校等入学**　1小学校未修了者の中学校等への入学については、当該小学校未修了者が中学校相当年齢に達しており、次のような特別の事情を有する場合には、認めることが適当と考えられること。(1)保護者による虐待や無戸籍といった複雑な家庭の事情や犯罪被害等により、学齢であるにもかかわらず居所不明となったり、未就学期間が生じたりした子供が、小学校未修了のまま中学校相当年齢に達してから中学校等への入学を希望する場合　(2)不登校等により長期間学校を欠席する間に、やむを得ない事情により小学校未修了のまま小学校相当年齢を超過した後、通学が可能となり、中学校等への入学を希望する場合　(3)病弱や発育不完全等の理由により、小学校相当年齢の間は就学義務の猶予又は免除の対象となっていた子供が、中学校相当年齢になってから就学が可能な状態となり、小学校未修了のまま中学校等への入学を希望する場合　(4)海外から帰国した子供が、重国籍や日本語能力の欠如といった理由により、就学義務の猶予又は免除の対象となって外国人学校の小学部等に通った場合で、その子供が中学校段階から中学校等への進学を希望する場合　(5)日本国籍を有しない子供がいったん外国人学校の小学部等に通った後、経済的な事情や居住地の変更等といった事情により、中学校段階から中学校等への転学を希望する場合　(6)戦後の混乱や複雑な家庭の事情などから義務教育未修了のまま学齢を超過した者の就学機会の確保に重要な役割を果たしている中学校夜間学級等に、小学校未修了者が入学を希望する場合（平28・6・14初初企七初中教育企画課長）

解説　憲法二六条二項を受け、親・保護者の就学義務を規定したものである。憲法二六条では「普通教育を受けさせる義務」とされており、今日では、本法に依拠した学校への就学以外のオルターナティブな「普通教育」形態（たとえばフリースクール等）を「教育義務」として求める動きもある。この就学義務のほか、市町村の学校設置義務（三八条）、就学奨励義務（一九条）が教育を受ける権利を実質的に保障するための根本的規定として定められている。盲・聾・養護学校は、二〇〇六年の学校教育法の一部改正により、特別支援学校に一本化された。これらの学校の就学義務は戦前にはなく、本条によってはじめて規定された。ただし、養護学校（現特別支援学校）設置が義務づけられたのは一九七九年になってからである（八〇条）。なお、国際人権規約（社会権規約）の批准により（一九七九年）、わが国に居住する外国人が希望する場合、公立小・中学校への就学の機会を保障することが義務づけられた。公立義務教育諸学校の場合、居住地により就学すべき学校が指定されるが、一九九七年の文部省通知を契機に通学区域の弾力化が進み、学校選択制を導入する自治体も現れてきている。また、学校教育法施行規則の改正により、学校指定に際して保護者の意見を聴取する等の手続が定められた。

第一八条〔**病弱等による就学義務の猶予・免除**〕　前条第一項又は第二項の規定によつて、保護者が就学させなければならない子（以下それぞれ「学齢児童」又は「学齢生徒」という。）で、病弱、発育不完全その他やむを得ない事由のため、就学困難と認められる者の保護者に対しては、市町村の教育委員会は、文部科学大臣の定めるところにより、同条第一項又は第二項の義務を猶予又は免除することができる。

＊猶予・免除の手続（施規三四）、相当学年への編入（施規三五）、教育委員会の事務（地教行二一(4)）

回答 **外国から帰国した学齢児童生徒について**　その保護者から日本語の能力の欠如を理由として就学猶予の申請があった場合、「その他やむを得ない事由」に該当するとして、日本語の能力が養われるまでの一定期間就学義務を猶予して差支えない。（昭49・12・6委初四七初中局長）

通達　やむを得ない事情により登校することができず、結果として中学校を卒業することができなかった場合においても、同年齢の生徒に遅れることなく高等学校教育を受ける機会が与えられるようにするため、試験を受けようとする学年の終わりまでに満一五歳に達する登校拒否等の生徒についても中学校卒業程度認定試験の受験資格を与えることとする。（平9・3・31文初高二〇二初中局長）

通知 **重国籍者の就学について**　重国籍者の保護者から、就学義務の猶予又は免除の願い出があった場合には、重国籍者が将来外国の国籍を選択する可能性があることにかんがみ、家庭事情等から客観的に将来外国の国籍を選択する可能性が強いと認められ、かつ、他に教育を受ける機会が確保されていると認められる事由があるときには、本条の規定により、保護者と十分協議の上、猶予又は免除を認めることができる。（昭59・12・6文初小三一九初中局長）

解説　本条は就学義務（一七条）の例外的定めである。就学義務猶予・免除規定は小学校令以来のもので、そこでは病弱等に加え経済的理由や学校が設置されていない地域での居住などがあげられていたが、現行規定は猶予・免除の要件を厳しく限定している。養護学校設置義務の施行が遅れたこと（一九七九年）ともあいまって、本条は結果的に障害児を学校教育から排除することを容認する根拠として機能してきた経緯があるが、就学義務の猶予・免除が子どもの教育を受ける権利を否定したり制限することになってはならず、むしろこのような場合の就学義務履行をどのように援助し、子どもの学習権を保障するかが追求されねばならない。

第一九条〔**就学の援助**〕　経済的理由によつて、就学困難と認められる学齢児童又は学齢生徒の保護者に対しては、市町村は、必要な援助を与えなければならない。

＊義務教育の無償（憲二六2、教基五4）、国及び地方公共団体の就学奨励援助（教基四3）、病弱等による就学義務猶予・免除（一八）、学校給食費の補助（学校給食一二2）、医療費の援助（学保健安全二四）、教育扶助（生保一三・三二）、就学奨励（振興センター、就学奨

励、特別支援学校奨励）、中学校への準用（四九）

回答 **市町村の就学援助と生活保護法による教育扶助との関係について**　市町村の教育委員会が要保護者に対する就学援助を定め、実施したときは、その援助は、生活保護法第四条第二項に規定する「他の法律に定める扶助」に該当し、その限りにおいて教育扶助は行われないこととなる。（昭41・12・10初中局財務課長）

解説　教育を受ける権利保障を目的とし、義務教育無償原則をとる現行法制のもとで経済的理由による就学義務猶予・免除は認められない。本条は経済的地位による教育上の差別を禁じた教育基本法四条の具体化であり、経済的理由で子どもを就学させることが困難な親・保護者に対して市町村がこれを援助することにより就学義務を履行させるものである。しかし、就学困難な児童及び生徒に係る就学援助についての国の援助に関する法律の改正により、二〇〇五年四月一日から準要保護者に対する市町村の援助への国の補助が廃止されるなど、制度の後退が危惧される。

第二〇条［**学齢児童・生徒使用者の義務**］学齢児童又は学齢生徒を使用する者は、その使用によつて、当該学齢児童又は学齢生徒が、義務教育を受けることを妨げてはならない。

＊義務教育（憲二六、教基五）、小学校就学義務（一七1）、中学校就学義務（一七2）、罰則（一四五）、労働最低年齢（労基五六）、年少者の証明書（労基五七）、年少者の労働時間及び休日（労基六〇）、児童福祉（児福）

第二一条［**教育の目標**］義務教育として行われる普通教育は、教育基本法（平成十八年法律第百二十号）第五条第二項に規定する目的を実現するため、次に掲げる目標を達成するよう行われるものとする。

一　学校内外における社会的活動を促進し、自主、自律及び協同の精神、規範意識、公正な判断力並びに公共の精神に基づき主体的に社会の形成に参画し、その発展に寄与する態度を養うこと。

二　学校内外における自然体験活動を促進し、生命及び自然を尊重する精神並びに環境の保全に寄与する態度を養うこと。

三　我が国と郷土の現状と歴史について、正しい理解に導き、伝統と文化を尊重し、それらをはぐくんできた我が国と郷土を愛する態度を養うとともに、進んで外国の文化の理解を通じて、他国を尊重し、国際社会の平和と発展に寄与する態度を養うこと。

四　家族と家庭の役割、生活に必要な衣、食、住、情報、産業その他の事項について基礎的な理解と技能を養うこと。

五　読書に親しませ、生活に必要な国語を正しく理解し、使用する基礎的な能力を養うこと。

六　生活に必要な数量的な関係を正しく理解し、処理する基礎的な能力を養うこと。

七　生活にかかわる自然現象について、観察及び実験を通じて、科学的に理解し、処理する基礎的な能力を養うこと。

八　健康、安全で幸福な生活のために必要な習慣を養うとともに、運動を通じて体力を養い、心身の調和的発達を図ること。

九　生活を明るく豊かにする音楽、美術、文芸その他の芸術について基礎的な理解と技能を養うこと。

十　職業についての基礎的な知識と技能、勤労を重んずる態度及び個性に応じて将来の進路を選択する能力を養うこと。

解説　この条文については、旧規定（平一九法九六改正前）では、各教科で養うべき能力・技能の基本を定めることを念頭に八項目置かれていたが、新設された義務教育としての普通教育の目標は、一〇項目にのぼり、能力・技能のほかとくに一～三号において「態度を養う」ことが要請され、子どもに求められる行動規範、道徳規範が羅列されている。追加された行動規範としては、「規範意識、公正な判断力並びに公共の精神に基づき主体的に社会の……発展に寄与する態度」（一号）、「生命及び自然を尊重する精神並びに環境の保全に寄与する態度」（二号）、「我が国と郷土を愛する態度」（三号前段）、「国際社会の平和と発展に寄与する態度」（三号後段）などである。これらの目標は、新設された学校評価とも連動していくことが予測できるが、国が教育内容に過剰に立ち入ることに対しては疑問視する向きもある。各学校の主体性、自発的なカリキュラム運営への配慮から、これらの目標規定は努力目標として訓示的性格にとどめていくことが望ましい。

第三章　幼稚園

第二二条［**目的**］幼稚園は、義務教育及びその後の教育の基礎を培うものとして、幼児を保育し、幼児の健やかな成長のために適当な環境を与えて、その心身の発達を助長することを目的とする。

＊教育の目的・目標（教基一・二）、保育目標（一三）、保育所（児福三九）、幼保連携（認定こども園三）

解説　二〇〇七年の改正により、従来第七章に置かれていた幼稚園の規定は第三章に移された。これは子どもの発達段階に対応して整理されたものと説明されるが、本条では「義務教育及びその後の教育の基礎を培うものとして」が新たに加えられており、内容的にも学校制度を総体として把握し、幼稚園をその基礎段階に明確に位置づけようとする意図が読み取れる。幼稚園、保育所はともに就学前の子どもを対象とするが、その目的や管轄は異なる。しかし、実際には両者は共通する部分が多く、たて割り行政の弊害を除くためにも「幼保一元化」が求められてきた。二〇〇六年一〇月から、幼稚園機能と保育所機能を一体化した「認定こども園」が新たに制度化された。また、二〇一二年八月には子ども・子育て関連三法（子ども・子育て支援法創設、児童福祉法及び認定こども園法等の改正）が成立し、幼保連携型認定こども園の創設や小規模保育の実施等が制度化された（二〇一五年四月本格施行）。しかし、これら一連の政策は、財源や施設基準、教員・保育士配置基準等の切り下げとこれに伴う教育・保育の質の低下、自治体格差をもたらすのではないかと懸念されている。

第二三条［**幼稚園教育の目標**］幼稚園における教育は、前条に規定する目的を実現するため、次に掲げる目標を達成するよう行われるものとする。

一　健康、安全で幸福な生活のために必要な基本的な習慣を養い、身体諸機能の調和的発達を図ること。

二　集団生活を通じて、喜んでこれに参加する態度を養うとともに家族や身近な人への信頼感を深め、自主、自律及び協同の精神並びに規範意識の芽生えを養うこと。

三　身近な社会生活、生命及び自然に対する興味を養い、それらに対する正しい理解と態度及び思考力の芽生えを養うこと。

四　日常の会話や、絵本、童話等に親しむことを通じて、言葉の使い方を正しく導くとともに、相手の話を理解しようとする態度を養うこと。

五　音楽、身体による表現、造形等に親しむことを通じじて、豊かな感性と表現力の芽生えを養うこと。

＊教育の目的・目標（教基一・二）、保育の目的（二二）、保育内容（二五）

解説 二〇〇七年の改正により、見直しが行われた。家族、規範意識、生命など新たに盛り込まれたものも多く、これらは教育基本法の改正に対応するものとなっている。

第二四条〔**幼児期教育の支援**〕幼稚園においては、第二十二条に規定する目的を実現するための教育を行うほか、幼児期の教育に関する各般の問題につき、保護者及び地域住民その他の関係者からの相談に応じ、必要な情報の提供及び助言を行うなど、家庭及び地域における幼児期の教育の支援に努めるものとする。

第二五条〔**保育内容**〕幼稚園の教育課程その他の保育内容に関する事項は、第二十二条及び第二十三条の規定に従い、文部科学大臣が定める。

＊幼稚園教育要領（施規三八）

第二六条〔**入園資格**〕幼稚園に入園することのできる者は、満三歳から、小学校就学の始期に達するまでの幼児とする。

＊小学校就学の始期（一七1）、乳児・幼児（児福四）、年齢（年齢計算）

第二七条〔**職員**〕幼稚園には、園長、教頭及び教諭を置かなければならない。

② 幼稚園には、前項に規定するもののほか、副園長、主幹教諭、指導教諭、養護教諭、栄養教諭、事務職員、養護助教諭その他必要な職員を置くことができる。

③ 第一項の規定にかかわらず、副園長を置くときその他特別の事情のあるときは、教頭を置かないことができる。

④ 園長は、園務をつかさどり、所属職員を監督する。

⑤ 副園長は、園長を助け、命を受けて園務をつかさどる。

⑥ 教頭は、園長（副園長を置く幼稚園にあつては、園長及び副園長）を助け、園務を整理し、及び必要に応じ幼児の保育をつかさどる。

⑦ 主幹教諭は、園長（副園長を置く幼稚園にあつては、園長及び副園長）及び教頭を助け、命を受けて園務の一部を整理し、並びに幼児の保育をつかさどる。

⑧ 指導教諭は、幼児の保育をつかさどり、並びに教諭その他の職員に対して、保育の改善及び充実のために必要な指導及び助言を行う。

⑨ 教諭は、幼児の保育をつかさどる。

⑩ 特別の事情のあるときは、第一項の規定にかかわらず、教諭に代えて助教諭又は講師を置くことができる。

⑪ 学校の実情に照らし必要があると認めるときは、第七項の規定にかかわらず、園長（副園長を置く幼稚園にあつては、園長及び副園長）及び教頭を助け、命を受けて園務の一部を整理し、並びに幼児の養護又は栄養の指導及び管理をつかさどる主幹教諭を置くことができる。

＊校長・教員の配置（七）、幼稚園の設置基準（三、施規三六）、教職員（幼稚園基準五・六）、準用（施規三九）、学校医等（学保健安全二三）

第二八条〔**準用規定**〕第三十七条第六項、第八項及び第十二項から第十七項まで並びに第四十二条から第四十四条までの規定は、幼稚園に準用する。

第四章　小学校

第二九条〔**教育の目的**〕小学校は、心身の発達に応じて、義務教育として行われる普通教育のうち基礎的なものを施すことを目的とする。

＊普通教育（憲二六2）、教育の目的（教基一）、普通教育（教基五）、義務教育として行われる普通教育（四五）、高度な普通教育（五〇）

解説 普通教育とは、すべての者が人間として生きていくために欠かせない共通の教育を指す。現代社会では、人間のもつ多様性が重視される傾向にあり、普通教育としての「共通性」は、子どもの多様な人間形成のための多様な学びを確保するという意味での共通性であることが注目されてきた。「普通教育」という言葉については、上位法として、憲法二六条二項、旧教育基本法四条（新五条一項）に定めがある。国民・子どもが権利として受けるべき教育（憲法二六条一項）の質の一つを表現してきた。しかし、二〇〇七年の改正で、旧法の「初等普通教育」という用語が削除されて、「義務教育として行われる普通教育のうち基礎的なもの」と置き換えられたことから、従来依拠してきた教育学の「初等教育」の研究成果とは区別された、国の基準としての「基礎、基本」の枠組みがかぶせられたと見ることもできる。今回の小学校目的の法定は、小学校令（明二三年）、国民学校令（昭一六年）、学校教育法（昭二二年）に次いで四度目の法定化となるが、教育がそもそも法律という権力作用とはなじまない非権力作用であり、教育の自主性、学校の主体性が尊重されるべきであるという見地から、本法の目的規定、目標規定（二一条）も権力的な強制を伴わない訓示的な努力目標と理解することが肝要である。

第三〇条〔**教育の目標**〕小学校における教育は、前条に規定する目的を実現するために必要な程度において第二十一条各号に掲げる目標を達成するよう行われるものとする。

② 前項の場合においては、生涯にわたり学習する基盤が培われるよう、基礎的な知識及び技能を習得させるとともに、これらを活用して課題を解決するために必要な思考力、判断力、表現力その他の能力をはぐくみ、主体的に学習に取り組む態度を養うことに、特に意を用いなければならない。

＊教育の目的（教基一）、教育の目標（教基二）、小学校の目的（二九）、小学校の教育課程（三三）、小学校の教科及び教育課程の基準（施規五〇―五六の四）

解説 第二一条解説を参照。なお、本条二項が新設されて、生涯学習の基礎教育、問題解決のための「思考力、判断力、表現力」の育成など主体的学習がうたわれた。そこには「総合的な学習」との連動など、脱「ゆとり教育」に対する歯止め的な要素も含まれていると思われる。

第三一条〔**体験活動**〕小学校においては、前条第一項の規定による目標の達成に資するよう、教育指導を行うに当たり、児童の体験的な学習活動、特にボランティア活動など社会奉仕体験活動、自然体験活動その他の体験活動の充実に努めるものとする。この場合において、社会教育関係団体その他の関係団体及び関係機関との連携に十分配慮しなければならない。

＊社会教育（教基一二、社教二）、社会教育関係団体（社教一〇―一四）

通知 **体験活動に関する留意点** 体験活動を行う学校及び教育委員会は、参加者、指導者、受入団体・施設の利用者、入所者又は職員等の安全の確保に十分配慮すること。体験活動の実施に当たっては、児童生徒の発達段階や活動内容に応じ、その自発性に配慮するとともに、地域の実情に応じて様々な体験活動の場や機会を工夫し、多様な活動が展開されるようにすることが大切であること。（平13・9・14文科初五九七生涯学習局長）

解説　本条は、規範教育的な色彩の濃い「教育目標」規定となった二一条の追加条として、「児童の体験的な学習活動」とくに「ボランティア活動など社会奉仕体験活動、自然体験活動その他の体験活動の充実」が明示された。この規定はもともと二〇〇〇年一二月に出された教育改革国民会議最終報告を受けている。すでに中間報告段階で問題となった「小・中学校では二週間、高等学校では一か月間」「満十八歳の国民すべてに一年間程度……奉仕活動を義務付けることを検討する」としたことについては「国民の兵役義務」に連なる「奉仕義務」を導入したのではないか、との批判もある。また、社会奉仕が「滅私奉公」のごとき自己犠牲を強いる性質が強くこれとボランティア活動を同列化したことに対して、ボランティア活動の自発性と自己啓発性に基づく反論も出されており、現場での混乱も懸念されている。

第三二条〔**修業年限**〕小学校の修業年限は、六年とする。

＊就学の期間（一七）、就学義務の猶予・免除（一八）、全課程修了者の通知（施令二二）

解説　本条に定める六年の修業年限と中学校の三年の修業年限（四七条）が、一六条にいう九年の普通教育である。小学校の修業年限を六年とするのは、明治四〇年の小学校令一部改正（三・二一勅令五二）以後である。ただし、尋常小学校と呼称）以後である。教育基本法五条では、義務教育修業年限は別に法律で定めることとされ、一六条で九年と規定した。

第三三条〔**教育課程**〕小学校の教育課程に関する事項は、第二十九条及び第三十条の規定に従い、文部科学大臣が定める。

＊文部科学大臣の定め（施規五〇—五六の四、小学校学習指導要領）

判例　**岩教組事件**（控訴審）（仙台高判昭44・2・19判時五四八—三九）→四八条

解説　「教育課程に関する事項」は、二九条、三〇条および二一条に規定された学校の教育目的・目標に従い、文部科学大臣が定める、とされた。本条は、旧法二〇条で文部科学大臣が定める対象を「教科に関する事項」に限っていたのに対して、「教育課程に関する事項」と対象を拡大したところにポイントがある。従来、本条が「学習指導要領」を定める法的根拠とされており、その拘束する範囲については、教育課程全体に及ぶか、学校制度的な枠組み（学校制度法定主義）としての「教科」事項に限定するかについて行政解釈と教育法学的解釈との間に論争があった。今回その解釈論議については、前者の行政解釈を法認した形になったが、「関すること」という表現については、「教科内容」（内的事項）自体の法的基準化の困難性が意識され、学校制度の法定という意味合いの法的表現ともみるべきである、と考えられる。

第三四条〔**教科用図書・教材の使用**〕小学校においては、文部科学大臣の検定を経た教科用図書又は文部科学省が著作の名義を有する教科用図書を使用しなければならない。

② 前項に規定する教科用図書（以下この条において「教科用図書」という。）の内容を文部科学大臣の定めるところにより記録した電磁的記録（電子的方式、磁気的方式その他人の知覚によつては認識することができない方式で作られる記録であつて、電子計算機による情報処理の用に供されるものをいう。）である教材がある場合には、同項の規定にかかわらず、文部科学大臣の定めるところにより、児童の教育の充実を図るため必要があると認められる教育課程の一部において、教科用図書に代えて当該教材を使用することができる。

③ 前項に規定する場合において、視覚障害、発達障害その他の文部科学大臣の定める事由により教科用図書を使用して学習することが困難な児童に対し、教科用図書に用いられた文字、図形等の拡大又は音声への変換その他の同項に規定する教材を電子計算機において用いることにより可能となる方法で指導することにより当該児童の学習上の困難の程度を低減させる必要があると認められるときは、文部科学大臣の定めるところにより、教育課程の全部又は一部において、教科用図書に代えて当該教材を使用することができる。

④ 教科用図書及び第二項に規定する教材以外の教材で、有益適切なものは、これを使用することができる。

⑤ 第一項の検定の申請に係る教科用図書に関し調査審議させるための審議会等（国家行政組織法（昭和二十三年法律第百二十号）第八条に規定する機関をいう。以下同じ。）については、政令で定める。

＊教科書の定義（教科書発行二1）、文部科学大臣の検定（文部科学省設置四1⑽）、文部科学大臣の著作権（教科用図書検定規則、義務教育諸学校教科用図書検定基準、文部科学省著作教科書の出版権等に関する法律）、教科書・教材（地教行二一⑹）、教科用図書代替教材（施規五六の五）、公立学校の教科書採択（教科書無償措置一〇—一七）

回答　**教科用図書の使用**　小学校においては、必ず教科用図書を使用しなければならない。但し、検定又は著作教科用図書がない場合はこの限りでない。（昭26・12・10委発三三二初中局長）

通達　**補充教材の使用について**　地図・図表・新聞・雑誌その他検定を経ない図書を補充教材として教育のために教室において使用することは差支えない。この補充教材は、児童生徒に購入を強制してはならず、それを購入しなければ児童生徒が学習するのに困難を感ずるような教え方をしてはならない。（昭23・4・28発教五一教科書局長）

通達　**教科用図書検定不合格となったものの取扱について**　教育上好ましくないものであるから補充教材その他いかなる名目においても、又いかなる手段によるとも、これを教材として使用し、或いは児童生徒に使用させてはならない。（昭23・8・24発教一一九教科書局長）

判例　**〔伝習館高校事件**（第一審）〕　本条は教科書使用義務を肯定したものであるが、教科書の教え方や補助教材との使用上の比重等は教育方法の自由に委ねられている。ただし、教科書を使用したといいうるためには、教科書を教材として使用しようとする主観的意図とともに客観的にも教科書内容に相当する教育活動が行われなければならない。（福岡地判昭53・7・28判時九〇〇—三）

判例　**教科書使用義務**〔**伝習館高校事件**（上告審）〕　本条が高等学校における教科書使用義務を定めたものであるとした原審の判断は、正当として是認することができる。（最判平2・1・18判時一三三七—三）

判例　**教科書使用義務**〔**伝習館高校事件**（控訴審）〕　授業に教科書を持参させ、原則としてその内容の全部について教科書に対応して授業することをいうものと解するのが相当であり、教科書を使用するとは、原則としてその内容の全部について授業することをいうものであるが、このことをなした上、その間に、教師において、適宜、本件学習指導要領の教科、科目の目標及び内容に従って、教科書を直接使用することなく、学問的見地に立

った反対説や他の教材を用いての授業をすることも許される。（福岡高判昭58・12・24判時一一〇一―三）

解説 本条一項に関する行政解釈および伝習館高校事件最高裁判決（平2・1・18）は、本条で教科書の使用義務を定めたとしているが、教科書の使用はもっぱら教師が授業を進める際の教育方法の一つであり、子どもや地域の実情に合わせて自由な使い方が前提にならなければ授業は成り立たない。このような教育条理を踏まえて本条を解せば、どのような教材を使用するかは「教師の教育の自由」であって、「教科書を使用するに当たっては」文部科学大臣の検定もしくは著作名義をもつ教科用図書を使用しなければならない、と読むことができる。このような解釈は、法制定当時、文部省も採用していた。

また、文部科学省および最高裁は本条一項をもって、教科書検定の法的根拠としているが、本条は教科書の使用に関する規定を定めたものであるから、その解釈には無理がある。検定は、民間で著作・編集された図書について教科書として適切か否かを審査し合格したものに教科書としての使用を認める制度であるが、そうした定義についても法律では規定されておらず、教科用図書検定規則などの行政立法に委ねられている。

第三五条　**［児童の出席停止］**　市町村の教育委員会は、次に掲げる行為の一又は二以上を繰り返し行う等性行不良であつて他の児童の教育に妨げがあると認める児童があるときは、その保護者に対して、児童の出席停止を命ずることができる。

一　他の児童に傷害、心身の苦痛又は財産上の損失を与える行為

二　職員に傷害又は心身の苦痛を与える行為

三　施設又は設備を損壊する行為

四　授業その他の教育活動の実施を妨げる行為

②　市町村の教育委員会は、前項の規定により出席停止を命ずる場合には、あらかじめ保護者の意見を聴取するとともに、理由及び期間を記載した文書を交付しなければならない。

③　前項に規定するもののほか、出席停止の命令の手続に関し必要な事項は、教育委員会規則で定めるものとする。

④　市町村の教育委員会は、出席停止の命令に係る児童の出席停止の期間における学習に対する支援その他の教育上必要な措置を講ずるものとする。

＊感染症による校長の出席停止権（学保健安全一九）、中学校への準用（四九）

通知 **公立の小学校及び中学校における出席停止等の措置について**　(1)この制度は、懲戒という観点からではなく、学校の秩序を維持し、他の児童生徒の義務教育を受ける権利を保障するという観点から設けられている。(2)市町村学校管理規則等において規定の整備を行うこと。（昭58・12・5文初中三二一初中局長）

通知 **出席停止の権限**　出席停止の措置は、国民の就学義務ともかかわる重要な措置であることにかんがみ、市町村教育委員会の権限と責任において行われるものとされている。ただし、校長に対し権限の委任を行うことはできる。（昭58・12・5文初中三二一初中局長）

通知 **出席停止措置について**　出席停止を命ずる場合は、児童生徒及び保護者に対し出席停止の趣旨について十分説明するとともに、事前に児童生徒及び保護者の意見を聴取するよう配慮すること。また、出席停止の期間が著しく長期にわたることがないよう配慮し、その期間中にも必要な指導を行うこと。（平8・7・26文初中三八六初中局長・生涯学習局長）

通知 **小学校及び中学校における出席停止について**　他の児童生徒に傷害、心身の苦痛又は財産上の損失を与える行為、職員に傷害又は心身の苦痛を与える行為、施設又は設備を損壊する行為、授業その他の教育活動の実施を妨げる行為を繰り返し行う等性行不良であって他の児童生徒の教育に妨げがあるときに命ずることができることとし、要件の明確化を図ったこと。また、市町村教育委員会が出席停止を命ずる場合には、あらかじめ保護者の意見を聴取するとともに、理由及び期間を記載した文書を交付しなければならないこととするとともに、その他出席停止の命令の手続に関し必要な事項は、教育委員会規則で定めるものとすることとし、手続に関する規定の整備を図ったこと。さらに、市町村教育委員会は、出席停止の期間中の児童生徒の学習の支援その他の教育上必要な措置を講ずるものとすることとした。（平13・7・11文科初四六六事務次官）

通知 **運用の基本的な在り方について**　①本人に対する懲戒という観点からではなく、学校の秩序を維持し、他の児童生徒の義務教育を受ける権利を保障する観点から設けられた、②国民の就学義務ともかかわる重要な措置であることに鑑み、市町村教育委員会の権限と責任において行われるべきなので、校長への権限委任等は慎重にすべきである、③対応には日頃からの生徒指導を充実することがまずもって必要であり、学校が最大限の努力を行っても解決せず、他の児童生徒の教育が妨げられている場合に出席停止の措置が講じられる。（平13・11・6文科初七二五初中局長）

解説 この規定は戦前からあったが、一九八〇年代初頭の校内暴力の多発を背景に生徒指導の強化施策の一環として「活用」されるようになった。二〇〇一年には深刻化してきたいじめや授業妨害等の問題行動への対応策の一つとして条文が全面改正され、出席停止の要件の明確化、出席停止中の児童生徒への支援、手続の整備が盛り込まれた。出席停止は子どもへの懲戒でなく、学校の秩序維持と「他の児童生徒の義務教育を受ける権利を保障する」（文科省通知・平13・11・6文科初七二五）ことを目的とするものとされる。しかし、懲戒処分との相違は実態上必ずしも明確ではなく、懲戒処分に制約のある義務教育段階において停学に代わる措置として用いられる危険性をはらんでいる。前掲通知および「問題行動を起こす児童生徒に対する指導について」（平19・2・5文科省通知→学校教育編第7章）ではいじめ行為も出席停止の対象とされ、二〇一三年六月二一日に制定された「いじめ防止対策推進法」二六条では、「出席停止制度の適切な運用」がうたわれた。出席停止は子どもの教育を受ける権利に制限を加え、一方で学校の教育責任放棄にもつながりかねないものであるから、その行使は個々の事例に即して慎重になされねばならない。

第三六条　**［学齢未満の子の入学禁止］**　学齢に達しない子は、小学校に入学させることができない。

＊就学義務の年齢（一七Ⅰ）、特別支援学校への準用（八二）

回答 **学齢に達しない子女の入学**　学齢前の児童に過重な負担を課することなく、これらの児童を保護する趣旨であると考えられる。この規定は、学齢前の児童を就学させることは法律上不能であるとする規定すなわちいわゆる能力規定であると考えられる。したがって、かかる児童を入学させても、その者は児童たるの地位を法律上有し得ないと解される。（昭28・5・7初中局財務課長）

第三七条　**［職員］**　小学校には、校長、教頭、教諭、養護教諭及び事務職員を置かなければならない。

②　小学校には、前項に規定するもののほか、副校長、主幹教諭、指導教諭、栄養教諭その他必要な職員を置くことができる。

③　第一項の規定にかかわらず、副校長を置くときその他特別の事情のあるときは教頭を、養護をつかさどる主幹教諭を置くときは養護教諭を、特別の事情のあるときは事務職員を、それぞれ置かないことができる。

④ 校長は、校務をつかさどり、所属職員を監督する。
⑤ 副校長は、校長を助け、命を受けて校務をつかさどる。
⑥ 副校長は、校長に事故があるときはその職務を代理し、校長が欠けたときはその職務を行う。この場合において、副校長が二人以上あるときは、あらかじめ校長が定めた順序で、その職務を代理し、又は行う。
⑦ 教頭は、校長（副校長を置く小学校にあつては、校長及び副校長）を助け、校務を整理し、及び必要に応じ児童の教育をつかさどる。
⑧ 教頭は、校長（副校長を置く小学校にあつては、校長及び副校長）に事故があるときは校長の職務を代理し、校長（副校長を置く小学校にあつては、校長及び副校長）が欠けたときは校長の職務を行う。この場合において、教頭が二人以上あるときは、あらかじめ校長が定めた順序で、校長の職務を代理し、又は行う。
⑨ 主幹教諭は、校長（副校長を置く小学校にあつては、校長及び副校長）及び教頭を助け、命を受けて校務の一部を整理し、並びに児童の教育をつかさどる。
⑩ 指導教諭は、児童の教育をつかさどり、並びに教諭その他の職員に対して、教育指導の改善及び充実のために必要な指導及び助言を行う。
⑪ 教諭は、児童の教育をつかさどる。
⑫ 養護教諭は、児童の養護をつかさどる。
⑬ 栄養教諭は、児童の栄養の指導及び管理をつかさどる。
⑭ 事務職員は、事務をつかさどる。
⑮ 助教諭は、教諭の職務を助ける。
⑯ 講師は、教諭又は助教諭に準ずる職務に従事する。
⑰ 養護助教諭は、養護教諭の職務を助ける。
⑱ 特別の事情のあるときは、第一項の規定にかかわらず、教諭に代えて助教諭又は講師を、養護教諭に代えて養護助教諭を置くことができる。
⑲ 学校の実情に照らし必要があると認めるときは、第九項の規定にかかわらず、校長（副校長を置く小学校にあつては、校長及び副校長）及び教頭を助け、命を受けて校務の一部を整理し、並びに児童の養護又は栄養の指導及び管理をつかさどる主幹教諭を置くことができる。

＊校長・教員等の設置（七）、養護教諭についての経過措置（附則七）、教務主任・学年主任（施規四四）、保健主事の設置（施規四五）、教員の設置（三）、高等学校の二人教頭制（六一）、学校医・学校歯科医・学校薬剤師の設置（学保健安全二三）、司書教諭の設置（学図五）、職員会議（施規四八）、中学校・義務教育学校・高等学校・特別支援学校への準用（四九・四九の八・六二・八二）

判例 **使用者としての校長**　小学校長は、「校務を掌り、所属職員を監督する」のであるから、その監督権の範囲において、所属職員に労務管理事務を行うものというべく、その限りにおいて労基法上の使用者たる地位を有する。（京都地判昭25・11・9労民集一―六―一〇四三）

判例 **校長の校務分掌権**　校務分掌権が最終的に校長に帰属することを否定するものではない。ただ教科担任の決定等教科内容に密接な関係をもつ事項については、必ずしも校長の完全な自由裁量に任されているとみるべきではない。（名古屋地判昭62・4・15判時一二六一―一二一）

判例 **全校的教育事項と校長の決定について［宮崎大宮第二高校事件］**　校務の中身を詳細に検討すると、人事、予算編成、施設管理などの人的・物的な教育条件に関する事務のほか、教育課程編成、全校的な教材選択、生活指導の方針など、それ自体教育内容を規定する全校的教育事項ともいうべき事務がある。全校的教育事項については、個々の教師の教育活動と密接に関連するうえに、教育専門的知識・経験の豊富な専門家によって多面的に検討されることを要する事柄であることからすると、校長に最終的な決定権があるとはいえ、その一存で決定されるのは相当でないというべきである。（宮崎地判昭63・4・28判タ六八〇―六五）

解説 本条は学校（小・中学校）を支える人的条件として、教職員の種類と職務の基本について定めている。この中では、四項の「校長は、校務をつかさどり、所属職員を監督する」および一一項の「教諭は、児童の教育をつかさどる」の理解の仕方、相互の関係について見解が分かれている。行政解釈は、校長を学校内の管理者とし、教諭の職務上の上司とみてきたが、教育法学界では、「児童の教育をつかさどる」教諭の職務上の独立を認めて、慣例上教職員の合議機関であった職員会議が、教育的な決定を行うことが教育原理にかなうと見てきた。二〇〇〇年一月二一日の官報において、「校長の職務の円滑な執行に資するため、職員会議を置くことができる」と追加（学教施規四八条）された。この規定は、職員会議についてはじめて法制化されたものであるが、その趣旨は、校長が進めるべき全校的業務を円滑に遂行するために、校長の判断で職員会議を開催できる旨規定したものであって、職員会議を校長の補助機関ないし校長の判断で置かれる諮問機関として位置づけるものであった。しかも、「置くことができる」という末尾は任意規定としての意味を持ち、校長の判断によっては職員会議を開かなくてもよい、というものであり、実際、職員会議が設けられない学校も出現している。しかし、学校は、教職員全体の意思、情報の共有があってこそ、子どもの最善の利益を保障できるものであり、民主主義社会の形成に貢献していくべき学校としても、教職員全員の話し合いの場を確保していくことが必要と考えられる。少なくともいじめ問題など学校の一体的な対応に必要な教育的決定をする場合などは、これまで学校の自治的な慣習として存続してきた職員会議的な仕組みを機能させていくことも必要である。なお、本条は、一九七四年に一部改正され（昭四九法七〇）、教諭とは別に独立職として教頭職が法律化された。その後一九七六年（昭和五一年）三月の施行規則の一部改正により「教務主任」「学年主任」を置き、教諭をもって充てることとされた。二〇〇七年の法改正では、これに「副校長、主幹教諭、指導教諭…を置くことができる」（二項）という条項が加わり、教員組織は、校長―副校長―教頭―主幹教諭（―主任）―指導教諭―教諭という六～七つの階層に分化させられた。「副校長は校長の…命を受けて」（五項）、「主幹教諭は、校長、（副校長）、教頭の…命を受け」（九項）など指揮命令系統が明確にされ、教員の階層化とライン系列化が進んでいる。教員全員が授業を担当するスタッフとしての単層構造ととらえるか、一般企業のように部長・課長・係長などのごときライン系列の重層構造ととらえるかが議論されたが、二〇〇七年の改正では学校の重層化、教員の階層化が進んでいくことになり、教員の目が子どもではなく「上司」に向けられていくことが懸念されている。

第三八条［小学校等の設置義務］　市町村は、その区域内にある学齢児童を就学させるに必要な小学校を設置しなければならない。ただし、教育上有益かつ適切であると認めるときは、義務教育学校の設置をもつてこれに代えることができる。

＊小学校設置義務の特例（三九―四一）、設置・廃止等についての届出（施令二五・二六）、中学校への準用（四九）

回答 **小中学校の区域外設置**　市町村が小中学校を設置するに当たっては、これをその区域内に設けることを原則とするが、その区域内に教育上適当な校地を得られない等やむを得ない事由がある場合においては、これを区域外に設けることができる。この場合においては、地方自治法二一〇条に規定する関係地方公共団体との協議を行うべきものと解する。（昭34・4・23委初八〇初中局長）

通知 **学校統合又は小規模校存続の複数選択**　学校統合の適否又は小規模校を存置する場合の充実策等を検討する際は、それぞれの地域の実情に応じて、教育的な視点から少子化に対応した活力ある学校づくりのための方策を継続的に検討・実施していくこと、その際、学校統合により魅力ある学校づくりを行う場合や、小規模校のデメリットの克服を図りつつ学校の存続を選択する場合等の複数の選択がある。（平27・1・27文科初一一一二事務次官）

判例 **小学校統合による回復困難な損害**　上記廃校処分によって上記児童らことに低学年児童らにとっての旧小学校への徒歩通学による居住地域の自然との接触、それについての理解、また、……旧小学校と家庭との親密感、近距離感等旧小学校への就学によって維持される人格形成上、教育上の良き諸条件を失うこととなり、それは上記抗告人らにとって回復の困難な損害といわなければならない。（名古屋高金沢支決昭51・6・18判時八四二―七〇）

判例 **小学校統廃合決定と条例制定**　学校統廃合を定める条例の制定について、原告らは、区が社会生活上通学することが可能な範囲内に設置する小学校においてその児童らに法定年限の普通教育を受けさせる権利又は法的な利益を有するとはいい得るものの（憲法二六条、教基法四条、五条等参照）、具体的に特定の小学校で教育を受けさせる権利または法的な利益を有するとはいえず、地方公共団体が設置する小学校について、どのように設置をし、また、管理をするかは、地方公共団体の合理的な裁量に委ねられる。（東京地判平27・5・13判例地方自治四一三―九三）

判例 新設の学校が遠隔なため就学が不能または著しく困難な場合、設置処分の取消ないし無効確認の訴えが提起できる。（盛岡地判昭37・7・9行例集一三―七―一三三一）

解説 本条は、一七条の保護者の就学義務と並び、子どもの教育を受ける権利保障の要である学校就学権確保に欠かせない基本システムであるといえる。子どもが学校に通える状態にするには、保護者が子どもを学校に通わせ、かつ市町村が通うべき学校を建てなければならない。なお、学校を設置する際は、従来は財政合理主義の立場から「適正」規模での統廃合政策が図られてきたが、近年の少子化や学校の多様性尊重などから、小規模校の存続を含めて「複数の選択」（前掲・平成二七年一月二七日文科事務次官通知）制に方針転換した。

第三九条　［**学校組合**］　市町村は、適当と認めるときは、前条の規定による事務の全部又は一部を処理するため、市町村の組合を設けることができる。

＊地方公共団体の組合（地自二八四―二九三の二）、組合に関する特例（地教行六〇）、中学校への準用（四九）

第四〇条　［**学齢児童の教育事務委託**］　市町村は、前二条の規定によることを不可能又は不適当と認めるときは、小学校又は義務教育学校の設置に代え、学齢児童の全部又は一部の教育事務を、他の市町村又は前条の市町村の組合に委託することができる。

② 前項の場合においては、地方自治法第二百五十二条の十四第三項において準用する同法第二百五十二条の二の二第二項中「都道府県知事」とあるのは、「都道府県知事及び都道府県の教育委員会」と読み替えるものとする。

＊地方公共団体の事務委託（地自二五二の一四）、協議会設置の手続（地自二五二の二の二）、中学校への準用（四九）

第四一条　［**設置の補助**］　町村が、前二条の規定による負担に堪えないと都道府県の教育委員会が認めるときは、都道府県は、その町村に対して、必要な補助を与えなければならない。

＊設置者負担の原則（五）、補助（地自二三二の二）、中学校への準用（四九）

第四二条　［**学校評価**］　小学校は、文部科学大臣の定めるところにより当該小学校の教育活動その他の学校運営の状況について評価を行い、その結果に基づき学校運営の改善を図るため必要な措置を講ずることにより、その教育水準の向上に努めなければならない。

＊学校評価（施規六六―六八）

解説 本条は、教育活動その他の学校運営の状況について評価を行い、その結果について「必要な措置」を講ずることを求めている。学校は、教育の当事者であり、パートナーである保護者・住民、子どもとともに協働して「自己評価」に努めることが求められているといえる。しかし近年、市場原理主義、成果主義の導入によって、教育を「サービス」と考え、保護者・住民を「消費者」と見立てて、〝商品の品定め〟を導入する傾向がある。全国（二〇〇七～二〇〇九年度）、各県レベル、市町村レベルで一斉に実施されてきた学力テストの結果は、受験競争にあおられてこのような外部評価の指標となり、学校は学力競争主義の渦に巻き込まれていく危険性があり、パートナーシップ型の学校自己評価を堅持していくことが肝要であるといえる。

第四三条　［**情報の提供**］　小学校は、当該小学校に関する保護者及び地域住民その他の関係者の理解を深めるとともに、これらの者との連携及び協力の推進に資するため、当該小学校の教育活動その他の学校運営の状況に関する情報を積極的に提供するものとする。

解説 本条は、前条と対になる規定であり、当該学校の保護者・住民が学校運営に連携、協力、協働し、円滑な運営体制を維持・発展させていくため、かつそのための学校運営の自己評価に欠かせない情報について共有していくことを狙いとして定められたものである。かつては学校教職員側が学校内の教育・子ども情報を独占・コントロールし、保護者の判断を誘導したり、その活動をコントロールしていく傾向があった。その意味では、学校情報の共有によるパートナーシップ型の学校運営共同体を形成していくために、あえて学校教職員側に、保護者・住民に対する学校運営情報の提供義務を課したということができる。

第四四条　［**私立小学校の所管庁**］　私立の小学校は、都道府県知事の所管に属する。

＊私立学校（二2、私学二3）、所管庁（私学四）、知事の所管（地教行二二(3)）、私立中高校・特別支援学校への準用（四九・六二）

第五章　中学校

第四五条　［**教育の目的**］　中学校は、小学校における教育の基礎の上に、心身の発達に応じて、義務教育として行われる普通教育を施すことを目的とする。

＊教育の目的（教基一）、普通教育（教基五）、中学校教育の目標（四六）、義務教育として行われる普通教育のうち基礎的なもの（二九）

通知 **教育目的達成と校則制定**→教育基本編第2章「児童の権利に関する条約」について（通知）

解説 旧法では、「中学校は、……中等普通教育を施すことを目的とする」（三五条）とあったが、二〇〇七年の改正で、本条のように「義務教育として行われる普通教育を施すことを目的とする」と規定しなおされた。小学校（二九条の解説を共に参照）、高等学校（五〇条—「高度な普通教育及び専門教育」）同様、初等・中等・高等教育という教育内容・課程主義的な表記が回避され、年齢主義および法で定めた「義務教育」の枠組みが強化されたと解することができる。しかし、周知のとおり、義務教育は、子どもの教育を受ける権利を保障する親・保護者（就学義務）、および国・教育行政（無償制教育推進義務）の義務によって成り立つ教育をさしており、決して子どもが受けるべき「義務」を負う教育ではない。子どもにとっては、憲法上保障されている基本的人権、権利としての教育を保障される（憲法二六条）ことが目的であることがふまえられなければならない。

第四六条［教育の目標］ 中学校における教育は、前条に規定する目的を実現するため、第二十一条各号に掲げる目標を達成するよう行われるものとする。

＊教育の目的・目標（教基一・二）、中学校の目的（四五）、教育課程（四八）、教育課程の基準（施規七四）

解説 →二一条

第四七条［修業年限］ 中学校の修業年限は、三年とする。

＊就学期間（一七2）、特別支援学校に準用（八二）

解説 →三二条

第四八条［教育課程］ 中学校の教育課程に関する事項は、第四十五条及び第四十六条の規定並びに次条において読み替えて準用する第三十条第二項の規定に従い、文部科学大臣が定める。

＊中学校の教科及び教育課程の基準（施規七二—七九、中学校学習指導要領）、中学校の目的（四五）、目標（四六）、小学校の教育課程（三三）、小学校教育課程の基準（施規五二）

判例 **岩教組事件**（控訴審）　教育課程を具体的に編成するに当たっては、教育活動を中心的機能とする学校にこれを行なわせるのが適当である。学校教育法三八条、一〇六条第一項により、文部大臣は、中学校における教科に関する事項を定める権限があり、これに基づく同法施行規則および学習指導要領において各学校における教育課程についての定めをしているが、これは教育課程の編成そのものではなく、教育課程の基準の制定であって、文部大臣には教育課程編成権は存しないものと解するのが相当である。（仙台高判昭44・2・19判時五四八—三九）

解説 →三三条

第四九条［準用規定］ 第三十条第二項、第三十一条、第三十四条、第三十五条及び第三十七条から第四十四条までの規定は、中学校に準用する。この場合において、第三十条第二項中「前項」とあるのは「第四十六条」と、第三十一条中「前条第一項」とあるのは「第四十六条」と読み替えるものとする。

＊体験活動（三一）、教科用図書・教材（三四）、児童の出席停止（三五）、校長・教諭その他の職員（三七）、小学校の設置義務（三八）、小学校設置義務の特例（三九—四一）、私立小学校の所管庁（四四）

第五章の二　義務教育学校

第四九条の二［教育の目的］ 義務教育学校は、心身の発達に応じて、義務教育として行われる普通教育を基礎的なものから一貫して施すことを目的とする。

解説 二〇一五年改正により、二〇一六年四月から「義務教育学校」の設置が可能となった。小中一貫教育の取組自体は二〇〇〇年頃から始まっており、「中一ギャップ」の解消や子どもの発達の早期化への対応などを理由に、施設一体・隣接型／分離連携型など形式は多様ながら系統的な小中一貫カリキュラムや六・三制の見直しが模索されてきた。だが、教育学研究の理論的な検証や課題整理を待たずに進められ、兼務発令における免許の壁や過重負担の問題、「学園」という上部構造組織の問題、学校制度の複線化、さらには統廃合の隠れ蓑といった側面も指摘されてきた。「義務教育学校」は一条校として追加され、施行規則で「教育課程の基準の特例」は認められているものの、それらの課題は解決したわけではない。

第四九条の三［教育の目標］ 義務教育学校における教育は、前条に規定する目的を実現するため、第二十一条各号に掲げる目標を達成するよう行われるものとする。

第四九条の四［修業年限］ 義務教育学校の修業年限は、九年とする。

第四九条の五［課程の区分］ 義務教育学校の課程は、これを前期六年の前期課程及び後期三年の後期課程に区分する。

第四九条の六［各課程の教育の目標］ 義務教育学校の前期課程における教育は、第四十九条の二に規定する目的のうち、心身の発達に応じて、義務教育として行われる普通教育のうち基礎的なものを施すことを実現するために必要な程度において第二十一条各号に掲げる目標を達成するよう行われるものとする。

② 義務教育学校の後期課程における教育は、第四十九条の二に規定する目的のうち、前期課程における教育の基礎の上に、心身の発達に応じて、義務教育として行われる普通教育を施すことを実現するため、第二十一条各号に掲げる目標を達成するよう行われるものとする。

第四九条の七［教育課程］ 義務教育学校の前期課程及び後期課程の教育課程に関する事項は、第四十九条の二、第四十九条の三及び前条の規定並びに次条において読み替えて準用する第三十条第二項の規定に従い、文部科学大臣が定める。

第四九条の八［準用規定］ 第三十条第二項、第三十一条、第三十四条から第三十七条まで及び第四十二条から第四十四条までの規定は、義務教育学校に準用する。この場合において、第三十条第二項中「前項」とあるのは「第四十九条の三」と、第三十一条中「前条第一項」とあるのは「第四十九条の三」と読み替えるものとする。

第六章　高等学校

第五〇条［教育の目的］ 高等学校は、中学校における教育の基礎の上に、心身の発達及び進路に応じて、高度な普通教育及び専門教育を施すことを目的とする。

＊教育の目的（教基一）、教育の目標（五一）

解説 二〇〇七年改正により、「高等普通教育」が「高度な普通教育」に改められた。従来用いられてきた「高等普通教育」は、法令上の用語であり、教育学上は、高等学校は後期中等教育に位置し、高等教育というタームは大学レベルを指す。「高度な普通教育」への改正は、このような概念の混同を整理するものともいえるが、一方で「高度な普通教育」（二一条、二九条、四五条）は、「義務教育として行われる普通教育」とは異なるものとして設定され、中学校とともに構成してきた従来の中等教育概念に重大な修正をもたらすものである。高校の教育目的の特徴は、普通教育及び専門教育を施す点にある。「又は」ではなく「及び」とあることで、戦後の高校が単一の学校体系の中で「総合制」の完成教育機関を目指していたことが理解できる。しかし、一九六〇年代の高度経済成長期に産業界の要請を受けて、専門教育の「職業教育化」、職業高校としての分化など後期中等教育の多様化政策が進行した。近年では「総合学科」の設置（高校設置基準五条三号。一九九四年度より実施）が図られている。二〇〇七年の改正で、「進路に応じて」という文言が加えられたが、これは職業分化に基づく高校の複線化を進める根拠にもなり得る。このような改正により、高校教育が本来有する中学校との連続性や「高度な普通教育」と専門教育との相互関連性がさらに弱められることが危惧される。

第五一条　**［教育の目標］**　高等学校における教育は、前条に規定する目的を実現するため、次に掲げる目標を達成するよう行われるものとする。

一　義務教育として行われる普通教育の成果を更に発展拡充させて、豊かな人間性、創造性及び健やかな身体を養い、国家及び社会の形成者として必要な資質を養うこと。

二　社会において果たさなければならない使命の自覚に基づき、個性に応じて将来の進路を決定させ、一般的な教養を高め、専門的な知識、技術及び技能を習得させること。

三　個性の確立に努めるとともに、社会について、広く深い理解と健全な批判力を養い、社会の発展に寄与する態度を養うこと。

＊教育の目的・目標（教基一・二）、教育課程と基準（施規八三・八四、高等学校学習指導要領）

解説　教育基本法改正を受けて、二〇〇七年に大きな改正がなされた。従来の努力義務から「目標を達成するよう行われるものとする」という強い規定に変わったことがまず注目される。一号では、「中学校における教育」が「義務教育として行われる普通教育」に改められ、「豊かな人間性、創造性及び健やかな身体を養い」が加えられた。二号では、「技能に習熟させる」が「知識、技術及び技能を習得」に改められた。改正前の本条では、高校の完成教育としての性格から、卒業後「国家及び社会の有為な形成者」となることが目標とされ、「社会について、広く深い理解と健全な批判力を養い、個性の確立に努めること」（旧三号）が目指された。それは、中学校の教育目標（現四六条。旧三六条）と連続していた。二〇〇七年改正により、小学校及び中学校の教育目標が義務教育として行われる普通教育の目標（二一条）に一本化されたために、上述のような中学校との連続性が見えにくくなっている。公職選挙法改正（二〇一五年六月）により選挙権年齢が一八歳以上に引き下げられたが、これは政治教育をはじめとする高校教育のあり方に新たな展開をもたらすことが予想される。

第五二条　**［学科・教育課程］**　高等学校の学科及び教育課程に関する事項は、前二条の規定及び第六十二条において読み替えて準用する第三十条第二項の規定に従い、文部科学大臣が定める。

＊高等学校の目的（五〇）、教育の目標（五一）、文部科学大臣の定め（施規八〇）、教育課程の編成と基準（施規八三・八四、高等学校学習指導要領）、教育課程等の特例（施規八五―八九）、学科（高校基準五・六）

通知　**総合学科について**（平5・3・22文初職二〇三初中局長）

解説　文部科学大臣が定めた「学科」とは、高等学校設置基準（昭二三文令一）に基づき、(1)普通教育を主とする学科、(2)専門教育を主とする学科、(3)普通教育及び専門教育を選択履修を旨として総合的に施す学科、を指す（同基準五条）。とくに近年注目されているのが、(3)の「総合学科」である。この学科は、一九九四年度から実施に移され、二〇一七年度現在で全日制・定時制合わせて三六九校に設置されている。第一四期中教審答申などを受けて、高校教育の多様化・個性化の象徴的存在でもある。学年枠のない単位制を原則とし幅の広い選択科目群が開設され、生徒にとっては、その能力・適性、興味・関心に即して自主的に時間割編成できるなど先進的な側面もある。この学科は、従来問題とされてきた(1)と(2)の乖離現象（普通科と職業科の分離・細分化等）に対する改革という面もあるが、部分的な適用である限界や、バブル崩壊後の混沌とした産業界の現状の反映であるとの指摘もある。なお、「教育課程に関する事項」については、三三条の解説を参照。

第五三条　**［定時制の課程］**　高等学校には、全日制の課程のほか、定時制の課程を置くことができる。

②　高等学校には、定時制の課程のみを置くことができる。

＊所轄庁の認可事項（四、施令二三）、定時制課程設置・廃止の認可（施規一一・一五）、最終学年の期間（施規一〇四）、修業年限は三年以上（五六）、定時制（定通）、通信教育（施規一〇一）、定時制、通信制の修業年限の配慮（施規一〇二）、単位制高等学校（施規一〇三）

回答　定時制の課程と通信教育の二重在籍は、高等学校通信教育規程八条および九条の規定により可能である。（昭30・5・2初中局長）

解説　本条は、定時制の課程及び独立の定時制高校の設置の根拠を定めたものである。定時制の課程はもともと働きながら学ぶ青年に対し高校教育を受ける機会を保障する目的で設置され、制度、教育内容ともに全日制の課程と基本的に区別がないものとされていた。しかし、高校進学率が上昇する中で定時制課程在籍者は減少の一途をたどった。さらに、近年では働きながら学ぶ生徒が減る一方、全日制の中途退学者が増加するなど在籍者の属性にも変化が見られるようになっている。このような中で定時制の課程は全日制とは異なるいわば傍系の存在へと変質させられつつある。昭和六三年からは、学年による教育課程の区分を設けない単位制が全日制に先駆けて導入された。定時制・通信制高校の統廃合・広域化が進み、就学が事実上困難になる状況も起こっている。

第五四条　**［通信制の課程］**　高等学校には、全日制の課程又は定時制の課程のほか、通信制の課程を置くことができる。

②　高等学校には、通信制の課程のみを置くことができる。

③　市（指定都市を除く。以下この項において同じ。）町村（市町村が単独で又は他の市町村と共同して設立する公立大学法人を含む。）の設置する高等学校については都道府県の教育委員会、私立の高等学校については都道府県知事は、高等学校の通信制の課程のうち、当該高等学校の所在する都道府県の区域内に住所を有する者のほか、全国的に他の都道府県の区域内に住所を有する者を併せて生徒とするものその他政令で定めるもの（以下この項において「広域の通信制の課程」という。）に係る第四条第一項に規定する認可（政令で定める事項に係るものに限る。）を行うときは、あらかじめ、文部科学大臣に届け出なければならない。都道府県（都道府県が単独で又は他の地方公共団体と共同して設立する公立大学法人を含む。）又は指定都市（指定都市が単独で又は他の指定都市若しく

は市町村と共同して設立する公立大学法人を含む。）の設置する高等学校の広域の通信制の課程について、当該都道府県又は指定都市の教育委員会（公立大学法人の設置する高等学校にあっては、当該公立大学法人）がこの項前段の政令で定める事項を行うときも、同様とする。

④　通信制の課程に関し必要な事項は、文部科学大臣が、これを定める。

＊①②通信教育の学則変更の認可等（施令二三1⑾・二六1⑶・二七）、通信制（定通）、③文部科学大臣の定め（施規一〇一）、政令で定める通信制の課程（施令二四）、通信教育（施規一〇一）、定時制、通信制の修業年限の配慮（施規一〇二）

解説　通信による教育は戦後になってはじめて正規の学校教育に組み入れられたものである。昭三六法一六六の本条改正により通信制教育課程の独立（「独立校」二項）、広域にわたる通信制の課程（三項）も認められることとなった。近年、通信制課程は学校数、生徒数ともに増加傾向にある。不登校や中途退学等、在籍者の属性の変化は定時制課程と同様であるが、通信制の場合、これと連携する民間の教育施設、いわゆるサポート校に同時に入学して通学指導を受けるという形態の急増が特徴的である。

第五五条［**定時制・通信制の技能教育**］　高等学校の定時制の課程又は通信制の課程に在学する生徒が、技能教育のための施設で当該施設の所在地の都道府県の教育委員会の指定するものにおいて教育を受けているときは、校長は、文部科学大臣の定めるところにより、当該施設における学習を当該高等学校における教科の一部の履修とみなすことができる。

②　前項の施設の指定に関し必要な事項は、政令で、これを定める。

＊指定の申請（施令三二）、指定の基準（施令三三）、内容変更の届出（施令三四）、廃止の届出（施令三五）、指定の解除（施令三六）、調査等（施令三七）、文部科学省令への委任（施令三八）、中等教育学校の後期課程の定時制の課程又は通信制の課程に係る技能教育施設（施令三九）

解説　本条は昭三六法一六六により新たに追加されたものである。高等学校の定時制・通信制の課程に在学する生徒が、同時に技能教育施設で教育を受けている場合、そこで修得した単位の一部を高校の単位として認定する。技能教育施設が行う技能教育の内容には、文部科学大臣が定める高等学校の職業に関する教科に相当するものが含まれていることが必要である。技能教育連携制度は、学校教育とは異なる技能教育施設における教育を、一定条件のもとに学校教育と同じように扱おうとするもので、高等学校の職業教育を主とする学科における現場実習とは異なる。本条の当初の趣旨は、生徒の負担軽減と学習の効率化、高校教育を受ける機会の拡大、学校と産業界の連携による技能教育の能率化にあった。近年では技能連携校は専修学校、専門学校の他、いわゆるサポート校が多くを占めるようになっている。

第五六条［**修業年限**］　高等学校の修業年限は、全日制の課程については、三年とし、定時制の課程及び通信制の課程については、三年以上とする。

＊定時制の課程（五三）、定時制課程の学年についての特例（施規一〇四2）、定時制、通信制の修業年限の配慮（施規一〇二）

通達　**定時制の課程の修業年限を四年以上とすることについて**　定時制の課程は、勤労青年を対象とする課程で、通常の課程の三年分の教育を、これと全く同等の程度内容をもって行うには、最低四年を要し、しいて三年にすれば教育上、保健上、勤労青年のために憂うべき事態を生じ、かえって勤労青年に対して思わしくない結果を招き、ひいてはこの課程から勤労青年が締め出されることをも考慮され、定時制の課程の修業年限を一律に四年以上とすることになったのである。（昭25・5・6文初中一七八初中局長）

通達　**定時制の課程の修業年限を三年とすることについて**　生徒の勤労形態の変化や履修形態の弾力化の状況等による今日の学校の実態にかんがみ、特段の支障なく三年間で卒業に必要な単位を履修できるものについては、三年でも卒業できる途を開くことができることとしたものであること。（昭63・11・21文初高八八事務次官）

解説　もともと高校の修業年限は課程の如何を問わず一律に三年を原則としていたが、勤労青少年を対象とする定時制・通信制の課程で通常の課程と全く同等の程度内容の教育を三年で行うには困難があるとして「一律に四年以上」が妥当とされた（昭二五法一〇三）。後に併修や技能連携制度により三年での単位修得が可能となったとして定時制・通信制の課程の修業年限は三年以上と改正された（昭六三法八八）。なお、修業年限を定めるに当たっては、教育上適切な配慮をするよう努めることが求められている（施規一〇二条）。

第五七条［**入学資格**］　高等学校に入学することのできる者は、中学校若しくはこれに準ずる学校若しくは義務教育学校を卒業した者若しくは中等教育学校の前期課程を修了した者又は文部科学大臣の定めるところにより、これと同等以上の学力があると認められた者とする。

＊中学校に準ずる学校（七二・七六）、文部科学大臣の定め（施規九五、高等学校入学に関し中学校を卒業した者と同等以上の学力があると認められる者を指定（昭二三文告五八））

回答　**外国から帰国した者の入学**　高等学校へ入学する場合、外国において学校教育における九年の課程を修了した者に対して、高等学校への入学資格が与えられているので、入学を希望する高等学校の入学者選抜に基づき、校長が許可すれば、入学することができる。（昭40・8・6国初四二事務次官）

第五八条［**専攻科・別科**］　高等学校には、専攻科及び別科を置くことができる。

②　高等学校の専攻科は、高等学校若しくはこれに準ずる学校若しくは中等教育学校を卒業した者又は文部科学大臣の定めるところにより、これと同等以上の学力があると認められた者に対して、精深な程度において、特別の事項を教授し、その研究を指導することを目的とし、その修業年限は、一年以上とする。

③　高等学校の別科は、前条に規定する入学資格を有する者に対して、簡易な程度において、特別の技能教育を施すことを目的とし、その修業年限は、一年以上とする。

＊①設置・廃止（四）、専攻科・別科の設置・廃止の認可（施令二三1⑵、施規一一・一五）、②大学の入学に関し高等学校卒業者と同等以上の学力があると認められた者（施規一五〇）、私立高等学校の場合の文部科学大臣への届出（施規二）、高等学校に準ずる学校（七二・七六）

第五八条の二［**大学への編入学**］　高等学校の専攻科の課程（修業年限が二年以上であることその他の文部科学大臣の定める基準を満たすものに限る。）を修了した者（第九十条第一項に規定する者に限る。）は、文部科学大臣の定めるところにより、大学に編入学することができる。

＊文部科学大臣の定める基準（施規一〇〇の二）

第五九条［入学・退学・転学等］ 高等学校に関する入学、退学、転学その他必要な事項は、文部科学大臣が、これを定める。

＊入学の許可（施規九〇）、編入学（施規九一）、転学等（施規九二）、休・退学（施規九四）、留学（施規九三・一七六）

通知 **高等学校中途退学者問題への対応について** 九五％以上の進学率の下で生徒の能力・適性・興味・関心進路等も多様になっているため、高校教育も多様化、柔軟化、個性化を図ること。生徒が学校生活のさまざまな成就感・達成感を味わえるよう魅力ある教育活動を作り出す改善とともに、教育相談の充実や保護者との連携等を全教職員の協力の下で取り組む体制をつくること。生徒の積極的な進路変更を可能とするような転校・転科、編入などの開かれた学校の仕組みを整えること。（平5・4・23文初高三五一初中局長）

解説 「入学」とは学校の生徒として継続的に教育を受けることができる身分を取得すること。第一学年当初の入学時期以外の時期の入学をそれぞれ「編入学」「転学」「転籍」という。「編入学」は、相当の学歴がない者や外国の学校の卒業者等で、相当の学力等があると認められる者が学校種の異なる学校の中途学年に入学することをいう（施規九一条）。「転学（転入学）」は同一学校種の他の学校の相当学年・課程への異動（施規九二条）、「転籍」は同一学校の全日制と定時制課程などの間の異動をいう。

第六〇条［高等学校の職員］ 高等学校には、校長、教頭、教諭及び事務職員を置かなければならない。

② 高等学校には、前項に規定するもののほか、副校長、主幹教諭、指導教諭、養護教諭、栄養教諭、養護助教諭、実習助手、技術職員その他必要な職員を置くことができる。

③ 第一項の規定にかかわらず、副校長を置くときは、教頭を置かないことができる。

④ 実習助手は、実験又は実習について、教諭の職務を助ける。

⑤ 特別の事情のあるときは、第一項の規定にかかわらず、教諭に代えて助教諭又は講師を置くことができる。

⑥ 技術職員は、技術に従事する。

＊校長・教員の資格、欠格理由、職員等（七・九・三七・六二、高校基準八―一一、高校定数標準七―一二・附則11）、定時制及び通信制課程の主事（施規一〇二）、準用規定（施規一〇四1）、学科主任・農場長（施規八一）、事務長（施規八二）

解説 本条は、高校において必要とされる教職員の種類と職務について規定したものである。一九七二年の法改正（昭四七法七〇）で教頭、養護助教諭、実習助手が置かれた。一、二項に示した職員の職務については三七条を参照。二〇〇七年の改正により、副校長、主幹教諭、指導教諭を置くことができるという規定が新たに加えられた。なお、高校では小・中学校とは異なり、職業教育に伴う機械器具整備に関する技術従事者として技術職員を置くことを定めている。

第六一条［二以上の課程の教頭の設置］ 高等学校に、全日制の課程、定時制の課程又は通信制の課程のうち二以上の課程を置くときは、それぞれの課程に関する校務を分担して整理する教頭を置かなければならない。ただし、命を受けて当該課程に関する校務をつかさどる副校長が置かれる一の課程については、この限りでない。

＊教頭二人制（三七8）、二以上の課程（五三・五四）

解説 本条は、一九七四年の教頭職の法制化（本法一部改正・昭四九法七〇）に伴い、新たに設けられた条文である。この規定により、かつて本法施行規則に定められていた定時制主事、通信制主事が、教頭として位置づけ直された。但書は二〇〇七年の改正により加えられた。

第六二条［準用規定］ 第三十条第二項、第三十一条、第三十四条、第三十七条第四項から第十七項まで及び第十九項並びに第四十二条から第四十四条までの規定は、高等学校に準用する。この場合において、第三十条第二項中「前項」とあるのは「第五十一条」と、第三十一条中「前条第一項」とあるのは「第五十一条」と読み替えるものとする。

＊体験活動（三一）、教科用図書・教材（三四・附則九）、校長・教頭・教諭等の職務（三七4―17）、私立小学校の所管庁（四四）

第七章　中等教育学校

第六三条［教育の目的］ 中等教育学校は、小学校における教育の基礎の上に、心身の発達及び進路に応じて、義務教育として行われる普通教育並びに高度な普通教育及び専門教育を一貫して施すことを目的とする。

＊普通教育（憲二六）、教育目的（二九・四五・五〇、教基一）

通知 **受験校化の防止と公立学校での入試抑制** 衆議院文教委員会及び参議院文教・科学委員会において、中高一貫校がいわゆる「受験エリート校」化することがあってはならないことや、受験競争の低年齢化を招くことのないよう、公立学校の場合には、入学者の決定に当たって学力試験は行わないことなどについて、……付帯決議が付されています。中高一貫教育の導入等について検討されるに当たっては、これらの点に十分留意され、中高一貫教育制度がその趣旨に沿って導入されるよう配慮願います。（平10・6・26文初高四七五初中局長・教育助成局長）

解説 中等教育学校は、中高一貫教育を目的として、一九九八年六月、学校教育法一部改正（平一〇法一〇一）により創設された新たな学校種であり、翌年実施に移された。二〇〇七年の改正では「進路に応じて」が付け加えられ、「中等普通教育並びに高等普通教育及び専門教育」が「義務教育として行われる普通教育並びに高度な普通教育」に修正された。これらを「一貫して施すこと」とは、両者が途切れることなく連続することを意味し、実際上中学校と高校の課程が単一の学校において進級的なつながりを持つものと理解される。このような制度は、一九九七年六月の中教審第二次答申にうたわれた中高一貫教育の選択的導入の提言によって実質的に方向づけられたものである。しかし、義務教育である中学校とそうではない高校を一つの学校に含めることには多くの矛盾がある。中等教育学校の創設は、学校の複線化が義務教育段階に及ぶことを意味し、中学校と高校間における学校設置者の調整の問題もあり、公立中学校、高校、中等教育学校の間で学習条件等の様々な格差が生じる危惧も指摘されている。

第六四条［教育の目標］ 中等教育学校における教育は、前条に規定する目的を実現するため、次に掲げる目標を達成するよう行われるものとする。

一 豊かな人間性、創造性及び健やかな身体を養い、国家及び社会の形成者として必要な資質を養うこと。

二 社会において果たさなければならない使命の自覚に基づき、個性に応じて将来の進路を決定させ、一般的な教養を高め、専門的な知識、技術及び技能を習得させること。

三　個性の確立に努めるとともに、社会について、広く深い理解と健全な批判力を養い、社会の発展に寄与する態度を養うこと。

＊教育の目的（教基一）、高等学校の教育目標（五一）

解説　本条は、前条とともに、一九九八（平成一〇）年に新しく設けられた規定であるが、その中身は高等学校の教育目標（五一条）とほとんど同文である。これは、高校の目標が中等教育としての到達目標を示しているとの見地から定められたとみてよい。二〇〇七年改正については五一条参照のこと。

第六五条［修業年限］　中等教育学校の修業年限は、六年とする。

＊中学校の修業年限（四七）、高校の修業年限（五六）

解説　中等教育学校の修業年限は、中学校の修業年限に該当し義務教育期間となる三年間及び高等学校のそれに該当する三年間を合わせた六年間。ただし、中途で中学校、高等学校への転編入は可能である。後期課程においては、高校と同様に学年によらない課程（単位制の課程）を置くことができる。

第六六条［課程の区分］　中等教育学校の課程は、これを前期三年の前期課程及び後期三年の後期課程に区分する。

＊一貫教育（六三）、修業年限（六五）

解説　現在の中学校（中等普通教育）、高校（高等普通教育及び専門教育）段階を中等教育学校の「前期課程」、「後期課程」と位置付けたが、「一貫して施す」（六三条）趣旨から、各々の課程の移動は進級として捉えられる。

第六七条［各課程の教育の目標］　中等教育学校の前期課程における教育は、第六十三条に規定する目的のうち、小学校における教育の基礎の上に、心身の発達に応じて、義務教育として行われる普通教育を施すことを実現するため、第二十一条各号に掲げる目標を達成するよう行われるものとする。

②　中等教育学校の後期課程における教育は、第六十三条に規定する目的のうち、心身の発達及び進路に応じて、高度な普通教育及び専門教育を施すことを実現するため、第六十四条各号に掲げる目標を達成するよう行われるものとする。

＊中学校の目的（四五）、中学校の目標（四六）、高等学校の目的（五〇）、高等学校の目標（五一）、中等教育学校の目的（六三）、中等教育学校の目標（六四）、課程の区分（六六）

第六八条［学科・教育課程］　中等教育学校の前期課程の教育課程に関する事項並びに後期課程の学科及び教育課程に関する事項は、第六十三条、第六十四条及び前条の規定並びに第七十条第一項において読み替えて準用する第三十条第二項の規定に従い、文部科学大臣が定める。

第六九条［職員］　中等教育学校には、校長、教頭、教諭、養護教諭及び事務職員を置かなければならない。

②　中等教育学校には、前項に規定するもののほか、副校長、主幹教諭、指導教諭、栄養教諭、実習助手、技術職員その他必要な職員を置くことができる。

③　第一項の規定にかかわらず、副校長を置くときは教頭を、養護をつかさどる主幹教諭を置くときは養護教諭を、それぞれ置かないことができる。

④　特別の事情のあるときは、第一項の規定にかかわらず、教諭に代えて助教諭又は講師を、養護教諭に代えて養護助教諭を置くことができる。

第七〇条［準用規定］　第三十条第二項、第三十一条、第三十四条、第三十七条第四項から第十七項まで及び第十九項、第四十二条から第四十四条まで、第五十九条並びに第六十条第四項及び第六項の規定は中等教育学校に、第五十三条から第五十五条まで、第五十八条、第五十八条の二及び第六十一条の規定は中等教育学校の後期課程に、それぞれ準用する。この場合において、第三十条第二項中「前項」とあるのは「第六十四条」と、第三十一条中「前条第一項」とあるのは「第六十四条」と読み替えるものとする。

②　前項において準用する第五十三条又は第五十四条の規定により後期課程に定時制の課程又は通信制の課程を置く中等教育学校については、第六十五条の規定にかかわらず、当該定時制の課程又は通信制の課程に係る修業年限は、六年以上とする。この場合において、第六十六条中「後期三年の後期課程」とあるのは、「後期三年以上の後期課程」とする。

第七一条［中高一貫教育］　同一の設置者が設置する中学校及び高等学校においては、文部科学大臣の定めるところにより、中等教育学校に準じて、中学校における教育と高等学校における教育を一貫して施すことができる。

＊教育課程の基準の特例（施規一一四）、教育課程の編成（施規一一五）

通知　**中高一貫教育制度の導入に係る学校教育法等の一部改正について**（平10・6・26文初高四七五初中局長・教育助成局長）→六三条

判例　**中高一貫教育と在学契約**　中高一貫教育を標榜している学校においても、それは主として教育内容に関するものであって、中学校、高等学校は、学校教育法上別個のものであるから、一貫教育体制を取ることから直ちに一貫教育機関全体についての在学契約が締結されると考えることはでき（ない）。（高知地判平6・11・28判時一五四一—一二一）

解説　中高一貫教育の実施形態には中等教育学校、併設型の中学校・高等学校、連携型の中学校・高等学校の三種類がある。本条は併設型についての規定である。併設型は中学校三年・高校三年の形を取るが、そこでの教育は六年一貫の中等教育学校に「準じて」行うことができる。具体的には、一貫した教育課程を編成することや高校入学者選抜を行わないことがその内容となる。

第八章　特別支援教育

第七二条［特別支援学校の目的］　特別支援学校は、視覚障害者、聴覚障害者、知的障害者、肢体不自由者又は病弱者（身体虚弱者を含む。以下同じ。）に対して、幼稚園、小学校、中学校又は高等学校に準ずる教育を施すとともに、障害による学習上又は生活上の困難を克服し自立を図るために必要な知識技能を授けることを目的とする。

＊教育の目的・目標（教基一・二）、教育の機会均等（教基四）、幼稚園、小中高に準ずる教育（二二・二三・二九・三〇・四五・四六・五〇・五一）

通知　**教育活動等を行う際の留意事項等**　(1)障害種別と指導上の留意事項　障害のある幼児児童生徒への支援に当たっては、障害種別の判断も重要であるが、当該幼児児童生徒が示す困難に、より重点を置いた対応を心がけること。また、医師等による障害の診断がなされている場合でも、教師はその障害の特徴や対応を固定的にとらえることのないよう注意するとともに、その幼児童生徒のニーズに合わせた指導や支援を検討すること。(2)学習上・生活上の配慮及び試験などの評価上の配慮　各学校は、障害のある幼児児童生徒が、円滑に学習や学校生活を行うことができるよう、必要な配慮を行うこと。また、入学試験やその他試験などの評価を実施する際にも、別室実施、出題方法の工夫、時間の延長、人的な補助など可能な限り配慮を行うこと。(3)生徒指導上の留意事項　障害のある幼児児童生徒は、その障害の特性による学習上・生活上の困難を有しているため、周囲の理解と支援が重要であり、生徒指導上も十分な配慮が必要であること。特に、いじめや不登校などの生徒指導上の諸問題に対しては、表面に現れた現象のみにとらわれず、その背景に障害が関係している可能性があるか否かなど、幼児児童生徒をめぐる状況に十分留意しつつ慎重に対応する必要があること。そのため、生徒指導担当にあっては、障害についての知識を深めるとともに、特別支援教育コーディネーターをはじめ、養護教論、スクールカウンセラー等と連携し、当該幼児児童生徒への支援に係る適切な判断や必要な支援を行うことができる体制を平素整えておくことが重要であること。(4)交流及び共同学習、障害者理解等　障害のある幼児児童生徒と障害のない幼児児童生徒との交流及び共同学習は、障害のある幼児児童生徒の社会性や豊かな人間性を育む上で重要な役割を担っており、また、障害のない幼児児童生徒が、障害のある幼児児童生徒とその教育に対する正しい理解と認識を深めるための機会である。このため、各学校において、双方の幼児児童生徒の教育的ニーズに対応した内容・方法を十分検討し、早期から組織的、計画的、継続的に実施することなど、一層の効果的な実施に向けた取組を推進されたいこと。なお、障害のある同級生などの理解についての指導を行う際は、障害のある幼児児童生徒のプライバシー等に十分配慮する必要があること。(5)進路指導の充実と就労の支援　障害のある生徒が、将来の進路を主体的に選択することができるよう、生徒の実態や進路希望等を的確に把握し、早い段階からの進路指導の充実を図ること。また、企業等への就職は、職業的な自立を図る上で有効であることから、労働関係機関等との連携を密にした就労支援を進められたいこと。(6)支援員等の活用　障害のある幼児児童生徒の学習上・生活上の支援を行うため、教育委員会の事業等により特別支援教育に関する支援員等の活用が広がっている。この支援員等の活用に当たっては、校内における活用の方針について十分検討し共通理解のもとに進めるとともに、支援員等が必要な知識なしに幼児児童生徒の支援に当たることのないよう、事前の研修等に配慮すること。(7)学校間の連絡　障害のある幼児児童生徒の入学時や卒業時に学校間で連絡会を持つなどして、継続的な支援が実施できるようにすることが望ましいこと。（平19・4・1文科初一二五初中局長）

解説　二〇〇七年度から、盲学校、聾学校及び養護学校は特別支援学校となった。近年、児童生徒等の障害の重複化や多様化に伴い、障害種別を超えた対応が求められるようになった。また、学校教育のさまざまな場面で一人一人のニーズに応じた適切な教育を実施し、その自立や社会参加に向けた主体的な取組を支援することも一層重要になっている。特別支援学校は複数の障害種別に対応した教育を実施するとともに幼稚園、小学校、中学校、高等学校又は中等教育学校、保育施設等の要請に応じて、教育上特別の支援を必要とする児童、生徒又は幼児の教育に関し必要な助言又は援助を行うセンター的機能を果たすものと位置づけられている。特別支援学校が具体的にどのような障害種別に応じた教育を行うかについては、設置者が地域の実情に応じて判断するものとされ、「盲学校」、「聾学校」及び「養護学校」の名称を用いることも可能である。特別支援学校制度の創設に伴い、教員の免許状も盲学校、聾学校及び養護学校ごとのものから特別支援学校の教員の免許状に一本化された。しかし、特別支援学校及び小中学校等における特別支援教育が期待される役割を果たすために不可欠な諸条件の整備は大きく立ち後れている。

第七三条〔**教育内容の明示**〕特別支援学校においては、文部科学大臣の定めるところにより、前条に規定する者に対する教育のうち当該学校が行うものを明らかにするものとする。

第七四条〔**特別支援学級等への助言・援助**〕特別支援学校においては、第七十二条に規定する目的を実現するための教育を行うほか、幼稚園、小学校、中学校、義務教育学校、高等学校又は中等教育学校の要請に応じて、第八十一条第一項に規定する幼児、児童又は生徒の教育に関し必要な助言又は援助を行うよう努めるものとする。

第七五条〔**障害の程度**〕第七十二条に規定する視覚障害者、聴覚障害者、知的障害者、肢体不自由者又は病弱者の障害の程度は、政令で定める。

＊政令（施令二二の三）

第七六条〔**小学部・中学部・幼稚部・高等部**〕特別支援学校には、小学部及び中学部を置かなければならない。ただし、特別の必要のある場合においては、そのいずれかのみを置くことができる。

② 特別支援学校には、小学部及び中学部のほか、幼稚部又は高等部を置くことができ、また、特別の必要のある場合においては、前項の規定にかかわらず、小学部及び中学部を置かないで幼稚部又は高等部のみを置くことができる。

＊設置義務（八〇）、小学校設置義務（三八）、中学校設置義務（四九）、設置・廃止（施規一一八）

判例　**養護学校の安全配慮義務について**　養護学校（都道府県）は児童側に対して信義則上児童の生命および健康等を危険から保護するよう配慮すべき責任を負う。特に、養護学校の場合は、精神薄弱者等の要保護児童を預かるのであるから、児童の特性と具体的状況等に応じた万全の安全保障設備ないし児童の保護体制を確立すべき信義則上の安全配慮義務がある。（京都地判平5・3・19判例地方自治一一五－三九）

第七七条〔**教育課程・保育内容・学科**〕特別支援学校の幼稚部の教育課程その他の保育内容、小学部及び中学部の教育課程又は高等部の学科及び教育課程に関する事項は、幼稚園、小学校、中学校又は高等学校に準じて、文部科学大臣が定める。

＊教科・教育課程の基準・教科用図書・教材（施規一二六－一二九・一三一）

第七八条〔**寄宿舎の設置**〕特別支援学校には、寄宿舎を設けなければならない。ただし、特別の事情のあるときは、これを設けないことができる。

＊寮務主任・舎監（施規一二四）

第七九条〔**寄宿舎指導員**〕寄宿舎を設ける特別支援学校には、寄宿舎指導員を置かなければならない。

② 寄宿舎指導員は、寄宿舎における幼児、児童又は生徒の日常生活上の世話及び生活指導に従事する。

＊寄宿舎指導員の数（施規一二三）

第八〇条〔**特別支援学校の設置義務**〕都道府県は、その区域内にある学齢児童及び学齢生徒のうち、視覚障害者、聴覚障害者、知的障害者、肢体不自由者又は病弱者で、その障害が第七十五条の政令で定める程度のものを就学させるに必要な特別支援学校を設置しなければならない。

＊教育を受ける権利（憲二六）、義務教育（教基五）、就学義務（一七）、設置義務（三八・四九）

判例 **養護学校の廃止について**　特別支援学校については、都道府県がその設置義務を負うこととされ（学校教育法八〇条）、市町村は、都道府県の教育委員会の認可を得た場合に、特別支援学校を設置することができるとされているところ（同法二条一項、四条一項）、このように特別支援学校の設置義務の主体が都道府県とされている趣旨は、特別支援学校は、対象となる児童生徒の数の上からみても、市町村単位で設置義務を課すのは困難であり、教育の一定の水準と学校規模を維持するためには、都道府県を設置単位とすることが適当であるという考慮によるものと解される。したがって、本件改正条例の制定によるA養護学校の廃止が、裁量権の範囲を超え又はこれを濫用したものとして違法と評価されるかを検討するに際しては、同校の設置主体が、法律上はその設置義務を負うものとはされていないということも考慮要素の一つとすることができるというべきである。（大阪高判平25・9・12裁判所ウェブサイト）

解説　小学校・中学校の設置義務は市町村にあるが、特別支援学校については一定の規模の確保と教育水準維持のために都道府県に課せられている。旧盲学校、聾学校の設置義務の施行は一九四八年四月一日であったが、旧養護学校はその対象が知的障害者、肢体不自由者、病弱者等多様であるうえ、施設設備も十分整わなかったこと等の理由から一九七九年四月一日まで遅れた。なお、本条は学校設置義務についての規定であり、障害を有する児童等に特別支援学校への就学を義務づけるものではない。

第八一条［**特別支援学級等**］幼稚園、小学校、中学校、義務教育学校、高等学校及び中等教育学校においては、次項各号のいずれかに該当する幼児、児童及び生徒その他教育上特別の支援を必要とする幼児、児童及び生徒に対し、文部科学大臣の定めるところにより、障害による学習上又は生活上の困難を克服するための教育を行うものとする。

② 小学校、中学校、義務教育学校、高等学校及び中等教育学校には、次の各号のいずれかに該当する児童及び生徒のために、特別支援学級を置くことができる。

一　知的障害者
二　肢体不自由者
三　身体虚弱者
四　弱視者
五　難聴者
六　その他障害のある者で、特別支援学級において教育を行うことが適当なもの

③ 前項に規定する学校においては、疾病により療養中の児童及び生徒に対して、特別支援学級を設け、又は教員を派遣して、教育を行うことができる。

＊特別支援教育の目的（七二）、特別支援学級の一学級の児童数（施規一三六）、特別支援学級の設置区分（施規一三七）、特別支援学級の教育課程編成の特例（施規一三八）

判例 **特別支援学級への入級**［**特別支援学級入級処分取消請求事件**］　肢体不自由者に対する中学校普通教育において、当該不自由者を普通学級に入級させるか、あるいは特別支援学級に入級させるかは、終局的には校務をつかさどる中学校長の責任において判断決定されるべきもので、本人ないしはその両親の意思によって決定されるべきものということはできない。（札幌高判平6・5・24判時一五一九—六七）

通知 **早期からの一貫した支援について**　①教育相談体制の整備　市町村の教育委員会は、医療、保健、福祉、労働等の関係機関と連携を図りつつ、乳幼児期から学校卒業後までの一貫した教育相談体制の整備を進めることが重要であること。②個別の教育支援計画等の作成　早期からの一貫した支援のためには、障害のある児童生徒等の成長記録や指導内容等に関する情報について、本人・保護者の了解を得た上で、その扱いに留意しつつ、必要に応じて関係機関が共有し活用していくことが求められること。③就学先等の見直し　就学時に決定した「学びの場」は、固定したものではなく、それぞれの児童生徒の発達の程度、適応の状況等を勘案しながら、柔軟に転学ができることを、すべての関係者の共通理解とすることが適当であること。④教育支援委員会（仮称）　現在、多くの市町村の教育委員会に設置されている「就学指導委員会」については、早期からの教育相談・支援や就学先決定時のみならず、その後の一貫した支援についても助言を行うという観点から機能の拡充を図るとともに、「教育支援委員会」（仮称）といった名称とすることが適当であること。（平25・10・4文科初七五六初中局長）

通知 **学校教育法施行規則の一部改正等について**　障害の多様化に適切に対応するため、通級による指導を行う際の授業時数の標準を弾力化するとともに、学習障害（LD）又は注意欠陥多動性障害（ADHD）の児童生徒に対して通級による指導を行う際の授業時数の標準を設定する必要があること。（平18・3・31文科初一一七七初中局長）

第八二条［**準用規定**］第二十六条、第二十七条、第三十一条（第四十九条及び第六十二条において読み替えて準用する場合を含む。）、第三十二条、第三十四条（第四十九条及び第六十二条において準用する場合を含む。）、第三十六条、第三十七条（第二十八条、第四十九条及び第六十二条において準用する場合を含む。）、第四十二条から第四十四条まで、第四十七条及び第五十六条から第六十条までの規定は特別支援学校に、第八十四条の規定は特別支援学校の高等部に、それぞれ準用する。

第九章　大学

第八三条［**大学の目的**］大学は、学術の中心として、広く知識を授けるとともに、深く専門の学芸を教授研究し、知的、道徳的及び応用的能力を展開させることを目的とする。

② 大学は、その目的を実現するための教育研究を行い、その成果を広く社会に提供することにより、社会の発展に寄与するものとする。

＊学問の自由（憲二三）、教育の目的（教基一・七）

判例 **東大ポポロ事件**（最大判昭38・5・22判時三三五—五）→憲法二三条

判例 **学生の政治活動に対する学則による規制**［**昭和女子大学事件**］　大学は、国公立であると私立であるとを問わず、学生の教育と学術の研究を目的とする公共的な施設であり、その設置目的を達成するために必要な事項を学則等により一方的に制定し、学生を規律する包括的権能を有する。特に私立学校においては独自の伝統ないし校風と教育方針とによって社会的存在意義が認められ、学生としてもかかる規律に服することを義務づけられる。大学において、学生の政治的活動を自由に放任すると、学生が学業を疎かにし、あるいは学内における教育及び研究の環境を乱し、本人及び他の学生に対する教育目的の達成や研究の遂行を損う等大学設置の目的の実現を妨げるおそれがあるから、大学当局が学生の政治的活動に規制を加えることには十分に合理性が認められ、政治的目的をもつ署名運動への参加または学外の政治団体への加入について許可制をとることが不合理とはいえない。（最判昭49・7・19判時七四九—三）

閣議決定 **教育振興基本計画**　改正教育基本法においては、第七条に新たに大学に関する規定が設けられ、その基本的な役割として、教育と研究とを両輪とする従来の考え方が改めて確認されるとともに、教育研究の成果を広く社会に提供することにより、社会の発展に寄与することが明確にされたことを十分に踏まえる必要がある。

今後、各大学等においては、それぞれが自律的に選択した教育理念に基づき、自らの個性・特色を明確化した上で、国内外の大学等や産業界、初等中等教育段階の学校等との連携も深めつつ、教育活動の質を保証し、また、不断に高め、豊かな教養と人間性、専門性を兼ね備え、地域から国際舞台まで幅広い分野においてそれぞれの立場で活躍できる人間を育成し、社会の期待に応えることが求められる。あわせて、国際競争力ある教育研究拠点として「知」の創造・継承・発展を担うことが期待される。

国は、各大学等における自主的な取組を促すため、評価制度の充実など必要な制度改正や各種の情報の提供等に取り組む必要がある。また、この五年間を高等教育の転換と革新に向けた始動期間と位置づけ、中長期的な高等教育の在り方について検討し、結論を得ることが求められる。

こうした基本的方向に基づく施策を通じて、例えば以下のような目標の実現を目指す。①学士課程の学習成果として共通に求められる能力を養う。こうした観点から、その内容等の明確化や厳格な成績評価の導入等大学教育の質を確保するための枠組みを構築し、各大学等における組織的な取組を推進する。②「知」の創造・継承・発展に貢献できる人材を育成する。こうした観点から、将来的に、国際的な競争力・存在感を備える教育研究拠点を各分野において形成することを目指し、大学における組織的な取組を推進する。③大学の連携等を通じて地域再生に貢献する。こうした観点から、その核を形成することを目指し、大学等における組織的な取組を推進する。（平20・7・1）

解説　戦後の大学は、旧制大学、高等学校、専門学校を母体としてつくられた。大学の目的について、旧制大学を規律していた大学令（大七勅令三八八）一条は、「学術ノ理論及応用ヲ教授シ並其ノ蘊奥ヲ攻究スル」と定めており、大学を教育と研究の二つの機能を果たすべき機関ととらえている点では本条と類似するが、「国家」を志向している点で大きく異なっていた。本条は、憲法二三条、教育基本法一条の教育目的との関連で理解されるべきである。その意味で、本条が大学を「学術の中心」と位置づけたことはきわめて大きな意味をもつ（教基七条一項参照）。二〇〇七年の改正により、一項において「学術の中心」としての大学を確認しつつ、新たな二項において「成果を広く社会に提供する」「社会の発展に寄与する」が加わったことで、大学の責務が変容するのではないかという危惧が存在している。「社会」の要請にすぐに応えるばかりでは、学問の自由が脅かされるのではないかという意見に傾聴すべきといえる。

第八三条の二［**専門職大学**］　前条の大学のうち、深く専門の学芸を教授研究し、専門性が求められる職業を担うための実践的かつ応用的な能力を展開させることを目的とするものは、専門職大学とする。

②　専門職大学は、文部科学大臣の定めるところにより、その専門性が求められる職業に就いている者、当該職業に関連する事業を行う者その他の関係者の協力を得て、教育課程を編成し、及び実施し、並びに教員の資質の向上を図るものとする。

③　専門職大学には、第八十七条第二項に規定する課程を置くことができない。

第八四条［**通信教育**］　大学は、通信による教育を行うことができる。

＊設置・廃止等（四、施令二三Ⅰ⑸、施規一二）

第八五条［**学部および学部以外の教育研究組織**］　大学には、学部を置くことを常例とする。ただし、当該大学の教育研究上の目的を達成するため有益かつ適切である場合においては、学部以外の教育研究上の基本となる組織を置くことができる。

＊研究組織の扱い（一四二）、設置基準（施規一四二）、学部（大学基準二章）

解説　本条は、「国立学校設置法等の一部を改正する法律」（筑波大学法）の成立によって改正された（昭四八法一〇三）。旧法は「大学には、数個の学部を置くことを常例とする。ただし、特別の必要がある場合においては、単に一個の学部を置くものを大学とすることができる」と規定していた。この改正では、例外とされてきた一個の学部を置くいわゆる単科大学を「常例」に加える一方で、学部以外の教育研究上の基本となる組織を置くことができるとした。学部以外の教育研究上の基本となる組織とは、具体的には、筑波大学の学群・学系を指す。この筑波大学の学群・学系を先駆として、教育と研究を分離する形態や、学部組織によらない学群・学系・学類など、多様な形態の組織が生まれてきている。

第八六条［**夜間学部・通信教育学部**］　大学には、夜間において授業を行う学部又は通信による教育を行う学部を置くことができる。

＊学部（八五）、修業年限の特例（八七Ⅰ）

第八七条［**修業年限**］　大学の修業年限は、四年とする。ただし、特別の専門事項を教授研究する学部及び前条の夜間において授業を行う学部については、その修業年限は、四年を超えるものとすることができる。

②　医学を履修する課程、歯学を履修する課程、薬学を履修する課程のうち臨床に係る実践的な能力を培うことを主たる目的とするもの又は獣医学を履修する課程については、前項本文の規定にかかわらず、その修業年限は、六年とする。

＊夜間学部（八六）、本項の特例（八八・八九・一〇八）、短大からの編入学（一〇八7、施規一六一・一六二）

第八七条の二［**専門職大学の課程**］　専門職大学の課程は、これを前期二年の前期課程及び後期二年の後期課程又は前期三年の前期課程及び後期一年の後期課程（前条第一項ただし書の規定により修業年限を四年を超えるものとする学部にあつては、前期二年の前期課程及び後期二年以上の後期課程又は前期三年の前期課程及び後期一年以上の後期課程）に区分することができる。

②　専門職大学の前期課程における教育は、第八十三条の二第一項に規定する目的のうち、専門性が求められる職業を担うための実践的かつ応用的な能力を育成することを実現するために行われるものとする。

③　専門職大学の後期課程における教育は、前期課程における教育の基礎の上に、第八十三条の二第一項に規定する目的を実現するために行われるものとする。

④　第一項の規定により前期課程及び後期課程に区分された専門職大学の課程においては、当該前期課程を修了しなければ、当該前期課程から当該後期課程に進学することができないものとする。

第八八条［**科目等履修生の修業年限の通算**］　大学の学生以外の者として一の大学において一定の単位を修得した者が当該大学に入学する場合において、当該単位の修得により当該大学の教育課程の一部を履修したと認められるときは、文部科学大臣の定めるところにより、修得した単位数その他の事項を勘案して大学が定める期間を修業年限に通算することができる。ただし、その期間は、当該大学の修業年限の二分の一を超えてはならない。

＊修業年限の通算（施規一四六）、科目等履修生（大学基準三一、短大基準一七）

第八八条の二〔**実務経験者の修業年限の通算**〕専門性が求められる職業に係る実務の経験を通じて当該職業を担うための実践的な能力を修得した者が専門職大学等（専門職大学又は第百八条第四項に規定する目的をその目的とする大学（第百四条第五項及び第六項において「専門職短期大学」という。）をいう。以下同じ。）に入学する場合において、当該実践的な能力の修得により当該専門職大学等の教育課程の一部を履修したと認められるときは、文部科学大臣の定めるところにより、修得した実践的な能力の水準その他の事項を勘案して専門職大学等が定める期間を修業年限に通算することができる。ただし、その期間は、当該専門職大学等の修業年限の二分の一を超えない範囲内で文部科学大臣の定める期間を超えてはならない。

＊修業年限の通算（施規一四六の二）

第八九条〔**三年以上の在学者の卒業**〕大学は、文部科学大臣の定めるところにより、当該大学の学生（第八十七条第二項に規定する課程に在学するものを除く。）で当該大学に三年（同条第一項ただし書の規定により修業年限を四年を超えるものとする学部の学生にあつては、三年以上で文部科学大臣の定める期間）以上在学したもの（これに準ずるものとして文部科学大臣の定める者を含む。）が、卒業の要件として当該大学の定める単位を優秀な成績で修得したと認める場合には、同項の規定にかかわらず、その卒業を認めることができる。

＊文部科学大臣の定め（施規一四七－一四九）

通知　**三年以上の在学で大学の卒業を認める制度の創設**　大学が多様な学習ニーズに対応できるよう、改正法の施行の日以後に大学に入学し三年以上在学した学生が、卒業の要件として当該大学の定める単位を優秀な成績で修得したと認める場合には、各大学の判断により、大学の卒業を認めることができる。（平11・9・14文高大二二六事務次官）

解説　本条は、平一一法五五によって追加された。各大学が、三年以上の学生について、大学の単位を優秀な成績で修得したと大学が認めた場合には、卒業を認めることができることとした。

第九〇条〔**入学資格**〕大学に入学することのできる者は、高等学校若しくは中等教育学校を卒業した者若しくは通常の課程による十二年の学校教育を修了した者（通常の課程以外の課程によりこれに相当する学校教育を修了した者を含む。）又は文部科学大臣の定めるところにより、これと同等以上の学力があると認められた者とする。

② 前項の規定にかかわらず、次の各号に該当する大学は、文部科学大臣の定めるところにより、高等学校に文部科学大臣の定める年数以上在学した者（これに準ずる者として文部科学大臣が定める者を含む。）であつて、当該大学の定める分野において特に優れた資質を有すると認めるものを、当該大学に入学させることができる。

一　当該分野に関する教育研究が行われている大学院が置かれていること。

二　当該分野における特に優れた資質を有する者の育成を図るのにふさわしい教育研究上の実績及び指導体制を有すること。

＊①所轄庁（九八）、大学入学に関し高校を卒業した者と同等以上の学力があると認められる者（施規一五〇）、編入学（高等学校卒業程度認定試験規則、一〇七・一二二、施規一六一・一六二）、②飛び入学（施規一五一－一五四）

回答　外国から帰国した者が大学へ入学する場合、外国において学校教育における一二年の課程を修了した者に対して大学入学の資格が与えられているので、入学を希望する大学の入学選抜をうけて入学が許可される。（昭40・8・6国初四二事務次官）

通達　**自衛官等の入学について**　職業に従事している者であつても、大学入学に必要な資格があり、かつ、その者が職務専念義務に抵触せずに学業に専念できる状態にある場合には、その職業が自衛官等特定のものであることを理由として、その者の入学の機会を奪うことは、教育の機会均等の原則を定めた憲法および教基法の趣旨からみて許されない。（昭44・3・19文大大二〇五大学学術局長）

通知　**大学への飛び入学**　大学への入学について、高等学校に文部科学大臣の定める年数以上在学した者であつて、数学又は物理学の分野に限らず大学の定める分野において特に優れた資質を有すると認めるものを、当該大学に入学させることができることとしたこと。ただし、この飛び入学を実施し得る大学は、当該分野に関する教育研究が行われている大学院が置かれていること及び当該分野における特に優れた資質を有する者の育成を図るのにふさわしい教育研究上の実績及び指導体制を有することという要件を満たす大学に限られる。（平13・7・11文科初四六六事務次官）

解説　二〇〇一年七月の本法改正で、第二項が追加された。この規定は、「当該分野に関する教育研究が行われている大学院」があり、「教育研究上の実績及び指導体制」があることなどの条件付ではあるが、高校生（二年以上）の大学への飛び入学を制度的に承認した点で注目される。従来は、共通教養の習得や人間教育の目標から特定の能力に依拠した飛び入学を教育上好ましくない、とする傾向が強かった。しかし近年理工系を中心に飛び級を求める動きが活発化し、大学院への飛び入学（一〇二条二項）とともに、これを法的に追認したものということができる。

第九一条〔**専攻科・別科**〕大学には、専攻科及び別科を置くことができる。

② 大学の専攻科は、大学を卒業した者又は文部科学大臣の定めるところにより、これと同等以上の学力があると認められた者に対して、精深な程度において、特別の事項を教授し、その研究を指導することを目的とし、その修業年限は、一年以上とする。

③ 大学の別科は、前条第一項に規定する入学資格を有する者に対して、簡易な程度において、特別の技能教育を施すことを目的とし、その修業年限は、一年以上とする。

＊所轄庁（九八）、大学卒業者と同等以上の学力があると認められる者（施規一五五）

第九二条〔**職員**〕大学には学長、教授、准教授、助教、助手及び事務職員を置かなければならない。ただし、教育研究上の組織編制として適切と認められる場合には、准教授、助教又は助手を置かないことができる。

② 大学には、前項のほか、副学長、学部長、講師、技術職員その他必要な職員を置くことができる。

③ 学長は、校務をつかさどり、所属職員を統督する。

④ 副学長は、学長を助け、命を受けて校務をつかさどる。

⑤ 学部長は、学部に関する校務をつかさどる。

⑥ 教授は、専攻分野について、教育上、研究上又は実務上の特に優れた知識、能力及び実績を有する者であつて、学生を教授し、その研究を指導し、又は研究に従事する。

⑦ 准教授は、専攻分野について、教育上、研究上又は実務上の優れた知識、能力及び実績を有する者であつて、学生を教授し、その研究を指導し、又は研究に従事する。

⑧ 助教は、専攻分野について、教育上、研究上又は実務上の知識及び能力を有する者であつて、学生を教授し、その研究を指導し、又は研究に従事する。

⑨ 助手は、その所属する組織における教育研究の円滑な実施に必要な業務に従事する。

⑩ 講師は、教授又は准教授に準ずる職務に従事する。

＊校長・教員の設置（七）、教員組織・資格（大学基準七―一七）、学長・学部長・部局長・教員の選考（教特三）、名誉教授（一〇六）、事務職員・技術職員の規定の準用（一一四）、外国人教員の任用（公立大学外国人教員任用特別措置法）、大学教員の任期（大学教員任期）

通知 **学長の権限と責任**　学長は、大学の全ての校務について、包括的な責任者としての権限を有するとともに、特に高い立場から教職員を指揮監督することとされていること。今回の改正では、この規定に変更はなく、学長は引き続き、大学の校務について権限を有しており、その前提の下で大学運営について最終的な責任を負うこと。また、学長は自らの権限と責任の重大性を十分に認識し、適切な手続に基づいて意思決定を行うこと。（平26・8・29文科高四一一高等教育局長・研究振興局長）

解説　本条は、大学の職員について定める。旧制大学では、職員の組織・権限は各大学ごとの官制によって定められていたが、本条はそれを一括して規定した。

本条四項は昭四八法一〇三により追加され、副学長制度が導入された。また、本条五項は平一一法五五により追加され、学部長を学部運営の責任者とすることが法律上明確にされた。さらに平二六法八八で、副学長は学長を補佐するのみならず、学長から指示を受けた範囲の校務について自らの権限で処理することができるようになる改正がなされた。

第九三条［**教授会**］大学に、教授会を置く。

② 教授会は、学長が次に掲げる事項について決定を行うに当たり意見を述べるものとする。

一　学生の入学、卒業及び課程の修了

二　学位の授与

三　前二号に掲げるもののほか、教育研究に関する重要な事項で、教授会の意見を聴くことが必要なものとして学長が定めるもの

③ 教授会は、前項に規定するもののほか、学長及び学部長その他の教授会が置かれる組織の長（以下この項において「学長等」という。）がつかさどる教育研究に関する事項について審議し、及び学長等の求めに応じ、意見を述べることができる。

④ 教授会の組織には、准教授その他の職員を加えることができる。

＊教授会（教特三②③⑤⑥）、評議会（教特二④・三②④⑤・四―七・九）

判例 **私立大学の教授会の人事に関する権限**　理事会が学長を選任するについては、まず教授会に十分審議させ、その自主的な判断の結果をできるだけ尊重すべきものであって、教授会の審議を経ずしてなされた理事会の学長選任の決議は学校教育法の法条に反するものであり、教授会の審議の結果を尊重することが学問の自由、大学の自治にもかなうきわめて重要な事柄であることを考慮すると、右に違反する選任決議は無効である。（京都地決昭48・9・21判タ三〇一―二三五）

判例 **同前**［**甲南学園事件**］　私立大学の人事に関する大学の自治は、根本原則である寄附行為の定めるところにより、その業務決定機関である理事会に委ねられており、学問研究の自由の故に当然に教授会に人事の権限があるとは認められず、学校教育法五九条の規定から当然に教授会の決議を経なければならないものとは解しがたい。（大阪高判平10・11・26労判七五七―五九）

通知 **学長と教授会の関係**　今回の法改正は、教授会が法律上の審議機関として位置付けられていることを明確化するものであること。仮に、各大学において、大学の校務に最終的な責任を負う学長の決定が、教授会の判断によって拘束されるような仕組みとなっている場合には「権限と責任の不一致」が生じた状態であると考えられるため、責任を負う者が最終決定権を行使する仕組みに見直すべきであること。なお、学長が教育研究に関する判断を行うに当たって、その判断の一部を教授会に委任することは、学長に最終的な決定権が担保されている限り、法律上禁止されるものではないこと。しかしながら、教授会の判断が直ちに大学の判断となり、学長が異なる判断を行う余地がないような形で権限を委譲することは、学長が最終的な決定権を有すると規定している法律の趣旨に反するものであること。（平26・8・29文科高四一一高等教育局長・研究振興局長）

解説　本条は大学の教授会について定める。本条が国公私立のすべての大学に教授会の設置を義務づけたことは、大学の自治の保障にとってきわめて重要である。教授会が教員の任用について審議する権限をもち、大学の自治の核心をなす人事の自治の中心的役割を与えられている（教特法三条参照）からである。教授会の組織・権限については一九九九年の大学関係法改正の際に、新たに国立学校設置法に規定されたが、二〇〇三年の国立大学法人法では、教授会に関する規定は設けられなかった。教授会は学部に置かれるのが通例であったが、最近の大学運営組織の多様化とともに、附置研究所、独立研究科など、学部以外の部局にも設置されるようになっている。なお、筑波大学には学部が置かれておらず、学部に代わる基本的な教育研究組織である学群・学系などに教員会議が設けられている。

また二〇一四年の改正で、教育再生実行会議の大学学長のリーダーシップ確立等のガバナンス改革を促進する提言を受け、教授会の役割は、「重要な事項を審議する」から「意見を述べる」とされ、その内容は学生の入学、卒業、修了、学位授与か、学長が必要と認める事項に限られた。すべての国公私立大が対象で、トップダウンによる迅速な意思決定により大学改革を促すのが狙いとされるが、学長の独裁を招かないか危惧される。

大学には、学部を超えた全学的な審議機関である評議会が置かれるのが通例であった。評議会は、一九九九年の大学関係法改正の一環として国立学校設置法および教育公務員特例法に規定され、さらに、大学運営に関する審議・助言・勧告を行う学外有識者からなる運営諮問会議も設置された。二〇〇三年の国立大学法人法では、経営に関する重要事項を審議する経営協議会（委員の過半数は学外者）と、教育研究に関する重要事項を審議する教育研究評議会とが新設された。私立大学については、評議会を置くかどうかは各大学に委ねられている。

私立大学の管理運営に関して、私立学校法等に基づいて、理事会と評議員会が置かれる（私立学校法三六条・

四一条）。理事会は学校法人の最高の意思決定機関であるが、具体的に教授会との関係がどのようなものかは、各大学によって異なる。問題は、私立大学の教授会が大学の自治の担い手としてとくに教員人事について決定権をもつこととの関係で、理事会と教授会とで意見が対立した場合にどちらが優先するかであり、判例は分かれている。

第九四条［**大学設置基準の諮問**］大学について第三条に規定する設置基準を定める場合及び第四条第五項に規定する基準を定める場合には、文部科学大臣は、審議会等で政令で定めるものに諮問しなければならない。

＊設置基準（三）、審議会等政令で定めるもの（施令四二）

解説　本条は、昭六二法八八により、大学審議会の設置を定めた旧規定（二〇〇〇年廃止）とともに新設された。大学審議会は、臨時教育審議会の答申を受けて、高等教育のあり方について審議する機関として設置された。この間、重要な答申を数多く出し、大学・大学院改革を促してきたが、二〇〇〇年の省庁再編の一環として中央教育審議会の分科会となった。本条にいう「審議会等で政令で定めるもの」とは、中央教育審議会（大学分科会）を指す。

第九五条［**大学設置認可の諮問**］大学の設置の認可を行う場合及び大学に対し第四条第三項若しくは第十五条第二項若しくは第三項の規定による命令又は同条第一項の規定による勧告を行う場合には、文部科学大臣は、審議会等で政令で定めるものに諮問しなければならない。

＊設置認可（四）、審議会等政令で定めるもの（施令四三）

解説　本条は、昭六二法八八により、大学設置・学校法人審議会の設置を定めた旧規定とともに新設された。大学設置・学校法人審議会は、大学の設置認可について審議する機関であり、従来の大学設置審議会と私立大学審議会とを統合した組織であった。二〇〇〇年の省庁再編に関連して、大学審議会についての規定が削除されたことに伴い、大学設置・学校法人審議会についての規定も削除され、本条も「審議会等で政令で定めるもの」と改められた。しかし、大学設置・学校法人審議会は存続しており、本条にいう審議会はそれを指す。

第九六条［**研究施設の附置**］大学には、研究所その他の研究施設を附置することができる。

第九七条［**大学院**］大学には、大学院を置くことができる。

＊設置・廃止の認可（四）、目的・研究科・入学資格（九九―一〇二）、本条不適用（一〇八8）、基準の内容（大学院設置基準）

第九八条［**公私立大学の所轄庁**］公立又は私立の大学は、文部科学大臣の所轄とする。

＊学校の管理者（五）、私立大学の所轄（私学四）

第九九条［**大学院の目的**］大学院は、学術の理論及び応用を教授研究し、その深奥をきわめ、又は高度の専門性が求められる職業を担うための深い学識及び卓越した能力を培い、文化の進展に寄与することを目的とする。

② 大学院のうち、学術の理論及び応用を教授研究し、高度の専門性が求められる職業を担うための深い学識及び卓越した能力を培うことを目的とするものは、専門職大学院とする。

③ 専門職大学院は、文部科学大臣の定めるところにより、その高度の専門性が求められる職業に就いている者、当該職業に関連する事業を行う者その他の関係者の協力を得て、教育課程を編成し、及び実施し、並びに教員の資質の向上を図るものとする。

＊教育の目的（教基一）、大学院（九七）、大学院の研究科（一〇〇）

解説　大学院の目的を定める本条は、二〇〇二年の専門職大学院の新設にともない、専門職に関する規定が追加補充された。専門職大学院は、従来の大学院が研究者養成の観点から研究中心の運営が成されてきたのに対して、高度専門職業人を養成する目的で設置された。一九九九年に修士課程の一類型として設けられた「専門大学院」の制度を組織的に発展・強化したものである。専門職大学院の分野としては、教職、経営管理、ファイナンス、公共政策など、職業資格と関連した分野、高度専門能力を必要とする分野などが考えられるが、設置分野は特定されていない。注目されるのが専門法律家を養成する法科大学院であり、司法制度改革の一環として高い資質を有する法律家の育成をめざして、二〇〇四年四月に約七〇校が開学した。また、教職大学院は、二〇〇八年度から開校された。

第一〇〇条［**大学院の研究科等**］大学院を置く大学には、研究科を置くことを常例とする。ただし、当該大学の教育研究上の目的を達成するため有益かつ適切である場合においては、文部科学大臣の定めるところにより、研究科以外の教育研究上の基本となる組織を置くことができる。

＊大学院の目的（九九）

解説　本条の後半部分は、たとえば大学院段階で教育組織と研究組織とを分離するなど、大学院での柔軟な組織編制を可能とするために、平一一法五五によって追加された。

第一〇一条［**夜間研究科・通信教育研究科**］大学院を置く大学には、夜間において授業を行う研究科又は通信による教育を行う研究科を置くことができる。

解説　本条は平一三法一〇五により新設され、従来から行われていた夜間に授業を行う大学院研究科、通信教育を行う大学院研究科を法律上明確化した。

第一〇二条［**大学院の入学資格**］大学院に入学することのできる者は、第八十三条の大学を卒業した者又は文部科学大臣の定めるところにより、これと同等以上の学力があると認められた者とする。ただし、研究科の教育研究上必要がある場合においては、当該研究科に係る入学資格を、修士の学位若しくは第百四条第一項に規定する文部科学大臣の定める学位を有する者又は文部科学大臣の定めるところにより、これと同等以上の学力があると認められた者とすることができる。

② 前項本文の規定にかかわらず、大学院を置く大学は、文部科学大臣の定めるところにより、第八十三条の大学に文部科学大臣の定める年数以上在学した者（これに準ずる者として文部科学大臣が定める者を含む。）であつて、当該大学院を置く大学の定める単位を優秀な成績で修得したと認めるもの（当該単位の修得の状況及びこれに準ずるものとして文部科学大臣が定めるものに基づき、これと同等以上の能力及び資質を有すると認めるものを含む。）を、当該大学院に入学させることができる。

＊①文部科学大臣の定め（施規一五五・一五六）、②飛び入学（施規一五七―一六〇）、文部科学大臣の定め（施規一五九―一六〇の二）

解説　本条は大学院の入学資格を定める。大学院の入学資格は、大学卒業者と同等以上の学力と認められる者については、施行規則一五五条に定めがある。二項はいわゆる大学院への飛び入学を定めたものであり、平一三法一〇五によって追加された。

第一〇三条［大学院大学］ 教育研究上特別の必要がある場合においては、第八十五条の規定にかかわらず、学部を置くことなく大学院を置くものを大学とすることができる。

＊大学院大学（国大法人別表第一備考）

第一〇四条［学位の授与］ 大学（専門職大学及び第百八条第二項の大学（以下この条において「短期大学」という。）を除く。以下この項及び第七項において同じ。）は、文部科学大臣の定めるところにより、大学を卒業した者に対し、学士の学位を授与するものとする。

② 専門職大学は、文部科学大臣の定めるところにより、専門職大学を卒業した者（第八十七条の二第一項の規定によりその課程を前期課程及び後期課程に区分している専門職大学にあつては、前期課程を修了した者を含む。）に対し、文部科学大臣の定める学位を授与するものとする。

③ 大学院を置く大学は、文部科学大臣の定めるところにより、大学院（専門職大学院を除く。）の課程を修了した者に対し修士又は博士の学位を、専門職大学院の課程を修了した者に対し文部科学大臣の定める学位を授与するものとする。

④ 大学院を置く大学は、文部科学大臣の定めるところにより、前項の規定により博士の学位を授与された者と同等以上の学力があると認める者に対し、博士の学位を授与することができる。

⑤ 短期大学（専門職短期大学を除く。以下この項において同じ。）は、文部科学大臣の定めるところにより、短期大学を卒業した者に対し、短期大学士の学位を授与するものとする。

⑥ 専門職短期大学は、文部科学大臣の定めるところにより、専門職短期大学を卒業した者に対し、文部科学大臣の定める学位を授与するものとする。

⑦ 独立行政法人大学改革支援・学位授与機構は、文部科学大臣の定めるところにより、次の各号に掲げる者に対し、当該各号に定める学位を授与するものとする。

一 短期大学（専門職大学の前期課程を含む。）若しくは高等専門学校を卒業した者（専門職大学の前期課程にあつては、修了した者）又はこれに準ずる者で、大学における一定の単位の修得又はこれに相当するものとして文部科学大臣の定める学習を行い、大学を卒業した者と同等以上の学力を有すると認める者　学士

二 学校以外の教育施設で学校教育に類する教育を行うもののうち当該教育を行うにつき他の法律に特別の規定があるものに置かれる課程で、大学又は大学院に相当する教育を行うと認めるものを修了した者　学士、修士又は博士

⑧ 学位に関する事項を定めるについては、文部科学大臣は、第九十四条の政令で定める審議会等に諮問しなければならない。

＊①文部科学大臣の定め（施規一四五、学位規則）、⑦独立行政法人大学改革支援・学位授与機構（独立行政法人大学改革支援・学位授与機構法）、⑧政令で定める審議会等（九四、施令四二）

解説 本条は、平三法二三によって大幅に改正されている。それまでは、本条は一項と四項の二つからなり、大学が大学院課程の修了者に対して修士・博士の学位を授与することを定めていた。これに対して、大学審議会は学位制度の改革として、①「学士」を称号ではなく学位と位置づけるべきこと、②高等教育の多様な発展のために学位授与機構を設けるべきこと、③博士号の種類の専門的細分化を廃止すべきこと、を提言した。その結果、①は一項で追加規定され、②は二項、三項（現四項）の追加によって規定され、③は学位規則の改正によって専門化された博士号が廃止された。また、二〇〇〇年に、それまでの学位授与機構は大学評価をも行う大学評価・学位授与機構へと改組され、二〇〇三年に独立行政法人化、さらに二〇一五年には独立行政法人大学改革支援・学位授与機構となった。また、専門職大学院の創設に関する二〇〇二年法改正によって、一項に専門職大学院の学位に関する規定が設けられた。さらに平一七法八三により、三項で短期大学を卒業した者に対し短期大学士の学位を授与する規定が設けられた。

第一〇五条［特別の課程の修了証明書］ 大学は、文部科学大臣の定めるところにより、当該大学の学生以外の者を対象とした特別の課程を編成し、これを修了した者に対し、修了の事実を証する証明書を交付することができる。

第一〇六条［名誉教授］ 大学は、当該大学に学長、副学長、学部長、教授、准教授又は講師として勤務した者であつて、教育上又は学術上特に功績のあつた者に対し、当該大学の定めるところにより、名誉教授の称号を授与することができる。

＊従前の大学等においての特例（附則一〇）

通達 **大学の名誉教授制度** 名誉教授は当該大学が贈る栄誉的称号であり、これを身分と考えることは適当でなく、また国公私立を区別する必要も認められない。（昭25・4・19文大大三六一大学学術局長）

通知 大学は、勤務年数を問わずに、名誉教授の称号を授与できる。（平13・7・11文科初四六六事務次官）

解説 本条は平一七法八三により改正され、助教授に代えて准教授になった。

第一〇七条［公開講座］ 大学においては、公開講座の施設を設けることができる。

② 公開講座に関し必要な事項は、文部科学大臣が、これを定める。

＊②公開講座（施規一六五）、社会教育への利用（一三七、社会教育の講座（社教四八）

第一〇八条［短期大学］ 大学は、第八十三条第一項に規定する目的に代えて、深く専門の学芸を教授研究し、職業又は実際生活に必要な能力を育成することを主な目的とすることができる。

② 前項に規定する目的をその目的とする大学は、第八十七条第一項の規定にかかわらず、その修業年限を二年又は三年とする。

③ 前項の大学は、短期大学と称する。

④ 第二項の大学のうち、深く専門の学芸を教授研究し、専門性が求められる職業を担うための実践的かつ応用的な能力を育成することを目的とするものは、専門職短期大学とする。

⑤ 第八十三条の二第二項の規定は、前項の大学に準用

する。

⑥ 第二項の大学には、第八十五条及び第八十六条の規定にかかわらず、学部を置かないものとする。

⑦ 第二項の大学には、学科を置く。

⑧ 第二項の大学には、夜間において授業を行う学科又は通信による教育を行う学科を置くことができる。

⑨ 第二項の大学を卒業した者は、文部科学大臣の定めるところにより、第八十三条の大学に編入学することができる。

⑩ 第九十七条の規定は、第二項の大学については適用しない。

＊①大学の目的（八三、短大基準一）、②大学の修業年限（八七①）、⑥学部（八五）、夜間学部・通信教育学部（八六）、⑨大学への編入学（施規一六一・一六二）、⑩大学院（九七）

解説 本条は、昭三九法一一〇によって追加され、それまで当分の間として設けられていた短期大学を恒久的な制度として定めた。

第一〇九条［大学の自己評価・第三者評価］ 大学は、その教育研究水準の向上に資するため、文部科学大臣の定めるところにより、当該大学の教育及び研究、組織及び運営並びに施設及び設備（次項及び第五項において「教育研究等」という。）の状況について自ら点検及び評価を行い、その結果を公表するものとする。

② 大学は、前項の措置に加え、当該大学の教育研究等の総合的な状況について、政令で定める期間ごとに、文部科学大臣の認証を受けた者（以下「認証評価機関」という。）による評価（以下「認証評価」という。）を受けるものとする。ただし、認証評価機関が存在しない場合その他特別の事由がある場合であつて、文部科学大臣の定める措置を講じているときは、この限りでない。

③ 専門職大学等又は専門職大学院を置く大学にあつては、前項に規定するもののほか、当該専門職大学等又は専門職大学院の設置の目的に照らし、当該専門職大学等又は専門職大学院の教育課程、教員組織その他教育研究活動の状況について、政令で定める期間ごとに、認証評価を受けるものとする。ただし、当該専門職大学等又は専門職大学院の課程に係る分野について認証評価を行う認証評価機関が存在しない場合その他特別の事由がある場合であつて、文部科学大臣の定める措置を講じているときは、この限りでない。

④ 前二項の認証評価は、大学からの求めにより、大学評価基準（前二項の認証評価を行うために認証評価機関が定める基準をいう。以下この条及び次条において同じ。）に従つて行うものとする。

⑤ 第二項及び第三項の認証評価においては、それぞれの認証評価の対象たる教育研究等状況（第二項に規定する大学の教育研究等の総合的な状況及び第三項に規定する専門職大学等又は専門職大学院の教育課程、教員組織その他教育研究活動の状況をいう。次項及び第七項において同じ。）が大学評価基準に適合しているか否かの認定を行うものとする。

⑥ 大学は、教育研究等状況について大学評価基準に適合している旨の認証評価機関の認定（次項において「適合認定」という。）を受けるよう、その教育研究水準の向上に努めなければならない。

⑦ 文部科学大臣は、大学が教育研究等状況について適合認定を受けられなかつたときは、当該大学に対し、当該大学の教育研究等状況について、報告又は資料の提出を求めるものとする。

＊①文部科学大臣の定め（施規一六六）、②政令（施令四〇）、③政令で定める期間（施令四〇）、文部科学大臣の定める措置（施規一六七）

解説 大学の自己点検評価、第三者評価について定める本条は、認証評価機関に関する一一〇条〜一一二条とともに、二〇〇二年法改正によって新設された。大学の教育研究水準の維持向上のための評価制度は実際にすでにかなりの大学で実施されてきたが、本条は、とくに二項で認証評価機関による評価制度を設けるほか、三項で専門職大学院に関する認証評価の制度を定めている。専門職大学院の認証評価制度は、とりわけ法科大学院に関してはその卒業が新司法試験の受験資格となることに照らして、高い教育水準を確保するために厳密な審査を行うこととしたものである。

第一一〇条［認証評価機関］ 認証評価機関になろうとする者は、文部科学大臣の定めるところにより、申請により、文部科学大臣の認証を受けることができる。

② 文部科学大臣は、前項の規定による認証の申請が次の各号のいずれにも適合すると認めるときは、その認証をするものとする。

一 大学評価基準及び評価方法が認証評価を適確に行うに足りるものであること。

二 認証評価の公正かつ適確な実施を確保するために必要な体制が整備されていること。

三 第四項に規定する措置（同項に規定する通知を除く。）の前に認証評価の結果に係る大学からの意見の申立ての機会を付与していること。

四 認証評価を適確かつ円滑に行うに必要な経理的基礎を有する法人（人格のない社団又は財団で代表者又は管理人の定めのあるものを含む。次号において同じ。）であること。

五 次条第二項の規定により認証を取り消され、その取消しの日から二年を経過しない法人でないこと。

六 その他認証評価の公正かつ適確な実施に支障を及ぼすおそれがないこと。

③ 前項に規定する基準を適用するに際して必要な細目は、文部科学大臣が、これを定める。

④ 認証評価機関は、認証評価を行つたときは、遅滞なく、その結果を大学に通知するとともに、文部科学大臣の定めるところにより、これを公表し、かつ、文部科学大臣に報告しなければならない。

⑤ 認証評価機関は、大学評価基準、評価方法その他文部科学大臣の定める事項を変更しようとするとき、又は認証評価の業務の全部若しくは一部を休止若しくは廃止しようとするときは、あらかじめ、文部科学大臣に届け出なければならない。

⑥ 文部科学大臣は、認証評価機関の認証をしたとき、又は前項の規定による届出があつたときは、その旨を官報で公示しなければならない。

＊①文部科学大臣の定め（施規一六八・一六九）、③文部科学大臣の定め（施規一七〇）、④文部科学大臣の定め（施規一七一）、⑤文部科学大臣の定める事項（施規一七二）

第一一一条［報告・資料の提出］ 文部科学大臣は、認証評価の公正かつ適確な実施が確保されないおそれがあると認めるときは、認証評価機関に対し、必要な報告又は資料の提出を求めることができる。

② 文部科学大臣は、認証評価機関が前項の求めに応じず、若しくは虚偽の報告若しくは資料の提出をしたとき、又は前条第二項及び第三項の規定に適合しなくなつたと認めるときその他認証評価の公正かつ適確な実施に著しく支障を及ぼす事由があると認めるときは、当該認証評価機関に対してこれを改善すべきことを求め、及びその求めによつてもなお改善されないときは、その認証を取り消すことができる。

③ 文部科学大臣は、前項の規定により認証評価機関の認証を取り消したときは、その旨を官報で公示しなければならない。

第一一二条［**審議会等への諮問**］文部科学大臣は、次に掲げる場合には、第九十四条の政令で定める審議会等に諮問しなければならない。

一 認証評価機関の認証をするとき。

二 第百十条第三項の細目を定めるとき。

三 認証評価機関の認証を取り消すとき。

第一一三条［**教育研究活動状況の公表**］大学は、教育研究の成果の普及及び活用の促進に資するため、その教育研究活動の状況を公表するものとする。

＊教育研究活動（施規一七二の二）

第一一四条［**準用規定**］第三十七条第十四項及び第六十条第六項の規定は、大学に準用する。

＊職員（九二）

第十章　高等専門学校

第一一五条［**目的**］高等専門学校は、深く専門の学芸を教授し、職業に必要な能力を育成することを目的とする。

② 高等専門学校は、その目的を実現するための教育を行い、その成果を広く社会に提供することにより、社会の発展に寄与するものとする。

＊教育の目的・目標（教基一・二）、独立行政法人国立高等専門学校機構法）

第一一六条［**学科**］高等専門学校には、学科を置く。

② 前項の学科に関し必要な事項は、文部科学大臣が、これを定める。

＊設置基準・教務主事・学生主事（施規一七四・一七五）

第一一七条［**修業年限**］高等専門学校の修業年限は、五年とする。ただし、商船に関する学科については、五年六月とする。

＊大学への編入学（一二二）、設置基準（施規一七四）

第一一八条［**入学資格**］高等専門学校に入学することのできる者は、第五十七条に規定する者とする。

＊高等学校の入学資格（五七）

第一一九条［**高等専門学校の専攻科**］高等専門学校には、専攻科を置くことができる。

② 高等専門学校の専攻科は、高等専門学校を卒業した者又は文部科学大臣の定めるところにより、これと同等以上の学力があると認められた者に対して、精深な程度において、特別の事項を教授し、その研究を指導することを目的とし、その修業年限は、一年以上とする。

第一二〇条［**職員**］高等専門学校には、校長、教授、准教授、助教、助手及び事務職員を置かなければならない。ただし、教育上の組織編制として適切と認められる場合には、准教授、助教又は助手を置かないことができる。

② 高等専門学校には、前項のほか、講師、技術職員その他必要な職員を置くことができる。

③ 校長は、校務を掌り、所属職員を監督する。

④ 教授は、専攻分野について、教育上又は実務上の特に優れた知識、能力及び実績を有する者であつて、学生を教授する。

⑤ 准教授は、専攻分野について、教育上又は実務上の優れた知識、能力及び実績を有する者であつて、学生を教授する。

⑥ 助教は、専攻分野について、教育上又は実務上の知識及び能力を有する者であつて、学生を教授する。

⑦ 助手は、その所属する組織における教育の円滑な実施に必要な業務に従事する。

⑧ 講師は、教授又は准教授に準ずる職務に従事する。

＊①②教員の設置（三）、大学の職員（九二）、教務主事・学生主事（施規一七五）、学校医等（学保健安全二三）

解説 本条一項は平一七法八三により改正され、助教授に代えて准教授を設け、助教が新設された。ただし、准教授、助教及び助手は、教育上の組織編制として適切と認められる場合には置かないことができる。四項から七項までは准教授及び助教の職務内容が定められ、これに伴い教授及び助手の職務内容に関する規定が整備された。

第一二一条［**準学士**］高等専門学校を卒業した者は、準学士と称することができる。

第一二二条［**大学編入学資格**］高等専門学校を卒業した者は、文部科学大臣の定めるところにより、大学に編入学することができる。

＊編入学（施規一六一・一六二）

第一二三条［**準用規定**］第三十七条第十四項、第五十九条、第六十条第六項、第九十四条（設置基準に係る部分に限る。）、第九十五条、第九十八条、第百五条から第百七条まで、第百九条（第三項を除く。）及び第百十条から第百十三条までの規定は、高等専門学校に準用する。

＊事務職員の職務（三七⑭）、高校に関する入退学等（五九）、技術職員の職務（六〇⑥）、文部科学大臣の所轄（九八）、名誉教授（一〇六）、公開講座（一〇七）

第十一章　専修学校

第一二四条［**目的**］第一条に掲げるもの以外の教育施設で、職業若しくは実際生活に必要な能力を育成し、又は教養の向上を図ることを目的として次の各号に該当する組織的な教育を行うもの（当該教育を行うにつき他の法律に特別の規定があるもの及び我が国に居住する外国人を専ら対象とするものを除く。）は、専修学校とする。

一 修業年限が一年以上であること。

二 授業時数が文部科学大臣の定める授業時数以上であること。

三 教育を受ける者が常時四十人以上であること。

＊教育の目的・目標（教基一・二）、設置基準（専修学校基準）、各種学校（一三四）

解説　昭五〇法五九により追加。従来、学校教育法上の学校としては一条に定めるもののほか、各種学校の規定があった（一三四条）。本条はこのうち、規模、組織、教育内容が一定の基準を満たすものを専修学校としたものである。

第一二五条［**課程**］専修学校には、高等課程、専門課程又は一般課程を置く。

② 専修学校の高等課程においては、中学校若しくはこれに準ずる学校若しくは義務教育学校を卒業した者若しくは中等教育学校の前期課程を修了した者又は文部科学大臣の定めるところによりこれと同等以上の学力があると認められた者に対して、中学校における教育の基礎の上に、心身の発達に応じて前条の教育を行うものとする。

③ 専修学校の専門課程においては、高等学校若しくはこれに準ずる学校若しくは中等教育学校を卒業した者又は文部科学大臣の定めるところによりこれに準ずる学力があると認められた者に対して、高等学校における教育の基礎の上に、前条の教育を行うものとする。

④ 専修学校の一般課程においては、高等課程又は専門課程の教育以外の前条の教育を行うものとする。

＊中学校卒業者と同等以上の学力があると認められた者（施規九五）、高等学校卒業者と同等以上の学力があると認められた者（施規一五〇・一八三）

第一二六条［**高等専修学校・専門学校**］高等課程を置く専修学校は、高等専修学校と称することができる。

② 専門課程を置く専修学校は、専門学校と称することができる。

＊高等専門学校（一一五―一二二）

第一二七条［**設置者の制限**］専修学校は、国及び地方公共団体のほか、次に該当する者でなければ、設置することができない。

一　専修学校を経営するために必要な経済的基礎を有すること。

二　設置者（設置者が法人である場合にあつては、その経営を担当する当該法人の役員とする。次号において同じ。）が専修学校を経営するために必要な知識又は経験を有すること。

三　設置者が社会的信望を有すること。

＊法人（民三三②）

第一二八条［**基準**］専修学校は、次に掲げる事項について文部科学大臣の定める基準に適合していなければならない。

一　目的、生徒の数又は課程の種類に応じて置かなければならない教員の数

二　目的、生徒の数又は課程の種類に応じて有しなければならない校地及び校舎の面積並びにその位置及び環境

三　目的、生徒の数又は課程の種類に応じて有しなければならない設備

四　目的又は課程の種類に応じた教育課程及び編制の大綱

第一二九条［**校長・教員**］専修学校には、校長及び相当数の教員を置かなければならない。

② 専修学校の校長は、教育に関する識見を有し、かつ、教育、学術又は文化に関する業務に従事した者でなければならない。

③ 専修学校の教員は、その担当する教育に関する専門的な知識又は技能に関し、文部科学大臣の定める資格を有する者でなければならない。

＊校長・教員（七・八）

第一三〇条［**所轄庁の認可**］国又は都道府県（都道府県が単独で又は他の地方公共団体と共同して設立する公立大学法人を含む。）が設置する専修学校を除くほか、専修学校の設置廃止（高等課程、専門課程又は一般課程の設置廃止を含む。）、設置者の変更及び目的の変更は、市町村の設置する専修学校にあつては都道府県の教育委員会、私立の専修学校にあつては都道府県知事の認可を受けなければならない。

② 都道府県の教育委員会又は都道府県知事は、専修学校の設置（高等課程、専門課程又は一般課程の設置を含む。）の認可の申請があつたときは、申請の内容が第百二十四条、第百二十五条及び前三条の基準に適合するかどうかを審査した上で、認可に関する処分をしなければならない。

③ 前項の規定は、専修学校の設置者の変更及び目的の変更の認可の申請があつた場合について準用する。

④ 都道府県の教育委員会又は都道府県知事は、第一項の認可をしない処分をするときは、理由を付した書面をもつて申請者にその旨を通知しなければならない。

第一三一条［**政令該当事項の届出**］国又は都道府県（都道府県が単独で又は他の地方公共団体と共同して設立する公立大学法人を含む。）が設置する専修学校を除くほか、専修学校の設置者は、その設置する専修学校の名称、位置又は学則を変更しようとするときその他政令で定める場合に該当するときは、市町村の設置する専修学校にあつては都道府県の教育委員会に、私立の専修学校にあつては都道府県知事に届け出なければならない。

第一三二条［**大学への編入学**］専修学校の専門課程（修業年限が二年以上であることその他の文部科学大臣の定める基準を満たすものに限る。）を修了した者（第九十条第一項に規定する者に限る。）は、文部科学大臣の定めるところにより、大学に編入学することができる。

＊大学への編入学（施規一八六）

通知　**専修学校の専門課程修了者の大学編入学について**
来るべき二一世紀において、一人ひとりがそれぞれの個性や創造性を伸ばし、我が国が活力ある社会として発展していくためには、学校教育制度において、できる限り一人ひとりの能力・適性、興味・関心、進路希望等に応じた多様で柔軟なものとなるよう改革を図っていく必要がある。このような観点から、高等教育の段階においても制度の弾力化を図ることが求められており、専修学校の専門課程で文部大臣の定める基準を満たすものを修了した者が大学に編入学できることとするとともに、大学の学生以外の者で大学の単位を修得した者が当該大学に入学する場合に、相当期間を修業年限に通算できることとするため、学校教育法の所要の改正を行ったものである。（平10・8・14文高専一八五高等教育局長・生涯学習局長）

解説　平一〇法一〇一により新設。

第一三三条［**準用規定**］第五条、第六条、第九条から第十二条まで、第十三条第一項、第十四条及び第四十二条から第四十四条までの規定は専門課程を置く専修学校に、第百五条の規定は専修学校に準用する。この場合において、第十条中「大学及び高等専門学校にあつては文部科学大臣に、大学及び高等専門学校以外の学校にあつては都道府県知事に」とあるのは「都道府県知事に」と、同項中「第四条第一項各号に掲げる学校」とあるのは「市町村（市町村が単独で又は他の市町村と共同して設立する公立大学法人を含む。）の設置する専修学校又は私立の専修学校」と、「同項各号に定める者」とあるのは「都道府県の教育委員会又は都道府県知事」と、同項第二号中「その者」とあるのは「当該都道府県の教育委員会又は都道府県知事」と、第十四条中「大学及び高等専門学校以外の市町村の設置する学校については都道府県の教育委員会、大学及び高等専門学校以外の私立学校については都道府県知事」とあるのは「市町村（市町村が単独で又は他の市町村と共同して設立する公立大学法人を含む。）の設置する専修学校については都道府県の教育委員会、私立の専修学校については都道府県知事」と読み替えるものとする。

② 都道府県の教育委員会又は都道府県知事は、前項において準用する第十三条第一項の規定による処分をするときは、理由を付した書面をもつて当該専修学校の設置者にその旨を通知しなければならない。

第十二章　雑則

第一三四条［**各種学校**］第一条に掲げるもの以外のもので、学校教育に類する教育を行うもの（当該教育を行うにつき他の法律に特別の規定があるもの及び第百二十四条に規定する専修学校の教育を行うものを除く。）は、各種学校とする。

② 第四条第一項前段、第五条から第七条まで、第九条から第十一条まで、第十三条第一項、第十四条及び第四十二条から第四十四条までの規定は、各種学校に準用する。この場合において、第四条第一項前段中「次の各号に掲げる学校」とあるのは「市町村の設置する各種学校又は私立の各種学校」と、「当該各号に定める者」とあるのは「都道府県の教育委員会又は都道府県知事」と、第十条中「大学及び高等専門学校にあつては文部科学大臣に、大学及び高等専門学校以外の学校にあつては都道府県知事に」とあるのは「都道府県知事に」と、第十三条第一項中「第四条第一項各号に掲げる学校」とあるのは「市町村の設置する各種学校又は私立の各種学校」と、「同項各号に定める者」とあるのは「都道府県の教育委員会又は都道府県知事」と、同項第二号中「その者」とあるのは「当該都道府県の教育委員会又は都道府県知事」と、第十四条中「大学及び高等専門学校以外の市町村の設置する学校については都道府県の教育委員会、大学及び高等専門学校以外の私立学校については都道府県知事」とあるのは「市町村の設置する各種学校については都道府県の教育委員会、私立の各種学校については都道府県知事」と読み替えるものとする。

③ 前項のほか、各種学校に関し必要な事項は、文部科学大臣が、これを定める。

＊学校の範囲（一）、他の法律（児福、職業能力開発促進法等）、各種学校（各種学校規程）、設置・廃止等の認可（四）、設置者の管理・経費負担の原則（五）、授業料（六）、校長・教員の設置（七）、校長・教員の欠格事由（九）、私立学校長の届出（一〇）、生徒・学生の懲戒（一一）、学校閉鎖命令（一三）、設備等変更命令（一四）、私立小学校の所管庁（四四）、罰則規定（一四三）

〔回答〕各種学校の設置者について別段の制限規定はないから、私人もこれを設置することができる。（昭25・6・15初中局長）

〔回答〕保健婦助産婦看護婦法及び保健婦助産婦看護婦学校養成所指定規則は、単にこれらの教育施設の卒業者又は終了者に対する受験資格賦与の条件について規定しているものに過ぎず、当該教育を行うにつき他の法律に特別の規定をしているものとは認められないので、これらの教育施設は各種学校であると解すべきである。（昭27・9・30初中局財務課長）

〔通達〕**高等専門学校の名称の禁止**　各種学校その他法第一条に掲げるもの以外の教育施設は、高等専門学校の名称を用いてはならない。（昭36・9・12事務次官）

〔解説〕本条は、昭和五〇年、専修学校の新設（法五九）により、一項が改正され、各種学校とは本法一条の学校以外でかつ他の法律に特別の規定がある教育を行うもの並びに専修学校以外の学校を指すこととなった。適用除外規定に該当する教育施設の具体例としては、職業能力開発校（職業能力開発促進法三章）、保育所・児童自立支援施設（児福四四条）、防衛大学校（防衛省設置法一四条）などがある。

第一三五条［**学校名の専称**］専修学校、各種学校その他第一条に掲げるもの以外の教育施設は、同条に掲げる学校の名称又は大学院の名称を用いてはならない。

② 高等課程を置く専修学校以外の教育施設は高等専修学校の名称を、専門課程を置く専修学校以外の教育施設は専門学校の名称を、専修学校以外の教育施設は専修学校の名称を用いてはならない。

第一三六条［**準各種学校**］都道府県の教育委員会（私人の経営に係るものにあつては、都道府県知事）は、学校以外のもの又は専修学校若しくは各種学校以外のものが専修学校又は各種学校の教育を行うものと認める場合においては、関係者に対して、一定の期間内に専修学校設置又は各種学校設置の認可を申請すべき旨を勧告することができる。ただし、その期間は、一箇月を下ることができない。

② 都道府県の教育委員会（私人の経営に係るものにあつては、都道府県知事）は、前項に規定する関係者が、同項の規定による勧告に従わず引き続き専修学校若しくは各種学校の教育を行つているとき、又は専修学校設置若しくは各種学校設置の認可を申請したがその認可が得られなかつた場合において引き続き専修学校若しくは各種学校の教育を行つているときは、当該関係者に対して、当該教育をやめるべき旨を命ずることができる。

③ 都道府県知事は、前項の規定による命令をなす場合においては、あらかじめ私立学校審議会の意見を聞かなければならない。

＊③私立学校審議会（私学九）

第一三七条［**社会教育への利用**］学校教育上支障のない限り、学校には、社会教育に関する施設を附置し、又は学校の施設を社会教育その他公共のために、利用させることができる。

*公の財産の使用制限（憲八九）、社会教育（教基一二）、学校施設の社会教育への利用（社教四三―四八）、学校施設の学校教育目的外使用（学校施設の確保に関する政令）、公職候補者の個人演説会の学校利用（公選一六一1①）

回答　特定の政党を支持又は反対するための活動に学校を利用することは、通常の場合は、学校教育法八五条の社会教育その他公共のための利用とは認められない。（昭24・7・8委総二大臣官房総務課長）

回答　公選議員の議会報告のため学校施設を利用させることは、本条の「社会教育その他公共のため」という規定に照らして内容的に限定することが適当と思われる。（昭24・9・2委総二大臣官房総務課長）

回答　**政治的行為の制限と学校貸与との関係について**　教育委員会が政党の行事に公立学校の施設を貸与することは人事院規則一四―七第六項第一二号の規定には関係がない。（昭30・9・28雑初八八初中局長）

通達　**学校施設の貸与許可権者**　学校その他の教育機関の使用を許可するのは、それらの教育機関の管理者たる教育委員会である。（昭31・9・10文初地四二一初中局長）

回答　校地内に忠魂碑を建設することは、学校教育上の立場から、できるだけ避けることが望ましい。（昭29・9・3委初二九三初中局長）

第一三八条［行政手続法の適用除外］　第十七条第三項の政令で定める事項のうち同条第一項又は第二項の義務の履行に関する処分に該当するもので政令で定めるものについては、行政手続法（平成五年法律第八十八号）第三章の規定は、適用しない。

*入学期日の通知、学校の指定（施令五）、視覚障害者等の入学期日の通知、学校の指定（施令一四）、行政手続法第三章の規定を適用しない処分（施令二二の二）

解説　平五法八九により新設。行政手続法は不利益処分について処分を受ける者の権利を保護し、公正・公平性を保障する観点から、事前手続として聴聞、弁明の機会を保障すべきことを定めている。不利益処分とは、特定の者を名あて人として、直接に、これに義務を課し、またはその権利を制限する処分をいう。就学すべき学校の指定等の処分は、許可・免許の取消等の不利益処分とは異なり、教育を受ける権利（憲法二六条一項）を保障するため、該当するすべての国民に対して一律平等になされるものであるという性質上、前述手続規定を適用しないこととされた。

第一三九条［審査請求の制限］　文部科学大臣がする大学又は高等専門学校の設置の認可に関する処分又はその不作為については、審査請求をすることができない。

*学校設置等の認可（四）

第一四〇条［都の区の取扱い］　この法律における市には、東京都の区を含むものとする。

*特別区（地自二八一）、特別区への市の規定の適用（地自二八三）

第一四一条［研究組織の扱い］　この法律（第八十五条及び第百条を除く。）及び他の法令（教育公務員特例法（昭和二十四年法律第一号）及び当該法令に特別の定めのあるものを除く。）において、大学の学部には第八十五条ただし書に規定する組織を含み、大学の大学院の研究科には第百条ただし書に規定する組織を含むものとする。

*学部以外の組織（八五但書）

解説　本条の追加は、昭四八法一〇三による本法八五条の改正を受けて、「学部以外の教育研究上の基本組織」を他の法令上「学部」と同様の取扱いとするために行われたものである。

第一四二条［政令・監督庁への委任］　この法律に規定するもののほか、この法律施行のため必要な事項で、地方公共団体の機関が処理しなければならないものについては政令で、その他のものについては文部科学大臣が、これを定める。

*政令の定め（施令二五―三一）、文部科学大臣等の定め（施規）

第十三章　罰則

第一四三条［閉鎖命令違反］　第十三条第一項（同条第二項、第百三十三条第一項及び第百三十四条第二項において準用する場合を含む。）の規定による閉鎖命令又は第百三十六条第二項の規定による命令に違反した者は、六月以下の懲役若しくは禁錮又は二十万円以下の罰金に処する。

*学校の閉鎖命令（一三）、専修学校への準用（一三三1）、各種学校への準用（一三四2）、教育の停止命令（一三六2）、懲役（刑一二）、禁錮（刑一三）、罰金（刑一五）

第一四四条［保護者等の就学義務不履行］　第十七条第一項又は第二項の義務の履行の督促を受け、なお履行しない者は、十万円以下の罰金に処する。

② 法人の代表者、代理人、使用人その他の従業者が、その法人の業務に関し、前項の違反行為をしたときは、行為者を罰するほか、その法人に対しても、同項の刑を科する。

*小学校の就学義務（一七1）、中学校の就学義務（一七2）、罰金の換算（罰金等臨時措置法二1）

判例　**普通教育を受けさせる義務**　就学督促を無視した母親が罰金八千円に処せられた事例。（岐阜家判昭51・2・12家庭裁判月報二八―一〇―二一四）

第一四五条［学齢児童・生徒使用者の義務違反］　第二十条の規定に違反した者は、十万円以下の罰金に処する。

*学齢児童・生徒使用者の義務（二〇）、罰金の換算（罰金等臨時措置法二1）

第一四六条［学校名称の専用違反の処罰］　第百三十五条の規定に違反した者は、十万円以下の罰金に処する。

*学校名の専称（一三五）、罰金の換算（罰金等臨時措置法二1）

附　則（抄）

第二条［小学校・幼稚園とみなされる学校］　この法律施行の際、現に存する従前の規定による国民学校、国民学校に類する各種学校及び国民学校に準ずる各種学校並びに幼稚園は、それぞれこれらをこの法律によつて設置された小学校及び幼稚園とみなす。

第三条［従前の学校の存続］　この法律施行の際、現に存する従前の規定（国民学校令を除く。）による学校は、従前の規定による学校として存続することができる。

② 前項の規定による学校に関し、必要な事項は、文部科学大臣が定める。

*文部科学大臣の定め（施規附則二―四）

第四条［従前の学校の卒業資格］　従前の規定による学校の卒業者の資格に関し必要な事項は、文部科学大臣の定めるところによる。

*文部科学大臣の定め（施規附則九―一二）

第六条［学校法人の経過措置］私立の幼稚園は、第二条第一項の規定にかかわらず、当分の間、学校法人によつて設置されることを要しない。
＊学校の設置者（二1）

第七条［養護教諭についての経過措置］小学校、中学校、義務教育学校及び中等教育学校には、第三十七条（第四十九条及び第四十九条の八において準用する場合を含む。）及び第六十九条の規定にかかわらず、当分の間、養護教諭を置かないことができる。
＊職員（三七・四九・四九の八・六九）

第八条［中学校の通信教育］中学校は、当分の間、尋常小学校卒業者及び国民学校初等科修了者に対して、通信による教育を行うことができる。
② 前項の教育に関し必要な事項は、文部科学大臣の定めるところによる。
＊文部科学大臣の定め（施規附則一三）

第九条［教科用図書使用の経過措置］高等学校、中等教育学校の後期課程及び特別支援学校並びに特別支援学級においては、当分の間、第三十四条第一項（第四十九条、第四十九条の八、第六十二条、第七十条第一項及び第八十二条において準用する場合を含む。）の規定にかかわらず、文部科学大臣の定めるところにより、第三十四条第一項に規定する教科用図書以外の教科用図書を使用することができる。
② 第三十四条第二項及び第三項の規定は、前項の規定により使用する教科用図書について準用する。
＊教科用図書・教材（三四1）、小学校規定の準用（四九・六二・八二）、高校の教科用図書（施規八九）、特別支援学校の教育課程（施規一二九）

第一〇条［名誉教授の経過措置］第百六条の規定により名誉教授の称号を授与する場合においては、当分の間、旧大学令、旧高等学校令、旧専門学校令又は旧教員養成諸学校官制の規定による大学、大学予科、高等学校高等科、専門学校及び教員養成諸学校並びに文部科学大臣の指定するこれらの学校に準ずる学校の校長（総長及び学長を含む。）又は教員としての勤務を考慮することができるものとする。

●学校教育法施行令

（昭和二八年一〇月三一日政令第三四〇号）

施行、昭二八・一〇・三一
改正、（平二五まで省略）平二七―政三〇・政四二一、平二八―政三五三、平二九―政二三二・政三三八、平三〇―政三五五、令一―政四四・政一二八

第一章　就学義務

第一節　学齢簿

（学齢簿の編製）
第一条　市（特別区を含む。以下同じ。）町村の教育委員会は、当該市町村の区域内に住所を有する学齢児童及び学齢生徒（それぞれ学校教育法（以下「法」という。）第十八条に規定する学齢児童及び学齢生徒をいう。以下同じ。）について、学齢簿を編製しなければならない。
2　前項の規定による学齢簿の編製は、当該市町村の住民基本台帳に基づいて行なうものとする。
3　市町村の教育委員会は、文部科学省令で定めるところにより、第一項の学齢簿を磁気ディスク（これに準ずる方法により一定の事項を確実に記録しておくことができる物を含む。以下同じ。）をもつて調製することができる。
4　第一項の学齢簿に記載（前項の規定により磁気ディスクをもつて調製する学齢簿にあつては、記録。以下同じ。）をすべき事項は、文部科学省令で定める。
＊学齢児童・生徒（学教一七）、住所（民二二）、学齢簿の様式（施規三〇）、住民基本台帳（住民基本台帳法）
回答 **児童生徒の学齢簿の編製**　当該児童生徒の生活の本拠たる住所であるかどうかを明らかにした上で、行なうべきものである。（昭34・10・5委初二二一初中局長）
通達 **学齢簿の編製義務**　単に児童生徒等が入学するときだけでなく、就学義務が終了するまで、これを整備し、保管することを意味する。（昭28・11・7文総審一八事務次官）
回答 中学校組合の処理すべき事務は、当該組合の規約の定めるところによるので（地方自治法二八七条一項三号）、学齢簿の編製事務がこれに含まれている場合には、当該組合は、学齢簿を編製しなければならない。なお国立大学附属中学校、私立中学校の学齢簿についても、その者の住所の有する市町村教育委員会が行なうべきである。（昭29・2・9委初五一五初中局長）

第二条［学齢簿の作成期日］市町村の教育委員会は、毎学年の初めから五月前までに、文部科学省令で定める日現在において、当該市町村に住所を有する者で前学年の初めから終わりまでの間に満六歳に達する者について、あらかじめ、前条第一項の学齢簿を作成しなければならない。この場合においては、同条第二項から第四項までの規定を準用する。
＊学齢簿の作成期日（施規三一）、学齢簿の編製（一）、年齢の計算（年齢計算）

第三条［学齢簿の加除訂正］市町村の教育委員会は、新たに学齢簿に記載をすべき事項を生じたとき、学齢簿に記載をした事項に変更を生じたとき、又は学齢簿の記載に錯誤若しくは遺漏があるときは、必要な加除訂正を行わなければならない。
＊学齢簿の編製・作成期日（一・二）、学齢簿加除訂正の通知（一三）、特別支援学校の入学期日等の通知（一四）
回答 **入学および卒業年月日の記載**　教育委員会が通知した入学期日、校長が卒業を認定した期日であつて、これらは原則として、四月一日又は三月三一日とすることが適切である。（昭29・8・12委初二八九初中局長）
回答 **教護院入院児童生徒の学齢簿の措置**　児童生徒の住所がなおその市町村にあるときは、そのままで、その住所が移った場合には、学齢簿からはこれを消除すべきで、新しい住所地の教育委員会において、その子どもの就学の始期に達した年の学齢簿に記入しなければならない。（昭28・9・29初中局長）

（児童生徒等の住所変更に関する届出の通知）
第四条　第二条に規定する者、学齢児童又は学齢生徒（以下「児童生徒等」と総称する。）について、住民基本台帳法（昭和四十二年法律第八十一号）第二十二条又は第二十三条の規定による届出（第二条に規定する者にあつては、同条の規定により文部科学省令で定める日の翌日以後の住所地の変更に係るこれらの規定による届出に限る。）があつたときは、市町村長（特別区にあつては区長とし、地方自治法（昭和二十二年法律第六十七号）第二百五十二条の十九第一項の指定都

市にあっては区長又は総合区長とする。）は、速やかにその旨を当該市町村の教育委員会に通知しなければならない。

＊学齢簿の編製（一）

回答　甲町村の小学校卒業生が乙町村に住民登録をしてその町村の中学校に入学した後真実に住所が移転したものでないことが明らかになつた等の理由により住民登録を消除せられて甲町村の住民となつた場合、保護者は、新住所地の甲町村教育委員会の指定する中学校にその子女を就学させることが原則であり、転校さすべきである。（昭29・5・14初一五〇初中局長）

第二節　小学校、中学校、義務教育学校及び中等教育学校

（入学期日等の通知、学校の指定）

第五条　市町村の教育委員会は、就学予定者（法第十七条第一項又は第二項の規定により、翌学年の初めから小学校、中学校、義務教育学校、中等教育学校又は特別支援学校に就学させるべき者をいう。以下同じ。）のうち、認定特別支援学校就学者（視覚障害者、聴覚障害者、知的障害者、肢体不自由者又は病弱者（身体虚弱者を含む。）で、その障害が、第二十二条の三の表に規定する程度のもの（以下「視覚障害者等」という。）のうち、当該市町村の教育委員会が、その者の障害の状態、その者の教育上必要な支援の内容、地域における教育の体制の整備の状況その他の事情を勘案して、その住所の存する都道府県の設置する特別支援学校に就学させることが適当であると認める者をいう。以下同じ。）以外の者について、その保護者に対し、翌学年の初めから二月前までに、小学校、中学校又は義務教育学校の入学期日を通知しなければならない。

2　市町村の教育委員会は、当該市町村の設置する小学校及び義務教育学校の数の合計数が二以上である場合又は当該市町村の設置する中学校（法第七十一条の規定により高等学校における教育と一貫した教育を施すもの（以下「併設型中学校」という。）を除く。以下この項、次条第七号、第六条の三第一項、第七条及び第八条において同じ。）及び義務教育学校の数の合計数が二以上である場合においては、前項の通知において当該就学予定者の就学すべき小学校、中学校又は義務教育学校を指定しなければならない。

3　前二項の規定は、第九条第一項又は第十七条の届出のあつた就学予定者については、適用しない。

＊特別支援学校への就学についての通知（一一―一二の二）、学校長への通知（七）、就学学校の変更（八）、就学時の健康診断（学保健安全一一・一二）

回答　**学校の指定**　教育委員会が児童の入学する学校を指定する行為は行政行為の中の命令的処分に属し、指定は児童の保護者に対して義務を課するものと解される。（昭27・4・17初中局庶務課長）

通知　**日本国に居住する大韓民国国民の法的地位及び待遇に関する協議における教育関係事項の実施について**　市町村の教育委員会においては、公立の義務教育諸学校への入学を希望する在日韓国人がその機会を逸することのないよう、本条一項の就学予定者に相当する年齢の在日韓国人の保護者に対し、入学に関する事項を記載した案内を発給すること。（平3・1・30文初高六九初中局長）

通知　通学区域制度の運用に当たっては、各市町村教育委員会において、地域の実情に即し、保護者の意向に十分配慮した多様な工夫を行うこと。（平9・1・27文初小七八初中局長）

通知　**就学手続の見直し**　就学基準に該当する児童生徒で市町村の教育委員会が小・中学校において適切な教育を受けることができる特別の事情があると認める者（以下「認定就学者」という。）については、小・中学校に就学することとしたことに伴い、規定の整備を行うこととしたこと。（平14・4・24文科初一四八事務次官）

通知　**専門家の意見の聴取**　障害の種類、程度等の判断について専門的立場から調査・審議を行うために就学指導委員会が設置されている現状も踏まえ、その位置づけの明確化を図るとともに、一人一人の障害の状態等に関する専門家の意見も踏まえて適切に就学指導が行われることが必要であることから、市町村の教育委員会は、教育学、医学、心理学その他の心身の故障のある児童生徒の就学に関する専門的知識を有するものの意見を聴くものとしたこと。（平14・4・24文科初一四八事務次官）

判例　いわゆる越境入学の生徒に対し、是正のための学籍移管の措置を行うことは地教行法二三条四号ならびに学校教育法施行令五条により教育委員会に与えられた就学指定権に当然含まれるものである。（山口地決昭42・7・20行例集一八―七―一〇〇九）

判例　就学通知は、就学すべき学校との関係において、具体的な就学義務を発生させる命令的行政処分である。（大阪地決昭49・4・6判時七一六―三五）

判例　**障害者等への指定・通知［大阪市立貝塚養護学校廃校処分事件］**　視覚障害者等を就学させるべき特別支援学校を設置している市町村においては、その設置する小学校または中学校に就学予定者を就学させる場合に準じ、当該市町村教育委員会において、当該視覚障害者等を就学させるべき特別支援学校の指定およびその保護者に対する入学期日の通知を行うことが、学教法施行令上予定されていると解するのが相当である。（大阪地決平21・1・30判タ一三〇〇―一三三）

第六条　**［学校指定の変更］**　前条の規定は、次に掲げる者について準用する。この場合において、同条第一項中「翌学年の初めから二月前までに」とあるのは、「速やかに」と読み替えるものとする。

一　就学予定者で前条第一項に規定する通知の期限の翌日以後に当該市町村の教育委員会が作成した学齢簿に新たに記載されたもの又は学齢児童若しくは学齢生徒でその住所地の変更により当該学齢簿に新たに記載されたもの（認定特別支援学校就学者及び当該市町村の設置する小学校、中学校又は義務教育学校に在学する者を除く。）

二　次条第二項の通知を受けた学齢児童又は学齢生徒

三　第六条の三第二項の通知を受けた学齢児童又は学齢生徒（同条第三項の通知に係る学齢児童及び学齢生徒を除く。）

四　第十条又は第十八条の通知を受けた学齢児童又は学齢生徒（認定特別支援学校就学者を除く。）

五　第十二条第一項の通知を受けた学齢児童又は学齢生徒のうち、認定特別支援学校就学者の認定をした者以外の者（同条第三項の通知に係る学齢児童及び学齢生徒を除く。）

六　第十二条の二第一項の通知を受けた学齢児童又は学齢生徒のうち、認定特別支援学校就学者の認定をした者以外の者（同条第三項の通知に係る学齢児童及び学齢生徒を除く。）

七　小学校、中学校又は義務教育学校の新設、廃止等によりその就学させるべき小学校、中学校又は義務教育学校を変更する必要を生じた児童生徒等

第六条の二　［視覚障害者等でなくなった者の教育委員会

への通知〕特別支援学校に在学する学齢児童又は学齢生徒で視覚障害者等でなくなつたものがあるときは、当該学齢児童又は学齢生徒の在学する特別支援学校の校長は、速やかに、当該学齢児童又は学齢生徒の住所の存する都道府県の教育委員会に対し、その旨を通知しなければならない。

2　都道府県の教育委員会は、前項の通知を受けた学齢児童又は学齢生徒について、当該学齢児童又は学齢生徒の住所の存する市町村の教育委員会に対し、速やかに、その氏名及び視覚障害者等でなくなつた旨を通知しなければならない。

第六条の三〔特別支援学校に在学する学齢児童生徒で小中学校等に就学することが適当な者の教育委員会への通知〕特別支援学校に在学する学齢児童又は学齢生徒でその障害の状態、その者の教育上必要な支援の内容、地域における教育の体制の整備の状況その他の事情の変化により当該学齢児童又は学齢生徒の住所の存する市町村の設置する小学校、中学校又は義務教育学校に就学することが適当であると思料するもの（視覚障害者等でなくなつた者を除く。）があるときは、当該学齢児童又は学齢生徒の在学する特別支援学校の校長は、速やかに、当該学齢児童又は学齢生徒の住所の存する都道府県の教育委員会に対し、その旨を通知しなければならない。

2　都道府県の教育委員会は、前項の通知を受けた学齢児童又は学齢生徒について、当該学齢児童又は学齢生徒の住所の存する市町村の教育委員会に対し、速やかに、その氏名及び同項の通知があつた旨を通知しなければならない。

3　市町村の教育委員会は、前項の通知を受けた学齢児童又は学齢生徒について、当該特別支援学校に引き続き就学させることが適当であると認めたときは、都道府県の教育委員会に対し、速やかに、その旨を通知しなければならない。

4　都道府県の教育委員会は、前項の通知を受けたときは、第一項の校長に対し、速やかに、その旨を通知しなければならない。

第六条の四〔視覚障害者等でなくなった者の教育委員会への通知〕学齢児童及び学齢生徒のうち視覚障害者等で小学校、中学校、義務教育学校又は中等教育学校に在学するもののうち視覚障害者等でなくなつたものがあるときは、その在学する小学校、中学校、義務教育学校又は中等教育学校の校長は、速やかに、当該学齢児童又は学齢生徒の住所の存する市町村の教育委員会に対し、その旨を通知しなければならない。

第七条〔校長への通知〕市町村の教育委員会は、第五条第一項（第六条において準用する場合を含む。）の通知と同時に、当該児童生徒等を就学させるべき小学校、中学校又は義務教育学校の校長に対し、当該児童生徒等の氏名及び入学期日を通知しなければならない。

第八条〔就学学校の変更〕市町村の教育委員会は、第五条第二項（第六条において準用する場合を含む。）の場合において、相当と認めるときは、保護者の申立により、その指定した小学校、中学校又は義務教育学校を変更することができる。この場合においては、速やかに、その保護者及び前条の通知をした小学校、中学校又は義務教育学校の校長に対し、その旨を通知するとともに、新たに指定した小学校、中学校又は義務教育学校の校長に対し、同条の通知をしなければならない。

[回答] **保護者の申立てを相当と認める場合**　普通には主として地理的な理由や児童の身体的な理由が考えられる。要するに指定せられた小学校に入学することが他の小学校に入学する場合に比し、児童若しくはその保護者に対して著しく過重な負担となることが、客観的に予測せられる場合をいうものと解せられる。（昭27・4・17初中局庶務課長）

[通知] **児童生徒のいじめの問題に関する指導の充実について**　学校の指導にもかかわらず、いじめにより児童生徒の心身の安全が脅かされるような深刻な悩みを持っている等の場合は、学校指定の変更の相当と認められる理由に該当する。区域外就学についてもこれに準じた取扱いとされたい。（昭60・6・29文初中二〇一初中局長）

[通知] **いじめられる児童生徒と学校指定の変更等**　いじめられる児童生徒には、保護者の希望により、関係学校の校長などの関係者の意見等も十分に踏まえて、就学すべき学校の指定の変更や区域外就学を認める措置について配慮する必要があること。（平8・7・26文初中三八六初中局長・生涯学習局長）

[通知] **通学区域制度の弾力的運用について**　①就学すべき学校の指定の変更や区域外就学については、市町村教育委員会において、地理的な理由や身体的な理由、いじめの対応を理由とする場合の外、児童生徒等の具体的な事情に即して相当と認めるときは、保護者の申立により、これを認めることができること。②通学区域制度や就学すべき学校の指定の変更、区域外就学の仕組みについては、入学期日等の通知など様々な機会を通じて、広く保護者に対して周知すること。また、保護者が就学について相談できるよう、各学校に対してもその趣旨の徹底を図るとともに、市町村教育委員会における就学に関する相談体制の充実を図ること。（平9・1・27文初小七八初中局長）

第九条（区域外就学等）児童生徒等をその住所の存する市町村の設置する小学校、中学校（併設型中学校を除く。）又は義務教育学校以外の小学校、中学校、義務教育学校又は中等教育学校に就学させようとする場合には、その保護者は、就学させようとする小学校、中学校、義務教育学校又は中等教育学校が市町村又は都道府県の設置するものであるときは当該市町村又は都道府県の教育委員会の、その他のものであるときは当該小学校、中学校、義務教育学校又は中等教育学校における就学を承諾する権限を有する者の承諾を証する書面を添え、その旨をその児童生徒等の住所の存する市町村の教育委員会に届け出なければならない。

2　市町村の教育委員会は、前項の承諾（当該市町村の設置する小学校、中学校（併設型中学校を除く。）又は義務教育学校への就学に係るものに限る。）を与えようとする場合には、あらかじめ、児童生徒等の住所の存する市町村の教育委員会に協議するものとする。

＊入学期日等の通知、学校の指定（五・六）

[回答] **区域外就学の承諾**　両教育委員会が十分に話し合い、協議の調った上ですべきことはいうまでもないが、協議が調わなくとも、当該児童生徒の教育的見地にたって区域外就学の承諾をあたえても違法ではない。（昭30・9・10初中局長）

[回答] **区域外就学児童・生徒の通学・在学費**　これは徴収することができない。（昭26・10・31法意一発八五法務

府法制意見第一局長）

回答　**区域外就学児童の費用**　その学校を管理する市町村の負担である。（昭26・12・18行政課長）

通知　**児童生徒のいじめの問題に関する指導の充実について**（昭60・6・29文初中二〇一初中局長）→八条

通知　**通学区域制度の弾力的運用について**（平9・1・27文初小七八初中局長）→八条

第一〇条［**中退児童生徒の教育委員会への通知**］学齢児童及び学齢生徒でその住所の存する市町村の設置する小学校、中学校（併設型中学校を除く。）又は義務教育学校以外の小学校、中学校若しくは義務教育学校又は中等教育学校に在学するものが、小学校、中学校若しくは義務教育学校又は中等教育学校の前期課程の全課程を修了する前に退学したときは、当該小学校、中学校若しくは義務教育学校又は中等教育学校の校長は、速やかに、その旨を当該学齢児童又は学齢生徒の住所の存する市町村の教育委員会に通知しなければならない。

＊課程の修了（施規五七・七九）

第三節　特別支援学校

（**特別支援学校への就学についての通知**）

第一一条　市町村の教育委員会は、第二条に規定する者のうち認定特別支援学校就学者について、都道府県の教育委員会に対し、翌学年の初めから三月前までに、その氏名及び特別支援学校に就学させるべき旨を通知しなければならない。

2　市町村の教育委員会は、前項の通知をするときは、都道府県の教育委員会に対し、同項の通知に係る者の学齢簿の謄本（第一条第三項の規定により磁気ディスクをもつて学齢簿を調製している市町村の教育委員会にあつては、その者の学齢簿に記録されている事項を記載した書類）を送付しなければならない。

3　前二項の規定は、第九条第一項又は第十七条の届出のあつた者については、適用しない。

＊障害の程度（二二の三）、就学時の健康診断等（学保健安全一一・一二）

判例　**市町村から都道府県への通知［大阪市立貝塚養護学校廃校事件］**　市町村が特別支援学校を設置している場合において、視覚障害者等が当該市町村を包括する都道府県の設置する特別支援学校に就学するときは、学教法施行令一七条の規定による区域外就学等の手続に準じるべきであり、市町村教育委員会において、その裁量により、当該市町村の設置する特別支援学校への就学手続を行わず、都道府県の設置する特別支援学校への就学手続によることは許されないものと解すべきである。（大阪地決平21・1・30判タ一三〇一・一三三）

第一一条の二　前条の規定は、小学校又は義務教育学校の前期課程に在学する学齢児童のうち視覚障害者等で翌学年の初めから特別支援学校の中学部に就学させるべき者として認定特別支援学校就学者の認定をしたものについて準用する。

第一一条の三　第十一条の規定は、第二条の規定により文部科学省令で定める日の翌日以後の住所地の変更により当該市町村の教育委員会が作成した学齢簿に新たに記載された児童生徒等のうち認定特別支援学校就学者について準用する。この場合において、第十一条第一項中「翌学年の初めから三月前までに」とあるのは、「翌学年の初めから三月前までに（翌学年の初日から三月前の応当する日以後に当該学齢簿に新たに記載された場合にあつては、速やかに）」と読み替えるものとする。

2　第十一条の規定は、第十条又は第十八条の通知を受けた学齢児童又は学齢生徒のうち認定特別支援学校就学者について準用する。この場合において、第十一条第一項中「翌学年の初めから三月前までに」とあるのは、「速やかに」と読み替えるものとする。

第一二条［**視覚障害者等となった者の教育委員会への通知**］小学校、中学校、義務教育学校又は中等教育学校に在学する学齢児童又は学齢生徒で視覚障害者等になつたものがあるときは、当該学齢児童又は学齢生徒の在学する小学校、中学校、義務教育学校又は中等教育学校の校長は、速やかに、当該学齢児童又は学齢生徒の住所の存する市町村の教育委員会に対し、その旨を通知しなければならない。

2　第十一条の規定は、前項の通知を受けた学齢児童又は学齢生徒のうち認定特別支援学校就学者の認定をした者について準用する。この場合において、同条第一項中「翌学年の初めから三月前までに」とあるのは、「速やかに」と読み替えるものとする。

3　第一項の規定による通知を受けた市町村の教育委員会は、同項の通知を受けた学齢児童又は学齢生徒について現に在学する小学校、中学校、義務教育学校又は中等教育学校に引き続き就学させることが適当であると認めたときは、同項の校長に対し、その旨を通知しなければならない。

第一二条の二［**小中学校等に在学する視聴覚障害者等で小中学校等に就学することが適当でなくなった者の教育委員会への通知**］学齢児童及び学齢生徒のうち視覚障害者等で小学校、中学校、義務教育学校又は中等教育学校に在学するもののうち、その障害の状態、その者の教育上必要な支援の内容、地域における教育の体制の整備の状況その他の事情の変化によりこれらの小学校、中学校、義務教育学校又は中等教育学校に就学させることが適当でなくなつたと思料するものがあるときは、当該学齢児童又は学齢生徒の在学する小学校、中学校、義務教育学校又は中等教育学校の校長は、当該学齢児童又は学齢生徒の住所の存する市町村の教育委員会に対し、速やかに、その旨を通知しなければならない。

2　第十一条の規定は、前項の通知を受けた学齢児童又は学齢生徒のうち認定特別支援学校就学者の認定をした者について準用する。この場合において、同条第一項中「翌学年の初めから三月前までに」とあるのは、「速やかに」と読み替えるものとする。

3　第一項の規定による通知を受けた市町村の教育委員会は、同項の通知を受けた学齢児童又は学齢生徒について現に在学する小学校、中学校、義務教育学校又は中等教育学校に引き続き就学させることが適当であると認めたときは、同項の校長に対し、その旨を通知しなければならない。

（**学齢簿の加除訂正の通知**）

第一三条　市町村の教育委員会は、第十一条第一項（第十一条の二、第十一条の三、第十二条第二項及び前条第二項において準用する場合を含む。）の通知に係る児童生徒等について第三条の規定による加除訂正をしたときは、速やかに、都道府県の教育委員会に対し、その旨を通知しなければならない。

＊特別支援学校への就学についての通知（一一―一二の二）

（**区域外就学等の届出の通知**）

第一三条の二　市町村の教育委員会は、第十一条第一項（第十一条の二、第十一条の三、第十二条第二項及び第十二条の二第二項において準用する場合を含む。）の通知に係る児童生徒等について、その通知の後に第九条第一項又は第十七条の届出があつたときは、速やかに、都道府県の教育委員会に対し、その旨を通知しなければならない。

（**特別支援学校の入学期日等の通知、学校の指定**）

第一四条　都道府県の教育委員会は、第十一条第一項（第十一条の二、第十一条の三、第十二条第二項及び第十二条の二第二項において準用する場合を含む。）の通知を受けた児童生徒等及び特別支援学校の新設、廃止等によりその就学させるべき特別支援学校を変更する必要を生じた児童生徒等について、その保護者に対し、第十一条第一項（第十一条の二において準用する場合を含む。）の通知を受けた児童生徒等にあつては翌学年の初めから二月前までに、その他の児童生徒等にあつては速やかに特別支援学校の入学期日を通知しなければならない。

2　都道府県の教育委員会は、当該都道府県の設置する特別支援学校が二校以上ある場合においては、前項の通知において当該児童生徒等を就学させるべき特別支援学校を指定しなければならない。

3　前二項の規定は、前条の通知を受けた児童生徒等については、適用しない。

＊特別支援学校への就学についての通知（一一―一二の二）、視覚障害者等の中途退学者の通知（一八）

第一五条［**校長・教育委員会への通知**］　都道府県の教育委員会は、前条第一項の通知と同時に、当該児童生徒等を就学させるべき特別支援学校の校長及び当該児童生徒等の住所の存する市町村の教育委員会に対し、当該児童生徒等の氏名及び入学期日を通知しなければならない。

2　都道府県の教育委員会は、前条第二項の規定により当該児童生徒等を就学させるべき特別支援学校を指定したときは、前項の市町村の教育委員会に対し、同項に規定する事項のほか、その指定した特別支援学校を通知しなければならない。

第一六条［**就学の変更の通知**］　都道府県の教育委員会は、第十四条第二項の場合において、相当と認めるときは、保護者の申立により、その指定した特別支援学校を変更することができる。この場合においては、速やかに、その保護者並びに前条の通知をした特別支援学校の校長及び市町村の教育委員会に対し、その旨を通知するとともに、新たに指定した特別支援学校の校長に対し、同条第一項の通知をしなければならない。

＊学齢簿の加除訂正（三）、通知（一三）

（**区域外就学等**）

第一七条　児童生徒等のうち視覚障害者等をその住所の存する都道府県の設置する特別支援学校以外の特別支援学校に就学させようとする場合には、その保護者は、就学させようとする特別支援学校が他の都道府県の設置するものであるときは当該都道府県の教育委員会の、その他のものであるときは当該特別支援学校における就学を承諾する権限を有する者の就学を承諾する書面を添え、その旨をその児童生徒等の住所の存する市町村の教育委員会に届け出なければならない。

＊入学期日等の通知、学校指定の適用除外（一四3）、中退者の処置（一八）

第一八条［**中途退学者の処置**］　学齢児童及び学齢生徒のうち視覚障害者等でその住所の存する都道府県の設置する特別支援学校以外の特別支援学校に在学するものが、特別支援学校の小学部又は中学部の全課程を修了する前に退学したときは、当該特別支援学校の校長は、速やかに、その旨を当該学齢児童又は学齢生徒の住所の存する市町村の教育委員会に通知しなければならない。

＊区域外就学等（一七）

第三節の二　保護者及び視覚障害者等の就学に関する専門的知識を有する者の意見聴取

第一八条の二［**保護者及び有識者の意見聴取**］　市町村の教育委員会は、児童生徒等のうち視覚障害者等について、第五条（第六条（第二号を除く。）において準用する場合を含む。）又は第十一条第一項（第十一条の二、第十一条の三、第十二条第二項及び第十二条の二第二項において準用する場合を含む。）の通知をしようとするときは、その保護者及び教育学、医学、心理学その他の障害のある児童生徒等の就学に関する専門的知識を有する者の意見を聴くものとする。

通知　平成二三年の改正障害者基本法第一六条においては、障害者の教育に関する規定が置かれているところであり、障害のある児童生徒等の就学に関する手続については、これらの規定を踏まえて対応する必要があること。特に、改正後の学校教育法施行令第一八条の二に基づく意見の聴取は、市町村の教育委員会において、当該視覚障害者等が認定特別支援学校就学者に当たるかどうかを判断する前に十分な時間的余裕をもって行うものとし、保護者の意見については、可能な限りその意向を尊重しなければならないこと。（平25・9・1文科発六五五事務次官）

第四節　督促等

（**校長の義務**）

第一九条　小学校、中学校、義務教育学校、中等教育学校及び特別支援学校の校長は、常に、その学校に在学する学齢児童又は学齢生徒の出席状況を明らかにしておかなければならない。

＊出席簿の作成（施規二五）

第二〇条［**長期欠席者等の教育委員会への通知**］　小学校、中学校、義務教育学校、中等教育学校及び特別支援学校の校長は、当該学校に在学する学齢児童又は学齢生徒が、休業日を除き引き続き七日間出席せず、その他その出席状況が良好でない場合において、その出席させないことについて保護者に正当な事由がないと認められるときは、速やかに、その旨を当該学齢児童又は学齢生徒の住所の存する市町村の教育委員会に通知しなければならない。

＊校長の義務（一九）、休業日（二九、施規三九・六一・七九・一〇四1）

回答　学齢児童、生徒の休学は、短期のものであれば、保護者が診断書等を添えて校長に届け出るだけでよい。就学猶予を要するものであれば、学校教育法二三条の規定により都道府県教委の認可を受ける。（昭25・8・28初中局長）

通知　校長が出席扱いにできる場合＝登校拒否児童生徒が学校外の施設において相談・指導を受けるとき、必要な要件を満たすとともに、当該施設への通所又は入所が学校への復帰を前提とし、かつ、登校拒否児童生徒の自律を助けるうえで有効かつ適切であると判断される場合に、校長は指導要録上出席扱いとすることができる。（平4・9・24文初中三三〇初中局長）

通知　登校拒否児童生徒が学校外の公的機関等に通所する場合の通学定期乗車券制度の適用について。（平5・3・19初中三〇初中局中学校課長）

（教育委員会の行う出席の督促等）

第二一条　市町村の教育委員会は、前条の通知を受けたときその他当該市町村に住所を有する学齢児童又は学齢生徒の保護者が法第十七条第一項又は第二項に規定する義務を怠つていると認められるときは、その保護者に対して、当該学齢児童又は学齢生徒の出席を督促しなければならない。

＊就学させる義務（学教一七）、就学の督促等に関する事項の学齢簿への記入（施規三〇1(4)）

通達　就学の督促をするときは、単に書面による形式的督促だけでなく、事情に応じて、福祉事務所に連絡する等の積極的措置を講ずるようにされたい。（昭28・11・7文総審一一八事務次官）

第五節　就学義務の終了

（全課程修了者の通知）

第二二条　小学校、中学校、義務教育学校、中等教育学校及び特別支援学校の校長は、毎学年の終了後、速やかに、小学校、中学校、義務教育学校の前期課程若しくは後期課程、中等教育学校の前期課程又は特別支援学校の小学部若しくは中学部の全課程を修了した者の氏名をその者の住所の存する市町村の教育委員会に通知しなければならない。

＊課程の修了（施規五八・七九・一三三）

第六節　行政手続法の適用除外

（行政手続法第三章の規定を適用しない処分）

第二二条の二　法第百三十八条の政令で定める処分は、第五条第一項及び第二項（これらの規定を第六条において準用する場合を含む。）並びに第十四条第一項及び第二項の規定による処分とする。

第二章　視覚障害者等の障害の程度

第二二条の三　法第七十五条の政令で定める視覚障害者、聴覚障害者、知的障害者、肢体不自由者又は病弱者の障害の程度は、次の表に掲げるとおりとする。

区分	障害の程度
視覚障害者	両眼の視力がおおむね〇・三未満のもの又は視力以外の視機能障害が高度のもののうち、拡大鏡等の使用によつても通常の文字、図形等の視覚による認識が不可能又は著しく困難な程度のもの
聴覚障害者	両耳の聴力レベルがおおむね六〇デシベル以上のもののうち、補聴器等の使用によつても通常の話声を解することが不可能又は著しく困難な程度のもの
知的障害者	一　知的発達の遅滞があり、他人との意思疎通が困難で日常生活を営むのに頻繁に援助を必要とする程度のもの 二　知的発達の遅滞の程度が前号に掲げる程度に達しないもののうち、社会生活への適応が著しく困難なもの
肢体不自由者	一　肢体不自由の状態が補装具の使用によつても歩行、筆記等日常生活における基本的な動作が不可能又は困難な程度のもの 二　肢体不自由の状態が前号に掲げる程度に達しないもののうち、常時の医学的観察指導を必要とする程度のもの
病弱者	一　慢性の呼吸器疾患、腎臓疾患及び神経疾患、悪性新生物その他の疾患の状態が継続して医療又は生活規制を必要とする程度のもの 二　身体虚弱の状態が継続して生活規制を必要とする程度のもの

備考
一　視力の測定は、万国式試視力表によるものとし、屈折異常があるものについては、矯正視力によつて測定する。
二　聴力の測定は、日本産業規格によるオージオメータによる。

＊障害の程度（学教七五）

通知　**就学基準の見直し**　学校教育法に基づき同法施行令において規定される就学基準は、盲者、聾者、知的障害者、肢体不自由者及び病弱者の障害種ごとに規定されているが、各々の障害ごとに医学や科学技術の進歩等を踏まえた内容に見直すこととしたこと。（平14・4・24文科初一四八事務次官）

第三章　認可、届出等

第一節　認可及び届出等

（法第四条第一項の政令で定める事項）

第二三条　法第四条第一項（法第百三十四条第二項において準用する場合を含む。）の政令で定める事項（法第四条の二に規定する幼稚園に係るものを除く。）は、次のとおりとする。

一　市町村（市町村が単独で又は他の市町村と共同して設立する公立大学法人（地方独立行政法人法（平成十五年法律第百十八号）第六十八条第一項に規定する公立大学法人をいう。以下同じ。）を含む。以下この項及び第二十四条の三において同じ。）の設

置する特別支援学校の位置の変更
二　高等学校（中等教育学校の後期課程を含む。第十号及び第二十四条において同じ。）の学科又は市町村の設置する特別支援学校の高等部の学科、専攻科若しくは別科の設置及び廃止
三　特別支援学校の幼稚部、小学部、中学部又は高等部の設置及び廃止
四　市町村の設置する特別支援学校の高等部の学級の編制及びその変更
五　特別支援学校の高等部における通信教育の開設及び廃止並びに大学の学部若しくは大学院の研究科又は法第百八条第二項の大学の学科における通信教育の開設
六　私立の大学の学部の学科の設置
七　専門職大学の課程（法第八十七条の二第一項の規定により前期課程及び後期課程に区分されたものに限る。次条第一項第一号ロにおいて同じ。）の設置及び変更
八　大学の大学院の研究科の専攻の設置及び当該専攻に係る課程（法第百四条第三項に規定する課程をいう。次条第一項第一号ハにおいて同じ。）の変更
九　高等専門学校の学科の設置
十　市町村の設置する高等学校、中等教育学校又は特別支援学校の分校の設置及び廃止
十一　高等学校の広域の通信制の課程（法第五十四条第三項（法第七十条第一項において準用する場合を含む。第二十四条及び第二十四条の二において同じ。）に規定する広域の通信制の課程をいう。以下同じ。）に係る学則の変更
十二　私立の学校（大学を除く。）又は私立の各種学校の収容定員に係る学則の変更
十三　私立の大学の学部若しくは大学院の研究科又は法第百八条第二項の大学の学科の収容定員に係る学則の変更

2　法第四条の二に規定する幼稚園に係る法第四条第一項の政令で定める事項は、分校の設置及び廃止とする。

＊設置廃止等の認可（学教四）、通信制の課程（学教五四）、専攻科・別科（学教五八）、各種学校（学教一三四）、専修学校（学教一三〇）、認可申請の手続（二八）

（法第四条第二項第三号の政令で定める事項）

第二十三条の二　法第四条第二項第三号の政令で定める事項は、次のとおりとする。
一　大学に係る次に掲げる設置又は変更であつて、当該大学が授与する学位の種類及び分野の変更を伴わないもの
イ　私立の大学の学部の学科の設置
ロ　専門職大学の課程の変更（前期課程及び後期課程の修業年限の区分の変更（当該区分の廃止を除く。）を伴うものを除く。）
ハ　大学の大学院の研究科の専攻の設置又は当該専攻に係る課程の変更
二　高等専門学校の学科の設置であつて、当該高等専門学校が設置する学科の分野の変更を伴わないもの
三　大学の学部若しくは大学院の研究科又は法第百八条第二項の大学の学科における通信教育の開設であつて、当該大学が授与する通信教育に係る学位の種類及び分野の変更を伴わないもの
四　私立の大学の学部又は法第百八条第二項の大学の学科の収容定員（通信教育及び文部科学大臣の定める分野に係るものを除く。）に係る学則の変更であつて、当該収容定員の総数の増加を伴わないもの
五　私立の大学の学部又は法第百八条第二項の大学の学科の通信教育に係る収容定員に係る学則の変更であつて、当該収容定員の総数の増加を伴わないもの
六　私立の大学の大学院の研究科の収容定員（通信教育及び文部科学大臣の定める分野に係るものを除く。）に係る学則の変更
七　私立の大学の大学院の研究科の通信教育に係る収容定員に係る学則の変更
八　私立の高等専門学校の収容定員に係る学則の変更であつて、当該収容定員の総数の増加を伴わないもの

2　前項第一号の学位の種類及び分野の変更、同項第二号の学科の分野の変更並びに同項第三号の通信教育に係る学位の種類及び分野の変更に関する基準は、文部科学大臣が定める。

3　前項に規定する基準を定める場合には、文部科学大臣は、中央教育審議会に諮問しなければならない。

（法第五十四条第三項の政令で定める通信制の課程）

第二十四条　法第五十四条第三項の政令で定める高等学校の通信制の課程（法第四条第一項に規定する通信制の課程をいう。以下同じ。）は、当該高等学校の所在する都道府県の区域内に住所を有する者のほか、他の二以上の都道府県の区域内に住所を有する者を併せて生徒とするものとする。

＊広域通信制高校（学教五四③）、広域の通信制課程（二三1⑪）

（法第五十四条第三項の政令で定める事項）

第二十四条の二　法第五十四条第三項の政令で定める事項は、次のとおりとする。
一　学校の設置及び廃止
二　通信制の課程の設置及び廃止
三　設置者の変更
四　学則の記載事項のうち文部科学省令で定めるものに係る変更

＊広域通信制高校（学教五四③）、学則の記載事項（施規四）

（法第百三十一条の政令で定める場合）

第二十四条の三　法第百三十一条の政令で定める場合は、市町村の設置する専修学校にあつては第一号に掲げる場合とし、私立の専修学校にあつては第一号及び第二号に掲げる場合とする。
一　分校を設置し、又は廃止しようとするとき。
二　校地、校舎その他直接教育の用に供する土地及び建物に関する権利を取得し、若しくは処分しようとするとき、又は用途の変更、改築等によりこれらの土地及び建物の現状に重要な変更を加えようとするとき。

（市町村立小中学校等の設置廃止等についての届出）

第二十五条　市町村の教育委員会又は市町村が単独で若しくは他の市町村と共同して設立する公立大学法人の理

事長は、当該市町村又は公立大学法人の設置する小学校、中学校又は義務教育学校（第五号の場合にあつては、特別支援学校の小学部及び中学部を含む。）について次に掲げる事由があるときは、その旨を都道府県の教育委員会に届け出なければならない。

一　設置し、又は廃止しようとするとき。

二　新たに設置者となり、又は設置者たることをやめようとするとき。

三　名称又は位置を変更しようとするとき。

四　分校を設置し、又は廃止しようとするとき。

五　二部授業を行おうとするとき。

＊設置廃止等の認可（学教四）、設置義務（学教三八・四九）、施行事項の政令委任（学教一四二）、手続の省令への委任（二八）

（市町村立高等学校等の名称の変更等についての届出等）

第二六条　次に掲げる場合においては、市町村の教育委員会又は市町村が単独で若しくは他の市町村と共同して設立する公立大学法人の理事長は、当該市町村又は公立大学法人の設置する幼稚園、高等学校、中等教育学校及び特別支援学校（第二号の場合にあつては、特別支援学校を除く。）について都道府県の教育委員会に対し、市町村又は都道府県の設置する高等専門学校について文部科学大臣に対し、市町村長又は都道府県知事は、当該市町村又は都道府県の設置する大学について文部科学大臣に対し、公立大学法人の理事長は、当該公立大学法人の設置する大学及び高等専門学校について文部科学大臣に対し、それぞれその旨を届け出なければならない。

一　名称を変更しようとするとき。

二　位置を変更しようとするとき。

三　学則（高等学校（中等教育学校の後期課程を含む。以下この条及び第二十七条の二において同じ。）の広域の通信制の課程に係るものを除く。）を変更したとき。

2　市町村の教育委員会又は市町村が単独で若しくは他の市町村と共同して設立する公立大学法人の理事長は、当該市町村又は公立大学法人の設置する高等学校の専攻科若しくは別科を設置し、又は廃止しようとするときは、その旨を都道府県の教育委員会に届け出なければならない。

3　都道府県の教育委員会は、市町村又は市町村が単独で若しくは他の市町村と共同して設立する公立大学法人の設置する高等学校で広域の通信制の課程を置くものについて第一項第一号の届出又は同項第二号の届出（当該課程に係るものに限る。）を受けたときは、その旨を文部科学大臣に報告しなければならない。都道府県の教育委員会又は都道府県が単独で若しくは他の地方公共団体と共同して設立する公立大学法人の理事長が当該都道府県又は公立大学法人の設置する高等学校で広域の通信制の課程を置くものについて名称又は当該課程に係る位置を変更したときも、同様とする。

＊認可申請・届出の手続（二八、施規一九）、学則（施規四）

通達　**二号**（一項二号）**の届出制の趣旨**　教育的な観点からこれらの施設・設備が適当であるかどうか、また教育施設として建築上適当であるかどうかについて、必要のある場合には指導・助言を与えようとするもの。（昭28・11・7文総審一一八事務次官）

（市町村立各種学校の目的等の変更についての届出）

第二六条の二　次に掲げる場合においては、市町村の教育委員会は、当該市町村の設置する各種学校について都道府県の教育委員会に対し、その旨を届け出なければならない。

一　目的、名称又は位置を変更しようとするとき。

二　分校を設置し、又は廃止しようとするとき。

三　学則を変更したとき。

＊各種学校（学教一三四、施規一九一、各種学校規程）

（通信教育に関する規程の変更についての届出）

第二七条　市町村若しくは市町村が単独で若しくは他の市町村と共同して設立する公立大学法人の設置する特別支援学校の高等部又は市町村、都道府県若しくは公立大学法人の設置する大学の学部若しくは大学院の研究科若しくは法第百八条第二項の大学の学科における通信教育に関する規程を変更しようとするときは、市町村の教育委員会又は市町村が単独で若しくは他の市町村と共同して設立する公立大学法人の理事長は、当該市町村又は公立大学法人の設置する特別支援学校の高等部について都道府県の教育委員会に対し、市町村長、都道府県知事又は公立大学法人の理事長は、当該市町村、都道府県又は公立大学法人の設置する大学の学部若しくは大学院の研究科又は同項の大学の学科について文部科学大臣に対し、それぞれその旨を届け出なければならない。

＊通信教育の認可（学教五四3）、政令への委任（学教一四二）、届出の手続（二八）

（私立学校の目的の変更等についての届出等）

第二七条の二　私立の学校の設置者は、その設置する学校（大学及び高等専門学校を除く。）について次に掲げる事由があるときは、その旨を都道府県知事に届け出なければならない。

一　目的、名称、位置又は学則（高等学校の広域の通信制の課程に係るもの及び収容定員に係るものを除く。）を変更しようとするとき。

二　高等学校の専攻科若しくは別科又は特別支援学校の高等部の学科、専攻科若しくは別科を設置し、又は廃止しようとするとき。

三　分校を設置し、又は廃止しようとするとき。

四　特別支援学校の高等部における通信教育に関する規程を変更しようとするとき。

五　経費の見積り及び維持方法を変更しようとするとき。

六　校地、校舎その他直接保育若しくは教育の用に供する土地及び建物に関する権利を取得し、若しくは処分しようとするとき、又は用途の変更、改築等によりこれらの土地及び建物の現状に重要な変更を加えようとするとき。

2　都道府県知事は、広域の通信制の課程を置く私立の高等学校について前項第一号の届出で名称の変更又は位置の変更（当該課程に係るものに限る。）に係るものを受けたときは、その旨を文部科学大臣に報告しなければならない。

（私立各種学校の目的の変更等についての届出）

第二七条の三　私立の各種学校の設置者は、その設置する各種学校について次に掲げる事由があるときは、その旨を都道府県知事に届け出なければならない。

一　目的、名称、位置又は学則（収容定員に係るものを除く。）を変更しようとするとき。

二　分校を設置し、又は廃止しようとするとき。

三　校地、校舎その他直接教育の用に供する土地及び建物に関する権利を取得し、若しくは処分しようとするとき、又は用途の変更、改築等によりこれらの土地及び建物の現状に重要な変更を加えようとするとき。

（文部科学省令への委任）

第二八条　法及びこの節の規定に基づいてなすべき認可の申請、届出及び報告の手続その他の細則については、文部科学省令で定める。

＊設置廃止等（学教四）、各種学校（学教一三四3）、法・この節の規定に基づいてなすべき認可の申請・届出の手続（二三・二五―二七の三）、文部科学省令の定め（施規三―一九）

第二節　学期、休業日及び学校廃止後の書類の保存

（学期及び休業日）

第二九条　公立の学校（大学を除く。以下この条において同じ。）の学期並びに夏季、冬季、学年末、農繁期等における休業日又は家庭及び地域における体験的な学習活動その他の学習活動のための休業日（次項において「体験的学習活動等休業日」という。）は、市町村又は都道府県の設置する学校にあつては当該市町村又は都道府県の教育委員会が、公立大学法人の設置する学校にあつては当該公立大学法人の理事長が定める。

2　市町村又は都道府県の教育委員会は、体験的学習活動等休業日を定めるに当たつては、家庭及び地域における幼児、児童、生徒又は学生の体験的な学習活動その他の学習活動の体験的学習活動等休業日における円滑な実施及び充実を図るため、休業日の時期を適切に分散させて定めることその他の必要な措置を講ずるよう努めるものとする。

＊法施行事項の委任（学教一四二）、休業日（施規六一）、非常変災等による臨時休業（施規六三）

第三〇条　削除（平一〇政四一八）

（学校廃止後の書類の保存）

第三一条　公立又は私立の学校（私立の大学及び高等専門学校を除く。）が廃止されたときは、市町村又は都道府県の設置する学校（大学を除く。）については当該学校を設置していた市町村又は都道府県の教育委員会が、市町村又は都道府県の設置する大学については当該大学を設置していた市町村又は都道府県の長が、公立大学法人の設置する学校については当該学校を設置していた公立大学法人の設立団体（地方独立行政法人法第六条第三項に規定する設立団体をいう。）の長が、私立の学校については当該学校の所在していた都道府県の知事が、文部科学省令で定めるところにより、それぞれ当該学校に在学し、又はこれを卒業した者の学習及び健康の状況を記録した書類を保存しなければならない。

＊法施行事項の委任（学教一四二）、表簿等保存期間（施規二八3）、指導要録（施規二四）、私立学校の書類の保存、書類等（施規二八）

第四章　技能教育施設の指定

（指定の申請）

第三二条　技能教育のための施設の設置者で法第五十五条の規定による指定（第三十三条の二並びに第三十四条第二項及び第三項を除き、以下「指定」という。）を受けようとするものは、当該施設の所在地の都道府県の教育委員会に対し、その指定を申請しなければならない。

＊定通制技能教育の指定（学教五五）

（指定の基準）

第三三条　指定の基準は、次のとおりとする。

一　設置者が、高等学校における教育に理解を有し、かつ、この政令及びこの政令に基づく文部科学省令を遵守する等設置者として適当であると認められる者であること。

二　修業年限が一年以上であり、年間の指導時間数が六百八十時間以上であること。

三　技能教育を担当する者（実習を担任する者を除く。）のうち、半数以上の者が担当する技能教育に係る高等学校教諭の免許状を有する者又はこれと同等以上の学力を有すると認められる者であり、かつ、実習を担任する者のうち、半数以上の者が担任する実習に係る高等学校教諭の免許状を有する者若しくはこれと同等以上の学力を有すると認められる者又は六年以上担任する実習に関連のある実地の経験を有し、技術優秀と認められる者であること。

四　技能教育の内容に文部科学大臣が定める高等学校の教科に相当するものが含まれていること。

五　技能教育を担当する者及び技能教育を受ける者の数、施設及び設備並びに運営の方法が、それぞれ文部科学省令で定める基準に適合するものであること。

＊指定（学教五五）

（連携科目等の指定）

第三三条の二　都道府県の教育委員会は、法第五十五条の規定による指定をするときは、連携科目等（当該指定に係る技能教育のための施設における科目のうち同条に規定する措置の対象となるもの及び当該科目の学習をその履修とみなすことができる高等学校の教科の一部（文部科学省令で定める区分によるものとする。）をいう。以下同じ。）を併せて指定しなければならない。

（指定の公示）

第三三条の三　都道府県の教育委員会は、指定をしたときは、当該指定を受けた技能教育のための施設（以下「指定技能教育施設」という。）の名称、所在地及び連携科目等を公示しなければならない。

（内容変更の届出等）

第三四条　指定技能教育施設の設置者は、当該指定技能

教育施設の名称、所在地、技能教育の種類その他の文部科学省令で定める事項を変更しようとするときは、あらかじめ、当該指定技能教育施設について指定をした都道府県の教育委員会（以下「施設指定教育委員会」という。）に届け出なければならない。

2 指定技能教育施設の設置者は、連携科目等の追加、変更又は廃止をしようとするときは、施設指定教育委員会に対し、それぞれその指定、指定の変更又は指定の解除を申請しなければならない。

3 施設指定教育委員会は、第一項の規定による届出（名称又は所在地の変更に係るものに限る。）があつたとき又は前項の規定による指定、指定の変更若しくは指定の解除をしたときは、その旨を公示しなければならない。

＊指定（学教五五）

（廃止の届出）

第三五条 指定技能教育施設の設置者は、当該指定技能教育施設を廃止しようとするときは、廃止しようとする日の三月前までに、施設指定教育委員会に対し、その旨及び廃止の時期を届け出なければならない。

2 施設指定教育委員会は、前項の規定による届出があつたときは、その旨を公示しなければならない。

＊指定（学教五五）

（指定の解除）

第三六条 施設指定教育委員会は、その指定に係る指定技能教育施設が第三十三条各号に掲げる基準に適合しなくなつたときは、その指定を解除することができる。

2 施設指定教育委員会は、前項の規定による指定の解除をしたときは、その旨を公示しなければならない。

＊指定（学教五五）

（調査等）

第三七条 施設指定教育委員会は、その指定に係る指定技能教育施設について、第三十三条各号に掲げる基準に適合しているかどうかを調査し、及び当該指定技能教育施設の設置者に対し、当該指定技能教育施設における技能教育に関する報告又は資料の提出を求めることができる。

＊指定（学教五五）

（文部科学省令への委任）

第三八条 第三十二条から前条までに規定するもののほか、指定の申請の手続その他指定に関し必要な事項は、文部科学省令で定める。

＊指定（学教五五）

（中等教育学校の後期課程の定時制の課程又は通信制の課程に係る技能教育施設）

第三九条 第三十二条から前条までの規定は、中等教育学校の後期課程の定時制の課程（法第四条第一項に規定する定時制の課程をいう。）又は通信制の課程に係る技能教育のための施設について準用する。この場合において、第三十三条第一号及び第四号並びに第三十三条の二中「高等学校」とあるのは、「中等教育学校の後期課程」と読み替えるものとする。

第五章 認証評価

（認証評価の期間）

第四〇条 法第百九条第二項（法第百二十三条において準用する場合を含む。）の政令で定める期間は七年以内、法第百九条第三項の政令で定める期間は五年以内とする。

第六章 審議会等

（法第三十四条第五項の審議会等）

第四一条 法第三十四条第五項（法第四十九条、第四十九条の八、第六十二条、第七十条第一項及び第八十二条において準用する場合を含む。）に規定する審議会等は、教科用図書検定調査審議会とする。

（法第九十四条の審議会等で政令で定めるもの）

第四二条 法第九十四条（法第百二十三条において準用する場合を含む。）の審議会等で政令で定めるものは、中央教育審議会とする。

（法第九十五条の審議会等で政令で定めるもの）

第四三条 法第九十五条（法第百二十三条において準用する場合を含む。）の審議会等で政令で定めるものは、大学設置・学校法人審議会とする。

附 則（省略）

附 則（抄）（令和元年一〇月一八日政令第一二八号）

施行、令三・四・一、令二・一・一

（私立の大学の大学院の研究科の収容定員に係る学則の変更のため必要な行為）

2 この政令の施行の日以後の私立の大学の大学院の研究科の収容定員に係る学則の変更のため必要な手続その他の行為は、同日前においても行うことができる。

●学校教育法施行規則（昭和二二年五月二三日 文部省令第一一号）

施行、昭二二・四・一（適用）
改正、（平二九まで省略）平三〇―文科令六・文科令一三（文科令二八）・文科令一八・文科令二七・文科令三五、平三一―文科令二・文科令三、令一―文科令一一・文科令一二・文科令一三・文科令二二、令二―文科令一・文科令一五

〔注〕本書では、次の改正は織り込まず、必要な箇所に当該施行日から有効となる規定または注記を付した。
・**平三〇文科令一三** 施行＝平三四・四・一
・**平三一文科令三** 施行＝平三四・四・一

第一章　総則

第一節　設置廃止等

第一条〔学校施設設備と教育環境〕 学校には、その学校の目的を実現するために必要な校地、校舎、校具、運動場、図書館又は図書室、保健室その他の設備を設けなければならない。
② 学校の位置は、教育上適切な環境に、これを定めなければならない。
＊設置基準（学教三）、各学校の目的（学教二一・二九・四五・五〇・六四・七二・八三・一一五）、設置義務（学図三）、保健室設置義務（学保健安全七）

第二条〔私立学校の目的変更等の届出〕 私立の学校の設置者は、その設置する大学又は高等専門学校について次に掲げる事由があるときは、その旨を文部科学大臣に届け出なければならない。
一　目的、名称、位置又は学則（収容定員に係るものを除く。）を変更しようとするとき。
二　分校を設置し、又は廃止しようとするとき。
三　大学の学部、大学院の研究科、短期大学の学科その他の組織の位置を、我が国から外国に、外国から我が国に、又は一の外国から他の外国に変更するとき。
四　大学における通信教育に関する規程を変更しようとするとき。
五　経費の見積り及び維持方法を変更しようとするとき。
六　校地、校舎その他直接教育の用に供する土地及び建物に関する権利を取得し、若しくは処分しようとするとき、又は用途の変更、改築等によりこれらの土地及び建物の現状に重要な変更を加えようとするとき。
＊届出手続（三―一五）、広域の通信制課程（学教五四3）

第三条〔学校設置の認可申請・届出手続〕 学校の設置についての認可の申請又は届出は、それぞれ認可申請書又は届出書に、次の事項（市（特別区を含む。以下同じ。）町村立の小学校、中学校及び義務教育学校（市町村が単独で又は他の市町村と共同して設立する公立大学法人（地方独立行政法人法（平成十五年法律第百十八号）第六十八条第一項に規定する公立大学法人をいう。以下同じ。）の設置する小学校、中学校及び義務教育学校を含む。第七条において同じ。）については、第四号及び第五号の事項を除く。）を記載した書類及び校地、校舎その他直接保育又は教育の用に供する土地及び建物（以下「校地校舎等」という。）の図面を添えてしなければならない。
一　目的
二　名称
三　位置
四　学則
五　経費の見積り及び維持方法
六　開設の時期
＊設置等の認可（学教四）、設置等の届出（施令二五）、専修学校への準用（一八七）、各種学校への準用（一九〇）

第四条〔学則の記載事項〕 前条の学則中には、少くとも、次の事項を記載しなければならない。
一　修業年限、学年、学期及び授業を行わない日（以下「休業日」という。）に関する事項
二　部科及び課程の組織に関する事項
三　教育課程及び授業日時数に関する事項
四　学習の評価及び課程修了の認定に関する事項
五　収容定員及び職員組織に関する事項
六　入学、退学、転学、休学及び卒業に関する事項
七　授業料、入学料その他の費用徴収に関する事項
八　賞罰に関する事項
九　寄宿舎に関する事項
② 前項各号に掲げる事項のほか、通信制の課程を置く高等学校（中等教育学校の後期課程を含む。以下この項において同じ。）については、前条の学則中に、次の事項を記載しなければならない。
一　通信教育を行う区域に関する事項
二　通信教育について協力する高等学校に関する事項
三　通信制の課程を置く高等学校又は前号に規定する高等学校以外の施設で高等学校通信教育規程（昭和三十七年文部省令第三十二号）第二条第一項に規定する面接指導又は試験を行う場合の当該施設に関する事項
③ 第一項各号に掲げる事項のほか、特別支援学校については、前条の学則中に、学校教育法（昭和二十二年法律第二十六号）第七十二条に規定する者に対する教育のうち当該特別支援学校が行うものに関する事項を記載しなければならない。
＊広域の通信制課程（学教五四、施令二四）、専修学校への準用（一八七）、各種学校への準用（一九〇）

判例 **大学による学生の政治活動規制について〔昭和女子大学事件〕** 大学において、学生の政治的活動を学の内外を問わず全く自由に放任するときは、あるいは学生が学業を疎かにし、あるいは学内における教育および研究の環境を乱し、本人および他の学生に対する教育目的の達成や研究の遂行を損なう等大学設置の目的の実現を妨げる恐れがあるのであるから、大学当局がこれらの政治的活動に対して何らかの規制を加えること自体は十分にその合理性が認められ、大学が、政治的目的をもつ署名運動に学生が参加し、または政治的活動を目的とする学外の団体に学生が加入することについて、大学の教育方針に基づき、届出制あるいは許可制をとることを不合理なものとすることはできない。（最判昭49・7・19判時七四九―三）

第五条〔学則の変更等〕 学則の変更は、前条第一項各号、第二項各号、第三項並びに第百八十七条第二項第一号及び第二号に掲げる事項に係る学則の変更とす

る。

② 学校の目的、名称、位置、学則又は経費の見積り及び維持方法の変更についての認可の申請又は届出は、それぞれ認可申請書又は届出書に、変更の事由及び時期を記載した書類を添えてしなければならない。

③ 私立学校の収容定員に係る学則の変更についての認可の申請又は届出は、それぞれ認可申請書又は届出書に、前項の書類のほか、経費の見積り及び維持方法を記載した書類並びに当該変更後の収容定員に必要な校地校舎等の図面を添えてしなければならない。

＊設置・廃止等（学教四）、省令への委任（施令二八）、専修学校への準用（一八九）、各種学校への準用（一九〇）

第六条［**校地校舎等の取得・処分等の届出手続**］学校の校地校舎等に関する権利を取得し、若しくは処分し、又は用途の変更、改築等によりこれらの現状に重要な変更を加えることについての届出は、届出書に、その事由及び時期を記載した書類並びに当該校地校舎等の図面を添えてしなければならない。

＊校地・校舎等の取得処分についての届出（施令二六1⑵）、私立学校の届出（二）、専修学校への準用（一八九）、各種学校への準用（一九〇）

第七条［**分校設置の認可申請・届出手続**］分校（私立学校の分校を含む。第十五条において同じ。）の設置についての認可の申請又は届出は、それぞれ認可申請書又は届出書に、次の事項（市町村立の小学校、中学校及び義務教育学校については、第四号及び第五号の事項を除く。）を記載した書類及び校地校舎等の図面を添えてしなければならない。

一　事由
二　名称
三　位置
四　学則の変更事項
五　経費の見積り及び維持方法
六　開設の時期

＊学校等の廃止の認可申請・届出手続（一五）、設置の認可（学教四）、分校の設置廃止（施令二三1⑽・二五⑷）、専修学校への準用（一八九）、各種学校への準用（一九〇）

第八条［**第二条第三号の届出書**］第二条第三号に掲げる事由に係る届出は、届出書に、次の事項を記載した書類及び校地校舎等の図面を添えてしなければならない。

一　事由
二　名称
三　位置
四　学則の変更事項
五　経費の見積り及び維持方法
六　変更の時期

第九条［**二部授業実施の届出手続**］二部授業を行うことについての届出は、届出書に、その事由、期間及び実施方法を記載した書類を添えてしなければならない。

＊認可（学教四）、二部授業の届出（施令二五⑸）

第一〇条［**学級の編制・その変更の認可申請・届出手続**］学級の編制についての認可の申請又は届出は、それぞれ認可申請書又は届出書に、各学年ごとの各学級別の生徒の数（数学年の生徒を一学級に編制する場合にあつては、各学級ごとの各学年別の生徒の数とする。本条中以下同じ。）を記載した書類を添えてしなければならない。

② 学級の編制の変更についての認可の申請又は届出は、それぞれ認可申請書又は届出書に、変更の事由及び時期並びに変更前及び変更後の各学年ごとの各学級別の生徒の数を記載した書類を添えてしなければならない。

＊学級編制と変更（施令二三1⑷）

第一一条［**課程・学科・専攻科等の認可申請・届出手続**］高等学校（中等教育学校の後期課程を含む。）の全日制の課程、定時制の課程、通信制の課程、学科、専攻科若しくは別科、特別支援学校の高等部の学科、専攻科若しくは別科、大学の学部、学部の学科、大学院、大学院の研究科若しくは研究科の専攻、短期大学の学科若しくは高等専門学校の学科の設置又は大学院の研究科の専攻に係る課程の変更についての認可の申請又は届出は、それぞれ認可申請書又は届出書に、第七条各号の事項を記載した書類及びその使用に係る部分の校地校舎等の図面を添えてしなければならない。

＊認可（学教四）、認可事項（施令二三）、認可申請（一五）、専修学校への準用（一八九）

第一二条［**通信教育の開設の認可の申請・届出**］特別支援学校の高等部又は大学における通信教育の開設についての認可の申請又は届出は、それぞれ認可申請書又は届出書に、第七条各号の事項を記載した書類、通信教育に関する規程及びその使用に係る部分の校地校舎等の図面を添えてしなければならない。

② 特別支援学校の高等部又は大学における通信教育に関する規程の変更についての届出は、届出書に、変更の事由及び時期を記載した書類を添えてしなければならない。

③ 特別支援学校の高等部又は大学における通信教育の廃止についての認可の申請又は届出は、それぞれ認可申請書又は届出書に、廃止の事由及び時期並びに生徒又は学生の処置方法を記載した書類を添えてしなければならない。

＊設置・廃止等の認可（学教四）、課程の修了・認定（五七）

第一三条［**特別支援学校設置の認可の申請・届出**］特別支援学校の幼稚部、小学部、中学部又は高等部の設置についての認可の申請又は届出は、それぞれ認可申請書又は届出書に、第七条各号の事項を記載した書類及びその使用に係る部分の校地校舎等の図面を添えてしなければならない。

＊認可（学教四）、認可事項（施令二三）

第一四条［**設置者変更の認可申請・届出手続**］学校の設置者の変更についての認可の申請又は届出は、それぞれ認可申請書又は届出書に、当該設置者の変更に関係する地方公共団体（公立大学法人（地方独立行政法人法（平成十五年法律第百十八号）第六十八条第一項に規定する公立大学法人をいう。以下同じ。）を含む。以下この条において同じ。）又は学校法人（私立の幼稚園を設置する学校法人以外の法人及び私人を含む。）が連署して、変更前及び変更後の第三条第一号から第五号まで（小学校、中学校又は義務教育学校の設置者の変更の場合において、新たに設置者になろうとする者が市町村であるときは、第四号及び第五号を除く。）の事項並びに変更の事由及び時期を記載した書類を添えてしなければならない。ただし、新たに設置者となろうとする者が成立前の地方公共団体である場合においては、当該成立前の地方公共団体の連署を要しない。

＊認可（学教四）、設置の届出（施令二五⑵）、専修学校への準用（一八九）、各種学校への準用（一九〇）

第一五条［学校等の廃止の認可申請・届出手続］ 学校若しくは分校の廃止、高等学校（中等教育学校の後期課程を含む。）の全日制の課程、定時制の課程、通信制の課程、学科、専攻科若しくは別科の廃止、特別支援学校の幼稚部、小学部、中学部、高等部若しくは高等部の学科、専攻科若しくは別科の廃止、大学の学部、学部の学科、大学院、大学院の研究科若しくは研究科の専攻の廃止、短期大学の学科の廃止又は高等専門学校の学科の廃止についての認可の申請又は届出は、それぞれ認可申請書又は届出書に、廃止の事由及び時期並びに幼児、児童、生徒又は学生（以下「児童等」という。）の処置方法を記載した書類を添えてしなければならない。

＊認可（学教四）、認可事項（施令二三）、私立学校の届出（二）、専修学校への準用（一八八）、各種学校への準用（一九〇）

回答 学校の廃止が認可事項とされているのは、在学中の児童生徒等を保護するためもある。（昭28・12・6初中局財務課長）

第一六条［学則の記載事項］ 学校教育法施行令（昭和二十八年政令第三百四十号）第二十四条の二第四号の文部科学省令で定める学則の記載事項は、第四条第一項第一号（修業年限に関する事項に限る。）及び第五号並びに同条第二項第一号及び第二号に掲げる事項とする。

② 学校教育法施行令第二十四条の二に規定する事項についての認可の届出は、認可申請書に係る書類の写しを添えてしなければならない。

第一七条［都道府県教育委員会等の報告手続］ 学校教育法施行令第二十六条第三項の規定による都道府県の教育委員会又は都道府県が単独で若しくは他の地方公共団体と共同して設立する公立大学法人の理事長の報告は、報告書に、市町村の教育委員会又は市町村が単独で若しくは他の市町村と共同して設立する公立大学法人の理事長からの届出に係るものについては当該届出に係る書類の写しを、当該都道府県又は当該都道府県が単独で若しくは他の地方公共団体と共同して設立する公立大学法人の設置する高等学校に係るものについては変更の事由及び時期を記載した書類を添えてしなければならない。

第一八条［都道府県知事の報告手続］ 学校教育法施行令第二十七条の二第二項の規定による都道府県知事の報告は、報告書に当該届出に係る書類の写しを添えてしなければならない。

第一九条［認可申請・届出の手続その他の細則］ 学校教育法、学校教育法施行令及びこの省令の規定に基づいてなすべき認可の申請、届出及び報告の手続その他の細則については、文部科学省令で定めるもののほか、公立又は私立の大学及び高等専門学校に係るものにあつては文部科学大臣、大学及び高等専門学校以外の市町村（市町村が単独で又は他の市町村と共同して設立する公立大学法人を含む。）の設置する学校に係るものにあつては都道府県の教育委員会、大学及び高等専門学校以外の私立学校に係るものにあつては都道府県知事が、これを定める。

＊認可（学教四）、認可事項（施令二三）、届出（施令二五—二七の三）、省令への委任（施令二八）、私立学校の届出（二）、省令の定め（三一—一六）、専修学校への準用（一八九）、各種学校への準用（一九〇）

第二節　校長、副校長及び教頭の資格

第二〇条［校長の資格］ 校長（学長及び高等専門学校の校長を除く。）の資格は、次の各号のいずれかに該当するものとする。

一　教育職員免許法（昭和二十四年法律第百四十七号）による教諭の専修免許状又は一種免許状（高等学校及び中等教育学校の校長にあつては、専修免許状）を有し、かつ、次に掲げる職（以下「教育に関する職」という。）に五年以上あつたこと

イ　学校教育法第一条に規定する学校及び同法第百二十四条に規定する専修学校の校長（就学前の子どもに関する教育、保育等の総合的な提供の推進に関する法律（平成十八年法律第七十七号）第二条第七項に規定する幼保連携型認定こども園（以下「幼保連携型認定こども園」という。）の園長を含む。）の職

ロ　学校教育法第一条に規定する学校及び幼保連携型認定こども園の教授、准教授、助教、副校長（幼保連携型認定こども園の副園長を含む。）、教頭、主幹教諭（幼保連携型認定こども園の主幹養護教諭及び主幹栄養教諭を含む。）、指導教諭、教諭、助教諭、養護教諭、養護助教諭、栄養教諭、主幹保育教諭、指導保育教諭、保育教諭、助保育教諭、講師（常時勤務の者に限る。）及び同法第百二十四条に規定する専修学校の教員（以下本条中「教員」という。）の職

ハ　学校教育法第一条に規定する学校及び幼保連携型認定こども園の事務職員（単純な労務に雇用される者を除く。本条中以下同じ。）、実習助手、寄宿舎指導員及び学校栄養職員（学校給食法（昭和二十九年法律第百六十号）第七条に規定する職員のうち栄養教諭以外の者をいい、同法第六条に規定する施設の当該職員を含む。）の職

ニ　学校教育法等の一部を改正する法律（平成十九年法律第九十六号）第一条の規定による改正前の学校教育法第九十四条の規定により廃止された従前の法令の規定による学校及び旧教員養成諸学校官制（昭和二十一年勅令第二百八号）第一条の規定による教員養成諸学校の長の職

ホ　ニに掲げる学校及び教員養成諸学校における教員及び事務職員に相当する者の職

ヘ　海外に在留する邦人の子女のための在外教育施設（以下「在外教育施設」という。）で、文部科学大臣が小学校、中学校又は高等学校の課程と同

等の課程を有するものとして認定したものにおけるイからハまでに掲げる者に準ずるものの職

ト　へに規定する職のほか、外国の学校におけるイからハまでに掲げる者に準ずるものの職

チ　少年院法（平成二十六年法律第五十八号）による少年院又は児童福祉法（昭和二十二年法律第百六十四号）による児童自立支援施設（児童福祉法等の一部を改正する法律（平成九年法律第七十四号）附則第七条第一項の規定により証明書を発行することができるもので、同条第二項の規定によりその例によることとされた同法による改正前の児童福祉法第四十八条第四項ただし書の規定による指定を受けたものを除く。）において教育を担当する者の職

リ　イからチまでに掲げるもののほか、国又は地方公共団体において教育事務又は教育を担当する国家公務員又は地方公務員（単純な労務に雇用される者を除く。）の職

ヌ　外国の官公庁におけるリに準ずる者の職

二　教育に関する職に十年以上あつたこと

＊校長の資格（学教八）、教諭の専修免許状・一種免許状・二種免許状（免許四）

第二一条［**私立学校長の資格の特例**］私立学校の設置者は、前条の規定により難い特別の事情のあるときは、五年以上教育に関する職又は教育、学術に関する業務に従事し、かつ、教育に関し高い識見を有する者を校長として採用することができる。

＊校長の資格（二〇）

第二二条［**免許状によらない校長の任用**］国立若しくは公立の学校の校長の任命権者又は私立学校の設置者は、学校の運営上特に必要がある場合には、前二条に規定するもののほか、第二十条各号に掲げる資格を有する者と同等の資質を有すると認める者を校長として任命し又は採用することができる。

第二三条［**副校長・教頭の資格**］前三条の規定は、副校長及び教頭の資格について準用する。

第三節　管理

第二四条［**指導要録**］校長は、その学校に在学する児童等の指導要録（学校教育法施行令第三十一条に規定する児童等の学習及び健康の状況を記録した書類の原本をいう。以下同じ。）を作成しなければならない。

②　校長は、児童等が進学した場合においては、その作成に係る当該児童等の指導要録の抄本又は写しを作成し、これを進学先の校長に送付しなければならない。

③　校長は、児童等が転学した場合においては、その作成に係る当該児童等の指導要録の写しを作成し、その写し（転学してきた児童等については転学により送付を受けた指導要録（就学前の子どもに関する教育、保育等の総合的な提供の推進に関する法律施行令（平成二十六年政令第二百三号）第八条に規定する園児の学習及び健康の状況を記録した書類の原本を含む。）の写しを含む。）及び前項の抄本又は写しを転学先の校長、保育所の長又は認定こども園の長に送付しなければならない。

＊法施行事項の委任（学教一四二）、学校備付表簿（二八1）、同保存期間（二八2 3）、学校廃止に伴う指導要録等の保存（施令三一）

［通知］**指導要録の性格**　児童・生徒の学籍並びに指導の過程及び結果の要約を記録し、指導及び外部に対する証明等のために役立たせるための原簿としての性格をもつ。（昭46・2・27文初初一五〇初中局長）

［回答］**指導要録及び指導要録の抄本の様式、その記入要領及び取扱要領の決定**　公立学校にあっては、地方教育行政法二三条一号、四号、五号及び九号の規定によって教育委員会である。（昭36・5・29委初七八初中局長）

［通知］**都道府県教育委員会の指導助言**　指導要録の性格にかんがみ、市町村が設置する学校についてはその様式等に必要な統一が保たれるよう、都道府県教育委員会が適切な指導助言を行うこと。（平3・3・30文初小一二四初中局長）

［回答］少年院・教護院入院児童生徒についての処置について、指導要録は、その性質上常に児童生徒の教育を行なうところにあるべきものであるから、入院した場合には、少年院・教護院長に送付し、児童生徒在院中の教育に資するとともに、所要事項の記入を依頼するのが適当である。退院したときは、送付を受ける。（昭28・9・29初中局長）

［通知］**登校拒否児童等の出席取扱い**　登校拒否児童生徒の中には、学校外の施設において相談・指導を受け、学校復帰への懸命の努力を続けている者もおり、このような児童生徒の努力を学校として評価し支援するため、我が国の義務教育制度を前提としつつ、一定の要件を満たす場合に、これらの施設において相談・指導を受けた日数を指導要録上出席扱いとすることができることとする。（平4・9・24文初中三三〇初中局長）

［通知］**各学校に共通する事項について**　指導要録は、児童生徒の学籍並びに指導の過程及び結果の要約を記録し、その後の指導及び外部に対する証明等に役立たせるための原簿となるものであるが、今回の改善においては、中央教育審議会答申「今後の地方教育行政の在り方について」（平成10年9月21日）の趣旨等を踏まえ、各設置者等において、地域に根ざした主体的かつ積極的な教育の展開の観点から様式等が定められるよう、「指導要録に記載する事項等」を示し、簡素化を図るとともに、「参考様式」を添付する。（平13・4・27文科初一九三初中局長）

［通知］**小・中・高・特別支援学校等における児童生徒の学習評価及び指導要録の改善等**　1　学習評価の改善に関する基本的な考え方について　①学習評価における観点については、新しい学習指導要領を踏まえ、「関心・意欲・態度」、「思考・判断・表現」、「技能」及び「知識・理解」に整理し、各教科等の特性に応じて観点を示している。設置者や学校においては、これに基づく適切な観点を設定する必要があること。②高等学校における学習評価については、引き続き観点別学習状況の評価を実施し、きめの細かい学習指導と生徒一人一人の学習の確実な定着を図っていく必要があること。③障害のある児童生徒に係る学習評価の考え方は、障害のない児童生徒に対する学習評価の考え方と基本的に変わるものではないが、児童生徒の障害の状態等を十分理解しつつ、様々な方法を用いて、一人一人の学習状況を一層丁寧に把握することが必要であること。また、特別支援学校については、新しい学習指導要領により個別の指導計画の作成が義務付けられたことを踏まえ、当該計画に基づいて行われた学習の状況や学習の結果の評価を行うことが必要であること。

2　効果的・効率的な学習評価の推進について　①学校や設置者においては、学習評価の妥当性、信頼性等を高めるとともに、教師の負担感の軽減を図るため、国等が示す評価に関する資料を参考にしつつ、評価規準や評価方法の一層の共有や教師の力量の向上等を図り、組織的に学習評価に取り組むことが重要であること。②その際、学習評価に関する情報の適切な管理を図りつつ、情

報通信技術の活用により指導要録等に係る事務の改善を検討することも重要であること。なお、法令に基づく文書である指導要録について、書面の作成、保存、送付を情報通信技術を活用して行うことは、現行の制度上も可能であること。③今後、国においても、評価規準等の評価の参考となる資料を作成することとしているが、都道府県等においても、学習評価に関する研究を進め、学習評価に関する参考となる資料を示すとともに、具体的な事例の収集・提示を行うことが重要であること。

3　小・中学校及び特別支援学校小・中学部の指導要録について　①小学校及び特別支援学校小学部の外国語活動について、設置者において、学習指導要領の目標及び具体的な活動等に沿って評価の観点を設定することとし、文章の記述による評価を行うこと。②特別活動について、学習指導要領の目標及び特別活動の特質等に沿って、各学校において評価の観点を定めることができるようにすることとし、各活動・学校行事ごとに評価すること。

4　高等学校及び特別支援学校高等部の指導要録について　各教科・科目の評定については、観点別学習状況の評価を引き続き十分踏まえること。（平22・5・11文科初一初中局長）

判例 **指導要録における欠席記載［日曜参観授業訴訟］**　右指導要録に出欠の記録をする目的及びその機能は、もっぱらその後の児童を担任する教師らのためにその児童の出欠状況についての情報を提供するためのものであることが認められる。そうすると、本件欠席記載は単なる事実行為であるにとどまり、これにより原告子どもらの権利義務に直接法律上の影響を及ぼすことはないものであるといわざるをえない。（東京地判昭61・3・20判時一一八五―六七）

判例 **指導要録の公開・非公開［大田区立小指導要録開示請求事件］**　本件情報は、児童の学習意欲、学習態度等に関する全体的評価あるいは人物評価ともいうべきものであって、評価者の観察力、洞察力、理解力等の主観的要素に左右され得るものであるところ、大田区においては、当該情報については、担任教師が、開示することを予定せずに、自らの言葉で、児童の良い面、悪い面を問わず、ありのままを記載していたというのである。このような情報を開示した場合、原審が指摘するような事態が生ずる可能性が相当程度考えられ、その結果、指導要録の記載内容が形がい化、空洞化し、適切な指導、教育を行うための基礎資料とならなくなり、継続的かつ適切な指導、教育を困難にするおそれを生ずることも否定することができない。そうすると、本件情報が本件条例一〇条二号の非開示情報に該当するとした原審の判断は、正当として是認することができる。（最判平15・11・11判時一八四六―三）

判例 **指導要録の公開・非公開［西宮市内申書・指導要録の非開示請求事件］**　仮に、（本件調査書及び指導要録の非開示）部分にマイナス評価が記載されるのであれば、正確な資料に基づくのはもちろん、日頃の指導等においても本人あるいは保護者に同趣旨のことが伝えられ、指導が施されていなければならないものというべきである。日頃の注意や指導もなく、マイナス評価が調査書や指導要録にのみ記載されるとすれば、むしろ、そのこと自体が問題であり、これによって生徒と教師の信頼関係が破壊されるなどというのは失当である。たしかに、評価それ自体は教師の専権であり他から訂正等を強制されるものではない。しかし、事実誤認に基づく不当な評価は正されなければならない。誤った情報や不正な手段で得られた情報に基づく評価のために、不利益な取扱いを受けることがないよう防止することにも本件条例の趣旨・目的はあるものと解され、特に、教育は各人の人格の形成を目的とするものであるから、誤った情報や不当な評価により教育上の不利益を受けることがあってはならない。したがって、本件条例が本件調査書や指導要録の非開示部分を開示の対象として予定していないとは認めがたい。（大阪高判平11・11・25判タ一〇五〇―一一一）

第二五条［**出席簿**］　校長（学長を除く。）は、当該学校に在学する児童等について出席簿を作成しなければならない。

＊法施行事項の委任（学教一四二）、校長の義務（施令一九）、出席簿（二八1）、専修学校への準用（一八九）

回答 **出席簿への記入**　学教法二六条の出席停止や学教法施規四八条の臨時休業は、児童・生徒は学校への出席を要しないから、通常の出席・欠席とは別個の取り扱いをすべきものであつて、出席簿には「何の事由により何月何日から何月何日まで出席停止」、学教法施規「四八条により休業」と記入すべきである。（昭29・10・27委初三五六初中局長）

通知 **登校拒否児童等の出席取扱い**（平4・9・24文初中三三〇初中局長）→二四条

第二六条［**懲戒**］　校長及び教員が児童等に懲戒を加えるに当つては、児童等の心身の発達に応ずる等教育上必要な配慮をしなければならない。

② 懲戒のうち、退学、停学及び訓告の処分は、校長（大学にあつては、学長の委任を受けた学部長を含む。）が行う。

③ 前項の退学は、公立の小学校、中学校（学校教育法第七十一条の規定により高等学校における教育と一貫した教育を施すもの（以下「併設型中学校」という。）を除く。）、義務教育学校又は特別支援学校に在学する学齢児童又は学齢生徒を除き、次の各号のいずれかに該当する児童等に対して行うことができる。

一　性行不良で改善の見込がないと認められる者
二　学力劣等で成業の見込がないと認められる者
三　正当の理由がなくて出席常でない者
四　学校の秩序を乱し、その他学生又は生徒としての本分に反した者

④ 第二項の停学は、学齢児童又は学齢生徒に対しては、行うことができない。

⑤ 学長は、学生に対する第二項の退学、停学及び訓告の処分の手続を定めなければならない。

＊懲戒（学教一一）、就学させる義務（学教一七）、専修学校への準用（一八九）、各種学校への準用（一九〇）

判例 **退学処分の限界**　県立高等学校規則（県教委規則）に規定する退学処分の事由としての「性行不良で改善の見込がないと認められる者」に該当するか否かの認定は、校長及び教官が、教育という専門技術的な立場からまずその当否を検討すべきものであって、通常の団体内部の規律保持のためにする懲戒とは趣を異にするものである。その認定が明らかに度を失し、社会通念上とうてい認容できないような不当な場合において、はじめて違法なものとして、裁判所で取り消すべきものと解するを相当とする。（広島高岡山支判昭27・7・18行例集三―六―一三〇九）

判例 **懲戒処分の性格**　大学の学生に対する懲戒処分は、教育施設としての大学の内部規律を維持し教育目的を達成するために認められる自律的作用にほかならない。懲戒権者たる学長が学生の行為に対し懲戒処分を発動するに当たり、その行為が懲戒に値いするものであるかどうか、懲戒処分のうちいずれの処分を選ぶべきかを決するについては、当該行為の軽重のほか、本人の性格および平素の行状、右行為の他の学生に与える影響、懲戒処分の本人および他の学生におよぼす訓戒的効果等の諸般の要素を考慮する必要があり、これらの点の判断は、学内の事情に通ぎょうし直接教育の衝に当たるものの裁量に任すのでなければ、適切な結果を期することができないことは明らかである。それゆえ、学生の行為に対し、懲戒処分を発動するかどうか、懲戒処分のうちいずれの処分を選ぶかを決定することは、その決定がまったく事実

上の根拠に基づかないと認められる場合であるか、もしくは社会観念上著しく妥当を欠き、裁量権の範囲を超えるものと認められる場合を除き、懲戒権者の裁量に任されているものと解するのが相当である。原審が上告人等に対する退学処分は懲戒権者たる学長の裁量権の範囲内の行為であると判断したことは正当である。（最判昭29・7・30判時三七―四）

判例 **停学の効果**　学生が停学処分を受けたことにより、その処分が有効に存続する限り、講義、試験を受けられず、ひいては進級、卒業が遅れるおそれがあり、経済的、精神的に苦痛を受けることはいうまでもない。しかし停学処分の執行停止の要否は、その期間の経過まで、あるいは勝訴の確定判決を受けるまで待っていては、就学関係の回復が無意味になるか、著しく困難になるかどうかの点から、これを決定しなければならない。（札幌高決昭45・5・2行例集二一―五―七五七）

判例 **退学処分の判断**　校長の教育専門家としての裁量の範囲に属するものであり、重大な非行に対する処分は、裁量の範囲逸脱ないし裁量権の濫用として違法ということはできない。（札幌高決昭46・3・8判時六二六―四三）

判例 **退学処分の裁量権**　具体的事案において、当該生徒に改善が期待できず、教育目的を達成する見込みが失われたとして、同生徒の行為を退学処分事由に該当すると認めた校長の判断が社会通念上合理性を欠くものと認め難い場合には、当該退学処分は、校長に認められた裁量権の範囲内にあるものとして、その適法性を是認すべきである。（神戸地判平5・6・25判タ八四八―一二〇）

判例 **退学処分の適法性**　高校生徒の退学処分が全く事実上の根拠に基づかないと認められない限り、若しくは、その処分の選択が社会通念上著しく妥当性を欠き、裁量権の範囲を超えるものと認められない限り、同処分は懲戒権者の裁量権の範囲内にあるものとして適法である。（仙台地判平5・11・24判時一五一〇―七六）

判例 **懲戒の必要性**　学生が、学生みずからをも含む大学の教育的機能を停廃せしめることを目指して行なう一斉授業放棄等の抗議行動は、学生が教官と対等同質の構成員でもなく、また大学における対立の契機も基本的には共通の基盤に立つものであることを看過し、大学の自治否定を認める結果となるので、自治活動の範囲を超えて、大学の研究教育機関としての機能を阻害する者に対しては、大学はみずからの権限と責任において一定の懲戒処分をなしうるものであり、また、それが大学に課せられた社会的責務でもある。（東京地判昭46・6・29判時六三三―二三）

判例 **政治的活動の届出、許可制**［**昭和女子大学事件**］私立大学において、学生が政治的目的をもつ署名運動に参加し、又は政治的活動を目的とする学外団体に加入することについて届出制あるいは許可制をとることは憲法に違反しない。（最判昭49・7・19判時七四九―三）

判例 **ビラ等の配布**［**麹町中学校内申書事件**］（最判昭63・7・15判時一二八七―六五）→資料編第8節、教基四条

通達 **二項の趣旨**　事実行為として行われるものを除き、処分として行われる懲戒は、校長が行うものであることを明らかにしたものである。（昭32・12・21文初財六一五事務次官）

通達 **二項の「退学」・「停学」・「訓告」の意味**　「退学」には除籍、放校等の、「停学」には謹慎、出校停止等の、「訓告」には譴責、戒告等のそれぞれ実質的にこれに準ずる懲戒処分をも含むものである。（昭32・12・21文初財六一五事務次官）

通知 **学校における退学、停学及び訓告の懲戒処分について**　退学、停学及び訓告の懲戒処分は真に教育的配慮をもって慎重かつ的確に行われなければならず、その際には、当該児童、生徒等から事情や意見をよく聴く機会を持つなど児童生徒との個々の状況に十分留意し、その措置が単なる制裁にとどまることなく真に教育的効果を持つものとなるよう配慮すること。（平6・5・20文初高一四九事務次官）

判例 **退学処分の違法性**［**エホバの証人剣道拒否事件**］信仰上の理由による剣道実技の履修拒否を、正当な理由のない履修拒否と区別することなく、……代替措置について何ら検討することもなく、体育科目を不認定とした担当教員らの評価を受けて、原級留置処分をし、さらに、不認定の主たる理由及び全体成績について勘案することなく、二年続けて原級留置となったため進級等規程及び退学内規に従って学則にいう「学力劣等で成業の見込みがないと認められる者」に当たるとし、退学処分をしたという上告人の措置は、考慮すべき事項を考慮しておらず、又は考慮された事実に対する評価が明白に合理性を欠き、その結果、社会観念上著しく妥当を欠く処分をしたものと評するほかはなく、本件各処分は、裁量権の範囲を超える違法なものといわざるを得ない。（最判平8・3・8判時一五六四―三）

第二七条［**私立学校長の届出手続**］私立学校が、校長を定め、大学及び高等専門学校にあつては文部科学大臣、大学及び高等専門学校以外の学校にあつては都道府県知事に届け出るに当たつては、その履歴書を添えなければならない。

＊私立学校長の届出（学教一〇）、法施行事項の委任（学教一四二）、専修学校への準用（一八九）、各種学校への準用（一九〇）

第二八条［**備付表簿、その保存期間**］学校において備えなければならない表簿は、概ね次の通りとする。

一　学校に関係のある法令
二　学則、日課表、教科用図書配当表、学校医執務記録簿、学校歯科医執務記録簿、学校薬剤師執務記録簿及び学校日誌
三　職員の名簿、履歴書、出勤簿並びに担任学級、担任の教科又は科目及び時間表
四　指導要録、その写し及び抄本並びに出席簿及び健康診断に関する表簿
五　入学者の選抜及び成績考査に関する表簿
六　資産原簿、出納簿及び経費の予算決算についての帳簿並びに図書機械器具、標本、模型等の教具の目録
七　往復文書処理簿

② 前項の表簿（第二十四条第二項の抄本又は写しを除く。）は、別に定めるもののほか、五年間保存しなければならない。ただし、指導要録及びその写しのうち入学、卒業等の学籍に関する記録については、その保存期間は、二十年間とする。

③ 学校教育法施行令第三十一条の規定により指導要録及びその写しを保存しなければならない期間は、前項のこれらの書類の保存期間から当該学校においてこれらの書類を保存していた期間を控除した期間とする。

＊法施行事項の委任（学教一四二）、専修学校への準用（一八九）、各種学校への準用（一九〇）、①学則の必要記載事項（四）、健康診断の表簿（学保健安全施規八）、学校医執務記録簿（学保健安全施規二二―二四）、指導要録（二四）、入学者の選抜（九〇・一一六）、②健康診断票等の保存期間（学保健安全施規八4）

第二章　義務教育

第二九条［**学齢簿の調製、操作、必要措置**］市町村の教育委員会は、学校教育法施行令第一条第三項（同令第二条において準用する場合を含む。）の規定により学

齢簿を磁気ディスク（これに準ずる方法により一定の事項を確実に記録しておくことができる物を含む。以下同じ。）をもつて調製する場合には、電子計算機（電子計算機による方法に準ずる方法により一定の事項を確実に記録しておくことができる機器を含む。以下同じ。）の操作によるものとする。

2　市町村の教育委員会は、前項に規定する場合においては、当該学齢簿に記録されている事項が当該市町村の学齢児童又は学齢生徒に関する事務に従事している者以外の者に同項の電子計算機に接続された電気通信回線を通じて知られること及び当該学齢簿が滅失し又はき損することを防止するために必要な措置を講じなければならない。

＊学齢簿（施令一・二・一二）

第三〇条［**学齢簿の記載事項**］学校教育法施行令第一条第一項の学齢簿に記載（同条第三項の規定により磁気ディスクをもつて調製する学齢簿にあつては、記録。以下同じ。）をすべき事項は、次の各号に掲げる区分に応じ、当該各号に掲げる事項とする。

一　学齢児童又は学齢生徒に関する事項　氏名、現住所、生年月日及び性別

二　保護者に関する事項　氏名、現住所及び保護者と学齢児童又は学齢生徒との関係

三　就学する学校に関する事項

イ　当該市町村の設置する小学校、中学校（併設型中学校を除く。）又は義務教育学校に就学する者について、当該学校の名称並びに当該学校に係る入学、転学及び卒業の年月日

ロ　学校教育法施行令第九条に定める手続により当該市町村の設置する小学校、中学校（併設型中学校を除く。）又は義務教育学校以外の小学校、中学校、義務教育学校又は中等教育学校に就学する者について、当該学校及びその設置者の名称並びに当該学校に係る入学、転学、退学及び卒業の年月日

ハ　特別支援学校の小学部又は中学部に就学する者について、当該学校及び部並びに当該学校の設置者の名称並びに当該部に係る入学、転学、退学及び卒業の年月日

四　就学の督促等に関する事項　学校教育法施行令第二十条又は第二十一条の規定に基づき就学状況が良好でない者等について、校長から通知を受けたとき、又は就学義務の履行を督促したときは、その旨及び通知を受け、又は督促した年月日

五　就学義務の猶予又は免除に関する事項　学校教育法第十八条の規定により保護者が就学させる義務を猶予又は免除された者について、猶予の年月日、事由及び期間又は免除の年月日及び事由並びに猶予又は免除された者のうち復学した者については、その年月日

六　その他必要な事項　市町村の教育委員会が学齢児童又は学齢生徒の就学に関し必要と認める事項

2　学校教育法施行令第二条に規定する者について作成する学齢簿に記載をすべき事項については、前項第一号、第二号及び第六号の規定を準用する。

＊市町村教育委員会等の学齢簿の編製（施令一）、区域外就学（施令九）、長期欠席者等の教育委員会への通知（施令二〇）、教育委員会の出席督促等（施令二一）、就学義務の猶予・免除（学教一七・一八）

回答　学齢簿に記入する入学年月日、卒業年月日は、それぞれ教育委員会が通知した入学期日、校長が卒業を認定した期日であつて、これらの期日は、原則として、四月一日又は三月三一日とすることが適当である。（昭29・8・12委初二八九初中局長）

第三一条［**学齢簿の作成期日**］学校教育法施行令第二条の規定による学齢簿の作成は、十月一日現在において行うものとする。

＊学齢簿の作成期日（施令二）、学齢簿の編製（施令一）、学齢簿の加除訂正（施令三）

第三二条［**保護者の意見の聴取**］市町村の教育委員会は、学校教育法施行令第五条第二項（同令第六条において準用する場合を含む。次項において同じ。）の規定により就学予定者の就学すべき小学校、中学校又は義務教育学校（次項において「就学校」という。）を指定する場合には、あらかじめ、その保護者の意見を聴取することができる。この場合においては、意見の聴取の手続に関し必要な事項を定め、公表するものとする。

2　市町村の教育委員会は、学校教育法施行令第五条第二項の規定による就学校の指定に係る通知において、その指定の変更についての同令第八条に規定する保護者の申立ができる旨を示すものとする。

＊入学期日等の通知、学校の指定（施令五）、学校指定の変更（施令六）

第三三条［**指定小・中学校・義務教育学校変更の必要事項**］市町村の教育委員会は、学校教育法施行令第八条の規定により、その指定した小学校、中学校又は義務教育学校を変更することができる場合の要件及び手続に関し必要な事項を定め、公表するものとする。

＊学校指定の変更（施令六）

第三四条［**就学義務の猶予・免除の願出手続等**］学齢児童又は学齢生徒で、学校教育法第十八条に掲げる事由があるときは、その保護者は、就学義務の猶予又は免除を市町村の教育委員会に願い出なければならない。この場合においては、当該市町村の教育委員会の指定する医師その他の者の証明書等その事由を証するに足る書類を添えなければならない。

＊病弱等による就学義務猶予・免除（学教一八）

第三五条［**就学義務猶予免除者の相当学年への編入**］学校教育法第十八条の規定により保護者が就学させる義務を猶予又は免除された子について、当該猶予の期間が経過し、又は当該猶予若しくは免除が取り消されたときは、校長は、当該子を、その年齢及び心身の発達状況を考慮して、相当の学年に編入することができる。

＊病弱等による就学義務猶予・免除（学教一八）

第三章　幼稚園

第三六条［**幼稚園の設置基準**］幼稚園の設備、編制その他設置に関する事項は、この章に定めるもののほか、幼稚園設置基準（昭和三十一年文部省令第三十二号）の定めるところによる。

＊設置基準（学教三）

第三七条［**教育週数**］幼稚園の毎学年の教育週数は、特別の事情のある場合を除き、三十九週を下つてはならない。

第三八条［**教育課程**］幼稚園の教育課程その他の保育内容については、この章に定めるもののほか、教育課程その他の保育内容の基準として文部科学大臣が別に公示する幼稚園教育要領によるものとする。

＊教育課程（幼稚園教育要領）

第三九条［**準用規定**］第四十八条、第四十九条、第五十四条、第五十九条から第六十八条まで（第六十五条の二及び第六十五条の三を除く。）の規定は、幼稚園に準用する。

第四章　小学校

第一節　設備編制

第四〇条［**小学校の設置基準**］小学校の設備、編制その他設置に関する事項は、この節に定めるもののほか、小学校設置基準（平成十四年文部科学省令第十四号）の定めるところによる。

＊設置基準（学教三）

第四一条［**学級数**］小学校の学級数は、十二学級以上十八学級以下を標準とする。ただし、地域の実態その他により特別の事情のあるときは、この限りでない。

＊設置基準（学教三）、学級編制等の基準（四〇・四二）

第四二条［**分校の学級数**］小学校の分校の学級数は、特別の事情のある場合を除き、五学級以下とし、前条の学級数に算入しないものとする。

＊設置基準（学教三）、学級数等の基準（四〇・四一）

第四三条［**校務分掌**］小学校においては、調和のとれた学校運営が行われるためにふさわしい校務分掌の仕組みを整えるものとする。

＊職員（学教三七）

通達 **調和のとれた学校運営**　学校においては、規律を守り、校内の秩序ある生活をつくらなければならないが、一方、教員や児童生徒の創造的な活動を励まし、教育活動を適切に指導することが必要である。これらの二つの人間関係の調和を保つことが教育の場としての学校にとっては望ましいものであること。（昭51・1・13文初地一三六事務次官）

第四四条［**教務主任・学年主任**］小学校には、教務主任及び学年主任を置くものとする。

2　前項の規定にかかわらず、第四項に規定する教務主任の担当する校務を整理する主幹教諭を置くときその他特別の事情のあるときは教務主任を、第五項に規定する学年主任の担当する校務を整理する主幹教諭を置くときその他特別の事情のあるときは学年主任を、それぞれ置かないことができる。

3　教務主任及び学年主任は、指導教諭又は教諭をもつて、これに充てる。

4　教務主任は、校長の監督を受け、教育計画の立案その他の教務に関する事項について連絡調整及び指導、助言に当たる。

5　学年主任は、校長の監督を受け、当該学年の教育活動に関する事項について連絡調整及び指導、助言に当たる。

＊設置基準（学教三）、職員（学教三七）

通達 **教務主任の職務**　校長の監督を受け、当該学校の教育計画の立案・実施、時間割の総合的調整、教科書・教材の取扱い等教務に関する事項について教職員間の連絡調整に当たるとともに、関係教職員に対する指導、助言に当たるものであること。**学年主任の職務**　校長の監督を受け、学年の経営方針の設定、学年行事の計画・実施等当該学年の教育活動に関する事項について、当該学年の学級担任及び他の学年主任、教務主任、生徒指導主事等との連絡調整に当たるとともに、当該学年の学級担任に対する指導、助言に当たるものであること。**主任の性格**　主任等は、いわゆる中間管理職ではなく、それぞれの職務に係る事項について教職員間の連絡調整及び関係教職員に対する指導、助言等に当たるものであり、当該職務に係る事項に関して、必要があれば、校長及び教頭の指示を受けてこれを関係教職員に伝え、あるいは、その内容を円滑に実施するため必要な調整等を行うものであること。（昭51・1・13文初地一三六事務次官）

第四五条［**保健主事**］小学校においては、保健主事を置くものとする。

2　前項の規定にかかわらず、第四項に規定する保健主事の担当する校務を整理する主幹教諭を置くときその他特別の事情のあるときは、保健主事を置かないことができる。

3　保健主事は、指導教諭、教諭又は養護教諭をもつて、これに充てる。

4　保健主事は、校長の監督を受け、小学校における保健に関する事項の管理に当たる。

＊設置基準（学教三）、職員（学教三七）

第四六条［**事務長・事務主任**］小学校には、事務長又は事務主任を置くことができる。

2　事務長及び事務主任は、事務職員をもつて、これに充てる。

3　事務長は、校長の監督を受け、事務職員その他の職員が行う事務を総括する。

4　事務主任は、校長の監督を受け、事務に関する事項について連絡調整及び指導、助言に当たる。

＊設置基準（学教三）、職員（学教三七）

回答 **学校事務組織の決定**　市町村立学校の管理機関である市町村教育委員会は、地教行法三三条の規定に基づいて当然みずから管理する学校の事務の組織を定めるべきものである。（昭34・6・19委初三三一初中局長）

通達 **事務主任**　事務職員の学歴、経験年数等を考慮して命ずるものであること。（昭51・1・13文初地一三六事務次官）

第四七条［**校務を分担する主任等**］小学校においては、前三条に規定する教務主任、学年主任、保健主事及び事務主任のほか、必要に応じ、校務を分担する主任等を置くことができる。

＊設置基準（学教三）、職員（学教三七）

第四八条［**職員会議の設置**］小学校には、設置者の定めるところにより、校長の職務の円滑な執行に資するため、職員会議を置くことができる。

2　職員会議は、校長が主宰する。

＊校長主宰（学教三七④）

判例 **校長の決定と職員会議**［**宮崎大宮第二高校事件**］校長は、少なくとも、全校的教育事項については職員会議を開催し、校長を含む教師間における十分な討議を経て決定するのが望ましく、右の手続を経ない決定はその内容の当否に拘わらず、当然に違法とまでは言えないにしても、校務を円滑かつ適正に運営するうえで、相当の負担を強いられることになっても止むを得ない。（宮崎

地判昭63・4・28判タ六八〇―六五）

通知 今回省令において規定した職員会議は、学校教育法二八条三項等において「校長は、校務をつかさどり、所属職員を監督する」と規定されている学校の管理運営に関する校長の権限と責任を前提として、校長の職務の円滑な執行を補助するものとして位置付けられるものであることに十分留意すること。（平12・1・21文教地二四四事務次官）

第四九条［学校評議員の設置・役割］ 小学校には、設置者の定めるところにより、学校評議員を置くことができる。

2 学校評議員は、校長の求めに応じ、学校運営に関し意見を述べることができる。

3 学校評議員は、当該小学校の職員以外の者で教育に関する理解及び識見を有するもののうちから、校長の推薦により、当該小学校の設置者が委嘱する。

第二節 教育課程

第五〇条［教育課程の編成］ 小学校の教育課程は、国語、社会、算数、理科、生活、音楽、図画工作、家庭、体育及び外国語の各教科（以下この節において「各教科」という。）、特別の教科である道徳、外国語活動、総合的な学習の時間並びに特別活動によつて編成するものとする。

2 私立の小学校の教育課程を編成する場合は、前項の規定にかかわらず、宗教を加えることができる。この場合においては、宗教をもつて前項の特別の教科である道徳に代えることができる。

＊教育課程（学教三三、小学校学習指導要領）、教育課程等の特例（五五―五六の四）、特別支援学級の教育課程の特例（一三八）

通知 **学習指導要領の一部改正に伴う小学校、中学校及び特別支援学校小学部・中学部における児童生徒の学習評価及び指導要録の改善等について** 道徳科の評価を行うに当たっては、学習状況や道徳性に係る成長の様子を継続的に把握し、指導に生かすよう努める必要がある。ただし、数値などによる評価は行わないものとし、道徳性の評価の基盤には、教員と児童生徒との人格的な触れ合いによる共感的な理解が存在することが重要であり、道徳性の評価は、児童生徒が自らの成長を実感し、更に意欲的に取り組もうとするきっかけとなるような評価を目指すべきである。（平28・7・29文科初六〇四初中局長）

通知 **学習指導要領の一部改正に伴う小学校、中学校及び特別支援学校小学部・中学部における児童生徒の学習評価及び指導要録の改善等について** 1道徳科の学習評価に関する基本的な考え方について　道徳科の評価を行うに当たっては、小・中学校学習指導要領等第三章の児童生徒の「学習状況や道徳性に係る成長の様子を継続的に把握し、指導に生かすよう努める必要がある。ただし、数値などによる評価は行わないものとする」との規定の趣旨や、「道徳に係る教育課程の改善等について（答申）」（平成26年10月21日中央教育審議会）の「道徳性の評価の基盤には、教員と児童生徒との人格的な触れ合いによる共感的な理解が存在することが重要」であり、道徳性の評価は「児童生徒が自らの成長を実感し、更に意欲的に取り組もうとするきっかけとなるような評価を目指すべき」との評価に当たっての考え方等を十分に踏まえる必要がある。具体的には以下の点に留意し、学習活動における児童生徒の「学習状況や道徳性に係る成長の様子」を、観点別評価ではなく個人内評価として丁寧に見取り、記述で表現することが適切である。⑴児童生徒の人格そのものに働きかけ、道徳性を養うことを目標とする道徳科の評価としては、育むべき資質・能力を観点別に分節し、学習状況を分析的に捉えることは妥当ではないこと。⑵このため、道徳科については、「道徳的諸価値についての理解を基に、自己を見つめ、物事を（広い視野から）多面的・多角的に考え、自己（人間として）の生き方についての考えを深める」という学習活動における児童生徒の具体的な取組状況を、一定のまとまりの中で、児童生徒が学習の見通しをもって振り返る場面を適切に設定しつつ見取ることが求められること。⑶他の児童生徒との比較による評価ではなく、児童生徒がいかに成長したかを積極的に受け止めて認め、励ます個人内評価として記述式で行うこと。⑷個々の内容項目ごとではなく、大くくりなまとまりを踏まえた評価とすること。⑸その際、特に道徳教育の質的転換を図るという今回の道徳の特別教科化の趣旨を踏まえれば、特に、学習活動において児童生徒がより多面的・多角的な見方へと発展しているか、道徳的価値の理解を自分自身との関わりの中で深めているかといった点を重視することが求められること。（平28・7・29文科初六〇四初中局長）

判例 **教育課程編成と親権者** 親権者はその子女が学校においてほどこされる教科・科目の授業およびそのもとになる教育課程の編成について法律上の利害関係を有するものというべきであり、教育課程の内容が、生徒に適切な教育をほどこすことを目的として制定された教育関係法令の規定に違反していると、原告には右課程の編成の取消を求める適格があるといわなければならない。（大阪地判昭48・3・1判時七二一―二四）

第五一条［授業時数］ 小学校（第五十二条の二第二項に規定する中学校連携型小学校及び第七十九条の九第二項に規定する中学校併設型小学校を除く。）の各学年における各教科、特別の教科である道徳、外国語活動、総合的な学習の時間及び特別活動のそれぞれの授業時数並びに各学年におけるこれらの総授業時数は、別表第一に定める授業時数を標準とする。

＊教育課程（学教三三、小学校学習指導要領）、教育課程の編成（五〇）、教育課程編成の特例（五三）、特別支援学級の特例（一三八）

第五二条［教育課程の基準］ 小学校の教育課程については、この節に定めるもののほか、教育課程の基準として文部科学大臣が別に公示する小学校学習指導要領によるものとする。

＊教育課程（学教三三、小学校学習指導要領）、教育課程の編成（五〇）、授業時数（五一）、特例（五三―五六の四・一三八）

判例 **学習指導要領の性格［旭川学テ事件］**（上告審） 学習指導要領の内容を通覧するに、おおむね、中学校において地域差、学校差を超えて全国的に共通なものとして教授されることが必要な最小限度の基準と考えても必ずしも不合理とはいえない事項が、その根幹をなしていると認められるのであり、その中には、ある程度細目にわたり、かつ、詳細に過ぎ、また、必ずしも法的拘束力をもって地方公共団体を制約し、又は教師を強制するのに適切でなく、また、はたしてそのように制約し、ないしは強制する趣旨であるかどうか疑わしいものが幾分含まれているとしても、右指導要領の下における教師による創造的かつ弾力的な教育の余地や、地方ごとの特殊性を反映した個別化の余地が十分に残されており、全体としてなお全国的な大綱的基準としての性格をもつものと認められるし、また、その内容においても、教師に対し一方的な一定の理論ないしは観念を生徒に教え込むことを強制するような点は全く含まれていないのである。それ故、上記指導要領は、全体としてみた場合、教育政策上の当否はともかくとして、少なくとも法的見地からは、上記目的のために必要かつ合理的な基準の設定として是認することができるものと解するのが、相当である。（最大判昭51・5・21判時八一四―三三）

判例 **同右［旭川学テ事件］**（控訴審） 文部大臣の教科

監督権は、教育内容・方法についての詳細な定めをなす権限とは解されない。学習指導要領も、大綱的基準の限度を超える事項については、法的拘束力が否定される。（札幌高判昭43・6・26判時五二四—二四）

判例 **同右［岩教組事件（第一審）］** 国民の一般的教育意思は、国会に代表され、政府の定める基準により、実現されるのであって、国家基準に従い、教育行政上の管理に服することが国民に責任を負うゆえんだからである。このような教基法解釈に基づき、文部大臣の教育課程編成権や学習指導要領の法的拘束力が承認される。（盛岡地判昭41・7・22判時四六二—四）

判例 **同右［伝習館高校事件（第一審）］** 教育課程の構成要素、各教科・科目の単位数、卒業に必要な単位数、授業時間数、単位修得の認定など学校制度に関連する事項は、法的拘束力をもつ。しかし、各教科・科目の「目標」「内容」は訓示規定であって、法的拘束力と解するのは相当でない。（福岡地判昭53・7・28判時九〇〇—三）

判例 **同右［伝習館高校事件（上告審）］** 高校学習指導要領を法規としての性質を有するとした原審の判断は、正当として是認でき、右指導要領の性質をそのように解することが憲法二三条、二六条に違反するものでないことは、最高裁大法廷判決（昭51・5・21）の趣旨とするところである。（最判平2・1・18判時一三三七—三）

判例 **同右［都立七生養護学校事件（控訴審）］** 学習指導要領は一言一句が拘束力すなわち法規としての効力を有するということは困難であり、抽象的ないし多義的な解釈が成り立ち得るような部分は、法規たり得ないか、その大枠を逸脱しない限り教育を実践する者の広い裁量に委ねられている。（東京高判平23・9・16判例集未登載）

第五十二条の二［中学校連携型小学校の教育課程］ 小学校（第七十九条の九第二項に規定する中学校併設型小学校を除く。）においては、中学校における教育との一貫性に配慮した教育を施すため、当該小学校の設置者が当該中学校の設置者との協議に基づき定めるところにより、教育課程を編成することができる。

2　前項の規定により教育課程を編成する小学校（以下「中学校連携型小学校」という。）は、第七十四条の二第一項の規定により教育課程を編成する中学校と連携し、その教育課程を実施するものとする。

第五十二条の三［中学校連携型小学校の授業時数］ 中学校連携型小学校の各学年における各教科、特別の教科である道徳、外国語活動、総合的な学習の時間及び特別活動のそれぞれの授業時数並びに各学年におけるこれらの総授業時数は、別表第二の二に定める授業時数を標準とする。

第五十二条の四［中学校連携型小学校の教育課程の特例］ 中学校連携型小学校の教育課程については、この章に定めるもののほか、教育課程の基準の特例として文部科学大臣が別に定めるところによるものとする。

第五十三条［教育課程編成の特例］ 小学校においては、必要がある場合には、一部の各教科について、これらを合わせて授業を行うことができる。

＊教育課程（学教三三、小学校学習指導要領）、教育課程の編成基準等（五〇—五二）

第五十四条［履修困難な各教科の学習指導］ 児童が心身の状況によつて履修することが困難な各教科は、その児童の心身の状況に適合するように課さなければならない。

＊教育課程（学教三三）

第五十五条［教育課程の特例］ 小学校の教育課程に関し、その改善に資する研究を行うため特に必要があり、かつ、児童の教育上適切な配慮がなされていると文部科学大臣が認める場合においては、文部科学大臣が別に定めるところにより、第五十条第一項、第五十一条（中学校連携型小学校にあつては第五十二条の三、第七十九条の九第二項に規定する中学校併設型小学校にあつては第七十九条の十二において準用する第七十九条の五第一項）又は第五十二条の規定によらないことができる。

＊教育課程の編成（五〇）、授業時数（五一）、教育課程の基準（五二）

第五十五条の二［地域の特色を生かした特別の教育課程］ 文部科学大臣が、小学校において、当該小学校又は当該小学校が設置されている地域の実態に照らし、より効果的な教育を実施するため、当該小学校又は当該地域の特色を生かした特別の教育課程を編成して教育を実施する必要があり、かつ、当該特別の教育課程について、教育基本法（平成十八年法律第百二十号）及び学校教育法第三十条第一項の規定等に照らして適切であり、児童の教育上適切な配慮がなされているものとして文部科学大臣が定める基準を満たしていると認める場合においては、文部科学大臣が別に定めるところにより、第五十条第一項、第五十一条（中学校連携型小学校にあつては第五十二条の三、第七十九条の九第二項に規定する中学校併設型小学校にあつては第七十九条の十二において準用する第七十九条の五第一項）又は第五十二条の規定の全部又は一部によらないことができる。

第五十六条［不登校児童を対象とする特別の教育課程］ 小学校において、学校生活への適応が困難であるため相当の期間小学校を欠席し引き続き欠席すると認められる児童を対象として、その実態に配慮した特別の教育課程を編成して教育を実施する必要があると文部科学大臣が認める場合においては、文部科学大臣が別に定めるところにより、第五十条第一項、第五十一条（中学校連携型小学校にあつては第五十二条の三、第七十九条の九第二項に規定する中学校併設型小学校にあつては第七十九条の十二において準用する第七十九条の五第一項）又は第五十二条の規定によらないことができる。

第五十六条の二［日本語に通じない児童の特別の教育課程］ 小学校において、日本語に通じない児童のうち、当該児童の日本語を理解し、使用する能力に応じた特別の指導を行う必要があるものを教育する場合には、文部科学大臣が別に定めるところにより、第五十条第一項、第五十一条（中学校連携型小学校にあつては第五十二条の三、第七十九条の九第二項に規定する中学校併設型小学校にあつては第七十九条の十二において準用する第七十九条の五第一項）及び第五十二条の規定にかかわらず、特別の教育課程によることができる。

第五十六条の三［同前］ 前条の規定により特別の教育課程

による場合においては、校長は、児童が設置者の定めるところにより他の小学校、義務教育学校の前期課程又は特別支援学校の小学部において受けた授業を、当該児童の在学する小学校において受けた当該特別の教育課程に係る授業とみなすことができる。

第五六条の四 **［学齢を経過した者の特別の教育課程］** 小学校において、学齢を経過した者のうち、その者の年齢、経験又は勤労の状況その他の実情に応じた特別の指導を行う必要があるものを夜間その他特別の時間において教育する場合には、文部科学大臣が別に定めるところにより、第五十条第一項、第五十一条（中学校連携型小学校にあつては第五十二条の三、第七十九条の九第二項に規定する中学校併設型小学校にあつては第七十九条の十二において準用する第七十九条の五第一項）及び第五十二条の規定にかかわらず、特別の教育課程によることができる。

第五六条の五 **［教科用図書代替教材］** 学校教育法第三十四条第二項に規定する教材（以下この条において「教科用図書代替教材」という。）は、同条第一項に規定する教科用図書（以下この条において「教科用図書」という。）の発行者が、その発行する教科用図書の内容の全部（電磁的記録に記録することに伴つて変更が必要となる内容を除く。）をそのまま記録した電磁的記録である教材とする。

2　学校教育法第三十四条第二項の規定による教科用図書代替教材の使用は、文部科学大臣が別に定める基準を満たすように行うものとする。

3　学校教育法第三十四条第三項に規定する文部科学大臣の定める事由は、次のとおりとする。

一　視覚障害、発達障害その他の障害

二　日本語に通じないこと

三　前二号に掲げる事由に準ずるもの

4　学校教育法第三十四条第三項の規定による教科用図書代替教材の使用は、文部科学大臣が別に定める基準を満たすように行うものとする。

第五七条 **［課程の修了・卒業の認定］** 小学校において、各学年の課程の修了又は卒業を認めるに当たつては、児童の平素の成績を評価して、これを定めなければならない。

＊卒業証書（五八）、少年院の場合（少年院二七）

［回答］ **認定の時期と進級時期は各学年の終わりである** 各学年の課程を修了しないで上級学年への進級は認められない。（昭29・10・19雑初三五六初中局長）

［回答］ **原級留置の可否** 認定の結果不可と認めた場合には、原級留置は可能である。（昭28・3・12委初二八初中局長）

［回答］ **原級留置と就学義務** 学校教育法三九条は、満一五歳までの就学義務を規定したものであるから、満一五歳をこえて原級に留まった場合には、保護者の就学義務は延長されることにはならない。（昭28・3・12委初二八初中局長）

［回答］ **長期欠席児童生徒の卒業の認定** 学校の定めた総授業時数に満たない児童生徒についても適当な方法でその成績を評価することにより卒業を認定することはありうることである。しかし、一般的にいつて、第三学年の総授業時数の半分以上も欠席した児童生徒については、特別の事情のない限り、卒業の認定は与えられないのが普通であろう。（昭28・3・12委初二八初中局長）

［回答］ **進級の例外** すでに本人が相当の年齢に達している場合などは、本人に対する教育効果、他の児童生徒に及ぼす影響等を考慮して適宜相当学年に編入せざるをえない。（昭29・7・14委初二六一初中局長）

［判例］ **成績評定** **［伝習館高校事件（第一審）］** 教育は、生徒の内に潜在する素質を発見し、これを引出し磨きをかけることによつてより高次元の価値に高めること、これが教育活動であつて、教育の成果、換言すれば生徒の進歩、変化の度合いを測定する必要がある。その測定活動が評価であつて、教育上重要な意味を有するものと考えられる。生徒の成績評価は、右重要性に鑑み、教師の恣意的、独善的行使が許されないことは、教育条理に照らし首肯し得る。全生徒への一律の評定は成績評価権の恣意的な行使として地公法二九条一項二号の職務を怠つた場合に該当し、懲戒処分の対象となる。（福岡地判昭53・7・28判時九〇〇―三）

［判例］ **小学校の学年の修了認定** **［神戸市立菅の台小学校の長欠児童進級処分事件］** 小学校の各学年の課程の修了認定の判断は、高度に技術的な教育的判断であるから、学校長の裁量に委ねられている単純な学業成績の評価や出席日数の多少だけでなく、児童本人の性格・資質・能力・健康状態・生活態度・今後の発展性を考慮した教育的配慮の下で総合的判断により決せられなければならない。（神戸地判平5・8・30判タ八三三―一七七）

第五八条 **［卒業証書の授与］** 校長は、小学校の全課程を修了したと認めた者には、卒業証書を授与しなければならない。

＊課程の修了・卒業の認定（五七）、専修学校への準用（一八九）、全課程修了者の通知（施令二二）、少年院の場合（少年院二七）

［回答］ 校長は、全課程を修了した者には、学齢児童生徒たると否とにかかわらず、すべて卒業証書を授与しなければならない。（昭29・7・14委初二六一初中局長）

［回答］ 本条は、卒業証書を授与すべきことを規定したものであつて、卒業に必要な単位を充足した期日をもつて卒業日とするように定めたものとは解釈できない。（昭28・3・12委初二九初中局長）

第三節　学年及び授業日

第五九条 **［学年］** 小学校の学年は、四月一日に始まり、翌年三月三十一日に終わる。

＊就学させる義務（学教一七）、大学の特例（一六三）

［回答］ **入学・卒業の年月日** 学齢簿に記入する入学年月日及び卒業年月日は、それぞれ教育委員会が通知した入学期日、校長が卒業を認定した期日であつて、これらの期日は、原則として、四月一日または三月三十一日とすることが適当である。（昭29・8・12委初二八九初中局長）

第六〇条 **［授業終始の時刻］** 授業終始の時刻は、校長が定める。

＊専修学校への準用（一八九）

第六一条 **［公立小学校における休業日］** 公立小学校における休業日は、次のとおりとする。ただし、第三号に掲げる日を除き、当該学校を設置する地方公共団体の教育委員会（公立大学法人の設置する小学校にあつては、当該公立大学法人の理事長。第三号において同じ。）が必要と認める場合は、この限りでない。

一　国民の祝日に関する法律（昭和二十三年法律第百七十八号）に規定する日

二　日曜日及び土曜日

三　学校教育法施行令第二十九条第一項の規定により教育委員会が定める日

＊休業日の意味（四1(1)）、休業日（施令二九）、学校管理規則・同基準（地教行三三）、学則記載事項（四1）

回答　特別の必要がある場合には、国民の祝日に関する法律に規定する日および日曜日に授業を行なうことができる。この場合において、他に休業日を設けることは要件ではないが、学校管理規則において、他に休業日を設ける旨の規定を置くことはさしつかえない。なお、日曜日が教職員について勤務を要しない日である場合においては、日曜日以外に勤務を要しない日を設ける必要がある。（昭36・10・20委初八〇初中局長）

通達　**学校教育法施行規則の一部改正について**　学校、家庭及び地域社会の教育全体の在り方を見直し、社会の変化に対応してこれからの時代に生きる幼児児童生徒の望ましい人間形成を図る観点から、幼稚園、小学校、中学校、高等学校並びに盲学校、聾学校及び養護学校において、平成四年度の二学期から毎月の第二土曜日を休業日とする学校週五日制を実施するものであること。（平4・3・23文初小一一九事務次官）

通達　**学校週五日制の実施について**（平6・11・24文初小三六九初中局長・生涯学習局長）

通知　**完全学校週五日制の実施について**　公立の小学校、中学校、高等学校、中等教育学校、盲学校、聾学校、養護学校及び幼稚園の休業日について、「毎月の第二土曜日及び第四土曜日」をすべての「土曜日」に改め、平成一四年四月一日から施行すること。（平11・3・29文初高四五七事務次官）

第六二条〔**私立小学校における学期・休業日**〕私立小学校における学期及び休業日は、当該学校の学則で定める。

第六三条〔**非常変災等による臨時休業**〕非常変災その他急迫の事情があるときは、校長は、臨時に授業を行わないことができる。この場合において、公立小学校についてはこの旨を当該学校を設置する地方公共団体の教育委員会（公立大学法人の設置する小学校にあつては、当該公立大学法人の理事長）に報告しなければならない。

＊感染症予防上の臨時休業（学保健安全二〇）

第四節　職員

第六四条〔**講師の勤務**〕講師は、常時勤務に服しないことができる。

＊講師の職務（学教三七）

第六五条〔**学校用務員**〕学校用務員は、学校の環境の整備その他の用務に従事する。

＊職員（学教三七2）

第六五条の二〔**スクールカウンセラー**〕スクールカウンセラーは、小学校における児童の心理に関する支援に従事する。

第六五条の三〔**スクールソーシャルワーカー**〕スクールソーシャルワーカーは、小学校における児童の福祉に関する支援に従事する。

第五節　学校評価

第六六条〔**自己評価の結果の公表**〕小学校は、当該小学校の教育活動その他の学校運営の状況について、自ら評価を行い、その結果を公表するものとする。

2　前項の評価を行うに当たつては、小学校は、その実情に応じ、適切な項目を設定して行うものとする。

＊専修学校への準用（一八九）、各種学校への準用（一九〇）

第六七条〔**関係者評価の結果の公表**〕小学校は、前条第一項の規定による評価の結果を踏まえた当該小学校の児童の保護者その他の当該小学校の関係者（当該小学校の職員を除く。）による評価を行い、その結果を公表するよう努めるものとする。

＊専修学校への準用（一八九）、各種学校への準用（一九〇）

第六八条〔**評価結果の報告**〕小学校は、第六十六条第一項の規定による評価の結果及び前条の規定により評価を行つた場合はその結果を、当該小学校の設置者に報告するものとする。

＊専修学校への準用（一八九）、各種学校への準用（一九〇）

第五章　中学校

第六九条〔**中学校の設置基準**〕中学校の設備、編制その他設置に関する事項は、この章に定めるもののほか、中学校設置基準（平成十四年文部科学省令第十五号）の定めるところによる。

＊設置基準（学教三）、生徒指導主事（七〇）、進路指導主事（七一）、準用規定（七九）

第七〇条〔**生徒指導主事**〕中学校には、生徒指導主事を置くものとする。

2　前項の規定にかかわらず、第四項に規定する生徒指導主事の担当する校務を整理する主幹教諭を置くときその他特別の事情のあるときは、生徒指導主事を置かないことができる。

3　生徒指導主事は、指導教諭又は教諭をもつて、これに充てる。

4　生徒指導主事は、校長の監督を受け、生徒指導に関する事項をつかさどり、当該事項について連絡調整及び指導、助言に当たる。

＊職員（学教三七）

通達　**特別の事情のあるとき**　学校規模が小規模である等。（昭51・1・13文初地一三六事務次官）

通達　**生徒指導主事の職務**　校長の監督を受け、学校における生徒指導計画の立案・実施、生徒指導に関する資料の整備、生徒指導に関する連絡・助言等生徒指導に関する事項をつかさどり、当該事項について教職員間の連絡調整に当たるとともに関係教職員に対する指導、助言に当たるものであること。（昭51・1・13文初地一三六事務次官）

第七一条〔**進路指導主事**〕中学校には、進路指導主事を置くものとする。

2　前項の規定にかかわらず、第三項に規定する進路指導主事の担当する校務を整理する主幹教諭を置くときは、進路指導主事を置かないことができる。

3　進路指導主事は、指導教諭又は教諭をもつて、これに充てる。校長の監督を受け、生徒の職業選択の指導その他の進路の指導に関する事項をつかさどり、当該事項について連絡調整及び指導、助言に当たる。

＊職員（学教三七）、学校の職業指導への公共職業安定所の協力（職安）

通達　**任命手続**　校長の意見を徴し、教育長が選考の上、教育委員会が発令する。（昭28・11・30文総審一三〇事務次官）

通達　**進路指導主事の職務**　校長の監督を受け、進路指導に関する学校の全体計画の立案、進路情報の収集、整理及び生徒の進路相談等進路指導に関する事項をつかさどり、当該事項について教職員間の連絡調整に当たるとともに、関係教職員に対する指導、助言に当たるものであ

ること。（昭51・1・13文初地一三六事務次官）

第七二条［**教育課程の編成**］中学校の教育課程は、国語、社会、数学、理科、音楽、美術、保健体育、技術・家庭及び外国語の各教科（以下本章及び第七章中「各教科」という。）、特別の教科である道徳、総合的な学習の時間並びに特別活動によつて編成するものとする。

＊教育課程（学教四八）、小学校の準用（七九）、教育課程の基準・中学校学習指導要領（七四）、特別支援学級の特例（一三八）

第七三条［**授業時数**］中学校（併設型中学校、第七十四条の二第二項に規定する小学校連携型中学校、第七十五条第二項に規定する連携型中学校及び第七十九条の九第二項に規定する小学校併設型中学校を除く。）の各学年における各教科、特別の教科である道徳、総合的な学習の時間及び特別活動のそれぞれの授業時数並びに各学年におけるこれらの総授業時数は、別表第二に定める授業時数を標準とする。

＊教育課程（学教四八）、教育課程の編成（七二）、小学校の準用（七九）、特別支援学級の特例（一三八）

第七四条［**教育課程の基準**］中学校の教育課程については、この章に定めるもののほか、教育課程の基準として文部科学大臣が別に公示する中学校学習指導要領によるものとする。

＊教育課程（学教四八）、教育課程の編成（七二）、授業時数（七三）、特別支援学級の特例（一三八）

第七四条の二［**小学校連携型中学校の教育課程**］中学校（併設型中学校、第七十五条第二項に規定する連携型中学校及び第七十九条の九第二項に規定する小学校併設型中学校を除く。）においては、小学校における教育との一貫性に配慮した教育を施すため、当該中学校の設置者が当該小学校の設置者との協議に基づき定めるところにより、教育課程を編成することができる。

2　前項の規定により教育課程を編成する中学校（以下「小学校連携型中学校」という。）は、中学校連携型小学校と連携し、その教育課程を実施するものとする。

第七四条の三［**小学校連携型中学校の授業時数等**］小学校連携型中学校の各学年における各教科、特別の教科である道徳、総合的な学習の時間及び特別活動のそれぞれの授業時数並びに各学年におけるこれらの総授業時数は、別表第二の三に定める授業時数を標準とする。

第七四条の四［**小学校連携型中学校の教育課程の特例**］小学校連携型中学校の教育課程については、この章に定めるもののほか、教育課程の基準の特例として文部科学大臣が別に定めるところによるものとする。

第七五条［**連携型中学校の教育課程**］中学校（併設型中学校、小学校連携型中学校及び第七十九条の九第二項に規定する小学校併設型中学校を除く。）においては、高等学校における教育との一貫性に配慮した教育を施すため、当該中学校の設置者が当該高等学校の設置者との協議に基づき定めるところにより、教育課程を編成することができる。

2　前項の規定により教育課程を編成する中学校（以下「連携型中学校」という。）は、第八十七条第一項の規定により教育課程を編成する高等学校と連携し、その教育課程を実施するものとする。

＊教育課程（学教四八）、高等学校の学科・教育課程（学教五二）、課程の区分（学教六六）、各課程の教育の目標（学教六七）、連携型高等学校の教育課程（八七）

第七六条［**連携型中学校の授業時数等**］連携型中学校の各学年における各教科、特別の教科である道徳、総合的な学習の時間及び特別活動のそれぞれの授業時数並びに各学年におけるこれらの総授業時数は、別表第四に定める授業時数を標準とする。

第七七条［**連携型中学校の教育課程の特例**］連携型中学校の教育課程については、この章に定めるもののほか、教育課程の基準の特例として文部科学大臣が別に定めるところによるものとする。

［通知］**連携型中学校及び連携型高等学校の教育課程の基準の特例関係に関する留意事項**　連携型中学校の生徒が在学中に転校する可能性があることや、連携型中学校の生徒全員が必ずしも連携型高等学校に進学するとは限らないことを踏まえ、連携型高等学校以外の高等学校への進学等に際しては転校先や進学先の学校における教育課程の実施に支障が生じることのないよう、必要に応じ、当該生徒に対する個別の補充指導を行うなど、十分な配慮を行うこと。（平16・3・31文科初一四〇五事務次官）

第七七条の二［**多様なメディアを利用した遠隔教育**］中学校は、当該中学校又は当該中学校が設置されている地域の実態に照らし、より効果的な教育を実施するため必要がある場合であつて、生徒の教育上適切な配慮がなされているものとして文部科学大臣が定める基準を満たしていると認められるときは、文部科学大臣が別に定めるところにより、授業を、多様なメディアを高度に利用して、当該授業を行う教室等以外の場所で履修させることができる。

第七八条［**進学生徒の調査書等の送付**］校長は、中学校卒業後、高等学校、高等専門学校その他の学校に進学しようとする生徒のある場合には、調査書その他必要な書類をその生徒の進学しようとする学校の校長に送付しなければならない。ただし、第九十条第三項（第百三十五条第五項において準用する場合を含む。）及び同条第四項の規定に基づき、調査書を入学者の選抜のための資料としない場合は、調査書の送付を要しない。

＊入学の許可、入学者の選抜・学力検査、調査書（九〇）

［判例］調査書の「行動及び性格の記録」における分類評定及び理由の付記は、生徒の学習権を不当に侵害しないように、客観的に公正かつ平等にされるべきである。評定が具体的な事実に基づかないか、評定の前提事実の認定に誤りがあった場合、又は非合理的もしくは違法な理由・基準に基づく分類は、それに当たり、教師の教育評価権の裁量の範囲を逸脱したものとして違法である。また、生徒の思想・信条のいかんによって生徒を分類評定することは違法である。生徒の言論・表現の自由、これにかかわる行為が、その精神的発達に伴う自発的な行為であり、格別に教育の場としての学校の使命を保持するための利益を侵害するおそれのある場合以外は、その行為と行動及び性格でマイナスの理由とすること、もしくはそのような要因として評価することは違法な理由もしくは基準として許されない。（東京地判昭54・3・28判時九二一―一八）

［判例］調査書の「行動及び性格の記録」にかかるA、B、C三段階による評価は、本来相対的な価値判断であっ

て、指導要録取扱いなどに従うほかは、中学校長の自由裁量に委ねられており、たとえば判断の前提となった事実の認識に誤りがあったり、前提となった事実関係から導き出された判断結果が一見明白に不合理なものであったり、あるいは内心的判断と外部に表現された判断結果とがそごしているなど特段の事情がない限り、右裁量権の行使が違法とされる理由はない。（東京高判昭57・5・19判時一〇四一―二四）

[判例] **内申書裁判〔麹町中学校内申書事件〕**　調査書の備考欄の記載は、上告人の思想、信条そのものの記載でもなく、外部的行為の記載も上告人の思想、信条を了知させ、また、それを評価の対象とするものとはみられないのみならず、その記載に係る行為は、いずれも調査書に記載して入学者の選抜の資料として適法に記載し得るものであるから、所論違憲の主張は、その前提を欠き、採用できない。調査書には、入学者の選抜の資料の一とされる目的に適合するよう生徒の性格、行動に関しても、これを把握し得る客観的事実を公正に記載すべきものである以上、上告人の右生徒会規則に違反する前記行為及び大学生ML派の集会の参加行為をいずれも上告人の性格、行動を把握し得る客観的事実としてこれらを本件調査書に記載し、入学者選抜の資料に供したからといって、上告人の表現の自由を侵し又は違法に制約するものとすることはできず、所論は採用できない。（最判昭63・7・15判時一二八七―六五）

[判例] **調査書の開示・非開示**　調査書のうち、身分事項のほか「各教科の学習の記録」「学習の総評」及び「身体の記録」各欄は、条例のいう「本人に知らせないことが正当であると認められるもの」及び「開示することにより、公正かつ適切な行政執行の妨げになるもの」に該当しないが（公開）、「総合所見」はこれに該当するもの（非公開）というべきである。（大阪地判平6・12・20判時一五三四―三）

[判例] **調査書・指導要録の開示・非開示〔西宮市内申書・指導要録開示請求事件〕**　教育上なされる評価は、今後の当該児童・生徒の教育資料等となるものであるから、たとえ、それが教師の主観的評価・判断でなされるものであっても、恣意に陥ることなく、正確な事実・資料に基づき、本人及び保護者からの批判に耐えうる適正なものでなければならない。教育は、当該児童・生徒の長所を伸ばすとともに短所や問題点をも指導・改善して、当該児童・生徒の人格の完成を図るものである。本件調査書及び指導要録の非開示部分に記載される内容は、すでにみたとおりのものであるから、仮に、同部分にマイナス評価が記載されるのであれば、正確な資料に基づくのはもちろん、日頃の指導等においても本人あるいは保護者に同趣旨のことが伝えられ、指導が施されていなければならないものというべきである。（大阪高判平11・11・25判タ一〇五〇―一一一）

第七八条の二〔部活動指導員〕　部活動指導員は、中学校におけるスポーツ、文化、科学等に関する教育活動（中学校の教育課程として行われるものを除く。）に係る技術的な指導に従事する。

第七九条〔準用規定〕　第四十一条から第四十九条まで、第五十条第二項、第五十四条から第六十八条までの規定は、中学校に準用する。この場合において、第四十二条中「五学級」とあるのは「二学級」と、第五十五条から第五十六条の二まで及び第五十六条の四の規定中「第五十条第一項」とあるのは「第七十二条」と、「第五十一条（中学校連携型小学校にあつては第五十二条の三、第七十九条の九第二項に規定する中学校併設型小学校にあつては第七十九条の十二において準用する第七十九条の五第一項）」とあるのは「第七十三条（併設型中学校にあつては第百十七条において準用する第百七条、小学校連携型中学校にあつては第七十四条の三、連携型中学校にあつては第七十六条、第七十九条の九第二項に規定する小学校併設型中学校にあつては第七十九条の十二において準用する第七十九条の五第二項）」と、「第五十二条」とあるのは「第七十四条」と、第五十五条の二中「第三十条第一項」とあるのは「第四十六条」と、第五十六条の三中「他の小学校、義務教育学校の前期課程又は特別支援学校の小学部」とあるのは「他の中学校、義務教育学校の後期課程、中等教育学校の前期課程又は特別支援学校の中学部」と読み替えるものとする。

＊学級数（四一・四二）、私立学校の宗教（五〇2）、履修困難な各教科の学習指導（五四）、教育課程の特例（五五―五六の四）、課程の修了・卒業の認定（五七）、卒業証書の授与（五八）、就学義務の猶予・免除の手続等（三四）、就学猶予免除者の相当学年への編入（三五）、学年（五九）、授業終始の時刻（六〇）、休業日（六一）、非常変災等による臨時休業（六三）、講師の勤務（六四）、学校用務員（六五）、スクールカウンセラー（六五の二）、スクールソーシャルワーカー（六五の三）、学校評価（六六―六八）

第五章の二　義務教育学校並びに中学校併設型小学校及び小学校併設型中学校

第一節　義務教育学校

第七九条の二〔義務教育学校の設置基準〕　義務教育学校の前期課程の設備、編制その他設置に関する事項については、小学校設置基準の規定を準用する。

2　義務教育学校の後期課程の設備、編制その他設置に関する事項については、中学校設置基準の規定を準用する。

第七九条の三〔学級数〕　義務教育学校の学級数は、十八学級以上二十七学級以下を標準とする。ただし、地域の実態その他により特別の事情のあるときは、この限りでない。

第七九条の四〔分校の学級数〕　義務教育学校の分校の学級数は、特別の事情のある場合を除き、八学級以下とし、前条の学級数に算入しないものとする。

第七九条の五〔授業時数〕　次条第一項において準用する第五十条第一項に規定する義務教育学校の前期課程の各学年における各教科、特別の教科である道徳、外国語活動、総合的な学習の時間及び特別活動のそれぞれの授業時数並びに各学年におけるこれらの総授業時数は、別表第二の二に定める授業時数を標準とする。

2　次条第二項において準用する第七十二条に規定する義務教育学校の後期課程の各学年における各教科、特別の教科である道徳、総合的な学習の時間及び特別活動のそれぞれの授業時数並びに各学年におけるこれらの総授業時数は、別表第二の三に定める授業時数を標準とする。

第七九条の六〔教育課程の基準〕　義務教育学校の前期課程の教育課程については、第五十条、第五十二条の規定に基づき文部科学大臣が公示する小学校学習指導要領及び第五十五条から第五十六条の四までの規定を準用する。この場合において、第五十五条から第五十六条までの規定中「第五十条第一項、第五十一条（中学校連携型小学校にあつては第五十二条の三、第七十九条の九第二項に規定する中学校併設型小学校にあつては第七十九条の十二において準用する第七十九条の五第一項）又は第五十二条」とあるのは「第七十九条の五第一項又は第七十九条の六第一項において準用する第五十条第一項若しくは第五十二条の規定に基づき文部科学大臣が公示する小学校学習指導要領」と、第五十五条の二中「第三十条第一項」とあるのは「第四十九条の六第一項」と、第五十六条の二及び第五十六条の四中「第五十条第一項、第五十一条（中学校連携型小学校にあつては第五十二条の三、第七十九条の九第二項に規定する中学校併設型小学校にあつては第七十九条の十二において準用する第七十九条の五第一項）及び第五十二条」とあるのは「第七十九条の五第一項並びに第七十九条の六第一項において準用する第五十条第一項及び第五十二条の規定に基づき文部科学大臣が公示する小学校学習指導要領」と読み替えるものとする。

2　義務教育学校の後期課程の教育課程については、第五十条第二項、第五十五条から第五十六条の四まで及び第七十二条の規定並びに第七十四条の規定に基づき文部科学大臣が公示する中学校学習指導要領の規定を準用する。この場合において、第五十五条から第五十六条までの規定中「第五十条第一項、第五十一条（中学校連携型小学校にあつては第五十二条の三、第七十九条の九第二項に規定する中学校併設型小学校にあつては第七十九条の十二において準用する第七十九条の五第一項）又は第五十二条」とあるのは「第七十九条の五第二項又は第七十九条の六第二項において準用する第七十二条若しくは第七十四条の規定に基づき文部科学大臣が公示する中学校学習指導要領」と、第五十五条の二中「第三十条第一項」とあるのは「第四十九条の六第二項」と、第五十六条の二及び第五十六条の四中「第五十条第一項、第五十一条（中学校連携型小学校にあつては第五十二条の三、第七十九条の九第二項に規定する中学校併設型小学校にあつては第七十九条の十二において準用する第七十九条の五第一項）及び第五十二条」とあるのは「第七十九条の五第二項並びに第七十九条の六第二項において準用する第七十二条及び第七十四条の規定に基づき文部科学大臣が公示する中学校学習指導要領」と、第五十六条の四中「他の小学校、義務教育学校の前期課程又は特別支援学校の小学部」とあるのは「他の中学校、義務教育学校の後期課程、中等教育学校の前期課程又は特別支援学校の中学部」と読み替えるものとする。

第七九条の七［**教育課程の基準の特例**］義務教育学校の教育課程については、この章に定めるもののほか、教育課程の基準の特例として文部科学大臣が別に定めるところによるものとする。

第七九条の八［**準用規定**］第四十三条から第四十九条まで、第五十三条、第五十四条、第五十六条の五から第七十一条まで（第六十九条を除く。）及び第七十八条の規定は、義務教育学校に準用する。

2　第七十七条の二及び第七十八条の二の規定は、義務教育学校の後期課程に準用する。

第二節　中学校併設型小学校及び小学校併設型中学校

第七九条の九［**小中一貫教育**］同一の設置者が設置する小学校（中学校連携型小学校を除く。）及び中学校（併設型中学校、小学校連携型中学校及び連携型中学校を除く。）においては、義務教育学校に準じて、小学校における教育と中学校における教育を一貫して施すことができる。

2　前項の規定により中学校における教育と一貫した教育を施す小学校（以下「中学校併設型小学校」という。）及び同項の規定により小学校における教育と一貫した教育を施す中学校（以下「小学校併設型中学校」という。）においては、小学校における教育と中学校における教育を一貫して施すためにふさわしい運営の仕組みを整えるものとする。

判例 **学生生徒の地位**　小中一貫教育がなされている私立学校法人において、中学校への進学を拒否された生徒からの地位保全仮処分が認容された事例。（東京地八王子支判平1・6・23判時一三二三—九七）

第七九条の一〇［**教育課程の基準の特例**］中学校併設型小学校の教育課程については、第四章に定めるもののほか、教育課程の基準の特例として文部科学大臣が別に定めるところによるものとする。

2　小学校併設型中学校の教育課程については、第五章に定めるもののほか、教育課程の基準の特例として文部科学大臣が別に定めるところによるものとする。

第七九条の一一［**教育課程の編成**］中学校併設型小学校及び小学校併設型中学校においては、小学校における教育と中学校における教育を一貫して施すため、設置者の定めるところにより、教育課程を編成するものとする。

第七九条の一二［**準用規定**］第七十九条の五第一項の規定は中学校併設型小学校に、同条第二項の規定は小学校併設型中学校に準用する。

第六章　高等学校

第一節　設備、編制、学科及び教育課程

第八〇条［**高等学校の設置基準**］高等学校の設備、編制、学科の種類その他設置に関する事項は、この節に定めるもののほか、高等学校設置基準（平成十六年文部科学省令第二十号）の定めるところによる。

＊設置基準（学教三）、学科・教育課程（学教五二）、定時制の課程（学教五三）、専攻科・別科（学教五八）、職員（学教六〇）、準用規定（一〇四）

第八一条［**学科主任・農場長**］二以上の学科を置く高等学校には、専門教育を主とする学科（以下「専門学科」という。）ごとに学科主任を置き、農業に関する専門学科を置く高等学校には、農場長を置くものとする。

2　前項の規定にかかわらず、第四項に規定する学科主任の担当する校務を整理する主幹教諭を置くときその他特別の事情のあるときは学科主任を、第五項に規定する農場長の担当する校務を整理する主幹教諭を置くときその他特別の事情のあるときは農場長を、それぞれ置かないことができる。

3　学科主任及び農場長は、指導教諭又は教諭をもつて、これに充てる。

4　学科主任は、校長の監督を受け、当該学科の教育活動に関する事項について連絡調整及び指導、助言に当たる。

5　農場長は、校長の監督を受け、農業に関する実習地及び実習施設の運営に関する事項をつかさどる。

＊職員・教諭（学教三七）

通達　**特別の事情のあるとき**（学科主任の場合）学科の規模が小規模である等特別の事情のあるときであること。（農場長の場合）農業に関する実習地及び実習施設の規模が小規模である等特別の事情のあるときであること。　**学科主任の職務**　校長の監督を受け、当該学科の専門教育に関する教育計画及び実習計画の立案・実施等当該学科の教育活動に関する事項について教職員間の連絡調整に当たるとともに、関係教職員に対する指導、助言に当たるものであること。　**農場長の職務**　校長の監督を受け、農業に関する実習計画の調整、実習施設・設備の管理等農業に関する実習地及び実習施設の運営に関する事項をつかさどるものである。（昭51・1・13文初地一三六事務次官）

第八二条［**事務長**］高等学校には、事務長を置くものとする。

2　事務長は、事務職員をもつて、これに充てる。

3　事務長は、校長の監督を受け、事務職員その他の職員が行う事務を総括する。

＊職員（学教三七）

通達　**高等学校等の事務長**　事務職員の学歴、経験年数等を考慮して命ずるものとすること。（昭51・1・13文初地一三六事務次官）

第八三条［**教育課程の編成**］高等学校の教育課程は、別表第三に定める各教科に属する科目、総合的な学習の時間及び特別活動によつて編成するものとする。

> **第八三条**（「総合的な学習の時間」は、平三四・四・一からは「総合的な探究の時間」）

＊高等学校の目的・目標（学教五〇・五一）、学科・教育課程（学教五二、高等学校学習指導要領）

通達　**総合学科について**　総合学科は普通教育及び専門教育を選択履修を旨として総合的に施す学科であり高等学校教育の一層の個性化・多様化を推進するため、普通科、専門学科に並ぶ新たな学科として設けられたものである。（平5・3・22文初高二〇二・文初職二〇三初中局長）

第八四条［**教育課程の基準**］高等学校の教育課程については、この章に定めるもののほか、教育課程の基準として文部科学大臣が別に公示する高等学校学習指導要領によるものとする。

＊高等学校の目的・目標（学教五〇・五一）、教育課程（学教五二）、教育課程の編成（八三）

第八五条［**教育課程の研究上の特例**］高等学校の教育課程に関し、その改善に資する研究を行うため特に必要があり、かつ、生徒の教育上適切な配慮がなされていると文部科学大臣が認める場合においては、文部科学大臣が別に定めるところにより、前二条の規定によらないことができる。

＊全課程の修了の認定（九六）

第八五条の二［**教育課程の地域的な特例**］文部科学大臣が、高等学校において、当該高等学校又は当該高等学校が設置されている地域の実態に照らし、より効果的な教育を実施するため、当該高等学校又は当該地域の特色を生かした特別の教育課程を編成して教育を実施する必要があり、かつ、当該特別の教育課程について、教育基本法及び学校教育法第五十一条の規定等に照らして適切であり、生徒の教育上適切な配慮がなされているものとして文部科学大臣が定める基準を満たしていると認める場合においては、文部科学大臣が別に定めるところにより、第八十三条又は第八十四条の規定の全部又は一部によらないことができる。

第八六条［**不登校生徒等を対象とする特別の教育課程**］高等学校において、学校生活への適応が困難であるため、相当の期間高等学校を欠席し引き続き欠席すると認められる生徒、高等学校を退学し、その後高等学校に入学していないと認められる者若しくは学校教育法第五十七条に規定する高等学校の入学資格を有するが、高等学校に入学していないと認められる者又は疾病による療養のため若しくは障害のため、相当の期間高等学校を欠席すると認められる生徒、高等学校を退学し、その後高等学校に入学していないと認められる者若しくは学校教育法第五十七条に規定する高等学校の入学資格を有するが、高等学校に入学していないと認められる者を対象として、その実態に配慮した特別の教育課程を編成して教育を実施する必要があると文部科学大臣が認める場合においては、文部科学大臣が別に定めるところにより、第八十三条又は第八十四条の規定によらないことができる。

通知　不登校児童生徒等の実態に配慮した特別の教育課程を編成する必要があると認められる場合、特定の学校において教育課程の基準によらずに特別の教育課程を編成することができるようにするものであり、構造改革特別区域法（平一四法一八九）二条三項に規定する規制の特例措置である「不登校児童生徒等を対象とした学校設置に係る教育課程弾力化事業」を、同法の定める手続によらずに実施できることとするものであること。（平17・7・6文科初四八五初中局長）

通知　高等学校における不登校生徒が学校外の公的機関や民間施設において相談・指導を受けている場合の指導要領上の出欠の取扱いについて。（平21・3・12文科初一三四六初中局長）

第八七条［**連携型高等学校の教育課程**］高等学校（学校教育法第七十一条の規定により中学校における教育と一貫した教育を施すもの（以下「併設型高等学校」という。）を除く。）においては、中学校における教育との一貫性に配慮した教育を施すため、当該高等学校の設置者が当該中学校の設置者との協議に基づき定めるところにより、教育課程を編成することができる。

2　前項の規定により教育課程を編成する高等学校（以下「連携型高等学校」という。）は、連携型中学校と連携し、その教育課程を実施するものとする。

＊課程の区分（学教六六）、各課程の教育の目標（学教六七）、連携型中学校の教育課程（七五・七七）

第八八条［**連携型高等学校の教育課程の特例**］連携型高等学校の教育課程については、この章に定めるもののほか、教育課程の基準の特例として文部科学大臣が別に定めるところによるものとする。

＊基準の特例（連携型中学校及び連携型高等学校の教育課程の基準の特例を定める件（平一六文科告六二））

第八八条の二［**国際バカロレア認定校の教育課程の特**

例］スイス民法典に基づく財団法人である国際バカロレア事務局から国際バカロレア・ディプロマ・プログラムを提供する学校として認められた高等学校の教育課程については、この章に定めるもののほか、教育課程の基準の特例として文部科学大臣が別に定めるところによるものとする。

第八八条の三［授業を行う場所の特例］ 高等学校は、文部科学大臣が別に定めるところにより、授業を、多様なメディアを高度に利用して、当該授業を行う教室等以外の場所で履修させることができる。

＊単位数の制限（九六2・一三三2）

第八九条［教科用図書の使用についての特例］ 高等学校においては、文部科学大臣の検定を経た教科用図書又は文部科学省が著作の名義を有する教科用図書のない場合には、当該高等学校の設置者の定めるところにより、他の適切な教科用図書を使用することができる。

2　第五十六条の五の規定は、学校教育法附則第九条第二項において準用する同法第三十四条第二項又は第三項の規定により前項の他の適切な教科用図書に代えて使用する教材について準用する。

＊教科用図書検定・使用（学教三四）、学校管理規則による教科書以外の教材の届出・承認（地教行三三2）

第二節　入学、退学、転学、留学、休学及び卒業等

第九〇条［入学の許可、入学者の選抜・学力検査、調査書］ 高等学校の入学は、第七十八条の規定により送付された調査書その他必要な書類、選抜のための学力検査（以下この条において「学力検査」という。）の成績等を資料として行う入学者の選抜に基づいて、校長が許可する。

2　学力検査は、特別の事情のあるときは、行わないことができる。

3　調査書は、特別の事情のあるときは、入学者の選抜のための資料としないことができる。

4　連携型高等学校における入学者の選抜は、第七十五条第一項の規定により編成する教育課程に係る連携型中学校の生徒については、調査書及び学力検査の成績以外の資料により行うことができる。

5　公立の高等学校（公立大学法人の設置する高等学校を除く。）に係る学力検査は、当該高等学校を設置する都道府県又は市町村の教育委員会が行う。

＊高等学校の入・退・転学等（学教五九）、進学生徒の調査書等の送付（七八）、入・退・転学に関する教育委員会の職務権限（地教行二一）

［回答］**教育委員会は高等学校の入学者選抜方法を決定できるか** 公立高校において選抜を行うことができる者は校長であるが、学力検査、その教科の決定ほか、選抜方法については都道府県教育委員会が必要に応じて決定できる。（昭27・11・28初中局長）

［回答］**入学（退学・転学・休学）許可の取消し** 高等学校の入学等許可の取消権は、許可権を有する校長にある。（昭30・5・2初中局長）

［回答］**各種学校から高等学校への編入学について** 教育課程が高等学校の教育課程に類似する各種学校の教育を受けた場合であっても、当該各種学校に在籍する生徒を高等学校の第二学年以上に入学させることは適当でない。（昭41・7・1初中七〇初中局中等教育課長）

［通知］**高等学校の入学者選抜について** 高等学校の入学者選抜は公教育としてふさわしい適切な資料に基づいて行われるべきものであり、業者テストの結果を資料として用いた入学者の選抜が行われることがあってはならないこと。また、中学校における進路指導は日ごろの学習成績や活動の状況等による生徒の能力・適性、興味・関心等に基づき総合的に行われるべきものであり、業者テストによる偏差値等に依存した進路指導は行わないこと。入学者選抜に関し一切、中学校にあっては、業者テストの結果を高等学校に提供しないよう、また、高等学校にあっては、業者テストや学習塾の実施するテストの偏差値の提供を中学校に求めないよう、平成六年度入学者選抜から直ちに改善すること。（平5・2・22文初高二四三事務次官）

［判例］**入学者合同選抜の違法性**（大分地判昭62・2・23判時一二三一―九六）→教基四条

［判例］**身体障害者の入学拒否［尼崎高校事件］**（神戸地判平4・3・13判時一四一四―二六）→資料編第8節

［判例］**調査書の記載［麹町中学校内申書事件］**（最判昭63・7・15判時一二八七―六五）→資料編第8節

［判例］**調査書（内申書）の開示・非開示** 調査書中、各教科の学習の記録の評定、身体の記録などは、開示しても、調査書の公正さや、教師と生徒との信頼関係が損われるおそれはない。これに対し、総合所見欄については、開示により教師への不信感や遺恨等を招き、教師と生徒との信頼関係が損われるような事態が起きないとはいえず、記載が形骸化して、入試の資料としての客観性・公正さが減殺されるおそれがある。（大阪地判平6・12・20判時一五三四―三）

［通達］**学校教育法施行規則の一部改正について** 公立高等学校にかかる学力検査は、従来、同一時期に同一問題によって各都道府県内いっせいに実施すべきこととされていたが、これを改め、必ずしも同一時期に同一問題により実施する必要はないこととしたこと。（昭59・7・20文初高二八二事務次官）

［通知］**高等学校の入学者選抜について** 高等学校の入学者選抜は、各高等学校・学科等の特色に配慮しつつ、その教育を受けるに足る能力・適性等を判定して行うものとすること。高等学校入学者選抜のあり方は、各学校・学科・コースごとの特色に応じて多様であることが望ましいこと。さらに、同一の学校・学科のなかでも入学定員を区分して複数の尺度に基づく異なる選抜方法を実施することにも配慮すること。（平5・2・22文初高二四三事務次官）

第九一条［編入学の資格］ 第一学年の途中又は第二学年以上に入学を許可される者は、相当年齢に達し、当該学年に在学する者と同等以上の学力があると認められた者とする。

＊入学等（学教五九）

［通達］**第一学年途中での編入学について** 従来、編入学については第二学年以上の場合についてのみ規定されていたが、帰国子女など外国の高等学校から我が国の高等学校への編入学を希望するものが増加しているところから、その円滑な受け入れを促進するため、第一学年の途中の場合をも想定し、各学年を通じ、随時、編入学を行うことができることを明らかにしたもの。（昭63・10・8文初高七二事務次官）

［通知］**高等学校における保護者の転勤以外の事情により海外から帰国した生徒に対する編入学の機会の拡大等について** (1)帰国生徒については、保護者の転勤に伴う場合と同様に、保護者の転勤以外の事情により、海外の高等学校へ進学した後帰国した場合についても、編入学の出願資格を得られるように配慮すること。(2)外国においては学年の始期・終期が我が国と異なる場合が多いことから、編入学試験の実施回数について、各学年を通じ、可能な限り多くすることが望ましいこと。(3)帰国生徒に係る編入学試験の受験手続については、海外から手続を行うことが多いことに照らし、可能な限り弾力的に取り扱うことが望ましく、例えば、提出書類は必要最小限と

し、願書提出期限についても特段の配慮をすることが望ましいこと。⑷帰国生徒に対する教育については、外国で身に付けた能力や特性を生かすよう配慮し、本人に対するきめ細かな指導が必要であるとともに、帰国生徒とその他の生徒との相互啓発を通じて、互いに尊重し合う態度を育て、国際理解を深めるとともに、国際社会に生きる人間として望ましい能力や態度を育成することが期待されること。（平25・5・20文科初二四三初中局長）

第九二条〔**転学・転籍**〕他の高等学校に転学を志望する生徒のあるときは、校長は、その事由を具し、生徒の在学証明書その他必要な書類を転学先の校長に送付しなければならない。転学先の校長は、教育上支障がない場合には、転学を許可することができる。

2　全日制の課程、定時制の課程及び通信制の課程相互の間の転学又は転籍については、修得した単位に応じて、相当学年に転入することができる。

＊転学等（学教五九）

通達 **転学の許可について**　転学を希望する生徒のあるとき、従来は、欠員のある場合には転学を許可することができるとされていたが、これを改め、欠員のある場合に限らず、教育上支障がない場合には転学を許可することができることとしたこと。（昭59・7・20文初高二八二事務次官）

第九三条〔**留学**〕校長は、教育上有益と認めるときは、生徒が外国の高等学校に留学することを許可することができる。

2　校長は、前項の規定により留学することを許可された生徒について、外国の高等学校における履修を高等学校における履修とみなし、三十六単位を超えない範囲で単位の修得を認定することができる。

3　校長は、前項の規定により単位の修得を認定された生徒について、第百四条第一項において準用する第五十九条又は第百四条第二項に規定する学年の途中においても、各学年の課程の修了又は卒業を認めることができる。

通達 **高等学校の生徒の留学について**　今回の改正は、高等学校の生徒が在学する高等学校を休学又は退学することなく外国の高等学校において教育を受け、国内の高等学校の単位として修得できるようにすることにより、外国の高等学校と我が国の高等学校との円滑な交流を促進し、高等学校教育の充実に資するよう所要の措置を講じたものであること。（昭63・2・3文初高事務次官）

第九四条〔**休・退学**〕生徒が、休学又は退学をしようとするときは、校長の許可を受けなければならない。

＊退学等（学教五九）

回答 **高等学校の入学・転学・休学および退学の許可の取消権**　許可権を有する校長にある。（昭30・5・2初中局長）

通知 **高等学校中途退学問題への対応について**（平5・4・23文初高三五一初中局長）→学教五九条

第九五条〔**中学校卒業者と同等以上の学力認定者**〕学校教育法第五十七条の規定により、高等学校入学に関し、中学校を卒業した者と同等以上の学力があると認められる者は、次の各号のいずれかに該当する者とする。

一　外国において、学校教育における九年の課程を修了した者

二　文部科学大臣が中学校の課程と同等の課程を有するものとして認定した在外教育施設の当該課程を修了した者

三　文部科学大臣の指定した者

四　就学義務猶予免除者等の中学校卒業程度認定規則（昭和四十一年文部省令第三十六号）により、中学校を卒業した者と同等以上の学力があると認定された者

五　その他高等学校において、中学校を卒業した者と同等以上の学力があると認めた者

＊入学資格（学教五七、在外教育施設の認定等に関する規程〔平三文告一一四〕、就学義務猶予免除者等の中学校卒業程度認定規則）

回答 **中学校を卒業した者と同等以上の学力ある者**　高等学校において、中学校を卒業した者と同等以上の学力があると認められるのは、当該高等学校への入学を願い出た者に限られ、教育委員会の別段の指示がない限り、高等学校において定めることができる。（昭36・7・21委初九一初中局長）

通達 **登校拒否等児の扱い**　高校教育を受ける機会を与えられるようにするため試験を受けようとする学年の終わりまでに満一五歳に達する登校拒否等の生徒についても中学校卒業程度認定試験の受験資格を与えることとするものである。（平9・3・31文初高二〇二初中局長）

第九六条〔**校長の全課程修了の認定**〕校長は、生徒の高等学校の全課程の修了を認めるに当たつては、高等学校学習指導要領の定めるところにより、七十四単位以上を修得した者について行わなければならない。ただし、第八十五条、第八十五条の二又は第八十六条の規定により、高等学校の教育課程に関し第八十三条又は第八十四条の規定によらない場合においては、文部科学大臣が別に定めるところにより行うものとする。

2　前項前段の規定により全課程の修了の要件として修得すべき七十四単位のうち、第八十八条の三に規定する授業の方法により修得する単位数は三十六単位を超えないものとする。ただし、疾病による療養のため又は障害のため、病院その他の適当な場所で医療の提供その他の支援を受ける必要がある生徒であつて、相当の期間高等学校を欠席すると認められるものについては、この限りでない。

＊教育課程の研究上の特例（八五）、教育課程の地域的な特例（八五の二）、教育課程の編成（八三）、その他の教育課程の基準（八四）、特別支援学校の高等部の教育課程、研究上の特例（一三二・一三三）

第九七条〔**他の学校における単位の認定**〕校長は、教育上有益と認めるときは、生徒が当該校長の定めるところにより他の高等学校又は中等教育学校の後期課程において一部の科目の単位を修得したときは、当該修得した単位数を当該生徒の在学する高等学校が定めた全課程の修了を認めるに必要な単位数のうちに加えることができる。

2　前項の規定により、生徒が他の高等学校又は中等教育学校の後期課程において一部の科目の単位を修得する場合においては、当該他の高等学校又は中等教育学校の校長は、当該生徒について一部の科目の履修を許可することができる。

3　同一の高等学校に置かれている全日制の課程、定時制の課程及び通信制の課程相互の間の併修については、前二項の規定を準用する。

第九八条〔**知識・技能審査・ボランティア等の単位の認定**〕校長は、教育上有益と認めるときは、当該校長の

定めるところにより、生徒が行う次に掲げる学修を当該生徒の在学する高等学校における科目の履修とみなし、当該科目の単位を与えることができる。
一　大学、高等専門学校又は専修学校の高等課程若しくは専門課程における学修その他の教育施設等における学修で文部科学大臣が別に定めるもの
二　知識及び技能に関する審査で文部科学大臣が別に定めるものに係る学修
三　ボランティア活動その他の継続的に行われる活動（当該生徒の在学する高等学校の教育活動として行われるものを除く。）に係る学修で文部科学大臣が別に定めるもの

第九九条［**認定単位数の限度**］　第九十七条の規定に基づき加えることのできる単位数及び前条の規定に基づき与えることのできる単位数の合計数は三十六を超えないものとする。

第一〇〇条［**高卒認定規則・別科による学修の単位の認定**］　校長は、教育上有益と認めるときは、当該校長の定めるところにより、生徒が行う次に掲げる学修（当該生徒が入学する前に行つたものを含む。）を当該生徒の在学する高等学校における科目の履修とみなし、当該科目の単位を与えることができる。
一　高等学校卒業程度認定試験規則（平成十七年文部科学省令第一号）の定めるところにより合格点を得た試験科目（同令附則第二条の規定による廃止前の大学入学資格検定規程（昭和二十六年文部省令第十三号。以下「旧規程」という。）の定めるところにより合格点を得た受検科目を含む。）に係る学修
二　高等学校の別科における学修で第八十四条の規定に基づき文部科学大臣が公示する高等学校学習指導要領の定めるところに準じて修得した科目に係る学修

第一〇〇条の二［**大学への編入学の基準**］　学校教育法第五十八条の二に規定する文部科学大臣の定める基準は、次のとおりとする。
一　修業年限が二年以上であること。
二　課程の修了に必要な総単位数その他の事項が、別に定める基準を満たすものであること。
2　前項の基準を満たす高等学校の専攻科の課程を修了した者は、編入学しようとする大学の定めるところにより、当該大学の修業年限から、修了した高等学校の専攻科における修業年限に相当する年数以下の期間を控除した期間を在学すべき期間として、当該大学に編入学することができる。ただし、在学すべき期間は、一年を下つてはならない。

第一〇〇条の三［**識見を有する者等による評価の結果の公表**］　前条第一項の基準を満たす専攻科を置く高等学校は、当該専攻科について、第百四条第一項において準用する第六十六条第一項の規定による評価の結果を踏まえた高等教育の段階における教育活動等に関し識見を有する者その他適当と認める者（当該高等学校の職員を除く。）による評価を行い、その結果を公表するものとする。

第三節　定時制の課程及び通信制の課程並びに学年による教育課程の区分を設けない場合その他

第一〇一条［**通信教育**］　通信制の課程の設備、編制その他に関し必要な事項は、この章に定めるもののほか、高等学校通信教育規程の定めるところによる。
2　第八十条（施設、設備及び編制に係るものに限る。）並びに第百四条において準用する第五十九条及び第六十一条から第六十三条までの規定は、通信制の課程に適用しない。
＊通信教育（学教五四、高校通信規程）、②高校設置基準（八〇）、学年（五九）、休業日（六一・六二）、非常変災等による臨時休業（六三）

第一〇二条［**定時制、通信制の修業年限の配慮**］　高等学校の定時制の課程又は通信制の課程の修業年限を定めるに当たつては、勤労青年の教育上適切な配慮をするよう努めるものとする。
＊修業年限（学教五六）

第一〇三条［**単位制高等学校**］　高等学校においては、第百四条第一項において準用する第五十七条（各学年の課程の修了に係る部分に限る。）の規定にかかわらず、学年による教育課程の区分を設けないことができる。
2　前項の規定により学年による教育課程の区分を設けない場合における入学等に関する特例その他必要な事項は、単位制高等学校教育規程（昭和六十三年文部省令第六号）の定めるところによる。
＊入学等に関する特例（単位制高校規程）

第一〇四条［**準用規定**］　第四十三条から第四十九条まで（第四十六条を除く。）、第五十四条、第五十六条の五から第七十一条まで（第六十九条を除く。）及び第七十八条の二の規定は、高等学校に準用する。
2　前項の規定において準用する第五十九条の規定にかかわらず、修業年限が三年を超える定時制の課程を置く場合は、その最終の学年は、四月一日に始まり、九月三十日に終わるものとすることができる。
3　校長は、特別の必要があり、かつ、教育上支障がないときは、第一項において準用する第五十九条に規定する学年の途中においても、学期の区分に従い、入学（第九十一条に規定する入学を除く。）を許可し並びに各学年の課程の修了及び卒業を認めることができる。
＊校務分掌（四三）、教務主任・学年主任（四四）、保健主事（四五）、校務を分担する主任等（四七）、履修困難な各教科の学習指導（五四）、課程の修了・卒業の認定（五七）、卒業証書の授与（五八）、学年（五九）、授業終始の時刻（六〇）、休業日（六一・六二）、非常変災等による臨時休業（六三）、講師の勤務（六四）、学校用務員（六五）、スクールカウンセラー（六五の二）、スクールソーシャルワーカー（六五の三）、学校評価（六六―六八）、生徒指導主事（七〇）、進路指導主事（七一）、部活動指導員（七八の二）

回答 **学年の途中で卒業させることができるか**　三年間で卒業のための所要単位が履修できないで第四年度の年度途中においてこれを履修した生徒に対し、学年の途中において随時卒業させることはできない。この場合に、第四年度を休学とし、通信教育において必要単位を履修させてから復学させるという方法については、通常の課程と通信教育との二重在籍は認められていないから、この方法はとらない。ただし不足単位が通信教育実施科目である場合には、通常の課程を退学し、必要単位を通信教育によって得て卒業することは可能であるが、この場合

には卒業認定は通信教育実施校の校長が行う。（昭28・1・21初中局長）

回答　二項の通常の課程への適用はできない。（昭28・1・21初中局長）

回答　**全課程を修了する時期**　学校の教育計画は、学年の区分に基づいて構成され、学年は規則四四条（本条で高校に準用）により四月一日に始まり、翌年三月三一日に終わる。よつて生徒が全課程を修了する時期は、学年末期でなければならないものと解する。規則二八条は卒業証書を授与すべきことを規定したものであつて、授与すべき時期について規定したものではない。（昭28・3・12委初二九初中局長）

通達　**帰国子女などの入学等について**　第三項は外国の学校とわが国の学校とでは卒業・入学の時期に相当のずれがある場合が多いことにかんがみ、帰国子女など外国においてわが国の中学校に相当する学校教育の課程を修了した者について、四月・三月以外の時期にわが国の高等学校に入学させ及び卒業させようとする場合の特例を定めたものである。
　この場合においては、教育課程について特別な編成を行うなど教育上支障がないよう配慮するとともに、生徒の進級及び卒業の取扱いについて、修業年限に従い適切なものとなるようにする必要がある。（昭63・10・8文初高七二事務次官）

第七章　中等教育学校並びに併設型中学校及び併設型高等学校

第一節　中等教育学校

第一〇五条〔**学校設置基準**〕中等教育学校の設置基準は、この章に定めるもののほか、別に定める。

第一〇六条〔**前期・後期課程の設置基準**〕中等教育学校の前期課程の設備、編制その他設置に関する事項については、中学校設置基準の規定を準用する。
2　中等教育学校の後期課程の設備、編制、学科の種類その他設置に関する事項については、高等学校設置基準の規定を準用する。

第一〇七条〔**前期課程の授業時数**〕次条第一項において準用する第七十二条に規定する中等教育学校の前期課程の各学年における各教科、特別の教科である道徳、総合的な学習の時間及び特別活動のそれぞれの授業時数並びに各学年におけるこれらの総授業時数は、別表第四に定める授業時数を標準とする。

第一〇八条〔**教育課程の基準**〕中等教育学校の前期課程の教育課程については、第五十条第二項、第五十五条から第五十六条の四まで及び第七十二条の規定並びに第七十四条の規定に基づき文部科学大臣が公示する中学校学習指導要領の規定を準用する。この場合において、第五十五条から第五十六条までの規定中「第五十条第一項、第五十一条（中学校連携型小学校にあつては第五十二条の三、第七十九条の九第二項に規定する中学校併設型小学校にあつては第七十九条の十二において準用する第七十九条の五第一項）又は第五十二条」とあるのは「第百七条又は第百八条第一項において準用する第七十二条若しくは第七十四条の規定に基づき文部科学大臣が公示する中学校学習指導要領」と、第五十五条の二中「第三十条第一項」とあるのは「第六十七条第一項」と、第五十六条の二及び第五十六条の四中「第五十条第一項、第五十一条（中学校連携型小学校にあつては第五十二条の三、第七十九条の九第二項に規定する中学校併設型小学校にあつては第七十九条の十二において準用する第七十九条の五第一項）及び第五十二条」とあるのは「第百七条並びに第百八条第一項において準用する第七十二条及び第七十四条の規定に基づき文部科学大臣が公示する中学校学習指導要領」と、第五十六条の四中「他の小学校、義務教育学校の前期課程又は特別支援学校の小学部」とあるのは「他の中学校、義務教育学校の後期課程、中等教育学校の前期課程又は特別支援学校の中学部」と読み替えるものとする。
2　中等教育学校の後期課程の教育課程については、第八十三条、第八十五条から第八十六条まで及び第八十八条の二の規定並びに第八十四条の規定に基づき文部科学大臣が公示する高等学校学習指導要領の規定を準用する。この場合において、第八十五条中「前二条」とあり、並びに第八十五条の二及び第八十六条中「第八十三条又は第八十四条」とあるのは、「第百八条第二項において準用する第八十三条又は第八十四条の規定に基づき文部科学大臣が公示する高等学校学習指導要領」と、第八十五条の二中「第五十一条」とあるのは「第六十七条第二項」と読み替えるものとする。

第一〇九条〔**教育課程の基準の特例**〕中等教育学校の教育課程については、この章に定めるもののほか、教育課程の基準の特例として文部科学大臣が別に定めるところによるものとする。
　＊基準の特例（中等教育学校並びに併設型中学校及び併設型高等学校の教育課程の基準の特例を定める件〔平一〇文告一五四。平二三文科告一五七により改正〕）

第一一〇条〔**入学の許可、学力検査**〕中等教育学校の入学は、設置者の定めるところにより、校長が許可する。
2　前項の場合において、公立の中等教育学校については、学力検査を行わないものとする。

第一一一条〔**通信教育**〕中等教育学校の後期課程の通信制の課程の設備、編制その他に関し必要な事項は、この章に定めるもののほか、高等学校通信教育規程の規定を準用する。

第一一二条〔**学年による教育課程の区分を設けない場合**〕次条第三項において準用する第百三条第一項の規定により学年による教育課程の区分を設けない場合における入学等に関する特例その他必要な事項は、単位制高等学校教育規程の規定を準用する。

第一一三条〔**準用規定**〕第四十三条から第四十九条まで（第四十六条を除く。）、第五十四条、第五十六条の五から第七十一条まで（第六十九条を除く。）、第七十八条の二、第八十二条、第九十一条、第九十四条及び第百条の三の規定は、中等教育学校に準用する。この場合において、同条中「第百四条第一項」とあるのは、「第百十三条第一項」と読み替えるものとする。
2　第七十七条の二及び第七十八条の規定は、中等教育学校の前期課程に準用する。
3　第八十一条、第八十八条の三、第八十九条、第九十二条、第九十三条、第九十六条から第百条の二まで、第百一条第二項、第百二条、第百三条第一項及び第百四条第二項の規定は、中等教育学校の後期課程に準用する。この場合において、第九十六条第一項中「第八十五条、第八十五条の二又は第八十六条」とあるのは「第百八条第二項において読み替えて準用する第八十五条、第八十五条の二又は第八十六条」と、「第八十三条又は第八十四条」とあるのは「第百八条第二項において準用する第八十三条又は第八十四条の規定に基づき文部科学大臣が公示する高等学校学習指導要領」と読み替えるものとする。

第二節　併設型中学校及び併設型高等学校

第一一四条【**教育課程の基準の特例**】併設型中学校の教育課程については、第五章に定めるもののほか、教育課程の基準の特例として文部科学大臣が別に定めるところによるものとする。

2　併設型高等学校の教育課程については、第六章に定めるもののほか、教育課程の基準の特例として文部科学大臣が別に定めるところによるものとする。

*中等教育学校の目的・目標（学教六三・六四）、各課程の教育の目標（学教六七）、中高一貫教育（学教七一）、教育課程（学教三三・六八）、教育課程の編成（一一五）、中等教育学校並びに併設型中学校及び併設型高等学校の教育課程の基準の特例を定める件（平一〇文告一五四。平二三文科告一五七により改正）

第一一五条【**教育課程の編成**】併設型中学校及び併設型高等学校においては、中学校における教育と高等学校における教育を一貫して施すため、設置者の定めるところにより、教育課程を編成するものとする。

*中等教育学校の目的・目標（学教六三・六四）、各課程の教育の目標（学教六七）、中高一貫教育（学教七一）、教育課程（学教三三・六八）、教育課程の基準の特例（一一四）、中等教育学校並びに併設型中学校及び併設型高等学校の教育課程の基準の特例を定める件（平一〇文告一五四。平二三文科告一五七により改正）

第一一六条【**併設型高等学校の入学者選抜**】第九十条第一項の規定にかかわらず、併設型高等学校においては、当該高等学校に係る併設型中学校の生徒については入学者の選抜は行わないものとする。

第一一七条【**準用規定**】第百七条及び第百十条の規定は、併設型中学校に準用する。

第八章　特別支援教育

第一一八条【**設置基準・設備編制**】特別支援学校の設置基準及び特別支援学級の設備編制は、この章に規定するもののほか、別に定める。

*設置基準（学教三）

第一一九条【**情報の提供**】特別支援学校においては、学校教育法第七十二条に規定する者に対する教育のうち当該特別支援学校が行うものを学則その他の設置者の定める規則（次項において「学則等」という。）で定めるとともに、これについて保護者等に対して積極的に情報を提供するものとする。

2　前項の学則等を定めるに当たつては、当該特別支援学校の施設及び設備等の状況並びに当該特別支援学校の所在する地域における障害のある児童等の状況について考慮しなければならない。

第一二〇条【**一学級の児童、生徒の数**】特別支援学校の幼稚部において、主幹教諭、指導教諭又は教諭（以下「教諭等」という。）一人の保育する幼児数は、八人以下を標準とする。

2　特別支援学校の小学部又は中学部の一学級の児童又は生徒の数は、法令に特別の定めのある場合を除き、視覚障害者又は聴覚障害者である児童又は生徒に対する教育を行う学級にあつては十人以下を、知的障害者、肢体不自由者又は病弱者（身体虚弱者を含む。以下同じ。）である児童又は生徒に対する教育を行う学級にあつては十五人以下を標準とし、高等部の同時に授業を受ける一学級の生徒数は、十五人以下を標準とする。

第一二一条【**学級編制**】特別支援学校の小学部、中学部又は高等部の学級は、同学年の児童又は生徒で編制するものとする。ただし、特別の事情がある場合においては、数学年の児童又は生徒を一学級に編制することができる。

2　特別支援学校の幼稚部における保育は、特別の事情のある場合を除いては、視覚障害者、聴覚障害者、知的障害者、肢体不自由者及び病弱者の別ごとに行うものとする。

3　特別支援学校の小学部、中学部又は高等部の学級は、特別の事情のある場合を除いては、視覚障害者、聴覚障害者、知的障害者、肢体不自由者又は病弱者の別ごとに編制するものとする。

第一二二条【**教員の配置**】特別支援学校の幼稚部においては、同時に保育される幼児数八人につき教諭等を一人置くことを基準とする。

2　特別支援学校の小学部においては、校長のほか、一学級当たり教諭等を一人以上置かなければならない。

3　特別支援学校の中学部においては、一学級当たり教諭等を二人置くことを基準とする。

4　視覚障害者である生徒及び聴覚障害者である生徒に対する教育を行う特別支援学校の高等部においては、自立教科（理療、理学療法、理容その他の職業についての知識技能の修得に関する教科をいう。）を担任するため、必要な数の教員を置かなければならない。

5　前四項の場合において、特別の事情があり、かつ、教育上支障がないときは、校長、副校長若しくは教頭が教諭等を兼ね、又は助教諭若しくは講師をもつて教諭等に代えることができる。

第一二三条【**寄宿舎指導員の数**】寄宿舎指導員の数は、寄宿舎に寄宿する児童等の数を六で除して得た数以上を標準とする。

第一二四条【**寮務主任・舎監**】寄宿舎を設ける特別支援学校には、寮務主任及び舎監を置かなければならない。

2　前項の規定にかかわらず、第四項に規定する寮務主任の担当する寮務を整理する主幹教諭を置くときその他特別の事情のあるときは寮務主任を、第五項に規定する舎監の担当する寮務を整理する主幹教諭を置くときは舎監を、それぞれ置かないことができる。

3　寮務主任及び舎監は、指導教諭又は教諭をもつて、これに充てる。

4　寮務主任は、校長の監督を受け、寮務に関する事項について連絡調整及び指導、助言に当たる。

5　舎監は、校長の監督を受け、寄宿舎の管理及び寄宿舎における児童等の教育に当たる。

通達　**特別の事情のあるとき**　寄宿舎の規模が小規模である等特別の事情であるときであること。　**寮務主任の職務**　校長の監督を受け、寄宿舎の管理及び寄宿舎における児童等の、教育に関する事項について教職員間の連絡調整に当たるとともに、関係教職員に対する指導、助言に当たるものであること。（昭51・1・13文初地一三六事務次官）

第一二五条［**主事**］　特別支援学校には、各部に主事を置くことができる。

2　主事は、その部に属する教諭等をもつて、これに充てる。校長の監督を受け、部に関する校務をつかさどる。

第一二六条［**小学部の教育課程**］　特別支援学校の小学部の教育課程は、国語、社会、算数、理科、生活、音楽、図画工作、家庭、体育及び外国語の各教科、特別の教科である道徳、外国語活動、総合的な学習の時間、特別活動並びに自立活動によつて編成するものとする。

2　前項の規定にかかわらず、知的障害者である児童を教育する場合は、生活、国語、算数、音楽、図画工作及び体育の各教科、特別の教科である道徳、特別活動並びに自立活動によつて教育課程を編成するものとする。ただし、必要がある場合には、外国語活動を加えて教育課程を編成することができる。

第一二七条［**中学部の教育課程**］　特別支援学校の中学部の教育課程は、国語、社会、数学、理科、音楽、美術、保健体育、技術・家庭及び外国語の各教科、特別の教科である道徳、総合的な学習の時間、特別活動並びに自立活動によつて編成するものとする。

2　前項の規定にかかわらず、知的障害者である生徒を教育する場合は、国語、社会、数学、理科、音楽、美術、保健体育及び職業・家庭の各教科、特別の教科である道徳、総合的な学習の時間、特別活動並びに自立活動によつて教育課程を編成するものとする。ただし、必要がある場合には、外国語科を加えて教育課程を編成することができる。

第一二八条［**高等部の教育課程**］　特別支援学校の高等部の教育課程は、別表第三及び別表第五に定める各教科に属する科目、総合的な学習の時間、特別活動並びに自立活動によつて編成するものとする。

2　前項の規定にかかわらず、知的障害者である生徒を教育する場合は、国語、社会、数学、理科、音楽、美術、保健体育、職業、家庭、外国語、情報、家政、農業、工業、流通・サービス及び福祉の各教科、第百二十九条に規定する特別支援学校高等部学習指導要領で定めるこれら以外の教科及び道徳、総合的な学習の時間、特別活動並びに自立活動によつて教育課程を編成するものとする。

第一二八条（一項中「総合的な学習の時間」は、平三四・四・一からは「総合的な探究の時間」。二項中「道徳、総合的な学習の時間」は、平三四・四・一からは「特別の教科である道徳、総合的な探究の時間」）

第一二九条［**教育課程の基準**］　特別支援学校の幼稚部の教育課程その他の保育内容並びに小学部、中学部及び高等部の教育課程については、この章に定めるもののほか、教育課程その他の保育内容又は教育課程の基準として文部科学大臣が別に公示する特別支援学校幼稚部教育要領、特別支援学校小学部・中学部学習指導要領及び特別支援学校高等部学習指導要領によるものとする。

第一三〇条［**小学部・中学部の各教科の特例**］　特別支援学校の小学部、中学部又は高等部においては、特に必要がある場合は、第百二十六条から第百二十八条までに規定する各教科（次項において「各教科」という。）又は別表第三及び別表第五に定める各教科に属する科目の全部又は一部について、合わせて授業を行うことができる。

2　特別支援学校の小学部、中学部又は高等部においては、知的障害者である児童若しくは生徒又は複数の種類の障害を併せ有する児童若しくは生徒を教育する場合において特に必要があるときは、各教科、特別の教科である道徳（特別支援学校の高等部にあつては、前条に規定する特別支援学校高等部学習指導要領で定める道徳）、外国語活動、特別活動及び自立活動の全部又は一部について、合わせて授業を行うことができる。

第一三〇条（二項中「特別の教科である道徳（特別支援学校の高等部にあつては、前条に規定する特別支援学校高等部学習指導要領で定める道徳）」は、平三四・四・一からは「特別の教科である道徳」）

第一三一条［**特別の教育課程**］　特別支援学校の小学部、中学部又は高等部において、複数の種類の障害を併せ有する児童若しくは生徒を教育する場合又は教員を派遣して教育を行う場合において、特に必要があるときは、第百二十六条から第百二十九条までの規定にかかわらず、特別の教育課程によることができる。

2　前項の規定により特別の教育課程による場合において、文部科学大臣の検定を経た教科用図書又は文部科学省が著作の名義を有する教科用図書を使用することが適当でないときは、当該学校の設置者の定めるところにより、他の適切な教科用図書を使用することができる。

3　第五十六条の五の規定は、学校教育法附則第九条第二項において準用する同法第三十四条第二項又は第三項の規定により前項の他の適切な教科用図書に代えて使用する教材について準用する。

＊教科用図書・教材の使用（学教三三・三四）

第一三二条［**教育課程の特例**］　特別支援学校の小学部、中学部又は高等部の教育課程に関し、その改善に資する研究を行うため特に必要があり、かつ、児童又は生徒の教育上適切な配慮がなされていると文部科学大臣が認める場合においては、文部科学大臣が別に定めるところにより、第百二十六条から第百二十九条までの規定によらないことができる。

＊教育課程（学教三三・七七）

第一三二条の二［**特別の教育課程**］　文部科学大臣が、特別支援学校の小学部、中学部又は高等部において、当該特別支援学校が設置されている地域の実態に照らし、より効果的な教育を実施するため、当該特別支援学校又は当該地域の特色を生かした特別の教育課程を編成して教育を実施する必要があり、かつ、当該特別の教育課程について、教育基本法及び学校教育法第七十二条の規定等に照らして適切であり、児童又は生徒の教育上適切な配慮がなされているものとして文部科学大臣が定める基準を満たしていると認める場合においては、文部科学大臣が別に定めるところにより、第百二十六条から第百二十九条までの規定の一部又は全部によらないことができる。

第一三二条の三〔**同前**〕特別支援学校の小学部又は中学部において、日本語に通じない児童又は生徒のうち、当該児童又は生徒の日本語を理解し、使用する能力に応じた特別の指導を行う必要があるものを教育する場合には、文部科学大臣が別に定めるところにより、第百二十六条、第百二十七条及び第百二十九条の規定にかかわらず、特別の教育課程によることができる。

第一三二条の四〔**同前**〕前条の規定により特別の教育課程による場合においては、校長は、児童又は生徒が設置者の定めるところにより他の小学校、中学校、義務教育学校、中等教育学校の前期課程又は特別支援学校の小学部若しくは中学部において受けた授業を、当該児童又は生徒の在学する特別支援学校の小学部又は中学部において受けた当該特別の教育課程に係る授業とみなすことができる。

第一三二条の五〔**同前**〕特別支援学校の小学部又は中学部において、学齢を経過した者のうち、その者の年齢、経験又は勤労の状況その他の実情に応じた特別の指導を行う必要があるものを夜間その他特別の時間において教育する場合には、文部科学大臣が別に定めるところにより、第百二十六条、第百二十七条及び第百二十九条の規定にかかわらず、特別の教育課程によることができる。

第一三三条〔**高等部の全課程修了の認定**〕校長は、生徒の特別支援学校の高等部の全課程の修了を認めるに当たつては、特別支援学校高等部学習指導要領に定めるところにより行うものとする。ただし、第百三十二条又は第百三十二条の二の規定により、特別支援学校の高等部の教育課程に関し第百二十八条及び第百二十九条の規定によらない場合においては、文部科学大臣が別に定めるところにより行うものとする。

2　前項前段の規定により全課程の修了の要件として特別支援学校高等部学習指導要領の定めるところにより校長が定める単位数又は授業時数のうち、第百三十五条第五項において準用する第八十八条の三に規定する授業の方法によるものは、それぞれ全課程の修了要件として定められた単位数又は授業時数の二分の一に満たないものとする。ただし、疾病による療養のため又は障害のため、病院その他の適当な場所で医療の提供その他の支援を受ける必要がある生徒であつて、相当の期間特別支援学校を欠席すると認められるもの又は教員を派遣して教育を行う必要があると認められるものについては、この限りでない。

＊課程の修了・卒業の認定（五七）、卒業証書の授与（五八）

第一三四条〔**高等部通信教育**〕特別支援学校の高等部における通信教育に関する事項は、別に定める。

第一三四条の二〔**個別の教育支援計画**〕校長は、特別支援学校に在学する児童等について個別の教育支援計画（学校と医療、保健、福祉、労働等に関する業務を行う関係機関及び民間団体（次項において「関係機関等」という。）との連携の下に行う当該児童等に対する長期的な支援に関する計画をいう。）を作成しなければならない。

2　校長は、前項の規定により個別の教育支援計画を作成するに当たつては、当該児童等又はその保護者の意向を踏まえつつ、あらかじめ、関係機関等と当該児童等の支援に関する必要な情報の共有を図らなければならない。

第一三五条〔**準用規定**〕第四十三条から第四十九条まで（第四十六条を除く。）、第五十四条、第五十九条から第六十三条まで、第六十五条から第六十八条まで、第八十二条及び第百条の三の規定は、特別支援学校に準用する。この場合において、同条中「第百四条第一項」とあるのは、「第百三十五条第一項」と読み替えるものとする。

2　第五十六条の五から第五十八条まで、第六十四条及び第八十九条の規定は、特別支援学校の小学部、中学部及び高等部に準用する。

3　第三十五条、第五十条第二項及び第五十三条の規定は、特別支援学校の小学部に準用する。

4　第三十五条、第五十条第二項、第七十条、第七十一条及び第七十七条の二から第七十八条の二までの規定は、特別支援学校の中学部に準用する。

5　第七十条、第七十一条、第七十八条の二、第八十一条、第八十八条の三、第九十条第一項から第三項まで、第九十一条から第九十五条まで、第九十七条第一項及び第二項、第九十八条から第百条の二まで並びに第百四条第三項の規定は、特別支援学校の高等部に準用する。この場合において、第九十七条第一項及び第二項中「他の高等学校又は中等教育学校の後期課程」とあるのは「他の特別支援学校の高等部、高等学校又は中等教育学校の後期課程」と、同条第二項中「当該他の高等学校又は中等教育学校」とあるのは「当該他の特別支援学校、高等学校又は中等教育学校」と読み替えるものとする。

第一三六条〔**特別支援学級の一学級の児童、生徒の数**〕小学校、中学校若しくは義務教育学校又は中等教育学校の前期課程における特別支援学級の一学級の児童又は生徒の数は、法令に特別の定めのある場合を除き、十五人以下を標準とする。

第一三七条〔**特別支援学級の設置区分**〕特別支援学級は、特別の事情のある場合を除いては、学校教育法第八十一条第二項各号に掲げる区分に従つて置くものとする。

第一三八条〔**特別支援学級に係る教育課程の特例**〕小学校、中学校若しくは義務教育学校又は中等教育学校の前期課程における特別支援学級に係る教育課程については、特に必要がある場合は、第五十条第一項（第七十九条の六第一項において準用する場合を含む。）、第五十一条、第五十二条（第七十九条の六第一項において準用する場合を含む。）、第五十二条の三、第七十二条（第七十九条の六第二項及び第百八条第一項において準用する場合を含む。）、第七十三条、第七十四条（第七十九条の六第二項及び第百八条第一項において準用する場合を含む。）、第七十四条の三、第七十六条、第七十九条の五（第七十九条の十二において準用する場合を含む。）及び第百七条（第百十七条において準用する場合を含む。）の規定にかかわらず、特別の教育課程によることができる。

第一三九条［**特別支援学級の教科**］前条の規定により特別の教育課程による特別支援学級においては、文部科学大臣の検定を経た教科用図書を使用することが適当でない場合には、当該特別支援学級を置く学校の設置者の定めるところにより、他の適切な教科用図書を使用することができる。

2　第五十六条の五の規定は、学校教育法附則第九条第二項において準用する同法第三十四条第二項又は第三項の規定により前項の他の適切な教科用図書に代えて使用する教材について準用する。

＊教科用図書・教材の使用（学教三三・三四）

第一三九条の二［**準用規定**］第百三十四条の二の規定は、小学校、中学校若しくは義務教育学校又は中等教育学校の前期課程における特別支援学級の児童又は生徒について準用する。

第一四〇条［**障害に応じた特別の教育課程**］小学校、中学校、義務教育学校、高等学校又は中等教育学校において、次の各号のいずれかに該当する児童又は生徒（特別支援学級の児童及び生徒を除く。）のうち当該障害に応じた特別の指導を行う必要があるものを教育する場合には、文部科学大臣が別に定めるところにより、第五十条第一項（第七十九条の六第一項において準用する場合を含む。）、第五十一条、第五十二条（第七十九条の六第一項において準用する場合を含む。）、第五十二条の三、第七十二条（第七十九条の六第二項及び第百八条第一項において準用する場合を含む。）、第七十三条、第七十四条（第七十九条の六第二項及び第百八条第一項において準用する場合を含む。）、第七十四条の三、第七十六条、第七十九条の五（第七十九条の十二において準用する場合を含む。）、第八十三条及び第八十四条（第百八条第二項において準用する場合を含む。）並びに第百七条（第百十七条において準用する場合を含む。）の規定にかかわらず、特別の教育課程によることができる。

一　言語障害者
二　自閉症者
三　情緒障害者
四　弱視者
五　難聴者
六　学習障害者
七　注意欠陥多動性障害者
八　その他障害のある者で、この条の規定により特別の教育課程による教育を行うことが適当なもの

通知　**通級による指導の対象とすることが適当な自閉症者、情緒障害者、学習障害者又は注意欠陥多動性障害者に該当する児童生徒について**　通級による指導の対象とするか否かの判断に当たっては、保護者の意見を聴いた上で、障害のある児童生徒に対する教育の経験のある教員等による観察・検査、専門医による診断等に基づき、教育学、医学、心理学等の観点から総合的かつ慎重に行うこと。その際、通級による指導の特質に鑑み、個々の児童生徒について、通常の学級での適応性、通級による指導に要する適正な時間等を十分考慮すること。（平18・3・31文科初一一七八初中局長）

通知　**「情緒障害者」を対象とする特別支援学級の名称について**　自閉症等（自閉症及びアスペルガー症候群などのそれに類するもの、以下同じ。）を対象とする特別支援学級については、これまで、「主として心理的な要因による選択性かん黙等があるもので、社会生活への適応が困難である程度のもの」とともに対応する学級として、「情緒障害特別支援学級」等の名称が用いられてきましたが、在籍者数などの実態を踏まえ、「自閉症・情緒障害特別支援学級」という名称とする。（平21・2・3文科初一一六七初中局長）

第一四一条［**他の学校において受けた授業の取扱い**］前条の規定により特別の教育課程による場合においては、校長は、児童又は生徒が、当該小学校、中学校、義務教育学校、高等学校又は中等教育学校の設置者の定めるところにより他の小学校、中学校、義務教育学校、高等学校、中等教育学校又は特別支援学校の小学部、中学部若しくは高等部において受けた授業を、当該小学校、中学校、義務教育学校、高等学校又は中等教育学校において受けた当該特別の教育課程に係る授業とみなすことができる。

第一四一条の二［**準用規定**］第百三十四条の二の規定は、第百四十条の規定により特別の指導が行われている児童又は生徒について準用する。

第九章　大学

第一節　設備、編制、学部及び学科

第一四二条［**大学の設備、編制、学部及び学科の種類等**］大学（専門職大学及び短期大学並びに大学院を除く。以下この項において同じ。）の設備、編制、学部及び学科に関する事項、教員の資格に関する事項、通信教育に関する事項その他大学の設置に関する事項は、大学設置基準（昭和三十一年文部省令第二十八号）及び大学通信教育設置基準（昭和五十六年文部省令第三十三号）の定めるところによる。

②　専門職大学（大学院を除く。以下この項において同じ。）の設備、編制、学部及び学科に関する事項、教員の資格に関する事項その他専門職大学の設置に関する事項は、専門職大学設置基準（平成二十九年文部科学省令第三十三号）の定めるところによる。

③　大学院の設備、編制、研究科、教員の資格に関する事項及び通信教育に関する事項その他大学院の設置に関する事項は、大学院設置基準（昭和四十九年文部省令第二十八号）及び専門職大学院設置基準（平成十五年文部科学省令第十六号）の定めるところによる。

④　短期大学（専門職短期大学を除く。以下この項において同じ。）の設備、編制、学科、教員の資格、通信教育に関する事項その他短期大学の設置に関する事項は、短期大学設置基準（昭和五十年文部省令第二十一

号）及び短期大学通信教育設置基準（昭和五十七年文部省令第三号）の定めるところによる。

⑤ 専門職短期大学の設備、編制、学科、教員の資格その他専門職短期大学の設置に関する事項は、専門職短期大学設置基準（平成二十九年文部科学省令第三十四号）の定めるところによる。

＊設置基準（学教三）

第一四三条［**教授会に置かれる代議員会等**］教授会は、その定めるところにより、教授会に属する職員のうちの一部の者をもつて構成される代議員会、専門委員会等（次項において「代議員会等」という。）を置くことができる。

2 教授会は、その定めるところにより、代議員会等の議決をもつて、教授会の議決とすることができる。

通達 **代議員会等の設置** (1)代議員会等の設置や議決の取扱い等は、各教授会が各々の事情に応じて自主的に決めるものであること。(2)今回の改正は、大学運営の円滑化に資するために行われたものであり、代議員会等の設置運営に当たつては、教授会に代えて代議員会等を設けることとなるようなことなど、学校教育法第五十九条の趣旨を損なうことのなきよう留意するものとすること。(3)代議員会等を設置した場合においても、教授会は、適宜、代議員会等の審議結果等の活動状況についての報告を求めることとするなど、代議員会等の審議事項についても教授会が最終的な権限と責任を有していることに十分留意し、代議員会等が教授会の意思を十分に反映したものとなるよう工夫するとともに、学長又は学部長のリーダーシップが十分に発揮できるよう配慮すること。(4)教授会は、代議員会等の設置の必要性、代議員会等が審議する事項の範囲、代議員会等を構成する職員の選考方法及び任期、代議員会等の議決の取扱い等を十分に検討し、必要に応じて見直すよう努めること。(5)代議員会等に係る事項については、学内規程等において明確にしておくこと。(6)代議員会、専門委員会の名称は例示であり、各教授会において各々の実態に即した名称を付すことができること。（平7・12・26文高大三二〇事務次官）

第一四三条の二［**施設の共同利用**］大学における教育に係る施設は、教育上支障がないと認められるときは、他の大学の利用に供することができる。

2 前項の施設を他の大学の利用に供する場合において、当該施設が大学教育の充実に特に資するときは、教育関係共同利用拠点として文部科学大臣の認定を受けることができる。

第一四三条の三［**研究施設**］大学には、学校教育法第九十六条の規定により大学に附置される研究施設として、大学の教員その他の者で当該研究施設の目的たる研究と同一の分野の研究に従事する者に利用させるものを置くことができる。

2 前項の研究施設のうち学術研究の発展に特に資するものは、共同利用・共同研究拠点として文部科学大臣の認定を受けることができる。

3 第一項の研究施設のうち学術研究の発展に特に資するものであつて国際的な研究活動の中核としての機能を備えたものは、国際共同利用・共同研究拠点として文部科学大臣の認定を受けることができる。

4 第二項の認定と前項の認定は、重ねて受けることができない。

第二節　入学及び卒業等

第一四四条 削除（平二六文科令二五）

第一四五条［**学位**］学位に関する事項は、学位規則（昭和二十八年文部省令第九号）の定めるところによる。

第一四六条［**修業年限の通算**］学校教育法第八十八条に規定する修業年限の通算は、大学の定めるところにより、大学設置基準第三十一条第一項、専門職大学設置基準第二十八条第一項、短期大学設置基準第十七条第一項若しくは専門職短期大学設置基準第二十五条第一項に規定する科目等履修生（第百六十三条の二において「科目等履修生」という。）又は大学設置基準第三十一条第二項、専門職大学設置基準第二十八条第二項、短期大学設置基準第十七条第二項若しくは専門職短期大学設置基準第二十五条第二項に規定する特別の課程履修生（いずれも大学の学生以外の者に限る。）として一の大学において一定の単位（同法第九十条の規定により入学資格を有した後、修得したものに限る。）を修得した者に対し、大学設置基準第三十条第一項、専門職大学設置基準第二十六条第一項、短期大学設置基準第十六条第一項又は専門職短期大学設置基準第二十三条第一項の規定により当該大学に入学した後に修得したものとみなすことのできる当該単位数、その修得に要した期間その他大学が必要と認める事項を勘案して行うものとする。

第一四六条の二［**専門職大学等の修業年限の通算**］学校教育法第八十八条の二に規定する修業年限の通算は、専門職大学等（専門職大学及び専門職短期大学をいう。以下同じ。）の定めるところにより、専門職大学設置基準第二十六条第三項又は専門職短期大学設置基準第二十三条第三項の規定により当該職業を担うための実践的な能力（当該専門職大学等で修得させることとしているものに限る。）の修得を当該専門職大学等における授業科目の履修とみなして単位を与えられた者に対し、与えられた当該単位数、当該実践的な能力の修得に要した期間その他専門職大学等が必要と認める事項を勘案して行うものとする。

2 学校教育法第八十八条の二ただし書に規定する文部科学大臣が定める期間は、当該専門職大学等の修業年限の四分の一とする。

第一四七条［**三年以上での卒業認定の要件**］学校教育法第八十九条に規定する卒業の認定は、次の各号に掲げる要件のすべてに該当する場合（学生が授業科目の構成等の特別の事情を考慮して文部科学大臣が別に定める課程に在学する場合を除く。）に限り行うことができる。

一 大学が、学修の成果に係る評価の基準その他の学校教育法第八十九条に規定する卒業の認定の基準を定め、それを公表していること。

二 大学が、大学設置基準第二十七条の二又は専門職大学設置基準第二十三条に規定する履修科目として登録することができる単位数の上限を定め、適切に運用していること。

三 学校教育法第八十七条第一項に定める学部の課程を履修する学生が、卒業の要件として修得すべき単位を優秀な成績をもつて修得したと認められること。

四　学生が、学校教育法第八十九条に規定する卒業を希望していること。

通知　この措置は、学生の能力、適性に応じた教育を行いその成果を適切に評価していく観点から設けられた例外的な措置であることに留意すること。また、早期卒業を希望する学生に対する適切な学習指導の実施等の十分な教育的配慮、責任ある授業運営や適切な成績評価の実施、早期卒業の運用の状況の公表などに配意し、安易な運用により大学教育の質の低下を招かないよう早期卒業の適正な運用の確保に努められたいこと。（平11・9・14文高大二二六事務次官）

第一四八条［**修業年限四年を超える学部の学生の在学期間**］学校教育法第八十七条第一項ただし書の規定により修業年限を四年を超えるものとする学部に在学する学生にあつては、同法第八十九条の規定により在学すべき期間は、四年とする。

第一四九条［**三年以上在学者に準ずる者**］学校教育法第八十九条の規定により、一の大学（短期大学を除く。以下この条において同じ。）に三年以上在学したものに準ずる者を、次の各号のいずれかに該当する者であつて、在学期間が通算して三年以上となつたものと定める。

一　第百四十七条第一号及び第二号の要件を満たす一の大学から他の当該各号の要件を満たす大学へ転学した者

二　第百四十七条第一号及び第二号の要件を満たす大学を退学した者であつて、当該大学における在学期間以下の期間を別の当該各号の要件を満たす大学の修業年限に通算されたもの

三　第百四十七条第一号及び第二号の要件を満たす大学を卒業した者であつて、当該大学における修業年限以下の期間を別の当該各号の要件を満たす大学の修業年限に通算されたもの

第一五〇条［**高校卒業者と同等以上の学力と認められる者**］学校教育法第九十条第一項の規定により、大学入学に関し、高等学校を卒業した者と同等以上の学力があると認められる者は、次の各号のいずれかに該当する者とする。

一　外国において学校教育における十二年の課程を修了した者又はこれに準ずる者で文部科学大臣の指定したもの

二　文部科学大臣が高等学校の課程と同等の課程を有するものとして認定した在外教育施設の当該課程を修了した者

三　専修学校の高等課程（修業年限が三年以上であることその他の文部科学大臣が定める基準を満たすものに限る。）で文部科学大臣が別に指定するものを文部科学大臣が定める日以後に修了した者

四　文部科学大臣の指定した者

五　高等学校卒業程度認定試験規則による高等学校卒業程度認定試験に合格した者（旧規程による大学入学資格検定（以下「旧検定」という。）に合格した者を含む。）

六　学校教育法第九十条第二項の規定により大学に入学した者であつて、当該者をその後に入学させる大学において、大学における教育を受けるにふさわしい学力があると認めたもの

七　大学において、個別の入学資格審査により、高等学校を卒業した者と同等以上の学力があると認めた者で、十八歳に達したもの

第一五一条［**飛び入学させる大学**］学校教育法第九十条第二項の規定により学生を入学させる大学は、特に優れた資質を有すると認めるに当たつては、入学しようとする者の在学する学校の校長の推薦を求める等により、同項の入学に関する制度が適切に運用されるよう工夫を行うものとする。

第一五二条［**飛び入学させる大学の自己評価**］学校教育法第九十条第二項の規定により学生を入学させる大学は、同項の入学に関する制度の運用の状況について、同法第百九条第一項に規定する点検及び評価を行い、その結果を公表しなければならない。

第一五三条［**飛び入学可能な高校在学年数**］学校教育法第九十条第二項に規定する文部科学大臣の定める年数は、二年とする。

第一五四条［**飛び入学可能年数高校に在学した者に準ずる者**］学校教育法第九十条第二項の規定により、高等学校に文部科学大臣が定める年数以上在学した者に準ずる者を、次の各号のいずれかに該当する者と定める。

一　中等教育学校の後期課程、特別支援学校の高等部又は高等専門学校に二年以上在学した者

二　外国において、学校教育における九年の課程に引き続く学校教育の課程に二年以上在学した者

三　文部科学大臣が高等学校の課程と同等の課程を有するものとして認定した在外教育施設（高等学校の課程に相当する課程を有するものとして指定したものを含む。）の当該課程に二年以上在学した者

四　第百五十条第三号の規定により文部科学大臣が別に指定する専修学校の高等課程に同号に規定する文部科学大臣が定める日以後において二年以上在学した者

五　文部科学大臣が指定した者

六　高等学校卒業程度認定試験規則第四条に定める試験科目の全部（試験の免除を受けた試験科目を除く。）について合格点を得た者（旧規程第四条に規定する受検科目の全部（旧検定の一部免除を受けた者については、その免除を受けた科目を除く。）について合格点を得た者を含む。）で、十七歳に達したもの

第一五五条［**大学卒業者と同等以上の学力と認められる者**］学校教育法第九十一条第二項又は第百二条第一項本文の規定により、大学（短期大学を除く。以下この項において同じ。）の専攻科又は大学院への入学に関し大学を卒業した者と同等以上の学力があると認められる者は、次の各号のいずれかに該当する者とする。ただし、第七号及び第八号については、大学院への入学に係るものに限る。

一　学校教育法第百四条第七項の規定により学士の学位を授与された者

二　外国において、学校教育における十六年（医学を履修する博士課程、歯学を履修する博士課程、薬学

を履修する博士課程（当該課程に係る研究科の基礎となる学部の修業年限が六年であるものに限る。以下同じ。）又は獣医学を履修する博士課程への入学については、十八年）の課程を修了した者

三　外国の学校が行う通信教育における授業科目を我が国において履修することにより当該外国の学校教育における十六年（医学を履修する博士課程、歯学を履修する博士課程、薬学を履修する博士課程又は獣医学を履修する博士課程への入学については、十八年）の課程を修了した者

四　我が国において、外国の大学の課程（その修了者が当該外国の学校教育における十六年（医学を履修する博士課程、歯学を履修する博士課程、薬学を履修する博士課程又は獣医学を履修する博士課程への入学については、十八年）の課程を修了したとされるものに限る。）を有するものとして当該外国の学校教育制度において位置付けられた教育施設であつて、文部科学大臣が別に指定するものの当該課程を修了した者

四の二　外国の大学その他の外国の学校（その教育研究活動等の総合的な状況について、当該外国の政府又は関係機関の認証を受けた者による評価を受けたもの又はこれに準ずるものとして文部科学大臣が別に指定するものに限る。）において、修業年限が三年（医学を履修する博士課程、歯学を履修する博士課程、薬学を履修する博士課程又は獣医学を履修する博士課程への入学については、五年）以上である課程を修了すること（当該外国の学校が行う通信教育における授業科目を我が国において履修することにより当該課程を修了すること及び当該外国の学校教育制度において位置付けられた教育施設であつて前号の指定を受けたものにおいて課程を修了することを含む。）により、学士の学位に相当する学位を授与された者

五　専修学校の専門課程（修業年限が四年以上であることその他の文部科学大臣が定める基準を満たすものに限る。）で文部科学大臣が定める日以後に修了した者

六　文部科学大臣の指定した者

七　学校教育法第百二条第二項の規定により大学院に入学した者であつて、当該者をその後に入学させる大学院において、大学院における教育を受けるにふさわしい学力があると認めたもの

八　大学院において、個別の入学資格審査により、大学を卒業した者と同等以上の学力があると認めた者で、二十二歳（医学を履修する博士課程、歯学を履修する博士課程、薬学を履修する博士課程又は獣医学を履修する博士課程への入学については、二十四歳）に達したもの

2　学校教育法第九十一条第二項の規定により、短期大学の専攻科への入学に関し短期大学を卒業した者と同等以上の学力があると認められる者は、次の各号のいずれかに該当する者とする。

一　高等学校（中等教育学校の後期課程及び特別支援学校の高等部を含む。以下この号において同じ。）の専攻科の課程を修了した者のうち学校教育法第五十八条の二（同法第七十条第一項及び第八十二条において準用する場合を含む。）の規定により大学に編入学することができるもの（修業年限を三年とする短期大学の専攻科への入学については、修業年限を三年以上とする高等学校の専攻科の課程を修了した者に限る。）

二　専門職大学の前期課程を修了した者（修業年限を三年とする短期大学の専攻科への入学については、修業年限を三年とする専門職大学の前期課程を修了した者に限る。）

三　高等専門学校を卒業した者（修業年限を二年とする短期大学の専攻科への入学に限る。）

四　専修学校の専門課程を修了した者のうち学校教育法第百三十二条の規定により大学に編入学することができるもの（修業年限を三年とする短期大学の専攻科への入学については、修業年限を三年以上とする専修学校の専門課程を修了した者に限る。）

五　外国において、学校教育における十四年（修業年限を三年とする短期大学の専攻科への入学については、十五年）の課程を修了した者

六　外国の学校が行う通信教育における授業科目を我が国において履修することにより当該外国の学校教育における十四年（修業年限を三年とする短期大学の専攻科への入学については、十五年）の課程を修了した者

七　我が国において、外国の短期大学の課程（その修了者が当該外国の学校教育における十四年（修業年限を三年とする短期大学の専攻科への入学については、十五年）の課程を修了したとされるものに限る。）を有するものとして当該外国の学校教育制度において位置付けられた教育施設であつて、文部科学大臣が別に指定するものの当該課程を修了した者

八　その他短期大学の専攻科において、短期大学を卒業した者と同等以上の学力があると認めた者

＊①（四）文部科学大臣の指定（外国の大学、大学院又は短期大学の課程を有するものとして当該外国の学校教育制度において位置付けられた教育施設の指定等に関する規程（平一六文科告一七六））

第一五六条［修士の学位と同等以上の学力と認められる者］学校教育法第百二条第一項ただし書の規定により、大学院への入学に関し修士の学位又は同法第百四条第一項に規定する文部科学大臣の定める学位を有する者と同等以上の学力があると認められる者は、次の各号のいずれかに該当する者とする。

一　外国において修士の学位又は専門職学位（学校教育法第百四条第一項の規定に基づき学位規則第五条の二に規定する専門職学位をいう。以下この条において同じ。）に相当する学位を授与された者

二　外国の学校が行う通信教育における授業科目を我が国において履修し、修士の学位又は専門職学位に相当する学位を授与された者

三　我が国において、外国の大学院の課程を有するものとして当該外国の学校教育制度において位置付けられた教育施設であつて、文部科学大臣が別に指定するものの当該課程を修了し、修士の学位又は専門職学位に相当する学位を授与された者

四　国際連合大学本部に関する国際連合と日本国との間の協定の実施に伴う特別措置法（昭和五十一年法

律第七十二号）第一条第二項に規定する千九百七十二年十二月十一日の国際連合総会決議に基づき設立された国際連合大学（次号及び第百六十二条において「国際連合大学」という。）の課程を修了し、修士の学位に相当する学位を授与された者

五　外国の学校、第三号の指定を受けた教育施設又は国際連合大学の教育課程を履修し、大学院設置基準第十六条の二に規定する試験及び審査に相当するものに合格し、修士の学位を有する者と同等以上の学力があると認められた者

六　文部科学大臣の指定した者

七　大学院において、個別の入学資格審査により、修士の学位又は専門職学位を有する者と同等以上の学力があると認めた者で、二十四歳に達したもの

第一五七条［**大学院への飛び入学**］学校教育法第百二条第二項の規定により学生を入学させる大学は、同項に規定する大学の定める単位その他必要な事項をあらかじめ公表するなど、同項の入学に関する制度が適切に運用されるよう配慮するものとする。

第一五八条［**大学院へ飛び入学させる大学の自己評価**］学校教育法第百二条第二項の規定により学生を入学させる大学は、同項の入学に関する制度の運用の状況について、同法第百九条第一項に規定する点検及び評価を行い、その結果を公表しなければならない。

第一五九条［**大学院への飛び入学可能な大学在学年数**］学校教育法第百二条第二項に規定する文部科学大臣の定める年数は、三年（医学を履修する博士課程、歯学を履修する博士課程、薬学を履修する博士課程又は獣医学を履修する博士課程への入学については、医学を履修する博士課程、歯学を履修する課程、薬学を履修する課程のうち臨床に係る実践的な能力を培うことを主たる目的とするもの又は獣医学を履修する課程に四年）とする。

第一六〇条［**大学院への飛び入学可能年数大学在学者に準ずる者**］学校教育法第百二条第二項の規定により、大学に文部科学大臣の定める年数以上在学した者に準ずる者を、次の各号のいずれかに該当するものと定める。

一　外国において学校教育における十五年（医学を履修する博士課程、歯学を履修する博士課程、薬学を履修する博士課程又は獣医学を履修する博士課程への入学については、十六年）の課程を修了した者

二　外国の学校が行う通信教育における授業科目を我が国において履修することにより当該外国の学校教育における十五年（医学を履修する博士課程、歯学を履修する博士課程、薬学を履修する博士課程又は獣医学を履修する博士課程への入学については、十六年）の課程を修了した者

三　我が国において、外国の大学の課程（その修了者が当該外国の学校教育における十五年（医学を履修する博士課程、歯学を履修する博士課程、薬学を履修する博士課程又は獣医学を履修する博士課程への入学については、十六年）の課程を修了したとされるものに限る。）を有するものとして当該外国の学校教育制度において位置付けられた教育施設であつて、文部科学大臣が別に指定するものの当該課程を修了した者

第一六〇条の二［**法科大学院への飛び入学認定**］学校教育法第百二条第二項に規定する単位の修得の状況に準ずるものとして文部科学大臣が定めるものは、法科大学院（専門職大学院であって、法曹に必要な学識及び能力を培うことを目的とするものをいう。以下この条において同じ。）が当該法科大学院において必要とされる法学の基礎的な学識を有するかどうかを判定するために実施する試験の結果とする。

第一六一条［**短期大学卒業者の編入学**］短期大学を卒業した者は、編入学しようとする大学（短期大学を除く。）の定めるところにより、当該大学の修業年限から、卒業した短期大学における修業年限に相当する年数以下の期間を控除した期間を在学すべき期間として、当該大学に編入学することができる。

2　前項の規定は、外国の短期大学を卒業した者及び外国の短期大学の課程を有するものとして当該外国の学校教育制度において位置付けられた教育施設であって、文部科学大臣が別に指定するものの当該課程を我が国において修了した者（学校教育法第九十条第一項に規定する者に限る。）について準用する。

＊短期大学からの編入学（学教一〇八⑦）

第一六二条［**外国の課程を有する教育施設の学生の転学**］我が国において、外国の大学、大学院又は短期大学の課程を有するものとして当該外国の学校教育制度において位置付けられた教育施設であつて、文部科学大臣が別に指定するものの当該課程に在学した者（大学及び短期大学にあつては学校教育法第九十条第一項に規定する者に、大学院にあつては同法第百二条第一項に規定する者に限る。）及び国際連合大学の課程に在学した者は、転学しようとする大学、大学院又は短期大学の定めるところにより、それぞれ当該大学、大学院又は短期大学に転学することができる。

第一六三条［**大学の始期・終期、途中入学・卒業**］大学の学年の始期及び終期は、学長が定める。

②　大学は、前項に規定する学年の途中においても、学期の区分に従い、学生を入学させ及び卒業させることができる。

通知　今回の改正により、各大学の判断により、学年の始期を四月以外と定めることが可能となること。なお、学年の終期は、学生の在学関係を継続させる必要があるため、学年が正確に一年間となるよう定めるよう留意すること。

今後とも、各大学の判断により、学年の途中においても学期の区分に従い学生を入学させ及び卒業させることができること。したがって、原則として四月に学生を受け入れ、一部を秋季等にも受け入れる場合には、従来どおり、学年の始期は四月と定めることが適当であること。一方、原則として一〇月等に学生を受け入れ、一部を四月等にも受け入れようとする場合には、学年の始期を一〇月等と定めることが適当であること。

学年の始期及び終期は、大学の学部、学科又は課程、大学院の研究科、専攻、短期大学の学科、専攻課程その他の組織（以下「学部等」という。）の単位で、それぞれ定めることが可能であること。なお、学生の入学時期は、従来どおり、各大学の判断により、学部等の単位でそれぞれ複数に分けて設定することが可能であること。

（平19・12・14文科高五七五高等教育局長）

第一六三条の二［**学修証明書**］大学は、大学の定めるところにより、当該大学の学生又は科目等履修生として体系的に開設された授業科目の単位を修得した者に対し、学修証明書（その事実を証する書面をいう。）を交付することができる。

第三節　履修証明書が交付される特別の課程

第一六四条［**特別の課程**］大学（大学院及び短期大学を含む。以下この条において同じ。）は、学校教育法第百五条に規定する特別の課程（以下この条において「特別の課程」という。）の編成に当たつては、当該大学の開設する講習若しくは授業科目又はこれらの一部により体系的に編成するものとする。

2　特別の課程の総時間数は、六十時間以上とする。

3　特別の課程の履修資格は、大学において定めるものとする。ただし、当該資格を有する者は、学校教育法第九十条第一項の規定により大学に入学することができる者でなければならない。

4　特別の課程における講習又は授業の方法は、大学設置基準、大学通信教育設置基準、専門職大学設置基準、大学院設置基準、専門職大学院設置基準、短期大学設置基準、短期大学通信教育設置基準及び専門職短期大学設置基準の定めるところによる。

5　大学は、特別の課程の編成に当たつては、当該特別の課程の名称、目的、総時間数、履修資格、定員、内容、講習又は授業の方法、修了要件、大学設置基準第三十一条第二項、専門職大学設置基準第二十八条第二項、短期大学設置基準第十七条第二項及び専門職短期大学設置基準第二十五条第二項の規定による単位の授与の有無、実施体制その他当該大学が必要と認める事項をあらかじめ公表するものとする。

6　大学は、学校教育法第百五条に規定する証明書（次項において「履修証明書」という。）に、特別の課程の名称、内容の概要、総時間数その他当該大学が必要と認める事項を記載するものとする。

7　大学は、特別の課程の編成及び当該特別の課程の実施状況の評価並びに履修証明書の交付を行うために必要な体制を整備しなければならない。

＊専門課程を置く専修学校への準用（一八九）

第四節　認証評価その他

第一六五条［**公開講座**］公開講座に関する事項は、別にこれを定める。

＊公開講座（学教一〇七）、別の定め（未制定）

第一六五条の二［**大学の方針**］大学は、当該大学、学部又は学科若しくは課程（大学院にあつては、当該大学院、研究科又は専攻）ごとに、その教育上の目的を踏まえて、次に掲げる方針を定めるものとする。

一　卒業又は修了の認定に関する方針
二　教育課程の編成及び実施に関する方針
三　入学者の受入れに関する方針

2　前項第二号に掲げる方針を定めるに当たつては、同項第一号に掲げる方針との一貫性の確保に特に意を用いなければならない。

第一六六条［**認証評価**］大学は、学校教育法第百九条第一項に規定する点検及び評価を行うに当たつては、同項の趣旨に即し適切な項目を設定するとともに、適当な体制を整えて行うものとする。

第一六七条［**文部科学大臣の定める措置**］学校教育法第百九条第三項ただし書に規定する文部科学大臣の定める措置は、次の各号に掲げるいずれかの措置とする。

一　専門職大学等又は専門職大学院を置く大学が、外国に主たる事務所を有する法人その他の団体であつて、当該専門職大学等又は専門職大学院の課程に係る分野について評価を行うもののうち、適正な評価を行うと国際的に認められたものとして文部科学大臣が指定した団体から、当該専門職大学等又は専門職大学院の教育課程、教員組織その他教育研究活動の状況について定期的に評価を受け、その結果を公表するとともに、文部科学大臣に報告すること。

二　専門職大学等が、学校教育法第百九条第一項に規定する点検及び評価の結果のうち、当該専門職大学等の教育課程、教員組織その他の教育研究活動の状況について、当該専門職大学等の課程に係る分野に識見を有する者（当該専門職大学等の職員を除く。）による検証を定期的に行い、その結果を公表するとともに、文部科学大臣に報告すること。

第一六八条［**認証評価の申請**］学校教育法第百九条第二項の認証評価に係る同法第百十条第一項の申請は、大学又は短期大学の学校の種類に応じ、それぞれ行うものとする。

2　学校教育法第百九条第三項の認証評価に係る同法第百十条第一項の申請は、専門職大学等又は専門職大学院の課程に係る分野ごとに行うものとする。

第一六九条［**認証評価の申請書**］学校教育法第百十条第一項の申請は、次に掲げる事項を記載した申請書を文部科学大臣に提出して行うものとする。

一　名称及び事務所の所在地
二　役員（申請者が人格のない社団又は財団で代表者又は管理人の定めのあるものである場合においては、当該代表者又は管理人）の氏名
三　評価の対象
四　大学評価基準及び評価方法
五　評価の実施体制
六　評価の結果の公表の方法
七　評価の周期
八　評価に係る手数料の額
九　その他評価の実施に関し参考となる事項

2　前項の申請書には、次に掲げる書類を添付するものとする。

一　定款若しくは寄附行為及び登記事項証明書又はこれらに準ずるもの
二　申請の日の属する事業年度の前事業年度における財産目録及び貸借対照表（申請の日の属する事業年度に設立された法人（申請者が人格のない社団又は財団で代表者又は管理人の定めのあるものを含む。）にあつては、その設立時における財産目録）
三　申請の日の属する事業年度の前事業年度における大学の教育研究活動等の状況についての評価の実施状況（当該評価の業務を実施していない場合にあつ

ては、申請の日の属する事業年度及びその翌事業年度における認証評価の業務に係る実施計画）を記載した書面

四　認証評価の業務以外の業務を行つている場合には、その業務の種類及び概要を記載した書面

第一七〇条［**細目**］学校教育法第百十条第三項に規定する細目は、学校教育法第百十条第二項に規定する基準を適用するに際して必要な細目を定める省令（平成十六年文部科学省令第七号）の定めるところによる。

第一七一条［**公表**］学校教育法第百十条第四項に規定する公表は、刊行物への掲載、インターネットの利用その他広く周知を図ることができる方法によつて行うものとする。

第一七二条［**文部科学大臣の定める事項**］学校教育法第百十条第五項に規定する文部科学大臣の定める事項は、第百六十九条第一項第一号から第三号まで及び第五号から第八号までに掲げる事項とする。

第一七二条の二［**教育情報の公表**］大学は、次に掲げる教育研究活動等の状況についての情報を公表するものとする。

一　大学の教育研究上の目的及び第百六十五条の二第一項の規定により定める方針に関すること

二　教育研究上の基本組織に関すること

三　教員組織、教員の数並びに各教員が有する学位及び業績に関すること

四　入学者の数、収容定員及び在学する学生の数、卒業又は修了した者の数並びに進学者数及び就職者数その他進学及び就職等の状況に関すること

五　授業科目、授業の方法及び内容並びに年間の授業の計画に関すること

六　学修の成果に係る評価及び卒業又は修了の認定に当たつての基準に関すること

七　校地、校舎等の施設及び設備その他の学生の教育研究環境に関すること

八　授業料、入学料その他の大学が徴収する費用に関すること

九　大学が行う学生の修学、進路選択及び心身の健康等に係る支援に関すること

2　専門職大学等及び専門職大学院を置く大学は、前項各号に掲げる事項のほか、学校教育法第八十三条の二第二項、第九十九条第三項及び第百八条第五項の規定による専門性が求められる職業に就いている者、当該職業に関連する事業を行う者その他の関係者との協力の状況についての情報を公表するものとする。

3　大学院（専門職大学院を除く。）を置く大学は、第一項各号に掲げる事項のほか、大学院設置基準第十四条の二第二項に規定する学位論文に係る評価に当たつての基準についての情報を公表するものとする。

4　大学は、第一項各号に掲げる事項のほか、教育上の目的に応じ学生が修得すべき知識及び能力に関する情報を積極的に公表するよう努めるものとする。

5　第一項の規定による情報の公表は、適切な体制を整えた上で、刊行物への掲載、インターネットの利用その他広く周知を図ることができる方法によつて行うものとする。

通知　大学等が公的な教育機関として、社会に対する説明責任を果たすとともに、その教育の質を向上させる観点から、公表すべき情報を法令上明確にし、教育情報の一層の公表を促進すること。①大学（短期大学、大学院を含む。）は、大学の教育研究上の目的に関すること等の状況についての情報を公表するものとする。②大学は、教育上の目的に応じ学生が修得すべき知識及び能力に関する情報を積極的に公表するよう努めるものとすること。その際、大学の教育力の向上の観点から、学生がどのようなカリキュラムに基づき、何を学ぶことができるのかという観点が明確になるよう留意すること。③教育情報の公表は、そのための適切な体制を整えた上で、刊行物への掲載、インターネットの利用その他広く周知を図ることができる方法によつて行うものとすること。（平22・6・16文科高二三六大臣政務官）

第一七三条［**準用規定**］第五十八条の規定は、大学に準用する。

第十章　高等専門学校

第一七四条［**高等専門学校の設備等**］高等専門学校の設備、編制、学科、教育課程、教員の資格に関する事項その他高等専門学校の設置に関する事項については、高等専門学校設置基準（昭和三十六年文部省令第二十三号）の定めるところによる。

＊高等専門学校の目的（学教一一五）

第一七五条［**教務主事、学生主事**］高等専門学校には、教務主事及び学生主事を置くものとする。

2　高等専門学校には、寮務主事を置くことができる。

3　教務主事は、校長の命を受け、教育計画の立案その他教務に関することを掌理する。

4　学生主事は、校長の命を受け、学生の厚生補導に関すること（寮務主事を置く高等専門学校にあつては、寮務主事の所掌に属するものを除く。）を掌理する。

5　寮務主事は、校長の命を受け、寄宿舎における学生の厚生補導に関することを掌理する。

＊設置基準（学教三）、職員（学教一二五）

第一七六条［**留学**］校長は、教育上有益と認めるときは、学生が外国の高等学校又は大学に留学することを許可することができる。

2　校長は、前項の規定により留学することを許可された学生について、高等専門学校設置基準第二十条第三項により準用する同条第一項の規定により単位の修得を認定した場合においては、当該学生について、第百七十九条において準用する第五十九条に規定する学年の途中においても、各学年の課程の修了又は卒業を認めることができる。

第一七七条［**高等専門学校専攻科への入学**］学校教育法第百十九条第二項の規定により、高等専門学校の専攻科への入学に関し高等専門学校を卒業した者と同等以上の学力があると認められる者は、次の各号のいずれかに該当する者とする。

一　高等学校（中等教育学校の後期課程及び特別支援学校の高等部を含む。）の専攻科の課程を修了した者のうち学校教育法第五十八条の二（同法第七十条第一項及び第八十二条において準用する場合を含む。）の規定により大学に編入学することができるもの

二　専門職大学の前期課程を修了した者

三　短期大学を卒業した者
四　専修学校の専門課程を修了した者のうち学校教育法第百三十二条の規定により大学に編入学することができるもの
五　外国において、学校教育における十四年の課程を修了した者
六　外国の学校が行う通信教育における授業科目を我が国において履修することにより当該外国の学校教育における十四年の課程を修了した者
七　我が国において、外国の短期大学の課程（その修了者が当該外国の学校教育における十四年の課程を修了したとされるものに限る。）を有するものとして当該外国の学校教育制度において位置付けられた教育施設であつて、文部科学大臣が別に指定するものの当該課程を修了した者
八　その他高等専門学校の専攻科において、高等専門学校を卒業した者と同等以上の学力があると認めた者

第一七八条〔**高等専門学校を卒業した者の編入学**〕高等専門学校を卒業した者は、編入学しようとする大学の定めるところにより、当該大学の修業年限から、二年以下の期間を控除した期間を在学すべき期間として、当該大学に編入学することができる。

第一七九条〔**準用規定**〕第五十七条から第六十二条まで、第九十条第一項及び第二項、第九十一条、第九十二条第一項、第九十四条、第九十五条、第百四条第三項、第百六十四条から第百六十六条まで並びに第百六十九条から第百七十二条の二（第三項を除く。）までの規定は、高等専門学校に準用する。この場合において、第百六十四条第一項中「第百五条」とあるのは「第百二十三条において準用する第百五条」と、同条第三項中「第九十条第一項の規定により大学」とあるのは「第百十八条の規定により高等専門学校」と、同条第四項中「大学設置基準、大学通信教育設置基準、専門職大学設置基準、大学院設置基準、短期大学設置基準、短期大学通信教育設置基準及び専門職短期大学設置基準」とあるのは「高等専門学校設置基準」と、同条第五項中「大学設置基準第三十一条第二項、専門職大学設置基準第二十八条第二項、短期大学設置基準第十七条第二項及び専門職短期大学設置基準第二十五条第二項の規定による単位の授与の有無」とあるのは「高等専門学校設置基準第二十一条第二項の規定による単位の修得の認定の有無」と、同条第六項中「第百五条」とあるのは「第百二十三条において準用する第百五条」と読み替えるものとする。

第十一章　専修学校

第一八〇条〔**学校設置基準**〕専修学校の設備、編制、授業、教員の資格その他専修学校の設置に関する事項は、専修学校設置基準（昭和五十一年文部省令第二号）の定めるところによる。

第一八一条〔**生徒の入学、退学、休学等**〕専修学校の生徒の入学、退学、休学等については、校長が定める。

第一八二条〔**中学校卒業者と同等以上の学力があると認められる者**〕学校教育法第百二十五条第二項に規定する専修学校の高等課程の入学に関し中学校を卒業した者と同等以上の学力があると認められる者は、第九十五条各号のいずれかに該当する者とする。この場合において、同条第五号中「高等学校」とあるのは「専修学校」とする。

第一八三条〔**高校卒業に準ずる学力があると認められる者**〕学校教育法第百二十五条第三項に規定する専修学校の専門課程の入学に関し高等学校を卒業した者に準ずる学力があると認められる者は、同法第九十条第一項に規定する通常の課程による十二年の学校教育を修了した者（通常の課程以外の課程によりこれに相当する学校教育を修了した者を含む。）若しくは第百五十条第一号、第二号、第四号若しくは第五号に該当する者又は次の各号のいずれかに該当する者とする。
一　修業年限が三年以上の専修学校の高等課程を修了した者
二　学校教育法第九十条第二項の規定により大学に入学した者であつて、当該者をその後に入学させる専修学校において、高等学校を卒業した者に準ずる学力があると認めたもの
三　専修学校において、個別の入学資格審査により、高等学校を卒業した者に準ずる学力があると認めた者で、十八歳に達したもの

第一八三条の二〔**学年による教育課程の区分**〕専修学校設置基準第三条第一項の規定により置かれる専修学校の学科のうち、同令第四条第一項に規定する昼間学科及び夜間等学科においては、学年による教育課程の区分を設け、各学年ごとに、当該学年における生徒の平素の成績を評価して、当該学年の課程の修了の認定を行うものとする。
2　前項の規定にかかわらず、同項に規定する学科においては、教育上有益と認めるときは、学年による教育課程の区分を設けないことができる。

第一八三条の三〔**全課程の修了要件**〕前条第一項に規定する学科において、全課程の修了を認めるに当たつては、専修学校設置基準第十七条（前条第二項の規定により学年による教育課程の区分を設けない学科にあつては同令第二十七条、同令第五条第一項に規定する通信制の学科にあつては同令第三十七条）に規定する要件を満たす者について行わなければならない。

第一八四条〔**学年の始期・終期**〕専修学校の学年の始期及び終期は、校長が定める。

第一八五条〔**校長、教員、職員等**〕専修学校には、校長及び教員のほか、助手、事務職員その他の必要な職員を置くことができる。

第一八六条〔**大学への編入学**〕学校教育法第百三十二条に規定する文部科学大臣の定める基準は、次のとおりとする。
一　修業年限が二年以上であること。
二　課程の修了に必要な総授業時数が別に定める授業時数以上であること。ただし、第百八十三条の二第二項の規定により学年による教育課程の区分を設け

ない学科及び専修学校設置基準第五条第一項に規定する通信制の学科にあつては、課程の修了に必要な総単位数が別に定める単位数以上であること。

2　前項の基準を満たす専修学校の専門課程を修了した者は、編入学しようとする大学の定めるところにより、当該大学の修業年限から、修了した専修学校の専門課程における修業年限に相当する年数以下の期間を控除した期間を在学すべき期間として、当該大学に編入学することができる。ただし、在学すべき期間は、一年を下つてはならない。

第一八七条［**準用規定**］　第三条及び第四条第一項の規定は、専修学校の設置（高等課程、専門課程又は一般課程の設置を含む。）の認可の申請について準用する。

2　専修学校設置基準第五条第一項に規定する通信制の学科を置く専修学校については、前項で準用する第三条の学則中に、前項で準用する第四条第一項各号に掲げる事項のほか、次の事項を記載しなければならない。

一　通信教育を行う区域に関する事項

二　面接による指導の実施に係る体制に関する事項

第一八八条［**準用規定**］　第十五条の規定は、専修学校の廃止（高等課程、専門課程又は一般課程の廃止を含む。）の認可の申請、専修学校の分校の廃止の届出及び専修学校の学科の廃止に係る学則の変更の届出について準用する。

第一八九条［**準用・読み替え規定**］　第五条の規定は専修学校の名称、位置又は学則の変更の届出について、第十一条の規定は専修学校の目的の変更の認可の申請及び専修学校の学科の設置に係る学則の変更の届出について、第六条、第七条、第十四条、第十九条、第二十五条から第二十八条まで、第五十八条、第六十条及び第六十六条から第六十八条までの規定は専修学校について、第百六十四条の規定は専門課程を置く専修学校について、それぞれ準用する。この場合において、第十九条中「公立又は私立の大学及び高等専門学校に係るものにあつては文部科学大臣、大学及び高等専門学校以外の市町村（市町村が単独で又は他の市町村と共同して設立する公立大学法人を含む。）の設置する学校に係るものにあつては都道府県の教育委員会、大学及び高等専門学校以外の私立学校に係るものにあつては都道府県知事」とあるのは「市町村（市町村が単独で又は他の市町村と共同して設立する公立大学法人を含む。）の設置する専修学校に係るものにあつては都道府県の教育委員会、私立の専修学校に係るものにあつては都道府県知事」と、第二十七条中「大学及び高等専門学校にあつては文部科学大臣、大学及び高等専門学校以外の学校にあつては都道府県知事」とあるのは「都道府県知事」と、第百六十四条第一項中「第百五条」とあるのは「第百三十三条第一項において準用する第百五条」と、同条第三項中「第九十条第一項の規定により大学」とあるのは「第百二十五条第三項に規定する専修学校の専門課程」と、同条第四項中「大学設置基準、大学院設置基準、大学通信教育設置基準、専門職大学設置基準、専門職大学院設置基準、短期大学設置基準、短期大学通信教育設置基準及び専門職短期大学設置基準」とあるのは「専修学校設置基準」と、同条第五項中「大学設置基準第三十一条第二項、専門職大学設置基準第二十八条第二項、短期大学設置基準第十七条第二項及び専門職短期大学設置基準第二十五条第二項の規定による単位の授与の有無、実施体制」とあるのは「実施体制」と、同条第六項中「第百五条」とあるのは「第百三十三条第一項において準用する第百五条」と読み替えるものとする。

第十二章　雑則

第一九〇条［**各種学校―正規の学校の規定の準用**］　第三条から第七条まで、第十四条、第十五条、第十九条、第二十六条から第二十八条まで及び第六十六条から第六十八条までの規定は、各種学校に準用する。この場合において、第十九条中「公立又は私立の大学及び高等専門学校に係るものにあつては文部科学大臣、大学及び高等専門学校以外の市町村（市町村が単独で又は他の市町村と共同して設立する公立大学法人を含む。）の設置する学校に係るものにあつては都道府県の教育委員会、大学及び高等専門学校以外の私立学校に係るものにあつては都道府県知事」とあるのは「市町村の設置する各種学校に係るものにあつては都道府県の教育委員会、私立の各種学校に係るものにあつては都道府県知事」と、第二十七条中「大学及び高等専門学校にあつては文部科学大臣、大学及び高等専門学校以外の学校にあつては都道府県知事」とあるのは「都道府県知事」と読み替えるものとする。

＊準用（学教一三四２３）

第一九一条［**各種学校規程**］　前条に規定するもののほか、各種学校に関し必要な事項は、各種学校規程（昭和三十一年文部省令第三十一号）の定めるところによる。

＊各種学校（学教一三四）

附　則（抄）

第二条　従前の規定による師範学校、高等師範学校及び女子高等師範学校の附属国民学校及び附属幼稚園は、それぞれこれを学校教育法による小学校及び幼稚園とみなす。

②　従前の規定による盲学校及び聾唖学校の初等部並びにその予科は、それぞれこれを学校教育法による特別支援学校の小学部及び幼稚部とみなす。

第三条　従前の規定による高等師範学校の附属中学校、女子高等師範学校の附属高等女学校、中学校、高等女学校及び実業学校並びに盲学校及び聾唖学校の中等部には、それぞれ学校教育法による中学校並びに盲学校及び聾学校の中学部を併置したものとみなす。

第四条　私立学校令によつてのみ設立された学校（別に定めるものを除く。）は、学校教育法第百三十四条の規定による各種学校とみなす。

第五条　この省令適用の際、左表の上欄に掲げる学校の課程を修了した者は、下欄のように編入し、又は入学させる。

国民学校（師範教育令による附

属国民学校並びに盲学校及聾唖学校令による盲学校及び聾唖学校の初等部を含む。）、国民学校に準ずる各種学校又は国民学校に類する各種学校の初等科の左記学年の課程を修了した者	学校教育法による小学校又は中学校へ編入し、又は入学させる学年
第一学年を修了した者	小学校第二学年
第二学年を修了した者	小学校第三学年
第三学年を修了した者	小学校第四学年
第四学年を修了した者	小学校第五学年
第五学年を修了した者	小学校第六学年
第六学年を修了した者	中学校第一学年

② この省令適用の際、左表の上欄に掲げる学校の課程を修了した者は、これを下欄のように編入することができる。

国民学校初等科修了を入学資格とする中等学校（師範教育令による附属中学校及び附属高等女学校並びに盲学校及聾唖学校令による盲学校及び聾唖学校の中等部を含む。）の左記学年の課程を修了した者	学校教育法による中学校へ編入する学年
第一学年を修了した者	第二学年
第二学年を修了した者	第三学年
国民学校高等科（師範教育令による附属国民学校高等科を含む。）及び青年学校普通科（師範教育令による附属青年学校の普通科を含む。）の左記学年の課程を修了した者	学校教育法による中学校へ編入できる学年
第一学年を修了した者	第二学年
第二学年を修了した者	第三学年
国民学校特修科又は青年学校本科の左記学年の課程を修了した者	学校教育法による中学校へ編入できる学年
第一学年を修了した者	第三学年

③ 国民学校高等科修了を入学資格とする中学校、高等女学校及び実業学校の第一学年に入学した者は、学校教育法による中学校の第三学年に入学した者とみなす。

④ 幼稚園令による幼稚園（師範教育令による附属幼稚園及び盲学校及聾唖学校令による盲学校及び聾唖学校の初等部の予科を含む。）に在園する幼児は、これをそのまま学校教育法による幼稚園に編入する。

⑤ 私立学校令によつてのみ設立された学校（別に定めるものを除く。）に在学する者は、これを学校教育法第百三十四条の規定による各種学校の在学者として、編入する。

第六条 この省令適用の際、左表の上欄に掲げる学校の課程を修了した者は、これを下欄のように編入することができる。

国民学校初等科修了を入学資格とする中等学校（師範教育令による附属中学校及び附属高等女学校並びに盲学校及聾唖学校令による盲学校及び聾唖学校の中等部を含む。）の左記学年の課程を修了した者	学校教育法による高等学校（特別支援学校の高等部を含む。）の全日制の過程へ編入することのできる学年
第四学年	第二学年
第五学年	第三学年
国民学校高等科修了を入学資格とする中等学校（夜間の課程を除く。）の左記学年の課程を修了した者	学校教育法による高等学校（特別支援学校の高等部を含む。）の全日制の課程へ編入することのできる学年
第二学年	第二学年
第三学年	第三学年
修業年限四年の高等女学校卒業程度を入学資格とする高等女学校の高等科若しくは専攻科の左記学年の課程を修了した者	学校教育法による高等学校（特別支援学校の高等部を含む。）の全日制の課程へ編入することのできる学年
第一学年	第三学年
修業年限四年の実業学校卒業程度を入学資格とする実業学校専攻科の左記学年の課程を修了した者	学校教育法による高等学校（特別支援学校の高等部を含む。）の全日制の課程へ編入することのできる学年
第一学年	第三学年

第七条 左表の上欄に掲げる従前の規定による学校の課程を修了し、又はこれらの学校を卒業した者は、学年の初めにおいて下欄のように大学に編入し、又は入学させることができる。

従前の規定による大学学部の左記学年の課程を修了した者	学校教育法による大学（短期大学を除く。）へ編入した場合の在学すべき年数
第一学年を修了した者（学年制をとらない大学学部にあつては一年間在学した者）	一年以上

従前の規定による大学予科、高等学校高等科、中等学校卒業程度を入学資格とする専門学校の本科若しくは予科、教員養成諸学校（師範学校及び青年師範学校については本科に限る。）又は従前の規定による大学において高等学校高等科若しくは専門学校本科と同等以上の学校としてその卒業者について大学の入学資格を認めた学校の左記	学校教育法による大学（短期大学を除く。）へ入学し又は編入した場合の在学すべき年数	短期大学へ入学し又は編入した場合の在学すべき年数
		修業年限 修業年限

学年の課程を修了し、又はこれらの学校を卒業した者		二年の短期大学の場合	三年の短期大学の場合
第一学年を修了した者	四年以上	二年以上	三年以上
第二学年を修了した者	三年以上	一年以上	二年以上
第三学年を修了し又は卒業した者	二年以上		一年以上
第四学年を修了し又は卒業した者	一年以上		

高等学校卒業程度を入学資格とする従前の規定による専門学校本科又は予科に入学し、左記学年の課程を修了し、又はこれらの学校を卒業した者	学校教育法による大学（短期大学を除く。）へ編入した場合の在学すべき年数	短期大学へ編入した場合の在学すべき年数	
		修業年限二年の短期大学の場合	修業年限三年の短期大学の場合
第一学年を修了した者	三年以上	一年以上	二年以上
第二学年を修了し又は卒業した者	二年以上		一年以上
第三学年を修了し又は卒業した者	一年以上		

② 専門学校卒業程度検定規程（昭和十八年文部省令第四十六号）による専門学校卒業程度検定に合格した者は、前項の表の適用については、従前の規定による中等学校卒業程度を入学資格とする従前の規定による専門学校の本科の第三学年の課程又は高等学校卒業程度を入学資格とする従前の規定による専門学校本科第二学年の課程をそれぞれ修了し、又はこれらの学校を卒業した者とみなす。

③ 旧高等学校高等科学力検定規程（大正十年文部省訓令）による高等学校高等科学力検定に合格した者は、第一項の表の適用については、従前の規定による高等学校高等科を卒業した者とみなす。

第八条　前条の規定によつて学校教育法による大学に編入し、又は入学した者は、その大学で定める課程を履修しなければならない。

第九条　尋常小学校卒業者及び国民学校初等科修了者は、学校教育法による小学校の卒業者とみなす。

② 国民学校高等科、国民学校特修科及び青年学校普通科修了者は、学校教育法による中学校の第二学年修了者とみなす。

第一〇条　左表の上欄に掲げる従前の規定による学校の卒業者は、下欄に掲げる学校教育法による高等学校（学校教育法による特別支援学校の高等部を含む。）の全日制の課程の各学年の課程を修了した者と見なす。

国民学校初等科修了を入学資格とする修業年限四年の中等学校（盲学校及び聾唖学校令による盲学校及び聾唖学校の中等部を含む。）の卒業者	第一学年
国民学校高等科修了を入学資格とする修業年限二年の中等学校の卒業者	第一学年
国民学校高等科修了を入学資格とする修業年限三年の夜間において授業を行う中等学校の卒業者	第一学年
国民学校初等科修了を入学資格とする修業年限五年の中等学校（盲学校及び聾唖学校令による盲学校及び聾唖学校の中等部を含む。）の卒業者	第二学年
国民学校高等科修了を入学資格とする修業年限三年の中等学校（夜間の課程を除く。）の卒業者	第二学年
国民学校高等科修了を入学資格とする修業年限四年の夜間において授業を行う中等学校の卒業者	第二学年

② 左表の上欄に規定する者は、下欄に掲げる学校教育法による高等学校（学校教育法による特別支援学校の高等部を含む。）の全日制の課程の各学年の課程を修了した者とみなす。

高等学校高等科入学資格試験に合格した者及び文部科学大臣において高等学校高等科入学に関し中学校第四学年修了者と同等以上の学力を有する者と指定した者	第一学年
専門学校入学者検定規程による試験検定に合格した者、専門学校入学者検定規程により指定した専門学校入学無試験検定を受験する資格を有する者、実業学校卒業程度検定規程による試験検定に合格した者及び高等試験令第七条により予備試験を受ける資格を有する者	第二学年

第一一条　従前の規定による中学校、高等女学校又は実業学校の各学年の課程を修了した者の資格については、附則第五条及び第六条の規定による。

第一二条　前三条に規定するもののほか、従前の規定による学校の卒業者の資格については、別に定める。

第一三条　学校教育法附則第八条の規定による通信教育については、別に定める。

別表第一（第五十一条関係）

区分		第一学年	第二学年	第三学年	第四学年	第五学年	第六学年
各教科の授業時数	国語	三〇六	三一五	二四五	二四五	一七五	一七五
	社会	／	／	七〇	九〇	一〇〇	一〇五
	算数	一三六	一七五	一七五	一七五	一七五	一七五
	理科	／	／	九〇	一〇五	一〇五	一〇五
	生活	一〇二	一〇五	／	／	／	／
	音楽	六八	七〇	六〇	六〇	五〇	五〇
	図画工作	六八	七〇	六〇	六〇	五〇	五〇
	家庭	／	／	／	／	六〇	五五
	体育	一〇二	一〇五	一〇五	一〇五	九〇	九〇
	外国語	／	／	／	／	七〇	七〇
特別の教科である道徳の授業時数		三四	三五	三五	三五	三五	三五
外国語活動の授業時数		／	／	三五	三五	／	／

区分	第一学年	第二学年	第三学年	第四学年	第五学年	第六学年
総合的な学習の時間の授業時数			七〇	七〇	七〇	七〇
特別活動の授業時数	三四	三五	三五	三五	三五	三五
総授業時数	八五〇	九一〇	九八〇	一〇一五	一〇一五	一〇一五

備考

一　この表の授業時数の一単位時間は、四十五分とする。

二　特別活動の授業時数は、小学校学習指導要領で定める学級活動（学校給食に係るものを除く。）に充てるものとする。

三　第五十条第二項の場合において、特別の教科である道徳のほかに宗教を加えるときは、宗教の授業時数をもつてこの表の特別の教科である道徳の授業時数の一部に代えることができる。（別表第二から別表第二の三まで及び別表第四の場合においても同様とする。）

別表第二（第七十三条関係）

区分		第一学年	第二学年	第三学年
各教科の授業時数	国語	一四〇	一四〇	一〇五
	社会	一〇五	一〇五	一四〇
	数学	一四〇	一〇五	一四〇
	理科	一〇五	一四〇	一四〇
	音楽	四五	三五	三五
	美術	四五	三五	三五
	保健体育	一〇五	一〇五	一〇五
	技術・家庭	七〇	七〇	三五
	外国語	一四〇	一四〇	一四〇
特別の教科である道徳の授業時数		三五	三五	三五
総合的な学習の時間の授業時数		五〇	七〇	七〇
特別活動の授業時数		三五	三五	三五
総授業時数		一〇一五	一〇一五	一〇一五

備考

一　この表の授業時数の一単位時間は、五十分とする。

二　特別活動の授業時数は、中学校学習指導要領で定める学級活動（学校給食に係るものを除く。）に充てるものとする。

別表第二の二（第五十二条の三、第七十九条の五第一項、第七十九条の十二関係）

区分		第一学年	第二学年	第三学年	第四学年	第五学年	第六学年
各教科の授業時数	国語	三〇六	三一五	二四五	二四五	一七五	一七五
	社会			七〇	九〇	一〇〇	一〇五
	算数	一三六	一七五	一七五	一七五	一七五	一七五
	理科			九〇	一〇五	一〇五	一〇五
	生活	一〇二	一〇五				
	音楽	六八	七〇	六〇	六〇	五〇	五〇
	図画工作	六八	七〇	六〇	六〇	五〇	五〇
	家庭					六〇	五五
	体育	一〇二	一〇五	一〇五	一〇五	九〇	九〇
	外国語					七〇	七〇
特別の教科である道徳の授業時数		三四	三五	三五	三五	三五	三五
外国語活動の授業時数				三五	三五		
総合的な学習の時間の授業時数				七〇	七〇	七〇	七〇
特別活動の授業時数		三四	三五	三五	三五	三五	三五
総授業時数		八五〇	九一〇	九八〇	一〇一五	一〇一五	一〇一五

備考

一　この表の授業時数の一単位時間は、四十五分とする。

二　特別活動の授業時数は、小学校学習指導要領（第七十九条の六第一項において準用する場合を含む。）で定める学級活動（学校給食に係るものを除く。）に充てるものとする。

三　各学年においては、各教科、特別の教科である道徳、外国語活動、総合的な学習の時間及び特別活動の授業時数から、文部科学大臣が別に定めるところにより義務教育学校、中学校連携型小学校及び小学校連携型中学校並びに中学校併設型小学校及び小学校併設型中学校の教育課程を編成するために特に必要な教科等（別表第二の三において「小中一貫教科等」という。）の授業時数に充てることができる。

別表第二の三（第七十四条の三、第七十九条の五第二項、第七十九条の十二関係）

区分		第七学年	第八学年	第九学年
各教科の授業時数	国語	一四〇	一四〇	一〇五
	社会	一〇五	一〇五	一四〇
	数学	一四〇	一〇五	一四〇
	理科	一〇五	一四〇	一四〇
	音楽	四五	三五	三五
	美術	四五	三五	三五
	保健体育	一〇五	一〇五	一〇五
	技術・家庭	七〇	七〇	三五
	外国語	一四〇	一四〇	一四〇
特別の教科である道徳の授業時数		三五	三五	三五
総合的な学習の時間の授業時数		五〇	七〇	七〇
特別活動の授業時数		三五	三五	三五
総授業時数		一〇一五	一〇一五	一〇一五

備考

一　この表の授業時数の一単位時間は、五十分とする。

二　特別活動の授業時数は、中学校学習指導要領（第七十九条の六第二項において準用する場合を含む。）で定める学級活動（学校給食に係るものを除く。）に充てるものとする。

三　各学年においては、各教科、特別の教科である道徳、総合的な学習の時間及び特別活動の授業時数から、文部科学大臣が別に定めるところにより小中一貫教科等の授業時数に充てることができる。

別表第三（第八十三条、第百八条、第百二十八条関係）

(一)　各学科に共通する各教科

各教科	各教科に属する科目
国語	国語総合、国語表現、現代文A、現代文B、古典A、古典B
地理歴史	世界史A、世界史B、日本史A、日本史B、地理A、地理B
公民	現代社会、倫理、政治・経済
数学	数学Ⅰ、数学Ⅱ、数学Ⅲ、数学A、数学B、数学活用
理科	科学と人間生活、物理基礎、物理、化学基礎、化学、生物基礎、生物、地学基礎、地学、理科課題研究
保健体育	体育、保健
芸術	音楽Ⅰ、音楽Ⅱ、音楽Ⅲ、美術Ⅰ、美術Ⅱ、美術Ⅲ、工芸Ⅰ、工芸Ⅱ、工芸Ⅲ、書道Ⅰ、書道Ⅱ、書道Ⅲ
外国語	コミュニケーション英語基礎、コミュニケーション英語Ⅰ、コミュニケーション英語Ⅱ、コミュニケーション英語Ⅲ、英語表現Ⅰ、英語表現Ⅱ、英語会話
家庭	家庭基礎、家庭総合、生活デザイン
情報	社会と情報、情報の科学

(二)　主として専門学科において開設される各教科

各教科	各教科に属する科目
農業	農業と環境、課題研究、総合実習、農業情報処理、作物、野菜、果樹、草花、畜産、農業経営、農業機械、食品製造、食品化学、微生物利用、植物バイオテクノロジー、動物バイオテクノロジー、農業経済、食品流通、森林科学、森林経営、林産物利用、農業土木設計、農業土木施工、水循環、造園計画、造園技術、環境緑化材料、測量、生物活用、グリーンライフ
工業	工業技術基礎、課題研究、実習、製図、工業数理基礎、情報技術基礎、材料技術基礎、生産システム技術、工業技術英語、工業管理技術、環境工学基礎、機械工作、機械設計、原動機、電子機械、電子機械応用、自動車工学、自動車整備、電気基礎、電気機器、電力技術、電子技術、電子回路、電子計測制御、通信技術、電子情報技術、プログラミング技術、ハードウェア技術、ソフトウェア技術、コンピュータシステム技術、建築構造、建築計画、建築構造設計、建築施工、建築法規、設備計画、空気調和設備、衛生・防災設備、測量、土木基礎力学、土木構造設計、土木施工、社会基盤工学、工業化学、化学工学、地球環境化学、材料製造技術、工業材料、材料加工、セラミック化学、セラミック技術、セラミック工業、繊維製品、繊維・染色技術、染織デザイン、インテリア計画、インテリア装備、インテリアエレメント生産、デザイン技術、デザイン材料、デザイン史
商業	ビジネス基礎、課題研究、総合実践、ビジネス実務、マーケティング、商品開発、広告と販売促進、ビジネス経済、ビジネス経済応用、経済活動と法、簿記、財務会計Ⅰ、財務会計Ⅱ、原価計算、管理会計、情報処理、ビジネス情報、電子商取引、プログラミング、ビジネス情報管理
水産	水産海洋基礎、課題研究、総合実習、海洋情報技術、水産海洋科学、漁業、航海・計器、船舶運用、船用機関、機械設計工作、電気理論、移動体通信工学、海洋通信技術、資源増殖、海洋生物、海洋環境、小型船舶、食品製造、食品管理、水産流通、ダイビング、マリンスポーツ
家庭	生活産業基礎、課題研究、生活産業情報、消費生活、子どもの発達と保育、子ども文化、生活と福祉、リビングデザイン、服飾文化、ファッション造形基礎、ファッション造形、ファッションデザイン、服飾手芸、フードデザイン、食文化、調理、栄養、食品、食品衛生、公衆衛生
看護	基礎看護、人体と看護、疾病と看護、生活と看護、成人看護、老年看護、精神看護、在宅看護、母性看護、小児看護、看護の統合と実践、看護臨地実習、看護情報活用
情報	情報産業と社会、課題研究、情報の表現と管理、情報と問題解決、情報テクノロジー、アルゴリズムとプログラム、ネットワークシステム、データベース、情報システム実習、情報メディア、情報デザイン、表現メディアの編集と表現、情報コンテンツ実習
福祉	社会福祉基礎、介護福祉基礎、コミュニケーション技術、生活支援技術、介護過程、介護総合演習、介護実習、こころとからだの理解、福祉情報活用
理数	理数数学Ⅰ、理数数学Ⅱ、理数数学特論、理数物理、理数化学、理数生物、理数地学、課題研究
体育	スポーツ概論、スポーツⅠ、スポーツⅡ、スポーツⅢ、スポーツⅣ、スポーツⅤ、スポーツⅥ、スポーツ総合演習
音楽	音楽理論、音楽史、演奏研究、ソルフェージュ、声楽、器楽、作曲、鑑賞研究
美術	美術概論、美術史、素描、構成、絵画、版画、彫刻、ビジュアルデザイン、クラフトデザイン、情報メディアデザイン、映像表現、環境造形、鑑賞研究

英語	総合英語、英語理解、英語表現、異文化理解、時事英語

備考

一　(一)及び(二)の表の上欄に掲げる各教科について、それぞれの表の下欄に掲げる各教科に属する科目以外の科目を設けることができる。

二　(一)及び(二)の表の上欄に掲げる各教科以外の教科及び当該教科に関する科目を設けることができる。

別表第三（第八十三条、第百八条、第百二十八条関係）

（本表の施行は、平三四・四・一）

(一)　各学科に共通する各教科

各教科	各教科に属する科目
国語	現代の国語、言語文化、論理国語、文学国語、国語表現、古典探究
地理歴史	地理総合、地理探究、歴史総合、日本史探究、世界史探究
公民	公共、倫理、政治・経済
数学	数学Ⅰ、数学Ⅱ、数学Ⅲ、数学A、数学B、数学C
理科	科学と人間生活、物理基礎、物理、化学基礎、化学、生物基礎、生物、地学基礎、地学
保健体育	体育、保健
芸術	音楽Ⅰ、音楽Ⅱ、音楽Ⅲ、美術Ⅰ、美術Ⅱ、美術Ⅲ、工芸Ⅰ、工芸Ⅱ、工芸Ⅲ、書道Ⅰ、書道Ⅱ、書道Ⅲ
外国語	英語コミュニケーションⅠ、英語コミュニケーションⅡ、英語コミュニケーションⅢ、論理・表現Ⅰ、論理・表現Ⅱ、論理・表現Ⅲ
家庭	家庭基礎、家庭総合
情報	情報Ⅰ、情報Ⅱ
理数	理数探究基礎、理数探究

(二)　主として専門学科において開設される各教科

各教科	各教科に属する科目
農業	農業と環境、課題研究、総合実習、農業と情報、作物、野菜、果樹、草花、畜産、栽培と環境、飼育と環境、農業経営、農業機械、植物バイオテクノロジー、食品製造、食品化学、食品微生物、食品流通、森林科学、森林経営、林産物利用、農業土木設計、農業土木施工、水循環、造園計画、造園施工管理、造園植栽、測量、生物活用、地域資源活用
工業	工業技術基礎、課題研究、実習、製図、工業情報数理、工業材料技術、工業技術英語、工業管理技術、工業環境技術、機械工作、機械設計、原動機、電子機械、生産技術、自動車工学、自動車整備、船舶工学、電気回路、電気機器、電力技術、電子技術、電子回路、電子計測制御、通信技術、プログラミング技術、ハードウェア技術、ソフトウェア技術、コンピュータシステム技術、建築構造、建築計画、建築構造設計、建築施工、建築法規、設備計画、空気調和設備、衛生・防災設備、測量、土木基盤力学、土木構造設計、土木施工、社会基盤工学、工業化学、化学工学、地球環境化学、材料製造技術、材料工学、材料加工、セラミック化学、セラミック技術、セラミック工業、繊維製品、繊維・染色技術、染織デザイン、インテリア計画、インテリア装備、インテリアエレメント生産、デザイン実践、デザイン材料、デザイン史
商業	ビジネス基礎、課題研究、総合実践、ビジネス・コミュニケーション、マーケティング、商品開発と流通、観光ビジネス、ビジネス・マネジメント、グローバル経済、ビジネス法規、簿記、財務会計Ⅰ、財務会計Ⅱ、原価計算、管理会計、情報処理、ソフトウェア活用、プログラミング、ネットワーク活用、ネットワーク管理
水産	水産海洋基礎、課題研究、総合実習、海洋情報技術、水産海洋科学、漁業、航海・計器、船舶運用、船用機関、機械設計工作、電気理論、移動体通信工学、海洋通信技術、資源増殖、海洋生物、海洋環境、小型船舶、食品製造、食品管理、水産流通、ダイビング、マリンスポーツ
家庭	生活産業基礎、課題研究、生活産業情報、消費生活、保育基礎、保育実践、生活と福祉、住生活デザイン、服飾文化、ファッション造形基礎、ファッション造形、ファッションデザイン、服飾手芸、フードデザイン、食文化、調理、栄養、食品、食品衛生、公衆衛生、総合調理実習
看護	基礎看護、人体の構造と機能、疾病の成り立ちと回復の促進、健康支援と社会保障制度、成人看護、老年看護、小児看護、母性看護、精神看護、在宅看護、看護の統合と実践、看護臨地実習、看護情報
情報	情報産業と社会、課題研究、情報の表現と管理、情報テクノロジー、情報セキュリティ、情報システムのプログラミング、ネットワークシステム、データベース、情報デザイン、コンテンツの制作と発信、メディアとサービス、情報実習
福祉	社会福祉基礎、介護福祉基礎、コミュニケーション技術、生活支援技術、介護過程、介護総合演習、介護実習、こころとからだの理解、福祉情報
理数	理数数学Ⅰ、理数数学Ⅱ、理数数学特論、理数物理、理数化学、理数生物、理数地学
体育	スポーツ概論、スポーツⅠ、スポーツⅡ、スポーツⅢ、スポーツⅣ、スポーツⅤ、スポーツⅥ、スポーツ総合演習
音楽	音楽理論、音楽史、演奏研究、ソルフェージュ、声楽、器楽、作曲、鑑賞研究
美術	美術概論、美術史、鑑賞研究、素描、構成、絵画、版画、彫刻、ビジュアルデザイン、クラフトデザイン、情報メディアデザイン、映像表現、環境造形

英語	総合英語Ⅰ、総合英語Ⅱ、総合英語Ⅲ、ディベート・ディスカッションⅠ、ディベート・ディスカッションⅡ、エッセイライティングⅠ、エッセイライティングⅡ

備考

一　(一)及び(二)の表の上欄に掲げる各教科について、それぞれの表の下欄に掲げる各教科に属する科目以外の科目を設けることができる。

二　(一)及び(二)の表の上欄に掲げる各教科以外の教科及び当該教科に関する科目を設けることができる。

別表第四（第七十六条、第百七条、第百十七条関係）

区分		第一学年	第二学年	第三学年
各教科の授業時数	国語	一四〇	一四〇	一〇五
	社会	一〇五	一〇五	一四〇
	数学	一四〇	一〇五	一四〇
	理科	一〇五	一四〇	一四〇
	音楽	四五	三五	三五
	美術	四五	三五	三五
	保健体育	一〇五	一〇五	一〇五
	技術・家庭	七〇	七〇	三五
	外国語	一四〇	一四〇	一四〇
特別の教科である道徳の授業時数		三五	三五	三五
総合的な学習の時間の授業時数		五〇	七〇	七〇
特別活動の授業時数		三五	三五	三五
総授業時数		一〇一五	一〇一五	一〇一五

備考

一　この表の授業時数の一単位時間は、五十分とする。

二　特別活動の授業時数は、中学校学習指導要領（第百八条第一項において準用する場合を含む。次号において同じ。）で定める学級活動（学校給食に係るものを除く。）に充てるものとする。

三　各学年においては、各教科の授業時数から七十を超えない範囲内の授業時数を減じ、文部科学大臣が別に定めるところにより中学校学習指導要領で定める選択教科の授業時数に充てることができる。ただし、各学年において、各教科の授業時数から減ずる授業時数は、一教科当たり三十五を限度とする。

別表第五（第百二十八条関係）

(一)　視覚障害者である生徒に対する教育を行う特別支援学校の主として専門学科において開設される各教科

各教科	各教科に属する科目
保健理療	医療と社会、人体の構造と機能、疾病の成り立ちと予防、生活と疾病、基礎保健理療、臨床保健理療、地域保健理療と保健理療経営、保健理療基礎実習、保健理療臨床実習、保健理療情報活用、課題研究
理療	医療と社会、人体の構造と機能、疾病の成り立ちと予防、生活と疾病、基礎理療学、臨床理療学、地域理療と理療経営、理療基礎実習、理療臨床実習、理療情報活用、課題研究
理学療法	人体の構造と機能、疾病と障害、保健・医療・福祉とリハビリテーション、基礎理学療法学、理学療法評価学、理学療法治療学、地域理学療法学、臨床実習、理学療法情報活用、課題研究

(二)　聴覚障害者である生徒に対する教育を行う特別支援学校の主として専門学科において開設される各教科

各教科	各教科に属する科目
印刷	印刷概論、写真製版、印刷機械・材料、印刷デザイン、写真化学・光学、文書処理・管理、印刷情報技術基礎、画像技術、印刷総合実習、課題研究
理容・美容	理容・美容関係法規、衛生管理、理容・美容保健、理容・美容の物理・化学、理容・美容文化論、理容・美容技術理論、理容・美容運営管理、理容実習、理容・美容情報活用、課題研究
クリーニング	クリーニング関係法規、公衆衛生、クリーニング理論、繊維、クリーニング機器・装置、クリーニング実習、課題研究
歯科技工	歯科技工関係法規、歯科技工学概論、歯科理工学、歯の解剖学、顎口腔機能学、有床義歯技工学、歯冠修復技工学、矯正歯科技工学、小児歯科技工学、歯科技工実習、歯科技工情報活用、課題研究

備考

一　(一)及び(二)の表の上欄に掲げる各教科について、それぞれの表の下欄に掲げる各教科に属する科目以外の科目を設けることができる。

二　(一)及び(二)の表の上欄に掲げる各教科以外の教科及び当該教科に関する科目を設けることができる。

別表第五（第百二十八条関係）（本表の施行は、平三四・四・一）

(一)　視覚障害者である生徒に対する教育を行う特別支援学校の主として専門学科において開設される各教科

各教科	各教科に属する科目
保健理療	医療と社会、人体の構造と機能、疾病の成り立ちと予防、生活と疾病、基礎保健理療、臨床保健理療、地域保健理療と保健理療経営、保健理療基礎実習、保健理療臨床実習、保健理療情報、課題研究
理療	医療と社会、人体の構造と機能、疾病の成り立ちと予防、生活と疾病、基礎理療学、臨床理療学、地域理療と理療経営、理療基礎実習、理療臨床実習、理療情報、課題研究 人体の構造と機能、疾病と障害、保

理学療法	健・医療・福祉とリハビリテーション、基礎理学療法学、理学療法管理学、理学療法評価学、理学療法治療学、地域理学療法学、理学療法臨床実習、理学療法情報、課題研究

(二)　聴覚障害者である生徒に対する教育を行う特別支援学校の主として専門学科において開設される各教科

各教科	各教科に属する科目
印刷	印刷概論、印刷デザイン、印刷製版技術、DTP技術、印刷情報技術、デジタル画像技術、印刷総合実習、課題研究
理容・美容	関係法規・制度、衛生管理、保健、香粧品化学、文化論、理容・美容技術理論、運営管理、理容実習、美容実習、理容・美容情報、課題研究
クリーニング	(同)
歯科技工	歯科技工関係法規、歯科技工学概論、歯科理工学、歯の解剖学、顎口腔機能学、有床義歯技工学、歯冠修復技工学、矯正歯科技工学、小児歯科技工学、歯科技工実習、歯科技工情報、課題研究

備考
一・二 (同)

附　則(抄)　(平成二九年三月三一日文部科学省令第二〇号)

施行、平三二・四・一
改正、平二九—文科令二九

2　平成三十年四月一日から平成三十二年三月三十一日までの間、小学校の各学年における外国語活動の授業時数及び総授業時数は、学校教育法施行規則別表第一の規定にかかわらず、附則別表第一に定める外国語活動の授業時数及び総授業時数を標準とする。ただし、同表に定める外国語活動の授業時数の授業の実施のために特に必要がある場合には、総合的な学習の時間の授業時数及び総授業時数から十五を超えない範囲内の授業時数を減じることができることとする。

3　平成三十年四月一日から平成三十二年三月三十一日までの間、中学校連携型小学校、義務教育学校の前期課程及び中学校併設型小学校の各学年における外国語活動の授業時数及び総授業時数は、学校教育法施行規則別表第二の二の規定にかかわらず、附則別表第二に定める外国語活動の授業時数及び総授業時数を標準とする。ただし、同表に定める外国語活動の授業時数の授業の実施のために特に必要がある場合には、総合的な学習の時間の授業時数及び総授業時数から十五を超えない範囲内の授業時数を減じることができることとする。

附則別表第一(附則第二項関係)

区分	第一学年	第二学年	第三学年	第四学年	第五学年	第六学年
外国語活動の授業時数			一五	一五	五〇	五〇
総授業時数	八五〇	九一〇	九六〇	九九五	九九五	九九五

備考　この表の授業時数の一単位時間は、四十五分とする。

附則別表第二(附則第三項関係)

区分	第一学年	第二学年	第三学年	第四学年	第五学年	第六学年
外国語活動の授業時数			一五	一五	五〇	五〇
総授業時数	八五〇	九一〇	九六〇	九九五	九九五	九九五

備考
一　この表の授業時数の一単位時間は、四十五分とする。
二　各学年においては、外国語活動から、文部科学大臣が別に定めるところにより義務教育学校、中学校連携型小学校及び小学校連携型中学校並びに中学校併設型小学校及び小学校併設型中学校の教育課程を編成するために特に必要な教科等の授業時数に充てることができる。

附　則(抄)　(平成三〇年三月三〇日文部科学省令第一三号)

施行、平三四・四・一
改正、平三〇—文科令二八

2　改正後の学校教育法施行規則(以下「新令」という。)第八十三条及び別表第三の規定は、施行の日以降高等学校(中等教育学校の後期課程及び特別支援学校の高等部を含む。次項及び附則第四項において同じ。)に入学した生徒(新令第九十一条(新令第百十三条第一項及び第百三十五条第五項で準用する場合を含む。附則第四項において同じ。)の規定により入学した生徒であって同日前に入学した生徒に係る教育課程により履修するものを除く。)に係る教育課程から適用する。

3　前項の規定により新令第八十三条及び別表第三の規定が適用されるまでの高等学校の教育課程については、なお従前の例による。

4　平成三十一年四月一日から平成三十四年三月三十一日までの間に高等学校に入学した生徒(新令第九十一条の規定により入学した生徒であって平成三十一年三月三十一日までに入学した生徒に係る教育課程により履修するものを除く。)に係る教育課程についての平成三十一年四月一日から新令第八十三条の規定が適用されるまでの間における改正前の学校教育法施行規則(以下「旧令」という。)第八十三条の規定の適用については、同条中「総合的な学習の時間」とあるのは「総合的な探究の時間」とする。

5　平成三十一年四月一日から新令別表第三の規定が適用されるまでの間における旧令別表第三の規定の適用については、同表(二)の表福祉の項中「福祉情報活用」とあるのは「福祉情報活用、福祉情報」とする。

附　則(抄)　(平成三一年一月三〇日文部科学省令第二号)

施行、平三一・四・一

2　改正後の学校教育法施行規則第百六十四条第二項の規定は、この省令の施行の日以後に講習又は授業が開始される特別の課程から適用する。

附　則（平成三一年二月四日文部科学省令第一二号）

1　この省令は、平成三十四年四月一日から施行する。ただし、附則第四項及び第五項の規定は平成三十一年四月一日から、附則第六項の規定は平成三十二年四月一日から施行する。

2　この省令による改正後の学校教育法施行規則（以下「新令」という。）第百二十八条、第百三十条第二項及び別表第五の規定は、この省令の施行の日以降特別支援学校の高等部に入学した生徒（新令第百三十五条第五項の規定により準用される新令第九十一条の規定により入学した生徒であって同日前に入学した生徒に係る教育課程により履修するものを除く。）に係る教育課程から適用する。

3　前項の規定により新令第百二十八条、第百三十条第二項及び別表第五の規定が適用されるまでの特別支援学校の高等部の教育課程については、なお従前の例による。

4　平成三十一年四月一日から平成三十四年三月三十一日までの間に特別支援学校の高等部に入学した生徒（新令第百三十五条第五項の規定により準用される新令第九十一条の規定により入学した生徒であって平成三十一年三月三十一日までに入学した生徒に係る教育課程により履修するものを除く。）に係る教育課程についての平成三十一年四月一日から新令第百二十八条の規定が適用されるまでの間におけるこの省令による改正前の学校教育法施行規則（以下「旧令」という。）第百二十八条の規定の適用については、同条中「総合的な学習の時間」とあるのは「総合的な探究の時間」とする。

5　平成三十一年四月一日から新令別表第五の規定が適用されるまでの間における旧令別表第五の規定の適用については、同表㈠の表保健理療の項中「課題研究」とあるのは「課題研究、保健理療情報」とし、同表理療の項中「課題研究」とあるのは「課題研究、理療情報」とし、同表理学療法の項中「課題研究」とあるのは「課題研究、理学療法管理学、理学療法臨床実習、理学療法情報」とし、同表㈡の表印刷の項中「課題研究」とあるのは「課題研究、印刷製版技術、ＤＴＰ技術、印刷情報技術、デジタル画像技術」とし、同表理容・美容の項中「課題研究」とあるのは「課題研究、関係法規・制度、保健、香粧品化学、文化論、運営管理、美容実習、理容・美容情報」とし、同表歯科技工の項中「課題研究」とあるのは「課題研究、歯科技工情報」とする。

6　平成三十二年四月一日から平成三十四年三月三十一日までの間に特別支援学校の高等部に入学した生徒（新令第百三十五条第五項の規定により準用される新令第九十一条の規定により入学した生徒であって平成三十二年三月三十一日までに入学した生徒に係る教育課程により履修するものを除く。）に係る教育課程についての平成三十二年四月一日から新令第百二十八条第二項及び第百三十条第二項の規定が適用されるまでの間における旧令第百二十八条第二項の規定の適用については、同項中「道徳」とあるのは「特別の教科である道徳」とし、旧令第百三十条第二項の規定の適用については、同項中「特別の教科である道徳（特別支援学校高等部にあっては、前条に規定する特別支援学校高等部学習指導要領で定める道徳）」とあるのは「特別の教科である道徳」とする。

附　則（令和二年二月一〇日文部科学省令第一号）

この省令は、公布の日から施行する。

附　則（令和二年四月一日文部科学省令第一五号）

この省令は、公布の日から施行する。

第2章 初等中等教育

●幼稚園設置基準

（昭和三一年一二月一三日 文部省令第三二号）

施行、昭三二・二・一
最終改正、平二六—文科令二三

第一章 総則

（趣旨）

第一条 幼稚園設置基準は、学校教育法施行規則（昭和二十二年文部省令第十一号）に定めるもののほか、この省令の定めるところによる。

（基準の向上）

第二条 この省令で定める設置基準は、幼稚園を設置するのに必要な最低の基準を示すものであるから、幼稚園の設置者は、幼稚園の水準の向上を図ることに努めなければならない。

第二章 編制

（一学級の幼児数）

第三条 一学級の幼児数は、三十五人以下を原則とする。

（学級の編制）

第四条 学級は、学年の初めの日の前日において同じ年齢にある幼児で編制することを原則とする。

（教職員）

第五条 幼稚園には、園長のほか、各学級ごとに少なくとも専任の主幹教諭、指導教諭又は教諭（次項において「教諭等」という。）を一人置かなければならない。

2 特別の事情があるときは、教諭等は、専任の副園長又は教頭が兼ね、又は当該幼稚園の学級数の三分の一の範囲内で、専任の助教諭若しくは講師をもつて代えることができる。

3 専任でない園長を置く幼稚園にあつては、前二項の規定により置く主幹教諭、指導教諭、教諭、助教諭又は講師のほか、副園長、教頭、主幹教諭、指導教諭、教諭、助教諭又は講師を一人置くことを原則とする。

4 幼稚園に置く教員等は、教育上必要と認められる場合は、他の学校の教員等と兼ねることができる。

第六条 幼稚園には、養護をつかさどる主幹教諭、養護教諭又は養護助教諭及び事務職員を置くように努めなければならない。

第三章 施設及び設備

（一般的基準）

第七条 幼稚園の位置は、幼児の教育上適切で、通園の際安全な環境にこれを定めなければならない。

2 幼稚園の施設及び設備は、指導上、保健衛生上、安全上及び管理上適切なものでなければならない。

（園地、園舎及び運動場）

第八条 園舎は、二階建以下を原則とする。園舎を二階建とする場合及び特別の事情があるため園舎を三階建以上とする場合にあつては、保育室、遊戯室及び便所の施設は、第一階に置かなければならない。ただし、園舎が耐火建築物で、幼児の待避上必要な施設を備えるものにあつては、これらの施設を第二階に置くことができる。

2 園舎及び運動場は、同一の敷地内又は隣接する位置に設けることを原則とする。

3 園地、園舎及び運動場の面積は、別に定める。

（施設及び設備等）

第九条 幼稚園には、次の施設及び設備を備えなければならない。ただし、特別の事情があるときは、保育室と遊戯室及び職員室と保健室とは、それぞれ兼用することができる。

一 職員室
二 保育室
三 遊戯室
四 保健室
五 便所
六 飲料水用設備、手洗用設備、足洗用設備

2 保育室の数は、学級数を下つてはならない。

3 飲料水用設備は、手洗用設備又は足洗用設備と区別して備えなければならない。

4 飲料水の水質は、衛生上無害であることが証明されたものでなければならない。

第一〇条 幼稚園には、学級数及び幼児数に応じ、教育上、保健衛生上及び安全上必要な種類及び数の園具及び教具を備えなければならない。

2 前項の園具及び教具は、常に改善し、補充しなければならない

第一一条 幼稚園には、次の施設及び設備を備えるように努めなければならない。

一 放送聴取設備
二 映写設備
三 水遊び場
四 幼児清浄用設備
五 給食施設
六 図書室
七 会議室

（他の施設及び設備の使用）

第一二条 幼稚園は、特別の事情があり、かつ、教育上及び安全上支障がない場合は、他の学校等の施設及び設備を使用することができる。

第四章 雑則

（保育所等との合同活動等に関する特例）

第一三条 幼稚園は、次に掲げる場合においては、各学級の幼児と当該幼稚園に在籍しない者を共に保育することができる。

一 当該幼稚園及び保育所等（就学前の子どもに関する教育、保育等の総合的な提供の推進に関する法律（平成十八年法律第七十七号）第二条第五項に規定する保育所等をいう。以下同じ。）のそれぞれの用に供される建物及びその附属設備が一体的に設置されている場合における当該保育所等において、満三歳以上の子どもに対し学校教育法第二十三条各号に掲げる目標が達成されるよう保育を行うに当たり、当該幼稚園との緊密な連携協力体制を確保する必要があると認められる場合

二 前号に掲げる場合のほか、経済的条件の変化に伴い幼児の数が減少し、又は幼児が他の幼児と共に活動する機会が減少したことその他の事情により、学校教育法第二十三条第二号に掲げる目標を達成することが困難であると認められることから、幼児の心身の発達を助長するために特に必要があると認められる場合

2 前項の規定により各学級の幼児と当該幼稚園に在籍しない者を共に保育する場合においては、第三条中「一学級の幼児数」とあるのは「一学級の幼児数（当該幼稚園に在籍しない者であつて当該学級の幼児と共に保育されるものの数を含む。）」と、第五条第四項中「他の学校の教員等」とあるのは「他の学校の教員等又は保育所等の保育士等」と、第十条第一項中「幼児数」とあるのは「幼児数（当該幼稚園に在籍しない者であつて各学級の幼児と共に保育されるものの数を含む。）」と読み替えて、これらの規定を適用する。

附 則（抄）

2 園地、園舎及び運動場の面積は、第八条第三項の規定に基き別に定められるまでの間、園地についてはなお従前の例により、園舎及び運動場については別表第一及び別表第二に定めるところによる。ただし、この省令施行の際現に存する幼稚園については、特別の事情があるときは、当分の間、園舎及び運動場についてもなお従前の例によることができる。

3 第十三条第一項の規定により幼稚園の幼児と保育所等に入所している児童を共に保育し、かつ、当該保育所等と保育室を共用する

場合においては、別表第一及び別表第二中「面積」とあるのは、「面積（保育所等の施設及び設備のうち幼稚園と共用する部分の面積を含む。）」と読み替えて、これらの表の規定を適用する。

別表第1　（園舎の面積）

学級数	1学級	2学級以上
面　積	平方メートル 180	平方メートル 320＋100×（学級数－2）

別表第2　（運動場の面積）

学級数	2学級以下	3学級以上
面　積	平方メートル 330＋30×（学級数－1）	平方メートル 400＋80×（学級数－3）

●就学前の子どもに関する教育、保育等の総合的な提供の推進に関する法律（抄）

（平成一八年六月一五日 法律第七七号）

施行、平一八・一〇・一
最終改正、平三〇―法六六

第一章　総則

（目的）

第一条　この法律は、幼児期の教育及び保育が生涯にわたる人格形成の基礎を培う重要なものであること並びに我が国における急速な少子化の進行並びに家庭及び地域を取り巻く環境の変化に伴い小学校就学前の子どもの教育及び保育に対する需要が多様なものとなっていることに鑑み、地域における創意工夫を生かしつつ、小学校就学前の子どもに対する教育及び保育並びに保護者に対する子育て支援の総合的な提供を推進するための措置を講じ、もって地域において子どもが健やかに育成される環境の整備に資することを目的とする。

（定義）

第二条　この法律において「子ども」とは、小学校就学の始期に達するまでの者をいう。

2　この法律において「幼稚園」とは、学校教育法（昭和二十二年法律第二十六号）第一条に規定する幼稚園をいう。

3　この法律において「保育所」とは、児童福祉法（昭和二十二年法律第百六十四号）第三十九条第一項に規定する保育所をいう。

4　この法律において「保育機能施設」とは、児童福祉法第五十九条第一項に規定する施設のうち同法第三十九条第一項に規定する業務を目的とするもの（少数の子どもを対象とするものその他の主務省令で定めるものを除く。）をいう。

5　この法律において「保育所等」とは、保育所又は保育機能施設をいう。

6　この法律において「認定こども園」とは、次条第一項又は第三項の認定を受けた施設、同条第十一項の規定による公示がされた施設及び幼保連携型認定こども園をいう。

7　この法律において「幼保連携型認定こども園」とは、義務教育及びその後の教育の基礎を培うものとしての満三歳以上の子どもに対する教育並びに保育を必要とする子どもに対する保育を一体的に行い、これらの子どもの健やかな成長が図られるよう適当な環境を与えて、その心身の発達を助長するとともに、保護者に対する子育ての支援を行うことを目的として、この法律の定めるところにより設置される施設をいう。

8　この法律において「教育」とは、教育基本法（平成十八年法律第百二十号）第六条第一項に規定する法律に定める学校（第九条において単に「学校」という。）において行われる教育をいう。

9　この法律において「保育」とは、児童福祉法第六条の三第七項に規定する保育をいう。

10　この法律において「保育を必要とする子ども」とは、児童福祉法第六条の三第九項第一号に規定する保育を必要とする乳児・幼児をいう。

11　この法律において「保護者」とは、児童福祉法第六条に規定する保護者をいう。

12　この法律において「子育て支援事業」とは、地域の子どもの養育に関する各般の問題につき保護者からの相談に応じ必要な情報の提供及び助言を行う事業、保護者の疾病その他の理由により家庭において養育を受けることが一時的に困難となった地域の子どもに対する保育を行う事業、地域の子どもの養育に関する援助を受けることを希望する保護者と当該援助を行うことを希望する民間の団体若しくは個人との連絡及び調整を行う事業又は地域の子どもの養育に関する援助を行う民間の団体若しくは個人に対する必要な情報の提供及び助言を行う事業であって主務省令で定めるものをいう。

第二章　幼保連携型認定こども園以外の認定こども園に関する認定手続等

（幼保連携型認定こども園以外の認定こども園の認定等）

第三条　幼稚園又は保育所等の設置者（都道府県及び地方自治法（昭和二十二年法律第六十七号）第二百五十二条の十九第一項の指定都市又は同法第二百五十二条の二十二第一項の中核市（以下「指定都市等」という。）を除く。）は、その設置する幼稚園又は保育所等が都道府県（当該幼稚園又は保育所等が指定都市等所在施設（指定都市等の区域内に所在する施設であって、都道府県が単独で又は他の地方公共団体と共同して設立する公立大学法人（地方独立行政法人法（平成十五年法律第百十八号）第六十八条第一項に規定する公立大学法人をいう。以下同じ。）が設置する施設以外のものをいう。以下同じ。）である場合にあっては、当該指定都市等）の条例で定める要件に適合している旨の都道府県知事（当該幼稚園又は保育所等が指定都市等所在施設である場合にあっては、当該指定都市等の長）（保育所に係る児童福祉法の規定による認可その他の処分をする権限に係る事務を地方自治法第百八十条の二の規定に基づく都道府県知事又は指定都市等の長の委任を受けて当該都道府県又は指定都市等の教育委員会が行う場合その他の主務省令で定める場合にあっては、都道府県又は指定都市等の教育委員会。以下この章及び第四章において同じ。）の認定を受けることができる。

2　前項の条例で定める要件は、次に掲げる基準に従い、かつ、主務大臣が定める施設の設備及び運営に関する基準を参酌して定めるものとする。

一　当該施設が幼稚園である場合にあっては、幼稚園教育要領（学校教育法第二十五条の規定に基づき幼稚園に関して文部科学大臣が定める事項をいう。第十条第二項において同じ。）に従って編成された教育課程に基づく教育を行うほか、当該教育のための時間の終了後、当該幼稚園に在籍している子どものうち保育を必要とする子どもに該当する者に対する教育を行うこと。

二　当該施設が保育所等である場合にあっては、保育を必要とする子どもに対する保育を行うほか、当該保育を必要とする子ども以外の満三歳以上の子ども（当該施設が保育所である場合にあっては、当該保育所が所在する市町村（特別区を含む。以下同じ。）における児童福祉法第二十四条第四項に規定する保育の利用に対する需要の状況に照らして適当と認められる数の子どもに限る。）を保育し、かつ、満三歳以上の子どもに対し学校教育法第二十三条各号に掲げる目標が達成されるよう保育を行うこと。

三　子育て支援事業のうち、当該施設の所在する地域における教育及び保育に対する需要に照らし当該地域において実施することが必要と認められるものを、保護者の要請に応じ適切に提供し得る体制の下で行うこと。

3　幼稚園及び保育機能施設のそれぞれの用に供される建物及びその附属設備が一体的に設置されている場合における当該幼稚園及び保育機能施設（以下「連携施設」という。）の設置者（都道府県及び指定都市等を除く。）は、その設置する連携施設が都道府県（当該連携施設が指定都市等所在施設である場合にあっては、当該指定都市等）の条例で定める要件に適合している旨の都道府県知事（当該連携施設が指定都市等所在施設である場合にあっては、当該指定都市等の長）の認定を受けることができる。

4　前項の条例で定める要件は、次に掲げる基準に従い、かつ、主務大臣が定める施設の設備及び運営に関する基準を参酌して定めるものとする。

一　次のいずれかに該当する施設であること。

イ　当該連携施設を構成する保育機能施設において、満三歳以上の子どもに対し学校教育法第二十三条各号に掲げる目標が達成されるよう保育を行い、かつ、当該保育を実施するに当たり当該連携施設を構成する幼稚園との緊密な連携協力体制が確保されていること。

ロ　当該連携施設を構成する保育機能施設に入所していた子どもを引き続き当該連携施設を構成する幼稚園に入園させて一貫した教育及び保育を行うこと。

二　子育て支援事業のうち、当該連携施設の所在する地域における教育及び保育に対する需要に照らし当該地域において実施することが必要と認められるものを、保護者の要請に応じ適切に提供し得る体制の下で行うこと。

5　都道府県知事（指定都市等所在施設である幼稚園若しくは保育所等又は連携施設については、当該指定都市等の長。第八項及び第九項、次条第一項、第七条第一項及び第二項並びに第八条第一項において同じ。）は、国（国立大学法人法（平成十五年法律第百十二号）第二条第一項に規定する国立大学法人を含む。以下同じ。）、市町村（指定都市等を除く。）及び公立大学法人以外の者から、第一項又は第三項の認定の申請があったときは、第一項又は第三項の条例で定める要件に適合するかどうかを審査するほか、次に掲げる基準（当該認定の申請をした者が学校法人（私立学校法（昭和二十四年法律第二百七十号）第三条に規定する学校法人をいう。以下同じ。）又は社会福祉法人（社会福祉法（昭和二十六年法律第四十五号）第二十二条に規定する社会福祉法人をいう。以下同じ。）である場合にあっては、第四号に掲げる基準に限る。）によって、その申請を審査しなければならない。

一　第一項若しくは第三項の条例で定める要件に適合する設備又はこれに要する資金及び当該申請に係る施設の経営に必要な財産を有すること。

二　当該申請に係る施設を設置する者（その者が法人である場合にあっては、経営担当役員（業務を執行する社員、取締役、執行役又はこれらに準ずる者をいう。）とする。次号において同じ。）が当該施設を経営するために必要な知識又は経験を有すること。

三　当該申請に係る施設を設置する者が社会的信望を有すること。

四　次のいずれにも該当するものでないこと。

イ　申請者が、禁錮以上の刑に処せられ、その執行を終わり、又は執行を受けることがなくなるまでの者であるとき。

ロ　申請者が、この法律その他国民の福祉若しくは学校教育に関する法律で政令で定めるものの規定により罰金の刑に処せられ、その執行を終わり、又は執行を受けることがなくなるまでの者であるとき。

ハ　申請者が、労働に関する法律の規定であって政令で定めるものにより罰金の刑に処せられ、その執行を終わり、又は執行を受けることがなくなるまでの者であるとき。

ニ　申請者が、第七条第一項の規定により認定を取り消され、その取消しの日から起算して五年を経過しない者（当該認定を取り消された者が法人である場合においては、当該取消しの処分に係る行政手続法（平成五年法律第八十八号）第十五条の規定による通知があった日前六十日以内に当該法人の役員（業務を執行する社員、取締役、執行役又はこれらに準ずる者をいい、相談役、顧問その他いかなる名称を有する者であるかを問わず、法人に対し業務を執行する社員、取締役、執行役又はこれらに準ずる者と同等以上の支配力を有するものと認められる者を含む。ホ及び第十七条第二項第七号において同じ。）又はその事業を管理する者その他の政令で定める使用人（以下この号において「役員等」という。）であった者で当該取消しの日から起算して五年を経過しないものを含み、当該認定を取り消された者が法人でない場合においては、当該通知があった日前六十日以内に当該事業の管理者であった者で当該取消しの日から起算して五年を経過しないものを含む。）であるとき。ただし、当該認定の取消しが、認定こども園の認定の取消しのうち当該認定の取消しの処分の理由となった事実及び当該事実の発生を防止するための当該認定こども園の設置者による業務管理体制の整備についての取組の状況その他の当該事実に関して当該認定こども園の設置者が有していた責任の程度を考慮して、ニ本文に規定する認定の取消しに該当しないこととすることが相当であると認められるものとして主務省令で定めるものに該当する場合を除く。

ホ　申請者と密接な関係を有する者（申請者（法人に限る。以下ホにおいて同じ。）の役員に占めるその役員の割合が二分の一を超え、若しくは当該申請者の株式の所有その他の事由を通じて当該申請者の事業を実質的に支配し、若しくはその事業に重要な影響を与える関係にある者として主務省令で定めるもの（以下ホにおいて「申請者の親会社等」という。）、申請者の親会社等の役員と同一の者がその役員に占める割合が二分の一を超え、若しくは申請者の親会社等が株式の所有その他の事由を通じてその事業を実質的に支配し、若しくはその事業に重要な影響を与える関係にある者として主務省令で定めるもの又は当該申請者の役員と同一の者がその役員に占める割合が二分の一を超え、若しくは当該申請者が株式の所有その他の事由を通じてその事業を実質的に支配し、若しくはその事業に重要な影響を与える関係にある者として主務省令で定めるもののうち、当該申請者と主務省令で定める密接な関係を有する法人をいう。）が、第七条第一項の規定により認定を取り消され、その取消しの日から起算して五年を経過していないとき。ただし、当該認定の取消しが、認定こども園の認定の取消しのうち当該認定の取消しの処分の理由となった事実及び当該事実の発生を防止するための当該認定こども園の設置者による業務管理体制の整備についての取組の状況その他の当該事実に関して当該認定こども園の設置者が有していた責任の程度を考慮して、ホ本文に規定する認定の取消しに該当しないこととすることが相当であると認められるものとして主務省令で定めるものに該当する場合を除く。

へ　申請者が、認定の申請前五年以内に教育又は保育に関し不正又は著しく不当な行為をした者であるとき。

ト　申請者が、法人で、その役員等のうちにイからニまで又はへのいずれかに該当する者のあるものであるとき。

チ　申請者が、法人でない者で、その管理者がイからニまで又はへのいずれかに該当する者であるとき。

6　都道府県知事は、第一項又は第三項の認定をしようとするときは、主務省令で定めるところにより、あらかじめ、当該認定の申請に係る施設が所在する市町村の長に協議しなければならない。

7　指定都市等の長は、第一項又は第三項の認定をしようとするときは、あらかじめ、都道府県知事に協議しなければならない。

8　都道府県知事は、第一項又は第三項及び第五項に基づく審査の結果、その申請が第一項又は第三項の条例で定める要件に適合しており、かつ、その申請をした者が第五項各号に掲げる基準（その者が学校法人又は社会福祉法人である場合にあっては、同項第四号に掲げる基準に限る。）に該当すると認めるとき（その申請をした者が国、市町村（指定都市等を除く。）又は公立大学法人である場合にあっては、その申請が第一項又は第三項の条例で定める要件に適合していると認めるとき）は、第一項又は第三項の認定をするものとする。ただし、次に掲げる要件のいずれかに該当するとき、その他の都道府県子ども・子育て支援事業支援計画（子ども・子育て支援法（平成二十四年法律第六十五号）第六十二条第一項の規定により当該都道府県が定める都道府県子ども・子育て支援事業支援計画をいう。以下この項及び第十七条第六項において同じ。）（指定都市等の長が第一項又は第三項の認定を行う場合にあっては、同法第六十一条第一項の規定により当該指定都市等が定める市町村子ども・子育て支援事業計画。以下この項において同じ。）の達成に支障を生ずるおそれがある場合として主務省令で定める場合に該当すると認めるときは、第一項又は第三項の認定をしないことができる。

一　当該申請に係る施設の所在地を含む区域（子ども・子育て支援法第六十二条第二項第一号の規定により当該都道府県が定める区域（指定都市等の長が第一項又は第三項の認定を行う場合にあっては、同法第六十一条第二項第一号の規定により当該指定都市等が定める教育・保育提供区域）をいう。以下この項において同じ。）における特定教育・保育施設（同法第二十七条第一項に規定する特定教育・保育施設をいう。以下この項及び第十七条第六項において同じ。）の利用定員の総数（同法第十九条第一項第一号に掲げる小学校就学前子どもに係るものに限る。）が、都道府県子ども・子育て支援事業支援計画において定める当該区域の特定教育・保育施設の必要利用定員総数（同号に掲げる小学校就学前子どもに係るものに限る。）に既に達しているか、又は当該申請に係る施設の認定によってこれを超えることになると認めるとき。

二　当該申請に係る施設の所在地を含む区域における特定教育・保育施設の利用定員の総数（子ども・子育て支援法第十九条第一項第二号に掲げる小学校就学前子どもに係るものに限る。）が、都道府県子ども・子育て支援事業支援計画において定める当該区域の特定教育・保育施設の必要利用定員総数（同号に掲げる小学校就学前子どもに係るものに限る。）に既に達しているか、又は当該申請に係る施設の認定によってこれを超えることになると認めるとき。

三　当該申請に係る施設の所在地を含む区域における特定教育・保育施設の利用定員の総数（子ども・子育て支援法第十九条第一項第三号に掲げる小学校就学前子どもに係るものに限る。）が、都道府県子ども・子育て支援事業支援計画において定める当該区域の特定教育・保育施設の必要利用定員総数（同号に掲げる小学校就学前子どもに係るものに限る。）に既に達しているか、又は当該申請に係る施設の認定によってこれを超えることになると認めるとき。

9　都道府県知事は、第一項又は第三項の認定をしない場合には、申請者に対し、速やかに、その旨及び理由を通知しなければならない。

10　指定都市等の長は、第一項又は第三項の認定をしたときは、速やかに、都道府県知事に、次条第一項に規定する申請書の写しを送付しなければならない。

11　都道府県知事又は指定都市等の長は、当該都道府県又は指定都市等が設置する施設のうち、第一項又は第三項の当該都道府県又は指定都市等の条例で定める要件に適合していると認めるものについては、これを公示するものとする。

12　指定都市等の長は、前項の規定による公示をしたときは、速やかに、次条第一項各号に掲げる事項を記載した書類を都道府県知事に提出しなければならない。

（認定の申請）

第四条　前条第一項又は第三項の認定を受けようとする者は、次に掲げる事項を記載した申請書に、その申請に係る施設が同条第一項又は第三項の条例で定める要件に適合していることを証する書類を添付して、これを都道府県知事に提出しなければならない。

一　氏名又は名称及び住所並びに法人にあっては、その代表者の氏名

二　施設の名称及び所在地

三　保育を必要とする子どもに係る利用定員（満三歳未満の者に係る利用定員及び満三歳以上の者に係る利用定員に区分するものとする。）

四　保育を必要とする子ども以外の子どもに係る利用定員（満三歳未満の者に係る利用定員及び満三歳以上の者に係る利用定員に区分するものとする。）

五　その他主務省令で定める事項

2　前条第三項の認定に係る前項の申請については、連携施設を構成する幼稚園の設置者と保育機能施設の設置者とが異なる場合には、これらの者が共同して行わなければならない。

第五条　削除（平二七法五〇）

（教育及び保育の内容）

第六条　第三条第一項又は第三項の認定を受けた施設及び同条第十一項の規定による公示がされた施設の設置者は、当該施設において教育又は保育を行うに当たっては、第十条第一項の幼保連携型認定こども園の教育課程その他の教育及び保育の内容に関する事項を踏まえて行わなければならない。

（認定の取消し）

第七条　都道府県知事は、次の各号のいずれかに該当するときは、第三条第一項又は第三項の認定を取り消すことができる。

一　第三条第一項又は第三項の認定を受けた施設がそれぞれ同条第一項又は第三項の条例で定める要件を欠くに至ったと認めるとき。

二　第三条第一項又は第三項の認定を受けた施設の設置者が第二十九条第一項の規定による届出をせず、又は虚偽の届出をしたとき。

三　第三条第一項又は第三項の認定を受けた施設の設置者が第三十条第一項又は第三項の規定による報告をせず、又は虚偽の報告をしたとき。

四　第三条第一項又は第三項の認定を受けた施設の設置者が同条第五項第四号イからハまで、ト又はチのいずれかに該当するに至ったとき。

五　第三条第一項又は第三項の認定を受けた施設の設置者が不正の手段により同条第一項又は第三項の認定を受けたとき。

六　その他第三条第一項又は第三項の認定を受けた施設の設置者がこの法律、学校教育法、児童福祉法、私立学校法、社会福祉法若しくは私立学校振興助成法（昭和五十年法律第六十一号）又はこれらの法律に基づく命令の規定に違反したとき。

2　都道府県知事は、前項の規定により認定を取り消したときは、その旨を公表しなければならない。

3　都道府県知事又は指定都市等の長は、第三条第十一項の規定による公示がされた施設が同条第一項又は第三項の当該都道府県又は指定都市等の条例で定める要件を欠くに至ったと認めるときは、同条第十一項の規定によりされた公示を取り消し、その旨を公示しなければならない。

（関係機関の連携の確保）

第八条　都道府県知事は、第三条第一項又は第三項の規定により認定を行おうとするとき及び前条第一項の規定により認定の取消しを行おうとするときは、あらかじめ、学校教育法又は児童福祉法の規定により当該認定又は取消しに係る施設の設置又は運営に関して認可その他の処分をする権限を有する地方公共団体の機関（当該機関が当該都道府県知事である場合を除く。）に協議しなければならない。

2　地方公共団体の長及び教育委員会は、認定こども園に関する事務が適切かつ円滑に実施されるよう、相互に緊密な連携を図りながら協力しなければならない。

第三章　幼保連携型認定こども園

（教育及び保育の目標）

第九条　幼保連携型認定こども園においては、第二条第七項に規定する目的を実現するため、子どもに対する学校としての教育及び児童福祉施設（児童福祉法第七条第一項に規定する児童福祉施設をいう。次条第二項において同じ。）としての保育並びにその実施する保護者に対する子育て支援事業の相互の有機的な連携を図りつつ、次に掲げる目標を達成するよう当該教育及び当該保育を行うものとする。

一　健康、安全で幸福な生活のために必要な基本的な習慣を養い、身体諸機能の調和的発達を図ること。

二　集団生活を通じて、喜んでこれに参加する態度を養うとともに家族や身近な人への信頼感を深め、自主、自律及び協同の精神並びに規範意識の芽生えを養うこと。

三　身近な社会生活、生命及び自然に対する興味を養い、それらに対する正しい理解と態度及び思考力の芽生えを養うこと。

四　日常の会話や、絵本、童話等に親しむことを通じて、言葉の使い方を正しく導くとともに、相手の話を理解しようとする態度を養うこと。

五　音楽、身体による表現、造形等に親しむことを通じて、豊かな感性と表現力の芽生えを養うこと。

六　快適な生活環境の実現及び子どもと保育教諭その他の職員との信頼関係の構築を通じて、心身の健康の確保及び増進を図ること。

（教育及び保育の内容）

第一〇条　幼保連携型認定こども園の教育課程その他の教育及び保育の内容に関する事項は、第二条第七項に規定する目的及び前条に規定する目標に従い、主務大臣が定める。

2　主務大臣が前項の規定により幼保連携型認定こども園の教育課程その他の教育及び保育の内容に関する事項を定めるに当たっては、幼稚園教育要領及び児童福祉法第四十五条第二項の規定に基づき児童福祉施設に関して厚生労働省令で定める基準（同項第三号に規定する保育所における保育の内容に係る部分に限る。）との整合性の確保並びに小学校（学校教育法第一条に規定する小学校をいう。）及び義務教育学校（学校教育法第一条に規定する義務教育学校をいう。）における教育との円滑な接続に配慮しなければならない。

3　幼保連携型認定こども園の設置者は、第一項の教育及び保育の内容に関する事項を遵守しなければならない。

（入園資格）

第一一条　幼保連携型認定こども園に入園することのできる者は、満三歳以上の子ども及び満三歳未満の保育を必要とする子どもとする。

（設置者）

第一二条　幼保連携型認定こども園は、国、地方公共団体（公立大学法人を含む。第十七条第一項において同じ。）、学校法人及び社会福祉法人のみが設置することができる。

（設備及び運営の基準）

第一三条　都道府県（指定都市等所在施設である幼保連携型認定こども園（都道府県が設置するものを除く。）については、当該指定都市等。次項及び第二十五条において同じ。）は、幼保連携型認定こども園の設備及び運営について、条例で基準を定めなければならない。この場合において、その基準は、子どもの身体的、精神的及び社会的な発達のために必要な教育及び保育の水準を確保するものでなければならない。

2　都道府県が前項の条例を定めるに当たっては、次に掲げる事項については主務省令で定める基準に従い定めるものとし、その他の事項については主務省令で定める基準を参酌するものとする。

一　幼保連携型認定こども園における学級の編制並びに幼保連携型認定こども園に配置する園長、保育教諭その他の職員及びその員数

二　幼保連携型認定こども園に係る保育室の床面積その他幼保連携型認定こども園の設備に関する事項であって、子どもの健全な発達に密接に関連するものとして主務省令で定めるもの

三　幼保連携型認定こども園の運営に関する事項であって、子どもの適切な処遇の確保及び秘密の保持並びに子どもの健全な発達に密接に関連するものとして主務省令で定めるもの

3　主務大臣は、前項に規定する主務省令で定める基準を定め、又は変更しようとするとき、並びに同項第二号及び第三号の主務省令を定め、又は変更しようとするときは、子ども・子育て支援法第七十二条に規定する子ども・子育て会議の意見を聴かなければならない。

4　幼保連携型認定こども園の設置者は、第一項の基準を遵守しなければならない。

5　幼保連携型認定こども園の設置者は、幼保連携型認定こども園の設備及び運営についての水準の向上を図ることに努めるものとする。

（職員）

第一四条　幼保連携型認定こども園には、園長及び保育教諭を置かなければならない。

2　幼保連携型認定こども園には、前項に規定するもののほか、副園長、教頭、主幹保育教諭、指導保育教諭、主幹養護教諭、養護教諭、主幹栄養教諭、栄養教諭、事務職員、養護助教諭その他必要な職員を置くことができる。

3　園長は、園務をつかさどり、所属職員を監督する。

4　副園長は、園長を助け、命を受けて園務をつかさどる。

5　副園長は、園長に事故があるときはその職務を代理し、園長が欠けたときはその職務を行う。この場合において、副園長が二人以上あるときは、あらかじめ園長が定めた順序で、その職務を代理し、又は行う。

6　教頭は、園長（副園長を置く幼保連携型認定こども園にあっては、園長及び副園長）を助け、園務を整理し、並びに必要に応じ園児（幼保連携型認定こども園に在籍する子どもをいう。以下同じ。）の教育及び保育（満三

歳未満の園児については、その保育。以下この条において同じ。）をつかさどる。

7　教頭は、園長（副園長を置く幼保連携型認定こども園にあっては、園長及び副園長）に事故があるときは園長の職務を代理し、園長（副園長を置く幼保連携型認定こども園にあっては、園長及び副園長）が欠けたときは園長の職務を行う。この場合において、教頭が二人以上あるときは、あらかじめ園長が定めた順序で、園長の職務を代理し、又は行う。

8　主幹保育教諭は、園長（副園長又は教頭を置く幼保連携型認定こども園にあっては、園長及び副園長又は教頭。第十一項及び第十三項において同じ。）を助け、命を受けて園務の一部を整理し、並びに園児の教育及び保育をつかさどる。

9　指導保育教諭は、園児の教育及び保育をつかさどり、並びに保育教諭その他の職員に対して、教育及び保育の改善及び充実のために必要な指導及び助言を行う。

10　保育教諭は、園児の教育及び保育をつかさどる。

11　主幹養護教諭は、園長を助け、命を受けて園務の一部を整理し、及び園児（満三歳以上の園児に限る。以下この条において同じ。）の養護をつかさどる。

12　養護教諭は、園児の養護をつかさどる。

13　主幹栄養教諭は、園長を助け、命を受けて園務の一部を整理し、並びに園児の栄養の指導及び管理をつかさどる。

14　栄養教諭は、園児の栄養の指導及び管理をつかさどる。

15　事務職員は、事務をつかさどる。

16　助保育教諭は、保育教諭の職務を助ける。

17　講師は、保育教諭又は助保育教諭に準ずる職務に従事する。

18　養護助教諭は、養護教諭の職務を助ける。

19　特別の事情のあるときは、第一項の規定にかかわらず、保育教諭に代えて助保育教諭又は講師を置くことができる。

（職員の資格）

第一五条　主幹保育教諭、指導保育教諭、保育教諭及び講師（保育教諭に準ずる職務に従事するものに限る。）は、幼稚園の教諭の普通免許状（教育職員免許法（昭和二十四年法律第百四十七号）第四条第二項に規定する普通免許状をいう。以下この条において同じ。）を有し、かつ、児童福祉法第十八条の十八第一項の登録（第四項及び第三十九条において単に「登録」という。）を受けた者でなければならない。

2　主幹養護教諭及び養護教諭は、養護教諭の普通免許状を有する者でなければならない。

3　主幹栄養教諭及び栄養教諭は、栄養教諭の普通免許状を有する者でなければならない。

4　助保育教諭及び講師（助保育教諭に準ずる職務に従事するものに限る。）は、幼稚園の助教諭の臨時免許状（教育職員免許法第四条第四項に規定する臨時免許状をいう。次項において同じ。）を有し、かつ、登録を受けた者でなければならない。

5　養護助教諭は、養護助教諭の臨時免許状を有する者でなければならない。

6　前各項に定めるもののほか、職員の資格に関する事項は、主務省令で定める。

（設置等の届出）

第一六条　市町村（指定都市等を除く。以下この条及び次条第五項において同じ。）（市町村が単独で又は他の市町村と共同して設立する公立大学法人を含む。）は、幼保連携型認定こども園を設置しようとするとき、又はその設置した幼保連携型認定こども園の廃止、休止若しくは設置者の変更その他政令で定める事項（同条第一項及び第三十四条第六項において「廃止等」という。）を行おうとするときは、あらかじめ、都道府県知事に届け出なければならない。

（設置等の認可）

第一七条　国及び地方公共団体以外の者は、幼保連携型認定こども園を設置しようとするとき、又はその設置した幼保連携型認定こども園の廃止等を行おうとするときは、都道府県知事（指定都市等の区域内に所在する幼保連携型認定こども園については、当該指定都市等の長。次項、第三項、第六項及び第七項並びに次条第一項において同じ。）の認可を受けなければならない。

2　都道府県知事は、前項の設置の認可の申請があったときは、第十三条第一項の条例で定める基準に適合するかどうかを審査するほか、次に掲げる基準によって、その申請を審査しなければならない。

一　申請者が、この法律その他国民の福祉若しくは学校教育に関する法律で政令で定めるものの規定により罰金の刑に処せられ、その執行を終わり、又は執行を受けることがなくなるまでの者であるとき。

二　申請者が、労働に関する法律の規定であって政令で定めるものにより罰金の刑に処せられ、その執行を終わり、又は執行を受けることがなくなるまでの者であるとき。

三　申請者が、第二十二条第一項の規定により認可を取り消され、その取消しの日から起算して五年を経過しない者であるとき。ただし、当該認可の取消しが、幼保連携型認定こども園の認可の取消しのうち当該認可の取消しの処分の理由となった事実及び当該事実の発生を防止するための当該幼保連携型認定こども園の設置者による業務管理体制の整備についての取組の状況その他の当該事実に関して当該幼保連携型認定こども園の設置者が有していた責任の程度を考慮して、この号本文に規定する認可の取消しに該当しないこととすることが相当であると認められるものとして主務省令で定めるものに該当する場合を除く。

四　申請者が、第二十二条第一項の規定による認可の取消しの処分に係る行政手続法第十五条の規定による通知があった日から当該処分をする日又は処分をしないことを決定する日までの間に前項の規定による幼保連携型認定こども園の廃止をした者（当該廃止について相当の理由がある者を除く。）で、当該幼保連携型認定こども園の廃止の認可の日から起算して五年を経過しないものであるとき。

五　申請者が、第十九条第一項の規定による検査が行われた日から聴聞決定予定日（当該検査の結果に基づき第二十二条第一項の規定による認可の取消しの処分に係る聴聞を行うか否かの決定をすることが見込まれる日として主務省令で定めるところにより都道府県知事が当該申請者に当該検査が行われた日から十日以内に特定の日を通知した場合における当該特定の日をいう。）までの間に前項の規定による幼保連携型認定こども園の廃止をした者（当該廃止について相当の理由がある者を除く。）で、当該幼保連携型認定こども園の廃止の認可の日から起算して五年を経過しないものであるとき。

六　申請者が、認可の申請前五年以内に教育又は保育に関し不正又は著しく不当な行為をした者であるとき。

七　申請者の役員又はその長のうちに次のいずれかに該当する者があるとき。

イ　禁錮以上の刑に処せられ、その執行を終わり、又は執行を受けることがなくなるまでの者

ロ　第一号、第二号又は前号に該当する者

ハ　第二十二条第一項の規定により認可を取り消された幼保連携型認定こども園において、当該取消しの処分に係る行政手続法第十五条の規定による通知があった日前六十日以内にその幼保連携型認定こども園の設置者の役員又はその園長であった者で当該取消しの日から起算して五年を経過しないもの（当該認可の取消しが、幼保連携型認定こども園の認可の取消しのうち当該認可の取消しの処分の理由となった事実及び当該事実の発生を防止するための当該幼保連携型認定こども園の設置者による業務管理体制の整備についての取組の状況その他の当該事実に関して当該幼保連携型認定こども園の設置者が有していた責任の程度を考慮して、この号に規定する認可の取消しに該当しないこととすることが相当であると

認められるものとして主務省令で定めるものに該当する場合を除く。）

二　第四号に規定する期間内に前項の規定により廃止した幼保連携型認定こども園（当該廃止について相当の理由がある幼保連携型認定こども園を除く。）において、同号の通知の日前六十日以内にその設置者の役員又はその長であった者で当該廃止の認可の日から起算して五年を経過しないもの

3　都道府県知事は、第一項の認可をしようとするときは、あらかじめ、第二十五条に規定する審議会その他の合議制の機関の意見を聴かなければならない。

4　指定都市等の長は、第一項の認可をしようとするときは、あらかじめ、都道府県知事に協議しなければならない。

5　都道府県知事は、第一項の設置の認可をしようとするときは、主務省令で定めるところにより、あらかじめ、当該認可の申請に係る幼保連携型認定こども園を設置しようとする場所を管轄する市町村の長に協議しなければならない。

6　都道府県知事は、第一項及び第二項に基づく審査の結果、その申請が第十三条第一項の条例で定める基準に適合しており、かつ、第二項各号に掲げる基準に該当しないと認めるときは、第一項の設置の認可をするものとする。ただし、次に掲げる要件のいずれかに該当するとき、その他の都道府県子ども・子育て支援事業支援計画（指定都市等の長が同項の設置の認可を行う場合にあっては、子ども・子育て支援法第六十一条第一項の規定により当該指定都市等が定める市町村子ども・子育て支援事業計画。以下この項において同じ。）の達成に支障を生ずるおそれがある場合として主務省令で定める場合に該当すると認めるときは、第一項の設置の認可をしないことができる。

一　当該申請に係る幼保連携型認定こども園を設置しようとする場所を含む区域（子ども・子育て支援法第六十二条第二項第一号の規定により当該都道府県が定める区域（指定都市等の長が第一項の設置の認可を行う場合にあっては、同法第六十一条第二項第一号の規定により当該指定都市等が定める教育・保育提供区域）をいう。以下この項において同じ。）における特定教育・保育施設の利用定員の総数（同法第十九条第一項第一号に掲げる小学校就学前子どもに係るものに限る。）が、都道府県子ども・子育て支援事業支援計画において定める当該区域の特定教育・保育施設の必要利用定員総数（同号に掲げる小学校就学前子どもに係るものに限る。）に既に達しているか、又は当該申請に係る設置の認可によってこれを超えることになると認めるとき。

二　当該申請に係る幼保連携型認定こども園を設置しようとする場所を含む区域における特定教育・保育施設の利用定員の総数（子ども・子育て支援法第十九条第一項第二号に掲げる小学校就学前子どもに係るものに限る。）が、都道府県子ども・子育て支援事業支援計画において定める当該区域の特定教育・保育施設の必要利用定員総数（同号に掲げる小学校就学前子どもに係るものに限る。）に既に達しているか、又は当該申請に係る設置の認可によってこれを超えることになると認めるとき。

三　当該申請に係る幼保連携型認定こども園を設置しようとする場所を含む区域における特定教育・保育施設の利用定員の総数（子ども・子育て支援法第十九条第一項第三号に掲げる小学校就学前子どもに係るものに限る。）が、都道府県子ども・子育て支援事業支援計画において定める当該区域の特定教育・保育施設の必要利用定員総数（同号に掲げる小学校就学前子どもに係るものに限る。）に既に達しているか、又は当該申請に係る設置の認可によってこれを超えることになると認めるとき。

7　都道府県知事は、第一項の設置の認可をしない場合には、申請者に対し、速やかに、その旨及び理由を通知しなければならない。

（都道府県知事への情報の提供）

第一八条　第十六条の届出を行おうとする者又は前条第一項の認可を受けようとする者は、第四条第一項各号に掲げる事項を記載した書類を都道府県知事に提出しなければならない。

2　指定都市等の長は、前条第一項の認可をしたときは、速やかに、都道府県知事に、前項の書類の写しを送付しなければならない。

3　指定都市等（当該指定都市等が単独で又は他の市町村と共同して設立する公立大学法人を含む。）が幼保連携型認定こども園を設置したときは、速やかに、第四条第一項各号に掲げる事項を記載した書類を都道府県知事に提出しなければならない。

（報告の徴収等）

第一九条　都道府県知事（指定都市等所在施設である幼保連携型認定こども園（都道府県が設置するものを除く。）については、当該指定都市等の長。第二十八条から第三十条まで並びに第三十四条第三項及び第九項を除き、以下同じ。）は、この法律を施行するため必要があると認めるときは、幼保連携型認定こども園の設置者若しくは園長に対して、必要と認める事項の報告を求め、又は当該職員に関係者に対して質問させ、若しくはその施設に立ち入り、設備、帳簿書類その他の物件を検査させることができる。

2　前項の規定による立入検査を行う場合においては、当該職員は、その身分を示す証明書を携帯し、関係者の請求があるときは、これを提示しなければならない。

3　第一項の規定による立入検査の権限は、犯罪捜査のために認められたものと解釈してはならない。

（改善勧告及び改善命令）

第二〇条　都道府県知事は、幼保連携型認定こども園の設置者が、この法律又はこの法律に基づく命令若しくは条例の規定に違反したときは、当該設置者に対し、必要な改善を勧告し、又は当該設置者がその勧告に従わず、かつ、園児の教育上又は保育上有害であると認められるときは、必要な改善を命ずることができる。

（事業停止命令）

第二一条　都道府県知事は、次の各号のいずれかに該当する場合においては、幼保連携型認定こども園の事業の停止又は施設の閉鎖を命ずることができる。

一　幼保連携型認定こども園の設置者が、この法律又はこの法律に基づく命令若しくは条例の規定に故意に違反し、かつ、園児の教育上又は保育上著しく有害であると認められるとき。

二　幼保連携型認定こども園の設置者が前条の規定による命令に違反したとき。

三　正当な理由がないのに、六月以上休止したとき。

2　都道府県知事は、前項の規定により事業の停止又は施設の閉鎖の命令をしようとするときは、あらかじめ、第二十五条に規定する審議会その他の合議制の機関の意見を聴かなければならない。

（認可の取消し）

第二二条　都道府県知事は、幼保連携型認定こども園の設置者が、この法律若しくはこの法律に基づく命令若しくは条例の規定又はこれらに基づいてする処分に違反したときは、第十七条第一項の認可を取り消すことができる。

2　都道府県知事は、前項の規定による認可の取消しをしようとするときは、あらかじめ、第二十五条に規定する審議会その他の合議制の機関の意見を聴かなければならない。

（運営の状況に関する評価等）

第二三条　幼保連携型認定こども園の設置者は、主務省令で定めるところにより当該幼保連携型認定こども園における教育及び保育並びに子育て支援事業（以下「教育及び保育等」という。）の状況その他の運営の状況について評価を行い、その結果に基づき幼保連携型認定こども園の運営の改善を図るため必

要な措置を講ずるよう努めなければならない。

（運営の状況に関する情報の提供）

第二四条　幼保連携型認定こども園の設置者は、当該幼保連携型認定こども園に関する保護者及び地域住民その他の関係者の理解を深めるとともに、これらの者との連携及び協力の推進に資するため、当該幼保連携型認定こども園における教育及び保育等の状況その他の当該幼保連携型認定こども園の運営の状況に関する情報を積極的に提供するものとする。

（都道府県における合議制の機関）

第二五条　第十七条第三項、第二十一条第二項及び第二十二条第二項の規定によりその権限に属させられた事項を調査審議するため、都道府県に、条例で幼保連携型認定こども園に関する審議会その他の合議制の機関を置くものとする。

（学校教育法の準用）

第二六条　学校教育法第五条、第六条本文、第七条、第九条、第十条、第八十一条第一項及び第百三十七条の規定は、幼保連携型認定こども園について準用する。（後略）

（学校保健安全法の準用）

第二七条　学校保健安全法（昭和三十三年法律第五十六号）第三条から第十条まで、第十三条から第二十一条まで、第二十三条及び第二十六条から第三十一条までの規定は、幼保連携型認定こども園について準用する。（後略）

第四章　認定こども園に関する情報の提供等

（教育・保育等に関する情報の提供）

第二八条　都道府県知事は、第三条第一項若しくは第三項の認定をしたとき、同条第十項の申請書の写しの送付を受けたとき、同条第十二項の書類の提出を受けたとき、第十六条の届出を受けたとき、第十七条第一項の認可をしたとき、第十八条第二項の書類の写しの送付を受けたとき、又は同条第三項の書類の提出を受けたときは、インターネットの利用、印刷物の配布その他適切な方法により、これらに係る施設において提供されるサービスを利用しようとする者に対し、第四条第一項各号に掲げる事項及び教育保育概要（当該施設において行われる教育及び保育等の概要をいう。次条第一項において同じ。）についてその周知を図るものとする。第三条第十一項の規定による公示を行う場合及び都道府県（都道府県が単独で又は他の地方公共団体と共同して設立する公立大学法人を含む。）が幼保連携型認定こども園を設置する場合も、同様とする。

（変更の届出）

第二九条　認定こども園の設置者（都道府県及び指定都市等を除く。次条において同じ。）は、第四条第一項各号に掲げる事項及び教育保育概要として前条の規定により周知された事項の変更（主務省令で定める軽微な変更を除く。）をしようとするときは、あらかじめ、その旨を都道府県知事（当該認定こども園が指定都市等所在施設である場合にあっては当該指定都市等の長。次条第一項及び第三項において同じ。）に届け出なければならない。

2　指定都市等の長は、前項の規定による届出を受けたときは、速やかに、都道府県知事に、当該届出に係る書類の写しを送付しなければならない。

3　指定都市等の長は、当該指定都市等が設置する認定こども園について第一項に規定する変更を行ったときは、当該変更に係る事項を記載した書類を都道府県知事に提出しなければならない。

4　都道府県知事は、第一項の規定による届出があったとき、第二項の規定による書類の写しの送付を受けたとき、又は前項の規定による書類の提出を受けたときは、前条に規定する方法により、同条に規定する者に対し、第一項に規定する変更に係る事項についてその周知を図るものとする。都道府県が設置する認定こども園について同項に規定する変更を行う場合も、同様とする。

（報告の徴収等）

第三〇条　認定こども園の設置者は、毎年、主務省令で定めるところにより、その運営の状況を都道府県知事に報告しなければならない。

2　指定都市等の長は、前項の規定による報告を受けたときは、速やかに、都道府県知事に、当該報告に係る書類の写しを送付しなければならない。

3　第十九条第一項に定めるもののほか、都道府県知事は、認定こども園の適正な運営を確保するため必要があると認めるときは、その設置者に対し、認定こども園の運営に関し必要な報告を求めることができる。

（名称の使用制限）

第三一条　何人も、認定こども園でないものについて、認定こども園という名称又はこれと紛らわしい名称を用いてはならない。

2　何人も、幼保連携型認定こども園でないものについて、幼保連携型認定こども園という名称又はこれと紛らわしい名称を用いてはならない。

第五章　雑則（省略）

第六章　罰則

第三八条　第二十一条第一項の規定による事業の停止又は施設の閉鎖の命令に違反した者は、六月以下の懲役若しくは禁錮又は五十万円以下の罰金に処する。

第三九条　次の各号のいずれかに該当する場合には、その違反行為をした者は、三十万円以下の罰金に処する。

一　第十五条第一項又は第四項の規定に違反して、相当の免許状を有しない者又は登録を受けていない者を主幹保育教諭、指導保育教諭、保育教諭、助保育教諭又は講師に任命し、又は雇用したとき。

二　第十五条第一項又は第四項の規定に違反して、相当の免許状を有せず、又は登録を受けていないにもかかわらず主幹保育教諭、指導保育教諭、保育教諭、助保育教諭又は講師となったとき。

三　第十五条第二項、第三項又は第五項の規定に違反して、相当の免許状を有しない者を主幹養護教諭、養護教諭、主幹栄養教諭、栄養教諭又は養護助教諭に任命し、又は雇用したとき。

四　第十五条第二項、第三項又は第五項の規定に違反して、相当の免許状を有しないにもかかわらず主幹養護教諭、養護教諭、主幹栄養教諭、栄養教諭又は養護助教諭となったとき。

五　第三十一条第一項の規定に違反して、認定こども園という名称又はこれと紛らわしい名称を用いたとき。

六　第三十一条第二項の規定に違反して、幼保連携型認定こども園という名称又はこれと紛らわしい名称を用いたとき。

附　則（省略）

附　則（抄）（平成二四年八月二二日法律第六六号）

施行、平二七・四・一
改正、令一―法二六

（保育教諭等の資格の特例）

第五条　施行日から起算して十年間は、新認定こども園法第十五条第一項の規定にかかわらず、幼稚園の教諭の普通免許状（教育職員免許法（昭和二十四年法律第百四十七号）第四条第二項に規定する普通免許状をいう。）を有する者又は児童福祉法（昭和二十二年法律第百六十四号）第十八条の十八第一項の登録（第三項において単に「登録」という。）を受けた者は、主幹保育教諭、指導保育教諭、保育教諭又は講師（保育教諭に準ずる職務に従事するものに限る。）となることができる。

2　施行日から起算して十年間は、新認定こども園法第十五条第四項の規定にかかわらず、幼稚園の助教諭の臨時免許状（教育職員免許法第四条第四項に規定する臨時免許状をいう。）を有する者は、助保育教諭又は講師（助保育教諭に準ずる職務に従事するものに限る。）となることができる。

3　施行日から起算して十年間は、教育職員免許法及び教育公務員特例法の一部を改正する法律（平成十九年法律第九十八号）附則第二条第七項に規定する旧免許状所持者であって、同条第二項に規定する更新講習修了確認を受けずに同条第三項に規定する修了確認期限を経過し、その後に同項第三号に規定する免許管理者による確認を受けていないもの（登録を受けている者に限る。）については、同条第七項の規定は、適用しない。

●就学前の子どもに関する教育、保育等の総合的な提供の推進に関する法律施行規則（抄）

（平成二六年七月二日　内閣府・文部科学省・厚生労働省令第二号）

施行、平二七・四・一
最終改正、令二―内府・文科・厚労令一

第一条から第三条まで（省略）

（法第三条第五項第四号ニただし書の主務省令で定めるニ本文に規定する認定の取消しに該当しないこととすることが相当であると認められるもの）

第四条　法第三条第五項第四号ニただし書の主務省令で定めるニ本文に規定する認定の取消しに該当しないこととすることが相当であると認められるものは、都道府県知事（同条第一項に規定する指定都市等所在施設（以下単に「指定都市等所在施設」という。）である幼稚園若しくは保育所等又は同条第三項に規定する連携施設（以下単に「連携施設」という。）については、当該指定都市等の長。第七条第一項第一号、第二十八条第一号及び第二十九条第二号において同じ。）（法第三条第一項又は第三項の規定により都道府県又は指定都市等の教育委員会が認定こども園の認定を行う場合にあっては、都道府県又は指定都市等の教育委員会。第二十八条及び第二十九条において同じ。）が法第三十条第三項その他の規定による報告等の権限を適切に行使し、当該認定の取消しの処分の理由となった事実及び当該事実の発生を防止するための当該認定こども園の設置者による業務管理体制の整備についての取組の状況その他の当該事実に関して当該認定こども園の設置者が有していた責任の程度を確認した結果、当該認定こども園の設置者が当該認定の取消しの理由となった事実について組織的に関与していると認められない場合に係るものとする。

2　前項の規定は、法第三条第五項第四号ホただし書の主務省令で定めるホ本文に規定する認定の取消しに該当しないこととすることが相当であると認められるものについて準用する。

（法第三条第五項第四号ホの主務省令で定める申請者の親会社等）

第五条　法第三条第五項第四号ホに規定する申請者（以下この条において「申請者」という。）の親会社等（次項及び第四項第一号において「申請者の親会社等」という。）は、次に掲げる者とする。

一　申請者の役員に占めるその役員の割合が二分の一を超える者

二　申請者（株式会社である場合に限る。）の議決権の過半数を所有している者

三　申請者（持分会社（会社法（平成十七年法律第八十六号）第五百七十五条第一項に規定する持分会社をいう。次項第三号及び第三項第三号において同じ。）である場合に限る。）の資本金の過半数を出資している者

四　申請者の事業の方針の決定に関して、前三号に掲げる者と同等以上の支配力を有すると認められる者

2　法第三条第五項第四号ホの主務省令で定める申請者の親会社等がその事業を実質的に支配し、又はその事業に重要な影響を与える関係にある者は、次に掲げる者とする。

一　申請者の親会社等の役員と同一の者がその役員に占める割合が二分の一を超える者

二　申請者の親会社等（株式会社である場合に限る。）が議決権の過半数を所有している者

三　申請者の親会社等（持分会社である場合に限る。）が資本金の過半数を出資している者

四　事業の方針の決定に関する申請者の親会社等の支配力が前三号に掲げる者と同等以上と認められる者

3　法第三条第五項第四号ホの主務省令で定める申請者がその事業を実質的に支配し、又はその事業に重要な影響を与える関係にある者は、次に掲げる者とする。

一　申請者の役員と同一の者がその役員に占める割合が二分の一を超える者

二　申請者（株式会社である場合に限る。）が議決権の過半数を所有している者

三　申請者（持分会社である場合に限る。）が資本金の過半数を出資している者

四　事業の方針の決定に関する申請者の支配力が前三号に掲げる者と同等以上と認められる者

4　法第三条第五項第四号ホの主務省令で定める密接な関係を有する法人は、次の各号のいずれにも該当する法人とする。

一　申請者の重要な事項に係る意思決定に関与し、又は申請者若しくは申請者の親会社等が重要な事項に係る意思決定に関与している者であること。

二　法第三条第一項又は第三項の規定により認定を受けた施設の設置者であること。

（法第三条第六項の規定による協議手続）

第六条　法第三条第六項の規定による協議は、法第四条第一項各号に掲げる事項を記載した書類を市町村（特別区を含む。以下同じ。）の長に提出してするものとする。

（法第三条第八項ただし書の主務省令で定める場合）

第七条　法第三条第八項ただし書の主務省令で定める場合は、次に掲げる場合とする。

一　法第三条第一項又は第三項の認定の申請に係る施設の所在地を含む区域（子ども・子育て支援法（平成二十四年法律第六十五号）第六十二条第二項第一号の規定により都道府県が定める区域（指定都市等の長が法第三条第一項又は第三項の認定を行う場合にあっては、子ども・子育て支援法第六十一条第二項第一号の規定により当該指定都市等が定める教育・保育提供区域）をいう。以下この条において同じ。）における特定教育・保育施設（同法第二十七条第一項に規定する特定教育・保育施設をいい、

同法第六十一条第一項に規定する市町村子ども・子育て支援事業計画（以下この項及び第二十二条第一項第一号において「市町村計画」という。）に基づき整備をしようとするものを含む。以下この項及び第二十二条第一項において同じ。）の利用定員の総数（当該申請に係る施設の事業の開始を予定する日の属する事業年度（以下この条において「申請施設事業開始年度」という。）に係るものであって、同法第十九条第一項第一号に掲げる小学校就学前子どもに係るものに限る。）及び特定教育・保育施設以外の幼稚園の収容定員の総数（申請施設事業開始年度に係るものをいい、当該特定教育・保育施設以外の幼稚園に在籍している幼児の総数が当該収容定員の総数に満たない場合にあっては、当該在籍している幼児の総数を勘案して都道府県知事が定める数）の合計数が、同法第六十二条第一項に規定する都道府県子ども・子育て支援事業支援計画（以下この条及び第二十二条において「都道府県計画」という。）（指定都市等の長が法第三条第一項又は第三項の認定を行う場合にあっては、子ども・子育て支援法第六十一条第一項の規定により当該指定都市等が定める市町村計画。以下この条において同じ。）において定める当該区域の特定教育・保育施設の必要利用定員総数（申請施設事業開始年度に係るものであって、同法第十九条第一項第一号に掲げる小学校就学前子どもに係るものに限る。）に既に達しているか、又は当該申請に係る施設の認定によってこれを超えることになると認める場合

二　法第三条第一項又は第三項の認定の申請に係る施設の所在地を含む区域における特定教育・保育施設及び国家戦略特別区域小規模保育事業（国家戦略特別区域法（平成二十五年法律第百七号）第十二条の四第一項に規定する国家戦略特別区域小規模保育事業をいう。以下同じ。）の利用定員の総数（申請施設事業開始年度に係るものであって、子ども・子育て支援法第十九条第一項第二号に掲げる小学校就学前子どもに係るものに限る。）が、都道府県計画において定める当該区域の特定教育・保育施設及び国家戦略特別区域小規模保育事業の必要利用定員総数（申請施設事業開始年度に係るものであって、同号に掲げる小学校就学前子どもに係るものに限る。）に既に達しているか、又は当該申請に係る施設の認定によってこれを超えることになると認める場合

三　法第三条第一項又は第三項の認定の申請に係る施設の所在地を含む区域における特定教育・保育施設及び特定地域型保育事業所（子ども・子育て支援法第二十九条第三項第一号に規定する特定地域型保育事業所をいう。以下この号及び第二十二条第一項において同じ。）（同法第四十三条第一項に規定する事業所内保育事業所における同項に規定する労働者等の監護する小学校就学前子どもに係る部分を除き、市町村計画に基づき整備をしようとするものを含む。）の利用定員の総数（申請施設事業開始年度に係るものであって、同法第十九条第一項第三号に掲げる小学校就学前子どもに係るものに限る。）が、都道府県計画において定める当該区域の特定教育・保育施設及び特定地域型保育事業所の必要利用定員総数（申請施設事業開始年度に係るものであって、同号に掲げる小学校就学前子どもに係るものに限る。）に既に達しているか、又は当該申請に係る施設の認定によってこれを超えることになると認める場合

2　前項各号の施設が保育所又は幼稚園（これらの施設の運営の実績その他により適正な運営が確保されていると認められるものに限る。）である場合における同項各号の規定の適用については、これらの規定中「必要利用定員総数（申請施設事業開始年度に係るものであって」とあるのは、「必要利用定員総数（都道府県計画で定める当該区域において実施しようとする教育又は保育の提供体制の確保に必要な数を加えて得た数を含む。）であって」とする。

（法第四条第一項第五号の主務省令で定める事項）

第八条　法第四条第一項第五号の主務省令で定める事項は、次に掲げる事項とする。

一　認定を受ける施設について幼稚園、保育所又は保育機能施設の別

二　認定こども園の名称

三　認定こども園の長（認定こども園の事業を管理する者をいう。）となるべき者の氏名

四　教育又は保育の目標及び主な内容

五　第二条各号に掲げる事業のうち認定こども園が実施するもの

第九条　削除（平二七内府・文科・厚労令五）

（幼保連携型認定こども園に置かれる講師）

第一〇条　講師は、常時勤務に服しないことができる。

（幼保連携型認定こども園に置かれる用務員）

第一一条　用務員は、幼保連携型認定こども園の環境の整備その他の用務に従事する。

（幼保連携型認定こども園の園長の資格）

第一二条　園長の資格は、教育職員免許法（昭和二十四年法律第百四十七号）による教諭の専修免許状又は一種免許状を有し、かつ、児童福祉法第十八条の十八第一項（国家戦略特別区域法第十二条の五第五項に規定する事業実施区域内にある幼保連携型認定こども園にあっては、同条第八項において準用する場合を含む。）の登録を受けており、及び、次に掲げる職に五年以上あることとする。

一　学校教育法（昭和二十二年法律第二十六号）第一条に規定する学校及び同法第百二十四条に規定する専修学校の校長（幼保連携型認定こども園の園長を含む。）の職

二　学校教育法第一条に規定する学校及び幼保連携型認定こども園の教授、准教授（学校教育法の一部を改正する法律（平成十七年法律第八十三号）による改正前の学校教育法第五十八条第一項及び第七十条第一項に規定する助教授を含む。）、助教、副校長（幼保連携型認定こども園の副園長を含む。）、教頭、主幹教諭（幼保連携型認定こども園の主幹養護教諭及び主幹栄養教諭を含む。）、指導教諭、教諭、助教諭、養護教諭、養護助教諭、栄養教諭、主幹保育教諭、指導保育教諭、保育教諭、助保育教諭、講師（常時勤務の者に限る。）及び同法第百二十四条に規定する専修学校の教員（以下この条において「教員」という。）の職

三　学校教育法第一条に規定する学校及び幼保連携型認定こども園の事務職員（単純な労務に雇用される者を除く。以下この条において同じ。）、実習助手、寄宿舎指導員（学校教育法の一部を改正する法律（平成十三年法律第百五号）による改正前の学校教育法第七十三条の三第一項に規定する寮母を含む。）及び学校栄養職員（学校給食法（昭和二十九年法律第百六十号）第七条に規定する職員のうち栄養教諭以外の者をいい、同法第六条に規定する施設の当該職員を含む。）の職

四　学校教育法等の一部を改正する法律（平成十九年法律第九十六号）第一条の規定による改正前の学校教育法第九十四条の規定により廃止された従前の法令の規定による学校及び旧教員養成諸学校官制（昭和二十一年勅令第二百八号）第一条の規定による教員養成諸学校の長の職

五　前号に掲げる学校及び教員養成諸学校における教員及び事務職員に相当する者の職

六　海外に在留する邦人の子女のための在外教育施設で、文部科学大臣が小学校、中学校又は高等学校の課程と同等の課程を有するものとして認定したものにおける第一号から第三号までに掲げる者に準ずるものの職

七　前号に規定する職のほか、外国の学校における第一号から第三号までに掲げる者に準ずるものの職

八　少年院法（平成二十六年法律第五十八

号）による少年院又は児童福祉法による児童自立支援施設（児童福祉法等の一部を改正する法律（平成九年法律第七十四号）附則第七条第一項の規定により証明書を発行することができるもので、同条第二項の規定によりその例によることとされた同法による改正前の児童福祉法（以下この号において「旧児童福祉法」という。）第四十八条第四項ただし書の規定による指定を受けたものを除く。）において矯正教育又は指導を担当する者（旧児童福祉法第四十四条に規定する救護院（旧児童福祉法第四十八条第四項ただし書の規定による指定を受けたものを除く。）において指導を担当する者を含む。）の職

九　児童福祉法第七条第一項に規定する児童福祉施設及び連携施設を構成する保育機能施設の長の職

十　児童福祉法第七条第一項に規定する児童福祉施設及び連携施設を構成する保育機能施設において児童の保育に直接従事する職員の職

十一　児童福祉法第七条第一項に規定する児童福祉施設及び連携施設を構成する保育機能施設の事務職員の職

十二　児童福祉法第六条の三第九項に規定する家庭的保育事業、同条第十項に規定する小規模保育事業、同条第十一項に規定する居宅訪問型保育事業及び同条第十二項に規定する事業所内保育事業（以下この条において「家庭的保育事業等」という。）の管理者の職

十三　家庭的保育事業等において児童の保育に直接従事する職員の職

十四　家庭的保育事業等における事務職員の職

十五　第一号から前号までに掲げるもののほか、国又は地方公共団体において教育（教育基本法（平成十八年法律第百二十号）第六条第一項に規定する法律に定める学校において行われる教育以外の教育を含む。以下この号において同じ。）若しくは児童福祉に関する事務又は教育若しくは児童福祉を担当する国家公務員又は地方公務員（単純な労務に雇用される者を除く。）の職

十六　外国の官公庁における前号に準ずるものの職

第一三条　国（国立大学法人法（平成十五年法律第百十二号）第二条第一項に規定する国立大学法人を含む。）及び地方公共団体（地方独立行政法人法（平成十五年法律第百十八号）第六十八条第一項に規定する公立大学法人（以下単に「公立大学法人」という。）を含む。以下この条及び第十八条において同じ。）が設置する幼保連携型認定こども園の園長の任命権者又は国及び地方公共団体以外の者が設置する幼保連携型認定こども園の設置者は、幼保連携型認定こども園の運営上特に必要がある場合には、前条の規定にかかわらず、法第二条第七項に規定する幼保連携型認定こども園の目的を実現するため、当該幼保連携型認定こども園を適切に管理及び運営する能力を有する者であって、前条に規定する資格を有する者と同等の資質を有すると認めるものを園長として任命し、又は採用することができる。

（幼保連携型認定こども園の副園長及び教頭の資格）

第一四条　前二条の規定は、副園長及び教頭の資格について準用する。

（幼保連携型認定こども園の設置の認可の申請又は届出等）

第一五条　幼保連携型認定こども園の設置についての認可の申請又は届出は、それぞれ認可申請書又は届出書に、次に掲げる事項を記載した書類及び法第十三条第一項の条例で定める要件に適合していることを証する書類を添えてしなければならない。

一　目的

二　名称

三　所在地

四　園地、園舎その他設備の規模及び構造並びにその図面

五　幼保連携型認定こども園の運営に関する規程（第三項及び次条において「園則」という。）

六　経費の見積り及び維持方法

七　開設の時期

2　法第十六条の届出を行った市町村（市町村が単独で又は他の市町村と共同して設立する公立大学法人を含む。以下この項において同じ。）又は法第十七条第一項の認可を受けた者は、前項各号に掲げる事項（市町村にあっては第一号及び第六号に掲げる事項を除く。）を変更しようとするときは、あらかじめ、都道府県知事（指定都市等の区域内に所在する幼保連携型認定こども園については、当該指定都市等の長）に届け出なければならない。

3　前項の規定による園則の変更は、次条に掲げる事項に係る園則の変更とする。

（幼保連携型認定こども園の園則に記載すべき事項）

第一六条　園則には、少なくとも、次に掲げる事項を記載しなければならない。

一　学年、学期、教育又は保育を行う日時数、教育又は保育を行わない日及び開園している時間に関する事項

二　教育課程その他の教育及び保育の内容に関する事項

三　保護者に対する子育ての支援の内容に関する事項

四　利用定員及び職員組織に関する事項

五　入園、退園、転園、休園及び卒園に関する事項

六　保育料その他の費用徴収に関する事項

七　その他施設の管理についての重要事項

（幼保連携型認定こども園の廃止又は休止の認可の申請又は届出）

第一七条　幼保連携型認定こども園の廃止又は休止についての認可の申請又は届出は、それぞれ認可申請書又は届出書に、次に掲げる事項（休止についての認可の申請又は届出の場合にあっては第四号に掲げる事項を除く。）を記載した書類を添えてしなければならない。

一　廃止又は休止の理由

二　園児の処置方法

三　廃止の期日又は休止の予定期間

四　財産の処分

（幼保連携型認定こども園の設置者の変更の認可の申請又は届出）

第一八条　幼保連携型認定こども園の設置者の変更についての認可の申請又は届出は、それぞれ認可申請書又は届出書に、当該設置者の変更に関係する者が連署して、変更前及び変更後の第十五条第一項第一号から第六号までに掲げる事項並びに変更の理由及び時期を記載した書類を添えてしなければならない。ただし、新たに設置者となろうとする者が成立前の地方公共団体である場合においては、当該成立前の地方公共団体の連署を要しない。

（法第十七条第二項第三号ただし書の主務省令で定める認可の取消しに該当しないこととすることが相当であると認められるもの）

第一九条　法第十七条第二項第三号ただし書の主務省令で定める同号本文に規定する認可の取消しに該当しないこととすることが相当であると認められるものは、都道府県知事（指定都市等の区域内に所在する幼保連携型認定こども園については当該指定都市等の長とし、法第三十四条第一項に規定する公私連携幼保連携型認定こども園にあっては市町村の長とし、法第三十五条第一項の規定により都道府県知事の権限に属するものとされている事務を主務大臣が行う場合にあっては主務大臣とする。）が法第十九条第一項その他の規定による報告等の権限を適切に行使し、当該認可の取消しの処分の理由となった事実及び当該事実の発生を防止するための当該幼保連携型認定こども園の設置者による業務管理体制の整備についての取組の状況その他の当該事実に関して当該幼保連携型認定こども園の設置者が有していた責任の程度を確認した結果、当該幼保連携型認定こども園の設置者が当該認可の取消しの理由となった事実について組織的に関与していると認められない場合に係るものとする。

2　前項の規定は、法第十七条第二項第七号ハ

の主務省令で定める同号に規定する認可の取消しに該当しないこととすることが相当であると認められるものについて準用する。

（法第十七条第二項第五号の規定による聴聞決定予定日の通知）

第二〇条　法第十七条第二項第五号の規定による通知をするときは、法第十九条第一項の規定による検査が行われた日（以下この条において「検査日」という。）から十日以内に、検査日から起算して六十日以内の特定の日を通知するものとする。

（法第十七条第五項の規定による協議手続）

第二一条　法第十七条第五項の規定による協議は、第十五条第一項各号に掲げる事項を記載した書類を市町村の長に提出してするものとする。

（法第十七条第六項ただし書の主務省令で定める場合）

第二二条　法第十七条第六項ただし書の主務省令で定める場合は、次に掲げる場合とする。

一　法第十七条第一項の設置の認可の申請に係る幼保連携型認定こども園を設置しようとする場所を含む区域（子ども・子育て支援法第六十二条第二項第一号の規定により都道府県が定める区域（指定都市等の長が認可を行う場合にあっては、同法第六十一条第二項第一号の規定により当該指定都市等が定める教育・保育提供区域）をいう。以下この条において同じ。）における特定教育・保育施設の利用定員の総数（当該申請に係る幼保連携型認定こども園の事業の開始を予定する日の属する事業年度（以下この条において「申請幼保連携型認定こども園事業開始年度」という。）に係るものであって、同法第十九条第一項第一号に掲げる小学校就学前子どもに係るものに限る。）及び特定教育・保育施設以外の幼稚園の収容定員の総数（申請幼保連携型認定こども園事業開始年度に係るものをいい、当該特定教育・保育施設以外の幼稚園に在籍している幼児の総数が当該収容定員の総数に満たない場合にあっては、当該在籍している幼児の総数を勘案して都道府県知事（指定都市等の長が認可を行う場合にあっては指定都市等の長）が定める数）の合計数が、都道府県計画（指定都市等の長が認可を行う場合にあっては、同法第六十一条第一項の規定により当該指定都市等の長が定める市町村計画。以下この条において同じ。）において定める当該区域の特定教育・保育施設の必要利用定員総数（申請幼保連携型認定こども園事業開始年度に係るものであって、同法第十九条第一項第一号に掲げる小学校就学前子どもに係るものに限る。）に既に達しているか、又は当該申請に係る設置の認可によってこれを超えることになると認める場合

二　法第十七条第一項の設置の認可の申請に係る幼保連携型認定こども園を設置しようとする場所を含む区域における特定教育・保育施設及び国家戦略特別区域小規模保育事業の利用定員の総数（申請幼保連携型認定こども園事業開始年度に係るものであって、子ども・子育て支援法第十九条第一項第二号に掲げる小学校就学前子どもに係るものに限る。）が、都道府県計画において定める当該区域の特定教育・保育施設及び国家戦略特別区域小規模保育事業の必要利用定員総数（申請幼保連携型認定こども園事業開始年度に係るものであって、同号に掲げる小学校就学前子どもに係るものに限る。）に既に達しているか、又は当該申請に係る設置の認可によってこれを超えることになると認める場合

三　法第十七条第一項の設置の認可の申請に係る幼保連携型認定こども園を設置しようとする場所を含む区域における特定教育・保育施設及び特定地域型保育事業所（子ども・子育て支援法第四十三条第一項に規定する事業所内保育事業所における同項に規定する労働者等の監護する小学校就学前子どもに係る部分を除き、市町村計画に基づき整備をしようとするものを含む。）の利用定員の総数（申請幼保連携型認定こども園事業開始年度に係るものであって、同法第十九条第一項第三号に掲げる小学校就学前子どもに係るものに限る。）が、都道府県計画において定める当該区域の特定教育・保育施設及び特定地域型保育事業所の必要利用定員総数（申請幼保連携型認定こども園事業開始年度に係るものであって、同号に掲げる小学校就学前子どもに係るものに限る。）に既に達しているか、又は当該申請に係る設置の認可によってこれを超えることになると認める場合

2　前項各号の申請に係る幼保連携型認定こども園が幼稚園又は保育所を廃止して設置しようとする場合における同項各号の規定の適用については、これらの規定中「必要利用定員総数（申請幼保連携型認定こども園事業開始年度に係るものであって」とあるのは、「必要利用定員総数（申請幼保連携型認定こども園事業開始年度に係るもの（都道府県計画で定める当該区域において実施しようとする教育又は保育の提供の確保体制に必要な数を加えて得た数を含む。）であって」とする。

（法第二十三条の規定による評価の方法）

第二三条　幼保連携型認定こども園の設置者は、当該幼保連携型認定こども園における教育及び保育並びに子育て支援事業（第二十五条において「教育及び保育等」という。）の状況その他の運営の状況について、自ら評価を行い、その結果を公表するものとする。

2　前項の評価を行うに当たっては、幼保連携型認定こども園の設置者は、その実情に応じ、適切な項目を設定して行うものとする。

第二四条　幼保連携型認定こども園の設置者は、前条第一項の規定による評価の結果を踏まえた当該幼保連携型認定こども園の園児の保護者その他の当該幼保連携型認定こども園の関係者（当該幼保連携型認定こども園の職員を除く。）による評価を行い、その結果を公表するよう努めるものとする。

第二五条　幼保連携型認定こども園の設置者は、当該幼保連携型認定こども園における教育及び保育等の状況その他の運営の状況について、定期的に外部の者による評価を受けて、その結果を公表するよう努めるものとする。

（学校教育法施行規則の準用）

第二六条　学校教育法施行規則（昭和二十二年文部省令第十一号）第二十五条、第二十七条、第二十八条第一項及び第二項前段、第四十八条、第四十九条、第五十九条、第六十条並びに第六十三条の規定は、幼保連携型認定こども園について準用する。（後略）

第二七条（省略）

（法第二十九条第一項の主務省令で定める軽微な変更）

第二八条　法第二十九条第一項の主務省令で定める軽微な変更は、次に掲げるものとする。

一　法第四条第一項第三号に規定する保育を必要とする子どもに係る利用定員又は同項第四号に規定する保育を必要とする子ども以外の子どもに係る利用定員の変更のうち都道府県知事が定める数を超えない範囲内で行われるもの（幼保連携型認定こども園の利用定員、幼稚園の収容定員又は保育所等の入所定員の変更を伴うものを除く。）

二　法第二十八条に規定する教育保育概要として同条の規定により周知された事項の変更のうち都道府県知事が定めるもの

（法第三十条第一項の規定による報告の方法等）

第二九条　法第三十条第一項の規定による報告は、次に掲げる事項を記載した報告書を都道府県知事（指定都市等所在施設である認定こども園については当該指定都市等の長）の定める日までに提出することにより行うものとする。

一　報告年月日の前日において在籍している法第四条第一項第三号に規定する保育を必要とする子どもに係る利用定員（満三歳未満の者の数及び満三歳以上の者の数に区分するものとする。）及び同項第四号に規定する保育を必要とする子ども以外の子どもに係る利用定員（満三歳未満の者の数及び満三歳以上の者の数に区分するものとす

る。）

二　当該認定こども園が法第三条第一項又は第三項の都道府県（指定都市等所在施設である幼稚園若しくは保育所等又は連携施設については、当該指定都市等）の条例で定める要件に適合していることを確認するために必要な事項として都道府県知事が定める事項

三　法第二十八条の規定により周知された同条に規定する教育保育概要を確認するために必要な事項として都道府県知事が定める事項

（幼保連携型認定こども園の指導要録）

第三〇条　園長は、その幼保連携型認定こども園に在籍する園児の指導要録（就学前の子どもに関する教育、保育等の総合的な提供の推進に関する法律施行令（以下「令」という。）第八条に規定する園児の学習及び健康の状況を記録した書類の原本をいう。以下この条において同じ。）を作成しなければならない。

2　園長は、園児が進学した場合においては、その作成に係る当該園児の指導要録の抄本又は写しを作成し、これを進学先の校長に送付しなければならない。

3　園長は、園児が転園した場合においては、その作成に係る当該園児の指導要録の写しを作成し、その写し（転園してきた園児については転園により送付を受けた指導要録（学校教育法施行令（昭和二十八年政令第三百四十号）第三十一条に規定する児童等の学習及び健康の状況を記録した書類の原本を含む。）の写しを含む。）を転園先の幼稚園の園長、保育所の長又は認定こども園の長に送付しなければならない。

4　指導要録及びその写しのうち入園、卒園等の学籍に関する記録については、その保存期間は、二十年間とする。

5　令第八条の規定により指導要録及びその写しを保存しなければならない期間は、前項に規定する保存期間から当該幼保連携型認定こども園においてこれらの書類を保存していた期間を控除した期間とする。

（幼保連携型認定こども園の認可の申請等の細則）

第三一条　法、令及びこの命令の規定に基づいてなすべき認可の申請及び届出の手続その他の細則については、都道府県知事（指定都市等所在施設である幼保連携型認定こども園（都道府県が設置するものを除く。）については、当該指定都市等の長）が、これを定める。

附　則（省略）

●小学校設置基準

（平成一四年三月二九日文部科学省令第一四号）

施行、平一四・四・一、平一五・四・一
最終改正、平一九—文科令四〇

第一章　総則

（趣旨）

第一条　小学校は、学校教育法（昭和二十二年法律第二十六号）その他の法令の規定によるほか、この省令の定めるところにより設置するものとする。

2　この省令で定める設置基準は、小学校を設置するのに必要な最低の基準とする。

3　小学校の設置者は、小学校の編制、施設、設備等がこの省令で定める設置基準より低下した状態にならないようにすることはもとより、これらの水準の向上を図ることに努めなければならない。

第二条及び第三条　削除（平一九文科令三四）

第二章　編制

（一学級の児童数）

第四条　一学級の児童数は、法令に特別の定めがある場合を除き、四十人以下とする。ただし、特別の事情があり、かつ、教育上支障がない場合は、この限りでない。

（学級の編制）

第五条　小学校の学級は、同学年の児童で編制するものとする。ただし、特別の事情があるときは、数学年の児童を一学級に編制することができる。

（教諭の数等）

第六条　小学校に置く主幹教諭、指導教諭及び教諭（以下この条において「教諭等」という。）の数は、一学級当たり一人以上とする。

2　教諭等は、特別の事情があり、かつ、教育上支障がない場合は、校長、副校長若しくは教頭が兼ね、又は助教諭若しくは講師をもって代えることができる。

3　小学校に置く教員等は、教育上必要と認められる場合は、他の学校の教員等と兼ねることができる。

第三章　施設及び設備

（一般的基準）

第七条　小学校の施設及び設備は、指導上、保健衛生上、安全上及び管理上適切なものでなければならない。

（校舎及び運動場の面積等）

第八条　校舎及び運動場の面積は、法令に特別の定めがある場合を除き、別表に定める面積以上とする。ただし、地域の実態その他により特別の事情があり、かつ、教育上支障がない場合は、この限りでない。

2　校舎及び運動場は、同一の敷地内又は隣接する位置に設けるものとする。ただし、地域の実態その他により特別の事情があり、かつ、教育上及び安全上支障がない場合は、その他の適当な位置にこれを設けることができる。

（校舎に備えるべき施設）

第九条　校舎には、少なくとも次に掲げる施設を備えるものとする。

一　教室（普通教室、特別教室等とする。）
二　図書室、保健室
三　職員室

2　校舎には、前項に掲げる施設のほか、必要に応じて、特別支援学級のための教室を備えるものとする。

（その他の施設）

第一〇条　小学校には、校舎及び運動場のほか、体育館を備えるものとする。ただし、地域の実態その他により特別の事情があり、かつ、教育上支障がない場合は、この限りでない。

（校具及び教具）

第一一条　小学校には、学級数及び児童数に応じ、指導上、保健衛生上及び安全上必要な種類及び数の校具及び教具を備えなければならない。

2　前項の校具及び教具は、常に改善し、補充しなければならない。

（他の学校等の施設及び設備の使用）

第一二条　小学校は、特別の事情があり、かつ、教育上及び安全上支障がない場合は、他の学校等の施設及び設備を使用することができる。

附　則（抄）

（施行期日等）

2　第二章及び第三章の規定並びに別表の規定の施行の際現に存する小学校の編制並びに施設及び設備については、当分の間、なお従前の例によることができる。

別表（第八条関係）

イ　校舎の面積

児童数	面積（平方メートル）
一人以上四〇人以下	500
四一人以上四八〇人以下	500 ＋ 5 ×（児童数 − 40）
四八一人以上	2700 ＋ 3 ×（児童数 − 480）

ロ　運動場の面積

児童数	面積（平方メートル）
一人以上二四〇人以下	2400
二四一人以上七二〇人以下	2400 ＋ 10 ×（児童数 − 240）
七二一人以上	7200

●中学校設置基準

（平成一四年三月二九日　文部科学省令第一五号）

施行、平一四・四・一、平一五・四・一　最終改正、平一九―文科令四〇

第一章　総則

（趣旨）

第一条　中学校は、学校教育法（昭和二十二年法律第二十六号）その他の法令の規定によるほか、この省令の定めるところにより設置するものとする。

2　この省令で定める設置基準は、中学校を設置するのに必要な最低の基準とする。

3　中学校の設置者は、中学校の編制、施設、設備等がこの省令で定める設置基準より低下した状態にならないようにすることはもとより、これらの水準の向上を図ることに努めなければならない。

第二条及び第三条　削除（平一九文科令三四）

第二章　編制

（一学級の生徒数）

第四条　一学級の生徒数は、法令に特別の定めがある場合を除き、四十人以下とする。ただし、特別の事情があり、かつ、教育上支障がない場合は、この限りでない。

（学級の編制）

第五条　中学校の学級は、同学年の生徒で編制するものとする。ただし、特別の事情があるときは、数学年の生徒を一学級に編制することができる。

（教諭の数等）

第六条　中学校に置く主幹教諭、指導教諭及び教諭（以下この条において「教諭等」という。）の数は、一学級当たり一人以上とする。

2　教諭等は、特別の事情があり、かつ、教育上支障がない場合は、校長、副校長若しくは教頭が兼ね、又は助教諭若しくは講師をもって代えることができる。

3　中学校に置く教員等は、教育上必要と認められる場合は、他の学校の教員等と兼ねることができる。

第三章　施設及び設備

（一般的基準）

第七条　中学校の施設及び設備は、指導上、保健衛生上、安全上及び管理上適切なものでなければならない。

（校舎及び運動場の面積等）

第八条　校舎及び運動場の面積は、法令に特別の定めがある場合を除き、別表に定める面積以上とする。ただし、地域の実態その他により特別の事情があり、かつ、教育上支障がない場合は、この限りでない。

2　校舎及び運動場は、同一の敷地内又は隣接する位置に設けるものとする。ただし、地域の実態その他により特別の事情があり、かつ、教育上及び安全上支障がない場合は、その他の適当な位置にこれを設けることができる。

（校舎に備えるべき施設）

第九条　校舎には、少なくとも次に掲げる施設を備えるものとする。

一　教室（普通教室、特別教室等とする。）

二　図書室、保健室

三　職員室

2　校舎には、前項に掲げる施設のほか、必要に応じて、特別支援学級のための教室を備えるものとする。

（その他の施設）

第一〇条　中学校には、校舎及び運動場のほか、体育館を備えるものとする。ただし、地域の実態その他により特別の事情があり、かつ、教育上支障がない場合は、この限りでない。

（校具及び教具）

第一一条　中学校には、学級数及び生徒数に応じ、指導上、保健衛生上及び安全上必要な種類及び数の校具及び教具を備えなければならない。

2　前項の校具及び教具は、常に改善し、補充しなければならない。

（他の学校等の施設及び設備の使用）

第一二条　中学校は、特別の事情があり、かつ、教育上及び安全上支障がない場合は、他の学校等の施設及び設備を使用することができる。

附　則（抄）

（施行期日等）

2　第二章及び第三章の規定並びに別表の規定の施行の際現に存する中学校の編制並びに施設及び設備については、当分の間、なお従前の例によることができる。

別表（第八条関係）

イ　校舎の面積

生徒数	面積（平方メートル）
一人以上四〇人以下	600
四一人以上四八〇人以下	600 ＋ 6 ×（生徒数 − 40）
四八一人以上	3240 ＋ 4 ×（生徒数 − 480）

ロ　運動場の面積

生徒数	面積（平方メートル）
一人以上二四〇人以下	3600
二四一人以上七二〇人以下	3600 ＋ 10 ×（生徒数 − 240）
七二一人以上	8400

●公立義務教育諸学校の学級編制及び教職員定数の標準に関する法律

（昭和三三年五月一日法律第一一六号）

施行、昭三三・五・一
最終改正、平二九―法二九

（この法律の目的）

第一条　この法律は、公立の義務教育諸学校に関し、学級規模と教職員の配置の適正化を図るため、学級編制及び教職員定数の標準について必要な事項を定め、もつて義務教育水準の維持向上に資することを目的とする。

（定義）

第二条　この法律において「義務教育諸学校」とは、学校教育法（昭和二十二年法律第二十六号）に規定する小学校、中学校、義務教育学校、中等教育学校の前期課程又は特別支援学校の小学部若しくは中学部をいう。

2　この法律において「特別支援学校」とは、学校教育法に規定する特別支援学校で小学部又は中学部を置くものをいう。

3　この法律において「教職員」とは、校長、副校長及び教頭（中等教育学校の前期課程にあつては、当該課程の属する中等教育学校の校長、副校長及び教頭とし、特別支援学校の小学部又は中学部にあつては、当該部の属する特別支援学校の校長、副校長及び教頭とする。）、主幹教諭、指導教諭、教諭、養護教諭、栄養教諭、助教諭、養護助教諭、講師、寄宿舎指導員、学校栄養職員（学校給食法（昭和二十九年法律第百六十号）第七条に規定する職員のうち栄養の指導及び管理をつかさどる主幹教諭並びに栄養教諭以外の者をいう。以下同じ。）並びに事務職員（それぞれ常勤の者に限る。第十七条を除き、以下同じ。）をいう。

（学級編制の標準）

第三条　公立の義務教育諸学校の学級は、同学年の児童又は生徒で編制するものとする。ただし、当該義務教育諸学校の児童又は生徒の数が著しく少いかその他特別の事情がある場合においては、政令で定めるところにより、数学年の児童又は生徒を一学級に編制することができる。

2　各都道府県ごとの、都道府県又は市（地方自治法（昭和二十二年法律第六十七号）第二百五十二条の十九第一項の指定都市（以下単に「指定都市」という。）を除き、特別区を含む。第八条第三号並びに第八条の二第一号及び第二号を除き、以下同じ。）町村の設置する小学校（義務教育学校の前期課程を含む。次条第二項において同じ。）又は中学校（義務教育学校の後期課程及び中等教育学校の前期課程を含む。同項において同じ。）の一学級の児童又は生徒の数の基準は、次の表の上欄に掲げる学校の種類及び同表の中欄に掲げる学級編制の区分に応じ、同表の下欄に掲げる数を標準として、都道府県の教育委員会が定める。ただし、都道府県の教育委員会は、当該都道府県における児童又は生徒の実態を考慮して特に必要があると認める場合については、この項本文の規定により定める数を下回る数を、当該場合に係る一学級の児童又は生徒の数の基準として定めることができる。

学校の種類	学級編制の区分	一学級の児童又は生徒の数
小学校（義務教育学校の前期課程を含む。）	同学年の児童で編制する学級	四十人（第一学年の児童で編制する学級にあつては、三十五人）
	二の学年の児童で編制する学級	十六人（第一学年の児童を含む学級にあつては、八人）
	学校教育法第八十一条第二項及び第三項に規定する特別支援学級（以下この表及び第七条第一項第五号において単に「特別支援学級」という。）	八人
中学校（義務教育学校の後期課程及び中等教育学校の前期課程を含む。）	同学年の生徒で編制する学級	四十人
	二の学年の生徒で編制する学級	八人
	特別支援学級	八人

3　各都道府県ごとの、都道府県又は市町村の設置する特別支援学校の小学部又は中学部の一学級の児童又は生徒の数の基準は、六人（文部科学大臣が定める障害を二以上併せ有する児童又は生徒で学級を編制する場合にあつては、三人）を標準として、都道府県の教育委員会が定める。ただし、都道府県の教育委員会は、当該都道府県における児童又は生徒の実態を考慮して特に必要があると認める場合については、この項本文の規定により定める数を下回る数を、当該場合に係る一学級の児童又は生徒の数の基準として定めることができる。

（学級編制）

第四条　都道府県又は市町村の設置する義務教育諸学校の学級編制は、前条第二項又は第三項の規定により都道府県の教育委員会が定めた基準を標準として、当該学校を設置する地方公共団体の教育委員会が、当該学校の児童又は生徒の実態を考慮して行う。

2　指定都市の設置する義務教育諸学校の学級編制は、小学校又は中学校にあつては前条第二項の表の上欄に掲げる学校の種類及び同表の中欄に掲げる学級編制の区分に応じ同表の下欄に掲げる数を一学級の児童又は生徒の数の標準とし、特別支援学校の小学部又は中学部にあつては六人（文部科学大臣が定める障害を二以上併せ有する児童又は生徒で学級を編制する場合にあつては、三人）を一学級の児童又は生徒の数の標準として、当該指定都市の教育委員会が、当該学校の児童又は生徒の実態を考慮して行う。

（学級編制についての都道府県の教育委員会への届出）

第五条　市町村の教育委員会は、毎学年、当該市町村の設置する義務教育諸学校に係る前条第一項の学級編制を行つたときは、遅滞なく、都道府県の教育委員会に届け出なければならない。届け出た学級編制を変更したときも、同様とする。

（都道府県小中学校等教職員定数等の標準）

第六条　各都道府県ごとの、都道府県及び市町村の設置する小学校、中学校及び義務教育学校並びに中等教育学校の前期課程（学校給食法第六条に規定する施設を含む。以下この項において同じ。）に置くべき教職員の総数（以下「都道府県小中学校等教職員定数」という。）並びに各指定都市ごとの、指定都市の設置する小学校、中学校及び義務教育学校並びに中等教育学校の前期課程に置くべき教職員の総数（以下「指定都市小中学校等教職員定数」という。）は、それぞれ、次条、第七条第一項及び第二項並びに第八条から第九条までに規定する数を合計した数を標準として定めるものとする。この場合においては、各都道府県が定める都道府県小中学校等教職員定数及び各指定都市が定める指定都市小中学校等教職員定数ごとに、それぞれ当該各条に規定する数を標準として、当該各条に定める教職員の職の種類の区分ごとの総数を定めなければならない。

2　都道府県小中学校等教職員定数については、第七条第一項第一号から第三号まで及び第三項、第八条第一号並びに第九条第一号から第三号までに規定する学級の数は、第三条第二項の規定により都道府県の教育委員会が定めた基準により算定するものとする。

第六条の二　校長の数は、小学校、中学校及び義務教育学校並びに中等教育学校の前期課程の数の合計数に一を乗じて得た数とする。

第七条　副校長、教頭、主幹教諭（養護又は栄養の指導及び管理をつかさどる主幹教諭を除く。）、指導教諭、教諭、助教諭及び講師（以下「教頭及び教諭等」という。）の数は、次に定めるところにより算定した数を合計した数とする。

一　次の表の上欄に掲げる学校の種類ごとに同表の中欄に掲げる学校規模ごとの学校の学級総数に当該学校規模に応ずる同表の下欄に掲げる数を乗じて得た数（一未満の端数を生じたときは、一に切り上げる。以下同じ。）の合計数

学校の種類	学校規模	乗ずる数
小学校（義務教育学校の前期課程を含む。）	一学級及び二学級の学校	一・〇〇〇
	三学級及び四学級の学校	一・二五〇
	五学級の学校	一・二〇〇
	六学級の学校	一・二九二
	七学級の学校	一・二六四
	八学級及び九学級の学校	一・二四九
	十学級及び十一学級の学校	一・二三四
	十二学級から十五学級までの学校	一・二一〇
	十六学級から十八学級までの学校	一・二〇〇
	十九学級から二十一学級までの学校	一・一七〇
	二十二学級から二十四学級までの学校	一・一六五
	二十五学級から二十七学級までの学校	一・一五五
	二十八学級から三十学級までの学校	一・一五〇
	三十一学級から三十三学級までの学校	一・一四〇
	三十四学級から三十六学級までの学校	一・一三七
	三十七学級から三十九学級までの学校	一・一三三
	四十学級以上の学校	一・一三〇
中学校（義務教育学校の後期課程及び中等教育学校の前期課程を含む。）	一学級の学校	四・〇〇〇
	二学級の学校	三・〇〇〇
	三学級の学校	二・六六七
	四学級の学校	二・〇〇〇
	五学級の学校	一・六六〇
	六学級の学校	一・七五〇
	七学級及び八学級の学校	一・七二五
	九学級から十一学級までの学校	一・七二〇
	十二学級から十四学級までの学校	一・五七〇
	十五学級から十七学級までの学校	一・五六〇
	十八学級から二十学級までの学校	一・五五七
	二十一学級から二十三学級までの学校	一・五五〇
	二十四学級から二十六学級までの学校	一・五二〇
	二十七学級から三十二学級までの学校	一・五一七
	三十三学級から三十五学級までの学校	一・五一五
	三十六学級以上の学校	一・四八三

二　二十七学級以上の小学校（義務教育学校の前期課程を含む。）の数、二十四学級以上の中学校（義務教育学校の後期課程及び中等教育学校の前期課程を含む。）の数及び義務教育学校の数の合計数に一を乗じて得た数

三　三十学級以上の小学校（義務教育学校の前期課程を含む。）の数に二分の一を乗じて得た数、十八学級から二十九学級までの中学校（義務教育学校の後期課程及び中等教育学校の前期課程を含む。以下この号において同じ。）の数に一を乗じて得た数及び三十学級以上の中学校の数に二分の三を乗じて得た数の合計数

四　次の表の上欄に掲げる児童又は生徒の数の区分ごとの小学校（義務教育学校の前期課程を含む。）又は中学校（義務教育学校の後期課程及び中等教育学校の前期課程を含む。）の数にそれぞれ当該区分に応ずる同表の下欄に掲げる数を乗じて得た数の合計数

児童又は生徒の数	乗ずる数
二百人から二百九十九人まで	〇・二五
三百人から五百九十九人まで	〇・五〇
六百人から七百九十九人まで	〇・七五
八百人から千百九十九人まで	一・〇〇
千二百人以上	一・二五

五　小学校（義務教育学校の前期課程を含む。）又は中学校（義務教育学校の後期課程及び中等教育学校の前期課程を含む。）において障害に応じた特別の指導であつて政令で定めるものが行われている児童又は生徒（特別支援学級の児童又は生徒を除く。）の数にそれぞれ十三分の一を乗じて得た数の合計数

六　小学校（義務教育学校の前期課程を含む。）又は中学校（義務教育学校の後期課程及び中等教育学校の前期課程を含む。）において日本語を理解し、使用する能力に応じた特別の指導であつて政令で定めるものが行われている児童又は生徒の数にそれぞれ十八分の一を乗じて得た数の合計数

七　小学校（義務教育学校の前期課程を含む。）又は中学校（義務教育学校の後期課程及び中等教育学校の前期課程を含む。）の教諭、助教諭及び講師のうち教育公務員特例法（昭和二十四年法律第一号）第二十三条第一項に規定する初任者研修（第十一条第一項第六号において単に「初任者研修」という。）を受ける者の数にそれぞれ六分の一を乗じて得た数の合計数

八　小学校の分校の数、中学校（中等教育学校の前期課程を含む。）の分校の数及び義務教育学校の分校の数の合計数に一を乗じて得た数

九　次の表の上欄に掲げる寄宿する児童又は生徒の数の区分ごとの寄宿舎を置く小学校、中学校及び義務教育学校並びに中等教育学校の前期課程の数の合計数に当該区分に応ずる同表の下欄に掲げる数を乗じて得た数の合計数

寄宿する児童又は生徒の数	乗ずる数
四十人以下	一
四十一人から八十人まで	二
八十一人から百二十人まで	三
百二十一人以上	四

2　小学校、中学校若しくは義務教育学校又は中等教育学校の前期課程において、児童又は生徒の心身の発達に配慮し個性に応じた教育を行うため、複数の教頭及び教諭等の協力による指導が行われる場合、少数の児童若しくは生徒により構成される集団を単位として指導が行われる場合、教育課程（小学校の教育課程及び義務教育学校の前期課程の教育課程を除く。）の編成において多様な選択教科が開設される場合又は専門的な知識若しくは技能に係る教科等（小学校の教科等及び義務教育学校の前期課程の教科等に限る。）に関し専門的な指導が行われる場合には、前項の規定により算定した数に政令で定める数を加えた数を教頭及び教諭等の数とする。この場合において、当該政令で定める数については、当該学校の校長及び当該学校を設置する地方公共団体の教育委員会の意向を踏まえ、当該学校において児童又は生徒の心身の発達に配慮し個性に応じた教育を行うのに必要かつ十分なものとなるよう努めなければならない。

3　前二項に定めるところにより算定した数（以下この項において「小中学校等教頭教諭等標準定数」という。）のうち、副校長及び教頭の数は二十七学級以上の小学校（義務教育学校の前期課程を含む。以下この項において同じ。）の数と二十四学級以上の中学校（義務教育学校の後期課程及び中等教育学校の前期課程を含む。以下この項において同じ。）の数との合計数に二を乗じて得た数、六九学級から二十六学級までの小学校の数、六

学級から二十三学級までの中学校の数及び義務教育学校の数の合計数に一を乗じて得た数、六学級から八学級までの小学校の数に四分の三を乗じて得た数並びに三学級から五学級までの中学校の数に二分の一を乗じて得た数の合計数（以下この項において「小中学校等教頭等標準定数」という。）とし、主幹教諭（養護又は栄養の指導及び管理をつかさどる主幹教諭を除く。）、指導教諭、教諭、助教諭及び講師の数は小中学校等教頭教諭等標準定数から小中学校等教頭等標準定数を減じて得た数とする。

第八条　養護をつかさどる主幹教諭、養護教諭及び養護助教諭（以下「養護教諭等」という。）の数は、次に定めるところにより算定した数を合計した数とする。

一　三学級以上の小学校（義務教育学校の前期課程を含む。）及び中学校（義務教育学校の後期課程を含む。）並びに中等教育学校の前期課程の数の合計数に一を乗じて得た数

二　児童の数が八百五十一人以上の小学校（義務教育学校の前期課程を含む。）の数と生徒の数が八百一人以上の中学校（義務教育学校の後期課程及び中等教育学校の前期課程を含む。）の数との合計数に一を乗じて得た数

三　医療機関（医療法（昭和二十三年法律第二百五号）第一条の五に規定する病院又は診療所をいう。）が存しない市（特別区を含む。次条第一号及び第二号において同じ。）町村の数等を考慮して政令で定めるところにより算定した数

第八条の二　栄養の指導及び管理をつかさどる主幹教諭、栄養教諭並びに学校栄養職員（以下「栄養教諭等」という。）の数は、次に定めるところにより算定した数を合計した数とする。

一　学校給食（給食内容がミルクのみである給食を除く。第十三条の二において同じ。）を実施する小学校（義務教育学校の前期課程を含む。）若しくは中学校（義務教育学校の後期課程を含む。）又は中等教育学校の前期課程で専ら当該学校又は当該課程の学校給食を実施するために必要な施設を置くもの（以下この号において「単独実施校」という。）のうち児童又は生徒の数が五百五十人以上のもの（次号において「五百五十人以上単独実施校」という。）の数の合計数に一を乗じて得た数と単独実施校のうち児童又は生徒の数が五百四十九人以下のもの（以下この号及び次号において「五百四十九人以下単独実施校」という。）の数の合計数から同号に該当する市町村の設置する五百四十九人以下単独実施校の数の合計数を減じて得た数に四分の一を乗じて得た数との合計数

二　五百五十人以上単独実施校又は共同調理場（学校給食法第六条に規定する施設をいう。以下同じ。）を設置する市町村以外の市町村で当該市町村の設置する五百四十九人以下単独実施校の数の合計数が一以上三以下の市町村の数に一を乗じて得た数

三　次の表の上欄に掲げる共同調理場に係る小学校、中学校及び義務教育学校並びに中等教育学校の前期課程の児童及び生徒（給食内容がミルクのみである給食を受ける者を除く。以下この号において同じ。）の数の区分ごとの共同調理場の数に当該区分に応ずる同表の下欄に掲げる数を乗じて得た数の合計数

共同調理場に係る小学校、中学校及び義務教育学校並びに中等教育学校の前期課程の児童及び生徒の数	乗ずる数
千五百人以下	一
千五百一人から六千人まで	二
六千一人以上	三

第九条　事務職員の数は、次に定めるところにより算定した数を合計した数とする。

一　四学級以上の小学校（義務教育学校の前期課程を含む。）及び中学校（義務教育学校の後期課程を含む。）並びに中等教育学校の前期課程の数の合計数に一を乗じて得た数

二　三学級の小学校（義務教育学校の前期課程を含む。）及び中学校（義務教育学校の後期課程を含む。）並びに中等教育学校の前期課程の数の合計数に四分の三を乗じて得た数

三　二十七学級以上の小学校（義務教育学校の前期課程を含む。）の数に一を乗じて得た数と二十一学級以上の中学校（義務教育学校の後期課程及び中等教育学校の前期課程を含む。）の数に一を乗じて得た数との合計数

四　就学困難な児童及び生徒に係る就学奨励についての国の援助に関する法律（昭和三十一年法律第四十号）第二条に規定する保護者（同条に規定する費用等の支給を受けるものに限る。）及びこれに準ずる程度に困窮している者で政令で定めるものの児童又は生徒の数が著しく多い小学校（義務教育学校の前期課程を含む。）若しくは中学校（義務教育学校の後期課程を含む。）又は中等教育学校の前期課程で政令で定めるものの数の合計数に一を乗じて得た数

（都道府県特別支援学校教職員定数等の標準）

第一〇条　各都道府県ごとの、都道府県及び市町村の設置する特別支援学校の小学部及び中学部に置くべき教職員の総数（以下「都道府県特別支援学校教職員定数」という。）並びに各指定都市ごとの、指定都市の設置する特別支援学校の小学部及び中学部に置くべき教職員の総数（以下「指定都市特別支援学校教職員定数」という。）は、それぞれ、次条、第十一条第一項及び第十二条から第十四条までに規定する数を合計した数を標準として定めるものとする。

2　都道府県特別支援学校教職員定数については、第十一条第一項第一号、第二号及び第四号並びに第二項に規定する学級の数は、第三条第三項の規定により都道府県の教育委員会が定めた基準により算定するものとする。

第一〇条の二　校長の数は、特別支援学校の数に一を乗じて得た数とする。

第一一条　教頭及び教諭等の数は、次に定めるところにより算定した数を合計した数とする。

一　次の表の上欄に掲げる部の別ごとに同表の中欄に掲げる部の規模ごとの部の学級総数に当該部の規模に応ずる同表の下欄に掲げる数を乗じて得た数の合計数

部の別	部の規模	乗ずる数
小学部	一学級の部	二・〇〇〇
	二学級の部	一・五〇〇
	三学級の部	一・五八三
	四学級の部	一・五〇〇
	五学級の部	一・四〇〇
	六学級の部	一・二九二
	七学級の部	一・二六四
	八学級及び九学級の部	一・二四九
	十学級及び十一学級の部	一・二三四
	十二学級から十五学級までの部	一・二一〇
	十六学級から十八学級までの部	一・二〇〇
	十九学級から二十一学級までの部	一・一七〇
	二十二学級から二十四学級までの部	一・一六五
	二十五学級から二十七学級までの部	一・一五五
	二十八学級から三十学級までの部	一・一五〇
	三十一学級から三十三学級までの部	一・一四〇
	三十四学級から三十六学級までの部	一・一三七
	三十七学級から三十九学級までの部	一・一三三
	四十学級以上の部	一・一三〇
	一学級の部	四・〇〇〇
	二学級の部	三・〇〇〇
	三学級の部	二・六六七
	四学級の部	二・〇〇〇

中学部	五学級の部	一・六六〇
	六学級の部	一・七五〇
	七学級及び八学級の部	一・七二五
	九学級から十一学級までの部	一・七二〇
	十二学級から十四学級までの部	一・五七〇
	十五学級から十七学級までの部	一・五六〇
	十八学級から二十学級までの部	一・五五七
	二十一学級から二十三学級までの部	一・五五〇
	二十四学級から二十六学級までの部	一・五二〇
	二十七学級から三十二学級までの部	一・五一七
	三十三学級から三十五学級までの部	一・五一五
	三十六学級以上の部	一・四八三

二　小学部及び中学部の学級数が二十七学級以上の特別支援学校の数に二を乗じて得た数と中学部の学級数が十八学級以上の特別支援学校の数に一を乗じて得た数との合計数

三　小学部及び中学部の児童及び生徒の数が百一人から百五十人までの特別支援学校の数に一を乗じて得た数、小学部及び中学部の児童及び生徒の数が百五十一人から二百人までの特別支援学校の数に二を乗じて得た数並びに小学部及び中学部の児童及び生徒の数が二百一人以上の特別支援学校の数に三を乗じて得た数の合計数

四　次の表の上欄に掲げる特別支援学校の区分ごとの学校（小学部及び中学部が置かれていないものを除く。）の数に当該特別支援学校の区分に応ずる同表の下欄に掲げる数を乗じて得た数の合計数と小学部及び中学部の学級数が七学級以上の特別支援学校ごとに当該学校の小学部及び中学部の学級数から六を減じて得た数に四分の一（肢体不自由者である児童又は生徒に対する教育を主として行う特別支援学校にあつては、三分の一）を乗じて得た数の合計数とを合計した数

特別支援学校の区分	乗ずる数
視覚障害者である児童又は生徒に対する教育を主として行う特別支援学校	四
聴覚障害者である児童又は生徒に対する教育を主として行う特別支援学校	四
知的障害者である児童又は生徒に対する教育を主として行う特別支援学校	五
肢体不自由者である児童又は生徒に対する教育を主として行う特別支援学校	七
病弱者（身体虚弱者を含む。）である児童又は生徒に対する教育を主として行う特別支援学校	五

五　小学部及び中学部において日本語を理解し、使用する能力に応じた特別の指導であつて政令で定めるものが行われている児童及び生徒の数に十八分の一を乗じて得た数

六　小学部及び中学部の教諭、助教諭及び講師のうち初任者研修を受ける者の数に六分の一を乗じて得た数

七　特別支援学校の分校の数に一を乗じて得た数

八　次の表の上欄に掲げる寄宿する小学部及び中学部の児童及び生徒の数の区分ごとの寄宿舎を置く特別支援学校の数に当該区分に応ずる同表の下欄に掲げる数を乗じて得た数の合計数

寄宿する小学部及び中学部の児童及び生徒の数	乗ずる数
八十人以下	二
八十一人から二百人まで	三
二百一人以上	四

2　前項に定めるところにより算定した数（以下この項において「特別支援学校教頭教諭等標準定数」という。）のうち、副校長及び教頭の数は小学部及び中学部の学級数が六学級から二十六学級までの特別支援学校の数に一を乗じて得た数と小学部及び中学部の学級数が二十七学級以上の特別支援学校の数に二を乗じて得た数との合計数（以下この項において「特別支援学校教頭等標準定数」という。）とし、主幹教諭（養護又は栄養の指導及び管理をつかさどる主幹教諭を除く。）、指導教諭、教諭、助教諭及び講師の数は特別支援学校教頭教諭等標準定数から特別支援学校教頭等標準定数を減じて得た数とする。

第一二条　養護教諭等の数は、特別支援学校の数に一（小学部及び中学部の児童及び生徒の数が六十一人以上の特別支援学校にあつては、二）を乗じて得た数とする。

第一三条　寄宿舎指導員の数は、寄宿舎を置く特別支援学校ごとに次に定めるところにより算定した数の合計数（その数が十二に達しない場合にあつては、十二）を合計した数とする。

一　寄宿舎に寄宿する小学部及び中学部の児童及び生徒（肢体不自由者である児童及び生徒を除く。）の数の合計数に五分の一を乗じて得た数

二　寄宿舎に寄宿する肢体不自由者である小学部及び中学部の児童及び生徒の数の合計数に三分の一を乗じて得た数

第一三条の二　栄養教諭等の数は、学校給食を実施する特別支援学校の数に一を乗じて得た数とする。

第一四条　事務職員の数は、特別支援学校の小学部及び中学部の部の数の合計数に一を乗じて得た数とする。

（教職員定数の算定に関する特例）

第一五条　第七条から第九条まで及び第十一条から前条までの規定により教頭及び教諭等、養護教諭等、栄養教諭等、寄宿舎指導員並びに事務職員の数を算定する場合において、次に掲げる事情があるときは、これらの規定により算定した数に、それぞれ政令で定める数を加えるものとする。この場合において、当該政令で定める数については、公立の義務教育諸学校の校長及び当該学校を設置する地方公共団体の教育委員会の意向を踏まえ、当該事情に対応するため必要かつ十分なものとなるよう努めなければならない。

一　小学校、中学校若しくは義務教育学校又は中等教育学校の前期課程の存する地域の社会的条件についての政令で定める教育上特別の配慮を必要とする事情

二　小学校、中学校若しくは義務教育学校又は中等教育学校の前期課程（第八条の二第三号の規定により栄養教諭等の数を算定する場合にあつては、共同調理場に係る小学校、中学校若しくは義務教育学校又は中等教育学校の前期課程とする。）において教育上特別の配慮を必要とする児童又は生徒（障害のある児童又は生徒を除く。）に対する特別の指導であつて政令で定めるものが行われていること。

三　当該学校において、障害のある児童又は生徒に対する指導体制の整備を行うことについて特別の配慮を必要とする事情として政令で定めるもの

四　主幹教諭を置く小学校、中学校若しくは義務教育学校又は中等教育学校の前期課程の運営体制の整備について特別の配慮を必要とする事情として政令で定めるもの

五　小学校、中学校若しくは義務教育学校又は中等教育学校の前期課程において当該学校を含む二以上の学校に係る事務を共同処理する共同学校事務室（地方教育行政の組織及び運営に関する法律（昭和三十一年法律第百六十二号）第四十七条の四第一項に規定する共同学校事務室をいう。）が当該学校に置かれていることその他これらの学校において多様な教育を行うための諸条件の整備に関する事情であつて事務処理上特別の配慮を必要とするものとして政令で定めるもの

六　当該学校の教職員が教育公務員特例法第二十二条第三項に規定する長期にわたる研修を受けていること、当該学校において教

育指導の改善に関する特別な研究が行われていることその他の政令で定める特別の事情

（分校等についての適用）

第一六条　第七条から第九条まで及び第十一条から前条までの規定（第七条第一項第八号、第八条第一号及び第二号、第八条の二第一号及び第二号、第九条第一号及び第二号並びに第十一条第一項第七号の規定を除く。）の適用については、本校及び分校は、それぞれ一の学校とみなす。

2　義務教育諸学校の統合に伴い必要となつた校舎の建築が完成しないため、統合前の学校の校舎で授業を行なつている場合には、統合に伴い必要となつた校舎の建築が完成するまでは、第七条から第九条まで及び第十一条から前条までの規定の適用については、統合前の学校は、それぞれ一の学校とみなす。

3　第八条第一号又は第九条第一号の規定の適用については、同一の設置者が設置する小学校と中学校（中等教育学校の前期課程を含む。以下この項において同じ。）でこれらの規定の適用の区分に従いそれぞれ政令で定める規模のものの敷地が同一である場合又は政令で定める距離の範囲内に存する場合には、当該小学校及び中学校は、一の学校とみなす。

（教職員定数の短時間勤務の職を占める者等の数への換算）

第一七条　第六条の二から第九条まで又は第十条の二から第十四条までに定めるところにより算定した教職員の数は、政令で定めるところにより、公立の義務教育諸学校（共同調理場を含む。）に置く校長、副校長、教頭、主幹教諭、指導教諭、教諭、養護教諭、栄養教諭、助教諭、養護助教諭、講師、寄宿舎指導員、学校栄養職員又は事務職員で地方公務員法（昭和二十五年法律第二百六十一号）第二十八条の五第一項に規定する短時間勤務の職を占める者の数に換算することができる。

2　第七条又は第十一条に定めるところにより算定した教頭及び教諭等の数は、政令で定めるところにより、公立の義務教育諸学校に置く講師（地方公務員法第二十二条の二第一項第一号に掲げる者に限り、その配置の目的等を考慮して政令で定める者を除く。）の数に換算することができる。

（教職員定数に含まない数）

第一八条　第六条第一項及び第十条第一項の規定による都道府県小中学校等教職員定数、指定都市小中学校等教職員定数、都道府県特別支援学校教職員定数及び指定都市特別支援学校教職員定数には、次に掲げる者に係るものを含まないものとする。

一　休職者

二　教育公務員特例法第二十六条第一項の規定により同項に規定する大学院修学休業をしている者

三　地方公務員法第二十六条の五第一項の規定により同項に規定する自己啓発等休業をしている者

四　地方公務員法第二十六条の六第七項の規定により任期を定めて採用される者及び臨時的に任用される者

五　女子教職員の出産に際しての補助教職員の確保に関する法律（昭和三十年法律第百二十五号）第三条第一項（同条第三項において準用する場合を含む。）の規定により臨時的に任用される者

六　地方公務員の育児休業等に関する法律（平成三年法律第百九号）第六条第一項の規定により任期を定めて採用される者及び臨時的に任用される者

（報告及び指導又は助言）

第一九条　文部科学大臣は、公立の義務教育諸学校における学級規模と教職員の配置の適正化を図るため必要があると認めるときは、都道府県又は指定都市に対し、学級編制の基準又は公立の義務教育諸学校に置かれている教職員の総数について、報告を求め、及びあらかじめ総務大臣に通知して、指導又は助言をすることができる。

（政令への委任）

第二〇条　この法律に特別の定があるもののほか、この法律の実施のための手続その他その執行について必要な事項は、政令で定める。

附　則（省略）

附　則（抄）（平成二九年三月三一日　法律第五号）

施行、平二九・四・一

（公立義務教育諸学校の学級編制及び教職員定数の標準に関する法律の一部改正に伴う経過措置）

第二条　第一条の規定による改正後の公立義務教育諸学校の学級編制及び教職員定数の標準に関する法律（以下この条において「新標準法」という。）第六条に規定する都道府県小中学校等教職員定数及び指定都市小中学校等教職員定数又は新標準法第十条に規定する都道府県特別支援学校教職員定数及び指定都市特別支援学校教職員定数の標準については、平成三十八年三月三十一日までの間は、これらの規定にかかわらず、公立の小学校、中学校及び義務教育学校並びに中等教育学校の前期課程又は特別支援学校の児童又は生徒の数及び教職員の総数の推移等を考慮し、これらの規定に定めるところにより算定した標準となる数に漸次近づけることを旨として、毎年度、政令で定める。

●公立義務教育諸学校の学級編制及び教職員定数の標準に関する法律施行令

（昭和三三年六月三〇日　政令第二〇二号）

施行、昭三三・六・三〇
最終改正、令二—政一三六

（数学年の児童又は生徒を一学級に編制する場合の標準）

第一条　公立義務教育諸学校の学級編制及び教職員定数の標準に関する法律（以下「法」という。）第三条第一項ただし書の規定に基づく学級の編制は、次の表の上欄に掲げる児童又は生徒の数の区分に応じ、同表の下欄に掲げる児童又は生徒で行うものとする。

児童又は生徒の数	一学級に編制する児童又は生徒
小学校（義務教育学校の前期課程を含む。以下この条において同じ。）の第一学年の児童の数と当該学年に引き続く一の学年の児童の数との合計数が八人以下である場合（当該引き続く一の学年が小学校の第二学年以外の学年である場合で、小学校の第一学年又は当該引き続く一の学年のいずれかの児童の数が四人を超えるときを除く。）	当該児童
小学校の引き続く二の学年（第一学年を含むものを除く。）の児童の数の合計数が十六人以下である場合（当該引き続く二の学年が一の学年と当該学年より一学年上の学年と当該学年及び一学年下の学年以外の学年とである	当該児童

場合で、当該引き続く二の学年のいずれかの児童の数が八人を超えるときを除く。）	
中学校（義務教育学校の後期課程及び中等教育学校の前期課程を含む。以下この条において同じ。）の引き続く二の学年の生徒の数の合計数が八人以下である場合（当該引き続く二の学年が中学校の第一学年と第三学年とである場合で、これらの学年のいずれかの生徒の数が四人を超えるときを除く。）	当該生徒
小学校又は中学校の特別支援学級に編制する二以上の学年の児童又は生徒の数の合計数が八人以下である場合	当該児童又は生徒
特別支援学校の小学部又は中学部の重複障害学級（法第三条第三項の規定により文部科学大臣が定める障害を二以上併せ有する児童又は生徒で編制する学級をいう。）に編制する二以上の学年の児童又は生徒の数の合計数が三人以下である場合	当該児童又は生徒

（法第七条第一項第五号及び第六号の政令で定める特別の指導）

第二条　法第七条第一項第五号の政令で定める特別の指導は、障害による学習上又は生活上の困難を克服するために障害に応じて行われる特別の指導であつて、小学校（義務教育学校の前期課程を含む。次項において同じ。）又は中学校（義務教育学校の後期課程及び中等教育学校の前期課程を含む。次項において同じ。）の児童又は生徒（特別支援学級の児童又は生徒を除く。）のうち当該指導を文部科学大臣が定めるところにより教育課程の一部として行う必要があると認められる者に対して行われるものとする。

2　法第七条第一項第六号の政令で定める特別の指導は、日本語に通じないことによる学習上又は生活上の困難を克服するために、日本語を理解し、使用する能力に応じて行われる特別の指導であつて、小学校又は中学校の児童又は生徒のうち当該指導を文部科学大臣が定めるところにより教育課程の一部として行う必要があると認められる者に対して行われるものとする。

（複数の教頭及び教諭等の協力による指導が行われる場合等における教頭及び教諭等の数の算定）

第三条　法第七条第二項の政令で定める数は、都道府県又は地方自治法（昭和二十二年法律第六十七号）第二百五十二条の十九第一項の指定都市（以下単に「指定都市」という。）の教育委員会が小学校、中学校若しくは義務教育学校又は中等教育学校の前期課程において行われる複数の教頭及び教諭等（法第七条第一項に規定する教頭及び教諭等をいう。以下この条及び第九条において同じ。）の協力による指導に係る授業時数及び児童又は生徒の数、小学校、中学校若しくは義務教育学校又は中等教育学校の前期課程において行われる少数の児童又は生徒により構成される集団を単位とした指導に係る授業時数及び児童又は生徒の数、中学校、義務教育学校の後期課程又は中等教育学校の前期課程において開設される選択教科の数及び授業時数並びに当該選択教科の履修に係る生徒の数、小学校又は義務教育学校の前期課程において行われる専門的な知識又は技能に係る教科等に関する専門的な指導に係る授業時数及び児童の数その他の事情を勘案して教頭及び教諭等を置くことについての配慮を必要とすると認める学校の数等を考慮し、文部科学大臣が定める数とする。

（養護教諭等の数の算定）

第四条　法第八条第三号の政令で定めるところにより算定する数は、次に定めるところにより算定した数を合計した数とする。

一　医療機関（医療法（昭和二十三年法律第二百五号）第一条の二に規定する病院又は診療所（医師が常駐していないもの及び歯科医業のみを行うものを除く。）をいう。次号において同じ。）が存しない市（特別区を含む。第七条第一項各号を除き、以下同じ。）町村で二学級以下の小学校（義務教育学校の前期課程を含む。以下この条において同じ。）若しくは中学校（義務教育学校の後期課程を含む。以下この条において同じ。）又は中等教育学校の前期課程を設置するものの数に一を乗じて得た数

二　医療機関が存しない離島地域（島の全部又は一部の地域で離島振興法（昭和二十八年法律第七十二号）第二条第一項の規定に基づく離島振興対策実施地域の指定に係るもの、奄美群島振興開発特別措置法（昭和二十九年法律第百八十九号）第一条に規定する奄美群島の区域内に存する島の地域及び沖縄振興特別措置法（平成十四年法律第十四号）第三条第三号に規定する離島の地域をいう。）で当該離島地域内に二学級以下の小学校若しくは中学校又は中等教育学校の前期課程の存するもの（以下この号において「小規模校所在離島地域」という。）の数に一を乗じて得た数（小規模校所在離島地域のみをその区域とする市町村が存する場合には、当該乗じて得た数から当該市町村の数に一を乗じて得た数を減ずるものとする。）

2　都道府県又は市（指定都市を除く。）町村の設置する小学校若しくは中学校又は中等教育学校の前期課程に係る前項各号に規定する学級の数は、法第三条第二項の規定により都道府県の教育委員会が定めた基準により算定するものとする。

3　指定都市の設置する小学校若しくは中学校又は中等教育学校の前期課程に係る第一項各号に規定する学級の数は、法第四条第二項の規定により指定都市の教育委員会が編制した学級の数とする。

（事務職員の数の算定）

第五条　法第九条第四号の政令で定める者は、市町村の教育委員会が学校教育法（昭和二十二年法律第二十六号）第十六条に規定する保護者のうち生活保護法（昭和二十五年法律第百四十四号）第六条第二項に規定する要保護者に準ずる程度に困窮していると認める者（就学困難な児童及び生徒に係る就学奨励についての国の援助に関する法律（昭和三十一年法律第四十号）第二条各号に掲げる費用等の支給を当該市町村から受けるものに限る。）とする。

2　法第九条第四号の政令で定める小学校（義務教育学校の前期課程を含む。以下この項において同じ。）若しくは中学校（義務教育学校の後期課程を含む。以下この項において同じ。）又は中等教育学校の前期課程は、同号に規定する児童又は生徒の数が百人以上の小学校若しくは中学校又は中等教育学校の前期課程で、当該数のその学校における児童又は生徒の総数に対する割合が百分の二十五以上であるものとする。

（法第十一条第一項第五号の政令で定める特別の指導）

第六条　法第十一条第一項第五号の政令で定める特別の指導は、日本語に通じないことによる学習上又は生活上の困難を克服するために、日本語を理解し、使用する能力に応じて行われる特別の指導であつて、特別支援学校の小学部又は中学部の児童又は生徒のうち当該指導を文部科学大臣が定めるところにより教育課程の一部として行う必要があると認められる者に対して行われるものとする。

（教職員定数の算定に関する特例）

第七条　法第十五条第一号の政令で定める教育上特別の配慮を必要とする事情は、次の各号のいずれかに該当することとし、同条の規定により教職員の数を加える場合においては、法第七条第一項の規定により統合前の各学校について算定した教職員の数の合計数と同項の規定により統合後の学校について算定した

教職員の数の合計数との差を考慮して文部科学大臣が定める数を同条の規定により算定した数に加えるものとする。

一　平成十七年三月三十一日までに行われた地方自治法（昭和二十二年法律第六十七号）第七条第一項又は第三項の規定による申請に係る市町村の合併（旧市町村の合併の特例に関する法律（昭和四十年法律第六号）附則第二条第二項の規定によりなお効力を有することとされる同法（以下この号において「旧合併特例法」という。）第二条第一項に規定する市町村の合併をいう。）が平成十八年三月三十一日までに行われ、かつ、旧合併特例法第五条第一項の規定に基づき作成された市町村建設計画に基づく統合のため教育上特別の配慮を必要とすると認められる小学校若しくは中学校又は中等教育学校の前期課程であつてその統合の日から五年を経過しないものが存すること。

二　平成十七年四月一日以降に行われた地方自治法第七条第一項又は第三項の規定による申請に係る市町村の合併（市町村の合併の特例に関する法律（平成十六年法律第五十九号）第二条第一項に規定する市町村の合併をいう。）が令和十二年三月三十一日までに行われ、かつ、市町村の合併の特例に関する法律第六条第一項の規定に基づき作成された合併市町村基本計画に基づく統合のため教育上特別の配慮を必要とすると認められる小学校、中学校若しくは義務教育学校又は中等教育学校の前期課程であつてその統合の日から五年を経過しないものが存すること。

2　法第十五条第二号の政令で定める特別の指導は、次の各号に掲げる指導とし、同条の規定により教職員の数を加える場合においては、それぞれ当該各号に掲げる数を当該各号に定める法の規定により算定した数に加えるものとする。

一　小学校、中学校若しくは義務教育学校又は中等教育学校の前期課程において、学習指導上、生徒指導上又は進路指導上特別の配慮が必要と認められる事情を有する児童又は生徒に対して当該事情に応じた特別の指導が行われる場合にあつては、当該指導が行われる学校の数等を考慮して文部科学大臣が定める数　法第七条

二　小学校、中学校若しくは義務教育学校又は中等教育学校の前期課程において、心身の健康を害している児童又は生徒に対してその回復のための特別の指導が行われる場合にあつては、当該指導が行われる学校の数等を考慮して文部科学大臣が定める数　法第八条

三　小学校、中学校若しくは義務教育学校又は中等教育学校の前期課程（法第八条の二第三号の規定により栄養教諭等（同条に規定する栄養教諭等をいう。第九条第一項において同じ。）の数を算定する場合にあつては、共同調理場（学校給食法（昭和二十九年法律第百六十号）第六条に規定する施設をいう。第六項及び第九条第一項において同じ。）に係る小学校、中学校若しくは義務教育学校又は中等教育学校の前期課程とする。）において、著しく肥満している児童又は生徒その他の飲食に関して特別の注意が必要である児童又は生徒に対して食生活の改善のための特別の指導が行われる場合にあつては、当該指導が行われる学校の数等を考慮して文部科学大臣が定める数　法第八条の二

3　法第十五条第三号の政令で定める事情は、次の各号に掲げる整備を行うことが特に必要であると認められることとし、同条の規定により教職員の数を加える場合においては、それぞれ当該各号に掲げる数を当該各号に定める法の規定により算定した数に加えるものとする。

一　小学校、中学校若しくは義務教育学校又は中等教育学校の前期課程について、当該学校において障害に応じた特別の指導が行われる必要がある児童又は生徒の当該障害の種類及び当該学校の所在する地域の地理的条件を勘案し、当該学校において当該指導を適切に行うことができるよう、当該学校の人的体制の整備を行うことが特に必要であると認められる場合にあつては、当該整備を行うことが特に必要であると認められる学校の数等を考慮して文部科学大臣が定める数　法第七条

二　特別支援学校の小学部又は中学部について、当該学校に対する学校教育法第七十四条の要請の状況並びに当該学校の規模、教職員の配置の状況その他の組織及び運営の状況を勘案し、当該学校が当該要請に応じて同条の責務を十分に果たすことができるよう、当該学校の人的体制の整備を行うことが特に必要であると認められる場合にあつては、当該整備を行うことが特に必要であると認められる学校の数等を考慮して文部科学大臣が定める数　法第十一条

4　法第十五条第四号の政令で定める事情は、主幹教諭（養護又は栄養の指導及び管理をつかさどる主幹教諭を除く。）を置く小学校、中学校若しくは義務教育学校又は中等教育学校の前期課程について、当該主幹教諭の職務の内容並びに当該学校の規模、教職員の配置の状況その他の組織及び運営の状況を勘案し、当該学校の効果的かつ効率的な運営を図るため、当該主幹教諭がその校務の整理に係る職責を十分に果たすことができるよう、当該学校の人的体制の整備を行うことが特に必要であると認められることとし、同条の規定により教職員の数を加える場合においては、当該整備を行うことが特に必要であると認められる学校の数等を考慮して文部科学大臣が定める数を法第七条の規定により算定した数に加えるものとする。

5　法第十五条第五号の政令で定める事情は、小学校、中学校若しくは義務教育学校又は中等教育学校の前期課程について、当該学校を含む複数の義務教育諸学校において多様な人材の活用、情報化の促進等により多様な教育が行われる場合に当該学校がそのための事務処理の拠点となつていることとし、同条の規定により教職員の数を加える場合においては、同号に規定する共同学校事務室が置かれている学校及び当該拠点となつている学校の数等を考慮して文部科学大臣が定める数を法第九条の規定により算定した数に加えるものとする。

6　法第十五条第六号の政令で定める特別の事情は、当該学校の教職員が同号に規定する研修を受けていること、当該学校（共同調理場を含む。）において文部科学大臣が定める教育指導の改善若しくは事務処理の効率化に関する特別な研究が行われていること又は当該学校の教職員が教育公務員特例法（昭和二十四年法律第一号）第二十五条第一項の指導改善研修を受けていることとし、法第十五条の規定により教職員の数を加える場合においては、当該学校（共同調理場を含む。）の数等を考慮して文部科学大臣が定める数を法第七条から第九条まで又は第十一条の規定により算定した数に加えるものとする。

（併設校の規模等）

第八条　法第十六条第三項の政令で定める規模の小学校及び中学校（中等教育学校の前期課程を含む。以下この条において同じ。）は、法第八条第一号の規定を適用する場合にあつては三学級の小学校及び三学級の中学校とし、法第九条第一号の規定を適用する場合にあつては四学級から六学級までの小学校及び四学級又は五学級の中学校とする。

2　都道府県又は市（指定都市を除く。）町村の設置する小学校及び中学校に係る前項に規定する学級の数は、法第三条第二項の規定により都道府県の教育委員会が定めた基準により算定するものとする。

3　指定都市の設置する小学校及び中学校に係る第一項に規定する学級の数は、法第四条第二項の規定により指定都市の教育委員会が編制した学級の数とする。

4　法第十六条第三項の政令で定める距離は、五百メートルとする。

（教職員定数の短時間勤務の職を占める者等の数への換算の方法）

第九条　法第十七条第一項の規定により教職員の数を校長、副校長、教頭、主幹教諭、指導教諭、教諭、養護教諭、栄養教諭、助教諭、養護助教諭、講師、寄宿舎指導員、学校栄養職員又は事務職員で地方公務員法（昭和二十五年法律第二百六十一号）第二十八条の五第一項に規定する短時間勤務の職を占める者（以下この項において「短時間勤務職員」という。）の数に換算する場合においては、公立の小学校、中学校及び義務教育学校並びに中等教育学校の前期課程（共同調理場を含む。）の教職員の数に係る場合にあつては校長、教頭及び教諭等、養護教諭等（法第八条に規定する養護教諭等をいう。以下この項において同じ。）、栄養教諭等又は事務職員の別、公立の特別支援学校の小学部及び中学部の教職員の数に係る場合にあつては校長、教頭及び教諭等、養護教諭等、栄養教諭等、寄宿舎指導員又は事務職員の別ごとに、第一号に掲げる数が第二号に掲げる数と等しくなる場合における当該条件を満たす短時間勤務職員の数に換算するものとする。

一　換算しようとする教職員の数

二　短時間勤務職員の一週間当たりの通常の勤務時間数（以下この条において「週当たり勤務時間数」という。）による区分ごとに当該週当たり勤務時間数に当該区分に係る短時間勤務職員の数を乗じて得た数の合計数を四十で除して得た数（一未満の端数を生じた場合にあつては、小数点以下第一位の数字が五以上であるときは一に切り上げ、四以下であるときは切り捨てる。次項において同じ。）

2　法第十七条第二項の規定により教頭及び教諭等の数を同項に規定する講師（以下この項において単に「講師」という。）の数に換算する場合においては、公立の小学校、中学校及び義務教育学校並びに中等教育学校の前期課程の教頭及び教諭等又は公立の特別支援学校の小学部及び中学部の教頭及び教諭等ごとに、第一号に掲げる数が第二号に掲げる数と等しくなる場合における当該条件を満たす講師の数に換算するものとする。

一　換算しようとする教頭及び教諭等の数

二　講師の週当たり勤務時間数による区分ごとに当該週当たり勤務時間数に当該区分に係る講師の数を乗じて得た数の合計数を四十で除して得た数

（法第十七条第二項の政令で定める者）

第一〇条　法第十七条第二項の政令で定める者は、次に掲げる講師（地方公務員法第二十二条の二第一項第一号に掲げる者に限る。）とする。

一　地方教育行政の組織及び運営に関する法律（昭和三十一年法律第百六十二号）第四十七条の三第一項に規定する非常勤の講師その他の教育公務員特例法第二十三条第一項の初任者研修を実施するために配置される講師

二　前号に掲げる者のほか、市（指定都市を除く。）町村における学校教育の振興を目的として配置される講師のうち当該都道府県における教職員の配置の適正化を図ることを目的としないもの

三　前二号に掲げる者のほか、その配置の目的等を考慮して文部科学大臣が定める講師

（文部科学省令への委任）

第一一条　この政令に定めるもののほか、法及びこの政令の実施について必要な事項は、文部科学省令で定める。

附　則（省略）

附　則（抄）（平成二九年三月三一日政令第一二八号）

施行、平二九・四・一
改正、平三〇―政九九、平三一―政一〇九、令二―政八八

（公立義務教育諸学校の教職員定数の標準に関する経過措置）

第二条　義務教育諸学校等の体制の充実及び運営の改善を図るための公立義務教育諸学校の学級編制及び教職員定数の標準に関する法律等の一部を改正する法律（第七項において「改正法」という。）附則第二条の政令で定める都道府県小中学校等教職員定数及び指定都市小中学校等教職員定数の標準となる数は、令和二年四月一日から令和三年三月三十一日までの間は、次項から第六項までの規定により算定した数の合計数とする。この場合においては、それぞれ、当該各項の規定により算定した数を標準として、当該各項に規定する教職員の職の種類ごとの総数を定めなければならない。

2　公立の小学校、中学校及び義務教育学校並びに中等教育学校の前期課程（以下この条において「公立の小学校等」という。）に置くべき校長（公立義務教育諸学校の学級編制及び教職員定数の標準に関する法律（以下この条において「標準法」という。）第三条第三項に規定する校長をいう。）の数は、標準法第六条の二に規定するところにより算定した数とする。

3　公立の小学校等に置くべき教頭及び教諭等（標準法第七条第一項に規定する教頭及び教諭等をいう。）の数は、次に掲げる数を合計した数とする。

一　標準法第七条第一項第一号から第四号まで、第八号及び第九号に規定するところにより算定した数を合計した数

二　標準法第七条第一項第五号に規定する児童又は生徒の数にそれぞれ六十五分の二を乗じて得た数の合計数

三　標準法第七条第一項第六号に規定する児童又は生徒の数にそれぞれ四十五分の一を乗じて得た数の合計数

四　標準法第七条第一項第七号に規定する初任者研修を受ける者の数にそれぞれ十五分の一を乗じて得た数の合計数

五　第一条の規定による改正後の公立義務教育諸学校の学級編制及び教職員定数の標準に関する法律施行令（以下この条において「新標準法施行令」という。）第三条に規定するところにより文部科学大臣が定める数

六　新標準法施行令第七条第一項、第二項第一号及び第四項に規定するところにより文部科学大臣が定める数を合計した数

七　公立の小学校、中学校若しくは義務教育学校又は中等教育学校の前期課程について、当該学校において障害に応じた特別の指導が行われている場合にあつては、当該指導が行われている学校の数並びに当該指導が行われる必要がある児童又は生徒の当該障害の種類及び当該学校の所在する地域の地理的条件を勘案し、当該学校において当該指導を適切に行うことができるよう、人的体制の整備を行うことが特に必要であると認められる学校の数等を考慮して文部科学大臣が定める数

八　公立の小学校、中学校若しくは義務教育学校又は中等教育学校の前期課程について、当該学校の教職員が標準法第十五条第六号に規定する研修を受けている場合、当該学校において文部科学大臣が定める教育指導の改善に関する特別な研究が行われている場合又は当該学校の教職員が教育公務員特例法（昭和二十四年法律第一号）第二十三条第一項の初任者研修若しくは同法第二十五条第一項の指導改善研修を受けている場合にあつては、当該学校の数等を考慮して文部科学大臣が定める数

4から6まで（省略）

7　改正法附則第二条の政令で定める都道府県特別支援学校教職員定数及び指定都市特別支援学校教職員定数の標準となる数は、令和二年四月一日から令和三年三月三十一日までの間は、次に掲げる数を合計した数とする。

一　標準法第十条の二、第十一条第一項第一号から第四号まで、第七号及び第八号並びに第十二条から第十四条までに規定するところにより算定した数を合計した数

二　標準法第十一条第一項第五号に規定する児童及び生徒の数に四十五分の一を乗じて得た数

三　標準法第十一条第一項第六号に規定する初任者研修を受ける者の数に十五分の一を乗じて得た数

四　新標準法施行令第七条第三項第二号に規

定めるところにより文部科学大臣が定める数

五　公立の特別支援学校の小学部及び中学部について、当該学校の教職員が標準法第十五条第六号に規定する研修を受けている場合、当該学校において文部科学大臣が定める教育指導の改善に関する特別な研究が行われている場合又は当該学校の教職員が教育公務員特例法第二十三条第一項の初任者研修若しくは同法第二十五条第一項の指導改善研修を受けている場合にあっては、当該学校の数等を考慮して文部科学大臣が定める数

8　第三項第二号から第四号まで並びに前項第二号及び第三号の規定により教職員の数を算定する場合において、一未満の端数を生じたときは、一に切り上げる。

附　則（抄）（令和二年三月二七日政令第六一号）

（施行期日）

1　この政令は、令和二年四月一日から施行する。

附　則（令和二年三月三〇日政令第八八号）

この政令は、令和二年四月一日から施行する。

附　則（令和二年三月三一日政令第一三六号）

この政令は、公布の日から施行する。

●就学義務猶予免除者等の中学校卒業程度認定規則

（昭和四一年七月一日文部省令第三六号）

施行、昭四二・四・一
最終改正、令二―文科令七

（趣旨）

第一条　学校教育法（以下「法」という。）第十八条の規定により保護者が就学させる義務を猶予又は免除された子（以下「就学義務猶予免除者」という。）等について、高等学校入学に関し、中学校を卒業した者と同等以上の学力があるかどうかの認定を行う場合は、この省令の定めるところによる。

（認定試験）

第二条　文部科学大臣は、毎年一回、前条に規定する認定のための試験（以下「認定試験」という。）を行う。

（受験資格）

第三条　認定試験を受けることのできる者は、次の各号の一に該当する者とする。

一　就学義務猶予免除者である者又は就学義務猶予免除者であつた者で、受験しようとする認定試験の日の属する年度（四月一日から翌年三月三十一日までをいう。以下同じ。）の終わりまでに満十五歳以上になるもの

二　保護者が法第十八条の規定による就学させる義務の猶予又は免除を受けず、かつ、受験しようとする認定試験の日の属する年度の終わりまでに満十五歳に達する者で、その年度の終わりまでに中学校を卒業できないと見込まれることについてやむを得ない事由があると文部科学大臣が認めたもの（第四号に掲げる者を除く。）

三　受験しようとする認定試験の日の属する年度の終わりまでに満十六歳以上になる者（第一号及び次号に掲げる者を除く。）

四　日本の国籍を有しない者で、受験しようとする認定試験の日の属する年度の終わりまでに満十五歳以上になるもの

（認定試験の施行）

第四条　認定試験の施行期日、場所及び出願の期限は、あらかじめ、インターネットの利用その他の適切な方法により公示する。

2　前項の規定による認定試験の場所のほか、文部科学大臣は、認定試験を受けようとする者の障害の程度等を勘案して、認定試験の場所を別に定めることができる。この場合において、文部科学大臣は、当該認定試験を受けようとする者に、別に定めた場所を通知するものとする。

（試験科目、方法及び程度）

第五条　認定試験の試験科目（以下「試験科目」という。）は、中学校の国語、社会、数学、理科及び外国語の各教科とする。この場合において、外国語は英語とする。

2　認定試験は筆記の方法により、中学校において前項に規定する教科を履修した程度において行う。

（試験の免除等）

第六条　知識及び技能に関する審査で、当該審査に合格した者の学力が当該審査に対応する中学校の教科を履修した者の学力と同等以上と認められるものとして文部科学大臣が定めるものに合格した者に対しては、文部科学大臣が定めるところにより、当該合格した者の願出により、認定試験の一部を免除する。

第七条　認定試験を受けようとする者のうち、第三条第四号に該当する者その他の国語の教科の学習を行うに当たり特別の配慮を要すると認められる者として文部科学大臣が定めるもの（以下「特例受験者」という。）であつて、国語に関する知識及び技能に関する審査で、文部科学大臣が定めるものに合格した者に対しては、その願出により、試験科目のうち国語の教科についての試験を免除する。

2　特例受験者は、その願出により、全ての試験科目について当該試験の試験問題の文章に用いられている漢字（漢字の読みを問う場合における当該漢字を除く。）に振り仮名を付して作成された試験問題により、認定試験を受験することができる。

（受験方法）

第八条　認定試験は、二回以上にわたり、それぞれ一以上の試験科目について受けることができる。

（受験手続）

第九条　認定試験を受けようとする者は、認定試験願書に次の各号に掲げる書類を添えて文部科学大臣に願い出なければならない。

一　履歴書一通

二　戸籍抄本又は住民票の写し一通（いずれも出願前六月以内に交付を受けたもの）

三　写真二枚（出願前六月以内に撮影した無帽かつ正面上半身のもの）

四　市町村（特別区を含む。次号において同じ。）の教育委員会の作成した就学義務の猶予又は免除を証する書類（第三条第一号に掲げる者に限る。）

五　市町村の教育委員会の作成した中学校を卒業できないと見込まれることについてのやむを得ない事由に関する書類（第三条第二号に掲げる者に限る。）

六　第六条又は第七条第一項若しくは第二項の規定に基づく試験の免除等を願い出る場合、次のイからハまでに掲げる者の区分に応じ、それぞれイからハまでに定める書類

イ　第六条の規定に基づき試験の免除を願い出る者　免除を受ける資格を証する書類

ロ　第七条第一項の規定に基づき試験の免除を願い出る者　免除を受ける資格を証する書類及び特例受験者であることを証する書類

ハ　第七条第二項の規定に基づく受験を願い出る者　特例受験者であることを証する書類

2　前項第二号に掲げる書類は、やむを得ない事由があると文部科学大臣が特に認めた場合においては、他の証明書をもつて代えることができる。

（認定）

第一〇条　文部科学大臣は、試験科目（第六条又は第七条第一項の規定に基づき試験の免除を受けた試験科目を除く。）の全てについて合格点を得た者を、高等学校入学に関し、中学校を卒業した者と同等以上の学力がある者と認定する。

2　前項の規定により認定された者（以下「認定された者」という。）が、受験した認定試験の日の属する年度の終わりまでに満十五才に達する者であるときは、当該学年の終りの日から認定された者となるものとする。

3　高等学校卒業程度認定試験規則（平成十七年文部科学省令第一号）第四条に規定する試験科目の全部（試験の免除を受けた試験科目を除く。）について合格点を得た者（同規則附則第二条の規定による廃止前の大学入学資格検定規程（昭和二十六年文部省令第十三号。以下「旧規程」という。）第四条に規定する受検科目の全部（旧規程による大学入学資格検定の一部免除を受けた者については、その免除を受けた科目を除く。）について合格点を得た者を含み、中学校（特別支援学校（学校教育法等の一部を改正する法律（平成十八年法律第八十号）第一条の規定による改正前の法第一条に規定する盲学校、聾学校及び養護学校を含む。）の中等部を含む。）及び義務教育学校を卒業した者並びに中等教育学校の前期課程を修了した者並びに学校教育法施行規則（昭和二十二年文部省令第十一号）第九十五条の規定により中学校を卒業した者と同等以上の学力があると認められた者を除く。）は、認定された者とみなす。

（証書の授与等）

第一一条　認定された者（前条第三項の規定により認定された者とみなされた者を除く。）に対しては、認定証書を授与する。

2　試験科目のうち一部の科目について合格点を得た者を科目合格者とし、科目合格者に対しては、科目合格証書を授与する。

3　認定証書又は科目合格証書（以下この項において「証書」という。）を有する者がその氏名若しくは本籍（日本の国籍を有しない者については、その国籍）を変更し、又は証書を破損し、若しくは紛失した場合において、その事由をしるして願い出たときは、証書を書き換え又は再交付する。

（認定証明書の交付）

第一二条　認定された者（第十条第三項の規定により認定された者とみなされた者を含む。）が認定の証書を願い出たときは、認定証明書を交付する。

附　則（省略）

附　則（令和二年三月二五日文部科学省令第七号）

この省令は、公布の日から施行する。

●高等学校設置基準

（平成一六年三月三一日文部科学省令第二〇号）

施行、平一六・四・一
最終改正、平一九—文科令四〇

第一章　総則

（趣旨）

第一条　高等学校は、学校教育法その他の法令の規定によるほか、この省令の定めるところにより設置するものとする。

2　この省令で定める設置基準は、高等学校を設置するのに必要な最低の基準とする。

3　高等学校の設置者は、高等学校の編制、施設、設備等がこの省令で定める設置基準より低下した状態にならないようにすることはもとより、これらの水準の向上を図ることに努めなければならない。

（設置基準の特例）

第二条　公立の高等学校については都道府県の教育委員会、私立の高等学校については都道府県知事（以下「都道府県教育委員会等」という。）は、高等学校に全日制の課程及び定時制の課程を併置する場合又は二以上の学科を設置する場合その他これらに類する場合において、教育上支障がないと認めるときは、高等学校の編制、施設及び設備に関し、必要と認められる範囲内において、この省令に示す基準に準じて、別段の定めをすることができる。

2　専攻科及び別科の編制、施設、設備等については、この省令に示す基準によらなければならない。ただし、教育上支障がないと認めるときは、都道府県教育委員会等は、専攻科及び別科の編制、施設及び設備に関し、必要と認められる範囲内において、この省令に示す基準に準じて、別段の定めをすることができる。

第三条及び第四条　削除（平一九文科令三四）

第二章　学科

（学科の種類）

第五条　高等学校の学科は次のとおりとする。

一　普通教育を主とする学科
二　専門教育を主とする学科
三　普通教育及び専門教育を選択履修を旨として総合的に施す学科

第六条　前条第一号に定める学科は、普通科とする。

2　前条第二号に定める学科は、次に掲げるとおりとする。

一　農業に関する学科
二　工業に関する学科
三　商業に関する学科
四　水産に関する学科
五　家庭に関する学科
六　看護に関する学科
七　情報に関する学科
八　福祉に関する学科
九　理数に関する学科
十　体育に関する学科
十一　音楽に関する学科
十二　美術に関する学科
十三　外国語に関する学科
十四　国際関係に関する学科
十五　その他専門教育を施す学科として適当な規模及び内容があると認められる学科

3　前条第三号に定める学科は、総合学科とする。

第三章　編制

（授業を受ける生徒数）

第七条　同時に授業を受ける一学級の生徒数は、四十人以下とする。ただし、特別の事情があり、かつ、教育上支障がない場合は、この限りでない。

（教諭の数等）

第八条　高等学校に置く副校長及び教頭の数は当該高等学校に置く全日制の課程又は定時制の課程ごとに一人以上とし、主幹教諭、指導教諭及び教諭（以下この条において「教諭等」という。）の数は当該高等学校の収容定員を四十で除して得た数以上で、かつ、教育上支障がないものとする。

2　教諭等は、特別の事情があり、かつ、教育上支障がない場合は、助教諭又は講師をもつて代えることができる。

3　高等学校に置く教員等は、教育上必要と認められる場合は、他の学校の教員等と兼ねることができる。

（養護教諭等）

第九条　高等学校には、相当数の養護をつかさどる主幹教諭、養護教諭その他の生徒の養護をつかさどる職員を置くよう努めなければならない。

（実習助手）

第一〇条　高等学校には、必要に応じて相当数の実習助手を置くものとする。

（事務職員の数）

第一一条　高等学校には、全日制の課程及び定時制の課程の設置の状況、生徒数等に応じ、相当数の事務職員を置かなければならない。

第四章　施設及び設備

（一般的基準）

第一二条　高等学校の施設及び設備は、指導上、保健衛生上、安全上及び管理上適切なものでなければならない。

（校舎の面積）

第一三条　校舎の面積は、法令に特別の定めがある場合を除き、全日制の課程若しくは定時制の課程の別又は学科の種類にかかわらず、次の表に定める面積以上とする。ただし、地域の実態その他により特別の事情があり、かつ、教育上支障がない場合は、この限りでない。

収容定員	面積（平方メートル）
一二〇人以下	1200
一二一人以上四八〇人以下	1200＋6×（収容定員－120）
四八一人以上	3360＋4×（収容定員－480）

（運動場の面積）

第一四条　運動場の面積は、全日制の課程若しくは定時制の課程の別又は収容定員にかかわらず、八、四〇〇平方メートル以上とする。ただし、体育館等の屋内運動施設を備えている場合その他の教育上支障がない場合は、この限りでない。

（校舎に備えるべき施設）

第一五条　校舎には、少なくとも次に掲げる施設を備えるものとする。

一　教室（普通教室、特別教室等とする。）

二　図書室、保健室

三　職員室

2　校舎には、前項に掲げる施設のほか、必要に応じて、専門教育を施すための施設を備えるものとする。

（その他の施設）

第一六条　高等学校には、校舎及び運動場のほか、体育館を備えるものとする。ただし、地域の実態その他により特別の事情があり、かつ、教育上支障がない場合は、この限りでない。

（校具及び教具）

第一七条　高等学校には、学科の種類、生徒数等に応じ、指導上、保健衛生上及び安全上必要な種類及び数の校具及び教具を備えなければならない。

2　前項の校具及び教具は、常に改善し、補充しなければならない。

（他の学校等の施設及び設備の使用）

第一八条　高等学校は、特別の事情があり、かつ、教育上及び安全上支障がない場合は、他の学校等の施設及び設備を使用することができる。

附　則（抄）

（施行期日等）

2　この省令の施行の際現に存する高等学校の編制並びに施設及び設備については、当分の間、なお従前の例によることができる。

●公立高等学校の適正配置及び教職員定数の標準等に関する法律

（昭和三六年一一月六日　法律第一八八号）

施行、昭三六・一一・六
最終改正、平二九－法二九

第一章　総則

（目的）

第一条　この法律は、公立の高等学校に関し、配置、規模及び学級編制の適正化並びに教職員定数の確保を図るため、学校の適正な配置及び規模並びに学級編制及び教職員定数の標準について必要な事項を定めるとともに、公立の中等教育学校の後期課程及び特別支援学校の高等部に関し、学級編制の適正化及び教職員定数の確保を図るため、学級編制及び教職員定数の標準について必要な事項を定め、もつて高等学校、中等教育学校の後期課程及び特別支援学校の高等部の教育水準の維持向上に資することを目的とする。

（定義）

第二条　この法律において「教職員」とは、校長（中等教育学校の校長を除き、特別支援学校の高等部にあつては、当該部のみを置く特別支援学校の校長とする。以下同じ。）、副校長、教頭、主幹教諭、指導教諭、教諭、養護教諭、助教諭、養護助教諭、講師、実習助手、寄宿舎指導員及び事務職員（それぞれ常勤の者に限る。第二十三条を除き、以下同じ。）をいう。

2　この法律において、「全日制の課程」とは学校教育法第四条第一項に規定する全日制の課程をいい、「定時制の課程」とは同項に規定する定時制の課程をいい、「通信制の課程」とは同項に規定する通信制の課程をいう。

3　この法律において、「農業に関する学科」とは農業に関する専門教育を主とする学科をいい、「水産に関する学科」とは水産に関する専門教育を主とする学科をいい、「工業に関する学科」とは工業に関する専門教育を主とする学科をいい、「商業に関する学科」とは商業に関する専門教育を主とする学科をいい、「家庭に関する学科」とは家庭に関する専門教育を主とする学科をいう。

第二章　削除（平一三法二二）

第三条　削除（平一三法二二）

第三章　公立の高等学校の適正な配置及び規模

（公立の高等学校の適正な配置及び規模）

第四条　都道府県は、高等学校の教育の普及及び機会均等を図るため、その区域内の公立の高等学校の配置及び規模の適正化に努めなければならない。この場合において、都道府県は、その区域内の私立の高等学校並びに公立及び私立の中等教育学校の配置状況を充分に考慮しなければならない。

第四章　公立の高等学校等の学級編制の標準

第五条　削除（平一三法一〇五）

（学級編制の標準）

第六条　公立の高等学校（中等教育学校の後期課程を含む。以下この条において同じ。）の全日制の課程又は定時制の課程における一学級の生徒の数は、四十人を標準とする。ただし、やむを得ない事情がある場合及び高等学校を設置する都道府県又は市町村の教育委員会が当該都道府県又は市町村における生徒の実態を考慮して特に必要があると認める場合については、この限りでない。

第五章　公立の高等学校等の教職員定数の標準

（教職員定数の標準）

第七条　公立の高等学校（中等教育学校の後期

課程を含む。以下この条において同じ。）に置くべき教職員の当該高等学校を設置する都道府県又は市町村ごとの総数（以下「高等学校等教職員定数」という。）は、次条から第十二条までに規定する数を合計した数を標準として定めるものとする。

（校長の数）

第八条　校長の数は、学校（中等教育学校を除く。）の数に一を乗じて得た数とする。

（教諭等の数）

第九条　副校長、教頭、主幹教諭（養護をつかさどる主幹教諭を除く。）、指導教諭、教諭、助教諭及び講師（以下「教諭等」という。）の数は、次に定めるところにより算定した数を合計した数とする。

一　次に掲げる数の合計数に一を乗じて得た数

イ　生徒の収容定員が二百一人以上の全日制の課程及び定時制の課程の数

ロ　二以上の学科を置く全日制の課程又は定時制の課程（その学科のいずれもが同一の専門教育の分野に係る専門教育を主とする学科であるものを除く。ハにおいて「複数学科設置課程」という。）でその生徒の収容定員が六百八十一人以上のものの数

ハ　複数学科設置課程以外の全日制の課程又は定時制の課程でその生徒の収容定員が九百二十一人以上のものの数

二　全日制の課程（本校の全日制の課程及び分校の全日制の課程は、それぞれ一の全日制の課程とみなす。第八号において同じ。）又は定時制の課程（本校の定時制の課程及び分校の定時制の課程は、それぞれ一の定時制の課程とみなす。同号において同じ。）について、次の表の上欄に掲げる課程の別に従い、同表の中欄に掲げる生徒の収容定員による課程の規模の区分ごとの課程の生徒の収容定員の総数を、当該区分に応ずる同表の下欄に掲げる数で除して得た数（一未満の端数を生じたときは、一に切り上げる。第十二条第一号及び第四号において同じ。）の合計数

課程の別	生徒の収容定員による課程の規模の区分	除すべき数
全日制の課程	四十人以下の課程	八
	四十一人から八十人までの課程	十一・四
	八十一人から百二十人までの課程	十五
	百二十一人から二百四十人までの課程	十六
	二百四十一人から二百八十人までの課程	十六・四
	二百八十一人から四百人までの課程	十七・一
	四百一人から五百二十人までの課程	十七・七
	五百二十一人から六百四十人までの課程	十八・二
	六百四十一人から七百六十人までの課程	十八・九
	七百六十一人から八百八十人までの課程	十九・五
	八百八十一人から千人までの課程	二十
	千一人から千百二十人までの課程	二十・五
	千百二十一人以上の課程	二十一
定時制の課程	四十人以下の課程	八
	四十一人から八十人までの課程	十一・四
	八十一人から百二十人までの課程	十五
	百二十一人から二百四十人までの課程	十八・五
	二百四十一人から二百八十人までの課程	十九・三
	二百八十一人から四百四十人までの課程	二十・七
	四百四十一人から六百人までの課程	二十二・二
	六百一人から七百六十人までの課程	二十三・五
	七百六十一人から九百二十人までの課程	二十四・七
	九百二十一人から千八十人までの課程	二十五・八
	千八十一人以上の課程	二十六・七

三　通信制の課程を置く学校（本校及び分校は、それぞれ一の学校とみなす。）について、当該課程の生徒の数を、次の表の上欄に掲げる人員に区分し、各区分ごとの生徒の数を、順次同表の下欄に掲げる数で除して得た数の合計数（一未満の端数を生じた場合にあつては、小数点以下第一位の数字が一以上であるときは一に切り上げ、零であるときは切り捨てるものとする。）を合算した数

人員の区分	除すべき数
一人から六百人まで	四十六・二
六百一人から千二百人まで	六十六・七
千二百一人以上	百

四　生徒の収容定員が三百二十一人以上の全日制の課程又は生徒の収容定員が四百四十一人以上の定時制の課程について、次の表の上欄に掲げる課程の別に従い、同表の中欄に掲げる生徒の収容定員による課程の規模の区分ごとの課程の数に当該区分に応ずる同表の下欄に掲げる数を乗じて得た数の合計数

課程の別	生徒の収容定員による課程の規模の区分	乗ずる数
全日制の課程	三百二十一人から五百六十人までの課程	一
	五百六十一人から六百八十人までの課程	二
	六百八十一人から千四十人までの課程	三
	千四十一人から千百六十人までの課程	四
	千百六十一人以上の課程	五
定時制の課程	四百四十一人から九百二十人までの課程	一
	九百二十一人以上の課程	二

五　通信制の課程について、次の表の上欄に掲げる生徒の数による課程の規模の区分ごとの課程の数に当該区分に応ずる同表の下欄に掲げる数を乗じて得た数の合計数

生徒の数による課程の規模の区分	乗ずる数
二千四百一人から三千人までの課程	一
三千一人から三千六百人までの課程	二
三千六百一人以上の課程	三

六　生徒の収容定員が六百八十一人から千四十人までの全日制の課程の数に一を乗じて得た数、生徒の収容定員が千四十一人以上の全日制の課程の数に二を乗じて得た数、生徒の収容定員が四百四十一人以上の定時制の課程の数に一を乗じて得た数及び通信制の課程の数に一を乗じて得た数の合計数

七　農業、水産又は工業に関する学科を置く全日制の課程又は定時制の課程について、次の表の上欄に掲げる学科の区分に応じ、

同表の下欄に掲げる方法により算定した数の合計数を合算した数

学科の区分	算定の方法
農業に関する学科	当該学科の数に一を乗じ、当該学科の生徒の収容定員の合計数が二百一人以上の全日制の課程については当該乗じて得た数に二を加え、当該学科の生徒の収容定員の合計数が二百八十一人以上の定時制の課程については当該乗じて得た数に一を加える。
水産に関する学科	当該学科の数に一を乗じ、当該学科の生徒の収容定員の合計数が二百一人以上の全日制の課程については当該乗じて得た数に二を加え、当該学科の生徒の収容定員の合計数が二百八十一人以上の定時制の課程については当該乗じて得た数に一を加える。
工業に関する学科	当該学科の数に二を乗じ、当該学科を置く全日制の課程については当該乗じて得た数に一（当該学科の生徒の収容定員の合計数が二百一人から九百二十人までの全日制の課程にあつては二とし、当該学科の生徒の収容定員の合計数が九百二十一人以上の全日制の課程にあつては三とする。）を加え、当該学科の生徒の収容定員の合計数が二百八十一人以上の定時制の課程については当該乗じて得た数に一を加える。

八　商業又は家庭に関する学科を置く全日制の課程又は定時制の課程について、次の表の上欄に掲げる課程の別に従い、同表の中欄に掲げる商業又は家庭に関する学科の生徒の収容定員の合計数の区分ごとの課程の数に当該区分に応ずる同表の下欄に掲げる数を乗じて得た数の合計数

課程の別	商業又は家庭に関する学科の生徒の収容定員の合計数の区分	乗ずる数
全日制の課程	四十一人から二百人まで	一
	二百一人から三百二十人まで	三
	三百二十一人から六百八十人まで	四
	六百八十一人から千百六十人まで	五
	千百六十一人以上	六
定時制の課程	百二十一人から二百人まで	一
	二百一人から二百八十人まで	二
	二百八十一人から四百四十人まで	三
	四百四十一人から千八十人まで	四
	千八十一人以上	五

九　寄宿する生徒の数が五十一人以上の寄宿舎を置く学校の数に一を乗じて得た数

2　全日制の課程又は定時制の課程に置かれる普通教育を主とする学科において、教科又は科目の特質に応じた教育を行うため少数の生徒により構成される集団を単位として指導が行われる場合には、前項の規定により算定した数に政令で定める数を加えた数を教諭等の数とする。

（養護教諭等の数）

第一〇条　養護をつかさどる主幹教諭、養護教諭及び養護助教諭（以下「養護教諭等」という。）の数は、次に定めるところにより算定した数を合計した数とする。

一　高等学校の本校に置かれる生徒の収容定員が八十一人から八百人までの全日制の課程の数と高等学校の本校に置かれる生徒の収容定員が百二十一人から八百人までの定時制の課程の数との合計数に一を乗じて得た数

二　高等学校の本校に置かれる生徒の収容定員が八百一人以上の全日制の課程及び定時制の課程の数の合計数に二を乗じて得た数

三　中等教育学校の本校に置かれる全日制の課程であつてその生徒の収容定員と当該中等教育学校の前期課程の生徒の数との合計数が八百一人以上のもの（当該中等教育学校の前期課程の生徒の数が八百一人以上のものを除く。）の数と中等教育学校の本校に置かれる生徒の収容定員が百二十一人から八百人までの定時制の課程の数との合計数に一を乗じて得た数

四　中等教育学校の本校に置かれる生徒の収容定員が八百一人以上の定時制の課程の数に二を乗じて得た数

（実習助手の数）

第一一条　実習助手の数は、次の各号に定めるところにより算定した数を合計した数とする。

一　生徒の収容定員が二百一人から九百六十人までの全日制の課程及び定時制の課程の数の合計数に一を乗じて得た数と生徒の収容定員が九百六十一人以上の全日制の課程及び定時制の課程の数の合計数に二を乗じて得た数との合計数

二　農業、水産、工業、商業又は家庭に関する学科を置く全日制の課程又は定時制の課程について、次の表の上欄に掲げる学科の区分に応じ、同表の下欄に掲げる方法により算定した数の合計数を合算した数

学科の区分	算定の方法
農業に関する学科	当該学科の数に二を乗じ、当該学科の生徒の収容定員の合計数が六百八十一人以上の課程については当該乗じて得た数に一を加える。
水産に関する学科	当該学科の数に二を乗じ、当該学科の生徒の収容定員の合計数が六百八十一人以上の課程については当該乗じて得た数に一を加える。
工業に関する学科	当該学科の数に二を乗じて得た数に一（当該学科の生徒の収容定員の合計数が六百八十一人以上の課程にあつては、二）を加える。
商業又は家庭に関する学科	当該学科の生徒の収容定員の合計数が五百六十一人以上の課程について一とする。

三　全日制の課程又は定時制の課程を置く学校の分校で農業、水産又は工業に関する学科に係る授業を行なうものの数に一を乗じて得た数

（事務職員の数）

第一二条　事務職員の数は、次に定めるところにより算定した数を合計した数とする。

一　全日制の課程及び定時制の課程の数の合計数に一を乗じて得た数と生徒の収容定員が二百一人以上の全日制の課程又は定時制の課程ごとに当該課程の生徒の収容定員の数から二百を減じて得た数を三百六十で除して得た数の合計数とを合計した数

二　生徒の収容定員が四百四十一人以上の全日制の課程及び定時制の課程の数の合計数に一を乗じて得た数

三　全日制の課程又は定時制の課程で当該課程に置かれる農業、水産又は工業に関する学科の生徒の収容定員の合計数が二百一人以上のものの数に一を乗じて得た数

四　通信制の課程を置く学校について、当該課程の生徒の数を四百で除して得た数を合算した数

第一三条　削除（昭四九法九〇）

第六章　公立の特別支援学校の高等部の学級編制の標準

（学級編制の標準）

第一四条　公立の特別支援学校の高等部の一学級の生徒の数は、重複障害生徒（文部科学大臣が定める障害を二以上併せ有する生徒をいう。以下この条において同じ。）で学級を編制する場合にあつては三人、重複障害生徒以外の生徒で学級を編制する場合にあつては八人を標準とする。ただし、やむを得ない事情

がある場合及び高等部を置く特別支援学校を設置する都道府県又は市町村の教育委員会が当該都道府県又は市町村における生徒の実態を考慮して特に必要があると認める場合については、この限りでない。

第七章　公立の特別支援学校の高等部の教職員定数の標準

（教職員定数の標準）

第一五条　公立の特別支援学校の高等部に置くべき教職員の当該特別支援学校を設置する都道府県又は市町村ごとの総数（以下「特別支援学校高等部教職員定数」という。）は、次条から第二十一条までに規定する数を合計した数を標準として定めるものとする。

（校長の数）

第一六条　校長の数は、高等部のみを置く特別支援学校の数に一を乗じて得た数とする。

（教諭等の数）

第一七条　教諭等の数は、次に定めるところにより算定した数を合計した数とする。

一　六学級以上の高等部のみを置く特別支援学校の数と高等部を置く特別支援学校でその学級数（幼稚部の学級数を除く。）が二十七学級以上のもの（小学部及び中学部の学級数が二十七学級以上のものを除く。）の数との合計数に一を乗じて得た数

二　特別支援学校の高等部の学級数の合計数に二を乗じて得た数

三　特別支援学校の高等部でその学級数が六学級から十七学級までのものの数に一を乗じて得た数と特別支援学校の高等部でその学級数が十八学級以上のものの数に二を乗じて得た数との合計数

四　特別支援学校の高等部に置かれる専門教育を主とする学科の数と知的障害者、肢体不自由者又は病弱者（身体虚弱者を含む。次号において同じ。）である生徒に対する教育を主として行う特別支援学校（以下「養護特別支援学校」という。）の高等部（専門教育を主とする学科のみを置くものを除く。）の数との合計数に二を乗じて得た数と養護特別支援学校の高等部で専門教育を主とする学科のみを置くものの数に一を乗じて得た数との合計数

五　次の表の上欄に掲げる特別支援学校の区分ごとの学校（高等部が置かれていないものを除く。）の数に当該特別支援学校の区分に応ずる同表の下欄に掲げる数を乗じて得た数の合計数、四学級以上の高等部ごとに当該部の学級数から三を減じて得た数に六分の一を乗じて得た数（一未満の端数を生じたときは、一に切り上げる。第二十条において同じ。）の合計数及び高等部のみを置く特別支援学校の数に一を乗じて得た数を合計した数

特別支援学校の区分	乗ずる数
視覚障害者である生徒に対する教育を主として行う特別支援学校	一
聴覚障害者である生徒に対する教育を主として行う特別支援学校	一
知的障害者である生徒に対する教育を主として行う特別支援学校	一
肢体不自由者である生徒に対する教育を主として行う特別支援学校	三
病弱者である生徒に対する教育を主として行う特別支援学校	一

六　次の表の上欄に掲げる寄宿する特別支援学校の児童及び生徒の数の区分ごとの寄宿舎を置く特別支援学校の数に当該区分に応ずる同表の下欄に掲げる数を乗じて得た数の合計数から公立義務教育諸学校の学級編制及び教職員定数の標準に関する法律（昭和三十三年法律第百十六号）第十一条第一項第八号に定めるところにより算定した数を減じて得た数

寄宿する特別支援学校の児童及び生徒の数	乗ずる数
八十人以下	二
八十一人から二百人まで	三
二百一人以上	四

（養護教諭等の数）

第一八条　養護教諭等の数は、高等部のみを置く特別支援学校の数と高等部を置く特別支援学校でその児童及び生徒の数が六十一人以上のもの（小学部及び中学部の児童及び生徒の数が六十一人以上のものを除く。）の数との合計数に一を乗じて得た数とする。

（実習助手の数）

第一九条　実習助手の数は、次の各号に定めるところにより算定した数を合計した数とする。

一　特別支援学校の高等部について、当該部に置かれる専門教育を主とする学科の数に二を乗じて得た数の合計数

二　養護特別支援学校の高等部（専門教育を主とする学科のみを置くものを除く。）の数に二を乗じて得た数

（寄宿舎指導員の数）

第二〇条　寄宿舎指導員の数は、寄宿舎を置く特別支援学校ごとに次に定めるところにより算定した数の合計数（高等部の生徒のみを寄宿させる寄宿舎のみを置く特別支援学校について当該合計数が十二に達しない場合にあつては、十二）を合算した数とする。

一　寄宿舎に寄宿する高等部の生徒（肢体不自由者である生徒を除く。）の数に五分の一を乗じて得た数

二　寄宿舎に寄宿する肢体不自由者である高等部の生徒の数に三分の一を乗じて得た数

（事務職員の数）

第二一条　事務職員の数は、特別支援学校の高等部の数に二を乗じて得た数とする。

第八章　雑則

（教職員定数の算定に関する特例）

第二二条　第九条から第十二条まで及び第十七条から前条までの規定により教諭等、養護教諭等、実習助手、寄宿舎指導員及び事務職員の数を算定する場合において、次に掲げる事情があるときは、これらの規定により算定した数にそれぞれ政令で定める数を加え、又はこれらの規定により算定した数からそれぞれ政令で定める数を減ずるものとする。

一　農業、水産又は工業に関する学科を置く公立の高等学校（中等教育学校の後期課程を含む。以下この条において同じ。）についての政令で定める特別の事情

二　公立の高等学校又は特別支援学校の高等部にそれぞれ政令で定める学科を置くこと。

三　公立の高等学校において教育上特別の配慮を必要とする生徒に対する特別の指導であつて政令で定めるものが行われていること。

四　公立の高等学校において多様な教育を行うための教育課程の編成についての政令で定める特別の事情

五　当該学校の教職員が教育公務員特例法（昭和二十四年法律第一号）第二十二条第三項に規定する長期にわたる研修を受けていること、当該学校において教育指導の改善に関する特別な研究が行われていることその他の政令で定める特別の事情

（教職員定数の短時間勤務の職を占める者等の数への換算）

第二三条　第八条から第十二条まで又は第十六条から第二十一条までに定めるところにより算定した教職員の数は、政令で定めるところにより、公立の高等学校（中等教育学校の後期課程を含む。）又は特別支援学校の高等部に置く校長、副校長、教頭、主幹教諭、指導教諭、教諭、養護教諭、助教諭、養護助教諭、講師、実習助手、寄宿舎指導員又は事務職員で地方公務員法（昭和二十五年法律第二百六十一号）第二十八条の五第一項に規定する短時間勤務の職を占める者の数に換算することができる。

2　第九条又は第十七条に定めるところにより算定した教諭等の数は、政令で定めるところにより、公立の高等学校（中等教育学校の後期課程を含む。）又は特別支援学校の高等部に置く講師（地方公務員法第二十二条の二第一項第一号に掲げる者に限り、その配置の目的等を考慮して政令で定める者を除く。）の

数に換算することができる。

（教職員定数に含まない数）

第二四条　第七条及び第十五条に規定する高等学校等教職員定数及び特別支援学校高等部教職員定数には、次に掲げる者に係るものを含まないものとする。

一　休職者

二　教育公務員特例法第二十六条第一項の規定により同項に規定する大学院修学休業をしている者

三　地方公務員法第二十六条の五第一項の規定により同項に規定する自己啓発等休業をしている者

四　地方公務員法第二十六条の六第七項の規定により任期を定めて採用される者及び臨時的に任用される者

五　女子教職員の出産に際しての補助教職員の確保に関する法律（昭和三十年法律第百二十五号）第三条第一項の規定により臨時的に任用される者

六　地方公務員の育児休業等に関する法律（平成三年法律第百九号）第六条第一項の規定により任期を定めて採用される者及び臨時的に任用される者

附　則（抄）

11　平成二十五年四月一日から平成三十五年三月三十一日までの間においては、第九条から第十二条まで及び第十七条から第二十一条までの規定により教諭等、養護教諭等、実習助手、寄宿舎指導員及び事務職員の数を算定する場合において、離島振興法（昭和二十八年法律第七十二号）第二条第一項の規定により離島振興対策実施地域として指定された地区に公立の高等学校（中等教育学校の後期課程を含む。）及び特別支援学校の高等部が設置されているときは、当該地域における教育の特殊事情に鑑み、これらの規定により算定した数にそれぞれ政令で定める数を加えるものとする。

●公立高等学校の適正配置及び教職員定数の標準等に関する法律施行令

（昭和三七年五月二二日政令第二一五号）

施行、昭三七・五・二二
最終改正、令二―政六一

（教科又は科目の特質に応じた少数の生徒により構成される集団を単位とした指導が行われる場合における教諭等の数の算定）

第一条　公立高等学校の適正配置及び教職員定数の標準等に関する法律（以下「法」という。）第九条第二項の政令で定める数は、都道府県又は市町村の教育委員会が公立の高等学校（中等教育学校の後期課程を含む。以下同じ。）の全日制の課程又は定時制の課程に置かれる普通教育を主とする学科において行われる教科又は科目の特質に応じた少数の生徒により構成される集団を単位とした指導に係る授業時数及び生徒の数その他の事情を勘案して教諭等（同条第一項に規定する教諭等をいう。第三条において同じ。）を置くことについての配慮を必要とすると認める学校の数等を考慮し、文部科学大臣が定める数とする。

（教職員定数の算定に関する特例）

第二条　法第二十二条第一号の政令で定める特別の事情は、次の表の中欄に掲げるとおりとし、同条の政令で定める数は、全日制の課程又は定時制の課程の別に従い、同表の中欄に掲げる特別の事情の区分に応じ、同表の下欄に掲げる数とする。

（本項の表につき法令末尾に掲載）

2　法第二十二条第二号の政令で定める学科は、次の表の第二欄に掲げる学校の種類等に応じ同表第三欄に掲げるとおりとし、同条の政令で定める数は、同表の第三欄に掲げる学科の区分に応じ、同表の第四欄に掲げる数とする。

（本項の表につき法令末尾に掲載）

3　法第二十二条第三号の政令で定める特別の指導は、次の表の中欄に掲げるとおりとし、同条の政令で定める数は、同表の中欄に掲げる特別の指導の区分に応じ、同表の下欄に掲げる数とする。

（本項の表につき法令末尾に掲載）

4　法第二十二条第四号の政令で定める特別の事情は、次の表の中欄に掲げるとおりとし、同条の政令で定める数は、同表の中欄に掲げる特別の事情の区分に応じ、同表の下欄に掲げる数とする。

（本項の表につき法令末尾に掲載）

5　法第二十二条第五号の政令で定める特別の事情は、当該学校の教職員が同号に規定する研修を受けていること、当該学校において文部科学大臣が定める教育指導の改善に関する特別な研究が行われていること、当該学校の教職員が教育公務員特例法（昭和二十四年法律第一号）第二十三条第一項の初任者研修若しくは同法第二十五条第一項の指導改善研修を受けていること又は公立の高等学校の定時制の課程に修業年限が三年のものがあることとし、法第二十二条の規定により教職員の数を加える場合においては、当該学校の数又は当該定時制の課程の数等を考慮して文部科学大臣が定める数を法第九条、第十条又は第十七条の規定により算定した数に加えるものとする。

（教職員定数の短時間勤務の職を占める者等の数への換算の方法）

第三条　法第二十三条第一項の規定により教職員の数を校長、副校長、教頭、主幹教諭、指導教諭、教諭、養護教諭、助教諭、養護助教諭、講師、実習助手、寄宿舎指導員又は事務職員で地方公務員法（昭和二十五年法律第二百六十一号）第二十八条の五第一項に規定する短時間勤務の職を占める者（以下この項において「短時間勤務職員」という。）の数に換算する場合においては、公立の高等学校の教職員の数に係る場合にあつては校長、教諭等、養護教諭等（法第十条に規定する養護教諭等をいう。以下この項において同じ。）、実習助手又は事務職員の別、公立の特別支援学校の高等部の教職員の数に係る場合にあつては校長、教諭等、養護教諭等、実習助手、寄宿舎指導員又は事務職員の別ごとに、第一号に掲げる数が第二号に掲げる数と等しくなる場合における当該条件を満たす短時間勤務職員の数に換算するものとする。

一　換算しようとする教職員の数

二　短時間勤務職員の一週間当たりの通常の勤務時間数（以下この条において「週当たり勤務時間数」という。）による区分ごとに当該週当たり勤務時間数に当該区分に係る短時間勤務職員の数を乗じて得た数の合計数を四十で除して得た数（一未満の端数を生じた場合にあつては、小数点以下第一位の数字が五以上であるときは一に切り上げ、四以下であるときは切り捨てる。次項において同じ。）

2　法第二十三条第二項の規定により教諭等の数を同項に規定する講師（以下この項において単に「講師」という。）の数に換算する場合においては、公立の高等学校の教諭等又は公立の特別支援学校の高等部の教諭等ごとに、第一号に掲げる数が第二号に掲げる数と等しくなる場合における当該条件を満たす講師の数に換算するものとする。

一　換算しようとする教諭等の数

二　講師の週当たり勤務時間数による区分ごとに当該週当たり勤務時間数に当該区分に係る講師の数を乗じて得た数の合計数を四十で除して得た数

（法第二十三条第二項の政令で定める者）

第四条　法第二十三条第二項の政令で定める者は、次に掲げる講師（地方公務員法第二十二条の二第一項第一号に掲げる者に限る。）とする。

一　地方教育行政の組織及び運営に関する法律（昭和三十一年法律第百六十二号）第四十七条の三第一項に規定する非常勤の講師その他の教育公務員特例法第二十三条第一項の初任者研修を実施するために配置され

る講師

二　前号に掲げる者のほか、その配置の目的等を考慮して文部科学大臣が定める講師

附　則（抄）

（法附則第十一項の政令で定める数）

2　法附則第十一項の政令で定める数は、離島振興法（昭和二十八年法律第七十二号）第二条第一項の規定により離島振興対策実施地域として指定された地区に設置されている公立の高等学校又は特別支援学校の高等部の規模、教職員の配置の状況その他の組織及び運営の状況を勘案して教育の充実を図るためには当該学校の人的体制の整備を行うことが特に必要であると認める学校の数等を考慮し、文部科学大臣が定める数とする。

（第二条第一項の表）

項	特別の事情	加減する数
一	農業、水産又は工業に関する学科について、当該学科の生徒の収容定員が三百二十一人以上であること。	イ　法第九条の規定により算定した数に加える数　当該学科の数に一を乗じて得た数と当該学科の生徒の収容定員の数から三百二十一を減じて得た数を百二十で除して得た数（一未満の端数を生じたときは、切り捨てる。以下この表において同じ。）との合計数 ロ　法第十一条の規定により算定した数に加える数　当該学科の数に一を乗じて得た数と当該学科の生徒の収容定員の数から三百二十一を減じて得た数を百二十で除して得た数との合計数
二	農業又は工業に関する専門教育を行うため必要な施設で、次のイ又はロに掲げるものを置いていること。 イ　家畜若しくは家きんの飼育施設で、その延べ面積が五百三十二・二三平方メートルを超えるもの又は温室で、その延べ面積が八百二十九・七五平方メートルを超えるもの ロ　機械実習（機械工作、仕上組立て、鍛造、木型工作、鋳造、原動機実験、機械材料試験、機械精密測定及び板金工作をいう。）のための施設で、その延べ面積が千六百四十二・九八平方メートルを超えるもの	法第十一条の規定により算定した数に加える数　当該施設で、その延べ面積が中欄イ又はロに掲げる施設ごとの面積に百分の百三十を乗じて得た面積を超えるものの数に二を乗じて得た数と当該施設で、その延べ面積が中欄イ又はロに掲げる施設ごとの面積に百分の百三十を乗じて得た面積を超えないものの数に一を乗じて得た数との合計数
三	農業に関する学科について、農業経営者の育成を目的とし、かつ、当該学科に属する生徒に対し半年以上の宿泊を伴う教育を行つていること。	イ　法第九条の規定により算定した数に加える数　当該学科を置く全日制の課程及び定時制の課程の数の合計数に二を乗じて得た数、当該学科で当該宿泊を伴う教育を二年以上行うものを置く全日制の課程及び定時制の課程の数の合計数に一を乗じて得た数並びに当該学科を置く高等学校で寄宿する生徒の数が五十人以下の寄宿舎を置くものの数に一を乗じて得た数の合計数 ロ　法第十一条の規定により算定した数に加える数　当該学科を置く全日制の課程及び定時制の課程の数の合計数に三を乗じて得た数
四	水産に関する専門教育を行うため必要な船舶で、総トン数百五十トンを超えるものを置いていること。	法第十一条の規定により算定した数に加える数　当該船舶の数に二を乗じて得た数
五	農業、水産又は工業に関する学科について、学科の新設又は生徒の募集停止等のため当該学科に属する生徒のうち一以上の学年の生徒が欠けていること（次項に該当するものを除く。）。	法第十一条の規定により算定した数から減ずる数　当該学科の数に一を乗じて得た数
六	農業、水産又は工業に関する学科について、当該学科に係る授業を分校のみにおいて行つていること。	法第十一条の規定により算定した数から減ずる数　当該学科の数に二を乗じて得た数

（第二条第二項の表）

項	学校の種類等	学科	加減する数
一	高等学校	商業に関する学科で情報処理に係るもの	イ　法第九条の規定により算定した数に加える数　当該学科を置く全日制の課程及び定時制の課程の数の合計数に二を乗じて得た数 ロ　法第十一条の規定により算定した数に加える数　当該学科でその生徒の収容定員が八十一人以上のものを置く全日制の課程及び定時制の課程の数の合計数に二を乗じて得た数と当該学科でその生徒の収容定員が八十人以下のものを置く全日制の課程及び定時制の課程の数の合計数に一を乗じて得た数との合計数
		情報に関する専門教育を主とする学科	イ　法第九条の規定により算定した数に加える数　次の(1)及び(2)に掲げる合計数を合計した数 (1)　全日制の課程について、次に掲げる当該学科の生徒の収容定員による課程の規模の区分ごとの課程の数に当該区分に応じそれぞれ次に定める数を乗じて得た数の合計数 (i)　四十人以下の課程　二

	(ii) 四十一人から二百人までの課程　三 (iii) 二百一人から三百二十人までの課程　五 (iv) 三百二十一人から六百八十人までの課程　六 (v) 六百八十一人から千百六十人までの課程　七 (vi) 千百六十一人以上の課程　八 (2) 定時制の課程について、次に掲げる当該学科の生徒の収容定員による課程の規模の区分ごとの課程の数に当該区分に応じそれぞれ次に定める数を乗じて得た数の合計数 (i) 百二十人以下の課程　二 (ii) 百二十一人から二百人までの課程　三 (iii) 二百一人から二百八十人までの課程　四 (iv) 二百八十一人から四百四十人までの課程　五 (v) 四百四十一人から千八十人までの課程　六 (vi) 千八十一人以上の課程　七 ロ　法第十一条の規定により算定した数に加える数　全日制の課程及び定時制の課程について、次に掲げる当該学科の生徒の収容定員による課程の規模の区分ごとの課程の数に当該区分に応じそれぞれ次に定める数を乗じて得た数の合計数 (1) 八十人以下の課程　一 (2) 八十一人から五百六十人までの課程　二 (3) 五百六十一人以上の課程　三
美術、音楽又は体育に関する専門教育を主とする学科	法第九条の規定により算定した数に加える数　当該学科を置く全日制の課程又は定時制の課程ごとに当該学科の生徒の収容定員の合計数を四十で除して得た数（一未満の端数を生じたときは、一に切り上げる。）に三分の二を乗じて得た数（一未満の端数を生じたときは、一に切り上げる。）の合計数
理数に関する専門教育を主とする学科	イ　法第九条の規定により算定した数に加える数　当該学科を置く全日制の課程及び定時制の課程の数の合計数に二を乗じて得た数と当該学科でその生徒の収容定員が三百二十一人以上のものを置く全日制の課程又は定時制の課程ごとに当該学科の生徒の収容定員の数から二百一を減じて得た数を百二十で除して得た数（一未満の端数を生じたときは、切り捨てる。以下この表において同じ。）の合計数とを合計した数 ロ　法第十一条の規定により算定した数に加える数
	当該学科を置く全日制の課程及び定時制の課程の数の合計数に二を乗じて得た数と当該学科でその生徒の収容定員が三百二十一人以上のものを置く全日制の課程又は定時制の課程ごとに当該学科の生徒の収容定員の数から二百一を減じて得た数を百二十で除して得た数の合計数とを合計した数
厚生に関する専門教育を主とする学科で衛生看護に係るもの	イ　法第九条の規定により算定した数に加える数　当該学科でその生徒の収容定員が三百二十人以下のものを置く全日制の課程及び定時制の課程の数の合計数に四を乗じて得た数、当該学科でその生徒の収容定員が三百二十一人から四百四十人までのものを置く全日制の課程及び定時制の課程の数の合計数に九を乗じて得た数並びに当該学科でその生徒の収容定員が四百四十一人以上のものを置く全日制の課程及び定時制の課程の数の合計数に十一を乗じて得た数の合計数 ロ　法第十一条の規定により算定した数に加える数　当該学科でその生徒の収容定員が三百二十人以下のものを置く全日制の課程及び定時制の課程の数の合計数に二を乗じて得た数、当該学科でその生徒の収容定員が三百二十一人から四百四十人までのものを置く全日制の課程及び定時制の課程の数の合計数に三を乗じて得た数並びに当該学科でその生徒の収容定員が四百四十一人以上のものを置く全日制の課程及び定時制の課程の数の合計数に四を乗じて得た数の合計数
福祉に関する専門教育を主とする学科	法第九条の規定により算定した数に加える数　次のイ及びロに掲げる合計数を合計した数 イ　全日制の課程について、次に掲げる当該学科の生徒の収容定員による課程の規模の区分ごとの課程の数に当該区分に応じそれぞれ次に定める数を乗じて得た数の合計数 (1) 四十一人から二百人までの課程　一 (2) 二百一人から三百二十人までの課程　三 (3) 三百二十一人から六百八十人までの課程　四 (4) 六百八十一人から千百六十人までの課程　五 (5) 千百六十一人以上の課程　六 ロ　定時制の課程について、次に掲げる当該学科の生徒の収容定員による課程の規模の区分ごとの課程の数に当該区分に応じそれぞれ次に定める数を乗じて得た数の合計数 (1) 百二十一人から二百人までの課程　一

			(2) 二百一人から二百八十人までの課程　二 (3) 二百八十一人から四百四十人までの課程　三 (4) 四百四十一人から千八十人までの課程　四 (5) 千八十一人以上の課程　五
		外国語に関する専門教育を主とする学科	法第九条の規定により算定した数に加える数　当該学科を置く全日制の課程及び定時制の課程の数の合計数に二を乗じて得た数と当該学科でその生徒の収容定員が三百二十一人以上のものを置く全日制の課程又は定時制の課程ごとに当該学科の生徒の収容定員の数から二百一を減じて得た数を百二十で除して得た数の合計数とを合計した数
		国際関係に関する専門教育を主とする学科	法第九条の規定により算定した数に加える数　当該学科を置く全日制の課程及び定時制の課程の数の合計数に二を乗じて得た数と当該学科でその生徒の収容定員が三百二十一人以上のものを置く全日制の課程又は定時制の課程ごとに当該学科の生徒の収容定員の数から二百一を減じて得た数を百二十で除して得た数の合計数とを合計した数
		普通教育に関する科目及び専門教育に関する科目を生徒の選択によることを旨として総合的に履修させる学科（以下「総合学科」という。）	法第九条、第十一条又は第十二条の規定により算定した数に加える数　当該学科の生徒の収容定員等を考慮して文部科学大臣が定める数
二	特別支援学校の高等部	普通教育を主とする学科（知的障害者、肢体不自由者又は病弱者（身体虚弱者を含む。）である生徒に対する教育を主として行うものに限る。）	法第十七条の規定により算定した数に加える数　当該学科の数に一を乗じて得た数
		保健理療に関する専門教育を主とする学科（視覚障害者である生徒に対する教育を主として行うものに限る。）	法第十七条の規定により算定した数に加える数　当該学科の数に一を乗じて得た数
		産業工芸、被服、理容又は美容に関する専門教育を主とする学科（聴覚障害者である生徒に対する教育を主として行うものに限る。）	法第十七条の規定により算定した数に加える数　当該学科の数に一を乗じて得た数

（第二条第三項の表）

項	特別の指導	加減する数
一	公立の高等学校において、障害による学習上又は生活上の困難を克服するために障害に応じて行われる特別の指導であつて、当該指導を文部科学大臣が定めるところにより教育課程の一部として行う必要があると認められる生徒に対して行われるもの	法第九条の規定により算定した数に加える数　当該指導が行われる学校の数等を考慮して文部科学大臣が定める数
二	公立の高等学校において、学習指導上、生徒指導上又は進路指導上特別の配慮が必要と認められる事情を有する生徒に対して行われる当該事情に応じた特別の指導	法第九条の規定により算定した数に加える数　当該指導が行われる学校の数等を考慮して文部科学大臣が定める数
三	公立の高等学校において心身の健康を害している生徒に対して行われるその回復のための特別の指導	法第十条の規定により算定した数に加える数　当該指導が行われる学校の数等を考慮して文部科学大臣が定める数

（第二条第四項の表）

項	特別の事情	加減する数
一	公立の高等学校の全日制の課程又は定時制の課程に置かれる普通教育を主とする学科について、専門教育に関する教育課程の類型を設け、かつ、当該類型に係る専門教育に関する科目のうち職業に関するものの単位数が文部科学大臣の定める数を超えていること（全日制の課程に置かれる普通教育を主とする学科については、二の項に該当する場合を除く。）。	法第九条の規定により算定した数に加える数　当該学科の数等を考慮して文部科学大臣が定める数
二	公立の高等学校の全日制の課程に置かれる普通教育を主とする学科について、当該学科の生徒の収容定員が文部科学大臣の定める数を超え、かつ、生徒の進路及び特性その他の事情に応じた多様な教育を施すため、当該学科に特に多数の科目を当該学科の全	法第九条の規定により算定した数に加える数　当該学科ごとに当該学科の生徒の収容定員の数を四十で除して得た数（一未満の端数を生じたときは、一に切り上げる。）に二・一を乗じて得た数（一未満の端数を生じたときは、一に切り上げる。）から当該学科につ

	ての生徒が履修すべきものとされる科目の数で除して得た数が文部科学大臣の定める数以上となつていること。	いてその生徒の収容定員を基礎として法第九条第一項第二号の全日制の課程に係る規定の例により算定した数を減じて得た数の合計数の範囲内で、当該学科の数等を考慮して文部科学大臣が定める数
三	公立の高等学校の全日制の課程に置かれる普通教育を主とする学科（当該学科が二の項に該当する場合を除く。）について、当該学科が開設される科目の数（当該学科が一の項に該当する場合にあつては、当該学科に開設される科目の数から同項に規定する教育課程の類型に係る専門教育に関する科目のうち職業に関するものの数を減じて得た数）が文部科学大臣の定める数を超えていること。	法第九条の規定により算定した数に加える数　当該学科の数等を考慮して文部科学大臣が定める数
四	学年による教育課程の区分を設けない教育（以下「単位制による教育」という。）を行う公立の高等学校の全日制の課程又は定時制の課程について、単位制による教育に係る生徒の収容定員（総合学科であつて単位制による教育を行うものに係る生徒の収容定員を除く。）が一の学年当たり八十一人以上であり、かつ、単位制による教育に係る開設科目（総合学科であつて単位制による教育を行うものに係る開設科目を除く。以下この項において同じ。）の授業時数が文部科学大臣の定める数を超えていること。	法第九条の規定により算定した数に加える数　当該課程の数及び当該開設科目の授業時数並びに当該課程のうち単位制による教育に係る開設科目について専門教育に関する科目のうち職業に関するものの数が十以上のものの数等を考慮して文部科学大臣が定める数
五	公立の高等学校の全日制の課程に置かれる普通教育を主とする学科（当該学科が二の項に該当する場合を除く。）について、当該学科に開設される科目の数が文部科学大臣の定める数を超えていること。	法第十二条の規定により算定した数に加える数　当該学科の数等を考慮して文部科学大臣が定める数
六	公立の高等学校の全日制の課程又は定時制の課程について、単位制による教育を行つていること（総合学科において行つている場合を除く。）。	法第十二条の規定により算定した数に加える数　当該課程の数等を考慮して文部科学大臣が定める数

附　則（抄）（令和二年三月二七日政令第六一号）

（施行期日）

1　この政令は、令和二年四月一日から施行する。

●高等学校通信教育規程

（昭和三七年九月一日文部省令第三二号）

施行　昭三七・九・一
最終改正　平一九―文科令四〇

（趣旨）

第一条　高等学校の通信制の課程については、学校教育法施行規則（昭和二十二年文部省令第十一号）に規定するもののほか、この省令の定めるところによる。

2　この省令で定める基準は、高等学校の通信制の課程において教育を行うために必要な最低の基準とする。

3　通信制の課程を置く高等学校の設置者は、通信制の課程の編制、施設、設備等がこの省令で定める基準より低下した状態にならないようにすることはもとより、これらの水準の向上を図ることに努めなければならない。

（通信教育の方法等）

第二条　高等学校の通信制の課程で行なう教育（以下「通信教育」という。）は、添削指導、面接指導及び試験の方法により行なうものとする。

2　通信教育においては、前項に掲げる方法のほか、放送その他の多様なメディアを利用した指導等の方法を加えて行なうことができる。

3　通信教育においては、生徒に通信教育用学習図書その他の教材を使用して学習させるものとする。

（協力校）

第三条　通信制の課程を置く高等学校（以下「実施校」という。）の設置者は、当該実施校の行なう通信教育について協力する高等学校（中等教育学校の後期課程を含む。以下「協力校」という。）を設けることができる。

2　設置者の同意を得なければならない。

2　協力校は、実施校の設置者の定めるところにより実施校の行なう面接指導及び試験等に協力するものとする。

（通信制の課程の規模）

第四条　実施校における通信制の課程に係る収容定員は、二百四十人以上とする。ただし、特別の事情があり、かつ、教育上支障がない場合は、この限りでない。

（教諭の数等）

第五条　実施校における通信制の課程に係る副校長、教頭、主幹教諭、指導教諭及び教諭の数は、五人以上とし、かつ、教育上支障がないものとする。

2　前項の教諭は、特別の事情があり、かつ、教育上支障がない場合は、助教諭又は講師をもつてこれに代えることができる。

3　実施校に置く教員等は、教育上必要と認められる場合は、他の学校の教員等と兼ねることができる。

（事務職員の数）

第六条　実施校には、生徒数に応じ、相当数の通信制の課程に係る事務職員を置かなければならない。

（施設及び設備の一般的基準）

第七条　実施校の施設及び設備は、指導上、保健衛生上、安全上及び管理上適切なものでなければならない。

（校舎の面積）

第八条　通信制の課程のみを置く高等学校（以下「独立校」という。）の校舎の面積は、一、二〇〇平方メートル以上とする。ただし、次条第四項の規定により、他の学校等の施設を兼用する場合又は地域の実態その他により特別の事情があり、かつ、教育上支障がない場合は、この限りでない。

（校舎に備えるべき施設）

第九条　実施校の校舎には、少なくとも次に掲げる施設を備えなければならない。

一　教室（普通教室、特別教室等とする。）
二　図書室、保健室
三　職員室

2 前項に掲げる施設のほか、必要に応じて、専門教育を施すための施設を備えるものとする。

3 全日制の課程又は定時制の課程を併置する実施校における第一項第一号及び第二号に掲げる施設については、当該各号に掲げる施設に相当する全日制の課程又は定時制の課程で行なう教育の用に供する施設を兼用することができる。

4 独立校における第一項第一号及び第二号に掲げる施設については、当該独立校と同一の敷地内又は当該独立校の敷地の隣接地に所在する他の学校等の当該各号に掲げる施設に相当する施設を兼用することができる。

（校具及び教具）

第一〇条 実施校には、学科の種類、生徒数等に応じ、指導上、保健衛生上及び安全上必要な種類及び数の校具及び教具を備えなければならない。

2 前項の校具及び教具は、常に改善し、補充しなければならない。

（他の学校等の施設及び設備の使用）

第一一条 実施校は、特別の事情があり、かつ、教育上及び安全上支障がない場合は、他の学校等の施設及び設備を使用することができる。

（定時制の課程又は他の通信制の課程との併修）

第一二条 実施校の校長は、当該実施校の通信制の課程の生徒が、当該校長の定めるところにより当該高等学校の定時制の課程又は他の高等学校（中等教育学校の後期課程を含む。）の定時制の課程若しくは通信制の課程において一部の科目の単位を修得したときは、当該修得した単位数を当該実施校が定めた全課程の修了を認めるに必要な単位数のうちに加えることができる。

2 定時制の課程を置く高等学校の校長は、当該高等学校の定時制の課程の生徒が、当該校長の定めるところにより当該高等学校の通信制の課程又は他の高等学校（中等教育学校の後期課程を含む。）の通信制の課程において一部の科目の単位を修得したときは、当該修得した単位数を当該定時制の課程を置く高等学校が定めた全課程の修了を認めるに必要な単位数のうちに加えることができる。

3 前二項の規定により、高等学校の通信制の課程又は定時制の課程の生徒（以下「生徒」という。）が当該高等学校の定時制の課程若しくは通信制の課程又は他の高等学校（中等教育学校の後期課程を含む。以下この項において同じ。）の定時制の課程若しくは通信制の課程において一部の科目の単位を修得する場合においては、当該生徒が一部の科目の単位を修得しようとする課程を置く高等学校の校長は、当該生徒について一部の科目の履修を許可することができる。

4 第一項又は第二項の場合においては、学校教育法施行規則第九十七条の規定は適用しない。

附　則（抄）

2 実施校の校長は、当分の間、入学資格のない者で特定の科目を履修しようとする者があるときは、その者が相当年令に達し、かつ、当該科目を履修することができると認めた場合に限り、特科生として当該科目の受講を許可することができる。

●単位制高等学校教育規程

（昭和六三年三月三一日 文部省令第六号）

施行、昭六三・四・一
最終改正、平二九―文科令一二

（趣旨）

第一条 この省令は、学校教育法施行規則（昭和二十二年文部省令第十一号）第百三条第一項の規定により学年による教育課程の区分を設けない全日制の課程、定時制の課程及び通信制の課程（以下「単位制による課程」という。）に関し、同令の特例その他必要な事項を定めるものとする。

（入学者の選抜の方法）

第二条 単位制による課程のうち定時制の課程又は通信制の課程であるものに係る入学者の選抜の方法は、当該単位制による課程を置く高等学校の設置者が定める。

（入学及び卒業の時期）

第三条 単位制による課程については、教育上支障がないときは、学期の区分に従い、生徒を入学させ、又は卒業させることができる。

（編入学）

第四条 単位制による課程に係る編入学は、相当年齢に達し、相当の学力があると認められた者について、相当の期間を在学すべき期間として、これを許可することができる。

（転入学）

第五条 単位制による課程に係る転学又は転籍は、修得した単位及び在学した期間に応じて、相当の期間を在学すべき期間として、これを許可することができる。

（科目の開設等）

第六条 単位制による課程のうち定時制の課程又は通信制の課程であるものを置く高等学校においては、高等学校教育の機会に対する多様な要請にこたえ、多様な科目を開設し、かつ、複数の時間帯又は特定の時期における授業の実施その他の措置を講ずるよう努めるものとする。

（過去に在学した高等学校において修得した単位）

第七条 単位制による課程を置く高等学校（中等教育学校の後期課程を含む。）の校長は、当該単位制による課程の生徒が過去に在学した高等学校（中等教育学校の後期課程を含む。）において単位を修得しているときは、当該修得した単位数を当該単位制による課程を置く高等学校（中等教育学校の後期課程を含む。）が定めた全課程の修了を認めるに必要な単位数のうちに加えることができる。

（休業日）

第八条 公立高等学校の単位制による課程のうち定時制の課程又は通信制の課程であるものに係る休業日は、当該高等学校を設置する都道府県又は市町村の教育委員会（公立大学法人（地方独立行政法人法（平成十五年法律第百十八号）第六十八条第一項に規定する公立大学法人をいう。以下この条において同じ。）の設置する高等学校にあつては、当該公立大学法人の理事長）が定める。

（科目履修生）

第九条 単位制による課程のうち定時制の課程又は通信制の課程であるものを置く高等学校においては、当該単位制による課程の聴講生として特定の科目を履修する者（以下「科目履修生」という。）に対し、多様な教育の機会の確保について配慮するよう努めるものとする。

2 単位制による課程のうち定時制の課程又は通信制の課程であるものを置く高等学校の校長は、当該単位制による課程の生徒が当該高等学校に入学する前に科目履修生として特定の科目を履修している場合において、教育上有益と認めるときは、当該科目履修生としての履修を当該入学した高等学校における履修とみなし、その成果について単位を与えることができる。

附　則（省略）

●特別支援学校の高等部の学科を定める省令

（昭和四一年二月二一日 文部省令第二号）

施行、昭四一・二・二一
最終改正、平一九—文科令五

第一条 特別支援学校の高等部の学科は、普通教育を主とする学科及び専門教育を主とする学科とする。

第二条 特別支援学校の高等部の普通教育を主とする学科は、普通科とする。

2 特別支援学校の高等部の専門教育を主とする学科は、次の表に掲げる学科その他専門教育を施す学科として適正な規模及び内容があると認められるものとする。

視覚障害者である生徒に対する教育を行う学科	一 家庭に関する学科 二 音楽に関する学科 三 理療に関する学科 四 理学療法に関する学科
聴覚障害者である生徒に対する教育を行う学科	一 農業に関する学科 二 工業に関する学科 三 商業に関する学科 四 家庭に関する学科 五 美術に関する学科 六 理容・美容に関する学科 七 歯科技工に関する学科
知的障害者、肢体不自由者又は病弱者（身体虚弱者を含む。）である生徒に対する教育を行う学科	一 農業に関する学科 二 工業に関する学科 三 商業に関する学科 四 家庭に関する学科 五 産業一般に関する学科

附　則（省略）

●専修学校設置基準

（昭和五一年一月一〇日 文部省令第二号）

施行、昭五一・一・一一
最終改正、平二九—文科令三九

第一章　総則

（趣旨）

第一条 専修学校は、学校教育法（昭和二十二年法律第二十六号）その他の法令の規定によるほか、この省令の定めるところにより設置するものとする。

2 この省令で定める設置基準は、専修学校を設置するのに必要な最低の基準とする。

3 専修学校は、この省令で定める設置基準より低下した状態にならないようにすることはもとより、広く社会の要請に応じ、専修学校の目的を達成するため多様な分野にわたり組織的な教育を行うことをその使命とすることにかんがみ、常にその教育水準の維持向上に努めなければならない。

第二章　組織編制

（教育上の基本組織）

第二条 専修学校の高等課程、専門課程又は一般課程には、専修学校の目的に応じた分野の区分ごとに教育上の基本となる組織（以下「基本組織」という。）を置くものとする。

2 基本組織には、教育上必要な教員組織その他を備えなければならない。

（学科）

第三条 基本組織には、専攻により一又は二以上の学科を置くものとする。

2 前項の学科は、専修学校の教育を行うため適当な規模及び内容があると認められるものでなければならない。

第四条 基本組織には、昼間において授業を行う学科（以下「昼間学科」という。）又は夜間その他特別な時間において授業を行う学科（以下「夜間等学科」という。）を置くことができる。

（通信制の学科の設置）

第五条 昼間学科又は夜間等学科を置く基本組織には、通信による教育を行う学科（当該基本組織に置かれる昼間学科又は夜間等学科と専攻分野を同じくするものに限る。以下「通信制の学科」という。）を置くことができる。

2 通信制の学科は、通信による教育によつて十分な教育効果が得られる専攻分野について置くことができる。

（同時に授業を行う生徒）

第六条 専修学校において、一の授業科目について同時に授業を行う生徒数は、四十人以下とする。ただし、特別の事由があり、かつ、教育上支障のない場合は、この限りでない。

第七条 専修学校において、教育上必要があるときは、学年又は学科を異にする生徒を合わせて授業を行うことができる。

第三章　教育課程等

第一節　通則

（授業科目）

第八条 専修学校の高等課程においては、中学校における教育の基礎の上に、心身の発達に応じて専修学校の教育を施すにふさわしい授業科目を開設しなければならない。

2 専修学校の専門課程においては、高等学校における教育の基礎の上に、深く専門的な程度において専修学校の教育を施すにふさわしい授業科目を開設しなければならない。

3 前項の専門課程の授業科目の開設に当たつては、豊かな人間性を涵養するよう適切に配慮しなければならない。

4 専修学校の一般課程においては、その目的に応じて専修学校の教育を施すにふさわしい授業科目を開設しなければならない。

（単位時間）

第九条 専修学校の授業における一単位時間は、五十分とすることを標準とする。

（他の専修学校における授業科目の履修等）

第一〇条 専修学校の高等課程においては、教育上有益と認めるときは、専修学校の定めるところにより、生徒が行う他の専修学校の高等課程又は専門課程における授業科目の履修を、当該高等課程の修了に必要な総授業時数の二分の一を超えない範囲で、当該高等課程における授業科目の履修とみなすことができる。

2 専修学校の専門課程においては、教育上有益と認めるときは、専修学校の定めるところにより、生徒が行う他の専修学校の専門課程における授業科目の履修を、当該専門課程の修了に必要な総授業時数の二分の一を超えない範囲で、当該専門課程における授業科目の履修とみなすことができる。

（専修学校以外の教育施設等における学修）

第一一条 専修学校の高等課程においては、教育上有益と認めるときは、専修学校の定めるところにより、生徒が行う高等学校又は中等教育学校の後期課程における科目の履修その他文部科学大臣が別に定める学修を、当該高等課程における授業科目の履修とみなすことができる。

2 前項により当該高等課程における授業科目の履修とみなすことができる授業時数は、前条第一項により当該高等課程における授業科目の履修とみなす授業時数と合わせて当該高等課程の修了に必要な総授業時数の二分の一を超えないものとする。

3 専修学校の専門課程においては、教育上有益と認めるときは、専修学校の定めるところにより、生徒が行う大学又は短期大学における学修その他文部科学大臣が別に定める学修を、当該専門課程における授業科目の履修とみなすことができる。

4 前項により当該専門課程における授業科目の履修とみなすことができる授業時数は、前条第二項により当該専門課程における授業科目の履修とみなす授業時数と合わせて当該専門課程の修了に必要な総授業時数の二分の一を超えないものとする。

5 第一項及び第二項の規定は、専修学校において、当該専修学校の高等課程に相当する教育を行つていると認めた外国の教育施設に生徒が留学する場合について、前二項の規定は、専修学校において、当該専修学校の専門課程に相当する教育を行つていると認めた外国の教育施設に生徒が留学する場合について、それぞれ準用する。

（入学前の授業科目の履修等）

第一二条　専修学校の高等課程においては、教育上有益と認めるときは、専修学校の定めるところにより、生徒が当該高等課程に入学する前に行つた専修学校の高等課程又は専門課程における授業科目の履修（第十五条の規定により行つた授業科目の履修を含む。）並びに生徒が当該高等課程に入学する前に行つた前条第一項及び第五項に規定する学修を、当該高等課程における授業科目の履修とみなすことができる。

2　前項により当該高等課程における授業科目の履修とみなすことができる授業時数は、転学等の場合を除き、当該高等課程において履修した授業時数以外のものについては、第十条第一項並びに前条第一項及び第五項により当該高等課程における授業科目の履修とみなす授業時数と合わせて当該高等課程の修了に必要な総授業時数の二分の一を超えないものとする。

3　専修学校の専門課程においては、教育上有益と認めるときは、専修学校の定めるところにより、生徒が当該専門課程に入学する前に行つた専修学校の専門課程における授業科目の履修（第十五条の規定により行つた授業科目の履修を含む。）並びに生徒が当該専門課程に入学する前に行つた前条第三項及び第五項に規定する学修を、当該専門課程における授業科目の履修とみなすことができる。

4　前項により当該専門課程における授業科目の履修とみなすことができる授業時数は、転学等の場合を除き、当該専門課程において履修した授業時数以外のものについては、第十条第二項並びに前条第三項及び第五項により当該専門課程における授業科目の履修とみなす授業時数と合わせて当該専門課程の修了に必要な総授業時数の二分の一を超えないものとする。

（授業の方法）

第一三条　専修学校は、文部科学大臣が別に定めるところにより、授業を、多様なメディアを高度に利用して、当該授業を行う教室等以外の場所で履修させることができる。

2　前項の授業の方法による授業科目の履修は、専修学校の全課程の修了に必要な総授業時数のうち四分の三を超えないものとする。

（昼夜開講制）

第一四条　専修学校は、教育上必要と認められる場合には、昼夜開講制（同一学科において昼間及び夜間の双方の時間帯において授業を行うことをいう。）により授業を行うことができる。

（科目等履修生）

第一五条　専修学校は、専修学校の定めるところにより、当該専修学校の生徒以外の者に、当該専修学校において、一又は複数の授業科目を履修させることができる。

第二節　昼間学科及び夜間等学科の教育課程等

（昼間学科及び夜間等学科の授業時数）

第一六条　昼間学科の授業時数は、一年間にわたり八百単位時間以上とする。

2　夜間等学科の授業時数は、一年間にわたり四百五十単位時間以上とする。

（昼間学科及び夜間等学科における全課程の修了要件）

第一七条　昼間学科における全課程の修了の要件は、八百単位時間に修業年限の年数に相当する数を乗じて得た授業時数以上の授業科目を履修することとする。

2　夜間等学科における全課程の修了の要件は、四百五十単位時間に修業年限の年数を乗じて得た授業時数（当該授業時数が八百単位時間を下回る場合にあつては、八百単位時間）以上の授業科目を履修することとする。

（授業時数の単位数への換算）

第一八条　専修学校の高等課程における生徒の学修の成果を証する必要がある場合において、当該生徒が履修した授業科目の授業時数を単位数に換算するときは、三十五単位時間をもつて一単位とする。

第一九条　専修学校の専門課程における生徒の学修の成果を証する必要がある場合において、当該生徒が履修した授業科目の授業時数を単位数に換算するときは、四十五時間の学修を必要とする内容の授業科目を一単位とすることを標準とし、専修学校の教育の特性を踏まえつつ、授業の方法に応じ、当該授業による教育効果、授業時間外に必要な学修等を考慮して、次の基準により行うものとする。

一　講義及び演習については、十五時間から三十時間までの範囲で専修学校が定める授業時数をもつて一単位とする。

二　実験、実習及び実技については、三十時間から四十五時間までの範囲で専修学校が定める授業時数をもつて一単位とする。ただし、芸術等の分野における個人指導による実技の授業については、専修学校が定める授業時数をもつて一単位とすることができる。

2　前項の規定にかかわらず、卒業研究、卒業制作等の授業科目の授業時数については、これらに必要な学修等を考慮して、単位数に換算するものとする。

第三節　単位制による昼間学科及び夜間等学科の教育課程等

（単位制による昼間学科及び夜間等学科の授業時数）

第二〇条　第十六条第一項の規定にかかわらず、学校教育法施行規則第百八十三条の二第二項の規定により学年による教育課程の区分を設けない学科（以下「単位制による学科」という。）のうち昼間学科であるものの一年間の授業時数は、八百単位時間以上であり、かつ、次の各号に掲げる課程の区分に応じ、当該各号に定める単位数を修得させるために必要な授業時数を下らないものとする。

一　高等課程又は一般課程　二十三単位

二　専門課程　三十単位

2　第十六条第二項の規定にかかわらず、単位制による学科のうち夜間等学科であるものの一年間の授業時数は、四百五十単位時間以上であり、かつ、次の各号に掲げる課程の区分に応じ、当該各号に定める単位数を修得させるために必要な授業時数を下らないものとする。

一　高等課程又は一般課程　十三単位

二　専門課程　十七単位

（多様な授業科目の開設等）

第二一条　単位制による学科を置く専修学校においては、専修学校における教育の機会に対する多様な要請にこたえ、当該専修学校の教育の目的に応じ、多様な授業科目の開設、複数の時間帯又は特定の時期における授業の実施その他の措置を講ずるよう努めるものとする。

（単位の授与）

第二二条　単位制による学科においては、一の授業科目を履修した生徒に対しては、専修学校の定めるところにより、審査、試験その他の専修学校の教育の特性を踏まえた適切な方法で、学修の成果を評価した上、単位を与えるものとする。

（各授業科目の単位数）

第二三条　単位制による学科における各授業科目の単位数は、専修学校において定めるものとする。

2　高等課程又は一般課程における授業科目について、前項の単位数を定めるに当たつては、三十五単位時間の授業をもつて一単位とする。

3　専門課程における授業科目について、第一項の単位数を定めるに当たつては、一単位の授業科目を四十五時間の学修を必要とする内容をもつて構成することを標準とし、専修学校の教育の特性を踏まえつつ、授業の方法に応じ、当該授業による教育効果、授業時間外に必要な学修等を考慮して、次の基準により単位数を計算するものとする。
一　講義及び演習については、十五時間から三十時間までの範囲で専修学校が定める時間の授業をもつて一単位とする。
二　実験、実習及び実技については、三十時間から四十五時間までの範囲で専修学校が定める時間の授業をもつて一単位とする。ただし、芸術等の分野における個人指導による実技の授業については、専修学校が定める時間の授業をもつて一単位とすることができる。
三　一の授業科目について、講義若しくは演習又は実験、実習若しくは実技のうち二以上の方法の併用により行う場合については、その組合せに応じ、前二号に規定する基準を考慮して専修学校が定める時間の授業をもつて一単位とする。

4　前項の規定にかかわらず、卒業研究、卒業制作等の授業科目については、これらの学修の成果を評価して単位を授与することが適切と認められる場合には、これらに必要な学修等を考慮して、単位数を定めることができる。

（履修科目の登録の上限）
第二十四条　単位制による学科を置く専修学校は、生徒が各年次にわたつて適切に授業科目を履修するため、単位制による学科における全課程の修了の要件として生徒が修得すべき単位数について、生徒が一年間又は一学期に履修する授業科目として登録することができる単位数の上限を定めるよう努めなければならない。

（長期にわたる教育課程の履修）
第二十五条　単位制による学科を置く専修学校は、専修学校の定めるところにより、生徒が、職業を有している等の事情により、修業年限を超えて一定の期間にわたり計画的に当該単位制による学科の教育課程を履修し卒業することを希望する旨を申し出たときは、その計画的な履修を認めることができる。

（単位制による学科を置く専修学校における科目等履修生）
第二十六条　単位制による学科を置く専修学校においては、第十五条の規定により専修学校の授業科目を履修する者（以下「科目等履修生」という。）に対し、多様な教育の機会の確保について配慮するよう努めるものとする。

2　高等課程の単位制による学科を置く専修学校は、当該単位制による学科の生徒が当該専修学校に入学する前に科目等履修生として専修学校の高等課程又は専門課程における授業科目を履修している場合、教育上有益と認めるときは、当該科目等履修生としての履修を、当該入学した専修学校の高等課程の単位制による学科における授業科目の履修とみなし、その成果について単位を与えることができる。

3　専門課程の単位制による学科を置く専修学校は、当該単位制による学科の生徒が当該専修学校に入学する前に科目等履修生として専修学校の専門課程における授業科目を履修している場合、教育上有益と認めるときは、当該科目等履修生としての履修を、当該入学した専修学校の専門課程の単位制による学科における授業科目の履修とみなし、その成果について単位を与えることができる。

（単位制による学科における全課程の修了要件）
第二十七条　第十七条第一項の規定にかかわらず、単位制による学科のうち昼間学科における全課程の修了の要件は、当該昼間学科に修業年限の年数以上在学し、次の各号に掲げる課程の区分に応じ、当該各号に定める単位数以上を修得することとする。
一　高等課程又は一般課程　二十三単位に当該昼間学科の修業年限の年数に相当する数を乗じて得た単位数
二　専門課程　三十単位に当該昼間学科の修業年限の年数に相当する数を乗じて得た単位数

2　第十七条第二項の規定にかかわらず、単位制による学科のうち夜間等学科であるものにおける全課程の修了の要件は、当該夜間等学科に修業年限の年数以上在学し、次の各号に掲げる課程の区分に応じ、当該各号に掲げる単位数以上を修得することとする。
一　高等課程又は一般課程　十三単位に当該夜間等学科の修業年限の年数に相当する数を乗じて得た単位数（当該単位数が二十三単位を下回る場合にあつては、二十三単位）
二　専門課程　十七単位に当該夜間等学科の修業年限の年数に相当する数を乗じて得た単位数（当該単位数が三十単位を下回る場合にあつては、三十単位）

（単位制による学科に係る読替え）
第二十八条　単位制による学科に係る第十条から第十三条までの規定の適用については、これらの規定中「授業時数」とあるのは「単位数」と、第十条、第十一条第一項及び第三項並びに第十二条第一項及び第三項の規定中「履修とみなす」とあるのは「履修とみなし、単位を与える」と、第十一条第二項及び第十二条第二項の規定中「前項により当該高等課程における授業科目の履修とみなす」とあるのは「前項により与える」と、第十一条第四項及び第十二条第四項の規定中「当該専門課程における授業科目の履修とみなす」とあるのは「前項により与える」と、第十二条第二項及び第四項の規定中「履修した」とあるのは「修得した」と、第十三条第二項の規定中「授業の方法による授業科目の履修」とあるのは「授業の方法により修得する単位数」とする。

第四節　通信制の学科の教育課程等

（通信制の学科の授業時数）
第二十九条　通信制の学科における対面により行う実習、実技、実験、演習又は講義の授業（以下「対面授業」という。）の授業時数は、一年間にわたり百二十単位時間以上とする。

（通信制の学科における授業の方法等）
第三十条　通信制の学科における授業は、印刷教材その他これに準ずる教材を送付又は指定し、主としてこれらにより学修させる授業（以下「印刷教材等による授業」という。）と対面授業との併用により行うものとする。

2　通信制の学科においては、前項に掲げる授業のほか、第十三条第一項の方法による授業（以下「遠隔授業」という。）を加えて行うことができる。

3　印刷教材等による授業の実施に当たつては、添削等による指導を併せ行うものとする。

第三十一条　通信制の学科における授業は、定期試験等を含め、年間を通じて適切に行うものとする。

（通信制の学科における添削等のための組織等）
第三十二条　通信制の学科を置く専修学校は、添削等による指導及び教育相談を円滑に処理するため、適当な組織等を設けるものとする。

（主たる校地から遠く隔たつた場所に設けられる施設における指導の体制等）
第三十三条　通信制の学科を置く専修学校は、主たる校地から遠く隔たつた場所に面接による指導を行うための施設を設ける場合には、主たる校地において指導を行う教員組織との連携を図りつつ、当該施設における指導を適切に行うための体制を整えるものとする。この場合において、当該施設は、主たる校地の所在する都道府県の区域内に置かなければならない。

（授業科目の開設等に関する規定の準用）
第三十四条　第二十一条及び第二十四条から第二十六条までの規定は、通信制の学科を置く専修学校に、第二十二条及び第二十三条の規定は通信制の学科に準用する。

（印刷教材等による授業科目の単位数）
第三十五条　通信制の学科における印刷教材等による授業の授業科目について単位数を定めるに当たつては、前条において準用する第二十二条第二項及び第三項の規定にかかわらず、次の各号に掲げる課程の区分に応じ、当該各号に定める基準により単位数を計算するものとする。

一　高等課程又は一般課程　三十五時間の学修を必要とする印刷教材等の学修をもつて一単位とする。

二　専門課程　四十五時間の学修を必要とする印刷教材等の学修をもつて一単位とする。

第三六条　一の授業科目について、印刷教材等による授業と対面授業又は遠隔授業との併用により行う場合においては、その組合せに応じ、第三十四条において準用する第二十三条第二項及び第三項並びに前条に規定する基準を考慮して、当該授業科目の単位数を定めるものとする。

（通信制の学科における全課程の修了要件）

第三七条　通信制の学科における全課程の修了の要件は、次の各号のいずれにも該当することとする。

一　当該通信制の学科に修業年限の年数以上在学し、次のイ及びロに掲げる課程の区分に応じ、それぞれイ及びロに掲げる単位数以上を修得すること

イ　高等課程又は一般課程　十三単位に当該通信制の学科の修業年限の年数に相当する数を乗じて得た単位数（当該単位数が二十三単位を下回る場合にあつては、二十三単位）

ロ　専門課程　十七単位に当該通信制の学科の修業年限の年数に相当する数を乗じて得た単位数（当該単位数が三十単位を下回る場合にあつては、三十単位）

二　百二十単位時間に当該通信制の学科の修業年限の年数に相当する数を乗じて得た授業時数以上の対面授業を履修すること

（通信制の学科に係る読替え）

第三八条　通信制の学科に係る第十条から第十三条までの規定の適用については、これらの規定中「授業時数」とあるのは「単位数」と、第十条、第十一条第一項及び第三項並びに第十二条第一項及び第三項の規定中「履修とみなす」とあるのは「履修とみなし、単位を与える」と、第十一条第二項及び第十二条第二項の規定中「前項により当該高等課程における授業科目の履修とみなす」とあるのは「前項により与える」と、第十一条第四項及び第十二条第四項の規定中「当該専門課程における授業科目の履修とみなす」とあるのは「前項により与える」と、第十二条第二項及び第四項の規定中「履修した」とあるのは「修得した」と、第十三条第二項の規定中「授業の方法による授業科目の履修」とあるのは「授業の方法により修得する単位数」とする。

第四章　教員

（昼間学科又は夜間等学科のみを置く専修学校の教員数）

第三九条　昼間学科又は夜間等学科のみを置く専修学校における教員の数は、別表第一に定める数以上とする。

2　前項の教員の数の半数以上は、専任の教員（専ら当該専修学校における教育に従事する校長が教員を兼ねる場合にあつては、当該校長を含む。以下この項及び次条第二項において同じ。）でなければならない。ただし、当該専任の教員の数は、三人を下ることができない。

（通信制の学科を置く専修学校の教員数）

第四〇条　通信制の学科を置く専修学校における教員の数は、別表第一に定める数と別表第三に定める数とを合計した数以上とする。

2　前項の教員の数の半数以上は専任の教員でなければならない。ただし、当該専任の教員の数は三人を下ることができない。

（教員の資格）

第四一条　専修学校の専門課程の教員は、次の各号の一に該当する者でその担当する教育に関し、専門的な知識、技術、技能等を有するものでなければならない。

一　専修学校の専門課程を修了した後、学校、専修学校、各種学校、研究所、病院、工場等（以下「学校、研究所等」という。）においてその担当する教育に関する教育、研究又は技術に関する業務に従事した者であつて、当該専門課程の修業年限と当該業務に従事した期間とを通算して六年以上となる者

二　学士の学位（学位規則（昭和二十八年文部省令第九号）第二条の二の表に規定する専門職大学を卒業した者に授与する学位を含む。次条第四号において同じ。）を有する者にあつては二年以上、短期大学士の学位（学位規則第五条の五に規定する短期大学士（専門職）の学位を含む。）又は準学士の称号を有する者にあつては四年以上、学校、研究所等においてその担当する教育に関する教育、研究又は技術に関する業務に従事した者

三　高等学校（中等教育学校の後期課程を含む。）において二年以上主幹教諭、指導教諭又は教諭の経験のある者

四　修士の学位又は学位規則第五条の二に規定する専門職学位を有する者

五　特定の分野について、特に優れた知識、技術、技能及び経験を有する者

六　その他前各号に掲げる者と同等以上の能力があると認められる者

第四二条　専修学校の高等課程の教員は、次の各号の一に該当する者でその担当する教育に関し、専門的な知識、技術、技能等を有するものでなければならない。

一　前条各号の一に該当する者

二　専修学校の専門課程を修了した後、学校、研究所等においてその担当する教育に関する教育、研究又は技術に関する業務に従事した者であつて、当該専門課程の修業年限と当該業務に従事した期間とを通算して四年以上となる者

三　短期大学士の学位又は準学士の称号を有する者で、二年以上、学校、研究所等においてその担当する教育に関する教育、研究又は技術に関する業務に従事した者

四　学士の学位を有する者

五　その他前各号に掲げる者と同等以上の能力があると認められる者

第四三条　専修学校の一般課程の教員は、次の各号の一に該当する者でその担当する教育に関し、専門的な知識、技術、技能等を有するものでなければならない。

一　前二条各号の一に該当する者

二　高等学校又は中等教育学校卒業後、四年以上、学校、研究所等においてその担当する教育に関する教育、研究又は技術に関する業務に従事した者

三　その他前各号に掲げる者と同等以上の能力があると認められる者

第五章　施設及び設備等

（位置及び環境）

第四四条　専修学校の校地及び校舎の位置及び環境は、教育上及び保健衛生上適切なものでなければならない。

（校地等）

第四五条　専修学校は、次条に定める校舎等を保有するに必要な面積の校地を備えなければならない。

2　専修学校は、前項の校地のほか、目的に応じ、運動場その他必要な施設の用地を備えなければならない。

（校舎等）

第四六条　専修学校の校舎には、目的、生徒数又は課程に応じ、教室（講義室、演習室、実習室等とする。）、教員室、事務室その他必要な附帯施設を備えなければならない。

2　専修学校の校舎には、前項の施設のほか、なるべく図書室、保健室、教員研究室等を備えるものとする。

3　専修学校は、目的に応じ、実習場その他の必要な施設を確保しなければならない。

（昼間学科又は夜間等学科のみを置く専修学校の校舎の面積）

第四七条　昼間学科又は夜間等学科のみを置く専修学校の校舎の面積は、次の各号に定める区分に応じ、当該各号に定める面積以上とする。ただし、地域の実態その他により特別の事情があり、かつ、教育上支障がない場合は、この限りでない。

一　一の課程のみを置く専修学校で当該課程に一の分野についてのみ学科を置くもの　別表第二イの表により算定した面積

二　一の課程のみを置く専修学校で当該課程に二以上の分野について学科を置くもの又は二若しくは三の課程を置く専修学校で、当該課程にそれぞれ一若しくは二以上の分野について学科を置くもの　次のイ及びロに掲げる面積を合計した面積

イ　これらの課程ごとの分野のうち別表第二イの表第四欄の生徒総定員四十人までの面積が最大となるいずれか一の分野について同表により算定した面積

ロ　これらの課程ごとの分野のうち前イの分野以外の分野についてそれぞれ別表第二ロの表により算定した面積を合計した面積

（通信制の学科を置く専修学校の校舎等）

第四八条　通信制の学科を置く専修学校は、目的、生徒数又は課程に応じ、当該通信制の学科に係る第四十六条各項に規定する施設を備えるほか、特に添削等による指導並びに印刷教材等の保管及び発送のための施設について、教育に支障のないようにするものとする。

2　通信制の学科を置く専修学校の校舎の面積は、当該専修学校の昼間学科又は夜間等学科の校舎について前条の規定に準じて算定した面積と、当該専修学校の通信制の学科の校舎について次の各号に掲げる区分に応じ、当該各号に定める面積とを合計した面積以上とする。ただし、地域の実態その他により特別の事情があり、かつ、教育上支障がない場合は、この限りでない。

一　一の課程に一の分野についてのみ通信制の学科を置くもの　別表第四イの表により算定した面積

二　一の課程に二以上の分野について通信制の学科を置くもの又は二若しくは三の課程にそれぞれ一若しくは二以上の分野について通信制の学科を置くもの　次のイ及びロに掲げる面積を合計した面積

イ　これらの課程ごとの分野のうち別表第四イの表第四欄の生徒総定員八十人までの面積が最大となるいずれか一の分野について同表により算定した面積

ロ　これらの課程ごとの分野のうち前イの分野以外の分野についてそれぞれ別表第四ロの表により算定した面積を合計した面積

（設備）

第四九条　専修学校は、目的、生徒数又は課程に応じ、必要な種類及び数の機械、器具、標本、図書その他の設備を備えなければならない。

第五〇条　夜間において授業を行う専修学校は、適当な照明設備を備えなければならない。

（他の学校等の施設及び設備の使用）

第五一条　専修学校は、特別の事情があり、かつ、教育上及び安全上支障がない場合は、他の学校等の施設及び設備を使用することができる。

（名称）

第五二条　専修学校の名称は、専修学校として適当であるとともに、当該専修学校の目的にふさわしいものでなければならない。

附　則（省略）

別表第一　昼間学科又は夜間等学科に係る教員数（第三十九条関係）

課程の区分	学科の属する分野の区分	学科の属する分野ごとの生徒総定員の区分	教員数
高等課程又は専門課程	工業関係、農業関係、医療関係、衛生関係又は教育・社会福祉関係	八十人まで	3
		八十一人から二百人まで	$3+\frac{生徒総定員-80}{40}$
		二百一人から六百人まで	$6+\frac{生徒総定員-200}{50}$
		六百一人以上	$14+\frac{生徒総定員-600}{60}$
	商業実務関係、服飾・家政関係又は文化・教養関係	八十人まで	3
		八十一人から二百人まで	$3+\frac{生徒総定員-80}{40}$
		二百一人から四百人まで	$6+\frac{生徒総定員-200}{50}$
		四百一人以上	$10+\frac{生徒総定員-400}{60}$
一般課程	工業関係、農業関係、医療関係、衛生関係、教育・社会福祉関係、商業実務関係、服飾・家政関係又は文化・教養関係	八十人まで	3
		八十一人から二百人まで	$3+\frac{生徒総定員-80}{40}$
		二百一人以上	$6+\frac{生徒総定員-200}{60}$

備考

一　この表の算式中生徒総定員とあるのは、学科の属する分野ごとの生徒総定員をいう。

二　次に掲げる場合のいずれかに該当する場合においては、教育に支障のないよう、相当数の教員を増員するものとする。

イ　昼間学科と夜間等学科とを併せ置く場合

ロ　第十五条の規定により当該専修学校の生徒以外の者で当該専修学校の一又は複数の授業科目を履修する者（以下「科目等履修生」という。）その他の生徒以外の者を学科の属する分野ごとの生徒総定員を超えて相当数受け入れる場合

別表第二　昼間学科又は夜間等学科に係る校舎面積（第四十七条関係）

イ　基準校舎面積の表

課程の区分	学科の属する分野の区分	学科の属する分野ごとの生徒総定員の区分	面積（平方メートル）
高等課程又は専門課程	工業関係、農業関係、医療関係、衛生関係又は教育・社会福祉関係	四十人まで	260
		四十一人以上	260＋3.0×（生徒総定員－40）
	商業実務関係、服飾・家政関係又は文化・教養関係	四十人まで	200
		四十一人以上	200＋2.5×（生徒総定員－40）
	工業関係、農業関係、	四十人まで	130

課程の区分	学科の属する分野の区分	学科の属する分野ごとの生徒総定員の区分	面積（平方メートル）
一般課程	医療関係、衛生関係又は教育・社会福祉関係	四十一人以上	130＋2.5×（生徒総定員－40）
	商業実務関係、服飾・家政関係又は文化・教養関係	四十人まで	130
		四十一人以上	130＋2.3×（生徒総定員－40）

備考
一　この表の算式中生徒総定員とあるのは、学科の属する分野ごとの生徒総定員をいう。（ロの表において同じ。）
二　科目等履修生その他の生徒以外の者を学科の属する分野ごとの生徒総定員を超えて相当数受け入れる場合においては、教育に支障のないよう、相当の面積を増加するものとする。（ロの表において同じ。）

ロ　加算校舎面積の表

課程の区分	学科の属する分野の区分	学科の属する分野ごとの生徒総定員の区分	面積（平方メートル）
高等課程又は専門課程	工業関係、農業関係、医療関係、衛生関係又は教育・社会福祉関係	四十人まで	180
		四十一人以上	180＋3.0×（生徒総定員－40）
	商業実務関係、服飾・家政関係又は文化・教養関係	四十人まで	140
		四十一人以上	140＋2.5×（生徒総定員－40）
一般課程	工業関係、農業関係、医療関係、衛生関係又は教育・社会福祉関係	四十人まで	110
		四十一人以上	110＋2.5×（生徒総定員－40）
	商業実務関係、服飾・家政関係又は文化・教養関係	四十人まで	100
		四十一人以上	100＋2.3×（生徒総定員－40）

別表第三　通信制の学科に係る教員数（第四十条関係）

課程の区分	学科の属する分野の区分	学科の属する分野ごとの生徒総定員の区分	教員数
高等課程又は専門課程	工業関係、農業関係、医療関係、衛生関係又は教育・社会福祉関係	八十人まで	3
		八十一人から二百人まで	$3+\frac{\text{生徒総定員}-80}{60}$
		二百一人から八百人まで	$5+\frac{\text{生徒総定員}-200}{75}$
		八百一人から千七百人まで	$13+\frac{\text{生徒総定員}-800}{90}$
		千七百一人以上	$23+\frac{\text{生徒総定員}-1700}{105}$
	商業実務関係、服飾・家政関係又は文化・教養関係	八十人まで	3
		八十一人から二百人まで	$3+\frac{\text{生徒総定員}-80}{60}$
		二百一人から六百五十人まで	$5+\frac{\text{生徒総定員}-200}{75}$
		六百五十一人から千三百七十人まで	$11+\frac{\text{生徒総定員}-650}{90}$
		千三百七十一人以上	$19+\frac{\text{生徒総定員}-1370}{105}$
一般課程	工業関係、農業関係、医療関係、衛生関係、教育・社会福祉関係、商業実務関係、服飾・家政関係又は文化・教養関係	八十人まで	3
		八十一人から二百人まで	$3+\frac{\text{生徒総定員}-80}{60}$
		二百一人から千百人まで	$5+\frac{\text{生徒総定員}-200}{90}$
		千百一人以上	$15+\frac{\text{生徒総定員}-1100}{105}$

備考
一　この表の算式中生徒総定員とあるのは、学科の属する分野ごとの生徒総定員をいう。
二　次に掲げる場合のいずれかに該当する場合においては、教育に支障のないよう、相当数の教員を増員するものとする。
イ　科目等履修生その他の生徒以外の者を学科の属する分野ごとの生徒総定員を超えて相当数受け入れる場合
ロ　主たる校地から遠く隔つた場所に面接による指導を行うための施設を設ける場合

別表第四　通信制の学科の校舎に係る校舎面積（第四十八条関係）
イ　基礎校舎面積の表

課程の区分	分野の区分	通信制の学科の属する分野ごとの生徒総定員の区分	面積（平方メートル）
高等課程又は専門課程	工業関係、農業関係、医療関係、衛生関係又は教育・社会福祉関係	八十人まで	260
		八十一人以上	260＋1.8×（生徒総定員－80）
	商業実務関係、服飾・家政関係又は文化・教養関係	八十人まで	200
		八十一人以上	200＋1.5×（生徒総定員－80）
一般課程	工業関係、農業関係、医療関係、衛生関係又は教育・社会福祉関係	八十人まで	130
		八十一人以上	130＋1.5×（生徒総定員－80）
	商業実務関係、服飾・家政関係又は文化・教養関係	八十人まで	130
		八十一人以上	130＋1.4×（生徒総定員－80）

備考
一　この表の算式中生徒総定員とあるのは、学科の属する分野ごとの生徒総定員をいう。

（ロの表において同じ。）

二　次に掲げる場合のいずれかに該当する場合においては、教育に支障のないよう、相当の面積を増加するものとする。（ロの表において同じ。）

イ　科目等履修生その他の生徒以外の者を学科の属する分野ごとの生徒総定員を超えて相当数受け入れる場合

ロ　主たる校地から遠く隔つた場所に面接による指導を行うための施設を設ける場合

ロ　加算校舎面積の表

<table>
<tr><th>課程の区分</th><th>通信制の学科の属する分野の区分</th><th>通信制の学科の属する分野ごとの生徒総定員の区分</th><th>面積（平方メートル）</th></tr>
<tr><td rowspan="4">高等課程又は専門課程</td><td rowspan="2">工業関係、農業関係、医療関係、衛生関係又は教育・社会福祉関係</td><td>八十人まで</td><td>180</td></tr>
<tr><td>八十一人以上</td><td>180＋1.8×（生徒総定員－80）</td></tr>
<tr><td rowspan="2">商業実務関係、服飾・家政関係又は文化・教養関係</td><td>八十人まで</td><td>140</td></tr>
<tr><td>八十一人以上</td><td>140＋1.5×（生徒総定員－80）</td></tr>
<tr><td rowspan="4">一般課程</td><td rowspan="2">工業関係、農業関係、医療関係、衛生関係又は教育・社会福祉関係</td><td>八十人まで</td><td>110</td></tr>
<tr><td>八十一人以上</td><td>110＋1.5×（生徒総定員－80）</td></tr>
<tr><td rowspan="2">商業実務関係、服飾・家政関係又は文化・教養関係</td><td>八十人まで</td><td>100</td></tr>
<tr><td>八十一人以上</td><td>100＋1.4×（生徒総定員－80）</td></tr>
</table>

●専修学校の専門課程の修了者に対する専門士及び高度専門士の称号の付与に関する規程

（平成六年六月二一日文部省告示第八四号）

施行、平七・一・一
最終改正、令二―文科告一二

（目的）

第一条　この規程は、専修学校の専門課程における学習の成果を適切に評価し、一定の専修学校の専門課程の修了者に対し専門士又は高度専門士の称号を付与することにより、その修了者の社会的評価の向上を図り、もって生涯学習の振興に資することを目的とする。

（称号）

第二条　学校教育法（昭和二十二年法律第二十六号）第百二十四条に規定する専修学校の同法第百二十五条第一項に規定する専門課程（次条において「専修学校専門課程」という。）の課程で、次に掲げる要件を満たすと文部科学大臣が認めるものを修了した者は、専門士と称することができる。

一　修業年限が二年以上であること。

二　全課程の修了の要件が、次の表上覧に掲げる学科の区分に応じ、同表下欄に掲げるものであること。

<table>
<tr><th colspan="2">学科の区分</th><th>要件</th></tr>
<tr><td rowspan="2">専修学校設置基準（昭和五十一年文部省令第二号）第四条に規定する昼間学科又は夜間等学科（次条第二号の表において単に「昼間学科又は夜間等学科」という。）</td><td>学校教育法施行規則（昭和二十二年文部省令第十一号）第百八十三条の二第二項の規定により学年による教育課程の区分を設けない学科（以下この表及び次条第二号の表において「単位制による学科」という。）であるもの以外のもの</td><td>全課程の修了に必要な総授業時数が千七百単位時間以上であること。</td></tr>
<tr><td>単位制による学科であるもの</td><td rowspan="2">全課程の修了に必要な総単位数が六十二単位以上であること。</td></tr>
<tr><td colspan="2">専修学校設置基準第五条第一項に規定する通信制の学科（次条第二号の表において単に「通信制の学科」という。）</td></tr>
</table>

三　試験等により成績評価を行い、その評価に基づいて課程修了の認定を行っていること。

四　次条の規定により認められた課程でないこと。

（高度専門士の称号）

第三条　専修学校専門課程の課程で、次に掲げる要件を満たすと文部科学大臣が認めるものを修了した者は、高度専門士と称することができる。

一　修業年限が四年以上であること。

二　全課程の修了の要件が、次の表上覧に掲げる学科の区分に応じ、同表下欄に掲げるものであること。

<table>
<tr><th colspan="2">学科の区分</th><th>要件</th></tr>
<tr><td rowspan="2">昼間学科又は夜間等学科</td><td>単位制による学科であるもの以外のもの</td><td>全課程の修了に必要な総授業時数が三千四百単位時間以上であること。</td></tr>
<tr><td>単位制による学科であるもの</td><td rowspan="2">全課程の修了に必要な総単位数が百二十四単位以上であること。</td></tr>
<tr><td colspan="2">通信制の学科</td></tr>
</table>

三　体系的に教育課程が編成されていること

と。

四　試験等により成績評価を行い、その評価に基づいて課程修了の認定を行っていること。

（公示）

第四条　文部科学大臣は、前二条の規定により認めた課程をインターネットの利用その他の適切な方法により公示する。課程の名称に変更があったときも、同様とする。

2　文部科学大臣は、前項の規定により公示した課程について、廃止されたとき又は第二条各号若しくは前条各号に掲げる要件に適合しなくなったと認めたときは、その旨をインターネットの利用その他の適切な方法により公示する。

附　則〔省略〕

附　則（令和二年二月二八日文部科学省告示第一二号）

この告示は、公布の日から施行する。

●各種学校規程（昭和三一年一二月五日文部省令第三一号）

施行、昭三二・一・一
最終改正、平一九―文科令三四

（趣旨）

第一条　各種学校に関し必要な事項は、学校教育法（昭和二十二年法律第二十六号）その他の法令に規定するもののほか、この省令の定めるところによる。

（水準の維持、向上）

第二条　各種学校は、この省令に定めるところによることはもとより、その水準の維持、向上を図ることに努めなければならない。

（修業期間）

第三条　各種学校の修業期間は、一年以上とする。ただし、簡易に修得することができる技術、技芸等の課程については、三月以上一年未満とすることができる。

（授業時数）

第四条　各種学校の授業時数は、その修業期間が、一年以上の場合にあつては一年間にわたり六百八十時間以上を基準として定めるものとし、一年未満の場合にあつてはその修業期間に応じて授業時数を減じて定めるものとする。

（生徒数）

第五条　各種学校の収容定員は、教員数、施設及び設備その他の条件を考慮して、適当な数を定めるものとする。

2　各種学校の同時に授業を行う生徒数は、四十人以下とする。ただし、特別の事由があり、かつ、教育上支障のない場合は、この限りでない。

（入学資格の明示）

第六条　各種学校は、課程に応じ、一定の入学資格を定め、これを適当な方法によつて明示しなければならない。

（校長）

第七条　各種学校の校長は、教育に関する識見を有し、かつ、教育、学術又は文化に関する職又は業務に従事した者でなければならない。

（教員）

第八条　各種学校には、課程及び生徒数に応じて必要な数の教員を置かなければならない。ただし、三人を下ることができない。

2　各種学校の教員は、その担当する教科に関して専門的な知識、技術、技能等を有する者でなければならない。

3　各種学校の教員は、つねに前項の知識、技術、技能等の向上に努めなければならない。

（位置及び施設、設備）

第九条　各種学校の位置は、教育上及び保健衛生上適切な環境に定めなければならない。

2　各種学校には、その教育の目的を実現するために必要な校地、校舎、校具その他の施設、設備を備えなければならない。

第一〇条　各種学校の校舎の面積は、百十五・七〇平方メートル以上とし、かつ、同時に授業を行う生徒一人当り二・三一平方メートル以上とする。ただし、地域の実態その他により特別の事情があり、かつ、教育上支障がない場合は、この限りでない。

2　校舎には、教室、管理室、便所その他必要な施設を備えなければならない。

3　各種学校は、課程に応じ、実習場その他の必要な施設を備えなければならない。

4　各種学校は、特別の事情があり、かつ、教育上及び安全上支障がない場合は、他の学校等の施設及び設備を使用することができる。

第一一条　各種学校は、課程及び生徒数に応じ、必要な種類及び数の校具、教具、図書その他の設備を備えなければならない。

2　前項の設備は、学習上有効適切なものであり、かつ、つねに補充し、改善されなければならない。

3　夜間において授業を行う各種学校は、適当な照明設備を備えなければならない。

（名称）

第一二条　各種学校の名称は、各種学校として適当であるとともに、課程にふさわしいものでなければならない。

（標示）

第一三条　各種学校は、設置の認可を受けたことを、公立の各種学校については都道府県教育委員会、私立の各種学校については都道府県知事の定めるところにより標示することができる。

（各種学校の経営）

第一四条　各種学校の経営は、その設置者が学校教育以外の事業を行う場合には、その事業の経営と区別して行われなければならない。

2　各種学校の設置者が個人である場合には、教育に関する識見を有し、かつ、各種学校を経営するにふさわしい者でなければならない。

附　則〔抄〕

2　この省令施行の際、現に存する各種学校については、第六条、第七条、第八条第二項及び第三項、第十三条並びに第十四条の規定を除くほか、当分の間、なお、従前の例による。

第3章　高等教育

●大学設置基準

（昭和三一年一〇月二二日 文部省令第二八号）

施行、昭三一・一〇・二二
最終改正、令一―文科令一七

第一章　総則

（趣旨）

第一条　大学（専門職大学及び短期大学を除く。以下同じ。）は、学校教育法（昭和二十二年法律第二十六号）その他の法令の規定によるほか、この省令の定めるところにより設置するものとする。

2　この省令で定める設置基準は、大学を設置するのに必要な最低の基準とする。

3　大学は、この省令で定める設置基準より低下した状態にならないようにすることはもとより、その水準の向上を図ることに努めなければならない。

（教育研究上の目的）

第二条　大学は、学部、学科又は課程ごとに、人材の養成に関する目的その他の教育研究上の目的を学則等に定めるものとする。

（入学者選抜）

第二条の二　入学者の選抜は、公正かつ妥当な方法により、適切な体制を整えて行うものとする。

（教員と事務職員等の連携及び協働）

第二条の三　大学は、当該大学の教育研究活動等の組織的かつ効果的な運営を図るため、当該大学の教員と事務職員等との適切な役割分担の下で、これらの者の間の連携体制を確保し、これらの者の協働によりその職務が行われるよう留意するものとする。

第二章　教育研究上の基本組織

（学部）

第三条　学部は、専攻により教育研究の必要に応じ組織されるものであつて、教育研究上適当な規模内容を有し、教員組織、教員数その他が学部として適当であると認められるものとする。

（学科）

第四条　学部には、専攻により学科を設ける。

2　前項の学科は、それぞれの専攻分野を教育研究するに必要な組織を備えたものとする。

（課程）

第五条　学部の教育上の目的を達成するため有益かつ適切であると認められる場合には、学科に代えて学生の履修上の区分に応じて組織される課程を設けることができる。

（学部以外の基本組織）

第六条　学校教育法第八十五条ただし書に規定する学部以外の教育研究上の基本となる組織（以下「学部以外の基本組織」という。）は、当該大学の教育研究上の目的を達成するため有益かつ適切であると認められるものであつて、次の各号に掲げる要件を備えるものとする。

一　教育研究上適当な規模内容を有すること。

二　教育研究上必要な教員組織、施設設備その他の諸条件を備えること。

三　教育研究を適切に遂行するためにふさわしい運営の仕組みを有すること。

2　学部以外の基本組織に係る専任教員数、校舎の面積及び学部以外の基本組織の教育研究に必要な附属施設の基準は、当該学部以外の基本組織の教育研究上の分野に相当すると認められる分野の学部又は学科に係るこれらの基準（第四十二条の四第一項に規定する専門職学科、第四十五条第一項に規定する共同学科（第十三条及び第三十七条の二において「共同学科」という。）及び第五十条第一項に規定する国際連携学科に係るものを含む。）に準ずるものとする。

3　この省令において、この章、第十三条、第三十七条の二、第三十九条、第四十二条の六、第四十六条、第四十八条、第四十九条（第三十九条の規定に係る附属施設について適用する場合に限る。）、第五十五条、第五十六条（第三十九条の規定に係る附属施設について適用する場合に限る。）、別表第一、別表第二及び別表第三を除き、「学部」には学部以外の基本組織を、「学科」には学部以外の基本組織を置く場合における相当の組織を含むものとする。

第三章　教員組織

（教員組織）

第七条　大学は、その教育研究上の目的を達成するため、教育研究組織の規模並びに授与する学位の種類及び分野に応じ、必要な教員を置くものとする。

2　大学は、教育研究の実施に当たり、教員の適切な役割分担の下で、組織的な連携体制を確保し、教育研究に係る責任の所在が明確になるように教員組織を編制するものとする。

3　大学は、教育研究水準の維持向上及び教育研究の活性化を図るため、教員の構成が特定の範囲の年齢に著しく偏ることのないよう配慮するものとする。

4　大学は、二以上の校地において教育を行う場合においては、それぞれの校地ごとに必要な教員を置くものとする。なお、それぞれの校地には、当該校地における教育に支障のないよう、原則として専任の教授又は准教授を少なくとも一人以上置くものとする。ただし、その校地が隣接している場合は、この限りでない。

第八条及び第九条　削除（平一八文科令一二）

（授業科目の担当）

第一〇条　大学は、教育上主要と認める授業科目（以下「主要授業科目」という。）については原則として専任の教授又は准教授に、主要授業科目以外の授業科目についてはなるべく専任の教授、准教授、講師又は助教（第十三条、第四十六条第一項及び第五十五条において「教授等」という。）に担当させるものとする。

2　大学は、演習、実験、実習又は実技を伴う授業科目については、なるべく助手に補助させるものとする。

（専攻分野における実務の経験及び高度の実務の能力を有する教員）

第一〇条の二　大学は、専攻分野におけるおおむね五年以上の実務の経験を有し、かつ、高度の実務の能力を有する教員を置く場合であつて、当該教員が一年につき六単位以上の授業科目を担当する場合には、大学は、当該教員が教育課程の編成について責任を担うこととするよう努めるものとする。

（授業を担当しない教員）

第一一条　大学には、教育研究上必要があるときは、授業を担当しない教員を置くことができる。

（専任教員）

第一二条　教員は、一の大学に限り、専任教員となるものとする。

2　専任教員は、専ら前項の大学における教育研究に従事するものとする。

3　前項の規定にかかわらず、大学は、教育研究上特に必要があり、かつ、当該大学における教育研究の遂行に支障がないと認められる場合には、当該大学における教育研究以外の業務に従事する者を、当該大学の専任教員とすることができる。

（専任教員数）

第一三条　大学における専任教員の数は、別表第一により当該大学に置く学部の種類及び規模に応じ定める教授等の数（共同学科を置く学部にあつては、当該学部における共同学科以外の学科を一の学部とみなして同表を適用して得られる教授等の数と第四十六条の規定により得られる当該共同学科に係る専任教員の数を合計した数とし、第五条の規定に基づき学科に代えて課程を設ける工学に関する学部にあつては、第四十九条の四の規定により得られる専任教員の数とする。）と別表第二により大学全体の収容定員に応じ定める教授等の数を合計した数以上とする。

第四章　教員の資格

（学長の資格）

第一三条の二　学長となることのできる者は、人格が高潔で、学識が優れ、かつ、大学運営に関し識見を有すると認められる者とする。

（教授の資格）

第一四条　教授となることのできる者は、次の各号のいずれかに該当し、かつ、大学における教育を担当するにふさわしい教育上の能力を有すると認められる者とする。

一　博士の学位（外国において授与されたこれに相当する学位を含む。）を有し、研究上の業績を有する者

二　研究上の業績が前号の者に準ずると認められる者

三　学位規則（昭和二十八年文部省令第九号）第五条の二に規定する専門職学位（外国において授与されたこれに相当する学位を含む。）を有し、当該専門職学位の専攻分野に関する実務上の業績を有する者

四　大学又は専門職大学において教授、准教授又は専任の講師の経歴（外国におけるこれらに相当する教員としての経歴を含む。）のある者

五　芸術、体育等については、特殊な技能に秀でていると認められる者

六　専攻分野について、特に優れた知識及び経験を有すると認められる者

（准教授の資格）

第一五条　准教授となることのできる者は、次の各号のいずれかに該当し、かつ、大学における教育を担当するにふさわしい教育上の能力を有すると認められる者とする。

一　前条各号のいずれかに該当する者

二　大学又は専門職大学において助教又はこれに準ずる職員としての経歴（外国におけるこれらに相当する職員としての経歴を含む。）のある者

三　修士の学位又は学位規則第五条の二に規定する専門職学位（外国において授与されたこれらに相当する学位を含む。）を有する者

四　研究所、試験所、調査所等に在職し、研究上の業績を有する者

五　専攻分野について、優れた知識及び経験を有すると認められる者

（講師の資格）

第一六条　講師となることのできる者は、次の各号のいずれかに該当する者とする。

一　第十四条又は前条に規定する教授又は准教授となることのできる者

二　その他特殊な専攻分野について、大学における教育を担当するにふさわしい教育上の能力を有すると認められる者

（助教の資格）

第一六条の二　助教となることのできる者は、次の各号のいずれかに該当し、かつ、大学における教育を担当するにふさわしい教育上の能力を有すると認められる者とする。

一　第十四条各号又は第十五条各号のいずれかに該当する者

二　修士の学位（医学を履修する課程、歯学を履修する課程、薬学を履修する課程のうち臨床に係る実践的な能力を培うことを主たる目的とするもの又は獣医学を履修する課程を修了した者については、学士の学位）又は学位規則第五条の二に規定する専門職学位（外国において授与されたこれらに相当する学位を含む。）を有する者

三　専攻分野について、知識及び経験を有すると認められる者

（助手の資格）

第一七条　助手となることのできる者は、次の各号のいずれかに該当する者とする。

一　学士の学位又は学位規則第二条の二の表に規定する専門職大学を卒業した者に授与する学位（外国において授与されたこれらに相当する学位を含む。）を有する者

二　前号の者に準ずる能力を有すると認められる者

第五章　収容定員

（収容定員）

第一八条　収容定員は、学科又は課程を単位とし、学部ごとに学則で定めるものとする。この場合において、第二十六条の規定による昼夜開講制を実施するときはこれに係る収容定員を、第五十七条の規定により外国に学部、学科その他の組織を設けるときはこれに係る収容定員を、編入学定員を設けるときは入学定員及び編入学定員を、それぞれ明示するものとする。

2　収容定員は、教員組織、校地、校舎等の施設、設備その他の教育上の諸条件を総合的に考慮して定めるものとする。

3　大学は、教育にふさわしい環境の確保のため、在学する学生の数を収容定員に基づき適正に管理するものとする。

第六章　教育課程

（教育課程の編成方針）

第一九条　大学は、当該大学、学部及び学科又は課程等の教育上の目的を達成するために必要な授業科目を自ら開設し、体系的に教育課程を編成するものとする。

2　教育課程の編成に当たつては、大学は、学部等の専攻に係る専門の学芸を教授するとともに、幅広く深い教養及び総合的な判断力を培い、豊かな人間性を涵養するよう適切に配慮しなければならない。

（教育課程の編成方法）

第二〇条　教育課程は、各授業科目を必修科目、選択科目及び自由科目に分け、これを各年次に配当して編成するものとする。

（単位）

第二一条　各授業科目の単位数は、大学において定めるものとする。

2　前項の単位数を定めるに当たつては、一単位の授業科目を四十五時間の学修を必要とする内容をもつて構成することを標準とし、授業の方法に応じ、当該授業による教育効果、授業時間外に必要な学修等を考慮して、次の基準により単位数を計算するものとする。

一　講義及び演習については、十五時間から三十時間までの範囲で大学が定める時間の授業をもつて一単位とする。

二　実験、実習及び実技については、三十時間から四十五時間までの範囲で大学が定める時間の授業をもつて一単位とする。ただし、芸術等の分野における個人指導による実技の授業については、大学が定める時間の授業をもつて一単位とすることができる。

三　一の授業科目について、講義、演習、実験、実習又は実技のうち二以上の方法の併用により行う場合については、その組み合わせに応じ、前二号に規定する基準を考慮して大学が定める時間の授業をもつて一単位とする。

3　前項の規定にかかわらず、卒業論文、卒業研究、卒業制作等の授業科目については、これらの学修の成果を評価して単位を授与することが適切と認められる場合には、これらに必要な学修等を考慮して、単位数を定めることができる。

（一年間の授業期間）

第二二条　一年間の授業を行う期間は、定期試験等の期間を含め、三十五週にわたることを原則とする。

（各授業科目の授業期間）

第二三条　各授業科目の授業は、十週又は十五週にわたる期間を単位として行うものとする。ただし、教育上必要があり、かつ、十分な教育効果をあげることができると認められる場合は、この限りでない。

（授業を行う学生数）

第二四条　大学が一の授業科目について同時に授業を行う学生数は、授業の方法及び施設、設備その他の教育上の諸条件を考慮して、教育効果を十分にあげられるような適当な人数とするものとする。

（授業の方法）

第二五条　授業は、講義、演習、実験、実習若しくは実技のいずれかにより又はこれらの併

用により行うものとする。

2　大学は、文部科学大臣が別に定めるところにより、前項の授業を、多様なメディアを高度に利用して、当該授業を行う教室等以外の場所で履修させることができる。

3　大学は、第一項の授業を、外国において履修させることができる。前項の規定により、多様なメディアを高度に利用して、当該授業を行う教室等以外の場所で履修させる場合についても、同様とする。

4　大学は、文部科学大臣が別に定めるところにより、第一項の授業の一部を、校舎及び附属施設以外の場所で行うことができる。

（成績評価基準等の明示等）

第二五条の二　大学は、学生に対して、授業の方法及び内容並びに一年間の授業の計画をあらかじめ明示するものとする。

2　大学は、学修の成果に係る評価及び卒業の認定に当たつては、客観性及び厳格性を確保するため、学生に対してその基準をあらかじめ明示するとともに、当該基準にしたがつて適切に行うものとする。

（教育内容等の改善のための組織的な研修等）

第二五条の三　大学は、当該大学の授業の内容及び方法の改善を図るための組織的な研修及び研究を実施するものとする。

（昼夜開講制）

第二六条　大学は、教育上必要と認められる場合には、昼夜開講制（同一学部において昼間及び夜間の双方の時間帯において授業を行うことをいう。）により授業を行うことができる。

第七章　卒業の要件等

（単位の授与）

第二七条　大学は、一の授業科目を履修した学生に対しては、試験の上単位を与えるものとする。ただし、第二十一条第三項の授業科目については、大学の定める適切な方法により学修の成果を評価して単位を与えることができる。

（履修科目の登録の上限）

第二七条の二　大学は、学生が各年次にわたつて適切に授業科目を履修するため、卒業の要件として学生が修得すべき単位数について、学生が一年間又は一学期に履修科目として登録することができる単位数の上限を定めるよう努めなければならない。

2　大学は、その定めるところにより、所定の単位を優れた成績をもつて修得した学生については、前項に定める上限を超えて履修科目の登録を認めることができる。

（他の大学、専門職大学又は短期大学における授業科目の履修等）

第二八条　大学は、教育上有益と認めるときは、学生が大学の定めるところにより他の大学、専門職大学又は短期大学において履修した授業科目について修得した単位を、六十単位を超えない範囲で当該大学における授業科目の履修により修得したものとみなすことができる。

2　前項の規定は、学生が、外国の大学（専門職大学に相当する外国の大学を含む。以下この項において同じ。）又は短期大学に留学する場合、外国の大学又は短期大学が行う通信教育における授業科目を我が国において履修する場合及び外国の大学又は短期大学の教育課程を有するものとして当該外国の学校教育制度において位置付けられた教育施設であつて、文部科学大臣が別に指定するものの当該教育課程における授業科目を我が国において履修する場合について準用する。

（大学以外の教育施設等における学修）

第二九条　大学は、教育上有益と認めるときは、学生が行う短期大学又は高等専門学校の専攻科における学修その他文部科学大臣が別に定める学修を、当該大学における授業科目の履修とみなし、大学の定めるところにより単位を与えることができる。

2　前項により与えることができる単位数は、前条第一項及び第二項により当該大学において修得したものとみなす単位数と合わせて六十単位を超えないものとする。

（入学前の既修得単位等の認定）

第三〇条　大学は、教育上有益と認めるときは、学生が当該大学に入学する前に大学、専門職大学又は短期大学において履修した授業科目について修得した単位（第三十一条第一項及び第二項の規定により修得した単位を含む。）を、当該大学に入学した後の当該大学における授業科目の履修により修得したものとみなすことができる。

2　大学は、教育上有益と認めるときは、学生が当該大学に入学する前に行つた前条第一項に規定する学修を、当該大学における授業科目の履修とみなし、大学の定めるところにより単位を与えることができる。

3　前二項により修得したものとみなし、又は与えることのできる単位数は編入学、転学等の場合を除き、当該大学において修得した単位以外のものについては、第二十八条第一項（同条第二項において準用する場合を含む。）及び前条第一項により当該大学において修得したものとみなす単位数と合わせて六十単位を超えないものとする。

（長期にわたる教育課程の履修）

第三〇条の二　大学は、大学の定めるところにより、学生が、職業を有している等の事情により、修業年限を超えて一定の期間にわたり計画的に教育課程を履修し卒業することを希望する旨を申し出たときは、その計画的な履修を認めることができる。

（科目等履修生等）

第三一条　大学は、大学の定めるところにより、当該大学の学生以外の者で、一又は複数の授業科目を履修する者（以下この条において「科目等履修生」という。）に対し、単位を与えることができる。

2　大学は、大学の定めるところにより、当該大学の学生以外の者で学校教育法第百五条に規定する特別の課程を履修する者（以下この条において「特別の課程履修生」という。）に対し、単位を与えることができる。

3　科目等履修生及び特別の課程履修生に対する単位の授与については、第二十七条の規定を準用する。

4　大学は、科目等履修生、特別の課程履修生その他の学生以外の者（次項において「科目等履修生等」という。）を相当数受け入れる場合においては、第十三条、第三十七条及び第三十七条の二に規定する基準を考慮して、教育に支障のないよう、それぞれ相当の専任教員並びに校地及び校舎の面積を増加するものとする。

5　大学は、科目等履修生等を受け入れる場合においては、一の授業科目について同時に授業を行うこれらの者の人数は、第二十四条の規定を踏まえ、適当な人数とするものとする。

（卒業の要件）

第三二条　卒業の要件は、大学に四年以上在学し、百二十四単位以上を修得することとする。

2　前項の規定にかかわらず、医学又は歯学に関する学科に係る卒業の要件は、大学に六年以上在学し、百八十八単位以上を修得することとする。ただし、教育上必要と認められる場合には、大学は、修得すべき単位の一部の修得について、これに相当する授業時間の履修をもつて代えることができる。

3　第一項の規定にかかわらず、薬学に関する学科のうち臨床に係る実践的な能力を培うことを主たる目的とするものに係る卒業の要件は、大学に六年以上在学し、百八十六単位以上（将来の薬剤師としての実務に必要な薬学に関する臨床に係る実践的な能力を培うことを目的として大学の附属病院その他の病院及び薬局で行う実習（以下「薬学実務実習」という。）に係る二十単位以上を含む。）を修得することとする。

4　第一項の規定にかかわらず、獣医学に関する学科に係る卒業の要件は、大学に六年以上在学し、百八十二単位以上を修得することとする。

5　前四項又は第四十二条の十二の規定により卒業の要件として修得すべき単位数のうち、第二十五条第二項の授業の方法により修得する単位数は六十単位を超えないものとする。

（授業時間制をとる場合の特例）

第三三条　前条第二項ただし書により授業時間の履修をもつて単位の修得に代える授業科目に係る第二十一条第一項又は第二十七条の規定の適用については、第二十一条第一項中「単位数」とあるのは「授業時間数」と、第二十七条中「一の授業科目」とあるのは「授業科目」と、「単位を与えるものとする」とあるのは「修了を認定するものとする」とする。

2　授業時間数を定めた授業科目については、当該授業科目の授業時間数をこれに相当する単位数とみなして第二十八条第一項（同条第二項において準用する場合を含む。）、第二十九条第一項又は第三十条第一項若しくは第二項の規定を適用することができる。

第八章　校地、校舎等の施設及び設備等

（校地）

第三四条　校地は、教育にふさわしい環境をもち、校舎の敷地には、学生が休息その他に利用するのに適当な空地を有するものとする。

2　前項の規定にかかわらず、大学は、法令の規定による制限その他のやむを得ない事由により所要の土地の取得を行うことが困難であるため前項に規定する空地を校舎の敷地に有することができないと認められる場合において、学生が休息その他に利用するため、適当な空地を有することにより得られる効用と同等以上の効用が得られる措置を当該大学が講じている場合に限り、空地を校舎の敷地に有しないことができる。

3　前項の措置は、次の各号に掲げる要件を満たす施設を校舎に備えることにより行うものとする。

一　できる限り開放的であつて、多くの学生が余裕をもつて休息、交流その他に利用できるものであること。

二　休息、交流その他に必要な設備が備えられていること。

（運動場）

第三五条　運動場は、教育に支障のないよう、原則として校舎と同一の敷地内又はその隣接地に設けるものとし、やむを得ない場合には適当な位置にこれを設けるものとする。

2　前項の規定にかかわらず、大学は、法令の規定による制限その他のやむを得ない事由により所要の土地の取得を行うことが困難であるため前項に規定する運動場を設けることができないと認められる場合において、運動場を設けることにより得られる効用と同等以上の効用が得られる措置を当該大学が講じており、かつ、教育に支障がないと認められる場合に限り、運動場を設けないことができる。

3　前項の措置は、原則として体育館その他のスポーツ施設を校舎と同一の敷地内又はその隣接地に備えることにより行うものとする。ただし、やむを得ない特別の事情があるときは、当該大学以外の者が備える運動施設であつて次の各号に掲げる要件を満たすものを学生に利用させることにより行うことができるものとする。

一　様々な運動が可能で、多くの学生が余裕をもつて利用できること。

二　校舎から至近の位置に立地していること。

三　学生の利用に際し経済的負担の軽減が十分に図られているものであること。

（校舎等施設）

第三六条　大学は、その組織及び規模に応じ、少なくとも次に掲げる専用の施設を備えた校舎を有するものとする。ただし、特別の事情があり、かつ、教育研究に支障がないと認められるときは、この限りでない。

一　学長室、会議室、事務室

二　研究室、教室（講義室、演習室、実験・実習室等とする。）

三　図書館、医務室、学生自習室、学生控室

2　研究室は、専任の教員に対しては必ず備えるものとする。

3　教室は、学科又は課程に応じ、必要な種類と数を備えるものとする。

4　校舎には、第一項に掲げる施設のほか、なるべく情報処理及び語学の学習のための施設を備えるものとする。

5　大学は、校舎のほか、原則として体育館を備えるとともに、なるべく体育館以外のスポーツ施設及び講堂並びに寄宿舎、課外活動施設その他の厚生補導に関する施設を備えるものとする。

6　夜間において授業を行う学部（以下「夜間学部」という。）を置く大学又は昼夜開講制を実施する大学にあつては、研究室、教室、図書館その他の施設の利用について教育研究に支障のないようにするものとする。

（校地の面積）

第三七条　大学における校地の面積（附属病院以外の附属施設用地及び寄宿舎の面積を除く。）は、収容定員上の学生一人当たり十平方メートルとして算定した面積に附属病院建築面積を加えた面積とする。

2　前項の規定にかかわらず、同じ種類の昼間学部（昼間において授業を行う学部をいう。以下同じ。）及び夜間学部が近接した施設等を使用し、又は施設等を共用する場合の校地の面積は、当該昼間学部及び夜間学部における教育研究に支障のない面積とする。

3　昼夜開講制を実施する場合においては、これに係る収容定員、履修方法、施設の使用状況等を考慮して、教育に支障のない限度において、第一項に規定する面積を減ずることができる。

（校舎の面積）

第三七条の二　校舎の面積は、一個の学部のみを置く大学にあつては、別表第三イ(1)若しくは(2)又はロの表に定める面積（共同学科を置く場合にあつては、当該学部における共同学科以外の学科を一の学部とみなして同表を適用して得られる面積に第四十八条第一項の規定により得られる当該共同学科に係る面積を加えた面積）以上とし、複数の学部を置く大学にあつては、当該複数の学部のうち同表に定める面積（共同学科を置く学部については、当該学部における共同学科以外の学科を一の学部とみなして同表を適用して得られる面積）が最大である学部についての同表に定める面積（共同学科を置く学部については、当該学部における共同学科以外の学科を一の学部とみなして同表を適用して得られる面積）に当該学部以外の学部についてのそれぞれ別表第三ロ又はハ(1)若しくは(2)の表に定める面積（共同学科を置く学部については、当該学部における共同学科以外の学科を一の学部とみなして同表を適用して得られる面積）を合計した面積を加えた面積（共同学科を置く場合にあつては、第四十八条第一項の規定により得られる当該学科に係る面積を加えた面積）以上とする。

（図書等の資料及び図書館）

第三八条　大学は学部の種類、規模等に応じ、図書、学術雑誌、視聴覚資料その他の教育研究上必要な資料を、図書館を中心に系統的に備えるものとする。

2　図書館は、前項の資料の収集、整理及び提供を行うほか、情報の処理及び提供のシステムを整備して学術情報の提供に努めるとともに、前項の資料の提供に関し、他の大学の図書館等との協力に努めるものとする。

3　図書館には、その機能を十分に発揮させるために必要な専門的職員その他の専任の職員を置くものとする。

4　図書館には、大学の教育研究を推進できるような適当な規模の閲覧室、レファレンス・ルーム、整理室、書庫等を備えるものとする。

5　前項の閲覧室には、学生の学習及び教員の教育研究のために十分な数の座席を備えるものとする。

（附属施設）

第三九条　次の表の上欄に掲げる学部を置き、又は学科を設ける大学には、その学部又は学科の教育研究に必要な施設として、それぞれ下欄に掲げる附属施設を置くものとする。

学部又は学科	附属施設
教員養成に関する学	附属学校又は附属

部又は学科	幼保連携型認定こども園（就学前の子どもに関する教育、保育等の総合的な提供の推進に関する法律（平成十八年法律第七十七号）第二条第七項に規定する幼保連携型認定こども園であつて、大学に附属して設置されるものをいう。）
医学又は歯学に関する学部	附属病院（医療法（昭和二十三年法律第二百五号）第七十条第一項に規定する参加法人が開設する病院（医学又は歯学に関する学部の教育研究に必要な病院の機能が確保される場合として文部科学大臣が別に定める場合に限る。）を含む。）
農学に関する学部	農場
林学に関する学科	演習林
獣医学に関する学部又は学科	家畜病院
畜産学に関する学部又は学科	飼育場又は牧場
水産学又は商船に関する学部	練習船（共同利用による場合を含む。）
水産増殖に関する学科	養殖施設
薬学に関する学部又は学科	薬用植物園（薬草園）
体育に関する学部又は学科	体育館

2　工学に関する学部を置く大学には、原則として実験・実習工場を置くものとする。

（薬学実務実習に必要な施設）

第三九条の二　薬学に関する学部又は学科のうち臨床に係る実践的な能力を培うことを主たる目的とするものを置き、又は設ける大学は、薬学実務実習に必要な施設を確保するものとする。

（機械、器具等）

第四〇条　大学は、学部又は学科の種類、教員数及び学生数に応じて必要な種類及び数の機械、器具及び標本を備えるものとする。

（二以上の校地において教育研究を行う場合における施設及び設備）

第四〇条の二　大学は、二以上の校地において教育研究を行う場合においては、それぞれの校地ごとに教育研究に支障のないよう必要な施設及び設備を備えるものとする。ただし、その校地が隣接している場合は、この限りでない。

（教育研究環境の整備）

第四〇条の三　大学は、その教育研究上の目的を達成するため、必要な経費の確保等により、教育研究にふさわしい環境の整備に努めるものとする。

（大学等の名称）

第四〇条の四　大学、学部及び学科（以下「大学等」という。）の名称は、大学等として適当であるとともに、当該大学等の教育研究上の目的にふさわしいものとする。

第九章　事務組織等

（事務組織）

第四一条　大学は、その事務を遂行するため、専任の職員を置く適当な事務組織を設けるものとする。

（厚生補導の組織）

第四二条　大学は、学生の厚生補導を行うため、専任の職員を置く適当な組織を設けるものとする。

（社会的及び職業的自立を図るために必要な能力を培うための体制）

第四二条の二　大学は、当該大学及び学部等の教育上の目的に応じ、学生が卒業後自らの資質を向上させ、社会的及び職業的自立を図るために必要な能力を、教育課程の実施及び厚生補導を通じて培うことができるよう、大学内の組織間の有機的な連携を図り、適切な体制を整えるものとする。

（研修の機会等）

第四二条の三　大学は、当該大学の教育研究活動等の適切かつ効果的な運営を図るため、その職員に必要な知識及び技能を習得させ、並びにその能力及び資質を向上させるための研修（第二十五条の三に規定する研修に該当するものを除く。）の機会を設けることその他必要な取組を行うものとする。

第九章の二　学部等連係課程実施基本組織に関する特例

（学部等連係課程実施基本組織）

第四二条の三の二　大学は、横断的な分野に係る教育課程を実施する上で特に必要があると認められる場合であつて、教育研究に支障がないと認められる場合には、当該大学に置かれる二以上の学部等（学部又は学部以外の基本組織（この条の規定により置かれたものを除く。）をいう。以下この条において同じ。）との緊密な連係及び協力の下、当該二以上の学部等が有する教員組織及び施設設備等の一部を用いて横断的な分野に係る教育課程を実施する学部以外の基本組織（以下この条及び別表第一において「学部等連係課程実施基本組織」という。）を置くことができる。

2　学部等連係課程実施基本組織に係る専任教員は、教育研究に支障がないと認められる場合には、前項に規定する二以上の学部等（以下この条において「連係協力学部等」という。）の専任教員がこれを兼ねることができる。

3　学部等連係課程実施基本組織に係る専任教員数、校舎の面積及び附属施設の基準は、連係協力学部等の全てがそれらに係る当該基準をそれぞれ満たすことをもつて足りるものとする。

4　学部等連係課程実施基本組織の収容定員は、連係協力学部等の収容定員の内数とし、当該学部等連係課程実施基本組織ごとに学則で定めるものとする。

5　第六条第三項の規定にかかわらず、この省令において、第二章、第十三条、第十八条、第三十七条の二、第三十九条、第十章から第十三章まで、第五十七条及び別表第一から別表第三までを除き、「学部」には学部等連係課程実施基本組織を含むものとする。

第十章　専門職学科に関する特例

（専門職学科とする学科等）

第四二条の四　大学の学部の学科（学校教育法第八十七条第二項に規定する課程に係る学科を除く。）のうち、専門性が求められる職業を担うための実践的かつ応用的な能力を展開する教育課程を編成するものは、専門職学科とする。

2　前項に規定する専門職学科のみで組織する学部は、専門職学部とする。

（専門職学科に係る入学者選抜）

第四二条の五　専門職学科を設ける大学は、専門職学科に係る入学者の選抜に当たつては、第二条の二に定めるところによるほか、実務の経験を有する者その他の入学者の多様性の確保に配慮した入学者選抜を行うよう努めるものとする。

（実務の経験等を有する専任教員）

第四二条の六　専門職学科を置く学部に係る第十三条の規定による専任教員数のうち、別表第一イ(2)による専門職学科の専任教員数のおおむね四割以上は、専攻分野におけるおおむね五年以上の実務の経験を有し、かつ、高度の実務の能力を有する者（次項において「実務の経験等を有する専任教員」という。）とする。

2　専門職学科に係る実務の経験等を有する専

任教員のうち、前項に規定するおおむね四割の専任教員の数に二分の一を乗じて算出される数（小数点以下の端数があるときは、これを四捨五入する。）以上は、次の各号のいずれかに該当する者とする。

一　大学又は専門職大学において教授、准教授、専任の講師又は助教の経歴（外国におけるこれらに相当する教員としての経歴を含む。）のある者

二　博士の学位、修士の学位又は学位規則第五条の二に規定する専門職学位（外国において授与されたこれらに相当する学位を含む。）を有する者

三　企業等に在職し、実務に係る研究上の業績を有する者

3　第一項に規定するおおむね四割の専任教員の数に二分の一を乗じて算出される数（小数点以下の端数があるときは、これを四捨五入する。）の範囲内については、専任教員以外の者であつても、一年につき六単位以上の授業科目を担当し、かつ、教育課程の編成その他の学部の運営について責任を担う者で足りるものとする。

（専門職学科に係る教育課程の編成方針）

第四二条の七　専門職学科の教育課程の編成に当たつては、専門職学科を設ける大学は、第十九条に定めるところによるほか、専門性が求められる職業を担うための実践的な能力及び当該職業の分野において創造的な役割を担うための応用的な能力を展開させるとともに、職業倫理を涵養するよう適切に配慮しなければならない。

2　専門職学科を設ける大学は、専門職学科の専攻に係る職業を取り巻く状況を踏まえて必要な授業科目を開発し、当該職業の動向に即した教育課程の編成を行うとともに、当該状況の変化に対応し、授業科目の内容、教育課程の構成等について、不断の見直しを行うものとする。

3　前項の規定による授業科目の開発、教育課程の編成及びそれらの見直しは、次条に規定する教育課程連携協議会の意見を勘案するとともに、適切な体制を整えて行うものとする。

（教育課程連携協議会）

第四二条の八　専門職学科を設ける大学は、産業界及び地域社会との連携により、専門職学科の教育課程を編成し、及び円滑かつ効果的に実施するため、教育課程連携協議会を設けるものとする。

2　教育課程連携協議会は、次に掲げる者をもつて構成する。

一　学長又は専門職学科を設ける学部の長（以下この条において「学長等」という。）が指名する教員その他の職員

二　当該専門職学科の課程に係る職業に就いている者又は当該職業に関連する事業を行う者による団体のうち、広範囲の地域で活動するものの関係者であつて、当該職業の実務に関し豊富な経験を有するもの

三　地方公共団体の職員、地域の事業者による団体の関係者その他の地域の関係者

四　臨地実務実習（第四十二条の十二第一項第三号に規定する臨地実務実習をいう。）その他の授業科目の開設又は授業の実施において当該専門職学科を設ける大学と協力する事業者

五　当該専門職学科を設ける大学の教員その他の職員以外の者であつて学長等が必要と認めるもの

3　教育課程連携協議会は、次に掲げる事項について審議し、学長等に意見を述べるものとする。

一　産業界及び地域社会との連携による授業科目の開設その他の専門職学科の教育課程の編成に関する基本的な事項

二　産業界及び地域社会との連携による授業の実施その他の専門職学科の教育課程の実施に関する基本的な事項及びその実施状況の評価に関する事項

（専門職学科の授業科目）

第四二条の九　専門職学科を設ける大学は、次の各号に掲げる授業科目を開設するものとする。

一　一般・基礎科目（幅広く深い教養及び総合的な判断力を培うための授業科目並びに生涯にわたり自らの資質を向上させ、社会的及び職業的自立を図るために必要な能力を育成するための授業科目をいう。）

二　職業専門科目（専攻に係る特定の職業において必要とされる理論的かつ実践的な能力及び当該職業の分野全般にわたり必要な能力を育成するための授業科目をいう。）

三　展開科目（専攻に係る特定の職業の分野に関連する分野における応用的な能力であつて、当該職業の分野において創造的な役割を果たすために必要なものを育成するための授業科目をいう。）

四　総合科目（修得した知識及び技能等を総合し、専門性が求められる職業を担うための実践的かつ応用的な能力を総合的に向上させるための授業科目をいう。）

（専門職学科に係る授業を行う学生数）

第四二条の一〇　専門職学科を設ける大学が当該専門職学科の一の授業科目について同時に授業を行う学生数は、第二十四条の規定にかかわらず、四十人以下とする。ただし、教育上必要があり、かつ、十分な教育効果をあげることができると認められる場合は、この限りでない。

（入学前の実務経験を通じて修得した実践的な能力についての単位認定）

第四二条の一一　専門職学科を設ける大学は、学生が当該大学に入学する前に専門性が求められる職業に係る実務の経験を通じ、当該職業を担うための実践的な能力（当該専門職学科において修得させることとしているものに限る。）を修得している場合において、教育上有益と認めるときは、文部科学大臣が別に定めるところにより、当該実践的な能力の修得を、当該専門職学科における授業科目の履修とみなし、三十単位を超えない範囲で大学の定めるところにより、単位を与えることができる。

2　前項により与えることができる単位数は、編入学、転学等の場合を除き、第二十八条第一項（同条第二項において準用する場合を含む。）、第二十九条第一項並びに第三十条第一項及び第二項により当該大学において修得したものとみなし、又は与える単位数（第三十条第一項により修得したものとみなす単位数にあつては、当該大学において入学前に修得した単位以外のものに限る。）と合わせて六十単位を超えないものとする。

（専門職学科に係る卒業の要件）

第四二条の一二　専門職学科に係る卒業の要件は、第三十二条第一項及び第五項に定めるところによるほか、次の各号のいずれにも該当することとする。

一　同条第一項の規定により卒業の要件として修得すべき百二十四単位以上の単位に、一般・基礎科目及び展開科目に係るそれぞれ二十単位以上、職業専門科目に係る六十単位以上並びに総合科目に係る四単位以上が含まれること。

二　実験、実習又は実技による授業科目（やむを得ない事由があり、かつ、教育効果を十分にあげることができると認める場合には、演習、実験、実習又は実技による授業科目）に係る四十単位以上を修得すること。

三　前号の授業科目に係る単位に臨地実務実習（企業その他の事業者の事業所又はこれに類する場所において、当該事業者の実務に従事することにより行う実習による授業科目であつて、文部科学大臣が別に定めるところにより開設されるものをいう。以下同じ。）に係る二十単位が含まれること。ただし、やむを得ない事由があり、かつ、教育効果を十分にあげることができると認められる場合には、五単位を超えない範囲で、連携実務演習等（企業その他の事業者と連携して開設する演習、実験、実習又は実技による授業科目のうち、当該事業者の実務に係る課題に取り組むもの（臨地実務実習を除く。）であつて、文部科学大臣が別に定めるところにより開設されるものをいう。）をもつてこれに代えることができ

ること。

（実務実習に必要な施設）

第四二条の一三　専門職学科を設ける大学は、実験・実習室及び附属施設のほか、当該専門職学科に係る臨地実務実習その他の実習に必要な施設を確保するものとする。

第十一章　共同教育課程に関する特例

（共同教育課程の編成）

第四三条　二以上の大学は、その大学、学部及び学科の教育上の目的を達成するために必要があると認められる場合には、第十九条第一項の規定にかかわらず、当該二以上の大学のうち一の大学が開設する授業科目を、当該二以上の大学のうち他の大学の教育課程の一部とみなして、それぞれの大学ごとに同一内容の教育課程（通信教育に係るもの及び大学が外国に設ける学部、学科その他の組織において開設される授業科目の履修により修得する単位を当該学科に係る卒業の要件として修得すべき単位の全部又は一部として修得するものを除く。以下「共同教育課程」という。）を編成することができる。ただし、共同教育課程を編成する大学（以下「構成大学」という。）は、それぞれ当該共同教育課程に係る主要授業科目の一部を必修科目として自ら開設するものとする。

2　大学は、共同教育課程（大学院の課程に係るものを含む。）のみを編成することはできない。

3　構成大学は、当該共同教育課程を編成し、及び実施するための協議の場を設けるものとする。

（共同教育課程に係る単位の認定）

第四四条　構成大学は、学生が当該構成大学のうち一の大学において履修した共同教育課程に係る授業科目について修得した単位（第三十二条第二項ただし書により授業時間の履修をもつて代えるものを含む。）を、当該構成大学のうち他の大学における当該共同教育課程に係る授業科目の履修により修得したものとそれぞれみなすものとする。

（共同学科に係る卒業の要件）

第四五条　共同教育課程を編成する学科（以下「共同学科」という。）に係る卒業の要件は、第三十二条第一項、第三項若しくは第四項又は第四十二条の十二に定めるもののほか、それぞれの大学において当該共同教育課程に係る授業科目の履修により三十一単位以上を修得することとする。

2　前項の規定にかかわらず、医学又は歯学に関する共同学科に係る卒業の要件は、第三十二条第二項に定めるもののほか、それぞれの大学において当該共同教育課程に係る授業科目の履修により三十二単位（同項ただし書により授業時間の履修をもつて代えるものを含む。）以上を修得することとする。

3　前二項の規定によりそれぞれの大学において当該共同教育課程に係る授業科目の履修により修得する単位数には、第二十八条第一項（同条第二項において準用する場合を含む。）、第二十九条第一項、第三十条第一項若しくは第二項、第四十二条の十一第一項又は前条の規定により修得したものとみなし、若しくは与えることができ、又はみなすものとする単位を含まないものとする。

（共同学科に係る専任教員数）

第四六条　共同学科に係る専任教員の数は、それぞれの大学に置く当該共同教育課程を編成する学科を合わせて一の学部とみなして、その種類及び規模に応じ別表第一イ(1)若しくは(2)の表の中欄又はロの表を適用して得られる教授等の数（次項において「全体専任教員数」という。）をこれらの学科に係る収容定員の割合に応じて按分した数（その数に一に満たない端数があるときはこれを切り捨てる。以下この条において「大学別専任教員数」という。）以上とする。

2　前項に規定する当該共同教育課程を編成する学科に係る大学別専任教員数の合計が全体専任教員数に満たないときは、その不足する数の専任教員をいずれかの大学の当該共同教育課程を編成する学科に置くものとする。

3　第一項の規定による当該共同教育課程を編成する学科に係る大学別専任教員数（前項の規定により当該学科に不足する数の専任教員を置くときは、当該専任教員の数を加えた数）が、当該学科の種類に応じ、別表第一イ(1)又は(2)の表の下欄（保健衛生学関係（看護学関係）にあつては、中欄）に定める専任教員の数の八割に相当する数又は別表第一ロの表の収容定員三六〇人までの場合の専任教員数の欄の数（以下これらをこの項において「最小大学別専任教員数」という。）に満たないときは、前二項の規定にかかわらず、当該学科に係る専任教員の数は、最小大学別専任教員数以上とする。

（共同学科に係る校地の面積）

第四七条　第三十七条第一項の規定にかかわらず、共同学科に係る校地の面積については、それぞれの大学に置く当該共同教育課程を編成する学科に係る校地の面積を合計した面積がこれらの学科に係る収容定員を合計した数に十平方メートルを乗じて得た面積を超え、かつ、教育研究に支障がないと認められる場合には、それぞれの大学ごとに当該学科に係る収容定員上の学生一人当たり十平方メートルとして算定した面積を有することを要しない。

（共同学科に係る校舎の面積）

第四八条　共同学科に係る校舎の面積は、それぞれの大学に置く当該共同教育課程を編成する学科を合わせて一の学部とみなしてその種類に応じ別表第三イ(1)若しくは(2)又はロの表を適用して得られる面積（次項において「全体校舎面積」という。）をこれらの学科に係る収容定員の割合に応じて按分した面積（次項において「大学別校舎面積」という。）以上とする。

2　第三十七条の二及び前項の規定にかかわらず、共同学科に係る校舎の面積については、それぞれの大学に置く当該共同教育課程を編成する学科に係る校舎の面積を合計した面積が全体校舎面積を超え、かつ、教育研究に支障がないと認められる場合には、それぞれの大学ごとに大学別校舎面積を有することを要しない。

（共同学科に係る施設及び設備）

第四九条　前二条に定めるもののほか、第三十四条から第三十六条まで、第三十八条から第四十条まで及び第四十二条の十三の規定にかかわらず、共同学科に係る施設及び設備については、それぞれの大学に置く当該共同教育課程を編成する学科を合わせて一の学部又は学科とみなしてその種類、教員数及び学生数に応じて必要な施設及び設備を備え、かつ、教育研究に支障がないと認められる場合には、それぞれの大学ごとに当該学科に係る施設及び設備を備えることを要しない。

第十二章　工学に関する学部の教育課程等に関する特例

（工学に関する学部の教育課程の編成）

第四九条の二　工学に関する学部を設ける大学であつて当該学部を基礎とする大学院の研究科を設けるものは、当該学部における教育及び当該研究科における教育の連続性に配慮した教育課程（以下「工学分野の連続性に配慮した教育課程」という。）を編成することができる。

2　工学分野の連続性に配慮した教育課程を編成する大学は、当該教育課程を履修する学生が幅広く深い教養及び総合的な判断力を向上させることができるよう、当該大学における工学に関する学部において、工学以外の専攻分野に係る授業科目、企業等との連携による授業科目その他多様な授業科目を開設するよう努めるものとする。

（工学分野の連続性に配慮した教育課程に係る教員の配置）

第四九条の三　前条第二項に規定する工学以外の専攻分野に係る授業科目を開設する場合は、第十三条に規定する数の専任教員に加え、当該授業科目の実施に必要な教員を置くものとする。この場合において、当該教員については、大学における教育研究の遂行に支障がないと認められる場合には、当該大学における工学に関する学部以外の学部における専任教員をもつて充てることができる。

2　前条第二項に規定する企業等との連携による授業科目を開設する場合は、第十三条に規定する数の専任教員に加え、当該授業科目の実施に必要な専任教員として、専攻分野におけるおおむね五年以上の実務の経験を有し、かつ、高度の実務の能力を有する者を置くものとする。この場合において、当該教員が専任教員以外の者である場合には、一年につき六単位以上の授業科目を担当し、かつ、教育課程の編成その他の教育研究上の組織の運営について責任を担うこととする。

（課程を設ける工学に関する学部に係る専任教員数）

第四九条の四　第五条の規定に基づき学科に代えて課程を設ける工学に関する学部に係る専任教員の数は、次に掲げる区分に応じ、それぞれ次に定める数とする。ただし、収容定員が、第一号に掲げる場合にあつては別表第一イの表に定める数、第二号に掲げる場合にあつては同表に定める数に専攻分野の数を乗じた数に満たない場合の専任教員数は、その二割の範囲内において兼任の教員に代えることができる。

一　当該学部が一の専攻分野のみを有する場合　別表第一イの表の中欄に定める教員数とする。収容定員が同欄に定める数を超える場合は、その超える収容定員に応じて四〇〇人につき教員三人の割合により算出される数の教員を増加するものとする。

二　当該学部が二以上の専攻分野を有する場合　別表第一イの表の下欄に定める教員数に専攻分野の数を乗じた数とする。収容定員が同欄に定める数に専攻分野の数を乗じた数を超える場合は、その超える収容定員に応じて四〇〇人につき教員三人の割合により算出される数の教員を増加するものとする。

第十三章　国際連携学科に関する特例

（国際連携学科の設置）

第五〇条　大学は、その学部の教育上の目的を達成するために必要があると認められる場合には、学部に、文部科学大臣が別に定めるところにより、外国の大学と連携して教育研究を実施するための学科（第五条の課程を含む。）（以下「国際連携学科」という。）を設けることができる。

2　大学は、学部に国際連携学科のみを設けることはできない。

3　国際連携学科の収容定員は、当該学科を設ける学部の収容定員の二割（一の学部に複数の国際連携学科を設けるときは、それらの収容定員の合計が当該学部の収容定員の二割）を超えない範囲で定めるものとする。

（国際連携教育課程の編成）

第五一条　国際連携学科を設ける大学は、第十九条第一項の規定にかかわらず、国際連携学科において連携して教育研究を実施する一以上の外国の大学（以下「連携外国大学」という。）が開設する授業科目を教育課程の一部とみなして、当該連携外国大学と連携した教育課程（通信教育に係るものを除く。）（以下「国際連携教育課程」という。）を編成することができる。ただし、国際連携学科を設ける大学は、国際連携教育課程に係る主要授業科目の一部を必修科目として自ら開設するものとする。

2　国際連携学科を設ける大学は、国際連携教育課程を編成し、及び実施するため、連携外国大学と文部科学大臣が別に定める事項についての協議の場を設けるものとする。

（共同開設科目）

第五二条　国際連携学科を設ける大学は、第十九条第一項の規定にかかわらず、連携外国大学と共同して授業科目を開設することができる。

2　国際連携学科を設ける大学が前項の授業科目（以下この項において「共同開設科目」という。）を開設した場合、当該大学の国際連携学科の学生が当該共同開設科目の履修により修得した単位は、三十単位を超えない範囲で、当該大学又は連携外国大学のいずれかにおいて修得した単位とすることができる。ただし、連携外国大学において修得した単位数が、第五十四条第一項及び第二項の規定により連携外国大学において修得することとされている単位数に満たない場合は、共同開設科目の履修により修得した単位を連携外国大学において修得した単位とすることはできない。

（国際連携教育課程に係る単位の認定）

第五三条　国際連携学科を設ける大学は、学生が連携外国大学において履修した国際連携教育課程に係る授業科目について修得した単位（第三十二条第二項ただし書により授業時間の履修をもつて代えるものを含む。）を、当該国際連携教育課程に係る授業科目の履修により修得したものとみなすものとする。

（国際連携学科に係る卒業の要件）

第五四条　国際連携学科に係る卒業の要件は、第三十二条第一項、第三項若しくは第四項又は第四十二条の十二に定めるもののほか、国際連携学科を設ける大学において国際連携教育課程に係る授業科目の履修により六十二単位以上（薬学に関する学科のうち臨床に係る実践的な能力を培うことを主たる目的とするものを履修する課程にあつては九十三単位以上、獣医学を履修する課程にあつては九十一単位以上）を修得するとともに、それぞれの連携外国大学において当該国際連携教育課程に係る授業科目の履修により三十一単位以上を修得することとする。

2　前項の規定にかかわらず、医学又は歯学に関する国際連携学科に係る卒業の要件は、第三十二条第二項に定めるもののほか、国際連携学科を設ける大学において国際連携教育課程に係る授業科目の履修により九十四単位以上（同項ただし書により授業時間の履修をもつて代えるものを含む。）を修得するとともに、それぞれの連携外国大学において当該国際連携教育課程に係る授業科目の履修により三十二単位以上を修得することとする。

3　前二項の規定により国際連携学科を設ける大学及びそれぞれの連携外国大学において国際連携教育課程に係る授業科目の履修により修得する単位数には、第二十八条第一項（同条第二項において準用する場合を含む。）、第二十九条第一項、第三十条第一項若しくは第二項、第四十二条の十一第一項又は前条の規定により修得したものとみなし、若しくは与えることができ、又はみなすものとする単位を含まないものとする。ただし、第三十条第一項の規定により修得したものとみなす単位について、国際連携教育課程を編成し、及び実施するために特に必要と認められる場合は、この限りでない。

（国際連携学科に係る専任教員数）

第五五条　国際連携学科を置く学部に係る専任教員の数は、第十三条に定める学部の種類及び規模に応じて定める教授等の数に、一の国際連携学科ごとに一人の専任教員を加えた数を合計した数以上とする。

（国際連携学科に係る施設及び設備）

第五六条　第三十四条から第三十六条まで及び第四十二条の十三の規定にかかわらず、国際連携学科に係る施設及び設備については、当該学科を置く学部の施設及び設備を利用することができるものとし、教育研究に支障がないと認められる場合には、当該学科に係る施設及び設備を備えることを要しない。

2　前項の規定にかかわらず、国際連携学科を設ける大学が外国において国際連携教育課程に係る教育研究を行う場合においては、教育研究に支障のないよう必要な施設及び設備を備えるものとする。

第十四章　雑則

（外国に設ける組織）

第五七条　大学は、文部科学大臣が別に定めるところにより、外国に学部、学科その他の組織を設けることができる。

（**学校教育法第百三条に定める大学についての適用除外**）

第五八条　第三十四条、第三十五条、第三十六条第四項及び第五項、第三十七条、第三十七条の二、第四十七条、第四十八条並びに第四十九条（第三十四条、第三十五条並びに第三十六条第四項及び第五項の規定に係る施設及び設備について適用する場合に限る。）の規定は、学校教育法第百三条に定める大学には適用しない。

（**その他の基準**）

第五九条　大学院その他に関する基準は、別に定める。

（**段階的整備**）

第六〇条　新たに大学等を設置し、又は薬学を履修する課程の修業年限を変更する場合の教員組織、校舎等の施設及び設備については、別に定めるところにより、段階的に整備することができる。

附　則〔抄〕

3　この省令施行の際、現に設置されている大学の組織、編制、施設及び設備でこの省令施行の日前に係るものについては、当分の間、なお従前の例によることができる。

7　令和二年度以降に期間（令和八年度までの間の年度間に限る。）を付して医学に関する学部の学科に係る収容定員を、七百二十人を超えて、地域における医療及び介護の総合的な確保の促進に関する法律（平成元年法律第六十四号）第四条第一項に規定する都道府県計画その他の都道府県が作成する医療に関する計画に記載された大学の入学定員及び編入学定員の増加により算出される収容定員の増加のみにより八百四十人までの範囲で増加する大学（次項及び附則第九項において「医学部の収容定員を七百二十人を超えて増加する大学」という。）の専任教員数の算定については、別表第一ロに定める医学関係の専任教員数は、収容定員が七百八十人までの場合にあつては百五十人、収容定員が八百四十人までの場合にあつては百六十人とし、かつ、文部科学大臣が別に定める基準に適合することとして、第十三条の規定を適用する。

別表第一から別表第三まで〔法令末尾に掲載〕

附　則〔抄〕（平成三〇年六月二九日文部科学省令第二二号）

施行、平三〇・六・二九

（**課程を設ける工学に関する学部に係る専任教員の数に関する経過措置**）

2　この省令の施行の際、現に設置されている大学の大学設置基準第五条の規定に基づき学科に代えて課程を設ける工学に関する学部に係る専任教員の数については、当分の間、なお従前の例によることができる。

附　則〔抄〕（令和元年八月一三日文部科学省令第一一号）

施行、令一・八・一三

（**医学を履修する課程等に関する経過措置**）

第二条　大学は、この省令による改正後の大学設置基準第四十二条の三の二の規定にかかわらず、当分の間、医学を履修する課程、歯学を履修する課程、薬学を履修する課程のうち臨床に係る実践的な能力を培うことを主たる目的とするもの及び獣医学を履修する課程を主として実施する学部等連係課程実施基本組織を設置することができない。

別表第一 学部の種類及び規模に応じ定める専任教員数（第十三条関係）

イ 医学又は歯学に関する学部以外の学部に係る専任教員数

(1) 専門職学科以外の学科に係るもの

学部の種類	一学科で組織する場合の専任教員数		二以上の学科（専門職学科を含む。）で組織する場合の一学科の収容定員並びに専任教員数	
	収容定員	専任教員数	収容定員	専任教員数
文学関係	三二〇―六〇〇	一〇	二〇〇―四〇〇	六
教育学・保育学関係	三二〇―六〇〇	一〇	二〇〇―四〇〇	六
法学関係	四〇〇―八〇〇	一四	四〇〇―六〇〇	一〇
経済学関係	四〇〇―八〇〇	一四	四〇〇―六〇〇	一〇
社会学・社会福祉学関係	四〇〇―八〇〇	一四	四〇〇―六〇〇	一〇
理学関係	二〇〇―四〇〇	一四	一六〇―三二〇	八
工学関係	二〇〇―四〇〇	一四	一六〇―三二〇	八
農学関係	二〇〇―四〇〇	一四	一六〇―三二〇	八
獣医学関係	三〇〇―六〇〇	二八	二四〇―四八〇	一六
薬学関係（臨床に係る実践的な能力を培うことを主たる目的とするもの）	三〇〇―六〇〇	二八	二四〇―三六〇	一六
薬学関係（臨床に係る実践的な能力を培うことを主たる目的とするものを除く。）	二〇〇―四〇〇	一四	一六〇―二四〇	八
家政関係	二〇〇―四〇〇	一〇	一六〇―二四〇	六
美術関係	二〇〇―四〇〇	一〇	一六〇―二四〇	六
音楽関係	二〇〇―四〇〇	一〇	一六〇―二四〇	六
体育関係	二〇〇―四〇〇	一二	一六〇―三二〇	八
保健衛生学関係（看護学関係）	二〇〇―四〇〇	一二	―	―
保健衛生学関係（看護学関係を除く。）	二〇〇―四〇〇	一四	一六〇―三二〇	八

備考

一 この表に定める教員数の半数以上は原則として教授とする（(2)の表及び別表第二において同じ。）。

二 この表に定める教員数には、第十一条の授業を担当しない教員を含まないこととする（(2)及びロの表並びに別表第二において同じ。）。

三 収容定員がこの表に定める数に満たない場合の専任教員数は、その二割の範囲内において兼任の教員に代えることができる（(2)の表及び別表第二において同じ。）。

四 収容定員がこの表の定める数を超える場合は、その超える収容定員に応じて四〇〇人につき教員三人（獣医学関係又は薬学関係（臨床に係る実践的な能力を培うことを主たる目的とするもの）にあつては、収容定員六〇〇人につき教員六人）の割合により算出される数の教員を増加するものとする（ロの表において同じ。）。

五 夜間学部がこれと同じ種類の昼間学部と同一の施設等を使用する場合の教員数は、この表に定める教員数の三分の一以上とする。ただし、夜間学部の収容定員が当該昼間学部の収容定員を超える場合は、夜間学部の教員数はこの表に定める教員数とし、当該昼間学部の教員数はこの表に定める教員数の三分の一以上とする（(2)の表及び別表第二において同じ。）。

六 昼夜開講制を実施する場合は、これに係る収容定員、履修方法、授業の開設状況等を考慮して、教育に支障のない限度において、この表に定める教員数を減ずることができる（(2)の表及び別表第二において同じ。）。

七 二以上の学科で組織する学部における教員数は、同一分野に属する二以上の学科ごとにそれぞれこの表又は(2)の表の下欄から算出される教員数の合計数とする。ただし、同一分野に属する学科が他にない場合には、当該学科については、この表の中欄から算出される教員数とする。

八 二以上の学科で組織される学部に獣医学関係の学科を置く場合における教員数は、それぞれの学科が属する分野のこの表の下欄から算出される教員数の合計数とする。

九 薬学分野に属する二以上の学科で組織される学部に薬学関係（臨床に係る実践的な能力を培うことを主たる目的とするもの）の一学科を置く場合における当該一学科に対するこの表の適用については、下欄中「一六」とあるのは、「二二」とする。

十 薬学関係（臨床に係る実践的な能力を培うことを主たる目的とするもの）の学部に係る専任教員のうちには、文部科学大臣が別に定めるところにより、薬剤師としての実務の経験を有する者を含むものとする。

十一 この表に掲げる学部以外の学部に係る教員数については、当該学部に類似するこの表に掲げる学部の例によるものとする。ただし、教員養成に関する学部については、免許状の種類に応じ、教育職員免許法（昭和二十四年法律第百四十七号）及び教育職員免許法施行規則（昭和二十九年文部省令第二十六号）に規定する教科及び教職に関する科目の所要単位を修得させるのに必要な数の教員を置くものとするほか、この表によることが適当でない場合については、別に定める（(2)の表において同じ。）。

十二　学部等連係課程実施基本組織における教員数は、当該学部等連係課程実施基本組織を一学科で組織する学部とみなしてこの表の中欄から算出される教員数とする。

(2)　専門職学科に係るもの

学部の種類	一学科で組織する場合の専任教員数				二以上の学科（専門職学科以外の学科を含む。）で組織する場合の一学科の収容定員並びに専任教員数			
	収容定員	専任教員数	収容定員	専任教員数	収容定員	専任教員数	収容定員	専任教員数
文学関係	一六〇―三一九	八	三二〇―六〇〇	一〇	一〇〇―一九九	五	二〇〇―四〇〇	六
教育学・保育学関係	一六〇―三一九	八	三二〇―六〇〇	一〇	一〇〇―一九九	五	二〇〇―四〇〇	六
法学関係	二〇〇―三九九	一二	四〇〇―八〇〇	一四	二〇〇―三九九	八	四〇〇―六〇〇	一〇
経済学関係	二〇〇―三九九	一二	四〇〇―八〇〇	一四	二〇〇―三九九	八	四〇〇―六〇〇	一〇
社会学・社会福祉学関係	二〇〇―三九九	一二	四〇〇―八〇〇	一四	二〇〇―三九九	八	四〇〇―六〇〇	一〇
理学関係	一〇〇―一九九	一二	二〇〇―四〇〇	一四	八〇―一五九	七	一六〇―三二〇	八
工学関係	一〇〇―一九九	一二	二〇〇―四〇〇	一四	八〇―一五九	七	一六〇―三二〇	八
農学関係	一〇〇―一九九	一二	二〇〇―四〇〇	一四	八〇―一五九	七	一六〇―三二〇	八
薬学関係	一〇〇―一九九	一二	二〇〇―四〇〇	一四	八〇―一五九	七	一六〇―三二〇	八
家政関係	一〇〇―一九九	八	二〇〇―四〇〇	一〇	八〇―一五九	五	一六〇―二四〇	六
美術関係	一〇〇―一九九	八	二〇〇―四〇〇	一〇	八〇―一五九	五	一六〇―二四〇	六
音楽関係	一〇〇―一九九	八	二〇〇―四〇〇	一〇	八〇―一五九	五	一六〇―二四〇	六
体育関係	一〇〇―一九九	一〇	二〇〇―四〇〇	一二	八〇―一五九	七	一六〇―二四〇	八
保健衛生学関係（看護学関係）	一〇〇―一九九	一〇	二〇〇―四〇〇	一二	―	―	―	―
保健衛生学関係（看護学関係を除く。）	一〇〇―一九九	一二	二〇〇―四〇〇	一四	八〇―一五九	七	一六〇―三二〇	八

備考
一　収容定員がこの表の定める数を超える場合は、その超える収容定員に応じて四〇〇人につき教員三人の割合により算出される数の教員を増加するものとする。
二　この表に定める教員数のおおむね四割以上は実務の経験等を有する専任教員とする。
三　二以上の学科で組織する学部における教員数は、同一分野に属する二以上の学科ごとにそれぞれこの表又は(1)の表の下欄から算出される教員数の合計数とする。ただし、同一分野に属する学科が他にない場合には、当該学科については、この表の中欄から算出される教員数とする。

ロ　医学又は歯学に関する学部に係る専任教員数

学部の種類＼収容定員	収容定員三六〇人までの場合の専任教員数	収容定員四八〇人までの場合の専任教員数	収容定員六〇〇人までの場合の専任教員数	収容定員七二〇人までの場合の専任教員数	収容定員八四〇人までの場合の専任教員数	収容定員九六〇人までの場合の専任教員数
医学関係	一三〇	一四〇	一四〇	一四〇	―	―
歯学関係	七五	八五	九二	九九	一〇六	一一三

備考
一　この表に定める医学に関する学部に係る専任教員数のうち教授、准教授又は講師の合計数は、六十人以上とし、そのうち三十人以上は教授とする。
二　この表に定める歯学に関する学部に係る専任教員数のうち、教授、准教授又は講師の合計数は、三十六人以上とし、そのうち十八人以上は教授とする。
三　附属病院における教育、研究及び診療に主として従事する相当数の専任教員を別に置くものとする。
四　この表に定める専任教員数は、医学又は歯学に関する学科のみを置く場合に係る専任教員数とし、その他の学科を置く場合に係る専任教員数については、医学又は歯学に関する学科についてこの表に定める教員数と当該医学又は歯学に関する学科以外の学科についてイ(1)又は(2)の表に定める教員数の合計数とする。

別表第二　大学全体の収容定員に応じ定める専任教員数（第十三条関係）

大学全体の収容定員	四〇〇人	八〇〇人
専任教員数	七	一二

備考
一　この表に定める収容定員は、医学又は歯学に関する学部以外の学部の収容定員を合計した数とする。
二　収容定員がこの表に定める数に満たない場合の専任教員数は、その二割の範囲内において兼任の教員に代えることができる。
三　収容定員がこの表に定める数を超える場合は、収容定員が四〇〇人を超え八〇〇人未満の場合にあつては収容定員八〇人につき教員一人の割合により、収容定員が八〇〇人を超える場合にあつては収容定員四〇〇人につき教員三人の割合により算出される数の教員を増加するものとする。
四　医学又は歯学に関する学部を置く場合（当該学部に医学又は歯学に関する学科のみを置く場合に限る。）においては、当該学部の収容定員が四八〇人の場合にあつては七人、七二〇人の場合にあつては八人をこの表に定める数に加えるものとする。ただし、当該学部の収容定員が四八〇人未満の場合には、その加える数を六人とすることができる。
五　医学又は歯学に関する学部を置く場合で当該学部に医学又は歯学に関する学科以外の学科を置く場合においては、当該医学又は歯学に関する学科については前号により算出される教員数とし、当該医学又は歯学に関する学科以外の学科についてはその収容定員と他の学部の収容定員の合計数から第一号により算出される教員数とする。

別表第三　学部の種類に応じ定める校舎の面積（第三十七条の二関係）

イ　医学又は歯学に関する学部以外の学部に係る基準校舎面積

(1)　専門職学部以外の学部に係る基準校舎面積

学部の種類＼収容定員	二〇〇人までの場合の面積（平方メートル）	四〇〇人までの場合の面積（平方メートル）	八〇〇人までの場合の面積（平方メートル）	八〇一人以上の場合の面積（平方メートル）
文学関係	2,644	(収容定員－200)×661÷200＋2,644	(収容定員－400)×1,653÷400＋3,305	(収容定員－800)×1,322÷400＋4,958
教育学・保育学関係	2,644	(収容定員－200)×661÷200＋2,644	(収容定員－400)×1,653÷400＋3,305	(収容定員－800)×1,322÷400＋4,958
法学関係	2,644	(収容定員－200)×661÷200＋2,644	(収容定員－400)×1,653÷400＋3,305	(収容定員－800)×1,322÷400＋4,958
経済学関係	2,644	(収容定員－200)×661÷200＋2,644	(収容定員－400)×1,653÷400＋3,305	(収容定員－800)×1,322÷400＋4,958
社会学・社会福祉学関係	2,644	(収容定員－200)×661÷200＋2,644	(収容定員－400)×1,653÷400＋3,305	(収容定員－800)×1,322÷400＋4,958
理学関係	4,628	(収容定員－200)×1,157÷200＋4,628	(収容定員－400)×3,140÷400＋5,785	(収容定員－800)×3,140÷400＋8,925
工学関係	5,289	(収容定員－200)×1,322÷200＋5,289	(収容定員－400)×4,628÷400＋6,611	(収容定員－800)×4,628÷400＋11,239
農学関係	5,024	(収容定員－200)×1,256÷200＋5,024	(収容定員－400)×4,629÷400＋6,280	(収容定員－800)×4,629÷400＋10,909
獣医学関係	5,024	(収容定員－200)×1,256÷200＋5,024	(収容定員－400)×4,629÷400＋6,280	(収容定員－800)×4,629÷400＋10,909
薬学関係	4,628	(収容定員－200)×1,157÷200＋4,628	(収容定員－400)×1,983÷400＋5,785	(収容定員－800)×1,983÷400＋7,768
家政関係	3,966	(収容定員－200)×992÷200＋3,966	(収容定員－400)×1,984÷400＋4,958	(収容定員－800)×1,984÷400＋6,942
美術関係	3,834	(収容定員－200)×959÷200＋3,834	(収容定員－400)×3,140÷400＋4,793	(収容定員－800)×3,140÷400＋7,933
音楽関係	3,438	(収容定員－200)×859÷200＋3,438	(収容定員－400)×2,975÷400＋4,297	(収容定員－800)×2,975÷400＋7,272
体育関係	3,438	(収容定員－200)×859÷200＋3,438	(収容定員－400)×1,983÷400＋4,297	(収容定員－800)×1,983÷400＋6,280
保健衛生学関係（看護学関係）	3,966	(収容定員－200)×992÷200＋3,966	(収容定員－400)×1,984÷400＋4,958	(収容定員－800)×1,984÷400＋6,942
保健衛生学関係（看護学関係を除く。）	4,628	(収容定員－200)×1,157÷200＋4,628	(収容定員－400)×3,140÷400＋5,785	(収容定員－800)×3,140÷400＋8,925

備考
一　この表に掲げる面積には、第三十六条第五項の施設、第三十九条の附属施設及び第三十九条の二の薬学実務実習に必要な施設の面積は含まない（ロ及びハ(1)の表において同じ。）。
二　夜間学部（同じ種類の昼間学部と同一の施設等を使用するものを除く。）における面積については、この表に掲げる学部の例によるものとする（(2)並びにハ(1)及び(2)の表において同じ。）。
三　夜間学部が同じ種類の昼間学部と同一の施設等を使用する場合は、夜間学部又は昼間学部の収容定員のいずれか多い数によりこの表に定める面積とする（(2)並びにハ(1)及び(2)の

況等を考慮して、教育に支障のない限度において、この表に定める面積を減ずることができる（(2)並びにハ(1)及び(2)において同じ。）。
五　この表に掲げる学部以外の学部における面積については、当該学部に類似するこの表に掲げる学部の例によるものとする（(2)の表において同じ。）。
六　この表に定める面積は、専用部分の面積とする。ただし、当該大学と他の学校、就学前の子どもに関する教育、保育等の総合的な提供の推進に関する法律第二条第七項に規定する幼保連携型認定こども園、専修学校又は各種学校（以下この号において「学校等」という。）が同一の敷地内又は隣接地に所在する場合であつて、それぞれの学校等の校舎の専用

表において同じ。）。

四　昼夜開講制を実施する場合においては、これに係る収容定員、履修方法、授業の開設状
の教育研究に支障がない限度において、この表に定める面積に当該学校等との共用部分の
部分の面積及び共用部分の面積を合算した面積が、それぞれの学校等が設置の認可を受ける場合において基準となる校舎の面積を合算した面積以上のものであるときは、当該大学面積を含めることができる（(2)、ロ並びにハ(1)及び(2)の表において同じ。）。

(2)　専門職学部に係る基準校舎面積

学部の種類＼収容定員	一〇〇人までの場合の面積（平方メートル）	二〇〇人までの場合の面積（平方メートル）	四〇〇人までの場合の面積（平方メートル）	八〇〇人までの場合の面積（平方メートル）	八〇一人以上の場合の面積（平方メートル）
文学関係	2,314	(収容定員－100)×330÷100＋2,314	(収容定員－200)×661÷200＋2,644	(収容定員－400)×1,653÷400＋3,305	(収容定員－800)×1,322÷400＋4,958
教育学・保育学関係	2,314	(収容定員－100)×330÷100＋2,314	(収容定員－200)×661÷200＋2,644	(収容定員－400)×1,653÷400＋3,305	(収容定員－800)×1,322÷400＋4,958
法学関係	2,314	(収容定員－100)×330÷100＋2,314	(収容定員－200)×661÷200＋2,644	(収容定員－400)×1,653÷400＋3,305	(収容定員－800)×1,322÷400＋4,958
経済学関係	2,314	(収容定員－100)×330÷100＋2,314	(収容定員－200)×661÷200＋2,644	(収容定員－400)×1,653÷400＋3,305	(収容定員－800)×1,322÷400＋4,958
社会学・社会福祉学関係	2,314	(収容定員－100)×330÷100＋2,314	(収容定員－200)×661÷200＋2,644	(収容定員－400)×1,653÷400＋3,305	(収容定員－800)×1,322÷400＋4,958
理学関係	4,049	(収容定員－100)×579÷100＋4,049	(収容定員－200)×1,157÷200＋4,628	(収容定員－400)×3,140÷400＋5,785	(収容定員－800)×3,140÷400＋8,925
工学関係	4,628	(収容定員－100)×661÷100＋4,628	(収容定員－200)×1,322÷200＋5,289	(収容定員－400)×4,628÷400＋6,611	(収容定員－800)×4,628÷400＋11,239
農学関係	4,396	(収容定員－100)×628÷100＋4,396	(収容定員－200)×1,256÷200＋5,024	(収容定員－400)×4,629÷400＋6,280	(収容定員－800)×4,629÷400＋10,909
薬学関係	4,049	(収容定員－100)×579÷100＋4,049	(収容定員－200)×1,157÷200＋4,628	(収容定員－400)×1,983÷400＋5,785	(収容定員－800)×1,983÷400＋7,768
家政関係	3,470	(収容定員－100)×496÷100＋3,470	(収容定員－200)×992÷200＋3,966	(収容定員－400)×1,984÷400＋4,958	(収容定員－800)×1,984÷400＋6,942
美術関係	3,355	(収容定員－100)×479÷100＋3,355	(収容定員－200)×959÷200＋3,834	(収容定員－400)×3,140÷400＋4,793	(収容定員－800)×3,140÷400＋7,933
音楽関係	3,009	(収容定員－100)×429÷100＋3,009	(収容定員－200)×859÷200＋3,438	(収容定員－400)×2,975÷400＋4,297	(収容定員－800)×2,975÷400＋7,272
体育関係	3,009	(収容定員－100)×429÷100＋3,009	(収容定員－200)×859÷200＋3,438	(収容定員－400)×1,983÷400＋4,297	(収容定員－800)×1,983÷400＋6,280
保健衛生学関係（看護学関係）	3,470	(収容定員－100)×496÷100＋3,470	(収容定員－200)×992÷200＋3,966	(収容定員－400)×1,984÷400＋4,958	(収容定員－800)×1,984÷400＋6,942
保健衛生学関係（看護学関係を除く。）	4,049	(収容定員－100)×579÷100＋4,049	(収容定員－200)×1,157÷200＋4,628	(収容定員－400)×3,140÷400＋5,785	(収容定員－800)×3,140÷400＋8,925

備考

一　この表に掲げる面積には、第三十六条第五項の施設及び第三十九条の附属施設に必要な施設の面積は含まない（ハ(2)の表において同じ。）。

二　第四十二条の十二第一項第三号に規定する卒業に必要な臨地実務実習を実施するに当たり、実験・実習室その他の実習に必要な施設の一部を企業等の事業者の施設の使用により確保する場合その他の相当の事由があると認められる場合には、教育研究に支障がない限度において、この表に定める面積を減ずることができる（ハ(2)の表において同じ。）。

ロ　医学又は歯学に関する学部に係る校舎の面積

学部の種類	区分＼収容定員	収容定員三六〇人までの場合の面積（平方メートル）	収容定員四八〇人までの場合の面積（平方メートル）	収容定員六〇〇人までの場合の面積（平方メートル）	収容定員七二〇人までの場合の面積（平方メートル）	収容定員八四〇人までの場合の面積（平方メートル）	収容定員九六〇人までの場合の面積（平方メートル）
医学関係	校舎	一二、六五〇	一四、三〇〇	一六、七五〇	一八、二五〇	—	—
	附属病院	二八、〇五〇	三一、一〇〇	三三、一〇〇	三五、一〇〇	—	—
歯学関係	校舎	八、八五〇	九、六〇〇	一〇、三五〇	一一、二〇〇	一一、九五〇	一三、一〇〇
	附属病院	五、七〇〇	五、八〇〇	五、九〇〇	六、〇〇〇	六、一〇〇	六、二〇〇

備考　この表に定める面積は、医学又は歯学に関する学科のみを置く場合に係る面積とし、その他の学科を置く場合に係る面積については、医学又は歯学に関する学科についてこの表に定める面積と当該医学又は歯学に関する学科以外の学科についてイ(1)又は(2)の表に定める面積の合計とする。

ハ　医学又は歯学に関する学部以外の学部に係る加算校舎面積

(1)　専門職学部以外の学部に係る加算校舎面積

学部の種類＼収容定員	二〇〇人までの場合の面積（平方メートル）	四〇〇人までの場合の面積（平方メートル）	六〇〇人までの場合の面積（平方メートル）	八〇〇人までの場合の面積（平方メートル）	一〇〇〇人までの場合の面積（平方メートル）	一二〇〇人までの場合の面積（平方メートル）	一四〇〇人までの場合の面積（平方メートル）	一六〇〇人までの場合の面積（平方メートル）	一八〇〇人までの場合の面積（平方メートル）	二〇〇〇人までの場合の面積（平方メートル）
文学関係	一、七一九	二、一四八	二、九七五	三、八〇一	四、四六二	五、一二三	五、七八五	六、四四六	七、一〇七	七、七六八
教育学・保育学関係	一、七一九	二、一四八	二、九七五	三、八〇一	四、四六二	五、一二三	五、七八五	六、四四六	七、一〇七	七、七六八
法学関係	一、七一九	二、一四八	二、九七五	三、八〇一	四、四六二	五、一二三	五、七八五	六、四四六	七、一〇七	七、七六八
経済学関係	一、七一九	二、一四八	二、九七五	三、八〇一	四、四六二	五、一二三	五、七八五	六、四四六	七、一〇七	七、七六八
社会学・社会福祉学関係	一、七一九	二、一四八	二、九七五	三、八〇一	四、四六二	五、一二三	五、七八五	六、四四六	七、一〇七	七、七六八
理学関係	三、一七三	三、九六六	五、六一九	七、一〇七	八、七六〇	一〇、二四七	一一、七三四	一三、二二一	一四、七〇八	一六、一九五
工学関係	三、八三四	四、七九三	七、一〇七	九、四二一	一一、七三五	一四、〇四九	一六、三六三	一八、六七七	二〇、九九一	二三、三〇五
農学関係	三、六三六	四、六二八	六、九四二	九、二五六	一一、五七〇	一三、八八四	一六、一九八	一八、五一二	二〇、八二六	二三、一四〇
獣医学関係	三、六三六	四、六二八	六、九四二	九、二五六	一一、五七〇	一三、八八四	一六、一九八	一八、五一二	二〇、八二六	二三、一四〇
薬学関係	三、三〇五	四、一三二	五、一二三	六、一一五	七、一〇七	八、〇九九	九、〇九一	一〇、〇八三	一一、〇七五	一二、〇六七
家政関係	二、五一二	三、一四〇	四、一三二	五、一二三	六、一一五	七、一〇七	八、〇九九	九、〇九一	一〇、〇八三	一一、〇七五
美術関係	二、六四四	三、三〇五	四、九五八	六、六一一	八、〇九九	九、五八六	一一、〇七三	一二、五六〇	一四、〇四七	一五、五三四
音楽関係	二、五一二	三、一四〇	四、六二八	六、二八〇	七、六〇三	九、〇九〇	一〇、五七七	一二、〇六四	一三、五五一	一五、〇三八
体育関係	二、七七六	三、四七一	四、四六二	五、四五四	六、四四六	七、七六八	九、〇九〇	一〇、四一二	一一、七三四	一三、〇五六
保健衛生学関係（看護学関係）	二、五一二	三、一四〇	四、一三二	五、一二三	六、一一五	七、一〇七	八、〇九九	九、〇九一	一〇、〇八三	一一、〇七五
保健衛生学関係（看護学関係を除く。）	三、一七三	三、九六六	五、六一九	七、一〇七	八、七六〇	一〇、二四七	一一、七三四	一三、二二一	一四、七〇八	一六、一九五

備考　収容定員が二、〇〇〇人を超える場合は、二〇〇人を増すごとに、この表に定める二、〇〇〇人までの面積から一、八〇〇人までの面積を減じて算出される数を加算するものとする（(2)の表において同じ。）。

(2)　専門職学部に係る加算校舎面積

学部の種類＼収容定員	一〇〇人までの場合の面積（平方メートル）	二〇〇人までの場合の面積（平方メートル）	四〇〇人までの場合の面積（平方メートル）	六〇〇人までの場合の面積（平方メートル）	八〇〇人までの場合の面積（平方メートル）	一〇〇〇人までの場合の面積（平方メートル）	一二〇〇人までの場合の面積（平方メートル）	一四〇〇人までの場合の面積（平方メートル）	一六〇〇人までの場合の面積（平方メートル）	一八〇〇人までの場合の面積（平方メートル）	二〇〇〇人までの場合の面積（平方メートル）
文学関係	一、五〇五	一、七一九	二、一四八	二、九七五	三、八〇一	四、四六二	五、一二三	五、七八五	六、四四六	七、一〇七	七、七六八
教育学・保育学関係	一、五〇五	一、七一九	二、一四八	二、九七五	三、八〇一	四、四六二	五、一二三	五、七八五	六、四四六	七、一〇七	七、七六八
法学関係	一、五〇五	一、七一九	二、一四八	二、九七五	三、八〇一	四、四六二	五、一二三	五、七八五	六、四四六	七、一〇七	七、七六八
経済学関係	一、五〇五	一、七一九	二、一四八	二、九七五	三、八〇一	四、四六二	五、一二三	五、七八五	六、四四六	七、一〇七	七、七六八
社会学・社会福祉学関係	一、五〇五	一、七一九	二、一四八	二、九七五	三、八〇一	四、四六二	五、一二三	五、七八五	六、四四六	七、一〇七	七、七六八
理学関係	二、七七七	三、一七三	三、九六六	五、六一九	七、一〇七	八、七六〇	一〇、二四七	一一、七三四	一三、二二一	一四、七〇八	一六、一九五
工学関係	三、三五五	三、八三四	四、七九三	七、一〇七	九、四二一	一一、七三五	一四、〇四九	一六、三六三	一八、六七七	二〇、九九一	二三、三〇五
農学関係	三、一四〇	三、六三六	四、六二八	六、九四二	九、二五六	一一、五七〇	一三、八八四	一六、一九八	一八、五一二	二〇、八二六	二三、一四〇
薬学関係	二、八九一	三、三〇五	四、一三二	五、一二三	六、一一五	七、一〇七	八、〇九九	九、〇九一	一〇、〇八三	一一、〇七五	一二、〇六七

家政関係	二、一九八	二、五一二	三、一四〇	四、一三二	五、一二三	六、一一五	七、一〇七	八、〇九九	九、〇九一	一〇、〇八三	一一、〇七五
美術関係	二、三一四	二、六四四	三、三〇五	四、九五八	六、六一一	八、〇九九	九、五八六	一一、〇七三	一二、五六〇	一四、〇四七	一五、五三四
音楽関係	二、一九八	二、五一二	三、一四〇	四、六二八	六、二八〇	七、六〇三	九、〇九〇	一〇、五七七	一二、〇六四	一三、五五一	一五、〇三八
体育関係	二、四二九	二、七七六	三、四七一	四、四六二	五、四五四	六、四四六	七、七六八	九、〇九〇	一〇、四一二	一一、七三四	一三、〇五六
保健衛生学関係（看護学関係）	二、一九八	二、五一二	三、一四〇	四、一三二	五、一二三	六、一一五	七、一〇七	八、〇九九	九、〇九一	一〇、〇八三	一一、〇七五
保健衛生学関係（看護学関係を除く。）	二、七七七	三、一七三	三、九六六	五、六一九	七、一〇七	八、七六〇	一〇、二四七	一一、七三四	一三、二二一	一四、七〇八	一六、一九五

●専門職大学設置基準（抜粋）

（平成二九年九月八日 文部科学省令第三三号）

施行、平三一・四・一
最終改正、令一―文科令一一

第一章　総則

（趣旨）

第一条　専門職大学は、学校教育法その他の法令の規定によるほか、この省令の定めるところにより設置するものとする。

2・3 （省略）

（入学者選抜）

第三条　入学者の選抜は、公正かつ妥当な方法により、適切な体制を整えて行うものとする。

2　専門職大学は、実務の経験を有する者その他の入学者の多様性の確保に配慮した入学者選抜を行うよう努めるものとする。

第四章　教育課程

（教育課程の編成方針）

第一〇条　専門職大学は、当該専門職大学、学部及び学科又は課程等の教育上の目的を達成するために必要な授業科目を、産業界及び地域社会と連携しつつ、自ら開設し、体系的に教育課程を編成するものとする。

2　教育課程の編成に当たつては、専門職大学は、学部等の専攻に係る専門の学芸を教授し、専門性が求められる職業を担うための実践的な能力及び当該職業の分野において創造的な役割を担うための応用的な能力を展開させるとともに、豊かな人間性及び職業倫理を涵養するよう適切に配慮しなければならない。

3　専門職大学は、専攻に係る職業を取り巻く状況を踏まえて必要な授業科目を開発し、当該職業の動向に即した教育課程の編成を行うとともに、当該状況の変化に対応し、授業科目の内容、教育課程の構成等について、不断の見直しを行うものとする。

4　前項の規定による授業科目の開発、教育課程の編成及びそれらの見直しは、次条に規定する教育課程連携協議会の意見を勘案するとともに、適切な体制を整えて行うものとする。

（教育課程連携協議会）

第一一条　専門職大学は、産業界及び地域社会との連携により、教育課程を編成し、及び円滑かつ効果的に実施するため、教育課程連携協議会を設けるものとする。

2　教育課程連携協議会は、次に掲げる者をもって構成する。

一　学長が指名する教員その他の職員
二　当該専門職大学の課程に係る職業に就いている者又は当該職業に関連する事業を行う者による団体のうち、広範囲の地域で活動するものの関係者であって、当該職業の実務に関し豊富な経験を有するもの
三　地方公共団体の職員、地域の事業者による団体の関係者その他の地域の関係者
四　臨地実務実習（第二十九条第一項第四号に規定する臨地実務実習をいう。）その他の授業科目の開設又は授業の実施において当該専門職大学と協力する事業者
五　当該専門職大学の教員その他の職員以外の者であって学長が必要と認めるもの

3　教育課程連携協議会は、次に掲げる事項について審議し、学長に意見を述べるものとする。

一　産業界及び地域社会との連携による授業科目の開設その他の教育課程の編成に関する基本的な事項
二　産業界及び地域社会との連携による授業の実施その他の教育課程の実施に関する基本的な事項及びその実施状況の評価に関する事項

（専門職大学の授業科目）

第一三条　専門職大学は、次の各号に掲げる授業科目を開設するものとする。

一　基礎科目（生涯にわたり自らの資質を向上させ、社会的及び職業的自立を図るために必要な能力を育成するための授業科目をいう。）
二　職業専門科目（専攻に係る特定の職業において必要とされる理論的かつ実践的な能力及び当該職業の分野全般にわたり必要な能力を育成するための授業科目をいう。）
三　展開科目（専攻に係る特定の職業の分野に関連する分野における応用的な能力であって、当該職業の分野において創造的な役割を果たすために必要なものを育成するための授業科目をいう。）
四　総合科目（修得した知識及び技能等を総合し、専門性が求められる職業を担うための実践的かつ応用的な能力を総合的に向上させるための授業科目をいう。）

第五章　卒業の要件等

（卒業の要件）

第二九条　専門職大学の卒業の要件は、次の各号のいずれにも該当することとする。

一　専門職大学に四年以上在学すること。
二　百二十四単位以上（基礎科目及び展開科目に係るそれぞれ二十単位以上、職業専門科目に係る六十単位以上並びに総合科目に係る四単位以上を含む。）を修得すること。
三　実験、実習又は実技による授業科目（やむを得ない事由があり、かつ、教育効果を十分にあげることができると認める場合には、演習、実験、実習又は実技による授業科目）に係る四十単位以上を修得すること。
四　前号の授業科目に係る単位に臨地実務実習（企業その他の事業者の事業所又はこれに類する場所において、当該事業者の実務に従事することにより行う実習による授業科目であって、文部科学大臣が別に定めるところにより開設されるものをいう。以下同じ。）に係る二十単位が含まれること。ただし、やむを得ない事由があり、かつ、教育効果を十分にあげることができると認められる場合には、五単位を超えない範囲で、連携実務演習等（企業その他の事業者と連携して開設する演習、実験、実習又は実技による授業科目のうち、当該事業者の実務に係る課題に取り組むもの（臨地実務実習を除く。）であって、文部科学大臣が別に定めるところにより開設されるものをいう。以下同じ。）をもってこれに代えることができること。

2 （省略）

（前期課程の修了要件）

第三〇条　専門職大学の前期課程のうち修業年限が二年のものの修了要件は、次の各号のいずれにも該当することとする。

一　専門職大学の前期課程に二年以上在学すること。
二　六十二単位以上（基礎科目及び展開科目に係るそれぞれ十単位以上、職業専門科目に係る三十単位以上並びに総合科目に係る二単位以上を含む。）を修得すること。
三　実験、実習又は実技による授業科目（やむを得ない事由があり、かつ、教育効果を十分にあげることができると認める場合には、演習、実験、実習又は実技による授業科目）に係る二十単位以上を修得すること。
四　前号の授業科目に係る単位に臨地実務実習に係る十単位が含まれること。ただし、やむを得ない事由があり、かつ、教育効果を十分にあげることができると認められる場合には、二単位を超えない範囲で、連携実務演習等をもってこれに代えることができること。

2　専門職大学の前期課程のうち修業年限が三年のものの修了要件は、次の各号のいずれにも該当することとする。

一　専門職大学の前期課程に三年以上在学すること。
二　九十三単位以上（基礎科目及び展開科目に係るそれぞれ十五単位以上、職業専門科目に係る四十五単位以上並びに総合科目に係る二単位以上を含む。）を修得すること。
三　実験、実習又は実技による授業科目（や

むを得ない事由があり、かつ、教育効果を十分にあげることができると認める場合には、演習、実験、実習又は実技による授業科目）に係る三十単位以上を修得すること。

四　前号の授業科目に係る単位に臨地実務実習に係る十五単位が含まれること。ただし、やむを得ない事由があり、かつ、教育効果を十分にあげることができると認められる場合には、三単位を超えない範囲で、連携実務演習等をもってこれに代えることができること。

3　夜間において授業を行う学部その他授業を行う時間について教育上特別の配慮を必要とする学部に係る修業年限が三年の専門職大学の前期課程の修了要件は、前項の規定にかかわらず、専門職大学に三年以上在学し、第一項第二号から第四号までに掲げる要件のいずれにも該当することとすることができる。

第六章　教員組織

（実務の経験等を有する専任教員）

第三六条　前条の規定による専任教員の数のおおむね四割以上は、専攻分野におけるおおむね五年以上の実務の経験を有し、かつ、高度の実務の能力を有する者（次項において「実務の経験等を有する専任教員」という。）とする。

2　実務の経験等を有する専任教員のうち、前項に規定するおおむね四割の専任教員の数に二分の一を乗じて算出される数（小数点以下の端数があるときは、これを四捨五入する。）以上は、次の各号のいずれかに該当する者とする。

一　大学において教授、准教授、専任の講師又は助教の経歴（外国におけるこれらに相当する教員としての経歴を含む。）のある者

二　博士の学位、修士の学位又は学位規則（昭和二十八年文部省令第九号）第五条の二に規定する専門職学位（外国において授与されたこれらに相当する学位を含む。）を有する者

三　企業等に在職し、実務に係る研究上の業績を有する者

3　第一項に規定するおおむね四割の専任教員の数に二分の一を乗じて算出される数（小数点以下の端数があるときは、これを四捨五入する。）の範囲内については、専任教員以外の者であっても、一年につき六単位以上の授業科目を担当し、かつ、教育課程の編成その他の学部の運営について責任を担う者で足りるものとする。

第八章　校地、校舎等の施設及び設備等

（実務実習に必要な施設）

第五〇条　専門職大学は、実験・実習室及び附属施設のほか、臨地実務実習その他の実習に必要な施設を確保するものとする。

（大学等の名称）

第五四条　専門職大学は、その名称中に専門職大学という文字を用いなければならない。

2（省略）

●大学院設置基準

（昭和四九年六月二〇日文部省令第二八号）

施行、昭五〇・四・一
最終改正、令二―文科令二四

第一章　総則

（趣旨）

第一条　大学院は、学校教育法（昭和二十二年法律第二十六号）その他の法令の規定によるほか、この省令の定めるところにより設置するものとする。

2　この省令で定める設置基準は、大学院を設置するのに必要な最低の基準とする。

3　大学院は、この省令で定める設置基準より低下した状態にならないようにすることはもとより、その水準の向上を図ることに努めなければならない。

（教育研究上の目的）

第一条の二　大学院は、研究科又は専攻ごとに、人材の養成に関する目的その他の教育研究上の目的を学則等に定めるものとする。

（入学者選抜）

第一条の三　入学者の選抜は、公正かつ妥当な方法により、適切な体制を整えて行うものとする。

（教員と事務職員等の連携及び協働）

第一条の四　大学院は、当該大学院の教育研究活動等の組織的かつ効果的な運営を図るため、当該大学院の教員と事務職員等との適切な役割分担の下で、これらの者の間の連携体制を確保し、これらの者の協働によりその職務が行われるよう留意するものとする。

（大学院の課程）

第二条　大学院における課程は、修士課程、博士課程及び専門職学位課程（学校教育法第九十九条第二項の専門職大学院の課程をいう。以下同じ。）とする。

2　大学院には、修士課程、博士課程及び専門職学位課程のうち二以上を併せ置き、又はそのいずれかを置くものとする。

（専ら夜間において教育を行う大学院の課程）

第二条の二　大学院には、専ら夜間において教育を行う修士課程、博士課程及び専門職学位課程のうち二以上を併せ置き、又はそのいずれかを置くことができる。

（修士課程）

第三条　修士課程は、広い視野に立つて精深な学識を授け、専攻分野における研究能力又はこれに加えて高度の専門性が求められる職業を担うための卓越した能力を培うことを目的とする。

2　修士課程の標準修業年限は、二年とする。ただし、教育研究上の必要があると認められる場合には、研究科、専攻又は学生の履修上の区分に応じ、その標準修業年限は、二年を超えるものとすることができる。

3　前項の規定にかかわらず、修士課程においては、主として実務の経験を有する者に対して教育を行う場合であつて、教育研究上の必要があり、かつ、昼間と併せて夜間その他特定の時間又は時期において授業又は研究指導を行う等の適切な方法により教育上支障を生じないときは、研究科、専攻又は学生の履修上の区分に応じ、標準修業年限を一年以上二年未満の期間とすることができる。

（博士課程）

第四条　博士課程は、専攻分野について、研究者として自立して研究活動を行い、又はその他の高度に専門的な業務に従事するに必要な高度の研究能力及びその基礎となる豊かな学識を養うことを目的とする。

2　博士課程の標準修業年限は、五年とする。ただし、教育研究上の必要があると認められる場合には、研究科、専攻又は学生の履修上の区分に応じ、その標準修業年限は、五年を超えるものとすることができる。

3　博士課程は、これを前期二年及び後期三年の課程に区分し、又はこの区分を設けないものとする。ただし、博士課程を前期及び後期の課程に区分する場合において、教育研究上の必要があると認められるときは、研究科、

専攻又は学生の履修上の区分に応じ、前期の課程については二年を、後期の課程については三年を超えるものとすることができる。

4　前期二年及び後期三年の課程に区分する博士課程においては、その前期二年の課程は、これを修士課程として取り扱うものとする。前項ただし書の規定により二年を超えるものとした前期の課程についても、同様とする。

5　第二項及び第三項の規定にかかわらず、教育研究上必要がある場合においては、第三項に規定する後期三年の課程のみの博士課程を置くことができる。この場合において、当該課程の標準修業年限は、三年とする。ただし、教育研究上の必要があると認められる場合には、研究科、専攻又は学生の履修上の区分に応じ、その標準修業年限は、三年を超えるものとすることができる。

第二章　教育研究上の基本組織

（研究科）

第五条　研究科は、専門分野に応じて、教育研究上の目的から組織されるものであつて、専攻の種類及び数、教員数その他が大学院の基本となる組織として適当な規模内容を有すると認められるものとする。

（専攻）

第六条　研究科には、それぞれの専攻分野の教育研究を行うため、数個の専攻を置くことを常例とする。ただし、教育研究上適当と認められる場合には、一個の専攻のみを置くことができる。

2　前期及び後期の課程に区分する博士課程においては、教育研究上適当と認められる場合には、前期の課程と後期の課程で異なる専攻を置くことができるものとする。

（研究科と学部等の関係）

第七条　研究科を組織するに当たつては、学部、大学附置の研究所等と適切な連携を図る等の措置により、当該研究科の組織が、その目的にふさわしいものとなるよう配慮するものとする。

（複数の大学が協力して教育研究を行う研究科）

第七条の二　大学院には、二以上の大学が協力して教育研究（第三十一条第二項に規定する共同教育課程（次条第二項、第十三条第二項及び第二十三条の二において「共同教育課程」という。）及び第三十六条第一項に規定する国際連携教育課程（第十三条第二項及び第二十三条の二において「国際連携教育課程」という。）を編成して行うものを除く。第八条第四項において同じ。）を行う研究科を置くことができる。

（研究科以外の基本組織）

第七条の三　学校教育法第百条ただし書に規定する研究科以外の教育研究上の基本となる組織（以下「研究科以外の基本組織」という。）は、当該大学院の教育研究上の目的を達成するため有益かつ適切であると認められるものであつて、次の各号に掲げる要件を備えるものとする。

一　教育研究上適当な規模内容を有すること。

二　教育研究上必要な相当規模の教員組織その他諸条件を備えること。

三　教育研究を適切に遂行するためにふさわしい運営の仕組みを有すること。

2　研究科以外の基本組織（工学を専攻する研究科以外の基本組織を除く。）に係る第九条に規定する教員の配置の基準は、当該研究科以外の基本組織における専攻に相当する組織の教育研究上の分野に相当すると認められる分野の専攻に係るこれらの基準（共同教育課程を編成する専攻及び第三十五条第一項に規定する国際連携専攻に係るものを含む。）に準ずるものとする。

3　この省令において、この章及び第九条を除き、「研究科」には研究科以外の基本組織を、「専攻」には研究科以外の基本組織を置く場合における相当の組織を含むものとする。

第三章　教員組織

（教員組織）

第八条　大学院には、その教育研究上の目的を達成するため、研究科及び専攻の規模並びに授与する学位の種類及び分野に応じ、必要な教員を置くものとする。

2　大学院は、教員の適切な役割分担及び連携体制を確保し、組織的な教育が行われるよう特に留意するものとする。

3　大学院の教員は、教育研究上支障を生じない場合には、学部、研究所等の教員がこれを兼ねることができる。

4　第七条の二に規定する研究科の教員は、教育研究上支障を生じない場合には、当該研究科における教育研究を協力して実施する大学の教員がこれを兼ねることができる。

5　大学院は、教育研究水準の維持向上及び教育研究の活性化を図るため、教員の構成が特定の範囲の年齢に著しく偏ることのないよう配慮するものとする。

6　大学院は、二以上の校地において教育を行う場合においては、それぞれの校地ごとに必要な教員を置くものとする。なお、それぞれの校地には、当該校地における教育に支障のないよう、原則として専任の教授又は准教授を少なくとも一人以上置くものとする。ただし、その校地が隣接している場合は、この限りでない。

第九条　大学院には、前条第一項に規定する教員のうち次の各号に掲げる資格を有する教員を、専攻ごと（工学を専攻する研究科以外の基本組織にあつては、当該研究科以外の基本組織、第三十条の二第一項に規定する研究科等連係課程実施基本組織にあつては当該研究科等連係課程実施基本組織）に、文部科学大臣が別に定める数置くものとする。

一　修士課程を担当する教員にあつては、次の一に該当し、かつ、その担当する専門分野に関し高度の教育研究上の指導能力があると認められる者

イ　博士の学位を有し、研究上の業績を有する者

ロ　研究上の業績がイの者に準ずると認められる者

ハ　芸術、体育等特定の専門分野について高度の技術・技能を有する者

ニ　専攻分野について、特に優れた知識及び経験を有する者

二　博士課程を担当する教員にあつては、次の一に該当し、かつ、その担当する専門分野に関し、極めて高度の教育研究上の指導能力があると認められる者

イ　博士の学位を有し、研究上の顕著な業績を有する者

ロ　研究上の業績がイの者に準ずると認められる者

ハ　専攻分野について、特に優れた知識及び経験を有する者

2　博士課程（前期及び後期の課程に区分する博士課程における前期の課程を除く。）を担当する教員は、一個の専攻に限り、修士課程を担当する教員のうち前項第二号の資格を有する者がこれを兼ねることができる。

（一定規模数以上の入学定員の大学院研究科の教員組織）

第九条の二　研究科の基礎となる学部の学科の数を当該研究科の専攻の数とみなして算出される一個の専攻当たりの入学定員が、専門分野ごとに文部科学大臣が別に定める数（以下「一定規模数」という。）以上の場合には、当該研究科に置かれる前条に規定する教員のうち、一定規模数を超える部分について当該一定規模数ごとに一人を、大学設置基準（昭和三十一年文部省令第二十八号）第十三条に定める専任教員の数に算入できない教員とする。

第四章　収容定員

（収容定員）

第一〇条　収容定員は、教員組織及び施設設備その他の教育研究上の諸条件を総合的に考慮し、課程の区分に応じ専攻を単位として研究科ごとに定めるものとする。

2　前項の場合において、第四十五条の規定により外国に研究科、専攻その他の組織を設けるときは、これに係る収容定員を明示するものとする。

3　大学院は、教育研究にふさわしい環境の確保のため、在学する学生の数を収容定員に基づき適正に管理するものとする。

第五章　教育課程

（教育課程の編成方針）

第十一条　大学院は、当該大学院、研究科及び専攻の教育上の目的を達成するために必要な授業科目を自ら開設するとともに学位論文の作成等に対する指導（以下「研究指導」という。）の計画を策定し、体系的に教育課程を編成するものとする。

2　教育課程の編成に当たつては、大学院は、専攻分野に関する高度の専門的知識及び能力を修得させるとともに、当該専攻分野に関連する分野の基礎的素養を涵養するよう適切に配慮しなければならない。

（授業及び研究指導）

第十二条　大学院の教育は、授業科目の授業及び研究指導によつて行うものとする。

（研究指導）

第十三条　研究指導は、第九条の規定により置かれる教員が行うものとする。

2　大学院は、教育上有益と認めるときは、学生が他の大学院又は研究所等において必要な研究指導（共同教育課程を編成する専攻の学生が当該共同教育課程を編成する大学院において受けるもの及び国際連携教育課程を編成する専攻の学生が当該国際連携教育課程を編成する大学院において受けるものを除く。以下この項において同じ。）を受けることを認めることができる。ただし、修士課程の学生について認める場合には、当該研究指導を受ける期間は、一年を超えないものとする。

（教育方法の特例）

第十四条　大学院の課程においては、教育上特別の必要があると認められる場合には、夜間その他特定の時間又は時期において授業又は研究指導を行う等の適当な方法により教育を行うことができる。

（成績評価基準等の明示等）

第十四条の二　大学院は、学生に対して、授業及び研究指導の方法及び内容並びに一年間の授業及び研究指導の計画をあらかじめ明示するものとする。

2　大学院は、学修の成果及び学位論文に係る評価並びに修了の認定に当たつては、客観性及び厳格性を確保するため、学生に対してその基準をあらかじめ明示するとともに、当該基準にしたがつて適切に行うものとする。

（教育内容等の改善のための組織的な研修等）

第十四条の三　大学院は、当該大学院の授業及び研究指導の内容及び方法の改善を図るための組織的な研修及び研究を実施するものとする。

（大学設置基準の準用）

第十五条　大学院の各授業科目の単位、授業日数、授業期間、授業を行う学生数、授業の方法及び単位の授与、他の大学院における授業科目の履修等、入学前の既修得単位等の認定、長期にわたる教育課程の履修並びに科目等履修生等については、大学設置基準第二十一条から第二十五条まで、第二十七条、第二十八条第一項（同条第二項において準用する場合を含む。）、第三十条第一項及び第三項、第三十条の二並びに第三十一条（第二項及び第四項を除く。）の規定を準用する。この場合において、同令第二十八条第一項中「六十単位」とあるのは「十五単位」と、同条第二項中「及び外国の」とあるのは「、外国の」と、「当該教育課程における授業科目を我が国において」とあるのは「当該教育課程における授業科目を我が国において履修する場合及び国際連合大学本部に関する国際連合と日本国との間の協定の実施に伴う特別措置法（昭和五十一年法律第七十二号）第一条第二項に規定する千九百七十二年十二月十一日の国際連合総会決議に基づき設立された国際連合大学（第三十五条第一項において「国際連合大学」という。）の教育課程における授業科目を」と、同令第三十条第一項中「第三十一条第一項及び第二項」とあるのは「大学院設置基準第十五条において準用する第三十一条第一項」と、同条第三項中「前二項」とあるのは「大学院設置基準第十五条において読み替えて準用する第三十条第一項」と、「第二十八条第一項（同条第二項において準用する場合を含む。）及び前条第一項により当該大学において修得したものとみなす単位数と合わせて六十単位」とあるのは「十五単位を超えないものとし、また、同令第十五条において読み替えて準用する第二十八条第一項（同条第二項において準用する場合を含む。）により当該大学院において修得したものとみなす単位数と合わせて二十単位」と、同令第三十条の二中「修業年限」とあるのは「標準修業年限」と、「卒業」とあるのは「課程を修了」と、同令第三十一条第三項中「科目等履修生及び特別の課程履修生」とあるのは「科目等履修生」と読み替えるものとする。

第六章　課程の修了要件等

（修士課程の修了要件）

第十六条　修士課程の修了の要件は、大学院に二年（二年以外の標準修業年限を定める研究科、専攻又は学生の履修上の区分にあつては、当該標準修業年限）以上在学し、三十単位以上を修得し、かつ、必要な研究指導を受けた上、当該修士課程の目的に応じ、当該大学院の行う修士論文又は特定の課題についての研究の成果の審査及び試験に合格することとする。ただし、在学期間に関しては、優れた業績を上げた者については、大学院に一年以上在学すれば足りるものとする。

（博士課程の前期の課程の取扱い）

第十六条の二　第四条第四項の規定により修士課程として取り扱うものとする博士課程の前期の課程の修了の要件は、当該博士課程の目的を達成するために必要と認められる場合には、前条に規定する大学院の行う修士論文又は特定の課題についての研究の成果の審査及び試験に合格することに代えて、大学院が行う次に掲げる試験及び審査に合格することとすることができる。

一　専攻分野に関する高度の専門的知識及び能力並びに当該専攻分野に関連する分野の基礎的素養であつて当該前期の課程において修得し、又は涵養すべきものについての試験

二　博士論文に係る研究を主体的に遂行するために必要な能力であつて当該前期の課程において修得すべきものについての審査

（博士課程の修了要件）

第十七条　博士課程の修了の要件は、大学院に五年（五年を超える標準修業年限を定める研究科、専攻又は学生の履修上の区分にあつては、当該標準修業年限とし、修士課程（第三条第三項の規定により標準修業年限を一年以上二年未満とした修士課程を除く。以下この項において同じ。）に二年（二年を超える標準修業年限を定める研究科、専攻又は学生の履修上の区分にあつては、当該標準修業年限。以下この条本文において同じ。）以上在学し、当該課程を修了した者にあつては、当該課程における二年の在学期間を含む。）以上在学し、三十単位以上を修得し、かつ、必要な研究指導を受けた上、当該大学院の行う博士論文の審査及び試験に合格することとする。ただし、在学期間に関しては、優れた研究業績を上げた者については、大学院に三年（修士課程に二年以上在学し、当該課程を修了した者にあつては、当該課程における二年の在学期間を含む。）以上在学すれば足りるものとする。

2　第三条第三項の規定により標準修業年限を一年以上二年未満とした修士課程を修了した者及び第十六条ただし書の規定による在学期間をもつて修士課程を修了した者の博士課程の修了の要件については、前項中「五年（五年を超える標準修業年限を定める研究科、専攻又は学生の履修上の区分にあつては、当該標準修業年限とし、修士課程（第三条第三項

の規定により標準修業年限を一年以上二年未満とした修士課程を除く。以下この項において同じ。）に二年（二年を超える標準修業年限を定める研究科、専攻又は学生の履修上の区分にあつては、当該標準修業年限。以下この条本文において同じ。）以上在学し、当該課程を修了した者にあつては、当該課程における二年の在学期間を含む。）」とあるのは「修士課程における在学期間に三年（第四条第三項ただし書の規定により博士課程の後期の課程について三年を超える標準修業年限を定める研究科、専攻又は学生の履修上の区分にあつては、当該標準修業年限）を加えた期間」と、「三年（修士課程に二年以上在学し、当該課程を修了した者にあつては、当該課程における二年の在学期間を含む。）」とあるのは「三年（第三条第三項の規定により標準修業年限を一年以上二年未満とした修士課程を修了した者にあつては、当該一年以上二年未満の期間を、第十六条ただし書の規定による在学期間をもつて修士課程を修了した者にあつては、当該課程における在学期間（二年を限度とする。）を含む。）」と読み替えて、同項の規定を適用する。

3　第一項及び前項の規定にかかわらず、修士の学位若しくは専門職学位（学位規則（昭和二十八年文部省令第九号）第五条の二に規定する専門職学位をいう。以下この項において同じ。）を有する者又は学校教育法施行規則（昭和二十二年文部省令第十一号）第百五十六条の規定により大学院への入学資格に関し修士の学位若しくは専門職学位を有する者と同等以上の学力があると認められた者が、博士課程の後期の課程に入学した場合の博士課程の修了の要件は、大学院（専門職大学院を除く。以下この項において同じ。）に三年（第四条第三項ただし書の規定により博士課程の後期の課程について三年を超える標準修業年限を定める研究科、専攻又は学生の履修上の区分にあつては、当該標準修業年限とし、専門職大学院設置基準（平成十五年文部科学省令第十六号）第十八条第一項の法科大学院の課程を修了した者にあつては、二年（第四条第三項ただし書の規定により博士課程の後期の課程について三年を超える標準修業年限を定める研究科、専攻又は学生の履修上の区分にあつては、当該標準修業年限から一年の期間を減じた期間）とする。）以上在学し、必要な研究指導を受けた上、当該大学院の行う博士論文の審査及び試験に合格することとする。ただし、在学期間に関しては、優れた研究業績を上げた者については、大学院に一年（第三条第三項の規定により標準修業年限を一年以上二年未満とした修士課程を修了した者及び専門職大学院設置基準第二条第二項の規定により標準修業年限を一年以上二年未満とした専門職学位課程を修了した者にあつては、三年から当該一年以上二年未満の期間を減じた期間とし、第十六条ただし書の規定による在学期間をもつて修士課程を修了した者にあつては、三年から当該課程における在学期間（二年を限度とする。）を減じた期間とする。）以上在学すれば足りるものとする。

（大学院における在学期間の短縮）

第一八条　大学院は、第十五条において読み替えて準用する大学設置基準第三十条第一項の規定により当該大学院に入学する前に修得した単位（学校教育法第百二条第一項の規定により入学資格を有した後、修得したものに限る。）を当該大学院において修得したものとみなす場合であつて、当該単位の修得により当該大学院の修士課程又は博士課程（前期及び後期の課程に区分する博士課程における後期の課程を除く。）の教育課程の一部を履修したと認めるときは、当該単位数、その修得に要した期間その他を勘案して一年を超えない範囲で当該大学院が定める期間在学したものとみなすことができる。ただし、この場合においても、修士課程については、当該課程に少なくとも一年以上在学するものとする。

2　前項の規定は、修士課程を修了した者の前条第一項（同条第二項の規定により読み替えて適用する場合を含む。以下この項において同じ。）に規定する博士課程における在学期間（同条第一項の規定により博士課程における在学期間に含む修士課程における在学期間を除く。）については、適用しない。

第七章　施設及び設備等

（講義室等）

第一九条　大学院には、当該大学院の教育研究に必要な専用の講義室、研究室、実験・実習室、演習室等を備えるものとする。ただし、特別の事情があり、かつ、教育研究に支障がないと認められるときは、この限りでない。

（機械、器具等）

第二〇条　大学院には、研究科又は専攻の種類、教員数及び学生数に応じて必要な種類及び数の機械、器具及び標本を備えるものとする。

（図書等の資料）

第二一条　大学院には、研究科及び専攻の種類に応じ、図書、学術雑誌、視聴覚資料その他の教育研究上必要な資料を系統的に整理して備えるものとする。

（学部等の施設及び設備の共用）

第二二条　大学院は、教育研究上支障を生じない場合には、学部、大学附置の研究所等の施設及び設備を共用することができる。

（二以上の校地において教育研究を行う場合における施設及び設備）

第二二条の二　大学院は、二以上の校地において教育研究を行う場合においては、それぞれの校地ごとに教育研究に支障のないよう必要な施設及び設備を備えるものとする。ただし、その校地が隣接している場合は、この限りでない。

（教育研究環境の整備）

第二二条の三　大学院は、その教育研究上の目的を達成するため、必要な経費の確保等により、教育研究にふさわしい環境の整備に努めるものとする。

（研究科等の名称）

第二二条の四　研究科及び専攻（以下「研究科等」という。）の名称は、研究科等として適当であるとともに、当該研究科等の教育研究上の目的にふさわしいものとする。

第八章　独立大学院

（独立大学院）

第二三条　学校教育法第百三条に定める大学に置く大学院（以下「独立大学院」という。）の研究科の種類及び数、教員数その他は、当該大学院の教育研究上の目的に応じ適当な規模内容を有するものと認められるものとする。

第二三条の二　独立大学院は、共同教育課程及び国際連携教育課程のみを編成することはできない。

第二四条　独立大学院は、当該大学院の教育研究上の必要に応じた十分な規模の校舎等の施設を有するものとする。

2　独立大学院が研究所等との緊密な連係及び協力の下に教育研究を行う場合には、当該研究所等の施設及び設備を共用することができる。ただし、その利用に当たつては、十分な教育上の配慮等を行うものとする。

第九章　通信教育を行う課程を置く大学院

（通信教育を行う課程）

第二五条　大学院には、通信教育を行う修士課程、博士課程及び専門職学位課程のうち二以上を併せ置き、又はそのいずれかを置くことができる。

（通信教育を行い得る専攻分野）

第二六条　大学院は、通信教育によつて十分な教育効果が得られる専攻分野について、通信教育を行うことができるものとする。

（通信教育を併せ行う場合の教員組織）

第二七条　昼間又は夜間において授業を行う大学院が通信教育を併せ行う場合においては、通信教育を行う専攻ごとに、第九条に規定する教員を、教育に支障のないよう相当数増加するものとする。

（大学通信教育設置基準の準用）

第二八条　通信教育を行う課程の授業の方法及び単位の計算方法等については、大学通信教育設置基準（昭和五十六年文部省令第三十三号）第三条から第五条までの規定を準用する。

（通信教育を行う課程を置く大学院の施設）

第二九条　通信教育を行う課程を置く大学院は、添削等による指導並びに印刷教材等の保管及び発送のための施設について、教育に支障のないようにするものとする。

（添削等のための組織等）

第三〇条　通信教育を行う課程を置く大学院は、添削等による指導及び教育相談を円滑に処理するため、適当な組織等を設けるものとする。

第九章の二　研究科等連係課程実施基本組織に関する特例

（研究科等連係課程実施基本組織）

第三〇条の二　大学は、横断的な分野に係る教育課程を実施する上で特に必要があると認められる場合であつて、教育研究に支障がないと認められる場合には、当該大学に置かれる二以上の研究科等（研究科又は研究科以外の基本組織（この条の規定により置かれたものを除く。）をいう。以下この条において同じ。）との緊密な連係及び協力の下、当該二以上の研究科等が有する教員組織及び施設設備等の一部を用いて横断的な分野に係る教育課程を実施する研究科以外の基本組織（以下この条において「研究科等連係課程実施基本組織」という。）を置くことができる。

2　研究科等連係課程実施基本組織に置く教員は、教育研究に支障がないと認められる場合には、前項に規定する二以上の研究科等（次項において「連係協力研究科等」という。）の教員であつて、第九条第一項各号に定める資格を有する者がこれを兼ねることができる。

3　研究科等連係課程実施基本組織の収容定員は、連係協力研究科等の収容定員の内数とし、当該研究科等連係課程実施基本組織ごとに学則で定めるものとする。

4　第七条の三第三項の規定にかかわらず、この省令において、第二章、第九条、第九条の二、第十条、第十章から第十二章まで及び第四十五条を除き、「研究科」には研究科等連係課程実施基本組織を含むものとする。

第十章　共同教育課程に関する特例

（共同教育課程の編成）

第三一条　二以上の大学院は、その大学院、研究科及び専攻の教育上の目的を達成するために必要があると認められる場合には、第十一条第一項の規定にかかわらず、当該二以上の大学院のうち一の大学院が開設する授業科目を、当該二以上の大学院のうち他の大学院の教育課程の一部とみなして、それぞれの大学院ごとに同一内容の教育課程（通信教育に係るもの及び大学院を置く大学が外国に設ける研究科、専攻その他の組織において開設される授業科目の履修により修得する単位を当該課程に係る修了の要件として修得すべき単位の全部又は一部として修得するものを除く。）を編成することができる。

2　前項に規定する教育課程（以下「共同教育課程」という。）を編成する大学院（以下「構成大学院」という。）は、当該共同教育課程を編成し、及び実施するための協議の場を設けるものとする。

（共同教育課程に係る単位の認定等）

第三二条　構成大学院は、学生が当該構成大学院のうち一の大学院において履修した共同教育課程に係る授業科目について修得した単位を、当該構成大学院のうち他の大学院における当該共同教育課程に係る授業科目の履修により修得したものとそれぞれみなすものとする。

2　構成大学院は、学生が当該構成大学院のうち一の大学院において受けた共同教育課程に係る研究指導を、当該構成大学院のうち他の大学院において受けた当該共同教育課程に係るものとそれぞれみなすものとする。

（共同教育課程に係る修了要件）

第三三条　共同教育課程である修士課程の修了の要件は、第十六条（第四条第四項の規定により修士課程として取り扱うものとする博士課程の前期の課程にあつては、第十六条及び第十六条の二）に定めるもののほか、それぞれの大学院において当該共同教育課程に係る授業科目の履修により十単位以上を修得することとする。

2　共同教育課程である博士課程の修了の要件（第十七条第三項本文に規定する場合を除く。）は、第十七条（第三項を除く。）に定めるもののほか、それぞれの大学院において当該共同教育課程に係る授業科目の履修により十単位以上を修得することとする。

3　前二項の規定によりそれぞれの大学院において当該共同教育課程に係る授業科目の履修により修得する単位数には、第十五条において読み替えて準用する大学設置基準第二十八条第一項（同条第二項において準用する場合を含む。）、第十五条において準用する同令第三十条第一項又は前条の規定により修得したものとみなすことができ、又はみなすものとする単位を含まないものとする。

（共同教育課程を編成する専攻に係る施設及び設備）

第三四条　第十九条から第二十一条までの規定にかかわらず、共同教育課程を編成する専攻に係る施設及び設備については、それぞれの大学院に置く当該共同教育課程を編成する専攻を合わせて一の研究科又は専攻とみなしてその種類、教員数及び学生数に応じ必要な施設及び設備を備え、かつ、教育研究に支障がないと認められる場合には、それぞれの大学院ごとに当該専攻に係る施設及び設備を備えることを要しない。

第十一章　工学を専攻する研究科の教育課程に関する特例

（工学を専攻する研究科の教育課程の編成）

第三四条の二　工学を専攻する研究科を設ける大学院を置く大学であつて当該研究科の基礎となる学部を設けるものは、当該学部における教育及び当該研究科における教育の連続性に配慮した教育課程（以下「工学分野の連続性に配慮した教育課程」という。）を編成することができる。

2　工学分野の連続性に配慮した教育課程を編成する大学の大学院は、当該教育課程を履修する学生が工学に関する高度の専門的知識及び能力を修得するとともに、工学に関連する分野の基礎的素養を培うことができるよう、当該大学院における工学を専攻する研究科において、工学以外の専攻分野に係る授業科目、企業等との連携による授業科目その他多様な授業科目を開設するよう努めるものとする。

（工学分野の連続性に配慮した教育課程に係る教員の配置）

第三四条の三　前条第二項に規定する工学以外の専攻分野に係る授業科目を開設する場合は、第九条に規定する数の教員に加え、当該授業科目の実施に必要な教員を置くものとする。この場合において、当該教員については、大学院における教育研究の遂行に支障がないと認められる場合には、当該大学院における工学を専攻する研究科以外の研究科における教員をもつて充てることができるものとする。

2　前条第二項に規定する企業等との連携による授業科目を開設する場合は、第九条に規定する数の教員に加え、当該授業科目の実施に必要な教員として、専攻分野におけるおおむね五年以上の実務の経験を有し、かつ、高度の実務の能力を有する者を置くものとする。この場合において、当該教員が第九条により置くこととされる教員以外の者である場合は、一年につき四単位以上の授業科目を担当し、かつ、教育課程の編成その他の教育研究上の組織の運営について責任を担うこととする。

第十二章　国際連携専攻に関する特例

（国際連携専攻の設置）

第三五条　大学院は、その研究科の教育上の目的を達成するために必要があると認められる場合には、研究科に、文部科学大臣が別に定めるところにより、外国の大学院（国際連合大学を含む。以下同じ。）と連携して教育研究を実施するための専攻（以下「国際連携専攻」という。）を設けることができる。

2　大学院は、研究科に国際連携専攻のみを設けることはできない。

3　国際連携専攻の収容定員は、当該専攻を設ける研究科の収容定員の二割（一の研究科に複数の国際連携専攻を設けるときは、それらの収容定員の合計が当該研究科の収容定員の二割）を超えない範囲で定めるものとする。

（国際連携教育課程の編成）

第三六条　国際連携専攻を設ける大学院は、第十一条第一項の規定にかかわらず、国際連携専攻において連携して教育研究を実施する一以上の外国の大学院（以下「連携外国大学院」という。）が開設する授業科目を当該大学院の教育課程の一部とみなして、当該連携外国大学院と連携した教育課程（通信教育に係るものを除く。）（以下「国際連携教育課程」という。）を編成することができる。

2　国際連携専攻を設ける大学院は、国際連携教育課程を編成し、及び実施するため、連携外国大学院と文部科学大臣が別に定める事項についての協議の場を設けるものとする。

（共同開設科目）

第三七条　国際連携専攻を設ける大学院は、第十一条第一項の規定にかかわらず、連携外国大学院と共同して授業科目を開設することができる。

2　国際連携専攻を設ける大学院が前項の授業科目（以下この項において「共同開設科目」という。）を開設した場合、当該大学院の国際連携専攻の学生が当該共同開設科目の履修により修得した単位は、五単位を超えない範囲で、当該大学院又は連携外国大学院のいずれかにおいて修得した単位とすることができる。ただし、連携外国大学院において修得した単位数が、第三十九条第一項及び第二項の規定により連携外国大学院において修得することとされている単位数に満たない場合は、共同開設科目の履修により修得した単位を連携外国大学院において修得した単位とすることはできない。

（国際連携教育課程に係る単位の認定等）

第三八条　国際連携専攻を設ける大学院は、学生が連携外国大学院において履修した国際連携教育課程に係る授業科目について修得した単位を、当該国際連携教育課程に係る授業科目の履修により修得したものとみなすものとする。

2　国際連携専攻を設ける大学院は、学生が連携外国大学院において受けた国際連携教育課程に係る研究指導を、当該国際連携教育課程に係るものとみなすものとする。

（国際連携専攻に係る修了要件）

第三九条　国際連携教育課程である修士課程の修了の要件は、第十六条（第四条第四項の規定により修士課程として取り扱うものとする博士課程の前期の課程にあつては、第十六条及び第十六条の二）に定めるもののほか、国際連携専攻を設ける大学院において国際連携教育課程に係る授業科目の履修により十五単位以上を修得するとともに、それぞれの連携外国大学院において当該国際連携教育課程に係る授業科目の履修により十単位以上を修得することとする。

2　国際連携教育課程である博士課程の修了の要件（第十七条第三項本文に規定する場合を除く。）は、第十七条（第三項を除く。）に定めるもののほか、国際連携専攻を設ける大学院において国際連携教育課程に係る授業科目の履修により十五単位以上を修得するとともに、それぞれの連携外国大学院において当該国際連携教育課程に係る授業科目の履修により十単位以上を修得することとする。

3　前二項の規定により国際連携専攻を設ける大学院及びそれぞれの連携外国大学院において国際連携教育課程に係る授業科目の履修により修得する単位数には、第十五条において読み替えて準用する大学設置基準第二十八条第一項（同条第二項において準用する場合を含む。）、第十五条において準用する同令第三十条第一項又は前条第一項の規定により修得したものとみなす単位を含まないものとする。ただし、第十五条において準用する同令第三十条第一項の規定により修得したものとみなす単位については、国際連携教育課程を編成し、及び実施するために特に必要と認められる場合は、この限りでない。

（国際連携専攻に係る専任教員数）

第四〇条　国際連携専攻を置く研究科に係る専任教員の数のうち一人（一の研究科に複数の国際連携専攻を置く場合には、一の国際連携専攻ごとに一人）を大学設置基準第十三条に定める専任教員の数に算入できない教員とする。

2　第九条第一項の規定にかかわらず、国際連携専攻の教員であつて同項の規定により専攻ごとに置く教員は、教育研究上支障を生じない場合には、当該専攻を置く研究科の他の専攻の教員であつて同項各号に定める資格を有するものがこれを兼ねることができる。

（国際連携専攻に係る施設及び設備）

第四一条　第十九条から第二十一条までの規定にかかわらず、国際連携専攻に係る施設及び設備については、当該専攻を置く研究科の施設及び設備を利用することができるものとし、教育研究に支障がないと認められる場合には、当該専攻に係る施設及び設備を備えることを要しない。

2　前項の規定にかかわらず、国際連携専攻を設ける大学院が外国において国際連携教育課程に係る教育研究を行う場合においては、教育研究に支障のないよう必要な施設及び設備を備えるものとする。

第十三章　雑則

（事務組織）

第四二条　大学院を置く大学には、大学院の事務を遂行するため、適当な事務組織を設けるものとする。

（学識を教授するために必要な能力を培うための機会等）

第四二条の二　大学院は、博士課程（前期及び後期の課程に区分する博士課程における前期の課程を除く。）の学生が修了後自らが有する学識を教授するために必要な能力を培うための機会を設けること又は当該機会に関する情報の提供を行うことに努めるものとする。

（経済的負担の軽減のための措置等に関する情報の明示）

第四二条の三　大学院は、授業料、入学料その他の大学院が徴収する費用及び修学に係る経済的負担の軽減を図るための措置に関する情報を整理し、これを学生及び入学を志望する者に対して明示するよう努めるものとする。

（研修の機会等）

第四三条　大学院は、当該大学院の教育研究活動等の適切かつ効果的な運営を図るため、その職員に必要な知識及び技能を習得させ、並びにその能力及び資質を向上させるための研修（第十四条の三に規定する研修に該当するものを除く。）の機会を設けることその他必要な取組を行うものとする。

（医学、歯学、薬学又は獣医学を履修する博士課程に関する特例）

第四四条　医学を履修する博士課程、歯学を履修する博士課程、薬学を履修する博士課程（当該課程に係る研究科の基礎となる学部の修業年限が六年であるものに限る。）又は獣医学を履修する博士課程については、第四条第二項中「五年」とあるのは「四年」と、第十七条第一項中「五年」（五年を超える標準修業年限を定める研究科、専攻又は学生の履修上の区分にあつては、当該標準修業年限とし、修士課程（第三条第三項の規定により標準修業年限を一年以上二年未満とした修士課程を除く。以下この項において同じ。）に二年（二年を超える標準修業年限を定める研究科、専攻又は学生の履修上の区分にあつては、当該標準修業年限。以下この条本文において同じ。）以上在学し、当該課程を修了した者にあつては、当該課程における二年の在学期間を含む。）」とあるのは「四年（四年を超える標準修業年限を定める研究科、専攻又は学生の履修上の区分にあつては、当該標準修業年限）」と、「三年（修士課程に二年以上在学し、当該課程を修了した者にあつては、当該課程における二年の在学期間を含む。）」とあるのは「三年」と読み替えて、これらの規定を適用し、第四条第三項から第五項まで並びに第十七条第二項及び第三項の規定は、適用しない。

（外国に設ける組織）

第四五条　大学院を置く大学は、文部科学大臣が別に定めるところにより、外国に研究科、専攻その他の組織を設けることができる。

（段階的整備）

第四六条　新たに大学院及び研究科等を設置する場合の教員組織、校舎等の施設及び設備については、別に定めるところにより、段階的に整備することができる。

附　則（省略）

附　則（令和二年六月三〇日文部科学省令第二四号）

この省令は、公布の日から施行する。

●専門職大学院設置基準

（平成一五年三月三一日文部科学省令第一六号）

施行、平一五・四・一
最終改正、令一—文科令二五

（注） 本書では、次の改正は織り込まず、必要な箇所に当該施行日から有効となる規定または注記を付した。なお、当該施行日から新設される規定には☆印を付した。
・**令一文科令二四**　施行＝令四・四・一
・**令一文科令二五**　施行＝令五・四・一、令四・一〇・一

第一章　総則

（趣旨）

第一条　専門職大学院の設置基準は、この省令の定めるところによる。

2　この省令で定める設置基準は、専門職大学院を設置するのに必要な最低の基準とする。

3　専門職大学院は、この省令で定める設置基準より低下した状態にならないようにすることはもとより、その水準の向上を図ることに努めなければならない。

（専門職学位課程）

第二条　専門職学位課程は、高度の専門性が求められる職業を担うための深い学識及び卓越した能力を培うことを目的とする。

2　専門職学位課程の標準修業年限は、二年又は一年以上二年未満の期間（一年以上二年未満の期間は、専攻分野の特性により特に必要があると認められる場合に限る。）とする。

（標準修業年限の特例）

第三条　前条の規定にかかわらず、専門職学位課程の標準修業年限は、教育上の必要があると認められるときは、研究科、専攻又は学生の履修上の区分に応じ、その標準修業年限が二年の課程にあつては一年以上二年未満の期間又は二年を超える期間とし、その標準修業年限が一年以上二年未満の期間の課程にあつては当該期間を超える期間とすることができる。

2　前項の場合において、一年以上二年未満の期間とすることができるのは、主として実務の経験を有する者に対して教育を行う場合であつて、かつ、昼間と併せて夜間その他特定の時間又は時期において授業を行う等の適切な方法により教育上支障を生じない場合に限る。

第二章　教員組織

（教員組織）

第四条　専門職大学院には、研究科及び専攻の種類及び規模に応じ、教育上必要な教員を置くものとする。

第五条　専門職大学院には、前条に規定する教員のうち次の各号のいずれかに該当し、かつ、その担当する専門分野に関し高度の教育上の指導能力があると認められる専任教員を、専攻ごとに、文部科学大臣が別に定める数置くものとする。

一　専攻分野について、教育上又は研究上の業績を有する者

二　専攻分野について、高度の技術・技能を有する者

三　専攻分野について、特に優れた知識及び経験を有する者

2　前項に規定する専任教員は、教育上支障を生じない場合には、一個の専攻に限り、学部の専任教員又は修士課程、博士課程若しくは他の専門職学位課程を担当する教員のうち同項の資格を有する者がこれを兼ねることができる（修士課程、博士課程（前期及び後期の課程に区分する博士課程における前期の課程に限る。）又は他の専門職学位課程の教員については、当該課程を廃止し、又は当該課程の収容定員を減じてその教員組織を基に専門職学位課程を設置する場合（専門職学位課程を廃止し、又は収容定員を減じる場合にあつては、教育研究上の目的及び教育課程の編成に重要な変更がある場合に限る。）であつて、当該設置から五年を経過するまでの間に限る。）。

3　前項の規定により第一項に規定する専任教員を兼ねることのできる者の数のうち、博士課程（前期及び後期の課程に区分する博士課程における前期の課程を除く。）を担当する教員以外のものについては、文部科学大臣が別に定める。

4　第一項に規定する専任教員のうちには、文部科学大臣が別に定めるところにより、専攻分野における実務の経験を有し、かつ、高度の実務の能力を有する者を含むものとする。

第三章　教育課程

（教育課程の編成方針）

第六条　専門職大学院は、その教育上の目的を達成するために専攻分野に応じ必要な授業科目を、産業界等と連携しつつ、自ら開設し、体系的に教育課程を編成するものとする。

2　専門職大学院は、専攻に係る職業を取り巻く状況を踏まえて必要な授業科目を開発し、当該職業の動向に即した教育課程の編成を行うとともに、当該状況の変化に対応し、授業科目の内容、教育課程の構成等について、不断の見直しを行うものとする。

3　前項の規定による授業科目の開発、教育課程の編成及びそれらの見直しは、次条に規定する教育課程連携協議会の意見を勘案するとともに、適切な体制を整えて行うものとする。

（教育課程連携協議会）

第六条の二　専門職大学院は、産業界等との連携により、教育課程を編成し、及び円滑かつ効果的に実施するため、教育課程連携協議会を設けるものとする。

2　教育課程連携協議会は、次に掲げる者をもつて構成する。ただし、専攻分野の特性その他の当該専門職大学院における教育の特性により適当でないと認められる場合は、第三号に掲げる者を置かないことができる。

一　学長又は当該専門職大学院に置かれる研究科（学校教育法第百条ただし書に規定す

る組織を含む。）の長（第四号及び次項において「学長等」という。）が指名する教員その他の職員

二　当該専門職大学院の課程に係る職業に就いている者又は当該職業に関連する事業を行う者による団体のうち、広範囲の地域で活動するものの関係者であって、当該職業の実務に関し豊富な経験を有するもの

三　地方公共団体の職員、地域の事業者による団体の関係者その他の地域の関係者

四　当該専門職大学院を置く大学の教員その他の職員以外の者であって学長等が必要と認めるもの

3　教育課程連携協議会は、次に掲げる事項について審議し、学長等に意見を述べるものとする。

一　産業界等との連携による授業科目の開設その他の教育課程の編成に関する基本的な事項

二　産業界等との連携による授業の実施その他の教育課程の実施に関する基本的な事項及びその実施状況の評価に関する事項

（授業を行う学生数）

第七条　専門職大学院が一の授業科目について同時に授業を行う学生数は、授業の方法及び施設、設備その他の教育上の諸条件を考慮して、教育効果を十分にあげられるような適当な人数とするものとする。

（授業の方法等）

第八条　専門職大学院においては、その目的を達成し得る実践的な教育を行うよう専攻分野に応じ事例研究、現地調査又は双方向若しくは多方向に行われる討論若しくは質疑応答その他の適切な方法により授業を行うなど適切に配慮しなければならない。

2　大学院設置基準第十五条において準用する大学設置基準（昭和三十一年文部省令第二十八号）第二十五条第二項の規定により多様なメディアを高度に利用して授業を行う教室等以外の場所で履修させることは、これによって十分な教育効果が得られる専攻分野に関して、当該効果が認められる授業について、行うことができるものとする。

第九条　専門職大学院は、通信教育によって十分な教育効果が得られる専攻分野に関して、当該効果が認められる授業等について、多様なメディアを高度に利用する方法による通信教育を行うことができるものとする。この場合において、授業の方法及び単位の計算方法等については、大学通信教育設置基準（昭和五十六年文部省令第三十三号）第三条中面接授業又はメディアを利用して行う授業に関する部分、第四条並びに第五条第一項第三号及び第二項の規定を準用する。

（成績評価基準等の明示等）

第一〇条　専門職大学院は、学生に対して、授業の方法及び内容、一年間の授業の計画をあらかじめ明示するものとする。

2　専門職大学院は、学修の成果に係る評価及び修了の認定に当たっては、客観性及び厳格性を確保するため、学生に対してその基準をあらかじめ明示するとともに、当該基準にしたがって適切に行うものとする。

（教育内容等の改善のための組織的な研修等）

第一一条　専門職大学院は、当該専門職大学院の授業の内容及び方法の改善を図るための組織的な研修及び研究を実施するものとする。

第四章　課程の修了要件等

（履修科目の登録の上限）

第一二条　専門職大学院は、学生が各年次にわたって適切に授業科目を履修するため、学生が一年間又は一学期に履修科目として登録することができる単位数の上限を定めるものとする。

（他の大学院における授業科目の履修等）

第一三条　専門職大学院は、教育上有益と認めるときは、学生が専門職大学院の定めるところにより他の大学院において履修した授業科目について修得した単位を、当該専門職大学院が修了要件として定める三十単位以上の単位数の二分の一を超えない範囲で当該専門職大学院における授業科目の履修により修得したものとみなすことができる。

2　前項の規定は、学生が、外国の大学院に留学する場合、外国の大学院が行う通信教育における授業科目を我が国において履修する場合、外国の大学院の教育課程を有するものとして当該外国の学校教育制度において位置付けられた教育施設であって、文部科学大臣が別に指定するものの当該教育課程における授業科目を我が国において履修する場合及び国際連合大学本部に関する国際連合と日本国との間の協定の実施に伴う特別措置法（昭和五十一年法律第七十二号）第一条第二項に規定する千九百七十二年十二月十一日の国際連合総会決議に基づき設立された国際連合大学（第二十一条第二項、第二十七条第二項及び第三十五条第一項において「国際連合大学」という。）の教育課程における授業科目を履修する場合について準用する。

（入学前の既修得単位の認定）

第一四条　専門職大学院は、教育上有益と認めるときは、学生が当該専門職大学院に入学する前に大学院において履修した授業科目について修得した単位（科目等履修生として修得した単位を含む。）を、当該専門職大学院に入学した後の当該専門職大学院における授業科目の履修により修得したものとみなすことができる。

2　前項の規定により修得したものとみなすことのできる単位数は、転学等の場合を除き、当該専門職大学院において修得した単位以外のものについては、前条第一項（同条第二項において準用する場合を含む。）の規定により当該専門職大学院において修得したものとみなす単位数と合わせて当該専門職大学院が修了要件として定める三十単位以上の単位数の二分の一を超えないものとする。

（専門職学位課程の修了要件）

第一五条　専門職学位課程の修了の要件は、専門職大学院に二年（二年以外の標準修業年限を定める研究科、専攻又は学生の履修上の区分にあっては、当該標準修業年限）以上在学し、当該専門職大学院が定める三十単位以上の修得その他の教育課程の履修により課程を修了することとする。

（専門職大学院における在学期間の短縮）

第一六条　専門職大学院は、第十四条第一項の規定により当該専門職大学院に入学する前に修得した単位（学校教育法第百二条第一項の規定により入学資格を有した後、修得したものに限る。）を当該専門職大学院において修得したものとみなす場合であって当該単位の修得により当該専門職大学院の教育課程の一部を履修したと認めるときは、当該単位数、その修得に要した期間その他を勘案して当該専門職学位課程の標準修業年限の二分の一を超えない範囲で当該専門職大学院が定める期間在学したものとみなすことができる。ただし、この場合においても、当該専門職大学院に少なくとも一年以上在学するものとする。

第五章　施設及び設備等

（専門職大学院の諸条件）

第一七条　専門職大学院の施設及び設備その他諸条件は、専門職大学院の目的に照らし十分な教育効果をあげることができると認められるものとする。

第六章　法科大学院

（法科大学院の課程）

第一八条　第二条第一項の専門職学位課程のうち専ら法曹養成のための教育を行うことを目的とするものを置く専門職大学院は、当該課程に関し、法科大学院とする。

2　法科大学院の課程の標準修業年限は、第二条第二項の規定にかかわらず、三年とする。

3　前項の規定にかかわらず、教育上の必要があると認められる場合は、研究科、専攻又は学生の履修上の区分に応じ、その標準修業年限は、三年を超えるものとすることができる。

（法科大学院の入学者選抜）

第一九条　法科大学院は、入学者の選抜に当たっては、多様な知識又は経験を有する者を入

学させるよう努めるものとする。

第二〇条　法科大学院は、入学者の選抜に当たっては、入学者が法科大学院の教育と司法試験等との連携等に関する法律（平成十四年法律第百三十九号。以下「連携法」という。）第四条各号に掲げる学識及び能力並びに素養を涵養するための教育を受ける上で求められる適性及び能力を有するかどうかを、適確かつ客観的に評価し、判定するものとする。

（法科大学院の教育課程の編成方針）

第二〇条の二　法科大学院は、教育課程の編成に当たっては、次条第一項各号及び第四項各号に掲げる授業科目を段階的かつ体系的に開設するものとする。

2　前項の場合において、法科大学院は、連携法第二条に規定する法曹養成の基本理念及び同法第四条に規定する大学の責務を踏まえ、将来の法曹としての実務に必要な学識及びその応用能力（弁論の能力を含む。）並びに法律に関する実務の基礎的素養を涵養するよう適切に配慮しなければならない。

（法科大学院の授業科目）

第二〇条の三　法科大学院は、次の各号に掲げる授業科目を開設するものとする。

一　法律基本科目（憲法、行政法、民法、商法、民事訴訟法、刑法及び刑事訴訟法に関する分野の科目をいう。以下同じ。）

二　法律実務基礎科目（法曹としての技能及び責任その他の法律実務に関する基礎的な分野の科目をいう。）

三　基礎法学・隣接科目（基礎法学に関する分野又は法学と関連を有する分野の科目をいう。）

四　展開・先端科目（先端的な法領域に関する科目その他の実定法に関する多様な分野の科目であって、法律基本科目以外のものをいう。）

2　法科大学院は、法律基本科目において、連携法第四条第一号に規定する専門的学識（専門的な法律知識その他の学識をいう。以下この条において同じ。）を涵養するための教育を行う科目（以下「基礎科目」という。）を履修した後に、同条第二号に規定する応用能力（法的な推論、分析、構成及び論述の能力をいう。以下この条及び第二十条の五において同じ。）を涵養するための教育を行う科目（以下「応用科目」という。）を履修するよう、教育課程を編成するものとする。

3　前項の場合において、法科大学院は、三十単位以上の基礎科目を必修科目として開設するものとする。

4　法科大学院は、法律基本科目の開設に当たっては、学生が公法系科目（憲法及び行政法に関する分野の科目をいう。）、民事系科目（民法、商法及び民事訴訟法に関する分野の科目をいう。）、刑事系科目（刑法及び刑事訴訟法に関する分野の科目をいう。）のいずれかに過度に偏ることなく履修するよう配慮するものとする。

5　法科大学院は、第一項第二号から第四号までに規定する各科目については、法律基本科目の基礎科目及び応用科目の履修を踏まえて履修するよう、教育課程を編成するものとする。

6　法科大学院は、展開・先端科目において、連携法第四条第三号に規定する専門的学識及びその応用能力を涵養するための教育を行う科目として、次に掲げる科目（以下「選択科目」という。）の全てを開設するよう努めるものとする。

一　倒産法

二　租税法

三　経済法

四　知的財産法

五　労働法

六　環境法

七　国際関係法（公法系）

八　国際関係法（私法系）

7　共同教育課程を編成する法科大学院（以下この項において「構成法科大学院」という。）にあっては、前条及び前六項の規定にかかわらず、当該構成法科大学院のうち一の法科大学院が開設する授業科目は、当該一の法科大学院及びそれ以外の構成法科大学院がそれぞれ開設するものとみなす。

（法科大学院の授業を行う学生数）

第二〇条の四　法科大学院は、一の授業科目について同時に授業を行う学生数を少人数とすることを基本とする。

2　前項の場合において、一の法律基本科目について同時に授業を行う学生数は、五十人以下とする。ただし、教育上必要があり、かつ、十分な教育効果をあげることができると認められる場合は、この限りでない。

（法科大学院の授業の方法等）

第二〇条の五　法科大学院においては、第八条第一項に規定する方法のほか、連携法第四条第二号及び第三号に規定する論述の能力その他の専門的学識の応用能力を涵養するために必要な方法により授業を行うよう適切に配慮しなければならない。

（法科大学院における学修の成果に係る厳格かつ客観的な評価及び修了の認定）

第二〇条の六　法科大学院は、第十条第二項に規定する学修の成果に係る評価及び修了の認定に当たっては、連携法第五条第二号及び第三号の規定に基づき公表する基準に基づき、同法第四条各号に掲げる学識及び能力並びに素養が涵養されているかどうかについて、厳格かつ客観的に評価及び認定を行うものとする。

（法科大学院における情報の公表）

第二〇条の七　連携法第五条第五号の文部科学省令で定める事項は、次に掲げるものとする。

一　入学者選抜における志願者及び受験者の数その他入学者選抜の実施状況に関すること

二　当該法科大学院に入学した者のうち標準修業年限以内で修了した者の占める割合及び年度当初に当該法科大学院に在籍した者のうち当該年度途中に退学した者の占める割合

三　当該法科大学院が開設する授業科目のうち基礎科目若しくは応用科目又は選択科目として開設するものの名称

四　授業料、入学料その他の当該法科大学院が徴収する費用及び修学に係る経済的負担の軽減を図るための措置に関すること

五　当該法科大学院に入学した者のうち連携法第十条第一号又は第二号に該当していた者それぞれの占める割合及びこれらの号に該当していた者（当該法科大学院の課程を修了した者又は同課程に在学する者に限る。）であって、司法試験法（昭和二十四年法律第百四十号）第一条第一項に規定する司法試験を受けたもののうち当該試験に合格したものの占める割合

第二〇条の七（「第五条第五号」は、令四・一〇・一からは「第五条第六号」）

一から四まで（同）

五（「司法試験」は、令四・四・一からは「司法試験（以下単に「司法試験」という。）」）

六　連携法第六条第一項の認定を受けた同項の法曹養成連携協定（第二十条の八第二項において「認定法曹養成連携協定」という。）の目的となる法科大学院（以下「認定連携法科大学院」という。）にあっては、当該認定連携法科大学院に入学した者のうち当該認定連携法科大学院における教育との円滑な接続を図るための大学の課程（以下「認定連携法曹基礎課程」という。）を修了して当該認定連携法科大学院に入学した者の占める割合及び当該認定連携法曹基礎課程を修了して当該認定連携法科大学院に入学した者（当該認定連携法科大学院の課程を修了した者又は同課程に在学する者に限る。）であって、司法試験を受けたもののうち当該試験に合格したものの占める割合〔新設規定。本号の施行は、令四・四・一〕

七　当該法科大学院の課程に在学する者であって、司法試験法第四条第二項の規定により司法試験を受けたものの数及びこれらのもののうち当該試験に合格したものの占める割合〔新設規定。本号の施行は、令五・四・一〕

☆**（法科大学院の履修科目の登録の上限）**

第二〇条の八　法科大学院の学生が履修科目として登録することができる単位数の上限は、一年につき三十六単位を標準として法

科大学院が定めるものとする。
2　法科大学院は、その定めるところにより、認定連携法曹基礎課程（当該法科大学院以外の法科大学院のみと認定法曹養成連携協定を締結している大学の課程を含む。第二十二条第二項及び第二十五条第四項において同じ。）を修了して当該法科大学院に入学した者その他登録した履修科目の単位を当該法科大学院が定めた基準に照らして優れた成績をもって修得することが見込まれる者として当該法科大学院が認める学生については、一年につき四十四単位まで履修科目として登録を認めることができる。〔本条の施行は、令四・四・一〕

（他の大学院における授業科目の履修等）
第二一条　法科大学院は、教育上有益と認めるときは、学生が法科大学院の定めるところにより他の大学院において履修した授業科目について修得した単位を、第十三条第一項の規定にかかわらず、三十単位を超えない範囲で当該法科大学院における授業科目の履修により修得したものとみなすことができる。ただし、九十三単位を超える単位の修得を修了の要件とする法科大学院にあっては、その超える部分の単位数に限り三十単位を超えてみなすことができる。
2　前項の規定は、学生が、外国の大学院に留学する場合、外国の大学院が行う通信教育における授業科目を我が国において履修する場合、外国の大学院の教育課程を有するものとして当該外国の学校教育制度において位置付けられた教育施設であって、文部科学大臣が別に指定するものの当該教育課程における授業科目を我が国において履修する場合及び国際連合大学の教育課程における授業科目を履修する場合について準用する。

（入学前の既修得単位の認定）
第二二条　法科大学院は、教育上有益と認めるときは、学生が当該法科大学院に入学する前に大学院において履修した授業科目について修得した単位（科目等履修生として修得した単位を含む。）を、当該法科大学院に入学した後の当該法科大学院における授業科目の履修により修得したものとみなすことができる。
2　前項の規定により修得したものとみなすことのできる単位数は、転学等の場合を除き、当該法科大学院において修得した単位以外のものについては、第十四条第二項の規定にかかわらず、前条第一項（同条第二項において準用する場合を含む。）の規定により当該法科大学院において修得したものとみなす単位数と合わせて三十単位（同条第一項ただし書の規定により三十単位を超えてみなす単位を除く。）を超えないものとする。

第二二条〔同〕
2　前項の規定により修得したものとみなすことのできる単位数は、転学等の場合を除き、当該法科大学院において修得した単位以外のものについては、第十四条第二項の規定にかかわらず、前条第一項（同条第二項において準用する場合を含む。以下この項において同じ。）の規定により当該法科大学院において修得したものとみなす単位数と合わせて三十単位（同条第一項ただし書の規定により三十単位を超えてみなす単位を除く。）を超えないものとする。ただし、認定連携法曹基礎課程を修了して法科大学院に入学した者又はこれらの者と同等の学識を有すると当該法科大学院が認める者がその入学前に当該法科大学院以外の認定連携法科大学院において履修した授業科目について修得した単位については、前条第一項の規定により当該法科大学院において修得したものとみなす単位数と合わせて四十六単位（同条第一項ただし書の規定により三十単位を超えてみなす単位を除く。）を超えない範囲で修得したものとみなすことができるものとする。〔施行は、令四・四・一〕

（法科大学院の課程の修了要件）
第二三条　法科大学院の課程の修了の要件は、第十五条の規定にかかわらず、次の各号のいずれにも該当することとする。
一　法科大学院に三年（三年を超える標準修業年限を定める研究科、専攻又は学生の履修上の区分にあっては、当該標準修業年限）以上在学し、九十三単位以上を修得すること。
二　第二十条の三第一項各号に規定する科目について、次に掲げる区分に応じ、それぞれ当該各号に定める単位数を修得すること。
イ　法律基本科目の基礎科目　三十単位以上
ロ　法律基本科目の応用科目　十八単位以上
ハ　法律実務基礎科目　十単位以上
ニ　基礎法学・隣接科目　四単位以上
ホ　展開・先端科目　十二単位以上（選択科目に係る四単位以上を含む。）

（法科大学院における在学期間の短縮）
第二四条　法科大学院は、第二十二条第一項の規定により当該法科大学院に入学する前に修得した単位（学校教育法第百二条第一項の規定により入学資格を有した後、修得したものに限る。）を当該法科大学院において修得したものとみなす場合であって当該単位の修得により当該法科大学院の教育課程の一部を履修したと認めるときは、当該単位数、その修得に要した期間その他を勘案して一年を超えない範囲で当該法科大学院が定める期間在学したものとみなすことができる。

（法学既修者）
第二五条　法科大学院は、当該法科大学院において必要とされる法学の基礎的な学識を有すると認める者（以下この条において「法学既修者」という。）に関しては、第二十三条第一号に規定する在学期間については一年を超えない範囲で当該法科大学院が認める期間在学し、同号に規定する単位（第二十条の三第三項の規定により法科大学院が定める必修科目の単位を含む。）については三十単位を超えない範囲で当該法科大学院が認める単位を修得したものとみなすことができる。ただし、九十三単位を超える単位の修得を修了の要件とする法科大学院にあっては、その超える部分の単位数に限り三十単位を超えてみなすことができる。
2　前項の規定により法学既修者について在学したものとみなすことのできる期間は、前条の規定により在学したものとみなす期間と合わせて一年を超えないものとする。
3　第一項の規定により法学既修者について修得したものとみなすことのできる単位数（第一項ただし書の規定により三十単位を超えてみなす単位を除く。）は、第二十一条第一項（同条第二項において準用する場合を含む。）及び第二十二条第一項の規定により修得したものとみなす単位数と合わせて三十単位（第二十一条第一項ただし書の規定により三十単位を超えてみなす単位を除く。）を超えないものとする。

第二五条〔同〕
2・3〔同〕
4　認定連携法曹基礎課程を修了して法科大学院に入学した者又はこれらの者と同等の学識を有すると当該法科大学院が認める者に関する第一項及び前項の規定の適用については、第一項中「三十単位」とあるのは「四十六単位」と、前項中「第一項ただし書の規定により三十単位」とあるのは「第一項ただし書の規定により四十六単位」と、「合わせて三十単位」とあるのは「合わせて四十六単位」とする。〔新設規定。施行は、令四・四・一〕

第七章　教職大学院

（教職大学院の課程）
第二六条　第二条第一項の専門職学位課程のうち、専ら幼稚園、小学校、中学校、義務教育学校、高等学校、中等教育学校、特別支援学校及び就学前の子どもに関する教育、保育等の総合的な提供の推進に関する法律（平成十八年法律第七十七号）第二条第七項に規定する幼保連携型認定こども園（以下「小学校等」という。）の高度の専門的な能力及び優れた資質を有する教員の養成のための教育を行うことを目的とするものであって、この章の規定に基づくものを置く専門職大学院は、当該課程に関し、教職大学院とする。
2　教職大学院の課程の標準修業年限は、第二条第二項の規定にかかわらず、二年とする。

3　前項の規定にかかわらず、教育上の必要があると認められる場合は、研究科、専攻又は学生の履修上の区分に応じ、その標準修業年限は、一年以上二年未満の期間又は二年を超える期間とすることができる。

4　前項の場合において、一年以上二年未満の期間とすることができるのは、主として実務の経験を有する者に対して教育を行う場合であって、かつ、昼間と併せて夜間その他特定の時間又は時期において授業を行う等の適切な方法により教育上支障を生じない場合に限る。

（他の大学院における授業科目の履修等）

第二七条　教職大学院は、教育上有益と認めるときは、学生が教職大学院の定めるところにより他の大学院において履修した授業科目について修得した単位を、当該教職大学院が修了要件として定める四十五単位以上の単位数の二分の一を超えない範囲で当該教職大学院における授業科目の履修により修得したものとみなすことができる。

2　前項の規定は、学生が、外国の大学院に留学する場合、外国の大学院の教育課程を有するものとして当該外国の学校教育制度において位置付けられた教育施設であって、文部科学大臣が別に指定するものの当該教育課程における授業科目を我が国において履修する場合及び国際連合大学の教育課程における授業科目を履修する場合について準用する。

（入学前の既修得単位の認定）

第二八条　教職大学院は、教育上有益と認めるときは、学生が当該教職大学院に入学する前に大学院において履修した授業科目について修得した単位（科目等履修生として修得した単位を含む。）を、当該教職大学院に入学した後の当該教職大学院における授業科目の履修により修得したものとみなすことができる。

2　前項の規定により修得したものとみなすことのできる単位数は、編入学、転学等の場合を除き、当該教職大学院において修得した単位以外のものについては、第十四条第二項の規定にかかわらず、前条第一項（同条第二項において準用する場合を含む。）の規定により当該教職大学院において修得したものとみなす単位数及び次条第二項の規定により免除する単位数と合わせて当該教職大学院が修了要件として定める四十五単位以上の単位数の二分の一を超えないものとする。

（教職大学院の課程の修了要件）

第二九条　教職大学院の課程の修了の要件は、第十五条の規定にかかわらず、教職大学院に二年（二年以外の標準修業年限を定める研究科、専攻又は学生の履修上の区分にあっては、当該標準修業年限）以上在学し、四十五単位以上（高度の専門的な能力及び優れた資質を有する教員に係る実践的な能力を培うことを目的として小学校等その他の関係機関で行う実習に係る十単位以上を含む。）を修得することとする。

2　教職大学院は、教育上有益と認めるときは、当該教職大学院に入学する前の小学校等の教員としての実務の経験を有する者について、十単位を超えない範囲で、前項に規定する実習により修得する単位の全部又は一部を免除することができる。

（教職大学院における在学期間の短縮）

第三〇条　教職大学院における第十六条の適用については、「専門職大学院」とあるのは「教職大学院」と、「第十四条第一項」とあるのは「第二十八条第一項」と、「専門職学位課程」とあるのは「教職大学院の課程」と読み替えるものとする。

（連携協力校）

第三一条　教職大学院は、第二十九条第一項に規定する実習その他当該教職大学院の教育上の目的を達成するために必要な連携協力を行う小学校等を適切に確保するものとする。

第八章　共同教育課程に関する特例

（共同教育課程の編成）

第三二条　二以上の専門職大学院は、その教育上の目的を達成するために必要があると認められる場合には、第六条の規定にかかわらず、当該二以上の専門職大学院のうち一の専門職大学院が開設する授業科目を、当該二以上の専門職大学院のうち他の専門職大学院の教育課程の一部とみなして、それぞれの専門職大学院ごとに同一内容の教育課程（通信教育に係るもの及び専門職大学院を置く大学が外国に設ける研究科、専攻その他の組織において開設される授業科目の履修により修得する単位を当該専門職学位課程に係る修了の要件として修得すべき単位の全部又は一部として修得するものを除く。）を編成することができる。

2　前項に規定する教育課程（以下「共同教育課程」という。）を編成する専門職大学院（以下「構成専門職大学院」という。）は、当該共同教育課程を編成し、及び実施するための協議の場を設けるものとする。

（共同教育課程に係る単位の認定）

第三三条　構成専門職大学院は、学生が当該構成専門職大学院のうち一の専門職大学院において履修した共同教育課程に係る授業科目について修得した単位を、当該構成専門職大学院のうち他の専門職大学院における当該共同教育課程に係る授業科目の履修により修得したものとそれぞれみなすものとする。

（共同教育課程に係る修了要件）

第三四条　共同教育課程である専門職学位課程の修了の要件は、第十五条に定めるもののほか、それぞれの専門職大学院において当該共同教育課程に係る授業科目の履修により十単位以上を修得することとする。

2　前項の規定によりそれぞれの専門職大学院において当該共同教育課程に係る授業科目の履修により修得する単位数には、第十三条第一項（同条第二項において準用する場合を含む。）、第十四条第一項又は前条の規定により修得したものとみなすことができ、又はみなすものとする単位を含まないものとする。

3　共同教育課程である法科大学院又は教職大学院の課程の修了の要件は、第一項の規定にかかわらず、第二十三条又は第二十九条に定めるもののほか、それぞれの法科大学院又は教職大学院において当該共同教育課程に係る授業科目の履修により七単位以上を修得することとする。

4　前項の規定によりそれぞれの法科大学院又は教職大学院において当該共同教育課程に係る授業科目の履修により修得する単位数には、法科大学院にあっては第二十一条第一項（同条第二項において準用する場合を含む。）、第二十二条第一項若しくは第二十五条第一項の規定により、教職大学院にあっては第二十七条第一項（同条第二項において準用する場合を含む。）若しくは第二十八条第一項の規定により、それぞれ修得したものとみなすことができる単位又は前条の規定により修得したものとみなすものとする単位を含まないものとする。

第九章　国際連携専攻に関する特例

（国際連携専攻の設置）

第三五条　専門職大学院（法科大学院を除く。以下この章において同じ。）は、その研究科の教育上の目的を達成するために必要があると認められる場合には、研究科に、文部科学大臣が別に定めるところにより、外国の専門職大学院に相当する大学院（国際連合大学を含む。以下同じ。）と連携して教育研究を実施するための専攻（以下「国際連携専攻」という。）を設けることができる。

2　専門職大学院は、研究科に国際連携専攻のみを設けることはできない。

3　国際連携専攻を設ける専門職大学院における研究科の収容定員は、当該専攻を設ける研究科の収容定員の二割（一の研究科に複数の国際連携専攻を設けるときは、それらの収容定員の合計が当該研究科の収容定員の二割）を超えない範囲で定めるものとする。

（国際連携教育課程の編成）

第三六条　国際連携専攻を設ける専門職大学院は、第六条の規定にかかわらず、国際連携専攻において連携して教育を実施する一以上の外国の専門職大学院に相当する大学院（以下

「連携外国専門職大学院」という。）が開設する授業科目を教育課程の一部とみなして、当該連携外国専門職大学院と連携した教育課程（通信教育に係るものを除く。）（以下「国際連携教育課程」という。）を編成することができる。

2　国際連携専攻を設ける専門職大学院は、国際連携教育課程を編成し、及び実施するため、連携外国専門職大学院と文部科学大臣が別に定める事項についての協議の場を設けるものとする。

（共同開設科目）

第三七条　国際連携専攻を設ける専門職大学院は、第六条の規定にかかわらず、連携外国専門職大学院と共同して授業科目を開設することができる。

2　国際連携専攻を設ける専門職大学院が前項の授業科目（以下この項において「共同開設科目」という。）を開設した場合、当該専門職大学院の国際連携専攻の学生が当該共同開設科目の履修により修得した単位は、七単位を超えない範囲（教職大学院にあっては当該教職大学院が修了要件として定める四十五単位以上の単位数の四分の一を超えない範囲）で、当該専門職大学院又は連携外国専門職大学院のいずれかにおいて修得した単位とすることができる。ただし、連携外国専門職大学院において修得した単位数が、第三十九条第一項の規定により連携外国専門職大学院において修得することとされている単位数に満たない場合は、共同開設科目の履修により修得した単位を連携外国専門職大学院において修得した単位とすることはできない。

（国際連携教育課程に係る単位の認定）

第三八条　国際連携専攻を設ける専門職大学院は、学生が連携外国専門職大学院において履修した国際連携教育課程に係る授業科目について修得した単位を、当該国際連携教育課程に係る授業科目の履修により修得したものとみなすものとする。

（国際連携専攻に係る修了要件）

第三九条　国際連携教育課程である専門職学位課程の修了の要件は、第十五条に定めるもののほか、国際連携専攻を設ける専門職大学院において国際連携教育課程に係る授業科目の履修により十五単位以上を修得するとともに、それぞれの連携外国専門職大学院において当該国際連携教育課程に係る授業科目の履修により十単位以上を修得することとする。

2　前項の規定により国際連携専攻を設ける専門職大学院及びそれぞれの連携外国専門職大学院において国際連携教育課程に係る授業科目の履修により修得する単位数には、第十三条第一項（同条第二項において準用する場合を含む。）、第十四条第一項又は前条の規定により修得したものとみなすものとする単位を含まないものとする。ただし、第十四条第一項の規定により修得したものとみなすことができ、又はみなす単位について、国際連携教育課程を編成し、及び実施するために特に必要と認められる場合は、この限りでない。

3　国際連携教育課程である教職大学院の課程の修了の要件は、第一項の規定にかかわらず、第二十九条に定めるもののほか、国際連携専攻を設ける教職大学院において国際連携教育課程に係る授業科目の履修により二十三単位以上を修得するとともに、それぞれの連携外国専門職大学院において国際連携教育課程に係る授業科目の履修により七単位以上を修得することとする。

4　前項の規定により国際連携専攻を設ける教職大学院及びそれぞれの連携外国専門職大学院において国際連携教育課程に係る授業科目の履修により修得する単位数には、第二十七条第一項（同条第二項において準用する場合を含む。）、第二十八条第一項又は前条の規定により、それぞれ修得したものとみなすことができ、又はみなすものとする単位を含まないものとする。ただし、第二十八条第一項の規定により修得したものとみなす単位について、国際連携教育課程を編成し、及び実施するために特に必要と認められる場合は、この限りでない。

（国際連携専攻に係る専任教員数）

第四〇条　第五条第一項の規定にかかわらず、国際連携専攻の教員であつて同項の規定により専攻ごとに置く教員は、教育研究上支障を生じない場合には、当該専攻を置く研究科の他の専攻の教員であつて同項各号に定める資格を有するものがこれを兼ねることができる。

（国際連携専攻に係る施設及び設備）

第四一条　次条第一項の規定により適用する大学院設置基準第十九条から第二十一条までの規定にかかわらず、国際連携専攻に係る施設及び設備については、当該専攻を置く研究科の施設及び設備を利用することができるものとし、教育研究に支障がないと認められる場合には、当該専攻に係る施設及び設備を備えることを要しない。

2　前項の規定にかかわらず、国際連携専攻を設ける専門職大学院が外国において国際連携教育課程に係る教育研究を行う場合においては、教育研究に支障のないよう必要な施設及び設備を備えるものとする。

第十章　雑則

（その他の基準）

第四二条　専門職大学院の組織、編制、施設、設備その他専門職大学院の設置に関する事項で、この省令に定めのないものについては、大学院設置基準（第九条の二、第十二条、第十三条、第九章の二及び第三十二条第二項を除く。）の定めるところによる。

2　この省令又は他の法令に別段の定めのあるものを除くほか、専門職大学院に関し必要な事項については、文部科学大臣が別に定める。

附　則（抄）

2　平成三十年度までの間、平成二十五年度以前に設置された教職大学院における第五条第二項の適用については、同項中「学部の専任教員又は修士課程、博士課程若しくは他の専門職学位課程」とあるのは「学部の専任教員又は修士課程若しくは博士課程」と、「できる（修士課程、博士課程（前期及び後期の課程に区分する博士課程における前期の課程に限る。）又は他の専門職学位課程の教員については、当該課程を廃止し、又は当該課程の収容定員を減じてその教員組織を基に専門職学位課程を設置する場合（専門職学位課程を廃止し、又は収容定員を減じる場合にあっては、教育研究上の目的及び教育課程の編成に重要な変更がある場合に限る。）であって、当該設置から五年を経過するまでの間に限る。）」とあるのは「できる」と読み替えるものとする。

3　前項の規定により読み替えて適用する第五条第二項の規定により同条第一項に規定する専任教員を兼ねることのできる者の数は、学部の専任教員及び博士課程（前期及び後期の課程に区分する博士課程における前期の課程を除く。）を担当する教員以外のものについては、同項に規定する教員の数の三分の一を超えないものとする。

附　則（抄）（令和元年一〇月三一日文部科学省令第二三号）

施行、令三・四・一

2　この省令による改正後の専門職大学院設置基準第二十条の三及び第二十三条の規定は、令和三年度以降に法科大学院に入学した者（法学既修者（同令第二十五条第一項に規定する者をいう。以下同じ。）を除く。）及び令和四年度以降に入学した法学既修者が履修する授業科目の開設及びその修了の認定について適用する。

附　則（令和元年一〇月三一日文部科学省令第二四号）

この省令は、令和四年四月一日から施行する。

附　則（令和元年一〇月三一日文部科学省令第二五号）

この省令は、令和五年四月一日から施行す

る。ただし、第二十条の七各号列記以外の部分の改正規定は、令和四年十月一日から施行する。

●大学通信教育設置基準

（昭和五六年一〇月二九日 文部省令第三三号）

施行、昭五七・四・一
最終改正、平二六―文科令一〇

（趣旨）

第一条 大学（短期大学を除く。以下同じ。）が行う通信教育に係る設置基準は、この省令の定めるところによる。

2 この省令で定める設置基準は、通信教育を行う大学を設置し、又は大学において通信教育を開設するのに必要な最低の基準とする。

3 大学は、この省令で定める設置基準より低下した状態にならないようにすることはもとより、その水準の向上を図ることに努めなければならない。

（通信教育を行い得る専攻分野）

第二条 大学は、通信教育によつて十分な教育効果が得られる専攻分野について、通信教育を行うことができるものとする。

（授業の方法等）

第三条 授業は、印刷教材その他これに準ずる教材を送付若しくは指定し、主としてこれにより学修させる授業（以下「印刷教材等による授業」という。）、主として放送その他これに準ずるものの視聴により学修させる授業（以下「放送授業」という。）、大学設置基準第二十五条第一項の方法による授業（以下「面接授業」という。）若しくは同条第二項の方法による授業（以下「メディアを利用して行う授業」という。）のいずれかにより又はこれらの併用により行うものとする。

2 印刷教材等による授業及び放送授業の実施に当たつては、添削等による指導を併せ行うものとする。

3 大学は、第一項の授業を、外国において履修させることができる。

第四条 授業は、定期試験等を含め、年間を通じて適切に行うものとする。

（単位の計算方法）

第五条 各授業科目の単位数は、一単位の授業科目を四十五時間の学修を必要とする内容をもつて構成することを標準とし、次の基準により計算するものとする。

一 印刷教材等による授業については、四十五時間の学修を必要とする印刷教材等の学修をもつて一単位とする。

二 放送授業については、十五時間の放送授業をもつて一単位とする。

三 面接授業及びメディアを利用して行う授業については、大学設置基準第二十一条第二項各号の定めるところによる。

2 前項の規定にかかわらず、卒業論文、卒業研究、卒業制作等の授業科目については、大学設置基準第二十一条第三項の定めるところによる。

（卒業の要件）

第六条 卒業の要件は、大学設置基準第三十二条第一項の定めるところによる。

2 前項の規定により卒業の要件として修得すべき単位数百二十四単位のうち三十単位以上は、面接授業又はメディアを利用して行う授業により修得するものとする。ただし、当該三十単位のうち十単位までは、放送授業により修得した単位で代えることができる。

（大学以外の教育施設等における学修）

第七条 大学は、大学設置基準第二十九条の定めるところにより単位を与えるほか、あらかじめ当該大学が定めた基準に照らして教育上適当であると認めるときは、通信教育の特性等を考慮して文部科学大臣が別に定める学修を当該大学における履修とみなし、その成果について単位を与えることができる。

第八条 削除（平三文令二六）

（専任教員数）

第九条 学校教育法（昭和二十二年法律第二十六号）第八十六条に規定する通信による教育を行う学部（以下「通信教育学部」という。）における専任教員の数は、別表第一により定める教授、准教授、講師又は助教の数以上とする。

2 昼間又は夜間において授業を行う学部が通信教育を併せ行う場合においては、当該学部が行う通信教育に係る収容定員四千人につき四人の専任教員を増加するものとする。ただし、当該増加する専任教員の数が当該学部の通信教育に係る学科又は課程における大学設置基準第十三条の規定による専任教員の数の二割に満たない場合には、当該専任教員の数の二割の専任教員を増加するものとする。

3 大学は、大学設置基準第三十一条第一項の科目等履修生その他の学生以外の者を前二項の学部の収容定員を超えて相当数受け入れる場合においては、教育に支障のないよう、相当数の専任教員を増加するものとする。

（校舎等の施設）

第一〇条 通信教育学部を置く大学は、当該学部に係る大学設置基準第三十六条第一項に規定する校舎を有するほか、特に添削等による指導並びに印刷教材等の保管及び発送のための施設（第三項において「通信教育関係施設」という。）について、教育に支障のないようにするものとする。

2 前項の校舎等の施設の面積は、別表第二のとおりとする。ただし、通信教育学部のみを置く大学であつて、インターネットその他の高度情報通信ネットワーク（以下この項において「インターネット等」という。）を利用して教室以外の場所のみにおいて授業を履修させるものについては、インターネット等を利用して行う授業の特性を踏まえた授業の設計その他の措置を当該大学が講じており、かつ、教育研究に支障がないと認められる場合は、この限りでない。

3 昼間又は夜間において授業を行う学部が通信教育を併せ行う場合にあつては、大学は、通信教育関係施設及び面接授業を行う施設について、教育に支障のないようにするものとする。

4 図書館の閲覧室には、通信教育を受ける学生の利用に支障のないよう相当数の座席を備えるものとする。

（通信教育学部の校地）

第一一条 通信教育学部のみを置く大学は、教育に支障のない場合には、運動場を設けないことができる。

2　通信教育学部に係る校地の面積については、当該学部における教育に支障のないものとする。

（添削等のための組織等）

第十二条　大学は、添削等による指導及び教育相談を円滑に処理するため、適当な組織等を設けるものとする。

（その他の基準）

第十三条　通信教育を行う大学の組織、編制、施設、設備その他通信教育を行う大学の設置又は大学における通信教育の開設に関する事項で、この省令に定めのないものについては、大学設置基準（第二十三条を除く。）の定めるところによる。

附　則（省略）

別表第一　通信教育学部の専任教員数（第九条関係）

学部の種類	収容定員八、〇〇〇人の場合の専任教員数	収容定員一二、〇〇〇人の場合の専任教員数	収容定員一六、〇〇〇人の場合の専任教員数
文学関係	一七	二二	二五
教育学・保育学関係	一七	二二	二五
法学関係	二一	二三	二七
経済学関係	二一	二三	二七
社会学・社会福祉学関係	二一	二三	二七
理学関係	二一	二三	二七
工学関係	二一	二三	二七
家政関係	一七	二二	二五
美術関係	一七	二二	二五
音楽関係	一七	二二	二五

備考

一　この表に定める教員数の半数以上は原則として教授とする。

二　収容定員が八、〇〇〇人未満の場合には、収容定員八、〇〇〇人として取り扱うものとする。

三　収容定員がこの表に定める数を超える場合は、その超える収容定員に応じて四、〇〇〇人につき教員三人の割合により算出される数の教員を増加するものとする。

四　この表に定める教員数は、一の学部を置く大学が当該学部を一学科で組織する場合の専任教員数とし、二以上の学部を置く場合又は二以上の学科で組織する場合にあっては、共通する授業科目を勘案して、それぞれ相当数の教員を増加し、又は減ずるものとする。

五　この表に掲げる学部以外の学部における教員数については、当該学部に類似するこの表に掲げる学部の例によるものとする。ただし、この表によることが適当でない場合については、別に定める。

別表第二　通信教育学部の校舎等面積（第十条関係）

学部の種類	収容定員四、〇〇〇人の場合の面積（平方メートル）	収容定員八、〇〇〇人の場合の面積（平方メートル）	収容定員一二、〇〇〇人の場合の面積（平方メートル）	収容定員一六、〇〇〇人の場合の面積（平方メートル）
文学関係	三、四四〇	五、七九〇	八、三九〇	一一、〇〇〇
教育学・保育学関係	三、四四〇	五、七九〇	八、三九〇	一一、〇〇〇
法学関係	三、六九〇	六、〇四〇	八、五二〇	一一、一三〇
経済学関係	三、六九〇	六、〇四〇	八、五二〇	一一、一三〇
社会学・社会福祉学関係	三、六九〇	六、〇四〇	八、五二〇	一一、一三〇
理学関係	七、六六〇	一三、五六〇	一九、六三〇	二五、八七〇
工学関係	八、七五〇	一五、四九〇	二三、四二〇	二九、五五〇
家政関係	五、五二〇	九、六六〇	一四、一三〇	一八、五九〇
美術関係	五、三四〇	九、三五〇	一三、六七〇	一八、〇〇〇
音楽関係	四、七八〇	八、三七〇	一二、二三〇	一六、一〇〇

備考

一　この表には、大学設置基準第三十六条第五項の施設及び第三十九条の附属施設の面積は含まない。

二　収容定員が四、〇〇〇人未満の場合にあっては、学科並びに収容定員及び教員数に応じて二割の範囲内においてこの表に定める面積を減ずることができるものとし、この表に定める収容定員を超える場合にあっては、教育に支障のないよう、その超える収容定員に応じてこの表に定める面積を増加するものとする。

三　大学設置基準第三十一条第一項の科目等履修生その他の学生以外の者を当該学部の収容定員を超えて相当数受け入れる場合においては、教育に支障のないよう、この表に定める面積を増加するものとする。

四　二以上の学部を置く大学は、各学部が共同に使用する建物があるときは、教育に支障のない限度において、この表に定める面積を減ずることができる。

五　この表に掲げる学部以外の学部における面積については、当該学部に類似するこの表に掲げる学部の例によるものとする。ただし、この表によることが適当でない場合については、別に定める。

●短期大学設置基準

（昭和五〇年四月二八日文部省令第二一号）

施行、昭五一・四・一
最終改正、令一—文科令一一

第一章　総則

（趣旨）

第一条　短期大学（専門職短期大学を除く。以下同じ。）は、学校教育法（昭和二十二年法律第二十六号）その他の法令の規定によるほか、この省令の定めるところにより設置するものとする。

2　この省令で定める設置基準は、短期大学を設置するのに必要な最低の基準とする。

3　短期大学は、この省令で定める設置基準より低下した状態にならないようにすることはもとより、その水準の向上を図ることに努めなければならない。

（教育研究上の目的）

第二条　短期大学は、学科又は専攻課程ごとに、人材の養成に関する目的その他の教育研究上の目的を学則等に定めるものとする。

（入学者選抜）

第二条の二　入学者の選抜は、公正かつ妥当な方法により、適切な体制を整えて行うものとする。

（教員と事務職員等の連携及び協働）

第二条の三　短期大学は、当該短期大学の教育研究活動等の組織的かつ効果的な運営を図るため、当該短期大学の教員と事務職員等との適切な役割分担の下で、これらの者の間の連携体制を確保し、これらの者の協働によりその職務が行われるよう留意するものとする。

第二章　学科

（学科）

第三条　学科は、教育研究上の必要に応じ組織されるものであつて、教員組織その他が学科として適当な規模内容をもつと認められるものとする。

2 学科には、教育上特に必要があるときは、専攻課程を置くことができる。

（学科連係課程実施学科）

第三条の二 短期大学は、横断的な分野に係る教育課程を実施する上で特に必要があると認められる場合であつて、教育研究に支障がないと認められる場合には、当該短期大学に置かれる二以上の学科（この条の規定により置かれたものを除く。）との緊密な連係及び協力の下、当該二以上の学科が有する教員組織及び施設設備等の一部を用いて横断的な分野に係る教育課程を実施する学科（以下この条及び別表第一において「学科連係課程実施学科」という。）を置くことができる。

2 学科連係課程実施学科に係る専任教員は、教育研究に支障がないと認められる場合には、前項に規定する二以上の学科（以下この条において「連係協力学科」という。）の専任教員がこれを兼ねることができる。

3 学科連係課程実施学科に係る専任教員数、校舎の面積及び附属施設の基準は、連係協力学科の全てがそれらに係る当該基準をそれぞれ満たすことをもつて足りるものとする。

4 学科連係課程実施学科の収容定員は、連係協力学科の収容定員の内数とし、当該学科連係課程実施学科ごとに学則で定めるものとする。

5 この省令において、この章、第四条、第二十二条、第三十一条、第三十二条、第十章から第十二章まで、第五十条、別表第一及び別表第二を除き、「学科」には学科連係課程実施学科を含むものとする。

第三章　学生定員

（学生定員）

第四条 学生定員は、学科ごとに学則で定めるものとする。この場合において、学科に専攻課程を置くときは、専攻課程を単位として学科ごとに定めるものとする。

2 前項の場合において、第十二条の規定による昼夜開講制を実施するときは、これに係る学生定員を、第五十条の規定により外国に学科その他の組織を設けるときは、これに係る学生定員を、それぞれ明示するものとする。

3 学生定員は、教員組織、校地、校舎その他の教育上の諸条件を総合的に考慮して定めるものとする。

4 短期大学は、教育にふさわしい環境の確保のため、在学する学生の数を学生定員に基づき適正に管理するものとする。

第四章　教育課程

（教育課程の編成方針）

第五条 短期大学は、当該短期大学及び学科の教育上の目的を達成するために必要な授業科目を自ら開設し、体系的に教育課程を編成するものとする。

2 教育課程の編成に当たつては、短期大学は、学科に係る専門の学芸を教授し、職業又は実際生活に必要な能力を育成するとともに、幅広く深い教養及び総合的な判断力を培い、豊かな人間性を涵養するよう適切に配慮しなければならない。

（教育課程の編成方法）

第六条 教育課程は、各授業科目を必修科目及び選択科目に分け、これを各年次に配当して編成するものとする。

（単位）

第七条 各授業科目の単位数は、短期大学において定めるものとする。

2 前項の単位数を定めるに当たつては、一単位の授業科目を四十五時間の学修を必要とする内容をもつて構成することを標準とし、授業の方法に応じ、当該授業による教育効果、授業時間外に必要な学修等を考慮して、次の基準により単位数を計算するものとする。

一 講義及び演習については、十五時間から三十時間までの範囲で短期大学が定める時間の授業をもつて一単位とする。

二 実験、実習及び実技については、三十時間から四十五時間までの範囲で短期大学が定める時間の授業をもつて一単位とする。ただし、芸術等の分野における個人指導による実技の授業については、短期大学が定める時間の授業をもつて一単位とすることができる。

三 一の授業科目について、講義、演習、実験、実習又は実技のうち二以上の方法の併用により行う場合については、その組み合わせに応じ、前二号に規定する基準を考慮して短期大学が定める時間の授業をもつて一単位とする。

3 前項の規定にかかわらず、卒業研究、卒業制作等の授業科目については、これらの学修の成果を評価して単位を授与することが適当と認められる場合には、これらに必要な学修等を考慮して、単位数を定めることができる。

（一年間の授業期間）

第八条 一年間の授業を行う期間は、定期試験等の期間を含め、三十五週にわたることを原則とする。

（各授業科目の授業期間）

第九条 各授業科目の授業は、十週又は十五週にわたる期間を単位として行うものとする。ただし、教育上必要があり、かつ、十分な教育効果をあげることができると認められる場合は、この限りでない。

（授業を行う学生数）

第一〇条 一の授業科目について同時に授業を行う学生数は、授業の方法及び施設設備その他の教育上の諸条件を考慮して、教育効果を十分にあげられるような適当な人数とするものとする。

（授業の方法）

第一一条 授業は、講義、演習、実験、実習若しくは実技のいずれかにより又はこれらの併用により行うものとする。

2 短期大学は、文部科学大臣が別に定めるところにより、前項の授業を、多様なメディアを高度に利用して、当該授業を行う教室等以外の場所で履修させることができる。

3 短期大学は、第一項の授業を、外国において履修させることができる。前項の規定により、多様なメディアを高度に利用して、当該授業を行う教室等以外の場所で履修させる場合についても、同様とする。

4 短期大学は、文部科学大臣が別に定めるところにより、第一項の授業の一部を、校舎及び附属施設以外の場所で行うことができる。

（成績評価基準等の明示等）

第一一条の二 短期大学は、学生に対して、授業の方法及び内容並びに一年間の授業の計画をあらかじめ明示するものとする。

2 短期大学は、学修の成果に係る評価及び卒業の認定に当たつては、客観性及び厳格性を確保するため、学生に対してその基準をあらかじめ明示するとともに、当該基準にしたがつて適切に行うものとする。

（教育内容等の改善のための組織的な研修等）

第一一条の三 短期大学は、当該短期大学の授業の内容及び方法の改善を図るための組織的な研修及び研究を実施するものとする。

（昼夜開講制）

第一二条 短期大学は、教育上必要と認められる場合には、昼夜開講制（同一学科において昼間及び夜間の双方の時間帯において授業を行うことをいう。）により授業を行うことができる。

第五章　卒業の要件等

（単位の授与）

第一三条 短期大学は、一の授業科目を履修した学生に対し、試験の上単位を与えるものとする。ただし、第七条第三項の授業科目については、短期大学の定める適切な方法により学修の成果を評価して単位を与えることができる。

（履修科目の登録の上限）

第一三条の二 短期大学は、学生が各年次にわたつて適切に授業科目を履修するため、卒業の要件として学生が修得すべき単位数について、学生が一年間又は一学期に履修科目として登録することができる単位数の上限を定めるよう努めなければならない。

2　短期大学は、その定めるところにより、所定の単位を優れた成績をもつて修得した学生については、前項に定める上限を超えて履修科目の登録を認めることができる。

（他の短期大学、専門職短期大学又は大学における授業科目の履修等）

第一四条　短期大学は、教育上有益と認めるときは、学生が短期大学の定めるところにより他の短期大学、専門職短期大学又は大学において履修した授業科目について修得した単位を、修業年限が二年の短期大学にあつては三十単位、修業年限が三年の短期大学にあつては四十六単位（第十九条の規定により卒業の要件として六十二単位以上を修得することとする短期大学にあつては三十単位）を超えない範囲で当該短期大学における授業科目の履修により修得したものとみなすことができる。

2　前項の規定は、学生が、外国の短期大学（専門職短期大学に相当する外国の短期大学を含む。以下この項において同じ。）又は大学に留学する場合、外国の短期大学又は大学が行う通信教育における授業科目を我が国において履修する場合及び外国の短期大学又は大学の教育課程を有するものとして当該外国の学校教育制度において位置付けられた教育施設であつて、文部科学大臣が別に指定するものの当該教育課程における授業科目を我が国において履修する場合について準用する。

（短期大学、専門職短期大学又は大学以外の教育施設等における学修）

第一五条　短期大学は、教育上有益と認めるときは、学生が行う短期大学、専門職短期大学又は高等専門学校の専攻科における学修その他文部科学大臣が別に定める学修を、当該短期大学における授業科目の履修とみなし、短期大学の定めるところにより単位を与えることができる。

2　前項により与えることができる単位数は、修業年限が二年の短期大学にあつては前条第一項（同条第二項において準用する場合を含む。以下この項において同じ。）により当該短期大学において修得したものとみなす単位数と合わせて三十単位、修業年限が三年の短期大学にあつては前条第一項により当該短期大学において修得したものとみなす単位数と合わせて四十六単位（第十九条の規定により卒業の要件として六十二単位以上を修得することとする短期大学にあつては三十単位）を超えないものとする。

（入学前の既修得単位等の認定）

第一六条　短期大学は、教育上有益と認めるときは、学生が当該短期大学に入学する前に短期大学、専門職短期大学又は大学において履修した授業科目について修得した単位（第十七条第一項及び第二項の規定により修得した単位を含む。）を、当該短期大学に入学した後の当該短期大学における授業科目の履修により修得したものとみなすことができる。

2　短期大学は、教育上有益と認めるときは、学生が当該短期大学に入学する前に行つた前条第一項に規定する学修を、当該短期大学における授業科目の履修とみなし、短期大学の定めるところにより単位を与えることができる。

3　短期大学は、学生が当該短期大学に入学する前に専門性が求められる職業に係る実務の経験を通じ、当該職業に必要な能力（当該短期大学において修得させることとしているものに限る。）を修得している場合において、教育上有益と認めるときは、文部科学大臣が別に定めるところにより、当該職業に必要な能力の修得を、当該短期大学における授業科目（職業に必要な能力を育成することを目的とする課程において開設するものに限る。）の履修とみなし、修業年限が二年の短期大学にあつては十五単位を、修業年限が三年の短期大学にあつては二十三単位（第十九条の規定により卒業の要件として六十二単位以上を修得することとする短期大学にあつては十五単位）を超えない範囲で短期大学の定めるところにより、単位を与えることができる。

4　前三項により修得したものとみなし、又は与えることのできる単位数は、転学等の場合を除き、当該短期大学において修得した単位以外のものについては、第十四条第一項及び前条第一項により当該短期大学において修得したものとみなす単位数と合わせて、修業年限が二年の短期大学にあつては、三十単位、修業年限が三年の短期大学にあつては、四十六単位（第十九条の規定により卒業の要件として六十二単位以上を修得することとする短期大学にあつては、三十単位）を超えないものとする。この場合において、第十四条第二項において準用する同条第一項により当該短期大学において修得したものとみなす単位数と合わせるときは、修業年限が二年の短期大学にあつては、四十五単位、修業年限が三年の短期大学にあつては、五十三単位（第十九条の規定により卒業の要件として六十二単位以上を修得することとする短期大学にあつては四十五単位）を超えないものとする。

（長期にわたる教育課程の履修）

第一六条の二　短期大学は、短期大学の定めるところにより、学生が、職業を有している等の事情により、修業年限を超えて一定の期間にわたり計画的に教育課程を履修し卒業することを希望する旨を申し出たときは、その計画的な履修を認めることができる。

（科目等履修生等）

第一七条　短期大学は、短期大学の定めるところにより、当該短期大学の学生以外の者で、一又は複数の授業科目を履修する者（以下この条において「科目等履修生」という。）に対し、単位を与えることができる。

2　短期大学は、短期大学の定めるところにより、当該短期大学の学生以外の者で学校教育法第百五条に規定する特別の課程を履修する者（以下この条において「特別の課程履修生」という。）に対し、単位を与えることができる。

3　科目等履修生及び特別の課程履修生に対する単位の授与については、第十三条の規定を準用する。

4　短期大学は、科目等履修生、特別の課程履修生その他の学生以外の者（次項において「科目等履修生等」という。）を相当数受け入れる場合においては、第二十二条、第三十条及び第三十一条に規定する基準を考慮して、教育に支障のないよう、それぞれ相当の専任教員並びに校地及び校舎の面積を増加するものとする。

5　短期大学は、科目等履修生等を受け入れる場合においては、一の授業科目について同時に授業を行うこれらの者の人数は、第十条の規定を踏まえ、適当な人数とするものとする。

（卒業の要件）

第一八条　修業年限が二年の短期大学の卒業の要件は、短期大学に二年以上在学し、六十二単位以上を修得することとする。

2　修業年限が三年の短期大学の卒業の要件は、短期大学に三年以上在学し、九十三単位以上を修得することとする。

3　前二項又は第三十五条の十第一項若しくは第二項の規定により卒業の要件として修得すべき単位数のうち、第十一条第二項の授業の方法により修得する単位数は、修業年限が二年の短期大学にあつては三十単位、修業年限が三年の短期大学にあつては四十六単位（次条の規定により卒業の要件として六十二単位以上を修得することとする短期大学にあつては三十単位）を超えないものとする。

（卒業の要件の特例）

第一九条　夜間において授業を行う学科その他授業を行う時間について教育上特別の配慮を必要とする学科（以下「夜間学科等」という。）に係る修業年限が三年の短期大学の卒業の要件は、前条第二項の規定にかかわらず、短期大学に三年以上在学し、六十二単位以上を修得することとすることができる。

第六章　教員組織

（教員組織）

第二〇条　短期大学は、その教育研究上の目的を達成するため、学科の規模及び授与する学位の分野に応じ、必要な教員を置くものとする。

2　短期大学は、教育研究の実施に当たり、教員の適切な役割分担の下で、組織的な連携体制を確保し、教育研究に係る責任の所在が明確になるように教員組織を編制するものとする。

3　短期大学は、教育研究水準の維持向上及び教育研究の活性化を図るため、教員の構成が特定の範囲の年齢に著しく偏ることのないよう配慮するものとする。

4　短期大学は、二以上の校地において教育を行う場合においては、それぞれの校地ごとに必要な教員を置くものとする。なお、それぞれの校地には、当該校地における教育に支障のないよう、原則として専任の教授又は准教授を少なくとも一人以上置くものとする。ただし、その校地が隣接している場合は、この限りでない。

（授業科目の担当）

第二〇条の二　短期大学は、教育上主要と認める授業科目（以下「主要授業科目」という。）については原則として専任の教授又は准教授に、主要授業科目以外の授業科目についてはなるべく専任の教授、准教授、講師又は助教（第二十二条、第三十九条第一項及び第四十八条において「教授等」という。）に担当させるものとする。

2　短期大学は、演習、実験、実習又は実技を伴う授業科目については、なるべく助手に補助させるものとする。

（授業を担当しない教員）

第二一条　短期大学には、教育研究上必要があるときは、授業を担当しない教員を置くことができる。

（専任教員）

第二一条の二　教員は、一の短期大学に限り、専任教員となるものとする。

2　専任教員は、専ら前項の短期大学における教育研究に従事するものとする。

3　前項の規定にかかわらず、短期大学は、教育研究上特に必要があり、かつ、当該短期大学における教育研究の遂行に支障がないと認められる場合には、当該短期大学における教育研究以外の業務に従事する者を、当該短期大学の専任教員とすることができる。

（専任教員数）

第二二条　短期大学における専任教員の数は、別表第一イの表により当該短期大学に置く学科の種類及び規模に応じ定める教授等の数（第三十八条第一項に規定する共同学科（以下この条及び第三十一条において単に「共同学科」という。）が属する分野にあつては、共同学科以外の学科について同表を適用して得られる教授等の数と第三十九条の規定により得られる当該共同学科に係る専任教員の数を合計した数）と別表第一ロの表により短期大学全体の入学定員に応じ定める教授等の数を合計した数以上とする。

第七章　教員の資格

（学長の資格）

第二二条の二　学長となることのできる者は、人格が高潔で、学識が優れ、かつ、大学運営に関し識見を有すると認められる者とする。

（教授の資格）

第二三条　教授となることのできる者は、次の各号のいずれかに該当し、かつ、短期大学における教育を担当するにふさわしい教育上の能力を有すると認められる者とする。

一　博士の学位（外国において授与されたこれに相当する学位を含む。）を有し、研究上の業績を有する者

二　研究上の業績が前号の者に準ずると認められる者

三　学位規則（昭和二十八年文部省令第九号）第五条の二に規定する専門職学位（外国において授与されたこれに相当する学位を含む。）を有し、当該専門職学位の専攻分野に関する実務上の業績を有する者

四　芸術上の優れた業績を有すると認められる者及び実際的な技術の修得を主とする分野にあつては実際的な技術に秀でていると認められる者

五　大学（短期大学及び専門職短期大学を含む。以下同じ。）又は高等専門学校において教授、准教授又は専任の講師の経歴（外国におけるこれらに相当する教員としての経歴を含む。）のある者

六　研究所、試験所、病院等に在職し、研究上の業績を有する者

七　特定の分野について、特に優れた知識及び経験を有すると認められる者

（准教授の資格）

第二四条　准教授となることのできる者は、次の各号のいずれかに該当し、かつ、短期大学における教育を担当するにふさわしい教育上の能力を有すると認められる者とする。

一　前条各号のいずれかに該当する者

二　大学又は高等専門学校において助教又はこれに準ずる職員としての経歴（外国におけるこれらに相当する職員としての経歴を含む。）のある者

三　修士の学位又は学位規則第五条の二に規定する専門職学位（外国において授与されたこれらに相当する学位を含む。）を有する者

四　特定の分野について、優れた知識及び経験を有すると認められる者

（講師の資格）

第二五条　講師となることのできる者は、次の各号のいずれかに該当する者とする。

一　第二十三条又は前条に規定する教授又は准教授となることのできる者

二　特定の分野について、短期大学における教育を担当するにふさわしい教育上の能力を有すると認められる者

（助教の資格）

第二五条の二　助教となることのできる者は、次の各号のいずれかに該当し、かつ、短期大学における教育を担当するにふさわしい教育上の能力を有すると認められる者とする。

一　第二十三条各号又は第二十四条各号のいずれかに該当する者

二　修士の学位（医学を履修する課程、歯学を履修する課程、薬学を履修する課程のうち臨床に係る実践的な能力を培うことを主たる目的とするもの又は獣医学を履修する課程を修了した者については、学士の学位）又は学位規則第五条の二に規定する専門職学位（外国において授与されたこれらに相当する学位を含む。）を有する者

三　特定の分野について、知識及び経験を有すると認められる者

（助手の資格）

第二六条　助手となることのできる者は、次の各号のいずれかに該当する者とする。

一　学士の学位又は学位規則第二条の二の表に規定する専門職大学を卒業した者に授与する学位（外国において授与されたこれらに相当する学位を含む。）を有する者

二　前号の者に準ずる能力を有すると認められる者

第八章　校地、校舎等の施設及び設備等

（校地）

第二七条　校地は、教育にふさわしい環境をもち、校舎の敷地には、学生が休息その他に利用するのに適当な空地を有するものとする。

2　前項の規定にかかわらず、短期大学は、法令の規定による制限その他のやむを得ない事由により所要の土地の取得を行うことが困難であるため前項に規定する空地を校舎の敷地に有することができないと認められる場合において、学生が休息その他に利用するため、適当な空地を有することにより得られる効用と同等以上の効用が得られる措置を当該短期大学が講じている場合に限り、空地を校舎の敷地に有しないことができる。

3　前項の措置は、次の各号に掲げる要件を満たす施設を校舎に備えることにより行うものとする。

一　できる限り開放的であつて、多くの学生が余裕をもつて休息、交流その他に利用できるものであること。

二　休息、交流その他に必要な設備が備えられていること。

（運動場）

第二七条の二　運動場は、教育に支障のないよう、原則として校舎と同一の敷地内又はその隣接地に設けるものとし、やむを得ない場合には適当な位置にこれを設けるものとする。

2　前項の規定にかかわらず、短期大学は、法令の規定による制限その他のやむを得ない事由により所要の土地の取得を行うことが困難であるため前項に規定する運動場を設けることができないと認められる場合において、運動場を設けることにより得られる効用と同等以上の効用が得られる措置を当該短期大学が講じており、かつ、教育に支障がないと認められる場合に限り、運動場を設けないことができる。

3　前項の措置は、原則として体育館その他のスポーツ施設を校舎と同一の敷地内又はその隣接地に備えることにより行うものとする。ただし、やむを得ない特別の事情があるときは、当該短期大学以外の者が備える運動施設であつて次の各号に掲げる要件を満たすものを学生に利用させることにより行うことができるものとする。

一　様々な運動が可能で、多くの学生が余裕をもつて利用できること。

二　校舎から至近の位置に立地していること。

三　学生の利用に際し経済的負担の軽減が十分に図られているものであること。

（校舎等）

第二八条　校舎には、短期大学の組織及び規模に応じ、少なくとも次に掲げる専用の施設を備えるものとする。ただし、特別の事情があり、かつ、教育研究に支障がないと認められるときは、この限りでない。

一　学長室、会議室、事務室

二　教室（講義室、演習室、実験室、実習室等とする。）、研究室

三　図書館、保健室

2　教室は、学科の種類及び学生数に応じ、必要な種類と数を備えるものとする。

3　研究室は、専任の教員に対しては必ず備えるものとする。

4　校舎には、第一項に掲げる施設のほか、なるべく情報処理及び語学の学習のための施設を備えるものとする。

5　短期大学は、第一項及び前項に掲げる施設のほか、原則として体育館を備えるとともに、なるべく体育館以外のスポーツ施設、講堂、学生自習室及び学生控室並びに寄宿舎、課外活動施設その他の厚生補導に関する施設を備えるものとする。

6　夜間学科等を置く短期大学又は昼夜開講制を実施する短期大学にあつては、研究室、教室、図書館その他の施設の利用について、教育研究に支障のないようにするものとする。

（図書等の資料及び図書館）

第二九条　短期大学は、学科の種類、規模等に応じ、図書、学術雑誌、視聴覚資料その他の教育研究上必要な資料を、図書館を中心に系統的に備えるものとする。

2　図書館は、前項の資料の収集、整理及び提供を行うほか、情報の処理及び提供のシステムを整備して学術情報の提供に努めるとともに、前項の資料の提供に関し、他の短期大学の図書館等との協力に努めるものとする。

3　図書館には、その機能を十分に発揮させるために必要な専門的職員その他の専任の職員を置くものとする。

4　図書館には、短期大学の教育研究を促進できるような適当な規模の閲覧室、レファレンス・ルーム、整理室、書庫等を備えるものとする。

5　前項の閲覧室には、学生の学習及び教員の教育研究のために十分な数の座席を備えるものとする。

（校地の面積）

第三〇条　短期大学における校地の面積（附属施設用地及び寄宿舎の面積を除く。）は、学生定員上の学生一人当たり十平方メートルとして算定した面積とする。

2　前項の規定にかかわらず、同じ種類の昼間学科（昼間において授業を行う学科をいう。以下同じ。）及び夜間学科が近接した施設等を使用し、又は施設等を共用する場合の校地の面積は、当該昼間学科及び夜間学科における教育研究に支障のない面積とする。

3　昼夜開講制を実施する場合においては、これに係る収容定員、履修方法、施設の使用状況等を考慮して、教育に支障のない限度において、第一項に規定する面積を減ずることができる。

（校舎の面積）

第三一条　校舎の面積は、一の分野についてのみ学科を置く短期大学にあつては、別表第二イの表に定める面積（共同学科を置く場合にあつては、共同学科以外の学科について同表を適用して得られる面積に第四十一条第一項の規定により得られる当該共同学科に係る面積を加えた面積）以上とし、二以上の分野についてそれぞれ学科を置く短期大学にあつては、当該二以上の分野（当該分野に共同学科のみが属するものを除く。）のうち同表の同一分野に属する学科の収容定員の百人までの欄の基準校舎面積が最大である分野についての同表に定める面積（共同学科が属する分野については、共同学科以外の学科について同表を適用して得られる面積）に当該分野以外の分野についてのそれぞれ別表第二ロの表に定める面積（共同学科が属する分野については、共同学科以外の学科について同表を適用して得られる面積）を合計した面積を加えた面積（共同学科を置く場合にあつては、第四十一条第一項の規定により得られる当該学科に係る面積を加えた面積）以上とする。

（附属施設）

第三二条　短期大学には、学科の種類に応じ、教育研究上必要な場合は、適当な規模内容を備えた附属施設を置くものとする。

（機械、器具等）

第三三条　短期大学には、学科の種類、学生数及び教員数に応じて必要な種類及び数の機械、器具及び標本を備えるものとする。

（二以上の校地において教育研究を行う場合における施設及び設備）

第三三条の二　短期大学は、二以上の校地において教育研究を行う場合においては、それぞれの校地ごとに教育研究に支障のないよう必要な施設及び設備を備えるものとする。ただし、その校地が隣接している場合は、この限りでない。

（教育研究環境の整備）

第三三条の三　短期大学は、その教育研究上の目的を達成するため、必要な経費の確保等により、教育研究にふさわしい環境の整備に努めるものとする。

（短期大学等の名称）

第三三条の四　短期大学及び学科（以下「短期大学等」という。）の名称は、短期大学等として適当であるとともに、当該短期大学等の教育研究上の目的にふさわしいものとする。

第九章　事務組織等

（事務組織）

第三四条　短期大学には、その事務を遂行するため、専任の職員を置く適当な事務組織を設けるものとする。

（厚生補導の組織）

第三五条　短期大学には、学生の厚生補導を行うため、専任の職員を置く適当な組織を設けるものとする。

（社会的及び職業的自立を図るために必要な能力を培うための体制）

第三五条の二　短期大学は、当該短期大学及び学科又は専攻課程の教育上の目的に応じ、学生が卒業後自らの資質を向上させ、社会的及び職業的自立を図るために必要な能力を、教育課程の実施及び厚生補導を通じて培うことができるよう、短期大学内の組織間の有機的な連携を図り、適切な体制を整えるものとする。

（研修の機会等）

第三五条の三　短期大学は、当該短期大学の教育研究活動等の適切かつ効果的な運営を図るため、その職員に必要な知識及び技能を習得

させ、並びにその能力及び資質を向上させるための研修（第十一条の三に規定する研修に該当するものを除く。）の機会を設けることその他必要な取組を行うものとする。

第十章　専門職学科に関する特例

（専門職学科とする学科）
第三五条の四　短期大学の学科のうち、専門性が求められる職業を担うための実践的かつ応用的な能力を育成する教育課程を編成するものは、専門職学科とする。

（専門職学科に係る入学者選抜）
第三五条の五　専門職学科を設ける短期大学は、専門職学科に係る入学者の選抜に当たつては、第二条の二に定めるところによるほか、実務の経験を有する者その他の入学者の多様性の確保に配慮した入学者選抜を行うよう努めるものとする。

（専門職学科に係る教育課程の編成方針）
第三五条の六　専門職学科を設ける短期大学は、専門職学科の教育課程の編成に当たつては、第五条に定めるところによるほか、専門性が求められる職業を担うための実践的な能力及び当該職業の分野において創造的な役割を担うための応用的な能力を育成するとともに、職業倫理を涵養するよう適切に配慮しなければならない。
2　専門職学科を設ける短期大学は、専門職学科の専攻に係る職業を取り巻く状況を踏まえて必要な授業科目を開発し、当該職業の動向に即した教育課程の編成を行うとともに、当該状況の変化に対応し、授業科目の内容、教育課程の構成等について、不断の見直しを行うものとする。
3　前項の規定による授業科目の開発、教育課程の編成及びそれらの見直しは、次条に規定する教育課程連携協議会の意見を勘案するとともに、適切な体制を整えて行うものとする。

（教育課程連携協議会）
第三五条の七　専門職学科を設ける短期大学は、産業界及び地域社会との連携により、専門職学科の教育課程を編成し、及び円滑かつ効果的に実施するため、教育課程連携協議会を設けるものとする。
2　教育課程連携協議会は、次に掲げる者をもつて構成する。
一　学長又は専門職学科の長（以下この条において「学長等」という。）が指名する教員その他の職員
二　当該専門職学科の課程に係る職業に就いている者又は当該職業に関連する事業を行う者による団体のうち、広範囲の地域で活動するものの関係者であつて、当該職業の実務に関し豊富な経験を有するもの
三　地方公共団体の職員、地域の事業者による団体の関係者その他の地域の関係者
四　臨地実務実習（第三十五条の十第一項第三号に規定する臨地実務実習をいう。）その他の授業科目の開設又は授業の実施において当該専門職学科を設ける短期大学と協力する事業者
五　当該専門職学科を設ける短期大学の教員その他の職員以外の者であつて学長等が必要と認めるもの
3　教育課程連携協議会は、次に掲げる事項について審議し、学長等に意見を述べるものとする。
一　産業界及び地域社会との連携による授業科目の開設その他の専門職学科の教育課程の編成に関する基本的な事項
二　産業界及び地域社会との連携による授業の実施その他の専門職学科の教育課程の実施に関する基本的な事項及びその実施状況の評価に関する事項

（専門職学科の授業科目）
第三五条の八　専門職学科を設ける短期大学は、次の各号に掲げる授業科目を開設するものとする。
一　一般・基礎科目（幅広く深い教養及び総合的な判断力を培うための授業科目並びに生涯にわたり自らの資質を向上させ、社会的及び職業的自立を図るために必要な能力を育成するための授業科目をいう。）
二　職業専門科目（専攻に係る特定の職業において必要とされる理論的かつ実践的な能力及び当該職業の分野全般にわたり必要な能力を育成するための授業科目をいう。）
三　展開科目（専攻に係る特定の職業の分野に関連する分野における応用的な能力であつて、当該職業の分野において創造的な役割を果たすために必要なものを育成するための授業科目をいう。）
四　総合科目（修得した知識及び技能等を総合し、専門性が求められる職業を担うための実践的かつ応用的な能力を総合的に向上させるための授業科目をいう。）

（専門職学科に係る授業を行う学生数）
第三五条の九　専門職学科を設ける短期大学が当該専門職学科の一の授業科目について同時に授業を行う学生数は、第十条の規定にかかわらず、四十人以下とする。ただし、教育上必要があり、かつ、十分な教育効果をあげることができると認められる場合は、この限りでない。

（専門職学科に係る卒業の要件）
第三五条の一〇　修業年限が二年の専門職学科に係る卒業要件は、第十八条第一項及び第三項に定めるところによるほか、次の各号のいずれにも該当することとする。
一　同条第一項の規定により卒業の要件として修得すべき六十二単位以上の単位に、一般・基礎科目及び展開科目に係るそれぞれ十単位以上、職業専門科目に係る三十単位以上並びに総合科目に係る二単位以上が含まれること。
二　実験、実習又は実技による授業科目（やむを得ない事由があり、かつ、教育効果を十分にあげることができると認める場合には、演習、実験、実習又は実技による授業科目）に係る二十単位以上を修得すること。
三　前号の授業科目に係る単位に臨地実務実習（企業その他の事業者の事業所又はこれに類する場所において、当該事業者の実務に従事することにより行う実習による授業科目であつて、文部科学大臣が別に定めるところにより開設されるものをいう。以下同じ。）に係る十単位が含まれること。ただし、やむを得ない事由があり、かつ、教育効果を十分にあげることができると認められる場合には、二単位を超えない範囲で、連携実務演習等（企業その他の事業者と連携して開設する演習、実験、実習又は実技による授業科目のうち、当該事業者の実務に係る課題に取り組むもの（臨地実務実習を除く。）であつて、文部科学大臣が別に定めるところにより開設されるものをいう。以下同じ。）をもつてこれに代えることができること。
2　修業年限が三年の専門職学科に係る卒業要件は、第十八条第二項及び第三項又は第十九条に定めるところによるほか、次の各号のいずれにも該当することとする。
一　同条第二項の規定により卒業の要件として修得すべき九十三単位（第十九条の規定により卒業の要件として六十二単位以上を修得する短期大学（以下この項において「第十九条の短期大学」という。）にあつては六十二単位）以上の単位に、一般・基礎科目及び展開科目に係るそれぞれ十五単位（第十九条の短期大学にあつては十単位）以上、職業専門科目に係る四十五単位（第十九条の短期大学にあつては三十単位）以上並びに総合科目に係る二単位以上が含まれること。
二　実験、実習又は実技による授業科目（やむを得ない事由があり、かつ、教育効果を十分にあげることができると認める場合には、演習、実験、実習又は実技による授業科目）に係る三十単位（第十九条の短期大学にあつては二十単位）以上を修得すること。
三　前号の授業科目に係る単位に臨地実務実習に係る十五単位（第十九条の短期大学にあつては十単位）が含まれること。ただし、やむを得ない事由があり、かつ、教育

効果を十分にあげることができると認められる場合には、三単位（第十九条の短期大学にあつては二単位）を超えない範囲で、連携実務演習等をもつてこれに代えることができること。

（実務の経験等を有する専任教員）

第三五条の一一　専門職学科に係る第二十二条の規定による専任教員数のうち、別表第一イによる専門職学科の専任教員数のおおむね四割以上は、専攻分野におけるおおむね五年以上の実務の経験を有し、かつ、高度の実務の能力を有する者（次項において「実務の経験等を有する専任教員」という。）とする。

2　専門職学科に係る実務の経験等を有する専任教員のうち、前項に規定するおおむね四割の専任教員の数に二分の一を乗じて算出される数（小数点以下の端数があるときは、これを四捨五入する。）以上は、次の各号のいずれかに該当する者とする。

一　大学、短期大学、専門職短期大学又は高等専門学校において教授、准教授、専任の講師又は助教の経歴（外国におけるこれらに相当する教員としての経歴を含む。）のある者

二　博士の学位、修士の学位又は学位規則第五条の二に規定する専門職学位（外国において授与されたこれらに相当する学位を含む。）を有する者

三　企業等に在職し、実務に係る研究上の業績を有する者

3　第一項に規定するおおむね四割の専任教員の数に二分の一を乗じて算出される数（小数点以下の端数があるときは、これを四捨五入する。）の範囲内については、専任教員以外の者であつても、一年につき六単位以上の授業科目を担当し、かつ、教育課程の編成その他の学科の運営について責任を担う者で足りるものとする。

（実務実習に必要な施設）

第三五条の一二　専門職学科を設ける短期大学は、実験・実習室及び附属施設のほか、当該専門職学科に係る臨地実務実習その他の実習に必要な施設を確保するものとする。

第十一章　共同教育課程に関する特例

（共同教育課程の編成）

第三六条　二以上の短期大学は、その短期大学及び学科の教育上の目的を達成するために必要があると認められる場合には、第五条第一項の規定にかかわらず、当該二以上の短期大学のうち一の短期大学が開設する授業科目を、当該二以上の短期大学のうち他の短期大学の教育課程の一部とみなして、それぞれの短期大学ごとに同一内容の教育課程（通信教育に係るもの及び短期大学が外国に設ける学科その他の組織において開設される授業科目の履修により修得する単位を当該学科に係る卒業の要件として修得すべき単位の全部又は一部として修得するものを除く。以下「共同教育課程」という。）を編成することができる。ただし、共同教育課程を編成する短期大学（以下「構成短期大学」という。）は、それぞれ当該共同教育課程に係る主要授業科目の一部を必修科目として自ら開設するものとする。

2　短期大学は、共同教育課程のみを編成することはできない。

3　構成短期大学は、当該共同教育課程を編成し、及び実施するための協議の場を設けるものとする。

（共同教育課程に係る単位の認定）

第三七条　構成短期大学は、学生が当該構成短期大学のうち一の短期大学において履修した共同教育課程に係る授業科目について修得した単位を、当該構成短期大学のうち他の短期大学における当該共同教育課程に係る授業科目の履修により修得したものとそれぞれみなすものとする。

（共同学科に係る卒業の要件）

第三八条　修業年限が二年の短期大学の共同教育課程を編成する学科（以下「共同学科」という。）に係る卒業の要件は、第十八条第一項又は第三十五条の十第一項に定めるもののほか、それぞれの短期大学において当該共同教育課程に係る授業科目の履修により十単位以上を修得することとする。

2　修業年限が三年の短期大学の共同学科に係る卒業の要件は、第十八条第二項又は第三十五条の十第二項に定めるもののほか、それぞれの短期大学において当該共同教育課程に係る授業科目の履修により二十単位以上を修得することとする。

3　前項の規定にかかわらず、夜間学科等に係る修業年限が三年の短期大学の共同学科に係る卒業の要件は、第十九条に規定するもののほか、それぞれの短期大学において当該共同教育課程に係る授業科目の履修により十単位以上を修得することとする。

4　前三項の規定によりそれぞれの短期大学において当該共同教育課程に係る授業科目の履修により修得する単位数には、第十四条第一項（同条第二項において準用する場合を含む。）、第十五条第一項、第十六条第一項、第二項若しくは第三項又は前条の規定により修得したものとみなし、若しくは与えることができ、又はみなすものとする単位を含まないものとする。

（共同学科に係る専任教員の数）

第三九条　共同学科に係る専任教員の数は、それぞれの短期大学に置く当該共同教育課程を編成する学科を合わせて一の学科とみなして、その種類及び規模に応じ別表第一イの表を適用して得られる教授等の数（次項において「全体専任教員数」という。）をこれらの学科に係る入学定員の割合に応じて按分した数（その数に一に満たない端数があるときはこれを切り捨てる。以下この条において「短期大学別専任教員数」という。）以上とする。

2　前項に規定する当該共同教育課程を編成する学科に係る短期大学別専任教員数の合計が全体専任教員数に満たないときは、その不足する数の専任教員をいずれかの短期大学の当該共同教育課程を編成する学科に置くものとする。

3　第一項の規定による当該共同教育課程を編成する学科に係る短期大学別専任教員数（前項の規定により当該学科に不足する数の専任教員を置くときは、当該専任教員の数を加えた数）が、当該学科の種類に応じ、別表第一イの表の第四欄（保健衛生学関係（看護学関係）にあつては、第三欄）に定める専任教員数（以下この項において「最小短期大学別専任教員数」という。）に満たないときは、前二項の規定にかかわらず、当該学科に係る専任教員の数は、最小短期大学別専任教員数以上とする。

（共同学科に係る校地の面積）

第四〇条　第三十条第一項の規定にかかわらず、共同学科に係る校地の面積については、それぞれの短期大学に置く当該共同教育課程を編成する学科に係る校地の面積を合計した面積がこれらの学科に係る学生定員を合計した数に十平方メートルを乗じて得た面積を超え、かつ、教育研究に支障がないと認められる場合には、それぞれの短期大学ごとに当該学科に係る学生定員上の学生一人当たり十平方メートルとして算定した面積を有することを要しない。

（共同学科に係る校舎の面積）

第四一条　共同学科に係る校舎の面積は、それぞれの短期大学に置く当該共同教育課程を編成する学科を合わせて一の学科とみなしてその種類に応じ別表第二イの表を適用して得られる面積（次項において「全体校舎面積」という。）をこれらの学科に係る収容定員の割合に応じて按分した面積（次項において「短期大学別校舎面積」という。）以上とする。

2　第三十一条及び前項の規定にかかわらず、それぞれの短期大学に置く当該共同教育課程を編成する学科に係る校舎の面積を合計した面積が全体校舎面積を超え、かつ、教育研究に支障がないと認められる場合には、それぞれの短期大学ごとに短期大学別校舎面積を有することを要しない。

（共同学科に係る施設及び設備）

第四二条　前二条に定めるもののほか、第二十七条から第二十九条まで、第三十二条、第三十三条及び第三十五条の十二の規定にかかわらず、共同学科に係る施設及び設備については、それぞれの短期大学に置く当該共同教育課程を編成する学科を合わせて一の学科とみなしてその種類、教員数及び学生数に応じて必要な施設及び設備を備え、かつ、教育研究に支障がないと認められる場合には、それぞれの短期大学ごとに当該学科に係る施設及び設備を備えることを要しない。

第十二章　国際連携学科に関する特例

（国際連携学科の設置）
第四三条　短期大学は、その教育上の目的を達成するために必要があると認められる場合には、短期大学に、文部科学大臣が別に定めるところにより、外国の短期大学と連携して教育研究を実施するための学科（以下「国際連携学科」という。）を設けることができる。
2　短期大学は、国際連携学科のみを設けることはできない。
3　国際連携学科の学生定員は、当該短期大学の学生定員の二割（一の短期大学に複数の国際連携学科を設けるときは、それらの学生定員の合計が当該短期大学の学生定員の二割）を超えない範囲で定めるものとする。

（国際連携教育課程の編成）
第四四条　国際連携学科を設ける短期大学は、第五条第一項の規定にかかわらず、国際連携専攻において連携して教育研究を実施する一以上の外国の短期大学（以下「連携外国短期大学」という。）が開設する授業科目を教育課程の一部とみなして、当該連携外国短期大学と連携した教育課程（通信教育に係るものを除く。）（以下「国際連携教育課程」という。）を編成することができる。ただし、国際連携学科を設ける短期大学は、国際連携教育課程に係る主要授業科目の一部を必修科目として自ら開設するものとする。
2　国際連携学科を設ける短期大学は、国際連携教育課程を編成し、及び実施するため、連携外国短期大学と文部科学大臣が別に定める事項についての協議の場を設けるものとする。

（共同開設科目）
第四五条　国際連携学科を設ける短期大学は、第五条第一項の規定にかかわらず、連携外国短期大学と共同して授業科目を開設することができる。
2　国際連携学科を設ける短期大学が前項の授業科目（以下この項において「共同開設科目」という。）を開設した場合、当該短期大学の国際連携学科の学生が当該共同開設科目の履修により修得した単位は、修業年限が二年の短期大学にあつては十五単位、修業年限が三年の短期大学にあつては二十三単位（第十九条の規定により卒業の要件として六十二単位以上を修得することとする短期大学にあつては十五単位）を超えない範囲で、当該短期大学又は連携外国短期大学のいずれかにおいて修得した単位とすることができる。ただし、連携外国短期大学において修得した単位数が、第四十七条第一項から第三項までの規定により連携外国短期大学において修得することとされている単位数に満たない場合は、共同開設科目の履修により修得した単位を連携外国短期大学において修得した単位とすることはできない。

（国際連携教育課程に係る単位の認定）
第四六条　国際連携学科を設ける短期大学は、学生が連携外国短期大学において履修した国際連携教育課程に係る授業科目について修得した単位を、当該国際連携教育課程に係る授業科目の履修により修得したものとみなすものとする。

（国際連携学科に係る卒業の要件）
第四七条　修業年限が二年の短期大学の国際連携学科に係る卒業の要件は、第十八条第一項又は第三十五条の十第一項に定めるもののほか、国際連携学科を設ける短期大学において国際連携教育課程に係る授業科目の履修により三十一単位以上を修得するとともに、それぞれの連携外国短期大学において当該国際連携教育課程に係る授業科目の履修により十単位以上を修得することとする。
2　修業年限が三年の短期大学の国際連携学科に係る卒業の要件は、第十八条第二項又は第三十五条の十第二項に定めるもののほか、国際連携学科を設ける短期大学において国際連携教育課程に係る授業科目の履修により四十七単位以上を修得するとともに、それぞれの連携外国短期大学において当該国際連携教育課程に係る授業科目の履修により二十単位以上を修得することとする。
3　前二項の規定にかかわらず、夜間学科等に係る修業年限が三年の短期大学の国際連携学科に係る卒業の要件は、第十九条に定めるもののほか、国際連携学科を設ける短期大学において国際連携教育課程に係る授業科目の履修により三十一単位以上を修得するとともに、それぞれの連携外国短期大学において当該国際連携教育課程に係る授業科目の履修により十単位以上を修得することとする。
4　前三項の規定により国際連携学科を設ける短期大学及びそれぞれの連携外国短期大学において国際連携教育課程に係る授業科目の履修により修得する単位数には、第十四条第一項（同条第二項において準用する場合を含む。）、第十五条第一項、第十六条第一項、第二項若しくは第三項又は前条の規定により修得したものとみなし、若しくは与えることができ、又はみなすものとする単位を含まないものとする。ただし、第十六条第一項の規定により修得したものとみなす単位について、国際連携教育課程を編成し、及び実施するために特に必要と認められる場合は、この限りでない。

（国際連携学科に係る専任教員数）
第四八条　国際連携学科に係る専任教員の数は、第二十二条に定める学科の種類及び規模に応じて定める教授等の数に、一の国際連携学科ごとに一人の専任教員を加えた数を合計した数以上とする。

（国際連携学科に係る施設及び設備）
第四九条　第二十七条から第三十条まで並びに第三十二条、第三十三条及び第三十五条の十二の規定にかかわらず、国際連携学科に係る施設及び設備については、当該学科を設ける短期大学の施設及び設備を利用することができるものとし、教育研究に支障がないと認められる場合には、当該学科に係る施設及び設備を備えることを要しない。
2　前項の規定にかかわらず、国際連携学科を設ける短期大学が外国において国際連携教育課程に係る教育研究を行う場合においては、教育研究に支障のないよう必要な施設及び設備を備えるものとする。

第十三章　雑則

（外国に設ける組織）
第五〇条　短期大学は、文部科学大臣が別に定めるところにより、外国に学科その他の組織を設けることができる。

（その他の基準）
第五一条　専攻科及び別科に関する基準は、別に定める。

（段階的整備）
第五二条　新たに短期大学等を設置する場合の教員組織、校舎等の施設及び設備については、別に定めるところにより、段階的に整備することができる。

附　則（省略）

別表第一・別表第二（法令末尾に掲載）

別表第一（第二十二条関係）

イ　学科の種類及び規模に応じ定める専任教員数

学科の属する分野の区分	一学科の入学定員	同一分野に属する学科が一学科の場合の教員数	同一分野に属する学科を二以上置く場合の一学科の教員数	一学科の入学定員	同一分野に属する学科が一学科の場合の教員数	同一分野に属する学科を二以上置く場合の一学科の教員数	一学科の入学定員	同一分野に属する学科が一学科の場合の教員数	同一分野に属する学科を二以上置く場合の一学科の教員数
文学関係	一〇〇人まで	五	四	一〇一人～二〇〇人	七	六			
教育学・保育学関係	五〇人まで	六	四	五一人～一〇〇人	八	六	一〇一人～一五〇人	十	八
法学関係	一〇〇人まで	七	四	一〇一人～一五〇人	七	四	一五一人～二〇〇人	九	六
経済学関係	一〇〇人まで	七	四	一〇一人～一五〇人	七	四	一五一人～二〇〇人	九	六
社会学・社会福祉学関係	一〇〇人まで	七	四	一〇一人～一五〇人	七	四	一五一人～二〇〇人	九	六
理学関係	一〇〇人まで	七	四	一〇一人～一五〇人	九	六			
工学関係	一〇〇人まで	七	四	一〇一人～一五〇人	九	六			
農学関係	一〇〇人まで	七	四	一〇一人～一五〇人	九	六			
家政関係	一〇〇人まで	五	四	一〇一人～二〇〇人	七	六			
美術関係	五〇人まで	五	三	五一人～一〇〇人	七	四	一〇一人～一五〇人	八	五
音楽関係	五〇人まで	五	五	五一人～一〇〇人	七	七	一〇一人～一五〇人	八	八
体育関係	五〇人まで	六	四	五一人～一〇〇人	八	六	一〇一人～一五〇人	九	七
保健衛生学関係（看護学関係）	一〇〇人まで	七	―	一〇一人～一五〇人	九	―			
保健衛生学関係（看護学関係を除く。）	一〇〇人まで	七	四	一〇一人～一五〇人	九	六			

備考

一　この表に定める教員数の三割以上は教授とする（ロの表において同じ。）。

二　この表に定める教員数には、第二十一条の授業を担当しない教員を含まないこととする（ロの表において同じ。）。

三　この表の入学定員及び教員数は、学科に専攻課程を置く場合については、専攻課程の入学定員及び教員数とする。

四　入学定員がこの表に定める数に満たない場合の専任教員数は、その二割の範囲内において兼任の教員に代えることができる（ロの表において同じ。）。

五　入学定員が、この表に定める数を超える場合には、文学関係、法学関係、経済学関係、社会学・社会福祉学関係及び家政関係にあつては、同一分野に属する学科が一学科の場合については一〇〇人につき一人を、同一分野に属する学科を二以上置く場合については一五〇人につき一人を増加するものとし、教育学・保育学関係、理学関係、工学関係、農学関係、美術関係、体育関係及び保健衛生学関係にあつては、同一分野に属する学科が一学科の場合については五〇人につき一人を、同一分野に属する学科を二以上置く場合については八〇人につき一人を増加するものとし、音楽関係にあつては、同一分野に属する学科が一学科の場合及び同一分野に属する学科を二以上置く場合については五〇人につき一人を、それぞれ増加するものとする。

六　第十八条第二項の短期大学の学科については、この表に定める教員数（入学定員がこの表に定める数を超える場合には、前号の規定により算定した教員数とする。以下この号において同じ。）にこの表に定める教員数の三割に相当する数を加えたものとする。

七　教育課程が同一又は類似の夜間学科等を併せ置く場合の当該夜間学科等の教員数は、この表に定める教員数の三分の一以上とする。ただし、夜間学科等の入学定員が昼間学科等の入学定員を超える場合には、当該夜間学科等の教員数はこの表に定める教員数とし、当該昼間学科等の教員数はこの表に定める教員数の三分の一以上とする（ロの表において同じ。）。

八　昼夜開講制を実施する場合は、これに係る学生定員、履修方法、授業の開設状況等を考慮して、教育に支障のない限度において、この表に定める教員数を減ずることができる（ロの表において同じ。）。

九　看護に関する学科において第十八条第一項に定める学科と同条第二項に定める学科とを併せ置く場合は、同条第一項に定める学科にあつては、入学定員が一〇〇人までの場合は二人を、一〇〇人を超える場合は三人を、同条第二項に定める学科にあつては、第四号により算定した教員数から三人を減ずることができる。

十　この表に掲げる分野以外の分野に属する学科の教員数については、当該学科の属する分野に類似するこの表に掲げる分野の例によるものとする。ただし、教員養成に関する学科については、免許状の種類に応じ、教育職員免許法（昭和二十四年法律第百四十七号）及び教育職員免許法施行規則（昭和二十九年文部省令第二十六号）に規定する教科及び教職に関する科目の所要単位を修得させるのに必要な数の教員を置くものとするほか、この表によることが適当でない場合については、別に定める。

十一　学科連係課程実施学科における教員数は、当該学科連係課程実施学科を同一分野に属する学科が一学科の場合の学科とみなしてこの表により算定した教員数とする。

ロ　短期大学全体の入学定員に応じ定める専任教員数

入学定員	五〇人まで	一五〇人まで	二五〇人まで	四〇〇人まで	六〇〇人まで
教員数	二	三	四	五	六

備考　入学定員が六〇〇人を超える場合には、この表に定める教員数に、入学定員二〇〇人につき教員一人を加えるものとする。

別表第二（第三十一条関係）

イ　基準校舎面積

学科の種類＼収容定員	五〇人までの場合の面積（平方メートル）	一〇〇人までの場合の面積（平方メートル）	一五〇人までの場合の面積（平方メートル）	二〇〇人までの場合の面積（平方メートル）	二五〇人までの場合の面積（平方メートル）	三〇〇人までの場合の面積（平方メートル）	三五〇人までの場合の面積（平方メートル）	四〇〇人までの場合の面積（平方メートル）	四五〇人までの場合の面積（平方メートル）	五〇〇人までの場合の面積（平方メートル）	五五〇人までの場合の面積（平方メートル）	六〇〇人までの場合の面積（平方メートル）
文学関係	一、五〇〇	一、六〇〇	一、七〇〇	一、九〇〇	二、一〇〇	二、三五〇	二、六〇〇	二、八五〇	三、〇五〇	三、二五〇	三、四五〇	三、六五〇
教育学・保育学関係	一、九〇〇	二、〇〇〇	二、一〇〇	二、三五〇	二、六〇〇	二、八五〇	三、一〇〇	三、三五〇	三、六〇〇	三、八五〇	四、一〇〇	四、三五〇
法学関係	一、五〇〇	一、六〇〇	一、七〇〇	一、九〇〇	二、一〇〇	二、三五〇	二、六〇〇	二、八五〇	三、〇五〇	三、二五〇	三、四五〇	三、六五〇
経済学関係	一、五〇〇	一、六〇〇	一、七〇〇	一、九〇〇	二、一〇〇	二、三五〇	二、六〇〇	二、八五〇	三、〇五〇	三、二五〇	三、四五〇	三、六五〇
社会学・社会福祉学関係	一、五〇〇	一、六〇〇	一、七〇〇	一、九〇〇	二、一〇〇	二、三五〇	二、六〇〇	二、八五〇	三、〇五〇	三、二五〇	三、四五〇	三、六五〇
理学関係	一、八五〇	二、〇〇〇	二、一五〇	二、四〇〇	二、七五〇	三、二〇〇	三、六五〇	四、一五〇	四、六〇〇	五、〇五〇	五、五〇〇	六、〇〇〇
工学関係	一、九五〇	二、一〇〇	二、二五〇	二、五〇〇	二、九〇〇	三、三五〇	三、八〇〇	四、二五〇	四、七五〇	五、二〇〇	五、六五〇	六、一〇〇
農学関係	一、八五〇	二、〇〇〇	二、一五〇	二、四〇〇	二、七五〇	三、二〇〇	三、六五〇	四、一五〇	四、六〇〇	五、〇五〇	五、五〇〇	六、〇〇〇
家政関係	一、九〇〇	二、〇〇〇	二、一〇〇	二、三五〇	二、六〇〇	二、八五〇	三、一〇〇	三、三五〇	三、六〇〇	三、八五〇	四、一〇〇	四、三五〇
美術関係	一、七五〇	一、九〇〇	二、〇五〇	二、二五〇	二、六〇〇	三、〇〇〇	三、三五〇	三、七五〇	四、一五〇	四、五五〇	四、九五〇	五、三五〇
音楽関係	一、五五〇	一、七〇〇	一、八五〇	二、〇五〇	二、三五〇	二、七〇〇	三、一〇〇	三、四五〇	三、八〇〇	四、二〇〇	四、五五〇	四、九五〇
体育関係	一、五五〇	一、七〇〇	一、八五〇	二、〇五〇	二、二五〇	二、五〇〇	二、七五〇	三、〇〇〇	三、二五〇	三、五〇〇	三、七五〇	四、〇〇〇
保健衛生学関係（看護学関係）	一、九〇〇	二、〇〇〇	二、一〇〇	二、三五〇	二、六〇〇	二、八五〇	三、一〇〇	三、三五〇	三、六〇〇	三、八五〇	四、一〇〇	四、三五〇
保健衛生学関係（看護学関係を除く。）	一、七五〇	一、八五〇	一、九五〇	二、二〇〇	二、四五〇	二、八〇〇	三、一〇〇	三、四〇〇	三、七五〇	四、〇五〇	四、三五〇	四、六五〇

備考

一　この表に掲げる面積には、講堂、寄宿舎、附属施設等の面積は含まない（ロの表において同じ。）。

二　同一分野に属する学科の収容定員が六〇〇人を超える場合には、五〇人を増すごとに、この表に定める六〇〇人までの場合の面積から五五〇人までの場合の面積を減じて算出される数を加算するものとする。

三　同じ種類の昼間学科及び夜間学科等が近接した施設等を使用し、又は施設等を共用する場合の校舎の面積は、当該昼間学科及び夜間学科等における教育研究に支障のない面積とする。

四　昼夜開講制を実施する場合においては、これに係る収容定員、履修方法、施設の使用状況等を考慮して、教育に支障のない限度において、この表に定める面積を減ずることができる（ロの表において同じ。）。

五　専門職学科における面積については、第三十五条の十第一項第三号及び第二項第三号に規定する卒業に必要な臨地実務実習を実施するに当たり、実験・実習室その他の実習に必要な施設の一部を企業等の事業者の施設の使用により確保する場合その他の相当の事由があると認められる場合には、教育研究に支障がない限度において、この表に定める面積を減ずることができる（ロの表において同じ。）。

六　この表に掲げる分野以外の分野に属する学科に係る面積については、当該学科の属する分野に類似するこの表に掲げる分野の例によるものとする。ただし、これにより難い場合は別に定める（ロの表において同じ。）。

七　この表に定める面積は、専用部分の面積とする。ただし、当該短期大学と他の学校、就学前の子どもに関する教育、保育等の総合的な提供の推進に関する法律（平成十八年法律第七十七号）第二条第七項に規定する幼保連携型認定こども園、専修学校又は各種学校（以下この号において「学校等」という。）が同一の敷地内又は隣接地に所在する場合であって、それぞれの学校等の校舎の専用部分の面積及び共用部分の面積を合算した面積が、それぞれの学校等が設置の認可を受ける場合において基準となる校舎の面積を合算した面積以上のものであるときは、当該短期大学の教育研究に支障がない限度において、この表に定める面積に当該学校等との共用部分の面積を含めることができる（ロの表において同じ。）。

ロ　加算校舎面積

学科の種類＼収容定員	五〇人までの場合の面積（平方メートル）	一〇〇人までの場合の面積（平方メートル）	二〇〇人までの場合の面積（平方メートル）	三〇〇人までの場合の面積（平方メートル）	四〇〇人までの場合の面積（平方メートル）	五〇〇人までの場合の面積（平方メートル）	六〇〇人までの場合の面積（平方メートル）
文学関係	八五〇	一、〇〇〇	一、三〇〇	一、八〇〇	二、三〇〇	二、七〇〇	三、〇五〇
教育学・保育学関係	一、一〇〇	一、二五〇	一、五五〇	二、〇五〇	二、五五〇	三、〇五〇	三、五五〇
法学関係	八五〇	一、〇〇〇	一、三〇〇	一、八〇〇	二、三〇〇	二、七〇〇	三、〇五〇
経済学関係	八五〇	一、〇〇〇	一、三〇〇	一、八〇〇	二、三〇〇	二、七〇〇	三、〇五〇
社会学・社会福祉学関係	八五〇	一、〇〇〇	一、三〇〇	一、八〇〇	二、三〇〇	二、七〇〇	三、〇五〇
理学関係	一、三〇〇	一、五〇〇	一、八五〇	二、八〇〇	三、七〇〇	四、六五〇	五、五五〇
工学関係	一、三〇〇	一、五〇〇	一、九〇〇	二、八五〇	三、七五〇	四、七〇〇	五、六〇〇
農学関係	一、三〇〇	一、五〇〇	一、八五〇	二、八〇〇	三、七〇〇	四、六五〇	五、五五〇
家政関係	一、一〇〇	一、二五〇	一、五五〇	二、〇五〇	二、五五〇	三、〇五〇	三、五五〇
美術関係	一、一五〇	一、三〇〇	一、六五〇	二、三〇〇	三、三〇〇	四、〇五〇	四、八〇〇
音楽関係	一、一〇〇	一、二五〇	一、五五〇	二、一五〇	三、一五〇	三、八〇〇	四、五五〇
体育関係	一、二五〇	一、四〇〇	一、七〇〇	二、二〇〇	二、七〇〇	三、二〇〇	三、八五〇
保健衛生学関係（看護学関係）	一、一〇〇	一、二五〇	一、五五〇	二、〇五〇	二、五五〇	三、〇五〇	三、五五〇
保健衛生学関係（看護学関係を除く。）	一、一〇〇	一、二五〇	一、六〇〇	二、二五〇	二、八五〇	三、五〇〇	四、一〇〇

備考　収容定員が六〇〇人を超える場合は、一〇〇人を増すごとに、六〇〇人までの場合の面積から五〇〇人までの場合の面積を減じて算出される数を加算するものとする。

●専門職短期大学設置基準（抜粋）

（平成二九年九月八日 文部科学省令第三四号）

施行、平三一・四・一
最終改正、令一―文科令一一

第一章　総則

（趣旨）

第一条　専門職短期大学は、学校教育法その他の法令の規定によるほか、この省令の定めるところにより設置するものとする。

2・3（省略）

（入学者選抜）

第三条　入学者の選抜は、公正かつ妥当な方法により、適切な体制を整えて行うものとする。

2　専門職短期大学は、実務の経験を有する者その他の入学者の多様性の確保に配慮した入学者選抜を行うよう努めるものとする。

第四章　教育課程

（教育課程の編成方針）

第七条　専門職短期大学は、当該専門職短期大学及び学科の教育上の目的を達成するために必要な授業科目を、産業界及び地域社会と連携しつつ、自ら開設し、体系的に教育課程を編成するものとする。

2　教育課程の編成に当たっては、専門職短期大学は、学科に係る専門の学芸を教授し、専門性が求められる職業を担うための実践的な能力及び当該職業の分野において創造的な役割を担うための応用的な能力を育成するとともに、豊かな人間性及び職業倫理を涵養するよう適切に配慮しなければならない。

3　専門職短期大学は、学科に係る職業を取り巻く状況を踏まえて必要な授業科目を開発し、当該職業の動向に即した教育課程の編成を行うとともに、当該状況の変化に対応し、授業科目の内容、教育課程の構成等について、不断の見直しを行うものとする。

4　前項の規定による授業科目の開発、教育課程の編成及びそれらの見直しは、次条に規定する教育課程連携協議会の意見を勘案するとともに、適切な体制を整えて行うものとする。

（教育課程連携協議会）

第八条　専門職短期大学は、産業界及び地域社会との連携により、教育課程を編成し、及び円滑かつ効果的に実施するため、教育課程連携協議会を設けるものとする。

2　教育課程連携協議会は、次に掲げる者をもって構成する。

一　学長が指名する教員その他の職員

二　当該専門職短期大学の課程に係る職業に就いている者又は当該職業に関連する事業を行う者による団体のうち、広範囲の地域で活動するものの関係者であって、当該職業の実務に関し豊富な経験を有するもの

三　地方公共団体の職員、地域の事業者による団体の関係者その他の地域の関係者

四　臨地実務実習（第二十六条第一項第四号に規定する臨地実務実習をいう。）その他の授業科目の開設又は授業の実施において当該専門職短期大学と協力する事業者

五　当該専門職短期大学の教員その他の職員以外の者であって学長が必要と認めるもの

3　教育課程連携協議会は、次に掲げる事項について審議し、学長に意見を述べるものとする。

一　産業界及び地域社会との連携による授業科目の開設その他の教育課程の編成に関する基本的な事項

二　産業界及び地域社会との連携による授業の実施その他の教育課程の実施に関する基本的な事項及びその実施状況の評価に関する事項

（専門職短期大学の授業科目）

第一〇条　専門職短期大学は、次の各号に掲げる授業科目を開設するものとする。

一　基礎科目（生涯にわたり自らの資質を向上させ、社会的及び職業的自立を図るために必要な能力を育成するための授業科目をいう。）

二　職業専門科目（専攻に係る特定の職業において必要とされる理論的かつ実践的な能力及び当該職業の分野全般にわたり必要な能力を育成するための授業科目をいう。）

三　展開科目（専攻に係る特定の職業の分野に関連する分野における応用的な能力であって、当該職業の分野において創造的な役割を果たすために必要なものを育成するための授業科目をいう。）

四　総合科目（修得した知識及び技能等を総合し、専門性が求められる職業を担うための実践的かつ応用的な能力を総合的に向上させるための授業科目をいう。）

第五章　卒業の要件等

（卒業の要件）

第二六条　修業年限が二年の専門職短期大学の卒業要件は、次の各号のいずれにも該当することとする。

一　専門職短期大学に二年以上在学すること。

二　六十二単位以上（基礎科目及び展開科目に係るそれぞれ十単位以上、職業専門科目に係る三十単位以上並びに総合科目に係る二単位以上を含む。）を修得すること。

三　実験、実習又は実技による授業科目（やむを得ない事由があり、かつ、教育効果を十分にあげることができると認める場合には、演習、実験、実習又は実技による授業科目）に係る二十単位以上を修得すること。

四　前号の授業科目に係る単位に臨地実務実習（企業その他の事業者の事業所又はこれに類する場所において、当該事業者の実務に従事することにより行う実習による授業科目であって、文部科学大臣が別に定めるところにより開設されるものをいう。以下同じ。）に係る十単位が含まれること。ただし、やむを得ない事由があり、かつ、教育効果を十分にあげることができると認められる場合には、二単位を超えない範囲で、連携実務演習等（企業その他の事業者と連携して開設する演習、実験、実習又は実技による授業科目のうち、当該事業者の実務に係る課題に取り組むもの（臨地実務実習を除く。）であって、文部科学大臣が別に定めるところにより開設されるものをいう。以下同じ。）をもってこれに代えることができること。

2　修業年限が三年の専門職短期大学の卒業要件は、次の各号のいずれにも該当することとする。

一　専門職短期大学に三年以上在学すること。

二　九十三単位以上（基礎科目及び展開科目に係るそれぞれ十五単位以上、職業専門科目に係る四十五単位以上並びに総合科目に係る二単位以上を含む。）を修得すること。

三　実験、実習又は実技による授業科目（やむを得ない事由があり、かつ、教育効果を十分にあげることができると認める場合には、演習、実験、実習又は実技による授業科目）に係る三十単位以上を修得すること。

四　前号の授業科目に係る単位に臨地実務実習に係る十五単位が含まれること。ただし、やむを得ない事由があり、かつ、教育効果を十分にあげることができると認められる場合には、三単位を超えない範囲で、連携実務演習等をもってこれに代えることができること。

3　前二項の規定により卒業の要件として修得すべき単位数のうち、第十五条第二項の授業の方法により修得する単位数は、修業年限が二年の専門職短期大学にあっては三十単位、修業年限が三年の専門職短期大学にあっては四十六単位（第二十七条の専門職短期大学にあっては、三十単位）を超えないものとする。

第六章　教員組織

（実務の経験等を有する専任教員）

第三三条　前条の規定による専任教員の数のおおむね四割以上は、専攻分野におけるおおむね五年以上の実務の経験を有し、かつ、高度の実務の能力を有する者（次項において「実務の経験等を有する専任教員」という。）とする。

2　実務の経験等を有する専任教員のうち、前項に規定するおおむね四割の専任教員の数に二分の一を乗じて算出される数（小数点以下の端数があるときは、これを四捨五入する。）以上は、次の各号のいずれかに該当する者とする。

一　大学、短期大学又は高等専門学校において教授、准教授、専任の講師又は助教の経歴（外国におけるこれらに相当する教員としての経歴を含む。）のある者

二　博士の学位、修士の学位又は学位規則（昭和二十八年文部省令第九号）第五条の二に規定する専門職学位（外国において授与されたこれらに相当する学位を含む。）を有する者

三　企業等に在職し、実務に係る研究上の業績を有する者

3　第一項に規定するおおむね四割の専任教員の数に二分の一を乗じて算出される数（小数点以下の端数があるときは、これを四捨五入する。）の範囲内については、専任教員以外の者であっても、一年につき六単位以上の授業科目を担当し、かつ、教育課程の編成その他の学科の運営について責任を担う者で足りるものとする。

第八章　校地、校舎等の施設及び設備等

（実務実習に必要な施設）

第四七条　専門職短期大学は、実験・実習室及び附属施設のほか、臨地実務実習その他の実習に必要な施設を確保するものとする。

（専門職短期大学等の名称）

第五一条　専門職短期大学は、その名称中に専門職短期大学という文字を用いなければならない。

2　（省略）

●高等専門学校設置基準

（昭和三六年八月三〇日文部省令第二三号）

施行、昭三六・八・三〇
最終改正、令二―文科令四〇

第一章　総則

（趣旨）

第一条　高等専門学校は、学校教育法（昭和二十二年法律第二十六号）その他の法令の規定によるほか、この省令の定めるところにより設置するものとする。

（教育水準の維持向上）

第二条　高等専門学校は、その組織編制、施設、設備等がこの省令で定める設置基準より低下した状態にならないようにすることはもとより、常にその充実を図り、もつて教育水準の維持向上に努めなければならない。

2　前項の場合において、高等専門学校は、その教育内容を学術の進展に即応させるため、必要な研究が行なわれるように努めるものとする。

（教育上の目的）

第三条　高等専門学校は、学科ごとに、人材の養成に関する目的その他の教育上の目的を学則等に定めるものとする。

（入学者選抜）

第三条の二　入学者の選抜は、公正かつ妥当な方法により、適切な体制を整えて行うものとする。

（教員と事務職員等の連携及び協働）

第三条の三　高等専門学校は、当該高等専門学校の教育研究活動等の組織的かつ効果的な運営を図るため、当該高等専門学校の教員と事務職員等との適切な役割分担の下で、これらの者の間の連携体制を確保し、これらの者の協働によりその職務が行われるよう留意するものとする。

第二章　組織編制

（学科）

第四条　高等専門学校の学科は、専攻分野を教育するために組織されるものであつて、その規模内容が学科として適当と認められるものとする。

（学生定員）

第四条の二　学生定員は、学科ごとに学則で定めるものとする。

2　学生定員は、教員組織、校地、校舎その他の教育上の諸条件を総合的に考慮して定めるものとする。

3　高等専門学校は、教育にふさわしい環境の確保のため、在学する学生の数を学生定員に基づき適正に管理するものとする。

（学級）

第五条　高等専門学校においては、同一の学科につき同一の学年の学生をもつて一又は数個の学級を編制するものとする。ただし、教育上有益と認めるときには、異なる学科の学生をもつて学級を編制することができる。

2　一学級の学生の数は、四十人を標準とする。

（教員組織）

第六条　高等専門学校には、学科の種類及び学級数に応じ、各授業科目を教授するために必要な相当数の教員（助手を除く。次項及び第三項において同じ。）を置かなければならない。

2　教員のうち、第十六条に規定する一般科目を担当する専任者の数は、次の各号に掲げる数を下つてはならない。

一　入学定員に係る学生を一の学級に編制する場合は、十人

二　入学定員に係る学生を二の学級に編制する場合は、十二人

三　入学定員に係る学生を三の学級に編制する場合は、十四人

四　入学定員に係る学生を四の学級から六の学級までに編制する場合は、十四人に三学級を超えて一学級を増すごとに四人を加えた数

五　入学定員に係る学生を七以上の学級に編

制する場合は、二十六人に六学級を超えて一学級を増すごとに三人を加えた数

3　教員のうち、工学に関する学科において第十六条に規定する専門科目を担当する専任者の数は、当該学校に一の学科を置くときは八人、二以上の学科を置くときは八人に一学科を超えて一学科を増すごとに七人を加えた数を下つてはならない。この場合において、一学科の入学定員に係る学生を二以上の学級に編制するときは、これらに一学級を超えて一学級を増すごとに五人を加えるものとする。

4　工学に関する学科以外の学科において第十六条に規定する専門科目を担当する専任者の数は、別に定める。

5　高等専門学校は、教育の実施に当たり、教員の適切な役割分担の下で、組織的な連携体制を確保し、教育に係る責任の所在が明確になるように教員組織を編制するものとする。

6　高等専門学校は、教育研究水準の維持向上及び教育研究の活性化を図るため、教員の構成が特定の範囲の年齢に著しく偏ることのないよう配慮するものとする。

第七条　高等専門学校は、演習、実験、実習又は実技を伴う授業科目については、なるべく助手に補助させるものとする。

第八条　専門科目を担当する専任の教授及び准教授の数は、一般科目を担当する専任教員数と専門科目を担当する専任教員数との合計数の二分の一を下つてはならない。

第八条の二　第六条第二項に規定する一般科目を担当する専任者の数及び同条第三項又は第四項に規定する専門科目を担当する専任者の数を合計した数に五分の一を乗じて算出される数（小数点以下の端数があるときは、これを四捨五入する。）の範囲内については、専任教員以外の者であつても、専攻分野におけるおおむね五年以上の実務の経験を有し、かつ、高度の実務の能力を有する者であつて、一年につき六単位以上の授業科目を担当し、かつ、教育課程の編成について責任を担うもので足りるものとする。

第九条　教員は、一の高等専門学校に限り、専任教員となるものとする。

2　専任教員は、専ら前項の高等専門学校における教育に従事するものとする。

3　前項の規定にかかわらず、高等専門学校は、教育上特に必要があり、かつ、当該高等専門学校における教育の遂行に支障がないと認められる場合には、当該高等専門学校における教育以外の業務に従事する者を、当該高等専門学校の専任教員とすることができる。

（事務職員等）

第一〇条　高等専門学校には、その運営のために必要な相当数の事務職員その他の職員を置かなければならない。

（研修の機会等）

第一〇条の二　高等専門学校は、当該高等専門学校の教育研究活動等の適切かつ効果的な運営を図るため、その職員に必要な知識及び技能を習得させ、並びにその能力及び資質を向上させるための研修（第十七条の四に規定する研修に該当するものを除く。）の機会を設けることその他必要な取組を行うものとする。

第三章　教員の資格

（校長の資格）

第一〇条の三　校長となることのできる者は、人格が高潔で、学識が優れ、かつ、高等専門学校の運営に関し識見を有すると認められる者とする。

（教授の資格）

第一一条　教授となることのできる者は、次の各号のいずれかに該当し、かつ、高等専門学校における教育を担当するにふさわしい教育上の能力を有すると認められる者とする。

一　博士の学位（外国において授与されたこれに相当する学位を含む。）を有する者

二　学位規則（昭和二十八年文部省令第九号）第五条の二に規定する専門職学位（外国において授与されたこれに相当する学位を含む。）を有し、当該専門職学位の専攻分野に関する業務についての実績を有する者

三　大学（短期大学を含む。以下同じ。）又は高等専門学校において教授、准教授又は専任の講師の経歴（外国におけるこれらに相当する教員としての経歴を含む。）のある者

四　学校、研究所、試験所、調査所等に在職し、教育若しくは研究に関する実績を有する者又は工場その他の事業所に在職し、技術に関する業務についての実績を有する者

五　特定の分野について、特に優れた知識及び経験を有すると認められる者

六　前各号に掲げる者と同等以上の能力を有すると文部科学大臣が認めた者

（准教授の資格）

第一二条　准教授となることのできる者は、次の各号のいずれかに該当し、かつ、高等専門学校における教育を担当するにふさわしい教育上の能力を有すると認められる者とする。

一　前条各号のいずれかに該当する者

二　大学又は高等専門学校において助教又はこれに準ずる職員としての経歴（外国におけるこれらに相当する職員としての経歴を含む。）のある者

三　修士の学位又は学位規則第五条の二に規定する専門職学位（外国において授与されたこれらに相当する学位を含む。）を有する者

四　特定の分野について、優れた知識及び経験を有すると認められる者

五　前各号に掲げる者と同等以上の能力を有すると文部科学大臣が認めた者

（講師の資格）

第一三条　講師となることのできる者は、次の各号のいずれかに該当する者とする。

一　第十一条又は前条に規定する教授又は准教授となることのできる者

二　高等学校（中等教育学校の後期課程を含む。）において教諭の経歴のある者で、かつ、高等専門学校における教育を担当するにふさわしい教育上の能力を有すると認められる者

三　前各号に掲げる者と同等以上の能力を有すると文部科学大臣が認めた者

（助教の資格）

第一三条の二　助教となることのできる者は、次の各号のいずれかに該当し、かつ、高等専門学校における教育を担当するにふさわしい教育上の能力を有すると認められる者とする。

一　第十一条各号又は第十二条各号のいずれかに該当する者

二　修士の学位（医学を履修する課程、歯学を履修する課程、薬学を履修する課程のうち臨床に係る実践的な能力を培うことを主たる目的とするもの又は獣医学を履修する課程を修了した者については、学士の学位）又は学位規則第五条の二に規定する専門職学位（外国において授与されたこれらに相当する学位を含む。）を有する者

三　特定の分野について、知識及び経験を有すると認められる者

（助手の資格）

第一四条　助手となることのできる者は、次の各号のいずれかに該当する者とする。

一　学士の学位又は学位規則第二条の二の表に規定する専門職大学を卒業した者に授与する学位（外国において授与されたこれらに相当する学位を含む。）を有する者

二　短期大学士の学位若しくは学位規則第五条の五に規定する短期大学士（専門職）の学位（外国において授与されたこれらに相当する学位を含む。）又は準学士の称号（外国におけるこれに相当する称号を含む。）を有する者

三　前二号に掲げる者と同等以上の能力を有すると文部科学大臣が認めた者

第四章　教育課程

（一年間の授業期間）

第一五条　一年間の授業を行う期間は、定期試験等の期間を含め、三十五週にわたることを原則とする。

（授業科目）

第一六条　高等専門学校の授業科目は、その内容により、各学科に共通する一般科目及び学科ごとの専門科目に分ける。

（教育課程の編成）

第一七条　高等専門学校は、当該高等専門学校及び学科の教育上の目的を達成するために必要な授業科目を自ら開設し、体系的に教育課程を編成するものとする。

2　教育課程は、各授業科目を各学年に配当して編成するものとする。

3　各授業科目の単位数は、三十単位時間（一単位時間は、標準五十分とする。第七項において同じ。）の履修を一単位として計算するものとする。

4　前項の規定にかかわらず、高等専門学校が定める授業科目については、一単位の授業科目を四十五時間の学修を必要とする内容をもつて構成することを標準とし、授業の方法に応じ、当該授業による教育効果、授業時間外に必要な学修等を考慮して、次の基準により単位数を計算することができる。

一　講義及び演習については、十五時間から三十時間までの範囲で高等専門学校が定める時間の授業をもつて一単位とする。

二　実験、実習及び実技については、三十時間から四十五時間までの範囲で高等専門学校が定める時間の授業をもつて一単位とする。

三　一の授業科目について、講義、演習、実験、実習又は実技のうち二以上の方法の併用により行う場合については、その組み合わせに応じ、前二号に規定する基準を考慮して高等専門学校が定める時間の授業をもつて一単位とする。

5　前項の規定により計算することのできる授業科目の単位数の合計数は、六十単位を超えないものとする。

6　前三項の規定にかかわらず、卒業研究、卒業制作等の授業科目については、これらの学修の成果を評価して単位の修得を認定することが適切と認められる場合には、これらに必要な学修等を考慮して、単位数を定めることができる。

7　第一項に定める授業科目のほか、高等専門学校においては、特別活動を九十単位時間以上実施するものとする。

（授業の方法）

第一七条の二　高等専門学校は、文部科学大臣が別に定めるところにより、授業を、多様なメディアを高度に利用して、当該授業を行う教室等以外の場所で履修させることができる。

2　高等専門学校は、授業を、外国において履修させることができる。前項の規定により、多様なメディアを高度に利用して、当該授業を行う教室等以外の場所で履修させる場合についても、同様とする。

3　高等専門学校は、文部科学大臣が別に定めるところにより、授業の一部を、校舎及び附属施設以外の場所で行うことができる。

（成績評価基準等の明示等）

第一七条の三　高等専門学校は、学生に対して、授業の方法及び内容並びに一年間の授業の計画をあらかじめ明示するものとする。

2　高等専門学校は、学修の成果に係る評価及び卒業の認定に当たつては、客観性及び厳格性を確保するため、学生に対してその基準をあらかじめ明示するとともに、当該基準にしたがつて適切に行うものとする。

（教育内容等の改善のための組織的な研修等）

第一七条の四　高等専門学校は、当該高等専門学校の授業の内容及び方法の改善を図るための組織的な研修及び研究を実施するものとする。

第五章　課程修了の認定等

（課程修了の認定）

第一八条　全課程の修了の認定に必要な単位数は、百六十七単位以上（そのうち、一般科目については七十五単位以上、専門科目については八十二単位以上とする。）とする。ただし、商船に関する学科にあつては練習船実習を除き百四十七単位以上（そのうち、一般科目については七十五単位以上、専門科目については六十二単位以上とする。）とする。

2　前項の規定により卒業の要件として修得すべき単位数のうち、第十七条の二の授業の方法により修得する単位数は六十単位を超えないものとする。

（他の高等専門学校における授業科目の履修）

第一九条　高等専門学校は、教育上有益と認めるときは、学生が高等専門学校の定めるところにより他の高等専門学校において履修した授業科目について修得した単位を、六十単位を超えない範囲で当該高等専門学校における授業科目の履修により修得したものとみなすことができる。

（高等専門学校以外の教育施設等における学修等）

第二〇条　高等専門学校は、教育上有益と認めるときは、学生が行う大学における学修その他文部科学大臣が別に定める学修を、当該高等専門学校における授業科目の履修とみなし、高等専門学校の定めるところにより単位の修得を認定することができる。

2　前項により認定することができる単位数は、前条により当該高等専門学校において修得したものとみなす単位数と合わせて六十単位を超えないものとする。

3　第一項の規定は、学生が、外国の大学又は高等学校に留学する場合及び外国の大学が行う通信教育における授業科目を我が国において履修する場合について準用する。この場合において認定することができる単位数は、前条及び第一項により当該高等専門学校において修得したものとみなし、又は認定する単位数と合わせて六十単位を超えないものとする。

（科目等履修生等）

第二一条　高等専門学校は、高等専門学校の定めるところにより、当該高等専門学校の学生以外の者で一又は複数の授業科目を履修する者（第三項において「科目等履修生」という。）に対し、単位の修得を認定することができる。

2　高等専門学校は、高等専門学校の定めるところにより、当該高等専門学校の学生以外の者で学校教育法第百二十三条において準用する同法第百五条に規定する特別の課程を履修する者（次項において「特別の課程履修生」という。）に対し、単位の修得を認定することができる。

3　高等専門学校は、科目等履修生、特別の課程履修生その他の学生以外の者（次項において「科目等履修生等」という。）を相当数受け入れる場合においては、第六条及び第二十四条に規定する基準を考慮して、教育に支障のないよう、それぞれ相当の教員並びに校地及び校舎の面積を増加するものとする。

4　高等専門学校は、科目等履修生等を受け入れる場合においては、これらの者の人数は、一の授業科目について同時に授業を行う学生数並びに授業の方法及び施設、設備その他の教育上の諸条件を考慮して、教育効果を十分にあげられるような適当な人数とするものとする。

第六章　施設及び設備等

（校地）

第二二条　校地は、教育にふさわしい環境をもち、校舎の敷地には、学生が休息その他に利用するのに適当な空地を有するものとする。

2　運動場は、校舎と同一の敷地内又はその隣接地に設けるものとし、やむを得ない場合に限り、その他の適当な位置にこれを設けるものとする。

（校舎等）

第二三条　校舎には、少なくとも次に掲げる専用の施設を備えるものとする。ただし、特別の事情があり、かつ、教育に支障がないと認められるときは、この限りでない。

一　校長室、教員室、会議室、事務室

二　教室（講義室、演習室、実験・実習室等とする。）、研究室

三　図書館、保健室、学生控室

2　校舎には、第一項に掲げる施設のほか、なるべく情報処理及び語学の学習のための施設を備えるものとする。
3　高等専門学校には、校舎のほか、なるべく体育館及び講堂並びに寄宿舎、課外活動施設その他の厚生補導に関する施設を備えるものとする。

（校地及び校舎の面積）
第二四条　高等専門学校における校地の面積（附属施設用地及び寄宿舎の面積を除く。）は、学生定員上の学生一人当たり十平方メートルとして算定した面積とする。
2　高等専門学校における校舎の面積は、その教育に支障のないよう、少なくとも次の各号に定める面積に学科の種類に応じ次項又は第四項に定める面積を加えた面積を下らないものとする。
一　入学定員に係る学生を一の学級に編制する場合は、一六五二・八九平方メートル
二　入学定員に係る学生を二の学級に編制する場合は、二六四四・六三平方メートル
三　入学定員に係る学生を三の学級に編制する場合は、三四七一・〇七平方メートル
四　入学定員に係る学生を四の学級に編制する場合は、四一三二・二三平方メートル
五　入学定員に係る学生を五の学級に編制する場合は、四七九三・三九平方メートル
六　入学定員に係る学生を六の学級に編制する場合は、五二八九・二六平方メートル
七　入学定員に係る学生を七以上の学級に編制する場合は、五二八九・二六平方メートルに六学級を超えて一学級を増すごとに三三〇・五八平方メートルを加えた面積
3　工学に関する学科に係る前項の加える面積は、次の各号に掲げるとおりとする。
一　当該学科の入学定員に係る学生を、一の学級に編制するときは一六五二・八九平方メートル、二以上の学級に編制するときは一六五二・八九平方メートルに学級数の増加に応じて相当面積を加えた面積
二　二以上の学科を置く場合は、それぞれの学科の所要面積を合計した面積。ただし、二以上の学科が共用する建物があるときは、教育に支障のない限度において、当該合算した面積から一部を減じた面積
4　工学に関する学科以外の学科に係る第二項の加える面積は、別に定める。
5　前三項に定める面積は、専用部分の面積とする。ただし、当該高等専門学校と他の学校、就学前の子どもに関する教育、保育等の総合的な提供の推進に関する法律（平成十八年法律第七十七号）第二条第七項に規定する幼保連携型認定こども園、専修学校又は各種学校（以下この項において「学校等」という。）が同一の敷地内又は隣接地に所在する場合であつて、それぞれの学校等の校舎の専用部分の面積及び共用部分の面積を合算した面積が、それぞれの学校等が設置の認可を受ける場合において基準となる校舎の面積を合算した面積以上のものであるときは、当該高等専門学校の教育に支障がない限度において、前三項に定める面積に当該学校等との共用部分の面積を含めることができる。

（図書等の資料及び図書館）
第二五条　高等専門学校には、学科の種類、教員数及び学生数に応じ、図書、学術雑誌、視聴覚資料その他の教育研究上必要な資料を、図書館を中心に系統的に備えるものとする。
2　図書館には、その機能を十分に発揮させるために必要な専門的職員その他の専任の職員を置くとともに、適当な規模の閲覧室、レファレンス・ルーム、整理室、書庫等を備えるものとする。

（附属施設）
第二六条　高等専門学校には、教育上必要な場合は、学科の種類に応じ、実験・実習工場、練習船その他の適当な規模内容を備えた附属施設を置くものとする。

（機械、器具等）
第二七条　高等専門学校には、学科の種類、教員数及び学生数に応じて必要な種類及び数の機械、器具及び標本その他の設備を備えるものとする。

（教育研究環境の整備）
第二七条の二　高等専門学校は、その教育研究上の目的を達成するため、必要な経費の確保等により、教育研究にふさわしい環境の整備に努めるものとする。

（高等専門学校等の名称）
第二七条の三　高等専門学校及び学科（以下「高等専門学校等」という。）の名称は、高等専門学校等として適当であるとともに、当該高等専門学校等の教育研究上の目的にふさわしいものとする。

第七章　雑則

（その他の基準）
第二八条　専攻科に関する基準は、別に定める。

（段階的整備）
第二九条　新たに高等専門学校等を設置する場合の教員組織、校舎等の施設及び設備については、別に定めるところにより、段階的に整備することができる。

附　則（省略）

附　則（令和二年二月一〇日文部科学省令第一号）

この省令は、公布の日から施行する。

附　則（令和二年一一月一七日文部科学省令第四〇号）

この省令は、公布の日から施行する。

●国立大学法人法

（平成一五年七月一六日法律第一一二号）

施行、平一五・一〇・一
最終改正、令一―法一

第一章　総則

第一節　通則

（目的）
第一条　この法律は、大学の教育研究に対する国民の要請にこたえるとともに、我が国の高等教育及び学術研究の水準の向上と均衡ある発展を図るため、国立大学を設置して教育研究を行う国立大学法人の組織及び運営並びに大学共同利用機関を設置して大学の共同利用に供する大学共同利用機関法人の組織及び運営について定めることを目的とする。

（定義）
第二条　この法律において「国立大学法人」とは、国立大学を設置することを目的として、この法律の定めるところにより設立される法人をいう。
2　この法律において「国立大学」とは、別表第一の第二欄に掲げる大学をいう。
3　この法律において「大学共同利用機関法人」とは、大学共同利用機関を設置することを目的として、この法律の定めるところにより設立される法人をいう。
4　この法律において「大学共同利用機関」とは、別表第二の第二欄に掲げる研究分野について、大学における学術研究の発展等に資するために設置される大学の共同利用の研究所をいう。
5　この法律において「中期目標」とは、国立大学法人及び大学共同利用機関法人（以下「国立大学法人等」という。）が達成すべき業務運営に関する目標であって、第三十条第一項の規定により文部科学大臣が定めるものをいう。
6　この法律において「中期計画」とは、中期

目標を達成するための計画であって、第三十一条第一項の規定により国立大学法人等が作成するものをいう。

7　この法律において「年度計画」とは、準用通則法（第三十五条において準用する独立行政法人通則法（平成十一年法律第百三号）をいう。以下同じ。）第三十一条第一項の規定により中期計画に基づき国立大学法人等が定める計画をいう。

8　この法律において「学則」とは、国立大学法人の規則のうち、修業年限、教育課程、教育研究組織その他の学生の修学上必要な事項を定めたものをいう。

（**教育研究の特性への配慮**）

第三条　国は、この法律の運用に当たっては、国立大学及び大学共同利用機関における教育研究の特性に常に配慮しなければならない。

（**国立大学法人の名称等**）

第四条　各国立大学法人の名称及びその主たる事務所の所在地は、それぞれ別表第一の第一欄及び第三欄に掲げるとおりとする。

2　別表第一の第一欄に掲げる国立大学法人は、それぞれ同表の第二欄に掲げる国立大学を設置するものとする。

（**大学共同利用機関法人の名称等**）

第五条　各大学共同利用機関法人の名称及びその主たる事務所の所在地は、それぞれ別表第二の第一欄及び第三欄に掲げるとおりとする。

2　別表第二の第一欄に掲げる大学共同利用機関法人は、それぞれ同表の第二欄に掲げる研究分野について、文部科学省令で定めるところにより、大学共同利用機関を設置するものとする。

（**法人格**）

第六条　国立大学法人等は、法人とする。

（**資本金**）

第七条　各国立大学法人等の資本金は、附則第九条第二項の規定により政府から出資があったものとされた金額とする。

2　政府は、必要があると認めるときは、予算で定める金額の範囲内において、国立大学法人等に追加して出資することができる。

3　政府は、必要があると認めるときは、前項の規定にかかわらず、土地、建物その他の土地の定着物及びその建物に附属する工作物（第六項及び第三十四条の二において「土地等」という。）を出資の目的として、国立大学法人等に追加して出資することができる。

4　政府は、前項の規定により土地を出資の目的として出資する場合において、国立大学法人等が当該土地の全部又は一部を譲渡したときは、当該譲渡により生じた収入の範囲内で文部科学大臣が定める基準により算定した額に相当する金額を独立行政法人大学改革支援・学位授与機構に納付すべき旨の条件を付することができる。

5　国立大学法人等は、第二項又は第三項の規定による政府の出資があったときは、その出資額により資本金を増加するものとする。

6　政府が出資の目的とする土地等の価額は、出資の日現在における時価を基準として評価委員が評価した価額とする。

7　前項の評価委員その他評価に関し必要な事項は、政令で定める。

8　国立大学法人等は、準用通則法第四十八条本文に規定する重要な財産のうち、文部科学大臣が定める財産を譲渡したときは、当該譲渡した財産に係る部分として文部科学大臣が定める金額については、当該国立大学法人等に対する政府からの出資はなかったものとし、当該国立大学法人等は、その額により資本金を減少するものとする。

（**名称の使用制限**）

第八条　国立大学法人又は大学共同利用機関法人でない者は、その名称中に、それぞれ国立大学法人又は大学共同利用機関法人という文字を用いてはならない。

第二節　国立大学法人評価委員会

第九条　文部科学省に、国立大学法人等に関する事務を処理させるため、国立大学法人評価委員会（以下「評価委員会」という。）を置く。

2　評価委員会は、次に掲げる事務をつかさどる。

一　国立大学法人等の業務の実績に関する評価に関すること。

二　その他この法律によりその権限に属させられた事項を処理すること。

3　文部科学大臣は、大学の運営に関して高い識見を有する外国人（日本の国籍を有しない者をいう。次項において同じ。）を評価委員会の委員に任命することができる。

4　前項の場合において、外国人である評価委員会の委員は、評価委員会の会務を総理し、評価委員会を代表する者となることはできず、当該委員の数は、評価委員会の委員の総数の五分の一を超えてはならない。

5　前三項に定めるもののほか、評価委員会の組織、所掌事務及び委員その他の職員その他評価委員会に関し必要な事項については、政令で定める。

第二章　組織及び業務

第一節　国立大学法人

第一款　役員及び職員

（**役員**）

第一〇条　各国立大学法人に、役員として、その長である学長（当該国立大学法人が設置する国立大学の全部について第三項に規定する大学総括理事を置く場合にあっては、理事長。次条第一項並びに第二十一条第二項第四号、第三項及び第五項を除き、以下同じ。）及び監事二人を置く。

2　各国立大学法人に、役員として、それぞれ別表第一の第四欄に定める員数以内の理事を置く。

3　国立大学法人が二以上の国立大学を設置する場合その他その管理運営体制の強化を図る特別の事情がある場合には、第十二条第二項に規定する学長選考会議の定めるところにより、当該国立大学法人に、その設置する国立大学の全部又は一部に係る学校教育法（昭和二十二年法律第二十六号）第九十二条第三項に規定する職務（以下「大学の長としての職務」という。）を行う理事（以下「大学総括理事」という。）を置くことができる。

4　国立大学法人は、前項の規定により大学総括理事を置くこととするときは、文部科学大臣の承認を受けなければならない。

（**役員の職務及び権限**）

第一一条　学長は、大学の長としての職務（大学総括理事を置く場合にあっては、当該大学総括理事の職務に係るものを除く。）を行うとともに、国立大学法人を代表し、その業務を総理する。

2　理事長は、国立大学法人を代表し、その業務を総理する。

3　学長は、次の事項について決定をしようとするときは、学長及び理事で構成する会議（第五号において「役員会」という。）の議を経なければならない。

一　中期目標についての意見（国立大学法人等が第三十条第三項の規定により文部科学大臣に対し述べる意見をいう。以下同じ。）及び年度計画に関する事項

二　この法律により文部科学大臣の認可又は承認（第十三条の二第一項及び第十七条第六項の承認を除く。）を受けなければならない事項

三　予算の作成及び執行並びに決算に関する事項

四　当該国立大学、学部、学科その他の重要な組織の設置又は廃止に関する事項

五　その他役員会が定める重要事項

4　理事は、学長の定めるところにより、学長を補佐して国立大学法人の業務を掌理し、学長に事故があるときはその職務を代理し、学長が欠員のときはその職務を行う。

5　大学総括理事は、前項に規定する職務のほか、大学の長としての職務（第十二条第二項に規定する学長選考会議の定めるところにより、当該大学総括理事が当該大学の長としての職務を行うものとされた国立大学に係るものに限る。）を行うとともに、学長の定める

ところにより、国立大学法人を代表する。

6　監事は、国立大学法人の業務を監査する。この場合において、監事は、文部科学省令で定めるところにより、監査報告を作成しなければならない。

7　監事は、いつでも、役員（監事を除く。）及び職員に対して事務及び事業の報告を求め、又は国立大学法人の業務及び財産の状況の調査をすることができる。

8　監事は、国立大学法人がこの法律又は準用通則法の規定による認可、承認、認定及び届出に係る書類並びに報告書その他の文部科学省令で定める書類を文部科学大臣に提出しようとするときは、これらの書類を調査しなければならない。

9　監事は、その職務を行うため必要があるときは、国立大学法人の子法人（国立大学法人がその経営を支配している法人として文部科学省令で定めるものをいう。）に対して事業の報告を求め、又はその子法人の業務及び財産の状況の調査をすることができる。

10　前項の子法人は、正当な理由があるときは、同項の報告又は調査を拒むことができる。

11　監事は、監査の結果に基づき、必要があると認めるときは、学長又は文部科学大臣に意見を提出することができる。

（学長等への報告義務）

第十一条の二　監事は、役員（監事を除く。）が不正の行為をし、若しくは当該行為をするおそれがあると認めるとき、又はこの法律若しくは他の法令に違反する事実若しくは著しく不当な事実があると認めるときは、遅滞なく、その旨を学長に報告するとともに、文部科学大臣に報告しなければならない。

（役員の任命）

第十二条　学長の任命は、国立大学法人の申出に基づいて、文部科学大臣が行う。

2　前項の申出は、第一号に掲げる委員及び第二号に掲げる委員各同数をもって構成する会議（以下「学長選考会議」という。）の選考により行うものとする。

一　第二十条第二項第三号に掲げる者の中から同条第一項に規定する経営協議会において選出された者

二　第二十一条第二項第三号又は第四号に掲げる者の中から同条第一項に規定する教育研究評議会において選出された者

3　前項各号に掲げる者のほか、学長選考会議の定めるところにより、学長又は理事を学長選考会議の委員に加えることができる。ただし、その数は、学長選考会議の委員の総数の三分の一を超えてはならない。

4　学長選考会議に議長を置き、委員の互選によってこれを定める。

5　議長は、学長選考会議を主宰する。

6　この条に定めるもののほか、学長選考会議の議事の手続その他学長選考会議に関し必要な事項は、議長が学長選考会議に諮って定める。

7　第二項に規定する学長の選考は、人格が高潔で、学識が優れ、かつ、大学における教育研究活動を適切かつ効果的に運営することができる能力を有する者のうちから、学長選考会議が定める基準により、行わなければならない。

8　国立大学法人は、第二項に規定する学長の選考が行われたときは当該選考の結果その他文部科学省令で定める事項を、学長選考会議が前項に規定する基準を定め、又は変更したときは当該基準を、それぞれ遅滞なく公表しなければならない。

9　監事は、文部科学大臣が任命する。

第十三条　理事（大学総括理事を除く。次項、第十五条第二項及び第十七条第五項において同じ。）は、前条第七項に規定する者のうちから、学長が任命する。

2　学長は、前項の規定により理事を任命したときは、遅滞なく、文部科学大臣に届け出るとともに、これを公表しなければならない。

第十三条の二　大学総括理事は、第十二条第七項に規定する者のうちから、学長選考会議の意見を聴き、及び文部科学大臣の承認を得て、学長が任命する。

2　前項の承認は、国立大学法人の申出に基づいて行うものとする。

3　学長は、第一項の規定により大学総括理事を任命したときは、遅滞なく、これを公表しなければならない。

第十四条　学長又は文部科学大臣は、それぞれ理事又は監事を任命するに当たっては、その任命の際現に当該国立大学法人の役員又は職員でない者（以下「学外者」という。）が含まれるようにしなければならない。

2　別表第一の各項の第四欄に掲げる理事の員数が四人以上である当該各項の第一欄に掲げる国立大学法人（学外者が学長に任命されているものを除く。）の理事の任命に関する前項の規定の適用については、同項中「含まれる」とあるのは、「二人以上含まれる」とする。

（役員の任期）

第十五条　学長の任期は、二年以上六年を超えない範囲内において、学長選考会議の議を経て、各国立大学法人の規則で定める。

2　理事の任期は、六年を超えない範囲内で、学長が定める。ただし、理事の任期の末日は、当該理事を任命する学長の任期の末日以前でなければならない。

3　大学総括理事の任期は、六年を超えない範囲内において、学長選考会議の議を経て、各国立大学法人の規則で定める。ただし、大学総括理事の任期の末日は、当該大学総括理事を任命する学長の任期の末日以前でなければならない。

4　監事の任期は、その任命後四年以内に終了する事業年度のうち最終のものに関する準用通則法第三十八条第一項の規定による同項の財務諸表の承認の時までとする。ただし、補欠の監事の任期は、前任者の残任期間とする。

5　役員は、再任されることができる。この場合において、当該役員がその最初の任命の際現に当該国立大学法人の役員又は職員でなかったときの前条の規定の適用については、その再任の際現に当該国立大学法人の役員又は職員でない者とみなす。

（役員の欠格条項）

第十六条　政府又は地方公共団体の職員（非常勤の者を除く。）は、役員となることができない。

2　前項の規定にかかわらず、教育公務員で政令で定める者は、非常勤の理事又は監事となることができる。

（役員の解任）

第十七条　文部科学大臣又は学長は、それぞれその任命に係る役員が前条の規定により役員となることができない者に該当するに至ったときは、その役員を解任しなければならない。

2　文部科学大臣又は学長は、それぞれその任命に係る役員が次の各号のいずれかに該当するとき、その他役員たるに適しないと認めるときは、その役員を解任することができる。

一　心身の故障のため職務の遂行に堪えないと認められるとき。

二　職務上の義務違反があるとき。

3　前項に規定するもののほか、文部科学大臣又は学長は、それぞれその任命に係る役員（監事を除く。）の職務の執行が適当でないため当該国立大学法人の業務の実績が悪化した場合であって、その役員に引き続き当該職務を行わせることが適当でないと認めるときは、その役員を解任することができる。

4　前二項の規定により文部科学大臣が行う学長の解任は、当該国立大学法人の学長選考会議の申出により行うものとする。

5　学長は、第一項から第三項までの規定により理事を解任したときは、遅滞なく、文部科学大臣に届け出るとともに、これを公表しなければならない。

6　第二項及び第三項の規定により学長が行う大学総括理事の解任は、学長選考会議の意見を聴き、及び文部科学大臣の承認を得て、行うものとする。

7　第十三条の二第二項及び第三項の規定は、第一項から第三項までの規定による大学総括理事の解任について準用する。この場合において、同条第二項中「前項」とあるのは、「第十七条第六項」と読み替えるものとする。

（役員及び職員の秘密保持義務）

第一八条　国立大学法人の役員及び職員は、職務上知ることのできた秘密を漏らしてはならない。その職を退いた後も、同様とする。

（役員及び職員の地位）

第一九条　国立大学法人の役員及び職員は、刑法（明治四十年法律第四十五号）その他の罰則の適用については、法令により公務に従事する職員とみなす。

第二款　経営協議会等

（経営協議会）

第二〇条　国立大学法人に、国立大学法人の経営に関する重要事項を審議する機関として、経営協議会を置く。

2　経営協議会は、次に掲げる委員で組織する。

一　学長

二　学長が指名する理事及び職員

三　当該国立大学法人の役員又は職員以外の者で大学に関し広くかつ高い識見を有するもののうちから、次条第一項に規定する教育研究評議会の意見を聴いて学長が任命するもの

3　前項各号に掲げる者のほか、大学総括理事を置く場合には、当該大学総括理事を委員とする。

4　経営協議会の委員の過半数は、第二項第三号の委員でなければならない。

5　経営協議会は、次に掲げる事項を審議する。

一　中期目標についての意見に関する事項のうち、国立大学法人の経営に関するもの

二　中期計画及び年度計画に関する事項のうち、国立大学法人の経営に関するもの

三　学則（国立大学法人の経営に関する部分に限る。）、会計規程、役員に対する報酬及び退職手当の支給の基準、職員の給与及び退職手当の支給の基準その他の経営に係る重要な規則の制定又は改廃に関する事項

四　予算の作成及び執行並びに決算に関する事項

五　組織及び運営の状況について自ら行う点検及び評価に関する事項

六　その他国立大学法人の経営に関する重要事項

6　経営協議会に議長を置き、学長をもって充てる。

7　議長は、経営協議会を主宰する。

（教育研究評議会）

第二一条　国立大学法人に、当該国立大学法人が設置する国立大学ごとに当該国立大学の教育研究に関する重要事項を審議する機関として、教育研究評議会を置く。

2　教育研究評議会は、次に掲げる評議員で組織する。

一　学長

二　学長（当該国立大学に係る大学の長としての職務を行う大学総括理事を置く場合にあっては、学長又は当該大学総括理事）が指名する理事

三　学部、研究科、大学附置の研究所その他の教育研究上の重要な組織の長のうち、教育研究評議会が定める者

四　その他教育研究評議会が定めるところにより学長（当該国立大学に係る大学の長としての職務を行う大学総括理事を置く場合にあっては、当該大学総括理事。次項及び第五項において同じ。）が指名する職員

3　前項各号に掲げる者のほか、当該国立大学に係る大学の長としての職務を行う大学総括理事を置く場合にあっては当該大学総括理事を、学校教育法第九十二条第二項の規定により副学長（同条第四項の規定により教育研究に関する重要事項に関する校務をつかさどる者に限る。）を置く場合にあっては当該副学長（当該副学長が二人以上の場合には、その副学長のうちから学長が指名する者）を評議員とする。

4　教育研究評議会は、次に掲げる事項について審議する。

一　中期目標についての意見に関する事項（前条第五項第一号に掲げる事項を除く。）

二　中期計画及び年度計画に関する事項（前条第五項第二号に掲げる事項を除く。）

三　学則（国立大学法人の経営に関する部分を除く。）その他の教育研究に係る重要な規則の制定又は改廃に関する事項

四　教員人事に関する事項

五　教育課程の編成に関する方針に係る事項

六　学生の円滑な修学等を支援するために必要な助言、指導その他の援助に関する事項

七　学生の入学、卒業又は課程の修了その他学生の在籍に関する方針及び学位の授与に関する方針に係る事項

八　教育及び研究の状況について自ら行う点検及び評価に関する事項

九　その他国立大学の教育研究に関する重要事項

5　教育研究評議会に議長を置き、学長をもって充てる。

6　議長は、教育研究評議会を主宰する。

第三款　業務等

（業務の範囲等）

第二二条　国立大学法人は、次の業務を行う。

一　国立大学を設置し、これを運営すること。

二　学生に対し、修学、進路選択及び心身の健康等に関する相談その他の援助を行うこと。

三　当該国立大学法人以外の者から委託を受け、又はこれと共同して行う研究の実施その他の当該国立大学法人以外の者との連携による教育研究活動を行うこと。

四　公開講座の開設その他の学生以外の者に対する学習の機会を提供すること。

五　当該国立大学における研究の成果を普及し、及びその活用を促進すること。

六　当該国立大学における技術に関する研究の成果の活用を促進する事業であって政令で定めるものを実施する者に対し、出資（次号に該当するものを除く。）を行うこと。

七　産業競争力強化法（平成二十五年法律第九十八号）第二十一条の規定による出資並びに人的及び技術的援助を行うこと。

八　前各号の業務に附帯する業務を行うこと。

2　国立大学法人は、前項第六号に掲げる業務及び同項第七号に掲げる業務のうち出資に関するものを行おうとするときは、文部科学大臣の認可を受けなければならない。

3　国立大学及び次条の規定により国立大学に附属して設置される学校の授業料その他の費用に関し必要な事項は、文部科学省令で定める。

（大学附属の学校）

第二三条　国立大学に、文部科学省令で定めるところにより、幼稚園、小学校、中学校、義務教育学校、高等学校、中等教育学校、特別支援学校、幼保連携型認定こども園又は専修学校を附属させて設置することができる。

第二節　大学共同利用機関法人

第一款　役員及び職員

（役員）

第二四条　各大学共同利用機関法人に、役員として、その長である機構長及び監事二人を置く。

2　各大学共同利用機関法人に、役員として、それぞれ別表第二の第四欄に定める員数以内の理事を置く。

（役員の職務及び権限）

第二五条　機構長は、大学共同利用機関法人を代表し、その業務を総理する。

2　機構長は、次の事項について決定をしようとするときは、機構長及び理事で構成する会議（第五号において「役員会」という。）の議を経なければならない。

一　中期目標についての意見及び年度計画に関する事項

二　この法律により文部科学大臣の認可又は

承認を受けなければならない事項
三　予算の作成及び執行並びに決算に関する事項
四　当該大学共同利用機関その他の重要な組織の設置又は廃止に関する事項
五　その他役員会が定める重要事項

3　理事は、機構長の定めるところにより、機構長を補佐して大学共同利用機関法人の業務を掌理し、機構長に事故があるときはその職務を代理し、機構長が欠員のときはその職務を行う。

4　監事は、大学共同利用機関法人の業務を監査する。この場合において、監事は、文部科学省令で定めるところにより、監査報告を作成しなければならない。

5　監事は、いつでも、役員（監事を除く。）及び職員に対して事務及び事業の報告を求め、又は大学共同利用機関法人の業務及び財産の状況の調査をすることができる。

6　監事は、大学共同利用機関法人がこの法律又は準用通則法の規定による認可、承認、認定及び届出に係る書類並びに報告書その他の文部科学省令で定める書類を文部科学大臣に提出しようとするときは、これらの書類を調査しなければならない。

7　監事は、その職務を行うため必要があるときは、大学共同利用機関法人の子法人（大学共同利用機関法人がその経営を支配している法人として文部科学省令で定めるものをいう。）に対して事業の報告を求め、又はその子法人の業務及び財産の状況の調査をすることができる。

8　前項の子法人は、正当な理由があるときは、同項の報告又は調査を拒むことができる。

9　監事は、監査の結果に基づき、必要があると認めるときは、機構長又は文部科学大臣に意見を提出することができる。

（機構長等への報告義務）

第二五条の二　監事は、役員（監事を除く。）が不正の行為をし、若しくは当該行為をするおそれがあると認めるとき、又はこの法律若しくは他の法令に違反する事実若しくは著しく不当な事実があると認めるときは、遅滞なく、その旨を機構長に報告するとともに、文部科学大臣に報告しなければならない。

（国立大学法人の役員及び職員に関する規定の準用）

第二六条　第十二条、第十三条、第十四条、第十五条（第三項を除く。）、第十六条、第十七条（第六項及び第七項を除く。）、第十八条及び第十九条の規定は、大学共同利用機関法人の役員及び職員について準用する。この場合において、これらの規定中「学長」とあるのは「機構長」と、「国立大学法人」とあるのは「大学共同利用機関法人」と、「学長選考会議」とあるのは「機構長選考会議」と読み替えるほか、第十二条第二項第一号中「第二十条第二項第三号」とあるのは「第二十七条第二項第三号」と、同項第二号中「第二十一条第二項第三号又は第四号」とあるのは「第二十八条第二項第三号から第五号まで」と、同条第七項中「大学」とあるのは「大学共同利用機関」と、第十三条第一項中「理事（大学総括理事を除く。次項、第十五条第二項及び第十七条第五項において同じ。）」とあるのは「理事」と、第十四条第二項中「別表第一の各項の第四欄に掲げる理事の員数が四人以上である当該各項」とあるのは「別表第二」と読み替えるものとする。

第二款　経営協議会等

（経営協議会）

第二七条　大学共同利用機関法人に、大学共同利用機関法人の経営に関する重要事項を審議する機関として、経営協議会を置く。

2　経営協議会は、次に掲げる委員で組織する。
一　機構長
二　機構長が指名する理事及び職員
三　当該大学共同利用機関法人の役員又は職員以外の者で大学共同利用機関に関し広くかつ高い識見を有するもののうちから、次条第一項に規定する教育研究評議会の意見を聴いて機構長が任命するもの

3　経営協議会の委員の過半数は、前項第三号の委員でなければならない。

4　経営協議会は、次に掲げる事項を審議する。
一　中期目標についての意見に関する事項のうち、大学共同利用機関法人の経営に関するもの
二　中期計画及び年度計画に関する事項のうち、大学共同利用機関法人の経営に関するもの
三　会計規程、役員に対する報酬及び退職手当の支給の基準、職員の給与及び退職手当の支給の基準その他の経営に係る重要な規則の制定又は改廃に関する事項
四　予算の作成及び執行並びに決算に関する事項
五　組織及び運営の状況について自ら行う点検及び評価に関する事項
六　その他大学共同利用機関法人の経営に関する重要事項

5　経営協議会に議長を置き、機構長をもって充てる。

6　議長は、経営協議会を主宰する。

（教育研究評議会）

第二八条　大学共同利用機関法人に、大学共同利用機関の教育研究に関する重要事項を審議する機関として、教育研究評議会を置く。

2　教育研究評議会は、次に掲げる評議員で組織する。
一　機構長
二　機構長が指名する理事
三　大学共同利用機関の長
四　その他教育研究評議会が定めるところにより機構長が指名する職員
五　当該大学共同利用機関法人の役員及び職員以外の者で当該大学共同利用機関の行う研究と同一の研究に従事するもの（前条第二項第三号に掲げる者を除く。）のうちから教育研究評議会が定めるところにより機構長が任命するもの

3　教育研究評議会は、次に掲げる事項について審議する。
一　中期目標についての意見に関する事項（前条第四項第一号に掲げる事項を除く。）
二　中期計画及び年度計画に関する事項（前条第四項第二号に掲げる事項を除く。）
三　教育研究に係る重要な規則の制定又は改廃に関する事項
四　職員のうち、専ら研究又は教育に従事する者の人事に関する事項
五　共同研究計画の募集及び選定に関する方針並びに共同研究の実施に関する方針に係る事項
六　大学院における教育その他大学における教育への協力に関する事項
七　教育及び研究の状況について自ら行う点検及び評価に関する事項
八　その他大学共同利用機関の教育研究に関する重要事項

4　教育研究評議会に議長を置き、機構長をもって充てる。

5　議長は、教育研究評議会を主宰する。

第三款　業務等

（業務の範囲等）

第二九条　大学共同利用機関法人は、次の業務を行う。
一　大学共同利用機関を設置し、これを運営すること。
二　大学共同利用機関の施設及び設備等を大学の教員その他の者で当該大学共同利用機関の行う研究と同一の研究に従事するものの利用に供すること。
三　大学の要請に応じ、大学院における教育その他その大学における教育に協力すること。
四　当該大学共同利用機関における研究の成果（第二号の規定による大学共同利用機関の施設及び設備等の利用に係る研究の成果を含む。次号において同じ。）を普及し、及びその活用を促進すること。

五　当該大学共同利用機関における技術に関する研究の成果の活用を促進する事業であって政令で定めるものを実施する者に対し、出資（次号に該当するものを除く。）を行うこと。
六　産業競争力強化法第二十一条の規定による出資並びに人的及び技術的援助を行うこと。
七　前各号の業務に附帯する業務を行うこと。
2　大学共同利用機関法人は、前項第五号に掲げる業務及び同項第六号に掲げる業務のうち出資に関するものを行おうとするときは、文部科学大臣の認可を受けなければならない。

第三章　中期目標等

（中期目標）

第三〇条　文部科学大臣は、六年間において国立大学法人等が達成すべき業務運営に関する目標を中期目標として定め、これを当該国立大学法人等に示すとともに、公表しなければならない。これを変更したときも、同様とする。
2　中期目標においては、次に掲げる事項について定めるものとする。
一　教育研究の質の向上に関する事項
二　業務運営の改善及び効率化に関する事項
三　財務内容の改善に関する事項
四　教育及び研究並びに組織及び運営の状況について自ら行う点検及び評価並びに当該状況に係る情報の提供に関する事項
五　その他業務運営に関する重要事項
3　文部科学大臣は、中期目標を定め、又はこれを変更しようとするときは、あらかじめ、国立大学法人等の意見を聴き、当該意見に配慮するとともに、評価委員会の意見を聴かなければならない。

（中期計画）

第三一条　国立大学法人等は、前条第一項の規定により中期目標を示されたときは、当該中期目標に基づき、文部科学省令で定めるところにより、当該中期目標を達成するための計画を中期計画として作成し、文部科学大臣の認可を受けなければならない。これを変更しようとするときも、同様とする。
2　中期計画においては、次に掲げる事項を定めるものとする。
一　教育研究の質の向上に関する目標を達成するためとるべき措置
二　業務運営の改善及び効率化に関する目標を達成するためとるべき措置
三　予算（人件費の見積りを含む。）、収支計画及び資金計画
四　短期借入金の限度額
五　重要な財産を譲渡し、又は担保に供しようとするときは、その計画
六　剰余金の使途
七　その他文部科学省令で定める業務運営に関する事項
3　文部科学大臣は、第一項の認可をしようとするときは、あらかじめ、評価委員会の意見を聴かなければならない。
4　文部科学大臣は、第一項の認可をした中期計画が前条第二項各号に掲げる事項の適正かつ確実な実施上不適当となったと認めるときは、その中期計画を変更すべきことを命ずることができる。
5　国立大学法人等は、第一項の認可を受けたときは、遅滞なく、その中期計画を公表しなければならない。

（各事業年度に係る業務の実績等に関する評価等）

第三一条の二　国立大学法人等は、毎事業年度の終了後、当該事業年度が次の各号に掲げる事業年度のいずれに該当するかに応じ当該各号に定める事項について、評価委員会の評価を受けなければならない。
一　次号及び第三号に掲げる事業年度以外の事業年度　当該事業年度における業務の実績
二　中期目標の期間の最後の事業年度の前々事業年度　当該事業年度における業務の実績及び中期目標の期間の終了時に見込まれる中期目標の期間における業務の実績
三　中期目標の期間の最後の事業年度　当該事業年度における業務の実績及び中期目標の期間における業務の実績
2　国立大学法人等は、前項の評価を受けようとするときは、文部科学省令で定めるところにより、各事業年度の終了後三月以内に、同項第一号、第二号又は第三号に定める事項及び当該事項について自ら評価を行った結果を明らかにした報告書を、評価委員会に提出しなければならない。
3　国立大学法人等は、遅滞なく、前項の報告書を公表しなければならない。

第三一条の三　評価委員会による前条第一項の評価は、文部科学省令で定めるところにより、同項第一号、第二号又は第三号に定める事項について総合的な評定を付して、行わなければならない。この場合において、同項各号に規定する当該事業年度における業務の実績に関する評価にあっては、当該事業年度における中期計画の実施状況の調査及び分析を行い、その結果を考慮して行わなければならず、同項第二号に規定する中期目標の期間の終了時に見込まれる中期目標の期間における業務の実績又は同項第三号に規定する中期目標の期間における業務の実績に関する評価にあっては、独立行政法人大学改革支援・学位授与機構に対し独立行政法人大学改革支援・学位授与機構法（平成十五年法律第百十四号）第十六条第二項の規定による評価の実施を要請し、当該評価の結果を尊重して行わなければならない。
2　前項の規定により国立大学法人に係る独立行政法人大学改革支援・学位授与機構法第十六条第二項の規定による評価の実施を要請するに当たっては、当該国立大学法人が設置する国立大学に係る学校教育法第百九条第二項に規定する認証評価の結果を踏まえて当該評価を行うよう要請するものとする。
3　評価委員会は、前条第一項の評価を行ったときは、遅滞なく、当該国立大学法人等（同項第二号に規定する中期目標の期間の終了時に見込まれる中期目標の期間における業務の実績に関する評価を行った場合にあっては、当該国立大学法人等及び独立行政法人評価制度委員会（第五項及び次条において「評価制度委員会」という。））に対して、その評価の結果を通知しなければならない。この場合において、評価委員会は、必要があると認めるときは、当該国立大学法人等に対し、業務運営の改善その他の勧告をすることができる。
4　評価委員会は、前項の規定による通知を行ったときは、遅滞なく、その通知に係る事項（同項後段の規定による勧告をした場合にあっては、その通知に係る事項及びその勧告の内容）を公表しなければならない。
5　評価制度委員会は、第三項の規定により通知された評価の結果について、必要があると認めるときは、評価委員会に対し、意見を述べることができる。この場合において、評価制度委員会は、遅滞なく、当該意見の内容を公表しなければならない。

（中期目標の期間の終了時の検討）

第三一条の四　文部科学大臣は、評価委員会が第三十一条の二第一項第二号に規定する中期目標の期間の終了時に見込まれる中期目標の期間における業務の実績に関する評価を行ったときは、中期目標の期間の終了時までに、当該国立大学法人等の業務を継続させる必要性、組織の在り方その他その組織及び業務の全般にわたる検討を行い、その結果に基づき、当該国立大学法人等に関し所要の措置を講ずるものとする。
2　文部科学大臣は、前項の規定による検討を行うに当たっては、評価委員会の意見を聴かなければならない。
3　文部科学大臣は、第一項の検討の結果及び同項の規定により講ずる措置の内容を評価制度委員会に通知するとともに、公表しなければならない。
4　評価制度委員会は、前項の規定による通知を受けたときは、国立大学法人等の中期目標の期間の終了時までに、当該国立大学法人等の主要な事務及び事業の改廃に関し、文部科

学大臣に勧告をすることができる。この場合において、評価制度委員会は、遅滞なく、当該勧告の内容を公表しなければならない。

5　評価制度委員会は、前項の勧告をしたときは、文部科学大臣に対し、その勧告に基づいて講じた措置及び講じようとする措置について報告を求めることができる。

第四章　財務及び会計

（積立金の処分）

第三十二条　国立大学法人等は、中期目標の期間の最後の事業年度に係る準用通則法第四十四条第一項又は第二項の規定による整理を行った後、同条第一項の規定による積立金があるときは、その額に相当する金額のうち文部科学大臣の承認を受けた金額を、当該中期目標の期間の次の中期目標の期間に係る第三十一条第一項の認可を受けた中期計画（同項後段の規定による変更の認可を受けたときは、その変更後のもの）の定めるところにより、当該次の中期目標の期間における第二十二条第一項又は第二十九条第一項に規定する業務の財源に充てることができる。

2　国立大学法人等は、前項に規定する積立金の額に相当する金額から同項の規定による承認を受けた金額を控除してなお残余があるときは、その残余の額を国庫に納付しなければならない。

3　前二項に定めるもののほか、納付金の納付の手続その他積立金の処分に関し必要な事項は、政令で定める。

（長期借入金及び債券）

第三十三条　国立大学法人等は、政令で定める土地の取得、施設の設置若しくは整備又は設備の設置に必要な費用に充てるため、文部科学大臣の認可を受けて、長期借入金をし、又は当該国立大学法人等の名称を冠する債券（以下「債券」という。）を発行することができる。

2　前項に規定するもののほか、国立大学法人等は、長期借入金又は債券で政令で定めるものの償還に充てるため、文部科学大臣の認可を受けて、長期借入金をし、又は債券を発行することができる。ただし、その償還期間が政令で定める期間のものに限る。

3　前二項の規定による債券の債権者は、当該債券を発行した国立大学法人等の財産について他の債権者に先立って自己の債権の弁済を受ける権利を有する。

4　前項の先取特権の順位は、民法（明治二十九年法律第八十九号）の規定による一般の先取特権に次ぐものとする。

5　国立大学法人等は、文部科学大臣の認可を受けて、債券の発行に関する事務の全部又は一部を銀行又は信託会社に委託することができる。

6　会社法（平成十七年法律第八十六号）第七百五条第一項及び第二項並びに第七百九条の規定は、前項の規定により委託を受けた銀行又は信託会社について準用する。

7　前各項に定めるもののほか、第一項又は第二項の規定による長期借入金又は債券に関し必要な事項は、政令で定める。

（償還計画）

第三十四条　前条第一項又は第二項の規定により、長期借入金をし、又は債券を発行する国立大学法人等は、毎事業年度、長期借入金及び債券の償還計画を立てて、文部科学大臣の認可を受けなければならない。

（土地等の貸付け）

第三十四条の二　国立大学法人等は、第二十二条第一項又は第二十九条第一項に規定する業務の遂行に支障のない範囲内で、その対価を当該国立大学法人等の教育研究水準の一層の向上を図るために必要な費用に充てるため、文部科学大臣の認可を受けて、当該国立大学法人等の所有に属する土地等であって、当該業務のために現に使用されておらず、かつ、当面これらのために使用されることが予定されていないものを貸し付けることができる。

（余裕金の運用の認定）

第三十四条の三　国立大学法人等は、文部科学省令で定めるところにより、次の各号のいずれにも適合していることにつき、文部科学大臣の認定を受けることができる。

一　次項に規定する運用を安全かつ効率的に行うに必要な業務の実施の方法を定めているものであること。

二　次項に規定する運用を安全かつ効率的に行うに足りる知識及び経験を有するものであること。

2　前項の認定を受けた国立大学法人等は、準用通則法第四十七条の規定にかかわらず、次の方法により、業務上の余裕金（当該国立大学法人等が受けた寄附金を原資とする部分であることその他の文部科学省令で定める要件に該当するものに限る。）の運用を行うことができる。

一　金融商品取引法（昭和二十三年法律第二十五号）に規定する有価証券であって政令で定めるもの（株式を除く。）の売買

二　預金又は貯金（文部科学大臣が適当と認めて指定したものに限る。）

三　信託会社（信託業法（平成十六年法律第百五十四号）第三条又は第五十三条第一項の免許を受けたものに限る。）又は信託業務を営む金融機関への金銭信託。ただし、運用方法を特定するものにあっては、次に掲げる方法により運用するものに限る。

イ　前二号に掲げる方法

ロ　金融商品取引業者（金融商品取引法第二条第九項に規定する金融商品取引業者をいう。）との投資一任契約（同条第八項第十二号ロに規定する投資一任契約をいう。）であって政令で定めるものの締結

3　文部科学大臣は、第一項の規定による認定をした後において、当該認定を受けた国立大学法人等が同項各号のいずれかに適合しなくなったと認めるときは、遅滞なく、その認定を取り消さなければならない。

第五章　指定国立大学法人等

（指定国立大学法人の指定）

第三十四条の四　文部科学大臣は、国立大学法人のうち、当該国立大学法人に係る教育研究上の実績、管理運営体制及び財政基盤を総合的に勘案して、世界最高水準の教育研究活動の展開が相当程度見込まれるものを、その申請により、指定国立大学法人として指定することができる。

2　文部科学大臣は、前項の規定による指定（以下この条において「指定」という。）をしようとするときは、あらかじめ、評価委員会の意見を聴かなければならない。

3　文部科学大臣は、指定をしたときは、文部科学省令で定めるところにより、その旨を公表しなければならない。

4　文部科学大臣は、指定国立大学法人について指定の事由がなくなったと認めるときは、当該指定国立大学法人について指定を取り消すものとする。

5　第二項及び第三項の規定は、前項の規定による指定の取消しについて準用する。

（研究成果を活用する事業者への出資）

第三十四条の五　指定国立大学法人は、第二十二条第一項各号に掲げる業務のほか、当該指定国立大学法人における研究の成果を活用する事業であって政令で定めるものを実施する者に対し、出資を行うことができる。

2　指定国立大学法人は、前項に規定する業務を行おうとするときは、文部科学大臣の認可を受けなければならない。

3　指定国立大学法人が第一項に規定する業務を行う場合における当該指定国立大学法人に関する第三十二条第一項及び第三十四条の二の規定の適用については、これらの規定中「又は第二十九条第一項」とあるのは、「及び第三十四条の五第一項」とする。

（中期目標に関する特例）

第三十四条の六　文部科学大臣は、第三十条第一項の規定により、指定国立大学法人の中期目標を定め、又はこれを変更するに当たっては、世界最高水準の教育研究活動を行う外国の大学の業務運営の状況を踏まえなければならない。

（余裕金の運用の認定の特例）

第三四条の七　指定国立大学法人は、第三十四条の三第二項の規定にかかわらず、同条第一項の認定を受けることなく同条第二項に規定する運用を行うことができる。

（役職員の報酬、給与等の特例等）

第三四条の八　指定国立大学法人に関する準用通則法第五十条の二第三項及び第五十条の十第三項の規定の適用については、準用通則法第五十条の二第三項中「実績」とあるのは「実績並びに役員のうち世界最高水準の高度の専門的な知識及び経験を活用して遂行することが特に必要とされる業務に従事するものについて国際的に卓越した能力を有する人材を確保する必要性」と、準用通則法第五十条の十第三項中「並びに職員」とあるのは「、職員」と、「雇用形態」とあるのは「雇用形態並びに専ら教育研究に従事する職員のうち世界最高水準の高度の専門的な知識及び経験を活用して遂行することが特に必要とされる業務に従事するものについて国際的に卓越した能力を有する人材を確保する必要性」とする。

2　前項に規定するもののほか、指定国立大学法人の専ら教育研究に従事する職員の給与その他の処遇については、当該職員が行う教育研究の内容及び成果についての国際的評価を勘案して行うものとする。

（二以上の国立大学を設置する国立大学法人に関する特例）

第三四条の九　文部科学大臣は、二以上の国立大学を設置する国立大学法人が設置する国立大学のうち、当該国立大学法人に係る教育研究上の実績及び管理運営体制並びに当該国立大学を設置する国立大学法人の財務基盤を総合的に勘案して、世界最高水準の教育研究活動の展開が相当程度見込まれるものを、当該国立大学法人の申請により、指定国立大学として指定することができる。

2　第三十四条の四第二項から第五項までの規定は前項の規定による指定について、第三十四条の五から前条までの規定は指定国立大学を設置する国立大学法人について、それぞれ準用する。この場合において、第三十四条の四第四項及び前条第二項中「指定国立大学法人」とあるのは「指定国立大学」と、第三十四条の五第一項中「当該指定国立大学法人」とあるのは「当該指定国立大学」と読み替えるものとする。

第六章　雑則

（違法行為等の是正）

第三四条の一〇　文部科学大臣は、国立大学法人等又はその役員若しくは職員が、不正の行為若しくはこの法律若しくは他の法令に違反する行為をし、又は当該行為をするおそれがあると認めるときは、当該国立大学法人等に対し、当該行為の是正のため必要な措置を講ずることを求めることができる。

2　国立大学法人等は、前項の規定による文部科学大臣の求めがあったときは、速やかに当該行為の是正その他の必要と認める措置を講ずるとともに、当該措置の内容を文部科学大臣に報告しなければならない。

（独立行政法人通則法の規定の準用）

第三五条　独立行政法人通則法第三条、第七条第二項、第八条第一項、第九条、第十一条、第十四条から第十七条まで、第二十一条の四、第二十一条の五、第二十四条、第二十五条、第二十五条の二第一項及び第二項、第二十六条、第二十八条、第二十八条の四、第三十一条、第三十六条から第四十六条まで、第四十七条から第五十条の十まで、第六十四条並びに第六十六条の規定は、国立大学法人等について準用する。この場合において、これらの規定（同法第三十一条第一項の規定を除く。）中「主務大臣」とあるのは「文部科学大臣」と、「主務省令」とあるのは「文部科学省令」と、「中期目標管理法人の」とあるのは「国立大学法人等の」と、「中期目標管理法人は」とあるのは「国立大学法人等は」と、「中期目標管理法人と」とあるのは「国立大学法人等と」と、「中期目標管理法人が」とあるのは「国立大学法人等が」と、「中期目標管理法人に」とあるのは「国立大学法人等に」と、「中期目標管理法人役職員」とあるのは「国立大学法人等役職員」と読み替えるほか、次の表の上欄に掲げる同法の規定中同表の中欄に掲げる字句は、それぞれ同表の下欄に掲げる字句に読み替えるものとする。

読み替えられる独立行政法人通則法の規定	読み替えられる字句	読み替える字句
第三条第三項	個別法	国立大学法人法
第十四条第一項	長（以下「法人の長」という。）	学長（当該国立大学法人が設置する国立大学の全部について国立大学法人法第十条第三項に規定する大学総括理事を置く場合にあっては理事長とし、大学共同利用機関法人にあっては機構長とする。以下同じ。）
第十四条第二項	法人の長	学長
	この法律	国立大学法人法
第十四条第三項	第二十条第一項	国立大学法人法第十二条第七項（大学共同利用機関法人にあっては、同法第二十六条において準用する同項）
	法人の長	学長
第十五条第二項、第十六条、第二十四条及び第二十五条	法人の長	学長
第二十六条	法人の長が任命する	学長が任命する。ただし、国立大学法人法第十条第三項に規定する大学総括理事が学校教育法（昭和二十二年法律第二十六号）第九十二条第三項に規定する職務を行う国立大学の副学長、学部長その他政令で指定する部局の長及び教員（教授、准教授、助教、講師及び助手をいう。）並びに国立大学法人法第二十三条の規定により当該国立大学に附属して設置される同条に規定する学校の校長又は園長及び教員（教頭、教諭その他の政令で定める者をいう。）を任命し、免職し、又は降任するときは、当該大学総括理事の申出に基づき行うものとする
第二十八条第二項	個別法	国立大学法人法
第三十二条第一		国立大学法人法

条の四	項、第三十五条の六第一項若しくは第二項又は第三十五条の十一第一項若しくは第二項	第三十一条の二第一項
	第三十条第一項の中期計画及び第三十一条第一項の年度計画、第三十五条の五第一項の中長期計画及び第三十五条の八において読み替えて準用する第三十一条第一項の年度計画又は第三十五条の十第一項の事業計画	同法第三十一条第一項に規定する中期計画（以下「中期計画」という。）及び第三十一条第一項の年度計画
第三十一条第一項	中期目標管理法人	国立大学法人等（国立大学法人法第二条第五項に規定する国立大学法人等をいう。以下同じ。）
	前条第一項	同法第三十一条第一項
	主務省令	文部科学省令
	主務大臣	文部科学大臣
第三十一条第二項	前条第一項の認可を受けた後	国立大学法人法第三十一条第一項の認可を受けた後
第三十八条第二項	（次条第一項の規定により会計監査人の監査を受けなければならない独立行政法人にあっては、監査報告及び会計監査報告。以下同じ。）	及び会計監査報告
第三十八条第三項	及び監査報告	並びに監査報告及び会計監査報告
第三十八条第四項第二号	総務省令	文部科学省令
第三十九条第一項	独立行政法人（その資本の額その他の経営の規模が政令で定める基準に達しない独立行政法人を除く。以下この条において同じ。）	国立大学法人等
第三十九条第二項第二号	総務省令	文部科学省令
第三十九条第三項	子法人に	子法人（国立大学法人法第十一条第九項に規定する国立大学法人等の子法人及び同法第二十五条第七項に規定する大学共同利用機関法人の子法人をいう。以下同じ。）に
第三十九条の二第一項	個別法	国立大学法人法
第四十二条	財務諸表承認日	財務諸表承認日（国立大学法人法第三十五条において準用する第三十八条第一項の規定による同項の財務諸表の承認の日をいう。）
第四十四条第三項	中期目標管理法人及び国立研究開発法人	国立大学法人等
	第三十条第一項	国立大学法人法第三十一条第一項
	同項の中期計画	中期計画
	同条第二項第七号又は中長期計画（第三十五条の五第一項の認可を受けた同項の中長期計画（同項後段の規定による変更の認可を受けたときは、その変更後のもの）をいう。以下同じ。）の第三十五条の五第二項第七号	同条第二項第六号
第四十四条第四項	個別法で定める	国立大学法人法第三十二条で定めるところによる
第四十五条第一項	第三十条第二項第四号、国立研究開発法人の中長期計画の第三十五条の五第二項第四号又は行政執行法人の事業計画（第三十五条の十第一項の認可を受けた同項の事業計画（同項後段の規定による変更の認可を受けたときは、その変更後のもの）をいう。以下同じ。）の第三十五条の十第三項第四号	国立大学法人法第三十一条第二項第四号
第四十五条第四項	個別法に別段の定めがある	国立大学法人法第三十三条第一項又は第二項の規定による
第四十六条第二項	中期計画、国立研究開発法人の中長期計画又は行政執行法人の事業計画	中期計画
第四十八条	不要財産以外の重要な財産	重要な財産
	第三十条第二項第六号の計画を定めた場合、国立研究開発法人の中長期計画において第三十五条の五第二項第六号の計画を定めた場合又は行政執行法人の事業計画において第三十五条の十第三項第六号の計画を定めた場合であって、これらの	国立大学法人法第三十一条第二項第五号の計画を定めた場合であって、その
第五十条	この法律及びこれ	この法律及び国立大学法人法並びにこれら
第五十条の四第二項第一号	政令	文部科学省令
第五十条の四第二項第三号	の研究者	において専ら研究又は教育に従事する者
	研究に	研究又は教育に
第五十条の四第二項第四号	第三十二条第一項	国立大学法人法第三十一条の二第一項

第五十条の四第二項第五号	第三十五条第一項	国立大学法人法第三十一条の四第一項
	政令	文部科学省令
第五十条の四第三項	政令	文部科学省令
第五十条の四第四項	総務大臣	文部科学大臣
第五十条の四第五項	政令	文部科学省令
第五十条の四第六項	個別法	国立大学法人法
第五十条の六、第五十条の七第一項、第五十条の八第三項及び第五十条の九	政令	文部科学省令

（財務大臣との協議）

第三六条　文部科学大臣は、次の場合には、財務大臣に協議しなければならない。

一　第七条第四項の規定により基準を定めようとするとき、又は同条第八項の規定により金額を定めようとするとき。

二　第二十二条第二項、第二十九条第二項、第三十一条第一項、第三十三条第一項、第二項若しくは第五項、第三十四条、第三十四条の二若しくは第三十四条の五第二項又は準用通則法第四十五条第一項ただし書若しくは第二項ただし書若しくは準用通則法第四十八条の規定による認可をしようとするとき。

三　第三十条第一項の規定により中期目標を定め、又は変更しようとするとき。

四　第三十二条第一項又は準用通則法第四十四条第三項の規定による承認をしようとするとき。

五　第三十四条の三第二項第二号又は準用通則法第四十七条第一項第一号若しくは第二号の規定による指定をしようとするとき。

（他の法令の準用）

第三七条　教育基本法（平成十八年法律第百二十号）その他政令で定める法令については、政令で定めるところにより、国立大学法人等を国とみなして、これらの法令を準用する。

2　博物館法（昭和二十六年法律第二百八十五号）その他政令で定める法令については、政令で定めるところにより、国立大学法人等を独立行政法人通則法第二条第一項に規定する独立行政法人とみなして、これらの法令を準用する。

第七章　罰則

第三八条　第十八条（第二十六条において準用する場合を含む。）の規定に違反して秘密を漏らした者は、一年以下の懲役又は五十万円以下の罰金に処する。

第三九条　準用通則法第六十四条第一項の規定による報告をせず、若しくは虚偽の報告をし、又は同項の規定による検査を拒み、妨げ、若しくは忌避した場合には、その違反行為をした国立大学法人の役員若しくは職員又は大学共同利用機関法人の役員若しくは職員は、二十万円以下の罰金に処する。

第四〇条　次の各号のいずれかに該当する場合には、その違反行為をした国立大学法人の役員又は大学共同利用機関法人の役員は、二十万円以下の過料に処する。

一　この法律又は準用通則法の規定により文部科学大臣の認可又は承認を受けなければならない場合において、その認可又は承認を受けなかったとき。

二　この法律又は準用通則法の規定により文部科学大臣に届出をしなければならない場合において、その届出をせず、又は虚偽の届出をしたとき。

三　この法律又は準用通則法の規定により公表をしなければならない場合において、その公表をせず、又は虚偽の公表をしたとき。

四　第十一条第七項若しくは第八項若しくは第二十五条第五項若しくは第六項又は準用通則法第三十九条第三項の規定による調査を妨げたとき。

五　第二十二条第一項に規定する業務（指定国立大学法人にあっては同項及び第三十四条の五第一項、指定国立大学を設置する国立大学法人にあっては第二十二条第一項及び第三十四条の九第二項において準用する第三十四条の五第一項に規定する業務）以外の業務を行ったとき。

六　第二十九条第一項に規定する業務以外の業務を行ったとき。

七　第三十一条第四項の規定による文部科学大臣の命令に違反したとき。

八　第三十一条の二第二項の規定による報告書の提出をせず、又は報告書に記載すべき事項を記載せず、若しくは虚偽の記載をして報告書を提出したとき。

九　第三十四条の三第二項又は準用通則法第四十七条の規定に違反して業務上の余裕金を運用したとき。

十　第三十四条の十第二項又は準用通則法第五十条の八第三項の規定による報告をせず、又は虚偽の報告をしたとき。

十一　準用通則法第九条第一項の規定による政令に違反して登記することを怠ったとき。

十二　準用通則法第三十八条第三項の規定に違反して財務諸表、事業報告書、決算報告書、監査報告又は会計監査報告を備え置かず、又は閲覧に供しなかったとき。

2　第十一条第九項に規定する国立大学法人の子法人又は第二十五条第七項に規定する大学共同利用機関法人の子法人の役員が第十一条第九項若しくは第二十五条第七項又は準用通則法第三十九条第三項の規定による調査を妨げたときは、二十万円以下の過料に処する。

第四一条　第八条の規定に違反した者は、十万円以下の過料に処する。

附　則（省略）

別表第一（第二条、第四条、第十条、附則第三条、附則第十五条関係）

国立大学法人の名称	国立大学の名称	主たる事務所の所在地	理事の員数
国立大学法人北海道大学	北海道大学	北海道	七
国立大学法人北海道教育大学	北海道教育大学	北海道	四
国立大学法人室蘭工業大学	室蘭工業大学	北海道	三
国立大学法人小樽商科大学	小樽商科大学	北海道	二
国立大学法人帯広畜産大学	帯広畜産大学	北海道	二
国立大学法人旭川医科大学	旭川医科大学	北海道	四
国立大学法人北見工業大学	北見工業大学	北海道	二
国立大学法人弘前大学	弘前大学	青森県	五
国立大学法人岩手大学	岩手大学	岩手県	四
国立大学法人東北大学	東北大学	宮城県	七
国立大学法人宮城教育大学	宮城教育大学	宮城県	三
国立大学法人秋田大学	秋田大学	秋田県	五
国立大学法人山形大学	山形大学	山形県	五
国立大学法人福島大学	福島大学	福島県	四
国立大学法人茨城大学	茨城大学	茨城県	四
国立大学法人	筑波大学	茨城県	八

筑波大学			
国立大学法人筑波技術大学	筑波技術大学	茨城県	二
国立大学法人宇都宮大学	宇都宮大学	栃木県	四
国立大学法人群馬大学	群馬大学	群馬県	五
国立大学法人埼玉大学	埼玉大学	埼玉県	四
国立大学法人千葉大学	千葉大学	千葉県	六
国立大学法人東京大学	東京大学	東京都	七
国立大学法人東京医科歯科大学	東京医科歯科大学	東京都	五
国立大学法人東京外国語大学	東京外国語大学	東京都	三
国立大学法人東京学芸大学	東京学芸大学	東京都	四
国立大学法人東京農工大学	東京農工大学	東京都	四
国立大学法人東京芸術大学	東京芸術大学	東京都	四
国立大学法人東京工業大学	東京工業大学	東京都	四
国立大学法人東京海洋大学	東京海洋大学	東京都	四
国立大学法人お茶の水女子大学	お茶の水女子大学	東京都	四
国立大学法人電気通信大学	電気通信大学	東京都	四
国立大学法人一橋大学	一橋大学	東京都	四
国立大学法人横浜国立大学	横浜国立大学	神奈川県	四
国立大学法人新潟大学	新潟大学	新潟県	六
国立大学法人長岡技術科学大学	長岡技術科学大学	新潟県	三
国立大学法人上越教育大学	上越教育大学	新潟県	三
国立大学法人富山大学	富山大学	富山県	六
国立大学法人金沢大学	金沢大学	石川県	六
国立大学法人福井大学	福井大学	福井県	六
国立大学法人山梨大学	山梨大学	山梨県	六
国立大学法人信州大学	信州大学	長野県	六
国立大学法人静岡大学	静岡大学	静岡県	四
国立大学法人浜松医科大学	浜松医科大学	静岡県	四
国立大学法人東海国立大学機構	岐阜大学 名古屋大学	愛知県	八
国立大学法人愛知教育大学	愛知教育大学	愛知県	四
国立大学法人名古屋工業大学	名古屋工業大学	愛知県	三
国立大学法人豊橋技術科学大学	豊橋技術科学大学	愛知県	三
国立大学法人三重大学	三重大学	三重県	五
国立大学法人滋賀大学	滋賀大学	滋賀県	四
国立大学法人滋賀医科大学	滋賀医科大学	滋賀県	四
国立大学法人京都大学	京都大学	京都府	七
国立大学法人京都教育大学	京都教育大学	京都府	三
国立大学法人京都工芸繊維大学	京都工芸繊維大学	京都府	四
国立大学法人大阪大学	大阪大学	大阪府	八
国立大学法人大阪教育大学	大阪教育大学	大阪府	四
国立大学法人兵庫教育大学	兵庫教育大学	兵庫県	三
国立大学法人神戸大学	神戸大学	兵庫県	八
国立大学法人奈良教育大学	奈良教育大学	奈良県	二
国立大学法人奈良女子大学	奈良女子大学	奈良県	四
国立大学法人和歌山大学	和歌山大学	和歌山県	四
国立大学法人鳥取大学	鳥取大学	鳥取県	五
国立大学法人島根大学	島根大学	島根県	六
国立大学法人岡山大学	岡山大学	岡山県	七
国立大学法人広島大学	広島大学	広島県	七
国立大学法人山口大学	山口大学	山口県	五
国立大学法人徳島大学	徳島大学	徳島県	五
国立大学法人鳴門教育大学	鳴門教育大学	徳島県	三
国立大学法人香川大学	香川大学	香川県	六
国立大学法人愛媛大学	愛媛大学	愛媛県	五
国立大学法人高知大学	高知大学	高知県	六
国立大学法人福岡教育大学	福岡教育大学	福岡県	三
国立大学法人九州大学	九州大学	福岡県	八
国立大学法人九州工業大学	九州工業大学	福岡県	四
国立大学法人佐賀大学	佐賀大学	佐賀県	六
国立大学法人長崎大学	長崎大学	長崎県	六
国立大学法人熊本大学	熊本大学	熊本県	六
国立大学法人大分大学	大分大学	大分県	六
国立大学法人宮崎大学	宮崎大学	宮崎県	六
国立大学法人鹿児島大学	鹿児島大学	鹿児島県	六
国立大学法人鹿屋体育大学	鹿屋体育大学	鹿児島県	二
国立大学法人琉球大学	琉球大学	沖縄県	五
国立大学法人政策研究大学院大学	政策研究大学院大学	東京都	二
国立大学法人総合研究大学院大学	総合研究大学院大学	神奈川県	二
国立大学法人北陸先端科学技術大学院大学	北陸先端科学技術大学院大学	石川県	四
国立大学法人奈良先端科学技術大学院大学	奈良先端科学技術大学院大学	奈良県	四

備考

一　政策研究大学院大学、総合研究大学院大学、北陸先端科学技術大学院大学及び奈良先端科学技術大学院大学は、学校教育法第百三条に規定する大学とする。

二　総合研究大学院大学は、大学共同利用機関法人及び国立研究開発法人宇宙航空研究開発機構との緊密な連係及び協力の下に教育研究を行うものとする。

三　この表の各項の第四欄に掲げる理事の員数が二人である当該各項の第一欄に掲げる国立大学法人が一人以上の非常勤の理事を置く場合における当該国

立大学法人に対するこの表の適用については、それぞれ当該各項の第四欄中「二」とあるのは、「三」とする。

四　この表の各項の第四欄に掲げる理事の員数が四人以上である当該各項の第一欄に掲げる国立大学法人が一人以上の非常勤の理事（学外者が任命されるものに限る。）を置く場合における当該国立大学法人に対するこの表の適用については、それぞれ当該各項の第四欄中「四」とあるのは「五」と、「五」とあるのは「六」と、「六」とあるのは「七」と、「七」とあるのは「八」と、「八」とあるのは「九」とする。

別表第二（第二条、第五条、第二十四条、附則第三条関係）

大学共同利用機関法人の名称	研究分野	主たる事務所の所在地	理事の員数
大学共同利用機関法人人間文化研究機構	人間の文化活動並びに人間と社会及び自然との関係に関する研究	東京都	四
大学共同利用機関法人自然科学研究機構	天文学、物質科学、エネルギー科学、生命科学その他の自然科学に関する研究	東京都	五
大学共同利用機関法人高エネルギー加速器研究機構	高エネルギー加速器による素粒子、原子核並びに物質の構造及び機能に関する研究並びに高エネルギー加速器の性能の向上を図るための研究	茨城県	四
大学共同利用機関法人情報・システム研究機構	情報に関する科学の総合研究並びに当該研究を活用した自然及び社会における諸現象等の体系的な解明に関する研究	東京都	四

備考　この表の各項の第一欄に掲げる大学共同利用機関法人が一人以上の非常勤の理事（学外者が任命されるものに限る。）を置く場合における当該大学共同利用機関法人に対するこの表の適用については、それぞれ当該各項の第四欄中「四」とあるのは「五」と、「五」とあるのは「六」とする。

●国立大学法人法施行令（抄）

（平成一五年一二月三日政令第四七八号）

施行、平一五・一二・三
最終改正、令二―政二六八

第一章　評価委員及び役員

（評価委員の任命等）

第一条　国立大学法人法（以下「法」という。）第七条第六項の評価委員は、必要の都度、同条第三項の規定により出資を受ける国立大学法人又は大学共同利用機関法人ごとに、次に掲げる者につき文部科学大臣が任命する。

一　財務省の職員　一人
二　文部科学省の職員　一人
三　当該国立大学法人又は大学共同利用機関法人の役員　一人
四　学識経験のある者　二人

2　法第七条第六項の規定による評価は、同項の評価委員の過半数の一致によるものとする。

3　法第七条第六項の規定による評価に関する庶務は、国立大学法人への出資に係るものについては文部科学省高等教育局国立大学法人支援課において、大学共同利用機関法人への出資に係るものについては文部科学省研究振興局学術機関課において処理する。

（教育公務員の範囲）

第二条　法第十六条第二項（法第二十六条において準用する場合を含む。）の政令で定める教育公務員は、次に掲げる者とする。

一　学校教育法（昭和二十二年法律第二十六号）の規定による公立の大学の学長、副学長、学部長又は教授の職にある者（当該大学においてその他の職を兼ねる者を含む。）
二　国立教育政策研究所の長及びその職員のうち専ら研究又は教育に従事する者で前号に掲げる者に準ずるもの

第二章　国立大学法人等による出資の対象

第三条　法第二十二条第一項第六号及び第二十九条第一項第五号の政令で定める事業は、大学等における技術に関する研究成果の民間事業者への移転の促進に関する法律（平成十年法律第五十二号）第四条第一項の承認を受けた者（同法第五条第一項の変更の承認を受けた者を含む。）が実施する同法第二条第一項の特定大学技術移転事業とする。

第三章　積立金及び国庫納付金

（積立金の処分に係る承認の手続）

第四条　国立大学法人及び大学共同利用機関法人（以下「国立大学法人等」という。）は、中期目標の期間の最後の事業年度（以下「期間最後の事業年度」という。）に係る準用通則法（法第三十五条において準用する独立行政法人通則法（平成十一年法律第百三号）をいう。第七条第二項及び第二十五条において同じ。）第四十四条第一項又は第二項の規定による整理を行った後、同条第一項の規定による積立金がある場合において、その額に相当する金額の全部又は一部を法第三十二条第一項の規定により当該中期目標の期間の次の中期目標の期間における業務の財源に充てようとするときは、次に掲げる事項を記載した承認申請書を文部科学大臣に提出し、当該次の中期目標の期間の最初の事業年度の六月三十日までに、同項の規定による承認を受けなければならない。

一　法第三十二条第一項の規定による承認を受けようとする金額
二　前号の金額を財源に充てようとする業務の内容

2　前項の承認申請書には、当該期間最後の事業年度末の貸借対照表、当該期間最後の事業年度の損益計算書その他の文部科学省令で定める書類を添付しなければならない。

（国庫納付金の納付の手続）

第五条　国立大学法人等は、法第三十二条第二項に規定する残余があるときは、同項の規定による納付金（以下「国庫納付金」という。）の計算書に、当該期間最後の事業年度の事業年度末の貸借対照表、当該期間最後の事業年度の損益計算書その他の当該国庫納付金の計算の基礎を明らかにした書類を添付して、当該期間最後の事業年度の次の事業年度の六月三十日までに、これを文部科学大臣に提出しなければならない。ただし、前条第一項の承認申請書を提出したときは、これに添付した同条第二項に規定する書類を重ねて提出することを要しない。

2　文部科学大臣は、前項の国庫納付金の計算書及び添付書類の提出があったときは、遅滞なく、当該国庫納付金の計算書及び添付書類の写しを財務大臣に送付するものとする。

（国庫納付金の納付期限）

第六条　国庫納付金は、期間最後の事業年度の次の事業年度の七月十日までに納付しなければならない。

（国庫納付金の帰属する会計）

第七条　国庫納付金は、一般会計に帰属する。

2　前項の規定にかかわらず、国立大学法人等が準用通則法第四十六条第一項の規定による交付金（補助金等に係る予算の執行の適正化に関する法律（昭和三十年法律第百七十九号）第二条第一項第四号の規定に基づき補助金等として指定されたものを除く。）であって平成二十三年度の一般会計補正予算（第3号）及び平成二十四年度以降における東日本大震災復興特別会計の予算に計上されたものの交付を受けて特別会計に関する法律（平成十九年法律第二十三号）第二百二十二条第二項に規定する復興施策に関する業務を行う場合における当該復興施策に関する業務に係る国庫納付金は、東日本大震災復興特別会計に帰属する。

第四章　長期借入金及び国立大学法人等債券

（土地の取得等）

第八条　法第三十三条第一項の政令で定める土地の取得、施設の設置若しくは整備又は設備の設置（以下「土地の取得等」という。）は、次に掲げるものとする。

一　国立大学の附属病院の用に供するために行う土地の取得等

二　国立大学法人等の施設の移転のために行う土地の取得等

三　次に掲げる土地の取得等であって、当該土地、施設又は設備を用いて行われる業務に係る収入をもって当該土地の取得等に係る長期借入金又は債券（法第三十三条第一項に規定する債券をいう。以下この条において同じ。）を償還することができる見込みがあるもの

イ　学生の寄宿舎、職員の宿舎その他これらに類する宿泊施設の用に供するために行う土地の取得等

ロ　当該国立大学法人以外の者との連携による教育研究活動に係る施設の用に供するために行う土地の取得等

ハ　当該国立大学に附属して設置される飼育動物診療施設（獣医療法（平成四年法律第四十六号）第二条第二項に規定する診療施設をいう。）の用に供するために行う土地の取得等

四　前三号に掲げるもののほか、国立大学又は大学共同利用機関における先端的な教育研究の用に供するために行う土地の取得等であって、当該土地、施設又は設備を用いて行われる業務に係る収入及び当該国立大学又は大学共同利用機関を設置する国立大学法人等の法第三十四条の三第二項に規定する業務上の余裕金をもって当該土地の取得等に係る長期借入金又は債券を償還することができる見込みがあるもの

五　前各号に掲げるもののほか、国立大学法人等の業務の実施に必要な土地の取得であって、長期借入金の借入れ又は債券の発行により調達した資金により一括して取得することが、段階的な取得（毎年度、国から交付を受けた補助金又は交付金により段階的に当該土地の一部を取得し、当該土地の全てを取得するまでの間、当該土地のうち既に取得した部分以外の部分の賃借に係る費用を負担する方法により当該土地の全てを取得する行為をいう。）を行う場合に比して相当程度有利と文部科学大臣が認めるもの

（借換えの対象となる長期借入金又は債券等）

第九条　法第三十三条第二項本文の政令で定める長期借入金又は債券は、同条第一項の規定により土地の取得等に必要な費用に充てるためにした長期借入金又は発行した債券（同条第二項の規定によりした長期借入金又は発行した債券を含む。以下この条において「既往の長期借入金等」という。）とし、同条第二項ただし書の政令で定める期間は、次条の文部科学省令で定める期間から当該既往の長期借入金等の償還期間を控除した期間を超えない範囲内の期間とする。

（長期借入金又は債券の償還期間）

第一〇条　法第三十三条第一項の規定による長期借入金又は債券の償還期間は、当該長期借入金の借入れ又は当該債券の発行により調達する資金の使途に応じて文部科学省令で定める期間を超えてはならない。

（長期借入金の借入れの認可）

第一一条　国立大学法人等は、法第三十三条第一項又は第二項の規定により長期借入金の借入れの認可を受けようとするときは、次に掲げる事項を記載した申請書を文部科学大臣に提出しなければならない。

一　借入れを必要とする理由

二　長期借入金の額

三　借入先

四　長期借入金の利率

五　長期借入金の償還の方法及び期限

六　利息の支払の方法及び期限

七　その他文部科学大臣が必要と認める事項

2　前項の申請書には、長期借入金の借入れにより調達する資金の使途を記載した書面を添付しなければならない。

（国立大学法人等債券の形式）

第一二条　法第三十三条第一項又は第二項の規定により発行する債券（以下「国立大学法人等債券」という。）は、無記名利札付きとする。

（国立大学法人等債券の発行の方法）

第一三条　国立大学法人等債券の発行は、募集の方法による。

第一四条から第二一条まで〔省略〕

第五章　余裕金の運用

（運用の対象となる有価証券）

第二二条　法第三十四条の三第二項第一号の政令で定める有価証券は、次に掲げるものとする。

一　金融商品取引法（昭和二十三年法律第二十五号）第二条第一項第一号から第五号まで、第十号から第十二号まで及び第十五号に掲げる有価証券並びに同項第十七号に掲げる有価証券（同項第六号から第九号まで、第十三号、第十四号及び第十六号に掲げる有価証券の性質を有するものを除く。）

二　前号に掲げる有価証券に表示されるべき権利であって、金融商品取引法第二条第二項の規定により有価証券とみなされるもの

（投資一任契約）

第二三条　法第三十四条の三第二項第三号ロの政令で定める投資一任契約は、国立大学法人等が金融商品取引法第二条第八項第十二号ロに規定する投資判断の全部を一任することを内容とするものとする。

第六章　指定国立大学法人等による出資の対象

第二四条　法第三十四条の五第一項（法第三十四条の九第二項において準用する場合を含む。）の政令で定める事業は、次に掲げるものとする。

一　当該指定国立大学法人又は指定国立大学における研究の成果（次号において「特定研究成果」という。）を活用して、事業者の依頼に応じてその事業活動に関し必要な助言その他の援助を行う事業

二　前号に掲げるもののほか、特定研究成果を活用して、事業者及びその従業員その他の者に対して研修又は講習を行う事業（特定研究成果を活用して研修又は講習に必要な教材を開発し、当該教材を提供する事業を含む。）

第七章　部局の長の範囲等

第二五条　準用通則法第二十六条ただし書の政令で指定する部局の長は、次に掲げる者とする。

一　大学の教養部の長

二　大学に附置される研究所の長

三　大学又は大学の医学部若しくは歯学部に附属する病院の長

四　大学に附属する図書館の長

五　大学院に置かれる研究科（学校教育法第百条ただし書に規定する組織を含む。）の長

2　準用通則法第二十六条ただし書の政令で定める者は、次に掲げる者とする。

一　幼稚園の副園長、教頭、主幹教諭、指導教諭、教諭、養護教諭、栄養教諭、助教諭、講師及び養護助教諭

二　小学校、中学校又は義務教育学校の副校長、教頭、主幹教諭、指導教諭、教諭、養護教諭、栄養教諭、助教諭、講師及び養護助教諭

三　高等学校又は中等教育学校の副校長、教頭、主幹教諭、指導教諭、教諭、養護教諭、栄養教諭、助教諭、講師、養護助教諭及び実習助手

四　特別支援学校の副校長、教頭、主幹教諭、指導教諭、教諭、養護教諭、栄養教諭、助教諭、講師、養護助教諭、実習助手及び寄宿舎指導員

五　幼保連携型認定こども園の副園長、教頭、主幹保育教諭、指導保育教諭、保育教諭、主幹養護教諭、養護教諭、主幹栄養教諭、栄養教諭、助保育教諭、講師及び養護助教諭

六　専修学校の教員

第八章　雑則

（他の法令の準用）

第二六条　次の法令の規定については、国立大学法人等を国とみなして、これらの規定を準用する。

一から二十一まで（省略）

二十二　古都における歴史的風土の保存に関する特別措置法（昭和四十一年法律第一号）第七条第三項及び第八条第八項

二十三・二十四（省略）

二十五　著作権法（昭和四十五年法律第四十八号）第七十条第二項、第七十八条第六項及び第百七条第二項

二十六から三十まで（省略）

三十一　プログラムの著作物に係る登録の特例に関する法律（昭和六十一年法律第六十五号）第二十六条

三十二から四十三まで（省略）

四十四　教育基本法（平成十八年法律第百二十号）第五条第四項及び第十五条第二項

四十五　地域における歴史的風致の維持及び向上に関する法律（平成二十年法律第四十号）第十五条第六項及び第七項並びに第三十三条第一項第三号

四十六から六十三まで（省略）

2・3（省略）

第二七条・第二八条（省略）

附　則（省略）

附　則（令和二年六月二四日政令第一九八号）

この政令は、公布の日から施行する。

●国立大学法人法施行規則〔抄〕

（平成一五年一二月一九日文部科学省令第五七号）

施行、平一五・一二・一九
最終改正、令二—文科令二三

（大学共同利用機関法人の設置する大学共同利用機関）

第一条　国立大学法人法（以下「法」という。）第五条第二項の規定により大学共同利用機関法人が設置する大学共同利用機関は、別表第一の上欄に掲げる大学共同利用機関法人の区分に応じ、それぞれ同表の中欄に掲げる大学共同利用機関とし、当該大学共同利用機関の目的は、同表の下欄に掲げるとおりとする。

（監査報告の作成）

第一条の二　法第十一条第六項及び第二十五条第四項の規定により文部科学省令で定める事項については、この条の定めるところによる。

2　監事は、その職務を適切に遂行するため、次に掲げる者との意思疎通を図り、情報の収集及び監査の環境の整備に努めなければならない。この場合において、役員（監事を除く。第一号並びに第五項第三号及び第四号において同じ。）は、監事の職務の執行のための必要な体制の整備に留意しなければならない。

一　当該国立大学法人及び大学共同利用機関法人（以下「国立大学法人等」という。）の役員及び職員

二　当該国立大学法人等の子法人（法第十一条第九項及び第二十五条第七項に規定する子法人をいう。以下同じ。）の取締役、会計参与、執行役、業務を執行する社員、会社法（平成十七年法律第八十六号）第五百九十八条第一項の職務を行うべき者その他これらの者に相当する者及び使用人

三　前二号に掲げる者のほか、監事が適切に職務を遂行するに当たり意思疎通を図るべき者

3　前項の規定は、監事が公正不偏の態度及び独立の立場を保持することができなくなるおそれのある関係の創設及び維持を認めるものと解してはならない。

4　監事は、その職務の遂行に当たり、必要に応じ、当該国立大学法人等の他の監事、当該国立大学法人等の子法人の監査役その他これらの者に相当する者との意思疎通及び情報の交換を図るよう努めなければならない。

5　監査報告には、次に掲げる事項を記載しなければならない。

一　監事の監査の方法及びその内容

二　国立大学法人等の業務が、法令等に従って適正に実施されているかどうか及び中期目標の着実な達成に向け効果的かつ効率的に実施されているかどうかについての意見

三　国立大学法人等の役員の職務の執行が法令等に適合することを確保するための体制その他当該国立大学法人等の業務の適正を確保するための体制の整備及び運用についての意見

四　国立大学法人等の役員の職務の遂行に関し、不正の行為又は法令等に違反する重大な事実があったときは、その事実

五　監査のため必要な調査ができなかったときは、その旨及びその理由

六　監査報告を作成した日

（監事の調査の対象となる書類）

第一条の三　法第十一条第八項及び第二十五条第六項に規定する文部科学省令で定める書類は、法、準用通則法（法第三十五条において準用する独立行政法人通則法をいう。以下同じ。）、国立大学法人法施行令及びこの省令の規定に基づき文部科学大臣に提出する書類とする。

（子法人）

第一条の四　法第十一条第九項及び法第二十五条第七項に規定する文部科学省令で定める法人は、国立大学法人等に適用する会計の基準として文部科学大臣が別に公示する国立大学法人会計基準（第十三条第三項並びに第十六

条の四第三項第二号イ及びロにおいて「国立大学法人会計基準」という。）の定めるところにより、国立大学法人等が議決権の過半数を保有している会社等として連結の範囲に含まれる会社とする。

（学長の選考が行われたときの公表事項）

第一条の五　法第十二条第八項に規定する文部科学省令で定める事項は、次のとおりとする。

一　法第十二条第二項の規定により学長（理事長を置く国立大学法人にあっては、理事長。以下同じ。）として選考された者について、学長選考会議が当該者を選考した理由

二　学長選考会議における学長の選考の過程

2　前項の規定は、法第二十六条において読み替えて準用する法第十二条第八項の規定により大学共同利用機関法人が行う公表について準用する。この場合において、前項中「学長選考会議」とあるのは「機構長選考会議」と、同項第一号中「学長（理事長を置く国立大学法人にあっては、理事長。以下同じ。）」とあるのは「機構長」と、同項第二号中「学長の」とあるのは「機構長の」と読み替えるものとする。

（出資の認可の申請）

第二条　国立大学法人は、法第二十二条第二項の認可を受けようとするときは、次に掲げる事項を記載した申請書を文部科学大臣に提出しなければならない。

一　出資先の名称、住所又は居所及び代表者名（出資先が投資事業有限責任組合である場合にあっては、当該投資事業有限責任組合の名称及び事務所の所在地並びに無限責任組合員の氏名又は名称及び住所）

二　出資に係る財産の内容及び評価額

三　出資を行う時期

四　出資を必要とする理由

五　その他文部科学大臣が必要と認める事項

2　前項の申請書には、次に掲げる書類を添付しなければならない。

一　出資先の定款その他の基本約款（出資先が投資事業有限責任組合である場合にあっては、当該投資事業有限責任組合の組合契約書）又はこれに準ずるもの

二　出資先の貸借対照表、損益計算書その他の財務に関する書類

三　その他文部科学大臣が必要と認める書類

3　前二項の規定は、大学共同利用機関法人が法第二十九条第二項の認可を受けようとするときについて準用する。

4　第一項及び第二項の規定は、指定国立大学法人が法第三十四条の五第二項（法第三十四条の九第二項において準用する場合を含む。）の認可を受けようとするときについて準用する。

（国立大学等の授業料その他の費用）

第三条　国立大学及び国立大学に附属して設置される学校の授業料その他の費用に関しては、他の法令に別段の定めがあるもののほか、国立大学等の授業料その他の費用に関する省令（平成十六年文部科学省令第十六号）の定めるところによる。

（国立大学の附属の学校）

第四条　法第二十三条の規定により別表第二の上欄に掲げる国立大学に附属して設置される幼稚園、小学校、中学校、義務教育学校、高等学校、中等教育学校及び特別支援学校（以下「附属学校」という。）は、それぞれ同表の下欄に定めるとおりとする。

2　附属学校の名称は、別表第二の上欄の国立大学の名称に同表下欄の学校の名称を附したものとする。

3　附属学校の位置は、別表第三に掲げるものを除き、当該附属学校が附属する国立大学を設置する国立大学法人の主たる事務所の所在地とする。

（国立大学の附属の専修学校）

第五条　法第二十三条の規定により別表第四の上欄に掲げる国立大学に附属して設置される専修学校は、それぞれ同表の下欄に定めるとおりとする。

（中期計画の作成・変更に係る事項）

第六条　国立大学法人等は、法第三十一条第一項の規定により中期計画の認可を受けようとするときは、中期計画を記載した申請書を、当該中期計画の最初の事業年度開始三十日前までに（国立大学法人等の最初の事業年度の属する中期計画については、国立大学法人等の成立後遅滞なく）、文部科学大臣に提出しなければならない。

2　国立大学法人等は、法第三十一条第一項後段の規定により中期計画の変更の認可を受けようとするときは、変更しようとする事項及びその理由を記載した申請書を文部科学大臣に提出しなければならない。

（中期計画記載事項）

第七条　法第三十一条第二項第七号に規定する文部科学省令で定める業務運営に関する事項は、次のとおりとする。

一　施設及び設備に関する計画

二　人事に関する計画

三　中期目標の期間を超える債務負担

四　積立金の使途

五　その他国立大学法人等の業務の運営に関し必要な事項

（業務実績等報告書）

第八条　法第三十一条の二第二項に規定する報告書には、当該報告書が次の各号に掲げる報告書のいずれに該当するかに応じ当該各号に定める項目ごとに自ら評価を行った結果を記載しなければならない。

一　事業年度における業務の実績及び当該実績について自ら評価を行った結果を明らかにした報告書　当該事業年度に係る年度計画に定めた項目

二　中期目標の期間の終了時に見込まれる中期目標の期間における業務の実績及び当該実績について自ら評価を行った結果を明らかにした報告書並びに中期目標の期間における業務の実績及び当該実績について自ら評価を行った結果を明らかにした報告書　中期計画に定めた項目

（意見の申立ての付与）

第九条　国立大学法人評価委員会は、法第三十一条の三第一項の規定により評価を決定しようとするときは、あらかじめ、国立大学法人等に意見の申立ての機会を付与するものとする。

（土地等の貸付けの認可の申請）

第九条の二　国立大学法人等は、法第三十四条の二の認可を受けようとするときは、次に掲げる事項を記載した申請書を文部科学大臣に提出しなければならない。

一　当該国立大学法人等が貸し付ける土地等（次項において「土地等」という。）の所在地

二　当該貸付けの方法及び期間

三　その他文部科学大臣が必要と認める事項

2　前項の申請書には、次に掲げる書類を添付しなければならない。

一　土地等の貸付けに関する規程

二　土地等の配置及び規模を示す図面

三　当該貸付けに係る契約の契約書案

四　その他文部科学大臣が必要と認める書類

（余裕金の運用の認定の申請）

第九条の三　国立大学法人等は、法第三十四条の三第一項の認定を受けようとするときは、同条第二項に規定する運用（次項及び次条（第五号を除く。）において「運用」という。）を行う体制に関する事項その他文部科学大臣が必要と認める事項を記載した申請書を文部科学大臣に提出しなければならない。

2　前項の申請書には、当該国立大学法人等の運用に関する規程その他文部科学大臣が必要と認める書類を添付しなければならない。

（業務上の余裕金の要件）

第九条の四　法第三十四条の三第二項の文部科学省令で定める要件は、次の各号のいずれかに該当すること（これらに該当する余裕金の運用により生ずる利子その他の運用利益金を原資とする部分であることを含む。）とする。

一　運用を目的とする寄附金又はこれに準ずる寄附金を原資とする部分であること。

二　当該国立大学法人等の所有に属する動産又は不動産の使用又は収益（寄附を受けた動産又は不動産にあっては、使用、収益又は処分）により得られる金銭を原資とする

部分であること。
三　当該国立大学法人等の法第二十二条第一項第五号又は第二十九条第一項第四号に掲げる業務の対価として取得した金銭を原資とする部分であること。
四　当該国立大学法人等の法第二十二条第一項第六号若しくは第七号、第二十九条第一項第五号若しくは第六号又は第三十四条の五第一項（法第三十四条の九第二項において準用する場合を含む。）に規定する出資に対する配当金を原資とする部分であること。
五　準用通則法第四十七条に規定する運用により生ずる利子その他の運用利益金を原資とする部分であること。

（指定国立大学法人の指定の公表）

第九条の五　法第三十四条の四第三項（法第三十四条の九第二項において準用する場合を含む。）の規定による公表は、次に掲げる事項について行わなければならない。
一　法第三十四条の四第一項の規定による指定（以下この項において「指定」という。）を受けた指定国立大学法人の名称
二　当該指定国立大学法人が指定を受けた日
三　当該指定国立大学法人が指定を受けた理由
2　前項の規定による公表は、インターネットの利用その他の適切な方法により行うものとする。

（学部長等の任命）

第一〇条　準用通則法第二十六条に規定する職員の任命について、学部、研究科、大学附置の研究所その他の教育研究上の重要な組織の長の任命を行う場合にあっては、学長又は機構長の定めるところにより行うものとする。

（業務方法書に記載すべき事項）

第一一条　準用通則法第二十八条第二項の文部科学省令で定める業務方法書に記載すべき事項は、次のとおりとする。
一　法第二十二条第一項第六号若しくは第七号、第二十九条第一項第五号若しくは第六号又は第三十四条の五第一項（法第三十四条の九第二項において準用する場合を含む。）に規定する出資の方法に関する基本的事項
二　業務委託の基準
三　競争入札その他契約に関する基本的事項
四　その他国立大学法人等の業務の執行に関して必要な事項

（年度計画の作成・変更に係る事項）

第一二条　準用通則法第三十一条第一項の年度計画には、中期計画に定めた事項に関し、当該事業年度において実施すべき事項を記載しなければならない。
2　国立大学法人等は、準用通則法第三十一条第一項後段の規定により年度計画の変更をしたときは、変更した事項及びその理由を記載した届出書を文部科学大臣に提出しなければならない。

（会計の原則）

第一三条　国立大学法人等の会計については、この省令の定めるところにより、この省令に定めのないものについては、一般に公正妥当と認められる企業会計の基準に従うものとする。
2　金融庁組織令（平成十年政令第三百九十二号）第二十四条第一項に規定する企業会計審議会により公表された企業会計の基準は、前項に規定する一般に公正妥当と認められる企業会計の基準に該当するものとする。
3　国立大学法人会計基準は、第一項に規定する一般に公正妥当と認められる企業会計の基準に優先して適用されるものとする。

（会計処理）

第一四条　文部科学大臣は、国立大学法人等が業務のため取得しようとしている償却資産についてその減価に対応すべき収益の獲得が予定されないと認められる場合には、その取得までの間に限り、当該償却資産を指定することができる。
2　前項の指定を受けた資産の減価償却については、減価償却費は計上せず、資産の減価額と同額を資本剰余金に対する控除として計上するものとする。

（対応する収益の獲得が予定されない資産除去債務に係る除去費用等）

第一四条の二　文部科学大臣は、国立大学法人等が業務のため保有し又は取得しようとしている有形固定資産に係る資産除去債務に対応する除去費用に係る費用配分額及び時の経過による資産除去債務の調整額（以下この条において「除去費用等」という。）についてその除去費用等に対応すべき収益の獲得が予定されないと認められる場合には、当該除去費用等を指定することができる。

（有価証券の指定等）

第一四条の三　文部科学大臣は、産業競争力強化法（平成二十五年法律第九十八号）第二十一条の規定に基づき国立大学法人等が特定研究成果活用支援事業の実施に必要な資金を出資することにより取得しようとしている有価証券についてその評価損益、財務収益及び売却損益を損益計算書に計上しないことが必要と認められる場合には、当該有価証券を指定することができる。
2　前項の指定を受けた有価証券に係る評価損益、財務収益及び売却損益については、国立大学法人等が作成する損益計算書には計上せず、国立大学法人会計基準に従い算出される額を国立大学法人等が作成する貸借対照表の資本剰余金に対する加算又は控除として計上するものとする。
3　第一項の指定を受けた有価証券を発行する者の損益計算書の収益及び費用（当該指定を受けた有価証券を発行する者が連結損益計算書を作成する者である場合にあっては、当該連結損益計算書に計上されている収益及び費用）については、国立大学法人等が作成する連結損益計算書の費用及び収益には計上せず、国立大学法人会計基準に従い算出される額を国立大学法人等が作成する連結貸借対照表の資本剰余金に対する加算又は控除として計上するものとする。

（財務諸表）

第一五条　準用通則法第三十八条第一項に規定する文部科学省令で定める書類は、キャッシュ・フロー計算書及び国立大学法人等業務実施コスト計算書並びに連結貸借対照表、連結損益計算書、連結剰余金計算書、連結キャッシュ・フロー計算書、連結国立大学法人等業務実施コスト計算書及び連結附属明細書とする。

（事業報告書の作成）

第一五条の二　準用通則法第三十八条第二項の規定により文部科学省令で定める事項については、この条の定めるところによる。
2　事業報告書には、次に掲げる事項を記載しなければならない。
一　国立大学法人等に関する基礎的な情報
イ　目標、業務内容、沿革、設立に係る根拠法、主務大臣、組織図その他の国立大学法人等の概要
ロ　事務所（従たる事務所を含む。）の所在地
ハ　資本金の額（前事業年度末からの増減を含む。）
ニ　在学する学生の数
ホ　役員の氏名、役職、任期、担当及び経歴
ヘ　常勤職員の数（前事業年度末からの増減を含む。）及び平均年齢並びに国立大学法人等への出向者の数
ト　非常勤職員の数
二　財務諸表の要約
三　財務情報
イ　財務諸表に記載された事項の概要
ロ　重要な施設等の整備等の状況
ハ　予算及び決算の概要
四　事業に関する説明
イ　財源の内訳
ロ　財務情報及び業務の実績に基づく説明
五　その他事業に関する事項

（財務諸表等の閲覧期間）

第一六条　準用通則法第三十八条第三項に規定する文部科学省令で定める期間は、六年とする。

（準用通則法第三十八条第四項の文部科学省令で定める書類）

第一六条の二　準用通則法第三十八条第四項の文部科学省令で定める書類は、連結貸借対照表、連結損益計算書、連結キャッシュ・フロー計算書、連結剰余金計算書、連結国立大学法人等業務実施コスト計算書及び連結附属明細書とする。

（電子公告を行うための電磁的方法）

第一六条の三　準用通則法第三十八条第四項第二号に規定する電子情報処理組織を使用する方法その他の情報通信の技術を利用する方法であって文部科学省令で定めるものは、送信者の使用に係る電子計算機に備えられたファイルに記録された情報の内容を電気通信回線を通じて情報の提供を受ける者の閲覧に供し、当該情報の提供を受ける者の使用に係る電子計算機に備えられたファイルに当該情報を記録する方法とする。

2　準用通則法第三十八条第四項第二号に規定する措置であって文部科学省令で定めるものは、前項に規定する方法のうち、インターネットに接続された自動公衆送信装置（公衆の用に供する電気通信回線に接続することにより、その記録媒体のうち自動公衆送信の用に供する部分に記録され、又は当該装置に入力される情報を自動公衆送信する機能を有する装置をいう。）を使用するものによる措置とする。

（会計監査報告の作成）

第一六条の四　準用通則法第三十九条第一項の規定により文部科学省令で定める事項については、この条の定めるところによる。

2　会計監査人は、その職務を適切に遂行するため、次に掲げる者との意思疎通を図り、情報の収集及び監査の環境の整備に努めなければならない。ただし、会計監査人が公正不偏の態度及び独立の立場を保持することができなくなるおそれのある関係の創設及び維持を認めるものと解してはならない。

一　当該国立大学法人等の役員（監事を除く。）及び職員

二　当該国立大学法人等の子法人の取締役、会計参与、執行役、業務を執行する社員、会社法第五百九十八条第一項の職務を行うべき者その他これらの者に相当する者及び使用人

三　前二号に掲げる者のほか、会計監査人が適切に職務を遂行するに当たり意思疎通を図るべき者

3　会計監査人は、準用通則法第三十八条第一項に規定する財務諸表並びに同条第二項に規定する事業報告書及び決算報告書を受領したときは、次に掲げる事項を内容とする会計監査報告を作成しなければならない。

一　会計監査人の監査の方法及びその内容

二　財務諸表（利益の処分又は損失の処理に関する書類を除く。以下この号及び次項において同じ。）が国立大学法人等の財政状態、運営状況、キャッシュ・フローの状況等を全ての重要な点において適正に表示しているかどうかについての意見があるときは、次のイからハまでに掲げる意見の区分に応じ、当該イからハまでに定める事項

イ　無限定適正意見　監査の対象となった財務諸表が国立大学法人会計基準その他の一般に公正妥当と認められる会計の慣行に準拠して、国立大学法人等の財政状態、運営状況、キャッシュ・フローの状況等を全ての重要な点において適正に表示していると認められる旨

ロ　除外事項を付した限定付適正意見　監査の対象となった財務諸表が除外事項を除き国立大学法人会計基準その他の一般に公正妥当と認められる会計の慣行に準拠して、国立大学法人等の財政状態、運営状況、キャッシュ・フローの状況等を全ての重要な点において適正に表示していると認められる旨及び除外事項

ハ　不適正意見　監査の対象となった財務諸表が不適正である旨及びその理由

三　前号の意見がないときは、その旨及びその理由

四　追記情報

五　前各号に掲げるもののほか、利益の処分又は損失の処理に関する書類、事業報告書（会計に関する部分に限る。）及び決算報告書に関して必要な報告

六　会計監査報告を作成した日

4　前項第四号に規定する「追記情報」とは、次に掲げる事項その他の事項のうち、会計監査人の判断に関して説明を付する必要がある事項又は財務諸表の内容のうち強調する必要がある事項とする。

一　正当な理由による会計方針の変更

二　重要な偶発事象

三　重要な後発事象

（電磁的記録に記録された事項を表示する方法）

第一六条の五　準用通則法第三十九条第二項第二号に規定する文部科学省令で定めるものは、磁気ディスクその他これに準ずる方法により一定の情報を確実に記録しておくことができる物をもって調製するファイルに情報を記録したものとする。

2　準用通則法第三十九条第二項第二号に規定する文部科学省令で定める方法は、電磁的記録に記録された事項を紙面又は映像面に表示する方法とする。

（重要な財産の範囲）

第一七条　準用通則法第四十八条に規定する文部科学省令で定める重要な財産は、土地、建物、船舶及び航空機並びに文部科学大臣が指定するその他の財産とする。

（重要な財産の処分等の認可の申請）

第一八条　国立大学法人等は、準用通則法第四十八条の規定により重要な財産を譲渡し、又は担保に供すること（以下この条において「処分等」という。）について認可を受けようとするときは、次に掲げる事項を記載した申請書を文部科学大臣に提出しなければならない。

一　処分等に係る財産の内容及び評価額

二　処分等の条件

三　処分等の方法

四　国立大学法人等の業務運営上支障がない旨及びその理由

（土地の譲渡に関する報告）

第一九条　国立大学法人等は、毎事業年度、法第七条第四項の規定により条件を付して出資された土地の全部又は一部の譲渡（事業年度末までの譲渡の予定を含む。以下同じ。）を行ったときは、次に掲げる事項を記載した報告書を、当該譲渡を行った事業年度の二月末日までに文部科学大臣に提出しなければならない。

一　譲渡を行った土地の所在地及び面積

二　譲渡を行った土地の帳簿価額及び譲渡価額

三　法第七条第四項の文部科学大臣が定める基準により算定した額

2　前項の報告書には、当該譲渡に関する契約書の写しその他の譲渡を証する書類を添付しなければならない。

3　国立大学法人等は、第一項各号に掲げる事項に変更があったときは、遅滞なく、変更に係る事項を記載した報告書を文部科学大臣に提出しなければならない。

4　第二項の規定は、前項の報告書について準用する。

（資本金の減少対象額等の通知等）

第二〇条　文部科学大臣は、法第七条第八項の規定により金額を定めたときは、次の各号に掲げる事項を同項に規定する財産を譲渡した国立大学法人等に通知するとともに、第二号に掲げる事項を独立行政法人大学改革支援・学位授与機構（以下この条において「大学改革支援・学位授与機構」という。）に通知するものとする。

一　法第七条第八項の規定により定めた金額

二　当該国立大学法人等が大学改革支援・学位授与機構に納付すべき金額

2　大学改革支援・学位授与機構は、前項の通知を受けたときは、遅滞なく、同項に規定する国立大学法人等に対し、同項第二号の金額の納付を請求しなければならない。

3　国立大学法人等は、当該請求があったときは、当該請求があった事業年度末までに、大学改革支援・学位授与機構に対し第一項第二号の金額を納付しなければなら

ない。

4　国立大学法人等は、法第七条第八項の規定により資本金を減少したときは、遅滞なく、その旨を文部科学大臣に報告するものとする。

5　文部科学大臣は、前項の報告があった場合は、遅滞なく、その旨を財務大臣に報告するものとする。

（国立大学法人法施行令第十条に規定する文部科学省令で定める期間）

第二十一条　国立大学法人法施行令第十条に規定する文部科学省令で定める期間は、次の各号に掲げる区分に応じ、それぞれ当該各号に定める期間とする。

一　土地（次号括弧書に規定する土地を除く。）　十五年間

二　施設（その用に供する土地を含む。）　三十年間

三　設備　十年間

2　前項の規定にかかわらず、国立大学法人法施行令第八条第四号に規定する土地の取得等に係る長期借入金又は債券に係る同令第十条に規定する文部科学省令で定める期間は、四十年間とする。

（償還計画の認可の申請）

第二十二条　国立大学法人等は、法第三十四条の規定により償還計画の認可を受けようとするときは、準用通則法第三十一条第一項前段の規定により年度計画を届け出た後遅滞なく、次に掲げる事項を記載した申請書を文部科学大臣に提出しなければならない。ただし、償還計画の変更の認可を受けようとするときは、その都度提出しなければならない。

一　長期借入金の総額及び当該事業年度における借入見込額並びにその借入先

二　債券の総額及び当該事業年度における発行見込額並びに発行の方法

三　長期借入金及び債券の償還の方法及び期限

四　その他必要な事項

（短期借入金の認可の申請）

第二十三条　国立大学法人等は、準用通則法第四十五条第一項ただし書の規定により短期借入金の借入れの認可を受けようとするとき、又は同条第二項ただし書の規定により短期借入金の借換えの認可を受けようとするときは、次に掲げる事項を記載した申請書を文部科学大臣に提出しなければならない。

一　借入れを必要とする理由

二　借入金の額

三　借入先

四　借入金の利率

五　借入金の償還の方法及び期限

六　利息の支払の方法及び期限

七　その他必要な事項

（剰余金のうち中期計画に定める使途に充てられる額の承認手続）

第二十四条　国立大学法人等は、準用通則法第四十四条第三項の承認を受けようとするときは、次に掲げる事項を記載した申請書を文部科学大臣に提出しなければならない。

一　承認を受けようとする金額

二　前号の金額を充てようとする剰余金の使途

2　前項の申請書には、準用通則法第四十四条第一項に規定する残余がある事業年度の事業年度末の貸借対照表、当該事業年度の損益計算書その他文部科学大臣が必要と認める事項を記載した書類を添付しなければならない。

（積立金の処分に係る申請書の添付書類）

第二十五条　国立大学法人法施行令第四条第二項に規定する文部科学省令で定める書類は、同条第一項に規定する中期目標の期間の最後の事業年度の事業年度末の貸借対照表、当該事業年度の損益計算書その他文部科学大臣が必要と認める事項を記載した書類とする。

（円滑な再就職に特に配慮を要する業務の範囲）

第二十五条の二　準用通則法第五十条の四第二項第一号に規定する円滑な再就職に特に配慮を要する業務として文部科学省令で定めるものは、次に掲げるものとする。

一　基礎研究

二　福祉に関する業務

三　研究開発に関する業務（第一号に掲げる業務を除く。）

（離職を余儀なくされることが見込まれる国立大学法人等役職員の人数）

第二十五条の三　準用通則法第五十条の四第二項第五号に規定する文部科学省令で定める人数は、三十人とする。

（密接関係法人等の範囲）

第二十五条の四　準用通則法第五十条の四第三項に規定する営利企業等（同項に規定する営利企業等をいう。以下この条及び第二十五条の六第四号において同じ。）のうち、資本関係、取引関係等において当該国立大学法人等と密接な関係を有するものとして文部科学省令で定めるものは、独立行政法人の組織、運営及び管理に係る共通的な事項に関する政令（平成十二年政令第三百十六号）第十三条第一号及び第二号に掲げるものとする。この場合において、同条第一号及び第二号中「中期目標管理法人」とあるのは「国立大学法人等」と、同条第二号中「通則法」とあるのは「準用通則法」と読み替えるものとする。

（退職手当通算予定役職員の範囲）

第二十五条の五　準用通則法第五十条の四第五項に規定する特別の事情がない限り引き続いて採用が予定されている者のうち文部科学省令で定めるものは、退職手当通算法人等（同条第四項に規定する退職手当通算法人等をいう。以下この条において同じ。）の役員又は退職手当通算法人等に使用される者となるため退職した場合に準用通則法第五十条の二第二項又は第五十条の十第二項の規定による退職手当の支給の基準による退職手当の支給を受けないこととされている者とする。

（再就職者による法令等違反行為の依頼等の届出の手続）

第二十五条の六　準用通則法第五十条の六の規定による届出は、同条各号に掲げる要求又は依頼を受けた後遅滞なく、次に掲げる事項を記載した書面を国立大学法人等の長に提出して行うものとする。

一　氏名

二　国立大学法人等の役員又は職員の地位

三　法令等違反行為（準用通則法第五十条の四第六項に規定する法令等違反行為をいう。以下この条において同じ。）の要求又は依頼をした再就職者（準用通則法第五十条の六第一号に規定する再就職者をいう。次号において同じ。）の氏名

四　前号の再就職者がその地位に就いている営利企業等の名称及び当該営利企業等における当該再就職者の地位

五　法令等違反行為の要求又は依頼が行われた日時

六　法令等違反行為の要求又は依頼の内容

（内部組織）

第二十五条の七　準用通則法第五十条の六第一号に規定する離職前五年間に在職していた当該国立大学法人等の内部組織として文部科学省令で定めるものは、現に存する学長又は機構長の直近下位の内部組織（独立行政法人通則法の一部を改正する法律の施行に伴う関係法律の整備に関する法律（平成二十六年法律第六十七号）の施行の日以後のものに限る。次項において同じ。）として文部科学大臣が定めるもの（次項において「現内部組織」という。）であって再就職者（離職後二年を経過した者を除く。次項において同じ。）が離職前五年間に在職していたものとする。

2　直近七年間に存し、又は存していた学長若しくは機構長の直近下位の内部組織として文部科学大臣が定めるものであって再就職者が離職前五年間に在職していたものが行っていた業務を現内部組織（当該内部組織が現内部組織である場合にあっては他の現内部組織）が行っている場合における前項の規定の適用については、当該再就職者が離職前五年間に当該現内部組織に在職していたものとみなす。

（管理又は監督の地位）

第二十五条の八　準用通則法第五十条の六第二号に規定する管理又は監督の地位として文部科学省令で定めるものは、職員の退職管理に関する政令（平成二十年政令第三百八十九号）

第二十七条第六号に規定する職員が就いている官職に相当するものとして文部科学大臣が定めるものとする。

（国立大学法人等の長への再就職の届出）

第二五条の九　準用通則法第五十条の七第一項の規定による届出をしようとする国立大学法人等役職員（同項に規定する国立大学法人等役職員をいう。第二号、次項及び第三項において同じ。）は、同項に規定する文部科学省令で定める事項として次に掲げる事項を記載した書面により、国立大学法人等の長に届出をしなければならない。

一　氏名

二　国立大学法人等役職員の地位

三　再就職の約束をした日以前の国立大学法人等役職員（準用通則法第五十条の四第一項に規定する国立大学法人等役職員をいう。第十号において同じ。）としての在職中において、再就職先に対し、最初に当該再就職先の地位に就くことを要求した日（当該日がなかった場合には、その旨）

四　再就職の約束をした日

五　離職予定日

六　再就職予定日

七　再就職先の名称及び連絡先

八　再就職先の業務内容

九　再就職先における地位

十　離職後の就職の援助（最初に国立大学法人等役職員となった後に行われたものに限る。以下この号において同じ。）を行った者の氏名又は名称及び当該援助の内容（離職後の就職の援助がなかった場合には、その旨）

2　準用通則法第五十条の七第一項の規定による届出をした国立大学法人等役職員は、当該届出に係る前項第五号から第九号までに掲げる事項に変更があったときは、遅滞なく、その旨を国立大学法人等の長に届け出なければならない。

3　準用通則法第五十条の七第一項の規定による届出をした国立大学法人等役職員は、当該届出に係る約束が効力を失ったときは、遅滞なく、その旨を国立大学法人等の長に届け出なければならない。

（国立大学法人等の長による報告）

第二五条の一〇　準用通則法第五十条の八第三項の規定による報告は、毎年度（毎年四月一日から翌年三月三十一日までをいう。以下この条において同じ。）、当該年度の四月一日以後遅滞なく、当該年度の前年度にされた準用通則法第五十条の六の規定による届出並びに同年度に講じた準用通則法第五十条の八第一項及び第二項の措置の内容について行うものとする。

第二六条・第二七条（省略）

附　則（省略）

別表第一から別表第四まで（省略）

附　則（令和二年三月二六日文部科学省令第九号）

この省令は、令和二年四月一日から施行する。

附　則（令和二年六月二四日文部科学省令第二三号）

この省令は、公布の日から施行する。

●地方独立行政法人法（抄）

（平成一五年七月一六日法律第一一八号）

施行、平一六・四・一
最終改正、令二―法四一

第一章　総則

第一節　通則

（目的）

第一条　この法律は、地方独立行政法人の運営の基本その他の制度の基本となる事項を定め、地方独立行政法人制度の確立並びに地方独立行政法人が公共上の見地から行う事務及び事業の確実な実施を図り、もって住民の生活の安定並びに地域社会及び地域経済の健全な発展に資することを目的とする。

（定義）

第二条　この法律において「地方独立行政法人」とは、住民の生活、地域社会及び地域経済の安定等の公共上の見地からその地域において確実に実施されることが必要な事務及び事業であって、地方公共団体が自ら主体となって直接に実施する必要のないもののうち、民間の主体にゆだねた場合には必ずしも実施されないおそれがあるものと地方公共団体が認めるものを効率的かつ効果的に行わせることを目的として、この法律の定めるところにより地方公共団体が設立する法人をいう。

2　この法律において「特定地方独立行政法人」とは、地方独立行政法人（第二十一条第二号に掲げる業務を行うものを除く。）のうち、その業務の停滞が住民の生活、地域社会若しくは地域経済の安定に直接かつ著しい支障を及ぼすため、又はその業務運営における中立性及び公正性を特に確保する必要があるため、その役員及び職員に地方公務員の身分を与える必要があるものとして地方公共団体が当該地方独立行政法人の定款で定めるものをいう。

（業務の公共性、透明性及び自主性等）

第三条　地方独立行政法人は、その行う事務及び事業が住民の生活、地域社会及び地域経済の安定等の公共上の見地から確実に実施されることが必要なものであることに鑑み、適正かつ効率的にその業務を運営するよう努めなければならない。

2　地方独立行政法人は、この法律の定めるところによりその業務の内容を公表すること等を通じて、その組織及び運営の状況を住民に明らかにするよう努めなければならない。

3　この法律の運用に当たっては、地方独立行政法人の事務及び事業が地域社会及び地域経済の情勢を踏まえつつ適切に行われるよう、地方独立行政法人の事務及び事業の特性並びに地方独立行政法人の業務運営における自主性は、十分配慮されなければならない。

（名称）

第四条　地方独立行政法人は、その名称中に地方独立行政法人という文字を用いなければならない。

2　地方独立行政法人でない者は、その名称中に、地方独立行政法人という文字を用いてはならない。

（法人格）

第五条　地方独立行政法人は、法人とする。

（財産的基礎）

第六条　地方独立行政法人は、その業務を確実に実施するために必要な資本金その他の財産的基礎を有しなければならない。

2　地方公共団体でなければ、地方独立行政法人に出資することができない。

3　設立団体（地方独立行政法人を設立する一又は二以上の地方公共団体をいう。以下同じ。）は、地方独立行政法人の資本金の額の二分の一以上に相当する資金その他の財産を出資しなければならない。

4から6まで（省略）

（設立）

第七条　地方公共団体は、地方独立行政法人を設立しようとするときは、その議会の議決を経て定款を定め、都道府県（都道府県の加入する一部事務組合又は広域連合を含む。以下この条において同じ。）又は都道府県及び都道府県以外の地方公共団体が設立しようとする場合にあっては総務大臣、その他の場合にあっては都道府県知事の認可を受けなければならない。

（定款）

第八条　地方独立行政法人の定款には、次に掲げる事項を規定しなければならない。

一　目的
二　名称
三　設立団体
四　事務所の所在地
五　特定地方独立行政法人又は特定地方独立行政法人以外の地方独立行政法人（以下「一般地方独立行政法人」という。）の別
六　役員の定数、任期その他役員に関する事項
七　業務の範囲及びその執行に関する事項
八　公共的な施設（住民の福祉を増進する目的をもってその利用に供するための施設をいう。以下この条、第二十一条第六号及び第二十四条において同じ。）の設置及び管理を行う場合には、当該公共的な施設の名称及び所在地
九　資本金、出資及び資産に関する事項
十　公告の方法
十一　解散に伴う残余財産の帰属に関する事項

2　定款の変更は、設立団体（設立団体の数を増加させる場合における定款の変更にあっては、設立団体及び加入設立団体（新たに設立団体となる地方公共団体をいう。以下同じ。））の議会の議決を経て前条の規定の例により総務大臣又は都道府県知事の認可を受けなければ、その効力を生じない。ただし、その変更が政令で定める軽微なものであるときは、この限りでない。

3・4（省略）

（登記）

第九条　地方独立行政法人は、政令で定めるところにより、登記しなければならない。

2・3（省略）

（一般社団法人及び一般財団法人に関する法律の準用）

第一〇条　一般社団法人及び一般財団法人に関する法律（平成十八年法律第四十八号）第四条及び第七十八条の規定は、地方独立行政法人について準用する。

第二節　地方独立行政法人評価委員会

第一一条　設立団体に、地方独立行政法人に関する事務を処理させるため、当該設立団体の長の附属機関として、地方独立行政法人評価委員会（以下「評価委員会」という。）を置く。

2　評価委員会は、次に掲げる事務をつかさどる。

一　第八条第四項、第二十五条第三項、第二十八条第四項、第三十条第二項、第四十二条の二第五項、第四十四条第二項、第四十九条第二項（第五十六条第一項において準用する場合を含む。）、第六十七条第二項、第七十八条第四項、第七十九条の二第二項、第八十七条の八第四項又は第八十七条の十第四項の規定により設立団体の長に意見を述べること。
二　第七十八条の二第一項の規定により第六十八条第一項に規定する公立大学法人（次号において「公立大学法人」という。）の業務の実績を評価すること。
三　第七十八条の二第四項の規定により公立大学法人に勧告すること。
四　第百八条第二項の規定により同条第一項に規定する関係設立団体の長に意見を述べること。
五　第百十二条第二項の規定により同条第一項に規定する関係設立団体の長に意見を述べること。
六　その他この法律又は条例の規定によりその権限に属させられた事項を処理すること。

3　評価委員会は、前項第一号、第四号又は第五号の意見を述べたときは、その内容を公表しなければならない。

4　前二項に定めるもののほか、評価委員会の組織及び委員その他の職員その他評価委員会に関し必要な事項については、条例で定める。

第二章　役員及び職員

（役員）

第一二条　地方独立行政法人に、役員として、理事長一人、副理事長、理事及び監事を置く。ただし、定款で副理事長を置かないことができる。

（役員の職務及び権限）

第一三条　理事長は、地方独立行政法人を代表し、その業務を総理する。

2　副理事長は、地方独立行政法人を代表し、定款で定めるところにより、理事長を補佐して地方独立行政法人の業務を掌理し、理事長に事故があるときはその職務を代理し、理事長が欠員のときはその職務を行う。

3　理事は、定款で定めるところにより、理事長及び副理事長を補佐して地方独立行政法人の業務を掌理し、理事長及び副理事長に事故があるときはその職務を代理し、理事長及び副理事長が欠員のときはその職務を行う。

4　監事は、地方独立行政法人の業務を監査する。この場合において、監事は、設立団体の規則で定めるところにより、監査報告を作成しなければならない。

5　監事は、いつでも、役員（監事を除く。）及び職員に対して事務及び事業の報告を求め、又は地方独立行政法人の業務及び財産の状況の調査をすることができる。

6　監事は、地方独立行政法人が次に掲げる書類を設立団体の長に提出しようとするときは、当該書類を調査しなければならない。

一　この法律の規定による認可、承認及び届出に係る書類並びに報告書その他の総務省令で定める書類
二　その他設立団体の規則で定める書類

7　監事は、その職務を行うため必要があるときは、地方独立行政法人の子法人（地方独立行政法人がその経営を支配している法人として総務省令で定めるものをいう。以下同じ。）に対して事業の報告を求め、又はその子法人の業務及び財産の状況の調査をすることができる。

8　前項の子法人は、正当な理由があるときは、同項の報告又は調査を拒むことができる。

9　監事は、監査の結果に基づき、必要があると認めるときは、理事長又は設立団体の長に意見を提出することができる。

（理事長等への報告義務）

第一三条の二　監事は、役員（監事を除く。）が不正の行為をし、若しくは当該行為をするおそれがあると認めるとき、又はこの法律、他の法令、設立団体の条例若しくは規則若しくは定款に違反する事実若しくは著しく不当な事実があると認めるときは、遅滞なく、その旨を理事長に報告するとともに、設立団体の長に報告しなければならない。

（役員の任命）

第一四条　理事長は、次に掲げる者のうちから、設立団体の長が任命する。

一　当該地方独立行政法人が行う事務及び事業に関して高度な知識及び経験を有する者
二　前号に掲げる者のほか、当該地方独立行政法人が行う事務及び事業を適正かつ効率的に運営することができる者

2　監事は、財務管理、経営管理その他当該地方独立行政法人が行う事務又は事業の運営に関し優れた識見を有する者であって、弁護士、公認会計士、税理士その他監査に関する実務に精通しているもののうちから、設立団体の長が任命する。

3　設立団体の長は、前二項の規定により理事長又は監事を任命しようとするときは、必要に応じ、公募（当該地方独立行政法人の理事長又は監事の職務の内容、勤務条件その他必要な事項を公表して行う候補者の募集をいう。以下この項において同じ。）の活用に努めなければならない。公募によらない場合で

あっても、透明性を確保しつつ、候補者の推薦の求めその他の適任と認める者を任命するために必要な措置を講ずるよう努めなければならない。

4　副理事長及び理事は、第一項各号に掲げる者のうちから、理事長が任命する。

5　理事長は、前項の規定により副理事長及び理事を任命したときは、遅滞なく、その旨を設立団体の長に届け出るとともに、これを公表しなければならない。

（役員の任期）

第一五条　役員（監事を除く。以下この項において同じ。）の任期は、第二十五条第二項第一号に規定する中期目標の期間（以下この項において「中期目標の期間」という。）を考慮した上で、中期目標の期間又は四年間のいずれか長い期間内において定款で定める期間とする。ただし、補欠の役員の任期は、前任者の残任期間とする。

2　監事の任期は、理事長の任期（補欠の理事長の任期を含む。以下この項において同じ。）に対応して定めるものとし、任命の日から、当該対応する理事長の任期の末日を含む事業年度についての財務諸表承認日（第三十四条第一項の規定による同項に規定する財務諸表の承認の日をいう。第三十八条及び第七十四条第四項において同じ。）までとする。ただし、補欠の監事の任期は、前任者の残任期間とする。

3　役員は、再任されることができる。

（役員の忠実義務）

第一五条の二　地方独立行政法人の役員は、その業務について、この法律、他の法令、設立団体の条例及び規則並びに定款、この法律、他の法令又は設立団体の条例に基づいてする設立団体の長の処分並びに当該地方独立行政法人が定める業務方法書その他の規則を遵守し、当該地方独立行政法人のため忠実にその職務を遂行しなければならない。

（役員の報告義務）

第一五条の三　地方独立行政法人の役員（監事を除く。）は、当該地方独立行政法人に著しい損害を及ぼすおそれのある事実があることを発見したときは、直ちに、当該事実を監事に報告しなければならない。

（役員の欠格条項）

第一六条　政府又は地方公共団体の職員（非常勤の者を除く。）は、役員となることができない。

2　前項の規定にかかわらず、教育公務員で政令で定める者は、非常勤の役員となることができる。

（役員の解任）

第一七条　設立団体の長又は理事長は、それぞれその任命に係る役員が前条の規定により役員となることができない者に該当するに至ったときは、その役員を解任しなければならない。

2　設立団体の長又は理事長は、それぞれその任命に係る役員が次の各号のいずれかに該当するとき、その他役員たるに適しないと認めるときは、その役員を解任することができる。

一　心身の故障のため職務の遂行に堪えないと認められるとき。

二　職務上の義務違反があるとき。

3　前項に規定するもののほか、設立団体の長又は理事長は、それぞれその任命に係る役員（監事を除く。）の職務の執行が適当でないため当該地方独立行政法人の業務の実績が悪化した場合であって、その役員に引き続き当該職務を行わせることが適切でないと認めるときは、その役員を解任することができる。

4　理事長は、前二項の規定により副理事長又は理事を解任したときは、遅滞なく、その旨を設立団体の長に届け出るとともに、これを公表しなければならない。

（代表権の制限）

第一八条　地方独立行政法人と理事長又は副理事長との利益が相反する事項については、これらの者は、代表権を有しない。この場合には、監事が当該地方独立行政法人を代表する。

（代理人の選任）

第一九条　理事長又は副理事長は、理事又は地方独立行政法人の職員のうちから、当該地方独立行政法人の業務の一部に関し一切の裁判上又は裁判外の行為をする権限を有する代理人を選任することができる。

（役員等の損害賠償責任）

第一九条の二　地方独立行政法人の役員又は会計監査人（第四項において「役員等」という。）は、その任務を怠ったときは、当該地方独立行政法人に対し、これによって生じた損害を賠償する責任を負う。

2　前項の責任は、設立団体の長の承認がなければ、免除することができない。

3　設立団体の長は、前項の承認をしようとするときは、設立団体の議会の議決を経なければならない。

4　前二項の規定にかかわらず、地方独立行政法人は、第一項の責任について、設立団体が地方独立行政法人の事務及び事業の特性並びに役員等の職責その他の事情を考慮して政令で定める基準を参酌して政令で定める額以上の額を条例で定めている場合には、役員等が職務を行うにつき善意でかつ重大な過失がない場合において、責任の原因となった事実の内容、当該役員等の職務の執行の状況その他の事情を勘案して特に必要と認めるときは、当該役員等が賠償の責任を負う額から、当該条例で定める額を控除して得た額を限度として設立団体の長の承認を得て免除することができる旨を業務方法書で定めることができる。

5　地方自治法（昭和二十二年法律第六十七号）第二百四十三条の二第二項及び第三項の規定は、前項の条例の制定又は改廃について準用する。

（職員の任命）

第二〇条　地方独立行政法人の職員は、理事長が任命する。

第三章　業務運営

第一節　業務

（業務の範囲）

第二一条　地方独立行政法人は、次に掲げる業務のうち定款で定めるものを行う。

一　試験研究を行うこと及び当該試験研究の成果を活用する事業であって政令で定めるもの又は当該試験研究の成果の活用を促進する事業であって政令で定めるものを実施する者に対し、出資を行うこと。

二　大学又は大学及び高等専門学校の設置及び管理を行うこと並びに当該大学又は大学及び高等専門学校における技術に関する研究の成果の活用を促進する事業であって政令で定めるものを実施する者に対し、出資を行うこと。

三から七まで（省略）

（業務方法書）

第二二条　地方独立行政法人は、業務開始の際、業務方法書を作成し、設立団体の長の認可を受けなければならない。これを変更しようとするときも、同様とする。

2　前項の業務方法書には、役員（監事を除く。）の職務の執行がこの法律、他の法令、設立団体の条例若しくは規則又は定款に適合することを確保するための体制その他地方独立行政法人の業務の適正を確保するための体制の整備に関する事項その他設立団体の規則で定める事項を記載しなければならない。

3　地方独立行政法人は、第一項の認可を受けたときは、遅滞なく、その業務方法書を公表しなければならない。

（料金）

第二三条　地方独立行政法人は、その業務に関して料金を徴収するときは、あらかじめ、料金の上限を定め、設立団体の長の認可を受けなければならない。これを変更しようとするときも、同様とする。

2　設立団体の長は、前項の認可をしようとするときは、あらかじめ、議会の議決を経なければならない。

（公共的な施設の設置及び管理）

第二四条　地方独立行政法人が行う公共的な施設の設置及び管理については、地方自治法第二百四十四条第二項及び第三項の規定を準用する。

第二節　中期目標等

（中期目標）

第二五条　設立団体の長は、三年以上五年以下の期間において地方独立行政法人が達成すべき業務運営に関する目標（以下「中期目標」という。）を定め、当該中期目標を当該地方独立行政法人に指示するとともに、公表しなければならない。当該中期目標を変更したときも、同様とする。

2　中期目標においては、次に掲げる事項について具体的に定めるものとする。

一　中期目標の期間（前項の期間の範囲内で設立団体の長が定める期間をいう。以下同じ。）

二　住民に対して提供するサービスその他の業務の質の向上に関する事項

三　業務運営の改善及び効率化に関する事項

四　財務内容の改善に関する事項

五　その他業務運営に関する重要事項

3　設立団体の長は、中期目標を定め、又はこれを変更しようとするときは、あらかじめ、評価委員会の意見を聴くとともに、議会の議決を経なければならない。

（中期計画）

第二六条　地方独立行政法人は、前条第一項の指示を受けたときは、中期目標に基づき、設立団体の規則で定めるところにより、当該中期目標を達成するための計画（以下「中期計画」という。）を作成し、設立団体の長の認可を受けなければならない。当該中期計画を変更しようとするときも、同様とする。

2　中期計画においては、次に掲げる事項を定めるものとする。

一　住民に対して提供するサービスその他の業務の質の向上に関する目標を達成するためとるべき措置

二　業務運営の改善及び効率化に関する目標を達成するためとるべき措置

三　予算（人件費の見積りを含む。）、収支計画及び資金計画

四　短期借入金の限度額

四の二　出資等に係る不要財産又は出資等に係る不要財産となることが見込まれる財産がある場合には、当該財産の処分に関する計画

五　前号に規定する財産以外の重要な財産を譲渡し、又は担保に供しようとするときは、その計画

六　剰余金の使途

七　その他設立団体の規則で定める業務運営に関する事項

3　設立団体の長は、第一項の認可をした中期計画が前条第二項第二号から第五号までに掲げる事項の適正かつ確実な実施上不適当となったと認めるときは、その中期計画を変更すべきことを命ずることができる。

4　地方独立行政法人は、第一項の認可を受けたときは、遅滞なく、その中期計画を公表しなければならない。

（年度計画）

第二七条　地方独立行政法人は、毎事業年度の開始前に、前条第一項の認可を受けた中期計画（同項後段の規定による変更の認可を受けたときは、当該変更後の中期計画。以下「認可中期計画」という。）に基づき、設立団体の規則で定めるところにより、その事業年度の業務運営に関する計画（以下この条及び第二十九条において「年度計画」という。）を定め、当該年度計画を設立団体の長に届け出るとともに、公表しなければならない。当該年度計画を変更したときも、同様とする。

2　（省略）

（各事業年度に係る業務の実績等に関する評価等）

第二八条　地方独立行政法人は、毎事業年度の終了後、当該事業年度が次の各号に掲げる事業年度のいずれに該当するかに応じ当該各号に定める事項について、設立団体の長の評価を受けなければならない。

一　次号及び第三号に掲げる事業年度以外の事業年度　当該事業年度における業務の実績

二　中期目標の期間の最後の事業年度の直前の事業年度　当該事業年度における業務の実績及び中期目標の期間の終了時に見込まれる中期目標の期間における業務の実績

三　中期目標の期間の最後の事業年度　当該事業年度における業務の実績及び中期目標の期間における業務の実績

2　地方独立行政法人は、前項の評価を受けようとするときは、設立団体の規則で定めるところにより、各事業年度の終了後三月以内に、同項第一号、第二号又は第三号に定める事項及び当該事項について自ら評価を行った結果を明らかにした報告書を設立団体の長に提出するとともに、公表しなければならない。

3　第一項の評価は、同項第一号、第二号又は第三号に定める事項について総合的な評定を付して、行わなければならない。この場合において、同項各号に規定する当該事業年度における業務の実績に関する評価は、当該事業年度における中期計画の実施状況の調査及び分析を行い、その結果を考慮して行わなければならない。

4　設立団体の長は、第一項第二号に規定する中期目標の期間の終了時に見込まれる中期目標の期間における業務の実績に関する評価を行うときは、あらかじめ、評価委員会の意見を聴かなければならない。

5　設立団体の長は、第一項の評価を行ったときは、遅滞なく、当該地方独立行政法人に対して、その評価の結果を通知し、公表するとともに、議会に報告しなければならない。

6　設立団体の長は、第一項の評価の結果に基づき必要があると認めるときは、当該地方独立行政法人に対し、業務運営の改善その他の必要な措置を講ずることを命ずることができる。

（評価の結果の取扱い等）

第二九条　地方独立行政法人は、前条第一項の評価の結果を、中期計画及び年度計画並びに業務運営の改善に適切に反映させるとともに、毎年度、当該評価の結果の反映状況を公表しなければならない。

（中期目標の期間の終了時の検討）

第三〇条　設立団体の長は、第二十八条第一項第二号に規定する中期目標の期間の終了時に見込まれる中期目標の期間における業務の実績に関する評価を行ったときは、中期目標の期間の終了時までに、当該地方独立行政法人の業務の継続又は組織の存続の必要性その他その業務及び組織の全般にわたる検討を行い、その結果に基づき、業務の廃止若しくは移管又は組織の廃止その他の所要の措置を講ずるものとする。

2　設立団体の長は、前項の規定による検討を行うに当たっては、評価委員会の意見を聴かなければならない。

3　設立団体の長は、第一項の検討の結果及び同項の規定により講ずる措置の内容を公表しなければならない。

第三一条　削除（平二九法五四）

第四章から第六章の四まで（省略）

第七章　公立大学法人に関する特例

（名称の特例）

第六八条　一般地方独立行政法人で第二十一条第二号に掲げる業務を行うもの（以下「公立大学法人」という。）は、第四条第一項の規定にかかわらず、その名称中に、地方独立行政法人という文字に代えて、公立大学法人という文字を用いなければならない。

2　公立大学法人でない者は、その名称中に、公立大学法人という文字を用いてはならない。

（教育研究の特性への配慮）

第六九条　設立団体は、公立大学法人に係るこの法律の規定に基づく事務を行うに当たっては、公立大学法人が設置する大学における教育研究の特性に常に配慮しなければならない。

（他業の禁止）

第七〇条　公立大学法人は、第二十一条第二号に掲げる業務及びこれに附帯する業務以外の業務を行ってはならない。

（理事長の任命の特例等）

第七十一条　公立大学法人の理事長は、当該公立大学法人が設置する大学の学長となるものとする。ただし、定款で定めるところにより、当該公立大学法人が設置する大学の全部又は一部について、学長を理事長と別に任命するものとすることができる。

2　前項の規定により大学の学長となる公立大学法人の理事長（以下この章において「学長となる理事長」という。）の任命は、第十四条第一項及び第三項の規定にかかわらず、当該公立大学法人の申出に基づいて、設立団体の長が行う。

3　前項の申出は、学長となる理事長が学長となる大学に係る選考機関（学長となる理事長又は第五項に規定する学長を別に任命する大学の学長をこの項又は第五項の規定により選考するために、当該公立大学法人に当該公立大学法人が設置する大学ごとに設置される機関をいう。以下この章において同じ。）の選考に基づき行う。この場合において、学長となる理事長で二以上の大学の学長となるものの任命に係るこれらの大学に係る選考機関の選考の結果が一致しないときは、前項の申出は、定款で定めるところにより、これらの選考機関の代表者で構成する会議の選考に基づき行う。

4　選考機関は、公立大学法人が設置する大学ごとに、第七十七条第一項に規定する経営審議機関を構成する者の中から当該経営審議機関において選出された者及び同条第三項に規定する教育研究審議機関を構成する者の中から当該教育研究審議機関において選出された者により構成するものとする。

5　第一項ただし書の規定により学長を理事長と別に任命するものとされた大学（以下この章において「学長を別に任命する大学」という。）の学長の任命は、当該学長を別に任命する大学に係る選考機関の選考に基づき、理事長が行う。

6　第三項に規定する学長となる理事長の選考及び前項に規定する学長を別に任命する大学の学長の選考は、人格が高潔で、学識が優れ、かつ、大学における教育研究活動を適切かつ効果的に運営することができる能力を有する者のうちから行わなければならない。

7　第五項の規定により任命された学長を別に任命する大学の学長は、第十四条第四項の規定にかかわらず、当該公立大学法人の副理事長となるものとする。

8　公立大学法人（第一項ただし書の規定により、当該公立大学法人が設置する大学の全部について、学長を理事長と別に任命するものとされているものに限る。）の理事長は、第十四条第一項及び第三項の規定にかかわらず、第六項に規定する者のうちから、設立団体の長が任命する。

9　公立大学法人の監事の任命については、第十四条第三項の規定は、適用しない。

10　公立大学法人の副理事長（第七項の規定により副理事長となるものを除く。）及び理事は、第十四条第四項の規定にかかわらず、第六項に規定する者のうちから、理事長が任命する。この場合においては、同条第五項の規定を準用する。

第七十二条　学長となる理事長の公立大学法人の成立後最初の任命については、前条第二項及び第三項の規定にかかわらず、当該公立大学法人の申出に基づくことを要しないものとし、定款で定めるところにより、設立団体の長が任命するものとする。

2　学長を別に任命する大学の学長の当該学長を別に任命する大学の設置後最初の任命については、前条第五項の規定にかかわらず、当該学長を別に任命する大学に係る選考機関の選考に基づくことを要しないものとし、定款で定めるところにより、理事長が任命するものとする。

3　前条第六項の規定は、前二項の規定による任命について準用する。この場合において、同条第六項中「第三項に規定する学長となる理事長の選考及び前項に規定する学長を別に任命する大学の学長の選考」とあるのは、「次条第一項に規定する学長となる理事長の任命及び同条第二項に規定する学長を別に任命する大学の学長の任命」と読み替えるものとする。

（教員等の任命等）

第七十三条　学長を別に任命する大学においては、理事長が当該大学の副学長、学部長その他政令で指定する部局の長及び教員（教授、准教授、助教、講師及び助手をいう。）並びに第七十七条の二第一項の規定により当該大学に附属して設置される同項に規定する学校の校長又は園長及び教員（教頭、教諭その他の政令で定める者をいう。）を第二十条の規定により任命し、免職し、又は降任するときは、学長の申出に基づき行うものとする。

（学長の任期等）

第七十四条　公立大学法人が設置する大学の学長の任期は、二年以上六年を超えない範囲内において、当該大学に係る選考機関の議を経て、当該公立大学法人の規程で定めるものとする。この場合において、当該公立大学法人の理事長が二以上の大学の学長となるときは、これらの学長の任期は、同一の期間となるように定めるものとする。

2　前項の規定にかかわらず、公立大学法人が設置する大学の設置後最初の当該大学の学長の任期は、六年を超えない範囲内において、定款で定めるものとする。

3　学長となる理事長及び副理事長（第七十一条第七項の規定により副理事長となるものに限る。）の任期は、第十五条第一項の規定にかかわらず、前二項の規定により定められる学長の任期によるものとし、第八条第一項第六号の規定にかかわらず、これを定款に規定することを要しないものとする。

4　公立大学法人の監事の任期は、第十五条第二項の規定にかかわらず、その任命後四年以内に終了する事業年度のうち最終のものについての財務諸表承認日までとする。ただし、補欠の監事の任期は、前任者の残任期間とする。

5　公立大学法人（第七十一条第一項ただし書の規定により、当該公立大学法人が設置する大学の全部について、学長を理事長と別に任命するものとされているものを除く。）の副理事長（同条第七項の規定により副理事長となるものを除く。以下この項及び次項において同じ。）及び理事の任期は、第十五条第一項の規定にかかわらず、六年を超えない範囲内において理事長が定める。ただし、副理事長及び理事の任期の末日は、当該副理事長及び理事を任命する理事長の任期の末日以前でなければならない。

6　前項に規定する副理事長及び理事の任期は、第八条第一項第六号の規定にかかわらず、これを定款に規定することを要しないものとする。

（理事長の解任の特例等）

第七十五条　第十七条第一項（次条において準用する場合を含む。）に規定する場合を除き、第十七条第二項及び第三項（これらの規定を次条において準用する場合を含む。）の規定により、学長となる理事長を解任する場合又は学長を別に任命する大学の学長を解任する場合には、当該学長となる理事長が学長である大学又は当該学長を別に任命する大学に係る選考機関の申出により行うものとする。この場合において、公立大学法人の理事長が二以上の大学の学長であるときは、これらの大学に係るすべての選考機関の申出により行うものとする。

（準用）

第七十六条　第十四条第五項、第十五条第三項、第十六条第一項及び第十七条の規定は、学長を別に任命する大学の学長の任命及び解任について準用する。この場合において、次の表の上欄に掲げる規定中同表の中欄に掲げる字句は、それぞれ同表の下欄に掲げる字句に読み替えるものとする。

第十四条第五項	前項	第七十一条第五項
	副理事長及	学長を別に任命

	び理事	する大学（同項に規定する学長を別に任命する大学をいう。以下この章において同じ。）の学長
第十五条第三項及び第十六条第一項	役員	学長を別に任命する大学の学長
第十七条第一項及び第二項	設立団体の長又は理事長は、それぞれ	理事長は、
	役員	学長を別に任命する大学の学長
第十七条第三項	設立団体の長又は理事長は、それぞれ	理事長は、
	役員（監事を除く。）	学長を別に任命する大学の学長
	その役員	その学長を別に任命する大学の学長
第十七条第四項	前二項	前二項及び第七十五条
	副理事長又は理事	学長を別に任命する大学の学長

（審議機関）

第七七条　公立大学法人は、定款で定めるところにより、当該公立大学法人の経営に関する重要事項を審議する機関（次項において「経営審議機関」という。）を置くものとする。

2　経営審議機関は、理事長、副理事長その他の者により構成するものとする。

3　公立大学法人は、定款で定めるところにより、当該公立大学法人が設置する大学ごとに当該大学の教育研究に関する重要事項を審議する機関（次項において「教育研究審議機関」という。）を置くものとする。

4　教育研究審議機関は、学長、学部長その他の者により構成するものとする。

（大学附属の学校）

第七七条の二　公立大学法人が設置する大学に、当該大学の教育研究上の目的を達成するため、定款で定めるところにより、幼稚園、小学校、中学校、義務教育学校、高等学校、中等教育学校、特別支援学校、幼保連携型認定こども園又は専修学校（次項において「学校」という。）を附属させて設置することができる。

2　設立団体の長は、前項の規定により公立大学法人が設置する学校に係るこの法律、他の法令又は設立団体の条例若しくは規則の規定に基づく事務を行うに当たり、必要と認めるときは、当該設立団体の教育委員会に対し、当該学校における学校教育に関する専門的事項について助言又は援助を求めることができる。

（出資の認可）

第七七条の三　公立大学法人は、第二十一条第二号に掲げる業務のうち出資に関するものを行おうとするときは、設立団体の長の認可を受けなければならない。

（中期目標等の特例）

第七八条　公立大学法人に関する第二十五条第一項及び第二項の規定の適用については、同条第一項中「三年以上五年以下の期間」とあるのは「六年間」と、同条第二項第一号中「前項の期間の範囲内で設立団体の長が定める」とあるのは「前項の」とする。

2　公立大学法人に係る中期目標においては、前項の規定により読み替えられた第二十五条第二項各号に掲げる事項のほか、教育及び研究並びに組織及び運営の状況について自ら行う点検及び評価並びに当該状況に係る情報の提供に関する事項について定めるものとする。

3　設立団体の長は、公立大学法人に係る中期目標を定め、又はこれを変更しようとするときは、あらかじめ、当該公立大学法人の意見を聴き、当該意見に配慮しなければならない。

4　設立団体の長は、公立大学法人に係る中期計画について、第二十六条第一項の認可をしようとするときは、あらかじめ、評価委員会の意見を聴かなければならない。

5　公立大学法人に関する第二十六条第三項の規定の適用については、同項中「事項」とあるのは、「事項及び第七十八条第二項に定める事項」とする。

（各事業年度に係る業務の実績等に関する評価等の特例）

第七八条の二　公立大学法人は、毎事業年度の終了後、当該事業年度が次の各号に掲げる事業年度のいずれに該当するかに応じ当該各号に定める事項について、評価委員会の評価を受けなければならない。この場合において、第二十八条から第三十条までの規定は、公立大学法人には、適用しない。

一　次号及び第三号に掲げる事業年度以外の事業年度　当該事業年度における業務の実績

二　中期目標の期間の最後の事業年度の前々事業年度　当該事業年度における業務の実績及び中期目標の期間の終了時に見込まれる中期目標の期間における業務の実績

三　中期目標の期間の最後の事業年度　当該事業年度における業務の実績及び中期目標の期間における業務の実績

2　公立大学法人は、前項の評価を受けようとするときは、設立団体の規則で定めるところにより、各事業年度の終了後三月以内に、同項第一号、第二号又は第三号に定める事項及び当該事項について自ら評価を行った結果を明らかにした報告書を評価委員会に提出するとともに、公表しなければならない。

3　第一項の評価は、同項第一号、第二号又は第三号に定める事項について総合的な評定を付して、行わなければならない。この場合において、同項各号に規定する当該事業年度における業務の実績に関する評価は、当該事業年度における中期計画の実施状況の調査及び分析を行い、その結果を考慮して行わなければならない。

4　評価委員会は、第一項の評価を行ったときは、遅滞なく、当該公立大学法人に対して、その評価の結果を通知しなければならない。この場合において、評価委員会は、必要があると認めるときは、当該公立大学法人に対し、業務運営の改善その他の勧告をすることができる。

5　評価委員会は、前項の規定による通知を行ったときは、遅滞なく、その通知に係る事項（同項後段の規定による勧告をした場合には、その通知に係る事項及びその勧告の内容）を設立団体の長に報告するとともに、公表しなければならない。

6　設立団体の長は、前項の規定による報告を受けたときは、その旨を議会に報告しなければならない。

7　第二十九条の規定は、第一項の評価を受けた公立大学法人について準用する。

（認証評価機関の評価の活用）

第七九条　評価委員会が公立大学法人について前条第一項第二号に規定する中期目標の期間の終了時に見込まれる中期目標の期間における業務の実績又は同項第三号に規定する中期目標の期間における業務の実績に関する評価を行うに当たっては、学校教育法（昭和二十二年法律第二十六号）第百九条第二項に規定する認証評価機関の教育及び研究の状況についての評価を踏まえることとする。

（中期目標の期間の終了時の検討の特例）

第七九条の二　設立団体の長は、評価委員会が公立大学法人について第七十八条の二第一項第二号に規定する中期目標の期間の終了時に見込まれる中期目標の期間における業務の実績に関する評価を行ったときは、当該公立大学法人に係る中期目標の期間の終了時までに、当該公立大学法人の業務を継続させる必要性、組織の在り方その他その組織及び業務の全般にわたる検討を行い、その結果に基づき、所要の措置を講ずるものとする。

2　設立団体の長は、前項の規定による検討を行うに当たっては、評価委員会の意見を聴かなければならない。

3　設立団体の長は、第一項の検討の結果及び同項の規定により講ずる措置の内容を公表しなければならない。

（長期借入金及び債券発行の特例）

第七九条の三　公立大学法人は、第四十一条第四項本文の規定にかかわらず、政令で定める土地の取得、施設の設置若しくは整備又は設備の設置に必要な費用に充てるため、設立団体の長の認可を受けて、設立団体以外の者から長期借入金をし、又は当該公立大学法人の名称を冠する債券（以下この章において「債券」という。）を発行することができる。

2　前項に規定するもののほか、公立大学法人は、第四十一条第四項本文の規定にかかわらず、前項の規定による設立団体以外の者からの長期借入金又は債券で政令で定めるものの償還に充てるため、設立団体の長の認可を受けて、設立団体以外の者から長期借入金をし、又は債券を発行することができる。ただし、その償還期間が政令で定める期間のものに限る。

3　前二項の規定による債券の債権者は、当該債券を発行した公立大学法人の財産について他の債権者に先立って自己の債権の弁済を受ける権利を有する。

4　前項の先取特権の順位は、民法（明治二十九年法律第八十九号）の規定による一般の先取特権に次ぐものとする。

5　公立大学法人は、設立団体の長の認可を受けて、債券の発行に関する事務の全部又は一部を銀行又は信託会社に委託することができる。

6　会社法（平成十七年法律第八十六号）第七百五条第一項及び第二項並びに第七百九条の規定は、前項の規定により委託を受けた銀行又は信託会社について準用する。

7　前各項に定めるもののほか、第一項又は第二項の規定による設立団体以外の者からの長期借入金又は債券に関し必要な事項は、政令で定める。

（償還計画）

第七九条の四　前条第一項又は第二項の規定により、設立団体以外の者から長期借入金をし、又は債券を発行する公立大学法人は、毎事業年度、設立団体以外の者からの長期借入金及び債券の償還計画を立てて、設立団体の長の認可を受けなければならない。

（土地等の貸付け）

第七九条の五　公立大学法人は、第二十一条第二号に掲げる業務（これに附帯する業務を含む。）の遂行に支障のない範囲内で、その対価を当該公立大学法人の教育研究水準の一層の向上を図るために必要な費用に充てるため、設立団体の長の認可を受けて、当該公立大学法人の所有に属する土地、建物その他の土地の定着物及びその建物に附属する工作物であって、当該業務のために現に使用されておらず、かつ、当面使用されることが予定されていないものを貸し付けることができる。

（設立の認可等の特例）

第八〇条　公立大学法人に関するこの法律の規定の適用については、この法律中「総務大臣」とあるのは、「総務大臣及び文部科学大臣」とする。

第八章から第十章まで（省略）

第十一章　雑則

（報告及び検査）

第一二一条　総務大臣若しくは都道府県知事又は設立団体の長は、この法律を施行するため必要があると認めるときは、地方独立行政法人（総務大臣又は都道府県知事にあっては、第七条の規定による設立の認可又は第八条第二項の規定による定款の変更の認可を行った地方独立行政法人に限る。以下この項において同じ。）に対し、その業務並びに資産及び債務の状況に関し報告をさせ、又はその職員に、地方独立行政法人の事務所に立ち入り、業務の状況若しくは帳簿、書類その他の必要な物件を検査させることができる。

2　前項の規定により職員が立入検査をする場合には、その身分を示す証明書を携帯し、関係人にこれを提示しなければならない。

3　第一項の規定による立入検査の権限は、犯罪捜査のために認められたものと解してはならない。

（違法行為等の是正等）

第一二二条　設立団体の長は、地方独立行政法人又はその役員若しくは職員が、不正の行為若しくはこの法律、他の法令、設立団体の条例若しくは規則若しくは定款に違反する行為をし、若しくは当該行為をするおそれがあると認めるとき、又は地方独立行政法人の業務運営が著しく適正を欠き、かつ、それを放置することにより公益を害することが明白である場合において、特に必要があると認めるときは、当該地方独立行政法人に対し、当該行為の是正又は業務運営の改善のため必要な措置を講ずべきことを命ずることができる。

2　地方独立行政法人は、前項の規定による設立団体の長の命令があったときは、速やかに当該行為の是正その他の必要と認める措置を講ずるとともに、当該措置の内容を設立団体の長に報告しなければならない。

3　総務大臣又は都道府県知事は、地方独立行政法人（第七条の規定による設立の認可又は第八条第二項の規定による定款の変更の認可を行った地方独立行政法人に限る。以下この項及び次項において同じ。）又はその役員若しくは職員が、不正の行為若しくはこの法律若しくは他の法令に違反する行為をし、若しくは当該行為をするおそれがあると認めるとき、又は地方独立行政法人の業務運営が著しく適正を欠き、かつ、それを放置することにより公益を害することが明白である場合において、特に必要があると認めるときは、設立団体又はその長に対し、第一項の規定による命令その他必要な措置を講ずべきことを求めることができる。

4　総務大臣又は都道府県知事は、前項の規定によるほか、地方独立行政法人又はその役員若しくは職員が、不正の行為若しくはこの法律若しくは他の法令に違反する行為をし、若しくは当該行為をするおそれがあると認める場合又は地方独立行政法人の業務運営が著しく適正を欠き、かつ、それを放置することにより公益を害することが明白である場合において、緊急を要するときその他特に必要があると認めるときは、自ら当該地方独立行政法人に対し、当該行為の是正又は業務運営の改善のため必要な措置を講ずべきことを命ずることができる。

5　第二項の規定は、前項の規定による命令について準用する。

6　公立大学法人に関する次の表の上欄に掲げる規定の適用については、同表の中欄に掲げる字句は、それぞれ同表の下欄に掲げる字句とする。

第一項	、若しくは	、又は
	とき、又は地方独立行政法人の業務運営が著しく適正を欠き、かつ、それを放置することにより公益を害することが明白である場合において、特に必要があると認めるとき	とき
	是正又は業務運営の改善	是正
	命ずる	求める
第二項	命令	求め
第三項	以下この項及び次項	次項
	、若しくは	、又は
	とき、又は地方独立行政法人の業務運営が著しく適正を欠き、かつ、それを放置することにより公益を害することが明白である場合において、特に必要があると認めるとき	とき
	命令	求め
第四項	、若しくは	、又は
	場合又は地方独立行政法人の業務運営が著しし	場合

	く適正を欠き、かつ、それを放置することにより公益を害することが明白である場合	
	是正又は業務運営の改善	是正
	命ずる	求める
前項	命令	求め

第一二二条の二から第一二七条まで（省略）

第十二章（省略）

附　則（省略）

別表（省略）

附　則（抄）（令和二年六月一〇日法律第四一号）

（施行期日）

第一条　この法律は、公布の日から起算して三月を経過した日から施行する。ただし、次の各号に掲げる規定は、当該各号に定める日から施行する。

一　（前略）附則第四条（中略）の規定　公布の日

二から四まで（省略）

（地方独立行政法人法の一部改正に伴う経過措置）

第四条　地方公共団体は、施行日前においても、地方独立行政法人法第七条又は第八条第二項の規定により、その議会の議決を経て、第四条の規定による改正後の同法第二十一条第一号に掲げる業務のうち出資に関するものを規定した定款を定め、又は定款に同号に掲げる業務のうち出資に関するものを規定する変更を行い、総務大臣又は都道府県知事の認可を受けることができる。この場合において、当該認可の効力は、施行日から生ずるものとする。

●独立行政法人国立高等専門学校機構法（抜粋）

（平成一五年七月一六日法律第一一三号）

施行、平一五・一〇・一
最終改正、平二七—法二七

第一章　総則

（目的）

第一条　この法律は、独立行政法人国立高等専門学校機構の名称、目的、業務の範囲等に関する事項を定めることを目的とする。

（名称）

第二条　この法律及び独立行政法人通則法（平成十一年法律第百三号。以下「通則法」という。）の定めるところにより設立される通則法第二条第一項に規定する独立行政法人の名称は、独立行政法人国立高等専門学校機構とする。

（機構の目的）

第三条　独立行政法人国立高等専門学校機構（以下「機構」という。）は、別表の上欄に掲げる高等専門学校（以下「国立高等専門学校」という。）を設置すること等により、職業に必要な実践的かつ専門的な知識及び技術を有する創造的な人材を育成するとともに、我が国の高等教育の水準の向上と均衡ある発展を図ることを目的とする。

（中期目標管理法人）

第三条の二　機構は、通則法第二条第二項に規定する中期目標管理法人とする。

第二章　役員及び職員

（役員）

第六条　機構に、役員として、その長である理事長及び監事二人を置く。

2　機構に、役員として、理事六人以内を置くことができる。

（理事の職務及び権限等）

第七条　理事は、理事長の定めるところにより、理事長を補佐して機構の業務を掌理する。

2　通則法第十九条第二項の個別法で定める役員は、理事とする。ただし、理事が置かれていないときは、監事とする。

3　前項ただし書の場合において、通則法第十九条第二項の規定により理事長の職務を代理し又はその職務を行う監事は、その間、監事の職務を行ってはならない。

第三章　業務等

（業務の範囲等）

第十二条　機構は、第三条の目的を達成するため、次の業務を行う。

一　国立高等専門学校を設置し、これを運営すること。

二　学生に対し、修学、進路選択及び心身の健康等に関する相談、寄宿舎における生活指導その他の援助を行うこと。

三　機構以外の者から委託を受け、又はこれと共同して行う研究の実施その他の機構以外の者との連携による教育研究活動を行うこと。

四　公開講座の開設その他の学生以外の者に対する学習の機会を提供すること。

五　前各号の業務に附帯する業務を行うこと。

2　前項第一号の国立高等専門学校の位置は、それぞれ別表の下欄に掲げるとおりとする。

3　国立高等専門学校の授業料その他の費用に関し必要な事項は、文部科学省令で定める。

●放送大学学園法

（平成一四年一二月一三日法律第一五六号）

施行、平一五・一〇・一
最終改正、令二—法四〇

（注）本書では、次の改正は織り込まず、必要な箇所に当該施行日から有効となる規定または注記を付した。

・令二法四〇　施行＝令四・四・一

第一章　総則

（目的）

第一条　この法律は、放送大学の設置及び運営に関し必要な事項を定めることにより、大学教育の機会に対する広範な国民の要請にこたえるとともに、大学教育のための放送の普及発達を図ることを目的とする。

（定義）

第二条　この法律において、「放送大学」とは、放送大学学園が設置する大学をいう。

2　この法律において、「放送」とは、放送法（昭和二十五年法律第百三十二号）第二条第一号に規定する放送（同条第二十号に規定する放送局を用いて行われるものに限る。）をいう。

第二章　放送大学学園

（目的）

第三条　放送大学学園は、大学を設置し、当該大学において、放送による授業を行うとともに、全国各地の学習者の身近な場所において面接による授業等を行うことを目的とする学校法人（私立学校法（昭和二十四年法律第二百七十号）第三条に規定する学校法人をいう。）とする。

（業務）

第四条　放送大学学園は、次に掲げる業務を行う。

一　放送大学を設置し、これを運営するこ

と。

二　放送大学における教育に必要な放送を行うこと。

三　前二号に掲げる業務に附帯する業務を行うこと。

2　放送大学学園は、前項に規定する放送以外の放送を行うことはできない。

（役員）

第五条　次の各号のいずれかに該当する者は、放送大学学園の役員となることができない。

一　国家公務員（教育公務員で政令で定める者及び非常勤の者を除く。）

二　放送法第三十一条第三項第二号又は第五号から第七号までに掲げる者

三　電波法（昭和二十五年法律第百三十一号）第五条第三項各号に掲げる者

2　電波法第五条第一項第一号及び第二号に掲げる者は、放送大学学園の理事となることができない。

（補助金）

第六条　国は、予算の範囲内において、放送大学学園に対し、第四条第一項に規定する業務に要する経費について補助することができる。

2　前項の規定により国が放送大学学園に対し補助する場合においては、私立学校振興助成法（昭和五十年法律第六十一号）第十二条から第十三条までの規定の適用があるものとする。

（事業計画）

第七条　放送大学学園は、毎会計年度の開始前に、主務省令で定めるところにより、その会計年度の事業計画を作成し、主務大臣の認可を受けなければならない。これを変更しようとするときも、同様とする。

（借入金）

第八条　放送大学学園は、弁済期限が一年を超える資金を借り入れようとするときは、主務大臣の認可を受けなければならない。

（重要な財産の譲渡等）

第九条　放送大学学園は、主務省令で定める重要な財産を譲り受け、譲渡し、交換し、又は担保に供しようとするときは、主務大臣の認可を受けなければならない。

（書類の作成等）

第一〇条　放送大学学園は、文部科学大臣の定める基準に従い、会計処理を行い、貸借対照表、収支計算書その他の財務計算に関する書類を作成し、主務大臣に届け出なければならない。

2　前項に掲げる書類を届け出るときは、文部科学大臣の指定する事項に関する公認会計士又は監査法人の監査報告書を添付しなければならない。

（私立学校教職員共済法の特例）

第一一条　私立学校教職員共済法（昭和二十八年法律第二百四十五号。以下この条において「共済法」という。）の退職等年金給付に関する規定は、国家公務員共済組合法（昭和三十三年法律第百二十八号）第百二十四条の二又は地方公務員等共済組合法（昭和三十七年法律第百五十二号）第百四十条の規定の適用を受ける放送大学学園の職員については、適用しない。ただし、当該職員が国家公務員共済組合法第百二十四条の二第二項第一号又は地方公務員等共済組合法第百四十条第二項第一号の規定に該当するに至ったときは、この限りでない。

2　前項の規定により共済法の退職等年金給付に関する規定を適用しないこととされた放送大学学園の職員の共済法による掛金の標準報酬月額及び標準賞与額に対する割合は、政令で定める範囲内において、共済規程（共済法第四条第一項に規定する共済規程をいう。）で定める。

3　前項の放送大学学園の職員に関する共済法の規定の適用については、共済法第二十七条第一項中「掛金及び加入者保険料（厚生年金保険法（昭和二十九年法律第百十五号）第八十二条第一項の規定により加入者たる被保険者及び当該被保険者を使用する学校法人等が負担する厚生年金保険の保険料をいう。次項において同じ。）」とあり、同条第二項中「掛金及び加入者保険料（以下「掛金等」という。）」とあり、並びに共済法第二十八条第二項から第五項まで、第二十九条第一項、第二十九条の二、第三十条第一項及び第三項から第六項まで、第三十一条第一項、第三十二条、第三十三条並びに第三十四条第二項中「掛金等」とあるのは「掛金」と、共済法第二十九条第二項中「及び厚生年金保険法による標準報酬月額に係る掛金等」とあり、及び同条第三項中「及び厚生年金保険法による標準賞与額に係る掛金等」とあるのは「に係る掛金」とする。

> **第一一条**（三項中「第三十四条第二項」は、令四・四・一からは「第三十四条第三項」）

第三章　雑則

（報告及び検査）

第一二条　主務大臣は、この法律を施行するため必要があると認めるときは、放送大学学園に対して、その財務若しくは会計に関し必要な報告をさせ、又はその職員に放送大学学園の事務所に立ち入り、財務若しくは会計の状況若しくは財務若しくは会計に関する帳簿、書類その他必要な物件を検査させることができる。

2　前項の規定により職員が立入検査をする場合には、その身分を示す証明書を携帯し、関係人にこれを提示しなければならない。

3　第一項の規定による立入検査の権限は、犯罪捜査のために認められたものと解してはならない。

（解散等）

第一三条　放送大学学園の解散に関する私立学校法第五十条第二項及び第四項の規定の適用については、同条第二項中「前項第一号及び第三号」とあるのは「前項第一号から第三号まで」と、同条第四項中「第一項第二号又は第五号」とあるのは「第一項第五号」とする。

2　文部科学大臣は、放送大学学園に対し、私立学校法第五十条第二項の認可若しくは認定若しくは同法第五十二条第二項の認可をしようとするとき、又は同法第六十二条第一項に基づき解散を命じようとするときには、あらかじめ、総務大臣及び財務大臣に協議しなければならない。

（残余財産の帰属の特例）

第一四条　放送大学学園が解散した場合において、残余財産があるときは、私立学校法第三十条第三項及び第五十一条の規定にかかわらず、当該残余財産は国に帰属する。

（主務大臣及び主務省令）

第一五条　この法律における主務大臣は、文部科学大臣及び総務大臣とする。

2　この法律における主務省令は、主務大臣の発する命令とする。

（財務大臣との協議）

第一六条　主務大臣は、次の場合には、あらかじめ、財務大臣に協議しなければならない。

一　第七条から第九条までの規定による認可をしようとするとき。

二　第七条又は第九条の規定により主務省令を定めようとするとき。

（他の法律の適用除外）

第一七条　次に掲げる法律の規定は、放送大学学園については、適用しない。

一　産業教育振興法（昭和二十六年法律第二百二十八号）第十九条の規定

二　理科教育振興法（昭和二十八年法律第百八十六号）第九条の規定

三　私立大学の研究設備に対する国の補助に関する法律（昭和三十二年法律第十八号）第二条の規定

四　スポーツ基本法（平成二十三年法律第七十八号）第三十三条第二項の規定

五　激甚災害に対処するための特別の財政援助等に関する法律（昭和三十七年法律第百五十号）第十七条の規定

六　私立学校振興助成法第四条の規定

（放送大学学園が設置する学校についての教育基本法の準用）

第一八条　教育基本法（平成十八年法律第百二十号）第十五条第二項の規定は、放送大学学園が設置する学校について準用する。

（文部科学省令等への委任）
第一九条　この法律に定めるもののほか、この法律の実施のため必要な事項は、文部科学省令又は主務省令で定める。

第四章　罰則

第二〇条　第十二条第一項の規定による報告をせず、若しくは虚偽の報告をし、又は同項の規定による検査を拒み、妨げ、若しくは忌避した場合には、その違反行為をした放送大学学園の役員又は職員は、三十万円以下の罰金に処する。
第二一条　次の各号のいずれかに該当する場合には、その違反行為をした放送大学学園の役員は、二十万円以下の過料に処する。
一　この法律により主務大臣の認可を受けなければならない場合において、その認可を受けなかったとき。
二　第四条第二項の規定に違反して放送を行ったとき。

附　則〔省略〕

附　則（抄）〔令和二年六月五日法律第四〇号〕

（施行期日）
第一条　この法律は、令和四年四月一日から施行する。〔後略〕

●独立行政法人大学改革支援・学位授与機構法（抄）

〔平成一五年七月一六日法律第一一四号〕

施行、平一五・一〇・一
最終改正、令一―法一一（平二七―法二七により「独立行政法人大学評価・学位授与機構法」を改称）

第一章　総則

（目的）

第一条　この法律は、独立行政法人大学改革支援・学位授与機構の名称、目的、業務の範囲等に関する事項を定めることを目的とする。

（名称）

第二条　この法律及び独立行政法人通則法（平成十一年法律第百三号。以下「通則法」という。）の定めるところにより設立される通則法第二条第一項に規定する独立行政法人の名称は、独立行政法人大学改革支援・学位授与機構とする。

（機構の目的）

第三条　独立行政法人大学改革支援・学位授与機構（以下「機構」という。）は、大学等（学校教育法（昭和二十二年法律第二十六号）第一条に規定する大学及び高等専門学校並びに国立大学法人法（平成十五年法律第百十二号）第二条第四項に規定する大学共同利用機関をいう。以下同じ。）の教育研究活動の状況についての評価等を行うことにより、その教育研究水準の向上を図るとともに、国立大学法人等（国立大学法人（同条第一項に規定する国立大学法人をいう。第十六条第一項第二号及び附則第十三条第一項第一号において同じ。）、大学共同利用機関法人（同法第二条第三項に規定する大学共同利用機関法人をいう。第十六条第一項第二号において同じ。）及び独立行政法人国立高等専門学校機構をいう。第十六条第一項第三号及び第六号において同じ。）の施設の整備等に必要な資金の貸付け及び交付を行うことにより、その教育研究環境の整備充実を図り、あわせて、学校教育法第百四条第七項の規定による学位の授与を行うことにより、高等教育の段階における多様な学習の成果が適切に評価される社会の実現を図り、もって我が国の高等教育の発展に資することを目的とする。

（中期目標管理法人）

第三条の二　機構は、通則法第二条第二項に規定する中期目標管理法人とする。

第四条から第六条まで〔省略〕

第二章　役員及び職員

（役員）
第七条　機構に、役員として、その長である機構長及び監事二人を置く。
2　機構に、役員として、理事二人以内を置くことができる。
（理事の職務及び権限等）
第八条　理事は、機構長の定めるところにより、機構長を補佐して機構の業務を掌理する。
2　通則法第十九条第二項の個別法で定める役員は、理事とする。ただし、理事が置かれていないときは、監事とする。
3　前項ただし書の場合において、通則法第十九条第二項の規定により機構長の職務を代理し又はその職務を行う監事は、その間、監事の職務を行ってはならない。
第九条から第一三条まで〔省略〕

第三章　評議員会

（評議員会）
第一四条　機構に、評議員会を置く。
2　評議員会は、二十人以内の評議員で組織する。
3　評議員会は、機構長の諮問に応じ、機構の業務運営に関する重要事項を審議する。
4　評議員会は、第十条の規定による機構長の任命に関し文部科学大臣に意見を述べるほか、機構の業務運営につき、機構長に対して意見を述べることができる。
（評議員）
第一五条　評議員は、大学等に関し広くかつ高い識見を有する者その他の機構の業務の適正な運営に必要な学識経験を有する者のうちから、機構長が任命する。
2　評議員の任期は、二年とする。
3　通則法第二十一条第三項ただし書及び第四項並びに第二十三条第二項の規定は、評議員について準用する。

第四章　業務等

（業務の範囲）
第一六条　機構は、第三条の目的を達成するため、次の業務を行う。
一　大学等の教育研究水準の向上に資するため、大学等の教育研究活動等の状況について評価を行い、その結果について、当該大学等及びその設置者に提供し、並びに公表すること。
二　国立大学法人及び大学共同利用機関法人に対し、文部科学大臣の定めるところにより、土地の取得、施設の設置若しくは整備又は設備の設置に必要な資金の貸付け（次条及び第十九条第一項において「施設費貸付事業」という。）を行うこと。
三　国立大学法人等に対し、文部科学大臣の定めるところにより、土地の取得、施設の設置若しくは整備又は設備の設置に必要な資金の交付（以下「施設費交付事業」という。）を行うこと。
四　学校教育法第百四条第七項の規定により、学位を授与すること。
五　大学等の教育研究活動等の状況についての評価に関する調査研究及び学位の授与を行うために必要な学習の成果の評価に関する調査研究を行うこと。
六　国立大学法人等の運営基盤の強化の促進を図るために必要な情報の収集及び分析並びにその結果の提供を行うこと。
七　次に掲げる情報の収集、整理及び提供を行うこと。
イ　大学等の教育研究活動等の状況についての評価に関する情報
ロ　内外の高等教育機関の入学資格及び学位その他これに準ずるものに関する情報
ハ　大学における各種の学習の機会に関する情報
八　前各号の業務に附帯する業務を行うこと。

2　機構は、国立大学法人法第三十一条の三第一項の規定による国立大学法人評価委員会（以下この項及び次項において「評価委員会」という。）から前項第一号の評価の実施の要請があった場合には、遅滞なく、その評価を行い、その結果を評価委員会及び当該評価の対象となった国立大学又は大学共同利用機関に提供し、並びに公表するものとする。

3　機構は、国立大学法人法第三十一条の三第二項の規定による評価委員会からの要請があった場合には、当該国立大学に係る学校教育法第百九条第二項に規定する認証評価の結果を踏まえて前項の規定による評価を行うものとする。

4　第一項第一号の評価の実施の手続その他同号の評価に関し必要な事項は、文部科学省令で定める。

（区分経理）

第一七条　機構は、施設費貸付事業及び施設費交付事業に係る経理については、その他の経理と区分し、特別の勘定（次条において「施設整備勘定」という。）を設けて整理しなければならない。

第一八条（省略）

（長期借入金及び独立行政法人大学改革支援・学位授与機構債券）

第一九条　機構は、施設費貸付事業に必要な費用に充てるため、文部科学大臣の認可を受けて、長期借入金をし、又は独立行政法人大学改革支援・学位授与機構債券（以下「債券」という。）を発行することができる。

2　前項に規定するもののほか、機構は、長期借入金又は債券で政令で定めるものの償還に充てるため、文部科学大臣の認可を受けて、長期借入金をし、又は債券を発行することができる。ただし、その償還期間が政令で定める期間のものに限る。

3　前二項の規定による債券の債権者は、機構の財産について他の債権者に先立って自己の債権の弁済を受ける権利を有する。

4　前項の先取特権の順位は、民法（明治二十九年法律第八十九号）の規定による一般の先取特権に次ぐものとする。

5　機構は、文部科学大臣の認可を受けて、債券の発行に関する事務の全部又は一部を銀行又は信託会社に委託することができる。

6　会社法（平成十七年法律第八十六号）第七百五条第一項及び第二項並びに第七百九条の規定は、前項の規定により委託を受けた銀行又は信託会社について準用する。

7　前各項に定めるもののほか、第一項又は第二項の規定による長期借入金又は債券に関し必要な事項は、政令で定める。

（債務保証）

第二〇条　政府は、法人に対する政府の財政援助の制限に関する法律（昭和二十一年法律第二十四号）第三条の規定にかかわらず、国会の議決を経た金額の範囲内において、前条第一項又は第二項の規定による機構の長期借入金又は債券に係る債務（国際復興開発銀行等からの外資の受入に関する特別措置に関する法律（昭和二十八年法律第五十一号）第二条の規定に基づき政府が保証契約をすることができる債務を除く。）について保証することができる。

（償還計画）

第二一条　機構は、毎事業年度、長期借入金及び債券の償還計画を立てて、文部科学大臣の認可を受けなければならない。

（補助金等に係る予算の執行の適正化に関する法律の準用）

第二二条　補助金等に係る予算の執行の適正化に関する法律（昭和三十年法律第百七十九号）の規定（罰則を含む。）は、第十六条第一項第三号の規定により機構が交付する資金について準用する。この場合において、同法（第二条第七項を除く。）中「各省各庁」とあるのは「独立行政法人大学改革支援・学位授与機構」と、「各省各庁の長」とあるのは「独立行政法人大学改革支援・学位授与機構の機構長」と、同法第二条第一項（第二号を除く。）及び第四項、第七条第二項、第十九条第一項及び第二項、第二十四条並びに第三十三条中「国」とあるのは「独立行政法人大学改革支援・学位授与機構」と、同法第十四条中「国の会計年度」とあるのは「独立行政法人大学改革支援・学位授与機構の事業年度」と読み替えるものとする。

第五章　雑則

（財務大臣との協議）

第二三条　文部科学大臣は、次の場合には、財務大臣に協議しなければならない。
一　第十八条第一項の規定による承認をしようとするとき。
二　第十九条第一項、第二項若しくは第五項又は第二十一条の規定による認可をしようとするとき。

（主務大臣等）

第二四条　機構に係る通則法における主務大臣及び主務省令は、それぞれ文部科学大臣及び文部科学省令とする。

第二五条（省略）

第六章　罰則

第二六条　第十二条の規定に違反して秘密を漏らした者は、一年以下の懲役又は五十万円以下の罰金に処する。

第二七条　次の各号のいずれかに該当する場合には、その違反行為をした機構の役員は、二十万円以下の過料に処する。
一　第十六条に規定する業務以外の業務を行ったとき。
二　第十八条第一項の規定により文部科学大臣の承認を受けなければならない場合において、その承認を受けなかったとき。
三　第十九条第一項、第二項若しくは第五項又は第二十一条の規定により文部科学大臣の認可を受けなければならない場合において、その認可を受けなかったとき。

第二八条　第六条の規定に違反した者は、十万円以下の過料に処する。

附　則（省略）

●学位規則

（昭和二八年四月一日 文部省令第九号）

施行、昭二八・四・一
最終改正、令一―文科令九

第一章　総則

（趣旨）

第一条　学校教育法（昭和二十二年法律第二十六号。以下「法」という。）第百四条第一項から第四項までの規定により大学又は独立行政法人大学改革支援・学位授与機構が授与する学位については、この省令の定めるところによる。

第二章　大学が行う学位授与

（学士の学位授与の要件）

第二条　法第百四条第一項の規定による学士の学位の授与は、大学（専門職大学及び短期大学を除く。）が、当該大学を卒業した者に対し行うものとする。

（専門職大学を卒業した者等に対し授与する学位）

第二条の二　法第百四条第二項に規定する文部科学大臣の定める学位は、次の表の上欄に掲げる区分に応じ、それぞれ同表の下欄に掲げるとおりとする。

区分	学位
専門職大学を卒業した者に授与する学位	学士（専門職）
専門職大学の前期課程を修了した者に授与する学位	第五条の五に規定する短期大学士（専門職）

（専門職大学が授与する学位の授与の要件）

第二条の三　法第百四条第二項の規定による前条の学士（専門職）の学位の授与は、専門職大学が、当該専門職大学を卒業した者に対し行うものとする。

2　法第百四条第二項の規定による前条の短期大学士（専門職）の学位の授与は、専門職大学が、当該専門職大学の前期課程を修了した者に対し行うものとする。

（修士の学位授与の要件）

第三条　法第百四条第三項の規定による修士の学位の授与は、大学院を置く大学が、当該大学院の修士課程を修了した者に対し行うものとする。

2　前項の修士の学位の授与は、大学院設置基準（昭和四十九年文部省令第二十八号）第四条第三項の規定により前期及び後期の課程の区分を設けない博士課程に入学し、大学院設置基準第十六条及び第十六条の二に規定する修士課程の修了要件を満たした者に対しても行うことができる。

（博士の学位授与の要件）

第四条　法第百四条第三項の規定による博士の学位の授与は、大学院を置く大学が、当該大学院の博士課程を修了した者に対し行うものとする。

2　法第百四条第四項の規定による博士の学位の授与は、前項の大学が、当該大学の定めるところにより、大学院の行う博士論文の審査に合格し、かつ、大学院の博士課程を修了した者と同等以上の学力を有することを確認された者に対し行うことができる。

（学位の授与に係る審査への協力）

第五条　前二条の学位の授与に係る審査に当たつては、他の大学院又は研究所等の教員等の協力を得ることができる。

（専門職大学院の課程を修了した者に対し授与する学位）

第五条の二　法第百四条第一項に規定する文部科学大臣の定める学位は、次の表の上欄に掲げる区分に応じ、それぞれ同表の下欄に掲げるとおりとし、これらは専門職学位とする。

区分	学位
専門職大学院の課程（次項以下の課程を除く。）を修了した者に授与する学位	修士（専門職）
専門職大学院設置基準（平成十五年文部科学省令第十六号）第十八条第一項に規定する法科大学院の課程を修了した者に授与する学位	法務博士（専門職）
専門職大学院設置基準第二十六条第一項に規定する教職大学院の課程を修了した者に授与する学位	教職修士（専門職）

（専門職学位の授与の要件）

第五条の三　法第百四条第三項の規定による前条の専門職学位の授与は、専門職大学院を置く大学が、当該専門職大学院の課程を修了した者に対し行うものとする。

第三章　短期大学が行う学位授与

（短期大学士の学位授与の要件）

第五条の四　法第百四条第五項の規定による短期大学士の学位の授与は、短期大学が、当該短期大学を卒業した者に対し行うものとする。

（専門職短期大学を卒業した者に対し授与する学位）

第五条の五　法第百四条第六項に規定する文部科学大臣の定める学位は、短期大学士（専門職）とする。

（専門職短期大学が授与する学位の要件）

第五条の六　法第百四条第六項の規定による前条の短期大学士（専門職）の学位の授与は、専門職短期大学が、当該専門職短期大学を卒業した者に対し行うものとする。

第四章　独立行政法人大学改革支援・学位授与機構が行う学位授与

（学士、修士及び博士の学位授与の要件）

第六条　法第百四条第七項の規定による同項第一号に掲げる者に対する学士の学位の授与は、独立行政法人大学改革支援・学位授与機構の定めるところにより、短期大学（専門職大学の前期課程を含む。）若しくは高等専門学校を卒業した者（専門職大学の前期課程にあつては、修了した者）又は次の各号の一に該当する者で、大学設置基準（昭和三十一年文部省令第二十八号）第三十一条第一項の規定による単位等大学における一定の単位の修得又は短期大学若しくは高等専門学校に置かれる専攻科のうち独立行政法人大学改革支援・学位授与機構が定める要件を満たすものにおける一定の学修その他文部科学大臣が別に定める学修を行い、かつ、独立行政法人大学改革支援・学位授与機構が行う審査に合格した者に対し行うものとする。

一　大学（短期大学を除く。以下この条及び次条において同じ。）に二年以上在学し六十二単位以上を修得した者

二　高等学校（中等教育学校の後期課程及び特別支援学校の高等部を含む。）の専攻科の課程を修了した者のうち法第五十八条の二（法第七十条第一項及び第八十二条において準用する場合を含む。）の規定により大学に編入学することができるもの

三　専修学校の専門課程を修了した者のうち法第百三十二条の規定により大学に編入学することができるもの

四　外国において学校教育における十四年の課程を修了した者

五　その他前各号に掲げる者と同等以上の学力がある者として文部科学大臣が別に定める者

2　法第百四条第七項の規定による同項第二号に掲げる者に対する学士、修士又は博士の学位の授与は、独立行政法人大学改革支援・学位授与機構が定めるところにより、同号に規定する教育施設に置かれる課程で独立行政法人大学改革支援・学位授与機構がそれぞれ大学の学部、大学院の修士課程又は大学院の博士課程に相当する教育を行うと認めるものを修了し、かつ、独立行政法人大学改革支援・学位授与機構の行う審査に合格した者に対し行うものとする。

（学位授与の審査への参画）

第七条　前条の学位の授与の審査に当たつては、大学の教員等で高度の学識を有する者の参画を得るものとする。

第五章　雑則

（論文要旨等の公表）

第八条　大学及び独立行政法人大学改革支援・学位授与機構は、博士の学位を授与したときは、当該博士の学位を授与した日から三月以内に、当該博士の学位の授与に係る論文の内容の要旨及び論文審査の結果の要旨をインターネットの利用により公表するものとする。

第九条　博士の学位を授与された者は、当該博士の学位を授与された日から一年以内に、当該博士の学位の授与に係る論文の全文を公表するものとする。ただし、当該博士の学位を授与される前に既に公表したときは、この限りでない。

2　前項の規定にかかわらず、博士の学位を授与された者は、やむを得ない事由がある場合には、当該博士の学位を授与した大学又は独立行政法人大学改革支援・学位授与機構の承認を受けて、当該博士の学位の授与に係る論文の全文に代えてその内容を要約したものを公表することができる。この場合において、当該大学又は独立行政法人大学改革支援・学位授与機構は、その論文の全文を求めに応じて閲覧に供するものとする。

3　博士の学位を授与された者が行う前二項の規定による公表は、当該博士の学位を授与した大学又は独立行政法人大学改革支援・学位授与機構の協力を得て、インターネットの利用により行うものとする。

（専攻分野の名称）

第一〇条　大学及び独立行政法人大学改革支援・学位授与機構は、学位を授与するに当たつては、適切な専攻分野の名称を付記するものとする。

（共同教育課程に係る学位授与の方法）

第一〇条の二　大学設置基準第四十三条第一項、専門職大学設置基準（平成二十九年文部科学省令第三十三号）第五十九条第一項、大学院設置基準第三十一条第二項、短期大学設置基準（昭和五十年文部省令第二十一号）第三十六条第一項、専門職短期大学設置基準（平成二十九年文部科学省令第三十四号）第五十六条第一項又は専門職大学院設置基準第三十二条第二項に規定する共同教育課程を修了した者に対し行う学位の授与は、当該共同教育課程を編成する大学が連名で行うものとする。

（学位の名称）

第一一条　学位を授与された者は、学位の名称を用いるときは、当該学位を授与した大学又は独立行政法人大学改革支援・学位授与機構の名称を付記するものとする。

（学位授与の報告）

第一二条　大学又は独立行政法人大学改革支援・学位授与機構は、博士の学位を授与したときは、当該学位を授与した日から三月以内に、それぞれ別記様式第一又は別記様式第二による学位授与報告書を文部科学大臣に提出するものとする。

（学位規程）

第一三条　大学は、学位に関する事項を処理するため、論文審査の方法、試験及び学力の確認の方法等学位に関し必要な事項を定めて文部科学大臣に報告するものとする。

2　独立行政法人大学改革支援・学位授与機構は、第六条に規定する学位の授与に係る要件及び審査の方法等学位に関し必要な事項を定めて文部科学大臣に報告するとともに、これを官報に公示するものとする。

附　則（省略）

別記様式（省略）

●高等学校卒業程度認定試験規則

（平成一七年一月三一日文部科学省令第一号）

施行、平一七・四・一
最終改正、令二―文科令七

（趣旨）

第一条　学校教育法第九十条第一項の規定に基づき、高等学校を卒業した者と同等以上の学力があるかどうかの認定のための試験（以下「高等学校卒業程度認定試験」という。）を行う場合は、この省令の定めるところによる。

（高等学校卒業程度認定試験の施行）

第二条　高等学校卒業程度認定試験は、毎年少なくとも一回、文部科学大臣が行う。

2　高等学校卒業程度認定試験の施行期日、場所及び出願の期限は、あらかじめ、インターネットの利用その他の適切な方法により公示する。

（受験資格）

第三条　高等学校卒業程度認定試験を受けることができる者は、受験しようとする試験の日の属する年度の終わりまでに満十六歳以上になる者とする。

（試験科目、方法及び程度）

第四条　高等学校卒業程度認定試験の試験科目（以下「試験科目」という。）は、別表の第一欄に定めるとおりとする。

2　高等学校卒業程度認定試験は、各試験科目について、筆記の方法により、高等学校（中等教育学校の後期課程を含み、以下同じ。）において別表の第二欄に定める科目を履修した程度において行う。

（試験の免除）

第五条　高等学校（特別支援学校（学校教育法等の一部を改正する法律（平成十八年法律第八十号）第一条の規定による改正前の学校教育法第一条に規定する盲学校、聾学校及び養護学校を含む。）の高等部を含む。別表において同じ。）において、各試験科目に相当する別表の第二欄に定める科目を修得した者に対しては、その願出により、当該試験科目についての試験を免除する。

2　高等専門学校において、各試験科目に相当する授業科目を、別表の第二欄に定める高等学校の科目を修得したと同程度において修得したと認められた者に対しては、その願出により、当該試験科目についての試験を免除する。

3　第一項の規定は、海外に在留する邦人の子女のための在外教育施設で、文部科学大臣が高等学校の課程と同等の課程を有するものとして認定したものの当該課程において各試験科目に相当する科目を修得した者について準用する。

4　学校教育法施行規則（昭和二十二年文部省令第十一号）第百五十条第三号の規定に基づく指定を受けている専修学校の高等課程において、各試験科目に相当する授業科目を別表の第二欄に定める高等学校の科目を修得したと同程度において修得したと認められた者に対しては、その願出により、当該試験科目についての試験を免除する。

5　知識及び技能に関する審査で、当該審査の合格に係る学修が各試験科目に相当する別表の第二欄に定める高等学校の科目を修得したと同程度と認められるものとして文部科学大臣が別に定めるものに合格した者に対しては、その願出により、当該試験科目についての試験を免除する。

6　前各項の規定による試験の免除は、試験科目の全部について行うことはできない。

（受験方法）

第六条　高等学校卒業程度認定試験は、二回以上にわたり、それぞれ一以上の試験科目について受けることができる。

（受験手続）

第七条　高等学校卒業程度認定試験を受けようとする者は、受験願書に次の各号に掲げる書類を添えて、文部科学大臣に願い出なければならない。

一　履歴書一通
二　戸籍抄本又は住民票の写し一通（いずれも出願前六月以内に交付を受けたもの）
三　写真二枚（出願前六月以内に撮影した無帽かつ正面上半身のもの）
四　第五条第一項から第五項までの規定に基づく試験の免除を願い出る者については、その免除を受ける資格を証明する書類

2　前項第二号に掲げる書類は、やむを得ない事由があると文部科学大臣が特に認めた場合においては、他の証明書をもって代えることができる。

3　既に高等学校卒業程度認定試験を受けて一以上の試験科目について合格点を得ている者（最後に高等学校卒業程度認定試験の出願の日以後に氏名又は本籍（日本の国籍を有しない者にあっては、国籍。以下同じ。）を変更した者を除く。）が、当該試験科目以外の試験科目についてさらに高等学校卒業程度認定試験を受けようとする場合においては、第一項第二号及び前項の規定にかかわらず、その受験願書に、同号に掲げる書類又は前項に規定する他の証明書を添えることを要しない。

4　既に高等学校卒業程度認定試験を受けて一以上の試験科目について合格点を得ている者（日本の国籍を有しない者を除く。）が、最後に受けた高等学校卒業程度認定試験の出願の日以後に氏名又は本籍を変更した場合であって、その者が、当該試験科目以外の試験科目についてさらに高等学校卒業程度認定試験を受けようとするときにおける第一項第二号の規定の適用については、同号中「戸籍抄本又は住民票の写し一通」とあるのは、「氏名又は本籍（日本の国籍を有しない者であった者にあっては、国籍。）の変更後の戸籍抄本一通」とする。この場合においては、第二項の規定は適用しない。

（合格）

第八条　試験科目（第五条第一項から第五項までの規定に基づき試験の免除を受けた試験科目を除く。）の全てについて合格点を得た者（以下「認定試験合格者」という。）とする。ただし、その者が十八歳に達していないときは、その者は、十八歳に達した日の翌日から認定試験合格者となるものとする。

2　認定試験合格者のほか、一以上の試験科目について合格点を得た者を高等学校卒業程度認定試験の科目合格者（以下「認定試験科目合格者」という。）とする。

（合格証書の授与等）

第九条　認定試験合格者（十八歳に達していない者を含む。第十二条第三項において同じ。）に対しては、合格証書を授与する。

2　合格証書を有する者がその氏名若しくは本籍を変更し、又は合格証書を破損し、若しくは紛失した場合において、その事由を付して願い出たときは、合格証書を書き換え又は再交付する。

（証明書の交付）

第一〇条　認定試験合格者がその合格の証明を願い出たときは、合格証明書を交付する。

2　認定試験合格者がその成績の証明を願い出たときは、合格成績証明書を交付する。

3　認定試験科目合格者がその科目合格の証明を願い出たときは、科目合格証明書を交付する。

4　認定試験科目合格者がその成績の証明を願い出たときは、科目合格成績証明書を交付する。

5　学校教育法施行規則（昭和二十二年文部省令第十一号）第百五十四条第六号に規定する者がその試験科目の全部について合格点を得た旨の証明を願い出たときは、特別合格証明書を交付する。

6　前項に規定する者がその成績の証明を願い出たときは、特別合格成績証明書を交付する。

（手数料）

第一一条　次の表の上欄に掲げる者は、それぞれ同表の下欄に掲げる額の手数料を納付しなければならない。

〔本項の表につき後掲（別表の前）〕

2　前項の規定により納付すべき手数料は、願書に収入印紙を貼って納付しなければならない。

3　第一項の規定により納付された手数料は、これを返還しない。

（不正の行為を行った者等に対する処分）

第一二条　文部科学大臣は、高等学校卒業程度認定試験に関して不正の行為があった場合には、その不正行為に関係のある者に対しては、その受験を停止させ、又はその試験を無効とすることができる。

2　文部科学大臣は、前項の規定による処分を受けた者に対し、期間を定めて高等学校卒業程度認定試験を受けることができないものとすることができる。

3　第一項の規定による処分を受けた認定試験合格者及び認定試験科目合格者は、直ちに合格証書その他当該合格を証明する書類を返納しなければならない。

附　則（省略）

附　則（令和元年一二月一三日文部科学省令第二七号）

この省令は、情報通信技術の活用による行政手続等に係る関係者の利便性の向上並びに行政運営の簡素化及び効率化を図るための行政手続等における情報通信技術の利用に関する法律等の一部を改正する法律の施行の日（令一・一二・一六）から施行する。

附　則（令和二年三月二五日文部科学省令第七号）

この省令は、公布の日から施行する。

（第一一条第一項の表）

上欄		下欄
一　高等学校卒業程度認定試験の受験を願い出る者	七科目以上受験	八千五百円
	四科目以上六科目以下受験	六千五百円
	三科目以下受験	四千五百円
二　合格証書の書換え又は再交付を願い出る者		五百円
三　合格証明書の交付を願い出る者		二百五十円
四　合格成績証明書の交付を願い出る者		二百五十円
五　科目合格証明書の交付を願い出る者		二百五十円
六　科目合格成績証明書の交付を願い出る者		二百五十円
七　特別合格証明書の交付を願い出る者		二百五十円
八　特別合格成績証明書の交付を願い出る者		二百五十円

別表（第四条及び第五条関係）

第一欄			第二欄
試験科目の属する教科	試験科目		高等学校の科目
国語	国語		国語総合
地理歴史	世界史A	これらの科目のうちから受験者の選択する一科目	世界史A
	世界史B		世界史B
	日本史A	これらの科目のうちから受験者の選択する一科目	日本史A
	日本史B		日本史B
	地理A		地理A
	地理B		地理B

公民	現代社会	現代社会一科目又は倫理及び政治・経済の二科目	現代社会
	倫理		倫理
	政治・経済		政治・経済
数学	数学		数学Ⅰ又は工業数理基礎
理科	科学と人間生活	科学と人間生活及び物理基礎、化学基礎、生物基礎、若しくは地学基礎のうちから受験者の選択する一科目の合計二科目又は物理基礎、化学基礎、生物基礎若しくは地学基礎のうちから受験者の選択する三科目	科学と人間生活
	物理基礎		物理基礎
	化学基礎		化学基礎
	生物基礎		生物基礎
	地学基礎		地学基礎
外国語	英語		コミュニケーション英語Ⅰ又は学校設定科目として設けられた英語以外の外国語

第4章　教科用図書

●義務教育諸学校の教科用図書の無償に関する法律（抄）

（昭和三七年三月三一日法律第六〇号）

施行、昭三七・四・一

（趣旨）

第一条　義務教育諸学校の教科用図書は、無償とする。

2　前項に規定する措置に関し必要な事項は、別に法律で定める。

附　則（省略）

●義務教育諸学校の教科用図書の無償措置に関する法律

（昭和三八年一二月二一日法律第一八二号）

施行、昭三八・一二・二一
最終改正、令一―法三七

第一章　総則

（この法律の目的）

第一条　この法律は、教科用図書の無償給付その他義務教育諸学校の教科用図書を無償とする措置について必要な事項を定めるとともに、当該措置の円滑な実施に資するため、義務教育諸学校の教科用図書の採択及び発行の制度を整備し、もつて義務教育の充実を図ることを目的とする。

（定義）

第二条　この法律において「義務教育諸学校」とは、学校教育法（昭和二十二年法律第二十六号）に規定する小学校、中学校、義務教育学校、中等教育学校の前期課程並びに特別支援学校の小学部及び中学部をいう。

2　この法律において「教科用図書」とは、学校教育法第三十四条第一項（同法第四十九条、第四十九条の八、第七十条第一項及び第八十二条において準用する場合を含む。）及び附則第九条第一項に規定する教科用図書をいう。

3　この法律において「発行」とは、教科用図書を製造供給することをいう。

第二章　無償給付及び給与

（教科用図書の無償給付）

第三条　国は、毎年度、義務教育諸学校の児童及び生徒が各学年の課程において使用する教科用図書で第十三条、第十四条及び第十六条の規定により採択されたものを購入し、義務教育諸学校の設置者に無償で給付するものとする。

（契約の締結）

第四条　文部科学大臣は、教科用図書の発行者と、前条の規定により購入すべき教科用図書を購入する旨の契約を締結するものとする。

（教科用図書の給与）

第五条　義務教育諸学校の設置者は、第三条の規定により国から無償で給付された教科用図書を、それぞれ当該学校の校長を通じて児童又は生徒に給与するものとする。

2　学年の中途において転学した児童又は生徒については、その転学後において使用する教科用図書は、前項の規定にかかわらず、文部科学省令で定める場合を除き、給与しないものとする。

（都道府県の教育委員会の責務）

第六条　都道府県の教育委員会は、政令で定めるところにより、教科用図書の無償給付及び給与の実施に関し必要な事務を行なうものとする。

（給付の完了の確認の時期の特例）

第七条　第四条の規定による契約に係る政府契約の支払遅延防止等に関する法律（昭和二十四年法律第二百五十六号）第四条第一号に掲げる時期については、同法第五条第一項中「十日以内の日」とあるのは「二十日以内の日」と読み替えて同項の規定を適用する。

第八条　削除〔平一〇法五四〕

（政令への委任）

第九条　この章に規定するもののほか、教科用図書の無償給付及び給与に関し必要な事項は、政令で定める。

第三章　採択

（都道府県の教育委員会の任務）

第一〇条　都道府県の教育委員会は、当該都道府県内の義務教育諸学校において使用する教科用図書の採択の適正な実施を図るため、義務教育諸学校において使用する教科用図書の研究に関し、計画し、及び実施するとともに、市（特別区を含む。以下同じ。）町村の教育委員会及び義務教育諸学校（公立の義務教育諸学校を除く。）の校長の行う採択に関する事務について、適切な指導、助言又は援助を行わなければならない。

（教科用図書選定審議会）

第一一条　都道府県の教育委員会は、前条の規定により指導、助言又は援助を行なおうとするときは、あらかじめ教科用図書選定審議会（以下「選定審議会」という。）の意見をきかなければならない。

2　選定審議会は、毎年度、政令で定める期間、都道府県に置く。

3　選定審議会は、条例で定める人数の委員で組織する。

（採択地区）

第一二条　都道府県の教育委員会は、当該都道府県の区域について、市町村の区域又はこれらの区域を併せた地域に、教科用図書採択地区（以下この章において「採択地区」という。）を設定しなければならない。

2　都道府県の教育委員会は、採択地区を設定し、又は変更しようとするときは、あらかじめ市町村の教育委員会の意見をきかなければならない。

3　都道府県の教育委員会は、採択地区を設定し、又は変更したときは、すみやかにこれを告示するとともに、文部科学大臣にその旨を報告しなければならない。

（教科用図書の採択）

第一三条　都道府県内の義務教育諸学校（都道府県立の義務教育諸学校を除く。）において使用する教科用図書の採択は、第十条の規定によつて当該都道府県の教育委員会が行なう指導、助言又は援助により、種目（教科用図書の教科ごとに分類された単位をいう。以下同じ。）ごとに一種の教科用図書について行なうものとする。

2　都道府県立の義務教育諸学校において使用する教科用図書の採択は、あらかじめ選定審議会の意見をきいて、種目ごとに一種の教科用図書について行なうものとする。

3　公立の中学校で学校教育法第七十一条の規定により高等学校における教育と一貫した教

育を施すもの及び公立の中等教育学校の前期課程において使用する教科用図書については、市町村の教育委員会又は都道府県の教育委員会は、前二項の規定にかかわらず、学校ごとに、種目ごとに一種の教科用図書の採択を行うものとする。

4　第一項の場合において、採択地区が二以上の市町村の区域を併せた地域であるときは、当該採択地区内の市町村の教育委員会は、協議により規約を定め、当該採択地区内の市町村立の小学校、中学校及び義務教育学校において使用する教科用図書の採択について協議を行うための協議会（次項及び第十七条において「採択地区協議会」という。）を設けなければならない。

5　前項の場合において、当該採択地区内の市町村の教育委員会は、採択地区協議会における協議の結果に基づき、種目ごとに同一の教科用図書を採択しなければならない。

6　第一項から第三項まで及び前項の採択は、教科書の発行に関する臨時措置法（昭和二十三年法律第百三十二号。以下「臨時措置法」という。）第六条第一項の規定により文部科学大臣から送付される目録に登載された教科用図書のうちから行わなければならない。ただし、学校教育法附則第九条第一項に規定する教科用図書については、この限りでない。

（同一教科用図書を採択する期間）

第一四条　義務教育諸学校において使用する教科用図書については、政令で定めるところにより、政令で定める期間、毎年度、種目ごとに同一の教科用図書を採択するものとする。

（採択した教科用図書の種類等の公表）

第一五条　市町村の教育委員会、都道府県の教育委員会及び義務教育諸学校（公立の義務教育諸学校を除く。）の校長は、義務教育諸学校において使用する教科用図書を採択したときは、遅滞なく、当該教科用図書の種類、当該教科用図書を採択した理由その他文部科学省令で定める事項を公表するよう努めるものとする。

（指定都市に関する特例）

第一六条　指定都市（地方自治法（昭和二十二年法律第六十七号）第二百五十二条の十九第一項の指定都市をいう。以下この条において同じ。）については、当該指定都市を包括する都道府県の教育委員会は、第十二条第一項の規定にかかわらず、指定都市の区若しくは総合区の区域又はこれらの区域を併せた地域に、採択地区を設定しなければならない。

2　指定都市の教育委員会は、第十条の規定によつて都道府県の教育委員会が行う指導、助言又は援助により、前項の採択地区ごとに、当該採択地区内の指定都市の設置する小学校、中学校及び義務教育学校において使用する教科用図書として、種目ごとに一種の教科用図書を採択する。

3　第十三条第三項及び第六項の規定は、前項の採択について準用する。

（政令への委任）

第一七条　この章に規定するもののほか、選定審議会の所掌事務、組織及び運営並びに採択地区の設定、採択地区協議会の組織及び運営、採択の時期その他採択に関し必要な事項は、政令で定める。

第四章　発行

（発行者の指定）

第一八条　文部科学大臣は、義務教育諸学校において使用する教科用図書（学校教育法附則第九条第一項に規定する教科用図書を除く。以下この章において同じ。）の発行を担当する者で次に掲げる基準に該当するものを、その者の申請に基づき、教科用図書発行者として指定する。

一　次のいずれかに掲げる者でないものであること。

イ　破産手続開始の決定を受けて復権を得ない者

ロ　次条の規定により指定を取り消された日から三年を経過していない者

ハ　禁錮以上の刑に処せられ、又はこの法律の規定に違反し、若しくは義務教育諸学校において使用する教科用図書の採択に関し刑法（明治四十年法律第四十五号）第百九十八条若しくは第二百三十三条の罪、組織的な犯罪の処罰及び犯罪収益の規制等に関する法律（平成十一年法律第百三十六号）第三条第一項（同項第十一号に係る部分に限る。）若しくは同条第二項（同条第一項第十一号に係る部分に限る。）の罪若しくは公職にある者等のあつせん行為による利得等の処罰に関する法律（平成十二年法律第百三十号）第四条の罪を犯して罰金の刑に処せられ、その刑の執行を終わつた日又は執行を受けることがなくなつた日から三年を経過していない者

ニ　法人で、その役員のうちにイからハまでのいずれかに該当する者があるもの

ホ　営業に関し成年者と同一の行為能力を有しない未成年者で、その法定代理人がイからニまでのいずれかに該当するもの

二　その事業能力及び信用状態について政令で定める要件を備えたものであること。

2　前項の指定を受けようとする者は、文部科学省令で定めるところにより、申請書に必要な書類を添えて、文部科学大臣に提出しなければならない。

（指定の取消し）

第一九条　文部科学大臣は、教科用図書発行者が次の各号のいずれかに該当することとなつたときは、前条第一項の指定を取り消さなければならない。

一　前条第一項各号のいずれかに掲げる基準に適合しなくなつたとき。

二　虚偽又は不正の事実に基づいて前条第一項の指定を受けたことが判明したとき。

（報告及び資料の提出）

第二〇条　文部科学大臣は、教科用図書発行者について、第十八条第一項各号に掲げる基準に適合しているかどうかを調査するため必要があると認めるときは、教科用図書発行者に対し、必要な報告又は資料の提出を求めることができる。

（発行の指示の取消し）

第二一条　文部科学大臣は、教科用図書発行者が第十九条の規定により指定を取り消されたときは、その者に係る臨時措置法第八条の規定による発行の指示を取り消さなければならない。

（臨時措置法との関係）

第二二条　教科用図書の発行及び教科用図書発行者については、この章に規定するもののほか、臨時措置法の定めるところによる。

第五章　罰則

第二三条　第二十条の規定による報告若しくは資料の提出の要求に応ぜず、又は虚偽の報告をし、若しくは虚偽の資料を提出した者は、三万円以下の罰金に処する。

第二四条　法人の代表者又は法人若しくは人の代理人、使用人その他の従業者が、その法人又は人の業務又は財産に関し、前条の違反行為をしたときは、その行為者を罰するほか、その法人又は人に対しても、同条の刑を科する。

附　則（省略）

●義務教育諸学校の教科用図書の無償措置に関する法律施行令

（昭和三九年二月三日 政令第一四号）

施行、昭三九・二・三
最終改正、令一―政九七

（教科用図書の受領及び給付）

第一条　義務教育諸学校の教科用図書の無償措置に関する法律（以下「法」という。）第四条の規定による契約に係る教科用図書の受領及び法第三条の規定による教科用図書の無償給付に関する事務は、公立の義務教育諸学校（法第二条第一項に規定する義務教育諸学校をいう。以下同じ。）の児童及び生徒に係る教科用図書については当該義務教育諸学校を所管する教育委員会、私立の義務教育諸学校の児童及び生徒に係る教科用図書については当該義務教育諸学校を設置する学校法人の理事長、国立大学法人法（平成十五年法律第百十二号）第二十三条の規定により国立大学法人が設置する大学に附属して設置される義務教育諸学校の児童及び生徒に係る教科用図書については当該国立大学法人の学長又は理事長、地方独立行政法人法（平成十五年法律第百十八号）第七十七条の二第一項の規定により公立大学法人（同法第六十八条第一項に規定する公立大学法人をいう。以下この項において同じ。）が設置する大学に附属して設置される義務教育諸学校の児童及び生徒に係る教科用図書については当該公立大学法人の理事長（以下「実施機関」という。）が行うものとする。

2　実施機関は、前項の規定により教科用図書の発行者（以下「発行者」という。）から教科用図書を受領したときは、義務教育諸学校の設置者に対し、直ちにこれを給付するものとする。

（実施機関の報告及び証明）

第二条　実施機関は、前条第一項の規定により発行者から教科用図書を受領したときは、文部科学省令で定めるところにより、その教科用図書の名称及び冊数その他文部科学省令で定める事項を記載した書類（以下「受領報告書」という。）を作成し、これを都道府県の教育委員会に提出するとともに、これらの事項を記載した受領証明書（以下「受領証明書」という。）を作成し、これを当該教科用図書の発行者に交付しなければならない。

（発行者の納入冊数集計表の提出）

第三条　発行者は、受領証明書を受け取つたときは、これに基づき、文部科学省令で定めるところにより、都道府県ごとに教科用図書の納入冊数を集計した書類（以下「納入冊数集計表」という。）を作成し、受領証明書を添えて当該都道府県の教育委員会に提出しなければならない。

（都道府県の教育委員会の確認及び報告）

第四条　都道府県の教育委員会は、受領報告書を受け取つたときは、これに基づき、文部科学省令で定めるところにより、当該都道府県内の教科用図書の受領冊数を集計した書類（以下「受領冊数集計報告書」という。）を作成しなければならない。

2　都道府県の教育委員会は、受領冊数集計報告書と前条の規定により発行者から提出のあつた納入冊数集計表とを照合し、教科用図書ごとに冊数が同一であることを確認したときは、文部科学省令で定めるところにより、受領冊数集計報告書を文部科学大臣に提出するとともに、納入冊数集計表及び受領証明書を当該発行者に返付しなければならない。

（給与名簿の作成及び給与児童生徒数の報告）

第五条　義務教育諸学校の設置者は、法第五条第一項の規定による教科用図書の給与が完了したときは、文部科学省令で定めるところにより、給与を受けた児童及び生徒の名簿を作成するとともに、給与を受けた児童及び生徒の総数を都道府県の教育委員会に報告しなければならない。

2　都道府県の教育委員会は、前項の報告を受けたときは、文部科学省令で定めるところにより、当該都道府県の給与を受けた児童及び生徒の総数を文部科学大臣に報告しなければならない。

（調査及び報告）

第六条　文部科学大臣は、法第三条の規定による教科用図書の無償給付及び法第五条の規定による教科用図書の給与に関し、その実施の状況を調査し、及び義務教育諸学校の設置者に対し必要な報告を求めることができる。

2　文部科学大臣は、都道府県の教育委員会に対し、前項の調査を行い、及び義務教育諸学校の設置者に対し同項の報告を求めるよう指示をすることができる。

（教科用図書選定審議会の設置期間）

第七条　教科用図書選定審議会（以下「選定審議会」という。）を置く期間は、四月一日から八月三十一日までとする。

（選定審議会の所掌事務）

第八条　選定審議会は、都道府県の教育委員会の諮問に応じ、次に掲げる事項を調査審議し、及び必要と認めるときは、これらの事項について都道府県の教育委員会に建議する。

一　市（特別区を含む。以下同じ。）町村の教育委員会及び義務教育諸学校（公立の義務教育諸学校を除く。）の校長の行う教科用図書の採択に関する事務について都道府県の教育委員会の行う採択基準の作成、選定に必要な資料の作成その他指導、助言又は援助に関する重要事項

二　都道府県の設置する義務教育諸学校において使用する教科用図書の採択に関する事項

（選定審議会の委員）

第九条　選定審議会の委員は、次に掲げる者のうちから、都道府県の教育委員会が任命する。この場合において、第一号に掲げる者のうちから任命される委員の数は、委員の定数のおおむね三分の一になるようにしなければならない。

一　義務教育諸学校の校長及び教員

二　都道府県の教育委員会の事務局に置かれる指導主事その他学校教育に専門的知識を有する職員並びに市町村の教育委員会の教育長、委員及び事務局に置かれる指導主事その他学校教育に専門的知識を有する職員

三　教育に関し学識経験を有する者

2　教科用図書の採択に直接の利害関係を有する者は、選定審議会の委員となることができない。

（教育委員会規則への委任）

第一〇条　前条に定めるもののほか、選定審議会の組織及び運営に関し必要な事項は、都道府県の教育委員会規則で定める。

（採択地区協議会の組織及び運営）

第一一条　採択地区協議会は、関係市町村の教育委員会が採択地区協議会の規約の定めるところにより指名する委員をもつて組織する。

2　採択地区協議会に会長を置き、採択地区協議会の規約の定めるところにより、委員のうちから定める。

3　会長は、会務を総理する。

4　会長に事故があるときは、会長があらかじめ指名する委員が、その職務を代理する。

5　前各項に定めるもののほか、採択地区協議会の組織及び運営に関し必要な事項は、採択地区協議会の規約で定める。

（採択地区協議会の規約事項）

第一二条　採択地区協議会の規約には、次に掲げる事項を定めなければならない。

一　採択地区協議会の名称

二　採択地区協議会を設ける市町村の教育委員会

三　採択地区協議会の組織

四　教科用図書の選定の方法

五　採択地区協議会の経費の支弁の方法

（採択地区協議会の規約の変更）

第一三条　採択地区協議会を設けた市町村の教育委員会は、採択地区協議会の規約を変更しようとするときは、協議によりこれを行わなければならない。

（採択の時期）

第一四条　義務教育諸学校において使用する教科用図書の採択は、当該教科用図書を使用する教

る年度の前年度の八月三十一日までに行わなければならない。

2　九月一日以後において新たに教科用図書を採択する必要が生じたときは、速やかに教科用図書の採択を行わなければならない。

（同一教科用図書を採択する期間）

第一五条　法第十四条の規定により種目ごとに同一の教科用図書を採択する期間（以下この条において「採択期間」という。）は、学校教育法（昭和二十二年法律第二十六号）附則第九条第一項に規定する教科用図書を採択する場合を除き、四年とする。

2　採択期間内において採択した教科用図書（以下この条において「既採択教科用図書」という。）の発行が行われないこととなつた場合その他の文部科学省令で定める場合には、新たに既採択教科用図書以外の教科用図書を採択することができる。

3　前項に規定する場合（教育課程の基準の変更に伴い既採択教科用図書の発行が行われないこととなつた場合を除く。）において、新たに採択する教科用図書についての採択期間は、第一項の規定にかかわらず、既採択教科用図書についての採択期間から文部科学省令で定める期間を控除した期間とする。

（発行者の指定の要件）

第一六条　法第十八条第一項第二号に規定する政令で定める要件は、次のとおりとする。

一　会社にあつては資本金の額又は出資の総額が千万円以上、会社以外の者にあつては文部科学省令で定める資産の額が千万円を超えない範囲内において文部科学省令で定める額以上であること。

二　専ら教科用図書の編集を担当する者について文部科学省令で定める基準に適合しているものであること。

三　法人にあつては一人以上の役員（その法人の業務を監査する者を除く。）、人にあつてはその者が図書の出版に関する相当の経験を有する者であること。

四　法人にあつてはその法人又はその法人を代表する者、人にあつてはその者が図書の発行に関し著しく不公正な行為をしたことのない者であること。

（事務の区分）

第一七条　第一条第二項、第二条、第四条、第五条第二項及び第六条第二項の規定により都道府県が処理することとされている事務並びに第一条第二項及び第二条の規定により市町村が処理することとされている事務は、地方自治法（昭和二十二年法律第六十七号）第二条第九項第一号に規定する第一号法定受託事務とする。

附　則（省略）

●義務教育諸学校の教科用図書の無償措置に関する法律施行規則

（昭和三九年二月一四日文部省令第二号）

施行、昭三九・二・一四
最終改正、令一―文科令一四

（転学した児童生徒に教科用図書を給与する場合）

第一条　義務教育諸学校の教科用図書の無償措置に関する法律（昭和三十八年法律第百八十二号。以下「法」という。）第五条第二項の文部科学省令で定める場合は、二月末日までの間に転学した児童又は生徒について、種目（法第十三条第一項に規定する種目をいう。以下同じ。）ごとに転学後において使用する教科用図書が転学前に給与を受けた教科用図書と異なる場合とする。

（受領報告書及び受領証明書の作成等）

第二条　義務教育諸学校の教科用図書の無償措置に関する法律施行令（昭和三十九年政令第十四号。以下「令」という。）第二条の規定により実施機関（令第一条第一項に規定する実施機関をいう。以下同じ。）の作成する受領報告書（以下「受領報告書」という。）及び受領証明書（以下「受領証明書」という。）は、別に定める様式により、それぞれ作成しなければならない。

2　実施機関は、前項の規定により作成した受領報告書及び受領証明書を、前期用の教科用図書（四月一日から四月十五日までに受領した教科用図書（転学した児童又は生徒に対し前条に規定する場合において給与すべきものを除く。）をいう。以下同じ。）に係るものにあつては毎年度四月三十日までに、後期用の教科用図書（九月一日から九月十五日までに受領した教科用図書（転学した児童又は生徒に対し前条に規定する場合において給与すべきものを除く。）をいう。以下同じ。）及び前期転学用の教科用図書（四月一日から八月三十一日までに受領した教科用図書（前期用の教科用図書を除く。）をいう。以下同じ。）に係るものにあつてはそれぞれ毎年度九月三十日までに、後期転学用の教科用図書（九月一日から二月末日までに受領した教科用図書（後期用の教科用図書を除く。）をいう。以下同じ。）に係るものにあつては毎年度三月十日までに、それぞれ提出又は交付しなければならない。

（納入冊数集計表の作成等）

第三条　令第三条の規定により発行者の作成する納入冊数集計表（以下「納入冊数集計表」という。）は、別に定める様式により作成し、前期用の教科用図書に係るものにあつては毎年度五月十五日までに、後期用の教科用図書及び前期転学用の教科用図書に係るものにあつてはそれぞれ毎年度十月十五日までに、後期転学用の教科用図書に係るものにあつては毎年度三月二十日までに、それぞれこれを提出しなければならない。

（受領冊数集計報告書の作成等）

第四条　令第四条第一項の規定により都道府県の教育委員会の作成する受領冊数集計報告書（以下「受領冊数集計報告書」という。）は、別に定める様式により作成しなければならない。

2　令第四条第二項の規定により都道府県の教育委員会が受領冊数集計報告書を提出し並びに納入冊数集計表及び受領証明書を返付するにあたつては、受領冊数集計報告書及び納入冊数集計表に同条同項の規定による確認をした旨をそれぞれ記載し、前期用の教科用図書に係るものにあつては毎年度五月三十一日までに、後期用の教科用図書及び前期転学用の教科用図書に係るものにあつてはそれぞれ毎年度十月三十一日までに、後期転学用の教科用図書に係るものにあつては毎年度三月二十五日までに、それぞれ提出又は返付しなければならない。

（給与名簿の作成及び給与児童生徒数の報告）

第五条　令第五条第一項の規定による児童及び

生徒の名簿は、別に定める様式により作成しなければならない。

2　令第五条第一項の規定による都道府県の教育委員会に対する児童及び生徒の総数の報告は、別に定める様式により作成した書類により、前期用の教科用図書の給与に係るものにあつては毎年度四月三十日までに、後期用の教科用図書及び前期転学用の教科用図書の給与に係るものにあつてはそれぞれ毎年度九月三十日までに、後期転学用の教科用図書の給与に係るものにあつては毎年度三月十日までに、それぞれこれをしなければならない。

3　令第五条第二項の規定による文部科学大臣に対する児童及び生徒の総数の報告は、別に定める様式により作成した書類により、前期用の教科用図書の給与に係るものにあつては毎年度五月三十一日までに、後期用の教科用図書及び前期転学用の教科用図書の給与に係るものにあつてはそれぞれ毎年度十月三十一日までに、後期転学用の教科用図書の給与に係るものにあつては毎年度三月二十五日までに、それぞれこれをしなければならない。

（同一教科用図書の採択の特例）

第六条　法第十四条の規定により種目ごとに同一の教科用図書を採択する期間についての令第十五条第二項の規定により文部科学省令で定める場合は、教育課程の基準の変更に伴い採択した教科用図書の発行が行われないこととなつた場合及び次の各号に掲げる場合とし、同条第三項の規定により文部科学省令で定める期間は当該各号に掲げる場合の区分に応じ当該各号に定める期間とする。

一　採択した教科用図書の発行が行われないこととなつた場合（教育課程の基準の変更に伴い採択した教科用図書の発行が行われないこととなつた場合を除く。）　発行が行われないこととなつた教科用図書を採択していた期間

二　採択した教科用図書の採択に関し発行者その他の教科用図書の採択に直接の利害関係を有する者の不公正な行為があつたと認められる場合　当該採択に関し不公正な行為があつたと認められる教科用図書を採択していた期間

三　教科用図書検定規則（平成元年文部省令第二十号）第十二条の規定による再申請（同条に規定する検定審査不合格の決定の通知に係る申請図書について、当該通知を受けた年度の翌年度に行われたものに限る。）により文部科学大臣の検定を経て、新たに発行されることとなつた教科用図書がある場合　当該再申請が行われた年度に採択された教科用図書を採択していた期間

四　採択地区が設定又は変更された場合　採択地区の設定又は変更前に当該地域において採択されていた教科用図書の採択されていた期間

五　採択地区内において市（特別区を含む。以下同じ。）町村又は義務教育諸学校（公立の義務教育諸学校を除く。以下この号において同じ。）若しくは法第十三条第三項に規定する学校が設置された場合　市町村又は義務教育諸学校若しくは同項に規定する学校の設置前に当該市町村又は義務教育諸学校若しくは同項に規定する学校が設置された地域の属する採択地区内において採択されていた教科用図書の採択されていた期間

（教科用図書を採択したときに公表すべき事項）

第七条　法第十五条の文部科学省令で定める事項は、次に掲げるものとする。

一　義務教育諸学校において使用する教科用図書の研究のために資料を作成したときは、その資料

二　採択地区協議会を設ける市町村の教育委員会にあつては、採択地区協議会の会議の議事録を作成したときは、その議事録

（発行者の指定の申請書の提出）

第八条　法第十八条第一項の教科用図書発行者の指定を受けようとする者は、発行しようとする義務教育諸学校の教科用図書（学校教育法（昭和二十二年法律第二十六号）附則第九条第一項に規定する教科用図書を除く。以下同じ。）が採択されることとなる年度の前年度の一月三十一日までに、別記様式による申請書を文部科学大臣に提出しなければならない。

2　前項の申請書には、次に掲げる書類を添付しなければならない。

一　発行しようとする教科用図書の製造及び供給の計画を記載した書類

二　法人にあつては定款又は寄附行為及び法人の登記事項証明書、人にあつてはその者（未成年者である場合においては、その法定代理人を含む。）の戸籍謄本（法定代理人が法人である場合においては、その定款又は寄附行為及び登記事項証明書）

三　申請者が、法第十八条第一項第一号イからホまでのいずれかに掲げる者でないことを明らかにした書類

四　法人にあつてはその法人の最近三年間における損益計算書及び事業の状況を記載した書類並びに申請の日の属する事業年度の前年度末現在における貸借対照表及び財産目録、人にあつては財産目録その他資産の状況を証する書類で最近三月以内に作成したもの

五　法人にあつてはその役員、人にあつてはその者の履歴を記載した書類（図書の出版に関する履歴については、関与した出版に係る図書の名称、従事した職務の内容等を詳細に記載したものを含む。）

六　教科用図書の編集を担当する者の氏名及び履歴を記載した書類

七　法人にあつてはその法人又はその法人を代表する者、人にあつてはその者が図書の発行に関し著しく不公正な行為をしたことのないものであることを明らかにした書類

（会社以外の者の資産の範囲）

第九条　令第十六条第一号の規定により会社以外の者について文部科学省令で定める資産の額は、現金、預金、有価証券等の流動資産の額及び土地、建物等の固定資産の額の合計額から負債の額を控除した額とする。

（会社以外の者の資産の額）

第一〇条　令第十六条第一号の規定により会社以外の者について文部科学省令で定める額は、千万円とする。

（編集担当者の基準）

第一一条　令第十六条第二号の規定により専ら教科用図書の編集を担当する者について文部科学省令で定める基準は、教科用図書の編集を適切に行い得ると認められる者が五人以上置かれていることとする。

2　発行しようとする教科用図書の種目等により編集の業務の適切な遂行に支障がないと認められる特別な場合は、前項の規定にかかわらず、教科用図書の編集を適切に行い得ると認められる者が前項の数を下る数置かれていることを基準とすることができる。

附　則（省略）

別記様式（省略）

●教科書の発行に関する臨時措置法

（昭和二三年七月一〇日 法律第一三二号）

施行、昭二三・七・一〇
最終改正、平二八―法四七

第一条［この法律の目的］ この法律は、現在の経済事情にかんがみ、教科書の需要供給の調整をはかり、発行を迅速確実にし、適正な価格を維持して、学校教育の目的達成を容易ならしめることを目的とする。

第二条［用語の定義］ この法律において「教科書」とは、小学校、中学校、義務教育学校、高等学校、中等教育学校及びこれらに準ずる学校において、教育課程の構成に応じて組織排列された教科の主たる教材として、教授の用に供せられる児童又は生徒用図書であつて、文部科学大臣の検定を経たもの又は文部科学省が著作の名義を有するものをいう。

2　この法律において「発行」とは、教科書を製造供給することをいい、「発行者」とは、発行を担当する者をいう。

第三条［教科書の表紙及び奥付の記載事項］ 教科書には、その表紙に「教科書」の文字を、その末尾に著作者の氏名、発行者の氏名住所及び発行の年月日、並びに印刷者の氏名住所及び印刷の年月日を記載しなければならない。

2　著作者及び発行者が法人その他の団体であるときは、団体名及びその代表者名を併記するものとする。

3　印刷者の住所と印刷所の所在地とが異なるときは、印刷所の名称及びその所在地をも記載しなければならない。

第四条［教科書の書目の届出］ 発行者は、毎年、文部科学大臣の指示する時期に、発行しようとする教科書の書目を、文部科学大臣に届け出なければならない。

第五条［教科書展示会の開催］ 都道府県の教育委員会は、毎年、文部科学大臣の指示する時期に、教科書展示会を開かなければならない。

2　教科書展示会に関しては、文部科学省令をもつてその基準を定める。

第六条［教科書目録の送付・配布、教科書見本の出品］ 文部科学大臣は、第四条の届出に基き目録（義務教育諸学校の教科書については、義務教育諸学校の教科用図書の無償措置に関する法律（昭和三十八年法律第百八十二号）第十八条第一項に規定する教科用図書発行者の届出に基づくものに限る。）を作成し、都道府県の教育委員会にこれを送付するものとする。

2　都道府県の教育委員会は、前項の目録を当該都道府県の区域内にある第二条第一項に規定する学校に、配布するものとする。

3　発行者は、第四条によつて届け出た教科書の見本を、前条の教科書展示会に出品することができる。

第七条［採択した教科書需要数の報告］ 市町村の教育委員会並びに学校教育法（昭和二十二年法律第二十六号）第二条第二項に規定する国立学校、公立学校（地方独立行政法人法（平成十五年法律第百十八号）第六十八条第一項に規定する公立大学法人が設置するものに限る。）及び私立学校の長は、採択した教科書の需要数を、都道府県の教育委員会に報告しなければならない。

2　都道府県の教育委員会は、都道府県内の教科書の需要数を、文部科学省令の定めるところにより、文部科学大臣に報告しなければならない。

第八条［発行部数の指示］ 文部科学大臣は、前条第二項の需要数を基礎にして、発行者にその発行すべき教科書の種類及び部数の指示（以下「発行の指示」という。）をしなければならない。

第九条［他の発行者への発行指示］ 文部科学大臣は、左の各号の一に当る事由があるときは、需要者の意思を考慮して、他の発行者に発行の指示を行うことができる。

一　需要数が教科書の発行に不十分なとき。
二　発行者の事業能力、信用状態が教科書の発行に不適当と認められるとき。
三　発行者が文部科学大臣の指示した発行を引き受けないとき。
四　第十四条又は第十五条の規定により発行の指示の全部又は一部を取り消したとき。
五　義務教育諸学校の教科用図書の無償措置に関する法律第二十一条の規定により発行の指示を取り消したとき。

第一〇条［教科書の発行義務］ 発行の指示を承諾した者は、文部科学省令の定めるところに従い、教科書を発行する義務を負う。

2　発行者は、教科書を各学校に供給するまで、発行の責任を負うものとする。

3　文部科学大臣は、必要に応じ、発行者から報告をとり、又はその業務の履行の状況を調査することができる。

第一一条［定価の認可］ 教科書の定価は、文部科学大臣の認可を経なければならない。

第一二条［発行保証金］ 発行者は、発行の指示を受けた日から十五日以内に、発行部数に応じて定価の一分にあたる保証金を、現金又は文部科学省令の定める種類の有価証券をもつて文部科学大臣に納めなければならない。

第一三条［保証金の還付等の制限］ 保証金は、第十条の義務を履行した後でなければ、その還付を請求し、又はその債権を譲渡することができない。

第一四条［発行義務違反による発行指示の取消し］ 第十条第一項の義務に違反する行為があると認めるときは、文部科学大臣は、発行の指示を取り消し、又はその後三年間、発行の指示を行わないことができる。

第一五条［保証金不納に因る発行指示の取消し］ 第十二条に定める保証金の全部又は一部を納めない者に対しては、文部科学大臣は、発行の指示の全部又は一部を取り消すことができる。

第一六条［保証金の国庫帰属］ 発行者において、第十条第一項の義務に違反する行為があると認められるときは、保証金は、これを国庫に帰属せしめることができる。

第一七条［文部科学省令への委任］ この法律に定めるものの外、この法律施行のため必要な事項は、文部科学省令でこれを定める。

第一八条［指定図書への準用］ この法律の規定は、教科書以外の教授上用いられる図書であつて、文部科学大臣の指定したものに、これを準用する。

第一九条［事務の区分］ 第五条第一項、第六条第二項及び第七条第二項の規定により都道府県が処理することとされている事務並びに同条第一項の規定により市町村が処理することとされている事務は、地方自治法（昭和二十二年法律第六十七号）第二条第九項第一号に規定する第一号法定受託事務とする。

附　則（省略）

●教科書の発行に関する臨時措置法施行規則（抄）

（昭和二三年八月一三日　文部省令第一五号）

施行、昭二三・八・一三
最終改正、令一—文科令九

第一条〔**教科書の表示方法**〕教科書の発行に関する臨時措置法（以下「法」という。）第三条の規定によつて、教科書の表紙に記載する「教科書」の文字は、「文部科学省検定済教科書」又は「文部科学省著作教科書」として用いるものとする。

第二条〔**書目届出の時期**〕法第四条の文部科学大臣の指示する時期については、これを告示する。

第三条〔**届出の記載方法**〕法第四条による教科書の書目の届出は、別記様式によりこれを行うものとする。

第四条〔**教科書展示会の開催地域**〕都道府県の教育委員会は、数個の地域において教科書展示会を開催することができる。

第五条〔**教科書展示会の開催時期**〕教科書展示会は、六月一日から七月三十一日までの間にこれを行うものとし、毎年その開始の時期及び期間を指示する。

2　前項の指示は、告示をもつてこれを行う。

第六条〔**出品教科書の差別取扱の禁止**〕教科書展示会の出品教科書に対しては、その取扱上の差別をしてはならない。

第七条〔**目録の送達・配布**〕文部科学大臣は、法第六条第一項の目録を、教科書展示会開催日の二週間前までに、都道府県の教育委員会に送達するものとする。

2　都道府県の教育委員会は、法第六条第二項に基いて、前項の目録を教科書展示会開催の前に配布するものとする。

第八条〔**教科書見本の出品**〕法第六条第三項によつて教科書の見本を出品しようとする者は、教科書展示会開催の日の二週間前までに、都道府県の教育委員会に、見本を届けなければならない。

2　前項の見本が、次条第一項によつて都道府県の教育委員会に保存されているものと同じであるときは、保存本をもつてこれに代えるものとする。

3　前項の場合には、発行者は、その旨を文部科学大臣及び都道府県の教育委員会に通知しなければならない。

第九条〔**出品教科書の保存**〕都道府県の教育委員会は、出品教科書を一年間保存しなければならない。

2　前条第三項の通知があつたときは、都道府県の教育委員会は、保存本を出品するものとする。

第一〇条〔**展示会の一般公開**〕教科書展示会は、一般にこれを公開することができる。

第一一条〔**展示会開催の周知徹底**〕都道府県の教育委員会は、展示会の開催時期、場所等を周知徹底させなければならない。

第一二条（省略）

第一三条〔**教科書需要票の提出**〕市町村の教育委員会並びに学校教育法（昭和二十二年法律第二十六号）第二条第二項に規定する国立学校、公立学校（地方独立行政法人法（平成十五年法律第百十八号）第六十八条第一項に規定する公立大学法人が設置するものに限る。）及び私立学校は、教科書需要票を別に定める様式により作成して、都道府県の教育委員会に提出しなければならない。

第一四条〔**需要集計表の送付・提出**〕都道府県の教育委員会は、前条の教科書需要票に基づき、教科書需要集計一覧表を別に定める様式により作成して、九月十六日までに文部科学大臣に提出しなければならない。

第一五条から**第一九条**まで（省略）

第二〇条〔**定価の告示**〕第十八条第一項の算出書（同条第二項の規定により変更の承認の求めのあつたものを含む。）について、文部科学大臣の承認があつたときは、算出書の価格を法第十一条の定価とする。

2　前項の定価は、これを告示するものとする。

第二一条〔**供給時期厳守の責任**〕発行者は、教科書を、その供給計画書に記載した時期までに供給しなければならない。

第二二条〔**供給本と見本との同等性**〕供給する教科書の用紙、印刷及び製本は、出品した見本と同等のものでなければならない。

第二三条〔**資材在庫教科書の明確化**〕発行者は、用紙及びその他の資材の入手状況、その在庫量、使用量を明らかにしなければならない。

2　発行者は、在庫教科書の保管に注意し、その供給状況を明らかにしなければならない。

第二四条〔**立入調査**〕文部科学大臣は、必要に応じて、発行者に、用紙その他の資材の入手、保管、消費の状況又は教科書の製造、供給の状況について報告を求め、あるいは職員を派してそれらを調査し、又はそれらに関する帳簿書類の提示を求めることができる。

第二五条〔**有価証券の種類**〕法第十二条の有価証券は、これを国債又は文部科学大臣が適当と認める金融債とする。

第二六条〔**定価未定の場合の保証金**〕保証金納付の時期までに定価が未定であるときは、文部科学大臣の指示する予定定価によつて、保証金を納めるものとする。

2　前項の定価が決定したとき又は定価に変更のあつたときは、その差額をすみやかに清算しなければならない。

第二七条〔**保証金の返還**〕発行者が第十八条から第二十四条までの義務を履行したときは、納付の保証金は、請求の日から一箇月以内に、これを返還しなければならない。

第二八条〔**発行指示取消処分の告示**〕文部科学大臣が法第十四条又は第十五条に基く処分をしたときは、理由をつけて告示するものとする。

第二九条（省略）

附　則（省略）

別記様式（省略）

●教科用図書検定規則

（平成元年四月四日　文部省令第二〇号）

施行、平二・四・一
最終改正、平二九—文科令三一

第一章　総則

（**趣旨**）

第一条　学校教育法（昭和二十二年法律第二十六号）第三十四条第一項（同法第四十九条、第四十九条の八、第六十二条、第七十条第一項及び第八十二条において準用する場合を含む。）に規定する教科用図書の検定に関し必要な事項は、この省令の定めるところによる。

（**教科用図書**）

第二条　この省令において「教科用図書」とは、小学校、中学校、義務教育学校、中等教育学校、高等学校並びに特別支援学校の小学部、中学部及び高等部の児童又は生徒が用いるため、教科用として編修された図書をいう。

（**検定の基準**）

第三条　教科用図書（以下「図書」という。）の検定の基準は、文部科学大臣が別に公示する教科用図書検定基準の定めるところによる。

第二章　検定手続

（**検定の申請**）

第四条　図書の著作者又は発行者は、その図書の検定を文部科学大臣に申請することができる。

2　前項の申請を行うことができる図書の種目並びに各年度において申請を行うことができる図書の種目及び期間は、文部科学大臣が官報で告示する。

3　教育課程の基準又は教科用図書検定基準（以下この項において「教育課程の基準等」という。）が変更されたときは、検定を経た図書の発行者（当該変更に係る種目の図書を現に発行する者であって、当該変更後においても引き続き当該種目の図書を発行しようとするものに限る。）は、当該変更の内容その他の事情を勘案して文部科学大臣が特に必要がないと認める場合を除き、文部科学大臣の定めるところにより、当該変更後の教育課程の基準等に基づいて、当該種目の図書について検定の申請を行うものとする。

第五条　前条第一項又は第三項の申請を行おうとする者は、文部科学大臣が別に定める様式による検定審査申請書に、申請図書及び第十三条に規定する検定審査料を添えて文部科学大臣に提出するものとする。

2　前項の申請図書の作成の要領及び提出部数については、文部科学大臣が別に定める。

第六条　削除（平一二文令二）

（申請図書の審査）

第七条　文部科学大臣は、申請図書について、検定の決定又は検定審査不合格の決定を行い、その旨を申請者に通知するものとする。ただし、必要な修正を行った後に再度審査を行うことが適当である場合には、決定を留保して検定意見を申請者に通知するものとする。

2　文部科学大臣は、申請図書が図書の検定、採択又は発行に関して文部科学大臣が別に定める不公正な行為をした申請者によるものであって当該行為がなされた図書の属する種目と同一の種目に属する場合には、前項の規定にかかわらず、当該行為が認められたときから直近の一の年度（第四条第二項の規定に基づき当該種目が連続する二以上の年度にわたって申請を行うことができる種目として告示されている場合は、二以上の年度）に限り、検定審査不合格の決定を行い、その旨を申請者に通知するものとする。

（不合格理由の事前通知及び反論の聴取）

第八条　文部科学大臣は、前条の検定審査不合格の決定を行おうとするとき（第三項及び第四項の規定により決定を行おうとするときを除く。）は、検定審査不合格となるべき理由を申請者に対し事前に通知するものとする。

2　前項の通知を受けた者は、通知のあった日の翌日から起算して二十日以内に、文部科学大臣が別に定める様式による反論書を文部科学大臣に提出することができる。

3　前項の反論書の提出がないときは、文部科学大臣は、前条の検定審査不合格の決定を行うものとする。

4　第二項の反論書の提出があったときは、文部科学大臣は、これを踏まえ、当該申請図書について前条の検定の決定又は検定審査不合格の決定を行うものとする。ただし、必要な修正を行った後に再度審査を行うことが適当である場合には、前条の検定意見の通知を行うものとする。

（検定意見に対する意見の申立て）

第九条　第七条第一項の検定意見の通知を受けた者は、通知のあった日の翌日から起算して二十日以内に、文部科学大臣が別に定める様式による検定意見に対する意見申立書を文部科学大臣に提出することができる。

2　前項の意見申立書の提出があった場合において、文部科学大臣は、申し立てられた意見を相当と認めるときは、当該検定意見を取り消すものとする。

（修正が行われた申請図書の審査）

第一〇条　第七条第一項の検定意見の通知を受けた者は、文部科学大臣が指示する期間内に、申請図書について検定意見に従って修正した内容を、文部科学大臣が別に定める様式による修正表提出届により、文部科学大臣に提出するものとする。

2　文部科学大臣は、前項の修正が行われた申請図書について、検定の決定又は検定審査不合格の決定を行い、その旨を申請者に通知するものとする。

3　第一項の修正表提出届の提出がないときは、文部科学大臣は、検定審査不合格の決定を行い、その旨を申請者に通知するものとする。

（教科書調査官による調査）

第一一条　第七条第一項、第八条第四項、第九条第二項、前条第二項又は第三項の場合において、教科書調査官は、申請図書に係る専門的な調査審議のために教科用図書検定調査審議会に提出される調査意見（第七条第一項の検定意見の原案をいう。第十八条において同じ。）を記載した資料その他の必要な資料を作成するため、申請図書について必要な調査を行うものとする。

（不合格図書の再申請）

第一二条　申請図書又は修正が行われた申請図書について、第七条第一項又は第十条第二項若しくは第三項の検定審査不合格の決定の通知を受けた者は、その図書に必要な修正を加えた上、文部科学大臣が別に定める期間内に再申請することができる。

（検定審査料）

第一三条　検定の審査料は、申請図書につき文部科学大臣が別に定めるところにより算定したページ数を、小学校用の図書にあっては二百七十円、中学校用の図書にあっては四百四十円、高等学校用の図書にあっては五百四十円に乗じて得た額とする。ただし、これによって算定した額が申請図書一件につき五万四千円未満のときは、五万四千円とする。

2　納付した検定審査料は返還しない。

第三章　検定済図書の訂正

（検定済図書の訂正）

第一四条　検定を経た図書について、誤記、誤植、脱字若しくは誤った事実の記載又は客観的事情の変更に伴い明白に誤りとなった事実の記載若しくは学習する上に支障を生ずるおそれのある記載があることを発見したときは、発行者は、文部科学大臣の承認を受け、必要な訂正を行わなければならない。

2　検定を経た図書について、前項に規定する記載を除くほか、更新を行うことが適切な事実の記載若しくは統計資料の記載又は変更を行うことが適切な体裁その他の記載（検定を経た図書の基本的な構成を変更しないものに限る。次項において同じ。）があることを発見したときは、発行者は、文部科学大臣が別に定める日以降に申請を行い、文部科学大臣の承認を受け、必要な訂正を行うことができる。

3　第一項に規定する記載の訂正が、客観的に明白な誤記、誤植若しくは脱字に係るものであって、内容の同一性を失わない範囲のものであるとき、又は前項に規定する記載の訂正が、同一性をもった資料により統計資料の記載の更新を行うもの若しくは変更を行うことが適切な体裁その他の記載の更新に係るものであって、内容の同一性を失わない範囲のものであるときは、発行者は、前二項の規定にかかわらず、文部科学大臣が別に定める日までにあらかじめ文部科学大臣へ届け出ることにより訂正を行うことができる。

4　文部科学大臣は、検定を経た図書について、第一項及び第二項に規定する記載があると認めるときは、発行者に対し、その訂正の申請を勧告することができる。

5　第三条の規定は、第一項又は第二項の承認について準用する。

（検定済図書の訂正の手続）

第一五条　前条第一項又は第二項の承認を受けようとする者は、文部科学大臣が別に定める様式による訂正申請書に、訂正本一部を添えて文部科学大臣に提出するものとする。

2　前条第三項の届出をしようとする者は、文部科学大臣が別に定める様式による訂正届出書を文部科学大臣に提出するものとする。

3　前条第一項若しくは第二項の承認を受けた者又は同条第三項の訂正を行った者は、その図書の供給が既に完了しているときは、速やかに当該訂正の内容を、その図書を現に使用している学校の校長並びに当該学校を所管する教育委員会及び当該学校の存する都道府県の教育委員会に通知しなければならない。

第四章　雑則

（検定済の表示等）

第一六条　検定を経た図書には、その表紙に

「文部科学省検定済教科書」の文字、その図書の目的とする学校及び教科の種類並びにその図書の名称を、その奥付に検定の年月日をそれぞれ表示しなければならない。

（見本の提出）

第一七条　第七条第一項又は第十条第二項の規定による検定の決定の通知を受けた者は、文部科学大臣が別に定める期間内に、図書として完成した見本を作成し、文部科学大臣が別に定める様式による見本提出届に、文部科学大臣が別に定める部数の見本を添えて文部科学大臣に提出するものとする。

（申請図書等の公開）

第一八条　文部科学大臣は、検定審査終了後、別に定めるところにより、申請図書、見本、調査意見及び検定意見の内容その他検定の申請に係る資料を公開するものとする。

（検定済図書の告示等）

第一九条　文部科学大臣は、検定を経た図書の名称、目的とする学校及び教科の種類、検定の年月日、著作者の氏名並びに発行者の氏名及び住所（法人にあっては、その名称、代表者の氏名及び主たる事務所の所在地）を官報で告示する。

2　検定を経た図書の著作者の氏名又は発行者の氏名若しくは住所（法人にあっては、その名称、代表者の氏名又は主たる事務所の所在地）の記載を変更したときは、発行者は、速やかにその内容を文部科学大臣に届け出なければならない。

附　則（省略）

●義務教育諸学校教科用図書検定基準（抄）

（平成二九年八月一〇日　文部科学省告示第一〇五号）

施行、平三〇・四・一
最終改正、令一―文科告一八

第一章　総則

(1)　本基準は、教科用図書検定規則第三条の規定に基づき、学校教育法に規定する小学校、中学校、義務教育学校、中等教育学校の前期課程並びに特別支援学校の小学部及び中学部において使用される義務教育諸学校教科用図書について、その検定のために必要な審査基準を定めることを目的とする。

(2)　本基準による審査においては、その教科用図書が、教育課程の構成に応じて組織排列された教科の主たる教材として、教授の用に供せられる児童又は生徒用図書であることにかんがみ、知・徳・体の調和がとれ、生涯にわたって自己実現を目指す自立した人間、公共の精神を尊び、国家・社会の形成に主体的に参画する国民及び我が国の伝統と文化を基盤として国際社会を生きる日本人の育成を目指す教育基本法に示す教育の目標並びに学校教育法及び学習指導要領に示す目標を達成するため、これらの目標に基づき、第二章及び第三章に掲げる各項目に照らして適切であるかどうかを審査するものとする。

第二章　教科共通の条件

1　基本的条件

（教育基本法及び学校教育法との関係）

(1)　教育基本法第一条の教育の目的及び同法第二条に掲げる教育の目標に一致していること。また、同法第五条第二項の義務教育の目的及び学校教育法第二一条に掲げる義務教育の目標並びに同法に定める各学校の目的及び教育の目標に一致していること。

（学習指導要領との関係）

(2)　学習指導要領の総則や教科の目標に一致していること。

(3)　小学校学習指導要領（平成二九年文部科学省告示第六三号）又は中学校学習指導要領（平成二九年文部科学省告示第六四号）（以下「学習指導要領」という。）に示す教科及び学年、分野又は言語の「目標」（以下「学習指導要領に示す目標」という。）に従い、学習指導要領に示す学年、分野又は言語の「内容」（以下「学習指導要領に示す内容」という。）及び「内容の取扱い」（「指導計画の作成と内容の取扱い」を含む。以下「学習指導要領に示す内容の取扱い」という。）に示す事項を不足なく取り上げていること。

(4)　本文、問題、説明文、注、資料、作品、挿絵、写真、図など教科用図書の内容（以下「図書の内容」という。）には、学習指導要領に示す目標、学習指導要領に示す内容及び学習指導要領に示す内容の取扱いに照らして不必要なものは取り上げていないこと。

（心身の発達段階への適応）

(5)　図書の内容は、その使用される学年の児童又は生徒の心身の発達段階に適応しており、また、心身の健康や安全及び健全な情操の育成について必要な配慮を欠いているところはないこと。

2　選択・扱い及び構成・排列

（学習指導要領との関係）

(1)　図書の内容の選択及び扱いには、学習指導要領の総則、学習指導要領に示す目標、学習指導要領に示す内容及び学習指導要領に示す内容の取扱いに照らして不適切なところその他児童又は生徒が学習する上に支障を生ずるおそれのあるところはないこと。その際、知識及び技能の活用、思考力、判断力、表現力等及び学びに向かう力、人間性等の発揮により、資質・能力の育成に向けた児童又は生徒の主体的・対話的で深い学びの実現に資する学習及び指導ができるよう適切な配慮がなされていること。

(2)　図書の内容に、学習指導要領に示す他の教科などの内容と矛盾するところはなく、話題や題材が他の教科などにわたる場合には、十分な配慮なく専門的な知識を扱っていないこと。

(3)　学習指導要領の内容及び学習指導要領の内容の取扱いに示す事項が、学校教育法施行規則別表第一又は別表第二に定める授業時数に照らして図書の内容に適切に配分されていること。

（政治・宗教の扱い）

(4)　政治や宗教の扱いは、教育基本法第一四条（政治教育）及び第一五条（宗教教育）の規定に照らして適切かつ公正であり、特定の政党や宗派又はその主義や信条に偏っていたり、それらを非難していたりするところはないこと。

（選択・扱いの公正）

(5)　話題や題材の選択及び扱いは、児童又は生徒が学習内容を理解する上に支障を生ずるおそれがないよう、特定の事項、事象、分野などに偏ることなく、全体として調和がとれていること。

(6)　図書の内容に、児童又は生徒が学習内容を理解する上に支障を生ずるおそれがないよう、特定の事柄を特別に強調し過ぎていたり、一面的な見解を十分な配慮なく取り上げていたりするところはないこと。

（特定の企業、個人、団体の扱い）

(7)　図書の内容に、特定の営利企業、商品などの宣伝や非難になるおそれのあるところはないこと。

(8)　図書の内容に、特定の個人、団体などについて、その活動に対する政治的又は宗教的な援助や助長となるおそれのあるところはなく、また、その権利や利益を侵害するおそれのあるところはないこと。

（引用資料）

(9)　引用、掲載された教材、写真、挿絵、統計資料などは、信頼性のある適切なものが選ばれており、その扱いは公正であること。

(10) 引用、掲載された教材、写真、挿絵などについては、著作権法上必要な出所や著作者名その他必要に応じて出典、年次など学習上必要な事項が示されていること。

(11) 統計資料については、原則として、最新のものを用いており、児童又は生徒が学習する上に支障を生ずるおそれのあることはなく、出典、年次など学習上必要な事項が示されていること。

（構成・排列）

(12) 図書の内容は、全体として系統的、発展的に構成されており、網羅的、羅列的になっているところはなく、その組織及び相互の関連は適切であること。

(13) 図書の内容のうち、説明文、注、資料などは、主たる記述と適切に関連付けて扱われていること。

(14) 実験、観察、実習、調べる活動などに関するものについては、児童又は生徒が自ら当該活動を行うことができるよう適切な配慮がされていること。

（発展的な学習内容）

(15) 1の(4)にかかわらず、児童又は生徒の理解や習熟の程度に応じ、学習内容を確実に身に付けることができるよう、学習指導要領に示す内容及び学習指導要領に示す内容の取扱いに示す事項を超えた事項（以下「発展的な学習内容」という。）を取り上げることができること。

(16) 発展的な学習内容を取り上げる場合には、学習指導要領に示す内容や学習指導要領に示す内容の取扱いに示す事項との適切な関連の下、学習指導要領の総則、学習指導要領に示す目標や学習指導要領に示す内容の趣旨を逸脱せず、児童又は生徒の負担過重とならないものとし、その内容の選択及び扱いには、これらの趣旨に照らして不適切なところその他児童又は生徒が学習する上に支障を生ずるおそれのあるところはないこと。

(17) 発展的な学習内容を取り上げる場合には、それ以外の内容と客観的に区別され、発展的な学習内容であることが明示されていること。その際、原則として当該内容を学習すべき学校種及び学年などの学習指導要領上の位置付けを明示すること。

（ウェブページのアドレス等）

(18) 学習上の参考に供するために真に必要であり、図書中にウェブページのアドレス又は二次元コードその他のこれに代わるものを掲載する場合には、当該ウェブページの内容と密接な関連を有するとともに、児童又は生徒に不適切であることが客観的に明白な情報を参照させるものではなく、情報の扱いは公正であること。なお、図書中に掲載するウェブページのアドレス等は発行者の責任において管理できるものを参照させていること。

3 正確性及び表記・表現

(1) 図書の内容に、誤りや不正確なところ、相互に矛盾しているところはないこと（(2)の場合を除く。）。

(2) 図書の内容に、客観的に明白な誤記、誤植又は脱字がないこと。

(3) 図書の内容に、児童又は生徒がその意味を理解し難い表現や、誤解するおそれのある表現はないこと。

(4) 漢字、仮名遣い、送り仮名、ローマ字つづり、用語、記号、計量単位などの表記は適切であって不統一はなく、別表に掲げる表記の基準によっていること。

(5) 図、表、グラフ、地図などは、教科に応じて、通常の約束、方法に従って記載されていること。

第三章　教科固有の条件

【各教科】

〔国語科（〔書写〕を除く。）〕・〔国語科〔書写〕〕（省略）

〔社会科（〔地図〕を除く。）〕

1 選択・扱い及び構成・排列

(1) （省略）

(2) 図書の内容全体を通じて、多様な見解のある社会的事象の取り上げ方に不適切なところはなく、考えが深まるよう様々な見解を提示するなど児童又は生徒が当該事象について多面的・多角的に考えられるよう適切な配慮がされていること。

(3) 未確定な時事的事象について断定的に記述していたり、特定の事柄を強調し過ぎていたり、一面的な見解を十分な配慮なく取り上げていたりするところはないこと。

(4) 近現代の歴史的事象のうち、通説的な見解がない数字などの事項について記述する場合には、通説的な見解がないことが明示されているとともに、児童又は生徒が誤解するおそれのある表現がないこと。

(5) 閣議決定その他の方法により示された政府の統一的な見解又は最高裁判所の判例が存在する場合には、それらに基づいた記述がされていること。

(6) 近隣のアジア諸国との間の近現代の歴史的事象の扱いに国際理解と国際協調の見地から必要な配慮がされていること。

(7) 著作物、史料などを引用する場合には、評価の定まったものや信頼度の高いものを用いており、その扱いは公正であること。また、法文を引用する場合には、原典の表記を尊重していること。

(8) 日本の歴史の紀年について、重要なものには元号及び西暦を併記していること。

〔社会科〔地図〕〕から〔外国語科〕まで（省略）

【特別の教科】

〔道徳科〕

1 基本的条件

(1) 小学校学習指導要領第三章の第三「指導計画の作成と内容の取扱い」の3の(1)及び中学校学習指導要領第三章の第三「指導計画の作成と内容の取扱い」の3の(1)に示す題材の全てを教材として取り上げていること。

(2) 小学校学習指導要領第三章の第三「指導計画の作成と内容の取扱い」の3の(2)のア及びイ並びに中学校学習指導要領第三章の第三「指導計画の作成と内容の取扱い」の3の(2)のア及びイに照らして適切な教材を取り上げていること。

2 選択・扱い及び構成・排列

(1) 図書の内容全体を通じて、小学校学習指導要領第三章の第三「指導計画の作成と内容の取扱い」の2の(4)及び中学校学習指導要領第三章の第三「指導計画の作成と内容の取扱い」の2の(4)に示す言語活動について適切な配慮がされていること。

(2) 図書の内容全体を通じて、小学校学習指導要領第三章の第三「指導計画の作成と内容の取扱い」の2の(5)及び中学校学習指導要領第三章の第三「指導計画の作成と内容の取扱い」の2の(5)に示す問題解決的な学習や道徳的行為に関する体験的な学習について適切な配慮がされていること。

(3) 小学校学習指導要領第三章の第三「指導計画の作成と内容の取扱い」の3の(2)及び中学校学習指導要領第三章の第三「指導計画の作成と内容の取扱い」の3の(2)に照らして取り上げ方に不適切なところはないこと。

特に、多様な見方や考え方のできる事柄を取り上げる場合には、その取り上げ方について特定の見方や考え方に偏った取扱いはされておらず公正であるとともに、児童又は生徒の心身の発達段階に即し、多面的・多角的に考えられるよう適切な配慮がされていること。

(4) 図書の主たる記述と小学校学習指導要領第三章の第二「内容」及び中学校学習指導要領第三章の第二「内容」に示す項目との関係が明示されており、その関係は適切であること。

附　則

1 この告示は平成三〇年四月一日から施行し、小学校の教科用図書については平成三二年度以降の使用に係るもの、中学校の教科用図書については平成三三年度以降の使用に係るものの検定から適用する。

2　義務教育諸学校教科用図書検定基準（平成二一年文部科学省告示第三三号）は、廃止する。ただし、平成三一年三月三一日までに検定の申請が受理される中学校の教科用図書の検定並びに平成三二年三月三一日までに訂正の申請が受理される小学校学習指導要領（平成二〇年文部科学省告示第二七号）に基づき編集された教科用図書の訂正及び平成三三年三月三一日までに訂正の申請が受理される中学校学習指導要領（平成二〇年文部科学省告示第二八号）に基づき編集された教科用図書の訂正については、なお従前の例による。

別表〔省略〕

附　則（平成三〇年九月一八日 文部科学省告示第一七三号）

この告示は、平成三十一年四月一日から施行し、平成三十三年度以降の使用に係る教科用図書の検定から適用する。

●高等学校教科用図書検定基準〔抄〕

（平成三〇年九月一八日 文部科学省告示第一七四号）

施行、平三一・四・一
最終改正、令一—文科告一八

第一章　総則

(1) 本基準は、教科用図書検定規則第三条の規定に基づき、学校教育法に規定する高等学校、中等教育学校の後期課程及び特別支援学校の高等部において使用される高等学校教科用図書について、その検定のために必要な審査基準を定めることを目的とする。

(2) 本基準による審査においては、その教科用図書が、教育課程の構成に応じて組織排列された教科の主たる教材として、教授の用に供せられる生徒用図書であることにかんがみ、知・徳・体の調和がとれ、生涯にわたって自己実現を目指す自立した人間、公共の精神を尊び、国家・社会の形成に主体的に参画する国民及び我が国の伝統と文化を基盤として国際社会を生きる日本人の育成を目指す教育基本法に示す教育の目標並びに学校教育法及び学習指導要領に示す目標を達成するため、これらの目標に基づき、第二章及び第三章に掲げる各項目に照らして適切であるかどうかを審査するものとする。

第二章　各教科共通の条件

1　基本的条件

（教育基本法及び学校教育法との関係）

(1) 教育基本法第一条の教育の目的及び同法第二条に掲げる教育の目標に一致していること。また、学校教育法に定める各学校の目的及び教育の目標に一致していること。

（学習指導要領との関係）

(2) 学習指導要領の総則や教科の目標に一致していること。

(3) 高等学校学習指導要領（平成三〇年文部科学省告示第六八号。以下「学習指導要領」という。）に示す教科及び科目の「目標」（以下「学習指導要領に示す目標」という。）に従い、学習指導要領に示す科目の「内容」（以下「学習指導要領に示す内容」という。）及び「内容の取扱い」（「各科目にわたる指導計画の作成と内容の取扱い」を含む。以下「学習指導要領に示す内容の取扱い」という。）に示す事項を不足なく取り上げていること。

(4) 本文、問題、説明文、注、資料、作品、挿絵、写真、図など教科用図書の内容（以下「図書の内容」という。）には、学習指導要領に示す目標、学習指導要領に示す内容及び学習指導要領に示す内容の取扱いに照らして不必要なものは取り上げていないこと。

（心身の発達段階への適応）

(5) 図書の内容は、生徒の心身の発達段階に適応しており、また、心身の健康や安全及び健全な情操の育成について必要な配慮を欠いているところはないこと。

2　選択・扱い及び構成・排列

（学習指導要領との関係）

(1) 図書の内容の選択及び扱いには、学習指導要領の総則、学習指導要領に示す目標、学習指導要領に示す内容及び学習指導要領に示す内容の取扱いに照らして不適切なところその他生徒が学習する上に支障を生ずるおそれのあるところはないこと。その際、知識及び技能の活用、思考力、判断力、表現力等及び学びに向かう力、人間性等の発揮により、資質・能力の育成に向けた生徒の主体的・対話的で深い学びの実現に資する学習及び指導ができるよう適切な配慮がされていること。

(2) 話題や題材が他の教科及び科目にわたる場合には、十分な配慮なく専門的な知識を扱っていないこと。

(3) 学習指導要領の内容及び学習指導要領の内容の取扱いに示す事項が、学習指導要領に示す標準単位数に対応する授業時数に照らして図書の内容に適切に配分されていること。

（政治・宗教の扱い）

(4) 政治や宗教の扱いは、教育基本法第一四条（政治教育）及び第一五条（宗教教育）の規定に照らして適切かつ公正であり、特定の政党や宗派又はその主義や信条に偏っていたり、それらを非難していたりするところはないこと。

（選択・扱いの公正）

(5) 話題や題材の選択及び扱いは、生徒が学習内容を理解する上に支障を生ずるおそれがないよう、特定の事項、事象、分野などに偏ることなく、全体として調和がとれていること。

(6) 図書の内容に、生徒が学習内容を理解する上に支障を生ずるおそれがないよう、特定の事柄を特別に強調し過ぎていたり、一面的な見解を十分な配慮なく取り上げていたりするところはないこと。

（特定の企業、個人、団体の扱い）

(7) 図書の内容に、特定の営利企業、商品などの宣伝や非難になるおそれのあるところはないこと。

(8) 図書の内容に、特定の個人、団体などについて、その活動に対する政治的又は宗教的な援助や助長となるおそれのあるところはなく、また、その権利や利益を侵害するおそれのあるところはないこと。

（引用資料）

(9) 引用、掲載された教材、写真、挿絵、統計資料などは、信頼性のある適切なものが選ばれており、その扱いは公正であること。

(10) 引用、掲載された教材、写真、挿絵などについては、著作権法上必要な出所や著作者名その他必要に応じて出典、年次など学習上必要な事項が示されていること。

(11) 統計資料については、原則として、最新のものを用いており、生徒が学習する上に支障を生ずるおそれのあることはなく、出典、年次など学習上必要な事項が示されていること。

（構成・排列）

⑿　図書の内容は、全体として系統的、発展的に構成されており、網羅的、羅列的になっているところはなく、その組織及び相互の関連は適切であること。

⒀　図書の内容のうち、説明文、注、資料などは、主たる記述と適切に関連付けて扱われていること。

⒁　実験、観察、実習、調べる活動などに関するものについては、生徒が自ら当該活動を行うことができるよう適切な配慮がされていること。

（発展的な学習内容）

⒂　1の⑷にかかわらず、生徒の理解や習熟の程度に応じ、学習内容を確実に身に付けることができるよう、学習指導要領に示す内容及び学習指導要領に示す内容の取扱いに示す事項を超えた事項（以下「発展的な学習内容」という。）を取り上げることができること。

⒃　発展的な学習内容を取り上げる場合には、学習指導要領に示す内容や学習指導要領に示す内容の取扱いに示す事項との適切な関連の下、学習指導要領の総則、学習指導要領に示す目標や学習指導要領に示す内容の趣旨を逸脱せず、生徒の負担過重とならないものとし、その内容の選択及び扱いには、これらの趣旨に照らして不適切なところその他生徒が学習する上に支障を生ずるおそれのあるところはないこと。

⒄　発展的な学習内容を取り上げる場合には、それ以外の内容と客観的に区別され、発展的な学習内容であることが明示されていること。その際、原則として当該内容を学習すべき科目などの学習指導要領上の位置付けを明示すること。

（ウェブページのアドレス等）

⒅　学習上の参考に供するために真に必要であり、図書中にウェブページのアドレス又は二次元コードその他のこれに代わるものを掲載する場合は、当該ウェブページのアドレス等が参照させるものは図書の内容と密接な関連を有するとともに、生徒に不適切であることが客観的に明白な情報を参照させるものではなく、情報の扱いは公正であること。なお、図書中に掲載するウェブページのアドレス等は発行者の責任において管理できるものを参照させていること。

3　正確性及び表記・表現

⑴　図書の内容に、誤りや不正確なところ、相互に矛盾しているところはないこと（⑵の場合を除く。）。

⑵　図書の内容に、客観的に明白な誤記、誤植又は脱字がないこと。

⑶　図書の内容に、生徒がその意味を理解し難い表現や、誤解するおそれのある表現はないこと。

⑷　漢字、仮名遣い、送り仮名、ローマ字つづり、用語、記号、計量単位などの表記は適切であって不統一はなく、別表に掲げる表記の基準によっていること。

第三章　各教科固有の条件（省略）

附　則

1　この告示は平成三一年四月一日から施行し、平成三四年四月一日以降高等学校の第一学年に入学した生徒（学校教育法施行規則（昭和二二年文部省令第一一号）第一〇三条第一項に規定する学年による教育課程の区分を設けない場合にあっては、同日以降に入学した生徒（学校教育法施行規則第九一条の規定により入学した生徒で同日前に入学した生徒に係る教育課程により履修するものを除く。）及び中等教育学校の第四学年に進級した生徒の使用に係る教科用図書の検定から適用する。

2　高等学校教科用図書検定基準（平成二一年文部科学省告示第一六六号）は、廃止する。ただし、平成三三年三月三一日までに検定の申請が受理される改正前の高等学校学習指導要領（平成二一年文部科学省告示第三四号）に基づく高等学校の教科用図書の検定については、なお、従前の例による。

別表（省略）

附　則（抄）（令和元年七月一日文部科学省告示第一八号）

施行、令一・七・一

2　（前略）第十二条の規定は、令和四年度以降の使用に係る教科用図書の検定から適用する。

第5章 学校保健・安全

●学校保健安全法

（昭和三三年四月一〇日 法律第五六号）

施行、昭三三・六・一、昭三三・一〇・一
最終改正、平二七—法四六

第一章 総則

（目的）

第一条 この法律は、学校における児童生徒等及び職員の健康の保持増進を図るため、学校における保健管理に関し必要な事項を定めるとともに、学校における教育活動が安全な環境において実施され、児童生徒等の安全の確保が図られるよう、学校における安全管理に関し必要な事項を定め、もつて学校教育の円滑な実施とその成果の確保に資することを目的とする。

（定義）

第二条 この法律において「学校」とは、学校教育法（昭和二十二年法律第二十六号）第一条に規定する学校をいう。

2 この法律において「児童生徒等」とは、学校に在学する幼児、児童、生徒又は学生をいう。

（国及び地方公共団体の責務）

第三条 国及び地方公共団体は、相互に連携を図り、各学校において保健及び安全に係る取組が確実かつ効果的に実施されるようにするため、学校における保健及び安全に関する最新の知見及び事例を踏まえつつ、財政上の措置その他の必要な施策を講ずるものとする。

2 国は、各学校における安全に係る取組を総合的かつ効果的に推進するため、学校安全の推進に関する計画の策定その他所要の措置を講ずるものとする。

3 地方公共団体は、国が講ずる前項の措置に準じた措置を講ずるように努めなければならない。

第二章 学校保健

第一節 学校の管理運営等

（学校保健に関する学校の設置者の責務）

第四条 学校の設置者は、その設置する学校の児童生徒等及び職員の心身の健康の保持増進を図るため、当該学校の施設及び設備並びに管理運営体制の整備充実その他の必要な措置を講ずるよう努めるものとする。

（学校保健計画の策定等）

第五条 学校においては、児童生徒等及び職員の心身の健康の保持増進を図るため、児童生徒等及び職員の健康診断、環境衛生検査、児童生徒等に対する指導その他保健に関する事項について計画を策定し、これを実施しなければならない。

（学校環境衛生基準）

第六条 文部科学大臣は、学校における換気、採光、照明、保温、清潔保持その他環境衛生に係る事項（学校給食法（昭和二十九年法律第百六十号）第九条第一項（夜間課程を置く高等学校における学校給食に関する法律（昭和三十一年法律第百五十七号）第七条及び特別支援学校の幼稚部及び高等部における学校給食に関する法律（昭和三十二年法律第百十八号）第六条において準用する場合を含む。）に規定する事項を除く。）について、児童生徒等及び職員の健康を保護する上で維持されることが望ましい基準（以下この条において「学校環境衛生基準」という。）を定めるものとする。

2 学校の設置者は、学校環境衛生基準に照らしてその設置する学校の適切な環境の維持に努めなければならない。

3 校長は、学校環境衛生基準に照らし、学校の環境衛生に関し適正を欠く事項があると認めた場合には、遅滞なく、その改善のために必要な措置を講じ、又は当該措置を講ずることができないときは、当該学校の設置者に対し、その旨を申し出るものとする。

（保健室）

第七条 学校には、健康診断、健康相談、保健指導、救急処置その他の保健に関する措置を行うため、保健室を設けるものとする。

第二節 健康相談等

（健康相談）

第八条 学校においては、児童生徒等の心身の健康に関し、健康相談を行うものとする。

（保健指導）

第九条 養護教諭その他の職員は、相互に連携して、健康相談又は児童生徒等の健康状態の日常的な観察により、児童生徒等の心身の状況を把握し、健康上の問題があると認めるときは、遅滞なく、当該児童生徒等に対して必要な指導を行うとともに、必要に応じ、その保護者（学校教育法第十六条に規定する保護者をいう。第二十四条及び第三十条において同じ。）に対して必要な助言を行うものとする。

（地域の医療機関等との連携）

第一〇条 学校においては、救急処置、健康相談又は保健指導を行うに当たつては、必要に応じ、当該学校の所在する地域の医療機関その他の関係機関との連携を図るよう努めるものとする。

第三節 健康診断

（就学時の健康診断）

第一一条 市（特別区を含む。以下同じ。）町村の教育委員会は、学校教育法第十七条第一項の規定により翌学年の初めから同項に規定する学校に就学させるべき者で、当該市町村の区域内に住所を有するものの就学に当たつて、その健康診断を行わなければならない。

第一二条 市町村の教育委員会は、前条の健康診断の結果に基づき、治療を勧告し、保健上必要な助言を行い、及び学校教育法第十七条第一項に規定する義務の猶予若しくは免除又は特別支援学校への就学に関し指導を行う等適切な措置をとらなければならない。

（児童生徒等の健康診断）

第一三条 学校においては、毎学年定期に、児童生徒等（通信による教育を受ける学生を除く。）の健康診断を行わなければならない。

2 学校においては、必要があるときは、臨時に、児童生徒等の健康診断を行うものとする。

第一四条 学校においては、前条の健康診断の結果に基づき、疾病の予防処置を行い、又は治療を指示し、並びに運動及び作業を軽減する等適切な措置をとらなければならない。

（職員の健康診断）

第一五条 学校の設置者は、毎学年定期に、学校の職員の健康診断を行わなければならない。

2 学校の設置者は、必要があるときは、臨時に、学校の職員の健康診断を行うものとする。

第一六条 学校の設置者は、前条の健康診断の結果に基づき、治療を指示し、及び勤務を軽減する等適切な措置をとらなければならない。

（健康診断の方法及び技術的基準等）

第一七条 健康診断の方法及び技術的基準については、文部科学省令で定める。

2 第十一条から前条までに定めるもののほか、健康診断の時期及び検査の項目その他健康診断に関し必要な事項は、前項に規定するものを除き、第十一条の健康診断に関するものについては政令で、第十三条及び第十五条の健康診断に関するものについては文部科学省令で定める。

3 前二項の文部科学省令は、健康増進法（平成十四年法律第百三号）第九条第一項に規定する健康診査等指針と調和が保たれたものでなければならない。

（保健所との連絡）

第一八条 学校の設置者は、この法律の規定による健康診断を行おうとする場合その他政令で定める場合においては、保健所と連絡するものとする。

第四節　感染症の予防

（出席停止）

第一九条　校長は、感染症にかかつており、かかつている疑いがあり、又はかかるおそれのある児童生徒等があるときは、政令で定めるところにより、出席を停止させることができる。

（臨時休業）

第二〇条　学校の設置者は、感染症の予防上必要があるときは、臨時に、学校の全部又は一部の休業を行うことができる。

（文部科学省令への委任）

第二一条　前二条（第十九条の規定に基づく政令を含む。）及び感染症の予防及び感染症の患者に対する医療に関する法律（平成十年法律第百十四号）その他感染症の予防に関して規定する法律（これらの法律に基づく命令を含む。）に定めるもののほか、学校における感染症の予防に関し必要な事項は、文部科学省令で定める。

第五節　学校保健技師並びに学校医、学校歯科医及び学校薬剤師

（学校保健技師）

第二二条　都道府県の教育委員会の事務局に、学校保健技師を置くことができる。

2　学校保健技師は、学校における保健管理に関する専門的事項について学識経験がある者でなければならない。

3　学校保健技師は、上司の命を受け、学校における保健管理に関し、専門的技術的指導及び技術に従事する。

（学校医、学校歯科医及び学校薬剤師）

第二三条　学校には、学校医を置くものとする。

2　大学以外の学校には、学校歯科医及び学校薬剤師を置くものとする。

3　学校医、学校歯科医及び学校薬剤師は、それぞれ医師、歯科医師又は薬剤師のうちから、任命し、又は委嘱する。

4　学校医、学校歯科医及び学校薬剤師は、学校における保健管理に関する専門的事項に関し、技術及び指導に従事する。

5　学校医、学校歯科医及び学校薬剤師の職務執行の準則は、文部科学省令で定める。

第六節　地方公共団体の援助及び国の補助

（地方公共団体の援助）

第二四条　地方公共団体は、その設置する小学校、中学校、義務教育学校、中等教育学校の前期課程又は特別支援学校の小学部若しくは中学部の児童又は生徒が、感染性又は学習に支障を生ずるおそれのある疾病で政令で定めるものにかかり、学校において治療の指示を受けたときは、当該児童又は生徒の保護者で次の各号のいずれかに該当するものに対して、その疾病の治療のための医療に要する費用について必要な援助を行うものとする。

一　生活保護法（昭和二十五年法律第百四十四号）第六条第二項に規定する要保護者

二　生活保護法第六条第二項に規定する要保護者に準ずる程度に困窮している者で政令で定めるもの

（国の補助）

第二五条　国は、地方公共団体が前条の規定により同条第一号に掲げる者に対して援助を行う場合には、予算の範囲内において、その援助に要する経費の一部を補助することができる。

2　前項の規定により国が補助を行う場合の補助の基準については、政令で定める。

第三章　学校安全

（学校安全に関する学校の設置者の責務）

第二六条　学校の設置者は、児童生徒等の安全の確保を図るため、その設置する学校において、事故、加害行為、災害等（以下この条及び第二十九条第三項において「事故等」という。）により児童生徒等に生ずる危険を防止し、及び事故等により児童生徒等に危険又は危害が現に生じた場合（同条第一項及び第二項において「危険等発生時」という。）において適切に対処することができるよう、当該学校の施設及び設備並びに管理運営体制の整備充実その他の必要な措置を講ずるよう努めるものとする。

（学校安全計画の策定等）

第二七条　学校においては、児童生徒等の安全の確保を図るため、当該学校の施設及び設備の安全点検、児童生徒等に対する通学を含めた学校生活その他の日常生活における安全に関する指導、職員の研修その他学校における安全に関する事項について計画を策定し、これを実施しなければならない。

（学校環境の安全の確保）

第二八条　校長は、当該学校の施設又は設備について、児童生徒等の安全の確保を図る上で支障となる事項があると認めた場合には、遅滞なく、その改善を図るために必要な措置を講じ、又は当該措置を講ずることができないときは、当該学校の設置者に対し、その旨を申し出るものとする。

（危険等発生時対処要領の作成等）

第二九条　学校においては、児童生徒等の安全の確保を図るため、当該学校の実情に応じて、危険等発生時において当該学校の職員がとるべき措置の具体的内容及び手順を定めた対処要領（次項において「危険等発生時対処要領」という。）を作成するものとする。

2　校長は、危険等発生時対処要領の職員に対する周知、訓練の実施その他の危険等発生時において職員が適切に対処するために必要な措置を講ずるものとする。

3　学校においては、事故等により児童生徒等に危害が生じた場合において、当該児童生徒等及び当該事故等により心理的外傷その他の心身の健康に対する影響を受けた児童生徒等その他の関係者の心身の健康を回復させるため、これらの者に対して必要な支援を行うものとする。この場合においては、第十条の規定を準用する。

（地域の関係機関等との連携）

第三〇条　学校においては、児童生徒等の安全の確保を図るため、児童生徒等の保護者との連携を図るとともに、当該学校が所在する地域の実情に応じて、当該地域を管轄する警察署その他の関係機関、地域の安全を確保するための活動を行う団体その他の関係団体、当該地域の住民その他の関係者との連携を図るよう努めるものとする。

第四章　雑則

（学校の設置者の事務の委任）

第三一条　学校の設置者は、他の法律に特別の定めがある場合のほか、この法律に基づき処理すべき事務を校長に委任することができる。

（専修学校の保健管理等）

第三二条　専修学校には、保健管理に関する専門的事項に関し、技術及び指導を行う医師を置くように努めなければならない。

2　専修学校には、健康診断、健康相談、保健指導、救急処置等を行うため、保健室を設けるように努めなければならない。

3　第三条から第六条まで、第八条から第十条まで、第十三条から第二十一条まで及び第二十六条から前条までの規定は、専修学校に準用する。

附　則（省略）

●学校保健安全法施行令（昭和三三年六月一〇日 政令第一七四号）

施行、昭三三・六・一〇、昭三三・一〇・一
最終改正、平二七—政四二一

（就学時の健康診断の時期）

第一条　学校保健安全法（昭和三十三年法律第五十六号。以下「法」という。）第十一条の健康診断（以下「就学時の健康診断」という。）は、学校教育法施行令（昭和二十八年政令第三百四十号）第二条の規定により学齢簿が作成された後翌学年の初めから四月前（同令第五条、第七条、第十一条、第十四条、第十五条及び第十八条の二に規定する就学に関する手続の実施に支障がない場合にあつては、三月前）までの間に行うものとする。

2　前項の規定にかかわらず、市町村の教育委員会は、同項の規定により定めた就学時の健康診断の実施日の翌日以後に当該市町村の教育委員会が作成した学齢簿に新たに就学予定者（学校教育法施行令第五条第一項に規定する就学予定者をいう。以下この項において同じ。）が記載された場合において、当該就学予定者が他の市町村の教育委員会が行う就学時の健康診断を受けていないときは、当該就学予定者について、速やかに就学時の健康診断を行うものとする。

（検査の項目）

第二条　就学時の健康診断における検査の項目は、次のとおりとする。

一　栄養状態
二　脊柱及び胸郭の疾病及び異常の有無
三　視力及び聴力
四　眼の疾病及び異常の有無
五　耳鼻咽頭疾患及び皮膚疾患の有無
六　歯及び口腔の疾病及び異常の有無
七　その他の疾病及び異常の有無

（保護者への通知）

第三条　市（特別区を含む。以下同じ。）町村の教育委員会は、就学時の健康診断を行うに当たつて、あらかじめ、その日時、場所及び実施の要領等を法第十一条に規定する者の学校教育法（昭和二十二年法律第二十六号）第十六条に規定する保護者（以下「保護者」という。）に通知しなければならない。

（就学時健康診断票）

第四条　市町村の教育委員会は、就学時の健康診断を行つたときは、文部科学省令で定める様式により、就学時健康診断票を作成しなければならない。

2　市町村の教育委員会は、翌学年の初めから十五日前までに、就学時健康診断票を就学時の健康診断を受けた者の入学する学校の校長に送付しなければならない。

（保健所と連絡すべき場合）

第五条　法第十八条の政令で定める場合は、次に掲げる場合とする。

一　法第十九条の規定による出席停止が行われた場合
二　法第二十条の規定による学校の休業を行つた場合

（出席停止の指示）

第六条　校長は、法第十九条の規定により出席を停止させようとするときは、その理由及び期間を明らかにして、幼児、児童又は生徒（高等学校（中等教育学校の後期課程及び特別支援学校の高等部を含む。以下同じ。）の生徒を除く。）にあつてはその保護者に、高等学校の生徒又は学生にあつては当該生徒又は学生にこれを指示しなければならない。

2　出席停止の期間は、感染症の種類等に応じて、文部科学省令で定める基準による。

（出席停止の報告）

第七条　校長は、前条第一項の規定による指示をしたときは、文部科学省令で定めるところにより、その旨を学校の設置者に報告しなければならない。

（感染性又は学習に支障を生ずるおそれのある疾病）

第八条　法第二十四条の政令で定める疾病は、次に掲げるものとする。

一　トラコーマ及び結膜炎
二　白癬、疥癬及び膿痂疹
三　中耳炎
四　慢性副鼻腔炎及びアデノイド
五　齲歯
六　寄生虫病（虫卵保有を含む。）

（要保護者に準ずる程度に困窮している者）

第九条　法第二十四条第二号の政令で定める者は、当該義務教育諸学校（小学校、中学校、義務教育学校、中等教育学校の前期課程又は特別支援学校の小学部若しくは中学部をいう。）を設置する地方公共団体の教育委員会が、生活保護法（昭和二十五年法律第百四十四号）第六条第二項に規定する要保護者（以下「要保護者」という。）に準ずる程度に困窮していると認める者とする。

2　教育委員会は、前項に規定する認定を行うため必要があるときは、社会福祉法（昭和二十六年法律第四十五号）に定める福祉に関する事務所の長及び民生委員法（昭和二十三年法律第百九十八号）に定める民生委員に対して、助言を求めることができる。

（補助の基準）

第一〇条　法第二十五条第一項の規定による国の補助は、法第二十四条の規定による同条第一号に掲げる者に対する援助に要する経費の額の二分の一について行うものとする。ただし、小学校、中学校及び義務教育学校並びに中等教育学校の前期課程又は特別支援学校の小学部及び中学部の別により、文部科学大臣が毎年度定める児童及び生徒一人一疾病当たりの医療費の平均額に、都道府県に係る場合にあつては次項の規定により文部科学大臣が当該都道府県に配分した児童及び生徒の被患者の延数をそれぞれ乗じて得た額、市町村に係る場合にあつては第三項の規定により都道府県の教育委員会が当該市町村に配分した児童及び生徒の被患者の延数をそれぞれ乗じて得た額の二分の一を限度とする。

2　文部科学大臣は、毎年度、別表イに掲げる算式により算定した小学校、中学校及び義務教育学校並びに中等教育学校の前期課程又は特別支援学校の小学部及び中学部の児童及び生徒の被患者の延数を各都道府県に配分し、その配分した数を各都道府県の教育委員会に通知しなければならない。

3　都道府県の教育委員会は、文部科学省令で定めるところにより、毎年度、文部科学大臣が、別表ロに掲げる算式により算定した小学校、中学校及び義務教育学校並びに中等教育学校の前期課程又は特別支援学校の小学部及び中学部の児童及び生徒の被患者の延数を基準として各都道府県ごとに定めた児童及び生徒の被患者の延数を、各市町村立の小学校、中学校及び義務教育学校並びに中等教育学校の前期課程又は特別支援学校の小学部及び中学部の児童及び生徒のうち教育扶助を受けている者の数を勘案して、各市町村に配分し、その配分した数を文部科学大臣及び各市町村の教育委員会に通知しなければならない。

4　前項の規定により都道府県が処理することとされている事務は、地方自治法（昭和二十二年法律第六十七号）第二条第九項第一号に規定する第一号法定受託事務とする。

（専修学校への準用）

第一一条　第五条から第七条までの規定は、法第三十二条第三項において法第十八条及び第十九条の規定を専修学校に準用する場合について準用する。この場合において、第五条第二号中「法第二十条」とあるのは「法第三十二条第三項において準用する法第二十条」と、第六条第一項中「幼児、児童又は生徒（高等学校（中等教育学校の後期課程及び特別支援学校の高等部を含む。以下同じ。）の生徒を除く。）にあつてはその保護者に、高等学校の生徒又は学生にあつては当該生徒又は学生」とあるのは「生徒」と読み替えるものとする。

附　則（省略）

別表（第十条関係）

イ	都道府県が要保護者に対して援助を行う場合	$X_1 \times \frac{p_1}{P_1}$
ロ	市町村が要保護者に対して援助を行う場合	$X_2 \times \frac{p_2}{P_2}$

備考　この表における算式中次に掲げる各記号の意義は、それぞれ次に掲げるとおりとする。

X_1　文部科学大臣が毎年度予算の範囲内で定める全国の都道府県立の小学校、中学校及び義務教育学校並びに中等教育学校の前期課程又は特別支援学校の小学部及び中学部の児童及び生徒のうちその保護者が要保護者である被患者の見込延数

X_2　文部科学大臣が毎年度予算の範囲内で定める全国の市町村立の小学校、中学校及び義務教育学校並びに中等教育学校の前期課程又は特別支援学校の小学部及び中学部の児童及び生徒のうちその保護者が要保護者である被患者の見込延数

P_1　前年度の七月一日現在において全国の都道府県立の小学校、中学校及び義務教育学校並びに中等教育学校の前期課程又は特別支援学校の小学部及び中学部の児童及び生徒のうち教育扶助（生活保護法に規定する教育扶助をいう。以下同じ。）を受けている者の総数

P_2　前年度の七月一日現在において全国の市町村立の小学校、中学校及び義務教育学校並びに中等教育学校の前期課程又は特別支援学校の小学部及び中学部の児童及び生徒のうち教育扶助を受けている者の総数

p_1　前年度の七月一日現在において当該都道府県立の小学校、中学校及び義務教育学校並びに中等教育学校の前期課程又は特別支援学校の小学部及び中学部の児童及び生徒のうち教育扶助を受けている者の総数

p_2　前年度の七月一日現在において当該都道府県の区域内の市町村立の小学校、中学校及び義務教育学校並びに中等教育学校の前期課程又は特別支援学校の小学部及び中学部の児童及び生徒のうち教育扶助を受けている者の総数

●学校保健安全法施行規則

（昭和三三年六月一三日文部省令第一八号）

施行、昭三三・六・一三、昭三三・一〇・一
最終改正、令二―文科令三九

第一章　環境衛生検査等

（環境衛生検査）

第一条　学校保健安全法（昭和三十三年法律第五十六号。以下「法」という。）第五条の環境衛生検査は、他の法令に基づくもののほか、毎学年定期に、法第六条に規定する学校環境衛生基準に基づき行わなければならない。

2　学校においては、必要があるときは、臨時に、環境衛生検査を行うものとする。

（日常における環境衛生）

第二条　学校においては、前条の環境衛生検査のほか、日常的な点検を行い、環境衛生の維持又は改善を図らなければならない。

第二章　健康診断

第一節　就学時の健康診断

（方法及び技術的基準）

第三条　法第十一条の健康診断の方法及び技術的基準は、次の各号に掲げる検査の項目につき、当該各号に定めるとおりとする。

一　栄養状態は、皮膚の色沢、皮下脂肪の充実、筋骨の発達、貧血の有無等について検査し、栄養不良又は肥満傾向で特に注意を要する者の発見につとめる。

二　脊柱の疾病及び異常の有無は、形態等について検査し、側わん症等に注意する。

三　胸郭の異常の有無は、形態及び発育について検査する。

四　視力は、国際標準に準拠した視力表を用いて左右各別に裸眼視力を検査し、眼鏡を使用している者については、当該眼鏡を使用している場合の矯正視力についても検査する。

五　聴力は、オージオメータを用いて検査し、左右各別に聴力障害の有無を明らかにする。

六　眼の疾病及び異常の有無は、感染性眼疾患その他の外眼部疾患及び眼位の異常等に注意する。

七　耳鼻咽頭疾患の有無は、耳疾患、鼻・副鼻腔疾患、口腔咽喉頭疾患及び音声言語異常等に注意する。

八　皮膚疾患の有無は、感染性皮膚疾患、アレルギー疾患等による皮膚の状態に注意する。

九　歯及び口腔の疾病及び異常の有無は、齲歯、歯周疾患、不正咬合その他の疾病及び異常について検査する。

十　その他の疾病及び異常の有無は、知能及び呼吸器、循環器、消化器、神経系等について検査するものとし、知能については適切な検査によつて知的障害の発見につとめ、呼吸器、循環器、消化器、神経系等については臨床医学的検査その他の検査によつて結核疾患、心臓疾患、腎臓疾患、ヘルニア、言語障害、精神神経症その他の精神障害、骨、関節の異常及び四肢運動障害等の発見につとめる。

（就学時健康診断票）

第四条　学校保健安全法施行令（昭和三十三年政令第百七十四号。以下「令」という。）第四条第一項に規定する就学時健康診断票の様式は、第一号様式（省略）とする。

第二節　児童生徒等の健康診断

（時期）

第五条　法第十三条第一項の健康診断は、毎学年、六月三十日までに行うものとする。ただし、疾病その他やむを得ない事由によつて当該期日に健康診断を受けることのできなかつた者に対しては、その事由のなくなつた後すみやかに健康診断を行うものとする。

2　第一項の健康診断における結核の有無の検

査において結核発病のおそれがあると診断された者（第六条第三項第四号に該当する者に限る。）については、おおむね六カ月の後に再度結核の有無の検査を行うものとする。

（**検査の項目**）

第六条　法第十三条第一項の健康診断における検査の項目は、次のとおりとする。

一　身長及び体重
二　栄養状態
三　脊柱及び胸郭の疾病及び異常の有無並びに四肢の状態
四　視力及び聴力
五　眼の疾病及び異常の有無
六　耳鼻咽頭疾患及び皮膚疾患の有無
七　歯及び口腔の疾病及び異常の有無
八　結核の有無
九　心臓の疾病及び異常の有無
十　尿
十一　その他の疾病及び異常の有無

2　前項各号に掲げるもののほか、胸囲及び肺活量、背筋力、握力等の機能を、検査の項目に加えることができる。

3　第一項第八号に掲げるものの検査は、次の各号に掲げる学年において行うものとする。

一　小学校（義務教育学校の前期課程及び特別支援学校の小学部を含む。以下この条、第七条第六項及び第十一条において同じ。）の全学年
二　中学校（義務教育学校の後期課程、中等教育学校の前期課程及び特別支援学校の中学部を含む。以下この条、第七条第六項及び第十一条において同じ。）の全学年
三　高等学校（中等教育学校の後期課程及び特別支援学校の高等部を含む。以下この条、第七条第六項及び第十一条において同じ。）及び高等専門学校の第一学年
四　大学の第一学年

4　第一項各号に掲げる検査の項目のうち、小学校の第四学年及び第六学年、中学校及び高等学校の第二学年並びに高等専門学校の第二学年及び第四学年においては第四号に掲げるもののうち聴力を、大学においては第三号、第四号、第七号及び第十号に掲げるものを、それぞれ検査の項目から除くことができる。

（**方法及び技術的基準**）

第七条　法第十三条第一項の健康診断の方法及び技術的基準については、次項から第九項までに定めるもののほか、第三条の規定（同条第十号中知能に関する部分を除く。）を準用する。この場合において、同条第四号中「検査する。」とあるのは「検査する。ただし、眼鏡を使用している者の裸眼視力の検査はこれを除くことができる。」と読み替えるものとする。

2　前条第一項第一号の身長は、靴下等を脱ぎ、両かかとを密接し、背、臀部及びかかとを身長計の尺柱に接して直立し、両上肢を体側に垂れ、頭部を正位に保たせて測定する。

3　前条第一項第一号の体重は、衣服を脱ぎ、体重計のはかり台の中央に静止させて測定する。ただし、衣服を着たまま測定したときは、その衣服の重量を控除する。

4　前条第一項第三号の四肢の状態は、四肢の形態及び発育並びに運動器の機能の状態に注意する。

5　前条第一項第八号の結核の有無は、問診、胸部エックス線検査、喀痰検査、聴診、打診その他必要な検査によつて検査するものとし、その技術的基準は、次の各号に定めるとおりとする。

一　前条第三項第一号又は第二号に該当する者に対しては、問診を行うものとする。
二　前条第三項第三号又は第四号に該当する者（結核患者及び結核発病のおそれがあると診断されている者を除く。）に対しては、胸部エックス線検査を行うものとする。
三　第一号の問診を踏まえて学校医その他の担当の医師において必要と認める者であつて、当該者の在学する学校の設置者において必要と認めるものに対しては、胸部エックス線検査、喀痰検査その他の必要な検査を行うものとする。
四　第二号の胸部エックス線検査によつて病変の発見された者及びその疑いのある者、結核患者並びに結核発病のおそれがあると診断されている者に対しては、胸部エックス線検査、及び喀痰検査を行い、更に必要に応じ聴診、打診その他必要な検査を行う。

6　前条第一項第九号の心臓の疾病及び異常の有無は、心電図検査その他の臨床医学的検査によつて検査するものとする。ただし、幼稚園（特別支援学校の幼稚部を含む。以下この条及び第十一条において同じ。）の全幼児、小学校の第二学年以上の児童、中学校及び高等学校の第二学年以上の生徒、高等専門学校の第二学年以上の学生並びに大学の全学生については、心電図検査を除くことができる。

7　前条第一項第十号の尿は、尿中の蛋白、糖等について試験紙法により検査する。ただし、幼稚園においては、糖の検査を除くことができる。

8　身体計測、視力及び聴力の検査、問診、胸部エックス線検査、尿の検査その他の予診的事項に属する検査は、学校医又は学校歯科医による診断の前に実施するものとし、学校医又は学校歯科医は、それらの検査の結果及び第十一条の保健調査を活用して診断に当たるものとする。

（**健康診断票**）

第八条　学校においては、法第十三条第一項の健康診断を行つたときは、児童生徒等の健康診断票を作成しなければならない。

2　校長は、児童又は生徒が進学した場合においては、その作成に係る当該児童又は生徒の健康診断票を進学先の校長に送付しなければならない。

3　校長は、児童生徒等が転学した場合においては、その作成に係る当該児童生徒等の健康診断票を転学先の校長、保育所の長又は認定こども園の長に送付しなければならない。

4　児童生徒等の健康診断票は、五年間保存しなければならない。ただし、第二項の規定により送付を受けた児童又は生徒の健康診断票は、当該健康診断票に係る児童又は生徒が進学前の学校を卒業した日から五年間とする。

（**事後措置**）

第九条　学校においては、法第十三条第一項の健康診断を行つたときは、二十一日以内にその結果を幼児、児童又は生徒にあつては当該幼児、児童又は生徒及びその保護者（学校教育法（昭和二十二年法律第二十六号）第十六条に規定する保護者をいう。）に、学生にあつては当該学生に通知するとともに、次の各号に定める基準により、法第十四条の措置をとらなければならない。

一　疾病の予防処置を行うこと。
二　必要な医療を受けるよう指示すること。
三　必要な検査、予防接種等を受けるよう指示すること。
四　療養のため必要な期間学校において学習しないよう指導すること。
五　特別支援学級への編入について指導及び助言を行うこと。
六　学習又は運動・作業の軽減、停止、変更等を行うこと。
七　修学旅行、対外運動競技等への参加を制限すること。
八　机又は腰掛の調整、座席の変更及び学級の編制の適正を図ること。
九　その他発育、健康状態等に応じて適当な保健指導を行うこと。

2　前項の場合において、結核の有無の検査の結果に基づく措置については、当該健康診断に当たつた学校医その他の医師が別表第一に定める生活規正の面及び医療の面の区分を組み合わせて決定する指導区分に基づいて、とるものとする。

（**臨時の健康診断**）

第一〇条　法第十三条第二項の健康診断は、次に掲げるような場合で必要があるときに、必要な検査の項目について行うものとする。

一　感染症又は食中毒の発生したとき。
二　風水害等により感染症の発生のおそれのあるとき。
三　夏季における休業日の直前又は直後
四　結核、寄生虫病その他の疾病の有無について検査を行う必要のあるとき。

五　卒業のとき。

（保健調査）

第一一条　法第十三条の健康診断を的確かつ円滑に実施するため、当該健康診断を行うに当たつては、小学校、中学校、高等学校及び高等専門学校においては全学年において、幼稚園及び大学においては必要と認めるときに、あらかじめ児童生徒等の発育、健康状態等に関する調査を行うものとする。

第三節　職員の健康診断

（時期）

第一二条　法第十五条第一項の健康診断の時期については、第五条の規定を準用する。この場合において、同条第一項中「六月三十日までに」とあるのは、「学校の設置者が定める適切な時期に」と読み替えるものとする。

（検査の項目）

第一三条　法第十五条第一項の健康診断における検査の項目は、次のとおりとする。

一　身長、体重及び腹囲
二　視力及び聴力
三　結核の有無
四　血圧
五　尿
六　胃の疾病及び異常の有無
七　貧血検査
八　肝機能検査
九　血中脂質検査
十　血糖検査
十一　心電図検査
十二　その他の疾病及び異常の有無

2　妊娠中の女性職員においては、前項第六号に掲げる検査の項目を除くものとする。

3　第一項各号に掲げる検査の項目のうち、二十歳以上の職員においては第一号の身長を、三十五歳未満の職員及び三十六歳以上四十歳未満の職員、妊娠中の女性職員その他の職員であつて腹囲が内臓脂肪の蓄積を反映していないと診断されたもの、BMI（次の算式により算出した値をいう。以下同じ。）が二十未満である職員並びに自ら腹囲を測定し、その値を申告した職員（BMIが二十二未満である職員に限る。）においては第一号の腹囲を、二十歳未満の職員、二十一歳以上二十五歳未満の職員、二十六歳以上三十歳未満の職員、三十一歳以上三十五歳未満の職員又は三十六歳以上四十歳未満の職員であつて感染症の予防及び感染症の患者に対する医療に関する法律施行令（平成十年政令第四百二十号）第十二条第一項第一号又はじん肺法（昭和三十五年法律第三十号）第八条第一項第一号若しくは第三号に掲げる者に該当しないものにおいては第三号に掲げるものを、四十歳未満の職員においては第六号に掲げるものを、三十五歳未満の職員及び三十六歳以上四十歳未満の職員においては第七号から第十一号に掲げるものを、それぞれ検査の項目から除くことができる。

$$BMI = \frac{体重(kg)}{身長(m)^2}$$

（方法及び技術的基準）

第一四条　法第十五条第一項の健康診断の方法及び技術的基準については、次項から第九項までに定めるもののほか、第三条（同条第十号中知能に関する部分を除く。）の規定を準用する。

2　前条第一項第二号の聴力は、千ヘルツ及び四千ヘルツの音に係る検査を行う。ただし、四十五歳未満の職員（三十五歳及び四十歳の職員を除く。）においては、医師が適当と認める方法によつて行うことができる。

3　前条第一項第三号の結核の有無は、胸部エックス線検査により検査するものとし、胸部エックス線検査によつて病変の発見された者及びその疑いのある者、結核患者並びに結核発病のおそれがあると診断されている者に対しては、胸部エックス線検査及び喀痰検査を行い、更に必要に応じ聴診、打診その他必要な検査を行う。

4　前条第一項第四号の血圧は、血圧計を用いて測定するものとする。

5　前条第一項第五号の尿は、尿中の蛋白及び糖について試験紙法により検査する。

6　前条第一項第六号の胃の疾病及び異常の有無は、胃部エックス線検査その他の医師が適当と認める方法により検査するものとし、癌その他の疾病及び異常の発見に努める。

7　前条第一項第七号の貧血検査は、血色素量及び赤血球数の検査を行う。

8　前条第一項第八号の肝機能検査は、血清グルタミックオキサロアセチックトランスアミナーゼ（GOT）、血清グルタミックピルビックトランスアミナーゼ（GPT）及びガンマーグルタミルトランスペプチダーゼ（γ―GTP）の検査を行う。

9　前条第一項第九号の血中脂質検査は、低比重リポ蛋白コレステロール（LDLコレステロール）、高比重リポ蛋白コレステロール（HDLコレステロール）及び血清トリグリセライドの量の検査を行う。

（健康診断票）

第一五条　学校の設置者は、法第十五条第一項の健康診断を行つたときは、第二号様式（省略）によつて、職員健康診断票を作成しなければならない。

2　学校の設置者は、当該学校の職員がその管理する学校から他の学校又は幼保連携型認定こども園へ移つた場合においては、その作成に係る当該職員の健康診断票を異動後の学校又は幼保連携型認定こども園の設置者へ送付しなければならない。

3　職員健康診断票は、五年間保存しなければならない。

（事後措置）

第一六条　法第十五条第一項の健康診断に当たつた医師は、健康に異常があると認めた職員については、検査の結果を総合し、かつ、その職員の職務内容及び勤務の強度を考慮して、別表第二に定める生活規正の面及び医療の面の区分を組み合わせて指導区分を決定するものとする。

2　学校の設置者は、前項の規定により医師が行つた指導区分に基づき、次の基準により、法第十六条の措置をとらなければならない。

「A」　休暇又は休職等の方法で療養のため必要な期間勤務させないこと。
「B」　勤務場所又は職務の変更、休暇による勤務時間の短縮等の方法で勤務を軽減し、かつ、深夜勤務、超過勤務、休日勤務及び宿日直勤務をさせないこと。
「C」　超過勤務、休日勤務及び宿日直勤務をさせないか又はこれらの勤務を制限すること。
「D」　勤務に制限を加えないこと。
「1」　必要な医療を受けるよう指示すること。
「2」　必要な検査、予防接種等を受けるよう指示すること。
「3」　医療又は検査等の措置を必要としないこと。

（臨時の健康診断）

第一七条　法第十五条第二項の健康診断については、第十条の規定を準用する。

第三章　感染症の予防

（感染症の種類）

第一八条　学校において予防すべき感染症の種類は、次のとおりとする。

一　第一種　エボラ出血熱、クリミア・コンゴ出血熱、痘そう、南米出血熱、ペスト、マールブルグ病、ラッサ熱、急性灰白髄炎、ジフテリア、重症急性呼吸器症候群（病原体がベータコロナウイルス属SARSコロナウイルスであるものに限る。）、中東呼吸器症候群（病原体がベータコロナウイルス属MERSコロナウイルスであるものに限る。）及び特定鳥インフルエンザ（感染症の予防及び感染症の患者に対する医療に関する法律（平成十年法律第百十四号）第六条第三項第六号に規定する特定鳥インフルエンザをいう。次号及び第十九条第二号イにおいて同じ。）
二　第二種　インフルエンザ（特定鳥インフルエンザを除く。）、百日咳、麻しん、流行性耳下腺炎、風しん、水痘、咽頭結膜熱、結核及び髄膜炎菌性髄膜炎
三　第三種　コレラ、細菌性赤痢、腸管出血性大腸菌感染症、腸チフス、パラチフス、流行性角結膜炎、急性出血性結膜炎その他の感染症

2　感染症の予防及び感染症の患者に対する医療に関する法律第六条第七項から第九項までに規定する新型インフルエンザ等感染症、指定感染症及び新感染症は、前項の規定にかかわらず、第一種の感染症とみなす。

（出席停止の期間の基準）

第一九条　令第六条第二項の出席停止の期間の基準は、前条の感染症の種類に従い、次のとおりとする。
一　第一種の感染症にかかつた者については、治癒するまで。
二　第二種の感染症（結核及び髄膜炎菌性髄膜炎を除く。）にかかつた者については、次の期間。ただし、病状により学校医その他の医師において感染のおそれがないと認めたときは、この限りでない。
イ　インフルエンザ（特定鳥インフルエンザ及び新型インフルエンザ等感染症を除く。）にあつては、発症した後五日を経過し、かつ、解熱した後二日（幼児にあつては、三日）を経過するまで。
ロ　百日咳にあつては、特有の咳が消失するまで又は五日間の適正な抗菌性物質製剤による治療が終了するまで。
ハ　麻しんにあつては、解熱した後三日を経過するまで。
ニ　流行性耳下腺炎にあつては、耳下腺、顎下腺又は舌下腺の腫脹が発現した後五日を経過し、かつ、全身状態が良好になるまで。
ホ　風しんにあつては、発しんが消失するまで。
ヘ　水痘にあつては、すべての発しんが痂皮化するまで。
ト　咽頭結膜熱にあつては、主要症状が消退した後二日を経過するまで。
三　結核、髄膜炎菌性髄膜炎及び第三種の感染症にかかつた者については、病状により学校医その他の医師において感染のおそれがないと認めるまで。
四　第一種若しくは第二種の感染症患者のある家に居住する者又はこれらの感染症にかかつている疑いがある者については、予防処置の施行の状況その他の事情により学校医その他の医師において感染のおそれがないと認めるまで。
五　第一種又は第二種の感染症が発生した地域から通学する者については、その発生状況により必要と認めたとき、学校医の意見を聞いて適当と認める期間。
六　第一種又は第二種の感染症の流行地を旅行した者については、その状況により必要と認めたとき、学校医の意見を聞いて適当と認める期間。

（出席停止の報告事項）

第二〇条　令第七条の規定による報告は、次の事項を記載した書面をもつてするものとする。
一　学校の名称
二　出席を停止させた理由及び期間
三　出席停止を指示した年月日
四　出席を停止させた児童生徒等の学年別人員数
五　その他参考となる事項

（感染症の予防に関する細目）

第二一条　校長は、学校内において、感染症にかかつており、又はかかつている疑いがある児童生徒等を発見した場合において、必要と認めるときは、学校医に診断させ、法第十九条の規定による出席停止の指示をするほか、消毒その他適当な処置をするものとする。

2　校長は、学校内に、感染症の病毒に汚染し、又は汚染した疑いがある物件があるときは、消毒その他適当な処置をするものとする。

3　学校においては、その附近において、第一種又は第二種の感染症が発生したときは、その状況により適当な清潔方法を行うものとする。

第四章　学校医、学校歯科医及び学校薬剤師の職務執行の準則

（学校医の職務執行の準則）

第二二条　学校医の職務執行の準則は、次の各号に掲げるとおりとする。
一　学校保健計画及び学校安全計画の立案に参与すること。
二　学校の環境衛生の維持及び改善に関し、学校薬剤師と協力して、必要な指導及び助言を行うこと。
三　法第八条の健康相談に従事すること。
四　法第九条の保健指導に従事すること。
五　法第十三条の健康診断に従事すること。
六　法第十四条の疾病の予防処置に従事すること。
七　法第二章第四節の感染症の予防に関し必要な指導及び助言を行い、並びに学校における感染症及び食中毒の予防処置に従事すること。
八　校長の求めにより、救急処置に従事すること。
九　市町村の教育委員会又は学校の設置者の求めにより、法第十一条の健康診断又は法第十五条第一項の健康診断に従事すること。
十　前各号に掲げるもののほか、必要に応じ、学校における保健管理に関する専門的事項に関する指導に従事すること。

2　学校医は、前項の職務に従事したときは、その状況の概要を学校医執務記録簿に記入して校長に提出するものとする。

（学校歯科医の職務執行の準則）

第二三条　学校歯科医の職務執行の準則は、次の各号に掲げるとおりとする。
一　学校保健計画及び学校安全計画の立案に参与すること。
二　法第八条の健康相談に従事すること。
三　法第九条の保健指導に従事すること。
四　法第十三条の健康診断のうち歯の検査に従事すること。
五　法第十四条の疾病の予防処置のうち齲歯その他の歯疾の予防処置に従事すること。
六　市町村の教育委員会の求めにより、法第十一条の健康診断のうち歯の検査に従事すること。
七　前各号に掲げるもののほか、必要に応じ、学校における保健管理に関する専門的事項に関する指導に従事すること。

2　学校歯科医は、前項の職務に従事したときは、その状況の概要を学校歯科医執務記録簿に記入して校長に提出するものとする。

（学校薬剤師の職務執行の準則）

第二四条　学校薬剤師の職務執行の準則は、次の各号に掲げるとおりとする。
一　学校保健計画及び学校安全計画の立案に参与すること。
二　第一条の環境衛生検査に従事すること。
三　学校の環境衛生の維持及び改善に関し、必要な指導及び助言を行うこと。
四　法第八条の健康相談に従事すること。
五　法第九条の保健指導に従事すること。
六　学校において使用する医薬品、毒物、劇物並びに保健管理に必要な用具及び材料の管理に関し必要な指導及び助言を行い、及びこれらのものについて必要に応じ試験、検査又は鑑定を行うこと。
七　前各号に掲げるもののほか、必要に応じ、学校における保健管理に関する専門的技術及び指導に従事すること。

2　学校薬剤師は、前項の職務に従事したときは、その状況の概要を学校薬剤師執務記録簿に記入して校長に提出するものとする。

第五章　国の補助

（児童生徒数の配分の基礎となる資料の提出）

第二五条　都道府県の教育委員会は、毎年度、七月一日現在において当該都道府県立の小学校、中学校及び義務教育学校並びに中等教育学校の前期課程又は特別支援学校の小学部及び中学部の児童及び生徒のうち教育扶助（生活保護法（昭和二十五年法律第百四十四号）に規定する教育扶助をいう。以下同じ。）を受けている者の総数を、第三号様式（省略）により一月十日までに文部科学大臣に報告しなければならない。

2　市町村の教育委員会は、毎年度、七月一日現在において当該市町村立の小学校、中学校及び義務教育学校並びに中等教育学校の前期課程又は特別支援学校の小学部及び中学部の児童及び生徒のうち教育扶助を受けている者の総数を、第四号様式（省略）により十二月二十日までに都道府県の教育委員会に報告しなければならない。

3　都道府県の教育委員会は、前項の規定により市町村の教育委員会から報告を受けたときは、これを第五号様式（省略）により一月十日までに文部科学大臣に報告しなければならない。

（児童生徒数の配分方法）

第二六条　令第十条第三項の規定により都道府県の教育委員会が行う配分は、付録の算式により算定した数を基準として行うものとする。

（配分した児童生徒数の通知）

第二七条　都道府県の教育委員会は、令第十条第三項及び前条の規定により各市町村ごとの小学校、中学校及び義務教育学校並びに中等教育学校の前期課程又は特別支援学校の小学部及び中学部の児童及び生徒の被患者の延数の配分を行つたときは、文部科学大臣に対しては第六号様式（省略）により、各市町村の教育委員会に対しては第七号様式（省略）によりすみやかにこれを通知しなければならない。

第六章　安全点検等

（安全点検）

第二八条　法第二十七条の安全点検は、他の法令に基づくもののほか、毎学期一回以上、児童生徒等が通常使用する施設及び設備の異常の有無について系統的に行わなければならない。

2　学校においては、必要があるときは、臨時に、安全点検を行うものとする。

（日常における環境の安全）

第二九条　学校においては、前条の安全点検のほか、設備等について日常的な点検を行い、環境の安全の確保を図らなければならない。

第七章　雑則

（専修学校）

第三〇条　第一条、第二条、第五条、第六条（同条第三項及び第四項については、大学に関する部分に限る。）、第七条（同条第六項については、大学に関する部分に限る。）、第八条、第九条（同条第一項については、学生に関する部分に限る。）、第十条、第十一条（大学に関する部分に限る。）、第十二条から第二十一条まで、第二十八条及び前条の規定は、専修学校に準用する。この場合において、第五条第一項中「六月三十日までに」とあるのは「当該学年の始期から起算して三月以内に」と、第七条第八項中「学校医又は学校歯科医」とあるのは「医師」と、第九条第二項中「学校医その他の医師」とあるのは「医師」と、第十二条中「第五条」とあるのは「第三十条において準用する第五条」と、第十九条第二号、第三号及び第四号中「学校医その他の医師」とあるのは「医師」と、第十九条第五号及び第六号並びに第二十一条第一項中「学校医」とあるのは「医師」とそれぞれ読み替えるものとする。

2　第二十二条の規定は、専修学校の医師の職務執行の準則について準用する。

附　則（省略）

別表第一

区分		内容
生活規正の面	A（要休業）	授業を休む必要のあるもの
	B（要軽業）	授業に制限を加える必要のあるもの
	C（要注意）	授業をほぼ平常に行つてよいもの
	D（健康）	全く平常の生活でよいもの
医療の面	1（要医療）	医師による直接の医療行為を必要とするもの
	2（要観察）	医師による直接の医療行為を必要としないが、定期的に医師の観察指導を必要とするもの
	3（健康）	医師による直接、間接の医療行為を全く必要としないもの

別表第二

区分		内容
生活規正の面	A（要休業）	勤務を休む必要のあるもの
	B（要軽業）	勤務に制限を加える必要のあるもの
	C（要注意）	勤務をほぼ平常に行つてよいもの
	D（健康）	全く平常の生活でよいもの
医療の面	1（要医療）	医師による直接の医療行為を必要とするもの
	2（要観察）	医師による直接の医療行為を必要としないが、定期的に医師の観察指導を必要とするもの
	3（健康）	医師による直接、間接の医療行為を全く必要としないもの

付録

$$X \times \frac{p}{P}$$

Xは、令第十条第三項の別表ロに掲げる算式により算定した小学校、中学校及び義務教育学校並びに中等教育学校の前期課程又は特別支援学校の小学部及び中学部の児童及び生徒の被患者の延数

Pは、前年度の七月一日現在において当該都道府県の区域内の市町村立の小学校、中学校及び義務教育学校並びに中等教育学校の前期課程又は特別支援学校の小学部及び中学部の児童及び生徒のうち教育扶助を受けている者の総数

pは、前年度の七月一日現在において当該市町村立の小学校、中学校及び義務教育学校並びに中等教育学校の前期課程又は特別支援学校の小学部及び中学部の児童及び生徒のうち教育扶助を受けている者の総数

様式（省略）

●独立行政法人日本スポーツ振興センター法

（平成一四年一二月一三日 法律第一六二号）

施行、平一四・一二・一三
最終改正、令二―法七一

第一章　総則

（目的）

第一条　この法律は、独立行政法人日本スポーツ振興センターの名称、目的、業務の範囲等に関する事項を定めることを目的とする。

（名称）

第二条　この法律及び独立行政法人通則法（平成十一年法律第百三号。以下「通則法」という。）の定めるところにより設立される通則法第二条第一項に規定する独立行政法人の名称は、独立行政法人日本スポーツ振興センターとする。

（センターの目的）

第三条　独立行政法人日本スポーツ振興センター（以下「センター」という。）は、スポーツの振興及び児童、生徒、学生又は幼児（以下「児童生徒等」という。）の健康の保持増進を図るため、その設置するスポーツ施設の適切かつ効率的な運営、スポーツの振興のために必要な援助、小学校、中学校、義務教育学校、高等学校、中等教育学校、高等専門学校、特別支援学校、幼稚園、幼保連携型認定こども園又は専修学校（高等課程に係るものに限る。）（第十五条第一項第八号を除き、以下「学校」と総称する。）の管理下における児童生徒等の災害に関する必要な給付その他スポーツ及び児童生徒等の健康の保持増進に関する調査研究並びに資料の収集及び提供等を行い、もって国民の心身の健全な発達に寄与することを目的とする。

（中期目標管理法人）

第三条の二　センターは、通則法第二条第二項に規定する中期目標管理法人とする。

（事務所）

第四条　センターは、主たる事務所を東京都に置く。

（資本金）

第五条　センターの資本金は、附則第四条第六項の規定により政府から出資があったものとされた金額とする。

2　政府は、必要があると認めるときは、予算で定める金額の範囲内において、センターに追加して出資することができる。この場合において、政府は、当該出資した金額の全部又は一部が第二十七条第一項のスポーツ振興基金に充てるべきものであるときは、その金額を示すものとする。

3　政府は、必要があると認めるときは、前項の規定にかかわらず、土地、建物その他の土地の定着物及びその建物に附属する工作物（第五項において「土地等」という。）を出資の目的として、センターに追加して出資することができる。

4　センターは、前二項の規定による政府の出資があったときは、その出資額により資本金を増加するものとする。

5　政府が出資の目的とする土地等の価額は、出資の日現在における時価を基準として評価委員が評価した価額とする。

6　評価委員その他前項に規定する評価に関し必要な事項は、政令で定める。

（名称の使用制限）

第六条　センターでない者は、日本スポーツ振興センターという名称を用いてはならない。

第二章　役員

（役員）

第七条　センターに、役員として、その長である理事長及び監事二人を置く。

2　センターに、役員として、第十五条第一項第五号に掲げる業務及びこれに附帯する業務（以下「スポーツ振興投票等業務」という。）を担当する理事一人を置く。

3　センターに、前項に規定する理事のほか、役員として、理事三人以内を置くことができる。

（理事の職務及び権限等）

第八条　理事は、理事長の定めるところにより、理事長を補佐してセンターの業務を掌理する。

2　通則法第十九条第二項の個別法で定める役員は、前条第二項に規定する理事とする。

（理事の任命の特例）

第九条　第七条第二項に規定する理事の任命は、文部科学大臣の認可を受けなければ、その効力を生じない。

2　理事長は、前項の認可を受けたときは、遅滞なく、これを公表しなければならない。

3　第七条第二項に規定する理事の任命に関しては、通則法第二十条第五項の規定は、適用しない。

（理事の任期）

第一〇条　理事の任期は、二年とする。

（役員の欠格条項の特例）

第一一条　通則法第二十二条の規定にかかわらず、教育公務員で政令で定めるもの（次条各号のいずれかに該当する者を除く。）は、非常勤の理事又は監事となることができる。

第一二条　通則法第二十二条に規定するもののほか、次の各号のいずれかに該当する者は、役員となることができない。

一　禁錮以上の刑に処せられ、その執行を終わり、又は執行を受けることがなくなった日から三年を経過しない者

二　通則法、この法律又はスポーツ振興投票の実施等に関する法律（平成十年法律第六十三号。以下「投票法」という。）の規定により罰金の刑に処せられ、その執行を終わり、又は執行を受けることがなくなった日から三年を経過しない者

三　センターに対する物品の売買、施設の提供若しくは工事の請負を業とする者又はこれらの者が法人であるときはその役員若しくは役員と同等以上の支配力を有する者

（役員の解任の特例）

第一三条　センターの理事長の解任に関する通則法第二十三条第一項の規定の適用については、同項中「前条」とあるのは、「前条及び独立行政法人日本スポーツ振興センター法第十二条」とする。

2　前項の規定は、センターの理事及び監事の解任について準用する。この場合において、同項中「第十二条」とあるのは、「第十一条及び第十二条」と読み替えるものとする。

3　第九条の規定は、第七条第二項に規定する理事の解任について準用する。この場合において、第九条第三項中「通則法第二十条第五項」とあるのは、「通則法第二十三条第四項」と読み替えるものとする。

（役員及び職員の地位）

第一四条　センターの役員及び職員は、刑法（明治四十年法律第四十五号）その他の罰則の適用については、法令により公務に従事する職員とみなす。

第三章　業務

（業務の範囲）

第一五条　センターは、第三条の目的を達成するため、次の業務を行う。

一　その設置するスポーツ施設及び附属施設を運営し、並びにこれらの施設を利用してスポーツの振興のため必要な業務を行うこと。

二　スポーツ団体（スポーツの振興のための事業を行うことを主たる目的とする団体をいう。）が行う次に掲げる活動に対し資金の支給その他の援助を行うこと。

イ　スポーツに関する競技水準の向上を図るため計画的かつ継続的に行う合宿その他の活動

ロ　国際的又は全国的な規模のスポーツの競技会、研究集会又は講習会の開催

三　優秀なスポーツの選手若しくは指導者が行う競技技術の向上を図るための活動又は優秀なスポーツの選手が受ける職業若しくは実際生活に必要な能力を育成するための

教育に対し資金の支給その他の援助を行うこと。

四　国際的に卓越したスポーツの活動を行う計画を有する者が行うその活動に対し資金の支給その他の援助を行うこと。

五　投票法に規定する業務を行うこと。

六　スポーツを行う者の権利利益の保護、心身の健康の保持増進及び安全の確保に関する業務、スポーツにおけるドーピングの防止活動の推進に関する業務その他のスポーツに関する活動が公正かつ適切に実施されるようにするため必要な業務を行うこと。

七　学校の管理下における児童生徒等の災害（負傷、疾病、障害又は死亡をいう。以下同じ。）につき、当該児童生徒等の保護者（学校教育法（昭和二十二年法律第二十六号）第十六条に規定する保護者をいい、同条に規定する保護者のない場合における里親（児童福祉法（昭和二十二年法律第百六十四号）第二十七条第一項第三号の規定により委託を受けた里親をいう。以下同じ。）その他の政令で定める者を含む。以下同じ。）又は当該児童生徒等のうち生徒若しくは学生が成年に達している場合にあっては当該生徒若しくは学生その他政令で定める者に対し、災害共済給付（医療費、障害見舞金又は死亡見舞金の支給をいう。以下同じ。）を行うこと。

八　スポーツ及び学校安全（学校（学校教育法第一条に規定する学校、就学前の子どもに関する教育、保育等の総合的な提供の推進に関する法律（平成十八年法律第七十七号）第二条第七項に規定する幼保連携型認定こども園（第三十条において「幼保連携型認定こども園」という。）及び学校教育法第百二十四条に規定する専修学校（同法第百二十五条第一項に規定する高等課程に係るものに限る。）をいう。以下この号において同じ。）における安全教育及び安全管理をいう。）その他の学校における児童生徒等の健康の保持増進に関する国内外における調査研究並びに資料の収集及び提供を行うこと。

九　前号に掲げる業務に関連する講演会の開催、出版物の刊行その他普及の事業を行うこと。

十　前各号に掲げる業務に附帯する業務を行うこと。

2　センターは、前項に規定する業務のほか、当該業務の遂行に支障のない範囲内で、同項第一号に掲げる施設を一般の利用に供する業務を行うことができる。

（災害共済給付及び免責の特約）

第一六条　災害共済給付は、学校の管理下における児童生徒等の災害につき、学校の設置者が、児童生徒等の保護者（児童生徒等のうち生徒又は学生が成年に達している場合にあっては当該生徒又は学生。次条第四項において同じ。）の同意を得て、当該児童生徒等についてセンターとの間に締結する災害共済給付契約により行うものとする。

2　前項の災害共済給付契約に係る災害共済給付の給付基準、給付金の支払の請求及びその支払並びに学校の管理下における児童生徒等の災害の範囲については、政令で定める。

3　第一項の災害共済給付契約には、学校の管理下における児童生徒等の災害について学校の設置者の損害賠償責任が発生した場合において、センターが災害共済給付を行うことによりその価額の限度においてその責任を免れさせる旨の特約（以下「免責の特約」という。）を付することができる。

4　センターは、政令で定める正当な理由がある場合を除いては、第一項の規定により同項の災害共済給付契約を締結すること及び前項の規定により免責の特約を付することを拒んではならない。

（共済掛金）

第一七条　災害共済給付に係る共済掛金の額は、政令で定める額とする。

2　前条第三項の規定により同条第一項の災害共済給付契約に免責の特約を付した場合には、前項の規定にかかわらず、同項の額に政令で定める額を加えた額をもって同項の共済掛金の額とする。

3　センターとの間に前条第一項の災害共済給付契約を締結した学校の設置者は、政令で定めるところにより、第一項の共済掛金の額に当該災害共済給付契約に係る児童生徒等の数を乗じて得た額をセンターに対して支払わなければならない。

4　前項の学校の設置者は、当該災害共済給付契約に係る児童生徒等の保護者から、第一項の共済掛金の額（第二項の場合にあっては、同項の政令で定める額を控除した額）のうち政令で定める範囲内で当該学校の設置者の定める額を徴収する。ただし、当該保護者が経済的理由によって納付することが困難であると認められるときは、これを徴収しないことができる。

5　センターは、学校の設置者が第三項の規定による共済掛金を支払わない場合においては、政令で定めるところにより、当該災害共済給付契約に係る災害共済給付を行わないものとする。

（国の補助がある場合の共済掛金の支払）

第一八条　センターが第二十九条第二項の規定により補助金の交付を受けた場合において、学校のうち公立の義務教育諸学校（小学校、中学校、義務教育学校、中等教育学校の前期課程又は特別支援学校の小学部若しくは中学部をいう。以下同じ。）の設置者が前条第三項の規定による支払をしていないときは、同項の規定によりその公立の義務教育諸学校の設置者が支払う額は、同項の額から政令で定める額を控除した額とし、同項の規定による支払をしているときは、センターは、当該政令で定める額をその公立の義務教育諸学校の設置者に返還しなければならない。

（スポーツ振興投票券の発売等の運営費の制限）

第一九条　次に掲げる業務に係る運営費の金額は、スポーツ振興投票券の発売金額に応じて当該発売金額の百分の十五を超えない範囲内において文部科学省令で定める金額（スポーツ振興投票券の発売金額が文部科学省令で定める金額に達しない場合にあっては、文部科学省令で定める期間内に限り、別に文部科学省令で定める金額）を超えてはならない。

一　スポーツ振興投票券の発売

二　投票法第十三条の払戻金の交付

三　投票法第十七条第三項の返還金の交付

四　投票法第二十七条の二第一項の規定による支援

五　前各号に掲げる業務に附帯する業務

（文部科学大臣の命令）

第二〇条　文部科学大臣は、この法律及び投票法を施行するため必要があると認めるときは、センターに対して、スポーツ振興投票等業務に関し必要な命令をすることができる。

第四章　財務及び会計

（事業計画等の認可）

第二一条　センターは、毎事業年度、第十五条第一項に規定する業務のうちスポーツ振興投票等業務に係る事業計画、予算及び資金計画（第三項において「事業計画等」という。）を作成し、当該事業年度の開始前に、文部科学大臣の認可を受けなければならない。これを変更しようとするときも、同様とする。

2　文部科学大臣は、前項の認可をしようとするときは、あらかじめ、審議会等（国家行政組織法（昭和二十三年法律第百二十号）第八条に規定する機関をいう。）で政令で定めるものの意見を聴かなければならない。

3　センターは、第一項の認可を受けたときは、遅滞なく、その事業計画等を公表しなければならない。

4　スポーツ振興投票等業務に関しては、通則法第三十一条の規定は、適用しない。

（国庫納付金等）

第二二条　センターは、政令で定めるところにより、投票法第二条に規定するスポーツ振興投票に係る毎事業年度の収益（当該事業年度の次に掲げる金額の合計額からスポーツ振興投票等業務に係る運営費の金額を控除した金額をいう。）の三分の一に相当する金額を、翌事業年度の五月三十一日までに国庫に納付しなければならない。
一　投票法第十三条第一項に規定するスポーツ振興投票券の売上金額に一から同項に規定する政令で定める率を控除して得た率を乗じて得た金額
二　投票法第十五条第二項の規定によりセンターの収入とされた金額
三　投票法第二十条の規定による債権の消滅に係る払戻金等の額
四　発売金額のうち次条の規定によりスポーツ振興投票等業務に係る経理について設けられた特別の勘定に属するものの管理により生じた運用利益金に相当する金額

2　センターは、前項に規定する収益から同項の規定により国庫に納付しなければならない金額を控除した金額を、翌事業年度以後の事業年度における投票法第二十一条第一項から第四項までに規定する業務の財源に充てるため、スポーツ振興投票事業準備金として整理しなければならない。この場合において、通則法第四十四条第一項の規定は、適用しない。

（区分経理）

第二三条　センターは、スポーツ振興投票等業務に係る経理、災害共済給付及びこれに附帯する業務に係る経理並びに免責の特約に係る経理については、その他の経理と区分し、それぞれ特別の勘定（以下それぞれ「投票勘定」、「災害共済給付勘定」及び「免責特約勘定」という。）を設けて整理しなければならない。

（利益及び損失の処理の特例等）

第二四条　前条に規定する特別の勘定以外の一般の勘定（以下「一般勘定」という。）において、通則法第二十九条第二項第一号に規定する中期目標の期間（以下この条において「中期目標の期間」という。）の最後の事業年度に係る通則法第四十四条第一項又は第二項の規定による整理を行った後、同条第一項の規定による積立金があるときは、その額に相当する金額のうち文部科学大臣の承認を受けた金額を、当該中期目標の期間の次の中期目標の期間に係る通則法第三十条第一項の認可を受けた中期計画（同項後段の規定による変更の認可を受けたときは、その変更後のもの）の定めるところにより、当該次の中期目標の期間における第十五条第一項第一号から第四号まで、第六号、第八号及び第九号に掲げる業務並びにこれらに附帯する業務の財源に充てることができる。

2　センターは、前項に規定する積立金の額に相当する金額から同項の規定による承認を受けた金額を控除してなお残余があるときは、その残余の額を国庫に納付しなければならない。

3　前条に規定する特別の勘定については、通則法第四十四条第一項ただし書及び第三項の規定は、適用しない。

4　センターは、投票勘定において、通則法第四十四条第一項本文又は第二項の規定による整理を行った後、同条第一項本文の規定による積立金があるときは、その額に相当する金額を、翌事業年度以降のスポーツ振興投票等業務の財源に充てなければならない。

5　センターは、災害共済給付勘定及び免責特約勘定において、中期目標の期間の最後の年度に係る通則法第四十四条第一項本文又は第二項の規定による整理を行った後、同条第一項本文の規定による積立金があるときは、その額に相当する金額を、当該中期目標の期間の次の中期目標の期間における積立金として整理しなければならない。

6　前各項に定めるもののほか、納付金の納付の手続その他積立金の処分に関し必要な事項は、政令で定める。

（長期借入金）

第二五条　センターは、スポーツ振興投票等業務に必要な費用に充てるため、文部科学大臣の認可を受けて、長期借入金をすることができる。

（償還計画）

第二六条　センターは、毎事業年度、長期借入金の償還計画を立てて、文部科学大臣の認可を受けなければならない。

（スポーツ振興基金）

第二七条　センターは、第十五条第一項第二号から第四号までに掲げる業務及びこれらに附帯する業務に必要な経費の財源をその運用によって得るためにスポーツ振興基金（以下「基金」という。）を設け、次に掲げる金額の合計額に相当する金額をもってこれに充てるものとする。
一　第五条第二項後段の規定により政府が示した金額
二　附則第四条第十項の規定により政府から出資があったものとされた金額
三　附則第四条第十項の規定により政府以外の者から出えんがあったものとされた金額
四　附則第四条第十項の規定により基金に組み入れられたものとされた金額
五　基金に充てることを条件として政府以外の者から出えんされた金額
六　投票法第二十一条第四項の規定により基金に組み入れられた金額

2　通則法第四十七条及び第六十七条（第七号に係る部分に限る。）の規定は、基金の運用について準用する。この場合において、通則法第四十七条第三号中「金銭信託」とあるのは、「金銭信託で元本補塡の契約があるもの」と読み替えるものとする。

（補助金等に係る予算の執行の適正化に関する法律の準用）

第二八条　補助金等に係る予算の執行の適正化に関する法律（昭和三十年法律第百七十九号）の規定（罰則を含む。）は、第十五条第一項第二号から第四号までの規定によりセンターが支給する資金について準用する。この場合において、同法（第二条第七項を除く。）中「各省各庁」とあるのは「独立行政法人日本スポーツ振興センター」と、「各省各庁の長」とあるのは「独立行政法人日本スポーツ振興センターの理事長」と、同法第二条第一項（第二号を除く。）及び第四項、第七条第二項、第十九条第一項及び第二項、第二十四条並びに第三十三条中「国」とあるのは「独立行政法人日本スポーツ振興センター」と、同法第十四条中「国の会計年度」とあるのは「独立行政法人日本スポーツ振興センターの事業年度」と読み替えるものとする。

第五章　雑則

（国の補助）

第二九条　国は、予算の範囲内において、政令で定めるところにより、災害共済給付に要する経費の一部をセンターに対して補助することができる。

2　国は、公立の義務教育諸学校の設置者が第十七条第四項ただし書の規定により、児童又は生徒の保護者で次の各号のいずれかに該当するものから同項本文の学校の設置者の定める額を徴収しない場合においては、予算の範囲内において、政令で定めるところにより、センターに対して補助することができる。
一　生活保護法（昭和二十五年法律第百四十四号）第六条第二項に規定する要保護者
二　生活保護法第六条第二項に規定する要保護者に準ずる程度に困窮している者で政令で定めるもの

（学校の設置者が地方公共団体である場合の事務処理）

第三〇条　この法律に基づき学校の設置者が処理すべき事務は、学校の設置者が地方公共団体である場合においては、当該地方公共団体の教育委員会（幼保連携型認定こども園にあっては、当該地方公共団体の長）が処理するものとする。

（損害賠償との調整）

第三一条　学校の設置者が国家賠償法（昭和二十二年法律第百二十五号）、民法（明治二十九年法律第八十九号）その他の法律（次項において「国家賠償法等」という。）による損害賠償の責めに任ずる場合において、免責の特約を付した第十六条第一項の災害共済給付契約に基づきセンターが災害共済給付を行ったときは、同一の事由については、当該学校の設置者は、その価額の限度においてその損害賠償の責めを免れる。

2　センターは、災害共済給付を行った場合において、当該給付事由の発生につき、国家賠償法等により損害賠償の責めに任ずる者があるときは、その給付の価額の限度において、当該災害に係る児童生徒等がその者に対して有する損害賠償の請求権を取得する。

（時効）

第三二条　災害共済給付を受ける権利は、その給付事由が生じた日から二年間行わないときは、時効によって消滅する。

（給付を受ける権利の保護）

第三三条　災害共済給付を受ける権利は、譲り渡し、担保に供し、又は差し押さえることができない。

（公課の禁止）

第三四条　租税その他の公課は、災害共済給付として支給を受ける給付金を標準として、課することができない。

（財務大臣との協議）

第三五条　文部科学大臣は、次の場合には、あらかじめ、財務大臣に協議しなければならない。

一　第二十四条第一項の承認をしようとするとき。

二　第二十五条又は第二十六条の認可をしようとするとき。

（主務大臣等）

第三六条　センターに係る通則法における主務大臣及び主務省令は、それぞれ文部科学大臣及び文部科学省令とする。

（国庫納付金の教育事業等に必要な経費への充当）

第三七条　政府は、第二十二条第一項の規定による国庫納付金の額に相当する金額を、教育及び文化の振興に関する事業、自然環境の保全のための事業、青少年の健全な育成のための事業、スポーツの国際交流に関する事業等の公益の増進を目的とする事業に必要な経費に充てなければならない。

2　前項の規定の適用については、金額の算出は、各年度において、その年度の予算金額によるものとする。

第三八条　削除（平一六法一三〇）

（国家公務員宿舎法の適用除外）

第三九条　国家公務員宿舎法（昭和二十四年法律第百十七号）の規定は、センターの役員及び職員には適用しない。

第六章　罰則

第四〇条　次の各号のいずれかに該当する場合には、その違反行為をしたセンターの役員は、二十万円以下の過料に処する。

一　この法律の規定により文部科学大臣の認可又は承認を受けなければならない場合において、その認可又は承認を受けなかったとき。

二　第十五条に規定する業務以外の業務を行ったとき。

三　第二十条の規定による文部科学大臣の命令に違反したとき。

四　第二十七条第二項において準用する通則法第四十七条の規定に違反して基金を運用したとき。

第四一条　第六条の規定に違反した者は、十万円以下の過料に処する。

附　則（省略）

附　則（令和二年一二月九日法律第七一号）

（施行期日）

1　この法律は、公布の日から起算して十日を経過した日から施行する。

●独立行政法人日本スポーツ振興センター法施行令

（平成一五年八月八日政令第三六九号）

施行、平一五・八・八
最終改正、令二―政一六九

第一章　出資の目的に係る財産の評価

第一条　独立行政法人日本スポーツ振興センター法（以下「法」という。）第五条第五項の評価委員は、必要の都度、次に掲げる者につき文部科学大臣が任命する。

一　財務省の職員　一人

二　文部科学省の職員　一人

三　独立行政法人日本スポーツ振興センター（以下「センター」という。）の役員　一人

四　学識経験のある者　二人

2　法第五条第五項の規定による評価は、同項の評価委員の過半数の一致によるものとする。

3　法第五条第五項の規定による評価に関する庶務は、スポーツ庁政策課において処理する。

第二章　災害共済給付

（児童生徒等の保護者に含まれる者等）

第二条　法第十五条第一項第七号に規定する里親その他の政令で定める者は、里親（同号に規定する里親をいう。以下この条において同じ。）及び里親がない場合において学校（法第三条に規定する学校をいう。以下同じ。）の設置者が当該子女の監護及び教育をしていると認める者とする。

2　法第十五条第一項第七号に規定する生徒又は学生その他政令で定める者は、死亡見舞金の支給の場合における当該生徒又は学生の次に掲げる遺族とする。

一　父母

二　祖父母

三　兄弟姉妹

3　前項に定める者の死亡見舞金を受ける順位は、同項各号の順序とし、父母については、養父母を先にし、実父母を後にする。

4　生徒又は学生に配偶者又は子があるときは、第二項の規定にかかわらず、法第十五条第一項第七号に規定する生徒又は学生その他政令で定める者は、死亡見舞金の支給の場合における当該配偶者又は子とする。この場合において、これらの者の死亡見舞金を受ける順位は、配偶者を先にする。

5　前三項の規定により死亡見舞金の支給を受けるべき同順位の者が二人以上あるときは、死亡見舞金の支給は、その人数によって等分して行う。

（災害共済給付の給付基準）

第三条　法第十五条第一項第七号に規定する災害共済給付（以下この章において単に「災害共済給付」という。）の給付金の額は、次の各号に掲げる給付の種類ごとに、当該各号に定める額とする。

一　医療費　次に掲げる額の合算額

イ　単位療養（同一の月に一の病院、診療所、薬局その他の者から受けた療養（健康保険法（大正十一年法律第七十号）第六十三条第一項各号に掲げる療養及び同法第八十八条第一項に規定する指定訪問看護をいう。(1)を除き、以下同じ。）をいう。以下この号において同じ。）ごとに、次の(1)又は(2)に掲げる費用について、それぞれ(1)又は(2)に定める方法により算定した額の合計額（ロにおいて「単位療養額」という。）に十分の三を乗じて得た額（その額が、二十五万二千六百円と、その単位療養につき健康保険法施行令（大正十五年勅令第二百四十三号）第四十二条第一項第二号の厚生労働省令で定めるところにより算定した療養に要した費用の額（その額が八十四万二千円に満たないときは、八十四万二千円）から八十四万二千円を控除した額に百分の

一を乗じて得た額（この額に一円未満の端数がある場合において、その端数金額が五十銭未満であるときは、これを切り捨て、その端数金額が五十銭以上であるときは、これを一円に切り上げた額）との合算額を超えない範囲内で文部科学省令で定める額を超えるときは、当該文部科学省令で定める額）を合算した額

(1)　健康保険法第六十三条第一項各号に掲げる療養に要する費用　同法第七十六条第二項の規定に基づく厚生労働大臣の定めるところ又は同法第八十六条第二項第一号の規定に基づく厚生労働大臣の定めるところにより算定した額（その額が現に当該療養に要した費用の額を超えるときは、現に当該療養に要した費用の額）。ただし、当該定めがないときは、現に当該療養に要した費用の範囲内でセンターが必要と認めた額とする。

(2)　健康保険法第八十八条第一項に規定する指定訪問看護に要する費用　同条第四項の規定に基づく厚生労働大臣の定めるところにより算定した額（その額が現に当該指定訪問看護に要した費用の額を超えるときは、現に当該指定訪問看護に要した費用の額）。ただし、当該定めがないときは、現に当該指定訪問看護に要した費用の範囲内でセンターが必要と認めた額とする。

ロ　単位療養額を合算した額の十分の一を超えない範囲内で療養に伴って要する費用として文部科学省令で定める額

ハ　療養を受けた月における食事療養（健康保険法第六十三条第二項第一号に規定する食事療養をいう。）を受けた日数に同法第八十五条第二項に規定する食事療養標準負担額を乗じて得た額

ニ　療養を受けた月における生活療養（健康保険法第六十三条第二項第二号に規定する生活療養をいう。）を受けた日数に同法第八十五条の二第二項に規定する生活療養標準負担額を乗じて得た額

二　障害見舞金　障害の程度に応じ四千万円から八十八万円までの範囲（第五条第二項第四号に掲げる場合（これに準ずる場合として同項第五号の文部科学省令で定める場合を含む。次号において同じ。）に係る障害見舞金にあっては、二千万円から四十四万円までの範囲）内で文部科学省令で定める額

三　死亡見舞金　三千万円（第五条第一項第四号に掲げる死亡（同条第二項第四号に掲げる場合に係るものに限る。）及び同条第一項第五号の文部科学省令で定める死亡に係る死亡見舞金にあっては、千五百万円）

2　災害共済給付（障害見舞金の支給を除く。）は、同一の負傷又は疾病に関しては、医療費の支給開始後十年を経過した時以後は、行わない。

3　センターは、災害共済給付の給付事由と同一の事由について、当該災害共済給付に係る児童、生徒、学生又は幼児（以下「児童生徒等」という。）が国家賠償法等（法第三十一条第一項に規定する国家賠償法等をいう。）により損害賠償を受けたときは、その価額の限度において、災害共済給付を行わないことができる。

4　センターは、学校の管理下における児童生徒等の災害（法第十五条第一項第七号に規定する災害をいう。以下同じ。）について、当該児童生徒等が他の法令の規定により国又は地方公共団体の負担において療養若しくは療養費の支給を受け、又は補償若しくは給付を受けたときは、その受けた限度において、災害共済給付を行わない。

5　センターは、非常災害（風水害、震災、事変その他の非常災害であって、当該非常災害が発生した地域の多数の住民が被害を受けたものをいう。）による児童生徒等の災害については、災害共済給付を行わない。

6　センターは、生活保護法（昭和二十五年法律第百四十四号）による保護を受けている世帯に属する義務教育諸学校（法第十八条に規定する義務教育諸学校をいう。以下同じ。）の児童及び生徒（以下「要保護児童生徒」という。）に係る災害については、医療費の支給を行わない。

7　センターは、高等学校（中等教育学校の後期課程及び特別支援学校の高等部を含む。以下同じ。）、高等専門学校及び専修学校（学校教育法（昭和二十二年法律第二十六号）第百二十四条に規定する専修学校をいい、同法第百二十五条第一項に規定する高等課程に係るものに限る。以下同じ。）の災害共済給付についでは、災害共済給付契約に係る生徒又は学生が自己の故意の犯罪行為により、又は故意に、負傷し、疾病にかかり、又は死亡したときは、当該負傷、疾病若しくは死亡又は当該負傷をし、若しくは疾病にかかったことによる障害若しくは死亡に係る災害共済給付を行わない。ただし、当該生徒又は学生が、いじめ（いじめ防止対策推進法（平成二十五年法律第七十一号）第二条第一項に規定するいじめをいう。）、体罰（学校教育法第十一条ただし書（同法第百三十三条第一項において準用する場合を含む。）に規定する体罰をいう。）その他の当該生徒又は学生の責めに帰することができない事由により生じた強い心理的な負担により、故意に負傷し、疾病にかかり、又は死亡したときは、この限りでない。

8　センターは、高等学校、高等専門学校及び専修学校の災害共済給付については、災害共済給付契約に係る生徒又は学生が自己の重大な過失により、負傷し、疾病にかかり、又は死亡したときは、当該死亡又は当該負傷をし、若しくは疾病にかかったことによる障害若しくは死亡に係る災害共済給付の一部を行わないことができる。

（給付金の支払の請求及びその支払）

第四条　災害共済給付の給付金の支払の請求は、災害共済給付契約に係る学校の設置者が行うものとする。

2　前項の規定にかかわらず、災害共済給付契約に係る児童生徒等の保護者（法第十五条第一項第七号に規定する保護者をいう。以下同じ。）又は当該児童生徒等のうち生徒若しくは学生が成年に達している場合にあっては当該生徒若しくは学生は、自ら前項の請求をすることができる。この場合において、当該請求は、当該災害共済給付契約に係る学校の設置者を経由して行うものとする。

3　同一の負傷又は疾病に係る医療費の支給についての支払の請求は、一月ごとに行うものとする。

4　センターは、第一項又は第二項の規定による給付金の支払の請求があったときは、当該請求の内容が適正であるかどうかを審査して、前条に規定するところにより、その支払額を決定するものとする。

5　センターは、前項の規定により支払額を決定したときは、速やかに、次の各号に掲げる区分に従い、当該各号に定める者を通じて、当該各号に定める児童生徒等の保護者又は当該児童生徒等のうち生徒若しくは学生が成年に達している場合にあっては当該生徒若しくは学生に対し、給付金の支払を行うものとする。

一　学校教育法第二条第二項に規定する国立学校並びに国（国立大学法人法（平成十五年法律第百十二号）第二条第一項に規定する国立大学法人を含む。第十九条第二項において同じ。）が設置する幼保連携型認定こども園（就学前の子どもに関する教育、保育等の総合的な提供の推進に関する法律（平成十八年法律第七十七号）第二条第七項に規定する幼保連携型認定こども園をいう。以下同じ。）及び専修学校並びに地方独立行政法人法（平成十五年法律第百十八号）第六十八条第一項に規定する公立大学法人（第十九条第二項において単に「公立大学法人」という。）が設置する学校の児童生徒等の災害に係る給付金の支払　当該学校の校長

二　公立の学校の児童生徒等の災害に係る給付金の支払　当該学校を設置する地方公共団体の教育委員会（幼保連携型認定こども

園にあっては、当該地方公共団体の長

三　私立の学校の児童生徒等の災害に係る給付金の支払　当該学校を設置する学校法人の理事長（学校法人以外の者が設置する学校にあっては、当該学校の設置者が団体であるものについては当該団体の代表者、当該学校の設置者が団体でないものについては当該設置者）

第五条（**学校の管理下における災害の範囲**）　災害共済給付に係る災害は、次に掲げるものとする。

一　児童生徒等の負傷でその原因である事由が学校の管理下において生じたもの。ただし、療養に要する費用が五千円以上のものに限る。

二　学校給食に起因する中毒その他児童生徒等の疾病でその原因である事由が学校の管理下において生じたもののうち、文部科学省令で定めるもの。ただし、療養に要する費用が五千円以上のものに限る。

三　第一号の負傷又は前号の疾病が治った場合において存する障害のうち、文部科学省令で定める程度のもの

四　児童生徒等の死亡でその原因である事由が学校の管理下において生じたもののうち、文部科学省令で定めるもの

五　前号に掲げるもののほか、これに準ずるものとして文部科学省令で定めるもの

2　前項第一号、第二号及び第四号において「学校の管理下」とは、次に掲げる場合をいう。

一　児童生徒等が、法令の規定により学校が編成した教育課程に基づく授業を受けている場合

二　児童生徒等が学校の教育計画に基づいて行われる課外指導を受けている場合

三　前二号に掲げる場合のほか、児童生徒等が休憩時間中に学校にある場合その他校長の指示又は承認に基づいて学校にある場合

四　児童生徒等が通常の経路及び方法により通学する場合

五　前各号に掲げる場合のほか、これらの場合に準ずる場合として文部科学省令で定める場合

第六条（**災害共済給付契約等の拒絶理由**）　法第十六条第四項の政令で定める正当な理由は、次に掲げるものとする。

一　災害共済給付契約を締結する場合において、当該災害共済給付契約の申込みに係る児童生徒等の数が、当該児童生徒等が在学する学校の児童生徒等の総数に比べて著しく少ないこと。

二　災害共済給付契約を締結する場合において、当該災害共済給付契約の申込みが文部科学省令で定める契約締結期限の経過後に行われること。

三　免責の特約を付する場合において、災害共済給付契約に係る児童生徒等の一部につき免責の特約を付する申込みが行われること。

第七条（**共済掛金の額**）　法第十七条第一項の政令で定める額は、各年度につき、児童生徒等一人当たり、次の各号に掲げる学校の区分に応じ、当該各号に定める額とする。

一　義務教育諸学校　九百二十円（要保護児童生徒にあっては、四十円）

二　高等学校及び専修学校　二千百五十円（夜間その他特別の時間又は時期において授業を行う課程において教育を受ける生徒にあっては九百八十円、通信による教育を行う課程において教育を受ける生徒にあっては二百八十円）

三　高等専門学校　千九百三十円

四　幼稚園（特別支援学校の幼稚部を含む。以下同じ。）及び幼保連携型認定こども園　二百七十円

第八条（**免責の特約を付した場合に共済掛金の額に加える額**）　法第十七条第二項の政令で定める額は、各年度につき、児童生徒等一人当たり十五円（高等学校及び専修学校の通信による教育を行う課程において教育を受ける生徒にあっては、二円）とする。

第九条（**共済掛金の支払の期限**）　法第十七条第三項の規定による共済掛金の支払は、各年度について、五月一日において在籍する児童生徒等（法第十六条第一項の規定による保護者の同意があるものに限る。）の数に基づき、同月三十一日までに行わなければならない。

第一〇条（**学校の設置者が保護者から徴収する額の範囲**）　法第十七条第四項の政令で定める範囲は、次の各号に掲げる学校の区分に応じ、当該各号に定める範囲とする。

一　義務教育諸学校　十分の四から十分の六まで

二　高等学校、高等専門学校、幼稚園、幼保連携型認定こども園及び専修学校　十分の六から十分の九まで

第一一条（**共済掛金を支払わない場合における災害共済給付**）　センターは、学校の設置者が第九条に規定する支払期限までに法第十七条第三項の規定による共済掛金を支払わない場合においては、当該支払期限の経過後当該災害共済給付契約に係る年度内に共済掛金を支払った場合における当該支払った日以後当該年度内に発生した児童生徒等の災害に係る災害共済給付を除いては、当該災害共済給付契約に係る災害共済給付を行わない。

第一二条（**共済掛金の控除額及び返還額**）　法第十八条の政令で定める額は、公立の義務教育諸学校の設置者が法第十七条第四項ただし書の規定により児童又は生徒の保護者で法第二十九条第二項各号のいずれかに該当するものから法第十七条第四項本文に規定する学校の設置者の定める額を徴収しない場合における当該徴収しない額の総額の二分の一とする。ただし、小学校、中学校及び義務教育学校並びに中等教育学校の前期課程又は特別支援学校の小学部及び中学部の別並びに要保護児童生徒又は準要保護児童生徒（法第二十九条第二項各号に掲げる者に係る児童及び生徒のうち、要保護児童生徒を除いた者をいう。以下同じ。）の別により、それぞれ、共済掛金の額の二分の一に第十八条第二項の規定により当該義務教育諸学校の設置者がセンターから通知を受けた児童及び生徒の数を乗じて得た額の二分の一を限度とする。

第一三条（**児童生徒等の転学等の場合における特例**）　災害共済給付契約に係る児童生徒等が転学し、進学し、卒業し、又は退学した場合における第四条第一項、第二項及び第五項並びに第九条の規定の適用について必要な事項は、文部科学省令で定める。

第三章　スポーツ振興投票等業務

第一四条（**審議会等で政令で定めるもの**）　法第二十一条第二項の審議会等で政令で定めるものは、スポーツ審議会とする。

第一五条（**国庫納付金の納付の手続**）　センターは、毎事業年度、法第二十二条第一項の規定に基づいて計算した当該事業年度の国庫納付金の計算書に、当該事業年度末の貸借対照表、当該事業年度の損益計算書その他当該国庫納付金の計算の基礎を明らかにした書類（次項において「添付書類」という。）を添付して、翌事業年度の五月二十日までに、これを文部科学大臣に提出しなければならない。

2　文部科学大臣は、前項に規定する国庫納付金の計算書及び添付書類の提出があったときは、遅滞なく、当該国庫納付金の計算書及び添付書類の写しを財務大臣に送付するものとする。

第四章　国の補助

第一六条（**災害共済給付に係る国の補助**）　法第二十九条第一項の規定による災害共済給付に要する経費に係る国の補助は、第五条第二項第一号及び第二号に掲げる場合に係る災害共済給付に要する経費として次の各号に掲げる学校の区分ごとに文部科学大臣が定める額（以下この条において「補助対象災害共済給付経費」という。）について行う

ものとし、当該補助の額は、当該学校の区分に応じ、当該各号に定める額とする。

一　義務教育諸学校　補助対象災害共済給付経費の三分の一に相当する額

二　高等学校、高等専門学校、幼稚園、幼保連携型認定こども園及び専修学校　補助対象災害共済給付経費のうち文部科学大臣の定める額

（要保護者に準ずる程度に困窮している者）

第一七条　法第二十九条第二項第二号の政令で定める者は、同項の公立の義務教育諸学校の設置者が、生活保護法第六条第二項に規定する要保護者に準ずる程度に困窮していると認める者とする。

2　公立の義務教育諸学校の設置者は、前項に規定する認定を行うため必要があるときは、社会福祉法（昭和二十六年法律第四十五号）に定める福祉に関する事務所の長及び民生委員法（昭和二十三年法律第百九十八号）に定める民生委員に対して助言を求めることができる。

（センターに対する国の補助）

第一八条　法第二十九条第二項の規定による国の補助は、小学校、中学校及び義務教育学校並びに中等教育学校の前期課程又は特別支援学校の小学部及び中学部の別並びに要保護児童生徒又は準要保護児童生徒の別により、それぞれ、共済掛金の額の二分の一にセンターが次項の規定により公立の義務教育諸学校の設置者に配分した児童及び生徒の数を乗じて得た額の合計額の二分の一を限度として、公立の義務教育諸学校の設置者が法第十七条第四項ただし書の規定により児童又は生徒の保護者で法第二十九条第二項各号のいずれかに該当するものから法第十七条第四項本文に規定する学校の設置者の定める額を徴収しない場合における当該徴収しない額の合計額の二分の一について行うものとする。

2　センターは、公立の義務教育諸学校の設置者で法第十七条第四項ただし書の規定により前項に規定する児童又は生徒の保護者から同条第四項本文に規定する学校の設置者の定める額を徴収しないものについて、別表に掲げる算式により算定した小学校、中学校及び義務教育学校並びに中等教育学校の前期課程又は特別支援学校の小学部及び中学部の児童及び生徒の数を配分し、その配分した数を文部科学大臣及び当該各設置者に通知しなければならない。

第五章　雑則

（学校の設置者が地方公共団体等である場合の事務処理）

第一九条　学校の設置者が地方公共団体である場合におけるこの政令に基づいて学校の設置者が処理すべき事務は、当該地方公共団体の教育委員会（幼保連携型認定こども園にあっては、当該地方公共団体の長）が処理するものとする。

2　学校の設置者が国、独立行政法人国立高等専門学校機構又は公立大学法人である場合における第二条第一項並びに第四条第一項及び第二項の規定に基づいて学校の設置者が処理すべき事務は、当該学校の校長が処理するものとする。

附　則（省略）

別表（第十八条関係）

イ　要保護児童生徒に係る場合	$X \times \frac{p}{P}$
ロ　準要保護児童生徒に係る場合	$Y \times \left(\frac{p}{P} + \frac{q}{Q}\right) \times \frac{1}{2}$

備考　この表における算式中次に掲げる記号の意義は、それぞれ次に定めるとおりとする。

X　文部科学大臣が毎年度予算の範囲内で定めるセンターに対する国の補助の基準となる小学校、中学校及び義務教育学校並びに中等教育学校の前期課程又は特別支援学校の小学部及び中学部に係る要保護児童生徒の総数

Y　文部科学大臣が毎年度予算の範囲内で定めるセンターに対する国の補助の基準となる小学校、中学校及び義務教育学校並びに中等教育学校の前期課程又は特別支援学校の小学部及び中学部に係る準要保護児童生徒の総数

P　文部科学大臣の指定する日現在において、災害共済給付契約に係る全国の小学校、中学校及び義務教育学校並びに中等教育学校の前期課程又は特別支援学校の小学部及び中学部の児童及び生徒のうち、教育扶助（生活保護法に規定する教育扶助をいう。以下同じ。）を受けている者の総数

p　文部科学大臣の指定する日現在において、災害共済給付契約に係る当該学校の設置者の設置する小学校、中学校及び義務教育学校並びに中等教育学校の前期課程又は特別支援学校の小学部及び中学部の児童及び生徒のうち、教育扶助を受けている者の総数

Q　文部科学大臣の指定する日現在において、災害共済給付契約に係る全国の小学校、中学校及び義務教育学校並びに中等教育学校の前期課程又は特別支援学校の小学部及び中学部の児童及び生徒の総数

q　文部科学大臣の指定する日現在において、災害共済給付契約に係る当該学校の設置者の設置する小学校、中学校及び義務教育学校並びに中等教育学校の前期課程又は特別支援学校の小学部及び中学部の児童及び生徒の総数

附　則（平成三一年四月二六日政令第一六一号）

施行、平三一・四・二六

（経過措置）

2　この政令による改正後の独立行政法人日本スポーツ振興センター法施行令（以下「新令」という。）第三条第一項（第二号及び第三号に係る部分に限り、新令附則第五条第三項において準用する場合を含む。）は、平成三十一年四月一日以後に生じた障害に係る障害見舞金及び同日以後に死亡した者に係る死亡見舞金について適用し、同日前に生じた障害に係る障害見舞金及び同日前に死亡した者に係る死亡見舞金については、なお従前の例による。

3　新令第七条（第二号及び第三号に係る部分に限る。）及び第八条（中略）の規定は、平成三十一年度以後の年度に係る共済掛金の額（免責の特約を付した場合に共済掛金の額に加える額を含む。以下この項において同じ。）について適用し、平成三十年度までの共済掛金の額については、なお従前の例による。

●独立行政法人日本スポーツ振興センターに関する省令

（抄）

（平成一五年一〇月一日文部科学省令第五一号）

施行、平一五・一〇・一
最終改正、令二―文科令四二

第一条から第二〇条まで　（省略）

（障害見舞金の額）

第二一条　令第三条第一項第二号の文部科学省令で定める額は、別表上欄に定める障害の程度に応じた等級に対応する同表中欄に定める額（令第五条第二項第四号に掲げる場合及び第二十六条第二号に掲げる場合に係る障害にあっては、その額に二分の一を乗じて得た額）とする。

2　別表下欄に定める程度の障害が二以上ある場合の障害の等級は、重い障害に応ずる等級による。

3　次に掲げる場合の障害の等級は、次の各号のうち最も有利なものによる。

一　第十三級以上に該当する障害が二以上ある場合には、前項の規定による等級の一級上位の等級

二　第八級以上に該当する障害が二以上ある場合には、前項の規定による等級の二級上位の等級

三　第五級以上に該当する障害が二以上ある場合には、前項の規定による等級の三級上位の等級

4　前項の場合の障害見舞金の額は、それぞれの障害に応ずる等級による障害見舞金の額を合算した額を超えてはならない。

5　既に障害のある児童生徒等が令第五条第一項第一号の負傷又は同項第二号の疾病によって、同一部位について障害の程度を加重した場合の障害見舞金の額は、加重後の障害の等級に応ずる障害見舞金の額から加重前の障害の等級に応ずる障害見舞金の額を差し引いた額とする。

（令第五条第一項第二号の文部科学省令で定める疾病）

第二二条　令第五条第一項第二号の児童生徒等の疾病でその原因である事由が学校の管理下において生じたもののうち文部科学省令で定めるものは、次に掲げるものとする。

一　家庭科若しくは技術・家庭科の調理実習における試食又は修学旅行若しくは遠足における給食に起因する中毒及び理科等の実験又は実習におけるガス等による中毒

二　熱中症

三　溺水及びこれに起因する嚥下性肺炎

四　異物の嚥下又は迷入及びこれらに起因する疾病

五　漆等による皮膚炎

六　前各号に掲げる疾病に準ずるものと認められる疾病のうち特にセンターが認めたもの

七　外部衝撃、急激な運動若しくは相当の運動量を伴う運動又は心身に対する負担の累積に起因することが明らかであると認められる疾病のうち特にセンターが認めたもの

八　令第五条第一項第一号本文に掲げる負傷に起因することが明らかであると認められる疾病のうち特にセンターが認めたもの

（障害の程度）

第二三条　令第五条第一項第三号の負傷又は疾病が治った場合において存する障害のうち文部科学省令で定める程度のものは、別表下欄に定める程度のものとする。

（令第五条第一項第四号の文部科学省令で定める死亡）

第二四条　令第五条第一項第四号の児童生徒等の死亡でその原因である事由が学校の管理下において生じたもののうち文部科学省令で定めるものは、次に掲げるものとする。

一　学校給食に起因することが明らかであると認められる死亡

二　第二十二条に掲げる疾病に直接起因する死亡

三　前二号に掲げるもののほか、学校の管理下において発生した事件に起因する死亡

（令第五条第一項第五号の文部科学省令で定める死亡）

第二五条　令第五条第一項第五号の文部科学省令で定める死亡は、次に掲げるものとする。

一　突然死であってその顕著な徴候が学校の管理下において発生したもの

二　前号に掲げる突然死に準ずるものとして、特にセンターが認めたもの

（令第五条第二項第五号の文部科学省令で定める場合）

第二六条　令第五条第二項第五号の文部科学省令で定める場合は、次に掲げる場合とする。

一　学校の寄宿舎に居住する児童生徒等が、当該寄宿舎にあるとき。

二　児童生徒等が、学校以外の場所であって令第五条第二項第一号の授業若しくは同項第二号の課外指導が行われる場所（当該場所以外の場所において集合し、又は解散するときは、その場所を含む。）又は前号に規定する寄宿舎と住居との間を、合理的な経路及び方法により往復するとき。

三　令第三条第七項に規定する高等学校の定時制の課程又は通信制の課程に在学する生徒が、学校教育法（昭和二十二年法律第二十六号）第五十五条（同法第七十条第一項において準用する場合を含む。）の規定により技能教育のための施設で当該施設の所在地の都道府県の教育委員会の指定するものにおいて当該高等学校における教科の一部の履修とみなされる教育を受けているとき。

（災害共済給付契約の契約締結期限）

第二七条　令第六条第二号の文部科学省令で定める契約締結期限は、各年度について、当該年度の五月三十一日とする。

（児童生徒等の転学等の場合における特例）

第二八条　災害共済給付契約に係る児童生徒等の転学、進学、卒業又は退学（以下この条において「転学等」という。）の場合における転学等の前に給付事由が発生した災害共済給付に係る令第四条第一項の給付金の支払の請求は、当該児童生徒等の転学等の前の学校の設置者が行うものとする。ただし、転学等の後の学校の設置者が当該学校の児童生徒等についてセンターと災害共済給付契約を締結しているときは、転学等の後の学校の設置者が行うものとする。

2　災害共済給付契約に係る児童生徒等の転学等の場合における転学等の前に給付事由が発生した災害共済給付に係る令第四条第二項の給付金の支払の請求は、転学等の前の学校の設置者を経由して行うものとする。ただし、転学等の後の学校の設置者が当該学校の児童生徒等についてセンターと災害共済給付契約を締結しているときは、転学等の後の学校の設置者を経由して行うものとする。

3　令第四条第五項の規定による給付金の支払は、第一項本文又は第二項本文の規定による請求があった場合にあっては、転学等の前の学校に係る令第四条第五項に定める者を通じて行うものとし、第一項ただし書又は第二項ただし書の規定による請求があった場合にあっては、転学等の後の学校に係る令第四条第五項に定める者を通じて行うものとする。

4　センターに対し既に共済掛金を支払った学校の設置者の設置する学校に児童生徒等が転学してきた場合における当該児童生徒等に係る当該年度の共済掛金の支払は、翌年度において行うものとする。ただし、当該児童生徒等について、既に当該年度の共済掛金の支払が行われているときは、これを行わないものとする。

第二九条・第三〇条　（省略）

附　則　（省略）

別表（第二十一条、第二十三条関係）

等級	金額	障害
第一級	四〇、〇〇〇、〇〇〇円	一　両眼が失明したもの 二　咀嚼及び言語の機能を廃したもの 三　神経系統の機能又は精神に著しい障害を残し、常に介護を要するもの 四　胸腹部臓器の機能に著しい障害を残し、常に介護を要するもの 五　両上肢をひじ関節以上で失ったもの 六　両上肢の用を全廃したもの 七　両下肢をひざ関節以上で失ったもの 八　両下肢の用を全廃したもの
第二級	三六、〇〇〇、〇〇〇円	一　一眼が失明し、他眼の視力が〇・〇二以下になったもの 二　両眼の視力が〇・〇二以下になったもの 三　神経系統の機能又は精神に著しい障害を残し、随時介護を要するもの 四　胸腹部臓器の機能に著しい障害を残し、随時介護を要するもの 五　両上肢を手関節以上で失ったもの 六　両下肢を足関節以上で失ったもの
第三級	三一、四〇〇、〇〇〇円	一　一眼が失明し、他眼の視力が〇・〇六以下になったもの 二　咀嚼又は言語の機能を廃したもの 三　神経系統の機能又は精神に著しい障害を残し、終身労務に服することができないもの 四　胸腹部臓器の機能に著しい障害を残し、終身労務に服することができないもの 五　両手の手指の全部を失ったもの
第四級	二一、八〇〇、〇〇〇円	一　両眼の視力が〇・〇六以下になったもの 二　咀嚼及び言語の機能に著しい障害を残すもの 三　両耳の聴力を全く失ったもの 四　一上肢をひじ関節以上で失ったもの 五　一下肢をひざ関節以上で失ったもの 六　両手の手指の全部の用を廃したもの 七　両足をリスフラン関節以上で失ったもの
第五級	一八、二〇〇、〇〇〇円	一　一眼が失明し、他眼の視力が〇・一以下になったもの 二　神経系統の機能又は精神に著しい障害を残し、特に軽易な労務以外の労務に服することができないもの 三　胸腹部臓器の機能に著しい障害を残し、特に軽易な労務以外の労務に服することができないもの 四　一上肢を手関節以上で失ったもの 五　一下肢を足関節以上で失ったもの 六　一上肢の用を全廃したもの 七　一下肢の用を全廃したもの 八　両足の足指の全部を失ったもの
第六級	一五、一〇〇、〇〇〇円	一　両眼の視力が〇・一以下になったもの 二　咀嚼又は言語の機能に著しい障害を残すもの 三　両耳の聴力が耳に接しなければ大声を解することができない程度になったもの 四　一耳の聴力を全く失い、他耳の聴力が四十センチメートル以上の距離では普通の話声を解することができない程度になったもの 五　脊柱に著しい変形又は運動障害を残すもの 六　一上肢の三大関節中の二関節の用を廃したもの 七　一下肢の三大関節中の二関節の用を廃したもの 八　一手の五の手指又は母指を含み四の手指を失ったもの
第七級	一二、七〇〇、〇〇〇円	一　一眼が失明し、他眼の視力が〇・六以下になったもの 二　両耳の聴力が四十センチメートル以上の距離では普通の話声を解することができない程度になったもの 三　一耳の聴力を全く失い、他耳の聴力が一メートル以上の距離では普通の話声を解することができない程度になったもの 四　神経系統の機能又は精神に障害を残し、軽易な労務以外の労務に服することができないもの 五　胸腹部臓器の機能に障害を残し、軽易な労務以外の労務に服することができないもの 六　一手の母指を含み三の手指又は母指以外の四の手指を失ったもの 七　一手の五の手指又は母指を含み四の手指の用を廃したもの 八　一足をリスフラン関節以上で失ったもの 九　一上肢に偽関節を残し、著しい運動障害を残すもの 十　一下肢に偽関節を残し、著しい運動障害を残すもの

		十一　両足の足指の全部の用を廃したもの 十二　外貌に著しい醜状を残すもの 十三　両側の睾丸を失ったもの
第八級	七、四〇〇、〇〇〇円	一　一眼が失明し、又は一眼の視力が〇・〇二以下になったもの 二　脊柱に運動障害を残すもの 三　一手の母指を含み二の手指又は母指以外の三の手指を失ったもの 四　一手の母指を含み三の手指又は母指以外の四の手指の用を廃したもの 五　一下肢を五センチメートル以上短縮したもの 六　一上肢の三大関節中の一関節の用を廃したもの 七　一下肢の三大関節中の一関節の用を廃したもの 八　一上肢に偽関節を残すもの 九　一下肢に偽関節を残すもの 十　一足の足指の全部を失ったもの
第九級	五、九〇〇、〇〇〇円	一　両眼の視力が〇・六以下になったもの 二　一眼の視力が〇・〇六以下になったもの 三　両眼に半盲症、視野狭窄又は視野変状を残すもの 四　両眼のまぶたに著しい欠損を残すもの 五　鼻を欠損し、その機能に著しい障害を残すもの 六　咀嚼及び言語の機能に障害を残すもの 七　両耳の聴力が一メートル以上の距離では普通の話声を解することができない程度になったもの 八　一耳の聴力が耳に接しなければ大声を解することができない程度になり、他耳の聴力が一メートル以上の距離では普通の話声を解することが困難である程度になったもの 九　一耳の聴力を全く失ったもの 十　神経系統の機能又は精神に障害を残し、服することができる労務が相当な程度に制限されるもの 十一　胸腹部臓器の機能に障害を残し、服することができる労務が相当な程度に制限されるもの 十二　一手の母指又は母指以外の二の手指を失ったもの 十三　一手の母指を含み二の手指又は母指以外の三の手指の用を廃したもの 十四　一足の第一の足指を含み二以上の足指を失ったもの 十五　一足の足指の全部の用を廃したもの 十六　外貌に相当程度の醜状を残すもの 十七　生殖器に著しい障害を残すもの
第十級	四、三〇〇、〇〇〇円	一　一眼の視力が〇・一以下になったもの 二　正面視で複視を残すもの 三　咀嚼又は言語の機能に障害を残すもの 四　十四歯以上に対し歯科補綴を加えたもの 五　両耳の聴力が一メートル以上の距離では普通の話声を解することが困難である程度になったもの 六　一耳の聴力が耳に接しなければ大声を解することができない程度になったもの 七　一手の母指又は母指以外の二の手指の用を廃したもの 八　一下肢を三センチメートル以上短縮したもの 九　一足の第一の足指又は他の四の足指を失ったもの 十　一上肢の三大関節中の一関節の機能に著しい障害を残すもの 十一　一下肢の三大関節中の一関節の機能に著しい障害を残すもの
第十一級	三、一〇〇、〇〇〇円	一　両眼の眼球に著しい調節機能障害又は運動障害を残すもの 二　両眼のまぶたに著しい運動障害を残すもの 三　一眼のまぶたに著しい欠損を残すもの 四　十歯以上に対し歯科補綴を加えたもの 五　両耳の聴力が一メートル以上の距離では小声を解することができない程度になったもの 六　一耳の聴力が四十センチメートル以上の距離では普通の話声を解することができない程度になったもの 七　脊柱に変形を残すもの 八　一手の示指、中指又は環指を失ったもの 九　一足の第一の足指を含み二以上の足指の用を廃したもの 十　胸腹部臓器の機能に障害を残し、労務の遂行に相当な程度の支障があるもの
第十二級	二、二五〇、〇〇〇円	一　一眼の眼球に著しい調節機能障害又は運動障害を残すもの

		二　一眼のまぶたに著しい運動障害を残すもの 三　七歯以上に対し歯科補綴を加えたもの 四　一耳の耳殻の大部分を欠損したもの 五　鎖骨、胸骨、ろく骨、けんこう骨又は骨盤骨に著しい変形を残すもの 六　一上肢の三大関節中の一関節の機能に障害を残すもの 七　一下肢の三大関節中の一関節の機能に障害を残すもの 八　長管骨に変形を残すもの 九　一手の小指を失ったもの 十　一手の示指、中指又は環指の用を廃したもの 十一　一足の第二の足指を失ったもの、第二の足指を含み二の足指を失ったもの又は第三の足指以下の三の足指を失ったもの 十二　一足の第一の足指又は他の四の足指の用を廃したもの 十三　局部に頑固な神経症状を残すもの 十四　外貌に醜状を残すもの
第十三級	一、五〇〇、〇〇〇円	一　一眼の視力が〇・六以下になったもの 二　一眼に半盲症、視野狭窄又は視野変状を残すもの 三　正面視以外で複視を残すもの 四　両眼のまぶたの一部に欠損を残し又はまつげはげを残すもの 五　五歯以上に対し歯科補綴を加えたもの 六　胸腹部臓器の機能に障害を残すもの 七　一手の小指の用を廃したもの 八　一手の母指の指骨の一部を失ったもの 九　一下肢を一センチメートル以上短縮したもの 十　一足の第三の足指以下の一又は二の足指を失ったもの 十一　一足の第二の足指の用を廃したもの、第二の足指を含み二の足指の用を廃したもの又は第三の足指以下の三の足指の用を廃したもの
第十四級	八八〇、〇〇〇円	一　一眼のまぶたの一部に欠損を残し、又はまつげはげを残すもの 二　三歯以上に対し歯科補綴を加えたもの 三　一耳の聴力が一メートル以上の距離では小声を解することができない程度になったもの 四　上肢の露出面にてのひらの大きさの醜いあとを残すもの 五　下肢の露出面にてのひらの大きさの醜いあとを残すもの 六　一手の母指以外の手指の指骨の一部を失ったもの 七　一手の母指以外の手指の遠位指節間関節を屈伸することができなくなったもの 八　一足の第三の足指以下の一又は二の足指の用を廃したもの 九　局部に神経症状を残すもの

備考

一　視力の測定は、万国式試視力表による。屈折異常のあるものについては矯正視力について測定する。

二　手指を失ったものとは、母指は指節間関節、その他の手指は近位指節間関節以上を失ったものをいう。

三　手指の用を廃したものとは、手指の末関節の半分以上を失い、又は中手指節関節若しくは近位指節間関節（母指にあっては指節間関節）に著しい運動障害を残すものをいう。

四　足指を失ったものとは、その全部を失ったものをいう。

五　足指の用を廃したものとは、第一の足指は末節骨の半分以上、その他の足指は遠位指節間関節以上を失ったもの又は中足指節関節若しくは近位指節間関節（第一の足指にあっては指節間関節）に著しい運動障害を残すものをいう。

六　各等級の障害に該当しない障害であって、各等級の障害に相当するものは、当該等級の障害とする。

●アレルギー疾患対策基本法（抜粋）

（平成二六年六月二七日
法律第九八号）

施行、平二七・一二・二五
最終改正、平二六―法六七（法九八）

第一章　総則

（目的）

第一条　この法律は、アレルギー疾患を有する者が多数存在すること、アレルギー疾患には急激な症状の悪化を繰り返し生じさせるものがあること、アレルギー疾患を有する者の生活の質が著しく損なわれる場合が多いこと等アレルギー疾患が国民生活に多大な影響を及ぼしている現状及びアレルギー疾患が生活環境に係る多様かつ複合的な要因によって発生し、かつ、重症化することに鑑み、アレルギー疾患対策の一層の充実を図るため、アレルギー疾患対策に関し、基本理念を定め、国、地方公共団体、医療保険者、国民、医師その他の医療関係者及び学校等の設置者又は管理者の責務を明らかにし、並びにアレルギー疾患対策の推進に関する指針の策定等について定めるとともに、アレルギー疾患対策の基本となる事項を定めることにより、アレルギー疾患対策を総合的に推進することを目的とする。

（定義）

第二条　この法律において「アレルギー疾患」とは、気管支ぜん息、アトピー性皮膚炎、アレルギー性鼻炎、アレルギー性結膜炎、花粉症、食物アレルギーその他アレルゲンに起因する免疫反応による人の生体に有害な局所的又は全身的反応に係る疾患であって政令で定めるものをいう。

（学校等の設置者等の責務）

第九条　学校、児童福祉施設、老人福祉施設、障害者支援施設その他自ら十分に療養に関し必要な行為を行うことができない児童、高齢者又は障害者が居住し又は滞在する施設（以下「学校等」という。）の設置者又は管理者は、国及び地方公共団体が講ずるアレルギー疾患の重症化の予防及び症状の軽減に関する啓発及び知識の普及等の施策に協力するよう努めるとともに、その設置し又は管理する学校等において、アレルギー疾患を有する児童、高齢者又は障害者に対し、適切な医療的、福祉的又は教育的配慮をするよう努めなければならない。

第三章　基本的施策

第一節　アレルギー疾患の重症化の予防及び症状の軽減

（知識の普及等）

第一四条　国は、生活環境がアレルギー疾患に及ぼす影響に関する啓発及び知識の普及、学校教育及び社会教育におけるアレルギー疾患の療養に関し必要な事項その他のアレルギー疾患の重症化の予防及び症状の軽減の適切な方法に関する教育の推進その他のアレルギー疾患の重症化の予防及び症状の軽減に関する国民の認識を深めるために必要な施策を講ずるものとする。

（生活環境の改善）

第一五条　国は、アレルギー疾患の重症化の予防及び症状の軽減に資するよう、大気汚染の防止、森林の適正な整備、アレルギー物質を含む食品に関する表示の充実、建築構造等の改善の推進その他の生活環境の改善を図るための措置を講ずるものとする。

第三節　アレルギー疾患を有する者の生活の質の維持向上

第一八条　国は、アレルギー疾患を有する者の生活の質の維持向上が図られるよう、アレルギー疾患を有する者に対する医療的又は福祉的援助に関する専門的な知識及び技能を有する保健師、助産師、管理栄養士、栄養士、調理師等の育成を図るために必要な施策を講ずるものとする。

2　国は、アレルギー疾患を有する者に対しアレルギー疾患医療を適切に提供するための学校等、職場等と医療機関等との連携協力体制を確保すること、学校等の教員又は職員、事業主等に対するアレルギー疾患を有する者への医療的、福祉的又は教育的援助に関する研修の機会を確保すること、アレルギー疾患を有する者及びその家族に対する相談体制を整備すること、アレルギー疾患を有する者についての正しい理解を深めるための教育を推進することその他のアレルギー疾患を有する者の生活の質の維持向上のために必要な施策を講ずるものとする。

●学校給食法

（昭和二九年六月三日
法律第一六〇号）

施行、昭二九・六・三
最終改正、平二七―法四六

第一章　総則

（この法律の目的）

第一条　この法律は、学校給食が児童及び生徒の心身の健全な発達に資するものであり、かつ、児童及び生徒の食に関する正しい理解と適切な判断力を養う上で重要な役割を果たすものであることにかんがみ、学校給食及び学校給食を活用した食に関する指導の実施に関し必要な事項を定め、もつて学校給食の普及充実及び学校における食育の推進を図ることを目的とする。

（学校給食の目標）

第二条　学校給食を実施するに当たつては、義務教育諸学校における教育の目的を実現するために、次に掲げる目標が達成されるよう努めなければならない。

一　適切な栄養の摂取による健康の保持増進を図ること。

二　日常生活における食事について正しい理解を深め、健全な食生活を営むことができる判断力を培い、及び望ましい食習慣を養うこと。

三　学校生活を豊かにし、明るい社交性及び協同の精神を養うこと。

四　食生活が自然の恩恵の上に成り立つものであることについての理解を深め、生命及び自然を尊重する精神並びに環境の保全に寄与する態度を養うこと。

五　食生活が食にかかわる人々の様々な活動に支えられていることについての理解を深め、勤労を重んずる態度を養うこと。

六　我が国や各地域の優れた伝統的な食文化についての理解を深めること。

七　食料の生産、流通及び消費について、正しい理解に導くこと。

（定義）

第三条　この法律で「学校給食」とは、前条各号に掲げる目標を達成するために、義務教育諸学校において、その児童又は生徒に対し実施される給食をいう。

2　この法律で「義務教育諸学校」とは、学校教育法（昭和二十二年法律第二十六号）に規定する小学校、中学校、義務教育学校、中等教育学校の前期課程又は特別支援学校の小学部若しくは中学部をいう。

（義務教育諸学校の設置者の任務）

第四条　義務教育諸学校の設置者は、当該義務教育諸学校において学校給食が実施されるように努めなければならない。

（国及び地方公共団体の任務）

第五条　国及び地方公共団体は、学校給食の普及と健全な発達を図るように努めなければならない。

第二章　学校給食の実施に関する基本的な事項

（二以上の義務教育諸学校の学校給食の実施に必要な施設）

第六条　義務教育諸学校の設置者は、その設置する義務教育諸学校の学校給食を実施するための施設として、二以上の義務教育諸学校の学校給食の実施に必要な施設（以下「共同調理場」という。）を設けることができる。

（学校給食栄養管理者）

第七条　義務教育諸学校又は共同調理場において学校給食の栄養に関する専門的事項をつかさどる職員（第十条第三項において「学校給食栄養管理者」という。）は、教育職員免許法（昭和二十四年法律第百四十七号）第四条第二項に規定する栄養教諭の免許状を有する者又は栄養士法（昭和二十二年法律第二百四十五号）第二条第一項の規定による栄養士の免許を有する者で学校給食の実施に必要な知識若しくは経験を有するものでなければならない。

（学校給食実施基準）

第八条　文部科学大臣は、児童又は生徒に必要な栄養量その他の学校給食の内容及び学校給食を適切に実施するために必要な事項（次条第一項に規定する事項を除く。）について維持されることが望ましい基準（次項において「学校給食実施基準」という。）を定めるものとする。

2　学校給食を実施する義務教育諸学校の設置者は、学校給食実施基準に照らして適切な学校給食の実施に努めるものとする。

（学校給食衛生管理基準）

第九条　文部科学大臣は、学校給食の実施に必要な施設及び設備の整備及び管理、調理の過程における衛生管理その他の学校給食の適切な衛生管理を図る上で必要な事項について維持されることが望ましい基準（以下この条において「学校給食衛生管理基準」という。）を定めるものとする。

2　学校給食を実施する義務教育諸学校の設置者は、学校給食衛生管理基準に照らして適切な衛生管理に努めるものとする。

3　義務教育諸学校の校長又は共同調理場の長は、学校給食衛生管理基準に照らし、衛生管理上適正を欠く事項があると認めた場合には、遅滞なく、その改善のために必要な措置を講じ、又は当該措置を講ずることができないときは、当該義務教育諸学校若しくは共同調理場の設置者に対し、その旨を申し出るものとする。

第三章　学校給食を活用した食に関する指導

第一〇条　栄養教諭は、児童又は生徒が健全な食生活を自ら営むことができる知識及び態度を養うため、学校給食において摂取する食品と健康の保持増進との関連性についての指導、食に関して特別の配慮を必要とする児童又は生徒に対する個別的な指導その他の学校給食を活用した食に関する実践的な指導を行うものとする。この場合において、校長は、当該指導が効果的に行われるよう、学校給食と関連付けつつ当該義務教育諸学校における食に関する指導の全体的な計画を作成することその他の必要な措置を講ずるものとする。

2　栄養教諭が前項前段の指導を行うに当たつては、当該義務教育諸学校が所在する地域の産物を学校給食に活用することその他の創意工夫を地域の実情に応じて行い、当該地域の食文化、食に係る産業又は自然環境の恵沢に対する児童又は生徒の理解の増進を図るよう努めるものとする。

3　栄養教諭以外の学校給食栄養管理者は、栄養教諭に準じて、第一項前段の指導を行うよう努めるものとする。この場合においては、同項後段及び前項の規定を準用する。

第四章　雑則

（経費の負担）

第一一条　学校給食の実施に必要な施設及び設備に要する経費並びに学校給食の運営に要する経費のうち政令で定めるものは、義務教育諸学校の設置者の負担とする。

2　前項に規定する経費以外の学校給食に要する経費（以下「学校給食費」という。）は、学校給食を受ける児童又は生徒の学校教育法第十六条に規定する保護者の負担とする。

（国の補助）

第一二条　国は、私立の義務教育諸学校の設置者に対し、政令で定めるところにより、予算の範囲内において、学校給食の開設に必要な施設又は設備に要する経費の一部を補助することができる。

2　国は、公立の小学校、中学校、義務教育学校又は中等教育学校の設置者が、学校給食を受ける児童又は生徒の学校教育法第十六条に規定する保護者（以下この項において「保護者」という。）で生活保護法（昭和二十五年法律第百四十四号）第六条第二項に規定する要保護者（その児童又は生徒について、同法第十三条の規定による教育扶助で学校給食費に関するものが行われている場合の保護者である者を除く。）であるものに対して、学校給食費の全部又は一部を補助する場合には、当該設置者に対し、当分の間、予算の範囲内において、政令で定めるところにより、これに要する経費の一部を補助することができる。

（補助金の返還等）

第一三条　文部科学大臣は、前条の規定による補助金の交付の決定を受けた者が次の各号のいずれかに該当するときは、補助金の交付をやめ、又は既に交付した補助金を返還させるものとする。

一　補助金を補助の目的以外の目的に使用したとき。

二　正当な理由がなくて補助金の交付の決定を受けた年度内に補助に係る施設又は設備を設けないこととなつたとき。

三　補助に係る施設又は設備を、正当な理由がなくて補助の目的以外の目的に使用し、又は文部科学大臣の許可を受けないで処分したとき。

四　補助金の交付の条件に違反したとき。

五　虚偽の方法によつて補助金の交付を受け、又は受けようとしたとき。

（政令への委任）

第一四条　この法律に規定するもののほか、この法律の実施のため必要な手続その他の事項は、政令で定める。

附　則（省略）

●学校給食法施行令

（昭和二九年七月二三日 政令第二一二号）

施行、昭二九・七・二三
最終改正、平二八—政三五三

（学校給食の開設及び廃止の届出）

第一条 学校給食法（以下「法」という。）第三条第二項に規定する義務教育諸学校（以下「義務教育諸学校」という。）の設置者（国立大学法人法（平成十五年法律第百十二号）第二条第一項に規定する国立大学法人並びに都道府県及び都道府県が単独で又は他の地方公共団体と共同して設立する公立大学法人（地方独立行政法人法（平成十五年法律第百十八号）第六十八条第一項に規定する公立大学法人をいう。以下この条において同じ。）を除く。）は、法第三条第一項に規定する学校給食（以下「学校給食」という。）を開設し、又は廃止しようとするときは、文部科学省令で定めるところにより、市町村立の学校（市町村が単独で又は他の市町村と共同して設立する公立大学法人が設置する学校を含む。）にあつては直接に、私立学校にあつては都道府県知事を経由して、都道府県の教育委員会にその旨を届け出なければならない。

（設置者の負担すべき学校給食の運営に要する経費）

第二条 学校給食の運営に要する経費のうち、法第十一条第一項の規定に基づき義務教育諸学校の設置者が負担する経費は、次に掲げる経費とする。

一 義務教育諸学校において学校給食に従事する職員（学校教育法（昭和二十二年法律第二十六号）第三十七条（同法第四十九条、第四十九条の八及び第八十二条において準用する場合を含む。）又は第六十九条の規定により義務教育諸学校に置かれる職員をいう。）に要する給与その他の人件費。ただし、市町村立の学校にあつては、市町村立学校職員給与負担法（昭和二十三年法律第百三十五号）第一条の規定により都道府県の負担とされる経費を除く。

二 学校給食の実施に必要な施設及び設備の修繕費

（学校給食の開設に必要な施設又は設備に要する経費に係る国の補助）

第三条 国が、法第十二条第一項の規定に基き、学校給食の開設に必要な施設又は設備に要する経費について補助する場合には、次条又は第五条の規定により算定した額の二分の一を補助するものとする。

（学校給食の開設に必要な施設に要する経費の範囲及び算定基準）

第四条 学校給食の開設に必要な施設に要する経費は、当該施設の建築に要する経費とし、当該建築を行おうとする時における建築費を勘案して文部科学大臣が財務大臣と協議して定める一平方メートル当たりの建築単価に、単独校調理場（一の義務教育諸学校の学校給食の開設に必要な施設をいう。以下同じ。）又は共同調理場（法第六条に規定する施設で私立学校法（昭和二十四年法律第二百七十号）第三条に規定する学校法人が設置するものをいう。以下同じ。）のそれぞれについて、次の各号に掲げる学校に応ずる当該各号に掲げる数（すべての学年の児童又は生徒を収容するに至つていない義務教育諸学校にあつては、そのすべての学年の児童又は生徒を収容することとなつたときの数を基準として文部科学大臣が定める数（共同調理場にあつては、それらを合計した数）とし、別表において「児童等の数」という。）に応じ別表の下欄に掲げる面積を乗じて算定するものとする。

一 当該建築を行う年度の五月一日以前に設置された義務教育諸学校 当該建築を行う年度の五月一日現在において当該学校に在学する児童又は生徒の数

二 当該建築を行う年度の五月二日以降当該年度の末日までの間に設置される義務教育諸学校 その設置の日において当該学校に在学する児童又は生徒の数

三 当該建築を行う年度の翌年度中に設置される義務教育諸学校 文部科学省令で定めるところにより算定したその設置の日において当該学校に在学することとなる者の数

2 前項の場合において、学校給食の施設として使用することができると認められる既設の施設があるときは、同項の規定により一平方メートル当たりの建築単価に乗ずべき面積から当該施設の面積を控除するものとする。

（学校給食の開設に必要な設備に要する経費の範囲及び算定基準）

第五条 学校給食の開設に必要な設備に要する経費は、当該設備の整備に要する経費とし、単独校調理場又は共同調理場のそれぞれについて、前条第一項の規定に準じて文部科学省令で定めるところにより算定した児童又は生徒の数並びに学校給食を実施するため必要な規格及び数量の設備の整備に要する経費を基礎として文部科学大臣が財務大臣と協議して定めるところにより算定するものとする。

（分校等についての適用）

第六条 前二条の規定の適用については、本校及び分校はそれぞれ一の学校と、同一の又は隣接する敷地内にある同一の設置者が設置する二以上の学校は一の学校とみなす。

（学校給食費に係る国の補助）

第七条 法第十二条第二項の規定による国の補助は、公立の小学校、中学校、義務教育学校又は中等教育学校の設置者が、同項に規定する保護者（以下この条において「補助対象保護者」という。）に対して、その児童又は生徒（中等教育学校の生徒にあつては前期課程に在学する生徒に限る。以下同じ。）に係る法第十一条第二項に規定する学校給食費（以下この条において「学校給食費」という。）を補助する場合（その補助割合が二分の一未満の場合を除く。）において、その補助する額の二分の一について行うものとする。ただし、児童一人当たりの年間学校給食費又は生徒一人当たりの年間学校給食費についてそれぞれ文部科学大臣が毎年度定める補助標準額に、当該設置者が学校給食費の補助を行う補助対象保護者の児童又は生徒の数をそれぞれ乗じて得た額の合計額の二分の一の範囲内で文部科学大臣が定める額を限度とする。

（文部科学省令への委任）

第八条 この政令に定めるもののほか、補助金の交付申請書の様式その他この政令の実施のため必要な事項は、文部科学省令で定める。

附 則（省略）

別表（省略）

●学校給食実施基準

（平成二一年三月三一日 文部科学省告示第六一号）

施行、平二一・四・一
最終改正、平三〇―文科告一六二

（学校給食の実施の対象）
第一条　学校給食（学校給食法第三条第一項に規定する「学校給食」をいう。以下同じ。）は、これを実施する学校においては、当該学校に在学するすべての児童又は生徒に対し実施されるものとする。

（学校給食の実施回数等）
第二条　学校給食は、年間を通じ、原則として毎週五回、授業日の昼食時に実施されるものとする。

（児童生徒の個別の健康状態への配慮）
第三条　学校給食の実施に当たっては、児童又は生徒の個々の健康及び生活活動等の実態並びに地域の実情等に配慮するものとする。

（学校給食に供する食物の栄養内容）
第四条　学校給食に供する食物の栄養内容の基準は、別表に掲げる児童又は生徒一人一回当たりの学校給食摂取基準とする。

別表（第四条関係）

児童又は生徒一人一回当たりの学校給食摂取基準

区　分	基準値			
	児童（6歳～7歳）の場合	児童（8歳～9歳）の場合	児童（10歳～11歳）の場合	児童（12歳～14歳）の場合
エネルギー　(kcal)	530	650	780	830
たんぱく質　(%)	学校給食による摂取エネルギー全体の13%～20%			
脂　質　(%)	学校給食による摂取エネルギー全体の20%～30%			
ナトリウム（食塩相当量）(g)	2未満	2未満	2.5未満	2.5未満
カルシウム　(mg)	290	350	360	450
マグネシウム　(mg)	40	50	70	120
鉄　(mg)	2.5	3	4	4
ビタミンA　(μgRAE)	170	200	240	300
ビタミンB_1　(mg)	0.3	0.4	0.5	0.5
ビタミンB_2　(mg)	0.4	0.4	0.5	0.6
ビタミンC　(mg)	20	20	25	30
食物繊維　(g)	4以上	5以上	5以上	6.5以上

(注) 1　表に掲げるもののほか、次に掲げるものについても示した摂取について配慮すること。
亜　鉛……児童（6歳～7歳）2mg、児童（8歳～9歳）2mg、
児童（10歳～11歳）2mg、生徒（12歳～14歳）3mg

2　この摂取基準は、全国的な平均値を示したものであるから、適用に当たっては、個々の健康及び生活活動等の実態並びに地域の実情等に十分配慮し、弾力的に運用すること。

3　献立の作成に当たっては、多様な食品を適切に組み合わせるよう配慮すること。

●食育基本法（抄）

（平成一七年六月一七日 法律第六三号）

施行、平一七・七・一五
最終改正、平二七―法六六

二十一世紀における我が国の発展のためには、子どもたちが健全な心と身体を培い、未来や国際社会に向かって羽ばたくことができるようにするとともに、すべての国民が心身の健康を確保し、生涯にわたって生き生きと暮らすことができるようにすることが大切である。

子どもたちが豊かな人間性をはぐくみ、生きる力を身に付けていくためには、何よりも「食」が重要である。今、改めて、食育を、生きる上での基本であって、知育、徳育及び体育の基礎となるべきものと位置付けるとともに、様々な経験を通じて「食」に関する知識と「食」を選択する力を習得し、健全な食生活を実践することができる人間を育てる食育を推進することが求められている。もとより、食育はあらゆる世代の国民に必要なものであるが、子どもたちに対する食育は、心身の成長及び人格の形成に大きな影響を及ぼし、生涯にわたって健全な心と身体を培い豊かな人間性をはぐくんでいく基礎となるものである。

一方、社会経済情勢がめまぐるしく変化し、日々忙しい生活を送る中で、人々は、毎日の「食」の大切さを忘れがちである。国民の食生活においては、栄養の偏り、不規則な食事、肥満や生活習慣病の増加、過度の痩身志向などの問題に加え、新たな「食」の安全上の問題や、「食」の海外への依存の問題が生じており、「食」に関する情報が社会に氾濫する中で、人々は、食生活の改善の面からも、「食」の安全の確保の面からも、自ら「食」のあり方を学ぶことが求められている。また、豊かな緑と水に恵まれた自然の下で先人からはぐくまれてきた、地域の多様性と豊かな味覚や文化の香りあふれる日本の「食」が失われる危機にある。

こうした「食」をめぐる環境の変化の中で、

国民の「食」に関する考え方を育て、健全な食生活を実現することが求められるとともに、都市と農山漁村の共生・対流を進め、「食」に関する消費者と生産者との信頼関係を構築して、地域社会の活性化、豊かな食文化の継承及び発展、環境と調和のとれた食料の生産及び消費の推進並びに食料自給率の向上に寄与することが期待されている。

国民一人一人が「食」について改めて意識を高め、自然の恩恵や「食」に関わる人々の様々な活動への感謝の念や理解を深めつつ、「食」に関して信頼できる情報に基づく適切な判断を行う能力を身に付けることによって、心身の健康を増進する健全な食生活を実践するために、今こそ、家庭、学校、保育所、地域等を中心に、国民運動として、食育の推進に取り組んでいくことが、我々に課せられている課題である。さらに、食育の推進に関する我が国の取組が、海外との交流等を通じて食育に関して国際的に貢献することにつながることも期待される。

ここに、食育について、基本理念を明らかにしてその方向性を示し、国、地方公共団体及び国民の食育の推進に関する取組を総合的かつ計画的に推進するため、この法律を制定する。

第一章　総則

（目的）

第一条　この法律は、近年における国民の食生活をめぐる環境の変化に伴い、国民が生涯にわたって健全な心身を培い、豊かな人間性をはぐくむための食育を推進することが緊要な課題となっていることにかんがみ、食育に関し、基本理念を定め、及び国、地方公共団体等の責務を明らかにするとともに、食育に関する施策の基本となる事項を定めることにより、食育に関する施策を総合的かつ計画的に推進し、もって現在及び将来にわたる健康で文化的な国民の生活と豊かで活力ある社会の実現に寄与することを目的とする。

（国民の心身の健康の増進と豊かな人間形成）

第二条　食育は、食に関する適切な判断力を養い、生涯にわたって健全な食生活を実現することにより、国民の心身の健康の増進と豊かな人間形成に資することを旨として、行われなければならない。

（食に関する感謝の念と理解）

第三条　食育の推進に当たっては、国民の食生活が、自然の恩恵の上に成り立っており、また、食に関わる人々の様々な活動に支えられていることについて、感謝の念や理解が深まるよう配慮されなければならない。

（食育推進運動の展開）

第四条　食育を推進するための活動は、国民、民間団体等の自発的意思を尊重し、地域の特性に配慮し、地域住民その他の社会を構成する多様な主体の参加と協力を得るものとするとともに、その連携を図りつつ、あまねく全国において展開されなければならない。

（子どもの食育における保護者、教育関係者等の役割）

第五条　食育は、父母その他の保護者にあっては、家庭が食育において重要な役割を有していることを認識するとともに、子どもの教育、保育等を行う者にあっては、教育、保育等における食育の重要性を十分自覚し、積極的に子どもの食育の推進に関する活動に取り組むこととなるよう、行われなければならない。

（食に関する体験活動と食育推進活動の実践）

第六条　食育は、広く国民が家庭、学校、保育所、地域その他のあらゆる機会とあらゆる場所を利用して、食料の生産から消費等に至るまでの食に関する様々な体験活動を行うとともに、自ら食育の推進のための活動を実践することにより、食に関する理解を深めることを旨として、行われなければならない。

（伝統的な食文化、環境と調和した生産等への配意及び農山漁村の活性化と食料自給率の向上への貢献）

第七条　食育は、我が国の伝統のある優れた食文化、地域の特性を生かした食生活、環境と調和のとれた食料の生産とその消費等に配意し、我が国の食料の需要及び供給の状況についての国民の理解を深めるとともに、食料の生産者と消費者との交流等を図ることにより、農山漁村の活性化と我が国の食料自給率の向上に資するよう、推進されなければならない。

（食品の安全性の確保等における食育の役割）

第八条　食育は、食品の安全性が確保され安心して消費できることが健全な食生活の基礎であることにかんがみ、食品の安全性をはじめとする食に関する幅広い情報の提供及びこれについての意見交換が、食に関する知識と理解を深め、国民の適切な食生活の実践に資することを旨として、国際的な連携を図りつつ積極的に行われなければならない。

（国の責務）

第九条　国は、第二条から前条までに定める食育に関する基本理念（以下「基本理念」という。）にのっとり、食育の推進に関する施策を総合的かつ計画的に策定し、及び実施する責務を有する。

（地方公共団体の責務）

第一〇条　地方公共団体は、基本理念にのっとり、食育の推進に関し、国との連携を図りつつ、その地方公共団体の区域の特性を生かした自主的な施策を策定し、及び実施する責務を有する。

（教育関係者等及び農林漁業者等の責務）

第一一条　教育並びに保育、介護その他の社会福祉、医療及び保健（以下「教育等」という。）に関する職務に従事する者並びに教育等に関する関係機関及び関係団体（以下「教育関係者等」という。）は、食に関する関心及び理解の増進に果たすべき重要な役割にかんがみ、基本理念にのっとり、あらゆる機会とあらゆる場所を利用して、積極的に食育を推進するよう努めるとともに、他の者の行う食育の推進に関する活動に協力するよう努めるものとする。

2　農林漁業者及び農林漁業に関する団体（以下「農林漁業者等」という。）は、農林漁業に関する体験活動等が食に関する国民の関心及び理解を増進する上で重要な意義を有することにかんがみ、基本理念にのっとり、農林漁業に関する多様な体験の機会を積極的に提供し、自然の恩恵と食に関わる人々の活動の重要性について、国民の理解が深まるよう努めるとともに、教育関係者等と相互に連携して食育の推進に関する活動を行うよう努めるものとする。

（食品関連事業者等の責務）

第一二条　食品の製造、加工、流通、販売又は食事の提供を行う事業者及びその組織する団体（以下「食品関連事業者等」という。）は、基本理念にのっとり、その事業活動に関し、自主的かつ積極的に食育の推進に自ら努めるとともに、国又は地方公共団体が実施する食育の推進に関する施策その他の食育の推進に関する活動に協力するよう努めるものとする。

（国民の責務）

第一三条　国民は、家庭、学校、保育所、地域その他の社会のあらゆる分野において、基本理念にのっとり、生涯にわたり健全な食生活の実現に自ら努めるとともに、食育の推進に寄与するよう努めるものとする。

（法制上の措置等）

第一四条　政府は、食育の推進に関する施策を実施するため必要な法制上又は財政上の措置その他の措置を講じなければならない。

（年次報告）

第一五条　政府は、毎年、国会に、政府が食育の推進に関して講じた施策に関する報告書を提出しなければならない。

第二章　食育推進基本計画等

（食育推進基本計画）

第一六条　食育推進会議は、食育の推進に関する施策の総合的かつ計画的な推進を図るため、食育推進基本計画を作成するものとする。

2　食育推進基本計画は、次に掲げる事項について定めるものとする。

一　食育の推進に関する施策についての基本的な方針
二　食育の推進の目標に関する事項
三　国民等の行う自発的な食育推進活動等の総合的な促進に関する事項
四　前三号に掲げるもののほか、食育の推進に関する施策を総合的かつ計画的に推進するために必要な事項

3　食育推進会議は、第一項の規定により食育推進基本計画を作成したときは、速やかにこれを農林水産大臣に報告し、及び関係行政機関の長に通知するとともに、その要旨を公表しなければならない。

4　前項の規定は、食育推進基本計画の変更について準用する。

（都道府県食育推進計画）

第一七条　都道府県は、食育推進基本計画を基本として、当該都道府県の区域内における食育の推進に関する施策についての計画（以下「都道府県食育推進計画」という。）を作成するよう努めなければならない。

2　都道府県（都道府県食育推進会議が置かれている都道府県にあっては、都道府県食育推進会議）は、都道府県食育推進計画を作成し、又は変更したときは、速やかに、その要旨を公表しなければならない。

（市町村食育推進計画）

第一八条　市町村は、食育推進基本計画（都道府県食育推進計画が作成されているときは、食育推進基本計画及び都道府県食育推進計画）を基本として、当該市町村の区域内における食育の推進に関する施策についての計画（以下「市町村食育推進計画」という。）を作成するよう努めなければならない。

2　市町村（市町村食育推進会議が置かれている市町村にあっては、市町村食育推進会議）は、市町村食育推進計画を作成し、又は変更したときは、速やかに、その要旨を公表しなければならない。

第三章　基本的施策

（家庭における食育の推進）

第一九条　国及び地方公共団体は、父母その他の保護者及び子どもの食に対する関心及び理解を深め、健全な食習慣の確立に資するよう、親子で参加する料理教室その他の食事についての望ましい習慣を学びながら食を楽しむ機会の提供、健康美に関する知識の啓発その他の適切な栄養管理に関する知識の普及及び情報の提供、妊産婦に対する栄養指導又は乳幼児をはじめとする子どもを対象とする発達段階に応じた栄養指導その他の家庭における食育の推進を支援するために必要な施策を講ずるものとする。

（学校、保育所等における食育の推進）

第二〇条　国及び地方公共団体は、学校、保育所等において魅力ある食育の推進に関する活動を効果的に促進することにより子どもの健全な食生活の実現及び健全な心身の成長が図られるよう、学校、保育所等における食育の推進のための指針の作成に関する支援、食育の指導にふさわしい教職員の設置及び指導的立場にある者の食育の推進において果たすべき役割についての意識の啓発その他の食育に関する指導体制の整備、学校、保育所等又は地域の特色を生かした学校給食等の実施、教育の一環として行われる農場等における実習、食品の調理、食品廃棄物の再生利用等様々な体験活動を通じた子どもの食に関する理解の促進、過度の痩身又は肥満の心身の健康に及ぼす影響等についての知識の啓発その他必要な施策を講ずるものとする。

（地域における食生活の改善のための取組の推進）

第二一条　国及び地方公共団体は、地域において、栄養、食習慣、食料の消費等に関する食生活の改善を推進し、生活習慣病を予防して健康を増進するため、健全な食生活に関する指針の策定及び普及啓発、地域における食育の推進に関する専門的知識を有する者の養成及び資質の向上並びにその活用、保健所、市町村保健センター、医療機関等における食育に関する普及及び啓発活動の推進、医学教育等における食育に関する指導の充実、食品関連事業者等が行う食育の推進のための活動への支援等必要な施策を講ずるものとする。

第二二条から**第二五条**まで〔省略〕

第四章〔省略〕

附　則〔省略〕

第6章　私立学校

●私立学校法

（昭和二四年一二月一五日 法律第二七〇号）

施行、昭二五・三・一五
改正、（平一八まで省略）平一九―法九六、平二三―法三七・法五三、平二四―法六七、平二五―法四四、平二六―法一五・法六九、令一―法一一・法三七・法七一

第一章　総則

（この法律の目的）

第一条　この法律は、私立学校の特性にかんがみ、その自主性を重んじ、公共性を高めることによつて、私立学校の健全な発達を図ることを目的とする。

＊自主性・公共性（教基八）

【判例】**学生生徒の地位**　小中学校の一貫教育を行う私立学校法人において、中学校への進学を拒否された生徒からの地位保全仮処分が認容された事例。（東京地八王子支判平1・6・23判時一三二三―九七）

【通達】今後学校法人の管理運営が適正を欠く場合および補助金の申請、各種の報告等の内容に虚偽があった場合は、補助金交付等の法令にのっとりいっそう厳正な態度で対処する。（昭58・7・29文管企二〇七事務次官）

【通知】私立大学等経常費補助金の交付を不正に受け補助金の返還を求められた事態の発生を、各学校法人は深刻に受けとめ、同補助金に係る事業の適正な遂行に努力してほしい。（昭58・6・16文管振一一一管理局長）

【通知】義務教育諸学校等に関する行政監察の結果に基づく勧告について（平4・11・18文初中三三七初中局長）

【通知】学校法人が外国に教育施設を設置することについて（平1・11・29高等教育局私学部長）

【解説】私立学校法は、私立学校の特性である私学の設置・組織・運営についての憲法的自由を基礎にし、国民の教育権を実現するために、私立学校の健全な発達を図るものである。そのために、一方で私立学校独自の教育事業に対する所轄庁の権限を限定するなどして私立学校の自主性を尊重し、他方、私立学校を設置する法人を学校法人という特別法人として、公の性質を有する教育事業にふさわしい運営ができるようにしている。

（定義）

第二条　この法律において「学校」とは、学校教育法（昭和二十二年法律第二十六号）第一条に規定する学校及び就学前の子どもに関する教育、保育等の総合的な提供の推進に関する法律（平成十八年法律第七十七号）第二条第七項に規定する幼保連携型認定こども園（以下「幼保連携型認定こども園」という。）をいう。

2　この法律において、「専修学校」とは学校教育法第百二十四条に規定する専修学校をいい、「各種学校」とは同法第百三十四条第一項に規定する各種学校をいう。

3　この法律において「私立学校」とは、学校法人の設置する学校をいう。

＊②専修学校・各種学校（六四）、③私立学校（学教二2、教基八）

【解説】学校教育法一条に規定する学校とは、幼稚園・小学校・中学校・義務教育学校・高等学校・中等教育学校・大学（短大を含む）・高等専門学校および特別支援学校である。「幼保連携型認定こども園」とは、「学校」の性質と「児童福祉施設」の性質を併せ持った施設である。同法一二四条以下に規定する専修学校とは、右以外の教育施設で、職業・実生活教育等を組織的に行うものをいう。同法一三四条一項に規定する各種学校とは、同法一条および一二四条に規定する学校以外の学校であって、学校教育に類する教育を行うものをいう（ただし、他の法律で特別の定めをしているもの（たとえば警察大学校）を除く）。「私立学校」とは、学校教育法一条に規定する学校であって学校法人の設置するものをいう。

第三条　この法律において「学校法人」とは、私立学校の設置を目的として、この法律の定めるところにより設立される法人をいう。

＊学校法人（学教二2、三章）

【判例】学校法人の理事長が寄附行為所定の手続を履践しないで行った根抵当権設定契約の締結であっても、民法五四条が類推適用される場合がある。（東京地判昭61・2・17判時一二一六―八七）

【判例】学校法人の創立者に対する「解決金」の支払は、学校法人の目的の範囲外の行為として無効である。（東京

私立学校法のあらまし

立法の背景　明治憲法下での私立学校は、国公立大学の補助機関と位置づけられ、国家の強い監督の下に置かれていた。私立学校の経営・財政のほか、教育内容・条件、教員の身分にいたるまで、学校教育の国家による独占の体制の下で、国家の統制に服していた。

戦後、新しい私立学校制度の創設に際して、戦前の国家統制を否定し、日本国憲法・教育基本法の理念を踏まえた制度の構築がめざされた。当時教育の民主的改革を指導した教育刷新委員会は、一九四六年、私立学校の公共性と自主性の確保のために、私立学校を民法の法人とは異なる学校法人とし、また、行政執行機関として都道府県に私学教育委員会を置くことなどを提言した。文部省はこの提言をもとに立法作業を進めた。法案は国会での修正を経て成立し、一九四九年一二月に施行された。

本法の性格・内容　本法は、私立学校に関する教育行政と私立学校の設置者である学校法人に関する基本的な法律であり、本法施行令、施行規則、私立学校振興助成法などの私立学校の法体系の中心に位置する。

本法の立法の意義は、戦前の私立学校法制の諸原理を転換させたことにある。戦前の私立学校法制は、私立学校を公教育体系の補助的組織とみなし、私立学校の開設を特許事業としていた。これに対して、本法は、私立学校を国公立学校と同等の役割を担う公教育機関と位置づけた。これは、私立学校の公共性の原理といわれる。また、私立学校の開設は、私立学校の設立の自由を基礎にした私人の自由な意思に基本的に委ねられた。この結果、私立学校は、学校法人による自主的な運営の下で、独自の教育方針や校風をもつことが可能となった。これは、私立学校の自主性の原理といわれる。

私立学校法の内容的特質として、以下の三点がある。第一に、私立学校の公共性と自主性の確保のために、教育行政組織の整備とその統制に力を注いでいる。戦前の中央集権的、国家指導的な行政を排して、教育行政の主体である所轄庁の権限を制限し、そのために審議会を設けて私立学校の教育行政に対して統制を図っている。第二に、私立学校の運営組織の民主化を推し進めたことである。私立学校が公教育機関として公共性を保持していくためには、その前提として私立学校自体の民主的な経営管理体制を確立する必要がある。そこで、本法は、私立学校の経営主体として学校法人を組織し、理事会による運営に対する民主的統制組織として評議員会を設けた。第三に、私立学校への助成金制度を確立したことである。戦前の私学助成は、質的

地判昭62・9・22判時一二八四—七九）

解説　本条は、戦前、私立学校の経営主体が財団法人であったために生じた弊害を避けるため、学校教育法が私立学校の設置者を特別法人である学校法人と定めたことをうけて規定されている（二条参照）。学校法人は、私法人の一種で民法の規定が多く準用されるが、財団法人よりいっそう公共性が強いために、本法三章は財団法人の場合と異なる特別の定めをしている。

（所轄庁）

第四条　この法律中「所轄庁」とあるのは、第一号、第三号及び第五号に掲げるものにあつては文部科学大臣とし、第二号及び第四号に掲げるものにあつては都道府県知事（第二号に掲げるもののうち地方自治法（昭和二十二年法律第六十七号）第二百五十二条の十九第一項の指定都市又は同法第二百五十二条の二十二第一項の中核市（以下この条において「指定都市等」という。）の区域内の幼保連携型認定こども園にあつては、当該指定都市等の長）とする。

一　私立大学及び私立高等専門学校

二　前号に掲げる私立学校以外の私立学校並びに私立専修学校及び私立各種学校

三　第一号に掲げる私立学校を設置する学校法人

四　第二号に掲げる私立学校を設置する学校法人及び第六十四条第四項の法人

五　第一号に掲げる私立学校と第二号に掲げる私立学校、私立専修学校又は私立各種学校とを併せて設置する学校法人

＊所轄庁（学教四四・四九・六二・九八・一二三）

通知　**所轄庁**　学校法人等に対する寄附金に係る損金算入限度額の特例制度の運用について（昭36・6・9文管振一九五管理局長）

解説　本条は、私立学校の所轄庁について、私立大学および私立高等専門学校については文部科学大臣、それ以外の私立学校については都道府県知事と定める。この所轄庁の分担は、学校教育法に沿ったものである。

第二章　私立学校に関する教育行政

（学校教育法の特例）

第五条　私立学校（幼保連携型認定こども園を除く。第八条第一項において同じ。）には、学校教育法第十四条の規定は、適用しない。

＊設備、授業等の変更命令（学教一四）

（報告書の提出）

第六条　所轄庁は、私立学校に対して、教育の調査、統計その他に関し必要な報告書の提出を求めることができる。

＊所轄庁（四）

解説　本条は、教育行政に関する監督事項の一つとして、所轄庁による報告書の提出要求について定める。全国中学校等いっせい学力調査（一九六一—六六年）の法的根拠は、本条にも求められた。

第七条　削除（昭四三法九四）

（私立学校審議会等への諮問）

第八条　都道府県知事は、私立大学及び私立高等専門学校以外の私立学校について、学校教育法第四条第一項又は第十三条第一項に規定する事項を行う場合においては、あらかじめ、私立学校審議会の意見を聴かなければならない。

2　文部科学大臣は、私立大学又は私立高等専門学校について、学校教育法第四条第一項又は第十三条第一項に規定する事項（同法第九十五条の規定により諮問すべきこととされている事項を除く。）を行う場合においては、あらかじめ、同法第九十五条に規定する審議会等の意見を聴かなければならない。

＊①私立学校審議会（九）、②審議会等（学教九五）

解説　本条は、四条と結びあって、所轄庁に対して教育行政権限行使に関する審議会への諮問を義務づけている。もっとも、私学の自由保障のため、諮問機関としての審議会にあきたらず、執行機関的な性格のものを設置する構想が日本教職員組合（日教組）等によって主張されたが、実現しなかった。審議会への諮問を経ないでした所轄庁の行政処分は一応有効ではあるが、瑕疵ある行政行為であるから取り消されうる。

一九八七年、大学の設置基準等に関する事項を定める場合の文部大臣の諮問機関として大学審議会が、また、大学の設置認可を行う場合の文部大臣の諮問機関として大学設置・学校法人審議会が設置された。これに伴い、私立大学審議会が廃止され、学校法人の寄附行為の認可等を行う場合に、文部大臣はこの大学設置・学校法人審議会の意見を聴くべきものとされたのである。

にも量的にも十分ではなく、体系性を欠いた恩恵的な措置にとどまり、しかも補助金の給付によって私学統制がさらに強化されていた。そこで、本法は、五九条で、私立学校に対する包括的で恒常的な私学助成制度を定めた。立法過程では、私学助成と憲法八九条との関係が議論されたが、結局、五九条が規定されることによって、私学助成の憲法問題は政治的に決着がつけられた。

本法の構成　第一章の総則は、私立学校の自主性と公共性という目的を宣言する（一条）ほか、民法上の財団法人とは異なる学校法人の意義（二条）、学校法人について定める（三条）。第二章は教育行政に関して、所轄庁の教育行政に対する諮問機関の設置（八条以下）を定める。第三章は学校法人の設立・認可手続について規定するほか、学校法人の運営組織である理事会（三五条以下）、評議員会（四一条以下）について定める。また、私学助成に関する規定が第三章に置かれている（五九条）が、それは学校法人を通じて助成を行うとしたためである。最後に第四章雑則、第五章罰則が置かれている。

本法の改正と問題点　私立学校法制定後の改正として、日本私学振興財団法（昭四五法六九）、私立学校振興助成法（昭五〇法六一）の制定がある。いずれも、私立学校への助成の系統化を図るが、同時に、私立学校への監督を強化するものでもあった。一九八七年に大学審議会、大学設置・学校法人審議会が新たに設置され、私立大学審議会が廃止された（八条、二〇条～二四条）。二〇〇四年に理事会の意思決定の明確化、財務情報公開の義務化の改正がされた（三六条、三七条）。二〇一四年に法令違反や不適正な運営の学校法人に対して、所轄庁が必要な措置を命ずることができることとした（六〇条、六三条）。

私立学校は厳しい財政基盤を抱え、少子化と教育の多様化のなかで、厳しい経営を余儀なくされている。また、学校運営の民主化をめざした評議員会も総じて十分に機能していない。将来のあるべき教育を展望し、私立学校独自の充実した教育体制の整備が望まれる。

（私立学校審議会）
第九条　この法律の規定によりその権限に属せしめられた事項を審議させるため、都道府県に、私立学校審議会を置く。
2　私立学校審議会は、私立大学及び私立高等専門学校以外の私立学校並びに私立専修学校及び私立各種学校に関する重要事項について、都道府県知事に建議することができる。
＊①委員の解任（一四）、学校法人の収益事業の種類の決定（二六2）、寄附行為の認可（三一2）
回答 私立学校審議会が知事の諮問に応じ、私立学校の設置廃止等につき審議する際、審議会委員が自ら現地調査を行うべきか否かは、各都道府県における運営の問題である。（昭25・9・8管理局長）
解説 本条一項は、私立学校審議会設置の根拠となるので、その設置についてあらためて条例または規則を要しない。この審議会は都道府県の諮問機関である。諮問事項は、本法二章「私立学校に関する教育行政」事項だけでなく、学校法人に関する多くの事項を含んでいる。

（委員）
第一〇条　私立学校審議会は、都道府県知事の定める員数の委員をもつて、組織する。
2　委員は、教育に関し学識経験を有する者のうちから、都道府県知事が任命する。
＊①私立学校審議会（九）
通知 都道府県における私学行政を過度に規制しないよう、私立学校審議会の委員の資格や構成割合、推薦手続に関する詳細な規定を見直すものであり、今後は、各都道府県において、それぞれの地域の実情を勘案しつつ、都道府県知事の私立学校における行政の適正を期するために置かれている私立学校審議会の目的を踏まえた適切な人選を行われたい。（平16・7・23文科高三〇五事務次官）

第一一条　削除（平一六法四二）

（委員の任期）
第一二条　私立学校審議会の委員の任期は、四年とする。ただし、欠員が生じた場合の補欠委員の任期は、前任者の残任期間とする。
2　委員は、再任されることができる。

（会長）
第一三条　私立学校審議会に、会長を置く。
2　会長は、委員が互選した者について、都道府県知事が任命する。
3　会長は、私立学校審議会の会務を総理する。
＊意見聴取（八）、建議（九2）

（委員の解任）
第一四条　都道府県知事は、私立学校審議会の委員が心身の故障のため職務の適正な執行ができないと認めるときその他委員として必要な適格性を欠くに至つたと認めるときは、私立学校審議会の議を経て、これを解任することができる。
＊分限（地公二八）

（議事参与の制限）
第一五条　私立学校審議会の委員は、自己、配偶者若しくは三親等以内の親族の一身上に関する事件又は自己の関係する学校、専修学校、各種学校、学校法人若しくは第六十四条第四項の法人に関する事件については、その議事の議決に加わることができない。ただし、会議に出席し、発言することを妨げない。
＊親等の計算（民七二六）、一身上に関する事件（一四、私学助成一二(4)・一三）

（委員の費用弁償）
第一六条　私立学校審議会の委員は、職務を行うために要する費用の弁償を受けることができる。
2　前項の費用は、都道府県の負担とする。
3　費用弁償の額及びその支給方法は、都道府県の条例で定めなければならない。
＊条例（憲九四、地自一四）

（運営の細目）
第一七条　この法律に規定するもののほか、私立学校審議会の議事の手続その他その運営に関し必要な事項は、都道府県知事の承認を経て、私立学校審議会が定める。

第一八条から第二三条まで　削除（令一法一一）

第三章　学校法人

第一節　通則

（学校法人の責務）
第二四条　学校法人は、自主的にその運営基盤の強化を図るとともに、その設置する私立学校の教育の質の向上及びその運営の透明性の確保を図るよう努めなければならない。

（資産）
第二五条　学校法人は、その設置する私立学校に必要な施設及び設備又はこれらに要する資金並びにその設置する私立学校の経営に必要な財産を有しなければならない。
2　前項に規定する私立学校に必要な施設及び設備についての基準は、別に法律で定めるところによる。
＊①学校法人（学教二）、②法律（未制定）、基準（学教施規一）
判例 学校法人のする贈与は、その学校法人の規模、学校教育に占める地位、経済的基盤及び贈与の相手方・目的・内容等諸般の事情を考慮して、合理的な範囲を逸脱したときは、目的の範囲外の行為として無効になる。（東京地判昭62・9・22判時一二八四—七九）
判例 私立学校法人が、その創立者に対して、法人の目的の範囲外でした財産供与は、無効である。（東京高判昭63・12・20判タ七一六—一四四）
判例 **財産関係—施設等**　学生寮はそこでの共同生活による教育上の効果をあげ、学生の通学上、経済上の負担を軽減する目的を有するもので、大学と寮生の間の学生寮利用の法律関係は使用貸借である。（横浜地判昭61・9・22判タ六三八—一八五）
通達 **学校法人の資産の認可基準について**　学校法人を新設する場合、校地及び校舎等の基本財産は、原則として負担附（担保に供せられる等）又は借用のものでないこと。特別の事情があり、そして教育上支障がないことが確実と認められる場合には、この限りではない。（昭25・3・14文管庶六六事務次官）
通知 **特別の事情があり教育上支障がないことが確実と認められる場合**　①長期にわたり校地及び校舎を使用できる保証がある借用であること。なお、国、地方公共団体等からの借用に限らず、民間からの借用であっても差し支えないこと。②学校等が目指す教育内容を実施するために、校地及び校舎を短期借用しなければならないやむを得ない理由がある場合には、長期にわたる使用保証が得られなくても差し支えないこと。（平19・3・28文科

高七五六高等教育局私学部長）

〔解説〕 学校法人は、財団法人とは異なった特別法人であるが、私立学校の設立・運営には資産は不可欠である。本条は、学校法人の設置する学校に必要な施設・設備等の資産が保持されていなければならないとする。

（収益事業）

第二六条 学校法人は、その設置する私立学校の教育に支障のない限り、その収益を私立学校の経営に充てるため、収益を目的とする事業を行うことができる。

2 前項の事業の種類は、私立学校審議会又は学校教育法第九十五条に規定する審議会等（以下「私立学校審議会等」という。）の意見を聴いて、所轄庁が定める。所轄庁は、その事業の種類を公告しなければならない。

3 第一項の事業に関する会計は、当該学校法人の設置する私立学校の経営に関する会計から区分し、特別の会計として経理しなければならない。

＊①教育への支障（六一・六六）、②所轄庁の定め（施規二）、私立学校審議会（九）、③収益事業に関する会計（法人税法七・別表二、地方税法二五・七二の五・二九六）

〔通達〕 **地方税法二九四条六項から七項および二九六条一項但書の収益事業について**（昭29・5・13自乙市発二二自治庁次長）

〔通達〕 **地方税法および同法施行令の改正に伴う学校法人等が行う収益事業に対する道府県民税の取扱いについて**（昭36・6・2管理局振興課長）

〔通知〕 **私立大学における受託研究について** 受託研究に要する経費は、学校法人の会計を通して経理すること。（平14・4・4文科高二六私学部長）

〔解説〕 学校法人に収益事業を認めた趣旨は、私学経営難に対処する一方策であるが、さらに、学校法人は私学設置者の経営者として本来収益事業をなしうるという考え方に基づいている。しかし、本来教育研究事業は非収益的な性格のものであり、したがって、学校設置者の事業に収益性を認めることは好ましいとはいえない。

（特別の利益供与の禁止）

第二六条の二 学校法人は、その事業を行うに当たり、その理事、監事、評議員、職員（当該学校法人の設置する私立学校の校長、教員その他の職員を含む。以下同じ。）その他の政令で定める学校法人の関係者に対し特別の利益を与えてはならない。

（住所）

第二七条 学校法人の住所は、その主たる事務所の所在地にあるものとする。

＊住所（民二二）

（登記）

第二八条 学校法人は、政令の定めるところにより、登記しなければならない。

2 前項の規定により登記しなければならない事項は、登記の後でなければ、これをもつて第三者に対抗することができない。

＊①政令（組合等登記令）、罰則（六六⑴）、②対抗要件（商九）

〔判例〕 本条二項は、当事者である学校法人を訴訟上代表する権限を有する者を定めるに当っては、適用されない。（最判昭41・9・30判時四六二—三〇）

（一般社団・財団法人法の規定の準用）

第二九条 一般社団法人及び一般財団法人に関する法律（平成十八年法律第四十八号。以下「一般社団・財団法人法」という。）第七十八条の規定は、学校法人について準用する。この場合において、同条中「代表理事」とあるのは、「理事長」と読み替えるものとする。

＊学校法人（三）、私立学校の設置（学教二1）、収益事業（二六）、不法行為の要件・効果（民七〇九）、被用者の不法行為（民七一五）

〔判例〕 私立学校法人の代表権のない理事が通常必要な注意義務を欠いた過失により第三者に損害を生じさせた場合は、法人に不法行為責任がある。（仙台高判昭63・5・30判時一二八六—八五）

第二節　設立

（申請）

第三〇条 学校法人を設立しようとする者は、その設立を目的とする寄附行為をもつて少なくとも次に掲げる事項を定め、文部科学省令で定める手続に従い、当該寄附行為について所轄庁の認可を申請しなければならない。

一 目的

二 名称

三 その設置する私立学校の名称及び当該私立学校に課程、学部、大学院、大学院の研究科、学科又は部を置く場合には、その名称又は種類（私立高等学校（私立中等教育学校の後期課程を含む。）に広域の通信制の課程（学校教育法第五十四条第三項（同法第七十条第一項において準用する場合を含む。）に規定する広域の通信制の課程をいう。）を置く場合には、その旨を含む。）

四 事務所の所在地

五 役員の定数、任期、選任及び解任の方法その他役員に関する規定

六 理事会に関する規定

七 評議員会及び評議員に関する規定

八 資産及び会計に関する規定

九 収益を目的とする事業を行う場合には、その事業の種類その他その事業に関する規定

十 解散に関する規定

十一 寄附行為の変更に関する規定

十二 公告の方法

2 学校法人の設立当初の役員は、寄附行為をもつて定めなければならない。

3 第一項第十号に掲げる事項中に残余財産の帰属すべき者に関する規定を設ける場合には、その者は、学校法人その他教育の事業を行う者のうちから選定されるようにしなければならない。

＊寄附行為（三四）、申請手続（施規二）、所轄庁（四）、認可（民三三2＝公益法人の設立）、認可後の公表（六三の二⑴）、《一》目的（三）、学校教育（教基六）、《二》《三》類似名称の使用禁止（六五）、《四》住所（二七）、《五》役員（三五）、職務（三七）、選任（三八1 2）、《七》評議員会の設置・権限（四一—四三）、評議員の選任（四四）、《八》資産（二五）、収益事業・会計（二六）、《九》収益事業（二六）、《一〇》解散事由（五〇）、残余財産の帰属（五一）、《一一》認可（四五）、《一二》債権申出の公告（五三2）

〔判例〕 学校法人の寄附行為に評議員および理事の解任手続の規定がおかれていない場合、その選任を行った者がその解任権を有するとはいえない。（京都地判昭47・6・28判時六八一—六七）

〔通知〕 理事の定数、任期、選任及び解任の方法並びに理事

会に関する規定については、各学校法人において寄附行為に適切に定めを設ける必要があり、私立学校法における事項については、特段の定めがない場合には理事長を含むものである。また、各学校法人において寄附行為に適切に定めを設ける必要がある。（平16・7・23文科高三〇五事務次官）

解説 本法における寄附行為には、二つの意味がある。一つは法人設立行為そのものであり、その二は、その行為が書面に記載された寄附行為書である。学校法人が財団法人と異なる特別法人であるにもかかわらず、本法が財団法人の場合と同じ寄附行為という用語を用いたのは、立法技術上の要請によるといわれている。たとえば、学校法人の根本法が記載された書面を規則とし、学校法人設立のための財産の出捐を贈与あるいは遺贈として取り扱うならば、学校法人設立行為には設立委員のような介在者が必要となる。しかし、それでは法律技術的にあまりにも複雑になるので、本法は民法のいわゆる単独行為である寄附行為の観念をそのまま用い、民法の贈与または遺贈の規定を準用することにしたのである。なお、本条が規定する寄附行為の記載事項の多くは、いわゆる必要的記載事項であるが、このほか、法令の規定に違反しない限り、どのような事項を規定してもさしつかえない。

（認可）

第三一条 所轄庁は、前条第一項の規定による申請があつた場合には、当該申請に係る学校法人の資産が第二十五条の要件に該当しているかどうか、その寄附行為の内容が法令の規定に違反していないかどうか等を審査した上で、当該寄附行為の認可を決定しなければならない。

2 所轄庁は、前項の規定により寄附行為の認可をする場合には、あらかじめ、私立学校審議会等の意見を聴かなければならない。

＊所轄庁（四）、①資産（二五）、寄附行為の認可申請（三〇）、②私立学校審議会（九）

判例 県知事が私立各種学校設置を認可しない処分が各種学校規程に根拠を有せず、考慮すべきでない事項を考慮した場合は、違法である。（福岡地判平1・3・22行例集四〇—三—二六八）

通知 **認可** 学校法人の寄附行為又は寄附行為変更の認可に係る申請書類を整理し、申請手続の明確化を図る。（平6・7・20高等教育局長）

通知 **認可—私立学校法施行規則の一部を改正する省令等の施行等について** 大学等の設置が多様化することに伴い、大学等の設置に係る学校法人寄附行為（変更）認可申請の審査手続を整備する。これによって、収容定員増等に係る学則変更は審査の対象としない。（平3・12・18文高行二八八高等教育局長）

解説 学校法人の設立を目的とする寄附行為について所轄庁の認可を要することは、財団法人の設立について主務官庁の認可を要するとしている点と異ならないが、本条が学校法人の設立認可については、とくに、私立学校審議会等の意見を聞かなければならないとした点は、私立学校の自主性を尊重しようとする趣旨であった。

（寄附行為の補充）

第三二条 学校法人を設立しようとする者が、その目的及び資産に関する事項を除くほか、第三十条第一項各号に掲げる事項を定めないで死亡した場合には、所轄庁は、利害関係人の請求により、これらの事項を定めなければならない。

2 前条第二項の規定は、前項の場合に準用する。

（設立の時期）

第三三条 学校法人は、その主たる事務所の所在地において政令の定めるところにより設立の登記をすることによつて成立する。

＊学校法人の登記（二八）、政令（組合等登記令）

解説 学校法人は、登記によって成立するとしたのは、設立の時期を登記によって客観的に明示し、第三者に対する法律関係をはっきりさせようとする趣旨である。

（寄附行為の備置き及び閲覧）

第三三条の二 学校法人は、寄附行為を各事務所に備えて置き、請求があつた場合には、正当な理由がある場合を除いて、これを閲覧に供しなければならない。

＊罰則（六六(2)(3)）

（財産目録の作成及び備置き）

第三三条の三 学校法人は、設立の時に財産目録を作成し、常にこれをその主たる事務所に備えて置かなければならない。

＊罰則（六六(2)）

（一般社団・財団法人法の規定の準用）

第三四条 一般社団・財団法人法第百五十八条及び第百六十四条の規定は、学校法人の設立について準用する。この場合において、これらの規定中「財産の拠出」とあるのは「寄附行為」と、同条中「当該財産」とあるのは「寄附財産」と読み替えるものとする。

＊寄附行為認可申請（三〇）、所轄庁による認可決定（三一）、設立の時期（三三）

第三節　管理

第一款　役員及び理事会

（役員）

第三五条 学校法人には、役員として、理事五人以上及び監事二人以上を置かなければならない。

2 理事のうち一人は、寄附行為の定めるところにより、理事長となる。

＊寄附行為の必要的記載事項（三〇1(5)）、①理事（三六1・三八）、監事（三七3・三九）、②寄附行為の定め（三〇1(5)2）、理事長（三七1 2）

判例 **役員＝理事** 大学職員が常務理事に就任した場合、その職員としての雇用契約は合意解約されたものと解される。（最判平5・12・16労判六四八—一七）

解説 学校法人の役員は、理事と監事に限られており、評議員、顧問、参与等を含まない。役員は、学校法人の代表、業務の決定、執行または監査等を行う唯一の機関である。役員の数が理事五人以上、監事二人以上とされているのは、従来行われた少数者の専断を防ごうとする趣旨であろう。本法によれば、理事長は理事と別種の役員ではなく、特別の職務を担当する理事である。

（学校法人と役員との関係）

第三五条の二 学校法人と役員との関係は、委任に関する規定に従う。

（理事会）

第三六条 学校法人に理事をもつて組織する理事会を置く。

2 理事会は、学校法人の業務を決し、理事の職務の執行を監督する。

3 理事会は、理事長が招集する。理事（理事長を除く。）が、寄附行為の定めるところにより、理事会の招集を請求したときは、理事長は、理事会を招集しなければならない。

4 理事会に議長を置き、理事長をもつて充てる。

5 理事会は、理事の過半数の出席がなければ、その議事を開き、議決することができない。

6 理事会の議事は、寄附行為に別段の定めがある場合を除いて、出席した理事の過半数で決し、可否同数のときは、議長の決するところによる。

7 理事会の議事について特別の利害関係を有する理事は、議決に加わることができない。

＊私立学校の設置（三）、収益事業（二六）、評議員会の議決（四二2）

判例 学校法人の理事の地位を伴う学長の任免は、本条の規定により、理事の過半数をもって決すべきであり、理事長単独の権限に属しない。（名古屋地判昭34・11・30労民集一〇―六―一二二八）

判例 **私立大学の学長・教員の罷免・解職［名城大学事件］** 本法三七条二項に規定する理事長の職務権限の中に学長の解職権は含まれておらず、また、本法三六条の「学校法人の業務」の中に学長罷免は包含されているが、正当な事由がなければ罷免できない。教員の解職には教授会の審議が必要である。（名古屋地判昭34・12・7判時二一〇―六）

判例 **理事会と教授会［西日本短期大学事件］** 憲法二三条が保障する学問の自由は、学問、研究の場としての大学の自治を密接不可分な制度として包含し、学校教育法五九条一項も、これを受け、「大学には、重要な事項を審議するため、教授会を置かなければならない。」と規定し、重要事項に関する教授会の審議権を認め、大学の自治を実質的に保障している。ところで、同法は私立大学についても適用されるところ、真理探究の場としての大学において、右探究に従事する大学教員は、任命権者の一方的な判断によりその地位を奪われないという身分保障によって、はじめて研究教育活動の自由を保障されるものであることからすると、教員の採用、解任、昇任、降任等の人事は、学校教育法五九条一項の「重要な事項」に該当し、教授会の審議が必須の手続である。（福岡地決平4・9・9労判六一六―七三）

判例 **理事会と教授会［甲南学園事件］** 大学の人事に関する大学の自治は、寄付行為の定めるところにより業務決定機関である理事会に委ねられているのであって教授会にはその権限がなく、学問の自由は各教員に保障されているとはいえ、そのことを根拠に、当然に教員の解雇については教授会の解任決定が必要かつ有効要件であり、この決定が理事長の前記任免権限を羈束すると結論づけることはできない。（大阪高判平10・11・26労判七五七―五九）

判例 教授会の審議を経ないでなされた短大教授に対する懲戒解雇は無効である。（前橋地判昭63・3・11労判五一四―六）

判例 春休み期間中に大学教授が連絡先を明らかにしないまま出校せず、教授会にも出席しないことは、懲戒事由としての「正当な理由なく欠勤が引続き一六日以上に及んだとき」に該当する。だが、それのみを理由とする当該懲戒解雇は、権利の濫用に当る。（仙台地決平2・9・21労判五七七―五五）

判例 私立学校の定員増による体育館の改築は、当該学校法人の管理権に属し、濫用にわたらない限り司法審査の対象とならない。（大阪地決昭57・8・27判時一〇五七―一九六）

判例 学校法人の理事会の開催日時場所の変更が一部理事に通知されなかった場合、理事会の決議を無効ならしめる。（名古屋地判昭48・2・22判時六六七―五二）

判例 理事会招集手続が寄附行為の定めに反し違法であれば、私立大学理事会の教授解職決議は無効である。（横浜地判昭53・11・30判タ三七七―一三七）

解説 学校法人の業務の決定は、法令および法令に基づく所轄庁の処分や寄附行為に従わなければならない。また、寄附行為が評議員会を議決機関としているときは、その議決にも従わなければならない。

（役員の職務等）

第三十七条 理事長は、学校法人を代表し、その業務を総理する。

2 理事（理事長を除く。）は、寄附行為の定めるところにより、学校法人を代表し、理事長を補佐して学校法人の業務を掌理し、理事長に事故があるときはその職務を代理し、理事長が欠けたときはその職務を行う。

3 監事の職務は、次のとおりとする。

一 学校法人の業務を監査すること。

二 学校法人の財産の状況を監査すること。

三 理事の業務執行の状況を監査すること。

四 学校法人の業務若しくは財産の状況又は理事の業務執行の状況について、毎会計年度、監査報告書を作成し、当該会計年度終了後二月以内に理事会及び評議員会に提出すること。

五 第一号から第三号までの規定による監査の結果、学校法人の業務若しくは財産又は理事の業務執行に関し不正の行為又は法令若しくは寄附行為に違反する重大な事実があることを発見したときは、これを所轄庁に報告し、又は理事会及び評議員会に報告すること。

六 前号の報告をするために必要があるときは、理事長に対して理事会及び評議員会の招集を請求すること。

七 学校法人の業務若しくは財産の状況又は理事の業務執行の状況について、理事会に出席して意見を述べること。

4 前項第六号の請求があつた日から五日以内に、その請求があつた日から二週間以内の日を理事会又は評議員会の日とする理事会又は評議員会の招集の通知が発せられない場合には、その請求をした監事は、理事会又は評議員会を招集することができる。

＊損害賠償責任（四四の二―四四の五）、①代表（三五2・三六）、②この法律に規定する職務の例（四一3・5・四二1・四六）、③監事の職務（二五）、監査報告書の公表（六三の二(2)）、所轄庁（四）、評議員会（四一）

判例 寄附行為で代表権を一人の理事に制限した場合において、代表権を有する理事が死亡したときは、他の理事が代表権を有する。（名古屋高判昭37・3・14下民集一三―三―四一六）

判例 **理事の職務［松蔭学園事件］** 私立高校の女教諭に対する学校側の過酷な処置、賃金等の差別が業務命令権の濫用であるとされた事例。（東京高判平5・11・12判時一四八四―一三五）

判例 高校教諭に対し、生徒の成績評価の誤りを理由に職務の適格性を欠くとした通常解雇が解雇権の濫用とされた事例。（東京地判平5・6・23判時一四七三―一三七）

判例 教員採用時の「誓約書」を自筆せず、その書き直し指示に対し反抗的態度に及んだこと、学内外で大学を誹謗する言辞をしたこと等を理由とする、大学教員に対する解雇が無効とされた事例。（東京地判平2・8・10労判五六八―三八）

通知 理事長についてはできる限り常勤化や兼職の制限を行うとともに、非常勤の理事に対しては学校法人の運営の状況について定期的な情報提供を行うことが期待されること。理事会の議事についてはいわゆる白紙委任は行うべきでなく、出席できない場合にはできる限り書面による意思表示を行うようにされたい。また、原則として理事長のみが代表権を有することとなり、理事長以外の理事については、寄附行為の規定により代表権を付与された場合にのみ代表権を有することとなる。監事の作成する監査報告書については、各学校法人の規模や実情等に応じた適切な内容とし、監事の監査は財務に関する部分に限られるものではなく、学校法人の運営全般が対象となる。監査の結果、学校法人の業務又は財産に関し不正の行為又は法令若しくは寄附行為に違反する重大な事実があることを発見したときの所轄庁又は理事会及び評議員会への報告については、監事において当該内容や状況等に応じて適切に判断すべきであるが、仮に理事会及び評議員会に報告した場合に理事会又は評議員会において適切な対応がなされない場合には、所轄庁に報告されたい。（平16・7・23文科高三〇五事務次官）

解説　理事は原則として個々に学校法人を代表するが、特別の必要がある場合は、寄附行為で一人または数人の理事に代表権を制限し、または、個々の理事の代表権を特定の事項に制限することができる。監事は、職務の性質上、各自単独に職務を行うべきであるが、その監査意見陳述は、理事あるいは評議員会を法的に拘束するわけではない。

（役員の選任）

第三八条　理事となる者は、次の各号に掲げる者とする。

一　当該学校法人の設置する私立学校の校長（学長及び園長を含む。以下同じ。）

二　当該学校法人の評議員のうちから、寄附行為の定めるところにより選任された者（寄附行為をもつて定められた者を含む。次号及び第四十四条第一項において同じ。）

三　前二号に規定する者のほか、寄附行為の定めるところにより選任された者

2　学校法人が私立学校を二以上設置する場合には、前項第一号の規定にかかわらず、寄附行為の定めるところにより、校長のうち、一人又は数人を理事とすることができる。

3　第一項第一号及び第二号に規定する理事は、校長又は評議員の職を退いたときは、理事の職を失うものとする。

4　監事は、評議員会の同意を得て、理事長が選任する。

5　理事又は監事には、それぞれその選任の際現に当該学校法人の役員又は職員でない者が含まれるようにしなければならない。

6　役員が再任される場合において、当該役員がその最初の選任の際現に当該学校法人の役員又は職員でなかつたときの前項の規定の適用については、その再任の際現に当該学校法人の役員又は職員でない者とみなす。

7　役員のうちには、各役員について、その配偶者又は三親等以内の親族が一人を超えて含まれることになつてはならない。

8　次に掲げる者は、役員となることができない。

一　学校教育法第九条各号のいずれかに該当する者

二　心身の故障のため役員の職務の適正な執行ができない者として文部科学省令で定めるもの

＊①㈠校長の設置・資格・欠格事由・届出（学教七―一〇）、㈡㈢選任（四四）、寄附行為（三〇1⑸⑺2）、⑦親族の範囲・計算（民七二五・七二六）、⑧役員の欠格事由（学教九）

通達　**幼稚園設置の学校法人について**　役員・評議員は財産の寄附者・特定の関係者の故をもって選任するのではなく広く教育関係者、学識経験者のうちから公正に選任するのが望ましい。（昭36・5・24管理局振興課長）

通知　外部理事については、一名に限るのではなく、各学校法人の規模や実情等に応じてできる限り積極的な登用が期待されること。また、選任の際だけでなく過去においても当該学校法人の役員又は職員でなかった者や、学校及び学校法人の運営に関し優れた識見を有する者を選任するよう努められたい。監事の選任については、評議員会の同意を得ること及び最終的な選任を理事長において行うことを担保した上で、それ以外の具体的な選出手続については各学校法人において改正の趣旨を踏まえ適切に定められたい。外部監事については、選任の際だけでなく過去においても当該学校法人の役員又は職員でなかった者や、財務管理、事業の経営管理その他法人が行う業務の運営に優れた識見を有する者を選任するよう努められたい。各学校法人においては法人の規模や実情等に応じ、監事の常勤化を進めることや理事長等から監事に対して定期的に学校法人の業務の状況等について報告すること、監事の監査を支援するための事務体制や内部監査組織の整備を行うこと等監査の充実を図るための取組が期待される。（平16・7・23文科高三〇五事務次官）

解説　本条は、理事の選任基準を法定している。⑴校長（学長・園長）が理事になるのは、学校法人における教育（研究）面と経営面の調整を図るものである。⑵評議員のうちから理事を選ぶのは、広い視野に立って法人経営に当たる人物を得るためと考えられる。⑶前記⑴と⑵のほか、寄附行為の定めるところにより理事を選任するとしたのは、学校法人の自主性を尊重したものと解される。⑴⑵⑶相互の比率や理事選任の方法は法定されていないから、寄附行為で自由に定めることができる。

（役員の兼職禁止）

第三九条　監事は、理事、評議員又は学校法人の職員と兼ねてはならない。

＊監事の設置・定数（三五）、定数・選任方法（三〇1⑸）、選任制限・欠格事由（三八）、補充（四〇）、届出（施規一三）、職務（三七）

（役員の補充）

第四〇条　理事又は監事のうち、その定数の五分の一をこえるものが欠けたときは、一月以内に補充しなければならない。

＊役員の定数（三五・三〇1⑸）

（忠実義務）

第四〇条の二　理事は、法令及び寄附行為を遵守し、学校法人のため忠実にその職務を行わなければならない。

（理事の代理行為の委任）

第四〇条の三　理事は、寄附行為によつて禁止されていないときに限り、特定の行為の代理を他人に委任することができる。

（仮理事）

第四〇条の四　理事が欠けた場合において、事務が遅滞することにより損害を生ずるおそれがあるときは、所轄庁は、利害関係人の請求により又は職権で、仮理事を選任しなければならない。

（一般社団・財団法人法の規定の準用）

第四〇条の五　一般社団・財団法人法第八十条の規定は民事保全法（平成元年法律第九十一号）第五十六条に規定する仮処分命令により選任された理事又は理事長の職務を代行する者について、一般社団・財団法人法第八十二条、第八十四条、第八十五条及び第九十二条第二項の規定は理事について、一般社団・財団法人法

第百三条及び第百六条の規定は監事について、それぞれ準用する。この場合において、一般社団・財団法人法第八十二条中「代表理事」とあるのは「理事長」と、一般社団・財団法人法第八十四条第一項中「社員総会」とあるのは「理事会」と、一般社団・財団法人法第八十五条中「社員（監事設置一般社団法人にあっては、監事）」とあるのは「監事」と、一般社団・財団法人法第百三条第一項中「定款」とあるのは「寄附行為」と読み替えるものとする。

第二款　評議員及び評議員会

（評議員会）

第四一条　学校法人に、評議員会を置く。

2　評議員会は、理事の定数の二倍をこえる数の評議員をもつて、組織する。

3　評議員会は、理事長が招集する。

4　評議員会に、議長を置く。

5　理事長は、評議員総数の三分の一以上の評議員から会議に付議すべき事項を示して評議員会の招集を請求された場合には、その請求のあつた日から二十日以内に、これを招集しなければならない。

6　評議員会は、評議員の過半数の出席がなければ、その議事を開き、議決をすることができない。

7　評議員会の議事は、出席評議員の過半数で決し、可否同数のときは、議長の決するところによる。

8　前項の場合において、議長は、評議員として議決に加わることができない。

9　第七項の規定にかかわらず、第四十四条の五において読み替えて準用する一般社団・財団法人法第百十三条第一項の評議員会の決議は、その議事の議決に加わることができる評議員の三分の二以上に当たる多数をもつて決する。

10　第七項及び前項の議事について特別の利害関係を有する評議員は、議決に加わることができない。

＊①評議員会（三〇1⑦）、②定数（三〇1⑦）、③招集権者（三五2・三七3⑥）、④議長（三〇1⑦）、⑤評議員（四四）、監事による招集の請求（三七3⑥）

判例　学校法人の理事会または評議員会の決議が無効であることの確認を求める訴は、現に存する法律上の紛争の直接かつ抜本的な解決のため適切かつ必要と認められる場合には、許容されるものと解すべきである。（最判昭47・11・9判時六八七—五一）

解説　評議員会は、学校法人に必ず置かれなければならない。評議員会は、学校法人業務の諮問機関であり、場合によっては寄附行為により議決機関となる（本法四二条）。学校法人に評議員会を置くことにした趣旨は、学校法人の運営に、職員、卒業生その他広い範囲の意見を反映させ、理事の専断を防ぎ、学校法人の教育施設設置者性と公共性を高めようとするところにある。しかし、評議員会の組織や権限が、各学校法人により異なるように、その機能もまた各学校法人の実情に応じて種々である。

第四二条　次に掲げる事項については、理事長において、あらかじめ、評議員会の意見を聴かなければならない。

一　第四十五条の二第一項の予算及び事業計画

二　第四十五条の二第二項の事業に関する中期的な計画

三　借入金（当該会計年度内の収入をもつて償還する一時の借入金を除く。）及び重要な資産の処分に関する事項

四　役員に対する報酬等（報酬、賞与その他の職務遂行の対価として受ける財産上の利益及び退職手当をいう。以下同じ。）の支給の基準

五　寄附行為の変更

六　合併

七　第五十条第一項第一号（評議員会の議決を要する場合を除く。）及び第三号に掲げる事由による解散

八　収益を目的とする事業に関する重要事項

九　その他学校法人の業務に関する重要事項で寄附行為をもつて定めるもの

2　前項各号に掲げる事項は、寄附行為をもつて評議員会の議決を要するものとすることができる。

＊設置・組織・議長（四一）、①《三》会計年度（四九）、会計年度区分（財政法一一）、資産（二五）、《五》寄附行為変更規定（三〇1⑪・四五）、《六》合併（五二—五七、施規六）、《七》解散規定（三〇1⑩）、解散事由（五〇1⑴⑶）、《八》収益事業（二六）、《九》寄附行為（三〇）、②議決機関としての職務（三〇・五〇）

判例　本条は、理事長の事務執行に関する内部的な制限規定であって、代表権の制限規定そのものではない。したがって、この制限につき、私立学校法四九条によって民法五四条が直ちに準用されるものとはいえない。（東京地判昭61・2・17判時一二一六—八七）

通知　理事長が毎年度、事業計画及び事業の実績を評議員会に報告し意見を求める際には、評議員が当該学校法人の業務全体の状況について十分に把握できるようにされたい。評議員会については、議決を要することとできる現行制度について今回変更するものではなく、議決を要することとしている場合についても、理事会が業務の決定を行うに当たり、評議員会の意思を確認する方法として同意の議決を必要としているという性質のものであり、学校法人の運営についての最終的な責任は理事会が負うものである。評議員会の構成について、当該学校法人の役員及び職員が大多数を占めたり、特定の同族が多く選任されたりすることのないようにされたい。（平16・7・23文科高三〇五事務次官）

解説　本法は評議員会を原則として諮問機関とした。学校法人は社団法人よりも財団法人により近い性格をもつものであり、したがって、学校法人の基本は寄附者の財産であり、その設立の精神である。第二項では寄附行為で評議員会を議決機関とすることができることにした。

第四三条　評議員会は、学校法人の業務若しくは財産の状況又は役員の業務執行の状況について、役員に対して意見を述べ、若しくはその諮問に答え、又は役員から報告を徴することができる。

＊諮問機関・議決機関としての職務権限（四二）、決算（四六）、監事の報告（三七3⑥）

判例　評議員会を構成する個々の評議員において、評議員会とは別個に、役員から報告等を徴し、文書を閲覧謄写する権利があるということはできない。（東京高判平8・6・20判時一五七〇—六五）

（評議員の選任）

第四四条　評議員となる者は、次の各号に掲げる者とする。

一　当該学校法人の職員のうちから、寄附行為の定めるところにより選任された者

二　当該学校法人の設置する私立学校を卒業した者で年齢二十五年以上のもののうちから、寄附行為の定めるところにより選任された者

三　前各号に規定する者のほか、寄附行為の定めると

ころにより選任された者

2　前項第一号に規定する評議員は、職員の地位を退いたときは、評議員の職を失うものとする。

＊役員の兼職禁止（三九）、設立当初寄附行為で定められた評議員（三八1(2)）、寄附行為（三〇1(7)）

通達　→三八条

第三款　役員の損害賠償責任等

（役員の学校法人に対する損害賠償責任）

第四四条の二　役員は、その任務を怠つたときは、学校法人に対し、これによつて生じた損害を賠償する責任を負う。

2　理事が第四十条の五において準用する一般社団・財団法人法第八十四条第一項の規定に違反して同項第一号の取引をしたときは、当該取引によつて理事又は第三者が得た利益の額は、前項の損害の額と推定する。

3　第四十条の五において準用する一般社団・財団法人法第八十四条第一項第二号又は第三号の取引によつて学校法人に損害が生じたときは、次に掲げる理事は、その任務を怠つたものと推定する。

一　第四十条の五において準用する一般社団・財団法人法第八十四条第一項の理事

二　学校法人が当該取引をすることを決定した理事

三　当該取引に関する理事会の承認の決議に賛成した理事

（役員の第三者に対する損害賠償責任）

第四四条の三　役員がその職務を行うについて悪意又は重大な過失があつたときは、当該役員は、これによつて第三者に生じた損害を賠償する責任を負う。

2　次の各号に掲げる者が、当該各号に定める行為をしたときも、前項と同様とする。ただし、その者が当該行為をすることについて注意を怠らなかつたことを証明したときは、この限りでない。

一　理事　次に掲げる行為

イ　第四十七条第一項の財産目録、貸借対照表、収支計算書及び事業報告書に記載すべき重要な事項についての虚偽の記載

ロ　虚偽の登記

ハ　虚偽の公告

二　監事　第三十七条第三項第四号の監査報告書に記載すべき重要な事項についての虚偽の記載

（役員の連帯責任）

第四四条の四　役員が学校法人又は第三者に生じた損害を賠償する責任を負う場合において、他の役員も当該損害を賠償する責任を負うときは、これらの者は、連帯債務者とする。

（一般社団・財団法人法の規定の準用）

第四四条の五　一般社団・財団法人法第百十二条から第百十六条までの規定は第四十四条の二第一項の責任について、一般社団・財団法人法第二章第三節第九款の規定は学校法人について、それぞれ準用する。この場合において、これらの規定中「総社員」とあるのは「総評議員」と、「役員等の」とあるのは「役員の」と、「役員等が」とあるのは「役員が」と、「法務省令」とあるのは「文部科学省令」と、「代表理事」とあるのは「理事長」と、「使用人」とあるのは「職員」と、「監事又は会計監査人」とあるのは「監事」と、「役員等に」とあるのは「役員に」と、「定款」とあるのは「寄附行為」と読み替えるほか、次の表の上欄に掲げる一般社団・財団法人法の規定中同表の中欄に掲げる字句は、それぞれ同表の下欄に掲げる字句に読み替えるものとする。

第百十三条	社員総会	評議員会
第百十三条第一項第二号ロ(1)	理事会の決議によって一般社団法人の業務を執行する	寄附行為の定めるところにより理事長を補佐して学校法人の業務を掌理する
第百十四条第一項	理事（当該責任を負う理事を除く。）の過半数の同意（理事会設置一般社団法人にあっては、理事会の決議）	理事会の決議
第百十四条第二項	社員総会 、同項 限る。）について の理事の同意を得る場合及び当該責任の免除	評議員会 及び同項 限る。）
第百十四条第三項	同意（理事会設置一般社団法人にあっては、理事会の決議）	理事会の決議
第百十四条第四項	社員 役員等 議決権を有する社員	評議員 役員 評議員
第百十五条第一項	理事会の決議によって一般社団法人の業務を執行する 限る。）、	寄附行為の定めるところにより理事長を補佐して学校法人の業務を掌理する 限る。）又は
第百十五条第三項及び第四項	社員総会	評議員会
第百十五条第四項第三号	第百十一条第一項	私立学校法第四十四条の二第一項
第百十六条第一項	第八十四条第一項第二号	私立学校法第四十条の五において準用する第八十四条第一項第二号
第百十八条の二第一項	社員総会（理事会設置一般社団法人にあっては、理事会）	理事会
第百十八条の二第二項	第百十一条第一項	私立学校法第四十四条の二第一項
第百十八条第二号	第八十四条第一	私立学校法第四十

の二第五項	項、	条の五において準用する第八十四条第一項及び
	、第百十一条第三項及び	の規定、同法第四十四条の二第三項の規定並びに同法第四十四条の五において準用する
第百十八条の三第一項	役員等を	役員を
	役員等賠償責任保険契約	役員賠償責任保険契約
	社員総会（理事会設置一般社団法人にあっては、理事会）	理事会
第百十八条の三第二項	第八十四条第一項、	私立学校法第四十条の五において準用する第八十四条第一項及び
	及び第百十一条第三項	の規定並びに同法第四十四条の二第三項
第百十八条の三第三項ただし書	役員等賠償責任保険契約	役員賠償責任保険契約

第四款　寄附行為変更の認可等

第四五条　寄附行為の変更（文部科学省令で定める事項に係るものを除く。）は、所轄庁の認可を受けなければ、その効力を生じない。

2　学校法人は、前項の文部科学省令で定める事項に係る寄附行為の変更をしたときは、遅滞なく、その旨を所轄庁に届け出なければならない。

＊認可・届出後の公表（六三の二(1)、(2)罰則（六六(5)

［通知］**私立学校法施行規則の一部を改正する省令等の施行等について**　大学等の設置が多様化することに伴い、大学等の設置に係る学校法人寄附行為（変更）認可申請の審査手続を整備する。これによって、収容定員増等に係る学則変更は審査の対象としない。（平3・12・18文高行二八八高等教育局長）

［通知］**変更**　学校法人の寄附行為又は寄附行為変更の認可に係る申請書類を整理し、申請手続の明確化を図る。（平6・7・20高等教育局長）

［解説］平一四法一一八の学校教育法の改正により学位の種類・分野の変更を伴わない学部の設置等が認可から届出に改められることに伴い、学校法人の寄附行為の変更についても認可を不要とし、遅滞なく、文部科学大臣に届け出るものとされた。

第五款　予算及び事業計画並びに事業に関する中期的な計画等

（予算及び事業計画並びに事業に関する中期的な計画）

第四五条の二　学校法人は、毎会計年度、予算及び事業計画を作成しなければならない。

2　文部科学大臣が所轄庁である学校法人は、事業に関する中期的な計画を作成しなければならない。

3　文部科学大臣が所轄庁である学校法人は、第一項の事業計画及び前項の事業に関する中期的な計画を作成するに当たつては、学校教育法第百九条第二項（同法第百二十三条において準用する場合を含む。）に規定する認証評価の結果を踏まえて作成しなければならない。

（評議員会に対する決算等の報告）

第四六条　理事長は、毎会計年度終了後二月以内に、決算及び事業の実績を評議員会に報告し、その意見を求めなければならない。

＊会計年度（四九）、理事長（三七1）、評議員会（四一・四三）

（財産目録等の備付け及び閲覧）

第四七条　学校法人は、毎会計年度終了後二月以内に、文部科学省令で定めるところにより、財産目録、貸借対照表、収支計算書、事業報告書及び役員等名簿（理事、監事及び評議員の氏名及び住所を記載した名簿をいう。次項及び第三項において同じ。）を作成しなければならない。

2　学校法人は、前項の書類、第三十七条第三項第四号の監査報告書及び役員に対する報酬等の支給の基準（以下「財産目録等」という。）を、作成の日から五年間、各事務所に備えて置き、請求があつた場合（都道府県知事が所轄庁である学校法人の財産目録等（役員等名簿を除く。）にあつては、当該学校法人の設置する私立学校に在学する者その他の利害関係人から請求があつた場合に限る。）には、正当な理由がある場合を除いて、これを閲覧に供しなければならない。

3　前項の規定にかかわらず、学校法人は、役員等名簿について同項の請求があつた場合には、役員等名簿に記載された事項中、個人の住所に係る記載の部分を除外して、同項の閲覧をさせることができる。

＊書類内容の公表（六三の二(3)、罰則（六六(6)(7)、設立当初に準用（三四）、都道府県知事の学校法人台帳調製義務（施令五）、台帳の様式（施規一四）

［通知］従前より義務付けられている財務書類の作成及び事務所への備え置きに加えて、新たに一定の書類を関係者への閲覧に供することを義務付けたものである。各学校法人においては、法律に規定する内容に加え、設置する学校の規模等、それぞれの実情に応じ、例えば学内広報やインターネット等の活用など、より積極的な対応が期待される。各都道府県知事所轄の学校法人については、一般に小規模な学校法人が多いことにかんがみ、各都道府県において指導等を行うに際しては、これらの小規模法人に過度の負担とならないよう配慮されたい。（平16・7・23文科高三〇五事務次官）

（報酬等）

第四八条　学校法人は、役員に対する報酬等について、文部科学省令で定めるところにより、民間事業者の役員の報酬等及び従業員の給与、当該学校法人の経理の状況その他の事情を考慮して、不当に高額なものとならないような支給の基準を定めなければならない。

2　学校法人は、前項の規定により定められた報酬等の支給の基準に従つて、その役員に対する報酬等を支給しなければならない。

＊支給基準の公表（六三の二(4)

（会計年度）

第四九条　学校法人の会計年度は、四月一日に始まり、翌年三月三十一日に終るものとする。

＊類似規定（財政法一一、地自二〇八）

［解説］本条は、学校法人の会計年度を定め、これを国およ

び地方公共団体の会計年度と同じくした。これは、調査・統計のためだけでなく、公費助成にとっても利便となる。

第四節　解散

（**解散事由**）

第五〇条　学校法人は、次の事由によつて解散する。

一　理事の三分の二以上の同意及び寄附行為で更に評議員会の議決を要するものと定められている場合には、その議決

二　寄附行為に定めた解散事由の発生

三　目的たる事業の成功の不能

四　学校法人又は第六十四条第四項の法人との合併

五　破産手続開始の決定

六　第六十二条第一項の規定による所轄庁の解散命令

2　前項第一号及び第三号に掲げる事由による解散は、所轄庁の認可又は認定を受けなければ、その効力を生じない。

3　第三十一条第二項の規定は、前項の認可又は認定の場合に準用する。

4　清算人は、第一項第二号又は第五号に掲げる事由によつて解散した場合には、所轄庁にその旨を届け出なければならない。

＊①㈠評議員会の議決（四二1⑺2・四一6―10）、㈡寄附行為で定めた解散事由（三〇1⑽）、㈢学校法人の目的（三）、収益事業（二六）、㈣合併（五二―五七）

判例　学校法人が破産の宣告を受けた場合には、特段の事情のないかぎり、当該学校法人と理事の委任ないし委任類似の関係は民法六五三条により終了し、理事はその地位を失う。（東京地判昭48・1・29判タ三〇二―一八二）

解説　本条が、理事の三分の二以上の同意によって、学校法人は任意に解散できると定めているのは、私学設置者の自由を尊重したものである。しかし、学校で教育を受ける権利を享受すべき児童・生徒・学生および働く権利を享受すべき教職員の立場からすれば、問題がないとはいえない。任意の解散の決定にあっては、解散手続が適正であるほかに、解散事由の内容が正当である場合に限るというべきであろう。

（**学校法人についての破産手続の開始**）

第五〇条の二　学校法人がその債務につきその財産をもつて完済することができなくなつた場合には、裁判所は、理事若しくは債権者の申立てにより又は職権で、破産手続開始の決定をする。

2　前項に規定する場合には、理事は、直ちに破産手続開始の申立てをしなければならない。

＊②罰則（六六⑻）

（**清算中の学校法人の能力**）

第五〇条の三　解散した学校法人は、清算の目的の範囲内において、その清算の結了に至るまではなお存続するものとみなす。

（**清算人**）

第五〇条の四　学校法人が解散したときは、破産手続開始の決定及び第六十二条第一項の規定による解散命令による解散の場合を除き、理事がその清算人となる。ただし、寄附行為に別段の定めがあるときは、この限りでない。

2　学校法人が第六十二条第一項の規定による解散命令により解散したときは、所轄庁は、利害関係人の申立てにより又は職権で、清算人を選任する。

（**裁判所による清算人の選任**）

第五〇条の五　前条の規定により清算人となる者がないとき、又は清算人が欠けたため損害を生ずるおそれがあるときは、裁判所は、利害関係人若しくは検察官の請求により又は職権で、清算人を選任することができる。

（**清算人の解任**）

第五〇条の六　重要な事由があるときは、裁判所は、利害関係人若しくは検察官の請求により又は職権で、清算人を解任することができる。

（**清算人の届出**）

第五〇条の七　清算中に就職した清算人は、その氏名及び住所を所轄庁に届け出なければならない。

（**清算人の職務及び権限**）

第五〇条の八　清算人の職務は、次のとおりとする。

一　現務の結了

二　債権の取立て及び債務の弁済

三　残余財産の引渡し

2　清算人は、前項各号に掲げる職務を行うために必要な一切の行為をすることができる。

（**債権の申出の催告等**）

第五〇条の九　清算人は、その就職の日から二月以内に、少なくとも三回の公告をもつて、債権者に対し、一定の期間内にその債権の申出をすべき旨の催告をしなければならない。この場合において、その期間は、二月を下ることができない。

2　前項の公告には、債権者がその期間内に申出をしないときは清算から除斥されるべき旨を付記しなければならない。ただし、清算人は、判明している債権者を除斥することができない。

3　清算人は、判明している債権者には、各別にその申出の催告をしなければならない。

4　第一項の公告は、官報に掲載してする。

＊罰則（六六⑼）

（**期間経過後の債権の申出**）

第五〇条の一〇　前条第一項の期間の経過後に申出をした債権者は、学校法人の債務が完済された後まだ権利の帰属すべき者に引き渡されていない財産に対してのみ、請求をすることができる。

（**清算中の学校法人についての破産手続の開始**）

第五〇条の一一　清算中に学校法人の財産がその債務を完済するのに足りないことが明らかになつたときは、清算人は、直ちに破産手続開始の申立てをし、その旨を公告しなければならない。

2　清算人は、清算中の学校法人が破産手続開始の決定を受けた場合において、破産管財人にその事務を引き継いだときは、その任務を終了したものとする。

3　前項に規定する場合において、清算中の学校法人が既に債権者に支払い、又は権利の帰属すべき者に引き渡したものがあるときは、破産管財人は、これを取り戻すことができる。

4　第一項の規定による公告は、官報に掲載してする。
＊①罰則（六六⑧⑨）

（裁判所の選任する清算人の報酬）
第五〇条の一二　裁判所は、第五十条の五の規定により清算人を選任した場合には、学校法人が当該清算人に対して支払う報酬の額を定めることができる。この場合において、裁判所は、当該清算人及び監事の陳述を聴かなければならない。

（裁判所による監督）
第五〇条の一三　学校法人の解散及び清算は、裁判所の監督に属する。
2　裁判所は、職権で、いつでも前項の監督に必要な検査をすることができる。
3　裁判所は、第一項の監督に必要な調査をさせるため、検査役を選任することができる。
4　前条の規定は、前項の規定により裁判所が検査役を選任した場合に準用する。この場合において、同条中「清算人及び監事」とあるのは、「学校法人及び検査役」と読み替えるものとする。
5　学校法人の解散及び清算を監督する裁判所は、所轄庁に対し、意見を求め、又は調査を嘱託することができる。
6　所轄庁は、前項に規定する裁判所に対し、意見を述べることができる。

（清算結了の届出）
第五〇条の一四　清算が結了したときは、清算人は、その旨を所轄庁に届け出なければならない。

（解散及び清算の監督等に関する事件の管轄）
第五〇条の一五　学校法人の解散及び清算の監督並びに清算人に関する事件は、その主たる事務所の所在地を管轄する地方裁判所の管轄に属する。

第五〇条の一六　削除〔平二三法五三〕

（不服申立ての制限）
第五〇条の一七　清算人又は検査役の選任の裁判に対しては、不服を申し立てることができない。

（残余財産の帰属）
第五一条　解散した学校法人の残余財産は、合併及び破産手続開始の決定による解散の場合を除くほか、所轄庁に対する清算結了の届出の時において、寄附行為の定めるところにより、その帰属すべき者に帰属する。
2　前項の規定により処分されない財産は、国庫に帰属する。
3　国は、前項の規定により国庫に帰属した財産（金銭を除く。）を私立学校教育の助成のために、学校法人に対して譲与し、又は無償で貸し付けるものとする。ただし、国は、これに代えて、当該財産の価額に相当する金額を補助金として支出することができる。
4　前項の助成については、私立学校振興助成法（昭和五十年法律第六十一号）第十一条から第十三条までの規定の適用があるものとする。
5　第二項の規定により国庫に帰属した財産が金銭である場合には、国は、その金額について第三項ただし書の処置をとるものとする。
6　第二項の規定により国庫に帰属した財産（金銭を除く。）は、文部科学大臣の所管とし、第三項本文の処分は、文部科学大臣が行う。ただし、当該財産につき同項ただし書の処置がとられた場合には、当該財産を財務大臣に引き継がなければならない。
＊①合併の効果（五六）、破産手続開始決定の効果（五〇1⑸、破産法三四）、寄附行為の定め（三〇1⑽）、帰属者の資格（三〇3）、③助成（五九）
[通達] 幼稚園設置の学校法人について、解散後の残余財産の帰属者は、原則として、地方公共団体または他の学校法人のうちから選定される旨規定をすること。（昭36・5・24管理局振興課長）

（合併手続）
第五二条　学校法人が合併しようとするときは、理事の三分の二以上の同意がなければならない。ただし、寄附行為で評議員会の議決を要するものと定められている場合には、更にその議決がなければならない。
2　合併は、所轄庁の認可を受けなければ、その効力を生じない。
＊①評議員会の議決（四二2）、評議員会の意見聴取（四二1⑹）、②合併認可申請手続（施規六）、所轄庁の合併認可手続（施令三）

第五三条　学校法人は、前条第二項に規定する所轄庁の認可があつたときは、その認可の通知のあつた日から二週間以内に、財産目録及び貸借対照表を作らなければならない。
2　学校法人は、前項の期間内に、その債権者に対し異議があれば一定の期間内に述べるべき旨を公告し、かつ、判明している債権者に対しては、各別にこれを催告しなければならない。ただし、その期間は、二月を下ることができない。
＊①資産（二五）、罰則（六六⑽）、②公告（三〇1⑿）、催告の効果（民一五〇）、罰則（六六⑽）

第五四条　債権者が前条第二項の期間内に合併に対して異議を述べなかつたときは、合併を承認したものとみなす。
2　債権者が異議を述べたときは、学校法人は、これに弁済をし、若しくは相当の担保を提供し、又はその債権者に弁済を受けさせることを目的として信託会社若しくは信託業務を営む金融機関に相当の財産を信託しなければならない。ただし、合併をしてもその債権者を害するおそれがないときは、この限りでない。
＊②弁済（民四七三―五〇四）、②信託（信託法）、罰則（六六⑽）

第五五条　合併により学校法人を設立する場合においては、寄附行為その他学校法人の設立に関する事務は、各学校法人又は第六十四条第四項の法人において選任した者が共同して行わなければならない。
＊学校法人の設立（三・三〇―三四）、合併の登記（五七）、合併認可申請手続（施規六2）

（合併の効果）
第五六条　合併後存続する学校法人又は合併によつて設立した学校法人は、合併によつて消滅した学校法人又は第六十四条第四項の法人の権利義務（当該学校法人又は第六十四条第四項の法人がその行う事業に関し所轄庁の認可その他の処分に基いて有する権利義務を含む。）を承継する。
＊合併後存続する学校法人（組合等登記令三・八）、合併

によって設立した学校法人（組合等登記令二・八）、合併によって消滅した学校法人（組合等登記令七・八）

（合併の時期）
第五七条　学校法人の合併は、合併後存続する学校法人又は合併によつて設立する学校法人の主たる事務所の所在地において政令の定めるところにより登記をすることによつて効力を生ずる。

＊政令（三三、組合等登記令二・八）

第五八条　削除（平一八法五〇）

第五節　助成及び監督

（助成）
第五九条　国又は地方公共団体は、教育の振興上必要があると認める場合には、別に法律で定めるところにより、学校法人に対し、私立学校教育に関し必要な助成をすることができる。

＊公の財産の支出制限（憲八九）、学校教育の公的性質（教基六）、私立学校の公共性（一）、法律（私学助成、私学事業団、私立大学の研究設備に対する国の補助に関する法律）、特殊法人（私学事業団）

判例　国は教育諸条件を整備する法的義務を負っているが、教育費用の負担均等を図る施策の内容につき広汎な裁量権を有している。国が私立高校に対していかなる程度の助成を行うかは、国の財政状況、将来の高校進学者数、私学助成の歴史的経過等さまざまな要素を総合して決定すべきである。私立高校の生徒が公立高校生との学費格差相当分を国に対し賠償請求することは許されない。（大阪地判昭55・5・14判時九七二—七九）→教基八条

通知　**私立大学院大学事業援助事業について**（昭52・10・17大学局長、管理局長）

解説　一九七五年の改正により、本条は現行条文に改められ、公費助成の根拠規定にすぎないものになった。しかし、本条には、私立学校の自主性と公共性をいかに統一するかという問題があるし、また、憲法八九条との関係でも、公費助成の論拠を何に求めるかという重大な問題がある。
そもそも公費助成は、本来、教育事業の公的性質に基づき、生存権の文化的側面としての教育を受ける権利および学問の自由を実質的に保障するために、児童・生徒・学生等と教職員に対して直接なされるべき国の義務である。この観点からすれば、本条が、学校法人のみを助成受給者としているかのように規定している点は再検討の余地がある。また、公費助成は、私立学校振興助成法（昭五〇法六一）が制定されたのちも、私学財政の困難な状況に照らして再検討されなければならない状態にある。
日本私立学校振興・共済事業団法（平九法四八）によって、従来の日本私学振興財団に代り日本私立学校振興・共済事業団が設立された。

（措置命令等）
第六〇条　所轄庁は、学校法人が、法令の規定、法令の規定に基づく所轄庁の処分若しくは寄附行為に違反し、又はその運営が著しく適正を欠くと認めるときは、当該学校法人に対し、期限を定めて、違反の停止、運営の改善その他必要な措置をとるべきことを命ずることができる。
2　所轄庁は、前項の規定による措置命令をしようとする場合には、あらかじめ、私立学校審議会等の意見を聴かなければならない。
3　所轄庁は、第一項の規定による措置命令をしようとする場合には、行政手続法（平成五年法律第八十八号）第三十条の規定による通知において、所轄庁による弁明の機会の付与に代えて私立学校審議会等による弁明の機会の付与を求めることができる旨並びに当該弁明のために出席すべき私立学校審議会等の日時及び場所並びに第五項の規定による弁明書を提出する場合における当該弁明書の提出先及び提出期限を通知しなければならない。
4　私立学校審議会等は、当該学校法人が私立学校審議会等による弁明の機会の付与を求めたときは、所轄庁に代わつて弁明の機会を付与しなければならない。
5　前項の規定による弁明は、当該学校法人が弁明書を提出してすることを求めたときを除き、私立学校審議会等に出席してするものとする。
6　行政手続法第二十九条第二項及び第三十一条（同法第十六条の準用に係る部分に限る。）の規定は、第四項の規定により私立学校審議会等が行う弁明の機会の付与について準用する。この場合において、同法第三十一条において準用する同法第十六条第四項中「行政庁」とあるのは、「私立学校法第二十六条第二項の私立学校審議会等」と読み替えるものとする。
7　第四項の規定により私立学校審議会等が弁明の機会を付与する場合には、行政手続法第三章（第十二条及び第十四条を除く。）の規定は、適用しない。
8　第一項の規定による措置命令については、審査請求をすることができない。
9　学校法人が第一項の規定による措置命令に従わないときは、所轄庁は、当該学校法人に対し、役員の解任を勧告することができる。
10　所轄庁は、前項の規定による勧告をしようとする場合には、あらかじめ、当該学校法人の理事又は解任しようとする役員に対して弁明の機会を付与するとともに、私立学校審議会等の意見を聴かなければならない。
11　行政手続法第三章第三節の規定及び第三項から第六項までの規定は、前項の規定による弁明について準用する。

解説　平二六法一五で、学校法人が法令の規定に違反したとき等に所轄庁が必要な措置をとるべきことを命ずることができる改正が行われた。新たに設けた措置命令を行うことができる場合については、(1)①学校の運営に必要な資産の不足により、教育研究活動へ支障が生じている場合、②理事会において必要な意思決定ができず、教育研究活動への支障や、学校法人の財産に重大な損害が生じている場合、(2)自主的な改善が望めない学校法人に対して行うこと、(3)学校法人が措置命令に従わない場合には、当該学校法人の役員の解任勧告をできる、(4)措置命令・役員の解任勧告を行う場合には、私立学校審議会等の意見を尊重しなければならないとした。

（収益事業の停止）
第六一条　所轄庁は、第二十六条第一項の規定により収益を目的とする事業を行う学校法人につき、次の各号の一に該当する事由があると認めるときは、当該学校法人に対して、その事業の停止を命ずることができる。
一　当該学校法人が寄附行為で定められた事業以外の事業を行うこと。
二　当該学校法人が当該事業から生じた収益をその設置する私立学校の経営の目的以外の目的に使用する

こと。

三　当該事業の継続が当該学校法人の設置する私立学校の教育に支障があること。

2　前条第二項から第八項までの規定は、前項の規定による停止命令について準用する。

＊命令違反への罰則（六六⑪）、所轄庁（四）

解説　本条一項は、学校法人の収益事業が、その趣旨に反して行われた場合、停止されることを定めている。

（解散命令）

第六二条　所轄庁は、学校法人が法令の規定に違反し、又は法令の規定に基く所轄庁の処分に違反した場合においては、他の方法により監督の目的を達することができない場合に限り、当該学校法人に対して、解散を命ずることができる。

2　所轄庁は、前項の規定による解散命令をしようとする場合には、あらかじめ、私立学校審議会等の意見を聴かなければならない。

3　所轄庁は、第一項の規定による解散命令をしようとする場合には、行政手続法第十五条第一項の規定による通知において、所轄庁による聴聞に代えて私立学校審議会等による意見の聴取を求めることができる旨並びに当該意見の聴取の期日及び場所並びに当該意見の聴取に関する事務を所掌する組織の名称及び所在地を通知しなければならない。この場合において、所轄庁は、次に掲げる事項を教示しなければならない。

一　当該意見の聴取の期日に私立学校審議会等に出席して意見を述べ、及び証拠書類若しくは証拠物を提出し、又は当該意見の聴取の期日における私立学校審議会等への出席に代えて陳述書及び証拠書類若しくは証拠物を提出することができること。

二　当該意見の聴取が終結する時までの間、所轄庁に対し、第一項の規定による解散命令の原因となる事実を証する資料の閲覧を求めることができること。

4　私立学校審議会等は、当該学校法人が私立学校審議会等による意見の聴取を求めたときは、所轄庁に代わつて意見の聴取を行わなければならない。

5　行政手続法第三章第二節（第十五条、第十九条、第二十六条及び第二十八条を除く。）の規定は、前項の規定により私立学校審議会等が行う意見の聴取について準用する。この場合において、同法第十六条第四項（同法第十七条第三項において準用する場合を含む。）、第二十条第六項及び第二十二条第三項（同法第二十五条において準用する場合を含む。）において準用する同法第十五条第三項中「行政庁」とあり、同法第十七条第一項中「第十九条の規定により聴聞を主宰する者（以下「主宰者」という。）」とあり、並びに同法第二十条から第二十五条までの規定中「主宰者」とあるのは「私立学校法第二十六条第二項の私立学校審議会等」と、同法第二十五条中「命ずることができる」とあるのは「求めることができる」と、「この場合」とあるのは「私立学校法第二十六条第二項の私立学校審議会等が意見の聴取を再開する場合」と読み替えるものとする。

6　私立学校審議会等は、前項において準用する行政手続法第二十四条第一項の調書の内容及び同条第三項の報告書を十分に参酌して第二項に規定する意見を述べなければならない。

7　第四項の規定により私立学校審議会等が意見の聴取を行う場合には、行政手続法第三章（第十二条及び第十四条を除く。）の規定は、適用しない。

8　第一項の規定による解散命令については、審査請求をすることができない。

＊解散事由（五〇1⑥）、清算人の選任（五〇の四）

判例　学校法人紛争の調停等に関する法律一〇条四項に基づいて、文部大臣が学校法人の理事および評議員に対してした当該解雇処分は、同項にいう解職要件である「当該学校法人の正常な管理及び運営を図るため他に方法がないと認めるとき」を満たすものである。（東京地判昭48・7・25判時七二七―三二）同旨。（東京高判昭50・2・27行例集二六―二―三〇一）

判例　学校法人紛争の調停等に関する法律一〇条四項は、憲法二二条一項に違反しない。（東京地判昭48・7・25判時七二七―三二）

解説　所轄庁が「他の方法により監督の目的を達することができない場合」とは、たとえば、収益事業から得た収益を私立学校の経営目的以外の目的に使用したので、収益事業の停止命令を出したのに、その効果がない場合などである。なお二項以下は、六一条の改正と同様に、行政手続法の制定とともに整備補充されたものである。

（報告及び検査）

第六三条　所轄庁は、この法律の施行に必要な限度において、学校法人に対し、その業務若しくは財産の状況に関し報告をさせ、又はその職員に、学校法人の事務所その他の施設に立ち入り、その業務若しくは財産の状況若しくは帳簿、書類その他の物件を検査させることができる。

2　前項の規定により立入検査をする職員は、その身分を示す証明書を携帯し、関係人にこれを提示しなければならない。

3　第一項の規定による立入検査の権限は、犯罪捜査のために認められたものと解してはならない。

＊罰則（六六⑫）

解説　平二六法一五の改正で、所轄庁は学校法人に対し、その業務・財産の状況に関し報告をさせ、または当該学校法人の事務所等に立ち入り、検査させることができることとした。

（情報の公表）

第六三条の二　文部科学大臣が所轄庁である学校法人は、次の各号に掲げる場合の区分に応じ、遅滞なく、文部科学省令で定めるところにより、当該各号に定める事項を公表しなければならない。

一　第三十条第一項の認可を受けたとき、又は同条第二項の規定による届出をしたとき　寄附行為の内容

二　第三十七条第三項第四号の監査報告書を作成したとき　当該監査報告書の内容

三　第四十七条第一項の書類を作成したとき　同項の書類のうち文部科学省令で定める書類の内容

四　第四十八条第一項の役員に対する報酬等の支給の基準を定めたとき　当該報酬等の支給の基準

第四章　雑則

（私立専修学校等）

第六四条　第五条、第六条及び第八条第一項の規定は私立専修学校及び私立各種学校について準用する。この場合において、私立専修学校又は私立各種学校について準用する第八条第一項中「学校教育法第四条第一項又は第十三条第一

項に規定する事項」とあるのは「学校教育法第百三十条第一項の都道府県知事の権限又は同法第百三十三条第一項において読み替えて準用する同法第十三条第一項の都道府県知事の権限」と読み替え、私立各種学校について準用する第八条第一項中「学校教育法第四条第一項」とあるのは「学校教育法第百三十四条第二項において読み替えて準用する同法第四条第一項」と読み替えるものとする。

2　学校法人は、学校のほかに、専修学校又は各種学校を設置することができる。

3　前項の規定により専修学校又は各種学校を設置する学校法人に対して第三章の規定を適用する場合には、同章の規定中私立学校のうちには、私立専修学校又は私立各種学校を含むものとする。

4　専修学校又は各種学校を設置しようとする者は、専修学校又は各種学校の設置のみを目的とする法人を設立することができる。

5　第三章の規定（同章に関する罰則の規定を含む。）は、前項の法人に準用する。この場合において、同章の規定中「私立学校」とあるのは、「私立専修学校又は私立各種学校」と読み替えるものとする。

6　学校法人及び第四項の法人は、寄附行為の定めるところにより必要な寄附行為の変更をして所轄庁の認可を受けた場合には、それぞれ第四項の法人及び学校法人となることができる。

7　第三十一条及び第三十三条（第五項において準用する場合を含む。）の規定は、前項の場合に準用する。

＊私立専修学校（一二2、学教一二四）、各種学校（学教一三四）、各種学校と解されるものの例示（理容師法三、美容師法四、保健師助産師看護師法一九―二二）

通達　**各種学校規程の制定について**　各種学校規程一条「各種学校に関し必要な事項は、学校教育法その他の法令に規定するもののほか、この省令の定めるところによる。」について留意すべき事項であり、その他の法令とは、私立学校法、地方教育行政の組織及び運営に関する法律、学校教育法施行令、学校教育法施行規則等をさす。（昭31・12・27文管振四五三事務次官）

（類似名称の使用禁止）

第六五条　学校法人でない者は、その名称中に、学校法人という文字を用いてはならない。ただし、第六十四条第四項の法人は、この限りでない。

＊学校法人（三）、罰則（六七）、経過規定（附則11）

（実施規定）

第六五条の二　この法律に規定するものを除くほか、この法律の施行に関し必要な事項で、都道府県知事が処理しなければならないものは政令で、その他のものは文部科学省令で定める。

＊政令（施令）、文部科学省令（施規）

（事務の区分）

第六五条の三　第二十六条第二項（第六十四条第五項において準用する場合を含む。）、第三十一条第一項（第六十四条第五項において準用する場合を含む。）、第三十二条第一項（第六十四条第五項において準用する場合を含む。）、第三十七条第三項（第五号に係る部分に限り、第六十四条第五項において準用する場合を含む。）、第四十条の四（第六十四条第五項において準用する場合を含む。）、第四十五条（第六十四条第五項において準用する場合を含む。）、第五十条第二項（第六十四条第五項において準用する場合を含む。）及び第四項（第六十四条第五項において準用する場合を含む。）、第五十条の四第二項（第六十四条第五項において準用する場合を含む。）、第五十条の七（第六十四条第五項において準用する場合を含む。）、第五十条の十三第五項（第六十四条第五項において準用する場合を含む。）及び第六項（第六十四条第五項において準用する場合を含む。）、第五十二条第二項（第六十四条第五項において準用する場合を含む。）、第六十条第一項（第六十四条第五項において準用する場合を含む。）、第二項（第六十四条第五項において準用する場合を含む。）、第三項（第六十条第十一項、第六十一条第二項及び第六十四条第五項において準用する場合を含む。）、第九項（第六十四条第五項において準用する場合を含む。）及び第十項（第六十四条第五項において準用する場合を含む。）、第六十一条第一項（第六十四条第五項において準用する場合を含む。）、第六十二条第一項から第三項まで（第六十四条第五項において準用する場合を含む。）並びに第六十三条第一項（第六十四条第五項において準用する場合を含む。）の規定により都道府県が処理することとされている事務は、地方自治法第二条第九項第一号に規定する第一号法定受託事務とする。

（経過措置）

第六五条の四　この法律の規定に基づき命令を制定し、又は改廃する場合においては、その命令で、その制定又は改廃に伴い合理的に必要と判断される範囲内において、所要の経過措置（罰則に関する経過措置を含む。）を定めることができる。

第五章　罰則

第六六条　次の各号のいずれかに該当する場合においては、学校法人の理事、監事又は清算人は、二十万円以下の過料に処する。

一　この法律に基づく政令の規定による登記をすることを怠つたとき。

二　第三十三条の二の規定による寄附行為の備付けを怠つたとき。

三　第三十三条の二の規定に違反して、正当な理由がないのに、寄附行為の閲覧を拒んだとき。

四　第三十三条の三の規定による財産目録の備付けを怠り、又はこれに記載すべき事項を記載せず、若しくは虚偽の記載をしたとき。

五　第四十五条第二項の規定に違反して、届出をせず、又は虚偽の届出をしたとき。

六　第四十七条第二項の規定に違反して、財産目録等の備付けを怠り、又は財産目録等に記載すべき事項を記載せず、若しくは虚偽の記載をしたとき。

七　第四十七条第二項の規定に違反して、正当な理由がないのに、財産目録等の閲覧を拒んだとき。

八　第五十条の二第二項又は第五十条の十一第一項の

規定による破産手続開始の申立てを怠つたとき。

九　第五十条の九第一項又は第五十条の十一第一項の規定による公告を怠り、又は虚偽の公告をしたとき。

十　第五十三条又は第五十四条第二項の規定に違反したとき。

十一　第六十一条第一項の規定による命令に違反して事業を行つたとき。

十二　第六十三条第一項の規定による報告をせず、若しくは虚偽の報告をし、又は同項の規定による検査を拒み、妨げ、若しくは忌避したとき。

＊理事（三七2）、監事（三七3）、清算人（五〇4）、《一》登記（組合等登記令）、《四》財産目録（三三の三）、《六》財産目録等の備付等（四七）、《一〇》合併後の財産目録の作成等（五三）、債務の弁済（五四2）、《一一》収益事業の停止命令（六一）

解説　本法の罰則は、すべて行政罰である過料に限られている。これは、教育（研究）施設の設置者である学校法人の役員に刑罰を科するのは適当でないと考えたからであろう。

第六十七条　第六十五条の規定に違反した者は、十万円以下の過料に処する。

＊類似名称の使用禁止（六五）

附　則（省略）

附　則（抄）（令和元年五月二四日法律第一一号）

施行、平三一・四・一、令一・五・二四

（私立学校法の一部改正に伴う経過措置）

第一〇条　新私立学校法第三十七条第三項（第四号に係る部分に限る。）の規定は、平成三十一年四月一日以後に始まる会計年度に係る監査報告書について適用し、同日前に始まる会計年度に係る監査報告書については、なお従前の例による。

2　新私立学校法第四十二条第一項（第二号に係る部分に限る。）の規定は、施行日以後の期日をその計画期間の始期とする事業に関する中期的な計画について適用する。

3　この法律の施行の際現に在任する学校法人の役員の施行日前の行為に基づく損害賠償責任については、なお従前の例による。

4　新私立学校法第四十五条の二第三項の規定は、施行日以後の期日をその計画期間の始期とする事業計画及び事業に関する中期的な計画について適用する。

5　新私立学校法第四十七条の規定は、平成三十一年四月一日以後に始まる会計年度に係る同条第二項に規定する財産目録等について適用し、同日前に始まる会計年度に係る第三条の規定による改正前の私立学校法第四十七条第二項に規定する財産目録等については、なお従前の例による。

6　新私立学校法第五十条の四の規定にかかわらず、施行日前に私立学校法第六十二条第一項の規定により解散が命じられた場合の清算人の選任については、なお従前の例による。

（検討）

第一三条　政府は、この法律の施行後五年を目途として、新私立学校法の施行の状況について検討を加え、必要があると認めるときは、その結果に基づいて所要の措置を講ずるものとする。

会社法の一部を改正する法律の施行に伴う関係法律の整備等に関する法律（抄）

（令和元年一二月一一日法律第七一号）

（私立学校法の一部改正に伴う経過措置）

第六六条　前条の規定による改正後の私立学校法（次項において「新私立学校法」という。）第四十四条の五において準用する新一般社団・財団法人法第百十八条の二の規定は、この法律の施行後に締結された補償契約（同条第一項に規定する補償契約をいう。）について適用する。

2　この法律の施行前に学校法人と保険者との間で締結された保険契約のうち役員がその職務の執行に関し責任を負うこと又は当該責任の追及に係る請求を受けることによって生ずることのある損害を保険者が塡補することを約するものであって、役員を被保険者とするものについては、新私立学校法第四十四条の五において準用する新一般社団・財団法人法第百十八条の三の規定は、適用しない。

附　則

この法律は、会社法改正法の施行の日（令三・三・一）から施行する。（後略）

●私立学校法施行令

（昭和二五年三月一四日　政令第三一号）

施行、昭二五・三・一五
最終改正、令一―政九七

（特別の利益を与えてはならない学校法人等の関係者）

第一条　私立学校法（以下「法」という。）第二十六条の二（法第六十四条第五項において準用する場合を含む。）の政令で定める学校法人（同項において準用する場合にあつては、法第六十四条第四項の法人。第一号及び第五号において同じ。）の関係者は、次に掲げる者とする。

一　当該学校法人の設立者、理事、監事、評議員又は職員（当該学校法人の設置する私立学校又は私立専修学校若しくは私立各種学校の校長、教員その他の職員を含む。）

二　前号に掲げる者の配偶者又は三親等内の親族

三　前二号に掲げる者と婚姻の届出をしていないが事実上婚姻関係と同様の事情にある者

四　前二号に掲げる者のほか、第一号に掲げる者から受ける金銭その他の財産によつて生計を維持する者

五　当該学校法人の設立者が法人である場合にあつては、その法人が事業活動を支配する法人又はその法人の事業活動を支配する者として文部科学省令で定めるもの

（登記の届出等）

第二条　都道府県知事を所轄庁とする学校法人又は法第六十四条第四項の法人は、組合等登記令（昭和三十九年政令第二十九号）の規定により登記をしたときは、遅滞なく、登記事項証明書を添えて、その旨を都道府県知事に届け出なければならない。

2　都道府県知事を所轄庁とする学校法人又は法第六十四条第四項の法人は、理事又は監事が就任し、又は退任したときは、遅滞なく、文部科学省令で定める事項を都道府県知事に届け出なければならない。法第三十七条第二項の規定により理事（理事長を除く。以下この項において同じ。）が理事長の職務を代理し、又は理事長の職務を行うこととなつたとき及び理事長の職務を代理する理事が当該職務の代理をやめたときも、同様とする。

（都道府県知事等を経由する申請）

第三条　法の規定に基づき文部科学大臣に対してする申請のうち、次に掲げるものは、当該都道府県知事（第一号に掲げる申請のうち地方自治法（昭和二十二年法律第六十七号）第二百五十二条の十九第一項の指定都市又は同法第二百五十二条の二十二第一項の中核市（以下この条及び第七条において「指定都市等」という。）の区域内の就学前の子どもに関する教育、保育等の総合的な提供の推進に関する法律（平成十八年法律第七十七号）第二条第七項に規定する幼保連携型認定こども園（次項において「幼保連携型認定こども園」という。）に係るものにあつては、当該指定都市等の長）を経由してしなければならない。

一　文部科学大臣を所轄庁とする学校法人で都道府県知事又は指定都市等の長を所轄庁とする私立学校、私立専修学校又は私立各種学校を設置するものがする法第三十条、第四十五条第一項（当該私立学校、私立専修学校又は私立各種学校に係る場合に限る。）、第五十条第二項、第五十二条第二項又は第六十四条第六項の規定による認可又は認定の申請

二　都道府県知事を所轄庁とする学校法人又は法第六十四条第四項の法人が、寄附行為の変更により、文部科学大臣を所轄庁とする学校法人となる場合における法第四十五条第一項又は第六十四条第六項の規定による認可の申請

三　合併の当事者の一方又は双方が都道府県知事を所轄庁とする学校法人又は法第六十四条第四項の法人であつて、その合併後存続する法人又は合併により設立する法人が文部科学大臣を所轄庁とする学校法人である場合における法第五十二条第二項（法第六十四条第五項において準用する場合を含む。）の規定による認可の申請

2　都道府県知事（前項第一号に掲げる申請のうち指定都市等の区域内の幼保連携型認定こども園に係るものにあつては、当該指定都市等の長）は、同項に掲げる申請を受理したときは、これにその意見を付して、速やかに、文部科学大臣に進達しなければならない。

（文部科学大臣に対する協議）

第四条　都道府県知事は、次に掲げる場合においては、あらかじめ、文部科学大臣に協議しなければならない。

一　文部科学大臣を所轄庁とする学校法人が、寄附行為の変更により、都道府県知事を所轄庁とする学校法人又は法第六十四条第四項の法人となる場合における法第四十五条第一項又は法第六十四条第六項の規定による認可をするとき。

二　合併の当事者の一方又は双方が文部科学大臣を所轄庁とする学校法人であつて、その合併後存続する法人が都道府県知事を所轄庁とする学校法人又は法第六十四条第四項の法人である場合における法第五十二条第二項（法第六十四条第五項において準用する場合を含む。）の規定による認可をするとき。

（学校法人及び法第六十四条第四項の法人の台帳の調製等）

第五条　都道府県知事は、文部科学省令で定める様式により、その所轄に属する学校法人及び法第六十四条第四項の法人の台帳を調製しなければならない。

2　都道府県知事は、前項の台帳の記載事項に異動を生じたときは、速やかに、加除訂正をしなければならない。

3　都道府県知事の所轄に属する学校法人又は法第六十四条第四項の法人の所轄庁に異動を生じた場合には、旧所轄庁は、当該学校法人又は法第六十四条第四項の法人の関係書類及び台帳を新所轄庁に送付しなければならない。

（台帳等の保存）

第六条　都道府県知事は、その所轄に属する学校法人又は法第六十四条第四項の法人で解散したものの関係書類及び台帳をその解散の日から五年間保存しなければならない。

（事務の区分）

第七条　第二条、第三条第二項及び第四条から前条までの規定により都道府県が処理することとされている事務並びに同項の規定により指定都市等が処理することとされている事務は、地方自治法第二条第九項第一号に規定する第一号法定受託事務とする。

附　則（省略）

●私立学校法施行規則

（昭和二五年三月一四日 文部省令第一二号）

施行、昭二五・三・一五
最終改正、令一―文科令一五

（収益事業の種類）

第一条　私立学校法（以下「法」という。）第二十六条第二項の事業の種類は、文部科学大臣の所轄に属する学校法人については文部科学省告示で定める。

（法人が事業活動を支配する法人等）

第一条の二　私立学校法施行令（昭和二十五年政令第三十一号。以下「令」という。）第一条第五号の法人が事業活動を支配する法人として文部科学省令で定めるものは、学校法人の設立者である法人が他の法人の財務及び営業又は事業の方針の決定を支配している場合における当該他の法人（第三項第一号において「子法人」という。）とする。

2　令第一条第五号の法人の事業活動を支配する者として文部科学省令で定めるものは、一の者が当該法人の財務及び営業又は事業の方針の決定を支配している場合における当該一の者とする。

3　前二項に規定する「財務及び営業又は事業の方針の決定を支配している場合」とは、次に掲げる場合をいう。

一　学校法人の設立者である法人（第一項に規定する場合に限る。）又は前項に規定する当該一の者（その者が財務及び営業又は事業の方針の決定を支配する一又は二以上の法人を含む。次号において「支配法人等」という。）がそれぞれ子法人又は学校法人の設立者である法人（前項に規定する場合に限る。）（次号において「被支配法人」という。）の意思決定機関（社員総会その他の団体の財務及び営業又は事業の方針を決定する機関をいう。次号において同じ。）における議決権の過半数を有する場合

二　被支配法人の意思決定機関の構成員の総数に対する次に掲げる者の数の割合が百分の五十を超える場合

イ　支配法人等の役員（理事、監事、取締役、会計参与、監査役、執行役その他これらに準ずる者をいう。）若しくは評議員又は職員

ロ　支配法人等によつて当該構成員に選任された者

ハ　当該構成員に就任した日前五年以内にイ又はロに掲げる者であつた者

（寄附行為認可申請手続）

第二条　法第三十条の規定により文部科学大臣の所轄に属する学校法人の設立を目的とする寄附行為の認可を受けようとするときは、認可申請書及び寄附行為に次に掲げる書類を添付して、当該学校法人の設置する私立大学又は私立高等専門学校（以下「私立大学等」という。）の開設する年度（以下「開設年度」という。）の前々年度の十月一日から同月三十一日までの間に文部科学大臣に申請するものとする。

一　設立趣意書

二　設立決議録

三　設置に係る基本計画及び当該学校法人の概要を記載した書類

四　設立代表者の履歴書

五　役員に関する次に掲げる書類

イ　役員の就任承諾書及び履歴書

ロ　役員のうちに、各役員について、その配偶者又は三親等以内の親族が一人を超えて含まれていないことを証する書類

ハ　役員が法第三十八条第八項第一号又は第二号に該当しない者であることを証する書類

六　経費の見積り及び資金計画を記載した書類

七　当該学校法人の事務組織の概要を記載した書類

八　その他文部科学大臣が定める書類

2　前項の申請をした者は、次に掲げる書類を当該私立大学等の開設年度の前年度の六月三十日までに文部科学大臣に提出するものとする。

一　財産目録その他の最近における財産の状況を知ることができる書類

二　寄附申込書

三　不動産（当該申請に係る学校その他の事業に係るものをいう。以下同じ。）の権利の所属についての登記所の証明書類等

四　不動産その他の主なる財産については、その評価をする十分な資格を有する者の作成した価格評価書

五　校地校舎等の整備の内容を明らかにする図面

六　開設年度の前年度から開設後修業年限に相当する年数が経過する年度までの事業計画及びこれに伴う予算書

七　その他文部科学大臣が定める書類

3　第一項の寄附行為が、他の学校法人が設置している私立大学等の目的、位置、職員組織並びに施設及び設備の現状を変更することなく、当該私立大学等の設置を目的とする新たな学校法人を設立する場合に係るものであるときは、同項中「前々年度の十月一日から」とあるのは、「前々年度の三月一日から」とする。

4　第二項の規定は、前項の申請をした者について準用する。

5　法第三十条の規定により都道府県知事の所轄に属する学校法人の設立を目的とする寄附行為の認可を受けようとするときは、認可申請書及び寄附行為に次に掲げる書類を添付して、所轄庁が定める日までに所轄庁に申請するものとする。

一　第一項第一号、第二号、第四号及び第五号に掲げる書類

二　第二項各号（第七号を除く。）に掲げる書類（この場合において、同項第六号中「開設年度の前年度から開設後修業年限に相当する年数が経過する年度まで」とあるのは「二年間」とする。）

三　その他所轄庁が定める書類

6　第二項第一号の財産目録は、基本財産（学校法人の設置する私立学校に必要な施設及び設備又はこれらに要する資金をいう。）と運用財産（学校法人の設置する私立学校の経営に必要な財産をいう。）とを区分して記載するものとする。ただし、学校法人が収益を目的とする事業を行う場合には、収益事業用財産（収益を目的とする事業に必要な財産をいう。）を、さらに区分して記載するものとする。

7　第一項、第三項及び第五項の認可申請書及び寄附行為並びに第二項第一号の財産目録には、副本を添付することを要する。

（文部科学大臣の認可の手続）

第三条　文部科学大臣は、前条第一項及び第三項の申請があつた場合には、当該私立大学等の開設年度の前年度の三月三十一日までに当該申請について認可するかどうかを決定し、当該申請をした者に対しその旨を速やかに通知するものとする。

（役員の職務の適正な執行ができない者）

第三条の二　法第三十八条第八項第二号（法第六十四条第五項において準用する場合を含む。）の文部科学省令で定めるものは、精神の機能の障害により役員の職務を適正に執行するに当たつて必要な認知、判断及び意思疎通を適切に行うことができない者とする。

（責任の一部免除に係る報酬等の額の算定方法）

第三条の三　法第四十四条の二第四項（法第六十四条第五項において準用する場合を含む。）において読み替えて準用する一般社団法人及び一般財団法人に関する法律（平成十八年法律第四十八号。以下この条及び次条において「準用一般社団・財団法人法」という。）第百十三条第一項第二号に規定する文部科学省令で定める方法により算定される額は、次に掲げる額の合計額とする。

一　役員がその在職中に報酬、賞与その他の職務執行の対価（当該役員のうち理事が当該学校法人（法第六十四条第四項において準用する場合にあつては、同条第四項の法人（以下「準学校法人」という。）。以下こ

の条及び次条において同じ。）の職員を兼ねている場合における当該職員の報酬、賞与その他の職務執行の対価を含む。）として学校法人から受け、又は受けるべき財産上の利益（次号に定めるものを除く。）の額の会計年度（次のイからハまでに掲げる場合の区分に応じ、当該イからハまでに定める日を含む会計年度及びその前の各会計年度に限る。）ごとの合計額（当該会計年度の期間が一年でない場合にあつては、当該合計額を一年当たりの額に換算した額）のうち最も高い額

イ　準用一般社団・財団法人法第百十三条第一項の評議員会の決議を行つた場合　当該評議員会の決議の日

ロ　準用一般社団・財団法人法第百十四条第一項の規定による寄附行為の定めに基づいて責任を免除する旨の理事会の決議を行つた場合　当該決議のあつた日

ハ　準用一般社団・財団法人法第百十五条第一項の契約を締結した場合　責任の原因となる事実が生じた日（二以上の日がある場合にあつては、最も遅い日）

二　イに掲げる額をロに掲げる数で除して得た額

イ　次に掲げる額の合計額

(1)　当該役員が当該学校法人から受けた退職慰労金の額

(2)　当該役員のうち理事が当該学校法人の職員を兼ねていた場合における当該職員としての退職手当のうち当該役員のうち理事を兼ねていた期間の職務執行の対価である部分の額

(3)　(1)又は(2)に掲げるものの性質を有する財産上の利益の額

ロ　当該役員がその職に就いていた年数（当該役員が次に掲げるものに該当する場合における次に定める数が当該年数を超えている場合にあつては、当該数）

(1)　理事長　六

(2)　理事長以外の理事であつて、次に掲げる者　四

(i)　寄附行為の定めるところにより理事長を補佐して学校法人の業務を掌理する理事として選定されたもの

(ii)　当該学校法人の業務を執行した理事（(i)に掲げる理事を除く。）

(iii)　当該学校法人の職員

(3)　理事（(1)及び(2)に掲げるものを除く。）又は監事　二

（責任の免除の決議後に受ける退職慰労金等）

第三条の四　準用一般社団・財団法人法第百十三条第四項（準用一般社団・財団法人法第百十四条第五項及び第百十五条第五項において準用する場合を含む。）に規定する文部科学省令で定める財産上の利益は、次に掲げるものとする。

一　退職慰労金

二　当該役員のうち理事が当該学校法人の職員を兼ねていたときは、当該職員としての退職手当のうち当該役員のうち理事を兼ねていた期間の職務執行の対価である部分

三　前二号に掲げるものの性質を有する財産上の利益

（寄附行為変更認可申請手続等）

第四条　法第四十五条第一項の規定により寄附行為の変更の認可を受けようとするときは、認可申請書並びに寄附行為変更の条項（当該条項に係る新旧の比較対照表を含む。以下同じ。）及び事由を記載した書類に次に掲げる書類を添付して、所轄庁に申請するものとする。

一　寄附行為所定の手続（法第四十二条に規定する手続を含む。以下同じ。）を経たことを証する書類

二　文部科学大臣の所轄に属する学校法人にあつては、次に掲げる書類

イ　当該学校法人の概要を記載した書類

ロ　第二条第一項第七号に掲げる書類

三　その他所轄庁が定める書類

2　前項の寄附行為の変更が、学校法人が私立大学等を設置する場合に係るものであるときは、同項の規定にかかわらず、次に掲げる書類を添付して、当該私立大学等の開設年度の前々年度の十月一日から同月三十一日までの間に文部科学大臣に申請するものとする。

一　前項第一号に掲げる書類

二　第二条第一項第三号、第六号及び第七号に掲げる書類

三　その他文部科学大臣が定める書類

3　前項の申請をした者は、次に掲げる書類を当該私立大学等の開設年度の前年度の六月三十日までに文部科学大臣に提出するものとする。

一　開設年度の前々年度の財産目録その他最近における財産の状況を知ることができる書類、貸借対照表及び収支決算書並びに開設年度の前年度の予算書

二　負債がある場合又は借入れを予定する場合には、その償還計画書

三　第二条第二項第二号及び第四号から第六号までに掲げる書類

四　その他文部科学大臣が定める書類

4　前二項の規定は、第一項の寄附行為の変更が、私立大学の学部若しくは学科、大学院若しくは大学院の研究科又は私立高等専門学校の学科（以下「私立大学の学部等」と総称する。）を設置する場合に係るものであるときの申請について準用する。この場合において、次の表の第一欄に掲げる規定中同表の第二欄に掲げる字句は、それぞれ同表の第三欄に掲げる字句に読み替えるものとする。

第一欄	第二欄	第三欄
第二項	当該私立大学等の開設年度の前々年度の十月一日から同月三十一日までの間	当該私立大学の学部等の開設年度の前々年度の三月一日から同月三十一日まで
前項	当該私立大学等	当該私立大学の学部等

5　第一項の寄附行為の変更が、大学設置基準（昭和三十一年文部省令第二十八号）第五十条第一項、短期大学設置基準（昭和五十年文部省令第二十一号）第四十三条第一項、専門職大学設置基準（平成二十九年文部科学省令第三十三号）第六十六条第一項又は専門職短期大学設置基準（平成二十九年文部科学省令第三十四号）第六十三条第一項に規定する国際連携学科の設置に係る場合における前項の規定の適用については、同項の表中「当該私立大学の学部等の開設年度の前々年度の三月一日から同月三十一日まで」とあるのは「当該学科の開設年度の前々年度の三月一日から同月三十一日まで又は当該学科の開設年度の前年度の八月一日から同月三十一日まで若しくは三月一日から同月三十一日まで又は当該学科の開設年度の八月一日から同月三十一日まで」と、同表前項の項中「当該私立大学等」とあるのは「当該私立大学等の開設年度の前年度の六月三十日までに」と、「当該私立大学の学部等」とあるのは「当該学科の設置の認可に係る申請時に」とする。この場合において、第二条第二項第六号中「開設年度の前年度」とあるのは「開設年度の前年度（開設年度に申請する場合にあつては開設年度）」と、第三項第一号中「開設年度の前々年度」とあるのは「申請年度の前年度」と、「開設年度の前年度」とあるのは「申請年度」とする。

6　第一項の寄附行為の変更が、都道府県知事の所轄に属する学校法人が都道府県知事の所轄に属する私立学校を設置し、又は設置している私立学校に課程、学科、若しくは部（以下「課程等」という。）を設置する場合（広域の通信制の課程以外の通信制の課程を広域の通信制の課程とする場合を含む。以下同じ。）に係るものであるときは、同項に掲げる書類のほか、次に掲げる書類を添付して、所轄庁が定める日までに所轄庁に申請するものとする。

一　第二条第二項各号（第二号及び第七号を除く。）に掲げる書類（この場合において、同項第六号中「開設年度の前年度から開設後修業年限に相当する年数が経過する年度まで」とあるのは「二年間」とする。）

二　第三項第一号及び第二号に掲げる書類

三　その他所轄庁が定める書類

7　第一項の寄附行為の変更が、文部科学大臣の所轄に属する学校法人が都道府県知事の所轄に属する私立学校を設置し、又は都道府県知事の所轄に属する私立学校に課程等を設置する場合に係るものであるときは、同項に掲げる書類のほか、次に掲げる書類を添付して、文部科学大臣に申請するものとする。
一　第二条第一項第六号に掲げる書類
二　第二条第二項第一号及び第四号から第六号までに掲げる書類
三　第三項第一号及び第二号に掲げる書類
四　その他文部科学大臣が定める書類
8　第三条の規定は、第二項及び第四項の申請について準用する。この場合において、同項の申請については、同条中「私立大学等」とあるのは、「私立大学の学部等」と読み替えるものとする。
9　第一項の寄附行為の変更が、私立学校を廃止し、若しくは都道府県知事の所轄に属する私立学校に置いていた課程等を廃止する場合（広域の通信制の課程を広域の通信制の課程以外の課程とする場合を含む。以下この項において同じ。）又は従来行つていた収益事業を廃止する場合に係るものであるときは、同項に掲げる書類のほか、次に掲げる書類を添付して、所轄庁に申請するものとする。
一　当該廃止する私立学校若しくは課程等又は収益事業に係る財産の処分に関する事項を記載した書類
二　第二条第二項第一号及び第六号に掲げる書類（この場合において、同号中「開設年度の前年度から開設後修業年限に相当する年数が経過する年度まで」とあるのは「二年間」とする。）
10　第一項の寄附行為の変更が、都道府県知事の所轄に属する私立学校又は課程等を廃止し、その職員組織等を基に、他の都道府県知事の所轄に属する私立学校又は他の課程等を設置しようとする場合に係るものであるときは、同項に掲げる書類のほか、第六項又は第七項の規定にかかわらず、第二条第二項第一号及び第五号に掲げる書類を添付して、所轄庁が定める日までに所轄庁に申請するものとする。
11　第一項の寄附行為の変更が、当該学校法人が新たに収益事業を行う場合に係るものであるときは、同項に掲げる書類のほか、次に掲げる書類を添付して、所轄庁に申請するものとする。
一　第二条第二項第四号から第六号までに掲げる書類（この場合において、同号中「開設年度の前年度から開設後修業年限に相当する年数が経過する年度まで」とあるのは「二年間」とする。）
二　第三項第一号及び第二号に掲げる書類
12　第一項の寄附行為の変更が登記事項の変更に係る場合には、同項の認可申請書並びに寄附行為変更の条項及び事由を記載した書類には、副本を添附することを要する。

第四条の二　前条第一項の寄附行為の変更が、学校教育法第四条第一項に基づく私立大学等又は私立大学の学部等の設置者の変更により当該私立大学等又は私立大学の学部等の設置者となる場合に係るものであるときは、前条第一項の規定にかかわらず、次に掲げる書類を添付して、文部科学大臣に申請するものとする。
一　前条第一項第一号及び第二号ロに掲げる書類
二　前条第三項第一号及び第二号に掲げる書類
三　第二条第一項第三号に掲げる書類
四　第二条第二項第四号から第六号までに掲げる書類
五　その他文部科学大臣が定める書類
2　前条第一項の寄附行為の変更が、学校教育法第四条第一項に基づく私立大学等又は私立大学の学部等の設置者の変更により当該私立大学等又は私立大学の学部等の設置者でなくなる場合（当該変更後も文部科学大臣の所轄に属する学校法人である場合に限る。）に係るものであるときは、前条第一項の規定にかかわらず、次に掲げる書類を添付して、文部科学大臣に申請するものとする。
一　当該設置者の変更による財産の処分に関する事項を記載した書類
二　前条第一項第一号及び第二号に掲げる書類
三　第二条第二項第一号及び第六号に掲げる書類（この場合において、同号中「開設年度の前年度から開設後修業年限に相当する年数が経過する年度まで」とあるのは「二年間」とする。）

（寄附行為変更の届出手続等）
第四条の三　法第四十五条第一項（法第六十四条第五項において準用する場合を含む。）に規定する文部科学省令で定める事項は、次のとおりとする。
一　法第三十条第一項第三号（法第六十四条第五項において読み替えて準用する場合を含む。）に掲げる事項のうち、学校教育法第四条第二項の規定に基づき、認可を受けることを要しないこととされた事項、同条第一項（同法第百三十四条第二項において読み替えて準用する場合を含む。）及び同法第百三十条第一項の設置廃止を伴わない名称の変更に係る事項、就学前の子どもに関する教育、保育等の総合的な提供の推進に関する法律（平成十八年法律第七十七号。附則第十二項において「認定こども園法」という。）第十七条第一項の設置廃止を伴わない名称の変更に係る事項並びに大学の学部の学科、高等専門学校の学科及び大学における通信教育の廃止に係る事項
二　法第三十条第一項第四号（法第六十四条第五項において準用する場合を含む。）に掲げる事項（ただし、所轄庁の変更を伴わない場合に限る。）
三　法第三十条第一項第十二号（法第六十四条第五項において準用する場合を含む。）に掲げる事項
2　法第四十五条第二項に規定する寄附行為の変更の届出を行おうとするときは、届出書に寄附行為変更の条項及び事由を記載した書類、変更後の寄附行為並びに第四条第一項第一号に掲げる書類を添付して、所轄庁に提出するものとする。

（財産目録等の作成）
第四条の四　法第四十七条第一項（法第六十四条第五項において準用する場合を含む。以下この条において同じ。）に規定する書類（事業報告書にあつては財務の状況に関する部分に限り、役員等名簿を除く。）の作成は、一般に公正妥当と認められる学校法人会計の基準その他の学校法人会計の慣行に従つて行わなければならない。
2　法第四十七条第一項に規定する書類のうち貸借対照表については、前項の規定によるほか、金融商品取引法施行令（昭和四十年政令第三百二十一号）第一条第二号に掲げる証券若しくは証書を発行し、若しくは発行しようとし、又は同令第一条の三の四に規定する権利を有価証券として発行し、若しくは発行しようとする学校法人及び法第六十四条第四項の法人であつて、当該証券若しくは当該証書又は当該権利について金融商品取引法（昭和二十三年法律第二十五号）に規定する募集又は売出しを行うもの（次項において「有価証券発行学校法人」という。）にあつては、文部科学大臣が別に定めるところにより作成しなければならない。
3　法第四十七条第一項に規定する書類のうち収支計算書については、第一項の規定によるほか、有価証券発行学校法人にあつては、損益計算書、純資産変動計算書、キャッシュ・フロー計算書及び附属明細表に分けて、文部科学大臣が別に定めるところにより作成しなければならない。
4　法第四十七条第一項に規定する書類のうち事業報告書については、当該学校法人（法第六十四条第五項において準用する場合にあつては、準学校法人。）の状況に関する重要な事項をその内容としなければならない。

（報酬等の支給の基準に定める事項）
第四条の五　法第四十八条第一項（法第六十四条第五項において準用する場合を含む。）に規定する役員に対する報酬等の支給の基準においては、役員の勤務形態に応じた報酬等の

区分及びその額の算定方法並びに支給の方法及び形態に関する事項を定めるものとする。

第五条　**（解散認可又は解散認定申請手続）**　法第五十条第二項の規定により解散の認可又は認定を受けようとするときは、解散の事由を記載した認可申請書又は認定申請書に次に掲げる書類を添付して、所轄庁に申請するものとする。

一　理由書

二　法第五十条第一項第一号に該当する場合にあつては同号に規定する手続（法第四十二条に規定する手続を含む。）、法第五十条第一項第三号に該当する場合にあつては法第四十二条に規定する手続を経たことを証する書類

三　残余財産の処分に関する事項を記載した書類

四　第二条第二項第一号に掲げる書類

五　文部科学大臣の所轄に属する学校法人にあつては、第二条第一項第七号及び第四条第一項第二号イに掲げる書類

六　その他所轄庁が定める書類

2　前項の認可申請書又は認定申請書及び同項第一号に掲げる書類には、副本を添付することを要する。

第六条　**（合併認可申請手続）**　法第五十二条第二項の規定により合併の認可を受けようとするときは、認可申請書に次に掲げる書類を添付して、所轄庁に申請するものとする。

一　理由書

二　法第五十二条第一項に規定する手続（法第四十二条に規定する手続を含む。）を経たことを証する書類

三　法第五十五条の場合においては、申請者が同条の規定により選任された者であることを証する書類

四　合併契約書

五　合併後存続する学校法人（以下この項において「存続学校法人」という。）又は合併によつて設立する学校法人（以下この項において「設立学校法人」という。）について、次に掲げる書類

イ　寄附行為

ロ　第二条第一項第五号に掲げる書類（存続学校法人については、同号イの書類のうち引き続き役員となる者に係る就任承諾書を除く。）

ハ　第二条第二項第六号に掲げる書類（この場合において、同号中「開設年度の前年度から開設後修業年限に相当する年数が経過する年度まで」とあるのは、「二年間」とする。）

六　合併前の学校法人又は準学校法人について、次に掲げる書類

イ　寄附行為

ロ　貸借対照表

ハ　第二条第二項第一号から第五号まで（第二号を除く。）に掲げる書類

七　合併前の学校法人又は準学校法人について、存続学校法人又は設立学校法人が文部科学大臣の所轄に属する学校法人である場合にあつては、当該学校法人の概要を記載した書類及び第二条第一項第七号に掲げる書類

八　存続学校法人又は設立学校法人の設置する私立学校の学則

九　その他所轄庁が定める書類

2　前項の規定による申請は、合併後当事者の一方である学校法人が存続する場合にあつては、合併の当事者である学校法人又は準学校法人の双方が共同して行なうものとする。

3　第一項の認可申請書、同項第一号及び第五号イに掲げる書類並びに同項第六号ハに掲げる書類のうち財産目録には、副本を添付することを要する。

第七条　**（公表）**　法第六十三条の二の公表は、インターネットの利用により行うものとする。

2　法第六十三条の二第一項第三号に規定する文部科学省令で定める書類は、法第四十七条第一項に規定する財産目録、貸借対照表、収支計算書、事業報告書及び役員等名簿（個人の住所に係る記載の部分を除く。）とする。

第八条　**（準学校法人への準用）**　第二条第五項から第七項まで、第四条第一項、第六項、第九項、第十一項及び第十二項、第四条の三第二項、第五条並びに第六条の規定は、準学校法人について準用する。この場合において、次の表の第一欄に掲げる規定中同表の第二欄に掲げる字句は、それぞれ同表の第三欄に掲げる字句に読み替えるものとする。

第一欄	第二欄	第三欄
第四条第六項	都道府県知事の所轄に属する私立学校 設置している私立学校に課程、学科若しくは部（以下「課程等」という。）を設置する場合（広域の通信制の課程以外の通信制の課程を広域の通信制の課程とする場合を含む。以下同じ。）	私立専修学校若しくは私立各種学校 私立専修学校の課程を設置する場合
第四条第九項	私立学校を廃止し、若しくは都道府県知事の所轄に属する私立学校に置いている課程等を廃止する場合（広域の通信制の課程を広域の通信制の課程以外の通信制の課程とする場合を含む。以下この項において同じ。）	私立専修学校若しくは私立各種学校を廃止し、若しくは私立専修学校の課程を廃止する場合
第六条第一項	私立学校	私立学校又は私立専修学校若しくは私立各種学

第九条　**（学校法人及び準学校法人の組織変更認可申請手続等）**　法第六十四条第六項の規定により学校法人及び準学校法人が、それぞれ準学校法人及び学校法人となること（以下この条において「組織の変更」という。）の認可を受けようとするときは、認可申請書並びに寄附行為変更の条項及び事由を記載した書類に次に掲げる書類を添付して、所轄庁に認可を申請するものとする。

一　理由書

二　寄附行為所定の手続を経たことを証する書類

2　前項の組織の変更が、当該準学校法人が文部科学大臣の所轄に属する学校法人になろうとする場合に係るものであるときは、同項に掲げる書類のほか、次に掲げる書類を添付して、開設年度の前々年度の十月一日から同月三十一日までの間に文部科学大臣に申請するものとする。

一　第二条第一項第三号及び第五号から第七号までに掲げる書類

二　その他文部科学大臣が定める書類

3　前項の申請をした者は、次に掲げる書類を設置する私立大学等の開設年度の前年度の六月三十日までに文部科学大臣に提出するものとする。

一　第二条第二項第二号から第六号までに掲げる書類

二　第四条第三項第一号及び第二号に掲げる書類

三　その他文部科学大臣が定める書類

4　第三条の規定は、第二項の申請について準用する。

5　第一項の組織の変更が、他の学校法人が設置している私立大学等の目的、位置、職員組織並びに施設及び設備の現状を変更することなく、当該私立大学等の設置を目的とする場合に係るものであるときは、第二項中「前々年度の十月一日から」とあるのは、「前々年度の三月一日から」とする。

6　第一項の組織の変更が、当該学校法人が準学校法人になろうとする場合（新たに私立専修学校又は私立各種学校を設置する場合に限る。）又は準学校法人が都道府県知事の所轄に属する学校法人になろうとする場合に係るものであるときは、同項に掲げる書類のほか、次に掲げる書類を添付して、所轄庁が定める日までに所轄庁に申請するものとする。この場合において、文部科学大臣の所轄に属する当該学校法人が準学校法人になろうとする場合に係るものであるときは、当該学校法人を都道府県知事の所轄に属する学校法人とみなす。

一　第二条第一項第五号に掲げる書類

二　第二条第二項各号（第二号及び第七号を除く。）に掲げる書類（この場合において、同項第六号中「開設年度の前年度から開設後修業年限に相当する年数が経過する年度まで」とあるのは「二年間」とする。）

三　第四条第三項第一号及び第二号に掲げる書類

四　その他所轄庁が定める書類

7　第一項の認可申請書並びに寄附行為変更の条項及び事由を記載した書類並びに同項第一号に掲げる書類には、副本を添付することを要する。

（認可申請書の様式等）

第九条の二　第二条、第四条から第六条まで及び前条の認可申請書その他の書類（次項において「認可申請書等」という。）のうち文部科学大臣に提出するものの様式及び提出部数等は、文部科学大臣が別に定める。

2　所轄庁は、必要があると認めるときは、認可申請書等以外の書類の提出を求め、又は認可申請書等の一部の提出を免除することができる。

（専修学校又は各種学校を設置する学校法人に対してこの省令の規定を適用する場合）

第一〇条　法第六十四条第二項の規定により専修学校又は各種学校を設置する学校法人に対してこの省令の規定を適用する場合には、この省令の規定中私立学校のうちには、私立専修学校又は私立各種学校を含むものとする。

第一一条及び第一二条　削除〔昭四七文令三七〕

（登記の届出等）

第一三条　令第二条第二項の規定により都道府県知事に届け出なければならない事項は、理事又は監事が就任したときに係るものである場合にはその氏名及び住所並びにその年月日、理事又は監事が退任したとき並びに理事（理事長を除く。以下この項において同じ。）が理事長の職務を代理し、又は理事長の職務を行うこととなつたとき及び理事長の職務を代理する理事が当該職務の代理をやめたときに係るものである場合にはその氏名及びその年月日とする。

2　文部科学大臣を所轄庁とする学校法人は、組合等登記令（昭和三十九年政令第二十九号）の規定により登記をしたときは、遅滞なく、登記事項証明書を添えて、その旨を文部科学大臣に届け出ることを要する。

3　文部科学大臣を所轄庁とする学校法人は、理事又は監事が就任したときはその氏名及び住所並びにその年月日を、理事又は監事が退任したとき並びに理事（理事長を除く。以下この項において同じ。）が理事長の職務を代理し、又は理事長の職務を行うこととなつたとき及び理事長の職務を代理する理事が当該職務の代理をやめたときはその氏名及びその年月日を、遅滞なく、文部科学大臣に届け出ることを要する。

4　令第二条第一項若しくは第二項又は前二項の届出が、理事又は監事の就任に係るものである場合には、届出書に第三条第一項第五号に掲げる書類及び第五条第一項第一号に掲げる書類を、理事長その他の代表権を有する理事の異動に係るものである場合には、届出書に同号に掲げる書類を添付するものとする。

（学校法人及び準学校法人台帳）

第一四条　令第五条第一項に規定する台帳の様式は、別表のとおりとする。

附　則〔省略〕

別表〔省略〕

●私立学校振興助成法

（昭和五〇年七月一一日法律第六一号）

施行、昭五一・四・一
最終改正、令一―法一一

（目的）

第一条　この法律は、学校教育における私立学校の果たす重要な役割にかんがみ、国及び地方公共団体が行う私立学校に対する助成の措置について規定することにより、私立学校の教育条件の維持及び向上並びに私立学校に在学する幼児、児童、生徒又は学生に係る修学上の経済的負担の軽減を図るとともに私立学校の経営の健全性を高め、もつて私立学校の健全な発達に資することを目的とする。

（定義）

第二条　この法律において「学校」とは、学校教育法（昭和二十二年法律第二十六号）第一条に規定する学校及び就学前の子どもに関する教育、保育等の総合的な提供の推進に関する法律（平成十八年法律第七十七号）第二条第七項に規定する幼保連携型認定こども園（以下「幼保連携型認定こども園」という。）をいう。

2　この法律において「学校法人」とは、私立学校法（昭和二十四年法律第二百七十号）第三条に規定する学校法人をいう。

3　この法律において「私立学校」とは、私立学校法第二条第三項に規定する学校をいう。

4　この法律において「所轄庁」とは、私立学校法第四条に規定する所轄庁をいう。

（学校法人の責務）

第三条　学校法人は、この法律の目的にかんがみ、自主的にその財政基盤の強化を図り、その設置する学校に在学する幼児、児童、生徒又は学生に係る修学上の経済的負担の適正化を図るとともに、当該学校の教育水準の向上に努めなければならない。

（私立大学及び私立高等専門学校の経常的経費についての補助）

第四条　国は、大学又は高等専門学校を設置する学校法人に対し、当該学校における教育又は研究に係る経常的経費について、その二分の一以内を補助することができる。

2　前項の規定により補助することができる経常的経費の範囲、算定方法その他必要な事項は、政令で定める。

（補助金の減額等）

第五条　国は、学校法人又は学校法人の設置する大学若しくは高等専門学校が次の各号の一に該当する場合には、その状況に応じ、前条第一項の規定により当該学校法人に交付する補助金を減額して交付することができる。

一　法令の規定、法令の規定に基づく所轄庁の処分又は寄附行為に違反している場合

二　学則に定めた収容定員を超える数の学生を在学させている場合

三　在学している学生の数が学則に定めた収容定員に満たない場合

四　借入金の償還が適正に行われていない等財政状況が健全でない場合

五　その他教育条件又は管理運営が適正を欠く場合

第六条　国は、学校法人又は学校法人の設置する大学若しくは高等専門学校が前条各号の一に該当する場合において、その状況が著しく、補助の目的を有効に達成することができないと認めるときは、第四条第一項の規定による補助金を交付しないことができる。学校法人の設置する大学又は高等専門学校に、設置後学校教育法に定める修業年限に相当する年数を経過していない学部又は学科（短期大学及び高等専門学校の学科に限る。）がある場合においては、当該学部又は学科に係る当該補助金についても、同様とする。

（補助金の増額）

第七条　国は、私立大学における学術の振興及び私立大学又は私立高等専門学校における特定の分野、課程等に係る教育の振興のため特に必要があると認めるときは、学校法人に対し、第四条第一項の規定により当該学校法人に交付する補助金を増額して交付することが

できる。

（学校法人が行う学資の貸与の事業についての助成）

第八条　国又は地方公共団体は、学校法人に対し、当該学校法人がその設置する学校の学生又は生徒を対象として行う学資の貸与の事業について、資金の貸付けその他必要な援助をすることができる。

（学校法人に対する都道府県の補助に対する国の補助）

第九条　都道府県が、その区域内にある幼稚園、小学校、中学校、義務教育学校、高等学校、中等教育学校、特別支援学校又は幼保連携型認定こども園を設置する学校法人に対し、当該学校における教育に係る経常的経費について補助する場合には、国は、都道府県に対し、政令で定めるところにより、その一部を補助することができる。

（その他の助成）

第一〇条　国又は地方公共団体は、学校法人に対し、第四条、第八条及び前条に規定するもののほか、補助金を支出し、又は通常の条件よりも有利な条件で、貸付金をし、その他の財産を譲渡し、若しくは貸し付けることができる。ただし、国有財産法（昭和二十三年法律第七十三号）並びに地方自治法（昭和二十二年法律第六十七号）第九十六条及び第二百三十七条から第二百三十八条の五までの規定の適用を妨げない。

（間接補助）

第一一条　国は、日本私立学校振興・共済事業団法（平成九年法律第四十八号）の定めるところにより、この法律の規定による助成で補助金の支出又は貸付金に係るものを日本私立学校振興・共済事業団を通じて行うことができる。

（所轄庁の権限）

第一二条　所轄庁は、この法律の規定により助成を受ける学校法人に対して、次の各号に掲げる権限を有する。

一　助成に関し必要があると認める場合において、当該学校法人からその業務若しくは会計の状況に関し報告を徴し、又は当該職員に当該学校法人の関係者に対し質問させ、若しくはその帳簿、書類その他の物件を検査させること。

二　当該学校法人が、学則に定めた収容定員を著しく超えて入学又は入園させた場合において、その是正を命ずること。

三　当該学校法人の予算が助成の目的に照らして不適当であると認める場合において、その予算について必要な変更をすべき旨を勧告すること。

四　当該学校法人の役員が法令の規定、法令の規定に基づく所轄庁の処分又は寄附行為に違反した場合において、当該役員の解職をすべき旨を勧告すること。

（意見の聴取等）

第一二条の二　所轄庁は、前条第二号の規定による是正命令をしようとする場合には、あらかじめ、私立学校審議会又は学校教育法第九十五条に規定する審議会等（以下「私立学校審議会等」という。）の意見を聴かなければならない。

2　所轄庁は、前条第二号の規定による是正命令をしようとする場合には、行政手続法（平成五年法律第八十八号）第三十条の規定による通知において、所轄庁による弁明の機会の付与に代えて私立学校審議会等による弁明の機会の付与を求めることができる旨並びに当該弁明のために出席すべき私立学校審議会等の日時及び場所並びに第四項の規定による弁明書を提出する場合における当該弁明書の提出先及び提出期限を通知しなければならない。

3　私立学校審議会等は、当該学校法人が私立学校審議会等による弁明の機会の付与を求めたときは、所轄庁に代わつて弁明の機会を付与しなければならない。

4　前項の規定による弁明は、当該学校法人が弁明書を提出してすることを求めたときを除き、私立学校審議会等に出席してするものとする。

5　行政手続法第二十九条第二項及び第三十一条（同法第十六条の準用に係る部分に限る。）の規定は、第三項の規定により私立学校審議会等が行う弁明の機会の付与について準用する。この場合において、同法第三十一条において準用する同法第十六条第四項中「行政庁」とあるのは、「私立学校振興助成法第十二条の二第一項の私立学校審議会等」と読み替えるものとする。

6　第三項の規定により私立学校審議会等が弁明の機会を付与する場合には、行政手続法第三章（第十二条及び第十四条を除く。）の規定は、適用しない。

7　前条第二号の規定による是正命令については、審査請求をすることができない。

第一三条　所轄庁は、第十二条第三号又は第四号の規定による措置をしようとする場合においては、あらかじめ、当該学校法人の理事又は解職しようとする役員に対して弁明の機会を付与するとともに、私立学校審議会等の意見を聴かなければならない。

2　行政手続法第三章第三節の規定及び前条第二項から第五項までの規定は、前項の規定による弁明について準用する。

（書類の作成等）

第一四条　第四条第一項又は第九条に規定する補助金の交付を受ける学校法人は、文部科学大臣の定める基準に従い、会計処理を行い、貸借対照表、収支計算書その他の財務計算に関する書類を作成しなければならない。

2　前項に規定する学校法人は、同項の書類のほか、収支予算書を所轄庁に届け出なければならない。

3　前項の場合においては、第一項の書類については、所轄庁の指定する事項に関する公認会計士又は監査法人の監査報告書を添付しなければならない。ただし、補助金の額が寡少であつて、所轄庁の許可を受けたときは、この限りでない。

（税制上の優遇措置）

第一五条　国又は地方公共団体は、私立学校教育の振興に資するため、学校法人が一般からの寄附金を募集することを容易にするための措置等必要な税制上の措置を講ずるよう努めるものとする。

（準学校法人への準用）

第一六条　第三条、第十条及び第十二条から第十三条までの規定は、私立学校法第六十四条第四項の法人に準用する。

（事務の区分）

第一七条　第十二条（第十六条において準用する場合を含む。）、第十二条の二第一項（第十六条において準用する場合を含む。）及び第二項（第十三条第二項及び第十六条において準用する場合を含む。）、第十三条第一項（第十六条において準用する場合を含む。）並びに第十四条第二項及び第三項の規定により都道府県が処理することとされている事務は、地方自治法第二条第九項第一号に規定する第一号法定受託事務とする。

附　則（抄）

（学校法人以外の私立の幼稚園の設置者等に対する措置）

第二条　第三条、第九条、第十条及び第十二条から第十五条までの規定中学校法人には、当分の間、学校法人以外の私立の幼稚園の設置者（学校教育法附則第六条の規定により私立の幼稚園を設置する者をいう。次項において同じ。）及び学校法人等以外の幼保連携型認定こども園の設置者（就学前の子どもに関する教育、保育等の総合的な提供の推進に関する法律の一部を改正する法律（平成二十四年法律第六十六号。以下この項において「認定こども園法一部改正法」という。）附則第三条第二項に規定するみなし幼保連携型認定こども園を設置する者（学校法人及び社会福祉法人（社会福祉法（昭和二十六年法律第四十五号）第二十二条に規定する社会福祉法人をいう。以下同じ。）を除く。）及び認定こども園法一部改正法附則第四条第一項の規定により幼保連携型認定こども園を設置する者をいう。次項において同じ。）を含むものとする。

2　学校法人以外の私立の幼稚園の設置者及び学校法人等以外の幼保連携型認定こども園の

設置者（以下この条において「学校法人以外の私立の幼稚園の設置者等」という。）に係る第十二条から第十四条までの規定の適用については、これらの規定のうち次の表の上欄に掲げる規定中同表の中欄に掲げる字句は、それぞれ同表の下欄に掲げる字句に読み替えるものとする。

第十二条各号列記以外の部分	所轄庁	都道府県知事
	その業務	当該幼稚園若しくは幼保連携型認定こども園の経営に関する業務
第十二条第一号	学校法人の関係者	幼稚園若しくは幼保連携型認定こども園の経営に関係のある者
	質問させ	当該幼稚園若しくは幼保連携型認定こども園の経営に関し質問させ
	その帳簿	当該幼稚園若しくは幼保連携型認定こども園の経営に関する帳簿
第十二条第三号	予算が	当該幼稚園又は幼保連携型認定こども園の経営に関する予算が
第十二条第四号	当該学校法人の役員	当該幼稚園又は幼保連携型認定こども園の経営を担当する者（当該幼稚園又は幼保連携型認定こども園を設置する者が法人である場合にあつては当該幼稚園又は幼保連携型認定こども園の経営を担当する当該法人の役員をいい、当該幼稚園又は幼保連携型認定こども園を設置する者が法人以外の者である場合にあつては当該幼稚園又は幼保連携型認定こども園を設置する者をいう。）
	法令	又は法令
	所轄庁	都道府県知事
	処分又は寄附行為	当該幼稚園若しくは幼保連携型認定こども園についての処分
	当該役員の解職をすべき旨	当該幼稚園又は幼保連携型認定こども園の経営を担当する者の担当を解くべき旨（当該幼稚園又は幼保連携型認定こども園を設置する者が法人以外の者である場合にあつては、当該幼稚園又は幼保連携型認定こども園の経営に関する人事の是正のため必要な措置をとるべき旨）
第十二条の二第一項から第三項まで（第十三条第二項において準用する場合を含む。）	所轄庁	都道府県知事
第十三条第一項	所轄庁	都道府県知事
	当該学校法人の理事	当該幼稚園若しくは幼保連携型認定こども園を設置する者（当該幼稚園又は幼保連携型認定こども園を設置する者が法人である場合にあつては、当該法人の代表者）
	解職しようとする役員	担当を解こうとする者
第十四条第一項	文部科学大臣	附則第二条第三項の規定による特別の会計について、文部科学大臣
第十四条第二項及び第三項	所轄庁	都道府県知事

3　学校法人以外の私立の幼稚園の設置者等で第一項の規定に基づき第九条又は第十条の規定により助成を受けるものは、当該助成に係る幼稚園又は幼保連携型認定こども園の経営に関する会計を他の会計から区分し、特別の会計として経理しなければならない。この場合において、その会計年度については、私立学校法第四十九条の規定を準用する。

4・5　（省略）

6　第二項の規定により読み替えて適用される第十二条、第十二条の二第一項及び第二項、第十三条第一項並びに第十四条第二項及び第三項の規定により都道府県が処理することとされている事務は、地方自治法第二条第九項第一号に規定する第一号法定受託事務とする。

（幼保連携型認定こども園を設置する社会福祉法人に対する措置）

第二条の二　第三条、第九条、第十条及び第十二条から第十五条までの規定中学校法人には、当分の間、幼保連携型認定こども園を設置する社会福祉法人を含むものとする。

2　前項の社会福祉法人に係る第十二条から第十四条までの規定の適用については、これらの規定のうち次の表の上欄に掲げる規定中同表の中欄に掲げる字句は、それぞれ同表の下欄に掲げる字句に読み替えるものとする。

第十二条各号列記以外の部分	所轄庁	都道府県知事
	その業務	当該幼保連携型認定こども園の経営に関する業務
第十二条第一号	学校法人の関係者	幼保連携型認定こども園の経営に関係のある者
	質問させ	当該幼保連携型認定こども園の経営に関し質問させ
	その帳簿	当該幼保連携型認定こども園の経営に関する帳簿
第十二条第三号	予算が	当該幼保連携型認定こども園の経営に関する予算が
第十二条第四号	当該学校法人の役員	当該幼保連携型認定こども園の経営を担当する当該社会福祉法人の役員
	、法令	又は法令
	所轄庁	都道府県知事
	処分又は寄附行為	当該幼保連携型認定こども園についての処分
	当該役員の解職をすべき旨	当該幼保連携型認定こども園の経営を担当する役員の担当を解くべき旨
第十二条の二第一項から第三項まで（第十三条第二項において準用する場合を	所轄庁	都道府県知事

含む。）		
第十三条第一項	所轄庁	都道府県知事
	当該学校法人の理事	当該幼保連携型認定こども園を設置する社会福祉法人の代表者
	解職しようとする役員	担当を解こうとする役員
第十四条第一項	文部科学大臣	附則第二条の二第三項の規定による特別の会計について、文部科学大臣
第十四条第二項及び第三項	所轄庁	都道府県知事

3　幼保連携型認定こども園を設置する社会福祉法人で第一項の規定に基づき第九条又は第十条の規定により助成を受けるものは、当該助成に係る幼保連携型認定こども園の経営に関する会計を他の会計から区分し、特別の会計として経理しなければならない。この場合において、その会計年度については、私立学校法第四十九条の規定を準用する。

4　前項の規定による特別の会計の経理に当たつては、当該会計に係る収入を他の会計に係る支出に充ててはならない。

5　第二項の規定により読み替えて適用される第十二条、第十二条の二第一項及び第二項、第十三条第一項並びに第十四条第二項及び第三項の規定により都道府県が処理することとされている事務は、地方自治法第二条第九項第一号に規定する第一号法定受託事務とする。

●日本私立学校振興・共済事業団法〔抄〕

（平成九年五月九日法律第四八号）

施行、平一〇・一・一
最終改正、令一―法八

第一章　総則

（設立の目的）

第一条　日本私立学校振興・共済事業団は、私立学校の教育の充実及び向上並びにその経営の安定並びに私立学校教職員の福利厚生を図るため、補助金の交付、資金の貸付けその他私立学校教育に対する援助に必要な業務を総合的かつ効率的に行うとともに、私立学校教職員共済法（昭和二十八年法律第二百四十五号。以下「共済法」という。）の規定による共済制度を運営し、もって私立学校教育の振興に資することを目的とする。

（定義）

第二条　この法律において、次の各号に掲げる用語の意義は、当該各号に定めるところによる。

一　私立学校　学校教育法（昭和二十二年法律第二十六号）第二条第二項に規定する私立学校及び学校法人が設置する幼保連携型認定こども園（就学前の子どもに関する教育、保育等の総合的な提供の推進に関する法律（平成十八年法律第七十七号）第二条第七項に規定する幼保連携型認定こども園をいう。附則第十三条において同じ。）をいう。

二　学校法人　私立学校法（昭和二十四年法律第二百七十号）第三条に規定する学校法人をいう。

三　準学校法人　私立学校法第六十四条第四項の法人をいう。

四　専修学校　学校教育法第百二十四条に規定する専修学校をいう。

五　各種学校　学校教育法第百三十四条第一項に規定する各種学校をいう。

（法人格）

第三条　日本私立学校振興・共済事業団（以下「事業団」という。）は、法人とする。

（事務所）

第四条　事業団は、主たる事務所を東京都に置く。

2　事業団は、文部科学大臣の認可を受けて、必要な地に従たる事務所を置くことができる。

（資本金）

第五条　事業団の資本金は、附則第六条第四項の規定により政府から出資があつたものとされた金額とする。

2　政府は、必要があると認めるときは、予算で定める金額の範囲内において、事業団に追加して出資することができる。

3　事業団は、前項の規定による政府の出資があつたときは、その出資額により資本金を増加するものとする。

（登記）

第六条　事業団は、政令で定めるところにより、登記しなければならない。

2　前項の規定により登記しなければならない事項は、登記の後でなければ、これをもって第三者に対抗することができない。

（名称の使用制限）

第七条　事業団でない者は、日本私立学校振興・共済事業団という名称を用いてはならない。

（一般社団法人及び一般財団法人に関する法律の準用）

第八条　一般社団法人及び一般財団法人に関する法律（平成十八年法律第四十八号）第四条及び第七十八条の規定は、事業団について準用する。

第九条　削除〔平二六法六七〕

第二章　役員等〔省略〕

第三章　業務

（業務）

第二十三条　事業団は、第一条の目的を達成するため、次の業務を行う。

一　私立学校の教育に必要な経費に対する国の補助金で政令で定めるものの交付を受け、これを財源として、学校法人に対し、補助金を交付すること。

二　学校法人又は準学校法人に対し、その設置する私立学校又は職業に必要な技術の教授を目的とする私立の専修学校若しくは各種学校で政令で定めるものの施設の整備その他経営のため必要な資金を貸し付け、及び私立学校教育（私立の専修学校及び各種学校の教育を含む。以下この項において同じ。）に関連してその振興上必要と認められる事業を行う者に対し、その事業について必要な資金を貸し付けること。

三　私立学校教育の振興上必要と認められる事業を行う学校法人、準学校法人その他の者に対し、その事業について助成金を交付すること。

四　私立学校教育の振興のための寄付金を募集し、管理し、及び学校法人、準学校法人その他私立学校教育の振興上必要と認められる事業を行う者に対し、その配付を行うこと。

五　私立学校の教育条件及び経営に関し、情報の収集、調査及び研究を行い、並びに関係者の依頼に応じてその成果の提供その他の指導を行うこと。

六　共済法第二十条第一項に規定する短期給付を行うこと。

七　厚生年金保険法（昭和二十九年法律第百十五号）第三十二条に規定する保険給付を行うこと。

八　共済法第二十条第二項に規定する退職等年金給付を行うこと。

九　共済法第二十六条第一項に規定する福祉事業を行うこと。

十　第一号から第五号までの業務に附帯する業務を行うこと。

2　事業団は、前項の規定により行う業務のほか、高齢者の医療の確保に関する法律（昭和

解説教育六法インデックスシート

三省堂

憲法	憲法	私学	私学
教基	教基	社教	社教
社会権規約	社会権規約	生涯	生涯
自由権規約	自由権規約	地教行	地教行
児童権利	児童権利	教特	教特
学教	学教	地公	地公
学教施令	学教施令		
学校施規	学校施規		

五十七年法律第八十号）の規定による前期高齢者納付金等及び後期高齢者支援金等、介護保険法（平成九年法律第百二十三号）の規定による納付金、厚生年金保険法の規定による拠出金並びに国民年金法（昭和三十四年法律第百四十一号）の規定による基礎年金拠出金の納付並びに厚生年金保険法の規定による交付金の受入れに関する業務を行う。

3　事業団は、前二項の規定により行う業務のほか、次の業務を行うことができる。

一　共済法第二十条第三項に規定する短期給付を行うこと。

二　共済法第二十六条第二項に規定する福祉事業を行うこと。

三　政令で定める災害により被害を受けた私立の専修学校又は各種学校（第一項第二号の業務の対象となるものを除く。）で政令で定めるものを設置する学校法人又は準学校法人に対し、同号に規定する資金を貸し付けること。

4　事業団は、前三項の規定により行う業務のほか、大学等における修学の支援に関する法律（令和元年法律第八号）第十条に規定する減免費用（私立学校である大学及び高等専門学校に係るものに限る。）に充てるための資金（以下この項及び第二十七条において「減免資金」という。）を交付するために必要な国の資金の交付を受け、これを財源として、学校法人に対し、減免資金を交付する業務を行う。

5　第一項第三号の規定による助成金の交付は、前事業年度における損益計算上の利益金に係る第三十五条第一項に規定する残余の額の範囲内において行うものとする。

（共済規程）

第二四条　事業団は、共済法の定めるところにより、共済業務に関する重要事項について、共済規程を定めなければならない。

（助成業務方法書及び共済運営規則）

第二五条　事業団は、助成業務（第二十三条第一項第一号から第五号まで及び第十号並びに同条第三項第三号の業務をいう。以下同じ。）（交付業務を含む。第三十七条第一項及び第四項を除き、以下同じ。）の執行に関して必要な事項を助成業務方法書で定めなければならない。

2　事業団は、共済業務の執行に関して必要な事項を共済運営規則で定めなければならない。

3　事業団は、助成業務方法書又は共済運営規則を変更しようとするときは、文部科学大臣の認可を受けなければならない。

4　助成業務方法書には、次に掲げる事項を記載しなければならない。

一　助成業務の方法

二　理事長及び理事の職務の執行が法令に適合することを確保するための体制その他事業団の助成業務の適正を確保するための体制

三　その他文部科学省令で定める事項

5　前項の規定は、共済運営規則について準用する。この場合において、同項第一号及び第二号中「助成業務」とあるのは、「共済業務」と読み替えるものとする。

6　事業団は、第三項の認可を受けたときは、遅滞なく、その助成業務方法書を公表しなければならない。

第二六条（省略）

（補助金の交付の決定の取消し及び返還等）

第二七条　補助金等に係る予算の執行の適正化に関する法律（昭和三十年法律第百七十九号）第十条第一項及び第二項、第十七条第一項、第十八条第一項及び第二項、第十九条から第二十一条の二まで並びに第二十四条の二の規定は、第二十三条第一項第一号及び第四項の規定により事業団が交付する補助金及び減免資金について準用する。この場合において、同法第十条第一項及び第二項、第十八条第一項及び第二項、第十九条第三項、第二十条、第二十一条第一項、第二十一条の二並びに第二十四条の二中「各省各庁の長」とあるのは「日本私立学校振興・共済事業団の理事長」と、同法第十七条第一項中「各省各庁の長は」とあるのは「日本私立学校振興・共済事業団の理事長は」と、「各省各庁の長の処分」とあるのは「私立学校法第四条に規定する所轄庁の処分」と、同法第十九条第一項及び第二項中「国」とあるのは「日本私立学校振興・共済事業団」と読み替えるものとする。

（貸付業務の委託）

第二八条　事業団は、文部科学大臣の認可を受けて、銀行その他の金融機関に第二十三条第一項第二号の業務の一部を委託することができる。

2　事業団は、前項の規定により銀行その他の金融機関に業務の一部を委託しようとするときは、その金融機関に対し、当該委託業務に関する準則を示さなければならない。

第四章　財務及び会計（省略）

第五章　監督

（監督）

第四二条　事業団が行う業務のうち共済業務に関しては、文部科学大臣が事業団を監督する。

2　文部科学大臣は、この法律又は共済法を施行するため必要があると認めるときは、事業団に対して、その業務（共済業務に限る。）に関し監督上必要な命令をすることができる。

（報告及び検査）

第四三条　文部科学大臣は、この法律又は共済法を施行するため必要があると認めるときは、事業団に対してその業務及び資産の状況に関し報告をさせ、又はその職員に、事業団の事務所その他の施設に立ち入り、業務の状況若しくは帳簿、書類その他必要な物件を検査させることができる。

2　前項の規定により職員が立入検査をする場合には、その身分を示す証明書を携帯し、関係人にこれを提示しなければならない。

3　第一項の規定による立入検査の権限は、犯罪捜査のために認められたものと解してはならない。

4　厚生労働大臣は、事業団に対し、随時、共済業務及びこれに係る資産の状況について報告をさせることができる。

（違法行為等の是正）

第四四条　独立行政法人通則法第三十五条の三の規定は、事業団又はその役員若しくは職員の助成業務に係る行為について準用する。この場合において、同条中「主務大臣」とあるのは「文部科学大臣」と、「中期目標管理法人」とあり、及び「当該中期目標管理法人」とあるのは「日本私立学校振興・共済事業団」と、「この法律、個別法」とあるのは「日本私立学校振興・共済事業団法」と読み替えるものとする。

第六章　雑則（省略）

第七章　罰則

第四七条　第四十三条第一項の規定による報告をせず、若しくは虚偽の報告をし、又は同項の規定による検査を拒み、妨げ、若しくは忌避した場合には、その違反行為をした事業団の役員又は職員は、三十万円以下の罰金に処する。

第四八条　次の各号のいずれかに該当する場合には、その違反行為をした事業団の役員は、二十万円以下の過料に処する。

一　この法律により文部科学大臣の認可又は承認を受けなければならない場合において、その認可又は承認を受けなかったとき。

二　この法律により文部科学大臣に届出をしなければならない場合において、その届出をせず、又は虚偽の届出をしたとき。

三　この法律により公表をしなければならない場合において、その公表をせず、又は虚偽の公表をしたとき。

四　第六条第一項の政令の規定に違反して登記することを怠ったとき。

五　第十一条第四項若しくは第五項又は第三十二条の二において準用する独立行政法人通則法第三十九条第三項の規定による調査

を妨げたとき。
六　第二十一条の二において準用する独立行政法人通則法第五十条の八第三項の規定による報告をせず、又は虚偽の報告をしたとき。
七　第二十三条第一項から第四項までに規定する業務以外の業務を行ったとき。
八　第二十六条において準用する独立行政法人通則法第三十条第三項又は第三十二条第六項の規定による文部科学大臣の命令に違反したとき。
九　第二十六条において準用する独立行政法人通則法第三十二条第二項の規定による報告書の提出をせず、又は報告書に記載すべき事項を記載せず、若しくは虚偽の記載をして報告書を提出したとき。
十　第三十二条第三項の規定に違反して、第三十三条第一項第一号の経理に係る財務諸表、業務報告書等、監査報告書又は会計監査報告書を備え置かず、又は閲覧に供しなかったとき。
十一　第三十九条の規定に違反して業務上の余裕金を運用したとき。
十二　第四十二条第二項の規定による文部科学大臣の命令に違反したとき。
十三　第四十四条において準用する独立行政法人通則法第三十五条の三の規定による文部科学大臣の命令に違反したとき。
2　事業団の子法人の役員が第十一条第六項又は第三十二条の二において準用する独立行政法人通則法第三十九条第三項の規定による調査を妨げたときは、二十万円以下の過料に処する。
第四九条　第七条の規定に違反した者は、十万円以下の過料に処する。

附　則（省略）

●私立大学の研究設備に対する国の補助に関する法律

（昭和三二年三月三〇日法律第一八号）

施行、昭三二・四・一
最終改正、平五—法八九

（目的）
第一条　この法律は、私立大学における学術の研究を促進するため、私立大学の研究設備の購入に要する経費について、国が補助を行うこととし、もつてわが国の学術の振興に寄与することを目的とする。

（国の補助）
第二条　国は、学校法人に対し、予算の範囲内において、政令で定めるところにより、その学校法人の設置する大学（短期大学を除く。）が行う学術の基礎的研究に必要な機械、器具、標本、図書その他の設備の購入に要する経費の三分の二以内を補助することができる。

第三条　削除（昭四一法九八）

（私立学校振興助成法の適用）
第四条　第二条の規定により国が学校法人に対し補助をする場合においては、私立学校振興助成法（昭和五十年法律第六十一号）第十二条から第十三条までの規定の適用があるものとする。

附　則（省略）

第7章　いじめ防止関連

解説　いじめ問題は、一九八六年一月に起きた東京都中野区富士見中学校「いじめ自死」事件以来、社会的な問題として国民の強い関心のもとにあった（「いじめ自殺」という表現は、自己過失との意味あいが含まれ、いじめによって死に追いこまれる子どもの状況をあいまいにするきらいがあり、本解説中では「いじめ自死」と表現した）。しかし、それから四半世紀たっても解決の糸口はつかめず、いじめ件数は報告数だけでも年間五四万件（二〇一八年度）、死につながる「重大事態」も六〇〇件をこえている。

この五四万件のうち、急増したのは小学校四一万件であり、早期教育のひずみにより遊びの権利が奪われてきた影響面を指摘する向きもある。

二〇一一年一〇月に発生した大津市中学校いじめ自死問題をきっかけとして政治問題化し、学校・教育委員会不信の世論にも後押しされて、二〇一三年六月二一日には、いじめ防止対策推進法が可決成立し、二八日に公布された。同年一〇月一一日には、政府により「いじめ防止等のための基本的な方針」が公表され、これに基づき各学校はいじめ防止基本方針を作成することになった（地方公共団体も任意ではあるが方針作成）。この法律は、いじめ自死という緊急な課題解決にむけて議員立法で成立させた拙速さは否めない。とくに道徳・規範教育や出席停止・学校懲戒・警察連携といった一連の厳罰化の流れには目新しさも見られず、学校現場の実情が十分には踏まえられていない点などが指摘できる。いじめ防止基本方針では、「自殺」といった重大事件についての調査の在り方について、二〇一一年六月一日に出された「自殺」に関する「背景調査」の在り方を踏襲して、遺族への情報提供、希望を受けた公平な調査の確保などが示されたところが注目される。文科省では、このいじめ防止基本方針に依拠した「学校における『いじめの防止』『早期発見』『いじめに対する措置』のポイント」を作成した。そこでは、弁護士会有志の意見も反映され、一部改善されたところもある。

こうした国の対策が開始される中で、二〇一五年七月五日、岩手県矢巾町の中学二年男子が電車に飛び込み死亡した。教育委員会は「いじめが原因」であると認めた。このいじめ自死事件では、担任教師（一年、二年）が生活ノート等で生徒のSOSをキャッチしながらも抱え込んでしまった問題が指摘された。同法の三年後の見直しの中で、二〇一七年三月一四日には、上記のごとく、教職員の抱え込み体質が問われ、学校におけるいじめの通報、情報共有、組織対応等の強化や、地方・学校のいじめ防止基本方針の補強などをねらいとして、基本方針が改訂された。

さらに同年三月、「重大事態の被害者及びその保護者の意向が全く反映されないまま調査が進められ」るなどの課題に応えるため『いじめの重大事態の調査に関するガイドライン』（文科省）が作成され公表された。

このようないじめ防止関連の法律、方針、ガイドライン等により、いじめ自死事件の多くは、学校、教育委員会の調査だけでなく、専門家等を含む第三者調査委員会に委ねられることが多くなった。その結果、被害者・遺族に寄り添った報告書も出されるようになった反面、教育委員会の意向が反映された「幕引き」的委員会ではないか、との批判も聞かれる。

二〇一九年九月には、いじめ被害を訴える元生徒による損害賠償訴訟において、被告である埼玉県川口市が、いじめ防止対策推進法に「欠陥がある」と主張、文科省の行政指導を受けた。

なお、福島原発事故により被災した子どもの生活、学習支援、とくに近年のいじめ被害（横浜市等）に対応するなどの立法措置として、「東京電力原子力事故により被災した子どもをはじめとする住民等の生活を守り支えるための被災者の生活支援等に関する施策の推進に関する法律」を収録した。

●いじめ防止対策推進法

（平成二五年六月二八日　法律第七一号）

施行、平二五・九・二八
最終改正、令一―法一一

第一章　総則

（目的）

第一条　この法律は、いじめが、いじめを受けた児童等の教育を受ける権利を著しく侵害し、その心身の健全な成長及び人格の形成に重大な影響を与えるのみならず、その生命又は身体に重大な危険を生じさせるおそれがあるものであることに鑑み、児童等の尊厳を保持するため、いじめの防止等（いじめの防止、いじめの早期発見及びいじめへの対処をいう。以下同じ。）のための対策に関し、基本理念を定め、国及び地方公共団体等の責務を明らかにし、並びにいじめの防止等のための対策に関する基本的な方針の策定について定めるとともに、いじめの防止等のための対策の基本となる事項を定めることにより、いじめの防止等のための対策を総合的かつ効果的に推進することを目的とする。

（定義）

第二条　この法律において「いじめ」とは、児童等に対して、当該児童等が在籍する学校に在籍している等当該児童等と一定の人的関係にある他の児童等が行う心理的又は物理的な影響を与える行為（インターネットを通じて行われるものを含む。）であって、当該行為の対象となった児童等が心身の苦痛を感じているものをいう。

2　この法律において「学校」とは、学校教育法（昭和二十二年法律第二十六号）第一条に規定する小学校、中学校、義務教育学校、高等学校、中等教育学校及び特別支援学校（幼稚部を除く。）をいう。

3　この法律において「児童等」とは、学校に在籍する児童又は生徒をいう。

4　この法律において「保護者」とは、親権を行う者（親権を行う者のないときは、未成年後見人）をいう。

（基本理念）

第三条　いじめの防止等のための対策は、いじめが全ての児童等に関係する問題であることに鑑み、児童等が安心して学習その他の活動に取り組むことができるよう、学校の内外を問わずいじめが行われなくなるようにすることを旨として行われなければならない。

2　いじめの防止等のための対策は、全ての児童等がいじめを行わず、及び他の児童等に対して行われるいじめを認識しながらこれを放置することがないようにするため、いじめが児童等の心身に及ぼす影響その他のいじめの問題に関する児童等の理解を深めることを旨として行われなければならない。

3　いじめの防止等のための対策は、いじめを受けた児童等の生命及び心身を保護することが特に重要であることを認識しつつ、国、地方公共団体、学校、地域住民、家庭その他の関係者の連携の下、いじめの問題を克服することを目指して行われなければならない。

（いじめの禁止）

第四条　児童等は、いじめを行ってはならない。

（国の責務）

第五条　国は、第三条の基本理念（以下「基本理念」という。）にのっとり、いじめの防止等のための対策を総合的に策定し、及び実施する責務を有する。

（地方公共団体の責務）

第六条　地方公共団体は、基本理念にのっとり、いじめの防止等のための対策について、国と協力しつつ、当該地域の状況に応じた施策を策定し、及び実施する責務を有する。

（学校の設置者の責務）

第七条　学校の設置者は、基本理念にのっとり、その設置する学校におけるいじめの防止等のために必要な措置を講ずる責務を有する。

（学校及び学校の教職員の責務）

第八条　学校及び学校の教職員は、基本理念にのっとり、当該学校に在籍する児童等の保護者、地域住民、児童相談所その他の関係者との連携を図りつつ、学校全体でいじめの防止及び早期発見に取り組むとともに、当該学校に在籍する児童等がいじめを受けていると思われるときは、適切かつ迅速にこれに対処する責務を有する。

（保護者の責務等）

第九条　保護者は、子の教育について第一義的責任を有するものであって、その保護する児童等がいじめを行うことのないよう、当該児童等に対し、規範意識を養うための指導その他の必要な指導を行うよう努めるものとする。

2　保護者は、その保護する児童等がいじめを受けた場合には、適切に当該児童等をいじめから保護するものとする。

3　保護者は、国、地方公共団体、学校の設置者及びその設置する学校が講ずるいじめの防止等のための措置に協力するよう努めるものとする。

4　第一項の規定は、家庭教育の自主性が尊重されるべきことに変更を加えるものと解してはならず、また、前三項の規定は、いじめの防止等に関する学校の設置者及びその設置する学校の責任を軽減するものと解してはならない。

（財政上の措置等）

第一〇条　国及び地方公共団体は、いじめの防止等のための対策を推進するために必要な財政上の措置その他の必要な措置を講ずるよう努めるものとする。

第二章　いじめ防止基本方針等

（いじめ防止基本方針）

第一一条　文部科学大臣は、関係行政機関の長と連携協力して、いじめの防止等のための対策を総合的かつ効果的に推進するための基本的な方針（以下「いじめ防止基本方針」という。）を定めるものとする。

2　いじめ防止基本方針においては、次に掲げる事項を定めるものとする。

一　いじめの防止等のための対策の基本的な方向に関する事項

二　いじめの防止等のための対策の内容に関する事項

三　その他いじめの防止等のための対策に関する重要事項

（地方いじめ防止基本方針）

第一二条　地方公共団体は、いじめ防止基本方針を参酌し、その地域の実情に応じ、当該地方公共団体におけるいじめの防止等のための対策を総合的かつ効果的に推進するための基本的な方針（以下「地方いじめ防止基本方針」という。）を定めるよう努めるものとする。

（学校いじめ防止基本方針）

第一三条　学校は、いじめ防止基本方針又は地方いじめ防止基本方針を参酌し、その学校の実情に応じ、当該学校におけるいじめの防止等のための対策に関する基本的な方針を定めるものとする。

（いじめ問題対策連絡協議会）

第一四条　地方公共団体は、いじめの防止等に関係する機関及び団体の連携を図るため、条例の定めるところにより、学校、教育委員会、児童相談所、法務局又は地方法務局、都道府県警察その他の関係者により構成されるいじめ問題対策連絡協議会を置くことができる。

2　都道府県は、前項のいじめ問題対策連絡協議会を置いた場合には、当該いじめ問題対策連絡協議会におけるいじめの防止等に関係する機関及び団体の連携が当該都道府県の区域内の市町村が設置する学校におけるいじめの防止等に活用されるよう、当該いじめ問題対策連絡協議会と当該市町村の教育委員会との連携を図るために必要な措置を講ずるものとする。

3　前二項の規定を踏まえ、教育委員会といじめ問題対策連絡協議会との円滑な連携の下に、地方いじめ防止基本方針に基づく地域におけるいじめの防止等のための対策を実効的に行うようにするため必要があるときは、教育委員会に附属機関として必要な組織を置くことができるものとする。

第三章　基本的施策

（学校におけるいじめの防止）

第一五条　学校の設置者及びその設置する学校は、児童等の豊かな情操と道徳心を培い、心の通う対人交流の能力の素地を養うことがいじめの防止に資することを踏まえ、全ての教育活動を通じた道徳教育及び体験活動等の充実を図らなければならない。

2　学校の設置者及びその設置する学校は、当該学校におけるいじめを防止するため、当該学校に在籍する児童等の保護者、地域住民その他の関係者との連携を図りつつ、いじめの防止に資する活動であって当該学校に在籍する児童等が自主的に行うものに対する支援、当該学校に在籍する児童等及びその保護者並びに当該学校の教職員に対するいじめを防止することの重要性に関する理解を深めるための啓発その他必要な措置を講ずるものとする。

（いじめの早期発見のための措置）

第一六条　学校の設置者及びその設置する学校は、当該学校におけるいじめを早期に発見するため、当該学校に在籍する児童等に対する定期的な調査その他の必要な措置を講ずるものとする。

2　国及び地方公共団体は、いじめに関する通報及び相談を受け付けるための体制の整備に必要な施策を講ずるものとする。

3　学校の設置者及びその設置する学校は、当該学校に在籍する児童等及びその保護者並びに当該学校の教職員がいじめに係る相談を行うことができる体制（次項において「相談体制」という。）を整備するものとする。

4　学校の設置者及びその設置する学校は、相談体制を整備するに当たっては、家庭、地域社会等との連携の下、いじめを受けた児童等の教育を受ける権利その他の権利利益が擁護されるよう配慮するものとする。

（関係機関等との連携等）

第一七条　国及び地方公共団体は、いじめを受けた児童等又はその保護者に対する支援、いじめを行った児童等に対する指導又はその保護者に対する助言その他のいじめの防止等のための対策が関係者の連携の下に適切に行われるよう、関係省庁相互間その他関係機関、学校、家庭、地域社会及び民間団体の間の連携の強化、民間団体の支援その他必要な体制の整備に努めるものとする。

（いじめの防止等のための対策に従事する人材の確保及び資質の向上）

第一八条　国及び地方公共団体は、いじめを受けた児童等又はその保護者に対する支援、いじめを行った児童等に対する指導又はその保護者に対する助言その他のいじめの防止等のための対策が専門的知識に基づき適切に行われるよう、教員の養成及び研修の充実を通じた教員の資質の向上、生徒指導に係る体制等の充実のための教諭、養護教諭その他の教員の配置、心理、福祉等に関する専門的知識を有する者であっていじめの防止を含む教育相談に応じるものの確保、いじめへの対処に関し助言を行うために学校の求めに応じて派遣される者の確保等必要な措置を講ずるものとする。

2　学校の設置者及びその設置する学校は、当該学校の教職員に対し、いじめの防止等のための対策に関する研修の実施その他のいじめの防止等のための対策に関する資質の向上に必要な措置を計画的に行わなければならない。

（インターネットを通じて行われるいじめに対する対策の推進）

第一九条　学校の設置者及びその設置する学校は、当該学校に在籍する児童等及びその保護者が、発信された情報の高度の流通性、発信者の匿名性その他のインターネットを通じて送信される情報の特性を踏まえて、インターネットを通じて行われるいじめを防止し、及び効果的に対処することができるよう、これらの者に対し、必要な啓発活動を行うものとする。

2　国及び地方公共団体は、児童等がインターネットを通じて行われるいじめに巻き込まれていないかどうかを監視する関係機関又は関係団体の取組を支援するとともに、インターネットを通じて行われるいじめに関する事案に対処する体制の整備に努めるものとする。

3　インターネットを通じていじめが行われた場合において、当該いじめを受けた児童等又はその保護者は、当該いじめに係る情報の削除を求め、又は発信者情報（特定電気通信役務提供者の損害賠償責任の制限及び発信者情報の開示に関する法律（平成十三年法律第百三十七号）第四条第一項に規定する発信者情報をいう。）の開示を請求しようとするときは、必要に応じ、法務局又は地方法務局の協力を求めることができる。

（いじめの防止等のための対策の調査研究の推進等）

第二〇条　国及び地方公共団体は、いじめの防止及び早期発見のための方策等、いじめを受けた児童等又はその保護者に対する支援及びいじめを行った児童等に対する指導又はその保護者に対する助言の在り方、インターネットを通じて行われるいじめへの対応の在り方その他のいじめの防止等のために必要な事項やいじめの防止等のための対策の実施の状況についての調査研究及び検証を行うとともに、その成果を普及するものとする。

（啓発活動）

第二一条　国及び地方公共団体は、いじめが児童等の心身に及ぼす影響、いじめを防止することの重要性、いじめに係る相談制度又は救済制度等について必要な広報その他の啓発活動を行うものとする。

第四章　いじめの防止等に関する措置

（学校におけるいじめの防止等の対策のための組織）

第二二条　学校は、当該学校におけるいじめの防止等に関する措置を実効的に行うため、当該学校の複数の教職員、心理、福祉等に関する専門的な知識を有する者その他の関係者により構成されるいじめの防止等の対策のための組織を置くものとする。

（いじめに対する措置）

第二三条　学校の教職員、地方公共団体の職員その他の児童等からの相談に応じる者及び児童等の保護者は、児童等からいじめに係る相談を受けた場合において、いじめの事実があると思われるときは、いじめを受けたと思われる児童等が在籍する学校への通報その他の適切な措置をとるものとする。

2　学校は、前項の規定による通報を受けたときその他当該学校に在籍する児童等がいじめを受けていると思われるときは、速やかに、当該児童等に係るいじめの事実の有無の確認を行うための措置を講ずるとともに、その結果を当該学校の設置者に報告するものとする。

3　学校は、前項の規定による事実の確認によりいじめがあったことが確認された場合には、いじめをやめさせ、及びその再発を防止するため、当該学校の複数の教職員によって、心理、福祉等に関する専門的な知識を有する者の協力を得つつ、いじめを受けた児童等又はその保護者に対する支援及びいじめを行った児童等に対する指導又はその保護者に対する助言を継続的に行うものとする。

4　学校は、前項の場合において必要があると認めるときは、いじめを行った児童等についていじめを受けた児童等が使用する教室以外の場所において学習を行わせる等いじめを受けた児童等その他の児童等が安心して教育を受けられるようにするために必要な措置を講ずるものとする。

5　学校は、当該学校の教職員が第三項の規定による支援又は指導若しくは助言を行うに当たっては、いじめを受けた児童等の保護者といじめを行った児童等の保護者との間で争いが起きることのないよう、いじめの事案に係る情報をこれらの保護者と共有するための措置その他の必要な措置を講ずるものとする。

6　学校は、いじめが犯罪行為として取り扱われるべきものであると認めるときは所轄警察署と連携してこれに対処するものとし、当該学校に在籍する児童等の生命、身体又は財産に重大な被害が生じるおそれがあるときは直ちに所轄警察署に通報し、適切に、援助を求めなければならない。

（学校の設置者による措置）

第二四条　学校の設置者は、前条第二項の規定による報告を受けたときは、必要に応じ、その設置する学校に対し必要な支援を行い、若しくは必要な措置を講ずることを指示し、又は当該報告に係る事案について自ら必要な調査を行うものとする。

（校長及び教員による懲戒）

第二五条　校長及び教員は、当該学校に在籍する児童等がいじめを行っている場合であって教育上必要があると認めるときは、学校教育法第十一条の規定に基づき、適切に、当該児童等に対して懲戒を加えるものとする。

（出席停止制度の適切な運用等）

第二六条　市町村の教育委員会は、いじめを行った児童等の保護者に対して学校教育法第三十五条第一項（同法第四十九条において準用する場合を含む。）の規定に基づき当該児童等の出席停止を命ずる等、いじめを受けた児童等その他の児童等が安心して教育を受けられるようにするために必要な措置を速やかに講ずるものとする。

（学校相互間の連携協力体制の整備）

第二七条　地方公共団体は、いじめを受けた児童等といじめを行った児童等が同じ学校に在籍していない場合であっても、学校がいじめを受けた児童等又はその保護者に対する支援及びいじめを行った児童等に対する指導又はその保護者に対する助言を適切に行うことができるようにするため、学校相互間の連携協力体制を整備するものとする。

第五章　重大事態への対処

（学校の設置者又はその設置する学校による対処）

第二八条　学校の設置者又はその設置する学校は、次に掲げる場合には、その事態（以下「重大事態」という。）に対処し、及び当該重大事態と同種の事態の発生の防止に資するため、速やかに、当該学校の設置者又はその設置する学校の下に組織を設け、質問票の使用その他の適切な方法により当該重大事態に係る事実関係を明確にするための調査を行うものとする。

一　いじめにより当該学校に在籍する児童等の生命、心身又は財産に重大な被害が生じた疑いがあると認めるとき。

二　いじめにより当該学校に在籍する児童等が相当の期間学校を欠席することを余儀なくされている疑いがあると認めるとき。

2　学校の設置者又はその設置する学校は、前項の規定による調査を行ったときは、当該調査に係るいじめを受けた児童等及びその保護者に対し、当該調査に係る重大事態の事実関係等その他の必要な情報を適切に提供するものとする。

3　第一項の規定により学校が調査を行う場合においては、当該学校の設置者は、同項の規定による調査及び前項の規定による情報の提供について必要な指導及び支援を行うものとする。

（国立大学に附属して設置される学校に係る対処）

第二九条　国立大学法人（国立大学法人法（平成十五年法律第百十二号）第二条第一項に規定する国立大学法人をいう。以下この条において同じ。）が設置する国立大学に附属して設置される学校は、前条第一項各号に掲げる場合には、当該国立大学法人の学長又は理事長を通じて、重大事態が発生した旨を、文部科学大臣に報告しなければならない。

2　前項の規定による報告を受けた文部科学大臣は、当該報告に係る重大事態への対処又は当該重大事態と同種の事態の発生の防止のため必要があると認めるときは、前条第一項の規定による調査の結果について調査を行うことができる。

3　文部科学大臣は、前項の規定による調査の結果を踏まえ、当該調査に係る国立大学法人又はその設置する国立大学に附属して設置される学校が当該調査に係る重大事態への対処又は当該重大事態と同種の事態の発生の防止のために必要な措置を講ずることができるよう、国立大学法人法第三十五条において準用する独立行政法人通則法（平成十一年法律第百三号）第六十四条第一項に規定する権限の適切な行使その他の必要な措置を講ずるものとする。

（公立の学校に係る対処）

第三〇条　地方公共団体が設置する学校は、第二十八条第一項各号に掲げる場合には、当該地方公共団体の教育委員会を通じて、重大事態が発生した旨を、当該地方公共団体の長に報告しなければならない。

2　前項の規定による報告を受けた地方公共団体の長は、当該報告に係る重大事態への対処又は当該重大事態と同種の事態の発生の防止のため必要があると認めるときは、附属機関を設けて調査を行う等の方法により、第二十八条第一項の規定による調査の結果について調査を行うことができる。

3　地方公共団体の長は、前項の規定による調査を行ったときは、その結果を議会に報告しなければならない。

4　第二項の規定は、地方公共団体の長に対し、地方教育行政の組織及び運営に関する法律（昭和三十一年法律第百六十二号）第二十一条に規定する事務を管理し、又は執行する権限を与えるものと解釈してはならない。

5　地方公共団体の長及び教育委員会は、第二項の規定による調査の結果を踏まえ、自らの権限及び責任において、当該調査に係る重大事態への対処又は当該重大事態と同種の事態の発生の防止のために必要な措置を講ずるものとする。

第三〇条の二　第二十九条の規定は、公立大学法人（地方独立行政法人法（平成十五年法律第百十八号）第六十八条第一項に規定する公立大学法人をいう。）が設置する公立大学に附属して設置される学校について準用する。この場合において、第二十九条第一項中「文部科学大臣」とあるのは「当該公立大学法人を設立する地方公共団体の長（以下この条において単に「地方公共団体の長」という。）」と、同条第二項及び第三項中「文部科学大臣」とあるのは「地方公共団体の長」と、同項中「国立大学法人法第三十五条において準用する独立行政法人通則法（平成十一年法律第百三号）第六十四条第一項」とあるのは「地方独立行政法人法第百二十一条第一項」と読み替えるものとする。

（私立の学校に係る対処）

第三一条　学校法人（私立学校法（昭和二十四年法律第二百七十号）第三条に規定する学校法人をいう。以下この条において同じ。）が設置する学校は、第二十八条第一項各号に掲げる場合には、重大事態が発生した旨を、当該学校を所轄する都道府県知事（以下この条において単に「都道府県知事」という。）に報告しなければならない。

2　前項の規定による報告を受けた都道府県知事は、当該報告に係る重大事態への対処又は当該重大事態と同種の事態の発生の防止のため必要があると認めるときは、附属機関を設けて調査を行う等の方法により、第二十八条第一項の規定による調査の結果について調査を行うことができる。

3　都道府県知事は、前項の規定による調査の結果を踏まえ、当該調査に係る学校法人又はその設置する学校が当該調査に係る重大事態への対処又は当該重大事態と同種の事態の発生の防止のために必要な措置を講ずることができるよう、私立学校法第六条に規定する権限の適切な行使その他の必要な措置を講ずるものとする。

4　前二項の規定は、都道府県知事に対し、学校法人が設置する学校に対して行使することができる権限を新たに与えるものと解釈してはならない。

第三二条　学校設置会社（構造改革特別区域法（平成十四年法律第百八十九号）第十二条第二項に規定する学校設置会社をいう。以下この条において同じ。）が設置する学校は、第二十八条第一項各号に掲げる場合には、当該学校設置会社の代表取締役又は代表執行役を通じて、重大事態が発生した旨を、同法第十二条第一項の規定による認定を受けた地方公共団体の長（以下「認定地方公共団体の長」という。）に報告しなければならない。

2　前項の規定による報告を受けた認定地方公共団体の長は、当該報告に係る重大事態への対処又は当該重大事態と同種の事態の発生の防止のため必要があると認めるときは、附属機関を設けて調査を行う等の方法により、第二十八条第一項の規定による調査の結果について調査を行うことができる。

3　認定地方公共団体の長は、前項の規定による調査の結果を踏まえ、当該調査に係る学校設置会社又はその設置する学校が当該調査に係る重大事態への対処又は当該重大事態と同種の事態の発生の防止のために必要な措置を講ずることができるよう、構造改革特別区域法第十二条第十項に規定する権限の適切な行使その他の必要な措置を講ずるものとする。

4　前二項の規定は、認定地方公共団体の長に対し、学校設置会社が設置する学校に対して行使することができる権限を新たに与えるものと解釈してはならない。

5　第一項から前項までの規定は、学校設置非営利法人（構造改革特別区域法第十三条第二項に規定する学校設置非営利法人をいう。）が設置する学校について準用する。この場合において、第一項中「学校設置会社の代表取締役又は代表執行役」とあるのは「学校設置非営利法人の代表権を有する理事」と、「第十二条第一項」とあるのは「第十三条第一項」と、第二項中「前項」とあるのは「第五項において準用する前項」と、第三項中「前項」とあるのは「第五項において準用する前項」と、「学校設置会社」とあるのは「学校設置非営利法人」と、「第十二条第十項」とあるのは「第十三条第三項において準用する同法第十二条第十項」と、前項中「前二項」とあるのは「次項において準用する前二項」と読み替えるものとする。

（文部科学大臣又は都道府県の教育委員会の指導、助言及び援助）

第三三条　地方自治法（昭和二十二年法律第六十七号）第二百四十五条の四第一項の規定によるほか、文部科学大臣は都道府県又は市町村に対し、都道府県の教育委員会は市町村に対し、重大事態への対処に関する都道府県又は市町村の事務の適正な処理を図るため、必要な指導、助言又は援助を行うことができる。

第六章　雑則

（学校評価における留意事項）

第三四条　学校の評価を行う場合においていじめの防止等のための対策を取り扱うに当たっては、いじめの事実が隠蔽されず、並びにいじめの実態の把握及びいじめに対する措置が適切に行われるよう、いじめの早期発見、いじめの再発を防止するための取組等について適正に評価が行われるようにしなければならない。

（高等専門学校における措置）

第三五条　高等専門学校（学校教育法第一条に規定する高等専門学校をいう。以下この条において同じ。）の設置者及びその設置する高等専門学校は、当該高等専門学校の実情に応じ、当該高等専門学校に在籍する学生に係るいじめに相当する行為の防止、当該行為の早期発見及び当該行為への対処のための対策に関し必要な措置を講ずるよう努めるものとする。

附　則（省略）

●いじめ防止等のための基本的な方針（抄）

（平成二五年一〇月一一日　文部科学大臣決定）

最終改定　平二九・三・一四

「はじめに」（省略）

第1　いじめの防止等のための対策の基本的な方向に関する事項

1　いじめ防止対策推進法制定の意義

いじめの問題への対応は学校における最重要課題の一つであり、一人の教職員が抱え込むのではなく、学校が一丸となって組織的に対応することが必要である。また、関係機関や地域の力も積極的に取り込むことが必要であり、これまでも、国や各地域、学校において、様々な取組が行われてきた。

しかしながら、未だ、いじめを背景として、児童生徒の生命や心身に重大な危険が生じる事案が発生している。

大人社会のパワーハラスメントやセクシュアルハラスメントなどといった社会問題も、いじめと同じ地平で起こる。いじめの問題への対応力は、我が国の教育力と国民の成熟度の指標であり、子供が接するメディアやインターネットを含め、他人の弱みを笑いものにしたり、暴力を肯定していると受け取られるような行為を許容したり、異質な他者を差別したりといった大人の振る舞いが、子供に影響を与えるという指摘もある。

いじめから一人でも多くの子供を救うためには、子供を取り囲む大人一人一人が、「いじめは絶対に許されない」、「いじめは卑怯な行為である」、「いじめはどの子供にも、どの学校でも、起こりうる」との意識を持ち、それぞれの役割と責任を自覚しなければならず、いじめの問題は、心豊かで安全・安心な社会をいかにしてつくるかという、学校を含めた社会全体に関する国民的な課題である。このように、社会総がかりでいじめの問題に対峙するため、基本的な理念や体制を整備することが必要であり、平成二五年六月、「いじめ防止対策推進法」（以下「法」という。）が成立した。

2　いじめの防止等の対策に関する基本理念

いじめは、全ての児童生徒に関係する問題である。いじめの防止等の対策は、全ての児童生徒が安心して学校生活を送り、様々な活動に取り組むことができるよう、学校の内外を問わず、いじめが行われなくなるようにすることを旨として行われなければならない。

また、全ての児童生徒がいじめを行わず、いじめを認識しながら放置することがないよう、いじめの防止等の対策は、いじめが、いじめられた児童生徒の心身に深刻な影響を及ぼす許されない行為であることについて、児童生徒が十分に理解できるようにすることを旨としなければならない。

加えて、いじめの防止等の対策は、いじめを受けた児童生徒の生命・心身を保護することが特に重要であることを認識しつつ、国、地方公共団体、学校、地域住民、家庭その他の関係者の連携の下、いじめの問題を克服することを目指して行われなければならない。

3　法が規定するいじめの防止等への組織的対策

(1)　基本方針の策定（省略・法第一一条～一三条）

(2)　いじめの防止等のための組織等

①　地方公共団体は、（中略）「いじめ問題対策連絡協議会」を置くことができる（法第一四条第一項）

②　教育委員会は、（中略）「附属機関」を置くことができる（法第一四条第三項）

③　学校は、（中略）「いじめの防止等の対策のための組織」（以下「学校いじめ対策組織」という）を置くものとする（法第二二条）

④　学校の設置者又はその設置する学校は、（中略）調査を行う（法第二八条）

⑤　地方公共団体の長等は、重大事態への対処又は当該重大事態と同種の事態の発生の防止のため必要があると認めるときは、「附属機関」を設けて調査を行う等の方法により、学校の設置者又は学校の調査の結果について調査を行うことができる（法第二九条～第三二条第二項）

（以下、上記①～⑤の連絡協議会、附属機関、組織をあわせて「組織等」という）

4　国の基本方針の内容

国の基本方針は、いじめの問題への対策を社会総がかりで進め、いじめの防止、早期発見、いじめへの対処、地域や家庭・関係機関間の連携等をより実効的なものにするため、法により新たに規定された、地方公共団体や学校における基本方針の策定や組織体制、いじめへの組織的な対応、重大事態への対処等に関する具体的な内容や運用を明らかにするとともに、これまでのいじめ対策の蓄積を生かしたいじめ防止等のための取組を定めるものである。

国の基本方針の実現には、学校・地方公共団体・社会に法の意義を普及啓発し、いじめに対する意識改革を喚起し、いじめの問題への正しい理解の普及啓発や、児童生徒をきめ細かく見守る体制の整備、教職員の資質能力向上などを図り、これまで以上の意識改革の取組とその点検、その実現状況の継続的な検証の実施が必要である。

5　いじめの定義（法第二条）

個々の行為が「いじめ」に当たるか否かの判断は、表面的・形式的にすることなく、いじめられた児童生徒の立場に立つことが必要である。

この際、いじめには、多様な態様があることに鑑み、法の対象となるいじめに該当するか否かを判断するに当たり、「心身の苦痛を感じているもの」との要件が限定して解釈されることのないよう努めることが必要である。例えばいじめられていても、本人がそれを否定する場合が多々あることを踏まえ、当該児童生徒の表情や様子をきめ細かく観察するなどして確認する必要がある。

ただし、このことは、いじめられた児童生徒の主観を確認する際に、行為の起こったときのいじめられた児童生徒本人や周辺の状況等を客観的に確認することを排除するものではない。

なお、いじめの認知は、特定の教職員のみによることなく、法第二二条の学校いじめ対策組織を活用して行う。

「一定の人的関係」とは、学校の内外を問わず、同じ学校・学級や部活動の児童生徒や、塾やスポーツクラブ等当該児童生徒が関わっている仲間や集団（グループ）など、当該児童生徒と何らかの人的関係を指す。

また、「物理的な影響」とは、身体的な影響のほか、金品をたかられたり、隠されたり、嫌なことを無理矢理させられたりすることなどを意味する。けんかやふざけ合いであっても、見えない所で被害が発生している場合もあるため、背景にある事情の調査を行い、児童生徒の感じる被害性に着目し、いじめに該当するか否かを判断するものとする。

なお、例えばインターネット上で悪口を書かれた児童生徒がいたが、当該児童生徒がそのことを知らずにいるような場合など、行為の対象となる児童生徒本人が心身の苦痛を感じるに至っていないケースについても、加害行為を行った児童生徒に対する指導等については法の趣旨を踏まえた適切な対応が必要である。

加えて、いじめられた児童生徒の立場に立って、いじめに当たると判断した場合にも、その全てが厳しい指導を要する場合であるとは限らない。例えば、好意から行った行為が意図せずに相手側の児童生徒に心身の苦痛を感じさせてしまったような場合、軽い言葉で相手を傷つけたが、すぐに加害者が謝罪し教員の指導によらずして良好な関係を再び築くことができた場合等においては、学校は、「いじめ」という言葉を使わず指導するなど、柔軟な対応による対処も可能である。ただし、これらの場合であっても、法が定義するいじめに該当するため、事案を法第二二条の学校いじめ対策組織へ情報共有することは必要となる。

具体的ないじめの態様は、以下のようなものがある。

・冷やかしやからかい、悪口や脅し文句、嫌なことを言われる

・仲間はずれ、集団による無視をされる

・軽くぶつかられたり、遊ぶふりをして叩か

れたり、蹴られたりする
・ひどくぶつかられたり、叩かれたり、蹴られたりする
・金品をたかられる
・金品を隠されたり、盗まれたり、壊されたり、捨てられたりする
・嫌なことや恥ずかしいこと、危険なことをされたり、させられたりする
・パソコンや携帯電話等で、誹謗中傷や嫌なことをされる　等

これらの「いじめ」の中には、犯罪行為として取り扱われるべきと認められ、早期に警察に相談することが重要なものや、児童生徒の生命、身体又は財産に重大な被害が生じるような、直ちに警察に通報することが必要なものが含まれる。これらについては、教育的な配慮や被害者の意向への配慮のうえで、早期に警察に相談・通報の上、警察と連携した対応を取ることが必要である。

6　いじめの理解

いじめは、どの子供にも、どの学校でも、起こりうるものである。とりわけ、嫌がらせやいじわる等の「暴力を伴わないいじめ」は、多くの児童生徒が入れ替わりながら被害も加害も経験する。また、「暴力を伴わないいじめ」であっても、何度も繰り返されたり多くの者から集中的に行われたりすることで、「暴力を伴ういじめ」とともに、生命又は身体に重大な危険を生じさせうる。

国立教育政策研究所によるいじめ追跡調査の結果によれば、暴力を伴わないいじめ（仲間はずれ・無視・陰口）について、小学校四年生から中学校三年生までの六年間で、被害経験を全く持たなかった児童生徒は一割程度、加害経験を全く持たなかった児童生徒も一割程度であり、多くの児童生徒が入れ替わり被害や加害を経験している。

加えて、いじめの加害・被害という二者関係だけでなく、学級や部活動等の所属集団の構造上の問題（例えば無秩序性や閉塞性）、「観衆」としてはやし立てたり面白がったりする存在や、周辺で暗黙の了解を与えている「傍観者」の存在にも注意を払い、集団全体にいじめを許容しない雰囲気が形成されるようにすることが必要である。

7　いじめの防止等に関する基本的考え方

(1)　いじめの防止

いじめは、どの子供にも、どの学校でも起こりうることを踏まえ、より根本的ないじめの問題克服のためには、全ての児童生徒を対象としたいじめの未然防止の観点が重要であり、全ての児童生徒を、いじめに向かわせることなく、心の通う対人関係を構築できる社会性のある大人へと育み、いじめを生まない土壌をつくるために、関係者が一体となった継続的な取組が必要である。

このため、学校の教育活動全体を通じ、全ての児童生徒に「いじめは決して許されない」ことの理解を促し、児童生徒の豊かな情操や道徳心、自分の存在と他人の存在を等しく認め、お互いの人格を尊重し合える態度など、心の通う人間関係を構築する能力の素地を養うことが必要である。また、いじめの背景にあるストレス等の要因に着目し、その改善を図り、ストレスに適切に対処できる力を育む観点が必要である。加えて、全ての児童生徒が安心でき、自己有用感や充実感を感じられる学校生活づくりも未然防止の観点から重要である。

また、これらに加え、あわせて、いじめの問題への取組の重要性について国民全体に認識を広め、地域、家庭と一体となって取組を推進するための普及啓発が必要である。

(2)　いじめの早期発見

いじめの早期発見は、いじめへの迅速な対処の前提であり、全ての大人が連携し、児童生徒のささいな変化に気付く力を高めることが必要である。このため、いじめは大人の目に付きにくい時間や場所で行われたり、遊びやふざけあいを装って行われたりするなど、大人が気付きにくく判断しにくい形で行われることを認識し、ささいな兆候であっても、いじめではないかとの疑いを持って、早い段階から的確に関わりを持ち、いじめを隠したり軽視したりすることなく積極的にいじめを認知することが必要である。

いじめの早期発見のため、学校や学校の設置者は、定期的なアンケート調査や教育相談の実施、電話相談窓口の周知等により、児童生徒がいじめを訴えやすい体制を整えるとともに、地域、家庭と連携して児童生徒を見守ることが必要である。

(3)　いじめへの対処

いじめがあることが確認された場合、学校は直ちに、いじめを受けた児童生徒やいじめを知らせてきた児童生徒の安全を確保し詳細を確認した上で、いじめたとされる児童生徒に対して事情を確認し適切に指導する等、組織的な対応を行うことが必要である。また、家庭や教育委員会への連絡・相談や、事案に応じ、関係機関との連携が必要である。

このため、教職員は平素より、いじめを把握した場合の対処の在り方について、理解を深めておくことが必要であり、また、学校における組織的な対応を可能とするような体制整備が必要である。

(4)　地域や家庭との連携について

社会全体で児童生徒を見守り、健やかな成長を促すため、学校関係者と地域、家庭との連携が必要である。例えばＰＴＡや地域の関係団体等と学校関係者が、いじめの問題について協議する機会を設けたり、学校運営協議会制度（コミュニティ・スクール）を活用したりするなど、いじめの問題について地域、家庭と連携した対策を推進することが必要である。

また、より多くの大人が子供の悩みや相談を受け止めることができるようにするため、学校と地域、家庭が組織的に連携・協働する体制を構築する。

(5)　関係機関との連携について

いじめの問題への対応においては、例えば、学校や教育委員会においていじめる児童生徒に対して必要な教育上の指導を行っているにもかかわらず、その指導により十分な効果を上げることが困難な場合などには、関係機関（警察、児童相談所、医療機関、法務局等の人権擁護機関、都道府県私立学校主管部局等を想定）との適切な連携が必要であり、警察、児童相談所、法務局等の人権擁護機関等との適切な連携を図るため、平素から、学校や学校の設置者と関係機関の担当者の窓口交換や連絡会議の開催など、情報共有体制を構築しておくことが必要である。

例えば、教育相談の実施に当たり必要に応じて、医療機関などの専門機関との連携を図ったり、法務局など、学校以外の相談窓口についても児童生徒へ適切に周知したりするなど、学校や学校の設置者が、関係機関による取組と連携することも重要である。

第２　いじめの防止等のための対策の内容に関する事項

１　いじめの防止等のために国が実施する施策

国は、いじめの防止等のための対策を総合的に策定し推進する。また、これに必要な財政上の措置その他の必要な措置を講ずる。

(1)　国が実施すべき基本的事項

①　文部科学大臣が関係行政機関の長と連携協力し「いじめ防止基本方針」を定め、これに基づく対策を総合的かつ効果的に推進（法第一一条）

②　いじめ防止等のための対策を推進するために必要な財政上の措置（法第一〇条）

③　いじめに関する通報及び相談を受け付けるための体制の整備に必要な施策（法第一六条）

④　関係省庁相互間その他関係機関、学校、家庭、地域社会及び民間団体の間の連携の強化、民間団体の支援その他必要な体制の整備（法第一七条）

⑤　教員の養成及び研修を通じた資質の向上、生徒指導体制の充実のための教員や養護教諭等の配置、心理、福祉等の専門的知識を有する者でいじめの防止を含む教育相談等に応じるものの確保、多様な外部人材の確保（法第一八条）

⑥　インターネットを通じて行われるいじめに児童生徒が巻き込まれていないかパトロールする機関・団体の取組支援や、このようない

じめに対処する体制の整備（法第一九条）

⑦　いじめの防止等のために必要な事項と対策の実施状況に関する調査研究及び検証とその成果の普及（法第二〇条）

⑧　いじめが児童生徒の心身に及ぼす影響、いじめを防止することの重要性、相談制度や救済制度等について、普及啓発（法第二一条）

(2)　いじめ防止基本方針の策定と組織等の設置等

○いじめ防止基本方針の策定

地方公共団体は、国の基本方針を参酌して、地方いじめ防止基本方針を策定するよう努め（法第一二条）、学校は、国の基本方針又は地方いじめ防止基本方針を参酌して、学校いじめ防止基本方針を策定する（法第一三条）。このような意味で、国の基本方針は、国と地方公共団体・学校との連携の骨幹となるものである。

また、文部科学省は、法や国の基本方針の内容をより具体的かつ詳細に示すため、協議会を設けるなどして、具体的な運用等の在り方に関する指針を策定する。

○いじめ防止対策推進法に基づく取組状況の把握と検証

国においては、毎年度、いじめ防止基本方針の策定状況等、いじめの問題への取組状況を調査するとともに、「いじめ防止対策協議会」を設置し、いじめの問題への効果的な対策が講じられているかどうかを検証する。また、各地域の学校関係者の集まる普及啓発協議会を定期的に開催し、検証の結果を周知する。

○関係機関との連携促進

いじめが犯罪行為として取り扱われるべきものであると認めるときや、児童生徒の生命、身体又は財産に重大な被害が生じるおそれがあるときの警察との適切な連携を促進する。

また、文部科学省は、法務省、厚生労働省、警察庁などと適切に連携し、「いじめ問題対策連絡協議会」設置による連携が円滑に行われるよう支援するとともに、各地域における、学校や学校の設置者等と、警察や法務局、児童相談所など関係機関との適切な連携を促進する。

○各地域における組織等の設置に対する支援

地方公共団体・学校の設置者・学校が組織等を設ける場合、特に各地域における重大事態の調査において、公平・中立な調査組織を立ち上げる場合には、弁護士、医師、心理や福祉の専門家であるスクールカウンセラー・スクールソーシャルワーカー、学校教育に係る学識経験者などの専門的知識を有する第三者の参画が有効であることから、この人選が適切かつ迅速に行われるに資するよう、文部科学省は、それら専門家の職能団体や大学、学会等の団体との連絡体制を構築する。

(3)　いじめの防止等のために国が実施すべき施策

①　いじめの防止

○学校の教育活動全体を通じた豊かな心の育成

社会性や規範意識、思いやりなどの豊かな心を育むため、学校の教育活動全体を通じた道徳教育を推進する。児童生徒がいじめの問題を自分のこととして捉え、考え、議論することにより、いじめに正面から向き合うことができるよう、具体的な実践事例の提供や、道徳教育に関する教職員の指導力向上のための施策を推進するとともに、各地域の実態に応じた道徳教育を推進するため、地域教材の作成や外部講師の活用をはじめとする自治体等の取組を支援する。

また、学校において、児童生徒の発達段階に応じ、自分の大切さとともに他の人の大切さを認めることができるようになり、それが様々な場面で具体的な態度や行動に現れるようにするために行われる取組を推進する。

加えて、児童生徒の豊かな情操や他人とのコミュニケーション能力、読解力、思考力、判断力、表現力等を育むため、読書活動や対話・創作・表現活動等を取り入れた教育活動を推進する。また、生命や自然を大切にする心や他人を思いやる優しさ、社会性、規範意識などを育てるため、学校における自然体験活動や集団宿泊体験等の様々な体験活動を推進する。

さらに、これらの取組が、学校の教育活動全体を通じて実践され、子供一人一人の健全な成長が促されるようにすることが重要である。

○児童生徒の主体的な活動の推進

道徳科の授業はもとより、学級活動、児童会・生徒会活動等の特別活動において、児童生徒が自らいじめの問題について考え、議論する活動や、校内でいじめ撲滅や命の大切さを呼びかける活動、相談箱を置くなどして子供同士で悩みを聞き合う活動等、子供自身の主体的な活動を推進する。

○いじめの防止等のための対策に従事する人材の確保

生徒指導に専任的に取り組む教職員の配置や養護教諭を含めた教職員の配置など、教職員の目が行き届き、児童生徒一人一人に対してきめ細かく対応できる環境を整備する。

また、心理や福祉の専門家であるスクールカウンセラー・スクールソーシャルワーカー、教員・警察官経験者など、外部専門家等の活用を推進する。

○いじめの防止等のための対策に従事する人材の資質能力向上

全ての教職員がいじめ防止対策推進法の内容を理解し、いじめの問題に対して、その態様に応じた適切な対処ができるよう、心理や福祉の専門家であるスクールカウンセラー・スクールソーシャルワーカー等を活用し、教職員のカウンセリング能力等の向上のための校内研修を推進する。また、独立行政法人教職員支援機構や教育委員会と連携し、教職員研修の充実を図る。

また、大学の教員養成課程や免許更新講習において、いじめをはじめとする生徒指導上の課題等に適切に対応できる能力を高めるような実践的な内容の充実を促す。

なお、教職員の不適切な認識や言動がいじめの発生を許しいじめの深刻化を招きうることに注意する。また、特に体罰については、暴力を容認するものであり、児童生徒の健全な成長と人格の形成を阻害し、いじめの遠因となりうるものであることから、教職員研修等により体罰禁止の徹底を図る。

○いじめに関する調査研究等の実施

いじめの認知件数や学校におけるいじめの問題に対する日常の取組等、いじめの問題の全国的な状況を調査する。

また、いじめの防止及び早期発見のための方策（学校いじめ防止プログラム、早期発見・事案対処のマニュアルの在り方、学校いじめ対策組織の活動の在り方等）や、いじめ加害の背景などいじめの起こる要因、いじめがもたらす被害、いじめのない学級づくり、各地方公共団体によるいじめの重大事態に係る調査結果の収集・分析等について、国立教育政策研究所や各地域、大学等の研究機関、関係学会等と連携して、調査研究を実施し、その成果を普及する。

○いじめの問題に関する正しい理解の普及啓発

国の基本方針やいじめの問題に関係する通知等を周知徹底するため、各地域の学校関係者の集まる普及啓発協議会を定期的に開催する。

また、保護者など国民に広く、いじめの問題やこの問題への取組についての理解を深めるべく、ＰＴＡや地域の関係団体等との連携を図りながら、法の趣旨及び法に基づく対応に係る広報啓発を充実する。

②　早期発見

○教育相談体制の充実

心理や福祉の専門家であるスクールカウンセラー・スクールソーシャルワーカー等を活用し、教育相談体制を整備するとともに、「二四時間子供ＳＯＳダイヤル」など、電話相談体制を整備する。

○地域や家庭との連携促進

より多くの大人が子供の悩みや相談を受け止めることができるようにするため、ＰＴＡや地域の関係団体等との連携促進や、学校運営協議会制度や学校支援地域本部、放課後子供教室など、学校と地域、家庭が組織的に連携・協働する体制を構築する。

③　いじめへの対処

○多様な外部人材の活用等による問題解決支援

解決困難な問題への対応を支援するため、弁護士や教員・警察官経験者など、多様な人材を活用できる体制を構築する。また、各地域におけるいじめの問題等を第三者的立場から調整・解決する取組を促進する。

○インターネットや携帯電話を利用したいじめ

（以下「インターネット上のいじめ」という。）への対応

児童生徒に情報モラルを身に付けさせる指導の充実を図る。インターネット上のいじめは、外部から見えにくい・匿名性が高いなどの性質を有するため児童生徒が行動に移しやすい一方で、一度インターネット上で拡散してしまったいじめに係る画像、動画等の情報を消去することは極めて困難であること、一つの行為がいじめの被害者にとどまらず学校、家庭及び地域社会に多大な被害を与える可能性があることなど、深刻な影響を及ぼすものである。また、インターネット上のいじめは、刑法上の名誉毀損罪や侮辱罪、民事上の損害賠償請求の対象となり得る。学校の設置者及び学校は、児童生徒に対して、インターネット上のいじめが重大な人権侵害に当たり、被害者等に深刻な傷を与えかねない行為であることを理解させる取組を行う。併せて、インターネット上の不適切なサイトや書き込み等を発見するためのネットパトロールなど、インターネット上のいじめに対処する体制を整備する。

④教職員が子供と向き合うことのできる体制の整備

教職員が子供たちに適切に向き合い、いじめの防止等に学校として一丸となって組織的に取り組んでいくことができるような体制の整備が重要であり、教職員定数の改善措置や外部人材の活用促進、校務の改善に資する取組の促進などを行う。

2 いじめの防止等のために地方公共団体等が実施すべき施策

(1) いじめ防止基本方針の策定と組織等の設置等

① いじめ防止基本方針の策定

i 地方公共団体は、「地方いじめ防止基本方針」を策定するよう努める（法第一二条）

② 組織等の設置

i 地方公共団体は、「いじめ問題対策連絡協議会」を設置することができる（法第一四条第一項）

ii 教育委員会は、「附属機関」を設置することができる（法第一四条第三項）

iii 学校の設置者又はその設置する学校は、その下に組織を設け、重大事態に係る事実関係を明確にするための調査を行う（法第二八条）

iv 地方公共団体の長等は、附属機関を設けて調査を行う等の方法により、上記iiiの結果について調査を行うことができる（法第二九条～第三二条第二項）

(2) 地方いじめ防止基本方針の策定（法第一二条）

（地方いじめ防止基本方針）

地方公共団体は、法の趣旨を踏まえ、国の基本方針を参考にして、当該地方公共団体におけるいじめ防止等のための対策を総合的かつ効果的に推進するため、地方いじめ防止基本方針を定めることが望ましい。地方いじめ防止基本方針は国の基本方針と学校いじめ防止基本方針の結節点となるものであって、各学校のいじめの防止等の取組の基盤となるものである。地域内の対策の格差を生じさせない観点からも、特に、教育委員会にあっては特段の理由がある場合を除き、地方いじめ防止基本方針を策定することが望ましい。なお、都道府県教育委員会にあっては、策定に向けて検討している区域内の市区町村（例：人的体制が不十分）を支援することにより、地方いじめ防止基本方針の策定を促進する。

地方いじめ防止基本方針は、当該地方公共団体の実情に応じ、いじめの防止等の対策の基本的な方向を示すとともに、いじめの防止や早期発見、いじめへの対処が、当該地域において体系的かつ計画的に行われるよう、講じるべき対策の内容を具体的に記載することが想定される。

例えば、いじめの防止等に係る日常的な取組の検証・見直しを図る仕組みを定めたり、当該地域におけるいじめの防止に資する啓発活動や教育的取組を具体的に定めたりするなど、より実効的な地方いじめ防止基本方針とするため、地域の実情に応じた工夫がなされることが望ましい。

また、より実効性の高い取組を実施するため、地方いじめ防止基本方針が、当該地域の実情に即して適切に機能しているかを点検し、必要に応じて見直す、というPDCAサイクルを、地方いじめ防止基本方針に盛り込んでおくことが望ましい。

なお、地方いじめ防止基本方針は、当該地方公共団体におけるいじめの防止等のための対策を総合的かつ効果的に推進するためのものであることから、都道府県の場合は私立学校も対象に含めて作成することが求められる。また、市町村が国立大学に附属して設置される学校（以下「国立学校」という。）や、私立学校をどう扱うかについては、それぞれの地方公共団体において、地域の実情に応じ判断する。

(3) いじめ問題対策連絡協議会の設置（法第一四条）

学校と地域の関係機関等とのいじめの問題の対応に係る連携を確保するため、地方公共団体においては、法に基づき、「いじめ問題対策連絡協議会」を設置することが望ましく、その構成員は、地域の実情に応じて決定する。

例えば都道府県に置く場合、学校（国私立を含む）、教育委員会、私立学校主管部局、児童相談所、法務局又は地方法務局、都道府県警察などが想定される。この他に弁護士、医師、心理や福祉の専門家であるスクールカウンセラー・スクールソーシャルワーカー等に係る職能団体や民間団体などが考えられる。教育委員会をはじめとする学校の設置者及び都道府県私立学校主管部局は、平素より、いじめ問題対策連絡協議会における地域の関係機関等との連携を通じ、いじめの重大事態の調査を行うための組織（第三者調査委員会等）の委員を確保しておくことも重要である。

なお、この会議の名称は、必ずしも「いじめ問題対策連絡協議会」とする必要はない。

また、法に定める「いじめ問題対策連絡協議会」は条例で設置されるものであるが、機動的な運営に必要な場合などは、条例を設置根拠としない会議体であっても、法の趣旨を踏まえた会議を設けることは可能である。

都道府県が「いじめ問題対策連絡協議会」を置く場合、連絡協議会での連携が、区域内の市町村が設置する学校におけるいじめの防止等に活用されるよう、区域内の市町村の教育委員会等との連携が必要である（例えば、都道府県の連絡協議会に市町村教育委員会も参加させたり、域内の連携体制を検討したりする際に、市町村単位でも連携が進むよう各関係機関の連携先の窓口を明示するなど）。

なお、規模が小さいために関係機関の協力が得にくく連絡協議会の設置が難しい市町村においては、近隣の市町村と連携したり、法第一四条第二項に基づき、都道府県の連絡協議会と連携したりすることが考えられる。

(4) 法第一四条第三項に規定する教育委員会の附属機関の設置

地方公共団体においては、法の趣旨を踏まえ、地方いじめ防止基本方針を定めることが望ましく、さらにはその地方いじめ防止基本方針に基づくいじめ防止等の対策を実効的に行うため、地域の実情に応じ、附属機関を設置することが望ましい。

なお、小規模の自治体など、設置が困難な地域も想定されることを踏まえ、都道府県教育委員会においては、これらの地域を支援するため、職能団体や大学、学会等の協力を得られる体制を平素から整えておくことなどが望まれる。

ただし、この附属機関は教育委員会の附属機関であるため、地方公共団体が自ら設置する公立学校におけるいじめの防止等のための対策の実効的実施が直接の設置目的となる。

「附属機関」とは、地方自治法上、法令又は条例の定めるところにより、普通地方公共団体の執行機関の行政執行のため、又は行政執行に必要な調停、審査、審議、諮問又は調査等のための機関である。本法に基づき附属機関を設置する場合においても、別に設置根拠となる条例が必要であり、当該条例で定めるべき附属機関の担当事項等とは、附属機関の目的・機能などである。

また、法第一四条第三項の附属機関には、専門的な知識及び経験を有する第三者等の参加を図り、公平性・中立性が確保されるよう努めることが必要である。

附属機関の機能について、例えば、以下が想定される。

・教育委員会の諮問に応じ、地方いじめ防止基本方針に基づくいじめの防止等のための調査研究等、有効な対策を検討するため専門的知見からの審議を行う

・当該地方公共団体が設置する公立学校におけるいじめに関する通報や相談を受け、第三者機関として当事者間の関係を調整するなどして問題の解決を図る

・当該地方公共団体が設置する公立学校におけるいじめの事案について、設置者である地方公共団体の教育委員会が、設置する学校からいじめの報告を受け、法第二四条に基づき自ら調査を行う必要がある場合に当該組織を活用する

なお、各地方公共団体がそれぞれ定める地方いじめ防止基本方針における対策の内容に応じて、附属機関の機能も地方公共団体ごとに異なる。

この際、重大事態が起きてから急遽附属機関を立ち上げることは困難である点から、地域の実情に応じて、平時から「附属機関」を設置しておくことが望ましい。なお、小規模の自治体など、設置が困難な地域も想定されることを踏まえ、都道府県教育委員会においては、これらの地域を支援するため、職能団体や大学、学会等の協力を得られる体制を平素から整えておくことなどが望まれる。（重大事態への対処については「4　重大事態への対処」に詳述）

法は教育委員会の附属機関を規定しているが、例えば、地方公共団体の下に置く行政部局に、学校の設置者に関わらず、第三者的立場からの解決を図るなどのための附属機関を置くといったことも、妨げられるものではない。

(5)　地方公共団体等が実施すべき施策

上記のほか、地方公共団体（学校の設置者としての地方公共団体を含む）が実施すべき施策については、各地域の実情に応じた検討が求められる。

なお、法の求める施策を「地方公共団体」「学校の設置者」の主体の別で整理すると以下のとおりである。

①地方公共団体として実施すべき施策

○いじめの防止等のための対策を推進するために必要な財政上の措置その他の人的体制の整備等の必要な措置を講ずるよう努める

○いじめに関する通報及び相談を受け付けるための体制の整備

・電話やメール等、いじめの通報・相談を受け付ける体制整備・周知

・スクールカウンセラー・スクールソーシャルワーカーの配置

・都道府県と市町村が円滑に連携（例えば都道府県が、「二四時間子供SOSダイヤル」や教育相談センターにおける教育相談の充実等、多様な相談窓口を確保し、市町村が、設置された窓口を域内の関係各者に周知徹底する等）

・スクールカウンセラー、スクールソーシャルワーカー、教育相談センター等のいじめに関する通報及び相談体制を整備した場合、児童生徒から活用されるよう、自らの取組を積極的に周知する（スクールカウンセラーの相談日の案内、教育相談センター職員による学校訪問、教育相談センターの見学会の実施等）。特に、スクールカウンセラー、スクールソーシャルワーカーは、学校のいじめ対策組織の構成員となっている場合は、自らその一員であることを児童生徒、保護者等に積極的に伝える取組を行う。

・周知の際には、相談の結果、いじめの解決につながった具体的な事例（プロセス）を示すなど、児童生徒に自ら周囲に援助を求めることの重要性を理解させる。

○いじめの防止等のための対策が関係者の連携の下に適切に行われるよう関係機関、学校、家庭、地域社会及び民間団体の間の連携の強化、民間団体の支援その他必要な体制の整備

・民間団体としては、子供の相談を受け付けるための電話回線を開設する団体等が想定される

○保護者が、法に規定された保護者の責務等を踏まえて子供の規範意識を養うための指導等を適切に行うことができるよう、保護者を対象とした啓発活動や相談窓口の設置など、家庭への支援を行う。

○いじめの未然防止に向けて、幼児期の教育においても、発達段階に応じて幼児が他の幼児と関わる中で相手を尊重する気持ちを持って行動できるよう、取組を促す。また、就学前のガイダンス等の機会を捉え、幼児や保護者に対するいじめの未然防止に係る取組を企画・提案する。

○いじめの防止等のための対策が専門的知識に基づき適切に行われるよう、教職員の研修の充実を通じた教職員の資質能力の向上、生徒指導に係る体制等の充実のための教諭、養護教諭その他の教職員の配置、心理、福祉等に関する専門的知識を有する者であっていじめの防止を含む教育相談に応じる者の確保、いじめへの対処に関し助言を行うために学校の求めに応じて派遣される者の確保等必要な措置

・「心理、福祉等に関する専門的知識を有する者」や「いじめへの対処に関し助言を行うために学校の求めに応じて派遣される者」として、心理や福祉の専門家であるスクールカウンセラー・スクールソーシャルワーカー、教員経験者やスクールサポーター等の警察官経験者、弁護士等が想定される

○児童生徒がインターネット上のいじめに巻き込まれていないかどうかを監視する関係機関又は関係団体の取組支援、インターネット上のいじめに関する事案に対処する体制の整備

・具体的には学校ネットパトロールの実施、情報モラルを身に付けさせるための教育の充実等が想定される

・都道府県と市町村が円滑に連携（例えば、都道府県がネットパトロールの実施体制を整備し、市町村は都道府県の実施するネットパトロールへの必要な協力をする等）

○いじめの防止及び早期発見のための方策等、いじめを受けた児童生徒又はその保護者に対する支援及びいじめを行った児童生徒に対する指導又はその保護者に対する助言の在り方、インターネット上のいじめへの対応の在り方その他のいじめの防止等のために必要な事項やいじめの防止等のための対策の実施の状況についての調査研究及び検証、その成果の普及

・自ら調査研究をするのみならず、特に市町村においては、国や都道府県の調査研究結果をいじめの防止等の対策に活用することが想定される

○いじめが児童生徒の心身に及ぼす影響、いじめを防止することの重要性、いじめに係る相談制度又は救済制度等について必要な広報その他の啓発活動

○いじめを受けた児童生徒といじめを行った児童生徒が同じ学校に在籍していない場合であっても、学校がいじめを受けた児童生徒又はその保護者に対する支援及びいじめを行った児童生徒に対する指導又はその保護者に対する助言を適切に行うことができるようにするため、学校相互間の連携協力体制を整備

○学校におけるいじめの防止等の取組の点検・充実

・いじめの実態把握の取組状況等、設置する学校における定期的なアンケート調査、個人面談の取組状況等を点検するとともに、教師向けの指導用資料やチェックリストの作成・配布などを通じ、学校におけるいじめの防止等の取組の充実を促す。

○学校と地域、家庭が組織的に連携・協働する体制構築

・より多くの大人が子供の悩みや相談を受け止めることができるようにするため、PTAや地域の関係団体等との連携促進や、学校運営協議会制度や学校支援地域本部、放課後子供教室など、学校と地域、家庭が組織的に連携・協働する体制を構築

○重大事態への対処

・公立学校を設置する地方公共団体：

(a)　公立学校を設置する地方公共団体の長は、法第二八条に定める「重大事態」発生の報告を受け、当該報告に係る重大事態への対処又は当該重大事態と同種の事態の発生の防止のため必要があると認めるときは、附属機関を設けて調査を行う等の方法により、学校の設置者又は学校による調査の結果について調査を行うことができ、調査を行ったときは、その結果を議会に報告しなければならない

(b)　地方公共団体の長及び教育委員会は、調査の結果を踏まえ、自らの権限及び責任において、当該調査に係る重大事態への対処又は当該重大事態と同種の事態の発生の防止のために必要な措置を講ずる

・私立学校の所轄庁である都道府県知事：

(a)　私立学校の所轄庁である都道府県知事は、重大事態発生の報告を受け、当該報告に係る重大事態への対処又は当該重大事態と同種の事態の発生の防止のため必要があると認めるときは、附属機関を設けて調査を行う等の方法により、学校の設置者又は学校による調査の結果について調査を行うことができる

(b)　都道府県知事は、調査の結果を踏まえ、当該調査に係る学校法人又はその設置する学校が当該調査に係る重大事態への対処又は当該重大事態と同種の事態の発生の防止のために必要な措置を講ずることができるよう、私立学校法第六条に規定する権限の適切な行使その他の必要な措置を講ずる

○都道府県私立学校主管部局の体制

都道府県私立学校主管部局において、所管する学校における定期的なアンケート調査、個人面談の取組状況等を把握するとともに、重大事態があった場合等に適切に対応できるよう、体制を整備する。

②学校の設置者として実施すべき施策

以下の事項それぞれの性質に応じ、学校の設置者として自ら実施したり、設置する学校において適切に実施されるようにしたりするなどの対応が求められる。

○児童生徒の豊かな情操と道徳心を培い、心の通う人間関係を構築する能力の素地を養うことが、いじめの防止に資することを踏まえ、全ての教育活動を通じた道徳教育及び体験活動等の充実

○当該学校に在籍する児童生徒が自主的にいじめの問題について考え、議論すること等のいじめの防止に資する活動に対する支援、当該学校に在籍する児童生徒及びその保護者並びに当該学校の教職員に対するいじめを防止することの重要性に関する理解を深めるための啓発その他必要な措置を講ずる。

○いじめを早期に発見するため、当該学校に在籍する児童生徒に対する定期的なアンケート調査、個人面談その他の必要な措置を講ずる。また、学校の設置者として、その設置する学校におけるアンケート調査、個人面談の取組状況を把握しておく。

○当該学校に在籍する児童生徒及びその保護者並びに当該学校の教職員がいじめに係る相談を行うことができるようにするため、スクールカウンセラー・スクールソーシャルワーカーの配置、弁護士等の専門家の派遣、人権擁護機関等の関係機関との連携等の体制整備を図る。生徒指導専任教員の配置を含む、いじめに適切に対応できる学校指導体制の整備を推進するとともに、部活動休養日の設定、部活動指導員の配置、教員が行う業務の明確化を含む教職員の業務負担の軽減を図る。

○当該学校の教職員に対し、いじめの防止等のための対策に関する研修の実施その他のいじめの防止等のための対策に関する資質能力の向上に必要な措置を講ずる。全ての教職員の共通理解を図るため、年に複数回、いじめの問題に関する校内研修を実施するよう、取組を促す。

○当該学校に在籍する児童生徒及びその保護者が、発信された情報の高度の流通性、発信者の匿名性その他のインターネットを通じて送信される情報の特性を踏まえて、インターネット上のいじめを防止し、及び効果的に対処することができるよう、これらの者に対する、必要な啓発活動を実施する

○いじめに対する措置

・学校の設置者は、法第二三条第二項の規定による報告を受けたときは、必要に応じ、その設置する学校に対し必要な支援を行い、若しくは必要な措置を講ずることを指示する。支援とは、具体的には、指導主事等の職員、スクールカウンセラー・スクールソーシャルワーカー、弁護士等の専門家の派遣、警察等関係機関との連携等が考えられる。学校の設置者は、その設置する学校に対し、いじめへの対処の際にこれらの支援を行うことを、予め周知しておく必要がある。さらに、学校の設置者として、学校からの報告に係る事案について自ら必要な調査を行う。公立学校におけるこの調査については、必要に応じ、法第一四条第三項の附属機関を活用することも想定される。

・市町村の教育委員会は、いじめを行った児童生徒の保護者に対して学校教育法（昭和二二年法律第二六号）第三五条第一項（同法第四九条において準用する場合を含む。）の規定に基づき当該児童生徒の出席停止を命ずる等、いじめを受けた児童生徒その他の児童生徒が安心して教育を受けられるようにするために必要な措置を速やかに講ずる。いじめの加害者である児童生徒に対して出席停止の措置を行った場合には、出席停止の期間における学習への支援など教育上必要な措置を講じ、当該児童生徒の立ち直りを支援する。

また、市町村の教育委員会は、いじめられた児童生徒又はその保護者が希望する場合には、就学校の指定の変更や区域外就学等の弾力的な対応を検討する。

○重大事態への対処（学校の設置者又は学校）

・学校の設置者又は学校は、法第二八条に定める「重大事態」に対処し、及び当該重大事態と同種の事態の発生の防止に資するため、速やかに、当該学校の設置者又はその設置する学校の下に組織を設け、質問票の使用その他の適切な方法により当該重大事態に係る事実関係を明確にするための調査を実施する。

学校の設置者又はその設置する学校は、重大事態に係る調査を行ったときは、当該調査に係るいじめを受けた児童生徒及びその保護者に対し、当該調査に係る重大事態の事実関係等その他の必要な情報について情報を適切に提供する責任がある。

・学校が調査を行う場合においては、当該学校の設置者は、調査及び情報の提供について必要な指導及び支援を実施する。

○市町村教育委員会は、出席停止の手続きに関し必要な事項を教育委員会規則で定め、学校や保護者へ周知を図る。

○学校評価の留意点、教員評価の留意点

・学校評価においていじめの問題を取り扱うに当たっては、学校評価の目的を踏まえ、いじめの有無やその多寡のみを評価するのではなく、日常の児童生徒理解、未然防止や早期発見、いじめが発生した際の迅速かつ適切な情報共有や組織的な対応等が評価されることを教職員に周知徹底するとともに、児童生徒や地域の状況を十分踏まえて目標を立て、目標に対する具体的な取組状況や達成状況を評価し、評価結果を踏まえてその改善に取り

組むようにしなければならない。

　したがって、各教育委員会は、学校いじめ防止基本方針に基づく取組（いじめが起きにくい・いじめを許さない環境づくり、早期発見・事案対処のマニュアルの実行、定期的・必要に応じたアンケート、個人面談・保護者面談の実施、校内研修の実施等）の実施状況を学校評価の評価項目に位置付けるよう、各学校に対して必要な指導・助言を行う。

・教員評価において、学校におけるいじめ防止等の対策の取組状況を積極的に評価するよう促すことも重要である。その際、各教育委員会は、教員評価において、いじめの問題を取り扱うに当たっては、いじめの有無やその多寡のみを評価するのではなく、日常の児童生徒理解、未然防止や早期発見、いじめが発生した際に問題を隠さず、迅速かつ適切に対応すること、組織的な取組等を評価するよう、実施要領の策定や評価記録書の作成、各学校における教員評価への必要な指導・助言を行う。

○学校運営改善の支援

・教職員が子供と向き合い、保護者、地域住民、関係機関等との連携を図りつつ、いじめの防止等に適切に取り組んでいくことができるようにするため、生徒指導専任教員の配置を含む、いじめに適切に対応できる学校指導体制の整備を推進するとともに、事務機能の強化など学校マネジメントを担う体制の整備を図るなど、学校運営の改善を支援する。

・保護者や地域住民が学校運営に参画する学校運営協議会制度の導入や地域学校協働活動の推進により、いじめの問題など、学校が抱える課題を共有し地域ぐるみで対応する仕組みづくりを推進する

・学校評議員や地域学校協働本部等が整備されている場合には、学校は当該学校のいじめに係る状況及び対策について情報提供するとともに、連携・協働による取組を進める。これらの仕組みが設けられていない場合には、民生委員や町内会等の地域の関係団体等に働きかけながら、地域との連携・協働を進める。

3　いじめの防止等のために学校が実施すべき施策

学校は、いじめの防止等のため、学校いじめ防止基本方針に基づき、学校いじめ対策組織を中核として、校長の強力なリーダーシップの下、一致協力体制を確立し、学校の設置者とも適切に連携の上、学校の実情に応じた対策を推進することが必要である。

(1)　いじめ防止基本方針の策定と組織等の設置

①　いじめ防止基本方針の策定

i　学校は、国の基本方針又は地方いじめ防止基本方針を参酌し、その学校の実情に応じ、「学校いじめ防止基本方針」を定める（法第一三条）

②　組織等の設置

i　学校は、当該学校におけるいじめの防止等に関する措置を実効的に行うため、複数の教職員・心理、福祉等の専門的知識を有する者その他の関係者により構成される「組織」を置くものとする（法第二二条）

ii　学校の設置者又はその設置する学校は、重大事態に対処し、及び当該重大事態と同種の事態の発生の防止に資するため、速やかに、当該学校の設置者又はその設置する学校の下に組織を設け、質問票の使用その他の適切な方法により当該重大事態に係る事実関係を明確にするための調査を行う（法第二八条）

(2)　学校いじめ防止基本方針の策定（法第一三条）

各学校は、国の基本方針、地方いじめ防止基本方針を参考にして、自らの学校として、どのようにいじめの防止等の取組を行うかについての基本的な方向や、取組の内容等を「学校いじめ防止基本方針」として定めることが必要である。

　学校いじめ防止基本方針を定める意義としては、次のようなものがある。

・学校いじめ防止基本方針に基づく対応が徹底されることにより、教職員がいじめを抱え込まず、かつ、学校のいじめへの対応が個々の教職員による対応ではなく組織として一貫した対応となる。

・いじめの発生時における学校の対応をあらかじめ示すことは、児童生徒及びその保護者に対し、児童生徒が学校生活を送る上での安心感を与えるとともに、いじめの加害行為の抑止につながる。

・加害者への成長支援の観点を基本方針に位置付けることにより、いじめの加害者への支援につながる。

　学校いじめ防止基本方針には、いじめの防止のための取組、早期発見・いじめ事案への対処（以下「事案対処」という。）の在り方、教育相談体制、生徒指導体制、校内研修などを定めることが想定され、いじめの防止、いじめの早期発見、事案対処などいじめの防止等全体に係る内容であることが必要である。

　その中核的な内容としては、いじめに向かわない態度・能力の育成等のいじめが起きにくい・いじめを許さない環境づくりのために、年間の学校教育活動全体を通じて、いじめの防止に資する多様な取組が体系的・計画的に行われるよう、包括的な取組の方針を定めたり、その具体的な指導内容のプログラム化を図ること（「学校いじめ防止プログラム」の策定等）が必要である。

　また、アンケート、いじめの通報、情報共有、適切な対処等のあり方についてのマニュアルを定め（「早期発見・事案対処のマニュアル」の策定等）、それを徹底するため、「チェックリストを作成・共有して全教職員で実施する」などといったような具体的な取組を盛り込む必要がある。そして、これらの学校いじめ防止基本方針の中核的な策定事項は、同時に学校いじめ対策組織の取組による未然防止、早期発見及び事案対処の行動計画となるよう、事案対処に関する教職員の資質能力向上を図る校内研修の取組も含めた、年間を通じた当該組織の活動が具体的に記載されるものとする。

　さらに、いじめの加害児童生徒に対する成長支援の観点から、加害児童生徒が抱える問題を解決するための具体的な対応方針を定めることも望ましい。

　加えて、より実効性の高い取組を実施するため、学校いじめ防止基本方針が、当該学校の実情に即して適切に機能しているかを学校いじめ対策組織を中心に点検し、必要に応じて見直す、というＰＤＣＡサイクルを、学校いじめ防止基本方針に盛り込んでおく必要がある。

　学校いじめ防止基本方針に基づく取組の実施状況を学校評価の評価項目に位置付ける。学校いじめ防止基本方針において、いじめの防止等のための取組（いじめが起きにくい・いじめを許さない環境づくりに係る取組、早期発見・事案対処のマニュアルの実行、定期的・必要に応じたアンケート、個人面談・保護者面談の実施、校内研修の実施等）に係る達成目標を設定し、学校評価において目標の達成状況を評価する。各学校は、評価結果を踏まえ、学校におけるいじめの防止等のための取組の改善を図る必要がある。

　学校いじめ防止基本方針を策定するに当たっては、方針を検討する段階から保護者、地域住民、関係機関等の参画を得た学校いじめ防止基本方針になるようにすることが、学校いじめ防止基本方針策定後、学校の取組を円滑に進めていく上でも有効であることから、これらの関係者と協議を重ねながら具体的ないじめ防止等の対策に係る連携について定めることが望ましい。また、児童生徒とともに、学校全体でいじめの防止等に取り組む観点から、学校いじめ防止基本方針の策定に際し、児童生徒の意見を取り入れるなど、いじめの防止等について児童生徒の主体的かつ積極的な参加が確保できるよう留意する。

　さらに、策定した学校いじめ防止基本方針については、各学校のホームページへの掲載その他の方法により、保護者や地域住民が学校いじめ防止基本方針の内容を容易に確認できるような措置を講ずるとともに、その内容を、必ず入学時・各年度の開始時に児童生徒、保護者、関

係機関等に説明する。

(3)　学校におけるいじめの防止等の対策のための組織（法第二二条）

法第二二条は、学校におけるいじめの防止、いじめの早期発見及びいじめへの対処等に関する措置を実効的に行うため、組織的な対応を行うため中核となる常設の組織を置くことを明示的に規定したものであるが、これは、いじめについては、特定の教職員で問題を抱え込まず学校が組織的に対応することにより、複数の目による状況の見立てが可能となること、また、必要に応じて、心理や福祉の専門家であるスクールカウンセラー・スクールソーシャルワーカー、弁護士、医師、警察官経験者など外部専門家等が参加しながら対応することなどにより、より実効的ないじめの問題の解決に資することが期待されることから、規定されたものである。

また、学校いじめ防止基本方針に基づく取組の実施や具体的な年間計画（学校いじめ防止プログラム等）の作成や実施に当たっては、保護者や児童生徒の代表、地域住民などの参加を図ることが考えられる。

学校いじめ対策組織は、学校が組織的かつ実効的にいじめの問題に取り組むに当たって中核となる役割を担う。具体的には、次に掲げる役割が挙げられる。

【未然防止】

・いじめの未然防止のため、いじめが起きにくい・いじめを許さない環境づくりを行う役割

【早期発見・事案対処】

・いじめの早期発見のため、いじめの相談・通報を受け付ける窓口としての役割
・いじめの早期発見・事案対処のため、いじめの疑いに関する情報や児童生徒の問題行動などに係る情報の収集と記録、共有を行う役割
・いじめに係る情報（いじめが疑われる情報や児童生徒間の人間関係に関する悩みを含む。）があった時には緊急会議を開催するなど、情報の迅速な共有、及び関係児童生徒に対するアンケート調査、聴き取り調査等により事実関係の把握といじめであるか否かの判断を行う役割
・いじめの被害児童生徒に対する支援・加害児童生徒に対する指導の体制・対応方針の決定と保護者との連携といった対応を組織的に実施する役割

【学校いじめ防止基本方針に基づく各種取組】

・学校いじめ防止基本方針に基づく取組の実施や具体的な年間計画の作成・実行・検証・修正を行う役割
・学校いじめ防止基本方針におけるいじめの防止等に係る校内研修を企画し、計画的に実施する役割
・学校いじめ防止基本方針が当該学校の実情に即して適切に機能しているかについての点検を行い、学校いじめ防止基本方針の見直しを行う役割（PDCAサイクルの実行を含む。）

などが想定される。

いじめが起きにくい・いじめを許さない環境づくりを実効的に行うためには、学校いじめ対策組織は、児童生徒及び保護者に対して、自らの存在及び活動が容易に認識される取組（例えば、全校集会の際にいじめ対策組織の教職員が児童生徒の前で取組を説明する等）を実施する必要がある。また、いじめの早期発見のためには、学校いじめ対策組織は、いじめを受けた児童生徒を徹底して守り通し、事案を迅速かつ適切に解決する相談・通報の窓口であると児童生徒から認識されるようにしていく必要がある。

教育委員会をはじめとする学校の設置者及び都道府県私立学校主管部局においては、以上の組織の役割が果たされているかどうか確認し、必要な指導・助言を行う。

さらに、児童生徒に対する定期的なアンケートを実施する際に、児童生徒が学校いじめ対策組織の存在、その活動内容等について具体的に把握・認識しているか否かを調査し、取組の改善につなげることも有効である。

学校いじめ対策組織は、いじめの防止等の中核となる組織として、的確にいじめの疑いに関する情報を共有し、共有された情報を基に、組織的に対応できるような体制とすることが必要である。特に、事実関係の把握、いじめであるか否かの判断は組織的に行うことが必要であり、当該組織が、情報の収集と記録、共有を行う役割を担うため、教職員は、ささいな兆候や懸念、児童生徒からの訴えを、抱え込まずに、又は対応不要であると個人で判断せずに、直ちに全て当該組織に報告・相談する。加えて、当該組織に集められた情報は、個別の児童生徒ごとなどに記録し、複数の教職員が個別に認知した情報の集約と共有化を図る。

学校として、学校いじめ防止基本方針やマニュアル等において、いじめの情報共有の手順及び情報共有すべき内容（いつ、どこで、誰が、何を、どのように等）を明確に定めておく必要がある。

これらのいじめの情報共有は、個々の教職員の責任追及のために行うものではなく、気付きを共有して早期対応につなげることが目的であり、学校の管理職は、リーダーシップをとって情報共有を行いやすい環境の醸成に取り組む必要がある。

また、当該組織は、各学校の学校いじめ防止基本方針の策定や見直し、各学校で定めたいじめの取組が計画どおりに進んでいるかどうかのチェックや、いじめの対処がうまくいかなかったケースの検証、必要に応じた計画の見直しなど、各学校のいじめの防止等の取組についてPDCAサイクルで検証を担う役割が期待される。

法第二二条においては、学校いじめ対策組織は「当該学校の複数の教職員、心理、福祉等に関する専門的な知識を有する者その他の関係者により構成される」とされているところ、「当該学校の複数の教職員」については、学校の管理職や主幹教諭、生徒指導担当教員、学年主任、養護教諭、学級担任、教科担任、部活動指導に関わる教職員、学校医等から、組織的対応の中核として機能するような体制を、学校の実情に応じて決定する。さらに、可能な限り、同条の「心理、福祉等に関する専門的な知識を有する者」として、心理や福祉の専門家であるスクールカウンセラー・スクールソーシャルワーカー、弁護士、医師、警察官経験者等の外部専門家を当該組織に参画させ、実効性のある人選とする必要がある。これに加え、個々のいじめの防止・早期発見・対処に当たって関係の深い教職員を追加する。

いじめの未然防止・早期発見の実効化とともに、教職員の経験年数やクラス担任制の垣根を越えた、教職員同士の日常的なつながり・同僚性を向上させるためには、児童生徒に最も接する機会の多い学級担任や教科担任等が参画し、学校いじめ対策組織にこれらの機能や目的を十分に果たせるような人員配置とする必要がある。このため、学校のいじめ対策の企画立案、事案対処等を、学級担任を含めた全ての教職員が経験することができるようにするなど、未然防止・早期発見・事案対処の実効化のため、組織の構成を適宜工夫・改善できるよう、柔軟な組織とすることが有効である。

さらに、当該組織を実際に機能させるに当たっては、適切に外部専門家の助言を得つつも機動的に運用できるよう、構成員全体の会議と日常的な関係者の会議に役割分担しておくなど、学校の実情に応じて工夫することも必要である。

なお、法第二八条第一項に規定する重大事態の調査のための組織について、学校がその調査を行う場合は、この組織を母体としつつ、当該事案の性質に応じて適切な専門家を加えるなどの方法によって対応することも考えられる。（重大事態への対処については「4　重大事態への対処」に詳述）

(4)　学校におけるいじめの防止等に関する措置

学校の設置者及び学校は、連携して、いじめの防止や早期発見、いじめが発生した際の対処等に当たる（（後掲）【学校における「いじめの防止」「早期発見」「いじめに対する措置」のポイント】参照）。

i　いじめの防止

いじめはどの子供にも起こりうるという事実を踏まえ、全ての児童生徒を対象に、いじめに

向かわせないための未然防止の取組として、児童生徒が自主的にいじめの問題について考え、議論すること等のいじめの防止に資する活動に取り組む。

また、未然防止の基本は、児童生徒が、心の通じ合うコミュニケーション能力を育み、規律正しい態度で授業や行事に主体的に参加・活躍できるような授業づくりや集団づくりを行う。

児童生徒に対するアンケート・聴き取り調査によって初めていじめの事実が把握される例も多く、いじめの被害者を助けるためには児童生徒の協力が必要となる場合がある。このため、学校は児童生徒に対して、傍観者とならず、学校いじめ対策組織への報告をはじめとするいじめを止めさせるための行動をとる重要性を理解させるよう努める。

加えて、集団の一員としての自覚や自信を育むことにより、いたずらにストレスにとらわれることなく、互いを認め合える人間関係・学校風土をつくる。

さらに、教職員の言動が、児童生徒を傷つけたり、他の児童生徒によるいじめを助長したりすることのないよう、指導の在り方に細心の注意を払う。

ii　早期発見

いじめは大人の目に付きにくい時間や場所で行われたり、遊びやふざけあいを装って行われたりするなど、大人が気付きにくく判断しにくい形で行われることが多いことを教職員は認識し、ささいな兆候であっても、いじめではないかとの疑いを持って、早い段階から的確に関わりを持ち、いじめを隠したり軽視したりすることなく、いじめを積極的に認知することが必要である。

このため、日頃から児童生徒の見守りや信頼関係の構築等に努め、児童生徒が示す変化や危険信号を見逃さないようアンテナを高く保つ。あわせて、学校は定期的なアンケート調査や教育相談の実施等により、児童生徒がいじめを訴えやすい体制を整え、いじめの実態把握に取り組む。

各学校は、学校いじめ防止基本方針において、アンケート調査、個人面談の実施や、それらの結果の検証及び組織的な対処方法について定めておく必要がある。

アンケート調査や個人面談において、児童生徒が自らSOSを発信すること及びいじめの情報を教職員に報告することは、当該児童生徒にとっては多大な勇気を要するものであることを教職員は理解しなければならない。これを踏まえ、学校は、児童生徒からの相談に対しては、必ず学校の教職員等が迅速に対応することを徹底する。

iii　いじめに対する措置

法第二三条第一項は、「学校の教職員、地方公共団体の職員その他の児童等からの相談に応じる者及び児童等の保護者は、児童等からいじめに係る相談を受けた場合において、いじめの事実があると思われるときは、いじめを受けたと思われる児童等が在籍する学校への通報その他の適切な措置をとるものとする。」としており、学校の教職員がいじめを発見し、又は相談を受けた場合には、速やかに、学校いじめ対策組織に対し当該いじめに係る情報を報告し、学校の組織的な対応につなげなければならない。すなわち、学校の特定の教職員が、いじめに係る情報を抱え込み、学校いじめ対策組織に報告を行わないことは、同項の規定に違反し得る。

また、各教職員は、学校の定めた方針等に沿って、いじめに係る情報を適切に記録しておく必要がある。

学校いじめ対策組織において情報共有を行った後は、事実関係の確認の上、組織的に対応方針を決定し、被害児童生徒を徹底して守り通す。

加害児童生徒に対しては、当該児童生徒の人格の成長を旨として、教育的配慮の下、毅然とした態度で指導する。これらの対応について、教職員全員の共通理解、保護者の協力、関係機関・専門機関との連携の下で取り組む。

いじめは、単に謝罪をもって安易に解消とすることはできない。いじめが「解消している」状態とは、少なくとも次の二つの要件が満たされている必要がある。ただし、これらの要件が満たされている場合であっても、必要に応じ、他の事情も勘案して判断するものとする。

①いじめに係る行為が止んでいること

被害者に対する心理的又は物理的な影響を与える行為（インターネットを通じて行われるものを含む。）が止んでいる状態が相当の期間継続していること。この相当の期間とは、少なくとも三か月を目安とする。ただし、いじめの被害の重大性等からさらに長期の期間が必要であると判断される場合は、この目安にかかわらず、学校の設置者又は学校いじめ対策組織の判断により、より長期の期間を設定するものとする。学校の教職員は、相当の期間が経過するまでは、被害・加害児童生徒の様子を含め状況を注視し、期間が経過した段階で判断を行う。行為が止んでいない場合は、改めて、相当の期間を設定して状況を注視する。

②被害児童生徒が心身の苦痛を感じていないこと

いじめに係る行為が止んでいるかどうかを判断する時点において、被害児童生徒がいじめの行為により心身の苦痛を感じていないと認められること。被害児童生徒本人及びその保護者に対し、心身の苦痛を感じていないかどうかを面談等により確認する。

学校は、いじめが解消に至っていない段階では、被害児童生徒を徹底的に守り通し、その安全・安心を確保する責任を有する。学校いじめ対策組織においては、いじめが解消に至るまで被害児童生徒の支援を継続するため、支援内容、情報共有、教職員の役割分担を含む対処プランを策定し、確実に実行する。

上記のいじめが「解消している」状態とは、あくまで、一つの段階に過ぎず、「解消している」状態に至った場合でも、いじめが再発する可能性が十分にあり得ることを踏まえ、学校の教職員は、当該いじめの被害児童生徒及び加害児童生徒については、日常的に注意深く観察する必要がある。

iv　その他

国立学校及び私立学校における、いじめの問題への対応について、必要に応じて、教育委員会からのスクールカウンセラー・スクールソーシャルワーカー、弁護士等の専門家・関係機関の紹介や、研修機会の提供等の支援が受けられるよう、日常的に、国立学校の設置者は国及び教育委員会との連携確保、都道府県私立学校主管部局は、教育委員会との連携確保に努める。

4　重大事態への対処

(1)　学校の設置者又は学校による調査

いじめの重大事態については、本基本方針及び「いじめの重大事態の調査に関するガイドライン（平成二九年三月文部科学省）」により適切に対応する。

i　重大事態の発生と調査（法第二八条）

①重大事態の意味について

「いじめにより」とは、各号に規定する児童生徒の状況に至る要因が当該児童生徒に対して行われるいじめにあることを意味する。

また、法第一号の「生命、心身又は財産に重大な被害」については、いじめを受ける児童生徒の状況に着目して判断する。例えば、

○児童生徒が自殺を企図した場合
○身体に重大な傷害を負った場合
○金品等に重大な被害を被った場合
○精神性の疾患を発症した場合

などのケースが想定される。

法第二号の「相当の期間」については、不登校の定義を踏まえ、年間三〇日を目安とする。ただし、児童生徒が一定期間、連続して欠席しているような場合には、上記目安にかかわらず、学校の設置者又は学校の判断により、迅速に調査に着手することが必要である。

また、児童生徒や保護者からいじめにより重大な被害が生じたという申立てがあったときは、その時点で学校が「いじめの結果ではない」あるいは「重大事態とはいえない」と考えたとしても、重大事態が発生したものとして報告・調査等に当たる。児童生徒又は保護者からの申立ては、学校が把握していない極めて重要な情報である可能性があることから、調査をしないまま、いじめの重大事態ではないと断言できないことに留意する。

②重大事態の報告

学校は、重大事態が発生した場合、国立学校は国立大学法人の学長を通じて文部科学大臣へ、公立学校は当該学校を設置する地方公共団体の長へ、私立学校は当該学校を所轄する都道府県知事へ、学校設置会社が設置する学校は当該学校設置会社の代表取締役又は代表執行役を通じて認定地方公共団体の長へ、事態発生について報告する。

③調査の趣旨及び調査主体について

法第二八条の調査は、重大事態に対処するとともに、同種の事態の発生の防止に資するために行うものである。

学校は、重大事態が発生した場合には、直ちに学校の設置者に報告し、学校の設置者は、その事案の調査を行う主体や、どのような調査組織とするかについて判断する。

調査の主体は、学校が主体となって行う場合と、学校の設置者が主体となって行う場合が考えられるが、従前の経緯や事案の特性、いじめられた児童生徒又は保護者の訴えなどを踏まえ、学校主体の調査では、重大事態への対処及び同種の事態の発生の防止に必ずしも十分な結果を得られないと学校の設置者が判断する場合や、学校の教育活動に支障が生じるおそれがあるような場合には、学校の設置者において調査を実施する。

学校が調査主体となる場合であっても、法第二八条第三項に基づき、学校の設置者は調査を実施する学校に対して必要な指導、また、人的措置も含めた適切な支援を行わなければならない。

なお、法第二八条で、組織を設けて調査を行う主体としては「学校の設置者又は学校は」と規定されているが、このうち公立学校の場合の「学校の設置者」とは、学校を設置・管理する教育委員会である。

また、国立学校の設置者は国立大学法人であり、私立学校の設置者は学校法人である。

なお、従前の経緯や事案の特性から必要な場合や、いじめられた児童生徒又は保護者が望む場合には、法第二八条第一項の調査に並行して、地方公共団体の長等による調査を実施することも想定しうる。この場合、調査対象となる児童生徒等への心理的な負担を考慮し、重複した調査とならないよう、法第二八条第一項の調査主体と、並行して行われる調査主体とが密接に連携し、適切に役割分担を図ることが求められる（例えば、アンケートの収集などの初期的な調査を学校の設置者又は学校が中心となって行い、収集した資料に基づく分析及び追加調査を、並行して行われる調査で実施する等が考えられる）。

④調査を行うための組織について

学校の設置者又は学校は、その事案が重大事態であると判断したときは、当該重大事態に係る調査を行うため、速やかに、その下に組織を設けることとされている。

この組織の構成については、弁護士や精神科医、学識経験者、心理や福祉の専門家であるスクールカウンセラー・スクールソーシャルワーカー等の専門的知識及び経験を有する者であって、当該いじめ事案の関係者と直接の人間関係又は特別の利害関係を有しない者（第三者）について、職能団体や大学、学会からの推薦等により参加を図ることにより、当該調査の公平性・中立性を確保するよう努めることが求められる。

重大事態が起きてから急遽調査を行うための組織を立ち上げることは困難である点から、地域の実情に応じて、平時から調査を行うための組織を設置しておくことが望ましい。公立学校における調査において、学校の設置者が調査主体となる場合、法第一四条第三項の教育委員会に設置される附属機関を、調査を行うための組織とすることも考えられる。なお、小規模の自治体など、設置が困難な地域も想定されることを踏まえ、都道府県教育委員会においては、これらの地域を支援するため、職能団体や大学、学会等の協力を得られる体制を平素から整えておくことなどが望まれる。

なお、この場合、調査を行うための組織の構成員に、調査対象となるいじめ事案の関係者と直接の人間関係又は特別の利害関係を有する者がいる場合には、その者を除いた構成員で調査に当たる等、当該調査の公平性・中立性確保の観点からの配慮に努めることが求められる。

また、学校が調査の主体となる場合、調査を行うための組織を重大事態の発生の都度設けることも考えられるが、それでは迅速性に欠けるおそれがあるため、法第二二条に基づき学校に必ず置かれることとされている学校いじめ対策組織を母体として、当該重大事態の性質に応じて適切な専門家を加えるなどの方法によることも考えられる。

⑤事実関係を明確にするための調査の実施

「事実関係を明確にする」とは、重大事態に至る要因となったいじめ行為が、いつ（いつ頃から）、誰から行われ、どのような態様であったか、いじめを生んだ背景事情や児童生徒の人間関係にどのような問題があったか、学校・教職員がどのように対応したかなどの事実関係を、可能な限り網羅的に明確にすることである。この際、因果関係の特定を急ぐべきではなく、客観的な事実関係を速やかに調査すべきである。

この調査は、民事・刑事上の責任追及やその他の争訟等への対応を直接の目的とするものでないことは言うまでもなく、学校とその設置者が事実に向き合うことで、当該事態への対処や同種の事態の発生防止を図るものである。

法第二八条の調査を実りあるものにするためには、学校の設置者・学校自身が、たとえ不都合なことがあったとしても、事実にしっかりと向き合おうとする姿勢が重要である。学校の設置者又は学校は、附属機関等に対して積極的に資料を提供するとともに、調査結果を重んじ、主体的に再発防止に取り組まなければならない。

(ア)　いじめられた児童生徒からの聴き取りが可能な場合

いじめられた児童生徒からの聴き取りが可能な場合、いじめられた児童生徒から十分に聴き取るとともに、在籍児童生徒や教職員に対する質問紙調査や聴き取り調査を行うことなどが考えられる。この際、いじめられた児童生徒や情報を提供してくれた児童生徒を守ることを最優先とした調査実施が必要である（例えば、質問票の使用に当たり個別の事案が広く明らかになり、被害児童生徒の学校復帰が阻害されることのないよう配慮する等）。

調査による事実関係の確認とともに、いじめた児童生徒への指導を行い、いじめ行為を止める。

いじめられた児童生徒に対しては、事情や心情を聴取し、いじめられた児童生徒の状況にあわせた継続的なケアを行い、落ち着いた学校生活復帰の支援や学習支援等をすることが必要である。

これらの調査を行うに当たっては、（後掲の）「学校における『いじめの防止』『早期発見』『いじめに対する措置』のポイント」を参考にしつつ、事案の重大性を踏まえて、学校の設置者がより積極的に指導・支援したり、関係機関ともより適切に連携したりして、対応に当たることが必要である。

(イ)　いじめられた児童生徒からの聴き取りが不可能な場合

児童生徒の入院や死亡など、いじめられた児童生徒からの聴き取りが不可能な場合は、当該児童生徒の保護者の要望・意見を十分に聴取し、迅速に当該保護者に今後の調査について協議し、調査に着手する必要がある。調査方法としては、在籍児童生徒や教職員に対する質問紙調査や聴き取り調査などが考えられる。

（自殺の背景調査における留意事項）

児童生徒の自殺という事態が起こった場合の調査の在り方については、その後の自殺防止に資する観点から、自殺の背景調査を実施することが必要である。この調査においては、亡くなった児童生徒の尊厳を保持しつつ、その死に至った経過を検証し再発防止策を構ずることを目指し、遺族の気持ちに十分配慮しながら行うことが必要である。

いじめがその要因として疑われる場合の背景調査については、法第二八条第一項に定める調査に相当することとなり、その在り方については、以下の事項に留意のうえ、「子供の自殺が起きたときの背景調査の指針（改訂版）」（平成二六年七月文部科学省・児童生徒の自殺予防に関する調査研究協力者会議）を参考とするものとする。

○背景調査に当たり、遺族が、当該児童生徒を最も身近に知り、また、背景調査について切実な心情を持つことを認識し、その要望・意見を十分に聴取するとともに、できる限りの配慮と説明を行う。

○在校生及びその保護者に対しても、できる限りの配慮と説明を行う。

○死亡した児童生徒が置かれていた状況として、いじめの疑いがあることを踏まえ、学校の設置者又は学校は、遺族に対して主体的に、在校生へのアンケート調査や一斉聴き取り調査を含む詳しい調査の実施を提案する。

○詳しい調査を行うに当たり、学校の設置者又は学校は、遺族に対して、調査の目的・目標、調査を行う組織の構成等、調査の概ねの期間や方法、入手した資料の取り扱い、遺族に対する説明の在り方や調査結果の公表に関する方針などについて、できる限り、遺族と合意しておくことが必要である。

○調査を行う組織については、弁護士や精神科医、学識経験者、心理や福祉の専門家であるスクールカウンセラー・スクールソーシャルワーカー等の専門的知識及び経験を有する者であって、当該いじめ事案の関係者と直接の人間関係又は特別の利害関係を有する者ではない者（第三者）について、職能団体や大学、学会からの推薦等により参加を図ることにより、当該調査の公平性・中立性を確保するよう努める。

○背景調査においては、自殺が起きた後の時間の経過等に伴う制約の下で、できる限り、偏りのない資料や情報を多く収集し、それらの信頼性の吟味を含めて、客観的に、特定の資料や情報にのみ依拠することなく総合的に分析評価を行うよう努める。

○客観的な事実関係の調査を迅速に進めることが必要であり、それらの事実の影響についての分析評価については、専門的知識及び経験を有する者の援助を求めることが必要であることに留意する。

○学校が調査を行う場合においては、当該学校の設置者は、情報の提供について必要な指導及び支援を行うこととされており、学校の設置者の適切な対応が求められる。

○情報発信・報道対応については、プライバシーへの配慮のうえ、正確で一貫した情報提供が必要であり、初期の段階で情報がないからといって、トラブルや不適切な対応がなかったと決めつけたり、断片的な情報で誤解を与えたりすることのないよう留意する。なお、亡くなった児童生徒の尊厳の保持や、子供の自殺は連鎖（後追い）の可能性があることなどを踏まえ、報道の在り方に特別の注意が必要であり、ＷＨＯ（世界保健機関）による自殺報道への提言を参考にする必要がある。

⑥その他留意事項

法第二三条第二項においても、いじめの事実の有無の確認を行うための措置を講ずるとされ、学校において、いじめの事実の有無の確認のための措置を講じた結果、重大事態であると判断した場合も想定されるが、それのみでは重大事態の全貌の事実関係が明確にされたとは限らず、未だその一部が解明されたにすぎない場合もあり得ることから、法第二八条第一項の「重大事態に係る事実関係を明確にするための調査」として、法第二三条第二項で行った調査資料の再分析や、必要に応じて新たな調査を行うこととする。ただし、法第二三条第二項による措置にて事実関係の全貌が十分に明確にされたと判断できる場合は、この限りでない。

また、事案の重大性を踏まえ、学校の設置者の積極的な支援が必要となる場合がある。例えば、特に市町村教育委員会においては、義務教育段階の児童生徒に関して、出席停止措置の活用や、いじめられた児童生徒又はその保護者が希望する場合には、就学校の指定の変更や区域外就学等の弾力的な対応を検討することも必要である。

また重大事態が発生した場合に、関係のあった児童生徒が深く傷つき、学校全体の児童生徒や保護者や地域にも不安や動揺が広がったり、時には事実に基づかない風評等が流れたりする場合もある。学校の設置者及び学校は、児童生徒や保護者への心のケアと落ち着いた学校生活を取り戻すための支援に努めるとともに、予断のない一貫した情報発信、個人のプライバシーへの配慮に留意する必要がある。

ⅱ　調査結果の提供及び報告（法第二八条）

①いじめを受けた児童生徒及びその保護者に対する情報を適切に提供する責任

学校の設置者又は学校は、いじめを受けた児童生徒やその保護者に対して、事実関係等その他の必要な情報を提供する責任を有することを踏まえ、調査により明らかになった事実関係（いじめ行為がいつ、誰から行われ、どのような態様であったか、学校がどのように対応したか）について、いじめを受けた児童生徒やその保護者に対して説明する。この情報の提供に当たっては、適時・適切な方法で、経過報告があることが望ましい。

これらの情報の提供に当たっては、学校の設置者又は学校は、他の児童生徒のプライバシー保護に配慮するなど、関係者の個人情報に十分配慮し、適切に提供する。

ただし、いたずらに個人情報保護を盾に説明を怠るようなことがあってはならない。

質問紙調査の実施により得られたアンケートについては、いじめられた児童生徒又はその保護者に提供する場合があることをあらかじめ念頭におき、調査に先立ち、その旨を調査対象となる在校生やその保護者に説明する等の措置が必要であることに留意する。

また、学校が調査を行う場合においては、当該学校の設置者は、情報の提供の内容・方法・時期などについて必要な指導及び支援を行うこととされており、学校の設置者の適切な対応が求められる。

②調査結果の報告

調査結果については、国立学校に係る調査結果は文部科学大臣に、公立学校に係る調査結果は当該地方公共団体の長に、私立学校に係る調査結果は、当該学校を所轄する都道府県知事に、学校設置会社が設置する学校に係る調査結果は当該学校設置会社の代表取締役等を通じて認定地方公共団体の長に、それぞれ報告する。

上記①の説明の結果を踏まえて、いじめを受けた児童生徒又はその保護者が希望する場合には、いじめを受けた児童生徒又はその保護者の所見をまとめた文書の提供を受け、調査結果の報告に添えて地方公共団体の長等に送付する。

(2)調査結果の報告を受けた文部科学大臣、地方公共団体の長又は都道府県知事による再調査及び措置

ｉ　再調査（国立大学に附属して設置される学校に係る対処）（法第二九条・第三〇条・第三一条）

上記②の報告を受けた文部科学大臣、地方公共団体の長、都道府県知事は、当該報告に係る重大事態への対処又は当該重大事態と同種の事態の発生の防止のため必要があると認めるときは、法第二八条第一項の規定による調査の結果について調査（以下「再調査」という。）を行うことができる。

法第三〇条第二項及び第三一条第二項で規定する「附属機関を設けて調査を行う等の方法」とは、当該再調査を行うに当たって、専門的な知識又は経験を有する第三者等による附属機関を設けて行うことを主な方法として念頭に置いたものであるが、「等」としては、地方公共団体が既に設置している附属機関や監査組織等を活用しながら調査を進めることなども考えられる。

これらの附属機関については、弁護士や精神科医、学識経験者、心理や福祉の専門家であるスクールカウンセラー・スクールソーシャルワーカー等の専門的な知識及び経験を有する者であって、当該いじめ事案の関係者と直接の人間関係又は特別の利害関係を有する者ではない者（第三者）について、職能団体や大学、学会からの推薦等により参加を図り、当該調査の公平

性・中立性を図るよう努めることが求められる。

また、附属機関を置く場合、重大事態の発生の都度、条例により機関を設置することは、迅速性という観点から必ずしも十分な対応ができないおそれがあるため、あらかじめ法にいう重大事態に対応するための附属機関を設けておくことも考えられる。

国立学校・私立学校について、法により、文部科学大臣・都道府県知事に新たな権限が付与されるものではないが、文部科学大臣・都道府県知事は、当該事案に係る資料の提供等を求め、資料の精査や分析を改めて行うこと等が考えられる。

なお、従前の経緯や事案の特性から必要な場合や、いじめられた児童生徒又は保護者が望む場合には、法第二八条第一項の調査に並行して、地方公共団体の長等による調査を実施することも想定しうる。この場合、調査対象となる児童生徒等への心理的な負担を考慮し、重複した調査とならないよう、法第二八条第一項の調査主体と、並行して行われる調査主体とが密接に連携し、適切に役割分担を図ることが求められる（例えば、アンケートの収集などの初期的な調査を学校の設置者又は学校が中心となって行い、収集した資料に基づく分析及び追加調査を、並行して行われる調査で実施する等が考えられる）。【再掲】

再調査についても、学校の設置者又は学校等による調査同様、再調査の主体は、いじめを受けた児童生徒及びその保護者に対して、情報を適切に提供する責任があるものと認識し、適時・適切な方法で、調査の進捗状況等及び調査結果を説明する。

ⅱ　再調査の結果を踏まえた措置等

公立学校の場合、地方公共団体の長及び教育委員会は、再調査の結果を踏まえ、自らの権限及び責任において、当該調査に係る重大事態への対処又は当該重大事態と同種の事態の発生の防止のために必要な措置を講ずるものとすることとされている。国立学校・私立学校等についても、本法により特別に新たな権限が与えられるものではないが、国立大学法人法において準用する独立行政法人通則法の規定や私立学校法の規定等に定める権限に基づき、必要な措置を講ずることとされている。

「必要な措置」としては、教育委員会においては、例えば、指導主事や教育センターの専門家の派遣による重点的な支援、生徒指導に専任的に取り組む教職員の配置など人的体制の強化、心理や福祉の専門家であるスクールカウンセラー・スクールソーシャルワーカー、教員・警察官経験者など外部専門家の追加配置等、多様な方策が考えられる。首長部局においても、必要な教育予算の確保や児童福祉や青少年健全育成の観点からの措置が考えられる。

また、公立学校について再調査を行ったとき、地方公共団体の長はその結果を議会に報告しなければならないこととされている。議会へ報告する内容については、個々の事案の内容に応じ、各地方公共団体において適切に設定されることとなるが、個人のプライバシーに対しては必要な配慮を確保することが当然求められる。

第3　その他いじめの防止等のための対策に関する重要事項

高等専門学校（学校教育法第一条に規定する高等専門学校をいう。）の設置者及びその設置する高等専門学校は、その実情に応じ、当該高等専門学校に在籍する学生に係るいじめに相当する行為の防止、早期発見及び当該行為への対処のための対策に関し、スクールカウンセラー・スクールソーシャルワーカーの配置、弁護士等の専門家の派遣、関係機関との連携等の体制整備をはじめとする必要な措置を講ずるよう努める。高等専門学校が、いじめの問題への対応において、必要に応じて、教育委員会からのスクールカウンセラー・スクールソーシャルワーカー、弁護士等の専門家・関係機関の紹介や、研修機会の提供等の支援が受けられるよう、高等専門学校の設置者は、日常的に教育委員会との連携確保に努める。

また、国は、当該基本方針の策定から三年の経過を目途として、法の施行状況等を勘案して、国の基本方針の見直しを検討し、必要があると認められるときは、その結果に基づいて必要な措置を講じる。

加えて、国は都道府県・政令市における地方いじめ防止基本方針について、都道府県は市町村における地方いじめ防止基本方針について、地方公共団体は自ら設置する学校における学校いじめ防止基本方針について、それぞれ策定状況を確認し、公表する。

●学校における「いじめの防止」「早期発見」「いじめに対する措置」のポイント〔抄〕

（平成二五年一〇月二一日　文部科学省）

〔注〕本ポイントは、平二九・三・一四の文部科学大臣決定「いじめの防止等のための基本的な方針」最終決定にともない同方針の「別添2」となった。本書では、「別添2」の改訂箇所を必要な範囲で織り込んだ。

・学校及び学校の設置者は、連携して、いじめの防止や早期発見、いじめが発生した際の対処等に当たる

①(1)　**いじめの防止**

基本的考え方

いじめはどの子供にも起こりうる、どの子供も被害者にも加害者にもなりうるという事実を踏まえ、児童生徒の尊厳が守られ、児童生徒をいじめに向かわせないための未然防止に、全ての教職員が取り組むことからはじめていく必要がある。

未然防止の基本となるのは、児童生徒が、周囲の友人や教職員と信頼できる関係の中、安心・安全に学校生活を送ることができ、規律正しい態度で授業や行事に主体的に参加・活躍できるような授業づくりや集団づくり、学校づくりを行っていくことである。児童生徒に集団の一員としての自覚や自信が育まれることにより、いたずらにストレスにとらわれることなく、互いを認め合える人間関係・学校風土を児童生徒自らが作り出していくものと期待される。

そうした未然防止の取組が着実に成果を上げているかどうかについては、日常的に児童生徒の行動の様子を把握したり、定期的なアンケート調査や児童生徒の欠席日数などで検証したりして、どのような改善を行うのか、どのような新たな取組を行うかを定期的に検

討し、体系的・計画的にＰＤＣＡサイクルに基づく取組を継続することが大切である。

② いじめの防止のための措置

ア　いじめについての共通理解

いじめの態様や特質、原因・背景、具体的な指導上の留意点などについて、校内研修や職員会議で周知を図り、平素から教職員全員の共通理解を図っていくことが大切である。また、児童生徒に対しても、全校集会や学級活動（ホームルーム活動）などで校長や教職員が、日常的にいじめの問題について触れ、「いじめは人間として絶対に許されない」との雰囲気を学校全体に醸成していくことが大切である。その際、いじめの未然防止のための授業（「いじめとは何か。いじめはなぜ許されないのか。」等）を、学校いじめ対策組織の構成員である教職員が講師を務め実施するなど、学校いじめ対策組織の存在及び活動が児童生徒に容易に認識される取組を行うことが有効である。常日頃から、児童生徒と教職員がいじめとは何かについて具体的な認識を共有する手段として、何がいじめなのかを具体的に列挙して目につく場所に掲示するなどが考えられる。

イ　いじめに向かわない態度・能力の育成

学校の教育活動全体を通じた道徳教育や人権教育の充実、読書活動・体験活動などの推進により、児童生徒の社会性を育むとともに、幅広い社会体験・生活体験の機会を設け、他人の気持ちを共感的に理解できる豊かな情操を培い、自分の存在と他人の存在を等しく認め、お互いの人格を尊重する態度を養う（注1）。また、自他の意見の相違があっても、互いを認め合いながら建設的に調整し、解決していける力や、自分の言動が相手や周りにどのような影響を与えるかを判断して行動できる力など、児童生徒が円滑に他者とコミュニケーションを図る能力を育てる（注2）。指導に当たっては、発達の段階に応じて、児童生徒がいじめの問題を自分のこととして捉え、考え、議論することにより、正面から向き合うことができるよう、実践的な取組を行う。また、その際、

・いじめは重大な人権侵害に当たり、被害者、加害者及び周囲の児童生徒に大きな傷を残すものであり、決して許されないこと、
・いじめが刑事罰の対象となり得ること、不法行為に該当し損害賠償責任が発生し得ること

等についても、実例（裁判例等）を示しながら、人権を守ることの重要性やいじめの法律上の扱いを学ぶといった取組を行う。

ウ　いじめが生まれる背景と指導上の注意

いじめ加害の背景には、勉強や人間関係等のストレスが関わっていることを踏まえ、授業についていけない焦りや劣等感などが過度なストレスとならないよう、一人一人を大切にした分かりやすい授業づくりを進めていくこと、学級や学年、部活動等の人間関係を把握して一人一人が活躍できる集団づくりを進めていくことが求められる。また、ストレスを感じた場合でも、それを他人にぶつけるのではなく、運動・スポーツや読書などで発散したり、誰かに相談したりするなど、ストレスに適切に対処できる力を育むことも大切である。

なお、教職員の不適切な認識や言動が、児童生徒を傷つけたり、他の児童生徒によるいじめを助長したりすることのないよう、指導の在り方には細心の注意を払う。教職員による「いじめられる側にも問題がある」という認識や発言は、いじめている児童生徒や、周りで見ていたり、はやし立てたりしている児童生徒を容認するものにほかならず、いじめられている児童生徒を孤立させ、いじめを深刻化する。

○発達障害を含む、障害のある児童生徒がかかわるいじめについては、教職員が個々の児童生徒の障害の特性への理解を深めるとともに、個別の教育支援計画や個別の指導計画を活用した情報共有を行いつつ、当該児童生徒のニーズや特性、専門家の意見を踏まえた適切な指導及び必要な支援を行うことが必要である。

○海外から帰国した児童生徒や外国人の児童生徒、国際結婚の保護者を持つなどの外国につながる児童生徒は、言語や文化の差から、学校での学びにおいて困難を抱える場合も多いことに留意し、それらの差からいじめが行われることがないよう、教職員、児童生徒、保護者等の外国人児童生徒等に対する理解を促進するとともに、学校全体で注意深く見守り、必要な支援を行う。

○性同一性障害や性的指向・性自認に係る児童生徒に対するいじめを防止するため、性同一性障害や性的指向・性自認について、教職員への正しい理解の促進や、学校として必要な対応について周知する。

○東日本大震災により被災した児童生徒又は原子力発電所事故により避難している児童生徒（以下「被災児童生徒」という。）については、被災児童生徒が受けた心身への多大な影響や慣れない環境への不安感等を教職員が十分に理解し、当該児童生徒に対する心のケアを適切に行い、細心の注意を払いながら、被災児童生徒に対するいじめの未然防止・早期発見に取り組む。

上記の児童生徒を含め、学校として特に配慮が必要な児童生徒については、日常的に、当該児童生徒の特性を踏まえた適切な支援を行うとともに、保護者との連携、周囲の児童生徒に対する必要な指導を組織的に行う。

エ　自己有用感や自己肯定感を育む

ねたみや嫉妬などいじめにつながりやすい感情を減らすために、全ての児童生徒が、認められている、満たされているという思いを抱くことができるよう、学校の教育活動全体を通じ、児童生徒が活躍でき、他者の役に立っていると感じ取ることのできる機会を全ての児童生徒に提供し、児童生徒の自己有用感が高められるよう努める。その際、当該学校の教職員はもとより、家庭や地域の人々などにも協力を求めていくことで、幅広い大人から認められているという思いが得られるよう工夫することも有効である。また、自己肯定感を高められるよう、困難な状況を乗り越えるような体験の機会などを積極的に設けることも考えられる。

なお、社会性や自己有用感・自己肯定感などは、発達段階に応じて身に付いていくものであることを踏まえ、異学校種や同学校種間で適切に連携して取り組むことが考えられる。幅広く長く多様な眼差しで児童生徒を見守ることができるだけでなく、児童生徒自らも長い見通しの中で自己の成長発達を感じ取り、自らを高めることができる。

オ　児童生徒自らがいじめについて学び、取り組む

児童生徒自らがいじめの問題について学び、そうした問題を児童生徒自身が主体的に考え、児童生徒自身がいじめの防止を訴えるような取組を推進（児童会・生徒会によるいじめ撲滅の宣言や相談箱の設置など）する。例えば、「いじめられる側にも問題がある」「大人に言いつける（チクる）ことは卑怯である」「いじめを見ているだけなら問題はない」などの考え方は誤りであることを学ぶ。あるいは、ささいな嫌がらせや意地悪であっても、しつこく繰り返したり、みんなで行ったりすることは、深刻な精神的危害になることなどを学ぶ。

なお、児童会・生徒会がいじめの防止に取り組む事は推奨されることであるが、熱心さのあまり教職員主導で児童生徒が「やらされている」だけの活動に陥ったり、一部の役員等だけが行う活動に陥ったりする例もある。教職員は、全ての児童生徒がその意義を理解し、主体的に参加できる活動になっているかどうかをチェックするとともに、教職員は陰で支える役割に徹するよう心がける。

(2) 早期発見

① 基本的考え方

いじめは大人の目に付きにくい時間や場所で行われたり、遊びやふざけあいを装って行われたりするなど、大人が気付きにくく判断しにくい形で行われることを認識する。たと

え、ささいな兆候であっても、いじめではないかとの疑いを持って、早い段階から複数の教職員で的確に関わり、いじめを隠したり軽視したりすることなく、いじめを積極的に認知する。

日頃からの児童生徒の見守りや信頼関係の構築等に努め、児童生徒が示す小さな変化や危険信号を見逃さないようアンテナを高く保つとともに、教職員相互が積極的に児童生徒の情報交換を行い、情報を共有することが大切である。

なお、指導に困難を抱える学級や学校では、暴力を伴わないいじめの発見や早期対応が一層難しくなる点に注意する。また、例えば暴力をふるう児童生徒のグループ内で行われるいじめ等、特定の児童生徒のグループ内で行われるいじめについては、被害者からの訴えがなかったり、周りの児童生徒も教職員も見逃しやすかったりするので注意深く対応する必要がある。

② いじめの早期発見のための措置

学校は、定期的なアンケート調査や定期的な教育相談の実施等により、いじめの実態把握に取り組むとともに〔注3〕、児童生徒が日頃からいじめを訴えやすい雰囲気をつくる〔注4〕。また、保護者用のいじめチェックシートなどを活用し、家庭と連携して児童生徒を見守り、健やかな成長を支援していくことも有効である。

児童生徒及びその保護者、教職員が、抵抗なくいじめに関して相談できる体制を整備するとともに、児童生徒や保護者の悩みを積極的に受け止められているか、適切に機能しているかなど、定期的に体制を点検すること、保健室や相談室の利用、電話相談窓口について広く周知することが必要である。なお、教育相談等で得た、児童生徒の個人情報については、対外的な取扱いの方針を明確にし、適切に扱う。

定期的なアンケートや教育相談以外にも、いじめの早期発見の手立ては、休み時間や放課後の雑談の中などで児童生徒の様子に目を配ったり、個人ノートや生活ノート等、教職員と児童生徒の間で日常行われている日記等を活用して交友関係や悩みを把握したり、個人面談や家庭訪問の機会を活用したりすることなどが考えられる。なお、これらにより集まったいじめに関する情報についても学校の教職員全体で共有することが必要である。

(3) いじめに対する措置

① 基本的な考え方

発見・通報を受けた場合には、特定の教職員で抱え込まず、速やかに組織的に対応する。被害児童生徒を守り通すとともに、教育的配慮の下、毅然とした態度で加害児童生徒を指導する。その際、謝罪や責任を形式的に問うことに主眼を置くのではなく、社会性の向上等、児童生徒の人格の成長に主眼を置いた指導を行うことが大切である。

教職員全員の共通理解の下、保護者の協力を得て、関係機関・専門機関と連携し、対応に当たる。

② いじめの発見・通報を受けたときの対応

遊びや悪ふざけなど、いじめと疑われる行為を発見した場合、その場でその行為を止める。児童生徒や保護者から「いじめではないか」との相談や訴えがあった場合には、真摯に傾聴する。ささいな兆候であっても、いじめの疑いがある行為には、早い段階から的確に関わりを持つことが必要である。その際、いじめられた児童生徒やいじめを知らせてきた児童生徒の安全を確保する。

発見・通報を受けた教職員は一人で抱え込まず、学校いじめ対策組織に直ちに情報を共有する。その後は、当該組織が中心となり、速やかに関係児童生徒から事情を聴き取るなどして、いじめの事実の有無の確認を行う。事実確認の結果は、校長が責任を持って学校の設置者に報告するとともに被害・加害児童生徒の保護者に連絡する。

児童生徒から学校の教職員にいじめ（疑いを含む）に係る情報の報告・相談があった時に、学校が当該事案に対して速やかに具体的な行動をとらなければ、児童生徒は「報告・相談しても何もしてくれない」と思い、今後、いじめに係る情報の報告・相談を行わなくなる可能性がある。このため、いじめに係る情報が教職員に寄せられた時は、教職員は、他の業務に優先して、かつ、即日、当該情報を速やかに学校いじめ対策組織に報告し、学校の組織的な対応につなげる必要がある。

学校や学校の設置者が、いじめる児童生徒に対して必要な教育上の指導を行っているにもかかわらず、その指導により十分な効果を上げることが困難な場合において、いじめが犯罪行為として取り扱われるべきものと認めるときは、いじめられている児童生徒を徹底して守り通すという観点から、学校はためらうことなく所轄警察署と相談して対処する。

なお、児童生徒の生命、身体又は財産に重大な被害が生じるおそれがあるときは、直ちに所轄警察署に通報し、適切に援助を求める。

③ いじめられた児童生徒又はその保護者への支援

いじめられた児童生徒から、事実関係の聴取を行う。その際、いじめられている児童生徒にも責任があるという考え方はあってはならず、「あなたが悪いのではない」ことをはっきりと伝えるなど、自尊感情を高めるよう留意する。また、児童生徒の個人情報の取扱い等、プライバシーには十分に留意して以後の対応を行っていく。

家庭訪問等により、その日のうちに迅速に保護者に事実関係を伝える。いじめられた児童生徒や保護者に対し、徹底して守り通すことや秘密を守ることを伝え、できる限り不安を除去するとともに、事態の状況に応じて、複数の教職員の協力の下、当該児童生徒の見守りを行うなど、いじめられた児童生徒の安全を確保する。

あわせて、いじめられた児童生徒にとって信頼できる人（親しい友人や教職員、家族、地域の人等）と連携し、いじめられた児童生徒に寄り添い支える体制をつくる。いじめられた児童生徒が安心して学習その他の活動に取り組むことができるよう、必要に応じていじめた児童生徒を別室において指導することとしたり、状況に応じて出席停止制度を活用したりして、いじめられた児童生徒が落ち着いて教育を受けられる環境の確保を図る。状況に応じて、心理や福祉等の専門家、教員経験者・警察官経験者など外部専門家の協力を得る。さらに、必要に応じ、被害児童生徒の心的外傷後ストレス障害（ＰＴＳＤ）等のいじめによる後遺症へのケアを行う。

いじめが解消したと思われる場合〔中略〕でも、継続して十分な注意を払い、折りに触れ必要な支援を行うことが大切である。また、事実確認のための聴き取りやアンケート等により判明した情報を適切に提供する。

④ いじめた児童生徒への指導又はその保護者への助言

いじめたとされる児童生徒からも事実関係の聴取を行い、いじめがあったことが確認された場合、学校は、複数の教職員が連携し、必要に応じて心理や福祉等の専門家、教員・警察官経験者など外部専門家の協力を得て、組織的に、いじめをやめさせ、その再発を防止する措置をとる。

また、事実関係を聴取したら、迅速に保護者に連絡し、事実に対する保護者の理解や納得を得た上、学校と保護者が連携して以後の対応を適切に行えるよう保護者の協力を求めるとともに、保護者に対する継続的な助言を行う。

いじめた児童生徒への指導に当たっては、いじめは人格を傷つけ、生命、身体又は財産を脅かす行為であることを理解させ、自らの行為の責任を自覚させる。なお、いじめた児童生徒が抱える問題など、いじめの背景にも目を向け、当該児童生徒の安心・安全、健全な人格の発達に配慮する。児童生徒の個人情報の取扱い等、プライバシーには十分に留意して以後の対応を行っていく。いじめの状況に応じて、心理的な孤立感・疎外感を与えないよう一定の教育的配慮の下、特別の指導計画による指導のほか、さらに出席停止や警察との連携による措置も含め、毅然とした対応をする。教育上必要があると認めるときは、学校教育法第一一条の規定に基づき、適切に、児童生徒に対して懲戒を加えることも考えられる〔注5〕。

ただし、いじめには様々な要因があることに鑑み、懲戒を加える際には、主観的な感情に任せて一方的に行うのではなく、教育的配慮に十分に留意し、いじめた児童生徒が自ら行為の悪質性を理解し、健全な人間関係を育むことができるよう成長を促す目的で行う。

⑤ いじめが起きた集団への働きかけ

いじめを見ていた児童生徒に対しても、自分の問題として捉えさせる。たとえ、いじめを止めさせることはできなくても、誰かに知らせる勇気を持つよう伝える。また、はやしたてるなど同調していた児童生徒に対しては、それらの行為はいじめに加担する行為であることを理解させる。なお、学級全体で話し合うなどして、いじめは絶対に許されない行為であり、根絶しようという態度を行き渡らせるようにする。

いじめが解消している状態に至った上で〔中略〕、児童生徒が真にいじめの問題を乗り越えた状態とは、加害児童生徒による被害児童生徒に対する謝罪だけではなく、被害児童生徒の回復、加害児童生徒が抱えるストレス等の問題の除去、被害児童生徒と加害児童生徒をはじめとする他の児童生徒との関係の修復を経て、双方の当事者や周りの者全員を含む集団が、好ましい集団活動を取り戻し、新たな活動に踏み出すことをもって達成されるものである。全ての児童生徒が、集団の一員として、互いを尊重し、認め合う人間関係を構築できるような集団づくりを進めていくことが望まれる。

⑥ インターネット上のいじめへの対応

インターネット上の不適切な書き込み等については、被害の拡大を避けるため、直ちに削除する措置をとる。名誉毀損やプライバシー侵害等があった場合、プロバイダは違法な情報発信停止を求めたり、情報を削除したりできるようになっている〔注6〕ので、プロバイダに対して速やかに削除を求めるなど必要な措置を講じる。こうした措置をとるに当たり、必要に応じて法務局又は地方法務局の協力を求める。なお、児童生徒の生命、身体又は財産に重大な被害が生じるおそれがあるときは、直ちに所轄警察署に通報し、適切に援助を求める。

早期発見の観点から、学校の設置者等と連携し、学校ネットパトロールを実施することにより、インターネット上のトラブルの早期発見に努める。また、児童生徒が悩みを抱え込まないよう、法務局・地方法務局におけるインターネット上の人権侵害情報に関する相談の受付など、関係機関の取組についても周知する。

パスワード付きサイトやSNS（ソーシャルネットワーキングサービス）、携帯電話のメールを利用したいじめなどについては、より大人の目に触れにくく、発見しにくいため、学校における情報モラル教育を進めるとともに、保護者においてもこれらについての理解を求めていくことが必要である。

(4) その他の留意事項

① 組織的な指導体制

いじめへの対応は、校長を中心に全教職員が一致協力体制を確立することが重要である。

一部の教職員や特定の教職員が抱え込むのではなく、学校いじめ対策組織で情報を共有し、組織的に対応することが必要であり、いじめがあった場合の組織的な対処を可能とするよう、平素からこれらの対応の在り方について、全ての教職員で共通理解を図る。このため、学校においては、学校いじめ対策組織の構成・人員配置を工夫することが必要である（例えば、日常的に最も身近に児童生徒と過ごしている学級担任を、各学年ごとに複数名参画させるなど）。

いじめの問題等に関する指導記録を保存し、児童生徒の進学・進級や転学に当たって、適切に引き継いだり情報提供したりできる体制をとる。

また、必要に応じて、心理や福祉の専門家、弁護士、医師、教員・警察官経験者など外部専門家等が参加しながら対応することにより、より実効的ないじめの問題の解決に資することが期待される。

加えて、学校基本方針に基づく取組の実施や具体的な年間計画の作成や実施に当たっては、保護者や児童生徒の代表、地域住民などの参加を図ることが考えられる。

② 校内研修の充実

全ての教職員の共通認識を図るため、年に複数回、いじめをはじめとする生徒指導上の諸問題等に関する校内研修を行う。教職員の異動等によって、教職員間の共通認識が形骸化してしまわないためにも、年間計画に位置づけた校内研修の実施が望まれる。

③ 校務の効率化

教職員が児童生徒と向き合い、いじめの防止等に適切に取り組んでいくことができるようにするため、学校の管理職は、一部の教職員に過重な負担がかからないように校務分掌を適正化し、組織的体制を整えるなど、校務の効率化を図る。

④ 学校評価と教員評価

学校評価において、いじめの問題を取り扱うに当たっては、学校評価の目的を踏まえて行うことが求められる。この際、いじめの有無やその多寡のみを評価するのではなく、問題を隠さず、いじめの実態把握や対応が促されるよう、児童生徒や地域の状況を十分踏まえた目標の設定や、目標に対する具体的な取組状況や達成状況を評価し、学校は評価結果を踏まえてその改善に取り組む。

教員評価において、いじめの問題を取り扱うに当たっては、いじめの問題に関する目標設定や目標への対応状況を評価する。この際、いじめの有無やその多寡のみを評価するのではなく、日頃からの児童生徒理解、未然防止や早期発見、いじめが発生した際の、問題を隠さず、迅速かつ適切な対応、組織的な取組等が評価されるよう、留意する。

⑤ 地域や家庭との連携について

学校基本方針等について地域や保護者の理解を得ることで、地域や家庭に対して、いじめの問題の重要性の認識を広めるとともに、家庭訪問や学校通信などを通じて家庭との緊密な連携協力を図る。例えば、学校、PTA、地域の関係団体等がいじめの問題について協議する機会を設けたり、学校運営協議会を活用したりするなど、地域と連携した対策を推進する。より多くの大人が子供の悩みや相談を受け止めることができるようにするため、学校と家庭、地域が組織的に連携・協働する体制を構築する。

〔注1〕教育振興基本計画（平成二五年六月一四日閣議決定）

〔注2〕児童生徒の社会性の構築に向けた取組例としては、以下のようなものがある。
「ソーシャルスキル・トレーニング」：「人間関係についての基本的な知識」「相手の表情などから隠された意図や感情を読み取る方法」「自分の意思を状況や雰囲気に合わせて相手に伝えること」などについて説明を行い、また、ロールプレイング（役割演技）を通じて、グループの間で練習を行う取組
「ピア（仲間）・サポート」：異学年等の交流を通じ、「お世話される体験」と成長したあとに「お世話する体験」の両方を経験し、自己有用感や自ら進んで他者とかかわろうとする意欲などを培う取組

〔注3〕アンケートは、安心していじめを訴えられるよう無記名にするなど工夫し、学期ごとなどの節目で児童生徒の生活や人間関係の状況を把握できるよう、全ての学校において年度当初に適切に計画を立て実施するとともに、全児童生徒との面談等に役立てることが必要である。ただし、アンケートはあくまで手法の一つであり、教員と児童生徒の信頼関係の上で初めてアンケートを通じたいじめの訴えや発見がありうること、アンケートを実施した後に起きたいじめについては把握できないことなどに留意する。（平成二二年九月一四日文部科学省初等中等教育局児童生徒課長通知『『平成二一年度児童生徒の問題行動等生徒指導上の諸問題に関する調査』結果に

ついて（通知）」及び国立教育政策研究所生徒指導・進路指導研究センター「生徒指導リーフ4いじめアンケート」等を参照）

〔注4〕児童生徒に対して多忙さやイライラした態度を見せ続けることは避ける。児童生徒の相談に対し、「大したことではない」「それはいじめではない」などと悩みを過小評価したり、相談を受けたにもかかわらず真摯に対応しなかったりすることは、あってはならない。

〔注5〕懲戒とは、学校教育法施行規則に定める退学（公立義務教育諸学校に在籍する学齢児童生徒を除く。）、停学（義務教育諸学校に在籍する学齢児童生徒を除く。）、訓告のほか、児童生徒に肉体的苦痛を与えるものでない限り、通常、懲戒権の範囲内と判断されると考えられる行為として、注意、叱責、居残り、別室指導、起立、宿題、清掃、学校当番の割当て、文書指導などがある。

〔注6〕プロバイダ責任制限法に基づく。削除依頼の手順等については、平成二四年三月文部科学省「学校ネットパトロールに関する調査研究協力者会議『学校ネットパトロールに関する取組事例・資料集』」参照。

●問題行動を起こす児童生徒に対する指導について（通知）

（平成一九年二月五日　一八文科初第一〇一九号　文部科学省初等中等教育局長）

いじめ、校内暴力をはじめとした児童生徒の問題行動は、依然として極めて深刻な状況にあります。

いじめにより児童生徒が自らの命を絶つという痛ましい事件が相次いでおり、児童生徒の安心・安全について国民間に不安が広がっています。また、学校での懸命な種々の取組にもかかわらず、対教師あるいは生徒間の暴力行為や施設・設備の毀損・破壊行為等は依然として多数にのぼり、一部の児童生徒による授業妨害等も見られます。

問題行動への対応については、まず第一に未然防止と早期発見・早期対応の取組が重要です。学校は問題を隠すことなく、教職員一体となって対応し、教育委員会は学校が適切に対応できるようサポートする体制を整備することが重要です。また、家庭、特に保護者、地域社会や地方自治体・議会を始め、その他関係機関の理解と協力を得て、地域ぐるみで取り組めるような体制を進めていくことが必要です。

昨年成立した改正教育基本法では、教育の目標の一つとして「生命を尊ぶ」こと、教育の目標を達成するため、学校においては「教育を受ける者が学校生活を営む上で必要な規律を重んずる」ことが明記されました。

いじめの問題への対応では、いじめられる子どもを最後まで守り通すことは、児童生徒の生命・身体の安全を預かる学校としては当然の責務です。同時に、いじめる子どもに対しては、毅然とした対応と粘り強い指導により、いじめは絶対に許されない行為であること、卑怯で恥ずべき行為であることを認識させる必要があります。

さらに、学校の秩序を破壊し、他の児童生徒の学習を妨げる暴力行為に対しては、児童生徒が安心して学べる環境を確保するため、適切な措置を講じることが必要です。

このため、教育委員会及び学校は、問題行動が実際に起こったときには、十分な教育的配慮のもと、現行法制度下において採り得る措置である出席停止や懲戒等の措置も含め、毅然とした対応をとり、教育現場を安心できるものとしていただきたいと考えます。

この目的を達成するため、各教育委員会及び学校は、下記事項に留意の上、問題行動を起こす児童生徒に対し、毅然とした指導を行うようお願いします。

なお、都道府県・指定都市教育委員会にあっては所管の学校及び域内の市区町村教育委員会等に対して、都道府県知事にあっては所轄の私立学校に対して、この趣旨について周知を図るとともに、適切な対応がなされるよう御指導願います。

記

1　生徒指導の充実について

(1) 学校においては、日常的な指導の中で、児童生徒一人一人を把握し、性向等についての理解を深め、教師と児童生徒との信頼関係を築き、すべての教育活動を通じてきめ細かな指導を行う。また、全教職員が一体となって、児童生徒の様々な悩みを受け止め、積極的に教育相談やカウンセリングを行う。

(2) 児童生徒の規範意識の醸成のため、各学校は、いじめや暴力行為等に関するきまりや対応の基準を明確化したものを保護者や地域住民等に公表し、理解と協力を得るよう努め、全教職員がこれに基づき一致協力し、一貫した指導を粘り強く行う。

(3) 問題行動の中でも、特に校内での傷害事件をはじめ、犯罪行為の可能性がある場合には、学校だけで抱え込むことなく、直ちに警察に通報し、その協力を得て対応する。

2　出席停止制度の活用について

(1) 出席停止は、懲戒行為ではなく、学校の秩序を維持し、他の児童生徒の教育を受ける権利を保障するために採られる措置であり、各市町村教育委員会及び学校は、このような制度の趣旨を十分理解し、日頃から規範意識を育む指導やきめ細かな教育相談等を粘り強く行う。

(2) 学校がこのような指導を継続してもなお改善が見られず、いじめや暴力行為など問題行動を繰り返す児童生徒に対し、正常な教育環境を回復するため必要と認める場合には、市町村教育委員会は、出席停止制度の措置を採ることをためらわずに検討する。

(3) この制度の運用に当たっては、教師や学校が孤立することがないように、校長をはじめ教職員、教育委員会や地域のサポートにより必要な支援がなされるよう十分配慮する。

学校は、当該児童生徒が学校へ円滑に復帰できるよう学習を補完したり、学級担任等が計画的かつ臨機に家庭への訪問を行い、読書等の課題をさせる。

市町村教育委員会は、当該児童生徒に対し出席停止期間中必要な支援がなされるように個別の指導計画を策定するなど、必要な教育的措置を講じる。

都道府県教育委員会は、状況に応じ、指導主事やスクールカウンセラーの派遣、教職員の追加的措置、当該児童生徒を受け入れる機関との連携の促進など、市町村教育委員会や学校をバックアップする。

地域では、警察、児童相談所、保護司、民生・児童委員等の関係機関の協力を得たサポートチームを組織することも有効である。

(4) その他出席停止制度の運用等については、「出席停止制度の運用の在り方について」（平一三・一一・六初中局長通知）による。

3　懲戒・体罰について

(1) 校長及び教員（以下「教員等」という。）は、教育上必要があると認めるときは、児童生徒に懲戒を加えることができ、懲戒を通じて児童生徒の自己教育力や規範意識の育成を期待することができる。しかし、一時の感情に支配されて、安易な判断のもとで懲戒が行われることがないように留意し、家庭との十分な連携を通じて、日頃から教員等、児童生徒、保護者間での信頼関係を築いておくことが大切である。

(2)　体罰がどのような行為なのか、児童生徒への懲戒がどの程度まで認められるかについては、機械的に判定することが困難である。また、このことが、ややもすると教員等が自らの指導に自信を持てない状況を生み、実際の指導において過度の萎縮を招いているとの指摘もなされている。ただし、教員等は、児童生徒への指導に当たり、いかなる場合においても、身体に対する侵害（殴る、蹴る等）、肉体的苦痛を与える懲戒（正座・直立等特定の姿勢を長時間保持させる等）である体罰を行ってはならない。体罰による指導により正常な倫理観を養うことはできず、むしろ児童生徒に力による解決への志向を助長させ、いじめや暴力行為などの土壌を生む恐れがあるからである。

(3)　懲戒権の限界及び体罰の禁止については、これまで「児童懲戒権の限界について」（昭和二三年一二月二二日付け法務庁法務調査意見長官回答）等が過去に示されており、教育委員会や学校でも、これらを参考として指導を行ってきた。しかし、児童生徒の問題行動は学校のみならず社会問題となっており、学校がこうした問題行動に適切に対応し、生徒指導の一層の充実を図ることができるよう、文部科学省としては、懲戒及び体罰に関する裁判例の動向等も踏まえ、今般、「学校教育法第一一条に規定する児童生徒の懲戒・体罰に関する考え方」を取りまとめた。懲戒・体罰に関する解釈・運用については、今後、この「考え方」によることとする。

●児童生徒の自殺が起きたときの背景調査の在り方について（通知）

（平成二三年六月一日　二三文科初第三二九号）

児童生徒の自殺防止については、これまでも「児童生徒の自殺防止に向けた取組の充実について」（平成一九年六月二六日付け初児生第一三号初等中等教育局児童生徒課長通知）において、平成一九年三月に「児童生徒の自殺予防に向けた取組に関する検討会」にて取りまとめられた「子どもの自殺予防のための取組に向けて（第一次報告）」を踏まえ、その取組の充実をお願いしたところです。また、第一次報告を踏まえ、平成二一年三月には「教師が知っておきたい子どもの自殺予防」を、平成二二年三月には「子どもの自殺が起きたときの緊急対応の手引き」を作成し、各教育委員会及び学校に配付してきました。

平成二二年度は、児童生徒の自殺が起きたときの背景調査の在り方の検討や、米国における子どもに対する自殺予防教育の現況について調査を行う「児童生徒の自殺予防に関する調査研究協力者会議」を開催し、去る三月に「平成二二年度児童生徒の自殺予防に関する調査研究協力者会議審議のまとめ」が取りまとめられましたので、送付します。

貴職におかれては、万が一児童生徒の自殺又は自殺が疑われる死亡事案が起きたときに、死亡した児童生徒が置かれていた状況について行われる背景調査の在り方に関して、本報告書の内容及び下記を踏まえ、域内の学校又は教育委員会等において適切に背景調査がなされるよう御指導いただくとともに、都道府県・指定都市教育委員会教育長にあっては所管の学校及び域内の市区町村教育委員会に対して、都道府県知事及び構造改革特別区域法第一二条第一項の認定を受けた各地方公共団体の長にあっては所轄の学校法人及び学校設置会社に対して、国立大学法人学長にあっては設置する附属学校に対して周知を図るようお願いします。

記

1　基本的な考え方

(1)　背景調査は、その後の自殺防止に資する観点から、万が一児童生徒の自殺又は自殺が疑われる死亡事案（以下「自殺等事案」という。）が起きたときに、学校又は教育委員会が主体的に行う必要があること。その際、当該死亡した児童生徒（以下「当該児童生徒」という。）が自殺に至るまでに起きた事実について調査するのみならず、できる限り、それらの事実の影響についての分析評価を行い、自殺防止のための課題について検討することが重要であること。

(2)　自殺の要因は一つではなく、その多くは複数の要因からなる複雑な現象であることから、学校及び教育委員会は、背景調査において、当該児童生徒が置かれていた状況として、学校における出来事などの学校に関わる背景が主たる調査の対象となるほか、病気などの個人的な背景や家庭に関わる背景についても対象となり得ることを認識する必要があること。

(3)　学校、教育委員会又は学校若しくは教育委員会が設置する2(4)の調査委員会（以下「調査の実施主体」という。）は、背景調査に当たり、遺族が、当該児童生徒を最も身近に知り、また、背景調査について切実な心情を持つことを認識し、その要望・意見を十分に聴取するとともに、できる限りの配慮と説明を行う必要があること。また、在校生及びその保護者に対しても、調査の実施主体ができる限りの配慮と説明を行うことが重要であること。

(4)　学校及び教育委員会は、調査委員会を設置して背景調査が行われる場合、調査委員会に積極的に協力することが重要であること。

(5)　学校及び教育委員会は、児童生徒の自殺の防止に努めるのみならず、万が一自殺等事案が起きたときに備えて、平素から、事後の緊急の対応や背景調査を適切に行うことができるよう取り組む必要があること。

2　背景調査を行う際の留意事項

(1)　万が一自殺等事案が起きたときは、学校又は教育委員会は、速やかに遺族と連絡を取り、できる限り遺族の要望・意見を聴取するとともに、その後の学校の対応方針等について説明をすることが重要であること。また、当該児童生徒が置かれていた状況について、できる限り全ての教員から迅速に聴き取り調査を行うとともに、当該児童生徒と関わりの深い在校生からも迅速に、かつ、慎重に聴き取り調査を行う必要があること。なお、在校生からの聴き取り調査については、遺族の要望や心情、当該在校生の心情、聴き取り調査について他の在校生等に知られないようにする必要性等に配慮し、場所、方法等を工夫し、必要に応じ後日の実施とすることも検討することが重要であること。

(2)　学校又は教育委員会は、2(1)の全ての教員や関わりの深い在校生からの迅速な聴き取り調査（以下「初期調査」という。）の実施後、できるだけ速やかに、その経過について、遺族に対して説明する必要があること。なお、その際、予断のない説明に努める必要があること。

(3)　学校又は教育委員会は、遺族に初期調査の経過を説明した後、次の場合は、より詳しい調査の実施について遺族と協議を行う必要があること。

ア　当該児童生徒が置かれていた状況として、学校における出来事などの学校に関わる背景がある可能性がある場合

イ　遺族から更なる調査の要望がある場合

ウ　その他、更なる調査が必要と考えられる場合

アの場合、学校又は教育委員会は、在校生へのアンケート調査や一斉聴き取り調査を含む詳しい調査（以下「詳しい調査」という。）の実施を遺族に対して主体的に提案すること

が重要であること。

(4) 詳しい調査を行うに当たり、事実の分析評価等に高度な専門性を要する場合や、遺族が学校又は教育委員会が主体となる調査を望まない場合等においては、具体的に調査を計画・実施する主体として、中立的な立場の医師や弁護士等の専門家を加えた調査委員会を早期に設置することが重要であること。なお、学校又は教育委員会が主体となる調査を行う場合においても、適切に専門家の助言や指摘を受けることが望ましいこと。

(5) 詳しい調査を行うに当たり、調査の実施主体は、遺族に対して、調査の目的・目標、調査委員会設置の場合はその構成等、調査の概ねの期間や方法、入手した資料の取扱い、遺族に対する情報提供の在り方や調査結果の公表に関する方針など、調査の計画について説明し、できる限り、遺族と合意しておくことが重要であること。また、在校生及びその保護者に対しても、調査の計画について説明し、できる限り、その了解と協力を得つつ調査を行うことが重要であること。なお、詳しい調査の過程において、必要に応じて随時、遺族に対して、調査の状況について説明することが重要であること。

(6) 背景調査においては、自殺等事案が起きた後の時間の経過等に伴う制約のもとで、できる限り、偏りのない資料や情報を多く収集し、それらの信頼性の吟味を含めて、客観的に、また、特定の資料や情報にのみ依拠することなく総合的に分析評価を行うよう努める必要があること。したがって、調査で入手した個々の資料や情報は慎重に取り扱い、調査の実施主体からの外部への安易な提供や公表は避けるべきであるとともに、外部に提供又は公表する方針がある場合は、調査の実施に先立ち、調査対象となる在校生やその保護者に説明し、できる限り了解を得ることが重要であること。

(7) 上記のほか、背景調査における資料や情報の収集、調査結果の外部に対する説明や公表等に当たり、調査の実施主体は、当該児童生徒、遺族、在校生及びその保護者など関係者のプライバシーや心情にできる限り配慮するよう努める必要があること。ただし、資料や情報の収集、調査結果の適切な説明等に支障が生じないよう努める必要があること。

3　学校及び教育委員会における平素の取組に関する留意事項

(1) 学校及び市区町村教育委員会は、万が一自殺等事案が起きたときに備え、本報告書（中略）を参考としつつ、これらの資料を活用して研修を行うなど、平素から、背景調査を適切に行うことができるよう取り組む必要があること。

(2) 都道府県教育委員会は、自殺予防に関する普及・啓発など自殺予防対策を推進するとともに、背景調査に関し、担当者を設けるなど体制整備及び専門性の向上に関する取組、調査委員会の委員の候補となる人材に関するリストの作成、本報告書の内容を踏まえた各都道府県ごとの背景調査の具体的な手順の検討、域内の学校関係者又は教育委員会関係者に対する研修の実施など、児童生徒の自殺等事案が起きたときに域内の学校又は教育委員会を適切に支援することができるよう不断の取組を着実に推進する必要があること。

●犯罪行為として取り扱われるべきと認められるいじめ事案に関する警察への相談・通報について（通知）

（平成二四年一一月二日　二四文科初第八一三号）

いじめの問題については、学校において、いじめられている児童生徒を徹底して守り通すという姿勢を明示するとともに、いじめる児童生徒に対しては、「社会で許されない行為は学校の中でも許されない」ことであり、自身が行ったいじめについては適切に責任を取る必要があることを指導するとともに、このことの教育的意義について保護者にも説明して正しく理解いただくことが重要です。

「問題行動を起こす児童生徒に対する指導について」（平成一九年二月五日付け一八文科初第一〇一九号文部科学省初等中等教育局長通知）においては、「問題行動の中でも、特に校内での傷害事件をはじめ、犯罪行為の可能性がある場合には、学校だけで抱え込むことなく、直ちに警察に通報し、その協力を得て対応する。」として犯罪行為の可能性のある問題行動について警察と連携・協力した対応を求めているところですが、もとより、いじめについては、その行為の態様により、傷害に限らず、暴行、強制わいせつ、恐喝、器物損壊等、強要、窃盗をはじめとした刑罰法規（別添参照）に抵触する可能性があるものです。

ついては、都道府県・指定都市教育委員会にあっては所管の学校及び域内の市区町村教育委員会等に対して、都道府県知事にあっては所轄の私立学校に対して、国立大学法人学長にあっては設置する附属学校に対して、上記の趣旨を踏まえ、改めて下記について周知を図るとともに、適切な対応がなされるよう御指導をお願いします。

なお、本通知の内容については、警察庁生活安全局と調整済みであることを申し添えます。

記

1　学校や教育委員会においていじめる児童生徒に対して必要な教育上の指導を行っているにもかかわらず、その指導により十分な効果を上げることが困難である場合において、その生徒の行為が犯罪行為として取り扱われるべきと認められるときは、いじめられている児童生徒を徹底して守り通すという観点から、学校においてはためらうことなく早期に警察に相談し、警察と連携した対応を取ることが重要であること。

2　いじめ事案の中でも、特に、いじめられている児童生徒の生命又は身体の安全が脅かされているような場合には、直ちに警察に通報することが必要であること。

3　このような学校内における犯罪行為に対し、教職員が毅然と適切な対応をとっていくためには、学校や教育委員会においては、学校内で犯罪行為として取り扱われるべきと認められる行為があった場合の対応について、日頃から保護者に周知を図り、理解を得ておくことが重要であること。

●東京電力原子力事故により被災した子どもをはじめとする住民等の生活を守り支えるための被災者の生活支援等に関する施策の推進に関する法律〔抄〕

（平成二四年六月二七日 法律第四八号）

施行、平二四・六・二七

（目的）

第一条 この法律は、平成二十三年三月十一日に発生した東北地方太平洋沖地震に伴う東京電力株式会社福島第一原子力発電所の事故（以下「東京電力原子力事故」という。）により放出された放射性物質が広く拡散していること、当該放射性物質による放射線が人の健康に及ぼす危険について科学的に十分に解明されていないこと等のため、一定の基準以上の放射線量が計測される地域に居住し、又は居住していた者及び政府による避難に係る指示により避難を余儀なくされている者並びにこれらの者に準ずる者（以下「被災者」という。）が、健康上の不安を抱え、生活上の負担を強いられており、その支援の必要性が生じていること及び当該支援に関し特に子どもへの配慮が求められていることに鑑み、子どもに特に配慮して行う被災者の生活支援等に関する施策（以下「被災者生活支援等施策」という。）の基本となる事項を定めることにより、被災者の生活を守り支えるための被災者生活支援等施策を推進し、もって被災者の不安の解消及び安定した生活の実現に寄与することを目的とする。

（基本理念）

第二条 被災者生活支援等施策は、東京電力原子力事故による災害の状況、当該災害からの復興等に関する正確な情報の提供が図られつつ、行われなければならない。

2 被災者生活支援等施策は、被災者一人一人が第八条第一項の支援対象地域における居住、他の地域への移動及び移動前の地域への帰還についての選択を自らの意思によって行うことができるよう、被災者がそのいずれを選択した場合であっても適切に支援するものでなければならない。

3 被災者生活支援等施策は、東京電力原子力事故に係る放射線による外部被ばく及び内部被ばくに伴う被災者の健康上の不安が早期に解消されるよう、最大限の努力がなされるものでなければならない。

4 被災者生活支援等施策を講ずるに当たっては、被災者に対するいわれなき差別が生ずることのないよう、適切な配慮がなされなければならない。

5 被災者生活支援等施策を講ずるに当たっては、子ども（胎児を含む。）が放射線による健康への影響を受けやすいことを踏まえ、その健康被害を未然に防止する観点から放射線量の低減及び健康管理に万全を期することを含め、子ども及び妊婦に対して特別の配慮がなされなければならない。

6 被災者生活支援等施策は、東京電力原子力事故に係る放射線による影響が長期間にわたるおそれがあることに鑑み、被災者の支援の必要性が継続する間確実に実施されなければならない。

（国の責務）

第三条 国は、原子力災害から国民の生命、身体及び財産を保護すべき責任並びにこれまで原子力政策を推進してきたことに伴う社会的な責任を負っていることに鑑み、前条の基本理念にのっとり、被災者生活支援等施策を総合的に策定し、及び実施する責務を有する。

（法制上の措置等）

第四条 政府は、被災者生活支援等施策を実施するため必要な法制上又は財政上の措置その他の措置を講じなければならない。

（基本方針）

第五条 政府は、第二条の基本理念にのっとり、被災者生活支援等施策の推進に関する基本的な方針（以下「基本方針」という。）を定めなければならない。

2 基本方針には、次に掲げる事項を定めるものとする。

一 被災者生活支援等施策の推進に関する基本的方向

二 第八条第一項の支援対象地域に関する事項

三 被災者生活支援等施策に関する基本的な事項（被災者生活支援等施策の推進に関し必要な計画に関する事項を含む。）

四 前三号に掲げるもののほか、被災者生活支援等施策の推進に関する重要事項

3 政府は、基本方針を策定しようとするときは、あらかじめ、その内容に東京電力原子力事故の影響を受けた地域の住民、当該地域から避難している者等の意見を反映させるために必要な措置を講ずるものとする。

4・5〔省略〕

第六条〔省略〕

（除染の継続的かつ迅速な実施）

第七条 国は、前条第一項の調査の結果を踏まえ、放射性物質により汚染された土壌等の除染等の措置を継続的かつ迅速に実施するため必要な措置を講ずるものとする。

2 前項の場合において、国は、子どもの住居、学校、保育所その他の子どもが通常所在する場所（通学路その他の子どもが通常移動する経路を含む。）及び妊婦の住居その他の妊婦が通常所在する場所における土壌等の除染等の措置を特に迅速に実施するため、必要な配慮をするものとする。

（支援対象地域で生活する被災者への支援）

第八条 国は、支援対象地域（その地域における放射線量が政府による避難に係る指示が行われるべき基準を下回っているが一定の基準以上である地域をいう。以下同じ。）で生活する被災者を支援するため、医療の確保に関する施策、子どもの就学等の援助に関する施策、家庭、学校等における食の安全及び安心の確保に関する施策、放射線量の低減及び生活上の負担の軽減のための地域における取組の支援に関する施策、自然体験活動等を通じた心身の健康の保持に関する施策、家族と離れて暮らすこととなった子どもに対する支援に関する施策その他の必要な施策を講ずるものとする。

2 前項に規定する子どもの就学等の援助に関する施策には、学校における学習を中断した子どもに対する補習の実施及び学校における屋外での運動が困難となった子どもに対する屋外での運動の機会の提供が含まれるものとする。

3 第一項に規定する家庭、学校等における食の安全及び安心の確保に関する施策には、学校給食の共同調理場等における放射性物質の検査のための機器の設置に関する支援が含まれるものとする。

4 第一項に規定する放射線量の低減及び生活上の負担の軽減のための地域における取組には、子どもの保護者等による放射性物質により汚染された土壌等の除染等の措置、学校給食等についての放射性物質の検査その他の取組が含まれるものとし、当該取組の支援に関する施策には、最新の科学的知見に基づき専門的な助言、情報の提供等を行うことができる者の派遣が含まれるものとする。

（支援対象地域以外の地域で生活する被災者への支援）

第九条 国は、支援対象地域から移動して支援対象地域以外の地域で生活する被災者を支援するため、支援対象地域からの移動の支援に関する施策、移動先における住宅の確保に関する施策、子どもの移動先における学習等の支援に関する施策、移動先における就業の支援に関する施策、移動先の地方公共団体による役務の提供を円滑に受けることができるようにするための施策、支援対象地域の地方公共団体との関係の維持に関する施策、家族と離れて暮らすこととなった子どもに対する支援に関する施策その他の必要な施策を講ずるものとする。

（支援対象地域以外の地域から帰還する被災

者への支援）

第一〇条 国は、前条に規定する被災者で当該移動前に居住していた地域に再び居住するもの及びこれに準ずる被災者を支援するため、当該地域への移動の支援に関する施策、当該地域における住宅の確保に関する施策、当該地域における就業の支援に関する施策、当該地域の地方公共団体による役務の提供を円滑に受けることができるようにするための施策、家族と離れて暮らすこととなった子どもに対する支援に関する施策その他の必要な施策を講ずるものとする。

（避難指示区域から避難している被災者への支援）

第一一条 国は、政府による避難に係る指示の対象となっている区域から避難している被災者を支援するため、特定原子力事業者（原子力損害の賠償に関する法律（昭和三十六年法律第百四十七号）第三条第一項の規定により東京電力原子力事故による損害の賠償の責めに任ずべき原子力事業者（同法第二条第三項に規定する原子力事業者をいう。）をいう。第十九条において同じ。）による損害賠償の支払の促進等資金の確保に関する施策（当該区域における土地等の取扱いに関するものを含む。）、家族と離れて暮らすこととなった子どもに対する支援に関する施策その他の必要な施策を講ずるものとする。

2 （省略）

第一二条 （省略）

（放射線による健康への影響に関する調査、医療の提供等）

第一三条 国は、東京電力原子力事故に係る放射線による被ばくの状況を明らかにするため、被ばく放射線量の推計、被ばく放射線量の評価に有効な検査等による被ばく放射線量の評価その他必要な施策を講ずるものとする。

2 国は、被災者の定期的な健康診断の実施その他東京電力原子力事故に係る放射線による健康への影響に関する調査について、必要な施策を講ずるものとする。この場合において、少なくとも、子どもである間に一定の基準以上の放射線量が計測される地域に居住したことがある者（胎児である間にその母が当該地域に居住していた者を含む。）及びこれに準ずる者に係る健康診断については、それらの者の生涯にわたって実施されることとなるよう必要な措置が講ぜられるものとする。

3 国は、被災者たる子ども及び妊婦が医療（東京電力原子力事故に係る放射線による被ばくに起因しない負傷又は疾病に係る医療を除いたものをいう。）を受けたときに負担すべき費用についてその負担を減免するために必要な施策その他被災者への医療の提供に係る必要な施策を講ずるものとする。

（意見の反映等）

第一四条 国は、第八条から前条までの施策の適正な実施に資するため、当該施策の具体的な内容に被災者の意見を反映し、当該内容を定める過程を被災者にとって透明性の高いものとするために必要な措置を講ずるものとする。

第一五条から第一七条まで （省略）

（国民の理解）

第一八条 国は、放射線及び被災者生活支援等施策に関する国民の理解を深めるため、放射線が人の健康に与える影響、放射線からの効果的な防護方法等に関する学校教育及び社会教育における学習の機会の提供に関する施策その他の必要な施策を講ずるものとする。

第一九条 （省略）

附　則 （省略）

第8章　普通教育の機会確保

解説　二〇一六年一二月一四日、「義務教育の段階における普通教育に相当する教育の機会の確保等に関する法律」（略称「普通教育機会確保法」、以下、本法という）が公布された。本法は、義務教育段階で、普通教育相当の教育を十分に受けられなかった人々の教育機会を確保していくことを目的としている。実際上は、戦争、経済的理由などで義務教育を終了できなかった高齢者や外国籍の人々（夜間中学関係）、何らかの理由で不登校状態になっていた在宅の子どものほか、フリースクール、フリースペース、ホームエデュケーションおよびシュタイナースクール、サドベリースクールなどのオルタナティブスクール、外国人学校等に通う子どもたちが該当する。

普通教育とは、すべての者が人間として生きていくために欠かせない共通の教育を指す。現代社会は、人間のもつ多様性（ダイバーシティ）が重視される時代にあり、子どもの多様な人間形成を担保する「多様な学び」を確保するという趣旨における「共通」の教育がめざされなければならない。

本法はその模索期に当たり、不登校の子どもの学校外の「多様な学び」支援の仕組み（個別学習計画の申請・認定行政等）をめぐって、市民団体等から異論が出された。そのため、制度設計部分が削除され、主に制度理念を明記した理念法的な法案に修正され、二〇一六年一二月に成立した。その後、二〇一七年三月三一日、同法七条をうけて、「基本指針」が公表され、(1)学校外の普通教育の機会の確保のため「市町村、都道府県が設置する特例校」（教職員給与三分の一補助）等が、また(2)学校外の普通教育に関する水準維持・条件整備をはかるため、「不登校児童生徒の支援の中核となる教育支援センター」等が提示された。しかし、本法成立後も「学校復帰を前提とする」不登校政策が残されてきたため、本法との矛盾が国会で指摘されるなどして、二〇一九年一〇月二五日、文科省は「不登校児童生徒への支援の在り方について（通知）」を発出し、これまでの学校復帰目的で出されてきた四つの通知（一九九二年・二〇〇三年・二〇〇五年・二〇一六年）をすべて廃止した。その上で、校長の出席認定などの際に学校復帰を前提とせず、代替施設で「社会的な自立を目指す」相談指導を受ければよいとされた。

日本では、学校教育法制七〇年の中で「学校外の普通教育整備」が立ち遅れており、学校外の学びの支援システムに関し、地方の経験もふまえて、慎重に整備していくことが望ましい。同法成立をうけて、地方自治体レベルで公設民営方式（世田谷区、川崎市、射水市等）など制度整備の模索が始まっており、子どもの現状に十分応える制度の法定が求められている。

●義務教育の段階における普通教育に相当する教育の機会の確保等に関する法律

（平成二八年一二月一四日法律第一〇五号）

施行、平二八・一二・一四、平二九・二・一四

第一章　総則

（目的）

第一条　この法律は、教育基本法（平成十八年法律第百二十号）及び児童の権利に関する条約等の教育に関する条約の趣旨にのっとり、教育機会の確保等に関する施策に関し、基本理念を定め、並びに国及び地方公共団体の責務を明らかにするとともに、基本指針の策定その他の必要な事項を定めることにより、教育機会の確保等に関する施策を総合的に推進することを目的とする。

（定義）

第二条　この法律において、次の各号に掲げる用語の意義は、それぞれ当該各号に定めるところによる。

一　学校　学校教育法（昭和二十二年法律第二十六号）第一条に規定する小学校、中学校、義務教育学校、中等教育学校の前期課程又は特別支援学校の小学部若しくは中学部をいう。

二　児童生徒　学校教育法第十八条に規定する学齢児童又は学齢生徒をいう。

三　不登校児童生徒　相当の期間学校を欠席する児童生徒であって、学校における集団の生活に関する心理的な負担その他の事由のために就学が困難である状況として文部科学大臣が定める状況にあると認められるものをいう。

四　教育機会の確保等　不登校児童生徒に対する教育の機会の確保、夜間その他特別な時間において授業を行う学校における就学の機会の提供その他の義務教育の段階における普通教育に相当する教育の機会の確保及び当該教育を十分に受けていない者に対する支援をいう。

（基本理念）

第三条　教育機会の確保等に関する施策は、次に掲げる事項を基本理念として行われなければならない。

一　全ての児童生徒が豊かな学校生活を送り、安心して教育を受けられるよう、学校における環境の確保が図られるようにすること。

二　不登校児童生徒が行う多様な学習活動の実情を踏まえ、個々の不登校児童生徒の状況に応じた必要な支援が行われるようにすること。

三　不登校児童生徒が安心して教育を十分に受けられるよう、学校における環境の整備が図られるようにすること。

四　義務教育の段階における普通教育に相当する教育を十分に受けていない者の意思を十分に尊重しつつ、その年齢又は国籍その他の置かれている事情にかかわりなく、その能力に応じた教育を受ける機会が確保されるようにするとともに、その者が、その教育を通じて、社会において自立的に生きる基礎を培い、豊かな人生を送ることができるよう、その教育水準の維持向上が図られるようにすること。

五　国、地方公共団体、教育機会の確保等に関する活動を行う民間の団体その他の関係者の相互の密接な連携の下に行われるようにすること。

（国の責務）

第四条　国は、前条の基本理念にのっとり、教育機会の確保等に関する施策を総合的に策定し、及び実施する責務を有する。

（地方公共団体の責務）

第五条　地方公共団体は、第三条の基本理念にのっとり、教育機会の確保等に関する施策について、国と協力しつつ、当該地域の状況に応じた施策を策定し、及び実施する責務を有する。

（財政上の措置等）

第六条　国及び地方公共団体は、教育機会の確保等に関する施策を実施するため必要な財政上の措置その他の措置を講ずるよう努めるものとする。

第二章　基本指針

第七条　文部科学大臣は、教育機会の確保等に関する施策を総合的に推進するための基本的な指針（以下この条において「基本指針」という。）を定めるものとする。

2　基本指針においては、次に掲げる事項を定めるものとする。

一　教育機会の確保等に関する基本的事項

二　不登校児童生徒等に対する教育機会の確保等に関する事項

三　夜間その他特別な時間において授業を行う学校における就学の機会の提供等に関する事項

四　その他教育機会の確保等に関する施策を総合的に推進するために必要な事項

3　文部科学大臣は、基本指針を作成し、又はこれを変更しようとするときは、あらかじめ、地方公共団体及び教育機会の確保等に関する活動を行う民間の団体その他の関係者の意見を反映させるために必要な措置を講ずるものとする。

4　文部科学大臣は、基本指針を定め、又はこれを変更したときは、遅滞なく、これを公表

しなければならない。

第三章　不登校児童生徒等に対する教育機会の確保等

（学校における取組への支援）
第八条　国及び地方公共団体は、全ての児童生徒が豊かな学校生活を送り、安心して教育を受けられるよう、児童生徒と学校の教職員との信頼関係及び児童生徒相互の良好な関係の構築を図るための取組、児童生徒の置かれている環境その他の事情及びその意思を把握するための取組、学校生活上の困難を有する個々の児童生徒の状況に応じた支援その他の学校における取組を支援するために必要な措置を講ずるよう努めるものとする。

（支援の状況等に係る情報の共有の促進等）
第九条　国及び地方公共団体は、不登校児童生徒に対する適切な支援が組織的かつ継続的に行われることとなるよう、不登校児童生徒の状況及び不登校児童生徒に対する支援の状況に係る情報を学校の教職員、心理、福祉等に関する専門的知識を有する者その他の関係者間で共有することを促進するために必要な措置その他の措置を講ずるものとする。

（特別の教育課程に基づく教育を行う学校の整備等）
第一〇条　国及び地方公共団体は、不登校児童生徒に対しその実態に配慮して特別に編成された教育課程に基づく教育を行う学校の整備及び当該教育を行う学校における教育の充実のために必要な措置を講ずるよう努めるものとする。

（学習支援を行う教育施設の整備等）
第一一条　国及び地方公共団体は、不登校児童生徒の学習活動に対する支援を行う公立の教育施設の整備及び当該支援を行う公立の教育施設における教育の充実のために必要な措置を講ずるよう努めるものとする。

（学校以外の場における学習活動の状況等の継続的な把握）
第一二条　国及び地方公共団体は、不登校児童生徒が学校以外の場において行う学習活動の状況、不登校児童生徒の心身の状況その他の不登校児童生徒の状況を継続的に把握するために必要な措置を講ずるものとする。

（学校以外の場における学習活動等を行う不登校児童生徒に対する支援）
第一三条　国及び地方公共団体は、不登校児童生徒が学校以外の場において行う多様で適切な学習活動の重要性に鑑み、個々の不登校児童生徒の休養の必要性を踏まえ、当該不登校児童生徒の状況に応じた学習活動が行われることとなるよう、当該不登校児童生徒及びその保護者（学校教育法第十六条に規定する保護者をいう。）に対する必要な情報の提供、助言その他の支援を行うために必要な措置を講ずるものとする。

第四章　夜間その他特別な時間において授業を行う学校における就学の機会の提供等

（就学の機会の提供等）
第一四条　地方公共団体は、学齢期を経過した者（その者の満六歳に達した日の翌日以後における最初の学年の初めから満十五歳に達した日の属する学年の終わりまでの期間を経過した者をいう。次条第二項第三号において同じ。）であって学校における就学の機会が提供されなかったもののうちにその機会の提供を希望する者が多く存在することを踏まえ、夜間その他特別な時間において授業を行う学校における就学の機会の提供その他の必要な措置を講ずるものとする。

（協議会）
第一五条　都道府県及び当該都道府県の区域内の市町村は、前条に規定する就学の機会の提供その他の必要な措置に係る事務についての当該都道府県及び当該市町村の役割分担に関する事項の協議並びに当該事務の実施に係る連絡調整を行うための協議会（以下この条において「協議会」という。）を組織することができる。

2　協議会は、次に掲げる者をもって構成する。
一　都道府県の知事及び教育委員会
二　当該都道府県の区域内の市町村の長及び教育委員会
三　学齢期を経過した者であって学校における就学の機会が提供されなかったもののうちその機会の提供を希望する者に対する支援活動を行う民間の団体その他の当該都道府県及び当該市町村が必要と認める者

3　協議会において協議が調った事項については、協議会の構成員は、その協議の結果を尊重しなければならない。

4　前三項に定めるもののほか、協議会の運営に関し必要な事項は、協議会が定める。

第五章　教育機会の確保等に関するその他の施策

（調査研究等）
第一六条　国は、義務教育の段階における普通教育に相当する教育を十分に受けていない者の実態の把握に努めるとともに、その者の学習活動に対する支援の方法に関する調査研究並びにこれに関する情報の収集、整理、分析及び提供を行うものとする。

（国民の理解の増進）
第一七条　国及び地方公共団体は、広報活動等を通じて、教育機会の確保等に関する国民の理解を深めるよう必要な措置を講ずるよう努めるものとする。

（人材の確保等）
第一八条　国及び地方公共団体は、教育機会の確保等が専門的知識に基づき適切に行われるよう、学校の教職員その他の教育機会の確保等に携わる者の養成及び研修の充実を通じたこれらの者の資質の向上、教育機会の確保等に係る体制等の充実のための学校の教職員の配置、心理、福祉等に関する専門的知識を有する者であって教育相談に応じるものの確保その他の必要な措置を講ずるよう努めるものとする。

（教材の提供その他の学習の支援）
第一九条　国及び地方公共団体は、義務教育の段階における普通教育に相当する教育を十分に受けていない者のうち中学校を卒業した者と同等以上の学力を修得することを希望する者に対して、教材の提供（通信の方法によるものを含む。）その他の学習の支援のために必要な措置を講ずるよう努めるものとする。

（相談体制の整備）
第二〇条　国及び地方公共団体は、義務教育の段階における普通教育に相当する教育を十分に受けていない者及びこれらの者以外の者であって学校生活上の困難を有する児童生徒であるもの並びにこれらの者の家族からの教育及び福祉に関する相談をはじめとする各種の相談に総合的に応ずることができるようにするため、関係省庁相互間その他関係機関、学校及び民間の団体の間の連携の強化その他必要な体制の整備に努めるものとする。

附　則〔抄〕

（検討）
2　政府は、速やかに、教育機会の確保等のために必要な経済的支援の在り方について検討を加え、その結果に基づいて必要な措置を講ずるものとする。

3　政府は、義務教育の段階における普通教育に相当する教育を十分に受けていない者が行う多様な学習活動の実情を踏まえ、この法律の施行後三年以内にこの法律の施行の状況について検討を加え、その結果に基づき、教育機会の確保等の在り方の見直しを含め、必要な措置を講ずるものとする。

社会教育・生涯学習編

—— 目　次 ——

社教

第1章　社会教育・生涯学習

●社会教育法

（昭和二四年六月一〇日法律第二〇七号）

施行、昭二四・六・一〇
改正、（平一三まで省略）平一四―法六七、平一五―法四四、平一六―法七六、平一七―法四六、平一八―法四七、平一九―法五、令一―法一一・法二六

第一章　総則

（この法律の目的）

第一条　この法律は、教育基本法（平成十八年法律第百二十号）の精神に則り、社会教育に関する国及び地方公共団体の任務を明らかにすることを目的とする。

＊国民の教育を受ける権利（憲二六）、国・地方公共団体の任務（三）、社会教育（教基一二）、教育の目的（教基一）、教育の目標（教基二）、教育の機会均等（教基四）、教育行政（教基一六）、生涯学習の振興整備の目的（生涯学習一・二）

通知　**社会教育法等の一部を改正する法律等の施行について**　今回の改正は、教育基本法の改正（平成一八年一二月）を踏まえ、社会教育行政の体制の整備等を図るため、社会教育に関する国及び地方公共団体の任務、教育委員会の事務、公民館、図書館及び博物館の運営、司書等の資格要件等に関する規定を整備するものである。（平20・6・11文科生一六七事務次官）

解説　本法は教育基本法の改正を受けていくつかの変更が加えられた。しかし、その基本骨格は、憲法に則した社会教育理解において、その「精神」に大きな変化はない。本法は憲法、教基法を受けて、学校教育以外の領域での教育文化活動の振興をはかるために制定された。教基法一二条は社会教育活動の主体は国民であることを前提としており、二項はその振興を国・地方自治体の任務としているが、本条は、その理念と原則に即した社会教育行政の任務を示したものである。なお平成二年「生涯学習の振興のための施策の推進体制等の整備に関する法律」（以下「生涯学習振興整備法」と略す）が制定され、国民の教育・学習・文化活動にかかわる国と都道府県の任務があらたに規定されたが、社会教育の本質理解と行政の責務と限界については本法に即して理解されるべきことはいうまでもない。

（社会教育の定義）

第二条　この法律において「社会教育」とは、学校教育法（昭和二十二年法律第二十六号）又は就学前の子どもに関する教育、保育等の総合的な提供の推進に関する法律（平成十八年法律第七十七号）に基づき、学校の教育課程として行われる教育活動を除き、主として青少年及び成人に対して行われる組織的な教育活動（体育及びレクリエーションの活動を含む。）をいう。

＊社会教育（教基一二）、スポーツの基本理念（スポーツ二）

通知　民間営利社会教育事業者に関する解釈（平7・9・22委生一五生涯学習局長）

通知　民間の事業者が行う組織的な教育活動は法二条の「社会教育」に含まれる。（平7・9・22委生一五生涯学習局長）

解説　本条は、学校教育との対比において社会教育行政の対象となる社会教育の範囲を定めたものである。青少年及び成人を含む「組織的な教育活動」という表現を用いているが、国民の間で行われる社会教育活動は多様な形態をとるものであり、不定型教育と言ってもよい。本条は、あくまでも一条の国および地方公共団体の任務に則した定義であり、学術的な社会教育の本質規定をしたものではない。なお、体育およびレクリエーションについて、本条により法律上社会教育として位置づけられた。民間営利社会教育事業者の事業も「社会教育」に含まれるが、そのことをもって、国民の「組織的な教育活動」が代替されるわけではない。

（国及び地方公共団体の任務）

第三条　国及び地方公共団体は、この法律及び他の法令の定めるところにより、社会教育の奨励に必要な施設の設置及び運営、集会の開催、資料の作製、頒布その他の方法により、すべての国民があらゆる機会、あらゆる場所を利用して、自ら実際生活に即する文化的教養を高め得るような環境を醸成するように努めなければならない。

社会教育法のあらまし

本法の制定・特徴　本法は、憲法・旧教育基本法の精神に基づき、学校教育法、旧教育委員会法に続く、戦後教育改革の重要法律の一つである。国民の教育を受ける権利を、広く学校以外の分野においても保障し、国民の自己教育・相互教育の発展をはかるための国・地方自治体の責務を明確にしたものであった。その特徴は、国民主体の社会教育を権利として明確にしたこと、同時に法制定が遅れ、戦後教育改革の不徹底を内在したことである。本法は、一九四九年の制定後、一部改正を繰り返した。最近の二〇〇八年改正後もそれは続き、二〇一九年が最新改正である。

一九四九年法の立法趣旨と内容　一九四九年法は、戦後教育改革の理念を明確に打ち出した。国会提案時、社会教育局長は、本法制定の趣旨は「社会教育の自由」確保であると説明した。当時の社会教育課長も同様の法解説を行った。国民の自由で自主的な自己教育・相互教育の発展を国・自治体が援助する責務を社会教育行政が有すること、社会教育施設の設置の趣旨が、実質的支援であることが明確になった。公民館は、本法によって法的規定を持ち、図書館や博物館建設の推進も明確にされた。それらは非権力的助長行政であり、求めに応じての指導助言と環境醸成を主目的とした。

構成と法原則　第一章「総則」は、本法が「教育基本法の精神に則り」「国及び地方公共団体の責務を明らかにする」ものとし、国民主体の社会教育、行政機関の環境醸成責務などの社会教育振興原則を明らかにしている。第三章「社会教育関係団体」で、自主的社会教育活動の奨励と権力的支配統制禁止をうたい、第四章「社会教育委員」で、社会教育行政への住民参加と統制を明らかにし、第五章「公民館」では、市町村中心の一定区域内の住民参加と自立的な教育文化施設の役割が明記され、第六章・第七章には、学校施設の利用と社会通信教育が規定され、学校の教育機能との連携やわが国の通信・遠隔教育の原則が明らかにされた。第二章は、一九五一年に新設され、「社会教育主事」の設置、資格、研修などを明記し、求めに応じる専門的な助言指導機能を定めた。

法改正と課題　一九五一年の社会教育主事設置と一九五七年の必置制は、行政主導性を強め公民館の主事必置と法的整備を遅らせた。一九五九年の関係団体補助金禁止の解除も、憲法八九条の強引な解釈もあり、非権力的助長行政を後退させた。一九八二年改正では社会教育主事補の必置制が廃止され、一九八七年法改正と一九九六年省令改正で社会教育主事養成が緩和された。その後、臨教審等によ

2　国及び地方公共団体は、前項の任務を行うに当たつては、国民の学習に対する多様な需要を踏まえ、これに適切に対応するために必要な学習の機会の提供及びその奨励を行うことにより、生涯学習の振興に寄与することとなるよう努めるものとする。

3　国及び地方公共団体は、第一項の任務を行うに当たつては、社会教育が学校教育及び家庭教育との密接な関連性を有することにかんがみ、学校教育との連携の確保に努め、及び家庭教育の向上に資することとなるよう必要な配慮をするとともに、学校、家庭及び地域住民その他の関係者相互間の連携及び協力の促進に資することとなるよう努めるものとする。

＊この法律の目的（一）、図書館・博物館（九）、公民館（二〇）、公民館の事業（二二）、講座（四八）、社会教育（教基一二）、教育の目標（教基二）、生涯学習の理念（教基三）、文部科学省の任務（文部科学省設置三・四）、文化庁の任務（文部科学省設置一八・一九）、地方公共団体の法人格とその事務（地自二）、教育委員会の職務権限（地教行二一）、生涯学習の振興整備の施策の配慮（生涯学習二）

通知　国及び地方公共団体が、社会教育に関する任務を行うに当たって、「社会教育が学校教育及び家庭教育との密接な関連性を有することにかんがみ、学校教育との連携の確保に努めるとともに、家庭教育の向上に資することとなるよう必要な配慮をするものとする」こととしたこと。（平13・7・11文科生二七九事務次官）

解説　本条は、平成一三年の法改正および平成二〇年の法改正で大きな変更が加えられた。とくに平成二〇年法改正では、国や地方公共団体に「多様な需要を踏まえ」「生涯学習の振興に寄与する」（二項）、「家庭及び地域住民その他の関係者相互間の連携及び協力」（三項）がうたわれ、市場原理と国民統合に対応する社会教育行政を課したことは重大な変化である。本法の中核的条項である本条が右のような改変が加えられることにより、社会教育行政の責務が一定の修正を求められるとはいえ、「社会教育の奨励に必要な施設の設置及び運営」など「すべての国民があらゆる機会、あらゆる場所を利用して」「実際生活に即する文化的教養を高め得る」「環境醸成」の責務はいささかも後退されるべきではない。

（国の地方公共団体に対する援助）

第四条　前条第一項の任務を達成するために、国は、この法律及び他の法令の定めるところにより、地方公共団体に対し、予算の範囲内において、財政的援助並びに物資の提供及びそのあつせんを行う。

＊教育行政の任務（教基一六）、財政的援助（地財一六）、公民館の補助（三五）、経費の補助（図書館二〇、博物館二四、スポーツ三三、文化財三五）、重要無形文化財の保存（文化財七四）、国の補助（へき振三・六）、生涯学習の振興整備にかかわる援助（生涯学習八２４）

解説　本条は前条の「環境醸成」義務を果たすために国が財政的・物質的援助を行うよう定めた重要な規定である。ただし、近年は、国の地方公共団体への財政援助は最小限度とされ、自主性・自立性が強調されている。「予算の範囲内」での国の責任は政策誘導的なものに限定されてきている。本法においては、国の援助は「地方公共団体」に対する「財政的」および「物質的」援助に限定されているが、「生涯学習振興整備法」は、国による都道府県の地域生涯学習基本構想策定にかかわる判断と援助、さらにこの構想の下で生涯学習事業を行う民間業者への税法上の特例適用などを定めている。なお、前条（三条）の規定によって、教育・学習機会が多様に用意されるべきこと、環境醸成がはかられるべきであることはこの条文の本旨である。

（市町村の教育委員会の事務）

第五条　市（特別区を含む。以下同じ。）町村の教育委員会は、社会教育に関し、当該地方の必要に応じ、予算の範囲内において、次の事務を行う。

一　社会教育に必要な援助を行うこと。
二　社会教育委員の委嘱に関すること。
三　公民館の設置及び管理に関すること。
四　所管に属する図書館、博物館、青年の家その他の社会教育施設の設置及び管理に関すること。
五　所管に属する学校の行う社会教育のための講座の開設及びその奨励に関すること。
六　講座の開設及び討論会、講習会、講演会、展示会その他の集会の開催並びにこれらの奨励に関すること。
七　家庭教育に関する学習の機会を提供するための講座の開設及び集会の開催並びに家庭教育に関する情報の提供並びにこれらの奨励に関すること。
八　職業教育並びに産業に関する科学技術指導のための集会の開催並びにその奨励に関すること。
九　生活の科学化の指導のための集会の開催及びその

り、「民間活力」活用と社会教育の市場化が促され、一九八八年の生涯学習局設置、一九九〇年の「生涯学習振興整備法」（文部・通産両省所管）制定となる。同法には、生涯学習の定義の欠落や国・都道府県主導の構造があり、混乱を招いた。さらに地方分権一括法（平一一法八七）は、本法の原則の大きな変更を迫った。平成一三年一部改正（法一〇六）では、社会奉仕体験活動・自然体験活動等による学校・社会教育・家庭教育の「連携の確保」や「必要な配慮」が強調された。また、地方自治法二四四条の二の改正（平一五法八一）で「公の施設」に「指定管理者」制度が導入され、民間事業者の参入規制が撤廃された。さらに地方自治法一八〇条の七に基づく教育委員会の権限に関する事務の補助執行により、首長部局への社会教育行政の移管が進んでいる。

二〇〇八年改正と課題　二〇〇六年の教育基本法改正と連動し、社会教育法、図書館法、博物館法も改正された。「学校、家庭及び地域住民その他関係者相互間の連携及び協力」（三条）、「その他の社会教育施設」（五条四号）、「学校」での「学習」事業の「実施」「奨励」（五条一三号）の他、学習成果の活用（五条一五号）、社会教育主事の職務・資格（九条の三・九条の四）、審議会等への諮問（一三条）、運営の状況に関する評価（三二条）等に大きな変更が加えられた。社会教育による学校教育支援、協力の性格が重要な特徴となり、公民館の運営評価を不可欠とするなど、社会教育行政の固有性が大きく問われることとなった。また、二〇一一年、二〇一三年の地域主権改革一括法による公民館運営審議会、社会教育委員の「委嘱の基準」が文部科学省令で定める基準を「参酌」するものとされた。

地教行法改正と本法改正　二〇一四年の地教行法改正により、本法一七条及び二八条の改正がなされた。教育委員会制度の改変により教育長の位置づけが変わり、社会教育の固有の自治の変質が危惧される。

二〇一七年改正　中教審を受けて、「地域連携学校協働活動」を基軸とする法改正がなされた（五条二項・六条二項・九条の七）。社会教育が、地域住民・学校と協働して、どのように独自性を発揮するかが問われる。

二〇一八年組織再編　文科省の組織再編が行われ、生涯学習政策局の廃止、総合教育政策局の設置、それに伴い社会教育課の廃止、地域学習推進課への改組、博物館を文化庁所管に転換する等、大きな改編がなされた。

二〇一九年改正　第九次地方分権一括法により「特定地方公共団体」による「特定公民館」の設置が可能となり、首長の権限がより強められることになった。

奨励に関すること。

十　情報化の進展に対応して情報の収集及び利用を円滑かつ適正に行うために必要な知識又は技能に関する学習の機会を提供するための講座の開設及び集会の開催並びにこれらの奨励に関すること。

十一　運動会、競技会その他体育指導のための集会の開催及びその奨励に関すること。

十二　音楽、演劇、美術その他芸術の発表会等の開催及びその奨励に関すること。

十三　主として学齢児童及び学齢生徒（それぞれ学校教育法第十八条に規定する学齢児童及び学齢生徒をいう。）に対し、学校の授業の終了後又は休業日において学校、社会教育施設その他適切な施設を利用して行う学習その他の活動の機会を提供する事業の実施並びにその奨励に関すること。

十四　青少年に対しボランティア活動など社会奉仕体験活動、自然体験活動その他の体験活動の機会を提供する事業の実施及びその奨励に関すること。

十五　社会教育における学習の機会を利用して行つた学習の成果を活用して学校、社会教育施設その他地域において行う教育活動その他の活動の機会を提供する事業の実施及びその奨励に関すること。

十六　社会教育に関する情報の収集、整理及び提供に関すること。

十七　視聴覚教育、体育及びレクリエーションに必要な設備、器材及び資料の提供に関すること。

十八　情報の交換及び調査研究に関すること。

十九　その他第三条第一項の任務を達成するために必要な事務

2　市町村の教育委員会は、前項第十三号から第十五号までに規定する活動であつて地域住民その他の関係者（以下この項及び第九条の七第二項において「地域住民等」という。）が学校と協働して行うもの（以下「地域学校協働活動」という。）の機会を提供する事業を実施するに当たつては、地域住民等の積極的な参加を得て当該地域学校協働活動が学校との適切な連携の下に円滑かつ効果的に実施されるよう、地域住民等と学校との連携協力体制の整備、地域学校協働活動に関する普及啓発その他の必要な措置を講ずるものとする。

3　地方教育行政の組織及び運営に関する法律（昭和三十一年法律第百六十二号）第二十三条第一項の条例の定めるところによりその長が同項第一号に掲げる事務（以下「特定事務」という。）を管理し、及び執行することとされた地方公共団体（以下「特定地方公共団体」という。）である市町村にあつては、第一項の規定にかかわらず、同項第三号及び第四号の事務のうち特定事務に関するものは、その長が行うものとする。

＊国・地方公共団体の任務（三）、国の地方公共団体に対する援助（四）、社会教育委員の設置（一五）、都道府県教育委員会の事務（六）、教育委員会と地方公共団体の長との関係（七―八の三）、図書館・博物館（九）、公民館の設置（二一）、地方公共団体の事務（地自二―3）、教育委員会の職務権限（地教行二一、地自一八〇の八）、特別区の事務（地自二八一）、公立図書館（図書館二章）、公立博物館（博物館三章）

通知　**社会教育法等の一部を改正する法律等の施行について**
今回の改正は、教育基本法の改正（平成一八年一二月）を踏まえ、社会教育行政の体制の整備等を図るため、社会教育に関する国及び地方公共団体の任務、教育委員会の事務、公民館、図書館及び博物館の運営、司書等の資格要件等に関する規定を整備するものである。
（平20・6・11文科生一六七事務次官）

解説　本条は、三条の趣旨をふまえて市町村教育委員会の社会教育に関する事務を例示したものである。なお、平成一一年の法改正により、青年学級の開設及び運営に関する規定が削除された。また、平成一三年の法改正によって、本条に「家庭教育に関する学習」の奨励、および「ボランティア活動など」青少年への「社会奉仕体験活動」「自然体験活動その他の体験活動」の機会の提供と奨励の規定が新設された。さらに平成二〇年の改正によって、①「家庭教育」の「情報の提供」をはじめ、情報化対応の事務、②「学校の授業の終了後又は休業日」の「学習その他の活動の機会」の提供、③「学習の成果」の活用が変更・追加された。具体的には「学校支援地域本部事業」などへの対応が重要な課題である。平成二九年の改正で、「地域学校協働活動」が加わった。令和元年の改正ではさらに三項が新設されることにより、「特定事務」を管理執行する「特定地方公共団体」の長に特別の権限を与えることになった。

（都道府県の教育委員会の事務）

第六条　都道府県の教育委員会は、社会教育に関し、当該地方の必要に応じ、予算の範囲内において、前条第一項各号の事務（同項第三号の事務を除く。）を行うほか、次の事務を行う。

一　公民館及び図書館の設置及び管理に関し、必要な指導及び調査を行うこと。

二　社会教育を行う者の研修に必要な施設の設置及び運営、講習会の開催、資料の配布等に関すること。

三　社会教育施設の設置及び運営に必要な物資の提供及びそのあつせんに関すること。

四　市町村の教育委員会との連絡に関すること。

五　その他法令によりその職務権限に属する事項

2　前条第二項の規定は、都道府県の教育委員会が地域学校協働活動の機会を提供する事業を実施する場合に準用する。

3　特定地方公共団体である都道府県にあつては、第一項の規定にかかわらず、前条第一項第四号の事務のうち特定事務に関するものは、その長が行うものとする。

＊市町村の教育委員会の事務（五）、公民館の設置者（二一）、文部科学大臣及び教育委員会相互間の関係等（地教行五章）、公立図書館（図書館八・一〇）、私立図書館との関係（図書館二五―二七）、博物館（博物館）、生涯学習の振興に資する事業（生涯学習三）、地域生涯学習振興基本構想（生涯学習五）

解説　本条は、市町村の教育委員会の事務のほかに、都道府県教育委員会が市町村の区域を包括する広域行政単位として行う付加的な事務を規定している。「生涯学習振興整備法」は、都道府県が「生涯学習に資する事業」として、学校教育・社会教育・文化に関する機関や団体への助言・援助を求めがなくてもなしうること、社会教育に関する講座開設などに関する事業を行いうることを定めていた。また、文部科学大臣・経済産業大臣の協議と判断をうけて「地域生涯学習振興基本計画」を策定し市町村をこえた広域の生涯学習振興事業を行いうるとした。平成二〇年改正はさらに教基法改正を受けて（「その他の」）「社会教育施設」を都道府県が設置しうることへの道を開いたことになった。社会教育の市町村主義原則との整合性確保が重要である。

（教育委員会と地方公共団体の長との関係）

第七条　地方公共団体の長は、その所掌に関する必要な広報宣伝で視聴覚教育の手段を利用することその他教育の施設及び手段によることを適当とするものにつき、教育委員会に対し、その実施を依頼し、又は実施の協力を求めることができる。

2 前項の規定は、他の行政庁がその所掌に関する必要な広報宣伝につき、教育委員会（特定地方公共団体にあつては、その長又は教育委員会）に対し、その実施を依頼し、又は実施の協力を求める場合に準用する。

＊広報宣伝に要する経費の協議（施令一）、長の職務権限（地教行二二）、教育委員会の意見聴取（地教行二九）

第八条 教育委員会は、社会教育に関する事務を行うために必要があるときは、当該地方公共団体の長及び関係行政庁に対し、必要な資料の提供その他の協力を求めることができる。

解説 七・八条はともに、教育委員会と地方公共団体における広報・宣伝および資料提供等の関係は独立・対等の立場で協力し合うという原則の上に運用されなければならない。地教行法の改正施行（平二七年）によってこの原則が曲げられることのないよう協議確認されることが求められる。

第八条の二 特定地方公共団体の長は、特定事務のうち当該特定地方公共団体の教育委員会の所管に属する学校、社会教育施設その他の施設における教育活動と密接な関連を有するものとして当該特定地方公共団体の規則で定めるものを管理し、及び執行するに当たつては、当該教育委員会の意見を聴かなければならない。

2 特定地方公共団体の長は、前項の規則を制定し、又は改廃しようとするときは、あらかじめ、当該特定地方公共団体の教育委員会の意見を聴かなければならない。

第八条の三 特定地方公共団体の教育委員会は、特定事務の管理及び執行について、その職務に関して必要と認めるときは、当該特定地方公共団体の長に対し、意見を述べることができる。

解説 八条の二・八条の三は、令和元年の地方分権一括法によって「特定地方公共団体」が認定され、「特定」の意味が明確にされる必要が生じたといえる。

（図書館及び博物館）

第九条 図書館及び博物館は、社会教育のための機関とする。

2 図書館及び博物館に関し必要な事項は、別に法律をもつて定める。

＊社会教育（教基一二）、社会教育の定義（二）、教育委員会の事務（五・六）、教育機関（地教行三〇）、図書館・博物館（図書館、博物館）

判例 図書館職員が、基本的な職務上の義務に反し、著作者または著作物に対する独断的な評価や個人的な好みによって図書を廃棄したときは、当該図書の著作者の人格的利益を侵害し国賠法上違法となる。（最判平17・7・14判時一九一〇—九四）

第二章 社会教育主事等

（社会教育主事及び社会教育主事補の設置）

第九条の二 都道府県及び市町村の教育委員会の事務局に、社会教育主事を置く。

2 都道府県及び市町村の教育委員会の事務局に、社会教育主事補を置くことができる。

＊資格（九の四）、定義（教特二）、採用・昇任の方法（教特一五）、事務局（地教行一七）、事務局職員の定数（地教行一九）、身分取扱い（地教行二〇）、特例（地公五七）、設置に関する経過規定（施令附則）

回答 **学校教員を充てることの可否** 社会教育主事は、学校教員に対する専門的指導にあたる指導主事とはその職務の内容を異にするから、同一に論じ得ず、学校教員を充て社会教育主事とするのは適当とは考えられない。（昭37・9初中局地方課、教育委員会月報一四五号）

判例 **高知県立幡多農業高校教諭社会教育主事転任処分事件**（高知地判平5・3・22労判六二八—二三）

通達 **主事未設置市町村の解消** 人口一万未満の町村では主事設置が猶予されているが、一万以上の市町村では昭三八・四・一以降設置すべき義務が課されている。この義務を履行するようにされたい。（昭46・1・23文社社三一社会教育局長）

解説 昭和二六年の第二章新設により、教育委員会法施行令（昭二三政令二三九）によってのみ根拠づけられていた社会教育主事の設置が新たに都道府県に義務づけられた。その後昭和三四年法改正により市町村に必置となった。本条によって、わが国ではじめて社会教育分野の専門職員が法律に基づいて設置され（戦前は大正一四年「地方社会教育職員制」で設置されていた）、かつ、教育公務員特例法により、都道府県にのみ必置とされている「指導主事」とともに「専門的教育職員」とされ、その採用・昇任・研修などに一般公務員の特例が規定されることとなった。昭和四九年度より都道府県主事の市町村への派遣が奨励され給与の半額国庫負担が行われたが、廃止され、現在では都道府県が全額負担している。これは、市町村社会教育行政の独立性の原則からみて疑義が出されている。なお、行政事務簡素合理化のための法律（昭五七法六九）制定に伴う一部改正があり、社会教育主事補は任意設置となった。九条の四第一号、第三号とのかかわりで今後の運用が注目される。なお一部自治体では、教育委員会内での教育専門職としての位置づけには、研修の不備など十分な配慮が欠ける場合もみられる。→九条の四

（社会教育主事及び社会教育主事補の職務）

第九条の三 社会教育主事は、社会教育を行う者に専門的技術的な助言と指導を与える。ただし、命令及び監督をしてはならない。

2 社会教育主事は、学校が社会教育関係団体、地域住民その他の関係者の協力を得て教育活動を行う場合には、その求めに応じて、必要な助言を行うことができる。

3 社会教育主事補は、社会教育主事の職務を助ける。

＊教育行政の任務（教基一六）、文部科学大臣及び教育委員会との関係（一一）、社会教育主事（教特二5）、研修（教特四章）、兼職及び他の事業等の従事（教特一七）、指導主事その他の職員（地教行一八3 4）、服務（地公三章六節）、指導助言（地教行四八）

通達 **専門的教育職員の定義** 新しく設置された社会教育主事は、社会教育を行う者に対して助言と指導を与えることをもって職務内容とするものであり、指導主事と等しく専門的教育職員として取り扱われる。（昭26・8・9文社社三一一事務次官）

回答 **社会教育主事補** 教特法二条四項にいう専門的教育職員ではない。（昭34・6・20委社六一社会教育局長）

解説 社会教育主事の一項の職務規定は、戦後の教育行政を貫く専門的指導行政の指標であって、本来学校教育・社会教育を通ずる原則である。第一は、命令監督を伴わない求めに応じた助言指導原則が明示されている点である。指導主事の場合は、旧教育委員会法の規定が廃されて（地教行一九参照）たが、本条の規定はそのまま残されており、本条新設当時（昭二六）の国会審議においても、本条と一一条は「相補うて一つの意味をなす」とされ「指導助言を求める場合に発動する」権限であることが立法者意思として確認されていた。第二は、教育委員

会は教育長を頂点に、指導主事と並んで社会教育主事を中心にして独自な専門的な指導行政ないしその機構を形成していることである。この「指導助言権」は、上下関係において法的拘束力をもつ一般行政組織内の「指揮監督権」とは区別される。なお、「社会教育を行う者」とは一般には、公民館等の社会教育施設で実際の教育活動を行う者、あるいは民間の社会教育関係団体等で指導的な役割をになう者とされており、ひとりひとりの国民をさすものではない。二項の新設は、社会教育主事の性格の大幅な変容を迫るものといえる。学校を中心とした教育活動への「求めに応じ」た「必要な助言」は、学校教育協力型の社会教育の中核に社会教育主事をあてることになり、それ以外の場での役割を縮小させることが危惧される。

（社会教育主事の資格）

第九条の四　次の各号のいずれかに該当するものは、社会教育主事となる資格を有する。

一　大学に二年以上在学して六十二単位以上を修得し、又は高等専門学校を卒業し、かつ、次に掲げる期間を通算した期間が三年以上になる者で、次条の規定による社会教育主事の講習を修了したもの

イ　社会教育主事補の職にあつた期間

ロ　官公署、学校、社会教育施設又は社会教育関係団体における職で司書、学芸員その他の社会教育主事補の職と同等以上の職として文部科学大臣の指定するものにあつた期間

ハ　官公署、学校、社会教育施設又は社会教育関係団体が実施する社会教育に関係のある事業における業務であつて、社会教育主事として必要な知識又は技能の習得に資するものとして文部科学大臣が指定するものに従事した期間（イ又はロに掲げる期間に該当する期間を除く。）

二　教育職員の普通免許状を有し、かつ、五年以上文部科学大臣の指定する教育に関する職にあつた者で、次条の規定による社会教育主事の講習を修了したもの

三　大学に二年以上在学して、六十二単位以上を修得し、かつ、大学において文部科学省令で定める社会教育に関する科目の単位を修得した者で、第一号イからハまでに掲げる期間を通算した期間が一年以上になるもの

四　次条の規定による社会教育主事の講習を修了した者（第一号及び第二号に掲げる者を除く。）で、社会教育に関する専門的事項について前三号に掲げる者に相当する教養と経験があると都道府県の教育委員会が認定したもの

＊社会教育主事の講習（九の五）、普通免許状（免許四）、科目の単位（社会教育主事補の職と同等以上の職及び社会教育に関係のある事業における業務であって、社会教育主事として必要な知識又は技能の習得に資するもの並びに教育に関する職の指定（平八文告一四八）、社会教育主事講習等規程三・一一）

通達　**第一号規定の職の在職年数**　社会教育主事補および告示（社会教育に関係のある職及び教育に関する職の指定―昭三四文部省告示五三）の一各号に掲げる職相互間の在職年数の通算を認めることができる。（昭35・3・28文社社七三社会教育局長）

通知　①大学に二年以上在学等の基礎資格を有する者が社会教育主事となるための実務経験の要件を緩和し、「官公署又は社会教育関係団体が実施する社会教育に関係のある事業における業務であって、社会教育主事として必要な知識又は技能の習得に資するものとして文部科学大臣が指定するものに従事した期間」を通算できるようにしたこと。（第一号）

②大学において社会教育関係科目の単位を修得した者が社会教育主事となるための実務経験の要件を緩和し、「官公署又は社会教育関係団体における社会教育に関係のある職で文部科学大臣の指定するものにあった期間」及び「官公署又は社会教育関係団体が実施する社会教育に関係のある事業における業務であって、社会教育主事として必要な知識又は技能の習得に資するものとして文部科学大臣が指定するものに従事した期間」を通算できるようにしたこと。（第三号）（平13・7・11文科生二七九事務次官）

告示　**社会教育に関係のある職及び社会教育に関係のある事業における業務であって、社会教育主事として必要な知識又は技能の習得に資するもの並びに教育に関する職の指定の一部改正関係**

ア　社会教育法第九条の四第一号ロに規定する社会教育主事補の職と同等以上の職として以下の職を追加又は削除すること。（一号関係）①内閣府及び文部科学省において青少年の健全な育成に関する事項の企画及び立案又は総合調整に関する事務に従事する者の職を削除すること。②大学等において社会教育に係る学習又は文化活動その他の生涯学習に資する諸活動の機会の提供に関する事務に従事する者の職を追加すること。③社会教育施設において社会教育に係る学習又は文化活動その他の生涯学習に資する諸活動の機会の提供に関する事務に従事する者の職を追加すること。

イ　社会教育法第九条の四第一号ハに規定する社会教育に関係のある事業における業務であって、社会教育主事として必要な知識又は技能の習得に資するものとして以下の業務を追加すること。（二号関係）①アの②と同様の改正を行うこと。②アの③と同様の改正を行うこと。（平20・6・11文科告八九）

解説　本条は、専門的教育職員としての法定資格を定めている。ところで、社会教育主事の資格付与は専門課程をおく大学での養成に基づくのが原則であり、昭和二六年改正にともなう経過措置としてとられた講習による社会教育主事の資格付与が大学における養成と同じ位置を与えられたことには疑問が残された。とりわけ四号は、昭和三四年法改正で追加されたものであり、その基準のあいまいさが指摘されている。また、三号によって大学で単位を修得した者に社会教育主事補の職を任ずることなく再び社会教育主事講習を受講させるなどの実態があることは本条の趣旨に反する。なお、本法九条の二の一部改正に伴い、本条一号、三号が要件としている社会教育主事補が設置されない場合が生じる。とくに、大学での専門職養成については、採用に関しての狭き門および現職研修をはじめ専門職としての身分のぜい弱さが指摘されてきたところである。平成八年社会教育主事講習等規程が改正されて、受講資格要件が緩和される一方、養成科目については「社会教育概論」が除かれて「生涯学習概論」が設置された。さらに平成一三年の法の一部改正により、一号の社会教育主事になるための実務経験の要件の緩和が大幅になされた。また文部科学省告示一四六号（平13・8・30）にその詳細なリストが示された。

平成二〇年法改正では、さらに社会教育主事資格要件を緩和した。「学校、社会教育施設」の職で、さらに「司書、学芸員その他の社会教育主事補の職と同等以上の職」を加えることで社会教育主事の流動性を高めることがねらわれている。社会教育主事の専門性については社会教育士の称号付与等の動向が留意される。

（社会教育主事の講習）

第九条の五　社会教育主事の講習は、文部科学大臣の委嘱を受けた大学その他の教育機関が行う。

2　受講資格その他社会教育主事の講習に関し必要な事項は、文部科学省令で定める。

＊教育機関（地教行三〇）、講習（社会教育主事講習等規

程）

［解説］　昭和三四年法改正により、大学については旧規定の「教育に関する学科又は学部を有する大学」という限定が削除されるとともに行政機関が設置する研修所も含みうる「その他の教育機関」が加わった。次条の研修の規定の新設とともに、文部科学大臣および都道府県教育委員会が社会教育主事の養成や研修に対する権限を強めている。また、文部科学省令「社会教育主事講習等規程」では、必要とされる単位が九単位（大学では二四単位）とされ、その少なさ、あるいは、分割履習が文部省通知（平成一一年）により認められることなどにより、水準の低下を招くことおよび近年の講習実施大学数の減少も危惧されているところである。二〇一八（平成三〇）年二月に、「講習等規程」の改正（省令施行）がなされ、単位数減（一単位）、社会教育士の称号付与、社会教育計画（廃止）から経営論、実習が新たに加わった。↓九条の四

（社会教育主事及び社会教育主事補の研修）

第九条の六　社会教育主事及び社会教育主事補の研修は、任命権者が行うもののほか、文部科学大臣及び都道府県が行う。

＊研修（教特二一、地公三九、生涯学習三1⑷）、研修の機会（教特二二）、指導助言・援助（地教行四八2⑷）

［通達］ **研修の実施権者**　任命権者が行うもののほか、その重要性にかんがみ文部大臣及び都道府県の教育委員会も行うこととされた。都道府県の教育委員会も管内の市町村の社会教育主事等の資質の向上のため、研修の実施に一層努められたい。（昭34・4・30文社社二八三事務次官）

［解説］　↓九条の五

（地域学校協働活動推進員）

第九条の七　教育委員会は、地域学校協働活動の円滑かつ効果的な実施を図るため、社会的信望があり、かつ、地域学校協働活動の推進に熱意と識見を有する者のうちから、地域学校協働活動推進員を委嘱することができる。

2　地域学校協働活動推進員は、地域学校協働活動に関する事項につき、教育委員会の施策に協力して、地域住民等と学校との間の情報の共有を図るとともに、地域学校協働活動を行う地域住民等に対する助言その他の援助を行う。

第三章　社会教育関係団体

（社会教育関係団体の定義）

第一〇条　この法律で「社会教育関係団体」とは、法人であると否とを問わず、公の支配に属しない団体で社会教育に関する事業を行うことを主たる目的とするものをいう。

＊公の支配に属さない教育の事業に対する公金支出等の禁止（憲八九）、法人の設立（民三三2）、特定非営利活動（特定非営利活動促進法二）

［通達］ **公の支配**　本条に規定する「公の支配」とは、その構成・人事及び経理等については、国又は地方公共団体が具体的に発言、指導又は干渉することをいう。（昭29・7・28間消一ノ一〇六国税庁長官、昭29・8・11文社社二二一社会教育局長）

［通達］ **社会教育に関する事業を行うことを主たる目的とする団体**　営利を目的としないで且つ特定の政党その他の政治団体の利害に関する事業を行い、又は公の選挙に関し、特定の候補者を支持し、若しくはこれに反対する等の政治活動をしない団体をいう。（昭29・7・28間消一ノ一〇六国税庁長官、昭29・8・11文社社二二一社会教育局長）

［解説］　本章は、社会教育活動の自主性と自由の尊重をうたって国民が社会教育の主体であることを明示した規定である。本条によれば、社会教育関係団体の基本的性格は、社会教育事業を自ら行い「公の支配に属さない」民間団体であって、自由な意思でつくられた教育・文化・学習活動の組織すべてが含まれる。これは、官僚支配を強く受け教化的性格を帯びた戦前社会教育への反省に立つものである。社会教育関係団体の性格規定や認定、また、それに基づく特典付与などは行政機関によってなされるべきものではない。この点で、特定団体への委託料支出によって、施設管理のみでなく社会教育事業の実施も委託している事例は、本条の規定に照らして疑義のあるところである。なお、民間営利社会教育事業者による営利目的の事業を本法二条にいう「社会教育」と認める（平7・9・22生涯学習局長通知）としても、当該事業者は本条でいう社会教育団体とはならない。さらに、いわゆるＮＰＯ法による社会教育を行う法人も、この条項と重なる場合が生じてきた。（前掲通達参照）↓一三条

（文部科学大臣及び教育委員会との関係）

第一一条　文部科学大臣及び教育委員会は、社会教育関係団体の求めに応じ、これに対し、専門的技術的指導又は助言を与えることができる。

2　文部科学大臣及び教育委員会は、社会教育関係団体の求めに応じ、これに対し、社会教育に関する事業に必要な物資の確保につき援助を行う。

＊教育行政（教基一六）、国・地方公共団体の任務（三）、教育委員会の事務（五・六）、法人の設置する公民館の指導（三九）、図書館との関係（図書館二五・二六）、博物館との関係（博物館二七・二八）、文部科学大臣との関係（生涯学習八2）、都道府県教育委員会との関係（生涯学習三1⑸2）

［回答］ **官庁の行う社会教育活動としての正しい機能**　諸情報、関係啓蒙資料を印刷配布したり、協議会、公聴会その他の公共的会合の費用を支出したりすることにある。但し、その活動は関係諸団体あるいは施設に対して必要な諸情報や啓蒙資料を提出することを目的とする計画の範囲に限るべきである。（昭23・7・14発社一九七社会教育局長）

［解説］　本条は、前条のような団体の自主的意思と活動を前提に、文部科学大臣・教育委員会による指導助言については、まず社会教育関係団体の「求めに応じ」てのみなされるべきこと、次にそれは「専門的技術的」なものに限られるべきことを規定して民間の社会教育活動の自主性尊重の原則を確認している。なお指導助言行政は戦後教育法の中核的原則である。「生涯学習振興整備法」は「求めに応じ」という限定をつけずに社会教育および文化に関する団体への「助言その他の援助」を規定し、また社会教育関係団体との連携をうたっているが、そのあり方は、上記の原則および次条の統制的支配と事業への干渉を禁止する規定に従うべきことはいうまでもない。↓九条の三

（国及び地方公共団体との関係）

第一二条　国及び地方公共団体は、社会教育関係団体に対し、いかなる方法によつても、不当に統制的支配を及ぼし、又はその事業に干渉を加えてはならない。

＊不当な支配の禁止（教基一六1）、教育の目標（教基二）、国民の教育を受ける権利（憲二六）

［通達］ **不当な統制的支配・干渉の禁止**　都道府県は社会教育諸団体より要請ある場合助言者としての立場をとることができる。これらの団体はその方策、人事、会計、企画、指導及び事業の実施において、全く都道府県と独立の自主的なるものたらしめること。官庁としてはいかなる形においても、青年団、成人の団体、又は居住地域単位の団体等、特定の団体を権力で統制すべきものではない。（昭23・7・14発社一九七社会教育局長）

通達 **民間団体の自由**　官公庁が民間団体に対し、ある宣伝運動に参加するように依頼することはさしつかえないが、いかなる形でも社会教育又は情報に関する計画の実施を押しつけることは不当であり右の運動への参加を承諾するか否かはその団体の自由である。（昭23・7・14発社一九七社会教育局長）

通達 **教育委員会と社会教育関係団体**　教育委員会は「公正なる民意」により教育行政の衝にあたる「民主的な機関」、社会教育関係団体は社会教育の事業を行うを主たる目的とする「公の支配に属しない民主的な団体」である。よって前者は後者に対し不当な統制的支配を及ぼし、その事業に干渉を加えてはならない。（昭27・12・26文社社五一七社会教育局長）

解説 本条は、社会教育の本質と自由を擁護し、その自主的な発展をはかるうえできわめて重要なものである。通達の例にもあるように、「いかなる方法によっても」と定める意義は、行政機関職員が役員に就任して影響力を及ぼす場合も含めて、社会教育活動に対する権力的支配がどのような形によっても行われるべきでなく、社会教育関係団体の自由と自主性が決して侵されることのないよう厳格に示そうとするところにある。しかしながら、教育政策の逆行や民主主義的風潮の後退という社会状況の下で、団体の性格や活動内容を理由とした施設貸与の差別取扱いや拒否、あるいは、自治体の文化行事への参加・共催の拒否などの事例が少なからずある。「生涯学習振興整備法」の下において社会教育関係団体との関係が、本条および前条の原則を逸脱することがあってはならないが、都道府県・市町村に首長部局と教育行政部局を一体化した生涯学習推進機構が設置され、民間事業者との協力が積極化する中では、教育行政と教育文化施設の独立性と教育・文化・学習活動の中立性が侵される事態も懸念される。本条が、不当な統制的支配・干渉の禁止という本法の基本理念に即して原則的に解釈・運用されることがのぞまれる。→二〇条、二二条

（審議会等への諮問）

第一三条　国又は地方公共団体が社会教育関係団体に対し補助金を交付しようとする場合には、あらかじめ、国にあつては文部科学大臣が審議会等（国家行政組織法（昭和二十三年法律第百二十号）第八条に規定する機関をいう。第五十一条第三項において同じ。）で政令で定めるものの、地方公共団体にあつては教育委員会が社会教育委員の会議（社会教育委員が置かれていない場合には、条例で定めるところにより社会教育に係る補助金の交付に関する事項を調査審議する審議会その他の合議制の機関）の意見を聴いて行わなければならない。

＊公の支配に属さない事業への公金支出の禁止等（憲八九）、寄附・補助（地自二三二の二）、補助金の適正（補助金等に係る予算の執行の適正化に関する法律一）、補助金支出にかかわる本条適用除外（スポーツ三五）

通達 **社会教育関係団体に対する補助金**　社会教育関係団体の行う事業のうち、憲法八九条の規定に抵触しないものについては、補助金を支出することができることとなった。（昭34・4・30文社社二八三事務次官）

回答 **憲法八九条にいう「教育の事業」**　補助金の支出が禁じられる場合、「教育の事業」とは、人の精神的又は肉体的な育成をめざして人を教え導くことを目的とする事業であって、教育する者と教育される者との存在を離れてこれを考えることはできない。すなわち、教育される者についてその精神的又は肉体的な育成を計るべき目標があり、教育する者が教育される者を教え導いて計画的にその目標の達成を計る事業でなければ教育の事業ということはできない。「単に人の知識を豊富にしたり、その関心を高めたりすることを目的とするだけの事業」は、「教育の事業」には該当しない。（昭32・2・22一発八法制局第一部長）

回答 **「教育の事業」の判断**　社会教育関係団体の行う事業であることの故をもって、その事業がただちに「教育の事業」と解すべき特段の理由はないから「教育の事業」に該当するかどうかは、それぞれの事業について個々に判断するほかない。（昭32・2・22一発八法制局第一部長）

通知 憲法でいう「教育の事業」に該当しない事業であって公共性のある適切な緊要な事業を行う社会教育関係団体に対して、その自主性を尊重しつつ積極的な助成を行い、わが国の社会教育のいっそうの振興発展を期すべきである。（昭34・12・14文社社三三一社会教育局長）

通知 **社会教育法等の一部を改正する法律等の施行について**　本条の改正後も社会教育委員の役割の重要性は変わらないこと。したがって、引き続き各地方公共団体においては、社会教育に関する諸計画の立案や青少年教育に関する助言、指導など社会教育委員の積極的な活動が展開されるよう留意すること。（平20・6・11文科生一六七事務次官）

解説 昭和二四年制定時には社会教育関係団体への補助金支出が全面的に禁止されていたが、昭和三四年法改正によって本条のように解除されたため、この改正とその解釈をめぐって多くの論議を呼んだ。その焦点の一つは、公の支配に属さない教育の事業に対する公金支出を禁止した憲法八九条に違反するか否かにあった。禁止される範囲を狭く限定して非教育的事業への補助金支出を可能とし、これをもって社会教育活動の推進をはかろうとする改正意見に対しては、その意味での補助金は非教育的事業を推進する矛盾をもち、かつ補助金による団体統制や支配を招くとする反対意見が鋭く対立した。行政当局の解釈は前掲の回答等に明らかであるが、事実としては反対意見の危惧した事例が少なからず生じている。一方、近年社会教育を国民の権利としてとらえる立場から、住民意思と直結した補助金支出原則を自治体ごとに創出し、この援助を受けるものを新たに「公の支配」に属するものとして、憲法八九条の禁止原則と本法の求める国民の権利の公費保障原則を調整しようとする実例や、それに即した法改正や解釈変更を求める学説もあらわれており注目される。また、地方財政危機、財政合理化の影響で補助金そのものが削減されており、限られた予算の範囲内での特定の社会教育関係団体への補助金支出そのものが妥当性をもつのかが問われている。平成二〇年法改正では、社会教育委員の任意設置の実態を容認した上で「その他の合議制の機関」に代替してもよい規定を加えたが、社会教育委員の役割の重要性は変わらない。その積極的な活動が期待される。

（報告）

第一四条　文部科学大臣及び教育委員会は、社会教育関係団体に対し、指導資料の作製及び調査研究のために必要な報告を求めることができる。

第四章　社会教育委員

（社会教育委員の設置）

第一五条　都道府県及び市町村に社会教育委員を置くことができる。

2　社会教育委員は、教育委員会が委嘱する。

＊委嘱（五1(2)・一八）、教育委員会の事務（六）、諮問（二三）、委員会・委員・附属機関（地自一三八の四）、附属機関の職務権限・組織等（地自二〇二の三）、図書館協議会委員（図書館一五）、博物館協議会委員（博物館二一）、都道府県生涯学習審議会の設置（生涯学習一〇）

解説 社会教育をも包括する教育行政が、合議制教育委員会によって行われる上にさらに、社会教育に関して、このような住民意思を反映させうる独任制の諮問・建議機関が設置されたことは、社会教育に関する行政が、地域

に密接し、民主的にかつ多様に行われることを保障しようと意図したものであった。これまでの法改正によって、区域内の社会教育関係団体において選挙その他の方法によって選出された代表者の規定が削除され、平成二五年の法改正によって「社会教育委員の設置」という見出しにみられるように、社会教育委員の必置制から任意設置制への変更に加えて、委員の構成の指定の削除は、委嘱の根拠をあいまいにさせ、社会教育委員の位置づけの低下をもたらすことが危惧される。

第一六条　削除（平一一法八七）

（社会教育委員の職務）

第一七条　社会教育委員は、社会教育に関し教育委員会に助言するため、次の職務を行う。

一　社会教育に関する諸計画を立案すること。

二　定時又は臨時に会議を開き、教育委員会の諮問に応じ、これに対して、意見を述べること。

三　前二号の職務を行うために必要な研究調査を行うこと。

2　社会教育委員は、教育委員会の会議に出席して社会教育に関し意見を述べることができる。

3　市町村の社会教育委員は、当該市町村の教育委員会から委嘱を受けた青少年教育に関する特定の事項について、社会教育関係団体、社会教育指導者その他関係者に対し、助言と指導を与えることができる。

＊教育委員会の職務権限（地教行二一⑿—⒂）、補助金交付に際しての社会教育委員の会議の意見（一三）、求めに応じる指導助言（一一 1）

回答　**「教育委員会から委嘱」される事項について**　事項は教育委員会規則で定めることを要しないが、この委嘱は住民に直接関係のある事項であるので、委嘱事項および委嘱した委員の氏名などは、何らかの方法で住民に周知させることが望ましい。（昭36・7・28委社八二社会教育局長）

回答　**青少年に関する特定事項**　たとえば、青少年の不良化防止、子供クラブの育成、青少年団体活動の奨励、読書指導など。（昭36・7・28委社八二社会教育局長）

回答　**指導助言**　委嘱は個々の委員に対して特定事項についてなされすべての社会教育委員に対して包括的になされるものではない。したがって指導助言は特定事項について委嘱を受けた委員のみが行うことができる。全委員に同一事項を委嘱する場合、全委員が同一事項について指導助言に当たることになる。（昭36・7・28委社八二社会教育局長）

回答　**委員の教育委員会に対する個性的な意見又は研究が発表される機会**　一項二号が合議体として行われるものであるから、個性的な意見を開陳することができるのは、一項一号及び二項に規定する事務に関してである。（昭27・1・25委社九社会教育課長）

解説　本条に規定する社会教育委員の任務は、①研究調査等の委員個々の職務、②独任制ではあるが、社会教育委員会議での合議体としての職務、③教育委員会への助言、④教育委員会に出席して意見を述べる、の四つの形態を通して独自に社会教育行政に住民の意思を反映させるところにあり、公民館運営審議会とならんで注目される機能である。三項は昭和三四年法改正により追加されたものであるが、青少年教育にかかわる特定の事項について社会教育関係団体等の諸活動に対する助言指導を定めたものであり、本来教育委員会への助言機関たる社会教育委員の性格に一定の変化をもたらしている。なお、社会教育委員の会議を生涯学習審議会等に改編する動きもあることから、一三条に「社会教育に係る補助金の交付に関する事項を調査審議する審議会その他の合議制の機関」という一文が付加された。

（社会教育委員の委嘱の基準等）

第一八条　社会教育委員の委嘱の基準、定数及び任期その他社会教育委員に関し必要な事項は、当該地方公共団体の条例で定める。この場合において、社会教育委員の委嘱の基準については、文部科学省令で定める基準を参酌するものとする。

＊社会教育委員の設置（一五）、条例の制定（地自一四）、委員会・委員・附属機関（地自一三八の四）、附属機関の職務権限・組織（地自二〇二の三）、報酬及び費用弁償（地自二〇三の二）、給与等の支給制限（地自二〇四の二）

解説　平成二五年の改正は、第一五条の改正に連動する改正である。「委嘱の基準、定数及び任期その他」について「文部科学省で定める基準」を「参酌」し、「当該地方公共団体の条例で定める」場合、全国的統一性を欠く混乱が生じることも危惧される。

第一九条　削除（昭三四法一五八）

第五章　公民館

（目的）

第二〇条　公民館は、市町村その他一定区域内の住民のために、実際生活に即する教育、学術及び文化に関する各種の事業を行い、もつて住民の教養の向上、健康の増進、情操の純化を図り、生活文化の振興、社会福祉の増進に寄与することを目的とする。

＊教育の目的（教基一）、教育の目標（教基二）、公民館の設置者（二一）、公民館の事業（二二）、公民館の運営方針（二三）、教育機関（地教行三〇）、地方公共団体の事務（地自二）、公の施設（地自二四四）

解説　本条は第三条と並んで、本法の中核条項であり、一度も改正を受けていない。平成一〇年九月の生涯学習審議会答申も「地域共創」の課題をその中心としての本条に託している。本条の目的と社会教育の本質からすれば、公民館は地域住民と密着して、市町村をはじめ地域社会の発展と住民生活の充実に資する事業を自ら行ったり、それにかかわる住民の自主的な教育・文化活動や生活文化、社会福祉の増進等、地域づくりの発展を援助するなど総合的で多様な機能が自主的に発揮されることが期待されている。また、同時にその運営や事業企画に住民参加を保障する機関（運営審議会—本法二九・三〇条）をもっていることも注目される。公民館は、戦後文部次官通牒（昭二一）により全国的に普及されたのち、本法の制定により制度的定着をみ、図書館、博物館と並ぶ代表的な社会教育施設として発展をとげた。住民本位の活動の振興を中心理念とする総合的な施設として「市町村その他一定区域内」の日常生活圏域内に設置されるものだけに、その充実は住民の関心と参加による自治の水準による。近年、専任専門職員の配置を要件としないコミュニティセンターの設置や、各種の民間カルチャーセンター事業が多くみられ、住民の学習機会が「拡大」しているが、「参加」と「自治」を運営原理とし、職員必置を要件とする教育文化施設としての公立公民館が、住民の学習権保障のうえでもつ意義には独自なものがある。世界成人教育会議（ベレン・ブラジル二〇〇九）でもCLC（Community Learning Center）が再注目されており、公民館はその典型と見なされている。

（公民館の設置者）

第二一条　公民館は、市町村が設置する。

2　前項の場合を除くほか、公民館は、公民館の設置を目的とする一般社団法人又は一般財団法人（以下この章において「法人」という。）でなければ設置することができない。

3　公民館の事業の運営上必要があるときは、公民館に分館を設けることができる。

＊市町村の教育委員会の事務（五1⑶）、公民館の設置（二四）、公民館類似施設（四二）、教育委員会の職務権限（地教行二一⑴⑿）、教育機関の所管（地教行三二）、教育機関の設置（地教行三〇）、地方公共団体の法人格とその事務（地自二3）、公益法人の設立（民三三2、一般社団財団法人法）

【回答】**公民館の組合設置**　市町村は地方自治法二八四条の規定によって必要に応じて組合を作って事務を共同処理する権限を与えられている。したがって市町村が単独で公民館を設置する場合及び組合を作って公民館を設置する場合の両者がある。（昭25・12・27委社八一九社会教育局長）

【通達】**分館**　公民館の対象区域が広範囲にわたる場合、分館を設けられたい。分館とは、条例等で市町村立の公民館の分館として定め市町村によって維持管理されるものをいう。（昭35・2・4文社施五四社会教育局長）

【通知】**分館の設置・管理と条例・規則**　分館の設置については教育委員会規則により、その名称及び位置を明確に規定すること。管理についても、条例もしくは教育委員会規則で明確にその旨を規定すること。（昭30・2・19文社施四八社会教育局長）

【解説】本条は、地域社会に密着した社会教育活動の振興という理念に立って、市町村の責任において公民館を設置することを定めるとともに、公益法人による設置も認めて活動の多様な発展を期待している。分館については、公民館活動をいっそう地域社会に密着したものとするために奨励されているとみてよいが、実は、三項は、市町村合併等による行政区域の広域化に伴い旧町村段階の施設の法律的保障を主なねらいとして昭和三四年法改正によって新設されたものである。本章の趣旨からいえば、日常生活圏ごとに、機能を充実させた施設が設置されるべきであって単なる分館の名による条件整備の後退はなされるべきではない。

（公民館の事業）

第二二条　公民館は、第二十条の目的達成のために、おおむね、左の事業を行う。但し、この法律及び他の法令によつて禁じられたものは、この限りでない。

一　定期講座を開設すること。

二　討論会、講習会、講演会、実習会、展示会等を開催すること。

三　図書、記録、模型、資料等を備え、その利用を図ること。

四　体育、レクリエーション等に関する集会を開催すること。

五　各種の団体、機関等の連絡を図ること。

六　その施設を住民の集会その他の公共的利用に供すること。

＊公民館の運営方針（二三）

【回答】**「事業」の定義**　一定の目的の下に同種の行為を反覆継続的に行い、その行為が権力の行使を本体としない場合をさす。（昭26・6・29地社一六社会教育局長）

【通達】**公民館と興行場法との関係**　興行場法二条による許可を必要とする公民館事業は、みだりに公民館を興行場に用途変更しないようにすること。（昭25・6・16文社施二六五社会教育局長、昭30・8・8委社一九九社会教育局長）

【解説】公民館は、自立的な教育文化施設として住民意思に密着しながら自ら各種の事業を行い、それを通して住民の間に自主的な教育文化事業が発展することをめざすものである。一—四号の事業実施関連規定と並んで、住民の自主活動をうながす五・六号の機能への期待が大きいが一二条の権力的支配禁止と自由保障の原則に基づいて運用されることがのぞましい。したがってこれに必要な施設・設備・職員・予算については一定の水準が不可欠であることはいうまでもない。民間教育文化事業への施設貸与にかかわっては公民館の本来的機能に照らした優先順位や「公共的利用」をめぐる理解について関係者の見識が問われるところである（次条の生涯学習局長回答〔平7・9・22〕を参照）。なお、五・六条の教育委員会の事務規定は行政機関としての奨励・援助・指導にかかわるもので本条とは重複しない。また、平成一一年の法改正によって青年学級に関する規定が削除されたが、公民館事業に青年教育は不要とされる訳ではない。

（公民館の運営方針）

第二三条　公民館は、次の行為を行つてはならない。

一　もつぱら営利を目的として事業を行い、特定の営利事業に公民館の名称を利用させその他営利事業を援助すること。

二　特定の政党の利害に関する事業を行い、又は公私の選挙に関し、特定の候補者を支持すること。

2　市町村の設置する公民館は、特定の宗教を支持し、又は特定の教派、宗派若しくは教団を支援してはならない。

＊公の財産の用途制限（憲八九）、公民館の事業又は行為の停止（四〇）、罰則（四一）、宗教的活動の禁止（憲二〇3）、政治教育（教基一四）、宗教教育（教基一五）、公営施設利用の個人演説会（公選一六一）、政党（政治資金規正法三2）

【判例】**社会教育の自由［九条俳句事件］**　俳句サークル（社教関係団体）の会員が詠んだ憲法九条に触れた内容の俳句を、公民館職員が公民館だよりに掲載しなかったことは、「社会教育活動」の「学習成果の発表行為につき」他の住民と比較して思想・信条を理由に不公正な取扱いをしたことにより会員の人格的利益を侵害するものであり、国家賠償法上違法であるとされた事例。（東京高判平30・5・18判時二三九五—四七）→憲二一条

【通達】**「特定」について**　その対象の固有の呼称が明示されている場合のみならず、客観的に判断して、何人も容易にその対象を判断しうる場合をも含むものであること。（昭26・3・19自乙発九五地方自治庁）

【通達】**政党その他の団体について**　政治資金規正法三条にいう「政党、協会その他の団体」と同一範囲のものである。（昭26・3・19自乙発九五地方自治庁）

【通達】**その他の政治団体**　政党以外の団体で、政治上の主義若しくは政策を支持し、若しくはこれに反対し、又は公職の候補者を推せんし、支持し、若しくはこれに反対する目的を有するものをいい、本部のみならず支部をも含むものである。（昭26・3・19自乙発九五地方自治庁）

【通知】**公民館の事業と公職選挙との協力**　特に選挙を控え住民の政治的意欲の向上した機会をとらえ、選挙の意義、目的及びその重要性を理解させ、一般の政治的教養の向上を図るために各種の事業を行うことは望ましい。また公民館が社会教育の見地から公明選挙運動に協力し、その一部の運動を実施する場合、市町村の選挙管理委員会にあらかじめ充分連絡し、協調を保つこと。（昭30・1・13文社施一四社会教育局長）

【回答】**公民館施設を特定政党の利害に関する事業のために貸すこと**　特定政党に貸すという事実のみで直ちに本条一項二号に該当しない。但し、その事業の目的・内容が特定の政党の利害にのみ関し社会教育の目的・性格にふさわしくない場合、又はその使用が特恵的ないし特別に不利益にわたる場合若しくは特定の政党にその利用が偏する場合は、該当する。（昭30・2・10委社二〇社会教育局長）

【依頼】**公民館の主催する催し物の入場料**　この場合には、本条一項一号の営利事業にならないよう留意を要する。（昭28・1・20社会教育局長）

【通知】**民間営利社会教育事業者に関する解釈**　民間営利社会教育事業者による営利目的の事業に公民館施設の使用を認めることは、法二〇条の目的に合致し、法二二条七号の「公共的利用」とみなされ、公民館の行為が法二三

条一項一号の「営利事業を援助すること」に該当しない限り、差支えない。（平7・9・22委生一五生涯学習局長）

解説　本条は、広く住民に開かれるべき教育文化施設としての公民館が自由な社会教育活動の発展の場となるように、教育・文化的機能を著しく阻害するような政治的・営利的・宗教的な事業や行為を公民館自らが行い、または特定のものを援助することを禁じた規定である。ここでは、個々の公民館の自立的な運営が尊重されていると解すべきであって、本条が、論争的な課題を避けたり政治学習を遠ざける方向で解釈・運用されてはならず、公民館施設の自由利用を束縛し、学習の自由を奪うものであってはならない。「九条俳句事件」はそのことを明確にした。また、民間営利事業への施設貸与については、非営利的学習文化活動の条件を保障すると同時に当該事業の「公共性」を具備しているかどうかを慎重に判断する必要がある。民間営利社会教育事業者に関する解釈についての生涯学習教育局長の通知（平7・9・22）は、限定的に解されるべきで乱用されてはならない。なお、平成一五年地方自治法二四四条の二（公の施設）の改正により指定管理者が導入され、地域再生計画の要件を満たせば、民間事業者に公民館を貸与できるとする文科省の見解もあくまでも限定的にとらえられるべきである。

（公民館の基準）

第二三条の二　文部科学大臣は、公民館の健全な発達を図るために、公民館の設置及び運営上必要な基準を定めるものとする。

2　文部科学大臣及び都道府県の教育委員会は、市町村の設置する公民館が前項の基準に従つて設置され及び運営されるように、当該市町村に対し、指導、助言その他の援助に努めるものとする。

＊補助（三七）、法人の設置する公民館の指導（三九）、文部科学大臣・都道府県教育委員会の指導助言・援助（地教行四八）、寄附・援助（地自二三二の二）、必要な基準（公民館基準）

通達　**公民館の設置及び運営に関する基準について**　公民館の設置者がこの基準に従って公民館を設置し運営するよう、都道府県の教育委員会は積極的にその指導、助言、援助にあたられたい。（昭34・4・30文社社二八三事務次官）

解説　本条は昭和三四年法改正で、追加新設され、公民館活動のいっそうの充実、振興とその運営の適正を図るための「公民館の設置及び運営に関する基準」が文部省告示（昭三四文告九八）として出された。その後、平成一〇年改正で同「基準」五条から職員の「専任」規定が、平成一五年改正では施設・設備（四条・五条）等の基準が削除され、公民館事業のソフト面に重点が置かれて本来の趣旨を後退させている。

（公民館の設置）

第二四条　市町村が公民館を設置しようとするときは、条例で、公民館の設置及び管理に関する事項を定めなければならない。

＊条例の制定（地自一四）、公の施設の設置、管理及び廃止の条例（地自二四四の二）、教育機関の設置（地教行三〇）

通達　**分館の設置・管理と条例・規則**（昭30・2・19文社施四八社会教育局長）→二一条

解説　近年、公民館以外の名称を用いる文化施設の建設が多く見られるが、名称のいかんにかかわらずその設置条例に「社会教育法第二〇条に定める公民館とする」と規定することによって教育機関（地教行法三〇条）としての要件（自律的運営、専門的職員配置）や運営審議会などの住民参加原則を確保することが可能となる。

第二五条及び第二六条　削除（昭四二法一二〇）

（公民館の職員）

第二七条　公民館に館長を置き、主事その他必要な職員を置くことができる。

2　館長は、公民館の行う各種の事業の企画実施その他必要な事務を行い、所属職員を監督する。

3　主事は、館長の命を受け、公民館の事業の実施にあたる。

＊館長・職員の任命（二八）、教育機関の職員（地教行三一2・3）

通達　**主事の設置**　主事は専任職員として任命することが望ましいが、当分の間は、実情に応じて社会教育主事等に兼任させる等の方法により、公民館の事業の積極的な振興をはかるよう措置されたい。（昭34・4・30文社社二八三社会教育局長）

通達　**職員の充実と館長・主事の資格要件**　専任の館長、専任の主事、その他専任の事務職員、技術職員等の職員を充実することが必要であるが、館長・主事はその採用に当たって、慎重を期することはもとより、公民館事業についての専門的知識、技術、経験を有する等、必要な資質を備えた者のうちから任用すること。（昭35・2・4文社施五四社会教育局長）

解説　本条および次条は、職員について規定したものであるが、昭和三四年法改正により本条一項に「主事」が追加され、三項が新設された。社会教育主事が専門的資格を要求されている（九条の四）のに対し、公民館職員の専門的地位が資格のうえでも必置制でない点でも法的保障がおくれているのは不備といわざるをえないが、「公民館の設置及び運営に関する基準」（昭三四文告九八）は「識見と経験」「専門的な知識と技術を有する者」としており、公民館の本来的な性格から高い専門性が求められるのは当然である。最近、自治体の条例で公民館主事の設置と資格要件を明記する例がふえているのは注目される。なお、社会教育主事が公民館等の社会教育施設に「兼任」として配置されるのは「当分の間」の「実情」や「公民館主事」等の身分保障の便宜であるが、それら専門職の法整備が必要である。→九条の三

第二八条　市町村の設置する公民館の館長、主事その他必要な職員は、当該市町村の教育委員会（特定地方公共団体である市町村の長がその設置、管理及び廃止に関する事務を管理し、及び執行することとされた公民館（第三十条第一項及び第四十条第一項において「特定公民館」という。）の館長、主事その他必要な職員にあつては、当該市町村の長）が任命する。

＊館長・主事その他の職員（二七）、教育機関の職員の任命（地教行三四）、職員の身分取扱い（地教行三五）、所属職員の進退に関する意見の申出（地教行三六）、教育機関の職員（地教行三一2・3）、一般職及び特別職に属する地方公務員（地公三）、任命の方法（地公一七）

回答　**公民館長の職（常勤・非常勤）**　その職務の性質上、常勤か非常勤かについて一律に断定すべきではなく、個々具体的な公民館の規模、事情等に即して、その長たる職を遂行するに必要な勤務が常時勤務の態様を必要とするか否かによって決定すべきものである。（昭30・6・22社会教育局施設課長）

通達　**一般職・特別職館長と兼務**　(1)常勤の館長は一般職に属し且つ「有給の職員」、(2)非常勤の館長は地方公務員法の全面的適用を受けず、また有給の職員でないこと。(3)市町村長、助役、地方議会議員が公民館長を兼務することはその館長の職務が(2)に該当する場合は認められること（地方自治法一四一条二項・一六六条二項・九二条二項参照）。（昭26・3・30委社四五社会教育局長、地方自治庁次長）

回答　**市議会議員を非常勤の公民館長に任命することについて**　公民館長としての活動と当該館長の議員としての政治活動との混同を生じるおそれもあるので、さけることが望ましい。（昭41・11・25委社四八社会教育局長）

解説　平成一一年改正で公民館長の選任に際して運営審議会の意見を事前に聞くことを定めた二項の削除は、公民館運営に対する地域住民の意思反映の後退といえる。第九次地方分権一括法により、特定公民館の「職員」は特定地方公共団体の長により任免されることとなった。社会教育法の独自性が後退することが危惧される。

（公民館の職員の研修）

第二八条の二　第九条の六の規定は、公民館の職員の研修について準用する。

＊社会教育主事・社会教育主事補の研修（九の六）

通達　**公民館長・主事の研修**　都道府県の教育委員会は館長・主事について十分研修できる機会を作り、市町村はこれに参加させるなど便宜を供与するよう努めること。（昭35・2・4文社施五四社会教育局長）

解説　本条は、昭和三四年法改正で新設されたものであり、社会教育主事の研修制度を準用して公民館職員の研修を行いその専門性を求めている。→九条の五

（公民館運営審議会）

第二九条　公民館に公民館運営審議会を置くことができる。

2　公民館運営審議会は、館長の諮問に応じ、公民館における各種の事業の企画実施につき調査審議するものとする。

＊公民館の事業（二二）、公民館運営審議会の委員（三〇・三一）

通達　**共通の公民館運営審議会を置く場合**　条例で当該審議会を置く公民館名、当該審議会を共有する公民館名等を定めること、また審議事項に関し、共有する公民館の問題が平等に扱われるよう留意するとともに住民の意思が十分反映されるよう、その運営・委員選出・任命に慎重な考慮を払うこと。（昭35・2・4文社施五四社会教育局長）

解説　本条は、公民館活動が地域住民の意思と結合して民主的に運営されるための諮問機関としての運営審議会に関する規定である。なお個々の施設に長の選任についての先議権をもつ民意反映機関を設けることは一般に例を見ないが、事業の企画と実施に住民参加原則をつらぬかせるきわめて重要なものであった。ただしこの規定は法改正によって削除されたが、公民館の運営の自律性を維持する上で依然として重要である。

第三〇条　市町村の設置する公民館にあつては、公民館運営審議会の委員は、当該市町村の教育委員会（特定公民館に置く公民館運営審議会の委員にあつては、当該市町村の長）が委嘱する。

2　前項の公民館運営審議会の委員の委嘱の基準、定数及び任期その他当該公民館運営審議会に関し必要な事項は、当該市町村の条例で定める。この場合において、委員の委嘱の基準については、文部科学省令で定める基準を参酌するものとする。

＊社会教育委員の設置（一五）、附属機関の職務権限・組織（地自二〇二の三）、報酬・費用弁償（地自二〇三の二）、給与等の支給制限（地自二〇四の二）、地方公共団体の長の補助機関等（地自一六一～一七五）、一般職及び特別職に属する地方公務員（地公三③）

通達　**特別職**　公民館運営審議会委員はすべて地方公務員法三条三項三号に該当する特別職に属する。（昭26・3・30委社四五社会教育局長）

解説　本条は、公民館の運営を地域住民の意思と密着させるために定められた重要な規定である。平成一一年の法改正によって、社会教育委員と同様に市町村の区域内の多様な団体からの代表を委員にする規定が削除されたことは、重要な後退である。市町村の条例はその意味で重要性を増し注目される。「平二三文科令四二」で、公民館運営審議会の委員の委嘱の基準を条例で定めるに当たって参酌すべき基準は、「学校教育及び社会教育の関係者、家庭教育の向上に資する活動を行う者並びに学識経験のある者の中から委嘱すること」とされた。

第三一条　法人の設置する公民館に公民館運営審議会を置く場合にあつては、その委員は、当該法人の役員をもつて充てるものとする。

＊公民館の設置者（二一２）

（運営の状況に関する評価等）

第三二条　公民館は、当該公民館の運営の状況について評価を行うとともに、その結果に基づき公民館の運営の改善を図るため必要な措置を講ずるよう努めなければならない。

通知　**社会教育法等の一部を改正する法律等の施行について**　今回の改正は、教育基本法の改正（平成一八年一二月）を踏まえ、社会教育行政の体制の整備等を図るため、社会教育に関する国及び地方公共団体の任務、教育委員会の事務、公民館、図書館及び博物館の運営、司書等の資格要件等に関する規定を整備するものである。公民館、図書館及び博物館の運営状況に関する評価の具体的な内容については、第一義的には評価の実施主体である各館が定めるものであるが、その際、利用者である地域住民等の意向が適切に反映され、評価の透明性・客観性が確保されるよう、例えば公民館運営審議会や図書館協議会、博物館協議会等を活用するなど、外部の視点を入れた評価を導入することが望ましい。（平20・6・11文科生一六七事務次官）

解説　平成二〇年法改正で新設された条項である。公民館の運営に関して「評価」による改善を求める「経営」（マネジメント）の論理を加えたといえる。このことは二面性を有し、「運営」改善寄与の面もある一方で、評価基準の設定によっては本来の公民館の姿を失う面も出てくる。「評価」のあり方が問われることになる。公民館運営審議会等の活用が重要である。

（運営の状況に関する情報の提供）

第三二条の二　公民館は、当該公民館の事業に関する地域住民その他の関係者の理解を深めるとともに、これらの者との連携及び協力の推進に資するため、当該公民館の運営の状況に関する情報を積極的に提供するよう努めなければならない。

（基金）

第三三条　公民館を設置する市町村にあつては、公民館の維持運営のために、地方自治法（昭和二十二年法律第六十七号）第二百四十一条の基金を設けることができる。

＊基金（地自二四一）

（特別会計）

第三四条　公民館を設置する市町村にあつては、公民館の維持運営のために、特別会計を設けることができる。

＊会計の区分（地自二〇九２）

（公民館の補助）

第三五条　国は、公民館を設置する市町村に対し、予算の範囲内において、公民館の施設、設備に要する経費その他必要な経費の一部を補助することができる。

2　前項の補助金の交付に関し必要な事項は、政令で定める。

＊援助（四）、補助金（地財一六）、経費（施令二）

解説　昭和三四年法改正により、「予算の定めるところ」は「予算の範囲内」に、「運営に要する経費」は「施

社教

設・設備に要する経費その他」となり、前年実績を基準とした運営費補助を定めた三六条も削除され、さらに、平成九年以降は施設整備費補助金は打切りとなり、この規定は大きく後退させられている。

第三六条　削除（昭三四法一五八）

第三七条　都道府県が地方自治法第二百三十二条の二の規定により、公民館の運営に要する経費を補助する場合において、文部科学大臣は、政令の定めるところにより、その補助金の額、補助の比率、補助の方法その他必要な事項につき報告を求めることができる。

＊補助についての報告（施令三）、寄附・補助（地自二三二の二）、資料・報告（地教行五四2）

第三八条　国庫の補助を受けた市町村は、左に掲げる場合においては、その受けた補助金を国庫に返還しなければならない。

一　公民館がこの法律若しくはこの法律に基く命令又はこれらに基いてした処分に違反したとき。

二　公民館がその事業の全部若しくは一部を廃止し、又は第二十条に掲げる目的以外の用途に利用されるようになつたとき。

三　補助金交付の条件に違反したとき。

四　虚偽の方法で補助金の交付を受けたとき。

＊公民館の目的（二〇）、公民館の事業（二二）、公民館の運営方針（二三）、補助金の取消し、返還等（補助金等に係る予算の執行の適正化に関する法律）

（法人の設置する公民館の指導）

第三九条　文部科学大臣及び都道府県の教育委員会は、法人の設置する公民館の運営その他に関し、その求めに応じて、必要な指導及び助言を与えることができる。

＊都道府県教育委員会の事務（六、生涯学習三1⑸）、文部科学大臣・教育委員会との関係（一一）

解説　本条は、法制定時においては公民館の独立性を保障する規定であって、公立・私立を問わず公民館に対する指導・助言はその「求めに応じ」たものでなければならないと定められていたが、昭和三一年の地教行法の制定に伴い「法人の設置する」の語句が挿入されたため、文言解釈上は公立公民館に対しては「求め」がなくても指導助言が行える道がひらかれた。

（公民館の事業又は行為の停止）

第四〇条　公民館が第二十三条の規定に違反する行為を行つたときは、市町村の設置する公民館にあつては当該市町村の教育委員会（特定公民館にあつては、当該市町村の長）、法人の設置する公民館にあつては都道府県の教育委員会は、その事業又は行為の停止を命ずることができる。

2　前項の規定による法人の設置する公民館の事業又は行為の停止命令に関し必要な事項は、都道府県の条例で定めることができる。

＊公民館の運営方針（二三）、公民館の設置者（二一2）、罰則（四一）

（罰則）

第四一条　前条第一項の規定による公民館の事業又は行為の停止命令に違反する行為をした者は、一年以下の懲役若しくは禁錮又は三万円以下の罰金に処する。

＊懲役刑（刑一二）、禁錮刑（刑一三）、罰金刑（刑一五）

（公民館類似施設）

第四二条　公民館に類似する施設は、何人もこれを設置することができる。

2　前項の施設の運営その他に関しては、第三十九条の規定を準用する。

＊法人の設置する公民館の指導（三九）、公民館の設置者（二一）、公民館の目的（二〇）

通達　**部落・町内等対象区域内の公民館類似施設の取扱い**　なるべく市町村立とするよう努めることが望ましい。ただしこのことは公民館類似施設を排除することを意味しない。公民館は当該施設に対しその運営に協力と援助を与え、区域内の公民館活動の普及徹底をはかり、住民の利便に寄与すること。（昭35・2・4文社施五四社会教育局長）

解説　全国各地にある、条例上の規定をもたない「町内公民館」「自治公民館」「集落・字公民館」「地域公民館」などがこれに相当する。これらをどのように位置づけ、活用するかということが、社会教育の住民自治の上で重要性を増している。

第六章　学校施設の利用

（適用範囲）

第四三条　社会教育のためにする国立学校（学校教育法第一条に規定する学校（以下この条において「第一条学校」という。）及び就学前の子どもに関する教育、保育等の総合的な提供の推進に関する法律第二条第七項に規定する幼保連携型認定こども園（以下「幼保連携型認定こども園」という。）であつて国（国立大学法人法（平成十五年法律第百十二号）第二条第一項に規定する国立大学法人（次条第二項において「国立大学法人」という。）及び独立行政法人国立高等専門学校機構を含む。）が設置するものをいう。以下同じ。）又は公立学校（第一条学校及び幼保連携型認定こども園であつて地方公共団体（地方独立行政法人法（平成十五年法律第百十八号）第六十八条第一項に規定する公立大学法人（次条第二項及び第四十八条第一項において「公立大学法人」という。）を含む。）が設置するものをいう。以下同じ。）の施設の利用に関しては、この章の定めるところによる。

＊社会教育（教基一二）、大学における公開講座（学教一〇七1）、社会教育施設の附置・目的外使用（学教一三七）、学校施設の使用禁止（学校施設の確保に関する政令三）、学校の範囲（学教一）

解説　本章は、社会教育活動の一形態としての学校開放、大学拡張について規定したものである。これは、単に、学校の施設や備品の貸出について便宜をはかるにとどまることなく、その物的施設や教員組織を広く社会教育のために活用・利用することであり、他の社会教育活動の形態としての社会教育関係団体（三章）の活動や社会教育施設（九条・五章）の設置とともにきわめて重要な意義を有する。教基法一二条も学教法一三七条もともに社会教育のための学校施設の利用を規定している。法制定過程ではきわめて限定的な事業にしぼられ、学校開放・大学拡張のゆたかなイメージが後退した。なお、学校教育法改正に伴う「学校」（学教法一条）の範囲が広がり、就学前の子どもに関する「学校」との連携が新たな課題となる。

（学校施設の利用）

第四四条　学校（国立学校又は公立学校をいう。以下この章において同じ。）の管理機関は、学校教育上支障がないと認める限り、その管理する学校の施設を社会教育のために利用に供するように努めなければならない。

2　前項において「学校の管理機関」とは、国立学校にあつては設置者である国立大学法人の学長若しくは理事長又は独立行政法人国立高等専門学校機構の理事長、公立学校のうち、大学及び幼保連携型認定こども園にあつては設置者である地方公共団体の長又は公立大学法人の理事長、大学及び幼保連携型認定こども園以外の公立学校にあつては設置者である地方公共団体に設置されている教育委員会又は公立大学法人の理事長をいう。

＊社会教育（教基一二）、社会教育施設の附置・目的外使用（学教一三七）、学校施設（学図四2、学校施設の確保に関する政令二）、教育委員会の職務権限（地教行二一）、教育機関の所管（地教行三二）、学校等の管理（地教行三三）、都道府県教育委員会の助言・援助（生涯学習三1(5)）

回答 **学校の施設**　ピアノ・オルガン等の教具も含まれる。（昭27・11・18社会教育課長）

回答 **社会教育的文化団体の定期的、永続的な使用の許可**　当該学校の管理機関（社会教育法四四条二項）が当該施設を利用に供することによって学校教育に支障がないと認めるにかかわらず使用を許可しない場合には、同条同項の精神にもとることになる。（昭27・11・18社会教育課長）

回答 **学校教育上支障の存否の判断**　現在における具体的な支障の存否の面からだけではなく将来において支障が生ずる明白な危険性の存否の面からもなされるのが適当であり、教具等を使用に供する場合はその物の現状と用途及び使用を申し出た者のもつ技能熟意その他使用の程度を参酌して総合的に判断した結果、特に著しい形質の変更、火災、盗難等のおそれがあるような場合には学校教育上支障があると認めることは適当である。（昭27・11・18社会教育課長）

解説 学校教育法一三七条が、「学校教育上支障のない限り、学校には、社会教育に関する施設を附置し、又は学校の施設を社会教育その他公共のために、利用させることができる」とする消極的・受身的な規定であるのに対し、本条の規定は、設置主体の違いに関わらず、本条に規定する「学校の管理機関」の長は、学校教育に支障のない限りはその施設を社会教育に利用させるべきであるとする積極的な規定となっている。「生涯学習振興整備法」の制定以後、学校を生涯学習施設としてその機能充実と拡大をはかる方向が打ち出され、近年、各地に開かれた学校づくりの気運と相まっていわゆる「余裕教室」の活用をはかった地域住民の文化活動のための施設の付置、または改築にともなう生徒・児童の共用施設の建設などの新しい動きが見られる。地域住民の自主的な教育文化活動の発展という見地から、コミュニティ・スクールや地域学校協働活動などのとりくみが課題となる。

（学校施設利用の許可）

第四五条　社会教育のために学校の施設を利用しようとする者は、当該学校の管理機関の許可を受けなければならない。

2　前項の規定により、学校の管理機関が学校施設の利用を許可しようとするときは、あらかじめ、学校の長の意見を聞かなければならない。

＊学校の管理機関（四四）、公の施設の設置、管理及び廃止（地自二四四の二）

解説 本条一項（四四条二項も）は、原則的な権限所在を規定したもので、本条二項と四七条一項は、この原則に立つ手続規定として読まれる。なお、四六条は、機関相互間の協議だけでよいことを規定している。

第四六条　国又は地方公共団体が社会教育のために、学校の施設を利用しようとするときは、前条の規定にかかわらず、当該学校の管理機関と協議するものとする。

＊学校施設利用の許可（四五）、生涯学習振興整備法に資するための学校教育にかかわる都道府県教育委員会の事業（生涯学習三1(1)(5)）

第四七条　第四十五条の規定による学校施設の利用が一時的である場合には、学校の管理機関は、同条第一項の許可に関する権限を学校の長に委任することができる。

2　前項の権限の委任その他学校施設の利用に関し必要な事項は、学校の管理機関が定める。

＊学校施設利用の許可（四五）、事務の委任等（地教行二五）、長の事務の委任・臨時代理及び補助執行（地自一五三）、使用料（地自二二五）

（社会教育の講座）

第四八条　文部科学大臣は国立学校に対し、地方公共団体の長は当該地方公共団体が設置する大学若しくは幼保連携型認定こども園又は当該地方公共団体が設立する公立大学法人が設置する公立学校に対し、地方公共団体に設置されている教育委員会は当該地方公共団体が設置する大学及び幼保連携型認定こども園以外の公立学校に対し、その教育組織及び学校の施設の状況に応じ、文化講座、専門講座、夏期講座、社会学級講座等学校施設の利用による社会教育のための講座の開設を求めることができる。

2　文化講座は、成人の一般的教養に関し、専門講座は、成人の専門的学術知識に関し、夏期講座は、夏期休暇中、成人の一般的教養又は専門的学術知識に関し、それぞれ大学、高等専門学校又は高等学校において開設する。

3　社会学級講座は、成人の一般的教養に関し、小学校、中学校又は義務教育学校において開設する。

4　第一項の規定する講座を担当する講師の報酬その他必要な経費は、予算の範囲内において、国又は地方公共団体が負担する。

＊教育委員会の事務（五1(5)・六1(4)）、学校の管理機関（四四）、都道府県教育委員会の助言・援助（生涯学習三1(5)）、公開講座（学教一〇七1）、社会教育施設の附置・目的外使用（学教一三七）

解説 学校開放あるいは大学拡張事業など学校の教育的機能を社会教育に活用することを期待する重要な規定である。その場合、国立・公立を問わず、学校の教育機関としての自立性を前提にしている点が留意されなければならない。学校による社会教育のための講座は、その種類・形態を問わず開設が促進され、経費等の環境醸成が求められる。なお、「生涯学習振興整備法」は都道府県教育委員会が直接社会教育に関する講座開設等を行う規定を有しており、行政機関は教育機関（地教行法三〇条）の自立的な教育事業を援助するという教育行政の原則が名目に止まり実質的に空洞化していることに留意するべきである。→四三条・四四条

第七章　通信教育

（適用範囲）

第四九条　学校教育法第五十四条、第七十条第一項、第八十二条及び第八十四条の規定により行うものを除き、通信による教育に関しては、この章の定めるとこ

ろによる。

＊高校の通信教育（学教五四）、中等教育学校の通信教育（学教七〇）、大学の通信教育（学教八四）、特別支援学校高等部の通信教育（学教八二）

解説 通信による教育は戦前も行われていたが、戦後教育制度の改革にあたって教育の機会を広範にかつ均等にする有力な方法の一つとして制度化された。それは、学校開放事業の一環として本来広い意義と機能をもつものであるが、本章では学校教育として行われている通信教育以外の、いわゆる社会通信教育について規定し、社会通信教育で公共性を有するものの育成助成のため認定制度を中心に規定が設けられた。

（通信教育の定義）

第五〇条 この法律において「通信教育」とは、通信の方法により一定の教育計画の下に、教材、補助教材等を受講者に送付し、これに基き、設問解答、添削指導、質疑応答等を行う教育をいう。

2 通信教育を行う者は、その計画実現のために、必要な指導者を置かなければならない。

＊認定の基準（社会通信教育規程二）、実施者・教務責任者及び指導者・教材・学習指導（社会通信教育基準（昭三七文告一三四）第二―第五）

解説 この法律が育成援助の対象とする通信教育事業は、通信の方法によることのほかに満たすべき三つの条件として、(1)一定の教育計画をもって行うこと、(2)教材の送付とこれに伴う一連の教育的操作を行うこと、(3)指導者をおくこと、を定めている。

（通信教育の認定）

第五一条 文部科学大臣は、学校又は一般社団法人若しくは一般財団法人の行う通信教育で社会教育上奨励すべきものについて、通信教育の認定（以下「認定」という。）を与えることができる。

2 認定を受けようとする者は、文部科学大臣の定めるところにより、文部科学大臣に申請しなければならない。

3 文部科学大臣が、第一項の規定により、認定を与えようとするときは、あらかじめ、第十三条の政令で定める審議会等に諮問しなければならない。

＊公益法人の設立（民三三2、一般社団財団法人法）、社会通信教育（社会通信教育規程）

解説 社会通信教育の本章のめざす趣旨を実現し、その水準を維持するために、とくに認定制度を設けて奨励するため本条がおかれている。認定を受けたものには一定の特典（たとえば五四条）が与えられる。本法による認定の基準には、社会通信教育規程（文部省令）、社会通信教育基準（文部省告示）がある。

（認定手数料）

第五二条 文部科学大臣は、認定を申請する者から実費の範囲内において文部科学省令で定める額の手数料を徴収することができる。ただし、国立学校又は公立学校が行う通信教育に関しては、この限りでない。

＊歳入の徴収・収納の原則（会計法三）、認定手数料（社会通信教育規程七）

第五三条 削除（昭二七法一八六）

（郵便料金の特別取扱）

第五四条 認定を受けた通信教育に要する郵便料金については、郵便法（昭和二十二年法律第百六十五号）の定めるところにより、特別の取扱を受けるものとする。

（通信教育の廃止）

第五五条 認定を受けた通信教育を廃止しようとするとき、又はその条件を変更しようとするときは、文部科学大臣の定めるところにより、その許可を受けなければならない。

2 前項の許可に関しては、第五十一条第三項の規定を準用する。

＊廃止・変更（社会通信教育規程一〇―一二）

（報告及び措置）

第五六条 文部科学大臣は、認定を受けた者に対し、必要な報告を求め、又は必要な措置を命ずることができる。

＊事業計画書・報告（社会通信教育規程一五・一六）

（認定の取消）

第五七条 認定を受けた者がこの法律若しくはこの法律に基く命令又はこれらに基いてした処分に違反したときは、文部科学大臣は、認定を取り消すことができる。

2 前項の認定の取消に関しては、第五十一条第三項の規定を準用する。

＊認定に関する社会教育審議会への諮問（五一3）、廃止等の告示（社会通信教育規程一三）

附　則（省略）

●社会教育法施行令

（昭和二四年七月二二日政令第二八〇号）

施行、昭二四・七・二二
最終改正、令一―政一二三

（広報宣伝に要する経費についての協議）
第一条　社会教育法（以下「法」という。）第七条第一項の規定により、地方公共団体の長が教育委員会に対し、広報宣伝の実施を依頼し、又は実施の協力を求める場合には、その教育委員会と協議して、これらに要する経費について必要な措置を講じなければならない。
2　前項の規定は、法第七条第二項において準用する同条第一項の規定により、他の行政庁が教育委員会（法第五条第三項に規定する特定地方公共団体にあつては、その長又は教育委員会）に対し、広報宣伝の実施を依頼し、又は実施の協力を求める場合について準用する。

（審議会等で政令で定めるもの）
第一条の二　法第十三条の審議会等で政令で定めるものは、中央教育審議会とする。

（公民館の施設、設備に要する経費の範囲）
第二条　法第三十五条第一項に規定する公民館の施設、設備に要する経費の範囲は、次に掲げるものとする。
一　施設費　施設の建築に要する本工事費、附帯工事費及び事務費
二　設備費　公民館に備え付ける図書及び社会教育のための器材器具の購入に要する経費

（公民館に対する都道府県補助についての報告）
第三条　都道府県が法第三十七条に規定する補助をする場合には、文部科学大臣は、同条の規定により、当該都道府県の教育委員会に対して、次に掲げる事項について報告を求めることができる。
一　公民館の設置運営の概況
二　公民館運営費補助額の明細
三　公民館運営費補助に関する都道府県の条例又は補助の方法

附　則（省略）

●公民館の設置及び運営に関する基準

（平成一五年六月六日文部科学省告示第一一二号）

施行、平一五・六・六

（趣旨）
第一条　この基準は、社会教育法（昭和二十四年法律第二百七号）第二十三条の二第一項の規定に基づく公民館の設置及び運営上必要な基準であり、公民館の健全な発達を図ることを目的とする。
2　公民館及びその設置者は、この基準に基づき、公民館の水準の維持及び向上に努めるものとする。

（対象区域）
第二条　公民館を設置する市（特別区を含む。以下同じ。）町村は、公民館活動の効果を高めるため、人口密度、地形、交通条件、日常生活圏、社会教育関係団体の活動状況等を勘案して、当該市町村の区域内において、公民館の事業の主たる対象となる区域（第六条第二項において「対象区域」という。）を定めるものとする。

（地域の学習拠点としての機能の発揮）
第三条　公民館は、講座の開設、講習会の開催等を自ら行うとともに、必要に応じて学校、社会教育施設、社会教育関係団体、NPO（特定非営利活動促進法（平成十年法律第七号）第二条第二項に規定する特定非営利活動法人をいう。）その他の民間団体、関係行政機関等と共同してこれらを行う等の方法により、多様な学習機会の提供に努めるものとする。
2　公民館は、地域住民の学習活動に資するよう、インターネットその他の高度情報通信ネットワークの活用等の方法により、学習情報の提供の充実に努めるものとする。

（地域の家庭教育支援拠点としての機能の発揮）
第四条　公民館は、家庭教育に関する学習機会及び学習情報の提供、相談及び助言の実施、交流機会の提供等の方法により、家庭教育への支援の充実に努めるものとする。

（奉仕活動・体験活動の推進）
第五条　公民館は、ボランティアの養成のための研修会を開催する等の方法により、奉仕活動・体験活動に関する学習機会及び学習情報の提供の充実に努めるものとする。

（学校、家庭及び地域社会との連携等）
第六条　公民館は、事業を実施するに当たっては、関係機関及び関係団体との緊密な連絡、協力等の方法により、学校、家庭及び地域社会との連携の推進に努めるものとする。
2　公民館は、その対象区域内に公民館に類似する施設がある場合には、必要な協力及び支援に努めるものとする。
3　公民館は、その実施する事業への青少年、高齢者、障害者、乳幼児の保護者等の参加を促進するよう努めるものとする。
4　公民館は、その実施する事業において、地域住民等の学習の成果並びに知識及び技能を生かすことができるよう努めるものとする。

（地域の実情を踏まえた運営）
第七条　公民館の設置者は、社会教育法第二十九条第一項に規定する公民館運営審議会を置く等の方法により、地域の実情に応じ、地域住民の意向を適切に反映した公民館の運営がなされるよう努めるものとする。
2　公民館は、開館日及び開館時間の設定に当たっては、地域の実情を勘案し、夜間開館の実施等の方法により、地域住民の利用の便宜を図るよう努めるものとする。

（職員）
第八条　公民館に館長を置き、公民館の規模及び活動状況に応じて主事その他必要な職員を置くよう努めるものとする。
2　公民館の館長及び主事には、社会教育に関する識見と経験を有し、かつ公民館の事業に関する専門的な知識及び技術を有する者をもって充てるよう努めるものとする。
3　公民館の設置者は、館長、主事その他職員

の資質及び能力の向上を図るため、研修の機会の充実に努めるものとする。

（施設及び設備）

第九条　公民館は、その目的を達成するため、地域の実情に応じて、必要な施設及び設備を備えるものとする。

2　公民館は、青少年、高齢者、障害者、乳幼児の保護者等の利用の促進を図るため必要な施設及び設備を備えるよう努めるものとする。

（事業の自己評価等）

第一〇条　公民館は、事業の水準の向上を図り、当該公民館の目的を達成するため、各年度の事業の状況について、公民館運営審議会等の協力を得つつ、自ら点検及び評価を行い、その結果を地域住民に対して公表するよう努めるものとする。

附　則（省略）

●社会教育主事講習等規程

（昭和二六年六月二一日文部省令第一二号）

施行、昭二六・六・二一
最終改正、令二―文科令三三

第一章　社会教育主事の講習

（趣旨）

第一条　社会教育法（昭和二十四年法律第二百七号。以下「法」という。）第九条の五に規定する社会教育主事の講習（この章中以下「講習」という。）については、この章の定めるところによる。

（講習の受講資格者）

第二条　講習を受けることができる者は、次の各号のいずれかに該当するものとする。

一　大学に二年以上在学して六十二単位以上を修得した者、高等専門学校を卒業した者又は社会教育法の一部を改正する法律（昭和二十六年法律第十七号。以下「改正法」という。）附則第二項の規定に該当する者

二　教育職員の普通免許状を有する者

三　二年以上法第九条の四第一号イ及びロに規定する職にあつた者又は同号ハに規定する業務に従事した者

四　四年以上法第九条の四第二号に規定する職にあつた者

五　その他文部科学大臣が前各号に掲げる者と同等以上の資格を有すると認めた者

（受講申込）

第二条の二　講習を受講しようとする者は、講習を実施する大学その他の教育機関に申込書を提出しなければならない。

（科目の単位）

第三条　社会教育主事となる資格を得ようとする者は、講習において次の表に掲げるすべての科目の単位を修得しなければならない。

科目	単位数
生涯学習概論	二
生涯学習支援論	二
社会教育経営論	二
社会教育演習	二

第四条及び第五条　削除（昭三四文令一三）

（単位の計算方法）

第六条　講習における単位の計算方法は、大学設置基準（昭和三十一年文部省令第二十八号）第二十一条第二項各号及び大学通信教育設置基準（昭和五十六年文部省令第三十三号）第五条第一項第三号に定める基準によるものとする。

（単位修得の認定）

第七条　単位修得の認定は、講習を行う大学その他の教育機関が試験、論文、報告書その他による成績審査に合格した受講者に対して行う。

2　講習を行う大学その他の教育機関は、受講者がすでに大学において第三条の規定により受講者が修得すべき科目に相当する科目の単位を修得している場合には、その単位修得をもつて同条の規定により受講者が修得すべき科目の単位を修得したものと認定することができる。

3　講習を行う大学その他の教育機関は、受講者が、文部科学大臣が別に定める学修で、第三条に規定する科目の履修に相当するものを行つている場合には、当該学修を当該科目の履修とみなし、当該科目の単位の認定をすることができる。

（修了証書の授与）

第八条　講習を行う大学その他の教育機関の長は、第三条の規定により八単位以上の単位を修得した者に対して、講習の修了証書を与えるものとする。

2　講習を行う大学その他の教育機関の長は、前項の規定により修了証書を与えたときは、修了者の氏名等を文部科学大臣に報告しなければならない。

3　第一項に規定する修了証書を授与された者は、社会教育士（講習）と称することができる。

（講習の委嘱）

第八条の二　法第九条の五第一項の規定により文部科学大臣が大学その他の教育機関に講習を委嘱する場合には、その職員組織、施設及び設備の状況並びに受講者に係る地域の状況等を勘案し、講習を委嘱するのに適当と認められるものについて、講習の科目、期間その他必要な事項を指定して行うものとする。

（実施細目）

第九条　受講者の人数、選定の方法並びに講習を行う大学その他の教育機関、講習の期間その他講習実施の細目については、毎年インターネットの利用その他の適切な方法により公示する。

第二章　準ずる学校

第一〇条　改正法附則第二項の規定において、文部科学省令で定めるべきものとされている学校は、次の各号に掲げるものとする。

一　大正七年文部省令第三号第二条第二号により指定した学校

二　旧臨時教員養成所官制（明治三十五年勅令第百号）の規定による臨時教員養成所

三　その他文部科学大臣が短期大学と同程度以上と認めた学校

第三章　社会教育に関する科目の単位

第一一条　法第九条の四第三号の規定により大学において修得すべき社会教育主事の養成に係る社会教育に関する科目の単位は、次の表に掲げるものとする。

科目	単位数
生涯学習概論	四
生涯学習支援論	四
社会教育経営論	四
社会教育特講	八
社会教育実習	一
社会教育演習、社会教育実習又は社会教育課題研究のうち一以上の科目	三

2　前項の規定により修得すべき科目の単位のうち、すでに大学において修得した科目の単

位は、これをもつて、前項の規定により修得すべき科目の単位に替えることができる。

3　第一項の規定により修得すべき科目の単位を全て修得した者は、社会教育士（養成課程）と称することができる。

附　則（省略）

附　則（平成三〇年二月二八日文部科学省令第五号）

施行、平三一・四・一

2　この省令の施行の日前に、改正前の社会教育主事講習等規程（以下「旧規程」という。）の規定により社会教育主事の講習を修了した者は、改正後の社会教育主事講習等規程（以下「新規程」という。）の規定により社会教育主事の講習を修了したものとみなす。

3　この省令の施行の日前に、次の表中旧規程第三条に規定する講習における科目（以下この項において「旧講習科目」という。）の欄に掲げる科目の単位を修得した者が、新たに社会教育主事となる資格を得ようとする場合には、既に修得した旧講習科目の単位は、当該講習科目に相当する新規程第三条に規定する講習における科目（以下この項において「新講習科目」という。）の単位とみなす。

旧講習科目	単位数	新講習科目	単位数
生涯学習概論	二	生涯学習概論	二
社会教育演習	二	社会教育演習	二

4　この省令の施行の日前に、旧規程第十一条第一項に規定する社会教育に関する科目（以下「旧科目」という。）の単位の全部を修得した者は、新規程第十一条第一項に規定する社会教育に関する科目（以下「新科目」という。）の単位の全部を修得したものとみなす。

5　この省令の施行の日前から引き続き大学に在学している者で、当該大学を卒業するまでに旧科目の単位の全部を修得した者は、新科目の単位の全部を修得したものとみなす。

6　この省令の施行の日前から引き続き大学に在学している者で、当該大学を卒業するまでに次の表中新科目の欄に掲げる科目の単位を修得した者は、当該科目に相当する旧科目の欄に掲げる科目の単位を修得したものとみなす。

新科目	単位数	旧科目	単位数
生涯学習概論	四	生涯学習概論	四
社会教育経営論	四	社会教育計画	四
生涯学習支援論	四	社会教育特講Ⅰ（現代社会と社会教育） 社会教育特講Ⅱ（社会教育活動・事業・施設） 社会教育特講Ⅲ（その他必要な科目）	十二
社会教育特講	八		
社会教育実習	一	社会教育演習、社会教育実習又は社会教育課題研究のうち一以上の科目	四
社会教育演習、社会教育実習又は社会教育課題研究のうち一以上の科目	三		

7　この省令の施行の日前に、次の表中旧科目の欄に掲げる科目の単位を修得した者が、新たに社会教育主事となる資格を得ようとする場合には、既に修得した旧科目の単位は、当該科目に相当する新科目の単位とみなす。

旧科目	単位数	新科目	単位数
生涯学習概論	四	生涯学習概論	四
社会教育特講	八	社会教育特講	八
社会教育実習	一	社会教育実習	一
社会教育演習、社会教育実習又は社会教育課題研究のうち一以上の科目	四	社会教育実習	一
		社会教育演習、社会教育実習又は社会教育課題研究のうち一以上の科目	三

8　附則第二項又は第四項、第五項若しくは第六項については、第八条第三項又は第十一条第三項の規定は、適用しない。

附　則（令和二年九月二五日文部科学省令第三三号）

この省令は、公布の日から施行する。

●生涯学習の振興のための施策の推進体制等の整備に関する法律

（平成二年六月二九日 法律第七一号）

施行、平二・七・一
改正、平一一―法八七・法一〇二・法一六〇、平一四―法一五

（目的）

第一条　この法律は、国民が生涯にわたって学習する機会があまねく求められている状況にかんがみ、生涯学習の振興に資するための都道府県の事業に関しその推進体制の整備その他の必要な事項を定め、及び特定の地区において生涯学習に係る機会の総合的な提供を促進するための措置について定めるとともに、都道府県生涯学習審議会の事務について定める等の措置を講ずることにより、生涯学習の振興のための施策の推進体制及び地域における生涯学習に係る機会の整備を図り、もって生涯学習の振興に寄与することを目的とする。

＊都道府県の事業（三・四）、特定の地区の生涯学習機会提供措置（五）、審議会（一〇）、生涯にわたる学習機会の保障（憲二六、教基二―四、社教三）、文部科学省の任務（六、社教一）、都道府県教育委員会の任務（地教行二一、社教六、生涯学習振興基準）

通達　新法制定の趣旨は、中央教育審議会答申（「生涯学習の基盤整備について」（平成二年一月三〇日））を受けて、国民が生涯にわたって学習する機会があまねく求められている状況にかんがみ、生涯学習の振興に資するための都道府県の事業に関しその推進体制の整備その他の必要な事項を定め、及び特定の地区において生涯学習に係る機会の総合的な提供を促進するための構想の作成その他の措置について定めるとともに、生涯学習に係る重要事項を調査審議等する審議会を設置する等の措置を講ずることにより、生涯学習の振興のための施策の推進体制及び地域における生涯学習に係る機会の整備を図ることとしたものであること。（平2・9・28文生生一八〇事務次官）

解説　本条は、本法の目的が生涯学習振興のために必要な施策の基本を定めるところにあることを示して、三つの柱を掲げている。すなわち、国民が生涯にわたって学習する機会が広く求められている状況を前提として、都道府県が生涯学習推進体制整備をはじめとする振興施策をとること、および、五条に規定されるように文部科学省と経済産業省の定める判断基準のもとに特定地区における生涯学習振興の総合計画策定を進めること、さらに、都道府県に都道府県生涯学習審議会を設置することが定められているのである。教育基本法および社会教育法は、ともに生涯にわたる学習機会の平等的保障がすべての国民の権利であるとうたっている。ところが本条は、教育基本法に立脚するものであるとする規定や生涯学習の定義が欠落している。このことは、本法は、教育行政の枠にとどまらない多様な生涯学習事業の振興をはかる施策を進めるためのものであって、経済産業行政が文部科学行政と並ぶ大きな位置を占めているのもそのためである。このことが、本法が「特異な教育法」あるいは「生涯学習産業振興法」とみられる根拠となっている。

（施策における配慮等）

第二条　国及び地方公共団体は、この法律に規定する生涯学習の振興のための施策を実施するに当たっては、学習に関する国民の自発的意思を尊重するよう配慮するとともに、職業能力の開発及び向上、社会福祉等に関し生涯学習に資するための別に講じられる施策と相まって、効果的にこれを行うよう努めるものとする。

＊生涯学習の振興（一、社教一）、文部科学省の任務（四）、都道府県教育委員会の任務（地教行二一、社教三）、学習の自由性（社教三）、不当な統制・支配の禁止（社教一二）

通達　新法に規定する生涯学習の振興のための施策を実施するに当たっては、学習に関する国民の自発的意思を尊重することについて特に配慮する必要があること。（平2・9・28文生生一八〇事務次官）

解説　本条では、法にうたう生涯学習の定義が示されず、国民の自発的意思の配慮を留意するに止まっていることが異例である。国及び地方公共団体に国民の自発的意思の配慮を求めるのは、教育関係法としては当然のことである。むしろ、憲法、教育基本法、社会教育法に見られるように教育が国民の基本的な権利であることを示す規定をもたないことが注目される。教育・学習は、国民にとっては本来的に配慮の対象ではなく権利であるからである。また、職業能力の開発・向上や社会福祉に関わる生涯学習の振興との結びつきの必要性を示して生涯学習のもつべき広い視野を明らかにしているのであるが、条文にあるように本法はこれらを含めた生涯学習の総合的な振興を直接担うものではない。

（生涯学習の振興に資するための都道府県の事業）

第三条　都道府県の教育委員会は、生涯学習の振興に資するため、おおむね次の各号に掲げる事業について、これらを相互に連携させつつ推進するために必要な体制の整備を図りつつ、これらを一体的かつ効果的に実施するよう努めるものとする。

一　学校教育及び社会教育に係る学習（体育に係るものを含む。以下この項において「学習」という。）並びに文化活動の機会に関する情報を収集し、整理し、及び提供すること。

二　住民の学習に対する需要及び学習の成果の評価に関し、調査研究を行うこと。

三　地域の実情に即した学習の方法の開発を行うこと。

四　住民の学習に関する指導者及び助言者に対する研修を行うこと。

五　地域における学校教育、社会教育及び文化に関する機関及び団体に対し、これらの機関及び団体相互の連携に関し、照会及び相談に応じ、並びに助言その他の援助を行うこと。

六　前各号に掲げるもののほか、社会教育のための講座の開設その他の住民の学習の機会の提供に関し必要な事業を行うこと。

2　都道府県の教育委員会は、前項に規定する事業を行うに当たっては、社会教育関係団体その他の地域において生涯学習に資する事業を行う機関及び団体との連携に努めるものとする。

＊都道府県教育委員会の任務（一、教基一六、地教行二一、社教三）、推進体制の整備および事業の具体的内容（生涯学習振興基準）

通達　生涯学習の振興に資するための新法第三条に規定する事業については、各都道府県の教育委員会がその実情に応じて種々の形態で体制の整備を図ることにより、これらの事業を一体的かつ効果的に実施するよう努めることが望ましいこと。

新法第三条に規定する生涯学習の振興に資するための都道府県の事業は、都道府県の教育委員会が実施する事業について定めたものであり、教育委員会以外の部局の

所管する事業、団体等についてまで規定したものではないが、相互の連携を図っていくことは重要であること。
（平2・9・28文生生一八〇事務次官）

通知　都道府県の教育委員会が、事務分担や各施策担当部門間の連携の在り方の見直しを図ることなどにより、法第三条第一項各号に掲げる諸事業を一体的かつ効果的に実施できる体制を整備する場合には、利用する住民や関係者の便宜、行政の効率性の観点から、単一の組織において実施することが必要である。

また、教育委員会の事務局に単一の組織を整備する場合には、一か所において、法第三条第一項各号に掲げる事業のすべてを行うことができるようにする必要がある。（平3・2・7生涯学習局）

解説　本条では、本法の第一の柱である都道府県の生涯学習振興に資するための事業の内容と方針を定めている。それは、生涯学習に関する情報の収集・整理・提供の機能を有する情報センター的機能（一項一号）、学習需要・学習成果の評価・学習内容と方法などに関する調査研究機能（一項二、三号）、指導者の研修や学校・社会教育・文化に関する機関と団体への助言・援助機能（一項四、五号）、社会教育のための講座開設など住民に対する学習事業提供などの教育機能（一項六号）と、広い範囲にわたる。ここで教育行政機関による教育事業の実施や「求めに応じ」てという前提（社教一一条）なしの助言機能が規定されており、しかもこれらの事業の一体的・効果的実施が強調されていることが注目されるが、文部科学省はこれに関して、行政効率上からも一体的事業実施のための単一の組織をつくることを求めている（前掲生涯学習局長通知）。ここに見られるような研究・教育機関の行政機関への一体化や自主団体に対する指導権限の強化などの方向は、従来教育関係法に貫かれていた論理とは異なるものである。とくに設置が奨励されている生涯学習（情報）センターなどが、教育機関としての自立性や公民館に見られるような住民参加の運営原理が保障されるかどうかが注視される。

（都道府県の事業の推進体制の整備に関する基準）

第四条　文部科学大臣は、生涯学習の振興に資するため、都道府県の教育委員会が行う前条第一項に規定する体制の整備に関し望ましい基準を定めるものとする。

2　文部科学大臣は、前項の基準を定めようとするときは、あらかじめ、審議会等（国家行政組織法（昭和二十三年法律第百二十号）第八条に規定する機関をいう。以下同じ。）で政令で定めるものの意見を聴かなければならない。これを変更しようとするときも、同様とする。

＊文部科学大臣の任務（一、文部科学省設置三）、望ましい基準（生涯学習振興基準）

解説　ここに定める基準は、「生涯学習振興に資するための都道府県の事業の推進体制の整備に関する基準」（平3・2・7文告五）として出された。この告示及び同日付けの生涯学習局長通知では、法制定直後の文部事務次官通達「生涯学習の振興のための施策の推進体制等の整備に関する法律等について」よりも強い調子で法の規定に沿った施策の推進を求めている。

（地域生涯学習振興基本構想）

第五条　都道府県は、当該都道府県内の特定の地区において、当該地区及びその周辺の相当程度広範囲の地域における住民の生涯学習の振興に資するため、社会教育に係る学習（体育に係るものを含む。）及び文化活動その他の生涯学習に資する諸活動の多様な機会の総合的な提供を民間事業者の能力を活用しつつ行うことに関する基本的な構想（以下「基本構想」という。）を作成することができる。

2　基本構想においては、次に掲げる事項について定めるものとする。

一　前項に規定する多様な機会（以下「生涯学習に係る機会」という。）の総合的な提供の方針に関する事項

二　前項に規定する地区の区域に関する事項

三　総合的な提供を行うべき生涯学習に係る機会（民間事業者により提供されるものを含む。）の種類及び内容に関する基本的な事項

四　前号に規定する民間事業者に対する資金の融通の円滑化その他の前項に規定する地区において行われる生涯学習に係る機会の総合的な提供に必要な業務であって政令で定めるものを行う者及び当該業務の運営に関する事項

五　その他生涯学習に係る機会の総合的な提供に関する重要事項

3　都道府県は、基本構想を作成しようとするときは、あらかじめ、関係市町村に協議しなければならない。

4　都道府県は、基本構想を作成しようとするときは、

生涯学習振興整備法のあらまし

制定過程と改訂　本法は、わが国最初の「生涯学習」という言葉を用いた法律で、平成二年七月一日に施行された。国民が広く生涯学習を求める機運が高まっていることを背景に、都道府県の事業に関する推進体制の振興整備と学習機会の整備を図ることを目的とするものである。本法の成立には、一つは教育改革の中心理念の一つとして「生涯学習体系への移行」を掲げた臨教審（一九八四―八七年）以来の動向があった。一九八九年には、旧文部省（以下「文部省」）は社会教育局を新たに新設した筆頭局の生涯学習局に統合再編した。そこでは、文部行政の統合的理念として生涯学習が用いられた。二つめは、「生涯教育」という言葉に代えて「生涯学習」という用語を用いることで、文部省以外の他省庁の参加を促し、とりわけ本法では主務官庁に文部省と並んで、旧通産省をあげ、さらに関連行政として職業能力開発行政、福祉行政をあげた。三つめは、生涯学習行政の基本に民間活力の活用と都道府県中心の地域生涯学習基本構想を大きな柱としたのである。しかし、二〇一八（平成三〇）年一〇月一六日に、文科省は、生涯学習政策局を廃止して総合教育政策局を筆頭とする組織再編を行った。

本法の特徴　第一条の目的にあるように、①生涯学習の振興に資する都道府県の果たす役割と事業、②市町村の範囲を超えての特定の地区を指定し民間事業者の能力を活用しての生涯学習振興計画の策定、③都道府県生涯学習審議会の設置を定めた。従来の国の生涯学習審議会は、中央教育審議会の一分科会になった。以上の具体的な規定は第三条以下に構成された。ところで、第二条は通常、その法の名称の定義、「生涯学習」の定義がなされるはずだが、それが欠如している。かわりに、①国と地方公共団体が施策の実施において、学習に関する国民の自発的意思の尊重・配慮を求め、②さらに職業能力開発・向上、社会福祉等は、別の施策で行われ、その効果的な連携をうたっている。国・地方公共団体の国民に対する責務ではなく配慮を記し、本法施策以外の連携生涯学習領域の明記は、この法の特徴を示している。第三、四条は都道府県の事業と文部科学省のその整備に対する基準を定め、都道府県教育委員会の生涯学習行政の積極的具体的事業（情報収集、調査研究、指導者研修、学校教育、社会教育、文化に関する機関・団体への助言・援助、自ら行う講座開設など）が明示されている。第五条から第八条は、生涯学習基本構想とその基準を定め、生涯学習機会とその多様化を図るための広域振興領域の指定と、経済産業省指導のもとに、公的機関以外の民

前項の規定による協議を経た後、文部科学大臣及び経済産業大臣に協議することができる。

5 文部科学大臣及び経済産業大臣は、前項の規定による協議を受けたときは、都道府県が作成しようとする基本構想が次の各号に該当するものであるかどうかについて判断するものとする。

一 当該基本構想に係る地区が、生涯学習に係る機会の提供の程度が著しく高い地域であって政令で定めるもの以外の地域のうち、交通条件及び社会的自然的条件からみて生涯学習に係る機会の総合的な提供を行うことが相当と認められる地区であること。

二 当該基本構想に係る生涯学習に係る機会の総合的な提供が当該基本構想に係る地区及びその周辺の相当程度広範囲の地域における住民の生涯学習に係る機会に対する要請に適切にこたえるものであること。

三 その他文部科学大臣及び経済産業大臣が判断に当たっての基準として次条の規定により定める事項(以下「判断基準」という。)に適合するものであること。

6 文部科学大臣及び経済産業大臣は、基本構想につき前項の判断をするに当たっては、あらかじめ、関係行政機関の長に協議するとともに、文部科学大臣にあっては前条第二項の政令で定める審議会等の意見を、経済産業大臣にあっては産業構造審議会の意見をそれぞれ聴くものとし、前項各号に該当するものであると判断するに至ったときは、速やかにその旨を当該都道府県に通知するものとする。

7 都道府県は、基本構想を作成したときは、遅滞なく、これを公表しなければならない。

8 第三項から前項までの規定は、基本構想の変更(文部科学省令、経済産業省令で定める軽微な変更を除く。)について準用する。

＊機会の総合的な提供(一・二、施令)、都道府県教育委員会の事務(地教行二一、社教六)、政令で定める地域(施令二)、市町村教育委員会の事務(地教行二一、社教五)、判断基準(六、地域生涯学習振興基本構想の協議に係る判断に当たっての基準)

通達 新法のうち、第五条から第九条まで(地域生涯学習振興基本構想)については、文部省と通商産業省の共管となっていることを念のため申し添えます。(平2・9・28文生生一八〇事務次官)

通達 生涯学習振興のための施策の推進体制等の整備に関する法律五条四項(現五項)三号に規定する地域生涯学習振興基本構想の承認にあたっての基準について。(平7・11・24告示一文部省生涯学習振興課長・通産省産業政策局サーヴィス産業課長)

解説 本条は、都道府県が策定する生涯学習振興基本構想についての規定であるが、生涯学習政策が文教政策としてのみならず教育文化関連産業振興政策としてもすすめられることが明らかである。第一項においてはその構想に求められる三つの要件が示されている。第一に、相当広範囲におよんで生涯学習の振興がなされるよう設定された特定地域を定めるものであること、第二にそこで行われる諸活動の多様な機会の提供が民間事業者の能力を活用したものであること、第三に、文部科学大臣および経済産業大臣の判断に基づいた内容が求められていることである。これに基づいて第二項は、基本構想が定めるべき事項を五号にわたって掲げ、第四項において協議要件を定めている。第二項第四号の政令で定める業務および第四項第一号の政令で定める地域については「生涯学習の振興のための施策の推進体制等の整備に関する法律施行令」において定められている。なお、第三項では基本構想作成に当たって関係市町村との協議が義務づけられている。第五項では基本構想判断に当たって関係行政機関との協議と審議会の意見聴取が義務づけられている。

以上から見て、本条は本法の生涯学習振興の基本方針の特質を明瞭に示すものとなっている。すなわち、文部科学省と経済産業省の指導のもとに生涯学習振興の中心的な担い手を都道府県に求めてその振興拠点を市町村より広域の範囲に設定するとともに、民間資本を導入して多様な学習機会の提供を保障しようとしていることである。これは、財政的にも人材的にも貧困な条件をかかえる市町村を振興拠点とするよりも優れた振興方策とみなされているわけであり、従来の社会教育振興方針と著しい相違がある。第一に、教育行政としての一般行政からの独立性の原理が消失していること、第二に教育の地方自治原理に立ち、市町村民の参加と協同的努力で必要な教育・文化活動を自治的に創造するという教育活動の実現がめざされていないこと、第三に、民間事業者による教育・学習事業が提供される場合、経営の必要上採算本位の内容の偏りや有料化を招き、教育の中立性と公共性が守られないおそれがあることである。この点で本条第三、五項がどのような機能を果たせるか注目されるとこ

間事業者の能力活用と生涯学習事業の振興を図る規定を定めている。なお第九条の削除(平一四法一五)は優遇措置の廃止であり意味が大きい。第一〇条は、教育委員会と知事の双方への諮問機関として都道府県生涯学習審議会が置かれること、第一一条は、市町村が生涯学習振興のため関係機関・団体と連携協力体制を整備すべきことが規定されている。以上の本法の規定は、教育行政の基本原理たる一般行政からの独立、教育と教育行政との区別、教育の地方自治とくに市町村自治と住民自治、住民参加による教育文化施設の自律的運営などとは異質な都道府県中心、一般行政との連携協力、教育と教育行政の一体化、生涯学習振興のための関係団体への協力要請、民間事業者活用生涯学習の振興など、産業法的な色彩が強く、従来の教育法的系譜から一歩踏みだし、その後の地方分権・規制緩和、教育関連法制改正の先駆けとなった。

本法制定後、法の生涯学習の定義の欠如などから地方教育行政において社会教育行政と生涯学習行政との区別と連関に関する混乱が生じた。生涯学習行政は、生涯学習審議会の諸答申(九二年七月、九六年四月、九八年九月)、通産省産業構造審議会生涯学習振興部会中間報告(九二年九月)などのもとに展開されてきた。それは、地方分権推進委員会勧告や中教審などの学校改革・教育行政改革とも連動し、九九年の地方分権一括法に集約されるものであった。なお、規制緩和の一環として生涯学習基本構想の承認基準は、判断基準に改正された。なお、生涯学習局は生涯学習政策局に、生涯学習審議会は中央教育審議会の生涯学習分科会に、経済産業省の政令で定める審議会は産業構造審議会に改められた。教育基本法改正(二〇〇六年)により、同法三条に「生涯学習の理念」が新設された。ところで、教育基本法改正後の一連の教育改革を経て、大きな転換が起きてきた。すなわち二〇一八(平成三〇)年の文科省の組織再編で、総合教育政策局の中に生涯学習推進課が置かれるのみとなり、生涯学習の位置づけが低くなり、「社会教育課」もその名称もなくなった。国の生涯学習推進政策の大幅な低下である。このことの意味は大きい。

なお、博物館は文化庁の京都市移転とともに文化観光推進法(二〇二〇年四月公布)により教育施設としての性格よりも文化観光施設としての性格がより強まった。生涯学習振興整備法の文化サービス産業の側面が浮かび上がってきたといえる。

ろである。

（判断基準）

第六条　判断基準においては、次に掲げる事項を定めるものとする。

一　生涯学習に係る機会の総合的な提供に関する基本的な事項

二　前条第一項に規定する地区の設定に関する基本的な事項

三　総合的な提供を行うべき生涯学習に係る機会（民間事業者により提供されるものを含む。）の種類及び内容に関する基本的な事項

四　生涯学習に係る機会の総合的な提供に必要な事業に関する基本的な事項

五　生涯学習に係る機会の総合的な提供に際し配慮すべき重要事項

2　文部科学大臣及び経済産業大臣は、判断基準を定めるに当たっては、あらかじめ、総務大臣その他関係行政機関の長に協議するとともに、文部科学大臣にあっては第四条第二項の政令で定める審議会等の意見を、経済産業大臣にあっては産業構造審議会の意見をそれぞれ聴かなければならない。

3　文部科学大臣及び経済産業大臣は、判断基準を定めたときは、遅滞なく、これを公表しなければならない。

4　前二項の規定は、判断基準の変更について準用する。

＊判断基準（五、地域生涯学習振興基本構想の協議に係る判断に当たっての基準）

解説　前条第四項に関わる旧「承認基準」は、⑴計画の総合性、⑵民間事業者の能力の活用、⑶地域の広さ（千ヘクタール以下）、相当広範囲に相当数住民が居住していること、⑷国および地方公共団体の設置する社会教育・文化機関が相当数あることなどを基本事項と定めるほか、高度な内容の生涯学習機会の提供および、債務保証業務、研修業務などに留意した実施を求めている。「判断基準」はこの点を継承している。第二項は市町村を超える地区の設定、生涯学習振興事業内容が多分野にわたることなど、総務省をはじめ関連行政の理解と協力を得る必要から定められている。

第七条　削除（平一一法八七）

（基本構想の実施等）

第八条　都道府県は、関係民間事業者の能力を活用しつつ、生涯学習に係る機会の総合的な提供を基本構想に基づいて計画的に行うよう努めなければならない。

2　文部科学大臣は、基本構想の円滑な実施の促進のため必要があると認めるときは、社会教育関係団体及び文化に関する団体に対し必要な協力を求めるものとし、かつ、関係地方公共団体及び関係事業者等の要請に応じ、その所管に属する博物館資料の貸出しを行うよう努めるものとする。

3　経済産業大臣は、基本構想の円滑な実施の促進のため必要があると認めるときは、商工会議所及び商工会に対し、これらの団体及びその会員による生涯学習に係る機会の提供その他の必要な協力を求めるものとする。

4　前二項に定めるもののほか、文部科学大臣及び経済産業大臣は、基本構想の作成及び円滑な実施の促進のため、関係地方公共団体に対し必要な助言、指導その他の援助を行うよう努めなければならない。

5　前三項に定めるもののほか、文部科学大臣、経済産業大臣、関係行政機関の長、関係地方公共団体及び関係事業者は、基本構想の円滑な実施が促進されるよう、相互に連携を図りながら協力しなければならない。

＊基本構想（五）、社会教育関係団体の定義および文部科学大臣との関係（社教一〇・一一）、博物館（社教九、博物館二）

解説　本条は、都道府県が第五条による「協議」と「判断」を受けた生涯学習振興基本構想を計画的に行うことを定めるとともに、その基本構想の円滑な実施促進のため、文部科学大臣の社会教育関係団体・文化団体への協力要請や博物館資料貸出、経済産業大臣の商工会議所・商工会への協力要請などのほか、関係地方公共団体への助言・指導・援助がなされるべきことを定めており、また関係行政機関と関係事業者の相互連携と協力も求めている。これについては、生涯学習政策の中央集権的性格の強まることが懸念され、社会教育関係団体あるいは社会教育事業を行うＮＰＯ団体等の自主性、教育機関の自立性、自治体の教育文化行政の独自性が侵されることのないような運用が求められる。

第九条　削除（平一四法一五）

（都道府県生涯学習審議会）

第一〇条　都道府県に、都道府県生涯学習審議会（以下「都道府県審議会」という。）を置くことができる。

2　都道府県審議会は、都道府県の教育委員会又は知事の諮問に応じ、当該都道府県の処理する事務に関し、生涯学習に資するための施策の総合的な推進に関する重要事項を調査審議する。

3　都道府県審議会は、前項に規定する事項に関し必要と認める事項を当該都道府県の教育委員会又は知事に建議することができる。

4　前三項に定めるもののほか、都道府県審議会の組織及び運営に関し必要な事項は、条例で定める。

＊都道府県審議会の設置（一〇）、都道府県教育委員会の事務（地教行二一、社教六）

解説　都道府県に置かれる生涯学習審議会についての規定であるが、都道府県教育委員会と知事の二者の諮問機関となっていることが注目される。これは、都道府県段階においては、職業技術訓練・福祉ボランティア養成など教育行政以外の行政分野における学習事業の実施やそれらとの連携・総合化に関わって定められたものである。都道府県審議会が教育委員会と知事のいずれの所属になるか、また委員の任命権者はいずれかなど、都道府県ごとにそれぞれの設置条例の規定が注目される。また従来からある都道府県社会教育委員会議との権限関係が問題とされてきている。なお、国の生涯学習審議会は中央教育審議会における生涯学習分科会となり廃止されたが、都道府県審議会には建議機能も定められている。

（市町村の連携協力体制）

第一一条　市町村（特別区を含む。）は、生涯学習の振興に資するため、関係機関及び関係団体等との連携協力体制の整備に努めるものとする。

＊市町村教育委員会の事務（地教行二一、社教五）

解説　本条は、生涯学習振興が市町村の義務であることを前提として関係機関や関係団体との連携・協力を求めて、市町村段階における生涯学習推進体制整備をはかろうとする規定である。

附　則（省略）

●生涯学習の振興のための施策の推進体制等の整備に関する法律施行令

（平成二年六月二九日
政令第一九四号）

施行、平二・七・一
最終改正、平一二―政三〇八

（生涯学習に係る機会の総合的な提供に必要な業務）

第一条　生涯学習の振興のための施策の推進体制等の整備に関する法律（以下「法」という。）第五条第二項第四号の政令で定める業務は、次のとおりとする。

一　法第五条第二項第三号に規定する民間事業者に対し、生涯学習に係る機会の提供を行うために必要な資金の借入れに係る債務の保証を行うこと。

二　生涯学習に係る機会の提供に従事する者に対する研修を行うこと。

三　生涯学習に係る機会に関する広報活動を行うこと。

四　生涯学習に係る機会に対する需要に関する調査研究を行うこと。

五　前各号に掲げる業務に附帯する業務を行うこと。

（生涯学習に係る機会の提供の程度が著しく高い地域）

第二条　法第五条第五項第一号の政令で定める地域は、平成二年六月一日における東京都の特別区の存する区域、大阪市の区域及び名古屋市の区域とする。

（審議会等で政令で定めるもの）

第三条　法第四条第二項の審議会等で政令で定めるものは、中央教育審議会とする。

附　則（省略）

●地域生涯学習振興基本構想の協議に係る判断に当たっての基準

（平成七年一一月六日
文部省・通商産業省告示第一号）

最終改正、平一二―文・通産告一

近年、所得水準の向上、自由時間の増大、高齢化の進展等に伴い、人々の学習意欲が高まっているとともに、科学技術の高度化、情報化及び国際化の進展により、絶えず新たな知識又は技術を習得する必要が生じていることなどから、社会の各分野において生涯学習への関心が高まりつつある。

これにこたえ、生涯学習を振興するためには、都道府県は、特定の地区において、社会教育に係る学習（体育に係るものを含む。）及び文化活動その他の生涯学習に資する諸活動の多様な機会（以下「生涯学習に係る機会」という。）の総合的な提供を民間事業者の能力を活用しつつ行うことにより、当該地区及びその周辺の相当程度広範囲の地域における学習機会の充実を図る必要がある。

本基準は、このような基本的認識の下に、生涯学習の振興のための施策の推進体制等の整備に関する法律（平成二年法律第七十一号）に基づき都道府県が作成した地域生涯学習振興基本構想の協議に係る判断に当たっての基準として所要の事項を定めるものである。

一　生涯学習に係る機会の総合的な提供に関する基本的な事項

1　生涯学習に係る機会の総合的な提供が、計画的に行われること。

2　生涯学習に係る機会の提供について、民間事業者の能力が適切に活用されるものであること。

二　地区の設定に関する基本的な事項

地区は、次の要件を満たすものであること。

(1)　市町村の区域内の町界、字界等の明確な境界によって設定されているものであること。

(2)　原則として、千ヘクタール以下の連接した地域であること。

(3)　地区及びその周辺の相当程度広範囲の地域に相当数の住民が居住しているものであること。

(4)　社会教育及び文化に関する機関が、国又は地方公共団体によって相当数設置されているものであること。

三　総合的な提供を行うべき生涯学習に係る機会（民間事業者により提供されるものを含む。）の種類及び内容に関する基本的な事項

総合的な提供を行うべき生涯学習に係る機会は、特定の分野に偏るものではなく、かつ、高度な内容のものを含むものであること。

四　生涯学習に係る機会の総合的な提供に必要な事業に関する基本的な事項

生涯学習の振興のための施策の推進体制等の整備に関する法律施行令（平成二年政令第百九十四号。以下「令」という。）第一条に定める業務は、次の各号に掲げる事項に留意して実施されるものであること。

1　債務保証業務（令第一条第一号）

債務保証業務の実施に当たっては、民間資金の導入を含めた債務保証基金の充実及びその適切な管理運用が行われるものであること。

2　研修業務（令第一条第二号）

研修業務の実施に当たっては、関係の機関及び団体との連携を図りつつ、生涯学習に係る機会の提供に従事する者に対する多様な研修が計画的に行われるものであること。

3　広報活動業務（令第一条第三号）

広報活動業務の実施に当たっては、地区及びその周辺の住民に、地区において提供される生涯学習に係る機会が適切に周知されるとともに、これへの参加が奨励されるものであること。

4　調査研究業務（令第一条第四号）

調査研究業務の実施に当たっては、地域の実情に留意しつつ、生涯学習に係る機会に対する住民の需要に関する調査研究が計画的に行われるものであること。

五　生涯学習に係る機会の総合的な提供に際し配慮すべき重要事項

1　地域の実情に応じて、生涯学習に係る機会の提供を行う民間事業者の健全な発展が図られるよう十分配慮するものであること。

2　地域生涯学習振興基本構想の円滑な実施を図るため、関係地方公共団体、関係民間事業者等の間において必要な連携協力が図られるよう十分配慮するものであること。

●音楽文化の振興のための学習環境の整備等に関する法律

（平成六年一一月二五日　法律第一〇七号）

施行、平六・一一・二五

（目的）

第一条　この法律は、音楽文化が明るく豊かな国民生活の形成並びに国際相互理解及び国際文化交流の促進に大きく資することにかんがみ、生涯学習の一環としての音楽学習に係る環境の整備に関する施策の基本等について定めることにより、我が国の音楽文化の振興を図り、もって世界文化の進歩及び国際平和に寄与することを目的とする。

（定義）

第二条　この法律において「音楽文化」とは、音楽の創作及び演奏、音楽の鑑賞その他の音楽に係る国民娯楽、音楽に係る文化財保護法（昭和二十五年法律第二百十四号）に規定する文化財、出版及び著作権その他の著作権法（昭和四十五年法律第四十八号）に規定する権利並びにこれらに関する国民の文化的生活向上のための活動をいう。

2　この法律において「音楽学習」とは、学校教育に係る学習、家庭教育に係る学習、社会教育に係る学習、文化活動その他の生涯学習の諸活動であって、音楽に係るものをいう。

3　この法律において「学習環境」とは、音楽学習を行うために必要な施設（設備を含む。以下同じ。）等の物的条件、指導者、助言者等の人的条件その他円滑な音楽学習を行うための諸条件をいう。

（施策の方針）

第三条　国及び地方公共団体は、音楽文化の振興のための学習環境の整備を行うに当たっては、国民の間において行われる音楽に関する自発的な活動に協力しつつ、広く国民があらゆる機会とあらゆる場所において自主的にその個性に応じて音楽学習を行うことができるような諸条件の体系的な整備に努めるものとする。

2　国及び地方公共団体は、音楽文化の振興のための学習環境の整備を行うに当たっては、幼児、少年、高齢者、障害者等に対し、必要な配慮をするものとする。

（地方公共団体の事業）

第四条　地方公共団体は、地域における音楽文化の振興のため、地域の実情を踏まえ、その自主的な判断によりおおむね次の各号に掲げる学習環境の整備等の事業を行うよう努めるものとする。

一　音楽の演奏及び鑑賞に係る行事を主催すること。

二　音楽に係る社会教育のための講座を開設すること。

三　前二号に掲げるもののほか、音楽学習の機会の提供に関し必要な事業を行うこと。

四　当該地方公共団体の設置する学校の教育に支障のない限り、その学校の施設を音楽学習のための住民の利用に供すること。

五　音楽学習に関する情報を収集し、整理し、及び提供すること。

六　音楽学習に関する指導者及び助言者に対する研修を行うこと。

七　音楽文化に関する調査研究を推進すること。

八　音楽を通じた国際文化交流事業を行うこと。

2　地方公共団体は、前項に規定する事業を行うに当たっては、我が国の伝統音楽及び地域の特色ある音楽文化並びにこれらに関する音楽学習を振興するよう配慮するものとする。

3　国は、地方公共団体が第一項に規定する事業を行うに当たっては、必要な助言及び協力を行うよう努めるものとする。

（民間団体の行う事業の振興）

第五条　国は、音楽文化及び音楽学習の振興に資する事業を行う民間団体に対し、照会及び相談に応じ、並びに助言を行うことにより、当該事業の振興に努めるものとする。

（顕彰）

第六条　国及び地方公共団体は、音楽文化及び音楽学習の振興に寄与した者の顕彰に努めるものとする。

（国際音楽の日）

第七条　国民の間に広く音楽についての関心と理解を深め、積極的に音楽学習を行う意欲を高揚するとともに、国際連合教育科学文化機関憲章（昭和二十六年条約第四号）の精神にのっとり音楽を通じた国際相互理解の促進に資する活動が行われるようにするため、国際音楽の日を設ける。

2　国際音楽の日は、十月一日とする。

3　国及び地方公共団体は、国際音楽の日の趣旨の普及に努めるものとする。

附　則（省略）

●図書館法

（昭和二五年四月三〇日　法律第一一八号）

施行、昭二五・七・三〇
最終改正、令一―法二六

第一章　総則

（この法律の目的）

第一条　この法律は、社会教育法（昭和二十四年法律第二百七号）の精神に基き、図書館の設置及び運営に関して必要な事項を定め、その健全な発達を図り、もつて国民の教育と文化の発展に寄与することを目的とする。

（定義）

第二条　この法律において「図書館」とは、図書、記録その他必要な資料を収集し、整理し、保存して、一般公衆の利用に供し、その教養、調査研究、レクリエーション等に資することを目的とする施設で、地方公共団体、日本赤十字社又は一般社団法人若しくは一般財団法人が設置するもの（学校に附属する図書館又は図書室を除く。）をいう。

2　前項の図書館のうち、地方公共団体の設置する図書館を公立図書館といい、日本赤十字社又は一般社団法人若しくは一般財団法人の設置する図書館を私立図書館という。

（図書館奉仕）

第三条　図書館は、図書館奉仕のため、土地の事情及び一般公衆の希望に沿い、更に学校教育を援助し、及び家庭教育の向上に資することとなるように留意し、おおむね次に掲げる事項の実施に努めなければならない。

一　郷土資料、地方行政資料、美術品、レコード及びフィルムの収集にも十分留意して、図書、記録、視聴覚教育の資料その他必要な資料（電磁的記録（電子的方式、磁気的方式その他人の知覚によつては認識することができない方式で作られた記録をいう。）を含む。以下「図書館資料」という。）を収集し、一般公衆の利用に供すること。
二　図書館資料の分類排列を適切にし、及びその目録を整備すること。
三　図書館の職員が図書館資料について十分な知識を持ち、その利用のための相談に応ずるようにすること。
四　他の図書館、国立国会図書館、地方公共団体の議会に附置する図書室及び学校に附属する図書館又は図書室と緊密に連絡し、協力し、図書館資料の相互貸借を行うこと。
五　分館、閲覧所、配本所等を設置し、及び自動車文庫、貸出文庫の巡回を行うこと。
六　読書会、研究会、鑑賞会、映写会、資料展示会等を主催し、及びこれらの開催を奨励すること。
七　時事に関する情報及び参考資料を紹介し、及び提供すること。
八　社会教育における学習の機会を利用して行つた学習の成果を活用して行う教育活動その他の活動の機会を提供し、及びその提供を奨励すること。
九　学校、博物館、公民館、研究所等と緊密に連絡し、協力すること。

（司書及び司書補）
第四条　図書館に置かれる専門的職員を司書及び司書補と称する。
2　司書は、図書館の専門的事務に従事する。
3　司書補は、司書の職務を助ける。

（司書及び司書補の資格）
第五条　次の各号のいずれかに該当する者は、司書となる資格を有する。
一　大学を卒業した者（専門職大学の前期課程を修了した者を含む。次号において同じ。）で大学において文部科学省令で定める図書館に関する科目を履修したもの
二　大学又は高等専門学校を卒業した者で次条の規定による司書の講習を修了したもの
三　次に掲げる職にあつた期間が通算して三年以上になる者で次条の規定による司書の講習を修了したもの
イ　司書補の職
ロ　国立国会図書館又は大学若しくは高等専門学校の附属図書館における職で司書補の職に相当するもの
ハ　ロに掲げるもののほか、官公署、学校又は社会教育施設における職で社会教育主事、学芸員その他の司書補の職と同等以上の職として文部科学大臣が指定するもの
2　次の各号のいずれかに該当する者は、司書補となる資格を有する。
一　司書の資格を有する者
二　学校教育法（昭和二十二年法律第二十六号）第九十条第一項の規定により大学に入学することのできる者で次条の規定による司書補の講習を修了したもの

（司書及び司書補の講習）
第六条　司書及び司書補の講習は、大学が、文部科学大臣の委嘱を受けて行う。
2　司書及び司書補の講習に関し、履修すべき科目、単位その他必要な事項は、文部科学省令で定める。ただし、その履修すべき単位数は、十五単位を下ることができない。

（司書及び司書補の研修）
第七条　文部科学大臣及び都道府県の教育委員会は、司書及び司書補に対し、その資質の向上のために必要な研修を行うよう努めるものとする。

（設置及び運営上望ましい基準）
第七条の二　文部科学大臣は、図書館の健全な発達を図るために、図書館の設置及び運営上望ましい基準を定め、これを公表するものとする。

（運営の状況に関する評価等）
第七条の三　図書館は、当該図書館の運営の状況について評価を行うとともに、その結果に基づき図書館の運営の改善を図るため必要な措置を講ずるよう努めなければならない。

（運営の状況に関する情報の提供）
第七条の四　図書館は、当該図書館の図書館奉仕に関する地域住民その他の関係者の理解を深めるとともに、これらの者との連携及び協力の推進に資するため、当該図書館の運営の状況に関する情報を積極的に提供するよう努めなければならない。

（協力の依頼）
第八条　都道府県の教育委員会は、当該都道府県内の図書館奉仕を促進するために、市（特別区を含む。以下同じ。）町村の教育委員会（地方教育行政の組織及び運営に関する法律（昭和三十一年法律第百六十二号）第二十三条第一項の条例の定めるところによりその長が図書館の設置、管理及び廃止に関する事務を管理し、及び執行することとされた地方公共団体（第十三条第一項において「特定地方公共団体」という。）である市町村にあつては、その長又は教育委員会）に対し、総合目録の作製、貸出文庫の巡回、図書館資料の相互貸借等に関して協力を求めることができる。

（公の出版物の収集）
第九条　政府は、都道府県の設置する図書館に対し、官報その他一般公衆に対する広報の用に供せられる独立行政法人国立印刷局の刊行物を二部提供するものとする。
2　国及び地方公共団体の機関は、公立図書館の求めに応じ、これに対して、それぞれの発行する刊行物その他の資料を無償で提供することができる。

第二章　公立図書館

（設置）
第一〇条　公立図書館の設置に関する事項は、当該図書館を設置する地方公共団体の条例で定めなければならない。
第一一条及び第一二条　削除（昭六〇法九〇）

（職員）
第一三条　公立図書館に館長並びに当該図書館を設置する地方公共団体の教育委員会（特定地方公共団体の長がその設置、管理及び廃止に関する事務を管理し、及び執行することとされた図書館（第十五条において「特定図書館」という。）にあつては、当該特定地方公共団体の長）が必要と認める専門的職員、事務職員及び技術職員を置く。
2　館長は、館務を掌理し、所属職員を監督して、図書館奉仕の機能の達成に努めなければならない。

（図書館協議会）
第一四条　公立図書館に図書館協議会を置くことができる。
2　図書館協議会は、図書館の運営に関し館長の諮問に応ずるとともに、図書館の行う図書館奉仕につき、館長に対して意見を述べる機関とする。
第一五条　図書館協議会の委員は、当該図書館を設置する地方公共団体の教育委員会（特定図書館に置く図書館協議会の委員にあつては、当該地方公共団体の長）が任命する。
第一六条　図書館協議会の設置、その委員の任命の基準、定数及び任期その他図書館協議会に関し必要な事項については、当該図書館を設置する地方公共団体の条例で定めなければならない。この場合において、委員の任命の基準については、文部科学省令で定める基準を参酌するものとする。

（入館料等）
第一七条　公立図書館は、入館料その他図書館資料の利用に対するいかなる対価をも徴収してはならない。
第一八条及び第一九条　削除（平二〇法五九）

（図書館の補助）
第二〇条　国は、図書館を設置する地方公共団体に対し、予算の範囲内において、図書館の施設、設備に要する経費その他必要な経費の一部を補助することができる。
2　前項の補助金の交付に関し必要な事項は、政令で定める。
第二一条及び第二二条　削除（平一一法八七）
第二三条　国は、第二十条の規定による補助金の交付をした場合において、左の各号の一に該当するときは、当該年度におけるその後の補助金の交付をやめるとともに、既に交付した当該年度の補助金を返還させなければならない。
一　図書館がこの法律の規定に違反したと

き。

二　地方公共団体が補助金の交付の条件に違反したとき。

三　地方公共団体が虚偽の方法で補助金の交付を受けたとき。

第三章　私立図書館

第二四条　削除（昭四二法一二〇）

（都道府県の教育委員会との関係）

第二五条　都道府県の教育委員会は、私立図書館に対し、指導資料の作製及び調査研究のために必要な報告を求めることができる。

2　都道府県の教育委員会は、私立図書館に対し、その求めに応じて、私立図書館の設置及び運営に関して、専門的、技術的の指導又は助言を与えることができる。

（国及び地方公共団体との関係）

第二六条　国及び地方公共団体は、私立図書館の事業に干渉を加え、又は図書館を設置する法人に対し、補助金を交付してはならない。

第二七条　国及び地方公共団体は、私立図書館に対し、その求めに応じて、必要な物資の確保につき、援助を与えることができる。

（入館料等）

第二八条　私立図書館は、入館料その他図書館資料の利用に対する対価を徴収することができる。

（図書館同種施設）

第二九条　図書館と同種の施設は、何人もこれを設置することができる。

2　第二十五条第二項の規定は、前項の施設について準用する。

附　則（省略）

●図書館法施行令（昭和三四年四月三〇日政令第一五八号）

施行、昭三四・四・三〇

図書館法第二十条第一項に規定する図書館の施設、設備に要する経費の範囲は、次に掲げるものとする。

一　施設費　施設の建築に要する本工事費、附帯工事費及び事務費

二　設備費　図書館に備え付ける図書館資料及びその利用のための器材器具の購入に要する経費

附　則（省略）

●図書館法施行規則（昭和二五年九月六日文部省令第二七号）

施行、昭二五・九・六
最終改正、令二一文科令三二

第一章　図書館に関する科目

第一条　図書館法（昭和二十五年法律第百十八号。以下「法」という。）第五条第一項第一号に規定する図書館に関する科目は、次の表に掲げるものとし、司書となる資格を得ようとする者は、甲群に掲げるすべての科目及び乙群に掲げる科目のうち二以上の科目について、それぞれ単位数の欄に掲げる単位を修得しなければならない。

群	科目	単位数
甲群	生涯学習概論	二
	図書館概論	二
	図書館制度・経営論	二
	図書館情報技術論	二
	図書館サービス概論	二
	情報サービス論	二
	児童サービス論	二
	情報サービス演習	二
	図書館情報資源概論	二
	情報資源組織論	二
	情報資源組織演習	二
乙群	図書館基礎特論	一
	図書館サービス特論	一
	図書館情報資源特論	一
	図書・図書館史	一
	図書館施設論	一
	図書館総合演習	一
	図書館実習	一

2　前項の規定により修得すべき科目の単位のうち、すでに大学において修得した科目の単位は、これをもつて、前項の規定により修得すべき科目の単位に替えることができる。

第二章　司書及び司書補の講習

（趣旨）

第二条　法第六条に規定する司書及び司書補の講習については、この章の定めるところによる。

（司書の講習の受講資格者）

第三条　司書の講習を受けることができる者は、次の各号のいずれかに該当するものとする。

一　大学に二年以上在学して、六十二単位以上を修得した者又は高等専門学校若しくは法附則第十項の規定により大学に含まれる学校を卒業した者

二　法第五条第一項第三号イからハまでに掲げる職にあつた期間が通算して二年以上になる者

三　法附則第八項の規定に該当する者

四　その他文部科学大臣が前三号に掲げる者と同等以上の資格を有すると認めた者

（司書補の講習の受講資格者）

第四条　司書補の講習を受けることができる者は、学校教育法（昭和二十二年法律第二十六号）第九十条第一項の規定により大学に入学することのできる者（法附則第十項の規定により大学に入学することのできる者に含まれる者を含む。）とする。

（司書の講習の科目の単位）

第五条　司書の講習において司書となる資格を得ようとする者は、次の表の甲群に掲げるすべての科目及び乙群に掲げる科目のうち二以上の科目について、それぞれ単位数の欄に掲げる単位を修得しなければならない。

群	科目	単位数
甲群	生涯学習概論	二
	図書館概論	二
	図書館制度・経営論	二
	図書館情報技術論	二
	図書館サービス概論	二
	情報サービス論	二
	児童サービス論	二
	情報サービス演習	二
	図書館情報資源概論	二
	情報資源組織論	二

	科目	単位数
	情報資源組織演習	二
乙群	図書館基礎特論	一
	図書館サービス特論	一
	図書館情報資源特論	一
	図書・図書館史	一
	図書館施設論	一
	図書館総合演習	一
	図書館実習	一

2　司書の講習を受ける者がすでに大学（法附則第十項の規定により大学に含まれる学校を含む。）において修得した科目の単位であつて、前項の科目の単位に相当するものとして文部科学大臣が認めたものは、これをもつて前項の規定により修得した科目の単位とみなす。

3　司書の講習を受ける者がすでに文部科学大臣が別に定める学修で第一項に規定する科目の履修に相当するものを修了していると文部科学大臣が認めた場合には、当該学修をもつてこれに相当する科目の単位を修得したものとみなす。

（司書補の講習の科目の単位）

第六条　司書補の講習において司書補となる資格を得ようとする者は、次の表に掲げるすべての科目について、それぞれ単位数の欄に掲げる単位を修得しなければならない。

科目	単位数
生涯学習概論	一
図書館の基礎	二
図書館サービスの基礎	二
レファレンスサービス	一
レファレンス資料の解題	一
情報検索サービス	一
図書館の資料	二
資料の整理	二
資料の整理演習	一
児童サービスの基礎	一
図書館特講	一

2　司書補の講習を受ける者がすでに大学（法附則第十項の規定により大学に含まれる学校を含む。）において修得した科目の単位であつて、前項の科目の単位に相当するものとして文部科学大臣が認めたものは、これをもつて前項の規定により修得した科目の単位とみなす。

3　司書補の講習を受ける者がすでに文部科学大臣が別に定める学修で第一項に規定する科目の履修に相当するものを修了していると文部科学大臣が認めた場合には、当該学修をもつてこれに相当する科目の単位を修得したものとみなす。

（単位の計算方法）

第七条　講習における単位の計算方法は、大学設置基準（昭和三十一年文部省令第二十八号）第二十一条第二項各号及び大学通信教育設置基準（昭和五十六年文部省令第三十三号）第五条第一項第三号に定める基準によるものとする。

（単位修得の認定）

第八条　単位修得の認定は、講習を行う大学が、試験、論文、報告書その他による成績審査に合格した受講者に対して行う。

（修了証書の授与）

第九条　講習を行う大学の長は、第五条又は第六条の規定により、司書の講習又は司書補の講習について、所定の単位を修得した者に対して、それぞれの修了証書を与えるものとする。

2　講習を行う大学の長は、前項の規定により修了証書を与えたときは、修了者の氏名等を文部科学大臣に報告しなければならない。

（講習の委嘱）

第一〇条　法第五条第一項第一号の規定により文部科学大臣が大学に講習を委嘱する場合には、その職員組織、施設及び設備の状況等を勘案し、講習を委嘱するのに適当と認められるものについて、講習の科目、期間その他必要な事項を指定して行うものとする。

（実施細目）

第一一条　受講者の人数、選定の方法、講習を行う大学、講習の期間その他講習実施の細目については、毎年インターネットの利用その他の適切な方法により公示する。

第三章　図書館協議会の委員の任命の基準を条例で定めるに当たつて参酌すべき基準

第一二条　法第十六条の文部科学省令で定める基準は、学校教育及び社会教育の関係者、家庭教育の向上に資する活動を行う者並びに学識経験のある者の中から任命することとする。

第四章　準ずる学校

（大学に準ずる学校）

第一三条　法附則第十項の規定による大学に準ずる学校は、次の各号に掲げるものとする。

一　大正七年旧文部省令第三号第二条第二号により指定した学校

二　その他文部科学大臣が大学と同等以上と認めた学校

（高等学校に準ずる学校）

第一四条　法附則第十項の規定による中等学校、高等学校尋常科又は青年学校本科に準ずる学校は、次の各号に掲げるものとする。

一　旧専門学校入学者検定規程（大正十二年文部省令第二十二号）第十一条の規定により指定した学校

二　大正七年旧文部省令第三号第一条第五号により指定した学校

三　その他文部科学大臣が高等学校と同等以上と認めた学校

附　則（省略）

附　則（令和二年九月二五日文部科学省令第三二号）

この省令は、公布の日から施行する。

●ユネスコ公共図書館宣言（一九九四年）

（一九九四年一一月採択）

社会と個人の自由、繁栄および発展は人間にとっての基本的価値である。このことは、十分に情報を得ている市民が、その民主的権利を行使し、社会において積極的な役割を果たす能力によって、はじめて達成される。建設的に参加して民主主義を発展させることは、十分な教育が受けられ、知識、思想、文化および情報に自由かつ無制限に接し得ることにかかっている。

地域において知識を得る窓口である公共図書館は、個人および社会集団の生涯学習、独自の意思決定および文化的発展のための基本的条件を提供する。

この宣言は、公共図書館が教育、文化、情報の活力であり、男女の心の中に平和と精神的な幸福を育成するための必須の機関である、というユネスコの信念を表明するものである。

したがって、ユネスコは国および地方の政府が公共図書館の発展を支援し、かつ積極的に関与することを奨励する。

公共図書館

公共図書館は、その利用者があらゆる種類の知識と情報をたやすく入手できるようにする、地域の情報センターである。

公共図書館のサービスは、年齢、人種、性別、宗教、国籍、言語、あるいは社会的身分を問わず、すべての人が平等に利用できるという原則に基づいて提供される。理由は何であれ、通常のサービスや資料の利用ができない人々、たとえば言語上の少数グループ（マイノリティ）、障害者、あるいは入院患者や受刑者に対しては、特別なサービスと資料が提供されなければならない。

いかなる年齢層の人々もその要求に応じた資料を見つけ出さなければならない。蔵書とサービスには、伝統的な資料とともに、あらゆる種類の適切なメディアと現代技術が含まれていなければならない。質の高い、地域の要求や状況に対応できるものであることが基本的要件である。資料には、人間の努力と想像の記憶とともに、現今の傾向や社会の進展が反映されていなければならない。

蔵書およびサービスは、いかなる種類の思想的、政治的、あるいは宗教的な検閲にも、また商業的な圧力にも屈してはならない。

公共図書館の使命

情報、識字、教育および文化に関連した以下の基本的使命を公共図書館サービスの核にしなければならない。

1 幼い時期から子供たちの読書習慣を育成し、それを強化する。
2 あらゆる段階での正規の教育とともに、個人的および自主的な教育を支援する。
3 個人の創造的な発展のための機会を提供する。
4 青少年の想像力と創造性に刺激を与える。
5 文化遺産の認識、芸術、科学的な業績や革新についての理解を促進する。
6 あらゆる公演芸術の文化的表現に接しうるようにする。
7 異文化間の交流を助長し、多様な文化が存立できるようにする。
8 口述による伝承を援助する。
9 市民がいかなる種類の地域情報をも入手できるようにする。
10 地域の企業、協会および利益団体に対して適切な情報サービスを行う。
11 容易に情報を検索し、コンピューターを駆使できるような技能の発達を促す。
12 あらゆる年齢層の人々のための識字活動とその計画を援助し、かつ、それに参加し、必要があれば、こうした活動を発足させる。

財政、法令、ネットワーク

＊ 公共図書館は原則として無料とし、地方および国の行政機関が責任を持つものとする。それは特定の法令によって維持され、国および地方自治体により経費が調達されなければならない。公共図書館は、文化、情報提供、識字および教育のためのいかなる長期政策においても、主要な構成要素でなければならない。

＊ 図書館の全国的な調整および協力を確実にするため、合意された基準に基づく全国的な図書館ネットワークが、法令および政策によって規定され、かつ推進されなければならない。

＊ 公共図書館ネットワークは、学校図書館や大学図書館だけでなく、国立図書館、地域の図書館、学術研究図書館および専門図書館とも関連して計画されなければならない。

運営と管理

＊ 地域社会の要求に対応して、目標、優先順位およびサービス内容を定めた明確な方針が策定されなければならない。公共図書館は効果的に組織され、専門的な基準によって運営されなければならない。

＊ 関連のある協力者、たとえば利用者グループおよびその他の専門職との地方、地域、全国および国際的な段階での協力が確保されなければならない。

＊ 地域社会のすべての人々がサービスを実際に利用できなければならない。それには適切な場所につくられた図書館の建物、読書および勉学のための良好な施設とともに、相応な技術の駆使と利用者に都合のよい十分な開館時間の設定が必要である。同様に図書館に来られない利用者に対するアウトリーチ・サービスも必要である。

＊ 図書館サービスは、農村や都会地といった異なる地域社会の要求に対応させなければならない。

＊ 図書館員は利用者と資料源との積極的な仲介者である。適切なサービスを確実に行うために、図書館員の専門教育と継続教育は欠くことができない。

＊ 利用者がすべての資料源から利益を得ることができるように、アウトリーチおよび利用者教育の計画が実施されなければならない。

宣言の履行

国および地方自治体の政策決定者、ならびに全世界の図書館界が、この宣言に表明された諸原則を履行することを、ここに強く要請する。

（『図書館雑誌』一九九五年四月号より）

●博物館法

（昭和二六年一二月一日法律第二八五号）

施行、昭二七・三・一
最終改正、令一―法二六

第一章　総則

（この法律の目的）

第一条 この法律は、社会教育法（昭和二十四年法律第二百七号）の精神に基き、博物館の設置及び運営に関して必要な事項を定め、その健全な発達を図り、もつて国民の教育、学術及び文化の発展に寄与することを目的とする。

（定義）

第二条 この法律において「博物館」とは、歴史、芸術、民俗、産業、自然科学等に関する資料を収集し、保管（育成を含む。以下同じ。）し、展示して教育的配慮の下に一般公衆の利用に供し、その教養、調査研究、レクリエーション等に資するために必要な事業を行い、あわせてこれらの資料に関する調査研究をすることを目的とする機関（社会教育法による公民館及び図書館法（昭和二十五年法律第百十八号）による図書館を除く。）のうち、地方公共団体、一般社団法人若しくは一般財団法人、宗教法人又は政令で定めるその他の法人（独立行政法人（独立行政法人通則法（平成十一年法律第百三号）第二条第一項に規定する独立行政法人をいう。第二十九条において同じ。）を除く。）が設置するもので次章の規定による登録を受けたものをいう。

2 この法律において、「公立博物館」とは、地方公共団体の設置する博物館をいい、「私立博物館」とは、一般社団法人若しくは一般財団法人、宗教法人又は前項の政令で定める法人の設置する博物館をいう。

3 この法律において「博物館資料」とは、博物館が収集し、保管し、又は展示する資料（電磁的記録（電子的方式、磁気的方式その他人の知覚によつては認識することができない方式で作られた記録をいう。）を含む。）をいう。

（博物館の事業）

第三条　博物館は、前条第一項に規定する目的を達成するため、おおむね次に掲げる事業を行う。

一　実物、標本、模写、模型、文献、図表、写真、フィルム、レコード等の博物館資料を豊富に収集し、保管し、及び展示すること。

二　分館を設置し、又は博物館資料を当該博物館外で展示すること。

三　一般公衆に対して、博物館資料の利用に関し必要な説明、助言、指導等を行い、又は研究室、実験室、工作室、図書室等を設置してこれを利用させること。

四　博物館資料に関する専門的、技術的な調査研究を行うこと。

五　博物館資料の保管及び展示等に関する技術的研究を行うこと。

六　博物館資料に関する案内書、解説書、目録、図録、年報、調査研究の報告書等を作成し、及び頒布すること。

七　博物館資料に関する講演会、講習会、映写会、研究会等を主催し、及びその開催を援助すること。

八　当該博物館の所在地又はその周辺にある文化財保護法（昭和二十五年法律第二百十四号）の適用を受ける文化財について、解説書又は目録を作成する等一般公衆の当該文化財の利用の便を図ること。

九　社会教育における学習の機会を利用して行つた学習の成果を活用して行う教育活動その他の活動の機会を提供し、及びその提供を奨励すること。

十　他の博物館、博物館と同一の目的を有する国の施設等と緊密に連絡し、協力し、刊行物及び情報の交換、博物館資料の相互貸借等を行うこと。

十一　学校、図書館、研究所、公民館等の教育、学術又は文化に関する諸施設と協力し、その活動を援助すること。

2　博物館は、その事業を行うに当つては、土地の事情を考慮し、国民の実生活の向上に資し、更に学校教育を援助し得るようにも留意しなければならない。

（館長、学芸員その他の職員）

第四条　博物館に、館長を置く。

2　館長は、館務を掌理し、所属職員を監督して、博物館の任務の達成に努める。

3　博物館に、専門的職員として学芸員を置く。

4　学芸員は、博物館資料の収集、保管、展示及び調査研究その他これと関連する事業についての専門的事項をつかさどる。

5　博物館に、館長及び学芸員のほか、学芸員補その他の職員を置くことができる。

6　学芸員補は、学芸員の職務を助ける。

（学芸員の資格）

第五条　次の各号のいずれかに該当する者は、学芸員となる資格を有する。

一　学士の学位（学校教育法（昭和二十二年法律第二十六号）第百四条第二項に規定する文部科学大臣の定める学位（専門職大学を卒業した者に対して授与されるものに限る。）を含む。）を有する者で、大学において文部科学省令で定める博物館に関する科目の単位を修得したもの

二　大学に二年以上在学し、前号の博物館に関する科目の単位を含めて六十二単位以上を修得した者で、三年以上学芸員補の職にあつたもの

三　文部科学大臣が、文部科学省令で定めるところにより、前二号に掲げる者と同等以上の学力及び経験を有する者と認めた者

2　前項第二号の学芸員補の職には、官公署、学校又は社会教育施設（博物館の事業に類する事業を行う施設を含む。）における職で、社会教育主事、司書その他の学芸員補の職と同等以上の職として文部科学大臣が指定するものを含むものとする。

（学芸員補の資格）

第六条　学校教育法第九十条第一項の規定により大学に入学することのできる者は、学芸員補となる資格を有する。

（学芸員及び学芸員補の研修）

第七条　文部科学大臣及び都道府県の教育委員会は、学芸員及び学芸員補に対し、その資質の向上のために必要な研修を行うよう努めるものとする。

（設置及び運営上望ましい基準）

第八条　文部科学大臣は、博物館の健全な発達を図るために、博物館の設置及び運営上望ましい基準を定め、これを公表するものとする。

（運営の状況に関する評価等）

第九条　博物館は、当該博物館の運営の状況について評価を行うとともに、その結果に基づき博物館の運営の改善を図るため必要な措置を講ずるよう努めなければならない。

（運営の状況に関する情報の提供）

第九条の二　博物館は、当該博物館の事業に関する地域住民その他の関係者の理解を深めるとともに、これらの者との連携及び協力の推進に資するため、当該博物館の運営の状況に関する情報を積極的に提供するよう努めなければならない。

第二章　登録

（登録）

第一〇条　博物館を設置しようとする者は、当該博物館について、当該博物館の所在する都道府県の教育委員会（当該博物館（都道府県が設置するものを除く。）が指定都市（地方自治法（昭和二十二年法律第六十七号）第二百五十二条の十九第一項の指定都市をいう。以下この条及び第二十九条において同じ。）の区域内に所在する場合にあつては、当該指定都市の教育委員会。同条を除き、以下同じ。）に備える博物館登録原簿に登録を受けるものとする。

（登録の申請）

第一一条　前条の規定による登録を受けようとする者は、設置しようとする博物館について、左に掲げる事項を記載した登録申請書を都道府県の教育委員会に提出しなければならない。

一　設置者の名称及び私立博物館にあつては設置者の住所

二　名称

三　所在地

2　前項の登録申請書には、次に掲げる書類を添付しなければならない。

一　公立博物館にあつては、設置条例の写し、館則の写し、直接博物館の用に供する建物及び土地の面積を記載した書面及びその図面、当該年度における事業計画書及び予算の歳出の見積りに関する書類、博物館資料の目録並びに館長及び学芸員の氏名を記載した書面

二　私立博物館にあつては、当該法人の定款の写し又は当該宗教法人の規則の写し、館則の写し、直接博物館の用に供する建物及び土地の面積を記載した書面及びその図面、当該年度における事業計画書及び収支の見積りに関する書類、博物館資料の目録並びに館長及び学芸員の氏名を記載した書面

（登録要件の審査）

第一二条　都道府県の教育委員会は、前条の規定による登録の申請があつた場合においては、当該申請に係る博物館が左に掲げる要件を備えているかどうかを審査し、備えていると認めたときは、同条第一項各号に掲げる事項及び登録の年月日を博物館登録原簿に登録するとともに登録した旨を当該登録申請者に通知し、備えていないと認めたときは、登録しない旨をその理由を附記した書面で当該登録申請者に通知しなければならない。

一　第二条第一項に規定する目的を達成するために必要な博物館資料があること。

二　第二条第一項に規定する目的を達成するために必要な学芸員その他の職員を有すること。

三　第二条第一項に規定する目的を達成するために必要な建物及び土地があること。

四　一年を通じて百五十日以上開館すること。

（登録事項等の変更）

第一三条　博物館の設置者は、第十一条第一項各号に掲げる事項について変更があつたとき、又は同条第二項に規定する添付書類の記載事項について重要な変更があつたときは、その旨を都道府県の教育委員会に届け出なければならない。

2　都道府県の教育委員会は、第十一条第一項各号に掲げる事項に変更があつたことを知つたときは、当該博物館に係る登録事項の変更登録をしなければならない。

（登録の取消）

第一四条　都道府県の教育委員会は、博物館が第十二条各号に掲げる要件を欠くに至つたものと認めたとき、又は虚偽の申請に基いて登録した事実を発見したときは、当該博物館に係る登録を取り消さなければならない。但し、博物館が天災その他やむを得ない事由により要件を欠くに至つた場合においては、その要件を欠くに至つた日から二年間はこの限りでない。

2　都道府県の教育委員会は、前項の規定により登録の取消しをしたときは、当該博物館の設置者に対し、速やかにその旨を通知しなければならない。

（博物館の廃止）

第一五条　博物館の設置者は、博物館を廃止したときは、すみやかにその旨を都道府県の教育委員会に届け出なければならない。

2　都道府県の教育委員会は、博物館の設置者が当該博物館を廃止したときは、当該博物館に係る登録をまつ消しなければならない。

（規則への委任）

第一六条　この章に定めるものを除くほか、博物館の登録に関し必要な事項は、都道府県の教育委員会の規則で定める。

第一七条　削除（平一一法八七）

第三章　公立博物館

（設置）

第一八条　公立博物館の設置に関する事項は、当該博物館を設置する地方公共団体の条例で定めなければならない。

（所管）

第一九条　公立博物館は、当該博物館を設置する地方公共団体の教育委員会（地方教育行政の組織及び運営に関する法律（昭和三十一年法律第百六十二号）第二十三条第一項の条例の定めるところにより地方公共団体の長がその設置、管理及び廃止に関する事務を管理し、及び執行することとされた博物館にあつては、当該地方公共団体の長。第二十一条において同じ。）の所管に属する。

（博物館協議会）

第二〇条　公立博物館に、博物館協議会を置くことができる。

2　博物館協議会は、博物館の運営に関し館長の諮問に応ずるとともに、館長に対して意見を述べる機関とする。

第二一条　博物館協議会の委員は、当該博物館を設置する地方公共団体の教育委員会が任命する。

第二二条　博物館協議会の設置、その委員の任命の基準、定数及び任期その他博物館協議会に関し必要な事項は、当該博物館を設置する地方公共団体の条例で定めなければならない。この場合において、委員の任命の基準については、文部科学省令で定める基準を参酌するものとする。

（入館料等）

第二三条　公立博物館は、入館料その他博物館資料の利用に対する対価を徴収してはならない。但し、博物館の維持運営のためにやむを得ない事情のある場合は、必要な対価を徴収することができる。

（博物館の補助）

第二四条　国は、博物館を設置する地方公共団体に対し、予算の範囲内において、博物館の施設、設備に要する経費その他必要な経費の一部を補助することができる。

2　前項の補助金の交付に関し必要な事項は、政令で定める。

第二五条　削除（昭三四法一五八）

（補助金の交付中止及び補助金の返還）

第二六条　国は、博物館を設置する地方公共団体に対し第二十四条の規定による補助金の交付をした場合において、左の各号の一に該当するときは、当該年度におけるその後の補助金の交付をやめるとともに、第一号の場合の取消が虚偽の申請に基いて登録した事実の発見に因るものである場合には、既に交付した補助金を、第三号及び第四号に該当する場合には、既に交付した当該年度の補助金を返還させなければならない。

一　当該博物館について、第十四条の規定による登録の取消があつたとき。

二　地方公共団体が当該博物館を廃止したとき。

三　地方公共団体が補助金の交付の条件に違反したとき。

四　地方公共団体が虚偽の方法で補助金の交付を受けたとき。

第四章　私立博物館

（都道府県の教育委員会との関係）

第二七条　都道府県の教育委員会は、博物館に関する指導資料の作成及び調査研究のために、私立博物館に対し必要な報告を求めることができる。

2　都道府県の教育委員会は、私立博物館に対し、その求めに応じて、私立博物館の設置及び運営に関して、専門的、技術的の指導又は助言を与えることができる。

（国及び地方公共団体との関係）

第二八条　国及び地方公共団体は、私立博物館に対し、その求めに応じて、必要な物資の確保につき援助を与えることができる。

第五章　雑則

（博物館に相当する施設）

第二九条　博物館の事業に類する事業を行う施設で、国又は独立行政法人が設置する施設にあつては文部科学大臣が、その他の施設にあつては当該施設の所在する都道府県の教育委員会（当該施設（都道府県が設置するものを除く。）が指定都市の区域内に所在する場合にあつては、当該指定都市の教育委員会）が、文部科学省令で定めるところにより、博物館に相当する施設として指定したものについては、第二十七条第二項の規定を準用する。

附　則（省略）

●博物館法施行令（昭和二七年三月二〇日 政令第四七号）

施行、昭二七・三・二〇
最終改正、昭三四―政一五七

（政令で定める法人）

第一条 博物館法（以下「法」という。）第二条第一項の政令で定める法人は、次に掲げるものとする。

一 日本赤十字社
二 日本放送協会

（施設、設備に要する経費の範囲）

第二条 法第二十四条第一項に規定する博物館の施設、設備に要する経費の範囲は、次に掲げるものとする。

一 施設費 施設の建築に要する本工事費、附帯工事費及び事務費
二 設備費 博物館に備え付ける博物館資料及びその利用のための器材器具の購入に要する経費

附 則（省略）

●博物館法施行規則（昭和三〇年一〇月四日 文部省令第二四号）

施行、昭三〇・一〇・四
最終改正、令一―文科令二七

第一章 博物館に関する科目の単位

（博物館に関する科目の単位）

第一条 博物館法（昭和二十六年法律第二百八十五号。以下「法」という。）第五条第一項第一号に規定する博物館に関する科目の単位は、次の表に掲げるものとする。

科目	単位数
生涯学習概論	二
博物館概論	二
博物館経営論	二
博物館資料論	二
博物館資料保存論	二
博物館展示論	二
博物館教育論	二
博物館情報・メディア論	二
博物館実習	三

2 博物館に関する科目の単位のうち、すでに大学において修得した科目の単位又は第六条第三項に規定する試験科目について合格点を得ている科目は、これをもつて、前項の規定により修得すべき科目の単位に替えることができる。

（博物館実習）

第二条 前条に掲げる博物館実習は、博物館（法第二条第一項に規定する博物館をいう。以下同じ。）又は法第二十九条の規定に基づき文部科学大臣若しくは都道府県若しくは指定都市（地方自治法（昭和二十二年法律第六十七号）第二百五十二条の十九第一項の指定都市をいう。以下同じ。）の教育委員会の指定した博物館に相当する施設（大学においてこれに準ずると認めた施設を含む。）における実習により修得するものとする。

2 博物館実習には、大学における博物館実習に係る事前及び事後の指導を含むものとする。

第二章 学芸員の資格認定

（資格認定）

第三条 法第五条第一項第三号の規定により学芸員となる資格を有する者と同等以上の学力及び経験を有する者と認められる者は、この章に定める試験認定又は審査認定（以下「資格認定」という。）の合格者とする。

（資格認定の施行期日等）

第四条 資格認定は、毎年少なくとも各一回、文部科学大臣が行う。

2 資格認定の施行期日、場所及び出願の期限等は、あらかじめ、官報で公告する。ただし、特別の事情がある場合には、適宜な方法によつて公示するものとする。

（試験認定の受験資格）

第五条 次の各号のいずれかに該当する者は、試験認定を受けることができる。

一 学士の学位（学位規則（昭和二十八年文部省令第九号）第二条の二の表に規定する専門職大学を卒業した者に授与する学位を含む。第九条第三号イにおいて同じ。）を有する者
二 大学に二年以上在学して六十二単位以上を修得した者で二年以上学芸員補の職（法第五条第二項に規定する職を含む。以下同じ。）にあつた者
三 教育職員免許法（昭和二十四年法律第百四十七号）第二条第一項に規定する教育職員の普通免許状を有し、二年以上教育職員の職にあつた者
四 四年以上学芸員補の職にあつた者
五 その他文部科学大臣が前各号に掲げる者と同等以上の資格を有すると認めた者

（試験認定の方法及び試験科目）

第六条 試験認定は、大学卒業の程度において、筆記の方法により行う。

2 試験認定は、二回以上にわたり、それぞれ一以上の試験科目について受けることができる。

3 試験科目は、次表に定めるとおりとする。

	試験科目	試験認定の必要科目
必須科目	生涯学習概論 博物館概論 博物館経営論 博物館資料論 博物館資料保存論 博物館展示論 博物館教育論 博物館情報・メディア論	上記科目の全科目
選択科目	文化史 美術史 考古学 民俗学 自然科学史 物理 化学 生物学 地学	上記科目のうちから受験者の選択する二科目

（試験科目の免除）

第七条 大学において前条に規定する試験科目に相当する科目の単位を修得した者又は文部科学大臣が別に定めるところにより前条に規定する試験科目に相当する学修を修了した者に対しては、その願い出により、当該科目についての試験を免除する。

第八条 削除（平二一文科令二二）

（審査認定の受験資格）

第九条 次の左の各号のいずれかに該当する者は、審査認定を受けることができる。

一 学位規則による修士若しくは博士の学位又は専門職学位を有する者であつて、二年以上学芸員補の職にあつた者
二 大学において博物館に関する科目（生涯学習概論を除く。）に関し二年以上教授、准教授、助教又は講師の職にあつた者であつて、二年以上学芸員補の職にあつた者
三 次のいずれかに該当する者であつて、都道府県の教育委員会の推薦する者

イ　学士の学位を有する者であつて、四年以上学芸員補の職にあつた者
ロ　大学に二年以上在学し、六十二単位以上を修得した者であつて、六年以上学芸員補の職にあつた者
ハ　学校教育法（昭和二十二年法律第二十六号）第九十条第一項の規定により大学に入学することのできる者であつて、八年以上学芸員補の職にあつた者
ニ　その他十一年以上学芸員補の職にあつた者
四　その他文部科学大臣が前各号に掲げる者と同等以上の資格を有すると認めた者

（審査認定の方法）
第一〇条　審査認定は、次条の規定により願い出た者について、博物館に関する学識及び業績を審査して行うものとする。

（受験の手続）
第一一条　資格認定を受けようとする者は、受験願書（別記第一号様式により作成したもの）に次に掲げる書類等を添えて、文部科学大臣に願い出なければならない。この場合において、住民基本台帳法（昭和四十二年法律第八十一号）第三十条の九の規定により機構保存本人確認情報（同法第七条第八号の二に規定する個人番号を除く。）の提供を受けて文部科学大臣が資格認定を受けようとする者の氏名、生年月日及び住所を確認することができるときは、第三号に掲げる住民票の写しを添付することを要しない。
一　受験資格を証明する書類
二　履歴書（別記第二号様式により作成したもの）
三　戸籍抄本又は住民票の写し（いずれも出願前六月以内に交付を受けたもの）
四　写真（出願前六月以内に撮影した無帽かつ正面上半身のもの）
2　前項に掲げる書類は、やむを得ない事由があると文部科学大臣が特に認めた場合においては、他の証明書をもつて代えることができる。
3　第七条の規定に基づき試験認定の試験科目の免除を願い出る者については、その免除を受ける資格を証明する書類を提出しなければならない。
4　審査認定を願い出る者については、第一項各号に掲げるもののほか、次に掲げる資料又は書類を提出しなければならない。
一　第九条第一号又は同条第二号により出願する者にあつては、博物館に関する著書、論文、報告等
二　第九条第三号により出願する者にあつては、博物館に関する著書、論文、報告等又は博物館に関する顕著な実績を証明する書類
三　第九条第四号により出願する者にあつては、前二号に準ずる資料又は書類

（試験認定合格者）
第一二条　試験科目（試験科目の免除を受けた科目を除く。）の全部について合格点を得た者（試験科目の全部について試験の免除を受けた者を含む。以下「筆記試験合格者」という。）であつて、一年間学芸員補の職にあつた後に文部科学大臣が認定した者を試験認定合格者とする。
2　筆記試験合格者が試験認定合格者になるためには、試験認定合格申請書（別記第三号様式によるもの）を文部科学大臣に提出しなければならない。

（審査認定合格者）
第一三条　第十条の規定による審査に合格した者を審査認定合格者とする。

（合格証書の授与等）
第一四条　試験認定合格者及び審査認定合格者に対しては、合格証書（別記第四号様式によるもの）を授与する。
2　筆記試験合格者に対しては、筆記試験合格証書（別記第五号様式によるもの）を授与する。
3　合格証書を有する者が、その氏名を変更し、又は合格証書を破損し、若しくは紛失した場合において、その事由をしるして願い出たときは、合格証書を書き換え又は再交付する。

（合格証明書の交付等）
第一五条　試験認定合格者又は審査認定合格者が、その合格の証明を願い出たときは、合格証明書（別記第六号様式によるもの）を交付する。
2　筆記試験合格者が、その合格の証明を申請したときは、筆記試験合格証明書（別記第七号様式によるもの）を交付する。
3　一以上の試験科目について合格点を得た者（筆記試験合格者を除く。次条及び第十七条において「筆記試験科目合格者」という。）がその科目合格の証明を願い出たときは、筆記試験科目合格証明書（別記第八号様式によるもの）を交付する。

（手数料）
第一六条　次表の上欄に掲げる者は、それぞれその下欄に掲げる額の手数料を納付しなければならない。

上欄	下欄
一　試験認定を願い出る者	一科目につき千三百円
二　審査認定を願い出る者	三千八百円
三　試験認定の試験科目の全部について免除を願い出る者	八百円
四　合格証書の書換え又は再交付を願い出る者	七百円
五　合格証明書の交付を願い出る者	七百円
六　筆記試験合格証明書の交付を願い出る者	七百円
七　筆記試験科目合格証明書の交付を願い出る者	七百円

2　前項の規定によつて納付すべき手数料は、収入印紙を用い、収入印紙は、各願書に貼るものとする。ただし、情報通信技術を活用した行政の推進等に関する法律（平成十四年法律第百五十一号）第六条第一項の規定に基づき申請等を行つた場合は、当該申請等により得られた納付情報により手数料を納付しなければならない。
3　納付した手数料は、これを返還しない。

（不正の行為を行つた者等に対する処分）
第一七条　虚偽若しくは不正の方法により資格認定を受け、又は資格認定を受けるにあたり不正の行為を行つた者に対しては、受験を停止し、既に受けた資格認定の成績を無効にするとともに、期間を定めてその後の資格認定を受けさせないことができる。
2　試験認定合格者、審査認定合格者、筆記試験合格者又は筆記試験科目合格者について前項の事実があつたことが明らかになつたときは、その合格を無効にするとともに、既に授与し、又は交付した合格証書その他当該合格を証明する書類を取り上げ、かつ、期間を定めてその後の資格認定を受けさせないことができる。
3　前二項の処分をしたときは、処分を受けた者の氏名及び住所を官報に公告する。

第三章　博物館協議会の委員の任命の基準を条例で定めるに当たつて参酌すべき基準

第一八条　法第二十二条の文部科学省令で定める基準は、学校教育及び社会教育の関係者、家庭教育の向上に資する活動を行う者並びに学識経験のある者の中から任命することとする。

第四章　博物館に相当する施設の指定

（申請の手続）
第一九条　法第二十九条の規定により博物館に相当する施設として文部科学大臣又は都道府県若しくは指定都市の教育委員会の指定を受けようとする場合は、博物館相当施設指定申請書（別記第九号様式により作成したもの）に次に掲げる書類等を添えて、国立の施設にあつては当該施設の長が、独立行政法人（独立行政法人通則法（平成十一年法律第百三号）第二条第一項に規定する独立行政法人をいう。第二十一条において同じ。）が設置す

る施設にあつては当該独立行政法人の長が文部科学大臣に、都道府県又は指定都市が設置する施設にあつては当該施設の長（大学に附属する施設にあつては当該大学の長）が、その他の施設にあつては当該施設を設置する者（大学に附属する施設にあつては当該大学の長）が当該施設の所在する都道府県の教育委員会（当該施設（都道府県が設置するものを除く。）が指定都市の区域内に所在する場合にあつては、当該指定都市の教育委員会。第二十一条において同じ。）に、それぞれ提出しなければならない。

一　当該施設の有する資料の目録
二　直接当該施設の用に供する建物及び土地の面積を記載した書面及び図面
三　当該年度における事業計画書及び予算の収支の見積に関する書類
四　当該施設の長及び学芸員に相当する職員の氏名を記載した書類

（指定要件の審査）

第二〇条　文部科学大臣又は都道府県若しくは指定都市の教育委員会は、博物館に相当する施設として指定しようとするときは、申請に係る施設が、次の各号に掲げる要件を備えているかどうかを審査するものとする。

一　博物館の事業に類する事業を達成するために必要な資料を整備していること。
二　博物館の事業に類する事業を達成するために必要な専用の施設及び設備を有すること。
三　学芸員に相当する職員がいること。
四　一般公衆の利用のために当該施設及び設備を公開すること。
五　一年を通じて百日以上開館すること。

2　前項に規定する指定の審査に当つては、必要に応じて当該施設の実地について審査するものとする。

第二一条　文部科学大臣又は都道府県若しくは指定都市の教育委員会の指定する博物館に相当する施設（以下「博物館相当施設」という。）が第二十条第一項に規定する要件を欠くに至つたときは、直ちにその旨を、国立の施設にあつては当該施設の長が、独立行政法人が設置する施設にあつては当該独立行政法人の長が文部科学大臣に、都道府県又は指定都市が設置する施設にあつては当該施設の長（大学に附属する施設にあつては当該大学の長）が、その他の施設にあつては当該施設を設置する者（大学に附属する施設にあつては当該大学の長）が当該施設の所在する都道府県の教育委員会に、それぞれ報告しなければならない。

第二二条　削除（昭四六文令二二）

第二三条　文部科学大臣又は都道府県若しくは指定都市の教育委員会は、その指定した博物館相当施設に対し、第二十条第一項に規定する要件に関し、必要な報告を求めることができる。

（指定の取消）

第二四条　文部科学大臣又は都道府県若しくは指定都市の教育委員会は、その指定した博物館相当施設が第二十条第一項に規定する要件を欠くに至つたものと認めたとき、又は虚偽の申請に基づいて指定した事実を発見したときは、当該指定を取り消すものとする。

第五章　雑則

（学士の学位を有する者と同等以上の学力があると認められる者）

第二五条　第五条第一号及び第九条第三号イに規定する学士の学位を有する者には、次に掲げる者を含むものとする。

一　旧大学令（大正七年勅令第三百八十八号）による学士の称号を有する者
二　学校教育法施行規則（昭和二十二年文部省令第十一号）第百五十五条第一項第二号から第八号までのいずれかに該当する者

（短期大学士の学位を有する者と同等以上の学力があると認められる者）

第二六条　第五条第二号及び第九条第三号ロに規定する大学に二年以上在学し、六十二単位以上を修得した者には、次に掲げる者を含むものとする。

一　旧大学令、旧高等学校令（大正七年勅令第三百八十九号）、旧専門学校令（明治三十六年勅令第六十一号）又は旧教員養成諸学校官制（昭和二十一年勅令第二百八号）の規定による大学予科、高等学校高等科、専門学校又は教員養成諸学校を修了し、又は卒業した者
二　学校教育法施行規則第百五十五条第二項各号のいずれかに該当する者

（修士の学位を有する者と同等以上の学力があると認められる者）

第二七条　第九条第一号に規定する修士の学位を有する者には、学校教育法施行規則第百五十六条各号のいずれかに該当する者を含むものとする。

（博士の学位を有する者と同等以上の学力があると認められる者）

第二八条　第九条第一号に規定する博士の学位を有する者には、次に掲げる者を含むものとする。

一　旧学位令（大正九年勅令第二百号）による博士の称号を有する者
二　外国において博士の学位に相当する学位を授与された者

（専門職学位を有する者と同等以上の学力があると認められる者）

第二九条　第九条第一号に規定する専門職学位を有する者には、外国において専門職学位に相当する学位を授与された者を含むものとする。

附　則（省略）

別記様式（省略）

附　則（令和元年一二月一三日文部科学省令第二七号）

この省令は、情報通信技術の活用による行政手続等に係る関係者の利便性の向上並びに行政運営の簡素化及び効率化を図るための行政手続等における情報通信の技術の利用に関する法律等の一部を改正する法律の施行の日（令一・一二・一六）から施行する。

●文化観光拠点施設を中核とした地域における文化観光の推進に関する法律〔抄〕

（令和二年四月一七日 法律第一八号）

施行、令二・五・一

第一章 総則

（目的）

第一条 この法律は、文化及び観光の振興並びに個性豊かで活力に満ちた地域社会の実現を図る上で文化についての理解を深める機会の拡大及びこれによる国内外からの観光旅客の来訪の促進が重要となっていることに鑑み、文化観光拠点施設を中核とした地域における文化観光を推進するため、主務大臣による基本方針の策定並びに拠点計画及び地域計画の認定、当該認定を受けた拠点計画又は地域計画に基づく事業に対する特別の措置その他の地域における文化観光を推進するために必要な措置について定め、もって豊かな国民生活の実現と国民経済の発展に寄与することを目的とする。

（定義）

第二条 この法律において「文化観光」とは、有形又は無形の文化的所産その他の文化に関する資源（以下「文化資源」という。）の観覧、文化資源に関する体験活動その他の活動を通じて文化についての理解を深めることを目的とする観光をいう。

2 この法律において「文化観光拠点施設」とは、文化資源の保存及び活用を行う施設（以下「文化資源保存活用施設」という。）のうち、主務省令で定めるところにより、国内外からの観光旅客が文化についての理解を深めることに資するよう当該文化資源の解説及び紹介をするとともに、当該文化資源保存活用施設の所在する地域に係る文化観光の推進に関する事業を行う者（以下「文化観光推進事業者」という。）と連携することにより、当該地域における文化観光の推進の拠点となるものをいう。

3 この法律において「文化資源保存活用施設機能強化事業」とは、文化観光拠点施設としての機能の強化に資する事業であって、次に掲げるものをいう。

一 文化資源保存活用施設における文化資源の魅力の増進に関する事業

二 文化資源保存活用施設における情報通信技術を活用した展示、外国語による情報の提供その他の国内外からの観光旅客が文化についての理解を深めることに資する措置に関する事業

三 文化資源保存活用施設に来訪する国内外からの観光旅客の移動の利便の増進その他の文化資源保存活用施設の利用に係る文化観光に関する利便の増進に関する事業

四 文化資源保存活用施設が保存及び活用を行う文化資源に関する工芸品、食品その他の物品の販売又は提供に関する事業

五 国内外における文化資源保存活用施設の宣伝に関する事業

六 前各号の事業に必要な施設又は設備の整備に関する事業

七 その他文化資源保存活用施設の文化観光拠点施設としての機能の強化に資する事業として主務省令で定めるもの

4 この法律において「地域文化観光推進事業」とは、文化観光拠点施設を中核とした地域における文化観光の総合的かつ一体的な推進に資する事業であって、次に掲げるものをいう。

一 地域における文化資源の総合的な魅力の増進に関する事業

二 地域内を移動する国内外からの観光旅客の移動の利便の増進その他の地域における文化観光に関する利便の増進に関する事業

三 地域における文化観光拠点施設その他の文化資源保存活用施設と飲食店、販売施設、宿泊施設その他の国内外からの観光旅客の利便に供する施設との連携の促進に関する事業

四 国内外における地域の宣伝に関する事業

五 前各号の事業に必要な施設又は設備の整備に関する事業

六 その他文化観光拠点施設を中核とした地域における文化観光の総合的かつ一体的な推進に資する事業として主務省令で定めるもの

第二章 基本方針

第三条 主務大臣は、文化観光拠点施設を中核とした地域における文化観光の推進に関する基本方針（以下単に「基本方針」という。）を定めるものとする。

2 基本方針は、次に掲げる事項について定めるものとする。

一 文化観光拠点施設を中核とした地域における文化観光の推進の意義及び目標に関する事項

二 文化資源保存活用施設機能強化事業に関する基本的な事項

三 地域文化観光推進事業に関する基本的な事項

四 次条第一項に規定する拠点計画の同条第三項の認定に関する基本的な事項

五 第十二条第一項に規定する地域計画の同条第四項の認定に関する基本的な事項

六 関連する文化の振興に関する施策及び観光の振興に関する施策との連携に関する基本的な事項

七 その他文化観光拠点施設を中核とした地域における文化観光の推進に関する重要事項

3 主務大臣は、基本方針を定め、又はこれを変更しようとするときは、あらかじめ、関係行政機関の長に協議しなければならない。

4 主務大臣は、基本方針を定め、又はこれを変更したときは、遅滞なく、これを公表するものとする。

第三章 文化観光拠点施設を中核とした地域における文化観光を推進するための措置

第一節 拠点計画の認定等

（拠点計画の認定）

第四条 文化資源保存活用施設の設置者は、基本方針に基づき、主務省令で定めるところにより、文化観光推進事業者と共同して、その設置する文化資源保存活用施設の文化観光拠点施設としての機能の強化に関する計画（以下「拠点計画」という。）を作成し、主務大臣の認定を申請することができる。

2 拠点計画には、次に掲げる事項を記載するものとする。

一 当該文化資源保存活用施設の文化観光拠点施設としての機能の強化に関する基本的な方針

二 拠点計画の目標

三 前号の目標を達成するために行う文化観光拠点施設機能強化事業の内容、実施主体及び実施時期

四 文化観光拠点施設機能強化事業を行うのに必要な資金の額及びその調達方法

五 計画期間

六 その他主務省令で定める事項

3 主務大臣は、第一項の規定による認定の申請があった場合において、当該申請に係る拠点計画が次の各号のいずれにも適合するものであると認めるときは、その認定をするものとする。

一 基本方針に照らして適切なものであること。

二 当該拠点計画の実施が当該文化資源保存活用施設の文化観光拠点施設としての機能の強化に寄与するものであると認められること。

三 円滑かつ確実に実施されると見込まれるものであること。

四　第十二条第四項の認定（第十三条第一項の変更の認定を含む。）を受けた第十二条第一項に規定する地域計画（変更があったときは、その変更後のもの。以下この号において同じ。）が当該文化資源保存活用施設の所在する地域について定められているときは、当該地域計画に照らして適切なものであること。

4　主務大臣は、拠点計画の認定をしようとするときは、あらかじめ、当該拠点計画に係る文化観光拠点施設機能強化事業がその区域内において行われることとなる市町村（特別区を含む。以下同じ。）及び都道府県の意見を聴かなければならない。

5　主務大臣は、第三項の認定をしたときは、主務省令で定めるところにより、当該認定に係る拠点計画の内容を公表するものとする。

（認定を受けた拠点計画の変更）

第五条　前条第三項の認定を受けた拠点計画の変更（主務省令で定める軽微な変更を除く。）をしようとするときは、文化資源保存活用施設の設置者は、文化観光拠点施設機能強化事業を実施しようとする文化観光推進事業者と共同して、主務大臣の認定を受けなければならない。

2　前条第三項から第五項までの規定は、前項の認定について準用する。

（認定拠点計画の実施状況に関する報告の徴収）

第六条　主務大臣は、第四条第三項の認定（前条第一項の変更の認定を含む。以下同じ。）を受けた者に対し、当該認定を受けた拠点計画（変更があったときは、その変更後のもの。以下「認定拠点計画」という。）の実施の状況について報告を求めることができる。

（認定の取消し）

第七条　主務大臣は、認定拠点計画が第四条第三項各号のいずれかに適合しなくなったと認めるときは、その認定を取り消すことができる。

2　主務大臣は、前項の規定により認定を取り消したときは、遅滞なく、その旨を公表するものとする。

第二節　認定拠点計画に基づく事業に対する特別の措置〔第八条から第一〇条まで省略〕

第三節　地域計画の認定等〔第一一条から第一五条まで省略〕

第四節　認定地域計画に基づく事業に対する特別の措置〔第一六条・第一七条省略〕

第五節　国等の援助等

（国等の援助及び連携）

第一八条　国及び地方公共団体は、第四条第三項の認定を受けた者又は第十二条第四項の認定を受けた者に対し、認定拠点計画又は認定地域計画の円滑かつ確実な実施に関し必要な助言その他の援助を行うように努めなければならない。

2　前項に定めるもののほか、国、地方公共団体、文化資源保存活用施設の設置者及び文化観光推進事業者は、文化観光拠点施設を中核とした地域における文化観光の推進に関し相互に連携を図りながら協力しなければならない。

（文化についての理解を深めることに資する措置の実施に必要な援助）

第一九条　独立行政法人国立科学博物館、独立行政法人国立美術館、独立行政法人国立文化財機構及び独立行政法人日本芸術文化振興会は、第四条第三項の認定を受けた文化資源保存活用施設の設置者又は第十二条第四項の認定を受けた市町村若しくは都道府県若しくは文化資源保存活用施設の設置者に対し、その求めに応じ、認定拠点計画又は認定地域計画に係る文化資源保存活用施設について、情報通信技術を活用した展示、外国語による情報の提供その他の国内外からの観光旅客が文化についての理解を深めることに資する措置の実施に必要な助言その他の援助を行うよう努めなければならない。

（海外における宣伝等の措置）

第二〇条　独立行政法人国際観光振興機構は、国外からの観光旅客の来訪を促進するため、認定拠点計画に係る文化観光拠点施設及び認定地域計画の計画区域について、海外における宣伝を行うほか、これに関連して第四条第三項の認定を受けた者又は第十二条第四項の認定を受けた者に対し、その求めに応じ、海外における宣伝に関する助言その他の措置を講ずるよう努めなければならない。

（国等による資料の公開への協力）

第二一条　国、独立行政法人国立科学博物館、独立行政法人国立美術館及び独立行政法人国立文化財機構は、文化観光拠点施設を中核とした地域における文化観光の推進に資するため、その所有する資料を文化観光拠点施設において公開の用に供するため出品するよう当該文化観光拠点施設の設置者から求めがあった場合には、これに協力するよう努めなければならない。

第四章　雑則

（主務大臣等）

第二二条　この法律における主務大臣は、文部科学大臣及び国土交通大臣とする。

2　この法律における主務省令は、主務大臣の発する命令とする。

3　この法律に規定する国土交通大臣の権限は、国土交通省令で定めるところにより、その一部を地方運輸局長に委任することができる。

第二三条〔省略〕

第五章　罰則〔第二四条省略〕

附　則〔抄〕

（施行期日）

1　この法律は、公布の日から起算して一月を超えない範囲内において政令で定める日〔令二政一五六により令二・五・一〕から施行する。

●スポーツ基本法

（平成二三年六月二四日 法律第七八号）

施行、平二三・八・二四
最終改正、平三〇－法五七

（注）本書では、次の改正は織り込まず、必要な箇所に当該施行日から有効となる規定または注記を付した。
・平三〇法五六（一部施行＝平三五・一・一）

スポーツは、世界共通の人類の文化である。

スポーツは、心身の健全な発達、健康及び体力の保持増進、精神的な充足感の獲得、自律心その他の精神の涵養等のために個人又は集団で行われる運動競技その他の身体活動であり、今日、国民が生涯にわたり心身ともに健康で文化的な生活を営む上で不可欠のものとなっている。スポーツを通じて幸福で豊かな生活を営むことは、全ての人々の権利であり、全ての国民がその自発性の下に、各々の関心、適性等に応じて、安全かつ公正な環境の下で日常的にスポーツに親しみ、スポーツを楽しみ、又はスポーツを支える活動に参画することのできる機会が確保されなければならない。

スポーツは、次代を担う青少年の体力を向上させるとともに、他者を尊重しこれと協同する精神、公正さと規律を尊ぶ態度や克己心を培い、実践的な思考力や判断力を育む等人格の形成に大きな影響を及ぼすものである。

また、スポーツは、人と人との交流及び地域と地域との交流を促進し、地域の一体感や活力を醸成するものであり、人間関係の希薄化等の問題を抱える地域社会の再生に寄与するものである。さらに、スポーツは、心身の健康の保持増進にも重要な役割を果たすものであり、健康で活力に満ちた長寿社会の実現に不可欠である。

スポーツ選手の不断の努力は、人間の可能性の極限を追求する有意義な営みであり、こうした努力に基づく国際競技大会における日本人選手の活躍は、国民に誇りと喜び、夢と感動を与え、国民のスポーツへの関心を高めるものである。これらを通じて、スポーツは、我が国社会に活力を生み出し、国民経済の発展に広く寄与するものである。また、スポーツの国際的な交流や貢献が、国際相互理解を促進し、国際平和に大きく貢献するなど、スポーツは、我が国の国際的地位の向上にも極めて重要な役割を果たすものである。

そして、地域におけるスポーツを推進する中から優れたスポーツ選手が育まれ、そのスポーツ選手が地域におけるスポーツの推進に寄与することは、スポーツに係る多様な主体の連携と協働による我が国のスポーツの発展を支える好循環をもたらすものである。

このような国民生活における多面にわたるスポーツの果たす役割の重要性に鑑み、スポーツ立国を実現することは、二十一世紀の我が国の発展のために不可欠な重要課題である。

ここに、スポーツ立国の実現を目指し、国家戦略として、スポーツに関する施策を総合的かつ計画的に推進するため、この法律を制定する。

第一章　総則

（目的）
第一条　この法律は、スポーツに関し、基本理念を定め、並びに国及び地方公共団体の責務並びにスポーツ団体の努力等を明らかにするとともに、スポーツに関する施策の基本となる事項を定めることにより、スポーツに関する施策を総合的かつ計画的に推進し、もって国民の心身の健全な発達、明るく豊かな国民生活の形成、活力ある社会の実現及び国際社会の調和ある発展に寄与することを目的とする。

（基本理念）
第二条　スポーツは、これを通じて幸福で豊かな生活を営むことが人々の権利であることに鑑み、国民が生涯にわたりあらゆる機会とあらゆる場所において、自主的かつ自律的にその適性及び健康状態に応じて行うことができるようにすることを旨として、推進されなければならない。

2　スポーツは、とりわけ心身の成長の過程にある青少年のスポーツが、体力を向上させ、公正さと規律を尊ぶ態度や克己心を培う等人格の形成に大きな影響を及ぼすものであり、国民の生涯にわたる健全な心と身体を培い、豊かな人間性を育む基礎となるものであるとの認識の下に、学校、スポーツ団体（スポーツの振興のための事業を行うことを主たる目的とする団体をいう。以下同じ。）、家庭及び地域における活動の相互の連携を図りながら推進されなければならない。

3　スポーツは、人々がその居住する地域において、主体的に協働することにより身近に親しむことができるようにするとともに、これを通じて、当該地域における全ての世代の人々の交流が促進され、かつ、地域間の交流の基盤が形成されるものとなるよう推進されなければならない。

4　スポーツは、スポーツを行う者の心身の健康の保持増進及び安全の確保が図られるよう推進されなければならない。

5　スポーツは、障害者が自主的かつ積極的にスポーツを行うことができるよう、障害の種類及び程度に応じ必要な配慮をしつつ推進されなければならない。

6　スポーツは、我が国のスポーツ選手（プロスポーツの選手を含む。以下同じ。）が国際競技大会（オリンピック競技大会、パラリンピック競技大会その他の国際的な規模のスポーツの競技会をいう。以下同じ。）又は全国的な規模のスポーツの競技会において優秀な成績を収めることができるよう、スポーツに関する競技水準（以下「競技水準」という。）の向上に資する諸施策相互の有機的な連携を図りつつ、効果的に推進されなければならない。

7　スポーツは、スポーツに係る国際的な交流及び貢献を推進することにより、国際相互理解の増進及び国際平和に寄与するものとなるよう推進されなければならない。

8　スポーツは、スポーツを行う者に対し、不当に差別的取扱いをせず、また、スポーツに関するあらゆる活動を公正かつ適切に実施することを旨として、ドーピングの防止の重要性に対する国民の認識を深めるなど、スポーツに対する国民の幅広い理解及び支援が得られるよう推進されなければならない。

（国の責務）
第三条　国は、前条の基本理念（以下「基本理念」という。）にのっとり、スポーツに関する施策を総合的に策定し、及び実施する責務を有する。

（地方公共団体の責務）
第四条　地方公共団体は、基本理念にのっとり、スポーツに関する施策に関し、国との連携を図りつつ、自主的かつ主体的に、その地域の特性に応じた施策を策定し、及び実施する責務を有する。

（スポーツ団体の努力）
第五条　スポーツ団体は、スポーツの普及及び競技水準の向上に果たすべき重要な役割に鑑み、基本理念にのっとり、スポーツを行う者の権利利益の保護、心身の健康の保持増進及び安全の確保に配慮しつつ、スポーツの推進に主体的に取り組むよう努めるものとする。

2　スポーツ団体は、スポーツの振興のための事業を適正に行うため、その運営の透明性の確保を図るとともに、その事業活動に関し自らが遵守すべき基準を作成するよう努めるものとする。

3　スポーツ団体は、スポーツに関する紛争について、迅速かつ適正な解決に努めるものとする。

（国民の参加及び支援の促進）
第六条　国、地方公共団体及びスポーツ団体は、国民が健やかで明るく豊かな生活を享受することができるよう、スポーツに対する国民の関心と理解を深め、スポーツへの国民の参加及び支援を促進するよう努めなければならない。

（関係者相互の連携及び協働）
第七条　国、独立行政法人、地方公共団体、学

校、スポーツ団体及び民間事業者その他の関係者は、基本理念の実現を図るため、相互に連携を図りながら協働するよう努めなければならない。

（法制上の措置等）

第八条　政府は、スポーツに関する施策を実施するため必要な法制上、財政上又は税制上の措置その他の措置を講じなければならない。

第二章　スポーツ基本計画等

（スポーツ基本計画）

第九条　文部科学大臣は、スポーツに関する施策の総合的かつ計画的な推進を図るため、スポーツの推進に関する基本的な計画（以下「スポーツ基本計画」という。）を定めなければならない。

2　文部科学大臣は、スポーツ基本計画を定め、又はこれを変更しようとするときは、あらかじめ、審議会等（国家行政組織法（昭和二十三年法律第百二十号）第八条に規定する機関をいう。以下同じ。）で政令で定めるものの意見を聴かなければならない。

3　文部科学大臣は、スポーツ基本計画を定め、又はこれを変更しようとするときは、あらかじめ、関係行政機関の施策に係る事項について、第三十条に規定するスポーツ推進会議において連絡調整を図るものとする。

（地方スポーツ推進計画）

第一〇条　都道府県及び市（特別区を含む。以下同じ。）町村の教育委員会（地方教育行政の組織及び運営に関する法律（昭和三十一年法律第百六十二号）第二十三条第一項の条例の定めるところによりその長がスポーツに関する事務（学校における体育に関する事務を除く。）を管理し、及び執行することとされた地方公共団体（以下「特定地方公共団体」という。）にあっては、その長）は、スポーツ基本計画を参酌して、その地方の実情に即したスポーツの推進に関する計画（以下「地方スポーツ推進計画」という。）を定めるよう努めるものとする。

2　特定地方公共団体の長が地方スポーツ推進計画を定め、又はこれを変更しようとするときは、あらかじめ、当該特定地方公共団体の教育委員会の意見を聴かなければならない。

第三章　基本的施策

第一節　スポーツの推進のための基礎的条件の整備等

（指導者等の養成等）

第一一条　国及び地方公共団体は、スポーツの指導者その他スポーツの推進に寄与する人材（以下「指導者等」という。）の養成及び資質の向上並びにその活用のため、系統的な養成システムの開発又は利用への支援、研究集会又は講習会（以下「研究集会等」という。）の開催その他の必要な施策を講ずるよう努めなければならない。

（スポーツ施設の整備等）

第一二条　国及び地方公共団体は、国民が身近にスポーツに親しむことができるようにするとともに、競技水準の向上を図ることができるよう、スポーツ施設（スポーツの設備を含む。以下同じ。）の整備、利用者の需要に応じたスポーツ施設の運用の改善、スポーツ施設への指導者等の配置その他の必要な施策を講ずるよう努めなければならない。

2　前項の規定によりスポーツ施設を整備するに当たっては、当該スポーツ施設の利用の実態等に応じて、安全の確保を図るとともに、障害者等の利便性の向上を図るよう努めるものとする。

（学校施設の利用）

第一三条　学校教育法（昭和二十二年法律第二十六号）第二条第二項に規定する国立学校及び公立学校並びに国（国立大学法人法（平成十五年法律第百十二号）第二条第一項に規定する国立大学法人を含む。）及び地方公共団体（地方独立行政法人法（平成十五年法律第百十八号）第六十八条第一項に規定する公立大学法人を含む。）が設置する幼保連携型認定こども園（就学前の子どもに関する教育、保育等の総合的な提供の推進に関する法律（平成十八年法律第七十七号）第二条第七項に規定する幼保連携型認定こども園をいう。）の設置者は、その設置する学校の教育に支障のない限り、当該学校のスポーツ施設を一般のスポーツのための利用に供するよう努めなければならない。

2　国及び地方公共団体は、前項の利用を容易にさせるため、又はその利用上の利便性の向上を図るため、当該学校のスポーツ施設の改修、照明施設の設置その他の必要な施策を講ずるよう努めなければならない。

（スポーツ事故の防止等）

第一四条　国及び地方公共団体は、スポーツ事故その他スポーツによって生じる外傷、障害等の防止及びこれらの軽減に資するため、指導者等の研修、スポーツ施設の整備、スポーツにおける心身の健康の保持増進及び安全の確保に関する知識（スポーツ用具の適切な使用に係る知識を含む。）の普及その他の必要な措置を講ずるよう努めなければならない。

（スポーツに関する紛争の迅速かつ適正な解決）

第一五条　国は、スポーツに関する紛争の仲裁又は調停の中立性及び公正性が確保され、スポーツを行う者の権利利益の保護が図られるよう、スポーツに関する紛争の仲裁又は調停を行う機関への支援、仲裁人等の資質の向上、紛争解決手続についてのスポーツ団体の理解の増進その他のスポーツに関する紛争の迅速かつ適正な解決に資するために必要な施策を講ずるものとする。

（スポーツに関する科学的研究の推進等）

第一六条　国は、医学、歯学、生理学、心理学、力学等のスポーツに関する諸科学を総合して実際的及び基礎的な研究を推進し、これらの研究の成果を活用してスポーツに関する施策の効果的な推進を図るものとする。この場合において、研究体制の整備、国、独立行政法人、大学、スポーツ団体、民間事業者等の間の連携の強化その他の必要な施策を講ずるものとする。

2　国は、我が国のスポーツの推進を図るため、スポーツの実施状況並びに競技水準の向上を図るための調査研究の成果及び取組の状況に関する情報その他のスポーツに関する国の内外の情報の収集、整理及び活用について必要な施策を講ずるものとする。

（学校における体育の充実）

第一七条　国及び地方公共団体は、学校における体育が青少年の心身の健全な発達に資するものであり、かつ、スポーツに関する技能及び生涯にわたってスポーツに親しむ態度を養う上で重要な役割を果たすものであることに鑑み、体育に関する指導の充実、体育館、運動場、水泳プール、武道場その他のスポーツ施設の整備、体育に関する教員の資質の向上、地域におけるスポーツの指導者等の活用その他の必要な施策を講ずるよう努めなければならない。

（スポーツ産業の事業者との連携等）

第一八条　国は、スポーツの普及又は競技水準の向上を図る上でスポーツ産業の事業者が果たす役割の重要性に鑑み、スポーツ団体とスポーツ産業の事業者との連携及び協力の促進その他の必要な施策を講ずるものとする。

（スポーツに係る国際的な交流及び貢献の推進）

第一九条　国及び地方公共団体は、スポーツ選手及び指導者等の派遣及び招へい、スポーツに関する国際団体への人材の派遣、国際競技大会及び国際的な規模のスポーツの研究集会等の開催その他のスポーツに係る国際的な交流及び貢献を推進するために必要な施策を講ずることにより、我が国の競技水準の向上を図るよう努めるとともに、環境の保全に留意しつつ、国際相互理解の増進及び国際平和に寄与するよう努めなければならない。

（顕彰）

第二〇条　国及び地方公共団体は、スポーツの競技会において優秀な成績を収めた者及びスポーツの発展に寄与した者の顕彰に努めなければならない。

第二節　多様なスポーツの機会の確保のための環境の整備

（地域におけるスポーツの振興のための事業への支援等）

第二一条　国及び地方公共団体は、国民がその興味又は関心に応じて身近にスポーツに親しむことができるよう、住民が主体的に運営するスポーツ団体（以下「地域スポーツクラブ」という。）が行う地域におけるスポーツの振興のための事業への支援、住民が安全かつ効果的にスポーツを行うための指導者等の配置、住民が快適にスポーツを行い相互に交流を深めることができるスポーツ施設の整備その他の必要な施策を講ずるよう努めなければならない。

（スポーツ行事の実施及び奨励）

第二二条　地方公共団体は、広く住民が自主的かつ積極的に参加できるような運動会、競技会、体力テスト、スポーツ教室等のスポーツ行事を実施するよう努めるとともに、地域スポーツクラブその他の者がこれらの行事を実施するよう奨励に努めなければならない。

2　国は、地方公共団体に対し、前項の行事の実施に関し必要な援助を行うものとする。

（スポーツの日の行事）

第二三条　国及び地方公共団体は、国民の祝日に関する法律（昭和二十三年法律第百七十八号）第二条に規定するスポーツの日において、国民の間に広くスポーツについての関心と理解を深め、かつ、積極的にスポーツを行う意欲を高揚するような行事を実施するよう努めるとともに、広く国民があらゆる地域でそれぞれその生活の実情に即してスポーツを行うことができるような行事が実施されるよう、必要な施策を講じ、及び援助を行うよう努めなければならない。

（野外活動及びスポーツ・レクリエーション活動の普及奨励）

第二四条　国及び地方公共団体は、心身の健全な発達、生きがいのある豊かな生活の実現等のために行われるハイキング、サイクリング、キャンプ活動その他の野外活動及びスポーツとして行われるレクリエーション活動（以下この条において「スポーツ・レクリエーション活動」という。）を普及奨励するため、野外活動又はスポーツ・レクリエーション活動に係るスポーツ施設の整備、住民の交流の場となる行事の実施その他の必要な施策を講ずるよう努めなければならない。

第三節　競技水準の向上等

（優秀なスポーツ選手の育成等）

第二五条　国は、優秀なスポーツ選手を確保し、及び育成するため、スポーツ団体が行う合宿、国際競技大会又は全国的な規模のスポーツの競技会へのスポーツ選手及び指導者等の派遣、優れた資質を有する青少年に対する指導その他の活動への支援、スポーツ選手の競技技術の向上及びその効果の十分な発揮を図る上で必要な環境の整備その他の必要な施策を講ずるものとする。

2　国は、優秀なスポーツ選手及び指導者等が、生涯にわたりその有する能力を幅広く社会に生かすことができるよう、社会の各分野で活躍できる知識及び技能の習得に対する支援並びに活躍できる環境の整備の促進その他の必要な施策を講ずるものとする。

（国民体育大会及び全国障害者スポーツ大会）

第二六条　国民体育大会は、公益財団法人日本スポーツ協会（昭和二年八月八日に財団法人大日本体育協会という名称で設立された法人をいう。以下同じ。）、国及び開催地の都道府県が共同して開催するものとし、これらの開催者が定める方法により選出された選手が参加して総合的に運動競技をするものとする。

2　全国障害者スポーツ大会は、公益財団法人日本障がい者スポーツ協会（昭和四十年五月二十四日に財団法人日本身体障害者スポーツ協会という名称で設立された法人をいう。以下同じ。）、国及び開催地の都道府県が共同して開催するものとし、これらの開催者が定める方法により選出された選手が参加して総合的に運動競技をするものとする。

3　国は、国民体育大会及び全国障害者スポーツ大会の円滑な実施及び運営に資するため、これらの開催者である公益財団法人日本スポーツ協会又は公益財団法人日本障がい者スポーツ協会及び開催地の都道府県に対し、必要な援助を行うものとする。

> **第二六条**〔見出しおよび一項・三項中「国民体育大会」は、平三五・一・一からは「国民スポーツ大会」〕

（国際競技大会の招致又は開催の支援等）

第二七条　国は、国際競技大会の我が国への招致又はその開催が円滑になされるよう、環境の保全に留意しつつ、そのための社会的気運の醸成、当該招致又は開催に必要な資金の確保、国際競技大会に参加する外国人の受入れ等に必要な特別の措置を講ずるものとする。

2　国は、公益財団法人日本オリンピック委員会（平成元年八月七日に財団法人日本オリンピック委員会という名称で設立された法人をいう。）、公益財団法人日本障がい者スポーツ協会その他のスポーツ団体が行う国際的な規模のスポーツの振興のための事業に関し必要な措置を講ずるに当たっては、当該スポーツ団体との緊密な連絡を図るものとする。

（企業、大学等によるスポーツへの支援）

第二八条　国は、スポーツの普及又は競技水準の向上を図る上で企業のスポーツチーム等が果たす役割の重要性に鑑み、企業、大学等によるスポーツへの支援に必要な施策を講ずるものとする。

（ドーピング防止活動の推進）

第二九条　国は、スポーツにおけるドーピングの防止に関する国際規約に従ってドーピングの防止活動を実施するため、公益財団法人日本アンチ・ドーピング機構（平成十三年九月十六日に財団法人日本アンチ・ドーピング機構という名称で設立された法人をいう。）と連携を図りつつ、ドーピングの検査、ドーピングの防止に関する教育及び啓発その他のドーピングの防止活動の実施に係る体制の整備、国際的なドーピングの防止に関する機関等への支援その他の必要な施策を講ずるものとする。

第四章　スポーツの推進に係る体制の整備

（スポーツ推進会議）

第三〇条　政府は、スポーツに関する施策の総合的、一体的かつ効果的な推進を図るため、スポーツ推進会議を設け、文部科学省及び厚生労働省、経済産業省、国土交通省その他の関係行政機関相互の連絡調整を行うものとする。

（都道府県及び市町村のスポーツ推進審議会等）

第三一条　都道府県及び市町村に、地方スポーツ推進計画その他のスポーツの推進に関する重要事項を調査審議させるため、条例で定めるところにより、審議会その他の合議制の機関（以下「スポーツ推進審議会等」という。）を置くことができる。

（スポーツ推進委員）

第三二条　市町村の教育委員会（特定地方公共団体にあっては、その長）は、当該市町村におけるスポーツの推進に係る体制の整備を図るため、社会的信望があり、スポーツに関する深い関心と理解を有し、及び次項に規定する職務を行うのに必要な熱意と能力を有する者の中から、スポーツ推進委員を委嘱するものとする。

2　スポーツ推進委員は、当該市町村におけるスポーツの推進のため、教育委員会規則（特定地方公共団体にあっては、地方公共団体の規則）の定めるところにより、スポーツの推進のための事業の実施に係る連絡調整並びに住民に対するスポーツの実技の指導その他スポーツに関する指導及び助言を行うものとする。

3　スポーツ推進委員は、非常勤とする。

第五章　国の補助等

（国の補助）

第三三条　国は、地方公共団体に対し、予算の範囲内において、政令で定めるところにより、次に掲げる経費について、その一部を補助する。

一　国民体育大会及び全国障害者スポーツ大会の実施及び運営に要する経費であって、これらの開催地の都道府県において要するもの

二　その他スポーツの推進のために地方公共団体が行う事業に要する経費であって特に必要と認められるもの

2　国は、学校法人に対し、その設置する学校のスポーツ施設の整備に要する経費について、予算の範囲内において、その一部を補助することができる。この場合においては、私立学校振興助成法（昭和五十年法律第六十一号）第十一条から第十三条までの規定の適用があるものとする。

3　国は、スポーツ団体であってその行う事業が我が国のスポーツの振興に重要な意義を有すると認められるものに対し、当該事業に関し必要な経費について、予算の範囲内において、その一部を補助することができる。

第三三条〔一項一号中「国民体育大会」は、平三五・一・一からは「国民スポーツ大会」〕

（地方公共団体の補助）

第三四条　地方公共団体は、スポーツ団体に対し、その行うスポーツの振興のための事業に関し必要な経費について、その一部を補助することができる。

（審議会等への諮問等）

第三五条　国又は地方公共団体が第三十三条第三項又は前条の規定により社会教育関係団体（社会教育法（昭和二十四年法律第二百七号）第十条に規定する社会教育関係団体をいう。）であるスポーツ団体に対し補助金を交付しようとする場合には、あらかじめ、国にあっては文部科学大臣が第九条第二項の政令で定める審議会等の、地方公共団体にあっては教育委員会（特定地方公共団体におけるスポーツに関する事務（学校における体育に関する事務を除く。）に係る補助金の交付については、その長）がスポーツ推進審議会等その他の合議制の機関の意見を聴かなければならない。この意見を聴いた場合においては、同法第十三条の規定による意見を聴くことを要しない。

附　則（省略）

附　則（抄）（平成三〇年六月二〇日法律第五六号）

（施行期日）

1　この法律は、平成三十五年一月一日から施行する。ただし、第二十六条第一項の改正規定（「国民体育大会」を「国民スポーツ大会」に改める部分を除く。）、同条第二項の改正規定及び同条第三項の改正規定（「国民体育大会」を「国民スポーツ大会」に改める部分を除く。）並びに第二十七条第二項の改正規定は、公布の日から施行する。

●職業能力開発促進法（抜粋）

（昭和四四年七月一八日法律第六四号）

施行、昭四四・一〇・一
最終改正、令一—法三七

第一章　総則

（目的）

第一条　この法律は、労働施策の総合的な推進並びに労働者の雇用の安定及び職業生活の充実等に関する法律（昭和四十一年法律第百三十二号）と相まつて、職業訓練及び職業能力検定の内容の充実強化及びその実施の円滑化のための施策並びに労働者が自ら職業に関する教育訓練又は職業能力検定を受ける機会を確保するための施策等を総合的かつ計画的に講ずることにより、職業に必要な労働者の能力を開発し、及び向上させることを促進し、もつて、職業の安定と労働者の地位の向上を図るとともに、経済及び社会の発展に寄与することを目的とする。

（職業能力開発促進の基本理念）

第三条　労働者がその職業生活の全期間を通じてその有する能力を有効に発揮できるようにすることが、職業の安定及び労働者の地位の向上のために不可欠であるとともに、経済及び社会の発展の基礎をなすものであることにかんがみ、この法律の規定による職業能力の開発及び向上の促進は、産業構造の変化、技術の進歩その他の経済的環境の変化による業務の内容の変化に対する労働者の適応性を増大させ、及び転職に当たつての円滑な再就職に資するよう、労働者の職業生活設計に配慮しつつ、その職業生活の全期間を通じて段階的かつ体系的に行われることを基本理念とする。

第三条の二　労働者の自発的な職業能力の開発及び向上の促進は、前条の基本理念に従い、職業生活設計に即して、必要な職業訓練及び職業に関する教育訓練を受ける機会が確保され、並びに必要な実務の経験がなされ、並びにこれらにより習得された職業に必要な技能及びこれに関する知識の適正な評価を行うことによつて図られなければならない。

2　職業訓練は、学校教育法（昭和二十二年法律第二十六号）による学校教育との重複を避け、かつ、これとの密接な関連の下に行われなければならない。

3　青少年に対する職業訓練は、特に、その個性に応じ、かつ、その適性を生かすように配慮するとともに、有為な職業人として自立しようとする意欲を高めることができるように行われなければならない。

4　身体又は精神に障害がある者等に対する職業訓練は、特にこれらの者の身体的又は精神的な事情等に配慮して行われなければならない。

5　技能検定その他の職業能力検定は、職業能力の評価に係る客観的かつ公正な基準の整備及び試験その他の評価方法の充実が図られ、並びに職業訓練、職業に関する教育訓練及び実務の経験を通じて習得された職業に必要な技能及びこれに関する知識についての評価が適正になされるように行われなければならない。

（関係者の責務）

第四条　事業主は、その雇用する労働者に対し、必要な職業訓練を行うとともに、その労働者が自ら職業に関する教育訓練又は職業能力検定を受ける機会を確保するために必要な援助その他その労働者が職業生活設計に即して自発的な職業能力の開発及び向上を図ることを容易にするために必要な援助を行うこと等によりその労働者に係る職業能力の開発及び向上の促進に努めなければならない。

2　国及び都道府県は、事業主その他の関係者の自主的な努力を尊重しつつ、その実情に応じて必要な援助等を行うことにより事業主その他の関係者の行う職業訓練及び職業能力検定の振興並びにこれらの内容の充実並びに労働者が自ら職業に関する教育訓練又は職業能力検定を受ける機会を確保するために事業主

の行う援助その他労働者が職業生活設計に即して自発的な職業能力の開発及び向上を図ることを容易にするために事業主の講ずる措置等の奨励に努めるとともに、職業を転換しようとする労働者その他職業能力の開発及び向上について特に援助を必要とする者に対する職業訓練の実施、事業主、事業主の団体等により行われる職業訓練の状況等にかんがみ必要とされる職業訓練の実施、労働者が職業生活設計に即して自発的な職業能力の開発及び向上を図ることを容易にするための援助、技能検定の円滑な実施等に努めなければならない。

第二章　職業能力開発計画

（**職業能力開発基本計画**）

第五条　厚生労働大臣は、職業能力の開発（職業訓練、職業能力検定その他この法律の規定による職業能力の開発及び向上をいう。次項及び第七条第一項において同じ。）に関する基本となるべき計画（以下「職業能力開発基本計画」という。）を策定するものとする。

2　職業能力開発基本計画に定める事項は、次のとおりとする。

一　技能労働力等の労働力の需給の動向に関する事項

二　職業能力の開発の実施目標に関する事項

三　職業能力の開発について講じようとする施策の基本となるべき事項

3・4　（省略）

5　厚生労働大臣は、職業能力開発基本計画を定めるに当たつては、あらかじめ、労働政策審議会の意見を聴くほか、関係行政機関の長及び都道府県知事の意見を聴くものとする。

6・7　（省略）

（**勧告**）

第六条　厚生労働大臣は、職業能力開発基本計画を的確に実施するために必要があると認めるときは、労働政策審議会の意見を聴いて、関係事業主の団体に対し、職業訓練の実施その他関係労働者に係る職業能力の開発及び向上を促進するための措置の実施に関して必要な勧告をすることができる。

（**都道府県職業能力開発計画等**）

第七条　都道府県は、職業能力開発基本計画に基づき、当該都道府県の区域内において行われる職業能力の開発に関する基本となるべき計画（以下「都道府県職業能力開発計画」という。）を策定するよう努めるものとする。

2　都道府県職業能力開発計画においては、おおむね第五条第二項各号に掲げる事項について定めるものとする。

3　都道府県知事は、都道府県職業能力開発計画の案を作成するに当たつては、あらかじめ、事業主、労働者その他の関係者の意見を反映させるために必要な措置を講ずるよう努めるものとする。

4　都道府県知事は、都道府県職業能力開発計画を定めたときは、遅滞なく、その概要を公表するよう努めるものとする。

5　（省略）

第三章　職業能力開発の促進

第一節　事業主等の行う職業能力開発促進の措置

（**多様な職業能力開発の機会の確保**）

第八条　事業主は、その雇用する労働者が多様な職業訓練を受けること等により職業能力の開発及び向上を図ることができるように、その機会の確保について、次条から第十条の四までに定める措置を通じて、配慮するものとする。

第一〇条　事業主は、前条の措置によるほか、必要に応じ、次に掲げる措置を講ずること等により、その雇用する労働者に係る職業能力の開発及び向上を促進するものとする。

一　他の者の設置する施設により行われる職業に関する教育訓練を受けさせること。

二　自ら若しくは共同して行う職業能力検定又は職業能力の開発及び向上について適切と認められる他の者の行う職業能力検定を受けさせること。

第一〇条の二　事業主は、必要に応じ、実習併用職業訓練を実施することにより、その雇用する労働者の実践的な職業能力の開発及び向上を促進するものとする。

2　前項の実習併用職業訓練とは、事業主が、その雇用する労働者の業務の遂行の過程内において行う職業訓練と次のいずれかの職業訓練又は教育訓練とを効果的に組み合わせることにより実施するものであつて、これにより習得された技能及びこれに関する知識についての評価を行うものをいう。

一　第十五条の七第三項に規定する公共職業能力開発施設により行われる職業訓練

二　第二十四条第三項に規定する認定職業訓練

三　前二号に掲げるもののほか、当該事業主以外の者の設置する施設であつて職業能力の開発及び向上について適切と認められるものにより行われる教育訓練

3　厚生労働大臣は、前項に規定する実習併用職業訓練の適切かつ有効な実施を図るため事業主が講ずべき措置に関する指針を公表するものとする。

第一〇条の三　事業主は、前三条の措置によるほか、必要に応じ、次に掲げる措置を講ずることにより、その雇用する労働者の職業生活設計に即した自発的な職業能力の開発及び向上を促進するものとする。

一　労働者が自ら職業能力の開発及び向上に関する目標を定めることを容易にするために、業務の遂行に必要な技能及びこれに関する知識の内容及び程度その他の事項に関し、情報の提供、キャリアコンサルティングの機会の確保その他の援助を行うこと。

二　労働者が実務の経験を通じて自ら職業能力の開発及び向上を図ることができるようにするために、労働者の配置その他の雇用管理について配慮すること。

第一〇条の四　事業主は、第九条から前条までに定める措置によるほか、必要に応じ、その雇用する労働者が自ら職業に関する教育訓練又は職業能力検定を受ける機会を確保するために必要な次に掲げる援助を行うこと等によりその労働者の職業生活設計に即した自発的な職業能力の開発及び向上を促進するものとする。

一　有給教育訓練休暇、長期教育訓練休暇、再就職準備休暇その他の休暇を付与すること。

二　始業及び終業の時刻の変更、勤務時間の短縮その他職業に関する教育訓練又は職業能力検定を受ける時間を確保するために必要な措置を講ずること。

2　前項第一号の有給教育訓練休暇とは、職業人としての資質の向上その他職業に関する教育訓練を受ける労働者に対して与えられる有給休暇（労働基準法（昭和二十二年法律第四十九号）第三十九条の規定による年次有給休暇として与えられるものを除く。）をいう。

3　第一項第一号の長期教育訓練休暇とは、職業人としての資質の向上その他職業に関する教育訓練を受ける労働者に対して与えられる休暇であつて長期にわたるもの（労働基準法第三十九条の規定による年次有給休暇として与えられるもの及び前項に規定する有給教育訓練休暇として与えられるものを除く。）をいう。

4　第一項第一号の再就職準備休暇とは、再就職のための準備として職業能力の開発及び向上を図る労働者に対して与えられる休暇（労働基準法第三十九条の規定による年次有給休暇として与えられるもの、第二項に規定する有給教育訓練休暇として与えられるもの及び前項に規定する長期教育訓練休暇として与えられるものを除く。）をいう。

（**熟練技能等の習得の促進**）

第一二条の二　事業主は、必要に応じ、労働者がその習得に相当の期間を要する熟練した技能及びこれに関する知識（以下この条において「熟練技能等」という。）に関する情報を体系的に管理し、提供することその他の必要な措置を講ずることにより、その雇用する労働者の熟練技能等の効果的かつ効率的な習得による職業能力の開発及び向上の促進に努め

なければならない。

2　厚生労働大臣は、前項の規定により労働者の熟練技能等の習得を促進するために事業主が講ずる措置に関して、その適切かつ有効な実施を図るために必要な指針を公表するものとする。

第二節　国及び都道府県による職業能力開発促進の措置

（多様な職業能力開発の機会の確保）

第一五条　国及び都道府県は、労働者が多様な職業訓練を受けること等により職業能力の開発及び向上を図ることができるように、その機会の確保について、第十三条に定めるもののほか、この節及び次節に定める措置を通じて、配慮するものとする。

（事業主その他の関係者に対する援助）

第一五条の二　国及び都道府県は、事業主等の行う職業訓練及び職業能力検定並びに労働者が自ら職業に関する教育訓練又は職業能力検定を受ける機会を確保するために必要な援助その他労働者が職業生活設計に即して自発的な職業能力の開発及び向上を図ることを容易にする等のために事業主の講ずる措置に関し、次の援助を行うように努めなければならない。

一　第十条の三第一号のキャリアコンサルティングに関する講習の実施

二　第十一条の計画の作成及び実施に関する助言及び指導を行うこと。

三　職業能力の開発及び向上の促進に関する技術的事項について相談その他の援助を行うこと。

四　情報及び資料を提供すること。

五　職業能力開発推進者に対する講習の実施及び職業能力開発推進者相互の啓発の機会の提供を行うこと。

六　第二十七条第一項に規定する職業訓練指導員を派遣すること。

七　委託を受けて職業訓練の一部を行うこと。

八　前各号に掲げるもののほか、第十五条の七第三項に規定する公共職業能力開発施設を使用させる等の便益を提供すること。

2　国及び都道府県は、職業能力の開発及び向上を促進するため、労働者に対し、前項第三号及び第四号に掲げる援助を行うように努めなければならない。

3　国は、事業主等及び労働者に対する第一項第二号から第四号までに掲げる援助を適切かつ効果的に行うため必要な施設の設置等特別の措置を講ずることができる。

4　第一項及び第二項の規定により国及び都道府県が事業主等及び労働者に対して援助を行う場合には、中央職業能力開発協会又は都道府県職業能力開発協会と密接な連携の下に行うものとする。

（事業主等に対する助成等）

第一五条の三　国は、事業主等の行う職業訓練及び職業能力検定の振興を図り、及び労働者に対する第十条の四第二項に規定する有給教育訓練休暇の付与その他の労働者が自ら職業に関する教育訓練又は職業能力検定を受ける機会を確保するための援助その他労働者が第十五条の七第三項に規定する公共職業能力開発施設等の行う職業訓練、職業能力検定等を受けることを容易にするための援助等の措置が事業主によつて講ぜられることを奨励するため、事業主等に対する助成その他必要な措置を講ずることができる。

（職務経歴等記録書の普及）

第一五条の四　国は、労働者の職業生活設計に即した自発的な職業能力の開発及び向上を促進するため、労働者の職務の経歴、職業能力その他の労働者の職業能力の開発及び向上に関する事項を明らかにする書面（次項において「職務経歴等記録書」という。）の様式を定め、その普及に努めなければならない。

2　国は、職務経歴等記録書の様式を定めるに当たつては、青少年の職業生活設計に即した自発的な職業能力の開発及び向上が促進されるように、その特性にも配慮するものとする。

第三節　国及び都道府県等による職業訓練の実施等

（国及び都道府県の行う職業訓練等）

第一五条の七　国及び都道府県は、労働者が段階的かつ体系的に職業に必要な技能及びこれに関する知識を習得することができるように、次の各号に掲げる施設を第十六条に定めるところにより設置して、当該施設の区分に応じ当該各号に規定する職業訓練を行うものとする。ただし、当該職業訓練のうち主として知識を習得するために行われるもので厚生労働省令で定めるもの（都道府県にあつては、当該職業訓練のうち厚生労働省令で定める要件を参酌して条例で定めるもの）については、当該施設以外の施設においても適切と認められる方法により行うことができる。

一　職業能力開発校（普通職業訓練（次号に規定する高度職業訓練以外の職業訓練をいう。以下同じ。）で長期間及び短期間の訓練課程のものを行うための施設をいう。以下同じ。）

二　職業能力開発短期大学校（高度職業訓練（労働者に対し、職業に必要な高度の技能及びこれに関する知識を習得させるための職業訓練をいう。以下同じ。）で長期間及び短期間の訓練課程（次号の厚生労働省令で定める長期間の訓練課程を除く。以下同じ。）のものを行うための施設をいう。以下同じ。）

三　職業能力開発大学校（高度職業訓練で前号に規定する長期間及び短期間の訓練課程のもの並びに高度職業訓練で専門的かつ応用的な職業能力を開発し、及び向上させるためのものとして厚生労働省令で定める長期間の訓練課程のものを行うための施設をいう。以下同じ。）

四　職業能力開発促進センター（普通職業訓練又は高度職業訓練のうち短期間の訓練課程のものを行うための施設をいう。以下同じ。）

五　障害者職業能力開発校（前各号に掲げる施設において職業訓練を受けることが困難な身体又は精神に障害がある者等に対して行うその能力に適応した普通職業訓練又は高度職業訓練を行うための施設をいう。以下同じ。）

2　国及び都道府県が設置する前項各号に掲げる施設は、当該各号に規定する職業訓練を行うほか、事業主、労働者その他の関係者に対し、第十五条の二第一項第三号、第四号及び第六号から第八号までに掲げる援助を行うように努めなければならない。

3　国及び都道府県（第十六条第二項の規定により地方自治法（昭和二十二年法律第六十七号）第二百五十二条の十九第一項の指定都市（以下「指定都市」という。）が職業能力開発短期大学校、職業能力開発大学校、職業能力開発促進センター又は障害者職業能力開発校（次項及び第十六条第二項において「職業能力開発短期大学校等」という。）を設置する場合には、当該指定都市を、市町村が職業能力開発校を設置する場合には、当該市町村を含む。以下この項において同じ。）が第一項各号に掲げる施設を設置して職業訓練を行う場合には、その設置する同項各号に掲げる施設（以下「公共職業能力開発施設」という。）内において行うほか、国にあつては職業を転換しようとする労働者等に対する迅速かつ効果的な職業訓練を、都道府県にあつては厚生労働省令で定める要件を参酌して条例で定める職業訓練を実施するため必要があるときは、職業能力の開発及び向上について適切と認められる他の施設により行われる教育訓練を当該公共職業能力開発施設の行う職業訓練とみなし、当該教育訓練を受けさせることによつて行うことができる。

4　公共職業能力開発施設は、第一項各号に規定する職業訓練及び第二項に規定する援助（指定都市が設置する職業能力開発短期大学校等及び市町村が設置する職業能力開発校に係るものを除く。）を行うほか、次に掲げる業務を行うことができる。

一　開発途上にある海外の地域において事業を行う者に当該地域において雇用されてい

る者の訓練を担当する者になろうとする者又は現に当該訓練を担当している者に対して、必要な技能及びこれに関する知識を習得させるための訓練を行うこと。

二　前号に掲げるもののほか、職業訓練その他この法律の規定による職業能力の開発及び向上に関し必要な業務で厚生労働省令で定めるものを行うこと。

（公共職業能力開発施設）

第一六条　国は、職業能力開発短期大学校、職業能力開発大学校、職業能力開発促進センター及び障害者職業能力開発校を設置し、都道府県は、職業能力開発校を設置する。

2　前項に定めるもののほか、都道府県及び指定都市は職業能力開発短期大学校等を、市町村は職業能力開発校を設置することができる。

3から5まで（省略）

（職業訓練の基準）

第一九条　公共職業能力開発施設は、職業訓練の水準の維持向上のための基準として当該職業訓練の訓練課程ごとに教科、訓練時間、設備その他の厚生労働省令で定める事項に関し厚生労働省令で定める基準（都道府県又は市町村が設置する公共職業能力開発施設にあつては、当該都道府県又は市町村の条例で定める基準）に従い、普通職業訓練又は高度職業訓練を行うものとする。

2　前項の訓練課程の区分は、厚生労働省令で定める。

3　都道府県又は市町村が第一項の規定により条例を定めるに当たつては、公共職業能力開発施設における訓練生の数については同項に規定する厚生労働省令で定める基準を標準として定めるものとし、その他の事項については同項に規定する厚生労働省令で定める基準を参酌するものとする。

第四節　事業主等の行う職業訓練の認定等

（都道府県知事による職業訓練の認定）

第二四条　都道府県知事は、事業主等の申請に基づき、当該事業主等の行う職業訓練について、第十九条第一項の厚生労働省令で定める基準に適合するものであることの認定をすることができる。ただし、当該事業主等が当該職業訓練を的確に実施することができる能力を有しないと認めるときは、この限りでない。

2　都道府県知事は、前項の認定をしようとする場合において、当該職業訓練を受ける労働者が労働基準法第七十条の規定に基づく厚生労働省令又は労働安全衛生法（昭和四十七年法律第五十七号）第六十一条第四項の規定に基づく厚生労働省令の適用を受けるべきものであるときは、厚生労働省令で定める場合を除き、都道府県労働局長の意見を聴くものとする。

3（省略）

（事業主等の設置する職業訓練施設）

第二五条　認定職業訓練を行う事業主等は、厚生労働省令で定めるところにより、職業訓練施設として職業能力開発校、職業能力開発短期大学校、職業能力開発大学校又は職業能力開発促進センターを設置することができる。

第五節　実習併用職業訓練実施計画の認定等

（実施計画の認定）

第二六条の三　実習併用職業訓練を実施しようとする事業主は、厚生労働省令で定めるところにより、実習併用職業訓練の実施計画（以下この節において「実施計画」という。）を作成し、厚生労働大臣の認定を申請することができる。

2　実施計画には、実習併用職業訓練に関する次に掲げる事項を記載しなければならない。

一　対象者
二　期間及び内容
三　職業能力の評価の方法
四　訓練を担当する者
五　その他厚生労働省令で定める事項

3　厚生労働大臣は、第一項の認定の申請があつた場合において、その実施計画が青少年の実践的な職業能力の開発及び向上を図るために効果的な実習併用職業訓練に関する基準として厚生労働省令で定める基準に適合すると認めるときは、その認定をすることができる。

第六節　職業能力開発総合大学校

第二七条　職業能力開発総合大学校は、公共職業訓練その他の職業訓練の円滑な実施その他職業能力の開発及び向上の促進に資するため、公共職業訓練及び認定職業訓練（以下「準則訓練」という。）において訓練を担当する者（以下「職業訓練指導員」という。）になろうとする者又は職業訓練指導員に対し、必要な技能及びこれに関する知識を付与することによつて、職業訓練指導員を養成し、又はその能力の向上に資するための訓練（以下「指導員訓練」という。）、職業訓練のうち準則訓練の実施の円滑化に資するものとして厚生労働省令で定めるもの並びに職業能力の開発及び向上に関する調査及び研究を総合的に行うものとする。

2　職業能力開発総合大学校は、前項に規定する業務を行うほか、この法律の規定による職業能力の開発及び向上に関し必要な業務で厚生労働省令で定めるものを行うことができる。

3　国は、職業能力開発総合大学校を設置する。

4　職業能力開発総合大学校でないものは、その名称中に職業能力開発総合大学校という文字を用いてはならない。

5　第十五条の七第二項及び第四項（第二号を除く。）、第十六条第三項（国が設置する公共職業能力開発施設に係る部分に限る。）及び第五項並びに第二十三条第三項及び第四項の規定は職業能力開発総合大学校について、第十九条から第二十二条までの規定は職業能力開発総合大学校において行う職業訓練について準用する。この場合において、第十五条の七第二項中「当該各号に規定する職業訓練」とあり、及び同条第四項中「第一項各号に規定する職業訓練」とあるのは「第二十七条第一項に規定する業務」と、第二十一条第一項及び第二十二条中「公共職業能力開発施設」とあるのは「職業能力開発総合大学校」と、第二十三条第三項及び第四項中「公共職業訓練を受ける」とあるのは「指導員訓練（第二十七条第一項に規定する指導員訓練をいう。）又は職業訓練を受ける」と読み替えるものとする。

第四章　職業訓練法人

（職業訓練法人）

第三一条　認定職業訓練を行なう社団又は財団は、この法律の規定により職業訓練法人とすることができる。

（設立等）

第三五条　職業訓練法人は、都道府県知事の認可を受けなければ、設立することができない。

2　職業訓練法人は、社団であるものにあつては定款で、財団であるものにあつては寄附行為で、次の事項を定めなければならない。

一　目的
二　名称
三　認定職業訓練のための施設を設置する場合には、その位置及び名称
四　主たる事務所の所在地
五　社団である職業訓練法人にあつては、社員の資格に関する事項
六　社団である職業訓練法人にあつては、会議に関する事項
七　役員に関する事項
八　会計に関する事項
九　解散に関する事項
十　定款又は寄附行為の変更に関する事項
十一　公告の方法

3・4（省略）

第五章　職業能力検定

第一節　技能検定

（技能検定）

第四四条　技能検定は、厚生労働大臣が、厚生労働省令で定める職種（以下この条において「検定職種」という。）ごとに、厚生労働省令で定める等級に区分して行う。ただし、検定職種のうち、等級に区分することが適当でない職種として厚生労働省令で定めるものについては、等級に区分しないで行うことができる。

2　前項の技能検定（以下この章において「技能検定」という。）の合格に必要な技能及びこれに関する知識の程度は、検定職種ごとに、厚生労働省令で定める。

3　技能検定は、実技試験及び学科試験によつて行う。

4　実技試験の実施方法は、検定職種ごとに、厚生労働省令で定める。

（受検資格）

第四五条　技能検定を受けることができる者は、次の者とする。

一　厚生労働省令で定める準則訓練を修了した者

二　厚生労働省令で定める実務の経験を有する者

三　前二号に掲げる者に準ずる者で、厚生労働省令で定めるもの

（技能検定の実施）

第四六条　厚生労働大臣は、毎年、技能検定の実施計画を定め、これを関係者に周知させなければならない。

2　都道府県知事は、前項に規定する計画に従い、第四十四条第三項の実技試験及び学科試験（以下「技能検定試験」という。）の実施その他技能検定に関する業務で、政令で定めるものを行うものとする。

3　厚生労働大臣は、技能検定試験に係る試験問題及び試験実施要領の作成並びに技能検定試験の実施に関する技術的指導その他技能検定試験に関する業務の一部を中央職業能力開発協会に行わせることができる。

4　都道府県知事は、技能検定試験の実施その他技能検定試験に関する業務の一部を都道府県職業能力開発協会に行わせることができる。

（報告等）

第四八条　厚生労働大臣は、必要があると認めるときは、指定試験機関に対してその業務に関し必要な報告を求め、又はその職員に、指定試験機関の事務所に立ち入り、業務の状況若しくは帳簿、書類その他の物件を検査させることができる。

2　前項の規定により立入検査をする職員は、その身分を示す証票を携帯し、関係者に提示しなければならない。

3　第一項の規定による立入検査の権限は、犯罪捜査のために認められたものと解釈してはならない。

第六章　職業能力開発協会

第一節　中央職業能力開発協会

（中央協会の目的）

第五二条　中央職業能力開発協会（以下「中央協会」という。）は、職業能力の開発及び向上の促進の基本理念の具現に資するため、都道府県職業能力開発協会の健全な発展を図るとともに、国及び都道府県と密接な連携の下に第五条第一項に規定する職業能力の開発（第五十五条第一項において単に「職業能力の開発」という。）の促進を図ることを目的とする。

（人格等）

第五三条　中央協会は、法人とする。

2　中央協会でないものは、その名称中に中央職業能力開発協会という文字を用いてはならない。

（数）

第五四条　中央協会は、全国を通じて一個とする。

（業務）

第五五条　中央協会は、第五十二条の目的を達成するため、次の業務を行うものとする。

一　会員の行う職業訓練、職業能力検定その他職業能力の開発に関する業務についての指導及び連絡を行うこと。

二　事業主等の行う職業訓練に従事する者及び都道府県職業能力検定委員の研修を行うこと。

三　職業訓練、職業能力検定その他職業能力の開発に関する情報及び資料の提供並びに広報を行うこと。

四　職業訓練、職業能力検定その他職業能力の開発に関する調査及び研究を行うこと。

五　職業訓練、職業能力検定その他職業能力の開発に関する国際協力を行うこと。

六　前各号に掲げるもののほか、職業能力の開発の促進に関し必要な業務を行うこと。

2　中央協会は、前項各号に掲げる業務のほか、第四十六条第三項の規定による技能検定試験に関する業務を行うものとする。

第二節　都道府県職業能力開発協会

（都道府県協会の目的）

第七九条　都道府県職業能力開発協会（以下「都道府県協会」という。）は、職業能力の開発及び向上の促進の基本理念の具現に資するため、都道府県の区域内において、当該都道府県と密接な連携の下に第五条第一項に規定する職業能力の開発（以下単に「職業能力の開発」という。）の促進を図ることを目的とする。

（人格等）

第八〇条　都道府県協会は、法人とする。

2　（省略）

（業務）

第八二条　都道府県協会は、第七十九条の目的を達成するため、次の業務を行うものとする。

一　会員の行う職業訓練、職業能力検定その他職業能力の開発に関する業務についての指導及び連絡を行うこと。

二　職業訓練及び職業能力検定に関する技術的事項について事業主、労働者等に対して、相談に応じ、並びに必要な指導及び援助を行うこと。

三　事業主、労働者等に対して、技能労働者に関する情報の提供等を行うこと。

四　事業主等の行う職業訓練でその地区内において行われるものに従事する者の研修を行うこと。

五　その地区内における職業訓練、職業能力検定その他職業能力の開発に関する情報及び資料の提供並びに広報を行うこと。

六　その地区内における職業訓練、職業能力検定その他職業能力の開発に関する調査及び研究を行うこと。

七　職業訓練、職業能力検定その他職業能力の開発に関する国際協力でその地区内において行われるものについての相談その他の援助を行うこと。

八　前各号に掲げるもののほか、その地区内における職業能力の開発の促進に関し必要な業務を行うこと。

2　都道府県協会は、前項各号に掲げる業務のほか、第四十六条第四項の規定による技能検定試験に関する業務を行うものとする。

●特定非営利活動促進法（抜粋）

（平成一〇年三月二五日
法律第七号）

施行、平一〇・一二・一
最終改正、令二―法七二

（注）令二法七二による改正は、施行が令三・六・九であるが、当該改正を織り込んだ。

第一章　総則

（目的）

第一条　この法律は、特定非営利活動を行う団体に法人格を付与すること並びに運営組織及び事業活動が適正であって公益の増進に資する特定非営利活動法人の認定に係る制度を設けること等により、ボランティア活動をはじめとする市民が行う自由な社会貢献活動としての特定非営利活動の健全な発展を促進し、もって公益の増進に寄与することを目的とする。

（定義）

第二条　この法律において「特定非営利活動」とは、別表に掲げる活動に該当する活動であって、不特定かつ多数のものの利益の増進に寄与することを目的とするものをいう。

2　この法律において「特定非営利活動法人」とは、特定非営利活動を行うことを主たる目的とし、次の各号のいずれにも該当する団体であって、この法律の定めるところにより設立された法人をいう。

一　次のいずれにも該当する団体であって、営利を目的としないものであること。

イ　社員の資格の得喪に関して、不当な条件を付さないこと。

ロ　役員のうち報酬を受ける者の数が、役員総数の三分の一以下であること。

二　その行う活動が次のいずれにも該当する団体であること。

イ　宗教の教義を広め、儀式行事を行い、及び信者を教化育成することを主たる目的とするものでないこと。

ロ　政治上の主義を推進し、支持し、又はこれに反対することを主たる目的とするものでないこと。

ハ　特定の公職（公職選挙法（昭和二十五年法律第百号）第三条に規定する公職をいう。以下同じ。）の候補者（当該候補者になろうとする者を含む。以下同じ。）若しくは公職にある者又は政党を推薦し、支持し、又はこれらに反対することを目的とするものでないこと。

3　この法律において「認定特定非営利活動法人」とは、第四十四条第一項の認定を受けた特定非営利活動法人をいう。

4　この法律において「特例認定特定非営利活動法人」とは、第五十八条第一項の特例認定を受けた特定非営利活動法人をいう。

第二章　特定非営利活動法人

第一節　通則

（原則）

第三条　特定非営利活動法人は、特定の個人又は法人その他の団体の利益を目的として、その事業を行ってはならない。

2　特定非営利活動法人は、これを特定の政党のために利用してはならない。

（名称の使用制限）

第四条　特定非営利活動法人以外の者は、その名称中に、「特定非営利活動法人」又はこれに紛らわしい文字を用いてはならない。

（その他の事業）

第五条　特定非営利活動法人は、その行う特定非営利活動に係る事業に支障がない限り、当該特定非営利活動に係る事業以外の事業（以下「その他の事業」という。）を行うことができる。この場合において、利益を生じたときは、これを当該特定非営利活動に係る事業のために使用しなければならない。

2　その他の事業に関する会計は、当該特定非営利活動法人の行う特定非営利活動に係る事業に関する会計から区分し、特別の会計として経理しなければならない。

（登記）

第七条　特定非営利活動法人は、政令で定めるところにより、登記しなければならない。

2　前項の規定により登記しなければならない事項は、登記の後でなければ、これをもって第三者に対抗することができない。

（所轄庁）

第九条　特定非営利活動法人の所轄庁は、その主たる事務所が所在する都道府県の知事（その事務所が一の指定都市（地方自治法（昭和二十二年法律第六十七号）第二百五十二条の十九第一項の指定都市をいう。以下同じ。）の区域内のみに所在する特定非営利活動法人にあっては、当該指定都市の長）とする。

第二節　設立

（設立の認証）

第一〇条　特定非営利活動法人を設立しようとする者は、都道府県又は指定都市の条例で定めるところにより、次に掲げる書類を添付した申請書を所轄庁に提出して、設立の認証を受けなければならない。

一　定款

二　役員に係る次に掲げる書類

イ　役員名簿（役員の氏名及び住所又は居所並びに各役員についての報酬の有無を記載した名簿をいう。以下同じ。）

ロ　各役員が第二十条各号に該当しないこと及び第二十一条の規定に違反しないことを誓約し、並びに就任を承諾する書面の謄本

ハ　各役員の住所又は居所を証する書面として都道府県又は指定都市の条例で定めるもの

三　社員のうち十人以上の者の氏名（法人にあっては、その名称及び代表者の氏名）及び住所又は居所を記載した書面

四　第二条第二項第二号及び第十二条第一項第三号に該当することを確認したことを示す書面

五　設立趣旨書

六　設立についての意思の決定を証する議事録の謄本

七　設立当初の事業年度及び翌事業年度の事業計画書

八　設立当初の事業年度及び翌事業年度の活動予算書（その行う活動に係る事業の収益及び費用の見込みを記載した書類をいう。以下同じ。）

2・3（省略）

4　第一項の規定により提出された申請書又は当該申請書に添付された同項各号に掲げる書類に不備があるときは、当該申請をした者は、当該不備が都道府県又は指定都市の条例で定める軽微なものである場合に限り、これを補正することができる。ただし、所轄庁が当該申請書を受理した日から一週間を経過したときは、この限りでない。

（定款）

第一一条　特定非営利活動法人の定款には、次に掲げる事項を記載しなければならない。

一　目的

二　名称

三　その行う特定非営利活動の種類及び当該特定非営利活動に係る事業の種類

四　主たる事務所及びその他の事務所の所在地

五　社員の資格の得喪に関する事項

六　役員に関する事項

七　会議に関する事項

八　資産に関する事項

九　会計に関する事項

十　事業年度

十一　その他の事業を行う場合には、その種類その他当該その他の事業に関する事項

十二　解散に関する事項

十三　定款の変更に関する事項

十四　公告の方法

2　設立当初の役員は、定款で定めなければならない。

3（省略）

（認証の基準等）
第一二条　所轄庁は、第十条第一項の認証の申請が次の各号に適合すると認めるときは、その設立を認証しなければならない。
一　設立の手続並びに申請書及び定款の内容が法令の規定に適合していること。
二　当該申請に係る特定非営利活動法人が第二条第二項に規定する団体に該当するものであること。
三　当該申請に係る特定非営利活動法人が次に掲げる団体に該当しないものであること。
イ　暴力団（暴力団員による不当な行為の防止等に関する法律（平成三年法律第七十七号）第二条第二号に規定する暴力団をいう。以下この号及び第四十七条第六号において同じ。）
ロ　暴力団又はその構成員（暴力団の構成団体の構成員を含む。以下この号において同じ。）若しくは暴力団の構成員でなくなった日から五年を経過しない者（以下「暴力団の構成員等」という。）の統制の下にある団体
四　当該申請に係る特定非営利活動法人が十人以上の社員を有するものであること。
2・3　〔省略〕

（意見聴取等）
第一二条の二　第四十三条の二及び第四十三条の三の規定は、第十条第一項の認証の申請があった場合について準用する。

第三節　管理

（事業報告書等の提出）
第二九条　特定非営利活動法人は、都道府県又は指定都市の条例で定めるところにより、毎事業年度一回、事業報告書等を所轄庁に提出しなければならない。

第四節　解散及び合併

（解散事由）
第三一条　特定非営利活動法人は、次に掲げる事由によって解散する。
一　社員総会の決議
二　定款で定めた解散事由の発生
三　目的とする特定非営利活動に係る事業の成功の不能
四　社員の欠亡
五　合併
六　破産手続開始の決定
七　第四十三条の規定による設立の認証の取消し
2から4まで　〔省略〕

（解散の決議）
第三一条の二　特定非営利活動法人は、総社員の四分の三以上の賛成がなければ、解散の決議をすることができない。ただし、定款に別段の定めがあるときは、この限りでない。

（残余財産の帰属）
第三二条　解散した特定非営利活動法人の残余財産は、合併及び破産手続開始の決定による解散の場合を除き、所轄庁に対する清算結了の届出の時において、定款で定めるところにより、その帰属すべき者に帰属する。
2　定款に残余財産の帰属すべき者に関する規定がないときは、清算人は、所轄庁の認証を得て、その財産を国又は地方公共団体に譲渡することができる。
3　前二項の規定により処分されない財産は、国庫に帰属する。

第五節　監督

（報告及び検査）
第四一条　所轄庁は、特定非営利活動法人（認定特定非営利活動法人及び特例認定特定非営利活動法人を除く。以下この項及び次項において同じ。）が法令、法令に基づいてする行政庁の処分又は定款に違反する疑いがあると認められる相当な理由があるときは、当該特定非営利活動法人に対し、その業務若しくは財産の状況に関し報告をさせ、又はその職員に、当該特定非営利活動法人の事務所その他の施設に立ち入り、その業務若しくは財産の状況若しくは帳簿、書類その他の物件を検査させることができる。
2から4まで　〔省略〕

（改善命令）
第四二条　所轄庁は、特定非営利活動法人が第十二条第一項第二号、第三号又は第四号に規定する要件を欠くに至ったと認めるときその他法令、法令に基づいてする行政庁の処分若しくは定款に違反し、又はその運営が著しく適正を欠くと認めるときは、当該特定非営利活動法人に対し、期限を定めて、その改善のために必要な措置を採るべきことを命ずることができる。

（設立の認証の取消し）
第四三条　所轄庁は、特定非営利活動法人が、前条の規定による命令に違反した場合であって他の方法により監督の目的を達することができないとき又は三年以上にわたって第二十九条の規定による事業報告書等の提出を行わないときは、当該特定非営利活動法人の設立の認証を取り消すことができる。
2　所轄庁は、特定非営利活動法人が法令に違反した場合において、前条の規定による命令によってはその改善を期待することができないことが明らかであり、かつ、他の方法により監督の目的を達することができないときは、同条の規定による命令を経ないでも、当該特定非営利活動法人の設立の認証を取り消すことができる。
3・4　〔省略〕

（意見聴取）
第四三条の二　所轄庁は、特定非営利活動法人について第十二条第一項第三号に規定する要件を欠いている疑い又はその役員について第二十条第四号に該当する疑いがあると認めるときは、その理由を付して、警視総監又は道府県警察本部長の意見を聴くことができる。

（所轄庁への意見）
第四三条の三　警視総監又は道府県警察本部長は、特定非営利活動法人について第十二条第一項第三号に規定する要件を欠いていると疑うに足りる相当な理由又はその役員について第二十条第四号に該当すると疑うに足りる相当な理由があるため、所轄庁が当該特定非営利活動法人に対して適当な措置を採ることが必要であると認めるときは、所轄庁に対し、その旨の意見を述べることができる。

第三章　認定特定非営利活動法人及び特例認定特定非営利活動法人

第一節　認定特定非営利活動法人

（認定）
第四四条　特定非営利活動法人のうち、その運営組織及び事業活動が適正であって公益の増進に資するものは、所轄庁の認定を受けることができる。
2　前項の認定を受けようとする特定非営利活動法人は、都道府県又は指定都市の条例で定めるところにより、次に掲げる書類を添付した申請書を所轄庁に提出しなければならない。ただし、次条第一項第一号ハに掲げる基準に適合する特定非営利活動法人が申請をする場合には、第一号に掲げる書類を添付することを要しない。
一　実績判定期間内の日を含む各事業年度（その期間が一年を超える場合は、当該期間をその初日以後一年ごとに区分した期間（最後に一年未満の期間を生じたときは、その一年未満の期間）。以下同じ。）の寄附者名簿（各事業年度に当該申請に係る特定非営利活動法人が受け入れた寄附金の支払者ごとに当該支払者の氏名（法人にあっては、その名称）及び住所並びにその寄附金の額及び受け入れた年月日を記載した書類をいう。以下同じ。）
二　次条第一項各号に掲げる基準に適合する旨を説明する書類（前号に掲げる書類を除く。）及び第四十七条各号のいずれにも該当しない旨を説明する書類
三　寄附金を充当する予定の具体的な事業の内容を記載した書類
3　〔省略〕

（認定の基準）

第四五条　所轄庁は、前条第一項の認定の申請をした特定非営利活動法人が次の各号に掲げる基準に適合すると認めるときは、同項の認定をするものとする。

一　広く市民からの支援を受けているかどうかを判断するための基準として次に掲げる基準のいずれかに適合すること。

イ　実績判定期間（前条第三項に規定する実績判定期間をいう。以下同じ。）における経常収入金額（(1)に掲げる金額をいう。）のうちに寄附金等収入金額（(2)に掲げる金額（内閣府令で定める要件を満たす特定非営利活動法人にあっては、(2)及び(3)に掲げる金額の合計額）をいう。）の占める割合が政令で定める割合以上であること。

(1)　総収入金額から国等（国、地方公共団体、法人税法（昭和四十年法律第三十四号）別表第一に掲げる独立行政法人、地方独立行政法人、国立大学法人、大学共同利用機関法人及び我が国が加盟している国際機関をいう。以下この(1)において同じ。）からの補助金その他国等が反対給付を受けないで交付するもの（次項において「国の補助金等」という。）、臨時的な収入その他の内閣府令で定めるものの額を控除した金額

(2)　受け入れた寄附金の額の総額（第四号ニにおいて「受入寄附金総額」という。）から一者当たり基準限度超過額（同一の者からの寄附金の額のうち内閣府令で定める金額を超える部分の金額をいう。）その他の内閣府令で定める寄附金の額の合計額を控除した金額

(3)　社員から受け入れた会費の額の合計額から当該合計額に次号に規定する内閣府令で定める割合を乗じて計算した金額を控除した金額のうち(2)に掲げる金額に達するまでの金額

ロ　実績判定期間内の日を含む各事業年度における判定基準寄附者（当該事業年度における同一の者からの寄附金（寄附者の氏名（法人にあっては、その名称）その他の内閣府令で定める事項が明らかな寄附金に限る。以下このロにおいて同じ。）の額の総額（当該同一の者が個人である場合には、当該事業年度におけるその者と生計を一にする者からの寄附金の額を加算した金額）が政令で定める額以上である場合の当該同一の者をいい、当該申請に係る特定非営利活動法人の役員である者及び当該役員と生計を一にする者を除く。以下同じ。）の数（当該事業年度において個人である判定基準寄附者と生計を一にする他の判定基準寄附者がいる場合には、当該判定基準寄附者と当該他の判定基準寄附者を一人とみなした数）の合計数に十二を乗じてこれを当該実績判定期間の月数で除して得た数が政令で定める数以上であること。

ハ　前条第二項の申請書を提出した日の前日において、地方税法（昭和二十五年法律第二百二十六号）第三十七条の二第一項第四号（同法第一条第二項の規定により都について準用する場合を含む。）に掲げる寄附金又は同法第三百十四条の七第一項第四号（同法第一条第二項の規定により特別区について準用する場合を含む。）に掲げる寄附金を受け入れる特定非営利活動法人としてこれらの寄附金を定める条例で定められているもの（その条例を制定した道府県（都を含む。）又は市町村（特別区を含む。）の区域内に事務所を有するものに限る。）であること。

二　実績判定期間における事業活動のうちに次に掲げる活動の占める割合として内閣府令で定める割合が百分の五十未満であること。

イ　会員又はこれに類するものとして内閣府令で定める者（当該申請に係る特定非営利活動法人の運営又は業務の執行に関係しない者で内閣府令で定めるものを除く。以下この号において「会員等」という。）に対する資産の譲渡若しくは貸付け又は役務の提供（以下「資産の譲渡等」という。）、会員等相互の交流、連絡又は意見交換その他その対象が会員等である活動（資産の譲渡等のうち対価を得ないで行われるものその他内閣府令で定めるものを除く。）

ロ　その便益の及ぶ者が次に掲げる者その他特定の範囲の者（前号ハに掲げる基準に適合する場合にあっては、(4)に掲げる者を除く。）である活動（会員等を対象とする活動で内閣府令で定めるもの及び会員等に対する資産の譲渡等を除く。）

(1)　会員等

(2)　特定の団体の構成員

(3)　特定の職域に属する者

(4)　特定の地域として内閣府令で定める地域に居住し又は事務所その他これに準ずるものを有する者

ハ　特定の著作物又は特定の者に関する普及啓発、広告宣伝、調査研究、情報提供その他の活動

ニ　特定の者に対し、その者の意に反した作為又は不作為を求める活動

三　その運営組織及び経理に関し、次に掲げる基準に適合していること。

イ　各役員について、次に掲げる者の数の役員の総数のうちに占める割合が、それぞれ三分の一以下であること。

(1)　当該役員並びに当該役員の配偶者及び三親等以内の親族並びに当該役員と内閣府令で定める特殊の関係のある者

(2)　特定の法人（当該法人との間に発行済株式又は出資（その有する自己の株式又は出資を除く。）の総数又は総額の百分の五十以上の株式又は出資の数又は金額を直接又は間接に保有する関係その他の内閣府令で定める関係のある法人を含む。）の役員又は使用人である者並びにこれらの者の配偶者及び三親等以内の親族並びにこれらの者と内閣府令で定める特殊の関係のある者

ロ　各社員の表決権が平等であること。

ハ　その会計について公認会計士若しくは監査法人の監査を受けていること又は内閣府令で定めるところにより帳簿及び書類を備え付けてこれらにその取引を記録し、かつ、当該帳簿及び書類を保存していること。

ニ　その支出した金銭でその費途が明らかでないものがあることその他の不適正な経理として内閣府令で定める経理が行われていないこと。

四　その事業活動に関し、次に掲げる基準に適合していること。

イ　次に掲げる活動を行っていないこと。

(1)　宗教の教義を広め、儀式行事を行い、及び信者を教化育成すること。

(2)　政治上の主義を推進し、支持し、又はこれに反対すること。

(3)　特定の公職の候補者若しくは公職にある者又は政党を推薦し、支持し、又はこれらに反対すること。

ロ　その役員、社員、職員若しくは寄附者若しくはこれらの者の配偶者若しくは三親等以内の親族又はこれらの者と内閣府令で定める特殊の関係のある者に対し特別の利益を与えないことその他の特定の者と特別の関係がないものとして内閣府令で定める基準に適合していること。

ハ　実績判定期間における事業費の総額のうちに特定非営利活動に係る事業費の額の占める割合又はこれに準ずるものとして内閣府令で定める割合が百分の八十以上であること。

ニ　実績判定期間における受入寄附金総額の百分の七十以上を特定非営利活動に係る事業費に充てていること。

五　次に掲げる書類について閲覧の請求があった場合には、正当な理由がある場合を除いて、当該書類（イに掲げる書類については、これらに記載された事項中、個人の住

所又は居所に係る記載の部分を除いたもの）をその事務所において閲覧させること。
イ　事業報告書等、役員名簿及び定款等
ロ　前条第二項第二号及び第三号に掲げる書類並びに第五十四条第二項第二号から第四号までに掲げる書類及び同条第三項の書類
六　各事業年度において、事業報告書等を第二十九条の規定により所轄庁に提出していること。
七　法令又は法令に基づいてする行政庁の処分に違反する事実、偽りその他不正の行為により利益を得、又は得ようとした事実その他公益に反する事実がないこと。
八　前条第二項の申請書を提出した日を含む事業年度の初日において、その設立の日以後一年を超える期間が経過していること。
九　実績判定期間において、第三号、第四号イ及びロ並びに第五号から第七号までに掲げる基準（当該実績判定期間中に、前条第一項の認定又は第五十八条第一項の特例認定を受けていない期間が含まれる場合には、当該期間については第五号ロに掲げる基準を除く。）に適合していること。
2　前項の規定にかかわらず、前条第一項の認定の申請をした特定非営利活動法人の実績判定期間に国の補助金等がある場合及び政令で定める小規模な特定非営利活動法人が同項の認定の申請をした場合における前項第一号イに規定する割合の計算については、政令で定める方法によることができる。

（**欠格事由**）
第四七条　第四十五条の規定にかかわらず、次のいずれかに該当する特定非営利活動法人は、第四十四条第一項の認定を受けることができない。
一　その役員のうちに、次のいずれかに該当する者があるもの
イ　認定特定非営利活動法人が第六十七条第一項若しくは第二項の規定により第四十四条第一項の認定を取り消された場合又は特例認定特定非営利活動法人が第六十七条第三項において準用する同条第一項若しくは第二項の規定により第五十八条第一項の特例認定を取り消された場合において、その取消しの原因となった事実があった日以前一年内に当該認定特定非営利活動法人又は当該特例認定特定非営利活動法人のその業務を行う理事であった者でその取消しの日から五年を経過しないもの
ロ　禁錮以上の刑に処せられ、その執行を終わった日又はその執行を受けることがなくなった日から五年を経過しない者
ハ　この法律若しくは暴力団員による不当な行為の防止等に関する法律の規定に違反したことにより、若しくは刑法第二百四条、第二百六条、第二百八条、第二百八条の二、第二百二十二条若しくは第二百四十七条の罪若しくは暴力行為等処罰に関する法律の罪を犯したことにより、又は国税若しくは地方税に関する法律中偽りその他不正の行為により国税若しくは地方税を免れ、納付せず、若しくはこれらの税の還付を受け、若しくはこれらの違反行為をしようとすることに関する罪を定めた規定に違反したことにより、罰金の刑に処せられ、その執行を終わった日又はその執行を受けることがなくなった日から五年を経過しない者
ニ　暴力団の構成員等
二　第六十七条第一項若しくは第二項の規定により第四十四条第一項の認定を取り消され、又は第六十七条第三項において準用する同条第一項若しくは第二項の規定により第五十八条第一項の特例認定を取り消され、その取消しの日から五年を経過しないもの
三　その定款又は事業計画書の内容が法令又は法令に基づいてする行政庁の処分に違反しているもの
四　国税又は地方税の滞納処分の執行がされているもの又は当該滞納処分の終了の日から三年を経過しないもの
五　国税に係る重加算税又は地方税に係る重加算金を課された日から三年を経過しないもの
六　次のいずれかに該当するもの
イ　暴力団
ロ　暴力団又は暴力団の構成員等の統制の下にあるもの

（**認定の有効期間及びその更新**）
第五一条　第四十四条第一項の認定の有効期間（次項の有効期間の更新がされた場合にあっては、当該更新された有効期間。以下この条及び第五十七条第一項第一号において同じ。）は、当該認定の日（次項の有効期間の更新がされた場合にあっては、従前の認定の有効期間の満了の日の翌日。第五十四条第一項において同じ。）から起算して五年とする。
2　前項の有効期間の満了後引き続き認定特定非営利活動法人として特定非営利活動を行おうとする認定特定非営利活動法人は、その有効期間の更新を受けなければならない。
3　前項の有効期間の更新を受けようとする認定特定非営利活動法人は、第一項の有効期間の満了の日の六月前から三月前までの間（以下この項において「更新申請期間」という。）に、所轄庁に有効期間の更新の申請をしなければならない。ただし、災害その他やむを得ない事由により更新申請期間にその申請をすることができないときは、この限りでない。
4　前項の申請があった場合において、第一項の有効期間の満了の日までにその申請に対する処分がされないときは、従前の認定は、同項の有効期間の満了後もその処分がされるまでの間は、なお効力を有する。
5　第四十四条第二項（第一号に係る部分を除く。）及び第三項、第四十五条第一項（第三号ロ、第六号、第八号及び第九号に係る部分を除く。）及び第二項、第四十六条から第四十八条まで並びに第四十九条第一項、第二項及び第四項（第一号に係る部分を除く。）の規定は、第二項の有効期間の更新について準用する。ただし、第四十四条第二項第二号及び第三号に掲げる書類については、既に所轄庁に提出されている当該書類の内容に変更がないときは、その添付を省略することができる。

第二節　特例認定特定非営利活動法人

（**特例認定**）
第五八条　特定非営利活動法人であって新たに設立されたもののうち、その運営組織及び事業活動が適正であって特定非営利活動の健全な発展の基盤を有し公益の増進に資すると見込まれるものは、所轄庁の特例認定を受けることができる。
2　（省略）

（**特例認定の基準**）
第五九条　所轄庁は、前条第一項の特例認定の申請をした特定非営利活動法人が次の各号に掲げる基準に適合すると認めるときは、同項の特例認定をするものとする。
一　第四十五条第一項第二号から第九号までに掲げる基準に適合すること。
二　前条第二項において準用する第四十四条第二項の申請書を提出した日の前日において、その設立の日（当該特定非営利活動法人が合併後存続した特定非営利活動法人である場合にあっては当該特定非営利活動法人又はその合併によって消滅した各特定非営利活動法人の設立の日のうち最も早い日、当該特定非営利活動法人が合併によって設立した特定非営利活動法人である場合にあってはその合併によって消滅した各特定非営利活動法人の設立の日のうち最も早い日）から五年を経過しない特定非営利活動法人であること。
三　第四十四条第一項の認定又は前条第一項の特例認定を受けたことがないこと。

（**特例認定の有効期間**）
第六〇条　第五十八条第一項の特例認定の有効期間は、当該特例認定の日から起算して三年とする。

第四節 認定特定非営利活動法人等の監督

（勧告、命令等）

第六五条 所轄庁は、認定特定非営利活動法人等について、第六十七条第二項各号（同条第三項において準用する場合を含む。次項において同じ。）のいずれかに該当すると疑うに足りる相当な理由がある場合には、当該認定特定非営利活動法人等に対し、期限を定めて、その改善のために必要な措置を採るべき旨の勧告をすることができる。

2 所轄庁以外の関係知事は、認定特定非営利活動法人等について、第六十七条第二項各号（第一号にあっては、第四十五条第一項第三号に係る部分を除く。）のいずれかに該当すると疑うに足りる相当な理由がある場合には、当該認定特定非営利活動法人等に対し、期限を定めて、当該都道府県の区域内における事業活動について、その改善のために必要な措置を採るべき旨の勧告をすることができる。

3 （省略）

4 所轄庁又は所轄庁以外の関係知事は、第一項又は第二項の規定による勧告を受けた認定特定非営利活動法人等が、正当な理由がなく、その勧告に係る措置を採らなかったときは、当該認定特定非営利活動法人等に対し、その勧告に係る措置を採るべきことを命ずることができる。

5から7まで （省略）

（その他の事業の停止）

第六六条 所轄庁は、その他の事業を行う認定特定非営利活動法人につき、第五条第一項の規定に違反してその他の事業から生じた利益が当該認定特定非営利活動法人が行う特定非営利活動に係る事業以外の目的に使用されたと認めるときは、当該認定特定非営利活動法人に対し、その他の事業の停止を命ずることができる。

2 前条第五項及び第六項の規定は、前項の規定による命令について準用する。

（認定又は特例認定の取消し）

第六七条 所轄庁は、認定特定非営利活動法人が次のいずれかに該当するときは、第四十四条第一項の認定を取り消さなければならない。

一 第四十七条各号（第二号を除く。）のいずれかに該当するとき。

二 偽りその他不正の手段により第四十四条第一項の認定、第五十一条第二項の有効期間の更新又は第六十三条第一項の認定を受けたとき。

三 正当な理由がなく、第六十五条第四項又は前条第一項の規定による命令に従わないとき。

四 認定特定非営利活動法人から第四十四条第一項の認定の取消しの申請があったとき。

2 所轄庁は、認定特定非営利活動法人が次のいずれかに該当するときは、第四十四条第一項の認定を取り消すことができる。

一 第四十五条第一項第三号、第四号イ若しくはロ又は第七号に掲げる基準に適合しなくなったとき。

二 第二十九条、第五十二条第四項又は第五十四条第四項の規定を遵守していないとき。

三 前二号に掲げるもののほか、法令又は法令に基づいてする行政庁の処分に違反したとき。

3 前二項の規定は、第五十八条第一項の特例認定について準用する。この場合において、第一項第二号中「、第五十一条第二項の有効期間の更新又は第六十三条第一項の認定」とあるのは、「又は第六十三条第二項の認定」と読み替えるものとする。

4 （省略）

別表（第二条関係）

一 保健、医療又は福祉の増進を図る活動

二 社会教育の推進を図る活動

三 まちづくりの推進を図る活動

四 観光の振興を図る活動

五 農山漁村又は中山間地域の振興を図る活動

六 学術、文化、芸術又はスポーツの振興を図る活動

七 環境の保全を図る活動

八 災害救援活動

九 地域安全活動

十 人権の擁護又は平和の推進を図る活動

十一 国際協力の活動

十二 男女共同参画社会の形成の促進を図る活動

十三 子どもの健全育成を図る活動

十四 情報化社会の発展を図る活動

十五 科学技術の振興を図る活動

十六 経済活動の活性化を図る活動

十七 職業能力の開発又は雇用機会の拡充を支援する活動

十八 消費者の保護を図る活動

十九 前各号に掲げる活動を行う団体の運営又は活動に関する連絡、助言又は援助の活動

二十 前各号に掲げる活動に準ずる活動として都道府県又は指定都市の条例で定める活動

第2章 学術・科学 技術・文化

●日本学術会議法

（昭和二三年七月一〇日 法律第一二一号）

施行、昭二三・七・一〇、昭二四・一・二〇
最終改正、平一六—法二九

日本学術会議は、科学が文化国家の基礎であるという確信に立つて、科学者の総意の下に、わが国の平和的復興、人類社会の福祉に貢献し、世界の学界と提携して学術の進歩に寄与することを使命とし、ここに設立される。

第一章 設立及び目的

第一条【**設立**】この法律により日本学術会議を設立し、この法律を日本学術会議法と称する。

2 日本学術会議は、内閣総理大臣の所轄とする。

3 日本学術会議に関する経費は、国庫の負担とする。

第二条【**目的**】日本学術会議は、わが国の科学者の内外に対する代表機関として、科学の向上発達を図り、行政、産業及び国民生活に科学を反映浸透させることを目的とする。

第二章 職務及び権限

第三条【**職務**】日本学術会議は、独立して左の職務を行う。

一 科学に関する重要事項を審議し、その実現を図ること。

二 科学に関する研究の連絡を図り、その能率を向上させること。

第四条【**諮問事項**】政府は、左の事項について、日本学術会議に諮問することができる。

一 科学に関する研究、試験等の助成、その他科学の振興を図るために政府の支出する交付金、補助金等の予算及びその配分

二 政府所管の研究所、試験所及び委託研究費等に関する予算編成の方針

三 特に専門科学者の検討を要する重要施策

四 その他日本学術会議に諮問することを適当と認める事項

第五条【**勧告**】日本学術会議は、左の事項について、政府に勧告することができる。

一 科学の振興及び技術の発達に関する方策

二 科学に関する研究成果の活用に関する方策

三 科学研究者の養成に関する方策

四 科学を行政に反映させる方策

五 科学を産業及び国民生活に浸透させる方策

六 その他日本学術会議の目的の遂行に適当な事項

第六条【**資料等**】政府は、日本学術会議の求に応じて、資料の提出、意見の開陳又は説明をすることができる。

第六条の二【**国際団体への加入**】日本学術会議は、第三条第二号の職務を達成するため、学術に関する国際団体に加入することができる。

2 前項の規定により学術に関する国際団体に加入する場合において、政府が新たに義務を負担することとなるときは、あらかじめ内閣総理大臣の承認を経るものとする。

第三章 組織

第七条【**組織**】日本学術会議は、二百十人の日本学術会議会員（以下「会員」という。）をもつて、これを組織する。

2 会員は、第十七条の規定による推薦に基づいて、内閣総理大臣が任命する。

3 会員の任期は、六年とし、三年ごとに、その半数を任命する。

4 補欠の会員の任期は、前任者の残任期間とする。

5 会員は、再任されることができない。ただし、補欠の会員は、一回に限り再任されることができる。

6 会員は、年齢七十年に達した時に退職する。

7 会員には、別に定める手当を支給する。

8 会員は、国会議員を兼ねることを妨げない。

第八条【**会長・副会長の互選及び任期**】日本学術会議に、会長一人及び副会長三人を置く。

2 会長は、会員の互選によつて、これを定める。

3 副会長は、会員のうちから、総会の同意を得て、会長が指名する。

4 会長の任期は、三年とする。ただし、再選されることができる。

5 副会長の任期は、三年とする。ただし、再任されることができる。

6 補欠の会長又は副会長の任期は、前任者の残任期間とする。

第九条【**会長・副会長の職務**】会長は、会務を総理し、日本学術会議を代表する。

2 副会長は、会長を補佐し、会長に事故があるときは、会長の指名により、いずれかの一人が、その職務を代理する。

第一〇条【**部の設置**】日本学術会議は、次の三部を置く。

第一部
第二部
第三部

第一一条【**部の所属**】第一部は、人文科学を中心とする科学の分野において優れた研究又は業績がある会員をもつて組織し、前章の規定による日本学術会議の職務及び権限のうち当該分野に関する事項をつかさどる。

2 第二部は、生命科学を中心とする科学の分野において優れた研究又は業績がある会員をもつて組織し、前章の規定による日本学術会議の職務及び権限のうち当該分野に関する事項をつかさどる。

3 第三部は、理学及び工学を中心とする科学の分野において優れた研究又は業績がある会員をもつて組織し、前章の規定による日本学術会議の職務及び権限のうち当該分野に関する事項をつかさどる。

4 会員は、前条に掲げる部のいずれかに属するものとする。

第一二条【**部の役員の互選及び任期**】各部に、部長一人、副部長一人及び幹事二人を置く。

2 部長は、その部に属する会員の互選によつて定める。

3 副部長及び幹事は、その部に属する会員のうちから、部会の同意を得て、部長が指名する。

4 第八条第四項及び第六項の規定は部長について、同条第五項及び第六項の規定は副部長及び幹事について、それぞれ準用する。

第一三条【**部の役員の職務**】部長は、部務を掌理する。

2 副部長は、部長を補佐し、部長に事故があるときは、その職務を代理する。

3 幹事は、部長の命を受け、部務に従事する。

第一四条【**幹事会**】日本学術会議に、その運営に関する事項を審議させるため、幹事会を置く。

2 幹事会は、会長、副会長、部長、副部長及び幹事をもつて組織する。

3 日本学術会議は、第二十八条の規定による規則（以下この章及び次章において「規則」という。）で定めるところにより、前章の規定による日本学術会議の職務及び権限の一部を幹事会に委任することができる。

第一五条【**連携会員**】日本学術会議に、会員と連携し、規則で定めるところにより第三条に規定する職務の一部を行わせるため、日本学術会議連携会員（以下「連携会員」という。）を置く。

2 連携会員は、優れた研究又は業績がある科学者のうちから会長が任命する。

3 連携会員は、非常勤とする。

4 前三項に定めるもののほか、連携会員に関し必要な事項は、政令で定める。

第一五条の二［**委員会**］日本学術会議に、規則で定めるところにより、会員又は連携会員をもつて組織される常置又は臨時の委員会を置くことができる。

第一六条［**事務局**］日本学術会議に、事務局を置き、日本学術会議に関する事務を処理させる。

2 事務局に、局長その他所要の職員を置く。

3 前項の職員の任免は、会長の申出を考慮して内閣総理大臣が行う。

第四章　会員の推薦

第一七条［**会員の推薦**］日本学術会議は、規則で定めるところにより、優れた研究又は業績がある科学者のうちから会員の候補者を選考し、内閣府令で定めるところにより、内閣総理大臣に推薦するものとする。

第一八条から第二二条まで　削除〔平一六法二九〕

第五章　会議

第二三条［**会議**］日本学術会議の会議は、総会、部会及び連合部会とする。

2 総会は、日本学術会議の最高議決機関とし、年二回会長がこれを招集する。但し、必要があるときは、臨時にこれを招集することができる。

3 部会は、各部に関する事項を審議し、部長がこれを招集する。

4 連合部会は、二以上の部門に関連する事項を審議し、関係する部の部長が、共同してこれを招集する。

第二四条［**定足数**］総会は、会員の二分の一以上の出席がなければ、これを開くことができない。

2 総会の議決は、出席会員の多数決による。

3 部会及び連合部会の会議については、前二項の規定を準用する。

第六章　雑則

第二五条［**会員の辞職**］内閣総理大臣は、会員から病気その他やむを得ない事由による辞職の申出があつたときは、日本学術会議の同意を得て、その辞職を承認することができる。

第二六条［**会員の退職**］内閣総理大臣は、会員に会員として不適当な行為があるときは、日本学術会議の申出に基づき、当該会員を退職させることができる。

第二七条　削除〔昭五八法六五〕

第二八条［**運営規則**］会長は、総会の議決を経て、この法律に定める事項その他日本学術会議の運営に関する事項につき、規則を定めることができる。

附　則（省略）

●科学技術・イノベーション基本法（平成七年一一月一五日法律第一三〇号）

施行、平七・一一・一五
最終改正、令二―法六三（「科学技術基本法」を改称）

第一章　総則

（目的）

第一条　この法律は、科学技術・イノベーション創出の振興に関する施策の基本となる事項を定め、科学技術・イノベーション創出の振興に関する施策を総合的かつ計画的に推進することにより、我が国における科学技術の水準の向上及びイノベーションの創出の促進を図り、もって我が国の経済社会の発展と国民の福祉の向上に寄与するとともに世界の科学技術の進歩と人類社会の持続的な発展に貢献することを目的とする。

（定義）

第二条　この法律において「イノベーションの創出」とは、科学的な発見又は発明、新商品又は新役務の開発その他の創造的活動を通じて新たな価値を生み出し、これを普及することにより、経済社会の大きな変化を創出することをいう。

2 この法律において「科学技術・イノベーション創出の振興」とは、科学技術の振興及び研究開発の成果の実用化によるイノベーションの創出の振興をいう。

3 この法律において「研究開発」とは、基礎研究、応用研究及び開発研究をいい、技術の開発を含む。

4 この法律において「研究者等」とは、研究者及び技術者（研究開発の補助を行う人材を含む。）並びに研究開発又はその成果の普及若しくは実用化に係る運営及び管理に係る業務（専門的な知識及び能力を必要とするものに限る。）に従事する者をいう。

5 この法律において「研究開発法人」とは、科学技術・イノベーション創出の活性化に関する法律（平成二十年法律第六十三号）第二条第九項に規定する研究開発法人をいう。

6 この法律において「大学等」とは、大学（大学院を含む。）及び大学共同利用機関をいう。

（科学技術・イノベーション創出の振興に関する方針）

第三条　科学技術・イノベーション創出の振興は、科学技術及びイノベーションの創出が我が国及び人類社会の将来の発展をもたらす源泉であり、科学技術に係る知識の集積が人類にとっての知的資産であることに鑑み、研究者等及び研究開発の成果を活用した新たな事業の創出を行う人材の創造性が十分に発揮されることを旨として、人間の生活、社会及び自然との調和を図りつつ、積極的に行われなければならない。

2 科学技術・イノベーション創出の振興に当たっては、広範な分野における各分野の特性を踏まえた均衡のとれた研究開発能力の涵養、学際的又は総合的な研究開発の推進、基礎研究、応用研究及び開発研究の調和のとれた発展、学術研究及び学術研究以外の研究の均衡のとれた推進並びに国の試験研究機関、研究開発法人、大学等、民間事業者その他の関係者の国内外にわたる有機的な連携について配慮されなければならず、また、自然科学と人文科学との相互の関わり合いが科学技術の進歩及びイノベーションの創出にとって重要であることに鑑み、両者の調和のとれた発展について留意されなければならない。

3 科学技術の振興は、科学技術がイノベーションの創出に寄与するという意義のみならず学術的価値の創出に寄与するという意義その他の多様な意義を持つことに留意するとともに、研究開発において公正性を確保する必要があることに留意して行われなければならない。

4 イノベーションの創出の振興は、科学技術の振興によってもたらされる研究開発の成果がイノベーションの創出に最大限つながるよう、科学技術の振興との有機的な連携を図りつつ、行われなければならない。

5　科学技術・イノベーション創出の振興は、全ての国民が科学技術及びイノベーションの創出の恵沢をあまねく享受できる社会が実現されることを旨として、行われなければならない。

6　科学技術・イノベーション創出の振興に当たっては、あらゆる分野の科学技術に関する知見を総合的に活用して、次に掲げる課題その他の社会の諸課題への的確な対応が図られるよう留意されなければならない。

一　少子高齢化、人口の減少、国境を越えた社会経済活動の進展への対応その他の我が国が直面する課題

二　食料問題、エネルギーの利用の制約、地球温暖化問題その他の人類共通の課題

三　科学技術の活用により生ずる社会経済構造の変化に伴う雇用その他の分野における新たな課題

（国の責務）

第四条　国は、前条に規定する科学技術・イノベーション創出の振興に関する方針（次条から第七条までにおいて「振興方針」という。）にのっとり、科学技術・イノベーション創出の振興に関する総合的な施策を策定し、及びこれを実施する責務を有する。

（地方公共団体の責務）

第五条　地方公共団体は、振興方針にのっとり、科学技術・イノベーション創出の振興に関し、国の施策に準じた施策及びその地方公共団体の区域の特性を生かした自主的な施策を策定し、及びこれを実施する責務を有する。

（研究開発法人及び大学等の責務）

第六条　研究開発法人及び大学等は、その活動が科学技術の水準の向上及びイノベーションの創出の促進に資するものであることに鑑み、振興方針にのっとり、科学技術の進展及び社会の要請に的確に対応しつつ、人材の育成並びに研究開発及びその成果の普及に自主的かつ計画的に努めるものとする。

2　研究開発法人及び大学等は、その活動において研究者等及び研究開発に係る支援を行う人材の果たす役割の重要性に鑑み、これらの者の職務及び職場環境がその重要性にふさわしい魅力あるものとなるよう、これらの者の適切な処遇の確保及び研究施設等（研究施設及び研究設備をいう。以下同じ。）の整備に努めるものとする。

（民間事業者の責務）

第七条　民間事業者は、振興方針にのっとり、その事業活動に関し、研究開発法人及び大学等と積極的に連携し、研究開発及びその成果の実用化によるイノベーションの創出に努めるものとする。

2　民間事業者は、研究開発及びその成果の実用化によるイノベーションの創出において研究者等及び研究開発の成果を活用した新たな事業の創出を行う人材の果たす役割の重要性に鑑み、これらの者の活用に努めるとともに、これらの者の職務がその重要性にふさわしい魅力あるものとなるよう、これらの者の適切な処遇の確保に努めるものとする。

（国及び地方公共団体の施策の策定等に当たっての配慮）

第八条　国及び地方公共団体は、科学技術・イノベーション創出の振興に関する施策を策定し、及びこれを実施するに当たっては、基礎研究が新しい現象の発見及び解明並びに独創的な新技術の創出等をもたらすものであること、その成果の見通しを当初から立てることが難しく、また、その成果が実用化に必ずしも結び付くものではないこと等の性質を有するものであることに鑑み、基礎研究の推進において国及び地方公共団体が果たす役割の重要性に配慮しなければならない。

（大学等に係る施策における配慮）

第九条　国及び地方公共団体は、科学技術・イノベーション創出の振興に関する施策で大学等に係るものを策定し、及びこれを実施するに当たっては、大学等における研究活動の活性化を図るよう努めるとともに、研究者等の自主性の尊重その他の大学等における研究の特性に配慮しなければならない。

（法制上の措置等）

第一〇条　政府は、科学技術・イノベーション創出の振興に関する施策を実施するため必要な法制上、財政上又は金融上の措置その他の措置を講じなければならない。

（年次報告）

第一一条　政府は、毎年、国会に、政府が科学技術・イノベーション創出の振興に関して講じた施策に関する報告書を提出しなければならない。

第二章　科学技術・イノベーション基本計画

第一二条　政府は、科学技術・イノベーション創出の振興に関する施策の総合的かつ計画的な推進を図るため、科学技術・イノベーション創出の振興に関する基本的な計画（以下この条において「科学技術・イノベーション基本計画」という。）を策定しなければならない。

2　科学技術・イノベーション基本計画は、次に掲げる事項について定めるものとする。

一　研究開発の推進に関する総合的な方針

二　次に掲げる人材の確保、養成及び資質の向上並びにその適切な処遇の確保に関し、政府が総合的かつ計画的に講ずべき施策

イ　研究者等

ロ　研究開発に係る支援を行う人材（イに該当するものを除く。）

ハ　研究開発の成果を活用した新たな事業の創出を行う人材

ニ　研究開発の成果を活用した新たな事業の創出に係る支援を行う人材

三　研究施設等の整備、研究開発に係る情報化の促進その他の研究開発の推進のための環境の整備に関し、政府が総合的かつ計画的に講ずべき施策

四　研究開発の成果の実用化及びこれによるイノベーションの創出の促進を図るための環境の整備に関し、政府が総合的かつ計画的に講ずべき施策

五　その他科学技術・イノベーション創出の振興に関し必要な事項

3　政府は、科学技術・イノベーション基本計画を策定するに当たっては、あらかじめ、総合科学技術・イノベーション会議の議を経なければならない。

4　政府は、科学技術及びイノベーションの創出の進展の状況、政府が科学技術・イノベーション創出の振興に関して講じた施策の効果等を勘案して、適宜、科学技術・イノベーション基本計画に検討を加え、必要があると認めるときには、これを変更しなければならない。この場合においては、前項の規定を準用する。

5　政府は、第一項の規定により科学技術・イノベーション基本計画を策定し、又は前項の規定によりこれを変更したときは、これを公表しなければならない。

6　政府は、科学技術・イノベーション基本計画について、その実施に要する経費に関し必要な資金の確保を図るため、毎年度、国の財政の許す範囲内で、これを予算に計上する等その円滑な実施に必要な措置を講ずるよう努めなければならない。

第三章　研究開発の推進等

（多様な研究開発の均衡のとれた推進等）

第一三条　国は、広範な分野における各分野の特性を踏まえた多様な研究開発の均衡のとれた推進に必要な施策を講ずるとともに、国として特に振興を図るべき重要な科学技術の分野に関する研究開発の一層の推進を図るため、その企画、実施等に必要な施策を講ずるものとする。

（研究者等の確保等）

第一四条　国は、科学技術の進展等に対応した研究開発を推進するため、大学院における教育研究の充実その他の研究者等の確保、養成

及び資質の向上に必要な施策を講ずるものとする。

2　国は、研究者等の職務がその重要性にふさわしい魅力あるものとなるよう、研究者等の適切な処遇の確保に必要な施策を講ずるものとする。

3　国は、研究開発の円滑な推進にとっては第十二条第二項第二号ロに掲げる人材が、研究開発の成果の実用化によるイノベーションの創出の推進にとっては同号ハ及びニに掲げる人材が、それぞれ不可欠であることに鑑み、これらの人材の確保、養成及び資質の向上並びにその適切な処遇の確保を図るため、前二項に規定する施策に準じて施策を講ずるものとする。

（研究施設等の整備等）

第一五条　国は、科学技術の進展等に対応した研究開発を推進するため、研究開発機関（国の試験研究機関、研究開発法人、大学等及び民間事業者等における研究開発に係る機関をいう。次条及び第十七条において同じ。）の研究施設等の整備に必要な施策を講ずるものとする。

2　国は、研究開発の効果的かつ効率的な推進を図るため、研究材料の円滑な供給等研究開発に係る支援機能の充実に必要な施策を講ずるものとする。

（研究開発に係る情報化の促進）

第一六条　国は、研究開発の効果的かつ効率的な推進を図るため、科学技術に関する情報処理の高度化、科学技術に関するデータベースの充実、研究開発機関等の間の情報ネットワークの構築等研究開発に係る情報化の促進に必要な施策を講ずるものとする。

（研究開発に係る交流の促進）

第一七条　国は、研究開発機関又は研究者等相互の間の交流により研究者等の多様な知識の融合等を図ることが新たな研究開発の進展をもたらす源泉となるものであり、また、その交流が研究開発の効果的かつ効率的な推進にとって不可欠なものであることに鑑み、研究者等の交流、研究開発機関による共同研究開発、研究開発機関の研究施設等の共同利用等研究開発に係る交流の促進に必要な施策を講ずるものとする。

（研究開発に係る資金の効果的かつ効率的な使用）

第一八条　国は、研究開発の円滑な推進を図るため、研究開発の展開に応じて研究開発に係る資金を効果的かつ効率的に使用できるようにする等その活用に必要な施策を講ずるものとする。

（研究開発の成果の活用等）

第一九条　国は、研究開発の成果の活用を図るため、研究開発の成果の適切な保護及び公開、研究開発に関する情報の提供等その普及に必要な施策並びにその適切な実用化及びこれによるイノベーションの創出の促進等に必要な施策を講ずるものとする。

（民間事業者の努力の助長）

第二〇条　国は、我が国の科学技術活動及びイノベーションの創出に係る活動において民間事業者が果たす役割の重要性に鑑み、民間事業者の自主的な努力を助長することによりその研究開発及び研究開発の成果の実用化によるイノベーションの創出を促進するよう、必要な施策を講ずるものとする。

第四章　国際的な交流等の推進

第二一条　国は、国際的な科学技術活動及びイノベーションの創出に係る活動を強力に展開することにより、我が国の国際社会における役割を積極的に果たすとともに、我が国における科学技術及びイノベーションの創出の一層の進展に資するため、研究者等の国際的交流、国際的な共同研究開発、科学技術に関する情報の国際的流通等科学技術及びイノベーションの創出に関する国際的な交流等の推進に必要な施策を講ずるものとする。

第五章　科学技術に関する学習の振興等

第二二条　国は、青少年をはじめ広く国民があらゆる機会を通じて科学技術に対する理解と関心を深めることができるよう、学校教育及び社会教育における科学技術に関する学習の振興並びに科学技術に関する啓発及び知識の普及に必要な施策を講ずるものとする。

附　則（省略）

附　則（抄）　（令和二年六月二四日法律第六三号）

（施行期日）

第一条　この法律は、令和三年四月一日から施行する。ただし、次条（中略）の規定は、公布の日から施行する。

（施行前の準備）

第二条　政府は、この法律の施行の日（以下「施行日」という。）前においても、第一条の規定による改正後の科学技術・イノベーション基本法（次項において「新基本法」という。）第十二条の規定の例により、科学技術・イノベーション基本計画を定めることができる。この場合において、内閣総理大臣は、施行日前においても、同条の規定の例により、これを公表することができる。

2　前項の規定により定められた科学技術・イノベーション基本計画は、施行日において新基本法第十二条の規定により定められたものとみなす。

●科学研究費補助金取扱規程

（昭和四〇年三月三〇日文部省告示第一一〇号）

施行、昭四〇・四・一
最終改正、平三〇—文科告五四

（趣旨）

第一条　科学研究費補助金の取扱いについては、補助金等に係る予算の執行の適正化に関する法律（昭和三十年法律第百七十九号。以下「法」という。）及び補助金等に係る予算の執行の適正化に関する法律施行令（昭和三十年政令第二百五十五号）に定めるもののほか、この規程の定めるところによる。

（定義）

第二条　この規程において「研究機関」とは、学術研究を行う機関であつて、次に掲げるものをいう。

一　大学及び大学共同利用機関（別に定めるところにより文部科学大臣が指定する大学共同利用機関法人が設置する大学共同利用機関にあつては、当該大学共同利用機関法人とする。）

二　文部科学省の施設等機関のうち学術研究を行うもの

三　高等専門学校

四　国若しくは地方公共団体の設置する研究所その他の機関、特別の法律により設立された法人若しくは当該法人の設置する研究所その他の機関、国際連合大学の研究所その他の機関（国内に設置されるものに限る。）又は一般社団法人若しくは一般財団法人のうち学術研究を行うものとして別に定めるところにより文部科学大臣が指定するもの

2　この規程において「不正使用」とは、故意若しくは重大な過失による研究費の他の用途への使用又は研究費の交付の決定の内容若しくはこれに附した条件に違反した使用をいう。

3　この規程において「不正行為」とは、研究

費の交付の対象となつた事業において発表された研究成果において示されたデータ、情報、調査結果等の故意による又は研究者としてわきまえるべき基本的な注意義務を著しく怠つたことによるねつ造、改ざん又は盗用をいう。

4　本邦の法令に基づいて設立された会社その他の法人（以下この項において「会社等」という。）が設置する研究所その他の機関又は研究を主たる事業としている会社等であつて、学術の振興に寄与する研究を行う者が所属するもの（第一項第一号、第三号及び第四号に掲げるものを除く。）のうち、別に定めるところにより文部科学大臣が指定するものは、同項の研究機関とみなす。

（科学研究費補助金の交付の対象）

第三条　科学研究費補助金は、次の各号に掲げる事業に交付するものとする。

一　学術上重要な基礎的研究（応用的研究のうち基礎的段階にある研究を含む。）であつて、研究機関に、当該研究機関の研究活動を行うことを職務に含む者として所属し、かつ、当該研究機関の研究活動に実際に従事している研究者（日本学術振興会特別研究員を含む。）が一人で行う事業若しくは二人以上の研究者が同一の研究課題について共同して行う事業（研究者の所属する研究機関の活動として行うものであり、かつ、研究機関において科学研究費補助金の管理を行うものに限る。）又は教育的若しくは社会的意義を有する研究であつて、研究者が一人で行う事業（以下「科学研究」という。）

二　学術研究の成果の公開で、個人又は学術団体が行う事業（以下「研究成果の公開」という。）

三　その他文部科学大臣が別に定める学術研究に係る事業

2　独立行政法人日本学術振興会法（平成十四年法律第百五十九号。以下「振興会法」という。）第十五条第一号の規定に基づき独立行政法人日本学術振興会（以下「振興会」という。）が行う業務に対して、文部科学大臣が別に定めるところにより科学研究費補助金を交付する。

（科学研究費補助金を交付しない事業）

第四条　前条の規定にかかわらず、次の各号に掲げる者（学術団体を含む。以下この条において同じ。）が行う事業については、それぞれ当該各号に定める期間、科学研究費補助金を交付しない。

一　法第十七条第一項の規定により科学研究費補助金の交付の決定が取り消された事業（以下「交付決定取消事業」という。）において科学研究費補助金の不正使用を行つた者　法第十八条第一項の規定により当該交付決定取消事業に係る科学研究費補助金の返還の命令があつた年度の原則として翌年度以降一年以上十年以内の間で当該不正使用の内容等を勘案して相当と認められる期間

二　前号に掲げる者と科学研究費補助金の不正使用を共謀した者　同号の規定により同号に掲げる者が行う事業について科学研究費補助金を交付しないこととされる期間と同一の期間

三　法第二条第三項に規定する補助事業者等（以下「補助事業者」という。）のうち交付決定取消事業において法第十一条第一項の規定に違反した者（前二号に該当する者を除く。）　法第十八条第一項の規定により当該交付決定取消事業に係る科学研究費補助金の返還の命令があつた年度の原則として翌年度以降一年以上二年以内の間で当該違反の内容等を勘案し相当と認められる期間

四　偽りその他不正の手段により科学研究費補助金の交付を受けた者又は当該偽りその他不正の手段の使用を共謀した者　当該科学研究費補助金の返還の命令があつた年度の原則として翌年度以降五年間

五　科学研究費補助金による事業において不正行為があつたと認定された者（当該不正行為があつたと認定された研究成果に係る研究論文等の内容について責任を負う者として認定されたものを含む。以下同じ。）　当該不正行為があつたと認定された年度の原則として翌年度以降一年以上十年以内の間で当該不正行為の内容等を勘案して科学技術・学術審議会において相当と認められる期間

2　前条の規定にかかわらず、振興会法第十八条第一項に規定する学術研究助成基金を財源として振興会が支給する助成金（以下「基金助成金」という。）を一定期間交付しないこととされた次の各号に掲げる者が行う事業については、基金助成金を交付しないとされた期間、科学研究費補助金を交付しない。

一　基金助成金の不正使用を行つた者

二　基金助成金の不正使用を共謀した者

三　振興会法第十七条第二項の規定により準用される法第十一条第一項の規定に違反した補助事業者（前二号に該当する者を除く）

四　偽りその他不正の手段により基金助成金の交付を受けた者又は当該偽りその他不正の手段の使用を共謀した者

五　基金助成金による事業において不正行為があつたと認定された者

3　前条の規定にかかわらず、国又は独立行政法人が交付する給付金であつて、文部科学大臣が別に定めるもの（以下「特定給付金」という。）を一定期間交付しないこととされた次の各号に掲げる者が行う事業については、文部科学大臣が別に定める期間、科学研究費補助金を交付しない。

一　特定給付金の不正使用を行つた者

二　特定給付金の不正使用を共謀した者

三　特定給付金の交付の対象となる事業に関して、法令又はこれに基づく国の機関若しくは独立行政法人の長の処分に違反した者

四　偽りその他不正の手段により特定給付金の交付を受けた者又は当該偽りその他不正の手段の使用を共謀した者

五　特定給付金による事業において不正行為があつたと認定された者

4　前条の規定にかかわらず、公募型の研究費（科学研究費補助金、基金助成金及び特定給付金を除く。）又は国立大学法人若しくは独立行政法人に対する運営費交付金若しくは私立学校に対する助成の措置等の基盤的経費その他の予算上の措置（文部科学省が講ずるものに限る。）による研究において不正行為があつたと認定された者が行う事業については、当該不正行為があつたと認定された年度の原則として翌年度以降一年以上十年以内の間で当該不正行為の内容等を勘案して相当と認められる期間、科学研究費補助金を交付しない。

（補助金の交付申請者）

第五条　第三条第一項第一号及び第二号に係る科学研究費補助金（同条第二項に係るものを除く。以下「補助金」という。）の交付の申請をすることができる者は、次のとおりとする。

一　科学研究に係る補助金にあつては、科学研究を行う研究者の代表者

二　研究成果の刊行に係る補助金にあつては、研究成果の刊行を行う個人又は学術団体の代表者

（計画調書）

第六条　補助金の交付の申請をしようとする者は、あらかじめ科学研究又は研究成果の公開（以下「科学研究等」という。）に関する計画調書を別に定める様式により文部科学大臣に提出するものとする。

2　前項の計画調書の提出期間については、毎年文部科学大臣が公表する。

（交付の決定）

第七条　文部科学大臣は、前条第一項の計画調書に基づいて、補助金を交付しようとする者及び交付しようとする予定額（以下「交付予定額」という。）を定め、その者に対し、あらかじめ交付予定額を通知するものとする。

2　文部科学大臣は、補助金を交付しようとする者及び交付予定額を定めるに当たつては、文部科学大臣に提出された計画調書について、科学技術・学術審議会の意見を聴くもの

とする。

第八条　前条第一項の通知を受けた者が補助金の交付の申請をしようとするときは、文部科学大臣の指示する時期までに、別に定める様式による交付申請書を文部科学大臣に提出しなければならない。

2　文部科学大臣は、前項の交付申請書に基づいて、交付の決定を行ない、その決定の内容及びこれに条件を附した場合にはその条件を補助金の交付の申請をした者に通知するものとする。

（科学研究等の変更）

第九条　補助金の交付を受けた者が、科学研究等の内容及び経費の配分の変更（文部科学大臣が別に定める軽微な変更を除く。）をしようとするときは、あらかじめ文部科学大臣の承認を得なければならない。

（補助金の使用制限）

第一〇条　補助金の交付を受けた者は、補助金を科学研究等に必要な経費にのみ使用しなければならない。

（実績報告書）

第一一条　補助金の交付を受けた者は、科学研究等を完了したときは、すみやかに別に定める様式による実績報告書を文部科学大臣に提出しなければならない。補助金の交付の決定に係る国の会計年度が終了した場合も、また同様とする。

2　前項の実績報告書には、補助金により購入した設備、備品又は図書（以下「設備等」という。）がある場合にあつては、別に定める様式による購入設備明細書を添付しなければならない。

3　第一項後段の規定による実績報告書には、翌年度に行う科学研究等に関する計画を記載した書面を添付しなければならない。

（補助金の額の確定）

第一二条　文部科学大臣は、前条第一項前段の規定による実績報告書の提出を受けた場合においては、その実績報告書の審査及び必要に応じて行なう調査により、科学研究等の成果が補助金の交付の決定の内容及びこれに附した条件に適合すると認めたときは、交付すべき補助金の額を確定し、補助金の交付を受けた者に通知するものとする。

（研究成果報告書）

第一三条　補助金の交付を受けた者は、文部科学大臣の定めるところにより、第六条第一項の計画調書上の計画に基づいて実施した事業の成果について取りまとめた報告書（以下「研究成果報告書」という。）を文部科学大臣に提出しなければならない。

2　前項の文部科学大臣の定める時期までに研究成果報告書を提出しなかった者が、さらに文部科学大臣が別に指示する時期までに特段の理由なく研究成果報告書を提出しない場合には、文部科学大臣は、第七条第一項の規定にかかわらず、この者に対して交付予定額を通知しないものとする。第三条第二項に係る科学研究費補助金又は基金助成金の研究成果報告書を、振興会の指示する時期までに提出しない場合についても同様とする。

3　前項の規定により交付予定額を通知しないこととされた者が、その後、文部科学大臣又は振興会が別に指示する時期までに研究成果報告書を提出したときは、文部科学大臣は、第七条第一項の規定に基づき、交付予定額を通知するものとする。

（帳簿等の整理保管）

第一四条　補助金の交付を受けた者は、補助金の収支に関する帳簿を備え、領収証書等関係書類を整理し、並びにこれらの帳簿及び書類を補助金の交付を受けた年度終了後五年間保管しておかなければならない。

（経理の調査）

第一五条　文部科学大臣は、必要があると認めるときは、補助金の交付を受けた者に対し、その補助金の経理について調査し、若しくは指導し、又は報告を求めることができる。

（科学研究等の状況の調査）

第一六条　文部科学大臣は、必要があると認めるときは、補助金の交付を受けた者に対し、科学研究等の状況に関する報告書の提出を求め、又は科学研究等の状況を調査することができる。

（研究経過及び研究成果の公表）

第一七条　文部科学大臣は、科学研究に係る実績報告書及び前条の報告書のうち、研究経過に関する部分の全部又は一部を印刷その他の方法により公表することができる。

2　文部科学大臣は、研究成果報告書の全部又は一部を印刷その他の方法により公表することができる。

（設備等の寄付）

第一八条　第五条第一号に係る補助金の交付を受けた者が、補助金により設備等を購入したときは、直ちに、当該設備等を当該補助金の交付を受けた者が所属する研究機関のうちから適当な研究機関を一以上選定して、寄付しなければならない。

2　第五条第一号に係る補助金の交付を受けた者は、設備等を直ちに寄付することにより研究上の支障が生じる場合において、文部科学大臣の承認を得たときは、前項の規定にかかわらず、当該研究上の支障がなくなるまでの間、当該設備等を寄付しないことができる。

第一九条　第三条第一項第三号に係る科学研究費補助金に関し必要な事項は、別に文部科学大臣が定める。

（その他）

第二〇条　この規程に定めるもののほか、補助金の取扱いに関し必要な事項は、そのつど文部科学大臣が定めるものとする。

附　則（省略）

附　則（抄）（平成二八年三月三一日文部科学省告示第七三号）

施行、平二八・三・三一

2　この告示による改正後の科学研究費補助金取扱規程第四条第四項の規定は、平成二十六年度以前の会計年度に係る研究費による研究において不正行為があったと認定された者が行う事業については、適用しない。

●民間学術研究機関の助成に関する法律

（昭和二六年六月二日法律第一二七号）

施行、昭二六・六・一一
最終改正、平一八—法五〇

（目的）

第一条　この法律は、民間学術研究機関がわが国の学術及び産業の振興上重要な使命を有することにかんがみ、これに対し現下の経済情勢に対処して財政的援助を行い、学術の研究の遂行を容易にすることを目的とする。

（定義）

第二条　この法律で「民間学術研究機関」（以下「研究機関」という。）とは、一般社団法人又は一般財団法人で、学術の研究を目的とするものをいう。

（研究機関の助成）

第三条　国は、研究機関に対し、予算の範囲内で、その維持運営に要する経費の一部を補助することができる。

（補助の申請）

第四条　研究機関は、前条の規定による補助金の交付を受けようとするときは、主務大臣（当該研究機関の事業を所管する大臣をいう。以下同じ。）に申請しなければならない。

（補助の決定）

第五条　主務大臣は、前条の申請があつたときは、左に掲げる要件を備えているかどうかを審査し、備えていると認めたときは当該研究機関に対する補助金の額及び使用の目的を決定し、備えていないと認めたときは補助をしない旨の決定をするものとする。

一　当該研究機関の行う研究が学術又は産業の振興上重要なものであること。

二　当該研究機関がその研究を遂行するために必要な研究者及び研究設備を有すること。

三　当該研究機関において補助を必要とする

相当な事由があること。

2　主務大臣は、前項の規定により審査をするに当つては、審査の方針及び対象の範囲をあらかじめ日本学術会議に諮問してその意見を聞かなければならない。

（通知）

第六条　主務大臣は、前条第一項の決定をしたときは、すみやかに当該研究機関に対し、これを通知しなければならない。

（**補助金の目的外流用の禁止**）

第七条　研究機関は、交付を受けた補助金を第五条第一項の決定により定められた目的以外の目的に使用してはならない。

（**補助金の経理**）

第八条　研究機関は、交付を受けた補助金については、他の収入支出と区別してその経理を明らかにしなければならない。

（**公表義務**）

第九条　補助金の交付を受けた研究機関は、その研究の成果を公表しなければならない。

（**補助金の還付等**）

第一〇条　主務大臣は、補助の決定を受けた研究機関が、左の各号の一に該当するときは、当該決定を取り消し、補助金の交付を停止し、又は交付した補助金の全部若しくは一部の還付を命ずるものとする。

一　第五条第一項各号の要件を欠くにいたつたとき。

二　前三条の規定に違反したとき。

2　前項の処分については、第五条第二項の規定を準用する。

（**監督**）

第一一条　主務大臣は、必要があると認めるときは、補助の決定を受けた研究機関に対して報告をさせ、又はその職員をして帳簿その他の物件を検査させることができる。

2　前項の規定により職員が検査をする場合においては、その身分を示す証票を携帯し、関係人にこれを呈示しなければならない。

（**収支決算書**）

第一二条　補助金の交付を受けた研究機関は、毎会計年度、収支決算書を作製し、主務大臣に提出しなければならない。

（**委任規定**）

第一三条　補助金の交付の申請手続、補助金の交付を受けた研究機関において備えつけるべき帳簿その他この法律施行のため必要な事項は、主務省令（主務大臣の発する命令をいう。）で定める。

附　則（省略）

●文化財保護法（抜粋）

（昭和二五年五月三〇日 法律第二一四号）

施行、昭二五・八・二九
最終改正、令二―法四一

第一章　総則

（**この法律の目的**）

第一条　この法律は、文化財を保存し、且つ、その活用を図り、もつて国民の文化的向上に資するとともに、世界文化の進歩に貢献することを目的とする。

（**文化財の定義**）

第二条　この法律で「文化財」とは、次に掲げるものをいう。

一　建造物、絵画、彫刻、工芸品、書跡、典籍、古文書その他の有形の文化的所産で我が国にとつて歴史上又は芸術上価値の高いもの（これらのものと一体をなしてその価値を形成している土地その他の物件を含む。）並びに考古資料及びその他の学術上価値の高い歴史資料（以下「有形文化財」という。）

二　演劇、音楽、工芸技術その他の無形の文化的所産で我が国にとつて歴史上又は芸術上価値の高いもの（以下「無形文化財」という。）

三　衣食住、生業、信仰、年中行事等に関する風俗慣習、民俗芸能、民俗技術及びこれらに用いられる衣服、器具、家屋その他の物件で我が国民の生活の推移の理解のため欠くことのできないもの（以下「民俗文化財」という。）

四　貝づか、古墳、都城跡、城跡、旧宅その他の遺跡で我が国にとつて歴史上又は学術上価値の高いもの、庭園、橋梁、峡谷、海浜、山岳その他の名勝地で我が国にとつて芸術上又は観賞上価値の高いもの並びに動物（生息地、繁殖地及び渡来地を含む。）、植物（自生地を含む。）及び地質鉱物（特異な自然の現象の生じている土地を含む。）で我が国にとつて学術上価値の高いもの（以下「記念物」という。）

五　地域における人々の生活又は生業及び当該地域の風土により形成された景観地で我が国民の生活又は生業の理解のため欠くことのできないもの（以下「文化的景観」という。）

六　周囲の環境と一体をなして歴史的風致を形成している伝統的な建造物群で価値の高いもの（以下「伝統的建造物群」という。）

2　この法律の規定（第二十七条から第二十九条まで、第三十七条、第五十五条第一項第四号、第百五十三条第一項第一号、第百六十五条、第百七十一条及び附則第三条の規定を除く。）中「重要文化財」には、国宝を含むものとする。

3　この法律の規定（第百九条、第百十条、第百十二条、第百二十二条、第百三十一条第一項第四号、第百五十三条第一項第七号及び第八号、第百六十五条並びに第百七十一条の規定を除く。）中「史跡名勝天然記念物」には、特別史跡名勝天然記念物を含むものとする。

（**政府及び地方公共団体の任務**）

第三条　政府及び地方公共団体は、文化財がわが国の歴史、文化等の正しい理解のため欠くことのできないものであり、且つ、将来の文化の向上発展の基礎をなすものであることを認識し、その保存が適切に行われるように、周到の注意をもつてこの法律の趣旨の徹底に努めなければならない。

（**国民、所有者等の心構**）

第四条　一般国民は、政府及び地方公共団体がこの法律の目的を達成するために行う措置に誠実に協力しなければならない。

2　文化財の所有者その他の関係者は、文化財が貴重な国民的財産であることを自覚し、これを公共のために大切に保存するとともに、できるだけこれを公開する等その文化的活用に努めなければならない。

3　政府及び地方公共団体は、この法律の執行に当つて関係者の所有権その他の財産権を尊重しなければならない。

第三章　有形文化財

第一節　重要文化財

第一款　指定

（指定）

第二七条　文部科学大臣は、有形文化財のうち重要なものを重要文化財に指定することができる。

2　文部科学大臣は、重要文化財のうち世界文化の見地から価値の高いもので、たぐいない国民の宝たるものを国宝に指定することができる。

第二款　管理

（管理方法の指示）

第三〇条　文化庁長官は、重要文化財の所有者に対し、重要文化財の管理に関し必要な指示をすることができる。

（所有者の管理義務及び管理責任者）

第三一条　重要文化財の所有者は、この法律並びにこれに基いて発する文部科学省令及び文化庁長官の指示に従い、重要文化財を管理しなければならない。

2　重要文化財の所有者は、当該重要文化財の適切な管理のため必要があるときは、第百九十二条の二第一項に規定する文化財保存活用支援団体その他の適当な者を専ら自己に代わり当該重要文化財の管理の責めに任ずべき者（以下この節及び第百八十七条第一項第一号において「管理責任者」という。）に選任することができる。

3　前項の規定により管理責任者を選任したときは、重要文化財の所有者は、文部科学省令の定める事項を記載した書面をもつて、当該管理責任者と連署の上二十日以内に文化庁長官に届け出なければならない。管理責任者を解任した場合も同様とする。

4　管理責任者には、前条及び第一項の規定を準用する。

（管理団体による管理）

第三二条の二　重要文化財につき、所有者が判明しない場合又は所有者若しくは管理責任者による管理が著しく困難若しくは不適当であると明らかに認められる場合には、文化庁長官は、適当な地方公共団体その他の法人を指定して、当該重要文化財の保存のため必要な管理（当該重要文化財の保存のため必要な施設、設備その他の物件で当該重要文化財の所有者の所有又は管理に属するものの管理を含む。）を行わせることができる。

2　前項の規定による指定をするには、文化庁長官は、あらかじめ、当該重要文化財の所有者（所有者が判明しない場合を除く。）及び権原に基く占有者並びに指定しようとする地方公共団体その他の法人の同意を得なければならない。

3　第一項の規定による指定は、その旨を官報で告示するとともに、前項に規定する所有者、占有者及び地方公共団体その他の法人に通知してする。

4　第一項の規定による指定には、第二十八条第二項の規定を準用する。

5　重要文化財の所有者又は占有者は、正当な理由がなくて、第一項の規定による指定を受けた地方公共団体その他の法人（以下この節及び第百八十七条第一項第一号において「管理団体」という。）が行う管理又はその管理のため必要な措置を拒み、妨げ、又は忌避してはならない。

6　管理団体には、第三十条及び第三十一条第一項の規定を準用する。

第三款　保護

（修理）

第三四条の二　重要文化財の修理は、所有者が行うものとする。但し、管理団体がある場合は、管理団体が行うものとする。

（管理団体による修理）

第三四条の三　管理団体が修理を行う場合は、管理団体は、あらかじめ、その修理の方法及び時期について当該重要文化財の所有者（所有者が判明しない場合を除く。）及び権原に基く占有者の意見を聞かなければならない。

2　管理団体が修理を行う場合には、第三十二条の二第五項及び第三十二条の四の規定を準用する。

（管理又は修理の補助）

第三五条　重要文化財の管理又は修理につき多額の経費を要し、重要文化財の所有者又は管理団体がその負担に堪えない場合その他特別の事情がある場合には、政府は、その経費の一部に充てさせるため、重要文化財の所有者又は管理団体に対し補助金を交付することができる。

2　前項の補助金を交付する場合には、文化庁長官は、その補助の条件として管理又は修理に関し必要な事項を指示することができる。

3　文化庁長官は、必要があると認めるときは、第一項の補助金を交付する重要文化財の管理又は修理について指揮監督することができる。

（管理に関する命令又は勧告）

第三六条　重要文化財を管理する者が不適任なため又は管理が適当でないため重要文化財が滅失し、き損し、又は盗み取られる虞があると認めるときは、文化庁長官は、所有者、管理責任者又は管理団体に対し、重要文化財の管理をする者の選任又は変更、管理方法の改善、防火施設その他の保存施設の設置その他管理に関し必要な措置を命じ、又は勧告することができる。

2　前項の規定による命令又は勧告に基いてする措置のために要する費用は、文部科学省令の定めるところにより、その全部又は一部を国庫の負担とすることができる。

3　前項の規定により国庫が費用の全部又は一部を負担する場合には、前条第三項の規定を準用する。

（修理に関する命令又は勧告）

第三七条　文化庁長官は、国宝がき損している場合において、その保存のため必要があると認めるときは、所有者又は管理団体に対し、その修理について必要な命令又は勧告をすることができる。

2　文化庁長官は、国宝以外の重要文化財がき損している場合において、その保存のため必要があると認めるときは、所有者又は管理団体に対し、その修理について必要な勧告をすることができる。

3　前二項の規定による命令又は勧告に基いてする修理のために要する費用は、文部科学省令の定めるところにより、その全部又は一部を国庫の負担とすることができる。

4　前項の規定により国庫が費用の全部又は一部を負担する場合には、第三十五条第三項の規定を準用する。

（文化庁長官による国宝の修理等の施行）

第三八条　文化庁長官は、左の各号の一に該当する場合においては、国宝につき自ら修理を行い、又は滅失、き損若しくは盗難の防止の措置をすることができる。

一　所有者、管理責任者又は管理団体が前二条の規定による命令に従わないとき。

二　国宝がき損している場合又は滅失し、き損し、若しくは盗み取られる虞がある場合において、所有者、管理責任者又は管理団体に修理又は滅失、き損若しくは盗難の防止の措置をさせることが適当でないと認められるとき。

2　前項の規定による修理又は措置をしようとするときは、文化庁長官は、あらかじめ、所有者、管理責任者又は管理団体に対し、当該国宝の名称、修理又は措置の内容、着手の時期その他必要と認める事項を記載した令書を交付するとともに、権原に基く占有者にこれらの事項を通知しなければならない。

（現状変更等の制限）

第四三条　重要文化財に関しその現状を変更し、又はその保存に影響を及ぼす行為をしようとするときは、文化庁長官の許可を受けなければならない。ただし、現状変更については維持の措置又は非常災害のために必要な応急措置を執る場合、保存に影響を及ぼす行為については影響の軽微である場合は、この限りでない。

2　前項但書に規定する維持の措置の範囲は、文部科学省令で定める。

3から6まで　（省略）

（修理の届出等）

第四三条の二　重要文化財を修理しようとするときは、所有者又は管理団体は、修理に着手しようとする日の三十日前までに、文部科学省令の定めるところにより、文化庁長官にその旨を届け出なければならない。但し、前条第一項の規定により許可を受けなければならない場合その他文部科学省令の定める場合は、この限りでない。

2　重要文化財の保護上必要があると認めるときは、文化庁長官は、前項の届出に係る重要文化財の修理に関し技術的な指導と助言を与えることができる。

（輸出の禁止）

第四四条　重要文化財は、輸出してはならない。但し、文化庁長官が文化の国際的交流その他の事由により特に必要と認めて許可した場合は、この限りでない。

（環境保全）

第四五条　文化庁長官は、重要文化財の保存のため必要があると認めるときは、地域を定めて一定の行為を制限し、若しくは禁止し、又は必要な施設をすることを命ずることができる。

2　前項の規定による処分によつて損失を受けた者に対しては、国は、その通常生ずべき損失を補償する。

3　前項の場合には、第四十一条第二項から第四項までの規定を準用する。

（管理団体による買取りの補助）

第四六条の二　国は、管理団体である地方公共団体その他の法人が、その管理に係る重要文化財（建造物その他の土地の定着物及びこれと一体のものとして当該重要文化財に指定された土地に限る。）で、その保存のため特に買い取る必要があると認められるものを買い取る場合には、その買取りに要する経費の一部を補助することができる。

2　前項の場合には、第三十五条第二項及び第三項並びに第四十二条の規定を準用する。

第四款　公開

（公開）

第四七条の二　重要文化財の公開は、所有者が行うものとする。但し、管理団体がある場合は、管理団体が行うものとする。

2　前項の規定は、所有者又は管理団体の出品に係る重要文化財を、所有者及び管理団体以外の者が、この法律の規定により行う公開の用に供することを妨げるものではない。

3　管理団体は、その管理する重要文化財を公開する場合には、当該重要文化財につき観覧料を徴収することができる。

（文化庁長官による公開）

第四八条　文化庁長官は、重要文化財の所有者（管理団体がある場合は、その者）に対し、一年以内の期間を限つて、国立博物館（独立行政法人国立文化財機構が設置する博物館をいう。以下この条において同じ。）その他の施設において文化庁長官の行う公開の用に供するため重要文化財を出品することを勧告することができる。

2　文化庁長官は、国庫が管理又は修理につき、その費用の全部若しくは一部を負担し、又は補助金を交付した重要文化財の所有者（管理団体がある場合は、その者）に対し、一年以内の期間を限つて、国立博物館その他の施設において文化庁長官の行う公開の用に供するため当該重要文化財を出品することを命ずることができる。

3　文化庁長官は、前項の場合において必要があると認めるときは、一年以内の期間を限つて、出品の期間を更新することができる。但し、引き続き五年をこえてはならない。

4　第二項の命令又は前項の更新があつたときは、重要文化財の所有者又は管理団体は、その重要文化財を出品しなければならない。

5　前四項に規定する場合の外、文化庁長官は、重要文化財の所有者（管理団体がある場合は、その者）から国立博物館その他の施設において文化庁長官の行う公開の用に供するため重要文化財を出品したい旨の申出があつた場合において適当と認めるときは、その出品を承認することができる。

（所有者等による公開）

第五一条　文化庁長官は、重要文化財の所有者又は管理団体に対し、三箇月以内の期間を限つて、重要文化財の公開を勧告することができる。

2　文化庁長官は、国庫が管理、修理又は買取りにつき、その費用の全部若しくは一部を負担し、又は補助金を交付した重要文化財の所有者又は管理団体に対し、三箇月以内の期間を限つて、その公開を命ずることができる。

3　前項の場合には、第四十八条第四項の規定を準用する。

4から7まで　（省略）

第五款　重要文化財保存活用計画

（重要文化財保存活用計画の認定）

第五三条の二　重要文化財の所有者（管理団体がある場合は、その者）は、文部科学省令で定めるところにより、重要文化財の保存及び活用に関する計画（以下「重要文化財保存活用計画」という。）を作成し、文化庁長官の認定を申請することができる。

2　重要文化財保存活用計画には、次に掲げる事項を記載するものとする。

一　当該重要文化財の名称及び所在の場所

二　当該重要文化財の保存及び活用のために行う具体的な措置の内容

三　計画期間

四　その他文部科学省令で定める事項

3　前項第二号に掲げる事項には、次に掲げる事項を記載することができる。

一　当該重要文化財の現状変更又は保存に影響を及ぼす行為に関する事項

二　当該重要文化財の修理に関する事項

三　当該重要文化財（建造物であるものを除く。次項第六号において同じ。）の公開を目的とする寄託契約に関する事項

4　文化庁長官は、第一項の規定による認定の申請があつた場合において、その重要文化財保存活用計画が次の各号のいずれにも適合するものであると認めるときは、その認定をするものとする。

一　当該重要文化財保存活用計画の実施が当該重要文化財の保存及び活用に寄与するものであると認められること。

二　円滑かつ確実に実施されると見込まれるものであること。

三　第百八十三条の二第一項に規定する文化財保存活用大綱又は第百八十三条の五第一項に規定する認定文化財保存活用地域計画が定められているときは、これらに照らし適切なものであること。

四　当該重要文化財保存活用計画に前項第一号に掲げる事項が記載されている場合には、その内容が重要文化財の現状変更又は保存に影響を及ぼす行為を適切に行うために必要なものとして文部科学省令で定める基準に適合するものであること。

五　当該重要文化財保存活用計画に前項第二号に掲げる事項が記載されている場合には、その内容が重要文化財の修理を適切に行うために必要なものとして文部科学省令で定める基準に適合するものであること。

六　当該重要文化財保存活用計画に前項第三号に掲げる事項が記載されている場合には、当該寄託契約の内容が重要文化財の公開を適切かつ確実に行うために必要なものとして文部科学省令で定める基準に適合するものであること。

5　文化庁長官は、前項の認定をしたときは、遅滞なく、その旨を当該認定を申請した者に通知しなければならない。

（認定を受けた重要文化財保存活用計画の変更）

第五三条の三　前条第四項の認定を受けた重要文化財の所有者又は管理団体は、当該認定を受けた重要文化財保存活用計画の変更（文部科学省令で定める軽微な変更を除く。）をし

ようとするときは、文化庁長官の認定を受けなければならない。

2　前条第四項及び第五項の規定は、前項の認定について準用する。

（所有者等への指導又は助言）

第五三条の八　都道府県及び市（特別区を含む。以下同じ。）町村の教育委員会（地方教育行政の組織及び運営に関する法律（昭和三十一年法律第百六十二号）第二十三条第一項の条例の定めるところによりその長が文化財の保護に関する事務を管理し、及び執行することとされた地方公共団体（以下「特定地方公共団体」という。）にあつては、その長。第百八十三条の八第四項、第百九十条第一項及び第百九十一条第一項を除き、以下同じ。）は、重要文化財の所有者又は管理団体の求めに応じ、重要文化財保存活用計画の作成及び認定重要文化財保存活用計画の円滑かつ確実な実施に関し必要な指導又は助言をすることができる。

2　文化庁長官は、重要文化財の所有者又は管理団体の求めに応じ、重要文化財保存活用計画の作成及び認定重要文化財保存活用計画の円滑かつ確実な実施に関し必要な指導又は助言をするように努めなければならない。

第六款　調査

（保存のための調査）

第五四条　文化庁長官は、必要があると認めるときは、重要文化財の所有者、管理責任者又は管理団体に対し、重要文化財の現状又は管理、修理若しくは環境保全の状況につき報告を求めることができる。

第五五条　文化庁長官は、次の各号のいずれかに該当する場合において、前条の報告によつてもなお重要文化財に関する状況を確認することができず、かつ、その確認のため他に方法がないと認めるときは、調査に当たる者を定め、その所在する場所に立ち入つてその現状又は管理、修理若しくは環境保全の状況につき実地調査をさせることができる。

一　重要文化財に関し現状変更又は保存に影響を及ぼす行為につき許可の申請があつたとき。

二　重要文化財が毀損しているとき又はその現状若しくは所在の場所につき変更があつたとき。

三　重要文化財が滅失し、毀損し、又は盗み取られるおそれのあるとき。

四　特別の事情により改めて国宝又は重要文化財としての価値を鑑査する必要があるとき。

2　前項の規定により立ち入り、調査する場合においては、当該調査に当たる者は、その身分を証明する証票を携帯し、関係者の請求があつたときは、これを示し、且つ、その正当な意見を十分に尊重しなければならない。

3　第一項の規定による調査によつて損失を受けた者に対しては、国は、その通常生ずべき損失を補償する。

4　前項の場合には、第四十一条第二項から第四項までの規定を準用する。

第二節　登録有形文化財

（登録有形文化財保存活用計画の認定）

第六七条の二　登録有形文化財の所有者（管理団体がある場合は、その者）は、文部科学省令で定めるところにより、登録有形文化財の保存及び活用に関する計画（以下「登録有形文化財保存活用計画」という。）を作成し、文化庁長官の認定を申請することができる。

2　登録有形文化財保存活用計画には、次に掲げる事項を記載するものとする。

一　当該登録有形文化財の名称及び所在の場所

二　当該登録有形文化財の保存及び活用のために行う具体的な措置の内容

三　計画期間

四　その他文部科学省令で定める事項

3　前項第二号に掲げる事項には、次に掲げる事項を記載することができる。

一　当該登録有形文化財の現状変更に関する事項

二　当該登録有形文化財（建造物であるものを除く。次項第五号において同じ。）のうち世界文化の見地から歴史上、芸術上又は学術上特に優れた価値を有するものの公開を目的とする寄託契約に関する事項

4　文化庁長官は、第一項の規定による認定の申請があつた場合において、その登録有形文化財保存活用計画が次の各号のいずれにも適合するものであると認めるときは、その認定をするものとする。

一　当該登録有形文化財保存活用計画の実施が当該登録有形文化財の保存及び活用に寄与するものであると認められること。

二　円滑かつ確実に実施されると見込まれるものであること。

三　第百八十三条の二第一項に規定する文化財保存活用大綱又は第百八十三条の五第一項に規定する認定文化財保存活用地域計画が定められているときは、これらに照らし適切なものであること。

四　当該登録有形文化財保存活用計画に前項第一号に掲げる事項が記載されている場合には、その内容が登録有形文化財の現状変更を適切に行うために必要なものとして文部科学省令で定める基準に適合するものであること。

五　当該登録有形文化財保存活用計画に前項第二号に掲げる事項が記載されている場合には、当該寄託契約の内容が登録有形文化財の公開を適切かつ確実に行うために必要なものとして文部科学省令で定める基準に適合するものであること。

5　文化庁長官は、前項の認定をしたときは、遅滞なく、その旨を当該認定を申請した者に通知しなければならない。

第四章　無形文化財

（重要無形文化財の指定等）

第七一条　文部科学大臣は、無形文化財のうち重要なものを重要無形文化財に指定することができる。

2　文部科学大臣は、前項の規定による指定をするに当たつては、当該重要無形文化財の保持者又は保持団体（無形文化財を保持する者が主たる構成員となつている団体で代表者の定めのあるものをいう。以下同じ。）を認定しなければならない。

3　第一項の規定による指定は、その旨を官報で告示するとともに、当該重要無形文化財の保持者又は保持団体として認定しようとするもの（保持団体にあつては、その代表者）に通知してする。

4　文部科学大臣は、第一項の規定による指定をした後においても、当該重要無形文化財の保持者又は保持団体として認定するに足りるものがあると認めるときは、そのものを保持者又は保持団体として追加認定をすることができる。

5　前項の規定による追加認定は、第三項の規定を準用する。

（重要無形文化財の保存）

第七四条　文化庁長官は、重要無形文化財の保存のため必要があると認めるときは、重要無形文化財について自ら記録の作成、伝承者の養成その他その保存のため適当な措置を執ることができるものとし、国は、保持者、保持団体又は地方公共団体その他その保存に当たることが適当と認められる者（以下この章において「保持者等」という。）に対し、その保存に要する経費の一部を補助することができる。

2　前項の規定により補助金を交付する場合には、第三十五条第二項及び第三項の規定を準用する。

（重要無形文化財の公開）

第七五条　文化庁長官は、重要無形文化財の保持者又は保持団体に対し重要無形文化財の公開を、重要無形文化財の記録の所有者に対しその記録の公開を勧告することができる。

2　重要無形文化財の保持者又は保持団体から重要無形文化財を国庫の費用負担において公開したい旨の申出があつた場合には、第五十

一条第七項の規定を準用する。

3　重要無形文化財の記録の所有者からその記録を国の補助を受けて公開したい旨の申出があつた場合において、文化庁長官がこれを承認したときは、国は、その公開に要する経費の一部を補助することができる。

（**重要無形文化財の保存に関する助言又は勧告**）

第七六条　文化庁長官は、重要無形文化財の保持者等に対し、重要無形文化財の保存のため必要な助言又は勧告をすることができる。

（**重要無形文化財保存活用計画の認定**）

第七六条の二　重要無形文化財の保持者等は、文部科学省令で定めるところにより、重要無形文化財の保存及び活用に関する計画（以下この章及び第百五十三条第二項第八号において「重要無形文化財保存活用計画」という。）を作成し、文化庁長官の認定を申請することができる。

2　重要無形文化財保存活用計画には、次に掲げる事項を記載するものとする。

一　当該重要無形文化財の名称及び保持者又は保持団体

二　当該重要無形文化財の保存及び活用のために行う具体的な措置の内容

三　計画期間

四　その他文部科学省令で定める事項

3　文化庁長官は、第一項の規定による認定の申請があつた場合において、その重要無形文化財保存活用計画が次の各号のいずれにも適合するものであると認めるときは、その認定をするものとする。

一　当該重要無形文化財保存活用計画の実施が当該重要無形文化財の保存及び活用に寄与するものであると認められること。

二　円滑かつ確実に実施されると見込まれるものであること。

三　第百八十三条の二第一項に規定する文化財保存活用大綱又は第百八十三条の五第一項に規定する認定文化財保存活用地域計画が定められているときは、これらに照らし適切なものであること。

4　文化庁長官は、前項の認定をしたときは、遅滞なく、その旨を当該認定を申請した者に通知しなければならない。

（**認定を受けた重要無形文化財保存活用計画の変更**）

第七六条の三　前条第三項の認定を受けた重要無形文化財の保持者等は、当該認定を受けた重要無形文化財保存活用計画の変更（文部科学省令で定める軽微な変更を除く。）をしようとするときは、文化庁長官の認定を受けなければならない。

2　前条第三項及び第四項の規定は、前項の認定について準用する。

（**認定重要無形文化財保存活用計画の実施状況に関する報告の徴収**）

第七六条の四　文化庁長官は、第七十六条の二第三項の認定を受けた重要無形文化財の保持者等に対し、当該認定（前条第一項の変更の認定を含む。次条及び第百五十三条第二項第八号において同じ。）を受けた重要無形文化財保存活用計画（変更があつたときは、その変更後のもの。次条第一項及び第七十六条の六において「認定重要無形文化財保存活用計画」という。）の実施の状況について報告を求めることができる。

第五章　民俗文化財

（**重要有形民俗文化財及び重要無形民俗文化財の指定**）

第七八条　文部科学大臣は、有形の民俗文化財のうち特に重要なものを重要有形民俗文化財に、無形の民俗文化財のうち特に重要なものを重要無形民俗文化財に指定することができる。

2・3　（省略）

（**重要有形民俗文化財の管理**）

第八〇条　重要有形民俗文化財の管理には、第三十条から第三十四条までの規定を準用する。

（**重要有形民俗文化財の保護**）

第八一条　重要有形民俗文化財に関しその現状を変更し、又はその保存に影響を及ぼす行為をしようとする者は、現状を変更し、又は保存に影響を及ぼす行為をしようとする日の二十日前までに、文部科学省令の定めるところにより、文化庁長官にその旨を届け出なければならない。ただし、文部科学省令の定める場合は、この限りでない。

2　重要有形民俗文化財の保護上必要があると認めるときは、文化庁長官は、前項の届出に係る重要有形民俗文化財の現状変更又は保存に影響を及ぼす行為に関し必要な事項を指示することができる。

第八二条　重要有形民俗文化財を輸出しようとする者は、文化庁長官の許可を受けなければならない。

（**重要有形民俗文化財の公開**）

第八四条　重要有形民俗文化財の所有者及び管理団体（第八十条において準用する第三十二条の二第一項の規定による指定を受けた地方公共団体その他の法人をいう。以下この章（第九十条の二第一項を除く。）及び第百八十七条第一項第二号において同じ。）以外の者がその主催する展覧会その他の催しにおいて重要有形民俗文化財を公衆の観覧に供しようとするときは、文部科学省令の定める事項を記載した書面をもつて、観覧に供しようとする最初の日の三十日前までに、文化庁長官に届け出なければならない。ただし、文化庁長官以外の国の機関若しくは地方公共団体があらかじめ文化庁長官から事前の届出の免除を受けた博物館その他の施設（以下この項において「公開事前届出免除施設」という。）において展覧会その他の催しを主催する場合又は公開事前届出免除施設の設置者が当該公開事前届出免除施設においてこれらを主催する場合には、重要有形民俗文化財を公衆の観覧に供した期間の最終日の翌日から起算して二十日以内に、文化庁長官に届け出ることをもつて足りる。

2　前項の届出に係る公開には、第五十一条第四項及び第五項の規定を準用する。

（**重要有形民俗文化財保存活用計画の認定**）

第八五条の二　重要有形民俗文化財の所有者（管理団体がある場合は、その者）は、文部科学省令で定めるところにより、重要有形民俗文化財の保存及び活用に関する計画（以下「重要有形民俗文化財保存活用計画」という。）を作成し、文化庁長官の認定を申請することができる。

2　重要有形民俗文化財保存活用計画には、次に掲げる事項を記載するものとする。

一　当該重要有形民俗文化財の名称及び所在の場所

二　当該重要有形民俗文化財の保存及び活用のために行う具体的な措置の内容

三　計画期間

四　その他文部科学省令で定める事項

3　前項第二号に掲げる事項には、当該重要有形民俗文化財の現状変更又は保存に影響を及ぼす行為に関する事項を記載することができる。

4　文化庁長官は、第一項の規定による認定の申請があつた場合において、その重要有形民俗文化財保存活用計画が次の各号のいずれにも適合するものであると認めるときは、その認定をするものとする。

一　当該重要有形民俗文化財保存活用計画の実施が当該重要有形民俗文化財の保存及び活用に寄与するものであると認められること。

二　円滑かつ確実に実施されると見込まれるものであること。

三　第百八十三条の二第一項に規定する文化財保存活用大綱又は第百八十三条の五第一項に規定する認定文化財保存活用地域計画が定められているときは、これらに照らし適切なものであること。

四　当該重要有形民俗文化財保存活用計画に前項に規定する事項が記載されている場合には、その内容が重要有形民俗文化財の現状変更又は保存に影響を及ぼす行為を適切に行うために必要なものとして文部科学省令で定める基準に適合するものであること。

5　文化庁長官は、前項の認定をしたときは、遅滞なく、その旨を当該認定を申請した者に通知しなければならない。

（**重要無形民俗文化財の保存**）

第八七条　文化庁長官は、重要無形民俗文化財の保存のため必要があると認めるときは、重要無形民俗文化財について自ら記録の作成その他その保存のため適当な措置を執ることができるものとし、国は、地方公共団体その他その保存に当たることが適当と認められる者（第八十九条及び第八十九条の二第一項において「保存地方公共団体等」という。）に対し、その保存に要する経費の一部を補助することができる。

2　前項の規定により補助金を交付する場合には、第三十五条第二項及び第三項の規定を準用する。

（**登録有形民俗文化財保存活用計画の認定**）

第九〇条の二　登録有形民俗文化財の所有者（管理団体（前条第三項において準用する第六十条第三項の規定による指定を受けた地方公共団体その他の法人をいう。）がある場合は、その者）は、文部科学省令で定めるところにより、登録有形民俗文化財の保存及び活用に関する計画（以下「登録有形民俗文化財保存活用計画」という。）を作成し、文化庁長官の認定を申請することができる。

2　登録有形民俗文化財保存活用計画には、次に掲げる事項を記載するものとする。

一　当該登録有形民俗文化財の名称及び所在の場所

二　当該登録有形民俗文化財の保存及び活用のために行う具体的な措置の内容

三　計画期間

四　その他文部科学省令で定める事項

3　前項第二号に掲げる事項には、当該登録有形民俗文化財の現状変更に関する事項を記載することができる。

4　文化庁長官は、第一項の規定による認定の申請があつた場合において、その登録有形民俗文化財保存活用計画が次の各号のいずれにも適合するものであると認めるときは、その認定をするものとする。

一　当該登録有形民俗文化財保存活用計画の実施が当該登録有形民俗文化財の保存及び活用に寄与するものであると認められること。

二　円滑かつ確実に実施されると見込まれるものであること。

三　第百八十三条の二第一項に規定する文化財保存活用大綱又は第百八十三条の五第一項に規定する認定文化財保存活用地域計画が定められているときは、これらに照らし適切なものであること。

四　当該登録有形民俗文化財保存活用計画に前項に規定する事項が記載されている場合には、登録有形民俗文化財の現状変更を適切に行うために必要なものとして文部科学省令で定める基準に適合するものであること。

5　文化庁長官は、前項の認定をしたときは、遅滞なく、その旨を当該認定を申請した者に通知しなければならない。

第六章　埋蔵文化財

（**調査のための発掘に関する届出、指示及び命令**）

第九二条　土地に埋蔵されている文化財（以下「埋蔵文化財」という。）について、その調査のため土地を発掘しようとする者は、文部科学省令の定める事項を記載した書面をもつて、発掘に着手しようとする日の三十日前までに文化庁長官に届け出なければならない。ただし、文部科学省令の定める場合は、この限りでない。

2　埋蔵文化財の保護上特に必要があると認めるときは、文化庁長官は、前項の届出に係る発掘に関し必要な事項及び報告書の提出を指示し、又はその発掘の禁止、停止若しくは中止を命ずることができる。

（**土木工事等のための発掘に関する届出及び指示**）

第九三条　土木工事その他埋蔵文化財の調査以外の目的で、貝づか、古墳その他埋蔵文化財を包蔵する土地として周知されている土地（以下「周知の埋蔵文化財包蔵地」という。）を発掘しようとする場合には、前条第一項の規定を準用する。この場合において、同項中「三十日前」とあるのは、「六十日前」と読み替えるものとする。

2　埋蔵文化財の保護上特に必要があると認めるときは、文化庁長官は、前項で準用する前条第一項の届出に係る発掘に関し、当該発掘前における埋蔵文化財の記録の作成のための発掘調査の実施その他の必要な事項を指示することができる。

（**国の機関等が行う発掘に関する特例**）

第九四条　国の機関、地方公共団体又は国若しくは地方公共団体の設立に係る法人で政令の定めるもの（以下この条及び第九十七条において「国の機関等」と総称する。）が、前条第一項に規定する目的で周知の埋蔵文化財包蔵地を発掘しようとする場合においては、同条の規定を適用しないものとし、当該国の機関等は、当該発掘に係る事業計画の策定に当たつて、あらかじめ、文化庁長官にその旨を通知しなければならない。

2　文化庁長官は、前項の通知を受けた場合において、埋蔵文化財の保護上特に必要があると認めるときは、当該国の機関等に対し、当該事業計画の策定及びその実施について協議を求めるべき旨の通知をすることができる。

3　前項の通知を受けた国の機関等は、当該事業計画の策定及びその実施について、文化庁長官に協議しなければならない。

4　文化庁長官は、前二項の場合を除き、第一項の通知があつた場合において、当該通知に係る事業計画の実施に関し、埋蔵文化財の保護上必要な勧告をすることができる。

5　前各項の場合において、当該国の機関等が各省各庁の長（国有財産法（昭和二十三年法律第七十三号）第四条第二項に規定する各省各庁の長をいう。以下同じ。）であるときは、これらの規定に規定する通知、協議又は勧告は、文部科学大臣を通じて行うものとする。

（**埋蔵文化財包蔵地の周知**）

第九五条　国及び地方公共団体は、周知の埋蔵文化財包蔵地について、資料の整備その他その周知の徹底を図るために必要な措置の実施に努めなければならない。

2　国は、地方公共団体が行う前項の措置に関し、指導、助言その他の必要と認められる援助をすることができる。

（**遺跡の発見に関する届出、停止命令等**）

第九六条　土地の所有者又は占有者が出土品の出土等により貝づか、住居跡、古墳その他遺跡と認められるものを発見したときは、第九十二条第一項の規定による調査に当たつて発見した場合を除き、その現状を変更することなく、遅滞なく、文部科学省令の定める事項を記載した書面をもつて、その旨を文化庁長官に届け出なければならない。ただし、非常災害のために必要な応急措置を執る場合は、その限度において、その現状を変更することを妨げない。

2　文化庁長官は、前項の届出があつた場合において、当該届出に係る遺跡が重要なものであり、かつ、その保護のため調査を行う必要があると認めるときは、その土地の所有者又は占有者に対し、期間及び区域を定めて、その現状を変更することとなるような行為の停止又は禁止を命ずることができる。ただし、その期間は、三月を超えることができない。

3　文化庁長官は、前項の命令をしようとするときは、あらかじめ、関係地方公共団体の意見を聴かなければならない。

4　第二項の命令は、第一項の届出があつた日から起算して一月以内にしなければならない。

5　第二項の場合において、同項の期間内に調査が完了せず、引き続き調査を行う必要があるときは、文化庁長官は、一回に限り、当該命令に係る区域の全部又は一部について、その期間を延長することができる。ただし、当該命令の期間が、同項の期間と通算して六月を超えることとなつてはならない。

6　第二項及び前項の期間を計算する場合にお

いては、第一項の届出があつた日から起算して第二項の命令を発した日までの期間が含まれるものとする。

7　文化庁長官は、第一項の届出がなされなかつた場合においても、第二項及び第五項に規定する措置を執ることができる。

8　文化庁長官は、第二項の措置を執つた場合を除き、第一項の届出がなされた場合には、当該遺跡の保護上必要な指示をすることができる。前項の規定により第二項の措置を執つた場合を除き、第一項の届出がなされなかつたときも、同様とする。

9　第二項の命令によつて損失を受けた者に対しては、国は、その通常生ずべき損失を補償する。

10　前項の場合には、第四十一条第二項から第四項までの規定を準用する。

（国の機関等の遺跡の発見に関する特例）

第九七条　国の機関等が前条第一項に規定する発見をしたときは、同条の規定を適用しないものとし、第九十二条第一項又は第九十九条第一項の規定による調査に当たつて発見した場合を除き、その現状を変更することなく、遅滞なく、その旨を文化庁長官に通知しなければならない。ただし、非常災害のために必要な応急措置を執る場合は、その限度において、その現状を変更することを妨げない。

2　文化庁長官は、前項の通知を受けた場合において、当該通知に係る遺跡が重要なものであり、かつ、その保護のため調査を行う必要があると認めるときは、当該国の機関等に対し、その調査、保存等について協議を求めるべき旨の通知をすることができる。

3　前項の通知を受けた国の機関等は、文化庁長官に協議しなければならない。

4　文化庁長官は、前二項の場合を除き、第一項の通知があつた場合において、当該遺跡の保護上必要な勧告をすることができる。

5　前各項の場合には、第九十四条第五項の規定を準用する。

（文化庁長官による発掘の施行）

第九八条　文化庁長官は、歴史上又は学術上の価値が特に高く、かつ、その調査が技術的に困難なため国において調査する必要があると認められる埋蔵文化財については、その調査のため土地の発掘を施行することができる。

2　前項の規定により発掘を施行しようとするときは、文化庁長官は、あらかじめ、当該土地の所有者及び権原に基づく占有者に対し、発掘の目的、方法、着手の時期その他必要と認める事項を記載した令書を交付しなければならない。

3　第一項の場合には、第三十九条（同条第三項において準用する第三十二条の二第五項の規定を含む。）及び第四十一条の規定を準用する。

（地方公共団体による発掘の施行）

第九九条　地方公共団体は、文化庁長官が前条第一項の規定により発掘を施行するものを除き、埋蔵文化財について調査する必要があると認めるときは、埋蔵文化財を包蔵すると認められる土地の発掘を施行することができる。

2　地方公共団体は、前項の発掘に関し、事業者に対し協力を求めることができる。

3　文化庁長官は、地方公共団体に対し、第一項の発掘に関し必要な指導及び助言をすることができる。

4　国は、地方公共団体に対し、第一項の発掘に要する経費の一部を補助することができる。

第七章　史跡名勝天然記念物

（指定）

第一〇九条　文部科学大臣は、記念物のうち重要なものを史跡、名勝又は天然記念物（以下「史跡名勝天然記念物」と総称する。）に指定することができる。

2　文部科学大臣は、前項の規定により指定された史跡名勝天然記念物のうち特に重要なものを特別史跡、特別名勝又は特別天然記念物（以下「特別史跡名勝天然記念物」と総称する。）に指定することができる。

3　前二項の規定による指定は、その旨を官報で告示するとともに、当該特別史跡名勝天然記念物又は史跡名勝天然記念物の所有者及び権原に基づく占有者に通知してする。

4　前項の規定により通知すべき相手方が著しく多数で個別に通知し難い事情がある場合には、文部科学大臣は、同項の規定による通知に代えて、その通知すべき事項を当該特別史跡名勝天然記念物又は史跡名勝天然記念物の所在地の市町村の事務所又はこれに準ずる施設の掲示場に掲示することができる。この場合においては、その掲示を始めた日から二週間を経過した時に同項の規定による通知が相手方に到達したものとみなす。

5　第一項又は第二項の規定による指定は、第三項の規定による官報の告示があつた日からその効力を生ずる。ただし、当該特別史跡名勝天然記念物又は史跡名勝天然記念物の所有者又は権原に基づく占有者に対しては、第三項の規定による通知が到達した時又は前項の規定によりその通知が到達したものとみなされる時からその効力を生ずる。

6　文部科学大臣は、第一項の規定により名勝又は天然記念物の指定をしようとする場合において、その指定に係る記念物が自然環境の保護の見地から価値の高いものであるときは、環境大臣と協議しなければならない。

（所有権等の尊重及び他の公益との調整）

第一一一条　文部科学大臣又は都道府県の教育委員会は、第百九条第一項若しくは第二項の規定による指定又は前条第一項の規定による仮指定を行うに当たつては、特に、関係者の所有権、鉱業権その他の財産権を尊重するとともに、国土の開発その他の公益との調整に留意しなければならない。

2　文部科学大臣又は文化庁長官は、名勝又は天然記念物に係る自然環境の保護及び整備に関し必要があると認めるときは、環境大臣に対し、意見を述べることができる。この場合において、文化庁長官が意見を述べるときは、文部科学大臣を通じて行うものとする。

3　環境大臣は、自然環境の保護の見地から価値の高い名勝又は天然記念物の保存及び活用に関し必要があると認めるときは、文部科学大臣に対し、又は文部科学大臣を通じ文化庁長官に対して意見を述べることができる。

（管理団体による管理及び復旧）

第一一三条　史跡名勝天然記念物につき、所有者がないか若しくは判明しない場合又は所有者若しくは第百十九条第二項の規定により選任された管理の責めに任ずべき者による管理が著しく困難若しくは不適当であると明らかに認められる場合には、文化庁長官は、適当な地方公共団体その他の法人を指定して、当該史跡名勝天然記念物の保存のため必要な管理及び復旧（当該史跡名勝天然記念物の保存のため必要な施設、設備その他の物件で当該史跡名勝天然記念物の所有者の所有又は管理に属するものの管理及び復旧を含む。）を行わせることができる。

2から4まで〔省略〕

（所有者による管理及び復旧）

第一一九条　管理団体がある場合を除いて、史跡名勝天然記念物の所有者は、当該史跡名勝天然記念物の管理及び復旧に当たるものとする。

2　前項の規定により史跡名勝天然記念物の管理に当たる所有者は、当該史跡名勝天然記念物の適切な管理のため必要があるときは、第百九十二条の二第一項に規定する文化財保存活用支援団体その他の適当な者を専ら自己に代わり当該史跡名勝天然記念物の管理の責めに任ずべき者（以下この章及び第百八十七条第一項第三号において「管理責任者」という。）に選任することができる。この場合には、第三十一条第三項の規定を準用する。

（管理に関する命令又は勧告）

第一二一条　管理が適当でないため史跡名勝天然記念物が滅失し、き損し、衰亡し、又は盗み取られるおそれがあると認めるときは、文化庁長官は、管理団体、所有者又は管理責任者に対し、管理方法の改善、保存施設の設置その他管理に関し必要な措置を命じ、又は勧告することができる。

2　前項の場合には、第三十六条第二項及び第三項の規定を準用する。

（**復旧に関する命令又は勧告**）

第一二二条　文化庁長官は、特別史跡名勝天然記念物がき損し、又は衰亡している場合において、その保存のため必要があると認めるときは、管理団体又は所有者に対し、その復旧について必要な命令又は勧告をすることができる。

2　文化庁長官は、特別史跡名勝天然記念物以外の史跡名勝天然記念物が、き損し、又は衰亡している場合において、その保存のため必要があると認めるときは、管理団体又は所有者に対し、その復旧について必要な勧告をすることができる。

3　前二項の場合には、第三十七条第三項及び第四項の規定を準用する。

（**現状変更等の制限及び原状回復の命令**）

第一二五条　史跡名勝天然記念物に関しその現状を変更し、又はその保存に影響を及ぼす行為をしようとするときは、文化庁長官の許可を受けなければならない。ただし、現状変更については維持の措置又は非常災害のために必要な応急措置を執る場合、保存に影響を及ぼす行為については影響の軽微である場合は、この限りでない。

2から7まで〔省略〕

（**環境保全**）

第一二八条　文化庁長官は、史跡名勝天然記念物の保存のため必要があると認めるときは、地域を定めて一定の行為を制限し、若しくは禁止し、又は必要な施設をすることを命ずることができる。

2　前項の規定による処分によつて損失を受けた者に対しては、国は、その通常生ずべき損失を補償する。

3　第一項の規定による制限又は禁止に違反した者には、第百二十五条第七項の規定を、前項の場合には、第四十一条第二項から第四項までの規定を準用する。

（**史跡名勝天然記念物保存活用計画の認定**）

第一二九条の二　史跡名勝天然記念物の管理団体又は所有者は、文部科学省令で定めるところにより、史跡名勝天然記念物の保存及び活用に関する計画（以下「史跡名勝天然記念物保存活用計画」という。）を作成し、文化庁長官の認定を申請することができる。

2　史跡名勝天然記念物保存活用計画には、次に掲げる事項を記載するものとする。

一　当該史跡名勝天然記念物の名称及び所在地

二　当該史跡名勝天然記念物の保存及び活用のために行う具体的な措置の内容

三　計画期間

四　その他文部科学省令で定める事項

3　前項第二号に掲げる事項には、当該史跡名勝天然記念物の現状変更又は保存に影響を及ぼす行為に関する事項を記載することができる。

4　文化庁長官は、第一項の規定による認定の申請があつた場合において、その史跡名勝天然記念物保存活用計画が次の各号のいずれにも適合するものであると認めるときは、その認定をするものとする。

一　当該史跡名勝天然記念物保存活用計画の実施が当該史跡名勝天然記念物の保存及び活用に寄与するものであると認められること。

二　円滑かつ確実に実施されると見込まれるものであること。

三　第百八十三条の二第一項に規定する文化財保存活用大綱又は第百八十三条の五第一項に規定する認定文化財保存活用地域計画が定められているときは、これらに照らし適切なものであること。

四　当該史跡名勝天然記念物保存活用計画に前項に規定する事項が記載されている場合には、その内容が史跡名勝天然記念物の現状変更又は保存に影響を及ぼす行為を適切に行うために必要なものとして文部科学省令で定める基準に適合するものであること。

5　文化庁長官は、前項の認定をしたときは、遅滞なく、その旨を当該認定を申請した者に通知しなければならない。

（**認定の取消し**）

第一二九条の六　文化庁長官は、認定史跡名勝天然記念物保存活用計画が第百二十九条の二第四項各号のいずれかに適合しなくなつたと認めるときは、その認定を取り消すことができる。

2　文化庁長官は、前項の規定により認定を取り消したときは、遅滞なく、その旨を当該認定を受けていた者に通知しなければならない。

（**登録記念物保存活用計画の認定**）

第一三三条の二　登録記念物の管理団体（前条において準用する第百十三条第一項の規定による指定を受けた地方公共団体その他の法人をいう。）又は所有者は、文部科学省令で定めるところにより、登録記念物の保存及び活用に関する計画（以下「登録記念物保存活用計画」という。）を作成し、文化庁長官の認定を申請することができる。

2　登録記念物保存活用計画には、次に掲げる事項を記載するものとする。

一　当該登録記念物の名称及び所在地

二　当該登録記念物の保存及び活用のために行う具体的な措置の内容

三　計画期間

四　その他文部科学省令で定める事項

3　前項第二号に掲げる事項には、当該登録記念物の現状変更に関する事項を記載することができる。

4　文化庁長官は、第一項の規定による認定の申請があつた場合において、その登録記念物保存活用計画が次の各号のいずれにも適合するものであると認めるときは、その認定をするものとする。

一　当該登録記念物保存活用計画の実施が当該登録記念物の保存及び活用に寄与するものであると認められること。

二　円滑かつ確実に実施されると見込まれるものであること。

三　第百八十三条の二第一項に規定する文化財保存活用大綱又は第百八十三条の五第一項に規定する認定文化財保存活用地域計画が定められているときは、これらに照らし適切なものであること。

四　当該登録記念物保存活用計画に前項に規定する事項が記載されている場合には、その内容が登録記念物の現状変更を適切に行うために必要なものとして文部科学省令で定める基準に適合するものであること。

5　文化庁長官は、前項の認定をしたときは、遅滞なく、その旨を当該認定を申請した者に通知しなければならない。

第八章　重要文化的景観

（**重要文化的景観の選定**）

第一三四条　文部科学大臣は、都道府県又は市町村の申出に基づき、当該都道府県又は市町村が定める景観法（平成十六年法律第百十号）第八条第二項第一号に規定する景観計画区域又は同法第六十一条第一項に規定する景観地区内にある文化的景観であつて、文部科学省令で定める基準に照らして当該都道府県又は市町村がその保存のため必要な措置を講じているもののうち特に重要なものを重要文化的景観として選定することができる。

2　前項の規定による選定には、第百九条第三項から第五項までの規定を準用する。この場合において、同条第三項中「権原に基づく占有者並びに」とあるのは、「権原に基づく占有者並びに第百三十四条第一項に規定する申出を行つた都道府県又は市町村」と読み替えるものとする。

第九章　伝統的建造物群保存地区

（**伝統的建造物群保存地区**）

第一四二条　この章において「伝統的建造物群保存地区」とは、伝統的建造物群及びこれと一体をなしてその価値を形成している環境を保存するため、次条第一項又は第二項の定めるところにより市町村が定める地区をいう。

（**伝統的建造物群保存地区の決定及びその保護**）

第一四三条　市町村は、都市計画法（昭和四十三年法律第百号）第五条又は第五条の二の規定により指定された都市計画区域又は準都市計画区域内においては、都市計画に伝統的建造物群保存地区を定めることができる。この場合においては、市町村は、条例で、当該地区の保存のため、政令の定める基準に従い必要な現状変更の規制について定めるほか、その保存のため必要な措置を定めるものとする。
2　市町村は、前項の都市計画区域又は準都市計画区域以外の区域においては、条例の定めるところにより、伝統的建造物群保存地区を定めることができる。この場合においては、前項後段の規定を準用する。
3　市町村は、伝統的建造物群保存地区に関し、地区の決定若しくはその取消し又は条例の制定若しくはその改廃を行つた場合は、文化庁長官に対し、その旨を報告しなければならない。
4　文化庁長官又は都道府県の教育委員会は、市町村に対し、伝統的建造物群保存地区の保存に関し、必要な指導又は助言をすることができる。

（重要伝統的建造物群保存地区の選定）
第一四四条　文部科学大臣は、市町村の申出に基づき、伝統的建造物群保存地区の区域の全部又は一部で我が国にとつてその価値が特に高いものを、重要伝統的建造物群保存地区として選定することができる。
2　前項の規定による選定は、その旨を官報で告示するとともに、当該申出に係る市町村に通知してする。

第十章　文化財の保存技術の保護

（選定保存技術の選定等）
第一四七条　文部科学大臣は、文化財の保存のために欠くことのできない伝統的な技術又は技能で保存の措置を講ずる必要があるものを選定保存技術として選定することができる。
2　文部科学大臣は、前項の規定による選定をするに当たつては、選定保存技術の保持者又は保存団体（選定保存技術を保存することを主たる目的とする団体（財団を含む。）で代表者又は管理人の定めのあるものをいう。以下同じ。）を認定しなければならない。
3　一の選定保存技術についての前項の認定は、保持者と保存団体とを併せてすることができる。
4　第一項の規定による選定及び前二項の規定による認定には、第七十一条第三項から第五項までの規定を準用する。

第十一章　文化審議会への諮問

第一五三条　文部科学大臣は、次に掲げる事項については、あらかじめ、文化審議会に諮問しなければならない。
一　国宝又は重要文化財の指定及びその指定の解除
二　登録有形文化財の登録及びその登録の抹消（第五十九条第一項又は第二項の規定による登録の抹消を除く。）
三　重要無形文化財の指定及びその指定の解除
四　重要無形文化財の保持者又は保持団体の認定及びその認定の解除
五　重要有形民俗文化財又は重要無形民俗文化財の指定及びその指定の解除
六　登録有形民俗文化財の登録及びその登録の抹消（第九十条第三項で準用する第五十九条第一項又は第二項の規定による登録の抹消を除く。）
七　特別史跡名勝天然記念物又は史跡名勝天然記念物の指定及びその指定の解除
八　史跡名勝天然記念物の仮指定の解除
九　登録記念物の登録及びその登録の抹消（第百三十三条で準用する第五十九条第一項又は第二項の規定による登録の抹消を除く。）
十　重要文化的景観の選定及びその選定の解除
十一　重要伝統的建造物群保存地区の選定及びその選定の解除
十二　選定保存技術の選定及びその選定の解除
十三　選定保存技術の保持者又は保存団体の認定及びその認定の解除
2　文化庁長官は、次に掲げる事項については、あらかじめ、文化審議会に諮問しなければならない。
一　重要文化財の管理又は国宝の修理に関する命令
二　文化庁長官による国宝の修理又は滅失、毀損若しくは盗難の防止の措置の施行
三　重要文化財の現状変更又は保存に影響を及ぼす行為の許可
四　重要文化財の環境保全のための制限若しくは禁止又は必要な施設の命令
五　国による重要文化財の買取り
六　重要文化財保存活用計画の第五十三条の二第四項の認定
七　登録有形文化財保存活用計画の第六十七条の二第四項の認定
八　重要無形文化財保存活用計画の第七十六条の二第三項の認定
九　重要無形文化財以外の無形文化財のうち文化庁長官が記録を作成すべきもの又は記録の作成等につき補助すべきものの選択
十　重要有形民俗文化財の管理に関する命令
十一　重要有形民俗文化財の買取り
十二　重要有形民俗文化財保存活用計画の第八十五条の二第四項の認定
十三　重要無形民俗文化財保存活用計画の第八十九条の二第三項の認定（第八十九条の三において準用する第七十六条の三第一項の変更の認定を含む。）
十四　登録有形民俗文化財保存活用計画の第九十条の二第四項の認定
十五　重要無形民俗文化財以外の無形の民俗文化財のうち文化庁長官が記録を作成すべきもの又は記録の作成等につき補助すべきものの選択
十六　遺跡の現状変更となる行為についての停止命令又は禁止命令の期間の延長
十七　文化庁長官による埋蔵文化財の調査のための発掘の施行
十八　史跡名勝天然記念物の管理又は特別史跡名勝天然記念物の復旧に関する命令
十九　文化庁長官による特別史跡名勝天然記念物の復旧又は滅失、毀損、衰亡若しくは盗難の防止の措置の施行
二十　史跡名勝天然記念物の現状変更又は保存に影響を及ぼす行為の許可
二十一　史跡名勝天然記念物の環境保全のための制限若しくは禁止又は必要な施設の命令
二十二　史跡名勝天然記念物の現状変更若しくは保存に影響を及ぼす行為の許可を受けず、若しくはその許可の条件に従わない場合又は史跡名勝天然記念物の環境保全のための制限若しくは禁止に違反した場合の原状回復の命令
二十三　史跡名勝天然記念物保存活用計画の第百二十九条の二第四項の認定
二十四　登録記念物保存活用計画の第百三十三条の二第四項の認定
二十五　重要文化的景観の管理に関する命令
二十六　第百八十三条の三第一項に規定する文化財保存活用地域計画の同条第五項の認定（第百八十三条の四第一項の変更の認定を含む。）
二十七　第百八十四条第一項の政令（同項第二号に掲げる事務に係るものに限る。）又は第百八十四条の二第一項の政令（第百八十四条第一項第二号に掲げる事務に係るものに限る。）の制定又は改廃の立案

第十二章　補則

第三節　地方公共団体及び教育委員会

（地方公共団体の事務）
第一八二条　地方公共団体は、文化財の管理、修理、復旧、公開その他その保存及び活用に要する経費につき補助することができる。
2　地方公共団体は、条例の定めるところにより、重要文化財、重要無形文化財、重要有形

民俗文化財、重要無形民俗文化財及び史跡名勝天然記念物以外の文化財で当該地方公共団体の区域内に存するもののうち重要なものを指定して、その保存及び活用のため必要な措置を講ずることができる。

3　前項に規定する条例の制定若しくはその改廃又は同項に規定する文化財の指定若しくはその解除を行つた場合には、教育委員会は、文部科学省令の定めるところにより、文化庁長官にその旨を報告しなければならない。

（文化財保存活用大綱）

第一八三条の二　都道府県の教育委員会は、当該都道府県の区域における文化財の保存及び活用に関する総合的な施策の大綱（次項及び次条において「文化財保存活用大綱」という。）を定めることができる。

2　都道府県の教育委員会は、文化財保存活用大綱を定め、又は変更したときは、遅滞なく、これを公表するよう努めるとともに、文化庁長官及び関係市町村に送付しなければならない。

（文化財保存活用地域計画の認定）

第一八三条の三　市町村の教育委員会（地方文化財保護審議会を置くものに限る。）は、文部科学省令で定めるところにより、単独で又は共同して、文化財保存活用大綱が定められているときは当該文化財保存活用大綱を勘案して、当該市町村の区域における文化財の保存及び活用に関する総合的な計画（以下この節及び第百九十二条の六第一項において「文化財保存活用地域計画」という。）を作成し、文化庁長官の認定を申請することができる。

2　文化財保存活用地域計画には、次に掲げる事項を記載するものとする。

一　当該市町村の区域における文化財の保存及び活用に関する基本的な方針

二　当該市町村の区域における文化財の保存及び活用を図るために当該市町村が講ずる措置の内容

三　当該市町村の区域における文化財を把握するための調査に関する事項

四　計画期間

五　その他文部科学省令で定める事項

3　市町村の教育委員会は、文化財保存活用地域計画を作成しようとするときは、あらかじめ、公聴会の開催その他の住民の意見を反映させるために必要な措置を講ずるよう努めるとともに、地方文化財保護審議会（第百八十三条の九第一項に規定する協議会が組織されている場合にあつては、地方文化財保護審議会及び当該協議会。第百八十三条の五第二項において同じ。）の意見を聴かなければならない。

4　文化財保存活用地域計画は、地域における歴史的風致の維持及び向上に関する法律（平成二十年法律第四十号）第五条第一項に規定する歴史的風致維持向上計画が定められているときは、当該歴史的風致維持向上計画との調和が保たれたものでなければならない。

5　文化庁長官は、第一項の規定による認定の申請があつた場合において、その文化財保存活用地域計画が次の各号のいずれにも適合するものであると認めるときは、その認定をするものとする。

一　当該文化財保存活用地域計画の実施が当該市町村の区域における文化財の保存及び活用に寄与するものであると認められること。

二　円滑かつ確実に実施されると見込まれるものであること。

三　文化財保存活用大綱が定められているときは、当該文化財保存活用大綱に照らし適切なものであること。

6　文化庁長官は、前項の認定をしようとするときは、あらかじめ、文部科学大臣を通じ関係行政機関の長に協議しなければならない。

7　文化庁長官は、第五項の認定をしたときは、遅滞なく、その旨を当該認定を申請した市町村の教育委員会に通知しなければならない。

8　市町村の教育委員会は、前項の通知を受けたときは、遅滞なく、当該通知に係る文化財保存活用地域計画を公表するよう努めなければならない。

（認定を受けた文化財保存活用地域計画の変更）

第一八三条の四　前条第五項の認定を受けた市町村（以下この節及び第百九十二条の六第二項において「認定市町村」という。）の教育委員会は、当該認定を受けた文化財保存活用地域計画の変更（文部科学省令で定める軽微な変更を除く。）をしようとするときは、文化庁長官の認定を受けなければならない。

2　前条第三項から第八項までの規定は、前項の認定について準用する。

（文化財の登録の提案）

第一八三条の五　認定市町村の教育委員会は、第百八十三条の三第五項の認定（前条第一項の変更の認定を含む。第百八十三条の七第一項及び第二項において同じ。）を受けた文化財保存活用地域計画（変更があつたときは、その変更後のもの。以下この節及び第百九十二条の六において「認定文化財保存活用地域計画」という。）の計画期間内に限り、当該認定市町村の区域内に存する文化財であつて第五十七条第一項、第九十条第一項又は第百三十二条第一項の規定により登録されることが適当であると思料するものがあるときは、文部科学省令で定めるところにより、文部科学大臣に対し、当該文化財を文化財登録原簿に登録することを提案することができる。

2　認定市町村の教育委員会は、前項の規定による提案をしようとするときは、あらかじめ、地方文化財保護審議会の意見を聴かなければならない。

3　文部科学大臣は、第一項の規定による提案が行われた場合において、当該提案に係る文化財について第五十七条第一項、第九十条第一項又は第百三十二条第一項の規定による登録をしないこととしたときは、遅滞なく、その旨及びその理由を当該提案をした認定市町村の教育委員会に通知しなければならない。

（認定文化財保存活用地域計画の実施状況に関する報告の徴収）

第一八三条の六　文化庁長官は、認定市町村の教育委員会に対し、認定文化財保存活用地域計画の実施の状況について報告を求めることができる。

（認定の取消し）

第一八三条の七　文化庁長官は、認定文化財保存活用地域計画が第百八十三条の三第五項各号のいずれかに適合しなくなつたと認めるときは、その認定を取り消すことができる。

2　文化庁長官は、前項の規定により認定を取り消したときは、遅滞なく、その旨を当該認定を受けていた市町村の教育委員会に通知しなければならない。

3　市町村の教育委員会は、前項の通知を受けたときは、遅滞なく、その旨を公表するよう努めなければならない。

（市町村への助言等）

第一八三条の八　都道府県の教育委員会は、市町村に対し、文化財保存活用地域計画の作成及び認定文化財保存活用地域計画の円滑かつ確実な実施に関し必要な助言をすることができる。

2　国は、市町村に対し、文化財保存活用地域計画の作成及び認定文化財保存活用地域計画の円滑かつ確実な実施に関し必要な情報の提供又は指導若しくは助言をするように努めなければならない。

3　前二項に定めるもののほか、国、都道府県及び市町村は、文化財保存活用地域計画の作成及び認定文化財保存活用地域計画の円滑かつ確実な実施が促進されるよう、相互に連携を図りながら協力しなければならない。

4　市町村の長及び教育委員会は、文化財保存活用地域計画の作成及び認定文化財保存活用地域計画の円滑かつ確実な実施が促進されるよう、相互に緊密な連携を図りながら協力しなければならない。

（協議会）

第一八三条の九　市町村の教育委員会は、単独で又は共同して、文化財保存活用地域計画の作成及び変更に関する協議並びに認定文化財保存活用地域計画の実施に係る連絡調整を行うための協議会（以下この条において「協議会」という。）を組織することができる。

2　協議会は、次に掲げる者をもつて構成する。
一　当該市町村
二　当該市町村の区域をその区域に含む都道府県
三　第百九十二条の二第一項の規定により当該市町村の教育委員会が指定した文化財保存活用支援団体
四　文化財の所有者、学識経験者、商工関係団体、観光関係団体その他の市町村の教育委員会が必要と認める者

3　協議会は、必要があると認めるときは、関係行政機関に対して、資料の提供、意見の表明、説明その他必要な協力を求めることができる。

4　協議会において協議が調つた事項については、協議会の構成員は、その協議の結果を尊重しなければならない。

5　前各項に定めるもののほか、協議会の運営に関し必要な事項は、協議会が定める。

（認定市町村の教育委員会が処理する事務）

第一八四条の二　前条第一項第二号、第四号又は第五号に掲げる文化庁長官の権限に属する事務であつて認定市町村の区域内に係るものの全部又は一部は、認定文化財保存活用地域計画の計画期間内に限り、政令で定めるところにより、当該認定文化財保存活用地域計画の実施に必要な範囲内において、当該認定市町村の教育委員会が行うこととすることができる。

2　前項の規定により認定市町村の教育委員会が同項に規定する事務を行う場合には、前条第二項、第四項（第三号に係る部分を除く。）及び第五項から第八項までの規定を準用する。

3　第一項の規定により認定市町村の教育委員会が同項に規定する事務を開始する日前になされた当該事務に係る許可等の処分その他の行為（以下この条において「処分等の行為」という。）又は許可の申請その他の行為（以下この条において「申請等の行為」という。）は、同日以後においては、当該認定市町村の教育委員会のした処分等の行為又は当該認定市町村の教育委員会に対して行つた申請等の行為とみなす。

4　認定文化財保存活用地域計画の計画期間の終了その他の事情により認定市町村の教育委員会が第一項に規定する事務を終了する日以前になされた当該事務に係る処分等の行為又は申請等の行為は、同日の翌日以後においては、その終了後に当該事務を行うこととなる者のした処分等の行為又は当該者に対して行つた申請等の行為とみなす。

（地方文化財保護審議会）

第一九〇条　都道府県及び市町村（いずれも特定地方公共団体であるものを除く。）の教育委員会に、条例の定めるところにより、文化財に関して優れた識見を有する者により構成される地方文化財保護審議会を置くことができる。

2　特定地方公共団体に、条例の定めるところにより、地方文化財保護審議会を置くものとする。

3　地方文化財保護審議会は、都道府県又は市町村の教育委員会の諮問に応じて、文化財の保存及び活用に関する重要事項について調査審議し、並びにこれらの事項に関して当該都道府県又は市町村の教育委員会に建議する。

4　地方文化財保護審議会の組織及び運営に関し必要な事項は、条例で定める。

（文化財保護指導委員）

第一九一条　都道府県及び市町村の教育委員会（当該都道府県及び市町村が特定地方公共団体である場合には、当該特定地方公共団体）に、文化財保護指導委員を置くことができる。

2　文化財保護指導委員は、文化財について、随時、巡視を行い、並びに所有者その他の関係者に対し、文化財の保護に関する指導及び助言をするとともに、地域住民に対し、文化財保護思想について普及活動を行うものとする。

3　文化財保護指導委員は、非常勤とする。

第四節　文化財保存活用支援団体

（文化財保存活用支援団体の指定）

第一九二条の二　市町村の教育委員会は、法人その他これに準ずるものとして文部科学省令で定める団体であつて、次条に規定する業務を適正かつ確実に行うことができると認められるものを、その申請により、文化財保存活用支援団体（以下この節において「支援団体」という。）として指定することができる。

2　市町村の教育委員会は、前項の規定による指定をしたときは、当該支援団体の名称、住所及び事務所の所在地を公示しなければならない。

3　支援団体は、その名称、住所又は事務所の所在地を変更しようとするときは、あらかじめ、その旨を市町村の教育委員会に届け出なければならない。

4　市町村の教育委員会は、前項の規定による届出があつたときは、当該届出に係る事項を公示しなければならない。

（支援団体の業務）

第一九二条の三　支援団体は、次に掲げる業務を行うものとする。
一　当該市町村の区域内に存する文化財の保存及び活用を行うこと。
二　当該市町村の区域内に存する文化財の保存及び活用を図るための事業を行う者に対し、情報の提供、相談その他の援助を行うこと。
三　文化財の所有者の求めに応じ、当該文化財の管理、修理又は復旧その他その保存及び活用のため必要な措置につき委託を受けること。
四　文化財の保存及び活用に関する調査研究を行うこと。
五　前各号に掲げるもののほか、当該市町村の区域における文化財の保存及び活用を図るために必要な業務を行うこと。

（監督等）

第一九二条の四　市町村の教育委員会は、前条各号に掲げる業務の適正かつ確実な実施を確保するため必要があると認めるときは、支援団体に対し、その業務に関し報告をさせることができる。

2　市町村の教育委員会は、支援団体が前条各号に掲げる業務を適正かつ確実に実施していないと認めるときは、支援団体に対し、その業務の運営の改善に関し必要な措置を講ずべきことを命ずることができる。

3　市町村の教育委員会は、支援団体が前項の規定による命令に違反したときは、第百九十二条の二第一項の規定による指定を取り消すことができる。

4　市町村の教育委員会は、前項の規定により指定を取り消したときは、その旨を公示しなければならない。

（情報の提供等）

第一九二条の五　国及び関係地方公共団体は、支援団体に対し、その業務の実施に関し必要な情報の提供又は指導若しくは助言をするものとする。

（文化財保存活用地域計画の作成の提案等）

第一九二条の六　支援団体は、市町村の教育委員会に対し、文化財保存活用地域計画の作成又は認定文化財保存活用地域計画の変更をすることを提案することができる。

2　支援団体は、認定市町村の教育委員会に対し、認定文化財保存活用地域計画の計画期間内に限り、当該認定市町村の区域内に存する文化財であつて第五十七条第一項、第九十条第一項又は第百三十二条第一項の規定により登録されることが適当であると思料するものがあるときは、文部科学省令で定めるところにより、当該文化財について第百八十三条の五第一項の規定による提案をするよう要請することができる。

附　則〔抄〕

（令和二年六月一〇日法律第四一号）

（施行期日）

第一条　この法律は、公布の日から起算して三月を経過した日から施行する。ただし、次の各号に掲げる規定は、当該各号に定める日から施行する。

一　（前略）附則（中略）第八条（中略）の規定　公布の日

二から四まで（省略）

●ユネスコ活動に関する法律

（昭和二七年六月二一日　法律第二〇七号）

施行、昭二七・八・一
最終改正、平一六―法七六

日本国民は、国際連合教育科学文化機関が世界平和の確立と人類の福祉の増進に貢献しつつあることの意義を高く評価し、この機関に加盟することによつて得た日本の国際的地位にかんがみ、政府及び国民の活動によりその事業に積極的に協力することを決意し、教育、科学及び文化を通じて、国際連合憲章、国際連合教育科学文化機関憲章及び世界人権宣言の精神の実現を図るため、ここにこの法律を制定する。

第一章　ユネスコ活動

（ユネスコ活動の目標）

第一条　わが国におけるユネスコ活動は、国際連合教育科学文化機関憲章（昭和二十六年条約第四号。以下「ユネスコ憲章」という。）の定めるところに従い、国際連合の精神に則つて、教育、科学及び文化を通じ、わが国民の間に広く国際的理解を深めるとともに、わが国民と世界諸国民との間に理解と協力の関係を進め、もつて世界の平和と人類の福祉に貢献することを目標とする。

（定義）

第二条　この法律において「ユネスコ活動」とは、国際連合教育科学文化機関（以下「ユネスコ」という。）の目的を実現するために行う活動をいう。

（国外諸機関との協力）

第三条　わが国におけるユネスコ活動は、ユネスコ、国際連合及びその専門機関、ユネスコ活動に関係のある国際団体並びに諸国の政府、ユネスコ国内委員会及びユネスコ活動に関係のある団体等と協力しつつ展開されなければならない。

（国及び地方公共団体の活動）

第四条　国又は地方公共団体は、第一条の目標を達成するため、自らユネスコ活動を行うとともに、必要があると認めるときは、民間のユネスコ活動に対し助言を与え、及びこれに協力するものとする。

2　国又は地方公共団体は、民間のユネスコ活動振興上必要があると認める場合には、その助成のため、政令で定めるところにより、その事業に対し援助を与えることができる。

3　国又は地方公共団体の機関が前二項の事項を実施するに当つては、第五条の日本ユネスコ国内委員会と緊密に連絡して行わなければならない。

第二章　日本ユネスコ国内委員会

（設置）

第五条　ユネスコ憲章第七条の規定の趣旨に従い、我が国におけるユネスコ活動に関する助言、企画、連絡及び調査のための機関として、文部科学省に、日本ユネスコ国内委員会（以下「国内委員会」という。）を置く。

（所掌事務の範囲及び権限）

第六条　国内委員会は、関係各大臣の諮問に応じて次に掲げる事項を調査審議し、及びこれらに関し必要と認める事項を関係大臣に建議する。

一　ユネスコ総会における政府代表及びユネスコに対する常駐の政府代表の選考に関する事項

二　ユネスコ総会に対する議案の提出その他ユネスコ総会における議事に関する事項

三　ユネスコ総会以外のユネスコに関係のある国際会議への参加に関する事項

四　ユネスコに関係のある条約その他の国際約束の締結に関する事項

五　国の行うユネスコ活動の実施計画に関する事項

六　ユネスコの目的及びユネスコ活動に関する国民の理解の増進に関する事項

七　民間のユネスコ活動に対して行うべき助言、協力及び援助に関する事項

八　ユネスコ活動に関する法令の立案及び予算の編成についての基本方針に関する事項

その他ユネスコ活動に関し必要な事項

2　前項の規定による国内委員会に対する関係各大臣の諮問及び国内委員会の関係各大臣に対する建議は、関係各大臣が文部科学大臣以外の者であるときは、文部科学大臣を通じて行うものとする。

3　国内委員会は、わが国におけるユネスコ活動の基本方針を策定するものとする。

4　国内委員会は、ユネスコ活動に関し、国内のユネスコ活動に関係のある機関及び団体等並びに第三条の機関及び団体等と必要な連絡を保ち、及び情報の交換を行う。

5　国内委員会は、ユネスコ活動に関する調査並びに資料の収集及び作成を行う。

6　国内委員会は、集会の開催、出版物の頒布その他ユネスコの目的及びユネスコ活動に関する普及のために必要な事項を行うことができる。

7　国内委員会は、ユネスコ活動に関し、地方公共団体、民間団体又は個人に対して必要な助言を与え、及びこれに協力することができる。

（外務大臣との関係）

第七条　国内委員会は、その対外事務を処理するに当り、その事務が国の対外施策に関連する場合には、外務大臣と緊密に連絡して行うものとする。

2　外務大臣は、国内委員会の対外事務の処理について、国内委員会に対し必要な便宜を与え、これに協力するものとする。

（構成）

第八条　国内委員会は、六十人以内の委員で組織する。

（委員の任命）

第九条　委員は、次の各号に掲げる者につき、当該各号に掲げる員数以内を文部科学大臣が任命する。この場合において、第一号から第四号まで及び第七号に掲げる者については、第十三条の選考小委員会から推薦されたものに

つき、内閣の承認を経て、任命するものとする。

一　教育活動、科学活動及び文化活動の各領域を代表する者　十八人
二　教育、科学及び文化の普及に関する諸領域を代表する者　十二人
三　地域的なユネスコ活動の領域を代表する者　十二人
四　学識経験者　七人
五　衆議院議員のうちから衆議院の指名した者　四人
六　参議院議員のうちから参議院の指名した者　三人
七　政府の職員　四人

2　委員の選考の基準について必要な事項は、政令で定める。

（委員の任期等）

第一〇条　委員（衆議院議員、参議院議員及び政府職員たる委員を除く。以下本条第二項及び第十一条第一項において同じ。）の任期は、三年とする。但し、補欠の委員は、前任者の残任期間在任する。

2　委員は、再任されることができる。

3　委員は、特別職とする。

（委員の解任）

第一一条　文部科学大臣は、委員が、次の各号のいずれかに該当する場合には、その意に反してこれを解任することができる。

一　破産手続開始の決定
二　禁錮以上の刑に処せられた場合
三　心身の故障のため職務の執行ができず、又は職務上の義務違反その他委員たるに適しない行為があると文部科学大臣が認めた場合

2　前項第三号の場合における解任については、文部科学大臣は、あらかじめ内閣の承認を経なければならない。

（会長及び副会長）

第一二条　国内委員会に会長一人及び副会長二人を置く。

2　会長及び副会長は、委員の互選に基づき、文部科学大臣が任命する。

3　会長は、会務を総理し、国内委員会を代表する。

4　副会長は、会長を補佐し、会長に事故があるとき、又は会長が欠けたときは、会長があらかじめ指名したいずれかの一人が、その職務を代理し、又はその職務を行う。

（小委員会）

第一三条　国内委員会に、委員で組織する小委員会として運営小委員会、選考小委員会及び専門小委員会を置く。

2　運営小委員会は、会務の運営に関する事項を審議する。

3　選考小委員会は、国内委員会が文部科学大臣に対して委員の候補者として推薦すべき者の選考に関する事項を調査審議する。

4　専門小委員会は、各専門の事項ごとに置き、それぞれ専門の事項を調査審議する。

5　特別の事項を調査審議するため必要があるときは、専門小委員会に、委員以外の者を調査委員として置くことができる。

6　前四項に定めるもののほか、小委員会に関し必要な事項は、政令で定める。

（委員等の手当及び旅費）

第一四条　委員及び調査委員は、別に定める手当及び旅費を受ける。

（会議）

第一五条　国内委員会の会議は、年二回会長が招集する。但し、会長は、必要があると認めるときは、臨時にこれを招集することができる。

第一六条　会議は、委員の過半数が出席しなければ、議事を開き、議決をすることができない。

2　議事は、出席した委員の過半数をもつて決し、可否同数のときは、会長の決するところによる。

3　前項の場合においては、会長は、委員として議決に加わることができない。

（議決権の委任）

第一七条　国内委員会は、第十九条の運営規則で定めるところにより、運営小委員会の議決又は運営小委員会と他の小委員会の合同の議決をもつて国内委員会の議決とすることができる。

（国内委員会の事務処理）

第一八条　国内委員会の事務は、文部科学省の内部部局として置かれる官房若しくは局又は文部科学省に置かれる国家行政組織法（昭和二十三年法律第百二十号）第二十条第一項に規定する職のうち政令で定めるもの（次項において「担当部局等」という。）において処理する。

2　担当部局等の長（担当部局等が国家行政組織法第二十条第一項に規定する職である場合にあつては、当該職を占める者。次項において「担当局長等」という。）は、会長の一般的監督の下に、前項の事務を処理するものとする。

3　担当局長等は、第一項の事務を処理する場合において、ユネスコ活動の遂行のため国際慣行上必要があるときは、日本ユネスコ国内委員会事務総長という名称を用いることができる。

（運営規則）

第一九条　会長は、国内委員会の議決を経て、国内委員会の会議及び小委員会の運営に関し、必要な運営規則を定めることができる。

附　則〔省略〕

●国立国会図書館法（抜粋）

（昭和二三年二月九日　法律第五号）

施行、昭二三・二・九
最終改正、平二八―法八九

国立国会図書館は、真理がわれらを自由にするという確信に立つて、憲法の誓約する日本の民主化と世界平和とに寄与することを使命として、ここに設立される。

第一章　設立及び目的

（設立）

第一条　この法律により国立国会図書館を設立し、この法律を国立国会図書館法と称する。

（目的）

第二条　国立国会図書館は、図書及びその他の図書館資料を蒐集し、国会議員の職務の遂行に資するとともに、行政及び司法の各部門に対し、更に日本国民に対し、この法律に規定する図書館奉仕を提供することを目的とする。

（構成）

第三条　国立国会図書館は、中央の図書館並びにこの法律に規定されている支部図書館及び今後設立される支部図書館で構成する。

第二章　館長

（任免及び待遇）

第四条　国立国会図書館の館長は、一人とする。館長は、両議院の議長が、両議院の議院運営委員会と協議の後、国会の承認を得て、これを任命する。

②　館長は、職務の執行上過失がない限り在職する。館長は、政治活動を慎み、政治的理由により罷免されることはない。館長は、両議院の議長の共同提議によつては罷免されることがある。

第六章　調査及び立法考査局

（調査及び立法考査局）
第一五条　館長は、国立国会図書館内に調査及び立法考査局と名附ける一局を置く。この局の職務は、左の通りである。
一　要求に応じ、両議院の委員会に懸案中の法案又は内閣から国会に送付せられた案件を、分析又は評価して、両議院の委員会に進言し補佐するとともに、妥当な決定のための根拠を提供して援助すること。
二　要求に応じ、又は要求を予測して自発的に、立法資料又はその関連資料の蒐集、分類、分析、飜訳、索引、摘録、編集、報告及びその他の準備をし、その資料の選択又は提出には党派的、官僚的偏見に捉われることなく、両議院、委員会及び議員に役立ち得る資料を提供すること。
三　立法の準備に際し、両議院、委員会及び議員を補佐して、議案起草の奉仕を提供すること。但し、この補佐は委員会又は議員の要求ある場合に限つて提供され、調査及び立法考査局職員はいかなる場合にも立法の発議又は督促をしてはならない。
四　両議院、委員会及び議員の必要が妨げられない範囲において行政及び司法の各部門又は一般公衆に蒐集資料を提供して利用させること。

（職員）
第一六条　この局に必要な局長、次長及びその他の職員は、政党に加入していても加入していなくても、その職務を行うに適当な者につき、国会職員法の規定により館長がこれを任命する。
②　館長は、更にこの局の職員に、両議院の常任委員会の必要とする広汎な関連分野に専門調査員を任命することができる。

第六章の二　関西館

第一六条の二　中央の図書館に、関西館を置く。
②　関西館の位置及び所掌事務は、館長が定める。
③　関西館に関西館長一人を置き、国立国会図書館の職員のうちから、館長がこれを任命する。
④　関西館長は、館長の命を受けて、関西館の事務を掌理する。

第八章　一般公衆及び公立その他の図書館に対する奉仕

第二二条　おおむね十八歳以下の者が主たる利用者として想定される図書及びその他の図書館資料に関する図書館奉仕を国際的な連携の下に行う支部図書館として、国際子ども図書館を置く。
②　国際子ども図書館に国際子ども図書館長一人を置き、国立国会図書館の職員のうちから、館長がこれを任命する。
③　国際子ども図書館長は、館長の命を受けて、国際子ども図書館の事務を掌理する。

●アイヌの人々の誇りが尊重される社会を実現するための施策の推進に関する法律

〔抄〕

（平成三一年四月二六日　法律第一六号）

施行、令一・五・二四
最終改正、平三〇―法九五（平三一―法一六）

第一章　総則

（目的）
第一条　この法律は、日本列島北部周辺、とりわけ北海道の先住民族であるアイヌの人々の誇りの源泉であるアイヌの伝統及びアイヌ文化（以下「アイヌの伝統等」という。）が置かれている状況並びに近年における先住民族をめぐる国際情勢に鑑み、アイヌ施策の推進に関し、基本理念、国等の責務、政府による基本方針の策定、民族共生象徴空間構成施設の管理に関する措置、市町村（特別区を含む。以下同じ。）によるアイヌ施策推進地域計画の作成及びその内閣総理大臣による認定、当該認定を受けたアイヌ施策推進地域計画に基づく事業に対する特別の措置、アイヌ政策推進本部の設置等について定めることにより、アイヌの人々が民族としての誇りを持って生活することができ、及びその誇りが尊重される社会の実現を図り、もって全ての国民が相互に人格と個性を尊重し合いながら共生する社会の実現に資することを目的とする。

（定義）
第二条　この法律において「アイヌ文化」とは、アイヌ語並びにアイヌにおいて継承されてきた生活様式、音楽、舞踊、工芸その他の文化的所産及びこれらから発展した文化的所産をいう。
2　この法律において「アイヌ施策」とは、アイヌ文化の振興並びにアイヌの伝統等に関する知識の普及及び啓発（以下「アイヌ文化の振興等」という。）並びにアイヌの人々が民族としての誇りを持って生活するためのアイヌ文化の振興等に資する環境の整備に関する施策をいう。
3　この法律において「民族共生象徴空間構成施設」とは、民族共生象徴空間（アイヌ文化の振興等の拠点として国土交通省令・文部科学省令で定める場所に整備される国有財産法（昭和二十三年法律第七十三号）第三条第二項に規定する行政財産をいう。）を構成する施設（その敷地を含む。）であって、国土交通省令・文部科学省令で定めるものをいう。

（基本理念）
第三条　アイヌ施策の推進は、アイヌの人々の民族としての誇りが尊重されるよう、アイヌの人々の誇りの源泉であるアイヌの伝統等並びに我が国を含む国際社会において重要な課題である多様な民族の共生及び多様な文化の発展についての国民の理解を深めることを旨として、行われなければならない。
2　アイヌ施策の推進は、アイヌの人々が民族としての誇りを持って生活することができるよう、アイヌの人々の自発的意思の尊重に配慮しつつ、行われなければならない。
3　アイヌ施策の推進は、国、地方公共団体その他の関係する者の相互の密接な連携を図りつつ、アイヌの人々が北海道のみならず全国において生活していることを踏まえて全国的な視点に立って行われなければならない。
第四条　何人も、アイヌの人々に対して、アイヌであることを理由として、差別することその他の権利利益を侵害する行為をしてはならない。

（国及び地方公共団体の責務）
第五条　国及び地方公共団体は、前二条に定める基本理念にのっとり、アイヌ施策を策定し、及び実施する責務を有する。
2　国及び地方公共団体は、アイヌ文化を継承する者の育成について適切な措置を講ずるよう努めなければならない。

3　国及び地方公共団体は、教育活動、広報活動その他の活動を通じて、アイヌに関し、国民の理解を深めるよう努めなければならない。

4　国は、アイヌ文化の振興等に資する調査研究を推進するよう努めるとともに、地方公共団体が実施するアイヌ施策を推進するために必要な助言その他の措置を講ずるよう努めなければならない。

(国民の努力)

第六条　国民は、アイヌの人々が民族としての誇りを持って生活することができ、及びその誇りが尊重される社会の実現に寄与するよう努めるものとする。

第二章　基本方針等

(基本方針)

第七条　政府は、アイヌ施策の総合的かつ効果的な推進を図るための基本的な方針(以下「基本方針」という。)を定めなければならない。

2　基本方針には、次に掲げる事項を定めるものとする。

一　アイヌ施策の意義及び目標に関する事項

二　政府が実施すべきアイヌ施策に関する基本的な方針

三　民族共生象徴空間構成施設の管理に関する基本的な事項

四　第十条第一項に規定するアイヌ施策推進地域計画の同条第九項の認定に関する基本的な事項

五　前各号に掲げるもののほか、アイヌ施策の推進のために必要な事項

3　内閣総理大臣は、アイヌ政策推進本部が作成した基本方針の案について閣議の決定を求めなければならない。

4　内閣総理大臣は、前項の規定による閣議の決定があったときは、遅滞なく、基本方針を公表しなければならない。

5　政府は、情勢の推移により必要が生じたときは、基本方針を変更しなければならない。

6　第三項及び第四項の規定は、基本方針の変更について準用する。

(都道府県方針)

第八条　都道府県知事は、基本方針に基づき、当該都道府県の区域内におけるアイヌ施策を推進するための方針(以下この条及び第十条において「都道府県方針」という。)を定めるよう努めるものとする。

2　都道府県方針には、おおむね次に掲げる事項を定めるものとする。

一　アイヌ施策の目標に関する事項

二　当該都道府県が実施すべきアイヌ施策に関する方針

三　前二号に掲げるもののほか、アイヌ施策の推進のために必要な事項

3　都道府県知事は、都道府県方針に他の地方公共団体と関係がある事項を定めようとするときは、当該事項について、あらかじめ、当該他の地方公共団体の長の意見を聴かなければならない。

4　都道府県知事は、都道府県方針を定めたときは、遅滞なく、これを公表するよう努めるとともに、関係市町村長に通知しなければならない。

5　前二項の規定は、都道府県方針の変更について準用する。

第三章　民族共生象徴空間構成施設の管理に関する措置

第九条　国土交通大臣及び文部科学大臣は、第二十条第一項の規定による指定をしたときは、民族共生象徴空間構成施設の管理を当該指定を受けた者(次項において「指定法人」という。)に委託するものとする。

2　前項の規定により管理の委託を受けた指定法人は、当該委託を受けて行う民族共生象徴空間構成施設の管理に要する費用に充てるために、民族共生象徴空間構成施設につき入場料その他の料金(第二十二条第二項において「入場料等」という。)を徴収することができる。

3　前項に定めるもののほか、第一項の規定による委託について必要な事項は、政令で定める。

第四章　アイヌ施策推進地域計画の認定等

(アイヌ施策推進地域計画の認定)

第一〇条　市町村は、単独で又は共同して、基本方針に基づき(当該市町村を包括する都道府県の知事が都道府県方針を定めているときは、基本方針に基づくとともに、当該都道府県方針を勘案して)、内閣府令で定めるところにより、当該市町村の区域内におけるアイヌ施策を推進するための計画(以下「アイヌ施策推進地域計画」という。)を作成し、内閣総理大臣の認定を申請することができる。

2　アイヌ施策推進地域計画には、次に掲げる事項を記載するものとする。

一　アイヌ施策推進地域計画の目標

二　アイヌ施策の推進に必要な次に掲げる事業に関する事項

イ　アイヌ文化の保存又は継承に資する事業

ロ　アイヌの伝統等に関する理解の促進に資する事業

ハ　観光の振興その他の産業の振興に資する事業

ニ　地域内若しくは地域間の交流又は国際交流の促進に資する事業

ホ　その他内閣府令で定める事業

三　計画期間

四　その他内閣府令で定める事項

3から14まで〔省略〕

第一一条から第一四条まで〔省略〕

第五章　認定アイヌ施策推進地域計画に基づく事業に対する特別の措置

(交付金の交付等)

第一五条　国は、認定市町村に対し、認定アイヌ施策推進地域計画に基づく事業(第十条第二項第二号に規定するものに限る。)の実施に要する経費に充てるため、内閣府令で定めるところにより、予算の範囲内で、交付金を交付することができる。

2　前項の交付金を充てて行う事業に要する費用については、他の法令の規定に基づく国の負担若しくは補助又は交付金の交付は、当該規定にかかわらず、行わないものとする。

3　前二項に定めるもののほか、第一項の交付金の交付に関し必要な事項は、内閣府令で定める。

(国有林野における共用林野の設定)

第一六条　農林水産大臣は、国有林野の経営と認定市町村(第十条第四項に規定する事項を記載した認定アイヌ施策推進地域計画を作成した市町村に限る。以下この項において同じ。)の住民の利用とを調整することが土地利用の高度化を図るため必要であると認めるときは、契約により、当該認定市町村の住民又は当該認定市町村内の一定の区域に住所を有する者に対し、これらの者が同条第四項の規定により記載された事項に係る国有林野をアイヌにおいて継承されてきた儀式の実施その他のアイヌ文化の振興等に利用するための林産物の採取に共同して使用する権利を取得させることができる。

2　前項の契約は、国有林野の管理経営に関する法律第十八条第三項に規定する共用林野契約とみなして、同法第五章(同条第一項及び第二項を除く。)の規定を適用する。この場合において、同条第三項本文中「第一項」とあるのは「アイヌの人々の誇りが尊重される社会を実現するための施策の推進に関する法律(平成三十一年法律第十六号)第十六条第一項」と、「市町村」とあるのは「認定市町村(同法第十二条第一項に規定する認定市町村をいう。以下同じ。)」と、同項ただし書並びに同法第十九条第五号、第二十二条第一項及び第二十四条中「市町村」とあるのは「認定市町村」と、同法第十八条第四項中「第一項」とあり、及び同法第二十一条の二中「第十八条」とあるのは「アイヌの人々の誇りが

尊重される社会を実現するための施策の推進に関する法律第十六条第一項」とする。

（漁業法及び水産資源保護法による許可についての配慮）

第一七条　農林水産大臣又は都道府県知事は、認定アイヌ施策推進地域計画に記載された内水面さけ採捕事業の実施のため漁業法第百十九条第一項若しくは第二項又は水産資源保護法（昭和二十六年法律第三百十三号）第四条第一項の規定に基づく農林水産省令又は都道府県の規則の規定による許可が必要とされる場合において、当該許可を求められたときは、当該内水面さけ採捕事業が円滑に実施されるよう適切な配慮をするものとする。

第一八条（省略）

（地方債についての配慮）

第一九条　認定市町村が認定アイヌ施策推進地域計画に基づいて行う事業に要する経費に充てるため起こす地方債については、国は、当該認定市町村の財政状況が許す限り起債ができるよう、及び資金事情が許す限り財政融資資金をもって引き受けるよう特別の配慮をするものとする。

第六章　指定法人

（指定等）

第二〇条　国土交通大臣及び文部科学大臣は、アイヌ文化の振興等を目的とする一般社団法人又は一般財団法人であって、次条に規定する業務を適正かつ確実に行うことができると認められるものを、その申請により、全国を通じて一に限り、同条に規定する業務を行う者として指定することができる。

2　国土交通大臣及び文部科学大臣は、前項の申請をした者が次の各号のいずれかに該当するときは、同項の規定による指定をしてはならない。

一　この法律の規定により罰金の刑に処せられ、その執行を終わり、又は執行を受けることがなくなった日から二年を経過しない者であること。

二　第三十条第一項の規定により指定を取り消され、その取消しの日から二年を経過しない者であること。

三　その役員のうちに、次のいずれかに該当する者があること。

イ　禁錮以上の刑に処せられ、又はこの法律の規定により罰金の刑に処せられ、その執行を終わり、又はその執行を受けることがなくなった日から二年を経過しない者

ロ　第二十七条第二項の規定による命令により解任され、その解任の日から二年を経過しない者

3　国土交通大臣及び文部科学大臣は、第一項の規定による指定をしたときは、当該指定を受けた者（以下「指定法人」という。）の名称、住所及び事務所の所在地を公示しなければならない。

4　指定法人は、その名称、住所又は事務所の所在地を変更しようとするときは、あらかじめ、その旨を国土交通大臣及び文部科学大臣に届け出なければならない。

5　国土交通大臣及び文部科学大臣は、前項の規定による届出があったときは、当該届出に係る事項を公示しなければならない。

（業務）

第二一条　指定法人は、次に掲げる業務を行うものとする。

一　第九条第一項の規定による委託を受けて民族共生象徴空間構成施設の管理を行うこと。

二　アイヌ文化を継承する者の育成その他のアイヌ文化の振興に関する業務を行うこと。

三　アイヌの伝統等に関する広報活動その他のアイヌの伝統等に関する知識の普及及び啓発を行うこと。

四　アイヌ文化の振興等に資する調査研究を行うこと。

五　アイヌ文化の振興、アイヌの伝統等に関する知識の普及及び啓発又はアイヌ文化の振興等に資する調査研究を行う者に対して、助言、助成その他の援助を行うこと。

六　前各号に掲げるもののほか、アイヌ文化の振興等を図るために必要な業務を行うこと。

第二二条から第三一条まで（省略）

第七章　アイヌ政策推進本部（省略）

第八章　雑則（省略）

附　則（省略）

●世界の文化遺産及び自然遺産の保護に関する条約（抄）

（平成四年九月二八日　条約第七号）

効力発生、平四・九・三〇

国際連合教育科学文化機関の総会は、千九百七十二年十月十七日から十一月二十一日までパリにおいてその第十七回会期として会合し、

文化遺産及び自然遺産が、衰亡という在来の原因によるのみでなく、一層深刻な損傷又は破壊という現象を伴って事態を悪化させている社会的及び経済的状況の変化によっても、ますます破壊の脅威にさらされていることに留意し、

文化遺産及び自然遺産のいずれの物件が損壊し又は滅失することも、世界のすべての国民の遺産の憂うべき貧困化を意味することを考慮し、

これらの遺産の国内的保護に多額の資金を必要とするため並びに保護の対象となる物件の存在する国の有する経済的、学術的及び技術的な能力が十分でないため、国内的保護が不完全なものになりがちであることを考慮し、

国際連合教育科学文化機関憲章が、同機関が世界の遺産の保存及び保護を確保し、かつ、関係諸国民に対して必要な国際条約を勧告することにより、知識を維持し、増進し及び普及することを規定していることを想起し、

文化財及び自然の財に関する現存の国際条約、国際的な勧告及び国際的な決議が、この無類の及びかけがえのない物件（いずれの国民に属するものであるかを問わない。）を保護することが世界のすべての国民のために重要であることを明らかにしていることを考慮し、

文化遺産及び自然遺産の中には、特別の重要性を有しており、したがって、人類全体のための世界の遺産の一部として保存する必要があるものがあることを考慮し、

このような文化遺産及び自然遺産を脅かす新たな危険の大きさ及び重大さにかんがみ、当該

国がとる措置の代わりにはならないまでも有効な補足的手段となる集団的な援助を供与することによって、顕著な普遍的価値を有する文化遺産及び自然遺産の保護に参加することが、国際社会全体の任務であることを考慮し、

このため、顕著な普遍的価値を有する文化遺産及び自然遺産を集団で保護するための効果的な体制であって、常設的に、かつ、現代の科学的方法により組織されたものを確立する新たな措置を、条約の形式で採択することが重要であることを考慮し、

総会の第十六回会期においてこの問題が国際条約の対象となるべきことを決定して、

この条約を千九百七十二年十一月十六日に採択する。

I　文化遺産及び自然遺産の定義

第一条　この条約の適用上、「文化遺産」とは、次のものをいう。

記念工作物　建築物、記念的意義を有する彫刻及び絵画、考古学的な性質の物件及び構造物、金石文、洞穴住居並びにこれらの物件の組合せであって、歴史上、芸術上又は学術上顕著な普遍的価値を有するもの

建造物群　独立し又は連続した建造物の群であって、その建築様式、均質性又は景観内の位置のために、歴史上、芸術上又は学術上顕著な普遍的価値を有するもの

遺跡　人工の所産（自然と結合したものを含む。）及び考古学的遺跡を含む区域であって、歴史上、芸術上、民族学上又は人類学上顕著な普遍的価値を有するもの

第二条　この条約の適用上、「自然遺産」とは、次のものをいう。

無生物又は生物の生成物又は生成物群から成る特徴のある自然の地域であって、観賞上又は学術上顕著な普遍的価値を有するもの

地質学的又は地形学的形成物及び脅威にさらされている動物又は植物の種の生息地又は自生地として区域が明確に定められている地域であって、学術上又は保存上顕著な普遍的価値を有するもの

自然の風景地及び区域が明確に定められている自然の地域であって、学術上、保存上又は景観上顕著な普遍的価値を有するもの

第三条　前二条に規定する種々の物件で自国の領域内に存在するものを認定し及びその区域を定めることは、締約国の役割である。

II　文化遺産及び自然遺産の国内的及び国際的保護

第四条　締約国は、第一条及び第二条に規定する文化遺産及び自然遺産で自国の領域内に存在するものを認定し、保護し、保存し、整備し及び将来の世代へ伝えることを確保することが第一義的には自国に課された義務であることを認識する。このため、締約国は、自国の有するすべての能力を用いて並びに適当な場合には取得し得る国際的な援助及び協力、特に、財政上、芸術上、学術上及び技術上の援助及び協力を得て、最善を尽くすものとする。

第五条　締約国は、自国の領域内に存在する文化遺産及び自然遺産の保護、保存及び整備のための効果的かつ積極的な措置がとられることを確保するため、可能な範囲内で、かつ、自国にとって適当な場合には、次のことを行うよう努める。

(a)　文化遺産及び自然遺産に対し社会生活における役割を与え並びにこれらの遺産の保護を総合的な計画の中に組み入れるための一般的な政策をとること。

(b)　文化遺産及び自然遺産の保護、保存及び整備のための機関が存在しない場合には、適当な職員を有し、かつ、任務の遂行に必要な手段を有する一又は二以上の機関を自国の領域内に設置すること。

(c)　学術的及び技術的な研究及び調査を発展させること並びに自国の文化遺産又は自然遺産を脅かす危険に対処することを可能にする実施方法を開発すること。

(d)　文化遺産及び自然遺産の認定、保護、保存、整備及び活用のために必要な立法上、学術上、技術上、行政上及び財政上の適当な措置をとること。

(e)　文化遺産及び自然遺産の保護、保存及び整備の分野における全国的又は地域的な研修センターの設置又は発展を促進し、並びにこれらの分野における学術的調査を奨励すること。

第六条　1　締約国は、第一条及び第二条に規定する文化遺産及び自然遺産が世界の遺産であること並びにこれらの遺産の保護について協力することが国際社会全体の義務であることを認識する。この場合において、これらの遺産が領域内に存在する国の主権は、これを十分に尊重するものとし、また、国内法令に定める財産権は、これを害するものではない。

2　締約国は、この条約に従い、第十一条の2及び4に規定する文化遺産及び自然遺産の認定、保護、保存及び整備につき、当該遺産が領域内に存在する国の要請に応じて援助を与えることを約束する。

3　締約国は、第一条及び第二条に規定する文化遺産及び自然遺産で他の締約国の領域内に存在するものを直接又は間接に損傷することを意図した措置をとらないことを約束する。

第七条　この条約において、世界の文化遺産及び自然遺産の国際的保護とは、締約国がその文化遺産及び自然遺産を保存し及び認定するために努力することを支援するための国際的な協力及び援助の体制を確立することであると了解される。

III　世界の文化遺産及び自然遺産の保護のための政府間委員会〔省略〕

IV　世界の文化遺産及び自然遺産の保護のための基金〔省略〕

V　国際的援助の条件及び態様〔省略〕

VI　教育事業計画

第二七条　1　締約国は、あらゆる適当な手段を用いて、特に教育及び広報事業計画を通じて、自国民が第一条及び第二条に規定する文化遺産及び自然遺産を評価し及び尊重することを強化するよう努める。

2　締約国は、文化遺産及び自然遺産を脅かす危険並びにこの条約に従って実施される活動を広く公衆に周知させることを約束する。

第二八条　この条約に基づいて国際的援助を受ける締約国は、援助の対象となった物件の重要性及び当該国際的援助の果たした役割を周知させるため、適当な措置をとる。

VII　報告〔省略〕

VIII　最終条項〔省略〕

●文化芸術基本法（平成一三年一二月七日 法律第一四八号）

施行、平一三・一二・七
最終改正、令一―法二六〔平二九法七三により「文化芸術振興基本法」を改称〕

文化芸術を創造し、享受し、文化的な環境の中で生きる喜びを見出すことは、人々の変わらない願いである。また、文化芸術は、人々の創造性をはぐくみ、その表現力を高めるとともに、人々の心のつながりや相互に理解し尊重し合う土壌を提供し、多様性を受け入れることができる心豊かな社会を形成するものであり、世界の平和に寄与するものである。更に、文化芸術は、それ自体が固有の意義と価値を有するとともに、それぞれの国やそれぞれの時代における国民共通のよりどころとして重要な意味を持ち、国際化が進展する中にあって、自己認識の基点となり、文化的な伝統を尊重する心を育てるものである。

我々は、このような文化芸術の役割が今後においても変わることなく、心豊かな活力ある社会の形成にとって極めて重要な意義を持ち続けると確信する。

しかるに、現状をみるに、経済的な豊かさの中にありながら、文化芸術がその役割を果たすことができるような基盤の整備及び環境の形成は十分な状態にあるとはいえない。二十一世紀を迎えた今、文化芸術により生み出される様々な価値を生かして、これまで培われてきた伝統的な文化芸術を継承し、発展させるとともに、独創性のある新たな文化芸術の創造を促進することは、我々に課された緊要な課題となっている。

このような事態に対処して、我が国の文化芸術の振興を図るためには、文化芸術の礎たる表現の自由の重要性を深く認識し、文化芸術活動を行う者の自主性を尊重することを旨としつつ、文化芸術を国民の身近なものとし、それを尊重し大切にするよう包括的に施策を推進していくことが不可欠である。

ここに、文化芸術に関する施策についての基本理念を明らかにしてその方向を示し、文化芸術に関する施策を総合的かつ計画的に推進するため、この法律を制定する。

第一章　総則

（目的）
第一条　この法律は、文化芸術が人間に多くの恵沢をもたらすものであることに鑑み、文化芸術に関する施策に関し、基本理念を定め、並びに国及び地方公共団体の責務等を明らかにするとともに、文化芸術に関する施策の基本となる事項を定めることにより、文化芸術に関する活動（以下「文化芸術活動」という。）を行う者（文化芸術活動を行う団体を含む。以下同じ。）の自主的な活動の促進を旨として、文化芸術に関する施策の総合的かつ計画的な推進を図り、もって心豊かな国民生活及び活力ある社会の実現に寄与することを目的とする。

（基本理念）
第二条　文化芸術に関する施策の推進に当たっては、文化芸術活動を行う者の自主性が十分に尊重されなければならない。

2　文化芸術に関する施策の推進に当たっては、文化芸術活動を行う者の創造性が十分に尊重されるとともに、その地位の向上が図られ、その能力が十分に発揮されるよう考慮されなければならない。

3　文化芸術に関する施策の推進に当たっては、文化芸術を創造し、享受することが人々の生まれながらの権利であることに鑑み、国民がその年齢、障害の有無、経済的な状況又は居住する地域にかかわらず等しく、文化芸術を鑑賞し、これに参加し、又はこれを創造することができるような環境の整備が図られなければならない。

4　文化芸術に関する施策の推進に当たっては、我が国及び世界において文化芸術活動が活発に行われるような環境を醸成することを旨として文化芸術の発展が図られるよう考慮されなければならない。

5　文化芸術に関する施策の推進に当たっては、多様な文化芸術の保護及び発展が図られなければならない。

6　文化芸術に関する施策の推進に当たっては、地域の人々により主体的に文化芸術活動が行われるよう配慮するとともに、各地域の歴史、風土等を反映した特色ある文化芸術の発展が図られなければならない。

7　文化芸術に関する施策の推進に当たっては、我が国の文化芸術が広く世界へ発信されるよう、文化芸術に係る国際的な交流及び貢献の推進が図られなければならない。

8　文化芸術に関する施策の推進に当たっては、乳幼児、児童、生徒等に対する文化芸術に関する教育の重要性に鑑み、学校等、文化芸術活動を行う団体（以下「文化芸術団体」という。）、家庭及び地域における活動の相互の連携が図られるよう配慮されなければならない。

9　文化芸術に関する施策の推進に当たっては、文化芸術活動を行う者その他広く国民の意見が反映されるよう十分配慮されなければならない。

10　文化芸術に関する施策の推進に当たっては、文化芸術により生み出される様々な価値を文化芸術の継承、発展及び創造に活用することが重要であることに鑑み、文化芸術の固有の意義と価値を尊重しつつ、観光、まちづくり、国際交流、福祉、教育、産業その他の各関連分野における施策との有機的な連携が図られるよう配慮されなければならない。

（国の責務）
第三条　国は、前条の基本理念（以下「基本理念」という。）にのっとり、文化芸術に関する施策を総合的に策定し、及び実施する責務を有する。

（地方公共団体の責務）
第四条　地方公共団体は、基本理念にのっとり、文化芸術に関し、国との連携を図りつつ、自主的かつ主体的に、その地域の特性に応じた施策を策定し、及び実施する責務を有する。

（国民の関心及び理解）
第五条　国は、現在及び将来の世代にわたって人々が文化芸術を創造し、享受することができるとともに、文化芸術が将来にわたって発展するよう、国民の文化芸術に対する関心及び理解を深めるように努めなければならない。

（文化芸術団体の役割）
第五条の二　文化芸術団体は、その実情を踏まえつつ、自主的かつ主体的に、文化芸術活動の充実を図るとともに、文化芸術の継承、発展及び創造に積極的な役割を果たすよう努めなければならない。

（関係者相互の連携及び協働）
第五条の三　国、独立行政法人、地方公共団体、文化芸術団体、民間事業者その他の関係者は、基本理念の実現を図るため、相互に連携を図りながら協働するよう努めなければならない。

（法制上の措置等）
第六条　政府は、文化芸術に関する施策を実施するため必要な法制上、財政上又は税制上の措置その他の措置を講じなければならない。

第二章　文化芸術推進基本計画等

（文化芸術推進基本計画）
第七条　政府は、文化芸術に関する施策の総合的かつ計画的な推進を図るため、文化芸術に関する施策に関する基本的な計画（以下「文化芸術推進基本計画」という。）を定めなければならない。

2　文化芸術推進基本計画は、文化芸術に関する施策を総合的かつ計画的に推進するための基本的な事項その他必要な事項について定めるものとする。

3　文部科学大臣は、文化審議会の意見を聴いて、文化芸術推進基本計画の案を作成するものとする。

4　文部科学大臣は、文化芸術推進基本計画の案を作成しようとするときは、あらかじめ、関係行政機関の施策に係る事項について、第三十六条に規定する文化芸術推進会議において連絡調整を図るものとする。

5　文部科学大臣は、文化芸術推進基本計画が定められたときは、遅滞なく、これを公表しなければならない。

6　前三項の規定は、文化芸術推進基本計画の変更について準用する。

（地方文化芸術推進基本計画）

第七条の二　都道府県及び市（特別区を含む。第三十七条において同じ。）町村の教育委員会（地方教育行政の組織及び運営に関する法律（昭和三十一年法律第百六十二号）第二十三条第一項の条例の定めるところによりその長が同項第三号に掲げる事務を管理し、及び執行することとされた地方公共団体（次項において「特定地方公共団体」という。）にあっては、その長）は、文化芸術推進基本計画を参酌して、その地方の実情に即した文化芸術の推進に関する計画（次項及び第三十七条において「地方文化芸術推進基本計画」という。）を定めるよう努めるものとする。

2　特定地方公共団体の長が地方文化芸術推進基本計画を定め、又はこれを変更しようとするときは、あらかじめ、当該特定地方公共団体の教育委員会の意見を聴かなければならない。

第三章　文化芸術に関する基本的施策

（芸術の振興）

第八条　国は、文学、音楽、美術、写真、演劇、舞踊その他の芸術（次条に規定するメディア芸術を除く。）の振興を図るため、これらの芸術の公演、展示等への支援、これらの芸術の制作等に係る物品の保存への支援、これらの芸術に係る知識及び技能の継承への支援、芸術祭等の開催その他の必要な施策を講ずるものとする。

（メディア芸術の振興）

第九条　国は、映画、漫画、アニメーション及びコンピュータその他の電子機器等を利用した芸術（以下「メディア芸術」という。）の振興を図るため、メディア芸術の制作、上映、展示等への支援、メディア芸術の制作等に係る物品の保存への支援、メディア芸術に係る知識及び技能の継承への支援、芸術祭等の開催その他の必要な施策を講ずるものとする。

（伝統芸能の継承及び発展）

第一〇条　国は、雅楽、能楽、文楽、歌舞伎、組踊その他の我が国古来の伝統的な芸能（以下「伝統芸能」という。）の継承及び発展を図るため、伝統芸能の公演、これに用いられた物品の保存等への支援その他の必要な施策を講ずるものとする。

（芸能の振興）

第一一条　国は、講談、落語、浪曲、漫談、漫才、歌唱その他の芸能（伝統芸能を除く。）の振興を図るため、これらの芸能の公演、これに用いられた物品の保存等への支援、これらの芸能に係る知識及び技能の継承への支援その他の必要な施策を講ずるものとする。

（生活文化の振興並びに国民娯楽及び出版物等の普及）

第一二条　国は、生活文化（茶道、華道、書道、食文化その他の生活に係る文化をいう。）の振興を図るとともに、国民娯楽（囲碁、将棋その他の国民的娯楽をいう。）並びに出版物及びレコード等の普及を図るため、これらに関する活動への支援その他の必要な施策を講ずるものとする。

（文化財等の保存及び活用）

第一三条　国は、有形及び無形の文化財並びにその保存技術（以下「文化財等」という。）の保存及び活用を図るため、文化財等に関し、修復、防災対策、公開等への支援その他の必要な施策を講ずるものとする。

（地域における文化芸術の振興等）

第一四条　国は、各地域における文化芸術の振興及びこれを通じた地域の振興を図るため、各地域における文化芸術の公演、展示、芸術祭等への支援、地域固有の伝統芸能及び民俗芸能（地域の人々によって行われる民俗的な芸能をいう。）に関する活動への支援その他の必要な施策を講ずるものとする。

（国際交流等の推進）

第一五条　国は、文化芸術に係る国際的な交流及び貢献の推進を図ることにより、我が国及び世界の文化芸術活動の発展を図るため、文化芸術活動を行う者の国際的な交流及び芸術祭その他の文化芸術に係る国際的な催しの開催又はこれへの参加、海外における我が国の文化芸術の現地の言語による展示、公開その他の普及への支援、海外の文化遺産の修復に関する協力、海外における著作権に関する制度の整備に関する協力、文化芸術に関する国際機関等の業務に従事する人材の養成及び派遣その他の必要な施策を講ずるものとする。

2　国は、前項の施策を講ずるに当たっては、我が国の文化芸術を総合的に世界に発信するよう努めなければならない。

（芸術家等の養成及び確保）

第一六条　国は、文化芸術に関する創造的活動を行う者、伝統芸能の伝承者、文化財等の保存及び活用に関する専門的知識及び技能を有する者、文化芸術活動に関する企画又は制作を行う者、文化芸術活動に関する技術者、文化施設の管理及び運営を行う者その他の文化芸術を担う者（以下「芸術家等」という。）の養成及び確保を図るため、国内外における研修、教育訓練等の人材育成への支援、研修成果の発表の機会の確保、文化芸術に関する作品の流通の促進、芸術家等の文化芸術に関する創造的活動等の環境の整備その他の必要な施策を講ずるものとする。

（文化芸術に係る教育研究機関等の整備等）

第一七条　国は、芸術家等の養成及び文化芸術に関する調査研究の充実を図るため、文化芸術に係る大学その他の教育研究機関等の整備その他の必要な施策を講ずるものとする。

（国語についての理解）

第一八条　国は、国語が文化芸術の基盤をなすことにかんがみ、国語について正しい理解を深めるため、国語教育の充実、国語に関する調査研究及び知識の普及その他の必要な施策を講ずるものとする。

（日本語教育の充実）

第一九条　国は、外国人の我が国の文化芸術に関する理解に資するよう、外国人に対する日本語教育の充実を図るため、日本語教育に従事する者の養成及び研修体制の整備、日本語教育に関する教材の開発、日本語教育を行う機関における教育の水準の向上その他の必要な施策を講ずるものとする。

（著作権等の保護及び利用）

第二〇条　国は、文化芸術の振興の基盤をなす著作者の権利及びこれに隣接する権利（以下この条において「著作権等」という。）について、著作権等に関する内外の動向を踏まえつつ、著作権等の保護及び公正な利用を図るため、著作権等に関する制度及び著作物の適正な流通を確保するための環境の整備、著作権等の侵害に係る対策の推進、著作権等に関する調査研究及び普及啓発その他の必要な施策を講ずるものとする。

（国民の鑑賞等の機会の充実）

第二一条　国は、広く国民が自主的に文化芸術を鑑賞し、これに参加し、又はこれを創造する機会の充実を図るため、各地域における文化芸術の公演、展示等への支援、これらに関する情報の提供その他の必要な施策を講ずるものとする。

（高齢者、障害者等の文化芸術活動の充実）

第二二条　国は、高齢者、障害者等が行う文化芸術活動の充実を図るため、これらの者の行う創造的活動、公演等への支援、これらの者の文化芸術活動が活発に行われるような環境の整備その他の必要な施策を講ずるものとする。

（青少年の文化芸術活動の充実）

第二三条　国は、青少年が行う文化芸術活動の充実を図るため、青少年を対象とした文化芸術の公演、展示等への支援、青少年による文化芸術活動への支援その他の必要な施策を講ずるものとする。

（学校教育における文化芸術活動の充実）
第二四条　国は、学校教育における文化芸術活動の充実を図るため、文化芸術に関する体験学習等文化芸術に関する教育の充実、芸術家等及び文化芸術団体による学校における文化芸術活動に対する協力への支援その他の必要な施策を講ずるものとする。

（劇場、音楽堂等の充実）
第二五条　国は、劇場、音楽堂等の充実を図るため、これらの施設に関し、自らの設置等に係る施設の整備、公演等への支援、芸術家等の配置等への支援、情報の提供その他の必要な施策を講ずるものとする。

（美術館、博物館、図書館等の充実）
第二六条　国は、美術館、博物館、図書館等の充実を図るため、これらの施設に関し、自らの設置等に係る施設の整備、展示等への支援、芸術家等の配置等への支援、文化芸術に関する作品等の記録及び保存への支援その他の必要な施策を講ずるものとする。

（地域における文化芸術活動の場の充実）
第二七条　国は、国民に身近な文化芸術活動の場の充実を図るため、各地域における文化施設、学校施設、社会教育施設等を容易に利用できるようにするための措置その他の必要な施策を講ずるものとする。

（公共の建物等の建築に当たっての配慮等）
第二八条　国は、公共の建物等の建築に当たっては、その外観等について、周囲の自然的環境、地域の歴史及び文化等との調和を保つよう努めるものとする。

2　国は、公共の建物等において、文化芸術に関する作品の展示その他の文化芸術の振興に資する取組を行うよう努めるものとする。

（情報通信技術の活用の推進）
第二九条　国は、文化芸術活動における情報通信技術の活用の推進を図るため、文化芸術活動に関する情報通信ネットワークの構築、美術館等における情報通信技術を活用した展示への支援、情報通信技術を活用した文化芸術に関する作品等の記録及び公開への支援その他の必要な施策を講ずるものとする。

（調査研究等）
第二九条の二　国は、文化芸術に関する施策の推進を図るため、文化芸術の振興に必要な調査研究並びに国の内外の情報の収集、整理及び提供その他の必要な施策を講ずるものとする。

（地方公共団体及び民間の団体等への情報提供等）
第三〇条　国は、地方公共団体及び民間の団体等が行う文化芸術の振興のための取組を促進するため、情報の提供その他の必要な施策を講ずるものとする。

（民間の支援活動の活性化等）
第三一条　国は、個人又は民間の団体が文化芸術活動に対して行う支援活動の活性化を図るとともに、文化芸術活動を行う者の活動を支援するため、文化芸術団体が個人又は民間の団体からの寄附を受けることを容易にする等のための税制上の措置、文化芸術団体が行う文化芸術活動への支援その他の必要な施策を講ずるよう努めなければならない。

（関係機関等の連携等）
第三二条　国は、第八条から前条までの施策を講ずるに当たっては、芸術家等、文化芸術団体、学校等、文化施設、社会教育施設、民間事業者その他の関係機関等の間の連携が図られるよう配慮しなければならない。

2　国は、芸術家等及び文化芸術団体が、学校等、文化施設、社会教育施設、福祉施設、医療機関、民間事業者等と協力して、地域の人々が文化芸術を鑑賞し、これに参加し、又はこれを創造する機会を提供できるようにするよう努めなければならない。

（顕彰）
第三三条　国は、文化芸術活動で顕著な成果を収めた者及び文化芸術の振興に寄与した者の顕彰に努めるものとする。

（政策形成への民意の反映等）
第三四条　国は、文化芸術に関する政策形成に民意を反映し、その過程の公正性及び透明性を確保するため、芸術家等、学識経験者その他広く国民の意見を求め、これを十分考慮した上で政策形成を行う仕組みの活用等を図るものとする。

（地方公共団体の施策）
第三五条　地方公共団体は、第八条から前条までの国の施策を勘案し、その地域の特性に応じた文化芸術に関する施策の推進を図るよう努めるものとする。

第四章　文化芸術の推進に係る体制の整備

（文化芸術推進会議）
第三六条　政府は、文化芸術に関する施策の総合的、一体的かつ効果的な推進を図るため、文化芸術推進会議を設け、文部科学省及び内閣府、総務省、外務省、厚生労働省、農林水産省、経済産業省、国土交通省その他の関係行政機関相互の連絡調整を行うものとする。

（都道府県及び市町村の文化芸術推進会議等）
第三七条　都道府県及び市町村に、地方文化芸術推進基本計画その他の文化芸術の推進に関する重要事項を調査審議させるため、条例で定めるところにより、審議会その他の合議制の機関を置くことができる。

附　則（省略）

●日本語教育の推進に関する法律（抄）

（令和元年六月二八日法律第四八号）

施行、令一・六・二八

第一章　総則

（目的）
第一条　この法律は、日本語教育の推進が、我が国に居住する外国人が日常生活及び社会生活を国民と共に円滑に営むことができる環境の整備に資するとともに、我が国に対する諸外国の理解と関心を深める上で重要であることに鑑み、日本語教育の推進に関し、基本理念を定め、並びに国、地方公共団体及び事業主の責務を明らかにするとともに、基本方針の策定その他日本語教育の推進に関する施策の基本となる事項を定めることにより、日本語教育の推進に関する施策を総合的かつ効果的に推進し、もって多様な文化を尊重した活力ある共生社会の実現に資するとともに、諸外国との交流の促進並びに友好関係の維持及び発展に寄与することを目的とする。

（定義）
第二条　この法律において「外国人等」とは、日本語に通じない外国人及び日本の国籍を有する者をいう。

2　この法律において「日本語教育」とは、外国人等が日本語を習得するために行われる教育その他の活動（外国人等に対して行われる日本語の普及を図るための活動を含む。）をいう。

（基本理念）
第三条　日本語教育の推進は、日本語教育を受けることを希望する外国人等に対し、その希望、置かれている状況及び能力に応じた日本語教育を受ける機会が最大限に確保されるよう行われなければならない。

2　日本語教育の推進は、日本語教育の水準の維持向上が図られるよう行われなければならない。

3　日本語教育の推進は、外国人等に係る教育及び労働、出入国管理その他の関連施策並びに外交政策との有機的な連携が図られ、総合的に行われなければならない。

4　日本語教育の推進は、国内における日本語教育が地域の活力の向上に寄与するものであるとの認識の下に行われなければならない。

5　日本語教育の推進は、海外における日本語教育を通じて我が国に対する諸外国の理解と関心を深め、諸外国との交流を促進するとともに、諸外国との友好関係の維持及び発展に寄与することとなるよう行われなければならない。

6　日本語教育の推進は、日本語を学習する意義についての外国人等の理解と関心が深められるように配慮して行われなければならない。

7　日本語教育の推進は、我が国に居住する幼児期及び学齢期（満六歳に達した日の翌日以後における最初の学年の初めから満十五歳に達した日の属する学年の終わりまでの期間をいう。）にある外国人等の家庭における教育等において使用される言語の重要性に配慮して行われなければならない。

（国の責務）

第四条　国は、前条の基本理念（以下単に「基本理念」という。）にのっとり、日本語教育の推進に関する施策を総合的に策定し、及び実施する責務を有する。

（地方公共団体の責務）

第五条　地方公共団体は、基本理念にのっとり、日本語教育の推進に関し、国との適切な役割分担を踏まえて、その地方公共団体の地域の状況に応じた施策を策定し、及び実施する責務を有する。

（事業主の責務）

第六条　外国人等を雇用する事業主は、基本理念にのっとり、国又は地方公共団体が実施する日本語教育の推進に関する施策に協力するとともに、その雇用する外国人等及びその家族に対する日本語学習（日本語を習得するための学習をいう。以下同じ。）の機会の提供その他の日本語学習に関する支援に努めるものとする。

（連携の強化）

第七条　国及び地方公共団体は、国内における日本語教育が適切に行われるよう、関係省庁相互間その他関係機関、日本語教育を行う機関（日本語教育を行う学校（学校教育法（昭和二十二年法律第二十六号）第一条に規定する学校、同法第百二十四条に規定する専修学校及び同法第百三十四条第一項に規定する各種学校をいう。）を含む。以下同じ。）、外国人等を雇用する事業主、外国人等の生活支援を行う団体等の関係者相互間の連携の強化その他必要な体制の整備に努めるものとする。

2　国は、海外における日本語教育が持続的かつ適切に行われるよう、独立行政法人国際交流基金、日本語教育を行う機関、諸外国の行政機関及び教育機関等との連携の強化その他必要な体制の整備に努めるものとする。

（法制上の措置等）

第八条　政府は、日本語教育の推進に関する施策を実施するため必要な法制上又は財政上の措置その他の措置を講じなければならない。

（資料の作成及び公表）

第九条　政府は、日本語教育の状況及び政府が日本語教育の推進に関して講じた施策に関する資料を作成し、適切な方法により随時公表しなければならない。

第二章　基本方針等

（基本方針）

第一〇条　政府は、日本語教育の推進に関する施策を総合的かつ効果的に推進するための基本的な方針（以下「基本方針」という。）を定めなければならない。

2　基本方針においては、次に掲げる事項を定めるものとする。

一　日本語教育の推進の基本的な方向に関する事項

二　日本語教育の推進の内容に関する事項

三　その他日本語教育の推進に関する重要事項

3　文部科学大臣及び外務大臣は、基本方針の案を作成し、閣議の決定を求めなければならない。

4　文部科学大臣及び外務大臣は、基本方針の案を作成しようとするときは、あらかじめ、関係行政機関の長に協議しなければならない。

5　文部科学大臣及び外務大臣は、第三項の規定による閣議の決定があったときは、遅滞なく、基本方針を公表しなければならない。

6　政府は、日本語教育を取り巻く環境の変化を勘案し、並びに日本語教育に関する施策の実施の状況についての調査、分析及び評価を踏まえ、おおむね五年ごとに基本方針に検討を加え、必要があると認めるときは、これを変更するものとする。

7　第三項から第五項までの規定は、基本方針の変更について準用する。

（地方公共団体の基本的な方針）

第一一条　地方公共団体は、基本方針を参酌し、その地域の実情に応じ、当該地方公共団体における日本語教育の推進に関する施策を総合的かつ効果的に推進するための基本的な方針を定めるよう努めるものとする。

第三章　基本的施策

第一節　国内における日本語教育の機会の拡充

（外国人等である幼児、児童、生徒等に対する日本語教育）

第一二条　国は、外国人等である幼児、児童、生徒等に対する生活に必要な日本語及び教科の指導等の充実その他の日本語教育の充実を図るため、これらの指導等の充実を可能とする教員等（教員及び学校において必要な支援を行う者をいう。以下この項において同じ。）の配置に係る制度の整備、教員等の養成及び研修の充実、就学の支援その他の必要な施策を講ずるものとする。

2　国は、外国人等である幼児、児童、生徒等が生活に必要な日本語を習得することの重要性についてのその保護者の理解と関心を深めるため、必要な啓発活動を行うよう努めるものとする。

（外国人留学生等に対する日本語教育）

第一三条　国は、大学及び大学院に在学する外国人留学生等（出入国管理及び難民認定法（昭和二十六年政令第三百十九号）別表第一の四の表の留学の在留資格をもって在留する者及び日本の国籍を有する者であって我が国に留学しているものをいう。次項において同じ。）であって日本語を理解し、使用する能力（以下「日本語能力」という。）を必要とする職業に就くこと、我が国において教育研究を行うこと等を希望するものに対して就業、教育研究等に必要な日本語を習得させるための日本語教育の充実を図るために必要な施策を講ずるものとする。

2　国は、外国人留学生等（大学及び大学院に在学する者を除く。）であって日本語能力を必要とする職業に就くこと又は我が国において進学することを希望するものに対して就業又は進学に必要な日本語を習得させるための日本語教育の充実を図るために必要な施策を講ずるものとする。

（外国人等である被用者等に対する日本語教育）

第一四条　国は、事業主がその雇用する外国人等（次項に規定する技能実習生を除く。）に対して、日本語学習の機会を提供するとともに、研修等により専門分野に関する日本語教育の充実を図ることができるよう、必要な支援を行うものとする。

2　国は、事業主が技能実習生（出入国管理及び難民認定法別表第一の二の表の技能実習の在留資格をもって在留する者をいう。）に対して日本語能力の更なる向上の機会を提供することができるよう、教材の開発その他の日本語学習に関する必要な支援を行うものとする。

3　国は、定住者等（出入国管理及び難民認定法別表第二の上欄に掲げる在留資格をもって在留する者をいう。）が就労に必要な水準の日本語を習得することができるよう、必要な施策を講ずるものとする。

（難民に対する日本語教育）

第一五条　国は、出入国管理及び難民認定法第六十一条の二第一項に規定する難民の認定を受けている外国人及びその家族並びに外国において一時的に庇護されていた外国人であって政府の方針により国際的動向を踏まえ我が国に受け入れたものが国内における定住のために必要とされる基礎的な日本語を習得することができるよう、学習の機会の提供その他の必要な施策を講ずるものとする。

（地域における日本語教育）

第一六条　国は、地域における日本語教育の機会の拡充を図るため、日本語教室（専ら住民である外国人等に対して日本語教育を実施する事業をいう。以下この条において同じ。）の開始及び運営の支援、日本語教室における日本語教育に従事する者の養成及び使用される教材の開発等の支援、日本語教室を利用することが困難な者の日本語学習に係る環境の整備その他の必要な施策を講ずるものとする。

（国民の理解と関心の増進）

第一七条　国は、国内における日本語教育が外国人等の日本語能力を向上させるとともに、共生社会の実現に資することを踏まえ、外国人等に対する日本語教育についての国民の理解と関心を深めるよう、日本語教育に関する広報活動の充実その他の必要な施策を講ずるものとする。

第二節　海外における日本語教育の機会の拡充

（海外における外国人等に対する日本語教育）

第一八条　国は、海外における日本語教育が外国人等の我が国に対する理解と関心の増進、我が国の企業への就職の円滑化等に寄与するものであることに鑑み、各国における日本語教育の状況に応じて、持続的かつ適切に日本語教育が行われるよう、現地における日本語教育に関する体制及び基盤の整備の支援、海外における日本語教育に従事する者の養成並びに使用される教材（インターネットを通じて提供することができるものを含む。）の開発及び提供並びにその支援、海外において日本語教育を行う教育機関の活動及び日本語を学習する者の支援その他の必要な施策を講ずるよう努めるものとする。

2　国は、外国人等であって我が国への留学を希望するものが我が国の大学等で教育を受けるために必要な水準の日本語を習得することができるよう、必要な施策を講ずるものとする。

（海外に在留する邦人の子等に対する日本語教育）

第一九条　国は、海外に在留する邦人の子、海外に移住した邦人の子孫等に対する日本語教育の充実を図るため、これらの者に対する日本語教育を支援する体制の整備その他の必要な施策を講ずるものとする。

第三節　日本語教育の水準の維持向上等

（日本語教育を行う機関における日本語教育の水準の維持向上）

第二〇条　国は、日本語教育を行う機関における日本語教育の水準の維持向上を図るため、日本語教育を行う機関によるその日本語教育に従事する者に対する研修の機会の確保の促進その他の必要な施策を講ずるものとする。

（日本語教育に従事する者の能力及び資質の向上等）

第二一条　国は、日本語教育に従事する者の能力及び資質の向上並びに処遇の改善が図られるよう、日本語教育に従事する者の養成及び研修体制の整備、国内における日本語教師（日本語教育に関する専門的な知識及び技能を必要とする業務に従事する者をいう。以下この条において同じ。）の資格に関する仕組みの整備、日本語教師の養成に必要な高度かつ専門的な知識及び技能を有する者の養成その他の必要な施策を講ずるものとする。

2　国は、海外における日本語教育の水準の維持向上を図るため、外国人である日本語教師の海外における養成を支援するために必要な施策を講ずるよう努めるものとする。

（教育課程の編成に係る指針の策定等）

第二二条　国は、日本語教育を受ける者の日本語能力に応じた効果的かつ適切な教育が行われるよう、教育課程の編成に係る指針の策定、指導方法及び教材の開発及び普及並びにその支援その他の必要な施策を講ずるものとする。

（日本語能力の評価）

第二三条　国は、日本語教育を受ける者の日本語能力を適切に評価することができるよう、日本語能力の評価方法の開発その他の必要な施策を講ずるものとする。

第四節　日本語教育に関する調査研究等（省略）

第五節　地方公共団体の施策（省略）

第四章　日本語教育推進会議等（省略）

附　則（省略）

●子どもの読書活動の推進に関する法律

（平成一三年一二月一二日法律第一五四号）

施行、平一三・一二・一二

（目的）

第一条　この法律は、子どもの読書活動の推進に関し、基本理念を定め、並びに国及び地方公共団体の責務等を明らかにするとともに、子どもの読書活動の推進に関する必要な事項を定めることにより、子どもの読書活動の推進に関する施策を総合的かつ計画的に推進し、もって子どもの健やかな成長に資することを目的とする。

（基本理念）

第二条　子ども（おおむね十八歳以下の者をいう。以下同じ。）の読書活動は、子どもが、言葉を学び、感性を磨き、表現力を高め、創造力を豊かなものにし、人生をより深く生きる力を身に付けていく上で欠くことのできないものであることにかんがみ、すべての子どもがあらゆる機会とあらゆる場所において自主的に読書活動を行うことができるよう、積極的にそのための環境の整備が推進されなければならない。

（国の責務）

第三条　国は、前条の基本理念（以下「基本理念」という。）にのっとり、子どもの読書活動の推進に関する施策を総合的に策定し、及び実施する責務を有する。

（地方公共団体の責務）

第四条　地方公共団体は、基本理念にのっとり、国との連携を図りつつ、その地域の実情を踏まえ、子どもの読書活動の推進に関する施策を策定し、及び実施する責務を有する。

（事業者の努力）

第五条　事業者は、その事業活動を行うに当たっては、基本理念にのっとり、子どもの読書活動が推進されるよう、子どもの健やかな成長に資する書籍等の提供に努めるものとする。

（保護者の役割）

第六条　父母その他の保護者は、子どもの読書活動の機会の充実及び読書活動の習慣化に積極的な役割を果たすものとする。

（関係機関等との連携強化）

第七条　国及び地方公共団体は、子どもの読書活動の推進に関する施策が円滑に実施されるよう、学校、図書館その他の関係機関及び民間団体との連携の強化その他必要な体制の整備に努めるものとする。

（子ども読書活動推進基本計画）

第八条　政府は、子どもの読書活動の推進に関する施策の総合的かつ計画的な推進を図るため、子どもの読書活動の推進に関する基本的な計画（以下「子ども読書活動推進基本計画」という。）を策定しなければならない。

2　政府は、子ども読書活動推進基本計画を策定したときは、遅滞なく、これを国会に報告するとともに、公表しなければならない。

3　前項の規定は、子ども読書活動推進基本計画の変更について準用する。

（都道府県子ども読書活動推進計画等）

第九条　都道府県は、子ども読書活動推進基本計画を基本とするとともに、当該都道府県における子どもの読書活動の推進の状況等を踏まえ、当該都道府県における子どもの読書活動の推進に関する施策についての計画（以下「都道府県子ども読書活動推進計画」という。）を策定するよう努めなければならない。

2　市町村は、子ども読書活動推進基本計画（都道府県子ども読書活動推進計画が策定されているときは、子ども読書活動推進基本計画及び都道府県子ども読書活動推進計画）を基本とするとともに、当該市町村における子どもの読書活動の推進の状況等を踏まえ、当該市町村における子どもの読書活動の推進に関する施策についての計画（以下「市町村子ども読書活動推進計画」という。）を策定するよう努めなければならない。

3　都道府県又は市町村は、都道府県子ども読書活動推進計画又は市町村子ども読書活動推進計画を策定したときは、これを公表しなければならない。

4　前項の規定は、都道府県子ども読書活動推進計画又は市町村子ども読書活動推進計画の変更について準用する。

（子ども読書の日）

第一〇条　国民の間に広く子どもの読書活動についての関心と理解を深めるとともに、子どもが積極的に読書活動を行う意欲を高めるため、子ども読書の日を設ける。

2　子ども読書の日は、四月二十三日とする。

3　国及び地方公共団体は、子ども読書の日の趣旨にふさわしい事業を実施するよう努めなければならない。

（財政上の措置等）

第一一条　国及び地方公共団体は、子どもの読書活動の推進に関する施策を実施するため必要な財政上の措置その他の措置を講ずるよう努めるものとする。

附　則（省略）

●文字・活字文化振興法

（平成一七年七月二九日　法律第九一号）

施行、平一七・七・二九

（目的）

第一条　この法律は、文字・活字文化が、人類が長い歴史の中で蓄積してきた知識及び知恵の継承及び向上、豊かな人間性の涵養並びに健全な民主主義の発達に欠くことのできないものであることにかんがみ、文字・活字文化の振興に関する基本理念を定め、並びに国及び地方公共団体の責務を明らかにするとともに、文字・活字文化の振興に関する必要な事項を定めることにより、我が国における文字・活字文化の振興に関する施策の総合的な推進を図り、もって知的で心豊かな国民生活及び活力ある社会の実現に寄与することを目的とする。

（定義）

第二条　この法律において「文字・活字文化」とは、活字その他の文字を用いて表現されたもの（以下この条において「文章」という。）を読み、及び書くことを中心として行われる精神的な活動、出版活動その他の文章を人に提供するための活動並びに出版物その他のこれらの活動の文化的所産をいう。

（基本理念）

第三条　文字・活字文化の振興に関する施策の推進は、すべての国民が、その自主性を尊重されつつ、生涯にわたり、地域、学校、家庭その他の様々な場において、居住する地域、身体的な条件その他の要因にかかわらず、等しく豊かな文字・活字文化の恵沢を享受できる環境を整備することを旨として、行われなければならない。

2　文字・活字文化の振興に当たっては、国語が日本文化の基盤であることに十分配慮されなければならない。

3　学校教育においては、すべての国民が文字・活字文化の恵沢を享受することができるようにするため、その教育の課程の全体を通じて、読む力及び書く力並びにこれらの力を基礎とする言語に関する能力（以下「言語力」という。）の涵養に十分配慮されなければならない。

（国の責務）

第四条　国は、前条の基本理念（次条において「基本理念」という。）にのっとり、文字・活字文化の振興に関する施策を総合的に策定し、及び実施する責務を有する。

（地方公共団体の責務）

第五条　地方公共団体は、基本理念にのっとり、国との連携を図りつつ、その地域の実情を踏まえ、文字・活字文化の振興に関する施策を策定し、及び実施する責務を有する。

（関係機関等との連携強化）

第六条　国及び地方公共団体は、文字・活字文化の振興に関する施策が円滑に実施されるよう、図書館、教育機関その他の関係機関及び民間団体との連携の強化その他必要な体制の整備に努めるものとする。

（地域における文字・活字文化の振興）

第七条　市町村は、図書館奉仕に対する住民の需要に適切に対応できるようにするため、必要な数の公立図書館を設置し、及び適切に配置するよう努めるものとする。

2　国及び地方公共団体は、公立図書館が住民に対して適切な図書館奉仕を提供することができるよう、司書の充実等の人的体制の整備、図書館資料の充実、情報化の推進等の物的条件の整備その他の公立図書館の運営の改善及び向上のために必要な施策を講ずるものとする。

3　国及び地方公共団体は、大学その他の教育機関が行う図書館の一般公衆への開放、文字・活字文化に係る公開講座の開設その他の地域における文字・活字文化の振興に貢献する活動を促進するため、必要な施策を講ずるよう努めるものとする。

4　前三項に定めるもののほか、国及び地方公共団体は、地域における文字・活字文化の振興を図るため、文字・活字文化の振興に資する活動を行う民間団体の支援その他の必要な施策を講ずるものとする。

（**学校教育における言語力の涵養**）

第八条　国及び地方公共団体は、学校教育において言語力の涵養が十分に図られるよう、効果的な手法の普及その他の教育方法の改善のために必要な施策を講ずるとともに、教育職員の養成及び研修の内容の充実その他のその資質の向上のために必要な施策を講ずるものとする。

2　国及び地方公共団体は、学校教育における言語力の涵養に資する環境の整備充実を図るため、司書教諭及び学校図書館に関する業務を担当するその他の職員の充実等の人的体制の整備、学校図書館の図書館資料の充実及び情報化の推進等の物的条件の整備等に関し必要な施策を講ずるものとする。

（**文字・活字文化の国際交流**）

第九条　国は、できる限り多様な国の文字・活字文化が国民に提供されるようにするとともに我が国の文字・活字文化の海外への発信を促進するため、我が国においてその文化が広く知られていない外国の出版物の日本語への翻訳の支援、日本語の出版物の外国語への翻訳の支援その他の文字・活字文化の国際交流を促進するために必要な施策を講ずるものとする。

（**学術的出版物の普及**）

第一〇条　国は、学術的出版物の普及が一般に困難であることにかんがみ、学術研究の成果についての出版の支援その他の必要な施策を講ずるものとする。

（**文字・活字文化の日**）

第一一条　国民の間に広く文字・活字文化についての関心と理解を深めるようにするため、文字・活字文化の日を設ける。

2　文字・活字文化の日は、十月二十七日とする。

3　国及び地方公共団体は、文字・活字文化の日には、その趣旨にふさわしい行事が実施されるよう努めるものとする。

（**財政上の措置等**）

第一二条　国及び地方公共団体は、文字・活字文化の振興に関する施策を実施するため必要な財政上の措置その他の措置を講ずるよう努めるものとする。

附　則（省略）

教育行財政編

―目　次―

第1章　教育行政

●地方教育行政の組織及び運営に関する法律

（昭和三一年六月三〇日法律第一六二号）

施行、昭三一・一〇・一
改正、（平二六まで省略）平二七—法四六、平二八—法八七、平二九—法五（法二九）・法二九、平三〇—法四二、令一—法二六・法三七

第一章　総則

（この法律の趣旨）

第一条　この法律は、教育委員会の設置、学校その他の教育機関の職員の身分取扱その他地方公共団体における教育行政の組織及び運営の基本を定めることを目的とする。

＊教育行政（教基一六）、教育振興基本計画（教基一七）、教育委員会（地自一八〇の五—一八〇の八）

通達 **本法の施行について**　この法律の主眼とするところは、教育の政治的中立と教育行政の安定を確保し、教育行政と一般行政の調和を進め、教育行政における国、都道府県および市町村の連携を密にすることの三点にある。（昭31・6・30文初地三二六事務次官）

解説　本法の前身である教育委員会法がその理念、目的を宣明していたのに対して（同法一条）、本条は本法の構成を事務的に説明することにとどめている。この両者の規定の違いを指摘し、本法では教育委員公選など民意反映が後退したという批判もあるが、この二つの法律の間には教育委員会および教育委員の役割、機能に対する考え方において大きな違いが存在している。教育委員会制度をどのような理念の下でどう運営していくことが望ましいのかという問題は、首長・議会そして一般行政との関係で教育委員会がどのような役割・機能を果たすことを期待されているのかという論議と深くかかわっている。

（基本理念）

第一条の二　地方公共団体における教育行政は、教育基本法（平成十八年法律第百二十号）の趣旨にのっとり、教育の機会均等、教育水準の維持向上及び地域の実情に応じた教育の振興が図られるよう、国との適切な役割分担及び相互の協力の下、公正かつ適正に行われなければならない。

＊教育の機会均等（憲二六、教基四）、教育行政（教基一六）、教育振興基本計画（教基一七）、教育長の服務等（一一—8）、教育委員の服務等と責任（一二—1）

通知 **地方教育行政の基本理念の明確化**　今回の改正は、教育基本法一六条において、教育行政は、国と地方公共団体との適切な役割分担及び相互の協力の下、公正かつ適正に行われなければならないこと等が規定されたことを踏まえ、地方公共団体における教育行政の基本理念を明確化し、地方公共団体における教育行政の中心的な担い手である教育委員会がより高い使命感をもって責任を果たしていくことができるようにする趣旨から行うものである。（平19・7・31文科初五三五事務次官）

（大綱の策定等）

第一条の三　地方公共団体の長は、教育基本法第十七条第一項に規定する基本的な方針を参酌し、その地域の実情に応じ、当該地方公共団体の教育、学術及び文化の振興に関する総合的な施策の大綱（以下単に「大綱」という。）を定めるものとする。

2　地方公共団体の長は、大綱を定め、又はこれを変更しようとするときは、あらかじめ、次条第一項の総合教育会議において協議するものとする。

3　地方公共団体の長は、大綱を定め、又はこれを変更したときは、遅滞なく、これを公表しなければならない。

4　第一項の規定は、地方公共団体の長に対し、第二十一条に規定する事務を管理し、又は執行する権限を与えるものと解釈してはならない。

＊長の職務権限（二二）、教育機関の設置（三〇）、公私立大学の所管庁（学教九八）、私立学校の所管庁（学教四四・四九・六二・七〇・八二、私学四・六・二六の二、他）、教育財産の管理（二八・二九）、長の総合調整（地自一三八の二）、予算執行に関する長の調査権等（地自二二一）、長の契約締結（地自二三四）、教育振興基本計画（教基一七）、総合教育会議（一の四）

通知 **一項関係—大綱策定の趣旨**　地方公共団体の長は民

地方教育行政組織運営法のあらまし

本法制定の背景　本法の前身にあたる「教育委員会法」（昭二三法一七〇）は、戦後教育行政改革の理念とされた教育行政の一般行政からの独立、地方自治、住民統制の考えを制度化したものといわれる。教育が「国民全体に対し直接に責任を負って行われるべきであるという自覚のもとに公正な民意により」教育行政が行われるよう（同法一条）、教育委員は住民の直接選挙とし委員会は教育予算編成の強い権限等も付与された。しかし、その後、教育委員の直接選挙が委員会に政治的確執を持ち込む、委員会と首長・議会との摩擦を生みだす等の声が戦後改革の「行き過ぎ」是正の要請とともに高まり、一九五六年、同法は廃止され新たに本法が制定された。当時の冷戦構造体制下での政治対立を背景に、本法は、教育行政の政治的中立と安定性を確保し、一般行政と調和した国、都道府県、市町村一体の教育行政制度を確立することを理由に制定され、①教育委員は首長が議会の同意を得て任命する、②教育委員会の教育予算編成権等の廃止、③教育長の任命承認制等の内容が盛り込まれた。

本法の性格と内容　本法が「教育委員会法」廃止の上に制定されたといっても、合議制の行政委員会である教育委員会制度の趣旨を踏襲している。自治体は教育、文化、スポーツ、学術に関する事務を広範多岐にわたって行うが、その中立公正性や安定性、専門性の確保等を考慮した時、選挙で選ばれるとはいえ独任制の首長より、合議制機関の方が個々人の恣意や独断、党派的利害を防ぎ、より中立公正で安定した行政を遂行していくことが可能である。大統領制に近く強首長制を特色とする日本の地方制度の仕組みを考えた時、教育行政の中立公正性と多元的な行政運営などを確保することを目的に設置されている合議制の教育委員会制度の意義は重要である。なお、本法は、地方自治体の組織・運営の基本法である地方自治法を前提としているという意味で、地方自治法の「特別法」的な性格を有する。旧文部省と教育委員会の関係は、他の行政領域と比べて中央の関与・統制が強いと指摘されてきたが、その論拠となっていたのが本法の「特別法」的な位置づけと「特例」的な諸規定であった。これらの「特例」的な諸規定が盛り込まれたのは、国と地方が連携・協力して国民の教育を受ける権利を保障するため、国が地方の自主的・主体的な活動を指導・支援し教育の振興を図っていくことが必要であるという教育行政の特質が強調されてきたからともいえる。特に問題とされていた旧法上の「特例」的な諸規定は、①教育長の任命承認制、②文部大臣による是正改善措置要求、③指導助言規定等であった。

意を代表する立場であるとともに、教育行政においては、大学及び私立学校を直接所管し、教育委員会の所管事項に関する予算の編成・執行や条例提案など重要な権限を有している。また、近年の教育行政においては福祉や地域振興などの一般行政との密接な連携が必要となっている。これらを踏まえ、今回の改正においては、地方公共団体の長に大綱の策定を義務付けることにより、地域住民の意向のより一層の反映と地方公共団体における教育、学術及び文化の振興に関する施策の総合的な推進を図ることとしている。（平26・7・17文科初四九〇初中局長）

通知　**一項関係―大綱の定義**　①大綱は、地方公共団体の教育、学術及び文化の振興に関する総合的な施策について、その目標や施策の根本となる方針を定めるものであり、詳細な施策について策定することを求めているものではないこと、②大綱は、教育基本法に基づき策定される国の教育振興基本計画における基本的な方針を参酌して定めることとされている。「参酌」とは参考にするという意味であり、教育の課題が地域によって様々であることを踏まえ、地方公共団体の長は、地域の実情に応じて大綱を策定するものであること、③国の第二期教育振興基本計画（平成25年6月14日閣議決定）においては、主に第一部及び第二部のうち成果目標の部分が、大綱策定の際に参酌すべき主たる対象となること、④大綱が対象とする期間については、法律では定められていないが、地方公共団体の長の任期が四年であることや、国の教育振興基本計画の対象期間が五年であることに鑑み、四年～五年程度を想定しているものであること、⑤地方公共団体において、教育基本法一七条二項に規定する教育振興基本計画その他の計画を定めている場合には、その中の目標や施策の根本となる方針の部分が大綱に該当すると位置付けることができると考えられることから、地方公共団体の長が、総合教育会議において教育委員会と協議・調整し、当該計画をもって大綱に代えることと判断した場合には、別途、大綱を策定する必要はないこと、⑥新たな地方公共団体の長が就任し、新たな大綱を定めた場合において、その内容が既存の教育振興基本計画等と大きく異なるときには、新たな大綱に則して、当該計画を変更することが望ましいこと。（平26・7・17文科初四九〇初中局長）

通知　**一項関係―大綱の記載事項**　①大綱の主たる記載事項は、各地方公共団体の判断に委ねられているものであるが、主として、学校の耐震化、学校の統廃合、少人数教育の推進、総合的な放課後対策、幼稚園・保育所・認定こども園を通じた幼児教育・保育の充実等、予算や条例等の地方公共団体の長の有する権限に係る事項についての目標や根本となる方針が考えられること、②大綱には、地方公共団体の長の権限に関わらない事項（教科書採択の方針、教職員の人事の基準等）について、教育委員会が適切と判断して記載することも考えられること、③都道府県教育委員会は、市町村立学校に設置される県費負担教職員の人事や研修を行う権限を有し、法四八条に基づき、市町村に対し、必要な指導、助言、援助を行うことができるものであることから、そのような権限の範囲内で、都道府県の大綱において、市町村立学校等に係る施策について記載することは可能であること、④全国学力・学習状況調査の結果の公表については、その実施要領により、市町村教育委員会は、それぞれの判断に基づき、当該市町村における公立学校全体の結果や当該市町村が設置管理する学校の結果を公表することが可能であり、都道府県教育委員会がこれらの結果を公表することについては、当該市町村教育委員会の同意が必要とされている。このため、域内の市町村における公立学校全体の結果や市町村の設置管理する学校の結果の公表について、市町村教育委員会が当該市町村の大綱に記載してもよいと判断した場合には、大綱に記載することもあり得ると考えられる一方、都道府県の大綱に記載する事項としては馴染まないものと考えられること。ただし、全国学力・学習状況調査の公表の是非ではなく、学力向上の観点から都道府県が実施する各種施策については、大綱に記載することが可能であること。（平26・7・17文科初四九〇初中局長）

通知　**二項関係―総合教育会議での協議・調整と尊重義務**　①大綱は、教育行政における地域住民の意向をより一層反映させる等の観点から、地方公共団体の長が策定するものとしているが、教育行政に混乱を生じることがないようにするため、総合教育会議において、地方公共団体の長と教育委員会が、十分に協議・調整を尽くすことが肝要であること、②地方公共団体の長が、教育委員会と協議・調整の上、調整がついた事項を大綱に記載した場合には、法一条の四第八項により、地方公共団体の長及び教育委員会の双方に尊重義務がかかるものであること。なお、会議で調整した方針に基づいて事務執行を行ったが、結果として大綱に定めた目標を達成できなかった場合については、尊重義務違反には該当しないこと、③地方公共団体の長が、教育委員会と調整のついていない事項を大綱に記載したとしても、教育委員会は当該事項を尊重する義務を負うものではないこと。なお、法二一条に定められた教育に関する事務の執行権限は、引き続き教育委員会が有しているものであることから、調整のついていない事項の執行については、教育委員会が判断するものであること、④教育長及び教育委員には、法

分権改革と本法の改正　国の地方に対する関与・統制を縮小し自治体の自主性、自立性を確立することを目的とした「地方分権推進整備法」（平一一法八七）が成立し、地方自治法とともに本法も大改正された。この分権改革の目的は、国と地方とを包括的一般的な指揮監督関係においてきた機関委任事務制度を廃止し、双方が対等平等な関係で連携・協力しながら仕事を進めていけるよう、双方の新たな関係や仕組みを確立することであった。本法関係の主な改正は、①教育長任命承認制の廃止、②文部大臣の地方への、都道府県の市町村への指揮監督権の削除、③文部大臣又は都道府県委員会の措置要求規定の削除と地方自治法の「是正の要求」（地自二四五条の五）への編成、④文部大臣又は都道府県委員会の指導助言規定の見直し（四八条の「解説」を参照）、⑤都道府県委員会の市町村委員会への基準設定規定の廃止等であり、本法の「特例」的な規定内容が大きく後退したのが特徴であった。

その後の改正　二〇〇四年改正では学校運営協議会の規定が追加され（四七条の五）、二〇〇七年改正は、「いじめ」等に対する教育委員会の不適切な対応から社会的批判を受ける中で、教育委員会の責任体制の明確化とともに（一条の二、一一条六項（現一一条八項）、二六条二項（現二五条二項））、スポーツ・文化の所掌の弾力化（二三条一項二号・三号）、法令違反や不適切な事務の管理・執行等に対しては国が新たに関与できる規定（四九条、五〇条の「解説」を参照）等を盛り込んだ。

二〇一四年改正　第二次安倍政権の教育再生実行会議が主導する教育改革で教育委員会制度の改廃論議が浮上した。二〇〇七年改正の背景と同様に、「いじめ」「体罰」等に対する教育委員会の不適切な対応が引き続き生じる中で、教育委員会制度は責任体制の上で根本的な欠陥があるのではないかとする強い批判が出され、廃止を含めた見直し論議が中教審と連立政権党内で進められた。

主な改正は、教育委員会制度を維持しながらも、首長の教育行政に対する関与と調整の仕組みを整え、教育委員会の代表者としての教育長の地位・権限をより明確にした。具体的には、①首長が教育行政の基本方針を示す教育大綱を策定すること（一条の三）、②首長が主宰する総合教育会議を必置とし、首長と教育委員会の協議、調整の場とすることで両者の意思疎通を図り連携の強化に努めること（一条の四）、③教育委員長職を廃止して教育長を委員会の代表者、会務を総理する責任者とした（四条、一三条）等である。

直近の改正　二〇一七年改正では、共同学校事務室の設置（四七条の五）、および学校運営協議会の設置の努力義務化（四七条の六）、そして、二〇一八年改正では、文化財保護を条例により自治体の長が管理・執行できるとした（二三条一項四号）。

一一条八項及び一二条一項において、大綱に則った教育行政を行うよう訓示的に規定しているものの、調整がついていない事項についてまで、大綱に則して教育行政の運営が行われるよう意を用いなければならないものではないこと。（平26・7・17文科初四九〇初中局長）

通知 **四項関係―長の大綱策定権限と教育委員会の所管事務・権限との関係** 法一条の三第四項は、教育委員会が今回の改正後も引き続き執行機関であることから、大綱に記載された事項を含め、教育委員会の所管に属する事務については、自らの権限と責任において、管理し、執行すべきものであり、地方公共団体の長が有する大綱の策定権限は、教育委員会の権限に属する事務を管理し、執行する権限を地方公共団体の長に与えたものではないことを確認的に規定したものであること。（平26・7・17文科初四九〇初中局長）

解説 本条は、二〇一四（平成二六）年本法改正で新たに加えられたものである。地域住民の民意を代表し、かつ、地方公共団体の一般行政の責任者である首長が教育行政に対して所管事務・権限を踏まえつつ総括的責任者として教育行政の執行機関である教育委員会と協議・調整する組織として総合教育会議が必置義務となった（一条の四）。本条は、総合教育会議が担う仕事の一つである大綱の策定趣旨、定義、記載事項、総合教育会議での協議・調整、首長の大綱策定権限と教育委員会の所管事務・権限との関係等について定めている。二〇一四年本法改正が政治主導で行われたことから首長が策定する大綱は、教育委員会の所管事務・権限を損ない首長主導による教育施策の決定と教育行政運営を進めるのではないかとの危惧も強い。しかし、本条および一条の四の条文内容と文部科学省の通知では、一般行政の執行責任者である首長と教育行政の執行機関である教育委員会がそれぞれに担う従来の所管事務・権限をそのまま踏襲をしたうえで、首長と教育委員会の意思疎通を図りより緊密な連携・協働を強化しより一層の民意を反映するために大綱の策定を行うものであることを明示している。すなわち、大綱の主たる記載事項は、主として首長の有する権限に係る事項の目標や根本となる方針が原則であると確認されている。ただし、大綱には首長の権限に関わらない事項（教科書採択の方針、教職員の人事の基準等）でも教育委員会が適切と判断して記載することも考えられるとしている点は留意する必要がある。大綱の主たる記載事項の原則を確認しつつ、首長と教育委員会の協議により教育委員会が「適切」と判断した場合には、原則とする記載事項以外の事項でも記載できるとしている。そのため、大綱の記載事項をめぐり首長と教育委員会の間において、合意あるいは合意できなかった場合の事項の扱い方や記載の方法等についてあらかじめ規則等でルールを定めておくことが大切である。

（総合教育会議）

第一条の四 地方公共団体の長は、大綱の策定に関する協議及び次に掲げる事項についての協議並びにこれらに関する次項各号に掲げる構成員の事務の調整を行うため、総合教育会議を設けるものとする。

一 教育を行うための諸条件の整備その他の地域の実情に応じた教育、学術及び文化の振興を図るため重点的に講ずべき施策

二 児童、生徒等の生命又は身体に現に被害が生じ、又はまさに被害が生ずるおそれがあると見込まれる場合等の緊急の場合に講ずべき措置

2 総合教育会議は、次に掲げる者をもつて構成する。

一 地方公共団体の長

二 教育委員会

3 総合教育会議は、地方公共団体の長が招集する。

4 教育委員会は、その権限に属する事務に関して協議する必要があると思料するときは、地方公共団体の長に対し、協議すべき具体的事項を示して、総合教育会議の招集を求めることができる。

5 総合教育会議は、第一項の協議を行うに当たつて必要があると認めるときは、関係者又は学識経験を有する者から、当該協議すべき事項に関して意見を聴くことができる。

6 総合教育会議は、公開する。ただし、個人の秘密を保つため必要があると認めるとき、又は会議の公正が害されるおそれがあると認めるときその他公益上必要があると認めるときは、この限りでない。

7 地方公共団体の長は、総合教育会議の終了後、遅滞なく、総合教育会議の定めるところにより、その議事録を作成し、これを公表するよう努めなければならない。

8 総合教育会議においてその構成員の事務の調整が行われた事項については、当該構成員は、その調整の結果を尊重しなければならない。

9 前各項に定めるもののほか、総合教育会議の運営に関し必要な事項は、総合教育会議が定める。

＊長の職務権限（二二）、教育機関の設置（三〇）、公私立大学の所管庁（学教九八）、私立学校の所管庁（学教四四・四九・六二・七〇・八二、私学四・六・二六2、他）、教育財産の管理（二八・二九）、長の総合調整（地自二三八の二）、予算執行に関する長の調査権等（地自二二一）、長の契約締結（地自二三四）、教育振興基本計画（教基一七）、大綱（一の三）、教育委員会の設置・組織（二・三）、教育長及び教育委員（四―一六）

通知 **一項関係―総合教育会議設置の趣旨** 総合教育会議を設置することにより、教育に関する予算の編成・執行や条例提案など重要な権限を有している地方公共団体の長と教育委員会が十分な意思疎通を図り、地域の教育の課題やあるべき姿を共有して、より一層民意を反映した教育行政の推進を図ることとしている。（平26・7・17文科初四九〇初中局長）

通知 **一項関係―総合教育会議の位置付け** ①総合教育会議は、地方公共団体の長と教育委員会という対等な執行機関同士の協議・調整の場であり、地方自治法（昭和二二年法律第六七号）上の附属機関には当たらないものであること、②地方公共団体の長及び教育委員会は、総合教育会議で協議・調整し、合意した方針の下に、それぞれが所管する事務を執行することとなること。（平26・7・17文科初四九〇初中局長）

通知 **一項関係―総合教育会議における協議事項、協議・調整事項** ①「調整」とは、教育委員会の権限に属する事務について、予算の編成・執行や条例提案、大学、私立学校、児童福祉、青少年健全育成などの地方公共団体の長の権限に属する事務との調和を図ることを意味し、「協議」とは、調整を要しない場合も含め、自由な意見交換として幅広く行われるものを意味するものであること、②総合教育会議は、地方公共団体の長又は教育委員会が、特に協議・調整が必要な事項があると判断した事項について協議又は調整を行うものであり、教育委員会が所管する事務の重要事項の全てを総合教育会議で協議し、調整するという趣旨で設置するものではないこと、③総合教育会議においては、教育委員会制度を設けた趣旨に鑑み、教科書採択、個別の教職員人事等、特に政治的中立性の要請が高い事項については、協議題とするべきではないこと、④一方、教科書採択の方針、教職員の人事の基準については、予算等の地方公共団体の長の権限に関わらない事項であり、調整の対象にならないものの、協議することは考えられるものであること、⑤総合教育会議において、協議し、調整する対象とすべきかどうかは、当該予算措置が政策判断を要するような事項か否かによって判断すべきものであり、少しでも経常費を

支出していれば、日常の学校運営に関する些細なことまで総合教育会議において協議・調整できるという趣旨ではないこと。（平26・7・17文科初四九〇初中局長）

通知　**一項関係―総合教育会議における協議事項、協議・調整事項の具体的な例**　①法一条の四第一項一号に該当する事項として想定されるものは、例えば、以下のようなものが考えられること。(a)学校等の施設の整備、教職員の定数等の教育条件整備に関する施策など、予算の編成・執行権限や条例の提案権を有する地方公共団体の長と教育委員会が調整することが必要な事項、(b)幼稚園・保育所・認定こども園を通じた幼児教育・保育の在り方やその連携、青少年健全育成と生徒指導の連携、居所不明の児童生徒への対応、福祉部局と連携した総合的な放課後対策、子育て支援のように、地方公共団体の長と教育委員会の事務との連携が必要な事項。②法一条の四第一項二号における「児童、生徒等の生命又は身体に現に被害が生じ、又はまさに被害が生ずるおそれがあると見込まれる場合」に該当する事項として想定されるものは、例えば、以下のようなものが考えられること。(a)いじめ問題により児童、生徒等の自殺が発生した場合、(b)通学路で交通事故死が発生した後の再発防止を行う必要がある場合。③法一条の四第一項二号における「等の緊急の場合」に該当する事項として想定されるものは、児童、生徒等の生命又は身体の保護に類するような緊急事態であり、例えば、以下のようなものが考えられること。(a)災害の発生により、生命又は身体の被害は発生していないが、校舎の倒壊などの被害が生じており防災担当部局と連携する場合、(b)災害発生時の避難先での児童、生徒等の授業を受ける体制や生活支援体制を緊急に構築する必要があり、福祉担当部局と連携する場合、(c)犯罪の多発により、公立図書館等の社会教育施設でも、職員や一般利用者の生命又は身体に被害が生じる恐れがある場合、(d)いじめによる児童、生徒等の自殺が発生した場合のほか、いじめ防止対策推進法（平成二五年法律第七一号）二八条の重大事態の場合。（平26・7・17文科初四九〇初中局長）

通知　**二項関係―総合教育会議の構成員**　①総合教育会議の構成員は、地方公共団体の長及び教育委員会であり、教育委員会からは、教育長及び全ての委員が出席することが基本と考えられるが、緊急の場合には、地方公共団体の長と教育長のみで総合教育会議を開くことも可能であること。②緊急の場合に、教育委員会から教育長のみが出席する場合には、事前に対応の方向性について教育委員会の意思決定がなされている場合や教育長に対応を一任している場合には、その範囲内で、教育長は調整や決定を行うことが可能であると考えられるが、そうではない場合には、総合教育会議においては一旦態度を保留し、教育委員会において再度検討した上で、改めて地方公共団体の長と協議・調整を行うことが必要であること。（平26・7・17文科初四九〇初中局長）

通知　**三項四項関係―総合教育会議の招集**　総合教育会議は、地方公共団体の長が招集するものであるが、教育委員会の側から総合教育会議の招集を求めることも可能であり、教職員定数の確保、教材費や学校図書費の拡充、ICT環境の整備、就学援助の充実、学校への専門人材や支援員の配置等、政策の実現に予算等の権限を有する地方公共団体の長との調整が特に必要となる場合には、教育委員会の側からも積極的に総合教育会議の招集を求めることができるものであること。（平26・7・17文科初四九〇初中局長）

通知　**五項関係―総合教育会議における意見聴取者**　意見を聴くことができる関係者又は学識経験者とは、大学教員や、コミュニティ・スクールにおける学校運営協議会の委員、PTA関係者、地元の企業関係者等が想定されるものであること。（平26・7・17文科初四九〇初中局長）

通知　**六項七項関係―総合教育会議の公開と議事録の作成及び公表**　①総合教育会議における議論を公開し、住民への説明責任を果たすとともに、その理解と協力の下で教育行政を行う趣旨を徹底するため、会議は原則として公開するものであること。非公開とする場合は、例えば、いじめ等の個別事案における関係者の個人情報等を保護する必要がある場合や、次年度の新規予算事業に関する具体的な補助金の額や対象の選定等、意思決定の前に情報を公開することで公益を害する場合等が想定されるものであること。②今回の改正において総合教育会議の議事録の作成及び公表を努力義務にとどめた趣旨は、職員数が少ない小規模な地方公共団体における事務負担等を考慮したものであるが、原則として、会議の議事録を作成し、ホームページ等を活用して公表することが強く求められること。③総合教育会議における協議の結果や大綱について、民意を代表する議会に対する説明を通じ、住民への説明責任や議会によるチェック機能が果たされることは重要であること。（平26・7・17文科初四九〇初中局長）

通知　**八項関係―総合教育会議で協議・調整した結果の尊重義務**　総合教育会議において調整が行われた場合とは、地方公共団体の長及び教育委員会が合意した場合であり、双方が合意をした事項については、互いにその結果を尊重しなければならないものであること。なお、調整のついていない事項の執行については、法二三条及び法二四条に定められた執行権限に基づき、教育委員会及び地方公共団体の長それぞれが判断するものであること。（平26・7・17文科初四九〇初中局長）

通知　**九項関係―総合教育会議の具体的運営**　①総合教育会議の運営に関し必要な事項は、法一条の四第九項により、総合教育会議の構成員である地方公共団体の長と教育委員会の協議の結果、双方の合意をもって決定されるものであること。具体的には、地方公共団体の長による招集手続、協議題の提示及び決定方法、総合教育会議の事務局を担当する部署、議事録の作成及び公表に係る実施方法、非公開とする議題についての指針等が想定されるものであること。②総合教育会議の運営にあたり必要となる、開催日時や場所の決定、協議題の調整、意見聴取者との連絡調整、議事録の作成及び公表等の事務は、地方公共団体の長が総合教育会議を設け、招集するとしていることに鑑み、地方公共団体の長の部局で行うことが原則であること。なお、地方自治法の規定に基づき、各地方公共団体の実情に応じて、総合教育会議に係る事務を教育委員会事務局に委任又は補助執行させることが可能であること。（平26・7・17文科初四九〇初中局長）

解説　本条は、二〇一四（平成二六）年本法改正で新たに加えられたもので地方公共団体の一般行政の責任者である首長が教育行政に対して所管事務・権限を踏まえつつ総括的責任者として教育行政の執行機関である教育委員会と協議・調整する組織として総合教育会議を設けることを義務づけた規定である。本条が新たに規定された背景には、以下のような事情がある。第二次安倍政権下で教育委員会制度廃止論議が強まり中教審審議や与党協議等の紆余曲折を経て最終的に執行機関の教育委員会を維持する制度改正が行われた（本法「あらまし」参照）。ただし、教育行政の執行機関として教育委員会を維持したが、一般行政の総括責任者である首長の教育行政に対する関与も確保すべきであるという要請にも配慮し、執行機関相互の協議・調整を図る組織として総合教育会議を設置することになった。そうした経緯により、首長の教育行政への関与を担保するために新たに設けられたしくみであることから総合教育会議に対しては関係者の間で評価が分かれる。首長による教育行政に対する直接的・強権的関与であるとする批判がある一方、首長の所管事務を踏まえた間接的調整機能を整備したものであるという肯定的評価もある。本条各項と文科省通知では、総合教育会議は教育委員会制度を設けた趣旨に鑑み、教科書採択、個別の教職員人事等、とくに政治的中立性の要請が高い事項については協議題とするべきではないこと等の原則が確認されている。しかし、他方で、総合教育会議は、首長または教育委員会が、とくに協議・調整が必要な事項があると判断した事項について協議または

行政

調整を行うものであり、教科書採択の方針、教職員の人事の基準等は、首長の権限に関わらない事項であるが協議することは考えられるとしている（調整の対象にならない）。総合教育会議の運営に関して原則論を示しつつも、首長と教育委員会が「合意」できればその原則を外れた弾力的運用も可能であるとされている点に留意しつつ、総合教育会議の運営に関してあらかじめルールを定めておくことが大切である。総合教育会議の運営の実際が、首長と教育委員会の「合意」にかかっているとするならば、首長の見識と同様に教育長や教育委員会の在り方がこれまで以上に問われることになる。

第二章　教育委員会の設置及び組織

第一節　教育委員会の設置、教育長及び委員並びに会議

（設置）

第二条　都道府県、市（特別区を含む。以下同じ。）町村及び第二十一条に規定する事務の全部又は一部を処理する地方公共団体の組合に教育委員会を置く。

＊教育委員会等の設置（地自一三八の四・一八〇の五）、特別区（地自二八一）、教育組合（施令一一―一八）、特例（六〇）、教育委員会の共同設置（地自二五二の七1）

通達 **学校組合の教育委員会**　教育事務の一部を処理するいわゆる学校組合についても本法公布即日教育委員会を設置するものである。（昭31・6・30文初地三二六事務次官）

解説 本条は教育委員会の設置単位を規定したものであり、本法二一条に掲げる教育事務を処理する地方公共団体にはすべて教育委員会を設置することを述べている。旧条文では「市町村の組合」という規定であったが一九九九（平成一一）年の本法改正で「地方公共団体の組合」と改正された。これは、市町村同士で事務を共同処理する組合に加えて都道府県が組合に加入できる広域連合が地方自治法一部改正（一九九四年）で制度化されたことを背景としている。広域連合とは、都道府県が加入できる組合で都道府県と市町村の事務の複合的処理が可能となり国・都道府県から権限の委任を受けることができる、構成団体に適正な事務処理を勧告できるなど自治体なみの権限が付与されるもので、小規模市町村の行財政・政策立案の能力の向上のため広域行政化が進められる際の重要な「受け皿」として期待されていることもあり、一九九八年の中教審答申「今後の地方教育行政の在り方について」が、「市町村教育委員会の事務処理体制の充実」のために事務処理の広域化を促進する方策の一つとして「都道府県と市町村によって構成される広域連合に教育委員会を設置できるよう、地教行法第二条の規定を見直すこと」と提言したこともあってこの改正につながった。これにより市町村だけの組合と特定できなくなったため地方公共団体に改正されたものである。

（組織）

第三条　教育委員会は、教育長及び四人の委員をもつて組織する。ただし、条例で定めるところにより、都道府県若しくは市又は地方公共団体の組合のうち都道府県若しくは市が加入するものの教育委員会にあつては教育長及び五人以上の委員、町村又は地方公共団体の組合のうち町村のみが加入するものの教育委員会にあつては教育長及び二人以上の委員をもつて組織することができる。

＊委員の任期の特例（施令一）、教育組合の設置後最初に任命される委員の任期（施令一八）、廃置分合の場合の特例（施令一九）

通達 町村又は町村の構成する教育組合にあつては、三人の委員で組織することができる。（昭31・6・30文初地三二六事務次官）

通達 四人の委員で教育委員会を組織することはできない。（昭31・9・10文初地四一一初中局長）

通達 市の加入する学校組合の教育委員会は三人で組織できない。（昭31・9・10文初地四一一初中局長）

通達 **委員の定数の変更**　教育委員会を三人の委員で組織する旨の条例を設けている町村で、委員定数を五人に改めようとするときは、三人で組織する旨の条例を廃止しなければならない。（昭31・9・10文初地四一一初中局長）

通達 **教育委員の数の弾力化**　今回の改正は、教育委員会が地域の実情に応じて、多様な地域住民の意向を教育行政に一層反映することができるよう、教育委員会の委員を増員すること等ができるようにする趣旨から行うものである。委員を増員する場合の委員の任期の定め方については、政令において定める予定である。（平19・7・31文科初五三五事務次官）

通知 **教育長の教育委員兼任の廃止**　現行の教育長が教育委員会の委員の一人であるのに対し、新「教育長」は教育委員会の構成員であるが、委員ではないこと。（平26・7・17文科初四九〇初中局長）

解説 町村による定数の変更（三人）は、規模が特に弱小という特殊事情を考慮してのことで本法施行以降行われてきたが、一九九九年改正で都道府県および指定都市で六人にできるという改正が行われた。二〇〇七年の改正ではさらに定数が都道府県・市で六人以上、町村で三人以上というように弾力的に規定された。また、二〇一四年の改正では、教育長の教育委員兼任が廃止されたため、教育委員会の組織を「教育長及び教育委員」の人数で表記するように改められた。なお、委員定数の変更に伴う委員の任期については、本法施行令一条で一定の制約が加えられている。それは、委員の交替によって委員会の方針・運営に急激な変動が生じないようにする制度の趣旨を損なわないようにするためである。

（任命）

第四条　教育長は、当該地方公共団体の長の被選挙権を有する者で、人格が高潔で、教育行政に関し識見を有するもののうちから、地方公共団体の長が、議会の同意を得て、任命する。

2　委員は、当該地方公共団体の長の被選挙権を有する者で、人格が高潔で、教育、学術及び文化（以下単に「教育」という。）に関し識見を有するもののうちから、地方公共団体の長が、議会の同意を得て、任命する。

3　次の各号のいずれかに該当する者は、教育長又は委員となることができない。

一　破産手続開始の決定を受けて復権を得ない者

二　禁錮以上の刑に処せられた者

4　教育長及び委員の任命については、そのうち委員の定数に一を加えた数の二分の一以上の者が同一の政党に所属することとなつてはならない。

5　地方公共団体の長は、第二項の規定による委員の任命に当たつては、委員の年齢、性別、職業等に著しい偏りが生じないように配慮するとともに、委員のうちに保護者（親権を行う者及び未成年後見人をいう。第四十七条の五第二項第二号及び第五項において同じ。）である者が含まれるようにしなければならない。

＊教育長の服務等（一一）、教育委員の服務等（一二1）、教育長（一三）、教育委員会の職務権限（二一）、②長の被選挙権を有する者（施令一四、地自一九、公選一〇）、議会の同意（地自九六、地公三）

通達 **教育委員の選任**　教育委員の任命は、公正な立場に立ち、教育について大局的判断をなしうる広い識見の人材を選任すること。（昭31・6・30文初地三二六事務次

官）

[通達] 市町村にあっては、これら委員の中から常勤の教育長が任命されることとなるのであるから、委員の任命に当たっては、教育行政にも練達の者を含めておくことが必要である。（昭31・6・30文初地三二六事務次官）

[通達] 委員は、必ずしも当該地方公共団体内に住所を有する者に限らない。（昭31・6・30文初地三二六事務次官）

[通達] 本法においては、教育委員会法と同様「教育、学術、文化」の中に「宗教」も含まれる。（昭31・6・30文初地三二六事務次官）

[通知] 今回の改正は、教育委員会が、教育、文化、スポーツ等に関する要望等の広がりに対応する観点から、地域住民や保護者等の意向等を的確に把握し、地域の状況に応じた主体的かつ積極的な教育行政を展開するため、教育委員の構成を多様なものとする趣旨から行うものである。（平13・8・29文科初五七一事務次官）

[通達] **保護者選任の義務化**　今回の改正は、現に子どもを教育している者である保護者の意向が教育行政に適切に反映されるようにする趣旨から行うものである。（平19・7・31文科初五三五事務次官）

[通知] **教育委員長と教育長を一体化した新教育長を新設した趣旨**　今回の改正は、教育委員会を引き続き執行機関としつつ、その代表者である委員長と事務の総括者である教育長を一本化した新「教育長」を置くことにより、迅速な危機管理体制の構築を図ることを含め教育行政の第一義的な責任者を明確化することとしている。（平26・7・17文科初四九〇初中局長）

[通知] **新教育長の身分の特別職化**　現行の教育長は、任命に議会同意を必要とする教育委員会の委員として特別職の身分を有するとともに、併せて教育委員会が任命する教育長として一般職の身分を有するものであったが、新「教育長」は、地方公共団体の長が議会の同意を得て任命する職であることから、特別職の身分のみを有するものとなり、法律に特別の定めがある場合を除くほか、地方公務員法は適用されないこと。（平26・7・17文科初四九〇初中局長）

[通知] **新教育長に必要な資質**　新「教育長」は、「教育行政に識見を有するもの」のうちから任命することとされているが、これは教育委員会事務局職員や教職員経験者に限らず、行政法規や組織マネジメントに識見があるなど、教育行政を行うにあたり、必要な資質を備えていれば、幅広く該当するものであること。（平26・7・17文科初四九〇初中局長）

[通知] **新教育長の議会同意の工夫**　教育長の任命の議会同意に際しては、新「教育長」の担う重要な職責に鑑み、新「教育長」の資質・能力を十全にチェックするため、例えば、候補者が所信表明を行った上で質疑を行うなど、丁寧な手続を経ることが考えられること。（平26・7・17文科初四九〇初中局長）

[通知] **教育委員の任命の工夫**　改正後においても委員の資格要件は変更していないが、委員には、単に一般的な識見があるというだけではなく、教育に対する深い関心や熱意が求められるところであり、例えば、ＰＴＡや地域の関係者、コミュニティ・スクールにおける学校運営協議会の委員、スポーツ・文化の関係者を選任したり、教育に関する高度な知見を有する者を含めるなど、教育委員会の委員たるにふさわしい幅広い人材を得ることが必要であること。また、同様の観点から、改正後の委員の数については、町村及び町村のみが加入する組合においては、条例で定めるところにより、二名以上とすることが可能であるが、教育長の事務執行をチェックするという委員の役割に鑑み、可能な限り四名とすることが望ましいこと。さらに、各地方公共団体の条例に定めるところにより、委員を五名以上とすることも可能であり、教育委員数の上限は法律上定められていないことから、教育委員会が行う施策について多様な民意を幅広く反映させる等のため、委員の数を五名以上とすることも積極的に考慮されるべきこと。なお、保護者委員の専任が、平成二〇年度より法律上の義務とされていることから、保護者委員を任命していない教育委員会においては、速やかに選任する必要があること。（平26・7・17文科初四九〇初中局長）

[解説] 本条は、教育長および委員の選任方法と欠格事項を定めるものである。委員の選任方法については、議会の同意を得て長が任命する制度を定めているが、二〇〇七年改正で保護者の選任が努力義務から義務化とされた。委員構成に偏りや固定化がみられる等の指摘から、二〇〇一年改正で五項が新たに加えられた。本条では、委員は、教育行政の方針や大綱を定めうる識見と能力があれば足り、その実際の運用に関して専門的知識を必要としないものと考えられている。とくに教育行政の中立性と安定性の確保のために、委員定数の過半数が同一の政党に属することのないように制限されている。なお、二〇一四年改正で教育長の教育委員兼任が廃止されたことにより、教育長は首長が議会同意を経て直接任命することになった。それにより、従来、教育長は特別職と一般職の身分を併せ持っていたが特別職の身分に変わった。

（任期）

第五条　教育長の任期は三年とし、委員の任期は四年とする。ただし、補欠の教育長又は委員の任期は、前任者の残任期間とする。

2　教育長及び委員は、再任されることができる。

＊最初に任命される委員の任期の特例（施令一）、教育組合における最初に任命される委員の任期（施令一八）、市町村の設置があった場合における最初に任命される委員の任期（施令二〇）

[通達] 委員の任期は、委員が任命された日から起算する。（昭31・9・10文初地四一一初中局長）

[回答] 長の専決処分によって任命された委員の任期の起算は、専決処分によって任命された日から行う。（昭32・2・1委初三五初中局長）

[回答] 専決処分によって任命された委員のうち、地方自治法一七九条三項の議会の承認が得られなかったため、長があらためて別人を議会の同意を得て任命した場合、当該新たに任命された委員の任期については、本条一項の適用があるものと解し、前任者の残任期間在任するものと解する。なお、この場合の新たな委員の任命は、議会の承認を得られなかった委員の辞職を前提とする。（昭32・2・1委初三五初中局長）

[回答] 委員のすべてが、その任期の途中で、同時に欠けた場合においても、新たに任命される委員の任期は、前任者の残任期間である。（昭32・4・22委初一四七初中局長）

[通知] **新教育長の任期**　新「教育長」の任期については、(1)地方公共団体の長の任期（四年）よりも一年短くすることで、地方公共団体の長の任期中少なくとも一回は自らが教育長を任命できること、(2)教育長の権限が大きくなることを踏まえ、委員よりも任期を短くすることで、委員によるチェック機能と議会同意によるチェック機能を強化できること、(3)計画性を持って一定の仕事を行うためには三年は必要と考えられることから、三年とするものであること。（平26・7・17文科初四九〇初中局長）

[解説] 本条が委員の任期について定めているのは、第一に、任期中は、法定の事由が生じた場合のほかは、失職したり罷免されたりすることのないようにして、委員の身分を保障し、教育行政の中立と安定とを図ろうとしてのことであり、第二に、一定期間を経るとき、委員の意思にかかわりなく、新陳代謝させて、住民の意思の教育行政への反映を容易ならしめようとすることにある。なお、二〇〇七年改正により委員定数を弾力的に増加することができるようになったが、委員数を増加する場合には、多くの委員が特定の時期に同時に改選することを防ぐため新たに任命される委員の任期については、特例を定めることが求められる（施行令一条）。なお、二〇一四年改正で教育長の任期だけが従来の四年から三年に短縮された。その理由は、首長の教育長への影響力を強めるため首長の任期中に一回は自ら教育長を任命できるよ

うにしたこと、また、教育長の地位・権限が強まったことから教育委員会と議会によるチェックの機会を増やすことができる等と説明されている（平26・7・17文科初四九〇初中局長通知）。

（兼職禁止）

第六条　教育長及び委員は、地方公共団体の議会の議員若しくは長、地方公共団体に執行機関として置かれる委員会の委員（教育委員会にあつては、教育長及び委員）若しくは委員又は地方公務員法（昭和二十五年法律第二百六十一号）第二十八条の五第一項に規定する短時間勤務の職を占める職員と兼ねることができない。

＊地方公共団体の長（地自一三九）、地方公共団体に執行機関として置かれる委員会の委員（地自一八〇の五1－3）、本条の特例（六〇6）

[通達]　教育委員会の委員は、当該地方公共団体の議会の議員もしくは長、執行機関たる委員会の委員もしくは委員又は当該地方公共団体の常勤の職員のみならず、すべての地方公共団体のこれらの職員と兼ねることができない。（昭31・9・10文初地四一一初中局長）

[通達]　財産区議会議員は教育委員を兼ねることができない。（昭31・9・10文初地四一一初中局長）

[通達]　委員が兼職禁止の他の職についたときは、法律に別段の定ある場合を除き、当然に委員の地位を失うものではない。（昭31・9・10文初地四一一初中局長）

[回答]　教育委員を農業委員に任命した場合には、いずれか一方の職を辞職させるべきである。（昭34・11・6初中局地方課長）

[回答]　教育委員が、社会教育委員、文化財専門委員等の教育委員会の諮問機関の委員を兼ねることは違法ではないが、好ましくない。（昭44・9・25委初七の七初中局長）

[解説]　教育委員会の委員は、教育行政の中立性と公正性を確保し、その職務を十分に執行させることができるように、特定の職との兼職を、原則として、本条によって禁止されている。ただし、固定資産評価員、民生委員、児童委員、非常勤の公民館長・分館長、非常勤講師、農業組合長、信用金庫常任理事、日赤支部長、国民健保運営協議会委員、人権擁護委員との兼職はできる（昭31・9・10文初地四一一初中局長通達）。また、教育委員会の委員は、地方公共団体の他の委員会の委員・監査委員と同様、当該地方公共団体に対しその職務に関し請負いをすることなどを禁止されている（地方自治法一八〇条の五第六項）。

（罷免）

第七条　地方公共団体の長は、教育長若しくは委員が心身の故障のため職務の遂行に堪えないと認める場合又は職務上の義務違反その他教育長若しくは委員たるに適しない非行があると認める場合においては、当該地方公共団体の議会の同意を得て、その教育長又は委員を罷免することができる。

2　地方公共団体の長は、教育長及び委員のうち委員の定数に一を加えた数の二分の一から一を減じた数（その数に一人未満の端数があるときは、これを切り上げて得た数）の者が既に所属している政党に新たに所属するに至つた教育長又は委員があるときは、その教育長又は委員を直ちに罷免するものとする。

3　地方公共団体の長は、教育長及び委員のうち委員の定数に一を加えた数の二分の一以上の者が同一の政党に所属することとなつた場合（前項の規定に該当する場合を除く。）には、同一の政党に所属する教育長及び委員の数が委員の定数に一を加えた数の二分の一から一を減じた数（その数に一人未満の端数があるときは、これを切り上げて得た数）になるように、当該地方公共団体の議会の同意を得て、教育長又は委員を罷免するものとする。ただし、政党所属関係について異動のなかつた教育長又は委員を罷免することはできない。

4　教育長及び委員は、前三項の場合を除き、その意に反して罷免されることがない。

＊①職務上の義務違反（一一）、③④委員の特定政党集中所属の排除（四4）

[通達]　**委員の政治活動の禁止**（昭31・9・10文初地四一一初中局長）→一二条

[通達]　**委員の罷免の方法**　罷免すべき委員を決定することは、長の裁量に属し、したがって抽せんで決定することもできるが、その決定方法について議会の同意を得て、具体的な委員について同意を求めない場合は、法でいう同意を得て罷免したことにはならず違法である。（昭31・9・10文初地四一一初中局長）

[解説]　教育行政の中立と公正を図るためには、教育委員会の委員の身分保障を十分にしなければならない。それゆえ、本条は、委員が罷免される場合を特定し、この場合以外には罷免されないことを定めた規定である。

（解職請求）

第八条　地方公共団体の長の選挙権を有する者は、政令で定めるところにより、その総数の三分の一（その総数が四十万を超え八十万以下の場合にあつてはその四十万を超える数に六分の一を乗じて得た数と四十万に三分の一を乗じて得た数とを合算して得た数、その総数が八十万を超える場合にあつてはその八十万を超える数に八分の一を乗じて得た数と四十万に六分の一を乗じて得た数と四十万に三分の一を乗じて得た数とを合算して得た数）以上の者の連署をもつて、その代表者から、当該地方公共団体の長に対し、教育長又は委員の解職を請求することができる。

2　地方自治法（昭和二十二年法律第六十七号）第八十六条第二項、第三項及び第四項前段、第八十七条並びに第八十八条第二項の規定は、前項の規定による教育長又は委員の解職の請求について準用する。この場合において、同法第八十七条第一項中「前条第一項に掲げる職に在る者」とあるのは「教育委員会の教育長又は委員」と、同法第八十八条第二項中「第八十六条第一項の規定による選挙管理委員若しくは監査委員又は公安委員会の委員の解職の請求」とあるのは「地方教育行政の組織及び運営に関する法律（昭和三十一年法律第百六十二号）第八条第一項の規定による教育委員会の教育長又は委員の解職の請求」と読み替えるものとする。

＊公務員の選定・罷免の権利（憲一五1）、長の選挙権を有する者（公選九2 3）、解職請求（地自一三2 3）、解職請求の手続（施令三）、教育組合の教育長、委員の解職請求の権利（施令一五）

[回答]　一部事務組合教育委員会の教育委員の解職請求をする場合、解職請求代表者は、解職請求書を組合の管理者に提出し、解職請求に必要な三分の一の住民の数は、組合を組織する市町村の長の選挙権を有する者の総数の割合である。解職請求に対する教育委員の罷免の可否について議決する議会は組合の議会である。（昭44・9・25委初七の七初中局長）

（失職）

第九条　教育長及び委員は、前条第二項において準用する地方自治法第八十七条の規定によりその職を失う場合のほか、次の各号のいずれかに該当する場合においては、その職を失う。
一　第四条第三項各号のいずれかに該当するに至つた場合
二　前号に掲げる場合のほか、当該地方公共団体の長の被選挙権を有する者でなくなつた場合
2　地方自治法第百四十三条第一項後段及び第二項の規定は、前項第二号に掲げる場合における地方公共団体の長の被選挙権の有無の決定及びその決定に関する争訟について準用する。

＊長の被選挙権（地自一九2 3・二八三、公選一〇1(4)(6)・二六六）

通達 **教育長を罷免された場合の委員の地位**　市町村の教育委員会が教育長を罷免したからといって、当然に委員の職が失われるものではない。ただ教育長を罷免する理由がある場合は、その事由がそのまま委員の罷免事由に該当することが多く、その場合には、市町村長が議会の同意を得て当該委員を罷免することとなろう。（昭31・9・10文初地四一一初中局長）

通達 **委員の失職の公示**　委員の失職は、法令上必要とされていないが、公示することが適当であろう。（昭31・9・10文初地四一一初中局長）

（辞職）
第一〇条　教育長及び委員は、当該地方公共団体の長及び教育委員会の同意を得て、辞職することができる。

＊教育委員会の同意（一四6）

通達　委員は、一身上の事件については、議決に加わることができない（本法一三条五項）。したがって委員会で総辞職を議決しても、それは委員会が委員に対して辞職の同意を与えた効力を生じない。（昭31・9・10文初地四一一初中局長）

回答 **委員の全員の辞職の方法**　全員の辞職は、個々の辞職の集積として行うことができる。教育委員会が委員の辞職を許可するにあたっては一三条三項（会議の定足数）の規定および一三条五項（議事参与の制限）の規定に従わなければならない。したがって、たとえば、在任委員五人の場合、まず二人の委員の辞職を他の委員の辞職を許可するまで在任させるような期限を付して許可し、次に他の二人の委員の辞職を許可し、最後に残りの委員の辞職を許可すれば、全員の辞職は可能である。（昭32・4・22委初一四七初中局長）

通達　地方公共団体の長が委員の辞職に同意した場合には、その委員の辞職に同意を与える旨の通知を当該委員に対して行うことが適当である。（昭31・9・10文初地四一一初中局長）

解説　教育長および委員は、地方公共団体の教育行政の執行機関である教育委員会の構成員であるから、これに、一方的な、恣意的な辞職を認めることは、教育行政の空白をいたずらに生ぜしめることとなるので、これを防ぐために、長と教育委員会の同意をその辞職の要件としている。議会の同意を任命の要件とし、辞職の要件としていないのは、前者が、任命について、議会の意思を反映させる必要があることを配慮するものであるのに対し、後者は、行政執行上の必要のみを配慮すれば足りるものとするからである。

（服務等）
第一一条　教育長は、職務上知ることができた秘密を漏らしてはならない。その職を退いた後も、また、同様とする。
2　教育長又は教育長であつた者が法令による証人、鑑定人等となり、職務上の秘密に属する事項を発表する場合においては、教育委員会の許可を受けなければならない。
3　前項の許可は、法律に特別の定めがある場合を除き、これを拒むことができない。
4　教育長は、常勤とする。
5　教育長は、法律又は条例に特別の定めがある場合を除くほか、その勤務時間及び職務上の注意力の全てをその職責遂行のために用い、当該地方公共団体がなすべき責を有する職務にのみ従事しなければならない。
6　教育長は、政党その他の政治的団体の役員となり、又は積極的に政治運動をしてはならない。
7　教育長は、教育委員会の許可を受けなければ、営利を目的とする私企業を営むことを目的とする会社その他の団体の役員その他人事委員会規則（人事委員会を置かない地方公共団体においては、地方公共団体の規則）で定める地位を兼ね、若しくは自ら営利を目的とする私企業を営み、又は報酬を得ていかなる事業若しくは事務にも従事してはならない。
8　教育長は、その職務の遂行に当たつては、自らが当該地方公共団体の教育行政の運営について負う重要な責任を自覚するとともに、第一条の二に規定する基本理念及び大綱に則して、かつ、児童、生徒等の教育を受ける権利の保障に万全を期して当該地方公共団体の教育行政の運営が行われるよう意を用いなければならない。

＊教育長は特別職（地公三1 3）、本条違反の罷免（七1）、地方教育行政の理念（一の二）、大綱（一の三）、総合教育会議（一の四）、教育長職務（一三）、法令による証人等（民訴一九一）、政党その他の政治的団体（政治資金規正法三1 2）

通知 **教育長及び教育委員の職務遂行上の留意事項**　法一一条八項及び一二条一項は、深刻ないじめや体罰の問題など、児童、生徒等の教育を受ける権利に関わる問題の発生を防止することの重要性を踏まえ、教育長及び委員は教育を受ける権利の保障に万全を期して、教育行政の運営を行う必要がある旨を法律に明記することとしたものである。また、この規定は、職務遂行に当たっての留意事項について、訓示的に規定したものであり職務上の義務を課すものではないので、当該規定に反したとしても、罷免事由である「職務上の義務違反」とすることはできない。（平26・7・17文科初四九〇初中局長）

解説　旧法の本条は、教育委員を兼任した教育長を含む教育委員の服務等を規定したものであったが、二〇一四年改正で教育長の教育委員兼任が廃止されたことから本条は教育長の服務等を規定するものに変更された。なお、委員の服務等に関する解説については、第一二条の解説を参照のこと。

第一二条　前条第一項から第三項まで、第六項及び第八項の規定は、委員の服務について準用する。
2　委員は、非常勤とする。

＊本条違反の罷免（七1）、地方教育行政の理念（一の二）、大綱（一の三）、総合教育会議（一の四）、教育長に委任できない事務（二五2）、法令による証人等（民訴一九一）、政党その他の政治的団体（政治資金規正法三1 2）

通達 **政党の意義**　委員がその役員となってはならないものとされている「政党その他の政治団体」とは、政治資金規正法三条に規定する「政党」および「協会その他の団体」と同じものをいうと解してよい。しかし、同法六条の規定により届け出たもののみに限られるものではない。（昭31・9・10文初地四一一初中局長）

通達 **委員の政治活動の禁止**　委員が積極的に政治運動を行うことは一一条五項に対する違反であり、七条一項により、地方公共団体の長は、当該委員を議会の同意を得て罷免することができる。（昭31・9・10文初地四一一

初中局長）

[通知] **教育委員の責任と資質・能力の向上**　改正後においても、委員は、執行機関の一員であり、教育委員会の重要事項の意思決定を行う責任者であるという意識を持ち、教育委員会における審議を活性化するとともに、教育長及び教育委員会事務局のチェックを行うという役割を従来以上に果たすことが期待されること。また、このような職責を担う委員の資質向上のため、各委員への研修の充実が期待されること。（平26・7・17文科初四九〇初中局長）

[解説] 教育委員会の委員は、特別職の地方公務員（地方公務員法三条）であるため、地方公務員法の適用がない（同四条）ので、とくにこの規定が設けられた。一項の「職務上知ることができた秘密」とは、職務執行と関係して知りえた秘密のことであり、二項の「職務上の秘密」とは、そのうち、委員の職務上の所管事項に属する秘密をいう。この「秘密」を、文書に「秘」等の表示のあるもののみを指すか（形式的秘密説）、それにかかわりなく実質的に判断するか（実質的秘密説）、表示のあるものはそれに従い、表示のないもののみ実質的に判断するか（折衷説）、争いのあるところである。一一条の第八項「第一条の二に規定する基本理念」は、教育委員会の責任体制の明確化を課題とした二〇〇七年改正で新たに加えられ、「大綱」および「かつ児童、生徒等の教育を受ける権利の保障に万全を期して」は二〇一四年改正で加えられたもので、教育委員の重要な責任を自覚して教育行政の任務に携わることを求めている。

（教育長）

第一三条　教育長は、教育委員会の会務を総理し、教育委員会を代表する。

2　教育長に事故があるとき、又は教育長が欠けたときは、あらかじめその指名する委員がその職務を行う。

＊教育長任命（四）、教育長任期（五）、教育長兼職禁止（六）、教育長罷免（七）、教育長解雇請求（八）、教育長失職（九）、教育長辞職（一〇）、教育長服務（一一）、教育長委員会会議の招集（一四1 2）、委員会定足数（一四3）、可否同数のときの決定権限（一四4）、教育長の議会出席義務（地自一二一）、教育長の事務委任（二五4）、教育長は特別職（地公三1 3）、旧教育長に関する経過措置（附則二1—3）

[通達] **委員長の代理権の内容**　委員長が委員会を代表するということは、委員長が単独で行為しうることを意味するものでなく、また自ら事務を執行することを意味するものではない。すなわち委員会の決定した法律行為について、これを委員長名で表示することにすぎない。（昭31・9・10文初地四一一初中局長）

[通達] 教育委員会の行う法律行為を委員長名義をもってせず、教育委員会自体の名義でなすことを妨げるものではない。（昭31・9・10文初地四一一初中局長）

[通達] 委員長に代表権が附与されたことに関連して、議会における説明のための出席義務者を、他の委員会の場合と同様に委員長としたこと（地方自治法一二一条）は、委員長以外の者に出席義務がなく、また出席できないということにはならない。（昭31・6・30文初地三二六事務次官）

[通達] 地方自治法一二一条により委員長の委任または嘱託を受けた者として教育長が説明のため議場に出席することができる。必ず委員長でなければならないということはない。（昭31・9・10文初地四一一初中局長）

[通達] 委員長が欠けたり事故ある場合に、会議の議事が可否同数となったときは、委員長職務代理者が決定する。（昭31・9・10文初地四一一初中局長）

[通達] 教育長が出張中の場合は「教育長に事故があるとき」に該当する。もっとも教育長職務代理者が代わって処理するべきか、教育長の帰任を待つべきかは、その事柄の性質による。（昭31・9・10文初地四一一初中局長）

[通知] **新教育長の職務**　新「教育長」の職務について規定する法一三条一項の「教育委員会の会務を総理」するとは、改正前の地方教育行政の組織及び運営に関する法律における委員長の職務である「教育委員会の会議を主宰」すること並びに現行法における教育長の職務である「教育委員会の権限に属するすべての事務をつかさどる」こと及び「事務局の事務を統括し、所属の職員を指揮監督する」ことを意味するものであること。（平26・7・17文科初四九〇初中局長）

[通知] **委員会の補助機関でなくなった新教育長と教育委員会の関係**　新「教育長」は、執行機関である教育委員会の補助機関ではなく、教育委員会の構成員であり、代表者であることから、教育委員会による教育長への指揮監督権は法律上規定されていないが、教育委員会は引き続き合議体の執行機関であるため、教育長は教育委員会の意思決定に基づき事務をつかさどる立場にあることに変わりはなく、教育委員会の意思決定に反する事務執行を行うことはできないものであること。（平26・7・17文科初四九〇初中局長）

[通知] **新教育長の代理**　新「教育長」は教育委員会の構成員となり、かつ代表者となることから、その代理は教育委員会事務局職員の中からではなく、委員の中から選任することとしたこと。職務代理者が行う職務のうち、具体的な事務の執行等、職務代理者が自ら事務局を指揮監督して事務執行を行うことが困難である場合には、法二五条四項に基づき、その職務を教育委員会事務局職員に委任することが可能であること。新「教育長」の職務代理者たる委員は、法律上教育長の権限に属する一切の職務を行うものであるが、その場合でも、教育長の身分に関する規定は適用されず、服務については法一二条が適用されるものであること。（平26・7・17文科初四九〇初中局長）

[解説] 二〇一四年改正前の本条は、教育委員長に関して規定したものであったが、二〇一四年改正で教育委員長と旧教育長を統合した新「教育長」が置かれることになったため、新たに教育長が委員会の会務を総理し委員会を代表する者とする旨が本条に規定し直された。なお、参考のため、本条関連の通達で廃止された委員長に関係する通達も掲載している。

（会議）

第一四条　教育委員会の会議は、教育長が招集する。

2　教育長は、委員の定数の三分の一以上の委員から会議に付議すべき事件を示して会議の招集を請求された場合には、遅滞なく、これを招集しなければならない。

3　教育委員会は、教育長及び在任委員の過半数が出席しなければ、会議を開き、議決をすることができない。ただし、第六項の規定による除斥のため過半数に達しないとき、又は同一の事件につき再度招集しても、なお過半数に達しないときは、この限りでない。

4　教育委員会の会議の議事は、第七項ただし書の発議に係るものを除き、出席者の過半数で決し、可否同数のときは、教育長の決するところによる。

5　教育長に事故があり、又は教育長が欠けた場合の前項の規定の適用については、前条第二項の規定により教育長の職務を行う者は、教育長とみなす。

6　教育委員会の教育長及び委員は、自己、配偶者若しくは三親等以内の親族の一身上に関する事件又は自己若しくはこれらの者の従事する業務に直接の利害関係のある事件については、その議事に参与することができない。ただし、教育委員会の同意があるときは、会議に出席し、発言することができる。

7　教育委員会の会議は、公開する。ただし、人事に関する事件その他の事件について、教育長又は委員の発議により、出席者の三分の二以上の多数で議決したときは、これを公開しないことができる。

8　前項ただし書の教育長又は委員の発議は、討論を行わないでその可否を決しなければならない。

9　教育長は、教育委員会規則で定めるところにより、教育委員会の会議の終了後、遅滞なく、その議事録を作成し、これを公表するよう努めなければならない。

＊教育長（一三）、教育長の管理・執行状況の委員会に対する報告義務（二五3）、三親等以内の親族（民七二五・七二六）

通達　**教育委員会の定足数**　本条五項により除斥される委員は定足数の計算には入らない。（昭31・6・30文初地三二六事務次官）

通達　市町村の教育長たる委員は、委員として委員の定足数に含まれ、また議決に加わることができる。（昭31・9・10文初地四一一初中局長）

通知　今回の改正は、教育委員会が地域住民に対して積極的に情報提供を行い、教育委員会としての説明責任を果たすとともに、地域住民の教育行政に関する理解と協力を得る観点から行うものであること。このため、各教育委員会においては、会議の開催日時・場所等に関する広報を十分行ったり会議の開催方法を工夫したりするなど、地域住民が教育委員会の会議を傍聴しやすくするための工夫に努めることが望ましい。（平13・8・29文科初五七一事務次官）

通知　**会議招集請求等の委員による教育長へのチェック機能の強化**　今回の改正においては、新「教育長」が教育行政に大きな権限と責任を有することになることを踏まえ、教育委員会の委員による教育長のチェック機能を強化するとともに、住民に対して開かれた教育行政を推進する観点から、会議の透明化を図ることとしている。改正後においても、教育委員会は合議制の執行機関であるため、その意思決定は、教育長及び委員による会議において、出席者の多数決によって決せられるものであり、委員の役割が引き続き重要なものであること。改正法における委員の側からの教育委員会会議の招集の請求や教育長に委任した事務の執行状況に関する報告の規定は、委員による教育長の事務執行に対するチェック機能を強化するという観点から、設けられたものであること。法一四条二項における「遅滞なく」とは、請求があれば直ちに招集するという意味ではないが、一般的には、教育長は次の定例会より前の合理的な期間内に教育委員会会議を招集する必要があること。（平26・7・17文科初四九〇初中局長）

通知　**会議の透明化と議事録の作成及び公表の努力義務化**　改正法において教育委員会会議の議事録の作成及び公表を努力義務にとどめた趣旨は、職員数が少ない小規模な地方公共団体における事務負担等を考慮したものであるが、原則として、会議の議事録を作成し、ホームページ等を活用して公表することが強く求められること。また、教育委員会会議の開催時間や場所等の運営上の工夫を行うことにより、教育委員会会議をより多くの住民が傍聴できるようにすることが望ましいこと。（平26・7・17文科初四九〇初中局長）

解説　教育委員会は、合議制行政庁であるから、その権限の執行は、その合議により行わなければならないので、本条は、会議の招集、定足数、議決方法、委員の除斥を定めたものである。二〇〇一年の改正で委員会の活性化を促すため会議公開等の七項、二〇一四年改正では新教育長の設置による権限強化に対応して、教育委員による教育長へのチェック機能の強化（二項）や会議の議事録の作成及び公表の努力義務（九項）が加えられた。

（教育委員会規則の制定等）

第一五条　教育委員会は、法令又は条例に違反しない限りにおいて、その権限に属する事務に関し、教育委員会規則を制定することができる。

2　教育委員会規則その他教育委員会の定める規程で公表を要するものの公布に関し必要な事項は、教育委員会規則で定める。

＊他の規則制定（地自一五）、事務処理の法令基準（二四）、委員会の規則制定権（地自一三八の四2）、条例による事務処理の特例（五五）

回答　財務に関する規則は、教育委員会の所掌する財務事務についても拘束する。（昭24・9・16調査普及局長）

回答　**条例事項と規則事項**　たとえば奨学規則、学齢児童生徒就学援助規則（以上いずれも予算措置を講じた）などは、その内容が当該年度を越えて地方公共団体に財政上の義務を課するものであれば、地方自治法九六条一項八号の規定により議会の議決を経なければならないので、条例をもって規定することが適当である。（昭27・5・13地方連絡課長）

解説　教育委員会は、教育行政の中立性と公正性の確保のために、できうる限り独立の地位を与えられる必要がある。その要請にこたえて本法は、二一条に定められている職務権限事項については、地方公共団体の長から独立して、これを執行することができるものとしている。それゆえ、本条により、この事項その他とくに法令または条例で定められている事務に関する限りは、長の規則と性質・効力などを同じくし、規則を自ら制定する権限が教育委員会に与えられている。

（教育委員会の議事運営）

第一六条　この法律に定めるもののほか、教育委員会の会議その他教育委員会の議事の運営に関し必要な事項は、教育委員会規則で定める。

＊教育委員会の会議（一四）、教育委員会規則の制定（一五）

通達　会議の招集方法、会議開催の場所および日時、会議付議事件等の告知の方法等教育委員会の会議その他議事の運営について必要な事項は教育委員会規則で定めるものである。（昭31・6・30文初地三二六事務次官）

通達　会議を公開すべきか否か、告示を会議の開催要件とするか否かは、会議規則の定め方如何による。（昭31・9・10文初地四一一初中局長）

判例　**教育委員会の公開原則と住民の会議録閲覧謄写請求権**　箕面市教育委員会会議規則で定める会議公開の原則は、傍聴にとどまらず会議録閲覧請求権を含み、その閲覧請求権には謄写請求権も含まれる。（大阪地判昭55・9・24判時九九二—三二）

回答　告示を欠いていることをもってその議決が無効になるとは解されない。（昭33・1・9地初八九初中局長）

第二節　事務局

（事務局）

第一七条　教育委員会の権限に属する事務を処理させるため、教育委員会に事務局を置く。

2　教育委員会の事務局の内部組織は、教育委員会規則で定める。

＊①教育委員会の職務権限（二一、地自一八〇の八）、②事務局の内部組織（地自一八〇の五4）、教育委員会規則（一五）、職員の職の設置（施令六）

通達　教育委員会の事務局の内部組織（次長、部、課、係等）は、教育委員会規則で定めるものである。地方自治法一八〇条の四および一八〇条の五第五項の規定に留意すること。（昭31・6・30文初地三二六事務次官）

解説　教育行政の地方公共団体の長からの独立を組織面で生かすため、事務局の組織を、教育委員会規則の制定事項とし、教育長の統括の下に（本法一三条）教育委員会の事務を処理させるため、事務局を設置することとしている。

（指導主事その他の職員）

第一八条　都道府県に置かれる教育委員会（以下「都道

府県委員会」という。）の事務局に、指導主事、事務職員及び技術職員を置くほか、所要の職員を置く。

2　市町村に置かれる教育委員会（以下「市町村委員会」という。）の事務局に、前項の規定に準じて指導主事その他の職員を置く。

3　指導主事は、上司の命を受け、学校（学校教育法（昭和二十二年法律第二十六号）第一条に規定する学校及び就学前の子どもに関する教育、保育等の総合的な提供の推進に関する法律（平成十八年法律第七十七号）第二条第七項に規定する幼保連携型認定こども園（以下「幼保連携型認定こども園」という。）をいう。以下同じ。）における教育課程、学習指導その他学校教育に関する専門的事項の指導に関する事務に従事する。

4　指導主事は、教育に関し識見を有し、かつ、学校における教育課程、学習指導その他学校教育に関する専門的事項について教養と経験がある者でなければならない。指導主事は、大学以外の公立学校（地方公共団体が設置する学校をいう。以下同じ。）の教員（教育公務員特例法（昭和二十四年法律第一号）第二条第二項に規定する教員をいう。以下同じ。）をもつて充てることができる。

5　事務職員は、上司の命を受け、事務に従事する。

6　技術職員は、上司の命を受け、技術に従事する。

7　第一項及び第二項の職員は、教育委員会が任命する。

8　教育委員会は、事務局の職員のうち所掌事務に係る教育行政に関する相談に関する事務を行う職員を指定するものとする。

9　前各項に定めるもののほか、教育委員会の事務局に置かれる職員に関し必要な事項は、政令で定める。

＊①②事務局（一七）、職員定数（一九）、職員の身分取扱い（二〇）、④指導主事（施令四・五）、⑨職員の職の設置（施令六）

通達　**教員をもって充てる指導主事**　指導主事に教員をもって充てる場合、今まで勤務していた学校の教員の職を保有している（本法施行令五条）ので、同校教諭等としての職を解く必要はない。（昭31・9・10文初地四一一初中局長）

通達　指導主事に充てられる教員は、校長は含まれない。（昭31・9・10文初地四一一初中局長）

回答　教員をもって充てる指導主事は、教員の身分を保有し指導主事の職務に従事するものである。教員を指導主事に充てる行為は、特殊な任用行為である。（昭34・8・28委発一九六初中局長）

解説　本条は教育委員会の事務局に置かれる職員について定めている。そのうち、とくに指導主事については、指導の内容が明定されていることに注目すべきである。また、二〇〇七年改正で目指された教育委員会事務局の体制強化の一つとして、本条二項に、これまで記載されていなかった指導主事が明記され、市町村教育委員会事務局への指導主事配置の努力義務が求められていることに留意する必要がある。

（事務局職員の定数）

第一九条　前条第一項及び第二項に規定する事務局の職員の定数は、当該地方公共団体の条例で定める。ただし、臨時又は非常勤の職員については、この限りでない。

＊条例による職員の定数の定め（地自一七二3・一八〇の四）

回答　教員をもって充てられる指導主事の定数は、本法二一条の規定による条例で規定することを要しない。（昭31・10・5委初一九八初中局長）

（事務局職員の身分取扱い）

第二〇条　第十八条第一項及び第二項に規定する事務局の職員の任免、人事評価、給与、懲戒、服務、退職管理その他の身分取扱いに関する事項は、この法律及び教育公務員特例法に特別の定めがあるものを除き、地方公務員法の定めるところによる。

＊事務局の職員についての特別の定め（一八7）、専門的教育職員についての特別の定め（教特一五）、教育公務員についての特別の定め（教特二章・三章）

通達　指導主事の等級の格付けについては、この職員は専門的職務に従事する職員である。（昭32・7・26文初地四〇二初中局長）

第三章　教育委員会及び地方公共団体の長の職務権限

（教育委員会の職務権限）

第二一条　教育委員会は、当該地方公共団体が処理する教育に関する事務で、次に掲げるものを管理し、及び執行する。

一　教育委員会の所管に属する第三十条に規定する学校その他の教育機関（以下「学校その他の教育機関」という。）の設置、管理及び廃止に関すること。

二　教育委員会の所管に属する学校その他の教育機関の用に供する財産（以下「教育財産」という。）の管理に関すること。

三　教育委員会及び教育委員会の所管に属する学校その他の教育機関の職員の任免その他の人事に関すること。

四　学齢生徒及び学齢児童の就学並びに生徒、児童及び幼児の入学、転学及び退学に関すること。

五　教育委員会の所管に属する学校の組織編制、教育課程、学習指導、生徒指導及び職業指導に関すること。

六　教科書その他の教材の取扱いに関すること。

七　校舎その他の施設及び教具その他の設備の整備に関すること。

八　校長、教員その他の教育関係職員の研修に関すること。

九　校長、教員その他の教育関係職員並びに生徒、児童及び幼児の保健、安全、厚生及び福利に関すること。

十　教育委員会の所管に属する学校その他の教育機関の環境衛生に関すること。

十一　学校給食に関すること。

十二　青少年教育、女性教育及び公民館の事業その他社会教育に関すること。

十三　スポーツに関すること。

十四　文化財の保護に関すること。

十五　ユネスコ活動に関すること。

十六　教育に関する法人に関すること。

十七　教育に係る調査及び基幹統計その他の統計に関すること。

十八　所掌事務に係る広報及び所掌事務に係る教育行政に関する相談に関すること。

十九　前各号に掲げるもののほか、当該地方公共団体の区域内における教育に関する事務に関すること。

＊地方公共団体が処理する教育に関する事務（地自二2―9）、《一》教育委員会の所管（三〇・三二）、学校その他の教育機関（学教一―五）、《二》教育財産の管理（二八）、教育財産の取得・処分（二二(4)）、管理の原則（地財八）、《三》教育委員会職員の人事（一八・一九・二〇）、教育機関職員の人事（三一・三四―四七の四）、教育長の任免（一四）、《四》保護者の就学させる義務（憲二六2、教基五1、学教一六・一七）、就学義務の猶予・免除（学教一八、学教施規三四・三五）、区域外就学等（学教施令九）、《五》教育委員会による教育機関の所管（三二）、学校等の管理（三三1）、《六》市町村教育委員会による教材の取扱いの基本的事項の設定（三三）、教科書等の使用（学教三四・四九・六二・七〇・八二）、教科書無償給付・採択（教科書無償措置三―一七）、《七》市町村教育委員会による教育機関の施設・設備の基本的事項の設定（三三1）、学校施設設備基準（学教三、学教施規一・三六・四〇・六九・八〇・一〇五・一〇六・一一八・一四二）、《八》地方公務員の研修（地公三九）、教育公務員の研修（教特二一―二五の二）、県費負担教職員の研修（四五）、《九》保健・福利厚生の施設の設置（三〇）、職員・児童・生徒の保健（学保健安全）、職員の安全衛生（労基四二・九六）、《一〇》学校の環境衛生（学保健安全六）、保健所との協力関係（五七、施令八―一〇）、《一一》学校給食の目標（学校給食二）、《一二》社会教育（教基一二）、《一三》学校教育における体育（学教三三・四八・五二・七七）、《一四》文化財保護に関する政府・地方公共団体の任務（文化財三）、教育委員会の権限（文化財一一〇―一一二・一八二―一九一）、《一五》ユネスコ活動（ユネスコ活動に関する法律）、《一六》法人（民三三―三七）、《一七》基幹統計調査（統計法九―一七）、《一八》広報・教育行政に関する指導助言（四八1 2(10)）

【通達】　本条は、二四条とあわせて、教育委員会と地方公共団体の長の職務権限について調整を加え、両者の権限を明記したものである。しかし、大学及び私立学校に関する事務を除き、教育本来に関する事務は、なお教育委員会が管理執行するものである。（昭31・6・30文初地三二六事務次官）

【回答】　**一号関係**　学校教育法一条に規定する学校は、地方自治法二四四条の「公の施設」に該当する。その設置は地方自治法二四四条の二に基づく条例によることとなる。「公の施設」として学校の設置および管理を条例で規定する場合の内容は、学校の名称および位置を規定すれば足りる。（昭38・12・10委初五の五〇初中局長）

【判例】　**二号関係**　学校施設管理権にも職員団体活動権との関係で内在的制約があるから、教育委員会および校長が被処分教員の同活動のための学校立入りを全面的に禁止することは許されない。（静岡地判昭39・11・30行例集一五―一一―二一五八）→二二条・二八条

【通達】　**二号関係**　「貸付」は「処分」中に含まれず、管理行為に含まれる。「管理」とは、保存行為及び目的たる物または権利の性質を変更しない範囲内において、利用又は改良を目的とする行為である。（昭24・3・28自治庁）

【回答】　**同**　学校に付置されている教職員住宅は、教育財産として教育委員会の管理に属する。これについて必要な事項は、教育委員会が定めるべきものと解する。教職員住宅の使用の対価としての公舎料は、地方自治法二二五条の使用料としてではなく、借料として徴収すべきものと解する。（昭33・9・13委初二五二初中局長）

【回答】　**同**　公立大学の付属高等学校の用に供されている財産は、教育財産として教育委員会の管理に属する。大学と高等学校と共用している財産は、使用の状況により管理権の所在が定まるものと解する。（昭33・12・24初中局長）

【通達】　**同**　学校その他の教育機関の使用を許可するのは、それらの機関の管理者たる教育委員会である。（昭31・9・10文初地四一一初中局長）

【回答】　教育委員会が管理する教育財産には物品は含まれない。（昭38・12・19自治庁）

【判例】　**四号関係**　保護者の住所に関する虚構の申告に基づき、いわゆる越境入学の生徒が生じた場合、通学区域に関する教育委員会規則により、これを通学区域に関する一般的指定どおりに是正することは教育委員会の職責であり、右是正のための学籍移管の措置は、教育委員会の就学指定権に当然含まれる。（山口地決昭42・7・20行例集一八―七―一〇〇九）

【通達】　**六号関係**　教科書採択の責任の所在は、教育委員会にあると解される。（昭31・9・10文初地四一一初中局長）

【回答】　**同**　国語科学習にローマ字を課する場合には、学校教育法二一条一項によって文部大臣の検定を経た教科用図書または文部大臣において著作権を有する教科用図書を使用しなければならない。（昭30・7・4初中局長）

【通達】　**七号関係**　校舎その他の施設及び教具その他の設備をどのように整備するかの決定は教育委員会が行うものである。（昭31・6・30文初地三二六事務次官）

【通達】　**同**　学校建築の内容をなす請負契約の締結、財産の取得、支出の命令は地方公共団体の長の権限であるがその前段階で行われる建築の計画（敷地の選定、配置図、略設計書の作成等）は教育委員会が行うものと解される。本法二八条二項の規定はこのような関係を前提としていると解される。（昭31・9・10文初地四一一初中局長）

【通達】　**一九号関係**　一号から一八号までは、教育委員会の管理執行する事務の主要なものを具体的に列挙しているが、それらに限るものでないことは、一九号の規定によって明らかである。したがって、法令によって教育委員会の権限とされている事務で一八号までに示されていない免許状の交付事務等の機関委任事務は一九号の規定によって包括的に規定されているのである。（昭31・9・10文初地四一一初中局長）

【通達】　**同**　教育目的のための基本財産、積立金を管理することは、教育事業の一つであるので、当該地方公共団体の教育に関する団体事務として一九号の規定により教育委員会の権限と解される。（昭31・9・10文初地四一一初中局長）

【解説】　本条は教育委員会が担う教育事務の範囲を定め、本法二二条における地方公共団体の長の担う教育事務との調整を図るものである。

（長の職務権限）

第二二条　地方公共団体の長は、大綱の策定に関する事務のほか、次に掲げる教育に関する事務を管理し、及び執行する。

一　大学に関すること。

二　幼保連携型認定こども園に関すること。

三　私立学校に関すること。

四　教育財産を取得し、及び処分すること。

五　教育委員会の所掌に係る事項に関する契約を結ぶこと。

六　前号に掲げるもののほか、教育委員会の所掌に係る事項に関する予算を執行すること。

＊大綱の策定（一の三）、《一》教育機関の設置（三〇・三二）、公私立大の所轄庁（学教九八）、《三》都道府県教育委員会の助言又は援助（二七の五）、私立学校の所管庁（学教四四・四九・六二・七〇・八二、私学四・六・二六2、他）、《四》教育財産の管理（二八・二九）、長の総合調整（地自二三八の二）、《五》予算執行に関する長の調査権等（地自二二一）、長の契約締結（地自二三四）

【通達】　**一号・二号関係**　二四条の大学、私立学校に関する権限は、地方自治法一八〇条の二の規定により、教育委

行政

員会に委任することができる。（昭31・9・10文初地四一一初中局長）

[通達] **二号関係―準学校法人の認可基準の解釈および運用について**（昭35・5・26文管振二〇七管理局長）

[通達] **三号関係**　「教育財産を取得」というときの「教育財産」とは取得の後には教育機関の用に供するものと決定している財産をいう。「教育機関の用に供する財産」には、財産権の対象となるすべてのものが含まれる。ただし、現金や消耗品は「財産」には含まれず、出納長・収入役が出納保管すべきものと解される。（昭31・9・10文初地四一一初中局長）

[通達] **同**　学校その他の教育機関の使用を許可するのは、それらの教育機関の管理者たる教育委員会である。なお、地方自治法二一三条の二（現二三八の二）第二項の規定で、地方公共団体の長の指定する財産または営造物のその目的以外の使用を許可する場合は、あらかじめ長と協議しなければならないとされているが、これは、財産の効率的運用を図るという観点から長に与えられた権限である。（昭31・9・10文初地四一一初中局長）

[通達] **四号関係**　四号の定めは、財務に関する事務を長が統轄的に処理し、効率的運用をきたすために、売買契約、賃貸借契約等の締結権は長に属するものとされたもので、この四号の定める契約には、就学事務の委託（学校教育法三一条）、教育事務の委託（地方自治法二五二条の一四）等のいわゆる公法上の契約は含まれないと解する。（昭31・9・10文初地四一一初中局長）

[解説]　本条は、地方公共団体の長が所管する自治事務である教育事務に関する職務権限を規定している。他に地方公共団体の長が処理する法定受託事務である教育事務については、地方自治法別表第一に規定されている私立学校法、宗教法人法、私立学校振興助成法に関する事務等がある。

（**職務権限の特例**）

第二三条　前二条の規定にかかわらず、地方公共団体は、前条各号に掲げるもののほか、条例の定めるところにより、当該地方公共団体の長が、次の各号に掲げる教育に関する事務のいずれか又は全てを管理し、及び執行することとすることができる。

一　図書館、博物館、公民館その他の社会教育に関する教育機関のうち当該条例で定めるもの（以下「特定社会教育機関」という。）の設置、管理及び廃止に関すること（第二十一条第七号から第九号まで及び第十二号に掲げる事務のうち、特定社会教育機関のみに係るものを含む。）。

二　スポーツに関すること（学校における体育に関することを除く。）。

三　文化に関すること（次号に掲げるものを除く。）。

四　文化財の保護に関すること。

2　地方公共団体の議会は、前項の条例の制定又は改廃の議決をする前に、当該地方公共団体の教育委員会の意見を聴かなければならない。

＊事務委任・補助執行（地自一八〇の七）、特定社会教育機関の規則制定（三三3）、地方文化財保護審議会（文化財一九〇）

[通達] **スポーツ・文化事務所掌の弾力化**　今回の改正は、スポーツ及び文化行政について、地域の実情や住民のニーズに応じて、「地域づくり」という観点から他の地域振興等の関連行政とあわせて地方公共団体の長において一元的に所掌することができることとする趣旨から行うものである。（平19・7・31文科初五三五事務次官）

[通知] **文化財保護に関する事務の管理・執行の弾力化**　地方公共団体における文化財保護に関する事務を、条例の定めるところにより、当該地方公共団体の長が管理・執行できることとしたこと。また、この場合、地方文化財保護審議会を必ず置くこととしたこと。（平30・6・8庁財一二八文化庁次長）

[解説]　地方自治法一八〇条の七に自治体の組織間で仕事を他の部署に代わって執行させることができるという「事務委任・補助執行」の規定がある。近年では、文化財保護や美術館等の文化政策やスポーツ等の分野を首長部局に事務委任・補助執行する動きが徐々に広がってきている。そうした近年の動向や自治体等からの要請もあり、二〇〇七年改正で、本条一項二号・三号が新設された。また、二〇一八年の文化財保護法および本法の一部改正で、文化財保護の事務についても本条一項四号が新設された。そして、二〇一九年の「地域の自主性及び自立性を高めるための改革の推進を図るための関係法律の整備に関する法律」の成立による本法一部改正で本条一項一号が新設された。ただし、本条一項各号の事務は、本法二一条にあるとおり教育委員会の本来の職務権限であることを踏まえると首長（部局）所掌とすることには慎重であることが要請される。それらの事務の所掌の見直しに際して、本条二項で教育委員会の意見聴取を義務づけているのはその趣旨からでもある。

（**事務処理の法令準拠**）

第二四条　教育委員会及び地方公共団体の長は、それぞれ前三条の事務を管理し、及び執行するに当たつては、法令、条例、地方公共団体の規則並びに地方公共団体の機関の定める規則及び規程に基づかなければならない。

（**事務の委任等**）

第二五条　教育委員会は、教育委員会規則で定めるところにより、その権限に属する事務の一部を教育長に委任し、又は教育長をして臨時に代理させることができる。

2　前項の規定にかかわらず、次に掲げる事務は、教育長に委任することができない。

一　教育に関する事務の管理及び執行の基本的な方針に関すること。

二　教育委員会規則その他教育委員会の定める規程の制定又は改廃に関すること。

三　教育委員会の所管に属する学校その他の教育機関の設置及び廃止に関すること。

四　教育委員会及び教育委員会の所管に属する学校その他の教育機関の職員の任免その他の人事に関すること。

五　次条の規定による点検及び評価に関すること。

六　第二十七条及び第二十九条に規定する意見の申出に関すること。

3　教育長は、教育委員会規則で定めるところにより、第一項の規定により委任された事務又は臨時に代理した事務の管理及び執行の状況を教育委員会に報告しなければならない。

4　教育長は、第一項の規定により委任された事務その他その権限に属する事務の一部を事務局の職員若しくは教育委員会の所管に属する学校その他の教育機関の職員（以下この項及び次条第一項において「事務局職員等」という。）に委任し、又は事務局職員等をして臨時に代理させることができる。

＊地方教育行政の基本理念（一の二）、教育長および委員の重要な責任（一一8・一二1）、条例による事務処理の特例（五五、地自二五二の一七の二）

[判例]　法律の根拠規定なしに教育委員会規則で校長以外の一般教員の人事異動を教育長の専決事項とすることも違

法ではない。（水戸地判昭34・7・3行例集一〇—七—一四三二）

通達　委任された事務は、受任者の職務権限として自己の名において、責任をもって処理することとなるので、二六条各号の「その権限に属する事務」として、複委任することができる。（昭31・9・10文初地四一一初中局長）

回答　一項にいう「臨時に」とは、個々具体的事案につき臨時に代理せしめる意味を含むものではあるが、特定の事案について一定期間臨時に代理させる意味をも有するものと解する。（昭33・11・17地初四五初中局長）

通達　**教育長に委任できない事務の明確化**　今回の改正は、委員で構成する教育委員会が自ら管理し、及び執行すべき事務を教育長に委任することができない事務として明確化し、教育委員会が自ら責任を持って事務を管理し、及び執行するようにする趣旨から行うものである。今回の改正は、法二六条二項各号に掲げる事務以外の事務について、教育長に委任することを促進する趣旨ではないこと、したがって、当該事務については、従前どおり、各教育委員会の判断により、教育長に委任しないとすることができること。（平19・7・31文科初五三五事務次官）

通知　**委員会による教育長への委任方針の決定と教育長の報告**　教育長による報告の在り方については、各教育委員会の実情に応じ、委員によるチェック機能を発揮できるよう、報告の時期や対象となる事項について、教育委員会規則において、適切に定める必要がある。教育委員会は、必要に応じて、教育長に委任する事項についての方針を定めることや、委任した事務について教育長から報告を求め、教育委員会で議論し、必要に応じて事務の執行を是正し、又は委任を解除することが可能である。（平26・7・17文科初四九〇初中局長）

解説　本条は、一項で教育委員会が教育長に、四項で教育長が事務局の職員または学校その他の教育機関の職員にそれぞれその権限に属する事務の一部を委任し臨時に代理させることができることを定めたものである。二項は、二〇〇七年改正により新しく加えられた規定で、教育委員会の諸権限や業務を安易に教育長に委任することなく、教育委員会が行うべき本来の役割を自覚して果たしていくことを改めて期待した改正である。また、三項は、二〇一四年改正で加えられたもので、地位・権限が強化された教育長に対する委員会のチェック機能が十全に果たせるよう教育長に事務の管理、執行状況を報告させる義務を定めている。なお、本条の旧規定には、三項で都道府県委員会が市町村委員会に、四項で都道府県の教育長が市町村の教育長に事務の一部を委任し臨時に代理させ、また、都道府県委員会が市町村委員会の任命に係る職員に補助執行させることができるという定めもあったが、一九九九年の機関委任事務廃止に伴う本法改正により削除された。ただし、本条旧三項、四項の削除によって都道府県委員会および教育長の市町村委員会および教育長に対する事務委任のしくみがなくなったわけではない。地域の実情に応じた事務の委譲をすすめるための新たな制度として都道府県の条例の定めるところにより市町村が事務を処理することができるという「条例による事務処理の特例」が地方自治法二五二条の一七の二に対応して本法五五条に新たに規定された。

（教育に関する事務の管理及び執行の状況の点検及び評価等）

第二六条　教育委員会は、毎年、その権限に属する事務（前条第一項の規定により教育長に委任された事務その他教育長の権限に属する事務（同条第四項の規定により事務局職員等に委任された事務を含む。）を含む。）の管理及び執行の状況について点検及び評価を行い、その結果に関する報告書を作成し、これを議会に提出するとともに、公表しなければならない。

2　教育委員会は、前項の点検及び評価を行うに当たつては、教育に関し学識経験を有する者の知見の活用を図るものとする。

＊地方教育行政の基本理念（一の二）、教育長および委員の重要な責任（一一8・一二1）、教育委員会の職務権限（二一）、教育長に委任できない事務（二五2）、教育長の報告義務（二六3）

通達　**事務の管理・執行状況の点検・評価**　今回の改正は、教育委員会がその権限に属する事務の管理及び執行の状況について点検及び評価を行い、その結果に関する報告書を議会に提出し、公表することにより、効果的な教育行政の推進に資するとともに、住民への説明責任を果たしていく趣旨から行うものである。現在、すでに各教育委員会において、教育に関する事務の管理及び執行の状況について自ら点検及び評価を行い、その結果を議会に報告するなどの取組みを行っている場合には、その手法を活用しつつ、適切に対応すること。点検及び評価を行う際、教育に関し学識経験を有する者の知見の活用を図ることについては、点検及び評価の客観性を確保するためのものであることを踏まえ、例えば、点検及び評価の方法や結果について学識経験者から意見を聴取する機会を設けるなど、各教育委員会の判断で適切に対応すること。（平19・7・31文科初五三五事務次官）

解説　二〇〇七年改正により新たに設けられた条文である。教育委員会活動の形骸化等との批判を受け、教育委員会体制の整備充実の一環として住民代表の議会に対して自らの仕事の点検・評価を行い報告することで説明責任を果たすことを期待したものである。

（幼保連携型認定こども園に関する意見聴取）

第二七条　地方公共団体の長は、当該地方公共団体が設置する幼保連携型認定こども園に関する事務のうち、幼保連携型認定こども園における教育課程に関する基本的事項の策定その他の当該地方公共団体の教育委員会の権限に属する事務と密接な関連を有するものとして当該地方公共団体の規則で定めるものの実施に当たつては、当該教育委員会の意見を聴かなければならない。

2　地方公共団体の長は、前項の規則を制定し、又は改廃しようとするときは、あらかじめ、当該地方公共団体の教育委員会の意見を聴かなければならない。

＊長の職務権限（二二(2)）、教育機関の所管（三二）

通知　今回の地教行法改正において、幼保連携型認定こども園は自治体の長が所管することとした上で、教育委員会が一定の関与を行う仕組みを設けた趣旨を踏まえ、自治体の長におかれては、教育委員会が有する学校教育に関する専門的知見を活用し、幼保連携型認定こども園における学校教育の質の向上に努めていただきたい。（平24・8・31文科初六一六初中局長）

解説　本条は、「子ども・子育て支援法及び就学前の子どもに関する教育、保育等の総合的な提供の推進に関する法律の一部を改正する法律の施行に伴う関係法律の整備等に関する法律」（平二四法六七）により、後の条文二七条の二～二七条の四と共に追加されたものである。
幼保連携型認定こども園は、自治体の長の職務権限であり（二二条二号）、自治体の長が所管するとされている（三二条）。しかし、幼保連携型認定こども園は、幼稚園と同様に教育を提供する機関でもあることから、教育委員会が所管する幼稚園教育との整合や小学校との連携・接続等も図る必要があり、自治体の長と教育委員会との連携・調整が欠かせない。そのため、自治体の長は幼保連携型認定こども園に関する事務のうち、教育課程に関する基本的事項の策定その他の教育委員会の権限に属する事務と密接な関係を有する事務を行う際には教育委員会の意見を聴くことを義務づけている。また、教育委員会の意見を聴取する事務は規則で定めることとしているが、その制定又は改廃の際には予め教育委員会の意見を聴くことも求めている。

（幼保連携型認定こども園に関する意見の陳述）

第二七条の二　教育委員会は、当該地方公共団体が設置する幼保連携型認定こども園に関する事務の管理及び執行について、その職務に関して必要と認めるときは、当該地方公共団体の長に対し、意見を述べることができる。

＊長の職務権限（二二(2)）、教育機関の所管（三二）

（幼保連携型認定こども園に関する資料の提供等）

第二七条の三　教育委員会は、前二条の規定による権限を行うため必要があるときは、当該地方公共団体の長に対し、必要な資料の提供その他の協力を求めることができる。

＊長の職務権限（二二(2)）、教育機関の所管（三二）

（幼保連携型認定こども園に関する事務に係る教育委員会の助言又は援助）

第二七条の四　地方公共団体の長は、第二十二条第二号に掲げる幼保連携型認定こども園に関する事務を管理し、及び執行するに当たり、必要と認めるときは、当該地方公共団体の教育委員会に対し、学校教育に関する専門的事項について助言又は援助を求めることができる。

＊長の職務権限（二二(2)）、教育機関の所管（三二）

通知 **教育委員会の助言又は援助**　自治体の長は、幼保連携型認定こども園に関する事務を管理し、及び執行するに当たり、必要があると認めるときは、教育委員会に対し、学校教育に関する専門的事項について助言又は援助をもとめることができることとした。なお、当該規定は、公立の幼保連携型認定こども園に関することにとどまらず、私立の幼保連携型認定こども園に関することについても対象となることに留意すること。（平24・8・31文科初六一六初中局長）

（私立学校に関する事務に係る都道府県委員会の助言又は援助）

第二七条の五　都道府県知事は、第二十二条第三号に掲げる私立学校に関する事務を管理し、及び執行するに当たり、必要と認めるときは、当該都道府県委員会に対し、学校教育に関する専門的事項について助言又は援助を求めることができる。

＊所管庁（私学四）、長の職務権限（二二(3)）

通達 **私学行政に関する教育行政**　今回の改正は、都道府県教育委員会が有する学校教育に関する専門的知見を都道府県知事が活用することができる旨を規定したものであり、私立学校に対する都道府県知事の権限を変更するものではない。都道府県知事が都道府県教育委員会に対し、学校教育に関する専門的事項について助言又は援助を求める際には、その具体的な運営に当たっては、都道府県知事は私立学校と協議するものとし、教育委員会は都道府県知事に対して助言又は援助を行う際、私立学校の自主性を尊重するなど、適切な配慮を行うこと。私立学校の法律上の義務の確実な履行を担保できるよう、都道府県知事部局においては、学校教育に関する専門的知識を有する者を配置するなどその体制の充実を図ること。（平19・7・31文科初五三五事務次官）

解説 本条は、「子ども・子育て支援法及び就学前の子どもに関する教育、保育等の総合的な提供の推進に関する法律の一部を改正する法律の施行に伴う関係法律の整備等に関する法律」（平二四法六七）により、旧二七条から二七条の五に繰り下げられた。

（教育財産の管理等）

第二八条　教育財産は、地方公共団体の長の総括の下に、教育委員会が管理するものとする。

2　地方公共団体の長は、教育委員会の申出をまって、教育財産の取得を行うものとする。

3　地方公共団体の長は、教育財産を取得したときは、すみやかに教育委員会に引き継がなければならない。

＊①長の統轄（地自一四七・一四九(6)）、教育委員会の教育財産の管理（二一(2)）

通達 「教育財産」とは、取得の後には教育機関の用に供するものと決定している財産をいう。現金、消もう品は「財産」には含まれない。（昭31・9・10文初地四一一初中局長）

通達 一項の「総括の下に」の「総括」は、国有財産法四条一項に規定されている「総轄」と同意であり、地方自治法二一三条の二（現二三八条の二）に規定されているような内容を有する。（昭31・9・10文初地四一一初中局長）

回答 長が管理する一般財産を教育財産にする場合は議会の議決を要しない。（昭28・7・27雑初三四〇初中局地方課長）

通達 学校管理者は学校林の運営ならびに収益の処分についてあらかじめ当該学校と協議し、その収益を当該学校の経費に充当するよう措置すること。（昭33・2・29文部事務次官・農林事務次官）

解説 教育財産の取得処分は、地方公共団体の長が（本法二二条四号）行い、その管理は、教育委員会が（本法二一条二号）それぞれ事務を分担することとなっているが、本条は、その関係を円滑にするため、それぞれの権限の行使の調整をはかる規定である。

（教育委員会の意見聴取）

第二九条　地方公共団体の長は、歳入歳出予算のうち教育に関する事務に係る部分その他特に教育に関する事務について定める議会の議決を経るべき事件の議案を作成する場合においては、教育委員会の意見をきかなければならない。

＊議会の議決（地自九六）、長の議案提出権（地自一四九・一八〇の六）、教育委員会の財務権限（二一＝教育に関する事務）

回答 本条は、事務当局による予算見積りに関する聴取、査定等の手続と別個に、長が当該予算案そのものを作成する場合に、あらかじめ教育委員会の意見を聞かなければならないことを定めたものと解する。（昭31・11・29委初三三一初中局長）

回答 「その他特に教育に関する事務について定める議会の議決を経るべき事件の議案」には、教育委員会の委員の任命の同意に係るものを含む趣旨とは解されない。（昭33・11・27初中局地方課長）

通達 教育に関する事務についての議案を議員が提案する場合には、教育委員会の意見を聞く必要はない。（昭31・9・6初中局長）

解説 旧教育委員会法が採用していた教育委員会についての予算案・条例案のいわゆる二本建制度を本法では廃止したのに代えて、本条は、教育予算に対する教育委員会の意思の反映をはかることを目的として定められたものである。

第四章　教育機関

第一節　通則

（教育機関の設置）

第三〇条　地方公共団体は、法律で定めるところにより、学校、図書館、博物館、公民館その他の教育機関を設置するほか、条例で、教育に関する専門的、技術的事項の研究又は教育関係職員の研修、保健若しくは福利厚生に関する施設その他の必要な教育機関を設置することができる。

＊地方公共団体の種類（地自一の三）、学校等の教育施設の設置（地自二[3]）

回答 「教育機関」とは、教育、学術および文化（以下「教育」という。）に関する事業または教育に関する専門的・技術的事項の研究もしくは教育関係職員の研修、保健、福利、厚生等の教育と密接な関連のある事業を行うことを主目的とし、専属の物的施設および人的施設を備え、かつ、管理者の管理の下に自らの意思をもって継続的に事業の運営を行う機関である。（昭32・6・11委初一五八初中局長）

回答 児童福祉法に基づく児童福祉施設および職業安定法に基づく職業指導施設は、本条の教育機関には含まれないものと解する。（昭32・6・11委初一五八初中局長）

回答 公立の各種学校は、本法後段の設置条例を必要とする教育機関と解する。（昭32・6・11委初一五八初中局長）

通達 地方自治法二一三条一項（現二四四条の二）による営造物の設置及び管理に関する条例は、本条による教育機関の設置の条例と異なり、当該地方公共団体で設置する営造物の設置および管理についての一般的に守るべき事項を定めるもので、個々の営造物の設置について個々の条例を要するものではない。（昭31・9・10文初地四一一初中局長）

回答 市町村が小中学校を設置するに当っては、やむをえない場合においては区域外に設けることができる。（昭34・4・23委初八〇初中局長）

解説 本法制定以前には、教育機関の設置については、法律の明文の規定がなく、その取扱いが明らかでなかったが、本条の設定によって、それが示されることとなった。

（教育機関の職員）

第三一条 前条に規定する学校に、法律で定めるところにより、学長、校長、園長、教員、事務職員、技術職員その他の所要の職員を置く。

2 前条に規定する学校以外の教育機関に、法律又は条例で定めるところにより、事務職員、技術職員その他の所要の職員を置く。

3 前二項に規定する職員の定数は、この法律に特別の定がある場合を除き、当該地方公共団体の条例で定めなければならない。ただし、臨時又は非常勤の職員については、この限りでない。

＊①校長・職員の設置（学教七・二七・二八・三七・四九・六〇―六二・八二・九二・一二〇・一二九）、②職員の設置（社教二七、図書館一三、博物館四）

通達 指導主事に充てられた教員の定数は、本法三一条三項または四一条二項の教員定数の中に含まれる。（昭31・9・10文初地四一一初中局長）

（教育機関の所管）

第三二条 学校その他の教育機関のうち、大学及び幼保連携型認定こども園は地方公共団体の長が、その他のものは教育委員会が所管する。ただし、特定社会教育機関並びに第二十三条第一項第二号から第四号までに掲げる事務のうち同項の条例の定めるところにより地方公共団体の長が管理し、及び執行することとされたもののみに係る教育機関は、地方公共団体の長が所管する。

＊教育機関の設置（三〇）、長の大学に関する職務権限（二二(1)）、教育委員会の職務権限（二一）、特定社会教育機関（二三1(1)）

通達 公立の高等専門学校は、その設置する都道府県または市町村の教育委員会の所管に属するが、当該教育委員会は、高等専門学校が大学と同様に文部大臣の所轄に属する（学校教育法七〇条の九で準用する六四条）ことにかんがみ、その所管する高等専門学校に関する事務を管理し、および執行するに当たっては、十分に文部省と連絡をとられたい。（昭36・9・12文大技四八一事務次官）

（学校等の管理）

第三三条 教育委員会は、法令又は条例に違反しない限りにおいて、その所管に属する学校その他の教育機関の施設、設備、組織編制、教育課程、教材の取扱いその他の管理運営の基本的事項について、必要な教育委員会規則を定めるものとする。この場合において、当該教育委員会規則で定めようとする事項のうち、その実施のためには新たに予算を伴うこととなるものについては、教育委員会は、あらかじめ当該地方公共団体の長に協議しなければならない。

2 前項の場合において、教育委員会は、学校における教科書以外の教材の使用について、あらかじめ、教育委員会に届け出させ、又は教育委員会の承認を受けさせることとする定めを設けるものとする。

3 第二十三条第一項の条例の定めるところにより同項第一号に掲げる事務を管理し、及び執行することとされた地方公共団体の長は、法令又は条例に違反しない限りにおいて、特定社会教育機関の施設、設備、組織編制その他の管理運営の基本的事項について、必要な地方公共団体の規則を定めるものとする。この場合において、当該規則で定めようとする事項については、当該地方公共団体の長は、あらかじめ当該地方公共団体の教育委員会に協議しなければならない。

＊教育委員会の職務権限（二一）、教育委員会規則（一五）、教育機関の設置（三〇）

回答 学校は、「公の施設」に該当し、その設置は条例によることとなるが、その管理は、条例によることを要しない。（昭38・12・10委初五の五〇初中局長）

通達 市町村立小中学校等においても本条の管理規則を制定するのは設置者たる市町村の教育委員会であるが、一方、都道府県委員会は本法四九条の規定により、これらの事項について、必要な基準を設けることができることになっているので、基準の設定により必要な調整をすることができる。（昭31・9・10文初地四一一初中局長）

回答 教育委員会が学校管理規則を制定するにあたり、(1)防火設備を講ずる場合、(2)学校の施設・設備を改善する場合、(3)教育職員の宿日直費を支給する場合、については既定予算の範囲内でまかなわれる場合、いずれも本条一項後段に該当しないものと解する。（昭33・3・6地初一一初中局長）

通達 学校で使用される教材については、その教育的価値または父兄の負担等の見地から軽々に取り扱うべきでないものの少なくないことにかんがみ、教育委員会が、必要と認める教材の使用について事前に届出または承認にかからしめ、有益適切な教材の利用に努め、教育効果を高めるための積極的な活動を期待するとともに、教材の使用の適正を期そうとするところにあたるものである。したがって、教材の使用については、そのすべてを届け出または承認にかからしめることは必要ではない。（昭31・6・30文初地三二六事務次官）

解説 本条は、教育行政の中立性を確保するため、教育機関の管理運営の基本的事項を、条例ではなく、教育委員会の規則で定めるべきものとし、あわせて、教育機関（とくに学校）自体の独自性を明確にすることに資するため、教育委員会規則によって、委員会と教育機関との事務の分担関係を明定するものである。なお、本条三項は、二〇一九年の「地域の自主性及び自立性を高めるための改革の推進を図るための関係法律の整備に関する法律」の成立による本法一部改正により新たに加えられた。

（教育機関の職員の任命）

第三四条　教育委員会の所管に属する学校その他の教育機関の校長、園長、教員、事務職員、技術職員その他の職員は、この法律に特別の定めがある場合を除き、教育委員会が任命する。

＊教育委員会の所管に属する学校その他の教育機関（三二）、教育機関の職員（三一）

通達　「任命」するとは、任命権者としての権限を行使するという意である。したがって教育委員会が任命権者として地方公務員法六条に規定する職員の任命、休職、免職、懲戒等を行う場合には、常に教育長の推せんによらなければならない。（昭31・9・10文初地四一一初中局長）

回答　事故あるときの校長の職務代行者の任命の発令権は、市町村教育委員会に属する。（昭32・10・16初中局長）

通達　教頭は、当該学校を設置する地方公共団体の教育委員会（特別区は都教育委員会）が命ずるものである。（昭32・12・21文初財六一五事務次官）

通達　保健主事は、当該学校を設置する地方公共団体の教育委員会（特別区は都教育委員会）が命ずるものである。（昭33・6・16文体保五四事務次官）

（職員の身分取扱い）

第三五条　第三十一条第一項又は第二項に規定する職員の任免、人事評価、給与、懲戒、服務、退職管理その他の身分取扱いに関する事項は、この法律及び他の法律に特別の定めがある場合を除き、地方公務員法の定めるところによる。

＊この法律の特別の定め（教育機関の職員の任命＝三四、教育機関の長によるその所属職員の進退に関する意見の申出＝三六、県費負担教職員の任命権＝三七、県費負担教職員の進退に関する市町村教育委員会の内申＝三八、校長の所属教職員の進退に関する意見の申出＝三九、県費負担教職員の任用等＝四〇、県費負担教職員の給与・勤務時間その他の勤務条件＝四二、県費負担教職員の服務の市町村教育委員会による監督＝四三、県費負担教職員の人事評価＝四四、県費負担教職員の研修＝四五、地方公務員法の適用の特例＝四七）、他の法律の特別の定め（校長・教員の採用・昇任の方法＝教特一一、教育公務員の条件付任用＝教特一二、教育公務員の休職の期間・効果＝教特一四、教育公務員の研修＝教特二一―二五の二、教育公務員の兼職・兼業の条件付許容＝教特一七、公立学校の教育公務員の政治的行為の制限＝教特一八、教育職員の資格＝免許三、校長・教員の欠格事由＝学教九、公立の学校における教育職員の臨時的任用＝女子教職員の出産に際しての補助教職員の確保に関する法律三・四、司書・司書補・図書館長の資格＝図書館五・一三2、学芸員＝博物館五）

（所属職員の進退に関する意見の申出）

第三六条　学校その他の教育機関の長は、この法律及び教育公務員特例法に特別の定がある場合を除き、その所属の職員の任免その他の進退に関する意見を任命権者に対して申し出ることができる。この場合において、大学附置の学校の校長にあつては、学長を経由するものとする。

＊教育機関の職員の任命（三四）

判例　年度替りに法定の手続でなされた転任処分が教員の授業計画を希望どおりに実施できなくしたとしても、それは通常惹起するやむをえない事態であって教育権独立の侵害とはいえない。（静岡地判昭40・4・27行例集一六―五―九七四）

通達　本条による校長の意見具申には、将来任命しようとする職員に関する意見具申を含む。すなわち、新規採用による当該学校への配属または他学校からの転任等については、そのことを希望する意見を申し出ることができる。（昭31・9・10文初地四一一初中局長）

解説　教育機関の長は、その所属職員を指揮監督する職務権限が与えられているから、その職責を十分に果たさせうるためには、その職員の進退に関しての希望を申し出る機会を与えられる必要がある。

第二節　市町村立学校の教職員

（任命権者）

第三七条　市町村立学校職員給与負担法（昭和二十三年法律第百三十五号）第一条及び第二条に規定する職員（以下「県費負担教職員」という。）の任命権は、都道府県委員会に属する。

2　前項の都道府県委員会の権限に属する事務に係る第二十五条第二項の規定の適用については、同項第四号中「職員」とあるのは、「職員並びに第三十七条第一項に規定する県費負担教職員」とする。

＊任命権（地公一七）、一般の場合の教育機関の職員の任命権者（三四）、事務委任の禁止（二五2⑷）、中等教育学校設置の市町村の特例（六一1）

解説　本条は、県費負担教職員について、その任命権が都道府県教育委員会にあることを規定したものである。本法二一条三号によれば、市町村立学校の職員の任免その他人事に関することは、その市町村の教育委員会の権限に属すべきものであるが、本条により県費負担教職員の任命権については、都道府県の教育委員会に属させることによって、その職員の適正配置と人事交流をはかることを趣旨とするとされている。なお、ここで「任命権」というのは、任用・免職・休職・復職・懲戒・給与の決定その他身分取扱い上のすべての事項に関する権限であると解されている。

（市町村委員会の内申）

第三八条　都道府県委員会は、市町村委員会の内申をまつて、県費負担教職員の任免その他の進退を行うものとする。

2　前項の規定にかかわらず、都道府県委員会は、同項の内申が県費負担教職員の転任（地方自治法第二百五十二条の七第一項の規定により教育委員会を共同設置する一の市町村の県費負担教職員を免職し、引き続いて当該教育委員会を共同設置する他の市町村の県費負担教職員に採用する場合を含む。以下この項において同じ。）に係るものであるときは、当該内申に基づき、その転任を行うものとする。ただし、次の各号のいずれかに該当するときは、この限りでない。

一　都道府県内の教職員の適正な配置と円滑な交流の観点から、一の市町村（地方自治法第二百五十二条の七第一項の規定により教育委員会を共同設置する場合における当該教育委員会を共同設置する他の市町村を含む。以下この号において同じ。）における県費負担教職員の標準的な在職期間その他の都道府県委員会が定める県費負担教職員の任用に関する基準に従い、一の市町村の県費負担教職員を免職し、引き続いて当該都道府県内の他の市町村の県費負担教職員に採用する必要がある場合

二　前号に掲げる場合のほか、やむを得ない事情により当該内申に係る転任を行うことが困難である場合

3　市町村委員会は、次条の規定による校長の意見の申出があつた県費負担教職員について第一項又は前項の内申を行うときは、当該校長の意見を付するものとす

る。

＊県費負担教職員の任命権者（三七）、市町村教育委員会による県費負担教職員の服務の監督（四三1・2）、学校運営協議会の職員任用に関する意見（四七の五7―9）

判例　教育委員会規則により内申の権限を教育長に委任することも適法である。（静岡地判昭40・4・27行例集一六―五―九七四）

判例　市教委の内申は、原則として県教委の任命権行使の要件であり、市教委は一定の事項につき内申をするか否かを独自に決定する裁量権を有する。県教委が内申すべき場合と判断したからといってただちに内申する義務はない。（福岡地判昭52・12・27判時八七七―一七）

判例　市教委は、県教委から統一的な処分の方針・基準が示され、教職員のストライキは違法であり懲戒処分の対象となるものであることを認識しながら、組合の反発や抗議行動とかの教育現場の混乱など教職員の服務監督上の問題とは直接関係のない事情に対する配慮や処分の選択・量定に対する一般的な批判から、ストライキの参加者については内申をしないというのであって、この市教委の対応は、服務監督者としてとるべき措置を怠り、人事管理上著しく適正を欠くものといわざるをえない。この場合においては、任命権者たる県教委としては、市教委の内申がなくても懲戒処分を行うことが許される。（最判昭61・3・13判時一一八七―二四）

通達　県費負担教職員の任免その他進退に係る市町村教育委員会の内申に対し、都道府県委員会はその内容にすべて拘束されるものではないが、都道府県委員会は市町村教育委員会の内申をまたずに県費負担教職員の任免その他の進退を行うことはできない。（昭31・9・10文初地四一一初中局長）

通達　県費負担教職員の給与の発令は、市町村教育委員会の内申をまって行う。（昭31・9・10文初地四一一初中局長）

回答　内申は、具体的に人を特定することが必要であり、氏名を明記すべきものである。転任（同一市町村内の異動）の場合は転任先の学校を明記すべきである。なお、市町村間を異動する（退職、新採用）場合、採用する市町村の内申に明記すべきは当然であるが、退職となる市町村の内申についても、転出先学校を記載することもさしつかえない。（昭31・12・27委初三三七初中局長）

回答　市町村委員会から内申があった場合、府県委員会が、その内申どおりに発令しないことは異例のこととしてありうることは納得できるが、内申の対象となっていない教職員（任免その他進退について内申されていない教職員）について、府県教委が一方的に転補を発令することは、違法行為であり、瑕疵ある行為であるが一応有効なものとして対処されたい。（昭32・4・25委初一六九初中局長）

通達　都道府県教育委員会は、市町村教育委員会に対し内申を求め、最大限の努力を払ったにもかかわらず、市町村教育委員会が内申をしないというような異常な場合には、内申がなくても任命権を行使することができる。（昭49・10・4文初地四三四初中局長）

通知　市町村教育委員会は、法三九条の規定による校長の意見の申出があった県費負担教職員について法三八条一項の内申を行うときは、例えば当該校長の意見の申出が文書でなされているときはその写しを、口頭でなされているときにはその内容を記載した文書を内申に付する等の方法により、当該意見の内容が任命権者である都道府県教育委員会に適切に到達することとなるようにすること。（平13・8・29文科初五七一事務次官）

通達　**同一市町村内の転任**　今回の改正は、県費負担教職員の人事において、同一市町村内の転任については、都道府県内の教職員の適正な配置と円滑な交流に配慮しつつ、市町村教育委員会の意向を一層尊重する趣旨から行うものである。都道府県教育委員会は、今回の改正を踏まえ、一の市町村における県費負担教職員の標準的な在職期間など市町村教育委員会の意向を踏まえつつ、県費負担教職員の任用に関する基準を策定し、域内の市町村教育委員会に示すこと。（平19・7・31文科初五三五事務次官）

解説　県費負担教職員も、その身分は市町村の公務員であることに相違はないので、市町村の教育委員会が指揮・命令・監督するものであるから、その進退を行う権限が、本条により、都道府県の教育委員会に属してはいても、市町村の教育委員会に内申の権限を与えておく必要がある。分権改革と校長の人事権拡大を図るため、二〇〇一年改正で校長の意見添付を定めた三項が加えられた。さらに、二〇〇七年改正により同一市町村の転任については、市町村教育委員会の意向を一層重視する旨が盛り込まれた（二項の改正）。

（校長の所属教職員の進退に関する意見の申出）

第三九条　市町村立学校職員給与負担法第一条及び第二条に規定する学校の校長は、所属の県費負担教職員の任免その他の進退に関する意見を市町村委員会に申し出ることができる。

＊県費負担教職員の任命権者（三七）

解説　県費負担教職員の進退については、原則として、まず、本条に基づく校長による意見の申出があり、市町村の教育長による本法三八条二項に基づく委員会への助言を経て、市町村委員会から本法三八条一項に基づく都道府県委員会への内申をまって、都道府県委員会が行うことになる。しかし、事情によっては、校長の意見の申出はなくとも、教育長の助言があれば、市町村教育委員会は、内申をすることができる。

（県費負担教職員の任用等）

第四〇条　第三十七条の場合において、都道府県委員会（この条に掲げる一の市町村に係る県費負担教職員の免職に関する事務を行う者及びこの条に掲げる他の市町村に係る県費負担教職員の採用に関する事務を行う者の一方又は双方が第五十五条第一項又は第六十一条第一項の規定により当該事務を行うこととされた市町村委員会である場合にあつては、当該一の市町村に係る県費負担教職員の免職に関する事務を行う教育委員会及び当該他の市町村に係る県費負担教職員の採用に関する事務を行う教育委員会）は、地方公務員法第二十七条第二項及び第二十八条第一項の規定にかかわらず、一の市町村の県費負担教職員を免職し、引き続いて当該都道府県内の他の市町村の県費負担教職員に採用することができるものとする。この場合において、当該県費負担教職員が当該免職された市町村において同法第二十二条（同法第二十二条の二第七項及び教育公務員特例法第十二条第一項の規定において読み替えて適用する場合を含む。）の規定により正式任用になつていた者であるときは、当該県費負担教職員の当該他の市町村における採用については、地方公務員法第二十二条の規定は、適用しない。

＊県費負担教職員の任命権者（三七）

通達　本条の規定により免職または採用を行う場合でも、本法三八条の規定により、その免職または採用が市町村委員会の内申により行われることに変わりがない。（昭31・9・10文初地四一一初中局長）

回答　本条の規定は、同一市町村内の異動であれば降任となる処分に相当するような処分を行うことまで許容する趣旨のものではない。（昭32・2・20委初一八初中局長）

回答　A町公立学校教員を退職し、B町公立学校教員として採用する場合、A町における免職処分を必要とする。（昭31・11・2委初二七四初中局長）

回答　他の市町村において採用される場合は、前の市町村における条件付採用の期間は通算されない。（昭31・11・2委初二七四初中局長）

［回答］一の市町村の県費負担教職員を免職し、引き続いて当該都道府県内の他の市町村の県費負担教職員に採用する場合において職員の意に反するときは、当該免職に関する手続および効果については、地方公務員法二八条一項各号に該当しないときは同条三項の規定は適用されないものと解する。（昭32・9・9自丁公発一一〇自治庁公務員課長）

［解説］本条は一の市町村立学校の県費負担教職員を同一都道府県内の他の市町村立学校の県費負担教職員に引き続いて採用するときには、地方公務員法二八条の免職事由に該当するか否かにかかわらず、本人の意に反しても、引き続いて新たに採用することを前提とした免職をすることができるものとし、この場合には、当然のことながら、地方公務員法二二条一項の適用を排除して、すでに前の市町村で正式採用となっていた者については、あらためて条件付採用の取扱いはしないこととしている。

（県費負担教職員の定数）

第四一条　県費負担教職員の定数は、都道府県の条例で定める。ただし、臨時又は非常勤の職員については、この限りでない。

2　県費負担教職員の市町村別の学校の種類ごとの定数は、前項の規定により定められた定数の範囲内で、都道府県委員会が、当該市町村における児童又は生徒の実態、当該市町村が設置する学校の学級編制に係る事情等を総合的に勘案して定める。

3　前項の場合において、都道府県委員会は、あらかじめ、市町村委員会の意見を聴き、その意見を十分に尊重しなければならない。

＊県費負担教職員の定義、任命権者（三七）、教職員定数（定数標準六―一八、高校定数標準七―一二・一五―二四）、条例（地自一四）、臨時・非常勤職員（地自一七二3但書）

［通達］指導主事に充てられた教員は、本条二項の教員定数の中に含まれる。（昭31・9・10文初地四一一初中局長）

［通知］①都道府県教育委員会が県費負担教職員の市町村別の学校の種類ごとの定数を定める場合の勘案事項として、当該市町村における児童又は生徒の実態、当該市町村が設置する学校の学級編制に係る事情等を明記したこと。②都道府県教育委員会に対し、①の場合に聴くこととされている市町村教育委員会の意見を十分に尊重することを義務付けたこと。（平23・4・22文科初二〇二副大臣）

［解説］県費負担教職員の定数は、県費負担を理由として、都道府県条例で定められることは当然であるが、市町村の学校の種類ごとの定数は、その実情に詳しい市町村教育委員会の意見を尊重して定めるのが適切であることから、本条でその旨を定めているのである。加えて、二〇一一年改正では、義務教育定数標準法五条における学級編制についての都道府県の事前協議・同意制を廃止し、届出制にしたことに伴い、同条の規定内容も見直された。市町村の権限による自主的な学級編制を教職員定数の配分の観点からも担保できるよう、都道府県は市町村の柔軟な学級編制を行った場合も、都道府県が定めた学級編制の基準により算定した学級数を踏まえた教職員定数の配置を行うことや市町村の意見聴取を義務づけた。

（県費負担教職員の給与、勤務時間その他の勤務条件）

第四二条　県費負担教職員の給与、勤務時間その他の勤務条件については、地方公務員法第二十四条第五項の規定により条例で定めるものとされている事項は、都道府県の条例で定める。

＊県費負担教職員の定義、任命権者（三七）、職員に関する条例（地公五）

［通達］県費負担教職員の給与、勤務時間その他の勤務条件のほか、任免、分限、懲戒に関する条例は都道府県条例で定めるものであり、これらの条例の実施または市町村委員会の行う県費負担教職員の監督について、都道府県委員会は、市町村委員会に対し、一般的指示権を有するものである。（昭31・6・30文初地三二六事務次官）

［通達］教職員の給料その他の給与に関し制定される都道府県の条例を除き教職員の給料、身分取扱いおよび服務等は地方公務員法の一般原則により、市町村の条例、規則その他の規程により規制される。（昭31・3・8初中局長）

［通達］組合専従休暇に関する条例は、地方公務員法三五条にいう職務専念義務の免除に関する条例であり、同法二四条六項の条例ではないから市町村で制定すべきである。また職務専念義務の免除は職員の服務に関する処分であるから市町村の教育委員会が行うべきものである。（昭31・9・10文初地四一一初中局長）

［解説］地方公務員の給与は、職員の身分の属する地方公共団体が負担し、勤務時間その他の勤務条件は、その条例で定めるのが原則である。本条は、この例外として県費負担教職員が、市町村の職員でありながら、その給与が都道府県の負担となっていることの関係から、それらの勤務条件を都道府県の条例で定めることとしている。

（服務の監督）

第四三条　市町村委員会は、県費負担教職員の服務を監督する。

2　県費負担教職員は、その職務を遂行するに当つて、法令、当該市町村の条例及び規則並びに当該市町村委員会の定める教育委員会規則及び規程（前条又は次項の規定によつて都道府県が制定する条例を含む。）に従い、かつ、市町村委員会その他職務上の上司の職務上の命令に忠実に従わなければならない。

3　県費負担教職員の任免、分限又は懲戒に関して、地方公務員法の規定により条例で定めるものとされている事項は、都道府県の条例で定める。

4　都道府県委員会は、県費負担教職員の任免その他の進退を適切に行うため、市町村委員会の行う県費負担教職員の服務の監督又は前条若しくは前項の規定により都道府県が制定する条例の実施について、技術的な基準を設けることができる。

＊①②県費負担教職員の定義、任命権者（三七）、服務（地公三〇―三八）、②条例（地自一四）、規則（地自一五）、教育委員会規則（一五）、職務命令（地公三二）

［判例］県教育委員会が市教育委員会に対してする服務監督権については技術的な指導・助言・援助を原則とする。（和歌山地判昭34・9・26行例集一〇―九―一八五六）

［判例］教職員の職員会議への参加は、正規の勤務時間以外の時間にわたる場合も含めて、学校長の職務命令に基づくものというべきである。（最判昭47・4・6判時六六二―二三）

［通達］県費負担教職員の従事する教育の事業は、市町村の事業であり、これらの教職員は当該市町村の公務員であるから、その服務の監督は市町村委員会が行うものである。（昭31・6・30文初地三二六事務次官）

［通達］勤務評定をめぐって生じている混乱は、一部の公務員が法令、規則等の正規の定めを遵守せず、かつ上司の命令に従わないことに起因するものと思料する。地方公共団体の行政機関が予想される混乱を回避せんとするあまり、かかる公務員の法秩序を無視する態度を放置し、自らも違法な措置をなすがごときことはとうてい容認できることではない。（昭33・12・18委初三三九初中局長）

［通達］服務の宣誓に関する条例については、地方公務員法三一条に規定されているが、本法および他の法律に特別の定めがないから、当然、当該職員の身分の属する市町村が制定することになる。（昭31・9・10文初地四一一初中局長）

［通知］校長は、職務上の上司であるとともに、教育委員会に属する服務の監督を分任して行う。（昭32・3・8文

初地一〇九初中局長）

通達 県費負担教職員については、都道府県委員会が職務上の上司となることはない。（昭31・9・10文初地四一一初中局長）

解説 本条は、県費負担教職員の服務を監督するのは市町村委員会であることを明記した上で（一項）、県費負担教職員はその職務遂行に当たっては、所定の法令、市町村の条例・規則、市町村委員会の規則・規定、前条の規定による給与・勤務時間その他の勤務条件に関する都道府県の条例、本条三項による任免・分限・懲戒に関する都道府県の条例に従い、かつ、上司の職務上の命令に従わなくてはならないこと（二項、三項）、県費負担教職員の任免その他の進退を適切に行うため都道府県委員会が制定する条例の実施について、都道府県委員会は市町村委員会に対して技術的な基準を設けることができることを定めている。本条の旧四項は「一般的指示を行うことができる」と規定されていたが、一九九九年の地方自治法改正で地方公共団体の自治事務に対して国または都道府県は指示を行わないとされたことから、本条旧四項の「一般的指示」は廃止されることになり、代わって、県費負担教職員制度の円滑な運用を図るために都道府県は「技術的な基準」を設けることができるとされた。

（人事評価）

第四四条 県費負担教職員の人事評価は、地方公務員法第二十三条の二第一項の規定にかかわらず、都道府県委員会の計画の下に、市町村委員会が行うものとする。

＊県費負担教職員の定義（三七）、県費負担教職員の任用等（四〇）、人事評価の定義（地公六）、任用（地公一五）、標準職務遂行能力（地公一五の二）、人事評価の実施・活用（地公二三―二三の三）、給与に関する条例及び支給（地公二五）

解説 これまで本条は職階制の採用を規定していたが、二〇一四年の地方公務員法等の一部を改正する法律（平二六法三四、平成二六年五月一四日公布）により、職階制が廃止され、勤務評定に代わって人事評価制度が導入されることに伴い、全部改正されたものである。なお、本条の全部改正に伴い、従来の勤務評定に関する本法四六条の条文も削除された。

（研修）

第四五条 県費負担教職員の研修は、地方公務員法第三十九条第二項の規定にかかわらず、市町村委員会も行うことができる。

2 市町村委員会は、都道府県委員会が行う県費負担教職員の研修に協力しなければならない。

＊県費負担教職員の定義、任命権者（三七）、研修（地公三九）、教育公務員の研修の特例（教特二一―二五の二）、中核市の特例（五九）、中等教育学校設置の市町村の特例（六一2）

判例 市町村教育委員会は、県費負担教職員に対し研修員の勤務の態様、勤務場所に変更をきたし、またその将来の身分関係および地位に影響を及ぼすような研修命令をも発する権限を有する。（松江地判昭44・3・5判時五七四―七四）

通達 県費負担教職員の従事する教育の事業は、市町村の事業であり、これらの教職員は当該市町村の公務員であるから、その研修は都道府県委員会のみならず市町村委員会も行うことができる。（昭31・6・30文初地三二六事務次官）

回答 この場合の研修に要する費用（研修を受ける者に対する実費弁償を含む）は、市において負担すべきものと解してさしつかえない。（昭32・6・10自丁行発九四自治庁行政課長）

解説 県費負担教職員の研修は、その任命権者である都道府県教育委員会が行うものであるが、県費負担教職員が市町村の教職員であるということの性質から、本条は市町村教育委員会も、その研修を行うことができ、都道府県教育委員会による研修にも協力すべきものとしている。

第四六条 削除〔平二六法三四〕

（地方公務員法の適用の特例）

第四七条 この法律に特別の定めがあるもののほか、県費負担教職員に対して地方公務員法を適用する場合においては、同法中次の表の上欄に掲げる規定の中欄に掲げる字句は、それぞれ同表の下欄に掲げる字句とする。

規定	読み替えられる字句	読み替える字句
第十六条各号列記以外の部分	職員	職員（第二号の場合にあつては、都道府県教育委員会又は地方教育行政の組織及び運営に関する法律第五十五条第一項若しくは第六十一条第一項の規定により同法第三十七条第一項に規定する県費負担教職員の任用に関する事務を行うこととされた市町村教育委員会の任命に係る職員及び懲戒免職の処分を受けた当時属していた地方公共団体の職員）
第十六条第二号	当該地方公共団体において	都道府県教育委員会（地方教育行政の組織及び運営に関する法律第五十五条第一項又は第六十一条第一項の規定により同法第三十七条第一項に規定する県費負担教職員の懲戒に関する事務を行うこととされた市町村教育委員会を含む。）により
第二十六条の二第一項及び第二十六条の三第一項	任命権者	市町村教育委員会
第二十八条の四第一項	当該地方公共団体 常時勤務を要する職	市町村 当該市町村を包括する都道府県の区域内の市町村の常時勤務を要する職
第二十八条の五第一項	当該地方公共団体 短時間勤務の職（	市町村 （当該市町村を包括する都道府県の区域内の市町村の短時間勤務の職

第二十九条第一項第一号	この法律若しくは第五十七条に規定する特例を定めた法律	この法律、第五十七条に規定する特例を定めた法律若しくは地方教育行政の組織及び運営に関する法律
第三十四条	任命権者	市町村教育委員会
第三十七条第二項	地方公共団体	都道府県及び市町村
第三十八条、第三十八条の二第六項第六号、第三十八条の三（見出しを含む。）、第三十八条の四（見出しを含む。）並びに第三十八条の五の見出し及び同条第一項	任命権者	市町村教育委員会

2　前項に定めるもののほか、県費負担教職員に対して地方公務員法の規定を適用する場合における技術的読替は、政令で定める。

＊この法律の特別の定め（三七―四六）、地方公務員法の技術的読替え（施令七）

通達　県費負担教職員で都道府県委員会またはその委任を受けた者から懲戒免職の処分を受けた者は、その日から二年以内においては、条例で定める場合を除くほか、当該都道府県委員会またはその委任を受けた者の任命に係る職員および懲戒免職の処分を受けた当時属していた市町村の職員となり、または競争試験もしくは選考を受けることができない（地方公務員法一六条参照）。（昭31・9・10文初地四一一初中局長）

通達　県費負担教職員については、本法またはこれに基づく条例、規則等に違反した場合も、これが懲戒の事由となる（地方公務員法二九条参照）。（昭31・9・10文初地四一一初中局長）

通達　県費負担教職員は、職務上の秘密に属する事項を発表するときは、市町村教育委員会の許可を受けなければならない（地方公務員法三四条二項参照）。（昭31・9・10文初地四一一初中局長）

通達　県費負担教職員に対する争議行為の禁止については、所属する市町村のみならず、都道府県に対する関係においても、地方公務員法三七条の規定が適用される。（昭31・9・10文初地四一一初中局長）

通達　県費負担教職員の営利企業等への従事の許可は、市町村の教育委員会が行う（地方公務員法三八条参照）。（昭31・9・10文初地四一一初中局長）

通達　地方公務員法四六条および四九条は、「人事委員会」とあるところを「任命権者の属する地方公共団体の人事委員会」と読み替えられているので、「任命権者の属する地方公共団体の人事委員会又は公平委員会」となる。（昭31・9・10文初地四一一初中局長）

通達　県費負担教職員のうち、事務職員の採用および昇任は、任命権者が都道府県の教育委員会である場合には、都道府県の人事委員会の行う競争試験または選考によるのであり（地方公務員法一八条一項但書および二項の特例によることはできる）、委任（本法五八条一項による法定委任を含む）により任命権者が市町村教育委員会となった場合には、五大市および仙台市においては、その人事委員会（地方公務員法一八条一項但書および二項の特例によることができることは都道府県の場合と同様である）、他の市町村においては、その教育委員会の競争試験および選考によることになる。（昭31・9・10文初地四一一初中局長）

通達　県費負担教職員の公務災害認定は、条例があればこれに従うのは当然であるが、条例未制定の場合は、本人またはその遺族、現認者、校長および市町村教育委員会の判断が加えられながら、最終的には負担者たる都道府県の教育委員会の判断に委ねられることになる（都道府県委員会は労働基準法にいう使用者の中に含まれている）。なお、争いがある場合には都道府県の人事委員会の裁定に服することになる（地方公務員法四五条二項・三項参照）。（昭31・9・10文初地四一一初中局長）

解説　本条は県費負担教職員に地方公務員法を適用する場合の必要な字句の読替えについて定めたものである。

（県費負担教職員の免職及び都道府県の職への採用）

第四七条の二　都道府県委員会は、地方公務員法第二十七条第二項及び第二十八条第一項の規定にかかわらず、その任命に係る市町村の県費負担教職員（教諭、養護教諭、栄養教諭、助教諭及び養護助教諭（同法第二十八条の四第一項又は第二十八条の五第一項の規定により採用された者（以下この項において「再任用職員」という。）を除く。）並びに講師（再任用職員及び同法第二十二条の二第一項各号に掲げる者を除く。）に限る。）で次の各号のいずれにも該当するもの（同法第二十八条第一項各号又は第二項各号のいずれかに該当する者を除く。）を免職し、引き続いて当該都道府県の常時勤務を要する職（指導主事並びに校長、園長及び教員の職を除く。）に採用することができる。

一　児童又は生徒に対する指導が不適切であること。

二　研修等必要な措置が講じられたとしてもなお児童又は生徒に対する指導を適切に行うことができないと認められること。

2　事実の確認の方法その他前項の県費負担教職員が同項各号に該当するかどうかを判断するための手続に関し必要な事項は、都道府県の教育委員会規則で定めるものとする。

3　都道府県委員会は、第一項の規定による採用に当たっては、公務の能率的な運営を確保する見地から、同項の県費負担教職員の適性、知識等について十分に考慮するものとする。

4　第四十条後段の規定は、第一項の場合について準用する。この場合において、同条後段中「当該他の市町村」とあるのは、「当該都道府県」と読み替えるものとする。

＊県費負担教職員（三七―四二）

通知　**「免職し、引き続き…採用する」との意味について**　①市町村立小・中学校等の県費負担教職員は、その任命権は都道府県教育委員会にあるが、身分は当該市町村の職員であるため、一の市町村立小・中学校の県費負担教職員を他の地方公共団体に異動させる場合には、法形式上、現在、所属する市町村を「免職」し、他の地方公共団体に「採用」することが必要であることから、法四七条の二第一項の措置においても、市町村を「免職」し、引き続いて都道府県に「採用」することとしているものであること。②法四七条の二第一項の「免職」、「採用」は、それぞれ「免職」と「採用」という独立した二つの処分ではなく、法律上、一体不可分に実施されるものであり、「免職」のみが行われ、「採用」されないということはあり得ないこと（「採用」については、「法第四七条の二第一項の措置による採用について」を参照）。③このため、法四七条の二第一項による措置は、同一地方公共団体内であれば、いわば「転任」に相当するものであると考えられること。なお、同一地方公共団体において、教員を教員以外の職に転任させること自体は、現行制度上も、可能であること。（平13・8・29文科初五七一事務次官）

通知　**「児童又は生徒に対する指導が不適切であること」について**　法四七条の二第一項一号の「児童又は生徒に対する指導が不適切であること」に該当する場合には、様々なものがあり得るが、具体的な例としては、下記のような場合が考えられること。都道府県教育委員会においては、これらを参考にしつつ、教育委員会規則で定める手続に従い「法第四七条の二第二項の教育委員会規則で定める手続について」参照）、個々のケースに則して適切に判断すること。①教科に関する専門的知識、技術等が不足しているため、学習指導を適切に行うことができない場合（教える内容に誤りが多かったり、児童生徒の質問に正確に答え得ることができない等）、②指導方法が不適切であるため、学習指導を適切に行うことができない場合（ほとんど授業内容を板書するだけで、児童生徒の質問を受け付けない等）、③児童生徒の心を理解する能力や意欲に欠け、学級経営や生徒指導を適切に行うことができない場合（児童生徒の意見を全く聞かず、対話もしないなど、児童生徒とのコミュニケーションをとろうとしない等）。（平13・8・29文科初五七一事務次官）

通知　**分限免職・分限休職との関係について**　①法四七条の二第一項の措置が設けられたことにより、分限処分の要件には何ら変更が生ずるものではないこと。②本措置は、児童生徒への指導が不適切な教員が指導に当たることのないよう、都道府県教育委員会がより適切に対応することができるようにする趣旨から設けたものであり、教員として適格性に欠ける者や勤務実績が良くない者等、分限免職又は分限休職に該当する者（地方公務員法二八条一項各号又は二項各号に該当する者）については、当該処分を的確かつ厳正に行うべきであること。このため、これらの者については、本措置の対象からは明文上除かれていること。③指導を適切に行うことができない原因が、精神疾患に基づく場合には、本措置の対象にはならないものであって、医療的観点に立った措置や分限処分等によって対応すべきものであること。（平13・8・29文科初五七一事務次官）

通知　**懲戒処分との関係について**　無断欠勤や遅刻等の本人の服務懈怠や非違行為等については、それ自体は法四七条の二第一項一号の「児童又は生徒に対する指導が不適切であること」の要件に該当するものではなく、これらについては、懲戒処分等により対応すべきものであること。（平13・8・29文科初五七一事務次官）

通知　**「研修等必要な措置が講じられたとしてもなお児童又は生徒に対する指導を適切に行うことができないと認められること」について**　①法四七条の二第一項二号の「研修等必要な措置」の例としては、(ア)学校内における校長、教頭等による指導、(イ)学級担任を外すなどの校務分掌の変更、(ウ)都道府県教育委員会又は市町村教育委員会による研修、(エ)他の学校への転任等が考えられるが、具体的にどのような措置を講じるかは、各都道府県教育委員会等において、教員の状況等に応じ、種々工夫がなされ、適切に対応すべきものであること。②児童生徒に対する指導が不適切な状態に一時的に陥ったとしても、校務分掌の変更や転任、研修等の措置により、指導を適切に行うことができると認められる場合には、二号の要件に該当せず、本措置は適用されないこと。また、同号の要件に該当するか否かは、一般的には、それまでに当該教員に対して講じられた研修等の措置の内容やその成果等を踏まえて適切に判断されるべきものであること。③二号の要件は、都道府県教育委員会に対して、新たな指導や研修等を行うことを義務付けたものではなく、これまでの指導等から見て新たな研修等の措置を講じたとしても効果がないと判断できるならば、同号の要件を満たすことになること。（平13・8・29文科初五七一事務次官）

通知　**「措置による採用」について**　①法四七条の二第一項の規定による採用は、地方公務員法の特例を定めるものではなく、(ア)職員の職に欠員が生じた場合に行う任命の方法の一つであること（地方公務員法一七条一項）、また、(イ)採用方法は選考によることとなるが、この選考は、人事委員会の定める職について人事委員会による承認があった場合（同法一七条三項）に、人事委員会によって行われるものであること（同法一八条一項）。②法四七条の二第一項の「都道府県の常時勤務を要する職」とは、都道府県教育委員会が任命権を有する同教育委員会の事務局及び同教育委員会が所管する学校その他の教育機関の常時勤務を要する職であること。③法四七条の二第一項の措置は、対象となる県費負担教職員が、新たに就く教員以外の職に必要な能力を有すると認められる場合に適用できるものであり、同条三項の定めるとおり、当該県費負担教職員の適性、知識等を十分考慮して判断すること。④法四七条の二第一項の措置は、定数の範囲内において行われるものであり、都道府県教育委員会の事務局及び同教育委員会が所管する学校その他の教育機関の職員の増員をもたらすものではないこと。（平13・8・29文科初五七一事務次官）

通知　**「教育委員会規則で定める手続」について**　①法四七条の二第二項の「手続」は各都道府県教育委員会が定めるものであること。なお、手続の具体的内容として想定している事項は以下のとおりであること。(ア)教育委員会内に判定委員会等を設けて判断すること（判定委員会等の構成については、指導主事等の職員以外に、専門的知識を有する学識経験者等を加えることが望ましい。）、(イ)指導が不適切である原因が、精神疾患等の病気に起因するおそれがある場合には、精神科医等医師の意見を聴くこと、(ウ)必要に応じて、校長等から、授業状況等の様子を報告させること、(エ)必要に応じて、当該教員に、意見を述べる機会を与えること。なお、校長等からの報告や当該教員への意見を述べる機会の付与については、市町村教育委員会からの報告に、校長からの詳細な報告や当該教員からの詳細な事情聴取の内容が添付されている場合には、さらに行わないことも可能であるが、市町村教育委員会又は都道府県教育委員会のいずれかにおいては行われるものと考えていること。②法四七条の二第一項の措置は、人事に関わる事項であること等から、当然教員のプライバシーに配慮することが必要であること。③本措置については、地方公務員法四九条の二に基づき、人事委員会に対して不服申立てを行うことが可能であること。（平13・8・29文科初五七一事務次官）

解説　教育改革国民会議による「指導不適切な教員」の免職・転職措置の提言を受け、二〇〇一年の改正で新たに設けられた規定である。人事異動の範囲に制約のある市町村職員の身分を有する教職員を対象に、市町村職員の免職と都道府県職員の採用に関する運用・手続き等について規定している。「指導が不適切」とする判定の適用は、児童生徒への指導に限定され研修等の必要な措置が講じられた後で行われること（一項）、その判定手続きの公正性等の適正手続きを確保し明確にするため必要な事項（判定委員会の設置、当該教員の意見聴取、等）を都道府県教育委員会規則で定めること等を明示している。

（初任者研修に係る非常勤講師の派遣）

第四七条の三　市（地方自治法第二百五十二条の十九第一項の指定都市（以下「指定都市」という。）を除く。以下この条において同じ。）町村の教育委員会は、都道府県委員会が教育公務員特例法第二十三条第一項の初任者研修を実施する場合において、市町村の設置する小学校、中学校、義務教育学校、高等学校、中等教育学校（後期課程に定時制の課程（学校教育法第四条第一項に規定する定時制の課程をいう。以下同じ。）のみを置くものに限る。）又は特別支援学校に非常勤の講師（地方公務員法第二十八条の五第一項に規定する短時間勤務の職を占める者を除く。以下この条及び第六十一条第一項において同じ。）（高等学校にあつては、定時制の課程の授業を担任する非常勤の講師に限る。）を勤務させる必要があると認めるときは、都道府県委員会に対し、当該都道府県委員会の事務局の非常勤の職員の派遣を求めることができる。

2　前項の規定による求めに応じて派遣される職員（第四項において「派遣職員」という。）は、派遣を受けた市町村の職員の身分を併せ有することとなるものとし、その報酬、職務を行うために要する費用の弁償及び期末手当（地方公務員法第二十二条の二第一項第二号に掲げる者にあつては、給料、手当及び旅費）は、当該職員の派遣をした都道府県の負担とする。

3　市町村の教育委員会は、第一項の規定に基づき派遣された非常勤の講師の服務を監督する。

4　前項に規定するもののほか、派遣職員の身分取扱いに関しては、当該職員の派遣をした都道府県の非常勤の講師に関する定めの適用があるものとする。

＊初任者研修（教特二三）

解説　本条は、初任者研修を実施するにあたり、市町村教育委員会が都道府県教育委員会に非常勤講師の派遣を求めることができることと、その場合の所要の措置を定めたものである。

第三節　共同学校事務室

第四七条の四　教育委員会は、教育委員会規則で定めるところにより、その所管に属する学校のうちその指定する二以上の学校に係る事務（学校教育法第三十七条第十四項（同法第二十八条、第四十九条、第四十九条の八、第六十二条、第七十条第一項及び第八十二条において準用する場合を含む。）の規定により事務職員がつかさどる事務その他の事務であつて共同処理することが当該事務の効果的な処理に資するものとして政令で定めるものに限る。）を当該学校の事務職員が共同処理するための組織として、当該指定する二以上の学校のうちいずれか一の学校に、共同学校事務室を置くことができる。

2　共同学校事務室に、室長及び所要の職員を置く。

3　室長は、共同学校事務室の室務をつかさどる。

4　共同学校事務室の室長及び職員は、第一項の規定による指定を受けた学校であつて、当該共同学校事務室がその事務を共同処理する学校の事務職員をもつて充てる。ただし、当該事務職員をもつて室長に充てることが困難であるときその他特別の事情があるときは、当該事務職員以外の者をもつて室長に充てることができる。

5　前三項に定めるもののほか、共同学校事務室の室長及び職員に関し必要な事項は、政令で定める。

＊①教育委員会規則（一五・三三）、学校に関わる事務・事務職員がつかさどる事務（学教三七14）、効果的な処理に資する共同処理（施令七の二）、②職員の設置（三一）、④事務職員（施令七の三、学教三七14）

通知　**一項関係―事務室の設置**　事務室の設置に当たっては、事務室を置く学校及び事務の共同処理を行う学校名、共同処理を行う事務の具体的内容及び範囲等について、教育委員会規則で定めること。（平29・3・31文科初一八五四事務次官）

通知　**一項関係―事務職員がつかさどる事務その他の事務**　四七条の五第一項「事務職員がつかさどる事務その他の事務」とは、事務職員が処理することとされている事務のほか、例えば、事務の共同処理の対象となる学校の校長等に、地方自治法一八〇条の二の規定等により委任されている予算執行事務等の校務が含まれること。このため、校務以外の事務を事務室の事務とすることは想定されていないこと。（平29・3・31文科初一八五四事務次官）

通知　**一項関係―効果的な処理に資する共同処理として政令で定めるもの**　「共同処理することが当該事務の効果的な処理に資するものとして政令で定めるもの」とは、教材、教具その他の備品の共同購入に関する事務、教職員の給与及び旅費の支給に関する事務、その他共同学校事務室において共同処理することが効果的な処理に資するものとして教育委員会規則で定めるものであること。（平29・3・31文科初一八五四事務次官）

通知　**二項関係―事務室の室長及び職員**　事務室の室長及び職員は、事務の共同処理を行う学校の事務職員をもって充てることとしており、学校の事務職員として任用されていることを前提としたものであること。具体的な発令方法については、事務室を設置する教育委員会の規則等に基づいて行うこと。（平29・3・31文科初一八五四事務次官）

通知　**四項関係―困難であるときその他特別の事情**　四七条の五第四項「室長に充てることが困難であるときその他特別の事情があるとき」とは、例えば、事務室を設置して事務の共同処理を行う学校の事務職員に経験の浅い職員しかおらず、適任者がいない場合などが考えられること。このような場合には、例えば、事務室が置かれる学校の校長が室長を兼ねることなどを想定していること。（平29・3・31文科初一八五四事務次官）

解説　学校事務の共同実施は、一九九八年の中教審答申「今後の地方教育行政の在り方について」で提言されて以降、これまで各教育委員会の判断で行われ、ミスや不正の防止、学校間の事務処理の標準化、事務職員の職務遂行能力の向上等に一定の効果を上げてきている。しかし、「実施に当たっての権限・責任関係が明確でない、共同実施を行う業務の範囲が曖昧であるといった課題」（平29・3・31文科初一八五四事務次官）が指摘されていたことや、学校教育の課題が多様化、複雑化、困難化してきたことに対応するために、教員以外の他職員・専門スタッフ等の配置・拡充を図り、教員と他職員・専門スタッフとの連携・協働を構築する「チーム学校」づくりや管理職・教員の負担軽減が取り組まれる中で、事務職員の業務の在り方が見直されるようになった。そうした見直しの一環として、二〇一七年の学教法三七条一四項における事務職員の職務内容の改正（「事務に従事する」から「事務をつかさどる」）とともに本法に新たに規定されたのが本条の共同事務室の設置である。学校事務の共同実施・処理については、事務職員の削減・合理化を進める手段である等の批判がある一方で、小中学校では一人配置や仕事内容が学校毎で異なり属人的である等の問題を改善する可能性もある取り組みとして肯定的に捉える考え方もある。学校事務の共同実施・処理を進めるに際しては、「チーム学校」や管理職・教員の負担軽減を効果的効率的に図っていくためにも学校事務職員がさらに学校経営に参画していくことが求められているため、学校に常駐し企画・経営に参画しやすいような条件を整えていくことが大切である。

なお、市町村教育委員会が、県費負担教職員を共同学校事務室の室長又は室員に充てようとする場合には、その任命権者である都道府県教育委員会の同意を得なければならない（地教行法施行令七条の三）。

第四節　学校運営協議会

第四七条の五　教育委員会は、教育委員会規則で定めるところにより、その所管に属する学校ごとに、当該学校の運営及び当該運営への必要な支援に関して協議する機関として、学校運営協議会を置くように努めなければならない。ただし、二以上の学校の運営に関し相互に密接な連携を図る必要がある場合として文部科学省令で定める場合には、二以上の学校について一の学校運営協議会を置くことができる。

2　学校運営協議会の委員は、次に掲げる者について、教育委員会が任命する。

一　対象学校（当該学校運営協議会が、その運営及び当該運営への必要な支援に関して協議する学校をいう。以下この条において同じ。）の所在する地域の住民

二　対象学校に在籍する生徒、児童又は幼児の保護者

三　社会教育法（昭和二十四年法律第二百七号）第九条の七第一項に規定する地域学校協働活動推進員その他の対象学校の運営に資する活動を行う者

四　その他当該教育委員会が必要と認める者

3　対象学校の校長は、前項の委員の任命に関する意見を教育委員会に申し出ることができる。

4　対象学校の校長は、当該対象学校の運営に関して、教育課程の編成その他教育委員会規則で定める事項について基本的な方針を作成し、当該対象学校の学校運営協議会の承認を得なければならない。

5　学校運営協議会は、前項に規定する基本的な方針に基づく対象学校の運営及び当該運営への必要な支援に関し、対象学校の所在する地域の住民、対象学校に在籍する生徒、児童又は幼児の保護者その他の関係者の理解を深めるとともに、対象学校とこれらの者との連携及び協力の推進に資するため、対象学校の運営及び当該運営への必要な支援に関する協議の結果に関する情報を積極的に提供するよう努めるものとする。

6　学校運営協議会は、対象学校の運営に関する事項（次項に規定する事項を除く。）について、教育委員会又は校長に対して、意見を述べることができる。

7　学校運営協議会は、対象学校の職員の採用その他の任用に関して教育委員会規則で定める事項について、当該職員の任命権者に対して意見を述べることができる。この場合において、当該職員が県費負担教職員（第五十五条第一項又は第六十一条第一項の規定により市町村委員会がその任用に関する事務を行う職員を除く。）であるときは、市町村委員会を経由するものとする。

8　対象学校の職員の任命権者は、当該職員の任用に当たつては、前項の規定により述べられた意見を尊重するものとする。

9　教育委員会は、学校運営協議会の運営が適正を欠くことにより、対象学校の運営に現に支障が生じ、又は生ずるおそれがあると認められる場合においては、当該学校運営協議会の適正な運営を確保するために必要な措置を講じなければならない。

10　学校運営協議会の委員の任免の手続及び任期、学校運営協議会の議事の手続その他学校運営協議会の運営に関し必要な事項については、教育委員会規則で定める。

＊①教育委員会規則（一五・三三）、学校の運営（三三）、②地域学校協働活動推進員（社教九の七）、③校長（学教三七１４・四九・六二・七〇・八二）、⑤情報提供（学教二八・四三・四九・四九の八・六二・七〇・八二）、⑦任命権者（三七１）、市町村教育委員会の内申（三八）

通知　**一項関係―設置の促進及び活動の充実**　所管する学校について学校運営協議会を設置していない各教育委員会は、学校と保護者や地域住民等の信頼関係の深化等に一層積極的に取り組むなど、学校運営協議会を設置するために必要な環境整備を漸次推進する必要があること。また、すでに学校運営協議会の設置について教育委員会規則を制定している教育委員会は、今回の改正による学校運営協議会の役割の見直し等を踏まえ、すみやかに当該規則を改めるなど、この法律の趣旨に沿った学校運営協議会の運営を確保し、その活動を一層充実したものとするための措置を講ずる必要がある。（平29・3・31文科初一八五四事務次官）

通知　**二項関係―学校の運営に資する活動を行う者の任命**　こうした者の具体的な例としては、今回の社会教育法の改正によって位置付けられる地域学校協働活動推進員をはじめ、学校と保護者や地域住民等の間をつなぐコーディネーターとしての役割を担っている者、学校運営への支援活動を行っている地域の自治会やＰＴＡ等の団体の取りまとめを行う立場にある者、学校運営を支援するボランティア活動を経験した者等が想定される。（平29・3・31文科初一八五四事務次官）

通知　**三項関係―委員任命に関する校長の意見申出**　教育委員会は、対象学校の校長が、自校の運営状況やその課題を踏まえ、どのような人物が学校運営協議会の委員にふさわしいかについて意思表示をすることができるよう、学校運営協議会の委員の任命に当たり当該校長が意見を申し出る機会を確保するため、その手続を教育委員会規則に定めるなど適切な配慮を行う必要がある。（平29・3・31文科初一八五四事務次官）

通知　**四項関係―方針の承認**　学校運営協議会が行う承認は、学校運営協議会を通じ、地域の住民や保護者等が、校長と共に学校運営に責任を負う観点から、校長が作成する学校運営の基本的な方針に地域の住民や保護者等の意向を反映させる観点から行われるものであること。（平16・6・24文科初四二九事務次官）

通知　**五項関係―協議結果の情報提供**　学校運営協議会がその協議の結果に関する情報提供を行うに当たり、具体的には、学校だよりや学校運営協議会だよりといった形で配布すること、インターネットを通じて情報を発信すること、ＰＴＡ集会等の会合の場を利用して周知することなどが想定されるほか、今回、学校運営協議会の委員として追加されることになった地域学校協働活動推進員等の学校運営に資する活動を行う者により情報提供がなされることも期待されること。このため、教育委員会は、学校運営協議会がこうした情報提供を円滑に行うことができるよう適切な配慮を行う必要がある。（平29・3・31文科初一八五四事務次官）

通知　**六項関係―意見の申し出**　学校運営協議会は、学校運営に関して協議する機関として設置されるものであることから、基本的な方針の承認に止まらず、当該学校の運営全般について、広く地域の住民や保護者等の意見を反映させる観点から、教育委員会又は校長に対して主体的に意見を申し出ることができる旨を明確にしたものであること。（平16・6・24文科初四二九事務次官）

通知　**七項関係―任用に関する意見の対象事項**　「採用その他の任用」とは、採用、転任、昇任に関する事項であり、分限処分、懲戒処分などについては本項に基づく意見の対象とはならないこと。（平16・6・24文科初四二九事務次官）

通知　**同前**　学校運営協議会による対象学校の職員の任用

に関する意見は、対象学校の運営に関する基本的な方針を踏まえて実現しようとする教育目標、内容等に適った教職員の配置を求める観点から引き続き重要な役割を有するものであること。一方、当該意見が、学校運営の混乱につながるとの指摘があることも踏まえ、今回の改正においては、その対象となる事項を教育委員会の判断に委ねることとしたものであり、教育委員会は、地域の実情等を踏まえ、当該意見が学校運営の改善に資する内容となるよう、学校運営協議会が意見を述べる事項について、教育委員会規則において適切に規定すること。（平29・3・31文科初一八五四事務次官）

通知 **八項関係―意見の尊重**　学校運営協議会の意見は、任命権者の任命権の行使を拘束するものではなく、任命権者は、最終的には自らの権限と責任において任命権を行使するものであるが、任命権者においては、学校運営協議会の意見を尊重し、合理的な理由がない限り、その内容を実現するよう努める必要があること。なお、七項に基づく学校運営協議会の意見と異なる内容の任命権の行使を行う場合には、その理由を明らかにするなど説明責任を果たす必要があること。（平16・6・24文科初四二九事務次官）

通知 **九項関係―適正な運営確保のための必要措置**　教育委員会は、学校運営協議会の運営が適正を欠くことにより、対象学校の運営に支障が生じ又は生ずるおそれがある場合には、学校運営協議会に対する指導・助言や委員の交代を行うなど、学校運営協議会の適正な運営を確保するために必要な措置を講ずること。（平29・3・31文科初一八五四事務次官）

解説 学校の運営に地域住民や保護者等の意向等を反映させる組織としては、学校評議員（学校施規四九条・他準用規定）やそれに類する組織が先行して創設されていた。学校評議員が「校長の求めに応じて学校運営に関する意見を個人として述べるものである」のに対して、学校運営協議会は、「学校運営、教職員人事について関与する一定の権限を有する合議制の機関であるなど、その役割が異なるものである」（平16・6・24文科初四二九事務次官）という認識の下、二〇〇四年の地教行法改正で設置された。学校運営協議会を教育委員会の判断で設置できるようにしたのは、地域住民や保護者等の学校に対する要求の多様化、高度化とともに、学校の教育活動に資する地域と学校との連携・協働の取り組みに対応するため地域住民や保護者等の学校参加の選択肢を拡大する必要があったと考えられる。

文部科学省は、学校運営協議会の創設以降、その普及拡大を促してきたが、その狙い通りに普及拡大は進んでいない。そのため、政府内では学校運営協議会を必置とする検討も行われたが、最終的には、二〇一七年の地教行法改正（平成二九年三月三一日公布、平成二九年四月一日施行）で、学校運営協議会の設置を努力義務化し、他に、二校以上で一つの学校運営協議会を設置できるようにしたこと、委員として地域学校協働活動推進員を加えること、協議結果の情報を地域や関係者等に積極的に提供すること、等を新たに規定し、改正法施行後五年を目途にその在り方について検討を加えることにしている（平29・3・31文科初一八五四事務次官）。

第五章　文部科学大臣及び教育委員会相互間の関係等

（文部科学大臣又は都道府県委員会の指導、助言及び援助）

第四八条　地方自治法第二百四十五条の四第一項の規定によるほか、文部科学大臣は都道府県又は市町村に対し、都道府県委員会は市町村に対し、都道府県又は市町村の教育に関する事務の適正な処理を図るため、必要な指導、助言又は援助を行うことができる。

2　前項の指導、助言又は援助を例示すると、おおむね次のとおりである。

一　学校その他の教育機関の設置及び管理並びに整備に関し、指導及び助言を与えること。

二　学校の組織編制、教育課程、学習指導、生徒指導、職業指導、教科書その他の教材の取扱いその他学校運営に関し、指導及び助言を与えること。

三　学校における保健及び安全並びに学校給食に関し、指導及び助言を与えること。

四　教育委員会の委員及び校長、教員その他の教育関係職員の研究集会、講習会その他研修に関し、指導及び助言を与え、又はこれらを主催すること。

五　生徒及び児童の就学に関する事務に関し、指導及び助言を与えること。

六　青少年教育、女性教育及び公民館の事業その他社会教育の振興並びに芸術の普及及び向上に関し、指導及び助言を与えること。

七　スポーツの振興に関し、指導及び助言を与えること。

八　指導主事、社会教育主事その他の職員を派遣すること。

九　教育及び教育行政に関する資料、手引書等を作成し、利用に供すること。

十　教育に係る調査及び統計並びに広報及び教育行政に関する相談に関し、指導及び助言を与えること。

十一　教育委員会の組織及び運営に関し、指導及び助言を与えること。

3　文部科学大臣は、都道府県委員会に対し、第一項の規定による市町村に対する指導、助言又は援助に関し、必要な指示をすることができる。

4　地方自治法第二百四十五条の四第三項の規定によるほか、都道府県知事又は都道府県委員会は文部科学大臣に対し、市町村長又は市町村委員会は文部科学大臣又は都道府県委員会に対し、教育に関する事務の処理について必要な指導、助言又は援助を求めることができる。

＊国と地方公共団体の役割・関係（地自一の二、教基一六・一七）、普通地方公共団体に対する国又は都道府県の関与等（地自二四五―二四五の四）、事務の区分（六三）、助言等の方式（地自二四七）、文部科学省の所掌事務（文部科学省設置四）

通達 （昭31・6・30文初地三二六事務次官）→三三条

通達 都道府県の教育委員会は、市町村の教育事務の適正な処理と教育水準の向上をはかるため、市町村に対し積極的な指導、助言、援助を行うべきものとされたほか、その指導的地位にかんがみ一定の権能が付与されることとなったのであるが、都道府県の教育委員会にあっては、よくその立場を自覚し、制度の趣旨に沿って課せられた責務を果たされるよう努められたいこと。（昭31・6・30文初地三二六事務次官）

通達 従来、文部大臣の都道府県または市町村に対する関係および都道府県の委員会の市町村に対する関係については、地方自治法および教育委員会法に技術的な指導、助言または勧告をなしうる旨の規定があり、また文部省設置法にも若干の規定が設けられていたが、地方公共団体における教育行政に対する国の指導的地位並びに市町村に対する都道府県委員会の指導的地位を明らかにし、国、都道府県および市町村の教育行政が相連絡提携して運営せられる制度を樹立するため第五章が設けられたものであること。（昭31・6・30文初地三二六事務次官）

解説 本条は、文部科学大臣が都道府県委員会および市町村委員会に対し、都道府県委員会が市町村委員会に対して教育事務の適正な処理を図るために行うことができる必要な指導、助言および援助について規定するものであるが、本条の内容は一九九九年の地方自治法改正に伴い大幅に規定し直されたものである。第一の規定見直しは、本条の旧一項の「必要な指導、助言又は援助を行うものとする」を「行うことができる」と改めたことである。文部科学大臣以外の国務大臣については地方自治法の一般規定のみが適用され「技術的な助言」（地自二四五条の四第一項）となっているのに対して、文部科学大臣、教育行政では本条のように「指導、助言、援助」という規定になっており、それが他の行政分野に比べて国が地方に強く関与する行政手法となっていると批判されてきていたものである。「指導」とは、「将来においてすべきこと又はすべきでないことについて指し示し相手方を一定方向に導く」こと、「助言」とは、「ある行為をなすべきこと又はある行為をなす場合に必要な事項について助けとなる進言をする」ことと解釈されるが、「技術的な助言」は「主観的な判断、意思等を含まない意味」とされ「助言」より制約された行為として理解されている。事実、文部科学省関係者の著作でも、その点については、これまで「地教行法に基づく指導、助言、援助は『技術的な』という制約がなく、広く必要なものを行うことができ、また、『行うものとする』とされ、文部大臣の職務として積極的に行うべきものとされている」（文部省教育法研究会編『教育法』ぎょうせい　一九八八年　四七頁）とか、「地方自治法上も国が地方公共団体に対し、助言・勧告をすることができることとされているが、それは技術的な助言勧告に限られているのに対し、文部大臣は、都道府県および市町村の教育委員会の任務、権限の全般にわたり、積極的に指導・助言・援助を行うこととされており、その指導的地位が重視されている」（菱村幸彦『改訂　やさしい教育法規の読み方』教育開発研究所　一九八五年　一〇〇頁）と述べられていた。改正された規定である「行うことができる」の意味するところは、「なし得る」可能性や権限を保持しつつも「してもよい」し「しなくてもよい」というような裁量の余地があるという意味で、旧来言われていたような「職務として積極的に行う」という意味合いが薄れたものと受けとめることが可能であろう。第二の規定見直しは、本条に新たに三項、四項が新設されたことである。これらの新設は地方自治法の改正（二四五条の四第二項、三項）で設けられた市町村に対する技術的な助言・勧告または資料の提出を要求するように都道府県知事・機関に各大臣が指示することができるという助言・勧告指示等に対応したものであるが、都道府県と市町村の対等・平等性が言われながら、市町村に対して国から都道府県を通じた様々な関与が用意されており、都道府県が事実上国と一体となって市町村の上位団体化されていること、市町村の自治事務に関係しても広く指示という関与を行うことが可能となっていること（指示とは、旧来の命令と同様の強制力のある効果をもつ処分であるといわれている）等の疑問も指摘されている。

（是正の要求の方式）

第四九条　文部科学大臣は、都道府県委員会又は市町村委員会の教育に関する事務の管理及び執行が法令の規定に違反するものがある場合又は当該事務の管理及び執行を怠るものがある場合において、児童、生徒等の教育を受ける機会が妨げられていることその他の教育を受ける権利が侵害されていることが明らかであるとして地方自治法第二百四十五条の五第一項若しくは第四項の規定による求め又は同条第二項の指示を行うときは、当該教育委員会が講ずべき措置の内容を示して行うものとする。

＊関与の基本原則（地自二四五の三）、是正の要求（地自二四五の五）

通達　「是正の要求」を受けた教育委員会は、是正・改善のために必要な措置を講じなければならないこと。その際、どのような措置を行うかは教育委員会の裁量に委ねられているが、文部科学大臣が講ずべき措置の内容を示して要求していることを踏まえて、速やかに是正・改善のための取組みを行うこと。（平19・7・31文科初五三五事務次官）

解説　旧五二条に規定されていた是正要求は、一九九九年の地方自治法改正により削除され、新たに地方自治法二四五条の五等に各大臣の権限として規定し直されていた。二〇〇七年改正により本条に新たに盛り込まれた文部科学大臣の「是正の要求」は、その地方自治法上の是正要求の発動要件が一般的抽象的であり実際に発動することが極めて難しいとされたことから、教育行政分野のより具体的な規定として、「教育を受ける機会が妨げられていることその他の教育を受ける権利が侵害されていること」が明らかと判断された際には、教育委員会に対して講ずべき措置の内容を示して是正要求ができるようにした。

（文部科学大臣の指示）

第五〇条　文部科学大臣は、都道府県委員会又は市町村委員会の教育に関する事務の管理及び執行が法令の規定に違反するものがある場合又は当該事務の管理及び執行を怠るものがある場合において、児童、生徒等の生命又は身体に現に被害が生じ、又はまさに被害が生ずるおそれがあると見込まれ、その被害の拡大又は発生を防止するため、緊急の必要があるときは、当該教育委員会に対し、当該違反を是正し、又は当該怠る事務の管理及び執行を改めるべきことを指示することができる。ただし、他の措置によつては、その是正を図ることが困難である場合に限る。

＊関与の基本原則（地自二四五の三）、是正の指示（地自二四五の七）

通知　**指示の趣旨について**　「是正の指示」を受けた教育委員会は、指示された具体的措置内容についてそのまま従う義務が生じること。（平19・7・31文科初五三五事務次官）

通知　**平成二六年改正による国の関与見直しの趣旨**　法五〇条の改正は、現行法における指示の要件を拡大して国の関与を強化しようとするものではなく、いじめ自殺等の事件発生後においても、同種の事件の再発を防止するために指示ができることを明確にすることを趣旨として行うものである。（平26・7・17文科初四九〇初中局長）

解説　是正指示は、本来、法定受託事務の処理が法令に違反していると認められる等の場合に国が地方に行使できる権力的関与である（地方自治法二四五条の七）。是正要求が、その具体的な対応・措置の内容が地方の裁量に任せられているのに対して、是正指示は、具体的に地方が講ずべき措置の内容を国が特定して指示するもので地方はそれに従うことが求められる。是正指示は、地方を法的に強く拘束する権力的関与であることから原則は地方の自治事務には適用されない。しかし、例外として、地方の自治事務であろうとも、生命・身体等の保護のため緊急な事態には、国は是正指示ができることになっている。具体的には、地方自治法二四五条の三第六項には、「国は、国民の生命、身体又は財産の保護のため緊急に自治事務の的確な処理を確保する必要がある場合」、是正の指示ができると規定されている。実際、他の行政分野では、そうした緊急の事態に自治事務に対する国の是正指示規定を設けている先例もすでに存在していた（医療法、建築基準法、精神保健及び精神障害者福祉に関する法律、等）。なお、二〇一四年改正の趣旨は、指示の発動要件を緩和・拡大し国の関与を強めるためのものというより、児童・生徒の生命または身体に係る被害が発生した後も、同種の被害の拡大、再発を防止するための措置と説明されている。

（文部科学大臣の通知）

第五〇条の二　文部科学大臣は、第四十九条に規定する求め若しくは指示又は前条の規定による指示を行つたときは、遅滞なく、当該地方公共団体（第四十九条に規定する指示を行つたときにあつては、当該指示に係る市町村）の長及び議会に対して、その旨を通知するものとする。

通知 「指示」を受けた教育委員会は、指示された具体的措置内容についてそのまま従う義務が生じる。第五〇条の二の趣旨は、「是正の要求」及び「指示」の内容を、教育委員の任命に責任を有する地方公共団体の長や議会に通知することにより、当該地方公共団体において長が教育委員会に支援を行う等適切に事態に対処することを期待するものである。教育委員会の事務の適正な執行のためには、教育委員会はもとより、地方公共団体の長や議会の役割が重要であり、地方公共団体は自律的に地方自治の本旨に沿った機能を発揮することが求められている。（平19・7・31文科初五三五事務次官）

（文部科学大臣及び教育委員会相互間の関係）

第五一条 文部科学大臣は都道府県委員会又は市町村委員会相互の間の、都道府県委員会は市町村委員会相互の間の連絡調整を図り、並びに教育委員会は、相互の間の連絡を密にし、及び文部科学大臣又は他の教育委員会と協力し、教職員の適正な配置と円滑な交流及び教職員の勤務能率の増進を図り、もつてそれぞれその所掌する教育に関する事務の適正な執行と管理に努めなければならない。

＊国と地方公共団体の役割・関係（地自一の二、教基一六・一七）、文部科学省の任務（文部科学省設置三）、文部科学省の所掌事務（文部科学省設置四）

通達 文部大臣または都道府県教育委員会の連絡調整機能が明定せられるとともに、教育委員会は、文部大臣または他の教育委員会と協力し、教職員の適正配置と、人事交流の円滑等をはかり教育事務の適正な管理執行に努めなければならないこと。（昭31・6・30文初地三二六事務次官）

解説 本条の規定は、国、都道府県、市町村一体の教育行政の運営を目指した本法制定の目的を踏まえて、文部科学大臣、都道府県委員会、市町村委員会の相互の連絡、調整、協力により教育事務処理の適正化に努めるべきことを訓示的に規定したものである。憲法をはじめ教育関係基本法令は、教育は地方公共団体の仕事であり地方の責任と権限で行うことと規定している。その上で、教育の機会均等の保障や適正な教育水準の維持・向上等の理由から国と都道府県にそれぞれの役割を期待している。国の役割としては、①基本的な教育制度枠組みの制定、②全国的基準設定、③地方公共団体における条件整備のための支援、④事業の適正な実施のための支援援助措置、等である。都道府県の役割としては、①広域にわたるもの、②市町村に関する連絡調整に関するもの、③一般の市町村が処理することが不適当であると認められる程度の規模のものを処理する、等である。そうした国、都道府県との連携、協力の下で市町村は地域の教育事業を実施し教育施設・機関の設置・管理運営を担うことになっている。こうして、本来、国、都道府県、市町村は、法制上は担うべき教育の事業と役割が異なるだけで権限関係の上で上下関係にあるものではない。しかし、国と都道府県にはその役割・機能に伴う一定の権限や関与の行政手法が付与されていることも事実であり、その権限や関与の行政手法を行使する際にはその本来の趣旨を損なうことのないよう慎重な配慮と運用が求められる。

第五二条 削除〔平一一法八七〕

（調査）

第五三条 文部科学大臣又は都道府県委員会は、第四十八条第一項及び第五十一条の規定による権限を行うため必要があるときは、地方公共団体の長又は教育委員会が管理し、及び執行する教育に関する事務について、必要な調査を行うことができる。

2 文部科学大臣は、前項の調査に関し、都道府県委員会に対し、市町村長又は市町村委員会が管理し、及び執行する教育に関する事務について、その特に指定する事項の調査を行うよう指示をすることができる。

＊地方公共団体の長の教育事務に関する職務権限（二二）、教育委員会の職務権限（二一）、事務の区分（六三）

解説 本条は、文部科学大臣または都道府県委員会が本法（五一条）に基づいて指導・助言・援助（四八条）、連絡・調整（五一条）の権限を行うために、地方公共団体の長または委員会が管理・執行する教育事務に関して必要な調査を行うことができること、および、文部科学大臣は都道府県委員会に市町村長または市町村委員会が管理執行する教育事務に関して調査を行うよう指示することができることを規定している。

（資料及び報告）

第五四条 教育行政機関は、的確な調査、統計その他の資料に基いて、その所掌する事務の適切かつ合理的な処理に努めなければならない。

2 文部科学大臣は地方公共団体の長又は教育委員会に対し、都道府県委員会は市町村長又は市町村委員会に対し、それぞれ都道府県又は市町村の区域内の教育に関する事務に関し、必要な調査、統計その他の資料又は報告の提出を求めることができる。

＊教育委員会の職務権限（二一）、地方公共団体の長の教育事務に関する職務権限（二二）、資料の提出（地自二四五の四・二四八）

判例 全国一斉学力調査は、教育条件整備のための行政的調査であって、教員の教育を支配するものではないから、教育基本法一〇条には違反しない。（熊本地判昭37・9・14下刑集四―九―一〇―八六四、高松高判昭39・6・3下刑集六―五・六―五九五、仙台高秋田支判昭41・9・1判時四六四―一六、盛岡地判昭41・7・22判時四六二―一四、最大判昭51・5・21判時八一四―三三）

判例 全国一斉学力調査は、学習指導要領に基づいて学力評価を行う以上教育活動の性質をもつものであるから、地教行法五四条二項の調査報告請求の規定に反し、かつ教育の独立を侵すものとして教育基本法一〇条に違反する。（福岡地小倉支判昭39・3・16判時三八三―八、大阪地判昭41・4・13判時四五三―六、旭川地判昭41・5・25判時四五三―一六）

回答 (1)県教育委員会が市町村の教育委員会に対し「学校一覧表」の提出を求めるときは、市町村の教育委員会は報告を提出すべき義務を負う。(2)この調査の実施にあたり、市町村の教育委員会は、所管する学校の校長または教員に対し「県教育委員会から報告を求められた学校一覧表の作成に関する事務」について補助執行を命ずることができる。この場合において、補助執行を命ぜられた校長または教員は、この「学校一覧表」の作成を拒否することができない。(3)この(2)の場合において、もしこれをある特定の要求を遂行するための手段として共同して報告の提出を拒み、調査の実施を妨害するがごとき行為は、それ自体違法と解する。(4)国が、教育委員会または市町村の教育委員会に対して、当該行政区域内の教育に関する事務について、必要な調査、統計その他の資料または報告の提出を求めた場合においても、(1)(2)(3)の場合と同様と解する。(5)指定統計調査以外で国が行う学力調査等委託統計調査について、当該事務を教育委員会が受諾した場合においても、(2)(3)の場合と同様に解する。（昭33・6・2委初一四九初中局長）

解説 行政機関が、的確な調査、統計その他の資料に基づいて、その事務を適切かつ合理的に処理するのは当然のことである。ただ、他の機関や人に、調査に必要な資料・報告を提出する義務を負わせるには、法律に特別の規定を必要とする。本条の規定は、形式としては、この要請に応えるものであるともいえる。

（幼保連携型認定こども園に係る事務の処理に関する指導、助言及び援助等）

第五四条の二　地方公共団体の長が管理し、及び執行する当該地方公共団体が設置する幼保連携型認定こども園に関する事務に係る第四十八条から第五十条の二まで、第五十三条及び前条第二項の規定の適用については、これらの規定（第四十八条第四項を除く。）中「都道府県委員会」とあるのは「都道府県知事」と、第四十八条第四項中「都道府県委員会に」とあるのは「都道府県知事に」と、第四十九条及び第五十条中「市町村委員会」とあるのは「市町村長」と、「当該教育委員会」とあるのは「当該地方公共団体の長」と、第五十条の二中「長及び議会」とあるのは「議会」と、第五十三条第一項中「第四十八条第一項及び第五十一条」とあるのは「第四十八条第一項」と、「地方公共団体の長又は教育委員会」とあるのは「地方公共団体の長」と、同条第二項中「市町村長又は市町村委員会」とあるのは「市町村長」と、前条第二項中「地方公共団体の長又は教育委員会」とあるのは「地方公共団体の長」と、「市町村長又は市町村委員会」とあるのは「市町村長」とする。

＊長の職務（二二⑵）

（職務権限の特例に係る事務の処理に関する指導、助言及び援助等）

第五四条の三　第二十三条第一項の条例の定めるところにより都道府県知事が管理し、及び執行する事務に係る第四十八条、第五十三条及び第五十四条第二項の規定の適用については、これらの規定（第四十八条第四項を除く。）中「都道府県委員会」とあるのは「都道府県知事」と、第四十八条第四項中「都道府県委員会に」とあるのは「都道府県知事に」と、第五十三条第一項中「第四十八条第一項及び第五十一条」とあるのは「第四十八条第一項」とする。

（条例による事務処理の特例）

第五五条　都道府県は、都道府県委員会の権限に属する事務の一部を、条例の定めるところにより、市町村が処理することとすることができる。この場合においては、当該市町村が処理することとされた事務は、当該市町村の教育委員会が管理し及び執行するものとする。

2　前項の条例を制定し又は改廃する場合においては、都道府県知事は、あらかじめ、当該都道府県委員会の権限に属する事務の一部を処理し又は処理することとなる市町村の長に協議しなければならない。

3　市町村長は、前項の規定による協議を受けたときは、当該市町村委員会に通知するとともに、その意見を踏まえて当該協議に応じなければならない。ただし、第二十三条第一項の条例の定めるところにより、当該市町村委員会が、当該市町村が処理し又は処理することとする事務の全てを管理し、及び執行しない場合は、この限りでない。

4　都道府県の議会は、第一項の条例の制定又は改廃の議決をする前に、当該都道府県委員会の意見を聴かなければならない。

5　第一項の規定により都道府県委員会の権限に属する事務（都道府県の教育委員会規則に基づくものに限る。）の一部を市町村が処理し又は処理することとする場合であつて、同項の条例の定めるところにより教育委員会規則に委任して当該事務の範囲を定める場合には、都道府県委員会は、当該教育委員会規則を制定し又は改廃しようとするときは、あらかじめ、当該事務を処理し又は処理することとなる市町村委員会に協議しなければならない。この場合において、当該事務が第二十三条第一項の条例の定めるところにより当該市町村の長が処理し又は処理することとなるものであるときは、当該協議を受けた市町村委員会は、当該市町村長に通知するとともに、その意見を踏まえて当該協議に応じなければならない。

6　市町村の長は、その議会の議決を経て、都道府県知事に対し、第一項の規定により当該都道府県委員会の権限に属する事務の一部を当該市町村が処理することとするよう要請することができる。

7　前項の規定による要請があつたときは、都道府県知事は、速やかに、当該都道府県委員会に通知するとともに、その意見を踏まえて当該市町村の長と協議しなければならない。

8　市町村の議会は、第六項の議決をする前に、当該市町村委員会の意見を聴かなければならない。ただし、第二十三条第一項の条例の定めるところにより、当該市町村委員会が、第六項の要請に係る事務の全てを管理し、及び執行しない場合は、この限りでない。

9　地方自治法第二百五十二条の十七の三並びに第二百五十二条の十七の四第一項及び第三項から第七項までの規定は、第一項の条例の定めるところにより、都道府県委員会の権限に属する事務の一部を市町村が処理する場合について準用する。この場合において、これらの規定中「規則」とあるのは「教育委員会規則」と、「都道府県知事」とあるのは「都道府県教育委員会」と、「市町村長」とあるのは「市町村教育委員会（地方教育行政の組織及び運営に関する法律（昭和三十一年法律第百六十二号）第二十三条第一項の条例の定めるところにより当該市町村の長が管理し、及び執行する事務については、市町村長）」と読み替えるものとする。

10　第二十三条第一項の条例の定めるところにより都道府県知事が管理し、及び執行する事務については、当該事務を都道府県委員会が管理し、及び執行する事務とみなして、第一項から第三項まで及び第六項から前項までの規定を適用する。この場合において、第七項中「速やかに、当該都道府県委員会に通知するとともに、その意見を踏まえて」とあるのは「速やかに」と、前項中「これらの規定中「規則」とあるのは「教育委員会規則」と、「都道府県知事」とあるのは「都道府県教育委員会」と、」とあるのは「同条第四項中」とする。

＊条例による事務処理の特例制度（地自二五二の一七の二―二五二の一七の四）

解説　本条は、国の機関委任事務について主務大臣、都道府県知事が指揮監督権限を有していることを定めていた旧地方自治法一五〇条の規定を国が教育委員会に機関委任した教育事務についても準用することを規定していた旧見出し（教育委員会が管理し、及び執行する国の事務の指揮監督）を機関委任事務廃止に伴う一九九九年の地方自治法改正に対応して削除し、新たに条例による事務処理の特例として第一項に規定し直し、条例制定または改廃等の手続などを二項以下に新設したものである。本条は、地方自治法二五二条の一七の二に対応した個別法での規定であり、その趣旨は、地域の実情に応じた事務の委譲をすすめるための新たな制度として都道府県の条例の定めるところにより市町村が事務を処理することができる、その条例の制定に当たってはあらかじめ市町村長・機関と協議しなければならない、国の行政機関による関与等の事務処理については地方自治法の当該諸規定を準用することを明記している。なお、地方自治法二五二条の一七の二および本条に規定される協議は都道府県側に義務づけられるもので市町村に対する都道府県の関与類型である地方自治法二四五条二号の協議とは異なり両者の合意を要するものであり市町村側の意向が反映されるものとなっていること、条例によりある事務を市町村が処理することとした場合都道府県はその事務を処理する権限を失う等とされている。

（市町村の教育行政の体制の整備及び充実）

第五五条の二　市町村は、近隣の市町村と協力して地域における教育の振興を図るため、地方自治法第二百五十二条の七第一項の規定による教育委員会の共同設置その他の連携を進め、地域における教育行政の体制の整備及び充実に努めるものとする。

2　文部科学大臣及び都道府県委員会は、市町村の教育行政の体制の整備及び充実に資するため、必要な助言、情報の提供その他の援助を行うよう努めなければならない。

＊共同設置（地自二五二の七）

第六章　雑則

（抗告訴訟等の取扱い）

第五六条　教育委員会は、教育委員会若しくはその権限に属する事務の委任を受けた行政庁の処分（行政事件訴訟法（昭和三十七年法律第百三十九号）第三条第二項に規定する処分をいう。以下この条において同じ。）若しくは裁決（同条第三項に規定する裁決をいう。以下この条において同じ。）又は教育委員会の所管に属する学校その他の教育機関の職員の処分若しくは裁決に係る同法第十一条第一項（同法第三十八条第一項（同法第四十三条第二項において準用する場合を含む。）又は同法第四十三条第一項において準用する場合を含む。）の規定による地方公共団体を被告とする訴訟について、当該地方公共団体を代表する。

（保健所との関係）

第五七条　教育委員会は、健康診断その他学校における保健に関し、政令で定めるところにより、保健所を設置する地方公共団体の長に対し、保健所の協力を求めるものとする。

2　保健所は、学校の環境衛生の維持、保健衛生に関する資料の提供その他学校における保健に関し、政令で定めるところにより、教育委員会に助言と援助を与えるものとする。

＊①教育委員会の職務権限（二一(9)＝保健関係事務）、保健所を設置する地方公共団体（地自一五六1）、②保健所が助言または援助を与える事項（施令九）

通達　**地方教育行政の組織及び運営に関する法律五七条の規定の施行について**（昭31・11・29文初保五〇二・衛発八二三初中局長、厚生省公衆衛生局長）

第五八条　削除（平二六法五一）

解説　旧条文では、本法三七条の任命権について、指定都市に関する特例を定めていた。平二六法五一（第四次分権改革一括法）により、県費負担教職員の給与が政令市へと移管されたため廃止・削除された。施行期日は平二九・四・一である。

（中核市に関する特例）

第五九条　地方自治法第二百五十二条の二十二第一項の中核市（以下「中核市」という。）の県費負担教職員の研修は、第四十五条並びに教育公務員特例法第二十一条第二項、第二十二条の四、第二十三条第一項、第二十四条第一項及び第二十五条の規定にかかわらず、当該中核市の教育委員会が行う。

＊中核市の権能（地自二五二の二二―二五二の二六の二）、県費負担教職員（三七―四二）

解説　中核市は一九九四年の地方自治法改正で制度化されたが、一九九九年の分権改革により県費負担教職員の研修が都道府県から中核市に権限委譲されたことに伴い、本条の旧規定である都に関する特例を全面削除し、本法に新たに中核市に関する特例として規定し直されたものである。

（組合に関する特例）

第六〇条　地方公共団体が第二十一条に規定する事務の全部を処理する組合を設ける場合においては、当該組合を組織する地方公共団体には教育委員会を置かず、当該組合に教育委員会を置くものとする。

2　地方公共団体が第二十一条に規定する事務の一部を処理する組合を設ける場合において、当該組合を組織する地方公共団体のうち、第二十三条第一項の条例の定めるところにより、その自ら処理する第二十一条に規定する事務の全てをその長が管理し、及び執行することとしたものには、教育委員会を置かない。

3　第二十一条に規定する事務の一部を処理する組合のうち、第二十三条第一項の条例の定めるところにより、その処理する第二十一条に規定する事務の全てをその管理者（地方自治法第二百八十七条の三第二項の規定により管理者に代えて理事会を置く同法第二百八十五条の一部事務組合にあつては、理事会）又は長（同法第二百九十一条の十三において準用する同法第二百八十七条の三第二項の規定により長に代えて理事会を置く広域連合にあつては、理事会。第八項及び第十項において同じ。）が管理し、及び執行するものとしたものには、教育委員会を置かない。

4　地方公共団体が第二十一条に規定する事務の全部又は一部を処理する組合を設けようとする場合において、当該地方公共団体に教育委員会が置かれているときは、当該地方公共団体の議会は、地方自治法第二百九十条又は第二百九十一条の十一の議決をする前に、当該教育委員会の意見を聴かなければならない。ただし、第二十三条第一項の条例の定めるところにより、当該地方公共団体の教育委員会が、当該組合が処理することとなる第二十一条に規定する事務を管理し、及び執行していないときは、この限りでない。

5　総務大臣又は都道府県知事は、第二十一条に規定する事務の全部又は一部を処理する地方公共団体の組合の設置について、地方自治法第二百八十四条第二項の許可の処分又は同条第二項若しくは第三項の許可の処分をする前に、総務大臣にあつては文部科学大臣、都道府県知事にあつては当該都道府県委員会の意見を聴かなければならない。ただし、第二十三条第一項の条例の定めるところにより、当該都道府県委員会が、当該組合（当該都道府県が加入しないものに限る。）が処理することとなる第二十一条に規定する事務を管理し、及び執行していないときは、都道府県委員会の意見を聴くことを要しない。

6　第二十一条に規定する事務の一部を処理する地方公共団体の組合に置かれる教育委員会の教育長又は委員は、第六条の規定にかかわらず、その組合を組織する地方公共団体の教育委員会の教育長又は委員と兼ねることができる。

7　地方自治法第二百九十一条の二第二項の条例の定めるところにより、都道府県が、都道府県委員会の権限に属する事務のうち都道府県の加入しない広域連合の事務に関連するものを当該広域連合において処理することとする場合については、同条第三項の規定にかかわらず、第五十五条第二項から第五項まで及び第九項の規定を準用する。

8　地方自治法第二百九十一条の二第五項の規定により、都道府県の加入しない広域連合の長が、都道府県に対し、当該広域連合の事務に密接に関連する都道府県委員会の権限に属する事務の一部を当該広域連合が処理することとするよう要請する場合については、第五十五条第八項の規定を準用する。この場合において、当該要請があつたときは、都道府県知事は、速やかに、当該都道府県委員会に通知しなければならない。

9　地方自治法第二百九十一条の二第二項の条例の定めるところにより、都道府県が、第二十三条第一項の条例の定めるところにより都道府県知事が管理し、及び執行する事務のうち都道府県の加入しない広域連合の事務に関連するものを当該広域連合において処理することとする場合については、同法第二百九十一条の二第三項の規定にかかわらず、第五十五条第二項、第三項及び第九項の規定を準用する。この場合において、同項中「これらの規定中「規則」とあるのは「教育委員会規則」と、「都道府県知事」とあるのは「都道府県教育委員会」と、」とあるのは、「同条第四項中」と読み替えるものとする。

10　地方自治法第二百九十一条の二第五項の規定により、都道府県の加入しない広域連合の長が、都道府県に対し、当該広域連合の事務に密接に関連する第二十三条第一項の条例の定めるところにより都道府県知事が管理し、及び執行する事務の一部を当該広域連合が処理することとするよう要請する場合については、第五十五条第八項の規定を準用する。

11　前各項に定めるもののほか、第二十一条に規定する事務の全部又は一部を処理する地方公共団体の組合の設置、解散その他の事項については、地方自治法第三編第三章の規定によるほか、政令で特別の定めをすることができる。

＊①―⑥教育組合の設置（二、地自二八四1 2）、⑦―⑩広域連合（地自二八四3・二九一の二）、⑪政令（施令一一―一八）

通達　学校組合の教育長は、各構成市町村の教育長をすべて兼ねることができない。（昭31・9・10文初地四一一初中局長）

通達　二つの学校組合の構成市町村の教育長は、両組合の教育長を兼ねることができない。（昭31・9・10文初地四一一初中局長）

（中等教育学校を設置する市町村に関する特例）

第六一条　市（指定都市を除く。以下この項及び附則第二十八条において同じ。）町村の設置する中等教育学校（後期課程に定時制の課程のみを置くものを除く。以下この条及び附則第二十八条において同じ。）の県費負担教職員の任免、給与（非常勤の講師にあつては、報酬、職務を行うために要する費用の弁償及び期末手当の額）の決定、休職及び懲戒に関する事務は、第三十七条第一項の規定にかかわらず、当該市町村の教育委員会が行う。

2　市（指定都市及び中核市を除く。以下この項において同じ。）町村が設置する中等教育学校の県費負担教職員の研修は、第四十五条並びに教育公務員特例法第二十一条第二項、第二十二条の三から第二十二条の五まで、第二十三条第一項及び第二十四条第一項の規定にかかわらず、当該市町村の教育委員会が行う。

3　中核市が設置する中等教育学校の県費負担教職員に係る第五十九条の規定の適用については、同条中「第二十二条の四」とあるのは、「第二十二条の三から第二十二条の五まで」とする。

＊中等教育学校（学教一・六三―七一、学教施規一〇五―一一三）、県費負担教職員（三七―四二）

（政令への委任）

第六二条　この法律に定めるもののほか、市町村の廃置分合があつた場合及び指定都市の指定があつた場合におけるこの法律の規定の適用の特例その他この法律の施行に関し必要な事項は、政令で定める。

＊市町村の廃置分合（地自七）、市町村の廃置分合の場合の特例等（地自施令二編一章、施令一九―二三）

（事務の区分）

第六三条　都道府県が第四十八条第一項（第五十四条の二及び第五十四条の三の規定により読み替えて適用する場合を含む。）の規定により処理することとされている事務（市町村が処理する事務が地方自治法第二条第八項に規定する自治事務又は同条第九項第二号に規定する第二号法定受託事務である場合においては、第四十八条第三項（第五十四条の二及び第五十四条の三の規定により読み替えて適用する場合を含む。）に規定する文部科学大臣の指示を受けて行うものに限る。）、第五十三条第二項（第五十四条の二及び第五十四条の三の規定により読み替えて適用する場合を含む。）の規定により処理することとされている事務、第六十条第五項の規定により処理することとされている事務（都道府県委員会の意見を聴くことに係るものに限る。）並びに第五十五条第九項（同条第十項により読み替えて適用する場合並びに第六十条第七項において準用する場合及び同条第九項において読み替えて準用する場合を含む。）において準用する同法第二百五十二条の十七の三第二項及び第三項並びに第二百五十二条の十七の四第一項及び第三項の規定により処理することとされている事務は、同法第二条第九項第一号に規定する第一号法定受託事務とする。

＊自治事務（地自二⑧）、第一号法定受託事務（地自二⑨(1)）、第二号法定受託事務（地自二⑨(2)）

解説　一九九九年の地方自治法改正によって、機関委任事務が廃止され代わって自治事務と法定受託事務とに区分されることになった。法定受託事務については、個別法令で個別に規定することになっているが、本条は本法における第一号法定受託事務を明らかにするために設けられたものである。

附　則〔抄〕

（中核市の特別支援学校の幼稚部の教諭等に対する中堅教諭等資質向上研修の特例）

第二十六条　中核市の設置する特別支援学校の幼稚部の教諭、助教諭及び講師に対する教育公務員特例法第二十四条第一項の中堅教諭等資質向上研修は、当分の間、第五十九条の規定にかかわらず、当該中核市を包括する都道府県の教育委員会が実施しなければならない。

（中核市の県費負担教職員に対する指導改善研修の特例）

第二十七条　中核市の県費負担教職員に対する教育公務員特例法第二十五条第一項の指導改善研修は、当分の間、第五十九条の規定にかかわらず、当該中核市を包括する都道府県の教育委員会が実施しなければならない。

（市町村の設置する中等教育学校の県費負担教職員に係る協議会の特例）

第二十八条　市町村の設置する中等教育学校の県費負担教職員に係る教育公務員特例法第二十二条の五第一項に規定する協議会に関する事務は、当分の間、第六十一条第二項及び同条第三項の規定により読み替えて適用する第五十九条の規定にかかわらず、当該市町村の教育委員会が行うことを要しない。この場合において、当該教育委員会は、同法第二十二条の三第一項に規定する指標を定め、又はこれを変更しようとするときは、あらかじめ同法第二十二条の五第二項第二号に掲げる者、当該市町村を包括する都道府県の教育委員会又は独立行政法人教職員支援機構の意見を聴くよう努めるものとする。

●地方教育行政の組織及び運営に関する法律施行令

（昭和三一年六月三〇日政令第二二一号）

施行、昭三一・一〇・一
最終改正、令二―政六一

第一章　教育委員会の教育長及び委員

（**委員の定数の増加に伴い新たに任命される委員の任期の特例**）

第一条　地方公共団体が、地方教育行政の組織及び運営に関する法律（以下「法」という。）第三条ただし書の条例の定めるところにより教育委員会の委員の定数を増加する場合においては、当該定数の増加に伴い新たに任命される委員の任期は、法第五条第一項本文の規定にかかわらず、当該教育委員会の委員の任期の満了の期日が特定の年に偏ることのないよう、一年以上四年以内で当該地方公共団体の長が定めるものとする。

第二条　削除〔昭五〇政三三〕

（**解職請求の手続**）

第三条　地方自治法施行令（昭和二十二年政令第十六号）第九十一条から第九十八条まで及び第九十八条の三の規定は、教育委員会の教育長又は委員の解職の請求について準用する。この場合において、これらの規定中「条例制定又は改廃請求代表者」とあるのは「教育長又は委員の解職請求代表者」と、「条例制定又は改廃請求書」とあるのは「教育長又は委員の解職請求書」と、「条例制定又は改廃請求代表者証明書」とあるのは「教育長又は委員の解職請求代表者証明書」と、「条例制定又は改廃請求者署名簿」とあるのは「教育長又は委員の解職請求者署名簿」と読み替えるほか、次の表の上欄に掲げる字句は、それぞれ当該下欄に掲げる規定の中欄に掲げる字句に読み替えるものとする。

規定	読み替えられる字句	読み替える字句
第九十一条第一項	地方自治法第七十四条第一項	地方教育行政の組織及び運営に関する法律（昭和三十一年法律第百六十二号）第八条第一項
	条例の制定又は改廃の請求	教育委員会の教育長又は委員の解職の請求
第九十二条第一項及び第二項	条例制定若しくは改廃請求書	教育長若しくは委員の解職請求書
	条例制定若しくは改廃請求代表者証明書	教育長若しくは委員の解職請求代表者証明書
第九十四条第一項	五十分の一	三分の一（その総数が四十万を超え八十万以下の場合にあつてはその四十万を超える数に六分の一を乗じて得た数と四十万に三分の一を乗じて得た数とを合算して得た数、その総数が八十万を超える場合にあつてはその八十万を超える数に八分の一を乗じて得た数と四十万に六分の一を乗じて得た数と四十万に三分の一を乗じて得た数とを合算して得た数）
	地方自治法第七十四条第一項の規定による請求は、同法	地方教育行政の組織及び運営に関する法律第八条第一項の規定による請求は、地方自治法
	条例制定若しくは改廃請求代表者	教育長若しくは委員の解職請求代表者
第九十六条第一項	五十分の一	三分の一（その総数が四十万を超え八十万以下の場合にあつてはその四十万を超える数に六分の一を乗じて得た数と四十万に三分の一を乗じて得た数とを合算して得た数、その総数が八十万を超える場合にあつてはその八十万を超える数に八分の一を乗じて得た数と四十万に六分の一を乗じて得た数と四十万に三分の一を乗じて得た数とを合算して得た数）
第九十七条第一項	五十分の一	三分の一（その総数が四十万を超え八十万以下の場合にあつてはその四十万を超える数に六分の一を乗じて得た数と四十万に三分の一を乗じて得た数とを合算して得た数、その総数が八十万を超える場合にあつてはその八十万を超える数に八分の一を乗じて得た数と四十万に六分の一を乗じて得た数と四十万に三分の一を乗じて得た数とを合算して得た数）

2　教育長又は委員の解職請求書、教育長又は委員の解職請求代表者証明書、教育長又は委員の解職請求署名簿、教育長又は委員の解職請求署名収集委任状、教育長又は委員の解職請求署名審査録及び教育長又は委員の解職請求者署名収集証明書は、地方自治法施行令第九十八条の四の規定に基づく命令で定める様式に準じて作成しなければならない。

第二章　事務局職員

（**指導主事**）

第四条　教育委員会は、法第十八条第四項後段の規定により指導主事に大学以外の公立学校（地方公共団体が設置する学校をいう。以下同じ。）の教員（教育公務員特例法（昭和二十四年法律第一号）第二条第二項に規定する教員をいう。以下同じ。）をもつて充てようとする場合において、当該教員が他の教育委員会（就学前の子どもに関する教育、保育等の総合的な提供の推進に関する法律（平成十八年法律第七十七号）第二条第七項に規定する幼保連携型認定こども園の教員にあつては、当該教員が属する地方公共団体の長）の任命に係る者であるときは、当該任命権者の同意を得なければならない。

2　都道府県に置かれる教育委員会（以下「都道府県委員会」という。）が法第三十七条第一項に規定する県費負担教職員（以下「県費負担教職員」という。）である教員を指導主事に充てようとする場合においては、当該教員が属する市（特別区を含む。以下同じ。）町村の教育委員会の同意を得なければならない。

第五条　法第十八条第四項後段の規定により指導主事に充てられた教員は、その充てられた期間中、当該公立学校の教員の職を保有するが、教員の職務に従事しない。

（**職員の職の設置**）

第六条　法令に特別の定があるものを除き、教育委員会の事務局に置かれる職員の職の設置については、教育委員会規則で定める。

第三章　県費負担教職員に対する地方公務員法の適用

（地方公務員法の技術的読替え）

第七条　法第四十七条第一項に定めるもののほか、県費負担教職員に対して地方公務員法（昭和二十五年法律第二百六十一号）の規定を適用する場合においては、同法中次の表の上欄に掲げる規定の中欄に掲げる字句は、それぞれ当該下欄に掲げる字句とする。

規定	読み替えられる字句	読み替える字句
第五条第一項及び第十四条	地方公共団体	都道府県及び市町村
第十七条第二項	人事委員会（競争試験等を行う公平委員会を含む。以下この節において同じ。）を置く地方公共団体においては、人事委員会	都道府県の人事委員会
第十七条の二第一項	人事委員会を置く地方公共団体	任命権者の属する地方公共団体に人事委員会が置かれている場合
第十七条の二第一項ただし書	人事委員会規則（競争試験等を行う公平委員会を置く地方公共団体においては、公平委員会規則。以下この節において同じ。）	任命権者の属する地方公共団体の人事委員会規則
第十七条の二第二項	人事委員会を置かない地方公共団体	任命権者の属する地方公共団体に人事委員会が置かれていない場合
第十七条の二第三項	人事委員会（人事委員会を置かない地方公共団体	任命権者の属する地方公共団体の人事委員会（任命権者の属する地方公共団体に人事委員会が置かれていない場合
第二十一条第一項	人事委員会を置く地方公共団体における採用試験	採用試験
	人事委員会は	任命権者の属する地方公共団体の人事委員会は
第二十一条第三項	人事委員会	任命権者の属する地方公共団体の人事委員会
第二十一条第四項	人事委員会は	任命権者の属する地方公共団体の人事委員会は
	人事委員会規則	任命権者の属する地方公共団体の人事委員会規則
第二十一条第五項	人事委員会規則	任命権者の属する地方公共団体の人事委員会規則
第二十一条の四第一項	人事委員会規則	任命権者の属する地方公共団体の人事委員会規則
	人事委員会を置かない地方公共団体	任命権者の属する地方公共団体に人事委員会が置かれていない場合
第二十一条の四第二項	人事委員会は	任命権者の属する地方公共団体の人事委員会は
第二十二条	人事委員会規則（人事委員会を置かない地方公共団体	任命権者の属する地方公共団体の人事委員会規則（任命権者の属する地方公共団体に人事委員会が置かれていない場合
	地方公共団体の	任命権者の属する地方公共団体の
第二十二条の三第一項	人事委員会を置く地方公共団体	任命権者の属する地方公共団体に人事委員会が置かれている場合
	人事委員会規則	任命権者の属する地方公共団体の人事委員会規則
	人事委員会の	任命権者の属する地方公共団体の人事委員会の
第二十二条の三第二項及び第三項	人事委員会	任命権者の属する地方公共団体の人事委員会
第二十二条の三第四項	人事委員会を置かない地方公共団体	任命権者の属する地方公共団体に人事委員会が置かれていない場合
	地方公共団体の	任命権者の属する地方公共団体の
第二十三条の二第二項	任命権者	都道府県教育委員会
第二十三条の二第三項	任命権者が地方公共団体の長及び議会の議長以外の者であるとき	都道府県教育委員会
	地方公共団体の長に	都道府県知事に
第二十三条の四	人事委員会	都道府県の人事委員会
	任命権者	都道府県教育委員会
第二十六条	人事委員会	都道府県の人事委員会
	地方公共団体の議会及び長	都道府県の議会及び知事
第三十九条第二項	任命権者	任命権者（地方自治法第二百五十二条の二十二第一項の中核市の地方教育行政の組織及び運営に関する法律（昭和三十一年法律第百六十二号）第三十七条第一項に規定する県費負担教職員に係るものにあつては、当該中核市の教育委員会。第四項において同じ。）
第三十九条第四項、第四十六条、第四十九条第四項、第四十九条の二第一項及び第五十一条の二	人事委員会	任命権者の属する地方公共団体の人事委員会
第五十八条の三第一項	任命権者	都道府県教育委員会
	地方公共団体の長	都道府県知事
第五十八条の三第二項	地方公共団体の長	都道府県知事
附則第二十項	人事委員会規則	任命権者の属する地方公共団体の人事委員会規則

第三章の二　共同学校事務室

（法第四十七条の四第一項の政令で定める事務）

第七条の二　法第四十七条の四第一項の政令で定める事務は、次に掲げるものとする。

一　当該共同学校事務室がその事務を共同処理する学校（以下「対象学校」という。）において使用する教材、教具その他の備品の共同購入に関する事務

二　対象学校の教職員の給与及び旅費の支給に関する事務

三　前二号に掲げるもののほか、対象学校の運営の状況又は当該対象学校の所在する地域の状況に照らして、共同学校事務室において共同処理することが当該事務の効果的な処理に資するものとして教育委員会規則で定める事務

（共同学校事務室の室長及び職員）

第七条の三　市町村の教育委員会は、法第四十七条の四第四項の規定により共同学校事務室の室長及び職員に対象学校の事務職員をもつて充てようとする場合において、当該事務職員が県費負担教職員であるときは、その任命権者の同意を得なければならない。同項ただし書に規定する場合において、当該事務職員以外の者をもつて室長に充てるときも、同様とする。

第四章　教育委員会と保健所との関係

（保健所の協力を求める事項）

第八条　法第五十七条第一項の規定により教育委員会が地方公共団体の長に対し保健所の協力を求める事項は、次のとおりとする。

一　学校（学校教育法（昭和二十二年法律第二十六号）第一条に規定する学校をいう。以下同じ。）の職員に対し、衛生思想の普及及び向上に関し、指導を行うこと。

二　学校における保健に関し、エックス線検査その他文部科学大臣と厚生労働大臣とが協議して定める試験又は検査を行うこと。

三　修学旅行、校外実習その他学校以外の場所で行う教育において、学校の生徒、児童又は幼児の用に供する施設及び設備並びに食品の衛生に関すること。

（保健所が助言又は援助を与える事項）

第九条　法第五十七条第二項の規定により保健所が教育委員会に助言を与える事項は、次のとおりとする。

一　飲料水及び用水並びに給水施設の衛生に関すること。

二　汚物の処理及びその施設並びに下水の衛生に関すること。

三　ねずみ族及びこん虫の駆除に関すること。

四　食品並びにその調理、貯蔵、摂取等の用に供される施設及び設備の衛生に関すること。

五　前各号に掲げるもののほか、校地、校舎及び寄宿舎並びにこれらの附属設備の衛生に関すること。

2　前項各号に掲げる事項について、教育委員会に助言を与えるため必要があるときは、保健所は、文部科学大臣が厚生労働大臣と協議して定めるところにより、学校におけるその状況を調査することができる。

3　法第五十七条第二項の規定により保健所が教育委員会に援助を与える事項は、次のとおりとする。

一　学校給食に関し、参考資料を提供し、又は技術援助を供与すること。

二　感染症又は中毒事故の発生に関する情報を提供すること。

三　保健衛生に関する参考資料を貸与し、又は提供すること。

四　保健衛生に関する講習会、講演会その他の催しに学校の職員の参加の機会を供与すること。

（細目）

第一〇条　この章に定めるもののほか、法第五十七条の規定による教育委員会に対する保健所の協力又は助言若しくは援助に関し必要な事項は、文部科学大臣と厚生労働大臣とが協議して定める。

第五章　教育組合

（文部科学大臣又は都道府県委員会の意見の聴取）

第一一条　総務大臣又は都道府県知事は、法第二十一条に規定する事務の全部又は一部を処理する地方公共団体の組合（以下「教育組合」という。）について地方自治法（昭和二十二年法律第六十七号）第二百八十六条第一項の規定又は同項、第二百九十一条の三第一項若しくは第二百九十一条の十第一項の規定により許可の処分をする場合においては、あらかじめ、総務大臣にあつては文部科学大臣、都道府県知事にあつては当該都道府県委員会の意見を聴かなければならない。ただし、法第二十三条第一項の条例の定めるところにより、当該都道府県委員会が、当該教育組合（当該都道府県が加入しないものに限る。）が処理し又は処理することとなる法第二十一条に規定する事務の全てを管理し、及び執行しないこととされているときは、当該都道府県委員会の意見を聴くことを要しない。

（関係地方公共団体の教育委員会の意見の聴取）

第一二条　教育組合のうち法第二十一条に規定する事務の一部を処理するものについて関係地方公共団体が地方自治法第二百八十六条若しくは第二百八十八条の協議又は同法第二百九十一条の三第一項若しくは第三項若しくは第二百九十一条の十第一項の協議を行う場合においては、当該関係地方公共団体の議会は、同法第二百九十条又は第二百九十一条の十一の議決をする前に、当該関係地方公共団体の教育委員会の意見を聴かなければならない。ただし、法第二十三条第一項の条例の定めるところにより、当該関係地方公共団体の教育委員会が、当該教育組合が処理し又は処理することとなる法第二十一条に規定する事務の全てを管理し、及び執行しないこととされているときは、この限りでない。

（解散の届出）

第一三条　教育組合のうち地方自治法第二百八十四条第一項の一部事務組合（次条第二項及び第十五条において「一部事務組合」という。）であるものを解散しようとするときは、同法第二百八十八条の規定により総務大臣又は都道府県知事に届出をするほか、総務大臣に届出をする場合にあつては文部科学大臣、都道府県知事に届出をする場合にあつては都道府県委員会に届出をしなければならない。ただし、法第二十三条第一項の条例の定めるところにより、当該都道府県委員会が、当該教育組合（当該都道府県が加入しないものに限る。）が処理する法第二十一条に規定する事務を管理し、及び執行しないこととされているときは、当該都道府県委員会に届出をすることを要しない。

（教育組合の教育長及び委員の任命資格に関する特例等）

第一四条　教育組合（選挙人の投票によりその管理者又は長（地方自治法第二百九十一条の十三において準用する同法第二百八十七条の三第二項の規定により長に代えて理事会を置く広域連合にあつては、理事）を選挙するものを除く。以下この項において「長を公選としない教育組合」という。）の教育委員会の教育長及び委員の任命資格に関する法第四条第一項及び第二項並びに第九条第一項第二号の規定の適用については、これらの規定中「地方公共団体の長の」とあるのは、都道府県の加入する長を公選としない教育組合にあつては「地方公共団体の組合を組織する都道府県の知事の」と、都道府県の加入しない長を公選としない教育組合にあつては「地方公共団体の組合を組織する市町村の長の」とする。

2　法第九条第二項において準用する地方自治法第百四十三条第一項後段の規定により地方公共団体の選挙管理委員会が処理するものとされている事務は、教育組合のうち一部事務組合であるもの（選挙人の投票によりその管

理者を選挙するものを除く。）にあつては、当該教育組合の規約で定める地方公共団体（都道府県の加入する教育組合にあつては、都道府県に限る。）の選挙管理委員会が処理するものとする。この場合において、関係地方公共団体の選挙管理委員会は、これに協力しなければならない。

（教育組合の教育長又は委員の解職請求に関する特例）

第一五条　教育組合の教育委員会の教育長又は委員の解職の請求に関する法第八条第一項の規定の適用については、同項中「地方公共団体の長の選挙権を有する者」とあるのは、「地方公共団体の組合を組織する地方公共団体の長の選挙権を有する者（当該組合が地方自治法第二百八十四条第一項の広域連合である場合にあつては、当該広域連合の区域内に住所を有する者に限る。）」とする。

2　教育組合のうち一部事務組合であるもの（選挙管理委員会を置くものに限る。）又は教育組合のうち地方自治法第二百八十四条第一項の広域連合であるものの教育委員会の教育長又は委員の解職の請求について、法第八条第二項の規定により地方自治法第八十六条第四項前段の規定を準用する場合においては、同項前段中「第七十四条の二」とあるのは「第七十四条の二（第八項を除く。）」と、「準用する。」とあるのは「準用する。この場合において、第七十四条第六項第一号中「に係る」とあるのは「の加入する地方公共団体の組合に係る」と、「の他の市町村の区域内」とあるのは「の他の市町村の区域内（当該組合が広域連合である場合にあつては、当該広域連合の区域内に限る。以下この号において同じ。）」と、同項第三号中「普通地方公共団体（当該普通地方公共団体が、都道府県である場合には当該都道府県」とあるのは「地方公共団体の組合（当該組合」と、「（以下この号において「指定都市」という。）の区及び総合区を含み、指定都市である場合には当該市の区及び総合区を含む」とあるのは「の区及び総合区を含む」と、第七十四条の二第七項及び第十項中「都道府県の選挙管理委員会」とあるのは「地方公共団体の組合の選挙管理委員会」と読み替えるものとする。」とする。

3　教育組合のうち一部事務組合であるもの（選挙管理委員会を置くものを除く。）の教育委員会の教育長又は委員の解職の請求について、法第八条第二項の規定により地方自治法第八十六条第四項前段の規定を準用する場合においては、同項前段中「第七十四条の二」とあるのは「第七十四条の二（第七項を除く。）」と、「準用する。」とあるのは「準用する。この場合において、第七十四条第六項第一号中「に係る」とあるのは「の加入する一部事務組合に係る」と、同項第三号中「普通地方公共団体（当該普通地方公共団体が、都道府県である場合には当該都道府県」とあるのは「一部事務組合」と、「（以下この号において「指定都市」という。）の区及び総合区を含み、指定都市である場合には当該市の区及び総合区を含む。）」とあるのは「の区及び総合区」と読み替えるものとする。」と読み替えるものとする。

4　第三条第一項の規定により、教育組合の教育委員会の教育長又は委員の解職の請求について地方自治法施行令第九十二条第三項、第九十三条、第九十三条の二第一項、第九十四条第一項、第九十六条第一項及び第九十七条第二項の規定を準用する場合においては、当該教育組合は、都道府県とみなす。

5　第三条第一項の規定にかかわらず、教育組合の教育委員会の教育長又は委員の解職の請求については、地方自治法施行令第九十八条の三第一項の規定は、準用しない。

（教育組合に都道府県等が加入した場合における県費負担教職員に対する処分の効力等）

第一六条　市（地方自治法第二百五十二条の十九第一項の指定都市（以下「指定都市」という。）を除く。以下この条において同じ。）町村のみが加入する教育組合に新たに都道府県又は指定都市が加入した場合においては、都道府県委員会が当該加入に係る教育組合の県費負担教職員に対し行つた任免、給与の決定、休職又は懲戒の処分で当該加入の日において現に効力を有するものは、同日以後においては、当該加入に係る教育組合の教育委員会が行つた処分とみなす。

2　市町村のみが加入する教育組合に新たに都道府県が加入した場合においては、当該加入に係る教育組合の職員であつて当該加入の日前において県費負担教職員（中等教育学校（後期課程に定時制の課程（学校教育法第四条第一項に規定する定時制の課程をいう。）のみを置くものを除く。）の職員であるものを除く。以下この条及び第二十三条において同じ。）であつた者に対し、同日前の事案について同日以後に当該加入に係る教育組合の教育委員会が懲戒処分を行うときは、従前の例により行うものとする。

3　都道府県が教育組合を脱退して当該教育組合が市町村のみが加入するものとなつた場合においては、当該教育組合の教育委員会が当該教育組合の職員であつて当該脱退により県費負担教職員となることとなる者に対し行つた任免、給与の決定、休職又は懲戒の処分で当該脱退の日において現に効力を有するものは、同日以後においては、都道府県委員会が行つた処分とみなす。

4　前項に規定する場合においては、当該教育組合の職員であつて当該脱退により県費負担教職員となつた者に対し、当該脱退の日前の事案について同日以後に都道府県委員会が懲戒処分を行うときは、従前の例により行うものとする。

5　指定都市が教育組合（都道府県が加入するものを除く。）を脱退して当該教育組合が市町村のみが加入するものとなつた場合においては、当該教育組合の教育委員会が当該教育組合の県費負担教職員に対し行つた任免、給与の決定、休職又は懲戒の処分で当該脱退の日において現に効力を有するものは、同日以後においては、都道府県委員会が行つた処分とみなす。

6　第一項、第三項又は前項の処分に期間が付されているときは、当該期間は、当該処分が行われた日（起算日が別に定められている処分については、当該起算日）から起算するものとする。

（教育組合に都道府県等が加入した場合等における不利益処分に関する経過措置）

第一七条　前条第一項、第三項又は第五項に規定する場合においては、当該各項に規定する職員に対し当該各項の都道府県又は指定都市の加入又は脱退の日前に行われた不利益処分に関する説明書の交付、審査請求、審査及び審査の結果執るべき措置に関しては、なお従前の例による。

（最初に任命される委員の任期）

第一八条　教育組合の設置後最初に任命される教育委員会の委員の任期は、法第五条第一項本文の規定にかかわらず、その定数が四人の場合にあつては、一人は四年、一人は三年、一人は二年、一人は一年とし、法第三条ただし書の条例の定めるところによりその定数を五人以上とする場合にあつては、次の各号に掲げる数（その数に一未満の端数があるときは、これを一に切り上げるものとする。）に相当する人数について、それぞれ当該各号に定める年数とし、同条ただし書の条例の定めるところによりその定数を三人とする場合にあつては、一人は四年、一人は三年、一人は二年とし、同条ただし書の条例の定めるところによりその定数を二人とする場合にあつては、一人は四年、一人は二年とする。この場合において、各委員の任期は、当該教育組合の管理者又は長（地方自治法第二百八十七条の三第二項（同法第二百九十一条の十三において準用する場合を含む。）の規定により管理者又は長に代えて理事会を置く教育組合にあつては、理事会）が定める。

一　委員の定数に四分の一を乗じて得た数　四年
二　委員の定数から二を減じて得た数に四分の一を乗じて得た数　三年
三　委員の定数から一を減じて得た数に四分の一を乗じて得た数　二年

四　委員の定数から三を減じて得た数に四分の一を乗じて得た数　一年

第六章　市町村の廃置分合があつた場合における特例

（**最初の教育長及び委員の選任等**）

第一九条　市町村の設置があつた場合においては、法第四条第一項及び第四項の規定にかかわらず、地方自治法施行令第一条の二の規定による市町村の長の職務を行う者（次項において「市町村長職務執行者」という。）が、従来その地域の属していた市町村の教育委員会の教育長であつた者で当該新たに設置された市町村の設置に伴い教育長の職を失うこととなつたもののうちから、当該市町村の教育委員会の教育長を臨時に選任するものとし、当該市町村において選任することができる者がいないときは、教育長を当該市町村の長の被選挙権を有する者のうちから選任するものとする。

2　市町村の設置があつた場合においては、法第四条第二項、第四項及び第五項の規定にかかわらず、市町村長職務執行者が、従来その地域の属していた市町村の教育委員会の委員であつた者で当該新たに設置された市町村の設置に伴い委員の職を失うこととなつたもののうちから、当該市町村の教育委員会の委員を臨時に選任するものとし、当該市町村において選任することができる者の数が当該市町村の教育委員会の委員の定数に満たないときは、その不足する数の委員を当該市町村の長の被選挙権を有する者のうちから選任するものとする。

3　第一項の規定により選任された教育長及び前項の規定により選任された委員は、法第五条の規定にかかわらず、当該市町村の設置後最初に行われる市町村の長の選挙後最初に招集される議会の会期の末日まで在任するものとする。

（**最初に任命される委員の任期**）

第二〇条　市町村の設置後最初に法第四条（第一項を除く。）の規定により任命される教育委員会の委員の任期については、第十八条（後段を除く。）の規定を準用する。この場合において、各委員の任期は、当該市町村の長が定める。

（**事務引継**）

第二一条　市町村の設置があつた場合においては、従前当該市町村の地域が属していた関係市町村の教育委員会（関係市町村の教育委員会がなくなつた場合にあつては、その教育長であつた者。以下次項において同じ。）は、当該教育委員会の管理し、及び執行していた事務で当該新たに設置された市町村に係るものを、二十日以内に当該市町村の教育委員会に引き継がなければならない。

2　前項の規定による事務の引継の場合においては、当該関係市町村の教育委員会は、書類、帳簿及び財産目録を作成し、処分未了若しくは未着手の事項又は将来企画すべき事項については、その処理の順序及び方法並びにこれらの事項に対する意見を記載しなければならない。

3　前二項に定めるもののほか、市町村の設置があつた場合における教育委員会の事務の引継に関し必要な事項は、都道府県委員会が定める。

第七章　指定都市の指定があつた場合における特例

（**県費負担教職員に対する処分の効力**）

第二二条　指定都市の指定があつた場合においては、都道府県委員会が当該指定に係る市の県費負担教職員に対し行つた任免、給与の決定、休職又は懲戒の処分で当該指定の日（以下この条及び次条において「指定日」という。）において現に効力を有するものは、指定日以後においては、当該指定都市の教育委員会が行つた処分とみなす。この場合において、当該処分に期間が付されているときは、当該期間は、当該処分が行われた日（起算日が別に定められている処分については、当該起算日）から起算するものとする。

（**不利益処分に関する経過措置**）

第二三条　指定都市の指定があつた場合においては、指定日前に当該指定に係る市の県費負担教職員に対し行われた不利益処分に関する説明書の交付、審査請求、審査及び審査の結果執るべき措置に関しては、なお従前の例による。

第八章　雑則

（**事務の区分**）

第二四条　第十一条の規定により都道府県が処理することとされている事務は、地方自治法第二条第九項第一号に規定する第一号法定受託事務とする。

附　則（省略）

附　則（抄）（令和二年三月二七日政令第六一号）

（**施行期日**）

1　この政令は、令和二年四月一日から施行する。

●文部科学省設置法（平成一一年七月一六日法律第九六号）

施行、平一三・一・六
最終改正、平三〇―法一〇三

第一章　総則

（**目的**）

第一条　この法律は、文部科学省の設置並びに任務及びこれを達成するため必要となる明確な範囲の所掌事務を定めるとともに、その所掌する行政事務を能率的に遂行するため必要な組織を定めることを目的とする。

第二章　文部科学省の設置並びに任務及び所掌事務

第一節　文部科学省の設置

（**設置**）

第二条　国家行政組織法（昭和二十三年法律第百二十号）第三条第二項の規定に基づいて、文部科学省を設置する。

2　文部科学省の長は、文部科学大臣とする。

第二節　文部科学省の任務及び所掌事務

（**任務**）

第三条　文部科学省は、教育の振興及び生涯学習の推進を中核とした豊かな人間性を備えた創造的な人材の育成、学術の振興、科学技術の総合的な振興並びにスポーツ及び文化に関する施策の総合的な推進を図るとともに、宗教に関する行政事務を適切に行うことを任務とする。

2　前項に定めるもののほか、文部科学省は、同項の任務に関連する特定の内閣の重要政策に関する内閣の事務を助けることを任務とする。

3　文部科学省は、前項の任務を遂行するに当たり、内閣官房を助けるものとする。

第四条（所掌事務）　文部科学省は、前条第一項の任務を達成するため、次に掲げる事務をつかさどる。
一　豊かな人間性を備えた創造的な人材の育成のための教育改革に関すること。
二　生涯学習に係る機会の整備の推進に関すること。
三　地方教育行政に関する制度の企画及び立案並びに地方教育行政の組織及び一般的運営に関する指導、助言及び勧告に関すること。
四　地方教育費に関する企画に関すること。
五　地方公務員である教育関係職員の任免、給与その他の身分取扱いに関する制度の企画及び立案並びにこれらの制度の運営に関する指導、助言及び勧告に関すること。
六　地方公務員である教育関係職員の福利厚生に関すること。
七　初等中等教育（幼稚園、小学校、中学校、義務教育学校、高等学校、中等教育学校、特別支援学校及び幼保連携型認定こども園における教育をいう。以下同じ。）の振興に関する企画及び立案並びに援助及び助言に関すること。
八　初等中等教育のための補助に関すること。
九　初等中等教育の基準の設定に関すること。
十　教科用図書の検定に関すること。
十一　教科用図書その他の教授上用いられる図書の発行及び義務教育諸学校（小学校、中学校、義務教育学校、中等教育学校の前期課程並びに特別支援学校の小学部及び中学部をいう。）において使用する教科用図書の無償措置に関すること。
十二　学校保健（学校における保健教育及び保健管理をいう。）、学校安全（学校における安全教育及び安全管理をいう。）、学校給食及び災害共済給付（学校の管理下における幼児、児童、生徒及び学生の負傷その他の災害に関する共済給付をいう。）に関すること。
十二の二　公認心理師に関する事務のうち所掌に係るものに関すること。
十三　教育職員の養成並びに資質の保持及び向上に関すること。
十四　海外に在留する邦人の子女のための在外教育施設及び関係団体が行う教育、海外から帰国した児童及び生徒の教育並びに本邦に在留する外国人の児童及び生徒の学校生活への適応のための指導に関すること。
十五　大学及び高等専門学校における教育の振興に関する企画及び立案並びに援助及び助言に関すること。
十六　大学及び高等専門学校における教育のための補助に関すること。
十七　大学及び高等専門学校における教育の基準の設定に関すること。
十八　大学及び高等専門学校の設置、廃止、設置者の変更その他の事項の認可に関すること。
十九　大学の入学者の選抜及び学位の授与に関すること。
二十　学生及び生徒の奨学、厚生及び補導に関すること。
二十一　外国人留学生の受入れの連絡及び教育並びに海外への留学生の派遣に関すること。
二十二　政府開発援助のうち外国人留学生に係る技術協力に関すること（外交政策に係るものを除く。）。
二十三　専修学校及び各種学校における教育の振興に関する企画及び立案並びに援助及び助言に関すること。
二十四　専修学校及び各種学校における教育の基準の設定に関すること。
二十五　国立大学（国立大学法人法（平成十五年法律第百十二号）第二条第二項に規定する国立大学をいう。）及び大学共同利用機関（同条第四項に規定する大学共同利用機関をいう。）における教育及び研究に関すること。
二十六　国立高等専門学校（独立行政法人国立高等専門学校機構法（平成十五年法律第百十三号）第三条に規定する国立高等専門学校をいう。）における教育に関すること。
二十七　国立研究開発法人宇宙航空研究開発機構における学術研究及び教育に関すること。
二十八　私立学校に関する行政の制度の企画及び立案並びにこれらの行政の組織及び一般的運営に関する指導、助言及び勧告に関すること。
二十九　文部科学大臣が所轄庁である学校法人についての認可及び認定並びにその経営に関する指導及び助言に関すること。
三十　私立学校教育の振興のための学校法人その他の私立学校の設置者、地方公共団体及び関係団体に対する助成に関すること。
三十一　私立学校教職員の共済制度に関すること。
三十二　社会教育の振興に関する企画及び立案並びに援助及び助言に関すること。
三十三　社会教育のための補助に関すること。
三十四　青少年教育に関する施設において行う青少年の団体宿泊訓練に関すること。
三十五　通信教育及び視聴覚教育に関すること。
三十六　外国人に対する日本語教育に関すること（外交政策に係るものを除く。）。
三十七　家庭教育の支援に関すること。
三十八　公立及び私立の文教施設並びに地方独立行政法人が設置する文教施設の整備に関する指導及び助言に関すること。
三十九　公立の文教施設の整備のための補助に関すること。
四十　学校施設及び教育用品の基準の設定に関すること。
四十一　学校環境の整備に関する指導及び助言に関すること。
四十二　青少年の健全な育成の推進に関すること（内閣府の所掌に属するものを除く。）。
四十三　科学技術に関する基本的な政策の企画及び立案並びに推進に関すること（内閣府の所掌に属するものを除く。）。
四十四　科学技術に関する研究及び開発（以下「研究開発」という。）に関する計画の作成及び推進に関すること。
四十五　科学技術に関する関係行政機関の事務の調整に関すること（内閣府の所掌に属するものを除く。）。
四十六　学術の振興に関すること。
四十七　研究者の養成及び資質の向上に関すること。
四十八　技術者の養成及び資質の向上に関すること（文部科学省に置かれる試験研究機関及び文部科学大臣が所管する法人において行うものに限る。）。
四十九　技術士に関すること。
五十　研究開発に必要な施設及び設備（関係行政機関に重複して設置することが多額の経費を要するため適当でないと認められるものに限る。）の整備（共用に供することを含む。）、研究開発に関する情報処理の高度化及び情報の流通の促進その他の科学技術に関する研究開発の基盤の整備に関すること。
五十一　科学技術に関する研究開発に係る交流の助成に関すること。
五十二　前二号に掲げるもののほか、科学技術に関する研究開発の推進のための環境の整備に関すること。
五十三　科学技術に関する研究開発の成果の普及及び成果の活用の促進に関すること。
五十四　発明及び実用新案の奨励並びにこれらの実施化の推進に関すること。
五十五　科学技術に関する知識の普及並びに国民の関心及び理解の増進に関すること。
五十六　科学技術に関する研究開発が経済社会及び国民生活に及ぼす影響に関し、評価を行うことその他の措置に関すること。
五十七　科学技術に関する基礎研究及び科学技術に関する共通的な研究開発（二以上の府省のそれぞれの所掌に係る研究開発に共通する研究開発をいう。）に関すること。
五十八　科学技術に関する研究開発で、関係行政機関に重複して設置することが多額の経費を要するため適当でないと認められる施設及び設備を必要とするものに関すること。
五十九　科学技術に関する研究開発で多数部門の協力を要する総合的なものに関すること（他の府省の所掌に属するものを除く。）。
六十　国立研究開発法人理化学研究所の行う科学技術に関する試験及び研究に関すること。
六十一　放射線の利用に関する研究開発に関すること。
六十二　宇宙の開発及び原子力に関する技術開発で科学技術の水準の向上を図るためのものに関すること。
六十三　宇宙の利用の推進に関する事務のうち科学技術の水準の向上を図るためのものに関すること。
六十四　放射性同位元素の利用の推進に関すること。
六十五　資源の総合的利用に関すること（他の府省の所掌に属するものを除く。）。
六十六　原子力政策のうち科学技術に関するものに関すること。
六十七　原子力に関する関係行政機関の試験及び研究に係る経費その他これに類する経費の配分計画に関すること。
六十八　原子力損害の賠償に関すること。
六十九　スポーツに関する基本的な政策の企画及び立案並びに推進に関すること。
七十　スポーツに関する関係行政機関の事務の調整に関すること。
七十一　スポーツの振興に関する企画及び立案並びに援助及び助言に関すること。
七十二　スポーツのための助成に関すること。
七十三　心身の健康の保持増進に資するスポーツの機会の確保に関すること。
七十四　国際的又は全国的な規模において行われるスポーツ事業に関すること。
七十五　スポーツに関する競技水準の向上に関すること。
七十六　スポーツ振興投票に関すること。
七十七　文化に関する基本的な政策の企画及び立案並びに推進に関すること。
七十八　文化に関する関係行政機関の事務の調整に関すること。
七十九　文化（文化財（文化財保護法（昭和二十五年法律第二百十四号）第二条第一項に規定する文化財をいう。第八十五号において同じ。）に係る事項を除く。次号及び第八十二号において同じ。）の振興に関する企画及び立案並びに援助及び助言に関すること。
八十　文化の振興のための助成に関すること。
八十一　劇場、音楽堂、美術館その他の文化施設に関すること。
八十二　文化に関する展示会、講習会その他の催しを主催すること。
八十三　国語の改善及びその普及に関すること。
八十四　著作者の権利、出版権及び著作隣接権の保護及び利用に関すること。
八十五　文化財の保存及び活用に関すること。
八十六　アイヌ文化の振興に関すること。
八十六の二　興行入場券（特定興行入場券の不正転売の禁止等による興行入場券の適正な流通の確保に関する法律（平成三十年法律第百三号）第二条第二項に規定する興行入場券をいう。）の適正な流通の確保に関する関係行政機関の事務の調整に関すること。
八十七　宗教法人の規則、規則の変更、合併及び任意解散の認証並びに宗教に関する情報資料の収集及び宗教団体との連絡に関すること。
八十八　国際文化交流の振興に関すること（外交政策に係るものを除く。）。
八十九　ユネスコ活動（ユネスコ活動に関する法律（昭和二十七年法律第二百七号）第二条に規定するユネスコ活動をいう。）の振興に関すること（外交政策に係るものを除く。）。
九十　文化功労者に関すること。
九十一　地方公共団体の機関、大学、高等専門学校、研究機関その他の関係機関に対し、教育、学術、スポーツ、文化及び宗教に係る専門的、技術的な指導及び助言を行うこと。
九十二　教育関係職員、研究者、社会教育に関する団体、社会教育指導者、スポーツの指導者その他の関係者に対し、教育、学術、スポーツ及び文化に係る専門的、技術的な指導及び助言を行うこと。
九十三　所掌事務に係る国際協力に関すること。
九十四　政令で定める文教研修施設において所掌事務に関する研修を行うこと。
九十五　前各号に掲げるもののほか、法律（法律に基づく命令を含む。）に基づき文部科学省に属させられた事務

2　前項に定めるもののほか、文部科学省は、前条第二項の任務を達成するため、同条第一項の任務に関連する特定の内閣の重要政策について、当該重要政策に関して閣議において決定された基本的な方針に基づいて、行政各部の施策の統一を図るために必要となる企画及び立案並びに総合調整に関する事務をつかさどる。

第三章　本省に置かれる職及び機関

第一節　特別な職

（**文部科学審議官**）
第五条　文部科学省に、文部科学審議官二人を置く。
2　文部科学審議官は、命を受けて、文部科学省の所掌事務に係る重要な政策に関する事務を総括整理する。

第二節　審議会等

第一款　設置

第六条　本省に、科学技術・学術審議会を置く。
2　前項に定めるもののほか、別に法律で定めるところにより文部科学省に置かれる審議会等で本省に置かれるものは、国立大学法人評価委員会とする。

第二款　科学技術・学術審議会

第七条　科学技術・学術審議会は、次に掲げる事務をつかさどる。
一　文部科学大臣の諮問に応じて次に掲げる重要事項を調査審議すること。
イ　科学技術の総合的な振興に関する重要事項
ロ　学術の振興に関する重要事項
二　前号イ及びロに掲げる重要事項に関し、文部科学大臣に意見を述べること。
三　文部科学大臣又は関係各大臣の諮問に応じて海洋の開発に関する総合的かつ基本的な事項を調査審議すること。
四　測地学及び政府機関における測地事業計画に関する事項を調査審議すること。
五　前二号に規定する事項に関し、文部科学大臣又は関係各大臣に意見を述べること。
六　技術士法（昭和五十八年法律第二十五号）の規定によりその権限に属させられた事項を処理すること。
2　前項に定めるもののほか、科学技術・学術審議会の組織及び委員その他の職員その他科学技術・学術審議会に関し必要な事項については、政令で定める。

第三款　国立大学法人評価委員会

第八条　国立大学法人評価委員会については、国立大学法人法（これに基づく命令を含む。）の定めるところによる。

第三節　特別の機関

（**設置**）
第九条　本省に、日本学士院を置く。
2　前項に定めるもののほか、別に法律で定め

るところにより文部科学省に置かれる特別の機関で本省に置かれるものは、次のとおりとする。

地震調査研究推進本部

日本ユネスコ国内委員会

（日本学士院）

第一〇条 日本学士院については、日本学士院法（昭和三十一年法律第二十七号）の定めるところによる。

（地震調査研究推進本部）

第一一条 地震調査研究推進本部については、地震防災対策特別措置法（平成七年法律第百十一号。これに基づく命令を含む。）の定めるところによる。

（日本ユネスコ国内委員会）

第一二条 日本ユネスコ国内委員会については、ユネスコ活動に関する法律（これに基づく命令を含む。）の定めるところによる。

第四章 外局

第一節 設置

第一三条 国家行政組織法第三条第二項の規定に基づいて、文部科学省に、次の外局を置く。

スポーツ庁

文化庁

第二節 スポーツ庁

（長官）

第一四条 スポーツ庁の長は、スポーツ庁長官とする。

（任務）

第一五条 スポーツ庁は、スポーツの振興その他のスポーツに関する施策の総合的な推進を図ることを任務とする。

（所掌事務）

第一六条 スポーツ庁は、前条の任務を達成するため、第四条第一項第三号、第五号、第三十号、第三十八号、第三十九号、第六十九号から第七十六号まで、第八十八号（スポーツの振興に係るものに限る。）、第八十九号及び第九十一号から第九十五号までに掲げる事務並びに学校における体育及び保健教育の基準の設定に関する事務をつかさどる。

第三節 文化庁

第一款 任務及び所掌事務

（長官）

第一七条 文化庁の長は、文化庁長官とする。

（任務）

第一八条 文化庁は、文化の振興その他の文化に関する施策の総合的な推進並びに国際文化交流の振興及び博物館による社会教育の振興を図るとともに、宗教に関する行政事務を適切に行うことを任務とする。

（所掌事務）

第一九条 文化庁は、前条の任務を達成するため、第四条第一項第三号、第五号、第三十号、第三十二号、第三十三号（博物館に係るものに限る。）、第三十六号、第三十八号、第三十九号、第七十七号から第八十七号まで、第八十八号（学術及びスポーツの振興に係るものを除く。）、第八十九号及び第九十一号から第九十五号までに掲げる事務並びに学校における芸術に関する教育の基準の設定に関する事務をつかさどる。

第二款 審議会等

（設置）

第二〇条 文化庁に、文化審議会を置く。

2 前項に定めるもののほか、別に法律で定めるところにより文部科学省に置かれる審議会等で文化庁に置かれるものは、宗教法人審議会とする。

（文化審議会）

第二一条 文化審議会は、次に掲げる事務をつかさどる。

一 文部科学大臣又は文化庁長官の諮問に応じて文化の振興その他の文化に関する施策の総合的な推進並びに国際文化交流の振興（学術及びスポーツの振興に係るものを除く。）及び博物館による社会教育の振興に関する重要事項（第三号に規定するものを除く。）を調査審議すること。

二 前号に規定する重要事項に関し、文部科学大臣又は文化庁長官に意見を述べること。

三 文部科学大臣又は文化庁長官の諮問に応じて国語の改善及びその普及に関する事項を調査審議すること。

四 前号に規定する事項に関し、文部科学大臣、関係各大臣又は文化庁長官に意見を述べること。

五 文化芸術基本法（平成十三年法律第百四十八号）第七条第三項、展覧会における美術品損害の補償に関する法律（平成二十三年法律第十七号）第十二条第二項、著作権法（昭和四十五年法律第四十八号）、万国著作権条約の実施に伴う著作権法の特例に関する法律（昭和三十一年法律第八十六号）第五条第四項、著作権等管理事業法（平成十二年法律第百三十一号）第二十四条第四項、文化財保護法第百五十三条及び文化功労者年金法（昭和二十六年法律第百二十五号）第二条第二項の規定によりその権限に属させられた事項を処理すること。

2 文化審議会の委員その他の職員で政令で定めるものは、文部科学大臣が任命する。

3 前二項に定めるもののほか、文化審議会の組織及び委員その他の職員その他文化審議会に関し必要な事項については、政令で定める。

（宗教法人審議会）

第二二条 宗教法人審議会については、宗教法人法（昭和二十六年法律第百二十六号）の定めるところによる。

第三款 特別の機関

（日本芸術院）

第二三条 文化庁に、日本芸術院を置く。

2 日本芸術院は、次に掲げる事務をつかさどる。

一 芸術上の功績顕著な芸術家の優遇に関すること。

二 芸術の発達に寄与する活動を行い、並びに芸術に関する重要事項を審議し、及びこれに関し、文部科学大臣又は文化庁長官に意見を述べること。

3 日本芸術院の長及び会員は、政令で定めるところにより、文部科学大臣が任命する。

4 日本芸術院の会員には、予算の範囲内で、文部科学大臣の定めるところにより、年金を支給することができる。

5 日本芸術院の組織、会員その他の職員及び運営については、政令で定める。

第五章 雑則

（職員）

第二四条 文化庁に政令の規定により置かれる施設等機関で政令で定めるものの長は、文部科学大臣が任命する。

附 則（省略）

●文部科学省組織令（抜粋）（平成一二年六月七日 政令第二五一号）

施行、平一三・一・六
最終改正、令二―政一五七

第一章　本省

第一節　秘書官

（秘書官の定数）
第一条　秘書官の定数は、一人とする。

第二節　内部部局等

第一款　大臣官房及び局並びに国際統括官の設置等

（大臣官房及び局並びに国際統括官の設置等）
第二条　本省に、大臣官房及び次の六局並びに国際統括官一人を置く。
総合教育政策局
初等中等教育局
高等教育局
科学技術・学術政策局
研究振興局
研究開発局
2　大臣官房に文教施設企画・防災部を、高等教育局に私学部を置く。

（大臣官房の所掌事務）
第三条　大臣官房は、次に掲げる事務をつかさどる。
一　文部科学省の職員の任免、給与、懲戒、服務その他の人事並びに教養及び訓練に関すること。
二　文部科学省の職員の衛生、医療その他の福利厚生に関すること。
三　文部科学省共済組合に関すること。
四　機密に関すること。
五　大臣の官印及び省印の保管に関すること。
六　公文書類の接受、発送、編集及び保存に関すること。
七　法令案その他の公文書類の審査に関すること。
八　文部科学省の保有する情報の公開に関すること。
九　文部科学省の保有する個人情報の保護に関すること。
十　文部科学省の所掌事務に関する総合調整に関すること。
十一　国会との連絡に関すること。
十二　広報に関すること。
十三　文部科学省の機構及び定員に関すること。
十四　文部科学省の所掌に係る経費及び収入の予算、決算及び会計並びに会計の監査に関すること。
十五　文部科学省所管の国有財産の管理及び処分並びに物品の管理に関すること。
十六　東日本大震災復興特別会計の経理のうち文部科学省の所掌に係るものに関すること。
十七　東日本大震災復興特別会計に属する国有財産の管理及び処分並びに物品の管理のうち文部科学省の所掌に係るものに関すること。
十八　文部科学省の行政の考査に関すること。
十九　文化功労者に関すること。
二十　文部科学省の所掌事務に係る法人（学校法人及び宗教法人を除く。）の監督に関する基本方針の企画及び立案並びに調整に関すること。
二十一　文部科学省の所掌事務に係る基本的かつ総合的な政策の企画及び立案に関すること。
二十二　文部科学省の所掌事務に関する政策の評価に関すること。
二十三　文部科学省の情報システムの整備及び管理に関すること。
二十四　国立国会図書館支部文部科学省図書館に関すること。
二十五　文部科学省の所掌事務に係る国際交流に関する基本的な政策の企画及び立案並びに推進に関すること。
二十六　文部科学省の所掌事務に係る国際協力に関すること（スポーツ庁及び文化庁並びに科学技術・学術政策局及び研究開発局の所掌に属するものを除く。）。
二十七　文部科学省の所掌事務に係る国際的諸活動（国際交流及び国際協力を除く。）に関する連絡調整に関すること。
二十八　文教施設並びに科学技術に関する研究及び開発（以下「研究開発」という。）に必要な施設の整備に関する基本的な施策の企画及び立案並びに調整に関すること。
二十九　公立及び私立の文教施設並びに地方独立行政法人が設置する文教施設の整備に関する指導及び助言に関すること（スポーツ庁及び文化庁並びに他局の所掌に属するものを除く。）。
三十　公立の学校施設の整備のための援助及び補助に関すること（スポーツ庁及び初等中等教育局の所掌に属するものを除く。）。
三十一　学校施設及び学校用家具の基準の設定に関すること。
三十二　学校環境の整備に関する指導及び助言に関すること。
三十三　文教施設の防災に関する施策の基本方針の企画及び立案並びに調整に関すること。
三十四　教育、学術、スポーツ及び文化の直接の用に供する物資（学校給食用物資を除く。）並びに教育、学術、スポーツ及び文化の用に供する物資のうち国際的に供給の不足するもの（学校給食用物資を除く。）の入手又は利用に関する便宜の供与に関すること。
三十五　学校施設の学校教育の目的以外の目的への使用の防止に係る返還命令及び移転命令に関すること。
三十六　国立の文教施設の整備に関すること（官公庁施設の建設等に関する法律（昭和二十六年法律第百八十一号）第十条第一項の規定に基づき国土交通大臣の行う営繕及び建設並びに土地又は借地権の取得を除く。）。
三十七　独立行政法人、国立大学法人（国立大学法人法（平成十五年法律第百十二号）第二条第一項に規定する国立大学法人をいう。以下同じ。）及び大学共同利用機関法人（同条第三項に規定する大学共同利用機関法人をいう。以下同じ。）が設置する文教施設の整備に関する長期計画の企画及び立案並びに連絡調整並びに予算案の準備に関すること。
三十八　国立大学法人、大学共同利用機関法人、独立行政法人大学改革支援・学位授与機構及び独立行政法人国立高等専門学校機構が設置する文教施設の整備のための補助金の交付に関すること。
三十九　独立行政法人大学改革支援・学位授与機構の行う国立大学法人及び大学共同利用機関法人に対する土地の取得、施設の設置若しくは整備又は設備の設置に必要な資金の貸付けに関すること。
四十　独立行政法人大学改革支援・学位授与機構の行う国立大学法人、大学共同利用機関法人及び独立行政法人国立高等専門学校機構に対する土地の取得、施設の設置若しくは整備又は設備の設置に必要な資金の交付に関すること。
四十一　独立行政法人、国立大学法人及び大学共同利用機関法人が設置する文教施設の整備に関する基準に関すること。
四十二　独立行政法人、国立大学法人及び大学共同利用機関法人が設置する文教施設の立地計画（独立行政法人、国立大学法人及び大学共同利用機関法人において土地又は借地権の取得を必要とすることとなるものに限る。）に関すること。
四十三　文部科学省設置法第三条第一項の任務に関連する特定の内閣の重要政策について、当該重要政策に関して閣議において決定された基本的な方針に基づいて、行政各部の施策の統一を図るために必要となる企画及び立案並びに総合調整に関すること。
四十四　前各号に掲げるもののほか、文部科学省の所掌事務で他の所掌に属しないものに関すること。

2　文教施設企画・防災部は、前項第二十八号から第四十二号までに掲げる事務をつかさどる。

（総合教育政策局の所掌事務）

第四条　総合教育政策局は、次に掲げる事務をつかさどる。

一　豊かな人間性を備えた創造的な人材の育成のための教育改革に関する基本的な政策の企画及び立案並びに推進に関すること。

二　教育基本法（平成十八年法律第百二十号）の施行に関する事務の総括に関すること。

三　教育基本法第十七条第一項に規定する基本的な計画に関すること。

四　生涯学習に係る機会の整備の推進に関すること。

五　文部科学省の所掌事務に関する生涯学習に係る機会の整備に関する基本的な政策の企画及び立案に関すること。

六　地域の振興に資する見地からの基本的な文教施策の企画及び立案並びに調整に関すること。

七　教育、スポーツ及び文化に係る情報通信の技術の活用に関する基本的な政策の企画及び立案並びに推進に関すること。

八　教育、スポーツ、文化及び宗教に係る調査及び研究に関する基本的な施策の企画及び立案並びに調整に関すること。

九　教育、スポーツ、文化及び宗教に係る統計に関すること（他の所掌に属するものを除く。）。

十　児童及び生徒の学力の状況に関する全国的な調査及び分析に関すること（初等中等教育局の所掌に属するものを除く。）。

十一　外国の教育事情に関する調査及び研究に関すること。

十二　幼稚園、小学校、中学校、義務教育学校、高等学校、中等教育学校、特別支援学校及び幼保連携型認定こども園における国際理解教育（以下この条及び第二十八条において単に「国際理解教育」という。）の振興に関する企画及び立案並びに援助及び助言に関すること。

十三　学校運営協議会（地方教育行政の組織及び運営に関する法律（昭和三十一年法律第百六十二号）第四十七条の五に規定する学校運営協議会をいう。）その他の学校の運営に関する学校と地域住民その他の関係者との連携及び協力に関する制度（第三十条第八号において「学校運営協議会等」という。）に関すること。

十四　学校安全（学校における安全教育及び安全管理をいう。第三十一条第六号及び第三十四条第十二号において同じ。）及び災害共済給付（学校の管理下における幼児、児童、生徒及び学生の負傷その他の災害に関する共済給付をいう。第三十一条第六号及び第三十四条第十二号において同じ。）に関すること（初等中等教育の基準（教材並びに学級編制及び教職員定数に係るものに限る。）の設定に関することを除く。）。

十五　教育職員の養成並びに資質の保持及び向上に関すること。

十六　地方公務員である教育職員の採用のための選考に関する指導、助言及び勧告に関すること。

十七　海外に在留する邦人の子女のための在外教育施設及び関係団体が行う教育、海外から帰国した児童及び生徒の教育並びに本邦に在留する外国人の児童及び生徒の学校生活への適応のための指導に関すること。

十八　中学校卒業程度認定及び高等学校卒業程度認定に関すること。

十九　専修学校及び各種学校における教育の振興に関する企画及び立案並びに援助及び助言に関すること（初等中等教育局及び高等教育局の所掌に属するものを除く。）。

二十　専修学校及び各種学校における教育の基準の設定に関すること（スポーツ庁及び文化庁並びに高等教育局の所掌に属するものを除く。）。

二十一　私立の専修学校及び各種学校における教育の振興のための学校法人その他の私立の専修学校及び各種学校の設置者、地方公共団体並びに関係団体に対する助成に関すること（スポーツ庁及び文化庁の所掌に属するものを除く。）。

二十二　社会教育の振興に関する企画及び立案並びに援助及び助言に関すること（文化庁の所掌に属するものを除く。）。

二十三　社会教育主事、司書及び司書補並びに司書教諭の講習に関すること。

二十四　社会教育のための補助に関すること（文化庁の所掌に属するものを除く。）。

二十五　公立及び私立の社会教育施設の整備に関する指導及び助言に関すること（スポーツ庁及び文化庁の所掌に属するものを除く。）。

二十六　公立の社会教育施設の整備のための補助に関すること（スポーツ庁及び文化庁の所掌に属するものを除く。）。

二十七　学校図書館に関すること。

二十八　青少年教育に関する施設において行う青少年の団体宿泊訓練に関すること。

二十九　社会教育としての通信教育に関すること。

三十　社会教育における視聴覚教育メディアの利用に関すること。

三十一　家庭教育の支援に関すること。

三十二　青少年の健全な育成の推進に関すること（内閣府の所掌に属するものを除く。）。

三十三　文部科学省の所掌事務に係る青少年の健全な育成に関する基本的な政策の企画及び立案に関すること。

三十四　教育の振興に係る国際文化交流の振興に関すること（外交政策に係るもの並びに高等教育局及び国際統括官の所掌に属するものを除く。）。

三十五　地方公共団体の機関その他の関係機関に対し、国際理解教育、専修学校及び各種学校における教育並びに社会教育に係る専門的、技術的な指導及び助言を行うこと（スポーツ庁及び文化庁並びに初等中等教育局及び高等教育局の所掌に属するものを除く。）。

三十六　教育関係職員、社会教育に関する団体、社会教育指導者その他の関係者に対し、国際理解教育、専修学校及び各種学校における教育並びに社会教育に係る専門的、技術的な指導及び助言を行うこと（スポーツ庁及び文化庁並びに初等中等教育局及び高等教育局の所掌に属するものを除く。）。

三十七　中央教育審議会の庶務（初等中等教育分科会及び大学分科会に係るものを除く。）に関すること。

三十八　国立教育政策研究所の組織及び運営一般に関すること。

三十九　独立行政法人教職員支援機構の組織及び運営一般に関すること。

四十　放送大学学園法（平成十四年法律第百五十六号）第三条に規定する放送大学学園（以下単に「放送大学学園」という。）の組織及び運営一般に関すること。

（初等中等教育局の所掌事務）

第五条　初等中等教育局は、次に掲げる事務をつかさどる。

一　地方教育行政に関する制度の企画及び立案に関すること。

二　地方教育行政の組織及び一般的運営に関する指導、助言及び勧告に関すること（スポーツ庁及び文化庁の所掌に属するものを除く。）。

三　地方教育費に関する企画に関すること。

四　地方公務員である教育関係職員の任免、給与その他の身分取扱いに関する制度の企画及び立案並びにこれらの制度の運営に関する指導、助言及び勧告に関すること（スポーツ庁及び文化庁並びに総合教育政策局の所掌に属するものを除く。）。

五　地方公務員である教育関係職員の福利厚生に関すること。

六　初等中等教育（幼稚園、小学校、中学校、義務教育学校、高等学校、中等教育学校、特別支援学校及び幼保連携型認定こど

も園における教育をいう。以下同じ。）の振興に関する企画及び立案並びに援助及び助言に関すること（総合教育政策局の所掌に属するものを除く。）。
七　初等中等教育のための補助に関すること（総合教育政策局の所掌に属するものを除く。）。
八　高等学校等就学支援金の支給に関する法律（平成二十二年法律第十八号）の施行に関すること。
九　初等中等教育の基準の設定に関すること（スポーツ庁及び文化庁並びに総合教育政策局の所掌に属するものを除く。）。
十　幼児に対する教育の振興に関する基本的な施策の企画及び立案並びに調整に関すること。
十一　教科用図書の検定に関すること。
十二　教科用図書その他の教授上用いられる図書の発行及び義務教育諸学校（小学校、中学校、義務教育学校、中等教育学校の前期課程並びに特別支援学校の小学部及び中学部をいう。第四十条第二号において同じ。）において使用する教科用図書の無償措置に関すること。
十三　文部科学省が著作の名義を有する出版物の著作権の管理に関すること。
十四　文部科学省の所掌事務に係る健康教育の振興及び食育の推進に関する基本的な施策の企画及び立案並びに調整に関すること。
十五　学校保健（学校における保健教育及び保健管理をいう。第四十一条第二号において同じ。）及び学校給食に関すること（学校における保健教育の基準の設定に関すること及び公立の学校の給食施設の整備に関することを除く。）。
十六　公立学校の学校医、学校歯科医及び学校薬剤師の公務災害補償に関すること。
十七　私立学校教育の振興のための学校法人その他の私立学校の設置者、地方公共団体及び関係団体に対する助成（幼稚園の施設並びに産業教育のための施設の整備に係るものに限る。）に関すること（スポーツ庁及び文化庁の所掌に属するものを除く。）。
十八　視聴覚教育に関する連絡調整に関すること。
十九　学校教育における視聴覚教育メディアの利用に関すること（高等教育局の所掌に属するものを除く。）。
二十　高等学校、中等教育学校の後期課程及び特別支援学校の高等部における通信教育に関すること（総合教育政策局の所掌に属するものを除く。）。
二十一　教育用品（学校用家具を除く。）の基準の設定に関すること。
二十二　中学校卒業程度を入学資格とする専修学校及び各種学校における教育の振興（教育内容に係るものに限る。）に関する援助及び助言に関すること（安全教育に係るものを除く。）。
二十三　地方公共団体の機関その他の関係機関に対し、初等中等教育に係る専門的、技術的な指導及び助言を行うこと（スポーツ庁及び文化庁並びに総合教育政策局の所掌に属するものを除く。）。
二十四　教育関係職員その他の関係者に対し、初等中等教育に係る専門的、技術的な指導及び助言を行うこと（スポーツ庁及び文化庁並びに総合教育政策局の所掌に属するものを除く。）。
二十五　少年院の長が行う教科指導についての勧告に関すること。
二十六　特別支援学校の理療に関する学科、理学療法に関する学科及び歯科技工に関する学科の認定に関すること。
二十七　看護師、准看護師又は介護福祉士の養成のための高等学校及び中等教育学校の指定に関すること。
二十八　中央教育審議会初等中等教育分科会の庶務に関すること。

（高等教育局の所掌事務）

第六条　高等教育局は、次に掲げる事務をつかさどる。
一　大学及び高等専門学校における教育の振興に関する企画及び立案並びに援助及び助言に関すること（総合教育政策局及び初等中等教育局の所掌に属するものを除く。）。
二　大学における教育及び研究についての評価に関する企画及び立案並びに援助及び助言に関すること。
三　大学及び高等専門学校における教育のための補助に関すること（総合教育政策局及び初等中等教育局の所掌に属するものを除く。）。
四　大学及び高等専門学校における教育の基準の設定に関すること（スポーツ庁及び文化庁並びに総合教育政策局の所掌に属するものを除く。）。
五　大学及び高等専門学校の設置、廃止、設置者の変更その他の事項の認可に関すること。
六　大学の入学者の選抜及び学位の授与に関すること。
七　学生及び生徒の奨学、厚生及び補導に関すること。
八　外国人留学生の受入れの連絡及び教育並びに海外への留学生の派遣に関すること。
九　政府開発援助のうち外国人留学生に係る技術協力に関すること（外交政策に係るものを除く。）。
十　高等学校卒業程度を入学資格とする専修学校及び各種学校における教育の振興（教育内容に係るものに限る。）に関する援助及び助言に関すること（総合教育政策局及び初等中等教育局の所掌に属するものを除く。）。
十一　公認心理師に関する事務のうち文部科学省の所掌に係るものに関すること。
十二　医療技術者又は社会福祉に関する専門的知識及び技術を有する者の養成のための大学に附属する専修学校及び各種学校における教育（第四十八条において「附属専修学校等における医療技術者等養成教育」という。）の基準の設定に関すること。
十三　医療技術者又は社会福祉に関する専門的知識及び技術を有する者の養成のための大学並びにこれに附属する専修学校及び各種学校の指定に関すること。
十四　看護師等の人材確保の促進に関する法律（平成四年法律第八十六号）第三条の基本指針のうち同条第二項第二号に掲げる事項に関すること。
十五　国立大学（国立大学法人法第二条第二項に規定する国立大学をいう。以下同じ。）における教育及び研究（国立大学の附属図書館におけるものを除く。）に関すること（総合教育政策局及び初等中等教育局の所掌に属するものを除く。）。
十六　国立高等専門学校（独立行政法人国立高等専門学校機構法（平成十五年法律第百十三号）第三条に規定する国立高等専門学校をいう。第四十七条第七号において同じ。）における教育に関すること（総合教育政策局及び初等中等教育局の所掌に属するものを除く。）。
十七　大学及び高等専門学校における通信教育及び視聴覚教育に関すること。
十八　大学及び高等専門学校における教育の振興に係る国際文化交流の振興に関すること（外交政策に係るもの及び国際統括官の所掌に属するものを除く。）。
十九　地方公共団体の機関、大学、高等専門学校その他の関係機関に対し、大学及び高等専門学校並びに高等学校卒業程度を入学資格とする専修学校及び各種学校における教育に係る専門的、技術的な指導及び助言を行うこと（スポーツ庁及び文化庁並びに総合教育政策局及び初等中等教育局の所掌に属するものを除く。）。
二十　教育関係職員その他の関係者に対し、大学及び高等専門学校並びに高等学校卒業程度を入学資格とする専修学校及び各種学校における教育に係る専門的、技術的な指導及び助言を行うこと（スポーツ庁及び文化庁並びに総合教育政策局及び初等中等教育局の所掌に属するものを除く。）。
二十一　公立大学法人（地方独立行政法人法

（平成十五年法律第百十八号）第六十八条第一項に規定する公立大学法人をいう。第四十六条第八号において同じ。）に関すること。

二十二　私立学校に関する行政の制度の企画及び立案並びにこれらの行政の組織及び一般的運営に関する指導、助言及び勧告に関すること。

二十三　文部科学大臣が所轄庁である学校法人についての認可及び認定並びにその経営（放送大学学園に係るものを除く。）に関する指導及び助言に関すること。

二十四　私立学校教育の振興のための学校法人その他の私立学校の設置者、地方公共団体及び関係団体に対する助成に関すること（スポーツ庁及び文化庁並びに総合教育政策局及び初等中等教育局の所掌に属するものを除く。）。

二十五　私立学校教職員の共済制度に関すること。

二十六　大学設置・学校法人審議会の庶務に関すること。

二十七　国立大学法人評価委員会の庶務（大学共同利用機関法人分科会に係るものを除く。）に関すること。

二十八　国立大学法人の組織及び運営一般に関すること。

二十九　独立行政法人大学改革支援・学位授与機構及び独立行政法人国立高等専門学校機構の組織及び運営一般に関すること。

三十　日本私立学校振興・共済事業団の組織及び運営一般に関すること。

2　私学部は、前項第二十二号から第二十五号まで、第二十六号（学校法人分科会の庶務に関することに限る。）及び第三十号に掲げる事務をつかさどる。

（科学技術・学術政策局の所掌事務）

第七条　科学技術・学術政策局は、次に掲げる事務をつかさどる。

一　科学技術に関する基本的な政策の企画及び立案並びに推進に関すること（内閣府並びに研究振興局及び研究開発局の所掌に属するものを除く。）。

二　科学技術に関する研究開発に関する計画の作成及び推進に関すること（研究振興局及び研究開発局の所掌に属するものを除く。）。

三　科学技術に関する関係行政機関の事務の調整に関すること（内閣府並びに研究振興局及び研究開発局の所掌に属するものを除く。）。

四　学術の振興に関する基本的な政策の企画及び立案並びに推進に関すること。

五　科学技術及び学術に関する内外の動向の調査及び分析に関すること。

六　科学技術及び学術に関する統計の作成に関すること。

七　科学技術の振興に関する年次報告に関すること。

八　研究者の養成及び資質の向上に関すること（研究開発局の所掌に属するものを除く。）。

九　技術者の養成及び資質の向上に関すること（文部科学省に置かれる試験研究機関及び文部科学大臣が所管する法人において行うものに限るものとし、研究開発局の所掌に属するものを除く。）。

十　技術士に関すること。

十一　地域の振興に資する見地からする科学技術の振興であって文部科学省の所掌事務に係るものに関すること。

十二　研究開発に必要な施設及び設備（関係行政機関に重複して設置することが多額の経費を要するため適当でないと認められるものに限る。）の整備（共用に供することを含む。）その他の科学技術に関する研究開発の基盤の整備に関すること（研究振興局の所掌に属するものを除く。）。

十三　科学技術に関する研究開発に係る交流の助成に関すること。

十四　文部科学省の所掌事務に係る科学技術に関する研究開発に係る交流（国際交流を除く。）に関する事務の総括に関すること。

十五　文部科学省の所掌事務に係る国際交流に関する事務のうち科学技術に係るものの総括に関すること（国際統括官の所掌に属するものを除く。）。

十六　科学技術に関する研究開発の成果の普及及び成果の活用の促進に関すること。

十七　大学等における技術に関する研究成果の民間事業者への移転の促進に関する法律（平成十年法律第五十二号）の施行に関すること。

十八　発明及び実用新案の実施化の推進に関すること。

十九　科学技術に関する知識の普及並びに国民の関心及び理解の増進に関すること。

二十　科学技術に関する研究開発が経済社会及び国民生活に及ぼす影響に関し、評価を行うことその他の措置に関すること（研究振興局及び研究開発局の所掌に属するものを除く。）。

二十一　基盤的研究開発（科学技術に関する共通的な研究開発（二以上の府省のそれぞれの所掌に係る研究開発に共通する研究開発をいう。）、科学技術に関する研究開発で関係行政機関に重複して設置することが多額の経費を要するため適当でないと認められる施設及び設備を必要とするもの並びに科学技術に関する研究開発で多数部門の協力を要する総合的なもの（他の府省の所掌に係るものを除く。）をいう。以下同じ。）に関すること（研究振興局及び研究開発局の所掌に属するものを除く。）。

二十二　文部科学省の所掌事務に係る科学技術に関する研究開発を効果的かつ効率的に行うために必要な人的及び技術的援助一般に関すること。

二十三　放射線の利用に関する研究開発に関すること（研究振興局の所掌に属するものを除く。）。

二十四　放射性同位元素の利用の推進に関すること。

二十五　資源の総合的利用に関すること（他の府省の所掌に属するものを除く。）。

二十六　学術の振興に係る国際文化交流の振興に関すること（外交政策に係るもの及び国際統括官の所掌に属するものを除く。）。

二十七　文部科学省の所掌事務に係る国際協力に関する事務のうち科学技術及び学術に係るものに関すること（研究開発局の所掌に属するものを除く。）。

二十八　科学技術・学術審議会の庶務（海洋開発分科会及び測地学分科会に係るものを除く。）に関すること。

二十九　国立研究開発法人審議会の庶務に関すること。

三十　科学技術・学術政策研究所の組織及び運営一般に関すること。

三十一　国立研究開発法人科学技術振興機構及び国立研究開発法人量子科学技術研究開発機構の組織及び運営一般に関すること。

（研究振興局の所掌事務）

第八条　研究振興局は、次に掲げる事務をつかさどる。

一　科学技術に関する研究開発に関する基本的な政策（研究開発の評価一般に関するものを除く。）の企画及び立案並びに推進に関すること（研究開発局の所掌に属するものを除く。）。

二　科学技術に関する各分野の研究開発に関する計画の作成及び推進に関すること（研究開発局の所掌に属するものを除く。）。

三　科学技術に関する研究開発に関する関係行政機関の事務の調整に関すること（研究開発局の所掌に属するものを除く。）。

四　学術の振興に関すること（高等教育局及び科学技術・学術政策局の所掌に属するものを除く。）。

五　大学、高等専門学校、研究機関その他の関係機関に対し、学術に係る専門的、技術的な指導及び助言を行うこと。

六　研究者その他の関係者に対し、学術に係る専門的、技術的な指導及び助言を行うこと。

七　研究開発に必要な施設及び設備（関係行政機関に重複して設置することが多額の経費を要するため適当でないと認められるも

のに限る。）の整備（共用に供することを含む。）に関する事務のうち情報システムに係るもの並びに研究開発に関する情報処理の高度化及び情報の流通の促進に関すること。

八　前号に掲げるもののほか、科学技術に関する研究開発の推進のための環境の整備に関すること（科学技術・学術政策局の所掌に属するものを除く。）。

九　発明及び実用新案の奨励に関すること。

十　科学技術に関する研究開発が経済社会及び国民生活に及ぼす影響に関し、評価を行うことその他の措置に関する事務のうち、ライフサイエンス（生命現象の解明及びその成果の応用に関する総合的科学技術をいう。以下同じ。）に関する研究開発に関する安全の確保及び生命倫理に係るものに関すること。

十一　科学技術に関する基礎研究に関すること。

十二　基盤的研究開発に関する事務のうち素粒子科学技術、原子核科学技術、情報科学技術、物質・材料科学技術（物質に関する科学技術であって材料の創製に資することとなるもの及び材料としての物質に関する科学技術をいう。第六十六条において同じ。）並びにライフサイエンス並びに健康の増進、日常生活の向上及び人命の安全の確保に関する科学技術に係るものに関すること。

十三　文部科学省の所掌事務に係る科学技術に関する研究開発であって公募によるものの実施の調整に関すること。

十四　国立研究開発法人理化学研究所の行う科学技術に関する試験及び研究（基盤的研究開発を除く。）に関すること。

十五　放射線の医学的利用に関する研究開発に関すること。

十六　国立大学附置の研究所、国立大学の附属図書館及び大学共同利用機関（国立大学法人法第二条第四項に規定する大学共同利用機関をいう。以下同じ。）における教育及び研究に関すること（研究開発局の所掌に属するものを除く。）。

十七　国立大学法人評価委員会大学共同利用機関法人分科会の庶務に関すること。

十八　日本学士院の組織及び運営一般に関すること。

十九　大学共同利用機関法人の組織及び運営一般に関すること。

二十　国立研究開発法人物質・材料研究機構、独立行政法人日本学術振興会及び国立研究開発法人理化学研究所の組織及び運営一般に関すること。

（研究開発局の所掌事務）

第九条　研究開発局は、次に掲げる事務をつかさどる。

一　防災科学技術（天災地変その他自然現象により生ずる災害を未然に防止し、これらの災害が発生した場合における被害の拡大を防ぎ、及びこれらの災害を復旧することに関する科学技術をいう。以下同じ。）、海洋科学技術、地球科学技術、環境科学技術、エネルギー科学技術（原子力に係るものを除く。以下同じ。）及び航空科学技術に関する研究開発並びに地震及び火山に関する調査研究（以下この条において「防災科学技術等に関する研究開発」という。）並びに宇宙の開発に係る科学技術及び原子力に関する科学技術に関する基本的な政策の企画及び立案並びに推進に関すること。

二　防災科学技術等に関する研究開発並びに宇宙の開発に係る科学技術及び原子力に関する科学技術に関する研究開発に関する計画の作成及び推進に関すること。

三　防災科学技術等に関する研究開発並びに宇宙の開発に係る科学技術及び原子力に関する科学技術に関する関係行政機関の事務の調整に関すること。

四　南極地域観測に関する関係行政機関の事務の調整に関すること。

五　基盤的研究開発に関する事務のうち防災科学技術、海洋科学技術、地球科学技術、環境科学技術、エネルギー科学技術、航空科学技術、地震及び火山に関する調査研究、宇宙の開発に係る科学技術並びに原子力に関する科学技術（量子の研究に係るものを除く。）に係るものに関すること。

六　文部科学省の所掌事務に係る研究開発施設の設置及び運転の円滑化に関すること。

七　文部科学省の所掌事務に係る大規模な技術開発に共通する事項に関する企画及び立案に関すること。

八　宇宙の開発及び原子力に関する技術開発で科学技術の水準の向上を図るためのものに関すること。

九　宇宙の利用の推進に関する事務のうち科学技術の水準の向上を図るためのものに関すること。

十　原子力政策のうち科学技術に関するものに関すること。

十一　原子力に関する関係行政機関の試験及び研究に係る経費その他これに類する経費の配分計画に関すること。

十二　原子力損害の賠償に関すること。

十三　原子力に関する研究者の養成及び資質の向上に関すること。

十四　原子力に関する技術者の養成及び資質の向上に関すること（文部科学省に置かれる試験研究機関及び文部科学大臣が所管する法人において行うものに限る。）。

十五　文部科学省の所掌事務に係る国際協力に関する事務のうち宇宙の利用の推進及び原子力に係るものに関すること。

十六　大学共同利用機関法人自然科学研究機構が設置する天文学に係る大学共同利用機関及び核融合に関する科学に係る大学共同利用機関並びに大学共同利用機関法人情報・システム研究機構が設置する極地に関する科学に係る大学共同利用機関における教育及び研究に関すること。

十七　国立研究開発法人宇宙航空研究開発機構における学術研究及び教育に関すること。

十八　科学技術・学術審議会測地学分科会の庶務に関すること。

十九　国立研究開発法人防災科学技術研究所、国立研究開発法人宇宙航空研究開発機構及び国立研究開発法人海洋研究開発機構の組織及び運営一般に関すること。

二十　国立研究開発法人日本原子力研究開発機構の組織及び運営一般に関すること。

二十一　エネルギー対策特別会計の電源開発促進勘定（以下単に「電源開発促進勘定」という。）の経理に関すること。

二十二　電源開発促進勘定に属する国有財産の管理及び処分並びに物品の管理に関すること。

（国際統括官の職務）

第一〇条　国際統括官は、次に掲げる事務をつかさどる。

一　ユネスコ活動（ユネスコ活動に関する法律（昭和二十七年法律第二百七号）第二条に規定するユネスコ活動をいう。）の振興に関する基本的な政策の企画及び立案並びに推進に関すること。

二　日本ユネスコ国内委員会の事務の処理に関すること。

三　国際交流に関する条約その他の国際約束の実施に関する事務のうち文部科学省の所掌事務に係るものの総括に関すること。

四　国際文化交流に関する諸外国との人物交流に関し、条約その他の国際約束に従い、国際的取決めを交渉し、及び締結すること（スポーツ庁及び文化庁の所掌に属するものを除く。）。

第三款　課の設置等

第一目　大臣官房

（大臣官房に置く課等）

第一四条　大臣官房に、文教施設企画・防災部に置くもののほか、次の五課を置く。

人事課
総務課
会計課
政策課
国際課

2　文教施設企画・防災部に、次の三課及び参事官一人を置く。
施設企画課
施設助成課
計画課

第二目　総合教育政策局

（総合教育政策局に置く課）
第二四条　総合教育政策局に、次の七課を置く。
政策課
調査企画課
教育人材政策課
国際教育課
生涯学習推進課
地域学習推進課
男女共同参画共生社会学習・安全課

（調査企画課の所掌事務）
第二六条　調査企画課は、次に掲げる事務をつかさどる。
一　教育、スポーツ、文化及び宗教に係る調査及び研究に関する基本的な施策の企画及び立案並びに調整に関すること。
二　教育、スポーツ、文化及び宗教に係る統計に関すること（他の所掌に属するものを除く。）。
三　児童及び生徒の学力の状況に関する全国的な調査及び分析に関すること（初等中等教育局及び国際教育課の所掌に属するものを除く。）。
四　外国の教育事情に関する調査及び研究に関すること。
五　国立教育政策研究所の組織及び運営一般に関すること。

（教育人材政策課の所掌事務）
第二七条　教育人材政策課は、次に掲げる事務をつかさどる。
一　教育職員、社会教育主事、司書及び司書補並びに司書教諭及び学校司書の養成並びに資質の保持及び向上に関すること。
二　地方公務員である教育職員の採用のための選考に関する指導、助言及び勧告に関すること。
三　社会教育主事、司書及び司書補並びに司書教諭の講習に関すること。
四　独立行政法人教職員支援機構の組織及び運営一般に関すること。

（国際教育課の所掌事務）
第二八条　国際教育課は、次に掲げる事務をつかさどる。
一　国際理解教育の振興に関する企画及び立案並びに援助及び助言に関すること。
二　海外に在留する邦人の子女のための在外教育施設及び関係団体が行う教育、海外から帰国した児童及び生徒の教育並びに本邦に在留する外国人の児童及び生徒の学校生活への適応のための指導に関すること。
三　教育の振興に係る国際文化交流の振興に関すること（外交政策に係るもの並びに高等教育局及び国際統括官の所掌に属するものを除く。）。
四　地方公共団体の機関その他の関係機関に対し、国際理解教育に係る専門的、技術的な指導及び助言を行うこと。
五　教育関係職員その他の関係者に対し、国際理解教育に係る専門的、技術的な指導及び助言を行うこと。

（地域学習推進課の所掌事務）
第三〇条　地域学習推進課は、次に掲げる事務をつかさどる。
一　社会教育の振興に関する企画及び立案並びに援助及び助言に関すること（文化庁並びに教育人材政策課及び男女共同参画共生社会学習・安全課の所掌に属するものを除く。）。
二　社会教育のための補助に関すること（文化庁並びに教育人材政策課及び男女共同参画共生社会学習・安全課の所掌に属するものを除く。）。
三　公立及び私立の社会教育施設の整備に関する指導及び助言に関すること（スポーツ庁及び文化庁並びに男女共同参画共生社会学習・安全課の所掌に属するものを除く。）。
四　公立の社会教育施設の整備のための補助に関すること（スポーツ庁及び文化庁並びに男女共同参画共生社会学習・安全課の所掌に属するものを除く。）。
五　学校図書館に関すること（教育人材政策課の所掌に属するものを除く。）。
六　生涯学習に係る機会の整備の推進に関すること（ボランティア活動の振興に係るものに限る。）。
七　地域の振興に資する見地からの基本的な文教施策の企画及び立案並びに調整に関すること。
八　学校運営協議会等に関すること。
九　青少年教育に関する施設において行う青少年の団体宿泊訓練に関すること。
十　社会教育における視聴覚教育メディアの利用に関すること。
十一　家庭教育の支援に関すること。
十二　青少年の健全な育成の推進に関すること（内閣府及び男女共同参画共生社会学習・安全課の所掌に属するものを除く。）。
十三　文部科学省の所掌事務に係る青少年の健全な育成に関する基本的な政策の企画及び立案に関すること。
十四　地方公共団体の機関その他の関係機関に対し、社会教育に係る専門的、技術的な指導及び助言を行うこと（スポーツ庁及び文化庁並びに教育人材政策課及び男女共同参画共生社会学習・安全課の所掌に属するものを除く。）。
十五　教育関係職員、社会教育に関する団体、社会教育指導者その他の関係者に対し、社会教育に係る専門的、技術的な指導及び助言を行うこと（スポーツ庁及び文化庁並びに教育人材政策課及び男女共同参画共生社会学習・安全課の所掌に属するものを除く。）。

第三目　初等中等教育局

（初等中等教育局に置く課等）
第三二条　初等中等教育局に、次の九課及び参事官一人を置く。
初等中等教育企画課
財務課
教育課程課
児童生徒課
幼児教育課
特別支援教育課
情報教育・外国語教育課
教科書課
健康教育・食育課

第四目　高等教育局

（高等教育局に置く課等）
第四四条　高等教育局に、私学部に置くもののほか、次の六課を置く。
高等教育企画課
大学振興課
専門教育課
医学教育課
学生・留学生課
国立大学法人支援課
2　私学部に、次の二課及び参事官一人を置く。
私学行政課
私学助成課

第三節　審議会等

（設置）
第七五条　法律の規定により置かれる審議会等のほか、本省に、次の審議会等を置く。
中央教育審議会
教科用図書検定調査審議会
大学設置・学校法人審議会
国立研究開発法人審議会

（中央教育審議会）
第七六条　中央教育審議会は、次に掲げる事務をつかさどる。
一　文部科学大臣の諮問に応じて教育の振興及び生涯学習の推進を中核とした豊かな人間性を備えた創造的な人材の育成に関する

重要事項（第三号に規定するものを除く。）を調査審議すること。

二　前号に規定する重要事項に関し、文部科学大臣に意見を述べること。

三　文部科学大臣の諮問に応じて生涯学習に係る機会の整備に関する重要事項を調査審議すること。

四　前号に規定する重要事項に関し、文部科学大臣又は関係行政機関の長に意見を述べること。

五　生涯学習の振興のための施策の推進体制等の整備に関する法律（平成二年法律第七十一号）、公立の義務教育諸学校等の教育職員の給与等に関する特別措置法（昭和四十六年法律第七十七号）第五条の規定により読み替えて適用する地方公務員法（昭和二十五年法律第二百六十一号）第五十八条第三項の規定により読み替えて適用する労働基準法（昭和二十二年法律第四十九号）第三十二条の四第三項、理科教育振興法（昭和二十八年法律第百八十六号）第九条第一項、産業教育振興法（昭和二十六年法律第二百二十八号）、教育職員免許法（昭和二十四年法律第百四十七号）、学校教育法及び社会教育法（昭和二十四年法律第二百七号）の規定に基づきその権限に属させられた事項を処理すること。

六　理科教育振興法施行令（昭和二十九年政令第三百十一号）第二条第二項、産業教育振興法施行令（昭和二十七年政令第四百五号）第二条第三項及び学校教育法施行令（昭和二十八年政令第三百四十号）第二十三条の二第三項の規定によりその権限に属させられた事項を処理すること。

2　前項に定めるもののほか、中央教育審議会に関し必要な事項については、中央教育審議会令（平成十二年政令第二百八十号）の定めるところによる。

（教科用図書検定調査審議会）

第七七条　教科用図書検定調査審議会は、学校教育法の規定に基づきその権限に属させられた事項を処理する。

2　前項に定めるもののほか、教科用図書検定調査審議会に関し必要な事項については、教科用図書検定調査審議会令（昭和二十五年政令第百四十号）の定めるところによる。

（大学設置・学校法人審議会）

第七八条　大学設置・学校法人審議会は、学校教育法、私立学校法（昭和二十四年法律第二百七十号）及び私立学校振興助成法の規定に基づきその権限に属させられた事項を処理する。

2　前項に定めるもののほか、大学設置・学校法人審議会に関し必要な事項については、大学設置・学校法人審議会令（昭和六十二年政令第三百二号）の定めるところによる。

第四節　施設等機関

（設置）

第八〇条　文部科学大臣の所轄の下に、本省に、国立教育政策研究所を置く。

2　前項に定めるもののほか、本省に、科学技術・学術政策研究所を置く。

第二章　外局

第一節　スポーツ庁

第二款　内部部局

（課及び参事官の設置）

第八五条　スポーツ庁に、次の五課及び参事官二人を置く。

政策課
健康スポーツ課
競技スポーツ課
国際課
オリンピック・パラリンピック課

第三款　審議会等

（スポーツ審議会）

第九二条　スポーツ庁に、スポーツ審議会を置く。

2　スポーツ審議会は、次に掲げる事務をつかさどる。

一　スポーツ庁長官の諮問に応じてスポーツの振興その他のスポーツに関する施策の総合的な推進に関する重要事項を調査審議すること。

二　前号に規定する重要事項に関し、スポーツ庁長官に意見を述べること。

三　スポーツ基本法（平成二十三年法律第七十八号）、スポーツ振興投票の実施等に関する法律（平成十年法律第六十三号）第三十一条第三項及び独立行政法人日本スポーツ振興センター法（平成十四年法律第百六十二号）第二十一条第二項の規定に基づきその権限に属させられた事項を処理すること。

3　前項に定めるもののほか、スポーツ審議会に関し必要な事項については、スポーツ審議会令（平成二十七年政令第三百二十九号）の定めるところによる。

●国家行政組織法

（昭和二三年七月一〇日　法律第一二〇号）

施行、昭二四・六・一
最終改正、平三〇―法一〇二

（目的）

第一条　この法律は、内閣の統轄の下における行政機関で内閣府以外のもの（以下「国の行政機関」という。）の組織の基準を定め、もつて国の行政事務の能率的な遂行のために必要な国家行政組織を整えることを目的とする。

（組織の構成）

第二条　国家行政組織は、内閣の統轄の下に、内閣府の組織とともに、任務及びこれを達成するため必要となる明確な範囲の所掌事務を有する行政機関の全体によつて、系統的に構成されなければならない。

2　国の行政機関は、内閣の統轄の下に、その政策について、自ら評価し、企画及び立案を行い、並びに国の行政機関相互の調整を図るとともに、その相互の連絡を図り、すべて、一体として、行政機能を発揮するようにしなければならない。内閣府との政策についての調整及び連絡についても、同様とする。

（行政機関の設置、廃止、任務及び所掌事務）

第三条　国の行政機関の組織は、この法律でこれを定めるものとする。

2　行政組織のため置かれる国の行政機関は、省、委員会及び庁とし、その設置及び廃止は、別に法律の定めるところによる。

3　省は、内閣の統轄の下に第五条第一項の規定により各省大臣の分担管理する行政事務及び同条第二項の規定により当該大臣が掌理する行政事務をつかさどる機関として置かれるものとし、委員会及び庁は、省に、その外局として置かれるものとする。

4　第二項の国の行政機関として置かれるものは、別表第一にこれを掲げる。

第四条　前条の国の行政機関の任務及びこれを

達成するため必要となる所掌事務の範囲は、別に法律でこれを定める。

（行政機関の長）

第五条　各省の長は、それぞれ各省大臣とし、内閣法（昭和二十二年法律第五号）にいう主任の大臣として、それぞれ行政事務を分担管理する。

2　各省大臣は、前項の規定により行政事務を分担管理するほか、それぞれ、その分担管理する行政事務に係る各省の任務に関連する特定の内閣の重要政策について、当該重要政策に関して閣議において決定された基本的な方針に基づいて、行政各部の施策の統一を図るために必要となる企画及び立案並びに総合調整に関する事務を掌理する。

3　各省大臣は、国務大臣のうちから、内閣総理大臣が命ずる。ただし、内閣総理大臣が自ら当たることを妨げない。

第六条　委員会の長は、委員長とし、庁の長は、長官とする。

（内部部局）

第七条　省には、その所掌事務を遂行するため、官房及び局を置く。

2　前項の官房又は局には、特に必要がある場合においては、部を置くことができる。

3　庁には、その所掌事務を遂行するため、官房及び部を置くことができる。

4　官房、局及び部の設置及び所掌事務の範囲は、政令でこれを定める。

5　庁、官房、局及び部（その所掌事務が主として政策の実施に係るものである庁として別表第二に掲げるもの（以下「実施庁」という。）並びにこれに置かれる官房及び部を除く。）には、課及びこれに準ずる室を置くことができるものとし、これらの設置及び所掌事務の範囲は、政令でこれを定める。

6　実施庁並びにこれに置かれる官房及び部には、政令の定める数の範囲内において、課及びこれに準ずる室を置くことができるものとし、これらの設置及び所掌事務の範囲は、省令でこれを定める。

7　委員会には、法律の定めるところにより、事務局を置くことができる。第三項から第五項までの規定は、事務局の内部組織について、これを準用する。

8　委員会には、特に必要がある場合においては、法律の定めるところにより、事務総局を置くことができる。

（審議会等）

第八条　第三条の国の行政機関には、法律の定める所掌事務の範囲内で、法律又は政令の定めるところにより、重要事項に関する調査審議、不服審査その他学識経験を有する者等の合議により処理することが適当な事務をつかさどらせるための合議制の機関を置くことができる。

（施設等機関）

第八条の二　第三条の国の行政機関には、法律の定める所掌事務の範囲内で、法律又は政令の定めるところにより、試験研究機関、検査検定機関、文教研修施設（これらに類する機関及び施設を含む。）、医療更生施設、矯正収容施設及び作業施設を置くことができる。

（特別の機関）

第八条の三　第三条の国の行政機関には、特に必要がある場合においては、前二条に規定するもののほか、法律の定める所掌事務の範囲内で、法律の定めるところにより、特別の機関を置くことができる。

（地方支分部局）

第九条　第三条の国の行政機関には、その所掌事務を分掌させる必要がある場合においては、法律の定めるところにより、地方支分部局を置くことができる。

（行政機関の長の権限）

第一〇条　各省大臣、各委員会の委員長及び各庁の長官は、その機関の事務を統括し、職員の服務について、これを統督する。

第一一条　各省大臣は、主任の行政事務について、法律又は政令の制定、改正又は廃止を必要と認めるときは、案をそなえて、内閣総理大臣に提出して、閣議を求めなければならない。

第一二条　各省大臣は、主任の行政事務について、法律若しくは政令を施行するため、又は法律若しくは政令の特別の委任に基づいて、それぞれその機関の命令として省令を発することができる。

2　各外局の長は、その機関の所掌事務について、それぞれ主任の各省大臣に対し、案をそなえて、省令を発することを求めることができる。

3　省令には、法律の委任がなければ、罰則を設け、又は義務を課し、若しくは国民の権利を制限する規定を設けることができない。

第一三条　各委員会及び各庁の長官は、別に法律の定めるところにより、政令及び省令以外の規則その他の特別の命令を自ら発することができる。

2　前条第三項の規定は、前項の命令に、これを準用する。

第一四条　各省大臣、各委員会及び各庁の長官は、その機関の所掌事務について、公示を必要とする場合においては、告示を発することができる。

2　各省大臣、各委員会及び各庁の長官は、その機関の所掌事務について、命令又は示達をするため、所管の諸機関及び職員に対し、訓令又は通達を発することができる。

第一五条　各省大臣、各委員会及び各庁の長官は、その機関の任務（各省にあつては、各省大臣が主任の大臣として分担管理する行政事務に係るものに限る。）を遂行するため政策について行政機関相互の調整を図る必要があると認めるときは、その必要性を明らかにした上で、関係行政機関の長に対し、必要な資料の提出及び説明を求め、並びに当該関係行政機関の政策に関し意見を述べることができる。

第一五条の二　各省大臣は、第五条第二項に規定する事務の遂行のため必要があると認めるときは、関係行政機関の長に対し、必要な資料の提出及び説明を求めることができる。

2　各省大臣は、第五条第二項に規定する事務の遂行のため特に必要があると認めるときは、関係行政機関の長に対し、勧告することができる。

3　各省大臣は、前項の規定により関係行政機関の長に対し勧告したときは、当該関係行政機関の長に対し、その勧告に基づいてとつた措置について報告を求めることができる。

4　各省大臣は、第二項の規定により勧告した事項に関し特に必要があると認めるときは、内閣総理大臣に対し、当該事項について内閣法第六条の規定による措置がとられるよう意見を具申することができる。

（副大臣）

第一六条　各省に副大臣を置く。

2　副大臣の定数は、それぞれ別表第三の副大臣の定数の欄に定めるところによる。

3　副大臣は、その省の長である大臣の命を受け、政策及び企画をつかさどり、政務を処理し、並びにあらかじめその省の長である大臣の命を受けて大臣不在の場合その職務を代行する。

4　副大臣が二人置かれた省においては、各副大臣の行う前項の職務の範囲及び職務代行の順序については、その省の長である大臣の定めるところによる。

5　副大臣の任免は、その省の長である大臣の申出により内閣が行い、天皇がこれを認証する。

6　副大臣は、内閣総辞職の場合においては、内閣総理大臣その他の国務大臣がすべてその地位を失つたときに、これと同時にその地位を失う。

（大臣政務官）

第一七条　各省に大臣政務官を置く。

2　大臣政務官の定数は、それぞれ別表第三の大臣政務官の定数の欄に定めるところによる。

3　大臣政務官は、その省の長である大臣を助け、特定の政策及び企画に参画し、政務を処理する。

4　各大臣政務官の行う前項の職務の範囲については、その省の長である大臣の定めるところによる。

5　大臣政務官の任免は、その省の長である大臣の申出により、内閣がこれを行う。

6　前条第六項の規定は、大臣政務官について、これを準用する。

（大臣補佐官）

第一七条の二　各省に、特に必要がある場合においては、大臣補佐官一人を置くことができる。

2　大臣補佐官は、その省の長である大臣の命を受け、特定の政策に係るその省の長である大臣の行う企画及び立案並びに政務に関し、その省の長である大臣を補佐する。

3　大臣補佐官の任免は、その省の長である大臣の申出により、内閣がこれを行う。

4　大臣補佐官は、非常勤とすることができる。

5　国家公務員法（昭和二十二年法律第百二十号）第九十六条第一項、第九十八条第一項、第九十九条並びに第百条第一項及び第二項の規定は、大臣補佐官の服務について準用する。

6　常勤の大臣補佐官は、在任中、その省の長である大臣の許可がある場合を除き、報酬を得て他の職務に従事し、又は営利事業を営み、その他金銭上の利益を目的とする業務を行つてはならない。

（事務次官及び庁の次長等）

第一八条　各省には、事務次官一人を置く。

2　事務次官は、その省の長である大臣を助け、省務を整理し、各部局及び機関の事務を監督する。

3　各庁には、特に必要がある場合においては、長官を助け、庁務を整理する職として次長を置くことができるものとし、その設置及び定数は、政令でこれを定める。

4　各省及び各庁には、特に必要がある場合においては、その所掌事務の一部を総括整理する職を置くことができるものとし、その設置、職務及び定数は、法律（庁にあつては、政令）でこれを定める。

（秘書官）

第一九条　各省に秘書官を置く。

2　秘書官の定数は、政令でこれを定める。

3　秘書官は、それぞれ各省大臣の命を受け、機密に関する事務を掌り、又は臨時命を受け各部局の事務を助ける。

（官房及び局の所掌に属しない事務をつかさどる職等）

第二〇条　各省には、特に必要がある場合においては、官房及び局の所掌に属しない事務の能率的な遂行のためこれを所掌する職で局長に準ずるものを置くことができるものとし、その設置、職務及び定数は、政令でこれを定める。

2　各庁には、特に必要がある場合においては、官房及び部の所掌に属しない事務の能率的な遂行のためこれを所掌する職で部長に準ずるものを置くことができるものとし、その設置、職務及び定数は、政令でこれを定める。

3　各省及び各庁（実施庁を除く。）には、特に必要がある場合においては、前二項の職のつかさどる職務の全部又は一部を助ける職で課長に準ずるものを置くことができるものとし、その設置、職務及び定数は、政令でこれを定める。

4　実施庁には、特に必要がある場合においては、政令の定める数の範囲内において、第二項の職のつかさどる職務の全部又は一部を助ける職で課長に準ずるものを置くことができるものとし、その設置、職務及び定数は、省令でこれを定める。

（内部部局の職）

第二一条　委員会の事務局並びに局、部、課及び課に準ずる室に、それぞれ事務局長並びに局長、部長、課長及び室長を置く。

2　官房には、長を置くことができるものとし、その設置及び職務は、政令でこれを定める。

3　局、部又は委員会の事務局には、次長を置くことができるものとし、その設置、職務及び定数は、政令でこれを定める。

4　官房、局若しくは部（実施庁に置かれる官房及び部を除く。）又は委員会の事務局には、その所掌事務の一部を総括整理する職又は課（課に準ずる室を含む。）の所掌に属しない事務の能率的な遂行のためこれを所掌する職で課長に準ずるものを置くことができるものとし、これらの設置、職務及び定数は、政令でこれを定める。官房又は部を置かない庁（実施庁を除く。）にこれらの職に相当する職を置くときも、同様とする。

5　実施庁に置かれる官房又は部には、政令の定める数の範囲内において、その所掌事務の一部を総括整理する職又は課（課に準ずる室を含む。）の所掌に属しない事務の能率的な遂行のためこれを所掌する職で課長に準ずるものを置くことができるものとし、これらの設置、職務及び定数は、省令でこれを定める。官房又は部を置かない実施庁にこれらの職に相当する職を置くときも、同様とする。

第二二条　削除（平二四法四二）

（官房及び局の数）

第二三条　第七条第一項の規定に基づき置かれる官房及び局の数は、内閣府設置法（平成十一年法律第八十九号）第十七条第一項の規定に基づき置かれる官房及び局の数と合わせて、九十七以内とする。

第二四条　削除（平一九法一〇八）

（国会への報告等）

第二五条　政府は、第七条第四項（同条第七項において準用する場合を含む。）、第八条、第八条の二、第十八条第三項若しくは第四項、第二十条第一項若しくは第二項又は第二十一条第二項若しくは第三項の規定により政令で設置される組織その他これらに準ずる主要な組織につき、その新設、改正及び廃止をしたときは、その状況を次の国会に報告しなければならない。

2　政府は、少なくとも毎年一回国の行政機関の組織の一覧表を官報で公示するものとする。

附　則（省略）

別表第一（第三条関係）

省	委員会	庁
総務省	公害等調整委員会	消防庁
法務省	公安審査委員会	出入国在留管理庁 公安調査庁
外務省		
財務省		国税庁
文部科学省		スポーツ庁 文化庁
厚生労働省	中央労働委員会	
農林水産省		林野庁 水産庁
経済産業省		資源エネルギー庁 特許庁 中小企業庁
国土交通省	運輸安全委員会	観光庁 気象庁 海上保安庁
環境省	原子力規制委員会	
防衛省		防衛装備庁

別表第二（第七条関係）

公安調査庁
国税庁
特許庁
気象庁
海上保安庁

別表第三（第十六条、第十七条関係）

省	副大臣の定数	大臣政務官の定数
総務省	二人	三人
法務省	一人	一人
外務省	二人	三人
財務省	二人	二人
文部科学省	二人	二人
厚生労働省	二人	二人
農林水産省	二人	二人
経済産業省	二人	二人
国土交通省	二人	三人
環境省	二人	二人
防衛省	一人	二人

●中央教育審議会令（平成一二年六月七日政令第二八〇号）

施行、平一三・一・六
最終改正、令一―政一九八

（組織）

第一条 中央教育審議会（以下「審議会」という。）は、委員三十人以内で組織する。

2 審議会に、特別の事項を調査審議させるため必要があるときは、臨時委員を置くことができる。

3 審議会に、専門の事項を調査させるため必要があるときは、専門委員を置くことができる。

（委員等の任命）

第二条 委員は、学識経験のある者のうちから、文部科学大臣が任命する。

2 臨時委員は、当該特別の事項に関し学識経験のある者のうちから、文部科学大臣が任命する。

3 専門委員は、当該専門の事項に関し学識経験のある者のうちから、文部科学大臣が任命する。

（委員の任期等）

第三条 委員の任期は、二年とする。ただし、補欠の委員の任期は、前任者の残任期間とする。

2 委員は、再任されることができる。

3 臨時委員は、その者の任命に係る当該特別の事項に関する調査審議が終了したときは、解任されるものとする。

4 専門委員は、その者の任命に係る当該専門の事項に関する調査が終了したときは、解任されるものとする。

5 委員、臨時委員及び専門委員は、非常勤とする。

（会長）

第四条 審議会に、会長を置き、委員の互選により選任する。

2 会長は、会務を総理し、審議会を代表する。

3 会長に事故があるときは、あらかじめその指名する委員が、その職務を代理する。

（分科会）

第五条 審議会に、次の表の上欄に掲げる分科会を置き、これらの分科会の所掌事務は、審議会の所掌事務のうち、それぞれ同表の下欄に掲げるとおりとする。

名称	所掌事務
教育制度分科会	一 豊かな人間性を備えた創造的な人材の育成のための教育改革に関する重要事項を調査審議すること。 二 地方教育行政に関する制度に関する重要事項を調査審議すること。
生涯学習分科会	一 生涯学習に係る機会の整備に関する重要事項を調査審議すること。 二 社会教育の振興に関する重要事項を調査審議すること。 三 視聴覚教育に関する重要事項を調査審議すること。 四 青少年の健全な育成に関する重要事項を調査審議すること。 五 生涯学習の振興のための施策の推進体制等の整備に関する法律（平成二年法律第七十一号）及び社会教育法（昭和二十四年法律第二百七号）の規定に基づき審議会の権限に属させられた事項を処理すること。
初等中等教育分科会	一 初等中等教育（幼稚園、小学校、中学校、義務教育学校、高等学校、中等教育学校、特別支援学校及び幼保連携型認定こども園における教育をいう。次号において同じ。）の振興に関する重要事項を調査審議すること（生涯学習分科会の所掌に属するものを除く。）。 二 初等中等教育の基準に関する重要事項を調査審議すること。 三 学校保健（学校における保健教育及び保健管理をいう。）、学校安全（学校における安全教育及び安全管理をいう。）及び学校給食に関する重要事項を調査審議すること。 四 教育職員の養成並びに資質の保持及び向上に関する重要事項を調査審議すること。 五 公立の義務教育諸学校等の教育職員の給与等に関する特別措置法（昭和四十六年法律第七十七号）第五条の規定により読み替えて適用する地方公務員法（昭和二十五年法律第二百六十一号）第五十八条第三項の規定により読み替えて適用する労働基準法（昭和二十二年法律第四十九号）第三十二条の四第三項、理科教育振興法（昭和二十八年法律第百八十六号）第九条第一項、産業教育振興法（昭和二十六年法律第二百二十八号）及び教育職員免許法（昭和二十四年法律第百四十七号）

	の規定に基づき審議会の権限に属させられた事項を処理すること。 六　理科教育振興法施行令（昭和二十九年政令第三百十一号）第二条第二項及び産業教育振興法施行令（昭和二十七年政令第四百五号）第二条第三項の規定により審議会の権限に属させられた事項を処理すること。
大学分科会	一　大学及び高等専門学校における教育の振興に関する重要事項を調査審議すること。 二　学校教育法（昭和二十二年法律第二十六号）の規定に基づき審議会の権限に属させられた事項を処理すること。 三　学校教育法施行令（昭和二十八年政令第三百四十号）第二十三条の二第三項の規定により審議会の権限に属させられた事項を処理すること。

2　前項の表の上欄に掲げる分科会に属すべき委員、臨時委員及び専門委員は、文部科学大臣が指名する。

3　分科会に、分科会長を置き、当該分科会に属する委員の互選により選任する。

4　分科会長は、当該分科会の事務を掌理する。

5　分科会長に事故があるときは、当該分科会に属する委員のうちから分科会長があらかじめ指名する者が、その職務を代理する。

6　審議会は、その定めるところにより、分科会の議決をもって審議会の議決とすることができる。

（**部会**）

第六条　審議会及び分科会は、その定めるところにより、部会を置くことができる。

2　部会に属すべき委員、臨時委員及び専門委員は、会長（分科会に置かれる部会にあっては、分科会長）が指名する。

3　部会に、部会長を置き、当該部会に属する委員の互選により選任する。

4　部会長は、当該部会の事務を掌理する。

5　部会長に事故があるときは、当該部会に属する委員のうちから部会長があらかじめ指名する者が、その職務を代理する。

6　審議会（分科会に置かれる部会にあっては、分科会。以下この項において同じ。）は、その定めるところにより、部会の議決をもって審議会の議決とすることができる。

（**幹事**）

第七条　審議会に、幹事を置く。

2　幹事は、関係行政機関の職員のうちから、文部科学大臣が任命する。

3　幹事は、審議会の所掌事務のうち、第五条第一項の表生涯学習分科会の項下欄の第一号に掲げる重要事項及び第五号に掲げる事項（生涯学習の振興のための施策の推進体制等の整備に関する法律の規定に基づき審議会の権限に属させられた事項に限る。）について、委員を補佐する。

4　幹事は、非常勤とする。

（**議事**）

第八条　審議会は、委員及び議事に関係のある臨時委員の過半数が出席しなければ、会議を開き、議決することができない。

2　審議会の議事は、委員及び議事に関係のある臨時委員で会議に出席したものの過半数で決し、可否同数のときは、会長の決するところによる。

3　前二項の規定は、分科会及び部会の議事について準用する。

（**資料の提出等の要求**）

第九条　審議会は、その所掌事務を遂行するため必要があると認めるときは、関係行政機関の長に対し、資料の提出、意見の開陳、説明その他必要な協力を求めることができる。

（**庶務**）

第一〇条　審議会の庶務は、文部科学省総合教育政策局政策課において総括し、及び処理する。ただし、生涯学習分科会に係るものについては文部科学省総合教育政策局生涯学習推進課において、初等中等教育分科会に係るものについては文部科学省初等中等教育局初等中等教育企画課において、大学分科会に係るものについては文部科学省高等教育局高等教育企画課において処理する。

（**雑則**）

第一一条　この政令に定めるもののほか、議事の手続その他審議会の運営に関し必要な事項は、会長が審議会に諮って定める。

附　則（省略）

附　則〔抄〕（令和元年一二月二〇日政令第一九八号）

（**施行期日**）

1　この政令は、令和三年四月一日から施行する。

●大学設置・学校法人審議会令

（昭和六二年九月一〇日政令第三〇二号）

施行、昭六二・九・一〇
最終改正、平一五—政七四

（**組織**）

第一条　大学設置・学校法人審議会（以下「審議会」という。）は、委員二十九人以内で組織する。

2　審議会に、特別の事項を調査審議させるため必要があるときは、特別委員を置くことができる。

3　審議会に、専門の事項を調査させるため必要があるときは、専門委員を置くことができる。

（**委員等の任命**）

第二条　委員は、次に掲げる者のうちから、文部科学大臣が任命する。

一　大学又は高等専門学校の職員（次号に掲げる者を除く。）

二　私立大学若しくは私立高等専門学校の職員又はこれらを設置する学校法人の理事

三　学識経験のある者

2　特別委員は、当該特別の事項に関し学識経験のある者のうちから、文部科学大臣が任命する。

3　専門委員は、当該専門の事項に関し学識経験のある者のうちから、文部科学大臣が任命する。

（**委員の任期等**）

第三条　委員の任期は、二年とする。ただし、補欠の委員の任期は、前任者の残任期間とする。

2　委員は、再任されることができる。

3　特別委員は、その者の任命に係る当該特別の事項に関する調査審議が終了したときは、解任されるものとする。

4　専門委員は、その者の任命に係る当該専門の事項に関する調査が終了したときは、解任されるものとする。

5　委員、特別委員及び専門委員は、非常勤とする。

（会長）

第四条　審議会に、会長を置き、委員の互選により選任する。

2　会長は、会務を総理し、審議会を代表する。

3　会長に事故があるときは、あらかじめその指名する委員が、その職務を代理する。

（分科会）

第五条　審議会に、次に掲げる分科会を置く。

大学設置分科会
学校法人分科会

2　大学設置分科会は、審議会の所掌事務のうち、学校教育法（昭和二十二年法律第二十六号）の規定に基づき審議会の権限に属させられた事項（学校法人分科会の所掌に属するものを除く。）を処理することをつかさどる。

3　学校法人分科会は、審議会の所掌事務のうち、私立学校法（昭和二十四年法律第二百七十号）及び私立学校振興助成法（昭和五十年法律第六十一号）の規定に基づき審議会の権限に属させられた事項並びに学校教育法の規定に基づき審議会の権限に属させられた事項（私立の大学及び高等専門学校に係るもののうち、審議会の定めるものに限る。）を処理することをつかさどる。

4　第一項に掲げる分科会に属すべき委員、特別委員及び専門委員は、文部科学大臣が指名する。

第六条　文部科学大臣は、前条第四項の規定により学校法人分科会に属すべき委員を指名するに当たつては、私立大学等関係委員（第二条第一項第二号に掲げる者のうちから任命された委員であつて、同分科会に属するものをいう。以下この条において同じ。）に関し次に掲げる要件を満たすように行わなければならない。

一　私立大学等関係委員の数が学校法人分科会に属する委員の総数の四分の三以上であること。

二　私立大学等関係委員のうち、私立大学の学長、私立高等専門学校の校長又はこれらの学校の教員である理事以外の理事である委員の数が、私立大学等関係委員の数の二分の一以下であること。

2　私立大学等関係委員は、次の各号のいずれにも該当する団体があるときは、当該団体から推薦された者でなければならない。

一　私立大学及び私立高等専門学校の教育一般の改善振興を図ることを目的としていること。

二　私立大学及び私立高等専門学校の総数の三分の二以上をもつて組織されていること。

三　在籍する学生の数が私立大学又は私立高等専門学校に在籍する学生の総数の三分の二を超える私立大学又は私立高等専門学校で組織されていること。

3　前項の推薦に関し必要な事項は、文部科学省令で定める。

第七条　分科会に、分科会長を置き、当該分科会に属する委員の互選により選任する。

2　分科会長は、当該分科会の事務を掌理する。

3　分科会長に事故があるときは、当該分科会に属する委員のうちから分科会長のあらかじめ指名する者が、その職務を代理する。

第八条　審議会は、その定めるところにより、分科会の議決をもつて審議会の議決とすることができる。

（議事）

第九条　審議会は、委員の過半数が出席しなければ、会議を開き、議決することができない。

2　審議会の議事は、会議に出席した委員の過半数で決し、可否同数のときは、会長の決するところによる。

3　前二項の規定は、分科会の議事について準用する。

第一〇条　審議会の委員は、自己、配偶者若しくは三親等以内の親族の一身上に関する事件又は自己の関係する学校若しくは学校法人に関する事件については、その議事の議決に加わることができない。ただし、会議に出席し、発言することを妨げない。

（庶務）

第一一条　審議会の庶務は、文部科学省高等教育局高等教育企画課において総括し、及び処理する。ただし、学校法人分科会に係るものについては、文部科学省高等教育局私学部私学行政課において処理する。

（雑則）

第一二条　この政令に定めるもののほか、議事の手続その他審議会の運営に関し必要な事項は、会長が審議会に諮つて定める。

附　則〔省略〕

●教科用図書検定調査審議会令

（昭和二五年五月一九日　政令第一四〇号）

施行、昭二五・五・一九
最終改正、平一二―政三〇八

（組織）

第一条　教科用図書検定調査審議会（以下「審議会」という。）は、委員三十人以内で組織する。

2　審議会に、特別の事項を調査審議させるため必要があるときは、臨時委員を置くことができる。

3　審議会に、専門の事項を調査させるため必要があるときは、専門委員を置くことができる。

（委員等の任命）

第二条　委員は、学識経験のある者のうちから、文部科学大臣が任命する。

2　臨時委員は、当該特別の事項に関し学識経験のある者のうちから、文部科学大臣が任命する。

3　専門委員は、当該専門の事項に関し学識経験のある者のうちから、文部科学大臣が任命する。

（委員の任期等）

第三条　委員の任期は、二年とする。ただし、補欠の委員の任期は、前任者の残任期間とする。

2　委員は、再任されることができる。

3　臨時委員は、その者の任命に係る当該特別の事項に関する調査審議が終了したときは、解任されるものとする。

4　専門委員は、その者の任命に係る当該専門の事項に関する調査が終了したときは、解任されるものとする。

5　委員、臨時委員及び専門委員は、非常勤とする。

（会長）

第四条　審議会に、会長を置き、委員の互選により選任する。
2　会長は、会務を総理し、審議会を代表する。
3　会長に事故があるときは、あらかじめその指名する委員が、その職務を代理する。

（部会）
第五条　審議会は、その定めるところにより、部会を置くことができる。
2　部会に属すべき委員、臨時委員及び専門委員は、会長が指名する。
3　部会に、部会長を置き、当該部会に属する委員の互選により選任する。
4　部会長は、当該部会の事務を掌理する。
5　部会長に事故があるときは、当該部会に属する委員のうちから部会長があらかじめ指名する者が、その職務を代理する。
6　審議会は、その定めるところにより、部会の議決をもつて審議会の議決とすることができる。

（議事）
第六条　審議会は、委員及び議事に関係のある臨時委員の過半数が出席しなければ、会議を開き、議決することができない。
2　審議会の議事は、委員及び議事に関係のある臨時委員で会議に出席したものの過半数で決し、可否同数のときは、会長の決するところによる。
3　前二項の規定は、部会の議事について準用する。

（庶務）
第七条　審議会の庶務は、文部科学省初等中等教育局教科書課において処理する。

（雑則）
第八条　この政令に定めるもののほか、議事の手続その他審議会の運営に関し必要な事項は、会長が審議会に諮つて定める。

附　則（省略）

●地方自治法（抜粋）

（昭和二二年四月一七日　法律第六七号）

施行、昭二二・五・三
最終改正、令二―法七五

〔注〕令二法三三による改正は、施行が令二・五・二九から起算して二年六月を超えない範囲内において政令で定める日であるが、当該改正を織り込んだ。

第一編　総則

第一条〔**この法律の目的**〕この法律は、地方自治の本旨に基いて、地方公共団体の区分並びに地方公共団体の組織及び運営に関する事項の大綱を定め、併せて国と地方公共団体との間の基本的関係を確立することにより、地方公共団体における民主的にして能率的な行政の確保を図るとともに、地方公共団体の健全な発達を保障することを目的とする。

第一条の二〔**地方公共団体の役割と国の配慮**〕地方公共団体は、住民の福祉の増進を図ることを基本として、地域における行政を自主的かつ総合的に実施する役割を広く担うものとする。
②　国は、前項の規定の趣旨を達成するため、国においては国際社会における国家としての存立にかかわる事務、全国的に統一して定めることが望ましい国民の諸活動若しくは地方自治に関する基本的な準則に関する事務又は全国的な規模で若しくは全国的な視点に立つて行わなければならない施策及び事業の実施その他の国が本来果たすべき役割を重点的に担い、住民に身近な行政はできる限り地方公共団体にゆだねることを基本として、地方公共団体との間で適切に役割を分担するとともに、地方公共団体に関する制度の策定及び施策の実施に当たつて、地方公共団体の自主性及び自立性が十分に発揮されるようにしなければならない。

第一条の三〔**地方公共団体の種類**〕地方公共団体は、普通地方公共団体及び特別地方公共団体とする。
②　普通地方公共団体は、都道府県及び市町村とする。
③　特別地方公共団体は、特別区、地方公共団体の組合及び財産区とする。

第二条〔**地方公共団体の事務**〕地方公共団体は、法人とする。
②　普通地方公共団体は、地域における事務及びその他の事務で法律又はこれに基づく政令により処理することとされるものを処理する。
③　市町村は、基礎的な地方公共団体として、第五項において都道府県が処理するものとされているものを除き、一般的に、前項の事務を処理するものとする。
④　市町村は、前項の規定にかかわらず、次項に規定する事務のうち、その規模又は性質において一般の市町村が処理することが適当でないと認められるものについては、当該市町村の規模及び能力に応じて、これを処理することができる。
⑤　都道府県は、市町村を包括する広域の地方公共団体として、第二項の事務で、広域にわたるもの、市町村に関する連絡調整に関するもの及びその規模又は性質において一般の市町村が処理することが適当でないと認められるものを処理するものとする。
⑥　都道府県及び市町村は、その事務を処理するに当つては、相互に競合しないようにしなければならない。
⑦　特別地方公共団体は、この法律の定めるところにより、その事務を処理する。
⑧　この法律において「自治事務」とは、地方公共団体が処理する事務のうち、法定受託事務以外のものをいう。
⑨　この法律において「法定受託事務」とは、次に掲げる事務をいう。
一　法律又はこれに基づく政令により都道府県、市町村又は特別区が処理することとされる事務のうち、国が本来果たすべき役割に係るものであつて、国においてその適正な処理を特に確保する必要があるものとして法律又はこれに基づく政令に特に定めるもの（以下「第一号法定受託事務」という。）
二　法律又はこれに基づく政令により市町村又は特別区が処理することとされる事務のうち、都道府県が本来果たすべき役割に係るものであつて、都道府県においてその適正な処理を特に確保する必要があるものとして法律又はこれに基づく政令に特に定めるもの（以下「第二号法定受託事務」という。）
⑩　この法律又はこれに基づく政令に規定するもののほか、法律に定める法定受託事務は第一号法定受託事務にあつては別表第一の上欄に掲げる法律についてそれぞれ同表の下欄に、第二号法定受託事務にあつては別表第二の上欄に掲げる法律についてそれぞれ同表の下欄に掲げるとおりであり、政令に定める法定受託事務はこの法律に基づく政令に示すとおりである。
⑪　地方公共団体に関する法令の規定は、地方自治の本旨に基づき、かつ、国と地方公共団体との適切な役割分担を踏まえたものでなければならない。
⑫　地方公共団体に関する法令の規定は、地方自治の本旨に基づいて、かつ、国と地方公共団体との適切な役割分担を踏まえて、これを解釈し、及び運用するようにしなければならない。この場合において、特別地方公共団体に関する法令の規定は、この法律に定める特別地方公共団体の特性にも照応するように、これを解釈し、及び運用しなければならない。
⑬　法律又はこれに基づく政令により地方公共団体が処理することとされる事務が自治事務である場合においては、国は、地方公共団体が地域の特性に応じて当該事務を処理することができるよう特に配慮しなければならない。
⑭　地方公共団体は、その事務を処理するに当つては、住民の福祉の増進に努めるとともに

に、最少の経費で最大の効果を挙げるようにしなければならない。

⑮　地方公共団体は、常にその組織及び運営の合理化に努めるとともに、他の地方公共団体に協力を求めてその規模の適正化を図らなければならない。

⑯　地方公共団体は、法令に違反してその事務を処理してはならない。なお、市町村及び特別区は、当該都道府県の条例に違反してその事務を処理してはならない。

⑰　前項の規定に違反して行つた地方公共団体の行為は、これを無効とする。

第二編　普通地方公共団体

第二章　住民

第一〇条［**住民の資格及び権利義務**］市町村の区域内に住所を有する者は、当該市町村及びこれを包括する都道府県の住民とする。

②　住民は、法律の定めるところにより、その属する普通地方公共団体の役務の提供をひとしく受ける権利を有し、その負担を分任する義務を負う。

第一一条［**住民の選挙権**］日本国民たる普通地方公共団体の住民は、この法律の定めるところにより、その属する普通地方公共団体の選挙に参与する権利を有する。

第一二条［**条例の制定改廃請求権・事務監査請求権**］日本国民たる普通地方公共団体の住民は、この法律の定めるところにより、その属する普通地方公共団体の条例（地方税の賦課徴収並びに分担金、使用料及び手数料の徴収に関するものを除く。）の制定又は改廃を請求する権利を有する。

②　日本国民たる普通地方公共団体の住民は、この法律の定めるところにより、その属する普通地方公共団体の事務の監査を請求する権利を有する。

第一三条［**解散請求権・解職請求権**］日本国民たる普通地方公共団体の住民は、この法律の定めるところにより、その属する普通地方公共団体の議会の解散を請求する権利を有する。

②　日本国民たる普通地方公共団体の住民は、この法律の定めるところにより、その属する普通地方公共団体の議会の議員、長、副知事若しくは副市町村長、第二百五十二条の十九第一項に規定する指定都市の総合区長、選挙管理委員若しくは監査委員又は公安委員会の委員の解職を請求する権利を有する。

③　日本国民たる普通地方公共団体の住民は、法律の定めるところにより、その属する普通地方公共団体の教育委員会の教育長又は委員の解職を請求する権利を有する。

第一三条の二［**住民に関する記録**］市町村は、別に法律の定めるところにより、その住民につき、住民たる地位に関する正確な記録を常に整備しておかなければならない。

第三章　条例及び規則

第一四条［**条例**］普通地方公共団体は、法令に違反しない限りにおいて第二条第二項の事務に関し、条例を制定することができる。

②　普通地方公共団体は、義務を課し、又は権利を制限するには、法令に特別の定めがある場合を除くほか、条例によらなければならない。

③　普通地方公共団体は、法令に特別の定めがあるものを除くほか、その条例中に、条例に違反した者に対し、二年以下の懲役若しくは禁錮、百万円以下の罰金、拘留、科料若しくは没収の刑又は五万円以下の過料を科する旨の規定を設けることができる。

第一五条［**規則**］普通地方公共団体の長は、法令に違反しない限りにおいて、その権限に属する事務に関し、規則を制定することができる。

②　普通地方公共団体の長は、法令に特別の定めがあるものを除くほか、普通地方公共団体の規則中に、規則に違反した者に対し、五万円以下の過料を科する旨の規定を設けることができる。

第四章　選挙

第一七条［**議員及び長の選挙**］普通地方公共団体の議会の議員及び長は、別に法律の定めるところにより、選挙人が投票によりこれを選挙する。

第一八条［**選挙権**］日本国民たる年齢満十八年以上の者で引き続き三箇月以上市町村の区域内に住所を有するものは、別に法律の定めるところにより、その属する普通地方公共団体の議会の議員及び長の選挙権を有する。

第一九条［**被選挙権**］普通地方公共団体の議会の議員の選挙権を有する者で年齢満二十五年以上のものは、別に法律の定めるところにより、普通地方公共団体の議会の議員の被選挙権を有する。

②　日本国民で年齢満三十年以上のものは、別に法律の定めるところにより、都道府県知事の被選挙権を有する。

③　日本国民で年齢満二十五年以上のものは、別に法律の定めるところにより、市町村長の被選挙権を有する。

第五章　直接請求

第一節　条例の制定及び監査の請求

第七四条［**条例の制定・改廃の請求**］普通地方公共団体の議会の議員及び長の選挙権を有する者（以下本編において「選挙権を有する者」という。）は、政令の定めるところにより、その総数の五十分の一以上の者の連署をもつて、その代表者から、普通地方公共団体の長に対し、条例（地方税の賦課徴収並びに分担金、使用料及び手数料の徴収に関するものを除く。）の制定又は改廃の請求をすることができる。

②・③（省略）

④　議会は、前項の規定により付議された事件の審議を行うに当たつては、政令の定めるところにより、第一項の代表者に意見を述べる機会を与えなければならない。

⑤から⑦まで（省略）

⑧　選挙権を有する者は、心身の故障その他の事由により条例の制定又は改廃の請求者の署名簿に署名することができないときは、その者の属する市町村の選挙権を有する者（条例の制定又は改廃の請求者の代表者及び当該代表者の委任を受けて当該市町村の選挙権を有する者に対し当該署名簿に署名することを求める者を除く。）に委任して、自己の氏名（以下「請求者の氏名」という。）を当該署名簿に記載させることができる。この場合において、委任を受けた者による当該請求者の氏名の記載は、第一項の規定による請求者の署名とみなす。

⑨　前項の規定により委任を受けた者（以下「氏名代筆者」という。）が請求者の氏名を条例の制定又は改廃の請求者の署名簿に記載する場合においては、氏名代筆者は、当該署名簿に氏名代筆者としての署名をしなければならない。

第七五条［**監査の請求**］選挙権を有する者（道の方面公安委員会については、当該方面公安委員会の管理する方面本部の管轄区域内において選挙権を有する者）は、政令で定めるところにより、その総数の五十分の一以上の者の連署をもつて、その代表者から、普通地方公共団体の監査委員に対し、当該普通地方公共団体の事務の執行に関し、監査の請求をすることができる。

②　前項の請求があつたときは、監査委員は、直ちに当該請求の要旨を公表しなければならない。

③　監査委員は、第一項の請求に係る事項につき監査し、監査の結果に関する報告を決定し、これを同項の代表者（第五項及び第六項において「代表者」という。）に送付し、かつ、公表するとともに、これを当該普通地方公共団体の議会及び長並びに関係のある教育委員会、選挙管理委員会、人事委員会若しくは公平委員会、公安委員会、労働委員会、農業委員会その他法律に基づく委員会又は委員に提出しなければならない。

④　前項の規定による監査の結果に関する報告の決定は、監査委員の合議によるものとする。

⑤　監査委員は、第三項の規定による監査の結果に関する報告の決定について、各監査委員の意見が一致しないことにより、前項の合議により決定することができない事項がある場合には、その旨及び当該事項についての各監査委員の意見を代表者に送付し、かつ、公表するとともに、これらを当該普通地方公共団体の議会及び長並びに関係のある教育委員会、選挙管理委員会、人事委員会若しくは公平委員会、公安委員会、労働委員会、農業委員会その他法律に基づく委員会又は委員に提出しなければならない。

⑥　第七十四条第五項の規定は第一項の選挙権を有する者及びその総数の五十分の一の数について、同条第六項の規定は代表者について、同条第七項から第九項まで及び第七十四条の二から前条までの規定は第一項の規定による請求者の署名について、それぞれ準用する。この場合において、第七十四条第六項第三号中「区域内」とあるのは、「区域内（道の方面公安委員会に係る請求については、当該方面公安委員会の管理する方面本部の管轄区域内）」と読み替えるものとする。

第二節　解散及び解職の請求

第七六条〔**議会の解散請求・投票**〕選挙権を有する者は、政令の定めるところにより、その総数の三分の一（その総数が四十万を超え八十万以下の場合にあつてはその四十万を超える数に六分の一を乗じて得た数と四十万に三分の一を乗じて得た数とを合算して得た数、その総数が八十万を超える場合にあつてはその八十万を超える数に八分の一を乗じて得た数と四十万に六分の一を乗じて得た数と四十万に三分の一を乗じて得た数とを合算して得た数）以上の者の連署をもつて、その代表者から、普通地方公共団体の選挙管理委員会に対し、当該普通地方公共団体の議会の解散の請求をすることができる。

②〔省略〕

③　第一項の請求があつたときは、委員会は、これを選挙人の投票に付さなければならない。

④〔省略〕

第七八条〔**議会の解散**〕普通地方公共団体の議会は、第七十六条第三項の規定による解散の投票において過半数の同意があつたときは、解散するものとする。

第八七条〔**役員の失職**〕前条第一項に掲げる職に在る者は、同条第三項の場合において、当該普通地方公共団体の議会の議員の三分の二以上の者が出席し、その四分の三以上の者の同意があつたときは、その職を失う。

②　第百十八条第五項の規定は、前条第三項の規定による議決についてこれを準用する。

第六章　議会

第一節　組織

第八九条〔**議会の設置**〕普通地方公共団体に議会を置く。

第九三条〔**議員の任期**〕普通地方公共団体の議会の議員の任期は、四年とする。

②　前項の任期の起算、補欠議員の在任期間及び議員の定数に異動を生じたためあらたに選挙された議員の在任期間については、公職選挙法第二百五十八条及び第二百六十条の定めるところによる。

第二節　権限

第九六条〔**議決事件**〕普通地方公共団体の議会は、次に掲げる事件を議決しなければならない。

一　条例を設け又は改廃すること。
二　予算を定めること。
三　決算を認定すること。
四　法律又はこれに基づく政令に規定するものを除くほか、地方税の賦課徴収又は分担金、使用料、加入金若しくは手数料の徴収に関すること。
五　その種類及び金額について政令で定める基準に従い条例で定める契約を締結すること。
六　条例で定める場合を除くほか、財産を交換し、出資の目的とし、若しくは支払手段として使用し、又は適正な対価なくしてこれを譲渡し、若しくは貸し付けること。
七　不動産を信託すること。
八　前二号に定めるものを除くほか、その種類及び金額について政令で定める基準に従い条例で定める財産の取得又は処分をすること。
九　負担付きの寄附又は贈与を受けること。
十　法律若しくはこれに基づく政令又は条例に特別の定めがある場合を除くほか、権利を放棄すること。
十一　条例で定める重要な公の施設につき条例で定める長期かつ独占的な利用をさせること。
十二　普通地方公共団体がその当事者である審査請求その他の不服申立て、訴えの提起（普通地方公共団体の行政庁の処分又は裁決（行政事件訴訟法第三条第二項に規定する処分又は同条第三項に規定する裁決をいう。以下この号、第百五条の二、第百九十二条及び第百九十九条の三第三項において同じ。）に係る同法第十一条第一項（同法第三十八条第一項（同法第四十三条第二項において準用する場合を含む。）又は同法第四十三条第一項において準用する場合を含む。）の規定による普通地方公共団体を被告とする訴訟（以下この号、第百五条の二、第百九十二条及び第百九十九条の三第三項において「普通地方公共団体を被告とする訴訟」という。）に係るものを除く。）、和解（普通地方公共団体の行政庁の処分又は裁決に係る普通地方公共団体を被告とする訴訟に係るものを除く。）、あつせん、調停及び仲裁に関すること。
十三　法律上その義務に属する損害賠償の額を定めること。
十四　普通地方公共団体の区域内の公共的団体等の活動の総合調整に関すること。
十五　その他法律又はこれに基づく政令（これらに基づく条例を含む。）により議会の権限に属する事項

②　前項に定めるものを除くほか、普通地方公共団体は、条例で普通地方公共団体に関する事件（法定受託事務に係るものにあつては、国の安全に関することその他の事由により議会の議決すべきものとすることが適当でないものとして政令で定めるものを除く。）につき議会の議決すべきものを定めることができる。

第九八条〔**検閲・検査及び監査の請求**〕普通地方公共団体の議会は、当該普通地方公共団体の事務（自治事務にあつては労働委員会及び収用委員会の権限に属する事務で政令で定めるものを除き、法定受託事務にあつては国の安全を害するおそれがあることその他の事由により議会の検査の対象とすることが適当でないものとして政令で定めるものを除く。）に関する書類及び計算書を検閲し、当該普通地方公共団体の長、教育委員会、選挙管理委員会、人事委員会若しくは公平委員会、公安委員会、労働委員会、農業委員会又は監査委員その他法律に基づく委員会又は委員の報告を請求して、当該事務の管理、議決の執行及び出納を検査することができる。

②　議会は、監査委員に対し、当該普通地方公共団体の事務（自治事務にあつては労働委員会及び収用委員会の権限に属する事務で政令で定めるものを除き、法定受託事務にあつては国の安全を害するおそれがあることその他の事由により本項の監査の対象とすることが適当でないものとして政令で定めるものを除く。）に関する監査を求め、監査の結果に関する報告を請求することができる。この場合における監査の実施については、第百九十九条第二項後段の規定を準用する。

第九九条〔**意見書提出**〕普通地方公共団体の議会は、当該普通地方公共団体の公益に関する事件につき意見書を国会又は関係行政庁に提出することができる。

第一〇〇条〔**調査権等**〕普通地方公共団体の議会は、当該普通地方公共団体の事務（自治事務にあつては労働委員会及び収用委員会の権

限に属する事務で政令で定めるものを除き、法定受託事務にあつては国の安全を害するおそれがあることその他の事由により議会の調査の対象とすることが適当でないものとして政令で定めるものを除く。次項において同じ。）に関する調査を行うことができる。この場合において、当該調査を行うため特に必要があると認めるときは、選挙人その他の関係人の出頭及び証言並びに記録の提出を請求することができる。

② 民事訴訟に関する法令の規定中証人の訊問に関する規定は、この法律に特別の定めがあるものを除くほか、前項後段の規定により議会が当該普通地方公共団体の事務に関する調査のため選挙人その他の関係人の証言を請求する場合に、これを準用する。ただし、過料、罰金、拘留又は勾引に関する規定は、この限りでない。

③ 第一項後段の規定により出頭又は記録の提出の請求を受けた選挙人その他の関係人が、正当の理由がないのに、議会に出頭せず若しくは記録を提出しないとき又は証言を拒んだときは、六箇月以下の禁錮又は十万円以下の罰金に処する。

④ 議会は、選挙人その他の関係人が公務員たる地位において知り得た事実については、その者から職務上の秘密に属するものである旨の申立を受けたときは、当該官公署の承認がなければ、当該事実に関する証言又は記録の提出を請求することができない。この場合において当該官公署が承認を拒むときは、その理由を疏明しなければならない。

⑤ 議会が前項の規定による疏明を理由がないと認めるときは、当該官公署に対し、当該証言又は記録の提出が公の利益を害する旨の声明を要求することができる。

⑥ 当該官公署が前項の規定による要求を受けた日から二十日以内に声明をしないときは、選挙人その他の関係人は、証言又は記録の提出をしなければならない。

⑦ 第二項において準用する民事訴訟に関する法令の規定により宣誓した選挙人その他の関係人が虚偽の陳述をしたときは、これを三箇月以上五年以下の禁錮に処する。

⑧ 前項の罪を犯した者が議会において調査が終了した旨の議決がある前に自白したときは、その刑を減軽し又は免除することができる。

⑨ 議会は、選挙人その他の関係人が、第三項又は第七項の罪を犯したものと認めるときは、告発しなければならない。但し、虚偽の陳述をした選挙人その他の関係人が、議会の調査が終了した旨の議決がある前に自白したときは、告発しないことができる。

⑩ 議会が第一項の規定による調査を行うため当該普通地方公共団体の区域内の団体等に対し照会をし又は記録の送付を求めたときは、当該団体等は、その求めに応じなければならない。

⑪ 議会は、第一項の規定による調査を行う場合においては、予め、予算の定額の範囲内において、当該調査のため要する経費の額を定めて置かなければならない。その額を超えて経費の支出を必要とするときは、更に議決を経なければならない。

⑫ 議会は、会議規則の定めるところにより、議案の審査又は議会の運営に関し協議又は調整を行うための場を設けることができる。

⑬ 議会は、議案の審査又は当該普通地方公共団体の事務に関する調査のためその他議会において必要があると認めるときは、会議規則の定めるところにより、議員を派遣することができる。

⑭ 普通地方公共団体は、条例の定めるところにより、その議会の議員の調査研究その他の活動に資するため必要な経費の一部として、その議会における会派又は議員に対し、政務活動費を交付することができる。この場合において、当該政務活動費の交付の対象、額及び交付の方法並びに当該政務活動費を充てることができる経費の範囲は、条例で定めなければならない。

⑮ 前項の政務活動費の交付を受けた会派又は議員は、条例の定めるところにより、当該政務活動費に係る収入及び支出の報告書を議長に提出するものとする。

⑯ 議長は、第十四項の政務活動費については、その使途の透明性の確保に努めるものとする。

⑰ 政府は、都道府県の議会に官報及び政府の刊行物を、市町村の議会に官報及び市町村に特に関係があると認める政府の刊行物を送付しなければならない。

⑱ 都道府県は、当該都道府県の区域内の市町村の議会及び他の都道府県の議会に、公報及び適当と認める刊行物を送付しなければならない。

⑲ 議会は、議員の調査研究に資するため、図書室を附置し前二項の規定により送付を受けた官報、公報及び刊行物を保管して置かなければならない。

⑳ 前項の図書室は、一般にこれを利用させることができる。

第一〇〇条の二［専門的事項の調査］ 普通地方公共団体の議会は、議案の審査又は当該普通地方公共団体の事務に関する調査のために必要な専門的事項に係る調査を学識経験を有する者等にさせることができる。

第六節　会議

第一二一条［長及び委員等の出席義務］ 普通地方公共団体の長、教育委員会の教育長、選挙管理委員会の委員長、人事委員会の委員長又は公平委員会の委員長、公安委員会の委員長、労働委員会の委員、農業委員会の会長及び監査委員その他法律に基づく委員会の代表者又は委員並びにその委任又は嘱託を受けた者は、議会の審議に必要な説明のため議長から出席を求められたときは、議場に出席しなければならない。ただし、出席すべき日時に議場に出席できないことについて正当な理由がある場合において、その旨を議長に届け出たときは、この限りでない。

② 第百二条の二第一項の議会の議長は、前項本文の規定により議場への出席を求めるに当たつては、普通地方公共団体の執行機関の事務に支障を及ぼすことのないよう配慮しなければならない。

第七章　執行機関

第一節　通則

第一三八条の二［執行機関の義務］ 普通地方公共団体の執行機関は、当該普通地方公共団体の条例、予算その他の議会の議決に基づく事務及び法令、規則その他の規程に基づく当該普通地方公共団体の事務を、自らの判断と責任において、誠実に管理し及び執行する義務を負う。

第一三八条の三［執行機関の組織］ 普通地方公共団体の執行機関の組織は、普通地方公共団体の長の所轄の下に、それぞれ明確な範囲の所掌事務と権限を有する執行機関によつて、系統的にこれを構成しなければならない。

② 普通地方公共団体の執行機関は、普通地方公共団体の長の所轄の下に、執行機関相互の連絡を図り、すべて、一体として、行政機能を発揮するようにしなければならない。

③ 普通地方公共団体の長は、当該普通地方公共団体の執行機関相互の間にその権限につき疑義が生じたときは、これを調整するように努めなければならない。

第一三八条の四［委員会・委員及び附属機関］ 普通地方公共団体にその執行機関として普通地方公共団体の長の外、法律の定めるところにより、委員会又は委員を置く。

② 普通地方公共団体の委員会は、法律の定めるところにより、法令又は普通地方公共団体の条例若しくは規則に違反しない限りにおいて、その権限に属する事務に関し、規則その他の規程を定めることができる。

③ 普通地方公共団体は、法律又は条例の定めるところにより、執行機関の附属機関として自治紛争処理委員、審査会、審議会、調査会その他の調停、審査、諮問又は調査のための機関を置くことができる。ただし、政令で定める執行機関については、この限りでない。

第二節　普通地方公共団体の長

第一款　地位

第一三九条〔**知事・市町村長**〕都道府県に知事を置く。
②市町村に市町村長を置く。

第二款　権限

第一四七条〔**長の統轄代表権**〕普通地方公共団体の長は、当該普通地方公共団体を統轄し、これを代表する。

第一四八条〔**事務の管理及び執行権**〕普通地方公共団体の長は、当該普通地方公共団体の事務を管理し及びこれを執行する。

第一五〇条〔**内部統制に関する方針の策定等**〕都道府県知事及び第二百五十二条の十九第一項に規定する指定都市（以下この条において「指定都市」という。）の市長は、その担任する事務のうち次に掲げるものの管理及び執行が法令に適合し、かつ、適正に行われることを確保するための方針を定め、及びこれに基づき必要な体制を整備しなければならない。
一　財務に関する事務その他総務省令で定める事務
二　前号に掲げるもののほか、その管理及び執行が法令に適合し、かつ、適正に行われることを特に確保する必要がある事務として当該都道府県知事又は指定都市の市長が認めるもの
②市町村長（指定都市の市長を除く。第二号及び第四項において同じ。）は、その担任する事務のうち次に掲げるものの管理及び執行が法令に適合し、かつ、適正に行われることを確保するための方針を定め、及びこれに基づき必要な体制を整備するよう努めなければならない。
一　前項第一号に掲げる事務
二　前号に掲げるもののほか、その管理及び執行が法令に適合し、かつ、適正に行われることを特に確保する必要がある事務として当該市町村長が認めるもの
③都道府県知事又は市町村長は、第一項若しくは前項の方針を定め、又はこれを変更したときは、遅滞なく、これを公表しなければならない。
④都道府県知事、指定都市の市長及び第二項の方針を定めた市町村長（以下この条において「都道府県知事等」という。）は、毎会計年度少なくとも一回以上、総務省令で定めるところにより、第一項又は第二項の方針及びこれに基づき整備した体制について評価した報告書を作成しなければならない。
⑤都道府県知事等は、前項の報告書を監査委員の審査に付さなければならない。
⑥都道府県知事等は、前項の規定により監査委員の審査に付した報告書を監査委員の意見を付けて議会に提出しなければならない。
⑦前項の規定による意見の決定は、監査委員の合議によるものとする。
⑧都道府県知事等は、第六項の規定により議会に提出した報告書を公表しなければならない。
⑨前各項に定めるもののほか、第一項又は第二項の方針及びこれに基づき整備する体制に関し必要な事項は、総務省令で定める。

第一五六条〔**行政機関の設置等**〕普通地方公共団体の長は、前条第一項に定めるものを除くほか、法律又は条例で定めるところにより、保健所、警察署その他の行政機関を設けるものとする。
②前項の行政機関の位置、名称及び所管区域は、条例で定める。
③第四条第二項の規定は、第一項の行政機関の位置及び所管区域について準用する。
④国の地方行政機関（駐在機関を含む。以下この項において同じ。）は、国会の承認を経なければ、設けてはならない。国の地方行政機関の設置及び運営に要する経費は、国において負担しなければならない。
⑤前項前段の規定は、司法行政及び懲戒機関、地方出入国在留管理局の支局及び出張所並びに支局の出張所、警察機関、官民人材交流センターの支所、検疫機関、防衛省の機関、税関の出張所及び監視署、税関支所並びにその出張所及び監視署、税務署及びその支署、国税不服審判所の支部、地方航空局の事務所その他の航空現業官署、総合通信局の出張所、電波観測所、文教施設、国立の病院及び療養施設、気象官署、海上警備救難機関、航路標識及び水路官署、森林管理署並びに専ら国費をもつて行う工事の施行機関については、適用しない。

第三款　補助機関

第一六一条〔**副知事・副市町村長**〕都道府県に副知事を、市町村に副市町村長を置く。ただし、条例で置かないことができる。
②副知事及び副市町村長の定数は、条例で定める。

第一六七条〔**職務**〕副知事及び副市町村長は、普通地方公共団体の長を補佐し、普通地方公共団体の長の命を受け政策及び企画をつかさどり、その補助機関である職員の担任する事務を監督し、別に定めるところにより、普通地方公共団体の長の職務を代理する。
②前項に定めるもののほか、副知事及び副市町村長は、普通地方公共団体の長の権限に属する事務の一部について、第百五十三条第一項の規定により委任を受け、その事務を執行する。
③前項の場合においては、普通地方公共団体の長は、直ちに、その旨を告示しなければならない。

第一六八条〔**会計管理者**〕普通地方公共団体に会計管理者一人を置く。
②会計管理者は、普通地方公共団体の長の補助機関である職員のうちから、普通地方公共団体の長が命ずる。

第一七一条〔**会計職員**〕会計管理者の事務を補助させるため出納員その他の会計職員を置く。ただし、町村においては、出納員を置かないことができる。
②出納員その他の会計職員は、普通地方公共団体の長の補助機関である職員のうちから、普通地方公共団体の長がこれを命ずる。
③出納員は、会計管理者の命を受けて現金の出納（小切手の振出しを含む。）若しくは保管又は物品の出納若しくは保管の事務をつかさどり、その他の会計職員は、上司の命を受けて当該普通地方公共団体の会計事務をつかさどる。
④普通地方公共団体の長は、会計管理者をしてその事務の一部を出納員に委任させ、又は当該出納員をしてさらに当該委任を受けた事務の一部を出納員以外の会計職員に委任させることができる。この場合においては、普通地方公共団体の長は、直ちに、その旨を告示しなければならない。
⑤〔省略〕

第一七二条〔**職員**〕前十一条に定める者を除くほか、普通地方公共団体に職員を置く。
②前項の職員は、普通地方公共団体の長がこれを任免する。
③第一項の職員の定数は、条例でこれを定める。ただし、臨時又は非常勤の職については、この限りでない。
④第一項の職員に関する任用、人事評価、給与、勤務時間その他の勤務条件、分限及び懲戒、服務、退職管理、研修、福祉及び利益の保護その他身分取扱いに関しては、この法律に定めるものを除くほか、地方公務員法の定めるところによる。

第一七四条〔**専門委員**〕普通地方公共団体は、常設又は臨時の専門委員を置くことができる。
②専門委員は、専門の学識経験を有する者の中から、普通地方公共団体の長がこれを選任する。
③専門委員は、普通地方公共団体の長の委託を受け、その権限に属する事務に関し必要な事項を調査する。
④専門委員は、非常勤とする。

第一七五条〔**支庁及び地方事務所等の長**〕都道府県の支庁若しくは地方事務所又は市町村の支所の長は、当該普通地方公共団体の長の補助機関である職員をもつて充てる。
②前項に規定する機関の長は、普通地方公共

団体の長の定めるところにより、上司の指揮を受け、その主管の事務を掌理し部下の職員を指揮監督する。

第五款　他の執行機関との関係

第一八〇条の二〔長の事務の委任、補助執行〕 普通地方公共団体の長は、その権限に属する事務の一部を、当該普通地方公共団体の委員会又は委員と協議して、普通地方公共団体の委員会、委員会の委員長（教育委員会にあつては、教育長）、委員若しくはこれらの執行機関の事務を補助する職員若しくはこれらの執行機関の管理に属する機関の職員に委任し、又はこれらの執行機関の事務を補助する職員若しくはこれらの執行機関の管理に属する機関の職員をして補助執行させることができる。ただし、政令で定める普通地方公共団体の委員会又は委員については、この限りでない。

第一八〇条の三〔職員の兼職・充当等〕 普通地方公共団体の長は、当該普通地方公共団体の委員会又は委員と協議して、その補助機関である職員を、当該執行機関の事務を補助する職員若しくはこれらの執行機関の管理に属する機関の職員と兼ねさせ、若しくは当該執行機関の事務を補助する職員若しくはこれらの執行機関の管理に属する機関の職員に充て、又は当該執行機関の事務に従事させることができる。

第一八〇条の四〔委員会に対する勧告〕 普通地方公共団体の長は、各執行機関を通じて組織及び運営の合理化を図り、その相互の間に権衡を保持するため、必要があると認めるときは、当該普通地方公共団体の委員会若しくは委員の事務局又は委員会若しくは委員の管理に属する事務を掌る機関（以下本条中「事務局等」という。）の組織、事務局等に属する職員の定数又はこれらの職員の身分取扱について、委員会又は委員に必要な措置を講ずべきことを勧告することができる。

② 普通地方公共団体の委員会又は委員は、事務局等の組織、事務局等に属する職員の定数又はこれらの職員の身分取扱で当該委員会又は委員の権限に属する事項の中政令で定めるものについて、当該委員会又は委員の規則その他の規程を定め、又は変更しようとする場合においては、予め当該普通地方公共団体の長に協議しなければならない。

第三節　委員会及び委員

第一款　通則

第一八〇条の五〔委員会及び委員の設置〕 執行機関として法律の定めるところにより普通地方公共団体に置かなければならない委員会及び委員は、左の通りである。

一　教育委員会
二　選挙管理委員会
三　人事委員会又は人事委員会を置かない普通地方公共団体にあつては公平委員会
四　監査委員

② 前項に掲げるもののほか、執行機関として法律の定めるところにより都道府県に置かなければならない委員会は、次のとおりである。

一　公安委員会
二　労働委員会
三から五まで（省略）

③から⑧まで（省略）

第一八〇条の七〔事務の委任・補助執行等〕 普通地方公共団体の委員会又は委員は、その権限に属する事務の一部を、当該普通地方公共団体の長と協議して、普通地方公共団体の長の補助機関である職員若しくはその管理に属する支庁若しくは地方事務所、支所若しくは出張所、第二百二条の四第二項に規定する地域自治区の事務所、第二百五十二条の十九第一項に規定する指定都市の区若しくは総合区の事務所若しくはその出張所、保健所その他の行政機関の長に委任し、若しくは普通地方公共団体の長の補助機関である職員若しくはその管理に属する行政機関に属する職員をして補助執行させ、又は専門委員に委託して必要な事項を調査させることができる。ただし、政令で定める事務については、この限りではない。

第二款　教育委員会

第一八〇条の八〔職務権限等〕 教育委員会は、別に法律の定めるところにより、学校その他の教育機関を管理し、学校の組織編制、教育課程、教科書その他の教材の取扱及び教育職員の身分取扱に関する事務を行い、並びに社会教育その他教育、学術及び文化に関する事務を管理し及びこれを執行する。

第六款　人事委員会、公平委員会、地方労働委員会、農業委員会その他の委員会

第二〇二条の二〔委員会の事務〕 人事委員会は、別に法律の定めるところにより、人事行政に関する調査、研究、企画、立案、勧告等を行い、職員の競争試験及び選考を実施し、並びに職員の勤務条件に関する措置の要求及び職員に対する不利益処分を審査し、並びにこれについて必要な措置を講ずる。

② 公平委員会は、別に法律の定めるところにより、職員の勤務条件に関する措置の要求及び職員に対する不利益処分を審査し、並びにこれについて必要な措置を講ずる。

③ 労働委員会は、別に法律の定めるところにより、労働組合の資格の立証を受け及び証明を行い、並びに不当労働行為に関し調査し、審問し、命令を発し及び和解を勧め、労働争議のあつせん、調停及び仲裁を行い、その他労働関係に関する事務を執行する。

④・⑤（省略）

第七款　附属機関

第二〇二条の三〔附属機関の事務等〕 普通地方公共団体の執行機関の附属機関は、法律若しくはこれに基く政令又は条例の定めるところにより、その担任する事項について調停、審査、審議又は調査等を行う機関とする。

② 附属機関を組織する委員その他の構成員は、非常勤とする。

③ 附属機関の庶務は、法律又はこれに基く政令に特別の定があるものを除く外、その属する執行機関において掌るものとする。

第四節　地域自治区

（地域自治区の設置）
第二〇二条の四 市町村は、市町村長の権限に属する事務を分掌させ、及び地域の住民の意見を反映させつつこれを処理させるため、条例で、その区域を分けて定める区域ごとに地域自治区を設けることができる。

2　地域自治区に事務所を置くものとし、事務所の位置、名称及び所管区域は、条例で定める。

3　地域自治区の事務所の長は、当該普通地方公共団体の長の補助機関である職員をもつて充てる。

4　第四条第二項の規定は第二項の地域自治区の事務所の位置及び所管区域について、第百七十五条第二項の規定は前項の事務所の長について準用する。

（地域協議会の設置及び構成員）
第二〇二条の五 地域自治区に、地域協議会を置く。

2　地域協議会の構成員は、地域自治区の区域内に住所を有する者のうちから、市町村長が選任する。

3　市町村長は、前項の規定による地域協議会の構成員の選任に当たつては、地域協議会の構成員の構成が、地域自治区の区域内に住所を有する者の多様な意見が適切に反映されるものとなるよう配慮しなければならない。

4　地域協議会の構成員の任期は、四年以内において条例で定める期間とする。

5　第二百三条の二第一項の規定にかかわらず、地域協議会の構成員には報酬を支給しないこととすることができる。

（地域協議会の会長及び副会長）
第二〇二条の六 地域協議会に、会長及び副会

長を置く。

2　地域協議会の会長及び副会長の選任及び解任の方法は、条例で定める。

3　地域協議会の会長及び副会長の任期は、地域協議会の構成員の任期による。

4　地域協議会の会長は、地域協議会の事務を掌理し、地域協議会を代表する。

5　地域協議会の副会長は、地域協議会の会長に事故があるとき又は地域協議会の会長が欠けたときは、その職務を代理する。

（**地域協議会の権限**）

第二百二条の七　地域協議会は、次に掲げる事項のうち、市町村長その他の市町村の機関により諮問されたもの又は必要と認めるものについて、審議し、市町村長その他の市町村の機関に意見を述べることができる。

一　地域自治区の事務所が所掌する事務に関する事項

二　前号に掲げるもののほか、市町村が処理する地域自治区の区域に係る事務に関する事項

三　市町村の事務処理に当たつての地域自治区の区域内に住所を有する者との連携の強化に関する事項

2　市町村長は、条例で定める市町村の施策に関する重要事項であつて地域自治区の区域に係るものを決定し、又は変更しようとする場合においては、あらかじめ、地域協議会の意見を聴かなければならない。

3　市町村長その他の市町村の機関は、前二項の意見を勘案し、必要があると認めるときは、適切な措置を講じなければならない。

（**地域協議会の組織及び運営**）

第二百二条の八　この法律に定めるもののほか、地域協議会の構成員の定数その他の地域協議会の組織及び運営に関し必要な事項は、条例で定める。

（**政令への委任**）

第二百二条の九　この法律に規定するものを除くほか、地域自治区に関し必要な事項は、政令で定める。

第八章　給与その他の給付

第二百四条〔**給料、手当、旅費**〕　普通地方公共団体は、普通地方公共団体の長及びその補助機関たる常勤の職員、委員会の常勤の委員（教育委員会にあつては、教育長）、常勤の監査委員、議会の事務局長又は書記長、書記その他の常勤の職員、委員会の事務局長若しくは書記長、委員の事務局長又は委員会若しくは委員の事務を補助する書記その他の常勤の職員その他普通地方公共団体の常勤の職員並びに短時間勤務職員及び地方公務員法第二十二条の二第一項第二号に掲げる職員に対し、給料及び旅費を支給しなければならない。

②　普通地方公共団体は、条例で、前項の者に対し、扶養手当、地域手当、住居手当、初任給調整手当、通勤手当、単身赴任手当、特殊勤務手当、特地勤務手当（これに準ずる手当を含む。）、へき地手当（これに準ずる手当を含む。）、時間外勤務手当、宿日直手当、管理職員特別勤務手当、夜間勤務手当、休日勤務手当、管理職手当、期末手当、勤勉手当、寒冷地手当、特定任期付職員業績手当、任期付研究員業績手当、義務教育等教員特別手当、定時制通信教育手当、産業教育手当、農林漁業普及指導手当、災害派遣手当（武力攻撃災害等派遣手当及び新型インフルエンザ等緊急事態派遣手当を含む。）又は退職手当を支給することができる。

③　給料、手当及び旅費の額並びにその支給方法は、条例でこれを定めなければならない。

第二百四条の二〔**法律・条例に基づかない支給の禁止**〕　普通地方公共団体は、いかなる給与その他の給付も法律又はこれに基づく条例に基づかずには、これをその議会の議員、第二百三条の二第一項の者及び前条第一項の者に支給することができない。

第九章　財務

第一節　会計年度及び会計の区分

（**会計年度及びその独立の原則**）

第二百八条　普通地方公共団体の会計年度は、毎年四月一日に始まり、翌年三月三十一日に終わるものとする。

2　各会計年度における歳出は、その年度の歳入をもつて、これに充てなければならない。

（**会計の区分**）

第二百九条　普通地方公共団体の会計は、一般会計及び特別会計とする。

2　特別会計は、普通地方公共団体が特定の事業を行なう場合その他特定の歳入をもつて特定の歳出に充て一般の歳入歳出と区分して経理する必要がある場合において、条例でこれを設置することができる。

第二節　予算

（**総計予算主義の原則**）

第二百十条　一会計年度における一切の収入及び支出は、すべてこれを歳入歳出予算に編入しなければならない。

（**予算の調製及び議決**）

第二百十一条　普通地方公共団体の長は、毎会計年度予算を調製し、年度開始前に、議会の議決を経なければならない。この場合において、普通地方公共団体の長は、遅くとも年度開始前、都道府県及び第二百五十二条の十九第一項に規定する指定都市にあつては三十日、その他の市及び町村にあつては二十日までに当該予算を議会に提出するようにしなければならない。

2　普通地方公共団体の長は、予算を議会に提出するときは、政令で定める予算に関する説明書をあわせて提出しなければならない。

（**継続費**）

第二百十二条　普通地方公共団体の経費をもつて支弁する事件でその履行に数年度を要するものについては、予算の定めるところにより、その経費の総額及び年割額を定め、数年度にわたつて支出することができる。

2　前項の規定により支出することができる経費は、これを継続費という。

（**繰越明許費**）

第二百十三条　歳出予算の経費のうちその性質上又は予算成立後の事由に基づき年度内にその支出を終わらない見込みのあるものについては、予算の定めるところにより、翌年度に繰り越して使用することができる。

2　前項の規定により翌年度に繰り越して使用することができる経費は、これを繰越明許費という。

（**債務負担行為**）

第二百十四条　歳出予算の金額、継続費の総額又は繰越明許費の金額の範囲内におけるものを除くほか、普通地方公共団体が債務を負担する行為をするには、予算で債務負担行為として定めておかなければならない。

（**予算の内容**）

第二百十五条　予算は、次の各号に掲げる事項に関する定めから成るものとする。

一　歳入歳出予算

二　継続費

三　繰越明許費

四　債務負担行為

五　地方債

六　一時借入金

七　歳出予算の各項の経費の金額の流用

（**歳入歳出予算の区分**）

第二百十六条　歳入歳出予算は、歳入にあつては、その性質に従つて款に大別し、かつ、各款中においてはこれを項に区分し、歳出にあつては、その目的に従つてこれを款項に区分しなければならない。

（**予備費**）

第二百十七条　予算外の支出又は予算超過の支出に充てるため、歳入歳出予算に予備費を計上しなければならない。ただし、特別会計にあつては、予備費を計上しないことができる。

2　予備費は、議会の否決した費途に充てることができない。

（**補正予算、暫定予算等**）

第二百十八条　普通地方公共団体の長は、予算の調製後に生じた事由に基づいて、既定の予算に追加その他の変更を加える必要が生じたときは、補正予算を調製し、これを議会に提出

することができる。

2　普通地方公共団体の長は、必要に応じて、一会計年度のうちの一定期間に係る暫定予算を調製し、これを議会に提出することができる。

3・4（省略）

（予算の執行及び事故繰越し）

第二二〇条　普通地方公共団体の長は、政令で定める基準に従つて予算の執行に関する手続を定め、これに従つて予算を執行しなければならない。

2　歳出予算の経費の金額は、各款の間又は各項の間において相互にこれを流用することができない。ただし、歳出予算の各項の経費の金額は、予算の執行上必要がある場合に限り、予算の定めるところにより、これを流用することができる。

3　繰越明許費の金額を除くほか、毎会計年度の歳出予算の経費の金額は、これを翌年度において使用することができない。ただし、歳出予算の経費の金額のうち、年度内に支出負担行為をし、避けがたい事故のため年度内に支出を終わらなかつたもの（当該支出負担行為に係る工事その他の事業の遂行上の必要に基づきこれに関連して支出を要する経費の金額を含む。）は、これを翌年度に繰り越して使用することができる。

（予算の執行に関する長の調査権等）

第二二一条　普通地方公共団体の長は、予算の執行の適正を期するため、委員会若しくは委員又はこれらの管理に属する機関で権限を有するものに対して、収入及び支出の実績若しくは見込みについて報告を徴し、予算の執行状況を実地について調査し、又はその結果に基づいて必要な措置を講ずべきことを求めることができる。

2　普通地方公共団体の長は、予算の執行の適正を期するため、工事の請負契約者、物品の納入者、補助金、交付金、貸付金等の交付若しくは貸付けを受けた者（補助金、交付金、貸付金等の終局の受領者を含む。）又は調査、試験、研究等の委託を受けた者に対して、その状況を調査し、又は報告を徴することができる。

3（省略）

（予算を伴う条例、規則等についての制限）

第二二二条　普通地方公共団体の長は、条例その他議会の議決を要すべき案件があらたに予算を伴うこととなるものであるときは、必要な予算上の措置が適確に講ぜられる見込みが得られるまでの間は、これを議会に提出してはならない。

2　普通地方公共団体の長、委員会若しくは委員又はこれらの管理に属する機関は、その権限に属する事務に関する規則その他の規程の制定又は改正があらたに予算を伴うこととなるものであるときは、必要な予算上の措置が適確に講ぜられることとなるまでの間は、これを制定し、又は改正してはならない。

第三節　収入

（地方税）

第二二三条　普通地方公共団体は、法律の定めるところにより、地方税を賦課徴収することができる。

（分担金）

第二二四条　普通地方公共団体は、政令で定める場合を除くほか、数人又は普通地方公共団体の一部に対し利益のある事件に関し、その必要な費用に充てるため、当該事件により特に利益を受ける者から、その受益の限度において、分担金を徴収することができる。

（使用料）

第二二五条　普通地方公共団体は、第二百三十八条の四第七項の規定による許可を受けてする行政財産の使用又は公の施設の利用につき使用料を徴収することができる。

（手数料）

第二二七条　普通地方公共団体は、当該普通地方公共団体の事務で特定の者のためにするものにつき、手数料を徴収することができる。

（分担金等に関する規制及び罰則）

第二二八条　分担金、使用料、加入金及び手数料に関する事項については、条例でこれを定めなければならない。この場合において、手数料について全国的に統一して定めることが特に必要と認められるものとして政令で定める事務（以下本項において「標準事務」という。）について手数料を徴収する場合においては、当該標準事務に係る事務のうち政令で定めるものにつき、政令で定める金額の手数料を徴収することを標準として条例を定めなければならない。

2　分担金、使用料、加入金及び手数料の徴収に関しては、次項に定めるものを除くほか、条例で五万円以下の過料を科する規定を設けることができる。

3　詐欺その他不正の行為により、分担金、使用料、加入金又は手数料の徴収を免れた者については、条例でその徴収を免れた金額の五倍に相当する金額（当該五倍に相当する金額が五万円を超えないときは、五万円とする。）以下の過料を科する規定を設けることができる。

（地方債）

第二三〇条　普通地方公共団体は、別に法律で定める場合において、予算の定めるところにより、地方債を起こすことができる。

2　前項の場合において、地方債の起債の目的、限度額、起債の方法、利率及び償還の方法は、予算でこれを定めなければならない。

第四節　支出

（経費の支弁等）

第二三二条　普通地方公共団体は、当該普通地方公共団体の事務を処理するために必要な経費その他法律又はこれに基づく政令により当該普通地方公共団体の負担に属する経費を支弁するものとする。

2　法律又はこれに基づく政令により普通地方公共団体に対し事務の処理を義務付ける場合においては、国は、そのために要する経費の財源につき必要な措置を講じなければならない。

（寄附又は補助）

第二三二条の二　普通地方公共団体は、その公益上必要がある場合においては、寄附又は補助をすることができる。

（支出負担行為）

第二三二条の三　普通地方公共団体の支出の原因となるべき契約その他の行為（これを支出負担行為という。）は、法令又は予算の定めるところに従い、これをしなければならない。

第五節　決算

（決算）

第二三三条　会計管理者は、毎会計年度、政令で定めるところにより、決算を調製し、出納の閉鎖後三箇月以内に、証書類その他政令で定める書類と併せて、普通地方公共団体の長に提出しなければならない。

2　普通地方公共団体の長は、決算及び前項の書類を監査委員の審査に付さなければならない。

3　普通地方公共団体の長は、前項の規定により監査委員の審査に付した決算を監査委員の意見を付けて次の通常予算を議する会議までに議会の認定に付さなければならない。

4　前項の規定による意見の決定は、監査委員の合議によるものとする。

5・6（省略）

7　普通地方公共団体の長は、第三項の規定による決算の認定に関する議案が否決された場合において、当該議決を踏まえて必要と認める措置を講じたときは、速やかに、当該措置の内容を議会に報告するとともに、これを公表しなければならない。

第十節　住民による監査請求及び訴訟

（住民監査請求）

第二四二条　普通地方公共団体の住民は、当該普通地方公共団体の長若しくは委員会若しくは委員又は当該普通地方公共団体の職員について、違法若しくは不当な公金の支出、財産の取得、管理若しくは処分、契約の締結若しくは履行若しくは債務その他の義務の負担がある（当該行為がなされることが相当の確実さをもつて予測される場合を含む。）と認めるとき、又は違法若しくは不当に公金の賦課若しくは徴収若しくは財産の管理を怠る事実（以下「怠る事実」という。）があると認めるときは、これらを証する書面を添え、監査委員に対し、監査を求め、当該行為を防止し、若しくは是正し、若しくは当該怠る事実を改め、又は当該行為若しくは怠る事実によつて当該普通地方公共団体の被つた損害を補塡するために必要な措置を講ずべきことを請求することができる。

2　前項の規定による請求は、当該行為のあつた日又は終わつた日から一年を経過したときは、これをすることができない。ただし、正当な理由があるときは、この限りでない。

3　第一項の規定による請求があつたときは、監査委員は、直ちに当該請求の要旨を当該普通地方公共団体の議会及び長に通知しなければならない。

4　第一項の規定による請求があつた場合において、当該行為が違法であると思料するに足りる相当な理由があり、当該行為により当該普通地方公共団体に生ずる回復の困難な損害を避けるため緊急の必要があり、かつ、当該行為を停止することによつて人の生命又は身体に対する重大な危害の発生の防止その他公共の福祉を著しく阻害するおそれがないと認めるときは、監査委員は、当該普通地方公共団体の長その他の執行機関又は職員に対し、理由を付して次項の手続が終了するまでの間当該行為を停止すべきことを勧告することができる。この場合において、監査委員は、当該勧告の内容を第一項の規定による請求人（以下この条において「請求人」という。）に通知するとともに、これを公表しなければならない。

5　第一項の規定による請求があつた場合には、監査委員は、監査を行い、当該請求に理由がないと認めるときは、理由を付してその旨を書面により請求人に通知するとともに、これを公表し、当該請求に理由があると認めるときは、当該普通地方公共団体の議会、長その他の執行機関又は職員に対し期間を示して必要な措置を講ずべきことを勧告するとともに、当該勧告の内容を請求人に通知し、かつ、これを公表しなければならない。

6　前項の規定による監査委員の監査及び勧告は、第一項の規定による請求があつた日から六十日以内に行わなければならない。

7　監査委員は、第五項の規定による監査を行うに当たつては、請求人に証拠の提出及び陳述の機会を与えなければならない。

8　監査委員は、前項の規定による陳述の聴取を行う場合又は関係のある当該普通地方公共団体の長その他の執行機関若しくは職員の陳述の聴取を行う場合において、必要があると認めるときは、関係のある当該普通地方公共団体の長その他の執行機関若しくは職員又は請求人を立ち会わせることができる。

9　第五項の規定による監査委員の勧告があつたときは、当該勧告を受けた議会、長その他の執行機関又は職員は、当該勧告に示された期間内に必要な措置を講ずるとともに、その旨を監査委員に通知しなければならない。この場合において、監査委員は、当該通知に係る事項を請求人に通知するとともに、これを公表しなければならない。

10　普通地方公共団体の議会は、第一項の規定による請求があつた後に、当該請求に係る行為又は怠る事実に関する損害賠償又は不当利得返還の請求権その他の権利の放棄に関する議決をしようとするときは、あらかじめ監査委員の意見を聴かなければならない。

11　第四項の規定による勧告、第五項の規定による監査及び勧告並びに前項の規定による意見についての決定は、監査委員の合議によるものとする。

（住民訴訟）

第二四二条の二　普通地方公共団体の住民は、前条第一項の規定による請求をした場合において、同条第五項の規定による監査委員の監査の結果若しくは勧告若しくは同条第九項の規定による普通地方公共団体の議会、長その他の執行機関若しくは職員の措置に不服があるとき、又は監査委員が同条第五項の規定による監査若しくは勧告を同条第六項の期間内に行わないとき、若しくは議会、長その他の執行機関若しくは職員が同条第九項の規定による措置を講じないときは、裁判所に対し、同条第一項の請求に係る違法な行為又は怠る事実につき、訴えをもつて次に掲げる請求をすることができる。

一　当該執行機関又は職員に対する当該行為の全部又は一部の差止めの請求

二　行政処分たる当該行為の取消し又は無効確認の請求

三　当該執行機関又は職員に対する当該怠る事実の違法確認の請求

四　当該職員又は当該行為若しくは怠る事実に係る相手方に損害賠償又は不当利得返還の請求をすることを当該普通地方公共団体の執行機関又は職員に対して求める請求。ただし、当該職員又は当該行為若しくは怠る事実に係る相手方が第二百四十三条の二の二第三項の規定による賠償の命令の対象となる者である場合には、当該賠償の命令をすることを求める請求

2　前項の規定による訴訟は、次の各号に掲げる場合の区分に応じ、当該各号に定める期間内に提起しなければならない。

一　監査委員の監査の結果又は勧告に不服がある場合　当該監査の結果又は当該勧告の内容の通知があつた日から三十日以内

二　監査委員の勧告を受けた議会、長その他の執行機関又は職員の措置に不服がある場合　当該措置に係る監査委員の通知があつた日から三十日以内

三　監査委員が請求をした日から六十日を経過しても監査又は勧告を行わない場合　当該六十日を経過した日から三十日以内

四　監査委員の勧告を受けた議会、長その他の執行機関又は職員が措置を講じない場合　当該勧告に示された期間を経過した日から三十日以内

3　前項の期間は、不変期間とする。

4　第一項の規定による訴訟が係属しているときは、当該普通地方公共団体の他の住民は、別訴をもつて同一の請求をすることができない。

5　第一項の規定による訴訟は、当該普通地方公共団体の事務所の所在地を管轄する地方裁判所の管轄に専属する。

6　第一項第一号の規定による請求に基づく差止めは、当該行為を差し止めることによつて人の生命又は身体に対する重大な危害の発生の防止その他公共の福祉を著しく阻害するおそれがあるときは、することができない。

7　第一項第四号の規定による訴訟が提起された場合には、当該職員又は当該行為若しくは怠る事実の相手方に対して、当該普通地方公共団体の執行機関又は職員は、遅滞なく、その訴訟の告知をしなければならない。

8　前項の訴訟告知があつたときは、第一項第四号の規定による訴訟が終了した日から六月を経過するまでの間は、当該訴訟に係る損害賠償又は不当利得返還の請求権の時効は、完成しない。

9　民法第百五十三条第二項の規定は、前項の規定による時効の完成猶予について準用する。

10　第一項に規定する違法な行為又は怠る事実については、民事保全法（平成元年法律第九十一号）に規定する仮処分をすることができない。

11　第二項から前項までに定めるもののほか、第一項の規定による訴訟については、行政事件訴訟法第四十三条の規定の適用があるものとする。

12　第一項の規定による訴訟を提起した者が勝訴（一部勝訴を含む。）した場合において、弁護士、弁護士法人又は弁護士・外国法事務弁護士共同法人に報酬を支払うべきときは、当該普通地方公共団体に対し、その報酬額の範囲内で相当と認められる額の支払を請求することができる。

（訴訟の提起）
第二四二条の三　前条第一項第四号本文の規定による訴訟について、損害賠償又は不当利得返還の請求を命ずる判決が確定した場合においては、普通地方公共団体の長は、当該判決が確定した日から六十日以内の日を期限として、当該請求に係る損害賠償金又は不当利得の返還金の支払を請求しなければならない。
2　前項に規定する場合において、当該判決が確定した日から六十日以内に当該請求に係る損害賠償金又は不当利得による返還金が支払われないときは、当該普通地方公共団体は、当該損害賠償又は不当利得返還の請求を目的とする訴訟を提起しなければならない。
3　前項の訴訟の提起については、第九十六条第一項第十二号の規定にかかわらず、当該普通地方公共団体の議会の議決を要しない。
4　前条第一項第四号本文の規定による訴訟の裁判が同条第七項の訴訟告知を受けた者に対してもその効力を有するときは、当該訴訟の裁判は、当該普通地方公共団体と当該訴訟告知を受けた者との間においてもその効力を有する。
5　前条第一項第四号本文の規定による訴訟について、普通地方公共団体の執行機関又は職員に損害賠償又は不当利得返還の請求を命ずる判決が確定した場合において、当該普通地方公共団体がその長に対し当該損害賠償又は不当利得返還の請求を目的とする訴訟を提起するときは、当該訴訟については、代表監査委員が当該普通地方公共団体を代表する。

第十章　公の施設

（公の施設）
第二四四条　普通地方公共団体は、住民の福祉を増進する目的をもつてその利用に供するための施設（これを公の施設という。）を設けるものとする。
2　普通地方公共団体（次条第三項に規定する指定管理者を含む。次項において同じ。）は、正当な理由がない限り、住民が公の施設を利用することを拒んではならない。
3　普通地方公共団体は、住民が公の施設を利用することについて、不当な差別的取扱いをしてはならない。

（公の施設の設置、管理及び廃止）
第二四四条の二　普通地方公共団体は、法律又はこれに基づく政令に特別の定めがあるものを除くほか、公の施設の設置及びその管理に関する事項は、条例でこれを定めなければならない。
2　普通地方公共団体は、条例で定める重要な公の施設のうち条例で定める特に重要なものについて、これを廃止し、又は条例で定める長期かつ独占的な利用をさせようとするときは、議会において出席議員の三分の二以上の者の同意を得なければならない。
3　普通地方公共団体は、公の施設の設置の目的を効果的に達成するため必要があると認めるときは、条例の定めるところにより、法人その他の団体であつて当該普通地方公共団体が指定するもの（以下本条及び第二百四十四条の四において「指定管理者」という。）に、当該公の施設の管理を行わせることができる。
4　前項の条例には、指定管理者の指定の手続、指定管理者が行う管理の基準及び業務の範囲その他必要な事項を定めるものとする。
5　指定管理者の指定は、期間を定めて行うものとする。
6　普通地方公共団体は、指定管理者の指定をしようとするときは、あらかじめ、当該普通地方公共団体の議会の議決を経なければならない。
7　指定管理者は、毎年度終了後、その管理する公の施設の管理の業務に関し事業報告書を作成し、当該公の施設を設置する普通地方公共団体に提出しなければならない。
8　普通地方公共団体は、適当と認めるときは、指定管理者にその管理する公の施設の利用に係る料金（次項において「利用料金」という。）を当該指定管理者の収入として収受させることができる。
9　前項の場合における利用料金は、公益上必要があると認める場合を除くほか、条例の定めるところにより、指定管理者が定めるものとする。この場合において、指定管理者は、あらかじめ当該利用料金について当該普通地方公共団体の承認を受けなければならない。
10　普通地方公共団体の長又は委員会は、指定管理者の管理する公の施設の管理の適正を期するため、指定管理者に対して、当該管理の業務又は経理の状況に関し報告を求め、実地について調査し、又は必要な指示をすることができる。
11　普通地方公共団体は、指定管理者が前項の指示に従わないときその他当該指定管理者による管理を継続することが適当でないと認めるときは、その指定を取り消し、又は期間を定めて管理の業務の全部又は一部の停止を命ずることができる。

第十一章　国と普通地方公共団体との関係及び普通地方公共団体相互間の関係

第一節　普通地方公共団体に対する国又は都道府県の関与等

第一款　普通地方公共団体に対する国又は都道府県の関与等

（関与の意義）
第二四五条　本章において「普通地方公共団体に対する国又は都道府県の関与」とは、普通地方公共団体の事務の処理に関し、国の行政機関（内閣府設置法（平成十一年法律第八十九号）第四条第三項に規定する事務をつかさどる機関たる内閣府、宮内庁、同法第四十九条第一項若しくは第二項に規定する機関、国家行政組織法（昭和二十三年法律第百二十号）第三条第二項に規定する機関、法律の規定に基づき内閣の所轄の下に置かれる機関又はこれらに置かれる機関をいう。以下本章において同じ。）又は都道府県の機関が行う次に掲げる行為（普通地方公共団体がその固有の資格において当該行為の名あて人となるものに限り、国又は都道府県の普通地方公共団体に対する支出金の交付及び返還に係るものを除く。）をいう。
一　普通地方公共団体に対する次に掲げる行為
イ　助言又は勧告
ロ　資料の提出の要求
ハ　是正の要求（普通地方公共団体の事務の処理が法令の規定に違反しているとき又は著しく適正を欠き、かつ、明らかに公益を害しているときに当該普通地方公共団体に対して行われる当該違反の是正又は改善のため必要な措置を講ずべきことの求めであつて、当該求めを受けた普通地方公共団体がその違反の是正又は改善のため必要な措置を講じなければならないものをいう。）
ニ　同意
ホ　許可、認可又は承認
ヘ　指示
ト　代執行（普通地方公共団体の事務の処理が法令の規定に違反しているとき又は当該普通地方公共団体がその事務の処理を怠つているときに、その是正のための措置を当該普通地方公共団体に代わつて行うことをいう。）
二　普通地方公共団体との協議
三　前二号に掲げる行為のほか、一定の行政目的を実現するため普通地方公共団体に対して具体的かつ個別的に関わる行為（相反する利害を有する者の間の利害の調整を目的としてされる裁定その他の行為（その双方を名あて人とするものに限る。）及び審査請求その他の不服申立てに対する裁決、決定その他の行為を除く。）

（関与の法定主義）
第二四五条の二　普通地方公共団体は、その事務の処理に関し、法律又はこれに基づく政令によらなければ、普通地方公共団体に対する国又は都道府県の関与を受け、又は要することとされることはない。

（関与の基本原則）

第二四五条の三　国は、普通地方公共団体が、その事務の処理に関し、普通地方公共団体に対する国又は都道府県の関与を受け、又は要することとする場合には、その目的を達成するために必要な最小限度のものとするとともに、普通地方公共団体の自主性及び自立性に配慮しなければならない。

2　国は、できる限り、普通地方公共団体が、自治事務の処理に関しては普通地方公共団体に対する国又は都道府県の関与のうち第二百四十五条第一号ト及び第三号に規定する行為を、法定受託事務の処理に関しては普通地方公共団体に対する国又は都道府県の関与のうち同号に規定する行為を受け、又は要することとすることのないようにしなければならない。

3　国は、国又は都道府県の計画と普通地方公共団体の計画との調和を保つ必要がある場合等国又は都道府県の施策と普通地方公共団体の施策との間の調整が必要な場合を除き、普通地方公共団体が、普通地方公共団体の事務の処理に関し、普通地方公共団体に対する国又は都道府県の関与のうち第二百四十五条第二号に規定する行為を要することとすることのないようにしなければならない。

4　国は、法令に基づき国がその内容について財政上又は税制上の特例措置を講ずるものとされている計画を普通地方公共団体が作成する場合等国又は都道府県の施策と普通地方公共団体の施策との整合性を確保しなければこれらの施策の実施に著しく支障が生ずると認められる場合を除き、自治事務の処理に関し、普通地方公共団体が、普通地方公共団体に対する国又は都道府県の関与のうち第二百四十五条第一号ニに規定する行為を要することとすることのないようにしなければならない。

5　国は、普通地方公共団体が特別の法律により法人を設立する場合等自治事務の処理について国の行政機関又は都道府県の機関の許可、認可又は承認を要することとすること以外の方法によつてその処理の適正を確保することが困難であると認められる場合を除き、自治事務の処理に関し、普通地方公共団体が、普通地方公共団体に対する国又は都道府県の関与のうち第二百四十五条第一号ホに規定する行為を要することとすることのないようにしなければならない。

6　国は、国民の生命、身体又は財産の保護のため緊急に自治事務の的確な処理を確保する必要がある場合等特に必要と認められる場合を除き、自治事務の処理に関し、普通地方公共団体が、普通地方公共団体に対する国又は都道府県の関与のうち第二百四十五条第一号へに規定する行為に従わなければならないこととすることのないようにしなければならない。

（技術的な助言及び勧告並びに資料の提出の要求）

第二四五条の四　各大臣（内閣府設置法第四条第三項に規定する事務を分担管理する大臣たる内閣総理大臣又は国家行政組織法第五条第一項に規定する各省大臣をいう。以下本章、次章及び第十四章において同じ。）又は都道府県知事その他の都道府県の執行機関は、その担任する事務に関し、普通地方公共団体に対し、普通地方公共団体の事務の運営その他の事項について適切と認める技術的な助言若しくは勧告をし、又は当該助言若しくは勧告をするため若しくは普通地方公共団体の事務の適正な処理に関する情報を提供するため必要な資料の提出を求めることができる。

2　各大臣は、その担任する事務に関し、都道府県知事その他の都道府県の執行機関に対し、前項の規定による市町村に対する助言若しくは勧告又は資料の提出の求めに関し、必要な指示をすることができる。

3　普通地方公共団体の長その他の執行機関は、各大臣又は都道府県知事その他の都道府県の執行機関に対し、その担任する事務の管理及び執行について技術的な助言若しくは勧告又は必要な情報の提供を求めることができる。

（是正の要求）

第二四五条の五　各大臣は、その担任する事務に関し、都道府県の自治事務の処理が法令の規定に違反していると認めるとき、又は著しく適正を欠き、かつ、明らかに公益を害していると認めるときは、当該都道府県に対し、当該自治事務の処理について違反の是正又は改善のため必要な措置を講ずべきことを求めることができる。

2　各大臣は、その担任する事務に関し、市町村の次の各号に掲げる事務の処理が法令の規定に違反していると認めるとき、又は著しく適正を欠き、かつ、明らかに公益を害していると認めるときは、当該各号に定める都道府県の執行機関に対し、当該事務の処理について違反の是正又は改善のため必要な措置を講ずべきことを当該市町村に求めるよう指示をすることができる。

一　市町村長その他の市町村の執行機関（教育委員会及び選挙管理委員会を除く。）の担任する事務（第一号法定受託事務を除く。次号及び第三号において同じ。）　都道府県知事

二　市町村教育委員会の担任する事務　都道府県教育委員会

三　市町村選挙管理委員会の担任する事務　都道府県選挙管理委員会

3　前項の指示を受けた都道府県の執行機関は、当該市町村に対し、当該事務の処理について違反の是正又は改善のため必要な措置を講ずべきことを求めなければならない。

4　各大臣は、第二項の規定によるほか、その担任する事務に関し、市町村の事務（第一号法定受託事務を除く。）の処理が法令の規定に違反していると認める場合、又は著しく適正を欠き、かつ、明らかに公益を害していると認める場合において、緊急を要するときその他特に必要があると認めるときは、自ら当該市町村に対し、当該事務の処理について違反の是正又は改善のため必要な措置を講ずべきことを求めることができる。

5　普通地方公共団体は、第一項、第三項又は前項の規定による求めを受けたときは、当該事務の処理について違反の是正又は改善のための必要な措置を講じなければならない。

（是正の勧告）

第二四五条の六　次の各号に掲げる都道府県の執行機関は、市町村の当該各号に定める自治事務の処理が法令の規定に違反していると認めるとき、又は著しく適正を欠き、かつ、明らかに公益を害していると認めるときは、当該市町村に対し、当該自治事務の処理について違反の是正又は改善のため必要な措置を講ずべきことを勧告することができる。

一　都道府県知事　市町村長その他の市町村の執行機関（教育委員会及び選挙管理委員会を除く。）の担任する自治事務

二　都道府県教育委員会　市町村教育委員会の担任する自治事務

三　都道府県選挙管理委員会　市町村選挙管理委員会の担任する自治事務

（是正の指示）

第二四五条の七　各大臣は、その所管する法律又はこれに基づく政令に係る都道府県の法定受託事務の処理が法令の規定に違反していると認めるとき、又は著しく適正を欠き、かつ、明らかに公益を害していると認めるときは、当該都道府県に対し、当該法定受託事務の処理について違反の是正又は改善のため講ずべき措置に関し、必要な指示をすることができる。

2　次の各号に掲げる都道府県の執行機関は、市町村の当該各号に定める法定受託事務の処理が法令の規定に違反していると認めるとき、又は著しく適正を欠き、かつ、明らかに公益を害していると認めるときは、当該市町村に対し、当該法定受託事務の処理について違反の是正又は改善のため講ずべき措置に関し、必要な指示をすることができる。

一　都道府県知事　市町村長その他の市町村の執行機関（教育委員会及び選挙管理委員会を除く。）の担任する法定受託事務

二　都道府県教育委員会　市町村教育委員会の担任する法定受託事務

三　都道府県選挙管理委員会　市町村選挙管理委員会の担任する法定受託事務

3　各大臣は、その所管する法律又はこれに基づく政令に係る市町村の第一号法定受託事務の処理について、前項各号に掲げる都道府県の執行機関に対し、同項の規定による市町村に対する指示に関し、必要な指示をすることができる。

4　各大臣は、前項の規定によるほか、その所管する法律又はこれに基づく政令に係る市町村の第一号法定受託事務の処理が法令の規定に違反していると認める場合、又は著しく適正を欠き、かつ、明らかに公益を害していると認める場合において、緊急を要するときその他特に必要があると認めるときは、自ら当該市町村に対し、当該第一号法定受託事務の処理について違反の是正又は改善のため講ずべき措置に関し、必要な指示をすることができる。

（代執行等）

第二四五条の八　各大臣は、その所管する法律若しくはこれに基づく政令に係る都道府県知事の法定受託事務の管理若しくは執行が法令の規定若しくは当該各大臣の処分に違反するものがある場合又は当該法定受託事務の管理若しくは執行を怠るものがある場合において、本項から第八項までに規定する措置以外の方法によつてその是正を図ることが困難であり、かつ、それを放置することにより著しく公益を害することが明らかであるときは、文書により、当該都道府県知事に対して、その旨を指摘し、期限を定めて、当該違反を是正し、又は当該怠る法定受託事務の管理若しくは執行を改めるべきことを勧告することができる。

2　各大臣は、都道府県知事が前項の期限までに同項の規定による勧告に係る事項を行わないときは、文書により、当該都道府県知事に対し、期限を定めて当該事項を行うべきことを指示することができる。

3　各大臣は、都道府県知事が前項の期限までに当該事項を行わないときは、高等裁判所に対し、訴えをもつて、当該事項を行うべきことを命ずる旨の裁判を請求することができる。

4　各大臣は、高等裁判所に対し前項の規定により訴えを提起したときは、直ちに、文書により、その旨を当該都道府県知事に通告するとともに、当該高等裁判所に対し、その通告をした日時、場所及び方法を通知しなければならない。

5　当該高等裁判所は、第三項の規定により訴えが提起されたときは、速やかに口頭弁論の期日を定め、当事者を呼び出さなければならない。その期日は、同項の訴えの提起があつた日から十五日以内の日とする。

6　当該高等裁判所は、各大臣の請求に理由があると認めるときは、当該都道府県知事に対し、期限を定めて当該事項を行うべきことを命ずる旨の裁判をしなければならない。

7　第三項の訴えは、当該都道府県の区域を管轄する高等裁判所の専属管轄とする。

8　各大臣は、都道府県知事が第六項の裁判に従い同項の期限までに、なお、当該事項を行わないときは、当該都道府県知事に代わつて当該事項を行うことができる。この場合においては、各大臣は、あらかじめ当該都道府県知事に対し、当該事項を行う日時、場所及び方法を通知しなければならない。

9　第三項の訴えに係る高等裁判所の判決に対する上告の期間は、一週間とする。

10　前項の上告は、執行停止の効力を有しない。

11　各大臣の請求に理由がない旨の判決が確定した場合において、既に第八項の規定に基づき第二項の規定による指示に係る事項が行われているときは、都道府県知事は、当該判決の確定後三月以内にその処分を取り消し、又は原状の回復その他必要な措置を執ることができる。

12　前各項の規定は、市町村長の法定受託事務の管理若しくは執行が法令の規定若しくは各大臣若しくは都道府県知事の処分に違反するものがある場合又は当該法定受託事務の管理若しくは執行を怠るものがある場合において、本項に規定する措置以外の方法によつてその是正を図ることが困難であり、かつ、それを放置することにより著しく公益を害することが明らかであるときについて準用する。この場合においては、前各項の規定中「各大臣」とあるのは「都道府県知事」と、「都道府県知事」とあるのは「市町村長」と、「当該都道府県の区域」とあるのは「当該市町村の区域」と読み替えるものとする。

13　各大臣は、その所管する法律又はこれに基づく政令に係る市町村長の第一号法定受託事務の管理又は執行について、都道府県知事に対し、前項において準用する第一項から第八項までの規定による措置に関し、必要な指示をすることができる。

14　第三項（第十二項において準用する場合を含む。次項において同じ。）の訴えについては、行政事件訴訟法第四十三条第三項の規定にかかわらず、同法第四十一条第二項の規定は、準用しない。

15　前各項に定めるもののほか、第三項の訴えについては、主張及び証拠の申出の時期の制限その他審理の促進に関し必要な事項は、最高裁判所規則で定める。

（処理基準）

第二四五条の九　各大臣は、その所管する法律又はこれに基づく政令に係る都道府県の法定受託事務の処理について、都道府県が当該法定受託事務を処理するに当たりよるべき基準を定めることができる。

2　次の各号に掲げる都道府県の執行機関は、市町村の当該各号に定める法定受託事務の処理について、市町村が当該法定受託事務を処理するに当たりよるべき基準を定めることができる。この場合において、都道府県の執行機関の定める基準は、次項の規定により各大臣の定める基準に抵触するものであつてはならない。

一　都道府県知事　市町村長その他の市町村の執行機関（教育委員会及び選挙管理委員会を除く。）の担任する法定受託事務

二　都道府県教育委員会　市町村教育委員会の担任する法定受託事務

三　都道府県選挙管理委員会　市町村選挙管理委員会の担任する法定受託事務

3　各大臣は、特に必要があると認めるときは、その所管する法律又はこれに基づく政令に係る市町村の第一号法定受託事務の処理について、市町村が当該第一号法定受託事務を処理するに当たりよるべき基準を定めることができる。

4　各大臣は、その所管する法律又はこれに基づく政令に係る市町村の第一号法定受託事務の処理について、第二項各号に掲げる都道府県の執行機関に対し、同項の規定により定める基準に関し、必要な指示をすることができる。

5　第一項から第三項までの規定により定める基準は、その目的を達成するために必要な最小限度のものでなければならない。

第二款　普通地方公共団体に対する国又は都道府県の関与等の手続

（普通地方公共団体に対する国又は都道府県の関与の手続の適用）

第二四六条　次条から第二百五十条の五までの規定は、普通地方公共団体に対する国又は都道府県の関与について適用する。ただし、他の法律に特別の定めがある場合は、この限りでない。

（助言等の方式等）

第二四七条　国の行政機関又は都道府県の機関は、普通地方公共団体に対し、助言、勧告その他これらに類する行為（以下本条及び第二百五十二条の十七の三第二項において「助言等」という。）を書面によらないで行つた場合において、当該普通地方公共団体から当該助言等の趣旨及び内容を記載した書面の交付を求められたときは、これを交付しなければならない。

2　前項の規定は、次に掲げる助言等について

は、適用しない。

一　普通地方公共団体に対しその場において完了する行為を求めるもの

二　既に書面により当該普通地方公共団体に通知されている事項と同一の内容であるもの

3　国又は都道府県の職員は、普通地方公共団体が国の行政機関又は都道府県の機関が行つた助言等に従わなかつたことを理由として、不利益な取扱いをしてはならない。

（資料の提出の要求等の方式）

第二四八条　国の行政機関又は都道府県の機関は、普通地方公共団体に対し、資料の提出の要求その他これに類する行為（以下本条及び第二百五十二条の十七の三第二項において「資料の提出の要求等」という。）を書面によらないで行つた場合において、当該普通地方公共団体から当該資料の提出の要求等の趣旨及び内容を記載した書面の交付を求められたときは、これを交付しなければならない。

（是正の要求等の方式）

第二四九条　国の行政機関又は都道府県の機関は、普通地方公共団体に対し、是正の要求、指示その他これらに類する行為（以下本条及び第二百五十二条の十七の三第二項において「是正の要求等」という。）をするときは、同時に、当該是正の要求等の内容及び理由を記載した書面を交付しなければならない。ただし、当該書面を交付しないで是正の要求等をすべき差し迫つた必要がある場合は、この限りでない。

2　前項ただし書の場合においては、国の行政機関又は都道府県の機関は、是正の要求等をした後相当の期間内に、同項の書面を交付しなければならない。

（協議の方式）

第二五〇条　普通地方公共団体から国の行政機関又は都道府県の機関に対して協議の申出があつたときは、国の行政機関又は都道府県の機関及び普通地方公共団体は、誠実に協議を行うとともに、相当の期間内に当該協議が調うよう努めなければならない。

2　国の行政機関又は都道府県の機関は、普通地方公共団体の申出に基づく協議について意見を述べた場合において、当該普通地方公共団体から当該協議に関する意見の趣旨及び内容を記載した書面の交付を求められたときは、これを交付しなければならない。

（許認可等の基準）

第二五〇条の二　国の行政機関又は都道府県の機関は、普通地方公共団体からの法令に基づく申請又は協議の申出（以下この款、第二百五十条の十三第二項、第二百五十一条の三第二項、第二百五十一条の五第一項、第二百五十一条の六第一項及び第二百五十二条の十七の三第三項において「申請等」という。）があつた場合において、許可、認可、承認、同意その他これらに類する行為（以下この款及び第二百五十二条の十七の三第三項において「許認可等」という。）をするかどうかを法令の定めに従つて判断するために必要とされる基準を定め、かつ、行政上特別の支障があるときを除き、これを公表しなければならない。

2　国の行政機関又は都道府県の機関は、普通地方公共団体に対し、許認可等の取消しその他これに類する行為（以下本条及び第二百五十条の四において「許認可等の取消し等」という。）をするかどうかを法令の定めに従つて判断するために必要とされる基準を定め、かつ、これを公表するよう努めなければならない。

3　国の行政機関又は都道府県の機関は、第一項又は前項に規定する基準を定めるに当たつては、当該許認可等又は許認可等の取消し等の性質に照らしてできる限り具体的なものとしなければならない。

（許認可等の標準処理期間）

第二五〇条の三　国の行政機関又は都道府県の機関は、申請等が当該国の行政機関又は都道府県の機関の事務所に到達してから当該申請等に係る許認可等をするまでに通常要すべき標準的な期間（法令により当該国の行政機関又は都道府県の機関と異なる機関が当該申請等の提出先とされている場合は、併せて、当該申請等が当該提出先とされている機関の事務所に到達してから当該国の行政機関又は都道府県の機関の事務所に到達するまでに通常要すべき標準的な期間）を定め、かつ、これを公表するよう努めなければならない。

2　国の行政機関又は都道府県の機関は、申請等が法令により当該申請等の提出先とされている機関の事務所に到達したときは、遅滞なく当該申請等に係る許認可等をするための事務を開始しなければならない。

（許認可等の取消し等の方式）

第二五〇条の四　国の行政機関又は都道府県の機関は、普通地方公共団体に対し、申請等に係る許認可等を拒否する処分をするとき又は許認可等の取消し等をするときは、当該許認可等を拒否する処分又は許認可等の取消し等の内容及び理由を記載した書面を交付しなければならない。

（届出）

第二五〇条の五　普通地方公共団体から国の行政機関又は都道府県の機関への届出が届出書の記載事項に不備がないこと、届出書に必要な書類が添付されていることその他の法令に定められた届出の形式上の要件に適合している場合は、当該届出が法令により当該届出の提出先とされている機関の事務所に到達したときに、当該届出をすべき手続上の義務が履行されたものとする。

（国の行政機関が自治事務と同一の事務を自らの権限に属する事務として処理する場合の方式）

第二五〇条の六　国の行政機関は、自治事務として普通地方公共団体が処理している事務と同一の内容の事務を法令の定めるところにより自らの権限に属する事務として処理するときは、あらかじめ当該普通地方公共団体に対し、当該事務の処理の内容及び理由を記載した書面により通知しなければならない。ただし、当該通知をしないで当該事務を処理すべき差し迫つた必要がある場合は、この限りでない。

2　前項ただし書の場合においては、国の行政機関は、自ら当該事務を処理した後相当の期間内に、同項の通知をしなければならない。

第二節　国と普通地方公共団体との間並びに普通地方公共団体相互間及び普通地方公共団体の機関相互間の紛争処理

第一款　国地方係争処理委員会

（設置及び権限）

第二五〇条の七　総務省に、国地方係争処理委員会（以下本節において「委員会」という。）を置く。

2　委員会は、普通地方公共団体に対する国又は都道府県の関与のうち国の行政機関が行うもの（以下本節において「国の関与」という。）に関する審査の申出につき、この法律の規定によりその権限に属させられた事項を処理する。

第二款　国地方係争処理委員会による審査の手続

（審査及び勧告）

第二五〇条の一四　委員会は、自治事務に関する国の関与について前条第一項の規定による審査の申出があつた場合においては、審査を行い、相手方である国の行政庁の行つた国の関与が違法でなく、かつ、普通地方公共団体の自主性及び自立性を尊重する観点から不当でないと認めるときは、理由を付してその旨を当該審査の申出をした普通地方公共団体の長その他の執行機関及び当該国の行政庁に通知するとともに、これを公表し、当該国の行政庁の行つた国の関与が違法又は普通地方公共団体の自主性及び自立性を尊重する観点から不当であると認めるときは、当該国の行政庁に対し、理由を付し、かつ、期間を示して、必要な措置を講ずべきことを勧告するとともに、当該勧告の内容を当該普通地方公共団体の長その他の執行機関に通知し、かつ、これを公表しなければならない。

2　委員会は、法定受託事務に関する国の関与について前条第一項の規定による審査の申出があつた場合においては、審査を行い、相手方である国の行政庁の行つた国の関与が違法でないと認めるときは、理由を付してその旨を当該審査の申出をした普通地方公共団体の長その他の執行機関及び当該国の行政庁に通知するとともに、これを公表し、当該国の行政庁の行つた国の関与が違法であると認めるときは、当該国の行政庁に対し、理由を付し、かつ、期間を示して、必要な措置を講ずべきことを勧告するとともに、当該勧告の内容を当該普通地方公共団体の長その他の執行機関に通知し、かつ、これを公表しなければならない。

3　委員会は、前条第二項の規定による審査の申出があつた場合においては、審査を行い、当該審査の申出に理由がないと認めるときは、理由を付してその旨を当該審査の申出をした普通地方公共団体の長その他の執行機関及び相手方である国の行政庁に通知するとともに、これを公表し、当該審査の申出に理由があると認めるときは、当該国の行政庁に対し、理由を付し、かつ、期間を示して、必要な措置を講ずべきことを勧告するとともに、当該勧告の内容を当該普通地方公共団体の長その他の執行機関に通知し、かつ、これを公表しなければならない。

4　委員会は、前条第三項の規定による審査の申出があつたときは、当該審査の申出に係る協議について当該協議に係る普通地方公共団体がその義務を果たしているかどうかを審査し、理由を付してその結果を当該審査の申出をした普通地方公共団体の長その他の執行機関及び相手方である国の行政庁に通知するとともに、これを公表しなければならない。

5　前各項の規定による審査及び勧告は、審査の申出があつた日から九十日以内に行わなければならない。

第三款　自治紛争処理委員

（自治紛争処理委員）

第二五一条　自治紛争処理委員は、この法律の定めるところにより、普通地方公共団体相互の間又は普通地方公共団体の機関相互の間の紛争の調停、普通地方公共団体に対する国又は都道府県の関与のうち都道府県の機関が行うもの（以下この節において「都道府県の関与」という。）に関する審査、第二百五十二条の二第一項に規定する連携協約に係る紛争を処理するための方策の提示及び第百四十三条第三項（第百八十条の五第八項及び第百八十四条第二項において準用する場合を含む。）の審査請求又はこの法律の規定による審査の申立て若しくは審決の申請に係る審理を処理する。

2　自治紛争処理委員は、三人とし、事件ごとに、優れた識見を有する者のうちから、総務大臣又は都道府県知事がそれぞれ任命する。この場合においては、総務大臣又は都道府県知事は、あらかじめ当該事件に関係のある事務を担任する各大臣又は都道府県の委員会若しくは委員に協議するものとする。

3　自治紛争処理委員は、非常勤とする。

4　自治紛争処理委員は、次の各号のいずれかに該当するときは、その職を失う。

一　当事者が次条第二項の規定により調停の申請を取り下げたとき。

二　自治紛争処理委員が次条第六項の規定により当事者に調停を打ち切つた旨を通知したとき。

三　総務大臣又は都道府県知事が次条第七項又は第二百五十一条の三第十三項の規定により調停が成立した旨を当事者に通知したとき。

四　市町村長その他の市町村の執行機関が第二百五十一条の三第五項から第七項までにおいて準用する第二百五十条の十七の規定により自治紛争処理委員の審査に付することを求める旨の申出を取り下げたとき。

五　自治紛争処理委員が第二百五十一条の三第五項において準用する第二百五十条の十四第一項若しくは第二項若しくは第二百五十一条の三第六項において準用する第二百五十条の十四第三項の規定による審査の結果の通知若しくは勧告及び勧告の内容の通知又は第二百五十一条の三第七項において準用する第二百五十条の十四第四項の規定による審査の結果の通知をし、かつ、これらを公表したとき。

六　普通地方公共団体が第二百五十一条の三の二第二項の規定により同条第一項の処理方策の提示を求める旨の申請を取り下げたとき。

七　自治紛争処理委員が第二百五十一条の三の二第三項の規定により当事者である普通地方公共団体に同条第一項に規定する処理方策を提示するとともに、総務大臣又は都道府県知事にその旨及び当該処理方策を通知し、かつ、公表したとき。

八　第二百五十五条の五第一項の規定による審理に係る審査請求、審査の申立て又は審決の申請をした者が、当該審査請求、審査の申立て又は審決の申請を取り下げたとき。

九　第二百五十五条の五第一項の規定による審理を経て、総務大臣又は都道府県知事が審査請求に対する裁決をし、審査の申立てに対する裁決若しくは裁定をし、又は審決をしたとき。

5　総務大臣又は都道府県知事は、自治紛争処理委員が当該事件に直接利害関係を有することとなつたときは、当該自治紛争処理委員を罷免しなければならない。

6　第二百五十条の九第二項、第八項、第九項（第二号を除く。）及び第十項から第十四項までの規定は、自治紛争処理委員に準用する。この場合において、同条第二項中「三人以上」とあるのは「二人以上」と、同条第八項中「総務大臣」とあるのは「総務大臣又は都道府県知事」と、同条第九項中「総務大臣は、両議院の同意を得て」とあるのは「総務大臣又は都道府県知事は」と、「三人以上」とあるのは「二人以上」と、「二人」とあるのは「一人」と、同条第十項中「総務大臣」とあるのは「総務大臣又は都道府県知事」と、「二人」とあるのは「一人」と、同条第十一項中「総務大臣」とあるのは「総務大臣又は都道府県知事」と、「両議院の同意を得て、その委員を」とあるのは「その自治紛争処理委員を」と、同条第十二項中「第四項後段及び第八項から前項まで」とあるのは「第八項、第九項（第二号を除く。）、第十項及び前項並びに第二百五十一条第五項」と読み替えるものとする。

第四款　自治紛争処理委員による調停、審査及び処理方策の提示の手続

（調停）

第二五一条の二　普通地方公共団体相互の間又は普通地方公共団体の機関相互の間に紛争があるときは、この法律に特別の定めがあるものを除くほか、都道府県又は都道府県の機関が当事者となるものにあつては総務大臣、その他のものにあつては都道府県知事は、当事者の文書による申請に基づき又は職権により、紛争の解決のため、前条第二項の規定により自治紛争処理委員を任命し、その調停に付することができる。

2　当事者の申請に基づき開始された調停においては、当事者は、総務大臣又は都道府県知事の同意を得て、当該申請を取り下げることができる。

3　自治紛争処理委員は、調停案を作成して、これを当事者に示し、その受諾を勧告するとともに、理由を付してその要旨を公表することができる。

4　自治紛争処理委員は、前項の規定により調停案を当事者に示し、その受諾を勧告したときは、直ちに調停案の写しを添えてその旨及び調停の経過を総務大臣又は都道府県知事に報告しなければならない。

5　自治紛争処理委員は、調停による解決の見込みがないと認めるときは、総務大臣又は都道府県知事の同意を得て、調停を打ち切り、

事件の要点及び調停の経過を公表することができる。
6　自治紛争処理委員は、前項の規定により調停を打ち切つたときは、その旨を当事者に通知しなければならない。
7　第一項の調停は、当事者のすべてから、調停案を受諾した旨を記載した文書が総務大臣又は都道府県知事に提出されたときに成立するものとする。この場合においては、総務大臣又は都道府県知事は、直ちにその旨及び調停の要旨を公表するとともに、当事者に調停が成立した旨を通知しなければならない。
8　総務大臣又は都道府県知事は、前項の規定により当事者から文書の提出があつたときは、その旨を自治紛争処理委員に通知するものとする。
9　自治紛争処理委員は、第三項に規定する調停案を作成するため必要があると認めるときは、当事者及び関係人の出頭及び陳述を求め、又は当事者及び関係人並びに紛争に係る事件に関係のある者に対し、紛争の調停のため必要な記録の提出を求めることができる。
10　第三項の規定による調停案の作成及びその要旨の公表についての決定、第五項の規定による調停の打切りについての決定並びに事件の要点及び調停の経過の公表についての決定並びに前項の規定による出頭、陳述及び記録の提出の求めについての決定は、自治紛争処理委員の合議によるものとする。

（審査及び勧告）
第二五一条の三　総務大臣は、市町村長その他の市町村の執行機関が、その担任する事務に関する都道府県の関与のうち是正の要求、許可の拒否その他の処分その他公権力の行使に当たるもの（次に掲げるものを除く。）に不服があり、文書により、自治紛争処理委員の審査に付することを求める旨の申出をしたときは、速やかに、第二百五十一条第二項の規定により自治紛争処理委員を任命し、当該申出に係る事件をその審査に付さなければならない。
一　第二百四十五条の八第十二項において準用する同条第二項の規定による指示
二　第二百四十五条の八第八項の規定に基づき市町村長に代わつて前号の指示に係る事項を行うこと。
2　総務大臣は、市町村長その他の市町村の執行機関が、その担任する事務に関する都道府県の不作為（都道府県の行政庁が、申請等が行われた場合において、相当の期間内に何らかの都道府県の関与のうち許可その他の処分その他公権力の行使に当たるものをすべきにかかわらず、これをしないことをいう。以下本節において同じ。）に不服があり、文書により、自治紛争処理委員の審査に付することを求める旨の申出をしたときは、速やかに、第二百五十一条第二項の規定により自治紛争処理委員を任命し、当該申出に係る事件をその審査に付さなければならない。
3　総務大臣は、市町村長その他の市町村の執行機関が、その担任する事務に関する当該市町村の法令に基づく協議の申出が都道府県の行政庁に対して行われた場合において、当該協議に係る当該市町村の義務を果たしたと認めるにもかかわらず当該協議が調わないことについて、文書により、自治紛争処理委員の審査に付することを求める旨の申出をしたときは、速やかに、第二百五十一条第二項の規定により自治紛争処理委員を任命し、当該申出に係る事件をその審査に付さなければならない。
4　前三項の規定による申出においては、次に掲げる者を相手方としなければならない。
一　第一項の規定による申出の場合は、当該申出に係る都道府県の関与を行つた都道府県の行政庁
二　第二項の規定による申出の場合は、当該申出に係る都道府県の不作為に係る都道府県の行政庁
三　前項の規定による申出の場合は、当該申出に係る協議の相手方である都道府県の行政庁
5から15まで（省略）

第五款　普通地方公共団体に対する国又は都道府県の関与に関する訴え

（国の関与に関する訴えの提起）
第二五一条の五　第二百五十条の十三第一項又は第二項の規定による審査の申出をした普通地方公共団体の長その他の執行機関は、次の各号のいずれかに該当するときは、高等裁判所に対し、当該審査の申出の相手方となつた国の行政庁（国の関与があつた後又は申請等が行われた後に当該行政庁の権限が他の行政庁に承継されたときは、当該他の行政庁）を被告として、訴えをもつて当該審査の申出に係る違法な国の関与の取消し又は当該審査の申出に係る国の不作為の違法の確認を求めることができる。ただし、違法な国の関与の取消しを求める訴えを提起する場合において、被告とすべき行政庁がないときは、当該訴えは、国を被告として提起しなければならない。
一　第二百五十条の十四第一項から第三項までの規定による委員会の審査の結果又は勧告に不服があるとき。
二　第二百五十条の十八第一項の規定による国の行政庁の措置に不服があるとき。
三　当該審査の申出をした日から九十日を経過しても、委員会が第二百五十条の十四第一項から第三項までの規定による審査又は勧告を行わないとき。
四　国の行政庁が第二百五十条の十八第一項の規定による措置を講じないとき。
2　前項の訴えは、次に掲げる期間内に提起しなければならない。
一　前項第一号の場合は、第二百五十条の十四第一項から第三項までの規定による委員会の審査の結果又は勧告の内容の通知があつた日から三十日以内
二　前項第二号の場合は、第二百五十条の十八第一項の規定による委員会の通知があつた日から三十日以内
三　前項第三号の場合は、当該審査の申出をした日から九十日を経過した日から三十日以内
四　前項第四号の場合は、第二百五十条の十四第一項から第三項までの規定による委員会の勧告に示された期間を経過した日から三十日以内
3　第一項の訴えは、当該普通地方公共団体の区域を管轄する高等裁判所の管轄に専属する。
4　原告は、第一項の訴えを提起したときは、直ちに、文書により、その旨を被告に通知するとともに、当該高等裁判所に対し、その通知をした日時、場所及び方法を通知しなければならない。
5　当該高等裁判所は、第一項の訴えが提起されたときは、速やかに口頭弁論の期日を指定し、当事者を呼び出さなければならない。その期日は、同項の訴えの提起があつた日から十五日以内の日とする。
6　第一項の訴えに係る高等裁判所の判決に対する上告の期間は、一週間とする。
7　国の関与を取り消す判決は、関係行政機関に対しても効力を有する。
8　第一項の訴えのうち違法な国の関与の取消しを求めるものについては、行政事件訴訟法第四十三条第一項の規定にかかわらず、同法第八条第二項、第十一条から第二十二条まで、第二十五条から第二十九条まで、第三十一条、第三十二条及び第三十四条の規定は、準用しない。
9　第一項の訴えのうち国の不作為の違法の確認を求めるものについては、行政事件訴訟法第四十三条第三項の規定にかかわらず、同法第四十条第二項及び第四十一条第二項の規定は、準用しない。
10　前各項に定めるもののほか、第一項の訴えについては、主張及び証拠の申出の時期の制限その他審理の促進に関し必要な事項は、最高裁判所規則で定める。

（都道府県の関与に関する訴えの提起）
第二五一条の六　第二百五十一条の三第一項又は第二項の規定による申出をした市町村長そ

の他の市町村の執行機関は、次の各号のいずれかに該当するときは、高等裁判所に対し、当該申出の相手方となつた都道府県の行政庁（都道府県の関与があつた後又は申請等が行われた後に当該行政庁の権限が他の行政庁に承継されたときは、当該他の行政庁）を被告として、訴えをもつて当該申出に係る違法な都道府県の関与の取消し又は当該申出に係る都道府県の不作為の違法の確認を求めることができる。ただし、違法な都道府県の関与の取消しを求める訴えを提起する場合において、被告とすべき行政庁がないときは、当該訴えは、当該都道府県を被告として提起しなければならない。

一　第二百五十一条の三第五項において準用する第二百五十条の十四第一項若しくは第二項又は第二百五十一条の三第六項において準用する第二百五十条の十四第三項の規定による自治紛争処理委員の審査の結果又は勧告に不服があるとき。

二　第二百五十一条の三第九項の規定による都道府県の行政庁の措置に不服があるとき。

三　当該申出をした日から九十日を経過しても、自治紛争処理委員が第二百五十一条の三第五項において準用する第二百五十条の十四第一項若しくは第二項又は第二百五十一条の三第六項において準用する第二百五十条の十四第三項の規定による審査又は勧告を行わないとき。

四　都道府県の行政庁が第二百五十一条の三第九項の規定による措置を講じないとき。

2　前項の訴えは、次に掲げる期間内に提起しなければならない。

一　前項第一号の場合は、第二百五十一条の三第五項において準用する第二百五十条の十四第一項若しくは第二項又は第二百五十一条の三第六項において準用する第二百五十条の十四第三項の規定による自治紛争処理委員の審査の結果又は勧告の内容の通知があつた日から三十日以内

二　前項第二号の場合は、第二百五十一条の三第九項の規定による総務大臣の通知があつた日から三十日以内

三　前項第三号の場合は、当該申出をした日から九十日を経過した日から三十日以内

四　前項第四号の場合は、第二百五十一条の三第五項において準用する第二百五十条の十四第一項若しくは第二項又は第二百五十一条の三第六項において準用する第二百五十条の十四第三項の規定による自治紛争処理委員の勧告に示された期間を経過した日から三十日以内

3　前条第三項から第七項までの規定は、第一項の訴えに準用する。この場合において、同条第三項中「当該普通地方公共団体の区域」とあるのは「当該市町村の区域」と、同条第七項中「国の関与」とあるのは「都道府県の関与」と読み替えるものとする。

4　第一項の訴えのうち違法な都道府県の関与の取消しを求めるものについては、行政事件訴訟法第四十三条第一項の規定にかかわらず、同法第八条第二項、第十一条から第二十二条まで、第二十五条から第二十九条まで、第三十一条、第三十二条及び第三十四条の規定は、準用しない。

5　第一項の訴えのうち都道府県の不作為の違法の確認を求めるものについては、行政事件訴訟法第四十三条第三項の規定にかかわらず、同法第四十条第二項及び第四十一条第二項の規定は、準用しない。

6　前各項に定めるもののほか、第一項の訴えについては、主張及び証拠の申出の時期の制限その他審理の促進に関し必要な事項は、最高裁判所規則で定める。

（普通地方公共団体の不作為に関する国の訴えの提起）

第二五一条の七　第二百四十五条の五第一項若しくは第四項の規定による是正の要求又は第二百四十五条の七第一項若しくは第四項の規定による指示を行つた各大臣は、次の各号のいずれかに該当するときは、高等裁判所に対し、当該是正の要求又は指示を受けた普通地方公共団体の不作為（是正の要求又は指示を受けた普通地方公共団体の行政庁が、相当の期間内に是正の要求に応じた措置又は指示に係る措置を講じなければならないにもかかわらず、これを講じないことをいう。以下この項、次条及び第二百五十二条の十七の四第三項において同じ。）に係る普通地方公共団体の行政庁（当該是正の要求又は指示があつた後に当該行政庁の権限が他の行政庁に承継されたときは、当該他の行政庁）を被告として、訴えをもつて当該普通地方公共団体の不作為の違法の確認を求めることができる。

一　普通地方公共団体の長その他の執行機関が当該是正の要求又は指示に関する第二百五十条の十三第一項の規定による審査の申出をせず（審査の申出後に第二百五十条の十七第一項の規定により当該審査の申出が取り下げられた場合を含む。）、かつ、当該是正の要求に応じた措置又は指示に係る措置を講じないとき。

二　普通地方公共団体の長その他の執行機関が当該是正の要求又は指示に関する第二百五十条の十三第一項の規定による審査の申出をした場合において、次に掲げるとき。

イ　委員会が第二百五十条の十四第一項又は第二項の規定による審査の結果又は勧告の内容の通知をした場合において、当該普通地方公共団体の長その他の執行機関が第二百五十一条の五第一項の規定による当該是正の要求又は指示の取消しを求める訴えの提起をせず（訴えの提起後に当該訴えが取り下げられた場合を含む。ロにおいて同じ。）、かつ、当該是正の要求に応じた措置又は指示に係る措置を講じないとき。

ロ　委員会が当該審査の申出をした日から九十日を経過しても第二百五十条の十四第一項又は第二項の規定による審査又は勧告を行わない場合において、当該普通地方公共団体の長その他の執行機関が第二百五十一条の五第一項の規定による当該是正の要求又は指示の取消しを求める訴えの提起をせず、かつ、当該是正の要求に応じた措置又は指示に係る措置を講じないとき。

2　前項の訴えは、次に掲げる期間が経過するまでは、提起することができない。

一　前項第一号の場合は、第二百五十条の十三第四項本文の期間

二　前項第二号イの場合は、第二百五十一条の五第二項第一号、第二号又は第四号に掲げる期間

三　前項第二号ロの場合は、第二百五十一条の五第二項第三号に掲げる期間

3　第二百五十一条の五第三項から第六項までの規定は、第一項の訴えについて準用する。

4　第一項の訴えについては、行政事件訴訟法第四十三条第三項の規定にかかわらず、同法第四十条第二項及び第四十一条第二項の規定は、準用しない。

5　前各項に定めるもののほか、第一項の訴えについては、主張及び証拠の申出の時期の制限その他審理の促進に関し必要な事項は、最高裁判所規則で定める。

（市町村の不作為に関する都道府県の訴えの提起）

第二五二条　第二百四十五条の五第二項の指示を行つた各大臣は、次の各号のいずれかに該当するときは、同条第三項の規定による是正の要求を行つた都道府県の執行機関に対し、高等裁判所に対し、当該是正の要求を受けた市町村の不作為に係る市町村の行政庁（当該是正の要求があつた後に当該行政庁の権限が他の行政庁に承継されたときは、当該他の行政庁）を被告として、訴えをもつて当該市町村の不作為の違法の確認を求めるよう指示をすることができる。

一　市町村長その他の市町村の執行機関が当該是正の要求に関する第二百五十一条の三第一項の規定による申出をせず（申出後に同条第五項において準用する第二百五十条の十七第一項の規定により当該申出が取り下げられた場合を含む。）、かつ、当該是正の要求に応じた措置を講じないとき。

二　市町村長その他の市町村の執行機関が当

該是正の要求に関する第二百五十一条の三第一項の規定による申出をした場合において、次に掲げるとき。
イ　自治紛争処理委員が第二百五十一条の三第五項において準用する第二百五十条の十四第一項の規定による審査の結果又は勧告の内容の通知をした場合において、当該市町村長その他の市町村の執行機関が第二百五十一条の六第一項の規定による当該是正の要求の取消しを求める訴えの提起をせず（訴えの提起後に当該訴えが取り下げられた場合を含む。ロにおいて同じ。）、かつ、当該是正の要求に応じた措置を講じないとき。
ロ　自治紛争処理委員が当該申出をした日から九十日を経過しても第二百五十一条の三第五項において準用する第二百五十条の十四第一項の規定による審査又は勧告を行わない場合において、当該市町村長その他の市町村の執行機関が第二百五十一条の六第一項の規定による当該是正の要求の取消しを求める訴えの提起をせず、かつ、当該是正の要求に応じた措置を講じないとき。

2　前項の指示を受けた都道府県の執行機関は、高等裁判所に対し、当該市町村の不作為に係る市町村の行政庁を被告として、訴えをもつて当該市町村の不作為の違法の確認を求めなければならない。

3　第二百四十五条の七第二項の規定による指示を行つた都道府県の執行機関は、次の各号のいずれかに該当するときは、高等裁判所に対し、当該指示を受けた市町村の不作為に係る市町村の行政庁（当該指示があつた後に当該行政庁の権限が他の行政庁に承継されたときは、当該他の行政庁）を被告として、訴えをもつて当該市町村の不作為の違法の確認を求めることができる。
一　市町村長その他の市町村の執行機関が当該指示に関する第二百五十一条の三第一項の規定による申出をせず（申出後に同条第五項において準用する第二百五十条の十七第一項の規定により当該申出が取り下げられた場合を含む。）、かつ、当該指示に係る措置を講じないとき。
二　市町村長その他の市町村の執行機関が当該指示に関する第二百五十一条の三第一項の規定による申出をした場合において、次に掲げるとき。
イ　自治紛争処理委員が第二百五十一条の三第五項において準用する第二百五十条の十四第二項の規定による審査の結果又は勧告の内容の通知をした場合において、当該市町村長その他の市町村の執行機関が第二百五十一条の六第一項の規定による当該指示の取消しを求める訴えの提起をせず（訴えの提起後に当該訴えが取り下げられた場合を含む。ロにおいて同じ。）、かつ、当該指示に係る措置を講じないとき。
ロ　自治紛争処理委員が当該申出をした日から九十日を経過しても第二百五十一条の三第五項において準用する第二百五十条の十四第二項の規定による審査又は勧告を行わない場合において、当該市町村長その他の市町村の執行機関が第二百五十一条の六第一項の規定による当該指示の取消しを求める訴えの提起をせず、かつ、当該指示に係る措置を講じないとき。

4　第二百四十五条の七第三項の指示を行つた各大臣は、前項の都道府県の執行機関に対し、同項の規定による訴えの提起に関し、必要な指示をすることができる。

5　第二項及び第三項の訴えは、次に掲げる期間が経過するまでは、提起することができない。
一　第一項第一号及び第三項第一号の場合は、第二百五十一条の三第五項において準用する第二百五十条の十三第四項本文の期間
二　第一項第二号イ及び第三項第二号イの場合は、第二百五十一条の六第二項第一号、第二号又は第四号に掲げる期間
三　第一項第二号ロ及び第三項第二号ロの場合は、第二百五十一条の六第二項第三号に掲げる期間

6　第二百五十一条の五第三項から第六項までの規定は、第二項及び第三項の訴えについて準用する。この場合において、同条第三項中「当該普通地方公共団体の区域」とあるのは、「当該市町村の区域」と読み替えるものとする。

7　第二項及び第三項の訴えについては、行政事件訴訟法第四十三条第三項の規定にかかわらず、同法第四十条第二項及び第四十一条第二項の規定は、準用しない。

8　前各項に定めるもののほか、第二項及び第三項の訴えについては、主張及び証拠の申出の時期の制限その他審理の促進に関し必要な事項は、最高裁判所規則で定める。

第三節　普通地方公共団体相互間の協力

第一款　連携協約

（連携協約）

第二五二条の二　普通地方公共団体は、当該普通地方公共団体及び他の普通地方公共団体の区域における当該普通地方公共団体及び当該他の普通地方公共団体の事務の処理に当たつての当該他の普通地方公共団体との連携を図るため、協議により、当該普通地方公共団体及び当該他の普通地方公共団体が連携して事務を処理するに当たつての基本的な方針及び役割分担を定める協約（以下「連携協約」という。）を当該他の普通地方公共団体と締結することができる。

2　普通地方公共団体は、連携協約を締結したときは、その旨及び当該連携協約を告示するとともに、都道府県が締結したものにあつては総務大臣、その他のものにあつては都道府県知事に届け出なければならない。

3　第一項の協議については、関係普通地方公共団体の議会の議決を経なければならない。

4　普通地方公共団体は、連携協約を変更し、又は連携協約を廃止しようとするときは、前三項の例によりこれを行わなければならない。

5　公益上必要がある場合においては、都道府県が締結するものについては総務大臣、その他のものについては都道府県知事は、関係のある普通地方公共団体に対し、連携協約を締結すべきことを勧告することができる。

6　連携協約を締結した普通地方公共団体は、当該連携協約に基づいて、当該連携協約を締結した他の普通地方公共団体と連携して事務を処理するに当たつて当該普通地方公共団体が分担すべき役割を果たすため必要な措置を執るようにしなければならない。

7　連携協約を締結した普通地方公共団体相互の間に連携協約に係る紛争があるときは、当事者である普通地方公共団体は、都道府県が当事者となる紛争にあつては総務大臣、その他の紛争にあつては都道府県知事に対し、文書により、自治紛争処理委員による当該紛争を処理するための方策の提示を求める旨の申請をすることができる。

第二款　協議会

（協議会の設置）

第二五二条の二の二　普通地方公共団体は、普通地方公共団体の事務の一部を共同して管理し及び執行し、若しくは普通地方公共団体の事務の管理及び執行について連絡調整を図り、又は広域にわたる総合的な計画を共同して作成するため、協議により規約を定め、普通地方公共団体の協議会を設けることができる。

2　普通地方公共団体は、協議会を設けたときは、その旨及び規約を告示するとともに、都道府県の加入するものにあつては総務大臣、その他のものにあつては都道府県知事に届け出なければならない。

3　第一項の協議については、関係普通地方公共団体の議会の議決を経なければならない。ただし、普通地方公共団体の事務の管理及び

執行について連絡調整を図るため普通地方公共団体の協議会を設ける場合は、この限りでない。

4　公益上必要がある場合においては、都道府県の加入するものについては総務大臣、その他のものについては都道府県知事は、関係のある普通地方公共団体に対し、普通地方公共団体の協議会を設けるべきことを勧告することができる。

5　普通地方公共団体の協議会が広域にわたる総合的な計画を作成したときは、関係普通地方公共団体は、当該計画に基づいて、その事務を処理するようにしなければならない。

6　普通地方公共団体の協議会は、必要があると認めるときは、関係のある公の機関の長に対し、資料の提出、意見の開陳、説明その他必要な協力を求めることができる。

第六款　職員の派遣

（**職員の派遣**）

第二五二条の一七　普通地方公共団体の長又は委員会若しくは委員は、法律に特別の定めがあるものを除くほか、当該普通地方公共団体の事務の処理のため特別の必要があると認めるときは、他の普通地方公共団体の長又は委員会若しくは委員に対し、当該普通地方公共団体の職員の派遣を求めることができる。

2　前項の規定による求めに応じて派遣される職員は、派遣を受けた普通地方公共団体の職員の身分をあわせ有することとなるものとし、その給料、手当（退職手当を除く。）及び旅費は、当該職員の派遣を受けた普通地方公共団体の負担とし、退職手当及び退職年金又は退職一時金は、当該職員の派遣をした普通地方公共団体の負担とする。ただし、当該派遣が長期間にわたることその他の特別の事情があるときは、当該職員の派遣を求める普通地方公共団体及びその求めに応じて当該職員の派遣をしようとする普通地方公共団体の長又は委員会若しくは委員の協議により、当該派遣の趣旨に照らして必要な範囲内において、当該職員の派遣を求める普通地方公共団体が当該職員の退職手当の全部又は一部を負担することとすることができる。

3　普通地方公共団体の委員会又は委員が、第一項の規定により職員の派遣を求め、若しくはその求めに応じて職員を派遣しようとするとき、又は前項ただし書の規定により退職手当の負担について協議しようとするときは、あらかじめ、当該普通地方公共団体の長に協議しなければならない。

4　第二項に規定するもののほか、第一項の規定に基づき派遣された職員の身分取扱いに関しては、当該職員の派遣をした普通地方公共団体の職員に関する法令の規定の適用があるものとする。ただし、当該法令の趣旨に反しない範囲内で政令で特別の定めをすることができる。

第四節　条例による事務処理の特例

（**条例による事務処理の特例**）

第二五二条の一七の二　都道府県は、都道府県知事の権限に属する事務の一部を、条例の定めるところにより、市町村が処理することとすることができる。この場合においては、当該市町村が処理することとされた事務は、当該市町村の長が管理し及び執行するものとする。

2　前項の条例（同項の規定により都道府県の規則に基づく事務を市町村が処理することとする場合で、同項の条例の定めるところにより、規則に委任して当該事務の範囲を定めるときは、当該規則を含む。以下本節において同じ。）を制定し又は改廃する場合においては、都道府県知事は、あらかじめ、その権限に属する事務の一部を処理し又は処理することとなる市町村の長に協議しなければならない。

3　市町村の長は、その議会の議決を経て、都道府県知事に対し、第一項の規定によりその権限に属する事務の一部を当該市町村が処理することとするよう要請することができる。

4　前項の規定による要請があつたときは、都道府県知事は、速やかに、当該市町村の長と協議しなければならない。

第十二章　大都市等に関する特例

第一節　大都市に関する特例

（**指定都市の権能**）

第二五二条の一九　政令で指定する人口五十万以上の市（以下「指定都市」という。）は、次に掲げる事務のうち都道府県が法律又はこれに基づく政令の定めるところにより処理することとされているものの全部又は一部で政令で定めるものを、政令で定めるところにより、処理することができる。

一　児童福祉に関する事務
二　民生委員に関する事務
三　身体障害者の福祉に関する事務
四　生活保護に関する事務
五　行旅病人及び行旅死亡人の取扱に関する事務
五の二　社会福祉事業に関する事務
五の三　知的障害者の福祉に関する事務
六　母子家庭及び父子家庭並びに寡婦の福祉に関する事務
六の二　老人福祉に関する事務
七　母子保健に関する事務
七の二　介護保険に関する事務
八　障害者の自立支援に関する事務
八の二　生活困窮者の自立支援に関する事務
九　食品衛生に関する事務
九の二　医療に関する事務
十　精神保健に関する事務
十一　結核の予防に関する事務
十一の二　難病の患者に対する医療等に関する事務
十二　土地区画整理事業に関する事務
十三　屋外広告物の規制に関する事務

2　指定都市がその事務を処理するに当たつて、法律又はこれに基づく政令の定めるところにより都道府県知事若しくは都道府県の委員会の許可、認可、承認その他これらに類する処分を要し、又はその事務の処理について都道府県知事若しくは都道府県の委員会の改善、停止、制限、禁止その他これらに類する指示その他の命令を受けるものとされている事項で政令で定めるものについては、政令の定めるところにより、これらの許可、認可等の処分を要せず、若しくはこれらの指示その他の命令に関する法令の規定を適用せず、又は都道府県知事若しくは都道府県の委員会の許可、認可等の処分若しくは指示その他の命令に代えて、各大臣の許可、認可等の処分を要するものとし、若しくは各大臣の指示その他の命令を受けるものとする。

（**区の設置**）

第二五二条の二〇　指定都市は、市長の権限に属する事務を分掌させるため、条例で、その区域を分けて区を設け、区の事務所又は必要があると認めるときはその出張所を置くものとする。

2　区の事務所又はその出張所の位置、名称及び所管区域並びに区の事務所が分掌する事務は、条例でこれを定めなければならない。

3　区にその事務所の長として区長を置く。

4　区長又は区の事務所の出張所の長は、当該普通地方公共団体の長の補助機関である職員をもつて充てる。

5から11まで（省略）

第二節　中核市に関する特例

（**中核市の権能**）

第二五二条の二二　政令で指定する人口二十万以上の市（以下「中核市」という。）は、第二百五十二条の十九第一項の規定により指定都市が処理することができる事務のうち、都道府県がその区域にわたり一体的に処理することが中核市が処理することに比して効率的な事務その他の中核市において処理することが適当でない事務以外の事務で政令で定めるものを、政令で定めるところにより、処理することができる。

2　中核市がその事務を処理するに当たつて、

法律又はこれに基づく政令の定めるところにより都道府県知事の改善、停止、制限、禁止その他これらに類する指示その他の命令を受けるものとされている事項で政令で定めるものについては、政令の定めるところにより、これらの指示その他の命令に関する法令の規定を適用せず、又は都道府県知事の指示その他の命令に代えて、各大臣の指示その他の命令を受けるものとする。

別表第一　第一号法定受託事務（第二条関係）

（教育関係のみ）

備考　この表の下欄の用語の意義及び字句の意味は、上欄に掲げる法律における用語の意義及び字句の意味によるものとする。

法律	事務
教科書の発行に関する臨時措置法（昭和二十三年法律第百三十二号）	第五条第一項、第六条第二項及び第七条第二項の規定により都道府県が処理することとされている事務並びに同条第一項の規定により市町村が処理することとされている事務
私立学校法（昭和二十四年法律第二百七十号）	第二十六条第二項（第六十四条第五項において準用する場合を含む。）、第三十一条第一項（第六十四条第五項において準用する場合を含む。）及び第二項（第三十二条第二項、第五十条第三項並びに第六十四条第五項及び第七項において準用する場合を含む。）、第三十二条第一項（第六十四条第五項において準用する場合を含む。）、第三十七条第三項（第五号に係る部分に限り、第六十四条第五項において準用する場合を含む。）、第四十条の四（第六十四条第五項において準用する場合を含む。）、第四十五条（第六十四条第五項において準用する場合を含む。）、第五十条第二項（第六十四条第五項において準用する場合を含む。）及び第四項（第六十四条第五項において準用する場合を含む。）、第五十条の四第二項（第六十四条第五項において準用する場合を含む。）、第五十条の七（第六十四条第五項において準用する場合を含む。）、第五十条の十三第五項（第六十四条第五項において準用する場合を含む。）及び第六項（第六十四条第五項において準用する場合を含む。）、第五十条の十四（第六十四条第五項において準用する場合を含む。）、第五十二条第二項（第六十四条第五項において準用する場合を含む。）、第六十条第一項（第六十四条第五項において準用する場合を含む。）、第二項（第六十一条第二項及び第六十四条第五項において準用する場合を含む。）、第三項（第六十条第十一項、第六十一条第二項及び第六十四条第五項において準用する場合を含む。）、第九項（第六十四条第五項において準用する場合を含む。）及び第十項（第六十四条第五項において準用する場合を含む。）、第六十一条第一項（第六十四条第五項において準用する場合を含む。）、第六十二条第一項から第三項まで（第六十四条第五項において準用する場合を含む。）並びに第六十三条第一項（第六十四条第五項において準用する場合を含む。）の規定により都道府県が処理することとされている事務
地方教育行政の組織及び運営に関する法律（昭和三十一年法律第百六十二号）	都道府県が第四十八条第一項（第五十四条の二及び第五十四条の三の規定により読み替えて適用する場合を含む。）の規定により処理することとされている事務（市町村が処理する事務が自治事務又は第二号法定受託事務である場合においては、第四十八条第三項（第五十四条の二及び第五十四条の三の規定により読み替えて適用する場合を含む。）に規定する文部科学大臣の指示を受けて行うものに限る。）、第五十三条第二項（第五十四条の二及び第五十四条の三の規定により読み替えて適用する場合を含む。）の規定により処理することとされている事務、第六十条第五項の規定により処理することとされている事務（都道府県委員会の意見を聴くことに係るものに限る。）並びに第五十五条第九項（同条第十項により読み替えて適用する場合並びに第六十条第七項において準用する場合及び同条第九項において読み替えて準用する場合を含む。）において準用する地方自治法第二百五十二条の十七の三第二項及び第三項並びに第二百五十二条の十七の四第一項及び第三項の規定により処理することとされている事務
私立学校振興助成法（昭和五十年法律第六十一号）	一　第十二条（第十六条において準用する場合を含む。）、第十二条の二第一項（第十六条において準用する場合を含む。）及び第二項（第十三条第二項及び第十六条において準用する場合を含む。）、第十三条第一項（第十六条において準用する場合を含む。）並びに第十四条第二項及び第三項の規定により都道府県が処理することとされている事務 二　附則第二条第二項又は第二条の二第二項の規定により読み替えて適用される第十二条、第十二条の二第一項及び第二項、第十三条第一項並びに第十四条第二項及び第三項の規定により都道府県が処理することとされている事務
障害のある児童及び生徒のための教科用特定図書等の普及の促進等に関する法律（平成二十年法律第八十一号）	第十六条第二項の規定により都道府県が処理することとされている事務及び同条第一項の規定により市町村が処理することとされている事務
高等学校等就学支援金の支給に関する法律（平成二十二年法律第十八号）	第四条（第十四条第三項の規定により読み替えて適用する場合を含む。）、第六条第一項、第八条第一項（第十四条第三項の規定により読み替えて適用する場合を含む。）、第十一条第一項、第十七条及び第十八条第一項の規定により都道府県が処理することとさ

	れている事務
子ども・子育て支援法（平成二十四年法律第六十五号）	附則第十八条及び第十九条第二項後段の規定により都道府県が処理することとされている事務

●独立行政法人通則法（抜粋）

（平成一一年七月一六日　法律第一〇三号）

施行、平一三・一・六
最終改正、平三〇―法七一

第一章　総則

第一節　通則

（目的等）

第一条　この法律は、独立行政法人の運営の基本その他の制度の基本となる共通の事項を定め、各独立行政法人の名称、目的、業務の範囲等に関する事項を定める法律（以下「個別法」という。）と相まって、独立行政法人制度の確立並びに独立行政法人が公共上の見地から行う事務及び事業の確実な実施を図り、もって国民生活の安定及び社会経済の健全な発展に資することを目的とする。

2　各独立行政法人の組織、運営及び管理については、個別法に定めるもののほか、この法律の定めるところによる。

（定義）

第二条　この法律において「独立行政法人」とは、国民生活及び社会経済の安定等の公共上の見地から確実に実施されることが必要な事務及び事業であって、国が自ら主体となって直接に実施する必要のないもののうち、民間の主体に委ねた場合には必ずしも実施されないおそれがあるもの又は一の主体に独占して行わせることが必要であるもの（以下この条において「公共上の事務等」という。）を効果的かつ効率的に行わせるため、中期目標管理法人、国立研究開発法人又は行政執行法人として、この法律及び個別法の定めるところにより設立される法人をいう。

2　この法律において「中期目標管理法人」とは、公共上の事務等のうち、その特性に照らし、一定の自主性及び自律性を発揮しつつ、中期的な視点に立って執行することが求められるもの（国立研究開発法人が行うものを除く。）を国が中期的な期間について定める業務運営に関する目標を達成するための計画に基づき行うことにより、国民の需要に的確に対応した多様で良質なサービスの提供を通じた公共の利益の増進を推進することを目的とする独立行政法人として、個別法で定めるものをいう。

3　この法律において「国立研究開発法人」とは、公共上の事務等のうち、その特性に照らし、一定の自主性及び自律性を発揮しつつ、中長期的な視点に立って執行することが求められる科学技術に関する試験、研究又は開発（以下「研究開発」という。）に係るものを主要な業務として国が中長期的な期間について定める業務運営に関する目標を達成するための計画に基づき行うことにより、我が国における科学技術の水準の向上を通じた国民経済の健全な発展その他の公益に資するため研究開発の最大限の成果を確保することを目的とする独立行政法人として、個別法で定めるものをいう。

4　この法律において「行政執行法人」とは、公共上の事務等のうち、その特性に照らし、国の行政事務と密接に関連して行われる国の指示その他の国の相当な関与の下に確実に執行することが求められるものを国が事業年度ごとに定める業務運営に関する目標を達成するための計画に基づき行うことにより、その公共上の事務等を正確かつ確実に執行することを目的とする独立行政法人として、個別法で定めるものをいう。

（業務の公共性、透明性及び自主性等）

第三条　独立行政法人は、その行う事務及び事業が国民生活及び社会経済の安定等の公共上の見地から確実に実施されることが必要なものであることに鑑み、適正かつ効率的にその業務を運営するよう努めなければならない。

2　独立行政法人は、この法律の定めるところによりその業務の内容を公表すること等を通じて、その組織及び運営の状況を国民に明らかにするよう努めなければならない。

3　この法律及び個別法の運用に当たっては、独立行政法人の事務及び事業が内外の社会経済情勢を踏まえつつ適切に行われるよう、独立行政法人の事務及び事業の特性並びに独立行政法人の業務運営における自主性は、十分配慮されなければならない。

（名称）

第四条　各独立行政法人の名称は、個別法で定める。

2　国立研究開発法人については、その名称中に、国立研究開発法人という文字を使用するものとする。

（目的）

第五条　各独立行政法人の目的は、第二条第二項、第三項又は第四項の目的の範囲内で、個別法で定める。

（法人格）

第六条　独立行政法人は、法人とする。

（事務所）

第七条　各独立行政法人は、主たる事務所を個別法で定める地に置く。

2　独立行政法人は、必要な地に従たる事務所を置くことができる。

（財産的基礎等）

第八条　独立行政法人は、その業務を確実に実施するために必要な資本金その他の財産的基礎を有しなければならない。

2　政府は、その業務を確実に実施させるために必要があると認めるときは、個別法で定めるところにより、各独立行政法人に出資することができる。

3　独立行政法人は、業務の見直し、社会経済情勢の変化その他の事由により、その保有する重要な財産であって主務省令（当該独立行政法人を所管する内閣府又は各省の内閣府令又は省令をいう。ただし、原子力規制委員会が所管する独立行政法人については、原子力規制委員会規則とする。以下同じ。）で定めるものが将来にわたり業務を確実に実施する上で必要がなくなったと認められる場合には、第四十六条の二又は第四十六条の三の規定により、当該財産（以下「不要財産」という。）を処分しなければならない。

（登記）
第九条　独立行政法人は、政令で定めるところにより、登記しなければならない。
2　前項の規定により登記しなければならない事項は、登記の後でなければ、これをもって第三者に対抗することができない。

（名称の使用制限）
第一〇条　独立行政法人又は国立研究開発法人でない者は、その名称中に、独立行政法人又は国立研究開発法人という文字を用いてはならない。

（一般社団法人及び一般財団法人に関する法律の準用）
第一一条　一般社団法人及び一般財団法人に関する法律（平成十八年法律第四十八号）第四条及び第七十八条の規定は、独立行政法人について準用する。

第二節　独立行政法人評価制度委員会

（設置）
第一二条　総務省に、独立行政法人評価制度委員会（以下「委員会」という。）を置く。

（所掌事務等）
第一二条の二　委員会は、次に掲げる事務をつかさどる。
一　（省略）
二　第二十九条第三項、第三十二条第五項、第三十五条第三項（中略）の規定により、主務大臣に意見を述べること。
三　第三十五条第四項（中略）の規定により、主務大臣に勧告をすること。
四　（省略）
五　独立行政法人の業務運営に係る評価（次号において「評価」という。）の制度に関する重要事項を調査審議し、必要があると認めるときは、総務大臣に意見を述べること。
六　評価の実施に関する重要事項を調査審議し、評価の実施が著しく適正を欠くと認めるときは、主務大臣に意見を述べること。
七　その他法律によりその権限に属させられた事項を処理すること。
2　委員会は、前項第一号若しくは第二号に規定する規定又は同項第五号若しくは第六号の規定により意見を述べたときは、その内容を公表しなければならない。

第二章　役員及び職員

（役員）
第一八条　各独立行政法人に、個別法で定めるところにより、役員として、法人の長一人及び監事を置く。
2　各独立行政法人には、前項に規定する役員のほか、個別法で定めるところにより、他の役員を置くことができる。
3　各独立行政法人の法人の長の名称、前項に規定する役員の名称及び定数並びに監事の定数は、個別法で定める。

（役員の職務及び権限）
第一九条　法人の長は、独立行政法人を代表し、その業務を総理する。
2　個別法で定める役員（法人の長を除く。）は、法人の長の定めるところにより、法人の長に事故があるときはその職務を代理し、法人の長が欠員のときはその職務を行う。
3　前条第二項の規定により置かれる役員の職務及び権限は、個別法で定める。
4　監事は、独立行政法人の業務を監査する。この場合において、監事は、主務省令で定めるところにより、監査報告を作成しなければならない。
5　監事は、いつでも、役員（監事を除く。）及び職員に対して事務及び事業の報告を求め、又は独立行政法人の業務及び財産の状況の調査をすることができる。
6　監事は、独立行政法人が次に掲げる書類を主務大臣に提出しようとするときは、当該書類を調査しなければならない。
一　この法律の規定による認可、承認、認定及び届出に係る書類並びに報告書その他の総務省令で定める書類
二　その他主務省令で定める書類
7　監事は、その職務を行うため必要があるときは、独立行政法人の子法人（独立行政法人がその経営を支配している法人として総務省令で定めるものをいう。以下同じ。）に対して事業の報告を求め、又はその子法人の業務及び財産の状況の調査をすることができる。
8　前項の子法人は、正当な理由があるときは、同項の報告又は調査を拒むことができる。
9　監事は、監査の結果に基づき、必要があると認めるときは、法人の長又は主務大臣に意見を提出することができる。

（法人の長等への報告義務）
第一九条の二　監事は、役員（監事を除く。）が不正の行為をし、若しくは当該行為をするおそれがあると認めるとき、又はこの法律、個別法若しくは他の法令に違反する事実若しくは著しく不当な事実があると認めるときは、遅滞なく、その旨を法人の長に報告するとともに、主務大臣に報告しなければならない。

（役員の任命）
第二〇条　法人の長は、次に掲げる者のうちから、主務大臣が任命する。
一　当該独立行政法人が行う事務及び事業に関して高度な知識及び経験を有する者
二　前号に掲げる者のほか、当該独立行政法人が行う事務及び事業を適正かつ効率的に運営することができる者
2　監事は、主務大臣が任命する。
3　主務大臣は、前二項の規定により法人の長又は監事を任命しようとするときは、必要に応じ、公募（当該法人の長又は監事の職務の内容、勤務条件その他必要な事項を公示して行う候補者の募集をいう。以下この項において同じ。）の活用に努めなければならない。公募によらない場合であっても、透明性を確保しつつ、候補者の推薦の求めその他の適任と認める者を任命するために必要な措置を講ずるよう努めなければならない。
4　第十八条第二項の規定により置かれる役員は、第一項各号に掲げる者のうちから、法人の長が任命する。
5　法人の長は、前項の規定により役員を任命したときは、遅滞なく、主務大臣に届け出るとともに、これを公表しなければならない。

第三章　業務運営

第一節　通則

（業務の範囲）
第二七条　各独立行政法人の業務の範囲は、個別法で定める。

（業務方法書）
第二八条　独立行政法人は、業務開始の際、業務方法書を作成し、主務大臣の認可を受けなければならない。これを変更しようとするときも、同様とする。
2　前項の業務方法書には、役員（監事を除く。）の職務の執行がこの法律、個別法又は他の法令に適合することを確保するための体制その他独立行政法人の業務の適正を確保するための体制の整備に関する事項その他主務省令で定める事項を記載しなければならない。
3　独立行政法人は、第一項の認可を受けたときは、遅滞なく、その業務方法書を公表しなければならない。

第二節　中期目標管理法人

（中期目標）
第二九条　主務大臣は、三年以上五年以下の期間において中期目標管理法人が達成すべき業務運営に関する目標（以下「中期目標」という。）を定め、これを当該中期目標管理法人に指示するとともに、公表しなければならない。これを変更したときも、同様とする。
2　中期目標においては、次に掲げる事項について具体的に定めるものとする。
一　中期目標の期間（前項の期間の範囲内で主務大臣が定める期間をいう。以下同じ。）
二　国民に対して提供するサービスその他の業務の質の向上に関する事項
三　業務運営の効率化に関する事項

四　財務内容の改善に関する事項
五　その他業務運営に関する重要事項
3　主務大臣は、中期目標を定め、又はこれを変更しようとするときは、あらかじめ、委員会の意見を聴かなければならない。

（中期計画）
第三〇条　中期目標管理法人は、前条第一項の指示を受けたときは、中期目標に基づき、主務省令で定めるところにより、当該中期目標を達成するための計画（以下この節において「中期計画」という。）を作成し、主務大臣の認可を受けなければならない。これを変更しようとするときも、同様とする。
2　中期計画においては、次に掲げる事項を定めるものとする。
一　国民に対して提供するサービスその他の業務の質の向上に関する目標を達成するためとるべき措置
二　業務運営の効率化に関する目標を達成するためとるべき措置
三　予算（人件費の見積りを含む。）、収支計画及び資金計画
四　短期借入金の限度額
五　不要財産又は不要財産となることが見込まれる財産がある場合には、当該財産の処分に関する計画
六　前号に規定する財産以外の重要な財産を譲渡し、又は担保に供しようとするときは、その計画
七　剰余金の使途
八　その他主務省令で定める業務運営に関する事項
3　主務大臣は、第一項の認可をした中期計画が前条第二項第二号から第五号までに掲げる事項の適正かつ確実な実施上不適当となったと認めるときは、その中期計画を変更すべきことを命ずることができる。
4　中期目標管理法人は、第一項の認可を受けたときは、遅滞なく、その中期計画を公表しなければならない。

（年度計画）
第三一条　中期目標管理法人は、毎事業年度の開始前に、前条第一項の認可を受けた中期計画に基づき、主務省令で定めるところにより、その事業年度の業務運営に関する計画（次項において「年度計画」という。）を定め、これを主務大臣に届け出るとともに、公表しなければならない。これを変更したときも、同様とする。
2　中期目標管理法人の最初の事業年度の年度計画については、前項中「毎事業年度の開始前に、前条第一項の認可を受けた」とあるのは、「その成立後最初の中期計画について前条第一項の認可を受けた後遅滞なく、その」とする。

（各事業年度に係る業務の実績等に関する評価等）
第三二条　中期目標管理法人は、毎事業年度の終了後、当該事業年度が次の各号に掲げる事業年度のいずれに該当するかに応じ当該各号に定める事項について、主務大臣の評価を受けなければならない。
一　次号及び第三号に掲げる事業年度以外の事業年度　当該事業年度における業務の実績
二　中期目標の期間の最後の事業年度の直前の事業年度　当該事業年度における業務の実績及び中期目標の期間の終了時に見込まれる中期目標の期間における業務の実績
三　中期目標の期間の最後の事業年度　当該事業年度における業務の実績及び中期目標の期間における業務の実績
2　中期目標管理法人は、前項の評価を受けようとするときは、主務省令で定めるところにより、各事業年度の終了後三月以内に、同項第一号、第二号又は第三号に定める事項及び当該事項について自ら評価を行った結果を明らかにした報告書を主務大臣に提出するとともに、公表しなければならない。
3　第一項の評価は、同項第一号、第二号又は第三号に定める事項について総合的な評定を付して、行わなければならない。この場合において、同項各号に規定する当該事業年度における業務の実績に関する評価は、当該事業年度における中期計画の実施状況の調査及び分析を行い、その結果を考慮して行わなければならない。
4　主務大臣は、第一項の評価を行ったときは、遅滞なく、当該中期目標管理法人に対して、その評価の結果を通知するとともに、公表しなければならない。この場合において、同項第二号に規定する中期目標の期間の終了時に見込まれる中期目標の期間における業務の実績に関する評価を行ったときは、委員会に対しても、遅滞なく、その評価の結果を通知しなければならない。
5　委員会は、前項の規定により通知された評価の結果について、必要があると認めるときは、主務大臣に意見を述べなければならない。
6　主務大臣は、第一項の評価の結果に基づき、必要があると認めるときは、当該中期目標管理法人に対し、業務運営の改善その他の必要な措置を講ずることを命ずることができる。

（中期目標の期間の終了時の検討）
第三五条　主務大臣は、第三十二条第一項第二号に規定する中期目標の期間の終了時に見込まれる中期目標の期間における業務の実績に関する評価を行ったときは、中期目標の期間の終了時までに、当該中期目標管理法人の業務の継続又は組織の存続の必要性その他その業務及び組織の全般にわたる検討を行い、その結果に基づき、業務の廃止若しくは移管又は組織の廃止その他の所要の措置を講ずるものとする。
2　主務大臣は、前項の検討の結果及び同項の規定により講ずる措置の内容を委員会に通知するとともに、公表しなければならない。
3　委員会は、前項の規定により通知された事項について、必要があると認めるときは、主務大臣に意見を述べなければならない。
4　前項の場合において、委員会は、中期目標管理法人の主要な事務及び事業の改廃に関し、主務大臣に勧告をすることができる。
5　委員会は、前項の勧告をしたときは、当該勧告の内容を内閣総理大臣に報告するとともに、公表しなければならない。
6　委員会は、第四項の勧告をしたときは、主務大臣に対し、その勧告に基づいて講じた措置及び講じようとする措置について報告を求めることができる。

第四章　財務及び会計

（事業年度）
第三六条　独立行政法人の事業年度は、毎年四月一日に始まり、翌年三月三十一日に終わる。
2　独立行政法人の最初の事業年度は、前項の規定にかかわらず、その成立の日に始まり、翌年の三月三十一日（一月一日から三月三十一日までの間に成立した独立行政法人にあっては、その年の三月三十一日）に終わるものとする。

（企業会計原則）
第三七条　独立行政法人の会計は、主務省令で定めるところにより、原則として企業会計原則によるものとする。

（財務諸表等）
第三八条　独立行政法人は、毎事業年度、貸借対照表、損益計算書、利益の処分又は損失の処理に関する書類その他主務省令で定める書類及びこれらの附属明細書（以下「財務諸表」という。）を作成し、当該事業年度の終了後三月以内に主務大臣に提出し、その承認を受けなければならない。
2　独立行政法人は、前項の規定により財務諸表を主務大臣に提出するときは、これに主務省令で定めるところにより作成した当該事業年度の事業報告書及び予算の区分に従い作成した決算報告書並びに財務諸表及び決算報告書に関する監査報告（次条第一項の規定により会計監査人の監査を受けなければならない独立行政法人にあっては、監査報告及び会計監査報告。以下同じ。）を添付しなければならない。
3　独立行政法人は、第一項の規定による主務大臣の承認を受けたときは、遅滞なく、財務

諸表を官報に公告し、かつ、財務諸表並びに前項の事業報告書、決算報告書及び監査報告を、各事務所に備えて置き、主務省令で定める期間、一般の閲覧に供しなければならない。

4　独立行政法人は、第一項の附属明細書その他主務省令で定める書類については、前項の規定による公告に代えて、次に掲げる方法のいずれかにより公告することができる。

一　時事に関する事項を掲載する日刊新聞紙に掲載する方法

二　電子公告（電子情報処理組織を使用する方法であって総務省令で定めるものにより不特定多数の者が公告すべき内容である情報の提供を受けることができる状態に置く措置であって総務省令で定めるものをとる公告の方法をいう。次項において同じ。）

5　独立行政法人が前項の規定により電子公告による公告をする場合には、第三項の主務省令で定める期間、継続して当該公告をしなければならない。

（会計監査人の監査）

第三九条　独立行政法人（その資本の額その他の経営の規模が政令で定める基準に達しない独立行政法人を除く。以下この条において同じ。）は、財務諸表、事業報告書（会計に関する部分に限る。）及び決算報告書について、監事の監査のほか、会計監査人の監査を受けなければならない。この場合において、会計監査人は、主務省令で定めるところにより、会計監査報告を作成しなければならない。

2　会計監査人は、いつでも、次に掲げるものの閲覧及び謄写をし、又は役員（監事を除く。）及び職員に対し、会計に関する報告を求めることができる。

一　会計帳簿又はこれに関する資料が書面をもって作成されているときは、当該書面

二　会計帳簿又はこれに関する資料が電磁的記録（電子的方式、磁気的方式その他人の知覚によっては認識することができない方式で作られる記録であって、電子計算機による情報処理の用に供されるものとして総務省令で定めるものをいう。以下この号において同じ。）をもって作成されているときは、当該電磁的記録に記録された事項を総務省令で定める方法により表示したもの

3　会計監査人は、その職務を行うため必要があるときは、独立行政法人の子法人に対して会計に関する報告を求め、又は独立行政法人若しくはその子法人の業務及び財産の状況の調査をすることができる。

4　前項の子法人は、正当な理由があるときは、同項の報告又は調査を拒むことができる。

5　会計監査人は、その職務を行うに当たっては、次の各号のいずれかに該当する者を使用してはならない。

一　第四十一条第三項第一号又は第二号に掲げる者

二　第四十条の規定により自己が会計監査人に選任されている独立行政法人又はその子法人の役員又は職員

三　第四十条の規定により自己が会計監査人に選任されている独立行政法人又はその子法人から公認会計士（公認会計士法（昭和二十三年法律第百三号）第十六条の二第五項に規定する外国公認会計士を含む。第四十一条第一項及び第三項第二号において同じ。）又は監査法人の業務以外の業務により継続的な報酬を受けている者

（会計監査人の選任）

第四〇条　会計監査人は、主務大臣が選任する。

（会計監査人の資格等）

第四一条　会計監査人は、公認会計士又は監査法人でなければならない。

2　会計監査人に選任された監査法人は、その社員の中から会計監査人の職務を行うべき者を選定し、これを独立行政法人に通知しなければならない。この場合においては、次項第二号に掲げる者を選定することはできない。

3　次に掲げる者は、会計監査人となることができない。

一　公認会計士法の規定により、財務諸表について監査をすることができない者

二　監査の対象となる独立行政法人の子法人若しくはその役員から公認会計士若しくは監査法人の業務以外の業務により継続的な報酬を受けている者又はその配偶者

三　監査法人でその社員の半数以上が前号に掲げる者であるもの

（利益及び損失の処理）

第四四条　独立行政法人は、毎事業年度、損益計算において利益を生じたときは、前事業年度から繰り越した損失を埋め、なお残余があるときは、その残余の額は、積立金として整理しなければならない。ただし、第三項の規定により同項の使途に充てる場合は、この限りでない。

2　独立行政法人は、毎事業年度、損益計算において損失を生じたときは、前項の規定による積立金を減額して整理し、なお不足があるときは、その不足額は、繰越欠損金として整理しなければならない。

3　中期目標管理法人及び国立研究開発法人は、第一項に規定する残余があるときは、主務大臣の承認を受けて、その残余の額の全部又は一部を中期計画（第三十条第一項の認可を受けた同項の中期計画（同項後段の規定による変更の認可を受けたときは、その変更後のもの）をいう。以下同じ。）の同条第二項第七号又は中長期計画（第三十五条の五第一項の認可を受けた同項の中長期計画（同項後段の規定による変更の認可を受けたときは、その変更後のもの）をいう。以下同じ。）の第三十五条の五第二項第七号の剰余金の使途に充てることができる。

4　第一項の規定による積立金の処分については、個別法で定める。

（借入金等）

第四五条　独立行政法人は、中期目標管理法人の中期計画の第三十条第二項第四号、国立研究開発法人の中長期計画の第三十五条の五第二項第四号又は行政執行法人の事業計画（第三十五条の十第一項の認可を受けた同項の事業計画（同項後段の規定による変更の認可を受けたときは、その変更後のもの）をいう。以下同じ。）の第三十五条の十第三項第四号の短期借入金の限度額の範囲内で、短期借入金をすることができる。ただし、やむを得ない事由があるものとして主務大臣の認可を受けた場合は、当該限度額を超えて短期借入金をすることができる。

2　前項の規定による短期借入金は、当該事業年度内に償還しなければならない。ただし、資金の不足のため償還することができないときは、その償還することができない金額に限り、主務大臣の認可を受けて、これを借り換えることができる。

3　前項ただし書の規定により借り換えた短期借入金は、一年以内に償還しなければならない。

4　独立行政法人は、個別法に別段の定めがある場合を除くほか、長期借入金及び債券発行をすることができない。

（財源措置）

第四六条　政府は、予算の範囲内において、独立行政法人に対し、その業務の財源に充てるために必要な金額の全部又は一部に相当する金額を交付することができる。

2　独立行政法人は、業務運営に当たっては、前項の規定による交付金について、国民から徴収された税金その他の貴重な財源で賄われるものであることに留意し、法令の規定及び中期目標管理法人の中期計画、国立研究開発法人の中長期計画又は行政執行法人の事業計画に従って適切かつ効率的に使用するよう努めなければならない。

（余裕金の運用）

第四七条　独立行政法人は、次の方法による場合を除くほか、業務上の余裕金を運用してはならない。

一　国債、地方債、政府保証債（その元本の償還及び利息の支払について政府が保証する債券をいう。）その他主務大臣の指定する有価証券の取得

二　銀行その他主務大臣の指定する金融機関

への預金

三　信託業務を営む金融機関（金融機関の信託業務の兼営等に関する法律（昭和十八年法律第四十三号）第一条第一項の認可を受けた金融機関をいう。）への金銭信託

（財産の処分等の制限）

第四八条　独立行政法人は、不要財産以外の重要な財産であって主務省令で定めるものを譲渡し、又は担保に供しようとするときは、主務大臣の認可を受けなければならない。ただし、中期目標管理法人の中期計画において第三十条第二項第六号の計画を定めた場合、国立研究開発法人の中長期計画において第三十五条の五第二項第六号の計画を定めた場合又は行政執行法人の事業計画において第三十五条の十第三項第六号の計画を定めた場合であって、これらの計画に従って当該重要な財産を譲渡し、又は担保に供するときは、この限りでない。

（会計規程）

第四九条　独立行政法人は、業務開始の際、会計に関する事項について規程を定め、これを主務大臣に届け出なければならない。これを変更したときも、同様とする。

（主務省令への委任）

第五〇条　この法律及びこれに基づく政令に規定するもののほか、独立行政法人の財務及び会計に関し必要な事項は、主務省令で定める。

第五章　人事管理

第二節　行政執行法人

（役員及び職員の身分）

第五一条　行政執行法人の役員及び職員は、国家公務員とする。

（役員の報酬等）

第五二条　行政執行法人の役員に対する報酬等は、その役員の業績が考慮されるものでなければならない。

2　行政執行法人は、その役員に対する報酬等の支給の基準を定め、これを主務大臣に届け出るとともに、公表しなければならない。これを変更したときも、同様とする。

3　前項の報酬等の支給の基準は、国家公務員の給与等を参酌し、かつ、民間企業の役員の報酬等、当該行政執行法人の業務の実績及び事業計画の第三十五条の十第三項第三号の人件費の見積りその他の事情を考慮して定められなければならない。

（役員の服務）

第五三条　行政執行法人の役員（以下この条から第五十六条まで及び第六十九条において単に「役員」という。）は、職務上知ることのできた秘密を漏らしてはならない。その職を退いた後も、同様とする。

2　前項の規定は、次条第一項において準用する国家公務員法（昭和二十二年法律第百二十号）第十八条の四及び次条第六項の規定により権限の委任を受けた再就職等監視委員会で扱われる調査の際に求められる情報に関しては、適用しない。

3　役員は、前項の調査に際して再就職等監視委員会から陳述し、又は証言することを求められた場合には、正当な理由がないのにこれを拒んではならない。

4　役員は、在任中、政党その他の政治的団体の役員となり、又は積極的に政治運動をしてはならない。

5　役員（非常勤の者を除く。次条において同じ。）は、在任中、任命権者の承認のある場合を除くほか、報酬を得て他の職務に従事し、又は営利事業を営み、その他金銭上の利益を目的とする業務を行ってはならない。

（職員の給与）

第五七条　行政執行法人の職員の給与は、その職務の内容と責任に応ずるものであり、かつ、職員が発揮した能率が考慮されるものでなければならない。

2　行政執行法人は、その職員の給与の支給の基準を定め、これを主務大臣に届け出るとともに、公表しなければならない。これを変更したときも、同様とする。

3　前項の給与の支給の基準は、一般職の職員の給与に関する法律の適用を受ける国家公務員の給与、当該行政執行法人の業務の実績及び事業計画の第三十五条の十第三項第三号の人件費の見積りその他の事情を考慮して定められなければならない。

（職員の勤務時間等）

第五八条　行政執行法人は、その職員の勤務時間、休憩、休日及び休暇について規程を定め、これを主務大臣に届け出るとともに、公表しなければならない。これを変更したときも、同様とする。

2　前項の規程は、一般職の職員の勤務時間、休暇等に関する法律（平成六年法律第三十三号）の適用を受ける国家公務員の勤務条件その他の事情を考慮したものでなければならない。

（職員に係る他の法律の適用除外等）

第五九条　次に掲げる法律の規定は、行政執行法人の職員（以下この条において単に「職員」という。）には適用しない。

一　労働者災害補償保険法の規定

二　国家公務員法第十八条、第二十八条（第一項前段を除く。）、第六十二条から第七十条まで、第七十条の三第二項、第七十条の四第二項、第七十五条第二項並びに第百六条の規定

三　国家公務員の寒冷地手当に関する法律（昭和二十四年法律第二百号）の規定

四　一般職の職員の給与に関する法律の規定

五　削除

六　国家公務員の育児休業等に関する法律（平成三年法律第百九号）第五条第二項、第八条、第九条、第十六条から第十九条まで及び第二十四条から第二十六条までの規定

七　一般職の職員の勤務時間、休暇等に関する法律の規定

八　一般職の任期付職員の採用及び給与の特例に関する法律（平成十二年法律第百二十五号）第七条から第九条までの規定

九　国家公務員の自己啓発等休業に関する法律（平成十九年法律第四十五号）第五条第二項及び第七条の規定

十　国家公務員の配偶者同行休業に関する法律（平成二十五年法律第七十八号）第五条第二項及び第八条の規定

2から6まで（省略）

（国会への報告等）

第六〇条　行政執行法人は、政令で定めるところにより、毎事業年度、常時勤務に服することを要するその職員（国家公務員法第七十九条又は第八十二条の規定による休職又は停職の処分を受けた者、法令の規定により職務に専念する義務を免除された者その他の常時勤務に服することを要しない職員で政令で定めるものを含む。次項において「常勤職員」という。）の数を主務大臣に報告しなければならない。

2　政府は、毎年、国会に対し、行政執行法人の常勤職員の数を報告しなければならない。

3　行政執行法人は、国家公務員法第三章第八節及び第四章（第五十四条第一項において準用する場合を含む。）の規定を施行するために必要な事項として内閣総理大臣が定める事項を、内閣総理大臣が定める日までに、内閣総理大臣に届け出なければならない。

第2章　教育財政

●地方財政法〔抜粋〕（昭和二三年七月七日 法律第一〇九号）

施行、昭二三・七・七
最終改正、令二―法二六

（この法律の目的）

第一条　この法律は、地方公共団体の財政（以下地方財政という。）の運営、国の財政と地方財政との関係等に関する基本原則を定め、もつて地方財政の健全性を確保し、地方自治の発達に資することを目的とする。

（地方財政運営の基本）

第二条　地方公共団体は、その財政の健全な運営に努め、いやしくも国の政策に反し、又は国の財政若しくは他の地方公共団体の財政に累を及ぼすような施策を行つてはならない。

2　国は、地方財政の自主的な且つ健全な運営を助長することに努め、いやしくもその自律性をそこない、又は地方公共団体に負担を転嫁するような施策を行つてはならない。

（地方債の制限）

第五条　地方公共団体の歳出は、地方債以外の歳入をもつて、その財源としなければならない。ただし、次に掲げる場合においては、地方債をもつてその財源とすることができる。

一から四まで（省略）

五　学校その他の文教施設、保育所その他の厚生施設、消防施設、道路、河川、港湾その他の土木施設等の公共施設又は公用施設の建設事業費（公共的団体又は国若しくは地方公共団体が出資している法人で政令で定めるものが設置する公共施設の建設事業に係る負担又は助成に要する経費を含む。）及び公共用若しくは公用に供する土地又はその代替地としてあらかじめ取得する土地の購入費（当該土地に関する所有権以外の権利を取得するために要する経費を含む。）の財源とする場合

（地方公共団体がその全額を負担する経費）

第九条　地方公共団体の事務（地方自治法（昭和二十二年法律第六十七号）第二百五十二条の十七の二第一項及び第二百九十一条の二第二項の規定に基づき、都道府県が条例の定めるところにより、市町村が処理することとした事務及び都道府県の加入しない同法第二百八十四条第一項の広域連合（第二十八条第二項及び第三項において「広域連合」という。）の処理することとした事務を除く。）を行うために要する経費については、当該地方公共団体が全額これを負担する。ただし、次条から第十条の四までに規定する事務を行うために要する経費については、この限りでない。

（国がその全部又は一部を負担する法令に基づいて実施しなければならない事務に要する経費）

第一〇条　地方公共団体が法令に基づいて実施しなければならない事務であつて、国と地方公共団体相互の利害に関係がある事務のうち、その円滑な運営を期するためには、なお、国が進んで経費を負担する必要がある次に掲げるものについては、国が、その経費の全部又は一部を負担する。

一　義務教育職員の給与（退職手当、退職年金及び退職一時金並びに旅費を除く。）に要する経費

二　削除

三　義務教育諸学校の建物の建築に要する経費

四から十三まで（省略）

十四　児童一時保護所、未熟児、小児慢性特定疾病児童等、身体障害児及び結核にかかつている児童の保護、児童福祉施設（地方公共団体の設置する保育所及び幼保連携型認定こども園を除く。）並びに里親に要する経費

十五　児童手当に要する経費

十六・十七（省略）

十八　重度障害児に対する障害児福祉手当及び特別障害者に対する特別障害者手当の支給に要する経費

十九　児童扶養手当に要する経費

二十　職業能力開発校及び障害者職業能力開発校の施設及び設備に要する経費

二十一から二十四まで（省略）

二十五　特別支援学校への就学奨励に要する経費

二十六から二十八まで（省略）

二十九　高等学校等就学支援金の支給に要する経費

三十から三十二まで（省略）

三十三　子どものための教育・保育給付に要する経費（地方公共団体の設置する教育・保育施設に係るものを除く。）及び子育てのための施設等利用給付に要する経費（地方公共団体又は公立大学法人の設置する認定こども園、幼稚園又は特別支援学校に係るものを除く。）

三十四（省略）

三十五　都道府県知事の確認を受けた専門学校（地方公共団体又は地方独立行政法人が設置するものを除く。）に係る授業料等減免に要する経費

（国がその全部又は一部を負担する建設事業に要する経費）

第一〇条の二　地方公共団体が国民経済に適合するように総合的に樹立された計画に従つて実施しなければならない法律又は政令で定める土木その他の建設事業に要する次に掲げる経費については、国が、その経費の全部又は一部を負担する。

一から四まで（省略）

五　児童福祉施設その他社会福祉施設の建設に要する経費

六（省略）

（国がその一部を負担する災害に係る事務に要する経費）

第一〇条の三　地方公共団体が実施しなければならない法律又は政令で定める災害に係る事務で、地方税法又は地方交付税法によつてはその財政需要に適合した財源を得ることが困難なものを行うために要する次に掲げる経費については、国が、その経費の一部を負担する。

一から六まで（省略）

七　学校の災害復旧に要する経費

八　社会福祉施設及び保健衛生施設の災害復旧に要する経費

九（省略）

（地方公共団体が負担すべき経費の財政需要額への算入）

第一一条の二　第十条から第十条の三までに規定する経費のうち、地方公共団体が負担すべき部分（第十条第十二号に掲げる経費のうち地方公共団体が負担すべき部分にあつては後期高齢者医療の財政安定化基金拠出金をもつて充てるべき部分を、同条第十三号に掲げる経費のうち地方公共団体が負担すべき部分にあつては介護保険の財政安定化基金拠出金をもつて充てるべき部分を除く。）は、地方交付税法の定めるところにより地方公共団体に交付すべき地方交付税の額の算定に用いる財政需要額に算入するものとする。ただし、第十条第十六号に掲げる経費（国民健康保険に関する特別会計への繰入れに要する経費のうち、国民健康保険の財政の安定化及び調整を行うもの、高額医療費負担対象額に係るもの、所得の少ない者について行う保険料又は国民健康保険税の減額に係るもの、所得の少ない者の数に応じて国民健康保険の財政の状況その他の事情を勘案して行うもの並びに特定健康診査及び特定保健指導に要するもの並びに財政安定化基金への繰入れに要する経費のうち都道府県の負担に係るものを除く。）、第十条の二第四号に掲げる経費及び第十条の三第六号に掲げる経費については、この限りでない。

（地方公共団体が処理する権限を有しない事務に要する経費）

第一二条　地方公共団体が処理する権限を有しない事務を行うために要する経費については、法律又は政令で定めるものを除く外、国

は、地方公共団体に対し、その経費を負担させるような措置をしてはならない。
2　前項の経費は、次に掲げるようなものとする。
一　国の機関の設置、維持及び運営に要する経費
二から五まで（省略）
六　国の教育施設及び研究施設に要する経費

（新たな事務に伴う財源措置）
第一三条　地方公共団体又はその経費を地方公共団体が負担する国の機関が法律又は政令に基づいて新たな事務を行う義務を負う場合においては、国は、そのために要する財源について必要な措置を講じなければならない。
2　前項の財源措置について不服のある地方公共団体は、内閣を経由して国会に意見書を提出することができる。
3　内閣は、前項の意見書を受け取つたときは、その意見を添えて、遅滞なく、これを国会に提出しなければならない。

（補助金の交付）
第一六条　国は、その施策を行うため特別の必要があると認めるとき又は地方公共団体の財政上特別の必要があると認めるときに限り、当該地方公共団体に対して、補助金を交付することができる。

（地方公共団体の負担を伴う法令案）
第二一条　内閣総理大臣及び各省大臣は、その管理する事務で地方公共団体の負担を伴うものに関する法令案について、法律案及び政令案にあつては閣議を求める前、命令案にあつては公布の前、あらかじめ総務大臣の意見を求めなければならない。
2　総務大臣は、前項に規定する法令案のうち重要なものについて意見を述べようとするときは、地方財政審議会の意見を聴かなければならない。

（国の営造物に関する使用料）
第二三条　地方公共団体又はその長が管理する国の営造物で当該地方公共団体がその管理に要する経費を負担するものについては、当該地方公共団体は、条例の定めるところにより、当該営造物の使用について使用料を徴収することができる。
2　前項の使用料は、当該地方公共団体の収入とする。

（国が使用する地方公共団体の財産等に関する使用料）
第二四条　国が地方公共団体の財産又は公の施設を使用するときは、当該地方公共団体の定めるところにより、国においてその使用料を負担しなければならない。但し、当該地方公共団体の議会の同意があつたときは、この限りでない。

（都道府県の行う建設事業に対する市町村の負担）
第二七条　都道府県の行う土木その他の建設事業（高等学校の施設の建設事業を除く。）でその区域内の市町村を利するものについては、都道府県は、当該建設事業による受益の限度において、当該市町村に対し、当該建設事業に要する経費の一部を負担させることができる。
2　前項の経費について市町村が負担すべき金額は、当該市町村の意見を聞き、当該都道府県の議会の議決を経て、これを定めなければならない。
3　前項の規定による市町村が負担すべき金額について不服がある市町村は、当該金額の決定があつた日から二十一日以内に、総務大臣に対し、異議を申し出ることができる。
4　総務大臣は、前項の異議の申出を受けた場合において特別の必要があると認めるときは、当該市町村の負担すべき金額を更正することができる。
5　地方自治法第二百五十七条の規定は、前項の場合に、これを準用する。
6　総務大臣は、第四項の規定により市町村の負担すべき金額を更正しようとするときは、地方財政審議会の意見を聴かなければならない。

（都道府県が住民にその負担を転嫁してはならない経費）
第二七条の三　都道府県は、当該都道府県立の高等学校の施設の建設事業費について、住民に対し、直接であると間接であるとを問わず、その負担を転嫁してはならない。

（市町村が住民にその負担を転嫁してはならない経費）
第二七条の四　市町村は、法令の規定に基づき当該市町村の負担に属するものとされている経費で政令で定めるものについて、住民に対し、直接であると間接であるとを問わず、その負担を転嫁してはならない。

（参考）**地方財政法施行令**
（市町村が住民にその負担を転嫁してはならない経費）
第五二条　法第二十七条の四に規定する経費で政令で定めるものは、次に掲げるものとする。
一　市町村の職員の給与に要する経費
二　市町村立の小学校、中学校及び義務教育学校の建物の維持及び修繕に要する経費

●義務教育費国庫負担法（昭和二七年八月八日 法律第三〇三号）

施行、昭二八・四・一
最終改正、平二九―法五

（この法律の目的）
第一条　この法律は、義務教育について、義務教育無償の原則に則り、国民のすべてに対しその妥当な規模と内容とを保障するため、国が必要な経費を負担することにより、教育の機会均等とその水準の維持向上とを図ることを目的とする。

（教職員の給与及び報酬等に要する経費の国庫負担）
第二条　国は、毎年度、各都道府県ごとに、公立の小学校、中学校、義務教育学校、中等教育学校の前期課程並びに特別支援学校の小学部及び中学部（学校給食法（昭和二十九年法律第百六十号）第六条に規定する施設を含むものとし、以下「義務教育諸学校」という。）に要する経費のうち、次に掲げるものについて、その実支出額の三分の一を負担する。ただし、特別の事情があるときは、各都道府県ごとの国庫負担額の最高限度を政令で定めることができる。
一　市（地方自治法（昭和二十二年法律第六十七号）第二百五十二条の十九第一項の指定都市（以下「指定都市」という。）を除き、特別区を含む。）町村立の義務教育諸学校に係る市町村立学校職員給与負担法（昭和二十三年法律第百三十五号）第一条に掲げる職員の給料その他の給与（退職手当、退職年金及び退職一時金並びに旅費を除く。）及び報酬等に要する経費（以下「教職員の給与及び報酬等に要する経費」という。）
二　都道府県立の中学校（学校教育法（昭和二十二年法律第二十六号）第七十一条の規定により高等学校における教育と一貫した教育を施すものに限る。）、中等教育学校及

び特別支援学校に係る教職員の給与及び報酬等に要する経費

三　都道府県立の義務教育諸学校（前号に規定するものを除く。）に係る教職員の給与及び報酬等に要する経費（学校生活への適応が困難であるため相当の期間学校を欠席していると認められる児童又は生徒に対して特別の指導を行うための教育課程及び夜間その他特別の時間において主として学齢を経過した者に対して指導を行うための教育課程の実施を目的として配置される教職員に係るものに限る。）

第三条　国は、毎年度、各指定都市ごとに、公立の義務教育諸学校に要する経費のうち、指定都市の設置する義務教育諸学校に係る教職員の給与及び報酬等に要する経費について、その実支出額の三分の一を負担する。ただし、特別の事情があるときは、各指定都市ごとの国庫負担額の最高限度を政令で定めることができる。

附　則（省略）

●義務教育費国庫負担法第二条ただし書及び第三条ただし書の規定に基づき教職員の給与及び報酬等に要する経費の国庫負担額の最高限度を定める政令

（平成一六年四月一日政令第一五七号）

施行、平一六・四・一
最終改正、平二九―政一二八（令二―政八八）

（定義）

第一条　この政令において、次の各号に掲げる用語の意義は、当該各号に定めるところによる。

一　一般教職員　公立義務教育諸学校の学級編制及び教職員定数の標準に関する法律（昭和三十三年法律第百十六号。以下「標準法」という。）第二条第三項に規定する教職員のうち、地方公務員法（昭和二十五年法律第二百六十一号）第二十八条の四第一項若しくは第二十八条の六第一項又は地方公共団体の一般職の任期付職員の採用に関する法律（平成十四年法律第四十八号）第四条の規定により採用された者以外の者をいう。

二　給料の調整額　一般職の職員の給与に関する法律（昭和二十五年法律第九十五号）第十条の規定に相当する条例の規定により支給される給料の調整額をいう。

三　教職調整額　公立の義務教育諸学校等の教育職員の給与等に関する特別措置法（昭和四十六年法律第七十七号）第三条第一項に規定する教職調整額をいう。

四　都道府県教員基礎給料月額　各都道府県ごとに、当該年度の五月一日に在職する都道府県及び市（地方自治法（昭和二十二年法律第六十七号）第二百五十二条の十九第一項の指定都市（以下「指定都市」という。）を除き、特別区を含む。以下同じ。）町村の設置する小学校、中学校及び義務教育学校並びに中等教育学校の前期課程（以下「都道府県及び市町村の設置する小学校等」という。）の一般教職員（栄養教諭等（学校給食法（昭和二十九年法律第百六十号）第七条に規定する職員をいう。以下同じ。）、寄宿舎指導員及び事務職員を除く。以下この号及び第十二号において同じ。）（都道府県立の小学校、中学校（学校教育法（昭和二十二年法律第二十六号）第七十一条の規定により高等学校における教育と一貫した教育を施すものを除く。次号、第六号及び第八号において同じ。）及び義務教育学校にあっては、義務教育費国庫負担法第二条第三号に規定する教育課程の実施を目的として配置される教職員（以下「特定教育課程担当教職員」という。）であるものに限る。以下この号において同じ。）の一人当たりの給料（給料の調整額及び教職調整額を除く。以下同じ。）の月額として、国家公務員の俸給、学校教育の水準の維持向上のための義務教育諸学校の教育職員の人材確保に関する特別措置法（昭和四十九年法律第二号。以下「人材確保法」という。）第三条の規定により講じられている措置並びに当該都道府県における経験年数別の都道府県及び市町村の設置する小学校等の一般教職員の実数等を勘案して文部科学省令で定めるところにより算定した額をいう。

五　都道府県教員算定基礎定数　各都道府県ごとに、当該年度の五月一日現在において、都道府県及び市町村の設置する小学校等の校長、副校長、教頭、主幹教諭、指導教諭、教諭、養護教諭、助教諭、養護助教諭及び講師（第十三号において「校長及び教諭等」という。）（都道府県立の小学校、中学校及び義務教育学校にあっては、特定教育課程担当教職員であるものに限る。）について、標準法第六条の二の規定により算定した数、標準法第三条第一項及び第二項本文に規定する学級編制の標準により算定した学級数に基づき標準法第七条及び第八条の規定により算定した数、地方教育行政の組織及び運営に関する法律（昭和三十一年法律第百六十二号）第十八条第四項後段の規定により指導主事に充てられるものとして文部科学大臣が財務大臣と協議して定めた数並びに標準法第十八条第一号及び第四号から第六号までに掲げる者（以下「産休代替教職員等」という。）の実数の合計数から地方公務員の育児休業等に関する法律（平成三年法律第百十号）第二条第一項の規定により育児休業をしている者（以下「育児休業者」という。）、地方公務員法第二十六条の六第一項の規定により配偶者同行休業をしている者（以下「配偶者同行休業者」という。）、同法第五十五条の二第一項ただし書の許可を受けた者（以下「専従職員」という。）その他文部科学省令で定める者の実数の合計数を減じた数をいう。

六　都道府県栄養教諭等基礎給料月額　各都道府県ごとに、当該年度の五月一日に在職する都道府県及び市町村の設置する小学校等並びに市町村立の共同調理場（学校給食法第六条に規定する施設をいう。以下同じ。）の一般教職員である栄養教諭等（都道府県立の小学校、中学校及び義務教育学校にあっては、特定教育課程担当教職員であるものに限る。以下この号及び次号において同じ。）の一人当たりの給料の月額として、国家公務員の俸給、人材確保法第三条の規定により講じられている措置並びに当該都道府県における経験年数別の都道府県及び市町村の設置する小学校等並びに市町村立の共同調理場の一般教職員である栄養教諭等の実数等を勘案して文部科学省令で定めるところにより算定した額をいう。

七　都道府県栄養教諭等算定基礎定数　各都道府県ごとに、当該年度の五月一日現在において、都道府県及び市町村の設置する小学校等並びに市町村立の共同調理場の栄養教諭等について、標準法第八条の二の規定により算定した数と産休代替教職員等の実数との合計数から育児休業者、配偶者同行休業者、専従職員その他文部科学省令で定める者の実数の合計数を減じた数をいう。

八　都道府県事務職員基礎給料月額　各都道府県ごとに、当該年度の五月一日に在職する都道府県及び市町村の設置する小学校等の一般職員である事務職員（都道府県立の小学校、中学校及び義務教育学校にあっては、特定教育課程担当職員であるものに限る。以下この号及び次号において同じ。）の一人当たりの給料の月額として、国家公務員の俸給並びに当該都道府県における経験年数別の都道府県及び市町村の設置する小学校等の一般教職員である事務職員の実数等を勘案して文部科学省令で定めるところにより算定した額をいう。

九　都道府県事務職員算定基礎定数　各都道府県ごとに、当該年度の五月一日現在において、都道府県及び市町村の設置する小学校等の事務職員について、標準法第三条第一項及び第二項本文に規定する学級編制の標準により算定した学級数に基づき標準法第九条の規定により算定した数と産休代替教職員等の実数との合計数から育児休業者、配偶者同行休業者、専従職員その他文部科学省令で定める者の実数の合計数を減じた数をいう。

十　都道府県特別支援学校教職員基礎給料月額　各都道府県ごとに、当該年度の五月一日に在職する都道府県及び市町村の設置する特別支援学校の小学部及び中学部の一般教職員の一人当たりの給料の月額として、国家公務員の俸給、人材確保法第三条の規定により講じられている措置並びに当該都道府県における経験年数別の都道府県及び市町村の設置する特別支援学校の小学部及び中学部の一般教職員の実数等を勘案して文部科学省令で定めるところにより算定した額をいう。

十一　都道府県特別支援学校教職員算定基礎定数　各都道府県ごとに、当該年度の五月一日現在において、都道府県及び市町村の設置する特別支援学校の小学部及び中学部の校長、副校長、教頭、主幹教諭、指導教諭、教諭、養護教諭、栄養教諭等、助教諭、養護助教諭、寄宿舎指導員、講師及び事務職員について、標準法第三条第一項及び第三項本文に規定する学級編制の標準により算定した学級数に基づき標準法第十条第一項の規定により算定した数と産休代替教職員等の実数との合計数から育児休業者、配偶者同行休業者、専従職員その他文部科学省令で定める者の実数の合計数を減じた数をいう。

十二　指定都市教員基礎給料月額　各指定都市ごとに、当該年度の五月一日に在職する指定都市の設置する小学校、中学校及び義務教育学校並びに中等教育学校の前期課程（以下「指定都市の設置する小学校等」という。）の一般教職員の一人当たりの給料の月額として、国家公務員の俸給、人材確保法第三条の規定により講じられている措置及び当該指定都市における経験年数別の指定都市の設置する小学校等の一般教職員の実数等を勘案して文部科学省令で定めるところにより算定した額をいう。

十三　指定都市教員算定基礎定数　各指定都市ごとに、当該年度の五月一日現在において、指定都市の設置する小学校等の校長及び教諭等について、標準法第六条の二の規定により算定した数、標準法第三条第一項及び第四条第二項に規定する学級編制の標準により算定した学級数に基づき標準法第七条及び第八条の規定により算定した数、地方教育行政の組織及び運営に関する法律第十八条第四項後段の規定により指導主事に充てられるものとして文部科学大臣が財務大臣と協議して定めた数並びに産休代替教職員等の実数の合計数から育児休業者、配偶者同行休業者、専従職員その他文部科学省令で定める者の実数の合計数を減じた数をいう。

十四　指定都市栄養教諭等基礎給料月額　各指定都市ごとに、当該年度の五月一日に在職する指定都市の設置する小学校等及び指定都市の設置する共同調理場の一般教職員である栄養教諭等の一人当たりの給料の月額として、国家公務員の俸給、人材確保法第三条の規定により講じられている措置並びに当該指定都市における経験年数別の指定都市の設置する小学校等及び指定都市の設置する共同調理場の一般教職員である栄養教諭等の実数等を勘案して文部科学省令で定めるところにより算定した額をいう。

十五　指定都市栄養教諭等算定基礎定数　各指定都市ごとに、当該年度の五月一日現在において、指定都市の設置する小学校等及び指定都市の設置する共同調理場の栄養教諭等について、標準法第八条の二の規定により算定した数と産休代替教職員等の実数との合計数から育児休業者、配偶者同行休業者、専従職員その他文部科学省令で定める者の実数の合計数を減じた数をいう。

十六　指定都市事務職員基礎給料月額　各指定都市ごとに、当該年度の五月一日に在職する指定都市の設置する小学校等の一般教職員である事務職員の一人当たりの給料の月額として、国家公務員の俸給及び当該指定都市における経験年数別の指定都市の設置する小学校等の一般教職員である事務職員の実数等を勘案して文部科学省令で定めるところにより算定した額をいう。

十七　指定都市事務職員算定基礎定数　各指定都市ごとに、当該年度の五月一日現在において、指定都市の設置する小学校等の事務職員について、標準法第三条第一項及び第四条第二項に規定する学級編制の標準により算定した学級数に基づき標準法第九条の規定により算定した数と産休代替教職員等の実数との合計数から育児休業者、配偶者同行休業者、専従職員その他文部科学省令で定める者の実数の合計数を減じた数をいう。

十八　指定都市特別支援学校教職員基礎給料月額　各指定都市ごとに、当該年度の五月一日に在職する指定都市の設置する特別支援学校の小学部及び中学部の一般教職員の一人当たりの給料の月額として、国家公務員の俸給、人材確保法第三条の規定により講じられている措置並びに当該指定都市における経験年数別の指定都市の設置する特別支援学校の小学部及び中学部の一般教職員の実数等を勘案して文部科学省令で定めるところにより算定した額をいう。

十九　指定都市特別支援学校教職員算定基礎定数　各指定都市ごとに、当該年度の五月一日現在において、指定都市の設置する特別支援学校の小学部及び中学部の校長、副校長、教頭、主幹教諭、指導教諭、教諭、養護教諭、栄養教諭等、助教諭、養護助教諭、寄宿舎指導員、講師及び事務職員について、標準法第三条第一項及び第四条第二項に規定する学級編制の標準により算定した学級数に基づき標準法第十条第一項の規定により算定した数と産休代替教職員等の実数との合計数から育児休業者、配偶者同行休業者、専従職員その他文部科学省令で定める者の実数の合計数を減じた数をいう。

（国庫負担額の最高限度額）

第二条　義務教育費国庫負担法第二条の規定による国庫負担額は、当該年度における同条に規定する経費（以下「教職員の給与及び報酬等に要する経費」という。）の実支出額の合計額が、次に定めるところにより算定した額の合計額（以下「都道府県算定総額」という。）を超える都道府県については、当該都道府県算定総額の三分の一を最高限度とする。

一　都道府県教員基礎給料月額に都道府県教員算定基礎定数を乗じて得た額に十二を乗じて得た額

二　都道府県栄養教諭等基礎給料月額に都道府県栄養教諭等算定基礎定数を乗じて得た額に十二を乗じて得た額

三　都道府県事務職員基礎給料月額に都道府県事務職員算定基礎定数を乗じて得た額に十二を乗じて得た額

四　都道府県特別支援学校教職員基礎給料月額に都道府県特別支援学校教職員算定基礎定数を乗じて得た額に十二を乗じて得た額

五　都道府県及び市町村の設置する小学校等、都道府県及び市町村の設置する特別支援学校の小学部及び中学部並びに市町村立の共同調理場の一般教職員に係る給料の調整額、教職調整額並びに地方自治法（昭和二十二年法律第六十七号）第二百四条第二項に規定する扶養手当、地域手当、住居手当、初任給調整手当、通勤手当、単身赴任手当、特殊勤務手当、特地勤務手当（これに準ずる手当を含む。）、へき地手当（これに準ずる手当を含む。）、時間外勤務手当、宿日直手当、管理職員特別勤務手当、管理職手当、期末手当、勤勉手当、寒冷地手当、特定任期付職員業績手当及び義務教育等教員特別手当（次項第五号において「給料の調整額等」という。）について、それぞれの給与の種類ごとに、国家公務員の給与及び人材確保法第三条の規定により講じられている措置等を勘案して、毎年度、文部科学大臣が財務大臣と協議して定めるところにより各都道府県ごとに算定した額の合計額

2　義務教育費国庫負担法第三条の規定による国庫負担額は、当該年度における教職員の給与及び報酬等に要する経費の実支出額の合計額が、次に定めるところにより算定した額の合計額（以下「指定都市算定総額」という。）を超える指定都市については、当該指定都市算定総額の三分の一を最高限度とする。

一　指定都市教員基礎給料月額に指定都市教員算定基礎定数を乗じて得た額に十二を乗じて得た額

二　指定都市栄養教諭等基礎給料月額に指定都市栄養教諭等算定基礎定数を乗じて得た額に十二を乗じて得た額

三　指定都市事務職員基礎給料月額に指定都市事務職員算定基礎定数を乗じて得た額に十二を乗じて得た額

四　指定都市特別支援学校教職員基礎給料月額に指定都市特別支援学校教職員算定基礎定数を乗じて得た額に十二を乗じて得た額

五　指定都市の設置する小学校等、指定都市の設置する特別支援学校の小学部及び中学部並びに指定都市の設置する共同調理場の一般教職員に係る給料の調整額等について、それぞれの給与の種類ごとに、国家公務員の給与及び人材確保法第三条の規定により講じられている措置等を勘案して、毎年度、文部科学大臣が財務大臣と協議して定めるところにより各指定都市ごとに算定した額の合計額

（前年度以前の年度に係る教職員の給与及び報酬等に要する経費を負担すべきこととなった都道府県又は指定都市に係る国庫負担額の最高限度額）

第三条　当該年度においてその前年度以前の年度に係る教職員の給与及び報酬等に要する経費を負担すべきこととなった都道府県又は指定都市については、次に定めるところにより算定した額の合計額の三分の一を教職員の給与及び報酬等に要する経費の国庫負担額の最高限度とする。

一　当該年度における当該年度分の教職員の給与及び報酬等に要する経費の実支出額（その額が当該年度における都道府県算定総額又は指定都市算定総額を超えるときは、当該都道府県算定総額又は指定都市算定総額）

二　当該年度の前年度以前の年度に係る教職員の給与及び報酬等に要する経費で当該年度において負担すべきこととなったものについて、当該都道府県又は指定都市に係るその年度における教職員の給与及び報酬等に要する経費の国庫負担額の算定方法の例に準じて、文部科学大臣が財務大臣と協議して定めるところにより算定した額

（文部科学省令への委任）

第四条　この政令に定めるもののほか、この政令の実施について必要な事項は、文部科学省令で定める。

附　則（省略）

附　則〔抄〕（平成二九年三月三一日政令第一二八号）

施行、平二九・四・一
改正、令二―政八八

第三条　令和八年三月三十一日までの間は、第二条の規定による改正後の義務教育費国庫負担法第二条ただし書及び第三条ただし書の規定に基づき教職員の給与及び報酬等に要する経費の国庫負担額の最高限度を定める政令の規定のうち次の表の上欄に掲げる規定中同表の中欄に掲げる字句は、それぞれ同表の下欄に掲げる字句〔本書「公立義務教育諸学校の学級編制及び教職員定数の標準に関する法律施行令」平二九政一二八改正附則第二条参照〕に読み替えるものとする。

規定	読み替えられる字句	読み替える字句
第一条第五号	標準法第六条の二	公立義務教育諸学校の学級編制及び教職員定数の標準に関する法律施行令等の一部を改正する政令（平成二十九年政令第百二十八号。以下「改正令」という。）附則第二条第二項
	標準法第七条及び第八条	改正令附則第二条第三項及び第四項
第一条第七号及び第十五号	標準法第八条の二	改正令附則第二条第五項
第一条第九号及び第十七号	標準法第九条	改正令附則第二条第六項
第一条第十一号及び第十九号	標準法第十条第一項	改正令附則第二条第七項
第一条第十三号	標準法第六条の二	改正令附則第二条第二項
	標準法第七条及び第八条	改正令附則第二条第三項及び第四項

●義務教育費国庫負担法第二条ただし書及び第三条ただし書の規定に基づき教職員の給与及び報酬等に要する経費の国庫負担額の最高限度を定める政令施行規則

（平成一六年四月一日文部科学省令第二八号）

施行、平一六・四・一
最終改正、令二―文科令五

（定義）

第一条　この省令において、次の各号に掲げる用語の意義は、当該各号に定めるところによる。

一　一般教職員　義務教育費国庫負担法第二条ただし書及び第三条ただし書の規定に基づき教職員の給与及び報酬等に要する経費の国庫負担額の最高限度を定める政令（以下「令」という。）第一条第一号に規定する一般教職員をいう。

二　経験年数　人事院規則九―八（初任給、昇格、昇給等の基準）に相当する都道府県及び地方自治法（昭和二十二年法律第六十七号）第二百五十二条の十九第一項の指定都市（以下「指定都市」という。）の条例、規則等の定めるところにより算定した一般教職員として在職した年数（その年数に換算された年数を含む。）でその者の当該年度の前年度の三月三十一日までのものをいう。

（都道府県教員基礎給料月額等の算定方法）

第二条　令第一条第四号に規定する都道府県教員基礎給料月額は、次に定めるところにより算定した額の合計額を当該都道府県における当該年度の五月一日に在職する都道府県及び市町村の設置する小学校等（同号に規定する都道府県及び市町村の設置する小学校等をいう。以下同じ。）の一般教職員（栄養の指導及び管理をつかさどる主幹教諭（以下「栄養主幹教諭」という。）、栄養教諭、寄宿舎指導員、学校栄養職員（学校給食法（昭和二十九年法律第百六十号）第七条に規定する職員のうち栄養主幹教諭及び栄養教諭以外の者をいう。以下同じ。）及び事務職員並びに地方公務員の育児休業等に関する法律（平成三年法律第百十号）第二条第一項の規定により育児休業をしている者（以下「育児休業者」という。）、休職者、教育公務員特例法（昭和二十四年法律第一号）第二十六条第一項の規定により大学院修学休業をしている者（以下「大学院修学休業者」という。）、地方公務員法（昭和二十五年法律第二百六十一号）第二十六条の五第一項の規定により自己啓発等休業をしている者（以下「自己啓発等休業者」という。）及び同法二十六条の六第一項の規定により同項に規定する配偶者同行休業をしている者（以下「配偶者同行休業者」という。）を除く。以下この条において同じ。）（都道府県立の小学校、中学校（学校教育法（昭和二十二年法律第二十六号）第七十一条の規定により高等学校における教育と一貫した教育を施すものを除く。次条第一項及び第四条第一項において同じ。）及び義務教育学校にあっては、特定教育課程担当教職員（令第一条第四号に規定する特定教育課程担当教職員をいう。次条第一項及び第四条第一項において同じ。）であるものに限る。以下この項において同じ。）の実数で除して得た額とする。

一　別表第一の月額の欄に掲げる額に当該額に応ずる同表の経験年数の欄に掲げる経験年数に応ずる当該都道府県における当該年度の五月一日に在職する都道府県及び市町村の設置する小学校等の一般教職員である校長の実数を乗じて得た額の合計額

二　別表第二の月額の欄に掲げる額に当該額に応ずる同表の経験年数の欄に掲げる経験年数に応ずる当該都道府県における当該年度の五月一日に在職する都道府県及び市町村の設置する小学校等の一般教職員である副校長及び教頭の実数を乗じて得た額の合計額

三　別表第三の月額の欄に掲げる額に当該額に応ずる同表の経験年数の欄に掲げる経験年数に応ずる当該都道府県における当該年度の五月一日に在職する都道府県及び市町村の設置する小学校等の一般教職員である主幹教諭及び指導教諭の実数を乗じて得た額の合計額

四　別表第四の月額の欄に掲げる額に当該額に応ずる同表の経験年数の欄に掲げる経験年数に応ずる当該都道府県における当該年度の五月一日に在職する都道府県及び市町村の設置する小学校等の一般教職員である教諭及び養護教諭の実数を乗じて得た額の合計額

五　別表第五の月額の欄に掲げる額に当該額に応ずる同表の経験年数の欄に掲げる経験年数に応ずる当該都道府県における当該年度の五月一日に在職する都道府県及び市町村の設置する小学校等の一般教職員である助教諭、養護助教諭及び講師の実数を乗じて得た額の合計額

2　令第一条第十二号に規定する指定都市教員基礎給料月額は、次に定めるところにより算定した額の合計額を当該指定都市における当該年度の五月一日に在職する指定都市の設置する小学校等（同号に規定する指定都市の設置する小学校等をいう。以下同じ。）の一般教職員の実数で除して得た額とする。

一　別表第一の月額の欄に掲げる額に当該額に応ずる同表の経験年数の欄に掲げる経験年数に応ずる当該指定都市における当該年度の五月一日に在職する指定都市の設置する小学校等の一般教職員である校長の実数を乗じて得た額の合計額

二　別表第二の月額の欄に掲げる額に当該額に応ずる同表の経験年数の欄に掲げる経験年数に応ずる当該指定都市における当該年度の五月一日に在職する指定都市の設置する小学校等の一般教職員である副校長及び教頭の実数を乗じて得た額の合計額

三　別表第三の月額の欄に掲げる額に当該額に応ずる同表の経験年数の欄に掲げる経験年数に応ずる当該指定都市における当該年度の五月一日に在職する指定都市の設置する小学校等の一般教職員である主幹教諭及び指導教諭の実数を乗じて得た額の合計額

四　別表第四の月額の欄に掲げる額に当該額に応ずる同表の経験年数の欄に掲げる経験年数に応ずる当該指定都市における当該年度の五月一日に在職する指定都市の設置する小学校等の一般教職員である教諭及び養護教諭の実数を乗じて得た額の合計額

五　別表第五の月額の欄に掲げる額に当該額に応ずる同表の経験年数の欄に掲げる経験年数に応ずる当該指定都市における当該年度の五月一日に在職する指定都市の設置する小学校等の一般教職員である助教諭、養護助教諭及び講師の実数を乗じて得た額の合計額

（都道府県栄養教諭等基礎給料月額等の算定方法）

第三条　令第一条第六号に規定する都道府県栄養教諭等基礎給料月額は、次に定めるところにより算定した額の合計額を当該都道府県における当該年度の五月一日に在職する都道府県（指定都市を除き、特別区を含む。以下この条及び第五条において同じ。）及び市町村の設置する小学校等及び市町村立の共同調理場（学校給食法第六条に規定する施設をいう。以下この条において同じ。）の一般教職員である栄養主幹教諭及び栄養教諭（育児休業者、休職者、大学院修学休業者、自己啓発等休業者及び配偶者同行休業者を除く。以下この条において同じ。）並びに学校栄養職員（育児休業者、休職者、自己啓発等休業者及び配偶者同行休業者を除く。以下この条において同じ。）（都道府県立の小学校、中学校及び義務教育学校にあっては、特定教育課程担当教職員であるものに限る。以下この項において同じ。）の実数で除して得た額とする。

一　別表第三の月額の欄に掲げる額に当該額に応ずる同表の経験年数の欄に掲げる経験

年数に応ずる当該都道府県における当該年度の五月一日に在職する都道府県及び市町村の設置する小学校等の一般教職員である栄養主幹教諭の実数を乗じて得た額の合計額

二　別表第四の月額の欄に掲げる額に当該額に応ずる同表の経験年数の欄に掲げる経験年数に応ずる当該都道府県における当該年度の五月一日に在職する都道府県及び市町村の設置する小学校等の一般教職員である栄養教諭の実数を乗じて得た額の合計額

三　別表第六の月額の欄に掲げる額に当該額に応ずる同表の経験年数の欄に掲げる経験年数に応ずる当該都道府県における当該年度の五月一日に在職する都道府県及び市町村の設置する小学校等及び市町村立の共同調理場の一般教職員である学校栄養職員の実数を乗じて得た額の合計額

2　令第一条第十四号に規定する指定都市栄養教諭等基礎給料月額は、次に定めるところにより算定した額の合計額を当該指定都市における当該年度の五月一日に在職する指定都市の設置する小学校等及び指定都市の設置する共同調理場の一般教職員である栄養主幹教諭及び栄養教諭並びに学校栄養職員の実数で除して得た額とする。

一　別表第三の月額の欄に掲げる額に当該額に応ずる同表の経験年数の欄に掲げる経験年数に応ずる当該指定都市における当該年度の五月一日に在職する指定都市の設置する小学校等の一般教職員である栄養主幹教諭の実数を乗じて得た額の合計額

二　別表第四の月額の欄に掲げる額に当該額に応ずる同表の経験年数の欄に掲げる経験年数に応ずる当該指定都市における当該年度の五月一日に在職する指定都市の設置する小学校等の一般教職員である栄養教諭の実数を乗じて得た額の合計額

三　別表第六の月額の欄に掲げる額に当該額に応ずる同表の経験年数の欄に掲げる経験年数に応ずる当該指定都市における当該年度の五月一日に在職する指定都市の設置する小学校等及び指定都市の設置する共同調理場の一般教職員である学校栄養職員の実数を乗じて得た額の合計額

3　次の表の上欄に掲げる場合における栄養主幹教諭又は栄養教諭に対する前二項の規定の適用については、それぞれ同表の下欄に定める年数を当該者の栄養主幹教諭又は栄養教諭としての経験年数とみなす。

学校栄養職員として在職した者が引き続いて栄養教諭となった場合	当該者の学校栄養職員としての経験年数に応ずる別表第六の表の月額の欄に掲げる額の直近上位の別表第四の月額の欄に掲げる額（同表の月額の欄に掲げる額に直近上位の額がない場合にあっては、同表の月額の欄に掲げる最上位の額）に応ずる同表の経験年数の欄に掲げる経験年数を当該者の栄養教諭としての経験年数に合算した年数
学校栄養職員として在職した者が引き続いて栄養主幹教諭となった場合	当該者の学校栄養職員としての経験年数に応ずる別表第六の表の月額の欄に掲げる額の直近上位の別表第三の月額の欄に掲げる額（同表の月額の欄に掲げる額に直近上位の額がない場合にあっては、同表の月額の欄に掲げる最上位の額）に応ずる同表の経験年数の欄に掲げる経験年数を当該者の栄養主幹教諭としての経験年数に合算した年数
学校栄養職員として在職した者が、引き続いて栄養教諭となり、かつ、当該栄養教諭として在職した後引き続いて栄養主幹教諭となった場合	当該者の学校栄養職員としての経験年数に応ずる別表第六の表の月額の欄に掲げる額の直近上位の別表第四の月額の欄に掲げる額（同表の月額の欄に掲げる額に直近上位の額がない場合にあっては、同表の月額の欄に掲げる最上位の額）に応ずる同表の経験年数の欄に掲げる経験年数を当該者の栄養主幹教諭及び栄養教諭としての経験年数に合算した年数

（都道府県事務職員基礎給料月額等の算定方法）

第四条　令第一条第八号に規定する都道府県事務職員基礎給料月額は、別表第七の月額の欄に掲げる額に当該額に応ずる同表の経験年数の欄に掲げる経験年数に応ずる当該都道府県における当該年度の五月一日に在職する都道府県及び市町村の設置する小学校等の一般教職員である事務職員（育児休業者、休職者、自己啓発等休業者及び配偶者同行休業者を除く。以下この条において同じ。）（都道府県立の小学校、中学校及び義務教育学校にあっては、特定教育課程担当教職員であるものに限る。以下この項において同じ。）の実数を乗じて得た額の合計額を当該都道府県における当該年度の五月一日に在職する都道府県及び市町村の設置する小学校等の一般教職員である事務職員の実数で除して得た額とする。

2　令第一条第十六号に規定する指定都市事務職員基礎給料月額は、別表第七の月額の欄に掲げる額に当該額に応ずる同表の経験年数の欄に掲げる経験年数に応ずる当該指定都市における当該年度の五月一日に在職する指定都市の設置する小学校等の一般教職員である事務職員の実数を乗じて得た額の合計額を当該指定都市における当該年度の五月一日に在職する指定都市の設置する小学校等の一般教職員である事務職員の実数で除して得た額とする。

（都道府県特別支援学校教職員基礎給料月額等の算定方法）

第五条　令第一条第十号に規定する都道府県特別支援学校教職員基礎給料月額は、次に定めるところにより算定した額の合計額を当該都道府県における当該年度の五月一日に在職する都道府県及び市町村の設置する特別支援学校の小学部及び中学部（都道府県及び市町村の設置する特別支援学校のうち、幼稚部又は高等部のみを置くもの以外のものをいう。以下この条において同じ。）の一般教職員（育児休業者、休職者、大学院修学休業者、自己啓発等休業者及び配偶者同行休業者を除く。以下この条において同じ。）の実数で除して得た額とする。

一　別表第八の月額の欄に掲げる額に当該額に応ずる同表の経験年数の欄に掲げる経験年数に応ずる当該都道府県における当該年度の五月一日に在職する都道府県及び市町村の設置する特別支援学校の小学部及び中学部の一般教職員である校長の実数を乗じて得た額の合計額

二　別表第九の月額の欄に掲げる額に当該額に応ずる同表の経験年数の欄に掲げる経験年数に応ずる当該都道府県における当該年度の五月一日に在職する都道府県及び市町村の設置する特別支援学校の小学部及び中学部の一般教職員である副校長及び教頭の実数を乗じて得た額の合計額

三　別表第十の月額の欄に掲げる額に当該額に応ずる同表の経験年数の欄に掲げる経験年数に応ずる当該都道府県における当該年度の五月一日に在職する都道府県及び市町村の設置する特別支援学校の小学部及び中学部の一般教職員である主幹教諭及び指導教諭の実数を乗じて得た額の合計額

四　別表第十一の月額の欄に掲げる額に当該額に応ずる同表の経験年数の欄に掲げる経験年数に応ずる当該都道府県における当該年度の五月一日に在職する都道府県及び市町村の設置する特別支援学校の小学部及び中学部の一般教職員である教諭、養護教諭及び栄養教諭の実数を乗じて得た額の合計額

五　別表第十二の月額の欄に掲げる額に当該額に応ずる同表の経験年数の欄に掲げる経験年数に応ずる当該都道府県における当該年度の五月一日に在職する都道府県及び市町村の設置する特別支援学校の小学部及び中学部の一般教職員である助教諭、養護助

教諭、寄宿舎指導員及び講師の実数を乗じて得た額の合計額

六　別表第六の月額の欄に掲げる額に当該額に応ずる同表の経験年数の欄に掲げる経験年数に応ずる当該都道府県における当該年度の五月一日に在職する都道府県及び市町村の設置する特別支援学校の小学部及び中学部の一般教職員である学校栄養職員の実数を乗じて得た額の合計額

七　別表第七の月額の欄に掲げる額に当該額に応ずる同表の経験年数の欄に掲げる経験年数に応ずる当該都道府県における当該年度の五月一日に在職する都道府県及び市町村の設置する特別支援学校の小学部及び中学部の一般教職員である事務職員の実数を乗じて得た額の合計額

2　令第一条第十八号に規定する指定都市特別支援学校教職員基礎給料月額は、次に定めるところにより算定した額の合計額を当該指定都市における当該年度の五月一日に在職する指定都市の設置する特別支援学校の小学部及び中学部（指定都市の設置する特別支援学校のうち、幼稚部又は高等部のみを置くもの以外のものをいう。以下この項において同じ。）の一般教職員の実数で除して得た額とする。

一　別表第八の月額の欄に掲げる額に当該額に応ずる同表の経験年数の欄に掲げる経験年数に応ずる当該指定都市における当該年度の五月一日に在職する指定都市の設置する特別支援学校の小学部及び中学部の一般教職員である校長の実数を乗じて得た額の合計額

二　別表第九の月額の欄に掲げる額に当該額に応ずる同表の経験年数の欄に掲げる経験年数に応ずる当該指定都市における当該年度の五月一日に在職する指定都市の設置する特別支援学校の小学部及び中学部の一般教職員である副校長及び教頭の実数を乗じて得た額の合計額

三　別表第十の月額の欄に掲げる額に当該額に応ずる同表の経験年数の欄に掲げる経験年数に応ずる当該指定都市における当該年度の五月一日に在職する指定都市の設置する特別支援学校の小学部及び中学部の一般教職員である主幹教諭及び指導教諭の実数を乗じて得た額の合計額

四　別表第十一の月額の欄に掲げる額に当該額に応ずる同表の経験年数の欄に掲げる経験年数に応ずる当該指定都市における当該年度の五月一日に在職する指定都市の設置する特別支援学校の小学部及び中学部の一般教職員である教諭、養護教諭及び栄養教諭の実数を乗じて得た額の合計額

五　別表第十二の月額の欄に掲げる額に当該額に応ずる同表の経験年数の欄に掲げる経験年数に応ずる当該指定都市における当該年度の五月一日に在職する指定都市の設置する特別支援学校の小学部及び中学部の一般教職員である助教諭、養護助教諭、寄宿舎指導員及び講師の実数を乗じて得た額の合計額

六　別表第六の月額の欄に掲げる額に当該額に応ずる同表の経験年数の欄に掲げる経験年数に応ずる当該指定都市における当該年度の五月一日に在職する指定都市の設置する特別支援学校の小学部及び中学部の一般教職員である学校栄養職員の実数を乗じて得た額の合計額

七　別表第七の月額の欄に掲げる額に当該額に応ずる同表の経験年数の欄に掲げる経験年数に応ずる当該指定都市における当該年度の五月一日に在職する指定都市の設置する特別支援学校の小学部及び中学部の一般教職員である事務職員の実数を乗じて得た額の合計額

3　第三条第三項の規定は、前二項の規定の適用について準用する。この場合において、「別表第三」とあるのは「別表第十」と、「別表第四」とあるのは「別表第十一」と読み替えるものとする。

（都道府県教員算定基礎定数等の算定に含まない者）

第六条　令第一条第五号、第七号、第九号、第十一号、第十三号、第十五号、第十七号及び第十九号の文部科学省令で定める者は、地方公務員法（昭和二十五年法律第二百六十一号）第二十七条第二項及び第二十八条第三項の規定に基づく条例の規定により休職にされた者のうち、この者が一般職の国家公務員であると仮定した場合には給料が支給されないこととなるものとする。

（端数計算）

第七条　令第二条又は第三条の規定により算定した国庫負担額の最高限度額及び第二条から第五条までの規定により算定した額に一円未満の端数を生じたときは、当該端数は、切り捨てる。

附　則（抄）

第三条　当分の間、第三条第二項中「学校栄養職員」とあるのは「学校栄養職員のうち、学校給食法第二条各号に掲げる学校給食の目標、学校給食の栄養に関する専門的事項その他の学校給食の実施に必要な事項についての知識又は経験の程度を勘案し、当該指定都市の教育委員会が指定した者」とする。

附則別表第一から附則別表第十二まで（省略）

別表第一から別表第十二まで（省略）

●市町村立学校職員給与負担法

（昭和二三年七月一〇日　法律第一三五号）

施行、昭二三・七・一〇
最終改正、平二九―法二九

第一条〔市町村立小中学校等職員給与の負担〕　市（地方自治法（昭和二十二年法律第六十七号）第二百五十二条の十九第一項の指定都市（次条において「指定都市」という。）を除き、特別区を含む。）町村立の小学校、中学校、義務教育学校、中等教育学校の前期課程及び特別支援学校の校長（中等教育学校の前期課程にあつては、当該課程の属する中等教育学校の校長とする。）、副校長、教頭、主幹教諭、指導教諭、教諭、養護教諭、栄養教諭、助教諭、養護助教諭、寄宿舎指導員、講師（常勤の者及び地方公務員法（昭和二十五年法律第二百六十一号）第二十八条の五第一項に規定する短時間勤務の職を占める者に限る。）、学校栄養職員（学校給食法（昭和二十九年法律第百六十号）第七条に規定する職員のうち栄養の指導及び管理をつかさどる主幹教諭並びに栄養教諭以外の者をいい、同法第六条に規定する施設の当該職員を含む。以下同じ。）及び事務職員のうち次に掲げる職員であるものの給料、扶養手当、地域手当、住居手当、初任給調整手当、通勤手当、特殊勤務手当、特地勤務手当（これに準ずる手当を含む。）、へき地手当（これに準ずる手当を含む。）、時間外勤務手当（学校栄養職員及び事務職員に係るものとする。）、宿日直手当、管理職員特別勤務手当、管理職手当、期末手当、勤勉手当、義務教育等教員特別手当、寒冷地手当、特定任期付職員業績手当、退職手当、退職年金及び退職一時金並びに旅費（都道府県が定める支給に関する基準に適合するものに限る。）（以下「給料その他の給与」という。）並びに定時制通信教育手当（中等教

育学校の校長に係るものとする。）並びに講師（公立義務教育諸学校の学級編制及び教職員定数の標準に関する法律（昭和三十三年法律第百十六号。以下「義務教育諸学校標準法」という。）第十七条第二項に規定する非常勤の講師に限る。）の報酬、職務を行うために要する費用の弁償及び期末手当（次条において「報酬等」という。）は、都道府県の負担とする。

一　義務教育諸学校標準法第六条第一項の規定に基づき都道府県が定める都道府県小中学校等教職員定数及び義務教育諸学校標準法第十条第一項の規定に基づき都道府県が定める都道府県特別支援学校教職員定数に基づき配置される職員（義務教育諸学校標準法第十八条各号に掲げる者を含む。）

二　公立高等学校の適正配置及び教職員定数の標準等に関する法律（昭和三十六年法律第百八十八号。以下「高等学校標準法」という。）第十五条の規定に基づき都道府県が定める特別支援学校高等部教職員定数に基づき配置される職員（特別支援学校の高等部に係る高等学校標準法第二十四条各号に掲げる者を含む。）

三　特別支援学校の幼稚部に置くべき職員の数として都道府県が定める数に基づき配置される職員

第二条〔**市町村立定時制高校等職員給与の負担**〕市（指定都市を除く。）町村立の高等学校（中等教育学校の後期課程を含む。）で学校教育法（昭和二十二年法律第二十六号）第四条に規定する定時制の課程（以下この条において「定時制の課程」という。）を置くものの校長（定時制の課程のほかに同法同条に規定する全日制の課程を置く高等学校の校長及び中等教育学校の校長を除く。）、定時制の課程に関する校務をつかさどる副校長、定時制の課程に関する校務を整理する教頭、主幹教諭（定時制の課程に関する校務の一部を整理する者又は定時制の課程の授業を担任する者に限る。）並びに定時制の課程の授業を担任する指導教諭、教諭、助教諭及び講師（常勤の者及び地方公務員法第二十八条の五第一項に規定する短時間勤務の職を占める者に限る。）のうち高等学校標準法第七条の規定に基づき都道府県が定める高等学校等教職員定数に基づき配置される職員（高等学校標準法第二十四条各号に掲げる者を含む。）であるものの給料その他の給与、定時制通信教育手当及び産業教育手当並びに講師（高等学校標準法第二十三条第二項に規定する非常勤の講師に限る。）の報酬等は、都道府県の負担とする。

第三条〔**給与条例**〕前二条に規定する職員の給料その他の給与については、地方教育行政の組織及び運営に関する法律（昭和三十一年法律第百六十二号）第四十二条の規定の適用を受けるものを除く外、都道府県の条例でこれを定める。

附　則（省略）

●義務教育諸学校等の施設費の国庫負担等に関する法律

（昭和三三年四月二五日　法律第八一号）

施行、昭三三・四・二五
最終改正、平二七―法五二

（**目的**）

第一条　この法律は、公立の義務教育諸学校等の施設の整備を促進するため、公立の義務教育諸学校の建物の建築に要する経費について国がその一部を負担することを定めるとともに、文部科学大臣による施設整備基本方針の策定及び地方公共団体による施設整備計画に基づく事業に充てるための交付金の交付等について定め、もつて義務教育諸学校等における教育の円滑な実施を確保することを目的とする。

（**定義**）

第二条　この法律において「義務教育諸学校」とは、学校教育法（昭和二十二年法律第二十六号）に規定する小学校、中学校、義務教育学校、中等教育学校の前期課程並びに特別支援学校の小学部及び中学部をいう。

2　この法律において「建物」とは、校舎、屋内運動場及び寄宿舎をいう。

3　この法律において「学級数」とは、公立義務教育諸学校の学級編制及び教職員定数の標準に関する法律（昭和三十三年法律第百十六号）に規定する学級編制の標準により算定した学級の数をいう。ただし、第五条第一項の規定により、同項の政令で定める事情があるため、校舎又は屋内運動場の不足を生ずるおそれがある場合における校舎又は屋内運動場の新築又は増築に係る工事費の算定を行うとき、及び同条第二項の規定により、同項第一号に掲げる場合における校舎又は屋内運動場の新築又は増築に係る工事費の算定を行うとき、並びに第五条の三第一項の規定により、特別支援学校の校舎又は屋内運動場の新築又は増築に係る工事費の算定を行うときは、文部科学大臣が同法に規定する学級編制の標準に準じて定める方法により算定した学級の数をいう。

（**国の負担**）

第三条　国は、政令で定める限度において、次の各号に掲げる経費について、その一部を負担する。この場合において、その負担割合は、それぞれ当該各号に定める割合によるものとする。

一　公立の小学校、中学校（第二号の二に該当する中学校を除く。同号を除き、以下同じ。）及び義務教育学校における教室の不足を解消するための校舎の新築又は増築（買収その他これに準ずる方法による取得を含む。以下同じ。）に要する経費　二分の一

二　公立の小学校、中学校及び義務教育学校の屋内運動場の新築又は増築に要する経費　二分の一

二の二　公立の中学校で学校教育法第七十一条の規定により高等学校における教育と一貫した教育を施すもの及び公立の中等教育学校の前期課程（以下「中等教育学校等」という。）の建物の新築又は増築に要する経費　二分の一

三　公立の特別支援学校の小学部及び中学部の建物の新築又は増築に要する経費　二分の一

四　公立の小学校、中学校及び義務教育学校を適正な規模にするため統合しようとすることに伴つて必要となり、又は統合したことに伴つて必要となつた校舎又は屋内運動場の新築又は増築に要する経費　二分の一

2　前項第一号の教室の不足の範囲及び同項第四号の適正な規模の条件は、政令で定める。

（**経費の種目**）

第四条　前条第一項各号に掲げる経費の種目は、本工事費及び附帯工事費（買収その他これに準ずる方法による取得の場合にあつては、買収費とし、以下「工事費」と総称する。）並びに事務費とする。

（小学校、中学校及び義務教育学校の建物の工事費の算定方法）

第五条　第三条第一項第一号及び第二号に規定する校舎及び屋内運動場の新築又は増築に係る工事費は、校舎又は屋内運動場のそれぞれについて、新築又は増築を行う年度の五月一日（児童又は生徒の数の増加をもたらす原因となる集団的な住宅の建設その他の政令で定める事情があるため、その翌日以降新築又は増築を行う年度の四月一日から起算して三年を経過した日までの間に新たに小学校、中学校又は義務教育学校の校舎又は屋内運動場の不足を生ずるおそれがある場合には、文部科学大臣の定めるその三年を経過した日以前の日）における当該学校の学級数に応ずる必要面積から新築又は増築を行う年度の五月一日における保有面積を控除して得た面積を、一平方メートル当たりの建築の単価に乗じて算定するものとする。

2　第三条第一項第四号に規定する校舎及び屋内運動場の新築又は増築に係る工事費は、校舎又は屋内運動場のそれぞれについて、次の各号に掲げる場合に応じ、当該各号に掲げる日における当該学校の学級数に応ずる必要面積から、第一号に掲げる場合にあつては、新築又は増築を行なう年度の五月一日に現に存する施設で同号に掲げる日において当該学校の保有する校舎又は屋内運動場となる予定のもの（当該五月一日後に当該学校の設置者が買収するものを除く。）の面積を、第二号に掲げる場合にあつては、同号に掲げる日における保有面積を控除して得た面積を、一平方メートル当たりの建築の単価に乗じて算定するものとする。

一　学校の統合前に新築又は増築（政令で定めるものに限る。）を行なう場合　統合予定日の属する年度の五月一日（五月二日以降翌年の三月三十一日までの間に統合する予定の場合には、文部科学大臣の定める日）

二　学校の統合後に新築又は増築を行なう場合　新築又は増築を行なう年度の五月一日（統合が五月二日以降翌年の三月三十一日までの間に行なわれた場合には、その統合が行なわれた日の属する年度に限り文部科学大臣の定める日）

（中等教育学校等の建物の工事費の算定方法）

第五条の二　第三条第一項第二号の二に規定する建物のうち校舎及び屋内運動場の新築又は増築に係る工事費は、校舎又は屋内運動場のそれぞれについて、新築又は増築を行う年度の五月一日（新たに設置する中等教育学校等又は学級数を増加する中等教育学校等において設置年度又は第一学年の学級数を増加する年度（以下この条において「設置等年度」という。）の前々年度から設置等年度の翌々年度までの間に新築又は増築を行う場合には、文部科学大臣の定める日）における当該中等教育学校等の学級数に応ずる必要面積から新築又は増築を行う年度の五月一日における保有面積を控除して得た面積を、一平方メートル当たりの建築の単価に乗じて算定するものとする。

2　第三条第一項第二号の二に規定する建物のうち寄宿舎の新築又は増築に係る工事費は、生徒一人当たりの基準面積に新築又は増築を行う年度の五月一日（新たに設置する中等教育学校等又は学級数を増加する中等教育学校等において設置等年度の前々年度から設置等年度の翌々年度までの間に新築又は増築を行う場合には、文部科学大臣の定める日）において当該中等教育学校等の寄宿舎に収容する生徒の数を乗じて得た面積から新築又は増築を行う年度の五月一日における保有面積を控除して得た面積を、一平方メートル当たりの建築の単価に乗じて算定するものとする。

（特別支援学校の建物の工事費の算定方法）

第五条の三　第三条第一項第三号に規定する建物のうち校舎及び屋内運動場の新築又は増築に係る工事費は、校舎又は屋内運動場のそれぞれについて、新築又は増築を行う年度の五月一日（その翌日から起算して二年以内に特別支援学校を設置した場合、又は当該学校に就学させる児童若しくは生徒の数が増加することが明らかな場合には、文部科学大臣の定めるその二年以内の日）における当該学校の学級数に応ずる必要面積からその日における保有面積を控除して得た面積を、一平方メートル当たりの建築の単価に乗じて算定するものとする。

2　第三条第一項第三号に規定する建物のうち寄宿舎の新築又は増築に係る工事費は、児童及び生徒一人当たりの基準面積に新築又は増築を行う年度の五月一日（その翌日から起算して二年以内に特別支援学校に寄宿舎を設けた場合、又は当該学校の寄宿舎に収容する児童若しくは生徒の数が増加することが明らかな場合には、文部科学大臣の定めるその二年以内の日）において当該学校の寄宿舎に収容する児童及び生徒の数を乗じて得た面積からその日における保有面積を控除して得た面積を、一平方メートル当たりの建築の単価に乗じて算定するものとする。

（学級数に応ずる必要面積及び児童又は生徒一人当たりの基準面積）

第六条　第五条第一項若しくは第二項、第五条の二第一項又は前条第一項の規定により工事費を算定する場合の学級数に応ずる必要面積は、当該学校（中等教育学校の前期課程を含む。以下この項において同じ。）の学級数に応じ、小学校、中学校、義務教育学校、中等教育学校等又は特別支援学校ごとに、校舎又は屋内運動場のそれぞれについて、教育を行うのに必要な最低限度の面積として政令で定める。この場合において、積雪寒冷地域にある学校の学級数に応ずる必要面積については、政令で定めるところにより、当該学校の所在地の積雪寒冷度に応じ、必要な補正を加えるものとする。

2　第五条の二第二項又は前条第二項の規定により工事費を算定する場合の児童又は生徒一人当たりの基準面積は、中等教育学校等又は特別支援学校ごとに、教育を行うのに必要な最低限度の面積として政令で定める児童又は生徒一人当たりの面積に、政令で定めるところにより、中等教育学校等にあつてはこれらの学校（中等教育学校の前期課程を含む。）の寄宿舎に収容する生徒の数、特別支援学校にあつてはこれらの学校の寄宿舎に収容する児童及び生徒の数又は当該学校（中等教育学校の前期課程を含む。）の所在地の積雪寒冷度に応じ、必要な補正を加えた面積とする。

（一平方メートル当たりの建築単価）

第七条　第五条、第五条の二又は第五条の三の規定により工事費を算定する場合の一平方メートル当たりの建築の単価は、建物の構造の種類別に、当該新築又は増築を行おうとする時における建築費を参酌して、文部科学大臣が財務大臣と協議して定める。

（工事費の算定方法の特例）

第八条　第五条第一項若しくは第二項、第五条の二第一項又は第五条の三第一項の規定により工事費を算定する場合において、校舎の保有面積のうち教室に使用することができる部分が極めて少ないことその他政令で定める特別の理由があるため、学級数に応ずる必要面積に基づく新築又は増築後の校舎又は屋内運動場が児童又は生徒の教育を行うのに著しく不適当であると認められるときは、当該学校（中等教育学校の前期課程を含む。）の学級数に応ずる必要面積に政令で定める面積を加えた面積を学級数に応ずる必要面積とみなして、工事費を算定するものとする。

2　第五条の三第二項の規定により知的障害者、肢体不自由者又は病弱者（身体虚弱者を含む。）である児童又は生徒に対する教育を主として行う特別支援学校（附則第三項において「養護特別支援学校」という。）の寄宿舎に係る工事費を算定する場合において、政令で定める特別の理由があるため、児童及び生徒一人当たりの基準面積に基づく新築又は増築後の寄宿舎が児童及び生徒の教育を行うのに著しく不適当であると認められるときは、当該基準面積に当該学校の寄宿舎に収容する児童及び生徒の数を乗じて得た面積に政令で定める面積を加えた面積を児童及び生徒一人当たりの基準面積に当該学校の寄宿舎に収容する児童及び生徒の数を乗じて得た面積とみなして、工事費を算定するものとする。

3 鉄筋コンクリート造以外の構造の建物に関しては、第五条、第五条の二又は第五条の三の規定により工事費を算定する場合の保有面積又は一平方メートル当たりの建築の単価に乗ずべき面積について、政令で定めるところにより、補正を行うものとする。

（事務費の算定方法）

第九条 第三条第一項各号に規定する建物の新築又は増築に係る事務費は、第五条から前条までの規定により算定した工事費に政令で定める割合を乗じて算定するものとする。

（都道府県への事務費の交付）

第一〇条 国は、政令で定めるところにより、都道府県の教育委員会が第三条第一項の負担の実施に関する事務を行うために必要な経費を都道府県に交付するものとする。

（施設整備基本方針等）

第一一条 文部科学大臣は、公立の義務教育諸学校等施設（義務教育諸学校、高等学校等（学校教育法に規定する高等学校、中等教育学校の後期課程及び特別支援学校の高等部をいう。）及び幼稚園等（同法に規定する幼稚園及び特別支援学校の幼稚部をいう。）の施設、共同調理場（学校給食法（昭和二十九年法律第百六十号）第六条に規定する施設をいう。）、教員及び職員のための住宅、スポーツ施設その他学校の教育活動に資する施設で文部科学省令で定めるものをいう。以下同じ。）の整備の目標に関する事項その他公立の義務教育諸学校等施設の整備に関する重要事項を定めた施設整備基本方針を作成するとともに、当該施設整備基本方針に基づき公立の義務教育諸学校等施設に係る安全性の向上等を図るために必要な改築、改造その他文部科学省令で定める事業（次条において「改築等事業」という。）について定めた施設整備基本計画を作成しなければならない。

2 文部科学大臣は、施設整備基本方針及び施設整備基本計画を定め、又はこれを変更したときは、遅滞なく、これを公表しなければならない。

（交付金の交付等）

第一二条 国は、地方公共団体に対し、公立の義務教育諸学校等施設に係る改築等事業の実施に要する経費に充てるため、その整備の状況その他の事項を勘案して文部科学省令で定めるところにより、予算の範囲内で、交付金を交付することができる。

2 地方公共団体は、前項の交付金の交付を受けようとするときは、施設整備基本計画に即して、当該地方公共団体が設置する義務教育諸学校等施設の整備に関する施設整備計画を作成しなければならない。

3 施設整備計画においては、次に掲げる事項を記載しなければならない。

一 施設整備計画の目標

二 前号の目標を達成するために必要な改築等事業に関する事項

三 計画期間

四 その他文部科学省令で定める事項

4 地方公共団体は、施設整備計画を作成し、又はこれを変更したときは、遅滞なく、これを公表するとともに、文部科学大臣（市町村（特別区を含む。以下この項において同じ。）にあつては、当該市町村の属する都道府県の教育委員会を経由して文部科学大臣）に提出しなければならない。

5 前各項に定めるもののほか、交付金の交付に関し必要な事項は、文部科学省令で定める。

（本校及び分校）

第一三条 この法律の適用については、本校及び分校は、それぞれ一の学校とみなす。

附　則（省略）

●義務教育諸学校等の施設費の国庫負担等に関する法律施行令

（昭和三三年六月二七日 政令第一八九号）

施行、昭三三・六・二七
最終改正、平三〇—政五二

（法第三条第一項の政令で定める限度）

第一条 義務教育諸学校等の施設費の国庫負担等に関する法律（昭和三十三年法律第八十一号。以下「法」という。）第三条第一項の政令で定める限度は、毎会計年度同項各号ごとに、法第七条に規定する一平方メートル当たりの建築単価に建物の構造の種類別に文部科学大臣が財務大臣と協議して定める面積を乗じて得た金額の合計額に、百分の百一及び法第三条第一項各号に掲げる割合を乗じて得た金額とする。

2 法に基づく国庫負担金の交付を受けようとする地方公共団体の長は、当該国庫負担金の交付を受けて行おうとする法第三条第一項各号に規定する新築又は増築について、文部科学大臣の認定を受けなければならない。

3 文部科学大臣は、前項の認定をする場合には、当該認定に係る国庫負担金の額の合計額が第一項に規定する金額をこえない範囲内でしなければならない。

（認定の申請）

第二条 地方公共団体の長は、前条第二項の認定を受けようとするときは、文部科学大臣の定めるところにより、認定申請書を文部科学大臣に提出しなければならない。

2 前項の規定による認定申請書の提出は、市町村長にあつては、都道府県の教育委員会を経由して行うものとする。この場合において、都道府県の教育委員会は、当該認定申請書を審査し、及び必要な意見を付するものとする。

3 前項（同項後段の必要な意見を付する部分を除く。）の規定により都道府県が処理することとされている事務は、地方自治法（昭和二十二年法律第六十七号）第二条第九項第一号に規定する第一号法定受託事務とする。

（教室の不足の範囲）

第三条 法第三条第一項第一号の教室の不足の範囲は、当該学校の保有する教室について、普通教室の数若しくは総面積、次の表に掲げる特別教室の種類ごとの数の合計数若しくはこれらの特別教室の総面積又は多目的教室（複数の学級の児童又は生徒を対象とする授業その他多様な指導方法による授業又は課外指導で普通教室又は特別教室において行うことが困難と認められるものの用に供するものとして設けられる教室で、併せて児童又は生徒の学校生活の用に供することができるものをいう。以下この項及び第七条第一項において同じ。）の総面積若しくは多目的教室及び少人数授業用教室（専ら少数の児童又は生徒により構成される集団を単位として行う授業の用に供するものとして設けられる教室をいう。同項第一号において同じ。）の総面積が学級数（法第二条第三項の学級数をいう。以下同じ。）に応じ文部科学大臣が定める基準に達しない場合とする。

〔本項の表につき法令末尾に掲載〕

2 前項の場合において、面積が著しく小さい教室その他文部科学大臣が定める特別の理由があるため児童又は生徒の教育を行うのに著しく不適当と認められる教室については、当該学校の普通教室又は特別教室の数に算入しないことができる。

（適正な学校規模の条件）

第四条 法第三条第一項第四号の適正な規模の条件は、次に掲げるものとする。

一 学級数が、小学校及び中学校にあつてはおおむね十二学級から十八学級まで、義務教育学校にあつてはおおむね十八学級から二十七学級までであること。

二 通学距離が、小学校にあつてはおおむね四キロメートル以内、中学校及び義務教育学校にあつてはおおむね六キロメートル以内であること。

2　五学級以下の学級数の小学校若しくは中学校又は八学級以下の学級数の義務教育学校と前項第一号に規定する学級数の学校とを統合する場合においては、同号中「十八学級まで」とあるのは「二十四学級まで」と、「二十七学級」とあるのは「三十六学級」とする。

3　統合後の学校の学級数又は通学距離が第一項第一号又は第二号に掲げる条件に適合しない場合においても、文部科学大臣が教育効果、交通の便その他の事情を考慮して適当と認めるときは、当該学級数又は通学距離は、同項第一号又は第二号に掲げる条件に適合するものとみなす。

（法第五条第一項の政令で定める事情）

第五条　法第五条第一項の政令で定める事情は、次に掲げる場合で当該学校の学級数が三学級以上増加することとなるものとする。

一　新築又は増築を行う年度の五月二日以降法第五条第一項の文部科学大臣の定める日までの間に当該学校の通学区域内に次に掲げる住宅が建設される場合

イ　国、地方公共団体又は独立行政法人都市再生機構の建設する住宅

ロ　独立行政法人住宅金融支援機構の融資により建設する住宅

ハ　イ及びロに掲げるもののほか、文部科学大臣が建設を確実であると認めた住宅

二　新築又は増築を行う年度の五月一日において当該学校の通学区域内に住所を有する者でその翌日以降法第五条第一項の文部科学大臣の定める日までの間に当該学校の第一学年に入学することとなるものの数が、当該五月一日において当該学校に在学する者でその期間内に当該学校を卒業することとなるものの数を超える場合

（法第五条第二項の政令で定める新築又は増築）

第六条　法第五条第二項の政令で定める新築又は増築は、当該学校の統合（条例又はこれに基づく規則で定められたものに限る。）の予定日の属する年度及び当該年度前三年度内に行なわれるものとする。

（学級数に応ずる必要面積）

第七条　法第六条第一項前段の校舎に係る政令で定める面積は、小学校、中学校（学校教育法（昭和二十二年法律第二十六号）第七十一条の規定により高等学校における教育と一貫した教育を施すものを除く。以下同じ。）、義務教育学校又は中等教育学校等（法第三条第一項第二号の二に規定する中等教育学校等をいう。以下同じ。）にあつては、次の各号に掲げる区分に応じ、当該各号に定める面積とする。

一　特別支援学級を置かない小学校、中学校又は中等教育学校等　当該学校（中等教育学校の前期課程を含む。以下同じ。）の学級数に応じ、次の表に掲げる算式により計算した面積（多目的教室を設ける小学校にあつては当該面積に一・一〇八（多目的教室のほかに少人数授業用教室を設ける場合及び多目的教室の全部又は一部が少数の児童又は生徒により構成される集団を単位として行う授業のための可動式間仕切りその他の設備を有するものである場合（以下この項において「少人数授業用教室等を設ける場合」という。）には、一・一八〇）を、多目的教室を設ける中学校又は中等教育学校等にあつては当該面積に一・〇八五（少人数授業用教室等を設ける場合には、一・一〇五）を乗じて得た面積）

〔本号の表につき法令末尾に掲載〕

二　特別支援学級を置く小学校、中学校又は中等教育学校等　当該学校の学級数から特別支援学級の数を控除した学級数に応じ、前号の規定の例により計算した面積に、一六八平方メートルに当該学校の特別支援学級の数を乗じて得た面積（多目的教室を設ける小学校にあつては当該面積に一・一〇八（少人数授業用教室等を設ける場合には、一・一八〇）を、多目的教室を設ける中学校又は中等教育学校等にあつては当該面積に一・〇八五（少人数授業用教室等を設ける場合には、一・一〇五）を乗じて得た面積）を加えた面積

三　義務教育学校　当該義務教育学校の前期課程を小学校と、当該義務教育学校の後期課程を中学校とそれぞれみなして前二号の規定の例により計算した面積を合計した面積

2　法第六条第一項前段の校舎に係る政令で定める面積は、特別支援学校にあつては、当該特別支援学校の学級数に応じ、次の表に掲げる算式により計算した面積（傾斜路を設ける特別支援学校にあつては、当該面積に、一七〇平方メートルに当該特別支援学校の校舎の傾斜路を設ける階の数（その数が三を超える場合には、三）を乗じて得た面積を加えた面積）とする。ただし、当該特別支援学校が視覚障害者である児童及び生徒（以下「児童等」という。）、聴覚障害者である児童等、知的障害者である児童等、肢体不自由者である児童等又は病弱者（身体虚弱者を含む。以下同じ。）である児童等の二以上に対する教育を行うものである場合には、文部科学大臣が財務大臣と協議して定めるところにより計算した面積とする。

〔本項の表につき法令末尾に掲載〕

3　法第六条第一項前段の屋内運動場に係る政令で定める面積は、小学校、中学校、中等教育学校等又は特別支援学校にあつては、当該学校の学級数に応じ、次の表に掲げる面積とする。ただし、当該学校が視覚障害者、聴覚障害者、知的障害者又は病弱者である児童等及び肢体不自由者である児童等に対する教育を行う特別支援学校である場合には、文部科学大臣が財務大臣と協議して定める面積とする。

〔本項の表につき法令末尾に掲載〕

4　法第六条第一項前段の屋内運動場に係る政令で定める面積は、義務教育学校にあつては、当該義務教育学校の前期課程を小学校と、当該義務教育学校の後期課程を中学校とそれぞれみなして前項の規定の例により計算した面積を合計した面積とする。

5　法第六条第一項後段の規定に基づき当該学校の所在地の積雪寒冷度に応じて行うべき補正は、一級積雪寒冷地域又は二級積雪寒冷地域にある学校の校舎又は屋内運動場について、文部科学大臣が財務大臣と協議して定める面積を加えて行うものとする。

6　前項の一級積雪寒冷地域及び二級積雪寒冷地域は、気温及び積雪量を基準として、文部科学大臣が定める。

（児童生徒一人当たりの基準面積）

第八条　法第六条第二項の政令で定める児童又は生徒一人当たりの面積は、中等教育学校等にあつては三一・三一平方メートル、特別支援学校にあつては、第三項に規定するものを除き、公立義務教育諸学校の学級編制及び教職員定数の標準に関する法律（昭和三十三年法律第百十六号）第三条第三項に規定する文部科学大臣が定める障害を二以上併せ有する児童又は生徒（以下この条において「重複障害児童等」という。）以外の児童又は生徒（肢体不自由者である児童又は生徒を除く。）をその寄宿舎に収容するものについては二九・四二平方メートル、肢体不自由者である児童若しくは生徒又は重複障害児童等をその寄宿舎に収容するものについては三四・三六平方メートルとする。

2　法第六条第二項の規定に基づき中等教育学校等の寄宿舎に収容する生徒の数又は特別支援学校（次項に規定する特別支援学校を除く。）の寄宿舎に収容する児童等の数に応じて行うべき補正は、次の表に掲げるところによる。

〔本項の表につき法令末尾に掲載〕

3　重複障害児童等以外の児童又は生徒（肢体不自由者である児童又は生徒を除く。）及び肢体不自由者である児童又は生徒をその寄宿舎に収容する特別支援学校並びに重複障害児童等以外の児童又は生徒（肢体不自由者である児童又は生徒を除く。）及び重複障害児童等をその寄宿舎に収容する特別支援学校の寄宿舎に係る法第六条第二項の政令で定める児童又は生徒一人当たりの面積並びに同項の規

定に基づきこれらの特別支援学校の寄宿舎に収容する児童等の数に応じて行うべき補正については、第一項の規定による児童又は生徒一人当たりの面積並びに前項の規定による補正を参酌して、文部科学大臣が財務大臣と協議して定める。

4　法第六条第二項の規定に基づき当該学校の所在地の積雪寒冷度に応じて行うべき補正については、前条第五項及び第六項の規定を準用する。

（工事費の算定方法の特例）

第九条　法第八条第一項の政令で定める特別の理由は、次に掲げるものとする。

一　当該学校の学級数が増加することが明らかなこと。

二　前号に定めるもののほか、文部科学大臣が特に認めた理由

2　法第五条第一項又は法第五条の二第一項の規定によりこれらの項の文部科学大臣の定める日における当該学校の学級数を基礎として工事費を算定する場合においては、前項第一号に規定する学級数が増加することには、当該日後に学級数が増加することは含まないものとする。

3　法第八条第一項の政令で定める面積は、第七条の規定により算定した校舎又は屋内運動場に係る学級数に応ずる必要面積の〇・二倍の面積以内において文部科学大臣が定める面積とする。

4　法第八条第二項の政令で定める特別の理由は、次に掲げるものとする。

一　当該学校の寄宿舎に収容する児童等の数が文部科学省令で定める割合以上増加することが明らかなこと。

二　前号に定めるもののほか、文部科学大臣が特に認めた理由

5　法第八条第二項の政令で定める面積は、前条の規定により算定した寄宿舎に係る児童又は生徒一人当たりの基準面積に当該学校の寄宿舎に収容する児童等の数を乗じて得た面積の〇・二倍の面積以内において文部科学大臣が定める面積とする。

6　法第八条第三項の規定に基づき鉄筋コンクリート造以外の構造の建物に関し保有面積について行うべき補正は、校舎又は寄宿舎の保有面積のうち鉄筋コンクリート造に係る部分の面積について、これに一・〇二〇を乗じて行うものとする。

7　法第八条第三項の規定に基づき鉄筋コンクリート造以外の構造の建物に関し一平方メートル当たりの建築の単価に乗ずべき面積について行うべき補正は、当該面積のうち鉄筋コンクリート造以外の構造の校舎又は寄宿舎に充てようとする部分の面積について、これを一・〇二〇で除して行うものとする。

（事務費の工事費に対する割合）

第一〇条　法第九条の政令で定める割合は、百分の一とする。

（都道府県への事務費の交付）

第一一条　法第十条の規定により国が都道府県に交付する経費は、当該都道府県の区域内に存する市町村が当該年度中に施行する法第三条第一項各号に規定する新築又は増築に要する経費の総額、当該新築又は増築を行う市町村の分布状況その他文部省令で定める事情を勘案して、文部科学大臣が交付する。

附　則〔省略〕

〔**第三条第一項の表**〕

学校の種類	特別教室の種類
小学校	理科教室、生活教室、音楽教室、図画工作教室、家庭教室、外国語教室、視聴覚教室、コンピュータ教室、図書室、特別活動室、教育相談室
中学校	理科教室、音楽教室、美術教室、技術教室、家庭教室、外国語教室、視聴覚教室、コンピュータ教室、図書室、特別活動室、教育相談室、進路資料・指導室
義務教育学校	理科教室、生活教室、音楽教室、図画工作教室、美術教室、技術教室、家庭教室、外国語教室、視聴覚教室、コンピュータ教室、図書室、特別活動室、教育相談室、進路資料・指導室

〔**第七条第一項第一号の表**〕

学校の種類	学級数	面積の計算方法
小学校	一学級及び二学級	769平方メートル＋279平方メートル×（学級数－1）
	三学級から五学級まで	1,326平方メートル＋381平方メートル×（学級数－3）
	六学級から十一学級まで	2,468平方メートル＋236平方メートル×（学級数－6）
	十二学級から十七学級まで	3,881平方メートル＋187平方メートル×（学級数－12）
	十八学級以上	5,000平方メートル＋173平方メートル×（学級数－18）
中学校及び中等教育学校等	一学級及び二学級	848平方メートル＋651平方メートル×（学級数－1）
	三学級から五学級まで	2,150平方メートル＋344平方メートル×（学級数－3）
	六学級から十一学級まで	3,181平方メートル＋324平方メートル×（学級数－6）
	十二学級から十七学級まで	5,129平方メートル＋160平方メートル×（学級数－12）
	十八学級以上	6,088平方メートル＋217平方メートル×（学級数－18）

〔**第七条第二項の表**〕

学校の種類	学級数	面積の計算方法
視覚障害者である児童等に対する教育を行う特別支援学校の小学部及び中学部	一学級から三学級まで	1,862平方メートル
	四学級から八学級まで	2,105平方メートル＋242平方メートル×（学級数－4）
	九学級から十七学級まで	3,317平方メートル＋170平方メートル×（学級数－9）
	十八学級以上	4,850平方メートル＋134平方メートル×（学級数－18）
聴覚障害者である児童等に対する教育を行う特別支援学校の小学部	一学級から三学級まで	1,616平方メートル
	四学級から八学級まで	1,869平方メートル＋253平方メートル×（学級数－4）
	九学級から十七学級まで	3,135平方メートル＋170平方メートル×（学級数－9）
	十八学級以上	4,668平方メートル＋134平方メートル×（学級

及び中学部		数－18)
知的障害者である児童等に対する教育を行う特別支援学校の小学部及び中学部	一学級から三学級まで	1,903平方メートル
	四学級から八学級まで	2,163平方メートル＋260平方メートル×（学級数－4）
	九学級から十七学級まで	3,463平方メートル＋200平方メートル×（学級数－9）
	十八学級以上	5,263平方メートル＋145平方メートル×（学級数－18)
肢体不自由者である児童等に対する教育を行う特別支援学校の小学部及び中学部	一学級から三学級まで	2,152平方メートル
	四学級から八学級まで	2,429平方メートル＋276平方メートル×（学級数－4）
	九学級から十七学級まで	3,808平方メートル＋240平方メートル×（学級数－9）
	十八学級以上	5,969平方メートル＋181平方メートル×（学級数－18)
病弱者である児童等に対する教育を行う特別支援学校の小学部及び中学部	一学級から三学級まで	1,576平方メートル
	四学級から八学級まで	1,849平方メートル＋273平方メートル×（学級数－4）
	九学級から十七学級まで	3,216平方メートル＋170平方メートル×（学級数－9）
	十八学級以上	4,749平方メートル＋134平方メートル×（学級数－18)

（第七条第三項の表）

学校の種類	学級数	面積
小学校	一学級から十学級まで	八九四平方メートル
	十一学級から十五学級まで	九一九平方メートル
	十六学級以上	一、二一五平方メートル
中学校及び中等教育学校等	一学級から十七学級まで	一、一三八平方メートル
	十八学級以上	一、四七六平方メートル
視覚障害者、聴覚障害者、知的障害者又は病弱者である児童等に対する教育を行う特別支援学校の小学部及び中学部	一学級以上	九三二平方メートル
肢体不自由者である児童等に対する教育を行う特別支援学校の小学部及び中学部	一学級以上	一、〇九七平方メートル

（第八条第二項の表）

学校の種類	寄宿舎に収容する児童又は生徒の数	補正の方法
中等教育学校等	一人から十一人まで	5.86平方メートル－2平方メートル÷寄宿舎に収容する生徒の数　増
	十二人から二十三人まで	6.86平方メートル－14平方メートル÷寄宿舎に収容する生徒の数　増
	二十四人から四十七人まで	301平方メートル÷寄宿舎に収容する生徒の数－6.27平方メートル　増
	四十八人	—
	四十九人以上	9.35平方メートル－449平方メートル÷寄宿舎に収容する生徒の数　減
重複障害児童等以外の児童又は生徒（肢体不自由者である児童又は生徒を除く。）をその寄宿舎に収容する特別支援学校の小学部及び中学部	一人から三十五人まで	31平方メートル÷寄宿舎に収容する児童等の数＋4.10平方メートル　増
	三十六人から七十一人まで	358平方メートル÷寄宿舎に収容する児童等の数－4.98平方メートル　増
	七十二人	—
	七十三人以上	4.95平方メートル－356平方メートル÷寄宿舎に収容する児童等の数　減
肢体不自由者である児童若しくは生徒又は重複障害児童等をその寄宿舎に収容する特別支援学校の小学部及び中学部	一人から三十五人まで	80平方メートル÷寄宿舎に収容する児童等の数＋4.05平方メートル　増
	三十六人から七十一人まで	452平方メートル÷寄宿舎に収容する児童等の数－6.28平方メートル　増
	七十二人	—
	七十三人以上	6.28平方メートル－452平方メートル÷寄宿舎に収容する児童等の数　減

●公立学校施設災害復旧費国庫負担法

（昭和二八年八月二七日 法律第二四七号）

施行、昭二八・八・二七
最終改正、平二八—法四七

（目的）

第一条　この法律は、公立学校の施設の災害復旧に要する経費について、国の負担する割合等を定め、もつて学校教育の円滑な実施を確保することを目的とする。

（用語の意義）

第二条　この法律において「公立学校」とは、公立の学校（地方独立行政法人法（平成十五年法律第百十八号）第六十八条第一項に規定する公立大学法人が設置するものを含む。）で、学校教育法（昭和二十二年法律第二十六号）第一条に規定するものをいう。

2　この法律において「施設」とは、建物、建物以外の工作物、土地及び設備をいう。

3　この法律において「災害」とは、暴風、こう水、高潮、地震、大火その他の異常な現象により生ずる災害をいう。

（国の負担）

第三条　国は、公立学校の施設の災害復旧に要する経費について、その三分の二を負担する。

（経費の種目）

第四条　前条に規定する経費の種目は、本工事費、附帯工事費（買収その他これに準ずる方法により建物を取得する場合にあつては、買収費）及び設備費（以下「工事費」と総称する。）並びに事務費とする。

（経費の算定基準）

第五条　前条に規定する工事費は、政令で定める基準により、当該公立学校の施設を原形に復旧する（原形に復旧することが不可能な場合において当該施設の従前の効用を復旧するための施設をすること及び原形に復旧することが著しく困難であるか又は不適当である場合において当該施設に代わるべき必要な施設をすることを含む。）ものとして算定するものとする。

2　前項に規定するもののほか、災害によつて必要を生じた復旧であつて、公立学校の建物で鉄筋コンクリート造又は鉄骨造でなかつたものを鉄筋コンクリート造又は鉄骨造のものに、鉄骨造のものを鉄筋コンクリート造のものに改良して当該建物の従前の効用を復旧することを目的とするものは、同項の規定の適用については、公立学校の施設を原形に復旧するものとみなす。

3　前条に規定する事務費は、第一項の規定により算定した工事費に政令で定める割合を乗じて算定するものとする。

（適用除外）

第六条　この法律の規定は、左に掲げる公立学校の施設の災害復旧については適用しない。

一　建物、建物以外の工作物、土地又は設備の災害による被害の額が一学校ごとにそれぞれ政令で定める額に達しないもの

二　明らかに設計の不備又は工事施行の粗漏に基因して生じたものと認められる災害に係るもの

三　著しく維持管理の義務を怠つたことに基因して生じたものと認められる災害に係るもの

（都道府県への事務費の交付）

第七条　国は、政令で定めるところにより、都道府県の教育委員会が第三条の負担の実施に関する事務を行うために必要な経費を都道府県に交付するものとする。

附　則（省略）

●地方交付税法（抄）

（昭和二五年五月三〇日 法律第二一一号）

施行、昭二五・五・三〇
最終改正、令二—法六

（この法律の目的）

第一条　この法律は、地方団体が自主的にその財産を管理し、事務を処理し、及び行政を執行する権能をそこなわずに、その財源の均衡化を図り、及び地方交付税の交付の基準の設定を通じて地方行政の計画的な運営を保障することによつて、地方自治の本旨の実現に資するとともに、地方団体の独立性を強化することを目的とする。

（用語の意義）

第二条　この法律において、次の各号に掲げる用語の意義は、当該各号に定めるところによる。

一　地方交付税　第六条の規定により算定した所得税、法人税、酒税及び消費税のそれぞれの一定割合の額並びに地方法人税の額で地方団体がひとしくその行うべき事務を遂行することができるように国が交付する税をいう。

二　地方団体　都道府県及び市町村をいう。

三　基準財政需要額　各地方団体の財政需要を合理的に測定するために、当該地方団体について第十一条の規定により算定した額をいう。

四　基準財政収入額　各地方団体の財政力を合理的に測定するために、当該地方団体について第十四条の規定により算定した額をいう。

五　測定単位　地方行政の種類ごとに設けられ、かつ、この種類ごとにその量を測定する単位で、毎年度の普通交付税を交付するために用いるものをいう。

六　単位費用　道府県又は市町村ごとに、標準的条件を備えた地方団体が合理的、かつ、妥当な水準において地方行政を行う場合又は標準的な施設を維持する場合に要する経費を基準とし、補助金、負担金、手数料、使用料、分担金その他これらに類する収入及び地方税の収入のうち基準財政収入額に相当するもの以外のものを財源とすべき部分を除いて算定した各測定単位の単位当たりの費用（当該測定単位の数値につき第十三条第一項の規定の適用があるものについては、当該規定を適用した後の測定単位の単位当たりの費用）で、普通交付税の算定に用いる地方行政の種類ごとの経費の額を決定するために、測定単位の数値に乗ずべきものをいう。

（運営の基本）

第三条　総務大臣は、常に各地方団体の財政状況の的確なは握に努め、地方交付税（以下「交付税」という。）の総額を、この法律の定めるところにより、財政需要額が財政収入額をこえる地方団体に対し、衡平にその超過額を補てんすることを目途として交付しなければならない。

2　国は、交付税の交付に当つては、地方自治の本旨を尊重し、条件をつけ、又はその使途を制限してはならない。

3　地方団体は、その行政について、合理的、且つ、妥当な水準を維持するように努め、少くとも法律又はこれに基く政令により義務づけられた規模と内容とを備えるようにしなければならない。

（総務大臣の権限と責任）

第四条　総務大臣は、この法律を実施するため、次に掲げる権限と責任とを有する。

一　毎年度分として交付すべき交付税の総額を見積もること。

二　各地方団体に交付すべき交付税の額を決定し、及びこれを交付すること。

三　第十条、第十五条、第十九条又は第二十条の二に規定する場合において、各地方団体に対する交付税の額を変更し、減額し、又は返還させること。

四　第十八条に定める地方団体の審査の申立てを受理し、これに対する決定をするこ

と。

五　第十九条第七項（第二十条の二第四項において準用する場合を含む。）に定める異議の申出を受理し、これに対する決定をすること。

六　第二十条に定める意見の聴取を行うこと。

七　交付税の総額の見積り及び各地方団体に交付すべき交付税の額の算定のために必要な資料を収集し、及び整備すること。

八　収集した資料に基づき、常に地方財政の状況を把握し、交付税制度の運用について改善を図ること。

九　前各号に定めるもののほか、この法律に定める事項

（交付税の算定に関する資料）

第五条　都道府県知事は、総務省令で定めるところにより、当該都道府県の基準財政需要額及び基準財政収入額に関する資料、特別交付税の額の算定に用いる資料その他必要な資料を総務大臣に提出するとともに、これらの資料の基礎となる事項を記載した台帳をそなえておかなければならない。

2　市町村長は、総務省令で定めるところにより、当該市町村の基準財政需要額及び基準財政収入額に関する資料、特別交付税の額の算定に用いる資料その他必要な資料を都道府県知事に提出するとともに、これらの資料の基礎となる事項を記載した台帳をそなえておかなければならない。

3　都道府県知事は、前項の規定により提出された資料を審査し、総務大臣に送付しなければならない。

4　基準財政需要額の中に含まれる経費に係る地方行政に関係がある国の行政機関（内閣府、宮内庁並びに内閣府設置法（平成十一年法律第八十九号）第四十九条第一項及び第二項の機関並びに国家行政組織法（昭和二十三年法律第百二十号）第三条第二項の機関をいう。以下「関係行政機関」という。）は、総務大臣が要求した場合においては、その所管に係る行政に関し、総務大臣の要求に係る交付税の総額の算定又は交付に関し必要な資料を総務大臣に提出しなければならない。

（交付税の総額）

第六条　所得税及び法人税の収入額のそれぞれ百分の三十三・一、酒税の収入額の百分の五十、消費税の収入額の百分の十九・五並びに地方法人税の収入額をもつて交付税とする。

2　毎年度分として交付すべき交付税の総額は、当該年度における所得税及び法人税の収入見込額のそれぞれ百分の三十三・一、酒税の収入見込額の百分の五十、消費税の収入見込額の百分の十九・五並びに地方法人税の収入見込額に相当する額の合算額に当該年度の前年度以前の年度における交付税で、まだ交付していない額を加算し、又は当該前年度以前の年度において交付すべきであつた額を超えて交付した額を当該合算額から減額した額とする。

（交付税の種類等）

第六条の二　交付税の種類は、普通交付税及び特別交付税とする。

2　毎年度分として交付すべき普通交付税の総額は、前条第二項の額の百分の九十四に相当する額とする。

3　毎年度分として交付すべき特別交付税の総額は、前条第二項の額の百分の六に相当する額とする。

（特別交付税の額の変更等）

第六条の三　毎年度分として交付すべき普通交付税の総額が第十条第二項本文の規定によつて各地方団体について算定した額の合算額をこえる場合においては、当該超過額は、当該年度の特別交付税の総額に加算するものとする。

2　毎年度分として交付すべき普通交付税の総額が引き続き第十条第二項本文の規定によつて各地方団体について算定した額の合算額と著しく異なることとなつた場合においては、地方財政若しくは地方行政に係る制度の改正又は第六条第一項に定める率の変更を行うものとする。

（歳入歳出総額の見込額の提出及び公表の義務）

第七条　内閣は、毎年度左に掲げる事項を記載した翌年度の地方団体の歳入歳出総額の見込額に関する書類を作成し、これを国会に提出するとともに、一般に公表しなければならない。

一　地方団体の歳入総額の見込額及び左の各号に掲げるその内訳

イ　各税目ごとの課税標準額、税率、調定見込額及び徴収見込額

ロ　使用料及び手数料

ハ　起債額

ニ　国庫支出金

ホ　雑収入

二　地方団体の歳出総額の見込額及び左の各号に掲げるその内訳

イ　歳出の種類ごとの総額及び前年度に対する増減額

ロ　国庫支出金に基く経費の総額

ハ　地方債の利子及び元金償還金

（交付税の額の算定期日）

第八条　各地方団体に対する交付税の額は、毎年度四月一日現在により、算定する。

（廃置分合又は境界変更の場合の交付税の措置）

第九条　前条の期日後において、地方団体の廃置分合又は境界変更があつた場合における当該地方団体に対する交付税の措置については、左の各号の定めるところによる。

一　廃置分合に因り一の地方団体の区域がそのまま他の地方団体の区域となつたときは、当該廃置分合の期日後は、当該廃置分合前の地方団体に対して交付すべきであつた交付税の額は、当該地方団体の区域が新たに属することとなつた地方団体に交付する。

二　廃置分合に因り一の地方団体の区域が分割されたとき、又は境界変更があつたときは、当該廃置分合又は境界変更の期日後は、当該廃置分合又は境界変更前の地方団体に対し交付すべきであつた交付税の額は、総務省令で定めるところにより、廃置分合若しくは境界変更に係る区域又は境界変更に係る区域を除いた当該地方団体の区域を基礎とする独立の地方団体がそれぞれ当該年度の四月一日に存在したものと仮定した場合において、これらの地方団体に対し交付すべきであつた交付税の額にあん分し、当該あん分した額を廃置分合若しくは境界変更に係る区域が属することとなつた地方団体又は境界変更に係る区域が属していた地方団体に対し、それぞれ交付する。

（普通交付税の額の算定）

第一〇条　普通交付税は、毎年度、基準財政需要額が基準財政収入額をこえる地方団体に対して、次項に定めるところにより交付する。

2　各地方団体に対して交付すべき普通交付税の額は、当該地方団体の基準財政需要額が基準財政収入額をこえる額（以下本項中「財源不足額」という。）とする。ただし、各地方団体について算定した財源不足額の合算額が普通交付税の総額をこえる場合においては、次の式により算定した額とする。

$$\text{当該地方団体の財源不足額} - \text{当該地方団体の基準財政需要額} \times \frac{\text{財源不足額の合算額} - \text{普通交付税の総額}}{\text{基準財政需要額が基準財政収入額をこえる地方団体の基準財政需要額の合算額}}$$

3　総務大臣は、前二項の規定により交付すべき普通交付税の額を、遅くとも毎年八月三十一日までに決定しなければならない。但し、交付税の総額の増加その他特別の事由がある場合においては、九月一日以後において、普通交付税の額を決定し、又は既に決定した普通交付税の額を変更することができる。

4　総務大臣は、前項の規定により普通交付税の額を決定し、又は変更したときは、これを当該地方団体に通知しなければならない。

5　第三項ただし書の規定により一部の地方団体について既に決定した普通交付税の額を変更した場合においては、それがために他の地方団体について既に決定している普通交付税の額を変更することはしないものとする。

6　当該年度分として交付すべき普通交付税の

総額が第二項但書の規定により算定した各地方団体に対して交付すべき普通交付税の合算額に満たない場合においては、当該不足額は、当該年度の特別交付税の総額を減額してこれに充てるものとする。

（基準財政需要額の算定方法）

第十一条　基準財政需要額は、測定単位の数値を第十三条の規定により補正し、これを当該測定単位ごとの単位費用に乗じて得た額を当該地方団体について合算した額とする。

（測定単位及び単位費用）

第十二条　地方行政に要する経費のうち各地方団体の財政需要を合理的に測定するために経費の種類を区分してその額を算定するもの（次項において「個別算定経費」という。）の測定単位は、地方団体の種類ごとに次の表の経費の種類の欄に掲げる経費について、それぞれその測定単位の欄に定めるものとする。

（教育関係のみ抜粋）

地方団体の種類	経費の種類	測定単位
道府県	三　教育費 1　小学校費	教職員数
	2　中学校費	教職員数
	3　高等学校費	教職員数 生徒数
	4　特別支援学校費	教職員数 学級数
	5　その他の教育費	人口 高等専門学校及び大学の学生の数 私立の学校の幼児、児童及び生徒の数
市町村	三　教育費 1　小学校費	児童数 学級数 学校数
	2　中学校費	生徒数 学級数 学校数
	3　高等学校費	教職員数 生徒数
	4　その他の教育費	人口 幼稚園及び幼保連携型認定こども園の小学校就学前子どもの数

2　地方行政に要する経費のうち個別算定経費以外のものの測定単位は、道府県又は市町村ごとに、人口及び面積とする。

3　前二項の測定単位の数値は、次の表の上欄に掲げる測定単位につき、それぞれ中欄に定める算定の基礎により、下欄に掲げる表示単位に基づいて、総務省令で定めるところにより算定する。

（教育関係のみ抜粋）

測定単位の種類	測定単位の数値の算定の基礎	表示単位
十三　小学校の教職員数	公立義務教育諸学校の学級編制及び教職員定数の標準に関する法律（昭和三十三年法律第百十六号）に規定する学級編制の標準及び教職員定数の標準により算定した当該道府県の区域内の市町村立の小学校（義務教育学校の前期課程を含む。次号から第十六号までにおいて同じ。）の教職員に係る当該道府県の定数	人
十四　小学校の児童数	最近の統計法（平成十九年法律第五十三号）第二条第六項に規定する基幹統計調査（以下「基幹統計調査」という。）で学校に係るもの（以下「学校基本調査」という。）の結果による当該市町村立の小学校に在学する学齢児童の数	人
十五　小学校の学級数	公立義務教育諸学校の学級編制及び教職員定数の標準に関する法律に規定する学級編制の標準により算定した当該市町村立の小学校の学級数	学級
十六　小学校の学校数	最近の学校基本調査の結果による当該市町村立の小学校の数	校
十七　中学校の教職員数	公立義務教育諸学校の学級編制及び教職員定数の標準に関する法律に規定する学級編制の標準及び教職員定数の標準により算定した当該道府県の区域内の市町村立の中学校、義務教育学校の後期課程及び中等教育学校の前期課程並びに当該道府県立の中学校（学校教育法（昭和二十二年法律第二十六号）第七十一条の規定により高等学校における教育と一貫した教育を施すものに限る。）及び中等教育学校の前期課程の教職員に係る当該道府県の定数	人
十八　中学校の生徒数	最近の学校基本調査の結果による当該市町村立の中学校（義務教育学校の後期課程及び中等教育学校の前期課程を含む。次号及び第二十号において同じ。）に在学する学齢生徒の数	人
十九　中学校の学級数	公立義務教育諸学校の学級編制及び教職員定数の標準に関する法律に規定する学級編制の標準により算定した当該市町村立の中学校の学級数	学級
二十　中学校の学校数	最近の学校基本調査の結果による当該市町村立の中学校の数	校
二十一　高等学校の教職員数	道府県にあつては公立高等学校の適正配置及び教職員定数の標準等に関する法律（昭和三十六年法律第百八十八号）の規定により算定した当該道府県立の高等学校（中等教育学校の後期課程を含む。以下この号において同じ。）の教職員定数（地方自治法（昭和二十二年法律第六十七号）第二百五十二条の十九第一項の指定都市（以下「指定都市」という。）以外の当該道府県の区域内の市町村立の高等学校の定時制の課程に係る校長、副校長、教頭、主幹教諭、指導教諭、教諭、助教諭及び講師の数を含む。）、市町村にあつては公立高等学校の適	人

		正配置及び教職員定数の標準等に関する法律の規定により算定した当該市町村立の高等学校の教職員定数（指定都市以外の市町村にあつては、当該市町村立の高等学校の定時制の課程に係る校長、副校長、教頭、主幹教諭、指導教諭、教諭、助教諭及び講師の数を除く。）
二十二　高等学校の生徒数	人	最近の学校基本調査の結果による当該地方団体立の高等学校（中等教育学校の後期課程を含む。）の全日制の課程又は定時制の課程に在学する生徒の数
二十三　特別支援学校の教職員数	人	公立義務教育諸学校の学級編制及び教職員定数の標準に関する法律に規定する学級編制の標準及び教職員定数の標準により算定した当該道府県の区域内の公立の特別支援学校の小学部及び中学部の教職員に係る当該道府県の定数並びに公立高等学校の適正配置及び教職員定数の標準等に関する法律に規定する教職員定数の標準により算定した当該道府県の区域内の公立の特別支援学校の高等部の教職員に係る当該道府県の定数
二十四　特別支援学校の学級数	学級	公立義務教育諸学校の学級編制及び教職員定数の標準に関する法律に規定する学級編制の標準により算定した当該道府県立の特別支援学校の小学部及び中学部の学級数並びに最近の学校基本調査の結果による当該道府県立の特別支援学校の高等部の学級数
二十五　高等専門学校及び大学の学生の数	人	最近の学校基本調査の結果による当該道府県立の高等専門学校（当該道府県が地方独立行政法人法（平成十五年法律第百十八号）第六条第三項に規定する設立団体である同法第六十八条第一項の公立大学法人の設置する高等専門学校を含む。）及び短期大学の学科及び専攻科並びに大学（当該道府県が同法第六条第三項に規定する設立団体である同法第六十八条第一項の公立大学法人の設置する大学を含む。）の学部、専攻科及び大学院に在学する学生の数
二十六　私立の学校の幼児、児童及び生徒の数	人	最近の学校基本調査の結果による当該道府県の区域内の私立の幼稚園（子ども・子育て支援法（平成二十四年法律第六十五号）第二十七条第一項の確認を受けたものを除く。）、小学校、中学校、高等学校、義務教育学校、中等教育学校及び特別支援学校に在学する幼児、児童及び生徒の数
二十七　幼稚園及び幼保連携型認定こども園の小学校就学前子どもの数	人	最近の学校基本調査の結果による当該市町村立の幼稚園及び幼保連携型認定こども園に在籍する小学校就学前子ども（子ども・子育て支援法第二十条第一項の認定に係る同法第十九条第一項第一号に掲げるものに限る。）の数

4　第一項の測定単位ごとの単位費用は、別表第一に定めるとおりとする。

5　第二項の測定単位ごとの単位費用は、別表第二に定めるとおりとする。

6　地方行政に係る制度の改正その他特別の事由により前二項の単位費用を変更する必要が生じた場合には、国会の閉会中であるときに限り、政令で前二項の単位費用についての特例を設けることができる。この場合においては、政府は、次の国会でこの法律を改正する措置をとらなければならない。

（測定単位の数値の補正）

第十三条　面積、高等学校の生徒数その他の測定単位で、そのうちに種別があり、かつ、その種別ごとに単位当たりの費用に差があるものについては、その種別ごとの単位当たりの費用の差に応じ当該測定単位の数値を補正することができる。

2　前項の測定単位の数値の補正（以下「種別補正」という。）は、当該測定単位の種別ごとの数値に、その単位当たりの費用の割合を基礎として自治省令で定める率を乗じて行うものとする。

3　前条第三項及び前二項の規定により算定された測定単位の数値は、地方団体ごとに、当該測定単位につき次に掲げる事項を基礎として次項に定める方法により算定した補正係数を乗じて補正するものとする。

一　人口その他測定単位の数値の多少による段階

二　人口密度、道路一キロメートル当たりの自動車台数その他これらに類するもの

三　地方団体の態容

四　寒冷度及び積雪度

4　前項の測定単位の数値に係る補正係数は、経費の種類ごとに、かつ、測定単位ごとにそれぞれ次に定める方法を基礎として、総務省令で定めるところにより算定した率とする。

一　前項第一号の補正（以下「段階補正」という。）は、当該行政に要する経費の額が測定単位の数値の増減に応じて逓減し、又は逓増するものについて行うものとし、当該段階補正に係る係数は、超過累退又は超過累進の方法により総務省令で定める率を用いて算定した数値を当該率を用いないで算定した数値で除して算定する。この場合において、行政権能等の差があることにより経費の額が割高又は割安となるため第三号イの補正の適用される経費については、当該経費の測定単位の数値に当該割高となり、又は割安となる度合に応じて総務省令で定める率を乗じた数値を用いて当該段階補正に係る係数を算定することができるものとする。

二　前項第二号の補正（以下「密度補正」という。）は、当該行政に要する経費の額が人口密度、道路一キロメートル当たりの自動車台数その他これらに類するもの（以下この号において「人口密度等」という。）の増減に応じて逓減し、又は逓増するものについて行うものとし、当該密度補正に係る係数は、超過累退又は超過累進の方法により総務省令で定める率を用いて算定した人口密度等を当該率を用いないで算定した人口密度等で除して算定する。

三　前項第三号の補正（以下「態容補正」という。）は、当該行政に要する経費の測定単位当たりの額が、地方団体の態容に応じてそれぞれ割高となり、又は割安となるものについて行うものとし、当該態容補正に係る係数は、次に掲げるところにより算定

する。

イ　道府県の態容に係るものにあつては、当該道府県の区域内の市町村について行政の質及び量の差又は行政権能等の差に基づいて割高となり、又は割安となる度合を基礎として市町村の全部又は一部の種類に応じ、総務省令で定める率を当該区域内の市町村の種類ごとの測定単位の数値（当該市町村の種類ごとの測定単位の数値によることができないか、又は適当でないと認められる経費で総務省令で定めるものについては、人口その他総務省令で定める数値）に乗じて得た数値を合算した数値を当該率を乗じないで算定した市町村ごとの数値を合算した数値で除して算定する。

ロ　市町村の態容に係るものにあつては、行政の質及び量の差又は行政権能等の差に基づいてその割高となり、又は割安となる度合を基礎として市町村の種類に応じ、総務省令で定める率を乗じて算定した数値を当該率を乗じないで算定した数値で除して算定する。

ハ　小学校費、中学校費、社会福祉費その他の経費で総務省令で定めるものに係るものにあつては、人口の年齢別構成、公共施設の整備の状況その他地方団体の態容に応じて当該経費を必要とする度合について、総務省令で定める指標により測定した総務省令で定める率を乗じて算定した数値を当該率を乗じないで算定した数値で除して算定する。

四　前項第四号の補正（以下「寒冷補正」という。）は、当該行政に要する経費の測定単位当たりの額が寒冷又は積雪の度合により割高となるものについて行うものとし、当該寒冷補正に係る係数は、その割高となる給与の差、寒冷の差又は積雪の差ごとに、地域の区分に応じそれぞれその割高となる度合を基礎として総務省令で定める率を当該地域における測定単位の数値（当該地域における測定単位の数値によることができないか、又は適当でないと認められる経費で総務省令で定めるものについては、人口）に乗じて得た数を当該率を用いないで算定した数値で除して得た数値の合計数に一を加えて算定する。

5　前条第一項の測定単位の数値については、第十一項に定めるもののほか、地方団体の種類ごとに次の表の経費の種類の欄に掲げる経費に係る測定単位の欄に掲げる測定単位につき、それぞれ補正の種類の欄に掲げる補正を行うものとする。

（教育関係のみ抜粋）

地方団体の種類	経費の種類	測定単位	補正の種類
道府県	三　教育費 1　小学校費	教職員数	態容補正及び寒冷補正
	2　中学校費	教職員数	密度補正、態容補正及び寒冷補正
	3　高等学校費	教職員数	態容補正及び寒冷補正
		生徒数	態容補正
	4　特別支援学校費	教職員数	態容補正及び寒冷補正
		学級数	密度補正
	5　その他の教育費	人口	段階補正、密度補正及び態容補正
		高等専門学校及び大学の学生の数	種別補正
		私立の学校の幼児、児童及び生徒の数	種別補正
市町村	三　教育費 1　小学校費	児童数	密度補正
		学級数	態容補正及び寒冷補正
	2　中学校費	生徒数	密度補正
		学級数	態容補正及び寒冷補正
	3　高等学校費	教職員数	種別補正、態容補正及び寒冷補正
		生徒数	種別補正、態容補正及び寒冷補正
	4　その他の教育費	人口	段階補正、密度補正及び態容補正
		幼稚園及び幼保連携型認定こども園の小学校就学前子どもの数	態容補正及び寒冷補正

6　前条第二項の測定単位の数値については、道府県又は市町村ごとに、人口にあつては段階補正を、面積にあつては種別補正を行うものとする。

7　段階補正、密度補正、態容補正及び寒冷補正のうち二以上を併せて行う場合には、測定単位の数値に係る補正係数は、二以上の事由を通じて一の率を定め、又は各事由ごとに算定した率（二以上の事由を通じて定めた率を用いて算定した率を含む。）を総務省令で定めるところにより連乗し、又は加算して得た率によるものとする。

8　態容補正を行う場合には、第四項第三号の市町村は、総務省令で定めるところにより、人口集中地区人口、経済構造その他行政の質及び量の差を表現する指標ごとに算定した点数に基づいて区分し、又はその有する行政権能等の差によつて区分するものとする。

9　寒冷補正を行う場合には、第四項第四号の地域は、総務省令で定めるところにより、給与の差、寒冷の差及び積雪の差ごとに、市町村の区域によつて区分するものとする。

10　人口、学校数その他の測定単位の数値が急激に増加し、又は減少した地方団体、廃置分合又は境界変更のあつた地方団体及び組合（地方自治法第二百八十四条第一項の一部事務組合又は広域連合をいう。）を組織している地方団体に係る補正係数の算定方法及び測定単位の数値の補正後の数値の算定方法については、総務省令で前各項の規定の特例を設けることができる。

11　災害復旧費に係る測定単位の数値については、総務省令で定めるところにより、当該数値の当該地方団体の税収入額に対する比率に応じ、補正するものとする。

12　前各項に定めるもののほか、補正係数の算定方法につき必要な事項は、総務省令で定める。

第一四条から**第一五条**まで（省略）

（交付時期）

第一六条　交付税は、毎年度、左の表の上欄に掲げる時期に、それぞれの下欄に定める額を交付する。ただし、四月及び六月において交付すべき交付税については、当該年度において交付すべき普通交付税の額が前年度の普通交付税の額に比して著しく減少することとなると認められる地方団体又は前年度において は普通交付税の交付を受けたが、当該年度においては普通交付税の交付を受けないこととなると認められる地方団体に対しては、当該交付すべき額の全部又は一部を交付しないことができる。

交付時期	交付時期ごとに交付すべき額
四月及び六月	前年度の当該地方団体に対する普通交付税の額に当該年度の交付税の総額の前年度の交付税の総額に対する割合を乗じて得た額のそれぞれ四分の一に相当する額
九月	当該年度において交付すべき当該地方団体に対する普通交付税の額から四月及び六月に交付した普通交付税の額を控除した残

	額の二分の一に相当する額
十一月	当該年度において交付すべき当該地方団体に対する普通交付税の額から既に交付した普通交付税の額を控除した額
十二月	前条第二項の規定により十二月中に総務大臣が決定する額
三月	前条第二項の規定により三月中に総務大臣が決定する額

2　当該年度の国の予算の成立しないこと、国の予算の追加又は修正により交付税の総額に変更があつたこと、大規模な災害があつたこと等の事由により、前項の規定により難い場合における交付税の交付時期及び交付時期ごとに交付すべき額については、国の暫定予算の額及びその成立の状況、交付税の総額の変更の程度、前年度の交付税の額、大規模な災害による特別の財政需要の額等を参しやくして、総務省令で定めるところにより、特例を設けることができる。

3　道府県又は市町村が前二項の規定により各交付時期に交付を受けた交付税の額が当該年度分として交付を受けるべき交付税の額をこえる場合においては、当該道府県又は市町村は、その超過額を遅滞なく、国に還付しなければならない。

4　第一項の場合において、四月一日以前一年内及び四月二日から当該年度の普通交付税の四月又は六月に交付すべき額が交付されるまでの間に地方団体の廃置分合又は境界変更があつた場合における前年度の関係地方団体の交付税の額の算定方法は、第九条の規定に準じ、総務省令で定める。

（市町村交付税の算定及び交付に関する都道府県知事の義務）

第一七条　都道府県知事は、政令で定めるところにより、当該都道府県の区域内における市町村に対し交付すべき交付税の額の算定及び交付に関する事務を取り扱わなければならない。

2　都道府県知事は、前項の事務を取り扱うため当該市町村の財政状況を的確に知つているように努めなければならない。

（国税に関する書類の閲覧又は記録）

第一七条の二　都道府県知事が前条第一項の規定により市町村に対し交付すべき交付税の額を算定する場合において、市町村に係る第十四条の基準財政収入額を算定するため、政府に対し、その基礎に用いる国税の課税の基礎となるべき所得額及び課税額に関する書類を閲覧し、又は記録することを請求したときは、政府は、関係書類を都道府県知事又はその指定する職員に閲覧させ、又は記録させるものとする。

（交付税の額の算定に用いた資料に関する検査）

第一七条の三　総務大臣は、都道府県及び政令で定める市町村について、交付税の額の算定に用いた資料に関し、検査を行わなければならない。

2　都道府県知事は、当該都道府県の区域内における市町村（前項の政令で定める市町村を除く。）について、交付税の額の算定に用いた資料に関し検査を行い、その結果を総務大臣に報告しなければならない。

（交付税の額の算定方法に関する意見の申出）

第一七条の四　地方団体は、交付税の額の算定方法に関し、総務大臣に対し意見を申し出ることができる。この場合において、市町村にあつては、当該意見の申出は、都道府県知事を経由してしなければならない。

2　総務大臣は、前項の意見の申出を受けた場合においては、これを誠実に処理するとともに、その処理の結果を、地方財政審議会に、第二十三条の規定により意見を聴くに際し、報告しなければならない。

（交付税の額に関する審査の申立て）

第一八条　地方団体は、第十条第四項又は第十五条第四項の規定により交付税の額の決定又は変更の通知を受けた場合において、当該地方団体に対する交付税の額の算定の基礎について不服があるときは、通知を受けた日から三十日以内に、総務大臣に対し審査を申し立てることができる。この場合において、市町村にあつては、当該審査の申立ては、都道府県知事を経由してしなければならない。

2　総務大臣は、前項の審査の申立てを受けた場合においては、その申立てを受けた日から三十日以内にこれを審査して、その結果を当該地方団体に通知しなければならない。この場合において、市町村の審査の申立てに係るものにあつては、当該通知は、都道府県知事を経由してしなければならない。

（交付税の額の算定に用いる数の錯誤等）

第一九条　総務大臣は、第十条第四項の規定により普通交付税の額を通知した後において、又は前条第一項の規定による審査の申立てを受けた際に、普通交付税の額の算定の基礎に用いた数について錯誤があつたことを発見した場合（当該錯誤に係る数を普通交付税の額の算定の基礎に用いた年度（次項において「交付年度」という。）以降五箇年度内に発見した場合に限る。）で、当該地方団体について基準財政需要額又は基準財政収入額を増加し、又は減少する必要が生じたときは、錯誤があつたことを発見した年度又はその翌年度において、総務省令で定めるところにより、それぞれその増加し、又は減少すべき額を当該地方団体に交付すべき普通交付税の額の算定に用いられるべき基準財政需要額若しくは基準財政収入額に加算し、又はこれらから減額した額をもつて当該地方団体の当該年度における基準財政需要額又は基準財政収入額とすることができる。

2　普通交付税の額の算定の基礎に用いた数について錯誤があつたことを発見した年度又はその翌年度においては、総務大臣は、総務省令で定めるところにより、前項の規定が適用される地方団体で、同項の規定を適用しない場合でも当該地方団体に交付すべき普通交付税の額の算定に用いられるべき当該年度の基準財政収入額が基準財政需要額をこえるもの又は同項の規定が適用される結果基準財政収入額が基準財政需要額をこえることとなる地方団体について、交付年度分として交付を受けた普通交付税の額が交付を受けるべきであつた普通交付税の額に満たないときは、当該不足額を限度として、これを当該年度の交付税から交付し、交付年度分として交付を受けた普通交付税の額が交付を受けるべきであつた普通交付税の額をこえるときは、当該超過額を限度として、これを返還させることができる。但し、返還させる場合においては、その方法について、あらかじめ、当該地方団体の意見を聞かなければならない。

3　廃置分合又は境界変更のあつた市町村及び錯誤に係る額が著しく多額である地方団体に対する前二項の規定の適用については、総務省令で特例を設けることができる。

4　地方団体がその提出に係る交付税の算定に用いる資料につき作為を加え、又は虚偽の記載をすることによつて、不当に交付税の交付を受けた場合においては、総務大臣は、当該地方団体が受けるべきであつた額を超過する部分（「超過額」という。以下本項及び次項において同じ。）については、当該事実を発見したとき、直ちに当該超過額を返還させなければならない。

5　前項の場合において、当該地方団体は、当該超過額に、当該地方団体が当該地方交付税を受領した日の翌日から返還の日までの期間の日数に応じ、年十・九五パーセントの割合を乗じて計算した金額に相当する加算金を国に納付しなければならない。ただし、当該地方交付税の交付を受けた後災害があつたことその他特別の理由によりやむを得ない事情があると認められるときは、総務大臣は、当該加算金を減免し、又は期限を指定して延納を許可することができる。

6　総務大臣は、前五項の規定による措置をする場合においては、その理由、金額その他必要な事項を当該地方団体に対し文書をもつて示さなければならない。この場合において、前二項の規定に該当する地方団体は、総務大臣が示した文書の記載事項をその住民に周知させなければならない。

7　地方団体は、第一項から第五項までの場合においては、前項の文書を受け取つた日から三十日以内に、総務大臣に対し異議を申し出ることができる。この場合において、市町村にあつては、当該異議の申出は、都道府県知事を経由してしなければならない。

8　総務大臣は、前項の異議の申出を受けた場合においては、その申出を受けた日から三十日以内に決定をして、当該団体にこれを通知しなければならない。この場合において、市町村の異議の申出に係るものにあつては、当該通知は、都道府県知事を経由してしなければならない。

（交付税の額の減額等の意見の聴取）

第二〇条　総務大臣は、第十条第三項及び第四項、第十五条第二項から第四項まで並びに前二条に規定する措置をとる場合において必要があると認めるときは、関係地方団体について意見の聴取をすることができる。

2　総務大臣は、第十条第三項、第十五条第二項及び第三項、第十八条第二項並びに前条第一項から第五項まで及び第八項の規定による決定又は処分について関係地方団体が十分な証拠を添えて衡平又は公正を欠くものがある旨を申し出たときは、公開による意見の聴取を行わなければならない。

3　総務大臣は、前項の意見の聴取の結果、同項の申出に正当な理由があると認めるときは、当該決定又は処分を取消し、又は変更しなければならない。

4　前三項に定めるものを除くほか、意見の聴取の手続その他意見の聴取に関し必要な事項は、総務省令で定める。

（関係行政機関の勧告等）

第二〇条の二　関係行政機関は、その所管に関係がある地方行政につき、地方団体が法律又はこれに基く政令により義務づけられた規模と内容とを備えることを怠つているために、その地方行政の水準を低下させていると認める場合においては、当該地方団体に対し、これを備えるべき旨の勧告をすることができる。

2　関係行政機関は、前項の勧告をしようとする場合においては、あらかじめ総務大臣に通知しなければならない。

3　地方団体が第一項の勧告に従わなかつた場合においては、関係行政機関は、総務大臣に対し、当該地方団体に対し交付すべき交付税の額の全部若しくは一部を減額し、又は既に交付した交付税の全部若しくは一部を返還させることを請求することができる。

4　総務大臣は、前項の請求があつたときは、当該地方団体の弁明を聞いた上、災害その他やむを得ない事由があると認められる場合を除き、当該地方団体に対し交付すべき交付税の額の全部若しくは一部を減額し、又は既に交付した交付税の全部若しくは一部を返還させなければならない。第十九条第六項から第八項までの規定は、この場合について準用する。

5　前項の規定により減額し、又は返還させる交付税の額は、当該行政につき法律又はこれに基く政令により義務づけられた規模と内容とを備えることを怠つたことに因り、その地方行政の水準を低下させたために不用となるべき額をこえることができない。

（減額し、又は返還された交付税の額の措置）

第二〇条の三　前条第四項又は地方財政法第二十六条第一項の規定により、交付すべき交付税の額の全部又は一部を減額した場合においては、その減額した額は、当該年度の特別交付税の総額に算入する。

2　第十九条第二項から第五項まで、前条第四項又は地方財政法第二十六条の規定により、すでに交付した交付税の額の全部若しくは一部を返還させ、又は加算金を納付させた場合においては、その返還され、又は納付された額は、当該返還され、若しくは納付された年度の翌年度又は翌翌年度において、第六条第二項の規定により当該年度分として交付すべき交付税の総額に算入し、当該算入した年度の特別交付税の総額に算入する。

（都の特例）

第二一条　都にあつては、道府県に対する交付税の算定に関してはその全区域を道府県と、市町村に対する交付税の算定に関してはその特別区の存する区域を市町村と、それぞれみなして算定した基準財政需要額の合算額及び基準財政収入額の合算額をもつてその基準財政需要額及び基準財政収入額とする。

第二二条（省略）

（地方財政審議会の意見の聴取）

第二三条　総務大臣は、次に掲げる場合には、地方財政審議会の意見を聴かなければならない。

一　交付税の交付に関する命令の制定又は改廃の立案をしようとするとき。

二　第七条に規定する翌年度の地方団体の歳入歳出総額の見込額に関する書類の原案を作成しようとするとき。

三　第十条又は第十五条の規定により各地方団体に交付すべき交付税の額を決定し、又は変更しようとするとき。

四　第十八条第二項の規定により地方団体の審査の申立てについて決定をしようとするとき。

五　第十九条第四項の規定により交付税を返還させようとするとき。

六　第十九条第八項（第二十条の二第四項において準用する場合を含む。）の規定により地方団体の異議の申出について決定をしようとするとき。

七　第二十条第三項の規定により同条第二項に規定する決定又は処分を取り消し、又は変更しようとするとき。

八　第二十条の二第四項の規定により交付税を減額し、又は返還させようとするとき。

第二四条（省略）

附　則（省略）

別表第一（第十二条第四項関係）（教育関係のみ抜粋）

地方団体の種類	経費の種類	測定単位	単位費用（円）
道府県	三　教育費 1　小学校費	教職員数	一人につき 六、〇五六、〇〇〇
	2　中学校費	教職員数	一人につき 六、二三四、〇〇〇
	3　高等学校費	教職員数	一人につき 六、五九七、〇〇〇
		生徒数	一人につき 五七、一〇〇
	4　特別支援学校費	教職員数	一人につき 五、九一八、〇〇〇
		学級数	一学級につき 二、二二四、〇〇〇
	5　その他の教育費	人口	一人につき 三、二三〇
		高等専門学校及び大学の学生の数	一人につき 二二三、〇〇〇
		私立の学校の幼児、児童及び生徒の数	一人につき 二九七、五〇〇
市町村	三　教育費 1　小学校費	児童数	一人につき 四四、六〇〇
		学級数	一学級につき 八九三、〇〇〇
		学校数	一校につき 一〇、二四四、〇〇〇
	2　中学校費	生徒数	一人につき 四二、六〇〇
		学級数	一学級につき 一、一〇一、〇〇〇
		学校数	一校につき 九、一四七、〇〇〇
	3　高等学校費	教職員数	一人につき 六、五五〇、〇〇〇
		生徒数	一人につき 七三、三〇〇
	4　その他の教育費	人口	一人につき 五、七〇〇

幼稚園及び幼保連携型認定こども園の小学校就学前子どもの数	一人につき	六六二、〇〇〇

別表第二（第十二条第五項関係）

地方団体の種類	測定単位		単位費用（円）
道府県	人口	一人につき	九、一五〇
	面積	一平方メートルにつき	一、一二一、〇〇〇
市町村	人口	一人につき	一七、八〇〇
	面積	一平方メートルにつき	二、三三四、〇〇〇

附　則（抄）（令和二年三月三一日法律第六号）

（**施行期日**）

第一条　この法律は、令和二年四月一日から施行する。

（**地方交付税法の一部改正に伴う経過措置**）

第二条　第一条の規定による改正後の地方交付税法の規定は、令和二年度分の地方交付税から適用し、令和元年度分までの地方交付税については、なお従前の例による。

第3章　教育振興

●学校図書館法

（昭和二八年八月八日法律第一八五号）

施行、昭二九・四・一
最終改正、平二七―法四六

（この法律の目的）

第一条　この法律は、学校図書館が、学校教育において欠くことのできない基礎的な設備であることにかんがみ、その健全な発達を図り、もつて学校教育を充実することを目的とする。

（定義）

第二条　この法律において「学校図書館」とは、小学校（義務教育学校の前期課程及び特別支援学校の小学部を含む。）、中学校（義務教育学校の後期課程、中等教育学校の前期課程及び特別支援学校の中学部を含む。）及び高等学校（中等教育学校の後期課程及び特別支援学校の高等部を含む。）（以下「学校」という。）において、図書、視覚聴覚教育の資料その他学校教育に必要な資料（以下「図書館資料」という。）を収集し、整理し、及び保存し、これを児童又は生徒及び教員の利用に供することによつて、学校の教育課程の展開に寄与するとともに、児童又は生徒の健全な教養を育成することを目的として設けられる学校の設備をいう。

（設置義務）

第三条　学校には、学校図書館を設けなければならない。

（学校図書館の運営）

第四条　学校は、おおむね左の各号に掲げるような方法によつて、学校図書館を児童又は生徒及び教員の利用に供するものとする。

一　図書館資料を収集し、児童又は生徒及び教員の利用に供すること。
二　図書館資料の分類排列を適切にし、及びその目録を整備すること。
三　読書会、研究会、鑑賞会、映写会、資料展示会等を行うこと。
四　図書館資料の利用その他学校図書館の利用に関し、児童又は生徒に対し指導を行うこと。
五　他の学校の学校図書館、図書館、博物館、公民館等と緊密に連絡し、及び協力すること。

2　学校図書館は、その目的を達成するのに支障のない限度において、一般公衆に利用させることができる。

（司書教諭）

第五条　学校には、学校図書館の専門的職務を掌らせるため、司書教諭を置かなければならない。

2　前項の司書教諭は、主幹教諭（養護又は栄養の指導及び管理をつかさどる主幹教諭を除く。）、指導教諭又は教諭（以下この項において「主幹教諭等」という。）をもつて充てる。この場合において、当該主幹教諭等は、司書教諭の講習を修了した者でなければならない。

3　前項に規定する司書教諭の講習は、大学その他の教育機関が文部科学大臣の委嘱を受けて行う。

4　前項に規定するものを除くほか、司書教諭の講習に関し、履修すべき科目及び単位その他必要な事項は、文部科学省令で定める。

（学校司書）

第六条　学校には、前条第一項の司書教諭のほか、学校図書館の運営の改善及び向上を図り、児童又は生徒及び教員による学校図書館の利用の一層の促進に資するため、専ら学校図書館の職務に従事する職員（次項において「学校司書」という。）を置くよう努めなければならない。

2　国及び地方公共団体は、学校司書の資質の向上を図るため、研修の実施その他の必要な措置を講ずるよう努めなければならない。

（設置者の任務）

第七条　学校の設置者は、この法律の目的が十分に達成されるようその設置する学校の学校図書館を整備し、及び充実を図ることに努めなければならない。

（国の任務）

第八条　国は、第六条第二項に規定するもののほか、学校図書館を整備し、及びその充実を図るため、次の各号に掲げる事項の実施に努めなければならない。

一　学校図書館の整備及び充実並びに司書教諭の養成に関する総合的計画を樹立すること。
二　学校図書館の設置及び運営に関し、専門的、技術的な指導及び勧告を与えること。
三　前二号に掲げるもののほか、学校図書館の整備及び充実のため必要と認められる措置を講ずること。

附　則（省略）

●ユネスコ学校図書館宣言
――すべての者の教育と学習のための学校図書館

（一九九九年一一月二六日　第三〇回ユネスコ総会で採択）

学校図書館は、今日の情報や知識を基盤とする社会に相応しく生きていくために基本的な情報とアイデアを提供する。学校図書館は、児童生徒が責任ある市民として生活できるように、生涯学習の技能を育成し、また、想像力を培う。

学校図書館の使命

学校図書館は、情報がどのような形態あるいは媒体であろうと、学校構成員全員が情報を批判的にとらえ、効果的に利用できるように、学習のためのサービス、図書、情報資源を提供する。学校図書館は、ユネスコ公共図書館宣言と同様の趣旨に沿い、より広範な図書館・情報ネットワークと連携する。

図書館職員は、小説からドキュメンタリーまで、印刷資料から電子資料まで、あるいはその場でも遠くからでも、幅広い範囲の図書やその他の情報源を利用することを支援する。資料は、教科書や教材、教育方法を補完し、より充実させる。

図書館職員と教師が協力する場合に、児童生徒の識字、読書、学習、問題解決、情報およびコミュニケーション技術の各技能レベルが向上することが実証されている。

学校図書館サービスは、年齢、人種、性別、宗教、国籍、言語、職業あるいは社会的身分にかかわらず、学校構成員全員に平等に提供されなければならない。通常の図書館サービスや資料の利用ができない人々に対しては、特別のサービスや資料が用意されなければならない。

学校図書館のサービスや蔵書の利用は、国際連合世界人権宣言（※）に基づくものであり、いかなる種類の思想的、政治的、あるいは宗教的な検閲にも、また商業的な圧力にも屈してはならない。

〔※〕英文では「the United Nations Universal Declaration of Human Rights and Freedoms」とされている。

財政、法令、ネットワーク

学校図書館は、識字、教育、情報提供、経済、社会そして文化の発展についてのあらゆる長期政策にとって基本的なものである。地方、地域、国の行政機関の責任として、学校図書館は特定の法令あるいは施策によって維持されなければならない。学校図書館には、訓練された職員、資料、各種技術および設備のための経費が十分かつ継続的に調達されなければならない。それは無料でなければならない。

学校図書館は、地方、地域および全国的な図書館・情報ネットワークを構成する重要な一員である。

学校図書館が、例えば公共図書館のような他館種図書館と設備や資料等を共有する場合には、学校図書館独自の目的が認められ、主張されなければならない。

学校図書館の目標

学校図書館は教育の過程にとって不可欠なものである。

以下に述べることは、識字、情報リテラシー、指導、学習および文化の発展にとって基本的なことであり、学校図書館サービスの核となるものである。

- 学校の使命およびカリキュラムとして示された教育目標を支援し、かつ増進する。
- 子ども達に読書の習慣と楽しみ、学習の習慣と楽しみ、そして生涯を通じての図書館利用を促進させ、継続させるようにする。
- 知識、理解、想像、楽しみを得るために情報を利用し、かつ創造する体験の機会を提供する。
- 情報の形式、形態、媒体が、地域社会に適合したコミュニケーションの方法を含めどのようなものであっても、すべての児童生徒が情報の活用と評価の技能を学び、練習することを支援する。
- 地方、地域、全国、全世界からの情報入手と、さまざまなアイデア、経験、見解に接して学習する機会を提供する。
- 文化的社会的な関心を喚起し、それらの感性を錬磨する活動を計画する。
- 学校の使命を達成するために、児童生徒、教師、管理者、および両親と協力する。
- 知的自由の理念を謳い、情報を入手できることが、民主主義を具現し、責任ある有能な市民となるためには不可欠である。
- 学校内全体および学校外においても、読書を奨励し、学校図書館の資源やサービスを増強する。

以上の機能を果たすために、学校図書館は方針とサービスを樹立し、資料を選択・収集し、適切な情報源を利用するための設備と技術を整備し、教育的環境を整え、訓練された職員を配置する。

職　員

学校図書館員は、可能なかぎり十分な職員配置に支えられ、学校構成員全員と協力し、公共図書館その他と連携して、学校図書館の計画立案や経営に責任がある専門的資格をもつ職員である。

学校図書館員の役割は、国の法的、財政的な条件の下での予算や、各学校のカリキュラム、教育方法によってさまざまである。状況は異なっても、学校図書館員が効果的な学校図書館サービスを展開するのに必要とされる共通の知識領域は、情報資源、図書館、情報管理、および情報教育である。

増大するネットワーク環境において、教師と児童生徒の両者に対し、学校図書館員は多様な情報処理の技能を計画し指導ができる能力をもたなければならない。したがって、学校図書館員の専門的な継続教育と専門性の向上が必要とされる。

運営と管理

効果的で責任のもてる運営を確実にするためには、

- 学校図書館サービスの方針は、各学校のカリキュラムに関連させて、その目標、重点、サービス内容が明らかになるように策定されなければならない。
- 学校図書館は専門的基準に準拠して組織され、維持されなければならない。
- サービスは学校構成員全員が利用でき、地域社会の条件に対応して運営されなければならない。
- 教師、学校管理者幹部、行政官、両親、他館種の図書館員、情報専門家、ならびに地域社会の諸団体との協力が促進されなければならない。

宣言の履行

政府は、教育に責任をもつ省庁を通じ、この宣言の諸原則を履行する政策、方針、計画を緊急に推進すべきである。図書館員と教師の養成および継続教育において、この宣言の周知を図る諸計画が立てられなければならない。

（長倉美恵子・堀川照代訳）

●学校図書館司書教諭講習規程

（昭和二九年八月六日 文部省令第二一号）

施行、昭二九・八・六
最終改正、令二―文科令三四

（この省令の趣旨）

第一条　学校図書館法第五条に規定する司書教諭の講習（以下「講習」という。）については、この省令の定めるところによる。

（受講資格）

第二条　講習を受けることができる者は、教育職員免許法（昭和二十四年法律第百四十七号）に定める小学校、中学校、高等学校若しくは特別支援学校の教諭の免許状を有する者又は大学に二年以上在学する学生で六十二単位以上を修得した者とする。

（履修すべき科目及び単位）

第三条　司書教諭の資格を得ようとする者は、講習において、次の表の上欄に掲げる科目について、それぞれ、同表の下欄に掲げる数の単位を修得しなければならない。

科　目	単位数
学校経営と学校図書館	二
学校図書館メディアの構成	二
学習指導と学校図書館	二
読書と豊かな人間性	二
情報メディアの活用	二

2　講習を受ける者が大学において修得した科目の単位又は図書館法（昭和二十五年法律第百十八号）第六条に規定する司書の講習において修得した科目の単位であつて、前項に規定する科目の単位に相当するものとして文部科学大臣が認めたものは、これをもつて前項の規定により修得した科目の単位とみなす。

（単位計算の基準）

第四条　前条に規定する単位の計算方法は、大学設置基準（昭和三十一年文部省令第二十八号）第二十一条第二項に定める基準によるものとする。

（単位修得の認定）

第五条　単位修得の認定は、講習を行う大学その他の教育機関が、試験、論文、報告書その他による成績審査に合格した受講者に対して行う。

（修了証書の授与）

第六条　文部科学大臣は、第三条の定めるところにより十単位を修得した者に対して、講習の修了証書を与えるものとする。

（雑則）

第七条　受講者の人数、選定の方法並びに講習を行う大学その他の教育機関、講習の期間その他講習実施の細目については、毎年インターネットの利用その他の適切な方法により公示する。

附　則（省略）

附　則（令和二年九月二五日文部科学省令第三四号）

この省令は、公布の日から施行する。

●学校教育の情報化の推進に関する法律

（令和元年六月二八日法律第四七号）

施行、令一・六・二八

第一章　総則

（目的）

第一条　この法律は、高度情報通信ネットワーク社会の発展に伴い、学校における情報通信技術の活用により学校教育が直面する課題の解決及び学校教育の一層の充実を図ることが重要となっていることに鑑み、全ての児童生徒がその状況に応じて効果的に教育を受けることができる環境の整備を図るため、学校教育の情報化の推進に関し、基本理念を定め、国、地方公共団体等の責務を明らかにし、及び学校教育の情報化の推進に関する計画の策定その他の必要な事項を定めることにより、学校教育の情報化の推進に関する施策を総合的かつ計画的に推進し、もって次代の社会を担う児童生徒の育成に資することを目的とする。

（定義）

第二条　この法律において「学校」とは、学校教育法（昭和二十二年法律第二十六号）第一条に規定する小学校、中学校、義務教育学校、高等学校、中等教育学校及び特別支援学校（幼稚部を除く。）をいう。

2　この法律において「学校教育の情報化」とは、学校の各教科等の指導等における情報通信技術の活用及び学校における情報教育（情報及び情報手段（電子計算機、情報通信ネットワークその他の情報処理又は情報の流通のための手段をいう。次条第一項において同じ。）を主体的に選択し、及びこれを活用する能力の育成を図るための教育をいう。第十四条において同じ。）の充実並びに学校事務（学校における事務をいう。以下同じ。）における情報通信技術の活用をいう。

3　この法律において「児童生徒」とは、学校に在籍する児童又は生徒をいう。

4　この法律において「デジタル教材」とは、電磁的記録（電子的方式、磁気的方式その他人の知覚によっては認識することができない方式で作られる記録であって、電子計算機による情報処理の用に供されるものをいう。）として作成される教材をいう。

5　この法律において「デジタル教科書」とは、教科書に代えて、又は教科書として使用されるデジタル教材をいう。

（基本理念）

第三条　学校教育の情報化の推進は、情報通信技術の特性を生かして、個々の児童生徒の能力、特性等に応じた教育、双方向性のある教育（児童生徒の主体的な学習を促す教育をいう。）等が学校の教員による適切な指導を通じて行われることにより、各教科等の指導等において、情報及び情報手段を主体的に選択し、及びこれを活用する能力の体系的な育成その他の知識及び技能の習得等（心身の発達に応じて、基礎的な知識及び技能を習得させるとともに、これらを活用して課題を解決するために必要な思考力、判断力、表現力その他の能力を育み、主体的に学習に取り組む態度を養うことをいう。）が効果的に図られるよう行われなければならない。

2　学校教育の情報化の推進は、デジタル教科書その他のデジタル教材を活用した学習その他の情報通信技術を活用した学習とデジタル教材以外の教材を活用した学習、体験学習等とを適切に組み合わせること等により、多様な方法による学習が推進されるよう行われなければならない。

3　学校教育の情報化の推進は、全ての児童生徒が、その家庭の経済的な状況、居住する地域、障害の有無等にかかわらず、等しく、学校教育の情報化の恵沢を享受し、もって教育の機会均等が図られるよう行われなければならない。

4　学校教育の情報化の推進は、情報通信技術を活用した学校事務の効率化により、学校の教職員の負担が軽減され、児童生徒に対する教育の充実が図られるよう行われなければならない。

5　学校教育の情報化の推進は、児童生徒等の個人情報の適正な取扱い及びサイバーセキュリティ（サイバーセキュリティ基本法（平成二十六年法律第百四号）第二条に規定するサイバーセキュリティをいう。第十七条において同じ。）の確保を図りつつ行われなければならない。

6　学校教育の情報化の推進は、児童生徒による情報通信技術の利用が児童生徒の健康、生活等に及ぼす影響に十分配慮して行われなければならない。

（国の責務）

第四条　国は、前条の基本理念（以下単に「基本理念」という。）にのっとり、学校教育の情報化の推進に関する施策を総合的かつ計画的に策定し、及び実施する責務を有する。

（地方公共団体の責務）

第五条　地方公共団体は、基本理念にのっとり、学校教育の情報化の推進に関し、国との適切な役割分担を踏まえて、その地方公共団体の地域の状況に応じた施策を総合的かつ計画的に策定し、及び実施する責務を有する。

（学校の設置者の責務）

第六条　学校の設置者は、基本理念にのっとり、その設置する学校における学校教育の情報化の推進のために必要な措置を講ずる責務を有する。

（法制上の措置等）

第七条　政府は、学校教育の情報化の推進に関する施策を実施するため必要な法制上又は財政上の措置その他の措置を講じなければならない。

第二章　学校教育情報化推進計画等

（学校教育情報化推進計画）

第八条　文部科学大臣は、学校教育の情報化の推進に関する施策の総合的かつ計画的な推進を図るため、学校教育の情報化の推進に関する計画（以下「学校教育情報化推進計画」という。）を定めなければならない。

2　学校教育情報化推進計画は、次に掲げる事項について定めるものとする。

一　学校教育の情報化の推進に関する基本的な方針

二　学校教育情報化推進計画の期間

三　学校教育情報化推進計画の目標

四　学校教育の情報化の推進に関する施策に関し総合的かつ計画的に講ずべき施策

五　前各号に掲げるもののほか、学校教育の情報化の推進に関する施策を総合的かつ計画的に推進するために必要な事項

3　学校教育情報化推進計画は、教育基本法（平成十八年法律第百二十号）第十七条第一項に規定する基本的な計画との調和が保たれたものでなければならない。

4　文部科学大臣は、情勢の推移により必要が生じたときは、学校教育情報化推進計画を変更するものとする。

5　文部科学大臣は、学校教育情報化推進計画を定め、又は変更しようとするときは、総務大臣、経済産業大臣その他の関係行政機関の長と協議しなければならない。

6　文部科学大臣は、学校教育情報化推進計画を定め、又は変更したときは、遅滞なく、これを公表しなければならない。

（都道府県学校教育情報化推進計画等）

第九条　都道府県は、学校教育情報化推進計画を基本として、その都道府県の区域における学校教育の情報化の推進に関する施策についての計画（以下この条において「都道府県学校教育情報化推進計画」という。）を定めるよう努めなければならない。

2　市町村（特別区を含む。以下この条において同じ。）は、学校教育情報化推進計画（都道府県学校教育情報化推進計画が定められているときは、学校教育情報化推進計画及び都道府県学校教育情報化推進計画）を基本として、その市町村の区域における学校教育の情報化の推進に関する施策についての計画（次項において「市町村学校教育情報化推進計画」という。）を定めるよう努めなければならない。

3　都道府県又は市町村は、都道府県学校教育情報化推進計画又は市町村学校教育情報化推進計画を定め、又は変更したときは、遅滞なく、これを公表するよう努めるものとする。

第三章　学校教育の情報化の推進に関する施策

（デジタル教材等の開発及び普及の促進）

第一〇条　国は、情報通信技術を活用した多様な方法による学習を促進するため、デジタル教材等（デジタル教材及びデジタル教材を利用するための情報通信機器をいう。次項において同じ。）、情報通信技術を活用した教育方法等の開発及び普及の促進に必要な施策を講ずるものとする。

2　国は、前項の施策を講ずるに当たっては、障害の有無にかかわらず全ての児童生徒が円滑に利用することができるデジタル教材等の開発の促進に必要な措置を講ずるものとする。

（教科書に係る制度の見直し）

第一一条　国は、前条第一項の学習を促進するため、教科書として使用することが適切な内容のデジタル教材について各教科等の授業においてデジタル教科書として使用することができるよう、その教育効果を検証しつつ、教科書に係る制度（教科書の位置付け及び教科書に係る検定、義務教育諸学校の児童生徒への教科書の無償の供与、教科書への掲載に係る著作物の利用等に関する制度をいう。次項において同じ。）について検討を加え、その結果に基づき、必要な措置を講ずるものとする。

2　国は、前項の措置の実施の状況等を踏まえ、学校における情報通信技術の活用のための環境の整備の状況等を考慮しつつ、教科書に係る制度の在り方について不断の見直しを行うものとする。

（障害のある児童生徒の教育環境の整備）

第一二条　国は、情報通信技術の活用により可能な限り障害のある児童生徒が障害のない児童生徒と共に教育を受けることができる環境の整備が図られるよう、必要な施策を講ずるものとする。

（相当の期間学校を欠席する児童生徒に対する教育の機会の確保）

第一三条　国は、情報通信技術の活用により疾病による療養その他の事由のため相当の期間学校を欠席する児童生徒に対する教育の機会の確保が図られるよう、必要な施策を講ずるものとする。

（学校の教職員の資質の向上）

第一四条　国は、情報通信技術を活用した効果的な教育方法の普及、情報通信技術の活用による教育方法の改善及び情報教育の充実並びに情報通信技術の活用による学校事務の効率化を図るため、学校の教員の養成及び学校の教職員の研修を通じたその資質の向上のために必要な施策を講ずるものとする。

（学校における情報通信技術の活用のための環境の整備）

第一五条　国は、デジタル教材の円滑な使用を確保するための情報通信機器その他の機器の導入及び情報通信ネットワークを利用できる環境の整備、学校事務に係る情報システムの構築その他の学校における情報通信技術の活用のための環境の整備に必要な施策を講ずるものとする。

（学習の継続的な支援等のための体制の整備）

第一六条　国は、児童生徒に対する学習の継続的な支援等が円滑に行われるよう、情報通信技術の活用により児童生徒の学習活動の状況等に関する情報を学校間及び学校の教職員間で適切に共有する体制を整備するために必要な施策を講ずるものとする。

（個人情報の保護等）

第一七条　国は、児童生徒及び学校の教職員が情報通信技術を適切にかつ安心して利用することができるよう、学校における児童生徒等の個人情報の適正な取扱い及びサイバーセキュリティの確保を図るため、学校におけるサイバーセキュリティに関する統一的な基準の策定、研修の実施その他の必要な施策を講ずるものとする。

（人材の確保等）

第一八条　国は、学校の教職員による情報通信技術の活用を支援する人材の確保、養成及び資質の向上が図られるよう、必要な施策を講ずるものとする。

（調査研究等の推進）

第一九条　国は、デジタル教材の教育効果、情報通信技術の利用が児童生徒の健康、生活等に及ぼす影響等に関する調査研究、情報通信技術の進展に伴う新たなデジタル教材、教育方法等の研究開発等の推進及びその成果の普及に必要な施策を講ずるものとする。

（国民の理解と関心の増進）

第二〇条　国は、学校教育の情報化の重要性に関する国民の理解と関心を深めるよう、学校教育の情報化に関する広報活動及び啓発活動の充実その他の必要な施策を講ずるものとする。

（地方公共団体の施策）

第二一条　地方公共団体は、第十条から前条までの国の施策を勘案し、その地方公共団体の地域の状況に応じた学校教育の情報化のための施策の推進を図るよう努めるものとする。

第四章　学校教育情報化推進会議

第二二条　政府は、関係行政機関（文部科学省、総務省、経済産業省その他の関係行政機関をいう。次項において同じ。）相互の調整を行うことにより、学校教育の情報化の総合的、一体的かつ効果的な推進を図るため、学校教育情報化推進会議を設けるものとする。

2　関係行政機関は、学校教育の情報化に関し専門的知識を有する者によって構成する学校教育情報化推進専門家会議を設け、前項の調整を行うに際しては、その意見を聴くものとする。

附　則（省略）

●理科教育振興法（昭和二八年八月八日法律第一八六号）

施行、昭二九・四・一
最終改正、平二八—法四七

第一章 総則

（この法律の目的）

第一条 この法律は、理科教育が文化的な国家の建設の基盤として特に重要な使命を有することにかんがみ、教育基本法（平成十八年法律第百二十号）及び学校教育法（昭和二十二年法律第二十六号）の精神にのつとり、理科教育を通じて、科学的な知識、技能及び態度を習得させるとともに、工夫創造の能力を養い、もつて日常生活を合理的に営み、且つ、わが国の発展に貢献しうる有為な国民を育成するため、理科教育の振興を図ることを目的とする。

（定義）

第二条 この法律で「理科教育」とは、小学校（義務教育学校の前期課程及び特別支援学校の小学部を含む。以下同じ。）、中学校（義務教育学校の後期課程、中等教育学校の前期課程及び特別支援学校の中学部を含む。以下同じ。）又は高等学校（中等教育学校の後期課程及び特別支援学校の高等部を含む。以下同じ。）において行われる理科、算数及び数学に関する教育をいう。

（国の任務）

第三条 国は、この法律及び他の法令の定めるところにより、理科教育の振興を図るように努めるとともに、地方公共団体が左の各号に掲げるような方法によつて理科教育の振興を図ることを奨励しなければならない。

一 理科教育の振興に関する総合計画を樹立すること。

二 理科教育に関する教育の内容及び方法の改善を図ること。

三 理科教育に関する施設又は設備を整備し、及びその充実を図ること。

四 理科教育に従事する教員又は指導者の現職教育又は養成の計画を樹立し、及びその実施を図ること。

第二章 削除〔昭四一法九八〕

第四条から第八条まで 削除

第三章 国の補助

（国の補助）

第九条 国は、公立の学校（地方独立行政法人法（平成十五年法律第百十八号）第六十八条第一項に規定する公立大学法人が設置するものを含む。次項において同じ。）又は私立の学校の設置者が、次に掲げる設備であつて、審議会等（国家行政組織法（昭和二十三年法律第百二十号）第八条に規定する機関をいう。）で政令で定めるものの議を経て政令で定める基準に達していないものについて、これを当該基準にまで高めようとする場合においては、これに要する経費の二分の一を、当該学校の設置者に対し、予算の範囲内において補助する。

一 小学校、中学校又は高等学校における理科教育のための設備（算数又は数学に関する教育のための設備にあつては、標準的なものとして備えられるべき教材以外のものとする。）で、当該教育のため特に必要なもの

二 理科教育に従事する教員又は指導者の現職教育又は養成を行う大学が当該現職教育又は養成のために使用する設備

2 前項に規定するもののほか、国は、公立の学校又は私立の学校に係る理科教育の振興のために特に必要と認められる経費の二分の一を、当該学校の設置者に対し、予算の範囲内において補助する。

3 前二項の規定により国が私立の学校の設置者に対し補助をする場合においては、私立学校振興助成法（昭和五十年法律第六十一号）第十一条から第十三条まで並びにこれらの規定に係る同法附則第二条第一項及び第二項の規定の適用があるものとする。

（補助金の返還等）

第一〇条 文部科学大臣は、前条の規定により補助金の交付を受けた者が次の各号のいずれかに該当するときは、当該年度におけるその後の補助金の交付をやめるとともに、既に交付した当該年度の補助金を返還させるものとする。

一 この法律又はこの法律に基づく政令の規定に違反したとき。

二 補助金の交付の条件に違反したとき。

三 虚偽の方法によつて補助金の交付を受けたことが明らかになつたとき。

（政令への委任）

第一一条 前二条に規定するものを除く外、補助金の交付に関し必要な事項は、政令で定める。

附 則〔省略〕

●理科教育振興法施行令（昭和二九年一二月一六日政令第三一一号）

施行、昭二九・一二・一六
最終改正、平二七—政四二一

（審議会等で政令で定めるもの）

第一条 理科教育振興法（以下「法」という。）第九条第一項の審議会等で政令で定めるものは、中央教育審議会とする。

（設備の基準）

第二条 法第九条第一項の規定に基づき同項第一号に掲げる設備について政令で定める基準は、学校の種類別及び部別に応じ、別表第一から第三までに掲げる設備で理科教育（法第二条に規定する「理科教育」をいう。）のために通常必要なものとする。

2 前項の基準に関する細目は、中央教育審議会の議を経て、文部科学省令で定める。

附 則〔抄〕

2 当分の間、第二条第一項の規定にかかわらず、別表第一及び第二のうち、野外観察調査用具、標本及び模型に係る部分は、適用しない。ただし、知的障害者、肢体不自由者又は病弱者（身体虚弱者を含む。）である児童又は生徒に対する教育を主として行う特別支援学校に関しては、この限りでない。

別表（第二条関係）

第一 小学校、義務教育学校の前期課程及び特別支援学校の小学部

理科に関する教育のための	計量器	長さ、体積、質量、時間、温度及び電気の計量器
	実験機械器具	力、運動、物性、熱、光、音、磁気、電気、化学、生物、天文、気象、岩石及び鉱物の実験又は観察に必要な機械器具

設備	野外観察調査用具	地学調査、生物採集、標本製作及び飼育栽培に必要な用具
	標本	岩石、鉱物、化石、植物及び動物の標本
	模型	機械、地質及び人体の模型
算数に関する教育のための設備	提示説明器具	数・量・形及び数量関係の説明に必要な器具
	実験実習器具	数・量・形及び数量関係の実験実習に必要な器具
	計算器具	計算に必要な器具

備考　算数に関する教育のための設備にあつては、標準的なものとして備えられるべき教材以外のものとする。

第二　中学校、義務教育学校の後期課程、中等教育学校の前期課程及び特別支援学校の中学部

理科に関する教育のための設備	計量器	長さ、体積、質量、時間、温度及び電気の計量器
	実験機械器具	力、運動、物性、熱、光、音、磁気、電気、化学、生物、天文、気象、岩石及び鉱物の実験又は観察に必要な機械器具
	野外観察調査用具	地学調査、生物採集、標本製作及び飼育栽培に必要な用具
	標本	岩石、鉱物、化石、植物及び動物の標本
	模型	機械、地質、鉱物、動物及び人体の模型
数学に関する教育のための設備	提示説明器具	数・式、関数、図形及び確率・統計の説明に必要な器具
	実験実習器具	図形及び確率・統計の実験実習に必要な器具
	計算器具	計算に必要な器具

備考　数学に関する教育のための設備にあつては、標準的なものとして備えられるべき教材以外のものとする。

第三　高等学校、中等教育学校の後期課程及び特別支援学校の高等部

理科に関する教育のための設備	計量器	長さ、体積、質量、時間、温度及び電気の計量器
	実験機械器具	力、運動、物性、熱、光、音、磁気、電気、化学、生物、天文、気象、岩石及び鉱物の実験又は観察に必要な機械器具
	野外観察調査用具	地学調査、生物採集、標本製作及び飼育栽培に必要な用具
	標本	岩石、鉱物、化石、植物及び動物の標本
	模型	機械（聴覚障害者である生徒に対する教育を主として行う特別支援学校に限る。）、地質、鉱物、植物、動物及び人体の模型
数学に関する教育のための設備	提示説明器具	確率・統計の説明に必要な器具
	実験実習器具	確率・統計の実験実習に必要な器具
	計算機器	計算・思考の手順の分析・系列化等の指導及び計算処理に必要な計算機

備考　数学に関する教育のための設備にあつては、標準的なものとして備えられるべき教材以外のものとする。

●産業教育振興法

（昭和二六年六月一一日法律第二二八号）

施行、昭二六・六・一一
最終改正、平二八―法四七

第一章　総則

（目的）

第一条　この法律は、産業教育がわが国の産業経済の発展及び国民生活の向上の基礎であることにかんがみ、教育基本法（平成十八年法律第百二十号）の精神にのつとり、産業教育を通じて、勤労に対する正しい信念を確立し、産業技術を習得させるとともに工夫創造の能力を養い、もつて経済自立に貢献する有為な国民を育成するため、産業教育の振興を図ることを目的とする。

（定義）

第二条　この法律で「産業教育」とは、中学校（義務教育学校の後期課程、中等教育学校の前期課程及び特別支援学校の中学部を含む。以下同じ。）、高等学校（中等教育学校の後期課程及び特別支援学校の高等部を含む。以下同じ。）、大学又は高等専門学校が、生徒又は学生等に対して、農業、工業、商業、水産業その他の産業に従事するために必要な知識、技能及び態度を習得させる目的をもつて行う教育（家庭科教育を含む。）をいう。

（国の任務）

第三条　国は、この法律及び他の法令の定めるところにより、産業教育の振興を図るように努めるとともに、地方公共団体が左の各号に掲げるような方法によつて産業教育の振興を図ることを奨励しなければならない。

一　産業教育の振興に関する総合計画を樹立すること。

二　産業教育に関する教育の内容及び方法の改善を図ること。

三　産業教育に関する施設又は設備を整備し、及びその充実を図ること。

四　産業教育に従事する教員又は指導者の現職教育又は養成の計画を樹立し、及びその実施を図ること。

五　産業教育の実施について、産業界との協力を促進すること。

（実験実習により生ずる収益）

第四条　地方公共団体は、その設置する学校が行う産業教育に関する実験実習によつて収益が生じたときは、これを当該実験実習に必要な経費に増額して充てるように努めなければならない。

（教員の資格等）

第五条　産業教育に従事する教員の資格、定員及び待遇については、産業教育の特殊性に基き、特別の措置が講ぜられなければならない。

（教科用図書）

第六条　産業教育に関する教科用図書の編修、検定及び発行に関しては、産業教育の特殊性に基き、特別の措置が講ぜられなければならない。

第七条から第一〇条まで　削除（昭六〇法九〇）

第二章　地方産業教育審議会

（設置）

第一一条　都道府県及び市町村（市町村の組合及び特別区を含む。以下同じ。）の教育委員会に、条例の定めるところにより、地方産業教育審議会を置くことができる。

（所掌事務）

第一二条　地方産業教育審議会（以下「地方審議会」という。）は、それぞれ、当該都道府県又は市町村の区域内で行われる産業教育に関し、第三条各号に掲げるような事項その他産業教育に関する重要事項について、都道府県の教育委員会若しくは知事又は市町村の教育委員会の諮問に応じて調査審議し、及びこれらの事項に関して都道府県の教育委員会若しくは知事又は市町村の教育委員会に建議する。

（委員）

第一三条　地方審議会の委員は、産業教育に関し学識経験のある者及び関係行政機関の職員のうちから、それぞれ、都道府県又は市町村の教育委員会が任命する。
2　前項の委員の任命に当たつては、あらかじめ都道府県の教育委員にあつては知事の意見を、市町村の教育委員会にあつては市町村長の意見を聴かなければならない。
3　委員は、非常勤とする。
4　委員は、その職務を行うために要する費用の弁償を受けることができる。
5　前項の費用は、それぞれ、都道府県又は市町村の負担とする。
6　委員の定数並びに費用弁償の額及びその支給方法は、条例で定める。

（教育委員会規則への委任）
第一四条　地方審議会に関し必要な事項は、この法律に規定するものを除くほか、それぞれ、当該都道府県又は市町村の教育委員会規則で定める。
2　前項の規則の制定に当つては、あらかじめ都道府県の教育委員会は知事と、市町村の教育委員会は市町村長と協議しなければならない。

第三章　国の補助

第一節　公立学校

（国の補助）
第一五条　国は、公立学校（地方独立行政法人法（平成十五年法律第百十八号）第六十八条第一項に規定する公立大学法人（次条において「公立大学法人」という。）が設置する学校を含む。次項において同じ。）の設置者が次に掲げる施設又は設備であつて、審議会等（国家行政組織法（昭和二十三年法律第百二十号）第八条に規定する機関をいう。次条において同じ。）で政令で定めるものの議を経て政令で定める基準に達していないものについて、これを当該基準にまで高めようとする場合においては、これに要する経費の全部又は一部を、当該設置者に対し、予算の範囲内において補助することができる。
一　中学校における産業教育のための実験実習の施設又は設備
二　中学校又は高等学校が産業教育のため共同して使用する実験実習の施設
三　中学校における職業指導のための施設又は設備
四　産業教育に従事する教員又は指導者の現職教育又は養成を行う大学における当該現職教育又は養成のための実験実習の施設又は設備
2　前項に規定するもののほか、国は、公立学校に関する次に掲げる経費の全部又は一部を、当該学校の設置者に対し、予算の範囲内において補助することができる。
一　国又は地方の産業の発展のために必要と認められる産業教育を行う高等学校、短期大学又は高等専門学校で、文部科学大臣が高等学校にあつては都道府県の教育委員会の推薦に基づいて、短期大学又は高等専門学校にあつてはその設置者の申請により指定するものが当該教育を行うために必要な実験実習の施設又は設備の充実に要する経費
二　地方の産業教育及びこれに関する研究の中心施設として文部科学大臣が都道府県の教育委員会の推薦に基づいて指定する中学校又は高等学校が当該教育又は研究を行うために必要な実験実習の施設又は設備に要する経費及び当該研究を行うために必要なその他の経費
三　産業教育に従事する教員及び指導者の現職教育に必要な経費
四　その他産業教育の奨励のために特に必要と認められる経費

（短期の産業教育）
第一六条　国は、公立の中学校又は高等学校（公立大学法人が設置する中学校又は高等学校を含む。以下この条において同じ。）が中学校卒業後産業に従事し、又は従事しようとする青少年のために地方の実情に応じた技能教育を主とする短期の教育（別科における教育及び学校において社会教育として行うものを含む。）を行う場合においては、当該教育に必要な施設又は設備及びその運営に要する経費について、前条第一項の政令で定める審議会等の議を経て政令で定める基準に従い、その全部又は一部を、当該中学校又は高等学校の設置者に対し、予算の範囲内において補助することができる。

（補助金の返還等）
第一七条　文部科学大臣は、補助金の交付を受けた者が次の各号のいずれかに該当するに至つたときは、当該年度におけるその後の補助金の交付をやめるとともに、既に交付した当該年度の補助金を返還させるものとする。
一　この法律又はこの法律に基づく政令の規定に違反したとき。
二　補助金の交付の条件に違反したとき。
三　虚偽の報告によつて補助金の交付を受けたことが明らかになつたとき。

（政令への委任）
第一八条　この節に定めるものを除くほか、補助金の交付に関し必要な事項は、政令で定める。

第二節　私立学校

（私立学校に関する補助）
第一九条　私立学校に関する国の補助については、第十五条から前条までの規定を準用する。この場合において、第十五条第一項第一号中「中学校」とあるのは「中学校又は高等学校」と、同項第二号中「施設」とあるのは「施設又は設備」と、同条第二項第一号及び第二号中「都道府県の教育委員会」とあるのは「都道府県知事」と読み替えるものとする。
2　前項の規定により国が私立学校の設置者に対し補助をする場合においては、私立学校振興助成法（昭和五十年法律第六十一号）第十一条から第十三条まで並びにこれらの規定に係る同法附則第二条第一項及び第二項の規定の適用があるものとする。

附　則〔省略〕

●産業教育振興法施行令（昭和二七年九月六日 政令第四〇五号）

施行、昭二七・九・六
最終改正、平一九―政五五

（審議会等で政令で定めるもの）

第一条　産業教育振興法（以下「法」という。）第十五条第一項の審議会等で政令で定めるものは、中央教育審議会とする。

（施設及び設備の基準）

第二条　法第十九条第一項において読み替えて準用する法第十五条第一項第一号に掲げる私立の高等学校における産業教育のための実験実習の施設及び設備に係る同項の政令で定める基準は、当該高等学校において開設される科目の属する別表第二欄に掲げる科目群に応じ、当該科目群の教育のため通常必要な同表第三欄及び第四欄に掲げる施設及び設備が整備されていることとする。

2　前項の規定の適用については、本校及び分校は、それぞれ一の高等学校とみなす。

3　別表に定める基準に関する細目及び同表第二欄に掲げる科目群に属する科目については、中央教育審議会の議を経て、文部科学省令で定める。

（短期の産業教育に係る国の補助の基準）

第三条　法第十六条の規定（法第十九条第一項において準用する場合を含む。）による国の補助は、次に掲げるものについて行うものとする。

一　高等学校の定時制の課程又は別科における技能教育を主とする産業教育で、その教育期間が一年から二年までのもの。

二　中学校又は高等学校において社会教育として行う技能教育を主とする産業教育で、その授業時間数が一年間に百時間以上のもの。

（国の補助の割合等）

第四条　法第十五条又は法第十六条の規定により国が補助する場合の補助の割合は、次の各号に掲げる経費について、それぞれ当該各号に定める割合とする。

一　法第十五条第二項第一号の施設又は設備の充実に要する経費　三分の一

二　法第十五条第二項第二号の中学校の設備に要する経費　二分の一

三　法第十五条第二項第二号の高等学校の設備に要する経費　三分の一

四　法第十五条第二項第二号の研究を行うために必要な経費（施設又は設備に要する経費を除く。）　全部

五　法第十五条第二項第三号の現職教育を受ける者に支給すべき旅費　三分の一

六　法第十五条第二項第三号の現職教育に必要な研究費　全部

七　法第十五条第二項第四号の経費　三分の一。ただし、文部科学大臣が財務大臣と協議して定めた経費については、二分の一

八　法第十六条の高等学校の設備に要する経費　三分の一

2　法第十九条第一項において読み替えて準用する法第十五条第一項の規定により私立の高等学校における産業教育のための実験実習の施設又は設備の整備に要する経費を国が補助する場合の補助の割合は、当該施設又は設備を第二条第一項に規定する基準にまで高めるために必要な経費の三分の一とする。

3　法第十九条第一項において読み替えて準用する法第十五条第二項及び第十六条の規定による私立学校に関する国の補助については、第一項の規定を準用する。

4　第一項各号（前項において準用する場合を含む。）に掲げる経費及び第二項に規定する経費の算定の基準は、この政令（この政令に基づく文部科学省令を含む。）で定めるもののほか、文部科学大臣が財務大臣と協議して定める。

（補助金の交付申請書の写しの送付）

第五条　市町村（特別区を含む。）長又は学校法人の理事長は、法第十五条又は法第十六条（それぞれ法第十九条第一項において準用する場合を含む。）の規定による補助金で大学又は高等専門学校に係るものの交付申請書を文部科学大臣に提出する場合には、その写しを、大学又は私立の高等専門学校に係るものについては都道府県知事に、公立の高等専門学校に係るものについては都道府県の教育委員会に、それぞれ送付するものとする。

附　則（省略）

別表（省略）

●高等学校の定時制教育及び通信教育振興法（昭和二八年八月一八日 法律第二三八号）

施行、昭二八・八・一八
最終改正、平二九―法二九

（この法律の目的）

第一条　この法律は、勤労青年教育の重要性にかんがみ、教育基本法（平成十八年法律第百二十号）の精神にのつとり、働きながら学ぶ青年に対し、教育の機会均等を保障し、勤労と修学に対する正しい信念を確立させ、もつて国民の教育水準と生産能力の向上に寄与するため、高等学校（中等教育学校の後期課程を含む。以下同じ。）の定時制教育及び通信教育の振興を図ることを目的とする。

（定義）

第二条　この法律で、「定時制教育」とは、高等学校が学校教育法（昭和二十二年法律第二十六号）第四条第一項に規定する定時制の課程（以下「定時制の課程」という。）で行う教育をいい、「通信教育」とは、高等学校が同法同条に規定する通信制の課程（以下「通信制の課程」という。）で行なう教育をいう。

（国及び地方公共団体の任務）

第三条　国は、この法律及び他の法令の定めるところにより、定時制教育及び通信教育の振興を図るとともに、地方公共団体が第二項各号に掲げるような方法によつて定時制教育及び通信教育の振興を図ることを奨励し、及びこれについて指導と助言とを与えなければならない。

2　地方公共団体は、次に掲げるような方法によつて定時制教育及び通信教育の振興を図り、できるだけ多数の勤労青年が高等学校教育（中等教育学校の後期課程における教育を含む。）を受ける機会を持ち得るように努めなければならない。

一　その地方の実情に基き、定時制教育及び

通信教育の適正な実施及び運営に関する総合計画を樹立すること。

二　定時制教育及び通信教育に関する施設又は設備を整備し、及びその充実を図ること。

三　定時制教育及び通信教育の内容及び方法の改善を図ること。

四　定時制教育及び通信教育に従事する教員の現職教育について、勤労青年教育の特殊性を考慮して、その計画を樹立し、及びその実施を図ること。

（教科用図書の編修、検定及び発行に関する特別措置）

第四条　通信教育に関する教科用図書の編修、検定及び発行に関しては、その特殊性にかんがみ、特別の措置が講ぜられなければならない。

2　国は、政令で定めるところにより、通信教育に関する教科用図書で政令で定めるものを発行する者に対し、予算の範囲内において、その編修及び発行に要する経費の一部を補助することができる。

（公立の高等学校の教員等の定時制通信教育手当）

第五条　地方自治法（昭和二十二年法律第六十七号）第二百四条第二項の規定により支給することができる定時制通信教育手当は、公立の高等学校の校長、副校長、教頭、主幹教諭、指導教諭、教員（教諭、養護教諭、助教諭、養護助教諭及び講師（常時勤務の者並びに地方公務員法（昭和二十五年法律第二百六十一号）第二十八条の五第一項に規定する短時間勤務の職を占める者及び同法第二十二条の二第一項第二号に掲げる者に限る。）をいう。以下この条において同じ。）及び実習助手のうち次に掲げる者を対象とするものとし、その内容は、条例で定める。

一　公立の高等学校で、定時制の課程又は通信制の課程を置くものの校長（本務として当該高等学校の校長（中等教育学校の後期課程にあつては、当該課程の属する中等教育学校の校長とする。）の職にある者に限る。）、副校長（本務として定時制の課程又は通信制の課程に関する校務をつかさどる者に限る。）、教頭（定時制の課程又は通信制の課程に関する校務を整理する者に限る。）、主幹教諭（本務として定時制の課程若しくは通信制の課程に関する校務の一部を整理する者又は本務として定時制教育若しくは通信教育に従事する者に限る。）、指導教諭（本務として定時制教育又は通信教育に従事する者に限る。）及び教員（本務として定時制教育又は通信教育に従事する者に限る。）

二　前号に規定する高等学校の実習助手（本務として定時制教育又は通信教育に従事する者に限る。）であつて、その技術が優秀と認められるものとして政令で定める者

（政令への委任）

第六条　第四条に規定するもののほか、補助金の交付に関し必要な事項は、政令で定める。

附　則（省略）

●高等学校の定時制教育及び通信教育振興法施行令（昭和二九年一二月一六日政令第三一二号）

施行、昭二九・一二・一六
最終改正、平一七―政一〇六

高等学校の定時制教育及び通信教育振興法第五条第二号の政令で定める者は、次の各号のいずれかに該当する者とする。

一　高等学校若しくは中等教育学校を卒業した者若しくは高等専門学校の第三学年の課程を修了した者又はこれらと同等以上の学力があると認められる者で、その者の従事する実験又は実習（次号において「担当実習」という。）に関し技術優秀と認められるもの

二　三年以上担当実習に関連のある実地の経験を有する者で、当該担当実習に関し技術優秀と認められるもの

附　則（省略）

●へき地教育振興法（昭和二九年六月一日法律第一四三号）

施行、昭二九・六・一
最終改正、平二七―法四六

（目的）

第一条　この法律は、教育の機会均等の趣旨に基き、かつ、へき地における教育の特殊事情にかんがみ、国及び地方公共団体がへき地における教育を振興するために実施しなければならない諸施策を明らかにし、もつてへき地における教育の水準の向上を図ることを目的とする。

（定義）

第二条　この法律において「へき地学校」とは、交通条件及び自然的、経済的、文化的諸条件に恵まれない山間地、離島その他の地域に所在する公立の小学校、中学校及び義務教育学校並びに中等教育学校の前期課程並びに学校給食法（昭和二十九年法律第百六十号）第六条に規定する施設（以下「共同調理場」という。）をいう。

（市町村の任務）

第三条　市町村は、へき地における教育の振興を図るため、当該地方の必要に応じ、左に掲げる事務を行う。

一　へき地学校の教材、教具等の整備、へき地学校に勤務する教員の研修その他へき地における教育の内容を充実するため必要な措置を講ずること。

二　へき地学校に勤務する教員及び職員のための住宅の建築、あつ旋その他の福利厚生のため必要な措置を講ずること。

三　体育、音楽等の学校教育及び社会教育の用に供するための施設をへき地学校に設けること。

四　へき地学校における教員及び職員並びに児童及び生徒の健康管理の適正な実施を図るため必要な措置を講ずること。

五　へき地学校の児童及び生徒の通学を容易

にするため必要な措置を講ずること。

（都道府県の任務）

第四条　都道府県は、へき地における教育の振興を図るため、当該地方の必要に応じ、次に掲げる事務を行う。

一　へき地における教育の特殊事情に適した学習指導、教材、教具等について必要な調査、研究を行い、及び資料を整備すること。

二　へき地学校に勤務する教員の養成施設を設けること。

三　前条に規定する市町村の事務の遂行について、市町村に対し、適切な指導、助言又は援助を行うこと。

四　その設置するへき地学校に関し、前条各号に掲げる事務を行うこと。

2　都道府県は、へき地学校に勤務する教員及び職員の定員の決定について特別の考慮を払わなければならない。

3　都道府県は、へき地学校に勤務する教員の研修について教員に十分な機会を与えるように措置するとともに研修旅費その他研修に関し必要な経費の確保に努めなければならない。

（文部科学大臣の任務）

第五条　文部科学大臣は、へき地における教育について必要な調査、研究を行い、及び資料を整備し、並びに前二条に規定する地方公共団体の任務の遂行について、地方公共団体に対し、適切な指導、助言を行い、又は必要なあつせんをしなければならない。

（へき地手当等）

第五条の二　都道府県（地方自治法（昭和二十二年法律第六十七号）第二百五十二条の十九第一項の指定都市の設置する小学校、中学校及び義務教育学校並びに中等教育学校の前期課程並びに共同調理場については、当該指定都市。次条において同じ。）は、条例で定めるところにより、文部科学省令で定める基準を参酌して条例で指定するへき地学校並びにこれに準ずる学校及び共同調理場（以下「へき地学校等」という。）に勤務する教員及び職員（地方公務員法（昭和二十五年法律第二百六十一号）第二十八条の四第一項、第二十八条の五第一項若しくは第二十八条の六第一項若しくは第二項、地方公務員の育児休業等に関する法律（平成三年法律第百十号）第十八条第一項又は地方公共団体の一般職の任期付職員の採用に関する法律（平成十四年法律第四十八号）第五条の規定により採用された教員及び職員（次条第一項において「再任用教職員等」という。）を除く。）に対して、へき地手当を支給しなければならない。

2　へき地手当の月額は、文部科学省令で定める基準を参酌して条例で定める。

3　へき地学校等が当該学校に勤務する教員及び職員に対し地域手当が支給される地域に所在する場合におけるへき地手当と地域手当その他の手当との調整等に関し必要な事項は、文部科学省令で定める基準を参酌して条例で定める。

第五条の三　都道府県は、教員又は職員（再任用教職員等を除く。以下「教職員」という。）が在勤地を異にして異動し、当該異動に伴つて住居を移転した場合又は教職員の勤務する学校若しくは共同調理場（以下この条において「学校等」という。）が移転し、当該移転に伴つて教職員が住居を移転した場合において、当該異動の直後に勤務する学校等又はその移転した学校等がへき地学校等又は特別の地域に所在する学校等で文部科学省令で定める基準を参酌して条例で指定する学校等に該当するときは、当該教職員には、文部科学省令で定める基準を参酌して条例で定めるところにより、へき地手当に準ずる手当を支給しなければならない。

2　都道府県は、新たにへき地学校等又は前項の規定により条例で指定する学校等に該当することとなつた学校等に勤務する教職員のうち、同項の規定による手当を支給される教職員との権衡上必要があると認められる教職員には、文部科学省令で定める基準を参酌して条例で定めるところにより、同項の規定に準じて、へき地手当に準ずる手当を支給しなければならない。

（国の補助等）

第六条　国は、へき地学校の設置者が行う第三条第一号、第二号、第四号若しくは第五号又は第四条第一項第四号に掲げる事務に要する経費（当該経費のうち、へき地学校の教材、教具等の整備に係る部分、へき地学校に勤務する教員及び職員のための住宅の建築に係る部分並びに他の法律に基づき国が負担し、又は補助する部分を除く。）について、その二分の一を補助する。

2　国は、都道府県が行う第四条第一項第二号に掲げる事務に要する経費（当該経費のうち、他の法律に基き国が負担し、又は補助する部分を除く。）について、その二分の一を補助する。

3　前二項の規定により国が補助する場合の経費の範囲及び算定基準は、政令で定める。

4　国は、義務教育諸学校等の施設費の国庫負担等に関する法律（昭和三十三年法律第八十一号）第十二条第一項の規定により地方公共団体に対して交付金を交付する場合において、当該地方公共団体が同条第二項の規定により作成した施設整備計画に記載された改築等事業（同法第十一条第一項に規定する「改築等事業」をいう。）として、へき地学校の設置者が行う第三条第二号に規定する住宅の建築及び同条第三号に規定する施設の設置に係る事業がある場合においては、当該事業に要する経費の二分の一を下回らない額の交付金が充当されるように算定するものとする。

（補助金の返還）

第七条　国は、国庫から補助金の交付を受けた地方公共団体が次の各号のいずれかに該当するに至つたときは、当該年度におけるその後の補助金の全部又は一部の交付をやめるとともに、既に交付した当該年度の補助金の全部又は一部を返還させることができる。

一　補助金を補助の目的以外の目的に使用したとき。

二　正当な理由がなくて補助金の交付を受けた年度内に補助に係る施設を設けないこととなつたとき。

三　補助に係る施設を、正当な理由がなくて補助の目的以外の目的に使用し、又は文部科学大臣の許可を受けないで処分したとき。

四　補助金の交付の条件に違反したとき。

五　虚偽の方法により補助金の交付を受けたことが明らかになつたとき。

（政令への委任）

第八条　この法律に定めるもののほか、補助金の交付及び返還の手続その他国の補助金に関し必要な事項は、政令で定める。

（負担金、補助金等の配分）

第九条　国及び都道府県は、学校施設の建設又は復旧、教材、教具等の整備その他の教育事務に要する経費について市町村に交付する負担金、補助金等の配分を行うに当つては、へき地における教育の特殊性に留意して適切な配分を行わなければならない。

附　則（省略）

●へき地教育振興法施行令

（昭和二九年七月二二日 政令第二一〇号）

施行、昭二九・七・二二
最終改正、平二一―政五三

（法第三条第四号に掲げる事務に要する経費の範囲及び算定基準）

第一条　へき地教育振興法（以下「法」という。）第三条第四号に掲げる事務（法第四条第一項第四号の規定により都道府県が行うものを含む。）に要する経費について法第六条第一項の規定により補助する場合の経費の範囲は、学校保健安全法（昭和三十三年法律第五十六号）第八条の規定に基づく健康相談及び同法第十三条第一項の規定に基づく健康診断を行う場合における医師及び歯科医師並びに同法第六条第二項及び第三項の規定に基づく環境衛生の維持改善並びに学校給食法（昭和二十九年法律第百六十号）第九条第二項及び第三項の規定に基づく学校給食の衛生管理のために必要な検査を行う場合における薬剤師の派遣に必要な経費とする。

2　前項の経費は、医師、歯科医師及び薬剤師の派遣に必要な謝金及び旅費について文部科学大臣が定める額を合計して算定するものとする。

（法第三条第五号に掲げる事務に要する経費の範囲及び算定基準）

第二条　法第三条第五号に掲げる事務（法第四条第一項第四号の規定により都道府県が行うものを含む。）に要する経費について法第六条第一項の規定により補助する場合の経費の範囲は、へき地学校（法第二条に規定するへき地学校をいう。以下同じ。）の児童及び生徒の通学のために必要な自動車及び船舶の購入費とする。

2　前項の購入費は、文部科学大臣が定める一台又は一隻当たりの価格により算定するものとする。

（法第四条第一項第二号に掲げる事務に要する経費の範囲及び算定基準）

第三条　法第四条第一項第二号に掲げる事務に要する経費について法第六条第二項の規定により補助する場合の経費の範囲は、教育職員免許法（昭和二十四年法律第百四十七号）第五条別表第一備考第二号の三の規定により文部科学大臣の指定する教員養成機関で主としてへき地学校に勤務する教員を養成するものの運営費とする。

2　前項の運営費は、教育職員免許法第五条別表第一に規定する小学校又は中学校の教諭の二種免許状に係る所要資格を得させるために必要な講師その他の職員の謝金又は給与及び旅費並びに備品費、消耗品費等について文部科学大臣が定める額を合計して算定するものとする。

（補助金の返還）

第四条　文部科学大臣は、法第七条に規定する措置をとろうとするときは、あらかじめ、当該地方公共団体の長に対し、釈明のため意見を述べ、及び当該地方公共団体のための有利な証拠を提出する機会を与えなければならない。

2　法第七条の規定により法第六条第一項又は第二項の規定による補助金（次条において「補助金」という。）の返還を命ぜられた地方公共団体は、その返還を命ぜられた金額を、遅滞なく、国に返還しなければならない。

（書類の整備）

第五条　地方公共団体は、補助金の交付の目的となつた事業の実施に関し必要な帳簿その他の書類を整備しなければならない。

附　則（省略）

●へき地教育振興法施行規則〔抄〕

（昭和三四年七月三一日 文部省令第二一号）

施行、昭三四・七・三一
最終改正、平二九―文科令六

（趣旨）

第一条　へき地教育振興法（昭和二十九年法律第百四十三号。以下「法」という。）第五条の二及び第五条の三の規定により都道府県又は地方自治法（昭和二十二年法律第六十七号）第二百五十二条の十九第一項の指定都市（第六条第二項第一号において「指定都市」という。）がへき地手当及びへき地手当に準ずる手当に関する条例を定めるに当たつて参酌すべき基準その他法の施行に関し必要な事項は、この省令の定めるところによる。

（用語の意義）

第二条　この省令において、次の各号に掲げる用語の意義は、当該各号に定めるところによる。

一　基準点数　当該学校の所在地のへき地条件の程度の軽重を測定するために、第四条及び第五条の規定により算定した点数をいう。

二　調整点数　基準点数の算定方法によつては補そくし難い特別のへき地条件を測定するために、第六条又は第六条の二の規定により算定した点数をいう。

三　合計点数　基準点数に第六条の規定により算定した調整点数を加え、又は第六条の二の規定により算定した調整点数を減じて得た点数をいう。

四　駅又は停留所　当該学校から最短の距離にある交通機関の駅又は停留所をいう。

五　旧総合病院　当該学校から最短の距離にある医療法（昭和二十三年法律第二百五号）第一条の五に規定する病院であつて、医療法の一部を改正する法律（平成九年法律第百二十五号）による改正前の医療法第四条第一項に規定する総合病院の要件を満たすものをいう。

六　病院　当該学校から最短の距離にある医療法第一条の五に規定する病院（旧総合病院を除く。）をいう。

七　診療所　当該学校から最短の距離にある医療法第一条の五に規定する診療所（医師が常駐していないもの及び歯科医業のみを行うものを除く。）をいう。

八　高等学校　当該学校から最短の距離にある全日制の課程で普通科を置く高等学校又は中等教育学校をいう。

九　郵便局　当該学校から最短の距離にある簡易郵便局法（昭和二十四年法律第二百十三号）第二条に規定する郵便窓口業務を行うもの（同法第三条の規定による委託を受けた者の営業所を含む。）をいう。

十　市町村教育委員会　当該学校から最短の距離にある当該学校を所管する市町村教育委員会の事務局（地方教育行政の組織及び運営に関する法律（昭和三十一年法律第百六十二号）第二十一条に規定する事務（主として学校に係るものに限る。）を処理するものをいう。）をいう。

十一　金融機関　金融機関（銀行その他の預金等（預金保険法（昭和四十六年法律第三十四号）第二条第二項に規定する預金等及び貯金をいう。）の受入れ及び為替取引を業として行う者（郵政民営化法（平成十七年法律第九十七号）第九十四条に規定する郵便貯金銀行を除く。）をいう。）であつて、公共料金（日本国内において供給される電気、ガス及び水道水その他これらに準ずるものに係る料金をいう。）の納付又は収納に関する事務処理を行うもののうち、当該学校から最短の距離に所在するものをいう。

十二　スーパーマーケット　当該学校から最短の距離にある日常生活のため必要な生鮮食料品その他衣食住等に関する各種商品を販売する店舗をいう。

十三　市の中心地　当該学校から最短の距離

にある市役所（支所、出張所その他これに類するものを除く。以下この号及び次号において同じ。）の所在する地点（当該学校が本土以外の島に所在する場合にあつては、当該学校から最短の距離にある本土の市役所の所在する地点）をいう。

十四　県庁所在地又はこれに準ずる都市の中心地　当該学校を設置する市町村を包括する都道府県の都道府県庁（支庁、地方事務所その他これに類するものを除く。）の所在する地点又は当該都道府県内の人口三十万人以上の市若しくは人口二十万人以上の市で大学（短期大学を除く。）が二以上存するもの若しくは空港（航空法（昭和二十七年法律第二百三十一号）第二条第二十項に規定する国内定期航空運送事業の用に供されている飛行場をいう。）の存するものの市役所の所在する地点（当該学校が本土以外の島に所在する場合にあつては、当該学校から最短の距離にある本土の当該地点）のうち当該学校から最短の距離にあるものをいう。

十五　交通機関　旅客運賃を徴して交通の用に供する鉄道、軌道及び索道並びに一般乗合旅客自動車をいう。

十六　定期航行　海上運送法（昭和二十四年法律第百八十七号）第二条第四項に規定する旅客定期航路事業として行われる交通をいう。

十七　船着場　当該学校から最短の距離にある定期航行船の発着場をいう。

十八　距離　通常利用する経路のうち最短の経路の長さをいう。

十九　本土　本州、北海道、四国、九州及び沖縄島の本島をいう。

（へき地学校等の指定）

第三条　小学校、中学校若しくは義務教育学校又は中等教育学校の前期課程に係る法第五条の二第一項の規定に基づくへき地学校の指定は、当該学校について算定された合計点数が四十五点以上の学校について、当該合計点数に応じ、次の各号に掲げる区分に従つて指定するへき地学校の級別を付して行うものとする。

一　四十五点から七十九点までの学校　一級

二　八十点から百十九点までの学校　二級

三　百二十点から百五十九点までの学校　三級

四　百六十点から百九十九点までの学校　四級

五　二百点以上の学校　五級

2　法第五条の二第一項の規定に基づくへき地学校に準ずる学校の指定は、当該学校について算定された合計点数が三十五点から四十四点までの学校について行なうものとする。

3　共同調理場（学校給食法（昭和二十九年法律第百六十号）第六条に規定する施設をいう。以下同じ。）に係る法第五条の二第一項の規定に基づくへき地学校及びこれに準ずる共同調理場の指定については、当該共同調理場から最短の距離にある小学校、中学校若しくは義務教育学校又は中等教育学校の前期課程について算定された合計点数を当該共同調理場に係る当該合計点数とみなして前二項の規定を準用する。

（基準点数の算定）

第四条　基準点数の算定は、当該学校が本土内に所在する場合（本土と至近の距離にあり、かつ、定期航行によらなくても本土との交通が容易な島に所在する場合を含む。）にあつては別表第一により、本土以外の島に所在する場合（本土のみさき等に所在する場合で、海上による交通を常態とする場合を含む。）にあつては別表第二により、当該学校について各要素ごとの該当点数（次条の規定により補正を行うべき場合にあつては当該補正を行つた点数をいう。以下本条において同じ。）を合計して行うものとする。

2　前項に規定する各要素ごとの該当点数は、当該要素の交通機関のない部分の最高点数を超えることができないものとする。

3　各要素ごとの該当点数の算定において、交通機関のない部分の全部又は一部が次の各号の一に該当するときは、当該部分の距離について、当該各号に定めるところにより補正を行つた距離によつて算定するものとする。

一　急こう配又は狭あいである等の自然的条件による交通困難な部分がある場合は、当該部分の距離に一・五を乗じて得た距離

二　急こう配で、かつ、狭あいである等の自然的条件による交通困難な部分がある場合は、当該部分の距離に二を乗じて得た距離

4　各要素ごとの該当点数の算定において、交通機関のある部分の全部又は一部が鉄道、軌道又は索道を利用するものである場合は、当該部分の距離について、当該部分の距離に二分の一を乗じて得た距離によつて算定するものとする。ただし、次条第一項第二号及び第三号の規定により点数を算定する場合は、この限りでない。

5　当該学校から医療機関（旧総合病院、病院又は診療所をいう。以下この項において同じ。）までの距離の要素における該当点数の算定は、次の各号に定める場合に該当する場合には、第一項の規定にかかわらず、当該各号に定める方法によつて行うものとする。

一　当該学校から最短の距離にある医療機関が旧総合病院である場合は、当該旧総合病院までの距離に係る点数に三を乗じて得た点数とし、病院及び診療所までの距離は基準点数の算定の要素としないものとする。この場合において、第二項の規定にかかわらず、旧総合病院までの距離の要素における該当点数は、当該要素の交通機関のない部分の最高点数に三を乗じて得た点数を超えることができないものとする。

二　当該学校から最短の距離にある医療機関が病院である場合は、当該病院までの距離に係る点数に二を乗じて得た点数に旧総合病院までの距離に係る点数を加えた点数とし、診療所までの距離は基準点数の算定の要素としないものとする。この場合において、第二項の規定にかかわらず、病院までの距離の要素における該当点数は、当該要素の交通機関のない部分の最高点数に二を乗じて得た点数を超えることができないものとする。

三　当該学校から最短の距離にある医療機関が診療所で、かつ、当該学校から当該診療所の次に短い距離にある医療機関が旧総合病院である場合は、当該診療所までの距離に係る点数に当該旧総合病院までの距離に係る点数に二を乗じて得た点数を加えた点数とし、病院までの距離は基準点数の算定の要素としないものとする。この場合において、第二項の規定にかかわらず、旧総合病院までの距離の要素における該当点数は、当該要素の交通機関のない部分の最高点数に二を乗じて得た点数を超えることができないものとする。

（要素ごとの点数の補正）

第五条　各要素ごとの該当点数の算定において、道路又は交通機関の交通条件が次の各号の一に該当するときは、当該各号に定めるところにより算定した点数を、当該要素ごとに算定した点数に加えるものとする。

一　交通機関のない部分の道路が積雪、なだれ、でいねい、地すべり等の自然的条件により四十日以上にわたり交通困難となる場合においては、次の表の右欄に掲げる当該交通困難となる期間の区分に応じ、当該交通困難となる部分の距離に応ずる点数に同表の左欄に掲げる割合を乗じて得た点数（一点未満の端数を生じたときは、一点に切り上げる。）

（本号の表につき法令末尾に掲載）

二　交通機関の一日の運行回数が八往復以下の場合においては、次の表の右欄に掲げる当該運行回数の区分に応じ、当該運行回数が五往復以下の部分の距離ごとに当該距離に応ずる別表第一及び別表第二中船着場までの距離の要素の交通機関のない部分の点数に次の表の左欄に掲げる割合（当該学校が普通交付税に関する省令（昭和三十七年自治省令第十七号）別表第四(3)に定める三級地及び四級地の地域に所在する場合にあつては、当該割合にそれぞれ十分の一を加

えた割合）を乗じて得た点数（一点未満の端数を生じたときは、一点に切り上げる。）
〔本号の表につき法令末尾に掲載〕

三　交通機関が積雪、なだれ、でいねい、地すべり等の自然的条件により六十日以上にわたり休止する場合においては、次の表の右欄に掲げる当該交通機関が休止する期間の区分に応じ、当該交通機関が休止する部分の距離ごとに当該距離に応ずる別表第一及び別表第二中船着場までの距離の要素の交通機関のない部分の点数に次の表の左欄に掲げる割合を乗じて得た点数（一点未満の端数を生じたときは、一点に切り上げる。）
〔本号の表につき法令末尾に掲載〕

2　駅又は停留所までの距離の要素における該当点数の算定において、当該学校から最短の距離にある駅又は停留所が積雪、なだれ、でいねい、地すべり等の自然的条件により六十日以上にわたり閉鎖される場合においては、当該閉鎖される駅又は停留所から最短の距離にあつて開設されている駅又は停留所までの距離について、前項第三号に規定する算定方法に準じて算定した点数を、当該閉鎖される駅又は停留所までの距離に応ずる点数に加えるものとする。

第六条から**第一四条**まで〔省略〕

附　則〔省略〕

〔**第五条第一項第一号の表**〕

期間	四十日以上五十九日以下	六十日以上七十九日以下	八十日以上九十九日以下	百日以上百十九日以下	百二十日以上百三十九日以下	百四十日以上
割合	六分の一	六分の二	六分の三	六分の四	六分の五	六分の六

〔**第五条第一項第二号の表**〕

一日の運行回数	八往復から六往復	五往復及び四往復	三往復及び二往復	一往復以下
割合	十分の二	十分の三	十分の四	十分の五

〔**第五条第一項第三号の表**〕

期間	六十日以上八十九日以下	九十日以上百十九日以下	百二十日以上百四十九日以下	百五十日以上百七十九日以下	百八十日以上二百九日以下	二百十日以上
割合	六分の一	六分の二	六分の三	六分の四	六分の五	六分の六

●過疎地域自立促進特別措置法〔抄〕

（平成一二年三月三一日法律第一五号）

施行、平一二・四・一
最終改正、平二九―法一一

第一章　総則

（目的）
第一条　この法律は、人口の著しい減少に伴って地域社会における活力が低下し、生産機能及び生活環境の整備等が他の地域に比較して低位にある地域について、総合的かつ計画的な対策を実施するために必要な特別措置を講ずることにより、これらの地域の自立促進を図り、もって住民福祉の向上、雇用の増大、地域格差の是正及び美しく風格ある国土の形成に寄与することを目的とする。

（過疎地域）
第二条　この法律において「過疎地域」とは、次の各号のいずれかに該当する市町村（地方税の収入以外の政令で定める収入の額が政令で定める金額を超える市町村を除く。）の区域をいう。

一　次のいずれかに該当し、かつ、地方交付税法（昭和二十五年法律第二百十一号）第十四条の規定により算定した市町村の基準財政収入額を同法第十一条の規定により算定した当該市町村の基準財政需要額で除して得た数値（以下この項において「財政力指数」という。）で平成八年度から平成十年度までの各年度に係るものを合算したものの三分の一の数値が〇・四二以下であること。ただし、イ、ロ又はハに該当する場合においては、国勢調査の結果による市町村人口に係る平成七年の人口から当該市町村人口に係る昭和四十五年の人口を控除して得た人口を当該市町村人口に係る同年の人口で除して得た数値が〇・一未満であること。

イ　国勢調査の結果による市町村人口に係る昭和三十五年の人口から当該市町村人口に係る平成七年の人口を控除して得た人口を当該市町村人口に係る昭和三十五年の人口で除して得た数値（以下「三十五年間人口減少率」という。）が〇・三以上であること。

ロ　三十五年間人口減少率が〇・二五以上であって、国勢調査の結果による市町村人口に係る平成七年の人口のうち六十五歳以上の人口を当該市町村人口に係る同年の人口で除して得た数値が〇・二四以上であること。

ハ　三十五年間人口減少率が〇・二五以上であって、国勢調査の結果による市町村人口に係る平成七年の人口のうち十五歳以上三十歳未満の人口を当該市町村人口に係る同年の人口で除して得た数値が〇・一五以下であること。

ニ　国勢調査の結果による市町村人口に係る昭和四十五年の人口から当該市町村人口に係る平成七年の人口を控除して得た人口を当該市町村人口に係る昭和四十五年の人口で除して得た数値が〇・一九以上であること。

二　次のいずれかに該当し、かつ、財政力指数で平成十八年度から平成二十年度までの各年度に係るものを合算したものの三分の一の数値が〇・五六以下であること。ただし、イ、ロ又はハに該当する場合においては、国勢調査の結果による市町村人口に係る平成十七年の人口から当該市町村人口に係る昭和五十五年の人口を控除して得た人口を当該市町村人口に係る同年の人口で除して得た数値が〇・一未満であること。

イ　国勢調査の結果による市町村人口に係る昭和三十五年の人口から当該市町村人口に係る平成十七年の人口を控除して得た人口を当該市町村人口に係る昭和三十五年の人口で除して得た数値（以下この号において「四十五年間人口減少率」という。）が〇・三三以上であること。

ロ　四十五年間人口減少率が〇・二八以上であって、国勢調査の結果による市町村人口に係る平成十七年の人口のうち六十五歳以上の人口を当該市町村人口に係る同年の人口で除して得た数値が〇・二九以上であること。

ハ　四十五年間人口減少率が〇・二八以上であって、国勢調査の結果による市町村人口に係る平成十七年の人口のうち十五歳以上三十歳未満の人口を当該市町村人口に係る同年の人口で除して得た数値が〇・一四以下であること。

ニ　国勢調査の結果による市町村人口に係る昭和五十五年の人口から当該市町村人口に係る平成十七年の人口を控除して得た人口を当該市町村人口に係る昭和五十五年の人口で除して得た数値が〇・一七以上であること。

三　次のいずれかに該当し、かつ、財政力指数で平成二十二年度から平成二十四年度までの各年度に係るものを合算したものの三分の一の数値が〇・四九以下であること。ただし、イ、ロ又はハに該当する場合においては、国勢調査の結果による市町村人口に係る平成二十二年の人口から当該市町村人口に係る昭和六十年の人口を控除して得た人口を当該市町村人口に係る同年の人口で除して得た数値が〇・一未満であること。

イ　国勢調査の結果による市町村人口に係る昭和四十年の人口から当該市町村人口に係る平成二十二年の人口を控除して得た人口を当該市町村人口に係る昭和四十年の人口で除して得た数値（以下この号において「四十五年間人口減少率」という。）が〇・三三以上であること。

ロ　四十五年間人口減少率が〇・二八以上であって、国勢調査の結果による市町村人口に係る平成二十二年の人口のうち六十五歳以上の人口を当該市町村人口に係る同年の人口で除して得た数値が〇・三二以上であること。

ハ　四十五年間人口減少率が〇・二八以上であって、国勢調査の結果による市町村人口に係る平成二十二年の人口のうち十五歳以上三十歳未満の人口を当該市町村人口に係る同年の人口で除して得た数値が〇・一二以下であること。

ニ　国勢調査の結果による市町村人口に係る昭和六十年の人口から当該市町村人口に係る平成二十二年の人口を控除して得た人口を当該市町村人口に係る昭和六十年の人口で除して得た数値が〇・一九以上であること。

四　次のいずれかに該当し、かつ、財政力指数で平成二十五年度から平成二十七年度までの各年度に係るものを合算したものの三分の一の数値が〇・五以下であること。ただし、イ、ロ又はハに該当する場合においては、国勢調査の結果による市町村人口に係る平成二十七年の人口から当該市町村人口に係る平成二年の人口を控除して得た人口を当該市町村人口に係る同年の人口で除して得た数値が〇・一未満であること。

イ　国勢調査の結果による市町村人口に係る昭和四十五年の人口から当該市町村人口に係る平成二十七年の人口を控除して得た人口を当該市町村人口に係る昭和四十五年の人口で除して得た数値（以下この号において「四十五年間人口減少率」という。）が〇・三二以上であること。

ロ　四十五年間人口減少率が〇・二七以上であって、国勢調査の結果による市町村人口に係る平成二十七年の人口のうち六十五歳以上の人口を当該市町村人口に係る同年の人口で除して得た数値が〇・三六以上であること。

ハ　四十五年間人口減少率が〇・二七以上であって、国勢調査の結果による市町村人口に係る平成二十七年の人口のうち十五歳以上三十歳未満の人口を当該市町村人口に係る同年の人口で除して得た数値が〇・一一以下であること。

ニ　国勢調査の結果による市町村人口に係る平成二年の人口から当該市町村人口に係る平成二十七年の人口を控除して得た人口を当該市町村人口に係る平成二年の人口で除して得た数値が〇・二一以上であること。

2　（省略）

（過疎地域自立促進のための対策の目標）

第三条　過疎地域の自立促進のための対策は、第一条の目的を達成するため、地域における創意工夫を尊重し、次に掲げる目標に従って推進されなければならない。

一・二　（省略）

三　生活環境の整備、高齢者等の保健及び福祉の向上及び増進、医療の確保並びに教育の振興を図ることにより、住民の生活の安定と福祉の向上を図ること。

四・五　（省略）

（国の責務）

第四条　国は、第一条の目的を達成するため、前条各号に掲げる事項につき、その政策全般にわたり、必要な施策を総合的に講ずるものとする。

第二章　過疎地域自立促進計画

（過疎地域自立促進方針）

第五条　都道府県は、当該都道府県における過疎地域の自立促進を図るため、過疎地域自立促進方針（以下「自立促進方針」という。）を定めることができる。

2　自立促進方針は、おおむね次に掲げる事項について定めるものとする。

一から六まで　（省略）

七　過疎地域における教育の振興に関する事項

八　過疎地域における地域文化の振興等に関する事項

九　（省略）

3　都道府県は、自立促進方針を作成するに当たっては、過疎地域を広域的な経済社会生活圏の整備の体系に組み入れるよう配慮しなければならない。

4　（省略）

5　過疎地域の市町村は、自立促進方針が定められていない場合には、都道府県に対し、自立促進方針を定めるよう要請することができる。

6　前項の規定による要請があったときは、都道府県は、速やかに、自立促進方針を定めるものとする。

（過疎地域自立促進市町村計画）

第六条　過疎地域の市町村は、自立促進方針に基づき、当該市町村の議会の議決を経て過疎地域自立促進市町村計画（以下「市町村計画」という。）を定めることができる。

2　市町村計画は、おおむね次に掲げる事項について定めるものとする。

一から六まで　（省略）

七　教育の振興に関する事項

八　地域文化の振興等に関する事項

九・十　（省略）

3　市町村計画は、他の法令の規定による地域振興に関する計画と調和が保たれるとともに、広域的な経済社会生活圏の整備の計画に適合するよう定めなければならない。

4から7まで　（省略）

（過疎地域自立促進都道府県計画）

第七条　都道府県は、自立促進方針に基づき、過疎地域の自立促進を図るため、過疎地域自立促進都道府県計画（以下「都道府県計画」という。）を定めることができる。

2　都道府県計画は、おおむね前条第二項各号に掲げる事項について当該都道府県が過疎地域の市町村に協力して講じようとする措置の計画とする。

3　都道府県は、都道府県計画を作成するに当たっては、一の過疎地域の市町村の区域を超える広域の見地に配慮するものとする。

4・5　（省略）

第八条・第九条　（省略）

第三章　過疎地域自立促進のための財政上の特別措置

（国の負担又は補助の割合の特例等）

第一〇条　市町村計画に基づいて行う事業のうち、別表に掲げるものに要する経費に対する国の負担又は補助の割合（以下「国の負担割合」という。）は、当該事業に関する法令の規定にかかわらず、同表のとおりとする。ただし、他の法令の規定により同表に掲げる割合を超える国の負担割合が定められている場合は、この限りでない。

2　国は、市町村計画に基づいて行う事業のうち、別表に掲げるものに要する経費に充てるため政令で定める交付金を交付する場合においては、政令で定めるところにより、当該経費について前項の規定を適用したとするならば国が負担し、又は補助することとなる割合を参酌して、当該交付金の額を算定するものとする。

（国の補助等）

第一一条　国は、過疎地域の自立促進を図るため特に必要があると認めるときは、政令で定めるところにより、予算の範囲内において、市町村計画又は都道府県計画に基づいて行う事業に要する経費の一部を補助することができる。

2　国は、義務教育諸学校等の施設費の国庫負担等に関する法律（昭和三十三年法律第八十一号）第十二条第一項の規定により地方公共団体に対して交付金を交付する場合において、当該地方公共団体が同条第二項の規定により作成した施設整備計画に記載された改築等事業（同法第十一条第一項に規定する「改築等事業」をいう。）として、市町村計画に基づいて行う公立の小学校、中学校又は義務教育学校を適正な規模にするための統合に伴い必要となった公立の小学校、中学校又は義務教育学校に勤務する教員又は職員のための住宅の建築（買収その他これに準ずる方法による取得を含む。）に係る事業がある場合においては、当該事業に要する経費の十分の五・五を下回らない額の交付金が充当されるように算定するものとする。

（過疎地域自立促進のための地方債）

第一二条　過疎地域の市町村が市町村計画に基づいて行う地場産業に係る事業又は観光若しくはレクリエーションに関する事業を行う者で政令で定めるものに対する出資及び次に掲げる施設の整備につき当該市町村が必要とする経費については、地方財政法（昭和二十三年法律第百九号）第五条各号に規定する経費に該当しないものについても、地方債をもってその財源とすることができる。

一から十まで（省略）

十一　公民館その他の集会施設

十二・十三（省略）

十四　保育所及び児童館

十五　認定こども園（就学前の子どもに関する教育、保育等の総合的な提供の推進に関する法律（平成十八年法律第七十七号）第三条第一項又は第三項の規定による認定を受けた施設及び幼保連携型認定こども園（同法第二条第七項に規定する幼保連携型認定こども園をいう。別表児童福祉施設の項において同じ。）をいう。）

十六　障害者又は障害児の福祉の増進を図るための施設

十七（省略）

十八　公立の小学校、中学校及び義務教育学校並びに市町村立の幼稚園、高等学校、中等教育学校及び特別支援学校

十九　市町村立の専修学校及び各種学校

二十　図書館

二十一　地域文化の振興等を図るための施設

二十二・二十三（省略）

二十四　前各号に掲げるもののほか、政令で定める施設

2　前項に規定するもののほか、地域医療の確保、住民の日常的な移動のための交通手段の確保、集落の維持及び活性化その他の住民が将来にわたり安全に安心して暮らすことのできる地域社会の実現を図るため特別に地方債を財源として行うことが必要と認められる事業として過疎地域の市町村が市町村計画に定めるもの（当該事業の実施のために地方自治法（昭和二十二年法律第六十七号）第二百四十一条の規定により設けられる基金の積立てを含む。次項において「過疎地域自立促進特別事業」という。）の実施につき当該市町村が必要とする経費（出資及び施設の整備につき必要とする経費を除く。）については、地方財政法第五条各号に規定する経費に該当しないものについても、人口、面積、財政状況その他の条件を考慮して総務省令で定めるところにより算定した額の範囲内に限り、地方債をもってその財源とすることができる。

3　市町村計画に基づいて行う第一項に規定する出資若しくは施設の整備又は過疎地域自立促進特別事業の実施につき過疎地域の市町村が必要とする経費の財源に充てるため起こした地方債（当該地方債を財源として設置した施設に関する事業の経営に伴う収入を当該地方債の元利償還に充てることができるものを除く。）で、総務大臣が指定したものに係る元利償還に要する経費は、地方交付税法の定めるところにより、当該市町村に交付すべき地方交付税の額の算定に用いる基準財政需要額に算入するものとする。

第一三条（省略）

第四章　過疎地域自立促進のためのその他の特別措置

第一四条から第二一条まで（省略）

（教育の充実）

第二二条　国及び地方公共団体は、過疎地域において、その教育の特殊事情にかんがみ、学校教育及び社会教育の充実に努めるとともに、地域社会の特性に応じた生涯学習の振興に資するための施策の充実について適切な配慮をするものとする。

（地域文化の振興等）

第二三条　国及び地方公共団体は、過疎地域において伝承されてきた文化的所産の保存及び活用について適切な措置が講ぜられるよう努めるとともに、地域における文化の振興について適切な配慮をするものとする。

第二四条から第三一条まで（省略）

第五章　雑則（省略）

附　則（抄）

（この法律の失効）

第三条　この法律は、平成三十三年三月三十一日限り、その効力を失う。

別表（第十条関係）

事業の区分		国の負担割合
教育施設	義務教育諸学校等の施設費の国庫負担等に関する法律第二条に規定する義務教育諸学校のうち公立の小学校、中学校又は義務教育学校を適正な規模にするための統合に伴い必要となり、又は必要となった公立の小学校、中学校又は義務教育学校の校舎又は屋内運動場の新築又は増築（買収その他これに準ずる方法による取得を含む。）	十分の五・五
児童福祉施設	児童福祉法（昭和二十二年法律第百六十四号）第七条第一項に規定する児童福祉施設のうち保育所又は幼保連携型認定こども園の設備の新設、修理、改造、拡張又は整備	二分の一から十分の五・五（国又は地方公共団体以外の者が設置する保育所又は幼保連携型認定こども園に係るものにあ

		っては、三分の二）まで
消防施設	消防施設強化促進法（昭和二十八年法律第八十七号）第三条に規定する消防の用に供する機械器具及び設備の購入又は設置	十分の五・五

第4章　就学奨励

●就学困難な児童及び生徒に係る就学奨励についての国の援助に関する法律

（昭和三一年三月三〇日法律第四〇号）

施行、昭三一・四・一
最終改正、平二七―法四六

（目的）

第一条　この法律は、経済的理由によつて就学困難な児童及び生徒について学用品を給与する等就学奨励を行う地方公共団体に対し、国が必要な援助を与えることとし、もつて小学校、中学校及び義務教育学校並びに中等教育学校の前期課程における義務教育の円滑な実施に資することを目的とする。

（国の補助）

第二条　国は、市（特別区を含む。）町村が、その区域内に住所を有する学校教育法（昭和二十二年法律第二十六号）第十八条に規定する学齢児童又は学齢生徒（以下「児童生徒」という。）の同法第十六条に規定する保護者で生活保護法（昭和二十五年法律第百四十四号）第六条第二項に規定する要保護者であるものに対して、児童生徒に係る次に掲げる費用等（当該児童生徒について、同法第十三条の規定による教育扶助が行われている場合にあつては、当該教育扶助に係る第一号又は第二号に掲げるものを除く。）を支給する場合には、予算の範囲内において、これに要する経費を補助する。

一　学用品又はその購入費
二　通学に要する交通費
三　修学旅行費

（補助の基準及び範囲）

第三条　前条の規定により国が補助を行う場合の補助の基準及び範囲については、政令で定める。

附　則（省略）

附　則（抄）（昭和三八年一二月二一日法律第一八二号）

（就学困難な児童及び生徒に係る就学奨励についての国の援助に関する法律の一部改正に伴う経過規定）

12　当分の間、この法律による改正後の就学困難な児童及び生徒に係る就学奨励についての国の援助に関する法律（昭和三十一年法律第四十号）第二条に規定する学齢児童又は学齢生徒で義務教育諸学校の教科用図書の無償に関する法律（昭和三十七年法律第六十号）附則第二項及びこの法律の附則第四項の規定に基づく政令で定めるところにより教科用図書の給与を受けないこととなるものの保護者については、就学困難な児童及び生徒に係る就学奨励についての国の援助に関する法律第二条各号列記以外の部分中「学用品若しくはその購入費」とあるのは「同法第二十一条第一項（同法第四十条で準用する場合を含む。）の教科用図書（以下「教科用図書」という。）若しくはその購入費、学用品若しくはその購入費」と、同条第一号中「学用品若しくはその購入費」とあるのは「教科用図書若しくはその購入費、学用品若しくはその購入費」と、それぞれ読み替えて同条の規定を適用する。

●就学困難な児童及び生徒に係る就学奨励についての国の援助に関する法律施行令

（昭和三一年四月五日政令第八七号）

施行、昭三一・四・五
最終改正、平二七―政四二一

（学用品に係る補助の基準及び範囲）

第一条　就学困難な児童及び生徒に係る就学奨励についての国の援助に関する法律（以下「法」という。）第二条の規定による学用品又はその購入費の支給に対する国の補助は、市町村が、同条に規定する保護者に対して、その保護者が児童又は生徒（それぞれ学校教育法（昭和二十二年法律第二十六号）第十八条に規定する学齢児童又は学齢生徒をいう。以下同じ。）のため購入する必要がある学用品の全部又は一部について現物又はその購入費を支給する場合において、その支給した学用品の価額又は購入費の総額の二分の一について行うものとする。ただし、当該総額は、児童が使用する学用品又は生徒が使用する学用品についてそれぞれ文部科学大臣が毎年度定める額に、当該児童又は生徒の数をそれぞれ乗じて得た額の合計額の範囲内で文部科学大臣が定める額を限度とする。

2　法第二条の規定により国が行う学用品又はその購入費の支給に対する補助の範囲は、児童又は生徒が通常必要とする学用品の価額又は購入費の額とする。

（通学に要する交通費に係る補助の基準及び範囲）

第二条　法第二条の規定による通学に要する交通費の支給に対する国の補助は、市町村が、同条に規定する保護者に対して、その保護者が児童又は生徒のため負担する必要がある通学に要する交通費のうち次項に規定する補助の範囲のものの全部又は一部を支給する場合において、その支給した通学に要する交通費の総額の二分の一について行うものとする。

2　法第二条の規定により国が行う通学に要する交通費の支給に対する補助の範囲は、児童又は生徒が、最も経済的な通常の経路及び方法により通学する場合の交通費で文部科学大臣が定めるものの額とする。

（修学旅行費に係る補助の基準及び範囲）

第三条　法第二条の規定による修学旅行費の支給に対する国の補助は、市町村が、同条に規定する保護者に対して、その保護者が児童又は生徒のため負担する必要がある修学旅行費のうち次項に規定する補助の範囲のものの全部又は一部を支給する場合において、その支給した修学旅行費の総額の二分の一について行うものとする。ただし、当該総額は、児童に係る修学旅行費又は生徒に係る修学旅行費についてそれぞれ文部科学大臣が毎年度定める額に、当該児童又は生徒の数をそれぞれ乗じて得た額の合計額の範囲内で文部科学大臣が定める額を限度とする。

2　法第二条の規定により国が行う修学旅行費の支給に対する補助の範囲は、児童又は生徒が小学校（義務教育学校の前期課程を含む。）又は中学校（義務教育学校の後期課程及び中等教育学校の前期課程を含む。）を通じてそれぞれ一回参加する修学旅行に要する経費のうち修学旅行に直接必要な交通費、宿泊費及び見学料の額とする。

附　則（省略）

●特別支援学校への就学奨励に関する法律

（昭和二九年六月一日 法律第一四四号）

施行、昭二九・六・一
最終改正、平二八―法四七

（この法律の目的）

第一条　この法律は、教育の機会均等の趣旨に則り、かつ、特別支援学校への就学の特殊事情にかんがみ、国及び地方公共団体が特別支援学校に就学する児童又は生徒について行う必要な援助を規定し、もつて特別支援学校における教育の普及奨励を図ることを目的とする。

（国及び都道府県の行う就学奨励）

第二条　都道府県は、当該都道府県若しくは当該都道府県に包括される市町村の設置する特別支援学校又は当該都道府県の区域内の地方独立行政法人法（平成十五年法律第百十八号）第六十八条第一項に規定する公立大学法人の設置する特別支援学校若しくは私立の特別支援学校への児童又は生徒の就学による保護者等（児童又は未成年の生徒については学校教育法（昭和二十二年法律第二十六号）第十六条に規定する保護者、成年に達した生徒についてはその者の就学に要する経費を負担する者をいう。以下同じ。）の経済的負担を軽減するため、その負担能力の程度に応じ、特別支援学校への就学のため必要な経費のうち、小学部又は中学部の児童又は生徒に係るものにあつては第二号から第六号までに掲げるものについて、高等部（専攻科を除く。）の生徒に係るものにあつては第一号から第五号までに掲げるもの（付添人の付添いに要する交通費を除く。）について、その全部又は一部を支弁しなければならない。

一　教科用図書の購入費
二　学校給食費
三　通学又は帰省に要する交通費及び付添人の付添いに要する交通費
四　学校附設の寄宿舎居住に伴う経費
五　修学旅行費
六　学用品の購入費

2　前項各号に掲げる経費の範囲、その算定基準その他同項の規定による経費の支弁の基準に関し必要な事項は、政令で定める。

3　都道府県は、第一項の規定により支弁した経費のうち他の都道府県の区域内に住所を有する児童又は生徒に係るものについては、当該他の都道府県に対して、その二分の一を求償することができる。

4　国は、学校教育法第二条第二項に規定する国立学校である特別支援学校への就学のため必要な経費について、第一項及び第二項の規定に準じて支弁しなければならない。

（経費の支給）

第三条　前条第一項又は第四項の規定により国又は都道府県が支弁する経費は、当該児童又は生徒の就学する学校の校長に対して交付するものとする。

2　前項の規定により経費の交付を受けた校長は、これを、政令の定めるところにより、金銭をもつて当該児童若しくは生徒又はその保護者等に対して支給しなければならない。ただし、政令で定める特別の事情があるときは、現物をもつて支給することができる。

（国の負担）

第四条　国は、第二条第一項の規定により都道府県が支弁する経費の二分の一を負担する。

（経費に関する資料の提出）

第五条　特別支援学校の校長及び特別支援学校に就学する児童又は生徒（高等部の専攻科の生徒を除く。）の保護者等は、文部科学大臣又は都道府県の教育委員会の定めるところにより、国又は都道府県が第二条の規定により支弁すべき経費の算定に必要な資料を文部科学大臣又は都道府県の教育委員会に提出しなければならない。

附　則（省略）

●特別支援学校への就学奨励に関する法律施行令

（昭和二九年六月二二日 政令第一五七号）

施行、昭二九・六・二二
最終改正、平二一―政五三

（経費の範囲及び算定基準）

第一条　都道府県が、特別支援学校への就学奨励に関する法律（昭和二十九年法律第百四十四号。以下「法」という。）第二条第一項の規定によりその全部又は一部を支弁すべき経費の範囲及びその算定基準は、次の各号に掲げる経費について、それぞれ当該各号に掲げるところによる。

一　教科用図書の購入費　学年別に文部科学省令で定める教科ごとに各一種類の教科用図書の価額。ただし、特定の教科については、文部科学省令で定めるところにより、二以上の種類の教科用図書の価額

二　学校給食費　学校給食法（昭和二十九年法律第百六十号）第十一条第二項に規定する学校給食費又は特別支援学校の幼稚部及び高等部における学校給食に関する法律（昭和三十二年法律第百十八号）第二条に規定する学校給食に要する経費で同法第五条第一項に規定する経費以外のものの額

三　通学に要する交通費　児童又は生徒が、最も経済的な通常の経路及び方法により通学する場合の交通費の額

四　帰省に要する交通費　学校附設の寄宿舎に居住する児童又は生徒が、年間三回以内、最も経済的な通常の経路及び方法により帰省する場合の往復の交通費の額

五　付添人の付添に要する交通費　学校附設の寄宿舎に居住する児童又は生徒が年間三回以内帰省する場合及び小学部第一学年から第三学年までに在学する児童が通学する場合に要する付添人の最も経済的な通常の経路及び方法による付添中の交通費の額

六　学校附設の寄宿舎居住に伴う経費　寝具その他文部科学省令で定める日用品等の購入費及び文部科学省令で定める範囲の食費の額

七　修学旅行費　児童又は生徒が、小学部、中学部又は高等部を通じてそれぞれ一回参加する修学旅行に要する経費のうち、修学旅行に直接必要な交通費、宿泊費及び見学料の額

八　学用品の購入費　児童又は生徒が通常必要とする学用品の購入費の額

（経費の支弁の基準）

第二条　都道府県が法第二条第一項の規定により支弁すべき経費の額は、次の各号に掲げる区分に応じ、それぞれ当該各号に掲げるとおりとする。

一　文部科学大臣が定めるところにより算定した保護者等（法第二条第一項に規定する「保護者等」をいう。以下同じ。）の属する世帯の収入の額（以下「収入額」という。）が生活保護法（昭和二十五年法律第百四十四号）第八条第一項の規定により厚生労働大臣が定める基準の例により測定したその世帯の需要　小学部又は中学部の児童又は生徒に係る場合は、前条第二号から第八号まで、高等部の生徒に係る場合は、同条第一号から第四号まで、第六号及び第七号に掲げる経費の全額

の額（以下「需要額」という。）の一・五倍未満の場合

二　収入額が需要額の一・五倍以上二・五倍未満の場合　小学部又は中学部の児童又は生徒に係る場合は、前条第二号から第八号までに掲げる経費の半額、高等部の生徒に係る場合は、同条第一号に掲げる経費の全額並びに同条第二号から第四号まで、第六号及び第七号に掲げる経費の半額

三　収入額が需要額の二・五倍以上の場合　小学部又は中学部の児童又は生徒に係る場合は、前条第三号から第五号までに掲げる経費の半額、高等部の生徒に係る場合は、同条第一号に掲げる経費の全部

（**校長が行う経費支給の方法**）

第三条　法第三条第一項の規定により経費の交付を受けた校長は、これを保護者等に支給しなければならない。ただし、保護者等に支給するため特別の経費を必要とすること、保護者等について次条に定める特別の事情があること等により、児童又は生徒に支給することが適当であるときは、児童又は生徒に支給することを妨げない。

第四条　法第三条第二項ただし書の政令で定める特別の事情は、経費の支給を受ける者が、支給される金銭を紛失し、浪費し、又は目的外に使用するおそれがあることとする。

附　則〔省略〕

●高等学校等就学支援金の支給に関する法律

（平成二二年三月三一日　法律第一八号）

施行、平二二・四・一
最終改正、平二六—法六九

第一章　総則

（**目的**）

第一条　この法律は、高等学校等の生徒等がその授業料に充てるために高等学校等就学支援金の支給を受けることができることとすることにより、高等学校等における教育に係る経済的負担の軽減を図り、もって教育の機会均等に寄与することを目的とする。

（**定義**）

第二条　この法律において「高等学校等」とは、次に掲げるものをいう。

一　高等学校（専攻科及び別科を除く。以下同じ。）

二　中等教育学校の後期課程（専攻科及び別科を除く。次条第三項及び第五条第三項において同じ。）

三　特別支援学校の高等部

四　高等専門学校（第一学年から第三学年までに限る。）

五　専修学校及び各種学校（これらのうち高等学校の課程に類する課程を置くものとして文部科学省令で定めるものに限り、学校教育法（昭和二十二年法律第二十六号）第一条に規定する学校以外の教育施設で学校教育に類する教育を行うもののうち当該教育を行うにつき同法以外の法律に特別の規定があるものであって、高等学校の課程に類する課程を置くものとして文部科学省令で定めるもの（第四条及び第六条第一項において「特定教育施設」という。）を含む。）

第二章　高等学校等就学支援金の支給

（**受給資格**）

第三条　高等学校等就学支援金（以下「就学支援金」という。）は、高等学校等に在学する生徒又は学生で日本国内に住所を有する者に対し、当該高等学校等（その者が同時に二以上の高等学校等の課程に在学するときは、これらのうちいずれか一の高等学校等の課程）における就学について支給する。

2　就学支援金は、前項に規定する者が次の各号のいずれかに該当するときは、支給しない。

一　高等学校等（修業年限が三年未満のものを除く。）を卒業し又は修了した者

二　前号に掲げる者のほか、高等学校等に在学した期間が通算して三十六月を超える者

三　前二号に掲げる者のほか、前項に規定する者の保護者（学校教育法第十六条に規定する保護者をいう。）その他の同項に規定する者の就学に要する経費を負担すべき者として政令で定める者（以下「保護者等」という。）の収入の状況に照らして、就学支援金の支給により当該保護者等の経済的負担を軽減する必要があるとは認められない者として政令で定める者

3　前項第二号の期間は、その初日において高等学校等に在学していた月を一月（その初日において高等学校又は中等教育学校の後期課程の定時制の課程又は通信制の課程のみに在学していた月その他の政令で定める月にあっては、一月を超えない範囲内で政令で定める月数）として計算する。

（**受給資格の認定**）

第四条　前条第一項に規定する者（同条第二項各号のいずれかに該当する者を除く。）は、就学支援金の支給を受けようとするときは、文部科学省令で定めるところにより、その在学する高等学校等（その者が同時に二以上の高等学校等の課程に在学するときは、その選択した一の高等学校等の課程）の設置者を通

じて、当該高等学校等の所在地の都道府県知事（当該高等学校等が地方公共団体の設置するものである場合（当該高等学校等が特定教育施設である場合を除く。）にあっては、都道府県教育委員会）に対し、当該高等学校等における就学について就学支援金の支給を受ける資格を有することについての認定を申請し、その認定を受けなければならない。

（**就学支援金の額**）

第五条　就学支援金は、前条の認定を受けた者（以下「受給権者」という。）がその初日において当該認定に係る高等学校等（以下「支給対象高等学校等」という。）に在学する月について、月を単位として支給されるものとし、その額は、一月につき、支給対象高等学校等の授業料の月額（授業料の額が年額その他月額以外の方法により定められている場合にあっては、授業料の月額に相当するものとして文部科学省令で定めるところにより算定した額をいい、受給権者が授業料の減免を受けた場合にあっては、文部科学省令で定めるところにより当該授業料の月額から当該減免に係る額を控除した額をいう。）に相当する額（その額が支給対象高等学校等の設置者、種類及び課程の区分に応じて政令で定める額（以下この項において「支給限度額」という。）を超える場合にあっては、支給限度額）とする。

2　支給対象高等学校等が政令で定める高等学校等である受給権者であって、その保護者等の収入の状況に照らして特に当該保護者等の経済的負担を軽減する必要があるものとして政令で定めるものに対して支給される就学支援金に係る前項の規定の適用については、同項中「定める額」とあるのは、「定める額に政令で定める額を加えた額」とする。

3　第一項の支給限度額は、地方公共団体の設置する高等学校、中等教育学校の後期課程及び特別支援学校の高等部の授業料の月額その他の事情を勘案して定めるものとする。

（**就学支援金の支給**）

第六条　都道府県知事（支給対象高等学校等が地方公共団体の設置するものである場合（支給対象高等学校等が特定教育施設である場合を除く。）にあっては、都道府県教育委員会。以下同じ。）は、受給権者に対し、就学支援金を支給する。

2　就学支援金の支給は、受給権者が第四条の認定の申請をした日（当該申請が支給対象高等学校等の設置者に到達した日（次項において「申請日」という。）の属する月（受給権者がその月の初日において当該支給対象高等学校等に在学していないとき、受給権者がその月について当該支給対象高等学校等以外の高等学校等を支給対象高等学校等とする就学支援金の支給を受けることができるときその他政令で定めるときは、その翌月）から始め、当該就学支援金を支給すべき事由が消滅した日の属する月で終わる。

3　受給権者がやむを得ない理由により第四条の認定の申請をすることができなかった場合において、やむを得ない理由がやんだ後十五日以内にその申請をしたとき（当該申請が支給対象高等学校等の設置者に到達したときをいう。）は、やむを得ない理由により当該認定の申請をすることができなくなった日を申請日とみなして、前項の規定を適用する。

4　前三項に定めるもののほか、就学支援金の支払の時期その他就学支援金の支給に関し必要な事項は、文部科学省令で定める。

（**代理受領等**）

第七条　支給対象高等学校等の設置者は、受給権者に代わって就学支援金を受領し、その有する当該受給権者の授業料に係る債権の弁済に充てるものとする。

（**就学支援金の支給の停止等**）

第八条　就学支援金は、受給権者が支給対象高等学校等を休学した場合その他の政令で定める場合において、受給権者が、文部科学省令で定めるところにより、支給対象高等学校等の設置者を通じて、都道府県知事に申し出たときは、政令で定めるところにより、その支給を停止する。

2　前項の規定により当該月に係る就学支援金の支給が停止された月は、第三条第三項の規定による同条第二項第二号の期間の計算については、その初日において高等学校等に在学していた月には該当しないものとみなす。

（**支払の一時差止め**）

第九条　受給権者が、正当な理由がなく第十七条の規定による届出をしないときは、就学支援金の支払を一時差し止めることができる。

（**支払の調整**）

第一〇条　就学支援金を支給すべきでないにもかかわらず、就学支援金の支給としての支払が行われたときは、その支払は、その後に支払うべき就学支援金の内払とみなすことができる。就学支援金として支給すべき額を超える額の就学支援金の支給としての支払が行われた場合における当該超過額の支払についても、同様とする。

（**不正利得の徴収**）

第一一条　偽りその他不正の手段により就学支援金の支給を受けた者があるときは、都道府県知事は、国税徴収の例により、その者から、その支給を受けた就学支援金の額に相当する金額の全部又は一部を徴収することができる。

2　前項の規定による徴収金の先取特権の順位は、国税及び地方税に次ぐものとする。

（**受給権の保護**）

第一二条　就学支援金の支給を受ける権利は、譲り渡し、担保に供し、又は差し押さえることができない。

（**公課の禁止**）

第一三条　租税その他の公課は、就学支援金として支給を受けた金銭を標準として、課することができない。

（**国等の設置する高等学校等に係る就学支援金に関する特例**）

第一四条　国の設置する高等学校等における就学について支給される就学支援金に係る第四条、第六条第一項から第三項まで、第七条、第八条第一項及び第十一条第一項の規定の適用については、第四条中「設置者を」とあるのは「長を」と、「当該高等学校等の所在地の都道府県知事（当該高等学校等が地方公共団体の設置するものである場合（当該高等学校等が特定教育施設である場合を除く。）にあっては、都道府県教育委員会）」とあるのは「文部科学大臣」と、第六条第一項中「都道府県知事（支給対象高等学校等が地方公共団体の設置するものである場合（支給対象高等学校等が特定教育施設である場合を除く。）にあっては、都道府県教育委員会。以下同じ。）」とあるのは「文部科学大臣」と、同条第二項及び第三項中「設置者に」とあるのは「長に」と、第七条中「支給対象高等学校等の設置者」とあるのは「文部科学大臣」と、「代わって就学支援金を受領し、その有する」とあるのは「支給すべき就学支援金を国の有する」と、「充てるものとする」とあるのは「充てるものとする。この場合においては、当該受給権者に対し、就学支援金の支給があったものとみなす」と、第八条第一項中「設置者を」とあるのは「長を」と、「都道府県知事」とあるのは「文部科学大臣」と、第十一条第一項中「都道府県知事」とあるのは「文部科学大臣」とする。

2　独立行政法人通則法（平成十一年法律第百三号）第二条第一項に規定する独立行政法人又は国立大学法人法（平成十五年法律第百十二号）第二条第一項に規定する国立大学法人の設置する高等学校等における就学について支給される就学支援金に係る第四条、第六条第一項、第八条第一項及び第十一条第一項の規定の適用については、第四条中「当該高等学校等の所在地の都道府県知事（当該高等学校等が地方公共団体の設置するものである場合（当該高等学校等が特定教育施設である場合を除く。）にあっては、都道府県教育委員会）」とあり、第六条第一項中「都道府県知事（支給対象高等学校等が地方公共団体の設置するものである場合（支給対象高等学校等が特定教育施設である場合を除く。）にあっては、都道府県教育委員会。以下同じ。）」とあり、並びに第八条第一項及び第十一条第一項中「都道府県知事」とあるのは、「文部科学大臣」とする。

3　都道府県の設置する高等学校等における就学について支給される就学支援金に係る第四条、第七条及び第八条第一項の規定の適用については、第四条中「設置者を通じて、当該高等学校等の所在地の都道府県知事（当該高等学校等が地方公共団体の設置するものである場合（当該高等学校等が特定教育施設である場合を除く。）にあっては、都道府県教育委員会）」とあるのは「設置者である都道府県の知事（当該高等学校等が特定教育施設でない場合にあっては、教育委員会）」と、第七条中「支給対象高等学校等の設置者」とあるのは「都道府県知事」と、「代わって就学支援金を受領し、その有する」とあるのは「支給すべき就学支援金を当該都道府県の」と、「充てるものとする」とあるのは「充てるものとする。この場合においては、当該受給権者に対し、就学支援金の支給があったものとみなす」と、同項中「支給対象高等学校等の設置者を通じて、都道府県知事」とあるのは「都道府県知事」とする。

（交付金）

第一五条　国は、就学支援金の支給に要する費用の全額に相当する金額を都道府県に交付する。

2　国は、毎年度、予算の範囲内で、就学支援金に関する事務の執行に要する費用に相当する金額を都道府県に交付する。

第三章　雑則

第一六条　削除（平二六法六九）

（届出）

第一七条　受給権者は、文部科学省令で定めるところにより、都道府県知事（第十四条第一項又は第二項に規定する就学支援金に係る場合にあっては、文部科学大臣。次条第一項において同じ。）に対し、保護者等の収入の状況に関する事項として文部科学省令で定める事項を届け出なければならない。

（報告等）

第一八条　都道府県知事は、この法律の施行に必要な限度において、受給権者、その保護者等若しくは支給対象高等学校等の設置者（国及び都道府県を除く。）若しくはその役員若しくは職員又はこれらの者であった者に対し、報告若しくは文書その他の物件の提出若しくは提示を命じ、又は当該職員に質問させることができる。

2　前項の規定による質問を行う場合においては、当該職員は、その身分を示す証明書を携帯し、かつ、関係者の請求があるときは、これを提示しなければならない。

3　第一項の規定による権限は、犯罪捜査のために認められたものと解釈してはならない。

（事務の区分）

第一九条　第四条（第十四条第三項の規定により読み替えて適用する場合を含む。）、第六条第一項、第八条第一項（第十四条第三項の規定により読み替えて適用する場合を含む。）、第十一条第一項、第十七条及び前条第一項の規定により都道府県が処理することとされている事務は、地方自治法（昭和二十二年法律第六十七号）第二条第九項第一号に規定する第一号法定受託事務とする。

（文部科学省令への委任）

第二〇条　この法律に定めるもののほか、この法律の実施のため必要な事項は、文部科学省令で定める。

（罰則）

第二一条　偽りその他不正の手段により就学支援金の支給をさせた者は、三年以下の懲役又は百万円以下の罰金に処する。ただし、刑法（明治四十年法律第四十五号）に正条があるときは、同法による。

2　第十八条第一項の規定による命令に違反して、報告若しくは物件の提出若しくは提示をせず、若しくは虚偽の報告若しくは虚偽の物件の提出若しくは提示をし、又は同項の規定による当該職員の質問に対して、答弁せず、若しくは虚偽の答弁をした者は、三十万円以下の罰金に処する。

3　法人の代表者又は法人若しくは人の代理人、使用人その他の従業者が、その法人又は人の業務に関し、前二項の違反行為をしたときは、行為者を罰するほか、その法人又は人に対しても、当該各項の罰金刑を科する。

附　則（省略）

●高等学校等就学支援金の支給に関する法律施行令（平成二二年四月一日政令第一一二号）

施行、平二二・四・一
最終改正、令二―政八九

（保護者等の経済的負担を軽減する必要があるとは認められない者等）

第一条　高等学校等就学支援金の支給に関する法律（平成二十二年法律第十八号。以下「法」という。）第三条第二項第三号の就学に要する経費を負担すべき者として政令で定める者は、次の各号に掲げる場合の区分に応じ、それぞれ当該各号に定める者とする。

一　法第三条第一項に規定する者（次号において「生徒等」という。）に保護者（親権を行う者（親権を行う者のないときは、未成年後見人）をいい、法人である未成年後見人及び児童福祉法（昭和二十二年法律第百六十四号）第三十三条の二第一項、第三十三条の八第二項又は第四十七条第二項の規定により親権を行う児童相談所長その他の文部科学省令で定める者を除く。以下この項において同じ。）がいる場合　当該保護者

二　生徒等に保護者がいない場合　当該生徒等（当該生徒等が主として他の者の収入により生計を維持している場合にあっては、当該他の者）

2　法第三条第二項第三号の保護者等の経済的負担を軽減する必要があるとは認められない者として政令で定める者は、保護者等（前項各号に掲げる場合の区分に応じ、それぞれ当該各号に定める者をいう。以下この項及び第四条第二項において同じ。）について第一号に掲げる額から第二号に掲げる額を控除した額（その額が零を下回る場合又は当該保護者等が地方税法（昭和二十五年法律第二百二十六号）第二百九十五条第一項各号に掲げる者若しくは同法附則第三条の三第四項の規定に

より同項に規定する市町村民税の所得割を課することができない者である場合には、零とし、その額に百円未満の端数がある場合には、これを切り捨てた額とする。以下この項及び第四条第二項において「算定基準額」という。）（保護者等が二人以上いるときは、その全員の算定基準額を合算した額。第四条第二項において同じ。）が三十万四千二百円以上である者とする。

一　高等学校等就学支援金（以下「就学支援金」という。）が支給される月の属する年度（当該月が四月から六月までの月であるときは、その前年度。次号において同じ。）分の地方税法の規定による市町村民税（同法の規定による特別区民税を含む。同号及び第四条第二項において同じ。）に係る同法第三百十四条の三第二項に規定する課税総所得金額、課税退職所得金額及び課税山林所得金額、同法附則第三十三条の二第五項に規定する上場株式等に係る課税配当所得等の金額、同法附則第三十三条の三第五項第一号に規定する土地等に係る課税事業所得等の金額、同法附則第三十四条第四項に規定する課税長期譲渡所得金額、同法附則第三十五条第五項に規定する課税短期譲渡所得金額、同法附則第三十五条の二第五項に規定する一般株式等に係る課税譲渡所得等の金額、同法附則第三十五条の二の二第五項に規定する上場株式等に係る課税譲渡所得等の金額並びに同法附則第三十五条の四第四項に規定する先物取引に係る課税雑所得等の金額、外国居住者等の所得に対する相互主義による所得税等の非課税等に関する法律（昭和三十七年法律第百四十四号）第八条第二項（同法第十二条第五項及び第十六条第二項において準用する場合を含む。）に規定する特例適用利子等の額（同法第八条第八項第四号（同法第十二条第七項及び第十六条第四項において準用する場合を含む。）の規定により読み替えられた地方税法第三百十四条の二の規定の適用がある場合には、その適用後の金額）及び外国居住者等の所得に対する相互主義による所得税等の非課税等に関する法律第八条第四項（同法第十二条第六項及び第十六条第三項において準用する場合を含む。）に規定する特例適用配当等の額（同法第八条第十一項第四号（同法第十二条第八項及び第十六条第五項において準用する場合を含む。）の規定により読み替えられた地方税法第三百十四条の二の規定の適用がある場合には、その適用後の金額）並びに租税条約等の実施に伴う所得税法、法人税法及び地方税法の特例等に関する法律（昭和四十四年法律第四十六号）第三条の二の二第十項に規定する条約適用利子等の額（同条第十一項第四号の規定により読み替えられた地方税法第三百十四条の二の規定の適用がある場合には、その適用後の金額）及び租税条約等の実施に伴う所得税法、法人税法及び地方税法の特例等に関する法律第三条の二の二第十二項に規定する条約適用配当等の額（同条第十四項第四号の規定により読み替えられた地方税法第三百十四条の二の規定の適用がある場合には、その適用後の金額）の合計額に百分の六を乗じた額

二　就学支援金が支給される月の属する年度分の地方税法第三百十四条の六の規定により控除する額（地方自治法（昭和二十二年法律第六十七号）第二百五十二条の十九第一項に規定する指定都市により当該年度分の地方税法の規定による市町村民税の同法第二百九十二条第一項第二号に掲げる所得割を課される者については、当該額に四分の三を乗じた額）

（高等学校等に在学した期間の計算の特例）

第二条　法第三条第三項の政令で定める月は、次に掲げる月とする。

一　その初日において在学していた高等学校等（法第二条に規定する高等学校等をいう。以下同じ。）が高等学校定時制課程等（高等学校（専攻科及び別科を除く。以下同じ。）若しくは中等教育学校の後期課程（専攻科及び別科を除く。以下同じ。）の定時制の課程又は通信制の課程又は専修学校（高等学校の課程に類する課程であって、夜間その他特別な時間において授業を行うもの又は通信による教育を行うものを置くものとして文部科学省令で定めるものに限る。）をいう。次号において同じ。）のみであった月

二　その初日において在学していた高等学校等が高等学校定時制課程等及びそれ以外の高等学校等であった月（当該高等学校定時制課程等が当該月に係る支給対象高等学校等（法第五条第一項に規定する支給対象高等学校等をいう。以下同じ。）であった月に限る。）

2　法第三条第三項の政令で定める月数は、一月の四分の三に相当する月数とする。

（支給限度額）

第三条　法第五条第一項の政令で定める額は、次の各号に掲げる支給対象高等学校等の区分に応じ、それぞれ当該各号に定める額とする。

一　高等学校等（次号から第六号までに掲げるものを除く。）　九千九百円

二　国立大学法人法（平成十五年法律第百十二号）第二条第一項に規定する国立大学法人（第六号及び次条第一項第一号において単に「国立大学法人」という。）の設置する高等学校及び中等教育学校の後期課程（第五号に掲げるものを除く。）　九千六百円

三　地方公共団体（地方独立行政法人法（平成十五年法律第百十八号）第六十八条第一項に規定する公立大学法人を含む。次号及び第六号において同じ。）の設置する高等学校及び中等教育学校の後期課程の定時制の課程（第五号に掲げるものを除く。）　二千七百円

四　地方公共団体の設置する高等学校及び中等教育学校の後期課程の通信制の課程（次号に掲げるものを除く。）　五百二十円

五　高等学校及び中等教育学校の後期課程並びに専修学校（高等学校の課程に類する課程を置くものとして文部科学省令で定めるものに限る。）で生徒が履修する科目の単位数に応じて授業料の額を定めるもの　受給権者（法第五条第一項に規定する受給権者をいう。次条第二項及び第五条において同じ。）が当該学校に在学中の各月に支給される就学支援金の額の総額が三十五万六千四百円を超えない範囲内において、当該各月に履修する科目の単位数に応じて文部科学省令で定めるところにより算定した額

六　国立大学法人及び地方公共団体の設置する特別支援学校の高等部　四百円

（支給限度額の加算）

第四条　法第五条第二項の政令で定める高等学校等は、次に掲げる高等学校等とする。

一　国（独立行政法人通則法（平成十一年法律第百三号）第二条第一項に規定する独立行政法人及び国立大学法人を含む。）及び地方公共団体（地方独立行政法人法第二条第一項に規定する地方独立行政法人を含む。次号及び次項第三号において同じ。）以外の者の設置する高等学校等

二　独立行政法人国立高等専門学校機構又は地方公共団体の設置する高等専門学校（第一学年から第三学年までに限る。次項第三号において同じ。）

三　地方公共団体の設置する専修学校

2　法第五条第二項の政令で定める受給権者は、算定基準額が十五万四千五百円未満である受給権者（保護者等が市町村民税の賦課期日において地方税法の施行地に住所を有する者である受給権者に限る。以下この項において同じ。）とし、同条第二項の規定により読み替えて適用する同条第一項の政令で定める額に政令で定める額を加えた額は、当該受給権者の次の各号に掲げる区分に応じ、それぞれ当該各号に定める額とする。

一　前条第一号及び第五号に掲げる支給対象高等学校等に在学する者（次号及び第三号に掲げる者を除く。）　当該受給権者の支給対象高等学校等についての同条第一号又

は第五号に掲げる区分に応じ、それぞれ当該各号に定める額に当該額の三分の七に相当する額を加えた額

二　前条第一号及び第五号に掲げる支給対象高等学校等の通信制の課程に在学する者　当該受給権者の支給対象高等学校等についての同条第一号又は第五号に掲げる区分に応じ、それぞれ当該各号に定める額に当該額の二分の三に相当する額を加えた額

三　独立行政法人国立高等専門学校機構又は地方公共団体の設置する高等専門学校に在学する者　前条第一号に定める額に九千六百五十円を加えた額

（就学支援金の支給の停止）

第五条　法第八条第一項の政令で定める場合は、受給権者が支給対象高等学校等を休学した場合とする。

2　就学支援金は、法第八条第一項の規定による申出をした受給権者については、前項に規定する場合に該当する旨の申出をした日（当該申出が支給対象高等学校等の設置者に到達した日をいう。）の属する月の翌月から当該場合に該当しなくなった旨の申出をした日（当該申出が支給対象高等学校等の設置者に到達した日をいう。）の属する月までの間、その支給を停止する。

附　則（省略）

附　則（令和二年三月三〇日政令第八九号）

（施行期日）

1　この政令は、令和二年四月一日から施行する。

（経過措置）

2　この政令による改正後の高等学校等就学支援金の支給に関する法律施行令（次項において「新令」という。）第一条第二項の規定は、令和二年七月分以降の月分の高等学校等就学支援金の支給について適用し、同年六月分以前の月分の高等学校等就学支援金の支給については、なお従前の例による。

3　新令第四条第二項の規定は、令和二年四月分以降の月分の高等学校等就学支援金の支給について適用し、同年三月分以前の月分の高等学校等就学支援金の支給については、なお従前の例による。この場合において、同年四月分から六月分までの高等学校等就学支援金の支給に係る同項の規定の適用については、同項中「算定基準額が十五万四千五百円」とあるのは「保護者等の令和元年度分の道府県民税所得割（地方税法の規定による道府県民税（同法の規定による都民税を含む。以下この項において同じ。）の同法第二十三条第一項第二号に掲げる所得割（同法第五十条の二の規定によって課する所得割を除く。）をいう。）の額と市町村民税所得割（同法の規定による市町村民税の同法第二百九十二条第一項第二号に掲げる所得割（同法第三百二十八条の規定によって課する所得割を除く。）をいう。）の額とを合算した額が二十五万七千五百円」と、「市町村民税」とあるのは「道府県民税及び市町村民税」と、「同条第二項」とあるのは「法第五条第二項」とする。

●大学等における修学の支援に関する法律

（令和元年五月一七日法律第八号）

施行、令二・四・一

第一章　総則

（目的）

第一条　この法律は、真に支援が必要な低所得者世帯の者に対し、社会で自立し、及び活躍することができる豊かな人間性を備えた創造的な人材を育成するために必要な質の高い教育を実施する大学等における修学の支援を行い、その修学に係る経済的負担を軽減することにより、子どもを安心して生み、育てることができる環境の整備を図り、もって我が国における急速な少子化の進展への対処に寄与することを目的とする。

（定義）

第二条　この法律において「大学等」とは、大学（学校教育法（昭和二十二年法律第二十六号）第百三条に規定する大学を除く。以下同じ。）、高等専門学校及び専門課程を置く専修学校（第七条第一項及び第十条において「専門学校」という。）をいう。

2　この法律において「学生等」とは、大学の学部、短期大学の学科及び専攻科（大学の学部に準ずるものとして文部科学省令で定める専攻科に限る。）並びに高等専門学校の学科（第四学年及び第五学年に限る。）及び専攻科（大学の学部に準ずるものとして文部科学省令で定める専攻科に限る。）の学生並びに専修学校の専門課程の生徒をいう。

3　この法律において「確認大学等」とは、第七条第一項の確認を受けた大学等をいう。

第二章　大学等における修学の支援

第一節　通則

第三条　大学等における修学の支援は、確認大学等に在学する学生等のうち、特に優れた者であって経済的理由により極めて修学に困難があるものに対して行う学資支給及び授業料等減免とする。

第二節　学資支給

第四条　学資支給は、学資支給金（独立行政法人日本学生支援機構法（平成十五年法律第九十四号）第十七条の二第一項に規定する学資支給金をいう。）の支給とする。

第五条　学資支給については、この法律に別段の定めがあるものを除き、独立行政法人日本学生支援機構法の定めるところによる。

第三節　授業料等減免

（授業料等減免）

第六条　授業料等減免は、第八条第一項の規定による授業料等（授業料及び入学金をいう。以下同じ。）の減免とする。

（大学等の確認）

第七条　次の各号に掲げる大学等の設置者は、授業料等減免を行おうとするときは、文部科学省令で定めるところにより、当該各号に定める者（以下「文部科学大臣等」という。）に対し、当該大学等が次項各号に掲げる要件を満たしていることについて確認を求めることができる。

一　大学及び高等専門学校（いずれも学校教育法第二条第二項に規定する国立学校又は私立学校であるものに限る。第十条第一号において同じ。）並びに国立大学法人（国立大学法人法（平成十五年法律第百十二号）第二条第一項に規定する国立大学法人をいう。第十条第一号において同じ。）が設置する専門学校　文部科学大臣

二　国が設置する専門学校　当該専門学校が属する国の行政機関の長

三　独立行政法人（独立行政法人通則法（平成十一年法律第百三号）第二条第一項に規定する独立行政法人をいう。以下この号及

び第十条第一号において同じ。）が設置する専門学校　当該独立行政法人の主務大臣（同法第六十八条に規定する主務大臣をいう。）

四　地方公共団体が設置する大学等　当該地方公共団体の長

五　公立大学法人（地方独立行政法人法（平成十五年法律第百十八号）第六十八条第一項に規定する公立大学法人をいう。以下この項及び第十条第三号において同じ。）が設置する大学等　当該公立大学法人を設立する地方公共団体の長

六　地方独立行政法人（地方独立行政法人法第二条第一項に規定する地方独立行政法人をいい、公立大学法人を除く。以下この号及び第十条第四号において同じ。）が設置する専門学校　当該地方独立行政法人を設立する地方公共団体の長

七　専門学校（前各号に掲げるものを除く。）　当該専門学校を所管する都道府県知事

2　文部科学大臣等は、前項の確認（以下単に「確認」という。）を求められた場合において、当該求めに係る大学等が次に掲げる要件（第九条第一項第一号及び第十五条第一項第一号において「確認要件」という。）を満たしていると認めるときは、その確認をするものとする。

一　大学等の教育の実施体制に関し、大学等が社会で自立し、及び活躍することができる豊かな人間性を備えた創造的な人材を育成するために必要なものとして文部科学省令で定める基準に適合するものであること。

二　大学等の経営基盤に関し、大学等がその経営を継続的かつ安定的に行うために必要なものとして文部科学省令で定める基準に適合するものであること。

三　当該大学等の設置者が、第十五条第一項の規定により確認を取り消された大学等の設置者又はこれに準ずる者として政令で定める者で、その取消しの日又はこれに準ずる日として政令で定める日から起算して三年を経過しないものでないこと。

四　当該大学等の設置者が法人である場合において、その役員のうちに、この法律若しくはこの法律に基づく命令若しくはこれらに基づく処分に違反した者又はこれに準ずる者として政令で定める者で、その違反行為をした日又はこれに準ずる日として政令で定める日から起算して三年を経過しないものがないこと。

3　文部科学大臣等は、確認をしたときは、遅滞なく、その旨をインターネットの利用その他の方法により公表しなければならない。

（確認大学等の設置者による授業料等の減免）

第八条　確認大学等の設置者は、当該確認大学等に在学する学生等のうち、文部科学省令で定める基準及び方法に従い、特に優れた者であって経済的理由により極めて修学に困難があるものと認められるものを授業料等減免対象者として認定し、当該授業料等減免対象者に対して授業料等の減免を行うものとする。

2　前項の規定により確認大学等の設置者が行う授業料等減免の額は、確認大学等の種別その他の事情を考慮して、政令で定めるところによる。

3　前二項に定めるもののほか、授業料等減免の期間その他の確認大学等の設置者が行う授業料等減免に関し必要な事項は、政令で定める。

（確認要件を満たさなくなった場合等の届出）

第九条　確認大学等の設置者は、次の各号のいずれかに該当することとなったときは、文部科学省令で定めるところにより、その旨を当該確認大学等に係る確認をした文部科学大臣等に届け出なければならない。

一　当該確認大学等が、確認要件を満たさなくなったとき。

二　当該確認大学等に係る確認を辞退しようとするとき。

三　当該確認大学等の名称及び所在地その他の文部科学省令で定める事項に変更があったとき。

2　第七条第三項の規定は、前項の規定による届出があったときについて準用する。

（減免費用の支弁）

第一〇条　次の各号に掲げる大学等に係る授業料等減免に要する費用（以下「減免費用」という。）は、それぞれ当該各号に定める者（第十二条第三項において「国等」という。）が支弁する。

一　大学及び高等専門学校並びに国、国立大学法人及び独立行政法人が設置する専門学校　国

二　地方公共団体が設置する大学等　当該地方公共団体

三　公立大学法人が設置する大学等　当該公立大学法人を設立する地方公共団体

四　地方独立行政法人が設置する専門学校　当該地方独立行政法人を設立する地方公共団体

五　専門学校（前各号に掲げるものを除く。）　当該専門学校を所管する都道府県知事の統轄する都道府県

（国の負担）

第一一条　国は、政令で定めるところにより、前条（第五号に係る部分に限る。）の規定により都道府県が支弁する減免費用の二分の一を負担する。

（認定の取消し等）

第一二条　確認大学等の設置者は、文部科学省令で定めるところにより、当該確認大学等に在学する授業料等減免対象者が偽りその他不正の手段により授業料等減免を受けた又は次の各号のいずれかに該当するに至ったと認めるときは、当該授業料等減免対象者に係る第八条第一項の規定による認定（以下この条において単に「認定」という。）を取り消すことができる。

一　学業成績が著しく不良となったと認められるとき。

二　学生等たるにふさわしくない行為があったと認められるとき。

2　確認大学等の設置者は、前項の規定により認定を取り消したときは、文部科学省令で定めるところにより、その旨を当該確認大学等に係る確認をした文部科学大臣等に届け出なければならない。

3　第一項の規定により認定を取り消した確認大学等の設置者に対し減免費用を支弁する国等は、前項の規定による届出があった場合において、当該認定を取り消された学生等に対する授業料等減免に係る減免費用を既に支弁しているときは、国税徴収の例により、当該確認大学等の設置者から当該減免費用に相当する金額を徴収することができる。

4　前項の規定による徴収金の先取特権の順位は、国税及び地方税に次ぐものとする。

（報告等）

第一三条　文部科学大臣等は、授業料等減免に関して必要があると認めるときは、この法律の施行に必要な限度において、授業料等減免対象者若しくはその生計を維持する者若しくはこれらの者であった者に対し、報告若しくは文書その他の物件の提出若しくは提示を命じ、又は当該職員に関係者に対して質問させることができる。

2　文部科学大臣等は、必要があると認めるときは、この法律の施行に必要な限度において、確認大学等の設置者（国及び地方公共団体を除く。以下この項及び次条において同じ。）若しくはその役職員若しくはこれらの者であった者に対し、報告若しくは帳簿書類その他の物件の提出若しくは提示を命じ、若しくは出頭を求め、又は当該職員に関係者に対して質問させ、若しくは当該確認大学等の設置者の事務所その他の施設に立ち入り、その設備若しくは帳簿書類その他の物件を検査させることができる。

3　前二項の規定による質問又は前項の規定による検査を行う場合においては、当該職員は、その身分を示す証明書を携帯し、かつ、関係者の請求があるときは、これを提示しなければならない。

4　第一項及び第二項の規定による権限は、犯罪捜査のために認められたものと解釈してはならない。

（勧告、命令等）

第一四条　文部科学大臣等は、確認大学等の設置者が授業料等減免を適切に行っていないと認める場合その他授業料等減免の適正な実施を確保するため必要があると認める場合には、当該確認大学等の設置者に対し、期限を定めて、授業料等減免の実施の方法の改善その他必要な措置をとるべきことを勧告することができる。

2　文部科学大臣等は、前項の規定による勧告をした場合において、その勧告を受けた確認大学等の設置者が、同項の期限内にこれに従わなかったときは、その旨を公表することができる。

3　文部科学大臣等は、第一項の規定による勧告を受けた確認大学等の設置者が、正当な理由がなくてその勧告に係る措置をとらなかったときは、当該確認大学等の設置者に対し、期限を定めて、その勧告に係る措置をとるべきことを命ずることができる。

4　文部科学大臣等は、前項の規定による命令をした場合においては、その旨を公示しなければならない。

（確認の取消し）

第一五条　文部科学大臣等は、次の各号のいずれかに該当する場合においては、当該確認大学等に係る確認を取り消すことができる。

一　確認大学等が、確認要件を満たさなくなったとき。

二　確認大学等の設置者が、不正の手段により確認を受けていたとき。

三　前号に掲げるもののほか、確認大学等の設置者が、減免費用の支弁に関し不正な行為をしたとき。

四　確認大学等の設置者が、第十三条第二項の規定により報告又は帳簿書類その他の物件の提出若しくは提示を命ぜられてこれに従わず、又は虚偽の報告若しくは虚偽の物件の提出若しくは提示をしたとき。

五　確認大学等の設置者が、第十三条第二項の規定により出頭を求められてこれに応ぜず、同項の規定による質問に対して答弁をせず、若しくは虚偽の答弁をし、又は同項の規定による検査を拒み、妨げ、若しくは忌避したとき。

六　前各号に掲げる場合のほか、確認大学等の設置者が、この法律若しくはこの法律に基づく命令又はこれらに基づく処分に違反したとき。

2　第七条第三項の規定は、前項の規定による確認の取消しをしたときについて準用する。

（授業料等減免対象者が在学している場合の特例）

第一六条　前条第一項の規定により確認が取り消された場合又は確認大学等の設置者が当該確認大学等に係る確認を辞退した場合において、その取消し又は辞退の際、当該確認大学等に授業料等減免対象者が在学しているときは、その者に係る授業料等減免については、当該確認を取り消された大学等又は確認を辞退した大学等を確認大学等とみなして、この法律の規定を適用する。ただし、同項第二号若しくは第三号に掲げる事由に該当して同項の規定により確認が取り消された場合又はこれに準ずる場合として政令で定める場合における当該大学等に係る減免費用については、第十条及び第十一条の規定は、適用しない。

第三章　雑則

（日本私立学校振興・共済事業団を通じて行う減免費用の支弁）

第一七条　国は、日本私立学校振興・共済事業団法（平成九年法律第四十八号）の定めるところにより、第十条の規定による減免費用の支弁のうち大学及び高等専門学校（いずれも学校教育法第二条第二項に規定する私立学校であるものに限る。）に係るものを日本私立学校振興・共済事業団を通じて行うことができる。

2　前項の規定により減免費用の支弁が日本私立学校振興・共済事業団を通じて行われる場合には、第十二条第二項中「文部科学大臣等」とあるのは「文部科学大臣及び日本私立学校振興・共済事業団の理事長」と、同条第三項中「を支弁する国等」とあるのは「に充てるための資金（以下この項において「減免資金」という。）を交付する日本私立学校振興・共済事業団」と、「に係る減免費用」とあるのは「に係る減免資金」と、「支弁している」とあるのは「交付している」と、「当該減免費用」とあるのは「当該減免資金」とする。

（文部科学省令への委任）

第一八条　この法律に定めるもののほか、この法律の施行に関し必要な事項は、文部科学省令で定める。

第四章　罰則

第一九条　第十三条第一項の規定による報告若しくは物件の提出若しくは提示をせず、若しくは虚偽の報告若しくは虚偽の物件の提出若しくは提示をし、又は同項の規定による当該職員の質問に対して答弁をせず、若しくは虚偽の答弁をした者は、三十万円以下の罰金に処する。

2　第十三条第二項の規定による報告若しくは物件の提出若しくは提示をせず、若しくは虚偽の報告若しくは虚偽の物件の提出若しくは提示をし、又は同項の規定による当該職員の質問に対して答弁をせず、若しくは虚偽の答弁をし、又は同項の規定による検査を拒み、妨げ、若しくは忌避した者は、三十万円以下の罰金に処する。

3　法人の代表者又は法人若しくは人の代理人、使用人その他の従業者が、その法人又は人の業務に関し、前項の違反行為をしたときは、行為者を罰するほか、その法人又は人に対して同項の刑を科する。

附　則（抄）

（政府の補助等に係る費用の財源）

第四条　次に掲げる費用の財源は、社会保障安定財源の確保等を図る税制の抜本的な改革を行うための消費税法の一部を改正する等の法律附則第一条第二号に掲げる規定の施行により増加する消費税の収入を活用して、確保するものとする。

一　学資支給に要する費用として独立行政法人日本学生支援機構法第二十三条の二の規定により政府が補助する費用

二　減免費用のうち第十条（第一号に係る部分に限る。）の規定による国の支弁又は第十一条の規定による国の負担に係るもの

●独立行政法人日本学生支援機構法

（平成一五年六月一八日 法律第九四号）

施行、平一五・六・一八
最終改正、令一—法八

第一章　総則

（目的）
第一条　この法律は、独立行政法人日本学生支援機構の名称、目的、業務の範囲等に関する事項を定めることを目的とする。

（名称）
第二条　この法律及び独立行政法人通則法（平成十一年法律第百三号。以下「通則法」という。）の定めるところにより設立される通則法第二条第一項に規定する独立行政法人の名称は、独立行政法人日本学生支援機構とする。

（機構の目的）
第三条　独立行政法人日本学生支援機構（以下「機構」という。）は、教育の機会均等に寄与するために学資の貸与及び支給その他学生等（大学及び高等専門学校の学生並びに専修学校の専門課程の生徒をいう。以下同じ。）の修学の援助を行い、大学等（大学、高等専門学校及び専門課程を置く専修学校をいう。以下同じ。）が学生等に対して行う修学、進路選択その他の事項に関する相談及び指導について支援を行うとともに、留学生交流（外国人留学生の受入れ及び外国への留学生の派遣をいう。以下同じ。）の推進を図るための事業を行うことにより、我が国の大学等において学ぶ学生等に対する適切な修学の環境を整備し、もって次代の社会を担う豊かな人間性を備えた創造的な人材の育成に資するとともに、国際相互理解の増進に寄与することを目的とする。

（中期目標管理法人）
第三条の二　機構は、通則法第二条第二項に規定する中期目標管理法人とする。

（事務所）
第四条　機構は、主たる事務所を神奈川県に置く。

（資本金）
第五条　機構の資本金は、附則第八条第二項及び第十条第五項の規定により政府から出資があったものとされた金額の合計額とする。
2　政府は、必要があると認めるときは、予算で定める金額の範囲内において、機構に追加して出資することができる。
3　機構は、前項の規定による政府の出資があったときは、その出資額により資本金を増加するものとする。

（名称の使用制限）
第六条　機構でない者は、日本学生支援機構という名称を用いてはならない。

第二章　役員及び職員

（役員）
第七条　機構に、役員として、その長である理事長及び監事二人を置く。
2　機構に、役員として、理事四人以内を置くことができる。

（理事の職務及び権限等）
第八条　理事は、理事長の定めるところにより、理事長を補佐して機構の業務を掌理する。
2　通則法第十九条第二項の個別法で定める役員は、理事とする。ただし、理事が置かれていないときは、監事とする。
3　前項ただし書の場合において、通則法第十九条第二項の規定により理事長の職務を代理し又はその職務を行う監事は、その間、監事の職務を行ってはならない。

（理事の任期）
第九条　理事の任期は、二年とする。

（役員の欠格条項の特例）
第一〇条　通則法第二十二条の規定にかかわらず、教育公務員で政令で定めるものは、非常勤の理事又は監事となることができる。
2　機構の非常勤の理事及び監事の解任に関する通則法第二十三条第一項の規定の適用については、同項中「前条」とあるのは、「前条及び独立行政法人日本学生支援機構法第十条第一項」とする。

（役員及び職員の秘密保持義務）
第一一条　機構の役員及び職員は、職務上知ることのできた秘密を漏らしてはならない。その職を退いた後も、同様とする。

（役員及び職員の地位）
第一二条　機構の役員及び職員は、刑法（明治四十年法律第四十五号）その他の罰則の適用については、法令により公務に従事する職員とみなす。

第三章　業務

（業務の範囲）
第一三条　機構は、第三条の目的を達成するため、次の業務を行う。
一　経済的理由により修学に困難がある優れた学生等に対し、学資の貸与及び支給その他必要な援助を行うこと。
二　外国人留学生、我が国に留学を志願する外国人及び外国に派遣される留学生に対し、学資の支給その他必要な援助を行うこと。
三　外国人留学生の寄宿舎その他の留学生交流の推進を図るための事業の拠点となる施設の設置及び運営を行うこと。
四　我が国に留学を志願する外国人に対し、大学等において教育を受けるために必要な学習の達成の程度を判定することを目的とする試験を行うこと。
五　外国人留学生に対し、日本語教育を行うこと。
六　外国人留学生の寄宿舎を設置する者又はその設置する施設を外国人留学生の居住の用に供する者に対する助成金の支給を行うこと。
七　留学生交流の推進を目的とする催しの実施、情報及び資料の収集、整理及び提供その他留学生交流の推進を図るための事業を行うこと。
八　大学等が学生等に対して行う修学、進路選択、心身の健康その他の事項に関する相談及び指導に係る業務に関し、大学等の教育関係職員に対する専門的、技術的な研修を行うとともに、当該業務に関する情報及び資料を収集し、整理し、及び提供すること。
九　学生等の修学の環境を整備するための方策に関する調査及び研究を行うこと。
十　前各号の業務に附帯する業務を行うこと。
2　機構は、前項に規定する業務のほか、当該業務の遂行に支障のない範囲内で、同項第三号の施設を一般の利用に供する業務を行うことができる。

（学資の貸与）
第一四条　前条第一項第一号に規定する学資として貸与する資金（以下「学資貸与金」という。）は、無利息の学資貸与金（以下「第一種学資貸与金」という。）及び利息付きの学資貸与金（以下「第二種学資貸与金」という。）とする。
2　第一種学資貸与金は、優れた学生等であって経済的理由により修学に困難があるもののうち、文部科学省令で定める基準及び方法に従い、特に優れた者であって経済的理由により著しく修学に困難があるものと認定された者に対して貸与するものとする。
3　第二種学資貸与金は、前項の規定による認定を受けた者以外の学生等のうち、文部科学省令で定める基準及び方法に従い、大学その他政令で定める学校に在学する優れた者であって経済的理由により修学に困難があるものと認定された者に対して貸与するものとする。
4　第一種学資貸与金の額並びに第二種学資貸与金の額及び利率は、学校等の種別その他の事情を考慮して、その学資貸与金の種類ごとに政令で定めるところによる。
5　第三項の大学その他政令で定める学校に在

学する者であって第二項の規定による認定を受けたもののうち、文部科学省令で定める基準及び方法に従い、第一種学資貸与金の貸与を受けることによっても、なおその修学を維持することが困難であると認定された者に対しては、第三項の規定にかかわらず、政令で定めるところにより、第一種学資貸与金に併せて前二項の規定による第二種学資貸与金を貸与することができる。

6　前各項に定めるもののほか、学資貸与金の貸与に関し必要な事項は、政令で定める。

（学資貸与金の返還の条件等）

第一五条　学資貸与金の返還の期限及び返還の方法は、政令で定める。

2　機構は、学資貸与金の貸与を受けた者が災害又は傷病により学資貸与金を返還することが困難となったとき、その他政令で定める事由があるときは、その返還の期限を猶予することができる。

3　機構は、学資貸与金の貸与を受けた者が死亡又は精神若しくは身体の障害により学資貸与金を返還することができなくなったときは、政令で定めるところにより、その学資貸与金の全部又は一部の返還を免除することができる。

第一六条　機構は、大学院において第一種学資貸与金の貸与を受けた学生等のうち、在学中に特に優れた業績を挙げたと認められる者には、政令の定めるところにより、その学資貸与金の全部又は一部の返還を免除することができる。

（回収の業務の方法）

第一七条　学資貸与金の回収の業務の方法については、文部科学省令で定める。

（学資の支給）

第一七条の二　第十三条第一項第一号に規定する学資として支給する資金（以下「学資支給金」という。）は、大学等における修学の支援に関する法律（令和元年法律第八号）第二条第三項に規定する確認大学等（以下この項において「確認大学等」という。）に在学する優れた学生等であって経済的理由により修学に困難があるもののうち、文部科学省令で定める基準及び方法に従い、特に優れた者であって経済的理由により極めて修学に困難があるものと認定された者（同法第十五条第一項の規定による同法第七条第一項の確認の取消し又は確認大学等の設置者による当該確認大学等に係る同項の確認の辞退の際、当該確認大学等に在学している当該認定された者を含む。）に対して支給するものとする。

2　学資支給金の額は、学校等の種別その他の事情を考慮して、政令で定めるところによる。

3　前二項に定めるもののほか、学資支給金の支給に関し必要な事項は、政令で定める。

（学資支給金の返還）

第一七条の三　機構は、学資支給金の支給を受けた者が次の各号のいずれかに該当するに至ったときは、文部科学省令で定めるところにより、その者から、その支給を受けた学資支給金の額に相当する金額の全部又は一部を返還させることができる。

一　学業成績が著しく不良となったと認められるとき。

二　学生等たるにふさわしくない行為があったと認められるとき。

（不正利得の徴収）

第一七条の四　機構は、偽りその他不正の手段により学資支給金の支給を受けた者があるときは、国税徴収の例により、その者から、その支給を受けた学資支給金の額に相当する金額の全部又は一部を徴収するほか、その徴収する額に百分の四十を乗じて得た額以下の金額を徴収することができる。

2　前項の規定による徴収金の先取特権の順位は、国税及び地方税に次ぐものとする。

（受給権の保護）

第一七条の五　学資支給金の支給を受ける権利は、譲り渡し、担保に供し、又は差し押さえることができない。

第四章　財務及び会計

（積立金の処分）

第一八条　機構は、通則法第二十九条第二項第一号に規定する中期目標の期間（以下この項において「中期目標の期間」という。）の最後の事業年度に係る通則法第四十四条第一項又は第二項の規定による整理を行った後、同条第一項の規定による積立金があるときは、その額に相当する金額のうち文部科学大臣の承認を受けた金額を、当該中期目標の期間の次の中期目標の期間に係る通則法第三十条第一項の認可を受けた中期計画（同項後段の規定による変更の認可を受けたときは、その変更後のもの）の定めるところにより、当該次の中期目標の期間における第十三条に規定する業務の財源に充てることができる。

2　機構は、前項に規定する積立金の額に相当する金額から同項の規定による承認を受けた金額を控除してなお残余があるときは、その残余の額を国庫に納付しなければならない。

3　前二項に定めるもののほか、納付金の納付の手続その他積立金の処分に関し必要な事項は、政令で定める。

（長期借入金及び日本学生支援債券）

第一九条　機構は、第十三条第一項第一号に規定する学資の貸与に係る業務に必要な費用に充てるため、文部科学大臣の認可を受けて、長期借入金をし、又は日本学生支援債券（以下「債券」という。）を発行することができる。

2　前項の規定による債券の債権者は、機構の財産について他の債権者に先立って自己の債権の弁済を受ける権利を有する。

3　前項の先取特権の順位は、民法（明治二十九年法律第八十九号）の規定による一般の先取特権に次ぐものとする。

4　機構は、文部科学大臣の認可を受けて、債券の発行に関する事務の全部又は一部を銀行又は信託会社に委託することができる。

5　会社法（平成十七年法律第八十六号）第七百五条第一項及び第二項並びに第七百九条の規定は、前項の規定により委託を受けた銀行又は信託会社について準用する。

6　前各項に定めるもののほか、債券に関し必要な事項は、政令で定める。

（債務保証）

第二〇条　政府は、法人に対する政府の財政援助の制限に関する法律（昭和二十一年法律第二十四号）第三条の規定にかかわらず、国会の議決を経た金額の範囲内において、機構の長期借入金又は債券に係る債務（国際復興開発銀行等からの外資の受入に関する特別措置に関する法律（昭和二十八年法律第五十一号）第二条の規定に基づき政府が保証契約をすることができる債務を除く。）について保証することができる。

（償還計画）

第二一条　機構は、毎事業年度、長期借入金及び債券の償還計画を立てて、文部科学大臣の認可を受けなければならない。

（政府貸付金等）

第二二条　政府は、毎年度予算の範囲内において、機構に対し、第十三条第一項第一号に規定する学資の貸与に係る業務（第一種学資貸与金に係るものに限る。）に要する資金を無利息で貸し付けることができる。

2　政府は、機構が第十五条第三項又は第十六条の規定により第一種学資貸与金の返還を免除したときは、機構に対し、その免除した金額に相当する額の前項の貸付金の償還を免除することができる。

（補助金）

第二三条　政府は、毎年度予算の範囲内において、機構に対し、第十三条第一項第一号に規定する学資の貸与に係る業務に要する費用の一部を補助することができる。

第二三条の二　政府は、毎年度、機構に対し、第十三条第一項第一号に規定する学資の支給に要する費用を補助するものとする。

（補助金等に係る予算の執行の適正化に関する法律の準用）

第二四条　補助金等に係る予算の執行の適正化に関する法律（昭和三十年法律第百七十九号）の規定（罰則を含む。）は、第十三条第一項第六号の規定により機構が支給する助成金について準用する。この場合において、同法（第二条第七項を除く。）中「各省各庁」とあるのは「独立行政法人日本学生支援機構」と、「各省各庁の長」とあるのは「独立行政法人日本学生支援機構の理事長」と、同法第二条第一項（第二号を除く。）及び第四項、第七条第二項、第十九条第一項及び第二項、第二十四条並びに第三十三条中「国」とあるのは「独立行政法人日本学生支援機構」と、同法第十四条中「国の会計年度」とあるのは「独立行政法人日本学生支援機構の事業年度」と読み替えるものとする。

第五章　雑則

（財務大臣との協議）

第二五条　文部科学大臣は、次の場合には、あらかじめ、財務大臣に協議しなければならない。

一　第十四条第二項、第三項若しくは第五項、第十七条又は第十七条の二第一項の規定により文部科学省令を定めようとするとき。

二　第十八条第一項の規定による承認をしようとするとき。

三　第十九条第一項若しくは第四項又は第二十一条の規定による認可をしようとするとき。

（主務大臣等）

第二六条　機構に係る通則法における主務大臣及び主務省令は、それぞれ文部科学大臣及び文部科学省令とする。

第二七条　削除（平一六法一三〇）

（国家公務員宿舎法の適用除外）

第二八条　国家公務員宿舎法（昭和二十四年法律第百十七号）の規定は、機構の役員及び職員には、適用しない。

第六章　罰則

第二九条　第十一条の規定に違反して秘密を漏らした者は、一年以下の懲役又は五十万円以下の罰金に処する。

第三〇条　次の各号のいずれかに該当する場合には、その違反行為をした機構の役員は、二十万円以下の過料に処する。

一　この法律の規定により文部科学大臣の認可又は承認を受けなければならない場合において、その認可又は承認を受けなかったとき。

二　第十三条に規定する業務以外の業務を行ったとき。

第三一条　第六条の規定に違反した者は、十万円以下の過料に処する。

附　則（省略）

●独立行政法人日本学生支援機構法施行令（抄）

（平成一六年一月七日　政令第二号）

施行、平一六・一・七
最終改正、令一一政五〇

（第一種学資貸与金の額）

第一条　独立行政法人日本学生支援機構法（以下「法」という。）第十四条第一項の第一種学資貸与金（以下単に「第一種学資貸与金」という。）の月額は、次の表の上欄に掲げる学校に在学する者について、同欄に掲げる学校等及び通学形態の区分に応じ、それぞれ同表の下欄に定める額のうち貸与を受ける学生又は生徒が選択する額とする。

（本項の表につき法令末尾に掲載）

2　大学、高等専門学校（第四学年及び第五学年に限る。）又は専修学校に在学する者のうち、その者の生計を維持する者の所得が文部科学大臣の認可を受けて独立行政法人日本学生支援機構（以下「機構」という。）の定める額以上であるものに対する第一種学資貸与金の月額については、前項の表大学の項下欄、高等専門学校の項下欄又は専修学校の項下欄の規定にかかわらず、同表の上欄に掲げる学校等及び通学形態の区分に応じ、それぞれ同表の下欄に定める額（そのうち最も高い額を除く。）のうち貸与を受ける学生又は生徒が選択する額とする。

3　大学又は専修学校において通信による教育を受ける者のうち、教員に面接して授業を受ける期間が夏季等の特別の時期に集中する者その他文部科学省令で定める者（次条において「特定通信教育受講者」という。）に対する第一種学資貸与金の額については、第一項の表大学の項下欄若しくは専修学校の項下欄又は前項の規定にかかわらず、その年当たりの合計額が八八、〇〇〇円を超えない額の範囲内で学校等の種別及び通学形態の別を考慮して機構の定める額とする。

（学資支給金の支給等を受けた場合における第一種学資貸与金の額）

第一条の二　大学、高等専門学校（第四学年及び第五学年に限る。）又は専修学校に在学する者（特定通信教育受講者であるものを除く。）のうち、法第十七条の二第一項の学資支給金（以下単に「学資支給金」という。）の支給又は大学等における修学の支援に関する法律（令和元年法律第八号。以下「支援法」という。）第八条第一項の規定による授業料の減免（次項において「授業料減免」という。）を受けるものに対する第一種学資貸与金の月額については、前条第一項の表大学の項下欄、高等専門学校の項下欄又は専修学校の項下欄の規定にかかわらず、同表の上欄に掲げる学校等及び通学形態の区分に応じ、それぞれ同表の下欄に定める額のうち最も高い額から次に掲げる額の合計額を控除した額（その額が零を下回る場合には、零とする。）又は当該控除した額の一万円未満の端数を切り捨てた額未満の同表の下欄に定める額のうち、貸与を受ける学生又は生徒が選択する額とする。

一　当該学生又は生徒につき第八条の二第一項から第四項までの規定により算定される学資支給金の額（当該学生又は生徒が通信による教育を受ける者である場合には、当該額を十二で除した額（その額に百円未満の端数が生じた場合には、これを百円に切り上げた額））

二　当該学生又は生徒につき大学等における修学の支援に関する法律施行令（令和元年政令第四十九号。次項第二号において「支援法施行令」という。）第二条第一項第一号の表の上欄に掲げる学校等の区分に応じ、それぞれ同表の中欄に定める授業料の年額（当該学生又は生徒が通信による教育を受ける者である場合には、一三〇、〇〇〇円。以下この号において「授業料調整年額」という。）（当該学生又は生徒に係る同条第二項に規定する減免額算定基準額が同条第一項第二号又は第三号に掲げる額に該当する場合には、当該額の区分に応じ、それぞれ当該授業料調整年額に当該各号に定める割合を乗じた額）を十二で除した額（その額に百円未満の端数が生じた場合には、これを百円に切り上げた額）

2　機構は、前条第三項の規定に基づき特定通信教育受講者のうち学資支給金の支給又は授業料減免を受けるものに対する第一種学資貸与金の額を定めるときは、その年当たりの合計額が学資支給金の支給及び授業料減免を受けない特定通信教育受講者に対する第一種学資貸与金の年当たりの合計額から次に掲げる額の合計額を控除した額（その額が零を下回る場合には、零とする。）となるよう定めなければならない。

一　特定通信教育受講者につき第八条の二第三項及び第四項の規定により算定される学資支給金の額

二　一三〇、〇〇〇円（特定通信教育受講者に係る支援法施行令第二条第二項に規定する減免額算定基準額が同条第一項第二号又は第三号に掲げる額に該当する場合には、当該額の区分に応じ、それぞれ一三〇、〇〇〇円に当該各号に定める割合を乗じた額（その額に百円未満の端数が生じた場合には、これを百円に切り上げた額））

（第二種学資貸与金の貸与並びにその額及び利率）

第二条　法第十四条第一項の第二種学資貸与金（以下単に「第二種学資貸与金」という。）の月額は、次の各号に掲げる学校に在学する者（通信による教育を受ける者を除く。）について、それぞれ当該各号に定める額のうち貸与を受ける学生又は生徒が選択する額とし、その利率は、年三パーセントとする。

一　大学　二〇、〇〇〇円、三〇、〇〇〇円、四〇、〇〇〇円、五〇、〇〇〇円、六〇、〇〇〇円、七〇、〇〇〇円、八〇、〇〇〇円、九〇、〇〇〇円、一〇〇、〇〇〇円、一一〇、〇〇〇円又は一二〇、〇〇〇円

二　大学院　五〇、〇〇〇円、八〇、〇〇〇円、一〇〇、〇〇〇円、一三〇、〇〇〇円又は一五〇、〇〇〇円

三　高等専門学校（第四学年及び第五学年に限る。）　二〇、〇〇〇円、三〇、〇〇〇円、四〇、〇〇〇円、五〇、〇〇〇円、六〇、〇〇〇円、七〇、〇〇〇円、八〇、〇〇〇円、九〇、〇〇〇円、一〇〇、〇〇〇円、一一〇、〇〇〇円又は一二〇、〇〇〇円

四　専修学校　二〇、〇〇〇円、三〇、〇〇〇円、四〇、〇〇〇円、五〇、〇〇〇円、六〇、〇〇〇円、七〇、〇〇〇円、八〇、〇〇〇円、九〇、〇〇〇円、一〇〇、〇〇〇円、一一〇、〇〇〇円又は一二〇、〇〇〇円

2　私立の大学の医学、歯学、薬学若しくは獣医学を履修する課程又は法科大学院（専門職大学院であって、法曹に必要な学識及び能力を培うことを目的とするものをいう。以下この項において同じ。）の法学を履修する課程に在学する者に対する第二種学資貸与金については、前項の規定にかかわらず、その月額を、次の表の上欄に掲げる課程の区分に応じ、それぞれ同表の中欄に定める額（機構の定める額が二以上あるときは、そのうち貸与を受ける学生が選択する額）とすることができるものとし、その場合における利率は、年当たり同表の下欄に掲げる算式により算定した利率とする。

（本項の表につき法令末尾に掲載）

3　第一項各号に掲げる学校（以下この項及び次条第一項において「貸与対象校」という。）に在学する者が当該貸与対象校に入学した月又は当該貸与対象校（学校教育法（昭和二十二年法律第二十六号）の規定により設置されたものに限る。同条第一項において「貸与対象日本校」という。）に在学する者が外国の大学若しくは大学院に留学した月に貸与される第二種学資貸与金の月額については、前二項の規定にかかわらず、第一項の場合にあっては同項各号に定める額のうち学生又は生徒が選択する額に、前項の場合にあっては同項の表の中欄に掲げる機構の定める額（その額が二以上あるときは、そのうち貸与を受ける学生が選択する額）に、それぞれ一〇〇、〇〇〇円、二〇〇、〇〇〇円、三〇〇、〇〇〇円、四〇〇、〇〇〇円又は五〇〇、〇〇〇円（貸与を受ける学生又は生徒が当該入学をした月に当該留学をした場合においては、一〇〇、〇〇〇円、二〇〇、〇〇〇円、三〇〇、〇〇〇円、四〇〇、〇〇〇円、五〇〇、〇〇〇円、六〇〇、〇〇〇円、七〇〇、〇〇〇円、八〇〇、〇〇〇円、九〇〇、〇〇〇円又は一、〇〇〇、〇〇〇円）のうち貸与を受ける学生又は生徒が選択する額を加えた額とすることができるものとし、その場合における利率は、年当たり次の算式により算定した利率とする。

$$\text{利率（パーセント）} = \frac{C \times 3 + (D - C) \times r}{D}$$

備考　この算式中次に掲げる記号の意義は、それぞれ次に定めるとおりとする。

C　第一項の場合にあっては同項各号に定める額のうち学生又は生徒が選択した額、前項の場合にあっては同項の表の備考に規定するAの額

D　第一項の場合にあっては同項各号に定める額のうち学生又は生徒が選択した額に、前項の場合にあっては同項の表の中欄に掲げる機構の定める額（その額が二以上あるときは、そのうち貸与を受ける学生が選択した額）に、それぞれ貸与を受ける学生又は生徒がこの項の規定により選択した額を加えた額

r　年三パーセントを超える利率で機構の定める利率に相当する数

（第一種学資貸与金に併せて貸与する第二種学資貸与金の額及び利率）

第三条　法第十四条第五項の規定により第一種学資貸与金に併せて貸与する第二種学資貸与金は、貸与対象校に在学する者に対し、月額第二種学資貸与金（貸与する期間において毎月貸与する第二種学資貸与金をいう。次項において同じ。）又は一時金額第二種学資貸与金（貸与対象校に入学した者に対しその入学の際に一時金として貸与する第二種学資貸与金及び貸与対象日本校に在学する者に対しその者が外国の大学又は大学院に留学する際に一時金として貸与する第二種学資貸与金をいう。第三項において同じ。）のうち、貸与を受ける学生又は生徒が機構の定めるところにより選択するいずれか一の第二種学資貸与金とする。

2　月額第二種学資貸与金の額及び利率については、前条の規定の例による。

3　一時金第二種学資貸与金の額は、一〇〇、〇〇〇円、二〇〇、〇〇〇円、三〇〇、〇〇〇円、四〇〇、〇〇〇円又は五〇〇、〇〇〇円（貸与を受ける学生又は生徒が当該入学をした月に当該留学をした場合においては、一〇〇、〇〇〇円、二〇〇、〇〇〇円、三〇〇、〇〇〇円、四〇〇、〇〇〇円、五〇〇、〇〇〇円、六〇〇、〇〇〇円、七〇〇、〇〇〇円、八〇〇、〇〇〇円、九〇〇、〇〇〇円又は一、〇〇〇、〇〇〇円）のうち貸与を受ける学生又は生徒が選択する額とし、その利率は、年三パーセントを超える利率で機構の定める利率とする。

（第二種学資貸与金の利息の特例）

第四条　前二条の規定にかかわらず、第二種学資貸与金は、その貸与を受けている間並びに法第十五条第二項の規定によりその返還の期限を猶予される場合における同項及び第六条に規定する事由がある間は無利息とする。

2　次条第四項の規定による学資貸与金の返還の期限及び返還の方法の変更が行われる場合には、当該変更の時以後の期間に係る第二種学資貸与金の利率は、前二条の規定にかかわらず、これらの規定による利率以下の利率で文部科学大臣の認可を受けて機構の定めるところにより算定した利率とする。

（学資貸与金の返還の期限等）

第五条　法第十四条第一項の学資貸与金（以下単に「学資貸与金」という。）の返還の期限

は、貸与期間の終了した月の翌月から起算して六月を経過した日（第三項において「六月経過日」という。）以後二十年以内で機構の定める期日とし、その返還は、年賦、半年賦、月賦その他の機構の定める割賦の方法によるものとする。ただし、学資貸与金の貸与を受けた者は、いつでも繰上返還をすることができる。

2　第二種学資貸与金についての前項の規定による年賦、半年賦、月賦その他の割賦による返還は、元利均等返還の方法によるものとする。

3　機構が、第一種学資貸与金の貸与を受けた者について、その者の所得が少ない場合においても学資貸与金の継続的な返還を可能とするため、文部科学大臣の認可を受けて機構の定めるところによりその者の所得を基礎として算定される額を割賦金の額とする方法により当該第一種学資貸与金を返還させる場合には、その返還の期限は、第一項の規定にかかわらず、六月経過日以後二十年以内とすることを要しない。この場合において、その返還の期限は、六月経過日以後の日であって、文部科学大臣の認可を受けて機構の定める日とする。

4　機構が、災害、傷病その他文部科学大臣の認めるやむを得ない事由により学資貸与金を返還することが困難となった者について、文部科学大臣の認可を受けて定める基準に従って、割賦金の減額及び支払回数の変更その他の学資貸与金の返還の期限及び返還の方法の変更を行う場合（前項に規定する場合を除く。）には、第一項中「二十年」とあるのは、「文部科学大臣の認可を受けて機構の定める二十年以上の期間」とし、第二項の規定は、適用しない。

5　学資貸与金の貸与を受けた者が、支払能力があるにもかかわらず割賦金の返還を著しく怠ったと認められるときは、前各項の規定にかかわらず、その者は、機構の請求に基づき、その指定する日までに返還未済額の全部を返還しなければならない。

（学資貸与金の返還期限の猶予）

第六条　法第十五条第二項の政令で定める事由は、大学、大学院、高等専門学校又は専修学校に在学することその他文部科学大臣の認めるやむを得ない事由があることとする。

（死亡等による学資貸与金の返還免除）

第七条　死亡した者又は精神若しくは身体の障害により労働能力を喪失した者については、その学資貸与金の返還未済額の全部又は一部を免除することができる。

2　精神又は身体の障害により労働能力に高度の制限を有する者については、その学資貸与金の返還未済額の一部の返還を免除することができる。

3　機構は、前二項の規定による学資貸与金の返還の免除につき必要な事項を定め、文部科学大臣の認可を受けなければならない。

（特に優れた業績による学資貸与金の返還免除）

第八条　大学院において第一種学資貸与金の貸与を受けた学生であって、在学中に特に優れた業績を挙げた者として機構が認定したものには、貸与期間終了の時において、その学資貸与金の全部又は一部の返還を免除することができる。

2　前項の認定は、大学院において第一種学資貸与金の貸与を受けた学生のうち、当該大学院を置く大学の学長が学内選考委員会（機構に対して同項の認定を受ける候補者として推薦すべき者の選考に関する事項を調査審議する機関として文部科学省令で定めるところにより当該大学に設置されるものをいう。）の議に基づき推薦する者その他文部科学省令で定める者について、その専攻分野に関する論文その他の文部科学省令で定める業績を総合的に評価することにより行うものとする。

3　機構は、前項に規定するもののほか、第一項の規定による学資貸与金の返還の免除につき必要な事項を定め、文部科学大臣の認可を受けなければならない。

（学資支給金の額）

第八条の二　学資支給金の月額は、学資支給金を受ける者（以下「支給対象者」という。）に係る支給額算定基準額の次の各号に掲げる区分に応じ、それぞれ当該各号に定める額（第二号又は第三号に定める額に百円未満の端数がある場合には、これを百円に切り上げた額）とする。

一　一〇〇円未満　次の表の上欄に掲げる学校等及び通学形態の区分に応じ、それぞれ同表の下欄に定める額

（本号の表につき法令末尾に掲載）

二　一〇〇円以上二五、六〇〇円未満　前号に定める額に三分の二を乗じた額

三　二五、六〇〇円以上五一、三〇〇円未満　第一号に定める額に三分の一を乗じた額

2　支給対象者のうち、その者の生計を維持する者が生活保護法（昭和二十五年法律第百四十四号）第十一条第一項各号に掲げる扶助を受けている者又は満十八歳となる日の前日において児童福祉法（昭和二十二年法律第百六十四号）第二十七条第一項第三号の規定により同法第六条の四に規定する里親に委託されていた者若しくは同号の規定により入所措置が採られて同法第四十一条に規定する児童養護施設に入所していた者その他これらに類するものとして文部科学省令で定める者であって、居住に要する費用につき学資支給金による支援の必要性がないと認められるものに対する学資支給金の月額については、前項の規定にかかわらず、支給対象者に係る支給額算定基準額の次の各号に掲げる区分に応じ、それぞれ当該各号に定める額（第二号又は第三号に定める額に百円未満の端数がある場合には、これを百円に切り上げた額）とする。

一　一〇〇円未満　次の表の上欄に掲げる学校等の区分に応じ、それぞれ同表の下欄に定める額

（本号の表につき法令末尾に掲載）

二　一〇〇円以上二五、六〇〇円未満　前号に定める額に三分の二を乗じた額

三　二五、六〇〇円以上五一、三〇〇円未満　第一号に定める額に三分の一を乗じた額

3　大学又は専修学校において通信による教育を受ける支給対象者に対する学資支給金の額については、前二項の規定にかかわらず、支給対象者に係る支給額算定基準額の次の各号に掲げる区分に応じ、一年につき、それぞれ当該各号に定める額とする。

一　一〇〇円未満　五一、〇〇〇円

二　一〇〇円以上二五、六〇〇円未満　三四、〇〇〇円

三　二五、六〇〇円以上五一、三〇〇円未満　一七、〇〇〇円

4　前三項に規定する「支給額算定基準額」とは、支給対象者及びその生計を維持する者について第一号に掲げる額から第二号に掲げる額を控除した額（その額が零を下回る場合には、零とし、その額に百円未満の端数がある場合には、これを切り捨てた額とする。）（当該支給対象者又はその生計を維持する者が地方税法（昭和二十五年法律第二百二十六号）第二百九十五条第一項各号に掲げる者又は同法附則第三条の三第四項の規定により同項に規定する市町村民税の所得割を課することができない者である場合には、零とする。）を合算した額をいう。ただし、支給対象者又はその生計を維持する者が学資支給金が支給される月の属する年度（当該月が四月から九月までの月であるときは、その前年度。以下この項において同じ。）分の同法の規定による市町村民税（同法の規定による特別区民税を含む。以下この項において同じ。）の同法第二百九十二条第一項第二号に掲げる所得割の賦課期日において同法の施行地に住所を有しないことその他の理由により本文の規定により難い場合として文部科学省令で定める場合については、文部科学省令で定めるところにより算定した額とする。

一　学資支給金が支給される月の属する年度分の地方税法の規定による市町村民税に係る同法第三百十四条の三第二項に規定する課税総所得金額、課税退職所得金額及び課税山林所得金額、同法附則第三十三条の二第五項に規定する上場株式等に係る課税配当所得等の金額、同法附則第三十三条の三

第五項第一号に規定する土地等に係る課税事業所得等の金額、同法附則第三十四条第四項に規定する課税長期譲渡所得金額、同法附則第三十五条第五項に規定する課税短期譲渡所得金額、同法附則第三十五条の二第五項に規定する一般株式等に係る課税譲渡所得等の金額、同法附則第三十五条の二の二第五項に規定する上場株式等に係る課税譲渡所得等の金額並びに同法附則第三十五条の四第四項に規定する先物取引に係る課税雑所得等の金額、外国居住者等の所得に対する相互主義による所得税等の非課税等に関する法律（昭和三十七年法律第百四十四号）第八条第二項（同法第十二条第五項及び第十六条第二項において準用する場合を含む。）に規定する特例適用利子等の額（同法第八条第八項第四号（同法第十二条第七項及び第十六条第四項において準用する場合を含む。）の規定により読み替えられた地方税法第三百十四条の二の規定の適用がある場合には、その適用後の金額）及び外国居住者等の所得に対する相互主義による所得税等の非課税等に関する法律第八条第四項（同法第十二条第六項及び第十六条第三項において準用する場合を含む。）に規定する特例適用配当等の額（同法第八条第十一項第四号（同法第十二条第八項及び第十六条第五項において準用する場合を含む。）の規定により読み替えられた地方税法第三百十四条の二の規定の適用がある場合には、その適用後の金額）並びに租税条約等の実施に伴う所得税法、法人税法及び地方税法の特例等に関する法律（昭和四十四年法律第四十六号）第三条の二の二第十項に規定する条約適用利子等の額（同条第十一項第四号の規定により読み替えられた地方税法第三百十四条の二の規定の適用がある場合には、その適用後の金額）及び租税条約等の実施に伴う所得税法、法人税法及び地方税法の特例等に関する法律第三条の二の二第十二項に規定する条約適用配当等の額（同条第十四項第四号の規定により読み替えられた地方税法第三百十四条の二の規定の適用がある場合には、その適用後の金額）の合計額に百分の六を乗じた額

二　学資支給金が支給される月の属する年度分の地方税法第三百十四条の六及び附則第三条の三第五項の規定により控除する額（地方自治法（昭和二十二年法律第六十七号）第二百五十二条の十九第一項に規定する指定都市により当該年度分の地方税法の規定による市町村民税の同法第二百九十二条第一項第二号に掲げる所得割を課される者については、当該額に四分の三を乗じた額）

5　支給対象者が職業訓練の実施等による特定求職者の就職の支援に関する法律（平成二十三年法律第四十七号）第七条第一項に規定する職業訓練受講給付金その他の法令に基づく大学等（大学、高等専門学校又は専修学校をいう。次条において同じ。）の学資に係る給付等であって学資支給金の額を調整する必要があるものとして文部科学省令で定めるものを受けた場合における当該支給対象者に対する学資支給金の額については、前各項の規定にかかわらず、これらの規定により算定される学資支給金の額を限度として文部科学省令で定める額とする。

（学資支給金の支給の期間）

第八条の三　機構は、次の各号に掲げる者に該当する支給対象者に対して、当該各号に定める月数を限度として、学資支給金の支給を行うものとする。

一　過去に学資支給金の支給を受けたことがない者　当該支給対象者がその在学する大学等の正規の修業年限を満了するために必要な期間の月数（支援法第二条第二項に規定する短期大学の専攻科又は高等専門学校の専攻科の正規の修業年限を満了するために必要な期間の月数が二十四月を超える場合には、二十四月を超えない範囲で文部科学省令で定める月数とし、専修学校の正規の修業年限を満了するために必要な期間の月数が四十八月を超える場合には、四十八月を超えない範囲で文部科学省令で定める月数とする。次号において同じ。）

二　過去に学資支給金の支給を受けたことがある者のうち学校教育法第百八条第九項、第百二十二条又は第百三十二条の規定により編入学した者その他の文部科学省令で定める者　当該支給対象者がその在学する大学等の正規の修業年限を満了するために必要な期間の月数（当該月数と当該支給対象者が過去に学資支給金の支給を受けた期間の月数（以下この号において「過去支給期間月数」という。）とを合算した月数が七十二月を超える場合には、七十二月から当該過去支給期間月数を控除した月数）

（文部科学省令への委任）

第八条の四　前二条に定めるもののほか、学資支給金の支給に関し必要な事項は、文部科学省令で定める。

（日本学生支援債券の形式）

第九条　日本学生支援債券は、無記名利札付きとする。

（日本学生支援債券の発行の方法）

第一〇条　日本学生支援債券の発行は、募集の方法による。

（日本学生支援債券申込証）

第一一条　日本学生支援債券の募集に応じようとする者は、日本学生支援債券申込証にその引き受けようとする日本学生支援債券の数及び住所を記載し、これに署名し、又は記名押印しなければならない。

2　社債、株式等の振替に関する法律（平成十三年法律第七十五号。以下「社債等振替法」という。）の規定の適用がある日本学生支援債券（次条第二項において「振替日本学生支援債券」という。）の募集に応じようとする者は、前項の記載事項のほか、自己のために開設された当該日本学生支援債券の振替を行うための口座（同条第二項において「振替口座」という。）を日本学生支援債券申込証に記載しなければならない。

3　日本学生支援債券申込証は、機構が作成し、これに次に掲げる事項を記載しなければならない。

一　日本学生支援債券の名称
二　日本学生支援債券の総額
三　各日本学生支援債券の金額
四　日本学生支援債券の利率
五　日本学生支援債券の償還の方法及び期限
六　利息の支払の方法及び期限
七　日本学生支援債券の発行の価額
八　社債等振替法の規定の適用があるときは、その旨
九　社債等振替法の規定の適用がないときは、無記名式である旨
十　応募額が日本学生支援債券の総額を超える場合の措置
十一　募集又は管理の委託を受けた会社があるときは、その商号

第一二条から第一七条まで（省略）

（日本学生支援債券の発行の認可）

第一八条　機構は、法第十九条第一項の規定により日本学生支援債券の発行の認可を受けようとするときは、日本学生支援債券の募集の日の二十日前までに次に掲げる事項を記載した申請書を文部科学大臣に提出しなければならない。

一　発行を必要とする理由
二　第十一条第三項第一号から第八号までに掲げる事項
三　日本学生支援債券の募集の方法
四　発行に要する費用の概算額
五　第二号に掲げるもののほか、日本学生支援債券に記載しようとする事項

2　前項の申請書には、次に掲げる書類を添付しなければならない。

一　作成しようとする日本学生支援債券申込証
二　日本学生支援債券の発行により調達する資金の使途を記載した書面
三　日本学生支援債券の引受けの見込みを記載した書面

第一九条（省略）

附　則（省略）

附　則（平成二八年一二月二六日政令第三九〇号）

施行、平二九・四・一

（経過措置）

2　この政令の施行の日前の貸与契約による第一種学資金の返還については、なお従前の例による。

附　則（平成二九年三月三一日政令第一二五号）

施行、平二九・四・一ほか
改正、令一―政五〇

（経過措置）

第二条　この政令の施行の日（次項において「施行日」という。）前の貸与契約による第一種学資貸与金の月額については、なお従前の例による。

2　施行日前から引き続き大学、高等専門学校又は専修学校（大学等における修学の支援に関する法律の施行に伴う関係政令の整備及び経過措置に関する政令（令和元年政令第五十号）第一条の規定による改正前の独立行政法人日本学生支援機構法施行令第一条第一項の表備考第五号に規定する専門課程に限る。以下同じ。）に在学する者（大学又は専修学校において通信による教育を受ける者を除く。次条第二項において同じ。）に係る施行日以後の貸与契約による当該在学中の第一種学資貸与金の月額については、なお従前の例による。

第三条　附則第一条ただし書に規定する規定の施行の日（平三〇・四・一）（次項において「一部施行日」という。）前の貸与契約による第一種学資貸与金の月額については、なお従前の例による。

2　一部施行日前から引き続き大学、高等専門学校又は専修学校に在学する者に係る一部施行日以後の貸与契約による当該在学中の第一種学資貸与金の月額については、なお従前の例による。

（第一条第一項の表）

区分				月額
大学	地方公共団体、国立大学法人（国立大学法人法（平成十五年法律第百十二号）第二条第一項に規定する国立大学法人をいう。以下同じ。）又は公立大学法人（地方独立行政法人法（平成十五年法律第百十八号）第六十八条第一項に規定する公立大学法人をいう。以下同じ。）が設置する大学		自宅通学のとき	二〇、〇〇〇円、三〇、〇〇〇円又は四五、〇〇〇円
			自宅外通学のとき	二〇、〇〇〇円、三〇、〇〇〇円、四〇、〇〇〇円又は五一、〇〇〇円
	私立の大学	学部	自宅通学のとき	二〇、〇〇〇円、三〇、〇〇〇円、四〇、〇〇〇円又は五四、〇〇〇円
			自宅外通学のとき	二〇、〇〇〇円、三〇、〇〇〇円、四〇、〇〇〇円、五〇、〇〇〇円又は六四、〇〇〇円
		短期大学	自宅通学のとき	二〇、〇〇〇円、三〇、〇〇〇円、四〇、〇〇〇円又は五三、〇〇〇円
			自宅外通学のとき	二〇、〇〇〇円、三〇、〇〇〇円、四〇、〇〇〇円、五〇、〇〇〇円又は六〇、〇〇〇円
大学院	修士課程及び専門職大学院の課程			五〇、〇〇〇円又は八八、〇〇〇円
	博士課程			八〇、〇〇〇円又は一二二、〇〇〇円
高等専門学校	地方公共団体、独立行政法人国立高等専門学校機構又は公立大学法人が設置する高等専門学校	第一学年から第三学年まで	自宅通学のとき	一〇、〇〇〇円又は二一、〇〇〇円
			自宅外通学のとき	一〇、〇〇〇円又は二二、五〇〇円
		第四学年及び第五学年	自宅通学のとき	二〇、〇〇〇円、三〇、〇〇〇円又は四五、〇〇〇円
			自宅外通学のとき	二〇、〇〇〇円、三〇、〇〇〇円、四〇、〇〇〇円又は五

			一、〇〇〇円
私立の高等専門学校	第一学年から第三学年まで	自宅通学のとき	一〇、〇〇〇円又は三二、〇〇〇円
		自宅外通学のとき	一〇、〇〇〇円又は三五、〇〇〇円
	第四学年及び第五学年	自宅通学のとき	二〇、〇〇〇円、三〇、〇〇〇円、四〇、〇〇〇円又は五三、〇〇〇円
		自宅外通学のとき	二〇、〇〇〇円、三〇、〇〇〇円、四〇、〇〇〇円、五〇、〇〇〇円又は六〇、〇〇〇円
専修学校	国、地方公共団体、独立行政法人（独立行政法人通則法（平成十一年法律第百三号）第二条第一項に規定する独立行政法人をいう。第八条の二第一項第一号の表及び第二項第一号の表において同じ。）、国立大学法人又は地方独立行政法人（地方独立行政法人法第二条第一項に規定する地方独立行政法人をいう。第八条の二第一項第一号の表及び第二項第一号の表において同じ。）が設置する専修学校（専門課程に限る。附則第十一条第一項を除き、以下同じ。）	自宅通学のとき	二〇、〇〇〇円、三〇、〇〇〇円又は四五、〇〇〇円
		自宅外通学のとき	二〇、〇〇〇円、三〇、〇〇〇円、四〇、〇〇〇円又は五一、〇〇〇円
	私立の専修学校	自宅通学のとき	二〇、〇〇〇円、三〇、〇〇〇円、四〇、〇〇〇円又は五三、〇〇〇円
		自宅外通学のとき	二〇、〇〇〇円、三〇、〇〇〇円、四〇、〇〇〇円、五〇、〇〇〇円又は六〇、〇〇〇円

備考

一　「大学」には、別科（機械又は装置の修理、保守又は操作、製造、加工、建設、医療、栄養の指導、保育、経理その他これらに類する職業に必要な技術の教授を目的とするもので文部科学省令で定めるもの（次号において「特定別科」という。）を除く。）を含まない（第六条及び第八条の二を除き、以下同じ。）。

二　「学部」には、専攻科及び特定別科を含む。

三　「修士課程」には、博士課程のうち、修士課程として取り扱われる課程及び修士課程に相当すると認められるものを含む。

四　「第四学年及び第五学年」には、専攻科を含む（第八条の二第一項第一号の表を除き、以下同じ。）。

五　「自宅通学のとき」とは、その者の生計を維持する者と同居するとき、又はこれに準ずると認められるときをいう（第八条の二第一項第一号の表において同じ。）。

六　「自宅外通学のとき」とは、前号の自宅通学のとき以外のときをいう（第八条の二第一項第一号の表において同じ。）。

〔第二条第二項の表〕

区分	月額	利率（パーセント）
私立の大学の医学又は歯学を履修する課程	一二〇、〇〇〇円を超え一六〇、〇〇〇円以内で機構の定める額	$\frac{A\times3+(B-A)\times r}{B}$
私立の大学の薬学又は獣医学を履修する課程	一二〇、〇〇〇円を超え一四〇、〇〇〇円以内で機構の定める額	
法科大学院の法学を履修する課程	一五〇、〇〇〇円を超え二二〇、〇〇〇円以内で機構の定める額	

備考　この表の下欄に掲げる算式中次に掲げる記号の意義は、それぞれ次に定めるとおりとする。

A　私立の大学の医学又は歯学を履修する課程及び薬学又は獣医学を履修する課程にあっては一二〇、〇〇〇円、法科大学院の法学を履修する課程にあっては一五〇、〇〇〇円

B　この表の中欄の機構の定める額（その額が二以上あるときは、そのうち貸与を受ける学生が選択した額）

r　年三パーセントを超える利率で機構の定める利率に相当する数

〔第八条の二第一項第一号の表〕

区分			月額
大学	地方公共団体、国立大学法人又は公立大学法人が設置する大学	自宅通学のとき	二九、二〇〇円
		自宅外通学のとき	六六、七〇〇円
	私立の大学	自宅通学のとき	三八、三〇〇円
		自宅外通学のとき	七五、八〇〇円
高等専門学校	地方公共団体、独立行政法人国立高等専門学校機構又は公立大学法人が設置する高等専門学校（第四学年及び第五学年に限る。以下この条において同じ。）	自宅通学のとき	一七、五〇〇円
		自宅外通学のとき	三四、二〇〇円
	私立の高等専門学校	自宅通学のとき	二六、七〇〇円
		自宅外通学のとき	四三、三〇〇円
専修学校	国、地方公共団体、独立行政法人、国立大学法人又は地方独立行政法人が設置する専修学校	自宅通学のとき	二九、二〇〇円
		自宅外通学のとき	六六、七〇〇円

私立の専修学校	自宅通学のとき	三八、三〇〇円
	自宅外通学のとき	七五、八〇〇円

備考
一　「大学」には、専攻科（支援法第二条第二項に規定する短期大学の専攻科を除く。）及び別科を含まない（以下この条において同じ。）。
二　「第四学年及び第五学年」には、支援法第二条第二項に規定する高等専門学校の専攻科を含む。

（第八条の二第二項第一号の表）

区分		月額
大学	地方公共団体、国立大学法人又は公立大学法人が設置する大学	三三、三〇〇円
	私立の大学	四二、五〇〇円
高等専門学校	地方公共団体、独立行政法人国立高等専門学校機構又は公立大学法人が設置する高等専門学校	二五、八〇〇円
	私立の高等専門学校	三五、〇〇〇円
専修学校	国、地方公共団体、独立行政法人、国立大学法人又は地方独立行政法人が設置する専修学校	三三、三〇〇円
	私立の専修学校	四二、五〇〇円

教育職員編

―― 目　次 ――

第1章　人事・給与・労働関係

●地方公務員法

（昭和二五年一二月一三日法律第二六一号）

施行、昭二六・二・一三ほか
改正、（平二四まで省略）平二五―法四四・法七九、平二六―法三四（法四二・法六七）・法四二・法六九、平二九―法二九（令二―法一一）、平三〇―法七一、令一―法三七

第一章　総則

（この法律の目的）

第一条　この法律は、地方公共団体の人事機関並びに地方公務員の任用、人事評価、給与、勤務時間その他の勤務条件、休業、分限及び懲戒、服務、退職管理、研修、福祉及び利益の保護並びに団体等人事行政に関する根本基準を確立することにより、地方公共団体の行政の民主的かつ能率的な運営並びに特定地方独立行政法人の事務及び事業の確実な実施を保障し、もつて地方自治の本旨の実現に資することを目的とする。

＊特定地方独立行政法人（地方独立行政法人法二2）、地方自治の本旨・目的（憲九二、地自一）

（この法律の効力）

第二条　地方公務員（地方公共団体のすべての公務員をいう。）に関する従前の法令又は条例、地方公共団体の規則若しくは地方公共団体の機関の定める規程の規定がこの法律の規定に抵触する場合には、この法律の規定が、優先する。

（一般職に属する地方公務員及び特別職に属する地方公務員）

第三条　地方公務員（地方公共団体及び特定地方独立行政法人（地方独立行政法人法（平成十五年法律第百十八号）第二条第二項に規定する特定地方独立行政法人をいう。以下同じ。）の全ての公務員をいう。以下同じ。）の職は、一般職と特別職とに分ける。

2　一般職は、特別職に属する職以外の一切の職とする。

3　特別職は、次に掲げる職とする。

一　就任について公選又は地方公共団体の議会の選挙、議決若しくは同意によることを必要とする職

一の二　地方公営企業の管理者及び企業団の企業長の職

二　法令又は条例、地方公共団体の規則若しくは地方公共団体の機関の定める規程により設けられた委員及び委員会（審議会その他これに準ずるものを含む。）の構成員の職で臨時又は非常勤のもの

二の二　都道府県労働委員会の委員の職で常勤のもの

三　臨時又は非常勤の顧問、参与、調査員、嘱託員及びこれらの者に準ずる者の職（専門的な知識経験又は識見を有する者が就く職であつて、当該知識経験又は識見に基づき、助言、調査、診断その他総務省令で定める事務を行うものに限る。）

三の二　投票管理者、開票管理者、選挙長、選挙分会長、審査分会長、国民投票分会長、投票立会人、開票立会人、選挙立会人、審査分会立会人、国民投票分会立会人その他総務省令で定める者の職

四　地方公共団体の長、議会の議長その他地方公共団体の機関の長の秘書の職で条例で指定するもの

五　非常勤の消防団員及び水防団員の職

六　特定地方独立行政法人の役員

＊類似規定（国公二）、③（一）議会の同意を要する職の例（地教行四1＝教育長、地教行四2＝地方教育委員会の委員、九の二2＝人事委員会及び公平委員会の委員）

通知　**会計年度任用職員制度の導入等に向けた事務処理マニュアルの改訂について（三項関係）**

《常勤職員と臨時・非常勤職員との関係》　各地方公共団体における公務の運営においては、任期の定めのない常勤職員を中心とするという原則を前提とすべきである。この常勤職員が占める常時勤務を要する職（＝定数条例の対象となる職）と、非常勤の職については、改正法施行（平三二・四・一）後は、以下の通りとなる。

ア　常時勤務を要する職　以下の(ア)及び(イ)のいずれの要件も満たす職。

地方公務員法のあらまし

明治憲法下における官吏は、「天皇の官吏」と位置づけられ、勤務については、国または地方公共団体に対し、無定量の勤務に服する義務を負い、俸給は、官吏の生活を保障し、身分相応の体面を保つために必要な生活資金として恩恵的に与えられるものと考えられていた。また、俸給事項は、天皇大権に属し、議会はこれに関与できなかった。さらに行政府に固有の特権としての官制大権・官吏任免大権が付与されており、概して、官吏制度に対する議会の統制はきわめて限定されていた。

これに対して、戦後の日本国憲法は、公務員を「全体の奉仕者」と位置づける（一五条二項）とともに、国の官吏については、「法律の基準」に従い、内閣がこれを掌理する（七三条四項）こととし、これにもとづいて現行国家公務員法が制定されている（国公法一条二項）。憲法上、地方公務員についてはこのような規定は存在しないが、戦前の制度の反省として民主的法治主義の原則にもとづきできるだけ勤務実態を国民・住民に公開するとともに、執行府の恣意的支配を排除することによって地方公務員が真に「全体の奉仕者」として勤務できるシステムの構築が要請されている。これにもとづき、たとえば、地公法二四条は、給与、その他の勤務条件の根本基準を定め、職務給の原則、均衡の原則および条例主義の原則が定められている。これは、地方公務員の勤務義務が「定量」であり、その給与は、その勤務に対する反対給付であることを明らかにするとともに、給与・勤務条件を条例事項とすることによって執行府の恣意的決定から公務員を保護し、併せて公務員の勤務条件を住民に公開しようとするものである。

地公法は、以上のように戦前の反省を踏まえて民主的、近代的な公務員制度の構築を目指しているという意味で、積極的な意義を持っているといえよう。しかし、他方においてこの基本原則は、現在の最高裁判例において労働基本権の制約の主たる論拠の一つとなっていることにも留意する必要があろう。すなわち、現行地公法は、職員について労組法および労調法を適用除外するとともに、団結権および団体交渉権に重大な制約を加え、争議権に至っては全面一律に禁止し、そのあおり等の行為には刑事罰さえ用意している。問題は、このような公務員労働者の基本権を制約する論拠が憲法上、存在するか否かにある。現在の最高裁判例を前提にすれば、公務員は、全体の奉仕者として憲法上特別な地位におかれていること、および前記の憲法七三条四号および議会制民主主義（憲法四一条）および財政民主主義の原則（八三条等）にもとづき「公務員の給与をは

(ア)相当の期間任用される職員を就けるべき業務に従事する職であること（従事する業務の性質に関する要件）
(イ)フルタイム勤務とすべき標準的な業務の量がある職であること（勤務時間に関する要件）
【当該職に就くべき職員】
・任期の定めのない常勤職員（地方公務員の育児休業等に関する法律に基づく育児短時間勤務職員を含む。）
・任期付職員
・再任用職員
・臨時的任用職員

イ　非常勤の職　上記ア以外の職。
当該職は「短時間勤務の職」と「会計年度任用の職」がある。このうち、「会計年度任用の職」は、標準的な業務の量によって「フルタイムの職」と、「パートタイムの職」に分けられる。

【当該職に就くべき職員】

〈短時間勤務の職〉
(ア)の要件を満たし(イ)の要件を満たさないもの
・任期付短時間勤務職員
・再任用短時間勤務職員
〈会計年度任用の職〉
(イ)の要件を満たし(ア)の要件を満たさないもの
・フルタイムの会計年度任用職員
(ア)及び(イ)のいずれの要件も満たさないもの
・パートタイムの会計年度任用職員

《臨時・非常勤職員の任用根拠》（教育委員会関係）
①第二号に該当する職＝社会教育委員、図書館協議会の委員、博物館協議会の委員、公民館運営審議会の委員、学校運営協議会の委員、教科書採択地区協議会の委員、選定委員会の委員、採択地区の調査員及びスポーツ推進委員
②第三号に該当する職＝学校薬剤師、学校評議員、学校医、学校歯科医
③従来の特別職から一般職へ移行するものの例＝学校の講師、給食調理員・外国語指導助手（ALT）、部活動指導員、図書館職員、公民館長及び公民館職員、スクールカウンセラー、スクールソーシャルワーカー
（平30・10・18総行公一三五・総行給四九・総行女一七・総行福二一一・総行安四八公務員部長）

（この法律の適用を受ける地方公務員）
第四条　この法律の規定は、一般職に属するすべての地方公務員（以下「職員」という。）に適用する。
2　この法律の規定は、法律に特別の定がある場合を除く外、特別職に属する地方公務員には適用しない。

判例　**公務労働と雇用契約関係【浅口市事件】**　本件労務参加契約は、作業員自らが作業することが想定されており、作業員が業務を再委託すること等が想定されているとは解されないことなどの事情を総合すると、本件労務参加契約の法的性質は、請負契約ではなく、雇用契約と解するのが相当である。（岡山地倉敷支判平30・10・31判時二四一九—六五）

（人事委員会及び公平委員会並びに職員に関する条例の制定）
第五条　地方公共団体は、法律に特別の定がある場合を除く外、この法律に定める根本基準に従い、条例で、人事委員会又は公平委員会の設置、職員に適用される基準の実施その他職員に関する事項について必要な規定を定めるものとする。但し、その条例は、この法律の精神に反するものであつてはならない。
2　第七条第一項又は第二項の規定により人事委員会を置く地方公共団体においては、前項の条例を制定し、又は改廃しようとするときは、当該地方公共団体の議会において、人事委員会の意見を聞かなければならない。

第二章　人事機関

（任命権者）
第六条　地方公共団体の長、議会の議長、選挙管理委員会、代表監査委員、教育委員会、人事委員会及び公平委員会並びに警視総監、道府県警察本部長、市町村の消防長（特別区が連合して維持する消防の消防長を含む。）その他法令又は条例に基づく任命権者は、法律に特別の定めがある場合を除くほか、この法律並びにこれに基づく条例、地方公共団体の規則及び地方公共団体の機関の定める規程に従い、それぞれ職員の任命、人事評価（任用、給与、分限その他の人事管理の基礎とするために、職員がその職務を遂行するに当たり発揮した能力及び挙げた業績を把握した上で行われる勤務成績の評価をいう。以下同じ。）、休職、免職及び懲戒等を行う権限を有するものとする。
2　前項の任命権者は、同項に規定する権限の一部をそ

じめ、その他の勤務条件は、私企業の場合のごとく労使間の自由な交渉にもとづく合意によって定められるべきものではなく、原則として、国民の代表者により構成される国家の制定した法律、予算によって定められることになっている……」ことが論拠として挙げられている。このような国家公務員の労働基本権制約の憲法上の論拠は、地方公務員にも当てはまり、地方公務員も勤務条件を条例で定めるもの（勤務条件条例主義の原則）とされ、それを踏まえて地公法二四条五項および二五条一項が定められているということになる。これらの論拠は、いずれも直接的には団体交渉権を否認もしくは制約するものであるが、判例は、憲法上、公務員に団体交渉権が当然に保障されているわけではないとし、かかる前提に立つと、団体交渉を有利に導くための争議権の保障の意義もないとしている。これに対して、たとえば、地方公営企業または特定地方独立行政法人の地方公務員については、原則として団体交渉―団体協約によって勤務条件を決定する原則が採用されているかをどのように考えるべきかの問題が生ずるが、この点、最高裁は、「使用者としての政府にいかなる範囲の決定権を委任するかは、まさに国会みずからが立法をもって定めるべき労働政策の問題である」とし、立法裁量の問題としてとらえている。

以上のように、最高裁の労働基本権を制約する論理は、憲法七三条四項をはじめとして、民主的、近代的公務員制度に不可欠な公務員の身分取扱いの原則に依拠するものであり、種々の疑問が残ることは否定できない。ただ、最高裁も、公務員の労働基本権問題は、立法裁量の問題であるとしている点を考慮するならば、可及的速やかにこの問題の立法的解決を図るべきであろう。なぜなら、このような厳格な勤務条件法定主義（または条例主義）を根拠に公務員の労働基本権に重大な制約を加える立法政策に対してILOの結社の自由委員会等は、日本政府に対してこれまで繰り返し再検討を促しているところであり、これは、我が国のこの問題に関する立法政策がグローバル・スタンダードに合致していないことを示唆しているからである。

なお、最近の法改正により、従来地公法が適用除外されてきた特別職非常勤職員（改正前の三条三項三号）の大部分が一般職の会計年度任用職員として地公法適用下に置かれることとなった（改正法の施行は令和二年度から）。これにより、会計年度任用職員に一部手当の支給が可能になるなど、処遇改善の可能性が生じたことは否定できないものの、常勤職員の代償措置に比し、なお見劣りすることも否定できない。その意味で、十分な代償措置なしに労働基本権に重大な制約が課せられることになることも看過すべきではない。

の補助機関たる上級の地方公務員に委任することができる。

＊①任命権行使に関する特別の定めの例（地教行三八―四〇＝県費負担教職員の特例、教特三―九＝公立大学教員等の特例、教特一一・一二・一四＝公立大学以外の公立学校教員の特例）、公立学校の校長、園長及び教員等の任命権者＝教育委員会（地教行三四）、②教育委員会の事務の委任（地教行二五１４）

（人事委員会又は公平委員会の設置）

第七条　都道府県及び地方自治法（昭和二十二年法律第六十七号）第二百五十二条の十九第一項の指定都市は、条例で人事委員会を置くものとする。

2　前項の指定都市以外の市で人口（官報で公示された最近の国勢調査又はこれに準ずる人口調査の結果による人口をいう。以下同じ。）十五万以上のもの及び特別区は、条例で人事委員会又は公平委員会を置くものとする。

3　人口十五万未満の市、町、村及び地方公共団体の組合は、条例で公平委員会を置くものとする。

4　公平委員会を置く地方公共団体は、議会の議決を経て定める規約により、公平委員会を置く他の地方公共団体と共同して公平委員会を置き、又は他の地方公共団体の人事委員会に委託して次条第二項に規定する公平委員会の事務を処理させることができる。

（人事委員会又は公平委員会の権限）

第八条　人事委員会は、次に掲げる事務を処理する。

一　人事行政に関する事項について調査し、人事記録に関することを管理し、及びその他人事に関する統計報告を作成すること。

二　人事評価、給与、勤務時間その他の勤務条件、研修、厚生福利制度その他職員に関する制度について絶えず研究を行い、その成果を地方公共団体の議会若しくは長又は任命権者に提出すること。

三　人事機関及び職員に関する条例の制定又は改廃に関し、地方公共団体の議会及び長に意見を申し出ること。

四　人事行政の運営に関し、任命権者に勧告すること。

五　給与、勤務時間その他の勤務条件に関し講ずべき措置について地方公共団体の議会及び長に勧告すること。

六　職員の競争試験及び選考並びにこれらに関する事務を行うこと。

七　削除

八　職員の給与がこの法律及びこれに基く条例に適合して行われることを確保するため必要な範囲において、職員に対する給与の支払を監理すること。

九　職員の給与、勤務時間その他の勤務条件に関する措置の要求を審査し、判定し、及び必要な措置を執ること。

十　職員に対する不利益な処分についての審査請求に対する裁決をすること。

十一　前二号に掲げるものを除くほか、職員の苦情を処理すること。

十二　前各号に掲げるものを除く外、法律又は条例に基きその権限に属せしめられた事務

2　公平委員会は、次に掲げる事務を処理する。

一　職員の給与、勤務時間その他の勤務条件に関する措置の要求を審査し、判定し、及び必要な措置を執ること。

二　職員に対する不利益な処分についての審査請求に対する裁決をすること。

三　前二号に掲げるものを除くほか、職員の苦情を処理すること。

四　前三号に掲げるものを除くほか、法律に基づきその権限に属せしめられた事務

3　人事委員会は、第一項第一号、第二号、第六号、第八号及び第十二号に掲げる事務で人事委員会規則で定めるものを当該地方公共団体の他の機関又は人事委員会の事務局長に委任することができる。

4　人事委員会又は公平委員会は、第一項第十一号又は第二項第三号に掲げる事務を委員又は事務局長に委任することができる。

5　人事委員会又は公平委員会は、法律又は条例に基づきその権限に属せしめられた事務に関し、人事委員会規則又は公平委員会規則を制定することができる。

6　人事委員会又は公平委員会は、法律又は条例に基くその権限の行使に関し必要があるときは、証人を喚問し、又は書類若しくはその写の提出を求めることができる。

7　人事委員会又は公平委員会は、人事行政に関する技術的及び専門的な知識、資料その他の便宜の授受のため、国若しくは他の地方公共団体の機関又は特定地方独立行政法人との間に協定を結ぶことができる。

8　第一項第九号及び第十号又は第二項第一号及び第二号の規定により人事委員会又は公平委員会に属せしめられた権限に基く人事委員会又は公平委員会の決定（判定を含む。）及び処分は、人事委員会規則又は公平委員会規則で定める手続により、人事委員会又は公平委員会によつてのみ審査される。

9　前項の規定は、法律問題につき裁判所に出訴する権利に影響を及ぼすものではない。

＊類似規定（国公三2）

通達　県費負担教職員に関する都道府県の条例その他の規程は、条理上、本条一項三号の対象となる。（昭31・11・16自丁公発一五六）

解説　人事委員会および公平委員会は、公務員制度の中で、公務員制度の民主化を担保する機能と、公務員の労働条件、諸権利を保護する機能とを併せもつものとして設置されている。しかしながら現実は九条の二第二項に規定する適格性をもち、かつ、地方公共団体の当局と公務員の双方に対して中立的な第三者が委員として選任される制度上の保障がなく、また、勤務条件についての「勧告」は法的拘束力を有しないため、法の予定する機能が完全に果たされているとはいいがたい。

（抗告訴訟の取扱い）

第八条の二　人事委員会又は公平委員会は、人事委員会又は公平委員会の行政事件訴訟法（昭和三十七年法律第百三十九号）第三条第二項に規定する処分又は同条第三項に規定する裁決に係る同法第十一条第一項（同法第三十八条第一項において準用する場合を含む。）の規定による地方公共団体を被告とする訴訟について、当該地方公共団体を代表する。

（公平委員会の権限の特例等）

第九条　公平委員会を置く地方公共団体は、条例で定め

るところにより、公平委員会が、第八条第二項各号に掲げる事務のほか、職員の競争試験及び選考並びにこれらに関する事務を行うこととすることができる。

2　前項の規定により同項に規定する事務を行うこととされた公平委員会（以下「競争試験等を行う公平委員会」という。）を置く地方公共団体に対する第七条第四項の規定の適用については、同項中「公平委員会を置く地方公共団体」とあるのは「競争試験等を行う公平委員会（第九条第二項に規定する競争試験等を行う公平委員会をいう。以下この項において同じ。）を置く地方公共団体」と、「、公平委員会」とあるのは「、競争試験等を行う公平委員会」と、「公平委員会を置き、又は他の地方公共団体の人事委員会に委託して次条第二項に規定する公平委員会の事務を処理させる」とあるのは「競争試験等を行う公平委員会を置く」とする。

3　競争試験等を行う公平委員会は、第一項に規定する事務で公平委員会規則で定めるものを当該地方公共団体の他の機関又は競争試験等を行う公平委員会の事務局長に委任することができる。

（人事委員会又は公平委員会の委員）

第九条の二　人事委員会又は公平委員会は、三人の委員をもつて組織する。

2　委員は、人格が高潔で、地方自治の本旨及び民主的で能率的な事務の処理に理解があり、かつ、人事行政に関し識見を有する者のうちから、議会の同意を得て、地方公共団体の長が選任する。

3　第十六条第一号、第二号若しくは第四号のいずれかに該当する者又は第六十条から第六十三条までに規定する罪を犯し、刑に処せられた者は、委員となることができない。

4　委員の選任については、そのうちの二人が、同一の政党に属する者となることとなつてはならない。

5　委員のうち二人以上が同一の政党に属することとなつた場合には、これらの者のうち一人を除く他の者は、地方公共団体の長が議会の同意を得て罷免するものとする。ただし、政党所属関係について異動のなかつた者を罷免することはできない。

6　地方公共団体の長は、委員が心身の故障のため職務の遂行に堪えないと認めるとき、又は委員に職務上の義務違反その他委員たるに適しない非行があると認めるときは、議会の同意を得て、これを罷免することができる。この場合においては、議会の常任委員会又は特別委員会において公聴会を開かなければならない。

7　委員は、前二項の規定による場合を除くほか、その意に反して罷免されることがない。

8　委員は、第十六条第一号、第三号又は第四号のいずれかに該当するに至つたときは、その職を失う。

9　委員は、地方公共団体の議会の議員及び当該地方公共団体の地方公務員（第七条第四項の規定により公平委員会の事務の処理の委託を受けた地方公共団体の人事委員会の委員については、他の地方公共団体に公平委員会の事務の処理を委託した地方公共団体の地方公務員を含む。）の職（執行機関の附属機関の委員その他の構成員の職を除く。）を兼ねることができない。

10　委員の任期は、四年とする。ただし、補欠委員の任期は、前任者の残任期間とする。

11　人事委員会の委員は、常勤又は非常勤とし、公平委員会の委員は、非常勤とする。

12　第三十条から第三十八条までの規定は常勤の人事委員会の委員の服務について、第三十条から第三十四条まで、第三十六条及び第三十七条の規定は非常勤の人事委員会の委員及び公平委員会の委員の服務について、それぞれ準用する。

＊類似規定（国公五）、④政党の定義（政党助成法二、政治資金規正法三2）

（人事委員会又は公平委員会の委員長）

第一〇条　人事委員会又は公平委員会は、委員のうちから委員長を選挙しなければならない。

2　委員長は、委員会に関する事務を処理し、委員会を代表する。

3　委員長に事故があるとき、又は委員長が欠けたときは、委員長の指定する委員が、その職務を代理する。

（人事委員会又は公平委員会の議事）

第一一条　人事委員会又は公平委員会は、三人の委員が出席しなければ会議を開くことができない。

2　人事委員会又は公平委員会は、会議を開かなければ公務の運営又は職員の福祉若しくは利益の保護に著しい支障が生ずると認められる十分な理由があるときは、前項の規定にかかわらず、二人の委員が出席すれば会議を開くことができる。

3　人事委員会又は公平委員会の議事は、出席委員の過半数で決する。

4　人事委員会又は公平委員会の議事は、議事録として記録して置かなければならない。

5　前各項に定めるものを除くほか、人事委員会又は公平委員会の議事に関し必要な事項は、人事委員会又は公平委員会が定める。

判例　**議事録の閲覧**　人事委員会に不利益処分の審査請求をした当事者であっても、同委員会に対しその議事録の閲覧を請求する権利を有するものではない。（最判昭39・10・13判時三九四―六四）

（人事委員会及び公平委員会の事務局又は事務職員）

第一二条　人事委員会に事務局を置き、事務局に事務局長その他の事務職員を置く。

2　人事委員会は、第九条の二第九項の規定にかかわらず、委員に事務局長の職を兼ねさせることができる。

3　事務局長は、人事委員会の指揮監督を受け、事務局の局務を掌理する。

4　第七条第二項の規定により人事委員会を置く地方公共団体は、第一項の規定にかかわらず、事務局を置かないで事務職員を置くことができる。

5　公平委員会に、事務職員を置く。

6　競争試験等を行う公平委員会を置く地方公共団体は、前項の規定にかかわらず、事務局を置き、事務局に事務局長その他の事務職員を置くことができる。

7　第一項及び第四項又は前二項の事務職員は、人事委員会又は公平委員会がそれぞれ任免する。

8　第一項の事務局の組織は、人事委員会が定める。

9　第一項及び第四項から第六項までの事務職員の定数は、条例で定める。

10　第二項及び第三項の規定は第六項の事務局長につい

て、第八項の規定は第六項の事務局について準用する。この場合において、第二項及び第三項中「人事委員会」とあるのは「競争試験等を行う公平委員会」と、第八項中「第一項の事務局」とあるのは「第六項の事務局」と、「人事委員会」とあるのは「競争試験等を行う公平委員会」と読み替えるものとする。

第三章 職員に適用される基準

第一節 通則

（平等取扱いの原則）

第一三条 全て国民は、この法律の適用について、平等に取り扱われなければならず、人種、信条、性別、社会的身分若しくは門地によつて、又は第十六条第四号に該当する場合を除くほか、政治的意見若しくは政治的所属関係によつて、差別されてはならない。

＊法の下の平等（憲一四①）、罰則（六〇①）、類似規定（国公二七、労基三、労組五2④、職安三）

回答 地方公務員の職のうちの公権力の行使または地方公共団体の意思の形成への参画にたずさわるものについては、日本国籍を有しない者を任用することはできない。（昭48・5・28自治公一発第二八号）

判例 **男女差別退職勧奨年齢基準［鳥取県教委事件］** 男性五五歳、女性五〇歳とする退職勧奨年齢基準の運用方針に従わず、男性と同一勧奨年齢まで働いた公立学校女性教員に対し退職手当の優遇措置を不適用としたことは違法である（定年制実施以前の事案）。（鳥取地判昭61・12・4判時一二二六―一三二）

判例 **東京都管理職選考受験訴訟** 地方公共団体が管理職昇任の資格を国籍を有する職員に限定しても労基法三条、憲法一四条一項に違反しない。（最大判平17・1・26判時一八八五―三）

（情勢適応の原則）

第一四条 地方公共団体は、この法律に基いて定められた給与、勤務時間その他の勤務条件が社会一般の情勢に適応するように、随時、適当な措置を講じなければならない。

2 人事委員会は、随時、前項の規定により講ずべき措置について地方公共団体の議会及び長に勧告することができる。

＊給料表に関する勧告（二六）、類似規定（国公二八1）

第二節 任用

（任用の根本基準）

第一五条 職員の任用は、この法律の定めるところにより、受験成績、人事評価その他の能力の実証に基づいて行わなければならない。

＊人事評価（二三）、その他能力の実証（免許三）、罰則（六一②）、類似規定（国公三三1）

判例 **採用決定取消処分の当否［大分県教委事件］** 教員採用試験に合格し、公立学校教員に採用された者に対し、採用試験において不正な加点が行われたとして県教委によりなされた採用決定取消処分について、本件採用決定は、被処分者の同意を要する授益的行政処分であって、被処分者はその存続および適法性について信頼を寄せていたものということができ、かつ、試験の加点操作について何ら関与しておらず、被処分者の上記信頼は法的にみて保護に値するものということができ、そのような本件採用決定の取消しを制限する必要性も生じているものと認められる。これらの事情を総合考慮すると、本件取消処分によって生ずる不利益と、取消しをしないことによって本件採用決定に基づき既に生じた効果をそのまま維持することの不利益とを比較考量するも、本件採用決定を維持することが公共の福祉に照らして著しく不当であるとは認めることができない。したがって、県教委のした本件取消処分は違法である。（福岡高判平28・9・5判時二三五二―二五）

（定義）

第一五条の二 この法律において、次の各号に掲げる用語の意義は、当該各号に定めるところによる。

一 採用 職員以外の者を職員の職に任命すること（臨時的任用を除く。）をいう。

二 昇任 職員をその職員が現に任命されている職より上位の職制上の段階に属する職員の職に任命することをいう。

三 降任 職員をその職員が現に任命されている職より下位の職制上の段階に属する職員の職に任命することをいう。

四 転任 職員をその職員が現に任命されている職以外の職員の職に任命することであつて前二号に定めるものに該当しないものをいう。

五 標準職務遂行能力 職制上の段階の標準的な職（職員の職に限る。以下同じ。）の職務を遂行する上で発揮することが求められる能力として任命権者が定めるものをいう。

2 前項第五号の標準的な職は、職制上の段階及び職務の種類に応じ、任命権者が定める。

3 地方公共団体の長及び議会の議長以外の任命権者は、標準職務遂行能力及び第一項第五号の標準的な職を定めようとするときは、あらかじめ、地方公共団体の長に協議しなければならない。

＊類似規定（国公三四1）

（欠格条項）

第一六条 次の各号のいずれかに該当する者は、条例で定める場合を除くほか、職員となり、又は競争試験若しくは選考を受けることができない。

一 禁錮以上の刑に処せられ、その執行を終わるまで又はその執行を受けることがなくなるまでの者

二 当該地方公共団体において懲戒免職の処分を受け、当該処分の日から二年を経過しない者

三 人事委員会又は公平委員会の委員の職にあつて、第六十条から第六十三条までに規定する罪を犯し、刑に処せられた者

四 日本国憲法施行の日以後において、日本国憲法又はその下に成立した政府を暴力で破壊することを主張する政党その他の団体を結成し、又はこれに加入した者

＊教育公務員の特例（免許五1＝免許状授与の欠格条項、学教九＝校長・教員の欠格条項、地教行四七＝県費負担教職員に関する読替え）、㈠刑の種類（刑九）、㈡懲戒の種類（二九）、㈣政党（政治資金規正法三2、政党助成法二）、類似規定（国公三八）

（任命の方法）

第一七条 職員の職に欠員を生じた場合においては、任命権者は、採用、昇任、降任又は転任のいずれかの方法により、職員を任命することができる。

2 人事委員会（競争試験等を行う公平委員会を含む。以下この節において同じ。）を置く地方公共団体においては、人事委員会は、前項の任命の方法のうちのいずれによるべきかについての一般的基準を定めること

ができる。

＊類似規定（国公三五）、①都道府県教育委員会による県費負担教職員の任免に際しての市町村教育委員会の内申（地教行三八）、②県費負担教職員についての読替え（地教行施令七）

（採用の方法）

第一七条の二　人事委員会を置く地方公共団体においては、職員の採用は、競争試験によるものとする。ただし、人事委員会規則（競争試験等を行う公平委員会を置く地方公共団体においては、公平委員会規則。以下この節において同じ。）で定める場合には、選考（競争試験以外の能力の実証に基づく試験をいう。以下同じ。）によることを妨げない。

2　人事委員会を置かない地方公共団体においては、職員の採用は、競争試験又は選考によるものとする。

3　人事委員会（人事委員会を置かない地方公共団体においては、任命権者とする。以下この節において「人事委員会等」という。）は、正式任用になつてある職に就いていた職員が、職制若しくは定数の改廃又は予算の減少に基づく廃職又は過員によりその職を離れた後において、再びその職に復する場合における資格要件、採用手続及び採用の際における身分に関し必要な事項を定めることができる。

＊県費負担教職員についての読替え（地教行施令七）、①類似規定（国公三六）、①②教育公務員の特例（教特三1・一一・一五）、③職制若しくは定数の改廃又は予算の減少に基づく廃職又は過員による分限免職処分（二八1④）

（試験機関）

第一八条　採用のための競争試験（以下「採用試験」という。）又は選考は、人事委員会等が行うものとする。ただし、人事委員会等は、他の地方公共団体の機関との協定によりこれと共同して、又は国若しくは他の地方公共団体の機関との協定によりこれらの機関に委託して、採用試験又は選考を行うことができる。

＊公立大学の学長等の採用等の特例（教特三1・一一・一五）、国の機関＝人事院（国公三）、類似規定（国公四八）

（採用試験の公開平等）

第一八条の二　採用試験は、人事委員会等の定める受験の資格を有する全ての国民に対して平等の条件で公開されなければならない。

＊類似規定（国公四六）

（受験の阻害及び情報提供の禁止）

第一八条の三　試験機関に属する者その他職員は、受験を阻害し、又は受験に不当な影響を与える目的をもつて特別若しくは秘密の情報を提供してはならない。

＊罰則（六一③）、類似規定（国公四一）

（受験の資格要件）

第一九条　人事委員会等は、受験者に必要な資格として職務の遂行上必要であつて最少かつ適当な限度の客観的かつ画一的な要件を定めるものとする。

＊類似規定（国公四四）

（採用試験の目的及び方法）

第二〇条　採用試験は、受験者が、当該採用試験に係る職の属する職制上の段階の標準的な職に係る標準職務遂行能力及び当該採用試験に係る職についての適性を有するかどうかを正確に判定することをもつてその目的とする。

2　採用試験は、筆記試験その他の人事委員会等が定める方法により行うものとする。

＊類似規定（国公四五・四五の三）

（採用候補者名簿の作成及びこれによる採用）

第二一条　人事委員会を置く地方公共団体における採用試験による職員の採用については、人事委員会は、試験ごとに採用候補者名簿を作成するものとする。

2　採用候補者名簿には、採用試験において合格点以上を得た者の氏名及び得点を記載するものとする。

3　採用候補者名簿による職員の採用は、任命権者が、人事委員会の提示する当該名簿に記載された者の中から行うものとする。

4　採用候補者名簿に記載された者の数が採用すべき者の数よりも少ない場合その他の人事委員会規則で定める場合には、人事委員会は、他の最も適当な採用候補者名簿に記載された者を加えて提示することを妨げない。

5　前各項に定めるものを除くほか、採用候補者名簿の作成及びこれによる採用の方法に関し必要な事項は、人事委員会規則で定めなければならない。

＊県費負担教職員についての読替え（地教行施令七）、類似規定（国公五〇—五二・五六）、①競争試験による職員任用の特例（教特一一）

判例 **採用内定通知の法的効力**　地方公共団体の採用内定の通知は、単に採用発令の手続を支障なく行うための準備手続としてなされる事実上の行為にすぎず、職員としての地位を取得させることを目的とする確定的な意思表示ないしは始期付または条件付採用行為と目すべきものではない。（最判昭57・5・27判時一〇四六—二三）

判例 職員採用試験の合格通知があっても辞令交付のない限り、任用する旨の明確な意思表示があったとはいえない。（最判昭56・6・4労判三六七—五七）

（選考による採用）

第二一条の二　選考は、当該選考に係る職の属する職制上の段階の標準的な職に係る標準職務遂行能力及び当該選考に係る職についての適性を有するかどうかを正確に判定することをもつてその目的とする。

2　選考による職員の採用は、任命権者が、人事委員会等の行う選考に合格した者の中から行うものとする。

3　人事委員会等は、その定める職員の職について前条第一項に規定する採用候補者名簿がなく、かつ、人事行政の運営上必要であると認める場合においては、その職の採用試験又は選考に相当する国又は他の地方公共団体の採用試験又は選考に合格した者を、その職の選考に合格した者とみなすことができる。

＊類似規定（国公五七）

（昇任の方法）

第二一条の三　職員の昇任は、任命権者が、職員の受験成績、人事評価その他の能力の実証に基づき、任命しようとする職の属する職制上の段階の標準的な職に係る標準職務遂行能力及び当該任命しようとする職についての適性を有すると認められる者の中から行うものとする。

＊類似規定（国公五八1）

（昇任試験又は選考の実施）

第二一条の四　任命権者が職員を人事委員会規則で定め

る職（人事委員会を置かない地方公共団体においては、任命権者が定める職）に昇任させる場合には、当該職について昇任のための競争試験（以下「昇任試験」という。）又は選考が行われなければならない。

2　人事委員会は、前項の人事委員会規則を定めようとするときは、あらかじめ、任命権者の意見を聴くものとする。

3　昇任試験は、人事委員会等の指定する職に正式に任用された職員に限り、受験することができる。

4　第十八条から第二十一条までの規定は、第一項の規定による職員の昇任試験を実施する場合について準用する。この場合において、第十八条の二中「定める受験の資格を有する全ての国民」とあるのは「指定する職に正式に任用された全ての職員」と、第二十一条中「職員の採用」とあるのは「職員の昇任」と、「採用候補者名簿」とあるのは「昇任候補者名簿」と、同条第四項中「採用すべき」とあるのは「昇任させるべき」と、同条第五項中「採用の方法」とあるのは「昇任の方法」と読み替えるものとする。

5　第十八条並びに第二十一条の二第一項及び第二項の規定は、第一項の規定による職員の昇任のための選考を実施する場合について準用する。この場合において、同条第二項中「職員の採用」とあるのは、「職員の昇任」と読み替えるものとする。

（降任及び転任の方法）

第二十一条の五　任命権者は、職員を降任させる場合には、当該職員の人事評価その他の能力の実証に基づき、任命しようとする職の属する職制上の段階の標準的な職に係る標準職務遂行能力及び当該任命しようとする職についての適性を有すると認められる職に任命するものとする。

2　職員の転任は、任命権者が、職員の人事評価その他の能力の実証に基づき、任命しようとする職の属する職制上の段階の標準的な職に係る標準職務遂行能力及び当該任命しようとする職についての適性を有すると認められる者の中から行うものとする。

＊類似規定（国公五八1 2）

（条件付採用）

第二十二条　職員の採用は、全て条件付のものとし、当該職員がその職において六月を勤務し、その間その職務を良好な成績で遂行したときに正式採用になるものとする。この場合において、人事委員会等は、人事委員会規則（人事委員会を置かない地方公共団体においては、地方公共団体の規則）で定めるところにより、条件付採用の期間を一年に至るまで延長することができる。

＊県費負担教職員についての読替え（地教行施令七）、分限（二九の二）、条件付採用制度の特例（地教行四〇＝県費負担教職員、教特一二1 2）、類似規定（国公五九）

判例　条件付採用期間中の職員の免職について労働基準法二〇条は適用されない。（松山地判昭34・7・30行例集一〇―七―一四七三）

判例　**条件付採用職員の免職**　条件付採用期間中の教員に対する勤務評定書が、所属学校長から提出されなかったことを理由に、当該期間中良好な成績でその職務を遂行した事実を認定し得なかったとして行われた解職処分は、条件付採用制度の趣旨および目的に反し、行政機関内における事務執行の食い違いを、他に何らの理由なく当該教員の不利益に帰せしめるもので、任命権者の有する自由裁量権の合理的範囲を逸脱し違法の処分として取消しを免れない。（高松高判昭37・11・27行例集一三―一一―二一〇八）

（会計年度任用職員の採用の方法等）

第二十二条の二　次に掲げる職員（以下この条において「会計年度任用職員」という。）の採用は、第十七条の二第一項及び第二項の規定にかかわらず、競争試験又は選考によるものとする。

一　一会計年度を超えない範囲内で置かれる非常勤の職（第二十八条の五第一項に規定する短時間勤務の職を除く。）（次号において「会計年度任用の職」という。）を占める職員であつて、その一週間当たりの通常の勤務時間が常時勤務を要する職を占める職員の一週間当たりの通常の勤務時間に比し短い時間であるもの

二　会計年度任用の職を占める職員であつて、その一週間当たりの通常の勤務時間が常時勤務を要する職を占める職員の一週間当たりの通常の勤務時間と同一の時間であるもの

2　会計年度任用職員の任期は、その採用の日から同日の属する会計年度の末日までの期間の範囲内で任命権者が定める。

3　任命権者は、前二項の規定により会計年度任用職員を採用する場合には、当該会計年度任用職員にその任期を明示しなければならない。

4　任命権者は、会計年度任用職員の任期が第二項に規定する期間に満たない場合には、当該会計年度任用職員の勤務実績を考慮した上で、当該期間の範囲内において、その任期を更新することができる。

5　第三項の規定は、前項の規定により任期を更新する場合について準用する。

6　任命権者は、会計年度任用職員の採用又は任期の更新に当たつては、職務の遂行に必要かつ十分な任期を定めるものとし、必要以上に短い任期を定めることにより、採用又は任期の更新を反復して行うことのないよう配慮しなければならない。

7　会計年度任用職員に対する前条の規定の適用については、同条中「六月」とあるのは、「一月」とする。

通知　**会計年度任用職員制度の導入等に向けた事務処理マニュアルの改訂について**

《会計年度任用職員制度》

①会計年度任用職員は、その任期を一会計年度内としています（新地方公務員法二二条の二第一項及び二項）ので、会計年度任用の職は一会計年度ごとにその職の必要性が吟味される「新たに設置された職」と位置付けられるべきものです。会計年度任用職員の任期については、その任用の日から同日の属する会計年度の末日までの期間内で、任命権者が定めるものとなります。

②改正法においては、会計年度任用職員の条件付採用期間について、常勤職員が六月のところ、一月とする特例を設けています（新地方公務員法二二条の二第七項）。

③会計年度任用職員には、地方公務員法上の服務に関する規定（服務の宣誓、法令等及び上司の職務上の命令に従う義務、信用失墜行為の禁止、秘密を守る義務、職務に専念する義務、政治的行為の制限、営利企業への従事等の制限（パートタイム勤務の者を除く。）等）が適用され、かつ、懲戒処分等の対象となることについてもあらかじめ説明することが必要です。

④フルタイムの会計年度任用職員については、給料、旅費及び一定の手当の支給対象とし（新地方自治法二〇四

職員

条)、パートタイムの会計年度任用職員については、報酬、費用弁償及び期末手当の支給対象とするものです(新地方自治法二〇三条の二)。また、新地方自治法二〇三条の二及び二〇四条においては、報酬及び費用弁償の額並びにその支給方法、給料及び手当の額並びにその支給方法は、条例で定めなければならないこととされています。

⑤改正法により、フルタイム会計年度任用職員に支給できることとなった期末手当については、任期が相当長期にわたる者に対して支給する必要があります。この場合において、「相当長期」とは会計年度任用職員の任期が最長でも一年であることを踏まえ、六か月以上を目安とすることが考えられます。また、基礎額、支給割合及び在職期間別割合の取扱い等、具体的な支給方法については、常勤職員の取扱いとの権衡等を踏まえて定める必要があります。

⑥パートタイム会計年度職員の期末手当については、任期が相当長期にわたる者に対して支給すべきものです。この場合において、「相当長期」とは会計年度任用職員の任期が最長でも一年であることを踏まえ、六か月以上を目安とし、また、基礎額、支給割合及び在職期間別割合の取扱い等、具体的な支給方法については、常勤職員やフルタイムの会計年度任用職員の取扱いとの権衡等を踏まえて定めるべきものです。

⑦会計年度任用の職に就いていた者が、任期の終了後、再度、同一の職務内容の職に任用されることはあり得るものですが、「同じ職の任期が延長された」あるいは「同一の職に再度任用された」という意味ではなく、あくまで新たな職に改めて任用されたものと整理されるべきものです。この考え方は、条件付採用についても同様であることから、再度の任用であっても任期ごとに改めて条件付採用の対象とすることが必要です。

⑧会計年度任用職員の任期の設定については、基本的には、各地方公共団体において適切に判断されるべきものです。しかしながら、退職手当や社会保険料等を負担しないようにするため、再度の任用の際、新たな任期と前の任期との間に一定の期間(いわゆる「空白期間」)を設けることは適切ではありません。また、仮に、空白期間を置いた場合であっても、年次有給休暇の繰り越しや地方公務員共済制度の適用、厚生年金保険及び健康保険については、勤務の実態に即して判断されているところです。(平30・10・18総行公一三五・総行給四九・総行女一七・総行福二一一・総行安四八公務員部長)

通知 **会計年度任用職員制度の施行に向けた質疑応答の追加について**

○会計年度任用職員の任用に当たっては、職務の内容や標準的な職務の量に応じた適切な勤務時間を設定することが必要である。また、単に勤務条件の確保等に伴う財政上の制約を理由として、合理的な理由なく短い勤務時間を設定し、フルタイムでの任用について抑制を図ることは、適正な任用・勤務条件の確保という改正法の趣旨に沿わないものである。こうしたことから、パートタイム会計年度任用職員として位置づけること自体を目的として、例えば、勤務時間をフルタイム会計年度任用職員よりも一日当たり一五分間短くするなど、わずかに短く設定することは適切ではない。

○会計年度任用職員の給与については、一般職の常勤職員と同様、地方公務員法に定める職務給の原則や均衡の原則等の考え方に基づき、決定すべきである。具体的に、給料・報酬の水準については、各会計年度任用職員と類似する職務に従事する常勤職員の属する職務の級の初号給の給料月額(注※)を基礎として、職務の内容や責任の程度、職務遂行上必要となる知識、技術及び職務経験等の要素を考慮して定めるべきである。

(注※)各地方公共団体において、人事委員会による公民比較を通じて民間給与との均衡が図られている常勤職員の給与を基礎とすることにより、会計年度任用職員についても、間接的に民間の給与水準との均衡が図られるものと考える。

○期末手当の支給額(①期末手当基礎額×②期別支給割合×③在職期間別割合により計算。)についても、常勤職員の取扱いとの権衡等を踏まえて定める必要がある。また、単に財政上の制約のみを理由として、
・期末手当の支給について抑制を図ること
・新たに期末手当を支給する一方で給料や報酬について抑制を図る
等の対応は、改正法の趣旨に沿わないものであり、適切ではない。(令2・1・31総行公二〇公務員課長)

(臨時的任用)

第二二条の三　人事委員会を置く地方公共団体においては、任命権者は、人事委員会規則で定めるところにより、常時勤務を要する職に欠員を生じた場合において、緊急のとき、臨時の職に関するとき、又は採用候補者名簿(第二十一条の四第四項において読み替えて準用する第二十一条第一項に規定する昇任候補者名簿を含む。)がないときは、人事委員会の承認を得て、六月を超えない期間で臨時的任用を行うことができる。この場合において、任命権者は、人事委員会の承認を得て、当該臨時的任用を六月を超えない期間で更新することができるが、再度更新することはできない。

2　前項の場合において、人事委員会は、臨時的に任用される者の資格要件を定めることができる。

3　人事委員会は、前二項の規定に違反する臨時的任用を取り消すことができる。

4　人事委員会を置かない地方公共団体においては、任命権者は、地方公共団体の規則で定めるところにより、常時勤務を要する職に欠員を生じた場合において、緊急のとき、又は臨時の職に関するときは、六月を超えない期間で臨時的任用を行うことができる。この場合において、任命権者は、当該臨時的任用を六月を超えない期間で更新することができるが、再度更新することはできない。

5　臨時的任用は、正式任用に際して、いかなる優先権をも与えるものではない。

6　前各項に定めるもののほか、臨時的に任用された職員に対しては、この法律を適用する。

通知 **会計年度任用職員制度の導入等に向けた事務処理マニュアルの改訂について(二二条の三第一項又は四項関係)**

《臨時的任用の適性確保》一項又は四項関係＝臨時的任用は、従来の要件に加え、「常時勤務を要する職に欠員を生じた場合」に該当することを新たな要件に加え、常勤職員の任用を予定し得る地位に現に具体的な者が充当されていない場合に限定しています。

《臨時的任用職員の給与及び手当》

①臨時的任用職員の給与の決定(再度の任用の際の決定を含む)に当たっては、常勤職員に適用される給料表及び初任給基準に基づき、学歴免許等の資格や経験年数を考慮して適切に決定することとなります。したがって、常勤職員と同等の職務の内容や責任を有する場合に、下位の級に格付けを行ったり、各級の最高号給未満の水準を上限として設定したりするといった取扱いは改める必要があります。

②臨時的任用職員については、「常時勤務を要する職」に就く職員として位置付けられるため、退職手当を含め、諸手当については、常勤職員と同様に支給する必要があります。(平30・10・18総行公一三五・総行給四九・総行女一七・総行福二一一・総行安四八公務員部長)

判例 **臨時的任用の更新**　[名古屋市立菊井中学校事件]

本務欠員補充教員（臨時的任用職員）としての任用が反復更新され、長期にわたって市内中学校に勤務してきた教員が本件臨時的任用についても更新が行われるものと期待したこと自体にもそれなりの理由があったと言えなくはない。しかしながら、そもそも本件臨時的任用は、地公法［旧］二二条二項に基づき期間を六か月と定めて行われたものであるから、右期間の満了により当該教員の臨時的任用職員としての地位は当然に失われるものであり、また、一回に限って認められている更新もまた臨時的任用にほかならないから、当該教員の側から更新を求める権利はなく、任命権者に更新すべき義務を認めることもできない。したがって、当該教員が、従前の経緯等から本件臨時的任用に際して更新がなされるものと期待していたとしても、それは単なる希望的観測とでもいうべきものに過ぎず、法的に保護された権利または利益とは認められない。（名古屋高判平3・2・26労判五八七―五七）

判例 **障害者雇用促進法と臨時的任用［吹田市（臨時雇用員）事件］** 原告は、障害者雇用促進法三八条一項について、障害者を「常時勤務する職員」として雇用することを義務付けている旨主張する。しかしながら、同項は、障害者雇用率の算定の対象とする職員の範囲を「当該機関に常時勤務する職員」とし、これに該当する身体障害者または知的障害者の職員数を確保するための採用計画の作成を地方公共団体等に義務付ける規定であると解され、地公法の定めるところとは別に、地方公共団体における職員の任用の根拠やその性質・内容を規律する趣旨であると解することはできない。（大阪地判平31・2・13労判一二〇六―二八）

判例 **臨時的任用職員に対する手当の支給** 臨時的任用職員に対する手当の支給が地方自治法二〇四条二項に基づく手当の支給として適法であるというためには、当該臨時的任用職員の勤務に要する時間に照らして、その勤務が通常の勤務形態の正規職員に準ずるものとして常勤と評価できる程度のものであることが必要であり、かつ、支給される当該手当の性質からみて、当該臨時的任用職員の職務の内容およびその勤務を継続する期間等の諸事情に鑑み、その支給の決定が合理的な裁量の範囲内であるといえることを要する。（最判平22・9・10判時二〇九六―三）

第三節　人事評価

（人事評価の根本基準）

第二三条　職員の人事評価は、公正に行われなければならない。

2　任命権者は、人事評価を任用、給与、分限その他の人事管理の基礎として活用するものとする。

＊①類似規定（国公七〇の二）

判例 **身だしなみ基準と人事考課［大阪市（旧交通局職員ら）事件］** 本件各考課は、ひげを生やしていることを主たる減点評価の事情として考慮したものであり、上記評価は人事考課における使用者としての裁量権を逸脱・濫用したものであって国賠法上違法である。（大阪高判令1・9・6労判一二一四―二九）

（人事評価の実施）

第二三条の二　職員の執務については、その任命権者は、定期的に人事評価を行わなければならない。

2　人事評価の基準及び方法に関する事項その他人事評価に関し必要な事項は、任命権者が定める。

3　前項の場合において、任命権者が地方公共団体の長及び議会の議長以外の者であるときは、同項に規定する事項について、あらかじめ、地方公共団体の長に協議しなければならない。

＊類似規定（国公七〇の三）、①人事評価権者の特例・県費負担職員（地教行四四）、大学教員等（教特五の二⑴）、②人事評価基準及び方法に関する事項等の決定権限に関する特例（教特五の二⑵）

（人事評価に基づく措置）

第二三条の三　任命権者は、前条第一項の人事評価の結果に応じた措置を講じなければならない。

＊類似規定（国公七〇の四）

（人事評価に関する勧告）

第二三条の四　人事委員会は、人事評価の実施に関し、任命権者に勧告することができる。

第四節　給与、勤務時間その他の勤務条件

（給与、勤務時間その他の勤務条件の根本基準）

第二四条　職員の給与は、その職務と責任に応ずるものでなければならない。

2　職員の給与は、生計費並びに国及び他の地方公共団体の職員並びに民間事業の従事者の給与その他の事情を考慮して定められなければならない。

3　職員は、他の職員の職を兼ねる場合においても、これに対して給与を受けてはならない。

4　職員の勤務時間その他職員の給与以外の勤務条件を定めるに当つては、国及び他の地方公共団体の職員との間に権衡を失しないように適当な考慮が払われなければならない。

5　職員の給与、勤務時間その他の勤務条件は、条例で定める。

＊類似規定（国公六二）、給料・手当（地自二〇四）、②公立学校の教育公務員の給与の種類・額の基準（教特一三）、③教育公務員の特例（教特一七）、⑤県費負担教職員の給与等の勤務条件（地教行四二）

判例 **六項―給与条例主義の意義** 地方自治法二〇四条および二〇四条の二の各規定並びに地方公務員法二四条六項、二五条の各規定が普通地方公共団体の職員の給与に関していわゆる給与条例主義を定めている趣旨は、給与の額およびその支給方法の決定を普通地方公共団体の住民の直接選挙により構成される議事機関である議会が制定する条例にゆだねることにより、給与に対する民主的統制を図り民主主義的な基礎を与えるとともに、普通地方公共団体の職員に対して法定の種類の給与を権利として保障するものであると解される。（大阪高判平19・10・31判時二〇二一―一五）

判例 **六項―任命権者への委任と給与条例主義** 給与条例主義の下においては、任命権者への給与に関する基本的事項の委任や白紙委任等は許されないとしても、条例によって一定の基準の下に具体的、細目的事項を下位の法令に委任することは、任命権者の恣意的な決定を排するものであって、かつ、給与条例主義の趣旨を没却するものでない限り、当然に許容されるものと考えられる。本条例においては、法律、条例に根拠があり報酬額を予め確定し得る非常勤職員については直接に報酬額を定め、その他の非定型的、臨時的で報酬額を予め定め難い非常勤の嘱託員については、報酬の限度額、支給の方法その他の基本的な事項については条例に規定し、一定の限度額の範囲で任命権者に具体的な額の決定を委任しているものであるから、当該条例の規定する委任の在り方には、十分な合理性が認められるものであり、かつ、給与条例主義の趣旨を没却するものでもない。（大阪高判平19・10・31判時二〇二一―一五）

解説 本条は地方公務員の労働条件についての根本基準を定めるものである。一項は前条まで（人事評価制度）と関係し、二項および四項が人事院（人事委員会）勧告と関係している。なお、五項の条例主義は、地方公務員の職員団体の団体交渉、労働協約締結、争議行為に関する最高裁判例において制約の論拠の一つとなっていること

職員

に留意する必要があろう（三七条、五五条参照）。

（給与に関する条例及び給与の支給）

第二五条　職員の給与は、前条第五項の規定による給与に関する条例に基づいて支給されなければならず、また、これに基づかずには、いかなる金銭又は有価物も職員に支給してはならない。

2　職員の給与は、法律又は条例により特に認められた場合を除き、通貨で、直接職員に、その全額を支払わなければならない。

3　給与に関する条例には、次に掲げる事項を規定するものとする。

一　給料表

二　等級別基準職務表

三　昇給の基準に関する事項

四　時間外勤務手当、夜間勤務手当及び休日勤務手当に関する事項

五　前号に規定するものを除くほか、地方自治法第二百四条第二項に規定する手当を支給する場合には、当該手当に関する事項

六　非常勤の職その他勤務条件の特別な職があるときは、これらについて行う給与の調整に関する事項

七　前各号に規定するものを除くほか、給与の支給方法及び支給条件に関する事項

4　前項第一号の給料表には、職員の職務の複雑、困難及び責任の度に基づく等級ごとに明確な給料額の幅を定めていなければならない。

5　第三項第二号の等級別基準職務表には、職員の職務を前項の等級ごとに分類する際に基準となるべき職務の内容を定めていなければならない。

＊類似規定（国公六三―六五）、①給与条例主義（二四5、地自二〇四の二）、②給与支払の原則（労基二四1）、③時間外勤務手当、深夜勤務手当及び休日勤務手当（労基三七）

判例 **三項四号―労基法上の管理監督者該当性と時間外勤務手当［東大阪市事件］**　労基法の管理監督者といえるためには、①職務内容および権限に照らし、労務管理を含めて、企業全体の事業経営に関する重要事項に関与していること、②出退社についてある程度の自由裁量を有すること、③賃金等の待遇がその地位に相応しいことが必要であるところ、本件職員は、市の主任として給与条例上、最下層の管理監督者として管理職手当が支給されているものの、その職務内容および権限に照らし、市全体の運営に関する重要事項に関与しているとは認めがたい。また、所属長から出退勤を管理されており、出退勤についてある程度の自由裁量を有するとも認めがたい。さらに、当該職員が主任として支給された諸手当の総額は時間外勤務手当等の金額にはるかに及ばず、賃金等の待遇がその地位に相応しいとも認めがたい。したがって、主任は、労基法四一条二号の所定の管理監督者に該当せず、給与条例上の管理監督者にも該当しないといわなければならない。よって市は、当該職員に対して時間外勤務手当等の支払いを拒むことができない。（大阪地判平27・1・16労判一一二四―七八）

判例 **三項四号―公立学校教職員の時間外労働と手当**→資料編第8節

判例 **三項六号―常勤的非常勤職員の退職手当［中津市事件］**　常勤的非常勤職員である学校図書館司書への退職手当条例の適用の可否について検討するに、市は、司書が認容された職を地公法三条三項三号所定の特別職として設置する意思を有し、かつそれを前提とする人事上の取扱いをしていたものと認められるため、司書の在任中の勤務日数および勤務時間が常勤職員と同一であること、中学校校長によって監督される立場にあったことなどを考慮しても、司書の地位は同号所定の特別職の職員にあたるというべきであり、また本件条例の改正の経緯からすれば、その改正は地公法三条三項所定の特別職の職員を本件条例の適用対象に加える趣旨によるものではないことは明らかであり、したがって、本件条例は同項三号所定の特別職の職員には適用されないと解すべきであり、司書は退職手当支払を請求できないというべきである。（最判平27・11・17労判一一三五―五）

（給料表に関する報告及び勧告）

第二六条　人事委員会は、毎年少くとも一回、給料表が適当であるかどうかについて、地方公共団体の議会及び長に同時に報告するものとする。給与を決定する諸条件の変化により、給料表に定める給料額を増減することが適当であると認めるときは、あわせて適当な勧告をすることができる。

＊県費負担教職員についての読替え（地教行施令七）、給料表（二五）、類似規定（国公六七）

判例 **人勧凍結と代償機能**　人事院勧告の実施が凍結されても、国家公務員の労働基本権に対する代償措置がその本来の機能を果していなかったということができない。（最判平12・3・17判時一七一〇―一六八）

判例 **給与減額と勧告制度［国（国家公務員・給与減額）事件］**　国家公務員も、勤労者として自己の労務を提供することにより生活の資を得ているものであり、その生存権および財産権に配慮する必要があること、人事院勧告が国家公務員の労働基本権制約の代償措置としては中心的かつ重要なものであること、民間準拠原則が国家公務員の給与水準の増減決定において客観性を支えるものであることからすれば、国会は、国家公務員について給与減額支給措置を立法する場合、当該立法について必要性があり、その内容が上記の観点から不合理なものでないことや、労働基本権制約の代償措置として中心的かつ重要なものとして設けられた人事院勧告制度が本来の機能を果たすという点に留意すべきであって、当該立法について必要性がなく、または、その内容において著しく合理性を欠く立法がされた場合には、立法府の裁量権の範囲を超えるものとして違憲となることもあり得るものと解される。その場合に、当該立法が人事院勧告制度がその本来の機能を果たすことができないと評価すべきほど不合理というべきときには、当該法律は憲法二八条に違反すると評価されることになる。（東京高判平28・12・5労判一一六九―七四）

解説　いわゆる人事院勧告が国家公務員について果たすのと同一の機能を、人事委員会に対して期待するのが本条の規定である。まず、公平委員会がこの機能をもたないことに注意する必要がある。公平委員会があまりにも小規模な機関であって、本条の定める報告、勧告を行うに足る資料収集、調査、研究能力に欠けるというのであれば、そのことは人事委員会についてもある程度あてはまるであろう。事実、人事委員会の勧告の大部分は人事院勧告のおうむがえしにすぎず、当該地方公共団体における特殊条件を十分に調査、研究した結果ということのできない場合が多い。この勧告は、法的拘束力なしとされ、地方公共団体の当局が財源難を理由に不完全実施することがあっても、法律違反とはならない。それにもかかわらず、この勧告制度は、地方公務員につき、争議行為を禁止することの代償措置であるとされており、代償性を果たしえなければ争議行為は正当性を取得するか、この勧告制度を全面的に見直して交渉権を確立すべきであるとする考え方が主張されている。

（修学部分休業）

第二六条の二　任命権者は、職員（臨時的に任用される職員その他の法律により任期を定めて任用される職員及び非常勤職員を除く。以下この条及び次条において同じ。）が申請した場合において、公務の運営に支障

がなく、かつ、当該職員の公務に関する能力の向上に資すると認めるときは、条例で定めるところにより、当該職員が、大学その他の条例で定める教育施設における修学のため、当該修学に必要と認められる期間として条例で定める期間中、一週間の勤務時間の一部について勤務しないこと（以下この条において「修学部分休業」という。）を承認することができる。

2　前項の規定による承認は、修学部分休業をしている職員が休職又は停職の処分を受けた場合には、その効力を失う。

3　職員が第一項の規定による承認を受けて勤務しない場合には、条例で定めるところにより、減額して給与を支給するものとする。

4　前三項に定めるもののほか、修学部分休業に関し必要な事項は、条例で定める。

（高齢者部分休業）

第二六条の三　任命権者は、高年齢として条例で定める年齢に達した職員が申請した場合において、公務の運営に支障がないと認めるときは、条例で定めるところにより、当該職員が当該条例で定める年齢に達した日以後の日で当該申請において示した日から当該職員に係る定年退職日（第二十八条の二第一項に規定する定年退職日をいう。）までの期間中、一週間の勤務時間の一部について勤務しないこと（次項において「高齢者部分休業」という。）を承認することができる。

2　前条第二項から第四項までの規定は、高齢者部分休業について準用する。

第四節の二　休業

（休業の種類）

第二六条の四　職員の休業は、自己啓発等休業、配偶者同行休業、育児休業及び大学院修学休業とする。

2　育児休業及び大学院修学休業については、別に法律で定めるところによる。

＊育児休業（地公育児休業）、大学院修学休業（教特二六―二八）

（自己啓発等休業）

第二六条の五　任命権者は、職員（臨時的に任用される職員その他の法律により任期を定めて任用される職員及び非常勤職員を除く。以下この条及び次条（第八項及び第九項を除く。）において同じ。）が申請した場合において、公務の運営に支障がなく、かつ、当該職員の公務に関する能力の向上に資すると認めるときは、条例で定めるところにより、当該職員が、三年を超えない範囲内において条例で定める期間、大学等課程の履修（大学その他の条例で定める教育施設の課程の履修をいう。第五項において同じ。）又は国際貢献活動（国際協力の促進に資する外国における奉仕活動（当該奉仕活動を行うために必要な国内における訓練その他の準備行為を含む。）のうち職員として参加することが適当であると認められるものとして条例で定めるものに参加することをいう。第五項において同じ。）のための休業（以下この条において「自己啓発等休業」という。）をすることを承認することができる。

2　自己啓発等休業をしている職員は、自己啓発等休業を開始した時就いていた職又は自己啓発等休業の期間中に異動した職を保有するが、職務に従事しない。

3　自己啓発等休業をしている期間については、給与を支給しない。

4　自己啓発等休業の承認は、当該自己啓発等休業をしている職員が休職又は停職の処分を受けた場合には、その効力を失う。

5　任命権者は、自己啓発等休業をしている職員が当該自己啓発等休業の承認に係る大学等課程の履修又は国際貢献活動を取りやめたことその他条例で定める事由に該当すると認めるときは、当該自己啓発等休業の承認を取り消すものとする。

6　前各項に定めるもののほか、自己啓発等休業に関し必要な事項は、条例で定める。

＊類似制度（国家公務員の自己啓発等休業に関する法律）

（配偶者同行休業）

第二六条の六　任命権者は、職員が申請した場合において、公務の運営に支障がないと認めるときは、条例で定めるところにより、当該申請をした職員の勤務成績その他の事情を考慮した上で、当該職員が、三年を超えない範囲内において条例で定める期間、配偶者同行休業（職員が、外国での勤務その他の条例で定める事由により外国に住所又は居所を定めて滞在するその配偶者（届出をしないが事実上婚姻関係と同様の事情にある者を含む。第五項及び第六項において同じ。）と、当該住所又は居所において生活を共にするための休業をいう。以下この条において同じ。）をすることを承認することができる。

2　配偶者同行休業をしている職員は、当該配偶者同行休業を開始した日から引き続き配偶者同行休業をしようとする期間が前項の条例で定める期間を超えない範囲内において、条例で定めるところにより、任命権者に対し、配偶者同行休業の期間の延長を申請することができる。

3　配偶者同行休業の期間の延長は、条例で定める特別の事情がある場合を除き、一回に限るものとする。

4　第一項の規定は、配偶者同行休業の期間の延長の承認について準用する。

5　配偶者同行休業の承認は、当該配偶者同行休業をしている職員が休職若しくは停職の処分を受けた場合又は当該配偶者同行休業に係る配偶者が死亡し、若しくは当該職員の配偶者でなくなつた場合には、その効力を失う。

6　任命権者は、配偶者同行休業をしている職員が当該配偶者同行休業に係る配偶者と生活を共にしなくなつたことその他条例で定める事由に該当すると認めるときは、当該配偶者同行休業の承認を取り消すものとする。

7　任命権者は、第一項又は第二項の規定による申請があつた場合において、当該申請に係る期間（以下この項及び次項において「申請期間」という。）について職員の配置換えその他の方法によつて当該申請をした職員の業務を処理することが困難であると認めるときは、条例で定めるところにより、当該業務を処理するため、次の各号に掲げる任用のいずれかを行うことができる。この場合において、第二号に掲げる任用は、申請期間について一年を超えて行うことができない。

一　申請期間を任用の期間（以下この条において「任期」という。）の限度として行う任期を定めた採用

二　申請期間を任期の限度として行う臨時的任用

8　任命権者は、条例で定めるところにより、前項の規定により任期を定めて採用された職員の任期が申請期間に満たない場合には、当該申請期間の範囲内において、その任期を更新することができる。

9　任命権者は、第七項の規定により任期を定めて採用された職員を、任期を定めて採用した趣旨に反しない場合に限り、その任期中、他の職に任用することができる。

10　第七項の規定に基づき臨時的任用を行う場合には、第二十二条の三第一項から第四項までの規定は、適用しない。

11　前条第二項、第三項及び第六項の規定は、配偶者同行休業について準用する。

＊類似制度（国家公務員の配偶者同行休業に関する法律）

第五節　分限及び懲戒

（分限及び懲戒の基準）

第二七条　すべて職員の分限及び懲戒については、公正でなければならない。

2　職員は、この法律で定める事由による場合でなければ、その意に反して、降任され、若しくは免職されず、この法律又は条例で定める事由による場合でなければ、その意に反して、休職されず、又、条例で定める事由による場合でなければ、その意に反して降給されることがない。

3　職員は、この法律で定める事由による場合でなければ、懲戒処分を受けることがない。

＊大学の教員等の特例（教特四・五・九）、類似規定（国公七四）

判例 **辞令の交付**　地方公務員たる小学校長に対する休職辞令を本人不在のため留守中であった本人の長女に対して交付したとしても、同女が意思表示の受領能力を有していたものと認められる以上、右辞令は、適法に本人に送達されたというべきである。（長崎地判昭32・7・22判時一二六－一〇）

判例 **退職願の撤回**　一旦提出した退職願でも免職の辞令交付前に撤回した場合には、特段の信義則違反のない限り撤回行為は有効である。（最判昭37・7・13判時三一〇－二五）

（降任、免職、休職等）

第二八条　職員が、次の各号に掲げる場合のいずれかに該当するときは、その意に反して、これを降任し、又は免職することができる。

一　人事評価又は勤務の状況を示す事実に照らして、勤務実績がよくない場合

二　心身の故障のため、職務の遂行に支障があり、又はこれに堪えない場合

三　前二号に規定する場合のほか、その職に必要な適格性を欠く場合

四　職制若しくは定数の改廃又は予算の減少により廃職又は過員を生じた場合

2　職員が、次の各号に掲げる場合のいずれかに該当するときは、その意に反して、これを休職することができる。

一　心身の故障のため、長期の休養を要する場合

二　刑事事件に関し起訴された場合

3　職員の意に反する降任、免職、休職及び降給の手続及び効果は、法律に特別の定めがある場合を除くほか、条例で定めなければならない。

4　職員は、第十六条各号（第二号を除く。）のいずれかに該当するに至つたときは、条例に特別の定めがある場合を除くほか、その職を失う。

＊解雇制限（労基一九・二〇）、類似規定（国公七六－八一）、適用除外（二九の二）、①定数（地自一七二）、②起訴（刑訴二四七・二五六）、③法律による特別の定め（教特一〇、地教行三八・三九＝県費負担教職員）、休職の期間及び効果の特例（教特一四＝校長・教員）

判例 **分限処分と任命権者の裁量権［長束小学校事件］**　地公法二八条に基づく分限処分については、任命権者の純然たる自由裁量に委ねられているものではなく、分限制度の目的と関係のない目的や動機に基づいて分限処分をすることが許されないのはもちろん、処分事由の有無の判断についても恣意にわたることを許されず、考慮すべき事項を考慮せず、考慮すべきでない事項を考慮して判断するとか、また、その判断が合理性をもつ判断として許容される限度を超えた不当なものであるときは、裁量権の行使を誤った違法のものであることを免れないというべきである。（最判昭48・9・14判時七一六－二七）

判例 **一項二号－心身の故障**　本号の「心身の故障のため、職務の遂行に支障があり、又はこれに堪えない場合」とは、本条二項一号所定の分限休職事由である「心身の故障のため、長期の休養を要する場合」との対比を考慮すれば、当該職員の精神または肉体の故障により、職務の遂行に支障を生じる場合であって、当該故障の回復の見込みがないか、極めて長期間の治療を要する見込みである場合をいうものと解するのが相当であるところ、本件の学校経営支援センター職員に対する本項二号に基づく分限免職処分は、医師の診断内容および事実関係に照らすと、裁量権の逸脱・濫用があるとはいえない。（東京地判平27・2・18判例集未登載）

判例 **一項三号－「その職に必要な適格性を欠く場合」の一般的判断基準［長束小学校事件］**　「その職に必要な適格性を欠く場合」とは、当該職員の簡単に矯正することのできない持続性を有する素質、能力、性格等に基因してその職務の円滑な遂行に支障があり、または支障を生ずる高度の蓋然性が認められる場合をいうものと解されるが、この意味における適格性の有無は、当該職員の外部にあらわれた行動、態度に徴してこれを判断するほかはない。その場合、個々の行為、態度につき、その性質、態様、背景、状況等の諸般の事情に照らして評価すべきことはもちろん、それら一連の行動、態度については相互に有機的に関連づけてこれを評価すべく、さらに当該職員の経歴や性格、社会環境等の一般的要素をも考慮する必要があり、これら諸般の要素を総合的に検討したうえ、当該職に要求される一般的な適格性の要件との関連においてこれを判断しなければならない。（最判昭48・9・14判時七一六－二七）

判例 **一項三号－「その職に必要な適格性を欠く場合」に該当するとされた事例［長束小学校事件］**　小学校の統合の賛否をめぐって町内に激しい対立が生じている状況下において、校長が、統合反対派に加担するような言動に出るときは、両派の対立の激化を助長し、児童、父兄等の校長および学校に対する信頼、所属職員の校長に対する信頼を大いに失墜させ、ひいては学校経営に重大な支障をきたす結果となることは、見易いところである。したがって、右校長たる者は、行動、態度の上では校長としての品格と節度を保持すべきであって、いやしくも校長としての立場を利用して反対派に加担し、これに便宜を与えるものと認められるような行為に出るときは、校長としての適格性に欠けるところがあるとの評価を免れないものといわなければならない。（最判昭48・9・14判時七一六－二七）

職員

判例 **一項四号―過員整理対象者の選定基準としての年齢**　個人の能力を年齢によって判断することのできないことはいうまでもないが、過員を解消する方策として高年齢順に整理することは、最も一般的な手段方法であり、客観的にも公平な措置であるといわねばならない。また、控訴人が、恩給者または受給資格取得者を整理の対象としたことも適当な配慮であって、それ自体何ら非難せらるべきことではない。（大阪高判昭43・10・31行例集一九―一〇―一七〇二）

判例 **二項二号―起訴休職制度の合理性**　地公法二八条二項二号の規定する起訴休職制度は、起訴された職員が引き続いて現に職務に従事しているならば、そのことによって、その職員の職務内容や公訴事実の内容のいかんによっては、職場規律ないし職場秩序の維持に悪影響を及ぼすおそれがあるのみならず、その職務遂行に対する住民の信頼をゆるがせ、ひいては公職全体に対する信頼を失墜させるおそれが多分にあること、刑事被告人は原則として公判期日に出廷する義務を負い、一定の事由のあるときには勾留されることもあり得るから、職員としての職務専念義務を全うし得ず公務の正常な運営に支障を生ずるおそれもあることを考慮して、このような悪影響ないし支障を生ずるおそれのある職員をその身分を保留したまま一時的に職務に従事させないこととするものであり、これによって職場規律ないし職場秩序の維持、公務員の職務遂行に対する住民の信頼ひいては公職に対する住民の信頼を維持し、公務の円滑な運営を図ろうとするものであるから、同制度は必要かつ合理的な理由に基づくものである。（東京地判平1・10・26判時一三三七―一三六）

判例 **二項二号―休職処分と任命権者の裁量**　地公法二八条二項二号により、刑事事件に関し起訴された職員を休職処分に付し得るためには、右起訴があったことを要件とし、かつそれのみをもって自由裁量によりこれをなし得るものと解すべきであって、犯罪の成否、身体の拘束およびその余の事情の有無を問わないものというべきである。また、公務員が起訴された際、当該公務員をして、引続きその職務を遂行させるか否かは、公訴事実の内容をも斟酌し、起訴により、その時機その職場に応じ、公務上いかなる支障が生じ、又公益上いかなる障害が発生するかという微妙な判断を伴うものであって、これを適確に判断し得るのは、まず任命権者たる行政庁であるとして、右行政庁の自由裁量に委ねたものと解するのが相当である。（東京高判昭35・2・26行例集一一―四―一〇五九）

判例 **二項二号―無罪判決と休職処分の継続**　国家公務員につき、起訴休職中に、起訴事実につき無罪判決があっても控訴された場合には、起訴休職処分を撤回するかどうかは処分権者の裁量に属し、撤回しなかったとしても、必ずしも国賠法一条一項の違法は生じない。（最判昭63・6・16判時一三〇〇―四九）

判例 **四項―教員免許資格の喪失と失職**　教員が免許資格を喪失した場合には、当然に失職する。（最判昭39・3・3判時三七〇―二九）

判例 **四項―欠格条項と失職**　採用前に犯した公務執行妨害罪により、勤続六年目に懲役一〇か月、執行猶予二年の判決を受けた県の職員に対して、犯行から約一〇年を経過した時点で二八条四項を適用して失職として扱っても、憲法一四条、三一条に違反しない。（大阪高判昭62・7・8労判五〇二―五五。同旨、上告審＝最判平1・1・17判時一三〇三―一三九）

判例 **四項―失職と退職手当**　禁錮以上の刑に処せられたため地方公務員法二八条四項の規定により失職した者に対して一般の退職手当を支給しない旨を定めた条例の規定は、本件条例に基づき支給される一般の退職手当が地方公務員が退職した場合にその勤続を報償する趣旨を有するものであることに照らせば、その目的には合理性があり、地方公務員を私企業労働者に比べて不当に差別したものとはいえない。（最判平12・12・19判時一七三七―一四一）

判例 **身体障害者枠で採用された職員の分限免職処分**　身体障害者枠で採用された職員について、本件処分当時までに、勤務実績不良等に該当する可能性のある具体的事例（初歩的な業務上のミスを繰り返す、所定の業務の処理手続や期限を遵守できない、上司等に相談しないまま独断で業務を行う、他の職員の支援なしに業務を一人で処理できない、上司の指導に従わないなど）に当たる勤務状況が認められること、当時の上司らから注意や指導を受けたにもかかわらず、勤務状況がなかなか改善されず、人事評価においても五段階評価の最低評価またはその一つ上の評価を受けていたこと、元職員は、上記の勤務状況であったため、警告書を交付され、水産課において合計六か月間にわたり個別指導研修を受けたにもかかわらず、大きな改善が認められなかったこと、以上のような元職員の大阪府における勤務状況等に鑑みると、元職員には、本件処分当時、地方公務員法二八条一項一号および三号に定める分限事由（勤務実績不良および適格性欠如）があったと認められ、かつ、勤務実績不良および適格性欠如の程度に関しても、現に就いている職だけでなく、大阪府の職員として通常要求される勤務実績や適格性そのものが欠けていると認めるのが相当である。（大阪地判平31・1・9労判一二〇〇―一六）

判例 **公立学校教員の分限免職に関する他の判例**→資料編

第8節

第二八条の二（**定年による退職**）　職員は、定年に達したときは、定年に達した日以後における最初の三月三十一日までの間において、条例で定める日（以下「定年退職日」という。）に退職する。

2　前項の定年は、国の職員につき定められている定年を基準として条例で定めるものとする。

3　前項の場合において、地方公共団体における当該職員に関しその職務と責任に特殊性があること又は欠員の補充が困難であることにより国の職員につき定められている定年を基準として定めることが実情に即さないと認められるときは、当該職員の定年については、条例で別の定めをすることができる。この場合においては、国及び他の地方公共団体の職員との間に権衡を失しないように適当な考慮が払われなければならない。

4　前三項の規定は、臨時的に任用される職員その他の法律により任期を定めて任用される職員及び非常勤職員には適用しない。

＊類似規定（国公八一の二）、①―③適用除外（教特七＝大学の学長及び部局長、女子教職員の出産に際しての補助教職員の確保に関する法律三１３＝産休代替教職員）、②定年年齢の特例（教特八＝大学教員）

第二八条の三（**定年による退職の特例**）　任命権者は、定年に達した職員が前条第一項の規定により退職すべきこととなる場合において、その職員の職務の特殊性又はその職員の職務の遂行上の特別の事情からみてその退職により公務の運営に著しい支障が生ずると認められる十分な理由があるときは、同項の規定にかかわらず、条例で定めるところにより、その職員に係る定年退職日の翌日から起算して一年を超えない範囲内で期限を定め、その職員を当該職務に従事させるため引き続いて勤務させることができる。

2　任命権者は、前項の期限又はこの項の規定により延長された期限が到来する場合において、前項の事由が引き続き存すると認められる十分な理由があるとき

職員

は、条例で定めるところにより、一年を超えない範囲内で期限を延長することができる。ただし、その期限は、その職員に係る定年退職日の翌日から起算して三年を超えることができない。

＊類似規定（国公八一の三）

（定年退職者等の再任用）

第二八条の四　任命権者は、当該地方公共団体の定年退職者等（第二十八条の二第一項の規定により退職した者又は前条の規定により勤務した後退職した者若しくは定年退職日以前に退職した者のうち勤続期間等を考慮してこれらに準ずるものとして条例で定める者をいう。以下同じ。）を、従前の勤務実績等に基づく選考により、一年を超えない範囲内で任期を定め、常時勤務を要する職に採用することができる。ただし、その者がその者を採用しようとする職に係る定年に達していないときは、この限りでない。

2　前項の任期又はこの項の規定により更新された任期は、条例で定めるところにより、一年を超えない範囲内で更新することができる。

3　前二項の規定による任期については、その末日は、その者が条例で定める年齢に達する日以後における最初の三月三十一日までの間において条例で定める日以前でなければならない。

4　前項の年齢は、国の職員につき定められている任期の末日に係る年齢を基準として定めるものとする。

5　第一項の規定による採用については、第二十二条の規定は、適用しない。

＊類似規定（国公八一の四）

第二八条の五　任命権者は、当該地方公共団体の定年退職者等を、従前の勤務実績等に基づく選考により、一年を超えない範囲内で任期を定め、短時間勤務の職（当該職を占める職員の一週間当たりの通常の勤務時間が、常時勤務を要する職でその職務が当該短時間勤務の職と同種のものを占める職員の一週間当たりの通常の勤務時間に比し短い時間であるものをいう。以下同じ。）に採用することができる。

2　前項の規定により採用された職員については、前条第二項から第五項までの規定を準用する。

3　短時間勤務の職については、定年退職者等のうち第二十八条の二第一項から第三項までの規定の適用があるものとした場合の当該職に係る定年に達した者に限り任用することができるものとする。

＊類似規定（国公八一の五）

判例　**定年退職後の再任用更新拒否の違法性**　定年後の再任用制度は、公的年金におけるいわゆる満額年金の支給開始年齢の引上げに合わせて、公的部門における再任用の機会を設定し、高齢職員に雇用機会を提供するという考えに基づき導入されたものであり、その合格者は毎年九二～九六％に達し、その選考に試験は実施されず、再任用の更新の申込みをした者については、所属における勤務実績を重視した簡素な手続による選考が実施されているばかりでなく、現に高等学校定年退職後の本件職員においても、定年後二年間にわたりいずれも再任用され、しかも当該教職員の再任用期間の業績評価は、総合評価はいずれもＢ（良好）であったもので、その結果の一部は再任用期間開始までに本人に開示されていたなどの事情の下においては、再任用の更新の申込みをした教職員において、再任用期間満了後も雇用が継続されると期待することが無理からぬ事情があったものというべきである。（東京高判平26・10・30判例地方自治四〇二―二〇）

判例　**定年退職後の再任用拒否の違法性**→資料編第8節

第二八条の六　第二十八条の四第一項本文の規定によるほか、地方公共団体の組合を組織する地方公共団体の任命権者にあつては当該地方公共団体が組織する地方公共団体の組合の定年退職者等を、地方公共団体の組合の任命権者にあつては当該地方公共団体の組合を組織する地方公共団体の定年退職者等を、従前の勤務実績等に基づく選考により、一年を超えない範囲内で任期を定め、常時勤務を要する職に採用することができる。この場合においては、同項ただし書の規定を準用する。

2　前条第一項の規定によるほか、地方公共団体の組合を組織する地方公共団体の任命権者にあつては当該地方公共団体が組織する地方公共団体の組合の定年退職者等を、地方公共団体の組合の任命権者にあつては当該地方公共団体の組合を組織する地方公共団体の定年退職者等を、従前の勤務実績等に基づく選考により、一年を超えない範囲内で任期を定め、短時間勤務の職に採用することができる。この場合においては、同条第三項の規定を準用する。

3　前二項の規定により採用された職員については、第二十八条の四第二項から第五項までの規定を準用する。

（懲戒）

第二九条　職員が次の各号の一に該当する場合においては、これに対し懲戒処分として戒告、減給、停職又は免職の処分をすることができる。

一　この法律若しくは第五十七条に規定する特例を定めた法律又はこれに基く条例、地方公共団体の規則若しくは地方公共団体の機関の定める規程に違反した場合

二　職務上の義務に違反し、又は職務を怠つた場合

三　全体の奉仕者たるにふさわしくない非行のあつた場合

2　職員が、任命権者の要請に応じ当該地方公共団体の特別職に属する地方公務員、他の地方公共団体若しくは特定地方独立行政法人の地方公務員、国家公務員又は地方公社（地方住宅供給公社、地方道路公社及び土地開発公社をいう。）その他その業務が地方公共団体若しくは国の事務若しくは事業と密接な関連を有する法人のうち条例で定めるものに使用される者（以下この項において「特別職地方公務員等」という。）となるため退職し、引き続き特別職地方公務員等として在職した後、引き続いて当該退職を前提として職員として採用された場合（一の特別職地方公務員等として在職した後、引き続き一以上の特別職地方公務員等として在職し、引き続いて当該退職を前提として職員として採用された場合を含む。）において、当該退職までの引き続く職員としての在職期間（当該退職前に同様の退職（以下この項において「先の退職」という。）、特別職地方公務員等としての在職及び職員としての採用がある場合には、当該先の退職までの引き続く職員としての在職期間を含む。次項において「要請に応じた退職前の在職期間」という。）中に前項各号のいず

れかに該当したときは、これに対し同項に規定する懲戒処分を行うことができる。

3 職員が、第二十八条の四第一項又は第二十八条の五第一項の規定により採用された場合において、定年退職者等となつた日までの引き続く職員としての在職期間（要請に応じた退職前の在職期間を含む。）又はこれらの規定によりかつて採用されて職員として在職していた期間中に第一項各号の一に該当したときは、これに対し同項に規定する懲戒処分を行うことができる。

4 職員の懲戒の手続及び効果は、法律に特別の定がある場合を除く外、条例で定めなければならない。

＊類似規定（国公八二）、①職務上の義務（三〇・三二・三五）、全体の奉仕者（憲一五2）、県費負担教職員についての読替え（地教行四七）、④懲戒手続の特例（教特九＝大学教員等、地教行三八1＝市町村教育委員会の内申）

判例 **懲戒処分と任命権者の裁量権【伝習館高校事件】** 地方公務員につき地公法所定の懲戒事由がある場合に、懲戒処分を行うかどうか、懲戒処分を行うときにいかなる処分を選ぶかは、平素から庁内の事情に通暁し、職員の指揮監督の衝に当たる懲戒権者の裁量に任されているものというべきである。すなわち、懲戒権者は、懲戒事由に該当すると認められる行為の原因、動機、性質、態様、結果、影響等のほか、当該公務員の右行為の前後における態度、懲戒処分等の処分歴、選択する処分が他の公務員および社会に与える影響等、諸般の事情を総合的に考慮して、懲戒処分をすべきかどうか、また、懲戒処分をする場合にいかなる処分を選択すべきかを、その裁量的判断によって決定することができるものと解すべきである。したがって、裁判所が右の処分の適否を審査するに当たっては、懲戒権者と同一の立場に立って懲戒処分をすべきであったかどうかまたはいかなる処分を選択すべきであったかについて判断し、その結果と懲戒処分とを比較してその軽重を論ずべきものではなく、懲戒権者の裁量権の行使に基づく処分が社会観念上著しく妥当を欠き、裁量権の範囲を逸脱しこれを濫用したと認められる場合に限り、違法であると判断すべきものである。（最判平2・1・18判時一三三七－七）

判例 **懲戒権の濫用【教職員国旗国歌訴訟】** 公立高校の教員らが卒業式等の式典における国歌斉唱に際して起立して斉唱し、またはピアノ伴奏を行うことを命ずる職務命令に従わなかったことを理由とする減給処分に関しては、処分それ自体によって教職員の法的地位に一定の期間における本給の一部の不支給という直接の給与上の不利益が及び、将来の昇給等にも相応の影響が及ぶこと等を考慮すると、戒告を超えて減給の処分を選択することが許容されるのは、過去の非違行為による懲戒処分等の処分歴や不起立行為等の前後における態度等に鑑み、学校の規律や秩序の保持等の必要性と処分による不利益の内容との権衡の観点から当該処分を選択することの相当性を基礎付ける具体的な事情が認められる場合であることを要すると解すべきである。本件職員の過去の処分歴は、約二年前に入学式の際の服装およびその後の事実確認に関する校長の職務命令に違反した行為であって積極的に式典の進行を妨害する行為ではなく、当該一回のみに限られており、本件の不起立行為の前後における態度において特に処分の加重を根拠付けるべき事情もうかがわれないこと等に鑑みると、学校の規律や秩序の保持等の必要性と処分による不利益の内容との権衡の観点からなお減給処分を選択することの相当性を基礎付ける具体的な事情があったとまでは認め難いというべきである。（最判平24・1・16判時二一四七－一二七）

判例 **他の国旗国歌訴訟→資料編第8節**

判例 **一項および三項－酒気帯び運転** 公立高校の教員として飲酒運転の根絶に範を示すべき立場にあり、かつ職場での飲酒運転撲滅の取組みも熟知していたにもかかわらず、前夜の飲酒の影響を考慮せず本件運転行為に出た結果、酒気帯び運転として検挙されたことは、軽率であって過失としては軽視できないがゆえに、教育委員会が、本件非違行為につき教師としてあるまじき行為であるとして懲戒処分に付した判断は相当ではある。しかし、本件では酒気帯び運転の故意が認められず、その過失が故意に等しいほど重大であるともいえないことや、その動機、原因について非難に値する事情はなく、事故等の重大な結果も生じていないこと、当該教員の本件非違行為後の対応に問題はなく、過去に懲戒処分歴もないことなどからすると、本件懲戒免職処分は、甚だしく過酷であるといわざるを得ず、社会観念上著しく妥当を欠き、裁量権の範囲を逸脱しこれを濫用したものであるというべきである。（東京高判平25・5・29判時二二〇五－一二五）

判例 **懲戒手続** 職員に対し告知と聴聞の手続を履践しても、実体的判断を左右するような弁明と資料が提出される可能性が全くないような特別の事情のない限り、公正な告知と聴聞の手続を履践しないまま懲戒権を行使することは裁量権を逸脱する。（甲府地判昭52・3・31判タ三五五－二二五）

（適用除外）

第二九条の二 次に掲げる職員及びこれに対する処分については、第二十七条第二項、第二十八条第一項から第三項まで、第四十九条第一項及び第二項並びに行政不服審査法（平成二十六年法律第六十八号）の規定を適用しない。

一 条件附採用期間中の職員

二 臨時的に任用された職員

2 前項各号に掲げる職員の分限については、条例で必要な事項を定めることができる。

＊類似規定（国公八一）

第六節　服務

（服務の根本基準）

第三〇条 すべて職員は、全体の奉仕者として公共の利益のために勤務し、且つ、職務の遂行に当つては、全力を挙げてこれに専念しなければならない。

＊全体の奉仕者（憲一五2）、類似規定（国公九六）

（服務の宣誓）

第三一条 職員は、条例の定めるところにより、服務の宣誓をしなければならない。

＊類似規定（国公九七）

（法令等及び上司の職務上の命令に従う義務）

第三二条 職員は、その職務を遂行するに当つて、法令、条例、地方公共団体の規則及び地方公共団体の機関の定める規程に従い、且つ、上司の職務上の命令に忠実に従わなければならない。

＊県費負担教職員に対する服務の監督（地教行四三）、類似規定（国公九八1）

回答 校長は職務上の上司である。（昭31・1・5委初二初中局長）

回答 教育行政上の必要に基づいて計画された講習会に出席することを命ぜられながら、出席しないことは、職務命令違反となる。（昭33・10・24委初一九七初中局長）

判例 **法令－学習指導要領の法的拘束力【岩教組事件】** 中学校指導要領は、全体としてはなお全国的な大綱的基準としての性格をもち、また、その内容においても、教師に対し一方的な一定の理論ないしは観念を生徒に教え込むことを強制するような点は全く含まれていないが故に、全体としてみた場合、教育政策上の当否はともかくとして、少なくとも法的見地からは、全国中学校における教育の機会均等の確保、教育水準の維持、向上、教育施設の整備、充実という目的のために必要かつ合理的な基準の設定として是認することができる。（最大判昭51・5・21判時八一四―七三）

判例 **職務命令の適法性［君が代ピアノ伴奏訴訟］** 公立小学校の音楽科教師に対し入学式の国歌斉唱に際しピアノ伴奏を命ずる校長の職務命令は、憲法一九条に違反するものではない。さらに、憲法一五条二項に基づき、地方公務員も、全体の奉仕者として公共の利益のために勤務し、かつ職務の遂行に当たっては全力を挙げてこれに専念しなければならず（地公法三〇条）、その職務を遂行するに当たって、法令等に従い、かつ上司の職務上の命令に忠実に従わなければならない（同三二条）ところ、当該教諭は法令等や職務上の命令に従わなければならない立場にあり、校長から同校の学校行事である入学式に関して本件職務命令を受けたものである。そして、小学校学習指導要領に照らせば、入学式等において音楽専科の教諭によるピアノ伴奏で国歌斉唱を行うことは、これらの規定の趣旨にかなうものであり、同小学校でも従来から入学式等において音楽専科の教諭によるピアノ伴奏で「君が代」の斉唱が行われてきたことに照らしても、本件職務命令は、その目的および内容において不合理であるということはできない。（最判平19・2・27判時一九六二―三）

解説 職務命令の及ぶ範囲ならびにその効力については、常にたえまない紛争が存在する。特別権力関係理論と、行政行為の公定力の理論をもってすれば、行政解釈のいうように、公務員は、ほとんどすべての場合、職務命令の拘束の下に置かれることとなる。しかし、労働関係への、いわば古典的特別権力関係論や、公定力論の援用については強い批判がある。公務員が労働者として人格を尊重され、労働契約によって雇用主体と結ばれ、かつ、労働基本権の担い手であることが確認されればそれだけ、右の古典的理論は撤回ないし修正を余儀なくされるからである。

（信用失墜行為の禁止）

第三三条 職員は、その職の信用を傷つけ、又は職員の職全体の不名誉となるような行為をしてはならない。

＊類似規定（国公九九）

判例 **国歌斉唱等の拒否** 重要な学校行事であり、儀式としてそれにふさわしい様式で執り行われるべき本件卒業式において、本件指導に従わず、国歌斉唱時に起立せず斉唱しなかっただけでなく、国歌斉唱の直前の静まりかえった中で、多くの参列者に聞こえる声量で、自らの考えを誇示するかのように「日の丸、君が代に反対します」と発言し、本件卒業式の厳粛な進行を妨げた公立学校教員の行為は、これによって卒業式の進行それ自体が中断されるなどの事態にまでは至らなかったとしても、教育公務員としての品位を著しく害し、その職に対する信用を著しく失墜させたものといわざるを得ない。（大阪地判平30・3・26判例集未登載）

判例 **第三者を誹謗する教材の作成・使用** 中学校の生徒らは未発達の段階にあり、批判能力を十分備えていないため、教師の影響力が大きいことを考慮すれば、公正な判断力を養うという目標のためには、授業が公正・中立に行われることが強く要請されるのであり、公立中学校教師が、教師という立場で、特定の者を誹謗する記載のある本件資料を授業の教材として作成・配布することは、公正・中立に行われるべき公教育への信頼を直接損なうものであり、教育公務員としての職の信用を傷つけるとともに、その職全体の不名誉となる行為に当たるし、全体の奉仕者たるにふさわしくない非行であるといわなければならない。（東京地判平21・6・11裁判所ウエブサイト）

判例 **体罰** 本件公立高校教員が、校長から過去に体罰関係で厳重注意と部活動指導停止の指示まで受けながらも体罰を繰り返していたこと、体罰ないし暴力・暴言の内容・その程度、体罰等を受けた部員や保護者等に与えた影響等、本件に顕れた事情を考慮すると、当該教員がいかに柔道の指導者として全国大会等で好成績を残し、柔道の指導者・教員として本件高校に残ってほしいと思う者が多数いることを踏まえてもなお、当該教員の行った体罰ないし暴力・暴言は指導の域を大きく超えたものであり、部員である生徒およびその保護者と教員との信頼関係を大きく破壊し、生徒、保護者、県民の教育に対する信頼を裏切り、職全体の信用を失墜させるものであるといわざるを得ない。（宮崎地判平29・11・17判例地方自治四四八―五二）

判例 **いじめ対応** Aは、柔道部の上級生であるDおよびEによる継続的ないじめの被害に遭い、さらに、本件傷害事件により明らかな傷害を負うに至っている。ところが、市立中学校の教諭であった被上告人は、本件中学校の教諭および柔道部の顧問として、同事件を機にこれらの事実を把握しながら、AおよびG教諭に対し、受診に際して医師に自招事故によるものであるとの事実と異なる受傷経緯を説明するよう指示した上、自らも医師に連絡して虚偽の説明をするなどしている。このような被上告人の言動は、柔道部が大会を目前に控えている状況の下、その活動に支障を生じさせないため、主力選手らによる不祥事が明るみに出ることを免れようとする意図をうかがわせ、AおよびG教諭には、部員または副顧問としてこれに沿った行動をとるよう命ずるものと受け取られるものである。このことは、被害生徒であるAの心情への配慮を欠き、また、G教諭が校長等に報告することを暗に妨げるものともいうことができるのであって、いじめを受けている生徒の心配や不安、苦痛を取り除くことを最優先として適切かつ迅速に対処するとともに、問題の解決に向けて学校全体で組織的に対応することを求めるいじめ防止対策推進法や兵庫県いじめ防止基本方針等に反する重大な非違行為であり、いじめの事実を認識した公立学校の教職員の対応として、法令等に明らかに反する上、その職の信用を著しく失墜させるものというべきであるから、厳しい非難は免れない。（最判令2・7・6裁判所時報一七四七―一〇）

（秘密を守る義務）

第三四条 職員は、職務上知り得た秘密を漏らしてはならない。その職を退いた後も、また、同様とする。

2 法令による証人、鑑定人等となり、職務上の秘密に属する事項を発表する場合においては、任命権者（退職者については、その退職した職又はこれに相当する職に係る任命権者）の許可を受けなければならない。

3 前項の許可は、法律に特別の定がある場合を除く外、拒むことができない。

＊県費負担教職員についての読替え（地教行四七）、罰則（六〇(2)）、類似規定（国公一〇〇）

判例 **入学試験問題の漏えい** 県立高校教員は、入学試験の問題案はもとより、自分がその作成委員であること自体を秘密にしていなければならないことを十分認識していながら、友人である塾経営者に対し作成委員に選ばれたことを自慢し、また問題案の作成に必要な資料を借りたいとの考えから作成委員に選ばれたことを話した上、この友人から入学試験問題を教えるよう請われるや、ただちにこれを承諾し、後日自ら進んでこれを実行したものであって、当該教員が入学試験問題案を漏えいするに至った経緯は極めて安易で、公務員としての責任感や緊張感を著しく欠くものといわざるを得ず、地方公務員法六〇条二号、三四条一項前段に該当する。（松江地判平16・9・9裁判所ウェブサイト）

（職務に専念する義務）

第三五条 職員は、法律又は条例に特別の定がある場合を除く外、その勤務時間及び職務上の注意力のすべてをその職責遂行のために用い、当該地方公共団体がなすべき責を有する職務にのみ従事しなければならない。

＊法律の特別の定め（二七2・二八2＝休職、二九1＝停職、五五8＝適法な交渉、五五の二＝職員団体の在籍専従休暇、地公育児休業二＝育児休業、育児介護六一＝介護休業、教特二二＝研修）、類似規定（国公一〇一）

判例 **職務専念義務と組合活動** 生徒に学力テストに関する感想文を書かせ、三二篇を文集として編集印刷して組合支部の学テ反対集会において配布した公立学校教員の一連の行為は、県教組の学テ反対闘争に資する目的に出た組合活動であるから、作文を書かせたことおよび文集を編集印刷したことは、いずれも勤務時間中の組合活動であり、職務専念義務違背の責任を免れない。（広島高判昭51・4・19判時八一一—二六。最判昭53・12・12労判三〇九—五もこれを是認）

判例 **研修と職務専念義務免除** 教職員組合主催の教育研究集会への参加のため公立学校教員より提出された職務専念義務免除申請に対する校長の不承認処分は、当該集会が多分に組合活動たる内容を含んでいるが故に明白な違法があるとはいえない。（札幌高判昭52・2・10判時八六五—九七。同旨、一審＝札幌地判昭46・5・10判時六五一—一〇五）

（政治的行為の制限）

第三六条 職員は、政党その他の政治的団体の結成に関与し、若しくはこれらの団体の役員となつてはならず、又はこれらの団体の構成員となるように、若しくはならないように勧誘運動をしてはならない。

2 職員は、特定の政党その他の政治的団体又は特定の内閣若しくは地方公共団体の執行機関を支持し、又はこれに反対する目的をもつて、あるいは公の選挙又は投票において特定の人又は事件を支持し、又はこれに反対する目的をもつて、次に掲げる政治的行為をしてはならない。ただし、当該職員の属する地方公共団体の区域（当該職員が都道府県の支庁若しくは地方事務所又は地方自治法第二百五十二条の十九第一項の指定都市の区若しくは総合区に勤務する者であるときは、当該支庁若しくは地方事務所又は区若しくは総合区の所管区域）外において、第一号から第三号まで及び第五号に掲げる政治的行為をすることができる。

一 公の選挙又は投票において投票をするように、又はしないように勧誘運動をすること。

二 署名運動を企画し、又は主宰する等これに積極的に関与すること。

三 寄附金その他の金品の募集に関与すること。

四 文書又は図画を地方公共団体又は特定地方独立行政法人の庁舎（特定地方独立行政法人にあつては、事務所。以下この号において同じ。）、施設等に掲示し、又は掲示させ、その他地方公共団体又は特定地方独立行政法人の庁舎、施設、資材又は資金を利用し、又は利用させること。

五 前各号に定めるものを除く外、条例で定める政治的行為

3 何人も前二項に規定する政治的行為を行うよう職員に求め、職員をそそのかし、若しくはあおつてはならず、又は職員が前二項に規定する政治的行為をなし、若しくはなさないことに対する代償若しくは報復として、任用、職務、給与その他職員の地位に関してなんらかの利益若しくは不利益を与え、与えようと企て、若しくは約束してはならない。

4 職員は、前項に規定する違法な行為に応じなかつたことの故をもつて不利益な取扱を受けることはない。

5 本条の規定は、職員の政治的中立性を保障することにより、地方公共団体の行政及び特定地方独立行政法人の業務の公正な運営を確保するとともに職員の利益を保護することを目的とするものであるという趣旨において解釈され、及び運用されなければならない。

＊特例（教特一八、中立確保三・四＝教育公務員）、適用除外（地公企三九2）、類似規定（国公一〇二、人規一四—七）、①政党その他の政治的団体（政治資金規正法三、政党助成法二）

参考判例 **国公法の事案［猿払事件］** 行政の中立的運営とこれに対する国民の信頼を確保するため、公務員の政治的中立性を損うおそれのある政治的行為を禁止することは、まさしく憲法の要請に応え、公務員を含む国民全体の共同利益を擁護するための措置にほかならず、またその禁止が、公務員の職種・職務権限、勤務時間の内外、国の施設の利用の有無等を区別せず、あるいは行政の中立的運営を直接、具体的に損う行為に限定されていないとしても、違憲とはならず、さらにその禁止違反に対する罰則も許されるとした。（最大判昭49・11・6判時七五七—三三）

参考判例 **国公法一〇二条一項及び人事院規則一四—七における「政治的行為」の意義（刑事事件）［宇治橋事件］** 国公法一〇二条一項にいう「政治的行為」とは、公務員の職務の遂行の政治的中立性を損なうおそれが、観念的なものにとどまらず、現実的に起こり得るものとして実質的に認められるものを指し、同項はそのような行為の類型の具体的な定めを人事院規則に委任したものと解するのが相当である。そして、その委任に基づいて定められた本規則も、このような同項の委任の範囲内において、公務員の職務の遂行の政治的中立性を損なうおそれが実質的に認められる行為の類型を規定したものと解すべきである。上記のような本法の委任の趣旨及び本規則の性格に照らすと、本件罰則規定に係る本規則六項七号については、同号が定める行為類型に文言上該当する行為であって、公務員の職務の遂行の政治的中立性を損なうおそれが実質的に認められるものを同号の禁止の対象となる政治的行為と規定したものと解するのが相当である。（最判平24・12・7判時二一七四—三二）

参考判例 **人事院規則一四—七第六項七号に該当する行為の構成要件該当性（刑事事件）［堀越事件］** 本件の政党機関紙配布行為が人事院規則六項七号等が定める行為類型に文言上該当する行為であることは明らかであるが、「本件配布行為は、管理職的地位になく、その職務の内容や権限に裁量の余地のない公務員によって、職務と全く無関係に、公務員により組織される団体の活動としての性格もなく行われたものであり、公務員による行為と認識し得る態様で行われたものでもないから、公務員の職務の遂行の政治的中立性を損なうおそれが実質的に認められるものとはいえない。そうすると、本件配布行為は本件罰則規定の構成要件に該当しないというべきである」。（最判平24・12・7判時二一七四—二一）

（争議行為等の禁止）

第三七条 職員は、地方公共団体の機関が代表する使用者としての住民に対して同盟罷業、怠業その他の争議行為をし、又は地方公共団体の機関の活動能率を低下させる怠業的行為をしてはならない。又、何人も、このような違法な行為を企て、又はその遂行を共謀し、そそのかし、若しくはあおつてはならない。

2 職員で前項の規定に違反する行為をしたものは、その行為の開始とともに、地方公共団体に対し、法令又は条例、地方公共団体の規則若しくは地方公共団体の機関の定める規程に基いて保有する任命上又は雇用上の権利をもつて対抗することができなくなるものとする。

＊適用除外（地公企三九1）、県費負担教職員についての

読替え（地教行四七）、罰則（六一(4)）、類似規定（国公九八2 3）、①同盟罷業・怠業その他の争議行為（憲二八、労調六・七）

回答　ハンスト及びビラの配布等の宣伝活動などは、勤務時間の内外を問わず地方公共団体の業務の正常な運営を阻害するものである場合には、争議行為に該当するものと解される。（昭28・9・24自行公発二一〇公務員課長）

回答　組合の役員中争議行為を企て、又はその遂行を共謀し、そそのかし、若しくは、あおった者は本条に抵触するものと解する。（昭28・9・24自行公発二一〇公務員課長）

判例　**争議行為等禁止の合憲性(1)［都教組事件］**　本条および六一条四号が文字どおりにすべての地方公務員の一切の争議行為を禁止し、これらの争議行為の遂行を共謀し、そそのかし、あおる等の行為をすべて処罰する趣旨と解すべきものとすれば、それは前述の公務員の労働基本権を保障した憲法の趣旨に反し必要やむをえない限度をこえて争議行為を禁止し、必要最小限度にとどめなければならないとの要請を無視し、その限度をこえて刑罰の対象としているものとしてこれらの規定は、いずれも違憲の疑を免れないであろう。右条項の元来の趣旨は、地方公務員の職務の公共性にかんがみ、地方公務員の争議行為が公共性の強い公務の停廃をきたし、ひいては国民生活全体の利益を害し、国民生活にも重大な支障をもたらすおそれがあるので、これを避けるためのやむをえない措置として、地方公務員の争議行為を禁止したものにほかならない。ところが、地方公務員の職務は、一般的にいえば、多かれ少なかれ、公共性を有するとはいえ、公共性の程度は強弱さまざまで、その争議行為が常に直ちに公務の停廃をきたし、ひいては国民生活全体の利益を害するとはいえないのみならず、ひとしく争議行為といっても、種々の態様のものがあり、きわめて短時間の同盟罷業または怠業のような単純な不作為のごときは、直ちに国民全体の利益を害し、国民生活に重大な支障をもたらすおそれがあるとは必ずしもいえない。地方公務員の具体的な行為が禁止の対象たる争議行為に該当するかどうかは、争議行為を禁止することによって保護しようとする法益と、労働基本権を尊重し保障することによって実現しようとする法益との比較較量により両者の要請を適切に調整する見地から判断することが必要である。（最大判昭44・4・2判時五五〇—一二）

判例　**争議行為等禁止の合憲性(2)［岩教組事件］**　地方公務員も憲法二八条の勤労者として同条による労働基本権の保障を受けるが、地方公共団体の住民全体の奉仕者として、実質的にはこれに対して労務提供義務を負うという特殊な地位を有し、かつ、その労務の内容は、公務の遂行すなわち直接公共の利益のための活動の一環をなすという公共的性質を有するものであって、地方公務員が争議行為に及ぶことは、右のような地位の特殊性と職務の公共性と相容れず、また、そのために公務の停廃を生じ、地方住民全体ないし国民全体の共同利益に重大な影響を及ぼすか、またはそのおそれがある点において、国家公務員の場合と選ぶところはない。それ故、地方公務員の労働基本権は、地方公務員を含む地方住民全体ないしは国民全体の共同利益のために、これと調和するように制限されることも、やむをえないところといわなければならない。人事委員会または公共委員会、特に後者は、その構成および職務権限上、公務員の勤労条件に関する利益の保護のための機構として、必ずしも常に人事院の場合ほど効果的な機能を実際に発揮しうるものと認められるかどうかにつき問題がないではないけれども、なお中立的な第三者的立場から公務員の勤務条件に関する利益を保障するための機構としての基本的構造をもち、かつ、必要な職務権限を与えられている点においては、人事院制度と本質的に異なるところはなく、その点において、制度上、地方公務員の労働基本権の制約に見合う代償措置としての一般的要件を満たしているものと認めることができる。（最大判昭51・5・21判時八一四—七三）

解説　本条の規定は、地方公務員の争議権を全面一律に禁止するものであるが、その憲法上の根拠をどこに求めるかが問題となる。以前から公共の福祉論や全体の奉仕者論が判例上唱えられてきた。しかし、右都教組事件最高裁判所判決によって、一律全面禁止は違憲であること、合憲でありうるためには、右引用文中に示されているような制限的解釈がとられなければならないこととされた。だが最高裁大法廷は八対七の小差で国公法上の類似規定の農林省職員の争議行為への適用につき、右の制限的解釈を否定し、岩教組事件判決において、最高裁の意見が勤務条件法定（条例）主義論を含む全体の奉仕者論によって、完全に都教組判決前のそれに戻ったことが明らかとなった。こうしてふりだしに戻ったストライキ権問題についての立法的解決が強く要望されている。

（営利企業への従事等の制限）

第三八条　職員は、任命権者の許可を受けなければ、商業、工業又は金融業その他営利を目的とする私企業（以下この項及び次条第一項において「営利企業」という。）を営むことを目的とする会社その他の団体の役員その他人事委員会規則（人事委員会を置かない地方公共団体においては、地方公共団体の規則）で定める地位を兼ね、若しくは自ら営利企業を営み、又は報酬を得ていかなる事業若しくは事務にも従事してはならない。ただし、非常勤職員（短時間勤務の職を占める職員及び第二十二条の二第一項第二号に掲げる職員を除く。）については、この限りでない。

2　人事委員会は、人事委員会規則により前項の場合における任命権者の許可の基準を定めることができる。

＊教育公務員の特例（教特一七）、県費負担教職員についての読替え（地教行四七）、類似規定（国公一〇三・一〇四）

判例　**本条の趣旨**　営利企業等への就業禁止が設けられた趣旨は、職員が右規定の定めた営利企業等に従事すると、これに注意と関心を奪われ公務に対する集中心が欠け、その職務専念義務（地公法三〇条、三五条）に違背するおそれがあるばかりか、自らが関与する営利企業に特殊の利益を与え、もって職務の公正を害するおそれがあるうえ、その従事する営利企業の性質によっては職の信用と名誉を害するおそれがあり、このような弊害を未然に防止しようとしたことにある。したがって、このような弊害が生じないと認められる場合については、職員は、任命権者の許可を条件として例外的に営利企業に従事することができるとされている。このような趣旨に照らせば、右三八条一項が制限している営利企業への従事は、職員が勤務時間内に行うものはもちろんのこと勤務時間外に行うものをも含むことは明らかである。（徳島地判昭58・4・27判例地方自治五—六七）

判例　**私塾の経営**　私塾を長期にわたり継続的かつ計画的に経営し、常時六〇名を下らない多数の中学生等を対象とし、これによる純利益は月額三〇万円前後に及び本務たる教諭としての給与に匹敵する収入をあげている公立高校教員の右行為は、地公法三八条一項所定の営利を目的とする私企業を営む場合に該当するとともに、当該教員の地位、右私塾の性格等に照らし、教育公務員として、その職の信用を傷つけるものと認めるのが相当である。そして、当該教員が右私塾の経営について、任命権者である県教委の許可を受けなかったことは地公法三八条一項に違背し、同法三三条の信用失墜行為禁止の規定にも違背したものというべきである。（徳島地判昭58・4・27判例地方自治五—六七）

第六節の二　退職管理

（再就職者による依頼等の規制）

第三八条の二　職員（臨時的に任用された職員、条件付採用期間中の職員及び非常勤職員（短時間勤務の職を占める職員を除く。）を除く。以下この節、第六十条及び第六十三条において同じ。）であつた者であつて離職後に営利企業等（営利企業及び営利企業以外の法人（国、国際機関、地方公共団体、独立行政法人通則法（平成十一年法律第百三号）第二条第四項に規定する行政執行法人及び特定地方独立行政法人を除く。）をいう。以下同じ。）の地位に就いている者（退職手当通算予定職員であつた者であつて引き続いて退職手当通算法人の地位に就いている者及び公益的法人等への一般職の地方公務員の派遣等に関する法律（平成十二年法律第五十号）第十条第二項に規定する退職派遣者を除く。以下「再就職者」という。）は、離職前五年間に在職していた地方公共団体の執行機関の組織（当該執行機関（当該執行機関の附属機関を含む。）の補助機関及び当該執行機関の管理に属する機関の総体をいう。第三十八条の七において同じ。）若しくは議会の事務局（事務局を置かない場合には、これに準ずる組織。同条において同じ。）若しくは特定地方独立行政法人（以下「地方公共団体の執行機関の組織等」という。）の職員若しくは特定地方独立行政法人の役員（以下「役職員」という。）又はこれらに類する者として人事委員会規則（人事委員会を置かない地方公共団体においては、地方公共団体の規則。以下この条（第七項を除く。）、第三十八条の七、第六十条及び第六十四条において同じ。）で定めるものに対し、当該地方公共団体若しくは当該特定地方独立行政法人と当該営利企業等若しくはその子法人（国家公務員法（昭和二十二年法律第百二十号）第百六条の二第一項に規定する子法人の例を基準として人事委員会規則で定めるものをいう。以下同じ。）との間で締結される売買、貸借、請負その他の契約又は当該営利企業等若しくはその子法人に対して行われる行政手続法（平成五年法律第八十八号）第二条第二号に規定する処分に関する事務（以下「契約等事務」という。）であつて離職前五年間の職務に属するものに関し、離職後二年間、職務上の行為をするように、又はしないように要求し、又は依頼してはならない。

2　前項の「退職手当通算法人」とは、地方独立行政法人法第二条第一項に規定する地方独立行政法人その他その業務が地方公共団体又は国の事務又は事業と密接な関連を有する法人のうち人事委員会規則で定めるもの（退職手当（これに相当する給付を含む。）に関する規程において、職員が任命権者又はその委任を受けた者の要請に応じ、引き続いて当該法人の役員又は当該法人に使用される者となつた場合に、職員としての勤続期間を当該法人の役員又は当該法人に使用される者としての勤続期間に通算することと定められており、かつ、当該地方公共団体の条例において、当該法人の役員又は当該法人に使用される者として在職した後引き続いて再び職員となつた者の当該法人の役員又は当該法人に使用される者としての勤続期間を当該職員となつた者の職員としての勤続期間に通算することと定められている法人に限る。）をいう。

3　第一項の「退職手当通算予定職員」とは、任命権者又はその委任を受けた者の要請に応じ、引き続いて退職手当通算法人（前項に規定する退職手当通算法人をいう。以下同じ。）の役員又は退職手当通算法人に使用される者となるため退職することとなる職員であつて、当該退職手当通算法人に在職した後、特別の事情がない限り引き続いて選考による採用が予定されている者のうち人事委員会規則で定めるものをいう。

4　第一項の規定によるもののほか、再就職者のうち、地方自治法第百五十八条第一項に規定する普通地方公共団体の長の直近下位の内部組織の長又はこれに準ずる職であつて人事委員会規則で定めるものに離職した日の五年前の日より前に就いていた者は、当該職に就いていた時に在職していた地方公共団体の執行機関の組織等の役職員又はこれに類する者として人事委員会規則で定めるものに対し、契約等事務であつて離職した日の五年前の日より前の職務（当該職に就いていたときの職務に限る。）に属するものに関し、離職後二年間、職務上の行為をするように、又はしないように要求し、又は依頼してはならない。

5　第一項及び前項の規定によるもののほか、再就職者は、在職していた地方公共団体の執行機関の組織等の役職員又はこれに類する者として人事委員会規則で定めるものに対し、当該地方公共団体若しくは当該特定地方独立行政法人と営利企業等（当該再就職者が現にその地位に就いているものに限る。）若しくはその子法人との間の契約であつて当該地方公共団体若しくは当該特定地方独立行政法人においてその締結について自らが決定したもの又は当該地方公共団体若しくは当該特定地方独立行政法人による当該営利企業等若しくはその子法人に対する行政手続法第二条第二号に規定する処分であつて自らが決定したものに関し、職務上の行為をするように、又はしないように要求し、又は依頼してはならない。

6　第一項及び前二項の規定（第八項の規定に基づく条例が定められているときは、当該条例の規定を含む。）は、次に掲げる場合には適用しない。

一　試験、検査、検定その他の行政上の事務であつて、法律の規定に基づく行政庁による指定若しくは登録その他の処分（以下「指定等」という。）を受けた者が行う当該指定等に係るもの若しくは行政庁から委託を受けた者が行う当該委託に係るものを遂行するために必要な場合、又は地方公共団体若しくは国の事務若しくは事業と密接な関連を有する業務として人事委員会規則で定めるものを行うために必要な場合

二　行政庁に対する権利若しくは義務を定めている法令の規定若しくは地方公共団体若しくは特定地方独立行政法人との間で締結された契約に基づき、権利を行使し、若しくは義務を履行する場合、行政庁の処分により課された義務を履行する場合又はこれらに類する場合として人事委員会規則で定める場合

三　行政手続法第二条第三号に規定する申請又は同条第七号に規定する届出を行う場合

四　地方自治法第二百三十四条第一項に規定する一般競争入札若しくはせり売りの手続又は特定地方独立行政法人が公告して申込みをさせることによる競争の手続に従い、売買、貸借、請負その他の契約を締結するために必要な場合

五　法令の規定により又は慣行として公にされ、又は

公にすることが予定されている情報の提供を求める場合（一定の日以降に公にすることが予定されている情報を同日前に開示するよう求める場合を除く。）

六　再就職者が役職員（これに類する者を含む。以下この号において同じ。）に対し、契約等事務に関し、職務上の行為をするように、又はしないように要求し、又は依頼することにより公務の公正性の確保に支障が生じないと認められる場合として人事委員会規則で定める場合において、人事委員会規則で定める手続により任命権者の承認を得て、再就職者が当該承認に係る役職員に対し、当該承認に係る契約等事務に関し、職務上の行為をするように、又はしないように要求し、又は依頼する場合

7　職員は、前項各号に掲げる場合を除き、再就職者から第一項、第四項又は第五項の規定（次項の規定に基づく条例が定められているときは、当該条例の規定を含む。）により禁止される要求又は依頼を受けたとき（地方独立行政法人法第五十条の二において準用する第一項、第四項又は第五項の規定（同条において準用する次項の規定に基づく条例が定められているときは、当該条例の規定を含む。）により禁止される要求又は依頼を受けたときを含む。）は、人事委員会規則又は公平委員会規則で定めるところにより、人事委員会又は公平委員会にその旨を届け出なければならない。

8　地方公共団体は、その組織の規模その他の事情に照らして必要があると認めるときは、再就職者のうち、国家行政組織法（昭和二十三年法律第百二十号）第二十一条第一項に規定する部長又は課長の職に相当する職として人事委員会規則で定めるものに離職した日の五年前の日より前に就いていた者について、当該職に就いていた時に在職していた地方公共団体の執行機関の組織等の役職員又はこれに類する者として人事委員会規則で定めるものに対し、契約等事務であつて離職した日の五年前の日より前の職務（当該職に就いていたときの職務に限る。）に属するものに関し、離職後二年間、職務上の行為をするように、又はしないように要求し、又は依頼してはならないことを条例により定めることができる。

＊罰則（六〇(4)—(8)）、類似規定（国公一〇六の四）

（違反行為の疑いに係る任命権者の報告）

第三八条の三　任命権者は、職員又は職員であつた者に前条の規定（同条第八項の規定に基づく条例が定められているときは、当該条例の規定を含む。）に違反する行為（以下「規制違反行為」という。）を行つた疑いがあると思料するときは、その旨を人事委員会又は公平委員会に報告しなければならない。

＊類似規定（国公一〇六の一六）

（任命権者による調査）

第三八条の四　任命権者は、職員又は職員であつた者に規制違反行為を行つた疑いがあると思料して当該規制違反行為に関して調査を行おうとするときは、人事委員会又は公平委員会にその旨を通知しなければならない。

2　人事委員会又は公平委員会は、任命権者が行う前項の調査の経過について、報告を求め、又は意見を述べることができる。

3　任命権者は、第一項の調査を終了したときは、遅滞なく、人事委員会又は公平委員会に対し、当該調査の結果を報告しなければならない。

＊類似規定（国公一〇六の一七）

（任命権者に対する調査の要求等）

第三八条の五　人事委員会又は公平委員会は、第三十八条の二第七項の届出、第三十八条の三の報告又はその他の事由により職員又は職員であつた者に規制違反行為を行つた疑いがあると思料するときは、任命権者に対し、当該規制違反行為に関する調査を行うよう求めることができる。

2　前条第二項及び第三項の規定は、前項の規定により行われる調査について準用する。

＊類似規定（国公一〇六の一八）

（地方公共団体の講ずる措置）

第三八条の六　地方公共団体は、国家公務員法中退職管理に関する規定の趣旨及び当該地方公共団体の職員の離職後の就職の状況を勘案し、退職管理の適正を確保するために必要と認められる措置を講ずるものとする。

2　地方公共団体は、第三十八条の二の規定の円滑な実施を図り、又は前項の規定による措置を講ずるため必要と認めるときは、条例で定めるところにより、職員であつた者で条例で定めるものが、条例で定める法人の役員その他の地位であつて条例で定めるものに就こうとする場合又は就いた場合には、離職後条例で定める期間、条例で定める事項を条例で定める者に届け出させることができる。

（廃置分合に係る特例）

第三八条の七　職員であつた者が在職していた地方公共団体（この条の規定により当該職員であつた者が在職していた地方公共団体とみなされる地方公共団体を含む。）の廃置分合により当該職員であつた者が在職していた地方公共団体（以下この条において「元在職団体」という。）の事務が他の地方公共団体に承継された場合には、当該他の地方公共団体を当該元在職団体と、当該他の地方公共団体の執行機関の組織若しくは議会の事務局で当該元在職団体の執行機関の組織若しくは議会の事務局に相当するものの職員又はこれに類する者として当該他の地方公共団体の人事委員会規則で定めるものを当該元在職団体の執行機関の組織若しくは議会の事務局の職員又はこれに類する者として当該元在職団体の人事委員会規則で定めるものと、それぞれみなして、第三十八条の二から前条までの規定（第三十八条の二第八項の規定に基づく条例が定められているときは当該条例の規定を含み、これらの規定に係る罰則を含む。）並びに第六十条第四号から第八号まで及び第六十三条の規定を適用する。

第七節　研修

（研修）

第三九条　職員には、その勤務能率の発揮及び増進のために、研修を受ける機会が与えられなければならない。

2　前項の研修は、任命権者が行うものとする。

3　地方公共団体は、研修の目標、研修に関する計画の指針となるべき事項その他研修に関する基本的な方針を定めるものとする。

4　人事委員会は、研修に関する計画の立案その他研修の方法について任命権者に勧告することができる。

＊教育公務員の研修（教特二一・二二・二三）、類似規定（国公七〇の五・七〇の六）、②本項の特例（地教行四五1）、②④県費負担教職員についての読替え（地教行施令七）

第四〇条　削除〔平二六法三四〕

第八節　福祉及び利益の保護

（福祉及び利益の保護の根本基準）

第四一条　職員の福祉及び利益の保護は、適切であり、且つ、公正でなければならない。

第一款　厚生福利制度

（厚生制度）

第四二条　地方公共団体は、職員の保健、元気回復その他厚生に関する事項について計画を樹立し、これを実施しなければならない。

＊類似規定（国公七三）

（共済制度）

第四三条　職員の病気、負傷、出産、休業、災害、退職、障害若しくは死亡又はその被扶養者の病気、負傷、出産、死亡若しくは災害に関して適切な給付を行なうための相互救済を目的とする共済制度が、実施されなければならない。

2　前項の共済制度には、職員が相当年限忠実に勤務して退職した場合又は公務に基づく病気若しくは負傷により退職し、若しくは死亡した場合におけるその者又はその遺族に対する退職年金に関する制度が含まれていなければならない。

3　前項の退職年金に関する制度は、退職又は死亡の時の条件を考慮して、本人及びその退職又は死亡の当時その者が直接扶養する者のその後における適当な生活の維持を図ることを目的とするものでなければならない。

4　第一項の共済制度については、国の制度との間に権衡を失しないように適当な考慮が払われなければならない。

5　第一項の共済制度は、健全な保険数理を基礎として定めなければならない。

6　第一項の共済制度は、法律によつてこれを定める。

＊③退職年金および退職一時金（地自二〇五）、④国の制度（国公共済）、⑥法律（地公共済）

第四四条　削除〔昭三七法一五二〕

第二款　公務災害補償

（公務災害補償）

第四五条　職員が公務に因り死亡し、負傷し、若しくは疾病にかかり、若しくは公務に因る負傷若しくは疾病により死亡し、若しくは障害の状態となり、又は船員である職員が公務に因り行方不明となつた場合においてその者又はその者の遺族若しくは被扶養者がこれらの原因によつて受ける損害は、補償されなければならない。

2　前項の規定による補償の迅速かつ公正な実施を確保するため必要な補償に関する制度が実施されなければならない。

3　前項の補償に関する制度には、次に掲げる事項が定められなければならない。

一　職員の公務上の負傷又は疾病に対する必要な療養又は療養の費用の負担に関する事項

二　職員の公務上の負傷又は疾病に起因する療養の期間又は船員である職員の公務による行方不明の期間におけるその職員の所得の喪失に対する補償に関する事項

三　職員の公務上の負傷又は疾病に起因して、永久に、又は長期に所得能力を害された場合におけるその職員の受ける損害に対する補償に関する事項

四　職員の公務上の負傷又は疾病に起因する死亡の場合におけるその遺族又は職員の死亡の当時その収入によつて生計を維持した者の受ける損害に対する補償に関する事項

4　第二項の補償に関する制度は、法律によつて定めるものとし、当該制度については、国の制度との間に権衡を失しないように適当な考慮が払われなければならない。

＊災害補償（地公災害）、類似規定（国公九三・九四、国公災害、給与負担一）

判例　**公務災害**→資料編第8節

第三款　勤務条件に関する措置の要求

（勤務条件に関する措置の要求）

第四六条　職員は、給与、勤務時間その他の勤務条件に関し、人事委員会又は公平委員会に対して、地方公共団体の当局により適当な措置が執られるべきことを要求することができる。

＊県費負担教職員についての読替え（地教行施令七）、罰則（六一(5)）、類似規定（国公八六）

判例　**措置要求制度の趣旨と対象事項**　本条が職員に対し労働組合法の適用を排除し、協約締結権および争議権等の労働基本権を制限したことに対応して、職員の勤務条件の適正を確保するために、職員の勤務条件につき人事委員会等の適法な判定を要求し得べきことを職員の権利ないし法的利益として保障しようとするものである。このような制度趣旨および同条が「給与、勤務時間」を例示していることに照らせば、措置要求の対象となる事項は、職員の経済的地位の向上に関連した事項に限られるものと解すべきである。（東京地判平2・12・7労判五七九―一七）

判例　**措置要求の対象事項(1)―管理運営事項**　地公法四六条と五五条一項の「勤務条件」は同一内容と解せられるところ、五五条三項が管理運営事項を団体交渉の対象から除外していることからすると、労働基本権の制約に対する代償措置である措置要求についても、管理運営事項を対象とすることは予定されていないものというべきである。しかし、ある事項が管理運営事項に関するものであると同時に勤務条件と密接に関連する場合があるが、このような場合に管理運営事項に属するという理由だけから、措置要求の対象にならないとすると、前記の代償措置としての措置要求制度そのものの趣旨を没却してしまう結果となるので、勤務条件の側面からの問題として、措置要求の対象とすることは妨げられない。（名古屋高判平4・3・31労判六一三―四七）

判例　**措置要求の対象事項(2)―教員の研修**　教特法二〇条二項の研修は、教員にとって、その遂行する職務に不可

欠かつ密接な服務義務であるとともに、本属長の承認によって職務専念義務を免除され、勤務場所を離れて自発的研修に努めることができ、しかもこれに法律が特別の性格を付与していることは教員にとって大きな関心事項であり、事実上の利益であるということができるから、同項による本属長の承認、不承認は、自己の勤務の継続的提供の決意にあたり、考慮の対象となる利害関係事項に該当し、労務の提供に関連した勤務条件性を有するものとして措置要求の対象となるものというべきである。（名古屋高判平4・3・31労判六一三—四七）

判例 **措置要求の対象事項(3)—社会科教室等の設置**　公立高校において現代社会および日本史を担当している教員にとって、社会科教室等が設置されるかどうかは大きな関心事項であり、その設置がなされることにより当該教員の執務環境が改善されるであろうことは容易に推認することができるから、社会科教室等の設置は、地公法四六条所定の具体的勤務条件に該当し、措置要求の対象となるといわざるを得ない。（名古屋地判平5・7・7労判六四八—七六）

判例 **措置要求の対象事項(4)—交渉応諾の要求**　地公法五五条の交渉は勤務条件の維持・改善のための手段ではあっても、勤務条件そのものではないので、当局をして交渉に応じさせることを求める要求は、措置要求の対象に含まれない。（東京高判昭55・3・26労判三四九—五六。同旨、第一審＝横浜地判昭54・9・20判時九六一—六一）

解説 行政解釈では、本条によって措置要求できる事項の範囲が狭いものとされているほか、職員団体は措置要求をできないと解されている。しかし、本条の趣旨は、地方公務員が争議行為を禁止され、団体交渉についても、制度上ならびに原理上、制限がある現行法上の仕組みと関連し、それら労働基本権制限の代償措置であるとされていることを基礎において理解されなければならない。さもなければ、地方公務員は代償措置なしの基本権制限をうけることとなるからである。かかる観点にたてば、措置要求の主体、対象事項を制限するこれらの行政解釈は、再検討の余地もあろう。

（**審査及び審査の結果執るべき措置**）

第四七条　前条に規定する要求があつたときは、人事委員会又は公平委員会は、事案について口頭審理その他の方法による審査を行い、事案を判定し、その結果に基いて、その権限に属する事項については、自らこれを実行し、その他の事項については、当該事項に関し権限を有する地方公共団体の機関に対し、必要な勧告をしなければならない。

＊類似規定（国公八七・八八）

判例 地公法四六条に基づく措置要求の中立に対する人事委員会の判定は、取消訴訟の対象となる行政処分にあたる。（最判昭36・3・28判時二五七—一三）

判例 設備改善などの措置要求を棄却された教諭は、その判定の取消しを求める訴えについて訴えの利益を有する。（名古屋高判昭51・1・29行例集二七—一—一四七）

（**要求及び審査、判定の手続等**）

第四八条　前二条の規定による要求及び審査、判定の手続並びに審査、判定の結果執るべき措置に関し必要な事項は、人事委員会規則又は公平委員会規則で定めなければならない。

第四款　不利益処分に関する審査請求

（**不利益処分に関する説明書の交付**）

第四九条　任命権者は、職員に対し、懲戒その他その意に反すると認める不利益な処分を行う場合においては、その際、その職員に対し処分の事由を記載した説明書を交付しなければならない。

2　職員は、その意に反して不利益な処分を受けたと思うときは、任命権者に対し処分の事由を記載した説明書の交付を請求することができる。

3　前項の規定による請求を受けた任命権者は、その日から十五日以内に、同項の説明書を交付しなければならない。

4　第一項又は第二項の説明書には、当該処分につき、人事委員会又は公平委員会に対して審査請求をすることができる旨及び審査請求をすることができる期間を記載しなければならない。

＊県費負担教職員についての読替え（地教行施令七）

判例 **転任と不利益処分［吹田二中教師転任事件］**　本件転任処分は、公立中学校の教員らを同一市内の他の中学校教諭に補する旨の配置換えを命じたものにすぎず、当該教員らの身分、俸給等に異動を生ぜしめるものでないことはもとより、客観的また実際的見地からみても、勤務場所、勤務内容等においてなんらの不利益を伴うものでないと認められる。したがって、教員らの本件転任処分の取消しを求める法律上の利益を肯認することはできない。（最判昭61・10・23判時一二一九—一二七）

判例 **昇給延伸と不利益処分**　市職員給与条例におけるいわゆる定期昇給に関する規定は、所定の要件をみたした職員に対して昇給に関する処分についての実体上または手続上の権利を与えたものとは解されず、いわゆる昇給延伸は、特定の職種の者全員につきいわゆる定期昇給を特定年度に限り実施しないとの一般方針に従い当該職員らに対する昇給発令が行われなかったというにすぎないのであって、これによって当該職員らの権利を害する特段の処分があったものということはできないから、本件訴えは無効確認の対象を欠き不適法である。（最判昭55・7・10判時九八七—三〇）

判例 **処分事由説明書の不交付**　本件処分手続には、懲戒処分の告知の際に処分説明書を交付することを怠った瑕疵があることは否定できない。しかしながら、地公法四九条一項が処分説明書の交付を要求している趣旨は、単に不利益処分を受けた職員が行政不服審査法による不服申立てをなす前提として、当該職員に処分理由を知らせることにあると解され、そして本件においては右不服申立期間内に処分説明書が原告に交付されているのであるから、右書面が懲戒処分書と同時に交付されなかったとしても、右事実がただちに本件懲戒処分を取り消すべき瑕疵に当たるものということはできない。（神戸地判昭50・1・30行例集二六—一—一〇〇）

判例 **処分事由の追加等**　処分事由説明書の制度趣旨は、懲戒処分等が処分権者によって、公正かつ慎重になされることを担保するとともに、その職員のいかなる非違行為に対して当該処分がなされたか、その理由を具体的に相手方に明らかにすることによって、不服申立ての便宜を与えることにあり、この趣旨からすると、公務員に対する懲戒処分の取消訴訟においては、処分権者は、処分事由説明書に記載された非違行為と全く別の事実を当該処分の理由として主張することは許されないと解すべきである。しかし、上記制度趣旨からすれば、処分事由説明書に記載された事実と基本的に同一と認められる非違行為であって、処分の当時に処分権者がその存在を認識し、処分の理由とする意思を有していた事実については、同説明書に記載されているとはいえない場合であっても、処分権者が当該処分の理由として主張することは許されるというべきである。（さいたま地判平20・9・24判例地方自治三一八—三三）

（**審査請求**）

第四九条の二　前条第一項に規定する処分を受けた職員は、人事委員会又は公平委員会に対してのみ審査請求をすることができる。

2　前条第一項に規定する処分を除くほか、職員に対する処分については、審査請求をすることができない。職員がした申請に対する不作為についても、同様とする。

3　第一項に規定する審査請求については、行政不服審査法第二章の規定を適用しない。

＊類似規定（国公九〇）

回答　本条一項の規定に基づき、不利益処分を受けた職員は、人事委員会に不服申立をすることができる旨明らかにされているが、同条一項に「前条第一項に規定する処分」とは、任命権者が不利益処分と認める処分のみをいうのではなく、四九条二項に規定する職員が不利益処分と思う処分も含めて解するものと思料して差支えない。（昭39・2・10自公五公務員課長）

判例　**不服申立てをなしうる者**　本法三七条二項（争議行為をした者は、地方公共団体の規則等に基づいて保有する任命上又は雇用上の権利をもって地方公共団体に対し対抗できない）の規定は、争議行為を理由とする懲戒処分についての不服申立権を失わせるものではない。（広島地判昭43・3・27行例集一九—三—四八八）

（審査請求期間）

第四九条の三　前条第一項に規定する審査請求は、処分があつたことを知つた日の翌日から起算して三月以内にしなければならず、処分があつた日の翌日から起算して一年を経過したときは、することができない。

＊類似規定（国公九〇の二）

（審査及び審査の結果執るべき措置）

第五〇条　第四十九条の二第一項に規定する審査請求を受理したときは、人事委員会又は公平委員会は、直ちにその事案を審査しなければならない。この場合において、処分を受けた職員から請求があつたときは、口頭審理を行わなければならない。口頭審理は、その職員から請求があつたときは、公開して行わなければならない。

2　人事委員会又は公平委員会は、必要があると認めるときは、当該審査請求に対する裁決を除き、審査に関する事務の一部を委員又は事務局長に委任することができる。

3　人事委員会又は公平委員会は、第一項に規定する審査の結果に基いて、その処分を承認し、修正し、又は取り消し、及び必要がある場合においては、任命権者にその職員の受けるべきであつた給与その他の給付を回復するため必要で且つ適切な措置をさせる等その職員がその処分によつて受けた不当な取扱を是正するための指示をしなければならない。

＊罰則（六〇(3)・六一(1)）、類似規定（国公九一・九二）

判例　**不服申立ての受理および却下**　県人事委員会に対し本条による不服申立てがあった場合、同委員会は、不服申立てに関する処分が不利益処分であるか否かについて必ず審査手続を経た上で判定することを要し、その処分の内容が不利益処分に該当するかどうかを審査手続開始前に調査して受理を決することは許されない。（高知地判昭29・7・24行例集五—七—一七三一）

判例　不利益処分に該当しないことが申立書記載に明白な場合には、委員会は申立てを却下することができる。（仙台高判昭34・7・29行例集一〇—七—一四六七）

判例　**修正裁決の性質**　懲戒処分の修正裁決は、原処分の法律効果の内容を一定限度のものに変更するにすぎず、これにより、原処分は、当初から修正どおりの法律効果の処分として存在していたものとみなされる。（最判昭62・4・21判時一二四〇—一三六）

判例　**議事録の閲覧**　（最判昭39・10・13判時三九四—六四）→一一条

（審査請求の手続等）

第五一条　審査請求の手続及び審査の結果執るべき措置に関し必要な事項は、人事委員会規則又は公平委員会規則で定めなければならない。

（審査請求と訴訟との関係）

第五一条の二　第四十九条第一項に規定する処分であつて人事委員会又は公平委員会に対して審査請求をすることができるものの取消しの訴えは、審査請求に対する人事委員会又は公平委員会の裁決を経た後でなければ、提起することができない。

＊審査請求前置主義（行訴八1）、審査請求前置主義の特例（行訴八2）、類似規定（国公九二の二）

第九節　職員団体

（職員団体）

第五二条　この法律において「職員団体」とは、職員がその勤務条件の維持改善を図ることを目的として組織する団体又はその連合体をいう。

2　前項の「職員」とは、第五項に規定する職員以外の職員をいう。

3　職員は、職員団体を結成し、若しくは結成せず、又はこれに加入し、若しくは加入しないことができる。ただし、重要な行政上の決定を行う職員、重要な行政上の決定に参画する管理的地位にある職員、職員の任免に関して直接の権限を持つ監督的地位にある職員、職員の任免、分限、懲戒若しくは服務、職員の給与その他の勤務条件又は職員団体との関係についての当局の計画及び方針に関する機密の事項に接し、そのためにその職務上の義務と責任とが職員団体の構成員としての誠意と責任とに直接に抵触すると認められる監督的地位にある職員その他職員団体との関係において当局の立場に立つて遂行すべき職務を担当する職員（以下「管理職員等」という。）と管理職員等以外の職員とは、同一の職員団体を組織することができず、管理職員等と管理職員等以外の職員とが組織する団体は、この法律にいう「職員団体」ではない。

4　前項ただし書に規定する管理職員等の範囲は、人事委員会規則又は公平委員会規則で定める。

5　警察職員及び消防職員は、職員の勤務条件の維持改善を図ることを目的とし、かつ、地方公共団体の当局と交渉する団体を結成し、又はこれに加入してはならない。

＊団結権（憲二八）、公立学校職員の職員団体に関する特例（教特二九）、労働組合法等の適用除外（五八1）、類似規定（国公一〇八の二）、③登録制度（ILO八七号条約三）、⑤消防職員の団結権（ILO八七号条約九）

判例　**三項—管理職員等の範囲［北本市事件］**　どのような職員が管理職員等に該当するかは、地方公共団体との労使関係において使用者側の立場に立って行動すべき職責を有する職員というべきかどうかによって判断されるべきであり、その判断は、個々の職員の具体的な職責によって行うべきであり、個々の地方公共団体における法令その他（例えば、職務命令）による職制および権限分配の実態に基づき客観的に判断することが相当である。また管理職員等の範囲と管理職手当の支給対象者の範囲とは必ずしも一致するものではない。本件における市の会計課出納担当主任は、客観的な職責の性格等から管理職員等

に該当しない。（東京高判平22・8・25判時二〇九八—四五）

判例 **混合組合**　一般職の地方公務員が労組法三条の「労働者」に該当することはその定義上明らかであり、地公法五八条は、一般職の地方公務員が労組法三条の労働者であることを前提として、その従事する職務の特殊性から、労働基本権について合理的な範囲で制限をし、他方で、それに応じた範囲内で労働基本権の保護を規定し、その限りにおける労組法の適用排除を規定しているにすぎないと解される。したがって、本件の混合組合（労組法適用の非常勤講師等を含む）については、構成される組合員に対して適用される法律の区別に従い、地公法上の職員団体および労組法上の労働組合としての複合的な法的性格を有すると解するのが相当であり、その限りにおいて、混合組合は、労組法二条の規定する労働組合に該当し、労組法七条による不当労働行為救済の申立てができるというべきである。（東京高判平26・3・18労判一一二三—一五九）

解説　本条は、昭和四〇年（一九六五年）に我が国がＩＬＯ八七号条約を批准するにあたっての国内法整備の一環として、全文改正されたものである。現在における課題の一つは、本条五項において警察職員および消防職員の団結権を否認していることである。とりわけ、消防職員の団結権否認は、国際的にも稀であり、ＩＬＯの結社の自由委員会から再三再四にわたり、見直しが求められているところである。最低限、現在の地公法を前提として、消防職員に職員団体の結成を認めるとともに、「交渉権」を付与することは喫緊の課題であろう。

第二に、本条四項は、管理職員の範囲の決定を人事委員会または公平委員会（以下、「人事委員会等」という。）の規則事項と定め、管理職の範囲を人事委員会等が決定することになっている。しかし、人事委員会等は、労働委員会と異なり、三者構成ではないため、この範囲の決定が公正であるか疑義が生ずる場合がある。北本市事件は、その典型例であろう。その意味で、最低限、管理職員の範囲を決定するにあたり、職員団体の意見を反映させる仕組みが検討されるべきであろう。なお、本条にいう「職員」から警察職員、消防職員および地方公営企業職員は除かれる。

（**職員団体の登録**）

第五三条　職員団体は、条例で定めるところにより、理事その他の役員の氏名及び条例で定める事項を記載した申請書に規約を添えて人事委員会又は公平委員会に登録を申請することができる。

2　前項に規定する職員団体の規約には、少くとも左に掲げる事項を記載するものとする。

一　名称
二　目的及び業務
三　主たる事務所の所在地
四　構成員の範囲及びその資格の得喪に関する規定
五　理事その他の役員に関する規定
六　第三項に規定する事項を含む業務執行、会議及び投票に関する規定
七　経費及び会計に関する規定
八　他の職員団体との連合に関する規定
九　規約の変更に関する規定
十　解散に関する規定

3　職員団体が登録される資格を有し、及び引き続き登録されているためには、規約の作成又は変更、役員の選挙その他これらに準ずる重要な行為が、すべての構成員が平等に参加する機会を有する直接且つ秘密の投票による全員の過半数（役員の選挙については、投票者の過半数）によつて決定される旨の手続を定め、且つ、現実に、その手続によりこれらの重要な行為が決定されることを必要とする。但し、連合体である職員団体にあつては、すべての構成員が平等に参加する機会を有する構成団体ごとの直接且つ秘密の投票による投票者の過半数で代議員を選挙し、すべての代議員が平等に参加する機会を有する直接且つ秘密の投票によるその全員の過半数（役員の選挙については、投票者の過半数）によつて決定される旨の手続を定め、且つ、現実に、その手続により決定されることをもつて足りるものとする。

4　前項に定めるもののほか、職員団体が登録される資格を有し、及び引き続き登録されているためには、当該職員団体が同一の地方公共団体に属する前条第五項に規定する職員以外の職員のみをもつて組織されていることを必要とする。ただし、同項に規定する職員以外の職員であつた者でその意に反して免職され、若しくは懲戒処分としての免職の処分を受け、当該処分を受けた日の翌日から起算して一年以内のもの又はその期間内に当該処分について法律の定めるところにより審査請求をし、若しくは訴えを提起し、これに対する裁決若しくは裁判が確定するに至らないものを構成員にとどめていること、及び当該職員団体の役員である者を構成員としていることを妨げない。

5　人事委員会又は公平委員会は、登録を申請した職員団体が前三項の規定に適合するものであるときは、条例で定めるところにより、規約及び第一項に規定する申請書の記載事項を登録し、当該職員団体にその旨を通知しなければならない。この場合において、職員でない者の役員就任を認めている職員団体を、そのゆえをもつて登録の要件に適合しないものと解してはならない。

6　登録を受けた職員団体が職員団体でなくなつたとき、登録を受けた職員団体について第二項から第四項までの規定に適合しない事実があつたとき、又は登録を受けた職員団体が第九項の規定による届出をしなかつたときは、人事委員会又は公平委員会は、条例で定めるところにより、六十日を超えない範囲内で当該職員団体の登録の効力を停止し、又は当該職員団体の登録を取り消すことができる。

7　前項の規定による登録の取消しに係る聴聞の期日における審理は、当該職員団体から請求があつたときは、公開により行わなければならない。

8　前項の規定による登録の取消しは、当該処分の取消しの訴えを提起することができる期間内及び当該処分の取消しの訴えの提起があつたときは当該訴訟が裁判所に係属する間は、その効力を生じない。

9　登録を受けた職員団体は、その規約又は第一項に規定する申請書の記載事項に変更があつたときは、条例で定めるところにより、人事委員会又は公平委員会にその旨を届け出なければならない。この場合においては、第五項の規定を準用する。

10　登録を受けた職員団体は、解散したときは、条例で定めるところにより、人事委員会又は公平委員会にその旨を届け出なければならない。

＊公立学校職員の職員団体についての登録の特例（教特二九）、類似規定（国公一〇八の三）、⑥登録の取消し（ＩＬＯ八七号条約三・四）

解説　本条も昭和四〇年の改正によって大幅に改正されたが、登録制度は、公務員の団結権に対する重大な制約を維持したまま、今日に至っている。すなわち、職員団体としての登録をするためには、同一地方公共団体の「職員」（地方公営企業職員、消防職員および警察職員は、職員ではない。）のみで職員団体を結成しなければならない。そして、五五条にもとづく登録団体のみが当局を「交渉」に応ずべき地位に立たせることができ、また在籍専従をはじめ、さまざまな便宜供与を受けようとすれば、登録職員団体であることがその要件となってくる。こうして、本条の登録制度は、便宜供与等と引き換えに、実質的に、公務員に対し企業別労働組合主義を強いている側面があることは否定できない。いうまでもなく、「仲間を選ぶ自由」は、団結権の本質を形成するものであることを考慮すれば、この見直しは喫緊の課題といえよう。

第五四条　削除〔平一八法五〇〕

（交渉）

第五五条　地方公共団体の当局は、登録を受けた職員団体から、職員の給与、勤務時間その他の勤務条件に関し、及びこれに附帯して、社交的又は厚生的活動を含む適法な活動に係る事項に関し、適法な交渉の申入れがあつた場合においては、その申入れに応ずべき地位に立つものとする。

2　職員団体と地方公共団体の当局との交渉は、団体協約を締結する権利を含まないものとする。

3　地方公共団体の事務の管理及び運営に関する事項は、交渉の対象とすることができない。

4　職員団体が交渉することのできる地方公共団体の当局は、交渉事項について適法に管理し、又は決定することのできる地方公共団体の当局とする。

5　交渉は、職員団体と地方公共団体の当局があらかじめ取り決めた員数の範囲内で、職員団体がその役員の中から指名する者と地方公共団体の当局の指名する者との間において行なわなければならない。交渉に当たつては、職員団体と地方公共団体の当局との間において、議題、時間、場所その他必要な事項をあらかじめ取り決めて行なうものとする。

6　前項の場合において、特別の事情があるときは、職員団体は、役員以外の者を指名することができるものとする。ただし、その指名する者は、当該交渉の対象である特定の事項について交渉する適法な委任を当該職員団体の執行機関から受けたことを文書によつて証明できる者でなければならない。

7　交渉は、前二項の規定に適合しないこととなつたとき、又は他の職員の職務の遂行を妨げ、若しくは地方公共団体の事務の正常な運営を阻害することとなつたときは、これを打ち切ることができる。

8　本条に規定する適法な交渉は、勤務時間中においても行なうことができる。

9　職員団体は、法令、条例、地方公共団体の規則及び地方公共団体の機関の定める規程にてい触しない限りにおいて、当該地方公共団体の当局と書面による協定を結ぶことができる。

10　前項の協定は、当該地方公共団体の当局及び職員団体の双方において、誠意と責任をもつて履行しなければならない。

11　職員は、職員団体に属していないという理由で、第一項に規定する事項に関し、不満を表明し、又は意見を申し出る自由を否定されてはならない。

＊団体交渉権の保障（憲二八、ＩＬＯ九八号条約）、団体交渉（労組一・六）、類似規定（国公一〇八の五）、②労働協約（労組一四―一八、地公労八・九）、③管理運営事項（行政執行法人の労働関係に関する法律八）

判例　**交渉権の内容**　本法における交渉は、労組法上の団体交渉権とはおよそ異質なものであり、団体協約に結実することはなく法的には格別の拘束力を生じない。このように団体交渉権とはその性質を異にする以上、交渉拒否をもって不当労働行為とすることはできず、交渉拒否に対し、職員団体のために何らかの救済手段が付与されていないからといって憲法二八条に違反するものではない。（東京高判昭55・3・26労判三四九―五六）

判例　**三項―管理運営事項**　管理運営事項は、その性質上、団体交渉の対象となし得ない違法団交事項である。これらの事項は、地方公共団体当局が、法令の定めに従って自らの権限と責任において判断し処理すべき事項であって、職員団体と共同決定したり取引の用に供されてはならないことから、団体交渉の対象から外されている。もっとも、その趣旨は、当局がこれによって拘束を受けるような合意を目指す交渉を排除する趣旨であって、当局がかかる事項につき任意に職員団体と意見を交換し、その成果を同事項の適切・円滑な処理に役立てることは妨げられない。本件において教育長は、主任制度化が教組との間で懸案事項となった後、主任制度化については慎重に判断する旨述べておきながら、教組が提示する事項について議論が尽くされないうちに交渉を打ち切ったことが認められる。しかしながら、そもそも主任制度化が職員団体との交渉の対象となし得ない事項であり、教育委員会がその権限と責任により導入すべき事項であることをも考慮するならば、教育長が交渉を打ち切ったことから、直ちに争議行為に斟酌すべき事情があるということはできない。（札幌高判平20・8・29裁判所ウェブサイト）

判例　**五項―予備交渉**　職員団体の交渉について定めている地公法五五条一項ないし一一項の規定を形式的に理解し、職員団体の交渉を不当に制限することがあってはならないことはもちろんであるから、予備交渉がまとまらなかった理由が、当局側が非常識ないし著しく不当な提案をしてこれに固執したことにある場合、または、当局側に本交渉に応ずる意思が当初から全くなく、本交渉を行わないことの口実とするため、予備交渉が決裂することを目的として当局側が故意に妥協を拒み自論に固執した場合には、右原則に対する例外として、予備交渉の決裂を理由として本交渉に応ずることを拒否することが同法五五条に反する違法なものとなる余地があると解するのが相当である。（名古屋高判平6・11・25労民集四五―五・六―四〇八）

判例　**九項―書面協定の効力**　地公法五五条に基づく交渉によって成立した合意の効力は、原則として道義上の責任が生ずるにとどまると解するのが相当である。しかし、地公法上、職員団体の交渉権が保障され、成立した合意については誠意と責任をもって履行すべきことが規定されていることからすれば、いったん成立した合意を相当な理由がないのに安易に撤回することは右交渉権を規定した意義を失わせることになるから、職員団体の交渉権を違法に侵害したものとして、慰謝料相当の損害賠償請求権が発生するものと解するのが相当である。（名古屋地判平12・5・24判タ一〇五八―一三七）

解説　本条は、登録を受けた職員団体のみが当局を交渉すべき地位に立たせることができることを定め（一項）、交渉主体を限定するとともに、その交渉に労組法にはないさまざまな制約を課している。すなわち、この交渉は、まず、団体協約を締結することを予定しない（二項）。たしかに、書面協定の締結は認める（九項）ものの、書面協定は、いわば「紳士協定」であり（一〇項）、その履行を法的に強制することはできないと解されている。また、交渉対象事項から管理運営事項（三項）および権限外事項（四項）が除外されている。さらに、交渉開始手続きについては予備交渉を行うものとされ（五項）、交渉担当者を制限し（六項）、交渉の態様によっては交渉を打ち切ることができる旨の規定（七項）まで設けられている。

このように、交渉権は本条においてがんじがらめにされ、労組法において予定される団体交渉権とは全く異なったものとなっている。このような地方公務員の著しく制約された交渉権は、岩教組学力テスト事件最高裁判決に示されたように、公務員の勤務条件は条例によって決定することになっており、労使対等な立場で団体交渉によって決定することになっていないことを根拠とするものである。しかし、労働者であるはずの地方公務員の団体交渉権をここまでないがしろにすることには疑問が残る。

（職員団体のための職員の行為の制限）

第五五条の二　職員は、職員団体の業務にもつぱら従事することができない。ただし、任命権者の許可を受けて、登録を受けた職員団体の役員としてもつぱら従事する場合は、この限りでない。

2　前項ただし書の許可は、任命権者が相当と認める場合に与えることができるものとし、これを与える場合においては、任命権者は、その許可の有効期間を定めるものとする。

3　第一項ただし書の規定により登録を受けた職員団体の役員として専ら従事する期間は、職員としての在職期間を通じて五年（地方公営企業等の労働関係に関する法律（昭和二十七年法律第二百八十九号）第六条第一項ただし書（同法附則第五項において準用する場合を含む。）の規定により労働組合の業務に専ら従事したことがある職員については、五年からその専ら従事した期間を控除した期間）を超えることができない。

4　第一項ただし書の許可は、当該許可を受けた職員が登録を受けた職員団体の役員として当該職員団体の業務にもつぱら従事する者でなくなつたときは、取り消されるものとする。

5　第一項ただし書の許可を受けた職員は、その許可が効力を有する間は、休職者とし、いかなる給与も支給されず、また、その期間は、退職手当の算定の基礎となる勤続期間に算入されないものとする。

6　職員は、条例で定める場合を除き、給与を受けながら、職員団体のためその業務を行ない、又は活動してはならない。

＊在籍専従期間の特例（附則20）、類似規定（国公一〇八の六、地公労六）

［判例］**在籍専従不許可処分**　在籍専従を不許可とする任命権者の処分は、職員団体に対して不当に干渉する意図でなされる等、裁量権の濫用に亘ると認められる場合は、右処分は取り消されるべきであるが、本件不許可処分は職員団体に対する敵意に基づく不当な介入と断ずることはできない。（大阪地判平４・10・２判タ八一五―一九三）

［解説］本条は昭和四〇年法改正によって追加された、いわゆる専従制度条項を含む労使団体の自主運営原則を理由とするものであるが、その当否は疑問が多く、ＩＬＯからもその見直しが求められてきた。労働組合の存在とその機能を承認する以上、そのために必要な、合理的範囲での時間は、使用者において受忍したとしても、労働組合の自主運営に対する妨げとはなり得ないことが適切に認識されるべきである。

（不利益取扱の禁止）

第五六条　職員は、職員団体の構成員であること、職員団体を結成しようとしたこと、若しくはこれに加入しようとしたこと又は職員団体のために正当な行為をしたことの故をもつて不利益な取扱を受けることはない。

＊不利益取扱の禁止（労組七、ＩＬＯ九八号条約）、類似規定（国公一〇八の七）

［判例］**昇任差別**　昇任させるか否かにつき、任命権者は広範な裁量権を有していると認められるが、右裁量権の行使も、地方公務員法一三条の平等取扱いの原則、同法五六条の不利益取扱禁止の原則の制約を当然に受けている。したがって、当該職員の特定の昇任に関して、他の職員に比較して知識・能力・適性・勤務実績等が同程度である場合には、本人が昇任を希望しないなどの特別の事情がない限り、原則として同様の処遇がなされることが期待されるものであり、特定の信条を持ち、特定の方針の下において労働組合活動等をしていることを理由に、昇任に関して他の職員と比較して明らかな不利益な取扱いをした場合には、右裁量権を逸脱することになり、当該組合員の昇任に関して地方公務員法一三条、五六条により保護されるべき法律上の利益を侵害するものとして、不法行為となるものである。（秋田地判平８・２・23判タ九一六―一二七）

第四章　補則

（特例）

第五七条　職員のうち、公立学校（学校教育法（昭和二十二年法律第二十六号）に第一条に規定する学校及び就学前の子どもに関する教育、保育等の総合的な提供の推進に関する法律（平成十八年法律第七十七号）第二条第七項に規定する幼保連携型認定こども園であつて地方公共団体の設置するものをいう。）の教職員（学校教育法第七条（就学前の子どもに関する教育、保育等の総合的な提供の推進に関する法律第二十六条において準用する場合を含む。）に規定する校長及び教員並びに学校教育法第二十七条第二項（同法第八十二条において準用する場合を含む。）、第三十七条第一項（同法第四十九条及び第八十二条において準用する場合を含む。）、第六十条第一項、第六十九条第一項、第九十二条第一項及び第百二十条第一項並びに就学前の子どもに関する教育、保育等の総合的な提供の推進に関する法律第十四条第二項に規定する事務職員をいう。）、単純な労務に雇用される者その他その職務と責任の特殊性に基づいてこの法律に対する特例を必要とするものについては、別に法律で定める。ただし、その特例は、第一条の精神に反するものであつてはならない。

（他の法律の適用除外等）

第五八条　労働組合法（昭和二十四年法律第百七十四号）、労働関係調整法（昭和二十一年法律第二十五号）及び最低賃金法（昭和三十四年法律第百三十七号）並びにこれらに基く命令の規定は、職員に関して適用しない。

2　労働安全衛生法（昭和四十七年法律第五十七号）第二章の規定並びに船員災害防止活動の促進に関する法律（昭和四十二年法律第六十一号）第二章及び第五章の規定並びに同章に基づく命令の規定は、地方公共団体の行う労働基準法（昭和二十二年法律第四十九号）別表第一第一号から第十号まで及び第十三号から第十五号までに掲げる事業に従事する職員以外の職員に関して適用しない。

3　労働基準法第二条、第十四条第二項及び第三項、第二十四条第一項、第三十二条の三から第三十二条の五まで、第三十八条の二第二項及び第三項、第三十八条の三、第三十八条の四、第三十九条第六項から第八項まで、第四十一条の二、第七十五条から第九十三条まで並びに第百二条の規定、労働安全衛生法第六十六条の八の四及び第九十二条の規定、船員法（昭和二十二年法律第百号）第六条中労働基準法第二条に関する部分、第三十条、第三十七条中勤務条件に関する部分、第五十三条第一項、第八十九条から第百条まで、第百二条及び第百八条中勤務条件に関する部分の規定並びに船員災害防止活動の促進に関する法律第六十二条の規定並びにこれらの規定に基づく命令の規定は、職員に関して適用しない。ただし、労働基準法第百二条の規定、労働安全衛生法第九十二条の規定、船員法第三十七条及び第百八条中勤務条件に関する部分の規定並びに船員災害防止活動の促進に関する法律第六十二条の規定並びにこれらの規定に基づく命令の規定は、地方公共団体の行う労働基準法別表第一第一号から第十号まで及び第十三号から第十五号までに掲げる事業に従事する職員に、同法第七十五条から第八十八条まで及び船員法第八十九条から第九十六条までの規定は、地方公務員災害補償法（昭和四十二年法律第百二十一号）第二条第一項に規定する者以外の職員に関しては適用する。

4　職員に関しては、労働基準法第三十二条の二第一項中「使用者は、当該事業場に、労働者の過半数で組織する労働組合がある場合においてはその労働組合、労働者の過半数で組織する労働組合がない場合においては労働者の過半数を代表する者との書面による協定により、又は」とあるのは「使用者は、」と、同法第三十四条第二項ただし書中「当該事業場に、労働者の過半数で組織する労働組合がある場合においてはその労働組合、労働者の過半数で組織する労働組合がない場合においては労働者の過半数を代表する者との書面による協定があるときは」とあるのは「条例に特別の定めがある場合は」と、同法第三十七条第三項中「使用者が、当該事業場に、労働者の過半数で組織する労働組合があるときはその労働組合、労働者の過半数で組織する労働組合がないときは労働者の過半数を代表する者との書面による協定により」とあるのは「使用者が」と、同法第三十九条第四項中「当該事業場に、労働者の過半数で組織する労働組合があるときはその労働組合、労働者の過半数で組織する労働組合がないときは労働者の過半数を代表する者との書面による協定により、次に掲げる事項を定めた場合において、第一号に掲げる労働者の範囲に属する労働者が有給休暇を時間を単位として請求したときは、前三項の規定による有給休暇の日数のうち第二号に掲げる日数については、これらの規定にかかわらず、当該協定で定めるところにより」とあるのは「前三項の規定にかかわらず、特に必要があると認められるときは、」とする。

5　労働基準法、労働安全衛生法、船員法及び船員災害防止活動の促進に関する法律の規定並びにこれらの規定に基づく命令の規定中第三項の規定により職員に関して適用されるものを適用する場合における職員の勤務条件に関する労働基準監督機関の職権は、地方公共団体の行う労働基準法別表第一第一号から第十号まで及び第十三号から第十五号までに掲げる事業に従事する職員の場合を除き、人事委員会又はその委任を受けた人事委員会の委員（人事委員会を置かない地方公共団体においては、地方公共団体の長）が行うものとする。

（人事行政の運営等の状況の公表）

第五八条の二　任命権者は、次条に規定するもののほか、条例で定めるところにより、毎年、地方公共団体の長に対し、職員（臨時的に任用された職員及び非常勤職員（短時間勤務の職を占める職員及び第二十二条の二第一項第二号に掲げる職員を除く。）を除く。）の任用、人事評価、給与、勤務時間その他の勤務条件、休業、分限及び懲戒、服務、退職管理、研修並びに福祉及び利益の保護等人事行政の運営の状況を報告しなければならない。

2　人事委員会又は公平委員会は、条例で定めるところにより、毎年、地方公共団体の長に対し、業務の状況を報告しなければならない。

3　地方公共団体の長は、前二項の規定による報告を受けたときは、条例で定めるところにより、毎年、第一項の規定による報告を取りまとめ、その概要及び前項の規定による報告を公表しなければならない。

（等級等ごとの職員の数の公表）

第五八条の三　任命権者は、第二十五条第四項に規定する等級及び職員の職の属する職制上の段階ごとに、職員の数を、毎年、地方公共団体の長に報告しなければならない。

2　地方公共団体の長は、毎年、前項の規定による報告を取りまとめ、公表しなければならない。

（総務省の協力及び技術的助言）

第五九条　総務省は、地方公共団体の人事行政がこの法律によつて確立される地方公務員制度の原則に沿つて運営されるように協力し、及び技術的助言をすることができる。

第五章　罰則

（罰則）

第六〇条　次の各号のいずれかに該当する者は、一年以下の懲役又は五十万円以下の罰金に処する。

一　第十三条の規定に違反して差別をした者

二　第三十四条第一項又は第二項の規定（第九条の二第十二項において準用する場合を含む。）に違反して秘密を漏らした者

三　第五十条第三項の規定による人事委員会又は公平委員会の指示に故意に従わなかつた者

四　離職後二年を経過するまでの間に、離職前五年間に在職していた地方公共団体の執行機関の組織等に属する役職員又はこれに類する者として人事委員会規則で定めるものに対し、契約等事務であつて離職前五年間の職務に属するものに関し、職務上不正な行為をするように、又は相当の行為をしないように

要求し、又は依頼した再就職者

五　地方自治法第百五十八条第一項に規定する普通地方公共団体の長の直近下位の内部組織の長又はこれに準ずる職であつて人事委員会規則で定めるものに離職した日の五年前の日より前に就いていた者であつて、離職後二年を経過するまでの間に、当該職に就いていた時に在職していた地方公共団体の執行機関の組織等に属する役職員又はこれに類する者として人事委員会規則で定めるものに対し、契約等事務であつて離職した日の五年前の日より前の職務（当該職に就いていたときの職務に限る。）に属するものに関し、職務上不正な行為をするように、又は相当の行為をしないように要求し、又は依頼した再就職者

六　在職していた地方公共団体の執行機関の組織等に属する役職員又はこれに類する者として人事委員会規則で定めるものに対し、当該地方公共団体若しくは当該特定地方独立行政法人と営利企業等（再就職者が現にその地位に就いているものに限る。）若しくはその子法人との間の契約であつて当該地方公共団体若しくは当該特定地方独立行政法人においてその締結について自らが決定したもの又は当該地方公共団体若しくは当該特定地方独立行政法人による当該営利企業等若しくはその子法人に対する行政手続法第二条第二号に規定する処分であつて自らが決定したものに関し、職務上不正な行為をするように、又は相当の行為をしないように要求し、又は依頼した再就職者

七　国家行政組織法第二十一条第一項に規定する部長又は課長の職に相当する職として人事委員会規則で定めるものに離職した日の五年前の日より前に就いていた者であつて、離職後二年を経過するまでの間に、当該職に就いていた時に在職していた地方公共団体の執行機関の組織等に属する役職員又はこれに類する者として人事委員会規則で定めるものに対し、契約等事務であつて離職した日の五年前の日より前の職務（当該職に就いていたときの職務に限る。）に属するものに関し、職務上不正な行為をするように、又は相当の行為をしないように要求し、又は依頼した再就職者（第三十八条の二第八項の規定に基づき条例を定めている地方公共団体の再就職者に限る。）

八　第四号から前号までに掲げる再就職者から要求又は依頼（地方独立行政法人法第五十条の二において準用する第四号から前号までに掲げる要求又は依頼を含む。）を受けた職員であつて、当該要求又は依頼を受けたことを理由として、職務上不正な行為をし、又は相当の行為をしなかつた者

＊懲役（刑一二）、罰金（刑一五）、類似規定（国公一〇九）

第六一条　次の各号のいずれかに該当する者は、三年以下の懲役又は百万円以下の罰金に処する。

一　第五十条第一項に規定する権限の行使に関し、第八条第六項の規定により人事委員会若しくは公平委員会から証人として喚問を受け、正当な理由がなくてこれに応ぜず、若しくは虚偽の陳述をした者又は同項の規定により人事委員会若しくは公平委員会から書類若しくはその写の提出を求められ、正当な理由がなくてこれに応ぜず、若しくは虚偽の事項を記載した書類若しくはその写を提出した者

二　第十五条の規定に違反して任用した者

三　第十八条の三（第二十一条の四第四項において準用する場合を含む。）の規定に違反して受験を阻害し、又は情報を提供した者

四　何人たるを問わず、第三十七条第一項前段に規定する違法な行為の遂行を共謀し、そそのかし、若しくはあおり、又はこれらの行為を企てた者

五　第四十六条の規定による勤務条件に関する措置の要求の申出を故意に妨げた者

＊懲役（刑一二）、罰金（刑一五）、類似規定（国公一一〇）

判例　**四号―「あおり行為」の可罰性⑴［都教組事件］**　争議行為そのものに種々の態様があり、その違法性が認められる場合にも、その強弱に程度の差があるように、あおり行為等にもさまざまな態様があり、その違法性が認められる場合にもその違法性には強弱さまざまのものがありうる。それにもかかわらず、これらのニュアンスを一切否定して一律にあおり行為等を刑事罰をもってのぞむ違法性があるものと断定することは許されないというべきである。ことに争議行為そのものを処罰の対象とすることなく、あおり行為等に限って処罰すべきものとしている地公法六一条四号の趣旨からいっても、争議行為に通常随伴して行われる行為のごときは処罰の対象とされるべきものではない。それは、争議行為禁止に違反する意味において違法な行為であるということができるとしても、争議行為の一環としての行為にほかならず、これらのあおり行為等をすべて安易に処罰すべきものとすれば、争議行為不処罰の建前をとる地公法の原則に矛盾することにならざるをえないからである。（最大判昭44・4・2判時五五〇―二一）

判例　**四号―「あおり行為」の可罰性⑵［岩教組事件］**　公務員の争議行為が国民全体または地方住民全体の共同利益のために制約されるのは、それが業務の正常な運営を阻害する集団的かつ組織的な労務不提供等の行為として反公共性をもつからであること、このような集団的かつ組織的な行為としての争議行為を成り立たせるものは、まさにその行為の遂行を共謀したり、そそのかしたり、あおったりする行為であって、これら共謀等の行為は争議行為の原動力をなすもの、換言すれば、全体としての争議行為の中でもそれなくしては右の争議行為が成立しえないという意味においていわばその中核的地位を占めるものである。それ故法がこれらの行為のもつ右のような性格に着目してこれを社会的に責任の重いものと評価し、当該組合に所属する者であると否とを問わず、このような行為をした者に対して違法な争議行為の防止のために特に処罰の必要性を認め、罰則を設けることには十分合理性があり、これをもって憲法一八、二八条に違反するものとすることはできない。（最大判昭51・5・21判時八一四―七三）

解説　本条四号は、地方公務員法上の労働基本権制限規定の中で、かつて、最も激しい抗争の対象となってきたものである。「あおり」行為の処罰をめぐって、勤評闘争を中心としながら、無罪、有罪、一部有罪とする下級審の裁判例が多数あり、無罪説が有力であったけれども、その理論的根拠もまた多様であった。都教組最高裁判決は、二重しぼり論（違法性の強い争議行為の、違法性の強い「あおり」行為のみを処罰する）をとることによって、この規定を合憲としつつ無罪説を採用し、十余年にわたる抗争に一応の終止符をうった。しかしながら、違法性の強弱という相対的な判断基準を採用したことは、問題として残されていた。「もとより当裁判所も、法律はなるべく合憲であるように解釈すべき原則を無視しているわけでなく」としながらも、解釈によって適用の範

囲をせばめようとする諸事例が「構成要件の内容を適正ならしめるために努力した結果、その内容を複雑かつ漠然たらしめて、憲法三一条の要請の一つである構成要件の明確性に背反し、結局憲法三一条に忠実であろうとして却ってそれに背馳するに至ったとのそしりをまぬかれることができない」と判断し、本号の規定は、憲法一八条、二八条および三一条に違反する無効の規定であること明らかであるとした大阪地判昭39・3・30（大阪教組事件―確定）の批判が依然として妥当しえた。だが、最高裁全農林警職法事件判決は、逆に限定解釈を否定して、国公法上のあおり等処罰規定の無限定的解釈を合憲であると判断した。そして岩教組事件判決は、ついに都教組判決自身を変更して二重しぼり論を全面的に排除した。しかし、都教組判決を生み出した理論的抗争、すなわち労働基本権にたいする制約は最小限度に止めなければならず、制限違反に対する制裁も最小限度のものでなければならないとする憲法論と、現行法制を合憲として肯定する立場との抗争は、最高裁のこのような逆転判決によっても消え去ったわけではない。

第六二条　第六十条第二号又は前条第一号から第三号までに掲げる行為を企て、命じ、故意にこれを容認し、そそのかし、又はそのほう助をした者は、それぞれ各本条の刑に処する。

＊類似規定（国公一一一）

第六三条　次の各号のいずれかに該当する者は、三年以下の懲役に処する。ただし、刑法（明治四十年法律第四十五号）に正条があるときは、刑法による。

一　職務上不正な行為（当該職務上不正な行為が、営利企業等に対し、他の役職員をその離職後に、若しくは役職員であつた者を、当該営利企業等若しくはその子法人の地位に就かせることを目的として、当該役職員若しくは役職員であつた者に関する情報を提供し、若しくは当該地位に関する情報の提供を依頼し、若しくは当該役職員若しくは役職員であつた者を当該地位に就かせることを要求し、若しくは依頼する行為、又は営利企業等に対し、離職後に当該営利企業等若しくはその子法人の地位に就くことを目的として、自己に関する情報を提供し、若しくは当該地位に関する情報の提供を依頼し、若しくは当該地位に就くことを要求し、若しくは約束する行為である場合における当該職務上不正な行為を除く。次号において同じ。）をすること若しくはしなかつたこと又は相当の行為をしないこと若しくはしなかつたことに関し、営利企業等に対し、離職後に当該営利企業等若しくはその子法人の地位に就くこと、又は他の役職員をその離職後に、若しくは役職員であつた者を、当該営利企業等若しくはその子法人の地位に就かせることを要求し、又は約束した職員

二　職務に関し、他の役職員に職務上不正な行為をするように、又は相当の行為をしないように要求し、依頼し、若しくは唆すこと、又は要求し、依頼し、若しくは唆したことに関し、営利企業等に対し、離職後に当該営利企業等若しくはその子法人の地位に就くこと、又は他の役職員をその離職後に、若しくは役職員であつた者を、当該営利企業等若しくはその子法人の地位に就かせることを要求し、又は約束した職員

三　前号（地方独立行政法人法第五十条の二において準用する場合を含む。）の不正な行為をするように、又は相当の行為をしないように要求し、依頼し、又は唆した行為の相手方であつて、同号（同条において準用する場合を含む。）の要求又は約束があつたことの情を知つて職務上不正な行為をし、又は相当の行為をしなかつた職員

第六四条　第三十八条の二第一項、第四項又は第五項の規定（同条第八項の規定に基づく条例が定められているときは、当該条例の規定を含む。）に違反して、役職員又はこれらの規定に規定する役職員に類する者として人事委員会規則で定めるものに対し、契約等事務に関し、職務上の行為をするように、又はしないように要求し、又は依頼した者（不正な行為をするように、又は相当の行為をしないように要求し、又は依頼した者を除く。）は、十万円以下の過料に処する。

第六五条　第三十八条の六第二項の条例には、これに違反した者に対し、十万円以下の過料を科する旨の規定を設けることができる。

附　則（抄）

（職員が職員団体の役員として専ら従事することができる期間の特例）

20　第五十五条の二の規定の適用については、職員の労働関係の実態にかんがみ、労働関係の適正化を促進し、もつて公務の能率的な運営に資するため、当分の間、同条第三項中「五年」とあるのは、「七年以下の範囲内で人事委員会規則又は公平委員会規則で定める期間」とする。

附　則（抄）（平成二九年五月一七日法律第二九号）

施行、令二・四・一
改正、令二―法一

（臨時的任用に関する経過措置）

第三条　この法律の施行の日前に第一条の規定による改正前の地方公務員法（中略）第二十二条第二項若しくは第五項の規定により行われた臨時的任用の期間又は同条第二項若しくは第五項の規定により更新された臨時的任用の期間の末日がこの法律の施行の日以後である職員（地方公務員法第四条第一項に規定する職員をいう。（中略））に係る当該臨時的任用（常時勤務を要する職に欠員を生じた場合に行われたものに限る。）については、なお従前の例による。

附　則（抄）（令和二年三月三一日法律第一一号）

（施行期日）

第一条　この法律は、公布の日から施行する。

●女子教職員の出産に際しての補助教職員の確保に関する法律

（昭和三〇年八月五日　法律第一二五号）

施行、昭三一・四・一
最終改正、平二九—法二九

（目的）

第一条　この法律は、公立の学校に勤務する女子教職員が出産する場合における当該学校の教職員の職務を補助させるための教職員の臨時的任用等に関し必要な事項を定め、もつて女子教職員の母体の保護を図りつつ、学校教育の正常な実施を確保すること等を目的とする。

（定義）

第二条　この法律において「学校」とは、幼稚園、小学校、中学校、義務教育学校、高等学校、中等教育学校、特別支援学校及び幼保連携型認定こども園をいう。

2　この法律において「教職員」とは、校長（園長を含む。以下同じ。）、副校長（副園長を含む。）、教頭、主幹教諭（幼保連携型認定こども園の主幹養護教諭及び主幹栄養教諭を含む。）、指導教諭、教諭、養護教諭、栄養教諭、主幹保育教諭、指導保育教諭、保育教諭、助教諭、養護助教諭、助保育教諭、講師（常時勤務の者及び地方公務員法（昭和二十五年法律第二百六十一号）第二十八条の五第一項に規定する短時間勤務の職を占める者に限る。）、実習助手、寄宿舎指導員、学校栄養職員（学校給食法（昭和二十九年法律第百六十号）第七条に規定する職員のうち栄養の指導及び管理をつかさどる主幹教諭並びに栄養教諭以外の者をいう。以下同じ。）及び事務職員をいう。

（公立の学校等における教職員の臨時的任用）

第三条　公立の学校に勤務する女子教職員が出産することとなる場合においては、任命権者は、出産予定日の六週間（多胎妊娠の場合にあつては、十四週間とし、条例でこれらの期間より長い産前の休業の期間を定めたときは、当該期間とする。）前の日から産後八週間（条例でこれより長い産後の休業の期間を定めたときは、当該期間）を経過する日までの期間又は当該女子教職員が産前の休業を始める日から、当該日から起算して十四週間（多胎妊娠の場合にあつては、二十二週間とし、条例でこれらの期間より長い産前産後の休業の期間を定めたときは、当該期間とする。）を経過する日までの期間のいずれかの期間を任用の期間として、当該学校の教職員の職務を補助させるため、校長以外の教職員を臨時的に任用するものとする。

2　女子教職員の出産に際しその勤務する学校の教職員の職務を補助させることができるような特別の教職員がある場合において、任命権者が、当該教職員に、前項に規定する期間、同項の学校の教職員の職務を補助させることとするときは、同項の臨時的任用は、行なうことを要しない。

3　前二項の規定は、公立の学校給食法第六条に規定する施設に勤務する学校栄養職員について準用する。この場合において、これらの項中「学校」とあるのは、「学校給食法第六条に規定する施設」と読み替えるものとする。

（適用除外）

第四条　前条の規定による臨時的任用については、地方公務員法第二十二条の三第一項から第四項までの規定は適用しない。

（公立学校以外の学校において講ずべき措置）

第五条　公立学校以外の学校に勤務する女子教職員が出産することとなる場合においては、当該学校の設置者は、出産予定日の六週間（多胎妊娠の場合にあつては、十四週間）前の日から産後八週間を経過する日までの期間又は当該女子教職員が産前の休業を始める日から、当該日から起算して十四週間（多胎妊娠の場合にあつては、二十二週間）を経過する日までの期間のいずれかの期間を任用の期間として、当該学校の教職員の職務を補助させるため、校長以外の教職員を任用するように努めなければならない。

附　則（省略）

●公立の義務教育諸学校等の教育職員の給与等に関する特別措置法

（昭和四六年五月二八日　法律第七七号）

施行、昭四七・一・一
最終改正、令一—法七二

解説　従来から指摘されてきた教職員の長時間労働は深刻の度を増し、大きな社会問題となっている。労働者の働き方改革を推進する政府・文科省にとっても、教育職員の勤務時間の削減は喫緊の課題となり、二〇一九年には、中教審による答申等が発出されたほか（→資料編第2節参照）、臨時国会で、教職員の働き方改革を推進するための総合的な施策の一環として、給特法五条の改正等により、公立の義務教育諸学校等の教職員に一年単位の変形労働時間制の適用を可能にするなどの措置がとられるに至った（二〇二〇年には、これに応じた同法施行規則も制定されている。改正法五条・施行規則とも施行は二〇二一年四月一日から）。

労基法上の一年単位の変形労働時間制（同法三二条の四）とは、事業場の労使協定により一定期間（一か月以上一年以内）を平均して一週間当たりの労働時間が週四〇時間を超えない定めをした場合には、使用者は特定の週または特定の日に法定労働時間（週四〇時間、一日八時間）を超えて労働させることができる制度である。これは、年間を通して、所定労働時間の変形を容認することにより総労働時間の短縮を図ろうとするものである。今次の制度改革も、児童生徒の夏休み等の、いわゆる三期休業を利用して休日のまとめ取り等を可能とし、教育職員の総労働時間を短縮しようとの狙いがある。

ところで、労基法上の一年単位の変形労働時間制は、その導入に際して事業場ごとの労使協定の締結を不可欠の要件としている。仮にこれを学校現場に適用すれば、各学校管理者（校長等）と教職員の代表との協議・合意が必要となるのであるが、新制度は、条例の定めに基づいて「上からの一方的決定」による導入を可能にするものである。

このほか、働き方改革と関連しては、勤務時間の上限設定や、その実効性を担保するための労働時間管理等の在り方についても、ガイドラインの策定に端を発し、現在では、給特法七条一項に基づく指針（令和二・一・一七文科告一号）の形で明確にされるに至った。これによって、民間部門とも平仄を合わせた働き方改革推進の契機が生じている（ただし、同指針には罰則等による実効性の担保が予定されていないなどの相違もある）。

これら制度の導入によって、果たして教育職員の労働時間の短縮がどこまで進むのかについては、いまだ不透明な面がある。おそらくは、労働安全衛生法上の健康管理体制に関する義務付け、また、その近年の法改正による強化も相まって、従来に比して、教育職員の勤務時間管理は厳格になっていくであろう。しかし、勤務時間の短縮の実効性を真に確保するためには、給特法の本来想定する時間外勤務に対しての限定的・否定的態度を改めて確認するとともに、それを前提として展開する指針等を通じた規制内容の更なる拡充、また教育職員にも関連する民間労働法制の展開も踏まえた上で、教育現場での労使協議を交えながら、教育職員の担うべき業務内容の精査や具体的にどの範囲の業務を教育職員の勤務時間とみなすべきかの見極めを進めていくことが不可欠となる。この点、新たに導入される一年単位の変形労働時間制においては、労使協議実施の法的根拠を欠いてしまっているのが現状であるが、教育職員についても時間外労働に関連する労使協議の基本規定である労基法三六条は適用除外とされていないことを再確認した上で、教育現場において実質的な労使協議を実施できるような諸制度の弾力的運用を行っていくことが引き続き重要な課題となろう。

なお、教員の働き方改革に関連した通知等については、以下の文科省ウェブサイトにまとめられているので適宜参照されたい。

https://www.mext.go.jp/a_menu/shotou/hatarakikata/index.htm

（趣旨）

第一条　この法律は、公立の義務教育諸学校等の教育職員の職務と勤務態様の特殊性に基づき、その給与その他の勤務条件について特例を定めるものとする。

（定義）

第二条　この法律において、「義務教育諸学校等」とは、学校教育法（昭和二十二年法律第二十六号）に規定する公立の小学校、中学校、義務教育学校、高等学校、中等教育学校、特別支援学校又は幼稚園をいう。

2　この法律において、「教育職員」とは、義務教育諸学校等の校長（園長を含む。次条第一項において同じ。）、副校長（副園長を含む。同項において同じ。）、教頭、主幹教諭、指導教諭、教諭、養護教諭、栄養教諭、助教諭、養護助教諭、講師（常時勤務の者及び地方公務員法（昭和二十五年法律第二百六十一号）第二十八条の五第一項に規定する短時間勤務の職を占める者に限る。）、実習助手及び寄宿舎指導員をいう。

（教育職員の教職調整額の支給等）

第三条　教育職員（校長、副校長及び教頭を除く。以下この条において同じ。）には、その者の給料月額の百分の四に相当する額を基準として、条例で定めるところにより、教職調整額を支給しなければならない。

2　教育職員については、時間外勤務手当及び休日勤務手当は、支給しない。

3　第一項の教職調整額の支給を受ける者の給与に関し、次の各号に掲げる場合においては、当該各号に定める内容を条例で定めるものとする。

一　地方自治法（昭和二十二年法律第六十七号）第二百四条第二項に規定する地域手当、特地勤務手当（これに準ずる手当を含む。）、期末手当、勤勉手当、定時制通信教育手当、産業教育手当又は退職手当について給料をその算定の基礎とする場合　当該給料の額に教職調整額の額を加えた額を算定の基礎とすること。

二　休職の期間中に給料が支給される場合　当該給料の額に教職調整額の額を加えた額を支給すること。

三　外国の地方公共団体の機関等に派遣される一般職の地方公務員の処遇等に関する法律（昭和六十二年法律第七十八号）第二条第一項の規定により派遣された者に給料が支給される場合　当該給料の額に教職調整額の額を加えた額を支給すること。

四　公益的法人等への一般職の地方公務員の派遣等に関する法律（平成十二年法律第五十号）第二条第一項の規定により派遣された者に給料が支給される場合　当該給料の額に教職調整額の額を加えた額を支給すること。

（教職調整額を給料とみなして適用する法令）

第四条　前条の教職調整額の支給を受ける者に係る次に掲げる法律の規定及びこれらに基づく命令の規定の適用については、同条の教職調整額は、給料とみなす。

一　地方自治法

二　市町村立学校職員給与負担法（昭和二十三年法律第百三十五号）

三　へき地教育振興法（昭和二十九年法律第百四十三号）

四　地方公務員等共済組合法（昭和三十七年法律第百五十二号）

五　地方公務員等共済組合法の長期給付等に関する施行法（昭和三十七年法律第百五十三号）

六　地方公務員災害補償法（昭和四十二年法律第百二十一号）

（教育職員に関する読替え）

第五条　教育職員については、地方公務員法第五十八条第三項本文中「第二条、」とあるのは「第三十二条の四第一項中「当該事業場に、労働者の過半数で組織する労働組合がある場合においてはその労働組合、労働者の過半数で組織する労働組合がない場合においては労働者の過半数を代表する者との書面による協定により、次に掲げる事項を定めたときは」とあるのは「次に掲げる事項について条例に特別の定めがある場合は」と、「その協定」とあるのは「その条例」と、「当該協定」とあるのは「当該条例」と、同項第五号中「厚生労働省令」とあるのは「文部科学省令」と、同条第二項中「前項の協定で同項第四号の区分をし」とあるのは「前項第四号の区分並びに」と、「を定めたときは」とあるのは「について条例に特別の定めがある場合は」と、「当該事業場に、労働者の過半数で組織する労働組合がある場合においてはその労働組合、労働者の過半数で組織する労働組合がない場合においては労働者の過半数を代表する者の同意を得て、厚生労働省令」とあるのは「文部科学省令」と、同条第三項中「厚生労働大臣は、労働政策審議会」とあるのは「文部科学大臣は、審議会等（国家行政組織法（昭和二十三年法律第百二十号）第八条に規定する機関をいう。）で政令で定めるもの」と、「厚生労働省令」とあるのは「文部科学省令」と、「協定」とあるのは「条例」と、同法第三十三条第三項中「官公署の事業（別表第一に掲げる事業を除く。）」とあるのは「別表第一第十二号に掲げる事業」と、「労働させることができる」とあるのは「労働させることができる。この場合において、公務員の健康及び福祉を害しないように考慮しなければならない」と読み替えて同法第三十二条の四第一項から第三項まで及び第三十三条第三項の規定を適用するものとし、同法第二条、」と、「から第三十二条の五まで」とあるのは「、第三十二条の二、第三十二条の三、第三十二条の四の二、第三十二条の五、第三十七条」と、「第五十三条第一項」とあるのは「第五十三条第一項、第六十六条（船員法第八十八条の二の二第四項及び第五項並びに第八十八条の三第四項において準用する場合を含む。）」と、「規定は」とあるのは「規定（船員法第七十三条の規定に基づく命令の規定中同法第六十六条に係るものを含む。）は」と、同条第四項中「同法第三十七条第三項中「使用者が、当該事業場に、労働者の過半数で組織する労働組合があるときはその労働組合、労働者の過半数で組織する労働組合がないときは労働者の過半数を代表する者との書面による協定により」とあるのは「使用者が」と、同法」とあるのは「同法」と読み替えて同条第三項及び第四項の規定を適用するものとする。

（教育職員の正規の勤務時間を超える勤務等）

第六条　教育職員（管理職手当を受ける者を除く。以下この条において同じ。）を正規の勤務時間（一般職の職員の勤務時間、休暇等に関する法律（平成六年法律第三十三号）第五条から第八条まで、第十一条及び第十二条の規定に相当する条例の規定による勤務時間をいう。第三項及び次条第一項において同じ。）

を超えて勤務させる場合は、政令で定める基準に従い条例で定める場合に限るものとする。

2　前項の政令を定める場合においては、教育職員の健康と福祉を害することとならないよう勤務の実情について十分な配慮がされなければならない。

3　第一項の規定は、次に掲げる日において教育職員を正規の勤務時間中に勤務させる場合について準用する。

一　一般職の職員の勤務時間、休暇等に関する法律第十四条に規定する祝日法による休日及び年末年始の休日に相当する日

二　一般職の職員の給与に関する法律（昭和二十五年法律第九十五号）第十七条の規定に相当する条例の規定により休日勤務手当が一般の職員に対して支給される日（前号に掲げる日を除く。）

（教育職員の業務量の適切な管理等に関する指針の策定等）

第七条　文部科学大臣は、教育職員の健康及び福祉の確保を図ることにより学校教育の水準の維持向上に資するため、教育職員が正規の勤務時間及びそれ以外の時間において行う業務の量の適切な管理その他教育職員の服務を監督する教育委員会が教育職員の健康及び福祉の確保を図るために講ずべき措置に関する指針（次項において単に「指針」という。）を定めるものとする。

2　文部科学大臣は、指針を定め、又はこれを変更したときは、遅滞なく、これを公表しなければならない。

附　則〔省略〕

●公立の義務教育諸学校等の教育職員の給与等に関する特別措置法施行規則

（令和二年七月一七日
文部科学省令第二六号）

施行、令三・四・一

（対象期間に含む期間等）

第一条　公立の義務教育諸学校等の教育職員の給与等に関する特別措置法（以下この項及び第六条第一項において「法」という。）第五条の規定により読み替えて適用する地方公務員法第五十八条第三項の規定により読み替えて適用する労働基準法（以下「読替え後の労働基準法」という。）第三十二条の四第一項第二号の対象期間（以下単に「対象期間」という。）を定めるに当たっては、当該対象期間には、読替え後の労働基準法第三十二条の四の規定により労働させる教育職員（法第二条第二項に規定する教育職員をいう。以下同じ。）の所属する学校を設置する市（特別区を含む。）町村又は都道府県の教育委員会が学校教育法施行令（昭和二十八年政令第三百四十号）第二十九条第一項の規定により定める学校の夏季、冬季、学年末、農繁期等における休業日等の期間（次項において「長期休業期間等」という。）を含めるものとする。

2　読替え後の労働基準法第三十二条の四第一項第四号の労働日及び当該労働日ごとの労働時間並びに同条第二項の各期間における労働日及び当該各期間における労働日ごとの労働時間の設定は、一日の勤務に割り振られる勤務時間を当該日における同条の規定を適用しない場合の正規の勤務時間（一般職の職員の勤務時間、休暇等に関する法律（平成六年法律第三十三号）第五条、第六条、第八条、第十一条及び第十二条の規定に相当する条例の規定による勤務時間をいう。）に比して短く設定する日（同法第八条の規定に相当する条例の規定に基づき勤務日のうち四時間の勤務時間を当該勤務日に割り振ることをやめて当該四時間の勤務時間を同法第六条第一項又は第四項の規定に相当する条例の規定により週休日とされた日において特に勤務することを命ずる必要がある日に割り振る場合における当該勤務日を除く。）について、当該日のいずれにも勤務時間を割り振らず、かつ、当該日を長期休業期間等において連続して設定する場合に限り、行うものとする。

（読替え後の労働基準法第三十二条の四第一項第五号の文部科学省令で定める事項）

第二条　読替え後の労働基準法第三十二条の四第一項の条例において定める同項第五号の文部科学省令で定める事項は、次に掲げるものとする。

一　読替え後の労働基準法第三十二条の四において規定する期間の起算日

二　対象期間を定めることができる期間の範囲

（読替え後の労働基準法第三十二条の四第二項の文部科学省令で定める方法）

第三条　読替え後の労働基準法第三十二条の四第二項の各期間における労働日及び当該各期間における労働日ごとの労働時間は、条例の定めるところにより定めるものとする。

2　前項の条例に定めるところにより読替え後の労働基準法第三十二条の四第二項の各期間における労働日及び当該各期間における労働日ごとの労働時間を定めたときは、使用者は、これを同条の規定により労働させる教育職員に周知させるものとする。

（読替え後の労働基準法第三十二条の四第三項の文部科学省令で定める労働日数の限度等）

第四条　読替え後の労働基準法第三十二条の四第三項の文部科学省令で定める労働日数の限度は、勤務時間が割り振られる日の数について、対象期間が三箇月を超える場合は対象期間について一年当たり二百八十日とする。ただし、対象期間が三箇月を超える場合において、当該対象期間の初日の前一年以内の日を含む三箇月を超える期間を対象期間として定めた場合（以下この項において「旧対象期間」という。）において、一日の勤務に割り振られる勤務時間のうち最も長いものが旧対象期間において一日の勤務に割り振られていた勤務時間のうち最も長いもの若しくは九時間のいずれか長い時間を超え、又は一週間の勤務に割り振られる勤務時間のうち最も長いものが旧対象期間において一週間の勤務に割り振られていた勤務時間のうち最も長いもの若しくは四十八時間のいずれか長い時間を超えるときは、旧対象期間について一年当たりの勤務時間が割り振られていた日の数から一日を減じた日数又は二百八十日のいずれか少ない日数とする。

2　読替え後の労働基準法第三十二条の四第三項の文部科学省令で定める一日の労働時間の限度は、一日の勤務に割り振られる勤務時間について十時間とし、一週間の労働時間の限度は、一週間の勤務に割り振られる勤務時間について五十二時間とする。この場合において、対象期間が三箇月を超えるときは、次の各号のいずれにも適合しなければならない。

一　対象期間において、その一週間の勤務に割り振られる勤務時間が四十八時間を超える週が連続する場合の週数が三以下であること。

二　対象期間をその初日から三箇月ごとに区分した各期間（三箇月未満の期間を生じたときは、当該期間）において、その一週間の勤務に割り振られる勤務時間が四十八時間を超える週の初日の数が三以下であること。

3　読替え後の労働基準法第三十二条の四第三項の文部科学省令で定める対象期間における連続して労働させる日数の限度は、勤務時間が割り振られる日の数について六日とし、同条第一項の条例で定めるところにより同項第三号の特定期間として定められた期間における連続して労働させる日数の限度は、勤務時間が割り振られる日の数について一週間に一日の勤務時間が割り振られない日が確保できる日数とする。

（育児等を行う者等への配慮）

第五条　使用者は、読替え後の労働基準法第三十二条の四の規定により教育職員に労働させる場合には、育児を行う者、老人等の介護を行う者、職業訓練又は教育を受ける者その他特別の配慮を要する者については、これらの者が育児等に必要な時間を確保できるような配慮をしなければならない。

（法第七条第一項の指針で定める事項等）

第六条　法第七条の規定により文部科学大臣が定める指針（次項において単に「指針」という。）には、読替え後の労働基準法第三十二条の四の規定により教育職員に労働させる場合に当該教育職員の服務を監督する教育委員会が当該教育職員の健康及び福祉の確保を図るために講ずべき措置に関する事項を含むものとする。

2　使用者は、読替え後の労働基準法第三十二条の四の規定により教育職員に労働させる場合には、前項の規定に基づき文部科学大臣が指針に定める措置その他教育職員の健康及び福祉の確保を図るための措置を講ずるものとする。

附　則

この省令は、令和三年四月一日から施行する。

●公立学校の教育職員の業務量の適切な管理その他教育職員の服務を監督する教育委員会が教育職員の健康及び福祉の確保を図るために講ずべき措置に関する指針

（令和二年一月一七日文部科学省告示第一号）

施行、令二・四・一
最終改正、令二―文科告一〇一

第一章　総則

第一節　趣旨

近年、我が国の教育職員（公立の義務教育諸学校等の教育職員の給与等に関する特別措置法（昭和四六年法律第七七号。以下「給特法」という。）第二条第二項に規定する教育職員をいう。以下同じ。）の業務が長時間に及ぶ深刻な実態が明らかになっており、持続可能な学校教育の中で効果的な教育活動を行うためには、学校における働き方改革が急務となっている。また、平成三〇年七月に公布された働き方改革を推進するための関係法律の整備に関する法律（平成三〇年法律第七一号）により、労働基準法（昭和二二年法律第四九号）第三六条第一項の協定（以下「三六協定」という。）について時間外労働の限度時間が規定された。

公立学校の教育職員については、正規の勤務時間（給特法第六条第一項に規定する正規の勤務時間をいう。以下この節及び次章第一節において同じ。）外に行われる公立の義務教育諸学校等の教育職員を正規の勤務時間を超えて勤務させる場合等の基準を定める政令（平成一五年政令第四八四号）第二号に掲げる業務（以下「超勤四項目」という。）以外の業務については、時間外勤務（同令第一号に規定する時間外勤務をいう。以下同じ。）を命じないものとされているが、正規の勤務時間外に校務として行われる業務については、当該業務が時間外勤務を命じられて行うものでないとしても学校教育活動に関する業務であることについて正規の勤務時間内に行われる業務と変わりはなく、こうした業務も含めて教育職員が業務を行う時間を管理することが、学校における働き方改革を進める上で必要不可欠である。

このような状況を踏まえ、給特法第七条第一項の規定に基づき、公立学校の教育職員の業務量の適切な管理その他教育職員の服務を監督する教育委員会が教育職員の健康及び福祉の確保を図るために講ずべき措置に関する指針を定める。

第二節　対象の範囲

(1)　本指針は、給特法第二条に規定する義務教育諸学校等の教育職員の服務を監督する教育委員会（以下「服務監督教育委員会」という。）の全てを対象とする。

(2)　本指針に掲げる措置は、給特法第二条第二項に規定する教育職員全てを対象とするものとする。なお、それ以外の職員（事務職員、学校栄養職員等）については、三六協定における時間外労働の限度時間が適用されることに留意すべきである。

第二章　服務監督教育委員会が講ずべき措置等

第一節　業務を行う時間の上限

(1)　本指針における「勤務時間」の考え方

教育職員は、社会の変化に伴い児童生徒等がますます多様化する中で、語彙、知識、概念がそれぞれ異なる一人一人の児童生徒等の発達の段階に応じて、指導の内容を理解させ、考えさせ、表現させるために、言語や指導方法をその場面ごとに選択しながら、適切なコミュニケーションをとって授業の実施をはじめとした教育活動に当たることが期待されている。このような教育職員の専門性や職務の特徴を踏まえ、また、教育職員が超勤四項目以外の業務を行う時間が長時間化している実態も踏まえると、正規の勤務時間外にこうした業務を行う時間も含めて教育職員が働いている時間を適切に把握することが必要である。

このため、教育職員が学校教育活動に関する業務を行っている時間として外形的に把握することができる時間を当該教育職員の「在校等時間」とし、服務監督教育委員会が管理すべき対象とする。

具体的には、正規の勤務時間外において超勤四項目以外の業務を行う時間も含めて教育職員が在校している時間を基本とし、当該時間に、以下に掲げるイ及びロの時間を加え、ハ及びニの時間を除いた時間を在校等時間とする。ただし、ハについては、当該教育職員の申告に基づくものとする。

イ　校外において職務として行う研修への参加や児童生徒等の引率等の職務に従事している時間として服務監督教育委員会が外形的に把握する時間

ロ　各地方公共団体が定める方法によるテレワーク（情報通信技術を利用して行う事業場外勤務）等の時間

ハ　正規の勤務時間外に自らの判断に基づいて自らの力量を高めるために行う自己研鑽の時間その他業務外の時間

ニ　休憩時間

(2)　上限時間の原則

服務監督教育委員会は、その所管に属する学校の教育職員の在校等時間から所定の勤務時間（給特法第六条第三項各号に掲げる日（代休日が指定された日を除く。）以外の日における正規の勤務時間をいう。以下同じ。）を除いた時間を、以下に掲げる時間の上限の範囲内とするため、教育職員の業務量の適切な管理を行うこととする。

イ　一日の在校等時間から所定の勤務時間を除いた時間の一箇月の合計時間（以下「一箇月時間外在校等時間」という。）四五

時間

ロ　一日の在校等時間から所定の勤務時間を除いた時間の一年間の合計時間（以下「一年間時間外在校等時間」という。）　三六〇時間

(3)　児童生徒等に係る臨時的な特別の事情がある場合の上限時間

服務監督教育委員会は、児童生徒等に係る通常予見することのできない業務量の大幅な増加等に伴い、一時的又は突発的に所定の勤務時間外に業務を行わざるを得ない場合については、(2)の規定にかかわらず、教育職員の在校等時間から所定の勤務時間を除いた時間を、以下に掲げる時間及び月数の上限の範囲内とするため、教育職員の業務量の適切な管理を行うこととする。

イ　一箇月時間外在校等時間　一〇〇時間未満

ロ　一年間時間外在校等時間　七二〇時間

ハ　一年のうち一箇月時間外在校等時間が四五時間を超える月数　六月

ニ　連続する二箇月、三箇月、四箇月、五箇月及び六箇月のそれぞれの期間について、各月の一箇月時間外在校等時間の一箇月当たりの平均時間　八〇時間

第二節　服務監督教育委員会が講ずべき措置

服務監督教育委員会は以下の措置を講ずべきものとする。

(1)　本指針を参考にしながら、その所管に属する学校の教育職員の在校等時間の上限等に関する方針（以下「上限方針」という。）を教育委員会規則等において定めること。

(2)　労働安全衛生法（昭和四七年法律第五七号）等において、タイムカードによる記録、電子計算機の使用時間の記録等の客観的な方法その他の適切な方法による勤務時間の把握が事業者の義務として明確化されたことを踏まえ、教育職員が在校している時間は、ＩＣＴの活用やタイムカード等により客観的に計測すること。また、校外において職務に従事している時間についても、できる限り客観的な方法により計測すること。また、当該計測の結果は公務災害が生じた場合等において重要な記録となることから、公文書としてその管理及び保存を適切に行うこと。

(3)　休憩時間や休日の確保等に関する労働基準法等の規定を遵守すること。

(4)　教育職員の健康及び福祉を確保するため、以下の事項に留意すること。

イ　在校等時間が一定時間を超えた教育職員に医師による面接指導を実施すること。

ロ　終業から始業までに一定時間以上の継続した休息時間を確保すること。

ハ　教育職員の勤務状況及びその健康状態に応じて、健康診断を実施すること。

ニ　年次有給休暇についてまとまった日数連続して取得することを含めてその取得を促進すること。

ホ　心身の健康問題についての相談窓口を設置すること。

ヘ　必要に応じて、産業医等による助言・指導を受け、又は教育職員に産業医等による保健指導を受けさせること。

(5)　上限方針を踏まえた所管に属する各学校における取組の実施状況を把握すること。また、その状況を踏まえ、業務の分担の見直しや適正化、必要な環境整備等の在校等時間の長時間化を防ぐための取組を実施すること。特に、教育職員の在校等時間が上限方針で定める上限時間の範囲を超えた場合には、所管に属する各学校における業務や環境整備等の状況について事後的に検証を行うこと。

(6)　上限方針を定めるに当たっては、人事委員会（人事委員会を置かない地方公共団体においては、地方公共団体の長。以下同じ。）と当該上限方針について認識を共有し、専門的な助言を求めるなど連携を図ること。また、教育職員の業務量の適切な管理その他教育職員の健康及び福祉を図るために講ずべき措置に関し、人事委員会の求めに応じて実施状況等について報告を行い、専門的な助言を求めるなど連携を図ること。

(7)　上限方針の内容について、保護者及び地域住民その他の関係者の理解が得られるよう、それらの者に対して広く上限方針の周知を図ること。

第三節　留意事項

(1)　上限時間について

校長等の学校の管理職及び教育職員並びに教育委員会等の関係者は、本指針及び上限方針が、教育職員が上限時間まで業務を行うことを推奨するものと解してはならず、また、学校における働き方改革の総合的な方策の一環として策定されるものであり、在校等時間の長時間化を防ぐための他の取組と併せて取り組まれるべきものであることに十分に留意しなければならない。校長等の学校の管理職及び教育委員会は、決して、在校等時間の長時間化を防ぐための取組を講ずることなく、学校や教育職員に対し、上限時間を遵守することを求めるのみであってはならない。

(2)　虚偽の記録等について

教育職員の在校等時間について形式的に上限時間の範囲内とすることが目的化し、授業など教育課程内の学校教育活動であって真に必要な活動であるものをおろそかにすることや、実際の時間より短い虚偽の時間を記録し、又は記録させることがあってはならない。

(3)　持ち帰り業務について

本来、業務の持ち帰りは行わないことが原則であり、上限時間を遵守することのみを目的として自宅等に持ち帰って業務を行う時間が増加することは、厳に避けなければならない。仮に業務の持ち帰りが行われている実態がある場合には、その実態把握に努めるとともに、業務の持ち帰りの縮減に向けた取組を進めるものとする。

(4)　都道府県及び指定都市においては、給特法第七条第一項の規定の趣旨を踏まえ、服務監督教育委員会が定める上限方針の実効性を高めるため、条例等の整備その他の必要な措置を講ずるものとする。

第三章　長期休業期間等における集中した休日の確保のための一年単位の変形労働時間制

第一節　目的

教育職員に対する一年単位の変形労働時間制（給特法第五条の規定により読み替えて適用する地方公務員法（昭和二五年法律第二六一号）第五八条第三項の規定により読み替えて適用する労働基準法（第二節(2)において「読替え後の労働基準法」という。）第三二条の四の規定による一年単位の変形労働時間制をいう。）の適用は、学校において学校教育法施行令（昭和二八年政令第三四〇号）第二九条第一項の規定による夏季、冬季、学年末、農繁期等における休業日等の期間（以下「長期休業期間等」という。）が存在し、教育職員の業務について、年間を通じた在校等時間の多寡が生じることが見込まれることを踏まえ、本制度により長期休業期間等において休日を集中して確保することで、教育職員の休息の時間等を確保し、ひいては児童生徒等に対して効果的な教育活動を行うことに資するとともに、教育職員の職としての魅力の向上に資することにより意欲と能力のある人材が教育職員として任用され、学校教育の水準の維持向上を図ることを目的に掲げるものである。

このため、本制度は、長期休業期間等において休日を集中して確保することを目的とする場合に限り適用すべきものであり、本制度を適用する場合に服務監督教育委員会が教育職員の健康及び福祉の確保を図るために講ずべき措置等について以下のとおり定める。

第二節　長期休業期間等における集中した休日の確保のため一年単位の変形労働時間制を適用する場合に服務監督教育委員会等が講ずべき措置

(1)　本制度が適用される教育職員についての第二章第一節に規定する上限時間の適用については、同節中「四五時間」とあるのは「四二時間」と、「三六〇時間」とあるのは「三二〇時間」とする。

(2)　本制度を適用するに当たっては、本制度を適用する教育職員の在校等時間から所定の勤務時間を除いた時間が第二章第一節に規定する上限の範囲内であることを前提としている。

服務監督教育委員会及び校長は、こうした本制度の趣旨に十分に留意した上で、適用しようとする対象期間（読替え後の労働基準法第三二条の四第一項第二号に規定する対象期間をいう。以下この節において同じ。）の初日の属する年度の前年度において教育職員の在校等時間から所定の勤務時間を除いた時間が第二章第一節に規定する上限の範囲内であることなどの在校等時間の状況や、在校等時間の長時間化を防ぐための取組の実施状況等を確認し、適用しようとする対象期間において当該教育職員の在校等時間から所定の勤務時間を除いた時間が(1)の規定により読み替えられた第二章第一節に規定する上限の範囲内となることが見込まれる場合に限り、本制度の適用を行うこと。

また、本制度の適用を行った後においても、服務監督教育委員会及び校長は、対象期間において、本制度を適用する教育職員の在校等時間から所定の勤務時間を除いた時間を(1)の規定により読み替えられた第二章第一節に規定する上限の範囲内とすること。

(3)　本制度を適用するに当たっては、服務監督教育委員会及び校長は、対象期間において、本制度を適用する教育職員について次に掲げる全ての措置を講じること。

イ　タイムカードによる記録、電子計算機の使用時間の記録等の客観的な方法その他の適切な方法による在校等時間の把握を行うこと。

ロ　担当する部活動の休養日及び活動時間をスポーツ庁及び文化庁が別に定める基準の範囲内とすること。

ハ　通常の正規の勤務時間（それぞれの日における本制度を適用しない場合の正規の勤務時間（一般職の職員の勤務時間、休暇等に関する法律（平成六年法律第三三号。ホにおいて「勤務時間法」という。）第五条、第六条、第八条、第一一条及び第一二条の規定に相当する条例の規定による勤務時間をいう。以下この節において同じ。）を超える勤務時間の割振りについては、長期休業期間等において確保できる勤務時間を割り振らない日の日数を考慮した上で、年度初め、学校における諸行事が行われる時期その他の本制度の対象期間のうち業務量が多い一部の時期に限り行うこと。

ニ　通常の正規の勤務時間を超えて勤務時間を割り振る日において、本制度の適用前と比較して、通常の正規の勤務時間を超えて勤務時間を割り振ったことを理由とした担当授業数の追加及び部活動その他児童生徒等の活動に係る時間の延長又は追加並びに本制度の適用前には当該教育職員が所属する学校において行われていなかった業務の当該教育職員への新たな付加により在校等時間を増加させることがないよう、留意すること。

ホ　本制度の適用前と比較して、所定の勤務時間を通常の正規の勤務時間より短くする日（勤務時間法第八条の規定に相当する条例の規定に基づき勤務日のうち四時間の勤務時間を当該勤務日に割り振ることをやめて当該四時間の勤務時間を同法第六条第一項又は第四項の規定に相当する条例の規定により週休日とされた日において特に勤務することを命ずる必要がある日に割り振る場合における当該勤務日を除く。）については、勤務時間の短縮ではなく勤務時間を割り振らないこととし、当該日を長期休業期間等において連続して設定すること。

ヘ　終業から始業までに一定時間以上の継続した休息時間を確保すること。

(4)　本制度を適用するに当たっては、服務監督教育委員会及び校長は、対象期間において、本制度を適用する教育職員が属する学校について次に掲げる全ての措置を講じること。

イ　本制度の適用前と比較して、部活動、研修その他の長期休業期間等における業務量の縮減を図ること。

ロ　超勤四項目として臨時又は緊急のやむを得ない必要があるときに行われるものを除き、職員会議、研修その他の本制度が適用される教育職員であるか否かにかかわらず参加を要する業務については、通常の正規の勤務時間内において行うこと。

ハ　本制度を全ての教育職員に対して画一的に適用するのではなく、育児を行う者、老人等の介護を行う者、職業訓練又は教育を受ける者その他特別の配慮を要する者については、これらの者が育児等に必要な時間を確保できるよう配慮すること。

(5)　本制度を適用するに当たっては、服務監督教育委員会及び校長は、勤務時間、休憩時間及び休日の確保等に関する労働基準法、地方公務員法、給特法その他の関係法令の規定を遵守するとともに、文部科学省から発出する通知等について留意すること。

(6)　服務監督教育委員会は、本制度に関して本指針に定める事項を踏まえて講ずる措置その他教育職員の健康及び福祉を図るために講ずる措置に関し、人事委員会と認識を共有するとともに、人事委員会の求めに応じてその実施状況等について報告を行い、専門的な助言を求めるなど連携を図ること。

(7)　服務監督教育委員会及び校長は、本制度に関して本指針に定める事項を踏まえて講ずる措置その他教育職員の健康及び福祉を図るために講ずる措置について、保護者及び地域住民その他の関係者の理解が得られるよう、それらの者に対して広く周知を図ること。

第四章　文部科学省の取組について

文部科学省は、次に掲げる事項その他の取組を進めることとする。

(1)　学校における業務の縮減に取り組むとともに、学校における働き方改革を進める上で前提となる学校の指導及び事務の体制の効果的な強化及び充実を図るための教育条件の整備を進めること。

(2)　業務量の適切な管理及び長期休業期間等における集中した休日の確保のための一年単位の変形労働時間制に関して本指針に定める事項その他教育職員の健康及び福祉を図るために講ずべき措置について、教育関係者、保護者及び地域住民等の理解が得られるよう、それらの者に対して広く周知を図ること。

(3)　文部科学省が行う既存の調査等を活用しつつ、適宜、各都道府県及び指定都市における第二章第三節(4)の条例等の制定状況や、各服務監督教育委員会の取組の状況を把握し、公表すること。

附　則

この告示は、令和二年四月一日から適用する。

附　則（令和二年七月一七日文部科学省告示第一〇二号）

この告示は、令和三年四月一日から適用する。

●学校教育の水準の維持向上のための義務教育諸学校の教育職員の人材確保に関する特別措置法

（昭和四九年二月二五日 法律第二号）

施行、昭四九・二・二五
最終改正、平二七—法四六

（目的）

第一条　この法律は、学校教育が次代をになう青少年の人間形成の基本をなすものであることにかんがみ、義務教育諸学校の教育職員の給与について特別の措置を定めることにより、すぐれた人材を確保し、もつて学校教育の水準の維持向上に資することを目的とする。

（定義）

第二条　この法律において「義務教育諸学校」とは、学校教育法（昭和二十二年法律第二十六号）に規定する小学校、中学校、義務教育学校、中等教育学校の前期課程又は特別支援学校の小学部若しくは中学部をいう。

2　この法律において「教育職員」とは、校長、副校長、教頭及び教育職員免許法（昭和二十四年法律第百四十七号）第二条第一項に規定する教員をいう。

（優遇措置）

第三条　義務教育諸学校の教育職員の給与については、一般の公務員の給与水準に比較して必要な優遇措置が講じられなければならない。

附　則（省略）

●法人化後における非常勤講師の給与について（通知）

（平成一六年三月一五日 文科人第三一六号 文部科学省大臣官房人事課長）

非常勤講師については、法人化後「短時間労働者の雇用管理の改善等に関する法律」（いわゆる「パートタイム労働法」）の適用を受けることになりますので、法人化後における非常勤講師の給与については、労働基準法及び短時間労働者の雇用管理の改善等に関する法律等の規定に則り、また、非常勤講師の給与に関する現行の取り扱い及び最近の動向を十分に踏まえ、適切に対応願います。

●公立の義務教育諸学校等の教育職員を正規の勤務時間を超えて勤務させる場合等の基準を定める政令

（平成一五年一二月三日 政令第四八四号）

施行、平一六・四・一

公立の義務教育諸学校等の教育職員の給与等に関する特別措置法（以下「法」という。）第六条第一項（同条第三項において準用する場合を含む。）の政令で定める基準は、次のとおりとする。

一　教育職員（法第六条第一項に規定する教育職員をいう。次号において同じ。）については、正規の勤務時間（同項に規定する正規の勤務時間をいう。以下同じ。）の割振りを適正に行い、原則として時間外勤務（正規の勤務時間を超えて勤務することをいい、同条第三項各号に掲げる日において正規の勤務時間中に勤務することを含む。次号において同じ。）を命じないものとすること。

二　教育職員に対し時間外勤務を命ずる場合は、次に掲げる業務に従事する場合であって臨時又は緊急のやむを得ない必要があるときに限るものとすること。

イ　校外実習その他生徒の実習に関する業務

ロ　修学旅行その他学校の行事に関する業務

ハ　職員会議（設置者の定めるところにより学校に置かれるものをいう。）に関する業務

ニ　非常災害の場合、児童又は生徒の指導に関し緊急の措置を必要とする場合その他やむを得ない場合に必要な業務

附　則（省略）

●地方公務員の育児休業等に関する法律

（平成三年一二月二四日 法律第一一〇号）

施行、平四・四・一
最終改正、平三〇—法七一

（目的）

第一条　この法律は、育児休業等に関する制度を設けて子を養育する職員（地方公務員法（昭和二十五年法律第二百六十一号）第四条第一項に規定する職員をいう。以下同じ。）の継続的な勤務を促進し、もって職員の福祉を増進するとともに、地方公共団体の行政の円滑な運営に資することを目的とする。

（育児休業の承認）

第二条　職員（第十八条第一項の規定により採用された同項に規定する短時間勤務職員、臨時的に任用される職員その他その任用の状況がこれらに類する職員として条例で定める職員を除く。）は、任命権者（地方公務員法第六条第一項に規定する任命権者及びその委任を受けた者をいう。以下同じ。）の承認を受けて、当該職員の子（民法（明治二十九年法律第八十九号）第八百十七条の二第一項の規定により職員が当該職員との間における同項に規定する特別養子縁組の成立について家庭裁判所に請求した者（当該請求に係る家事審判事件が裁判所に係属している場合に限る。）であって、当該職員が現に監護するもの、児童福祉法（昭和二十二年法律第百六十四号）第二十七条第一項第三号の規定により同法第六条の四第二号に規定する養子縁組里親である職員に委託されている児童その他これらに準ずる者として条例で定める者を含む。以下同じ。）を養育するため、当該子が三歳に達する日（非常勤職員にあっては、当該子の養育の事情に応じ、一歳に達する日から一歳六か月に達する日までの間で条例で定める日（当該子の養育の事情を考慮して特に必要と

認められる場合として条例で定める場合に該当するときは、二歳に達する日）まで、育児休業をすることができる。ただし、当該子について、既に育児休業（当該子の出生の日から国家公務員の育児休業等に関する法律（平成三年法律第百九号。以下「国家公務員育児休業法」という。）第三条第一項ただし書の規定により人事院規則で定める期間を基準として条例で定める期間内に、職員（当該期間内に労働基準法（昭和二十二年法律第四十九号）第六十五条第二項の規定により勤務しなかった職員を除く。）が当該子についてした最初の育児休業を除く。）をしたことがあるときは、条例で定める特別の事情がある場合を除き、この限りでない。

2　育児休業の承認を受けようとする職員は、育児休業をしようとする期間の初日及び末日を明らかにして、任命権者に対し、その承認を請求するものとする。

3　任命権者は、前項の規定による請求があったときは、当該請求に係る期間について当該請求をした職員の業務を処理するための措置を講ずることが著しく困難である場合を除き、これを承認しなければならない。

（育児休業の期間の延長）

第三条　育児休業をしている職員は、任命権者に対し、当該育児休業の期間の延長を請求することができる。

2　育児休業の期間の延長は、条例で定める特別の事情がある場合を除き、一回に限るものとする。

3　前条第二項及び第三項の規定は、育児休業の期間の延長について準用する。

（育児休業の効果）

第四条　育児休業をしている職員は、育児休業を開始した時就いていた職又は育児休業の期間中に異動した職を保有するが、職務に従事しない。

2　育児休業をしている期間については、給与を支給しない。

（育児休業の承認の失効等）

第五条　育児休業の承認は、当該育児休業をしている職員が産前の休業を始め、若しくは出産した場合、当該職員が休職若しくは停職の処分を受けた場合又は当該育児休業に係る子が死亡し、若しくは当該職員の子でなくなった場合には、その効力を失う。

2　任命権者は、育児休業をしている職員が当該育児休業に係る子を養育しなくなったことその他条例で定める事由に該当すると認めるときは、当該育児休業の承認を取り消すものとする。

（育児休業に伴う任期付採用及び臨時的任用）

第六条　任命権者は、第二条第二項又は第三条第一項の規定による請求があった場合において、当該請求に係る期間について職員の配置換えその他の方法により当該請求をした職員の業務を処理することが困難であると認めるときは、当該業務を処理するため、次の各号に掲げる任用のいずれかを行うものとする。この場合において、第二号に掲げる任用は、当該請求に係る期間について一年を超えて行うことができない。

一　当該請求に係る期間を任用の期間（以下この条及び第十八条において「任期」という。）の限度として行う任期を定めた採用

二　当該請求に係る期間を任期の限度として行う臨時的任用

2　任命権者は、前項の規定により任期を定めて職員を採用する場合には、当該職員にその任期を明示しなければならない。

3　任命権者は、第一項の規定により任期を定めて採用された職員の任期が第二条第二項又は第三条第一項の規定による請求に係る期間に満たない場合には、当該期間の範囲内において、その任期を更新することができる。

4　第二項の規定は、前項の規定により任期を更新する場合について準用する。

5　任命権者は、第一項の規定により任期を定めて採用された職員を、任期を定めて採用した趣旨に反しない場合に限り、その任期中、他の職に任用することができる。

6　第一項の規定に基づき臨時的任用を行う場合には、地方公務員法第二十二条の三第一項から第四項までの規定は、適用しない。

（育児休業をしている職員の期末手当等の支給）

第七条　育児休業をしている職員については、第四条第二項の規定にかかわらず、国家公務員育児休業法第八条に規定する育児休業をしている国家公務員の期末手当又は勤勉手当の支給に関する事項を基準として定める条例の定めるところにより、期末手当又は勤勉手当を支給することができる。

（育児休業をした職員の職務復帰後における給与等の取扱い）

第八条　育児休業をした職員については、国家公務員育児休業法第三条第一項の規定により育児休業をした国家公務員の給与及び退職手当の取扱いに関する事項を基準として、職務に復帰した場合の給与及び退職した場合の退職手当の取扱いに関する措置を講じなければならない。

（育児休業を理由とする不利益取扱いの禁止）

第九条　職員は、育児休業を理由として、不利益な取扱いを受けることはない。

（育児短時間勤務の承認）

第一〇条　職員（非常勤職員、臨時的に任用される職員その他これらに類する職員として条例で定める職員を除く。）は、任命権者の承認を受けて、当該職員の小学校就学の始期に達するまでの子を養育するため、当該子がその始期に達するまで、常時勤務を要する職を占めたまま、次の各号に掲げるいずれかの勤務の形態（一般職の職員の勤務時間、休暇等に関する法律（平成六年法律第三十三号）第六条の規定の適用を受ける国家公務員と同様の勤務の形態によって勤務する職員以外の職員にあっては、第五号に掲げる勤務の形態）により、当該職員が希望する日及び時間帯において勤務すること（以下「育児短時間勤務」という。）ができる。ただし、当該子について、既に育児短時間勤務をしたことがある場合において、当該子に係る育児短時間勤務の終了の日の翌日から起算して一年を経過しないときは、条例で定める特別の事情がある場合を除き、この限りでない。

一　日曜日及び土曜日を週休日（勤務時間を割り振らない日をいう。以下この項において同じ。）とし、週休日以外の日において一日につき十分の一勤務時間（当該職員の一週間当たりの通常の勤務時間（以下この項において「週間勤務時間」という。）に十分の一を乗じて得た時間に端数処理（五分を最小の単位とし、これに満たない端数を切り上げることをいう。以下この項において同じ。）を行って得た時間をいう。以下この項及び第十三条において同じ。）勤務すること。

二　日曜日及び土曜日を週休日とし、週休日以外の日において一日につき八分の一勤務時間（週間勤務時間に八分の一を乗じて得た時間に端数処理を行って得た時間をいう。以下この項において同じ。）勤務すること。

三　日曜日及び土曜日並びに月曜日から金曜日までの五日間のうちの二日を週休日とし、週休日以外の日において一日につき五分の一勤務時間（週間勤務時間に五分の一を乗じて得た時間に端数処理を行って得た時間をいう。以下この項及び第十三条において同じ。）勤務すること。

四　日曜日及び土曜日並びに月曜日から金曜日までの五日間のうちの二日を週休日とし、週休日以外の日のうち、二日については一日につき五分の一勤務時間、一日については一日につき十分の一勤務時間勤務すること。

五　前各号に掲げるもののほか、一週間当たりの勤務時間が五分の一勤務時間に二を乗じて得た時間に十分の一勤務時間を加えた時間から八分の一勤務時間に五を乗じて得た時間までの範囲内の時間となるように条例で定める勤務の形態

2　育児短時間勤務の承認を受けようとする職員は、条例で定めるところにより、育児短時間勤務をしようとする期間（一月以上一年以下の期間に限る。）の初日及び末日並びにそ

の勤務の形態における勤務の日及び時間帯を明らかにして、任命権者に対し、その承認を請求するものとする。

3　任命権者は、前項の規定による請求があったときは、当該請求に係る期間について当該請求をした職員の業務を処理するための措置を講ずることが困難である場合を除き、これを承認しなければならない。

（育児短時間勤務の期間の延長）

第一一条　育児短時間勤務をしている職員（以下「育児短時間勤務職員」という。）は、任命権者に対し、当該育児短時間勤務の期間の延長を請求することができる。

2　前条第二項及び第三項の規定は、育児短時間勤務の期間の延長について準用する。

（育児短時間勤務の承認の失効等）

第一二条　第五条の規定は、育児短時間勤務の承認の失効及び取消しについて準用する。

（育児短時間勤務職員の並立任用）

第一三条　一人の育児短時間勤務職員（一週間当たりの勤務時間が五分の一勤務時間に二を乗じて得た時間に十分の一勤務時間を加えた時間から十分の一勤務時間に五を乗じて得た時間までの範囲内の時間である者に限る。以下この条において同じ。）が占める職には、他の一人の育児短時間勤務職員を任用することを妨げない。

（育児短時間勤務職員の給与等の取扱い）

第一四条　育児短時間勤務職員については、国家公務員育児休業法第十二条第一項に規定する育児短時間勤務をしている国家公務員の給与、勤務時間及び休暇の取扱いに関する事項を基準として、給与、勤務時間及び休暇の取扱いに関する措置を講じなければならない。

（育児短時間勤務をした職員の退職手当の取扱い）

第一五条　育児短時間勤務をした職員については、国家公務員育児休業法第十二条第一項に規定する育児短時間勤務をした国家公務員の退職手当の取扱いに関する事項を基準として、退職した場合の退職手当の取扱いに関する措置を講じなければならない。

（育児短時間勤務を理由とする不利益取扱いの禁止）

第一六条　職員は、育児短時間勤務を理由として、不利益な取扱いを受けることはない。

（育児短時間勤務の承認が失効した場合等における育児短時間勤務の例による短時間勤務）

第一七条　任命権者は、第十二条において準用する第五条の規定により育児短時間勤務の承認が失効し、又は取り消された場合において、過員を生ずることその他の条例で定めるやむを得ない事情があると認めるときは、その事情が継続している期間、条例で定めるところにより、当該育児短時間勤務をしていた職員に、引き続き当該育児短時間勤務と同一の勤務の日及び時間帯において常時勤務を要する職を占めたまま勤務をさせることができる。この場合において、第十三条から前条までの規定を準用する。

（育児短時間勤務に伴う短時間勤務職員の任用）

第一八条　任命権者は、第十条第二項又は第十一条第一項の規定による請求があった場合において、当該請求に係る期間について当該請求をした職員の業務を処理するため必要があると認めるときは、当該請求に係る期間を任期の限度として、短時間勤務職員（地方公務員法第二十八条の五第一項に規定する短時間勤務の職を占める職員をいう。以下この条において同じ。）を採用することができる。

2　任命権者は、前項の規定により任期を定めて短時間勤務職員を採用する場合には、当該短時間勤務職員にその任期を明示しなければならない。

3　任命権者は、第一項の規定により任期を定めて採用された短時間勤務職員について、条例で定めるところにより、当該育児短時間勤務職員の第十条第二項の規定による請求に係る期間又は当該期間の初日から第十一条第一項の規定による請求に係る期間の末日までの期間の範囲内において、その任期を更新することができる。

4　第二項の規定は、前項の規定により任期を更新する場合について準用する。

5　任命権者は、第一項の規定により任期を定めて採用された短時間勤務職員を、任期を定めて採用した趣旨に反しない場合に限り、その任期中、他の職に任用することができる。

6　任命権者が第一項又は前項の規定により短時間勤務職員を任用する場合には、地方公務員法第二十八条の五第三項の規定は、適用しない。

（部分休業）

第一九条　任命権者（地方教育行政の組織及び運営に関する法律（昭和三十一年法律第百六十二号）第三十七条第一項に規定する県費負担教職員については、市町村の教育委員会）は、職員（育児短時間勤務職員その他その任用の状況がこれに類する職員として条例で定める職員を除く。）が請求した場合において、公務の運営に支障がないと認めるときは、条例の定めるところにより、当該職員がその小学校就学の始期（非常勤職員（地方公務員法第二十八条の五第一項に規定する短時間勤務の職を占める職員を除く。）にあっては、三歳）に達するまでの子を養育するため一日の勤務時間の一部（二時間を超えない範囲内の時間に限る。）について勤務しないこと（以下この条において「部分休業」という。）を承認することができる。

2　職員が部分休業の承認を受けて勤務しない場合には、国家公務員育児休業法第二十六条第二項に規定する育児時間の承認を受けて勤務しない場合の国家公務員の給与の支給に関する事項を基準として定める条例の定めるところにより、減額して給与を支給するものとする。

3　第五条及び第十六条の規定は、部分休業について準用する。

第二〇条　職員に関する労働基準法第十二条第三項第四号及び第三十九条第十項の規定の適用については、同法第十二条第三項第四号中「育児休業、介護休業等育児又は家族介護を行う労働者の福祉に関する法律（平成三年法律第七十六号）第二条第一号」とあるのは「地方公務員の育児休業等に関する法律（平成三年法律第百十号）第二条第一項」と、「同条第二号」とあるのは「育児休業、介護休業等育児又は家族介護を行う労働者の福祉に関する法律（平成三年法律第七十六号）第二条第二号」と、同法第三十九条第十項中「育児休業、介護休業等育児又は家族介護を行う労働者の福祉に関する法律第二条第一号」とあるのは「地方公務員の育児休業等に関する法律第二条第一項」と、「同条第二号」とあるのは「育児休業、介護休業等育児又は家族介護を行う労働者の福祉に関する法律第二条第二号」とする。

2　職員に関する船員法（昭和二十二年法律第百号）第七十四条第四項の規定の適用については、同項中「育児休業、介護休業等育児又は家族介護を行う労働者の福祉に関する法律（平成三年法律第七十六号）第二条第一号」とあるのは、「地方公務員の育児休業等に関する法律（平成三年法律第百十号）第二条第一項」とする。

附　則〔省略〕

●公立の学校の事務職員の休職の特例に関する法律

（昭和三二年五月二〇日　法律第一一七号）

施行、昭三二・五・二〇
最終改正、平二四—法六七

公立の学校（学校教育法（昭和二十二年法律第二十六号）第一条に規定する学校及び就学前の子どもに関する教育、保育等の総合的な提供の推進に関する法律（平成十八年法律第七十七号）第二条第七項に規定する幼保連携型認定こども園をいい、大学を除く。以下同じ。）の事務職員が結核性疾患のため長期の休養を要する場合に該当して休職にされたときは、当該休職の期間及び当該休職の期間中の給与については、他の法令の規定にかかわらず、教育公務員特例法（昭和二十四年法律第一号）第十四条の規定を準用する。

附　則（省略）

●セクシュアル・ハラスメントの防止等

（平成一〇年一一月一三日　人事院規則一〇—一〇）

施行、平一一・四・一
最終改正、令二—人規一〇—一〇—三

（趣旨）

第一条　この規則は、人事行政の公正の確保、職員の利益の保護及び職員の能率の発揮を目的として、セクシュアル・ハラスメントの防止及び排除のための措置並びにセクシュアル・ハラスメントに起因する問題が生じた場合に適切に対応するための措置に関し、必要な事項を定めるものとする。

（定義）

第二条　この規則において、次の各号に掲げる用語の意義は、当該各号に定めるところによる。

一　セクシュアル・ハラスメント　他の者を不快にさせる職場における性的な言動及び職員が他の職員を不快にさせる職場外における性的な言動

二　セクシュアル・ハラスメントに起因する問題　セクシュアル・ハラスメントのため職員の勤務環境が害されること及びセクシュアル・ハラスメントへの対応に起因して職員がその勤務条件につき不利益を受けること

（人事院の責務）

第三条　人事院は、セクシュアル・ハラスメントの防止等に関する施策についての企画立案を行うとともに、各省各庁の長がセクシュアル・ハラスメントの防止等のために実施する措置に関する調整、指導及び助言に当たらなければならない。

（各省各庁の長の責務）

第四条　各省各庁の長は、職員がその能率を充分に発揮できるような勤務環境を確保するため、セクシュアル・ハラスメントの防止及び排除に関し、必要な措置を講ずるとともに、セクシュアル・ハラスメントに起因する問題が生じた場合においては、必要な措置を迅速かつ適切に講じなければならない。

2　各省各庁の長は、当該各省各庁に属する職員が他の各省各庁に属する職員（以下「他省庁の職員」という。）からセクシュアル・ハラスメントを受けたとされる場合には、当該他省庁の職員に係る各省各庁の長に対し、当該他省庁の職員に対する調査を行うよう要請するとともに、必要に応じて当該他省庁の職員に対する指導等の対応を行うよう求めなければならない。この場合において、当該調査又は対応を行うよう求められた各省各庁の長は、これに応じて必要と認める協力を行わなければならない。

3　各省各庁の長は、セクシュアル・ハラスメントに関する苦情の申出、当該苦情等に係る調査への協力その他セクシュアル・ハラスメントに対する職員の対応に起因して当該職員が職場において不利益を受けることがないようにしなければならない。

（職員の責務）

第五条　職員は、セクシュアル・ハラスメントをしてはならない。

2　職員は、次条第一項の指針を十分認識して行動するよう努めなければならない。

3　職員を監督する地位にある者（以下「監督者」という。）は、良好な勤務環境を確保するため、日常の執務を通じた指導等によりセクシュアル・ハラスメントの防止及び排除に努めるとともに、セクシュアル・ハラスメントに起因する問題が生じた場合には、迅速かつ適切に対処しなければならない。

（職員に対する指針）

第六条　人事院は、セクシュアル・ハラスメントをなくするために職員が認識すべき事項について、指針を定めるものとする。

2　各省各庁の長は、職員に対し、前項の指針の周知徹底を図らなければならない。

（研修等）

第七条　各省各庁の長は、セクシュアル・ハラスメントの防止等のため、職員の意識の啓発及び知識の向上を図らなければならない。

2　各省各庁の長は、セクシュアル・ハラスメントの防止等のため、職員に対し、研修を実施しなければならない。この場合において、特に、新たに職員となった者にセクシュアル・ハラスメントに関する基本的な事項について理解させること並びに新たに監督者となった職員その他職責等を考慮して人事院が定める職員にセクシュアル・ハラスメントの防止等に関しその求められる役割及び技能について理解させることに留意するものとする。

3　人事院は、各省各庁の長が前二項の規定により実施する研修等の調整及び指導に当たるとともに、自ら実施することが適当と認められるセクシュアル・ハラスメントの防止等のための研修について計画を立て、その実施に努めるものとする。

（苦情相談への対応）

第八条　各省各庁の長は、人事院の定めるところにより、セクシュアル・ハラスメントに関する苦情の申出及び相談（以下「苦情相談」という。）が職員からなされた場合に対応するため、苦情相談を受ける職員（以下「相談員」という。）を配置し、相談員が苦情相談を受ける日時及び場所を指定する等必要な体制を整備しなければならない。この場合において、各省各庁の長は、苦情相談を受ける体制を職員に対して明示するものとする。

2　相談員は、苦情相談に係る問題の事実関係の確認及び当該苦情相談に係る当事者に対する助言等により、当該問題を迅速かつ適切に解決するよう努めるものとする。この場合において、相談員は、次条第一項の指針に十分留意しなければならない。

3　職員は、相談員に対して苦情相談を行うほか、人事院に対しても苦情相談を行うことができる。この場合において、人事院は、苦情相談を行った職員等から事情の聴取を行う等の必要な調査を行い、当該職員等に対して指導、助言及び必要なあっせん等を行うものとする。

4　人事院は、職員以外の者であって職員からセクシュアル・ハラスメントを受けたと思料するものからの苦情相談を受けるものとし、当該苦情相談の迅速かつ適切な処理を行わせるため、人事院事務総局の職員のうちから、当該苦情相談を受けて処理する者をセクシュアル・ハラスメント相談員として指名するものとする。この場合において、当該苦情相談の処理については、規則一三―五（職員からの苦情相談）第四条（第三項を除く。）から第九条までの規定の例による。

（苦情相談に関する指針）

第九条　人事院は、相談員がセクシュアル・ハラスメントに関する苦情相談に対応するに当たり留意すべき事項について、指針を定めるものとする。

2　各省各庁の長は、相談員に対し、前項の指針の周知徹底を図らなければならない。

附　則（省略）

附　則（令和二年四月一日人事院規則一〇―一〇―三）

この規則は、令和二年六月一日から施行する。

●パワー・ハラスメントの防止等

（令和二年四月一日人事院規則一〇―一六）

施行、令二・六・一

（趣旨）

第一条　この規則は、人事行政の公正の確保、職員の利益の保護及び職員の能率の発揮を目的として、パワー・ハラスメントの防止のための措置及びパワー・ハラスメントが行われた場合に適切に対応するための措置に関し、必要な事項を定めるものとする。

（定義）

第二条　この規則において、「パワー・ハラスメント」とは、職務に関する優越的な関係を背景として行われる、業務上必要かつ相当な範囲を超える言動であって、職員に精神的若しくは身体的な苦痛を与え、職員の人格若しくは尊厳を害し、又は職員の勤務環境を害することとなるようなものをいう。

（人事院の責務）

第三条　人事院は、パワー・ハラスメントの防止及びパワー・ハラスメントが行われた場合の対応（以下「パワー・ハラスメントの防止等」という。）に関する施策についての企画立案を行うとともに、各省各庁の長がパワー・ハラスメントの防止等のために実施する措置に関する調整、指導及び助言に当たらなければならない。

（各省各庁の長の責務）

第四条　各省各庁の長は、職員がその能率を充分に発揮できるような勤務環境を確保するため、パワー・ハラスメントの防止に関し、必要な措置を講ずるとともに、パワー・ハラスメントが行われた場合においては、必要な措置を迅速かつ適切に講じなければならない。

2　各省各庁の長は、当該各省各庁に属する職員が他の各省各庁に属する職員（以下「他省庁の職員」という。）からパワー・ハラスメントを受けたとされる場合には、当該他省庁の職員に係る各省各庁の長に対し、当該他省庁の職員に対する調査を行うよう要請するとともに、必要に応じて当該他省庁の職員に対する指導等の対応を行うよう求めなければならない。この場合において、当該調査又は対応を行うよう求められた各省各庁の長は、これに応じて必要と認める協力を行わなければならない。

3　各省各庁の長は、パワー・ハラスメントに関する苦情の申出、当該苦情等に係る調査への協力その他パワー・ハラスメントが行われた場合の職員の対応に起因して当該職員が職場において不利益を受けることがないようにしなければならない。

（職員の責務）

第五条　職員は、パワー・ハラスメントをしてはならない。

2　職員は、次条第一項の指針を十分認識して行動するよう努めなければならない。

3　管理又は監督の地位にある職員は、パワー・ハラスメントの防止のため、良好な勤務環境を確保するよう努めるとともに、パワー・ハラスメントに関する苦情の申出及び相談（以下「苦情相談」という。）が職員からなされた場合には、苦情相談に係る問題を解決するため、迅速かつ適切に対処しなければならない。

（職員に対する指針）

第六条　人事院は、パワー・ハラスメントを防止しパワー・ハラスメントに関する問題を解決するために職員が認識すべき事項について、指針を定めるものとする。

2　各省各庁の長は、職員に対し、前項の指針の周知徹底を図らなければならない。

（研修等）

第七条　各省各庁の長は、パワー・ハラスメントの防止等のため、職員の意識の啓発及び知識の向上を図らなければならない。

2　各省各庁の長は、パワー・ハラスメントの防止等のため、職員に対し、研修を実施しなければならない。この場合において、特に、新たに職員となった者にパワー・ハラスメントに関する基本的な事項について理解させること並びに昇任した職員にパワー・ハラスメントの防止等に関し昇任後の役職段階ごとに求められる役割及び技能について理解させることに留意するものとする。

3　人事院は、各省各庁の長が前二項の規定により実施する研修等の調整及び指導に当たるとともに、自ら実施することが適当と認められるパワー・ハラスメントの防止等のための研修について計画を立て、その実施に努めるものとする。

（苦情相談への対応）

第八条　各省各庁の長は、人事院の定めるところにより、パワー・ハラスメントに関する苦情相談が職員からなされた場合に対応するため、苦情相談を受ける職員（以下「相談員」という。）を配置し、相談員が苦情相談を受ける日時及び場所を指定する等必要な体制を整備しなければならない。この場合において、各省各庁の長は、苦情相談を受ける体制を職員に対して明示するものとする。

2　相談員は、次条第一項の指針に十分留意して、苦情相談に係る問題を迅速かつ適切に解決するよう努めるものとする。

3　職員は、相談員に対して苦情相談を行うほか、人事院に対しても苦情相談を行うことができる。この場合において、人事院は、苦情相談を行った職員等から事情の聴取を行う等の必要な調査を行い、当該職員等に対して指導、助言及び必要なあっせん等を行うものとする。

（苦情相談に関する指針）

第九条　人事院は、相談員がパワー・ハラスメントに関する苦情相談に対応するに当たり留意すべき事項について、指針を定めるものとする。

2　各省各庁の長は、相談員に対し、前項の指針の周知徹底を図らなければならない。

附　則（抄）

（施行期日）

1　この規則は、令和二年六月一日から施行する。

●職員団体のための職員の行為

（昭和四三年一二月六日 人事院規則一七―二）

施行、昭四三・一二・一四
最終改正、平一一―人規一―二六

（専従許可）

第一条　職員は、法第百八条の六第一項ただし書に規定する許可（以下「専従許可」という。）を求める場合には、その官職及び氏名、所属する職員団体の名称及び当該団体における役職名並びに当該団体の業務にもつぱら従事する期間を記載した申請書をあらかじめ所轄庁の長に提出しなければならない。

2　所轄庁の長は、専従許可を与えるときは、その旨及び法第百八条の六第二項に規定する許可の有効期間（以下次条及び第四条において「有効期間」という。）を明示した文書を交付するものとする。

（有効期間の更新）

第二条　所轄庁の長は、職員の申請があつたときは、法第百八条の六第三項に規定する期間の範囲内で有効期間を更新することができる。

2　前条第二項の規定は、前項の規定による有効期間の更新について準用する。

（専従許可の取消し事由が生じた場合の届出）

第三条　専従許可を受けた職員は、法第百八条の六第四項に規定する事由が生じた場合には、その旨を所轄庁の長に書面で届け出るものとする。

（復職）

第四条　専従許可を受けた職員は、専従許可が取り消されたとき又は有効期間が満了したときは、当然復職するものとする。

（諮問的な非常勤官職を占める職員に関する特例）

第五条　法第百八条の六第一項の規定は、国家行政組織法（昭和二十三年法律第百二十号）第八条の審議会等の諮問的な非常勤官職のみを占める職員又はこれらに準ずる非常勤官職のみを占める職員（法第八十一条の五第一項に規定する短時間勤務の官職を占める職員を除く。）には適用されない。

（短期従事の許可等）

第六条　所轄庁の長は、職員が、職員団体の業務にもつぱら従事する場合を除き、登録された職員団体の役員又は登録された職員団体の規約に基づいて設置される議決機関（代議員制をとる場合に限る。）、投票管理機関若しくは諮問機関の構成員として勤務時間中当該団体の業務に従事することを許可することができる。

2　前項に規定する許可（以下この条において「許可」という。）は、職員の申請があつた場合において、所轄庁の長が公務に支障がないと認めるときにその有効期間を定めて与えるものとする。

3　許可を与える場合の有効期間の単位は、一日又は一時間とする。

4　許可の有効期間は、当該職員について一年を通じて三十日をこえてはならない。

5　職員は、許可を求める場合には、その官職及び氏名、所属する職員団体の名称及び当該団体における役職名並びに許可を受けて従事する業務の内容及びその期間を記載した申請書をあらかじめ所轄庁の長に提出しなければならない。

6　許可を受けた職員は、許可の有効期間中職務に従事することができない。

7　職員が許可を受けて職務に従事しなかつた期間は、給与法第十五条の規定の例により、給与を減額する。

（職務専念義務が免除されている場合の職員の行為）

第七条　職員は、職員団体の業務にもつぱら従事する場合を除き、前条第一項の規定による許可を受けて職員団体のためその業務を行なうことができるほか、あらかじめ承認を得た休暇その他法第百一条第一項の規定に基づき職務に専念する義務が免除されている期間中は、給与を受けながら、職員団体のためその業務を行ない、又は活動することができる。

2　職員は、職員団体のためその業務を行ない、又は活動することによつて、他の職員の職務の遂行を妨げ、又は国の事務の正常な運営を阻害してはならない。

（準備行為）

第八条　専従許可の申請及び第六条第一項に規定する許可の申請は、この規則の施行の日前においても行なうことができる。

●地方公営企業等の労働関係に関する法律

(昭和二七年七月三一日 法律第二八九号)

施行、昭二七・一〇・一
最終改正、平二六―法六九

(目的)
第一条　この法律は、地方公共団体の経営する企業及び特定地方独立行政法人の正常な運営を最大限に確保し、もつて住民の福祉の増進に資するため、地方公共団体の経営する企業及び特定地方独立行政法人とこれらに従事する職員との間の平和的な労働関係の確立を図ることを目的とする。

(関係者の責務)
第二条　地方公共団体におけるその経営する企業及び特定地方独立行政法人の重要性にかんがみ、この法律に定める手続に関与する関係者は、紛争をできるだけ防止し、かつ、主張の不一致を友好的に調整するために、最大限の努力を尽さなければならない。

(定義)
第三条　この法律において、次の各号に掲げる用語の意義は、当該各号に定めるところによる。
一　地方公営企業　次に掲げる事業(これに附帯する事業を含む。)を行う地方公共団体が経営する企業をいう。
イ　鉄道事業
ロ　軌道事業
ハ　自動車運送事業
ニ　電気事業
ホ　ガス事業
ヘ　水道事業
ト　工業用水道事業
チ　イからトまでの事業のほか、地方公営企業法(昭和二十七年法律第二百九十二号)第二条第三項の規定に基づく条例又は規約の定めるところにより同法第四章の規定が適用される企業
二　特定地方独立行政法人　地方独立行政法人法(平成十五年法律第百十八号)第二条第二項に規定する特定地方独立行政法人をいう。
三　地方公営企業等　地方公営企業及び特定地方独立行政法人をいう。
四　職員　地方公営企業又は特定地方独立行政法人に勤務する一般職に属する地方公務員をいう。

(他の法律との関係)
第四条　職員に関する労働関係については、この法律に定めるところにより、この法律に定めのないものについては、労働組合法(昭和二十四年法律第百七十四号)(第五条第二項第八号、第七条第一号ただし書、第八条及び第十八条の規定を除く。)及び労働関係調整法(昭和二十一年法律第二十五号)(第九条、第十八条、第二十六条第四項、第三十条及び第三十五条の二から第四十二条までの規定を除く。)の定めるところによる。

(職員の団結権)
第五条　職員は、労働組合を結成し、若しくは結成せず、又はこれに加入し、若しくは加入しないことができる。
2　労働委員会は、職員が結成し、又は加入する労働組合(以下「組合」という。)について、職員のうち労働組合法第二条第一号に規定する者の範囲を認定して告示するものとする。
3　地方公営企業等は、職を新設し、変更し、又は廃止したときは、速やかにその旨を労働委員会に通知しなければならない。

(組合のための職員の行為の制限)
第六条　職員は、組合の業務に専ら従事することができない。ただし、地方公営企業等の許可を受けて、組合の役員として専ら従事する場合は、この限りでない。
2　前項ただし書の許可は、地方公営企業等が相当と認める場合に与えることができるものとし、これを与える場合においては、地方公営企業等は、その許可の有効期間を定めるものとする。
3　第一項ただし書の規定により組合の役員としてもつぱら従事する期間は、職員としての在職期間を通じて五年(地方公務員法(昭和二十五年法律第二百六十一号)第五十五条の二第一項ただし書の規定により職員団体の業務にもつぱら従事したことがある職員については、五年からそのもつぱら従事した期間を控除した期間)をこえることができない。
4　第一項ただし書の許可は、当該許可を受けた職員が組合の役員として当該組合の業務にもつぱら従事する者でなくなつたときは、取り消されるものとする。
5　第一項ただし書の許可を受けた職員は、その許可が効力を有する間は、休職者とし、いかなる給与も支給されず、また、その期間は、退職手当の算定の基礎となる勤続期間に算入されないものとする。

(団体交渉の範囲)
第七条　第十三条第二項に規定するもののほか、職員に関する次に掲げる事項は、団体交渉の対象とし、これに関し労働協約を締結することができる。ただし、地方公営企業等の管理及び運営に関する事項は、団体交渉の対象とすることができない。
一　賃金その他の給与、労働時間、休憩、休日及び休暇に関する事項
二　昇職、降職、転職、免職、休職、先任権及び懲戒の基準に関する事項
三　労働に関する安全、衛生及び災害補償に関する事項
四　前三号に掲げるもののほか、労働条件に関する事項

(条例に抵触する協定)
第八条　地方公共団体の長は、地方公営企業において当該地方公共団体の条例に抵触する内容を有する協定が締結されたときは、その締結後十日以内に、その協定が条例に抵触しなくなるために必要な条例の改正又は廃止に係る議案を当該地方公共団体の議会に付議して、その議決を求めなければならない。ただし、当該地方公共団体の議会がその締結の日から起算して十日を経過した日に閉会しているときは、次の議会に速やかにこれを付議しなければならない。
2　特定地方独立行政法人の理事長は、設立団体(地方独立行政法人法第六条第三項に規定する設立団体をいう。以下同じ。)の条例に抵触する内容を有する協定を締結したときは、速やかに、当該設立団体の長に対して、その協定が条例に抵触しなくなるために必要な条例の改正又は廃止に係る議案を当該設立団体の議会に付議して、その議決を求めるよう要請しなければならない。
3　前項の規定による要請を受けた設立団体の長は、その要請を受けた日から十日以内に、同項の協定が条例に抵触しなくなるために必要な条例の改正又は廃止に係る議案を当該設立団体の議会に付議して、その議決を求めるものとする。ただし、当該設立団体の議会がその要請を受けた日から起算して十日を経過した日に閉会しているときは、次の議会に速やかにこれを付議するものとする。
4　第一項又は第二項の条例の改正又は廃止がなければ、第一項又は第二項の協定は、条例に抵触する限度において、効力を生じない。

(規則その他の規程に抵触する協定)
第九条　地方公共団体の長その他の地方公共団体の機関は、地方公営企業において、当該地方公共団体の長その他の地方公共団体の機関の定める規則その他の規程に抵触する内容を有する協定が締結されたときは、速やかに、その協定が規則その他の規程に抵触しなくなるために必要な規則その他の規程の改正又は廃止のための措置をとらなければならない。

(予算上資金上不可能な支出を内容とする協定)
第一〇条　地方公営企業の予算上又は資金上、不可能な資金の支出を内容とするいかなる協定も、当該地方公共団体の議会によつて所定の行為がなされるまでは、当該地方公共団体を拘束せず、且つ、いかなる資金といえども、そのような協定に基いて支出されてはならない。
2　前項の協定をしたときは、当該地方公共団

体の長は、その締結後十日以内に、事由を附しこれを当該地方公共団体の議会に付議して、その承認を求めなければならない。但し、当該地方公共団体の議会がその締結の日から起算して十日を経過した日に閉会しているときは、次の議会にすみやかにこれを付議しなければならない。

3　前項の規定により当該地方公共団体の議会の承認があつたときは、第一項の協定は、それに記載された日附にさかのぼつて効力を発生するものとする。

（争議行為の禁止）

第十一条　職員及び組合は、地方公営企業等に対して同盟罷業、怠業その他の業務の正常な運営を阻害する一切の行為をすることができない。また、職員並びに組合の組合員及び役員は、このような禁止された行為を共謀し、唆し、又はあおつてはならない。

2　地方公営企業等は、作業所閉鎖をしてはならない。

（前条の規定に違反した職員の身分）

第十二条　地方公共団体及び特定地方独立行政法人は、前条の規定に違反する行為をした職員を解雇することができる。

（苦情処理）

第十三条　地方公営企業等及び組合は、職員の苦情を適当に解決するため、地方公営企業等を代表する者及び職員を代表する者各同数をもつて構成する苦情処理共同調整会議を設けなければならない。

2　苦情処理共同調整会議の組織その他苦情処理に関する事項は、団体交渉で定める。

（調停の開始）

第十四条　労働委員会は、次に掲げる場合に、地方公営企業等の労働関係に関して調停を行う。

一　関係当事者の双方が調停の申請をしたとき。

二　関係当事者の双方又は一方が労働協約の定めに基づいて調停の申請をしたとき。

三　関係当事者の一方が調停の申請をなし、労働委員会が調停を行う必要があると決議したとき。

四　労働委員会が職権に基づいて調停を行う必要があると決議したとき。

五　厚生労働大臣又は都道府県知事が調停の請求をしたとき。

（仲裁の開始）

第十五条　労働委員会は、次に掲げる場合に、地方公営企業等の労働関係に関して仲裁を行う。

一　関係当事者の双方が仲裁の申請をしたとき。

二　関係当事者の双方又は一方が労働協約の定めに基づいて仲裁の申請をしたとき。

三　労働委員会が、その労働委員会においてあつせん又は調停を行つている労働争議について、仲裁を行う必要があると決議したとき。

四　労働委員会があつせん又は調停を開始した後二月を経過して、なお労働争議が解決しない場合において、関係当事者の一方が仲裁の申請をしたとき。

五　厚生労働大臣又は都道府県知事が仲裁の請求をしたとき。

（仲裁裁定）

第十六条　地方公営企業等とその職員との間に発生した紛争に係る仲裁裁定に対しては、当事者は、双方とも最終的決定としてこれに服従しなければならない。

2　地方公共団体の長は、地方公営企業とその職員との間に発生した紛争に係る仲裁裁定が実施されるように、できる限り努力しなければならない。ただし、当該地方公営企業の予算上又は資金上、不可能な資金の支出を内容とする仲裁裁定については、第十条の規定を準用する。

3　第八条第一項及び第四項の規定は当該地方公共団体の条例に抵触する内容を有する仲裁裁定について、第九条の規定は当該地方公共団体の規則その他の規程に抵触する内容を有する仲裁裁定について準用する。

4　設立団体は、特定地方独立行政法人がその職員との間に発生した紛争に係る仲裁裁定を実施した結果、その事務及び事業の実施に著しい支障が生ずることのないように、できる限り努力しなければならない。

5　第八条第二項から第四項までの規定は、当該設立団体の条例に抵触する内容を有する仲裁裁定について準用する。

（第五条第二項の事務の処理）

第十六条の二　第五条第二項の規定による労働委員会の事務の処理には、公益を代表する委員のみが参与する。

（不当労働行為の申立て等）

第十六条の三　第十二条の規定による解雇に係る労働組合法第二十七条第一項の申立てがあつた場合において、その申立てが当該解雇がなされた日から二月を経過した後になされたものであるときは、労働委員会は、同条第二項の規定にかかわらず、これを受けることができない。

2　第十二条の規定による解雇に係る労働組合法第二十七条第一項の申立て又は同法第二十七条の十五第一項若しくは第二項の再審査の申立てを受けたときは、労働委員会は、申立ての日から二月以内に命令を発するようにしなければならない。

（地方公営企業法の準用）

第十七条　地方公営企業法第三十八条並びに第三十九条第一項及び第三項から第六項までの規定は、地方公営企業（同法第四章の規定が適用されるものを除く。）に勤務する職員について準用する。

2　地方公営企業法第三十九条第二項の規定は、前項に規定する職員（同法第三十九条第二項の政令で定める基準に従い地方公共団体の長が定める職にある者を除く。）について準用する。

附　則〔抄〕

4　第六条の規定の適用については、地方公営企業等の運営の実態にかんがみ、労働関係の適正化を促進し、もつて地方公営企業等の効率的な運営に資するため、当分の間、同条第三項中「五年」とあるのは、「七年以下の範囲内で労働協約で定める期間」とする。

5　地方公務員法第五十七条に規定する単純な労務に雇用される一般職に属する地方公務員であつて、第三条第四号の職員以外のものに係る労働関係その他身分取扱いについては、その労働関係その他身分取扱いに関し特別の法律が制定施行されるまでの間は、この法律（第十七条を除く。）並びに地方公営企業法第三十八条及び第三十九条の規定を準用する。この場合において、同条第一項中「第四十九条まで、第五十二条から第五十六条まで」とあるのは「第四十九条まで」と、同条第五項中「地方公営企業の管理者」とあるのは「任命権者（委任を受けて任命権を行う者を除く。）」と読み替えるものとする。

●労働基準法

（昭和二二年四月七日 法律第四九号）

施行、昭二二・九・一ほか
最終改正、令二―法一三

第一章 総則

（労働条件の原則）

第一条 労働条件は、労働者が人たるに値する生活を営むための必要を充たすべきものでなければならない。

② この法律で定める労働条件の基準は最低のものであるから、労働関係の当事者は、この基準を理由として労働条件を低下させてはならないことはもとより、その向上を図るように努めなければならない。

（労働条件の決定）

第二条 労働条件は、労働者と使用者が、対等の立場において決定すべきものである。

② 労働者及び使用者は、労働協約、就業規則及び労働契約を遵守し、誠実に各々その義務を履行しなければならない。

（均等待遇）

第三条 使用者は、労働者の国籍、信条又は社会的身分を理由として、賃金、労働時間その他の労働条件について、差別的取扱をしてはならない。

（男女同一賃金の原則）

第四条 使用者は、労働者が女性であることを理由として、賃金について、男性と差別的取扱いをしてはならない。

（強制労働の禁止）

第五条 使用者は、暴行、脅迫、監禁その他精神又は身体の自由を不当に拘束する手段によつて、労働者の意思に反して労働を強制してはならない。

（中間搾取の排除）

第六条 何人も、法律に基いて許される場合の外、業として他人の就業に介入して利益を得てはならない。

（公民権行使の保障）

第七条 使用者は、労働者が労働時間中に、選挙権その他公民としての権利を行使し、又は公の職務を執行するために必要な時間を請求した場合においては、拒んではならない。但し、権利の行使又は公の職務の執行に妨げがない限り、請求された時刻を変更することができる。

第八条 削除（平一〇法一一二）

（定義）

第九条 この法律で「労働者」とは、職業の種類を問わず、事業又は事務所（以下「事業」という。）に使用される者で、賃金を支払われる者をいう。

第一〇条 この法律で使用者とは、事業主又は事業の経営担当者その他その事業の労働者に関する事項について、事業主のために行為をするすべての者をいう。

第一一条 この法律で賃金とは、賃金、給料、手当、賞与その他名称の如何を問わず、労働の対償として使用者が労働者に支払うすべてのものをいう。

第一二条 この法律で平均賃金とは、これを算定すべき事由の発生した日以前三箇月間にその労働者に対し支払われた賃金の総額を、その期間の総日数で除した金額をいう。ただし、その金額は、次の各号の一によつて計算した金額を下つてはならない。

一 賃金が、労働した日若しくは時間によつて算定され、又は出来高払制その他の請負制によつて定められた場合においては、賃金の総額をその期間中に労働した日数で除した金額の百分の六十

二 賃金の一部が、月、週その他一定の期間によつて定められた場合においては、その部分の総額をその期間の総日数で除した金額と前号の金額の合算額

② 前項の期間は、賃金締切日がある場合においては、直前の賃金締切日から起算する。

③ 前二項に規定する期間中に、次の各号のいずれかに該当する期間がある場合においては、その日数及びその期間中の賃金は、前二項の期間及び賃金の総額から控除する。

一 業務上負傷し、又は疾病にかかり療養のために休業した期間

二 産前産後の女性が第六十五条の規定によつて休業した期間

三 使用者の責めに帰すべき事由によつて休業した期間

四 育児休業、介護休業等育児又は家族介護を行う労働者の福祉に関する法律（平成三年法律第七十六号）第二条第一号に規定する育児休業又は同条第二号に規定する介護休業（同法第六十一条第三項（同条第六項において準用する場合を含む。）に規定する介護をするための休業を含む。第三十九条第十項において同じ。）をした期間

五 試みの使用期間

④ 第一項の賃金の総額には、臨時に支払われた賃金及び三箇月を超える期間ごとに支払われる賃金並びに通貨以外のもので支払われた賃金で一定の範囲に属しないものは算入しない。

⑤ 賃金が通貨以外のもので支払われる場合、第一項の賃金の総額に算入すべきものの範囲及び評価に関し必要な事項は、厚生労働省令で定める。

⑥ 雇入後三箇月に満たない者については、第一項の期間は、雇入後の期間とする。

⑦ 日日雇い入れられる者については、その従事する事業又は職業について、厚生労働大臣の定める金額を平均賃金とする。

⑧ 第一項乃至第六項によつて算定し得ない場合の平均賃金は、厚生労働大臣の定めるところによる。

第二章 労働契約

（この法律違反の契約）

第一三条 この法律で定める基準に達しない労働条件を定める労働契約は、その部分については無効とする。この場合において、無効となつた部分は、この法律で定める基準による。

（契約期間等）

第一四条 労働契約は、期間の定めのないものを除き、一定の事業の完了に必要な期間を定めるもののほかは、三年（次の各号のいずれかに該当する労働契約にあつては、五年）を超える期間について締結してはならない。

一 専門的な知識、技術又は経験（以下この号及び第四十一条の二第一項第一号において「専門的知識等」という。）であつて高度のものとして厚生労働大臣が定める基準に該当する専門的知識等を有する労働者（当該高度の専門的知識等を必要とする業務に就く者に限る。）との間に締結される労働契約

二 満六十歳以上の労働者との間に締結される労働契約（前号に掲げる労働契約を除く。）

② 厚生労働大臣は、期間の定めのある労働契約の締結時及び当該労働契約の期間の満了時において労働者と使用者との間に紛争が生ずることを未然に防止するため、使用者が講ずべき労働契約の期間の満了に係る通知に関する事項その他必要な事項についての基準を定めることができる。

③ 行政官庁は、前項の基準に関し、期間の定めのある労働契約を締結する使用者に対し、必要な助言及び指導を行うことができる。

（労働条件の明示）

第一五条 使用者は、労働契約の締結に際し、労働者に対して賃金、労働時間その他の労働条件を明示しなければならない。この場合において、賃金及び労働時間に関する事項その他の厚生労働省令で定める事項については、厚生労働省令で定める方法により明示しなければならない。

② 前項の規定によつて明示された労働条件が事実と相違する場合においては、労働者は、即時に労働契約を解除することができる。

③ 前項の場合、就業のために住居を変更した労働者が、契約解除の日から十四日以内に帰郷する場合においては、使用者は、必要な旅費を負担しなければならない。

（賠償予定の禁止）
第一六条　使用者は、労働契約の不履行について違約金を定め、又は損害賠償額を予定する契約をしてはならない。

（前借金相殺の禁止）
第一七条　使用者は、前借金その他労働することを条件とする前貸の債権と賃金を相殺してはならない。

（強制貯金）
第一八条　使用者は、労働契約に附随して貯蓄の契約をさせ、又は貯蓄金を管理する契約をしてはならない。
②　使用者は、労働者の貯蓄金をその委託を受けて管理しようとする場合においては、当該事業場に、労働者の過半数で組織する労働組合があるときはその労働組合、労働者の過半数で組織する労働組合がないときは労働者の過半数を代表する者との書面による協定をし、これを行政官庁に届け出なければならない。
③　使用者は、労働者の貯蓄金をその委託を受けて管理する場合においては、貯蓄金の管理に関する規程を定め、これを労働者に周知させるため作業場に備え付ける等の措置をとらなければならない。
④　使用者は、労働者の貯蓄金をその委託を受けて管理する場合において、貯蓄金の管理が労働者の預金の受入であるときは、利子をつけなければならない。この場合において、その利子が、金融機関の受け入れる預金の利率を考慮して厚生労働省令で定める利率による利子を下るときは、その厚生労働省令で定める利率による利子をつけたものとみなす。
⑤　使用者は、労働者の貯蓄金をその委託を受けて管理する場合において、労働者がその返還を請求したときは、遅滞なく、これを返還しなければならない。
⑥　使用者が前項の規定に違反した場合において、当該貯蓄金の管理を継続することが労働者の利益を著しく害すると認められるときは、行政官庁は、使用者に対して、その必要な限度の範囲内で、当該貯蓄金の管理を中止すべきことを命ずることができる。
⑦　前項の規定により貯蓄金の管理を中止すべきことを命ぜられた使用者は、遅滞なく、その管理に係る貯蓄金を労働者に返還しなければならない。

（解雇制限）
第一九条　使用者は、労働者が業務上負傷し、又は疾病にかかり療養のために休業する期間及びその後三十日間並びに産前産後の女性が第六十五条の規定によつて休業する期間及びその後三十日間は、解雇してはならない。ただし、使用者が、第八十一条の規定によつて打切補償を支払う場合又は天災事変その他やむを得ない事由のために事業の継続が不可能となつた場合においては、この限りでない。
②　前項但書後段の場合においては、その事由について行政官庁の認定を受けなければならない。

（解雇の予告）
第二〇条　使用者は、労働者を解雇しようとする場合においては、少くとも三十日前にその予告をしなければならない。三十日前に予告をしない使用者は、三十日分以上の平均賃金を支払わなければならない。但し、天災事変その他やむを得ない事由のために事業の継続が不可能となつた場合又は労働者の責に帰すべき事由に基いて解雇する場合においては、この限りでない。
②　前項の予告の日数は、一日について平均賃金を支払つた場合においては、その日数を短縮することができる。
③　前条第二項の規定は、第一項但書の場合にこれを準用する。

第二一条　前条の規定は、左の各号の一に該当する労働者については適用しない。但し、第一号に該当する者が一箇月を超えて引き続き使用されるに至つた場合、第二号若しくは第三号に該当する者が所定の期間を超えて引き続き使用されるに至つた場合又は第四号に該当する者が十四日を超えて引き続き使用されるに至つた場合においては、この限りでない。
一　日日雇い入れられる者
二　二箇月以内の期間を定めて使用される者
三　季節的業務に四箇月以内の期間を定めて使用される者
四　試の使用期間中の者

（退職時等の証明）
第二二条　労働者が、退職の場合において、使用期間、業務の種類、その事業における地位、賃金又は退職の事由（退職の事由が解雇の場合にあつては、その理由を含む。）について証明書を請求した場合においては、使用者は、遅滞なくこれを交付しなければならない。
②　労働者が、第二十条第一項の解雇の予告がされた日から退職の日までの間において、当該解雇の理由について証明書を請求した場合においては、使用者は、遅滞なくこれを交付しなければならない。ただし、解雇の予告がされた日以後に労働者が当該解雇以外の事由により退職した場合においては、使用者は、当該退職の日以後、これを交付することを要しない。
③　前二項の証明書には、労働者の請求しない事項を記入してはならない。
④　使用者は、あらかじめ第三者と謀り、労働者の就業を妨げることを目的として、労働者の国籍、信条、社会的身分若しくは労働組合運動に関する通信をし、又は第一項及び第二項の証明書に秘密の記号を記入してはならない。

（金品の返還）
第二三条　使用者は、労働者の死亡又は退職の場合において、権利者の請求があつた場合においては、七日以内に賃金を支払い、積立金、保証金、貯蓄金その他名称の如何を問わず、労働者の権利に属する金品を返還しなければならない。
②　前項の賃金又は金品に関して争がある場合においては、使用者は、異議のない部分を、同項の期間中に支払い、又は返還しなければならない。

第三章　賃金

（賃金の支払）
第二四条　賃金は、通貨で、直接労働者に、その全額を支払わなければならない。ただし、法令若しくは労働協約に別段の定めがある場合又は厚生労働省令で定める賃金について確実な支払の方法で厚生労働省令で定めるものによる場合においては、通貨以外のもので支払い、また、法令に別段の定めがある場合又は当該事業場の労働者の過半数で組織する労働組合があるときはその労働組合、労働者の過半数で組織する労働組合がないときは労働者の過半数を代表する者との書面による協定がある場合においては、賃金の一部を控除して支払うことができる。
②　賃金は、毎月一回以上、一定の期日を定めて支払わなければならない。ただし、臨時に支払われる賃金、賞与その他これに準ずるもので厚生労働省令で定める賃金（第八十九条において「臨時の賃金等」という。）については、この限りでない。

（非常時払）
第二五条　使用者は、労働者が出産、疾病、災害その他厚生労働省令で定める非常の場合の費用に充てるために請求する場合においては、支払期日前であつても、既往の労働に対する賃金を支払わなければならない。

（休業手当）
第二六条　使用者の責に帰すべき事由による休業の場合においては、使用者は、休業期間中当該労働者に、その平均賃金の百分の六十以上の手当を支払わなければならない。

（出来高払制の保障給）
第二七条　出来高払制その他の請負制で使用する労働者については、使用者は、労働時間に応じ一定額の賃金の保障をしなければならない。

（最低賃金）
第二八条　賃金の最低基準に関しては、最低賃金法（昭和三十四年法律第百三十七号）の定めるところによる。

第二九条から第三一条まで　削除（昭三四法一三七）

第四章　労働時間、休憩、休日及び年次有給休暇

（**労働時間**）

第三二条　使用者は、労働者に、休憩時間を除き一週間について四十時間を超えて、労働させてはならない。

② 使用者は、一週間の各日については、労働者に、休憩時間を除き一日について八時間を超えて、労働させてはならない。

第三二条の二　使用者は、当該事業場に、労働者の過半数で組織する労働組合がある場合においてはその労働組合、労働者の過半数で組織する労働組合がない場合においては労働者の過半数を代表する者との書面による協定により、又は就業規則その他これに準ずるものにより、一箇月以内の一定の期間を平均し一週間当たりの労働時間が前条第一項の労働時間を超えない定めをしたときは、同条の規定にかかわらず、その定めにより、特定された週において同項の労働時間又は特定された日において同条第二項の労働時間を超えて、労働させることができる。

② 使用者は、厚生労働省令で定めるところにより、前項の協定を行政官庁に届け出なければならない。

第三二条の三　使用者は、就業規則その他これに準ずるものにより、その労働者に係る始業及び終業の時刻をその労働者の決定に委ねることとした労働者については、当該事業場の労働者の過半数で組織する労働組合がある場合においてはその労働組合、労働者の過半数で組織する労働組合がない場合においては労働者の過半数を代表する者との書面による協定により、次に掲げる事項を定めたときは、その協定で第二号の清算期間として定められた期間を平均し一週間当たりの労働時間が第三十二条第一項の労働時間を超えない範囲内において、同条の規定にかかわらず、一週間において同項の労働時間又は一日において同条第二項の労働時間を超えて、労働させることができる。

一　この項の規定による労働時間により労働させることができることとされる労働者の範囲

二　清算期間（その期間を平均し一週間当たりの労働時間が第三十二条第一項の労働時間を超えない範囲内において労働させる期間をいい、三箇月以内の期間に限るものとする。以下この条及び次条において同じ。）

三　清算期間における総労働時間

四　その他厚生労働省令で定める事項

② 清算期間が一箇月を超えるものである場合における前項の規定の適用については、同項各号列記以外の部分中「労働時間を超えない」とあるのは「労働時間を超えず、かつ、当該清算期間をその開始の日以後一箇月ごとに区分した各期間（最後に一箇月未満の期間を生じたときは、当該期間。以下この項において同じ。）ごとに当該各期間を平均し一週間当たりの労働時間が五十時間を超えない」と、「同項」とあるのは「同条第一項」とする。

③ 一週間の所定労働日数が五日の労働者について第一項の規定により労働させる場合における同項の規定の適用については、同項各号列記以外の部分（前項の規定により読み替えて適用する場合を含む。）中「第三十二条第一項の労働時間」とあるのは「第三十二条第一項の労働時間（当該事業場の労働者の過半数で組織する労働組合がある場合においてはその労働組合、労働者の過半数で組織する労働組合がない場合においては労働者の過半数を代表する者との書面による協定により、労働時間の限度について、当該清算期間における所定労働日数を同条第二項の労働時間に乗じて得た時間とする旨を定めたときは、当該清算期間における日数を七で除して得た数をもつてその時間を除して得た時間）」と、「同項」とあるのは「同条第一項」とする。

④ 前条第二項の規定は、第一項各号に掲げる事項を定めた協定について準用する。ただし、清算期間が一箇月以内のものであるときは、この限りでない。

第三二条の三の二　使用者が、清算期間が一箇月を超えるものであるときの当該清算期間中の前条第一項の規定により労働させた期間が当該清算期間より短い労働者について、当該労働させた期間を平均し一週間当たり四十時間を超えて労働させた場合においては、その超えた時間（第三十三条又は第三十六条第一項の規定により延長し、又は休日に労働させた時間を除く。）の労働については、第三十七条の規定の例により割増賃金を支払わなければならない。

第三二条の四　使用者は、当該事業場に、労働者の過半数で組織する労働組合がある場合においてはその労働組合、労働者の過半数で組織する労働組合がない場合においては労働者の過半数を代表する者との書面による協定により、次に掲げる事項を定めたときは、第三十二条の規定にかかわらず、その協定で第二号の対象期間として定められた期間を平均し一週間当たりの労働時間が四十時間を超えない範囲内において、当該協定（次項の規定による定めをした場合においては、その定めを含む。）で定めるところにより、特定された週において同条第一項の労働時間又は特定された日において同条第二項の労働時間を超えて、労働させることができる。

一　この条の規定による労働時間により労働させることができることとされる労働者の範囲

二　対象期間（その期間を平均し一週間当たりの労働時間が四十時間を超えない範囲内において労働させる期間をいい、一箇月を超え一年以内の期間に限るものとする。以下この条及び次条において同じ。）

三　特定期間（対象期間中の特に業務が繁忙な期間をいう。第三項において同じ。）

四　対象期間における労働日及び当該労働日ごとの労働時間（対象期間を一箇月以上の期間ごとに区分することとした場合においては、当該区分による各期間のうち当該対象期間の初日の属する期間（以下この条において「最初の期間」という。）における労働日及び当該労働日ごとの労働時間並びに当該最初の期間を除く各期間における労働日数及び総労働時間）

五　その他厚生労働省令で定める事項

② 使用者は、前項の協定で同項第四号の区分をし当該区分による各期間のうち最初の期間を除く各期間における労働日数及び総労働時間を定めたときは、当該各期間の初日の少なくとも三十日前に、当該事業場に、労働者の過半数で組織する労働組合がある場合においてはその労働組合、労働者の過半数で組織する労働組合がない場合においては労働者の過半数を代表する者の同意を得て、厚生労働省令で定めるところにより、当該労働日数を超えない範囲内において当該各期間における労働日及び当該総労働時間を超えない範囲内において当該各期間における労働日ごとの労働時間を定めなければならない。

③ 厚生労働大臣は、労働政策審議会の意見を聴いて、厚生労働省令で、対象期間における労働日数の限度並びに一日及び一週間の労働時間の限度並びに対象期間（第一項の協定で特定期間として定められた期間を除く。）及び同項の協定で特定期間として定められた期間における連続して労働させる日数の限度を定めることができる。

④ 第三十二条の二第二項の規定は、第一項の協定について準用する。

第三二条の四の二　使用者が、対象期間中の前条の規定により労働させた期間が当該対象期間より短い労働者について、当該労働させた期間を平均し一週間当たり四十時間を超えて労働させた場合においては、その超えた時間（第三十三条又は第三十六条第一項の規定により延長し、又は休日に労働させた時間を除く。）の労働については、第三十七条の規定の例により割増賃金を支払わなければならない。

第三二条の五　使用者は、日ごとの業務に著し

い繁閑の差が生ずることが多く、かつ、これを予測した上で就業規則その他これに準ずるものにより各日の労働時間を特定することが困難であると認められる厚生労働省令で定める事業であつて、常時使用する労働者の数が厚生労働省令で定める数未満のものに従事する労働者については、当該事業場に、労働者の過半数で組織する労働組合がある場合においてはその労働組合、労働者の過半数で組織する労働組合がない場合においては労働者の過半数を代表する者との書面による協定があるときは、第三十二条第二項の規定にかかわらず、一日について十時間まで労働させることができる。

② 使用者は、前項の規定により労働者に労働させる場合においては、厚生労働省令で定めるところにより、当該労働させる一週間の各日の労働時間を、あらかじめ、当該労働者に通知しなければならない。

③ 第三十二条の二第二項の規定は、第一項の協定について準用する。

（災害等による臨時の必要がある場合の時間外労働等）

第三三条 災害その他避けることのできない事由によつて、臨時の必要がある場合においては、使用者は、行政官庁の許可を受けて、その必要の限度において第三十二条から前条まで若しくは第四十条の労働時間を延長し、又は第三十五条の休日に労働させることができる。ただし、事態急迫のために行政官庁の許可を受ける暇がない場合においては、事後に遅滞なく届け出なければならない。

② 前項ただし書の規定による届出があつた場合において、行政官庁がその労働時間の延長又は休日の労働を不適当と認めるときは、その後にその時間に相当する休憩又は休日を与えるべきことを、命ずることができる。

③ 公務のために臨時の必要がある場合においては、第一項の規定にかかわらず、官公署の事業（別表第一に掲げる事業を除く。）に従事する国家公務員及び地方公務員については、第三十二条から前条まで若しくは第四十条の労働時間を延長し、又は第三十五条の休日に労働させることができる。

（休憩）

第三四条 使用者は、労働時間が六時間を超える場合においては少くとも四十五分、八時間を超える場合においては少くとも一時間の休憩時間を労働時間の途中に与えなければならない。

② 前項の休憩時間は、一斉に与えなければならない。ただし、当該事業場に、労働者の過半数で組織する労働組合がある場合においてはその労働組合、労働者の過半数で組織する労働組合がない場合においては労働者の過半数を代表する者との書面による協定があるときは、この限りでない。

③ 使用者は、第一項の休憩時間を自由に利用させなければならない。

（休日）

第三五条 使用者は、労働者に対して、毎週少くとも一回の休日を与えなければならない。

② 前項の規定は、四週間を通じ四日以上の休日を与える使用者については適用しない。

（時間外及び休日の労働）

第三六条 使用者は、当該事業場に、労働者の過半数で組織する労働組合がある場合においてはその労働組合、労働者の過半数で組織する労働組合がない場合においては労働者の過半数を代表する者との書面による協定をし、厚生労働省令で定めるところによりこれを行政官庁に届け出た場合においては、第三十二条から第三十二条の五まで若しくは第四十条の労働時間（以下この条において「労働時間」という。）又は前条の休日（以下この条において「休日」という。）に関する規定にかかわらず、その協定で定めるところによつて労働時間を延長し、又は休日に労働させることができる。

② 前項の協定においては、次に掲げる事項を定めるものとする。

一 この条の規定により労働時間を延長し、又は休日に労働させることができることとされる労働者の範囲

二 対象期間（この条の規定により労働時間を延長し、又は休日に労働させることができる期間をいい、一年間に限るものとする。第四号及び第六項第三号において同じ。）

三 労働時間を延長し、又は休日に労働させることができる場合

四 対象期間における一日、一箇月及び一年のそれぞれの期間について労働時間を延長して労働させることができる時間又は労働させることができる休日の日数

五 労働時間の延長及び休日の労働を適正なものとするために必要な事項として厚生労働省令で定める事項

③ 前項第四号の労働時間を延長して労働させることができる時間は、当該事業場の業務量、時間外労働の動向その他の事情を考慮して通常予見される時間外労働の範囲内において、限度時間を超えない時間に限る。

④ 前項の限度時間は、一箇月について四十五時間及び一年について三百六十時間（第三十二条の四第一項第二号の対象期間として三箇月を超える期間を定めて同条の規定により労働させる場合にあつては、一箇月について四十二時間及び一年について三百二十時間）とする。

⑤ 第一項の協定においては、第二項各号に掲げるもののほか、当該事業場における通常予見することのできない業務量の大幅な増加等に伴い臨時的に第三項の限度時間を超えて労働させる必要がある場合において、一箇月について労働時間を延長して労働させ、及び休日において労働させることができる時間（第二項第四号に関して協定した時間を含め百時間未満の範囲内に限る。）並びに一年について労働時間を延長して労働させることができる時間（同号に関して協定した時間を含め七百二十時間を超えない範囲内に限る。）を定めることができる。この場合において、第一項の協定に、併せて第二項第二号の対象期間において労働時間を延長して労働させる時間が一箇月について四十五時間（第三十二条の四第一項第二号の対象期間として三箇月を超える期間を定めて同条の規定により労働させる場合にあつては、一箇月について四十二時間）を超えることができる月数（一年について六箇月以内に限る。）を定めなければならない。

⑥ 使用者は、第一項の協定で定めるところによつて労働時間を延長して労働させ、又は休日において労働させる場合であつても、次の各号に掲げる時間について、当該各号に定める要件を満たすものとしなければならない。

一 坑内労働その他厚生労働省令で定める健康上特に有害な業務について、一日について労働時間を延長して労働させた時間　二時間を超えないこと。

二 一箇月について労働時間を延長して労働させ、及び休日において労働させた時間　百時間未満であること。

三 対象期間の初日から一箇月ごとに区分した各期間に当該各期間の直前の一箇月、二箇月、三箇月、四箇月及び五箇月の期間を加えたそれぞれの期間における労働時間を延長して労働させ、及び休日において労働させた時間の一箇月当たりの平均時間　八十時間を超えないこと。

⑦ 厚生労働大臣は、労働時間の延長及び休日の労働を適正なものとするため、第一項の協定で定める労働時間の延長及び休日の労働について留意すべき事項、当該労働時間の延長に係る割増賃金の率その他の必要な事項について、労働者の健康、福祉、時間外労働の動向その他の事情を考慮して指針を定めることができる。

⑧ 第一項の協定をする使用者及び労働組合又は労働者の過半数を代表する者は、当該協定で労働時間の延長及び休日の労働を定めるに当たり、当該協定の内容が前項の指針に適合したものとなるようにしなければならない。

⑨ 行政官庁は、第七項の指針に関し、第一項の協定をする使用者及び労働組合又は労働者の過半数を代表する者に対し、必要な助言及び指導を行うことができる。

⑩ 前項の助言及び指導を行うに当たつては、労働者の健康が確保されるよう特に配慮しなければならない。

⑪ 第三項から第五項まで及び第六項（第二号及び第三号に係る部分に限る。）の規定は、新たな技術、商品又は役務の研究開発に係る業務については適用しない。

（時間外、休日及び深夜の割増賃金）

第三十七条 使用者が、第三十三条又は前条第一項の規定により労働時間を延長し、又は休日に労働させた場合においては、その時間又はその日の労働については、通常の労働時間又は労働日の賃金の計算額の二割五分以上五割以下の範囲内でそれぞれ政令で定める率以上の率で計算した割増賃金を支払わなければならない。ただし、当該延長して労働させた時間が一箇月について六十時間を超えた場合においては、その超えた時間の労働については、通常の労働時間の賃金の計算額の五割以上の率で計算した割増賃金を支払わなければならない。

② 前項の政令は、労働者の福祉、時間外又は休日の労働の動向その他の事情を考慮して定めるものとする。

③ 使用者が、当該事業場に、労働者の過半数で組織する労働組合があるときはその労働組合、労働者の過半数で組織する労働組合がないときは労働者の過半数を代表する者との書面による協定により、第一項ただし書の規定により割増賃金を支払うべき労働者に対して、当該割増賃金の支払に代えて、通常の労働時間の賃金が支払われる休暇（第三十九条の規定による有給休暇を除く。）を厚生労働省令で定めるところにより与えることを定めた場合において、当該労働者が当該休暇を取得したときは、当該労働者の同項ただし書に規定する時間を超えた時間の労働のうち当該取得した休暇に対応するものとして厚生労働省令で定める時間の労働については、同項ただし書の規定による割増賃金を支払うことを要しない。

④ 使用者が、午後十時から午前五時まで（厚生労働大臣が必要であると認める場合においては、その定める地域又は期間については午後十一時から午前六時まで）の間において労働させた場合においては、その時間の労働については、通常の労働時間の賃金の計算額の二割五分以上の率で計算した割増賃金を支払わなければならない。

⑤ 第一項及び前項の割増賃金の基礎となる賃金には、家族手当、通勤手当その他厚生労働省令で定める賃金は算入しない。

（時間計算）

第三十八条 労働時間は、事業場を異にする場合においても、労働時間に関する規定の適用については通算する。

② 坑内労働については、労働者が坑口に入つた時刻から坑口を出た時刻までの時間を、休憩時間を含め労働時間とみなす。但し、この場合においては、第三十四条第二項及び第三項の休憩に関する規定は適用しない。

第三十八条の二 労働者が労働時間の全部又は一部について事業場外で業務に従事した場合において、労働時間を算定し難いときは、所定労働時間労働したものとみなす。ただし、当該業務を遂行するためには通常所定労働時間を超えて労働することが必要となる場合においては、当該業務に関しては、厚生労働省令で定めるところにより、当該業務の遂行に通常必要とされる時間労働したものとみなす。

② 前項ただし書の場合において、当該業務に関し、当該事業場に、労働者の過半数で組織する労働組合があるときはその労働組合、労働者の過半数で組織する労働組合がないときは労働者の過半数を代表する者との書面による協定があるときは、その協定で定める時間を同項ただし書の当該業務の遂行に通常必要とされる時間とする。

③ 使用者は、厚生労働省令で定めるところにより、前項の協定を行政官庁に届け出なければならない。

第三十八条の三 使用者が、当該事業場に、労働者の過半数で組織する労働組合があるときはその労働組合、労働者の過半数で組織する労働組合がないときは労働者の過半数を代表する者との書面による協定により、次に掲げる事項を定めた場合において、労働者を第一号に掲げる業務に就かせたときは、当該労働者は、厚生労働省令で定めるところにより、第二号に掲げる時間労働したものとみなす。

一 業務の性質上その遂行の方法を大幅に当該業務に従事する労働者の裁量にゆだねる必要があるため、当該業務の遂行の手段及び時間配分の決定等に関し使用者が具体的な指示をすることが困難なものとして厚生労働省令で定める業務のうち、労働者に就かせることとする業務（以下この条において「対象業務」という。）

二 対象業務に従事する労働者の労働時間として算定される時間

三 対象業務の遂行の手段及び時間配分の決定等に関し、当該対象業務に従事する労働者に対し使用者が具体的な指示をしないこと。

四 対象業務に従事する労働者の労働時間の状況に応じた当該労働者の健康及び福祉を確保するための措置を当該協定で定めるところにより使用者が講ずること。

五 対象業務に従事する労働者からの苦情の処理に関する措置を当該協定で定めるところにより使用者が講ずること。

六 前各号に掲げるもののほか、厚生労働省令で定める事項

② 前条第三項の規定は、前項の協定について準用する。

第三十八条の四 賃金、労働時間その他の当該事業場における労働条件に関する事項を調査審議し、事業主に対し当該事項について意見を述べることを目的とする委員会（使用者及び当該事業場の労働者を代表する者を構成員とするものに限る。）が設置された事業場において、当該委員会がその委員の五分の四以上の多数による議決により次に掲げる事項に関する決議をし、かつ、使用者が、厚生労働省令で定めるところにより当該決議を行政官庁に届け出た場合において、第二号に掲げる労働者の範囲に属する労働者を当該事業場における第一号に掲げる業務に就かせたときは、当該労働者は、厚生労働省令で定めるところにより、第三号に掲げる時間労働したものとみなす。

一 事業の運営に関する事項についての企画、立案、調査及び分析の業務であつて、当該業務の性質上これを適切に遂行するにはその遂行の方法を大幅に労働者の裁量に委ねる必要があるため、当該業務の遂行の手段及び時間配分の決定等に関し使用者が具体的な指示をしないこととする業務（以下この条において「対象業務」という。）

二 対象業務を適切に遂行するための知識、経験等を有する労働者であつて、当該対象業務に就かせたときは当該決議で定める時間労働したものとみなされることとなるものの範囲

三 対象業務に従事する前号に掲げる労働者の範囲に属する労働者の労働時間として算定される時間

四 対象業務に従事する第二号に掲げる労働者の範囲に属する労働者の労働時間の状況に応じた当該労働者の健康及び福祉を確保するための措置を当該決議で定めるところにより使用者が講ずること。

五 対象業務に従事する第二号に掲げる労働者の範囲に属する労働者からの苦情の処理に関する措置を当該決議で定めるところにより使用者が講ずること。

六 使用者は、この項の規定により第二号に掲げる労働者の範囲に属する労働者を対象業務に就かせたときは第三号に掲げる時間労働したものとみなすことについて当該労働者の同意を得なければならないこと及び当該同意をしなかつた当該労働者に対して解雇その他不利益な取扱いをしてはならないこと。

七 前各号に掲げるもののほか、厚生労働省令で定める事項

② 前項の委員会は、次の各号に適合するものでなければならない。

一　当該委員会の委員の半数については、当該事業場に、労働者の過半数で組織する労働組合がある場合においてはその労働組合、労働者の過半数で組織する労働組合がない場合においては労働者の過半数を代表する者に厚生労働省令で定めるところにより任期を定めて指名されていること。

二　当該委員会の議事について、厚生労働省令で定めるところにより、議事録が作成され、かつ、保存されるとともに、当該事業場の労働者に対する周知が図られていること。

三　前二号に掲げるもののほか、厚生労働省令で定める要件

③　厚生労働大臣は、対象業務に従事する労働者の適正な労働条件の確保を図るために、労働政策審議会の意見を聴いて、第一項各号に掲げる事項その他同項の委員会が決議する事項について指針を定め、これを公表するものとする。

④　第一項の規定による届出をした使用者は、厚生労働省令で定めるところにより、定期的に、同項第四号に規定する措置の実施状況を行政官庁に報告しなければならない。

⑤　第一項の委員会においてその委員の五分の四以上の多数による議決により第三十二条の二第一項、第三十二条の三第一項、第三十二条の四第一項及び第二項、第三十二条の五第一項、第三十四条第二項ただし書、第三十六条第一項、第二項及び第五項、第三十七条第三項、第三十八条の二第二項、前条第一項並びに次条第四項、第六項及び第九項ただし書に規定する事項について決議が行われた場合における第三十二条の二第一項、第三十二条の三第一項、第三十二条の四第一項から第三項まで、第三十二条の五第一項、第三十四条第二項ただし書、第三十六条、第三十七条第三項、第三十八条の二第二項、前条第一項並びに次条第四項、第六項及び第九項ただし書の規定の適用については、第三十二条の二第一項中「協定」とあるのは「協定若しくは第三十八条の四第一項に規定する委員会の決議（第百六条第一項を除き、以下「決議」という。）」と、第三十二条の三第一項、第三十二条の四第一項から第三項まで、第三十二条の五第一項、第三十四条第二項ただし書、第三十六条第二項及び第五項から第七項まで、第三十七条第三項、第三十八条の二第二項、前条第一項並びに次条第四項、第六項及び第九項ただし書中「協定」とあるのは「協定又は決議」と、第三十二条の四第二項中「同意を得て」とあるのは「同意を得て、又は決議に基づき」と、第三十六条第一項中「届け出た場合」とあるのは「届け出た場合又は決議を行政官庁に届け出た場合」と、「その協定」とあるのは「その協定又は決議」と、同条第八項中「又は労働者の過半数を代表する者」とあるのは「若しくは労働者の過半数を代表する者又は同項の決議をする委員」と、「当該協定」とあるのは「当該協定又は当該決議」と、同条第九項中「又は労働者の過半数を代表する者」とあるのは「若しくは労働者の過半数を代表する者又は同項の決議をする委員」とする。

第三十九条（**年次有給休暇**）　使用者は、その雇入れの日から起算して六箇月間継続勤務し全労働日の八割以上出勤した労働者に対して、継続し、又は分割した十労働日の有給休暇を与えなければならない。

②　使用者は、一年六箇月以上継続勤務した労働者に対しては、雇入れの日から起算して六箇月を超えて継続勤務する日（以下「六箇月経過日」という。）から起算した継続勤務年数一年ごとに、前項の日数に、次の表の上欄に掲げる六箇月経過日から起算した継続勤務年数の区分に応じ同表の下欄に掲げる労働日を加算した有給休暇を与えなければならない。ただし、継続勤務した期間を六箇月経過日から一年ごとに区分した各期間（最後に一年未満の期間を生じたときは、当該期間）の初日の前日の属する期間において出勤した日数が全労働日の八割未満である者に対しては、当該初日以後の一年間においては有給休暇を与えることを要しない。

六箇月経過日から起算した継続勤務年数	労働日
一年	一労働日
二年	二労働日
三年	四労働日
四年	六労働日
五年	八労働日
六年以上	十労働日

③　次に掲げる労働者（一週間の所定労働時間が厚生労働省令で定める時間以上の者を除く。）の有給休暇の日数については、前二項の規定にかかわらず、これらの規定による有給休暇の日数を基準とし、通常の労働者の一週間の所定労働日数として厚生労働省令で定める日数（第一号において「通常の労働者の週所定労働日数」という。）と当該労働者の一週間の所定労働日数又は一週間当たりの平均所定労働日数との比率を考慮して厚生労働省令で定める日数とする。

一　一週間の所定労働日数が通常の労働者の週所定労働日数に比し相当程度少ないものとして厚生労働省令で定める日数以下の労働者

二　週以外の期間によつて所定労働日数が定められている労働者については、一年間の所定労働日数が、前号の厚生労働省令で定める日数に一日を加えた日数を一週間の所定労働日数とする労働者の一年間の所定労働日数その他の事情を考慮して厚生労働省令で定める日数以下の労働者

④　使用者は、当該事業場に、労働者の過半数で組織する労働組合があるときはその労働組合、労働者の過半数で組織する労働組合がないときは労働者の過半数を代表する者との書面による協定により、次に掲げる事項を定めた場合において、第一号に掲げる労働者の範囲に属する労働者が有給休暇を時間を単位として請求したときは、前三項の規定による有給休暇の日数のうち第二号に掲げる日数については、これらの規定にかかわらず、当該協定で定めるところにより時間を単位として有給休暇を与えることができる。

一　時間を単位として有給休暇を与えることができることとされる労働者の範囲

二　時間を単位として与えることができることとされる有給休暇の日数（五日以内に限る。）

三　その他厚生労働省令で定める事項

⑤　使用者は、前各項の規定による有給休暇を労働者の請求する時季に与えなければならない。ただし、請求された時季に有給休暇を与えることが事業の正常な運営を妨げる場合においては、他の時季にこれを与えることができる。

⑥　使用者は、当該事業場に、労働者の過半数で組織する労働組合がある場合においてはその労働組合、労働者の過半数で組織する労働組合がない場合においては労働者の過半数を代表する者との書面による協定により、第一項から第三項までの規定による有給休暇を与える時季に関する定めをしたときは、これらの規定による有給休暇の日数のうち五日を超える部分については、前項の規定にかかわらず、その定めにより有給休暇を与えることができる。

⑦　使用者は、第一項から第三項までの規定による有給休暇（これらの規定により使用者が与えなければならない有給休暇の日数が十労働日以上である労働者に係るものに限る。以下この項及び次項において同じ。）の日数のうち五日については、基準日（継続勤務した期間を六箇月経過日から一年ごとに区分した各期間（最後に一年未満の期間を生じたときは、当該期間）の初日をいう。以下この項において同じ。）から一年以内の期間に、労働者ごとにその時季を定めることにより与えなければならない。ただし、第一項から第三項までの規定による有給休暇を当該有給休暇に係る基準日より前の日から与えることとしたときは、厚生労働省令で定めるところにより、労働者ごとにその時季を定めることにより与えなければならない。

⑧　前項の規定にかかわらず、第五項又は第六

項の規定により第一項から第三項までの規定による有給休暇を与えた場合においては、当該与えた有給休暇の日数（当該日数が五日を超える場合には、五日とする。）分については、時季を定めることにより与えることを要しない。

⑨　使用者は、第一項から第三項までの規定による有給休暇の期間又は第四項の規定による有給休暇の時間については、就業規則その他これに準ずるもので定めるところにより、それぞれ、平均賃金若しくは所定労働時間労働した場合に支払われる通常の賃金又はこれらの額を基準として厚生労働省令で定めるところにより算定した額の賃金を支払わなければならない。ただし、当該事業場に、労働者の過半数で組織する労働組合がある場合においてはその労働組合、労働者の過半数で組織する労働組合がない場合においては労働者の過半数を代表する者との書面による協定により、その期間又はその時間について、それぞれ、健康保険法（大正十一年法律第七十号）第四十条第一項に規定する標準報酬月額の三十分の一に相当する金額（その金額に、五円未満の端数があるときは、これを切り捨て、五円以上十円未満の端数があるときは、これを十円に切り上げるものとする。）又は当該金額を基準として厚生労働省令で定めるところにより算定した金額を支払う旨を定めたときは、これによらなければならない。

⑩　労働者が業務上負傷し、又は疾病にかかり療養のために休業した期間及び育児休業、介護休業等育児又は家族介護を行う労働者の福祉に関する法律第二条第一号に規定する育児休業又は同条第二号に規定する介護休業をした期間並びに産前産後の女性が第六十五条の規定によつて休業した期間は、第一項及び第二項の規定の適用については、これを出勤したものとみなす。

（労働時間及び休憩の特例）

第四〇条　別表第一第一号から第三号まで、第六号及び第七号に掲げる事業以外の事業で、公衆の不便を避けるために必要なものその他特殊の必要あるものについては、その必要避くべからざる限度で、第三十二条から第三十二条の五までの労働時間及び第三十四条の休憩に関する規定について、厚生労働省令で別段の定めをすることができる。

②　前項の規定による別段の定めは、この法律で定める基準に近いものであつて、労働者の健康及び福祉を害しないものでなければならない。

（労働時間等に関する規定の適用除外）

第四一条　この章、第六章及び第六章の二で定める労働時間、休憩及び休日に関する規定は、次の各号の一に該当する労働者については適用しない。

一　別表第一第六号（林業を除く。）又は第七号に掲げる事業に従事する者

二　事業の種類にかかわらず監督若しくは管理の地位にある者又は機密の事務を取り扱う者

三　監視又は断続的労働に従事する者で、使用者が行政官庁の許可を受けたもの

第四一条の二　賃金、労働時間その他の当該事業場における労働条件に関する事項を調査審議し、事業主に対し当該事項について意見を述べることを目的とする委員会（使用者及び当該事業場の労働者を代表する者を構成員とするものに限る。）が設置された事業場において、当該委員会がその委員の五分の四以上の多数による議決により次に掲げる事項に関する決議をし、かつ、使用者が、厚生労働省令で定めるところにより当該決議を行政官庁に届け出た場合において、第二号に掲げる労働者の範囲に属する労働者（以下この項において「対象労働者」という。）であつて書面その他の厚生労働省令で定める方法によりその同意を得たものを当該事業場における第一号に掲げる業務に就かせたときは、この章で定める労働時間、休憩、休日及び深夜の割増賃金に関する規定は、対象労働者については適用しない。ただし、第三号から第五号までに規定する措置のいずれかを使用者が講じていない場合は、この限りでない。

一　高度の専門的知識等を必要とし、その性質上従事した時間と従事して得た成果との関連性が通常高くないと認められるものとして厚生労働省令で定める業務のうち、労働者に就かせることとする業務（以下この項において「対象業務」という。）

二　この項の規定により労働する期間において次のいずれにも該当する労働者であつて、対象業務に就かせようとするものの範囲

イ　使用者との間の書面その他の厚生労働省令で定める方法による合意に基づき職務が明確に定められていること。

ロ　労働契約により使用者から支払われると見込まれる賃金の額を一年間当たりの賃金の額に換算した額が基準年間平均給与額（厚生労働省において作成する毎月勤労統計における毎月きまつて支給する給与の額を基礎として厚生労働省令で定めるところにより算定した労働者一人当たりの給与の平均額をいう。）の三倍の額を相当程度上回る水準として厚生労働省令で定める額以上であること。

三　対象業務に従事する対象労働者の健康管理を行うために当該対象労働者が事業場内にいた時間（この項の委員会が厚生労働省令で定める労働時間以外の時間を除くことを決議したときは、当該決議に係る時間を除いた時間）と事業場外において労働した時間との合計の時間（第五号ロ及びニ並びに第六号において「健康管理時間」という。）を把握する措置（厚生労働省令で定める方法に限る。）を当該決議で定めるところにより使用者が講ずること。

四　対象業務に従事する対象労働者に対し、一年間を通じ百四日以上、かつ、四週間を通じ四日以上の休日を当該決議及び就業規則その他これに準ずるもので定めるところにより使用者が与えること。

五　対象業務に従事する対象労働者に対し、次のいずれかに該当する措置を当該決議及び就業規則その他これに準ずるもので定めるところにより使用者が講ずること。

イ　労働者ごとに始業から二十四時間を経過するまでに厚生労働省令で定める時間以上の継続した休息時間を確保し、かつ、第三十七条第四項に規定する時刻の間において労働させる回数を一箇月について厚生労働省令で定める回数以内とすること。

ロ　健康管理時間を一箇月又は三箇月についてそれぞれ厚生労働省令で定める時間を超えない範囲内とすること。

ハ　一年に一回以上の継続した二週間（労働者が請求した場合においては、一年に二回以上の継続した一週間）（使用者が当該期間において、第三十九条の規定による有給休暇を与えたときは、当該有給休暇を与えた日を除く。）について、休日を与えること。

ニ　健康管理時間の状況その他の事項が労働者の健康の保持を考慮して厚生労働省令で定める要件に該当する労働者に健康診断（厚生労働省令で定める項目を含むものに限る。）を実施すること。

六　対象業務に従事する対象労働者の健康管理時間の状況に応じた当該対象労働者の健康及び福祉を確保するための措置であつて、当該対象労働者に対する有給休暇（第三十九条の規定による有給休暇を除く。）の付与、健康診断の実施その他の厚生労働省令で定める措置のうち当該決議で定めるものを使用者が講ずること。

七　対象労働者のこの項の規定による同意の撤回に関する手続

八　対象業務に従事する対象労働者からの苦情の処理に関する措置を当該決議で定めるところにより使用者が講ずること。

九　使用者は、この項の規定による同意をしなかつた対象労働者に対して解雇その他不利益な取扱いをしてはならないこと。

十　前各号に掲げるもののほか、厚生労働省令で定める事項

②　前項の規定による届出をした使用者は、厚

生労働省令で定めるところにより、同項第四号から第六号までに規定する措置の実施状況を行政官庁に報告しなければならない。

③ 第三十八条の四第二項、第三項及び第五項の規定は、第一項の委員会について準用する。

④ 第一項の決議をする委員は、当該決議の内容が前項において準用する第三十八条の四第三項の指針に適合したものとなるようにしなければならない。

⑤ 行政官庁は、第三項において準用する第三十八条の四第三項の指針に関し、第一項の決議をする委員に対し、必要な助言及び指導を行うことができる。

第五章　安全及び衛生

第四二条　労働者の安全及び衛生に関しては、労働安全衛生法（昭和四十七年法律第五十七号）の定めるところによる。

第四三条から第五五条まで　削除（昭四七法五七）

第六章　年少者

（最低年齢）

第五六条　使用者は、児童が満十五歳に達した日以後の最初の三月三十一日が終了するまで、これを使用してはならない。

② 前項の規定にかかわらず、別表第一第一号から第五号までに掲げる事業以外の事業に係る職業で、児童の健康及び福祉に有害でなく、かつ、その労働が軽易なものについては、行政官庁の許可を受けて、満十三歳以上の児童をその者の修学時間外に使用することができる。映画の製作又は演劇の事業については、満十三歳に満たない児童についても、同様とする。

（年少者の証明書）

第五七条　使用者は、満十八才に満たない者について、その年齢を証明する戸籍証明書を事業場に備え付けなければならない。

② 使用者は、前条第二項の規定によつて使用する児童については、修学に差し支えないことを証明する学校長の証明書及び親権者又は後見人の同意書を事業場に備え付けなければならない。

（未成年者の労働契約）

第五八条　親権者又は後見人は、未成年者に代つて労働契約を締結してはならない。

② 親権者若しくは後見人又は行政官庁は、労働契約が未成年者に不利であると認める場合においては、将来に向つてこれを解除することができる。

第五九条　未成年者は、独立して賃金を請求することができる。親権者又は後見人は、未成年者の賃金を代つて受け取つてはならない。

（労働時間及び休日）

第六〇条　第三十二条の二から第三十二条の五まで、第三十六条、第四十条及び第四十一条の二の規定は、満十八才に満たない者については、これを適用しない。

② 第五十六条第二項の規定によつて使用する児童についての第三十二条の規定の適用については、同条第一項中「一週間について四十時間」とあるのは「、修学時間を通算して一週間について四十時間」と、同条第二項中「一日について八時間」とあるのは「、修学時間を通算して一日について七時間」とする。

③ 使用者は、第三十二条の規定にかかわらず、満十五歳以上で満十八歳に満たない者については、満十八歳に達するまでの間（満十五歳に達した日以後の最初の三月三十一日までの間を除く。）、次に定めるところにより、労働させることができる。

一　一週間の労働時間が第三十二条第一項の労働時間を超えない範囲内において、一週間のうち一日の労働時間を四時間以内に短縮する場合において、他の日の労働時間を十時間まで延長すること。

二　一週間について四十八時間以下の範囲内で厚生労働省令で定める時間、一日について八時間を超えない範囲内において、第三十二条の二又は第三十二条の四及び第三十二条の四の二の規定の例により労働させること。

（深夜業）

第六一条　使用者は、満十八才に満たない者を午後十時から午前五時までの間において使用してはならない。ただし、交替制によつて使用する満十六才以上の男性については、この限りでない。

② 厚生労働大臣は、必要であると認める場合においては、前項の時刻を、地域又は期間を限つて、午後十一時及び午前六時とすることができる。

③ 交替制によつて労働させる事業については、行政官庁の許可を受けて、第一項の規定にかかわらず午後十時三十分まで労働させ、又は前項の規定にかかわらず午前五時三十分から労働させることができる。

④ 前三項の規定は、第三十三条第一項の規定によつて労働時間を延長し、若しくは休日に労働させる場合又は別表第一第六号、第七号若しくは第十三号に掲げる事業若しくは電話交換の業務については、適用しない。

⑤ 第一項及び第二項の時刻は、第五十六条第二項の規定によつて使用する児童については、第一項の時刻は、午後八時及び午前五時とし、第二項の時刻は、午後九時及び午前六時とする。

（危険有害業務の就業制限）

第六二条　使用者は、満十八才に満たない者に、運転中の機械若しくは動力伝導装置の危険な部分の掃除、注油、検査若しくは修繕をさせ、運転中の機械若しくは動力伝導装置にベルト若しくはロープの取付け若しくは取りはずしをさせ、動力によるクレーンの運転をさせ、その他厚生労働省令で定める危険な業務に就かせ、又は厚生労働省令で定める重量物を取り扱う業務に就かせてはならない。

② 使用者は、満十八才に満たない者を、毒劇薬、毒劇物その他有害な原料若しくは材料又は爆発性、発火性若しくは引火性の原料若しくは材料を取り扱う業務、著しくじんあい若しくは粉末を飛散し、若しくは有害ガス若しくは有害放射線を発散する場所又は高温若しくは高圧の場所における業務その他安全、衛生又は福祉に有害な場所における業務に就かせてはならない。

③ 前項に規定する業務の範囲は、厚生労働省令で定める。

（坑内労働の禁止）

第六三条　使用者は、満十八才に満たない者を坑内で労働させてはならない。

（帰郷旅費）

第六四条　満十八才に満たない者が解雇の日から十四日以内に帰郷する場合においては、使用者は、必要な旅費を負担しなければならない。ただし、満十八才に満たない者がその責めに帰すべき事由に基づいて解雇され、使用者がその事由について行政官庁の認定を受けたときは、この限りでない。

第六章の二　妊産婦等

（坑内業務の就業制限）

第六四条の二　使用者は、次の各号に掲げる女性を当該各号に定める業務に就かせてはならない。

一　妊娠中の女性及び坑内で行われる業務に従事しない旨を使用者に申し出た産後一年を経過しない女性　坑内で行われるすべての業務

二　前号に掲げる女性以外の満十八歳以上の女性　坑内で行われる業務のうち人力により行われる掘削の業務その他の女性に有害な業務として厚生労働省令で定めるもの

（危険有害業務の就業制限）

第六四条の三　使用者は、妊娠中の女性及び産後一年を経過しない女性（以下「妊産婦」という。）を、重量物を取り扱う業務、有害ガスを発散する場所における業務その他妊産婦の妊娠、出産、哺育等に有害な業務に就かせてはならない。

② 前項の規定は、同項に規定する業務のうち女性の妊娠又は出産に係る機能に有害である業務につき、厚生労働省令で、妊産婦以外の

女性に関して、準用することができる。

③　前二項に規定する業務の範囲及びこれらの規定によりこれらの業務に就かせてはならない者の範囲は、厚生労働省令で定める。

（産前産後）

第六五条　使用者は、六週間（多胎妊娠の場合にあつては、十四週間）以内に出産する予定の女性が休業を請求した場合においては、その者を就業させてはならない。

②　使用者は、産後八週間を経過しない女性を就業させてはならない。ただし、産後六週間を経過した女性が請求した場合において、その者について医師が支障がないと認めた業務に就かせることは、差し支えない。

③　使用者は、妊娠中の女性が請求した場合においては、他の軽易な業務に転換させなければならない。

第六六条　使用者は、妊産婦が請求した場合においては、第三十二条の二第一項、第三十二条の四第一項及び第三十二条の五第一項の規定にかかわらず、一週間について第三十二条第一項の労働時間、一日について同条第二項の労働時間を超えて労働させてはならない。

②　使用者は、妊産婦が請求した場合においては、第三十三条第一項及び第三項並びに第三十六条第一項の規定にかかわらず、時間外労働をさせてはならず、又は休日に労働させてはならない。

③　使用者は、妊産婦が請求した場合においては、深夜業をさせてはならない。

（育児時間）

第六七条　生後満一年に達しない生児を育てる女性は、第三十四条の休憩時間のほか、一日二回各々少なくとも三十分、その生児を育てるための時間を請求することができる。

②　使用者は、前項の育児時間中は、その女性を使用してはならない。

（生理日の就業が著しく困難な女性に対する措置）

第六八条　使用者は、生理日の就業が著しく困難な女性が休暇を請求したときは、その者を生理日に就業させてはならない。

第七章　技能者の養成

（徒弟の弊害排除）

第六九条　使用者は、徒弟、見習、養成工その他名称の如何を問わず、技能の習得を目的とする者であることを理由として、労働者を酷使してはならない。

②　使用者は、技能の習得を目的とする労働者を家事その他技能の習得に関係のない作業に従事させてはならない。

（職業訓練に関する特例）

第七〇条　職業能力開発促進法（昭和四十四年法律第六十四号）第二十四条第一項（同法第二十七条の二第二項において準用する場合を含む。）の認定を受けて行う職業訓練を受ける労働者について必要がある場合においては、その必要の限度で、第十四条第一項の契約期間、第六十二条及び第六十四条の三の年少者及び妊産婦等の危険有害業務の就業制限、第六十三条の年少者の坑内労働の禁止並びに第六十四条の二の妊産婦等の坑内業務の就業制限に関する規定について、厚生労働省令で別段の定めをすることができる。ただし、第六十三条の年少者の坑内労働の禁止に関する規定については、満十六歳に満たない者に関しては、この限りでない。

第七一条　前条の規定に基いて発する厚生労働省令は、当該厚生労働省令によつて労働者を使用することについて行政官庁の許可を受けた使用者に使用される労働者以外の労働者については、適用しない。

第七二条　第七十条の規定に基づく厚生労働省令の適用を受ける未成年者についての第三十九条の規定の適用については、同条第一項中「十労働日」とあるのは「十二労働日」と、同条第二項の表六年以上の項中「十労働日」とあるのは「八労働日」とする。

第七三条　第七十一条の規定による許可を受けた使用者が第七十条の規定に基いて発する厚生労働省令に違反した場合においては、行政官庁は、その許可を取り消すことができる。

第七四条　削除（昭三三法一三三）

第八章　災害補償

（療養補償）

第七五条　労働者が業務上負傷し、又は疾病にかかつた場合においては、使用者は、その費用で必要な療養を行い、又は必要な療養の費用を負担しなければならない。

②　前項に規定する業務上の疾病及び療養の範囲は、厚生労働省令で定める。

（休業補償）

第七六条　労働者が前条の規定による療養のため、労働することができないために賃金を受けない場合においては、使用者は、労働者の療養中平均賃金の百分の六十の休業補償を行わなければならない。

②　使用者は、前項の規定により休業補償を行つている労働者と同一の事業場における同種の労働者に対して所定労働時間労働した場合に支払われる通常の賃金の、一月から三月まで、四月から六月まで、七月から九月まで及び十月から十二月までの各区分による期間（以下四半期という。）ごとの一箇月一人当り平均額（常時百人未満の労働者を使用する事業場については、厚生労働省において作成する毎月勤労統計における当該事業場の属する産業に係る毎月きまつて支給する給与の四半期の労働者一人当りの一箇月平均額。以下平均給与額という。）が、当該労働者が業務上負傷し、又は疾病にかかつた日の属する四半期における平均給与額の百分の百二十をこえ、又は百分の八十を下るに至つた場合においては、使用者は、その上昇し又は低下した比率に応じて、その上昇し又は低下するに至つた四半期の次の次の四半期において、前項の規定により当該労働者に対して行つている休業補償の額を改訂し、その改訂をした四半期に属する最初の月から改訂された額により休業補償を行わなければならない。改訂後の休業補償の額の改訂についてもこれに準ずる。

③　前項の規定により難い場合における改訂の方法その他同項の規定による改訂について必要な事項は、厚生労働省令で定める。

（障害補償）

第七七条　労働者が業務上負傷し、又は疾病にかかり、治つた場合において、その身体に障害が存するときは、使用者は、その障害の程度に応じて、平均賃金に別表第二に定める日数を乗じて得た金額の障害補償を行わなければならない。

（休業補償及び障害補償の例外）

第七八条　労働者が重大な過失によつて業務上負傷し、又は疾病にかかり、且つ使用者がその過失について行政官庁の認定を受けた場合においては、休業補償又は障害補償を行わなくてもよい。

（遺族補償）

第七九条　労働者が業務上死亡した場合においては、使用者は、遺族に対して、平均賃金の千日分の遺族補償を行わなければならない。

（葬祭料）

第八〇条　労働者が業務上死亡した場合においては、使用者は、葬祭を行う者に対して、平均賃金の六十日分の葬祭料を支払わなければならない。

（打切補償）

第八一条　第七十五条の規定によつて補償を受ける労働者が、療養開始後三年を経過しても負傷又は疾病がなおらない場合においては、使用者は、平均賃金の千二百日分の打切補償を行い、その後はこの法律の規定による補償を行わなくてもよい。

（分割補償）

第八二条　使用者は、支払能力のあることを証明し、補償を受けるべき者の同意を得た場合においては、第七十七条又は第七十九条の規定による補償に替え、平均賃金に別表第三に定める日数を乗じて得た金額を、六年にわたり毎年補償することができる。

（補償を受ける権利）

第八三条　補償を受ける権利は、労働者の退職によつて変更されることはない。

②　補償を受ける権利は、これを譲渡し、又は差し押えてはならない。

（他の法律との関係）

第八四条　この法律に規定する災害補償の事由について、労働者災害補償保険法（昭和二十二年法律第五十号）又は厚生労働省令で指定する法令に基づいてこの法律の災害補償に相当する給付が行なわれるべきものである場合においては、使用者は、補償の責を免れる。

②　使用者は、この法律による補償を行つた場合においては、同一の事由については、その価額の限度において民法による損害賠償の責を免れる。

（審査及び仲裁）

第八五条　業務上の負傷、疾病又は死亡の認定、療養の方法、補償金額の決定その他補償の実施に関して異議のある者は、行政官庁に対して、審査又は事件の仲裁を申し立てることができる。

②　行政官庁は、必要があると認める場合においては、職権で審査又は事件の仲裁をすることができる。

③　第一項の規定により審査若しくは仲裁の申立てがあつた事件又は前項の規定により行政官庁が審査若しくは仲裁を開始した事件について民事訴訟が提起されたときは、行政官庁は、当該事件については、審査又は仲裁をしない。

④　行政官庁は、審査又は仲裁のために必要であると認める場合においては、医師に診断又は検案をさせることができる。

⑤　第一項の規定による審査又は仲裁の申立て及び第二項の規定による審査又は仲裁の開始は、時効の完成猶予及び更新に関しては、これを裁判上の請求とみなす。

第八六条　前条の規定による審査及び仲裁の結果に不服のある者は、労働者災害補償保険審査官の審査又は仲裁を申し立てることができる。

②　前条第三項の規定は、前項の規定により審査又は仲裁の申立てがあつた場合に、これを準用する。

（請負事業に関する例外）

第八七条　厚生労働省令で定める事業が数次の請負によつて行われる場合においては、災害補償については、その元請負人を使用者とみなす。

②　前項の場合、元請負人が書面による契約で下請負人に補償を引き受けさせた場合においては、その下請負人もまた使用者とする。但し、二以上の下請負人に、同一の事業について重複して補償を引き受けさせてはならない。

③　前項の場合、元請負人が補償の請求を受けた場合においては、補償を引き受けた下請負人に対して、まず催告すべきことを請求することができる。ただし、その下請負人が破産手続開始の決定を受け、又は行方が知れない場合においては、この限りでない。

（補償に関する細目）

第八八条　この章に定めるものの外、補償に関する細目は、厚生労働省令で定める。

第九章　就業規則

（作成及び届出の義務）

第八九条　常時十人以上の労働者を使用する使用者は、次に掲げる事項について就業規則を作成し、行政官庁に届け出なければならない。次に掲げる事項を変更した場合においても、同様とする。

一　始業及び終業の時刻、休憩時間、休日、休暇並びに労働者を二組以上に分けて交替に就業させる場合においては就業時転換に関する事項

二　賃金（臨時の賃金等を除く。以下この号において同じ。）の決定、計算及び支払の方法、賃金の締切り及び支払の時期並びに昇給に関する事項

三　退職に関する事項（解雇の事由を含む。）

三の二　退職手当の定めをする場合においては、適用される労働者の範囲、退職手当の決定、計算及び支払の方法並びに退職手当の支払の時期に関する事項

四　臨時の賃金等（退職手当を除く。）及び最低賃金額の定めをする場合においては、これに関する事項

五　労働者に食費、作業用品その他の負担をさせる定めをする場合においては、これに関する事項

六　安全及び衛生に関する定めをする場合においては、これに関する事項

七　職業訓練に関する定めをする場合においては、これに関する事項

八　災害補償及び業務外の傷病扶助に関する定めをする場合においては、これに関する事項

九　表彰及び制裁の定めをする場合においては、その種類及び程度に関する事項

十　前各号に掲げるもののほか、当該事業場の労働者のすべてに適用される定めをする場合においては、これに関する事項

（作成の手続）

第九〇条　使用者は、就業規則の作成又は変更について、当該事業場に、労働者の過半数で組織する労働組合がある場合においてはその労働組合、労働者の過半数で組織する労働組合がない場合においては労働者の過半数を代表する者の意見を聴かなければならない。

②　使用者は、前条の規定により届出をなすについて、前項の意見を記した書面を添付しなければならない。

（制裁規定の制限）

第九一条　就業規則で、労働者に対して減給の制裁を定める場合においては、その減給は、一回の額が平均賃金の一日分の半額を超え、総額が一賃金支払期における賃金の総額の十分の一を超えてはならない。

（法令及び労働協約との関係）

第九二条　就業規則は、法令又は当該事業場について適用される労働協約に反してはならない。

②　行政官庁は、法令又は労働協約に抵触する就業規則の変更を命ずることができる。

（労働契約との関係）

第九三条　労働契約と就業規則との関係については、労働契約法（平成十九年法律第百二十八号）第十二条の定めるところによる。

第十章　寄宿舎

（寄宿舎生活の自治）

第九四条　使用者は、事業の附属寄宿舎に寄宿する労働者の私生活の自由を侵してはならない。

②　使用者は、寮長、室長その他寄宿舎生活の自治に必要な役員の選任に干渉してはならない。

（寄宿舎生活の秩序）

第九五条　事業の附属寄宿舎に労働者を寄宿させる使用者は、左の事項について寄宿舎規則を作成し、行政官庁に届け出なければならない。これを変更した場合においても同様である。

一　起床、就寝、外出及び外泊に関する事項

二　行事に関する事項

三　食事に関する事項

四　安全及び衛生に関する事項

五　建設物及び設備の管理に関する事項

②　使用者は、前項第一号乃至第四号の事項に関する規定の作成又は変更については、寄宿舎に寄宿する労働者の過半数を代表する者の同意を得なければならない。

③　使用者は、第一項の規定により届出をなすについて、前項の同意を証明する書面を添附しなければならない。

④　使用者及び寄宿舎に寄宿する労働者は、寄宿舎規則を遵守しなければならない。

（寄宿舎の設備及び安全衛生）

第九六条　使用者は、事業の附属寄宿舎について、換気、採光、照明、保温、防湿、清潔、避難、定員の収容、就寝に必要な措置その他労働者の健康、風紀及び生命の保持に必要な措置を講じなければならない。

②　使用者が前項の規定によつて講ずべき措置の基準は、厚生労働省令で定める。

（監督上の行政措置）

第九六条の二　使用者は、常時十人以上の労働者を就業させる事業、厚生労働省令で定める危険な事業又は衛生上有害な事業の附属寄宿舎を設置し、移転し、又は変更しようとする

場合においては、前条の規定に基づいて発する厚生労働省令で定める危害防止等に関する基準に従い定めた計画を、工事着手十四日前までに、行政官庁に届け出なければならない。

② 行政官庁は、労働者の安全及び衛生に必要であると認める場合においては、工事の着手を差し止め、又は計画の変更を命ずることができる。

第九六条の三 労働者を就業させる事業の附属寄宿舎が、安全及び衛生に関し定められた基準に反する場合においては、行政官庁は、使用者に対して、その全部又は一部の使用の停止、変更その他必要な事項を命ずることができる。

② 前項の場合において行政官庁は、使用者に命じた事項について必要な事項を労働者に命ずることができる。

第十一章　監督機関

（監督機関の職員等）

第九七条 労働基準主管局（厚生労働省の内部部局として置かれる局で労働条件及び労働者の保護に関する事務を所掌するものをいう。以下同じ。）、都道府県労働局及び労働基準監督署に労働基準監督官を置くほか、厚生労働省令で定める必要な職員を置くことができる。

② 労働基準主管局の局長（以下「労働基準主管局長」という。）、都道府県労働局長及び労働基準監督署長は、労働基準監督官をもつてこれに充てる。

③ 労働基準監督官の資格及び任免に関する事項は、政令で定める。

④ 厚生労働省に、政令で定めるところにより、労働基準監督官分限審議会を置くことができる。

⑤ 労働基準監督官を罷免するには、労働基準監督官分限審議会の同意を必要とする。

⑥ 前二項に定めるもののほか、労働基準監督官分限審議会の組織及び運営に関し必要な事項は、政令で定める。

第九八条 削除〔平一三法三五〕

（労働基準主管局長等の権限）

第九九条 労働基準主管局長は、厚生労働大臣の指揮監督を受けて、都道府県労働局長を指揮監督し、労働基準に関する法令の制定改廃、労働基準監督官の任免教養、監督方法についての規程の制定及び調整、監督年報の作成並びに労働政策審議会及び労働基準監督官分限審議会に関する事項（労働政策審議会に関する事項については、労働条件及び労働者の保護に関するものに限る。）その他この法律の施行に関する事項をつかさどり、所属の職員を指揮監督する。

② 都道府県労働局長は、労働基準主管局長の指揮監督を受けて、管内の労働基準監督署長を指揮監督し、監督方法の調整に関する事項その他この法律の施行に関する事項をつかさどり、所属の職員を指揮監督する。

③ 労働基準監督署長は、都道府県労働局長の指揮監督を受けて、この法律に基く臨検、尋問、許可、認定、審査、仲裁その他この法律の実施に関する事項をつかさどり、所属の職員を指揮監督する。

④ 労働基準主管局長及び都道府県労働局長は、下級官庁の権限を自ら行い、又は所属の労働基準監督官をして行わせることができる。

（女性主管局長の権限）

第一〇〇条 厚生労働省の女性主管局長（厚生労働省の内部部局として置かれる局で女性労働者の特性に係る労働問題に関する事務を所掌するものの局長をいう。以下同じ。）は、厚生労働大臣の指揮監督を受けて、この法律中女性に特殊の規定の制定、改廃及び解釈に関する事項をつかさどり、その施行に関する事項については、労働基準主管局長及びその下級の官庁の長に勧告を行うとともに、労働基準主管局長が、その下級の官庁に対して行う指揮監督について援助を与える。

② 女性主管局長は、自ら又はその指定する所属官吏をして、女性に関し労働基準主管局若しくはその下級の官庁又はその所属官吏の行つた監督その他に関する文書を閲覧し、又は閲覧せしめることができる。

③ 第百一条及び第百五条の規定は、女性主管局長又はその指定する所属官吏が、この法律中女性に特殊の規定の施行に関して行う調査の場合に、これを準用する。

（労働基準監督官の権限）

第一〇一条 労働基準監督官は、事業場、寄宿舎その他の附属建設物に臨検し、帳簿及び書類の提出を求め、又は使用者若しくは労働者に対して尋問を行うことができる。

② 前項の場合において、労働基準監督官は、その身分を証明する証票を携帯しなければならない。

第一〇二条 労働基準監督官は、この法律違反の罪について、刑事訴訟法に規定する司法警察官の職務を行う。

第一〇三条 労働者を就業させる事業の附属寄宿舎が、安全及び衛生に関して定められた基準に反し、且つ労働者に急迫した危険がある場合においては、労働基準監督官は、第九十六条の三の規定による行政官庁の権限を即時に行うことができる。

（監督機関に対する申告）

第一〇四条 事業場に、この法律又はこの法律に基いて発する命令に違反する事実がある場合においては、労働者は、その事実を行政官庁又は労働基準監督官に申告することができる。

② 使用者は、前項の申告をしたことを理由として、労働者に対して解雇その他不利益な取扱をしてはならない。

（報告等）

第一〇四条の二 行政官庁は、この法律を施行するため必要があると認めるときは、厚生労働省令で定めるところにより、使用者又は労働者に対し、必要な事項を報告させ、又は出頭を命ずることができる。

② 労働基準監督官は、この法律を施行するため必要があると認めるときは、使用者又は労働者に対し、必要な事項を報告させ、又は出頭を命ずることができる。

（労働基準監督官の義務）

第一〇五条 労働基準監督官は、職務上知り得た秘密を漏してはならない。労働基準監督官を退官した後においても同様である。

第十二章　雑則

（国の援助義務）

第一〇五条の二 厚生労働大臣又は都道府県労働局長は、この法律の目的を達成するために、労働者及び使用者に対して資料の提供その他必要な援助をしなければならない。

（法令等の周知義務）

第一〇六条 使用者は、この法律及びこれに基づく命令の要旨、就業規則、第十八条第二項、第二十四条第一項ただし書、第三十二条の二第一項、第三十二条の三第一項、第三十二条の四第一項、第三十二条の五第一項、第三十四条第二項ただし書、第三十六条第一項、第三十七条第三項、第三十八条の二第二項、第三十八条の三第一項並びに第三十九条第四項、第六項及び第九項ただし書に規定する協定並びに第三十八条の四第一項及び同条第五項（第四十一条の二第三項において準用する場合を含む。）並びに第四十一条の二第一項に規定する決議を、常時各作業場の見やすい場所へ掲示し、又は備え付けること、書面を交付することその他の厚生労働省令で定める方法によつて、労働者に周知させなければならない。

② 使用者は、この法律及びこの法律に基いて発する命令のうち、寄宿舎に関する規定及び寄宿舎規則を、寄宿舎の見易い場所に掲示し、又は備え付ける等の方法によつて、寄宿舎に寄宿する労働者に周知させなければならない。

（労働者名簿）

第一〇七条 使用者は、各事業場ごとに労働者名簿を、各労働者（日日雇い入れられる者を除く。）について調製し、労働者の氏名、生年月日、履歴その他厚生労働省令で定める事項を記入しなければならない。

② 前項の規定により記入すべき事項に変更があつた場合においては、遅滞なく訂正しなければならない。

（賃金台帳）

第一〇八条 使用者は、各事業場ごとに賃金台帳を調製し、賃金計算の基礎となる事項及び賃金の額その他厚生労働省令で定める事項を賃金支払の都度遅滞なく記入しなければならない。

（記録の保存）

第一〇九条 使用者は、労働者名簿、賃金台帳及び雇入れ、解雇、災害補償、賃金その他労働関係に関する重要な書類を五年間保存しなければならない。

第一一〇条 削除（平五法七九）

（無料証明）

第一一一条 労働者及び労働者になろうとする者は、その戸籍に関して戸籍事務を掌る者又はその代理者に対して、無料で証明を請求することができる。使用者が、労働者及び労働者になろうとする者の戸籍に関して証明を請求する場合においても同様である。

（国及び公共団体についての適用）

第一一二条 この法律及びこの法律に基いて発する命令は、国、都道府県、市町村その他これに準ずべきものについても適用あるものとする。

（命令の制定）

第一一三条 この法律に基いて発する命令は、その草案について、公聴会で労働者を代表する者、使用者を代表する者及び公益を代表する者の意見を聴いて、これを制定する。

（付加金の支払）

第一一四条 裁判所は、第二十条、第二十六条若しくは第三十七条の規定に違反した使用者又は第三十九条第九項の規定による賃金を支払わなかつた使用者に対して、労働者の請求により、これらの規定により使用者が支払わなければならない金額についての未払金のほか、これと同一額の付加金の支払を命ずることができる。ただし、この請求は、違反のあつた時から五年以内にしなければならない。

（時効）

第一一五条 この法律の規定による賃金の請求権はこれを行使することができる時から五年間、この法律の規定による災害補償その他の請求権（賃金の請求権を除く。）はこれを行使することができる時から二年間行わない場合においては、時効によつて消滅する。

（経過措置）

第一一五条の二 この法律の規定に基づき命令を制定し、又は改廃するときは、その命令で、その制定又は改廃に伴い合理的に必要と判断される範囲内において、所要の経過措置（罰則に関する経過措置を含む。）を定めることができる。

（適用除外）

第一一六条 第一条から第十一条まで、次項、第百十七条から第百十九条まで及び第百二十一条の規定を除き、この法律は、船員法（昭和二十二年法律第百号）第一条第一項に規定する船員については、適用しない。

② この法律は、同居の親族のみを使用する事業及び家事使用人については、適用しない。

第十三章　罰則

第一一七条 第五条の規定に違反した者は、これを一年以上十年以下の懲役又は二十万円以上三百万円以下の罰金に処する。

第一一八条 第六条、第五十六条、第六十三条又は第六十四条の二の規定に違反した者は、これを一年以下の懲役又は五十万円以下の罰金に処する。

② 第七十条の規定に基づいて発する厚生労働省令（第六十三条又は第六十四条の二の規定に係る部分に限る。）に違反した者についても前項の例による。

第一一九条 次の各号のいずれかに該当する者は、六箇月以下の懲役又は三十万円以下の罰金に処する。

一 第三条、第四条、第七条、第十六条、第十七条、第十八条第一項、第十九条、第二十条、第二十二条第四項、第三十二条、第三十四条、第三十五条、第三十六条第六項、第三十七条、第三十九条（第七項を除く。）、第六十一条、第六十二条、第六十四条の三から第六十七条まで、第七十二条、第七十五条から第七十七条まで、第七十九条、第八十条、第九十四条第二項、第九十六条又は第百四条第二項の規定に違反した者

二 第三十三条第二項、第九十六条の二第二項又は第九十六条の三第一項の規定による命令に違反した者

三 第四十条の規定に基づいて発する厚生労働省令に違反した者

四 第七十条の規定に基づいて発する厚生労働省令（第六十二条又は第六十四条の三の規定に係る部分に限る。）に違反した者

第一二〇条 次の各号のいずれかに該当する者は、三十万円以下の罰金に処する。

一 第十四条、第十五条第一項若しくは第三項、第十八条第七項、第二十二条第一項から第三項まで、第二十三条から第二十七条まで、第三十二条の二第二項（第三十二条の三第四項、第三十二条の四第四項及び第三十二条の五第三項において準用する場合を含む。）、第三十二条の五第二項、第三十三条第一項ただし書、第三十八条の二第三項（第三十八条の三第二項において準用する場合を含む。）、第三十九条第七項、第五十七条から第五十九条まで、第六十四条、第六十八条、第八十九条、第九十条第一項、第九十一条、第九十五条第一項若しくは第二項、第九十六条の二第一項、第百五条（第百条第三項において準用する場合を含む。）又は第百六条から第百九条までの規定に違反した者

二 第七十条の規定に基づいて発する厚生労働省令（第十四条の規定に係る部分に限る。）に違反した者

三 第九十二条第二項又は第九十六条の三第二項の規定による命令に違反した者

四 第百一条（第百条第三項において準用する場合を含む。）の規定による労働基準監督官又は女性主管局長若しくはその指定する所属官吏の臨検を拒み、妨げ、若しくは忌避し、その尋問に対して陳述をせず、若しくは虚偽の陳述をし、帳簿書類の提出をせず、又は虚偽の記載をした帳簿書類の提出をした者

五 第百四条の二の規定による報告をせず、若しくは虚偽の報告をし、又は出頭しなかつた者

第一二一条 この法律の違反行為をした者が、当該事業の労働者に関する事項について、事業主のために行為した代理人、使用人その他の従業者である場合においては、事業主に対しても各本条の罰金刑を科する。ただし、事業主（事業主が法人である場合においてはその代表者、事業主が営業に関し成年者と同一の行為能力を有しない未成年者又は成年被後見人である場合においてはその法定代理人（法定代理人が法人であるときは、その代表者）を事業主とする。次項において同じ。）が違反の防止に必要な措置をした場合においては、この限りでない。

② 事業主が違反の計画を知りその防止に必要な措置を講じなかつた場合、違反行為を知り、その是正に必要な措置を講じなかつた場合又は違反を教唆した場合においては、事業主も行為者として罰する。

附　則（抄）

第一三六条 使用者は、第三十九条第一項から第四項までの規定による有給休暇を取得した労働者に対して、賃金の減額その他不利益な取扱いをしないようにしなければならない。

第一四三条 第百九条の規定の適用については、当分の間、同条中「五年間」とあるのは、「三年間」とする。

② 第百十四条の規定の適用については、当分の間、同条ただし書中「五年」とあるのは、「三年」とする。

③ 第百十五条の規定の適用については、当分の間、同条中「賃金の請求権はこれを行使

ることができる時から五年間」とあるのは、「退職手当の請求権はこれを行使することができる時から五年間、この法律の規定による賃金（退職手当を除く。）の請求権はこれを行使することができる時から三年間」とする。

別表第一（第三十三条、第四十条、第四十一条、第五十六条、第六十一条関係）

一　物の製造、改造、加工、修理、洗浄、選別、包装、装飾、仕上げ、販売のためにする仕立て、破壊若しくは解体又は材料の変造の事業（電気、ガス又は各種動力の発生、変更若しくは伝導の事業及び水道の事業を含む。）
二　鉱業、石切り業その他土石又は鉱物採取の事業
三　土木、建築その他工作物の建設、改造、保存、修理、変更、破壊、解体又はその準備の事業
四　道路、鉄道、軌道、索道、船舶又は航空機による旅客又は貨物の運送の事業
五　ドック、船舶、岸壁、波止場、停車場又は倉庫における貨物の取扱いの事業
六　土地の耕作若しくは開墾又は植物の栽植、栽培、採取若しくは伐採の事業その他農林の事業
七　動物の飼育又は水産動植物の採捕若しくは養殖の事業その他の畜産、養蚕又は水産の事業
八　物品の販売、配給、保管若しくは賃貸又は理容の事業
九　金融、保険、媒介、周旋、集金、案内又は広告の事業
十　映画の製作又は映写、演劇その他興行の事業
十一　郵便、信書便又は電気通信の事業
十二　教育、研究又は調査の事業
十三　病者又は虚弱者の治療、看護その他保健衛生の事業
十四　旅館、料理店、飲食店、接客業又は娯楽場の事業
十五　焼却、清掃又はと畜場の事業

別表第二　身体障害等級及び災害補償表（第七十七条関係）

等級	災害補償
第一級	一三四〇日分
第二級	一一九〇日分
第三級	一〇五〇日分
第四級	九二〇日分
第五級	七九〇日分
第六級	六七〇日分
第七級	五六〇日分
第八級	四五〇日分
第九級	三五〇日分
第一〇級	二七〇日分
第一一級	二〇〇日分
第一二級	一四〇日分
第一三級	九〇日分
第一四級	五〇日分

別表第三　分割補償表（第八十二条関係）

種別	等級	災害補償
障害補償	第一級	二四〇日分
	第二級	二一三日分
	第三級	一八八日分
	第四級	一六四日分
	第五級	一四二日分
	第六級	一二〇日分
	第七級	一〇〇日分
	第八級	八〇日分
	第九級	六三日分
	第一〇級	四八日分
	第一一級	三六日分
	第一二級	二五日分
	第一三級	一六日分
	第一四級	九日分
遺族補償		一八〇日分

附　則〔抄〕（平成三〇年七月六日法律第七一号）

施行、平三一・四・一
改正、令二―法一四

（中小事業主に関する経過措置）
第三条　中小事業主（その資本金の額又は出資の総額が三億円（小売業又はサービス業を主たる事業とする事業主については五千万円、卸売業を主たる事業とする事業主については一億円）以下である事業主及びその常時使用する労働者の数が三百人（小売業を主たる事業とする事業主については五十人、卸売業又はサービス業を主たる事業とする事業主については百人）以下である事業主をいう。〔中略〕）の事業に係る協定〔中略〕についての前条の規定〔時間外・休日労働に係る協定に関する経過措置〕の適用については、「平成三十一年四月一日」とあるのは、「令和二年四月一日」とする。
2　前項の規定により読み替えられた前条の規定によりなお従前の例によることとされた協定をする使用者及び労働組合又は労働者の過半数を代表する者は、当該協定をするに当たり、新労基法第三十六条第一項から第五項までの規定により当該協定に定める労働時間を延長して労働させ、又は休日において労働させることができる時間数を勘案して協定をするように努めなければならない。
3・4〔省略〕

附　則（令和二年三月三一日法律第一三号）

（施行期日）
第一条　この法律は、民法の一部を改正する法律（平成二十九年法律第四十四号）の施行の日〔平三二・四・一〕から施行する。
（付加金の支払及び時効に関する経過措置）
第二条　この法律による改正後の労働基準法（以下この条において「新法」という。）第百十四条及び第百四十三条第二項の規定は、この法律の施行の日（以下この条において「施行日」という。）以後に新法第百十四条に規定する違反がある場合における付加金の支払に係る請求について適用し、施行日前にこの法律による改正前の労働基準法第百十四条に規定する違反があった場合における付加金の支払に係る請求については、なお従前の例による。
2　新法第百十五条及び第百四十三条第三項の規定は、施行日以後に支払期日が到来する労働基準法の規定による賃金（退職手当を除く。以下この項において同じ。）の請求権の時効について適用し、施行日前に支払期日が到来した同法の規定による賃金の請求権の時効については、なお従前の例による。
（検討）
第三条　政府は、この法律の施行後五年を経過した場合において、この法律による改正後の規定について、その施行の状況を勘案しつつ検討を加え、必要があると認めるときは、その結果に基づいて必要な措置を講ずるものとする。

附　則〔抄〕（令和二年三月三一日法律第一四号）

（施行期日）
第一条　この法律は、令和二年四月一日から施行する。ただし、次の各号に掲げる規定は、当該各号に定める日から施行する。
一〔前略〕附則〔中略〕第二十八条から第三十二条までの規定　公布の日
二から六まで〔省略〕
（罰則に関する経過措置）
第三十一条　この法律（附則第一条各号に掲げる規定にあっては、当該規定。以下この条〔中略〕において同じ。）の施行前にした行為及びこの附則の規定によりなお従前の例によることとされる場合におけるこの法律の施行後にした行為に対する罰則の適用については、なお従前の例による。

●労働安全衛生法（抜粋）

（昭和四七年六月八日 法律第五七号）

施行、昭四七・一〇・一、昭四七・七・一
最終改正、令一―法三七

第一章　総則

（目的）

第一条　この法律は、労働基準法（昭和二十二年法律第四十九号）と相まつて、労働災害の防止のための危害防止基準の確立、責任体制の明確化及び自主的活動の促進の措置を講ずる等その防止に関する総合的計画的な対策を推進することにより職場における労働者の安全と健康を確保するとともに、快適な職場環境の形成を促進することを目的とする。

第三章　安全衛生管理体制

（総括安全衛生管理者）

第一〇条　事業者は、政令で定める規模の事業場ごとに、厚生労働省令で定めるところにより、総括安全衛生管理者を選任し、その者に安全管理者、衛生管理者又は第二十五条の二第二項の規定により技術的事項を管理する者の指揮をさせるとともに、次の業務を統括管理させなければならない。

一　労働者の危険又は健康障害を防止するための措置に関すること。
二　労働者の安全又は衛生のための教育の実施に関すること。
三　健康診断の実施その他健康の保持増進のための措置に関すること。
四　労働災害の原因の調査及び再発防止対策に関すること。
五　前各号に掲げるもののほか、労働災害を防止するため必要な業務で、厚生労働省令で定めるもの

2　総括安全衛生管理者は、当該事業場においてその事業の実施を統括管理する者をもつて充てなければならない。

3　都道府県労働局長は、労働災害を防止するため必要があると認めるときは、総括安全衛生管理者の業務の執行について事業者に勧告することができる。

（衛生管理者）

第一二条　事業者は、政令で定める規模の事業場ごとに、都道府県労働局長の免許を受けた者その他厚生労働省令で定める資格を有する者のうちから、厚生労働省令で定めるところにより、当該事業場の業務の区分に応じて、衛生管理者を選任し、その者に第十条第一項各号の業務（第二十五条の二第二項の規定により技術的事項を管理する者を選任した場合においては、同条第一項各号の措置に該当するものを除く。）のうち衛生に係る技術的事項を管理させなければならない。

2　前条第二項の規定は、衛生管理者について準用する。

（安全衛生推進者等）

第一二条の二　事業者は、第十一条第一項の事業場及び前条第一項の事業場以外の事業場で、厚生労働省令で定める規模のものごとに、厚生労働省令で定めるところにより、安全衛生推進者（第十一条第一項の政令で定める業種以外の業種の事業場にあつては、衛生推進者）を選任し、その者に第十条第一項各号の業務（第二十五条の二第二項の規定により技術的事項を管理する者を選任した場合においては、同条第一項各号の措置に該当するものを除くものとし、第十一条第一項の政令で定める業種以外の業種の事業場にあつては、衛生に係る業務に限る。）を担当させなければならない。

（産業医等）

第一三条　事業者は、政令で定める規模の事業場ごとに、厚生労働省令で定めるところにより、医師のうちから産業医を選任し、その者に労働者の健康管理その他の厚生労働省令で定める事項（以下「労働者の健康管理等」という。）を行わせなければならない。

2　産業医は、労働者の健康管理等を行うのに必要な医学に関する知識について厚生労働省令で定める要件を備えた者でなければならない。

3　産業医は、労働者の健康管理等を行うのに必要な医学に関する知識に基づいて、誠実にその職務を行わなければならない。

4　産業医を選任した事業者は、産業医に対し、厚生労働省令で定めるところにより、労働者の労働時間に関する情報その他の産業医が労働者の健康管理等を適切に行うために必要な情報として厚生労働省令で定めるものを提供しなければならない。

5　産業医は、労働者の健康を確保するため必要があると認めるときは、事業者に対し、労働者の健康管理等について必要な勧告をすることができる。この場合において、事業者は、当該勧告を尊重しなければならない。

6　事業者は、前項の勧告を受けたときは、厚生労働省令で定めるところにより、当該勧告の内容その他の厚生労働省令で定める事項を衛生委員会又は安全衛生委員会に報告しなければならない。

第一三条の二　事業者は、前条第一項の事業場以外の事業場については、労働者の健康管理等を行うのに必要な医学に関する知識を有する医師その他厚生労働省令で定める者に労働者の健康管理等の全部又は一部を行わせるように努めなければならない。

2　前条第四項の規定は、前項に規定する者に労働者の健康管理等の全部又は一部を行わせる事業者について準用する。この場合において、同条第四項中「提供しなければ」とあるのは、「提供するように努めなければ」と読み替えるものとする。

第一三条の三　事業者は、産業医又は前条第一項に規定する者による労働者の健康管理等の適切な実施を図るため、産業医又は同項に規定する者が労働者からの健康相談に応じ、適切に対応するために必要な体制の整備その他の必要な措置を講ずるように努めなければならない。

（安全委員会）

第一七条　事業者は、政令で定める業種及び規模の事業場ごとに、次の事項を調査審議させ、事業者に対し意見を述べさせるため、安全委員会を設けなければならない。

一　労働者の危険を防止するための基本となるべき対策に関すること。
二　労働災害の原因及び再発防止対策で、安全に係るものに関すること。
三　前二号に掲げるもののほか、労働者の危険の防止に関する重要事項

2　安全委員会の委員は、次の者をもつて構成する。ただし、第一号の者である委員（以下「第一号の委員」という。）は、一人とする。

一　総括安全衛生管理者又は総括安全衛生管理者以外の者で当該事業場においてその事業の実施を統括管理するもの若しくはこれに準ずる者のうちから事業者が指名した者
二　安全管理者のうちから事業者が指名した者
三　当該事業場の労働者で、安全に関し経験を有するもののうちから事業者が指名した者

3　安全委員会の議長は、第一号の委員がなるものとする。

4　事業者は、第一号の委員以外の委員の半数については、当該事業場に労働者の過半数で組織する労働組合があるときにおいてはその労働組合、労働者の過半数で組織する労働組合がないときにおいては労働者の過半数を代表する者の推薦に基づき指名しなければならない。

5　前二項の規定は、当該事業場の労働者の過半数で組織する労働組合との間における労働協約に別段の定めがあるときは、その限度において適用しない。

（衛生委員会）

第一八条　事業者は、政令で定める規模の事業場ごとに、次の事項を調査審議させ、事業者に対し意見を述べさせるため、衛生委員会を設けなければならない。

一　労働者の健康障害を防止するための基本となるべき対策に関すること。
二　労働者の健康の保持増進を図るための基

本となるべき対策に関すること。

三　労働災害の原因及び再発防止対策で、衛生に係るものに関すること。

四　前三号に掲げるもののほか、労働者の健康障害の防止及び健康の保持増進に関する重要事項

2　衛生委員会の委員は、次の者をもつて構成する。ただし、第一号の者である委員は、一人とする。

一　総括安全衛生管理者又は総括安全衛生管理者以外の者で当該事業場においてその事業の実施を統括管理するもの若しくはこれに準ずる者のうちから事業者が指名した者

二　衛生管理者のうちから事業者が指名した者

三　産業医のうちから事業者が指名した者

四　当該事業場の労働者で、衛生に関し経験を有するもののうちから事業者が指名した者

3　事業者は、当該事業場の労働者で、作業環境測定を実施している作業環境測定士であるものを衛生委員会の委員として指名することができる。

4　前条第三項から第五項までの規定は、衛生委員会について準用する。この場合において、同条第三項及び第四項中「第一号の委員」とあるのは、「第十八条第二項第一号の者である委員」と読み替えるものとする。

（安全管理者等に対する教育等）

第一九条の二　事業者は、事業場における安全衛生の水準の向上を図るため、安全管理者、衛生管理者、安全衛生推進者、衛生推進者その他労働災害の防止のための業務に従事する者に対し、これらの者が従事する業務に関する能力の向上を図るための教育、講習等を行い、又はこれらを受ける機会を与えるように努めなければならない。

2　厚生労働大臣は、前項の教育、講習等の適切かつ有効な実施を図るため必要な指針を公表するものとする。

3　厚生労働大臣は、前項の指針に従い、事業者又はその団体に対し、必要な指導等を行うことができる。

第四章　労働者の危険又は健康障害を防止するための措置

（事業者の講ずべき措置等）

第二三条　事業者は、労働者を就業させる建設物その他の作業場について、通路、床面、階段等の保全並びに換気、採光、照明、保温、防湿、休養、避難及び清潔に必要な措置その他労働者の健康、風紀及び生命の保持のため必要な措置を講じなければならない。

第六章　労働者の就業に当たつての措置

（安全衛生教育）

第五九条　事業者は、労働者を雇い入れたときは、当該労働者に対し、厚生労働省令で定めるところにより、その従事する業務に関する安全又は衛生のための教育を行なわなければならない。

2　前項の規定は、労働者の作業内容を変更したときについて準用する。

3　事業者は、危険又は有害な業務で、厚生労働省令で定めるものに労働者をつかせるときは、厚生労働省令で定めるところにより、当該業務に関する安全又は衛生のための特別の教育を行なわなければならない。

第七章　健康の保持増進のための措置

（健康診断）

第六六条　事業者は、労働者に対し、厚生労働省令で定めるところにより、医師による健康診断（第六十六条の十第一項に規定する検査を除く。以下この条及び次条において同じ。）を行わなければならない。

2　事業者は、有害な業務で、政令で定めるものに従事する労働者に対し、厚生労働省令で定めるところにより、医師による特別の項目についての健康診断を行なわなければならない。有害な業務で、政令で定めるものに従事させたことのある労働者で、現に使用しているものについても、同様とする。

3　事業者は、有害な業務で、政令で定めるものに従事する労働者に対し、厚生労働省令で定めるところにより、歯科医師による健康診断を行なわなければならない。

4　都道府県労働局長は、労働者の健康を保持するため必要があると認めるときは、労働衛生指導医の意見に基づき、厚生労働省令で定めるところにより、事業者に対し、臨時の健康診断の実施その他必要な事項を指示することができる。

5　労働者は、前各項の規定により事業者が行なう健康診断を受けなければならない。ただし、事業者の指定した医師又は歯科医師が行なう健康診断を受けることを希望しない場合において、他の医師又は歯科医師の行なうこれらの規定による健康診断に相当する健康診断を受け、その結果を証明する書面を事業者に提出したときは、この限りでない。

（自発的健康診断の結果の提出）

第六六条の二　午後十時から午前五時まで（厚生労働大臣が必要であると認める場合においては、その定める地域又は期間については午後十一時から午前六時まで）の間における業務（以下「深夜業」という。）に従事する労働者であつて、その深夜業の回数その他の事項が深夜業に従事する労働者の健康の保持を考慮して厚生労働省令で定める要件に該当するものは、厚生労働省令で定めるところにより、自ら受けた健康診断（前条第五項ただし書の規定による健康診断を除く。）の結果を証明する書面を事業者に提出することができる。

（健康診断の結果の記録）

第六六条の三　事業者は、厚生労働省令で定めるところにより、第六十六条第一項から第四項まで及び第五項ただし書並びに前条の規定による健康診断の結果を記録しておかなければならない。

（健康診断の結果についての医師等からの意見聴取）

第六六条の四　事業者は、第六十六条第一項から第四項まで若しくは第五項ただし書又は第六十六条の二の規定による健康診断の結果（当該健康診断の項目に異常の所見があると診断された労働者に係るものに限る。）に基づき、当該労働者の健康を保持するために必要な措置について、厚生労働省令で定めるところにより、医師又は歯科医師の意見を聴かなければならない。

（健康診断実施後の措置）

第六六条の五　事業者は、前条の規定による医師又は歯科医師の意見を勘案し、その必要があると認めるときは、当該労働者の実情を考慮して、就業場所の変更、作業の転換、労働時間の短縮、深夜業の回数の減少等の措置を講ずるほか、作業環境測定の実施、施設又は設備の設置又は整備、当該医師又は歯科医師の意見の衛生委員会若しくは安全衛生委員会又は労働時間等設定改善委員会（労働時間等の設定の改善に関する特別措置法（平成四年法律第九十号）第七条に規定する労働時間等設定改善委員会をいう。以下同じ。）への報告その他の適切な措置を講じなければならない。

2　厚生労働大臣は、前項の規定により事業者が講ずべき措置の適切かつ有効な実施を図るため必要な指針を公表するものとする。

3　厚生労働大臣は、前項の指針を公表した場合において必要があると認めるときは、事業者又はその団体に対し、当該指針に関し必要な指導等を行うことができる。

（健康診断の結果の通知）

第六六条の六　事業者は、第六十六条第一項から第四項までの規定により行う健康診断を受けた労働者に対し、厚生労働省令で定めるところにより、当該健康診断の結果を通知しなければならない。

（保健指導等）

第六六条の七　事業者は、第六十六条第一項の規定による健康診断若しくは当該健康診断に係る同条第五項ただし書の規定による健康診

断又は第六十六条の二の規定による健康診断の結果、特に健康の保持に努める必要があると認める労働者に対し、医師又は保健師による保健指導を行うように努めなければならない。

2　労働者は、前条の規定により通知された健康診断の結果及び前項の規定による保健指導を利用して、その健康の保持に努めるものとする。

（面接指導等）

第六六条の八　事業者は、その労働時間の状況その他の事項が労働者の健康の保持を考慮して厚生労働省令で定める要件に該当する労働者（次条第一項に規定する者及び第六十六条の八の四第一項に規定する者を除く。以下この条において同じ。）に対し、厚生労働省令で定めるところにより、医師による面接指導（問診その他の方法により心身の状況を把握し、これに応じて面接により必要な指導を行うことをいう。以下同じ。）を行わなければならない。

2　労働者は、前項の規定により事業者が行う面接指導を受けなければならない。ただし、事業者の指定した医師が行う面接指導を受けることを希望しない場合において、他の医師の行う同項の規定による面接指導に相当する面接指導を受け、その結果を証明する書面を事業者に提出したときは、この限りでない。

3　事業者は、厚生労働省令で定めるところにより、第一項及び前項ただし書の規定による面接指導の結果を記録しておかなければならない。

4　事業者は、第一項又は第二項ただし書の規定による面接指導の結果に基づき、当該労働者の健康を保持するために必要な措置について、厚生労働省令で定めるところにより、医師の意見を聴かなければならない。

5　事業者は、前項の規定による医師の意見を勘案し、その必要があると認めるときは、当該労働者の実情を考慮して、就業場所の変更、作業の転換、労働時間の短縮、深夜業の回数の減少等の措置を講ずるほか、当該医師の意見の衛生委員会若しくは安全衛生委員会又は労働時間等設定改善委員会への報告その他の適切な措置を講じなければならない。

第六六条の八の二　事業者は、その労働時間が労働者の健康の保持を考慮して厚生労働省令で定める時間を超える労働者（労働基準法第三十六条第十一項に規定する業務に従事する者（同法第四十一条各号に掲げる者及び第六十六条の八の四第一項に規定する者を除く。）に限る。）に対し、厚生労働省令で定めるところにより、医師による面接指導を行わなければならない。

2　前条第二項から第五項までの規定は、前項の事業者及び労働者について準用する。この場合において、同条第五項中「作業の転換」とあるのは、「職務内容の変更、有給休暇（労働基準法第三十九条の規定による有給休暇を除く。）の付与」と読み替えるものとする。

第六六条の八の三　事業者は、第六十六条の八第一項又は前条第一項の規定による面接指導を実施するため、厚生労働省令で定める方法により、労働者（次条第一項に規定する者を除く。）の労働時間の状況を把握しなければならない。

第六六条の八の四　事業者は、労働基準法第四十一条の二第一項の規定により労働する労働者であつて、その健康管理時間（同項第三号に規定する健康管理時間をいう。）が当該労働者の健康の保持を考慮して厚生労働省令で定める時間を超えるものに対し、厚生労働省令で定めるところにより、医師による面接指導を行わなければならない。

2　第六十六条の八第二項から第五項までの規定は、前項の事業者及び労働者について準用する。この場合において、同条第五項中「就業場所の変更、作業の転換、労働時間の短縮、深夜業の回数の減少等」とあるのは、「職務内容の変更、有給休暇（労働基準法第三十九条の規定による有給休暇を除く。）の付与、健康管理時間（第六十六条の八の四第一項に規定する健康管理時間をいう。）が短縮されるための配慮等」と読み替えるものとする。

第六六条の九　事業者は、第六十六条の八第一項、第六十六条の八の二第一項又は前条第一項の規定により面接指導を行う労働者以外の労働者であつて健康への配慮が必要なものについては、厚生労働省令で定めるところにより、必要な措置を講ずるように努めなければならない。

（心理的な負担の程度を把握するための検査等）

第六六条の一〇　事業者は、労働者に対し、厚生労働省令で定めるところにより、医師、保健師その他の厚生労働省令で定める者（以下この条において「医師等」という。）による心理的な負担の程度を把握するための検査を行わなければならない。

2　事業者は、前項の規定により行う検査を受けた労働者に対し、厚生労働省令で定めるところにより、当該検査を行つた医師等から当該検査の結果が通知されるようにしなければならない。この場合において、当該医師等は、あらかじめ当該検査を受けた労働者の同意を得ないで、当該労働者の検査の結果を事業者に提供してはならない。

3　事業者は、前項の規定による通知を受けた労働者であつて、心理的な負担の程度が労働者の健康の保持を考慮して厚生労働省令で定める要件に該当するものが医師による面接指導を受けることを希望する旨を申し出たときは、当該申出をした労働者に対し、厚生労働省令で定めるところにより、医師による面接指導を行わなければならない。この場合において、事業者は、労働者が当該申出をしたことを理由として、当該労働者に対し、不利益な取扱いをしてはならない。

4　事業者は、厚生労働省令で定めるところにより、前項の規定による面接指導の結果を記録しておかなければならない。

5　事業者は、第三項の規定による面接指導の結果に基づき、当該労働者の健康を保持するために必要な措置について、厚生労働省令で定めるところにより、医師の意見を聴かなければならない。

6　事業者は、前項の規定による医師の意見を勘案し、その必要があると認めるときは、当該労働者の実情を考慮して、就業場所の変更、作業の転換、労働時間の短縮、深夜業の回数の減少等の措置を講ずるほか、当該医師の意見の衛生委員会若しくは安全衛生委員会又は労働時間等設定改善委員会への報告その他の適切な措置を講じなければならない。

7　厚生労働大臣は、前項の規定により事業者が講ずべき措置の適切かつ有効な実施を図るため必要な指針を公表するものとする。

8　厚生労働大臣は、前項の指針を公表した場合において必要があると認めるときは、事業者又はその団体に対し、当該指針に関し必要な指導等を行うことができる。

9　国は、心理的な負担の程度が労働者の健康の保持に及ぼす影響に関する医師等に対する研修を実施するよう努めるとともに、第二項の規定により通知された検査の結果を利用する労働者に対する健康相談の実施その他の当該労働者の健康の保持増進を図ることを促進するための措置を講ずるよう努めるものとする。

第七章の二　快適な職場環境の形成のための措置

（事業者の講ずる措置）

第七一条の二　事業者は、事業場における安全衛生の水準の向上を図るため、次の措置を継続的かつ計画的に講ずることにより、快適な職場環境を形成するように努めなければならない。

一　作業環境を快適な状態に維持管理するための措置

二　労働者の従事する作業について、その方法を改善するための措置

三　作業に従事することによる労働者の疲労を回復するための施設又は設備の設置又は整備

四　前三号に掲げるもののほか、快適な職場環境を形成するため必要な措置

（快適な職場環境の形成のための指針の公表等）

第七十一条の三　厚生労働大臣は、前条の事業者が講ずべき快適な職場環境の形成のための措置に関して、その適切かつ有効な実施を図るため必要な指針を公表するものとする。

2　厚生労働大臣は、前項の指針に従い、事業者又はその団体に対し、必要な指導等を行うことができる。

（国の援助）

第七十一条の四　国は、事業者が講ずる快適な職場環境を形成するための措置の適切かつ有効な実施に資するため、金融上の措置、技術上の助言、資料の提供その他の必要な援助に努めるものとする。

第十一章　雑則

（法令等の周知）

第百一条　事業者は、この法律及びこれに基づく命令の要旨を常時各作業場の見やすい場所に掲示し、又は備え付けることその他の厚生労働省令で定める方法により、労働者に周知させなければならない。

2　産業医を選任した事業者は、その事業場における産業医の業務の内容その他の産業医の業務に関する事項で厚生労働省令で定めるものを、常時各作業場の見やすい場所に掲示し、又は備え付けることその他の厚生労働省令で定める方法により、労働者に周知させなければならない。

3　前項の規定は、第十三条の二第一項に規定する者に労働者の健康管理等の全部又は一部を行わせる事業者について準用する。この場合において、前項中「周知させなければ」とあるのは、「周知させるように努めなければ」と読み替えるものとする。

4　事業者は、第五十七条の二第一項又は第二項の規定により通知された事項を、化学物質、化学物質を含有する製剤その他の物で当該通知された事項に係るものを取り扱う各作業場の見やすい場所に常時掲示し、又は備え付けることその他の厚生労働省令で定める方法により、当該物を取り扱う労働者に周知させなければならない。

（心身の状態に関する情報の取扱い）

第百四条　事業者は、この法律又はこれに基づく命令の規定による措置の実施に関し、労働者の心身の状態に関する情報を収集し、保管し、又は使用するに当たつては、労働者の健康の確保に必要な範囲内で労働者の心身の状態に関する情報を収集し、並びに当該収集の目的の範囲内でこれを保管し、及び使用しなければならない。ただし、本人の同意がある場合その他正当な事由がある場合は、この限りでない。

2　事業者は、労働者の心身の状態に関する情報を適正に管理するために必要な措置を講じなければならない。

3　厚生労働大臣は、前二項の規定により事業者が講ずべき措置の適切かつ有効な実施を図るため必要な指針を公表するものとする。

4　厚生労働大臣は、前項の指針を公表した場合において必要があると認めるときは、事業者又はその団体に対し、当該指針に関し必要な指導等を行うことができる。

（健康診断等に関する秘密の保持）

第百五条　第六十五条の二第一項及び第六十六条第一項から第四項までの規定による健康診断、第六十六条の八第一項、第六十六条の八の二第一項及び第六十六条の八の四第一項の規定による面接指導、第六十六条の十第一項の規定による検査又は同条第三項の規定による面接指導の実施の事務に従事した者は、その実施に関して知り得た労働者の秘密を漏らしてはならない。

●短時間労働者及び有期雇用労働者の雇用管理の改善等に関する法律（抄）

（平成五年六月一八日法律第七六号）

施行、平五・一二・一
最終改正、令一—法二四

第一章　総則

（目的）

第一条　この法律は、我が国における少子高齢化の進展、就業構造の変化等の社会経済情勢の変化に伴い、短時間・有期雇用労働者の果たす役割の重要性が増大していることに鑑み、短時間・有期雇用労働者について、その適正な労働条件の確保、雇用管理の改善、通常の労働者への転換の推進、職業能力の開発及び向上等に関する措置等を講ずることにより、通常の労働者との均衡のとれた待遇の確保等を図ることを通じて短時間・有期雇用労働者がその有する能力を有効に発揮することができるようにし、もってその福祉の増進を図り、あわせて経済及び社会の発展に寄与することを目的とする。

（定義）

第二条　この法律において「短時間労働者」とは、一週間の所定労働時間が同一の事業主に雇用される通常の労働者（当該事業主に雇用される通常の労働者と同種の業務に従事する当該事業主に雇用される労働者にあっては、厚生労働省令で定める場合を除き、当該労働者と同種の業務に従事する当該通常の労働者）の一週間の所定労働時間に比し短い労働者をいう。

2　この法律において「有期雇用労働者」とは、事業主と期間の定めのある労働契約を締結している労働者をいう。

3　この法律において「短時間・有期雇用労働者」とは、短時間労働者及び有期雇用労働者をいう。

（基本的理念）

第二条の二　短時間・有期雇用労働者及び短時間・有期雇用労働者になろうとする者は、生活との調和を保ちつつその意欲及び能力に応じて就業することができる機会が確保され、職業生活の充実が図られるように配慮されるものとする。

（事業主等の責務）

第三条　事業主は、その雇用する短時間・有期雇用労働者について、その就業の実態等を考慮して、適正な労働条件の確保、教育訓練の実施、福利厚生の充実その他の雇用管理の改善及び通常の労働者への転換（短時間・有期雇用労働者が雇用される事業所において通常の労働者として雇い入れられることをいう。以下同じ。）の推進（以下「雇用管理の改善等」という。）に関する措置等を講ずることにより、通常の労働者との均衡のとれた待遇の確保等を図り、当該短時間・有期雇用労働者がその有する能力を有効に発揮することができるように努めるものとする。

2　事業主の団体は、その構成員である事業主の雇用する短時間・有期雇用労働者の雇用管理の改善等に関し、必要な助言、協力その他の援助を行うように努めるものとする。

（国及び地方公共団体の責務）

第四条　国は、短時間・有期雇用労働者の雇用管理の改善等について事業主その他の関係者の自主的な努力を尊重しつつその実情に応じてこれらの者に対し必要な指導、援助等を行うとともに、短時間・有期雇用労働者の能力の有効な発揮を妨げている諸要因の解消を図るために必要な広報その他の啓発活動を行うほか、その職業能力の開発及び向上等を図る等、短時間・有期雇用労働者の雇用管理の改善等の促進その他その福祉の増進を図るために必要な施策を総合的かつ効果的に推進するように努めるものとする。

2　地方公共団体は、前項の国の施策と相まって、短時間・有期雇用労働者の福祉の増進を図るために必要な施策を推進するように努め

るものとする。

第二章　短時間・有期雇用労働者対策基本方針

第五条　厚生労働大臣は、短時間・有期雇用労働者の福祉の増進を図るため、短時間・有期雇用労働者の雇用管理の改善等の促進、職業能力の開発及び向上等に関する施策の基本となるべき方針（以下この条において「短時間・有期雇用労働者対策基本方針」という。）を定めるものとする。

2　短時間・有期雇用労働者対策基本方針に定める事項は、次のとおりとする。

一　短時間・有期雇用労働者の職業生活の動向に関する事項

二　短時間・有期雇用労働者の雇用管理の改善等を促進し、並びにその職業能力の開発及び向上を図るために講じようとする施策の基本となるべき事項

三　前二号に掲げるもののほか、短時間・有期雇用労働者の福祉の増進を図るために講じようとする施策の基本となるべき事項

3　短時間・有期雇用労働者対策基本方針は、短時間・有期雇用労働者の労働条件、意識及び就業の実態等を考慮して定められなければならない。

4　厚生労働大臣は、短時間・有期雇用労働者対策基本方針を定めるに当たっては、あらかじめ、労働政策審議会の意見を聴かなければならない。

5　厚生労働大臣は、短時間・有期雇用労働者対策基本方針を定めたときは、遅滞なく、これを公表しなければならない。

6　前二項の規定は、短時間・有期雇用労働者対策基本方針の変更について準用する。

第三章　短時間・有期雇用労働者の雇用管理の改善等に関する措置等

第一節　雇用管理の改善等に関する措置

（労働条件に関する文書の交付等）

第六条　事業主は、短時間・有期雇用労働者を雇い入れたときは、速やかに、当該短時間・有期雇用労働者に対して、労働条件に関する事項のうち労働基準法（昭和二十二年法律第四十九号）第十五条第一項に規定する厚生労働省令で定める事項以外のものであって厚生労働省令で定めるもの（次項及び第十四条第一項において「特定事項」という。）を文書の交付その他厚生労働省令で定める方法（次項において「文書の交付等」という。）により明示しなければならない。

2　事業主は、前項の規定に基づき特定事項を明示するときは、労働条件に関する事項のうち特定事項及び労働基準法第十五条第一項に規定する厚生労働省令で定める事項以外のものについても、文書の交付等により明示するように努めるものとする。

（就業規則の作成の手続）

第七条　事業主は、短時間労働者に係る事項について就業規則を作成し、又は変更しようとするときは、当該事業所において雇用する短時間労働者の過半数を代表すると認められるものの意見を聴くように努めるものとする。

2　前項の規定は、事業主が有期雇用労働者に係る事項について就業規則を作成し、又は変更しようとする場合について準用する。この場合において、「短時間労働者」とあるのは、「有期雇用労働者」と読み替えるものとする。

（不合理な待遇の禁止）

第八条　事業主は、その雇用する短時間・有期雇用労働者の基本給、賞与その他の待遇のそれぞれについて、当該待遇に対応する通常の労働者の待遇との間において、当該短時間・有期雇用労働者及び通常の労働者の業務の内容及び当該業務に伴う責任の程度（以下「職務の内容」という。）、当該職務の内容及び配置の変更の範囲その他の事情のうち、当該待遇の性質及び当該待遇を行う目的に照らして適切と認められるものを考慮して、不合理と認められる相違を設けてはならない。

（通常の労働者と同視すべき短時間・有期雇用労働者に対する差別的取扱いの禁止）

第九条　事業主は、職務の内容が通常の労働者と同一の短時間・有期雇用労働者（第十一条第一項において「職務内容同一短時間・有期雇用労働者」という。）であって、当該事業所における慣行その他の事情からみて、当該事業主との雇用関係が終了するまでの全期間において、その職務の内容及び配置が当該通常の労働者の職務の内容及び配置の変更の範囲と同一の範囲で変更されることが見込まれるもの（次条及び同項において「通常の労働者と同視すべき短時間・有期雇用労働者」という。）については、短時間・有期雇用労働者であることを理由として、基本給、賞与その他の待遇のそれぞれについて、差別的取扱いをしてはならない。

（賃金）

第一〇条　事業主は、通常の労働者との均衡を考慮しつつ、その雇用する短時間・有期雇用労働者（通常の労働者と同視すべき短時間・有期雇用労働者を除く。次条第二項及び第十二条において同じ。）の職務の内容、職務の成果、意欲、能力又は経験その他の就業の実態に関する事項を勘案し、その賃金（通勤手当その他の厚生労働省令で定めるものを除く。）を決定するように努めるものとする。

（教育訓練）

第一一条　事業主は、通常の労働者に対して実施する教育訓練であって、当該通常の労働者が従事する職務の遂行に必要な能力を付与するためのものについては、職務内容同一短時間・有期雇用労働者（通常の労働者と同視すべき短時間・有期雇用労働者を除く。以下この項において同じ。）が既に当該職務に必要な能力を有している場合その他の厚生労働省令で定める場合を除き、職務内容同一短時間・有期雇用労働者に対しても、これを実施しなければならない。

2　事業主は、前項に定めるもののほか、通常の労働者との均衡を考慮しつつ、その雇用する短時間・有期雇用労働者の職務の内容、職務の成果、意欲、能力及び経験その他の就業の実態に関する事項に応じ、当該短時間・有期雇用労働者に対して教育訓練を実施するように努めるものとする。

（福利厚生施設）

第一二条　事業主は、通常の労働者に対して利用の機会を与える福利厚生施設であって、健康の保持又は業務の円滑な遂行に資するものとして厚生労働省令で定めるものについては、その雇用する短時間・有期雇用労働者に対しても、利用の機会を与えなければならない。

（通常の労働者への転換）

第一三条　事業主は、通常の労働者への転換を推進するため、その雇用する短時間・有期雇用労働者について、次の各号のいずれかの措置を講じなければならない。

一　通常の労働者の募集を行う場合において、当該募集に係る事業所に掲示すること等により、その者が従事すべき業務の内容、賃金、労働時間その他の当該募集に係る事項を当該事業所において雇用する短時間・有期雇用労働者に周知すること。

二　通常の労働者の配置を新たに行う場合において、当該配置に係る事業所において雇用する短時間・有期雇用労働者に対して、当該配置の希望を申し出る機会を与えること。

三　一定の資格を有する短時間・有期雇用労働者を対象とした通常の労働者への転換のための試験制度を設けることその他の通常の労働者への転換を推進するための措置を講ずること。

（事業主が講ずる措置の内容等の説明）

第一四条　事業主は、短時間・有期雇用労働者を雇い入れたときは、速やかに、第八条から前条までの規定により措置を講ずべきこととされている事項（労働基準法第十五条第一項に規定する厚生労働省令で定める事項及び特定事項を除く。）に関し講ずることとしている措置の内容について、当該短時間・有期雇用労働者に説明しなければならない。

2　事業主は、その雇用する短時間・有期雇用

労働者から求めがあったときは、当該短時間・有期雇用労働者と通常の労働者との間の待遇の相違の内容及び理由並びに第六条から前条までの規定により措置を講ずべきこととされている事項に関する決定をするに当たって考慮した事項について、当該短時間・有期雇用労働者に説明しなければならない。

3　事業主は、短時間・有期雇用労働者が前項の求めをしたことを理由として、当該短時間・有期雇用労働者に対して解雇その他不利益な取扱いをしてはならない。

（指針）

第一五条　厚生労働大臣は、第六条から前条までに定める措置その他の第三条第一項の事業主が講ずべき雇用管理の改善等に関する措置等に関し、その適切かつ有効な実施を図るために必要な指針（以下この節において「指針」という。）を定めるものとする。

2　第五条第三項から第五項までの規定は指針の策定について、同条第四項及び第五項の規定は指針の変更について、それぞれ準用する。

（相談のための体制の整備）

第一六条　事業主は、短時間・有期雇用労働者の雇用管理の改善等に関する事項に関し、その雇用する短時間・有期雇用労働者からの相談に応じ、適切に対応するために必要な体制を整備しなければならない。

（短時間・有期雇用管理者）

第一七条　事業主は、常時厚生労働省令で定める数以上の短時間・有期雇用労働者を雇用する事業所ごとに、厚生労働省令で定めるところにより、指針に定める事項その他の短時間・有期雇用労働者の雇用管理の改善等に関する事項を管理させるため、短時間・有期雇用管理者を選任するように努めるものとする。

（報告の徴収並びに助言、指導及び勧告等）

第一八条　厚生労働大臣は、短時間・有期雇用労働者の雇用管理の改善等を図るため必要があると認めるときは、短時間・有期雇用労働者を雇用する事業主に対して、報告を求め、又は助言、指導若しくは勧告をすることができる。

2　厚生労働大臣は、第六条第一項、第九条、第十一条第一項、第十二条から第十四条まで及び第十六条の規定に違反している事業主に対し、前項の規定による勧告をした場合において、その勧告を受けた者がこれに従わなかったときは、その旨を公表することができる。

3　前二項に定める厚生労働大臣の権限は、厚生労働省令で定めるところにより、その一部を都道府県労働局長に委任することができる。

第二節　事業主等に対する国の援助等

（事業主等に対する援助）

第一九条　国は、短時間・有期雇用労働者の雇用管理の改善等の促進その他その福祉の増進を図るため、短時間・有期雇用労働者を雇用する事業主、事業主の団体その他の関係者に対して、短時間・有期雇用労働者の雇用管理の改善等に関する事項についての相談及び助言その他の必要な援助を行うことができる。

（職業訓練の実施等）

第二〇条　国、都道府県及び独立行政法人高齢・障害・求職者雇用支援機構は、短時間・有期雇用労働者及び短時間・有期雇用労働者になろうとする者がその職業能力の開発及び向上を図ることを促進するため、短時間・有期雇用労働者、短時間・有期雇用労働者になろうとする者その他関係者に対して職業能力の開発及び向上に関する啓発活動を行うように努めるとともに、職業訓練の実施について特別の配慮をするものとする。

（職業紹介の充実等）

第二一条　国は、短時間・有期雇用労働者になろうとする者がその適性、能力、経験、技能の程度等にふさわしい職業を選択し、及び職業に適応することを容易にするため、雇用情報の提供、職業指導及び職業紹介の充実等必要な措置を講ずるように努めるものとする。

第四章　紛争の解決

第一節　紛争の解決の援助等

（苦情の自主的解決）

第二二条　事業主は、第六条第一項、第八条、第九条、第十一条第一項及び第十二条から第十四条までに定める事項に関し、短時間・有期雇用労働者から苦情の申出を受けたときは、苦情処理機関（事業主を代表する者及び当該事業所の労働者を代表する者を構成員とする当該事業所の労働者の苦情を処理するための機関をいう。）に対し当該苦情の処理を委ねる等その自主的な解決を図るように努めるものとする。

（紛争の解決の促進に関する特例）

第二三条　前条の事項についての短時間・有期雇用労働者と事業主との間の紛争については、個別労働関係紛争の解決の促進に関する法律（平成十三年法律第百十二号）第四条、第五条及び第十二条から第十九条までの規定は適用せず、次条から第二十七条までに定めるところによる。

（紛争の解決の援助）

第二四条　都道府県労働局長は、前条に規定する紛争に関し、当該紛争の当事者の双方又は一方からその解決につき援助を求められた場合には、当該紛争の当事者に対し、必要な助言、指導又は勧告をすることができる。

2　事業主は、短時間・有期雇用労働者が前項の援助を求めたことを理由として、当該短時間・有期雇用労働者に対して解雇その他不利益な取扱いをしてはならない。

第二節　調停

（調停の委任）

第二五条　都道府県労働局長は、第二十三条に規定する紛争について、当該紛争の当事者の双方又は一方から調停の申請があった場合において当該紛争の解決のために必要があると認めるときは、個別労働関係紛争の解決の促進に関する法律第六条第一項の紛争調整委員会に調停を行わせるものとする。

2　前条第二項の規定は、短時間・有期雇用労働者が前項の申請をした場合について準用する。

（調停）

第二六条　雇用の分野における男女の均等な機会及び待遇の確保等に関する法律（昭和四十七年法律第百十三号）第十九条から第二十六条までの規定は、前条第一項の調停の手続について準用する。この場合において、同法第十九条第一項中「前条第一項」とあるのは「短時間労働者及び有期雇用労働者の雇用管理の改善等に関する法律第二十五条第一項」と、同法第二十条中「事業場」とあるのは「事業所」と、同法第二十五条第一項中「第十八条第一項」とあるのは「短時間労働者及び有期雇用労働者の雇用管理の改善等に関する法律第二十三条」と読み替えるものとする。

（厚生労働省令への委任）

第二七条　この節に定めるもののほか、調停の手続に関し必要な事項は、厚生労働省令で定める。

第五章　雑則（省略）

附　則（省略）

附　則（抄）（平成三〇年七月六日法律第七一号）

施行、令二・四・一
改正、令二―法一四

（短時間・有期雇用労働法の適用に関する経過措置）

第一一条　中小事業主については、令和三年三月三十一日までの間、第七条の規定による改正後の短時間労働者及び有期雇用労働者の雇用管理の改善等に関する法律（以下この条において「短時間・有期雇用労働法」という。）第二条第一項、第三条、第三章第一節（第十五条及び第十八条第三項を除く。）及び第四章（第二十六条及び第二十七条を除く。）の規定は、適用しない。この場合において、第七条の規定による改正前の短時間労働者の雇用管理の改善等に関する法律第二条、第三条、第三章第一節（第十五条及び第十八条第三項を除く。）及び第四章（第二十六条及び第二十七条を除く。）の規定並びに第八条の規定による改正前の労働契約法第二十条の規定は、なおその効力を有する。

2　附則第一条第二号に掲げる規定の施行の際現に紛争調整委員会に係属している個別労働関係紛争の解決の促進に関する法律第五条第一項のあっせんに係る紛争であって、短時間・有期雇用労働法第二十三条に規定する紛争に該当するもの（中小事業主以外の事業主が当事者であるものに限る。）については、同条の規定にかかわらず、なお従前の例による。

3　令和三年四月一日前にされた申請に係る紛争であって、同日において現に紛争調整委員会に係属している個別労働関係紛争の解決の促進に関する法律第五条第一項のあっせんに係るもの（短時間・有期雇用労働法第二十三条に規定する紛争に該当するものであって、中小事業主が当事者であるものに限る。）については、短時間・有期雇用労働法第二十三条の規定にかかわらず、なお従前の例による。

●雇用の分野における男女の均等な機会及び待遇の確保等に関する法律（抄）

（昭和四七年七月一日法律第一一三号）

施行、昭四七・七・一
最終改正、令一―法二四

第一章　総則

（目的）

第一条　この法律は、法の下の平等を保障する日本国憲法の理念にのつとり雇用の分野における男女の均等な機会及び待遇の確保を図るとともに、女性労働者の就業に関して妊娠中及び出産後の健康の確保を図る等の措置を推進することを目的とする。

（基本的理念）

第二条　この法律においては、労働者が性別により差別されることなく、また、女性労働者にあつては母性を尊重されつつ、充実した職業生活を営むことができるようにすることをその基本的理念とする。

2　事業主並びに国及び地方公共団体は、前項に規定する基本的理念に従つて、労働者の職業生活の充実が図られるように努めなければならない。

（啓発活動）

第三条　国及び地方公共団体は、雇用の分野における男女の均等な機会及び待遇の確保等について国民の関心と理解を深めるとともに、特に、雇用の分野における男女の均等な機会及び待遇の確保を妨げている諸要因の解消を図るため、必要な啓発活動を行うものとする。

（男女雇用機会均等対策基本方針）

第四条　厚生労働大臣は、雇用の分野における男女の均等な機会及び待遇の確保等に関する施策の基本となるべき方針（以下「男女雇用機会均等対策基本方針」という。）を定めるものとする。

2　男女雇用機会均等対策基本方針に定める事項は、次のとおりとする。

一　男性労働者及び女性労働者のそれぞれの職業生活の動向に関する事項

二　雇用の分野における男女の均等な機会及び待遇の確保等について講じようとする施策の基本となるべき事項

3　男女雇用機会均等対策基本方針は、男性労働者及び女性労働者のそれぞれの労働条件、意識及び就業の実態等を考慮して定められなければならない。

4　厚生労働大臣は、男女雇用機会均等対策基本方針を定めるに当たつては、あらかじめ、労働政策審議会の意見を聴くほか、都道府県知事の意見を求めるものとする。

5　厚生労働大臣は、男女雇用機会均等対策基本方針を定めたときは、遅滞なく、その概要を公表するものとする。

6　前二項の規定は、男女雇用機会均等対策基本方針の変更について準用する。

第二章　雇用の分野における男女の均等な機会及び待遇の確保等

第一節　性別を理由とする差別の禁止等

（性別を理由とする差別の禁止）

第五条　事業主は、労働者の募集及び採用について、その性別にかかわりなく均等な機会を与えなければならない。

第六条　事業主は、次に掲げる事項について、労働者の性別を理由として、差別的取扱いをしてはならない。

一　労働者の配置（業務の配分及び権限の付与を含む。）、昇進、降格及び教育訓練

二　住宅資金の貸付けその他これに準ずる福利厚生の措置であつて厚生労働省令で定めるもの

三　労働者の職種及び雇用形態の変更

四　退職の勧奨、定年及び解雇並びに労働契約の更新

（性別以外の事由を要件とする措置）

第七条　事業主は、募集及び採用並びに前条各号に掲げる事項に関する措置であつて労働者の性別以外の事由を要件とするもののうち、措置の要件を満たす男性及び女性の比率その他の事情を勘案して実質的に性別を理由とする差別となるおそれがある措置として厚生労働省令で定めるものについては、当該措置の対象となる業務の性質に照らして当該措置の実施が当該業務の遂行上特に必要である場合、事業の運営の状況に照らして当該措置の実施が雇用管理上特に必要である場合その他の合理的な理由がある場合でなければ、これを講じてはならない。

（女性労働者に係る措置に関する特例）

第八条　前三条の規定は、事業主が、雇用の分野における男女の均等な機会及び待遇の確保の支障となつている事情を改善することを目的として女性労働者に関して行う措置を講ずることを妨げるものではない。

（婚姻、妊娠、出産等を理由とする不利益取扱いの禁止等）

第九条　事業主は、女性労働者が婚姻し、妊娠し、又は出産したことを退職理由として予定する定めをしてはならない。

2　事業主は、女性労働者が婚姻したことを理由として、解雇してはならない。

3　事業主は、その雇用する女性労働者が妊娠したこと、出産したこと、労働基準法（昭和二十二年法律第四十九号）第六十五条第一項の規定による休業を請求し、又は同項若しくは同条第二項の規定による休業をしたことその他の妊娠又は出産に関する事由であつて厚生労働省令で定めるものを理由として、当該女性労働者に対して解雇その他不利益な取扱いをしてはならない。

4　妊娠中の女性労働者及び出産後一年を経過しない女性労働者に対してなされた解雇は、無効とする。ただし、事業主が当該解雇が前項に規定する事由を理由とする解雇でないことを証明したときは、この限りでない。

（指針）

第一〇条　厚生労働大臣は、第五条から第七条まで及び前条第一項から第三項までの規定に定める事項に関し、事業主が適切に対処するために必要な指針（次項において「指針」という。）を定めるものとする。

2　第四条第四項及び第五項の規定は指針の策定及び変更について準用する。この場合において、同条第四項中「聴くほか、都道府県知事の意見を求める」とあるのは、「聴く」と読み替えるものとする。

第二節　事業主の講ずべき措置等

（職場における性的な言動に起因する問題に関する雇用管理上の措置等）

第一一条　事業主は、職場において行われる性的な言動に対するその雇用する労働者の対応により当該労働者がその労働条件につき不利益を受け、又は当該性的な言動により当該労働者の就業環境が害されることのないよう、当該労働者からの相談に応じ、適切に対応するために必要な体制の整備その他の雇用管理上必要な措置を講じなければならない。

2　事業主は、労働者が前項の相談を行つたこと又は事業主による当該相談への対応に協力した際に事実を述べたことを理由として、当該労働者に対して解雇その他不利益な取扱いをしてはならない。

3　事業主は、他の事業主から当該事業主の講ずる第一項の措置の実施に関し必要な協力を求められた場合には、これに応ずるように努めなければならない。

4　厚生労働大臣は、前三項の規定に基づき事業主が講ずべき措置等に関して、その適切かつ有効な実施を図るために必要な指針（次項において「指針」という。）を定めるものとする。

5　第四条第四項及び第五項の規定は、指針の策定及び変更について準用する。この場合において、同条第四項中「聴くほか、都道府県知事の意見を求める」とあるのは、「聴く」と読み替えるものとする。

（職場における性的な言動に起因する問題に関する国、事業主及び労働者の責務）

第一一条の二　国は、前条第一項に規定する不利益を与える行為又は労働者の就業環境を害する同項に規定する言動を行つてはならないことその他当該言動に起因する問題（以下この条において「性的言動問題」という。）に対する事業主その他国民一般の関心と理解を深めるため、広報活動、啓発活動その他の措置を講ずるように努めなければならない。

2　事業主は、性的言動問題に対するその雇用する労働者の関心と理解を深めるとともに、当該労働者が他の労働者に対する言動に必要な注意を払うよう、研修の実施その他の必要な配慮をするほか、国の講ずる前項の措置に協力するように努めなければならない。

3　事業主（その者が法人である場合にあつては、その役員）は、自らも、性的言動問題に対する関心と理解を深め、労働者に対する言動に必要な注意を払うように努めなければならない。

4　労働者は、性的言動問題に対する関心と理解を深め、他の労働者に対する言動に必要な注意を払うとともに、事業主の講ずる前条第一項の措置に協力するように努めなければならない。

（職場における妊娠、出産等に関する言動に起因する問題に関する雇用管理上の措置等）

第一一条の三　事業主は、職場において行われるその雇用する女性労働者に対する当該女性労働者が妊娠したこと、出産したこと、労働基準法第六十五条第一項の規定による休業を請求し、又は同項若しくは同条第二項の規定による休業をしたことその他の妊娠又は出産に関する事由であつて厚生労働省令で定めるものに関する言動により当該女性労働者の就業環境が害されることのないよう、当該女性労働者からの相談に応じ、適切に対応するために必要な体制の整備その他の雇用管理上必要な措置を講じなければならない。

2　第十一条第二項の規定は、労働者が前項の相談を行い、又は事業主による当該相談への対応に協力した際に事実を述べた場合について準用する。

3　厚生労働大臣は、前二項の規定に基づき事業主が講ずべき措置等に関して、その適切かつ有効な実施を図るために必要な指針（次項において「指針」という。）を定めるものとする。

4　第四条第四項及び第五項の規定は、指針の策定及び変更について準用する。この場合において、同条第四項中「聴くほか、都道府県知事の意見を求める」とあるのは、「聴く」と読み替えるものとする。

（職場における妊娠、出産等に関する言動に起因する問題に関する国、事業主及び労働者の責務）

第一一条の四　国は、労働者の就業環境を害する前条第一項に規定する言動を行つてはならないことその他当該言動に起因する問題（以下この条において「妊娠・出産等関係言動問題」という。）に対する事業主その他国民一般の関心と理解を深めるため、広報活動、啓発活動その他の措置を講ずるように努めなければならない。

2　事業主は、妊娠・出産等関係言動問題に対するその雇用する労働者の関心と理解を深めるとともに、当該労働者が他の労働者に対する言動に必要な注意を払うよう、研修の実施その他の必要な配慮をするほか、国の講ずる前項の措置に協力するように努めなければならない。

3　事業主（その者が法人である場合にあつては、その役員）は、自らも、妊娠・出産等関係言動問題に対する関心と理解を深め、労働者に対する言動に必要な注意を払うように努めなければならない。

4　労働者は、妊娠・出産等関係言動問題に対する関心と理解を深め、他の労働者に対する言動に必要な注意を払うとともに、事業主の講ずる前条第一項の措置に協力するように努めなければならない。

（妊娠中及び出産後の健康管理に関する措置）

第一二条　事業主は、厚生労働省令で定めるところにより、その雇用する女性労働者が母子保健法（昭和四十年法律第百四十一号）の規定による保健指導又は健康診査を受けるために必要な時間を確保することができるようにしなければならない。

第一三条　事業主は、その雇用する女性労働者が前条の保健指導又は健康診査に基づく指導事項を守ることができるようにするため、勤務時間の変更、勤務の軽減等必要な措置を講じなければならない。

2　厚生労働大臣は、前項の規定に基づき事業主が講ずべき措置に関して、その適切かつ有効な実施を図るために必要な指針（次項において「指針」という。）を定めるものとする。

3　第四条第四項及び第五項の規定は、指針の策定及び変更について準用する。この場合において、同条第四項中「聴くほか、都道府県知事の意見を求める」とあるのは、「聴く」と読み替えるものとする。

第一三条の二　（省略）

第三節　事業主に対する国の援助

第一四条　国は、雇用の分野における男女の均等な機会及び待遇が確保されることを促進するため、事業主が雇用の分野における男女の均等な機会及び待遇の確保の支障となつている事情を改善することを目的とする次に掲げる措置を講じ、又は講じようとする場合には、当該事業主に対し、相談その他の援助を行うことができる。

一　その雇用する労働者の配置その他雇用に関する状況の分析

二　前号の分析に基づき雇用の分野における男女の均等な機会及び待遇の確保の支障となつている事情を改善するに当たつて必要となる措置に関する計画の作成

三　前号の計画で定める措置の実施

四　前三号の措置を実施するために必要な体制の整備

五　前各号の措置の実施状況の開示

第三章　紛争の解決

第一節　紛争の解決の援助等

（苦情の自主的解決）

第一五条　事業主は、第六条、第七条、第九条、第十二条及び第十三条第一項に定める事項（労働者の募集及び採用に係るものを除く。）に関し、労働者から苦情の申出を受けたときは、苦情処理機関（事業主を代表する者及び当該事業場の労働者を代表する者を構成員とする当該事業場の労働者の苦情を処理するための機関をいう。）に対し当該苦情の処理をゆだねる等その自主的な解決を図るように努めなければならない。

（紛争の解決の促進に関する特例）

第一六条　第五条から第七条まで、第九条、第十一条第一項及び第二項（第十一条の三第二項において準用する場合を含む。）、第十一条の三第一項、第十二条並びに第十三条第一項に定める事項についての労働者と事業主との間の紛争については、個別労働関係紛争の解決の促進に関する法律（平成十三年法律第百十二号）第四条、第五条及び第十二条から第十九条までの規定は適用せず、次条から第二十七条までに定めるところによる。

（紛争の解決の援助）

第一七条　都道府県労働局長は、前条に規定する紛争に関し、当該紛争の当事者の双方又は一方からその解決につき援助を求められた場合には、当該紛争の当事者に対し、必要な助言、指導又は勧告をすることができる。

2　第十一条第二項の規定は、労働者が前項の援助を求めた場合について準用する。

第二節　調停

（調停の委任）

第一八条　都道府県労働局長は、第十六条に規定する紛争（労働者の募集及び採用についての紛争を除く。）について、当該紛争の当事者（以下「関係当事者」という。）の双方又は一方から調停の申請があつた場合において当該紛争の解決のために必要があると認めるときは、個別労働関係紛争の解決の促進に関する法律第六条第一項の紛争調整委員会（以下「委員会」という。）に調停を行わせるものとする。

2　第十一条第二項の規定は、労働者が前項の申請をした場合について準用する。

（調停）

第一九条　前条第一項の規定に基づく調停（以下この節において「調停」という。）は、三人の調停委員が行う。

2　調停委員は、委員会の委員のうちから、会長があらかじめ指名する。

第二〇条　委員会は、調停のため必要があると認めるときは、関係当事者又は関係当事者と同一の事業場に雇用される労働者その他の参考人の出頭を求め、その意見を聴くことができる。

第二一条　委員会は、関係当事者からの申立てに基づき必要があると認めるときは、当該委員会が置かれる都道府県労働局の管轄区域内の主要な労働者団体又は事業主団体が指名する関係労働者を代表する者又は関係事業主を代表する者から当該事件につき意見を聴くものとする。

第二二条　委員会は、調停案を作成し、関係当事者に対しその受諾を勧告することができる。

第二三条　委員会は、調停に係る紛争について調停による解決の見込みがないと認めるときは、調停を打ち切ることができる。

2　委員会は、前項の規定により調停を打ち切つたときは、その旨を関係当事者に通知しなければならない。

（時効の完成猶予）

第二四条　前条第一項の規定により調停が打ち切られた場合において、当該調停の申請をした者が同条第二項の通知を受けた日から三十日以内に調停の目的となつた請求について訴えを提起したときは、時効の完成猶予に関しては、調停の申請の時に、訴えの提起があつたものとみなす。

（訴訟手続の中止）

第二五条　第十八条第一項に規定する紛争のうち民事上の紛争であるものについて関係当事者間に訴訟が係属する場合において、次の各号のいずれかに掲げる事由があり、かつ、関係当事者の共同の申立てがあるときは、受訴裁判所は、四月以内の期間を定めて訴訟手続を中止する旨の決定をすることができる。

一　当該紛争について、関係当事者間において調停が実施されていること。

二　前号に規定する場合のほか、関係当事者間に調停によつて当該紛争の解決を図る旨の合意があること。

2　受訴裁判所は、いつでも前項の決定を取り消すことができる。

3　第一項の申立てを却下する決定及び前項の規定により第一項の決定を取り消す決定に対しては、不服を申し立てることができない。

（資料提供の要求等）

第二六条　委員会は、当該委員会に係属している事件の解決のために必要があると認めるときは、関係行政庁に対し、資料の提供その他必要な協力を求めることができる。

（厚生労働省令への委任）

第二七条　この節に定めるもののほか、調停の手続に関し必要な事項は、厚生労働省令で定める。

第四章　雑則

（調査等）

第二八条　厚生労働大臣は、男性労働者及び女性労働者のそれぞれの職業生活に関し必要な調査研究を実施するものとする。

2　厚生労働大臣は、この法律の施行に関し、関係行政機関の長に対し、資料の提供その他必要な協力を求めることができる。

3　厚生労働大臣は、この法律の施行に関し、都道府県知事から必要な調査報告を求めることができる。

（報告の徴収並びに助言、指導及び勧告）

第二九条　厚生労働大臣は、この法律の施行に関し必要があると認めるときは、事業主に対して、報告を求め、又は助言、指導若しくは勧告をすることができる。

2　前項に定める厚生労働大臣の権限は、厚生労働省令で定めるところにより、その一部を都道府県労働局長に委任することができる。

（公表）

第三〇条　厚生労働大臣は、第五条から第七条まで、第九条第一項から第三項まで、第十一条第一項及び第二項（第十一条の三第二項、第十七条第二項及び第十八条第二項において準用する場合を含む。）、第十一条の三第一項、第十二条並びに第十三条第一項の規定に違反している事業主に対し、前条第一項の規定による勧告をした場合において、その勧告を受けた者がこれに従わなかつたときは、その旨を公表することができる。

第三一条（省略）

（適用除外）

第三二条　第二章第一節、第十三条の二、同章第三節、前章、第二十九条及び第三十条の規定は、国家公務員及び地方公務員に、第二章第二節（第十三条の二を除く。）の規定は、一般職の国家公務員（行政執行法人の労働関係に関する法律（昭和二十三年法律第二百五十七号）第二条第二号の職員を除く。）、裁判所職員臨時措置法（昭和二十六年法律第二百九十九号）の適用を受ける裁判所職員、国会職員法（昭和二十二年法律第八十五号）の適用を受ける国会職員及び自衛隊法（昭和二十九年法律第百六十五号）第二条第五項に規定する隊員に関しては適用しない。

第五章　罰則

第三三条　第二十九条第一項の規定による報告をせず、又は虚偽の報告をした者は、二十万円以下の過料に処する。

附　則（省略）

●育児休業、介護休業等育児又は家族介護を行う労働者の福祉に関する法律（抜粋）

（平成三年五月一五日 法律第七六号）

施行、平四・四・一
最終改正、令一―法二四

第一章　総則

（目的）

第一条　この法律は、育児休業及び介護休業に関する制度並びに子の看護休暇及び介護休暇に関する制度を設けるとともに、子の養育及び家族の介護を容易にするため所定労働時間等に関し事業主が講ずべき措置を定めるほか、子の養育又は家族の介護を行う労働者等に対する支援措置を講ずること等により、子の養育又は家族の介護を行う労働者等の雇用の継続及び再就職の促進を図り、もってこれらの者の職業生活と家庭生活との両立に寄与することを通じて、これらの者の福祉の増進を図り、あわせて経済及び社会の発展に資することを目的とする。

（定義）

第二条　この法律（第一号に掲げる用語にあっては、第九条の三並びに第六十一条第三十三項及び第三十六項を除く。）において、次の各号に掲げる用語の意義は、当該各号に定めるところによる。

一　育児休業　労働者（日々雇用される者を除く。以下この条、次章から第八章まで、第二十一条から第二十四条まで、第二十五条第一項、第二十五条の二第一項及び第三項、第二十六条、第二十八条、第二十九条並びに第十一章において同じ。）が、次章に定めるところにより、その子（民法（明治二十九年法律第八十九号）第八百十七条の二第一項の規定により労働者が当該労働者との間における同項に規定する特別養子縁組の成立について家庭裁判所に請求した者（当該請求に係る家事審判事件が裁判所に係属している場合に限る。）であって、当該労働者が現に監護するもの、児童福祉法（昭和二十二年法律第百六十四号）第二十七条第一項第三号の規定により同法第六条の四第二号に規定する養子縁組里親である労働者に委託されている児童及びその他これらに準ずる者として厚生労働省令で定める者に、厚生労働省令で定めるところにより委託されている者を含む。第四号及び第六十一条第三項（同条第六項において準用する場合を含む。）を除き、以下同じ。）を養育するためにする休業をいう。

二　介護休業　労働者が、第三章に定めるところにより、その要介護状態にある対象家族を介護するためにする休業をいう。

三　要介護状態　負傷、疾病又は身体上若しくは精神上の障害により、厚生労働省令で定める期間にわたり常時介護を必要とする状態をいう。

四　対象家族　配偶者（婚姻の届出をしていないが、事実上婚姻関係と同様の事情にある者を含む。以下同じ。）、父母及び子（これらの者に準ずる者として厚生労働省令で定めるものを含む。）並びに配偶者の父母をいう。

五　家族　対象家族その他厚生労働省令で定める親族をいう。

（基本的理念）

第三条　この法律の規定による子の養育又は家族の介護を行う労働者等の福祉の増進は、これらの者がそれぞれ職業生活の全期間を通じてその能力を有効に発揮して充実した職業生活を営むとともに、育児又は介護について家族の一員としての役割を円滑に果たすことができるようにすることをその本旨とする。

2　子の養育又は家族の介護を行うための休業をする労働者は、その休業後における就業を円滑に行うことができるよう必要な努力をするようにしなければならない。

（関係者の責務）

第四条　事業主並びに国及び地方公共団体は、前条に規定する基本的理念に従って、子の養育又は家族の介護を行う労働者等の福祉を増進するように努めなければならない。

第二章　育児休業

（育児休業の申出）

第五条　労働者は、その養育する一歳に満たない子について、その事業主に申し出ることにより、育児休業をすることができる。ただし、期間を定めて雇用される者にあっては、次の各号のいずれにも該当するものに限り、当該申出をすることができる。

一　当該事業主に引き続き雇用された期間が一年以上である者

二　その養育する子が一歳六か月に達する日までに、その労働契約（労働契約が更新される場合にあっては、更新後のもの）が満了することが明らかでない者

2　前項の規定にかかわらず、育児休業（当該育児休業に係る子の出生の日から起算して八週間を経過する日の翌日まで（出産予定日前に当該子が出生した場合にあっては当該出生の日から当該出産予定日から起算して八週間を経過する日の翌日までとし、出産予定日後に当該子が出生した場合にあっては当該出産予定日から当該出生の日から起算して八週間を経過する日の翌日までとする。）の期間内に、労働者（当該期間内に労働基準法（昭和二十二年法律第四十九号）第六十五条第二項の規定により休業した者を除く。）が当該子を養育するためにした前項の規定による最初の申出によりする育児休業を除く。）をしたことがある労働者は、当該育児休業を開始した日に養育していた子については、厚生労働省令で定める特別の事情がある場合を除き、同項の申出をすることができない。

3　労働者は、その養育する一歳から一歳六か月に達するまでの子について、次の各号のいずれにも該当する場合に限り、その事業主に申し出ることにより、育児休業をすることができる。ただし、期間を定めて雇用される者であってその配偶者が当該子が一歳に達する日（以下「一歳到達日」という。）において育児休業をしているものにあっては、第一項各号のいずれにも該当するものに限り、当該申出をすることができる。

一　当該申出に係る子について、当該労働者又はその配偶者が、当該子の一歳到達日において育児休業をしている場合

二　当該子の一歳到達日後の期間について休業することが雇用の継続のために特に必要と認められる場合として厚生労働省令で定める場合に該当する場合

4　労働者は、その養育する一歳六か月から二歳に達するまでの子について、次の各号のいずれにも該当する場合に限り、その事業主に申し出ることにより、育児休業をすることができる。

一　当該申出に係る子について、当該労働者又はその配偶者が、当該子の一歳六か月に達する日（次号及び第六項において「一歳六か月到達日」という。）において育児休業をしている場合

二　当該子の一歳六か月到達日後の期間について休業することが雇用の継続のために特に必要と認められる場合として厚生労働省令で定める場合に該当する場合

5　第一項ただし書の規定は、前項の申出について準用する。この場合において、第一項第二号中「一歳六か月」とあるのは、「二歳」と読み替えるものとする。

6　第一項、第三項及び第四項の規定による申出（以下「育児休業申出」という。）は、厚生労働省令で定めるところにより、その期間中は育児休業をすることとする一の期間について、その初日（以下「育児休業開始予定日」という。）及び末日（以下「育児休業終了予定日」という。）とする日を明らかにして、しなければならない。この場合において、第三項の規定による申出にあっては当該申出に係る子の一歳到達日の翌日を、第四項の規定による申出にあっては当該申出に係る

子の一歳六か月到達日の翌日を、それぞれ育児休業開始予定日としなければならない。

7　第一項ただし書、第五項及び前項後段の規定は、期間を定めて雇用される者であって、その締結する労働契約の期間の末日を育児休業終了予定日（第七条第三項の規定により当該育児休業終了予定日が変更された場合にあっては、その変更後の育児休業終了予定日とされた日）とする育児休業をしているものが、当該育児休業に係る子について、当該労働契約の更新に伴い、当該更新後の労働契約の期間の初日を育児休業開始予定日とする育児休業申出をする場合には、これを適用しない。

（育児休業申出があった場合における事業主の義務等）

第六条　事業主は、労働者からの育児休業申出があったときは、当該育児休業申出を拒むことができない。ただし、当該事業主と当該労働者が雇用される事業所の労働者の過半数で組織する労働組合があるときはその労働組合、その事業所の労働者の過半数で組織する労働組合がないときはその労働者の過半数を代表する者との書面による協定で、次に掲げる労働者のうち育児休業をすることができないものとして定められた労働者に該当する労働者からの育児休業申出があった場合は、この限りでない。

一　当該事業主に引き続き雇用された期間が一年に満たない労働者

二　前号に掲げるもののほか、育児休業をすることができないこととすることについて合理的な理由があると認められる労働者として厚生労働省令で定めるもの

2から4まで（省略）

（育児休業期間）

第九条　育児休業申出をした労働者がその期間中は育児休業をすることができる期間（以下「育児休業期間」という。）は、育児休業開始予定日とされた日から育児休業終了予定日とされた日（第七条第三項の規定により当該育児休業終了予定日が変更された場合にあっては、その変更後の育児休業終了予定日とされた日。次項において同じ。）までの間とする。

2　次の各号に掲げるいずれかの事情が生じた場合には、育児休業期間は、前項の規定にかかわらず、当該事情が生じた日（第三号に掲げる事情が生じた場合にあっては、その前日）に終了する。

一　育児休業終了予定日とされた日の前日までに、子の死亡その他の労働者が育児休業申出に係る子を養育しないこととなった事由として厚生労働省令で定める事由が生じたこと。

二　育児休業終了予定日とされた日の前日までに、育児休業申出に係る子が一歳（第五条第三項の規定による申出により育児休業をしている場合にあっては一歳六か月、同条第四項の規定による申出により育児休業をしている場合にあっては二歳）に達したこと。

三　育児休業終了予定日とされた日までに、育児休業申出をした労働者について、労働基準法第六十五条第一項若しくは第二項の規定により休業する期間、第十五条第一項に規定する介護休業期間又は新たな育児休業期間が始まったこと。

3　前条第三項後段の規定は、前項第一号の厚生労働省令で定める事由が生じた場合について準用する。

（同一の子について配偶者が育児休業をする場合の特例）

第九条の二　労働者の養育する子について、当該労働者の配偶者が当該子の一歳到達日以前のいずれかの日において当該子を養育するために育児休業をしている場合における第二章から第五章まで、第二十四条第一項及び第十二章の規定の適用については、第五条第一項中「一歳に満たない子」とあるのは「一歳に満たない子（第九条の二第一項の規定により読み替えて適用するこの項の規定により育児休業をする場合にあっては、一歳二か月に満たない子）」と、同条第三項ただし書中「一歳に達する日（以下「一歳到達日」という。）」とあるのは「一歳に達する日（以下「一歳到達日」という。）（当該配偶者が第九条の二第一項の規定により読み替えて適用する第一項の規定によりした申出に係る第九条第一項（第九条の二第一項の規定により読み替えて適用する場合を含む。）に規定する育児休業終了予定日とされた日が当該子の一歳到達日後である場合にあっては、当該育児休業終了予定日とされた日）」と、同項第一号中「又はその配偶者が、当該子の一歳到達日」とあるのは「が当該子の一歳到達日（当該労働者が第九条の二第一項の規定により読み替えて適用する第一項の規定によりした申出に係る第九条第一項（第九条の二第一項の規定により読み替えて適用する場合を含む。）に規定する育児休業終了予定日とされた日が当該子の一歳到達日後である場合にあっては、当該育児休業終了予定日とされた日）において育児休業をしている場合又は当該労働者の配偶者が当該子の一歳到達日（当該配偶者が第九条の二第一項の規定により読み替えて適用する第一項の規定によりした申出に係る第九条第一項（第九条の二第一項の規定により読み替えて適用する場合を含む。）に規定する育児休業終了予定日とされた日が当該子の一歳到達日後である場合にあっては、当該育児休業終了予定日とされた日）」と、同条第六項中「一歳到達日」とあるのは「一歳到達日（当該子を養育する労働者又はその配偶者が第九条の二第一項の規定により読み替えて適用する第一項の規定によりした申出に係る第九条第一項（第九条の二第一項の規定により読み替えて適用する場合を含む。）に規定する育児休業終了予定日とされた日が当該子の一歳到達日後である場合にあっては、当該育児休業終了予定日とされた日（当該労働者に係る育児休業終了予定日とされた日と当該配偶者に係る育児休業終了予定日とされた日が異なるときは、そのいずれかの日）」と、前条第一項中「変更後の育児休業終了予定日とされた日。次項」とあるのは「変更後の育児休業終了予定日とされた日。次項（次条第一項の規定により読み替えて適用する場合を含む。）において同じ。）（当該育児休業終了予定日とされた日が当該育児休業開始予定日とされた日から起算して育児休業等可能日数（当該育児休業に係る子の出生した日から当該子の一歳到達日までの日数をいう。）から育児休業等取得日数（当該子の出生した日以後当該労働者が労働基準法第六十五条第一項又は第二項の規定により休業した日数と当該子について育児休業をした日数を合算した日数をいう。）を差し引いた日数を経過する日より後の日であるときは、当該経過する日。次項（次条第一項の規定により読み替えて適用する場合を含む。）」と、同条第二項第二号中「第五条第三項」とあるのは「次条第一項の規定により読み替えて適用する第五条第一項の規定による申出により育児休業をしている場合にあっては一歳二か月、同条第三項（次条第一項の規定により読み替えて適用する場合を含む。）」と、第二十四条第一項第一号中「一歳（」とあるのは「一歳（当該労働者が第九条の二第一項の規定により読み替えて適用する第五条第一項の規定による申出をすることができる場合にあっては一歳二か月、」とするほか、必要な技術的読替えは、厚生労働省令で定める。

2　前項の規定は、同項の規定を適用した場合の第五条第一項の規定による申出に係る育児休業開始予定日とされた日が、当該育児休業に係る子の一歳到達日の翌日後である場合又は前項の場合における当該労働者の配偶者がしている育児休業に係る育児休業期間の初日前である場合には、これを適用しない。

（公務員である配偶者がする育児休業に関する規定の適用）

第九条の三　第五条第三項及び第四項並びに前条の規定の適用については、労働者の配偶者が国会職員の育児休業等に関する法律（平成三年法律第百八号）第三条第二項、国家公務員の育児休業等に関する法律（平成三年法律第百九号）第三条第二項（同法第二十七条第一項及び裁判所職員臨時措置法（昭和二十六

年法律第二百九十九号）（第七号に係る部分に限る。）において準用する場合を含む。）、地方公務員の育児休業等に関する法律（平成三年法律第百十号）第二条第二項又は裁判官の育児休業に関する法律（平成三年法律第百十一号）第二条第二項の規定によりする請求及び当該請求に係る育児休業は、それぞれ第五条第一項又は第三項の規定によりする申出及び当該申出によりする育児休業とみなす。

（不利益取扱いの禁止）

第一〇条　事業主は、労働者が育児休業申出をし、又は育児休業をしたことを理由として、当該労働者に対して解雇その他不利益な取扱いをしてはならない。

第三章　介護休業

（介護休業の申出）

第一一条　労働者は、その事業主に申し出ることにより、介護休業をすることができる。ただし、期間を定めて雇用される者にあっては、次の各号のいずれにも該当するものに限り、当該申出をすることができる。

一　当該事業主に引き続き雇用された期間が一年以上である者

二　第三項に規定する介護休業開始予定日から起算して九十三日を経過する日から六月を経過する日までに、その労働契約（労働契約が更新される場合にあっては、更新後のもの）が満了することが明らかでない者

2　前項の規定にかかわらず、介護休業をしたことがある労働者は、当該介護休業に係る対象家族が次の各号のいずれかに該当する場合には、当該対象家族については、同項の規定による申出をすることができない。

一　当該対象家族について三回の介護休業をした場合

二　当該対象家族について介護休業をした日数（介護休業を開始した日から介護休業を終了した日までの日数とし、二回以上の介護休業をした場合にあっては、介護休業ごとに、当該介護休業を開始した日から当該介護休業を終了した日までの日数を合算して得た日数とする。第十五条第一項において「介護休業日数」という。）が九十三日に達している場合

3　第一項の規定による申出（以下「介護休業申出」という。）は、厚生労働省令で定めるところにより、介護休業申出に係る対象家族が要介護状態にあることを明らかにし、かつ、その期間中は当該対象家族に係る介護休業をすることとする一の期間について、その初日（以下「介護休業開始予定日」という。）及び末日（以下「介護休業終了予定日」という。）とする日を明らかにして、しなければならない。

4　第一項ただし書及び第二項（第二号を除く。）の規定は、期間を定めて雇用される者であって、その締結する労働契約の期間の末日を介護休業終了予定日（第十三条において準用する第七条第三項の規定により当該介護休業終了予定日が変更された場合にあっては、その変更後の介護休業終了予定日とされた日）とする介護休業をしているものが、当該介護休業に係る対象家族について、当該労働契約の更新に伴い、当該更新後の労働契約の期間の初日を介護休業開始予定日とする介護休業申出をする場合には、これを適用しない。

（介護休業申出があった場合における事業主の義務等）

第一二条　事業主は、労働者からの介護休業申出があったときは、当該介護休業申出を拒むことができない。

2　第六条第一項ただし書及び第二項の規定は、労働者からの介護休業申出があった場合について準用する。この場合において、同項中「前項ただし書」とあるのは「第十二条第二項において準用する前項ただし書」と、「前条第一項及び第三項」とあるのは「第十一条第一項」と読み替えるものとする。

3　事業主は、労働者からの介護休業申出があった場合において、当該介護休業申出に係る介護休業開始予定日とされた日が当該介護休業申出があった日の翌日から起算して二週間を経過する日（以下この項において「二週間経過日」という。）前の日であるときは、厚生労働省令で定めるところにより、当該介護休業開始予定日とされた日から当該二週間経過日までの間のいずれかの日を当該介護休業開始予定日として指定することができる。

4　前二項の規定は、労働者が前条第四項に規定する介護休業申出をする場合には、これを適用しない。

（準用）

第一六条　第十条の規定は、介護休業申出及び介護休業について準用する。

第四章　子の看護休暇

（子の看護休暇の申出）

第一六条の二　小学校就学の始期に達するまでの子を養育する労働者は、その事業主に申し出ることにより、一の年度において五労働日（その養育する小学校就学の始期に達するまでの子が二人以上の場合にあっては、十労働日）を限度として、負傷し、若しくは疾病にかかった当該子の世話又は疾病の予防を図るために必要なものとして厚生労働省令で定める当該子の世話を行うための休暇（以下「子の看護休暇」という。）を取得することができる。

2　子の看護休暇は、一日の所定労働時間が短い労働者として厚生労働省令で定めるもの以外の者は、厚生労働省令で定めるところにより、厚生労働省令で定める一日未満の単位で取得することができる。

3　第一項の規定による申出は、厚生労働省令で定めるところにより、子の看護休暇を取得する日（前項の厚生労働省令で定める一日未満の単位で取得するときは子の看護休暇の開始及び終了の日時）を明らかにして、しなければならない。

4　第一項の年度は、事業主が別段の定めをする場合を除き、四月一日に始まり、翌年三月三十一日に終わるものとする。

（子の看護休暇の申出があった場合における事業主の義務等）

第一六条の三　事業主は、労働者からの前条第一項の規定による申出があったときは、当該申出を拒むことができない。

2　第六条第一項ただし書及び第二項の規定は、労働者からの前条第一項の規定による申出があった場合について準用する。この場合において、第六条第一項第一号中「一年」とあるのは「六月」と、同項第二号中「定めるもの」とあるのは「定めるもの又は業務の性質若しくは業務の実施体制に照らして、第十六条の二第二項の厚生労働省令で定める一日未満の単位で子の看護休暇を取得することが困難と認められる業務に従事する労働者（同項の規定による厚生労働省令で定める一日未満の単位で取得しようとする者に限る。）」と、同条第二項中「前項ただし書」とあるのは「第十六条の三第二項において準用する前項ただし書」と、「前条第一項及び第三項」とあるのは「第十六条の二第一項」と読み替えるものとする。

（準用）

第一六条の四　第十条の規定は、第十六条の二第一項の規定による申出及び子の看護休暇について準用する。

第五章　介護休暇

（介護休暇の申出）

第一六条の五　要介護状態にある対象家族の介護その他の厚生労働省令で定める世話を行う労働者は、その事業主に申し出ることにより、一の年度において五労働日（要介護状態にある対象家族が二人以上の場合にあっては、十労働日）を限度として、当該世話を行うための休暇（以下「介護休暇」という。）を取得することができる。

2　介護休暇は、一日の所定労働時間が短い労働者として厚生労働省令で定めるもの以外の者は、厚生労働省令で定めるところにより、厚生労働省令で定める一日未満の単位で取得

することができる。

3　第一項の規定による申出は、厚生労働省令で定めるところにより、当該申出に係る対象家族が要介護状態にあること及び介護休暇を取得する日（前項の厚生労働省令で定める一日未満の単位で取得するときは介護休暇の開始及び終了の日時）を明らかにして、しなければならない。

4　第一項の年度は、事業主が別段の定めをする場合を除き、四月一日に始まり、翌年三月三十一日に終わるものとする。

（介護休暇の申出があった場合における事業主の義務等）

第一六条の六　事業主は、労働者からの前条第一項の規定による申出があったときは、当該申出を拒むことができない。

2　第六条第一項ただし書及び第二項の規定は、労働者からの前条第一項の規定による申出があった場合について準用する。この場合において、第六条第一項第一号中「一年」とあるのは「六月」と、同項第二号中「定めるもの」とあるのは「定めるもの又は業務の性質若しくは業務の実施体制に照らして、第十六条の五第二項の厚生労働省令で定める一日未満の単位で介護休暇を取得することが困難と認められる業務に従事する労働者（同項の規定による厚生労働省令で定める一日未満の単位で取得しようとする者に限る。）」と、同条第二項中「前項ただし書」とあるのは「第十六条の六第二項において準用する前項ただし書」と、「前条第一項及び第三項」とあるのは「第十六条の五第一項」と読み替えるものとする。

（準用）

第一六条の七　第十条の規定は、第十六条の五第一項の規定による申出及び介護休暇について準用する。

第六章　所定外労働の制限

第一六条の八　事業主は、三歳に満たない子を養育する労働者であって、当該事業主と当該労働者が雇用される事業所の労働者の過半数で組織する労働組合があるときはその労働組合、その事業所の労働者の過半数で組織する労働組合がないときはその労働者の過半数を代表する者との書面による協定で、次に掲げる労働者のうちこの項本文の規定による請求をできないものとして定められた労働者に該当しない労働者が当該子を養育するために請求した場合においては、所定労働時間を超えて労働させてはならない。ただし、事業の正常な運営を妨げる場合は、この限りでない。

一　当該事業主に引き続き雇用された期間が一年に満たない労働者

二　前号に掲げるもののほか、当該請求をできないこととすることについて合理的な理由があると認められる労働者として厚生労働省令で定めるもの

2　前項の規定による請求は、厚生労働省令で定めるところにより、その期間中は所定労働時間を超えて労働させてはならないこととなる一の期間（一月以上一年以内の期間に限る。第四項において「制限期間」という。）について、その初日（以下この条において「制限開始予定日」という。）及び末日（第四項において「制限終了予定日」という。）とする日を明らかにして、制限開始予定日の一月前までにしなければならない。この場合において、この項前段に規定する制限期間については、第十七条第二項前段（第十八条第一項において準用する場合を含む。）に規定する制限期間と重複しないようにしなければならない。

3　第一項の規定による請求がされた後制限開始予定日とされた日の前日までに、子の死亡その他の労働者が当該請求に係る子の養育をしないこととなった事由として厚生労働省令で定める事由が生じたときは、当該請求は、されなかったものとみなす。この場合において、労働者は、その事業主に対して、当該事由が生じた旨を遅滞なく通知しなければならない。

4　次の各号に掲げるいずれかの事情が生じた場合には、制限期間は、当該事情が生じた日（第三号に掲げる事情が生じた場合にあっては、その前日）に終了する。

一　制限終了予定日とされた日の前日までに、子の死亡その他の労働者が第一項の規定による請求に係る子を養育しないこととなった事由として厚生労働省令で定める事由が生じたこと。

二　制限終了予定日とされた日の前日までに、第一項の規定による請求に係る子が三歳に達したこと。

三　制限終了予定日とされた日までに、第一項の規定による請求をした労働者について、労働基準法第六十五条第一項若しくは第二項の規定により休業する期間、育児休業期間又は介護休業期間が始まったこと。

5　第三項後段の規定は、前項第一号の厚生労働省令で定める事由が生じた場合について準用する。

第一六条の九　前条第一項から第三項まで及び第四項（第二号を除く。）の規定は、要介護状態にある対象家族を介護する労働者について準用する。この場合において、同条第一項中「当該子を養育する」とあるのは「当該対象家族を介護する」と、同条第三項及び第四項第一号中「子」とあるのは「対象家族」と、「養育」とあるのは「介護」と読み替えるものとする。

2　前条第三項後段の規定は、前項において準用する同条第四項第一号の厚生労働省令で定める事由が生じた場合について準用する。

第一六条の一〇　事業主は、労働者が第十六条の八第一項（前条第一項において準用する場合を含む。以下この条において同じ。）の規定による請求をし、又は第十六条の八第一項の規定により当該事業主が当該請求をした労働者について所定労働時間を超えて労働させてはならない場合に当該労働者が所定労働時間を超えて労働しなかったことを理由として、当該労働者に対して解雇その他不利益な取扱いをしてはならない。

第七章　時間外労働の制限

第一七条　事業主は、労働基準法第三十六条第一項の規定により同項に規定する労働時間（以下この条において単に「労働時間」という。）を延長することができる場合において、小学校就学の始期に達するまでの子を養育する労働者であって次の各号のいずれにも該当しないものが当該子を養育するために請求したときは、制限時間（一月について二十四時間、一年について百五十時間をいう。次項及び第十八条の二において同じ。）を超えて労働時間を延長してはならない。ただし、事業の正常な運営を妨げる場合は、この限りでない。

一　当該事業主に引き続き雇用された期間が一年に満たない労働者

二　前号に掲げるもののほか、当該請求をできないこととすることについて合理的な理由があると認められる労働者として厚生労働省令で定めるもの

2　前項の規定による請求は、厚生労働省令で定めるところにより、その期間中は制限時間を超えて労働時間を延長してはならないこととなる一の期間（一月以上一年以内の期間に限る。第四項において「制限期間」という。）について、その初日（以下この条において「制限開始予定日」という。）及び末日（第四項において「制限終了予定日」という。）とする日を明らかにして、制限開始予定日の一月前までにしなければならない。この場合において、この項前段に規定する制限期間については、第十六条の八第二項前段（第十六条の九第一項において準用する場合を含む。）に規定する制限期間と重複しないようにしなければならない。

3　第一項の規定による請求がされた後制限開始予定日とされた日の前日までに、子の死亡その他の労働者が当該請求に係る子の養育をしないこととなった事由として厚生労働省令で定める事由が生じたときは、当該請求は、されなかったものとみなす。この場合におい

て、労働者は、その事業主に対して、当該事由が生じた旨を遅滞なく通知しなければならない。

4　次の各号に掲げるいずれかの事情が生じた場合には、制限期間は、当該事情が生じた日（第三号に掲げる事情が生じた場合にあっては、その前日）に終了する。

一　制限終了予定日とされた日の前日までに、子の死亡その他の労働者が第一項の規定による請求に係る子を養育しないこととなった事由として厚生労働省令で定める事由が生じたこと。

二　制限終了予定日とされた日の前日までに、第一項の規定による請求に係る子が小学校就学の始期に達したこと。

三　制限終了予定日とされた日までに、第一項の規定による請求をした労働者について、労働基準法第六十五条第一項若しくは第二項の規定により休業する期間、育児休業期間又は介護休業期間が始まったこと。

5　第三項後段の規定は、前項第一号の厚生労働省令で定める事由が生じた場合について準用する。

第一八条　前条第一項、第二項、第三項及び第四項（第二号を除く。）の規定は、要介護状態にある対象家族を介護する労働者について準用する。この場合において、同条第一項中「当該子を養育する」とあるのは「当該対象家族を介護する」と、同条第三項及び第四項第一号中「子」とあるのは「対象家族」と、「養育」とあるのは「介護」と読み替えるものとする。

2　前条第三項後段の規定は、前項において準用する同条第四項第一号の厚生労働省令で定める事由が生じた場合について準用する。

第一八条の二　事業主は、労働者が第十七条第一項（前条第一項において準用する場合を含む。以下この条において同じ。）の規定による請求をし、又は第十七条第一項の規定により当該事業主が当該請求をした労働者について制限時間を超えて労働時間を延長してはならない場合に当該労働者が制限時間を超えて労働しなかったことを理由として、当該労働者に対して解雇その他不利益な取扱いをしてはならない。

第八章　深夜業の制限

第一九条　事業主は、小学校就学の始期に達するまでの子を養育する労働者であって次の各号のいずれにも該当しないものが当該子を養育するために請求した場合においては、午後十時から午前五時までの間（以下この条及び第二十条の二において「深夜」という。）において労働させてはならない。ただし、事業の正常な運営を妨げる場合は、この限りでない。

一　当該事業主に引き続き雇用された期間が一年に満たない労働者

二　当該請求に係る深夜において、常態として当該子を保育することができる当該子の同居の家族その他の厚生労働省令で定める者がいる場合における当該労働者

三　前二号に掲げるもののほか、当該請求をできないこととすることについて合理的な理由があると認められる労働者として厚生労働省令で定めるもの

2　前項の規定による請求は、厚生労働省令で定めるところにより、その期間中は深夜において労働させてはならないこととなる一の期間（一月以上六月以内の期間に限る。第四項において「制限期間」という。）について、その初日（以下この条において「制限開始予定日」という。）及び末日（同項において「制限終了予定日」という。）とする日を明らかにして、制限開始予定日の一月前までにしなければならない。

3　第一項の規定による請求がされた後制限開始予定日とされた日の前日までに、子の死亡その他の労働者が当該請求に係る子の養育をしないこととなった事由として厚生労働省令で定める事由が生じたときは、当該請求は、されなかったものとみなす。この場合において、労働者は、その事業主に対して、当該事由が生じた旨を遅滞なく通知しなければならない。

4　次の各号に掲げるいずれかの事情が生じた場合には、制限期間は、当該事情が生じた日（第三号に掲げる事情が生じた場合にあっては、その前日）に終了する。

一　制限終了予定日とされた日の前日までに、子の死亡その他の労働者が第一項の規定による請求に係る子を養育しないこととなった事由として厚生労働省令で定める事由が生じたこと。

二　制限終了予定日とされた日の前日までに、第一項の規定による請求に係る子が小学校就学の始期に達したこと。

三　制限終了予定日とされた日までに、第一項の規定による請求をした労働者について、労働基準法第六十五条第一項若しくは第二項の規定により休業する期間、育児休業期間又は介護休業期間が始まったこと。

5　第三項後段の規定は、前項第一号の厚生労働省令で定める事由が生じた場合について準用する。

第二〇条　前条第一項から第三項まで及び第四項（第二号を除く。）の規定は、要介護状態にある対象家族を介護する労働者について準用する。この場合において、同条第一項中「当該子を養育する」とあるのは「当該対象家族を介護する」と、同項第二号中「子」とあるのは「対象家族」と、「保育」とあるのは「介護」と、同条第三項及び第四項第一号中「子」とあるのは「対象家族」と、「養育」とあるのは「介護」と読み替えるものとする。

2　前条第三項後段の規定は、前項において準用する同条第四項第一号の厚生労働省令で定める事由が生じた場合について準用する。

第二〇条の二　事業主は、労働者が第十九条第一項（前条第一項において準用する場合を含む。以下この条において同じ。）の規定による請求をし、又は第十九条第一項の規定により当該事業主が当該請求をした労働者について深夜において労働させてはならない場合に当該労働者が深夜において労働しなかったことを理由として、当該労働者に対して解雇その他不利益な取扱いをしてはならない。

第九章　事業主が講ずべき措置等

（育児休業等に関する定めの周知等の措置）

第二一条　事業主は、育児休業及び介護休業に関して、あらかじめ、次に掲げる事項を定めるとともに、これを労働者に周知させるための措置（労働者若しくはその配偶者が妊娠し、若しくは出産したこと又は労働者が対象家族を介護していることを知ったときに、当該労働者に対し知らせる措置を含む。）を講ずるよう努めなければならない。

一　労働者の育児休業及び介護休業中における待遇に関する事項

二　育児休業及び介護休業後における賃金、配置その他の労働条件に関する事項

三　前二号に掲げるもののほか、厚生労働省令で定める事項

2　事業主は、労働者が育児休業申出又は介護休業申出をしたときは、厚生労働省令で定めるところにより、当該労働者に対し、前項各号に掲げる事項に関する当該労働者に係る取扱いを明示するよう努めなければならない。

（雇用管理等に関する措置）

第二二条　事業主は、育児休業申出及び介護休業申出並びに育児休業及び介護休業後における就業が円滑に行われるようにするため、育児休業又は介護休業をする労働者が雇用される事業所における労働者の配置その他の雇用管理、育児休業又は介護休業をしている労働者の職業能力の開発及び向上等に関して、必要な措置を講ずるよう努めなければならない。

（所定労働時間の短縮措置等）

第二三条　事業主は、その雇用する労働者のうち、その三歳に満たない子を養育する労働者であって育児休業をしていないもの（一日の所定労働時間が短い労働者として厚生労働省令で定めるものを除く。）に関して、厚生労働

働省令で定めるところにより、労働者の申出に基づき所定労働時間を短縮することにより当該労働者が就業しつつ当該子を養育することを容易にするための措置（以下この条及び第二十四条第一項第三号において「育児のための所定労働時間の短縮措置」という。）を講じなければならない。ただし、当該事業主と当該労働者が雇用される事業所の労働者の過半数で組織する労働組合があるときはその労働組合、その事業所の労働者の過半数で組織する労働組合がないときはその労働者の過半数を代表する者との書面による協定で、次に掲げる労働者のうち育児のための所定労働時間の短縮措置を講じないものとして定められた労働者に該当する労働者については、この限りでない。

一　当該事業主に引き続き雇用された期間が一年に満たない労働者

二　前号に掲げるもののほか、育児のための所定労働時間の短縮措置を講じないこととすることについて合理的な理由があると認められる労働者として厚生労働省令で定めるもの

三　前二号に掲げるもののほか、業務の性質又は業務の実施体制に照らして、育児のための所定労働時間の短縮措置を講ずることが困難と認められる業務に従事する労働者

2　事業主は、その雇用する労働者のうち、前項ただし書の規定により同項第三号に掲げる労働者であってその三歳に満たない子を養育するものについて育児のための所定労働時間の短縮措置を講じないこととするときは、当該労働者に関して、厚生労働省令で定めるところにより、労働者の申出に基づく育児休業に関する制度に準ずる措置又は労働基準法第三十二条の三第一項の規定により労働させることその他の当該労働者が就業しつつ当該子を養育することを容易にするための措置（第二十四条第一項において「始業時刻変更等の措置」という。）を講じなければならない。

3　事業主は、その雇用する労働者のうち、その要介護状態にある対象家族を介護する労働者であって介護休業をしていないものに関して、厚生労働省令で定めるところにより、労働者の申出に基づく連続する三年の期間以上の期間における所定労働時間の短縮その他の当該労働者が就業しつつその要介護状態にある対象家族を介護することを容易にするための措置（以下この条及び第二十四条第二項において「介護のための所定労働時間の短縮等の措置」という。）を講じなければならない。ただし、当該事業主と当該労働者が雇用される事業所の労働者の過半数で組織する労働組合があるときはその労働組合、その事業所の労働者の過半数で組織する労働組合がないときはその労働者の過半数を代表する者との書面による協定で、次に掲げる労働者のうち介護のための所定労働時間の短縮等の措置を講じないものとして定められた労働者に該当する労働者については、この限りでない。

一　当該事業主に引き続き雇用された期間が一年に満たない労働者

二　前号に掲げるもののほか、介護のための所定労働時間の短縮等の措置を講じないこととすることについて合理的な理由があると認められる労働者として厚生労働省令で定めるもの

4　前項本文の期間は、当該労働者が介護のための所定労働時間の短縮等の措置の利用を開始する日として当該労働者が申し出た日から起算する。

第二三条の二　事業主は、労働者が前条の規定による申出をし、又は同条の規定により当該労働者に措置が講じられたことを理由として、当該労働者に対して解雇その他不利益な取扱いをしてはならない。

（小学校就学の始期に達するまでの子を養育する労働者等に関する措置）

第二四条　事業主は、その雇用する労働者のうち、その小学校就学の始期に達するまでの子を養育する労働者に関して、労働者の申出に基づく育児に関する目的のために利用することができる休暇（子の看護休暇、介護休暇及び労働基準法第三十九条の規定による年次有給休暇として与えられるものを除き、出産後の養育について出産前において準備することができる休暇を含む。）を与えるための措置及び次の各号に掲げる当該労働者の区分に応じ当該各号に定める制度又は措置に準じて、それぞれ必要な措置を講ずるよう努めなければならない。

一　その一歳（当該労働者が第五条第三項の規定による申出をすることができる場合にあっては一歳六か月、当該労働者が同条第四項の規定による申出をすることができる場合にあっては二歳。次号において同じ。）に満たない子を養育する労働者（第二十三条第二項に規定する労働者を除く。同号において同じ。）で育児休業をしていないもの　始業時刻変更等の措置

二　その一歳から三歳に達するまでの子を養育する労働者　育児休業に関する制度又は始業時刻変更等の措置

三　その三歳から小学校就学の始期に達するまでの子を養育する労働者　育児休業に関する制度、第十六条の八の規定による所定外労働の制限に関する制度、育児のための所定労働時間の短縮措置又は始業時刻変更等の措置

2　事業主は、その雇用する労働者のうち、その家族を介護する労働者に関して、介護休業若しくは介護休暇に関する制度又は介護のための所定労働時間の短縮等の措置に準じて、その介護を必要とする期間、回数等に配慮した必要な措置を講ずるように努めなければならない。

（職場における育児休業等に関する言動に起因する問題に関する雇用管理上の措置等）

第二五条　事業主は、職場において行われるその雇用する労働者に対する育児休業、介護休業その他の子の養育又は家族の介護に関する厚生労働省令で定める制度又は措置の利用に関する言動により当該労働者の就業環境が害されることのないよう、当該労働者からの相談に応じ、適切に対応するために必要な体制の整備その他の雇用管理上必要な措置を講じなければならない。

2　事業主は、労働者が前項の相談を行ったこと又は事業主による当該相談への対応に協力した際に事実を述べたことを理由として、当該労働者に対して解雇その他不利益な取扱いをしてはならない。

（職場における育児休業等に関する言動に起因する問題に関する国、事業主及び労働者の責務）

第二五条の二　国は、労働者の就業環境を害する前条第一項に規定する言動を行ってはならないことその他当該言動に起因する問題（以下この条において「育児休業等関係言動問題」という。）に対する事業主その他国民一般の関心と理解を深めるため、広報活動、啓発活動その他の措置を講ずるように努めなければならない。

2　事業主は、育児休業等関係言動問題に対するその雇用する労働者の関心と理解を深めるとともに、当該労働者が他の労働者に対する言動に必要な注意を払うよう、研修の実施その他の必要な配慮をするほか、国の講ずる前項の措置に協力するように努めなければならない。

3　事業主（その者が法人である場合にあっては、その役員）は、自らも、育児休業等関係言動問題に対する関心と理解を深め、労働者に対する言動に必要な注意を払うように努めなければならない。

4　労働者は、育児休業等関係言動問題に対する関心と理解を深め、他の労働者に対する言動に必要な注意を払うとともに、事業主の講ずる前条第一項の措置に協力するように努めなければならない。

第十章　対象労働者等に対する国等による援助

（職業生活と家庭生活との両立に関する理解を深めるための措置）

第三三条　国は、対象労働者等の職業生活と家庭生活との両立を妨げている職場における慣

行その他の諸要因の解消を図るため、対象労働者等の職業生活と家庭生活との両立に関し、事業主、労働者その他国民一般の理解を深めるために必要な広報活動その他の措置を講ずるものとする。

第十一章　紛争の解決

第一節　紛争の解決の援助等

（苦情の自主的解決）

第五十二条の二　事業主は、第二章から第八章まで、第二十三条、第二十三条の二及び第二十六条に定める事項に関し、労働者から苦情の申出を受けたときは、苦情処理機関（事業主を代表する者及び当該事業所の労働者を代表する者を構成員とする当該事業所の労働者の苦情を処理するための機関をいう。）に対し当該苦情の処理をゆだねる等その自主的な解決を図るように努めなければならない。

（紛争の解決の促進に関する特例）

第五十二条の三　第二十五条に定める事項及び前条の事項についての労働者と事業主との間の紛争については、個別労働関係紛争の解決の促進に関する法律（平成十三年法律第百十二号）第四条、第五条及び第十二条から第十九条までの規定は適用せず、次条から第五十二条の六までに定めるところによる。

（紛争の解決の援助）

第五十二条の四　都道府県労働局長は、前条に規定する紛争に関し、当該紛争の当事者の双方又は一方からその解決につき援助を求められた場合には、当該紛争の当事者に対し、必要な助言、指導又は勧告をすることができる。

2　第二十五条第二項の規定は、労働者が前項の援助を求めた場合について準用する。

第二節　調停

（調停の委任）

第五十二条の五　都道府県労働局長は、第五十二条の三に規定する紛争について、当該紛争の当事者の双方又は一方から調停の申請があった場合において当該紛争の解決のために必要があると認めるときは、個別労働関係紛争の解決の促進に関する法律第六条第一項の紛争調整委員会に調停を行わせるものとする。

2　第二十五条第二項の規定は、労働者が前項の申請をした場合について準用する。

（調停）

第五十二条の六　雇用の分野における男女の均等な機会及び待遇の確保等に関する法律（昭和四十七年法律第百十三号）第十九条から第二十六条までの規定は、前条第一項の調停の手続について準用する。この場合において、同法第十九条第一項中「前条第一項」とあるのは「育児休業、介護休業等育児又は家族介護を行う労働者の福祉に関する法律第五十二条の五第一項」と、同法第二十条中「事業場」とあるのは「事業所」と、同法第二十五条第一項中「第十八条第一項」とあるのは「育児休業、介護休業等育児又は家族介護を行う労働者の福祉に関する法律第五十二条の三」と読み替えるものとする。

第十二章　雑則

（公務員に関する特例）

第六十一条　第二章から第九章まで、第三十条、前章、第五十三条、第五十四条、第五十六条、第五十六条の二、前条、次条から第六十四条まで及び第六十六条の規定は、国家公務員及び地方公務員に関しては、適用しない。

2　国家公務員及び地方公務員に関しては、第三十二条中「育児等退職者」とあるのは「育児等退職者（第二十七条に規定する育児等退職者をいう。以下同じ。）」と、第三十四条第二項中「対象労働者等」とあるのは「対象労働者等（第三十条に規定する対象労働者等をいう。以下同じ。）」とする。

3　独立行政法人通則法（平成十一年法律第百三号）第二条第四項に規定する行政執行法人（以下この条において「行政執行法人」という。）の職員（国家公務員法（昭和二十二年法律第百二十号）第八十一条の五第一項に規定する短時間勤務の官職を占める者以外の常時勤務することを要しない職員にあっては、第十一条第一項ただし書の規定を適用するとしたならば同項ただし書各号のいずれにも該当するものに限る。）は、当該職員の勤務する行政執行法人の長の承認を受けて、当該職員の配偶者、父母若しくは子（これらの者に準ずる者として厚生労働省令で定めるものを含む。）又は配偶者の父母であって負傷、疾病又は身体上若しくは精神上の障害により第二条第三号の厚生労働省令で定める期間にわたり日常生活を営むのに支障があるもの（以下この条において「要介護家族」という。）の介護をするため、休業をすることができる。

4　前項の規定により休業をすることができる期間は、行政執行法人の長が、同項に規定する職員の申出に基づき、要介護家族の各々が同項に規定する介護を必要とする一の継続する状態ごとに、三回を超えず、かつ、合算して九十三日を超えない範囲内で指定する期間（第三十項において「指定期間」という。）内において必要と認められる期間とする。

5　行政執行法人の長は、第三項の規定による休業の承認を受けようとする職員からその承認の請求があったときは、当該請求に係る期間のうち業務の運営に支障があると認められる日又は時間を除き、これを承認しなければならない。ただし、国家公務員法第八十一条の五第一項に規定する短時間勤務の官職を占める者以外の常時勤務することを要しない職員のうち、第三項の規定による休業をすることができないこととすることについて合理的な理由があると認められる者として厚生労働省令で定めるものに該当する者からの当該請求があった場合は、この限りでない。

6　前三項の規定は、地方公務員法（昭和二十五年法律第二百六十一号）第四条第一項に規定する職員（同法第二十八条の五第一項に規定する短時間勤務の職を占める職員以外の非常勤職員にあっては、第十一条第一項ただし書の規定を適用するとしたならば同項ただし書各号のいずれにも該当するものに限る。）について準用する。〔後略〕

7　行政執行法人の職員（国家公務員法第八十一条の五第一項に規定する短時間勤務の官職を占める者以外の常時勤務することを要しない職員にあっては、第十六条の三第二項において準用する第六条第一項ただし書の規定を適用するとしたならば第十六条の三第二項において読み替えて準用する第六条第一項ただし書各号のいずれにも該当しないものに限る。）であって小学校就学の始期に達するまでの子を養育するものは、当該職員の勤務する行政執行法人の長の承認を受けて、負傷し、若しくは疾病にかかった当該子の世話又は疾病の予防を図るために必要なものとして第十六条の二第一項の厚生労働省令で定める当該子の世話を行うため、休暇を取得することができる。

8　前項の規定により休暇を取得することができる日数は、一の年において五日（同項に規定する職員が養育する小学校就学の始期に達するまでの子が二人以上の場合にあっては、十日）を限度とするものとする。

9　第七項の規定による休暇は、一日の所定労働時間が短い行政執行法人の職員として厚生労働省令で定めるもの以外の者は、厚生労働省令で定める一日未満の単位で取得することができる。

10　行政執行法人の長は、第七項の規定による休暇の承認を受けようとする職員からその承認の請求があったときは、業務の運営に支障があると認められる場合を除き、これを承認しなければならない。

11　第七項から前項までの規定は、地方公務員法第四条第一項に規定する職員（同法第二十八条の五第一項に規定する短時間勤務の職を占める職員以外の非常勤職員にあっては、第十六条の三第二項において準用する第六条第一項ただし書の規定を適用するとしたならば第十六条の三第二項において読み替えて準用する第六条第一項ただし書各号のいずれにも該当しないものに限る。）について準用する。

〔後略〕

12　行政執行法人の職員（国家公務員法第八十一条の五第一項に規定する短時間勤務の官職を占める者以外の常時勤務することを要しない職員にあっては、第十六条の六第二項において準用する第六条第一項ただし書の規定を適用するとしたならば第十六条の六第二項において読み替えて準用する第六条第一項ただし書各号のいずれにも該当しないものに限る。）は、当該職員の勤務する行政執行法人の長の承認を受けて、当該職員の要介護家族の介護その他の第十六条の五第一項の厚生労働省令で定める世話を行うため、休暇を取得することができる。

13　前項の規定により休暇を取得することができる日数は、一の年において五日（要介護家族が二人以上の場合にあっては、十日）を限度とするものとする。

14　第十二項の規定による休暇は、一日の所定労働時間が短い行政執行法人の職員として厚生労働省令で定めるもの以外の者は、厚生労働省令で定める一日未満の単位で取得することができる。

15　行政執行法人の長は、第十二項の規定による休暇の承認を受けようとする職員からその承認の請求があったときは、業務の運営に支障があると認められる場合を除き、これを承認しなければならない。

16　第十二項から前項までの規定は、地方公務員法第四条第一項に規定する職員（同法第二十八条の五第一項に規定する短時間勤務の職を占める職員以外の非常勤職員にあっては、第十六条の六第二項において準用する第六条第一項ただし書の規定を適用するとしたならば第十六条の六第二項において読み替えて準用する第六条第一項ただし書各号のいずれにも該当しないものに限る。）について準用する。（後略）

17　行政執行法人の長は、三歳に満たない子を養育する当該行政執行法人の職員（国家公務員法第八十一条の五第一項に規定する短時間勤務の官職を占める者以外の常時勤務することを要しない職員にあっては、第十六条の八第一項の規定を適用するとしたならば同項各号のいずれにも該当しないものに限る。）が当該子を養育するために請求した場合において、業務の運営に支障がないと認めるときは、その者について、所定労働時間を超えて勤務しないことを承認しなければならない。

18　前項の規定は、要介護家族を介護する行政執行法人の職員について準用する。（後略）

19　地方公務員法第六条第一項に規定する任命権者又はその委任を受けた者（地方教育行政の組織及び運営に関する法律（昭和三十一年法律第百六十二号）第三十七条第一項に規定する県費負担教職員については、市町村の教育委員会。以下この条において同じ。）は、三歳に満たない子を養育する地方公務員法第四条第一項に規定する職員（同法第二十八条の五第一項に規定する短時間勤務の職を占める職員以外の非常勤職員にあっては、第十六条の八第一項の規定を適用するとしたならば同項各号のいずれにも該当しないものに限る。）が当該子を養育するために請求した場合において、公務の運営に支障がないと認めるときは、その者について、所定労働時間を超えて勤務しないことを承認しなければならない。

20　前項の規定は、要介護家族を介護する地方公務員法第四条第一項に規定する職員について準用する。（後略）

21　行政執行法人の長は、当該行政執行法人の職員について労働基準法第三十六条第一項の規定により同項に規定する労働時間を延長することができる場合において、当該職員であって小学校就学の始期に達するまでの子を養育するもの（第十七条第一項の規定を適用するとしたならば同項各号のいずれにも該当しないものに限る。）が当該子を養育するために請求した場合で業務の運営に支障がないと認めるときは、その者について、制限時間（第十七条第一項に規定する制限時間をいう。第二十三項において同じ。）を超えて当該労働時間を延長して勤務しないことを承認しなければならない。

22　前項の規定は、行政執行法人の職員であって要介護家族を介護するものについて準用する。この場合において、同項中「第十七条第一項の」とあるのは「第十八条第一項において準用する第十七条第一項の」と、「同項各号」とあるのは「第十八条第一項各号」と、「当該子を養育する」とあるのは「当該要介護家族を介護する」と読み替えるものとする。

23　地方公務員法第六条第一項に規定する任命権者又はその委任を受けた者は、同法第四条第一項に規定する職員について労働基準法第三十六条第一項の規定により同項に規定する労働時間を延長することができる場合において、当該職員であって小学校就学の始期に達するまでの子を養育するもの（第十七条第一項の規定を適用するとしたならば同項各号のいずれにも該当しないものに限る。）が当該子を養育するために請求した場合で公務の運営に支障がないと認めるときは、その者について、制限時間を超えて当該労働時間を延長して勤務しないことを承認しなければならない。

24　前項の規定は、地方公務員法第四条第一項に規定する職員であって要介護家族を介護するものについて準用する。（後略）

25　行政執行法人の長は、小学校就学の始期に達するまでの子を養育する当該行政執行法人の職員であって第十九条第一項の規定を適用するとしたならば同項各号のいずれにも該当しないものが当該子を養育するために請求した場合において、業務の運営に支障がないと認めるときは、深夜（同項に規定する深夜をいう。第二十七項において同じ。）において勤務しないことを承認しなければならない。

26　前項の規定は、要介護家族を介護する行政執行法人の職員について準用する。（後略）

27　地方公務員法第六条第一項に規定する任命権者又はその委任を受けた者は、小学校就学の始期に達するまでの子を養育する同法第四条第一項に規定する職員であって第十九条第一項の規定を適用するとしたならば同項各号のいずれにも該当しないものが当該子を養育するために請求した場合において、公務の運営に支障がないと認めるときは、深夜において勤務しないことを承認しなければならない。

28　前項の規定は、要介護家族を介護する地方公務員法第四条第一項に規定する職員について準用する。（後略）

29　行政執行法人の職員（国家公務員法第八十一条の五第一項に規定する短時間勤務の官職を占める者以外の常時勤務することを要しない職員にあっては、第二十三条第三項ただし書の規定を適用するとしたならば同項ただし書各号のいずれにも該当しないものに限る。）は、当該職員の勤務する行政執行法人の長の承認を受けて、要介護家族の介護をするため、一日の勤務時間の一部につき勤務しないことができる。

30　前項の規定により勤務しないことができる時間は、要介護家族の各々が同項に規定する介護を必要とする一の継続する状態ごとに、連続する三年の期間（当該要介護家族に係る指定期間と重複する期間を除く。）内において一日につき二時間を超えない範囲内で必要と認められる時間とする。

31　行政執行法人の長は、第二十九項の規定による承認を受けようとする職員からその承認の請求があったときは、当該請求に係る時間のうち業務の運営に支障があると認められる時間を除き、これを承認しなければならない。

32　前三項の規定は、地方公務員法第四条第一項に規定する職員（同法第二十八条の五第一項に規定する短時間勤務の職を占める職員以外の非常勤職員にあっては、第二十三条第三項ただし書の規定を適用するとしたならば同項ただし書各号のいずれにも該当しないものに限る。）について準用する。（後略）

33　行政執行法人の長は、職場において行われる当該行政執行法人の職員に対する国家公務員の育児休業等に関する法律第三条第一項の規定による育児休業、第三項の規定による休業その他の子の養育又は家族の介護に関する厚生労働省令で定める制度の利用に関する言動により当該職員の勤務環境が害されることのないよう、当該職員からの相談に応じ、適切に対応するために必要な体制の整備その他の雇用管理上必要な措置を講じなければならない。

34 第二十五条第二項の規定は、行政執行法人の職員が前項の相談を行い、又は行政執行法人の長による当該相談への対応に協力した際に事実を述べた場合について準用する。〔後略〕

35 第二十五条の二の規定は、行政執行法人の職員に係る第三十三項に規定する言動について準用する。〔後略〕

36 地方公務員法第六条第一項に規定する任命権者又はその委任を受けた者は、職場において行われる同法第四条第一項に規定する職員に対する地方公務員の育児休業等に関する法律第二条第一項の規定による育児休業、第六項において準用する第三項の規定による休業その他の子の養育又は家族の介護に関する厚生労働省令で定める制度の利用に関する言動により当該職員の勤務環境が害されることのないよう、当該職員からの相談に応じ、適切に対応するために必要な体制の整備その他の雇用管理上必要な措置を講じなければならない。

37 第二十五条第二項の規定は、地方公務員法第四条第一項に規定する職員が前項の相談を行い、又は同法第六条第一項に規定する任命権者又はその委任を受けた者による当該相談への対応に協力した際に事実を述べた場合について準用する。〔後略〕

38 第二十五条の二の規定は、地方公務員法第四条第一項に規定する職員に係る第三十六項に規定する言動について準用する。〔後略〕

●労働契約法（平成一九年一二月五日法律第一二八号）

施行、平二〇・三・一
最終改正、平三〇―法七一

第一章　総則

（目的）

第一条 この法律は、労働者及び使用者の自主的な交渉の下で、労働契約が合意により成立し、又は変更されるという合意の原則その他労働契約に関する基本的事項を定めることにより、合理的な労働条件の決定又は変更が円滑に行われるようにすることを通じて、労働者の保護を図りつつ、個別の労働関係の安定に資することを目的とする。

（定義）

第二条 この法律において「労働者」とは、使用者に使用されて労働し、賃金を支払われる者をいう。

2 この法律において「使用者」とは、その使用する労働者に対して賃金を支払う者をいう。

（労働契約の原則）

第三条 労働契約は、労働者及び使用者が対等の立場における合意に基づいて締結し、又は変更すべきものとする。

2 労働契約は、労働者及び使用者が、就業の実態に応じて、均衡を考慮しつつ締結し、又は変更すべきものとする。

3 労働契約は、労働者及び使用者が仕事と生活の調和にも配慮しつつ締結し、又は変更すべきものとする。

4 労働者及び使用者は、労働契約を遵守するとともに、信義に従い誠実に、権利を行使し、及び義務を履行しなければならない。

5 労働者及び使用者は、労働契約に基づく権利の行使に当たっては、それを濫用することがあってはならない。

（労働契約の内容の理解の促進）

第四条 使用者は、労働者に提示する労働条件及び労働契約の内容について、労働者の理解を深めるようにするものとする。

2 労働者及び使用者は、労働契約の内容（期間の定めのある労働契約に関する事項を含む。）について、できる限り書面により確認するものとする。

（労働者の安全への配慮）

第五条 使用者は、労働契約に伴い、労働者がその生命、身体等の安全を確保しつつ労働することができるよう、必要な配慮をするものとする。

第二章　労働契約の成立及び変更

（労働契約の成立）

第六条 労働契約は、労働者が使用者に使用されて労働し、使用者がこれに対して賃金を支払うことについて、労働者及び使用者が合意することによって成立する。

第七条 労働者及び使用者が労働契約を締結する場合において、使用者が合理的な労働条件が定められている就業規則を労働者に周知させていた場合には、労働契約の内容は、その就業規則で定める労働条件によるものとする。ただし、労働契約において、労働者及び使用者が就業規則の内容と異なる労働条件を合意していた部分については、第十二条に該当する場合を除き、この限りでない。

（労働契約の内容の変更）

第八条 労働者及び使用者は、その合意により、労働契約の内容である労働条件を変更することができる。

（就業規則による労働契約の内容の変更）

第九条 使用者は、労働者と合意することなく、就業規則を変更することにより、労働者の不利益に労働契約の内容である労働条件を変更することはできない。ただし、次条の場合は、この限りでない。

第一〇条 使用者が就業規則の変更により労働条件を変更する場合において、変更後の就業規則を労働者に周知させ、かつ、就業規則の変更が、労働者の受ける不利益の程度、労働条件の変更の必要性、変更後の就業規則の内容の相当性、労働組合等との交渉の状況その他の就業規則の変更に係る事情に照らして合理的なものであるときは、労働契約の内容である労働条件は、当該変更後の就業規則に定めるところによるものとする。ただし、労働契約において、労働者及び使用者が就業規則の変更によっては変更されない労働条件として合意していた部分については、第十二条に該当する場合を除き、この限りでない。

（就業規則の変更に係る手続）

第一一条 就業規則の変更の手続に関しては、労働基準法（昭和二十二年法律第四十九号）第八十九条及び第九十条の定めるところによる。

（就業規則違反の労働契約）

第一二条 就業規則で定める基準に達しない労働条件を定める労働契約は、その部分については、無効とする。この場合において、無効となった部分は、就業規則で定める基準による。

（法令及び労働協約と就業規則との関係）

第一三条 就業規則が法令又は労働協約に反する場合には、当該反する部分については、第七条、第十条及び前条の規定は、当該法令又は労働協約の適用を受ける労働者との間の労働契約については、適用しない。

第三章　労働契約の継続及び終了

（出向）

第一四条 使用者が労働者に出向を命ずることができる場合において、当該出向の命令が、その必要性、対象労働者の選定に係る事情その他の事情に照らして、その権利を濫用したものと認められる場合には、当該命令は、無効とする。

（懲戒）

第一五条 使用者が労働者を懲戒することができる場合において、当該懲戒が、当該懲戒に係る労働者の行為の性質及び態様その他の事情に照らして、客観的に合理的な理由を欠き、社会通念上相当であると認められない場合は、その権利を濫用したものとして、当該懲戒は、無効とする。

（解雇）

第一六条　解雇は、客観的に合理的な理由を欠き、社会通念上相当であると認められない場合は、その権利を濫用したものとして、無効とする。

第四章　期間の定めのある労働契約

（契約期間中の解雇等）

第一七条　使用者は、期間の定めのある労働契約（以下この章において「有期労働契約」という。）について、やむを得ない事由がある場合でなければ、その契約期間が満了するまでの間において、労働者を解雇することができない。

2　使用者は、有期労働契約について、その有期労働契約により労働者を使用する目的に照らして、必要以上に短い期間を定めることにより、その有期労働契約を反復して更新することのないよう配慮しなければならない。

（有期労働契約の期間の定めのない労働契約への転換）

第一八条　同一の使用者との間で締結された二以上の有期労働契約（契約期間の始期の到来前のものを除く。以下この条において同じ。）の契約期間を通算した期間（次項において「通算契約期間」という。）が五年を超える労働者が、当該使用者に対し、現に締結している有期労働契約の契約期間が満了する日までの間に、当該満了する日の翌日から労務が提供される期間の定めのない労働契約の締結の申込みをしたときは、使用者は当該申込みを承諾したものとみなす。この場合において、当該申込みに係る期間の定めのない労働契約の内容である労働条件は、現に締結している有期労働契約の内容である労働条件（契約期間を除く。）と同一の労働条件（当該労働条件（契約期間を除く。）について別段の定めがある部分を除く。）とする。

2　当該使用者との間で締結された一の有期労働契約の契約期間が満了した日と当該使用者との間で締結されたその次の有期労働契約の契約期間の初日との間にこれらの契約期間のいずれにも含まれない期間（これらの契約期間が連続すると認められるものとして厚生労働省令で定める基準に該当する場合の当該いずれにも含まれない期間を除く。以下この項において「空白期間」という。）があり、当該空白期間が六月（当該空白期間の直前に満了した一の有期労働契約の契約期間（当該一の有期労働契約を含む二以上の有期労働契約の契約期間の間に空白期間がないときは、当該二以上の有期労働契約の契約期間を通算した期間。以下この項において同じ。）が一年に満たない場合にあっては、当該一の有期労働契約の契約期間に二分の一を乗じて得た期間を基礎として厚生労働省令で定める期間）以上であるときは、当該空白期間前に満了した有期労働契約の契約期間は、通算契約期間に算入しない。

（有期労働契約の更新等）

第一九条　有期労働契約であって次の各号のいずれかに該当するものの契約期間が満了する日までの間に労働者が当該有期労働契約の更新の申込みをした場合又は当該契約期間の満了後遅滞なく有期労働契約の締結の申込みをした場合であって、使用者が当該申込みを拒絶することが、客観的に合理的な理由を欠き、社会通念上相当であると認められないときは、使用者は、従前の有期労働契約の内容である労働条件と同一の労働条件で当該申込みを承諾したものとみなす。

一　当該有期労働契約が過去に反復して更新されたことがあるものであって、その契約期間の満了時に当該有期労働契約を更新しないことにより当該有期労働契約を終了させることが、期間の定めのない労働契約を締結している労働者に解雇の意思表示をすることにより当該期間の定めのない労働契約を終了させることと社会通念上同視できると認められること。

二　当該労働者において当該有期労働契約の契約期間の満了時に当該有期労働契約が更新されるものと期待することについて合理的な理由があるものであると認められること。

第五章　雑則

（船員に関する特例）

第二〇条　第十二条及び前章の規定は、船員法（昭和二十二年法律第百号）の適用を受ける船員（次項において「船員」という。）に関しては、適用しない。

2　船員に関しては、第七条中「第十二条」とあるのは「船員法（昭和二十二年法律第百号）第百条」と、第十条中「第十二条」とあるのは「船員法第百条」と、第十一条中「労働基準法（昭和二十二年法律第四十九号）第八十九条及び第九十条」とあるのは「船員法第九十七条及び第九十八条」と、第十三条中「前条」とあるのは「船員法第百条」とする。

（適用除外）

第二一条　この法律は、国家公務員及び地方公務員については、適用しない。

2　この法律は、使用者が同居の親族のみを使用する場合の労働契約については、適用しない。

附　則（省略）

●労働組合法（抄）（昭和二四年六月一日法律第一七四号）

施行、昭二四・六・一〇
最終改正、平二六―法六九

第一章　総則

（目的）

第一条　この法律は、労働者が使用者との交渉において対等の立場に立つことを促進することにより労働者の地位を向上させること、労働者がその労働条件について交渉するために自ら代表者を選出することその他の団体行動を行うために自主的に労働組合を組織し、団結することを擁護すること並びに使用者と労働者との関係を規制する労働協約を締結するための団体交渉をすること及びその手続を助成することを目的とする。

2　刑法（明治四十年法律第四十五号）第三十五条の規定は、労働組合の団体交渉その他の行為であつて前項に掲げる目的を達成するためにした正当なものについて適用があるものとする。但し、いかなる場合においても、暴力の行使は、労働組合の正当な行為と解釈されてはならない。

（労働組合）

第二条　この法律で「労働組合」とは、労働者が主体となつて自主的に労働条件の維持改善その他経済的地位の向上を図ることを主たる目的として組織する団体又はその連合団体をいう。但し、左の各号の一に該当するものは、この限りでない。

一　役員、雇入解雇昇進又は異動に関して直接の権限を持つ監督的地位にある労働者、使用者の労働関係についての計画と方針とに関する機密の事項に接し、そのためにその職務上の義務と責任とが当該労働組合の組合員としての誠意と責任とに直接にてい触する監督的地位にある労働者その他使用者の利益を代表する者の参加を許すもの

二　団体の運営のための経費の支出につき使用者の経理上の援助を受けるもの。但し、労働者が労働時間中に時間又は賃金を失うことなく使用者と協議し、又は交渉することを使用者が許すことを妨げるものではなく、且つ、厚生資金又は経済上の不幸若しくは災厄を防止し、若しくは救済するための支出に実際に用いられる福利その他の基金に対する使用者の寄附及び最小限の広さの事務所の供与を除くものとする。

三　共済事業その他福利事業のみを目的とするもの

四　主として政治運動又は社会運動を目的とするもの

（**労働者**）

第三条　この法律で「労働者」とは、職業の種類を問わず、賃金、給料その他これに準ずる収入によつて生活する者をいう。

第四条　削除〔昭二六法二〇三〕

第二章　労働組合

（**労働組合として設立されたものの取扱**）

第五条　労働組合は、労働委員会に証拠を提出して第二条及び第二項の規定に適合することを立証しなければ、この法律に規定する手続に参与する資格を有せず、且つ、この法律に規定する救済を与えられない。但し、第七条第一号の規定に基く個々の労働者に対する保護を否定する趣旨に解釈されるべきではない。

2　労働組合の規約には、左の各号に掲げる規定を含まなければならない。

一　名称

二　主たる事務所の所在地

三　連合団体である労働組合以外の労働組合（以下「単位労働組合」という。）の組合員は、その労働組合のすべての問題に参与する権利及び均等の取扱を受ける権利を有すること。

四　何人も、いかなる場合においても、人種、宗教、性別、門地又は身分によつて組合員たる資格を奪われないこと。

五　単位労働組合にあつては、その役員は、組合員の直接無記名投票により選挙されること、及び連合団体である労働組合又は全国的規模をもつ労働組合にあつては、その役員は、単位労働組合の組合員又はその組合員の直接無記名投票により選挙された代議員の直接無記名投票により選挙されること。

六　総会は、少くとも毎年一回開催すること。

七　すべての財源及び使途、主要な寄附者の氏名並びに現在の経理状況を示す会計報告は、組合員によつて委嘱された職業的に資格がある会計監査人による正確であることの証明書とともに、少くとも毎年一回組合員に公表されること。

八　同盟罷業は、組合員又は組合員の直接無記名投票により選挙された代議員の直接無記名投票の過半数による決定を経なければ開始しないこと。

九　単位労働組合にあつては、その規約は、組合員の直接無記名投票による過半数の支持を得なければ改正しないこと、及び連合団体である労働組合又は全国的規模をもつ労働組合にあつては、その規約は、単位労働組合の組合員又はその組合員の直接無記名投票により選挙された代議員の直接無記名投票による過半数の支持を得なければ改正しないこと。

（**交渉権限**）

第六条　労働組合の代表者又は労働組合の委任を受けた者は、労働組合又は組合員のために使用者又はその団体と労働協約の締結その他の事項に関して交渉する権限を有する。

（**不当労働行為**）

第七条　使用者は、次の各号に掲げる行為をしてはならない。

一　労働者が労働組合の組合員であること、労働組合に加入し、若しくはこれを結成しようとしたこと若しくは労働組合の正当な行為をしたことの故をもつて、その労働者を解雇し、その他これに対して不利益な取扱いをすること又は労働者が労働組合に加入せず、若しくは労働組合から脱退することを雇用条件とすること。ただし、労働組合が特定の工場事業場に雇用される労働者の過半数を代表する場合において、その労働者がその労働組合の組合員であることを雇用条件とする労働協約を締結することを妨げるものではない。

二　使用者が雇用する労働者の代表者と団体交渉をすることを正当な理由がなくて拒むこと。

三　労働者が労働組合を結成し、若しくは運営することを支配し、若しくはこれに介入すること、又は労働組合の運営のための経費の支払につき経理上の援助を与えること。ただし、労働者が労働時間中に時間又は賃金を失うことなく使用者と協議し、又は交渉することを使用者が許すことを妨げるものではなく、かつ、厚生資金又は経済上の不幸若しくは災厄を防止し、若しくは救済するための支出に実際に用いられる福利その他の基金に対する使用者の寄附及び最小限の広さの事務所の供与を除くものとする。

四　労働者が労働委員会に対し使用者がこの条の規定に違反した旨の申立てをしたこと若しくは中央労働委員会に対し第二十七条の十二第一項の規定による命令に対する再審査の申立てをしたこと又は労働委員会がこれらの申立てに係る調査若しくは審問をし、若しくは当事者に和解を勧め、若しくは労働関係調整法（昭和二十一年法律第二十五号）による労働争議の調整をする場合に労働者が証拠を提示し、若しくは発言をしたことを理由として、その労働者を解雇し、その他これに対して不利益な取扱いをすること。

（**損害賠償**）

第八条　使用者は、同盟罷業その他の争議行為であつて正当なものによつて損害を受けたことの故をもつて、労働組合又はその組合員に対し賠償を請求することができない。

（**基金の流用**）

第九条　労働組合は、共済事業その他福利事業のために特設した基金を他の目的のために流用しようとするときは、総会の決議を経なければならない。

（**解散**）

第一〇条　労働組合は、左の事由によつて解散する。

一　規約で定めた解散事由の発生

二　組合員又は構成団体の四分の三以上の多数による総会の決議

（**法人である労働組合**）

第一一条　この法律の規定に適合する旨の労働委員会の証明を受けた労働組合は、その主たる事務所の所在地において登記することによつて法人となる。

2　この法律に規定するものの外、労働組合の登記に関して必要な事項は、政令で定める。

3　労働組合に関して登記すべき事項は、登記した後でなければ第三者に対抗することができない。

第一二条から**第一三条の一三**まで〔省略〕

第三章　労働協約

（**労働協約の効力の発生**）

第一四条　労働組合と使用者又はその団体との間の労働条件その他に関する労働協約は、書面に作成し、両当事者が署名し、又は記名押印することによつてその効力を生ずる。

（**労働協約の期間**）

第一五条　労働協約には、三年をこえる有効期間の定をすることができない。

2　三年をこえる有効期間の定をした労働協約は、三年の有効期間の定をした労働協約とみなす。

3　有効期間の定がない労働協約は、当事者の一方が、署名し、又は記名押印した文書によつて相手方に予告して、解約することができる。一定の期間を定める労働協約であつて、その期間の経過後も期限を定めず効力を存続する旨の定があるものについて、その期間の経過後も、同様とする。

4 前項の予告は、解約しようとする日の少くとも九十日前にしなければならない。

（基準の効力）

第一六条　労働協約に定める労働条件その他の労働者の待遇に関する基準に違反する労働契約の部分は、無効とする。この場合において無効となつた部分は、基準の定めるところによる。労働契約に定がない部分についても、同様とする。

（一般的拘束力）

第一七条　一の工場事業場に常時使用される同種の労働者の四分の三以上の数の労働者が一の労働協約の適用を受けるに至つたときは、当該工場事業場に使用される他の同種の労働者に関しても、当該労働協約が適用されるものとする。

（地域的の一般的拘束力）

第一八条　一の地域において従業する同種の労働者の大部分が一の労働協約の適用を受けるに至つたときは、当該労働協約の当事者の双方又は一方の申立てに基づき、労働委員会の決議により、厚生労働大臣又は都道府県知事は、当該地域において従業する他の同種の労働者及びその使用者も当該労働協約（第二項の規定により修正があつたものを含む。）の適用を受けるべきことの決定をすることができる。

2 労働委員会は、前項の決議をする場合において、当該労働協約に不適当な部分があると認めたときは、これを修正することができる。

3 第一項の決定は、公告によつてする。

第四章　労働委員会

第一節　設置、任務及び所掌事務並びに組織等

（労働委員会）

第一九条　労働委員会は、使用者を代表する者（以下「使用者委員」という。）、労働者を代表する者（以下「労働者委員」という。）及び公益を代表する者（以下「公益委員」という。）各同数をもつて組織する。

2 労働委員会は、中央労働委員会及び都道府県労働委員会とする。

3 労働委員会に関する事項は、この法律に定めるもののほか、政令で定める。

第一九条の二から第一九条の一二まで（省略）

（労働委員会の権限）

第二〇条　労働委員会は、第五条、第十一条及び第十八条の規定によるもののほか、不当労働行為事件の審査等並びに労働争議のあつせん、調停及び仲裁をする権限を有する。

第二一条（省略）

（強制権限）

第二二条　労働委員会は、その事務を行うために必要があると認めたときは、使用者又はその団体、労働組合その他の関係者に対して、出頭、報告の提出若しくは必要な帳簿書類の提出を求め、又は委員若しくは労働委員会の職員（以下単に「職員」という。）に関係工場事業場に臨検し、業務の状況若しくは帳簿書類その他の物件を検査させることができる。

2 労働委員会は、前項の臨検又は検査をさせる場合においては、委員又は職員にその身分を証明する証票を携帯させ、関係人にこれを呈示させなければならない。

第二三条から第二六条まで（省略）

第二節　不当労働行為事件の審査の手続

（不当労働行為事件の審査の開始）

第二七条　労働委員会は、使用者が第七条の規定に違反した旨の申立てを受けたときは、遅滞なく調査を行い、必要があると認めたときは、当該申立てが理由があるかどうかについて審問を行わなければならない。この場合において、審問の手続においては、当該使用者及び申立人に対し、証拠を提出し、証人に反対尋問をする充分な機会が与えられなければならない。

2 労働委員会は、前項の申立てが、行為の日（継続する行為にあつてはその終了した日）から一年を経過した事件に係るものであるときは、これを受けることができない。

第二七条の二から第二七条の一八まで（省略）

第三節・第四節（省略）

第五章（省略）

附　則（省略）

別表（省略）

●結社の自由及び団結権の保護に関する条約（ＩＬＯ第八七号）（抄）

（昭和四〇年六月二八日　条約第七号）

効力発生、昭四一・六・一四

第一部　結社の自由

第一条［義務］　この条約の適用を受ける国際労働機関の各加盟国は、次の諸規定を実施することを約束する。

第二条［団体の設立・加入の自由］　労働者及び使用者は、事前の認可を受けることなしに、自ら選択する団体を設立し、及びその団体の規約に従うことのみを条件としてこれに加入する権利をいかなる差別もなしに有する。

第三条［団体の自治権］　1 労働者団体及び使用者団体は、その規約及び規則を作成し、自由にその代表者を選び、その管理及び活動について定め、並びにその計画を策定する権利を有する。

2 公の機関は、この権利を制限し又はこの権利の合法的な行使を妨げるようないかなる干渉をも差し控えなければならない。

第四条［行政権の不介入］　労働者団体及び使用者団体は、行政的権限によつて解散させられ又はその活動を停止させられてはならない。

第五条［連合・総連合の設立・加入の自由］　労働者団体及び使用者団体は、連合及び総連合を設立し並びにこれらに加入する権利を有し、また、これらの団体、連合又は総連合は、国際的な労働者団体及び使用者団体に加入する権利を有する。

第六条［条文の適用］　この条約第二条、第三条及び第四条の規定は、労働者団体及び使用者団体の連合及び総連合に適用する。

第七条［法人格の取得］　労働者団体及び使用者団体並びにそれぞれの連合及び総連合による法人格の取得については、この条約第二条、

第三条及び第四条の規定の適用を制限するような性質の条件を付してはならない。

第八条［**国内法令の尊重**］１　この条約に規定する権利を行使するに当たつては、労働者及び使用者並びにそれぞれの団体は、他の個人又は組織化された集団と同様に国内法令を尊重しなければならない。

２　国内法令は、この条約に規定する保障を阻害するようなものであつてはならず、また、これを阻害するように適用してはならない。

第九条［**軍隊・警察への適用**］１　この条約に規定する保障を軍隊及び警察に適用する範囲は、国内法令で定める。

２　国際労働機関憲章第十九条8に掲げる原則に従い、加盟国によるこの条約の批准は、この条約の保障する権利を軍隊又は警察の構成員に与えている既存の法律、裁定、慣行又は協約に影響を及ぼすものとみなされない。

第一〇条［**団体の定義**］この条約において「団体」とは、労働者又は使用者の利益を増進し、かつ、擁護することを目的とする労働者団体又は使用者団体をいう。

第二部　団結権の保護

第一一条［**団結権の保護**］この条約の適用を受ける国際労働機関の各加盟国は、労働者及び使用者が団結権を自由に行使することができることを確保するために、必要にしてかつ適当なすべての措置をとることを約束する。

第三部　雑則（省略）

第四部　最終規定（省略）

●団結権及び団体交渉権についての原則の適用に関する条約（ＩＬＯ第九八号）（抄）

（昭和二九年一〇月二〇日　条約第二〇号）

効力発生、昭二九・一〇・二〇

第一条［**反組合的差別待遇に対する保護**］１　労働者は、雇用に関する反組合的な差別待遇に対して充分な保護を受ける。

２　前記の保護は、特に次のことを目的とする行為について適用する。

(a)　労働組合に加入せず、又は労働組合から脱退することを労働者の雇用条件とすること。

(b)　組合員であるという理由又は労働時間外に若しくは使用者の同意を得て労働時間内に組合活動に参加したという理由で労働者を解雇し、その他その者に対し不利益な取扱をすること。

第二条［**労働者団体及び使用者団体への干渉に対する保護**］１　労働者団体及び使用者団体は、その設立、任務遂行又は管理に関して相互が直接に又は代理人若しくは構成員を通じて行う干渉に対して充分な保護を受ける。

２　特に、労働者団体を使用者又は使用者団体の支配の下に置くため、使用者若しくは使用者団体に支配される労働者団体の設立を促進し、又は労働者団体に経理上の援助その他の援助を与える行為は、本条の意味における干渉となるものとする。

第三条［**国内機関の設置**］前各条に定める団結権の尊重を確保するため、必要がある場合には、国内事情に適する機関を設けなければならない。

第四条［**自主的交渉の促進**］労働協約により雇用条件を規制する目的をもつて行う使用者又は使用者団体と労働者団体との間の自主的交渉のための手続の充分な発達及び利用を奨励し、且つ、促進するため、必要がある場合には、国内事情に適する措置を執らなければならない。

第五条［**軍隊・警察への適用**］１　この条約に規定する保障を軍隊及び警察に適用する範囲は、国内の法令で定める。

２　国際労働機関憲章第十九条8に掲げる原則に従い、加盟国によるこの条約の批准は、この条約の保障する権利を軍隊又は警察の構成員に与えている既存の法律、裁定、慣行又は協約に影響を及ぼすものとみなされない。

第六条［**公務員との関係**］この条約は、公務員の地位を取り扱うものではなく、また、その権利又は分限に影響を及ぼすものと解してはならない。

第七条から**第一六条**まで（省略）

●同一価値の労働についての男女労働者に対する同一報酬に関する条約（ＩＬＯ第一〇〇号）（抄）

（昭和四二年九月二七日　条約第一五号）

効力発生、昭四三・八・二四

第一条［**定義**］この条約の適用上、

(a)　「報酬」とは、通常の、基本の又は最低の賃金又は給料及び使用者が労働者に対してその雇用を理由として現金又は現物により直接又は間接に支払うすべての追加的給与をいう。

(b)　「同一価値の労働についての男女労働者に対する同一報酬」とは、性別による差別なしに定められる報酬率をいう。

第二条［**加盟国の義務**］１　各加盟国は、報酬率を決定するため行なわれている方法に適した手段によつて、同一価値の労働についての男女労働者に対する同一報酬の原則のすべての労働者への適用を促進し、及び前記の方法と両立する限り確保しなければならない。

２　この原則は、次のいずれによつても適用することができる。

(a)　国内法令

(b)　法令によつて設けられ又は認められた賃金決定制度

(c)　使用者と労働者との間の労働協約

(d)　これらの各種の手段の組合せ

第三条［**客観的評価**］１　行なうべき労働を基礎とする職務の客観的な評価を促進する措置がこの条約の規定の実施に役だつ場合には、その措置を執るものとする。

２　この評価のために採用する方法は、報酬率の決定について責任を負う機関又は、報酬率が労働協約によつて決定される場合には、その当事者が決定することができる。

３　行なうべき労働における前記の客観的な評価から生ずる差異に性別と関係なく対応する

報酬率の差異は、同一価値の労働についての男女労働者に対する同一報酬の原則に反するものと認めてはならない。

第四条［使用者団体及び労働者団体との協力］各加盟国は、この条約の規定を実施するため、関係のある使用者団体及び労働者団体と適宜協力するものとする。

第五条から第一四条まで（省略）

●家族的責任を有する男女労働者の機会及び待遇の均等に関する条約（ＩＬＯ第一五六号）〔抄〕

（平成七年六月一二日　条約第一〇号）

効力発生、平八・六・九

第一条［家族的責任を有する労働者］1　この条約は、被扶養者である子に対し責任を有する男女労働者であって、当該責任により経済活動への準備、参入若しくは参加の可能性又は経済活動における向上の可能性が制約されるものについて、適用する。

2　この条約は、介護又は援助が明らかに必要な他の近親の家族に対し責任を有する男女労働者であって、当該責任により経済活動への準備、参入若しくは参加の可能性又は経済活動における向上の可能性が制約されるものについても、適用する。

3　この条約の適用上、「被扶養者である子」及び「介護又は援助が明らかに必要な他の近親の家族」とは、各国において第九条に規定する方法のいずれかにおいて定められる者をいう。

4　1及び2に規定する労働者は、以下「家族的責任を有する労働者」という。

第二条［適用対象］この条約は、経済活動のすべての部門について及びすべての種類の労働者について適用する。

第三条［差別待遇撤廃の加盟国の目的］1　男女労働者の機会及び待遇の実効的な均等を実現するため、各加盟国は、家族的責任を有する者であって職業に従事しているもの又は職業に従事することを希望するものが、差別を受けることなく、また、できる限り職業上の責任と家族的責任との間に抵触が生ずることなく職業に従事する権利を行使することができるようにすることを国の政策の目的とする。

2　1の規定の適用上、「差別」とは、千九百五十八年の差別（雇用及び職業）条約の第一条及び第五条に規定する雇用及び職業における差別をいう。

第四条［職業選択の自由、労働条件・社会保障］男女労働者の機会及び待遇の実効的な均等を実現するため、次のことを目的として、国内事情及び国内の可能性と両立するすべての措置をとる。

(a)　家族的責任を有する労働者が職業を自由に選択する権利を行使することができるようにすること。

(b)　雇用条件及び社会保障において、家族的責任を有する労働者のニーズを反映すること。

第五条［地域社会計画、サービス］更に、次のことを目的として、国内事情及び国内の可能性と両立するすべての措置をとる。

(a)　地域社会の計画において、家族的責任を有する労働者のニーズを反映すること。

(b)　保育及び家族に関するサービス及び施設等の地域社会のサービス（公的なものであるか私的なものであるかを問わない。）を発展させ又は促進すること。

第六条［情報の提供、教育促進］各国の権限のある機関及び団体は、男女労働者の機会及び待遇の均等の原則並びに家族的責任を有する労働者の問題に関する公衆の一層深い理解並びに当該問題の解決に資する世論を醸成する情報の提供及び教育を促進するための適当な措置をとる。

第七条［職業指導、職業訓練等］家族的責任を有する労働者が労働力の一員となり、労働力の一員としてとどまり及び家族的責任によって就業しない期間の後に再び労働力の一員となることができるようにするため、国内事情及び国内の可能性と両立するすべての措置（職業指導及び職業訓練の分野における措置等）をとる。

第八条［解雇の制限］家族的責任それ自体は、雇用の終了の妥当な理由とはならない。

第九条［条約の適用方法］この条約は、法令、労働協約、就業規則、仲裁裁定、判決若しくはこれらの方法の組合せにより又は国内慣行に適合するその他の方法であって国内事情を考慮に入れた適当なものにより、適用することができる。

第一〇条［条約の段階的適用、報告義務］1　この条約は、国内事情を考慮に入れ、必要な場合には段階的に適用することができる。ただし、実施のためにとられる措置は、いかなる場合にも第一条1に規定するすべての労働者について適用する。

2　この条約を批准する加盟国は、1に規定する段階的な適用を行う意図を有する場合には、国際労働機関憲章第二十二条の規定に従って提出するこの条約の適用に関する第一回の報告において、当該段階的な適用の対象となる事項を記載し、その後の報告において、この条約を当該事項につきどの程度に実施しているか又は実施しようとしているかを記載する。

第一一条［使用者・労働者団体の参加］使用者団体及び労働者団体は、国内事情及び国内慣行に適する方法により、この条約を実施するための措置の立案及び適用に当たって参加する権利を有する。

第一二条から第一九条まで（省略）

●教員の地位に関する勧告

（一九六六年九月二一日─一〇月五日　ユネスコにおける特別政府間会議）

前文

教員の地位に関する特別政府間会議は、

教育をうける権利が基本的人権の一つであることを想起し、

世界人権宣言の第二六条、児童の権利宣言の第五原則、第七原則および第十原則および諸国民間の平和、相互の尊重と理解の精神を青少年の間に普及することに関する国連宣言を達成するうえで、すべての者に適正な教育を与えることが国家の責任であることを自覚し、

不断の道徳的・文化的進歩および経済的社会的発展に本質的な寄与をなすものとして、役立てうるすべての能力と知性を十分に活用するために、普通教育、技術教育および職業教育をより広範に普及させる必要を認め、

教育の進歩における教員の不可欠な役割、ならびに人間の開発および現代社会の発展への彼らの貢献の重要性を認識し、

教員がこの役割にふさわしい地位を享受することを保障することに関心をもち、

異なった国々における教育のパターンおよび編成を決定する法令および慣習が非常に多岐にわたっている事を考慮し、

かつ、それぞれの国で教育職員に適用される措置が、とくに公務に関する規制が教員にも適用されるかどうかによって、非常に異なった種類のものが多く存在することを考慮に入れ、

これらの相違にもかかわらず教員の地位に関してすべての国々で同じような問題が起こっており、かつ、これらの問題が、今回の勧告の作成の目的であるところの、一連の共通基準および措置の適用を必要としていることを確信し、

教員に適用される現行国際諸条約、とくにILO総会で採択された結社の自由及び団結権保護条約（一九四八年）、団結権及び団体交渉権条約（一九四九年）、同一報酬条約（一九五一年）、差別待遇（雇用及び職業）条約（一九五八年）、および、ユネスコ総会で採択された教育における差別待遇防止条約（一九六〇年）等の基本的人権に関する諸条項に注目し、

また、ユネスコおよび国際教育局が合同で召集した国際公教育会議で採択された初中等学校教員の養成と地位の諸側面に関する諸勧告、およびユネスコ総会で、一九六二年に採択された技術・職業教育に関する勧告にも注目し、

教員にとくに関連する諸問題に関した諸規定によって現行諸規準を補足し、また、教員不足の問題を解決したいと願い、

以下の勧告を採択した。

一　定義

一　本勧告の適用上、

(a)「教員」(Teacher) という語は、学校において生徒の教育に責任をもつすべての人々をいう。

(b) 教員に関して用いられる「地位」(status) という表現は、教員の職務の重要性およびその職務遂行能力の評価の程度によって示される社会的地位または尊敬、ならびに他の専門職集団と比較して教員に与えられる労働条件、報酬、その他の物質的給付等の双方を意味する。

二　範囲

二　本勧告は、公立・私立ともに中等教育終了段階までの学校、すなわち、技術教育、職業教育および芸術教育を行なうものを含めて、保育園・幼稚園・初等および中間または中等学校のすべての教員に適用される。

三　指導的諸原則

三　教育は、その最初の学年から、人権および基本的自由に対する深い尊敬をうえつけることを目的とすると同時に、人間個性の全面的発達および共同社会の精神的、道徳的、社会的、文化的ならびに経済的な発展を目的とするものでなければならない。これらの諸価値の範囲の中で最も重要なものは、教育が平和のために貢献をすること、およびすべての国民の間の、そして人種的、宗教的集団相互の間の理解と寛容と友情に対して貢献することである。

四　教育の進歩は、教育職員一般の資格と能力および個々の教員の人間的、教育学的、技術的資質に依存するところが大きいことが認識されなければならない。

五　教員の地位は、教育の目的、目標に照らして評価される教育の必要性にみあったものでなければならない。教育の目的、目標を完全に実現するうえで、教員の正当な地位および教育職に対する正当な社会的尊敬が、大きな重要性をもっているということが認識されなければならない。

六　教育の仕事は専門職とみなされるべきである。この職業は厳しい、継続的な研究を経て獲得され、維持される専門的知識および特別な技術を教員に要求する公共的業務の一種である。また、責任をもたされた生徒の教育および福祉に対して、個人的および共同の責任感を要求するものである。

七　教員の養成および雇用のすべての面にわたって、人種、皮膚の色、性別、宗教、政治的見解、国籍または門地もしくは経済的条件にもとづくいかなる形態の差別も行なわれてはならない。

八　教員の労働条件は、効果的な学習を最もよく促進し、教員がその職業的任務に専念することができるものでなければならない。

九　教員団体は、教育の進歩に大きく寄与しうるものであり、したがって教育政策の決定に関与すべき勢力として認められなければならない。

四　教育目的と教育政策

一〇　それぞれの国で必要に応じて、人的その他のあらゆる資源を利用して「指導的諸原則」に合致した包括的な教育政策を作成すべく適切な措置がとられなければならない。その場合、権限ある当局は以下の諸原則および諸目的が教員に与える影響を考慮しなければならない。

(a) 子どもができるだけ最も完全な教育の機会を与えられることは、すべての子どもの基本的権利である。特別な教育的取扱いを必要とする子どもについては、適正な注意が払われなければならない。

(b) あらゆる便宜は、性、人種、皮膚の色、宗教、政治的見解、国籍または門地もしくは経済的条件のゆえに差別されることなくすべての人々が教育を受ける権利を享受しうるように、平等に利用しうるものであるべきである。

(c) 教育は、一般公共の利益に役立つ基本的重要性をもつ業務であるから、国家の責任であることが認識されなければならない。国家は十分に学校を分布し、そこで無償の教育を行ない、貧しい児童に物質的援助を与えなければならない。

このことは父母および場合によっては法的保護者が国家によって設立される学校以外の学校をその子どものために選ぶ自由を妨げるもの、または、国家によって定められているか認められている最低教育水準をみたした教育機関を個人あるいは団体が設立し管理する自由を妨げるものという意味に解釈されてはならない。

(d) 教育は経済成長における不可欠の要因であるから、教育計画は生活条件改善のために立てられる経済的・社会的全計画の必要欠くべからざる部分とならなければならない。

(e) 教育は、継続的過程であるから、教育業務の各種部門は、すべての生徒に対する教育の質を向上させると同時に、教員の地位を高めるよう調整されなければならない。

(f) いかなるタイプのいかなる段階の教育へも児童が進学する機会を制限するような隘路が起きないよう、適切に相互関連した柔軟性ある学校システムに自由に入れるようにしなければならない。

(g) 教育の目標として、いかなる国家も単に量でのみ満足すべきではなく、質の向上をも追求しなければならない。

(h) 教育においては、長期および短期の計画

と課程編成が必要である。共同社会に今日の生徒をうまく組み入れることは、現在の要請より、むしろ将来の必要による。

(i) すべての教育計画には、自国民の生活に精通し、母国語で教えることのできる国民である、有能で資格のある十分な数の教員の養成および現職教育の早期対策が、各段階にわたって含まれていなければならない。

(j) 教員養成および現職教育の分野における系統的継続的な研究と活動の協力が、国際的次元での協同研究および研究成果の交流を含めて、欠くことのできないものである。

(k) 教育政策とその明確な目標を決定するためには、文化団体、研究・調査機関はもちろんのこと、権限ある当局、教員、使用者、労働者および父母等の各団体ならびに文化団体、研究調査機関の間で、緊密な協力が行なわれなければならない。

(l) 教育の目的目標の達成は、教育にあてられる財政手段に大きくかかっているのであるから、すべての国において、国家予算のなかで、国民所得のうちの十分な割合を教育の発展に配分することをとくに優先すべきである。

五　教職への準備

養成のための選抜

一一　教員養成機関への入学に関する政策は、必要な道徳的、知的および身体的資質を備え、かつ要求される専門的知識および技能をもった十分な数の教員を社会に提供するという必要にもとづいたものでなければならない。

一二　この必要に応じるため、教育当局は、教員養成に十分な魅力をもたせ、また適切な機関に十分な数の定数を準備しなければならない。

一三　この職業に入るすべての者に、適切な教員養成機関において、認定されたコースを修了することが要求されなければならない。

一四　教員養成機関への入学許可は、まず適正な中等教育の全課程を修了し、かつ将来この職業にたずさわるものにふさわしい一員となることに役立つような個人的資質をもっていることの証明にもとづくものでなければならない。

一五　教員養成機関への入学を認可する一般的基準が維持されなければならないが、入学に必要な正規の学問的諸条件が少し不足していても、技術および職業の面でとくに貴重な経験をもっている者は入学を許可されてよい。

一六　教員養成課程の学生には、定められた課程を受けられるよう、かつ相応の生活ができるよう、適当な奨学金または財政的援助が与えられなければならない。できる限り権限ある当局は無償の教員養成機関の制度を樹立するよう努力しなければならない。

一七　教員養成についての機会および奨学金または財政的援助に関する情報が、学生および教員を希望する他の人々にいつでも手に入るよう準備されていなければならない。

一八　(1) 教職につく権利を部分的、または全面的に確立するものとして、他国で終了した教員養成課程の価値に正当な考慮が払われなければならない。

(2) 国際的に同意された基準に照らして、職業上の地位を授ける教授資格証明書を国際的に承認するための措置がとられなければならない。

教員養成課程

一九　教員養成課程の目的は、学生一人ひとりが、一般教育および個人的教養、他人を教える能力、国の内外を問わず良い人間関係の基礎をなす諸原則の理解、および、社会、文化、経済の進歩に、授業を通して、また自らの実践を通して貢献するという責任感を発展させるものでなければならない。

二〇　基本的に教員養成課程は次のものを含むべきである。

(a) 一般教養科目

(b) 教育に応用される哲学・心理学・社会学・教育および比較教育の理論と歴史・実験教育学・教育行政および各種教科の教授法等の諸科目の重要点に関する学習

(c) その学生が教えようとする分野に関する諸科目

(d) 十分に資格ある教員の指導のもとでの授業および課外活動指導の実習

二一　(1) すべての教員は、一般教養科目、専門科目、教育学諸科目について、大学または大学と同等の教育機関で、あるいは教員養成のための特別機関で養成されなければならない。

(2) 教員養成課程の内容は、障害児施設あるいは技術・職業学校等、種別を異にする学校で、教員が果たすことを求められる任務に応じて、合理的に変更することができる。後者の場合、この課程は、工業、商業または農業の現場において習得されるべき実際経験を含みうる。

二二　教員養成課程は、各人の学術的または専門的教育もしくは技能開発コースと並んで、あるいはそれに引き続いて、専門コースをおくことができる。

二三　教職のための教育は、通常、全日制であるべきである。ただし、年長の教職志望者や特別な部門にある者に対しては、このような課程の内容や修了の規準は、全日制課程の者と同様の水準にもとづくという条件のもとで、その課程の全部あるいは一部が定時制で行なわれるようにする特別の措置を講ずることができる。

二四　初等、中等、技術、専門または職業教育のいずれの教員であるかにかかわりなく、異なった種類の教員が、有機的に関係ある、ないしは地理的に相互に近接する養成機関で教育をうけられるようにすることが望ましいことを配慮しなければならない。

教員養成機関

二五　教員養成機関の教員は、高等教育と同等のレベルで、その専門について教えうる資格をもたなければならない。教育学諸科の担当教員は、学校での授業経験をもたなければならない。そして可能なところでは学校での授業義務を補うことによって定期的にこの経験が再強化されなければならない。

二六　教育および個々の教科の教授法の研究および実験的試みは、教員養成機関に研究施設を設けること、およびその教員と学生による研究活動等を通じて促進されなければならない。教員養成にたずさわる全教員は、関係分野における研究成果を熟知し、その成果を学生に伝達するよう努力しなければならない。

二七　教員養成機関における生活、活動、規律を定める措置について、教員と同様に、学生もその意見を表明する機会をもたなければならない。

二八　教員養成機関は、学校が研究の成果や方法論上の進歩に歩調を合わせて進めるように、また、学校と教員の経験を教員養成機関自身の活動の中に反映しながら、教育事業における発展の中心をなすものでなければならない。

二九　教員養成機関は、個別にまたは合同し、他の高等教育機関もしくは教育当局と提携して、または単独で、教員養成課程を満足に終了した学生には資格証明を与える責任をもたなければならない。

三〇　学校当局は、教員養成機関と協力して、新卒教員が、習得した内容、個人の希望、環境に応じて就職できるよう、適切な措置を講じなければならない。

六　教員の継続教育

三一　当局と教員は、教育の質と内容および教授技術を系統的に向上させていくことを企図する現職教育の重要性を認識しなければならない。

三二　当局は、教員団体と協議して、すべての教員が無料で利用できる広範な現職教育の制度の樹立を促進しなければならない。この種の制度は、多岐にわたる手段を準備し、かつ、教員養成機関、科学・文化機関および教員団体がそれぞれ参加するものでなければならない。一時教職から離れて再び教職に戻る教員のためとくに再訓練課程を設けなければならない。

三三 (1) 教員がその資格を向上させ職務の範囲を変更もしくは拡大し、または、昇進を希望し、かつ、担当教科や教育分野の内容および方法について最も新しいものを常に身につけるために、講習または他の適当な便宜が考慮されるべきである。

(2) 教員が、その一般教育や職業資格を向上するための書物、その他の資料を利用できるようにする諸手段が講じられなければならない。

三四 教員には継続教育の課程や便宜に参加するための機会および刺激が与えられ、また教員はこれらを十分に活用すべきである。

三五 学校当局は、学校が教科および教授法に関する研究成果をとり入れられるようにするため、あらゆる努力を払わなければならない。

三六 当局は、教員が、継続教育を目的として、集団であれ、個人であれ、自国内および国外を旅行するのを奨励すべきであり、できる限り、援助を与えなければならない。

三七 国際的または地域的な規模での財政的技術的協力によって、教員の養成および継続教育のためにとられる措置が発展され補足されることが望ましい。

七　雇用とキャリア

教職への参加

三八 教員団体との協力により、採用に関する政策を適切な次元で明確に定め、かつ教員の義務と権利を定める規則を制定しなければならない。

三九 教職への就職に関する試用期間は、新しい教職参加者への励ましとたよりになる手ほどきのための、そして教員自身の実際の教授能力を向上させることとならんで適切な専門的水準を確立し、保持するための機会として教員およびその使用者の両者によって認識されなければならない。通常の試用期間は、あらかじめ知らされるべきであり、それを満足に修了するための条件は、厳密に職業的能力に関連づけられなければならない。もしその教員が試用期間を満足に修了しえなかったときは、教員はその理由を知らされなければならず、かつこれに対して意見を述べる権利をもたなければならない。

昇進と昇格

四〇 教員は、必要な資格を有することを条件として、教育の仕事の範囲内で、ある種の学校または、ある段階の学校から、他の種の学校または他の段階の学校に異動できなければならない。

四一 教育事業の組織と構造は、個々の学校のそれをも含めて、個々の教員が付加的な責任を果たすことの自覚、および果たすための十分な機会を、これらの責任が教員の教授活動の質または規則性に不利にならないという条件のもとに、与えなければならない。

四二 学校が十分に大きければ、さまざまの教員が各種の責任を果たすことから、生徒も利益を得、教員も機会を与えられるという利点に考慮が払われなければならない。

四三 督学官および教育行政官、教育管理者あるいはその他、特別責任をもつ職など教育に責任をもつ職はできる限り広く経験豊かな教員に与えられなければならない。

四四 昇格は、教員団体との協議により定められた、厳密に専門職上の基準に照らし、新しいポストに対する教員の資格の客観的な評価にもとづいて行なわなければならない。

身分保障

四五 教職における雇用の安定と身分保障は、教員の利益にとって不可欠であることはいうまでもなく、教育の利益のためにも不可欠なものであり、たとえ学校制度、または、学校内の組織に変更がある場合でも、あくまでも保護されるべきである。

四六 教員は、その専門職としての身分またはキャリアに影響する専断的行為から十分に保護されなければならない。

専門職としての行為の違反に関する懲戒処分

四七 専門職としての行為違反の責を負うべき教員に適用される懲戒措置は明確に規定されなければならない。懲戒手続、およびすべての決定された措置は、授業活動の禁止が含まれているか、あるいは生徒の保護または福祉がそれを必要とする場合を除いて、その教員がそれを要求するときにのみ公表されなければならない。

四八 懲戒を提案し、ないしは適用する資格を有する当局ないし機関は、明確に指定されなければならない。

四九 教員団体は、懲戒問題を扱う機関の設置にあたって、協議にあずからなければならない。

五〇 すべての教員は、一切の懲戒手続の各段階で公平な保護をうけなければならない。とくに、

(a) 懲戒の提起およびその理由を文書により通知される権利

(b) 事案の証拠を十分に入手する権利

(c) 教員が弁護準備に十分な時間を与えられ、自らを弁護し、または自己の選択する代理人によって弁護を受ける権利

(d) 決定およびその理由を書面により通知される権利

(e) 明確に指定された権限ある当局または機関に不服を申し立てる権利

五一 懲戒からの保護、ならびに懲戒それ自体の効果は、その教員が、同僚の参加のもとで判定をうける場合、非常に高まる、ということを当局は認識しなければならない。

五二 右の第四七項から第五一項の諸規定は、刑法のもとで処罰される行為に対して、国内法規に従って通常適用される手続にいかなる意味でも影響を及ぼすものではない。

健康診断

五三 教員は定期健康診断をうけることを要求されるべきであり、それは無料で行なわれなければならない。

家庭の責任をもつ女子教員

五四 結婚が女子教員の採用または雇用の継続の障害とみなされてはならず、また報酬、その他の労働条件に影響してはならない。

五五 使用者は、妊娠および母性休暇の故をもって、雇用契約を解除することを禁止されなければならない。

五六 家庭の責任をもつ教員の子どもの面倒を見るため、望ましい場合には、保育所、託児所等の特別の便宜が考慮されなければならない。

五七 家庭の責任をもつ女子教員が居住地域で勤務できるようにし、また夫婦とも教員である者は、近接する学区あるいは同一学区および同一学校で勤務できるようにするための措置が講じられなければならない。

五八 適切な条件のもとでは、定年前に離職した、家庭の責任をもつ女子教員は、再び教職に戻るように奨励されなければならない。

非常勤の勤務

五九 当局と学校は、必要な場合には、何らかの理由からフルタイムで勤務することのできない有資格教員によるパートタイムの勤務の価値を認識しなければならない。

六〇 正規にパートタイムで雇用される教員は、

(a) フルタイムで雇用される教員と比率的に同一報酬を受け、同一の基本的雇用条件を享受すべきであり、

(b) 有給休暇、疾病休暇、母性休暇について、フルタイムで雇用される教員と同一の適格条件を前提として、同等の権利を与えられるべきであり、

(c) 使用者による年金制度の適用を含めて、十分かつ適切な社会保障の保護をうける権利を与えられるべきである。

八　教員の権利と責任

職業上の自由

六一 教育職は専門職としての職務の遂行にあたって学問上の自由を享受すべきである。教員は生徒に最も適した教材および方法を判断するための格別の資格を認められたものであるから、承認された計画の枠内で、教育当局の援助をうけて教材の選択と採用、教科書の選択、教育方法の適用などについて不可欠な役割を与えられるべきである。

六二　教員と教員団体は、新しい課程、新しい教科書、新しい教具の開発に参加しなければならない。

六三　一切の視学、あるいは監督制度は、教員がその専門職としての任務を果たすのを励まし、援助するように計画されるものでなければならず、教員の自由、創造性、責任感をそこなうようなものであってはならない。

六四　(1)　教員の仕事を直接評価することが必要な場合には、その評価は客観的でなければならず、また、その評価は当該教員に知らされなければならない。

(2)　教員は、不当と思われる評価がなされた場合に、それに対して不服を申し立てる権利をもたなければならない。

六五　教員は、生徒の進歩を評価するのに役立つと思われる評価技術を自由に利用できなければならない。しかし、その場合、個々の生徒に対していかなる不公平も起こらないことが確保されなければならない。

六六　当局は、各種の課程および多様な継続教育への個々の生徒の適合性に関する教員の勧告を、正当に重視しなければならない。

六七　生徒の利益となるような、教員と父母の密接な協力を促進するために、あらゆる可能な努力が払われなければならないが、しかし、教員は、本来教員の専門職上の責任である問題について、父母による不公正または不当な干渉から保護されなければならない。

六八　(1)　学校または教員に対して苦情のある父母は、まず第一に学校長および関係教員と話し合う機会が与えられなければならない。さらに苦情を上級機関に訴える場合は、すべて文書で行なわれるべきであり、その文書の写しは当該教員に与えられなければならない。

(2)　苦情調査は、教員が自らを弁護する公正な機会が与えられ、かつ、調査過程は公開されてはならない。

六九　教員は、生徒を事故から守るため最大の注意を払わねばならないが、教員の使用者は、校内または校外における学校活動の中で生じた生徒の傷害のさいに教員に損害賠償が課せられる危険から教員を守らねばならない。

教員の責任

七〇　すべての教員は、専門職としての地位が教員自身に大きくかかっていることを認識し、そのすべての専門職活動の中で最高の水準を達成するよう努力しなければならない。

七一　教員の職務遂行に関する専門職の基準は、教員団体の参加のもとで定められ維持されなければならない。

七二　教員と教員団体は、生徒、教育事業および社会全般の利益のために当局と十分協力するよう努力しなければならない。

七三　倫理綱領または行動綱領は教員団体によって確立されなければならない。なぜなら、この種の綱領はこの専門職の威信を確保し、また合意された原則に従った職責の遂行を確保するうえで大きく貢献するからである。

七四　教員は、生徒および成人の利益のために課外活動に参加する用意がなければならない。

教員と教育事業全体との関係

七五　教員がその責任を果たすことができるようにするため、当局は教育政策、学校機構、および教育事業の新しい発展等の問題について教員団体と協議するための承認された手段を確立し、かつ、定期的にこれを運用しなければならない。

七六　当局と教員は、教育事業の質の向上のために設けられた措置、教育研究、新しく改善された教育方法の発展と普及に教員がその団体を通じ、またその他の方法によって、参加することの重要性を認識しなければならない。

七七　当局は、一つの学校またはより広い範囲にわたり、同一教科担任教員の協力を促進することを企図する研究会の設立とその活動を容易にすべきであり、この種の研究会の意見や提案に正当な考慮を払わなければならない。

七八　教育事業の各方面に責任をもつ行政職員およびその他の職員は、教員と健全な関係を保つよう努力すべきであり、また、教員の側もこれら職員に対して同様でなければならない。

教員の権利

七九　教員の社会的および公的生活への参加は、教員の個人的発達、教育事業および社会全体の利益のために奨励されなければならない。

八〇　教員は市民が一般に享受する一切の市民的権利を行使する自由をもち、かつ、公職につく権利をもたなければならない。

八一　公職につく要件として、教員が教育の職務をやめなければならないことになっている場合、教員は、先任権、年金のために教職にその籍を保持し、公職の任期終了後には、前職ないしは、これと同等の職に復帰することが可能でなければならない。

八二　教員の給与と労働条件は、教員団体と教員の使用者の間の交渉過程を通じて決定されなければならない。

八三　法定の、または任意の交渉機構を設置し、これにより教員が教員団体を通じてその公的または私的使用者と交渉を行なう権利が保障されなければならない。

八四　雇用条件等から生じる教員と使用者の間の争議の解決にあたるため、適切な合同の機構が設置されなければならない。もしこの目的のために設けられた手段と手続が使い尽くされ、あるいは当事者間の交渉が行きづまった場合、教員団体は、他の団体がその正当な利益を保護するため普通もっているような他の手段をとる権利をもたなければならない。

九　効果的な授業と学習のための条件

八五　教員は価値のある専門家であるから、教員の仕事は、教員の時間と労力が浪費されないように組織され援助されなければならない。

学級規模

八六　学級規模は、教員が生徒一人ひとりに注意を払うことができるようなものでなければならない。時には矯正教育などを目的とする小グループまたは個人授業の措置を講じ、また時には視聴覚教具を使用する大グループ授業の措置を講じることもできる。

補助職員

八七　教員がその専門的職務に専念することができるように、学校には授業以外の業務を処理する補助職員を配置しなければならない。

教授用具

八八　(1)　当局は、教員と生徒に最新の教具を提供しなければならない。このような教具は教員を代用するものとしてではなく、教授の質を向上させ、より多くの生徒に教育の利益を施すための手段とみなさなければならない。

(2)　当局はこの種の教具の利用についての研究を助長しなければならず、また教員がこのような研究に積極的に参加するように奨励しなければならない。

労働時間

八九　教員が一日あたり、および一週あたり労働することを要求される時間は、教員団体と協議して定められなければならない。

九〇　授業時間を決定するにあたっては、教員の労働負担に関係するつぎのようなすべての要因を考慮に入れなければならない。

(a)　教員が一日あたり、一週あたりに教えることを要求される生徒数

(b)　授業の十分な立案と準備ならびに評価のために要する時間

(c)　各日に教えるようにわりあてられる異なる科目の数

(d)　研究、正課活動、課外活動、監督任務および生徒のカウンセリングなどへ参加するために要する時間

(e)　教員が生徒の進歩について父母に報告し、相談することのできる時間をとることが望ましいということ

九一　教員は現職教育の課程に参加するために必要な時間を与えられなければならない。

九二　課外活動への参加が教員の過重負担となってはならず、また教員の本務の達成を妨げ

るものであってはならない。

九三　学級での授業に追加される特別な教育的責任を課せられる教員は、それに応じて通常の授業時間を短縮されなければならない。

年次有給休暇

九四　すべての教員は、給与全額支給の適正な年次休暇をもつ権利を享受しなければならない。

研修休暇

九五　(1)　教員は給与全額または一部支給の研修休暇をときどき与えられなければならない。

(2)　研修休暇の期間は、先任権および年金のための在職期間に通算されなければならない。

(3)　人口集中地帯からかけ離れ、公共当局によってそのように認められている地域に住む教員は、他の教員よりひんぱんに研修休暇を与えられなければならない。

特別休暇

九六　二国間および多国間文化交流の枠内で与えられる休暇期間は、勤務とみなされなければならない。

九七　技術援助計画に従事する教員は、休暇を与えられなければならない。そして本国における彼らの先任権、昇任資格および年金権は保護されなければならない。さらに、臨時出費をつぐなう特別の措置を講じなければならない。

九八　外国からの客員教員も、同様に本国から休暇を与えられなければならず、先任権および年金権は保護されなければならない。

九九　(1)　教員は、教員団体の活動に参加できるように給与全額支給の休暇を随時与えられなければならない。

(2)　教員は、教員団体の役職につく権利を有するべきであり、この場合、公職につく教員と同等の諸権利をもたなければならない。

一〇〇　教員は、雇用に先立って行なわれた取り決めにしたがって、正当な個人的理由による給与全額支給の休暇を与えられなければならない。

病気休暇と出産休暇

一〇一　(1)　教員は有給の病気休暇の権利を与えられなければならない。

(2)　給与の全額または一部を支払われる期間を決定するにあたっては、教員を長期間にわたって生徒から隔離することが必要な場合があることを考慮しなければならない。

一〇二　国際労働機関によって定められた母性保護の分野における諸基準、とくに一九一九年の母性保護条約および一九五二年の母性保護条約（改定）は、本勧告の第一二六項の諸基準と同じく、これを実施しなければならない。

一〇三　子どもをもつ女子教員は、失職することなく、かつ、雇用から生ずるすべての権利を完全に保護されて、出産後一年まで追加の無給休暇を、要求によって取得することができるような措置により、教職にとどまることを奨励されなければならない。

教員の交流

一〇四　当局は教育活動にとっても、教員自身にとっても、外国との専門的、文化的交流および教員の外国旅行が大きな価値をもっていることを認識しなければならない。また当局は、このような機会を拡げるよう努力し、かつ、個々の教員が外国で得た経験を考慮しなければならない。

一〇五　このような交流の希望者の募集は、いかなる差別もなしに行なわれなければならず、また、関係者はいずれか特定の政治的見解を代表するものとみなされるべきではない。

一〇六　外国で研究し、教えるために旅行する教員は、そうするための十分な便宜と、その職と地位に対する適切な保障を与えられなければならない。

一〇七　教員は、外国で得た教育上の経験を、教員の同僚とわかち合うことを奨励されなければならない。

校舎

一〇八　校舎は安全で全体のデザインが魅力的であり、また配置において機能的でなければならない。校舎は効果的な教授、課外活動に役立ち、またとくに農村地域においては、地域社会のセンターとして役立つものでなければならない。校舎は、定められた衛生基準にしたがって、また耐久性、適応性および容易かつ経済的な維持という観点から建設されなければならない。

一〇九　当局は、生徒と教員の健康と安全を、いかなる点でもおびやかすことのないように、学校施設、校舎が適正に維持されることを保障しなければならない。

一一〇　新しい学校を計画するときには、教員代表と協議しなければならない。既存の学校に施設を新築するかあるいは増築する場合は当該学校の教職員と協議しなければならない。

農村または僻地に勤務する教員のための特別措置

一一一　(1)　人口集中地帯からかけ離れ、公共当局によってそのように認められている地域に勤務する教員とその家族に対しては、無料または家賃補助のある相応な住宅が提供されなければならない。

(2)　教員が、その通常の教育の仕事のほかに地域社会活動を刺激、促進することを期待されている国ぐにでは、その開発計画に、教員のための適当な宿泊設備の用意が含まれなければならない。

一一二　(1)　僻地の学校への任命あるいは転勤にあたって、教員には自身とその家族の移転および旅行の費用が支払われなければならない。

(2)　このような地域に住む教員には、必要な場合、彼らの専門職としての水準の維持を可能にさせるための特別の旅行の便宜を与えなければならない。

(3)　僻地に転勤された教員は、誘引策として、休暇で年に一度帰郷する際の旅費を支払われるべきである。

一一三　教員が特殊の困難にさらされる場合は、つねに特別困難手当の支給によって教員に補償すべきであり、このような手当は、年金計算の基礎となる収入に含まれなければならない。

一〇　教員の給与

一一四　教員の地位に影響する様々な要因のなかでも、給与はとくに重要視しなければならない。なぜならば、今日の世界的状況の中では教員に与えられる信望または尊敬、彼らの機能の重要性についての評価の程度等の諸要因は、他の対応する専門職の場合と同様、主として教員のおかれている経済的状態にかかっているからである。

一一五　教員の給与は

(a)　教員が教職についたときから彼らに課されるあらゆる種類の責任を反映しなければならないと同時に、教育機能の社会に対する重要性、したがって教員の重要性を反映しなければならない。

(b)　類似のあるいは同等の資格を要求される他の職業に支払われる給与とくらべて有利なものでなければならない。

(c)　彼ら自身と家族のために適正な生活水準を確保するとともに、研修の積み重ねまたは文化活動を続け、もって専門職としての資質を向上するに足るものでなければならない。

(d)　ある種のポストは、より高い資質と経験を必要とし、より大きな責任をともなうという事実を考慮しなければならない。

一一六　教員は、教員団体との合意によって定められた給与表にもとづいて給与を支払われなければならない。いかなる場合にも、有資格の教員には、その試用期間中あるいは臨時採用中に、正式に雇用された教員を対象として規定されたものより低い給与表によって給与を支払ってはならない。

一一七　給与構造は、異なる教員集団の間のまさつを起こす原因となる不公平や変則性を生じないように計画されねばならない。

一一八　最高授業時数が定められている場合、正規の時間数が通常の最高限度を超える教員は、承認された給与表にもとづいて追加の報酬をうけなければならない。

一一九　給与差は、資格水準、経験年数、責任度などの客観的な基準にもとづいたものであり、最低給と最高給の関係は、合理的なものでなければならない。

一二〇　いかなる学位ももたない職業科あるいは技術科の教員を基本給与表に格付けする場合には、その実際的訓練と経験の価値が考慮されなければならない。

一二一　教員の給与は一年を基準として算出されなければならない。

一二二 (1) 定期的な、なるべくならば年一回の給与増加による同一等級内の昇給を規定しなければならない。

(2) 基本的給与表の最低額から最高額に達する期間は、十年ないし十五年をこえてはならない。

(3) 試用あるいは臨時採用期間中の勤務に対しても、昇給を認めなければならない。

一二三 (1) 教員の給与表は、生活費の値上り、国内における生活水準の向上をみちびく生産性の増加、賃金または給与水準の全般的上昇動向などの要因を考慮に入れて定期的に再検討されなければならない。

(2) 生活費指数にしたがって、給与を自動的に調整する制度を採用している国では、どの指数をとるかは、教員団体の参加のもとに決定しなければならない。そして、支給される生活手当は、すべて年金計算の基礎となる収入に含まれるものとみなされなければならない。

一二四　給与決定を目的としたいかなる勤務評定制度も、関係教員団体との事前協議およびその承認なしに採用し、あるいは適用されてはならない。

一一　社会保障

一般的規定

一二五　すべての教員は、勤務する学校の種類に関係なく、同一の、または類似の社会保障を享受することができなければならない。保障は、教員として正式に採用されている者に対する養成期間および試用期間にも及ぼされなければならない。

一二六 (1) 教員は、国際労働機関の一九五二年の社会保障（最低基準）条約に含まれるすべての事故に関する社会保障措置、すなわち、医療、病気給付、失業給付、老齢給付、業務傷害給付、家族給付、出産給付、廃疾給付および遺族給付によって保護されなければならない。

(2) 教員のための社会保障の諸基準は、少なくとも国際労働機関関係文書とくに一九五二年の社会保障（最低基準）条約に定められた基準と同程度に有利なものでなければならない。

(3) 教員のための社会保障給付は、権利として与えられなければならない。

一二七　教員の社会保障による保護は、第一二八項から第一四〇項の諸規定に示されるような教員の特殊な雇用条件を考慮しなければならない。

医療

一二八　医療施設が不十分な地域では、教員は適切な医療をうけるために必要な旅費を支給されなければならない。

病気給付

一二九 (1) 病気給付は、収入の中絶をともなうすべての就業不能期間を通じて与えられなければならない。

(2) それは収入中絶のつど、その第一日目から支払われなければならない。

(3) 病気給付の継続期間が一定期間に限られている国では、教員を生徒から隔離しておくことが必要な場合における延長を規定しなければならない。

業務傷害給付

一三〇　教員は、学校における授業中のみならず、学校の施設あるいは敷地をはなれて学校の活動に従事しているときにうけた傷害の結果に対しても、保護されなければならない。

一三一　子どもの間に流行している一定の伝染病は、生徒との接触のために、これらの病気にさらされる教員が感染したときには、職業病とみなされなければならない。

老齢給付

一三二　教員が国内のいかなる教育当局から獲得した年金資格も、同一国内の他のいかなる当局の雇用の下に転勤しても通算されなければならない。

一三三　教員不足が真に認められた場合、年金受給資格を得た後も勤務を続ける教員は、国内法令を考慮して、年金計算において、その後の追加勤務年数を加算され、または適当な機関を通じて追加年金を得ることができなければならない。

一三四　老齢給付は、教員が適切な生活水準を維持し続けられるように最終収入に相応したものでなければならない。

廃疾給付

一三五　廃疾給付は、身体的または精神的障害のために教職を中止することを余儀なくされた教員に支払われなければならない。病気給付の延長その他の手段によっても償われないような後遺障害の場合には、年金の支払が規定されなければならない。

一三六　教員の障害が部分的なもので、パートタイムで教えられるときは、部分的廃疾給付が支払われなければならない。

一三七 (1) 廃疾給付は、その教員が適切な生活水準を維持し続けられるように、最終収入に相応したものでなければならない。

(2) 可能な限り、障害のある教員を、以前の活動の再開のために準備させることを目的とする機能回復のための治療活動と同時に、障害のある教員の健康を回復すること、あるいはそれが不可能ならばいくらかでも向上させることを目的とする医療およびそれと関連した諸給付が規定されなければならない。

遺族給付

一三八　遺族給付資格付与の条件とその給付の額は、遺族が適正な生活水準を維持し、残された子どもの福祉と教育を確保することを可能にするものでなければならない。

教員に社会保障を与えるための手段

一三九 (1) 教員のための社会保障の保護は、できるだけ公共部門の、あるいはそれが適当な場合には民間部門の被雇用者に適用される一般的制度を通して確保されなければならない。

(2) 補償すべき一つまたは二以上の事故のための一般的制度が存在していない場合には、法令による、またはよらない特別制度を確立しなければならない。

(3) 一般的制度のもとにおける給付水準がこの勧告に規定されたものより低いときには、補足的制度によって勧告された水準まで引き上げなければならない。

一四〇　基金の投資を含めて、これらの特別制度および補助制度の運営に教員団体の代表を関与させる可能性に対して考慮を払わなければならない。

一二　教員の不足

一四一 (1) すべての教員の緊急補充問題は、あくまで臨時の措置としてのみ考えられなければならず、すでに確立した、あるいは確立されるべき専門職としての基準をいかなる形にせよ引き下げ、または危くすることがなく、生徒に対する教育上の損失を最少限にとどめる方策によって処理することを指導原則としなければならない。

(2) 過大学級、教員の授業担当時間の不当な延長など、教員の不足に対処することを目的とした臨機の処置は、教育の目的目標と両立しがたいものであり、生徒たちにとっても有害であることを認識して、権限ある当局は、緊急にこれらの便宜的処置を不必要とし、廃止するための手段を講じなければならない。

一四二　教員を供給する上で短期の集中的な応急教員養成課程を必要とする発展途上の国々では、教育事業を指導し、指示する能力のある専門的訓練をうけた有能な教員群を生み出すために十分に専門的で、包括的な課程を準備しなければならない。

一四三 (1) 応急の短期課程で訓練をうけるた

めに入学を許可される学生は、彼らが引き続いて全課程の必要課目を修得することができるように、通常の専門課程あるいはそれよりも高度の課程への入学に適用される基準に照らして選抜されなければならない。

(2)　このような学生が勤務しつつその資格を完全なものにすることができるように、給与全額支給の特別研修休暇を含む措置と特別の便宜が与えられなければならない。

一四四　(1)　できる限り、無資格者は、専門職としての資格をもつ教員の綿密な監督と指導のもとに勤務させなければならない。

(2)　継続雇用の一条件として、これらの者には、その資格を得ること、あるいは十分なものにすることが要求されなければならない。

一四五　教員の社会的・経済的地位、生活条件および労働条件、雇用条件ならびにキャリアの見通しを改善することが、有能かつ経験をつんだ教員が不足しているという事態を克服することであり、また、完全な資格をもつ人々を十分な数だけ教職にひきつけ、ひきとめる最良の手段であることを当局は、認識しなければならない。

一三　最終規定

一四六　教員がいくつかの点でこの勧告に規定されているより有利な地位を享受しているところでは、本勧告の諸規定を、すでに与えられている地位を引き下げるように活用してはならない。

●教育公務員特例法

（昭和二四年一月一二日 法律第一号）

施行、昭二四・一・一二
改正、（平一九まで省略）平二四―法六七、平二六―法三四（法七六）・法六七・法七六、平二七―法四六、平二八―法八七、平二九―法二九

第一章　総則

（この法律の趣旨）

第一条　この法律は、教育を通じて国民全体に奉仕する教育公務員の職務とその責任の特殊性に基づき、教育公務員の任免、人事評価、給与、分限、懲戒、服務及び研修等について規定する。

＊特例（地公五七）、全体の奉仕者（憲一五2）

通達　本法は教員（教育公務員）の職務とその責任の特殊性に基づいて制定されたものであり、……公立学校の教育公務員については、地方自治法附則一条二項に基づいて制定された地方公務員法の特例である。即ち本法と……地方公務員法の関係は一般法、特別法の関係にたつ。（昭24・2・22発調三八事務次官）

通達　改正後の法の規定は、……地方公務員法第五七条の規定に基づく……特例であること、すなわち……地方公務員たる教員及びこれに準ずる取扱いを受けるものについては本法及び地方公務員法が適用又は準用される。なおこの場合については本法の規定が……地方公務員法の規定に優先する。（昭26・6・15文調地二一八事務次官）

解説　本条は、本法の趣旨・性格を定めているが、教育公務員の「教育を通じて国民全体に奉仕する」立場は、憲法（一五条二項）はもとより、教育基本法の教師の「崇高な使命」及び特別身分保障（九条）、教育行政（一六条）の各原理とのかかわりでとらえられる必要がある。

（定義）

第二条　この法律において「教育公務員」とは、地方公務員のうち、学校（学校教育法（昭和二十二年法律第二十六号）第一条に規定する学校及び就学前の子どもに関する教育、保育等の総合的な提供の推進に関する法律（平成十八年法律第七十七号）第二条第七項に規定する幼保連携型認定こども園（以下「幼保連携型認定こども園」という。）をいう。以下同じ。）であつて地方公共団体が設置するもの（以下「公立学校」という。）の学長、校長（園長を含む。以下同じ。）、教員及び部局長並びに教育委員会の専門的教育職員をいう。

2　この法律において「教員」とは、公立学校の教授、准教授、助教、副校長（副園長を含む。以下同じ。）、教頭、主幹教諭（幼保連携型認定こども園の主幹養護教諭及び主幹栄養教諭を含む。以下同じ。）、指導教諭、教諭、助教諭、養護教諭、養護助教諭、栄養教諭、主幹保育教諭、指導保育教諭、保育教諭、助保育教諭及び講師をいう。

3　この法律で「部局長」とは、大学（公立学校であるものに限る。第二十六条第一項を除き、以下同じ。）の副学長、学部長その他政令で指定する部局の長をいう。

4　この法律で「評議会」とは、大学に置かれる会議であつて当該大学を設置する地方公共団体の定めるところにより学長、学部長その他の者で構成するものをいう。

5　この法律で「専門的教育職員」とは、指導主事及び社会教育主事をいう。

＊①学長（学教九二13）、校長（学教七等）、②教授・准教授・助教（学教九二1等）、副校長（学教三七2等）、教頭（学教三七1等）、副園長・主幹教諭・指導教諭・養護教諭・養護助教諭・栄養教諭（学教二七2等）、主幹保育教諭・指導保育教諭・主幹栄養教諭・主幹養護教諭・保育教諭・助保育教諭（認定こども園一四2）、講師（学教二七10等）、③政令で定める部局の長（施令一）、⑤指導主事・社会教育主事（地教行一八12）

第二章　任免、人事評価、給与、分限及び懲戒

第一節　大学の学長、教員及び部局長

（採用及び昇任の方法）

第三条　学長及び部局長の採用（現に当該学長の職以外の職に任命されている者を当該学長の職に任命する場合及び現に当該部局長の職以外の職に任命されている者を当該部局長の職に任命する場合を含む。次項から

教育公務員特例法のあらまし

制定の背景　公務員である教員も、原則として、公務員法の適用下におかれるべきものであろう。しかし、旧教育基本法六条で定めていたように、「全体の奉仕者」性や身分保障の必要性など教員の特殊性から一般公務員とは異なった取扱いが必要とされる。そこで、本法は、この教育公務員の職務と責任の特殊性に基づき、その任免、分限、懲戒、服務、研修などについて規定したもので、昭和二四年に国家公務員法および地方公務員法の特別法として制定された。本法の制定にとって、「教員の身分、待遇及び職能団体に関すること」（昭二二・四・一一）と題する教員刷新委員会の建議は直接的な背景事実として重要な意味を有している。そこでは、旧教育基本法六条で定める教員の地位の特殊性から、国公私立学校の教員の独立の身分保障を構想し、その職務の遂行を期すために「身分を保障し待遇の適正をはかる」ことが必要と認識した上で、教員の「種類、任用、資格、分限、服務、懲戒、給与その他の待遇」などを広く規定することを求めていた。しかし、占領軍の下で公務員制度の改革作業が進行し、昭和二二年に国家公務員法が制定された。国立学校の教員は国家公務員であるためその適用下におかれ、国立学校の教員だけが先行して身分保障や待遇の適正化をはかられることとなった。そこで政府はあらためて私立学校を除く公立学校の教師の任免、分限、懲戒、服務、研修などについて公務員法の特別法としての立法化に着手し、国家公務員法の改正（昭二三法二二二）を契機にして、その特例法として本法を制定したのである。

内　容　本法は、教育公務員の任免、分限、懲戒、服務、研修などについて規定したものであるが、教育公務員という特殊な身分を国家公務員や地方公務員のほかに創設したものではない。本法は、あくまでも教育公務員の職務と責任の特殊性に基づき一般の公務員と異なる若干の特例を設けたにすぎない。したがって、身分としては公立学校の教員は地方公務員である。本法が留意しなければならないのは、教育公務員の身分保障的措置を多岐にわたり組み込んでいる点であり、第一に、採用および昇任の方法に関して、原則として「競争」試験による一般公務員の場合とは異なり、「選考」による方式をとり、人事上の自治の確保がめざされている点である（三条、一一条、一五条）。第二に、「研修」について、教育公務員には十分に配慮した方法を定めた（二一条～二二条）点である。一般公務員の場合には任命権者等に研修の義務づけがされているのに対して、教育公務員の場合には、任命権者のみならず、直接

第四項までにおいて同じ。）並びに教員の採用（現に当該教員の職が置かれる部局に置かれる教員の職以外の職に任命されている者を当該部局に置かれる教員の職に任命する場合を含む。以下この項及び第五項において同じ。）及び昇任（採用に該当するものを除く。同項において同じ。）は、選考によるものとする。

2　学長の採用のための選考は、人格が高潔で、学識が優れ、かつ、教育行政に関し識見を有する者について、評議会（評議会を置かない大学にあつては、教授会。以下同じ。）の議に基づき学長の定める基準により、評議会が行う。

3　学部長の採用のための選考は、当該学部の教授会の議に基づき、学長が行う。

4　学部長以外の部局長の採用のための選考は、評議会の議に基づき学長の定める基準により、学長が行う。

5　教員の採用及び昇任のための選考は、評議会の議に基づき学長の定める基準により、教授会の議に基づき学長が行う。

6　前項の選考について教授会が審議する場合において、その教授会が置かれる組織の長は、当該大学の教員人事の方針を踏まえ、その選考に関し、教授会に対して意見を述べることができる。

＊採用の定義（地公一五の二1⑴）、採用の方法（地公一七の二）、選考による採用（地公二一の二）、昇任の定義（地公一五の二1⑵）、昇任の方法（地公二一の三）、②評議会（二1④）、教授会（学教九三）

解説　本条は大学の学長、部局長、教員の採用と昇任を一般公務員のように競争試験ではなく「選考」によるものとする。教授会が教員の選考について審議する場合には、その教授会が置かれる組織の長は、当該大学の教員人事の方針を踏まえ、その選考に関する意見を教授会に対して述べることができるものとしている。

（転任）

第四条　学長、教員及び部局長は、学長及び教員にあつては評議会、部局長にあつては学長の審査の結果によるのでなければ、その意に反して転任（現に学長の職に任命されている者を当該学長の職以外の職に任命する場合、現に教員の職に任命されている者を当該教員の職が置かれる部局に置かれる教員の職以外の職に任命する場合及び現に部局長の職に任命されている者を当該部局長の職以外の職に任命する場合をいう。）をされることはない。

2　評議会及び学長は、前項の審査を行うに当たつては、その者に対し、審査の事由を記載した説明書を交付しなければならない。

3　評議会及び学長は、審査を受ける者が前項の説明書を受領した後十四日以内に請求した場合には、その者に対し、口頭又は書面で陳述する機会を与えなければならない。

4　評議会及び学長は、第一項の審査を行う場合において必要があると認めるときは、参考人の出頭を求め、又はその意見を徴することができる。

5　前三項に規定するもののほか、第一項の審査に関し必要な事項は、学長及び教員にあつては評議会、部局長にあつては学長が定める。

＊①転任の定義（地公一五の二1⑷）、意に反する不利益処分の審査（地公四九―五一の二）

通達　**転任の定義**　大学の教員についていえば、国立甲大学の教授を国立乙大学又はその他の国立学校の教授に任命し、又は同一大学の甲学部勤務から乙学部勤務に命ずることをいうものである。（昭24・2・22発調三八事務次官）

通達　本法第五条に規定する「学長の転任」は、学長を他の職員の職又は他の学長の職に任命することをいう。「部局長の転任」は、部局長を他の職員の職又は他の部局長の職に任命することをいう。（昭28・3・23文初地一七〇初中局長）

通達　本人の意に反して同一大学の他の部署に転任させる場合の審査は、当該大学の管理機関でこれを行うことはもちろんであるが、他の大学に転任させる場合も転任の審査に関しては現にいる大学の管理機関でこれを行う。大学管理機関は、任命権者からある者の転任の審査を求められたとき、その者について審査した結果、転任させるべき事由がないと認めたときは、その旨を任命権者に通知すること。転任の事由があると認めた時は、大学管理機関は任命権者に申し出、任命権者はこれに基づいて転任を命ずるものである。（昭24・2・22発調三八事務次官）

解説　本条の趣旨は、大学教員等の身分を保障することを特別に定めたものである。すなわち、それは任命権者や学外諸勢力によって不当に左右されるべきではなく、ま

本人に研修が義務づけられている（二一条一項）。また、授業に支障のない限り勤務場所を離れて、あるいは現職のままでの研修を受けられることが保障されている（二二条）。

近年の主たる改正としては、第一に、平成一五年の国立大学法人法の制定にともなう改正が挙げられる。この改正により、国立学校の教職員は国家公務員法の適用対象でなくなったため、本法の適用対象者は、公立学校教職員に限定されることとなった。これに関連して、国立学校の教職員に準ずるものとされていた公立学校教職員の給与は、準拠する対象がなくなったため、新たに本法において給与に関する規定が設けられた（一三条）。また、それまで「雑則」において規定されていた兼職・兼務及び政治的行為の制限については、新たに「服務」の章（第三章）が設けられ、そこに移された。

第二に、一連の研修制度の改正が挙げられる。すなわち、昭和六三年の改正により、公立の小学校等の条件附任用期間が一年とされ（一二条）、同時に「初任者研修」制度（二三条）が導入された。また、平成一四年には、教諭等として一〇年在職した教職員に対して「一〇年経験者研修」制度（二四条）が導入された。続いて、平成一九年には、前年の教育基本法九条の改正を踏まえ、指導が不適切な教員に対する「指導改善研修」制度（二五条）が導入されるとともに、指導が不適切な教職員に対して、任命権者は、免職等の措置を講ずることができる（二五条の二）旨の規定が設けられた。そして、平成二六年の改正においては、文科大臣は、教職員の計画的かつ効果的な資質の向上を図るための指標策定に関する指針（二二条の二）を策定するものとされ、任命権者は、この指針にもとづき、教職員としての資質に関する指標を定める（二二条の三）こととされた。また、任命権者は、この指標にもとづいて毎年度研修計画を定めることが規定された（二二条の四）。そして、これは、初任者研修をはじめ、任命権者が実施するすべての研修に適用されることとなった。なお、平成二八年の改正により、「一〇年経験者研修」制度は、「中堅教諭等資質向上研修」制度に名称が変更された。このような一連の研修制度の新設・改正は、「上からの」研修という色彩を濃厚に持っており、当初本法が主として想定していた教職員の自主的・主体的研修という側面が希薄になっていることは否めない。現在求められている教員の資質向上は、自主的な研修では十分に実現できない側面があるとしても、教育職員の自主的・主体的な資質向上を促すことも教育行政の重要な役割であることを看過してはなるまい。

た本人の意に反する転任から個人を守るところにあると解される。国公法（八九条以下）・地公法（四九条以下）では職員の意に反する不利益処分が事後審査制を採用しているのとも異なっていることが注目される。

（降任及び免職）

第五条　学長、教員及び部局長は、学長及び教員にあつては評議会、部局長にあつては学長の審査の結果によるのでなければ、その意に反して免職されることはない。教員の降任（前条第一項の転任に該当するものを除く。）についても、また同様とする。

2　前条第二項から第五項までの規定は、前項の審査の場合に準用する。

＊①分限及び懲戒の基準（地公二七1 2）、分限による降任又は免職（地公二八1 3）、懲戒による免職・意に反する不利益処分の審査（地公四九―五一の二）

通達　降任は昇任と同じく職階制の確立を前提とするのであるが、とりあえず当分の間、昇任の逆の場合と考えて措置すべきこと。降任及び免職の場合の審査の手続及びその処分については転任の例によること。（昭24・2・22発調三八事務次官）

通達　六条（現五条）に規定する「教員の降任」は、四条（現三条。以下同じ）に規定する「教員の昇任」の逆の場合をいう。四条に規定する「教員の昇任」は、同じ大学の同じ部局において、教員を法令、条例、規則その他の規定により公の名称（職務の級、吏員の級、組織上の地位等）が与えられている教員の職でその現に有するものより上位のものに任命することをいう。（昭28・3・23文初地一七〇初中局長）

判例　**陳述、弁明の機会**　公立大学助教授らの授業放棄、学長告示違反に関する各懲戒処分理由については、いずれも人事教授会の審査説明書及び審査説明補充書には全く記載されていない事実に基づいてなされたものであつて、助教授らは口頭はもちろん書面によっても陳述、弁解の機会を付与されることなく審査、処分されたものと認められるところ、このような方法によって助教授らを各処分することは、教特法九条二項、五条二項に違反し、助教授らの「陳述の機会を奪った瑕疵」があるといわざるをえない。（甲府地判昭42・7・29判時四九五―八〇）

判例　**五条二項の趣旨**　本法九条二項、五条二項が審査を行うに当たり審査説明書の交付を要するとした趣旨は、審査の過程で被審査者に審査についての防御と陳述の機会を保障するためであり、審査説明書の交付が必ずしも審査の冒頭に行われなければならないものと解すべき根拠は見出せず、審査のいかなる段階で行われるかは審査を行う評議会の裁量に委ねられているものと解する。（広島高岡山支判平6・5・31労民集四五―三・四―一六二）

解説　本条の趣旨も前条と同じように、免職・降任の手続を慎重に行い、大学教育公務員の身分を保障しようとするものである。とくに免職・降任は、前条の転任とも異なり、それ以上に不利益な処分となるのが一般であること、また、免職・降任については公務員法上にその事由が転任の場合とちがって定められている（地公法二八条など）。

（人事評価）

第五条の二　学長、教員及び部局長の人事評価及びその結果に応じた措置は、学長にあつては評議会が、教員及び学部長にあつては教授会の議に基づき学長が、学部長以外の部局長にあつては学長が行う。

2　前項の人事評価の基準及び方法に関する事項その他人事評価に関し必要な事項は、評議会の議に基づき学長が定める。

＊①人事評価の実施権者（地公二三の二2）、人事評価の結果に応じた措置（地公二三の三）、②人事評価の基準及び方法（地公二三・二三の二）

（休職の期間）

第六条　学長、教員及び部局長の休職の期間は、心身の故障のため長期の休養を要する場合の休職においては、個々の場合について、評議会の議に基づき学長が定める。

＊休職（地公二七1 2・二八2 3）、意に反する不利益処分の審査（地公四九―五一の二）

通達　心身の故障のため長期の休養を要する場合の休職期間は、国家公務員法八〇条一項の規定によらず、その者の病状、大学の都合その他を勘案して個々の場合について大学管理機関が定めるのであるが、これは大学の教育公務員の重責に鑑みてこの様に定められたものであるから、その趣旨を考慮し、いやしくも乱用にわたるようなことがあってはならない。（昭24・2・22発調三八事務次官）

（任期）

第七条　学長及び部局長の任期については、評議会の議に基づき学長が定める。

＊部局長（二3）

通達　学長及び部局長の任期については、大学管理機関が定めるのであるが任期を定めるに当たり、慣行があるものはそれにより、ないものについては他の大学等の先例慣行等を研究のうえ各大学管理機関で適当に定める。（昭24・2・22発調三八事務次官）

解説　本条は一般公務員法には規定のない学長、部局長の任期について規定しており、この決定権を評議会の議に基づき学長が定めるとしている。

（定年）

第八条　大学の教員に対する地方公務員法（昭和二十五年法律第二百六十一号）第二十八条の二第一項、第二項及び第四項の規定の適用については、同条第一項中「定年に達した日以後における最初の三月三十一日までの間において、条例で定める日」とあるのは「定年に達した日から起算して一年を超えない範囲内で評議会の議に基づき学長があらかじめ指定する日」と、同条第二項中「国の職員につき定められている定年を基準として条例で」とあるのは「評議会の議に基づき学長が」と、同条第四項中「臨時的に任用される職員その他の法律により任期を定めて任用される職員」とあるのは「臨時的に任用される職員」とする。

2　大学の教員については、地方公務員法第二十八条の二第三項及び第二十八条の三の規定は、適用しない。

3　大学の教員への採用についての地方公務員法第二十八条の四から第二十八条の六までの規定の適用については、同法第二十八条の四第一項、第二十八条の五第一項並びに第二十八条の六第一項及び第二項中「任期を定め」とあるのは「教授会の議に基づき学長が定める任期をもつて」と、同法第二十八条の四第二項（同法第二十八条の五第二項及び第二十八条の六第三項において準用する場合を含む。）中「範囲内で」とあるのは「範囲内で教授会の議に基づき学長が定める期間をもつて」とする。

＊①定年による退職（地公二八の二1 2 4）、②定年による退職（地公二八の二3）、定年による退職の特例（地公二八の三）、③定年退職者の再任用（地公二八の四）

（懲戒）

第九条　学長、教員及び部局長は、学長及び教員にあつては評議会、部局長にあつては学長の審査の結果によるのでなければ、懲戒処分を受けることはない。

2　第四条第二項から第五項までの規定は、前項の審査の場合に準用する。

＊①懲戒処分（地公二七13・二九）、意に反する不利益処分の審査（地公四九―五一の二）

決定　**［不利益処分審査請求事件］**　国立大学教官の懲戒処分が、評議会の審査のみによりなされ、所属学部の教授会の議決がなくても、違法ではない。（昭38・6・25人事院）

判例　**九条一項の趣旨**　教特法九条一項の趣旨は、事柄の性質が学問の自由と密接な関連を有する教員の地位に関わる問題であるだけに、その地位が学外からはもとより学内においても不当に侵害されることのないよう大学の自治を確保する一方、単に学部等の特定の部局限りの判断のみによって左右されることを避けるという見地から、大学内の最高の意思決定機関である評議会の議を経るべきものとしたと解するのが相当である。そして、合議制の機関である評議会において審査が行われたというためには、もとより評議会において会議が開催されて審議が行われることが必要であるが、右の趣旨からすると、評議会において会議が開かれて審議が行われたとの外形的事実が存する限り、さらにどのような内容の審議が行われたかは、評議会の自律的運営にわたる事柄であるから、大学の自治の建前に照らしても評議会の自律性が尊重されるべきであり、学外者において穿さくすることは相当でないというべきである。（岡山地判昭62・3・25行例集三八―二・三―九〇）

判例　**大学教員に対する懲戒処分手続**　女子学生と性的関係を結んだことを理由とする大学助教授に対する停職処分の決定に際し、大学評議会は教特法に基づき「審査事由説明書」を交付したこと、当該助教授が同評議会に対し陳述請求書を提出したため、同評議会は助教授らに陳述の機会を与える旨決定したこと、その結果、助教授本人及び弁護士を含む三人の参考人が大学評議会において陳述したことに照らせば、当該助教授に対しては、本件処分に係る審査の過程において、教特法九条一項等で定められた事前の告知がされ、また、弁解、防御の機会も十分に付与されたと認めることができる。（名古屋地判平17・3・9裁判所ウェブサイト）

解説　本条の場合も、四条、五条などと同様に大学教員等の身分保障の見地に立つものである。一般公務員などと異なる注目すべき点は、手続における事前の審査があること、これを行うのが評議会等である。ただし、評議会の審査といえども、教員、部局長などの場合は学部教授会の処分の決議等を必要とすると解される。

（任命権者）

第一〇条　大学の学長、教員及び部局長の任用、免職、休職、復職、退職及び懲戒処分は、学長の申出に基づいて、任命権者が行う。

2　大学の学長、教員及び部局長に係る標準職務遂行能力は、評議会の議に基づく学長の申出に基づいて、任命権者が定める。

＊①任命の方法（地公一七1）、任命権者（地公六1）、教員の任期の定め（大学教員任期四）、②標準職務遂行能力の定義（地公一五の二1⑸）

判例　**大学管理機関の申出**　「大学管理機関の申出に基いて」とは、申出が明らかに違法無効と客観的に認められる場合を除き、任命権者は、その申出に羈束され、選択の余地、拒否の権能はないと解するのが相当である。（東京地判昭48・5・1訟務月報一九―八―三二）

第二節　大学以外の公立学校の校長及び教員

（採用及び昇任の方法）

第一一条　公立学校の校長の採用（現に校長の職以外の職に任命されている者を校長の職に任命する場合を含む。）並びに教員の採用（現に教員の職以外の職に任命されている者を教員の職に任命する場合を含む。以下この条において同じ。）及び昇任（採用に該当するものを除く。）は、選考によるものとし、その選考は、大学附置の学校にあつては当該大学の学長が、大学附置の学校以外の公立学校（幼保連携型認定こども園を除く。）にあつてはその校長及び教員の任命権者である教育委員会の教育長が、大学附置の学校以外の公立学校（幼保連携型認定こども園に限る。）にあつてはその校長及び教員の任命権者である地方公共団体の長が行う。

＊任命権者（地公六1）、任命権の委任（地教行三七2・二五）、選考による採用（地公二一の二1 2）

通達　採用とは、地方公務員法にいう採用のみならず現に教育公務員でない者を教育公務員とすること及び校長、教員、教育長、専門的教育職員のいずれかの職にある教育公務員が他の職の教育公務員となることをいう。昇任とは、地方公務員法にいう昇任中、採用に該当するものを除いたものをいう。（昭28・2・26文初地一一四初中局長）

通知　在日韓国人など日本国籍を有しない者について、平成四年度教員採用選考試験から公立の小学校、中学校、高等学校、盲学校、聾学校、養護学校および幼稚園の教員への採用選考試験の受験を認めるとともに、選考に合格した者については、任用の期限を付さない常勤講師として任用するための所要の措置を講ずるよう適切に対処願いたい。（平3・3・22文教地八〇教育助成局長）

通知　**教員採用等の改善について**　筆記試験の成績を重視するよりも人物評価重視の方向に採用選考のありかたを一度移行させ、選考方法の多様化、選考尺度の多元化の観点から、教員採用等について積極的な改善を図っていくことが必要であること。（平8・4・25文教地一七〇教育助成局長）

判例　**「選考」の意義⑴**　地公法一五条は、能力実証主義を採用し、情実を排して、できる限り優秀な人材を公務員として確保することを目的としているが、教特法一一条は、公立学校の教員の採用については、競争試験ではなく、選考によるものと規定している（地公法一七条三項、四項参照）。その立法趣旨は、一般に、教育者として必要な人格的要素は、競争試験によっては判定しがたいものと考えられる上、免許状を有している者に対し、さらに競争試験を行うことは、受験者に不必要な負担を強いることになり、不適当であることにある。このような立法趣旨に照らせば、厳密な点数化と順位制による合否の判定は、地公法及び教特法から必然的に導かれるものとはいえないものと解される。現に、本件県教委も、合格者を決定するに当たり、試験の総合得点に加えて、受験者の居住地による地域バランス、男女比や年齢構成及び臨時講師の経験による実践的指導力の評価といった要素を加味して運用していたのであるから、県教委が、厳密な点数化と順位制による合格判定でなければ地公法一五条に違反するものと認識していたとは考えられない。（大分地判平27・2・23判時二三五二―一三六）

判例　**「選考」の意義⑵**　成績主義又は能力実証主義を定める地公法一五条にいう「職員」には、公立学校の教員も含まれると解されるところ、教特法一一条が、教員の採用方法に成績主義又は能力実証主義による競争試験的な要素が含まれることを排除しているとは解されず、結局、公立学校の教員採用の選考においては、候補者の人格を踏まえた教員としての適性を判断することを考慮に入れつつも、基本的には地公法一五条の成績主義又は能力実証主義が要請されているというべきである。そして、教特法は、採用の具体的選考方法等について定めていないことからすると、教員の採用方法を任命権者の広範な裁量に委ねているものと解される。本件において、県教委は、採用の公平性、透明性を確保する趣旨で全科目を点数化して、その成績順に採用することとして、候補者の教員としての適性（人物試験）についてもできる限り点数化してこれを重視するという方針をとっているところ、かかる採用方法は教特法の上記趣旨に沿うものであったと解せられる。（福岡高判平29・6・5判時二三五二—三）

解説　本条は、大学以外の公立学校の校長の採用および教員の採用・昇任を原則的に「選考」によるとし、また、選考権者を一般公務員と別にそれぞれ特別に定めているものである。選考とは、行政事務能力の有無を判断する「競争試験」と異なり、「一定の基準と手続」のもとに「学力・経験・人物・慣行・身体等」を審査することであるといわれる。一般公務員の場合は「競争試験」が原則で「選考」は例外とされている（地公法一七条）のに対し教員の場合には「選考」に限っているのが特色である。このような原則が採用されているのは校長・教員は教育職員免許状や任用資格を必要とし、かつ教職の専門職性ないし人格的要素を欠かせないからである。「選考」は試験を絶対的に排除するということではないが、選考を原則としていることに注目する必要がある。↓三条

（条件付任用）

第一二条　公立の小学校、中学校、義務教育学校、高等学校、中等教育学校、特別支援学校、幼稚園及び幼保連携型認定こども園（以下「小学校等」という。）の教諭、助教諭、保育教諭、助保育教諭及び講師（以下「教諭等」という。）に係る地方公務員法第二十二条に規定する採用については、同条中「六月」とあるのは「一年」として同項の規定を適用する。

2　地方教育行政の組織及び運営に関する法律（昭和三十一年法律第百六十二号）第四十条に定める場合のほか、公立の小学校等の校長又は教員で地方公務員法第二十二条（同法第二十二条の二第七項及び前項の規定において読み替えて適用する場合を含む。）の規定により正式任用になつている者が、引き続き同一都道府県内の公立の小学校等の校長又は教員に任用された場合には、その任用については、同法第二十二条の規定は適用しない。

＊①条件付任用（地公二二）

通達　一、二項により条件附採用期間が一年とされる国立公立小学校等の教諭等の範囲は、本法二〇条の二第一項により初任者研修の対象となる国立及び公立の小学校等の教諭の範囲とは必ずしも一致するものではない。（昭63・6・3文教教五一事務次官）

回答　「地方教育行政の組織及び運営に関する法律（地教行法）四〇条後段において、県費負担教職員で正式任用になった者は、その後身分が他の市町村に移った場合においても条件附採用の規定は適用しないこととなっているが、正式任用になるまでの六箇月間を二つ以上の市町村における勤務で満たした場合でも正式任用と考えてよいか。A町において三箇月、引続きB町において三箇月勤務すれば、その後は正式任用と考えてよいか。またはB町において六箇月を経過しなければ正式任用とならないか。」との質問に対し「条件付採用の期間は通算されない。」と回答する。（昭31・11・2委初二七四初中局長）

判例　**同一地方公共団体内における異なる任命権者間の異動と条件附採用**　市長が職員に任命した職員を引き続いて市教委が市立学校教員に任命するという同一地方公共団体内での異なる任命権者間の異動については、教員任命は地公法上の採用には該当せずその内容に応じて昇任、降任又は転任のいずれかに当たり、教特法上の採用に該当して同法上の初任者研修の対象となるにすぎず、一年間の条件附採用の対象とはならないものと解される。したがって、当該教員は大阪市公立学校教員にそもそも条件附採用されたものではないから、地公法二二条一項及び教特法一二条一項により教員を条件附採用期間の満了日……をもって正式採用しないことを決定し教員を免職する旨の本件処分は、そもそもその前提を欠き、又は、前提となる法解釈を誤ったものであり、いずれにしろ違法な処分として取消を免れない。（大阪高判平20・8・29判時二〇三三—一二五）

判例　**条件附任用期間中の分限免職処分**↓資料編第8節

解説　地方公務員法上の六か月条件附任用期間を、公立小学校等の教諭等の場合は一か年としたものである。一項は、公立小・中・高等学校の校長・教員について地教行法四〇条とともに、地公法上の条件附採用の適用を排除する定めである。地公法からすれば、設置者が異なる学校間の人事異動は、一方の設置者の学校を退職し、他方の設置者の学校の採用となり、この場合条件附採用となる。そこで、人事交流を円滑に行うためにこのような条件附採用を排除するのが二項の規定である。

（校長及び教員の給与）

第一三条　公立の小学校等の校長及び教員の給与は、これらの者の職務と責任の特殊性に基づき条例で定めるものとする。

2　前項に規定する給与のうち地方自治法（昭和二十二年法律第六十七号）第二百四条第二項の規定により支給することができる義務教育等教員特別手当は、これらの者のうち次に掲げるものを対象とするものとし、その内容は、条例で定める。

一　公立の小学校、中学校、義務教育学校、中等教育学校の前期課程又は特別支援学校の小学部若しくは中学部に勤務する校長及び教員

二　前号に規定する校長及び教員との権衡上必要があると認められる公立の高等学校、中等教育学校の後期課程、特別支援学校の高等部若しくは幼稚部、幼稚園又は幼保連携型認定こども園に勤務する校長及び教員

＊給与の根本基準（地公二四1 2 4）、給与条例主義（地公二四5）、①定時制通信教育手当（定通五、定通施令）、産業教育手当（産業教育手当法二・三）、へき地手当（へき振五の二・五の三）、教職調整額（教職給与三1）

判例　**県立学校等の教職員の給与を引き下げる条例の違憲違法性**　公立の高等学校等の教員の給与につき、「法は、地方公務員の給与に関する判断を議会の……諸般の実情を踏まえた裁量権に基づく判断に委ねたものと解するのが相当である」。したがって、「地方公務員の給与等を定める条例の規定が違法、無効となるか否かについては、上記裁量権の範囲を超え又はこれを濫用するものであるか否かによって判断すべきものと解するのが相当である」。本件給与引下げに関しては、国家公務員にも給与引下げ措置がとられていること及び県の財政事情を考慮すれば、「本件条例の内容は、地公法一四条一項、二四条三項の趣旨に照らし被告県の議会の裁量権の範囲を超え又は濫用するものであるとは認められない」。（佐賀地判平28・4・28判例集未登載）

判例　**懲戒免職処分に基づく退職手当全部不支給処分の当否**　懲戒免職処分を受けた地方公務員に対し「退職手当等の全部又は一部を支給しない処分をする場合には、懲戒免職等の理由となった非違行為に係る事情のほか、当該退職をした者の職務及びその責任、勤務の状況等、広範な事情について総合的な検討を行うことを求めている」。本件非違行為は、主幹教諭の地位にあった教員が、校長に暴行を加え、加療約二か月間を要する重い傷害を負わせたというものであり、その非違の内容、程度は重大である。そうすると、この教員が二〇年一〇か月間、東京都公立学校の教員として、懲戒処分を受けることなく勤務を継続し、教育関係雑誌に自らの考えを載せるなど、熱心に教育活動に取り組んでいたこと等を勘案して

も、本件非違行為の悪質性、重大性に照らせば、退職手当を全部支給しない処分とすべきであり、一部を支給しない処分にとどめることはできない。（東京地判平26・11・20労働判例ジャーナル三六—三二）

[判例] **教育公務員の時間外労働手当**→資料編第8節

（休職の期間及び効果）

第一四条　公立学校の校長及び教員の休職の期間は、結核性疾患のため長期の休養を要する場合の休職においては、満二年とする。ただし、任命権者は、特に必要があると認めるときは、予算の範囲内において、その休職の期間を満三年まで延長することができる。

2　前項の規定による休職者には、その休職の期間中、給与の全額を支給する。

＊①休職（六）、結核性疾患のため長期の休養を要する場合の休職（地公二八2(1)3）、②給与（地公二四5、地教行四二、給与負担三）

[通達] 教育公務員を結核性疾患によって休職させるときの結核性疾患の診断は、教育委員会の指定した医師によること。（昭24・3・17発調四七調査局長）

[回答] 結核性疾患のため、校長としての身分を保有したまま休職にされた校長に対しては、管理職手当を支給することはできないものと考える。（昭35・2・24委初一〇九初中局長）

[解説] 本条は、校長・教員はもとより、ひいては子ども・生徒を保護するために、結核性疾患に限り校長・教員に特別に給与全額支給の休職を保障する趣旨に立つものである。給与全額支給という点では一般公務員よりは有利となっているが、本法立法時とは大きく異なって結核性以外の疾患が多くなっている今日、むしろ他の疾患への本条の適用が課題である。

第三節　専門的教育職員

（採用及び昇任の方法）

第一五条　専門的教育職員の採用（現に指導主事の職以外の職に任命されている者を指導主事の職に任命する場合及び現に社会教育主事の職以外の職に任命されている者を社会教育主事の職に任命する場合を含む。以下この条において同じ。）及び昇任（採用に該当するものを除く。）は、選考によるものとし、その選考は、当該教育委員会の教育長が行う。

＊専門的教育職員（二、地教行一八4）、昇任（三・一一）

[通達] **採用、昇任について**（昭28・2・26文初地一一四初中局長）→一一条

第一六条　削除〔平二六法七六〕

第三章　服務

（兼職及び他の事業等の従事）

第一七条　教育公務員は、教育に関する他の職を兼ね、又は教育に関する他の事業若しくは事務に従事することが本務の遂行に支障がないと任命権者（地方教育行政の組織及び運営に関する法律第三十七条第一項に規定する県費負担教職員については、市町村（特別区を含む。以下同じ。）の教育委員会。第二十三条第二項及び第二十四条第二項において同じ。）において認める場合には、給与を受け、又は受けないで、その職を兼ね、又はその事業若しくは事務に従事することができる。

2　前項の規定は、非常勤の講師（地方公務員法第二十八条の五第一項に規定する短時間勤務の職を占める者及び同法第二十二条の二第一項第二号に掲げる者を除く。）については、適用しない。

3　第一項の場合においては、地方公務員法第三十八条第二項の規定により人事委員会が定める許可の基準によることを要しない。

＊①兼職・兼業の禁止（地公三八1）

[判例] **教育公務員の兼業**（徳島地判昭58・4・27判例地方自治五—六七）↓地公三八条

（公立学校の教育公務員の政治的行為の制限）

第一八条　公立学校の教育公務員の政治的行為の制限については、当分の間、地方公務員法第三十六条の規定にかかわらず、国家公務員の例による。

2　前項の規定は、政治的行為の制限に違反した者の処罰につき国家公務員法（昭和二十二年法律第百二十号）第百十条第一項の例による趣旨を含むものと解してはならない。

＊①政治的行為の制限（地公三六）、禁止される政治的行為（人規一四—七）、教育の教唆及びせん動の禁止（中立確保三）、教育者の地位利用の選挙運動の禁止（公選一三七）

[判例] **国公法の事案**（最判平24・12・7判時二一七四—三二）（最判平24・12・7判時二一七四—二一）↓地公三六条

（大学の学長、教員及び部局長の服務）

第一九条　大学の学長、教員及び部局長の服務について、地方公務員法第三十条の根本基準の実施に関し必要な事項は、前条第一項並びに同法第三十一条から第三十五条まで、第三十七条及び第三十八条に定めるものを除いては、評議会の議に基づき学長が定める。

第二〇条　削除〔平二六法三四〕

第四章　研修

（研修）

第二一条　教育公務員は、その職責を遂行するために、絶えず研究と修養に努めなければならない。

2　教育公務員の任命権者は、教育公務員（公立の小学校等の校長及び教員（臨時的に任用された者その他の政令で定める者を除く。以下この章において同じ。）を除く。）の研修について、それに要する施設、研修を奨励するための方途その他研修に関する計画を樹立し、その実施に努めなければならない。

＊①研究と修養（一二、地公三九）、②任命権者（一一、地教行三四・三七・四一）、特例（地教行四五1、社教九の六）、他の機関の関与（地公八1(1)・三九4、地教行四五2、へき振四3）、政令で定める者（施令二）

[判例] **自発的「研究・修養」と給与支給対象としての勤務【白老小学校事件】**　教特法二一条一項は、「職責を遂行するため」に、「絶えず」、すなわち場所及び時間を超えた無限定のものとして「研究と修養」に努めることを義務づけているのであって、「職務の遂行として」これを義務づけているのではないのみならず、これを給与支給のための勤務とみることは教育公務員にとつて極めて過酷を強いることになり、教育公務員の一般的な給与体系に照して到底是認し得ず、同条はその文言からして教育公務員についても理想像たる教職者としての人格能力の具有を期待する趣旨においてこれに必要不可欠な研究、修養への努力義務を、理念的、職業倫理的意味において規定したにとどまるものと解するほかはない。（札幌高判昭52・2・10判時八六五—九七）

[判例] **教育研究集会と会場使用不許可処分**↓資料編第8節

[解説] 本条は一項で、教育公務員の研修が自主的な専門的

研究と人間的な修養が必要不可欠であることを確認している。一般公務員の研修が「勤務能率の発揮及び増進」（地公法三九条）のために主に任命権者が計画・実施するのと大きく異なる。ちなみに、本法立法時に、教育公務員はその職務と責任の特殊性や職責上、常に研究・修養が求められるだけでなく、それは「単に義務的になされるということでなく」「権利的にもそういうことができるような仕組にしておかなければならない」「権利としても研修をなしうるような機会」を必要とするとしていた（本法提案理由補足説明）。これに対し、二項は、教育公務員の研修を可能ならしめるための諸条件の整備確立の義務を任命権者に課しているものであり、この点、前記提案理由説明においても確認されているところである。そこで、本条は、教育公務員の自主的な研修権と教育行政権によるその条件整備義務を求めている規定であり、教基法一六条の教育の自主性と教育行政による教育条件整備の義務の規定に適合する。なお、二項について、県費負担教職員の場合は任命権者ではない市町村教育委員会にもあてはまるなど特則がある（地教行法四五条一項・五八条二項）。

（研修の機会）

第二二条　教育公務員には、研修を受ける機会が与えられなければならない。

２　教員は、授業に支障のない限り、本属長の承認を受けて、勤務場所を離れて研修を行うことができる。

３　教育公務員は、任命権者の定めるところにより、現職のままで、長期にわたる研修を受けることができる。

＊②教員（二2）、本属長（学教九二3・二七4・三七4・四九・六二・八二・一二〇3）、職務専念義務（地公三五）、③任命権者（一一・二一2）

［回答］ある研修を、(1)勤務そのものとして行なわせるか、(2)勤務に有益なものとなると判断して、職務専念義務免除の便宜を与えるか、(3)勤務時間外を利用すべきであると考えるかは、当該研修の内容に応じて服務監督権者が決定するところである。服務監督権者が(2)に該当すると決定した場合、本法二〇条（現二二条）二項は、地方公務員法三五条にいう「法律……に特別の定がある場合」の「特別の定め」に該当するものと解されるので、同条同項によって直接に職務専念義務を免除してさしつかえない。（昭39・12・18委初五の二二初中局長）

［判例］**自発的「研修」と給与支給対象としての勤務［白老小学校事件］**　勤務時間内に勤務場所外で行われる教育公務員の自発的研修については、勤務場所を離れることにより本属長の服務上の監督権が事実上及ばないこととなる関係上、それが本来的職務として第一義的に行われるべき勤務場所での授業その他の日常的業務に及ぼす支障の有無、さらには研修と称する右行為が右の離脱を相当とすべき前示「研修」に当たるか否かを服務監督義務上服務監督権者においてまず判断せしめる必要があるため、教特法二二条二項においてこれを本属長の承認にかからしめた上、右勤務場所外での自発的研修をなすことをも許容したものと解するのが相当である。してみると、同法二二条二項所定の要件の下に行われる勤務場所外での研修は、その性質上、これを勤務もしくは勤務に準ずるものとして把えることはできないというべきである。（札幌高判昭52・2・10判時八六五―九七）

［判例］**「本属長の承認」の意義［白老小学校事件］**　教特法二二条二項は、研修を「本属長の承認」にかからしめており、本属長は当該学校運営全般にわたりこれを総括する責務を有し、個々の教員の勤務場所での職務内容も授業のみではなく、授業以外の種々の校務運営上の支障を無視して職務専念義務免除をなし得ないことも自ら明らかである。のみならず、校長は教員に対する服務監督権者として研修であるが故に職務専念義務を免除するものである以上、社会的に多義的評価を受ける研修行為については客観的にこれを相当とする事由があると認め得てはじめてその承認をすべきものであり、右校務の支障を超えてさらに教育公務員としての身分に伴う参加の相当性等についても諸般の事情を配慮してその当否の判断をすることが必要であるというべきである。教特法二二条二項の承認は、この意味において本属長に研修の承認に伴う授業以外の諸影響を教員の服務監督者の立場において比較考量せしめるための裁量判断権を付与しているものといわなければならない。（札幌高判昭52・2・10判時八六五―九七）

［判例］**自主研修不承認と裁量権の濫用**　県立高校教員が本件各研修を行うことにより、各研修予定日に実施される定期考査やその他の校務の円滑な執行に支障が生じるおそれがないとはいえない上、本件各研修を各研修予定日の勤務時間内に勤務場所を離れて行うべき特別の必要性があったとも認め難い。したがって、学校長が本件各研修につき教特法二二条二項に基づく承認を与えなかった措置はその裁量権を逸脱、濫用したものとはいえない。（最判平5・11・2判時一五一八―一二五）

［判例］**教研集会への参加と研修の承認**　教特法二二条二項の規定は、教員が職務専念義務の免除を受けて、勤務時間中に勤務場所を離れて、職員団体のための活動としての法的性質をも有する活動を「研修」として承認することを想定しておらず、各学校長においては、その裁量権の行使としても、教員らの本件教研集会への参加につき教特法二二条二項の規定による「研修」として承認する余地はないというべきであって、結局、教員らの本件教研集会への参加について各学校長がした教特法二二条二項による研修としての承認は、学校長に委ねられた裁量権の範囲を超え、あるいは、これを濫用したものとして違法であるといわざるを得ないのである。（横浜地判平15・10・20裁判所ウェブサイト）

［判例］**海外研修**　教特法二二条二項の研修申請の承認権者たる公立高校校長には裁量判断権があるというべきところ、高等学校国語科の教員が申請した外国旅行の内容、とりわけ主目的たる英語研修も、これらによって当該教員の教養、見識を高め、見聞を広めるものであっても、担当教科に直接関係しあるいは密接な関係があるとはいえないことは明らかであるし、さらには、校長は、県教委（教育長）からの研修扱いとせず年休扱いとするようにとの指導に基づき研修扱いとしないと裁量判断したものであって、この点に関する校長の判断に裁量権の濫用ないし逸脱があったとは認め難い。（山形地判昭59・8・27判タ五五四―二八五）

［判例］**その他の研修に関する判例**↓資料編第８節

［解説］本条は、前条をうけて教育公務員の自主的な研修を保障するために教育行政による機会保障などのしくみを定めたものである。一項は、自主的な研修を権利として保障される機会が与えられるべきであるということであり、二項は、とくに「教員」について、学校外の自主的な研修（二一条・本条を通じて学校内研修の必要は当然のことである）を保障することを規定している。これに対し、三項は、教育公務員の現職・現給のままでの長期研修、すなわち内外地留学の保障を定めたものである。しかし、研修の自由や自主性は、判例上、実務上、縮減されてきている。

（校長及び教員としての資質の向上に関する指標の策定に関する指針）

第二二条の二　文部科学大臣は、公立の小学校等の校長及び教員の計画的かつ効果的な資質の向上を図るため、次条第一項に規定する指標の策定に関する指針（以下「指針」という。）を定めなければならない。

２　指針においては、次に掲げる事項を定めるものとする。

一　公立の小学校等の校長及び教員の資質の向上に関する基本的な事項

二　次条第一項に規定する指標の内容に関する事項

三　その他公立の小学校等の校長及び教員の資質の向上を図るに際し配慮すべき事項

3　文部科学大臣は、指針を定め、又はこれを変更したときは、遅滞なく、これを公表しなければならない。

（校長及び教員としての資質の向上に関する指標）

第二二条の三　公立の小学校等の校長及び教員の任命権者は、指針を参酌し、その地域の実情に応じ、当該校長及び教員の職責、経験及び適性に応じて向上を図るべき校長及び教員としての資質に関する指標（以下「指標」という。）を定めるものとする。

2　公立の小学校等の校長及び教員の任命権者は、指標を定め、又はこれを変更しようとするときは、あらかじめ第二十二条の五第一項に規定する協議会において協議するものとする。

3　公立の小学校等の校長及び教員の任命権者は、指標を定め、又はこれを変更したときは、遅滞なく、これを公表するよう努めるものとする。

4　独立行政法人教職員支援機構は、指標を策定する者に対して、当該指標の策定に関する専門的な助言を行うものとする。

（教員研修計画）

第二二条の四　公立の小学校等の校長及び教員の任命権者は、指標を踏まえ、当該校長及び教員の研修について、毎年度、体系的かつ効果的に実施するための計画（以下この条において「教員研修計画」という。）を定めるものとする。

2　教員研修計画においては、おおむね次に掲げる事項を定めるものとする。

一　任命権者が実施する第二十三条第一項に規定する初任者研修、第二十四条第一項に規定する中堅教諭等資質向上研修その他の研修（以下この項において「任命権者実施研修」という。）に関する基本的な方針

二　任命権者実施研修の体系に関する事項

三　任命権者実施研修の時期、方法及び施設に関する事項

四　研修を奨励するための方途に関する事項

五　前各号に掲げるもののほか、研修の実施に関し必要な事項として文部科学省令で定める事項

3　公立の小学校等の校長及び教員の任命権者は、教員研修計画を定め、又はこれを変更したときは、遅滞なく、これを公表するよう努めるものとする。

（協議会）

第二二条の五　公立の小学校等の校長及び教員の任命権者は、指標の策定に関する協議並びに当該指標に基づく当該校長及び教員の資質の向上に関して必要な事項についての協議を行うための協議会（以下「協議会」という。）を組織するものとする。

2　協議会は、次に掲げる者をもつて構成する。

一　指標を策定する任命権者

二　公立の小学校等の校長及び教員の研修に協力する大学その他の当該校長及び教員の資質の向上に関係する大学として文部科学省令で定める者

三　その他当該任命権者が必要と認める者

3　協議会において協議が調つた事項については、協議会の構成員は、その協議の結果を尊重しなければならない。

4　前三項に定めるもののほか、協議会の運営に関し必要な事項は、協議会が定める。

（初任者研修）

第二三条　公立の小学校等の教諭等の任命権者は、当該教諭等（臨時的に任用された者その他の政令で定める者を除く。）に対して、その採用（現に教諭等の職以外の職に任命されている者を教諭等の職に任命する場合を含む。附則第五条第一項において同じ。）の日から一年間の教諭又は保育教諭の職務の遂行に必要な事項に関する実践的な研修（以下「初任者研修」という。）を実施しなければならない。

2　任命権者は、初任者研修を受ける者（次項において「初任者」という。）の所属する学校の副校長、教頭、主幹教諭（養護又は栄養の指導及び管理をつかさどる主幹教諭を除く。）、指導教諭、教諭、主幹保育教諭、指導保育教諭、保育教諭又は講師のうちから、指導教員を命じるものとする。

3　指導教員は、初任者に対して教諭又は保育教諭の職務の遂行に必要な事項について指導及び助言を行うものとする。

＊①初任者研修の対象から除く者（施令三）、幼稚園等の教諭等に対する特例（附則五）

判例　**適格性欠如を理由とする分限処分**→資料編第8節

解説　本条は、教師の「資質向上」を図るということから臨時教育審議会第二次答申を契機として昭六三法七〇により設けられたもの。公立小学校等の教員の任命権者に対し、現職研修体系の一環として教諭等に「採用の日から一年間の教諭の職務の遂行に必要な事項に関する実践的な研修」（初任者研修）の実施を義務づけるというものである。なお、あわせてこの初任者の条件附採用期間を一年とする（本法一二条）とともに、関連して初任者研修にかかわる非常勤講師の派遣等について新たに定められた（地教行法四七条の四関係）。

（中堅教諭等資質向上研修）

第二四条　公立の小学校等の教諭等（臨時的に任用された者その他の政令で定める者を除く。以下この項において同じ。）の任命権者は、当該教諭等に対して、個々の能力、適性等に応じて、公立の小学校等における教育に関し相当の経験を有し、その教育活動その他の学校運営の円滑かつ効果的な実施において中核的な役割を果たすことが期待される中堅教諭等としての職務を遂行する上で必要とされる資質の向上を図るために必要な事項に関する研修（以下「中堅教諭等資質向上研修」という。）を実施しなければならない。

2　任命権者は、中堅教諭等資質向上研修を実施するに当たり、中堅教諭等資質向上研修を受ける者の能力、適性等について評価を行い、その結果に基づき、当該者ごとに中堅教諭等資質向上研修に関する計画書を作成しなければならない。

＊①中堅教諭等資質向上研修の対象から除く者（施令四・附則4）

（指導改善研修）

第二五条　公立の小学校等の教諭等の任命権者は、児童、生徒又は幼児（以下「児童等」という。）に対する指導が不適切であると認定した教諭等に対して、その能力、適性等に応じて、当該指導の改善を図るため

に必要な事項に関する研修（以下「指導改善研修」という。）を実施しなければならない。

2　指導改善研修の期間は、一年を超えてはならない。ただし、特に必要があると認めるときは、任命権者は、指導改善研修を開始した日から引き続き二年を超えない範囲内で、これを延長することができる。

3　任命権者は、指導改善研修を実施するに当たり、指導改善研修を受ける者の能力、適性等に応じて、その者ごとに指導改善研修に関する計画書を作成しなければならない。

4　任命権者は、指導改善研修の終了時において、指導改善研修を受けた者の児童等に対する指導の改善の程度に関する認定を行わなければならない。

5　任命権者は、第一項及び前項の認定に当たつては、教育委員会規則（幼保連携型認定こども園にあつては、地方公共団体の規則。次項において同じ。）で定めるところにより、教育学、医学、心理学その他の児童等に対する指導に関する専門的知識を有する者及び当該任命権者の属する都道府県又は市町村の区域内に居住する保護者（親権を行う者及び未成年後見人をいう。）である者の意見を聴かなければならない。

6　前項に定めるもののほか、事実の確認の方法その他第一項及び第四項の認定の手続に関し必要な事項は、教育委員会規則で定めるものとする。

7　前各項に規定するもののほか、指導改善研修の実施に関し必要な事項は、政令で定める。

＊①指導改善研修の対象から除く者（施令五）

通知　**教育職員免許法及び教育公務員特例法の一部を改正する法律について**　**①分限処分との関係**　分限処分の要件には何ら変更が生ずるものではない。児童生徒への指導が不適切な教員が指導に当たることがないよう、各任命権者が、より適切に対応することができるようにする趣旨から設けられたものであり、教員として適格性に欠ける者や勤務実績が良くない者等、分限免職、分限降任又は分限休職に該当する者（地公法二八条一項各号又は二項各号に該当する者）については、当該処分を的確かつ厳正に行うべきである。指導を適切に行うことができない原因が、精神疾患に基づく場合には、本措置の対象にはならないものであって、医療的観点に立った措置や分限処分等によって対応すべきものである。

②「指導が不適切である」ことの認定　具体例として、教科に関する専門的知識、技術等が不足しているため、学習指導を適切に行うことができない場合（教える内容に誤りが多かったり、児童等の質問に正確に答え得ることができない等）。指導方法が不適切であるため、学習指導を適切に行うことができない場合（ほとんど授業内容を板書するだけで、児童等の質問を受け付けない等）。児童等の心を理解する能力や意欲に欠け、学級経営や生徒指導を適切に行うことができない場合（児童等の意見を全く聞かず、対話もしないなど、児童等とのコミュニケーションをとろうとしない等）。

③指導改善研修　対象は、公立の小学校、中学校、高等学校、中等教育学校、特別支援学校及び幼稚園の教諭、助教諭及び講師。校長、園長、副校長、副園長、教頭、主幹教諭、指導教諭、養護教諭、栄養教諭及び養護助教諭等については、対象から除いているが、必要があれば、これらの者に対して指導改善研修を実施することを妨げるものではないこと。指導が不適切であると認定された教員が、指導改善研修を受講している期間中は、地公法二八条一項各号又は二項各号に該当する場合には、当該教員に対し分限処分を行うことは妨げられないこと、地公法二九条一項の規定による停職中の者に対して、指導改善研修の受講を命ずることはできないこと。

④指導改善研修の実施期間　「特に必要があると認めるとき」とは、当初に定められた指導改善研修の期間の終了時において、再度研修を行うことにより当該教諭の指導の改善の余地が見込まれる場合を想定しており、必要がある場合には、教育委員会規則等の見直しを行うこと。

⑤指導改善研修に関する計画書　指導が不適切であることの内容や程度等が様々であることから、画一的な研修ではなく、個々の教員が抱えている問題の内容や程度等に応じた研修を実施するようにすること。

⑥指導が不適切な教員の認定の手続　教育委員会規則において、専門家等からの意見聴取に関して必要な事項について規定する必要があること。「その他児童等に対する指導に関する専門的知識を有する者」としては、退職教員、地域の校長会関係者、地域の教育長協議会関係者などを想定。専門家等の意見を参考としつつ、最終的には、自らの権限と責任に基づいて、公正かつ適正に指導が不適切な教員の認定を行うこと。意見聴取に当たっては、総合的に審査・調整する必要があることや認定作業の迅速化を図ることから、会議を実施してこれらの者から意見聴取するよう努めること。専門家等は、教職員の人事等に関する情報を知りうる立場にあることから、任期中及び任期終了後において守秘義務を負うことが必要であるため、教育委員会規則に、守秘義務に関する規定を設けること。

⑦認定の手続に関する教育委員会規則　対象となる教員本人から書面又は口頭により意見を聴取する機会を設けることについての規定を設けること。「事実の確認の方法」については、例えば、学校での指導の実態、児童生徒又は保護者等からの苦情等の記録、校長の注意等の改善方策の成果などについて、校長等による日常的な観察、指導主事等が学校訪問した際の観察又は事情聴取などの方法を想定。「その他認定に必要な手続」については、例えば、校長から任命権者に対して行う、指導が不適切な教員に関する報告及び指導が不適切な教員に対する人事管理システムへの申請の手続。専門家等の意見聴取を含めた、指導が不適切な教員の認定の手続。専門家等の意見聴取を含めた、指導改善研修終了時における認定の手続。県費負担教職員については、校長から報告を受けた場合、適切な指導・助言を行うとともに、必要があると判断した時は、都道府県教育委員会に対して指導が不適切な教員に対する人事管理システムへの申請を行うようにすること。（平19・7・31文科初五四一事務次官）

判例　**指導改善研修の趣旨**　教特法二五条一項が、研修の一つとして指導改善研修を定め、任命権者である教育委員会に対し指導不適切教員に指導改善研修を実施することを義務づけているのは、全国的に一定の教育水準を確保するために、各教員に適切な資質、能力があることを担保することを趣旨・目的とするものである。したがって、同項の指導不適切教員とは、人間の成長・発達についての深い理解、児童等に対する教育的熱意、教科等に対する専門的知識、技術、実践的な指導方法その他教員として求められる資質、能力に課題があるため、日常的に児童等への指導を行わせることが適当ではない教員のうち、研修による指導の改善が見込まれ、直ちに分限処分等の対象とはならない者をいうものと解するのが相当である。そして、同項の上記趣旨・目的に照らすと、指導改善研修は、指導不適切教員に対し、教員としての資質及び能力を向上させて、その指導を改善するために実施される教育的措置としての性質をその本質とするものであると認められる。以上のような教育委員会が指導不適切教員と認定して指導改善研修を実施する措置に係る趣旨・目的に鑑みれば、指導不適切教員である旨の認定及び指導改善研修の実施の判断については、教育委員会の広範な裁量に委ねられているものと解するのが相当である。（大阪地判平30・5・9労働判例ジャーナル七八―二八）

判例　**指導力不足教員該当性**　①特別支援学校の教員について、研究授業等において、理科の実験において安全性を重視すべき旨指導されていたにもかかわらず、その後も同種の問題を繰り返しており、改善が見られなかったこと、②予定していた授業内容を時間内に終えられないことを繰り返していたこと、③板書及び説明方法について、分かりやすくするように繰り返し指導されても改善せず、生徒からの苦情が継続していたこと等の事実が認められる。したがって、当該教員については、「教科に関する専門的知識、技術等が不足しているため、学習指導を適切に行うことができない者」及び「指導方法が不適切であるため、学習指導を適切に行うことができない者」に該当することを基礎付ける個別具体的な事実が存在したといわざるを得ない。これらの点からすると、当該教員には、中学校理科教員として求められる資質及び能力に重大な課題があると評価せざるを得ない。したがって、教育委員会が、当該教員について、日常的に児童等への指導を行わせることが適当ではないと判断した上、校外での本件研修を実施する旨決定したことが、社会通念上著しく妥当性を欠くとまでは認められない。（大阪地判平30・5・9労働判例ジャーナル七八―一二八）

判例 **指導改善研修期間の延長**　原告は、生徒や保護者の背景を理解しようとする考えや姿勢を強く持つためか、長年の経験に裏打ちされた強い信念を持ったためか、自らの教育指導方針に強く固執する傾向があること、翻って、他の教員の教育指導方針を生徒への迎合とみなす傾向があることは否めず、そのような自らの指導方法を貫き通そうとすることでもって、かえって生徒や保護者の信頼を損ない、学習指導を適切に行うことができず、学校経営にも支障を生じさせたと評価されるのもやむを得ないといえる。そのような原告の状況に鑑みて本件先行研修が実施されたところ、特に後期観察授業（保健）において、学習事項の選定の適否に関する自らの判断の善し悪しをさて措くかのように、生徒の理解力に問題があるととられかねないような発言を生徒に投げかけてしまったこと等にみてとれる生徒への接し方等における課題が一定程度残されていることに鑑みれば、引き続き指導改善研修を実施することに相応の理由があるものといえる。（東京地判平29・5・26判例集未登載）

解説 教員の大多数は日々献身的に子どもたちへの教育活動に従事しているにもかかわらず、近年、さまざまな犯罪や不祥事を引き起こす問題教員の事例がマスコミで頻繁に取り上げられてきている。本条は、こうした問題に対して、各任命権者が、指導が不適切な教員の人事管理システムを厳格に運用することを通じて毅然とした対応を講ずるとともに、国としても教員全体への信頼性を向上させ、全国的な教育水準の維持を図る観点から、こうした仕組みを法律上明確にしたものである。具体的には、①指導が不適切な教員の認定、②それに対する指導改善研修の実施、③研修終了時における改善状況の認定、④指導が不適切であると認定された者に対する免職その他必要な措置などを定めている。なお、教育職員免許法の一部改正によって、ここでの指導改善研修中の教員は、免許状更新講習を受講できないこととされている。

　こうした制度の導入は、教育職員免許法の改正による教員免許更新制度の導入と一体化したものであるが、「不適格教員排除のための免許更新制度」という構想自体が整合性を欠くとの批判も強い。すでに各種の研修制度があるにもかかわらず、何のために更新講習が必要なのかという説明が不明確であるとか、従来の日本の他の免許制度との整合性が説明できないといった批判がなされている。

（指導改善研修後の措置）

第二五条の二　任命権者は、前条第四項の認定において指導の改善が不十分でなお児童等に対する指導を適切に行うことができないと認める教諭等に対して、免職その他の必要な措置を講ずるものとする。

通知「免職」とは、地公法二八条一項による「免職」を指し、「その他の必要な措置」とは、地教行法四七条の二第一項による「県費負担教職員の免職及び都道府県の職への採用」、地公法一七条一項の「転任」、指導改善研修の「再受講」などを想定。（平19・7・31文科初五四一事務次官）

判例 **指導力不足教員の分限免職処分**→資料編第8節

第五章　大学院修学休業

（大学院修学休業の許可及びその要件等）

第二六条　公立の小学校等の主幹教諭、指導教諭、教諭、養護教諭、栄養教諭、主幹保育教諭、指導保育教諭、保育教諭又は講師（以下「主幹教諭等」という。）で次の各号のいずれにも該当するものは、任命権者の許可を受けて、三年を超えない範囲内で年を単位として定める期間、大学（短期大学を除く。）の大学院の課程若しくは専攻科の課程又はこれらの課程に相当する外国の大学の課程（次項及び第二十八条第二項において「大学院の課程等」という。）に在学してその課程を履修するための休業（以下「大学院修学休業」という。）をすることができる。

一　主幹教諭（養護又は栄養の指導及び管理をつかさどる主幹教諭を除く。）、指導教諭、教諭、主幹保育教諭、指導保育教諭、保育教諭又は講師にあつては教育職員免許法（昭和二十四年法律第百四十七号）に規定する教諭の専修免許状、養護をつかさどる主幹教諭又は養護教諭にあつては同法に規定する養護教諭の専修免許状、栄養の指導及び管理をつかさどる主幹教諭又は栄養教諭にあつては同法に規定する栄養教諭の専修免許状の取得を目的としていること。

二　取得しようとする専修免許状に係る基礎となる免許状（教育職員免許法に規定する教諭の一種免許状若しくは特別免許状、養護教諭の一種免許状又は栄養教諭の一種免許状であつて、同法別表第三、別表第五、別表第六、別表第六の二又は別表第七の規定により専修免許状の授与を受けようとする場合には有することを必要とされるものをいう。次号において同じ。）を有していること。

三　取得しようとする専修免許状に係る基礎となる免許状について、教育職員免許法別表第三、別表第五、別表第六、別表第六の二又は別表第七に定める最低在職年数を満たしていること。

四　条件付採用期間中の者、臨時的に任用された者、初任者研修を受けている者その他政令で定める者でないこと。

2　大学院修学休業の許可を受けようとする主幹教諭等は、取得しようとする専修免許状の種類、在学しようとする大学院の課程等及び大学院修学休業をしようとする期間を明らかにして、任命権者に対し、その許可を申請するものとする。

＊①（四）大学院修学休業をすることができない者（施令六）

（大学院修学休業の効果）

第二七条　大学院修学休業をしている主幹教諭等は、地方公務員としての身分を保有するが、職務に従事しない。

2　大学院修学休業をしている期間については、給与を支給しない。

（**大学院修学休業の許可の失効等**）

第二八条　大学院修学休業の許可は、当該大学院修学休業をしている主幹教諭等が休職又は停職の処分を受けた場合には、その効力を失う。

2　任命権者は、大学院修学休業をしている主幹教諭等が当該大学院修学休業の許可に係る大学院の課程等を退学したことその他政令で定める事由に該当すると認めるときは、当該大学院修学休業の許可を取り消すものとする。

第六章　職員団体

（**公立学校の職員の職員団体**）

第二九条　地方公務員法第五十三条及び第五十四条並びに地方公務員法の一部を改正する法律（昭和四十年法律第七十一号）附則第二条の規定の適用については、一の都道府県内の公立学校の職員のみをもつて組織する地方公務員法第五十二条第一項に規定する職員団体（当該都道府県内の一の地方公共団体の公立学校の職員のみをもつて組織するものを除く。）は、当該都道府県の職員をもつて組織する同項に規定する職員団体とみなす。

2　前項の場合において、同項の職員団体は、当該都道府県内の公立学校の職員であつた者でその意に反して免職され、若しくは懲戒処分としての免職の処分を受け、当該処分を受けた日の翌日から起算して一年以内のもの又はその期間内に当該処分について法律の定めるところにより審査請求をし、若しくは訴えを提起し、これに対する裁決又は裁判が確定するに至らないものを構成員にとどめていること、及び当該職員団体の役員である者を構成員としていることを妨げない。

＊①職員団体（憲二八、地公五八1・五二・五三・五五・五五の二・五六、ＩＬＯ八七号条約、教員の地位に関する勧告）

回答　学校教育法に基づく学校については、国立・公立を通じて、同法および同法施行規則等の法令によって大部分の職制が共通に整備されている。従って、この制度の下では、公立学校の職員に関して、各地方公共団体ごとに、管理職員等の範囲の認定がまちまちにならないはずであるが、これを全面的に統一ある形で定めるため、国立学校の職員について人事院規則で定める例に準じて人事委員会または公平委員会の規則で定めることとしたのである。（昭41・7「ＩＬＯ関係国内法問答集」）

回答　一市町村単位で結成された教職員の職員団体であっても都道府県の当局と交渉することができ、また県単位で結成された教組であっても市町村の当局と交渉することができる。しかし、いわゆる県教組（登録を受けた）については、都道府県の当局を交渉の申入れに応ずべき地位に立たせることに意味があり、そのために教育公務員特例法の特例が設けられたのであって、対市町村の当局との関係については地方公務員法の規定するところによる。同時に市町村単位の登録職員団体については、地方公務員法の一般原則に基づいて、都道府県の当局を交渉の申入れに応ずべき地位に立たせることはない。（昭41・7「ＩＬＯ関係国内法問答集」）

解説　本条一項は、登録される資格をもつ職員団体について、同一自治体に属する職員のみで組織されることについての地公法（五三条四項）の特則である。すなわち、地公法では職員団体の登録は同一の自治体所属職員のみで組織されることとなっているのに対し、本条一項ではこれを都道府県単位にまで拡大し、都道府県単位の教員団体に登録の資格を付与している。二項は地公法五三条四項但書と同じ趣旨の規定である。

第七章　教育公務員に準ずる者に関する特例

（**教員の職務に準ずる職務を行う者等に対するこの法律の準用**）

第三〇条　公立の学校において教員の職務に準ずる職務を行う者並びに国立又は公立の専修学校又は各種学校の校長及び教員については、政令の定めるところにより、この法律の規定を準用する。

（**研究施設研究教育職員等に関する特例**）

第三一条　文部科学省に置かれる研究施設で政令で定めるもの（以下この章において「研究施設」という。）の職員のうち専ら研究又は教育に従事する者（以下この章において「研究施設研究教育職員」という。）に対する国家公務員法第八十一条の二の規定の適用については、同条第一項中「定年に達した日以後における最初の三月三十一日又は第五十五条第一項に規定する任命権者若しくは法律で別に定められた任命権者があらかじめ指定する日のいずれか早い日」とあるのは「定年に達した日から起算して一年を超えない範囲内で文部科学省令で定めるところにより任命権者があらかじめ指定する日」と、同条第二項中「年齢六十年とする。ただし、次の各号に掲げる職員の定年は、当該各号に定める年齢とする。」とあるのは「文部科学省令で定めるところにより任命権者が定める。」と、同条第三項中「臨時的職員その他の法律により任期を定めて任用される職員」とあるのは「臨時的職員」とする。

2　研究施設研究教育職員については、国家公務員法第八十一条の三の規定は、適用しない。

3　研究施設研究教育職員への採用についての国家公務員法第八十一条の四及び第八十一条の五の規定の適用については、同法第八十一条の四第一項及び第八十一条の五第一項中「任期を定め」とあるのは「文部科学省令で定めるところにより任命権者が定める任期をもつて」と、同法第八十一条の五第二項（同法第八十一条の四第二項において準用する場合を含む。）中「範囲内で」とあるのは「範囲内で文部科学省令で定めるところにより任命権者が定める期間をもつて」とする。

第三二条　研究施設の長及び研究施設研究教育職員の服務について、国家公務員法第九十六条第一項の根本基準の実施に関し必要な事項は、同法第九十七条から第百五条まで又は国家公務員倫理法（平成十一年法律第百二十九号）に定めるものを除いては、任命権者が定める。

第三三条　前条に定める者は、教育に関する他の職を兼ね、又は教育に関する他の事業若しくは事務に従事することが本務の遂行に支障がないと任命権者において認める場合には、給与を受け、又は受けないで、その職を兼ね、又はその事業若しくは事務に従事することができる。

2　前項の場合においては、国家公務員法第百一条第一項の規定に基づく命令又は同法第百四条の規定による承認又は認可を要しない。

第三四条　研究施設研究教育職員（政令で定める者に限る。以下この条において同じ。）が、国及び行政執行法人（独立行政法人通則法（平成十一年法律第百三号）第二条第四項に規定する行政執行法人をいう。以下同じ。）以外の者が国若しくは指定行政執行法人（行政執行法人のうち、その業務の内容その他の事情を勘案して国の行う研究と同等の公益性を有する研究を行うものとして文部科学大臣が指定するものをいう。以下この項において同じ。）と共同して行う研究又は国若しくは指定行政執行法人の委託を受けて行う研究（以下この項において「共同研究等」という。）に従事するため国家公務員法第七十九条の規定により休職にされた場合において、当該共同研究等への従事が当該共同研究等の効率的実施に特に資するものとして政令で定める要件に該当するときは、研究施設研究教育職員に関する国家公務員退職手当法（昭和二十八年法律第百八十二号）第六条の四第一項及び第七条第四項の規定の適用については、当該休職に係る期間は、同法第六条の四第一項に規定する現実に職務をとることを要しない期間には該当しないものとみなす。

2　前項の規定は、研究施設研究教育職員が国及び行政執行法人以外の者から国家公務員退職手当法の規定による退職手当に相当する給付として政令で定めるものの支払を受けた場合には、適用しない。

3　前項に定めるもののほか、第一項の規定の適用に関し必要な事項は、政令で定める。

第三五条　研究施設の長及び研究施設研究教育職員については、第三条第一項、第二項及び第五項、第五条の二、第六条、第七条、第二十一条並びに第二十二条の規定を準用する。この場合において、第三条第二項中「評議会（評議会を置かない大学にあつては、教授会。以下同じ。）の議に基づき学長」とあり、同条第五項、第五条の二第二項及び第六条中「評議会の議に基づき学長」とあり、並びに第五条の二第一項中「評議会」とあり、及び「教授会の議に基づき学長」とあるのは「任命権者」と、第三条第二項中「評議会が」とあり、同条第五項中「教授会の議に基づき学長が」とあり、及び第七条中「評議会の議に基づき学長が」とあるのは「文部科学省令で定めるところにより任命権者が」と読み替えるものとする。

附　則（抄）

（施行期日）

第一条（省略）

2　この法律中の規定が、国家公務員法又は地方公務員法の規定に矛盾し、又は抵触すると認められるに至つた場合は、国家公務員法又は地方公務員法の規定が優先する。

（指定都市以外の市町村の教育委員会及び長に係る協議会の特例）

第四条　地方自治法第二百五十二条の十九第一項の指定都市（以下「指定都市」という。）以外の市町村の教育委員会及び長については、当分の間、第二十二条の三第二項及び第二十二条の五の規定は、適用しない。この場合において、当該教育委員会及び長は、指標を定め、又はこれを変更しようとするときは、あらかじめ同条第二項第二号に掲げる者、当該市町村を包括する都道府県の教育委員会若しくは知事又は独立行政法人教職員支援機構の意見を聴くよう努めるものとする。

（幼稚園等の教諭等に対する初任者研修等の特例）

第五条　幼稚園、特別支援学校の幼稚部及び幼保連携型認定こども園（以下この条において「幼稚園等」という。）の教諭等の任命権者については、当分の間、第二十三条第一項の規定は、適用しない。この場合において、幼稚園等の教諭等の任命権者（指定都市以外の市町村の設置する幼稚園及び特別支援学校の幼稚部の教諭等については当該市町村を包括する都道府県の教育委員会、当該市町村の設置する幼保連携型認定こども園の教諭等については当該市町村を包括する都道府県の知事）は、採用の日から起算して一年に満たない幼稚園等の教諭等（臨時的に任用された者その他の政令で定める者を除く。）に対して、幼稚園等の教諭又は保育教諭の職務の遂行に必要な事項に関する研修を実施しなければならない。

2　市（指定都市を除く。）町村の教育委員会及び長は、その所管に属する幼稚園等の教諭等に対して都道府県の教育委員会及び知事が行う前項後段の研修に協力しなければならない。

3　第十二条第一項の規定は、当分の間、幼稚園等の教諭等については、適用しない。

（幼稚園及び幼保連携型認定こども園の教諭等に対する中堅教諭等資質向上研修の特例）

第六条　指定都市以外の市町村の設置する幼稚園及び幼保連携型認定こども園の教諭等に対する中堅教諭等資質向上研修は、当分の間、第二十四条第一項の規定にかかわらず、幼稚園の教諭等については当該市町村を包括する都道府県の教育委員会が、幼保連携型認定こども園の教諭等については当該市町村を包括する都道府県の知事が実施しなければならない。

2　指定都市以外の市町村の教育委員会及び長は、その所管に属する幼稚園及び幼保連携型認定こども園の教諭等に対して都道府県の教育委員会及び知事が行う中堅教諭等資質向上研修に協力しなければならない。

（指定都市以外の市町村の教育委員会及び長に係る指導改善研修の特例）

第七条　指定都市以外の市町村の教育委員会及び長については、当分の間、第二十五条及び第二十五条の二の規定は、適用しない。この場合において、当該教育委員会及び長は、その所管に属する小学校等の教諭等（その任命権が当該教育委員会及び長に属する者に限る。）のうち、児童等に対する指導が不適切であると認める教諭等（政令で定める者を除く。）に対して、指導改善研修に準ずる研修その他必要な措置を講じなければならない。

＊研修対象の除外者（施令五・附則5）

●教育公務員特例法施行令

（昭和二四年一月一二日政令第六号）

施行、昭二四・一・一二
最終改正、令二一政六一

（部局の長）

第一条　教育公務員特例法（法という。以下同じ。）第二条第三項の部局の長とは、次に掲げる者をいう。

一　大学の教養部の長
二　大学に附置される研究所の長
三　大学又は大学の医学部若しくは歯学部に附属する病院の長
四　大学に附属する図書館の長
五　大学院に置かれる研究科（学校教育法（昭和二十二年法律第二十六号）第百条ただし書に規定する組織を含む。）の長

（法第二十一条第二項の政令で定める者）

第二条　法第二十一条第二項の政令で定める者は、次に掲げる者とする。

一　臨時的に任用された者
二　地方公務員法（昭和二十五年法律第二百六十一号）第二十二条の二第一項に規定する会計年度任用職員（以下「会計年度任用職員」という。）
三　地方公務員法第二十六条の六第七項、地方公務員の育児休業等に関する法律（平成三年法律第百十号）第六条第一項若しくは第十八条第一項又は地方公共団体の一般職の任期付職員の採用に関する法律（平成十四年法律第四十八号）第三条第一項若しくは第二項、第四条若しくは第五条の規定により任期を定めて採用された者

（初任者研修の対象から除く者）

第三条　法第二十三条第一項の政令で定める者は、次に掲げる者とする。

一　臨時的に任用された者
二　教諭、助教諭、保育教諭、助保育教諭又は講師（附則第二項第二号において「教諭等」という。）として国立学校（学校教育法第二条第二項に規定する国立学校及び国立大学法人法（平成十五年法律第百十二号）第二条第一項に規定する国立大学法人の設置する幼保連携型認定こども園（就学前の子どもに関する教育、保育等の総合的な提供の推進に関する法律（平成十八年法律第七十七号）第二条第七項に規定する幼保連携型認定こども園をいう。以下同じ。）をいう。以下同じ。）、公立学校（法第二条第一項に規定する公立学校をいう。以下同じ。）（地方独立行政法人法（平成十五年法律第百十八号）第六十八条第一項に規定する公立大学法人の設置する学校（学校教育法第一条に規定する学校及び幼保連携型認定こども園をいう。以下同じ。）を含む。）又は私立の学校である小学校等（法第十二条第一項に規定する小学校等をいう。同号において同じ。）において引き続き一年を超える期間を勤務したことがある者で、任命権者（地方自治法（昭和二十二年法律第六十七号）第二百五十二条の二十二第一項の中核市（以下「中核市」という。）の地方教育行政の組織及び運営に関する法律（昭和三十一年法律第百六十二号）第三十七条第一項に規定する県費負担教職員（以下「県費負担教職員」という。）については当該中核市の教育委員会、市（中核市を除く。以下この号において同じ。）町村が設置する中等教育学校（後期課程に学校教育法第四条第一項に規定する定時制の課程のみを置くものを除く。）の県費負担教職員については当該市町村の教育委員会。次条第二号及び第五号において同じ。）が教諭又は保育教諭の職務の遂行に必要な事項についての知識又は経験の程度を勘案し、法第二十三条第一項に規定する初任者研修を実施する必要がないと認めるもの
三　教育職員免許法（昭和二十四年法律第百四十七号）第四条第三項に規定する特別免許状を有する者
四　会計年度任用職員
五　地方公務員法第二十六条の六第七項、地方公務員の育児休業等に関する法律第六条第一項若しくは第十八条第一項又は地方公共団体の一般職の任期付職員の採用に関する法律第三条第一項若しくは第二項、第四条若しくは第五条の規定により任期を定めて採用された者

（中堅教諭等資質向上研修の対象から除く者）

第四条　法第二十四条第一項の政令で定める者は、次に掲げる者とする。

一　臨時的に任用された者
二　他の任命権者が実施する法第二十四条第一項に規定する中堅教諭等資質向上研修（以下「中堅教諭等資質向上研修」という。）を受けた者で、任命権者が当該者の能力、適性等を勘案して中堅教諭等資質向上研修を実施する必要がないと認めるもの
三　会計年度任用職員
四　地方公務員法第二十六条の六第七項、地方公務員の育児休業等に関する法律第六条第一項若しくは第十八条第一項又は地方公共団体の一般職の任期付職員の採用に関する法律第三条第一項若しくは第二項、第四条若しくは第五条の規定により任期を定めて採用された者
五　指導主事、社会教育主事その他教育委員会の事務局（地方教育行政の組織及び運営に関する法律第二十三条第一項の条例の定めるところによりその長が同項第一号に掲げる事務を管理し、及び執行することとされた地方公共団体にあつては、当該事務を分掌する内部部局を含む。）において学校教育又は社会教育に関する事務に従事した経験を有する者で、任命権者が当該者の経験の程度を勘案して中堅教諭等資質向上研修を実施する必要がないと認めるもの

（指導改善研修の対象から除く者）

第五条　次に掲げる者は、法第二十五条第一項の指導改善研修（次条第一号において「指導改善研修」という。）の対象から除くものとする。

一　条件付採用期間中の者
二　臨時的に任用された者

（大学院修学休業をすることができない者）

第六条　法第二十六条第一項第四号の政令で定める者は、次に掲げる者とする。

一　指導改善研修を命ぜられている者
二　許可を受けようとする大学院修学休業の期間の満了の日（以下この号において「休業期間満了日」という。）の前日までの間又は休業期間満了日から起算して一年以内に定年退職日（地方公務員法第二十八条の二第一項に規定する定年退職日をいう。第四号において同じ。）が到来する者
三　会計年度任用職員
四　地方公務員法第二十八条の三の規定により定年退職日の翌日以降引き続き勤務している者
五　地方公務員法第二十八条の四第一項若しくは第二十八条の五第一項（これらの規定を地方教育行政の組織及び運営に関する法律第四十七条第一項の規定により読み替えて適用する場合を含む。）又は第二十八条の六第一項若しくは第二項の規定により採用された者

（大学院修学休業の許可の取消事由）

第七条　法第二十八条第二項の政令で定める事由は、次の各号のいずれにも該当することとする。

一　大学院修学休業をしている主幹教諭（幼保連携型認定こども園の主幹養護教諭及び主幹栄養教諭を含む。次号において同じ。）、指導教諭、教諭、養護教諭、栄養教諭、主幹保育教諭、指導保育教諭、保育教諭又は講師が、正当な理由なく、当該大学院修学休業の許可に係る大学（短期大学を除く。）の大学院の課程若しくは専攻科の課程又はこれらに相当する外国の大学の課程を休学し、又はその授業を頻繁に欠席していること。
二　大学院修学休業をしている主幹教諭、指導教諭、教諭、養護教諭、栄養教諭、主幹保育教諭、指導保育教諭、保育教諭又は講師が教育職員免許法第四条第二項に規定す

る専修免許状を取得するのに必要とする単位を当該大学院修学休業の期間内に修得することが困難となつたこと。

（教育公務員に準ずる者）

第八条　大学（公立学校であるものに限る。）の助手については、法第三条第一項、第五項及び第六項、第四条（法第五条第二項及び第九条第二項において準用する場合を含む。）、第五条第一項、第五条の二、第六条、第八条、第九条第一項、第十条、第十七条から第十九条まで、第二十一条、第二十二条並びに第二十九条の規定中教員に関する部分の規定を準用する。

2　前項の場合において、任命権者は、法第十条に規定する権限を学部長その他の大学の機関に委任することができる。

3　第一項の場合において、次の表の上欄に掲げる者は、同表の中欄に掲げる法の規定に規定する権限（法第八条第一項及び第三項の規定にあつては、これらの規定により読み替えられた地方公務員法の各規定に規定する権限）の全部又は一部を、それぞれ同表の下欄に掲げる者に委任することができる。

学長	第三条第五項、第五条の二、第六条、第八条第一項及び第三項並びに第十九条	学部長その他の大学内の他の機関
評議会（評議会を置かない大学にあつては、教授会）	第三条第五項、第四条（第五条第二項及び第九条第二項において準用する場合を含む。）、第五条第一項、第五条の二第二項、第六条、第八条第一項、第九条第一項及び第十九条	教授会その他の大学内の他の機関
教授会	第三条第五項、第五条の二第一項及び第八条第三項	当該教授会に属する教員のうちの一部の者で構成する会議その他の大学内の他の機関

第九条　高等専門学校（公立学校であるものに限る。）の助手については、法第十一条、第十四条、第十七条、第十八条、第二十一条、第二十二条及び第二十九条の規定中教員に関する部分の規定を準用する。

2　高等学校、中等教育学校及び特別支援学校（いずれも公立学校であるものに限る。）の実習助手並びに特別支援学校（公立学校であるものに限る。）の寄宿舎指導員については、法第十一条、第十二条第二項、第十三条、第十四条、第十七条、第十八条、第二十一条、第二十二条及び第二十九条の規定中教員に関する部分の規定を準用する。

第一〇条　専修学校及び各種学校の校長及び教員については、法第十一条、第十四条、第十七条、第十八条、第二十一条、第二十二条及び第二十九条の規定中それぞれ校長及び教員に関する部分の規定を準用する。

第一一条　法第三十一条の政令で定める研究施設は、国立教育政策研究所とする。

第一二条　法第三十四条第一項の政令で定める者は、一般職の職員の給与に関する法律（昭和二十五年法律第九十五号）第六条第一項の規定に基づき同法別表第七研究職俸給表の適用を受ける者でその属する職務の級が一級であるもの以外の者とする。

2　法第三十四条第一項の政令で定める要件は、次に掲げる要件の全てに該当することとする。

一　当該研究施設研究教育職員（法第三十一条第一項に規定する研究施設研究教育職員のうち、前項に規定する者に限る。以下この条において同じ。）の共同研究等（法第三十四条第一項に規定する共同研究等をいう。以下この条において同じ。）への従事が、当該共同研究等の規模、内容等に照らして、当該共同研究等の効率的実施に特に資するものであること。

二　当該研究施設研究教育職員が共同研究等において従事する業務が、その職務に密接な関連があり、かつ、当該共同研究等において重要なものであること。

三　当該研究施設研究教育職員を共同研究等に従事させることについて当該共同研究等を行う国及び行政執行法人以外の者からの要請があること。

3　各省各庁の長等（財政法（昭和二十二年法律第三十四号）第二十条第二項に規定する各省各庁の長及び行政執行法人の長をいう。）は、職員の退職に際し、その者の在職期間のうちに研究施設研究教育職員として共同研究等に従事するため国家公務員法（昭和二十二年法律第百二十号）第七十九条の規定により休職にされた期間があつた場合において、当該休職に係る期間（その期間が更新された場合にあつては、当該更新に係る期間。以下この項において同じ。）における当該研究施設研究教育職員としての当該共同研究等への従事が前項各号に掲げる要件の全てに該当することにつき、文部科学大臣において当該休職前（更新に係る場合には、当該更新前）に内閣総理大臣の承認を受けているときに限り、当該休職に係る期間について法第三十四条第一項の規定を適用するものとする。

4　法第三十四条第二項の政令で定める給付は、所得税法（昭和四十年法律第三十三号）第三十条第一項に規定する退職手当等（同法第三十一条の規定により退職手当等とみなされるものを含む。）とする。

5　第三項の承認に係る共同研究等に従事した研究施設研究教育職員は、当該共同研究等を行う国及び行政執行法人以外の者から前項に規定する退職手当等の支払を受けたときは、所得税法第二百二十六条第二項の規定により交付された源泉徴収票（源泉徴収票の交付のない場合には、これに準ずるもの）を文部科学大臣に提出し、文部科学大臣はその写しを内閣総理大臣に送付しなければならない。

附　則〔抄〕

（法附則第五条第一項の政令で定める者）

2　法附則第五条第一項の政令で定める者は、次に掲げる者とする。

一　臨時的に任用された者

二　教諭等として国立学校、公立学校又は私立の学校である小学校等において引き続き一年を超える期間を勤務したことがある者で、法附則第五条第一項後段の研修を実施すべき任命権者又は都道府県の教育委員会若しくは知事が教諭又は保育教諭の職務の遂行に必要な事項についての知識又は経験の程度を勘案し、当該研修を実施する必要がないと認めるもの

三　会計年度任用職員

四　地方公務員法第二十六条の六第七項、地方公務員の育児休業等に関する法律第六条第一項若しくは第十八条第一項又は地方公共団体の一般職の任期付職員の採用に関する法律第三条第一項若しくは第二項、第四条若しくは第五条の規定により任期を定めて採用された者

（幼稚園等の教諭等に対する中堅教諭等資質向上研修の特例）

3　第四条第二号及び第五号の規定の適用については、当分の間、地方自治法第二百五十二条の十九第一項の指定都市（以下この項において「指定都市」という。）以外の市町村の設置する幼稚園の教諭、助教諭及び講師（以下この項において「教諭等」という。）の任命権者は、当該市町村を包括する都道府県の教育委員会とし、中核市の設置する特別支援学校の幼稚部の教諭等の任命権者は、当該中核市を包括する都道府県の教育委員会とし、指定都市以外の市町村の設置する幼保連携型認定こども園の保育教諭、助保育教諭及び講師の任命権者は、当該市町村を包括する都道府県の知事とする。

（十年経験者研修を受けた者に対する中堅教諭等資質向上研修の特例）

4　法第二十四条第一項の政令で定める者は、第四条各号に掲げる者のほか、教育公務員特例法等の一部を改正する法律（平成二十八年

法律第八十七号）第一条の規定による改正前の法第二十四条第一項の十年経験者研修を受けた者で、任命権者が当該者の能力、適性等を勘案して中堅教諭等資質向上研修を実施する必要がないと認めるものとする。

５　**（法附則第七条の政令で定める者）**

法附則第七条の政令で定める者は、次に掲げる者とする。

一　条件付採用期間中の者

二　臨時的に任用された者

附　則（抄）　（令和二年三月二七日 政令第六一号）

（施行期日）

１　この政令は、令和二年四月一日から施行する。

●大学の教員等の任期に関する法律

（平成九年六月一三日 法律第八二号）

施行、平九・八・二五
最終改正、平二七—法二七

（目的）

第一条　この法律は、大学等において多様な知識又は経験を有する教員等相互の学問的交流が不断に行われる状況を創出することが大学等における教育研究の活性化にとって重要であることにかんがみ、任期を定めることができる場合その他教員等の任期について必要な事項を定めることにより、大学等への多様な人材の受入れを図り、もって大学等における教育研究の進展に寄与することを目的とする。

（定義）

第二条　この法律において、次の各号に掲げる用語の意義は、当該各号に定めるところによる。

一　大学　学校教育法（昭和二十二年法律第二十六号）第一条に規定する大学をいう。

二　教員　大学の教授、准教授、助教、講師及び助手をいう。

三　教員等　教員並びに国立大学法人法（平成十五年法律第百十二号）第二条第三項に規定する大学共同利用機関法人、独立行政法人大学改革支援・学位授与機構及び独立行政法人大学入試センター（次号、第六条及び第七条第二項において「大学共同利用機関法人等」という。）の職員のうち専ら研究又は教育に従事する者をいう。

四　任期　地方公務員としての教員の任用に際して、又は国立大学法人法第二条第一項に規定する国立大学法人（国立大学法人をいう。以下同じ。）、大学共同利用機関法人等、公立大学法人（地方独立行政法人法（平成十五年法律第百十八号）第六十八条第一項に規定する公立大学法人をいう。以下同じ。）若しくは学校法人（私立学校法（昭和二十四年法律第二百七十号）第三条に規定する学校法人をいう。以下同じ。）と教員等との労働契約において定められた期間であって、地方公務員である教員が就いていた職若しくは同一の地方公共団体の他の職（特別職に属する職及び非常勤の職を除く。）に引き続き任用される場合又は同一の国立大学法人、大学共同利用機関法人等、公立大学法人若しくは学校法人との間で引き続き労働契約が締結される場合を除き、当該期間の満了により退職することとなるものをいう。

（公立の大学の教員の任期）

第三条　公立の大学の学長は、教育公務員特例法（昭和二十四年法律第一号）第二条第四項に規定する評議会（評議会を置かない大学にあっては、教授会）の議に基づき、当該大学の教員（常時勤務の者に限る。以下この条及び次条において同じ。）について、次条の規定による任期を定めた任用を行う必要があると認めるときは、教員の任期に関する規則を定めなければならない。

２　公立の大学は、前項の規定により学長が教員の任期に関する規則を定め、又はこれを変更したときは、遅滞なく、これを公表しなければならない。

３　第一項の教員の任期に関する規則に記載すべき事項及び前項の公表の方法については、文部科学省令で定める。

第四条　任命権者は、前条第一項の教員の任期に関する規則が定められている大学について、教育公務員特例法第十条第一項の規定に基づきその教員を任用する場合において、次の各号のいずれかに該当するときは、任期を定めることができる。

一　先端的、学際的又は総合的な教育研究であることその他の当該教育研究組織で行われる教育研究の分野又は方法の特性に鑑み、多様な人材の確保が特に求められる教育研究組織の職に就けるとき。

二　助教の職に就けるとき。

三　大学が定め又は参画する特定の計画に基づき期間を定めて教育研究を行う職に就けるとき。

２　任命権者は、前項の規定により任期を定めて教員を任用する場合には、当該任用される者の同意を得なければならない。

（国立大学、公立大学法人の設置する大学又は私立大学の教員の任期）

第五条　国立大学法人、公立大学法人又は学校法人は、当該国立大学法人、公立大学法人又は学校法人の設置する大学の教員について、前条第一項各号のいずれかに該当するときは、労働契約において任期を定めることができる。

２　国立大学法人、公立大学法人又は学校法人は、前項の規定により教員との労働契約において任期を定めようとするときは、あらかじめ、当該大学に係る教員の任期に関する規則を定めておかなければならない。

３　公立大学法人（地方独立行政法人法第七十一条第一項ただし書の規定の適用を受けるものに限る。）又は学校法人は、前項の教員の任期に関する規則を定め、又はこれを変更しようとするときは、当該大学の学長の意見を聴くものとする。

４　国立大学法人、公立大学法人又は学校法人は、第二項の教員の任期に関する規則を定め、又はこれを変更したときは、これを公表するものとする。

５　第一項の規定により定められた任期は、教員が当該任期中（当該任期が始まる日から一年以内の期間を除く。）にその意思により退職することを妨げるものであってはならない。

（大学共同利用機関法人等の職員への準用）

第六条　前条（第三項を除く。）の規定は、大学共同利用機関法人等の職員のうち専ら研究又は教育に従事する者について準用する。

（労働契約法の特例）

第七条　第五条第一項（前条において準用する場合を含む。）の規定による任期の定めがある労働契約を締結した教員等の当該労働契約に係る労働契約法（平成十九年法律第百二十八号）第十八条第一項の規定の適用については、同項中「五年」とあるのは、「十年」とする。

2　前項の教員等のうち大学に在学している間に国立大学法人、公立大学法人若しくは学校法人又は大学共同利用機関法人等との間で期間の定めのある労働契約（当該労働契約の期間のうちに大学に在学している期間を含むものに限る。）を締結していた者の同項の労働契約に係る労働契約法第十八条第一項の規定の適用については、当該大学に在学している期間は、同項に規定する通算契約期間に算入しない。

（他の法律の適用除外）

第八条　地方公共団体の一般職の任期付職員の採用に関する法律（平成十四年法律第四十八号）の規定は、地方公務員である教員には適用しない。

附　則（省略）

●公立の大学における外国人教員の任用等に関する特別措置法

（昭和五七年九月一日法律第八九号）

施行、昭五七・九・一
最終改正、平一八―法二四

（目的）

第一条　この法律は、公立の大学において外国人を教授等に任用することができることとすることにより、大学における教育及び研究の進展を図るとともに、学術の国際交流の推進に資することを目的とする。

（外国人の公立の大学の教授等への任用等）

第二条　公立の大学においては、外国人（日本の国籍を有しない者をいう。以下同じ。）を教授、准教授、助教又は講師（以下「教員」という。）に任用することができる。

2　前項の規定により任用された教員は、外国人であることを理由として、教授会その他大学の運営に関与する合議制の機関の構成員となり、その議決に加わることを妨げられるものではない。

3　第一項の規定により任用される教員の任期については、教育公務員特例法（昭和二十四年法律第一号）第二条第四項に規定する評議会（評議会を置かない大学にあつては、教授会）の議に基づき学長の定めるところによる。

附　則（省略）

●科学技術・イノベーション創出の活性化に関する法律〔抜粋〕

（平成二〇年六月一一日法律第六三号）

施行、平二〇・一〇・二一
最終改正、令二―法六三

第一章　総則

（定義）

第二条　この法律において「研究開発」とは、科学技術に関する試験若しくは研究又は科学技術に関する開発をいう。

2から6まで（省略）

7　この法律において「大学等」とは、大学及び大学共同利用機関をいう。

8から16まで（省略）

第二章　研究開発等の推進のための基盤の強化

第三節　人事交流の促進等

（労働契約法の特例）

第十五条の二　次の各号に掲げる者の当該各号の労働契約に係る労働契約法（平成十九年法律第百二十八号）第十八条第一項の規定の適用については、同項中「五年」とあるのは、「十年」とする。

一　研究者等であって研究開発法人又は大学等を設置する者との間で期間の定めのある労働契約（以下この条において「有期労働契約」という。）を締結したもの

二　研究開発等に係る企画立案、資金の確保並びに知的財産権の取得及び活用その他の科学技術に関する試験若しくは研究若しくは科学技術に関する開発又はそれらの成果の普及若しくは実用化に係る運営及び管理に係る業務（専門的な知識及び能力を必要とするものに限る。）に従事する者であって研究開発法人又は大学等を設置する者との間で有期労働契約を締結したもの

三・四（省略）

2　前項第一号及び第二号に掲げる者（大学の学生である者を除く。）のうち大学に在学している間に研究開発法人又は大学等を設置する者との間で有期労働契約（当該有期労働契約の期間のうちに大学に在学している期間を含むものに限る。）を締結していた者の同項第一号及び第二号の労働契約に係る労働契約法第十八条第一項の規定の適用については、当該大学に在学している期間は、同項に規定する通算契約期間に算入しない。

附　則（抄）

（令和二年六月二四日法律第六三号）

（施行期日）

第一条　この法律は、令和三年四月一日から施行する。（後略）

（科学技術・イノベーション創出の活性化に関する法律の一部改正に伴う経過措置）

第三条　第二条の規定による改正後の科学技術・イノベーション創出の活性化に関する法律（以下この項及び次条において「新活性化法」という。）第十五条の二第一項第一号若しくは第二号に掲げる者のうち独立行政法人国立特別支援教育総合研究所、独立行政法人経済産業研究所若しくは独立行政法人環境再生保全機構（以下この条において「新研究開発法人」と総称する。）との間で有期労働契約（同項第一号に規定する有期労働契約をいう。次項において同じ。）を締結した者又は新活性化法第十五条の二第一項第三号若しくは第四号に掲げる者のうち新研究開発法人との共同研究開発等（同項第三号に規定する共同研究開発等をいう。）に係る同項第三号若しくは第四号に規定する業務に専ら従事する者であって、施行日前に労働契約法（平成十九年法律第百二十八号）第十八条第一項に規定する通算契約期間が五年を超えることとなったものに係る同項に規定する期間の定めのない労働契約の締結の申込みについては、な

お従前の例による。

2　科学技術・イノベーション創出の活性化に関する法律第十五条の二第二項の規定は、同項に規定する者が新研究開発法人との間で締結していた有期労働契約（当該有期労働契約の期間のうちに大学に在学している期間を含むものに限る。）であって労働契約法の一部を改正する法律（平成二十四年法律第五十六号）附則第一項ただし書に規定する規定の施行の日から施行日の前日までの間の日を契約期間の初日とするものに係る当該大学に在学している期間についても適用する。

●義務教育諸学校における教育の政治的中立の確保に関する臨時措置法（昭和二九年六月三日法律第一五七号）

施行、昭二九・六・一三
最終改正、平二八—法四七

（この法律の目的）

第一条　この法律は、教育基本法（平成十八年法律第百二十号）の精神に基き、義務教育諸学校における教育を党派的勢力の不当な影響又は支配から守り、もつて義務教育の政治的中立を確保するとともに、これに従事する教育職員の自主性を擁護することを目的とする。

（定義）

第二条　この法律において「義務教育諸学校」とは、学校教育法（昭和二十二年法律第二十六号）に規定する小学校、中学校、義務教育学校、中等教育学校の前期課程又は特別支援学校の小学部若しくは中学部をいう。

2　この法律において「教育職員」とは、校長、副校長若しくは教頭（中等教育学校の前期課程又は特別支援学校の小学部若しくは中学部にあつては、当該課程の属する中等教育学校又は当該部の属する特別支援学校の校長、副校長又は教頭とする。）又は主幹教諭、指導教諭、教諭、助教諭若しくは講師をいう。

（特定の政党を支持させる等の教育の教唆及びせん動の禁止）

第三条　何人も、教育を利用し、特定の政党その他の政治的団体（以下「特定の政党等」という。）の政治的勢力の伸長又は減退に資する目的をもつて、学校教育法に規定する学校の職員を主たる構成員とする団体（その団体を主たる構成員とする団体を含む。）の組織又は活動を利用し、義務教育諸学校に勤務する教育職員に対し、これらの者が、義務教育諸学校の児童又は生徒に対して、特定の政党等を支持させ、又はこれに反対させる教育を行うことを教唆し、又はせん動してはならない。

（罰則）

第四条　前条の規定に違反した者は、一年以下の懲役又は三万円以下の罰金に処する。

（処罰の請求）

第五条　前条の罪は、当該教育職員が勤務する義務教育諸学校の設置者の区別に応じ、次に掲げるものの請求がなければ公訴を提起することができない。

一　国立大学法人法（平成十五年法律第百十二号）第二十三条の規定により国立大学に附属して設置される義務教育諸学校又は地方独立行政法人法（平成十五年法律第百十八号）第七十七条の二第一項の規定により公立大学に附属して設置される義務教育諸学校にあつては、当該大学の学長

二　公立の義務教育諸学校にあつては、当該学校を設置する地方公共団体の教育委員会

三　私立の義務教育諸学校にあつては、当該学校を所轄する都道府県知事

2　前項の請求の手続は、政令で定める。

附　則〔省略〕

●政治的行為（昭和二四年九月一九日人事院規則一四—七）

施行、昭二四・九・一九
最終改正、平二七—人規一—六三

（適用の範囲）

1　法及び規則中政治的行為の禁止又は制限に関する規定は、臨時的任用として勤務する者、条件付任用期間の者、休暇、休職又は停職中の者及びその他理由のいかんを問わず一時的に勤務しない者をも含むすべての一般職に属する職員に適用する。ただし、顧問、参与、委員その他人事院の指定するこれらと同様な諮問的な非常勤の職員（法第八十一条の五第一項に規定する短時間勤務の官職を占める職員を除く。）が他の法令に規定する禁止又は制限に触れることなしにする行為には適用しない。

2　法又は規則によつて禁止又は制限される職員の政治的行為は、すべて、職員が、公然又は内密に、職員以外の者と共同して行う場合においても、禁止又は制限される。

3　法又は規則によつて職員が自ら行うことを禁止又は制限される政治的行為は、すべて、職員が自ら選んだ又は自己の管理に属する代理人、使用人その他の者を通じて間接に行う場合においても、禁止又は制限される。

4　法又は規則によつて禁止又は制限される職員の政治的行為は、第六項第十六号に定めるものを除いては、職員が勤務時間外において行う場合においても、適用される。

（政治的目的の定義）

5　法及び規則中政治的目的とは、次に掲げるものをいう。政治的目的をもつてなされる行為であつても、第六項に定める政治的行為に含まれない限り、法第百二条第一項の規定に違反するものではない。

一　規則一四—五に定める公選による公職の選挙において、特定の候補者を支持し又はこれに反対すること。

二　最高裁判所の裁判官の任命に関する国民審査に際し、特定の裁判官を支持し又はこれに反対すること。
三　特定の政党その他の政治的団体を支持し又はこれに反対すること。
四　特定の内閣を支持し又はこれに反対すること。
五　政治の方向に影響を与える意図で特定の政策を主張し又はこれに反対すること。
六　国の機関又は公の機関において決定した政策（法令、規則又は条例に包含されたものを含む。）の実施を妨害すること。
七　地方自治法（昭和二十二年法律第六十七号）に基く地方公共団体の条例の制定若しくは改廃又は事務監査の請求に関する署名を成立させ又は成立させないこと。
八　地方自治法に基く地方公共団体の議会の解散又は法律に基く公務員の解職の請求に関する署名を成立させ若しくは成立させず又はこれらの請求に基く解散若しくは解職に賛成し若しくは反対すること。

6　**（政治的行為の定義）**　法第百二条第一項の規定する政治的行為とは、次に掲げるものをいう。
一　政治的目的のために職名、職権又はその他の公私の影響力を利用すること。
二　政治的目的のために寄附金その他の利益を提供し又は提供せずその他政治的目的をもつなんらかの行為をなし又はなさないことに対する代償又は報復として、任用、職務、給与その他職員の地位に関してなんらかの利益を得若しくは得ようと企て又は得させようとすることあるいは不利益を与え、与えようと企て又は与えようとおびやかすこと。
三　政治的目的をもつて、賦課金、寄附金、会費又はその他の金品を求め若しくは受領し又はなんらかの方法をもつてするを問わずこれらの行為に関与すること。
四　政治的目的をもつて、前号に定める金品を国家公務員に与え又は支払うこと。
五　政党その他の政治的団体の結成を企画し、結成に参与し若しくはこれらの行為を援助し又はそれらの団体の役員、政治的顧問その他これらと同様な役割をもつ構成員となること。
六　特定の政党その他の政治的団体の構成員となるように又はならないように勧誘運動をすること。
七　政党その他の政治的団体の機関紙たる新聞その他の刊行物を発行し、編集し、配布し又はこれらの行為を援助すること。
八　政治的目的をもつて、第五項第一号に定める選挙、同項第二号に定める国民審査の投票又は同項第八号に定める解散若しくは解職の投票において、投票するように又はしないように勧誘運動をすること。
九　政治的目的のために署名運動を企画し、主宰し又は指導しその他これに積極的に参与すること。
十　政治的目的をもつて、多数の人の行進その他の示威運動を企画し、組織し若しくは指導し又はこれらの行為を援助すること。
十一　集会その他多数の人に接し得る場所で又は拡声器、ラジオその他の手段を利用して、公に政治的目的を有する意見を述べること。
十二　政治的目的を有する文書又は図画を国又は行政執行法人の庁舎（行政執行法人にあつては、事務所。以下同じ。）、施設等に掲示し又は掲示させその他政治的目的のために国又は行政執行法人の庁舎、施設、資材又は資金を利用し又は利用させること。
十三　政治的目的を有する署名又は無署名の文書、図画、音盤又は形象を発行し、回覧に供し、掲示し若しくは配布し又は多数の人に対して朗読し若しくは聴取させ、あるいはこれらの用に供するために著作し又は編集すること。
十四　政治的目的を有する演劇を演出し若しくは主宰し又はこれらの行為を援助すること。
十五　政治的目的をもつて、政治上の主義主張又は政党その他の政治的団体の表示に用いられる旗、腕章、記章、えり章、服飾その他これらに類するものを製作し又は配布すること。
十六　政治的目的をもつて、勤務時間中において、前号に掲げるものを着用し又は表示すること。
十七　なんらの名義又は形式をもつてするを問わず、前各号の禁止又は制限を免れる行為をすること。

7　この規則のいかなる規定も、職員が本来の職務を遂行するため当然行うべき行為を禁止又は制限するものではない。

8　各省各庁の長及び行政執行法人の長は、法又は規則に定める政治的行為の禁止又は制限に違反する行為又は事実があつたことを知つたときは、直ちに人事院に通知するとともに、違反行為の防止又は矯正のために適切な措置をとらなければならない。

●人事院規則一四―七（政治的行為）の運用方針について（通知）

（昭和二四年一〇月二一日　法審発第二〇七八号　人事院事務総長）

最終改正、平二七・一〇・二八職審―二七五

一　この規則制定の法的根拠
この規則は、国会が適法な手続によつて制定した国家公務員法第百二条の委任によつて制定されたものである。

二　この規則の目的
国の行政は、法規の下において民主的且つ能率的に運営されることが要請される。従つて、その運営にたずさわる一般職に属する国家公務員は、国民全体の奉仕者として政治的に中立な立場を維持することが必要であると共に、それらの職員の地位は、たとえば、政府が更迭するごとに、職員の異動が行われたりすることがないように政治勢力の影響又は干渉から保護されて、政治の動向のいかんにかかわらず常に安定したものでなければならない。又、この規則による政治的行為の禁止又は制限は、同時に、他の職員の側からするこれに対応する政治的行為をも合せて禁止することによつて、職員がこれらの政治的行為の禁止に違反しないようにすることが容易に達せられるようなものでなければならない。この規則は、このような考慮に基き、右の要請に応ずる目的をもつて制定されたものである。従つて、この規則が学問の自由及び思想の自由を尊重するように解釈され運用されなければならないことは当然である。

三　規則の適用範囲
(1)　第一項は、法及び規則中政治的行為の禁止又は制限に関する規定が、特にこの規則で適用を除外している者を除き、一般職に属するすべての職員に適用されるものであることを明らかにしている。

(2)　この規則において、「法及び規則中政治的行為の禁止又は制限に関する規定」とは、法第百二条、第一次改正法律附則第二条、規則一四―五及びこの規則中に含まれる禁止又は制限に関する規定をいう。

(3)　「法及び規則中政治的行為の禁止又は制限に関する規定」は、顧問、参与又は委員の名称を有する諮問的な非常勤の職員（法第八十一条の五第一項に規定する短時間勤務の官職を占める職員を除く。(3)において同じ。）の他の法令に違反しない行為には適用されない。また、顧問、参与又は委員の名称を有しない諮問的な非常勤の職員であつても、これらと同様な諮問的な非常勤の職員で、人事院が特に指定するものの同様な行為にも適用されない。なお、委員の名称を有するものであつても、国家行政組織法第三条に規定する委員会の委員は、ここにいう委員には含まれない。本項ただし書に該当する職員は、他の法令で禁止されていない限り、この規則に規定する政治的行為を行つたり規則一四―五に定める公選による公職の候補者となつたり、政党の役員等になることを禁止されない。すなわち、この規則は、これらの職員の職務と責任の特殊性に基づき、国家公務員法附則第十三条の規定に従い、職員の政治的行為の制限に関する特例を定めたものである。

(4)　第二項は、職員が単独で又は他の職員と共同して行う場合だけでなく、職員以外の者と共同して行う場合でも、禁止又は制限されることを明らかにしたものである。この場合、「共同して行う」とは、職員が共同意思を単独で又は他人と共に実行に移すことをいう。

(5)　第三項は、職員が自ら選んだ又は自己の管理に属する代理人等を通じて間接に行う場合でも、その行為を行わせた職員に適用されることを明らかにしたものである。自ら選んだ又は自己の管理に属する者が職員であるか否かは問わない。「自ら選んだ」とは、明示であると黙示であるとを問わず、自らの選任行為があつたと認定されることをもつて足り、「自己の管理に属する」者とは、監督等の原因により通常本人の意思に基いて行為をなすべき地位にある者をいう。たとえば、部下、雇人等のような者である。「その他の者」とは、自ら選んだ又は自己の管理に属する者で代理人又は使用人以外の者をいう。「通じて間接に行う」とは、自己の意思を他人によつて実行に移すことをいう。

(6)　職員は、職員たる身分又は地位を有する限り、勤務時間外においても、政治的行為を行うことを禁止又は制限される。但し、政治上の主義主張又は政党その他の政治的団体の表示に用いられる腕章、記章、えり章、服飾等を勤務時間外に単に着用することは禁止されない。

(7)　なお、この規則は、職員が本来の職務を遂行するため当然行うべき行為を禁止又は制限するものではない。

四　政治的行為

職員が行うことを禁止又は制限される政治的行為に関し、この規則では政治的目的と政治的行為を区別して定義し、政治的目的をもつてなされる行為であつても、この規則にいう政治的行為に含まれない限り、国家公務員法第百二条第一項の規定に違反するものではないとしている。

(1)　政治的目的

第五項は、法及び規則中における政治的目的の定義を行い、これを明らかにしたものである。

(一)　第一号関係　本号中「規則一四―五に定める公選による公職の選挙」とは、衆議院議員、参議院議員、地方公共団体の長、地方公共団体の議会の議員及び海区漁業調整委員会の委員の選挙をいう。「特定」とは、候補者の氏名が明示されている場合のみならず、客観的に判断してその対象が確定し得る場合をも含む。「候補者」とは、法令の規定に基づく正式の立候補届出又は推薦届出により、候補者としての地位を有するに至つた者をいう。「支持し又はこれに反対する」とは、特定の候補者が投票若しくは当選を得又は得ないように影響を与えることをいう。また、候補者としての地位を有するに至らない者を支持し又はこれに反対することは本号に含まれない。選挙に関する法令に従つて候補者の推薦届出をすること自体は本号に該当しない。

(二)　第二号関係　本号に「国民審査」とは、日本国憲法第七十九条の規定に基づき、最高裁判所裁判官国民審査法（昭和二十二年法律第百三十六号）に定める最高裁判所裁判官の任命に関する国民審査をいう。なお、本号中における「特定」及び「支持し又はこれに反対する」の意味については、前号に準じて解釈されるべきである。

(三)　第三号関係　本号中における「特定」の意味については、第一号に準じて解釈されるべきである。「政党」とは、政治上の主義若しくは施策を推進し、支持し、若しくはこれに反対し又は公職の候補者を推薦し、支持し、若しくはこれに反対することを本来の目的とする団体をいい、「その他の政治的団体」とは、政党以外の団体で政治上の主義若しくは施策を支持し、若しくはこれに反対し、又は公職の候補者を推薦し、支持し若しくはこれに反対する目的を有するものをいう。「支持し又はこれに反対する」とは、特定の政党その他の政治的団体につき、それらの団体の勢力を維持拡大するように若しくは維持拡大しないように、又はそれらの団体の有する綱領、主張の主義若しくは施策を実現するように若しくは実現しないように、又はそれらの団体に属する者が公職に就任し若しくは就任しないように影響を与えることをいう。

(四)　第四号関係　本号中「特定の内閣を支持し又はこれに反対する」とは、特定の内閣が存続するように若しくは存続しないように又は成立するように若しくは成立しないように影響を与えることをいう。なお、特定の内閣の首班若しくは閣員全員を支持し又はこれに反対する場合も本号に含まれるものと解する。

(五)　第五号関係　本号にいう「政治の方向に影響を与える意図」とは、日本国憲法に定められた民主主義政治の根本原則を変更しようとする意思をいう。「特定の政策」とは、政治の方向に影響を与える程度のものであることを要する。最低賃金制確立、産業社会化等の政策を主張し、若しくはこれらに反対する場合、又は各政党のよつて立つイデオロギーを主張し若しくはこれらに反対する場合、あるいは特定の法案又は予算案を支持し又はこれに反対するような場合も、日本国憲法に定められた民主主義政治の根本原則を変更しようとするものでない限り、本号には該当しない。

(六)　第六号関係　本号中「国の機関又は公の機関において決定した政策」とは、国会、内閣、内閣の統轄の下における行政機関、地方公共団体等政策の決定について公の権限を有する機関が正式に決定した政策をいう。「実施を妨害する」とは、その手段方法のいかんを問わず、有形無形の威力をもつて組織的、計画的又は継続的にその政策の目的の達成を妨げることをいう。従つて、単に当該政策を批判することは、これに該当しない。

(七)　第七号関係　本号中「署名を成立させ」とは、地方自治法第七十四条及び第七十五条に定める数に達する選挙権者の連署を得ることをいう。

(八)　第八号関係　本号中「地方自治法に基く地方公共団体の議会の解散の請求」とは、地方自治法第七十六条に定める地方公共団体の議会の解散の請求をいい、「法律に基く公務員の解職の請求」とは、地方自治法第八十条、第八十一条若しくは第八十六条又は地方教育行政の組織及び運営に関する法律（昭和三十一年法律第百六十二号）第八条第一項若しくは漁業法（昭和二十二年法律第六十七号）第九十九条第一項に定める公務員の解職又は改選の請求をいう。「署名を成立させ」とは、地方自治法第七十六条、第八十条、第八十一条若しくは第八十六条又は地方教育行政の組織及び運営に関する法律第八条第一項若しくは漁業法第九十九条第一項に定める数に達する選挙権者の連署又は同意の署名を得ることをいう。「賛成若しくは反対する」とは、本号の請求に基づく解散又は解職の投票において、賛成投票を得若しくは得ないように又は反対投票を得若しくは得ないように影響を与えることをいう。

(2) 政治的行為

第六項は、法第百二条第一項の規定により禁止又は制限される政治的行為を定めたものである。

(一) 第一号関係　本号は、職員が、国家公務員としての地位においてであると、私人としての地位においてであるとを問わず、政治的目的の為に自己の影響力を利用する行為を政治的行為としてこれを禁止する趣旨である。「公の影響力」とは、職員の官職に基く影響力を、「私の影響力」とは、私的団体中の地位、親族関係、債権関係等に基く影響力をいう。たとえば、上官が部下に対し、選挙に際して投票を勧誘し、あるいは職員組合の幹部が組合員に対し入党を勧誘するためにその地位を利用するような行為は違反となる。

(二) 第二号関係　「その他の利益」とは、金銭、物品のみでなく権利の授与、貸与等有形、無形の利益をいう。

(三) 第三号関係　本号は、法第百二条第一項前段の規定と同趣旨の規定であつて、「関与」とは、援助、勧誘、仲介、あつ旋等をいう。たとえば課員が課内の党員の党費をとりまとめることは違反となる。

(四) 第四号関係　「国家公務員」には、特別職に属する国家公務員をも含み、地方公務員その他国家公務員以外の者に金品を「与え又は支払う」行為は、本号の規定に該当しない。

(五) 第五号関係　本号に掲げる行為は、それ自体で政治的目的をもつ行為とされ、他に別の政治的目的をもつてすることを要件としない。「企画し」とは、発起人となり、綱領規約等を立案し、又は結成準備会を招集すること等を、「参与し」とは、綱領規約の起草を助け又は準備委員となる等企画者を補佐して推進的役割をすることを、「これらの行為を援助する」とは、企画し参与することにつき、自ら直接に行うと、間接に行うとを問わず、労力、財産、物品等を提供し又は宣伝、広告、仲介、あつ旋等を行うことをいう。又、「政治的顧問」とは、その団体の幹部と同程度の地位にあつて、その団体の政策の決定に参与する者をいい、単なる技術的顧問は含まない。「これらと同様な役割をもつ構成員」とは、名称のいかんを問わず、役員又は政治的顧問と同等の影響力又は支配力を有する構成員をいう。なお、本号は、その団体の本部の場合のみならず地域的支部及びそれに準ずる組織体の場合にも適用される。単にこれらの団体の構成員となり、又は役員、政治的顧問若しくはこれらと同様な役割をもつ構成員以外の地位を占めることは差し支えない。

(六) 第六号関係　本号の行為も当然政治的目的をもつ行為とされる。「勧誘運動をすること」とは、組織的、計画的、又は継続的に、勧誘をすることをいい、たとえば党員倍加運動のような行為はその例である。従つて、たまたま友人間で入党について話し合うようなことは該当しない。

(七) 第七号関係　本号の行為も当然政治的目的をもつ行為とされる。自己の購読した機関紙の一部をたまたま友人に交付するような行為及び単なる投稿等は、本号に該当しない。

(八) 第八号関係　「勧誘運動」とは、第六号にいう「勧誘運動」に準じて解釈されるべきである。従つて、選挙に際したまたま街頭であつた友人に投票を依頼するような行為は該当しない。

(九) 第九号関係　「運動」及び「企画し」とは、それぞれ第六号の「運動」及び第五号の「企画し」に準ずる。又「主宰」とは、実施につき自らの責任において総括的な役割を演ずることを、「指導し」とは、樹立された計画に基き実施を具体的に指導することを、「その他これに積極的に参与すること」とは、企画、主宰、指導の外、署名運動を企画、主宰、又は指導するものを助け又はその指示を受けて署名運動において推進的役割を演ずることをいう。なお、単に署名を行う行為は、本号の規定に該当しない。

(十) 第十号関係　「示威運動」とは、多衆の威力を示すため、公衆の目につき得る道路、広場等を行進すること等をいう。単に「示威運動」に参加することは本号に該当しない。

(十一) 第十一号関係　「集会」とは、屋内、屋外を問わず一定の目的のための多数人の集合を、「多数の人に接し得る場所」とは、公会堂、公園、街路等をいい、現に多数人の参集していることを要しないが参集し得る状態にあることを要する。「拡声器、ラジオその他の手段を利用し」とは、多数人に音声を伝達することのできる手段を用いることをいい、多数の人に接し得る場所におけると否とを問わない。又「公に」とは、「不特定の多数の者に」の意味である。従つて、組合員だけの非公開の会合の場合等は、本号に該当しない。

(十二) 第十二号関係　「文書又は図画」には、新聞、図書、書簡、壁新聞、パンフレット、リーフレット、ビラ、チラシ、プラカード、ポスター、絵画、グラフ、写真、映画の外、黒板に文字又は図形を白墨で記載したもの等も含まれる。「国又は行政執行法人の庁舎（行政執行法人にあつては、事務所。以下同じ。）、施設等」とは、国又は行政執行法人が使用し又は管理する建造物及びその附属物をいい、固定設備であることを要しない。「掲示させ」又は「利用させ」る行為には、他の者が掲示し又は利用することを、国又は行政執行法人の庁舎（行政執行法人にあつては、事務所）、施設、資材又は、資金管理の責任を有する者が許容する行為も含まれる。なお、本号後段の行為には、政治的目的のためにすることが必要であるが、前段の行為にはこれを必要とせず行為の目的物たる文書又は図画が政治的目的を有するものであることをもつて足りる。

(十三) 第十三号関係　「形象」とは、彫刻、塑像、模型、人形、面等をいう。職員が政治的目的をもつ文書、図画等を著作し又は編集した場合、それがこれらの「もの」を「発行し回覧に供し、掲示し若しくは配布し又は多数の人に対して朗読し若しくは聴取させる」ために行つたものでない限り、本号にいう政治的行為には含まれない。なお、本号の行為は、行為者の政治的目的のためにする意思の有無を問わず、行為の目的物が、政治的目的を有するものであれば足りる。

(十四) 第十四号関係　「演出」には、俳優として出演することは含まれない。「これらの行為を援助する」とは、演劇の脚本を提供し、その演劇の上演のために資金を与え又は募り、無償又は不当に安い対価で資材、設備、労働力、技術等を提供し、又はこれらをあつ旋し、積極的に宣伝を行うこと等を含む。

(十五)　第十五号関係「その他これらに類するもの」には、まん幕、のぼり、鉢巻、たすき、ちようちん等が含まれる。

(十六)　第十七号関係　本号は、この規則の脱法行為を禁止するものである。

五　違法性を阻却する場合

第七項は、形式的には、この規則の違反に該当する行為であつても、職員が正当な職務を遂行するために当然行う行為である場合には、この規則違反の制裁を受けないことを明らかにしたものである。例えば、労働情勢の調査の職務を有する職員が、各種の政党機関紙を関係職員に配布又は回覧に供する行為等は、この規則の禁止又は制限するところではない。また、この規則は、憲法第二十三条に規定する学問の自由を拘束するような趣旨に解釈されてはならないことも当然である。

●国家公務員法（抜粋）

（昭和二二年一〇月二一日　法律第一二〇号）

施行、昭二二・一一・一、昭二三・七・一
最終改正、令一一法三七

第一章　総則

（この法律の目的及び効力）

第一条　この法律は、国家公務員たる職員について適用すべき各般の根本基準（職員の福祉及び利益を保護するための適切な措置を含む。）を確立し、職員がその職務の遂行に当り、最大の能率を発揮し得るように、民主的な方法で、選択され、且つ、指導さるべきことを定め、以て国民に対し、公務の民主的且つ能率的な運営を保障することを目的とする。

② この法律は、もつぱら日本国憲法第七十三条にいう官吏に関する事務を掌理する基準を定めるものである。

③ 何人も、故意に、この法律又はこの法律に基づく命令に違反し、又は違反を企て若しくは共謀してはならない。又、何人も、故意に、この法律又はこの法律に基づく命令の施行に関し、虚偽行為をなし、若しくはなそうと企て、又はその施行を妨げてはならない。

④ この法律のある規定が、効力を失い、又はその適用が無効とされても、この法律の他の規定又は他の関係における適用は、その影響を受けることがない。

⑤ この法律の規定が、従前の法律又はこれに基く法令と矛盾し又はてい触する場合には、この法律の規定が、優先する。

（一般職及び特別職）

第二条　国家公務員の職は、これを一般職と特別職とに分つ。

② 一般職は、特別職に属する職以外の国家公務員の一切の職を包含する。

③ 特別職は、次に掲げる職員の職とする。

一　内閣総理大臣
二　国務大臣
三　人事官及び検査官
四　内閣法制局長官
五　内閣官房副長官
五の二　内閣危機管理監及び内閣情報通信政策監
五の三　国家安全保障局長
五の四　内閣官房副長官補、内閣広報官及び内閣情報官
六　内閣総理大臣補佐官
七　副大臣
七の二　大臣政務官
七の三　大臣補佐官
八　内閣総理大臣秘書官及び国務大臣秘書官並びに特別職たる機関の長の秘書官のうち人事院規則で指定するもの
九　就任について選挙によることを必要とし、あるいは国会の両院又は一院の議決又は同意によることを必要とする職員
十　宮内庁長官、侍従長、東宮大夫、式部官長及び侍従次長並びに法律又は人事院規則で指定する宮内庁のその他の職員
十一　特命全権大使、特命全権公使、特派大使、政府代表、全権委員、政府代表又は全権委員の代理並びに特派大使、政府代表又は全権委員の顧問及び随員
十一の二　日本ユネスコ国内委員会の委員
十二　日本学士院会員
十二の二　日本学術会議会員
十三　裁判官及びその他の裁判所職員
十四　国会職員
十五　国会議員の秘書
十六　防衛省の職員（防衛省に置かれる合議制の機関で防衛省設置法（昭和二十九年法律第百六十四号）第四十一条の政令で定めるものの委員及び同法第四条第一項第二十四号又は第二十五号に掲げる事務に従事する職員で同法第四十一条の政令で定めるもののうち、人事院規則で指定するものを除く。）
十七　独立行政法人通則法（平成十一年法律第百三号）第二条第四項に規定する特定独立行政法人（以下「行政執行法人」という。）の役員

④ この法律の規定は、一般職に属するすべての職（以下その職を官職という。）に、これを適用する。人事院は、ある職が、国家公務員の職に属するかどうか及び本条に規定する一般職に属するか特別職に属するかを決定する権限を有する。

⑤ この法律の規定は、この法律の改正法律により、別段の定がなされない限り、特別職に属する職には、これを適用しない。

⑥ 政府は、一般職又は特別職以外の勤務者を置いてその勤務に対し俸給、給料その他の給与を支払つてはならない。

⑦ 前項の規定は、政府又はその機関と外国人の間に、個人的基礎においてなされる勤務の契約には適用されない。

第三章　職員に適用される基準

第一節　通則

（平等取扱いの原則）

第二十七条　全て国民は、この法律の適用について、平等に取り扱われ、人種、信条、性別、社会的身分、門地又は第三十八条第四号に該当する場合を除くほか政治的意見若しくは政治的所属関係によつて、差別されてはならない。

（人事管理の原則）

第二十七条の二　職員の採用後の任用、給与その他の人事管理は、職員の採用年次、合格した採用試験の種類及び第六十一条の九第二項第二号に規定する課程対象者であるか否か又は同号に規定する課程対象者であつたか否かにとらわれてはならず、この法律に特段の定めがある場合を除くほか、人事評価に基づいて適切に行われなければならない。

（情勢適応の原則）

第二十八条　この法律及び他の法律に基づいて定められる職員の給与、勤務時間その他勤務条件に関する基礎事項は、国会により社会一般

の情勢に適応するように、随時これを変更することができる。その変更に関しては、人事院においてこれを勧告することを怠つてはならない。

② 人事院は、毎年、少くとも一回、俸給表が適当であるかどうかについて国会及び内閣に同時に報告しなければならない。給与を決定する諸条件の変化により、俸給表に定める給与を百分の五以上増減する必要が生じたと認められるときは、人事院は、その報告にあわせて、国会及び内閣に適当な勧告をしなければならない。

第二節　採用試験及び任免

（任免の根本基準）

第三三条　職員の任用は、この法律の定めるところにより、その者の受験成績、人事評価又はその他の能力の実証に基づいて行わなければならない。

② 前項に規定する根本基準の実施に当たつては、次に掲げる事項が確保されなければならない。

一　職員の公正な任用

二　行政需要の変化に対応するために行う優れた人材の養成及び活用

③ 職員の免職は、法律に定める事由に基づいてこれを行わなければならない。

④ 第一項に規定する根本基準の実施につき必要な事項であつて第二項第一号に掲げる事項の確保に関するもの及び前項に規定する根本基準の実施につき必要な事項は、この法律に定めのあるものを除いては、人事院規則でこれを定める。

第一款　通則

（定義）

第三四条　この法律において、次の各号に掲げる用語の意義は、当該各号に定めるところによる。

一　採用　職員以外の者を官職に任命すること（臨時的任用を除く。）をいう。

二　昇任　職員をその職員が現に任命されている官職より上位の職制上の段階に属する官職に任命することをいう。

三　降任　職員をその職員が現に任命されている官職より下位の職制上の段階に属する官職に任命することをいう。

四　転任　職員をその職員が現に任命されている官職以外の官職に任命することであつて前二号に定めるものに該当しないものをいう。

五　標準職務遂行能力　職制上の段階の標準的な官職の職務を遂行する上で発揮することが求められる能力として内閣総理大臣が定めるものをいう。

六　幹部職員　内閣府設置法（平成十一年法律第八十九号）第五十条若しくは国家行政組織法第六条に規定する長官、同法第十八条第一項に規定する事務次官若しくは同法第二十一条第一項に規定する局長若しくは部長の官職又はこれらの官職に準ずる官職であつて政令で定めるもの（以下「幹部職」という。）を占める職員をいう。

七　管理職員　国家行政組織法第二十一条第一項に規定する課長若しくは室長の官職又はこれらの官職に準ずる官職であつて政令で定めるもの（以下「管理職」という。）を占める職員をいう。

② 前項第五号の標準的な官職は、係員、係長、課長補佐、課長その他の官職とし、職制上の段階及び職務の種類に応じ、政令で定める。

（欠員補充の方法）

第三五条　官職に欠員を生じた場合においては、その任命権者は、法律又は人事院規則に別段の定のある場合を除いては、採用、昇任、降任又は転任のいずれか一の方法により、職員を任命することができる。但し、人事院が特別の必要があると認めて任命の方法を指定した場合は、この限りではない。

（採用の方法）

第三六条　職員の採用は、競争試験によるものとする。ただし、係員の官職（第三十四条第二項に規定する標準的な官職が係員である職制上の段階に属する官職その他これに準ずる官職として人事院規則で定めるものをいう。第四十五条の二第一項において同じ。）以外の官職に採用しようとする場合又は人事院規則で定める場合には、競争試験以外の能力の実証に基づく試験（以下「選考」という。）の方法によることを妨げない。

第二款　採用試験

（採用試験の実施）

第四二条　採用試験は、この法律に基づく命令で定めるところにより、これを行う。

（受験の欠格条項）

第四三条　第四十四条に規定する資格に関する制限の外、官職に就く能力を有しない者は、受験することができない。

（受験の資格要件）

第四四条　人事院は、人事院規則により、受験者に必要な資格として官職に応じ、その職務の遂行に欠くことのできない最小限度の客観的且つ画一的な要件を定めることができる。

第三款　採用候補者名簿

（名簿の作成）

第五〇条　採用試験による職員の採用については、人事院規則の定めるところにより、採用候補者名簿を作成するものとする。

第四款　任用

（採用昇任等基本方針）

第五四条　内閣総理大臣は、公務の能率的な運営を確保する観点から、あらかじめ、次条第一項に規定する任命権者及び法律で別に定められた任命権者と協議して職員の採用、昇任、降任及び転任に関する制度の適切かつ効果的な運用を確保するための基本的な方針（以下「採用昇任等基本方針」という。）の案を作成し、閣議の決定を求めなければならない。

② 採用昇任等基本方針には、第三十三条の二に規定する基本的事項のほか、次に掲げる事項を定めるものとする。

一　職員の採用、昇任、降任及び転任に関する制度の適切かつ効果的な運用に関する基本的な指針

二　第五十六条の採用候補者名簿による採用及び第五十七条の選考による採用に関する指針

三　第五十八条の昇任及び転任に関する指針

四　管理職への任用に関する基準その他の指針

五　任命権者を異にする官職への任用に関する指針

六　職員の公募（官職の職務の具体的な内容並びに当該官職に求められる能力及び経験を公示して、当該官職の候補者を募集することをいう。次項において同じ。）に関する指針

七　官民の人材交流に関する指針

八　子の養育又は家族の介護を行う職員の状況を考慮した職員の配置その他の措置による仕事と生活の調和を図るための指針

九　前各号に掲げるもののほか、職員の採用、昇任、降任及び転任に関する制度の適切かつ効果的な運用を確保するために必要な事項

③ 前項第六号の指針を定めるに当たつては、犯罪の捜査その他特殊性を有する職務の官職についての公募の制限に関する事項その他職員の公募の適正を確保するために必要な事項に配慮するものとする。

④ 内閣総理大臣は、第一項の規定による閣議の決定があつたときは、遅滞なく、採用昇任等基本方針を公表しなければならない。

⑤ 第一項及び前項の規定は、採用昇任等基本方針の変更について準用する。

⑥ 任命権者は、採用昇任等基本方針に沿つて、職員の採用、昇任、降任及び転任を行わなければならない。

（任命権者）

第五五条　任命権は、法律に別段の定めのある場合を除いては、内閣、各大臣（内閣総理大

臣及び各省大臣をいう。以下同じ。）、会計検査院長及び人事院総裁並びに宮内庁長官及び各外局の長に属するものとする。これらの機関の長の有する任命権は、その部内の機関に属する官職に限られ、内閣の有する任命権は、その直属する機関（内閣府を除く。）に属する官職に限られる。ただし、外局の長（国家行政組織法第七条第五項に規定する実施庁以外の庁にあつては、外局の幹部職）に対する任命権は、各大臣に属する。

② 前項に規定する機関の長たる任命権者は、幹部職以外の官職（内閣が任命権を有する場合にあつては、幹部職を含む。）の任命権を、その部内の上級の国家公務員（内閣が任命権を有する幹部職にあつては、内閣総理大臣又は国務大臣）に限り委任することができる。この委任は、その効力が発生する日の前に、書面をもつて、これを人事院に提示しなければならない。

③ この法律、人事院規則及び人事院指令に規定する要件を備えない者は、これを任命し、雇用し、昇任させ若しくは転任させてはならず、又はいかなる官職にも配置してはならない。

（条件附任用期間）

第五九条 一般職に属するすべての官職に対する職員の採用又は昇任は、すべて条件附のものとし、その職員が、その官職において六月を下らない期間を勤務し、その間その職務を良好な成績で遂行したときに、正式のものとなるものとする。

② 条件附採用に関し必要な事項又は条件附採用期間であつて六月をこえる期間を要するものについては、人事院規則でこれを定める。

（臨時的任用）

第六〇条 任命権者は、人事院規則の定めるところにより、緊急の場合、臨時の官職に関する場合又は採用候補者名簿がない場合には、人事院の承認を得て、六月を超えない任期で、臨時的任用を行うことができる。この場合において、その任用は、人事院規則の定めるところにより人事院の承認を得て、六月の期間で、これを更新することができるが、再度更新することはできない。

② 人事院は、臨時的任用につき、その員数を制限し、又は、任用される者の資格要件を定めることができる。

③ 人事院は、前二項の規定又は人事院規則に違反する臨時的任用を取り消すことができる。

④ 臨時的任用は、任用に際して、いかなる優先権をも与えるものではない。

⑤ 前各項に定めるもののほか、臨時的に任用された者に対しては、この法律及び人事院規則を適用する。

第五款　休職、復職、退職及び免職

（休職、復職、退職及び免職）

第六一条 職員の休職、復職、退職及び免職は、任命権者が、この法律及び人事院規則に従い、これを行う。

第四節　人事評価

（人事評価の根本基準）

第七〇条の二 職員の人事評価は、公正に行われなければならない。

（人事評価の実施）

第七〇条の三 職員の執務については、その所轄庁の長は、定期的に人事評価を行わなければならない。

② 人事評価の基準及び方法に関する事項その他人事評価に関し必要な事項は、人事院の意見を聴いて、政令で定める。

第六節　分限、懲戒及び保障

第一款　分限

第二目　定年

（定年による退職）

第八一条の二 職員は、法律に別段の定めのある場合を除き、定年に達したときは、定年に達した日以後における最初の三月三十一日又は第五十五条第一項に規定する任命権者若しくは法律で別に定められた任命権者があらかじめ指定する日のいずれか早い日（以下「定年退職日」という。）に退職する。

② 前項の定年は、年齢六十年とする。ただし、次の各号に掲げる職員の定年は、当該各号に定める年齢とする。

一 病院、療養所、診療所等で人事院規則で定めるものに勤務する医師及び歯科医師　年齢六十五年

二 庁舎の監視その他の庁務及びこれに準ずる業務に従事する職員で人事院規則で定めるもの　年齢六十三年

三 前二号に掲げる職員のほか、その職務と責任に特殊性があること又は欠員の補充が困難であることにより定年を年齢六十年とすることが著しく不適当と認められる官職を占める職員で人事院規則で定めるもの　六十年を超え、六十五年を超えない範囲内で人事院規則で定める年齢

③ 前二項の規定は、臨時的職員その他の法律により任期を定めて任用される職員及び常時勤務を要しない官職を占める職員には適用しない。

（定年に関する事務の調整等）

第八一条の六 内閣総理大臣は、職員の定年に関する事務の適正な運営を確保するため、各行政機関が行う当該事務の運営に関し必要な調整を行うほか、職員の定年に関する制度の実施に関する施策を調査研究し、その権限に属する事項について適切な方策を講ずるものとする。

第三款　保障

第三目　公務傷病に対する補償

（公務傷病に対する補償）

第九三条 職員が公務に基き死亡し、又は負傷し、若しくは疾病にかかり、若しくはこれに起因して死亡した場合における、本人及びその直接扶養する者がこれによつて受ける損害に対し、これを補償する制度が樹立し実施せられなければならない。

② 前項の規定による補償制度は、法律によつてこれを定める。

（法律に規定すべき事項）

第九四条 前条の補償制度には、左の事項が定められなければならない。

一 公務上の負傷又は疾病に起因した活動不能の期間における経済的困窮に対する職員の保護に関する事項

二 公務上の負傷又は疾病に起因して、永久に、又は長期に所得能力を害せられた場合におけるその職員の受ける損害に対する補償に関する事項

三 公務上の負傷又は疾病に起因する職員の死亡の場合におけるその遺族又は職員の死亡当時その収入によつて生計を維持した者の受ける損害に対する補償に関する事項

（補償制度の立案及び実施の責務）

第九五条 人事院は、なるべくすみやかに、補償制度の研究を行い、その成果を国会及び内閣に提出するとともに、その計画を実施しなければならない。

第七節　服務

（服務の根本基準）

第九六条 すべて職員は、国民全体の奉仕者として、公共の利益のために勤務し、且つ、職務の遂行に当つては、全力を挙げてこれに専念しなければならない。

② 前項に規定する根本基準の実施に関し必要な事項は、この法律又は国家公務員倫理法に定めるものを除いては、人事院規則でこれを定める。

（服務の宣誓）

第九七条 職員は、政令の定めるところにより、服務の宣誓をしなければならない。

（法令及び上司の命令に従う義務並びに争議行為等の禁止）

第九八条 職員は、その職務を遂行するについて、法令に従い、且つ、上司の職務上の命令に忠実に従わなければならない。

② 職員は、政府が代表する使用者としての公

衆に対して同盟罷業、怠業その他の争議行為をなし、又は政府の活動能率を低下させる怠業的行為をしてはならない。又、何人も、このような違法な行為を企て、又はその遂行を共謀し、そそのかし、若しくはあおつてはならない。

③　職員で同盟罷業その他前項の規定に違反する行為をした者は、その行為の開始とともに、国に対し、法令に基いて保有する任命又は雇用上の権利をもつて、対抗することができない。

（信用失墜行為の禁止）

第九九条　職員は、その官職の信用を傷つけ、又は官職全体の不名誉となるような行為をしてはならない。

（秘密を守る義務）

第一〇〇条　職員は、職務上知ることのできた秘密を漏らしてはならない。その職を退いた後といえども同様とする。

②　法令による証人、鑑定人等となり、職務上の秘密に属する事項を発表するには、所轄庁の長（退職者については、その退職した官職又はこれに相当する官職の所轄庁の長）の許可を要する。

③　前項の許可は、法律又は政令の定める条件及び手続に係る場合を除いては、これを拒むことができない。

④　前三項の規定は、人事院で扱われる調査又は審理の際人事院から求められる情報に関しては、これを適用しない。何人も、人事院の権限によつて行われる調査又は審理に際して、秘密の又は公表を制限された情報を陳述し又は証言することを人事院から求められた場合には、何人からも許可を受ける必要がない。人事院が正式に要求した情報について、人事院に対して、陳述及び証言を行わなかつた者は、この法律の罰則の適用を受けなければならない。

⑤　前項の規定は、第十八条の四の規定により権限の委任を受けた再就職等監視委員会が行う調査について準用する。この場合において、同項中「人事院」とあるのは「再就職等監視委員会」と、「調査又は審理」とあるのは「調査」と読み替えるものとする。

（職務に専念する義務）

第一〇一条　職員は、法律又は命令の定める場合を除いては、その勤務時間及び職務上の注意力のすべてをその職責遂行のために用い、政府がなすべき責を有する職務にのみ従事しなければならない。職員は、法律又は命令の定める場合を除いては、官職を兼ねてはならない。職員は、官職を兼ねる場合においても、それに対して給与を受けてはならない。

②　前項の規定は、地震、火災、水害その他重大な災害に際し、当該官庁が職員を本職以外の業務に従事させることを妨げない。

（政治的行為の制限）

第一〇二条　職員は、政党又は政治的目的のために、寄附金その他の利益を求め、若しくは受領し、又は何らの方法を以てするを問わず、これらの行為に関与し、あるいは選挙権の行使を除く外、人事院規則で定める政治的行為をしてはならない。

②　職員は、公選による公職の候補者となることができない。

③　職員は、政党その他の政治的団体の役員、政治的顧問、その他これらと同様な役割をもつ構成員となることができない。

（私企業からの隔離）

第一〇三条　職員は、商業、工業又は金融業その他営利を目的とする私企業（以下営利企業という。）を営むことを目的とする会社その他の団体の役員、顧問若しくは評議員の職を兼ね、又は自ら営利企業を営んではならない。

②　前項の規定は、人事院規則の定めるところにより、所轄庁の長の申出により人事院の承認を得た場合には、これを適用しない。

③から⑦まで（省略）

（他の事業又は事務の関与制限）

第一〇四条　職員が報酬を得て、営利企業以外の事業の団体の役員、顧問若しくは評議員の職を兼ね、その他いかなる事業に従事し、若しくは事務を行うにも、内閣総理大臣及びその職員の所轄庁の長の許可を要する。

（職員の職務の範囲）

第一〇五条　職員は、職員としては、法律、命令、規則又は指令による職務を担当する以外の義務を負わない。

（勤務条件）

第一〇六条　職員の勤務条件その他職員の服務に関し必要な事項は、人事院規則でこれを定めることができる。

②　前項の人事院規則は、この法律の規定の趣旨に沿うものでなければならない。

第八節　退職管理

第一款　離職後の就職に関する規制

（他の役職員についての依頼等の規制）

第一〇六条の二　職員は、営利企業等（営利企業及び営利企業以外の法人（国、国際機関、地方公共団体、行政執行法人及び地方独立行政法人法（平成十五年法律第百十八号）第二条第二項に規定する特定地方独立行政法人を除く。）をいう。以下同じ。）に対し、他の職員若しくは行政執行法人の役員（以下「役職員」という。）をその離職後に、若しくは役職員であつた者を、当該営利企業等若しくはその子法人（当該営利企業等に財務及び営業又は事業の方針を決定する機関（株主総会その他これに準ずる機関をいう。）を支配されている法人として政令で定めるものをいう。以下同じ。）の地位に就かせることを目的として、当該役職員若しくは役職員であつた者に関する情報を提供し、若しくは当該地位に関する情報の提供を依頼し、又は当該役職員をその離職後に、若しくは役職員であつた者を、当該営利企業等若しくはその子法人の地位に就かせることを要求し、若しくは依頼してはならない。

②　前項の規定は、次に掲げる場合には適用しない。

一　職業安定法（昭和二十二年法律第百四十一号）、船員職業安定法（昭和二十三年法律第百三十号）その他の法令の定める職業の安定に関する事務として行う場合

二　退職手当通算予定職員を退職手当通算法人の地位に就かせることを目的として行う場合（独立行政法人通則法第五十四条第一項において読み替えて準用する第四項に規定する退職手当通算予定役員を同条第一項において準用する次項に規定する退職手当通算法人の地位に就かせることを目的として行う場合を含む。）

三　官民人材交流センター（以下「センター」という。）の職員が、その職務として行う場合

③　前項第二号の「退職手当通算法人」とは、独立行政法人（独立行政法人通則法第二条第一項に規定する独立行政法人をいう。以下同じ。）その他特別の法律により設立された法人でその業務が国の事務又は事業と密接な関連を有するもののうち政令で定めるもの（退職手当（これに相当する給付を含む。）に関する規程において、職員が任命権者又はその委任を受けた者の要請に応じ、引き続いて当該法人の役員又は当該法人に使用される者となつた場合に、職員としての勤続期間を当該法人の役員又は当該法人に使用される者としての勤続期間に通算することと定めている法人に限る。）をいう。

④　第二項第二号の「退職手当通算予定職員」とは、任命権者又はその委任を受けた者の要請に応じ、引き続いて退職手当通算法人（前項に規定する退職手当通算法人をいう。以下同じ。）の役員又は退職手当通算法人に使用される者となるため退職することとなる職員であつて、当該退職手当通算法人に在職した後、特別の事情がない限り引き続いて選考による採用が予定されている者のうち政令で定めるものをいう。

第九節　退職年金制度

（退職年金制度）

第一〇七条　職員が、相当年限忠実に勤務して退職した場合、公務に基く負傷若しくは疾病

に基き退職した場合又は公務に基き死亡した場合におけるその者又はその遺族に支給する年金に関する制度が、樹立し実施せられなければならない。

② 前項の年金制度は、退職又は死亡の時の条件を考慮して、本人及びその退職又は死亡の当時直接扶養する者のその後における適当な生活の維持を図ることを目的とするものでなければならない。

③ 第一項の年金制度は、健全な保険数理を基礎として定められなければならない。

④ 前三項の規定による年金制度は、法律によつてこれを定める。

（意見の申出）

第一〇八条 人事院は、前条の年金制度に関し調査研究を行い、必要な意見を国会及び内閣に申し出ることができる。

第四章　罰則

第一〇九条 次の各号のいずれかに該当する者は、一年以下の懲役又は五十万円以下の罰金に処する。

一から十一まで（省略）

十二 第百条第一項若しくは第二項又は第百六条の十二第一項の規定に違反して秘密を漏らした者

十三 第百三条の規定に違反して営利企業の地位についた者

十四 離職後二年を経過するまでの間に、離職前五年間に在職していた局等組織に属する役職員又はこれに類する者として政令で定めるものに対し、契約等事務であつて離職前五年間の職務に属するものに関し、職務上不正な行為をするように、又は相当の行為をしないように要求し、又は依頼した再就職者

十五 国家行政組織法第二十一条第一項に規定する部長若しくは課長の職又はこれらに準ずる職であつて政令で定めるものに離職した日の五年前の日より前に就いていた者であつて、離職後二年を経過するまでの間に、当該職に就いていた時に在職していた局等組織に属する役職員又はこれに類する者として政令で定めるものに対し、契約等事務であつて離職した日の五年前の日より前の職務（当該職に就いていたときの職務に限る。）に属するものに関し、職務上不正な行為をするように、又は相当の行為をしないように要求し、又は依頼した再就職者

十六 国家行政組織法第六条に規定する長官、同法第十八条第一項に規定する事務次官、同法第二十一条第一項に規定する事務局長若しくは局長の職又はこれらに準ずる職であつて政令で定めるものに就いていた者であつて、離職後二年を経過するまでの間に、局長等としての在職機関に属する役職員又はこれに類する者として政令で定めるものに対し、契約等事務であつて局長等としての在職機関の所掌に属するものに関し、職務上不正な行為をするように、又は相当の行為をしないように要求し、又は依頼した再就職者

十七 在職していた府省その他の政令で定める国の機関、行政執行法人若しくは都道府県警察（以下この号において「行政機関等」という。）に属する役職員又はこれに類する者として政令で定めるものに対し、国、行政執行法人若しくは都道府県と営利企業等（再就職者が現にその地位に就いているものに限る。）若しくはその子法人との間の契約であつて当該行政機関等においてその締結について自らが決定したもの又は当該行政機関等による当該営利企業等若しくはその子法人に対する行政手続法第二条第二号に規定する処分であつて自らが決定したものに関し、職務上不正な行為をするように、又は相当の行為をしないように要求し、又は依頼した再就職者

十八 第十四号から前号までに掲げる再就職者から要求又は依頼（独立行政法人通則法第五十四条第一項において準用する第十四号から前号までに掲げる要求又は依頼を含む。）を受けた職員であつて、当該要求又は依頼を受けたことを理由として、職務上不正な行為をし、又は相当の行為をしなかつた者

第一一〇条 次の各号のいずれかに該当する者は、三年以下の懲役又は百万円以下の罰金に処する。

一 第二条第六項の規定に違反した者

二 削除

三 第十七条第二項（第十八条の三第二項において準用する場合を含む。次号及び第五号において同じ。）の規定による証人として喚問を受け虚偽の陳述をした者

四 第十七条第二項の規定により証人として喚問を受け正当の理由がなくてこれに応ぜず、又は同項の規定により書類又はその写の提出を求められ正当の理由がなくてこれに応じなかつた者

五 第十七条第二項の規定により書類又はその写の提出を求められ、虚偽の事項を記載した書類又は写を提出した者

五の二 第十七条第三項（第十八条の三第二項において準用する場合を含む。）の規定による検査を拒み、妨げ、若しくは忌避し、又は質問に対して陳述をせず、若しくは虚偽の陳述をした者（第十七条第一項の調査の対象である職員（第十八条の三第二項において準用する場合にあつては、同条第一項の調査の対象である職員又は職員であつた者）を除く。）

六（省略）

七 第三十三条第一項の規定に違反して任命をした者

八から十まで（省略）

十一 第六十三条の規定に違反して給与を支給した者

十二から十六まで（省略）

十七 何人たるを問わず第九十八条第二項前段に規定する違法な行為の遂行を共謀し、そそのかし、若しくはあおり、又はこれらの行為を企てた者

十八 第百条第四項（同条第五項において準用する場合を含む。）の規定に違反して陳述及び証言を行わなかつた者

十九 第百二条第一項に規定する政治的行為の制限に違反した者

二十（省略）

② 前項第八号に該当する者の収受した金銭その他の利益は、これを没収する。その全部又は一部を没収することができないときは、その価額を追徴する。

第一一一条 第百九条第二号より第四号まで及び第十二号又は前条第一項第一号、第三号から第七号まで、第九号から第十五号まで、第十八号及び第二十号に掲げる行為を企て、命じ、故意にこれを容認し、そそのかし又はそのほう助をした者は、それぞれ各本条の刑に処する。

第2章 免許関係

●教育職員免許法

（昭和二四年五月三一日法律第一四七号）

施行、昭二四・九・一
最終改正、令一―法三七

第一章 総則

（この法律の目的）

第一条 この法律は、教育職員の免許に関する基準を定め、教育職員の資質の保持と向上を図ることを目的とする。

＊教育職員（二1）、免許（三）、資質の保持と向上（三、教基九1）

（定義）

第二条 この法律において「教育職員」とは、学校（学校教育法（昭和二十二年法律第二十六号）第一条に規定する幼稚園、小学校、中学校、義務教育学校、高等学校、中等教育学校及び特別支援学校（第三項において「第一条学校」という。）並びに就学前の子どもに関する教育、保育等の総合的な提供の推進に関する法律（平成十八年法律第七十七号）第二条第七項に規定する幼保連携型認定こども園（以下「幼保連携型認定こども園」という。以下同じ。）の主幹教諭（幼保連携型認定こども園の主幹養護教諭及び主幹栄養教諭を含む。以下同じ。）、指導教諭、教諭、助教諭、養護教諭、養護助教諭、栄養教諭、主幹保育教諭、指導保育教諭、保育教諭、助保育教諭及び講師（以下「教員」という。）をいう。

2 この法律で「免許管理者」とは、免許状を有する者が教育職員及び文部科学省令で定める教育の職にある者である場合にあつてはその者の勤務地の都道府県の教育委員会、これらの者以外の者である場合にあつてはその者の住所地の都道府県の教育委員会をいう。

3 この法律において「所轄庁」とは、大学附置の国立学校（国（国立大学法人法（平成十五年法律第百十二号）第二条第一項に規定する国立大学法人を含む。以下この項において同じ。）が設置する学校をいう。以下同じ。）又は公立学校（地方公共団体（地方独立行政法人法（平成十五年法律第百十八号）第六十八条第一項に規定する公立大学法人（以下単に「公立大学法人」という。）を含む。）が設置する学校をいう。以下同じ。）の教員にあつてはその大学の学長、大学附置の学校以外の公立学校（第一条学校に限る。）の教員にあつてはその学校を所管する教育委員会、大学附置の学校以外の公立学校（幼保連携型認定こども園に限る。）の教員にあつてはその学校を所管する地方公共団体の長、私立学校（国及び地方公共団体（公立大学法人を含む。）以外の者が設置する学校をいう。以下同じ。）の教員にあつては都道府県知事（地方自治法（昭和二十二年法律第六十七号）第二百五十二条の十九第一項の指定都市又は同法第二百五十二条の二十二第一項の中核市（以下この項において「指定都市等」という。）の区域内の幼保連携型認定こども園の教員にあつては、当該指定都市等の長）をいう。

4 この法律で「自立教科等」とは、理療（あん摩、マッサージ、指圧等に関する基礎的な知識技能の修得を目標とした教科をいう。）、理学療法、理容その他の職業についての知識技能の修得に関する教科及び学習上又は生活上の困難を克服し自立を図るために必要な知識技能の修得を目的とする教育に係る活動（以下「自立活動」という。）をいう。

5 この法律で「特別支援教育領域」とは、学校教育法第七十二条に規定する視覚障害者、聴覚障害者、知的障害者、肢体不自由者又は病弱者（身体虚弱者を含む。）に関するいずれかの教育の領域をいう。

＊①幼稚園の教員（学教二七）、小学校の教員（学教三七）、中学校の教員（学教四九）、義務教育学校の教員（学教四九の八）、高等学校の教員（学教六〇・六二）、中等教育学校の教員（学教六九・七〇）、特別支援学校の教員（学教八二）、②教育の職（施規六五の七）、幼保連携型認定こども園の教員（認定こども園一四・一五）、②③教育委員会（地自一八〇の五1・一八〇の八、地教行二・二一）、③国立学校（学教二2）、公立学校（学教二2、私学二3）、学長（学教九二1 3）、都道府県知事等（地自一三九1、学教二八・四四・四九・六二・七〇・八二、地教行二二、私学四）、④自立教科等（施規一〇章）、⑤特別支援教育領域（施規七）

（免許）

第三条 教育職員は、この法律により授与する各相当の免許状を有する者でなければならない。

2 前項の規定にかかわらず、主幹教諭（養護又は栄養の指導及び管理をつかさどる主幹教諭を除く。）及び指導教諭については各相当学校の教諭の免許状を有する者を、養護をつかさどる主幹教諭については養護教諭の免許状を有する者を、栄養の指導及び管理をつかさどる主幹教諭については栄養教諭の免許状を有する者を、講師については各相当学校の教員の相当免許状を有する者を、それぞれ充てるものとする。

3 特別支援学校の教員（養護又は栄養の指導及び管理をつかさどる主幹教諭、養護教諭、養護助教諭、栄養教諭並びに特別支援学校において自立教科等の教授を担任する教員を除く。）については、第一項の規定にかかわらず、特別支援学校の教員の免許状のほか、特別支援学校の各部に相当する学校の教員の免許状を有する者でなければならない。

4 義務教育学校の教員（養護又は栄養の指導及び管理をつかさどる主幹教諭、養護教諭、養護助教諭並びに栄養教諭を除く。）については、第一項の規定にかかわらず、小学校の教員の免許状及び中学校の教員の免許状を有する者でなければならない。

5 中等教育学校の教員（養護又は栄養の指導及び管理をつかさどる主幹教諭、養護教諭、養護助教諭並びに栄養教諭を除く。）については、第一項の規定にかかわらず、中学校の教員の免許状及び高等学校の教員の免許状を有する者でなければならない。

6 幼保連携型認定こども園の教員の免許については、第一項の規定にかかわらず、就学前の子どもに関する教育、保育等の総合的な提供の推進に関する法律の定めるところによる。

＊①教育職員（二1）、免許状の種類（四・一六の三・一六の四・一七）、免許状の様式（施規七二）、②主幹教諭（学教二七7 11・三七9・四九・六〇2・六九2・七〇・八二）、指導教諭（学教二七8・三七10・四九・六〇2・六九2・七〇・八二）、講師（学教二七10・三七16・四九・六〇5・六九4・八二）、養護教諭（学教二七2・三七12・四九・六〇2・六九1・八二）、栄養教諭（学教二七2・三七2 13・四九・六〇2・六九2・八二）、③特別支援学校（学教八章）、自立教科等（二4・四の二、施規一〇章）、各部（学教七六）、特例措置（附則2 14 15）、④義務教育学校の教員（学教四九の八）、⑤中等教育学校の教員（学教六九）、⑥認定こども園の教員（認定こども園一四・一五）

判例 **免許状の失効に基づく失職** 免許状を有することは教育職員の資格条件であり、この要件を欠くに至った場合には教育職員を当然に失職するものと解するのが相当である。（最判昭39・3・3民集一八―三―四一一）

（免許状を要しない非常勤の講師）

第三条の二 次に掲げる事項の教授又は実習を担任する非常勤の講師については、前条の規定にかかわらず、各相当学校の教員の相当免許状を有しない者を充てることができる。

一 小学校における次条第六項第一号に掲げる教科の領域の一部に係る事項

二 中学校における次条第五項第一号に掲げる教科及び第十六条の三第一項の文部科学省令で定める教科の領域の一部に係る事項

三 義務教育学校における前二号に掲げる事項

四 高等学校における次条第五項第二号に掲げる教科及び第十六条の三第一項の文部科

学省令で定める教科の領域の一部に係る事項
五　中等教育学校における第二号及び前号に掲げる事項
六　特別支援学校（幼稚部を除く。）における第一号、第二号及び第四号に掲げる事項並びに自立教科等の領域の一部に係る事項
七　教科に関する事項で文部科学省令で定めるもの
2　前項の場合において、非常勤の講師に任命し、又は雇用しようとする者は、あらかじめ、文部科学省令で定めるところにより、その旨を第五条第七項で定める授与権者に届け出なければならない。
＊①文部科学省令で定める教科（施規六五の一〇）、②届出の方式（施規六五の一一）

第二章　免許状

（種類）
第四条　免許状は、普通免許状、特別免許状及び臨時免許状とする。
2　普通免許状は、学校（義務教育学校、中等教育学校及び幼保連携型認定こども園を除く。）の種類ごとの教諭の免許状、養護教諭の免許状及び栄養教諭の免許状とし、それぞれ専修免許状、一種免許状及び二種免許状（高等学校教諭の免許状にあつては、専修免許状及び一種免許状）に区分する。
3　特別免許状は、学校（幼稚園、義務教育学校、中等教育学校及び幼保連携型認定こども園を除く。）の種類ごとの教諭の免許状とする。
4　臨時免許状は、学校（義務教育学校、中等教育学校及び幼保連携型認定こども園を除く。）の種類ごとの助教諭の免許状及び養護助教諭の免許状とする。
5　中学校及び高等学校の教員の普通免許状及び臨時免許状は、次に掲げる各教科について授与するものとする。
一　中学校の教員にあつては、国語、社会、数学、理科、音楽、美術、保健体育、保健、技術、家庭、職業（職業指導及び職業実習（農業、工業、商業、水産及び商船のうちいずれか一以上の実習とする。以下同じ。）を含む。）、職業指導、職業実習、外国語（英語、ドイツ語、フランス語その他の各外国語に分ける。）及び宗教
二　高等学校の教員にあつては、国語、地理歴史、公民、数学、理科、音楽、美術、工芸、書道、保健体育、保健、看護、看護実習、家庭、家庭実習、情報、情報実習、農業、農業実習、工業、工業実習、商業、商業実習、水産、水産実習、福祉、福祉実習、商船、商船実習、職業指導、外国語（英語、ドイツ語、フランス語その他の各外国語に分ける。）及び宗教
6　小学校教諭、中学校教諭及び高等学校教諭の特別免許状は、次に掲げる教科又は事項について授与するものとする。
一　小学校教諭にあつては、国語、社会、算数、理科、生活、音楽、図画工作、家庭、体育及び外国語（英語、ドイツ語、フランス語その他の各外国語に分ける。）
二　中学校教諭にあつては、前項第一号に掲げる各教科及び第十六条の三第一項の文部科学省令で定める教科
三　高等学校教諭にあつては、前項第二号に掲げる各教科及びこれらの教科の領域の一部に係る事項で第十六条の四第一項の文部科学省令で定めるもの並びに第十六条の三第一項の文部科学省令で定める教科
＊①免許状の授与資格・欠格条項（五）、②③④学校の種類（二1）、教諭・養護教諭・栄養教諭・助教諭・養護助教諭（二1・三2）、専修免許状・一種免許状・二種免許状（五1・別表第一―第八）、⑤中学校の教科（学教四八、学教施規七二・七四、中学校学習指導要領）、高等学校の教科（学教五二、学教施規八三・八四、高等学校学習指導要領）、宗教の教科（九1、学教施規五〇2、教基一五）、⑥文部科学省令で定める教科（施規六一の一三・六一の一四）

第四条の二　特別支援学校の教員の普通免許状及び臨時免許状は、一又は二以上の特別支援教育領域について授与するものとする。
2　特別支援学校において専ら自立教科等の教授を担任する教員の普通免許状及び臨時免許状は、前条第二項の規定にかかわらず、文部科学省令で定めるところにより、障害の種類に応じて文部科学省令で定める自立教科等について授与するものとする。
3　特別支援学校教諭の特別免許状は、前項の文部科学省令で定める自立教科等について授与するものとする。
＊①特別支援教育領域（二5）、②自立教科等（二4、施規一〇章）

（授与）
第五条　普通免許状は、別表第一、別表第二若しくは別表第二の二に定める基礎資格を有し、かつ、大学若しくは文部科学大臣の指定する養護教諭養成機関において別表第一、別表第二若しくは別表第二の二に定める単位を修得した者又はその免許状を授与するため行う教育職員検定に合格した者に授与する。ただし、次の各号のいずれかに該当する者には、授与しない。
一　十八歳未満の者
二　高等学校を卒業しない者（通常の課程以外の課程におけるこれに相当するものを修了しない者を含む。）。ただし、文部科学大臣において高等学校を卒業した者と同等以上の資格を有すると認めた者を除く。
三　禁錮以上の刑に処せられた者
四　第十条第一項第二号又は第三号に該当することにより免許状がその効力を失い、当該失効の日から三年を経過しない者
五　第十一条第一項から第三項までの規定により免許状取上げの処分を受け、当該処分の日から三年を経過しない者
六　日本国憲法施行の日以後において、日本国憲法又はその下に成立した政府を暴力で破壊することを主張する政党その他の団体を結成し、又はこれに加入した者
2　前項本文の規定にかかわらず、別表第一から別表第二の二までに規定する普通免許状に係る所要資格を得た日の翌日から起算して十年を経過する日の属する年度の末日を経過した者に対する普通免許状の授与は、その者がその免許状更新講習（第九条の三第一項に規定する免許状更新講習をいう。以下第九条の二までにおいて同じ。）の課程を修了した後文部科学省令で定める二年以上の期間内にある場合に限り、行うものとする。
3　特別免許状は、教育職員検定に合格した者に授与する。ただし、第一項各号のいずれかに該当する者には、授与しない。
4　前項の教育職員検定は、次の各号のいずれにも該当する者について、教育職員に任命し、又は雇用しようとする者が、学校教育の効果的な実施に特に必要があると認める場合において行う推薦に基づいて行うものとする。
一　担当する教科に関する専門的な知識経験又は技能を有する者
二　社会的信望があり、かつ、教員の職務を行うのに必要な熱意と識見を持つている者
5　第七項で定める授与権者は、第三項の教育職員検定において合格の決定をしようとするときは、あらかじめ、学校教育に関し学識経験を有する者その他の文部科学省令で定める者の意見を聴かなければならない。
6　臨時免許状は、普通免許状を有する者を採用することができない場合に限り、第一項各号のいずれにも該当しない者で教育職員検定に合格したものに授与する。ただし、高等学校助教諭の臨時免許状は、次の各号のいずれかに該当する者以外の者には授与しない。
一　短期大学士の学位（学校教育法第百四条第二項に規定する文部科学大臣の定める学位（専門職大学を卒業した者に対して授与されるものを除く。）又は同条第六項に規定する文部科学大臣の定める学位を含む。）又は準学士の称号を有する者
二　文部科学大臣が前号に掲げる者と同等以上の資格を有すると認めた者
7　免許状は、都道府県の教育委員会（以下「授与権者」という。）が授与する。
＊①普通免許状（四2 5・一六の二・一六の三

12・一六の四12・一七・一七の二、施規九章・一〇章）、大学（学教九章、学教施規九章、大学基準、短大基準）、養護教諭養成機関（施規四章）、普通免許状授与要件の特例（小学校及び中学校の教諭の普通免許状授与に係る教育職員免許法の特例等に関する法律）、通常の課程以外の課程（学教五三1・五四1）、高等学校を卒業した者と同等以上の資格を有すると認めた者（施規六六）、特例措置（附則3）、免許状の効力（九）、免許状取上げの処分（一一―一四の二）、罰則（二一1）、免許状授与の特例（一六の二・附則378）、②免許状更新講習（九の三）、文部科学省令で定める二年以上の期間（施規六五の八）、③特別免許状（四36、施規一〇章の二）、教育職員検定（六）、罰則（二一1）、⑤文部科学省令で定める者（施規六五の四）、⑥臨時免許状（四45、施規六三3）、短期大学士の学位（学教一〇四3）、準学士の称号（学教一二二）、同等以上の資格を有すると認めた者（施規六六の二）、罰則（二一1）、⑦都道府県の教育委員会（地自一八〇の五1・一八〇の八、地教行二一）

回答　**詐称による免許・採用の無効**　詐称の事実に基づいて免許状を授与しえぬ者に免許状を授与した場合、授与した行為そのものは、当然無効である。また、その教員採用の任命行為も任命の時にさかのぼって効力を失う。その者が指導した教科・科目についての生徒の履修実績は、学校長が認めたような場合は効力を有するものと解される。（昭29・8・7委初二八四初中局長）

通知　**特別免許状関係**　①都道府県教育委員会及び指定都市教育委員会においては、改正法の趣旨を踏まえ、教員採用選考試験における社会人特別選考の実施の中で、免許状を保有していることを必ずしも受験資格としないこととするなどにより、特別免許状制度の活用を促進することについても検討願いたいこと。②都道府県教育委員会は、特別免許状の申請手続き等が一層適切に行われるよう、また私立学校においても適切に活用がなされるよう、必要に応じ教育委員会規則の規定の見直しを図り、その周知に努めること。③教育委員会及び学校は、特別免許状を有する者に対する研修の機会の提供に努めるとともに、教職に関する科目の学修を積極的に促すこと。（平14・6・28文科初四三〇事務次官）

（免許状の授与の手続等）

第五条の二　免許状の授与を受けようとする者は、申請書に授与権者が定める書類を添えて、授与権者に申し出るものとする。

2　特別支援学校の教員の免許状の授与に当たつては、当該免許状の授与を受けようとする者の別表第一の第三欄に定める特別支援教育に関する科目（次項において「特別支援教育科目」という。）の修得の状況又は教育職員検定の結果に応じて、文部科学省令で定めるところにより、一又は二以上の特別支援教育領域を定めるものとする。

3　特別支援学校の教員の免許状の授与を受けた者が、その授与を受けた後、当該免許状に定められている特別支援教育領域以外の特別支援教育領域（以下「新教育領域」という。）に関して特別支援教育科目を修得し、申請書に当該免許状を授与した授与権者が定める書類を添えて当該授与権者にその旨を申し出た場合、又は当該授与権者が行う教育職員検定に合格した場合には、当該授与権者は、前項に規定する文部科学省令で定めるところにより、当該免許状に当該新教育領域を追加して定めるものとする。

＊①授与権者（五7）、②③特別支援学校（学教八章）、特別支援教育領域（二5）

（教育職員検定）

第六条　教育職員検定は、受検者の人物、学力、実務及び身体について、授与権者が行う。

2　学力及び実務の検定は、第五条第三項及び第六項、前条第三項並びに第十八条の場合を除くほか、別表第三又は別表第五から別表第八までに定めるところによつて行わなければならない。

3　一以上の教科についての教諭の免許状を有する者に他の教科についての教諭の免許状を授与するため行う教育職員検定は、第一項の規定にかかわらず、受検者の人物、学力及び身体について行う。この場合における学力の検定は、前項の規定にかかわらず、別表第四の定めるところによつて行わなければならない。

4　第一項及び前項の規定にかかわらず、第五条第三項及び第六項、前条第三項並びに第十八条の場合を除くほか、別表第三から別表第八までに規定する普通免許状に係る所要資格を得た日の翌日から起算して十年を経過する日の属する年度の末日を経過した者に普通免許状を授与するため行う教育職員検定は、その者が免許状更新講習の課程を修了した後文部科学省令で定める二年以上の期間内にある場合に限り、行うものとする。

＊①授与権者（五7）、②別表第三・第五から第八の特例（附則4 17）、学力・実務検定の特例（附則9）、検定の出願手続（施規七二）、④免許状更新講習（九の三）

（証明書の発行）

第七条　大学（文部科学大臣の指定する教員養成機関、並びに文部科学大臣の認定する講習及び通信教育の開設者を含む。）は、免許状の授与、新教育領域の追加の定め（第五条の二第三項の規定による新教育領域の追加の定めをいう。）又は教育職員検定を受けようとする者から請求があつたときは、その者の学力に関する証明書を発行しなければならない。

2　国立学校又は公立学校の教員にあつては所轄庁、私立学校の教員にあつてはその私立学校を設置する学校法人等（学校法人（私立学校法（昭和二十四年法律第二百七十号）第三条に規定する学校法人をいう。以下同じ。）又は社会福祉法人（社会福祉法（昭和二十六年法律第四十五号）第二十二条に規定する社会福祉法人をいう。以下同じ。）をいう。以下同じ。）の理事長は、教育職員検定を受けようとする者から請求があつたときは、その者の人物、実務及び身体に関する証明書を発行しなければならない。

3　所轄庁が前項の規定による証明書を発行する場合において、所轄庁が大学の学長で、その証明書の発行を請求した者が大学附置の国立学校又は公立学校の教員であるときは、当該所轄庁は、その学校の校長（幼稚園及び幼保連携型認定こども園の園長を含む。）の意見を聞かなければならない。

4　免許状更新講習を行う者は、免許状の授与又は免許状の有効期間の更新を受けようとする者から請求があつたときは、その者の免許状更新講習の課程の修了又は免許状更新講習の課程の一部の履修に関する証明書を発行しなければならない。

5　第一項、第二項及び前項の証明書の様式その他必要な事項は、文部科学省令で定める。

＊①大学（学教九章）、文部科学大臣の指定する教員養成機関（五1、施規四章）、文部科学大臣の認定する講習（施規五章）、文部科学大臣の認定する通信教育（施規六章）、免許状の授与（五）、教育職員検定（六）、②所轄庁（二3）、③学長（学教九二13）、校長・園長（学教二七14・三七14・四九・六〇1・六二・六九1・七〇・八二）

（授与の場合の原簿記入等）

第八条　授与権者は、免許状を授与したときは、免許状の種類、その者の氏名及び本籍地、授与の日、免許状の有効期間の満了の日その他文部科学省令で定める事項を原簿に記入しなければならない。

2　前項の原簿は、その免許状を授与した授与権者において作製し、保存しなければならない。

3　第五条の二第三項の規定により免許状に新教育領域を追加して定めた授与権者は、その旨を第一項の原簿に記入しなければならない。

＊①免許状の種類（四・一六の二・一七1、施規九章・一〇章・一〇章の二）、失効の場合の原簿への記入（一三2）、有効期間満了の日（九）、②原簿の作製・保存（施規七四・七六）

（効力）

第九条　普通免許状は、その授与の日の翌日から起算して十年を経過する日の属する年度の末日まで、すべての都道府県（中学校及び高等学校の教員の宗教の教科についての免許状にあつては、国立学校又は公立学校の場合を除く。次項及び第三項において同じ。）において効力を有する。

2　特別免許状は、その授与の日の翌日から起算して十年を経過する日の属する年度の末日まで、その免許状を授与した授与権者の置かれる都道府県においてのみ効力を有する。

3 臨時免許状は、その免許状を授与したときから三年間、その免許状を授与した授与権者の置かれる都道府県においてのみ効力を有する。

4 第一項の規定にかかわらず、その免許状に係る別表第一から別表第八までに規定する所要資格を得た日、第十六条の二第一項に規定する教員資格認定試験に合格した日又は第十六条の三第二項若しくは第十七条第一項に規定する文部科学省令で定める資格を有することとなつた日の属する年度の翌年度の初日以後、同日から起算して十年を経過する日までの間に授与された普通免許状（免許状更新講習の課程を修了した後文部科学省令で定める二年以上の期間内に授与されたものを除く。）の有効期間は、当該十年を経過する日までとする。

5 普通免許状又は特別免許状を二以上有する者の当該二以上の免許状の有効期間は、第一項、第二項及び前項並びに次条第四項及び第五項の規定にかかわらず、それぞれの免許状に係るこれらの規定による有効期間の満了の日のうち最も遅い日までとする。

＊①普通免許状（四25・一六の二・一六の三12・一六の四12・一七・一七の二、施規九章・一〇章）、中学校（学教五章、学教施規五章）、高等学校（学教六章、学教施規六章）、教員（二1）、宗教の教科（四5、教基一五）、国立学校又は公立学校（学教二2）、②特別免許状（四36、施規一〇章の二）、授与権者（五7）、③臨時免許状（四45、施規六三3）、臨時免許状の有効期間に関する特例（附則6）

（有効期間の更新及び延長）

第九条の二 免許管理者は、普通免許状又は特別免許状の有効期間を、その満了の際、その免許状を有する者の申請により更新することができる。

2 前項の申請は、申請書に免許管理者が定める書類を添えて、これを免許管理者に提出してしなければならない。

3 第一項の規定による更新は、その申請をした者が当該普通免許状又は特別免許状の有効期間の満了する日までの文部科学省令で定める二年以上の期間内において免許状更新講習の課程を修了した者である場合又は知識技能その他の事項を勘案して免許状更新講習を受ける必要がないものとして文部科学省令で定めるところにより免許管理者が認めた者である場合に限り、行うものとする。

4 第一項の規定により更新された普通免許状又は特別免許状の有効期間は、更新前の有効期間の満了の日の翌日から起算して十年を経過する日の属する年度の末日までとする。

5 免許管理者は、普通免許状又は特別免許状を有する者が、次条第三項第一号に掲げる者である場合において、同条第四項の規定により免許状更新講習を受けることができないことその他文部科学省令で定めるやむを得ない事由により、その免許状の有効期間の満了の日までに免許状更新講習の課程を修了することが困難であると認めるときは、文部科学省令で定めるところにより相当の期間を定めて、その免許状の有効期間を延長するものとする。

6 免許状の有効期間の更新及び延長に関する手続その他必要な事項は、文部科学省令で定める。

＊有効期間の更新・延長（施規六一の二―六一の一〇）、免許管理者（二2、施規六一の一〇）

（免許状更新講習）

第九条の三 免許状更新講習は、大学その他文部科学省令で定める者が、次に掲げる基準に適合することについての文部科学大臣の認定を受けて行う。

一 講習の内容が、教員の職務の遂行に必要なものとして文部科学省令で定める事項に関する最新の知識技能を修得させるための課程（その一部として行われるものを含む。）であること。

二 講習の講師が、次のいずれかに該当する者であること。

イ 文部科学大臣が第十六条の三第四項の政令で定める審議会等に諮問して免許状の授与の所要資格を得させるために適当と認める課程を有する大学において、当該課程を担当する教授、准教授又は講師の職にある者

ロ イに掲げる者に準ずるものとして文部科学省令で定める者

三 講習の課程の修了の認定（課程の一部の履修の認定を含む。）が適切に実施されるものであること。

四 その他文部科学省令で定める要件に適合するものであること。

2 前項に規定する免許状更新講習（以下単に「免許状更新講習」という。）の時間は、三十時間以上とする。

3 免許状更新講習は、次に掲げる者に限り、受けることができる。

一 教育職員及び文部科学省令で定める教育の職にある者

二 教育職員に任命され、又は雇用されることとなつている者及びこれに準ずるものとして文部科学省令で定める者

4 前項の規定にかかわらず、公立学校の教員であつて教育公務員特例法（昭和二十四年法律第一号）第二十五条第一項に規定する指導改善研修（以下この項及び次項において単に「指導改善研修」という。）を命ぜられた者は、その指導改善研修が終了するまでの間は、免許状更新講習を受けることができない。

5 前項に規定する者の任命権者（免許管理者を除く。）は、その者に指導改善研修を命じたとき、又はその者の指導改善研修が終了したときは、速やかにその旨を免許管理者に通知しなければならない。

6 文部科学大臣は、第一項の規定による認定に関する事務を独立行政法人教職員支援機構（第十六条の二第三項及び別表第三備考第十一号において「機構」という。）に行わせるものとする。

7 前各項に規定するもののほか、免許状更新講習に関し必要な事項は、文部科学省令で定める。

＊免許状更新講習（施規六一の八・六一の一二）

（有効期間の更新又は延長の場合の通知等）

第九条の四 免許管理者は、普通免許状又は特別免許状の有効期間を更新し、又は延長したときは、その旨をその免許状を有する者、その者の所轄庁（免許管理者を除く。）及びその免許状を授与した授与権者（免許管理者を除く。）に通知しなければならない。

2 免許状の有効期間を更新し、若しくは延長したとき、又は前項の通知を受けたときは、その免許状を授与した授与権者は、その旨を第八条第一項の原簿に記入しなければならない。

＊①免許管理者（二2）

（二種免許状を有する者の一種免許状の取得に係る努力義務）

第九条の五 教育職員で、その有する相当の免許状（主幹教諭（養護又は栄養の指導及び管理をつかさどる主幹教諭を除く。）及び指導教諭についてはその有する相当学校の教諭の免許状、養護をつかさどる主幹教諭についてはその有する養護教諭の免許状、栄養の指導及び管理をつかさどる主幹教諭についてはその有する栄養教諭の免許状、講師についてはその有する相当学校の教員の相当免許状）が二種免許状であるものは、相当の一種免許状の授与を受けるように努めなければならない。

＊教育職員（二1）、相当の免許状（三1）、相当学校の教員の免許状（三2）、一種免許状・二種免許状（四2・別表第一―第八）

第三章 免許状の失効及び取上げ

（失効）

第一〇条 免許状を有する者が、次の各号のいずれかに該当する場合には、その免許状はその効力を失う。

一　第五条第一項第三号又は第六号に該当するに至つたとき。
二　公立学校の教員であつて懲戒免職の処分を受けたとき。
三　公立学校の教員（地方公務員法（昭和二十五年法律第二百六十一号）第二十九条の二第一項各号に掲げる者に該当する者を除く。）であつて同法第二十八条第一項第一号又は第三号に該当するとして分限免職の処分を受けたとき。

2　前項の規定により免許状が失効した者は、速やかに、その免許状を免許管理者に返納しなければならない。

＊①免許状の効力（九）、教員（二1）、懲戒（教特九、国公八二1、地公二九1）、分限（国公七四、地公二七）、校長・教員の欠格事由（学教九②）、②免許状失効等の場合の公告・通知等（一三・一四）、教育職員（二1）、免許管理者（二2）、免許状失効等に関する書類の保存（施規七六1）

（取上げ）
第十一条　国立学校、公立学校（公立大学法人が設置するものに限る。次項第一号において同じ。）又は私立学校の教員が、前条第一項第二号に規定する者の場合における懲戒免職の事由に相当する事由により解雇されたと認められるときは、免許管理者は、その免許状を取り上げなければならない。

2　免許状を有する者が、次の各号のいずれかに該当する場合には、免許管理者は、その免許状を取り上げなければならない。
一　国立学校、公立学校又は私立学校の教員（地方公務員法第二十九条の二第一項各号に掲げる者に相当する者を含む。）であつて、前条第一項第三号に規定する者の場合における同法第二十八条第一項第一号又は第三号に掲げる分限免職の事由に相当する事由により解雇されたと認められるとき。
二　地方公務員法第二十九条の二第一項各号に掲げる者に該当する公立学校の教員であつて、前条第一項第三号に規定する者の場合における同法第二十八条第一項第一号又は第三号に掲げる分限免職の事由に相当する事由により免職の処分を受けたと認められるとき。

3　免許状を有する者（教育職員以外の者に限る。）が、法令の規定に故意に違反し、又は教育職員たるにふさわしくない非行があつて、その情状が重いと認められるときは、免許管理者は、その免許状を取り上げることができる。

4　前三項の規定により免許状取上げの処分を行つたときは、免許管理者は、その旨を直ちにその者に通知しなければならない。この場合において、当該免許状は、その通知を受けた日に効力を失うものとする。

5　前条第二項の規定は、前項の規定により免許状が失効した者について準用する。

＊①免許管理者（二2）、学校法人の所轄庁への報告（一四の二）、③教育職員（二1）、校長・教員の欠格事由（学教九③）、④免許状取上げ処分の通知（一三・一四）

通知　**免許状の失効及び取上げ関係**　①免許状が失効した者又は取上げの処分を受けた者については、新たに免許状の返納義務が課せられるとともに、当該義務に違反した者については罰則が適用されることとなったことから、各都道府県教育委員会及び都道府県知事においては、域内又は管下の学校の教員に対し適切な周知に努めること。②免許状の取上げ処分に不服がある場合には、行政手続法の聴聞及び教育職員免許法の聴聞の方法の特例に関する規定の適用を受けること。また、行政事件訴訟法上の取消訴訟を提起することが可能となっていること。③懲戒免職処分が取消し又は無効になった場合は、一旦失効した免許状の効力は処分の日にさかのぼって有効となること。（平14・6・28文科初四三〇事務次官）

（聴聞の方法の特例）
第十二条　免許管理者は、前条の規定による免許状取上げの処分に係る聴聞を行おうとするときは、聴聞の期日の三十日前までに、行政手続法（平成五年法律第八十八号）第十五条第一項の規定による通知をしなければならない。

2　前項の聴聞の期日における審理は、当該聴聞の当事者から請求があつたときは、公開により行わなければならない。

3　第一項の聴聞に際しては、利害関係人（同項の聴聞の参加人を除く。）は、当該聴聞の主宰者に対し、当該聴聞の期日までに証拠書類又は証拠物を提出することができる。

4　第一項の聴聞の主宰者は、当該聴聞の期日における証人の出席について、当該聴聞の当事者から請求があつたときは、これを認めなければならない。

＊①免許管理者（二2）、免許状取上げ処分（一一）、③④聴聞の主宰者・免許管理者（二2）

（失効等の場合の公告等）
第十三条　免許管理者は、この章の規定により免許状が失効したとき、又は免許状取上げの処分を行つたときは、その免許状の種類及び失効又は取上げの事由並びにその者の氏名及び本籍地を官報に公告するとともに、その旨をその者の所轄庁及びその免許状を授与した授与権者に通知しなければならない。

2　この章の規定により免許状が失効し、若しくは免許状取上げの処分を行い、又はその旨の通知を受けたときは、その免許状を授与した授与権者は、この旨を第八条第一項の原簿に記入しなければならない。

＊①免許管理者（二2）、免許状の失効（一〇）、免許状の取上げ（一一）、所轄庁（二3）、授与権者（五7）

（通知）
第十四条　所轄庁（免許管理者を除く。）は、教育職員が、次の各号のいずれかに該当すると認めたときは、速やかにその旨を免許管理者に通知しなければならない。
一　第五条第一項第三号又は第六号に該当するとき。
二　第十条第一項第二号又は第三号に該当するとき（懲戒免職又は分限免職の処分を行つた者が免許管理者である場合を除く。）。
三　第十一条第一項又は第二項に該当する事実があると思料するとき（同項第二号に規定する免職の処分を行つた者が免許管理者である場合を除く。）。

＊所轄庁（二3）、教育職員（二1）、免許管理者（二2）

（報告）
第十四条の二　学校法人等は、その設置する私立学校の教員について、第五条第一項第三号若しくは第六号に該当すると認めたとき、又は当該教員を解雇した場合において、当該解雇の事由が第十一条第一項若しくは第二項第一号に定める事由に該当すると思料するときは、速やかにその旨を所轄庁に報告しなければならない。

＊学校法人（学教二、私学三章）、所轄庁（二3）

第四章　雑則

（書換又は再交付）
第十五条　免許状を有する者がその氏名又は本籍地を変更し、又は免許状を破損し、若しくは紛失したときは、その事由をしるして、免許状の書換又は再交付をその免許状を授与した授与権者に願い出ることができる。

＊授与権者（五7）、書換又は再交付の出願手続（施規七二）

第十六条　削除（平一一法八七）

（免許状授与の特例）
第十六条の二　普通免許状は、第五条第一項の規定によるほか、普通免許状の種類に応じて文部科学大臣又は文部科学大臣が委嘱する大学の行なう試験（以下「教員資格認定試験」という。）に合格した者で同項各号に該当しないものに授与する。

2　教員資格認定試験に合格した日の翌日から起算して十年を経過する日の属する年度の末日を経過した者については、前項の規定にかかわらず、その者が免許状更新講習の課程を修了した後文部科学省令で定める二年以上の期間内にある場合に限り、普通免許状を授与する。

3　文部科学大臣は、教員資格認定試験（文部科学大臣が行うものに限る。）の実施に関する事務を機構に行わせるものとする。

4 教員資格認定試験の受験資格、実施の方法その他試験に関し必要な事項は、文部科学省令で定める。

＊①普通免許状の授与（五1）、③機構（九の三6）、④教員資格認定試験（施規六一の一二、教員資格認定試験規程）

（中学校等の教員の特例）

第一六条の三　中学校教諭又は高等学校教諭の普通免許状は、それぞれ第四条第五項第一号又は第二号に掲げる教科のほか、これらの学校における教育内容の変化並びに生徒の進路及び特性その他の事情を考慮して文部科学省令で定める教科について授与することができる。

2 前項の免許状は、第五条第一項本文の規定によるほか、その免許状に係る教員資格認定試験に合格した者又は文部科学省令で定める資格を有する者に授与する。

3 前条第二項の規定は、前項の規定による免許状の授与について準用する。この場合において、同条第二項中「合格した日」とあるのは「合格した日又は次条第二項に規定する文部科学省令で定める資格を有することとなつた日」と、「前項」とあるのは「同項」と読み替えるものとする。

4 第一項及び第二項の文部科学省令を定めるに当たつては、文部科学大臣は、審議会等（国家行政組織法（昭和二十三年法律第百二十号）第八条に規定する機関をいう。別表第一備考第一号の二及び第五号イにおいて同じ。）で政令で定めるものの意見を聴かなければならない。

＊①文部科学省令で定める教科（施規九章）、②教員資格認定試験（一六の二、施規六一の一二、教員資格認定試験規程）、文部科学省令で定める資格（施規九章）

第一六条の四　高等学校教諭の普通免許状は、第四条第五項第二号に掲げる教科のほか、これらの教科の領域の一部に係る事項で文部科学省令で定めるものについて授与することができる。

2 前項の免許状は、一種免許状とする。

3 第一項の免許状は、第五条第一項本文の規定にかかわらず、その免許状に係る教員資格認定試験に合格した者に授与する。

4 第十六条の二第二項の規定は、前項の規定による免許状の授与について準用する。この場合において、同条第二項中「前項」とあるのは、「第十六条の四第三項」と読み替えるものとする。

＊①文部科学省令で定める事項（施規六一の一四）、②一種免許状（四2・別表第一―第八）、③教員資格認定試験（一六の二、施規六一の一二、教員資格認定試験規程）

第一六条の五　中学校又は高等学校の教諭の免許状を有する者は、第三条第一項から第四項までの規定にかかわらず、それぞれその免許状に係る教科に相当する教科その他教科に関する事項で文部科学省令で定めるものの教授又は実習を担任する小学校若しくは義務教育学校の前期課程の主幹教諭、指導教諭、教諭若しくは講師又は特別支援学校の小学部の主幹教諭、指導教諭、教諭若しくは講師となることができる。ただし、特別支援学校の小学部の主幹教諭、指導教諭、教諭又は講師となる場合は、特別支援学校の教員の免許状を有する者でなければならない。

2 工芸、書道、看護、情報、農業、工業、商業、水産、福祉若しくは商船又は看護実習、情報実習、農業実習、工業実習、商業実習、水産実習、福祉実習若しくは商船実習の教科又は前条第一項に規定する文部科学省令で定める教科の領域の一部に係る事項について高等学校の教諭の免許状を有する者は、第三条第一項から第五項までの規定にかかわらず、それぞれその免許状に係る教科に相当する教科その他教科に関する事項で文部科学省令で定めるものの教授又は実習を担任する中学校、義務教育学校の後期課程若しくは中等教育学校の前期課程の主幹教諭、指導教諭、教諭若しくは講師又は特別支援学校の中学部の主幹教諭、指導教諭、教諭若しくは講師となることができる。ただし、特別支援学校の中学部の主幹教諭、指導教諭、教諭又は講師となる場合は、特別支援学校の教員の免許状を有する者でなければならない。

＊①文部科学省令で定める教科（施規六六の三1）、②文部科学省令で定める教科（施規六六の三2）

通知　**他校種免許状による専科担任制度関係**

①他校種免許状による専科担任の任用にあたっては、適切な転任、兼職等の手続きを行うとともに、兼職する場合にあっては、当該教員にとって過度の負担とならないよう、また児童生徒の指導等に支障が生ずることのないよう、校務分掌を適切に整える等の配慮を行うこと。②他校種免許状による専科担任の任用にあたっては、学校種間の連携の促進及び教科指導の充実という専科担任制度の目的を十分に踏まえるとともに、児童生徒の心身の発達段階を考慮し、当該学校種において教授することについての適性等を個々に判断すること。③高等学校の専門教科等を有する教員が小学校又は中学校の専科担任を行う場合には、教科の領域の一部を担当することが想定されることから、指導内容等に応じて個々に専科担任の適否を判断すること。④盲学校、聾学校又は養護学校において他校種免許状による専科担任を行う際には、附則第一六項（旧附則第一九項）の規定の適用は受けず、それぞれ盲学校、聾学校又は養護学校の免許状を有することが必要であること。（平14・6・28文科初四三〇事務次官）

第一七条　第四条の二第二項に規定する免許状は、第五条第一項本文、同項第二号及び第六項並びに第五条の二第二項の規定にかかわらず、その免許状に係る教員資格認定試験に合格した者又は文部科学省令で定める資格を有する者に授与する。

2 第十六条の二第二項の規定は、前項の規定による普通免許状の授与について準用する。この場合において、同条第二項中「合格した日」とあるのは「合格した日又は第十七条第一項に規定する文部科学省令で定める資格を有することとなつた日」と、「前項」とあるのは「同項」と読み替えるものとする。

＊①教員資格認定試験（一六の二、施規六一の二、教員資格認定試験規程）、文部科学省令で定める資格（施規六四・六五）

第一七条の二　特別支援学校において自立活動の教授を担任するために必要な第四条の二第二項に規定する普通免許状又は同条第三項に規定する特別免許状を有する者は、第三条第一項及び第二項並びに第四条第二項及び第三項の規定にかかわらず、学校教育法第八十一条第二項及び第三項に規定する特別支援学級において、これらの免許状に係る障害の種類に応じた自立活動の教授を担任する主幹教諭、指導教諭、教諭又は講師となることができる。

＊特別支援学校（三3、学教一・八章）、自立活動（二4、学教施規一二六―一三〇）

第一七条の三　特別支援学校の教諭の普通免許状のほか、幼稚園、小学校、中学校又は高等学校のいずれかの学校の教諭の普通免許状を有する者は、第三条第一項から第三項までの規定にかかわらず、特別支援学校において自立教科等以外の教科（幼稚部にあつては、自立教科等以外の事項）の教授又は実習（専ら知的障害者に対するものに限る。）を担任する主幹教諭、指導教諭、教諭又は講師となることができる。

＊特別支援学校（三3、学教一・八章）、自立教科等（二4）

（外国において授与された免許状を有する者等の特例）

第一八条　外国（本州、北海道、四国、九州及び文部科学省令で定めるこれらに附属する島以外の地域をいう。以下同じ。）において授与された教育職員に関する免許状を有する者又は外国の学校を卒業し、若しくは修了した者については、この法律及びこの法律施行のために発する法令の規定に準じ、教育職員検定により、各相当の免許状を授与することができる。

2 前項の規定は、第五条の二第三項の規定により特別支援学校の教員の免許状に新教育領域を追加して定める場合について準用する。この場合において、前項中「外国（」とあるのは「特別支援学校の教員の免許状を有する者であつて、当該免許状の授与を受けた後、外国（」と、「各相当の免許状を授与する」とあるのは「その有する特別支援学校の教員の免許状に各相当の新教育領域を追加して定める」と読み替えるものとする。

＊①文部科学省令で定める島（施規七五）、教育職員検定（六）、免許状授与（五・五の二・一六の二―一六の四・一七）、②特別支援学校の教員（三）、新教育領域（五の二3）

第一九条　削除〔平一一法八七〕

（その他の事項）

第二〇条　免許状に関し必要な事項は、この法律及びこの法律施行のために発する法令で定めるものを除くほか、都道府県の教育委員会規則で定める。

＊教育委員会規則（地教行一五）

第五章　罰則

第二一条　次の各号のいずれかに該当する場合には、その行為をした者は、一年以下の懲役又は五十万円以下の罰金に処する。

一　第五条第一項、第五条の二第二項若しくは第三項若しくは第三項又は第六条第一項から第三項までの規定に違反して、免許状を授与し、若しくは特別支援教育領域を定め、又は教育職員検定を行つたとき。

二　第七条第一項又は第二項の請求があつた場合に、虚偽の証明書を発行したとき。

2　偽りその他不正の手段により、免許状の授与若しくは特別支援教育領域の定め又は教育職員検定を受けた者も、前項と同様とする。

＊①免許状授与（五・五の二）、教育職員検定（六）、証明書の発行（七）

第二二条　第三条の規定に違反して、相当の免許状を有しない者を教育職員（幼保連携型認定こども園の教員を除く。次項において同じ。）に任命し、又は雇用した場合には、その違反行為をした者は、三十万円以下の罰金に処する。

2　第三条の規定に違反して、相当の免許状を有しないにもかかわらず教育職員となつた者も、前項と同様とする。

＊①相当の免許状（三）、教育職員（二1）

第二三条　次の各号のいずれかに該当する者は、十万円以下の過料に処する。

一　第三条の二第二項の規定に違反して、届出をせず、又は虚偽の届出をした者

二　第十条第二項（第十一条第五項において準用する場合を含む。）の規定に違反して免許状を返納しなかつた者

＊非常勤講師の任命・雇用の届出（三の二2）、失効免許状の返納（一〇2）

附　則〔抄〕

2　授与権者は、当分の間、中学校、義務教育学校の後期課程、高等学校、中等教育学校の前期課程若しくは後期課程又は特別支援学校の中学部若しくは高等部において、ある教科の教授を担任すべき教員を採用することができないと認めるときは、当該学校の校長及び主幹教諭、指導教諭又は教諭（以下この項において「主幹教諭等」という。）の申請により、一年以内の期間を限り、当該教科についての免許状を有しない主幹教諭等が当該教科の教授を担任することを許可することができる。この場合においては、許可を得た主幹教諭等は、第三条第一項及び第二項の規定にかかわらず、当該学校、当該前期課程若しくは後期課程又は当該中学部若しくは高等部において、その許可に係る教科の教授を担任することができる。

3　旧国民学校令（昭和十六年勅令第百四十八号）、旧教員免許令（明治三十三年勅令第百三十四号）又は旧幼稚園令（大正十五年勅令第七十四号）による教員免許状を有する者及び学校教育法第八条に基づく学校教育法施行規則（以下単に「学校教育法施行規則」という。）第九十六条又は第九十七条の規定により、校長仮免許状、園長仮免許状、教諭仮免許状、助教諭仮免許状、養護教諭仮免許状又は養護助教諭仮免許状を有するものとみなされた者には、第五条第一項第二号及び第六項ただし書の規定にかかわらず、免許状を授与することができる。

4　教育職員免許法施行法（昭和二十四年法律第百四十八号。以下「施行法」という。）第一条又は第二条の規定により免許状の交付又は授与を受けた者が、別表第三、第五、第六又は第七の規定により、それぞれの上級の免許状を受けようとする場合には、別表第三、第六若しくは第七の第三欄又は別表第五の第二欄に掲げる在職年数については、それぞれの表の第二欄に掲げる免許状の交付又は授与を受けるために必要とする施行法第一条又は第二条の表の上欄に掲げる資格を得たのち、それぞれの表の第一欄に掲げる学校の教員（これに相当するものとして、文部科学省令で定める旧令による学校の校長及び教員、文部科学省令で定める学校以外の教育施設において教育に従事する者並びに文部科学省令で定める官公庁又は私立学校において教育事務に従事する職員を含む。）として在職した年数を通算することができる。

5　別表第三により中学校教諭の一種免許状又は高等学校教諭の専修免許状を受けようとする者が、次の表の第一欄に掲げる基礎資格を有する者で施行法第一条又は第二条の規定により次の表の第二欄に掲げる免許状の交付又は授与を受けているときは、学力及び実務の検定は、次の表の第三欄及び第四欄によるものとする。この場合において、第六条第四項及び第九条第四項の規定の適用については、これらの規定中「別表第八まで」とあるのは、「別表第八まで（別表第三については、附則第五項の規定の適用がある場合を含む。）」とする。

〔本項の表につき後掲（別表の前）〕

6　臨時免許状については、当分の間、相当期間にわたり普通免許状を有する者を採用することができない場合に限り、第九条第三項の規定にかかわらず、都道府県の教育委員会規則で、その有効期間を六年とすることができる。

7　養護助教諭の臨時免許状は、当分の間、保健師助産師看護師法（昭和二十三年法律第二百三号）による准看護師の免許を受けた者、同法第五十一条第一項若しくは第五十三条第一項の規定に該当する者又は同法第五十一条第三項若しくは第五十三条第三項の規定により免許を受けた者に対しては、第五条第六項本文の規定にかかわらず、その者が同条第一項第二号に該当する場合にも授与することができる。

8　高等学校教諭の工業の教科についての一種免許状は、当分の間、第五条第一項本文の規定にかかわらず、旧国立工業教員養成所の設置等に関する臨時措置法（昭和三十六年法律第八十七号）による国立工業教員養成所に三年以上在学し、所定の課程を終えて卒業した者に対して授与することができる。ただし、免許状更新講習の課程を修了した後文部科学省令で定める二年以上の期間内にない者については、この限りでない。

9　次の表の第二欄に掲げる基礎資格を有する者に対して教育職員検定により次の表の第一欄に掲げる高等学校教諭の一種免許状を授与する場合における学力及び実務の検定は、当分の間、第六条第二項の規定にかかわらず、次の表の第三欄及び第四欄の定めるところによる。この場合において、第六条第四項及び第九条第四項中「別表第八まで」とあるのは「別表第八まで又は附則第九項の表」と、第九条第四項中「別表第八まで」とあるのは「別表第八まで若しくは附則第九項の表」とする。

〔本項の表につき後掲（別表の前）〕

10　前項の表ニの項に掲げる基礎資格を有する者に、前項の規定による教育職員検定により、同表第一欄に掲げる高等学校教諭の一種免許状を授与する場合については、第五条第一項第二号の規定は、適用しない。同項の規定による教育職員検定により当該一種免許状の授与を受けた者に、当該免許状に係る教科の高等学校教諭の専修免許状を授与する場合についても、同様とする。

11　養護教諭の二種免許状又は中学校教諭の保健の教科についての二種免許状は、第五条第一項本文の規定にかかわらず、旧国立養護教諭養成所設置法（昭和四十年法律第十六号）

による国立養護教諭養成所（次項において「旧国立養護教諭養成所」という。）を卒業した者に対して授与することができる。ただし、免許状更新講習の課程を修了した後文部科学省令で定める二年以上の期間内にない者については、この限りでない。

12　別表第六の所要資格の項第四欄に掲げる大学には、同表の規定にかかわらず、旧国立養護教諭養成所を含むものとする。

13　第七条第二項及び別表第三備考第二号の私立学校を設置する学校法人等の理事長には、当分の間、学校法人等以外の者の設置する私立の幼稚園の設置者（法人にあつては、その法人を代表する権限を有する者）並びに就学前の子どもに関する教育、保育等の総合的な提供の推進に関する法律の一部を改正する法律（平成二十四年法律第六十六号。以下この項及び附則第十八項において「認定こども園法一部改正法」という。）附則第三条第二項に規定するみなし幼保連携型認定こども園の設置者（学校法人及び社会福祉法人を除く。以下この項において「みなし幼保連携型認定こども園の設置者」という。）及び認定こども園法一部改正法附則第四条第一項の規定により幼保連携型認定こども園を設置する者を含むものとし、第十四条の二の学校法人等には、当分の間、学校法人等以外の者の設置する私立の幼稚園の設置者並びにみなし幼保連携型認定こども園の設置者及び同項の規定により幼保連携型認定こども園を設置する者を含むものとする。

14　養護教諭の免許状を有する者（三年以上養護をつかさどる主幹教諭又は養護教諭として勤務したことがある者に限る。）で養護をつかさどる主幹教諭又は養護教諭として勤務しているものは、当分の間、第三条の規定にかかわらず、その勤務する学校（幼稚園及び幼保連携型認定こども園を除く。）において、保健の教科の領域に係る事項（小学校、義務教育学校の前期課程又は特別支援学校の小学部にあつては、体育の教科の領域の一部に係る事項で文部科学省令で定めるもの）の教授を担任する教諭又は講師となることができる。

15　幼稚園、小学校、中学校又は高等学校の教諭の免許状を有する者は、当分の間、第三条第一項から第三項までの規定にかかわらず、特別支援学校の相当する各部の主幹教諭（養護又は栄養の指導及び管理をつかさどる主幹教諭を除く。）、指導教諭、教諭又は講師となることができる。

16　中学校の教諭の免許状又は高等学校の教諭の免許状を有する者は、当分の間、第三条第一項、第二項及び第五項の規定にかかわらず、それぞれ中等教育学校の前期課程又は後期課程における教科の主幹教諭（養護又は栄養の指導及び管理をつかさどる主幹教諭を除く。）、指導教諭、教諭又は講師となることができる。

17　次の表の第二欄に掲げる基礎資格を有する者（学校給食法（昭和二十九年法律第百六十号）第七条に規定する職員その他の学校給食の栄養に関する専門的事項をつかさどる職員のうち栄養の指導及び管理をつかさどる主幹教諭並びに栄養教諭以外の者並びに教育委員会の事務局において学校給食の適切な実施に係る指導を担当する者に限る。）に対して教育職員検定により次の表の第一欄に掲げる栄養教諭の一種免許状又は二種免許状を授与する場合における学力及び実務の検定は、当分の間、第六条第二項の規定にかかわらず、次の表の第三欄及び第四欄の定めるところによる。この場合において、第六条第四項及び第九条第四項の規定の適用については、第六条第四項中「別表第八まで」とあるのは「別表第八まで又は附則第十七項の表」と、第九条第四項中「別表第八まで」とあるのは「別表第八まで若しくは附則第十七項の表」とする。

（本項の表につき後掲（別表の前））

18　児童福祉法（昭和二十二年法律第百六十四号）第十八条の十八第一項に規定する保育士の登録をしている者であつて学士の学位又は短期大学士の学位その他の文部科学省令で定める基礎資格を有するものに対して教育職員検定により幼稚園の教諭の一種免許状又は二種免許状を授与する場合における学力及び実務の検定は、認定こども園法一部改正法の施行の日から起算して十年を経過するまでの間は、第六条第二項の規定にかかわらず、当該基礎資格を取得した後文部科学省令で定める職員として良好な成績で勤務した旨の実務証明責任者の証明を有することを必要とする最低在職年数及び当該基礎資格を取得した後大学その他の文部科学省令で定める機関において修得することを必要とする最低単位数として文部科学省令で定めるものによるものとする。この場合において、同条第四項及び第九条第四項の規定の適用については、第六条第四項中「得た日」とあるのは「得た日又は附則第十八項の文部科学省令で定める最低在職年数を満たし、かつ、同項の文部科学省令で定める最低単位数を修得した日」と、第九条第四項中「得た日」とあるのは「得た日若しくは附則第十八項の文部科学省令で定める最低在職年数を満たし、かつ、同項の文部科学省令で定める最低単位数を修得した日」とする。

19　小学校の教諭の免許状又は中学校の教諭の免許状を有する者は、当分の間、第三条第一項、第二項及び第四項の規定にかかわらず、それぞれ義務教育学校の前期課程又は後期課程の主幹教諭（養護又は栄養の指導及び管理をつかさどる主幹教諭を除く。）、指導教諭、教諭又は講師となることができる。

別表第一から別表第八まで（法令末尾に掲載）

附　則（抄）（平成二八年一一月二八日法律第八七号）

施行、平二九・四・一ほか

（教育職員免許法の一部改正に伴う経過措置）

第五条　附則第一条第三号に掲げる規定の施行（平三一・四・一）の際現に大学又は第二条の規定による改正前の教育職員免許法（以下「旧免許法」という。）別表第一備考第三号の規定により文部科学大臣の指定を受けている教員養成機関、旧免許法第五条第一項の規定により文部科学大臣の指定を受けている養護教諭養成機関若しくは旧免許法別表第二の二備考第二号の規定により文部科学大臣の指定を受けている教員養成機関に在学している者についての免許状の授与の所要資格については、第三号施行日以後においても当該者がこれらを卒業するまでは、新免許法別表第一、別表第二及び別表第二の二の規定にかかわらず、なお従前の例による。

第六条　第三号施行日（平三一・四・一）前に大学又は旧免許法別表第一備考第三号の規定により文部科学大臣が指定した教員養成機関、旧免許法第五条第一項の規定により文部科学大臣が指定した養護教諭養成機関若しくは旧免許法別表第二の二備考第二号の規定により文部科学大臣が指定した教員養成機関に在学した者で、これらを卒業するまでに旧免許法別表第一、別表第二又は別表第二の二に規定するそれぞれの普通免許状に係る所要資格を得たもの（前条の規定によりなお従前の例によることとされる免許状の授与の所要資格を得た者を含む。）は、新免許法別表第一、別表第二又は別表第二の二に規定する当該普通免許状に係る所要資格を得たものとみなす。

附　則（抄）（平成二九年五月三一日法律第四一号）

施行、平三一・四・一

（教育職員免許法の一部改正に伴う経過措置）

第一一条　前条の規定による改正後の教育職員免許法別表第一備考第二号に規定する学校教育法第百四条第三項に規定する文部科学大臣の定める学位には、旧学校教育法第百四条第一項に規定する文部科学大臣の定める学位を含むものとする。

（法令末尾掲載の表は次頁）

（附則第五項の表）

番号	第一欄 基礎資格	第二欄 施行法第一条又は第二条の規定により交付又は授与を受けている免許状の種類	第三欄 第一欄に規定する基礎資格を取得したのち、第二欄に掲げる各免許状に係る学校の教員として良好な成績で勤務した旨の実務証明責任者の証明を有することを必要とする最低在職年数	第四欄 第一欄に規定する基礎資格を取得したのち、大学において修得することを必要とする最低単位数
一	旧教員免許令による中学校高等女学校教員免許状、高等女学校教員免許状又は実業学校教員免許状を有すること。	中学校教諭の二種免許状	一〇	一〇
二	イ　旧教員養成諸学校官制（昭和二十一年勅令第二百八号）第一条に規定する教員養成諸学校（以下「教員養成諸学校」という。）のうち修業年限四年の学校を卒業したこと。 ロ　旧専門学校令（明治三十六年勅令第六十一号）による専門学校（以下「専門学校」という。）のうち修業年限四年以上の学校を卒業したこと。	中学校教諭の二種免許状	三	一〇
三	イ　旧大学令（大正七年勅令第三百八十八号）による学士の称号を有すること。 ロ　旧学位令（大正九年勅令第二百号）による学位を有すること。	中学校教諭の二種免許状		一〇
四	イ　修業年限四年の教員養成諸学校を卒業したこと。 ロ　修業年限四年以上の専門学校を卒業したこと。	高等学校教諭の一種免許状	五	一〇
五	イ　旧大学令による学士の称号を有すること。 ロ　旧学位令による学位を有すること。	高等学校教諭の一種免許状	一	一〇

備考

一　第三欄の学校の教員についての同欄の実務証明責任者は、国立学校又は公立学校の教員にあつては所轄庁と、私立学校の教員にあつてはその私立学校を設置する学校法人の理事長とする。（附則第九項及び第十七項の表の場合においても同様とする。）

二　この表の第二号のロ及び第四号のロに掲げる基礎資格を有する者には、これに相当する者として文部科学省令で定める者を含むものとする。

（附則第九項の表）

所要資格／基礎資格	第一欄	第二欄	第三欄	第四欄
基礎資格			第二欄に規定する基礎資格を取得したのち、高等学校（中等教育学校の後期課程及び特別支援学校の高等部を含む。）において第一欄に掲げる実習を担任する教諭の職務を助ける職員として良好な成績で勤務した旨の実務証明責任者の証明を有することを必要とする最低	第二欄に規定する基礎資格を取得したのち、大学において修得することを必要とする最低単位数

受けようとする免許状の種類		在職年数	
高等学校において看護実習、家庭実習、情報実習、農業実習、工業実習、商業実習、水産実習、福祉実習又は商船実習を担任する教諭の一種免許状	イ　大学において第一欄に掲げる実習に係る実業に関する学科を専攻し、短期大学士の学位を有すること又は文部科学大臣がこれと同等以上と認める資格を有すること。	三	一〇
	ロ　学科を専攻し、学校教育法第百二十一条に定める準学士の称号を有すること。	三	一〇
	ハ　高等学校（中等教育学校の後期課程を含む。）において第一欄に掲げる実習に係る実業に関する学科を修めて卒業すること又は文部科学大臣がこれと同等以上と認める資格を有すること。	六	一〇
	ニ　九年以上第一欄に掲げる実習に関する実地の経験を有すること。	三	一〇

備考

一　別表第一備考第一号及び第一号の二並びに別表第三備考第六号及び第十一号の規定は、この表の場合について準用する。

二　第二欄に掲げる「短期大学士の学位」には、学校教育法第百四条第二項に規定する文部科学大臣の定める学位（専門職大学を卒業した者に対して授与されるものを除く。）又は同条第六項に規定する文部科学大臣の定める学位を含むものとする。

三　第三欄に掲げる「高等学校（中等教育学校の後期課程及び特別支援学校の高等部を含む。）において第一欄に掲げる実習を担任する教諭の職務を助ける職員」とは、高等学校（中等教育学校の後期課程及び特別支援学校の高等部を含む。以下この号において同じ。）において第一欄に掲げる実習を担任する助教諭及び高等学校において第一欄に掲げる実習を担任する教諭の職務を助ける実習助手（文部科学省令で定めるものに限る。）をいい、実習助手についての第三欄の実務証明責任者は、文部科学省令で定める。

四　九年以上第一欄に掲げる実習に関する実地の経験を有する者のうち、その者の小学校から最終学校を卒業し、又は修了するに至るまでの学校における修業の年数が通算して九年に不足するものについては、ニの項中「九年以上」とあるのは、「九年に不足する年数に二を乗じて得た年数を九年に加えた年数以上」と読み替えるものとする。

（附則第一七項の表）

第一欄		第二欄	第三欄	第四欄
受けようとする免許状の種類＼所要資格		基礎資格	第二欄に規定する基礎資格を取得した後、学校給食法第七条に規定する職員その他の学校給食の栄養に関する専門的事項をつかさどる職員として良好な成績で勤務した旨の実務証明責任者の証明を有することを必要とする最低在職年数	第二欄に規定する基礎資格を取得した後、大学において修得することを必要とする最低単位数
栄養教諭	一種免許状	栄養士法（昭和二十二年法律第二百四十五号）第二条第三項の規定により管理栄養士の免許を受けていること又は同法第五条の三第四号の規定により指定された管理栄養士養成施設の課程を修了し、同法第二条第一項の規定により栄養士の免許を受けていること。	三	一〇
	二種免許状	栄養士法第二条第一項の規定により栄養士の免許を受けていること。	三	八

備考

一　別表第一備考第一号及び第一号の二並びに別表第三備考第六号及び第十一号の規定は、この表の場合について準用する。

二　この表の規定により栄養教諭の免許状を受けようとする者が、この法律の規定により教諭又は養護教諭の普通免許状を有するときは、第三欄に定める最低在職年数に満たない在職期間（一年未満の期間を含む。）があるときも、当該在職年数を満たすものとみなし、第四欄中「一〇」とあり、及び「八」とあるのは、「二」と読み替えるものとする。

（別表第一から別表第八まで）

別表第一（第五条、第五条の二関係）

第一欄		第二欄	第三欄	
免許状の種類	所要資格	基礎資格	大学において修得することを必要とする最低単位数	
			教科及び教職に関する科目	特別支援教育に関する科目
幼稚園教諭	専修免許状	修士の学位を有すること。	七五	
	一種免許状	学士の学位を有すること。	五一	
	二種免許状	短期大学士の学位を有すること。	三一	
小学校教諭	専修免許状	修士の学位を有すること。	八三	
	一種免許状	学士の学位を有すること。	五九	
	二種免許状	短期大学士の学位を有すること。	三七	
中学校教諭	専修免許状	修士の学位を有すること。	八三	
	一種免許状	学士の学位を有すること。	五九	
	二種免許状	短期大学士の学位を有すること。	三五	
高等学校教諭	専修免許状	修士の学位を有すること。	八三	
	一種免許状	学士の学位を有すること。	五九	
特別支援学校教諭	専修免許状	修士の学位を有すること及び小学校、中学校、高等学校又は幼稚園の教諭の普通免許状を有すること。		五〇
	一種免許状	学士の学位を有すること及び小学校、中学校、高等学校又は幼稚園の教諭の普通免許状を有すること。		二六
	二種免許状	小学校、中学校、高等学校又は幼稚園の教諭の普通免許状を有すること。		一六

備考

一　この表における単位の修得方法については、文部科学省令で定める。（別表第二から別表第八までの場合においても同様とする。）。

一の二　文部科学大臣は、前号の文部科学省令を定めるに当たつては、単位の修得方法が教育職員として必要な知識及び技能を体系的かつ効果的に修得させるものとなるよう配慮するとともに、あらかじめ、第十六条の三第四項の政令で定める審議会等の意見を聴かなければならない（別表第二から別表第八までの場合においても同様とする。）。

二　第二欄の「修士の学位を有すること」には、学校教育法第百四条第三項に規定する文部科学大臣の定める学位を有する場合又は大学（短期大学を除く。第六号及び第七号において同じ。）の専攻科若しくは文部科学大臣の指定するこれに相当する課程に一年以上在学し、三十単位以上修得した場合を含むものとする（別表第二及び別表第二の二の場合においても同様とする。）。

二の二　第二欄の「学士の学位を有すること」には、学校教育法第百四条第二項に規定する文部科学大臣の定める学位（専門職大学を卒業した者に対して授与されるものに限る。）を有する場合又は文部科学大臣が学士の学位を有することと同等以上の資格を有すると認めた場合を含むものとする（別表第二の場合においても同様とする。）。

二の三　第二欄の「短期大学士の学位を有すること」には、学校教育法第百四条第二項に規定する文部科学大臣の定める学位（専門職大学を卒業した者に対して授与されるものを除く。）若しくは同条第六項に規定する文部科学大臣の定める学位を有する場合、文部科学大臣の指定する教員養成機関を卒業した場合又は文部科学大臣が短期大学士の学位を有することと同等以上の資格を有すると認めた場合を含むものとする（別表第二の二の場合においても同様とする。）。

三　高等学校教諭以外の教諭の二種免許状の授与の所要資格に関しては、第三欄の「大学」には、文部科学大臣の指定する教員養成機関を含むものとする。

四　この表の規定により幼稚園、小学校、中学校若しくは高等学校の教諭の専修免許状若しくは一種免許状又は幼稚園、小学校若しくは中学校の教諭の二種免許状の授与を受けようとする者については、特に必要なものとして文部科学省令で定める科目の単位を大学又は文部科学大臣の指定する教員養成機関において修得していることを要するものとする（別表第二及び別表第二の二の場合においても同様とする。）。

五　第三欄に定める科目の単位は、次のいずれかに該当するものでなければならない（別表第二及び別表第二の二の場合においても同様とする。）。

イ　文部科学大臣が第十六条の三第四項の政令で定める審議会等に諮問して免許状の授与の所要資格を得させるために適当と認める課程（以下「認定課程」という。）において修得したもの

ロ　免許状の授与を受けようとする者が認定課程以外の大学の課程又は文部科学大臣が大学の課程に相当するものとして指定する課程において修得したもので、文部科学省令で定めるところにより当該者の在学する認定課程を有する大学が免許状の授与の所要資格を得させるための教科及び教職に関する科目として適当であると認めるもの

六　前号の認定課程には、第三欄に定める科目の単位のうち、教科及び教職に関する科目（教員の職務の遂行に必要な基礎的な知識技能を修得させるためのものとして文部科学省令で定めるものに限る。）又は特別支援教育に関する科目の単位を修得させるために大学が設置する修業年限を一年とする課程を含むものとする。

七　専修免許状に係る第三欄に定める科目の単位数のうち、その単位数からそれぞれの一種免許状に係る同欄に定める専門教育科目の単位数を差し引いた単位数については、大学院の課程又は大学の専攻科の課程において修得するものとする（別表第二の二の場合においても同様とする。）。

八　一種免許状（高等学校教諭の一種免許状を除く。）に係る第三欄に定める科目の単位数は、短期大学の課程及び短期大学の専攻科で文部科学大臣が指定するものの課程において修得することができる。この場合において、その単位数からそれぞれの二種免許状に係る同欄に定める科目の単位数を差し引いた単位数については、短期大学の専攻科の課程において修得するものとする。

別表第二（第五条関係）

第一欄 所要資格／免許状の種類		第二欄 基礎資格	第三欄 大学又は文部科学大臣の指定する養護教諭養成機関において修得することを必要とする養護及び教職に関する科目の最低単位数
養護教諭	専修免許状	修士の学位を有すること。	八〇
	一種免許状	イ　学士の学位を有すること。	五六
		ロ　保健師助産師看護師法第七条第一項の規定により保健師の免許を受け、文部科学大臣の指定する養護教諭養成機関に半年以上在学すること。	一二
		ハ　保健師助産師看護師法第七条第三項の規定により看護師の免許を受け、文部科学大臣の指定する養護教諭養成機関に一年以上在学すること。	二二
	二種免許状	イ　短期大学士の学位を有すること又は文部科学大臣の指定する養護教諭養成機関を卒業すること。	四二
		ロ　保健師助産師看護師法第七条第一項の規定により保健師の免許を受けていること。	
		ハ　保健師助産師看護師法第五十一条第一項の規定に該当すること又は同条第三項の規定により免許を受けていること。	

備考

一　第二欄の「短期大学士の学位を有すること又は文部科学大臣の指定する養護教諭養成機関を卒業すること」には、学校教育法第百四条第二項に規定する文部科学大臣の定める学位（専門職大学を卒業した者に対して授与されるものを除く。）若しくは同条第六項に規定する文部科学大臣の定める学位を有する場合又は文部科学大臣が短期大学士の学位を有すること若しくは文部科学大臣の指定する養護教諭養成機関を卒業することと同等以上の資格を有すると認めた場合を含むものとする。

二　専修免許状に係る第三欄に定める単位数のうち、その単位数から一種免許状のイの項に定める単位数を差し引いた単位数については、大学院の課程又は大学（短期大学を除く。）の専攻科の課程において修得するものとする。

三　この表の二種免許状のロの項又はハの項の規定により一種免許状の授与を受けた者が、この表の規定により専修免許状の授与を受けようとするときは、専修免許状に係る第三欄に定める単位数のうち一種免許状のイの項に定める単位数については既に修得したものとみなす。

四　一種免許状に係る第三欄に定める単位数（イの項に定めるものに限る。）は、短期大学の課程及び短期大学の専攻科で文部科学大臣が指定するものの課程において修得することができる。この場合において、その単位数から二種免許状のイの項に定める単位数を差し引いた単位数については、短期大学の専攻科の課程において修得するものとする。

別表第二の二（第五条関係）

第一欄 所要資格／免許状の種類		第二欄 基礎資格	第三欄 大学において修得することを必要とする栄養に係る教育及び教職に関する科目の最低単位数
教諭	専修免許状	修士の学位を有すること及び栄養士法第二条第三項の規定により管理栄養士の免許を受けていること。	四六
		学士の学位を有すること、かつ、栄養士法第二条第三項の規定により管理栄養士の免許を	

栄養	一種免許状	受けていること又は同法第五条の三第四号の規定により指定された管理栄養士養成施設の課程を修了し、同法第二条第一項の規定により栄養士の免許を受けていること。	二二
	二種免許状	短期大学士の学位を有すること及び栄養士法第二条第一項の規定により栄養士の免許を受けていること。	一四

備考

一　第二欄の「学士の学位を有すること」には、学校教育法第百四条第二項に規定する文部科学大臣の定める学位（専門職大学を卒業した者に対して授与されるものに限る。）を有する場合又は文部科学大臣が学士の学位を有することと同等以上の資格を有すると認めた場合を含むものとする。

二　第三欄の「大学」には、文部科学大臣の指定する教員養成機関を含むものとする。

別表第三（第六条関係）

第一欄		第二欄	第三欄	第四欄
受けようとする免許状の種類 ＼ 所要資格		有することを必要とする第一欄に掲げる教員（当該学校の助教諭を含む。第三欄において同じ。）の免許状の種類	第二欄に定める各免許状を取得した後、第一欄に掲げる教員又は当該学校の主幹教諭（養護又は栄養の指導及び管理をつかさどる主幹教諭を除く。）、指導教諭若しくは講師（これらに相当する義務教育学校の前期課程又は後期課程、中等教育学校の前期課程又は後期課程及び特別支援学校の各部の教員を含み、幼稚園教諭の専修免許状、一種免許状又は二種免許状の授与を受けようとする場合にあつては、幼保連携型認定こども園の主幹保育教諭、指導保育教諭、保育教諭又は講師を含む。）として良好な成績で勤務した旨の実務証明責任者の証明を有することを必要とする最低在職年数	第二欄に定める各免許状を取得した後、大学において修得することを必要とする最低単位数
幼稚園教諭	専修免許状	一種免許状	三	一五
	一種免許状	二種免許状	五	四五
	二種免許状	臨時免許状	六	四五
小学校教諭	専修免許状	一種免許状	三	一五
		特別免許状	三	四一
	一種免許状	二種免許状	五	四五
		特別免許状	三	二六
	二種免許状	臨時免許状	六	四五
中学校教諭	専修免許状	一種免許状	三	一五
		特別免許状	三	二五
	一種免許状	二種免許状	五	四五
	二種免許状	臨時免許状	六	四五
高等学校教諭	専修免許状	一種免許状	三	一五
		特別免許状	三	二五
	一種免許状	臨時免許状	五	四五

備考

一　実務の検定は第三欄により、学力の検定は第四欄によるものとする（別表第六、別表第六の二、別表第七及び別表第八の場合においても同様とする。）。

二　第三欄の学校の教員についての同欄の実務証明責任者は、国立学校又は公立学校の教員にあつては所轄庁と、私立学校の教員にあつてはその私立学校を設置する学校法人等の理事長とする（別表第五の第二欄並びに別表第六、別表第六の二、別表第七及び別表第八の第三欄の場合においても同様とする。）。

三　第三欄の「第一欄に掲げる教員」には、これに相当するものとして文部科学省令で定める学校以外の教育施設において教育に従事する者を含むものとし、その者についての第三欄の実務証明責任者については、文部科学省令で定める。

四　専修免許状に係る第四欄に定める単位数のうち十五単位については、大学院の課程又は大学（短期大学を除く。）の専攻科の課程において修得するものとする（別表第五の第三欄並びに別表第六、別表第六の二及び別表第七の第四欄の場合においても同様とする。）。

五　一種免許状（高等学校教諭の一種免許状を除く。）に係る第四欄に定める単位数は、短期大学の専攻科で文部科学大臣が指定するものの課程において修得することができる（別表第五の第三欄並びに別表第六、別表第六の二及び別表第七の第四欄の場合においても同様とする。）。

六　第四欄の単位数（第四号に規定するものを含む。）は、文部科学大臣の指定する養護教諭養成機関において修得した単位、文部科学大臣の認定する講習、大学の公開講座若しくは通信教育において修得した単位又は文部科学大臣が大学に委嘱して行う試験の合格により修得した単位をもつて替えることができる（別表第四及び別表第五の第三欄並びに別表第六、別表第六の二、別表第七及び別表第八の第四欄の場合においても同様とする。）。

七　この表の規定により一種免許状又は二種免許状の授与を受けようとする者（小学校教諭の特別免許状を有する者でこの表の規定により小学校教諭の一種免許状の授与を受けようとするものを除く。）について、第三欄に定める最低在職年数を超える在職年数があるときは、五単位にその超える在職年数を乗じて得た単位数（第四欄に定める最低単位数から十単位を控除した単位数を限度とする。）を当該最低単位数から差し引くものとする。この場合における最低在職年数を超える在職年数には、文部科学省令で定める教育の職における在職年数を通算することができる（別表第六及び別表第六の二の場合においても同様とする。）。

八　二種免許状を有する者で教育職員に任命され、又は雇用された日から起算して十二年を経過したもの（幼稚園及び幼保連携型認定こども園の教員を除く。）の免許管理者は、当該十二年を経過した日（第十号において「経過日」という。）から起算して三年の間において、当該者の意見を聴いて、一種免許状を取得するのに必要とする単位を修得することができる大学の課程、文部科学大臣の認定する講習、大学の公開講座若しくは通信教育又は文部科学大臣が大学に委嘱して行う試験（次号及び第九号において「大学の課程等」という。）の指定を行う。

九　前号に規定する者を任命し、又は雇用する者は、前号の規定により指定される大学の課程等において当該者が単位を修得することができる機会を与えるように努めなければならない。

十　第八号の規定により大学の課程等の指定を受けた者で経過日から起算して三年を経過する日までに一種免許状を取得していないものについては、第七号の規定にかかわらず、当該日の翌日以後は、第四欄に定める最低単位数は同欄に定める単位数とする。

十一　文部科学大臣は、第六号の規定による認定に関する事務を機構に行わせるものとする（別表第四から別表第八までの場合においても同様とする。）。

別表第四（第六条関係）

第一欄		第二欄	第三欄
受けようとする他の教科についての免許状の種類 ／ 所要資格		有することを必要とする第一欄に掲げる教員の一以上の教科についての免許状の種類	大学において修得することを必要とする教科及び教職に関する科目の最低単位数
中学校教諭	専修免許状	専修免許状	五二
	一種免許状	専修免許状又は一種免許状	二八
	二種免許状	専修免許状、一種免許状又は二種免許状	一三
高等学校教諭	専修免許状	専修免許状	四八
	一種免許状	専修免許状又は一種免許状	二四

備考

一　学力の検定は、第三欄によるものとする。

二　専修免許状に係る第三欄に定める単位数のうち、その単位数からそれぞれの一種免許状に係る同欄に定める単位数を差し引いた単位数については、大学院の課程又は大学（短期大学を除く。）の専攻科の課程において修得するものとする。

三　中学校教諭の一種免許状に係る第三欄に定める単位数は、短期大学の課程及び短期大学の専攻科で文部科学大臣が指定するものの課程において修得することができる。この場合において、その単位数から中学校教諭の二種免許状に係る同欄に定める単位数を差し引いた単位数については、短期大学の専攻科の課程において修得するものとする。

四　この表の規定により他の教科についての専修免許状又は一種免許状の授与を受けようとする者が、当該他の教科についての一種免許状又は二種免許状を有するときは、専修免許状又は一種免許状の項第三欄に定める単位数からそれぞれ一種免許状又は二種免許状の項第三欄に定める単位数を差し引くものとする。

五　第十六条の四第一項の一種免許状を有する者が高等学校教諭の同項の文部科学省令で定める事項に係る教科についての一種免許状の授与を受けようとする場合については、当該教科を他の教科とみなし、同項の免許状を一以上の教科についての一種免許状とみなして、この表の高等学校教諭の一種免許状の項の規定を適用する。この場合においては、同項第三欄に定める単位数から文部科学省令で定める単位数を差し引くものとする。

別表第五（第六条関係）

第一欄 受けようとする免許状の種類	所要資格	第二欄 基礎資格	第三欄 大学において修得することを必要とする最低単位数
中学校において職業実習を担任する教諭	専修免許状	第一欄に掲げる教諭の一種免許状を取得した後、三年以上中学校（義務教育学校の後期課程、中等教育学校の前期課程及び特別支援学校の中学部を含む。以下この欄において同じ。）において職業実習を担任する教員として良好な成績で勤務した旨の実務証明責任者の証明を有すること。	一五
	一種免許状	第一欄に掲げる教諭の二種免許状を取得した後、三年以上中学校において職業実習を担任する教員として良好な成績で勤務した旨の実務証明責任者の証明を有すること。	一五
	二種免許状	イ　大学において職業実習に関する学科を専攻して、学士の学位を有し、一年以上その学科に関する実地の経験を有し、技術優秀と認められること。 ロ　大学に二年以上在学し、職業実習に関する学科を専攻して、三年以上その学科に関する実地の経験を有し、技術優秀と認められること。 ハ　職業実習についての中学校助教諭の臨時免許状を取得した後、六年以上中学校において職業実習を担任する教員として良好な成績で勤務した旨の実務証明責任者の証明を有すること。	二〇
高等学校において看護実習、家庭実習、情報実習、農業実習、工業実習、商業実習、水産実習、福祉実習又は商船実習を担任する教諭	専修免許状	第一欄に掲げる教諭の一種免許状を取得した後、三年以上高等学校（中等教育学校の後期課程及び特別支援学校の高等部を含む。以下この欄において同じ。）において当該実習を担任する教員として良好な成績で勤務した旨の実務証明責任者の証明を有すること。	一五
	一種免許状	イ　大学において第一欄に掲げる実習に係る実業に関する学科を専攻して、学士の学位を有し、一年以上その学科に関する実地の経験を有し、技術優秀と認められること。 ロ　第一欄に掲げる実習についての高等学校助教諭の臨時免許状を取得した後、三年以上高等学校において当該実習を担任する教員として良好な成績で勤務した旨の実務証明責任者の証明を有すること。	一〇

備考

一　実務の検定は、第二欄により、学力の検定は、第三欄によるものとする。

一の二　第二欄の「学士の学位」には、学校教育法第百四条第二項に規定する文部科学大臣の定める学位（専門職大学を卒業した者に対して授与されるものに限る。）又は文部科学大臣が学士の学位と同等以上の資格として認めたものを含むものとする。

二　第二欄の「当該実習を担任する教員」には、これに相当するものとして文部科学省令で定める学校以外の教育施設において教育に従事する者を含むものとし、その者についての同欄の実務証明責任者については、文部科学省令で定める。

三　この表の規定により一種免許状又は二種免許状の授与を受けようとする者について、第二欄に定める最低在職年数を超える在職年数があるときは、五単位にその超える在職年数を乗じて得た単位数（第三欄に定める最低単位数から十単位を控除した単位数を限度とする。）を当該最低単位数から差し引くものとする。この場合における最低在職年数を超える在職年数には、文部科学省令で定める教育の職における在職年数を通算することができる。

四　この表の規定により中学校教諭の二種免許状を受けようとする者が、職業実習に関する学科の課程を修めて高等学校（旧中学校令（昭和十八年勅令第三十六号）による実業学校を含む。）又は中等教育学校を卒業した者であるときは、中学校において職業実習を担任する教諭の二種免許状ハの項第三欄中「二〇」とあるのを「一〇」と読み替えるものとする。

別表第六（第六条関係）

第一欄 受けようとする免許状の種類	第一欄 所要資格	第二欄 有することを必要とする養護教諭又は養護助教諭の免許状の種類	第三欄 第二欄に定める各免許状を取得した後、養護をつかさどる主幹教諭、養護教諭又は養護助教諭として良好な成績で勤務した旨の実務証明責任者の証明を有することを必要とする最低在職年数	第四欄 第二欄に定める各免許状を取得した後、大学又は文部科学大臣の指定する養護教諭養成機関において修得することを必要とする最低単位数
養護教諭	専修免許状	一種免許状	三	一五
	一種免許状	二種免許状	三	二〇
	二種免許状	臨時免許状	六	三〇

備考

一　この表の規定により一種免許状を受けようとする者が、別表第二の二種免許状のロの項の規定により授与された二種免許状を有するときは、一種免許状の項第三欄中「三」とあるのは「一」と、同項第四欄中「二〇」とあるのは「一〇」と読み替えるものとする。

二　この表の規定により二種免許状を受けようとする者が、保健師助産師看護師法第七条第三項の規定により看護師の免許を受けている場合においては、二種免許状の項第三欄に定める最低在職年数に満たない在職期間（一年未満の期間を含む。）があるときも、当該在職年数を満たすものとみなし、同項第四欄中「三〇」とあるのは、「一〇」と読み替えるものとする。

三　第二欄の臨時免許状を有する者には、当分の間、これに相当する者として文部科学省令で定める者を含むものとし、その者についての二種免許状の項第三欄及び第四欄の規定の適用については、当該文部科学省令で定める者となつたことをもつて臨時免許状の取得とみなす。

四　第三欄の「養護をつかさどる主幹教諭、養護教諭又は養護助教諭」には、当分の間、学校において幼児、児童又は生徒の養護に従事する職員で文部科学省令で定めるものを含むものとし、その者についての同欄の実務証明責任者については、文部科学省令で定める。

別表第六の二（第六条関係）

第一欄 受けようとする免許状の種類	第一欄 所要資格	第二欄 有することを必要とする栄養教諭の免許状の種類	第三欄 第二欄に定める各免許状を取得した後、栄養の指導及び管理をつかさどる主幹教諭又は栄養教諭として良好な勤務成績で勤務した旨の実務証明責任者の証明を有することを必要とする最低在職年数	第四欄 第二欄に定める各免許状を取得した後、大学において修得することを必要とする最低単位数
栄養教諭	専修免許状	一種免許状	三	一五
	一種免許状	二種免許状	三	四〇

備考　この表の規定により一種免許状を受けようとする者が、栄養士法第二条第三項の規定により管理栄養士の免許を受けている場合においては、一種免許状の項第三欄に定める最低在職年数に満たない在職期間（一年未満の期間を含む。）があるときも、当該在職年数を満たすものとみなし、同項第四欄中「四〇」とあるのは、「八」と読み替えるものとする。

別表第七（第六条関係）

第一欄 受けようとする免許状の種類	第一欄 所要資格	第二欄 有することを必要とする特別支援学校の教員（二種免許状の授与を受けようとする場合にあつては、幼稚園、小学校、中学校又は高等学校の教員）の免許状の種類	第三欄 第二欄に定める各免許状を取得した後、特別支援学校の教員（二種免許状の授与を受けようとする場合にあつては、幼稚園、小学校、中学校、義務教育学校、高等学校、中等教育学校又は幼保連携型認定こども園の教員を含む。）として良好な成績で勤務した旨の実務証明責任者の証明を有することを必要とする最低在職年数	第四欄 第二欄に定める各免許状を取得した後、大学において修得することを必要とする最低単位数

特別支援学校教諭	専修免許状	一種免許状	三	一五
	一種免許状	二種免許状	三	六
	二種免許状	小学校、中学校、高等学校又は幼稚園の教諭の普通免許状	三	六

備考　この表の規定により専修免許状又は一種免許状の授与を受けようとする者に係る第三欄に定める最低在職年数については、その授与を受けようとする免許状に定められることとなる特別支援教育領域を担任する教員として在職した年数とする。

別表第八（第六条関係）

第一欄 所要資格／受けようとする免許状の種類	第二欄 有することを必要とする学校の免許状	第三欄 第二欄に定める各免許状を取得した後、当該学校における主幹教諭（養護又は栄養の指導及び管理をつかさどる主幹教諭を除く。）、指導教諭、教諭又は講師（これらに相当する義務教育学校の前期課程又は後期課程、中等教育学校の前期課程又は後期課程及び特別支援学校の各部の主幹教諭（養護又は栄養の指導及び管理をつかさどる主幹教諭を除く。）、指導教諭、教諭又は講師を含み、小学校教諭の二種免許状の授与を受けようとする場合にあつては、幼保連携型認定こども園の主幹保育教諭、指導保育教諭、保育教諭又は講師を含む。）として良好な勤務成績で勤務した旨の実務証明責任者の証明を有することを必要とする最低在職年数	第四欄 第二欄に定める免許状を取得した後、大学において修得することを要する単位数
幼稚園教諭二種免許状	小学校教諭普通免許状	三	六
小学校教諭二種免許状	幼稚園教諭普通免許状	三	一三
	中学校教諭普通免許状	三	一二
中学校教諭二種免許状	小学校教諭普通免許状	三	一四
	高等学校教諭普通免許状	三	九
高等学校教諭一種免許状	中学校教諭普通免許状（二種免許状を除く。）	三	一二

備考　中学校教諭免許状を有する者が高等学校教諭一種免許状の授与を受けようとする場合又は高等学校教諭免許状を有する者が中学校教諭二種免許状の授与を受けようとする場合の免許状に係る教科については、文部科学省令で定める。

●教育職員免許法施行令

（昭和二四年九月一九日政令第三三八号）

施行、昭二四・九・一九
最終改正、平二〇―政二九

教育職員免許法第十六条の三第四項の審議会等で政令で定めるものは、中央教育審議会とする。

附　則（省略）

●教育職員免許法施行規則

（昭和二九年一〇月二七日文部省令第二六号）

施行、昭二九・一二・三
最終改正、令二―文科令二八

第一章　単位の修得方法等

第一条　教育職員免許法（昭和二十四年法律第百四十七号。以下「免許法」という。）別表第一から別表第八までにおける単位の修得方法等に関しては、この章の定めるところによる。

第一条の二　免許法別表第一から別表第八までにおける単位の計算方法は、大学設置基準（昭和三十一年文部省令第二十八号）第二十一条第二項及び第三項（大学院設置基準（昭和四十九年文部省令第二十八号）第十五条において準用する場合を含む。）、専門職大学設置基準（平成二十九年文部科学省令第三十三号）第十四条第二項及び第三項、大学通信教育設置基準（昭和五十年文部省令第三十三号）第五条、短期大学設置基準（昭和五十年文部省令第二十一号）第七条第二項及び第三項、専門職短期大学設置基準（平成二十九年文部科学省令第三十四号）第十一条第二項及び第三項並びに短期大学通信教育設置基準（昭和五十七年文部省令第三号）第五条に定める基準によるものとする。

第一条の三　免許法別表第一備考第二号の規定により専修免許状に係る基礎資格を取得する場合の単位の修得方法は、大学院における単位の修得方法の例によるものとする。

第二条　免許法別表第一に規定する幼稚園教諭の普通免許状の授与を受ける場合の教科及び教職に関する科目の単位の修得方法は、次の表の定めるところによる。
〔本項の表につき法令末尾に掲載〕

2　学生が前項の科目の単位を修得するに当たつては、大学は、各科目についての学生の知識及び技能の修得状況に応じ適切な履修指導を行うよう努めるものとする。

3　保育内容の指導法に関する科目及び教諭の教育の基礎的理解に関する科目等の単位を修得させるために大学が設置する修業年限を一年とする課程における単位の修得方法は、第一項に定める修得方法の例によるものとする。

4　大学は、第一項に規定する各科目の開設に当たつては、各科目の内容の整合性及び連続性を確保するとともに、効果的な教育方法を確保するよう努めるものとする。

第三条　免許法別表第一に規定する小学校教諭の普通免許状の授与を受ける場合の教科及び教職に関する科目の単位の修得方法は、次の表の定めるところによる。
〔本項の表につき法令末尾に掲載〕

2　学生が前項の科目の単位を修得するに当たつては、大学は、各科目についての学生の知識及び技能の修得状況に応じ適切な履修指導を行うよう努めるものとする。

3　各教科の指導法に関する科目及び教諭の教育の基礎的理解に関する科目等の単位を修得させるために大学が設置する修業年限を一年とする課程における単位の修得方法は、第一項に定める修得方法の例によるものとする。

4　大学は、第一項に規定する各科目の開設に当たつては、各科目の内容の整合性及び連続性を確保するとともに、効果的な教育方法を確保するよう努めるものとする。

第四条　免許法別表第一に規定する中学校教諭の普通免許状の授与を受ける場合の教科及び教職に関する科目の単位の修得方法は、次の表の定めるところによる。
〔本項の表につき法令末尾に掲載〕

2　学生が前項の科目の単位を修得するに当たつては、大学は、各科目についての学生の知識及び技能の修得状況に応じ適切な履修指導を行うよう努めるものとする。

3　各教科の指導法に関する科目及び教諭の教育の基礎的理解に関する科目等の単位を修得させるために大学が設置する修業年限を一年とする課程における単位の修得方法は、第一項に定める修得方法の例によるものとする。

4　大学は、第一項に規定する各科目の開設に当たつては、各科目の内容の整合性及び連続性を確保するとともに、効果的な教育方法を確保するよう努めるものとする。

第五条　免許法別表第一に規定する高等学校教諭の普通免許状の授与を受ける場合の教科及び教職に関する科目の単位の修得方法は、次の表の定めるところによる。
〔本項の表につき法令末尾に掲載〕

2　学生が前項の科目の単位を修得するに当たつては、大学は、各科目についての学生の知識及び技能の修得状況に応じ適切な履修指導を行うよう努めるものとする。

3　各教科の指導法に関する科目及び教諭の教育の基礎的理解に関する科目等の単位を修得させるために大学が設置する修業年限を一年とする課程における単位の修得方法は、第一項に定める修得方法の例によるものとする。

4　大学は、第一項に規定する各科目の開設に当たつては、各科目の内容の整合性及び連続性を確保するとともに、効果的な教育方法を確保するよう努めるものとする。

第六条　削除〔平二九文科令四二〕

第七条　免許法別表第一に規定する特別支援学校教諭の普通免許状の授与を受ける場合の特別支援教育に関する科目の単位の修得方法は、次の表の定めるところによる。
〔本項の表につき法令末尾に掲載〕

2　免許法別表第一に規定する特別支援学校教諭の専修免許状の授与を受ける場合の特別支援教育に関する科目の単位は、前項に規定するもののほか、免許状教育領域の種類に応じ、大学の加える特別支援教育に関する科目についても修得することができる。

3　特別支援教育に関する科目の修得により免許法第五条の二第三項の規定による新教育領域の追加の定めを受けようとする場合における特別支援教育に関する科目の単位の修得方法は、追加の定めを受けようとする新教育領域の種類に応じ、第一項の表備考第二号イ又はロに定める単位を修得するものとする。

4　前項の規定により修得するものとされる単位は、新教育領域の追加の定めを受けようとする者が免許状の授与を受けた際又は過去に新教育領域の追加の定めを受けた際に修得した単位（新たに追加の定めを受けようとする新教育領域に関する科目に係るものに限る。）をもつて、これに替えることができる。この場合において、第一項の表の第三欄に掲げる科目について修得した単位数が同欄に定める最低修得単位数に不足することとなるときは、同欄に掲げる科目について、その不足する単位数と同数以上の単位を修得しなければならない。

5　免許法第五条の二第三項に規定する教育職員検定のうち、特別支援学校教諭の普通免許状に新教育領域を追加して定める場合の学力及び実務の検定は、次に定めるところによつて行わなければならない。

一　学力の検定は、追加の定めを受けようとする新教育領域の種類に応じ、第一項の表第二欄に掲げる科目についてそれぞれ次のイ又はロに定める単位を修得するものとする。

イ　視覚障害者又は聴覚障害者に関する教育の領域の追加の定めを受けようとする場合にあつては、当該領域に関する心理等に関する科目及び当該領域に関する教育課程等に関する科目について合わせて四単位（二種免許状に新教育領域の追加の定めを受けようとする場合にあつては二単位）以上（当該心理等に関する科目に係る一単位以上及び当該教育課程等に関する科目に係る一単位以上を含む。）

ロ　知的障害者、肢体不自由者又は病弱者に関する教育の領域の追加の定めを受けようとする場合にあつては、当該領域に関する心理等に関する科目及び当該領域に関する教育課程等に関する科目についてそれぞれ一単位又は当該教育課程等に関する科目並びに当該心理等に関する科目及び当該教育課程等に関する科目の内容を含む科目（以下この号において「心理及び教育課程等に関する科目」という。）についてそれぞれ一単位（二種免許状に当該領域の追加の定めを受ける場合にあつては当該心理及び教育課程等に関する科目一単位）以上

二　前号の単位は、文部科学大臣の認定する講習、大学の公開講座若しくは通信教育において修得した単位又は文部科学大臣が大学に委嘱して行う試験の合格により修得した単位をもつて替えることができる。

三　実務の検定は、特別支援学校の教員（専修免許状又は一種免許状に新教育領域の追加の定めを受けようとする場合にあつては、当該免許状に定められている特別支援教育領域又は追加の定めを受けようとする新教育領域を担任する教員に限り、二種免許状に新教育領域の追加の定めを受けようとする場合にあつては、幼稚園、小学校、中学校、義務教育学校、高等学校、中等教育学校又は幼保連携型認定こども園の教員を含む。）として一年間良好な成績で勤務した旨の実務証明責任者の証明を有することを必要とする。

6　第四項の規定は、前項の場合について準用する。この場合において、「前項」とあるのは「第五項」と読み替えるものとする。

7　免許法別表第一備考第六号に規定する特別支援教育に関する科目の単位を修得させるために大学が設置する修業年限を一年とする課程（以下「特別支援教育特別課程」という。）における特別支援教育に関する科目の単位の修得方法は、第一項から第四項までに定める修得方法の例によるものとする。

第八条　削除〔平一三文令三〇〕

第九条　免許法別表第二に規定する養護教諭の普通免許状の授与を受ける場合の養護及び教職に関する科目の単位の修得方法は、次の表の定めるところによる。

〔本条の表につき法令末尾に掲載〕

第一〇条　免許法別表第二の二に規定する栄養教諭の普通免許状の授与を受ける場合の栄養に係る教育及び教職に関する科目の単位の修得方法は、次の表の定めるところによる。

〔本条の表につき法令末尾に掲載〕

第一〇条の二　幼稚園、小学校、中学校若しくは特別支援学校の教諭、養護教諭若しくは栄養教諭の一種免許状若しくは二種免許状を有する者若しくは高等学校教諭の一種免許状を有する者又はこれらの免許状に係る所要資格を得ている者が、免許法別表第一、別表第二又は別表第二の二の規定により、それぞれの専修免許状又は一種免許状の授与を受けようとするときは、これらの別表の専修免許状又は一種免許状に係る第三欄に定める単位数のうちその者が有し又は所要資格を得ている一種免許状又は二種免許状に係る第三欄に定める単位数は、既に修得したものとみなす。

2　前項の規定の適用を受ける場合（一種免許状を有している者又は一種免許状に係る所要資格を得ている者が専修免許状の授与を受けようとする場合を除く。）の各教科の指導法に関する科目（幼稚園教諭の普通免許状の授与を受ける場合にあつては保育内容の指導法に関する科目。第二十条第一項、第二十二条第三項及び第六十六条の八において同じ。）、教諭の教育の基礎的理解に関する科目等若しくは養護教諭・栄養教諭の教育の基礎的理解に関する科目等（第二十二条第三項において「教育の基礎的理解に関する科目等」という。）、特別支援教育に関する科目、養護に関する科目又は栄養に係る教育に関する科目の単位の修得方法は、第二条から第五条まで、第七条、第九条及び第十条に規定する授与を受けようとする専修免許状又は一種免許状に係る各科目の単位数から二種免許状に係る各科目の単位数を差し引いた単位数について修得するものとする。

3　免許法別表第一、別表第二又は別表第二の二の規定により幼稚園、小学校、中学校若しくは特別支援学校の教諭、養護教諭又は栄養教諭の専修免許状若しくは一種免許状の授与を受けようとする者又は高等学校教諭の専修免許状の授与を受けようとする者は、それぞれの一種免許状又は二種免許状（高等学校教諭の普通免許状の授与を受けようとする場合にあつては一種免許状）の授与を受けるために修得した科目の単位をこれらの別表の専修免許状又は一種免許状（高等学校教諭の普通免許状の授与を受けようとする場合にあつては専修免許状）に係る第三欄に掲げる単位数に含めることができる。ただし、第二条から第六条、第七条、第九条、第十条、第十条の三及び第十条の四に規定する一種免許状又は二種免許状（高等学校教諭の普通免許状の授与を受けようとする場合にあつては一種免許状）に係る各科目の単位数を上限とする。

4　第七条第三項又は第五項の規定により一種免許状に新教育領域の追加の定めを受けようとする者が、当該領域を定めた二種免許状を所持している場合、当該領域を定めた二種免許状に係る所要資格を得ている場合又は特別支援学校教諭の二種免許状に当該新教育領域の追加の定めを受けることができる者である場合には、同条第三項又は第五項に定める単位数のうち二種免許状に当該領域の追加の定めを受けるためにそれぞれ必要な単位数は、既に修得したものとみなす。

5　第七条第三項又は第五項の規定により一種免許状に新教育領域の追加の定めを受けようとする者は、当該新教育領域を定めた二種免許状の授与を受けるため、又は二種免許状に当該新教育領域の追加の定めを受けるために修得した科目の単位を同条第三項又は第五項に定める一種免許状に係る単位数に含めることができる。ただし、同条第三項又は第五項に定める単位数のうち、二種免許状に当該新教育領域の追加の定めを受けるためにそれぞれ必要な単位数を上限とする。

第一〇条の三　認定課程を有する大学に入学した者は、当該大学の認めるところにより、当該大学に入学する前に大学（認定課程を有する大学（授与を受けようとする普通免許状に係る学校に相当する学校の教員を養成する外国の大学を含む。）に限る。）において修得した科目の単位のうち、大学設置基準第三十条第一項（大学院設置基準第十五条において準

用する場合を含む。）、専門職大学設置基準第二十六条第一項、短期大学設置基準第十六条第一項、専門職短期大学設置基準第二十三条第一項又は専門職大学院設置基準（平成十五年文部科学省令第十六号）第二十二条第一項若しくは第二十八条第一項の規定により当該大学における授業科目の履修により修得したものとみなされるものについては、当該大学が有する認定課程に係る免許状の授与を受けるための科目の単位に含めることができる。この場合において、当該大学に入学する前の大学が短期大学である場合にあつては、第二条から第五条まで、第七条、第九条及び第十条に規定する二種免許状（高等学校教諭の普通免許状の授与を受ける場合にあつては、中学校教諭の二種免許状）に係る各科目の単位数を上限とする。

2　免許法別表第一、別表第二又は別表第二の二の規定により普通免許状の授与を受けようとする者は、認定課程を有する大学の認めるところにより、認定課程を有する他の大学（授与を受けようとする普通免許状に係る学校に相当する学校の教員を養成する外国の大学を含む。）において修得した科目の単位のうち、大学設置基準第二十八条（大学院設置基準第十五条において準用する場合を含む。）、専門職大学設置基準第二十四条第一項、短期大学設置基準第十四条、専門職短期大学設置基準第二十一条第一項又は専門職大学院設置基準第二十一条若しくは第二十七条の規定により当該大学における授業科目の履修により修得したものとみなされるものについては、当該大学が有する認定課程に係る免許状の授与を受けるための科目の単位に含めることができる。

第十一条　免許法別表第三の規定により普通免許状の授与を受ける場合（特別免許状を有する者で免許法別表第三の規定により普通免許状の授与を受ける場合を除く。）の単位の修得方法は、次の表の第一欄に掲げる免許状の種類に応じ、それぞれ第二欄に掲げる科目の単位を含めて第三欄に掲げる単位を修得するものとする。

〔本項の表につき法令末尾に掲載〕

2　免許法別表第三の規定により一種免許状又は二種免許状の授与を受けようとする者は、前項の表の第二欄に掲げる各科目以外の科目の単位を修得するに当たつては、幅広く深い教養を身に付けるよう努めなければならない。

第十一条の二　特別免許状を有する者で免許法別表第三の規定により普通免許状の授与を受ける場合の単位の修得方法は、次の表の定めるところによる。

〔本条の表につき法令末尾に掲載〕

第十二条　第十一条第一項の表備考第三号又は第四号に規定する者の免許法別表第三の第三欄に定める最低在職年数の通算については、その者の大学又は旧国立養護教諭養成所における在学年数が三年以上である場合は在職年数二年とみなして取り扱うことができる。第十七条第一項の表備考に規定する者の免許法別表第六の第三欄に定める最低在職年数の通算についても、同様とする。

第十三条　免許法別表第三の規定により一種免許状又は二種免許状の授与を受けようとする者が、同表備考第七号の規定により十単位の修得をもつて足りる場合における単位の修得方法は、次の表の定めるところによる。

〔本条の表につき法令末尾に掲載〕

第十四条　免許法別表第三の規定により一種免許状又は二種免許状の授与を受けようとする者で、同表備考第七号の規定の適用を受けるもの（十単位の修得をもつて足りる者を除く。）の単位の修得方法は、第十一条及び前条に定める修得方法を参酌して、都道府県の教育委員会規則で定める。

第十五条　免許法別表第四に規定する中学校又は高等学校の教諭の普通免許状の授与を受ける場合の教科及び教職に関する科目の単位の修得方法は、次の表の定めるところによる。

〔本項の表につき法令末尾に掲載〕

2　次の表の第一欄に掲げる事項についての免許法第十六条の四第一項の免許状を有する者が免許法別表第四の規定により次の表の第二欄に掲げる教科についての高等学校教諭の一種免許状の授与を受ける場合には、それぞれ前項の表の高等学校教諭の一種免許状の最低修得単位数から、教科に関する専門的事項に関する科目については四単位を、各教科の指導法に関する科目については一単位を差し引くものとする。この場合における教科に関する専門的事項に関する科目の単位の修得方法については、次の表の第三欄に掲げる単位を修得したものとみなして、前項の表備考第一号の規定を適用する。

〔本項の表につき法令末尾に掲載〕

第十六条　免許法別表第五に規定する単位の修得方法は、次の表の定めるところによる。

〔本項の表につき法令末尾に掲載〕

2　免許法別表第五備考第三号の規定の適用を受ける者の単位の修得方法は、前項の規定にかかわらず、同表第三欄に定める最低修得単位数が十単位である場合には、教科に関する専門的事項に関する科目五単位以上及び各教科の指導法に関する科目又は教諭の教育の基礎的理解に関する科目等五単位以上を、同表第三欄に定める最低修得単位数が十五単位である場合には、教科に関する専門的事項に関する科目八単位以上及び各教科の指導法に関する科目又は教諭の教育の基礎的理解に関する科目等七単位以上を修得するものとする。

3　免許法別表第五備考第四号の規定の適用を受ける者の単位の修得方法は、第一項の規定にかかわらず、教科に関する専門的事項に関する科目五単位以上及び各教科の指導法に関する科目又は教諭の教育の基礎的理解に関する科目等五単位以上を修得するものとする。

4　前三項の教科に関する専門的事項に関する科目の単位の修得方法は、第四条第一項の表備考第一号に定める職業についての修得方法又は第五条の表備考第一号に定める看護、家庭、情報、農業、工業、商業、水産、福祉若しくは商船についての修得方法の例にならうものとし、各教科の指導法に関する科目又は教諭の教育の基礎的理解に関する科目等の単位の修得方法は、第五条に定める修得方法の例にならうものとする。

5　第一項の表の大学が独自に設定する科目の単位の修得方法は、第二条第一項の表備考第十四号イに定める修得方法の例にならうものとする。ただし、当該科目の単位のうち三単位までは、第五条第一項の表に規定する各教科の指導法に関する科目又は教諭の教育の基礎的理解に関する科目等に準ずる科目の単位をもつて、これに替えることができる。

第十七条　免許法別表第六に規定する単位の修得方法は、次の表の第一欄に掲げる免許状の種類に応じ、それぞれ第二欄に掲げる単位を修得するものとする。

〔本項の表につき法令末尾に掲載〕

2　免許法別表第六の規定により一種免許状又は二種免許状の授与を受けようとする者は、前項の表の第二欄に掲げる養護に関する科目及び養護教諭・栄養教諭の教育の基礎的理解に関する科目等以外の科目の単位を修得するに当たつては、幅広く深い教養を身に付けるよう努めなければならない。

3　免許法別表第六備考第一号又は第二号の規定の適用を受ける者の単位の修得方法は、第一項の規定にかかわらず、養護に関する科目四単位及び養護教諭・栄養教諭の教育の基礎的理解に関する科目等三単位を含めて十単位を修得するものとする。

4　第一項及び前項の養護に関する科目、養護教諭・栄養教諭の教育の基礎的理解に関する科目等及び大学が独自に設定する科目の単位の修得方法は、第九条に定める修得方法の例にならうものとする。ただし、専修免許状の授与を受ける場合の大学が独自に設定する科目の単位のうち三単位までは、養護教諭・栄養教諭の教育の基礎的理解に関する科目等に準ずる科目の単位をもつて、これに替えることができる。

第十七条の二　免許法別表第六の二に規定する単位の修得方法は、次の表の第一欄に掲げる免許状の種類に応じ、それぞれ第二欄に掲げる科目の単位を含めて第三欄に掲げる単位を修得するものとする。

〔本項の表につき法令末尾に掲載〕

2　免許法別表第六の二備考の規定の適用を受ける者の単位の修得方法は、前項の規定にかかわらず、栄養に係る教育に関する科目二単位以上及び養護教諭・栄養教諭の教育の基礎的理解に関する科目等六単位以上を修得するものとする。

3　前二項の単位の修得方法は、第十条に定める修得方法の例にならうものとする。

第一八条　免許法別表第七に規定する単位の修得方法は、第七条に定める修得方法の例にならうものとする。

第一八条の二　免許法別表第八に規定する単位の修得方法は、次の表の定めるところによる。

〔本条の表につき法令末尾に掲載〕

第一八条の三　免許法別表第八備考に規定する中学校教諭普通免許状（二種免許状を除く。）を有する者が高等学校教諭一種免許状の授与を受けようとする場合の免許状に係る教科については、次の表の定めるところによる。

有している中学校教諭の普通免許状（二種免許状を除く。）の教科の種類	受けようとする高等学校教諭一種免許状の教科の種類
国語	国語
社会	地理歴史又は公民
数学	数学
理科	理科
音楽	音楽
美術	美術
保健体育	保健体育
保健	保健
技術	工業又は情報
家庭	家庭
外国語（英語その他外国語ごとに応ずるものとする。）	外国語（英語その他外国語ごとに応ずるものとする。）
宗教	宗教

2　免許法別表第八備考に規定する高等学校教諭普通免許状を有する者が中学校教諭二種免許状の授与を受けようとする場合の免許状に係る教科については、次の表の定めるところによる。

有している高等学校教諭の普通免許状の教科の種類	受けようとする中学校教諭二種免許状の教科の種類
国語	国語
地理歴史又は公民	社会
数学	数学
理科	理科
音楽	音楽
美術	美術
保健体育	保健体育
保健	保健
工業又は情報	技術
家庭	家庭
外国語（英語その他外国語ごとに応ずるものとする。）	外国語（英語その他外国語ごとに応ずるものとする。）
宗教	宗教

第一八条の四　免許法別表第八の規定により一種免許状又は二種免許状の授与を受けようとする者が、第十八条の二の表備考第四号の規定により免許法別表第八の第四欄に定める単位数の半数（小数点以下は切り上げる。）の修得をもつて足りる場合における単位の修得方法は、次の表の定めるところによる。

〔本条の表につき法令末尾に掲載〕

第一八条の五　免許法別表第八の規定により一種免許状又は二種免許状の授与を受けようとする者で、第十八条の二の表備考第四号の規定の適用を受けるもの（前条に規定する場合を除く。）の単位の修得方法は、第十八条の二及び前条に定める修得方法を参酌して、都道府県の教育委員会規則で定める。

第二章　認定課程

第一九条　免許法別表第一備考第五号イ又は第六号の規定に基づき文部科学大臣が免許状授与の所要資格を得させるための適当と認める大学の課程（以下「認定課程」という。）に関しては、この章の定めるところによる。

第二〇条　文部科学大臣は、免許法別表第一、別表第二又は別表第二の二に規定する科目の単位の修得に関し、大学の課程が教育課程、教員組織、教育実習並びに施設及び設備について、免許状授与の所要資格を得させるための課程として適当であることを当該科目に係る免許状の種類（中学校及び高等学校の教員の免許状にあつては免許教科の種類を、特別支援学校の教員の免許状にあつては特別支援教育領域の種類を含む。以下この章において同じ。）ごとに、認定するものとする。ただし、第二条第三項、第三条第三項、第四条第三項及び第五条第三項に規定する課程（次項において「教職特別課程」という。）にあつては専修免許状又は一種免許状授与の所要資格を得させるための課程（当該課程において専修免許状授与の所要資格を得ることができる者は、免許法別表第一の専修免許状の項に係る所要資格のうち各教科の指導法に関する科目及び教諭の教育の基礎的理解に関する科目等以外の科目の最低単位数は既に修得している者に限る。）について、特別支援教育特別課程にあつては一種免許状授与の所要資格を得させるための課程について認定するものとする。

2　前項ただし書の規定による認定は、教職特別課程にあつては中学校又は高等学校の教諭の一種免許状に係る認定課程を有する大学、特別支援教育特別課程にあつては特別支援学校教諭の一種免許状に係る認定課程を有する大学に限り行うものとする。

第二一条　前条の規定により課程の認定を受けようとする大学の設置者は、認定を受けようとする課程について、次の事項を記載した申請書を文部科学大臣に提出しなければならない。ただし、大学設置基準第四十三条第一項、大学院設置基準第三十一条第二項、短期大学設置基準第三十六条第一項、専門職大学設置基準第五十九条第一項、専門職短期大学設置基準第五十六条第一項又は専門職大学院設置基準第三十二条第二項に規定する共同教育課程（以下この項及び次条第四項において単に「共同教育課程」という。）について課程の認定を受けようとする場合は、当該共同教育課程を編成するすべての大学の設置者が申請書を提出しなければならない。

一　大学及び大学の学部の名称

二　大学の学科、課程若しくはこれらに相当する組織、大学の専攻科又は大学院の研究科の名称

三　免許状の種類

四　学生定員

五　教育課程

六　教員の氏名、職名、履歴、担任科目及び専任兼任の別

七　教育実習施設に関する事項

八　学則

九　その他大学において必要と認める事項

2　大学の設置者は、前項第五号に掲げる事項を変更しようとするときは、あらかじめ文部科学大臣に届け出なければならない。

第二二条　認定課程を有する大学は、免許状授与の所要資格を得させるために必要な授業科目を自ら開設し、体系的に教育課程を編成しなければならない。

2　免許法別表第一備考第八号及び別表第二備考第四号に規定する文部科学大臣が指定する短期大学の専攻科は、前項の規定にかかわらず、一種免許状に係る科目の単位数から二種免許状に係る科目の単位数を差し引いた単位数について修得させるために必要な授業科目を開設しなければならない。

3　認定課程を有する大学は、教育上有益と認めるときは、大学設置基準第二十八条第一項（大学院設置基準第十五条において準用する場合を含む。）、専門職大学設置基準第二十四条第一項、短期大学設置基準第十四条第一項又は専門職短期大学設置基準第二十一条第一項の規定により大学が定める他の大学の授業科目として開設される各教科の指導法に関する科目、教育の基礎的理解に関する科目等及び特別支援教育に関する科目を前二項の規定により開設する授業科目とみなすことができ

る。この場合において、当該みなすことができる授業科目の単位数は、第二条第一項、第三条第一項、第四条第一項、第五条第一項、第七条第一項、第九条及び第十条の表に規定する当該科目の単位数のそれぞれ三割を超えないものとする。

4　認定課程であり、かつ、共同教育課程である教育課程を編成する大学（以下この項において「構成大学」という。）は、当該構成大学のうちの一の大学が開設する当該共同教育課程に係る授業科目を、当該構成大学のうちの他の大学が第一項の規定により開設する授業科目とそれぞれみなすものとする。

5　第一項及び第二項の教育課程の編成に当たつては、教員として必要な幅広く深い教養及び総合的な判断力を培い、豊かな人間性を涵養するよう適切に配慮しなければならない。

第二二条の二　文部科学大臣は、認定課程につき必要があると認めるときは、認定課程を有する大学に対して当該認定課程の実施について報告を求めることができる。

2　文部科学大臣は、認定課程を有する大学が、第二十一条第二項、前条及び次条並びに第二十三条の規定による文部科学大臣の定めに違反しているときその他認定課程の教育課程、教員組織、教育実習並びに施設及び設備が認定課程として適当でないと認めるときは、免許法第十六条の三第四項の政令で定める審議会の意見を聴いて、当該大学に対し、その是正を勧告することができる。

3　文部科学大臣は、前項の勧告によつてもなお是正が行われない場合には、第二十条第一項に規定する認定を取り消すことができる。

第二二条の三　免許法別表第一備考第八号、別表第二備考第四号、別表第三備考第五号及び別表第四備考第三号に規定する文部科学大臣が指定する短期大学の専攻科は、学位規則（昭和二十八年文部省令第九号）第六条第一項に規定する独立行政法人大学改革支援・学位授与機構が定める要件を満たす短期大学の専攻科とする。

第二二条の四　認定課程を有する大学は、学生が普通免許状に係る所要資格を得るために必要な科目の単位を修得するに当たつては、当該認定課程の全体を通じて当該学生に対する適切な指導及び助言を行うよう努めなければならない。

第二二条の五　認定課程を有する大学は、教育実習、心身に障害のある幼児、児童又は生徒についての教育実習、養護実習及び栄養教育実習（以下この条において「教育実習等」という。）を行うに当たつては、教育実習等の受入先の協力を得て、その円滑な実施に努めなければならない。

第二二条の六　認定課程を有する大学は、次に掲げる教員の養成の状況についての情報を公表するものとする。

一　教員の養成の目標及び当該目標を達成するための計画に関すること。

二　教員の養成に係る組織及び教員の数、各教員が有する学位及び業績並びに各教員が担当する授業科目に関すること。

三　教員の養成に係る授業科目、授業科目ごとの授業の方法及び内容並びに年間の授業計画に関すること。

四　卒業者（専門職大学の前期課程の修了者を含む。次号において同じ。）の教員免許状の取得の状況に関すること。

五　卒業者の教員への就職の状況に関すること。

六　教員の養成に係る教育の質の向上に係る取組に関すること。

2　前項の規定による情報の公表は、適切な体制を整えた上で、刊行物への掲載、インターネットの利用その他広く周知を図ることができる方法によつて行うものとする。

第二三条　認定課程に関し、必要な事項は、この章に規定するもののほか、別に文部科学大臣が定める。

第三章　相当課程

第二四条　免許法別表第一備考第二号の規定に基づき文部科学大臣が大学の専攻科に相当する課程として指定する課程及び同表備考第五号ロの規定に基づき文部科学大臣が大学の課程に相当する課程として指定する課程に関しては、この章の定めるところによる。

第二五条　免許法別表第一備考第二号に規定する大学の専攻科に相当する課程は、大学院の課程とする。

第二六条　免許法別表第一備考第五号ロに規定する大学の課程に相当する課程は、高等学校、中等教育学校の後期課程及び特別支援学校の高等部の専攻科の課程（学校教育法第五十八条の二（同法第七十条第一項及び第八十二条において準用する場合を含む。）に規定するものに限る。）、高等専門学校の課程（第四学年及び第五学年に係る課程に限る。）、高等専門学校の専攻科の課程並びに専修学校の専門課程（同法第百三十二条に規定するものに限る。）とする。

第四章　教員養成機関の指定

第二七条　免許法第五条第一項に規定する養護教諭養成機関、免許法別表第一備考第二号の三及び第三号に規定する幼稚園、小学校、中学校又は特別支援学校の教員養成機関並びに免許法別表第二の二備考第二号に規定する栄養教諭の教員養成機関に対する文部科学大臣の指定に関しては、この章の定めるところによる。

第二八条　前条の指定は、大学の課程における前条に掲げる学校の教員、養護教諭又は栄養教諭の養成数が、不充分な場合に限り、行うものとする。

2　前条の教員養成機関は、大学（当該教員の養成課程を有するものに限るものとし、養護教諭養成機関、特別支援学校の教員養成機関又は栄養教諭の教員養成機関の場合には、当分の間、教育学部又は学校教育学部を有する大学とすることができる。以下この章において同じ。）に附置されるか又は大学の指導と承認のもとに運営されなければならない。

第二九条　第二十七条の指定は、国（国立大学法人法（平成十五年法律第百十二号）第二条第一項に規定する国立大学法人を含む。）、地方公共団体（地方独立行政法人法（平成十五年法律第百十八号）第六十八条第一項に規定する公立大学法人を含む。）、私立学校法（昭和二十四年法律第二百七十号）第三条の規定による学校法人又は同法第六十四条第四項の規定による法人が設置する教員養成機関について行うものとする。

第三〇条　第二十七条の教員養成機関の指定を受けようとするときは、その設置者は、次の事項を記載した申請書を、これに指導と承認を受けようとする大学の意見書を添え、文部科学大臣に提出しなければならない。

一　設置者の名称及び住所

二　目的

三　名称及び位置

四　開設年月日

五　教育課程

六　生徒定員

七　長の氏名及び履歴

八　教員の氏名、職名、履歴、担任科目及び専任兼任の別

九　施設、設備、実習施設等に関する事項

十　収支予算

十一　学則

十二　法人の寄附行為

十三　その他設置者において必要と認める事項

第三一条　指定を受けた教員養成機関（以下「指定教員養成機関」という。）の設置者は、前条第五号又は第六号に掲げる事項を変更しようとするときは、文部科学大臣に申請してその承認を受けなければならない。

2　指定教員養成機関の設置者は、前条第一号から第三号まで、第七号若しくは第九号に掲げる事項を変更しようとするとき又は指定教員養成機関を廃止しようとするときは、文部科学大臣に届け出なければならない。

第三一条の二　免許法別表第一備考第二号の三に規定する教員養成機関及び免許法別表第二の養護教諭の二種免許状のイの項の養護教諭

養成機関に係る卒業の要件は、当該教員養成機関又は養護教諭養成機関に二年以上在学し、六十二単位以上を修得することとする。

第三二条　免許法別表第一の幼稚園、小学校及び中学校の教諭の二種免許状の授与の所要資格に関する指定教員養成機関、免許法別表第二の養護教諭の二種免許状のイの項の指定教員養成機関並びに免許法別表第二の二の栄養教諭の一種免許状及び二種免許状の授与の所要資格に関する指定教員養成機関においては、それぞれ、その免許状授与の所要資格を得させるために必要な授業科目を開設し、生徒に履修させなければならない。

2　免許法別表第一の特別支援学校教諭の二種免許状の授与の所要資格に関する指定教員養成機関においては、それぞれ、特別支援教育に関する科目について、その免許状授与の所要資格を得させるために必要な授業科目を開設し、生徒に履修させなければならない。

3　免許法別表第二の養護教諭の一種免許状のロの項及びハの項の指定教員養成機関においては、それぞれ、その免許状授与の所要資格を得させるために必要な養護に関する科目の単位及び養護教諭・栄養教諭の教育の基礎的理解に関する科目等の単位を含めて、十七単位及び三十二単位以上の授業科目を開設し、生徒に履修させなければならない。

4　第一項及び前項の指定教員養成機関においては、その授業科目の開設に当たつては、幅広く深い教養を身に付けさせるよう適切に配慮しなければならない。

第三三条　指定教員養成機関が第二十八条第二項又は第三十一条の規定に違反したときは、文部科学大臣はその指定を取り消すことができる。

第五章　免許法認定講習

第三四条　免許法別表第三備考第六号に規定する文部科学大臣の認定する講習に関しては、この章の定めるところによる。

第三五条　この章の規定により認定を受けた講習は、免許法認定講習と称する。

第三六条　免許法認定講習を開設することのできる者は、次の各号のいずれかに掲げるものとする。

一　開設しようとする講習の課程に相当する課程を有する大学（第四章に規定する特別支援学校の教員養成機関を含む。第三十九条第三項において同じ。）

二　免許法に定める授与権者

三　独立行政法人国立特別支援教育総合研究所

四　地方自治法（昭和二十二年法律第六十七号）第二百五十二条の十九第一項の指定都市の教育委員会

五　地方自治法第二百五十二条の二十二第一項の中核市の教育委員会

2　前項第二号、第四号及び第五号に掲げるものの開設する免許法認定講習は、大学（開設しようとする講習の課程に相当する課程を有するものに限るものとし、養護教諭、特別支援学校教諭及び栄養教諭の普通免許状の授与を受けようとするために必要とする単位を修得させることを目的として開設しようとする講習の課程の場合には、当分の間、教育学部又は学校教育学部を有する大学とすることができる。）の指導のもとに、運営されなければならない。

3　免許法認定講習を開設する者は、その適切な水準の確保に努めなければならない。

第三七条　免許法認定講習の講師は、次の各号のいずれかに該当する者でなければならない。

一　大学の教員（第四章に規定する文部科学大臣の指定する養護教諭養成機関、特別支援学校の教員養成機関又は栄養教諭の教員養成機関の教員を含む。以下この章及び第六章において同じ。）

二　その他前号に準ずる者（免許法第五条第一項ただし書各号の一に該当する者を除く。）

2　前条第一項第二号、第四号及び第五号に掲げるものが開設する免許法認定講習の講師の半数以上は、大学の教員でなければならない。

3　前条第一項第二号、第四号及び第五号に掲げるものが、第一項第二号に掲げる者を講師として委嘱しようとするときは、指導を受ける大学の意見を聞かなければならない。

第三八条　免許法認定講習における単位は、第一条の二の定めるところにより、開設者が当該単位の課程として定めた授業時数について、それぞれ五分の四以上出席し、開設者の行う試験、論文、報告書その他による成績審査に合格した者に授与するものとする。

第三九条　第三十六条第一項各号に掲げるものが、開設しようとする講習について、免許法別表第三備考第六号の規定による認定（以下この章において「認定」という。）を受けようとするときは、当該講習に関し次の事項を記載した申請書を、講習開始一月前までに、文部科学大臣に提出しなければならない。

一　講習の目的及び名称

二　指導を受けようとする大学の名称

三　会場

四　期間

五　講習人員及び学級区分

六　講習課程

七　各科目についての時間及び単位の配当

八　全日制定時制の別及びその計画

九　講師の氏名、主要職歴及び担任科目

十　成績審査の方法

十一　実験又は実習を伴う科目を開設する場合はその施設、設備

十二　受講料

十三　収支予算

十四　その他開設しようとする者において必要と認める事項

2　前項第四号から第九号までに掲げる事項は、会場ごとに記載しなければならない。

3　開設しようとする講習について認定を受けようとするものが第三十六条第一項第一号に掲げる大学であるときは、第一項の申請書に当該大学の学則を添付しなければならない。

第四〇条　免許法認定講習の開設者が、前条第一項第六号、第七号及び第九号に掲げる事項を変更しようとするときは、文部科学大臣に届け出なければならない。

第四一条　免許法認定講習の開設者が、第三十六条第二項及び第三項、第三十七条、第三十八条並びに前条の規定に違反したときは、文部科学大臣はその認定を取り消すことができる。

第四二条　免許法認定講習の開設者は、免許法認定講習終了後二月以内に、免許法認定講習の実施状況及び収支決算について、文部科学大臣に報告しなければならない。

第四三条　免許法認定講習の実施に関する基準は、この章に規定するもののほか、別に文部科学大臣が定める。

第五章の二　免許法認定公開講座

第四三条の二　免許法別表第三備考第六号に規定する文部科学大臣の認定する大学の公開講座に関しては、この章の定めるところによる。

第四三条の三　この章の規定により認定を受けた大学の公開講座は、免許法認定公開講座と称する。

第四三条の四　免許法認定公開講座は、開設しようとする公開講座の課程に相当する課程を有する大学に限り開設することができる。

第四三条の五　第三十九条の規定は公開講座について認定を受けようとする大学に、第三十六条第三項、第三十八条及び第四十条から第四十二条までの規定は公開講座について認定を受けた大学に準用する。

第四三条の六　免許法認定公開講座の実施に関する基準は、この章に規定するもののほか、別に文部科学大臣が定める。

第六章　免許法認定通信教育

第四四条　免許法別表第三備考第六号に規定する文部科学大臣の認定する通信教育に関しては、この章の定めるところによる。

第四五条　この章の規定により認定を受けた通

信教育は、免許法認定通信教育と称する。

第四六条　免許法認定通信教育は、開設しようとする通信教育の課程に相当する課程を有する大学及び独立行政法人国立特別支援教育総合研究所に限り開設することができる。

2　免許法認定通信教育を開設する者は、その適切な水準の確保に努めなければならない。

第四六条の二　免許法認定通信教育の講師は、次の各号のいずれかに該当する者でなければならない。

一　大学の教員

二　その他前号に準ずる者（免許法第五条第一項ただし書各号のいずれかに該当する者を除く。）

第四七条　免許法認定通信教育における単位は、第一条の二の定めるところに準じて行う通信教育の課程を修了し、開設者の行う試験、論文、報告書その他による成績審査に合格した者に授与するものとする。

第四八条　大学及び独立行政法人国立特別支援教育総合研究所が、開設しようとする通信教育について、免許法別表第三備考第六号の規定による認定（以下この章において「認定」という。）を受けようとするときは、当該通信教育に関し次の事項を記載した申請書に、通信教育用教材及び学習指導書を添えて当該通信教育の開設二月前までに、文部科学大臣に提出しなければならない。

一　通信教育の目的及び名称

二　受講者定員

三　教育課程及び指導計画

四　各科目についての単位の配当

五　講師の氏名、主要職歴及び担任科目

六　成績審査の方法

七　受講料

八　収支予算

九　その他開設しようとする者において必要と認める事項

2　開設しようとする通信教育について認定を受けようとするものが第四十六条第一項に規定する大学であるときは、前項の申請書に当該大学の学則を添付しなければならない。

3　免許法認定通信教育の開設者が第一項第三号から第五号までに掲げる事項を変更しようとするときは、文部科学大臣に届け出なければならない。

第四九条　免許法認定通信教育の開設者が、第四十六条第二項、第四十六条の二、第四十七条及び前条第三項の規定に違反したときは、文部科学大臣はその認定を取り消すことができる。

第五〇条　免許法認定通信教育の開設者は、免許法認定通信教育終了後二月以内に、免許法認定通信教育の実施状況及び収支決算について、文部科学大臣に報告しなければならない。

第七章　単位修得試験

第五一条　免許法別表第三備考第六号に規定する文部科学大臣が大学に委嘱して行う試験に関しては、この章の定めるところによる。

第五二条　この章の規定により行う試験は、単位修得試験（以下「試験」という。）と称する。

第五三条　試験の問題は、試験の委嘱を受けた大学（以下この章において「大学」という。）が作成するものとする。

第五四条　大学、試験の科目、場所及び期日並びに出願期日その他の試験の実施細目については、そのつど文部科学大臣が、官報で告示する。ただし、特別の事情のある場合には、適宜な方法によつて公示するものとする。

第五五条　試験は、原則として、筆記試験によるものとする。ただし、大学において必要があると認める場合には、口述又は実地の試験を加えることができる。

第五六条　大学は、科目ごとに、試験の合格者の決定を行い、その者に対して単位を授与しなければならない。

2　前項の単位は、原則として、一科目について二単位とする。

第五七条　大学は、試験に関し、次の事項を記載した計画書を、試験の開始期日の二月前までに、文部科学大臣に提出しなければならない。

一　科目

二　場所

三　期日

四　問題作成者及び採点者の氏名

五　成績審査の方法

六　収支予算

七　その他大学において必要と認める事項

第五八条　大学が、前条各号に掲げる事項を変更しようとするときは、文部科学大臣に届け出なければならない。

第五九条　大学は、試験終了後一月以内に、試験問題、試験実施状況、科目ごとの合格者数及び授与単位数並びに収支決算について、文部科学大臣に報告しなければならない。

第六〇条　試験を受けようとする者は、一科目について百円を基準として試験を行う大学が定める額の受験手数料を納付しなければならない。

2　前項の規定により納付した受験手数料は、いかなる場合においても返還しない。

第六一条　試験の実施に関する基準は、この章に規定するもののほか、別に文部科学大臣が定める。

第七章の二　免許状の有効期間の更新及び延長

第六一条の二　免許法第九条の二に規定する免許状の有効期間の更新及び延長に関しては、この章の定めるところによる。

第六一条の三　免許法第九条の二第三項に規定する文部科学省令で定める期間は、二年二月とする。

第六一条の四　免許管理者は、免許法第九条の二第一項の規定による申請をした者（免許法第九条の三第三項各号に掲げる者に限る。）が次の各号のいずれかに該当する者（第一号、第二号及び第五号に掲げる者については、最新の知識技能を十分に有していないと免許管理者が認める者を除く。）であるときは、免許法第九条の二第三項の規定により、免許状更新講習を受ける必要がないものとして認めるものとする。

一　校長、副校長、教頭、主幹教諭（幼保連携型認定こども園の主幹養護教諭及び主幹栄養教諭を含む。）、指導教諭、主幹保育教諭又は指導保育教諭

二　指導主事、社会教育主事その他教育委員会の事務局（地方教育行政の組織及び運営に関する法律（昭和三十一年法律第百六十二号）第二十三条第一項の条例の定めるところによりその長が同項第一号に掲げる事務を管理し、及び執行することとされた地方公共団体（第六十五条の七第二号において「特定地方公共団体」という。）にあつては、当該事務を分掌する内部部局を含む。同号において同じ。）において学校教育又は社会教育に関する専門的事項の指導等に関する事務に従事している者として免許管理者が定める者

三　免許状更新講習の講師

四　国若しくは地方公共団体の職員又は次に掲げる法人の役員若しくは職員で、前二号に掲げる者に準ずる者として免許管理者が定める者

イ　国立大学法人法（平成十五年法律第百十二号）第二条第一項に規定する国立大学法人及び同条第三項に規定する大学共同利用機関法人

ロ　地方独立行政法人法（平成十五年法律第百十八号）第六十八条第一項に規定する公立大学法人

ハ　私立学校法（昭和二十四年法律第二百七十号）第三条に規定する学校法人

ニ　社会福祉法（昭和二十六年法律第四十五号）第二十二条に規定する社会福祉法人（幼保連携型認定こども園を設置するものに限る。第六十五条の七第三号において同じ。）

ホ　独立行政法人通則法（平成十一年法律第百三号）第二条第一項に規定する独立行政法人であつて、文部科学大臣が指定

したもの

五　学校における学習指導、生徒指導等に関し、特に顕著な功績があつた者に対する表彰等であつて免許管理者が指定したものを受けた者

六　その他前各号に掲げる者と同等以上の最新の知識技能を有する者として、文部科学大臣が別に定める者

第六一条の五　免許法第九条の二第五項の文部科学省令で定めるやむを得ない事由は、次の各号に掲げる事由とする。

一　心身の故障若しくは刑事事件に関し起訴されたことによる休職、引き続き九十日以上の病気休暇（九十日未満の病気休暇で免許管理者がやむを得ないと認めるものを含む。）、産前及び産後の休業、育児休業又は介護休業の期間中であること。

二　地震、積雪、洪水その他の自然現象により交通が困難となつていること。

三　海外に在留する邦人の子女のための在外教育施設若しくは外国の教育施設又はこれらに準ずるものにおいて教育に従事していること。

四　外国の地方公共団体の機関等に派遣されていること。

五　大学の大学院の課程若しくは専攻科の課程又はこれらの課程に相当する外国の大学の課程に専修免許状の取得を目的として在学していること（取得しようとする専修免許状に係る基礎となる免許状（免許法別表第三、別表第五、別表第六、別表第六の二又は別表第七の規定により専修免許状の授与を受けようとする場合には有することを必要とされる免許状をいう。）を有している者に限る。）。

六　教育職員として任命され、又は雇用された日から普通免許状又は特別免許状の有効期間の満了の日までの期間が二年二月未満であること。

七　前各号に掲げる事由のほか、免許管理者がやむを得ない事由として認める事由があること。

第六一条の六　免許管理者は、免許法第九条の二第五項に規定する相当の期間を定めるに当たつては、免許法第九条の三第四項の規定により免許状更新講習を受けることができない場合並びに前条第一号から第五号まで及び第七号に掲げる事由による場合にあつては、当該事由がなくなつた日から起算して二年二月を超えない範囲内で、同条第六号に掲げる事由による場合にあつては、教育職員として任命され、又は雇用された日から起算して二年二月を超えない範囲内で定めなければならない。

第六一条の七　免許法第九条の二第一項に規定する申請は、当該申請に係る普通免許状又は特別免許状の有効期間の満了する日の二月前までにしなければならない。

第六一条の八　前条の申請をしようとする者は、免許状更新講習規則（平成二十年文部科学省令第十号）第四条の表選択領域の項に掲げる事項に係る免許状更新講習を履修するに当たつては、次の各号に掲げる者の区分に応じ、当該各号に定める免許状更新講習を履修しなければならない。

一　教諭の免許状の有効期間の更新を受けようとする者　教諭を対象とする免許状更新講習

二　養護教諭の免許状の有効期間の更新を受けようとする者　養護教諭を対象とする免許状更新講習

三　栄養教諭の免許状の有効期間の更新を受けようとする者　栄養教諭を対象とする免許状更新講習

第六一条の九　免許法第九条の二第五項に規定する有効期間の延長は、当該有効期間の延長に係る普通免許状又は特別免許状を有する者の申請により行うものとする。

2　前項の申請は、普通免許状又は特別免許状の有効期間の満了する日の二月前までに、申請書に免許管理者が定める書類を添えて、これを免許管理者に提出してしなければならない。

第六一条の一〇　免許管理者は、普通免許状又は特別免許状の有効期間を更新し、又は延長したときは、その免許状を有する者に対して、普通免許状又は特別免許状の有効期間の更新又は延長に関する証明書を発行しなければならない。

第七章の三　免許状更新講習

第六一条の一一　免許状更新講習に関し必要な事項は、免許法に定めるもののほか、免許状更新講習規則の定めるところによる。

第八章　教員資格認定試験

第六一条の一二　免許法第十六条の二第一項の教員資格認定試験（以下「教員資格認定試験」という。）の受験資格、実施の方法その他試験に関し必要な事項は、教員資格認定試験規程（昭和四十八年文部省令第十七号）の定めるところによる。

第九章　中学校等の教員の特例

第六一条の一三　免許法第十六条の三及び第十六条の四に規定する中学校教諭又は高等学校教諭の普通免許状の授与については、この章の定めるところによる。

第六一条の一四　免許法第十六条の四第一項の規定による高等学校教諭の普通免許状は、柔道、剣道、情報技術、建築、インテリア、デザイン、情報処理及び計算実務の事項について授与するものとする。

第十章　自立教科等の免許状

第六二条　免許法第四条の二第二項に規定する特別支援学校において専ら自立教科等の教授を担任する教員の普通免許状及び臨時免許状の授与については、この章の定めるところによる。

第六三条　特別支援学校の高等部において専ら自立教科（自立教科等のうち自立活動を除いたものをいう。以下同じ。）の教授を担任する教員の普通免許状及び臨時免許状については、次項から第四項までに定めるところによる。

2　普通免許状は、特別支援学校自立教科教諭の免許状とし、それぞれ一種免許状及び二種免許状に区分する。

3　臨時免許状は、特別支援学校自立教科助教諭の免許状とする。

4　特別支援学校の自立教科の教員の普通免許状及び臨時免許状は、視覚障害者である生徒に対する教育を行う特別支援学校の高等部における理療（あん摩マツサージ指圧、はり及びきゆうを含む。）、理学療法及び音楽並びに聴覚障害者である生徒に対する教育を行う特別支援学校の高等部における理容及び特殊技芸（美術、工芸及び被服に分ける。）の各教科について授与するものとする。

第六三条の二　特別支援学校において専ら自立活動の教授を担任する教員の普通免許状については、次項及び第三項に定めるところによる。

2　普通免許状は、特別支援学校自立活動教諭の一種免許状とする。

3　特別支援学校の自立活動の教員の普通免許状は、視覚障害教育、聴覚障害教育、肢体不自由教育、言語障害教育の各自立活動について授与するものとする。

第六四条　特別支援学校自立教科教諭の普通免許状は、次の表の下欄に掲げる基礎資格を有する者又は免許法第六条第一項の規定による教育職員検定（以下この章において「教育職員検定」という。）に合格した者に授与する。ただし、特別支援学校自立教科教諭の普通免許状のうち次の各号に掲げるものは、それぞれ当該各号に定める者には、授与しない。

一　理療の教科についての普通免許状　あん摩マツサージ指圧師、はり師、きゆう師等に関する法律（昭和二十二年法律第二百十七号）の規定によるあん摩マツサージ指圧師免許、はり師免許又はきゆう師免許（以下それぞれ「あん摩マツサージ指圧師免許」、「はり師免許」及び「きゆう師免許」という。）のいずれかを有しない者（医師法（昭和二十三年法律第二百一号）の規定

による医師免許（以下この項において「医師免許」という。）を受けているものを除く。）

二　理学療法の教科についての普通免許状　理学療法士及び作業療法士法（昭和四十年法律第百三十七号）の規定による理学療法士の免許（第六十五条において「理学療法士免許」という。）を有しない者

三　理容の教科についての普通免許状　理容師法（昭和二十二年法律第二百三十四号）、美容師法（昭和三十二年法律第百六十三号）又は理容師法及び美容師法の特例に関する法律（昭和二十三年法律第六十七号）の規定による理容師免許及び美容師免許（第六十五条においてそれぞれ「理容師免許」及び「美容師免許」という。）のいずれも有しない者

（本項の表につき法令末尾に掲載）

2　前項の教育職員検定のうち、学力及び実務の検定は、次の表の定めるところによる。

（本項の表につき法令末尾に掲載）

第六五条　特別支援学校自立教科助教諭の臨時免許状は、次の各号に掲げる免許教科に応じ、それぞれ当該各号に定める者に、教育職員検定により授与する。

一　理療　あん摩マッサージ指圧師免許、はり師免許及びきゅう師免許を受けている者

二　理学療法　理学療法士免許を受けている者

三　音楽　視覚障害者である生徒に対する教育を行う特別支援学校の高等部の音楽専攻科を卒業した者

四　理容　理容師免許又は美容師免許を受けている者で、かつ、聴覚障害者である生徒に対する教育を行う特別支援学校高等部の理容科の専攻科を卒業したもの又は四年以上理容に関する実地の経験を有するもの

五　特殊技芸　免許教科の種類に応じ、それぞれ聴覚障害者である生徒に対する教育を行う特別支援学校の高等部の相当課程の専攻科において二年以上の課程を修了した者又は十年以上実地の経験を有する者

第六五条の二　特別支援学校自立活動教諭の一種免許状は、その免許状に係る教員資格認定試験に合格した者に授与する。

第十章の二　特別免許状

第六五条の三　免許法第四条の二第三項及び第五条第三項から第五項までに規定する特別免許状の授与については、この章の定めるところによる。

第六五条の四　免許法第五条第五項に規定する文部科学省令で定める者は、学校教育に関し学識経験を有する者であつて、認定課程を有する大学の学長、認定課程を有する学部の学部長又はこれらに準ずる者及び小学校、中学校、義務教育学校、高等学校、中等教育学校若しくは特別支援学校の校長又はこれらに準ずる者とする。

第六五条の五　免許法第四条の二第三項の規定による特別支援学校教諭の特別免許状は、第六十三条第四項に掲げる各教科及び第六十三条の二第三項に掲げる各自立活動について授与するものとする。

第六五条の六　免許法第五条第四項に規定する教育職員検定の申請は、特別免許状の授与を受けようとする者が、当該者を教育職員に任命し、又は雇用しようとする者の推薦書を添えて行うものとする。

第十一章　雑則

第六五条の七　免許法第二条第二項に規定する文部科学省令で定める教育の職にある者は、次に掲げる者であつて教育職員以外の者とする。

一　幼稚園、小学校、中学校、義務教育学校、高等学校、中等教育学校、特別支援学校又は幼保連携型認定こども園の職員

二　教育委員会の事務局又は教育委員会（特定地方公共団体にあつては、その長又は教育委員会）の所管に属する教育機関（前号に規定するものを除く。）の職員

三　教育職員として任命され、又は雇用された者であつて、任命権者又は雇用者の要請に応じ、引き続き地方公共団体の職員又は国立大学法人法第二条第一項に規定する国立大学法人、地方独立行政法人法第六十八条第一項に規定する公立大学法人、私立学校法第三条に規定する学校法人若しくは社会福祉法第二十二条に規定する社会福祉法人の役員若しくは職員となつている者

第六五条の八　免許法第五条第二項、第六条第四項（免許法附則第五項後段、第九項後段及び第十八項後段の規定により読み替えて適用される場合を含む。次条において同じ。）、第九条第四項括弧書（免許法附則第五項後段、第九項後段及び第十八項後段の規定により読み替えて適用される場合を含む。次条において同じ。）及び第十六条の二第二項（第十六条の三第三項、第十六条の四第四項及び第十七条第二項において読み替えて準用する場合を含む。次条において同じ。）に規定する文部科学省令で定める期間は、二年二月とする。

第六五条の九　免許法第五条第二項、第六条第四項、第九条第四項括弧書及び第十六条の二第二項の規定により普通免許状の授与を受けようとする者は、免許状更新講習規則第四条の表選択領域の項に掲げる事項に係る免許状更新講習を履修するに当たつては、次の各号に掲げる授与を受けようとする普通免許状の種類に応じ、当該各号に定めるものを履修するものとする。

一　教諭の免許状　教諭を対象とする免許状更新講習

二　養護教諭の免許状　養護教諭を対象とする免許状更新講習

三　栄養教諭の免許状　栄養教諭を対象とする免許状更新講習

第六五条の一〇　免許法第三条の二第一項第七号に規定する教科に関する事項は、学校教育法施行規則第五十条第一項及び第百二十六条第一項に規定する外国語活動の一部、同令第五十条第一項、第七十二条、第百二十六条、第百二十七条及び第百二十八条第二項に規定する道徳の一部、同令第五十条第一項、第七十二条、第八十三条、第百二十六条第一項、第百二十七条及び第百二十八条に規定する総合的な学習の時間の一部並びに同令第五十二条に規定する小学校学習指導要領及び同令第百二十九条に規定する特別支援学校小学部・中学部学習指導要領で定めるクラブ活動とする。

第六五条の一一　免許法第三条の二第二項の届出は、次に掲げる事項を記載した届出書により行うものとする。

一　設置者及び学校名

二　任命又は雇用しようとする者の氏名

三　教授又は実習を担任しようとする事項の内容及び期間

四　前号の教授又は実習を担任させる理由

五　その他都道府県の教育委員会規則で定める事項

第六六条　次の各号の一に該当する者は、免許法第五条第一項第二号ただし書の規定に基づき、高等学校を卒業した者と同等以上の資格を有するものと認める。

一　中等教育学校を卒業した者

二　通常の課程による十二年の学校教育を修了した者（通常の課程以外の課程により、これに相当する学校教育を修了した者を含む。）

三　学校教育法施行規則第九十条第二項の規定により、大学への入学を認められた者

四　学校教育法施行規則第百五十条の規定により、大学入学に関し、高等学校を卒業した者と同等以上の学力があると認められた者（前号に該当する者を除く。）

五　免許法第五条第一項に規定する養護教諭養成機関、免許法別表第一備考第二号の三及び第三号に規定する教員養成機関並びに免許法別表第二の二備考第二号に規定する栄養教諭の教員養成機関において、個別の入学資格審査により、高等学校を卒業した者と同等以上の学力があると認めた者で、十八歳に達したもの

第六六条の二　免許法第五条第六項第二号の規

定により同項第一号に掲げる者と同等以上の資格を有すると認められる者は、次に掲げる者とする。

一　大学に二年以上在学し、六十二単位以上を修得した者（短期大学士の学位を有する者を除く。）

二　旧国立養護教諭養成所を卒業した者

三　旧国立工業教員養成所を卒業した者

第六六条の二の二　免許法第五条の二第三項の規定による特別支援学校助教諭の臨時免許状についての新教育領域の追加の定めは、当該新教育領域が定められた普通免許状を有する者を採用することができない場合に限り、免許法第六条第一項の規定による教育職員検定に合格した者が所有する臨時免許状について行うものとする。

第六六条の三　免許法第十六条の五第一項に規定する教科に関する事項は、学校教育法施行規則第五十条第一項及び第百二十六条第一項に規定する外国語活動、同令第五十条第一項及び第百二十六条に規定する道徳、同令第五十条第一項及び第百二十六条第一項に規定する総合的な学習の時間、同令第五十条第一項及び第百二十六条に規定する特別活動並びに同令第五十条第二項に規定する宗教とする。

2　免許法第十六条の五第二項に規定する教科に関する事項は、学校教育法施行規則第七十二条及び第百二十七条に規定する総合的な学習の時間とする。

3　任命権者又は雇用者は、免許法第十六条の五第一項の規定に基づき、第一項に規定する道徳又は特別活動の教授を担任する主幹教諭、指導教諭、教諭又は講師となる者に対し、必要な研修を実施するよう努めなければならない。

第六六条の四　免許法別表第一備考第二号の二に規定する学士の学位を有することと同等以上の資格を有すると認められる場合は、学校教育法第百二条第二項の規定により大学院への入学を認められる場合とする。

第六六条の五　免許法別表第一備考第二号の三の規定により短期大学士の学位を有することと同等以上の資格を有すると認められる場合は、次に掲げる場合とする。

一　大学に二年以上在学し、六十二単位以上を修得した場合（短期大学士の学位を有する場合を除く。）

二　指定教員養成機関に二年以上在学し、六十二単位以上を修得した場合（指定教員養成機関を卒業した場合を除く。）

第六六条の六　免許法別表第一備考第四号に規定する文部省令で定める科目の単位は、日本国憲法二単位、体育二単位、外国語コミュニケーション二単位及び情報機器の操作二単位とする。

第六六条の七　免許法別表第一備考第五号ロの規定により認定課程を有する大学が免許状の授与の所要資格を得させるための教科及び教職に関する科目として適当であると認める科目の単位は、幼稚園教諭の普通免許状にあつては領域に関する専門的事項に関する科目の単位、小学校、中学校又は高等学校の教諭の普通免許状にあつては教科に関する専門的事項に関する科目の単位とし、次の表の第一欄に掲げる課程について、それぞれ、第二欄に掲げる免許状の種類に応じ、第三欄に掲げる単位数を限度とする。

第一欄 課程	第二欄 免許状の種類	第三欄 単位数
高等学校、中等教育学校の後期課程又は特別支援学校の高等部の専攻科（学校教育法第五十八条の二（同法第七十条第一項及び第八十二条において準用する場合を含む。）に規定する課程に限る。）	中学校又は高等学校の教諭の普通免許状	一〇
	幼稚園又は小学校の教諭の普通免許状	二
短期大学の専攻科	中学校又は高等学校の教諭の普通免許状	五
高等専門学校（第四学年及び第五学年に係る課程に限る）	中学校又は高等学校の教諭の普通免許状	一〇
高等専門学校の専攻科	中学校又は高等学校の教諭の普通免許状	五
専修学校の専門課程（学校教育法第百三十二条に規定するものに限る。）	中学校又は高等学校の教諭の普通免許状	一〇

第六六条の八　免許法別表第一備考第六号に規定する教員の職務の遂行に必要な基礎的な知識技能を修得させるためのものとして文部科学省令で定める教科及び教職に関する科目は、各教科の指導法に関する科目及び教諭の教育の基礎的理解に関する科目等とする。

第六六条の九　免許法別表第二備考第一号の規定により短期大学士の学位を有することと同等以上の資格を有すると認められる場合は、大学に二年以上在学し、六十二単位以上を修得した場合（短期大学士の学位を有する場合を除く。）とする。

2　免許法別表第二備考第一号の規定により文部科学大臣の指定する養護教諭養成機関を卒業することと同等以上の資格を有すると認められる場合は、免許法第五条第一項に規定する養護教諭養成機関に二年以上在学し、六十二単位以上を修得した場合（養護教諭養成機関を卒業した場合を除く。）とする。

第六六条の一〇　免許法別表第二の二備考第一号の規定により学士の学位を有することと同等以上の資格を有すると認められる場合は、学校教育法第百二条第二項の規定により大学院への入学を認められる場合又は栄養教諭の指定教員養成機関に四年以上在学し、百二十四単位以上を修得し卒業した場合とする。

第六七条　免許法別表第三の規定の適用については、次の表の第一欄に掲げる学校以外の教育施設において教育に従事した者（免許法別表第三備考第二号の規定により実務に関する証明を受けることのできる者を除く。）は、それぞれ第二欄に掲げる学校の教員に相当するものとし、その勤務成績についての実務証明責任者は第三欄に掲げるとおりとする。

第一欄	第二欄	第三欄
少年院法（平成二十六年法律第五十八号）による少年院	授業を担当した課程に応じ、小学校、中学校又は高等学校	法務大臣
海外に在留する邦人の子女のための在外教育施設で、文部科学大臣が小学校、中学校又は高等学校の課程と同等の課程を有するものとして認定したもの	授業を担当した課程に応じ、小学校、中学校又は高等学校	文部科学大臣
外国の教育施設又はこれに準ずるもの（前項に掲げるものを除き、独立行政法人国際協力機構法（平成十四年法律第百三十六号）に基づき派遣された場合に限る。第七十条の二において同じ。）	授業を担当した課程に応じ、幼稚園、小学校、中学校又は高等学校	独立行政法人国際協力機構の理事長

第六八条　免許法別表第三備考第七号に規定する文部科学省令で定める教育の職は、免許法別表第三の規定の適用を受ける者にあつては、校長、副校長、教頭、主幹教諭（幼保連携型認定こども園の主幹養護教諭及び主幹栄養教諭を含む。）、指導教諭、主幹保育教諭、指導保育教諭、教育長、指導主事若しくは社会教育主事の職又は中学校教諭の一種免許状の授与を受ける場合にあつては免許法第十六条の五第一項の規定による小学校、義務教育

学校の前期課程若しくは特別支援学校の小学部の主幹教諭、指導教諭、教諭若しくは講師の職とする。

第六八条の二　免許法別表第五備考第一号の二に規定する資格は、学校教育法第百二条第二項の規定により大学院への入学を認められることとする。

第六九条　免許法別表第五備考第三号に規定する文部科学省令で定める教育の職は、校長、副校長、教頭、教育長、指導主事、社会教育主事の職又は中学校教諭の一種免許状の授与を受ける場合にあつては免許法第十六条の五第一項の規定による小学校、義務教育学校の前期課程若しくは特別支援学校の小学部の主幹教諭、指導教諭、教諭若しくは講師の職とする。

第六九条の二　免許法別表第六備考第三号の文部科学省令で定める者は、次条に規定する職員で、次に掲げる者とする。

一　免許法第五条第一項各号の一に該当しない者

二　免許法附則第三項の規定により免許状の授与を受けることができる者

三　免許法附則第七項の規定により養護助教諭の臨時免許状を受けることができる者

第六九条の三　免許法別表第六備考第四号に規定する文部科学省令で定める職員は、幼稚園、小学校、中学校、義務教育学校、高等学校、中等教育学校、特別支援学校又は幼保連携型認定こども園において専ら幼児、児童又は生徒の養護に従事する職員で常時勤務に服することを要するものとし、その者についての実務証明責任者は、その者の勤務する学校の教員について免許法別表第三の第三欄に規定する実務証明責任者と同様とする。

第七〇条　免許法別表第三、別表第六、別表第六の二、別表第七、別表第八若しくは第六十四条第二項の表の第三欄又は別表第五の第二欄に規定する在職年数には、休職の期間は通算しない。

第七〇条の二　免許法別表第三備考第八号及び第十号に規定する期間には、心身の故障による休職、引き続き九十日以上の病気休暇（九十日未満の病気休暇で授与権者がやむを得ないと認めるものを含む。）、産前及び産後の休業並びに育児休業の期間、指導主事又は社会教育主事の職に従事した期間並びに海外に在留する邦人の子女のための在外教育施設並びに外国の教育施設又はこれに準ずるものにおいて教育に従事した期間は通算しない。

第七一条　免許状の授与、新教育領域の追加の定め、書換若しくは再交付又は教育職員検定を受けようとする者は、免許法第五条の二第一項及び第三項に定めるもののほか、都道府県の教育委員会規則の定めるところにより、授与権者に申し出るものとする。

第七二条　普通免許状の様式は、別記第一号様式のとおりとする。

2　専修免許状には、大学院での専攻を記入するものとする。この場合において、次の各号に掲げる免許状の区分に応じ当該各号に掲げるいずれかの分野に関する単位を十二単位以上修得した場合は、大学院での専攻に加えて当該分野を記入することができる。

一　幼稚園教諭の専修免許状においては、教育哲学、教育史、教育制度・学校経営、教育社会学、教育内容・方法、教育心理学・発達心理学、教育臨床、幼児教育又は授与権者が適当と認めた分野

二　小学校又は中学校の教諭の専修免許状においては、教育哲学、教育史、教育制度・学校経営、教育社会学、教育内容・方法、教育心理学・発達心理学、教育臨床、生徒指導・進路指導、国語教育、社会科教育、数学教育、理科教育、音楽教育、美術教育、保健体育、技術教育、家政教育、英語教育、道徳教育、国際理解教育、環境教育、情報教育、日本語教育、生涯学習（社会教育を含む。）又は授与権者が適当と認めた分野

三　高等学校教諭の専修免許状においては、前号に掲げる分野、世界史、日本史、地理、倫理、政治・経済、物理、化学、生物、地学、体育若しくは保健又は授与権者が適当と認めた分野

四　特別支援学校の教諭の専修免許状においては、視覚障害教育、聴覚障害教育、知的障害教育、肢体不自由教育、病弱教育又は授与権者が適当と認めた分野

五　養護教諭の専修免許状においては、教育哲学、教育史、教育制度、教育社会学、教育心理学・発達心理学、教育臨床、生徒指導、衛生学・公衆衛生学、健康相談、栄養学、解剖学・生理学、微生物学・免疫学・薬理概論、精神保健、看護学又は授与権者が適当と認めた分野

六　栄養教諭の専修免許状においては、教育哲学、教育史、教育制度、教育社会学、教育心理学・発達心理学、教育臨床、生徒指導、衛生学・公衆衛生学、生理学・生化学、食品学・食品衛生学、基礎栄養学、応用栄養学、臨床栄養学、栄養教育論、調理学、給食経営管理論又は授与権者が適当と認めた分野

3　特別免許状及び臨時免許状の様式は、第一項の普通免許状の様式を参酌して、都道府県の教育委員会規則で定める。

第七三条　免許法第七条第一項に規定する証明書の様式は、別記第二の一号様式から第二の四号様式までのとおりとする。

第七三条の二　免許法第七条第二項に規定する証明書の様式は、別記第三の一号様式から第三の三号様式までのとおりとする。

第七三条の三　免許法第七条第四項に規定する証明書の様式は、別記第四号様式のとおりとする。

第七三条の四　第六十一条の十に規定する有効期間の更新又は延長に関する証明書の様式は、それぞれ別記第五号様式及び別記第六号様式のとおりとする。

第七四条　免許法第八条の原簿は、免許法第四条及び第四条の二第一項の規定による免許状、免許法第十六条の三第一項の規定による中学校教諭又は高等学校教諭の普通免許状、免許法第十六条の四第一項の規定による高等学校教諭の普通免許状並びに第六十三条、第六十三条の二及び第六十五条の五の規定による特別支援学校の自立教科又は自立活動の教員の免許状の種類に応じて作製しなければならない。

2　前項の原簿には、氏名、生年月日、本籍地、免許状授与年月日、普通免許状に係る所要資格を得た日の属する年度、教員資格認定試験に合格した日の属する年度、免許法第十六条の三第二項又は第十七条第一項に規定する文部科学省令で定める資格を有することとなつた日の属する年度、教育職員免許法施行法（昭和二十四年法律第百四十八号）第二条の表の上欄各号に掲げる者となつた日の属する年度、有効期間の更新年月日、有効期間の更新番号、有効期間の延長年月日、有効期間の延長番号、有効期間の満了の年月日（有効期間が延長されたときにあつては延長後の有効期間の満了の年月日）、免許状の番号、授与の根拠規定、教科、特別支援教育領域（新教育領域の追加の定めがあつたときにあつては、当該新教育領域及び当該新教育領域の追加の定めの年月日を含む。）及び授与条件その他必要と認める事項を記載しなければならない。

第七五条　免許法第十八条第一項（同条第二項において準用する場合を含む。）の文部科学省令で定める島は、本州、北海道、四国及び九州に附属する島のうち内閣府設置法第四条第一項第十三号に規定する北方地域の範囲を定める政令（昭和三十四年政令第三十三号）に規定する北方地域の島以外の島とする。

第七六条　免許法認定講習を開設した者は、単位修得原簿及びこれに関する主なる公文書を相当期間保存しなければならない。

2　大学は、大学、免許法認定公開講座、免許法認定通信教育及び単位修得試験における単位修得原簿その他これらに関する主なる公文書を相当期間保存しなければならない。

3　指定教員養成機関は、単位修得原簿その他これに関する主なる公文書を相当期間保存しなければならない。

附　則〔抄〕

4　免許法附則第五項の規定の適用を受ける者の単位の修得方法は、次の表の定めるところによる。

免許法附則第五項の表の番号	最低修得単位数：教科に関する専門的事項に関する科目	最低修得単位数：各教科の指導法に関する科目又は教諭の教育の基礎的理解に関する科目等
一	四	六
二	四	六
三	四	六
四	六	四
五	四	六

備考　この表各号の単位の修得方法は、それぞれ第四条第一項及び第五条第一項の表に定める修得方法の例にならうものとする。

5　免許法附則第九項の規定の適用を受ける者の単位の修得方法は、第十六条に定める修得方法の例にならうものとする。

6　免許法附則第十七項の規定の適用を受ける者の単位の修得方法は、次の表の定めるところによる。

受けようとする免許状の種類		最低修得単位数：栄養に係る教育に関する科目	最低修得単位数：養護教諭・栄養教諭の教育の基礎的理解に関する科目等
栄養教諭	一種免許状	二	八
	二種免許状	二	六

備考

一　この表における単位の計算方法に関しては、第一条の二の規定を準用する。

二　栄養に係る教育に関する科目の単位の修得方法は、第十条の表備考第一号に定める修得方法の例にならうものとする。

三　養護教諭・栄養教諭の教育の基礎的理解に関する科目等の単位の修得方法は、教育の基礎的理解に関する科目、道徳、総合的な学習の時間等の内容及び生徒指導、教育相談等に関する科目並びに栄養教育実習についてそれぞれ一単位以上を修得するものとする。

四　前号の栄養教育実習の単位は、免許法第三条の二に規定する非常勤の講師として一年以上栄養の指導に関し良好な成績で勤務した旨の実務証明責任者の証明を有する者については、経験年数一年について一単位の割合で、前号の養護教諭・栄養教諭の教育の基礎的理解に関する科目等（栄養教育実習を除く。）の単位をもつて、これに替えることができる。

五　免許法附則第十七項の表備考第二号の規定の適用を受ける者の単位の修得方法は、栄養に係る教育に関する科目について二単位以上を修得するものとする。

7　免許法附則第十八項に規定する文部科学省令で定める基礎資格は、次の各号に掲げる免許状の区分に応じ、当該各号に定めるものとする。

一　幼稚園教諭の一種免許状　学士の学位を有すること（学校教育法第百二条第二項の規定により大学院への入学を認められる場合を含む。）、かつ、児童福祉法（昭和二十二年法律第百六十四号）第十八条の六第一号に規定する指定保育士養成施設を卒業していること又は同法第十八条の八第一項に規定する保育士試験若しくは国家戦略特別区域法（平成二十五年法律第百七号）第十二条の四第六項に規定する国家戦略特別区域限定保育士試験に合格していること。

二　幼稚園教諭の二種免許状　児童福祉法第十八条の六第一号に規定する指定保育士養成施設を卒業していること又は同法第十八条の八第一項に規定する保育士試験若しくは国家戦略特別区域法第十二条の四第六項に規定する国家戦略特別区域限定保育士試験に合格していること。

8　免許法附則第十八項に規定する文部科学省令で定める職員は、次に掲げる者とする。

一　幼稚園（特別支援学校の幼稚部を含む。附則第十項の表備考第一号において同じ。）において専ら幼児の保育に従事する職員

二　幼保連携型認定こども園において園児の教育及び保育に従事する職員

三　次に掲げる施設の保育士（国家戦略特別区域法第十二条の四第五項に規定する事業実施区域内にある施設にあつては、保育士又は当該事業実施区域に係る国家戦略特別区域限定保育士）

イ　児童福祉法第三十九条第一項に規定する保育所

ロ　児童福祉法第五十九条第一項に規定する施設のうち同法第三十九条第一項に規定する業務を目的とするものであつて就学前の子どもに関する教育、保育等の総合的な提供の推進に関する法律（平成十八年法律第七十七号）第三条第一項又は第三項の認定を受けたもの及び同条第十一項の規定による公示がされたもの

ハ　イ及びロに掲げるものに準ずる施設として文部科学大臣が厚生労働大臣と協議して定めるもの

9　免許法附則第十八項に規定する文部科学省令で定める機関は、大学とする。

10　免許法附則第十八項に規定する最低在職年数及び最低単位数として文部科学省令で定めるものは、次の表に定めるところによる。

第一欄：受けようとする免許状の種類		第二欄：附則第七項各号に掲げる免許状の区分に応じそれぞれ当該各号に定める基礎資格を取得した後、附則第八項に規定する職員として良好な成績で勤務した旨の実務証明責任者の証明を有することを必要とする最低在職年数	第三欄：附則第七項各号に掲げる免許状の区分に応じそれぞれ当該各号に定める基礎資格を取得した後、前項に規定する機関において修得することを必要とする最低単位数
幼稚園教諭	一種免許状	三（勤務時間の合計が四千三百二十時間以上の場合に限る。）	八
	二種免許状	三（勤務時間の合計が四千三百二十時間以上の場合に限る。）	八

備考

一　第二欄の実務証明責任者は、附則第八項第一号及び第二号に掲げる者にあつては幼稚園の教員についての免許法別表第三の第三欄に規定する実務証明責任者と同様とし、同項第三号に掲げる者にあつてはその者が勤務した施設の設置者とする。

二　第三欄に定める単位の修得方法は、次に掲げる第二条第一項に定める科目について、それぞれ規定する単位数を修得するものとする。

イ　保育内容の指導法に関する科目並びに教育の方法及び技術に関する科目　二単位以上

ロ　教育の基礎的理解に関する科目（教職の意義及び教員の役割・職務内容（チーム学校運営への対応

を含む。）に係る部分に限る。）

ハ　教育の基礎的理解に関する科目二単位以上

(教育に関する社会的、制度的又は経営的事項（学校と地域との連携及び学校安全への対応を含む。）に係る部分に限る。）二単位以上

ニ　教育課程の意義及び編成の方法に関する科目　一単位以上

ホ　道徳、総合的な学習の時間等の指導法及び生徒指導、教育相談等に関する科目（幼児理解の理論及び方法に係る部分に限る。）　一単位以上

三　この表により免許状の授与を受けようとする者が前号の規定により修得するものとされる科目の単位を修得したものであるときは、その者は、その修得した科目の単位を第三欄に掲げる単位数に含めることができる。

四　一種免許状に係る第三欄に定める単位数は、学位規則第六条第一項に規定する独立行政法人大学改革支援・学位授与機構が定める要件を満たす短期大学の専攻科の課程において修得することができる。

五　第三欄の単位数は、文部科学大臣の指定する養護教諭養成機関において修得した単位、文部科学大臣の認定する講習、大学の公開講座若しくは通信教育において修得した単位又は文部科学大臣が大学に委嘱して行う試験の合格により修得した単位をもつて替えることができる。

六　前号に規定する文部科学大臣の指定する養護教諭養成機関、文部科学大臣の認定する講習、大学の公開講座若しくは通信教育又は文部科学大臣が大学に委嘱して行う試験については、第四章、第五章、第五章の二、第六章又は第七章の規定を、第三欄に定める単位の計算方法については第一条の二の規定をそれぞれ準用する。

11　改正法附則第五項の規定の適用を受ける者の単位の修得方法は、次の表の定めるところによる。

〔本項の表につき法令末尾に掲載〕

12　前項の規定により高等学校教諭二級普通免許状の授与を受けようとする者についての改正法附則第五項の表備考第二号において準用する免許法第六条別表第三備考第五号の規定により文部省令で定める教育の職は、校長、教育長若しくは指導主事又は盲学校、聾学校若しくは養護学校の高等部の教員の職とする。

13　改正法附則第五項の表備考第四号又は第五号の規定の適用を受ける者の単位の修得方法は、教科に関する専門科目五単位以上、教職に関する専門科目五単位以上とし、教科に関する専門科目及び教職に関する専門科目の単位の修得方法は、それぞれ第二条、第三条及び第六条に定める修得方法の例にならうものとする。

14　改正法附則第八項の規定の適用を受ける者の単位の修得方法は、教科に関する専門的事項に関する科目二十単位、各教科の指導法に関する科目、教諭の教育の基礎的理解に関する科目等二十四単位並びに大学が独自に設定する科目十六単位を含めて九十単位を修得するものとし、教科に関する専門的事項に関する科目、各教科の指導法に関する科目及び教論の教育の基礎的理解に関する科目等の単位の修得方法にあつてはそれぞれ第五条に定める修得方法の例にならうものとする。

15　改正法附則第十一項又は改正法附則第十二項若しくは第十三項の規定の適用を受ける者の単位の修得方法は、それぞれ附則第十一項又は第十三項に定める修得方法の例にならうものとする。

16　改正法附則第十八項の規定の適用を受ける者の単位の修得方法は、附則第十一項に定める修得方法の例にならうものとする。

17　改正法附則第三項の規定により旧法第六条別表第四に規定する幼稚園、小学校若しくは中学校の教諭の仮免許状に係る所要資格、同条別表第五に規定する中学校若しくは高等学校において職業実習、農業実習、工業実習、商業実習、水産実習若しくは商船実習を担任する教諭の仮免許状に係る所要資格又は同条別表第六に規定する養護教諭仮免許状に係る所要資格を得た者又は改正法附則第四項の規定により旧法第六条別表第四に規定する高等学校教諭仮免許状に係る所要資格を得た者で、これらの学校の教諭（講師を含む。）になろうとするものは、授与権者に願い出て所要資格を得たむねの証明を受けなければならない。

18　免許法附則第二項の規定により、ある教科の免許状を有しない主幹教諭、指導教諭又は教諭（以下この項において「主幹教諭等」という。）が、当該教科の教授を担任しようとするときは、当該学校の校長及び当該主幹教論等は、連署をもつて、次の事項を記載した申請書を授与権者に提出し、許可を受けなければならない。

一　設置者、学校名及び位置

二　校長及び当該教科の教授を担任しようとする主幹教諭等の氏名

三　教授を担任しようとする教科の名称及び期間

四　前号の教授を担任しようとする事由

五　第二号に掲げる主幹教諭等の履歴及び所有する免許状の種類

六　当該学校の学級編成及び免許教科別教員数

19　昭和二十九年十二月二日までに免許状授与の所要資格を得させるための課程として文部大臣の認定を受けた大学の課程は、第二章の規定による認定課程とみなす。

22　免許法附則第四項の旧令による学校の校長及び教員は、次の各号に掲げる学校の校長及び教員とする。

一　小学校に相当する旧令による学校については、国民学校（教員養成諸学校の附属国民学校を含む。以下この項において同じ。）、青年学校（青年師範学校の附属青年学校を含む。以下この項において同じ。）、盲学校、聾唖学校、国民学校に準ずる各種学校、国民学校に類する各種学校、文部省以外の官庁の所管に属した学校であつて国民学校に相当する学校、第四号に掲げる学校その他文部科学大臣がこれらの学校に準ずるものと認めた学校

二　中学校に相当する旧令による学校については、国民学校、中等学校（教員養成諸学校の附属中学校及び附属高等女学校を含む。以下この項において同じ。）、高等学校尋常科、師範学校予科、盲学校、聾唖学校、青年学校、国民学校に準ずる各種学校、国民学校に類する各種学校、中等学校に相当する学校、文部省以外の官庁の所管に属した学校であつて国民学校又は中等学校に相当する学校、専門学校入学に関し指定を受けた学校その他文部科学大臣がこれらの学校に準ずるものと認めた学校

三　高等学校に相当する旧令による学校については、中等学校、高等学校尋常科、師範学校予科、青年学校、専門学校入学に関し指定を受けた学校、高等学校高等科、大学予科、専門学校、大学、高等学校高等科又は専門学校に類する各種学校、中等学校に相当する学校、文部省以外の官庁の所管に属した学校であつて高等学校高等科又は専門学校に相当する学校、盲学校又は聾唖学校の師範部、教員養成諸学校（青年学校教員養成所及び臨時の教員養成機関を含む。）その他文部科学大臣がこれらの学校に準ずるものと認めた学校

四　幼稚園に相当する旧令による学校については、旧幼稚園令（大正十五年勅令第七十四号）による幼稚園（教員養成諸学校の附属幼稚園及び文部科学大臣が幼稚園に相当するものと認めた学校を含む。）及び第一号に掲げる学校（青年学校を除く。）

23　免許法附則第四項の学校以外の教育施設において教育に従事する者は、第六十七条の表

の第一欄に掲げる施設において教育に従事する者とする。

24　免許法附則第四項の官公庁又は私立学校において教育事務に従事する職員は、学校教育法施行規則第二十条第一号イからヌまでに掲げる職にあるものとする。

25　免許法附則第五項の表備考に規定する基礎資格を有する者に相当する者及び改正法附則第五項の表備考第四号の規定により修業年限四年以上の専門学校を卒業した者に相当する者は、旧令による専門学校の入学資格を入学資格とする修業年限一年以上の専門学校の予科を修了し、修業年限三年以上の専門学校を卒業した者又は修業年限三年以上の専門学校を卒業し、修業年限一年以上の専門学校研究科を修了した者とする。

26　免許法附則第四項、第五項、第九項及び第十八項の表の第三欄並びに改正法附則第五項の表の第三欄並びに附則第十項の表の第二欄に規定する在職年数の通算に関しては、第七十条の規定を準用する。

27　免許法附則第八項ただし書及び第十二項ただし書に規定する文部科学省令で定める期間は、二年二月とする。

28　免許法附則第八項ただし書の規定により普通免許状の授与を受けようとする者は、免許状更新講習規則第四条の表選択領域の項に掲げる事項に係る免許状更新講習を履修するに当たつては、教諭を対象とするものを履修しなければならない。

29　免許法附則第九項の表イの項に掲げる「文部科学大臣がこれと同等以上と認める資格」は、大学に二年以上在学し、同表の第一欄に掲げる実習に係る実業に関する学科を専攻し、六十二単位以上を修得すること（短期大学士の学位を有することを除く。）又は旧令による修業年限三年以上の専門学校において同表の第一欄に掲げる実習に係る実業に関する学科を専攻して卒業することとし、同表のハの項に掲げる「文部科学大臣がこれと同等以上と認める資格」とは、旧令による国民学校初等科修了程度を入学資格とする修業年限五年の実業学校又は旧令による国民学校高等科修了程度を入学資格とする修業年限三年の実業学校において同表の第一欄に掲げる実習に係る実業に関する学科を修めて卒業することとする。

30　免許法附則第九項の表備考第三号に規定する文部科学省令で定める実習助手は、高等学校（中等教育学校の後期課程並びに特別支援学校の高等部を含む。）において専ら実習助手の職務に従事する者で常時勤務に服することを要するものとし、その者について証明をすべき所轄庁は、その者の勤務する学校の教員について免許法別表第三の第三欄に規定する実務証明責任者と同様とする。

31　改正法附則第五項の表備考第七号に規定する文部省令で定める職員は、第六十九条の二に規定する職員とし、その者について証明をすべき所轄庁は、その者の勤務する学校の教員について免許法第二条第三項に規定する所轄庁と同様とする。

32　免許法附則第十二項ただし書の規定により普通免許状の授与を受けようとする者は、免許状更新講習規則第四条の表選択領域の項に掲げる事項に係る免許状更新講習を履修するに当たつては、次の各号に掲げる授与を受けようとする普通免許状の種類に応じ、当該各号に定めるものを履修しなければならない。

一　養護教諭の免許状　養護教諭を対象とする免許状更新講習

二　教諭の免許状　教諭を対象とする免許状更新講習

33　免許法附則第十八項の表第三欄に規定する実務証明責任者は、その者の勤務する学校（学校給食法（昭和二十九年法律第百六十号）第六条に規定する共同調理場に勤務する者については、当該共同調理場の設置者が設置する学校とする。）の教員について免許法別表第三の第三欄に規定する実務証明責任者と同様とする。

36　前項の者で盲学校又は、聾学校の高等部において特殊の教科の教授を担任する教諭（講師を含む。）になろうとするものについては、附則第十七項の規定を準用する。

37　附則第三十四項及び第三十五項の規定に該当する者に対して、教育職員検定により、盲学校又は聾学校の特殊教科の教諭の二級普通免許状を授与する場合における学力及び実務の検定は、第六十四条第二項の規定にかかわらず、次の表の第三欄及び第四欄の定めるところによる。

（本項の表につき法令末尾に掲載）

38　免許法別表第三により保健の教科についての高等学校教諭の一種免許状の授与を受けようとする者が、改正法附則第七項の規定により保健の教科についての高等学校助教諭の臨時免許状の授与を受けており、かつ、保健師助産師看護師法（昭和二十三年法律第二百三号）第七条の規定により看護師の免許を受けているものであるときは、当分の間、その者は、附則第十四項に規定する最低修得単位数のうち、教科に関する専門的事項に関する科目十単位、各教科の指導法に関する科目及び教諭の教育の基礎的理解に関する科目等十二単位並びに大学が独自に設定する科目八単位を含めて四十五単位（同法二十一条第二号又は第三号の規定に基づき文部科学大臣又は厚生労働大臣が指定した学校又は看護師養成所（次項において「看護師養成施設」という。）のうち修業年限二年のものを卒業した者にあつては、教科に関する専門的事項に関する科目七単位、各教科の指導法に関する科目及び教諭の教育の基礎的理解に関する科目等八単位並びに大学が独自に設定する科目五単位を含めて三十単位）を修得したものとみなして、附則第十四項の規定を適用する。

39　前項の規定の適用を受ける者の改正法附則第八項により読み替えられた免許法別表第三に規定する最低在職年数については、当分の間、その者の看護師養成施設における在学年数一年を在職年数二年とみなして通算することができる。

40　旧国立工業教員養成所を卒業した者が、免許法第六条第三項別表第四により数学又は理科の教科についての高等学校教諭二級普通免許状の授与を受けようとする場合にあつては、当分の間、教育職員免許法施行規則等の一部を改正する省令（平成元年文部省令第三号）による改正前の第二十五条第三項の規定にかかわらず、同項に定めるもののほか、旧国立工業教員養成所は、同法第六条第二項別表第三備考第一号の規定に基づく他の課程とみなす。

41　免許法附則第十五項に規定する文部科学省令で定める事項は、学校教育法施行規則第五十二条に規定する小学校学習指導要領で定める保健に係る事項とする。

42　新型インフルエンザ等対策特別措置法（平成二十四年法律第三十一号）附則第一条の二第一項に規定する新型コロナウイルス感染症の発生又はまん延に起因するやむを得ない理由により、認定課程を有する大学、免許法第五条第一項に規定する養護教諭養成機関、免許法別表第一備考第二号の三及び第三号に規定する幼稚園、小学校、中学校若しくは特別支援学校の教員養成機関、免許法別表第二の二備考第二号に規定する栄養教諭の教員養成機関又は第六十四条第一項の表下欄に規定する特別支援学校の教員養成機関が、次の表の第一欄に掲げる免許状の種類に応じ、令和二年度にこの省令に規定する科目のうち第二欄に掲げる科目の授業の全部又は一部を実施できなかつたことにより、免許法別表第一、別表第二若しくは別表第二の二の規定による普通免許状の授与又は免許法第四条の二第二項に規定する特別支援学校において専ら自立教科等の教授を担任する教員の普通免許状の授与を受けようとする者が当該第二欄に掲げる科目の単位を修得することができないときは、当該第二欄に掲げる科目の単位については、この省令に規定する科目のうち第三欄に掲げる科目の単位をもつてあてることができる。

（本項の表につき法令末尾に掲載）

別記第一号様式から**別記第六号様式**まで（省略）

附　則　（平成二九年一一月一七日文部科学省令第四一号）

施行、平三一・四・一ほか
改正、令二―文科令二八

（経過措置）

2　教育公務員特例法等の一部を改正する法律（以下「改正法」という。）による改正後の教育職員免許法（以下「新法」という。）別表第一から別表第八まで、附則第五項、第十七項及び第十八項の規定により教諭、養護教諭又は栄養教諭の普通免許状の授与を受ける場合にあつては、改正法による改正前の教育職員免許法（以下「旧法」という。）による認定課程（以下「旧課程」という。）において修得した教科に関する科目、養護に関する科目及び栄養に係る教育に関する科目の単位のうち、新法別表第一備考第五号ロの規定に準じて、新法による認定課程（以下「新課程」という。）を有する大学が適当であると認めるものは、新課程において修得した領域及び保育内容の指導法に関する科目（領域に関する専門的事項に係る部分に限る。以下第七項において「領域に関する専門的事項に関する科目」という。）、教科及び教科の指導法に関する科目（教科に関する専門的事項に係る部分に限る。以下第七項において「教科に関する専門的事項に関する科目」という。）、養護に関する科目又は栄養に係る教育に関する科目の単位とみなすことができる。

3　新法別表第一から別表第八まで、附則第五項、第十七項及び第十八項の規定により教諭、養護教諭・栄養教諭の普通免許状の授与を受ける場合にあつては、旧課程において修得した教職に関する科目又は教職に関する科目に準ずる科目の単位について、次の表の第一欄に掲げる免許状の種類に応じ、第三欄に掲げる科目の単位については、新課程を有する大学が適当であると認めるものは、第二欄に掲げる科目の単位とみなすことができる。

〔本項の表につき法令末尾に掲載〕

4　新法別表第一から別表第八までの規定により、教諭、養護教諭・栄養教諭の普通免許状の授与を受ける場合にあつては、旧課程において修得した教科又は教職に関する科目、養護又は教職に関する科目又は栄養に係る教育又は教職に関する科目の単位について、新課程を有する大学が適当であると認めるものは、新課程において修得した大学が独自に設定する科目の単位とみなすことができる。ただし、前項の規定により、新課程において修得した科目の単位とみなした旧課程において修得した教職に関する科目に準ずる科目の単位については、当該科目の単位を新課程において修得した大学が独自に設定する科目の単位とみなすことはできない。

5　前三項に規定する新課程を有する大学には、新法別表第一備考第三号の規定により文部科学大臣の指定を受けた教員養成機関、新法第五条第一項の規定により文部科学大臣の指定を受けた養護教諭養成機関、新法別表第二の二備考第二号の規定により文部科学大臣の指定を受けた教員養成機関又は新法別表第三備考第六号に掲げる講習、公開講座若しくは通信教育の開設者を含むものとする。この場合において、「改正前の教育職員免許法（以下「旧法」という。）による認定課程（以下「旧課程」という。）」又は「旧課程」とあるのは、「旧法別表第一備考第三号の規定により文部科学大臣の指定を受けた教員養成機関、旧法第五条第一項の規定により文部科学大臣の指定を受けた養護教諭養成機関若しくは旧法別表第二の二備考第二号の規定により文部科学大臣の指定を受けた教員養成機関又は旧法別表第三備考第六号に掲げる講習、公開講座若しくは通信教育」と、「新課程に」とあるのは、「新法別表第一備考第三号の規定により文部科学大臣の指定を受けている教員養成機関、新法第五条第一項の規定により文部科学大臣の指定を受けた養護教諭養成機関若しくは新法別表第二の二備考第二号の規定により文部科学大臣の指定を受けた教員養成機関又は新法別表第三備考第六号に掲げる講習、公開講座若しくは通信教育に」とする。

6　改正法附則第六条の規定により、旧法別表第一から別表第二の二までに規定するそれぞれの普通免許状に係る所要資格を得たことにより、新法別表第一から別表第二の二までに規定する当該普通免許状に係る所要資格を得たものとみなされる者が普通免許状の授与を受ける場合の単位の修得方法は、この省令による改正後の施行規則の規定にかかわらず、なお従前の例による。

7　この省令の施行の日の前に幼稚園教諭の普通免許状の授与の所要資格を得させるための課程として文部科学大臣により認定された課程（旧法別表第一備考第三号の規定により文部科学大臣の指定を受けた教員養成機関を含む。）については、平成三十四年度までに入学し引き続き在学する学生に対し、この省令による改正にかかわらず、領域に関する専門的事項に関する科目の履修について、小学校の国語、算数、生活、音楽、図画工作及び体育の教科に関する専門的事項に関する科目のうち、一以上の科目について修得させることにより、第二条第一項の表備考第一号に規定する科目のうち一以上の科目を修得させたものとみなすことができる。

（新型コロナウイルス感染症に関する特例）

8　新型インフルエンザ等対策特別措置法（平成二十四年法律第三十一号）附則第一条の二第一項に規定する新型コロナウイルス感染症の発生又はまん延に起因するやむを得ない理由により、旧課程を有する大学、旧法別表第一備考第三号の規定により文部科学大臣の指定を受けている教員養成機関、旧法第五条第一項の規定により文部科学大臣の指定を受けている養護教諭養成機関又は旧法別表第二の二備考第二号の規定により文部科学大臣の指定を受けている教員養成機関が、次の表の第一欄に掲げる免許状の種類に応じ、令和二年度にこの省令による改正前の教育職員免許法施行規則に規定する科目のうち第二欄に掲げる科目の授業の全部又は一部を実施できなかつたことにより、旧法別表第一、別表第二又は別表第二の二の規定により普通免許状の授与を受けようとする者が当該第二欄に掲げる科目の単位を修得できないときは、当該第二欄に掲げる科目の単位については、この省令による改正前の教育職員免許法施行規則に規定する科目のうち第三欄に掲げる科目の単位をもつてあてることができる。

〔本項の表につき法令末尾に掲載〕

附　則　（令和二年八月一一日文部科学省令第二八号）

この省令は、公布の日から施行する。

〔法令末尾掲載の表は次頁〕

（第二条第一項の表）

第一欄	最低修得単位数														
	第二欄		第三欄						第四欄				第五欄		第六欄
教科及び教職に関する科目	領域及び保育内容の指導法に関する科目		教育の基礎的理解に関する科目						道徳、総合的な学習の時間等の指導法及び生徒指導、教育相談等に関する科目				教育実践に関する科目		大学が独自に設定する科目
右項の各科目に含めることが必要な事項	領域に関する専門的事項	保育内容の指導法（情報機器及び教材の活用を含む。）	教育の理念並びに教育に関する歴史及び思想	教職の意義及び教員の役割・職務内容（チーム学校運営への対応を含む。）	教育に関する社会的、制度的又は経営的事項（学校と地域との連携及び学校安全への対応を含む。）	幼児、児童及び生徒の心身の発達及び学習の過程	特別の支援を必要とする幼児、児童及び生徒に対する理解	教育課程の意義及び編成の方法（カリキュラム・マネジメントを含む。）	教育の方法及び技術（情報機器及び教材の活用を含む。）	幼児理解の理論及び方法	教育相談（カウンセリングに関する基礎的な知識を含む。）の理論及び方法		教育実習	教職実践演習	
専修免許状	一六		一〇						四				五	二	三八
一種免許状	一六		一〇						四				五	二	一四
二種免許状	一二		六						四				五	二	二

備考
一　領域及び保育内容の指導法に関する科目（領域に関する専門的事項に係る部分に限る。以下「領域に関する専門的事項に関する科目」という。）の単位の修得方法は、学校教育法施行規則（昭和二十二年文部省令第十一号）第三十八条に規定する幼稚園教育要領で定める健康、人間関係、環境、言葉及び表現の領域に関する専門的事項を含む科目のうち一以上の科目について修得するものとする。
二　保育内容の指導法（情報機器及び教材の活用を含む。）、教育課程の意義及び編成の方法（カリキュラム・マネジメントを含む。）並びに教育の方法及び技術（情報機器及び教材の活用を含む。）は、学校教育法施行規則第三十八条に規定する幼稚園教育要領に掲げる事項に即し、育成を目指す資質及び能力を育むための主体的・対話的で深い学びの実現に向けた授業改善に資する内容並びに包括的な内容を含むものとする。
三　教育の基礎的理解に関する科目（特別の支援を必要とする幼児、児童及び生徒に対する理解に係る部分に限る。第九条の表備考第七号及び第八号において、「特別の支援を必要とする幼児、児童及び生徒に対する理解に関する科目」という。）は一単位以上を修得するものとする（次条第一項、第四条第一項、第五条第一項、第九条及び第十条の表の場合においても同様とする。）。
四　道徳、総合的な学習の時間等の指導法及び生徒指導、教育相談等に関する科目に教育課程の意義及び編成の方法（カリキュラム・マネジメントを含む。）の内容を含む場合にあつては、教育の基礎的理解に関する科目に教育課程の意義及び編成の方法（カリキュラム・マネジメントを含む。）の内容を含むことを要しない（次条第一項、第四条第一項及び第五条第一項の表の場合においても同様とする。）。
五　カリキュラム・マネジメントは、次に掲げる事項を通じて、教育課程に基づき組織的かつ計画的に学校教育の質の向上を図っていくことを取り扱うものとする（次条第一項、第四条第一項、第五条第一項、第九条及び第十条の表の場合においても同様とする。）。
イ　幼児、児童又は生徒、学校及び地域の実態を適切に把握し、教育の目的や目標の実現に必要な教育の内容等を教科等横断的な視点で組み立てていくこと。
ロ　教育課程の実施状況を評価し、その改善を図っていくこと。
ハ　教育課程の実施に必要な体制を確保するとともにその改善を図っていくこと。
六　教育実習は、幼稚園（特別支援学校の幼稚部を含む。次条第一項の表備考第五号において同じ。）、小学校（義務教育学校の前期課程、特別支援学校の小学部及び海外に在留する邦人の子女のための在外教育施設で、文部科学大臣が小学校の課程と同等の課程を有するものとして認定したものを含む。次条第一項の表備考第五号及び第四条第一項の表備考第七号において同じ。）及び就学前の子どもに関する教育、保育等の総合的な提供の推進に関する法律（平成十八年法律第七十七号）第二条第七項に規定する幼保連携型認定こども園（以下「幼保連携型認定こども園」という。）の教育を中心とするものとする。
七　教育実習の単位数には、教育実習に係る事前及び事後の指導（授与を受けようとする普通免許状に係る学校以外の学校、専修学校、社会教育に関する施設、社会福祉施設、児童自立支援施設及びボランティア団体における教育実習に準ずる経験を含むことができる。）の一単位を含むものとする（次条第一項、第四条第一項、第五条第一項、第七条第一項、第九条及び第十条の表の場合においても同様とする。）。
八　教育実習の単位数には、二単位まで、学校体験活動（学校における授業、部活動等の教育活動その他の校務に関する補助又は幼児、児童若しくは生徒に対して学校の授業の終了後若しくは休業日において学校その他適切な施設を利用して行う学習その他の活動に関する補助を体験する活動であつて教育実習以外のものをいう。）の単位を含むことができる（次条第一項、第四条第一項、第五条第一項、第七条第一項及び第九条の表の場合においても同様とする。この場合において、高等学校教諭又は特別支援学校教諭の普通免許状の授与を受ける場合にあつては、「二単位」とあるのは「一単位」と読み替えるものとする。）この場合において、教育実習に他の学校の教諭の普通免許状の授与を受ける場合のそれぞれの科目の単位をもつてあてることができない（次条第一項、第四条第一項及び第五条第一項の表の場合においても同様とする。）。

九　教育実習の単位は、幼稚園（特別支援学校の幼稚部及び附則第二十二項第四号に規定する幼稚園に相当する旧令による学校を含む。次号において同じ。）、小学校（義務教育学校の前期課程、特別支援学校の小学部、海外に在留する邦人の子女のための在外教育施設で、文部科学大臣が小学校の課程と同等の課程を有するものとして認定したもの及び同項第一号に規定する小学校に相当する旧令による学校を含む。）又は幼保連携型認定こども園において、教員（海外に在留する邦人の子女のための在外教育施設で、文部科学大臣が小学校の課程と同等の課程を有するものとして認定したものにおいて教育に従事する者を含む。）として一年以上良好な成績で勤務した旨の実務証明責任者の証明を有する者については、経験年数一年について一単位の割合で、領域及び保育内容の指導法に関する科目（保育内容の指導法（情報機器及び教材の活用を含む。）に係る部分に限る。以下「保育内容の指導法に関する科目」という。）又は教育の基礎的理解に関する科目、道徳、総合的な学習の時間等の指導法及び生徒指導、教育相談等に関する科目若しくは教育実践に関する科目（以下「教諭の教育の基礎的理解に関する科目等」という。）（教育実習を除く。）の単位をもつて、これに替えることができる（次条第一項の表の場合においても同様とする。）。

九の二　前号に規定する実務証明責任者は、幼稚園、小学校（義務教育学校の前期課程、特別支援学校の小学部及び附則第二十二項第一号に規定する小学校に相当する旧令による学校を含む。）又は幼保連携型認定こども園の教員にあつてはその者の勤務する学校の教員についての免許法別表第三の第三欄に規定する実務証明責任者と同様とし、海外に在留する邦人の子女のための在外教育施設で、文部科学大臣が小学校の課程と同等の課程を有するものとして認定したものにおいて教育に従事する者にあつてはその者についての第六十七条の表第三欄に規定する実務証明責任者と同様とする（次条第一項の表の場合においても同様とする。）。

十　教職実践演習は、当該演習を履修する者の教科及び教職に関する科目（教職実践演習を除く。）の履修状況を踏まえ、教員として必要な知識技能を修得したことを確認するものとする（次条第一項、第四条第一項、第五条第一項、第九条及び第十条の表の場合においても同様とする。）。

十一　教諭の教育の基礎的理解に関する科目等の単位は、教育の基礎的理解に関する科目にあつては八単位（二種免許状の授与を受ける場合にあつては六単位）まで、道徳、総合的な学習の時間等の指導法及び生徒指導、教育相談等に関する科目にあつては二単位まで、教育実習にあつては三単位まで、教職実践演習にあつては二単位まで、小学校、中学校又は高等学校の教諭の普通免許状の授与を受ける場合のそれぞれの科目の単位をもつてあてることができる（次条第一項及び第四条第一項の表の場合においても同様とする。）。

十二　教育の基礎的理解に関する科目（教育課程の意義及び編成の方法（カリキュラム・マネジメントを含む。）に係る部分に限る。次条第一項、第四条第一項、第五条第一項、第九条及び第十条の表（表の部分に限る。）を除き、以下「教育課程の意義及び編成の方法に関する科目」という。）並びに道徳、総合的な学習の時間等の指導法及び生徒指導、教育相談等に関する科目（教育の方法及び技術（情報機器及び教材の活用を含む。）に係る部分に限る。附則第十項の表備考第二号イにおいて「教育の方法及び技術に関する科目」という。）の単位のうち、二単位（二種免許状の授与を受ける場合にあつては一単位）までは、小学校の教諭の普通免許状の授与を受ける場合の単位をもつてあてることができる（次条第一項の表の場合においても同様とする。）。

十三　保育内容の指導法に関する科目の単位のうち、半数までは、小学校教諭の普通免許状の授与を受ける場合の教科及び教科の指導法に関する科目（各教科の指導法（情報機器及び教材の活用を含む。）に係る部分に限る。次条第一項、第四条第一項及び第五条第一項の表（表の部分に限る。）を除き、以下「各教科の指導法に関する科目」という。）又は道徳、総合的な学習の時間等の指導法及び生徒指導、教育相談等に関する科目（特別活動の指導法に係る部分に限る。次条第一項、第四条第一項、第五条第一項の表（表の部分に限る。）を除き、以下「特別活動の指導法に関する科目」という。）の単位をもつてあてることができる。

十四　大学が独自に設定する科目の単位の修得方法は、次に掲げる免許状の授与を受ける場合に応じ、それぞれ定める科目について修得するものとする（次条第一項、第四条第一項及び第五条第一項の表の場合においても同様とする。高等学校教諭の普通免許状の授与を受ける場合にあつては、「一種免許状又は二種免許状」とあるのは「一種免許状」と読み替えるものとする。）。

イ　専修免許状　領域に関する専門的事項に関する科目、保育内容の指導法に関する科目又は教諭の教育の基礎的理解に関する科目等

ロ　一種免許状又は二種免許状　領域に関する専門的事項に関する科目、保育内容の指導法に関する科目若しくは教諭の教育の基礎的理解に関する科目等又は大学が加えるこれらに準ずる科目

（第三条第一項の表）

第一欄	最低修得単位数																	
	第二欄		第三欄						第四欄							第五欄		第六欄
教科及び教職に関する科目	教科及び教科の指導法に関する科目		教育の基礎的理解に関する科目						道徳、総合的な学習の時間等の指導法及び生徒指導、教育相談等に関する科目							教育実践に関する科目		大学が独自に設定する科目
右項の各	教科に	各教科の	教育の	教職の意	教育に関	幼児、児	特別の支	教育課程	道徳の	総合的	特別活	教育の方	生徒指	教育相談	進路指	教育実	教職実	

科目に含めることが必要な事項	関する専門的事項	指導法（情報機器及び教材の活用を含む。）	理念並びに教育に関する歴史及び思想	義及び教員の役割・職務内容（チーム学校運営への対応を含む。）	する社会的、制度的又は経営的事項（学校と地域との連携及び学校安全への対応を含む。）	童及び生徒の心身の発達及び学習の過程	援を必要とする幼児、児童及び生徒に対する理解	の意義及び編成の方法（カリキュラム・マネジメントを含む。）	理論及び指導法	な学習の時間の指導法	動の指導法	法及び技術（情報機器及び教材の活用を含む。）	導の理論及び方法	（カウンセリングに関する基礎的な知識を含む。）の理論及び方法	導及びキャリア教育の理論及び方法	習	践演習	
専修免許状	三〇		一〇						一〇							五	二	二六
一種免許状	三〇		一〇						一〇							五	二	二
二種免許状	一六		六						六							五	二	二

備考

一　教科及び教科の指導法に関する科目（教科に関する専門的事項に係る部分に限る。次条第一項及び第五条第一項の表（表の部分に限る。）を除き、以下「教科に関する専門的事項に関する科目」という。）の単位の修得方法は、国語（書写を含む。）、社会、算数、理科、生活、音楽、図画工作、家庭、体育及び外国語（英語、ドイツ語、フランス語その他の各外国語に分ける。）（第三号及び第十一条の二の表備考第二号において「国語等」という。）の教科に関する専門的事項を含む科目のうち一以上の科目について修得するものとする。

二　各教科の指導法（情報機器及び教材の活用を含む。）、教育課程の意義及び編成の方法（カリキュラム・マネジメントを含む。）、教育の方法及び技術（情報機器及び教材の活用を含む。）、道徳の理論及び指導法、総合的な学習の時間の指導法並びに特別活動の指導法は、学校教育法施行規則第五十二条に規定する小学校学習指導要領に掲げる事項に即し、育成を目指す資質及び能力を育むための主体的・対話的で深い学びの実現に向けた授業改善に資する内容並びに包括的な内容を含むものとする。

三　各教科の指導法に関する科目の単位の修得方法は、専修免許状又は一種免許状の授与を受ける場合にあつては、国語等の教科の指導法に関する科目についてそれぞれ一単位以上を、二種免許状の授与を受ける場合にあつては、六以上の教科の指導法に関する科目（音楽、図画工作又は体育の教科の指導法に関する科目のうち二以上を含む。）についてそれぞれ一単位以上を修得するものとする。

四　道徳、総合的な学習の時間等の指導法及び生徒指導、教育相談等に関する科目（道徳の理論及び指導法に係る部分に限る。）の単位の修得方法は、専修免許状又は一種免許状の場合は二単位以上、二種免許状の場合は一単位以上修得するものとする（次条第一項の表の場合においても同様とする。）。

五　教育実習は、小学校、幼稚園、中学校（義務教育学校の後期課程、中等教育学校の前期課程、特別支援学校の中学部及び海外に在留する邦人の子女のための在外教育施設で、文部科学大臣が中学校の課程と同等の課程を有するものとして認定したものを含む。次条第一項の表備考第七号及び第五条第一項の表備考第三号において同じ。）及び幼保連携型認定こども園の教育を中心とするものとする。

六　各教科の指導法に関する科目の単位のうち、生活の教科の指導法に関する科目の単位にあつては二単位まで、特別活動の指導法に関する科目の単位にあつては一単位まで、幼稚園の教諭の普通免許状の授与を受ける場合の保育内容の指導法に関する科目の単位をもつてあてることができる。

（第四条第一項の表）

第一欄	最低修得単位数																	
	第二欄		第三欄						第四欄							第五欄		第六欄
教科及び教職に関する科目	教科及び教科の指導法に関する科目		教育の基礎的理解に関する科目						道徳、総合的な学習の時間等の指導法及び生徒指導、教育相談等に関する科目							教育実践に関する科目		大学が独自に設定する科目
右項の各科目に含	教科に関する	各教科の指導法	教育の理念並	教職の意義及び教	教育に関する社会	幼児、児童及び生	特別の支援を必要	教育課程の意義及	道徳の理論及	総合的な学習	特別活動の指	教育の方法及び技	生徒指導の理	教育相談（カウン	進路指導及び	教育実習	教職実践演習	

めることが必要な事項	専門的事項	（情報機器及び教材の活用を含む。）	びに教育に関する歴史及び思想	員の役割・職務内容（チーム学校運営への対応を含む。）	的、制度的又は経営的事項（学校と地域との連携及び学校安全への対応を含む。）	徒の心身の発達及び学習の過程	とする幼児、児童及び生徒に対する理解	び編成の方法（カリキュラム・マネジメントを含む。）	び指導法	の時間の指導法	導法	術（情報機器及び教材の活用を含む。）	論及び方法	セリングに関する基礎的な知識を含む。）の理論及び方法	キャリア教育の理論及び方法			
専修免許状	二八		一〇（六）						一〇（六）							五（三）	二	二八
一種免許状	二八		一〇（六）						一〇（六）							五（三）	二	四
二種免許状	一二		六（三）						六（四）							五（三）	二	四

備考

一 教科に関する専門的事項に関する科目の単位の修得方法は、次に掲げる免許教科の種類に応じ、それぞれ定める教科に関する専門的事項に関する科目についてそれぞれ一単位以上修得するものとする。

イ 国語 国語学（音声言語及び文章表現に関するものを含む。）、国文学（国文学史を含む。）、漢文学、書道（書写を中心とする。）

ロ 社会 日本史・外国史、地理学（地誌を含む。）、「法律学、政治学」、「社会学、経済学」、「哲学、倫理学、宗教学」

ハ 数学 代数学、幾何学、解析学、「確率論、統計学」、コンピュータ

ニ 理科 物理学、物理学実験（コンピュータ活用を含む。）、化学、化学実験（コンピュータ活用を含む。）、生物学、生物学実験（コンピュータ活用を含む。）、地学、地学実験（コンピュータ活用を含む。）

ホ 音楽 ソルフェージュ、声楽（合唱及び日本の伝統的な歌唱を含む。）、器楽（合奏及び伴奏並びに和楽器を含む。）、指揮法、音楽理論・作曲法（編曲法を含む。）・音楽史（日本の伝統音楽及び諸民族の音楽を含む。）

ヘ 美術 絵画（映像メディア表現を含む。）、彫刻、デザイン（映像メディア表現を含む。）、工芸、美術理論・美術史（鑑賞並びに日本の伝統美術及びアジアの美術を含む。）

ト 保健体育 体育実技、「体育原理、体育心理学、体育経営管理学、体育社会学、体育史」・運動学（運動方法学を含む。）、生理学（運動生理学を含む。）、衛生学・公衆衛生学、学校保健（小児保健、精神保健、学校安全及び救急処置を含む。）

チ 保健 生理学・栄養学、衛生学・公衆衛生学、学校保健（小児保健、精神保健、学校安全及び救急処置を含む。）

リ 技術 木材加工（製図及び実習を含む。）、金属加工（製図及び実習を含む。）、機械（実習を含む。）、電気（実習を含む。）、栽培（実習を含む。）、情報とコンピュータ（実習を含む。）

ヌ 家庭 家庭経営学（家族関係学及び家庭経済学を含む。）、被服学（被服製作実習を含む。）、食物学（栄養学、食品学及び調理実習を含む。）、住居学、保育学（実習を含む。）

ル 職業 産業概説、職業指導、「農業、工業、商業、水産」、「農業実習、工業実習、商業実習、水産実習、商船実習」

ヲ 職業指導 職業指導、職業指導の技術、職業指導の運営管理

ワ 英語 英語学、英語文学、英語コミュニケーション、異文化理解

カ 宗教 宗教学、宗教史、「教理学、哲学」

二 前号に掲げる教科に関する専門的事項は、一般的包括的な内容を含むものでなければならない（次条第一項の表の場合においても同様とする。）。

三 英語以外の外国語の免許状の授与を受ける場合の教科に関する専門的事項に関する科目の単位の修得方法は、それぞれ英語の場合の例によるものとする（次条第一項の表の場合においても同様とする。）。

四 第一号中「 」内に示された事項は当該事項の一以上にわたつて行うものとする（次条第一項、第九条、第十五条第二項、第十八条の二及び第六十四条第二項の表の場合においても同様とする。）。ただし、「農業、工業、商業、水産」の修得方法は、これらの教科に関する専門的事項に関する科目のうち二以上の教科に関する専門的事項に関する科目（商船をもつて水産と替えることができる。）についてそれぞれ二単位以上を修得するものとする。

五 各教科の指導法（情報機器及び教材の活用を含む。）、教育課程の意義及び編成の方法（カリキュラム・マネジメントを含む。）、教育の方法及び技術（情報機器及び教材の活用を含む。）、道徳の理論及び指導法、総合的な学習の時間の指導法並びに特別活動の指導法は、学校教育法施行規則第七十四条に規定する中学校学習指導要領に掲げる事項に即し、育成を目指す資質及び能力を育むための主体的・対話的で深い学びの実現に向けた授業改善に資する内容並びに包括的な内容を含むものとする。

六 各教科の指導法に関する科目の単位の修得方法は、受けようとする免許教科について、専修免許状又は一種免許状の授与を受ける場合にあつては八単位以上を、二種免許状の授与を受ける場合にあつては二単位以上を修得するものとする（次条第一項の表の

場合においても同様とする。この場合において、「八単位以上を、二種免許状の授与を受ける場合にあつては二単位以上」とあるのは「四単位以上」と読み替えるものとする。）。

七　教育実習は、中学校、小学校及び高等学校（中等教育学校の後期課程、特別支援学校の高等部及び海外に在留する邦人の子女のための在外教育施設で、文部科学大臣が高等学校の課程と同等の課程を有するものとして認定したものを含む。次条第一項の表備考第三号において同じ。）の教育を中心とするものとする。

八　教育実習の単位は、中学校（義務教育学校の後期課程、中等教育学校の前期課程、特別支援学校の中学部、海外に在留する邦人の子女のための在外教育施設で、文部科学大臣が中学校の課程と同等の課程を有するものとして認定したもの及び附則第二十二項第二号に規定する中学校に相当する旧令による学校を含む。）又は高等学校（中等教育学校の後期課程、特別支援学校の高等部、海外に在留する邦人の子女のための在外教育施設で、文部科学大臣が高等学校の課程と同等の課程を有するものとして認定したもの及び同項第三号に規定する高等学校に相当する旧令による学校を含む。）において、教員（海外に在留する邦人の子女のための在外教育施設で、文部科学大臣が中学校又は高等学校の課程と同等の課程を有するものとして認定したものにおいて教育に従事する者を含む。）として一年以上良好な成績で勤務した旨の実務証明責任者の証明を有する者については、経験年数一年について一単位の割合で、表に掲げる普通免許状の授与を受ける場合の各教科の指導法に関する科目又は教諭の教育の基礎的理解に関する科目等（教育実習を除く。）の単位をもつて、これに替えることができる（次条第一項の表の場合においても同様とする。）。

八の二　前号に規定する実務証明責任者は、中学校（義務教育学校の後期課程、中等教育学校の前期課程及び特別支援学校の中学部並びに附則第二十二項第二号に規定する中学校に相当する旧令による学校を含む。）又は高等学校（中等教育学校の後期課程及び特別支援学校の高等部並びに同項第三号に規定する高等学校に相当する旧令による学校を含む。）の教員にあってはその者の勤務する学校の教員についての免許法別表第三の第三欄に規定する実務証明責任者と同様とし、海外に在留する邦人の子女のための在外教育施設で、文部科学大臣が中学校又は高等学校の課程と同等の課程を有するものとして認定したものにおいて教育に従事する者にあってはその者についての第六十七条の表第三欄に規定する実務証明責任者と同様とする（次条第一項の表の場合においても同様とする。）。

九　音楽及び美術の各教科についての普通免許状については、当分の間、各教科の指導法に関する科目及び教諭の教育の基礎的理解に関する科目等の単位数（専修免許状に係る単位数については、教育職員免許法別表第一備考第七号の規定を適用した後の単位数）のうちその半数までの単位は、当該免許状に係る教科に関する専門的事項に関する科目について修得することができる。この場合において、各教科の指導法に関する科目にあつては一単位以上、その他の科目にあつては括弧内の数字以上の単位を修得するものとする。

（第五条第一項の表）

<table>
<tr><td rowspan="2">第一欄</td><td colspan="17">最低修得単位数</td></tr>
<tr><td colspan="2">第二欄</td><td colspan="6">第三欄</td><td colspan="6">第四欄</td><td colspan="2">第五欄</td><td>第六欄</td></tr>
<tr><td>教科及び教職に関する科目</td><td colspan="2">教科及び教科の指導法に関する科目</td><td colspan="6">教育の基礎的理解に関する科目</td><td colspan="6">道徳、総合的な学習の時間等の指導法及び生徒指導、教育相談等に関する科目</td><td colspan="2">教育実践に関する科目</td><td rowspan="2">大学が独自に設定する科目</td></tr>
<tr><td>右項の各科目に含めることが必要な事項</td><td>教科に関する専門的事項</td><td>各教科の指導法（情報機器及び教材の活用を含む。）</td><td>教育の理念並びに教育に関する歴史及び思想</td><td>教職の意義及び教員の役割・職務内容（チーム学校運営への対応を含む。）</td><td>教育に関する社会的、制度的又は経営的事項（学校と地域との連携及び学校安全への対応を含む。）</td><td>幼児、児童及び生徒の心身の発達及び学習の過程</td><td>特別の支援を必要とする幼児、児童及び生徒に対する理解</td><td>教育課程の意義及び編成の方法（カリキュラム・マネジメントを含む。）</td><td>総合的な学習の時間の指導法</td><td>特別活動の指導法</td><td>教育の方法及び技術（情報機器及び教材の活用を含む。）</td><td>生徒指導の理論及び方法</td><td>教育相談（カウンセリングに関する基礎的な知識を含む。）の理論及び方法</td><td>進路指導及びキャリア教育の理論及び方法</td><td>教育実習</td><td>教職実践演習</td></tr>
<tr><td>専修免許状</td><td colspan="2">二四</td><td colspan="6">一〇（四）</td><td colspan="6">八（五）</td><td>三（二）</td><td>二</td><td>三六</td></tr>
<tr><td>一種免許状</td><td colspan="2">二四</td><td colspan="6">一〇（四）</td><td colspan="6">八（五）</td><td>三（二）</td><td>二</td><td>一〇</td></tr>
</table>

備考

一　教科に関する専門的事項に関する科目の単位の修得方法は、免許教科の種類に応じ、それぞれ定める教科に関する専門的事項に関する科目についてそれぞれ一単位以上修得するものとする。

イ　国語　国語学（音声言語及び文章表現に関するものを含む。）、国文学（国文学史を含む。）、漢文学

ロ　地理歴史　日本史、外国史、人文地理学・自然地理学、地誌
ハ　公民　「法律学（国際法を含む。）、政治学（国際政治を含む。）」、「社会学、経済学（国際経済を含む。）」、「哲学、倫理学、宗教学、心理学」
ニ　数学　代数学、幾何学、解析学、「確率論、統計学」、コンピュータ
ホ　理科　物理学、化学、生物学、地学、「物理学実験（コンピュータ活用を含む。）、化学実験（コンピュータ活用を含む。）、生物学実験（コンピュータ活用を含む。）、地学実験（コンピュータ活用を含む。）」
ヘ　音楽　ソルフェージュ、声楽（合唱及び日本の伝統的な歌唱を含む。）、器楽（合奏及び伴奏並びに和楽器を含む。）、指揮法、音楽理論・作曲法（編曲法を含む。）・音楽史（日本の伝統音楽及び諸民族の音楽を含む。）
ト　美術　絵画（映像メディア表現を含む。）、彫刻、デザイン（映像メディア表現を含む。）、美術理論・美術史（鑑賞並びに日本の伝統美術及びアジアの美術を含む。）
チ　工芸　図法・製図、デザイン、工芸制作（プロダクト制作を含む。）、工芸理論・デザイン理論・美術史（鑑賞並びに日本の伝統工芸及びアジアの工芸を含む。）
リ　書道　書道（書写を含む。）、書道史「書論、鑑賞」、「国文学、漢文学」
ヌ　保健体育　体育実技、「体育原理、体育心理学、体育経営管理学、体育社会学、体育史」・運動学（運動方法学を含む。）、生理学（運動生理学を含む。）、衛生学・公衆衛生学、学校保健（小児保健、精神保健、学校安全及び救急処置を含む。）
ル　保健　「生理学、栄養学、微生物学、解剖学」、衛生学・公衆衛生学、学校保健（小児保健、精神保健、学校安全及び救急処置を含む。）
ヲ　看護　「生理学、生化学、病理学、微生物学、薬理学」、看護学（成人看護学、老年看護学及び母子看護学を含む。）、看護実習
ワ　家庭　家庭経営学（家族関係学及び家庭経済学を含む。）、被服学（被服製作実習を含む。）、食物学（栄養学、食品学及び調理実習を含む。）、住居学（製図を含む。）、保育学（実習及び家庭看護を含む。）、家庭電気・家庭機械・情報処理
カ　情報　情報社会・情報倫理、コンピュータ・情報処理（実習を含む。）、情報システム（実習を含む。）、情報通信ネットワーク（実習を含む。）、マルチメディア表現・マルチメディア技術（実習を含む。）、情報と職業
ヨ　農業　農業の関係科目、職業指導
タ　工業　工業の関係科目、職業指導
レ　商業　商業の関係科目、職業指導
ソ　水産　水産の関係科目、職業指導
ツ　福祉　社会福祉学（職業指導を含む。）、高齢者福祉・児童福祉・障害者福祉、社会福祉援助技術、介護理論・介護技術、社会福祉総合実習（社会福祉援助実習及び社会福祉施設等における介護実習を含む。）、人体構造に関する理解・日常生活行動に関する理解、加齢に関する理解・障害に関する理解
ネ　商船　商船の関係科目、職業指導
ナ　職業指導　職業指導、職業指導の技術、職業指導の運営管理
ラ　英語　英語学、英語文学、英語コミュニケーション、異文化理解
ム　宗教　宗教学、宗教史、「教理学、哲学」

二　各教科の指導法（情報機器及び教材の活用を含む。）、教育課程の意義及び編成の方法（カリキュラム・マネジメントを含む。）、教育の方法及び技術（情報機器及び教材の活用を含む。）、総合的な学習の時間の指導法並びに特別活動の指導法は、学校教育法施行規則第八十四条に規定する高等学校学習指導要領に掲げる事項に即し、育成を目指す資質及び能力を育むための主体的・対話的で深い学びの実現に向けた授業改善に資する内容並びに包括的な内容を含むものとする。
三　教育実習は、高等学校及び中学校の教育を中心とするものとする。
四　教諭の教育の基礎的理解に関する科目等の単位は、教育の基礎的理解に関する科目にあつては八単位まで、道徳、総合的な学習の時間等の指導法及び生徒指導、教育相談等に関する科目、教育実習並びに教職実践演習にあつてはそれぞれ二単位まで、幼稚園、小学校又は中学校の教諭の普通免許状の授与を受ける場合のそれぞれの科目の単位をもつてあてることができる。
五　数学、理科、音楽、美術、工芸、書道、農業、商業、水産及び商船の各教科についての普通免許状については、当分の間、各教科の指導法に関する科目及び教諭の教育の基礎的理解に関する科目等の単位数（専修免許状に係る単位数については、教育職員免許法別表第一備考第七号の規定を適用した後の単位数）のうちその半数までの単位は、当該免許状に係る教科に関する専門的事項に関する科目について修得することができる。この場合において、各教科の指導法に関する科目にあつては一単位以上、その他の科目にあつては括弧内の数字以上の単位を修得するものとする。
六　工業の普通免許状の授与を受ける場合は、当分の間、各教科の指導法に関する科目及び教諭の教育の基礎的理解に関する科目等（専修免許状に係る単位数については、免許法別表第一備考第七号の規定を適用した後の単位数）の全部又は一部の単位は、当該免許状に係る教科に関する専門的事項に関する科目について修得することができる。

（第七条第一項の表）

特別支援教育に関する科目／免許状の種類	最低修得単位数 第一欄	第二欄		第三欄		第四欄
	特別支援教育の基礎理論に関する科目	特別支援教育領域に関する科目		免許状に定められることとなる特別支援教育領域以外の領域に関する科目		心身に障害のある幼児、児童又は生徒についての教育実習
		心身に障害のある幼児、児童又は生徒の心理、生理及び病理に関する科目	心身に障害のある幼児、児童又は生徒の教育課程及び指導法に関する科目	心身に障害のある幼児、児童又は生徒の心理、生理及び病理に関する科目	心身に障害のある幼児、児童又は生徒の教育課程及び指導法に関する科目	

特別支援学校教諭	専修免許状	二	十六	五	三
	一種免許状	二	十六	五	三
	二種免許状	二	八	三	三

備考

一　第一欄に掲げる科目は、特別支援学校の教育に係る、心身に障害のある幼児、児童又は生徒についての教育の理念並びに教育に関する歴史及び思想並びに心身に障害のある幼児、児童又は生徒についての教育に係る社会的、制度的又は経営的事項を含むものとする。

二　第二欄に掲げる科目の単位の修得方法は、特別支援教育領域のうち、一又は二以上の免許状教育領域（授与を受けようとする免許状に定められることとなる特別支援教育領域をいう。次項において同じ。）について、それぞれ次のイ又はロに定める単位を修得するものとする。

イ　視覚障害者又は聴覚障害者に関する教育の領域を定める免許状の授与を受けようとする場合にあつては、当該領域に関する心身に障害のある幼児、児童又は生徒の心理、生理及び病理に関する科目（以下「心理等に関する科目」という。）並びに当該領域に関する心身に障害のある幼児、児童又は生徒の教育課程及び指導法に関する科目（以下「教育課程等に関する科目」という。）について合わせて八単位（二種免許状の授与を受ける場合にあつては四単位）以上（当該心理等に関する科目に係る一単位以上及び当該教育課程等に関する科目に係る二単位（二種免許状の授与を受ける場合にあつては一単位）以上を含む。）

ロ　知的障害者、肢体不自由者又は病弱者（身体虚弱者を含む。以下同じ。）に関する教育の領域を定める免許状の授与を受けようとする場合にあつては、当該領域に関する心理等に関する科目及び当該領域に関する教育課程等に関する科目について合わせて四単位（二種免許状の授与を受ける場合にあつては二単位）以上（当該心理等に関する科目に係る一単位以上及び当該教育課程等に関する科目に係る二単位（二種免許状の授与を受ける場合にあつては一単位）以上を含む。）

三　第三欄に掲げる科目は、視覚障害者、聴覚障害者、知的障害者、肢体不自由者及び病弱者に関する教育並びにその他障害により教育上特別の支援を必要とする者に対する教育に関する事項のうち、授与を受けようとする免許状に定められることとなる特別支援教育領域に関する事項以外の全ての事項を含むものとする。

四　第四欄に定める単位は、特別支援学校において、教員として一年以上良好な成績で勤務した旨の実務証明責任者の証明を有するものについては、経験年数一年について一単位の割合で、それぞれ第一欄から第三欄までに掲げる科目に関する単位をもつて、これに替えることができる。

五　前号に規定する実務証明責任者は、特別支援学校の教員についての免許法別表第三の第三欄に規定する実務証明責任者と同様とする（第五項第三号においても同様とする。）

〔第九条の表〕

第一欄 養護及び教職に関する科目	右項の各科目に含めることが必要な事項	養護教諭 専修免許状	養護教諭 一種免許状	養護教諭 二種免許状
最低修得単位数 第二欄 養護に関する科目		二八	二八	二四
第三欄 教育の基礎的理解に関する科目	教育の理念並びに教育に関する歴史及び思想	八	八	五
	教職の意義及び教員の役割・職務内容（チーム学校運営への対応を含む。）			
	教育に関する社会的、制度的又は経営的事項（学校と地域との連携及び学校安全への対応を含む。）			
	幼児、児童及び生徒の心身の発達及び学習の過程			
	特別の支援を必要とする幼児、児童及び生徒に対する理解			
	教育課程の意義及び編成の方法（カリキュラム・マネジメントを含む。）			
第四欄 道徳、総合的な学習の時間等の内容及び生徒指導、教育相談等に関する科目	道徳、総合的な学習の時間及び特別活動に関する内容	六	六	三
	教育の方法及び技術（情報機器及び教材の活用を含む。）			
	生徒指導の理論及び方法			
	教育相談（カウンセリングに関する基礎的な知識を含む。）の理論及び方法			
第五欄 教育実践に関する科目	養護実習	五	五	四
	教職実践演習	二	二	二
第六欄 大学が独自に設定する科目		三一	七	四

備考

一　養護に関する科目の単位の修得方法は、次に掲げる免許状の授与を受ける場合に応じ、それぞれ定める単位数を修得するものとする。

イ　専修免許状又は一種免許状　衛生学・公衆衛生学（予防医学を含む。）四単位以上、

学校保健二単位以上、養護概説二単位以上、健康相談活動の理論・健康相談活動の方法二単位以上、栄養学（食品学を含む。）二単位以上、解剖学・生理学二単位以上、「微生物学、免疫学、薬理概論」二単位以上、精神保健二単位以上、看護学（臨床実習及び救急処置を含む。）十単位以上

ロ　二種免許状　衛生学・公衆衛生学（予防医学を含む。）二単位以上、学校保健一単位以上、養護概説一単位以上、健康相談活動の理論・健康相談活動の方法二単位以上、栄養学（食品学を含む。）二単位以上、解剖学・生理学二単位以上、「微生物学、免疫学、薬理概論」二単位以上、精神保健二単位以上、看護学（臨床実習及び救急処置を含む。）十単位以上

二　道徳、総合的な学習の時間等の内容及び生徒指導、教育相談等に関する科目に教育課程の意義及び編成の方法（カリキュラム・マネジメントを含む。）の内容を含む場合にあつては、教育の基礎的理解に関する科目に教育課程の意義及び編成の方法（カリキュラム・マネジメントを含む。）の内容を含むことを要しない（次条の表の場合においても同様とする。）。

三　養護実習の単位は、養護教諭、養護助教諭又は第六十九条の二に規定する職員として一年以上良好な成績で勤務した旨の実務証明責任者の証明を有する者については、経験年数一年について一単位の割合で、教育の基礎的理解に関する科目、道徳、総合的な学習の時間等の内容及び生徒指導、教育相談等に関する科目又は教育実践に関する科目（以下「養護教諭・栄養教諭の教育の基礎的理解に関する科目等」という。）（養護実習を除く。）の単位をもつて、これに替えることができる。

三の二　前号に規定する実務証明責任者は、養護教諭、養護助教諭又は第六十九条の二に規定する職員にあつてはその者の勤務する学校の教員についての免許法別表第三の第三欄に規定する実務証明責任者と同様とする。

四　教育の基礎的理解に関する科目又は道徳、総合的な学習の時間等の内容及び生徒指導、教育相談等に関する科目の単位は、教育の基礎的理解に関する科目にあつては六単位（二種免許状の授与を受ける場合にあつては四単位）まで、道徳、総合的な学習の時間等の内容及び生徒指導、教育相談等に関する科目にあつては二単位まで、幼稚園、小学校、中学校又は高等学校の教諭の普通免許状の授与を受ける場合のそれぞれの教育の基礎的理解に関する科目又は道徳、総合的な学習の時間等の内容及び生徒指導、教育相談等に関する科目の単位をもつてあてることができる（次条の表の場合においても同様とする。）。

五　教育の基礎的理解に関する科目又は道徳、総合的な学習の時間等の内容及び生徒指導、教育相談等に関する科目の単位は、教育の基礎的理解に関する科目にあつては六単位（二種免許状の授与を受ける場合にあつては四単位）まで、道徳、総合的な学習の時間等の内容及び生徒指導、教育相談等に関する科目にあつては八単位（二種免許状の授与を受ける場合にあつては四単位）まで、栄養教諭の普通免許状の授与を受ける場合のそれぞれの科目の単位をもつてあてることができる（次条の表の場合においても同様とする。）。

六　大学が独自に設定する科目の単位の修得方法は、次に掲げる免許状の授与を受ける場合に応じ、それぞれ定める科目について修得するものとする。

イ　専修免許状　養護に関する科目又は養護教諭・栄養教諭の教育の基礎的理解に関する科目等

ロ　一種免許状又は二種免許状　養護に関する科目若しくは養護教諭・栄養教諭の教育の基礎的理解に関する科目等又は大学が加えるこれらに準ずる科目

七　免許法別表第二の養護教諭の一種免許状のロの項に規定する養護及び教職に関する科目の単位の修得方法は、養護に関する科目のうち衛生学・公衆衛生学（予防医学を含む。）、学校保健、養護概説及び栄養学（食品学を含む。）に含まれる内容について、合わせて三単位以上を、教育の基礎的理解に関する科目（教育の理念並びに教育に関する歴史及び思想に係る部分に限る。次号において「教育の理念並びに教育に関する歴史及び思想に関する科目」という。）、教育の基礎的理解に関する科目（幼児、児童及び生徒の心身の発達及び学習の過程に係る部分に限る。次号において「幼児、児童及び生徒の心身の発達及び学習の過程に関する科目」という。）並びに特別の支援を必要とする幼児、児童及び生徒に対する理解に関する科目のうち一以上の科目並びに養護実習について、それぞれ二単位以上を修得するものとする。

八　免許法別表第二の養護教諭の一種免許状のハの項に規定する養護及び教職に関する科目の単位の修得方法は、養護に関する科目のうち衛生学・公衆衛生学（予防医学を含む。）並びに栄養学（食品学を含む。）についてそれぞれ二単位以上を、学校保健及び養護概説について合わせて二単位以上を、教育の理念並びに教育に関する歴史及び思想に関する科目、幼児、児童及び生徒の心身の発達及び学習の過程に関する科目並びに特別の支援を必要とする幼児、児童及び生徒に対する理解に関する科目のうち一以上の科目並びに養護実習について、それぞれ二単位以上を修得するものとする。

（第一〇条の表）

第一欄	最低修得単位数													
	第二欄	第三欄						第四欄				第五欄		第六欄
栄養に係る教育及び教職に関する科目	栄養に係る教育に関する科目	教育の基礎的理解に関する科目						道徳、総合的な学習の時間等の内容及び生徒指導、教育相談等に関する科目				教育実践に関する科目		大学が独自に設定する科目
右項の各科目に含めることが必要な事項		教育の理念並びに教育に関	教職の意義及び教員の役割・職務	教育に関する社会的、制度的又は	幼児、児童及び生徒の心身	特別の支援を必要とする幼児、児	教育課程の意義及び編成の方法	道徳、総合的な学習の時間及び特	教育の方法及び技術（情報機器	生徒指導の理論及び方法	教育相談（カウンセリングに関	栄養教育実習	教職実践演習	

			する歴史及び思想	内容（チーム学校運営への対応を含む。）	経営的事項（学校と地域との連携及び学校安全への対応を含む。）	の発達及び学習の過程	童及び生徒に対する理解	（カリキュラム・マネジメントを含む。）	別活動に関する内容	及び教材の活用を含む。）		する基礎的な知識を含む。）の理論及び方法			
栄養教諭	専修免許状	四			八					六			二	二	二四
	一種免許状	四			八					六			二	二	
	二種免許状	二			五					三			二	二	

備考

一　栄養に係る教育に関する科目の単位の修得方法は、栄養教諭の役割及び職務内容に関する事項、幼児、児童及び生徒の栄養に係る課題に関する事項、食生活に関する歴史的及び文化的事項並びに食に関する指導の方法に関する事項を含む科目について、専修免許状又は一種免許状の授与を受ける場合にあつては四単位以上を、二種免許状の授与を受ける場合にあつては二単位以上を修得するものとする。

二　大学が独自に設定する科目の単位の修得方法は、栄養に係る教育に関する科目若しくは大学が加えるこれに準ずる科目（管理栄養士学校指定規則（昭和四十一年文部省・厚生省令第二号）別表第一に掲げる教育内容に係るものに限る。）又は養護教諭・栄養教諭の教育の基礎的理解に関する科目等のうち一以上の科目について単位を修得するものとする。

（第一一条第一項の表）

第一欄		第二欄					第三欄
受けようとする免許状の種類		領域に関する専門的事項に関する科目	教科に関する専門的事項に関する科目	保育内容の指導法に関する科目又は教諭の教育の基礎的理解に関する科目等	各教科の指導法に関する科目又は教諭の教育の基礎的理解に関する科目等	大学が独自に設定する科目	最低修得単位数
幼稚園教諭	専修免許状					一五	一五
	一種免許状	四		二〇		六	四五
	二種免許状	五		三〇			四五
小学校教諭	専修免許状					一五	一五
	一種免許状		四		二一	五	四五
	二種免許状		四		二九	二	四五
中学校教諭	専修免許状					一五	一五
	一種免許状		一〇		一六	四	四五
	二種免許状		一〇		二一	四	四五
高等学校教諭	専修免許状					一五	一五
	一種免許状		一〇		二一	八	四五

備考

一　第二欄に掲げる各科目の単位の修得方法は、それぞれ第二条から第五条までに定める修得方法の例にならうものとする。ただし、専修免許状の授与を受ける場合の大学が独自に設定する科目の単位のうち三単位までは、次に掲げる免許状の授与を受ける場合に応じ、それぞれ定める科目に準ずる科目の単位をもつて、これに替えることができる。

イ　幼稚園教諭の専修免許状　保育内容の指導法に関する科目又は教諭の教育の基礎的理解に関する科目等

ロ　小学校、中学校又は高等学校の教諭の専修免許状　各教科の指導法に関する科目又は教諭の教育の基礎的理解に関する科目等

二　高等学校教諭の一種免許状の授与を受けようとする者が、大学に二年以上在学し、六十二単位以上を修得した者又は高等専門学校を卒業した者で、免許法第五条第六項の規定により高等学校助教諭の臨時免許状の授与を受けたものであり、かつ、大学又は高等専門学校において各教科の指導法に関する科目又は教諭の教育の基礎的理解に関する科目等について四単位以上を修得していないものであるときは、四単位に不足する単位数に十二単位を加えた単位数を、各教科の指導法に関する科目又は教諭の教育の基礎的理解に関する科目等の単位として修得しなければならない。

三　幼稚園、小学校、中学校又は高等学校の教諭の一種免許状の授与を受けようとする者が大学に三年以上在学し、かつ、九十三単位以上を修得したもの又は大学に二年以上及び大学の専攻科に一年以上在学し、かつ、九十三単位以上を修得したものであるときは、その者は、次に掲げる免許状の授与を受ける場合に応じ、この表の当該一種免許状

の項の第三欄に掲げる最低修得単位数のうち、第二欄に掲げる科目の単位数を修得したものとみなして、この表を適用する。

イ　幼稚園教諭の一種免許状　領域に関する専門的事項に関する科目二単位及び保育内容の指導法に関する科目又は教諭の教育の基礎的理解に関する科目等八単位を含めて二十単位

ロ　小学校教諭の一種免許状　教科に関する専門的事項に関する科目二単位及び各教科の指導法に関する科目又は教諭の教育の基礎的理解に関する科目等八単位を含めて二十単位

ハ　中学校教諭の一種免許状　教科に関する専門的事項に関する科目四単位及び各教科の指導法に関する科目又は教諭の教育の基礎的理解に関する科目等六単位を含めて二十単位

ニ　高等学校教諭の一種免許状　教科に関する専門的事項に関する科目五単位及び各教科の指導法に関する科目又は教諭の教育の基礎的理解に関する科目等五単位を含めて二十単位

四　保健の教科についての中学校教諭の一種免許状の授与を受けようとする者が旧国立養護教諭養成所を卒業したものであるときは、その者は、この表の中学校教諭の一種免許状の項の第三欄に掲げる最低修得単位数のうち、第二欄に掲げる教科に関する専門的事項に関する科目四単位及び各教科の指導法に関する科目又は教諭の教育の基礎的理解に関する科目等六単位を含めて二十単位を修得したものとみなして、この表を適用する。

〔第一一条の二の表〕

第一欄		第二欄	
受けようとする免許状の種類		教職に関する科目	教科又は教職に関する科目
小学校教諭	専修免許状	二六	一五
	一種免許状	二六	
中学校教諭	専修免許状	一〇	一五
高等学校教諭	専修免許状	一〇	一五

備考

一　第二欄に掲げる大学が独自に設定する科目の単位の修得方法は、第二条第一項の表備考第十四号に定める修得方法の例にならうものとする。ただし、大学が独自に設定する科目の単位のうち三単位までは、第三条第一項、第四条第一項及び第五条第一項の表に規定する各教科の指導法に関する科目又は教諭の教育の基礎的理解に関する科目等に準ずる科目の単位をもつて、これに替えることができる。

二　小学校教諭の専修免許状又は一種免許状の授与を受ける場合の各教科の指導法に関する科目又は教諭の教育の基礎的理解に関する科目等の単位の修得方法は、第三条第一項の表に規定する教育の基礎的理解に関する科目六単位以上並びに道徳、総合的な学習の時間等の指導法及び生徒指導、教育相談等に関する科目四単位以上並びに国語等の教科の指導法に関する科目のうち専修免許状又は一種免許状の授与を受けようとするものが有している特別免許状の教科以外の教科の指導法に関する科目についてそれぞれ二単位以上を修得するものとする。

三　中学校教諭又は高等学校教諭の専修免許状の授与を受ける場合の各教科の指導法に関する科目及び教諭の教育の基礎的理解に関する科目等の単位の修得方法は、第四条第一項又は第五条第一項の表に規定する教育の基礎的理解に関する科目六単位並びに道徳、総合的な学習の時間等の指導法及び生徒指導、教育相談等に関する科目四単位以上を修得するものとする。

〔第一三条の表〕

受けようとする免許状の種類		最低修得単位数				
		領域に関する専門的事項に関する科目	教科に関する専門的事項に関する科目	保育内容の指導法に関する科目又は教諭の教育の基礎的理解に関する科目等	各教科の指導法に関する科目又は教諭の教育の基礎的理解に関する科目等	大学が独自に設定する科目
幼稚園教諭	一種免許状	一		七		二
	二種免許状	一		九		
小学校教諭	一種免許状		一		七	二
	二種免許状		一		八	一
中学校教諭	一種免許状		三		五	二
	二種免許状		三		六	一
高等学校教諭	一種免許状		三		四	三

備考　この表各項の各科目の単位の修得方法は、それぞれ第二条から第五条までに定める修得方法の例にならうものとする。

〔第一五条第一項の表〕

受けようとする免許状の種類		最低修得単位数		
		教科に関する専門的事項に関する科目	各教科の指導法に関する科目	大学が独自に設定する科目
中学校教諭	専修免許状	二〇	八	二四
	一種免許状	二〇	八	
	二種免許状	一〇	三	
高等学校教諭	専修免許状	二〇	四	二四
	一種免許状	二〇	四	

備考
一　教科に関する専門的事項に関する科目の単位の修得方法は、それぞれ第四条第一項の表備考第一号から第四号まで又は第五条第一項の表備考第一号に定める修得方法の例にならうものとする。
二　各教科の指導法に関する科目の単位は受けようとする免許教科ごとに修得するものとする。
三　中学校又は高等学校の教諭の専修免許状の授与を受ける場合の大学が独自に設定する科目の単位の修得方法は、第二条の表備考第十四号に定める修得方法の例にならうものとする。

〔第一五条第二項の表〕

第一欄	第二欄	第三欄	
受けている免許状の事項の種類	受けようとする免許状の教科の種類	修得したものとみなす教科に関する専門的事項に関する科目の単位数	
		第五条第一項の表に規定するもの	
柔道又は剣道	保健体育	体育実技	二
		「体育原理、体育心理学、体育経営管理学、体育社会学、体育史」及び運動学（運動方法学を含む。）	二
情報技術、建築、インテリア又はデザイン	工業	工業の関係科目	四
情報処理又は計算実務	商業	商業の関係科目	四

〔第一六条第一項の表〕

受けようとする免許状の種類		最低修得単位数		
		教科に関する専門的事項に関する科目	各教科の指導法に関する科目又は教諭の教育の基礎的理解に関する科目等	大学が独自に設定する科目
中学校において職業実習を担任する教諭	専修免許状			一五
	一種免許状	一〇	五	
	二種免許状	一〇	一〇	
高等学校において看護実習、家庭実習、情報実習、農業実習、工業実習、商業実習、水産実習、福祉実習又は商船実習を担任する教諭	専修免許状			一五
	一種免許状	五	五	

〔第一七条第一項の表〕

第一欄		第二欄			第三欄
受けようとする免許状の種類		養護に関する科目	養護教諭・栄養教諭の教育の基礎的理解に関する科目等	大学が独自に設定する科目	最低修得単位数
養護教諭	専修免許状			一五	一五
	一種免許状	八	六	二	二〇
	二種免許状	一四	八	二	三〇

備考　養護教諭の一種免許状の授与を受けようとする者が、大学に三年以上在学し、かつ、九十三単位以上を修得したもの若しくは大学に二年以上及び大学の専攻科に一年以上在学し、かつ、九十三単位以上を修得したもの又は旧国立養護教諭養成所を卒業したものであるときは、その者は、この表の当該一種免許状の項の第三欄に掲げる最低修得単位数のうち、第二欄に掲げる養護に関する科目四単位及び養護教諭・栄養教諭の教育の基礎的理解に関する科目等三単位を含めて十単位を修得したものとみなして、この表を適用する。

〔第一七条の二第一項の表〕

第一欄		第二欄				第三欄
受けようとする免許状の種類		管理栄養士学校指定規則別表第一に掲げる教育内容に係る科目	栄養に係る教育に関する科目	養護教諭・栄養教諭の教育の基礎的理解に関する科目等	大学が独自に設定する科目	最低修得単位数
栄養教諭	専修免許状				一五	一五
	一種免許状	三二	二	六		四〇

〔第一八条の二の表〕

受けようとする免許状の種類	有することを必要とする学校の免許状	最低修得単位数					
		教科に関する専門的事項に関する科目	保育内容の指導法に関する科目	各教科の指導法に関する科目	道徳、総合的な学習の時間等の指導法及び生徒指導、教育相談等に関する科目		大学が独自に設定する科目
					道徳の理論及び指導法	生徒指導の理論及び方法／教育相談（カウンセリングに関する基礎的な知識を含む。）の理論及び方法／進路指導及びキャリア教育の理論及び方法	
幼稚園教諭二種免許状	小学校教諭普通免許状		六				
小学校教諭二種免許状	幼稚園教諭普通免許状			一〇	一	二	
	中学校教諭普通免許状			一〇		二	
中学校教諭二種免許状	小学校教諭普通免許状	一〇		二		二	
	高等学校教諭普通免許状			二	一	二	四
高等学校教諭一種免許状	中学校教諭普通免許状（二種免許状を除く。）			二		二	八

備考

一　教科に関する専門的事項に関する科目の単位の修得方法は、第四条第一項の表備考第一号に定める修得方法の例にならうものとする。

二　各教科の指導法に関する科目の単位の修得方法は、小学校教諭の二種免許状の授与を受ける場合にあつては、国語等のうち五以上の教科の指導法に関する科目（幼稚園教諭の普通免許状を有する場合にあつては生活、中学校教諭の普通免許状を有する場合にあつてはその免許教科に相当する教科を除く。）についてそれぞれ二単位以上を、中学校教諭の二種免許状又は高等学校教諭の一種免許状の授与を受ける場合にあつては、それぞれ受けようとする免許教科ごとに修得するものとする。

三　大学が独自に設定する科目の修得方法は、第二条第一項の表備考第十四号に定める修得方法の例にならうものとし、高等学校教諭の普通免許状を有する者が中学校教諭の二種免許状の授与を受ける場合の大学が独自に設定する科目の修得方法は、国語の教科についての免許状の授与を受ける場合にあつては書道（書写を中心とする。）について一単位以上を、地理歴史の教科についての免許状を有する者が社会の教科についての免許状の授与を受ける場合にあつては「法律学、政治学」、「社会学、経済学」及び「哲学、倫理学、宗教学」についてそれぞれ一単位以上を、公民の教科についての免許状を有する者が社会の教科についての免許状の授与を受ける場合にあつては日本史・外国史及び地理学（地誌を含む。）についてそれぞれ一単位以上を、理科の教科についての免許状の授与を受ける場合にあつては物理学実験（コンピュータ活用を含む。）、化学実験（コンピュータ活用を含む。）、生物学実験（コンピュータ活用を含む。）及び地学実験（コンピュータ活用を含む。）のうち三以上の科目についてそれぞれ一単位以上を、美術の教科についての免許状の授与を受ける場合にあつては工芸について一単位以上を、技術の教科についての免許状の授与を受ける場合にあつては木材加工（製図及び実習を含む。）、金属加工（製図及び実習を含む。）及び栽培（実習を含む。）についてそれぞれ一単位以上を修得するものとし、中学校教諭の普通免許状（二種免許状を除く。）を有する者が高等学校教諭の一種免許状の授与を受ける場合の大学が独自に設定する科目の修得方法は、地理歴史の教科についての免許状の授与を受ける場合にあつては第五条第一項の表備考第一号に掲げる地理歴史の教科に関する専門的事項に関する科目のうち一以上の科目について一単位以上を、公民の教科についての免許状の授与を受ける場合にあつては同号に掲げる公民の教科に関する専門的事項に関する科目のうち一以上の科目について一単位以上を、情報の教科についての免許状の授与を受ける場合にあつては同号に掲げる情報の教科に関する専門的事項に関する科目（情報社会・情報倫理及びコンピュータ・情報処理（実習を含む。）を除く。）についてそれぞれ一単位以上を、工業の教科についての免許状の授与を受ける場合にあつては同号に掲げる工業の教科に関する専門的事項に関する科目についてそれぞれ二単位以上を、家庭の教科についての免許状の授与を受ける場合にあつては住居学（製図を含む。）、保育学（実習及び家庭看護を含む。）及び家庭電気・家庭機械・情報処理についてそれぞれ一単位以上を修得するものとする。

四　幼稚園、小学校若しくは中学校の教諭の二種免許状又は高等学校教諭の一種免許状の授与を受けようとする者について、免許法別表第八の第三欄に定める最低在職年数に加え、次の表の上欄に掲げる受けようとする免許状の種類に応じ、それぞれ同表の下欄に掲げる学校の教員として良好な成績で勤務した旨の実務証明責任者の証明を有する在職年数があるときは、三単位にその在職年数を乗じて得た単位数（免許法別表第八の第四欄に定める単位数のうちその半数までの単位数を限度とする。）を修得したものとみなして、この表を適用する。

受けようとする免許状の種類	学校
幼稚園教諭二種免許状	イ　幼稚園 ロ　特別支援学校の幼稚部 ハ　幼保連携型認定こども園
小学校教諭二種免許状	イ　小学校 ロ　学校教育法施行規則第七十九条の九第一項の規定により小学校における教育と一貫した教育を施す中学校 ハ　義務教育学校 ニ　特別支援学校の小学部
中学校教諭二種免許状	イ　学校教育法施行規則第七十九条の九第一項の規定により中学校における教育と一貫した教育を施す小学校 ロ　中学校 ハ　義務教育学校 ニ　学校教育法（昭和二十二年法律第二十六号）第七十一条の規定により中学校における教育と一貫した教育を施す高等学校 ホ　中等教育学校 ヘ　特別支援学校の中学部
高等学校教諭一種免許状	イ　学校教育法第七十一条の規定により高等学校における教育と一貫した教育を施す中学校 ロ　高等学校 ハ　中等教育学校 ニ　特別支援学校の高等部

（第一八条の四の表）

受けようとする免許状の種類	有することを必要とする学校の免許状	最低修得単位数							
		教科に関する専門的事項に関する科目	保育内容の指導法に関する科目	各教科の指導法に関する科目	道徳、総合的な学習の時間等の指導法及び生徒指導、教育相談等に関する科目				大学が独自に設定する科目
					道徳の理論及び指導法	生徒指導の理論及び方法	教育相談（カウンセリングに関する基礎的な知識を含む。）の理論及び方法	進路指導及びキャリア教育の理論及び方法	
幼稚園教諭二種免許状	小学校教諭普通免許状		三						
小学校教諭二種免許状	幼稚園教諭普通免許状			五	一	一			
	中学校教諭普通免許状			五		一			
中学校教諭二種免許状	小学校教諭普通免許状	五		一		一			
	高等学校教諭普通免許状			一	一	一			二
高等学校教諭一種免許状	中学校教諭普通免許状（二種免許状を除く。）			一		一			四

備考　この表各項の単位の修得方法は、第十八条の二に定める修得方法の例にならうものとする。

（第六四条第一項の表）

上欄		下欄
免許状の種類	教科の種類	基礎資格
	理療	イ　文部科学大臣の指定する特別支援学校の教員養成機関の理療科を卒業したこと。 ロ　医師免許を受けていること。 次に掲げる科目の単位を含めて計二十六単位以上修得していること。 イ　特別支援教育の基礎理論に関する科目　二単位以上

特別支援学校自立教科教諭	一種免許状	理学療法	ロ　視覚障害者に関する教育の領域に関する科目　八単位以上 ハ　視覚障害者に関する教育の領域に関する科目又は視覚障害者に関する教育の領域以外の領域に関する科目　十三単位以上（視覚障害者に関する教育の領域以外の領域に関する科目に係る五単位以上を含む。） ニ　心身に障害のある幼児、児童又は生徒についての教育実習　三単位以上
		音楽	文部科学大臣の指定する特別支援学校の教員養成機関の音楽科を卒業したこと。
		特殊技芸	文部科学大臣の指定する特別支援学校の教員養成機関の特殊技芸科を卒業したこと。
	二種免許状	理療	文部科学大臣の指定する特別支援学校の教員養成機関の理療科に一年以上在学したこと。
		理学療法	次に掲げる科目の単位を含めて計十六単位以上修得していること。 イ　特別支援教育の基礎理論に関する科目　二単位以上 ロ　視覚障害者に関する教育の領域に関する科目　四単位以上 ハ　視覚障害者に関する教育の領域に関する科目又は視覚障害者に関する教育の領域以外の領域に関する科目　七単位以上（視覚障害者に関する教育の領域以外の領域に関する科目に係る三単位以上を含む。） ニ　心身に障害のある幼児、児童又は生徒についての教育実習　三単位以上
		音楽	文部科学大臣の指定する特別支援学校の教員養成機関の音楽科に一年以上在学したこと。
		特殊技芸	文部科学大臣の指定する特別支援学校の教員養成機関の特殊技芸科に一年以上在学したこと。

備考

一　この表の下欄に掲げる科目の単位の修得方法は、免許法別表第一に規定する特別支援学校教諭の普通免許状（視覚障害者に関する教育の領域を定めるものに限る。）の授与を受ける場合における第七条に定める特別支援教育に関する科目の各科目の修得方法の例にならうものとする。

二　この表の下欄に規定する文部科学大臣の指定する特別支援学校の教員養成機関については、第四章（第二十九条を除く。）の規定を準用する（次項の表の第四欄の場合においても同様とする。）。

〔第六四条第二項の表〕

第一欄		第二欄		第三欄	第四欄
所要資格／受けようとする免許状の種類		有することを必要とする第一欄に掲げる学校の教員の免許状の種類及び免許状に係る教科の種類		第二欄に定める各免許状を取得した後、特別支援学校の教員として良好な成績で勤務した旨の実務証明責任者の証明を有することを必要とする最低在職年数	第二欄に定める各免許状を取得した後、大学、文部科学大臣の指定する特別支援学校の教員養成機関又は文部科学大臣の認定する講習、大学の公開講座若しくは通信教育において修得することを必要とする最低単位数
特別支援学校自立教科教諭	一種免許状	二種免許状	理療	五	一〇
			理学療法	五	三
			音楽	一〇	
			理容	一〇	
			特殊技芸	一〇	
	二種免許状	臨時免許状	理療	五	一五
			理学療法	五	六
			音楽	五	一〇
			理容	五	
			特殊技芸	五	一〇

備考

一　実務の検定は第三欄により、学力の検定は第四欄によるものとする。

二　第三欄に定める最低在職年数については、その授与を受けようとする免許状に係る教科の種類に応じ、それぞれ視覚障害者である幼児、児童若しくは生徒に対する教育を行う特別支援学校（次号において「視覚特別支援学校」という。）又は聴覚障害者である幼児、児童若しくは生徒に対する教育を行う特別支援学校（次号において「聴覚特別支援学校」という。）の教員として在職した年数とし、同欄の実務証明責任者は、特別支援学校の教員についての免許法別表第三の第三欄に規定する実務証明責任者と同様とする。

三　この表の第四欄に定める単位の修得方法は、次のイからへまでに定めるところによる。ただし、イからへまでに掲げる科目は、授与を受けようとする免許状に係る教科の種類に応じ、それぞれ視覚特別支援学校又は聴覚特別支援学校の教育を中心として修得するものとする。

イ　理療の教科の教授を担任する特別支援学校自立教科教諭の一種免許状の授与を受ける場合にあつては、「第七条第一項の表に定める特別支援教育の基礎理論に関する科目、特別支援教育領域に関する科目」三単位以上及び理療に関する科目七単位以上

ロ　理学療法の教科の教授を担任する特別支援学校自立教科教諭の一種免許状の授与を受ける場合にあつては、「第七条第一項の表に定める特別支援教育の基礎理論に関する科目、特別支援教育領域に関する科目」三単位以上

ハ　理療の教科の教授を担任する特別支援学校自立教科教諭の二種免許状の授与を受ける場合にあつては、第七条第一項の表に定める特別支援教育の基礎理論に関する科目四単位以上、特別支援教育領域に関する科目のうち心理等に関する科目二単位以上及び理療に関する科目九単位以上

ニ　理学療法の教科の教授を担任する特別支援学校自立教科教諭の二種免許状の授与を受ける場合にあつては、第七条第一項の表に定める特別支援教育の基礎理論に関する科目四単位以上及び特別支援教育領域に関する科目のうち心理等に関する科目二単位以上

ホ　音楽の教科の教授を担任する特別支援学校自立教科教諭の二種免許状の授与を受ける場合にあつては、第七条第一項の表に定める特別支援教育の基礎理論に関する科目四単位以上、特別支援教育領域に関する科目のうち心理等に関する科目二単位以上及び音楽に関する科目四単位以上

ヘ　特殊技芸の教授を担任する特別支援学校自立教科教諭の二種免許状の授与を受ける場合にあつては、第七条第一項の表に定める特別支援教育の基礎理論に関する科目四単位以上、特別支援教育領域に関する科目のうち心理等に関する科目二単位以上及びその免許教科に係る教科に関する専門的事項に関する科目四単位以上

四　この表の第四欄に規定する文部科学大臣の認定する講習、大学の公開講座又は通信教育については、第五章、第五章の二又は第六章の規定を、同欄に規定する単位の計算方法については第一条の二の規定をそれぞれ準用する。

〔附則第一一項の表〕

受けようとする免許状の種類	最低修得単位数			
	一般教育科目	専門科目		
		教科に関するもの	教職に関するもの	特殊教育に関するもの
幼稚園又は小学校の教諭の二級普通免許状	五	五	五	
中学校教諭二級普通免許状	五	一〇		
高等学校教諭二級普通免許状	一五	二五	五	
中学校又は高等学校において、職業実習又は農業実習、工業実習、商業実習、水産実習若しくは商船実習を担任する教諭の二級普通免許状		五	五	
養護教諭二級普通免許状	二	六	二	
旧法の規定により盲学校、聾学校又は養護学校の教諭の仮免許状を有する者が授与を受けようとする盲学校、聾学校又は養護学校の教諭の二級普通免許状				六
旧施行法の規定により盲学校又は聾学校の教諭の仮免許状を有する者が授与を受けようとする盲学校又は聾学校の教諭の二級普通免許状				一〇

備考　この表各項の単位の修得方法は、第二条から第七条まで、第九条及び第十条並びに第十一条の表備考第一号に定める修得方法の例にならうものとする。

〔附則第三七項の表〕

第一欄（所要資格／受けようとする免許状の種類）	第二欄　基礎資格	第三欄　第二欄に規定する基礎資格を取得したのち、第一欄に掲げる学校の教員として良好な成績で勤務した旨の所轄庁の証明を有することを必要とする最低在職年数	第四欄　第二欄に規定する基礎資格を取得したのち、大学、特殊教科教員養成機関又は特殊教科認定講習において修得することを必要とする最低単位数
盲学校特殊教科教諭二級普通免許状	附則第三十四項又は第三十五項の規定により、盲学校の高等部において特殊の教科の教授を担任する教諭の職にあることができること。	三	四
聾学校特殊教科教諭二級普通免許状	附則第三十四項又は第三十五項の規定により、聾学校の高等部において特殊の教科の教授を担任する教諭の	三	四

職にあることができること。

備考
一　この表により理容の教科についての聾学校特殊教科教諭二級普通免許状の授与を受けようとする場合には、第四欄に掲げる単位は、修得することを要しない。
二　この表各項の単位の修得方法は、学校教育法等の一部を改正する法律の施行に伴う文部科学省関係省令の整備等に関する省令（平成十九年文部科学省令第五号）第九条による改正前の第六十四条第三項に定める修得方法の例にならうものとする。

（附則第四二項の表）

第一欄	第二欄	第三欄
幼稚園教諭	教科及び教職に関する科目（教育実践に関する科目（教育実習に係る部分に限る。）に限る。）	教科及び教職に関する科目（教育実践に関する科目（教育実習に係る部分に限る。）を除く。）
小学校教諭	教科及び教職に関する科目（教育実践に関する科目（教育実習に係る部分に限る。）に限る。）	教科及び教職に関する科目（教育実践に関する科目（教育実習に係る部分に限る。）を除く。）
中学校教諭	教科及び教職に関する科目（教育実践に関する科目（教育実習に係る部分に限る。）に限る。）	教科及び教職に関する科目（教育実践に関する科目（教育実習に係る部分に限る。）を除く。）
高等学校教諭	教科及び教職に関する科目（教育実践に関する科目（教育実習に係る部分に限る。）に限る。）	教科及び教職に関する科目（教育実践に関する科目（教育実習に係る部分に限る。）を除く。）
特別支援学校教諭	特別支援教育に関する科目（心身に障害のある幼児、児童又は生徒についての教育実習に限る。）	特別支援教育に関する科目（心身に障害のある幼児、児童又は生徒についての教育実習を除く。）
養護教諭	養護及び教職に関する科目（教育実践に関する科目（養護実習に係る部分に限る。）に限る。）	養護及び教職に関する科目（教育実践に関する科目（養護実習に係る部分に限る。）を除く。）
栄養教諭	栄養に係る教育及び教職に関する科目（教育実践に関する科目（栄養教育実習に係る部分に限る。）に限る。）	栄養に係る教育及び教職に関する科目（教育実践に関する科目（栄養教育実習に係る部分に限る。）を除く。）
特別支援学校自立教科教諭	心身に障害のある幼児、児童又は生徒についての教育実習	特別支援教育の基礎理論に関する科目、視覚障害者に関する教育の領域に関する科目及び視覚障害者に関する教育の領域以外の領域に関する科目

（平二九文科令四一附則第三項の表）

第一欄	第二欄	第三欄
	この省令による改正後の教育職員免許法施行規則に規定する科目	この省令による改正前の教育職員免許法施行規則に規定する科目
幼稚園教諭	領域及び保育内容の指導法に関する科目（保育内容の指導法（情報機器及び教材の活用を含む。）に係る部分に限る。）	教育課程及び指導法に関する科目（保育内容の指導法に係る部分に限る。）
	教育の基礎的理解に関する科目	教職の意義等に関する科目 教育の基礎理論に関する科目 教育課程及び指導法に関する科目（教育課程の意義及び編成の方法に係る部分に限る。） 教職に関する科目に準ずる科目（特別の支援を必要とする幼児、児童及び生徒に対する理解に関する内容を含むものに限る。）
	道徳、総合的な学習の時間等の指導法及び生徒指導、教育相談等に関する科目	教育課程及び指導法に関する科目（保育内容の指導法に係る部分を除く。） 生徒指導、教育相談及び進路指導等に関する科目 教職に関する科目に準ずる科目（総合的な学習の時間の指導法に関する内容を含むものに限る。）
	教育実践に関する科目	教育実習 教職実践演習
	教科及び教科の指導法に関する科目（各教科の指導法（情報機器及び教材の活用を含む。）に係る部分に限る。）	教育課程及び指導法に関する科目（各教科の指導法に係る部分に限る。）

小学校教諭	教育の基礎的理解に関する科目	教職の意義等に関する科目 教育の基礎理論に関する科目 教育課程及び指導法に関する科目（教育課程の意義及び編成の方法に係る部分に限る。） 教職に関する科目に準ずる科目（特別の支援を必要とする幼児、児童及び生徒に対する理解に関する内容を含むものに限る。）
	道徳、総合的な学習の時間等の指導法及び生徒指導、教育相談等に関する科目	教育課程及び指導法に関する科目（各教科の指導法に係る部分を除く。） 生徒指導、教育相談及び進路指導等に関する科目 教職に関する科目に準ずる科目（総合的な学習の時間の指導法に関する内容を含むものに限る。）
	教育実践に関する科目	教育実習 教職実践演習
中学校教諭	教科及び教科の指導法に関する科目（各教科の指導法（情報機器及び教材の活用を含む。）に係る部分に限る。）	教育課程及び指導法に関する科目（各教科の指導法に係る部分に限る。）
	教育の基礎的理解に関する科目	教職の意義等に関する科目 教育の基礎理論に関する科目 教育課程及び指導法に関する科目（教育課程の意義及び編成の方法に係る部分に限る。） 教職に関する科目に準ずる科目（特別の支援を必要とする幼児、児童及び生徒に対する理解に関する内容を含むものに限る。）
	道徳、総合的な学習の時間等の指導法及び生徒指導、教育相談等に関する科目	教育課程及び指導法に関する科目（各教科の指導法に係る部分を除く。） 生徒指導、教育相談及び進路指導等に関する科目 教職に関する科目に準ずる科目（総合的な学習の時間の指導法に関する内容を含むものに限る。）
	教育実践に関する科目	教育実習 教職実践演習
高等学校教諭	教科及び教科の指導法に関する科目（各教科の指導法（情報機器及び教材の活用を含む。）に係る部分に限る。）	教育課程及び指導法に関する科目（各教科の指導法に係る部分に限る。）
	教育の基礎的理解に関する科目	教職の意義等に関する科目 教育の基礎理論に関する科目 教育課程及び指導法に関する科目（教育課程の意義及び編成の方法に係る部分に限る。） 教職に関する科目に準ずる科目（特別の支援を必要とする幼児、児童及び生徒に対する理解に関する内容を含むものに限る。）
	道徳、総合的な学習の時間等の指導法及び生徒指導、教育相談等に関する科目	教育課程及び指導法に関する科目（各教科の指導法に係る部分を除く。） 生徒指導、教育相談及び進路指導等に関する科目 教職に関する科目に準ずる科目（総合的な学習の時間の指導法に関する内容を含むものに限る。）
	教育実践に関する科目	教育実習 教職実践演習
	教育の基礎的理解に関する科目	教職の意義等に関する科目 教育の基礎理論に関する科目 教育課程に関する科目（教育課程の意義及び編成の方法に係る部分に限る。） 教職に関する科目に準ずる科目（特別の支援を必要とする幼児、児童及び生徒に対する理解に関する内容を含むものに限る。）

養護教諭	道徳、総合的な学習の時間等の内容及び生徒指導、教育相談に関する科目	教育課程に関する科目（道徳及び特別活動に関する内容、教育の方法及び技術（情報機器及び教材の活用を含む。）に係る部分に限る。） 生徒指導、教育相談及び進路指導等に関する科目 教職に関する科目に準ずる科目（総合的な学習の時間の内容に関する内容を含むものに限る。）
	教育実践に関する科目	養護実習 教職実践演習
栄養教諭	教育の基礎的理解に関する科目	教職の意義等に関する科目 教育の基礎理論に関する科目 教育課程に関する科目（教育課程の意義及び編成の方法に係る部分に限る。） 教職に関する科目に準ずる科目（特別の支援を必要とする幼児、児童及び生徒に対する理解に関する内容を含むものに限る。）
	道徳、総合的な学習の時間等の内容及び生徒指導、教育相談に関する科目	教育課程に関する科目（道徳及び特別活動に関する内容、教育の方法及び技術（情報機器及び教材の活用を含む。）に係る部分に限る。） 生徒指導、教育相談及び進路指導等に関する科目 教職に関する科目に準ずる科目（総合的な学習の時間の内容に関する内容を含むものに限る。）
	教育実践に関する科目	栄養教育実習 教職実践演習

（平二九文科令四一附則第八項の表）

第一欄	第二欄	第三欄
幼稚園教諭	教職に関する科目（教育実習に限る。）	教科に関する科目 教職に関する科目（教育実習を除く。） 教科又は教職に関する科目
小学校教諭	教職に関する科目（教育実習に限る。）	教科に関する科目 教職に関する科目（教育実習を除く。） 教科又は教職に関する科目
中学校教諭	教職に関する科目（教育実習に限る。）	教科に関する科目 教職に関する科目（教育実習を除く。） 教科又は教職に関する科目
高等学校教諭	教職に関する科目（教育実習に限る。）	教科に関する科目 教職に関する科目（教育実習を除く。） 教科又は教職に関する科目
養護教諭	教職に関する科目（養護実習に限る。）	養護に関する科目 教職に関する科目（養護実習を除く。） 養護又は教職に関する科目
栄養教諭	教職に関する科目（栄養教育実習に限る。）	栄養に係る教育に関する科目 教職に関する科目（栄養教育実習を除く。） 栄養に係る教育又は教職に関する科目

●小学校及び中学校の教諭の普通免許状授与に係る教育職員免許法の特例等に関する法律

（平成九年六月一八日 法律第九〇号）

施行、平一〇・四・一
最終改正、平二七―法四六

（趣旨）

第一条 この法律は、義務教育に従事する教員が個人の尊厳及び社会連帯の理念に関する認識を深めることの重要性にかんがみ、教員としての資質の向上を図り、義務教育の一層の充実を期する観点から、小学校又は中学校の教諭の普通免許状の授与を受けようとする者に、障害者、高齢者等に対する介護、介助、これらの者との交流等の体験を行わせる措置を講ずるため、小学校及び中学校の教諭の普通免許状の授与について教育職員免許法（昭和二十四年法律第百四十七号）の特例等を定めるものとする。

（教育職員免許法の特例）

第二条 小学校及び中学校の教諭の普通免許状の授与についての教育職員免許法第五条第一項の規定の適用については、当分の間、同項中「修得した者」とあるのは、「修得した者（十八歳に達した後、七日を下らない範囲内において文部科学省令で定める期間、特別支援学校又は社会福祉施設その他の施設で文部科学大臣が厚生労働大臣と協議して定めるものにおいて、障害者、高齢者等に対する介護、介助、これらの者との交流等の体験を行った者に限る。）」とする。

2 前項の規定により読み替えられた教育職員免許法第五条第一項の規定による体験（以下「介護等の体験」という。）に関し必要な事項は、文部科学省令で定める。

3 介護等に関する専門的知識及び技術を有する者又は身体上の障害により介護等の体験を行うことが困難な者として文部科学省令で定めるものについての小学校及び中学校の教諭の普通免許状の授与については、第一項の規定は、適用しない。

（関係者の責務）

第三条 国、地方公共団体及びその他の関係機関は、介護等の体験が適切に行われるようにするために必要な措置を講ずるよう努めるものとする。

2 特別支援学校及び社会福祉施設その他の施設で文部科学大臣が厚生労働大臣と協議して定めるものの設置者は、介護等の体験に関し必要な協力を行うよう努めるものとする。

3 大学及び文部科学大臣の指定する教員養成機関は、その学生又は生徒が介護等の体験を円滑に行うことができるよう適切な配慮をするものとする。

（教員の採用時における介護等の体験の勘案）

第四条 小学校、中学校又は義務教育学校の教員を採用しようとする者は、その選考に当たっては、この法律の趣旨にのっとり、教員になろうとする者が行った介護等の体験を勘案するよう努めるものとする。

附　則（省略）

●小学校及び中学校の教諭の普通免許状授与に係る教育職員免許法の特例等に関する法律施行規則

（平成九年一一月二六日 文部省令第四〇号）

施行、平一〇・四・一
最終改正、令二―文科令二九

（介護等の体験の期間）

第一条 小学校及び中学校の教諭の普通免許状授与に係る教育職員免許法の特例等に関する法律（以下「特例法」という。）第二条第一項の文部科学省令で定める期間は、七日間とする。

（介護等の体験を行う施設）

第二条 特例法第二条第一項の文部科学大臣が定める施設は、次のとおりとする。

一 児童福祉法（昭和二十二年法律第百六十四号）に規定する乳児院、母子生活支援施設、児童養護施設、障害児入所施設、児童発達支援センター、児童心理治療施設及び児童自立支援施設
二及び三 削除
四 生活保護法（昭和二十五年法律第百四十四号）に規定する救護施設、更生施設及び授産施設
五 社会福祉法（昭和二十六年法律第四十五号）に規定する授産施設
六 削除
七 老人福祉法（昭和三十八年法律第百三十三号）に規定する老人デイサービスセンター、老人短期入所施設、養護老人ホーム及び特別養護老人ホーム
八 介護保険法（平成九年法律第百二十三号）に規定する介護老人保健施設
九 独立行政法人国立重度知的障害者総合施設のぞみの園法（平成十四年法律第百六十七号）第十一条第一号の規定により独立行政法人国立重度知的障害者総合施設のぞみの園が設置する施設
九の二 障害者の日常生活及び社会生活を総合的に支援するための法律（平成十七年法律第百二十三号）に規定する障害者支援施設及び地域活動支援センター
十 前各号に掲げる施設に準ずる施設として文部科学大臣が認める施設

（介護等の体験を免除する者）

第三条 特例法第二条第三項に規定する介護等に関する専門的知識及び技術を有する者として文部科学省令で定めるものは次の各号の一に該当する者とする。

一 保健師助産師看護師法（昭和二十三年法律第二百三号）第七条の規定により保健師の免許を受けている者
二 保健師助産師看護師法第七条の規定により助産師の免許を受けている者
三 保健師助産師看護師法第七条の規定により看護師の免許を受けている者
四 保健師助産師看護師法第八条の規定により准看護師の免許を受けている者
五 教育職員免許法（昭和二十四年法律第百四十七号）第五条第一項の規定により特別支援学校の教員の免許を受けている者
六 理学療法士及び作業療法士法（昭和四十年法律第百三十七号）第三条の規定により理学療法士の免許を受けている者
七 理学療法士及び作業療法士法第三条の規定により作業療法士の免許を受けている者
八 社会福祉士及び介護福祉士法（昭和六十二年法律第三十号）第四条の規定により社会福祉士の資格を有する者
九 社会福祉士及び介護福祉士法第三十九条の規定により介護福祉士の資格を有する者
十 義肢装具士法（昭和六十二年法律第六十一号）第三条の規定により義肢装具士の免許を受けている者

2 特例法第二条第三項に規定する身体上の障害により介護等の体験を行うことが困難な者として文部科学省令で定めるものは、身体障害者福祉法第四条に規定する身体障害者のうち、同法第十五条第四項の規定により交付を

受けた身体障害者手帳に、障害の程度が一級から六級である者として記載されている者とする。

（介護等の体験に関する証明書）

第四条 小学校又は中学校の教諭の普通免許状の授与を受けようとする者は、教育職員免許法第五条の二第一項の規定による免許状の授与の申出を行うに当たって、同項に規定する書類のほか、介護等の体験を行った学校又は施設の長が発行する介護等の体験に関する証明書を提出するものとする。

2 学校又は施設の長は、小学校又は中学校の普通免許状の授与を受けようとする者から請求があったときは、その者の介護等の体験に関する証明書を発行しなければならない。

3 証明書の様式は、別記様式のとおりとする。

附 則（抄）

2 令和二年度に介護等の体験を予定していた者に対する小学校又は中学校の教諭の普通免許状の授与については、第三条第一項中「該当する者」とあるのは、「該当する者及びこれに準ずる者として文部科学大臣が定める者」とする。

別記様式（省略）

附 則（令和二年八月二一日文部科学省令第二九号）

この省令は、公布の日から施行する。

●教員資格認定試験規程

（昭和四八年八月九日文部省令第一七号）

施行、昭四八・八・九
最終改正、令一―文科令二七

（趣旨）

第一条 教育職員免許法（昭和二十四年法律第百四十七号）第十六条の二第一項の規定による教員資格認定試験（以下「認定試験」という。）については、この省令の定めるところによる。

（試験の種類等）

第二条 認定試験の種類は、次の表の上欄に掲げるとおりとし、同欄に掲げる認定試験に合格した者にそれぞれ同表の下欄に掲げる普通免許状を授与する。

上欄		下欄	
認定試験の種類	種目	普通免許状の種類	免許教科等
幼稚園教員資格認定試験		幼稚園教諭二種免許状	
小学校教員資格認定試験		小学校教諭二種免許状	
高等学校教員資格認定試験	看護	高等学校教諭一種免許状	看護
	情報	高等学校教諭一種免許状	情報
	福祉	高等学校教諭一種免許状	福祉
	柔道	高等学校教諭一種免許状	柔道
	剣道	高等学校教諭一種免許状	剣道
	情報技術	高等学校教諭一種免許状	情報技術
	建築	高等学校教諭一種免許状	建築
	インテリア	高等学校教諭一種免許状	インテリア
	デザイン	高等学校教諭一種免許状	デザイン
	情報処理	高等学校教諭一種免許状	情報処理
	計算実務	高等学校教諭一種免許状	計算実務
特別支援学校教員資格認定試験	自立活動（視覚障害教育）	特別支援学校自立活動教諭一種免許状	視覚障害教育
	自立活動（聴覚障害教育）		聴覚障害教育
	自立活動（肢体不自由教育）		肢体不自由教育
	自立活動（言語障害教育）		言語障害教育

（受験資格）

第三条 幼稚園教員資格認定試験を受けることができる者は、次に掲げる者で文部科学大臣が定める資格を有するものとする。

一 大学に二年以上在学し、かつ、六十二単位以上を修得した者

二 前号に掲げる者のほか、高等学校を卒業した者又は教育職員免許法施行規則第六十六条各号の一に該当する者で、受験しようとする幼稚園教員資格認定試験の施行の日の属する年度の四月一日における年齢が満二十歳以上のもの

2 小学校教員資格認定試験を受けることができる者は、次に掲げる者とする。

一 大学に二年以上在学し、かつ、六十二単位以上を修得した者

二 前号に掲げる者のほか、高等学校を卒業した者又は教育職員免許法施行規則（昭和二十九年文部省令第二十七号）第六十六条各号の一に該当する者で、受験しようとする小学校教員資格認定試験の施行の日の属する年度の四月一日における年齢が満二十歳以上のもの

3 高等学校教員資格認定試験及び特別支援学校教員資格認定試験を受けることができる者は、次に掲げる者で文部科学大臣が認定試験の種類ごとに定める資格を有するものとする。

一 大学（短期大学を除く。）を卒業した者

二 前号に掲げる者のほか、高等学校を卒業した者又は教育職員免許法施行規則第六十六条各号の一に該当する者で、受験しようとする高等学校教員資格認定試験又は特別支援学校教員資格認定試験の施行の日の属する年度の四月一日における年齢が満二十二歳以上のもの

（試験の方法等）

第四条 認定試験は、受験者の人物、学力及び実技について、筆記試験、口述試験又は実技試験の方法により行なう。

2 認定試験の実施の方法その他試験に関し必要な事項については、この省令の定めるもののほか、別に文部科学大臣が認定試験の種類ごとに定める試験の実施要領（次項において「実施要領」という。）によるものとする。

3 文部科学大臣は、その委嘱する大学が行なう認定試験に係る実施要領を定めようとするときは、あらかじめ関係大学の教職員その他の学識経験のある者のうちから文部科学大臣が委嘱した委員の意見を聞くものとする。

4 文部科学大臣が行なう認定試験については、大学の教授その他の学識経験のある者の

うちから文部科学大臣が委嘱した委員及び専門委員がその実施に当たるものとする。

（試験の施行等）

第五条　認定試験は、毎年、第二条に定める認定試験の種類のなかから文部科学大臣が必要と認めるものについて行なう。

2　文部科学大臣は、認定試験の種類、実施機関、施行期日、場所その他試験の実施に関し必要な事項について、あらかじめ、インターネットの利用その他の適切な方法により公示する。

（受験手続）

第六条　認定試験を受けようとする者は、当該認定試験を行なう文部科学大臣又は大学が定める所定の受験願書に履歴書、戸籍抄本又は住民票の写し、写真その他必要な書類を添えて、その認定試験を行なう文部科学大臣又は大学の学長に提出しなければならない。

（合格証書の授与等）

第七条　文部科学大臣及び大学の学長は、その行なつた認定試験に合格した者に別記第一号様式による合格証書を授与する。

2　合格証書の授与を受けた者がその氏名若しくは本籍地を変更し、又は合格証書を破損し、若しくは紛失したときは、当該認定試験を行なつた文部科学大臣又は大学の学長に、その認定試験を行なつた文部科学大臣又は大学が定める所定の申請書により合格証書の書換え又は再交付を申請することができる。

（合格証明書の交付）

第八条　認定試験に合格した者は、当該認定試験を行なつた文部科学大臣又は大学の学長に、その認定試験を行なつた文部科学大臣又は大学が定める所定の申請書により、合格の証明を申請することができる。

2　前項の申請があつた場合には、当該認定試験を行なつた文部科学大臣又は大学の学長は別記第二号様式による合格証明書を交付する。

（手数料）

第九条　次の表の上欄に掲げる者は、それぞれ下欄に掲げる額の手数料を納付しなければならない。

上欄		下欄
一　認定試験を受けようとする者	幼稚園教員資格認定試験	二万円
	小学校教員資格認定試験	二万五千円
	高等学校教員資格認定試験	五千六百円
	特別支援学校教員資格認定試験	一万五千円
二　合格証書の書換え又は再交付を申請する者		五百円
三　合格証明書の交付を申請する者		三百円

2　前項の規定による手数料のうち文部科学大臣が実施に関する事務を独立行政法人教職員支援機構（以下この項において「機構」という。）に行わせる試験に係るものについては、機構が定めるところにより、機構に納付するものとする。この場合において、機構に納付された手数料は、機構の収入とする。

3　第一項の規定による手数料のうち文部科学大臣が委嘱する大学が行う試験に係るものについては、収入印紙をもつて国に納付するものとする。ただし、情報通信技術を活用した行政の推進等に関する法律（平成十四年法律第百五十一号）第六条第一項の規定に基づき申請等を行つた場合は、当該申請等により得られた納付情報により手数料を納付しなければならない。

4　納付した手数料は、いかなる場合においても返還しない。

（合格の取消し等）

第一〇条　文部科学大臣又は大学の学長は、不正の手段によつてその行なう認定試験を受け、又は受けようとした者に対しては、合格の決定を取り消し、又はその認定試験を受けることを禁止することができる。

（文部科学大臣への報告等）

第一一条　認定試験を行なつた大学の学長は、認定試験の終了後すみやかにその試験問題、試験実施状況、合格者の氏名その他必要な事項について、文部科学大臣に報告するものとする。

2　文部科学大臣は、認定試験に合格した者の受験番号をインターネットの利用その他の適切な方法により公示する。

3　認定試験を行なつた大学の学長は、第一項の文部科学大臣への報告を行なつた後前条の規定により合格の決定を取り消したときは、その旨を文部科学大臣に報告するものとする。

（合格者原簿の作製等）

第一二条　認定試験を行なつた大学は、認定試験の種類ごとに教員資格認定試験合格者原簿を作製するものとする。

2　前項の教員資格認定試験合格者原簿には、認定試験に合格した者の氏名、生年月日、本籍地及び合格証書の授与年月日その他必要な事項を記載するものとする。

3　認定試験を行なつた大学は、次に掲げる書類を相当期間保存するものとする。

一　教員資格認定試験合格者原簿

二　受験願書、合格証書の書換え又は再交付に関する申請書及び合格証明書の交付に関する申請書

三　合格の決定の取消しに関する書類

四　その他認定試験の実施に関する主な書類

附　則　〔省略〕

別記様式　〔省略〕

附　則　（令和元年一二月一三日文部科学省令第二七号）

この省令は、情報通信技術の活用による行政手続等に係る関係者の利便性の向上並びに行政運営の簡素化及び効率化を図るための行政手続等における情報通信の技術の利用に関する法律等の一部を改正する法律の施行の日（令一・一二・一六）から施行する。

福　祉　編

―目　次―

●児童福祉法（抄）

（昭和二二年一二月一二日法律第一六四号）

施行、昭二三・一・一
最終改正、令二—法四一

〔注〕本書では、次の改正は織り込まず、本法末尾に改正規定を掲載した。
・平三〇法五九　施行＝平三四・四・一
・令一法四六　一部施行＝令四・四・一、令五・四・一

第一章　総則

第一条〔**児童福祉の理念**〕全て児童は、児童の権利に関する条約の精神にのつとり、適切に養育されること、その生活を保障されること、愛され、保護されること、その心身の健やかな成長及び発達並びにその自立が図られることその他の福祉を等しく保障される権利を有する。

第二条〔**児童育成の責任**〕全て国民は、児童が良好な環境において生まれ、かつ、社会のあらゆる分野において、児童の年齢及び発達の程度に応じて、その意見が尊重され、その最善の利益が優先して考慮され、心身ともに健やかに育成されるよう努めなければならない。

② 児童の保護者は、児童を心身ともに健やかに育成することについて第一義的責任を負う。

③ 国及び地方公共団体は、児童の保護者とともに、児童を心身ともに健やかに育成する責任を負う。

第三条〔**児童福祉原理の尊重**〕前二条に規定するところは、児童の福祉を保障するための原理であり、この原理は、すべて児童に関する法令の施行にあたつて、常に尊重されなければならない。

第一節　国及び地方公共団体の責務

第三条の二〔**国・地方公共団体の責務**〕国及び地方公共団体は、児童が家庭において心身ともに健やかに養育されるよう、児童の保護者を支援しなければならない。ただし、児童及びその保護者の心身の状況、これらの者の置かれている環境その他の状況を勘案し、児童を家庭において養育することが困難であり又は適当でない場合にあつては児童が家庭における養育環境と同様の養育環境において継続的に養育されるよう、児童を家庭及び当該養育環境において養育することが適当でない場合にあつては児童ができる限り良好な家庭的環境において養育されるよう、必要な措置を講じなければならない。

第三条の三〔**市町村等の責務**〕市町村（特別区を含む。以下同じ。）は、児童が心身ともに健やかに育成されるよう、基礎的な地方公共団体として、第十条第一項各号に掲げる業務の実施、障害児通所給付費の支給、第二十四条第一項の規定による保育の実施その他この法律に基づく児童の身近な場所における児童の福祉に関する支援に係る業務を適切に行わなければならない。

② 都道府県は、市町村の行うこの法律に基づく児童の福祉に関する業務が適正かつ円滑に行われるよう、市町村に対する必要な助言及び適切な援助を行うとともに、児童が心身ともに健やかに育成されるよう、専門的な知識及び技術並びに各市町村の区域を超えた広域的な対応が必要な業務として、第十一条第一項各号に掲げる業務の実施、小児慢性特定疾病医療費の支給、障害児入所給付費の支給、第二十七条第一項第三号の規定による委託又は入所の措置その他この法律に基づく児童の福祉に関する業務を適切に行わなければならない。

③ 国は、市町村及び都道府県の行うこの法律に基づく児童の福祉に関する業務が適正かつ円滑に行われるよう、児童が適切に養育される体制の確保に関する施策、市町村及び都道府県に対する助言及び情報の提供その他の必要な各般の措置を講じなければならない。

第二節　定義

第四条〔**児童・障害児**〕この法律で、児童とは、満十八歳に満たない者をいい、児童を左のように分ける。

一　乳児　満一歳に満たない者
二　幼児　満一歳から、小学校就学の始期に達するまでの者
三　少年　小学校就学の始期から、満十八歳に達するまでの者

② この法律で、障害児とは、身体に障害のある児童、知的障害のある児童、精神に障害のある児童（発達障害者支援法（平成十六年法律第百六十七号）第二条第二項に規定する発達障害児を含む。）又は治療方法が確立していない疾病その他の特殊の疾病であつて障害者の日常生活及び社会生活を総合的に支援するための法律（平成十七年法律第百二十三号）第四条第一項の政令で定めるものによる障害の程度が同項の厚生労働大臣が定める程度である児童をいう。

第五条〔**妊産婦**〕この法律で、妊産婦とは、妊娠中又は出産後一年以内の女子をいう。

第六条〔**保護者**〕この法律で、保護者とは、第十九条の三、第五十七条の三第二項、第五十七条の三の三第二項及び第五十七条の四第二項を除き、親権を行う者、未成年後見人その他の者で、児童を現に監護する者をいう。

第六条の二〔**小児慢性特定疾病等**〕この法律で、小児慢性特定疾病とは、児童又は児童以外の満二十歳に満たない者（以下「児童等」という。）が当該疾病にかかつていることにより、長期にわたり療養を必要とし、及びその生命に危険が及ぶおそれがあるものであつて、療養のために多額の費用を要するものとして厚生労働大臣が社会保障審議会の意見を聴いて定める疾病をいう。

② この法律で、小児慢性特定疾病医療支援とは、都道府県知事が指定する医療機関（以下「指定小児慢性特定疾病医療機関」という。）に通い、又は入院する小児慢性特定疾病にかかつている児童等（政令で定めるものに限る。以下「小児慢性特定疾病児童等」という。）であつて、当該疾病の状態が当該小児慢性特定疾病ごとに厚生労働大臣が社会保障審議会の意見を聴いて定める程度であるものに対し行われる医療（当該小児慢性特定疾病に係るものに限る。）をいう。

第六条の二の二〔**障害児通所支援等**〕この法律で、障害児通所支援とは、児童発達支援、医療型児童発達支援、放課後等デイサービス、居宅訪問型児童発達支援及び保育所等訪問支援をいい、障害児通所支援事業とは、障害児通所支援を行う事業をいう。

② この法律で、児童発達支援とは、障害児につき、児童発達支援センターその他の厚生労働省令で定める施設に通わせ、日常生活における基本的な動作の指導、知識技能の付与、集団生活への適応訓練その他の厚生労働省令で定める便宜を供与することをいう。

③ この法律で、医療型児童発達支援とは、上肢、下肢又は体幹の機能の障害（以下「肢体不自由」という。）のある児童につき、医療型児童発達支援センター又は独立行政法人国立病院機構若しくは国立研究開発法人国立精神・神経医療研究センターの設置する医療機関であつて厚生労働大臣が指定するもの（以下「指定発達支援医療機関」という。）に通わせ、児童発達支援及び治療を行うことをいう。

④ この法律で、放課後等デイサービスとは、学校教育法（昭和二十二年法律第二十六号）第一条に規定する学校（幼稚園及び大学を除く。）に就学している障害児につき、授業の終了後又は休業日に児童発達支援センターその他の厚生労働省令で定める施設に通わせ、生活能力の向上のために必要な訓練、社会との交流の促進その他の便宜を供与することをいう。

⑤ この法律で、居宅訪問型児童発達支援とは、重度の障害の状態その他これに準ずるものとして厚生労働省令で定める状態にある障害児であつて、児童発達支援、医療型児童発達支援又は放課後等デイサービスを受けるた

めに外出することが著しく困難なものにつき、当該障害児の居宅を訪問し、日常生活における基本的な動作の指導、知識技能の付与、生活能力の向上のために必要な訓練その他の厚生労働省令で定める便宜を供与することをいう。

⑥　この法律で、保育所等訪問支援とは、保育所その他の児童が集団生活を営む施設として厚生労働省令で定めるものに通う障害児又は乳児院その他の児童が集団生活を営む施設として厚生労働省令で定めるものに入所する障害児につき、当該施設を訪問し、当該施設における障害児以外の児童との集団生活への適応のための専門的な支援その他の便宜を供与することをいう。

⑦　この法律で、障害児相談支援とは、障害児支援利用援助及び継続障害児支援利用援助を行うことをいい、障害児相談支援事業とは、障害児相談支援を行う事業をいう。

⑧　この法律で、障害児支援利用援助とは、第二十一条の五の六第一項又は第二十一条の五の八第一項の申請に係る障害児の心身の状況、その置かれている環境、当該障害児又はその保護者の障害児通所支援の利用に関する意向その他の事情を勘案し、利用する障害児通所支援の種類及び内容その他の厚生労働省令で定める事項を定めた計画（以下「障害児支援利用計画案」という。）を作成し、第二十一条の五の五第一項に規定する通所給付決定（次項において「通所給付決定」という。）又は第二十一条の五の八第二項に規定する通所給付決定の変更の決定（次項において「通所給付決定の変更の決定」という。）（以下この条及び第二十四条の二十六第一項第一号において「給付決定等」と総称する。）が行われた後に、第二十一条の五の三第一項に規定する指定障害児通所支援事業者等その他の者（次項において「関係者」という。）との連絡調整その他の便宜を供与するとともに、当該給付決定等に係る障害児通所支援の種類及び内容、これを担当する者その他の厚生労働省令で定める事項を記載した計画（次項において「障害児支援利用計画」という。）を作成することをいう。

⑨　この法律で、継続障害児支援利用援助とは、通所給付決定に係る障害児の保護者（以下「通所給付決定保護者」という。）が、第二十一条の五の七第八項に規定する通所給付決定の有効期間内において、継続して障害児通所支援を適切に利用することができるよう、当該通所給付決定に係る障害児支援利用計画（この項の規定により変更されたものを含む。以下この項において同じ。）が適切であるかどうかにつき、厚生労働省令で定める期間ごとに、当該通所給付決定保護者の障害児通所支援の利用状況を検証し、その結果及び当該通所給付決定に係る障害児の心身の状況、その置かれている環境、当該障害児又はその保護者の障害児通所支援の利用に関する意向その他の事情を勘案し、障害児支援利用計画の見直しを行い、その結果に基づき、次のいずれかの便宜の供与を行うことをいう。

一　障害児支援利用計画を変更するとともに、関係者との連絡調整その他の便宜の供与を行うこと。

二　新たな通所給付決定又は通所給付決定の変更の決定が必要であると認められる場合において、当該給付決定等に係る障害児の保護者に対し、給付決定等に係る申請の勧奨を行うこと。

第六条の三【**児童自立生活援助事業等**】この法律で、児童自立生活援助事業とは、次に掲げる者に対しこれらの者が共同生活を営むべき住居における相談その他の日常生活上の援助及び生活指導並びに就業の支援（以下「児童自立生活援助」という。）を行い、あわせて児童自立生活援助の実施を解除された者に対し相談その他の援助を行う事業をいう。

一　義務教育を終了した児童又は児童以外の満二十歳に満たない者であつて、措置解除者等（第二十七条第一項第三号に規定する措置（政令で定めるものに限る。）を解除された者その他政令で定める者をいう。次号において同じ。）であるもの（以下「満二十歳未満義務教育終了児童等」という。）

二　学校教育法第五十条に規定する高等学校の生徒、同法第八十三条に規定する大学の学生その他の厚生労働省令で定める者であつて、満二十歳に達した日から満二十二歳に達する日の属する年度の末日までの間にあるもの（満二十歳に達する日の前日において児童自立生活援助が行われていた満二十歳未満義務教育終了児童等であつたものに限る。）のうち、措置解除者等であるもの（以下「満二十歳以上義務教育終了児童等」という。）

②　この法律で、放課後児童健全育成事業とは、小学校に就学している児童であつて、その保護者が労働等により昼間家庭にいないものに、授業の終了後に児童厚生施設等の施設を利用して適切な遊び及び生活の場を与えて、その健全な育成を図る事業をいう。

③　この法律で、子育て短期支援事業とは、保護者の疾病その他の理由により家庭において養育を受けることが一時的に困難となつた児童について、厚生労働省令で定めるところにより、児童養護施設その他の厚生労働省令で定める施設に入所させ、又は里親（次条第三号に掲げる者を除く。）その他の厚生労働省令で定める者に委託し、当該児童につき必要な保護を行う事業をいう。

④　この法律で、乳児家庭全戸訪問事業とは、一の市町村の区域内における原則として全ての乳児のいる家庭を訪問することにより、厚生労働省令で定めるところにより、子育てに関する情報の提供並びに乳児及びその保護者の心身の状況及び養育環境の把握を行うほか、養育についての相談に応じ、助言その他の援助を行う事業をいう。

⑤　この法律で、養育支援訪問事業とは、厚生労働省令で定めるところにより、乳児家庭全戸訪問事業の実施その他により把握した保護者の養育を支援することが特に必要と認められる児童（第八項に規定する要保護児童に該当するものを除く。以下「要支援児童」という。）若しくは保護者に監護させることが不適当であると認められる児童及びその保護者又は出産後の養育について出産前において支援を行うことが特に必要と認められる妊婦（以下「特定妊婦」という。）（以下「要支援児童等」という。）に対し、その養育が適切に行われるよう、当該要支援児童等の居宅において、養育に関する相談、指導、助言その他必要な支援を行う事業をいう。

⑥　この法律で、地域子育て支援拠点事業とは、厚生労働省令で定めるところにより、乳児又は幼児及びその保護者が相互の交流を行う場所を開設し、子育てについての相談、情報の提供、助言その他の援助を行う事業をいう。

⑦　この法律で、一時預かり事業とは、家庭において保育（養護及び教育（第三十九条の二第一項に規定する満三歳以上の幼児に対する教育を除く。）を行うことをいう。以下同じ。）を受けることが一時的に困難となつた乳児又は幼児について、厚生労働省令で定めるところにより、主として昼間において、保育所、認定こども園（就学前の子どもに関する教育、保育等の総合的な提供の推進に関する法律（平成十八年法律第七十七号。以下「認定こども園法」という。）第二条第六項に規定する認定こども園をいい、保育所であるものを除く。第二十四条第二項を除き、以下同じ。）その他の場所において、一時的に預かり、必要な保護を行う事業をいう。

⑧　この法律で、小規模住居型児童養育事業とは、第二十七条第一項第三号の措置に係る児童について、厚生労働省令で定めるところにより、保護者のない児童又は保護者に監護させることが不適当であると認められる児童（以下「要保護児童」という。）の養育に関し相当の経験を有する者その他の厚生労働省令で定める者（次条に規定する里親を除く。）の住居において養育を行う事業をいう。

⑨　この法律で、家庭的保育事業とは、次に掲げる事業をいう。

一　子ども・子育て支援法（平成二十四年法律第六十五号）第十九条第一項第二号の内

閣府令で定める事由により家庭において必要な保育を受けることが困難である乳児又は幼児（以下「保育を必要とする乳児・幼児」という。）であつて満三歳未満のものについて、家庭的保育者（市町村長（特別区の区長を含む。以下同じ。）が行う研修を修了した保育士その他の厚生労働省令で定める者であつて、当該保育を必要とする乳児・幼児の保育を行う者として市町村長が適当と認めるものをいう。以下同じ。）の居宅その他の場所（当該保育を必要とする乳児・幼児の居宅を除く。）において、家庭的保育者による保育を行う事業（利用定員が五人以下であるものに限る。次号において同じ。）

二　満三歳以上の幼児に係る保育の体制の整備の状況その他の地域の事情を勘案して、保育が必要と認められる児童であつて満三歳以上のものについて、家庭的保育者の居宅その他の場所（当該保育が必要と認められる児童の居宅を除く。）において、家庭的保育者による保育を行う事業

⑩　この法律で、小規模保育事業とは、次に掲げる事業をいう。

一　保育を必要とする乳児・幼児であつて満三歳未満のものについて、当該保育を必要とする乳児・幼児を保育することを目的とする施設（利用定員が六人以上十九人以下であるものに限る。）において、保育を行う事業

二　満三歳以上の幼児に係る保育の体制の整備の状況その他の地域の事情を勘案して、保育が必要と認められる児童であつて満三歳以上のものについて、前号に規定する施設において、保育を行う事業

⑪　この法律で、居宅訪問型保育事業とは、次に掲げる事業をいう。

一　保育を必要とする乳児・幼児であつて満三歳未満のものについて、当該保育を必要とする乳児・幼児の居宅において家庭的保育者による保育を行う事業

二　満三歳以上の幼児に係る保育の体制の整備の状況その他の地域の事情を勘案して、保育が必要と認められる児童であつて満三歳以上のものについて、当該保育が必要と認められる児童の居宅において家庭的保育者による保育を行う事業

⑫　この法律で、事業所内保育事業とは、次に掲げる事業をいう。

一　保育を必要とする乳児・幼児であつて満三歳未満のものについて、次に掲げる施設において、保育を行う事業

イ　事業主がその雇用する労働者の監護する乳児若しくは幼児及びその他の乳児若しくは幼児を保育するために自ら設置する施設又は事業主から委託を受けて当該事業主が雇用する労働者の監護する乳児若しくは幼児及びその他の乳児若しくは幼児の保育を実施する施設

ロ　事業主団体がその構成員である事業主の雇用する労働者の監護する乳児若しくは幼児及びその他の乳児若しくは幼児を保育するために自ら設置する施設又は事業主団体から委託を受けてその構成員である事業主の雇用する労働者の監護する乳児若しくは幼児及びその他の乳児若しくは幼児の保育を実施する施設

ハ　地方公務員等共済組合法（昭和三十七年法律第百五十二号）の規定に基づく共済組合その他の厚生労働省令で定める組合（以下ハにおいて「共済組合等」という。）が当該共済組合等の構成員として厚生労働省令で定める者（以下ハにおいて「共済組合等の構成員」という。）の監護する乳児若しくは幼児及びその他の乳児若しくは幼児を保育するために自ら設置する施設又は共済組合等から委託を受けて当該共済組合等の構成員の監護する乳児若しくは幼児及びその他の乳児若しくは幼児の保育を実施する施設

二　満三歳以上の幼児に係る保育の体制の整備の状況その他の地域の事情を勘案して、保育が必要と認められる児童であつて満三歳以上のものについて、前号に規定する施設において、保育を行う事業

⑬　この法律で、病児保育事業とは、保育を必要とする乳児・幼児又は保護者の労働若しくは疾病その他の事由により家庭において保育を受けることが困難となつた小学校に就学している児童であつて、疾病にかかつているものについて、保育所、認定こども園、病院、診療所その他厚生労働省令で定める施設において、保育を行う事業をいう。

⑭　この法律で、子育て援助活動支援事業とは、厚生労働省令で定めるところにより、次に掲げる援助のいずれか又は全てを受けることを希望する者と当該援助を行うことを希望する者（個人に限る。以下この項において「援助希望者」という。）との連絡及び調整並びに援助希望者への講習の実施その他の必要な支援を行う事業をいう。

一　児童を一時的に預かり、必要な保護（宿泊を伴つて行うものを含む。）を行うこと。

二　児童が円滑に外出することができるよう、その移動を支援すること。

第六条の四【里親】この法律で、里親とは、次に掲げる者をいう。

一　厚生労働省令で定める人数以下の要保護児童を養育することを希望する者（都道府県知事が厚生労働省令で定めるところにより行う研修を修了したことその他の厚生労働省令で定める要件を満たす者に限る。）のうち、第三十四条の十九に規定する養育里親名簿に登録されたもの（以下「養育里親」という。）

二　前号に規定する厚生労働省令で定める人数以下の要保護児童を養育すること及び養子縁組によつて養親となることを希望する者（都道府県知事が厚生労働省令で定めるところにより行う研修を修了した者に限る。）のうち、第三十四条の十九に規定する養子縁組里親名簿に登録されたもの（以下「養子縁組里親」という。）

三　第一号に規定する厚生労働省令で定める人数以下の要保護児童を養育することを希望する者（当該要保護児童の父母以外の親族であつて、厚生労働省令で定めるものに限る。）のうち、都道府県知事が第二十七条第一項第三号の規定により児童を委託する者として適当と認めるもの

第七条【児童福祉施設・障害児入所支援】この法律で、児童福祉施設とは、助産施設、乳児院、母子生活支援施設、保育所、幼保連携型認定こども園、児童厚生施設、児童養護施設、障害児入所施設、児童発達支援センター、児童心理治療施設、児童自立支援施設及び児童家庭支援センターとする。

②　この法律で、障害児入所支援とは、障害児入所施設に入所し、又は指定発達支援医療機関に入院する障害児に対して行われる保護、日常生活の指導及び知識技能の付与並びに障害児入所施設に入所し、又は指定発達支援医療機関に入院する障害児のうち知的障害のある児童、肢体不自由のある児童又は重度の知的障害及び重度の肢体不自由が重複している児童（以下「重症心身障害児」という。）に対し行われる治療をいう。

第三節　児童福祉審議会等（省略）

第四節　実施機関

第一〇条【市町村の業務】市町村は、この法律の施行に関し、次に掲げる業務を行わなければならない。

一　児童及び妊産婦の福祉に関し、必要な実情の把握に努めること。

二　児童及び妊産婦の福祉に関し、必要な情報の提供を行うこと。

三　児童及び妊産婦の福祉に関し、家庭その他からの相談に応ずること並びに必要な調査及び指導を行うこと並びにこれらに付随する業務を行うこと。

四　前三号に掲げるもののほか、児童及び妊産婦の福祉に関し、家庭その他につき、必要な支援を行うこと。

②　市町村長は、前項第三号に掲げる業務のうち専門的な知識及び技術を必要とするものについては、児童相談所の技術的援助及び助言

を求めなければならない。

③ 市町村長は、第一項第三号に掲げる業務を行うに当たつて、医学的、心理学的、教育学的、社会学的及び精神保健上の判定を必要とする場合には、児童相談所の判定を求めなければならない。

④ 市町村は、この法律による事務を適切に行うために必要な体制の整備に努めるとともに、当該事務に従事する職員の人材の確保及び資質の向上のために必要な措置を講じなければならない。

⑤ 国は、市町村における前項の体制の整備及び措置の実施に関し、必要な支援を行うように努めなければならない。

第一〇条の二［市町村の支援拠点の整備］ 市町村は、前条第一項各号に掲げる業務を行うに当たり、児童及び妊産婦の福祉に関し、実情の把握、情報の提供、相談、調査、指導、関係機関との連絡調整その他の必要な支援を行うための拠点の整備に努めなければならない。

第一一条［都道府県の業務］ 都道府県は、この法律の施行に関し、次に掲げる業務を行わなければならない。

一 第十条第一項各号に掲げる市町村の業務の実施に関し、市町村相互間の連絡調整、市町村に対する情報の提供、市町村職員の研修その他必要な援助を行うこと及びこれらに付随する業務を行うこと。

二 児童及び妊産婦の福祉に関し、主として次に掲げる業務を行うこと。

イ 各市町村の区域を超えた広域的な見地から、実情の把握に努めること。

ロ 児童に関する家庭その他からの相談のうち、専門的な知識及び技術を必要とするものに応ずること。

ハ 児童及びその家庭につき、必要な調査並びに医学的、心理学的、教育学的、社会学的及び精神保健上の判定を行うこと。

ニ 児童及びその保護者につき、ハの調査又は判定に基づいて心理又は児童の健康及び心身の発達に関する専門的な知識及び技術を必要とする指導その他必要な指導を行うこと。

ホ 児童の一時保護を行うこと。

ヘ 児童の権利の保護の観点から、一時保護の解除後の家庭その他の環境の調整、当該児童の状況の把握その他の措置により当該児童の安全を確保すること。

ト 里親に関する次に掲げる業務を行うこと。

(1) 里親に関する普及啓発を行うこと。

(2) 里親につき、その相談に応じ、必要な情報の提供、助言、研修その他の援助を行うこと。

(3) 里親と第二十七条第一項第三号の規定により入所の措置が採られて乳児院、児童養護施設、児童心理治療施設又は児童自立支援施設に入所している児童及び里親相互の交流の場を提供すること。

(4) 第二十七条第一項第三号の規定による里親への委託に資するよう、里親の選定及び里親と児童との間の調整を行うこと。

(5) 第二十七条第一項第三号の規定により里親に委託しようとする児童及びその保護者並びに里親の意見を聴いて、当該児童の養育の内容その他の厚生労働省令で定める事項について当該児童の養育に関する計画を作成すること。

チ 養子縁組により養子となる児童、その父母及び当該養子となる児童の養親となる者、養子縁組により養子となつた児童、その養親となつた者及び当該養子となつた児童の父母（民法（明治二十九年法律第八十九号）第八百十七条の二第一項に規定する特別養子縁組（第三十三条の六の二において「特別養子縁組」という。）により親族関係が終了した当該養子となつた児童の実方の父母を含む。）その他の児童を養子とする養子縁組に関する者につき、その相談に応じ、必要な情報の提供、助言その他の援助を行うこと。

三 前二号に掲げるもののほか、児童及び妊産婦の福祉に関し、広域的な対応が必要な業務並びに家庭その他につき専門的な知識及び技術を必要とする支援を行うこと。

② 都道府県知事は、市町村の第十条第一項各号に掲げる業務の適切な実施を確保するため必要があると認めるときは、市町村に対し、体制の整備その他の措置について必要な助言を行うことができる。

③ 都道府県知事は、第一項又は前項の規定による都道府県の事務の全部又は一部を、その管理に属する行政庁に委任することができる。

④ 都道府県知事は、第一項第二号トに掲げる業務（次項において「里親支援事業」という。）に係る事務の全部又は一部を厚生労働省令で定める者に委託することができる。

⑤ 前項の規定により行われる里親支援事業に係る事務に従事する者又は従事していた者は、その事務に関して知り得た秘密を漏らしてはならない。

⑥ 都道府県は、この法律による事務を適切に行うために必要な体制の整備に努めるとともに、当該事務に従事する職員の人材の確保及び資質の向上のために必要な措置を講じなければならない。

⑦ 国は、都道府県における前項の体制の整備及び措置の実施に関し、必要な支援を行うように努めなければならない。

第一二条［児童相談所の設置］ 都道府県は、児童相談所を設置しなければならない。

② 児童相談所は、児童の福祉に関し、主として前条第一項第一号に掲げる業務（市町村職員の研修を除く。）並びに同項第二号（イを除く。）及び第三号に掲げる業務並びに障害者の日常生活及び社会生活を総合的に支援するための法律第二十二条第二項及び第三項並びに第二十六条第一項に規定する業務を行うものとする。

③ 都道府県は、児童相談所が前項に規定する業務のうち法律に関する専門的な知識経験を必要とするものを適切かつ円滑に行うことの重要性に鑑み、児童相談所における弁護士の配置又はこれに準ずる措置を行うものとする。

④ 児童相談所は、必要に応じ、巡回して、第二項に規定する業務（前条第一項第二号ホに掲げる業務を除く。）を行うことができる。

⑤ 児童相談所長は、その管轄区域内の社会福祉法に規定する福祉に関する事務所（以下「福祉事務所」という。）の長（以下「福祉事務所長」という。）に必要な調査を委嘱することができる。

⑥ 都道府県知事は、第二項に規定する業務の質の評価を行うことその他必要な措置を講ずることにより、当該業務の質の向上に努めなければならない。

⑦ 国は、前項の措置を援助するために、児童相談所の業務の質の適切な評価の実施に資するための措置を講ずるよう努めなければならない。

第一二条の二［児童相談所の所長・所員］ 児童相談所には、所長及び所員を置く。

②から④まで（省略）

第一二条の三（省略）

第一二条の四［一時保護施設の設置］ 児童相談所には、必要に応じ、児童を一時保護する施設を設けなければならない。

第一二条の五（省略）

第一二条の六［保健所の業務］ 保健所は、この法律の施行に関し、主として次の業務を行うものとする。

一 児童の保健について、正しい衛生知識の普及を図ること。

二 児童の健康相談に応じ、又は健康診査を行い、必要に応じ、保健指導を行うこと。

三 身体に障害のある児童及び疾病により長期にわたり療養を必要とする児童の療育について、指導を行うこと。

四 児童福祉施設に対し、栄養の改善その他衛生に関し、必要な助言を与えること。

② 児童相談所長は、相談に応じた児童、その保護者又は妊産婦について、保健所に対し、保健指導その他の必要な協力を求めることができる。

第五節 児童福祉司（省略）

第六節 児童委員（省略）

第七節 保育士

第一八条の四［**定義**］この法律で、保育士とは、第十八条の十八第一項の登録を受け、保育士の名称を用いて、専門的知識及び技術をもつて、児童の保育及び児童の保護者に対する保育に関する指導を行うことを業とする者をいう。

第一八条の五［**欠格事項**］次の各号のいずれかに該当する者は、保育士となることができない。

一 心身の故障により保育士の業務を適正に行うことができない者として厚生労働省令で定めるもの

二 禁錮以上の刑に処せられ、その執行を終わり、又は執行を受けることがなくなつた日から起算して二年を経過しない者

三 この法律の規定その他児童の福祉に関する法律の規定であつて政令で定めるものにより、罰金の刑に処せられ、その執行を終わり、又は執行を受けることがなくなつた日から起算して二年を経過しない者

四 第十八条の十九第一項第二号又は第二項の規定により登録を取り消され、その取消しの日から起算して二年を経過しない者

五 国家戦略特別区域法（平成二十五年法律第百七号）第十二条の五第八項において準用する第十八条の十九第一項第二号又は第二項の規定により登録を取り消され、その取消しの日から起算して二年を経過しない者

第一八条の六［**資格**］次の各号のいずれかに該当する者は、保育士となる資格を有する。

一 都道府県知事の指定する保育士を養成する学校その他の施設（以下「指定保育士養成施設」という。）を卒業した者（学校教育法に基づく専門職大学の前期課程を修了した者を含む。）

二 保育士試験に合格した者

第一八条の七から第一八条の一七まで（省略）

第一八条の一八［**保育士登録簿**］保育士となる資格を有する者が保育士となるには、保育士登録簿に、氏名、生年月日その他厚生労働省令で定める事項の登録を受けなければならない。

②・③（省略）

第一八条の一九［**登録の取消し**］都道府県知事は、保育士が次の各号のいずれかに該当する場合には、その登録を取り消さなければならない。

一 第十八条の五各号（第四号を除く。）のいずれかに該当するに至つた場合

二 虚偽又は不正の事実に基づいて登録を受けた場合

② 都道府県知事は、保育士が第十八条の二十一又は第十八条の二十二の規定に違反したときは、その登録を取り消し、又は期間を定めて保育士の名称の使用の停止を命ずることができる。

第一八条の二〇（省略）

第一八条の二一［**信用失墜行為の禁止**］保育士は、保育士の信用を傷つけるような行為をしてはならない。

第一八条の二二［**秘密保持義務**］保育士は、正当な理由がなく、その業務に関して知り得た人の秘密を漏らしてはならない。保育士でなくなつた後においても、同様とする。

第一八条の二三［**名称の使用制限**］保育士でない者は、保育士又はこれに紛らわしい名称を使用してはならない。

第一八条の二四（省略）

第二章 福祉の保障

第一節 療育の指導、小児慢性特定疾病医療費の支給等（省略）

第二節 居宅生活の支援

第一款 障害児通所給付費、特例障害児通所給付費及び高額障害児通所給付費の支給

第二一条の五の二［**障害児通所給付費等の支給**］障害児通所給付費及び特例障害児通所給付費の支給は、次に掲げる障害児通所支援に関して次条及び第二十一条の五の四の規定により支給する給付とする。

一 児童発達支援

二 医療型児童発達支援（医療に係るものを除く。）

三 放課後等デイサービス

四 居宅訪問型児童発達支援

五 保育所等訪問支援

第二一条の五の三［**障害児通所給付費**］市町村は、通所給付決定保護者が、第二十一条の五の七第八項に規定する通所給付決定の有効期間内において、都道府県知事が指定する障害児通所支援事業を行う者（以下「指定障害児通所支援事業者」という。）又は指定発達支援医療機関（以下「指定障害児通所支援事業者等」と総称する。）から障害児通所支援（以下「指定通所支援」という。）を受けたときは、当該通所給付決定保護者に対し、当該指定通所支援（同条第七項に規定する支給量の範囲内のものに限る。以下この条及び次条において同じ。）に要した費用（食事の提供に要する費用その他の日常生活に要する費用のうち厚生労働省令で定める費用（以下「通所特定費用」という。）を除く。）について、障害児通所給付費を支給する。

② 障害児通所給付費の額は、一月につき、第一号に掲げる額から第二号に掲げる額を控除して得た額とする。

一 同一の月に受けた指定通所支援について、障害児通所支援の種類ごとに指定通所支援に通常要する費用（通所特定費用を除く。）につき、厚生労働大臣が定める基準により算定した費用の額（その額が現に当該指定通所支援に要した費用（通所特定費用を除く。）の額を超えるときは、当該現に指定通所支援に要した費用の額）を合計した額

二 当該通所給付決定保護者の家計の負担能力その他の事情をしん酌して政令で定める額（当該政令で定める額が前号に掲げる額の百分の十に相当する額を超えるときは、当該相当する額）

第二一条の五の四［**特例障害児通所給付費**］市町村は、次に掲げる場合において、必要があると認めるときは、厚生労働省令で定めるところにより、当該指定通所支援又は第二号に規定する基準該当通所支援（第二十一条の五の七第七項に規定する支給量の範囲内のものに限る。）に要した費用（通所特定費用を除く。）について、特例障害児通所給付費を支給することができる。

一 通所給付決定保護者が、第二十一条の五の六第一項の申請をした日から当該通所給付決定の効力が生じた日の前日までの間に、緊急その他やむを得ない理由により指定通所支援を受けたとき。

二 通所給付決定保護者が、指定通所支援以外の障害児通所支援（第二十一条の五の十九第一項の都道府県の条例で定める基準又は同条第二項の都道府県の条例で定める指定通所支援の事業の設備及び運営に関する基準に定める事項のうち都道府県の条例で定めるものを満たすと認められる事業を行う事業所により行われるものに限る。以下「基準該当通所支援」という。）を受けたとき。

三 その他政令で定めるとき。

② 都道府県が前項第二号の条例を定めるに当たつては、第一号から第三号までに掲げる事項については厚生労働省令で定める基準に従い定めるものとし、第四号に掲げる事項については厚生労働省令で定める基準を標準として定めるものとし、その他の事項については厚生労働省令で定める基準を参酌するものとする。

一 基準該当通所支援に従事する従業者及びその員数

二　基準該当通所支援の事業に係る居室の床面積その他基準該当通所支援の事業の設備に関する事項であつて障害児の健全な発達に密接に関連するものとして厚生労働省令で定めるもの

三　基準該当通所支援の事業の運営に関する事項であつて、障害児の保護者のサービスの適切な利用の確保、障害児の安全の確保及び秘密の保持に密接に関連するものとして厚生労働省令で定めるもの

四　基準該当通所支援の事業に係る利用定員

③　特例障害児通所給付費の額は、一月につき、同一の月に受けた次の各号に掲げる障害児通所支援の区分に応じ、当該各号に定める額を合計した額から、それぞれ当該通所給付決定保護者の家計の負担能力その他の事情をしん酌して政令で定める額（当該政令で定める額が当該合計した額の百分の十に相当する額を超えるときは、当該相当する額）を控除して得た額を基準として、市町村が定める。

一　指定通所支援　前条第二項第一号の厚生労働大臣が定める基準により算定した費用の額（その額が現に当該指定通所支援に要した費用（通所特定費用を除く。）の額を超えるときは、当該現に指定通所支援に要した費用の額）

二　基準該当通所支援　障害児通所支援の種類ごとに基準該当通所支援に通常要する費用（通所特定費用を除く。）につき厚生労働大臣が定める基準により算定した費用の額（その額が現に当該基準該当通所支援に要した費用（通所特定費用を除く。）の額を超えるときは、当該現に基準該当通所支援に要した費用の額）

第二十一条の五の五［**通所給付決定**］　障害児通所給付費又は特例障害児通所給付費（以下この款において「障害児通所給付費等」という。）の支給を受けようとする障害児の保護者は、市町村の障害児通所給付費等を支給する旨の決定（以下「通所給付決定」という。）を受けなければならない。

②　通所給付決定は、障害児の保護者の居住地の市町村が行うものとする。ただし、障害児の保護者が居住地を有しないとき、又は明らかでないときは、その障害児の保護者の現在地の市町村が行うものとする。

第二十一条の五の六［**申請等**］　通所給付決定を受けようとする障害児の保護者は、厚生労働省令で定めるところにより、市町村に申請しなければならない。

②　市町村は、前項の申請があつたときは、次条第一項に規定する通所支給要否決定を行うため、厚生労働省令で定めるところにより、当該職員をして、当該申請に係る障害児又は障害児の保護者に面接をさせ、その心身の状況、その置かれている環境その他厚生労働省令で定める事項について調査をさせるものとする。この場合において、市町村は、当該調査を障害者の日常生活及び社会生活を総合的に支援するための法律第五十一条の十四第一項に規定する指定一般相談支援事業者その他の厚生労働省令で定める者（以下この条において「指定障害児相談支援事業者等」という。）に委託することができる。

③　前項後段の規定により委託を受けた指定障害児相談支援事業者等は、障害児の保健又は福祉に関する専門的知識及び技術を有するものとして厚生労働省令で定める者に当該委託に係る調査を行わせるものとする。

④　第二項後段の規定により委託を受けた指定障害児相談支援事業者等の役員（業務を執行する社員、取締役、執行役又はこれらに準ずる者をいい、相談役、顧問その他いかなる名称を有する者であるかを問わず、法人に対し業務を執行する社員、取締役、執行役又はこれらに準ずる者と同等以上の支配力を有するものと認められる者を含む。次項並びに第二十一条の五の十五第三項第六号（第二十四条の九第三項（第二十四条の十第四項において準用する場合を含む。）及び第二十四条の二十八第二項（第二十四条の二十九第四項において準用する場合を含む。）において準用する場合を含む。）、第二十四条の十七第十一号及び第二十四条の三十六第十一号において同じ。）若しくは前項の厚生労働省令で定める者又はこれらの職にあつた者は、正当な理由なしに、当該委託業務に関して知り得た個人の秘密を漏らしてはならない。

⑤　第二項後段の規定により委託を受けた指定障害児相談支援事業者等の役員又は第三項の厚生労働省令で定める者で、当該委託業務に従事するものは、刑法その他の罰則の適用については、法令により公務に従事する職員とみなす。

第二十一条の五の七［**通所支給要否決定等**］　市町村は、前条第一項の申請が行われたときは、当該申請に係る障害児の心身の状態、当該障害児の介護を行う者の状況、当該障害児及びその保護者の障害児通所支援の利用に関する意向その他の厚生労働省令で定める事項を勘案して障害児通所給付費等の支給の要否の決定（以下この条において「通所支給要否決定」という。）を行うものとする。

②　市町村は、通所支給要否決定を行うに当たつて必要があると認めるときは、児童相談所その他厚生労働省令で定める機関（次項、第二十一条の五の十及び第二十一条の五の十三第三項において「児童相談所等」という。）の意見を聴くことができる。

③　児童相談所等は、前項の意見を述べるに当たつて必要があると認めるときは、当該通所支給要否決定に係る障害児、その保護者及び家族、医師その他の関係者の意見を聴くことができる。

④　市町村は、通所支給要否決定を行うに当たつて必要と認められる場合として厚生労働省令で定める場合には、厚生労働省令で定めるところにより、前条第一項の申請に係る障害児の保護者に対し、第二十四条の二十六第一項第一号に規定する指定障害児相談支援事業者が作成する障害児支援利用計画案の提出を求めるものとする。

⑤　前項の規定により障害児支援利用計画案の提出を求められた障害児の保護者は、厚生労働省令で定める場合には、同項の障害児支援利用計画案に代えて厚生労働省令で定める障害児支援利用計画案を提出することができる。

⑥　市町村は、前二項の障害児支援利用計画案の提出があつた場合には、第一項の厚生労働省令で定める事項及び当該障害児支援利用計画案を勘案して通所支給要否決定を行うものとする。

⑦　市町村は、通所給付決定を行う場合には、障害児通所支援の種類ごとに月を単位として厚生労働省令で定める期間において障害児通所給付費等を支給する障害児通所支援の量（以下「支給量」という。）を定めなければならない。

⑧　通所給付決定は、厚生労働省令で定める期間（以下「通所給付決定の有効期間」という。）内に限り、その効力を有する。

⑨　市町村は、通所給付決定をしたときは、当該通所給付決定保護者に対し、厚生労働省令で定めるところにより、支給量、通所給付決定の有効期間その他の厚生労働省令で定める事項を記載した通所受給者証（以下「通所受給者証」という。）を交付しなければならない。

⑩　指定通所支援を受けようとする通所給付決定保護者は、厚生労働省令で定めるところにより、指定障害児通所支援事業者等に通所受給者証を提示して当該指定通所支援を受けるものとする。ただし、緊急の場合その他やむを得ない事由のある場合については、この限りでない。

⑪　通所給付決定保護者が指定障害児通所支援事業者等から指定通所支援を受けたとき（当該通所給付決定保護者が当該指定障害児通所支援事業者等に通所受給者証を提示したときに限る。）は、市町村は、当該通所給付決定保護者が当該指定障害児通所支援事業者等に支払うべき当該指定通所支援に要した費用（通所特定費用を除く。）について、障害児通所給付費として当該通所給付決定保護者に支給すべき額の限度において、当該通所給付決定保護者に代わり、当該指定障害児通所支援事業者等に支払うことができる。

⑫　前項の規定による支払があつたときは、当該通所給付決定保護者に対し障害児通所給付費の支給があつたものとみなす。

⑬　市町村は、指定障害児通所支援事業者等から障害児通所給付費の請求があつたときは、第二十一条の五の三第二項第一号の厚生労働大臣が定める基準及び第二十一条の五の十九第二項の指定通所支援の事業の設備及び運営に関する基準（指定通所支援の取扱いに関する部分に限る。）に照らして審査の上、支払うものとする。

⑭　市町村は、前項の規定による審査及び支払に関する事務を連合会に委託することができる。

第二一条の五の八〔**通所給付決定の変更**〕通所給付決定保護者は、現に受けている通所給付決定に係る障害児通所支援の支給量その他の厚生労働省令で定める事項を変更する必要があるときは、厚生労働省令で定めるところにより、市町村に対し、当該通所給付決定の変更の申請をすることができる。

②　市町村は、前項の申請又は職権により、前条第一項の厚生労働省令で定める事項を勘案し、通所給付決定保護者につき、必要があると認めるときは、通所給付決定の変更の決定を行うことができる。この場合において、市町村は、当該決定に係る通所給付決定保護者に対し通所受給者証の提出を求めるものとする。

③　（省略）

④　市町村は、第二項の通所給付決定の変更の決定を行つた場合には、通所受給者証に当該決定に係る事項を記載し、これを返還するものとする。

第二一条の五の九〔**通所給付決定の取消し**〕通所給付決定を行つた市町村は、次に掲げる場合には、当該通所給付決定を取り消すことができる。

一　通所給付決定に係る障害児が、指定通所支援及び基準該当通所支援を受ける必要がなくなつたと認めるとき。

二　通所給付決定保護者が、通所給付決定の有効期間内に、当該市町村以外の市町村の区域内に居住地を有するに至つたと認めるとき。

三　通所給付決定に係る障害児又はその保護者が、正当な理由なしに第二十一条の五の六第二項（前条第三項において準用する場合を含む。）の規定による調査に応じないとき。

四　その他政令で定めるとき。

②　前項の規定により通所給付決定の取消しを行つた市町村は、厚生労働省令で定めるところにより、当該取消しに係る通所給付決定保護者に対し通所受給者証の返還を求めるものとする。

第二一条の五の一〇・第二一条の五の一一（省略）

第二一条の五の一二〔**高額障害児通所給付費**〕市町村は、通所給付決定保護者が受けた障害児通所支援に要した費用の合計額（厚生労働大臣が定める基準により算定した費用の額（その額が現に要した費用の額を超えるときは、当該現に要した額）の合計額を限度とする。）から当該費用につき支給された障害児通所給付費及び特例障害児通所給付費の合計額を控除して得た額が、著しく高額であるときは、当該通所給付決定保護者に対し、高額障害児通所給付費を支給する。

②　前項に定めるもののほか、高額障害児通所給付費の支給要件、支給額その他高額障害児通所給付費の支給に関し必要な事項は、指定通所支援に要する費用の負担の家計に与える影響を考慮して、政令で定める。

第二一条の五の一三・第二一条の五の一四（省略）

第二款　指定障害児通所支援事業者（省略）

第三款　業務管理体制の整備等（省略）

第四款　肢体不自由児通所医療費の支給（省略）

第五款　障害児通所支援及び障害福祉サービスの措置

第二一条の六〔**サービス提供の委託**〕市町村は、障害児通所支援又は障害者の日常生活及び社会生活を総合的に支援するための法律第五条第一項に規定する障害福祉サービス（以下「障害福祉サービス」という。）を必要とする障害児の保護者が、やむを得ない事由により障害児通所給付費若しくは特例障害児通所給付費又は同法に規定する介護給付費若しくは特例介護給付費（第五十六条の六第一項において「介護給付費等」という。）の支給を受けることが著しく困難であると認めるときは、当該障害児につき、政令で定める基準に従い、障害児通所支援若しくは障害福祉サービスを提供し、又は当該市町村以外の者に障害児通所支援若しくは障害福祉サービスの提供を委託することができる。

第二一条の七〔**事業者の受託義務**〕障害児通所支援事業を行う者及び障害者の日常生活及び社会生活を総合的に支援するための法律第五条第一項に規定する障害福祉サービス事業を行う者は、前条の規定による委託を受けたときは、正当な理由がない限り、これを拒んではならない。

第六款　子育て支援事業

第二一条の八〔**市町村の責務**〕市町村は、次条に規定する子育て支援事業に係る福祉サービスその他地域の実情に応じたきめ細かな福祉サービスが積極的に提供され、保護者が、その児童及び保護者の心身の状況、これらの者の置かれている環境その他の状況に応じて、当該児童を養育するために最も適切な支援が総合的に受けられるように、福祉サービスを提供する者又はこれに参画する者の活動の連携及び調整を図るようにすることその他の地域の実情に応じた体制の整備に努めなければならない。

第二一条の九〔**事業の実施**〕市町村は、児童の健全な育成に資するため、その区域内において、放課後児童健全育成事業、子育て短期支援事業、乳児家庭全戸訪問事業、養育支援訪問事業、地域子育て支援拠点事業、一時預かり事業、病児保育事業及び子育て援助活動支援事業並びに次に掲げる事業であつて主務省令で定めるもの（以下「子育て支援事業」という。）が着実に実施されるよう、必要な措置の実施に努めなければならない。

一　児童及びその保護者又はその他の者の居宅において保護者の児童の養育を支援する事業

二　保育所その他の施設において保護者の児童の養育を支援する事業

三　地域の児童の養育に関する各般の問題につき、保護者からの相談に応じ、必要な情報の提供及び助言を行う事業

第二一条の一〇〔**放課後児童健全育成事業**〕市町村は、児童の健全な育成に資するため、地域の実情に応じた放課後児童健全育成事業を行うとともに、当該市町村以外の放課後児童健全育成事業を行う者との連携を図る等により、第六条の三第二項に規定する児童の放課後児童健全育成事業の利用の促進に努めなければならない。

第二一条の一〇の二〔**乳児家庭全戸訪問事業・養育支援訪問事業**〕市町村は、児童の健全な育成に資するため、乳児家庭全戸訪問事業及び養育支援訪問事業を行うよう努めるとともに、乳児家庭全戸訪問事業により要支援児童等（特定妊婦を除く。）を把握したとき又は当該市町村の長が第二十六条第一項第三号の規定による送致若しくは同項第八号の規定による通知若しくは児童虐待の防止等に関する法律第八条第二項第二号の規定による送致若しくは同項第四号の規定による通知を受けたときは、養育支援訪問事業の実施その他の必要な支援を行うものとする。

②　市町村は、母子保健法（昭和四十年法律第百四十一号）第十条、第十一条第一項若しくは第二項（同法第十九条第二項において準用する場合を含む。）、第十七条第一項又は第十九条第一項の指導に併せて、乳児家庭全戸訪

問事業を行うことができる。

③　市町村は、乳児家庭全戸訪問事業又は養育支援訪問事業の事務の全部又は一部を当該市町村以外の厚生労働省令で定める者に委託することができる。

④　前項の規定により行われる乳児家庭全戸訪問事業又は養育支援訪問事業の事務に従事する者又は従事していた者は、その事務に関して知り得た秘密を漏らしてはならない。

第二一条の一〇の三〔**母子保健事業との連携**〕市町村は、乳児家庭全戸訪問事業又は養育支援訪問事業の実施に当たつては、母子保健法に基づく母子保健に関する事業との連携及び調和の確保に努めなければならない。

第二一条の一〇の四〔**要支援児童等についての通知**〕都道府県知事は、母子保健法に基づく母子保健に関する事業又は事務の実施に際して要支援児童等と思われる者を把握したときは、これを当該者の現在地の市町村長に通知するものとする。

第二一条の一〇の五〔**同前**〕病院、診療所、児童福祉施設、学校その他児童又は妊産婦の医療、福祉又は教育に関する機関及び医師、歯科医師、保健師、助産師、看護師、児童福祉施設の職員、学校の教職員その他児童又は妊産婦の医療、福祉又は教育に関連する職務に従事する者は、要支援児童等と思われる者を把握したときは、当該者の情報をその現在地の市町村に提供するよう努めなければならない。

②　刑法の秘密漏示罪の規定その他の守秘義務に関する法律の規定は、前項の規定による情報の提供をすることを妨げるものと解釈してはならない。

第二一条の一一〔**市町村の情報提供等**〕市町村は、子育て支援事業に関し必要な情報の収集及び提供を行うとともに、保護者から求めがあつたときは、当該保護者の希望、その児童の養育の状況、当該児童に必要な支援の内容その他の事情を勘案し、当該保護者が最も適切な子育て支援事業の利用ができるよう、相談に応じ、必要な助言を行うものとする。

②　市町村は、前項の助言を受けた保護者から求めがあつた場合には、必要に応じて、子育て支援事業の利用についてあつせん又は調整を行うとともに、子育て支援事業を行う者に対し、当該保護者の利用の要請を行うものとする。

③　市町村は、第一項の情報の収集及び提供、相談並びに助言並びに前項のあつせん、調整及び要請の事務を当該市町村以外の者に委託することができる。

④　子育て支援事業を行う者は、前三項の規定により行われる情報の収集、あつせん、調整及び要請に対し、できる限り協力しなければならない。

第二一条の一二〔**守秘義務**〕前条第三項の規定により行われる情報の提供、相談及び助言並びにあつせん、調整及び要請の事務（次条及び第二十一条の十四第一項において「調整等の事務」という。）に従事する者又は従事していた者は、その事務に関して知り得た秘密を漏らしてはならない。

第二一条の一三・第二一条の一四（省略）

第二一条の一五〔**国、地方公共団体以外の事業者**〕国、都道府県及び市町村以外の子育て支援事業を行う者は、厚生労働省令で定めるところにより、その事業に関する事項を市町村長に届け出ることができる。

第二一条の一六・第二一条の一七（省略）

第三節　助産施設、母子生活支援施設及び保育所への入所等

第二二条〔**助産施設への入所**〕都道府県、市及び福祉事務所を設置する町村（以下「都道府県等」という。）は、それぞれその設置する福祉事務所の所管区域内における妊産婦が、保健上必要があるにもかかわらず、経済的理由により、入院助産を受けることができない場合において、その妊産婦から申込みがあつたときは、その妊産婦に対し助産施設において助産を行わなければならない。ただし、付近に助産施設がない等やむを得ない事由があるときは、この限りでない。

②　前項に規定する妊産婦であつて助産施設における助産の実施（以下「助産の実施」という。）を希望する者は、厚生労働省令の定めるところにより、入所を希望する助産施設その他厚生労働省令の定める事項を記載した申込書を都道府県等に提出しなければならない。この場合において、助産施設は、厚生労働省令の定めるところにより、当該妊産婦の依頼を受けて、当該申込書の提出を代わつて行うことができる。

③　都道府県等は、第二十五条の七第二項第三号、第二十五条の八第三号又は第二十六条第一項第五号の規定による報告又は通知を受けた妊産婦について、必要があると認めるときは、当該妊産婦に対し、助産の実施の申込みを勧奨しなければならない。

④　都道府県等は、第一項に規定する妊産婦の助産施設の選択及び助産施設の適正な運営の確保に資するため、厚生労働省令の定めるところにより、当該都道府県等の設置する福祉事務所の所管区域内における助産施設の設置者、設備及び運営の状況その他の厚生労働省令の定める事項に関し情報の提供を行わなければならない。

第二三条〔**母子生活支援施設への入所**〕都道府県等は、それぞれその設置する福祉事務所の所管区域内における保護者が、配偶者のない女子又はこれに準ずる事情にある女子であつて、その者の監護すべき児童の福祉に欠けるところがある場合において、その保護者から申込みがあつたときは、その保護者及び児童を母子生活支援施設において保護しなければならない。ただし、やむを得ない事由があるときは、適当な施設への入所のあつせん、生活保護法（昭和二十五年法律第百四十四号）の適用等適切な保護を行わなければならない。

②　前項に規定する保護者であつて母子生活支援施設における保護の実施（以下「母子保護の実施」という。）を希望するものは、厚生労働省令の定めるところにより、入所を希望する母子生活支援施設その他厚生労働省令の定める事項を記載した申込書を都道府県等に提出しなければならない。この場合において、母子生活支援施設は、厚生労働省令の定めるところにより、当該保護者の依頼を受けて、当該申込書の提出を代わつて行うことができる。

③　都道府県等は、前項に規定する保護者が特別な事情により当該都道府県等の設置する福祉事務所の所管区域外の母子生活支援施設への入所を希望するときは、当該施設への入所について必要な連絡及び調整を図らなければならない。

④　都道府県等は、第二十五条の七第二項第三号、第二十五条の八第三号若しくは第二十六条第一項第五号又は売春防止法（昭和三十一年法律第百十八号）第三十六条の二の規定による報告又は通知を受けた保護者及び児童について、必要があると認めるときは、その保護者に対し、母子保護の実施の申込みを勧奨しなければならない。

⑤　都道府県等は、第一項に規定する保護者の母子生活支援施設の選択及び母子生活支援施設の適正な運営の確保に資するため、厚生労働省令の定めるところにより、母子生活支援施設の設置者、設備及び運営の状況その他の厚生労働省令の定める事項に関し情報の提供を行わなければならない。

第二四条〔**保育所等への入所**〕市町村は、この法律及び子ども・子育て支援法の定めるところにより、保護者の労働又は疾病その他の事由により、その監護すべき乳児、幼児その他の児童について保育を必要とする場合において、次項に定めるところによるほか、当該児童を保育所（認定こども園法第三条第一項の認定を受けたもの及び同条第十一項の規定による公示がされたものを除く。）において保育しなければならない。

②　市町村は、前項に規定する児童に対し、認定こども園法第二条第六項に規定する認定こども園（子ども・子育て支援法第二十七条第一項の確認を受けたものに限る。）又は家庭

的保育事業等（家庭的保育事業、小規模保育事業、居宅訪問型保育事業又は事業所内保育事業をいう。以下同じ。）により必要な保育を確保するための措置を講じなければならない。

③　市町村は、保育の需要に応ずるに足りる保育所、認定こども園（子ども・子育て支援法第二十七条第一項の確認を受けたものに限る。以下この項及び第四十六条の二第二項において同じ。）又は家庭的保育事業等が不足し、又は不足するおそれがある場合その他必要と認められる場合には、保育所、認定こども園（保育所であるものを含む。）又は家庭的保育事業等の利用について調整を行うとともに、認定こども園の設置者又は家庭的保育事業等を行う者に対し、前項に規定する児童の利用の要請を行うものとする。

④　市町村は、第二十五条の八第三号又は第二十六条第一項第五号の規定による報告又は通知を受けた児童その他の優先的に保育を行う必要があると認められる児童について、その保護者に対し、保育所若しくは幼保連携型認定こども園において保育を受けること又は家庭的保育事業等による保育を受けること（以下「保育の利用」という。）の申込みを勧奨し、及び保育を受けることができるよう支援しなければならない。

⑤　市町村は、前項に規定する児童が、同項の規定による勧奨及び支援を行つても、なおやむを得ない事由により子ども・子育て支援法に規定する施設型給付費若しくは特例施設型給付費（同法第二十八条第一項第二号に係るものを除く。次項において同じ。）又は同法に規定する地域型保育給付費若しくは特例地域型保育給付費（同法第三十条第一項第二号に係るものを除く。次項において同じ。）の支給に係る保育を受けることが著しく困難であると認めるときは、当該児童を当該市町村の設置する保育所若しくは幼保連携型認定こども園に入所させ、又は当該市町村以外の者の設置する保育所若しくは幼保連携型認定こども園に入所を委託して、保育を行わなければならない。

⑥　市町村は、前項に定めるほか、保育を必要とする乳児・幼児が、子ども・子育て支援法第四十二条第一項又は第五十四条第一項の規定によるあつせん又は要請その他市町村による支援等を受けたにもかかわらず、なお保育が利用できないなど、やむを得ない事由により同法に規定する施設型給付費若しくは特例施設型給付費又は同法に規定する地域型保育給付費若しくは特例地域型保育給付費の支給に係る保育を受けることが著しく困難であると認めるときは、次の措置を採ることができる。

一　当該保育を必要とする乳児・幼児を当該市町村の設置する保育所若しくは幼保連携型認定こども園に入所させ、又は当該市町村以外の者の設置する保育所若しくは幼保連携型認定こども園に入所を委託して、保育を行うこと。

二　当該保育を必要とする乳児・幼児に対して当該市町村が行う家庭的保育事業等による保育を行い、又は家庭的保育事業等を行う当該市町村以外の者に当該家庭的保育事業等により保育を行うことを委託すること。

⑦　市町村は、第三項の規定による調整及び要請並びに第四項の規定による勧奨及び支援を適切に実施するとともに、地域の実情に応じたきめ細かな保育が積極的に提供され、児童が、その置かれている環境等に応じて、必要な保育を受けることができるよう、保育を行う事業その他児童の福祉を増進することを目的とする事業を行う者の活動の連携及び調整を図る等地域の実情に応じた体制の整備を行うものとする。

第四節　障害児入所給付費、高額障害児入所給付費及び特定入所障害児食費等給付費並びに障害児入所医療費の支給

第一款　障害児入所給付費、高額障害児入所給付費及び特定入所障害児食費等給付費の支給（省略）

第二款　指定障害児入所施設等

第二四条の九・第二四条の一〇（省略）

第二四条の一一【**設置者の義務**】指定障害児入所施設等の設置者は、障害児が自立した日常生活又は社会生活を営むことができるよう、障害児及びその保護者の意思をできる限り尊重するとともに、行政機関、教育機関その他の関係機関との緊密な連携を図りつつ、障害児入所支援を当該障害児の意向、適性、障害の特性その他の事情に応じ、常に障害児及びその保護者の立場に立つて効果的に行うように努めなければならない。

②　指定障害児入所施設等の設置者は、その提供する障害児入所支援の質の評価を行うことその他の措置を講ずることにより、障害児入所支援の質の向上に努めなければならない。

③　指定障害児入所施設等の設置者は、障害児の人格を尊重するとともに、この法律又はこの法律に基づく命令を遵守し、障害児及びその保護者のため忠実にその職務を遂行しなければならない。

第二四条の一二から第二四条の一九まで（省略）

第三款　業務管理体制の整備等（省略）

第四款　障害児入所医療費の支給（省略）

第五款　障害児入所給付費、高額障害児入所給付費及び特定入所障害児食費等給付費並びに障害児入所医療費の支給の特例（省略）

第五節　障害児相談支援給付費及び特例障害児相談支援給付費の支給

第一款　障害児相談支援給付費及び特例障害児相談支援給付費の支給（省略）

第二款　指定障害児相談支援事業者

第二四条の二八・第二四条の二九（省略）

第二四条の三〇【**事業者の義務**】指定障害児相談支援事業者は、障害児が自立した日常生活又は社会生活を営むことができるよう、障害児及びその保護者の意思をできる限り尊重するとともに、行政機関、教育機関その他の関係機関との緊密な連携を図りつつ、障害児相談支援を当該障害児の意向、適性、障害の特性その他の事情に応じ、常に障害児及びその保護者の立場に立つて効果的に行うように努めなければならない。

②　指定障害児相談支援事業者は、その提供する障害児相談支援の質の評価を行うことその他の措置を講ずることにより、障害児相談支援の質の向上に努めなければならない。

③　指定障害児相談支援事業者は、障害児の人格を尊重するとともに、この法律又はこの法律に基づく命令を遵守し、障害児及びその保護者のため忠実にその職務を遂行しなければならない。

第二四条の三一から第二四条の三七まで（省略）

第三款　業務管理体制の整備等（省略）

第六節　要保護児童の保護措置等

第二五条【**要保護児童発見者の通告義務**】要保護児童を発見した者は、これを市町村、都道府県の設置する福祉事務所若しくは児童相談所又は児童委員を介して市町村、都道府県の設置する福祉事務所若しくは児童相談所に通告しなければならない。ただし、罪を犯した満十四歳以上の児童については、この限りでない。この場合においては、これを家庭裁判所に通告しなければならない。

②　刑法の秘密漏示罪の規定その他の守秘義務

に関する法律の規定は、前項の規定による通告をすることを妨げるものと解釈してはならない。

第二五条の二から**第二五条の五**まで（省略）

第二五条の六［**要保護児童の状況の把握**］市町村、都道府県の設置する福祉事務所又は児童相談所は、第二十五条第一項の規定による通告を受けた場合において必要があると認めるときは、速やかに、当該児童の状況の把握を行うものとする。

第二五条の七［**市町村の採るべき措置**］市町村（次項に規定する町村を除く。）は、要保護児童若しくは要支援児童及びその保護者又は特定妊婦（次項において「要保護児童等」という。）に対する支援の実施状況を的確に把握するものとし、第二十五条第一項の規定による通告を受けた児童及び相談に応じた児童又はその保護者（以下「通告児童等」という。）について、必要があると認めたときは、次の各号のいずれかの措置を採らなければならない。

一　第二十七条の措置を要すると認める者並びに医学的、心理学的、教育学的、社会学的及び精神保健上の判定を要すると認める者は、これを児童相談所に送致すること。

二　通告児童等を当該市町村の設置する福祉事務所の知的障害者福祉司（知的障害者福祉法（昭和三十五年法律第三十七号）第九条第六項に規定する知的障害者福祉司（以下「知的障害者福祉司」という。）又は社会福祉主事に指導させること。

三　児童自立生活援助の実施が適当であると認める児童は、これをその実施に係る都道府県知事に報告すること。

四　児童虐待の防止等に関する法律第八条の二第一項の規定による出頭の求め及び調査若しくは質問、第二十九条若しくは同法第九条第一項の規定による立入り及び調査若しくは質問又は第三十三条第一項若しくは第二項の規定による一時保護の実施が適当であると認める者は、これを都道府県知事又は児童相談所長に通知すること。

②　福祉事務所を設置していない町村は、要保護児童等に対する支援の実施状況を的確に把握するものとし、通告児童等又は妊産婦について、必要があると認めたときは、次の各号のいずれかの措置を採らなければならない。

一　第二十七条の措置を要すると認める者並びに医学的、心理学的、教育学的、社会学的及び精神保健上の判定を要すると認める者は、これを児童相談所に送致すること。

二　次条第二号の措置が適当であると認める者は、これを当該町村の属する都道府県の設置する福祉事務所に送致すること。

三　助産の実施又は母子保護の実施が適当であると認める者は、これをそれぞれその実施に係る都道府県知事に報告すること。

四　児童自立生活援助の実施が適当であると認める児童は、これをその実施に係る都道府県知事に報告すること。

五　児童虐待の防止等に関する法律第八条の二第一項の規定による出頭の求め及び調査若しくは質問、第二十九条若しくは同法第九条第一項の規定による立入り及び調査若しくは質問又は第三十三条第一項若しくは第二項の規定による一時保護の実施が適当であると認める者は、これを都道府県知事又は児童相談所長に通知すること。

第二五条の八［**福祉事務所長の採るべき措置**］都道府県の設置する福祉事務所の長は、第二十五条第一項の規定による通告又は前条第二項第二号若しくは次条第一項第四号の規定による送致を受けた児童及び相談に応じた児童、その保護者又は妊産婦について、必要があると認めたときは、次の各号のいずれかの措置を採らなければならない。

一　第二十七条の措置を要すると認める者並びに医学的、心理学的、教育学的、社会学的及び精神保健上の判定を要すると認める者は、これを児童相談所に送致すること。

二　児童又はその保護者をその福祉事務所の知的障害者福祉司又は社会福祉主事に指導させること。

三　保育の利用等（助産の実施、母子保護の実施又は保育の利用若しくは第二十四条第五項の規定による措置をいう。以下同じ。）が適当であると認める者は、これをそれぞれその保育の利用等に係る都道府県知事又は市町村の長に報告し、又は通知すること。

四　児童自立生活援助の実施が適当であると認める児童は、これをその実施に係る都道府県知事に報告すること。

五　第二十一条の六の規定による措置が適当であると認める者は、これをその措置に係る市町村の長に報告し、又は通知すること。

第二六条［**児童相談所長の採るべき措置**］児童相談所長は、第二十五条第一項の規定による通告を受けた児童、第二十五条の七第一項第一号若しくは第二項第一号、前条第一号又は少年法（昭和二十三年法律第百六十八号）第六条の六第一項若しくは第十八条第一項の規定による送致を受けた児童及び相談に応じた児童、その保護者又は妊産婦について、必要があると認めたときは、次の各号のいずれかの措置を採らなければならない。

一　次条の措置を要すると認める者は、これを都道府県知事に報告すること。

二　児童又はその保護者を児童相談所その他の関係機関若しくは関係団体の事業所若しくは事務所に通わせ当該事業所若しくは事務所において、又は当該児童若しくはその保護者の住所若しくは居所において、児童福祉司若しくは児童委員に指導させ、又は市町村、都道府県以外の者の設置する児童家庭支援センター、都道府県以外の障害者の日常生活及び社会生活を総合的に支援するための法律第五条第十八項に規定する一般相談支援事業若しくは特定相談支援事業（次条第一項第二号及び第三十四条の七において「障害者等相談支援事業」という。）を行う者その他当該指導を適切に行うことができる者として厚生労働省令で定めるものに委託して指導させること。

三　児童及び妊産婦の福祉に関し、情報を提供すること、相談（専門的な知識及び技術を必要とするものを除く。）に応ずること、調査及び指導（医学的、心理学的、教育学的、社会学的及び精神保健上の判定を必要とする場合を除く。）を行うことその他の支援（専門的な知識及び技術を必要とするものを除く。）を行うことを要すると認める者（次条の措置を要すると認める者を除く。）は、これを市町村に送致すること。

四　第二十五条の七第一項第二号又は前条第二号の措置が適当であると認める者は、これを福祉事務所に送致すること。

五　保育の利用等が適当であると認める者は、これをそれぞれその保育の利用等に係る都道府県又は市町村の長に報告し、又は通知すること。

六　児童自立生活援助の実施が適当であると認める児童は、これをその実施に係る都道府県知事に報告すること。

七　第二十一条の六の規定による措置が適当であると認める者は、これをその措置に係る市町村の長に報告し、又は通知すること。

八　放課後児童健全育成事業、子育て短期支援事業、養育支援訪問事業、地域子育て支援拠点事業、子育て援助活動支援事業、子ども・子育て支援法第五十九条第一号に掲げる事業その他市町村が実施する児童の健全な育成に資する事業の実施が適当であると認める者は、これをその事業の実施に係る市町村の長に通知すること。

②　前項第一号の規定による報告書には、児童の住所、氏名、年齢、履歴、性行、健康状態及び家庭環境、同号に規定する措置についての当該児童及びその保護者の意向その他児童の福祉増進に関し、参考となる事項を記載しなければならない。

第二七条［**都道府県知事の採るべき措置**］都道府県は、前条第一項第一号の規定による報告又は少年法第十八条第二項の規定による送致のあつた児童につき、次の各号のいずれかの措置を採らなければならない。

一　児童又はその保護者に訓戒を加え、又は誓約書を提出させること。

二　児童又はその保護者を児童相談所その他の関係機関若しくは関係団体の事業所若しくは事務所に通わせ当該事業所若しくは事務所において、又は当該児童若しくはその保護者の住所若しくは居所において、児童福祉司、知的障害者福祉司、社会福祉主事、児童委員若しくは当該都道府県の設置する児童家庭支援センター若しくは当該都道府県が行う障害者等相談支援事業に係る職員に指導させ、又は市町村、当該都道府県以外の者の設置する児童家庭支援センター、当該都道府県以外の障害者等相談支援事業を行う者若しくは前条第一項第二号に規定する厚生労働省令で定める者に委託して指導させること。

三　児童を小規模住居型児童養育事業を行う者若しくは里親に委託し、又は乳児院、児童養護施設、障害児入所施設、児童心理治療施設若しくは児童自立支援施設に入所させること。

四　家庭裁判所の審判に付することが適当であると認める児童は、これを家庭裁判所に送致すること。

② 都道府県は、肢体不自由のある児童又は重症心身障害児については、前項第三号の措置に代えて、指定発達支援医療機関に対し、これらの児童を入院させて障害児入所施設（第四十二条第二号に規定する医療型障害児入所施設に限る。）におけると同様な治療等を行うことを委託することができる。

③ 都道府県知事は、少年法第十八条第二項の規定による送致のあつた児童につき、第一項の措置を採るにあたつては、家庭裁判所の決定による指示に従わなければならない。

④ 第一項第三号又は第二項の措置は、児童に親権を行う者（第四十七条第一項の規定により親権を行う児童福祉施設の長を除く。以下同じ。）又は未成年後見人があるときは、前項の場合を除いては、その親権を行う者又は未成年後見人の意に反して、これを採ることができない。

⑤ 都道府県知事は、第一項第二号若しくは第三号若しくは第二項の措置を解除し、停止し、又は他の措置に変更する場合には、児童相談所長の意見を聴かなければならない。

⑥ 都道府県知事は、政令の定めるところにより、第一項第一号から第三号までの措置（第三項の規定により採るもの及び第二十八条第一項第一号又は第二号ただし書の規定により採るものを除く。）若しくは第二項の措置を採る場合又は第一項第二号若しくは第三号若しくは第二項の措置を解除し、停止し、若しくは他の措置に変更する場合には、都道府県児童福祉審議会の意見を聴かなければならない。

第二七条の二［**同前**］　都道府県は、少年法第二十四条第一項又は第二十六条の四第一項の規定により同法第二十四条第一項第二号の保護処分の決定を受けた児童につき、当該決定に従つて児童自立支援施設に入所させる措置（保護者の下から通わせて行うものを除く。）又は児童養護施設に入所させる措置を採らなければならない。

② 前項に規定する措置は、この法律の適用については、前条第一項第三号の児童自立支援施設又は児童養護施設に入所させる措置とみなす。ただし、同条第四項及び第六項（措置を解除し、停止し、又は他の措置に変更する場合に係る部分を除く。）並びに第二十八条の規定の適用については、この限りでない。

第二七条の三［**家庭裁判所への事件の送致**］　都道府県知事は、たまたま児童の行動の自由を制限し、又はその自由を奪うような強制的措置を必要とするときは、第三十三条、第三十三条の二及び第四十七条の規定により認められる場合を除き、事件を家庭裁判所に送致しなければならない。

第二七条の四［**守秘義務**］　第二十六条第一項第二号又は第二十七条第一項第二号の規定により行われる指導（委託に係るものに限る。）の事務に従事する者又は従事していた者は、その事務に関して知り得た秘密を漏らしてはならない。

第二八条［**保護者の児童虐待等の場合の措置**］　保護者が、その児童を虐待し、著しくその監護を怠り、その他保護者に監護させることが著しく当該児童の福祉を害する場合において、第二十七条第一項第三号の措置を採ることが児童の親権を行う者又は未成年後見人の意に反するときは、都道府県は、次の各号の措置をとることができる。

一　保護者が親権を行う者又は未成年後見人であるときは、家庭裁判所の承認を得て、第二十七条第一項第三号の措置を採ること。

二　保護者が親権を行う者又は未成年後見人でないときは、その児童を親権を行う者又は未成年後見人に引き渡すこと。ただし、その児童を親権を行う者又は未成年後見人に引き渡すことが児童の福祉のため不適当であると認めるときは、家庭裁判所の承認を得て、第二十七条第一項第三号の措置を採ること。

② 前項第一号及び第二号ただし書の規定による措置の期間は、当該措置を開始した日から二年を超えてはならない。ただし、当該措置に係る保護者に対する指導措置（第二十七条第一項第二号の措置をいう。以下この条並びに第三十三条第二項及び第九項において同じ。）の効果等に照らし、当該措置を継続しなければ保護者がその児童を虐待し、著しくその監護を怠り、その他著しく当該児童の福祉を害するおそれがあると認めるときは、都道府県は、家庭裁判所の承認を得て、当該期間を更新することができる。

③ 都道府県は、前項ただし書の規定による更新に係る承認の申立てをした場合において、やむを得ない事情があるときは、当該措置の期間が満了した後も、当該申立てに対する審判が確定するまでの間、引き続き当該措置を採ることができる。ただし、当該申立てを却下する審判があつた場合は、当該審判の結果を考慮してもなお当該措置を採る必要があると認めるときに限る。

④ 家庭裁判所は、第一項第一号若しくは第二号ただし書又は第二項ただし書の承認（以下「措置に関する承認」という。）の申立てがあつた場合は、都道府県に対し、期限を定めて、当該申立てに係る保護者に対する指導措置を採るよう勧告すること、当該申立てに係る保護者に対する指導措置に関し報告及び意見を求めること、又は当該申立てに係る児童及びその保護者に関する必要な資料の提出を求めることができる。

⑤ 家庭裁判所は、前項の規定による勧告を行つたときは、その旨を当該保護者に通知するものとする。

⑥ 家庭裁判所は、措置に関する承認の申立てに対する承認の審判をする場合において、当該措置の終了後の家庭その他の環境の調整を行うため当該保護者に対する指導措置を採ることが相当であると認めるときは、都道府県に対し、当該指導措置を採るよう勧告することができる。

⑦ 家庭裁判所は、第四項の規定による勧告を行つた場合において、措置に関する承認の申立てを却下する審判をするときであつて、家庭その他の環境の調整を行うため当該勧告に係る当該保護者に対する指導措置を採ることが相当であると認めるときは、都道府県に対し、当該指導措置を採るよう勧告することができる。

⑧ 第五項の規定は、前二項の規定による勧告について準用する。

第二九条［**調査・質問**］　都道府県知事は、前条の規定による措置をとるため、必要があると認めるときは、児童委員又は児童の福祉に関する事務に従事する職員をして、児童の住所若しくは居所又は児童の従業する場所に立ち入り、必要な調査又は質問をさせることができる。この場合においては、その身分を証明する証票を携帯させ、関係者の請求があつたときは、これを提示させなければならない。

第三〇条［**同居児童の届出義務、保護者の相談義務**］　四親等内の児童以外の児童を、その親権を行う者又は未成年後見人から離して、自己の家庭（単身の世帯を含む。）に、三月

(乳児については、一月)を超えて同居させる意思をもつて同居させた者又は継続して二月以上(乳児については、二十日以上)同居させた者(法令の定めるところにより児童を委託された者及び児童を単に下宿させた者を除く。)は、同居を始めた日から三月以内(乳児については、一月以内)に、市町村長を経て、都道府県知事に届け出なければならない。ただし、その届出期間内に同居をやめたときは、この限りでない。

② 前項に規定する届出をした者が、その同居をやめたときは、同居をやめた日から一月以内に、市町村長を経て、都道府県知事に届け出なければならない。

③ 保護者は、経済的理由等により、児童をそのもとにおいて養育しがたいときは、市町村、都道府県の設置する福祉事務所、児童相談所、児童福祉司又は児童委員に相談しなければならない。

第三〇条の二〔**知事の指示等**〕都道府県知事は、小規模住居型児童養育事業を行う者、里親(第二十七条第一項第三号の規定により委託を受けた里親に限る。第三十三条の八第二項、第三十三条の十、第三十三条の十四第二項、第四十四条の三、第四十五条の二、第四十六条第一項、第四十七条、第四十八条及び第四十八条の三において同じ。)及び児童福祉施設の長並びに前条第一項に規定する者に、児童の保護について、必要な指示をし、又は必要な報告をさせることができる。

第三一条〔**母子生活支援施設等での在所期間の延長**〕都道府県等は、第二十三条第一項本文の規定により母子生活支援施設に入所した児童については、その保護者から申込みがあり、かつ、必要があると認めるときは、満二十歳に達するまで、引き続きその者を母子生活支援施設において保護することができる。

② 都道府県は、第二十七条第一項第三号の規定により小規模住居型児童養育事業を行う者若しくは里親に委託され、又は児童養護施設、障害児入所施設(第四十二条第一号に規定する福祉型障害児入所施設に限る。)、児童心理治療施設若しくは児童自立支援施設に入所した児童については満二十歳に達するまで、引き続き同項第三号の規定による委託を継続し、若しくはその者をこれらの児童福祉施設に在所させ、又はこれらの措置を相互に変更する措置を採ることができる。

③ 都道府県は、第二十七条第一項第三号の規定により障害児入所施設(第四十二条第二号に規定する医療型障害児入所施設に限る。)に入所した児童又は第二十七条第二項の規定による委託により指定発達支援医療機関に入院した肢体不自由のある児童若しくは重症心身障害児については満二十歳に達するまで、引き続きその者をこれらの児童福祉施設に在所させ、若しくは同項の規定による委託を継続し、又はこれらの措置を相互に変更する措置を採ることができる。

④ 都道府県は、延長者(児童以外の満二十歳に満たない者のうち、次の各号のいずれかに該当するものをいう。)について、第二十七条第一項第一号から第三号まで又は第二項の措置を採ることができる。この場合において、第二十八条の規定の適用については、同条第一項中「保護者が、その児童」とあるのは「第三十一条第四項に規定する延長者(以下この条において「延長者」という。)の親権を行う者、未成年後見人その他の者で、延長者を現に監護する者(以下この条において「延長者の監護者」という。)が、その延長者」と、「保護者に」とあるのは「延長者の監護者に」と、「当該児童」とあるのは「当該延長者」と、「おいて、第二十七条第一項第三号」とあるのは「おいて、同項の規定による第二十七条第一項第三号」と、「児童の親権」とあるのは「延長者の親権」と、同項第一号中「保護者」とあるのは「延長者の監護者」と、「第二十七条第一項第三号」とあるのは「第三十一条第四項の規定による第二十七条第一項第三号」と、同項第二号中「保護者」とあるのは「延長者の監護者」と、「児童」とあるのは「延長者」と、「第二十七条第一項第三号」とあるのは「第三十一条第四項の規定による第二十七条第一項第三号」と、同条第二項ただし書中「保護者」とあるのは「延長者の監護者」と、「第二十七条第一項第二号」とあるのは「第三十一条第四項の規定による第二十七条第一項第二号」と、「児童」とあるのは「延長者」と、同条第四項中「保護者」とあるのは「延長者の監護者」と、「児童」とあるのは「延長者」と、同条第五項から第七項までの規定中「保護者」とあるのは「延長者の監護者」とする。

一　満十八歳に満たないときにされた措置に関する承認の申立てに係る児童であつた者であつて、当該申立てに対する審判が確定していないもの又は当該申立てに対する承認の審判がなされた後において第二十八条第一項第一号若しくは第二号ただし書若しくは第二項ただし書の規定による措置が採られていないもの

二　第二項からこの項までの規定による措置が採られている者(前号に掲げる者を除く。)

三　第三十三条第八項から第十一項までの規定による一時保護が行われている者(前二号に掲げる者を除く。)

⑤ 前各項の規定による保護又は措置は、この法律の適用については、母子保護の実施又は第二十七条第一項第一号から第三号まで若しくは第二項の規定による措置とみなす。

⑥ 第二項から第四項までの場合においては、都道府県知事は、児童相談所長の意見を聴かなければならない。

第三二条〔**都道府県知事・市町村長の権限の委任**〕都道府県知事は、第二十七条第一項若しくは第二項の措置を採る権限又は児童自立生活援助の実施の権限の全部又は一部を児童相談所長に委任することができる。

② 都道府県知事又は市町村長は、第二十一条の六の措置を採る権限又は助産の実施若しくは母子保護の実施の権限、第二十三条第一項ただし書に規定する保護の権限並びに第二十四条の二から第二十四条の七まで及び第二十四条の二十の規定による権限の全部又は一部を、それぞれその管理する福祉事務所の長に委任することができる。

③ 市町村長は、保育所における保育を行うことの権限並びに第二十四条第三項の規定による調整及び要請、同条第四項の規定による勧奨及び支援並びに同条第五項又は第六項の規定による措置に関する権限の全部又は一部を、その管理する福祉事務所の長又は当該市町村に置かれる教育委員会に委任することができる。

第三三条〔**一時保護**〕児童相談所長は、必要があると認めるときは、第二十六条第一項の措置を採るに至るまで、児童の安全を迅速に確保し適切な保護を図るため、又は児童の心身の状況、その置かれている環境その他の状況を把握するため、児童の一時保護を行い、又は適当な者に委託して、当該一時保護を行わせることができる。

② 都道府県知事は、必要があると認めるときは、第二十七条第一項又は第二項の措置(第二十八条第四項の規定による勧告を受けて採る指導措置を除く。)を採るに至るまで、児童の安全を迅速に確保し適切な保護を図るため、又は児童の心身の状況、その置かれている環境その他の状況を把握するため、児童相談所長をして、児童の一時保護を行わせ、又は適当な者に当該一時保護を行うことを委託させることができる。

③ 前二項の規定による一時保護の期間は、当該一時保護を開始した日から二月を超えてはならない。

④ 前項の規定にかかわらず、児童相談所長又は都道府県知事は、必要があると認めるときは、引き続き第一項又は第二項の規定による一時保護を行うことができる。

⑤ 前項の規定により引き続き一時保護を行うことが当該児童の親権を行う者又は未成年後見人の意に反する場合においては、児童相談所長又は都道府県知事が引き続き一時保護を行おうとするとき、及び引き続き一時保護を行つた後二月を超えて引き続き一時保護を行おうとするときごとに、児童相談所長又は都

道府県知事は、家庭裁判所の承認を得なければならない。ただし、当該児童に係る第二十八条第一項第一号若しくは第二号ただし書の承認の申立て又は当該児童の親権者に係る第三十三条の七の規定による親権喪失若しくは親権停止の審判の請求若しくは当該児童の未成年後見人に係る第三十三条の九の規定による未成年後見人の解任の請求がされている場合は、この限りでない。

⑥　児童相談所長又は都道府県知事は、前項本文の規定による引き続いての一時保護に係る承認の申立てをした場合において、やむを得ない事情があるときは、一時保護を開始した日から二月を経過した後又は同項の規定により引き続き一時保護を行つた後二月を経過した後も、当該申立てに対する審判が確定するまでの間、引き続き一時保護を行うことができる。ただし、当該申立てを却下する審判があつた場合は、当該審判の結果を考慮してもなお引き続き一時保護を行う必要があると認めるときに限る。

⑦　前項本文の規定により引き続き一時保護を行つた場合において、第五項本文の規定による引き続いての一時保護に係る承認の申立てに対する審判が確定した場合における同項の規定の適用については、同項中「引き続き一時保護を行おうとするとき、及び引き続き一時保護を行つた」とあるのは、「引き続いての一時保護に係る承認の申立てに対する審判が確定した」とする。

⑧　児童相談所長は、特に必要があると認めるときは、第一項の規定により一時保護が行われた児童については満二十歳に達するまでの間、次に掲げる措置を採るに至るまで、引き続き一時保護を行い、又は一時保護を行わせることができる。

一　第三十一条第四項の規定による措置を要すると認める者は、これを都道府県知事に報告すること。

二　児童自立生活援助の実施が適当であると認める満二十歳未満義務教育終了児童等は、これをその実施に係る都道府県知事に報告すること。

⑨　都道府県知事は、特に必要があると認めるときは、第二項の規定により一時保護が行われた児童については満二十歳に達するまでの間、第三十一条第四項の規定による措置（第二十八条第四項の規定による勧告を受けて採る指導措置を除く。第十一項において同じ。）を採るに至るまで、児童相談所長をして、引き続き一時保護を行わせ、又は一時保護を行うことを委託させることができる。

⑩　児童相談所長は、特に必要があると認めるときは、第八項各号に掲げる措置を採るに至るまで、保護延長者（児童以外の満二十歳に満たない者のうち、次の各号のいずれかに該当するものをいう。以下この項及び次項において同じ。）の安全を迅速に確保し適切な保護を図るため、又は保護延長者の心身の状況、その置かれている環境その他の状況を把握するため、保護延長者の一時保護を行い、又は適当な者に委託して、当該一時保護を行わせることができる。

一　満十八歳に満たないときにされた措置に関する承認の申立てに係る児童であつた者であつて、当該申立てに対する審判が確定していないもの又は当該申立てに対する承認の審判がなされた後において第二十八条第一項第一号若しくは第二号ただし書若しくは第二項ただし書の規定による措置が採られていないもの

二　第三十一条第二項から第四項までの規定による措置が採られている者（前号に掲げる者を除く。）

⑪　都道府県知事は、特に必要があると認めるときは、第三十一条第四項の規定による措置を採るに至るまで、保護延長者の安全を迅速に確保し適切な保護を図るため、又は保護延長者の心身の状況、その置かれている環境その他の状況を把握するため、児童相談所長をして、保護延長者の一時保護を行わせ、又は適当な者に当該一時保護を行うことを委託させることができる。

⑫　第八項から前項までの規定による一時保護は、この法律の適用については、第一項又は第二項の規定による一時保護とみなす。

第三三条の二［**児童相談所長の親権代行等**］児童相談所長は、一時保護が行われた児童で親権を行う者又は未成年後見人のないものに対し、親権を行う者又は未成年後見人があるに至るまでの間、親権を行う。ただし、民法第七百九十七条の規定による縁組の承諾をするには、厚生労働省令の定めるところにより、都道府県知事の許可を得なければならない。

②　児童相談所長は、一時保護が行われた児童で親権を行う者又は未成年後見人のあるものについても、監護、教育及び懲戒に関し、その児童の福祉のため必要な措置を採ることができる。ただし、体罰を加えることはできない。

③　前項の児童の親権を行う者又は未成年後見人は、同項の規定による措置を不当に妨げてはならない。

④　第二項の規定による措置は、児童の生命又は身体の安全を確保するため緊急の必要があると認めるときは、その親権を行う者又は未成年後見人の意に反しても、これをとることができる。

第三三条の二の二［**児童の所持物の保管及び返還**］児童相談所長は、一時保護が行われた児童の所持する物であつて、一時保護中本人に所持させることが児童の福祉を損なうおそれがあるものを保管することができる。

②　児童相談所長は、前項の規定により保管する物で、腐敗し、若しくは滅失するおそれがあるもの又は保管に著しく不便なものは、これを売却してその代価を保管することができる。

③　児童相談所長は、前二項の規定により保管する物について当該児童以外の者が返還請求権を有することが明らかな場合には、これをその権利者に返還しなければならない。

④　児童相談所長は、前項に規定する返還請求権を有する者を知ることができないとき、又はその者の所在を知ることができないときは、返還請求権を有する者は、六月以内に申し出るべき旨を公告しなければならない。

⑤　前項の期間内に同項の申出がないときは、その物は、当該児童相談所を設置した都道府県に帰属する。

⑥　児童相談所長は、一時保護を解除するときは、第三項の規定により返還する物を除き、その保管する物を当該児童に返還しなければならない。この場合において、当該児童に交付することが児童の福祉のため不適当であると認めるときは、これをその保護者に交付することができる。

⑦　第一項の規定による保管、第二項の規定による売却及び第四項の規定による公告に要する費用は、その物の返還を受ける者があるときは、その者の負担とする。

第三三条の三［**児童の遺留物の保管及び交付**］児童相談所長は、一時保護が行われている間に児童が逃走し、又は死亡した場合において、遺留物があるときは、これを保管し、かつ、前条第三項の規定により権利者に返還しなければならない物を除き、これを当該児童の保護者若しくは親族又は相続人に交付しなければならない。

②　前条第二項、第四項、第五項及び第七項の規定は、前項の場合に、これを準用する。

第三三条の四［**解除**］都道府県知事、市町村長、福祉事務所長又は児童相談所長は、次の各号に掲げる措置又は助産の実施、母子保護の実施若しくは児童自立生活援助の実施を解除する場合には、あらかじめ、当該各号に定める者に対し、当該措置又は助産の実施、母子保護の実施若しくは児童自立生活援助の実施の解除の理由について説明するとともに、その意見を聴かなければならない。ただし、当該各号に定める者から当該措置又は助産の実施、母子保護の実施若しくは児童自立生活援助の実施の解除の申出があつた場合その他厚生労働省令で定める場合においては、この限りでない。

一　第二十一条の六、第二十四条第五項及び第六項、第二十五条の七第一項第二号、第二十五条の八第二号、第二十六条第一項第

二号並びに第二十七条第一項第二号の措置　当該措置に係る児童の保護者

二　助産の実施　当該助産の実施に係る妊産婦

三　母子保護の実施　当該母子保護の実施に係る児童の保護者

四　第二十七条第一項第三号及び第二項の措置　当該措置に係る児童の親権を行う者又はその未成年後見人

五　児童自立生活援助の実施　当該児童自立生活援助の実施に係る満二十歳未満義務教育終了児童等又は満二十歳以上義務教育終了児童等

第三三条の五〔**解除の除外**〕第二十一条の六、第二十四条第五項若しくは第六項、第二十五条の七第一項第二号、第二十五条の八第二号、第二十六条第一項第二号若しくは第二十七条第一項第二号若しくは第三号若しくは第二項の措置を解除する処分又は助産の実施、母子保護の実施若しくは児童自立生活援助の実施の解除については、行政手続法第三章（第十二条及び第十四条を除く。）の規定は、適用しない。

第三三条の六〔**都道府県の自立生活援助**〕都道府県は、その区域内における満二十歳未満義務教育終了児童等の自立を図るため必要がある場合において、その満二十歳未満義務教育終了児童等から申込みがあつたときは、自ら又は児童自立生活援助事業を行う者（都道府県を除く。次項において同じ。）に委託して、その満二十歳未満義務教育終了児童等に対し、厚生労働省令で定めるところにより、児童自立生活援助を行わなければならない。ただし、やむを得ない事由があるときは、その他の適切な援助を行わなければならない。

② 満二十歳未満義務教育終了児童等であつて児童自立生活援助の実施を希望するものは、厚生労働省令の定めるところにより、入居を希望する住居その他厚生労働省令の定める事項を記載した申込書を都道府県に提出しなければならない。この場合において、児童自立生活援助事業を行う者は、厚生労働省令の定めるところにより、満二十歳未満義務教育終了児童等の依頼を受けて、当該申込書の提出を代わつて行うことができる。

③ 都道府県は、満二十歳未満義務教育終了児童等が特別な事情により当該都道府県の区域外の住居への入居を希望するときは、当該住居への入居について必要な連絡及び調整を図らなければならない。

④ 都道府県は、第二十五条の七第一項第三号若しくは第二項第四号、第二十五条の八第四号若しくは第二十六条第一項第六号の規定による報告を受けた児童又は第三十三条第八項第二号の規定による報告を受けた満二十歳未満義務教育終了児童等について、必要があると認めるときは、これらの者に対し、児童自立生活援助の実施の申込みを勧奨しなければならない。

⑤ 都道府県は、満二十歳未満義務教育終了児童等の住居の選択及び児童自立生活援助事業の適正な運営の確保に資するため、厚生労働省令の定めるところにより、その区域内における児童自立生活援助事業を行う者、当該事業の運営の状況その他の厚生労働省令の定める事項に関し情報の提供を行わなければならない。

⑥ 第一項から第三項まで及び前項の規定は、満二十歳以上義務教育終了児童等について準用する。この場合において、第一項中「行わなければならない。ただし、やむを得ない事由があるときは、その他の適切な援助を行わなければならない」とあるのは「行うよう努めなければならない」と、第三項中「図らなければならない」とあるのは「図るよう努めなければならない」と読み替えるものとする。

第三三条の六の二〔**特別養子適格確認請求**〕児童相談所長は、児童について、家庭裁判所に対し、養親としての適格性を有する者との間における特別養子縁組について、家事事件手続法（平成二十三年法律第五十二号）第百六十四条第二項に規定する特別養子適格の確認を請求することができる。

② 児童相談所長は、前項の規定による請求に係る児童について、特別養子縁組によつて養親となることを希望する者が現に存しないときは、養子縁組里親その他の適当な者に対し、当該児童に係る民法第八百十七条の二第一項に規定する請求を行うことを勧奨するよう努めるものとする。

第三三条の六の三（省略）

第三三条の七〔**親権喪失・親権停止・管理権喪失の審判の請求**〕児童等の親権者に係る民法第八百三十四条本文、第八百三十四条の二第一項、第八百三十五条又は第八百三十六条の規定による親権喪失、親権停止若しくは管理権喪失の審判の請求又はこれらの審判の取消しの請求は、これらの規定に定める者のほか、児童相談所長も、これを行うことができる。

第三三条の八〔**未成年後見人選任の請求**〕児童相談所長は、親権を行う者のない児童等について、その福祉のため必要があるときは、家庭裁判所に対し未成年後見人の選任を請求しなければならない。

② 児童相談所長は、前項の規定による未成年後見人の選任の請求に係る児童等（小規模住居型児童養育事業を行う者若しくは里親に委託中若しくは児童福祉施設に入所中の児童等又は一時保護中の児童を除く。）に対し、親権を行う者又は未成年後見人があるに至るまでの間、親権を行う。ただし、民法第七百九十七条の規定による縁組の承諾をするには、厚生労働省令の定めるところにより、都道府県知事の許可を得なければならない。

第三三条の九〔**未成年後見人解任の請求**〕児童等の未成年後見人に、不正な行為、著しい不行跡その他後見の任務に適しない事由があるときは、民法第八百四十六条の規定による未成年後見人の解任の請求は、同条に定める者のほか、児童相談所長も、これを行うことができる。

第三三条の九の二〔**調査・研究の推進**〕国は、要保護児童の保護に係る事例の分析その他要保護児童の健全な育成に資する調査及び研究を推進するものとする。

第七節　被措置児童等虐待の防止等

第三三条の一〇〔**被措置児童等虐待の定義**〕この法律で、被措置児童等虐待とは、小規模住居型児童養育事業に従事する者、里親若しくはその同居人、乳児院、児童養護施設、障害児入所施設、児童心理治療施設若しくは児童自立支援施設の長、その職員その他の従業者、指定発達支援医療機関の管理者その他の従業者、第十二条の四に規定する児童を一時保護する施設を設けている児童相談所の所長、当該施設の職員その他の従業者又は第三十三条第一項若しくは第二項の委託を受けて児童の一時保護を行う業務に従事する者（以下「施設職員等」と総称する。）が、委託された児童、入所する児童又は一時保護が行われた児童（以下「被措置児童等」という。）について行う次に掲げる行為をいう。

一　被措置児童等の身体に外傷が生じ、又は生じるおそれのある暴行を加えること。

二　被措置児童等にわいせつな行為をすること又は被措置児童等をしてわいせつな行為をさせること。

三　被措置児童等の心身の正常な発達を妨げるような著しい減食又は長時間の放置、同居人若しくは生活を共にする他の児童による前二号又は次号に掲げる行為の放置その他の施設職員等としての養育又は業務を著しく怠ること。

四　被措置児童等に対する著しい暴言又は著しく拒絶的な対応その他の被措置児童等に著しい心理的外傷を与える言動を行うこと。

第三三条の一一〔**被措置児童等虐待等の禁止**〕施設職員等は、被措置児童等虐待その他被措置児童等の心身に有害な影響を及ぼす行為をしてはならない。

第三三条の一二〔**被措置児童等虐待に係る通告**〕被措置児童等虐待を受けたと思われる児童を発見した者は、速やかに、これを都道府県

福祉

県の設置する福祉事務所、児童相談所、第三十三条の十四第一項若しくは第二項に規定する措置を講ずる権限を有する都道府県の行政機関（以下この節において「都道府県の行政機関」という。）、都道府県児童福祉審議会若しくは市町村又は児童委員を介して、都道府県の設置する福祉事務所、児童相談所、都道府県の行政機関、都道府県児童福祉審議会若しくは市町村に通告しなければならない。

② 被措置児童等虐待を受けたと思われる児童を発見した者は、当該被措置児童等虐待を受けたと思われる児童が、児童虐待を受けたと思われる児童にも該当する場合において、前項の規定による通告をしたときは、児童虐待の防止等に関する法律第六条第一項の規定による通告をすることを要しない。

③ 被措置児童等は、被措置児童等虐待を受けたときは、その旨を児童相談所、都道府県の行政機関又は都道府県児童福祉審議会に届け出ることができる。

④ 刑法の秘密漏示罪の規定その他の守秘義務に関する法律の規定は、第一項の規定による通告（虚偽であるもの及び過失によるものを除く。次項において同じ。）をすることを妨げるものと解釈してはならない。

⑤ 施設職員等は、第一項の規定による通告をしたことを理由として、解雇その他不利益な取扱いを受けない。

第三三条の一三［**同前**］ 都道府県の設置する福祉事務所、児童相談所、都道府県の行政機関、都道府県児童福祉審議会又は市町村が前条第一項の規定による通告又は同条第三項の規定による届出を受けた場合においては、当該通告若しくは届出を受けた都道府県の設置する福祉事務所若しくは児童相談所の所長、所員その他の職員、都道府県の行政機関若しくは市町村の職員、都道府県児童福祉審議会の委員若しくは臨時委員又は当該通告を仲介した児童委員は、その職務上知り得た事項であつて当該通告又は届出をした者を特定させるものを漏らしてはならない。

第三三条の一四［**通告等を受けた場合の措置等**］ 都道府県は、第三十三条の十二第一項の規定による通告、同条第三項の規定による届出若しくは第三項若しくは次条第一項の規定による通知を受けたとき又は相談に応じた児童について必要があると認めるときは、速やかに、当該被措置児童等の状況の把握その他当該通告、届出、通知又は相談に係る事実について確認するための措置を講ずるものとする。

② 都道府県は、前項に規定する措置を講じた場合において、必要があると認めるときは、小規模住居型児童養育事業、里親、乳児院、児童養護施設、障害児入所施設、児童心理治療施設、児童自立支援施設、指定発達支援医療機関、第十二条の四に規定する児童を一時保護する施設又は第三十三条第一項若しくは第二項の委託を受けて一時保護を行う者における事業若しくは業務の適正な運営又は適切な養育を確保することにより、当該通告、届出、通知又は相談に係る被措置児童等に対する被措置児童等虐待の防止並びに当該被措置児童等及び当該被措置児童等と生活を共にする他の被措置児童等の保護を図るため、適切な措置を講ずるものとする。

③ 都道府県の設置する福祉事務所、児童相談所又は市町村が第三十三条の十二第一項の規定による通告若しくは同条第三項の規定による届出を受けたとき、又は児童虐待の防止等に関する法律に基づく措置を講じた場合において、第一項の措置が必要であると認めるときは、都道府県の設置する福祉事務所の長、児童相談所の所長又は市町村の長は、速やかに、都道府県知事に通知しなければならない。

第三三条の一五から第三三条の一七まで［省略］

第八節　情報公表対象支援の利用に資する情報の報告及び公表

第三三条の一八 指定障害児通所支援事業者及び指定障害児相談支援事業者並びに指定障害児入所施設等の設置者（以下この条において「対象事業者」という。）は、指定通所支援、指定障害児相談支援又は指定入所支援（以下この条において「情報公表対象支援」という。）の提供を開始しようとするとき、その他厚生労働省令で定めるときは、厚生労働省令で定めるところにより、情報公表対象支援情報（その提供する情報公表対象支援の内容及び情報公表対象支援を提供する事業者又は施設の運営状況に関する情報であつて、情報公表対象支援を利用し、又は利用しようとする障害児の保護者が適切かつ円滑に当該情報公表対象支援を利用する機会を確保するために公表されることが適当なものとして厚生労働省令で定めるものをいう。第八項において同じ。）を、当該情報公表対象支援を提供する事業所又は施設の所在地を管轄する都道府県知事に報告しなければならない。

② 都道府県知事は、前項の規定による報告を受けた後、厚生労働省令で定めるところにより、当該報告の内容を公表しなければならない。

③ 都道府県知事は、前項の規定による公表を行うため必要があると認めるときは、第一項の規定による報告が真正であることを確認するのに必要な限度において、当該報告をした対象事業者に対し、当該報告の内容について、調査を行うことができる。

④ 都道府県知事は、対象事業者が第一項の規定による報告をせず、若しくは虚偽の報告をし、又は前項の規定による調査を受けず、若しくは調査を妨げたときは、期間を定めて、当該対象事業者に対し、その報告を行い、若しくはその報告の内容を是正し、又はその調査を受けることを命ずることができる。

⑤ 都道府県知事は、指定障害児相談支援事業者に対して前項の規定による処分をしたときは、遅滞なく、その旨をその指定をした市町村長に通知しなければならない。

⑥ 都道府県知事は、指定障害児通所支援事業者又は指定障害児入所施設の設置者が第四項の規定による命令に従わないときは、当該指定障害児通所支援事業者又は指定障害児入所施設の指定を取り消し、又は期間を定めてその指定の全部若しくは一部の効力を停止することができる。

⑦ 都道府県知事は、指定障害児相談支援事業者が第四項の規定による命令に従わない場合において、当該指定障害児相談支援事業者の指定を取り消し、又は期間を定めてその指定の全部若しくは一部の効力を停止することが適当であると認めるときは、理由を付して、その旨をその指定をした市町村長に通知しなければならない。

⑧ 都道府県知事は、情報公表対象支援を利用し、又は利用しようとする障害児の保護者が適切かつ円滑に当該情報公表対象支援を利用する機会の確保に資するため、情報公表対象支援の質及び情報公表対象支援に従事する従業者に関する情報（情報公表対象支援情報に該当するものを除く。）であつて厚生労働省令で定めるものの提供を希望する対象事業者から提供を受けた当該情報について、公表を行うよう配慮するものとする。

第九節　障害児福祉計画

第三三条の一九［**基本指針**］ 厚生労働大臣は、障害児通所支援、障害児入所支援及び障害児相談支援（以下この項、次項並びに第三十三条の二十二第一項及び第二項において「障害児通所支援等」という。）の提供体制を整備し、障害児通所支援等の円滑な実施を確保するための基本的な指針（以下この条、次条第一項及び第三十三条の二十二第一項において「基本指針」という。）を定めるものとする。

② 基本指針においては、次に掲げる事項を定めるものとする。

一　障害児通所支援等の提供体制の確保に関する基本的事項

二　障害児通所支援等の提供体制の確保に係る目標に関する事項

三　次条第一項に規定する市町村障害児福祉計画及び第三十三条の二十二第一項に規定

する都道府県障害児福祉計画の作成に関する事項

四　その他障害児通所支援等の円滑な実施を確保するために必要な事項

③から⑥まで〔省略〕

第三三条の二〇〔**市町村障害児福祉計画**〕市町村は、基本指針に即して、障害児通所支援及び障害児相談支援の提供体制の確保その他障害児通所支援及び障害児相談支援の円滑な実施に関する計画（以下「市町村障害児福祉計画」という。）を定めるものとする。

② 市町村障害児福祉計画においては、次に掲げる事項を定めるものとする。

一　障害児通所支援及び障害児相談支援の提供体制の確保に係る目標に関する事項

二　各年度における指定通所支援又は指定障害児相談支援の種類ごとの必要な見込量

③ 市町村障害児福祉計画においては、前項各号に掲げるもののほか、次に掲げる事項について定めるよう努めるものとする。

一　前項第二号の指定通所支援又は指定障害児相談支援の種類ごとの必要な見込量の確保のための方策

二　前項第二号の指定通所支援又は指定障害児相談支援の提供体制の確保に係る医療機関、教育機関その他の関係機関との連携に関する事項

④から⑫まで〔省略〕

第三三条の二一〔省略〕

第三三条の二二〔**都道府県障害児福祉計画**〕都道府県は、基本指針に即して、市町村障害児福祉計画の達成に資するため、各市町村を通ずる広域的な見地から、障害児通所支援等の提供体制の確保その他障害児通所支援等の円滑な実施に関する計画（以下「都道府県障害児福祉計画」という。）を定めるものとする。

② 都道府県障害児福祉計画においては、次に掲げる事項を定めるものとする。

一　障害児通所支援等の提供体制の確保に係る目標に関する事項

二　当該都道府県が定める区域ごとの各年度の指定通所支援又は指定障害児相談支援の種類ごとの必要な見込量

三　各年度の指定障害児入所施設等の必要入所定員総数

③ 都道府県障害児福祉計画においては、前項各号に掲げる事項のほか、次に掲げる事項について定めるよう努めるものとする。

一　前項第二号の区域ごとの指定通所支援の種類ごとの必要な見込量の確保のための方策

二　前項第二号の区域ごとの指定通所支援又は指定障害児相談支援の質の向上のために講ずる措置に関する事項

三　指定障害児入所施設等の障害児入所支援の質の向上のために講ずる措置に関する事項

四　前項第二号の区域ごとの指定通所支援の提供体制の確保に係る医療機関、教育機関その他の関係機関との連携に関する事項

④から⑧まで〔省略〕

第三三条の二三〔省略〕

第三三条の二四〔**都道府県知事等の助言**〕都道府県知事は、市町村に対し、市町村障害児福祉計画の作成上の技術的事項について必要な助言をすることができる。

② 厚生労働大臣は、都道府県に対し、都道府県障害児福祉計画の作成の手法その他都道府県障害児福祉計画の作成上の重要な技術的事項について必要な助言をすることができる。

第三三条の二五〔**国の援助**〕国は、市町村又は都道府県が、市町村障害児福祉計画又は都道府県障害児福祉計画に定められた事業を実施しようとするときは、当該事業が円滑に実施されるように必要な助言その他の援助の実施に努めるものとする。

第十節　雑則

第三四条〔**禁止行為**〕何人も、次に掲げる行為をしてはならない。

一　身体に障害又は形態上の異常がある児童を公衆の観覧に供する行為

二　児童にこじきをさせ、又は児童を利用してこじきをする行為

三　公衆の娯楽を目的として、満十五歳に満たない児童にかるわざ又は曲馬をさせる行為

四　満十五歳に満たない児童に戸々について、又は道路その他これに準ずる場所で歌謡、遊芸その他の演技を業務としてさせる行為

四の二　児童に午後十時から午前三時までの間、戸々について、又は道路その他これに準ずる場所で物品の販売、配布、展示若しくは拾集又は役務の提供を業務としてさせる行為

四の三　戸々について、又は道路その他これに準ずる場所で物品の販売、配布、展示若しくは拾集又は役務の提供を業務として行う満十五歳に満たない児童を、当該業務を行うために、風俗営業等の規制及び業務の適正化等に関する法律（昭和二十三年法律第百二十二号）第二条第四項の接待飲食等営業、同条第六項の店舗型性風俗特殊営業及び同条第九項の店舗型電話異性紹介営業に該当する営業を営む場所に立ち入らせる行為

五　満十五歳に満たない児童に酒席に侍する行為を業務としてさせる行為

六　児童に淫行をさせる行為

七　前各号に掲げる行為をするおそれのある者その他児童に対し、刑罰法令に触れる行為をなすおそれのある者に、情を知つて、児童を引き渡す行為及び当該引渡し行為のなされるおそれがあるの情を知つて、他人に児童を引き渡す行為

八　成人及び児童のための正当な職業紹介の機関以外の者が、営利を目的として、児童の養育をあつせんする行為

九　児童の心身に有害な影響を与える行為をさせる目的をもつて、これを自己の支配下に置く行為

② 児童養護施設、障害児入所施設、児童発達支援センター又は児童自立支援施設においては、それぞれ第四十一条から第四十三条まで及び第四十四条に規定する目的に反して、入所した児童を酷使してはならない。

第三四条の二〔省略〕

第三章　事業、養育里親及び養子縁組里親並びに施設

第三四条の三〔**障害児通所支援事業等**〕都道府県は、障害児通所支援事業又は障害児相談支援事業（以下「障害児通所支援事業等」という。）を行うことができる。

② 国及び都道府県以外の者は、厚生労働省令で定めるところにより、あらかじめ、厚生労働省令で定める事項を都道府県知事に届け出て、障害児通所支援事業等を行うことができる。

③ 国及び都道府県以外の者は、前項の規定により届け出た事項に変更が生じたときは、変更の日から一月以内に、その旨を都道府県知事に届け出なければならない。

④ 国及び都道府県以外の者は、障害児通所支援事業等を廃止し、又は休止しようとするときは、あらかじめ、厚生労働省令で定める事項を都道府県知事に届け出なければならない。

第三四条の四〔**児童自立生活援助事業等**〕国及び都道府県以外の者は、厚生労働省令の定めるところにより、あらかじめ、厚生労働省令で定める事項を都道府県知事に届け出て、児童自立生活援助事業又は小規模住居型児童養育事業を行うことができる。

② 国及び都道府県以外の者は、前項の規定により届け出た事項に変更を生じたときは、変更の日から一月以内に、その旨を都道府県知事に届け出なければならない。

③ 国及び都道府県以外の者は、児童自立生活援助事業又は小規模住居型児童養育事業を廃止し、又は休止しようとするときは、あらかじめ、厚生労働省令で定める事項を都道府県知事に届け出なければならない。

第三四条の五〔**報告、質問、立入検査**〕都道府県知事は、児童の福祉のために必要があると

認めるときは、障害児通所支援事業等、児童自立生活援助事業若しくは小規模住居型児童養育事業を行う者に対して、必要と認める事項の報告を求め、又は当該職員に、関係者に対して質問させ、若しくはその事務所若しくは施設に立ち入り、設備、帳簿書類その他の物件を検査させることができる。

② （省略）

第三四条の六〔**事業の制限又は停止**〕都道府県知事は、障害児通所支援事業等、児童自立生活援助事業又は小規模住居型児童養育事業を行う者が、この法律若しくはこれに基づく命令若しくはこれらに基づいてする処分に違反したとき、その事業に関し不当に営利を図り、若しくはその事業に係る児童の処遇につき不当な行為をしたとき、又は障害児通所支援事業者が第二十一条の七の規定に違反したときは、その者に対し、その事業の制限又は停止を命ずることができる。

第三四条の七〔**委託**〕障害者等相談支援事業、小規模住居型児童養育事業又は児童自立生活援助事業を行う者は、第二十六条第一項第二号、第二十七条第一項第二号若しくは第三号又は第三十三条の六第一項（同条第六項において準用する場合を含む。）の規定による委託を受けたときは、正当な理由がない限り、これを拒んではならない。

第三四条の八〔**放課後児童健全育成事業**〕市町村は、放課後児童健全育成事業を行うことができる。

② 国、都道府県及び市町村以外の者は、厚生労働省令で定めるところにより、あらかじめ、厚生労働省令で定める事項を市町村長に届け出て、放課後児童健全育成事業を行うことができる。

③ 国、都道府県及び市町村以外の者は、前項の規定により届け出た事項に変更を生じたときは、変更の日から一月以内に、その旨を市町村長に届け出なければならない。

④ 国、都道府県及び市町村以外の者は、放課後児童健全育成事業を廃止し、又は休止しようとするときは、あらかじめ、厚生労働省令で定める事項を市町村長に届け出なければならない。

第三四条の八の二〔**放課後児童健全育成事業の基準**〕市町村は、放課後児童健全育成事業の設備及び運営について、条例で基準を定めなければならない。この場合において、その基準は、児童の身体的、精神的及び社会的な発達のために必要な水準を確保するものでなければならない。

② 市町村が前項の条例を定めるに当たつては、厚生労働省令で定める基準を参酌するものとする。

③ 放課後児童健全育成事業を行う者は、第一項の基準を遵守しなければならない。

第三四条の八の三〔**報告、質問、立入検査等**〕市町村長は、前条第一項の基準を維持するため、放課後児童健全育成事業を行う者に対して、必要と認める事項の報告を求め、又は当該職員に、関係者に対して質問させ、若しくはその事業を行う場所に立ち入り、設備、帳簿書類その他の物件を検査させることができる。

② 第十八条の十六第二項及び第三項の規定は、前項の場合について準用する。

③ 市町村長は、放課後児童健全育成事業が前条第一項の基準に適合しないと認められるに至つたときは、その事業を行う者に対し、当該基準に適合するために必要な措置を採るべき旨を命ずることができる。

④ 市町村長は、放課後児童健全育成事業を行う者が、この法律若しくはこれに基づく命令若しくはこれらに基づいてする処分に違反したとき、又はその事業に関し不当に営利を図り、若しくはその事業に係る児童の処遇につき不当な行為をしたときは、その者に対し、その事業の制限又は停止を命ずることができる。

第三四条の九〔**子育て短期支援事業**〕市町村は、厚生労働省令で定めるところにより、子育て短期支援事業を行うことができる。

第三四条の一〇〔**乳児家庭全戸訪問事業・養育支援訪問事業**〕市町村は、第二十一条の十の二第一項の規定により乳児家庭全戸訪問事業又は養育支援訪問事業を行う場合には、社会福祉法の定めるところにより行うものとする。

第三四条の一一〔**地域子育て支援拠点事業**〕市町村、社会福祉法人その他の者は、社会福祉法の定めるところにより、地域子育て支援拠点事業を行うことができる。

② 地域子育て支援拠点事業に従事する者は、その職務を遂行するに当たつては、個人の身上に関する秘密を守らなければならない。

第三四条の一二〔**一時預かり事業**〕市町村、社会福祉法人その他の者は、厚生労働省令の定めるところにより、あらかじめ、厚生労働省令で定める事項を都道府県知事に届け出て、一時預かり事業を行うことができる。

② 市町村、社会福祉法人その他の者は、前項の規定により届け出た事項に変更を生じたときは、変更の日から一月以内に、その旨を都道府県知事に届け出なければならない。

③ 市町村、社会福祉法人その他の者は、一時預かり事業を廃止し、又は休止しようとするときは、あらかじめ、厚生労働省令で定める事項を都道府県知事に届け出なければならない。

第三四条の一三〔**基準遵守義務**〕一時預かり事業を行う者は、その事業を実施するために必要なものとして厚生労働省令で定める基準を遵守しなければならない。

第三四条の一四〔**報告、質問、立入検査等**〕都道府県知事は、前条の基準を維持するため、一時預かり事業を行う者に対して、必要と認める事項の報告を求め、又は当該職員に、関係者に対して質問させ、若しくはその事業を行う場所に立ち入り、設備、帳簿書類その他の物件を検査させることができる。

② （省略）

③ 都道府県知事は、一時預かり事業が前条の基準に適合しないと認められるに至つたときは、その事業を行う者に対し、当該基準に適合するために必要な措置を採るべき旨を命ずることができる。

④ 都道府県知事は、一時預かり事業を行う者が、この法律若しくはこれに基づく命令若しくはこれらに基づいてする処分に違反したとき、又はその事業に関し不当に営利を図り、若しくはその事業に係る乳児若しくは幼児の処遇につき不当な行為をしたときは、その者に対し、その事業の制限又は停止を命ずることができる。

第三四条の一五〔**家庭的保育事業等**〕市町村は、家庭的保育事業等を行うことができる。

② 国、都道府県及び市町村以外の者は、厚生労働省令の定めるところにより、市町村長の認可を得て、家庭的保育事業等を行うことができる。

③ 市町村長は、家庭的保育事業等に関する前項の認可の申請があつたときは、次条第一項の条例で定める基準に適合するかどうかを審査するほか、次に掲げる基準（当該認可の申請をした者が社会福祉法人又は学校法人である場合にあつては、第四号に掲げる基準に限る。）によつて、その申請を審査しなければならない。

一 当該家庭的保育事業等を行うために必要な経済的基礎があること。

二 当該家庭的保育事業等を行う者（その者が法人である場合にあつては、経営担当役員（業務を執行する社員、取締役、執行役又はこれらに準ずる者をいう。第三十五条第五項第二号において同じ。）とする。）が社会的信望を有すること。

三 実務を担当する幹部職員が社会福祉事業に関する知識又は経験を有すること。

四 次のいずれにも該当しないこと。

イ 申請者が、禁錮以上の刑に処せられ、その執行を終わり、又は執行を受けることがなくなるまでの者であるとき。

ロ 申請者が、この法律その他国民の福祉に関する法律で政令で定めるものの規定により罰金の刑に処せられ、その執行を終わり、又は執行を受けることがなくなるまでの者であるとき。

ハ 申請者が、労働に関する法律の規定で

あつて政令で定めるものにより罰金の刑に処せられ、その執行を終わり、又は執行を受けることがなくなるまでの者であるとき。

ニ　申請者が、第五十八条第二項の規定により認可を取り消され、その取消しの日から起算して五年を経過しない者（当該認可を取り消された者が法人である場合においては、当該取消しの処分に係る行政手続法第十五条の規定による通知があつた日前六十日以内に当該法人の役員（業務を執行する社員、取締役、執行役又はこれらに準ずる者をいい、相談役、顧問その他いかなる名称を有する者であるかを問わず、法人に対し業務を執行する社員、取締役、執行役又はこれらに準ずる者と同等以上の支配力を有するものと認められる者を含む。ホにおいて同じ。）又はその事業を管理する者その他の政令で定める使用人（以下この号及び第三十五条第五項第四号において「役員等」という。）であつた者で当該取消しの日から起算して五年を経過しないものを含み、当該認可を取り消された者が法人でない場合においては、当該通知があつた日前六十日以内に当該事業を行う者の管理者であつた者で当該取消しの日から起算して五年を経過しないものを含む。）であるとき。ただし、当該認可の取消しが、家庭的保育事業等の認可の取消しのうち当該認可の取消しの処分の理由となつた事実及び当該事実の発生を防止するための当該家庭的保育事業等を行う者による業務管理体制の整備についての取組の状況その他の当該事実に関して当該家庭的保育事業等を行う者が有していた責任の程度を考慮して、ニ本文に規定する認可の取消しに該当しないこととすることが相当であると認められるものとして厚生労働省令で定めるものに該当する場合を除く。

ホ　申請者と密接な関係を有する者（申請者（法人に限る。以下ホにおいて同じ。）の役員に占めるその役員の割合が二分の一を超え、若しくは当該申請者の株式の所有その他の事由を通じて当該申請者の事業を実質的に支配し、若しくはその事業に重要な影響を与える関係にある者として厚生労働省令で定めるもの（以下ホにおいて「申請者の親会社等」という。）、申請者の親会社等の役員と同一の者がその役員に占める割合が二分の一を超え、若しくは申請者の親会社等が株式の所有その他の事由を通じてその事業を実質的に支配し、若しくはその事業に重要な影響を与える関係にある者として厚生労働省令で定めるもの又は当該申請者の役員と同一の者がその役員に占める割合が二分の一を超え、若しくは当該申請者が株式の所有その他の事由を通じてその事業を実質的に支配し、若しくはその事業に重要な影響を与える関係にある者として厚生労働省令で定めるもののうち、当該申請者と厚生労働省令で定める密接な関係を有する法人をいう。第三十五条第五項第四号ホにおいて同じ。）が、第五十八条第二項の規定により認可を取り消され、その取消しの日から起算して五年を経過していないとき。ただし、当該認可の取消しが、家庭的保育事業等の認可の取消しのうち当該認可の取消しの処分の理由となつた事実及び当該事実の発生を防止するための当該家庭的保育事業等を行う者による業務管理体制の整備についての取組の状況その他の当該事実に関して当該家庭的保育事業等を行う者が有していた責任の程度を考慮して、ホ本文に規定する認可の取消しに該当しないこととすることが相当であると認められるものとして厚生労働省令で定めるものに該当する場合を除く。

ヘ　申請者が、第五十八条第二項の規定による認可の取消しの処分に係る行政手続法第十五条の規定による通知があつた日から当該処分をする日又は処分をしないことを決定する日までの間に第七項の規定による事業の廃止をした者（当該廃止について相当の理由がある者を除く。）で、当該事業の廃止の承認の日から起算して五年を経過しないものであるとき。

ト　申請者が、第三十四条の十七第一項の規定による検査が行われた日から聴聞決定予定日（当該検査の結果に基づき第五十八条第二項の規定による認可の取消しの処分に係る聴聞を行うか否かの決定をすることが見込まれる日として厚生労働省令で定めるところにより市町村長が当該申請者に当該検査が行われた日から十日以内に特定の日を通知した場合における当該特定の日をいう。）までの間に第七項の規定による事業の廃止をした者（当該廃止について相当の理由がある者を除く。）で、当該事業の廃止の承認の日から起算して五年を経過しないものであるとき。

チ　ヘに規定する期間内に第七項の規定による事業の廃止の承認の申請があつた場合において、申請者が、ヘの通知の日前六十日以内に当該申請に係る法人（当該事業の廃止について相当の理由がある法人を除く。）の役員等又は当該申請に係る法人でない事業を行う者（当該事業の廃止について相当の理由があるものを除く。）の管理者であつた者で、当該事業の廃止の承認の日から起算して五年を経過しないものであるとき。

リ　申請者が、認可の申請前五年以内に保育に関し不正又は著しく不当な行為をした者であるとき。

ヌ　申請者が、法人で、その役員等のうちにイからニまで又はヘからリまでのいずれかに該当する者のあるものであるとき。

ル　申請者が、法人でない者で、その管理者がイからニまで又はヘからリまでのいずれかに該当する者であるとき。

④　市町村長は、第二項の認可をしようとするときは、あらかじめ、市町村児童福祉審議会を設置している場合にあつてはその意見を、その他の場合にあつては児童の保護者その他児童福祉に係る当事者の意見を聴かなければならない。

⑤　市町村長は、第三項に基づく審査の結果、その申請が次条第一項の条例で定める基準に適合しており、かつ、その事業を行う者が第三項各号に掲げる基準（その者が社会福祉法人又は学校法人である場合にあつては、同項第四号に掲げる基準に限る。）に該当すると認めるときは、第二項の認可をするものとする。ただし、市町村長は、当該申請に係る家庭的保育事業等の所在地を含む教育・保育提供区域（子ども・子育て支援法第六十一条第二項第一号の規定により当該市町村が定める教育・保育提供区域とする。以下この項において同じ。）における特定地域型保育事業所（同法第二十九条第三項第一号に規定する特定地域型保育事業所をいい、事業所内保育事業における同法第四十三条第一項に規定する労働者等の監護する小学校就学前子どもに係る部分を除く。以下この項において同じ。）の利用定員の総数（同法第十九条第一項第三号に掲げる小学校就学前子どもの区分に係るものに限る。）が、同法第六十一条第一項の規定により当該市町村が定める市町村子ども・子育て支援事業計画において定める当該教育・保育提供区域の特定地域型保育事業所に係る必要利用定員総数（同法第十九条第一項第三号に掲げる小学校就学前子どもの区分に係るものに限る。）に既に達しているか、又は当該申請に係る家庭的保育事業等の開始によつてこれを超えることになると認めるとき、その他の当該市町村子ども・子育て支援事業計画の達成に支障を生ずるおそれがある場合として厚生労働省令で定める場合に該当すると認めるときは、第二項の認可をしないことができる。

⑥　市町村長は、家庭的保育事業等に関する第二項の申請に係る認可をしないときは、速や

かにその旨及び理由を通知しなければならない。

⑦　国、都道府県及び市町村以外の者は、家庭的保育事業等を廃止し、又は休止しようとするときは、厚生労働省令の定めるところにより、市町村長の承認を受けなければならない。

第三四条の一六〔**家庭的保育事業等の基準**〕市町村は、家庭的保育事業等の設備及び運営について、条例で基準を定めなければならない。この場合において、その基準は、児童の身体的、精神的及び社会的な発達のために必要な保育の水準を確保するものでなければならない。

②　市町村が前項の条例を定めるに当たつては、次に掲げる事項については厚生労働省令で定める基準に従い定めるものとし、その他の事項については厚生労働省令で定める基準を参酌するものとする。

一　家庭的保育事業等に従事する者及びその員数

二　家庭的保育事業等の運営に関する事項であつて、児童の適切な処遇の確保及び秘密の保持並びに児童の健全な発達に密接に関連するものとして厚生労働省令で定めるもの

③　家庭的保育事業等を行う者は、第一項の基準を遵守しなければならない。

第三四条の一七〔**報告、質問、立入検査等**〕市町村長は、前条第一項の基準を維持するため、家庭的保育事業等を行う者に対して、必要と認める事項の報告を求め、又は当該職員に、関係者に対して質問させ、若しくは家庭的保育事業等を行う場所に立ち入り、設備、帳簿書類その他の物件を検査させることができる。

②（省略）

③　市町村長は、家庭的保育事業等が前条第一項の基準に適合しないと認められるに至つたときは、その事業を行う者に対し、当該基準に適合するために必要な措置を採るべき旨を勧告し、又はその事業を行う者がその勧告に従わず、かつ、児童福祉に有害であると認められるときは、必要な改善を命ずることができる。

④　市町村長は、家庭的保育事業等が、前条第一項の基準に適合せず、かつ、児童福祉に著しく有害であると認められるときは、その事業を行う者に対し、その事業の制限又は停止を命ずることができる。

第三四条の一八〔**病児保育事業**〕国及び都道府県以外の者は、厚生労働省令で定めるところにより、あらかじめ、厚生労働省令で定める事項を都道府県知事に届け出て、病児保育事業を行うことができる。

②　国及び都道府県以外の者は、前項の規定により届け出た事項に変更を生じたときは、変更の日から一月以内に、その旨を都道府県知事に届け出なければならない。

③　国及び都道府県以外の者は、病児保育事業を廃止し、又は休止しようとするときは、あらかじめ、厚生労働省令で定める事項を都道府県知事に届け出なければならない。

第三四条の一八の二〔**報告、質問、立入検査等**〕都道府県知事は、児童の福祉のために必要があると認めるときは、病児保育事業を行う者に対して、必要と認める事項の報告を求め、又は当該職員に、関係者に対して質問させ、若しくはその事業を行う場所に立ち入り、設備、帳簿書類その他の物件を検査させることができる。

②　第十八条の十六第二項及び第三項の規定は、前項の場合について準用する。

③　都道府県知事は、病児保育事業を行う者が、この法律若しくはこれに基づく命令若しくはこれらに基づいてする処分に違反したとき、又はその事業に関し不当に営利を図り、若しくはその事業に係る児童の処遇につき不当な行為をしたときは、その者に対し、その事業の制限又は停止を命ずることができる。

第三四条の一八の三〔**子育て援助活動支援事業**〕国及び都道府県以外の者は、社会福祉法の定めるところにより、子育て援助活動支援事業を行うことができる。

②　子育て援助活動支援事業に従事する者は、その職務を遂行するに当たつては、個人の身上に関する秘密を守らなければならない。

第三四条の一九〔**養育里親・養子縁組里親名簿**〕都道府県知事は、第二十七条第一項第三号の規定により児童を委託するため、厚生労働省令で定めるところにより、養育里親名簿及び養子縁組里親名簿を作成しておかなければならない。

第三四条の二〇〔**養育里親・養子縁組里親の欠格事由**〕本人又はその同居人が次の各号のいずれかに該当する者は、養育里親及び養子縁組里親となることができない。

一　禁錮以上の刑に処せられ、その執行を終わり、又は執行を受けることがなくなるまでの者

二　この法律、児童買春、児童ポルノに係る行為等の規制及び処罰並びに児童の保護等に関する法律（平成十一年法律第五十二号）その他国民の福祉に関する法律で政令で定めるものの規定により罰金の刑に処せられ、その執行を終わり、又は執行を受けることがなくなるまでの者

三　児童虐待又は被措置児童等虐待を行つた者その他児童の福祉に関し著しく不適当な行為をした者

②　都道府県知事は、養育里親若しくは養子縁組里親又はその同居人が前項各号のいずれかに該当するに至つたときは、当該養育里親又は養子縁組里親を直ちに養育里親名簿又は養子縁組里親名簿から抹消しなければならない。

第三四条の二一（省略）

第三五条〔**児童福祉施設の設置等**〕国は、政令の定めるところにより、児童福祉施設（助産施設、母子生活支援施設、保育所及び幼保連携型認定こども園を除く。）を設置するものとする。

②　都道府県は、政令の定めるところにより、児童福祉施設（幼保連携型認定こども園を除く。以下この条、第四十五条、第四十六条、第四十九条、第五十条第九号、第五十一条第七号、第五十六条の二、第五十七条及び第五十八条において同じ。）を設置しなければならない。

③　市町村は、厚生労働省令の定めるところにより、あらかじめ、厚生労働省令で定める事項を都道府県知事に届け出て、児童福祉施設を設置することができる。

④　国、都道府県及び市町村以外の者は、厚生労働省令の定めるところにより、都道府県知事の認可を得て、児童福祉施設を設置することができる。

⑤　都道府県知事は、保育所に関する前項の認可の申請があつたときは、第四十五条第一項の条例で定める基準（保育所に係るものに限る。第八項において同じ。）に適合するかどうかを審査するほか、次に掲げる基準（当該認可の申請をした者が社会福祉法人又は学校法人である場合にあつては、第四号に掲げる基準に限る。）によつて、その申請を審査しなければならない。

一　当該保育所を経営するために必要な経済的基礎があること。

二　当該保育所の経営者（その者が法人である場合にあつては、経営担当役員とする。）が社会的信望を有すること。

三　実務を担当する幹部職員が社会福祉事業に関する知識又は経験を有すること。

四　次のいずれにも該当しないこと。

イ　申請者が、禁錮以上の刑に処せられ、その執行を終わり、又は執行を受けることがなくなるまでの者であるとき。

ロ　申請者が、この法律その他国民の福祉若しくは学校教育に関する法律で政令で定めるものの規定により罰金の刑に処せられ、その執行を終わり、又は執行を受けることがなくなるまでの者であるとき。

ハ　申請者が、労働に関する法律の規定であつて政令で定めるものにより罰金の刑に処せられ、その執行を終わり、又は執行を受けることがなくなるまでの者であるとき。

ニ　申請者が、第五十八条第一項の規定により認可を取り消され、その取消しの日から起算して五年を経過しない者（当該認可を取り消された者が法人である場合においては、当該取消しの処分に係る行政手続法第十五条の規定による通知があつた日前六十日以内に当該法人の役員等であつた者で当該取消しの日から起算して五年を経過しないものを含み、当該認可を取り消された者が法人でない場合においては、当該通知があつた日前六十日以内に当該保育所の管理者であつた者で当該取消しの日から起算して五年を経過しないものを含む。）であるとき。ただし、当該認可の取消しが、保育所の設置の認可の取消しのうち当該認可の取消しの処分の理由となつた事実及び当該事実の発生を防止するための当該保育所の設置者による業務管理体制の整備についての取組の状況その他の当該事実に関して当該保育所の設置者が有していた責任の程度を考慮して、ニ本文に規定する認可の取消しに該当しないこととすることが相当であると認められるものとして厚生労働省令で定めるものに該当する場合を除く。

ホ　申請者と密接な関係を有する者が、第五十八条第一項の規定により認可を取り消され、その取消しの日から起算して五年を経過していないとき。ただし、当該認可の取消しが、保育所の設置の認可の取消しのうち当該認可の取消しの処分の理由となつた事実及び当該事実の発生を防止するための当該保育所の設置者による業務管理体制の整備についての取組の状況その他の当該事実に関して当該保育所の設置者が有していた責任の程度を考慮して、ホ本文に規定する認可の取消しに該当しないこととすることが相当であると認められるものとして厚生労働省令で定めるものに該当する場合を除く。

ヘ　申請者が、第五十八条第一項の規定による認可の取消しの処分に係る行政手続法第十五条の規定による通知があつた日から当該処分をする日又は処分をしないことを決定する日までの間に第十二項の規定による保育所の廃止をした者（当該廃止について相当の理由がある者を除く。）で、当該保育所の廃止の承認の日から起算して五年を経過しないものであるとき。

ト　申請者が、第四十六条第一項の規定による検査が行われた日から聴聞決定予定日（当該検査の結果に基づき第五十八条第一項の規定による認可の取消しの処分に係る聴聞を行うか否かの決定をすることが見込まれる日として厚生労働省令で定めるところにより都道府県知事が当該申請者に当該検査が行われた日から十日以内に特定の日を通知した場合における当該特定の日をいう。）までの間に第十二項の規定による保育所の廃止をした者（当該廃止について相当の理由がある者を除く。）で、当該保育所の廃止の承認の日から起算して五年を経過しないものであるとき。

チ　ヘに規定する期間内に第十二項の規定による保育所の廃止の承認の申請があつた場合において、申請者が、ヘの通知の日前六十日以内に当該申請に係る法人（当該保育所の廃止について相当の理由がある法人を除く。）の役員等又は当該申請に係る法人でない保育所（当該保育所の廃止について相当の理由があるものを除く。）の管理者であつた者で、当該保育所の廃止の承認の日から起算して五年を経過しないものであるとき。

リ　申請者が、認可の申請前五年以内に保育に関し不正又は著しく不当な行為をした者であるとき。

ヌ　申請者が、法人で、その役員等のうちにイからニまで又はヘからリまでのいずれかに該当する者のあるものであるとき。

ル　申請者が、法人でない者で、その管理者がイからニまで又はヘからリまでのいずれかに該当する者であるとき。

⑥　都道府県知事は、第四項の規定により保育所の設置の認可をしようとするときは、あらかじめ、都道府県児童福祉審議会の意見を聴かなければならない。

⑦　都道府県知事は、第四項の規定により保育所の設置の認可をしようとするときは、厚生労働省令で定めるところにより、あらかじめ、当該認可の申請に係る保育所が所在する市町村の長に協議しなければならない。

⑧　都道府県知事は、第五項に基づく審査の結果、その申請が第四十五条第一項の条例で定める基準に適合しており、かつ、その設置者が第五項各号に掲げる基準（その者が社会福祉法人又は学校法人である場合にあつては、同項第四号に掲げる基準に限る。）に該当すると認めるときは、第四項の認可をするものとする。ただし、都道府県知事は、当該申請に係る保育所の所在地を含む区域（子ども・子育て支援法第六十二条第二項第一号の規定により当該都道府県が定める区域とする。以下この項において同じ。）における特定教育・保育施設（同法第二十七条第一項に規定する特定教育・保育施設をいう。以下この項において同じ。）の利用定員の総数（同法第十九条第一項第二号及び第三号に掲げる小学校就学前子どもに係るものに限る。）が、同法第六十二条第一項の規定により当該都道府県が定める都道府県子ども・子育て支援事業支援計画において定める当該区域の特定教育・保育施設に係る必要利用定員総数（同法第十九条第一項第二号及び第三号に掲げる小学校就学前子どもの区分に係るものに限る。）に既に達しているか、又は当該申請に係る保育所の設置によつてこれを超えることになると認めるとき、その他の当該都道府県子ども・子育て支援事業支援計画の達成に支障を生ずるおそれがある場合として厚生労働省令で定める場合に該当すると認めるときは、第四項の認可をしないことができる。

⑨　都道府県知事は、保育所に関する第四項の申請に係る認可をしないときは、速やかにその旨及び理由を通知しなければならない。

⑩　児童福祉施設には、児童福祉施設の職員の養成施設を附置することができる。

⑪　市町村は、児童福祉施設を廃止し、又は休止しようとするときは、その廃止又は休止の日の一月前（当該児童福祉施設が保育所である場合には三月前）までに、厚生労働省令で定める事項を都道府県知事に届け出なければならない。

⑫　国、都道府県及び市町村以外の者は、児童福祉施設を廃止し、又は休止しようとするときは、厚生労働省令の定めるところにより、都道府県知事の承認を受けなければならない。

第三六条［**助産施設**］助産施設は、保健上必要があるにもかかわらず、経済的理由により、入院助産を受けることができない妊産婦を入所させて、助産を受けさせることを目的とする施設とする。

第三七条［**乳児院**］乳児院は、乳児（保健上、安定した生活環境の確保その他の理由により特に必要のある場合には、幼児を含む。）を入院させて、これを養育し、あわせて退院した者について相談その他の援助を行うことを目的とする施設とする。

第三八条［**母子生活支援施設**］母子生活支援施設は、配偶者のない女子又はこれに準ずる事情にある女子及びその者の監護すべき児童を入所させて、これらの者を保護するとともに、これらの者の自立の促進のためにその生活を支援し、あわせて退所した者について相談その他の援助を行うことを目的とする施設とする。

第三九条［**保育所**］保育所は、保育を必要とする乳児・幼児を日々保護者の下から通わせて保育を行うことを目的とする施設（利用定員が二十人以上であるものに限り、幼保連携型認定こども園を除く。）とする。

②　保育所は、前項の規定にかかわらず、特に必要があるときは、保育を必要とするその他

の児童を日々保護者の下から通わせて保育することができる。

第三九条の二［**幼保連携型認定こども園**］幼保連携型認定こども園は、義務教育及びその後の教育の基礎を培うものとしての満三歳以上の幼児に対する教育（教育基本法（平成十八年法律第百二十号）第六条第一項に規定する法律に定める学校において行われる教育をいう。）及び保育を必要とする乳児・幼児に対する保育を一体的に行い、これらの乳児又は幼児の健やかな成長が図られるよう適当な環境を与えて、その心身の発達を助長することを目的とする施設とする。

② 幼保連携型認定こども園に関しては、この法律に定めるもののほか、認定こども園法の定めるところによる。

第四〇条［**児童厚生施設**］児童厚生施設は、児童遊園、児童館等児童に健全な遊びを与えて、その健康を増進し、又は情操をゆたかにすることを目的とする施設とする。

第四一条［**児童養護施設**］児童養護施設は、保護者のない児童（乳児を除く。ただし、安定した生活環境の確保その他の理由により特に必要のある場合には、乳児を含む。以下この条において同じ。）、虐待されている児童その他環境上養護を要する児童を入所させて、これを養護し、あわせて退所した者に対する相談その他の自立のための援助を行うことを目的とする施設とする。

第四二条［**障害児入所施設**］障害児入所施設は、次の各号に掲げる区分に応じ、障害児を入所させて、当該各号に定める支援を行うことを目的とする施設とする。

一　福祉型障害児入所施設　保護、日常生活の指導及び独立自活に必要な知識技能の付与

二　医療型障害児入所施設　保護、日常生活の指導、独立自活に必要な知識技能の付与及び治療

第四三条［**児童発達支援センター**］児童発達支援センターは、次の各号に掲げる区分に応じ、障害児を日々保護者の下から通わせて、当該各号に定める支援を提供することを目的とする施設とする。

一　福祉型児童発達支援センター　日常生活における基本的動作の指導、独立自活に必要な知識技能の付与又は集団生活への適応のための訓練

二　医療型児童発達支援センター　日常生活における基本的動作の指導、独立自活に必要な知識技能の付与又は集団生活への適応のための訓練及び治療

第四三条の二［**児童心理治療施設**］児童心理治療施設は、家庭環境、学校における交友関係その他の環境上の理由により社会生活への適応が困難となつた児童を、短期間、入所させ、又は保護者の下から通わせて、社会生活に適応するために必要な心理に関する治療及び生活指導を主として行い、あわせて退所した者について相談その他の援助を行うことを目的とする施設とする。

第四四条［**児童自立支援施設**］児童自立支援施設は、不良行為をなし、又はなすおそれのある児童及び家庭環境その他の環境上の理由により生活指導等を要する児童を入所させ、又は保護者の下から通わせて、個々の児童の状況に応じて必要な指導を行い、その自立を支援し、あわせて退所した者について相談その他の援助を行うことを目的とする施設とする。

第四四条の二［**児童家庭支援センター**］児童家庭支援センターは、地域の児童の福祉に関する各般の問題につき、児童に関する家庭その他からの相談のうち、専門的な知識及び技術を必要とするものに応じ、必要な助言を行うとともに、市町村の求めに応じ、技術的助言その他必要な援助を行うほか、第二十六条第一項第二号及び第二十七条第一項第二号の規定による指導を行い、あわせて児童相談所、児童福祉施設等との連絡調整その他厚生労働省令の定める援助を総合的に行うことを目的とする施設とする。

② 児童家庭支援センターの職員は、その職務を遂行するに当たつては、個人の身上に関する秘密を守らなければならない。

第四四条の三［**忠実義務**］第六条の三各項に規定する事業を行う者、里親及び児童福祉施設（指定障害児入所施設及び指定通所支援に係る児童発達支援センターを除く。）の設置者は、児童、妊産婦その他これらの事業を利用する者又は当該児童福祉施設に入所する者の人格を尊重するとともに、この法律又はこの法律に基づく命令を遵守し、これらの者のため忠実にその職務を遂行しなければならない。

第四五条［**児童福祉施設の基準**］都道府県は、児童福祉施設の設備及び運営について、条例で基準を定めなければならない。この場合において、その基準は、児童の身体的、精神的及び社会的な発達のために必要な生活水準を確保するものでなければならない。

② 都道府県が前項の条例を定めるに当たつては、次に掲げる事項については厚生労働省令で定める基準に従い定めるものとし、その他の事項については厚生労働省令で定める基準を参酌するものとする。

一　児童福祉施設に配置する従業者及びその員数

二　児童福祉施設に係る居室及び病室の床面積その他児童福祉施設の設備に関する事項であつて児童の健全な発達に密接に関連するものとして厚生労働省令で定めるもの

三　児童福祉施設の運営に関する事項であつて、保育所における保育の内容その他児童（助産施設にあつては、妊産婦）の適切な処遇の確保及び秘密の保持、妊産婦の安全の確保並びに児童の健全な発達に密接に関連するものとして厚生労働省令で定めるもの

③ 児童福祉施設の設置者は、第一項の基準を遵守しなければならない。

④ 児童福祉施設の設置者は、児童福祉施設の設備及び運営についての水準の向上を図ることに努めるものとする。

第四五条の二［**里親の養育の基準**］厚生労働大臣は、里親の行う養育について、基準を定めなければならない。この場合において、その基準は、児童の身体的、精神的及び社会的な発達のために必要な生活水準を確保するものでなければならない。

② 里親は、前項の基準を遵守しなければならない。

第四六条［**都道府県知事の監督**］都道府県知事は、第四十五条第一項及び前条第一項の基準を維持するため、児童福祉施設の設置者、児童福祉施設の長及び里親に対して、必要な報告を求め、児童の福祉に関する事務に従事する職員に、関係者に対して質問させ、若しくはその施設に立ち入り、設備、帳簿書類その他の物件を検査させることができる。

②（省略）

③ 都道府県知事は、児童福祉施設の設備又は運営が第四十五条第一項の基準に達しないときは、その施設の設置者に対し、必要な改善を勧告し、又はその施設の設置者がその勧告に従わず、かつ、児童福祉に有害であると認められるときは、必要な改善を命ずることができる。

④ 都道府県知事は、児童福祉施設の設備又は運営が第四十五条第一項の基準に達せず、かつ、児童福祉に著しく有害であると認められるときは、都道府県児童福祉審議会の意見を聴き、その施設の設置者に対し、その事業の停止を命ずることができる。

第四六条の二［**児童福祉施設の長の受諾義務**］児童福祉施設の長は、都道府県知事又は市町村長（第三十二条第三項の規定により第二十四条第五項又は第六項の規定による措置に関する権限が当該市町村に置かれる教育委員会に委任されている場合にあつては、当該教育委員会）からこの法律の規定に基づく措置又は助産の実施若しくは母子保護の実施のための委託を受けたときは、正当な理由がない限り、これを拒んではならない。

② 保育所若しくは認定こども園の設置者又は家庭的保育事業等を行う者は、第二十四条第三項の規定により行われる調整及び要請に対し、できる限り協力しなければならない。

第四七条［**児童福祉施設の長の親権代行**］児童福祉施設の長は、入所中の児童等で親権を行う者又は未成年後見人のないものに対し、親権を行う者又は未成年後見人があるに至るまでの間、親権を行う。ただし、民法第七百九十七条の規定による縁組の承諾をするには、厚生労働省令の定めるところにより、都道府県知事の許可を得なければならない。

② 児童相談所長は、小規模住居型児童養育事業を行う者又は里親に委託中の児童等で親権を行う者又は未成年後見人のないものに対し、親権を行う者又は未成年後見人があるに至るまでの間、親権を行う。ただし、民法第七百九十七条の規定による縁組の承諾をするには、厚生労働省令の定めるところにより、都道府県知事の許可を得なければならない。

③ 児童福祉施設の長、その住居において養育を行う第六条の三第八項に規定する厚生労働省令で定める者又は里親は、入所中又は受託中の児童等で親権を行う者又は未成年後見人のあるものについても、監護、教育及び懲戒に関し、その児童等の福祉のため必要な措置をとることができる。ただし、体罰を加えることはできない。

④ 前項の児童等の親権を行う者又は未成年後見人は、同項の規定による措置を不当に妨げてはならない。

⑤ 第三項の規定による措置は、児童等の生命又は身体の安全を確保するため緊急の必要があると認めるときは、その親権を行う者又は未成年後見人の意に反しても、これをとることができる。この場合において、児童福祉施設の長、小規模住居型児童養育事業を行う者又は里親は、速やかに、そのとつた措置について、当該児童等に係る通所給付決定若しくは入所給付決定、第二十一条の六、第二十四条第五項若しくは第六項若しくは第二十七条第一項第三号の措置、助産の実施若しくは母子保護の実施又は当該児童に係る子ども・子育て支援法第二十条第四項に規定する教育・保育給付認定を行つた都道府県又は市町村の長に報告しなければならない。

第四八条［**入所児童の教育**］児童養護施設、障害児入所施設、児童心理治療施設及び児童自立支援施設の長、その住居において養育を行う第六条の三第八項に規定する厚生労働省令で定める者並びに里親は、学校教育法に規定する保護者に準じて、その施設に入所中又は受託中の児童を就学させなければならない。

第四八条の二［**施設の長の相談・助言**］乳児院、母子生活支援施設、児童養護施設、児童心理治療施設及び児童自立支援施設の長は、その行う児童の保護に支障がない限りにおいて、当該施設の所在する地域の住民につき、児童の養育に関する相談に応じ、及び助言を行うよう努めなければならない。

第四八条の三［**親子再統合支援等の措置**］乳児院、児童養護施設、障害児入所施設、児童心理治療施設及び児童自立支援施設の長並びに小規模住居型児童養育事業を行う者及び里親は、当該施設に入所し、又は小規模住居型児童養育事業を行う者若しくは里親に委託された児童及びその保護者に対して、市町村、児童相談所、児童家庭支援センター、教育機関、医療機関その他の関係機関との緊密な連携を図りつつ、親子の再統合のための支援その他の当該児童が家庭（家庭における養育環境と同様の養育環境及び良好な家庭的環境を含む。）で養育されるために必要な措置を採らなければならない。

第四八条の四［**保育所の情報提供、相談・助言**］保育所は、当該保育所が主として利用される地域の住民に対してその行う保育に関し情報の提供を行い、並びにその行う保育に支障がない限りにおいて、乳児、幼児等の保育に関する相談に応じ、及び助言を行うよう努めなければならない。

② 保育所に勤務する保育士は、乳児、幼児等の保育に関する相談に応じ、及び助言を行うために必要な知識及び技能の修得、維持及び向上に努めなければならない。

第四九条（省略）

第四章　費用

第四九条の二［**国庫の支弁**］国庫は、都道府県が、第二十七条第一項第三号に規定する措置により、国の設置する児童福祉施設に入所させた者につき、その入所後に要する費用を支弁する。

第五〇条［**都道府県の支弁**］次に掲げる費用は、都道府県の支弁とする。

一　都道府県児童福祉審議会に要する費用
二　児童福祉司及び児童委員に要する費用
三　児童相談所に要する費用（第九号の費用を除く。）
四　削除
五　第二十条の措置に要する費用
五の二　小児慢性特定疾病医療費の支給に要する費用
五の三　小児慢性特定疾病児童等自立支援事業に要する費用
六　都道府県の設置する助産施設又は母子生活支援施設において市町村が行う助産の実施又は母子保護の実施に要する費用（助産の実施又は母子保護の実施につき第四十五条第一項の基準を維持するために要する費用をいう。次号及び次条第三号において同じ。）
六の二　都道府県が行う助産の実施又は母子保護の実施に要する費用
六の三　障害児入所給付費、高額障害児入所給付費若しくは特定入所障害児食費等給付費又は障害児入所医療費（以下「障害児入所給付費等」という。）の支給に要する費用
七　都道府県が、第二十七条第一項第三号に規定する措置を採つた場合において、入所又は委託に要する費用及び入所後の保護又は委託後の養育につき、第四十五条第一項又は第四十五条の二第一項の基準を維持するために要する費用（国の設置する乳児院、児童養護施設、障害児入所施設、児童心理治療施設又は児童自立支援施設に入所させた児童につき、その入所後に要する費用を除く。）
七の二　都道府県が、第二十七条第二項に規定する措置を採つた場合において、委託及び委託後の治療等に要する費用
七の三　都道府県が行う児童自立生活援助（満二十歳未満義務教育終了児童等に係るものに限る。）の実施に要する費用
八　一時保護に要する費用
九　児童相談所の設備並びに都道府県の設置する児童福祉施設の設備及び職員の養成施設に要する費用

第五一条［**市町村の支弁**］次に掲げる費用は、市町村の支弁とする。

一　障害児通所給付費、特例障害児通所給付費若しくは高額障害児通所給付費又は肢体不自由児通所医療費の支給に要する費用
二　第二十一条の六の措置に要する費用
三　市町村が行う助産の実施又は母子保護の実施に要する費用（都道府県の設置する助産施設又は母子生活支援施設に係るものを除く。）
四　第二十四条第五項又は第六項の措置（都道府県若しくは市町村の設置する保育所若しくは幼保連携型認定こども園又は都道府県若しくは市町村の行う家庭的保育事業等に係るものに限る。）に要する費用
五　第二十四条第五項又は第六項の措置（都道府県及び市町村以外の者の設置する保育所若しくは幼保連携型認定こども園又は都道府県及び市町村以外の者の行う家庭的保育事業等に係るものに限る。）に要する費用
六　障害児相談支援給付費又は特例障害児相談支援給付費の支給に要する費用
七　市町村の設置する児童福祉施設の設備及び職員の養成施設に要する費用
八　市町村児童福祉審議会に要する費用

第五二条［**子ども・子育て支援法による給付との調整**］第二十四条第五項又は第六項の規定による措置に係る児童が、子ども・子育て支援法第二十七条第一項、第二十八条第一項（第二号に係るものを除く。）、第二十九条第一項又は第三十条第一項（第二号に係るものを除く。）の規定により施設型給付費、特例

施設型給付費、地域型保育給付費又は特例地域型保育給付費の支給を受けることができる保護者の児童であるときは、市町村は、その限度において、前条第四号又は第五号の規定による費用の支弁をすることを要しない。

第五三条［**国庫の負担**］国庫は、第五十条（第一号から第三号まで及び第九号を除く。）及び第五十一条（第四号、第七号及び第八号を除く。）に規定する地方公共団体の支弁する費用に対しては、政令の定めるところにより、その二分の一を負担する。

第五四条　削除〔平一八法二〇〕

第五五条［**都道府県の負担額**］都道府県は、第五十一条第一号から第三号まで、第五号及び第六号の費用に対しては、政令の定めるところにより、その四分の一を負担しなければならない。

第五六条［**費用の徴収**］第四十九条の二に規定する費用を国庫が支弁した場合においては、厚生労働大臣は、本人又はその扶養義務者（民法に定める扶養義務者をいう。以下同じ。）から、都道府県知事の認定するその負担能力に応じ、その費用の全部又は一部を徴収することができる。

② 第五十条第五号、第六号、第六号の二若しくは第七号から第七号の三までに規定する費用を支弁した都道府県又は第五十一条第二号から第五号までに規定する費用を支弁した市町村の長は、本人又はその扶養義務者から、その負担能力に応じ、その費用の全部又は一部を徴収することができる。

③ 前項の規定による徴収金の収納の事務については、収入の確保及び本人又はその扶養義務者の便益の増進に寄与すると認める場合に限り、政令で定めるところにより、私人に委託することができる。

④ 都道府県知事又は市町村長は、第一項の規定による負担能力の認定又は第二項の規定による費用の徴収に関し必要があると認めるときは、本人又はその扶養義務者の収入の状況につき、本人若しくはその扶養義務者に対し報告を求め、又は官公署に対し必要な書類の閲覧若しくは資料の提供を求めることができる。

⑤ 第一項又は第二項の規定による費用の徴収は、これを本人又はその扶養義務者の居住地又は財産所在地の都道府県又は市町村に嘱託することができる。

⑥ 第一項又は第二項の規定により徴収される費用を、指定の期限内に納付しない者があるときは、第一項に規定する費用については国税の、第二項に規定する費用については地方税の滞納処分の例により処分することができる。この場合における徴収金の先取特権の順位は、国税及び地方税に次ぐものとする。

⑦ 保育所又は幼保連携型認定こども園の設置者が、次の各号に掲げる乳児又は幼児の保護者から、善良な管理者と同一の注意をもつて、当該各号に定める額のうち当該保護者が当該保育所又は幼保連携型認定こども園に支払うべき金額に相当する金額の支払を受けることに努めたにもかかわらず、なお当該保護者が当該金額の全部又は一部を支払わない場合において、当該保育所又は幼保連携型認定こども園における保育に支障が生じ、又は生ずるおそれがあり、かつ、市町村が第二十四条第一項の規定により当該保育所における保育を行うため必要であると認めるとき又は同条第二項の規定により当該幼保連携型認定こども園における保育を確保するため必要であると認めるときは、市町村は、当該設置者の請求に基づき、地方税の滞納処分の例によりこれを処分することができる。この場合における徴収金の先取特権の順位は、国税及び地方税に次ぐものとする。

一　子ども・子育て支援法第二十七条第一項に規定する特定教育・保育を受けた乳児又は幼児　同条第三項第一号に掲げる額から同条第五項の規定により支払がなされた額を控除して得た額（当該支払がなされなかつたときは、同号に掲げる額）又は同法第二十八条第二項第一号の規定による特例施設型給付費の額及び同号に規定する政令で定める額を限度として市町村が定める額（当該市町村が定める額が現に当該特定教育・保育に要した費用の額を超えるときは、当該現に特定教育・保育に要した費用の額）の合計額

二　子ども・子育て支援法第二十八条第一項第二号に規定する特別利用保育を受けた幼児　同条第二項第二号の規定による特例施設型給付費の額及び同号に規定する市町村が定める額（当該市町村が定める額が現に当該特別利用保育に要した費用の額を超えるときは、当該現に特別利用保育に要した費用の額）の合計額から同条第四項において準用する同法第二十七条第五項の規定により支払がなされた額を控除して得た額（当該支払がなされなかつたときは、当該合計額）

⑧ 家庭的保育事業等を行う者が、次の各号に掲げる乳児又は幼児の保護者から、善良な管理者と同一の注意をもつて、当該各号に定める額のうち当該保護者が当該家庭的保育事業等を行う者に支払うべき金額に相当する金額の支払を受けることに努めたにもかかわらず、なお当該保護者が当該金額の全部又は一部を支払わない場合において、当該家庭的保育事業等による保育に支障が生じ、又は生ずるおそれがあり、かつ、市町村が第二十四条第二項の規定により当該家庭的保育事業等による保育を確保するため必要であると認めるときは、市町村は、当該家庭的保育事業等を行う者の請求に基づき、地方税の滞納処分の例によりこれを処分することができる。この場合における徴収金の先取特権の順位は、国税及び地方税に次ぐものとする。

一　子ども・子育て支援法第二十九条第一項に規定する特定地域型保育（同法第三十条第一項第二号に規定する特別利用地域型保育（次号において「特別利用地域型保育」という。）及び同項第三号に規定する特定利用地域型保育（第三号において「特定利用地域型保育」という。）を除く。）を受けた乳児又は幼児　同法第二十九条第三項第一号に掲げる額から同条第五項の規定により支払がなされた額を控除して得た額（当該支払がなされなかつたときは、同号に掲げる額）又は同法第三十条第二項第一号の規定による特例地域型保育給付費の額及び同号に規定する政令で定める額を限度として市町村が定める額（当該市町村が定める額が現に当該特定地域型保育に要した費用の額を超えるときは、当該現に特定地域型保育に要した費用の額）の合計額

二　特別利用地域型保育を受けた幼児　子ども・子育て支援法第三十条第二項第二号の規定による特例地域型保育給付費の額及び同号に規定する市町村が定める額（当該市町村が定める額が現に当該特別利用地域型保育に要した費用の額を超えるときは、当該現に特別利用地域型保育に要した費用の額）の合計額から同条第四項において準用する同法第二十九条第五項の規定により支払がなされた額を控除して得た額（当該支払がなされなかつたときは、当該合計額）

三　特定利用地域型保育を受けた幼児　子ども・子育て支援法第三十条第二項第三号の規定による特例地域型保育給付費の額及び同号に規定する市町村が定める額（当該市町村が定める額が現に当該特定利用地域型保育に要した費用の額を超えるときは、当該現に特定利用地域型保育に要した費用の額）の合計額から同条第四項において準用する同法第二十九条第五項の規定により支払がなされた額を控除して得た額（当該支払がなされなかつたときは、当該合計額）

第五六条の二［**都道府県・市町村の補助**］都道府県及び市町村は、次の各号に該当する場合においては、第三十五条第四項の規定により、国、都道府県及び市町村以外の者が設置する児童福祉施設（保育所を除く。以下この条において同じ。）について、その新設（社会福祉法第三十一条第一項の規定により設立された社会福祉法人が設置する児童福祉施設の新設に限る。）、修理、改造、拡張又は整備（以下「新設等」という。）に要する費用の四分の三以内を補助することができる。ただ

し、一の児童福祉施設について都道府県及び市町村が補助する金額の合計額は、当該児童福祉施設の新設等に要する費用の四分の三を超えてはならない。

一　その児童福祉施設が、社会福祉事業法第二十九条第一項の規定により設立された社会福祉法人、日本赤十字社又は公益社団法人若しくは公益財団法人の設置するものであること。

二　その児童福祉施設が主として利用される地域において、この法律の規定に基づく障害児入所給付費の支給、入所させる措置又は助産の実施若しくは母子保護の実施を必要とする児童、その保護者又は妊産婦の分布状況からみて、同種の児童福祉施設が必要とされるにかかわらず、その地域に、国、都道府県又は市町村の設置する同種の児童福祉施設がないか、又はあつてもこれが十分でないこと。

②　前項の規定により、児童福祉施設に対する補助がなされたときは、厚生労働大臣、都道府県知事及び市町村長は、その補助の目的が有効に達せられることを確保するため、当該児童福祉施設に対して、第四十六条及び第五十八条第一項に規定するもののほか、次に掲げる権限を有する。

一　その児童福祉施設の予算が、補助の効果をあげるために不適当であると認めるときは、その予算について必要な変更をすべき旨を指示すること。

二　その児童福祉施設の職員が、この法律若しくはこれに基づく命令又はこれらに基づいてする処分に違反したときは、当該職員を解職すべき旨を指示すること。

③　国庫は、第一項の規定により都道府県が障害児入所施設又は児童発達支援センターについて補助した金額の三分の二以内を補助することができる。

第五六条の三［**補助金返還命令**］都道府県及び市町村は、次に掲げる場合においては、補助金の交付を受けた児童福祉施設の設置者に対して、既に交付した補助金の全部又は一部の返還を命ずることができる。

一　補助金の交付条件に違反したとき。

二　詐欺その他の不正な手段をもつて、補助金の交付を受けたとき。

三　児童福祉施設の経営について、営利を図る行為があつたとき。

四　児童福祉施設が、この法律若しくはこれに基く命令又はこれらに基いてする処分に違反したとき。

第五六条の四［**国庫の補助**］国庫は、第五十条第二号に規定する児童委員に要する費用のうち、厚生労働大臣の定める事項に関するものについては、予算の範囲内で、その一部を補助することができる。

第五六条の四の二［**市町村整備計画の作成**］市町村は、保育を必要とする乳児・幼児に対し、必要な保育を確保するために必要があると認めるときは、当該市町村における保育所及び幼保連携型認定こども園（次項第一号及び第二号並びに次条第二項において「保育所等」という。）の整備に関する計画（以下「市町村整備計画」という。）を作成することができる。

②　市町村整備計画においては、おおむね次に掲げる事項について定めるものとする。

一　保育提供区域（市町村が、地理的条件、人口、交通事情その他の社会的条件、保育を提供するための施設の整備の状況その他の条件を総合的に勘案して定める区域をいう。以下同じ。）ごとの当該保育提供区域における保育所等の整備に関する目標及び計画期間

二　前号の目標を達成するために必要な保育所等を整備する事業に関する事項

三　その他厚生労働省令で定める事項

③　市町村整備計画は、子ども・子育て支援法第六十一条第一項に規定する市町村子ども・子育て支援事業計画と調和が保たれたものでなければならない。

④　市町村は、市町村整備計画を作成し、又はこれを変更したときは、次条第一項の規定により当該市町村整備計画を厚生労働大臣に提出する場合を除き、遅滞なく、都道府県にその写しを送付しなければならない。

第五六条の四の三［**市町村整備計画に基づく事業等**］市町村は、次項の交付金を充てて市町村整備計画に基づく事業又は事務（同項において「事業等」という。）の実施をしようとするときは、当該市町村整備計画を、当該市町村の属する都道府県の知事を経由して、厚生労働大臣に提出しなければならない。

②　国は、市町村に対し、前項の規定により提出された市町村整備計画に基づく事業等（国、都道府県及び市町村以外の者が設置する保育所等に係るものに限る。）の実施に要する経費に充てるため、保育所等の整備の状況その他の事項を勘案して厚生労働省令で定めるところにより、予算の範囲内で、交付金を交付することができる。

③　前二項に定めるもののほか、前項の交付金の交付に関し必要な事項は、厚生労働省令で定める。

第五六条の五（省略）

第五章　国民健康保険団体連合会の児童福祉法関係業務（省略）

第六章　審査請求

第五六条の五の五［**審査請求**］市町村の障害児通所給付費又は特例障害児通所給付費に係る処分に不服がある障害児の保護者は、都道府県知事に対して審査請求をすることができる。

②　前項の審査請求については、障害者の日常生活及び社会生活を総合的に支援するための法律第八章（第九十七条第一項を除く。）の規定を準用する。この場合において、必要な技術的読替えは、政令で定める。

第七章　雑則

第五六条の六から**第五六条の八**まで（省略）

第五七条［**租税・公課の免除**］都道府県、市町村その他の公共団体は、左の各号に掲げる建物及び土地に対しては、租税その他の公課を課することができない。但し、有料で使用させるものについては、この限りでない。

一　主として児童福祉施設のために使う建物

二　前号に掲げる建物の敷地その他主として児童福祉施設のために使う土地

第五七条の二［**不正利得の徴収**］市町村は、偽りその他不正の手段により障害児通所給付費、特例障害児通所給付費若しくは高額障害児通所給付費若しくは肢体不自由児通所医療費又は障害児相談支援給付費若しくは特例障害児相談支援給付費（以下この章において「障害児通所給付費等」という。）の支給を受けた者があるときは、その者から、その障害児通所給付費等の額に相当する金額の全部又は一部を徴収することができる。

②　市町村は、指定障害児通所支援事業者等又は指定障害児相談支援事業者が、偽りその他不正の行為により障害児通所給付費、肢体不自由児通所医療費又は障害児相談支援給付費の支給を受けたときは、当該指定障害児通所支援事業者等又は指定障害児相談支援事業者に対し、その支払つた額につき返還させるほか、その返還させる額に百分の四十を乗じて得た額を支払わせることができる。

③　都道府県は、偽りその他不正の手段により小児慢性特定疾病医療費又は障害児入所給付費等の支給を受けた者があるときは、その者から、その小児慢性特定疾病医療費又は障害児入所給付費等の額に相当する金額の全部又は一部を徴収することができる。

④　都道府県は、指定小児慢性特定疾病医療機関が、偽りその他不正の行為により小児慢性特定疾病医療費の支給を受けたときは、当該指定小児慢性特定疾病医療機関に対し、その支払つた額につき返還させるほか、その返還させる額に百分の四十を乗じて得た額を支払わせることができる。

⑤　都道府県は、指定障害児入所施設等が、偽りその他不正の行為により障害児入所給付費若しくは特定入所障害児食費等給付費又は障害児入所医療費の支給を受けたときは、当該

指定障害児入所施設等に対し、その支払つた額につき返還させるほか、その返還させる額に百分の四十を乗じて得た額を支払わせることができる。

⑥　前各項の規定による徴収金は、地方自治法第二百三十一条の三第三項に規定する法律で定める歳入とする。

第五七条の三から第五七条の四の二まで（省略）

第五七条の五〔**課税及び差押の禁止**〕租税その他の公課は、この法律により支給を受けた金品を標準として、これを課することができない。

②　小児慢性特定疾病医療費、障害児通所給付費等及び障害児入所給付費等を受ける権利は、譲り渡し、担保に供し、又は差し押さえることができない。

③　前項に規定するもののほか、この法律による支給金品は、既に支給を受けたものであるとないとにかかわらず、これを差し押さえることができない。

第五八条〔**認可の取消**〕第三十五条第四項の規定により設置した児童福祉施設が、この法律若しくはこの法律に基づいて発する命令又はこれらに基づいてなす処分に違反したときは、都道府県知事は、同項の認可を取り消すことができる。

②　第三十四条の十五第二項の規定により開始した家庭的保育事業等が、この法律若しくはこの法律に基づいて発する命令又はこれらに基づいてなす処分に違反したときは、市町村長は、同項の認可を取り消すことができる。

第五九条〔**未認可施設の調査、事業停止、施設閉鎖**〕都道府県知事は、児童の福祉のため必要があると認めるときは、第六条の三第九項から第十二項まで若しくは第三十六条から第四十四条まで（第三十九条の二を除く。）に規定する業務を目的とする施設であつて第三十五条第三項の届出若しくは認定こども園法第十六条の届出をしていないもの又は第三十四条の十五第二項若しくは第三十五条第四項の認可若しくは認定こども園法第十七条第一項の認可を受けていないもの（前条の規定により児童福祉施設若しくは家庭的保育事業等の認可を取り消されたもの又は認定こども園法第二十二条第一項の規定により幼保連携型認定こども園の認可を取り消されたものを含む。）については、その施設の設置者若しくは管理者に対し、必要と認める事項の報告を求め、又は当該職員をして、その事務所若しくは施設に立ち入り、その施設の設備若しくは運営について必要な調査若しくは質問をさせることができる。この場合においては、その身分を証明する証票を携帯させなければならない。

②　第十八条の十六第三項の規定は、前項の場合について準用する。

③　都道府県知事は、児童の福祉のため必要があると認めるときは、第一項に規定する施設の設置者に対し、その施設の設備又は運営の改善その他の勧告をすることができる。

④　都道府県知事は、前項の勧告を受けた施設の設置者がその勧告に従わなかつたときは、その旨を公表することができる。

⑤　都道府県知事は、第一項に規定する施設について、児童の福祉のため必要があると認めるときは、都道府県児童福祉審議会の意見を聴き、その事業の停止又は施設の閉鎖を命ずることができる。

⑥　都道府県知事は、児童の生命又は身体の安全を確保するため緊急を要する場合で、あらかじめ都道府県児童福祉審議会の意見を聴くいとまがないときは、当該手続を経ないで前項の命令をすることができる。

⑦　都道府県知事は、第三項の勧告又は第五項の命令をした場合には、その旨を当該施設の所在地の市町村長に通知するものとする。

第五九条の二〔**未認可施設の届出事項**〕第六条の三第九項から第十二項までに規定する業務又は第三十九条第一項に規定する業務を目的とする施設（少数の乳児又は幼児を対象とするものその他の厚生労働省令で定めるものを除く。）であつて第三十四条の十五第二項若しくは第三十五条第四項の認可又は認定こども園法第十七条第一項の認可を受けていないもの（第五十八条の規定により児童福祉施設若しくは家庭的保育事業等の認可を取り消されたもの又は認定こども園法第二十二条第一項の規定により幼保連携型認定こども園の認可を取り消されたものを含む。）については、その施設の設置者は、その事業の開始の日（第五十八条の規定により児童福祉施設若しくは家庭的保育事業等の認可を取り消された施設又は認定こども園法第二十二条第一項の規定により幼保連携型認定こども園の認可を取り消された施設にあつては、当該認可の取消しの日）から一月以内に、次に掲げる事項を都道府県知事に届け出なければならない。

一　施設の名称及び所在地

二　設置者の氏名及び住所又は名称及び所在地

三　建物その他の設備の規模及び構造

四　事業を開始した年月日

五　施設の管理者の氏名及び住所

六　その他厚生労働省令で定める事項

②　前項に規定する施設の設置者は、同項の規定により届け出た事項のうち厚生労働省令で定めるものに変更を生じたときは、変更の日から一月以内に、その旨を都道府県知事に届け出なければならない。その事業を廃止し、又は休止したときも、同様とする。

③　都道府県知事は、前二項の規定による届出があつたときは、当該届出に係る事項を当該施設の所在地の市町村長に通知するものとする。

第五九条の二の二〔**未認可施設の掲示義務**〕前条第一項に規定する施設の設置者は、次に掲げる事項を当該施設において提供されるサービスを利用しようとする者の見やすい場所に掲示しなければならない。

一　設置者の氏名又は名称及び施設の管理者の氏名

二　建物その他の設備の規模及び構造

三　その他厚生労働省令で定める事項

第五九条の二の三〔**未認可施設の説明義務**〕第五十九条の二第一項に規定する施設の設置者は、当該施設において提供されるサービスを利用しようとする者からの申込みがあつた場合には、その者に対し、当該サービスを利用するための契約の内容及びその履行に関する事項について説明するように努めなければならない。

第五九条の二の四〔**利用者への書面の交付**〕第五十九条の二第一項に規定する施設の設置者は、当該施設において提供されるサービスを利用するための契約が成立したときは、その利用者に対し、遅滞なく、次に掲げる事項を記載した書面を交付しなければならない。

一　設置者の氏名及び住所又は名称及び所在地

二　当該サービスの提供につき利用者が支払うべき額に関する事項

三　その他厚生労働省令で定める事項

第五九条の二の五〔**運営状況の報告**〕第五十九条の二第一項に規定する施設の設置者は、毎年、厚生労働省令で定めるところにより、当該施設の運営の状況を都道府県知事に報告しなければならない。

②　都道府県知事は、毎年、前項の報告に係る施設の運営の状況その他第五十九条の二第一項に規定する施設に関し児童の福祉のため必要と認める事項を取りまとめ、これを各施設の所在地の市町村長に通知するとともに、公表するものとする。

第五九条の二の六〔**市町村長の協力**〕都道府県知事は、第五十九条、第五十九条の二及び前条に規定する事務の執行及び権限の行使に関し、市町村長に対し、必要な協力を求めることができる。

第五九条の二の七から第五九条の八まで（省略）

第八章　罰則

第六〇条　第三十四条第一項第六号の規定に違反した者は、十年以下の懲役若しくは三百万円以下の罰金に処し、又はこれを併科する。

②　第三十四条第一項第一号から第五号まで又

は第七号から第九号までの規定に違反した者は、三年以下の懲役若しくは百万円以下の罰金に処し、又はこれを併科する。

③　第三十四条第二項の規定に違反した者は、一年以下の懲役又は五十万円以下の罰金に処する。

④　児童を使用する者は、児童の年齢を知らないことを理由として、前三項の規定による処罰を免れることができない。ただし、過失のないときは、この限りでない。

⑤　第一項及び第二項（第三十四条第一項第七号又は第九号の規定に違反した者に係る部分に限る。）の罪は、刑法第四条の二の例に従う。

第六〇条の二　小児慢性特定疾病審査会の委員又はその委員であつた者が、正当な理由がないのに、職務上知り得た小児慢性特定疾病医療支援を行つた者の業務上の秘密又は個人の秘密を漏らしたときは、一年以下の懲役又は百万円以下の罰金に処する。

②　第五十六条の五の五第二項において準用する障害者の日常生活及び社会生活を総合的に支援するための法律第九十八条第一項に規定する不服審査会の委員若しくは連合会の役員若しくは職員又はこれらの者であつた者が、正当な理由がないのに、職務上知り得た障害児通所支援、障害児入所支援又は障害児相談支援を行つた者の業務上の秘密又は個人の秘密を漏らしたときは、一年以下の懲役又は百万円以下の罰金に処する。

③　第二十一条の五の六第四項（第二十一条の五の八第三項において準用する場合を含む。）又は第五十七条の三の四第二項）の規定に違反した者は、一年以下の懲役又は百万円以下の罰金に処する。

第六一条　児童相談所において、相談、調査及び判定に従事した者が、正当の理由なく、その職務上取り扱つたことについて知得した人の秘密を漏らしたときは、これを一年以下の懲役又は五十万円以下の罰金に処する。

第六一条の二　第十八条の二十二の規定に違反した者は、一年以下の懲役又は五十万円以下の罰金に処する。

②　前項の罪は、告訴がなければ公訴を提起することができない。

第六一条の三　第十一条第五項、第十八条の八第四項、第十八条の十二第一項、第二十一条の十の二第四項、第二十一条の十二、第二十五条の五又は第二十七条の四の規定に違反した者は、一年以下の懲役又は五十万円以下の罰金に処する。

第六一条の四　第四十六条第四項又は第五十九条第五項の規定による事業の停止又は施設の閉鎖の命令に違反した者は、六月以下の懲役若しくは禁錮又は五十万円以下の罰金に処する。

第六一条の五　正当の理由がないのに、第二十九条の規定による児童委員若しくは児童の福祉に関する事務に従事する職員の職務の執行を拒み、妨げ、若しくは忌避し、又はその質問に対して答弁をせず、若しくは虚偽の答弁をし、若しくは児童に答弁をさせず、若しくは虚偽の答弁をさせた者は、五十万円以下の罰金に処する。

第六一条の六　（省略）

第六二条　次の各号のいずれかに該当する者は、三十万円以下の罰金に処する。

一　第十八条の十九第二項の規定により保育士の名称の使用の停止を命ぜられた者で、当該停止を命ぜられた期間中に、保育士の名称を使用したもの

二　第十八条の二十三の規定に違反した者

三・四　（省略）

五　第三十条第一項に規定する届出を怠つた者

六　（省略）

七　正当の理由がないのに、第五十九条第一項の規定による報告をせず、若しくは虚偽の報告をし、同項の規定による立入調査を拒み、妨げ、若しくは忌避し、又は同項の規定による質問に対して答弁をせず、若しくは虚偽の答弁をした者

第六二条の二　正当の理由がないのに、第五十六条の五の五第二項において準用する障害者の日常生活及び社会生活を総合的に支援するための法律第百三条第一項の規定による処分に違反して、出頭せず、陳述をせず、報告をせず、若しくは虚偽の陳述若しくは報告をし、又は診断その他の調査をしなかつた者は、三十万円以下の罰金に処する。ただし、第五十六条の五の五第二項において準用する同法第九十八条第一項に規定する不服審査会の行う審査の手続における請求人又は第五十六条の五の五第二項において準用する同法第百二条の規定により通知を受けた市町村その他の利害関係人は、この限りでない。

第六二条の三　法人の代表者又は法人若しくは人の代理人、使用人その他の従業者が、その法人又は人の業務に関して、第六十条第一項から第三項まで及び第六十二条第四号の違反行為をしたときは、行為者を罰するほか、その法人又は人に対しても、各本条の罰金刑を科する。

第六二条の四　第五十九条の二第一項又は第二項の規定による届出をせず、又は虚偽の届出をした者は、五十万円以下の過料に処する。

第六二条の五　（省略）

第六二条の六　都道府県は、条例で、次の各号のいずれかに該当する者に対し十万円以下の過料を科する規定を設けることができる。

一　第十九条の六第二項の規定による医療受給者証又は第二十四条の四第二項の規定による入所受給者証の返還を求められてこれに応じない者

二　（省略）

第六二条の七　市町村は、条例で、次の各号のいずれかに該当する者に対し十万円以下の過料を科する規定を設けることができる。

一　第二十一条の五の八第二項又は第二十一条の五の九第二項の規定による通所受給者証の提出又は返還を求められてこれに応じない者

二・三　（省略）

附　則　（省略）

附　則　（抄）　（平成三〇年六月二〇日法律第五九号）

（施行期日）

第一条　この法律は、平成三十四年四月一日から施行する。（後略）

（児童福祉法の一部改正）

第八条　児童福祉法（昭和二十二年法律第百六十四号）の一部を次のように改正する。

第六条中「、第十九条の三、第五十七条の三第二項、第五十七条の三の三第二項及び第五十七条の四第二項を除き」を削る。

第六条の二第二項中「都道府県知事が指定する医療機関（以下「指定小児慢性特定疾病医療機関」という。）に通い、又は入院する小児慢性特定疾病にかかつている児童等（政令で定めるものに限る。以下「小児慢性特定疾病児童等」という。）」を「小児慢性特定疾病児童等」に改め、同条第一項の次に次の一項を加える。

この法律で、小児慢性特定疾病児童等とは、次に掲げる者をいう。

一　都道府県知事が指定する医療機関（以下「指定小児慢性特定疾病医療機関」という。）に通い、又は入院する小児慢性特定疾病にかかつている児童（以下「小児慢性特定疾病児童」という。）

二　指定小児慢性特定疾病医療機関に通い、又は入院する小児慢性特定疾病にかかつている児童以外の満二十歳に満たない者（政令で定めるものに限る。以下「成年患者」という。）

（中略）

第三十一条第四項後段及び同項第一号を削り、同項第二号中「（前号に掲げる者を除く。）」を削り、同号を同項第一号とし、同項第三号中「前二号」を「前号」に改め、同号を同項第二号とする。

第三十三条第十項中「次の各号のいずれかに該当する」を「第三十一条第二項から第四項までの規定による措置が採られている」に改め、同項各号を削る。

第三十三条の七中「児童等」を「児童」に

改める。

第三十三条の八第一項中「児童等」を「児童」に改め、同条第二項中「に係る児童等」を「に係る児童」に、「若しくは児童福祉施設に入所中の児童等」を「、児童福祉施設に入所中」に改める。

第三十三条の九及び第四十七条中「児童等」を「児童」に改める。

（後略）

（児童福祉法の一部改正に伴う経過措置）

第九条　施行日前に前条の規定による改正前の児童福祉法（以下この条において「旧児童福祉法」という。）の規定によりなされた認定等の処分その他の行為（以下この条において「処分等の行為」という。）であって児童（児童福祉法第四条第一項に規定する児童をいう。以下この条において同じ。）以外の満二十歳に満たない小児慢性特定疾病児童等（旧児童福祉法第六条の二第二項に規定する小児慢性特定疾病児童等をいう。以下この条において同じ。）に係るもの又はこの法律の施行の際現に旧児童福祉法の規定によりなされている認定等の申請その他の行為（以下この条において「申請等の行為」という。）であって児童以外の満二十歳に満たない小児慢性特定疾病児童等に係るものは、施行日以後における前条の規定による改正後の児童福祉法（以下この条において「新児童福祉法」という。）の適用については、新児童福祉法の相当規定により成年患者（新児童福祉法第六条の二第二項第二号に規定する成年患者をいう。以下この条において同じ。）に対してなされた処分等の行為又は成年患者によりなされた申請等の行為とみなす。

児童虐待防止対策の強化を図るための児童福祉法等の一部を改正する法律（抄）（令和元年六月二六日法律第四六号）

第二条　児童福祉法の一部を次のように改正する。

第十二条第三項中「のうち」の下に「第二十八条第一項各号に掲げる措置を採ることその他の」を加え、「ものを」を「ものについて、常時弁護士による助言又は指導の下で」に、「ことの重要性に鑑み」を「ため」に改め、同条第四項及び第六項中「第二項」を「第三項」に改め、同条第一項の次に次の一項を加える。

② 児童相談所の管轄区域は、地理的条件、人口、交通事情その他の社会的条件について政令で定める基準を参酌して都道府県が定めるものとする。

（後略）

附　則

（施行期日）

第一条　この法律は、令和二年四月一日から施行する。ただし、次の各号に掲げる規定は、当該各号に定める日から施行する。

一　附則（中略）第七条第一項（中略）の規定　公布の日

二　第二条（次号に掲げる規定を除く。）の規定（中略）　令和四年四月一日

三　第二条中児童福祉法第十二条の改正規定（同条第四項及び第六項に係る部分並びに同条第一項の次に一項を加える部分に限る。）（中略）　令和五年四月一日

（検討等）

第七条　政府は、速やかに、児童相談所の職員の処遇の改善に資するための措置、児童福祉法第十二条の四に規定する児童を一時保護する施設及び同法第三十三条第一項又は第二項の委託を受けて一時保護を行う者の量的拡充に係る方策、当該施設又は当該者が行う一時保護の質的向上に係る方策その他の児童相談所の体制の強化に対する国の支援その他の措置の在り方について検討を加え、その結果に基づいて必要な措置を講ずるものとする。

2　政府は、この法律の施行後一年を目途として児童福祉法第六条の三第八項に規定する要保護児童を適切に保護するために都道府県及び児童相談所が採る一時保護その他の措置に係る手続の在り方について検討を加え、その結果に基づいて必要な措置を講ずるものとする。

3　政府は、この法律の施行後一年を目途として、この法律の施行の状況等を勘案し、児童の福祉に関し専門的な知識及び技術を必要とする支援を行う者についての資格の在り方その他当該者についての必要な資質の向上を図るための方策について検討を加え、その結果に基づいて必要な措置を講ずるものとする。

4　政府は、この法律の施行後二年を目途として、児童の保護及び支援に当たって、児童の意見を聴く機会及び児童が自ら意見を述べることができる機会の確保、当該機会における児童を支援する仕組みの構築、児童の権利を擁護する仕組みの構築その他の児童の意見が尊重され、その最善の利益が優先して考慮されるための措置の在り方について検討を加え、その結果に基づいて必要な措置を講ずるものとする。

5　政府は、この法律の施行後二年を目途として、民法（明治二十九年法律第八十九号）第八百二十二条の規定の在り方について検討を加え、必要があると認めるときは、その結果に基づいて必要な措置を講ずるものとする。

6　政府は、この法律の施行後五年間を目途として、児童相談所及び児童福祉法第十二条の四に規定する児童を一時保護する施設（以下この項及び第八項において「児童相談所等」という。）の整備の状況、児童福祉司その他の児童相談所の職員の確保の状況等を勘案し、地方自治法（昭和二十二年法律第六十七号）第二百五十二条の二十二第一項の中核市及び特別区が児童相談所を設置することができるよう、児童相談所等の整備並びに職員の確保及び育成の支援その他必要な措置を講ずるものとする。

7　政府は、前項の支援を講ずるに当たっては、関係地方公共団体その他の関係団体との連携を図るものとする。

8　政府は、この法律の施行後五年を目途として、第六項の支援その他必要な措置の実施状況、児童相談所の設置状況及び児童虐待をめぐる状況等を勘案し、児童相談所等の整備並びに職員の確保及び育成の支援の在り方について検討を加え、その結果に基づいて必要な措置を講ずるものとする。

9　政府は、この法律の施行後五年を目途として、この法律による改正後の児童福祉法及び児童虐待の防止等に関する法律の規定の施行の状況を勘案し、児童虐待の予防及び早期発見のための方策、児童虐待を受けた児童の保護及び自立の支援並びに保護者に対する指導及び支援の在り方その他の児童虐待の防止等に関する施策の在り方について検討を加え、その結果に基づいて必要な措置を講ずるものとする。

附　則（抄）（令和二年六月一〇日法律第四一号）

（施行期日）

第一条　この法律は、公布の日から起算して三月を経過した日から施行する。ただし、次の各号に掲げる規定は、当該各号に定める日から施行する。

一・二（省略）

三　第五条の規定　令和三年四月一日

四（省略）

●子ども・子育て支援法（抜粋）

（平成二四年八月二二日　法律第六五号）

施行、平二七・四・一
最終改正、令二―法四一

第一章　総則

（目的）

第一条　この法律は、我が国における急速な少子化の進行並びに家庭及び地域を取り巻く環境の変化に鑑み、児童福祉法（昭和二十二年法律第百六十四号）その他の子どもに関する法律による施策と相まって、子ども・子育て支援給付その他の子ども及び子どもを養育している者に必要な支援を行い、もって一人一人の子どもが健やかに成長することができる社会の実現に寄与することを目的とする。

（基本理念）

第二条　子ども・子育て支援は、父母その他の保護者が子育てについての第一義的責任を有するという基本的認識の下に、家庭、学校、地域、職域その他の社会のあらゆる分野における全ての構成員が、各々の役割を果たすとともに、相互に協力して行われなければならない。

2　子ども・子育て支援給付その他の子ども・子育て支援の内容及び水準は、全ての子どもが健やかに成長するように支援するものであって、良質かつ適切なものであり、かつ、子どもの保護者の経済的負担の軽減について適切に配慮されたものでなければならない。

3　子ども・子育て支援給付その他の子ども・子育て支援は、地域の実情に応じて、総合的かつ効率的に提供されるよう配慮して行われなければならない。

（市町村等の責務）

第三条　市町村（特別区を含む。以下同じ。）は、この法律の実施に関し、次に掲げる責務を有する。

一　子どもの健やかな成長のために適切な環境が等しく確保されるよう、子ども及びその保護者に必要な子ども・子育て支援給付及び地域子ども・子育て支援事業を総合的かつ計画的に行うこと。

二　子ども及びその保護者が、確実に子ども・子育て支援給付を受け、及び地域子ども・子育て支援事業その他の子ども・子育て支援を円滑に利用するために必要な援助を行うとともに、関係機関との連絡調整その他の便宜の提供を行うこと。

三　子ども及びその保護者が置かれている環境に応じて、子どもの保護者の選択に基づき、多様な施設又は事業者から、良質かつ適切な教育及び保育その他の子ども・子育て支援が総合的かつ効率的に提供されるよう、その提供体制を確保すること。

2　都道府県は、市町村が行う子ども・子育て支援給付及び地域子ども・子育て支援事業が適正かつ円滑に行われるよう、市町村に対する必要な助言及び適切な援助を行うとともに、子ども・子育て支援のうち、特に専門性の高い施策及び各市町村の区域を超えた広域的な対応が必要な施策を講じなければならない。

3　国は、市町村が行う子ども・子育て支援給付及び地域子ども・子育て支援事業その他この法律に基づく業務が適正かつ円滑に行われるよう、市町村及び都道府県と相互に連携を図りながら、子ども・子育て支援の提供体制の確保に関する施策その他の必要な各般の措置を講じなければならない。

（事業主の責務）

第四条　事業主は、その雇用する労働者に係る多様な労働条件の整備その他の労働者の職業生活と家庭生活との両立が図られるようにするために必要な雇用環境の整備を行うことにより当該労働者の子育ての支援に努めるとともに、国又は地方公共団体が講ずる子ども・子育て支援に協力しなければならない。

（国民の責務）

第五条　国民は、子ども・子育て支援の重要性に対する関心と理解を深めるとともに、国又は地方公共団体が講ずる子ども・子育て支援に協力しなければならない。

（定義）

第六条　この法律において「子ども」とは、十八歳に達する日以後の最初の三月三十一日までの間にある者をいい、「小学校就学前子ども」とは、子どものうち小学校就学の始期に達するまでの者をいう。

2　この法律において「保護者」とは、親権を行う者、未成年後見人その他の者で、子どもを現に監護する者をいう。

第七条　この法律において「子ども・子育て支援」とは、全ての子どもの健やかな成長のために適切な環境が等しく確保されるよう、国若しくは地方公共団体又は地域における子育ての支援を行う者が実施する子ども及び子どもの保護者に対する支援をいう。

2　この法律において「教育」とは、満三歳以上の小学校就学前子どもに対して義務教育及びその後の教育の基礎を培うものとして教育基本法（平成十八年法律第百二十号）第六条第一項に規定する法律に定める学校において行われる教育をいう。

3　この法律において「保育」とは、児童福祉法第六条の三第七項に規定する保育をいう。

4　この法律において「教育・保育施設」とは、就学前の子どもに関する教育、保育等の総合的な提供の推進に関する法律（平成十八年法律第七十七号。以下「認定こども園法」という。）第二条第六項に規定する認定こども園（以下「認定こども園」という。）、学校教育法（昭和二十二年法律第二十六号）第一条に規定する幼稚園（認定こども園法第三条第一項又は第三項の認定を受けたもの及び同条第十一項の規定による公示がされたものを除く。以下「幼稚園」という。）及び児童福祉法第三十九条第一項に規定する保育所（認定こども園法第三条第一項の認定を受けたもの及び同条第十一項の規定による公示がされたものを除く。以下「保育所」という。）をいう。

5　この法律において「地域型保育」とは、家庭的保育、小規模保育、居宅訪問型保育及び事業所内保育をいい、「地域型保育事業」とは、地域型保育を行う事業をいう。

6　この法律において「家庭的保育」とは、児童福祉法第六条の三第九項に規定する家庭的保育事業として行われる保育をいう。

7　この法律において「小規模保育」とは、児童福祉法第六条の三第十項に規定する小規模保育事業として行われる保育をいう。

8　この法律において「居宅訪問型保育」とは、児童福祉法第六条の三第十一項に規定する居宅訪問型保育事業として行われる保育をいう。

9　この法律において「事業所内保育」とは、児童福祉法第六条の三第十二項に規定する事業所内保育事業として行われる保育をいう。

10　この法律において「子ども・子育て支援施設等」とは、次に掲げる施設又は事業をいう。

一　認定こども園（保育所等（認定こども園法第二条第五項に規定する保育所等をいう。第五号において同じ。）であるもの及び第二十七条第一項に規定する特定教育・保育施設であるものを除く。第三十条の十一第一項第一号、第五十八条の四第一項第一号、第五十八条の十第一項第二号、第五十九条第三号ロ及び第六章において同じ。）

二　幼稚園（第二十七条第一項に規定する特定教育・保育施設であるものを除く。第三十条の十一第一項第二号、第三章第二節（第五十八条の九第六項第三号ロを除く。）、第五十九条第三号ロ及び第六章において同じ。）

三　特別支援学校（学校教育法第一条に規定する特別支援学校をいい、同法第七十六条第二項に規定する幼稚部に限る。以下同じ。）

四　児童福祉法第五十九条の二第一項に規定する施設（同項の規定による届出がされたものに限り、次に掲げるものを除く。）のうち、当該施設に配置する従業者及びその

員数その他の事項について内閣府令で定める基準を満たすもの

イ　認定こども園法第三条第一項又は第三項の認定を受けたもの

ロ　認定こども園法第三条第十一項の規定による公示がされたもの

ハ　第五十九条の二第一項の規定による助成を受けているもののうち政令で定めるもの

五　認定こども園、幼稚園又は特別支援学校において行われる教育・保育（教育又は保育をいう。以下同じ。）であって、次のイ又はロに定める一日当たりの時間及び期間の範囲外において、家庭において保育を受けることが一時的に困難となった当該イ又はロに掲げる当該施設に在籍している小学校就学前子どもに対して行われるものを提供する事業のうち、その事業を実施するために必要なものとして内閣府令で定める基準を満たすもの

イ　認定こども園（保育所等であるものを除く。）、幼稚園又は特別支援学校　当該施設における教育に係る標準的な一日当たりの時間及び期間

ロ　認定こども園（保育所等であるものに限る。）　イに定める一日当たりの時間及び期間を勘案して内閣府令で定める一日当たりの時間及び期間

六　児童福祉法第六条の三第七項に規定する一時預かり事業（前号に掲げる事業に該当するものを除く。）

七　児童福祉法第六条の三第十三項に規定する病児保育事業のうち、当該事業に従事する従業者及びその員数その他の事項について内閣府令で定める基準を満たすもの

八　児童福祉法第六条の三第十四項に規定する子育て援助活動支援事業（同項第一号に掲げる援助を行うものに限る。）のうち、市町村が実施するものであることその他の内閣府令で定める基準を満たすもの

第二章　子ども・子育て支援給付

第一節　通則

（子ども・子育て支援給付の種類）

第八条　子ども・子育て支援給付は、子どものための現金給付、子どものための教育・保育給付及び子育てのための施設等利用給付とする。

第二節　子どものための現金給付

第九条　子どものための現金給付は、児童手当（児童手当法（昭和四十六年法律第七十三号）に規定する児童手当をいう。以下同じ。）の支給とする。

第一〇条　子どものための現金給付については、この法律に別段の定めがあるものを除き、児童手当法の定めるところによる。

第三節　子どものための教育・保育給付

第一款　通則

（子どものための教育・保育給付）

第一一条　子どものための教育・保育給付は、施設型給付費、特例施設型給付費、地域型保育給付費及び特例地域型保育給付費の支給とする。

第二款　教育・保育給付認定等

（支給要件）

第一九条　子どものための教育・保育給付は、次に掲げる小学校就学前子どもの保護者に対し、その小学校就学前子どもの第二十七条第一項に規定する特定教育・保育、第二十八条第一項第二号に規定する特別利用保育、同項第三号に規定する特別利用教育、第二十九条第一項に規定する特定地域型保育又は第三十条第一項第四号に規定する特例保育の利用について行う。

一　満三歳以上の小学校就学前子ども（次号に掲げる小学校就学前子どもに該当するものを除く。）

二　満三歳以上の小学校就学前子どもであって、保護者の労働又は疾病その他の内閣府令で定める事由により家庭において必要な保育を受けることが困難であるもの

三　満三歳未満の小学校就学前子どもであって、前号の内閣府令で定める事由により家庭において必要な保育を受けることが困難であるもの

2　内閣総理大臣は、前項第二号の内閣府令を定め、又は変更しようとするときは、あらかじめ、厚生労働大臣に協議しなければならない。

（市町村の認定等）

第二〇条　前条第一項各号に掲げる小学校就学前子どもの保護者は、子どものための教育・保育給付を受けようとするときは、内閣府令で定めるところにより、市町村に対し、その小学校就学前子どもごとに、子どものための教育・保育給付を受ける資格を有すること及びその該当する同項各号に掲げる小学校就学前子どもの区分についての認定を申請し、その認定を受けなければならない。

2　前項の認定は、小学校就学前子どもの保護者の居住地の市町村が行うものとする。ただし、小学校就学前子どもの保護者が居住地を有しないとき、又は明らかでないときは、その小学校就学前子どもの保護者の現在地の市町村が行うものとする。

3　市町村は、第一項の規定による申請があった場合において、当該申請に係る小学校就学前子どもが前条第一項第二号又は第三号に掲げる小学校就学前子どもに該当すると認めるときは、政令で定めるところにより、当該小学校就学前子どもに係る保育必要量（月を単位として内閣府令で定める期間において施設型給付費、特例施設型給付費、地域型保育給付費又は特例地域型保育給付費を支給する保育の量をいう。以下同じ。）の認定を行うものとする。

4　市町村は、第一項及び前項の認定（以下「教育・保育給付認定」という。）を行ったときは、その結果を当該教育・保育給付認定に係る保護者（以下「教育・保育給付認定保護者」という。）に通知しなければならない。この場合において、市町村は、内閣府令で定めるところにより、当該教育・保育給付認定に係る小学校就学前子ども（以下「教育・保育給付認定子ども」という。）の該当する前条第一項各号に掲げる小学校就学前子どもの区分、保育必要量その他の内閣府令で定める事項を記載した認定証（以下「支給認定証」という。）を交付するものとする。

5　市町村は、第一項の規定による申請について、当該保護者が子どものための教育・保育給付を受ける資格を有すると認められないときは、理由を付して、その旨を当該申請に係る保護者に通知するものとする。

6・7　（省略）

（届出）

第二二条　教育・保育給付認定保護者は、教育・保育給付認定の有効期間内において、内閣府令で定めるところにより、市町村に対し、その労働又は疾病の状況その他の内閣府令で定める事項を届け出、かつ、内閣府令で定める書類その他の物件を提出しなければならない。

第三款　施設型給付費及び地域型保育給付費等の支給

（施設型給付費の支給）

第二七条　市町村は、教育・保育給付認定子どもが、教育・保育給付認定の有効期間内において、市町村長（特別区の区長を含む。以下同じ。）が施設型給付費の支給に係る施設として確認する教育・保育施設（以下「特定教育・保育施設」という。）から当該確認に係る教育・保育（地域型保育を除き、第十九条第一項第一号に掲げる小学校就学前子どもに該当する教育・保育給付認定子どもにあっては認定こども園において受ける教育・保育（保育にあっては、同号に掲げる小学校就学前子どもに該当する教育・保育給付認定子どもに対して提供される教育に係る標準的な一

日当たりの時間及び期間を勘案して内閣府令で定める一日当たりの時間及び期間の範囲内において行われるものに限る。）又は幼稚園において受ける教育に限り、同項第二号に掲げる小学校就学前子どもに該当する教育・保育給付認定子どもにあっては認定こども園において受ける教育・保育又は保育所において受ける保育に限り、満三歳未満保育認定子どもにあっては認定こども園又は保育所において受ける保育に限る。以下「特定教育・保育」という。）を受けたときは、内閣府令で定めるところにより、当該教育・保育給付認定子どもに係る教育・保育給付認定保護者に対し、当該特定教育・保育（保育にあっては、保育必要量の範囲内のものに限る。以下「支給認定教育・保育」という。）に要した費用について、施設型給付費を支給する。

2　特定教育・保育施設から支給認定教育・保育を受けようとする教育・保育給付認定子どもに係る教育・保育給付認定保護者は、内閣府令で定めるところにより、特定教育・保育施設に支給認定証を提示して当該支給認定教育・保育を当該教育・保育給付認定子どもに受けさせるものとする。ただし、緊急の場合その他やむを得ない事由のある場合については、この限りでない。

3　施設型給付費の額は、一月につき、第一号に掲げる額から第二号に掲げる額を控除して得た額（当該額が零を下回る場合には、零とする。）とする。

一　第十九条第一項各号に掲げる小学校就学前子どもの区分、保育必要量、当該特定教育・保育施設の所在する地域等を勘案して算定される特定教育・保育に通常要する費用の額を勘案して内閣総理大臣が定める基準により算定した費用の額（その額が現に当該支給認定教育・保育に要した費用の額を超えるときは、当該現に支給認定教育・保育に要した費用の額）

二　政令で定める額を限度として当該教育・保育給付認定保護者の属する世帯の所得の状況その他の事情を勘案して市町村が定める額

4　内閣総理大臣は、第一項の一日当たりの時間及び期間を定める内閣府令を定め、又は変更しようとするとき、及び前項第一号の基準を定め、又は変更しようとするときは、あらかじめ、第一項の一日当たりの時間及び期間を定める内閣府令については文部科学大臣に、前項第一号の基準については文部科学大臣及び厚生労働大臣に協議するとともに、第七十二条に規定する子ども・子育て会議の意見を聴かなければならない。

5　教育・保育給付認定子どもが特定教育・保育施設から支給認定教育・保育を受けたときは、市町村は、当該教育・保育給付認定子どもに係る教育・保育給付認定保護者が当該特定教育・保育施設に支払うべき当該支給認定教育・保育に要した費用について、施設型給付費として当該教育・保育給付認定保護者に支給すべき額の限度において、当該教育・保育給付認定保護者に代わり、当該特定教育・保育施設に支払うことができる。

6　前項の規定による支払があったときは、教育・保育給付認定保護者に対し施設型給付費の支給があったものとみなす。

7　市町村は、特定教育・保育施設から施設型給付費の請求があったときは、第三項第一号の内閣総理大臣が定める基準及び第三十四条第二項の市町村の条例で定める特定教育・保育施設の運営に関する基準（特定教育・保育の取扱いに関する部分に限る。）に照らして審査の上、支払うものとする。

8　前各項に定めるもののほか、施設型給付費の支給及び特定教育・保育施設の施設型給付費の請求に関し必要な事項は、内閣府令で定める。

（**地域型保育給付費の支給**）

第二九条　市町村は、満三歳未満保育認定子どもが、教育・保育給付認定の有効期間内において、市町村長が地域型保育給付費の支給に係る事業を行う者として確認する地域型保育を行う事業者（以下「特定地域型保育事業者」という。）から当該確認に係る地域型保育（以下「特定地域型保育」という。）を受けたときは、内閣府令で定めるところにより、当該満三歳未満保育認定子どもに係る教育・保育給付認定保護者に対し、当該特定地域型保育（保育必要量の範囲内のものに限る。以下「満三歳未満保育認定地域型保育」という。）に要した費用について、地域型保育給付費を支給する。

2　特定地域型保育事業者から満三歳未満保育認定地域型保育を受けようとする満三歳未満保育認定子どもに係る教育・保育給付認定保護者は、内閣府令で定めるところにより、特定地域型保育事業者に支給認定証を提示して当該満三歳未満保育認定地域型保育を当該満三歳未満保育認定子どもに受けさせるものとする。ただし、緊急の場合その他やむを得ない事由のある場合については、この限りでない。

3　地域型保育給付費の額は、一月につき、第一号に掲げる額から第二号に掲げる額を控除して得た額（当該額が零を下回る場合には、零とする。）とする。

一　地域型保育の種類ごとに、保育必要量、当該地域型保育の種類に係る特定地域型保育の事業を行う事業所（以下「特定地域型保育事業所」という。）の所在する地域等を勘案して算定される当該特定地域型保育に通常要する費用の額を勘案して内閣総理大臣が定める基準により算定した費用の額（その額が現に当該満三歳未満保育認定地域型保育に要した費用の額を超えるときは、当該現に満三歳未満保育認定地域型保育に要した費用の額）

二　政令で定める額を限度として当該教育・保育給付認定保護者の属する世帯の所得の状況その他の事情を勘案して市町村が定める額

4　内閣総理大臣は、前項第一号の基準を定め、又は変更しようとするときは、あらかじめ、厚生労働大臣に協議するとともに、第七十二条に規定する子ども・子育て会議の意見を聴かなければならない。

5　満三歳未満保育認定子どもが特定地域型保育事業者から満三歳未満保育認定地域型保育を受けたときは、市町村は、当該満三歳未満保育認定子どもに係る教育・保育給付認定保護者が当該特定地域型保育事業者に支払うべき当該満三歳未満保育認定地域型保育に要した費用について、地域型保育給付費として当該教育・保育給付認定保護者に支給すべき額の限度において、当該教育・保育給付認定保護者に代わり、当該特定地域型保育事業者に支払うことができる。

6　前項の規定による支払があったときは、教育・保育給付認定保護者に対し地域型保育給付費の支給があったものとみなす。

7　市町村は、特定地域型保育事業者から地域型保育給付費の請求があったときは、第三項第一号の内閣総理大臣が定める基準及び第四十六条第二項の市町村の条例で定める特定地域型保育事業の運営に関する基準（特定地域型保育の取扱いに関する部分に限る。）に照らして審査の上、支払うものとする。

8　前各項に定めるもののほか、地域型保育給付費の支給及び特定地域型保育事業者の地域型保育給付費の請求に関し必要な事項は、内閣府令で定める。

第四節　子育てのための施設等利用給付

第一款　通則

（**子育てのための施設等利用給付**）

第三〇条の二　子育てのための施設等利用給付は、施設等利用費の支給とする。

（**準用**）

第三〇条の三　第十二条から第十八条までの規定は、子育てのための施設等利用給付について準用する。この場合において、必要な技術的読替えは、政令で定める。

第二款　施設等利用給付認定等

（**支給要件**）

第三〇条の四　子育てのための施設等利用給付

は、次に掲げる小学校就学前子ども（保育認定子どもに係る教育・保育給付認定保護者が、現に施設型給付費、特例施設型給付費（第二十八条第一項第三号に係るものを除く。次条第七項において同じ。）、地域型保育給付費若しくは特例地域型保育給付費の支給を受けている場合における当該保育認定子ども又は第七条第十項第四号ハの政令で定める施設を利用している小学校就学前子どもを除く。以下この節及び第五十八条の三において同じ。）の保護者に対し、その小学校就学前子どもの第三十条の十一第一項に規定する特定子ども・子育て支援の利用について行う。

一　満三歳以上の小学校就学前子ども（次号及び第三号に掲げる小学校就学前子どもに該当するものを除く。）

二　満三歳に達する日以後の最初の三月三十一日を経過した小学校就学前子どもであって、第十九条第一項第二号の内閣府令で定める事由により家庭において必要な保育を受けることが困難であるもの

三　満三歳に達する日以後の最初の三月三十一日までの間にある小学校就学前子どもであって、第十九条第一項第二号の内閣府令で定める事由により家庭において必要な保育を受けることが困難であるもののうち、その保護者及び当該保護者と同一の世帯に属する者が第三十条の十一第一項に規定する特定子ども・子育て支援のあった月の属する年度（政令で定める場合にあっては、前年度）分の地方税法（昭和二十五年法律第二百二十六号）の規定による市町村民税（同法の規定による特別区民税を含み、同法第三百二十八条の規定によって課する所得割を除く。以下この号において同じ。）を課されない者（これに準ずる者として政令で定める者を含むものとし、当該市町村の賦課期日において同法の施行地に住所を有しない者を除く。次条第七項第二号において「市町村民税世帯非課税者」という。）であるもの

第三款　施設等利用費の支給

第三〇条の一一　市町村は、施設等利用給付認定子どもが、施設等利用給付認定の有効期間内において、市町村長が施設等利用費の支給に係る施設又は事業として確認する子ども・子育て支援施設等（以下「特定子ども・子育て支援施設等」という。）から当該確認に係る教育・保育その他の子ども・子育て支援（次の各号に掲げる子ども・子育て支援施設等の区分に応じ、当該各号に定める小学校就学前子どもに該当する施設等利用給付認定子どもが受けるものに限る。以下「特定子ども・子育て支援」という。）を受けたときは、内閣府令で定めるところにより、当該施設等利用給付認定子どもに係る施設等利用給付認定保護者に対し、当該特定子ども・子育て支援に要した費用（食事の提供に要する費用その他の日常生活に要する費用のうち内閣府令で定める費用を除く。）について、施設等利用費を支給する。

一　認定こども園　第三十条の四各号に掲げる小学校就学前子ども

二　幼稚園又は特別支援学校　第三十条の四第一号若しくは第二号に掲げる小学校就学前子ども又は同条第三号に掲げる小学校就学前子ども（満三歳以上のものに限る。）

三　第七条第十項第四号から第八号までに掲げる子ども・子育て支援施設等　第三十条の四第二号又は第三号に掲げる小学校就学前子ども

2　施設等利用費の額は、一月につき、第三十条の四各号に掲げる小学校就学前子どもの区分ごとに、子どものための教育・保育給付との均衡、子ども・子育て支援施設等の利用に要する標準的な費用の状況その他の事情を勘案して政令で定めるところにより算定した額とする。

3　施設等利用給付認定子どもが特定子ども・子育て支援施設等から特定子ども・子育て支援を受けたときは、市町村は、当該施設等利用給付認定子どもに係る施設等利用給付認定保護者が当該特定子ども・子育て支援施設等である施設の設置者又は事業を行う者（以下「特定子ども・子育て支援提供者」という。）に支払うべき当該特定子ども・子育て支援に要した費用について、施設等利用費として当該施設等利用給付認定保護者に支給すべき額の限度において、当該施設等利用給付認定保護者に代わり、当該特定子ども・子育て支援提供者に支払うことができる。

4　前項の規定による支払があったときは、施設等利用給付認定保護者に対し施設等利用費の支給があったものとみなす。

5　前各項に定めるもののほか、施設等利用費の支給に関し必要な事項は、内閣府令で定める。

第三章　特定教育・保育施設及び特定地域型保育事業者並びに特定子ども・子育て支援施設等

第一節　特定教育・保育施設及び特定地域型保育事業者

第一款　特定教育・保育施設

（特定教育・保育施設の確認）

第三一条　第二十七条第一項の確認は、内閣府令で定めるところにより、教育・保育施設の設置者（国（国立大学法人法（平成十五年法律第百十二号）第二条第一項に規定する国立大学法人を含む。第五十八条の九第二項、第三項及び第六項、第六十五条第四号及び第五号並びに附則第七条において同じ。）及び公立大学法人（地方独立行政法人法（平成十五年法律第百十八号）第六十八条第一項に規定する公立大学法人をいう。第五十八条の四第一項第一号、第五十八条の九第二項並びに第六十五条第三号及び第四号において同じ。）を除き、法人に限る。以下同じ。）の申請により、次の各号に掲げる教育・保育施設の区分に応じ、当該各号に定める小学校就学前子どもの区分ごとの利用定員を定めて、市町村長が行う。

一　認定こども園　第十九条第一項各号に掲げる小学校就学前子どもの区分

二　幼稚園　第十九条第一項第一号に掲げる小学校就学前子どもの区分

三　保育所　第十九条第一項第二号に掲げる小学校就学前子どもの区分及び同項第三号に掲げる小学校就学前子どもの区分

2　市町村長は、前項の規定により特定教育・保育施設の利用定員を定めようとするときは、あらかじめ、第七十七条第一項の審議会その他の合議制の機関を設置している場合にあってはその意見を、その他の場合にあっては子どもの保護者その他子ども・子育て支援に係る当事者の意見を聴かなければならない。

3　市町村長は、第一項の規定により特定教育・保育施設の利用定員を定めたときは、内閣府令で定めるところにより、都道府県知事に届け出なければならない。

（特定教育・保育施設の設置者の責務）

第三三条　特定教育・保育施設の設置者は、教育・保育給付認定保護者から利用の申込みを受けたときは、正当な理由がなければ、これを拒んではならない。

2　特定教育・保育施設の設置者は、第十九条第一項各号に掲げる小学校就学前子どもの区分ごとの当該特定教育・保育施設における前項の申込みに係る教育・保育給付認定子ども及び当該特定教育・保育施設を現に利用している教育・保育給付認定子どもの総数が、当該区分に応ずる当該特定教育・保育施設の利用定員の総数を超える場合においては、内閣府令で定めるところにより、同項の申込みに係る教育・保育給付認定子どもを公正な方法で選考しなければならない。

3　内閣総理大臣は、前項の内閣府令を定め、又は変更しようとするときは、あらかじめ、文部科学大臣及び厚生労働大臣に協議しなければならない。

4　特定教育・保育施設の設置者は、教育・保育給付認定子どもに対し適切な特定教育・保

育を提供するとともに、市町村、児童相談所、児童福祉施設（第四十五条第四項及び第五十八条の三第一項において「児童福祉施設」という。）、教育機関その他の関係機関との緊密な連携を図りつつ、良質な特定教育・保育を小学校就学前子どもの置かれている状況その他の事情に応じ、効果的に行うように努めなければならない。

5　特定教育・保育施設の設置者は、その提供する特定教育・保育の質の評価を行うことその他の措置を講ずることにより、特定教育・保育の質の向上に努めなければならない。

6　特定教育・保育施設の設置者は、小学校就学前子どもの人格を尊重するとともに、この法律及びこの法律に基づく命令を遵守し、誠実にその職務を遂行しなければならない。

（特定教育・保育施設の基準）

第三四条　特定教育・保育施設の設置者は、次の各号に掲げる教育・保育施設の区分に応じ、当該各号に定める基準（以下「教育・保育施設の認可基準」という。）を遵守しなければならない。

一　認定こども園　認定こども園法第三条第一項の規定により都道府県（地方自治法第二百五十二条の十九第一項の指定都市又は同法第二百五十二条の二十二第一項の中核市（以下「指定都市等」という。）の区域内に所在する認定こども園（都道府県が設置するものを除く。以下「指定都市等所在認定こども園」という。）については、当該指定都市等。以下この号において同じ。）の条例で定める要件（当該認定こども園が認定こども園法第三条第一項の認定を受けたものである場合又は同項の規定により都道府県の条例で定める要件に適合しているものとして同条第十一項の規定による公示がされたものである場合に限る。）、認定こども園法第三条第三項の規定により都道府県の条例で定める要件（当該認定こども園が同項の認定を受けたものである場合又は同項の規定により都道府県の条例で定める要件に適合しているものとして同条第十一項の規定による公示がされたものである場合に限る。）又は認定こども園法第十三条第一項の規定により都道府県の条例で定める設備及び運営についての基準（当該認定こども園が幼保連携型認定こども園（認定こども園法第二条第七項に規定する幼保連携型認定こども園をいう。）である場合に限る。）

二　幼稚園　学校教育法第三条に規定する学校の設備、編制その他に関する設置基準（第五十八条の四第一項第二号及び第三号並びに第五十八条の九第二項において「設置基準」という。）（幼稚園に係るものに限る。）

三　保育所　児童福祉法第四十五条第一項の規定により都道府県（指定都市等又は同法第五十九条の四第一項に規定する児童相談所設置市（以下「児童相談所設置市」という。）の区域内に所在する保育所（都道府県が設置するものを除く。第三十九条第二項及び第四十条第一項第二号において「指定都市等所在保育所」という。）については、当該指定都市等又は児童相談所設置市）の条例で定める児童福祉施設の設備及び運営についての基準（保育所に係るものに限る。）

2　特定教育・保育施設の設置者は、市町村の条例で定める特定教育・保育施設の運営に関する基準に従い、特定教育・保育（特定教育・保育施設が特別利用保育又は特別利用教育を行う場合にあっては、特別利用保育又は特別利用教育を含む。以下この款において同じ。）を提供しなければならない。

3　市町村が前項の条例を定めるに当たっては、次に掲げる事項については内閣府令で定める基準に従い定めるものとし、その他の事項については内閣府令で定める基準を参酌するものとする。

一　特定教育・保育施設に係る利用定員（第二十七条第一項の確認において定める利用定員をいう。第七十七条第一項第一号において同じ。）

二　特定教育・保育施設の運営に関する事項であって、小学校就学前子どもの適切な処遇の確保及び秘密の保持並びに小学校就学前子どもの健全な発達に密接に関連するものとして内閣府令で定めるもの

4　内閣総理大臣は、前項に規定する内閣府令で定める基準を定め、又は変更しようとするとき、及び同項第二号の内閣府令を定め、又は変更しようとするときは、あらかじめ、文部科学大臣及び厚生労働大臣に協議するとともに、特定教育・保育の取扱いに関する部分について第七十二条に規定する子ども・子育て会議の意見を聴かなければならない。

5　特定教育・保育施設の設置者は、次条第二項の規定による利用定員の減少の届出をしたとき又は第三十六条の規定による確認の辞退をするときは、当該届出の日又は同条に規定する予告期間の開始日の前一月以内に当該特定教育・保育を受けていた者であって、当該利用定員の減少又は確認の辞退の日以後においても引き続き当該特定教育・保育に相当する教育・保育の提供を希望する者に対し、必要な教育・保育が継続的に提供されるよう、他の特定教育・保育施設の設置者その他関係者との連絡調整その他の便宜の提供を行わなければならない。

第二款　特定地域型保育事業者

（特定地域型保育事業者の確認）

第四三条　第二十九条第一項の確認は、内閣府令で定めるところにより、地域型保育事業を行う者の申請により、地域型保育の種類及び当該地域型保育の種類に係る地域型保育事業を行う事業所（以下「地域型保育事業所」という。）ごとに、第十九条第一項第三号に掲げる小学校就学前子どもに係る利用定員（事業所内保育の事業を行う事業所（以下「事業所内保育事業所」という。）にあっては、その雇用する労働者の監護する小学校就学前子どもを保育するため当該事業所内保育の事業を自ら施設を設置し、又は委託して行う事業主に係る当該小学校就学前子ども（当該事業所内保育の事業が、事業主団体に係るものにあっては事業主団体の構成員である事業主の雇用する労働者の監護する小学校就学前子どもとし、共済組合等（児童福祉法第六条の三第十二項第一号ハに規定する共済組合等をいう。）に係るものにあっては共済組合等の構成員（同号ハに規定する共済組合等の構成員をいう。）の監護する小学校就学前子どもとする。以下「労働者等の監護する小学校就学前子ども」という。）及びその他の小学校就学前子どもごとに定める第十九条第一項第三号に掲げる小学校就学前子どもに係る利用定員とする。）を定めて、市町村長が行う。

2　市町村長は、前項の規定により特定地域型保育事業（特定地域型保育を行う事業をいう。以下同じ。）の利用定員を定めようとするときは、あらかじめ、第七十七条第一項の審議会その他の合議制の機関を設置している場合にあってはその意見を、その他の場合にあっては子どもの保護者その他子ども・子育て支援に係る当事者の意見を聴かなければならない。

（特定地域型保育事業者の責務）

第四五条　特定地域型保育事業者は、教育・保育給付認定保護者から利用の申込みを受けたときは、正当な理由がなければ、これを拒んではならない。

2　特定地域型保育事業者は、前項の申込みに係る満三歳未満保育認定子ども及び当該特定地域型保育事業者に係る特定地域型保育事業を現に利用している満三歳未満保育認定子どもの総数が、その利用定員の総数を超える場合においては、内閣府令で定めるところにより、同項の申込みに係る満三歳未満保育認定子どもを公正な方法で選考しなければならない。

3　内閣総理大臣は、前項の内閣府令を定め、又は変更しようとするときは、あらかじめ、厚生労働大臣に協議しなければならない。

4　特定地域型保育事業者は、満三歳未満保育

認定子どもに対し適切な地域型保育を提供するとともに、市町村、教育・保育施設、児童相談所、児童福祉施設、教育機関その他の関係機関との緊密な連携を図りつつ、良質な地域型保育を小学校就学前子どもの置かれている状況その他の事情に応じ、効果的に行うように努めなければならない。

5　特定地域型保育事業者は、その提供する地域型保育の質の評価を行うことその他の措置を講ずることにより、地域型保育の質の向上に努めなければならない。

6　特定地域型保育事業者は、小学校就学前子どもの人格を尊重するとともに、この法律及びこの法律に基づく命令を遵守し、誠実にその職務を遂行しなければならない。

（特定地域型保育事業の基準）

第四六条　特定地域型保育事業者は、地域型保育の種類に応じ、児童福祉法第三十四条の十六第一項の規定により市町村の条例で定める設備及び運営についての基準（以下「地域型保育事業の認可基準」という。）を遵守しなければならない。

2　特定地域型保育事業者は、市町村の条例で定める特定地域型保育事業の運営に関する基準に従い、特定地域型保育を提供しなければならない。

3　市町村が前項の条例を定めるに当たっては、次に掲げる事項については内閣府令で定める基準に従い定めるものとし、その他の事項については内閣府令で定める基準を参酌するものとする。

一　特定地域型保育事業に係る利用定員（第二十九条第一項の確認において定める利用定員をいう。第七十七条第一項第二号において同じ。）

二　特定地域型保育事業の運営に関する事項であって、小学校就学前子どもの適切な処遇の確保及び秘密の保持等並びに小学校就学前子どもの健全な発達に密接に関連するものとして内閣府令で定めるもの

4　内閣総理大臣は、前項に規定する内閣府令で定める基準を定め、又は変更しようとするとき、及び同項第二号の内閣府令を定め、又は変更しようとするときは、あらかじめ、厚生労働大臣に協議するとともに、特定地域型保育の取扱いに関する部分について第七十二条に規定する子ども・子育て会議の意見を聴かなければならない。

5　特定地域型保育事業者は、次条第二項の規定による利用定員の減少の届出をしたとき又は第四十八条の規定による確認の辞退をするときは、当該届出の日又は同条に規定する予告期間の開始日の前一月以内に当該特定地域型保育を受けていた者であって、当該利用定員の減少又は確認の辞退の日以後においても引き続き当該特定地域型保育に相当する地域型保育の提供を希望する者に対し、必要な地域型保育が継続的に提供されるよう、他の特定地域型保育事業者その他関係者との連絡調整その他の便宜の提供を行わなければならない。

第二節　特定子ども・子育て支援施設等

（特定子ども・子育て支援施設等の確認）

第五八条の二　第三十条の十一第一項の確認は、内閣府令で定めるところにより、子ども・子育て支援施設等である施設の設置者又は事業を行う者の申請により、市町村長が行う。

（特定子ども・子育て支援提供者の責務）

第五八条の三　特定子ども・子育て支援提供者は、施設等利用給付認定子どもに対し適切な特定子ども・子育て支援を提供するとともに、市町村、児童相談所、児童福祉施設、教育機関その他の関係機関との緊密な連携を図りつつ、良質な特定子ども・子育て支援を小学校就学前子どもの置かれている状況その他の事情に応じ、効果的に行うように努めなければならない。

2　特定子ども・子育て支援提供者は、小学校就学前子どもの人格を尊重するとともに、この法律及びこの法律に基づく命令を遵守し、誠実にその職務を遂行しなければならない。

（特定子ども・子育て支援施設等の基準）

第五八条の四　特定子ども・子育て支援提供者は、次の各号に掲げる子ども・子育て支援施設等の区分に応じ、当該各号に定める基準を遵守しなければならない。

一　認定こども園　認定こども園法第三条第一項の規定により都道府県（指定都市等所在認定こども園（都道府県が単独で又は他の地方公共団体と共同して設立する公立大学法人が設置するものを除く。）については、当該指定都市等。以下この号において同じ。）の条例で定める要件（当該認定こども園が同項の認定を受けたものである場合に限る。）、同条第三項の規定により都道府県の条例で定める要件（当該認定こども園が同項の認定を受けたものである場合に限る。）又は認定こども園法第十三条第一項の規定により都道府県の条例で定める設備及び運営についての基準（当該認定こども園が幼保連携型認定こども園である場合に限る。）

二　幼稚園　設置基準（幼稚園に係るものに限る。）

三　特別支援学校　設置基準（特別支援学校に係るものに限る。）

四　第七条第十項第四号に掲げる施設　同号の内閣府令で定める基準

五　第七条第十項第五号に掲げる事業　同号の内閣府令で定める基準

六　第七条第十項第六号に掲げる事業　児童福祉法第三十四条の十三の厚生労働省令で定める基準（第五十八条の九第三項において「一時預かり事業基準」という。）

七　第七条第十項第七号に掲げる事業　同号の内閣府令で定める基準

八　第七条第十項第八号に掲げる事業　同号の内閣府令で定める基準

2　特定子ども・子育て支援提供者は、内閣府令で定める特定子ども・子育て支援施設等の運営に関する基準に従い、特定子ども・子育て支援を提供しなければならない。

3　内閣総理大臣は、前項の内閣府令で定める特定子ども・子育て支援施設等の運営に関する基準を定め、又は変更しようとするときは、あらかじめ、文部科学大臣及び厚生労働大臣に協議しなければならない。

第四章　地域子ども・子育て支援事業

第五九条　市町村は、内閣府令で定めるところにより、第六十一条第一項に規定する市町村子ども・子育て支援事業計画に従って、地域子ども・子育て支援事業として、次に掲げる事業を行うものとする。

一　子ども及びその保護者が、確実に子ども・子育て支援給付を受け、及び地域子ども・子育て支援事業その他の子ども・子育て支援を円滑に利用できるよう、子ども及びその保護者の身近な場所において、地域の子ども・子育て支援に関する各般の問題につき、子ども又は子どもの保護者からの相談に応じ、必要な情報の提供及び助言を行うとともに、関係機関との連絡調整その他の内閣府令で定める便宜の提供を総合的に行う事業

二　教育・保育給付認定保護者であって、その保育認定子どもが、やむを得ない理由により利用日及び利用時間帯（当該教育・保育給付認定保護者が特定教育・保育施設等又は特例保育を行う事業者と締結した特定保育（特定教育・保育（保育に限る。）、特定地域型保育又は特例保育をいう。以下この号において同じ。）の提供に関する契約において、当該保育認定子どもが当該特定教育・保育施設等又は特例保育を行う事業者による特定保育を受ける日及び時間帯として定められた日及び時間帯をいう。）以外の日及び時間において当該特定教育・保育施設等又は特例保育を行う事業者による保育（保育必要量の範囲内のものを除く。以下この号において「時間外保育」という。）を受けたものに対し、内閣府令で定

めるところにより、当該教育・保育給付認定保護者が支払うべき時間外保育の費用の全部又は一部の助成を行うことにより、必要な保育を確保する事業

三　教育・保育給付認定保護者又は施設等利用給付認定保護者のうち、その属する世帯の所得の状況その他の事情を勘案して市町村が定める基準に該当するものに対し、当該教育・保育給付認定保護者又は施設等利用給付認定保護者が支払うべき次に掲げる費用の全部又は一部を助成する事業

イ　当該教育・保育給付認定保護者に係る教育・保育給付認定子どもが特定教育・保育、特別利用保育、特別利用教育、特定地域型保育又は特例保育（以下このイにおいて「特定教育・保育等」という。）を受けた場合における日用品、文房具その他の特定教育・保育等に必要な物品の購入に要する費用又は特定教育・保育等に係る行事への参加に要する費用その他これらに類する費用として市町村が定めるもの

ロ　当該施設等利用給付認定保護者に係る施設等利用給付認定子どもが特定子ども・子育て支援（特定子ども・子育て支援施設等である認定こども園又は幼稚園が提供するものに限る。）を受けた場合における食事の提供に要する費用として内閣府令で定めるもの

四　特定教育・保育施設等への民間事業者の参入の促進に関する調査研究その他多様な事業者の能力を活用した特定教育・保育施設等の設置又は運営を促進するための事業

五　児童福祉法第六条の三第二項に規定する放課後児童健全育成事業

六　児童福祉法第六条の三第三項に規定する子育て短期支援事業

七　児童福祉法第六条の三第四項に規定する乳児家庭全戸訪問事業

八　児童福祉法第六条の三第五項に規定する養育支援訪問事業その他同法第二十五条の二第一項に規定する要保護児童対策地域協議会その他の者による同法第二十五条の七第一項に規定する要保護児童等に対する支援に資する事業

九　児童福祉法第六条の三第六項に規定する地域子育て支援拠点事業

十　児童福祉法第六条の三第七項に規定する一時預かり事業

十一　児童福祉法第六条の三第十三項に規定する病児保育事業

十二　児童福祉法第六条の三第十四項に規定する子育て援助活動支援事業

十三　母子保健法（昭和四十年法律第百四十一号）第十三条第一項の規定に基づき妊婦に対して健康診査を実施する事業

第四章の二　仕事・子育て両立支援事業

第五九条の二　政府は、仕事と子育てとの両立に資する子ども・子育て支援の提供体制の充実を図るため、仕事・子育て両立支援事業として、児童福祉法第五十九条の二第一項に規定する施設（同項の規定による届出がされたものに限る。）のうち同法第六条の三第十二項に規定する業務を目的とするものその他事業主と連携して当該事業主が雇用する労働者の監護する乳児又は幼児の保育を行う業務に係るものの設置者に対し、助成及び援助を行う事業を行うことができる。

2　全国的な事業主の団体は、仕事・子育て両立支援事業の内容に関し、内閣総理大臣に対して意見を申し出ることができる。

第五章　子ども・子育て支援事業計画

（基本指針）

第六〇条　内閣総理大臣は、教育・保育及び地域子ども・子育て支援事業の提供体制を整備し、子ども・子育て支援給付並びに地域子ども・子育て支援事業及び仕事・子育て両立支援事業の円滑な実施の確保その他子ども・子育て支援のための施策を総合的に推進するための基本的な指針（以下「基本指針」という。）を定めるものとする。

2　基本指針においては、次に掲げる事項について定めるものとする。

一　子ども・子育て支援の意義並びに子どものための教育・保育給付に係る教育・保育を一体的に提供する体制その他の教育・保育を提供する体制の確保、子育てのための施設等利用給付の円滑な実施の確保並びに地域子ども・子育て支援事業及び仕事・子育て両立支援事業の実施に関する基本的事項

二　次条第一項に規定する市町村子ども・子育て支援事業計画において教育・保育及び地域子ども・子育て支援事業の量の見込みを定めるに当たって参酌すべき標準その他当該市町村子ども・子育て支援事業計画及び第六十二条第一項に規定する都道府県子ども・子育て支援事業支援計画の作成に関する事項

三　児童福祉法その他の関係法律による専門的な知識及び技術を必要とする児童の福祉増進のための施策との連携に関する事項

四　労働者の職業生活と家庭生活との両立が図られるようにするために必要な雇用環境の整備に関する施策との連携に関する事項

五　前各号に掲げるもののほか、子ども・子育て支援給付並びに地域子ども・子育て支援事業及び仕事・子育て両立支援事業の円滑な実施の確保その他子ども・子育て支援のための施策の総合的な推進のために必要な事項

3　内閣総理大臣は、基本指針を定め、又は変更しようとするときは、あらかじめ、文部科学大臣、厚生労働大臣その他の関係行政機関の長に協議するとともに、第七十二条に規定する子ども・子育て会議の意見を聴かなければならない。

4　内閣総理大臣は、基本指針を定め、又はこれを変更したときは、遅滞なく、これを公表しなければならない。

（市町村子ども・子育て支援事業計画）

第六一条　市町村は、基本指針に即して、五年を一期とする教育・保育及び地域子ども・子育て支援事業の提供体制の確保その他この法律に基づく業務の円滑な実施に関する計画（以下「市町村子ども・子育て支援事業計画」という。）を定めるものとする。

2　市町村子ども・子育て支援事業計画においては、次に掲げる事項を定めるものとする。

一　市町村が、地理的条件、人口、交通事情その他の社会的条件、教育・保育を提供するための施設の整備の状況その他の条件を総合的に勘案して定める区域（以下「教育・保育提供区域」という。）ごとの当該教育・保育提供区域における各年度の特定教育・保育施設に係る必要利用定員総数（第十九条第一項各号に掲げる小学校就学前子どもの区分ごとの必要利用定員総数とする。）、特定地域型保育事業所（事業所内保育事業所における労働者等の監護する小学校就学前子どもに係る部分を除く。）に係る必要利用定員総数（同項第三号に掲げる小学校就学前子どもに係るものに限る。）その他の教育・保育の量の見込み並びに実施しようとする教育・保育の提供体制の確保の内容及びその実施時期

二　教育・保育提供区域ごとの当該教育・保育提供区域における各年度の地域子ども・子育て支援事業の量の見込み並びに実施しようとする地域子ども・子育て支援事業の提供体制の確保の内容及びその実施時期

三　子どものための教育・保育給付に係る教育・保育の一体的提供及び当該教育・保育の推進に関する体制の確保の内容

3　市町村子ども・子育て支援事業計画においては、前項各号に規定するもののほか、次に掲げる事項について定めるよう努めるものとする。

一　産後の休業及び育児休業後における特定教育・保育施設等の円滑な利用の確保に関する事項

二　保護を要する子どもの養育環境の整備、児童福祉法第四条第二項に規定する障害児

に対して行われる保護並びに日常生活上の指導及び知識技能の付与その他の子どもに関する専門的な知識及び技術を要する支援に関する都道府県が行う施策との連携に関する事項

三　労働者の職業生活と家庭生活との両立が図られるようにするために必要な雇用環境の整備に関する施策との連携に関する事項

四　子育てのための施設等利用給付の円滑な実施の確保の内容

4　市町村子ども・子育て支援事業計画は、教育・保育提供区域における子どもの数、子どもの保護者の特定教育・保育施設等及び地域子ども・子育て支援事業の利用に関する意向その他の事情を勘案して作成されなければならない。

5　市町村は、教育・保育提供区域における子ども及びその保護者の置かれている環境その他の事情を正確に把握した上で、これらの事情を勘案して、市町村子ども・子育て支援事業計画を作成するよう努めるものとする。

6　市町村子ども・子育て支援事業計画は、社会福祉法第百七条第一項に規定する市町村地域福祉計画、教育基本法第十七条第二項の規定により市町村が定める教育の振興のための施策に関する基本的な計画（次条第四項において「教育振興基本計画」という。）その他の法律の規定による計画であって子どもの福祉又は教育に関する事項を定めるものと調和が保たれたものでなければならない。

7　市町村は、市町村子ども・子育て支援事業計画を定め、又は変更しようとするときは、あらかじめ、第七十七条第一項の審議会その他の合議制の機関を設置している場合にあってはその意見を、その他の場合にあっては子どもの保護者その他子ども・子育て支援に係る当事者の意見を聴かなければならない。

8　市町村は、市町村子ども・子育て支援事業計画を定め、又は変更しようとするときは、あらかじめ、インターネットの利用その他の内閣府令で定める方法により広く住民の意見を求めることその他の住民の意見を反映させるために必要な措置を講ずるよう努めるものとする。

9　市町村は、市町村子ども・子育て支援事業計画を定め、又は変更しようとするときは、あらかじめ、都道府県に協議しなければならない。

10　市町村は、市町村子ども・子育て支援事業計画を定め、又は変更したときは、遅滞なく、これを都道府県知事に提出しなければならない。

第七章　子ども・子育て会議等

（設置）

第七十二条　内閣府に、子ども・子育て会議（以下この章において「会議」という。）を置く。

（権限）

第七十三条　会議は、この法律又は他の法律によりその権限に属させられた事項を処理するほか、内閣総理大臣の諮問に応じ、この法律の施行に関する重要事項を調査審議する。

2　会議は、前項に規定する重要事項に関し内閣総理大臣その他の関係各大臣に意見を述べることができる。

3　会議は、この法律に基づく施策の実施状況を調査審議し、必要があると認めるときは、内閣総理大臣その他の関係各大臣に意見を述べることができる。

（会議の組織及び運営）

第七十四条　会議は、委員二十五人以内で組織する。

2　会議の委員は、子どもの保護者、都道府県知事、市町村長、事業主を代表する者、労働者を代表する者、子ども・子育て支援に関する事業に従事する者及び子ども・子育て支援に関し学識経験のある者のうちから、内閣総理大臣が任命する。

3　委員は、非常勤とする。

（市町村等における合議制の機関）

第七十七条　市町村は、条例で定めるところにより、次に掲げる事務を処理するため、審議会その他の合議制の機関を置くよう努めるものとする。

一　特定教育・保育施設の利用定員の設定に関し、第三十一条第二項に規定する事項を処理すること。

二　特定地域型保育事業の利用定員の設定に関し、第四十三条第二項に規定する事項を処理すること。

三　市町村子ども・子育て支援事業計画に関し、第六十一条第七項に規定する事項を処理すること。

四　当該市町村における子ども・子育て支援に関する施策の総合的かつ計画的な推進に関し必要な事項及び当該施策の実施状況を調査審議すること。

2　前項の合議制の機関は、同項各号に掲げる事務を処理するに当たっては、地域の子ども及び子育て家庭の実情を十分に踏まえなければならない。

3　前二項に定めるもののほか、第一項の合議制の機関の組織及び運営に関し必要な事項は、市町村の条例で定める。

4　都道府県は、条例で定めるところにより、次に掲げる事務を処理するため、審議会その他の合議制の機関を置くよう努めるものとする。

一　都道府県子ども・子育て支援事業支援計画に関し、第六十二条第五項に規定する事項を処理すること。

二　当該都道府県における子ども・子育て支援に関する施策の総合的かつ計画的な推進に関し必要な事項及び当該施策の実施状況を調査審議すること。

5　第二項及び第三項の規定は、前項の規定により都道府県に合議制の機関が置かれた場合に準用する。

●次世代育成支援対策推進法

（平成一五年七月一六日法律第一二〇号）

施行、平一五・七・一六
最終改正、平二九―法一四

第一章　総則

（目的）

第一条　この法律は、我が国における急速な少子化の進行並びに家庭及び地域を取り巻く環境の変化にかんがみ、次世代育成支援対策に関し、基本理念を定め、並びに国、地方公共団体、事業主及び国民の責務を明らかにするとともに、行動計画策定指針並びに地方公共団体及び事業主の行動計画の策定その他の次世代育成支援対策を推進するために必要な事項を定めることにより、次世代育成支援対策を迅速かつ重点的に推進し、もって次代の社会を担う子どもが健やかに生まれ、かつ、育成される社会の形成に資することを目的とする。

（定義）

第二条　この法律において「次世代育成支援対策」とは、次代の社会を担う子どもを育成し、又は育成しようとする家庭に対する支援その他の次代の社会を担う子どもが健やかに生まれ、かつ、育成される環境の整備のための国若しくは地方公共団体が講ずる施策又は事業主が行う雇用環境の整備その他の取組をいう。

（基本理念）

第三条　次世代育成支援対策は、父母その他の保護者が子育てについての第一義的責任を有するという基本的認識の下に、家庭その他の場において、子育ての意義についての理解が深められ、かつ、子育てに伴う喜びが実感されるように配慮して行われなければならない。

（国及び地方公共団体の責務）

第四条　国及び地方公共団体は、前条の基本理念（次条及び第七条第一項において「基本理念」という。）にのっとり、相互に連携を図りながら、次世代育成支援対策を総合的かつ効果的に推進するよう努めなければならない。

（**事業主の責務**）

第五条　事業主は、基本理念にのっとり、その雇用する労働者に係る多様な労働条件の整備その他の労働者の職業生活と家庭生活との両立が図られるようにするために必要な雇用環境の整備を行うことにより自ら次世代育成支援対策を実施するよう努めるとともに、国又は地方公共団体が講ずる次世代育成支援対策に協力しなければならない。

（**国民の責務**）

第六条　国民は、次世代育成支援対策の重要性に対する関心と理解を深めるとともに、国又は地方公共団体が講ずる次世代育成支援対策に協力しなければならない。

第二章　行動計画

第一節　行動計画策定指針

第七条　主務大臣は、次世代育成支援対策の総合的かつ効果的な推進を図るため、基本理念にのっとり、次条第一項の市町村行動計画及び第九条第一項の都道府県行動計画並びに第十二条第一項の一般事業主行動計画及び第十九条第一項の特定事業主行動計画（次項において「市町村行動計画等」という。）の策定に関する指針（以下「行動計画策定指針」という。）を定めなければならない。

2　行動計画策定指針においては、次に掲げる事項につき、市町村行動計画等の指針となるべきものを定めるものとする。

一　次世代育成支援対策の実施に関する基本的な事項

二　次世代育成支援対策の内容に関する事項

三　その他次世代育成支援対策の実施に関する重要事項

3　主務大臣は、少子化の動向、子どもを取り巻く環境の変化その他の事情を勘案して必要があると認めるときは、速やかに行動計画策定指針を変更するものとする。

4　主務大臣は、行動計画策定指針を定め、又はこれを変更しようとするときは、あらかじめ、子ども・子育て支援法（平成二十四年法律第六十五号）第七十二条に規定する子ども・子育て会議の意見を聴くとともに、次条第一項の市町村行動計画及び第九条第一項の都道府県行動計画に係る部分について総務大臣に協議しなければならない。

5　主務大臣は、行動計画策定指針を定め、又はこれを変更したときは、遅滞なく、これを公表しなければならない。

第二節　市町村行動計画及び都道府県行動計画

（**市町村行動計画**）

第八条　市町村は、行動計画策定指針に即して、五年ごとに、当該市町村の事務及び事業に関し、五年を一期として、地域における子育ての支援、母性並びに乳児及び幼児の健康の確保及び増進、子どもの心身の健やかな成長に資する教育環境の整備、子どもを育成する家庭に適した良質な住宅及び良好な居住環境の確保、職業生活と家庭生活との両立の推進その他の次世代育成支援対策の実施に関する計画（以下「市町村行動計画」という。）を策定することができる。

2　市町村行動計画においては、次に掲げる事項を定めるものとする。

一　次世代育成支援対策の実施により達成しようとする目標

二　実施しようとする次世代育成支援対策の内容及びその実施時期

3　市町村は、市町村行動計画を策定し、又は変更しようとするときは、あらかじめ、住民の意見を反映させるために必要な措置を講ずるものとする。

4　市町村は、市町村行動計画を策定し、又は変更しようとするときは、あらかじめ、事業主、労働者その他の関係者の意見を反映させるために必要な措置を講ずるよう努めなければならない。

5　市町村は、市町村行動計画を策定し、又は変更したときは、遅滞なく、これを公表するよう努めるとともに、都道府県に提出しなければならない。

6　市町村は、おおむね一年に一回、市町村行動計画に基づく措置の実施の状況を公表するよう努めるものとする。

7　市町村は、市町村行動計画を策定したときは、定期的に、市町村行動計画に基づく措置の実施の状況に関する評価を行い、市町村行動計画に検討を加え、必要があると認めるときは、これを変更することその他の必要な措置を講ずるよう努めなければならない。

8　市町村は、市町村行動計画の策定及び市町村行動計画に基づく措置の実施に関して特に必要があると認めるときは、事業主その他の関係者に対して調査を実施するため必要な協力を求めることができる。

（**都道府県行動計画**）

第九条　都道府県は、行動計画策定指針に即して、五年ごとに、当該都道府県の事務及び事業に関し、五年を一期として、地域における子育ての支援、保護を要する子どもの養育環境の整備、母性並びに乳児及び幼児の健康の確保及び増進、子どもの心身の健やかな成長に資する教育環境の整備、子どもを育成する家庭に適した良質な住宅及び良好な居住環境の確保、職業生活と家庭生活との両立の推進その他の次世代育成支援対策の実施に関する計画（以下「都道府県行動計画」という。）を策定することができる。

2　都道府県行動計画においては、次に掲げる事項を定めるものとする。

一　次世代育成支援対策の実施により達成しようとする目標

二　実施しようとする次世代育成支援対策の内容及びその実施時期

三　次世代育成支援対策を実施する市町村を支援するための措置の内容及びその実施時期

3　都道府県は、都道府県行動計画を策定し、又は変更しようとするときは、あらかじめ、住民の意見を反映させるために必要な措置を講ずるものとする。

4　都道府県は、都道府県行動計画を策定し、又は変更しようとするときは、あらかじめ、事業主、労働者その他の関係者の意見を反映させるために必要な措置を講ずるよう努めなければならない。

5　都道府県は、都道府県行動計画を策定し、又は変更したときは、遅滞なく、これを公表するよう努めるとともに、主務大臣に提出しなければならない。

6　都道府県は、おおむね一年に一回、都道府県行動計画に基づく措置の実施の状況を公表するよう努めるものとする。

7　都道府県は、都道府県行動計画を策定したときは、定期的に、都道府県行動計画に基づく措置の実施の状況に関する評価を行い、都道府県行動計画に検討を加え、必要があると認めるときは、これを変更することその他の必要な措置を講ずるよう努めなければならない。

8　都道府県は、都道府県行動計画の策定及び都道府県行動計画に基づく措置の実施に関して特に必要があると認めるときは、市町村、事業主その他の関係者に対して調査を実施するため必要な協力を求めることができる。

（**都道府県の助言等**）

第一〇条　都道府県は、市町村に対し、市町村行動計画の策定上の技術的事項について必要な助言その他の援助の実施に努めるものとする。

2　主務大臣は、都道府県に対し、都道府県行動計画の策定の手法その他都道府県行動計画の策定上重要な技術的事項について必要な助言その他の援助の実施に努めるものとする。

（**市町村及び都道府県に対する交付金の交付等**）

第一一条　国は、市町村又は都道府県に対し、市町村行動計画又は都道府県行動計画に定められた措置の実施に要する経費に充てるため、厚生労働省令で定めるところにより、予算の範囲内で、交付金を交付することができる。

2　国は、市町村又は都道府県が、市町村行動計画又は都道府県行動計画に定められた措置を実施しようとするときは、当該措置が円滑に実施されるように必要な助言その他の援助の実施に努めるものとする。

第三節　一般事業主行動計画

（**一般事業主行動計画の策定等**）

第一二条　国及び地方公共団体以外の事業主（以下「一般事業主」という。）であって、常時雇用する労働者の数が百人を超えるものは、行動計画策定指針に即して、一般事業主行動計画（一般事業主が実施する次世代育成支援対策に関する計画をいう。以下同じ。）を策定し、厚生労働省令で定めるところにより、厚生労働大臣にその旨を届け出なければならない。これを変更したときも同様とする。

2　一般事業主行動計画においては、次に掲げる事項を定めるものとする。

一　計画期間

二　次世代育成支援対策の実施により達成しようとする目標

三　実施しようとする次世代育成支援対策の内容及びその実施時期

3　第一項に規定する一般事業主は、一般事業主行動計画を策定し、又は変更したときは、厚生労働省令で定めるところにより、これを公表しなければならない。

4　一般事業主であって、常時雇用する労働者の数が百人以下のものは、行動計画策定指針に即して、一般事業主行動計画を策定し、厚生労働省令で定めるところにより、厚生労働大臣にその旨を届け出るよう努めなければならない。これを変更したときも同様とする。

5　前項に規定する一般事業主は、一般事業主行動計画を策定し、又は変更したときは、厚生労働省令で定めるところにより、これを公表するよう努めなければならない。

6　第一項に規定する一般事業主が同項の規定による届出又は第三項の規定による公表をしない場合には、厚生労働大臣は、当該一般事業主に対し、相当の期間を定めて当該届出又は公表をすべきことを勧告することができる。

（**一般事業主行動計画の労働者への周知等**）

第一二条の二　前条第一項に規定する一般事業主は、一般事業主行動計画を策定し、又は変更したときは、厚生労働省令で定めるところにより、これを労働者に周知させるための措置を講じなければならない。

2　前条第四項に規定する一般事業主は、一般事業主行動計画を策定し、又は変更したときは、厚生労働省令で定めるところにより、これを労働者に周知させるための措置を講ずるよう努めなければならない。

3　前条第六項の規定は、同条第一項に規定する一般事業主が第一項の規定による措置を講じない場合について準用する。

（**基準に適合する一般事業主の認定**）

第一三条　厚生労働大臣は、第十二条第一項又は第四項の規定による届出をした一般事業主からの申請に基づき、厚生労働省令で定めるところにより、当該事業主について、雇用環境の整備に関し、行動計画策定指針に照らし適切な一般事業主行動計画を策定したこと、当該一般事業主行動計画を実施し、当該一般事業主行動計画に定めた目標を達成したことその他の厚生労働省令で定める基準に適合するものである旨の認定を行うことができる。

（**認定一般事業主の表示等**）

第一四条　前条の認定を受けた一般事業主（以下「認定一般事業主」という。）は、商品又は役務、その広告又は取引に用いる書類若しくは通信その他の厚生労働省令で定めるもの（次項及び第十五条の四第一項において「広告等」という。）に厚生労働大臣の定める表示を付することができる。

2　何人も、前項の規定による場合を除くほか、広告等に同項の表示又はこれと紛らわしい表示を付してはならない。

（**認定一般事業主の認定の取消し**）

第一五条　厚生労働大臣は、認定一般事業主が次の各号のいずれかに該当するときは、第十三条の認定を取り消すことができる。

一　第十三条に規定する基準に適合しなくなったと認めるとき。

二　この法律又はこの法律に基づく命令に違反したとき。

三　前二号に掲げる場合のほか、認定一般事業主として適当でなくなったと認めるとき。

（**基準に適合する認定一般事業主の認定**）

第一五条の二　厚生労働大臣は、認定一般事業主からの申請に基づき、厚生労働省令で定めるところにより、当該認定一般事業主について、雇用環境の整備に関し、行動計画策定指針に照らし適切な一般事業主行動計画（その計画期間の末日が、当該認定一般事業主が第十三条の認定を受けた日以後であるものに限る。）を策定したこと、当該一般事業主行動計画を実施し、当該一般事業主行動計画に定めた目標を達成したこと、当該認定一般事業主の次世代育成支援対策の実施の状況が優良なものであることその他の厚生労働省令で定める基準に適合するものである旨の認定を行うことができる。

（**特例認定一般事業主の特例等**）

第一五条の三　前条の認定を受けた認定一般事業主（以下「特例認定一般事業主」という。）については、第十二条第一項及び第四項の規定は、適用しない。

2　特例認定一般事業主は、厚生労働省令で定めるところにより、毎年少なくとも一回、次世代育成支援対策の実施の状況を公表しなければならない。

3　特例認定一般事業主が前項の規定による公表をしない場合には、厚生労働大臣は、当該特例認定一般事業主に対し、相当の期間を定めて当該公表をすべきことを勧告することができる。

（**特例認定一般事業主の表示等**）

第一五条の四　特例認定一般事業主は、広告等に厚生労働大臣の定める表示を付することができる。

2　第十四条第二項の規定は、前項の表示について準用する。

（**特例認定一般事業主の認定の取消し**）

第一五条の五　厚生労働大臣は、特例認定一般事業主が次の各号のいずれかに該当するときは、第十五条の二の認定を取り消すことができる。

一　第十五条の規定により第十三条の認定を取り消すとき。

二　第十五条の二に規定する基準に適合しなくなったと認めるとき。

三　第十五条の三第二項の規定による公表をせず、又は虚偽の公表をしたとき。

四　前号に掲げる場合のほか、この法律又はこの法律に基づく命令に違反したとき。

五　前各号に掲げる場合のほか、特例認定一般事業主として適当でなくなったと認めるとき。

（**委託募集の特例等**）

第一六条　承認中小事業主団体の構成員である一般事業主であって、常時雇用する労働者の数が三百人以下のもの（以下この項及び次項において「中小事業主」という。）が、当該承認中小事業主団体をして次世代育成支援対策を推進するための措置の実施に関し必要な労働者の募集を行わせようとする場合において、当該承認中小事業主団体が当該募集に従事しようとするときは、職業安定法（昭和二十二年法律第百四十一号）第三十六条第一項及び第三項の規定は、当該構成員である中小事業主については、適用しない。

2　この条及び次条において「承認中小事業主団体」とは、事業協同組合、協同組合連合会その他の特別の法律により設立された組合若しくはその連合会であって厚生労働省令で定めるもの又は一般社団法人で中小事業主を直接又は間接の構成員とするもの（厚生労働省令で定める要件に該当するものに限る。以下この項において「事業協同組合等」という。）であって、その構成員である中小事業主に対し、次世代育成支援対策を推進するための人材確保に関する相談及び援助を行うものとして、当該事業協同組合等の申請に基づき厚生労働大臣がその定める基準により適当であると承認したものをいう。

3　厚生労働大臣は、承認中小事業主団体が前項の相談及び援助を行うものとして適当でなくなったと認めるときは、同項の承認を取り消すことができる。

4　承認中小事業主団体は、当該募集に従事しようとするときは、厚生労働省令で定めるところにより、募集時期、募集人員、募集地域その他の労働者の募集に関する事項で厚生労働省令で定めるものを厚生労働大臣に届け出なければならない。

5　職業安定法第三十七条第二項の規定は前項の規定による届出があった場合について、同法第五条の三第一項及び第四項、第五条の四、第三十九条、第四十一条第二項、第四十二条第一項、第四十二条の二、第四十八条の三第一項、第四十八条の四、第五十条第一項及び第二項並びに第五十一条の規定は前項の規定による届出をして労働者の募集に従事する者について、同法第四十条の規定は同項の規定による届出をして労働者の募集に従事する者に対する報酬の供与について、同法第五十条第三項及び第四項の規定はこの項において準用する同条第二項に規定する職権を行う場合について準用する。この場合において、同法第三十七条第二項中「労働者の募集を行おうとする者」とあるのは「次世代育成支援対策推進法（平成十五年法律第百二十号）第十六条第四項の規定による届出をして労働者の募集に従事しようとする者」と、同法第四十一条第二項中「当該労働者の募集の業務の廃止を命じ、又は期間」とあるのは「期間」と読み替えるものとする。

6　職業安定法第三十六条第二項及び第四十二条の三の規定の適用については、同法第三十六条第二項中「前項の」とあるのは「被用者以外の者をして労働者の募集に従事させようとする者がその被用者以外の者に与えようとする」と、同法第四十二条の三中「第三十九条に規定する募集受託者」とあるのは「次世代育成支援対策推進法第十六条第四項の規定による届出をして労働者の募集に従事する者」とする。

7　厚生労働大臣は、承認中小事業主団体に対し、第二項の相談及び援助の実施状況について報告を求めることができる。

第一七条　公共職業安定所は、前条第四項の規定による届出をして労働者の募集に従事する承認中小事業主団体に対して、雇用情報及び職業に関する調査研究の成果を提供し、かつ、これらに基づき当該募集の内容又は方法について指導することにより、当該募集の効果的かつ適切な実施の促進に努めなければならない。

（一般事業主に対する国の援助）

第一八条　国は、第十二条第一項又は第四項の規定により一般事業主行動計画を策定する一般事業主又はこれらの規定による届出をした一般事業主に対して、一般事業主行動計画の策定、公表若しくは労働者への周知又は当該一般事業主行動計画に基づく措置が円滑に実施されるように必要な助言、指導その他の援助の実施に努めるものとする。

第四節　特定事業主行動計画

第一九条　国及び地方公共団体の機関、それらの長又はそれらの職員で政令で定めるもの（以下「特定事業主」という。）は、政令で定めるところにより、行動計画策定指針に即して、特定事業主行動計画（特定事業主が実施する次世代育成支援対策に関する計画をいう。以下この条において同じ。）を策定するものとする。

2　特定事業主行動計画においては、次に掲げる事項を定めるものとする。

一　計画期間

二　次世代育成支援対策の実施により達成しようとする目標

三　実施しようとする次世代育成支援対策の内容及びその実施時期

3　特定事業主は、特定事業主行動計画を策定し、又は変更したときは、遅滞なく、これを公表しなければならない。

4　特定事業主は、特定事業主行動計画を策定し、又は変更したときは、遅滞なく、これを職員に周知させるための措置を講じなければならない。

5　特定事業主は、毎年少なくとも一回、特定事業主行動計画に基づく措置の実施の状況を公表しなければならない。

6　特定事業主は、特定事業主行動計画に基づく措置を実施するとともに、特定事業主行動計画に定められた目標を達成するよう努めなければならない。

第五節　次世代育成支援対策推進センター

第二〇条　厚生労働大臣は、一般事業主の団体又はその連合団体（法人でない団体又は連合団体であって代表者の定めがないものを除く。）であって、次項に規定する業務を適正かつ確実に行うことができると認めるものを、その申請により、次世代育成支援対策推進センターとして指定することができる。

2　次世代育成支援対策推進センターは、一般事業主行動計画の策定及び実施に関し、一般事業主その他の関係者に対し、雇用環境の整備に関する相談その他の援助の業務を行うものとする。

3　厚生労働大臣は、次世代育成支援対策推進センターの財産の状況又はその業務の運営に関し改善が必要であると認めるときは、次世代育成支援対策推進センターに対し、その改善に必要な措置をとるべきことを命ずることができる。

4　厚生労働大臣は、次世代育成支援対策推進センターが前項の規定による命令に違反したときは、第一項の指定を取り消すことができる。

5　次世代育成支援対策推進センターの役員若しくは職員又はこれらの職にあった者は、第二項に規定する業務に関して知り得た秘密を漏らしてはならない。

6　第一項の指定の手続その他次世代育成支援対策推進センターに関し必要な事項は、厚生労働省令で定める。

第三章　次世代育成支援対策地域協議会

第二一条　地方公共団体、事業主、住民その他の次世代育成支援対策の推進を図るための活動を行う者は、地域における次世代育成支援対策の推進に関し必要となるべき措置について協議するため、次世代育成支援対策地域協議会（以下「地域協議会」という。）を組織することができる。

2　前項の協議を行うための会議において協議が調った事項については、地域協議会の構成員は、その協議の結果を尊重しなければならない。

3　前二項に定めるもののほか、地域協議会の運営に関し必要な事項は、地域協議会が定める。

第四章　雑則

（主務大臣）

第二二条　第七条第一項及び第三項から第五項までにおける主務大臣は、行動計画策定指針のうち、市町村行動計画及び都道府県行動計画に係る部分並びに一般事業主行動計画に係る部分（雇用環境の整備に関する部分を除く。）については厚生労働大臣、内閣総理大臣、国家公安委員会、文部科学大臣、農林水産大臣、経済産業大臣、国土交通大臣及び環境大臣とし、その他の部分については厚生労働大臣とする。

2　第九条第五項及び第十条第二項における主務大臣は、厚生労働大臣、内閣総理大臣、国家公安委員会、文部科学大臣、農林水産大臣、経済産業大臣、国土交通大臣及び環境大臣とする。

（権限の委任）

第二十三条　第十二条から第十六条までに規定する厚生労働大臣の権限は、厚生労働省令で定めるところにより、その一部を都道府県労働局長に委任することができる。

第五章　罰則

第二十四条　第十六条第五項において準用する職業安定法第四十一条第二項の規定による業務の停止の命令に違反して、労働者の募集に従事した者は、一年以下の懲役又は百万円以下の罰金に処する。

第二十五条　次の各号のいずれかに該当する者は、六月以下の懲役又は三十万円以下の罰金に処する。

一　第十六条第四項の規定による届出をしないで、労働者の募集に従事した者

二　第十六条第五項において準用する職業安定法第三十七条第二項の規定による指示に従わなかった者

三　第十六条第五項において準用する職業安定法第三十九条又は第四十条の規定に違反した者

第二十六条　次の各号のいずれかに該当する者は、三十万円以下の罰金に処する。

一　第十四条第二項（第十五条の四第二項において準用する場合を含む。）の規定に違反した者

二　第十六条第五項において準用する職業安定法第五十条第一項の規定による報告をせず、又は虚偽の報告をした者

三　第十六条第五項において準用する職業安定法第五十条第二項の規定による立入り若しくは検査を拒み、妨げ、若しくは忌避し、又は質問に対して答弁をせず、若しくは虚偽の陳述をした者

四　第十六条第五項において準用する職業安定法第五十一条第一項の規定に違反して秘密を漏らした者

五　第二十条第五項の規定に違反して秘密を漏らした者

第二十七条　法人の代表者又は法人若しくは人の代理人、使用人その他の従業者が、その法人又は人の業務に関し、第二十四条、第二十五条又は前条第一号から第四号までの違反行為をしたときは、行為者を罰するほか、その法人又は人に対しても、各本条の罰金刑を科する。

附　則（抄）

（この法律の失効）

第二条　この法律は、平成三十七年三月三十一日限り、その効力を失う。

2・3（省略）

●子ども・若者育成支援推進法

（平成二一年七月八日法律第七一号）

施行、平二二・四・一
最終改正、平二七─法六六

第一章　総則

（目的）

第一条　この法律は、子ども・若者が次代の社会を担い、その健やかな成長が我が国社会の発展の基礎をなすものであることにかんがみ、日本国憲法及び児童の権利に関する条約の理念にのっとり、子ども・若者をめぐる環境が悪化し、社会生活を円滑に営む上での困難を有する子ども・若者の問題が深刻な状況にあることを踏まえ、子ども・若者の健やかな育成、子ども・若者が社会生活を円滑に営むことができるようにするための支援その他の取組（以下「子ども・若者育成支援」という。）について、その基本理念、国及び地方公共団体の責務並びに施策の基本となる事項を定めるとともに、子ども・若者育成支援推進本部を設置すること等により、他の関係法律による施策と相まって、総合的な子ども・若者育成支援のための施策（以下「子ども・若者育成支援施策」という。）を推進することを目的とする。

（基本理念）

第二条　子ども・若者育成支援は、次に掲げる事項を基本理念として行われなければならない。

一　一人一人の子ども・若者が、健やかに成長し、社会とのかかわりを自覚しつつ、自立した個人としての自己を確立し、他者とともに次代の社会を担うことができるようになることを目指すこと。

二　子ども・若者について、個人としての尊厳が重んぜられ、不当な差別的取扱いを受けることがないようにするとともに、その意見を十分に尊重しつつ、その最善の利益を考慮すること。

三　子ども・若者が成長する過程においては、様々な社会的要因が影響を及ぼすものであるとともに、とりわけ良好な家庭的環境で生活することが重要であることを旨とすること。

四　子ども・若者育成支援において、家庭、学校、職域、地域その他の社会のあらゆる分野におけるすべての構成員が、各々の役割を果たすとともに、相互に協力しながら一体的に取り組むこと。

五　子ども・若者の発達段階、生活環境、特性その他の状況に応じてその健やかな成長が図られるよう、良好な社会環境（教育、医療及び雇用に係る環境を含む。以下同じ。）の整備その他必要な配慮を行うこと。

六　教育、福祉、保健、医療、矯正、更生保護、雇用その他の各関連分野における知見を総合して行うこと。

七　修学及び就業のいずれもしていない子ども・若者その他の子ども・若者であって、社会生活を円滑に営む上での困難を有するものに対しては、その困難の内容及び程度に応じ、当該子ども・若者の意思を十分に尊重しつつ、必要な支援を行うこと。

（国の責務）

第三条　国は、前条に定める基本理念（以下「基本理念」という。）にのっとり、子ども・若者育成支援施策を策定し、及び実施する責務を有する。

（地方公共団体の責務）

第四条　地方公共団体は、基本理念にのっとり、子ども・若者育成支援に関し、国及び他の地方公共団体との連携を図りつつ、その区域内における子ども・若者の状況に応じた施策を策定し、及び実施する責務を有する。

（法制上の措置等）

第五条　政府は、子ども・若者育成支援施策を実施するため必要な法制上又は財政上の措置その他の措置を講じなければならない。

（年次報告）

第六条　政府は、毎年、国会に、我が国における子ども・若者の状況及び政府が講じた子ども・若者育成支援施策の実施の状況に関する報告を提出するとともに、これを公表しなければならない。

第二章　子ども・若者育成支援施策

（子ども・若者育成支援施策の基本）
第七条　子ども・若者育成支援施策は、基本理念にのっとり、国及び地方公共団体の関係機関相互の密接な連携並びに民間の団体及び国民一般の理解と協力の下に、関連分野における総合的な取組として行われなければならない。

（子ども・若者育成支援推進大綱）
第八条　子ども・若者育成支援推進本部は、子ども・若者育成支援施策の推進を図るための大綱（以下「子ども・若者育成支援推進大綱」という。）を作成しなければならない。
2　子ども・若者育成支援推進大綱は、次に掲げる事項について定めるものとする。
一　子ども・若者育成支援施策に関する基本的な方針
二　子ども・若者育成支援施策に関する次に掲げる事項
イ　教育、福祉、保健、医療、矯正、更生保護、雇用その他の各関連分野における施策に関する事項
ロ　子ども・若者の健やかな成長に資する良好な社会環境の整備に関する事項
ハ　第二条第七号に規定する支援に関する事項
ニ　イからハまでに掲げるもののほか、子ども・若者育成支援施策に関する重要事項
三　子ども・若者育成支援施策を総合的に実施するために必要な国の関係行政機関、地方公共団体及び民間の団体の連携及び協力に関する事項
四　子ども・若者育成支援に関する国民の理解の増進に関する事項
五　子ども・若者育成支援施策を推進するために必要な調査研究に関する事項
六　子ども・若者育成支援に関する人材の養成及び資質の向上に関する事項
七　子ども・若者育成支援に関する国際的な協力に関する事項
八　前各号に掲げるもののほか、子ども・若者育成支援施策を推進するために必要な事項
3　子ども・若者育成支援推進本部は、第一項の規定により子ども・若者育成支援推進大綱を作成したときは、遅滞なく、これを公表しなければならない。これを変更したときも、同様とする。

（都道府県子ども・若者計画等）
第九条　都道府県は、子ども・若者育成支援推進大綱を勘案して、当該都道府県の区域内における子ども・若者育成支援についての計画（以下この条において「都道府県子ども・若者計画」という。）を作成するよう努めるものとする。
2　市町村は、子ども・若者育成支援推進大綱（都道府県子ども・若者計画が作成されているときは、子ども・若者育成支援推進大綱及び都道府県子ども・若者計画）を勘案して、当該市町村の区域内における子ども・若者育成支援についての計画（次項において「市町村子ども・若者計画」という。）を作成するよう努めるものとする。
3　都道府県又は市町村は、都道府県子ども・若者計画又は市町村子ども・若者計画を作成したときは、遅滞なく、これを公表しなければならない。これを変更したときも、同様とする。

（国民の理解の増進等）
第一〇条　国及び地方公共団体は、子ども・若者育成支援に関し、広く国民一般の関心を高め、その理解と協力を得るとともに、社会を構成する多様な主体の参加による自主的な活動に資するよう、必要な啓発活動を積極的に行うものとする。

（社会環境の整備）
第一一条　国及び地方公共団体は、子ども・若者の健やかな成長を阻害する行為の防止その他の子ども・若者の健やかな成長に資する良好な社会環境の整備について、必要な措置を講ずるよう努めるものとする。

（意見の反映）
第一二条　国は、子ども・若者育成支援施策の策定及び実施に関して、子ども・若者を含めた国民の意見をその施策に反映させるために必要な措置を講ずるものとする。

（子ども・若者総合相談センター）
第一三条　地方公共団体は、子ども・若者育成支援に関する相談に応じ、関係機関の紹介その他の必要な情報の提供及び助言を行う拠点（第二十条第三項において「子ども・若者総合相談センター」という。）としての機能を担う体制を、単独で又は共同して、確保するよう努めるものとする。

（地方公共団体及び民間の団体に対する支援）
第一四条　国は、子ども・若者育成支援施策に関し、地方公共団体が実施する施策及び民間の団体が行う子ども・若者の社会参加の促進その他の活動を支援するため、情報の提供その他の必要な措置を講ずるよう努めるものとする。

第三章　子ども・若者が社会生活を円滑に営むことができるようにするための支援

（関係機関等による支援）
第一五条　国及び地方公共団体の機関、公益社団法人及び公益財団法人、特定非営利活動促進法（平成十年法律第七号）第二条第二項に規定する特定非営利活動法人その他の団体並びに学識経験者その他の者であって、教育、福祉、保健、医療、矯正、更生保護、雇用その他の子ども・若者育成支援に関連する分野の事務に従事するもの（以下「関係機関等」という。）は、修学及び就業のいずれもしていない子ども・若者その他の子ども・若者であって、社会生活を円滑に営む上での困難を有するものに対する次に掲げる支援（以下この章において単に「支援」という。）を行うよう努めるものとする。
一　社会生活を円滑に営むことができるようにするために、関係機関等の施設、子ども・若者の住居その他の適切な場所において、必要な相談、助言又は指導を行うこと。
二　医療及び療養を受けることを助けること。
三　生活環境を改善すること。
四　修学又は就業を助けること。
五　前号に掲げるもののほか、社会生活を営むために必要な知識技能の習得を助けること。
六　前各号に掲げるもののほか、社会生活を円滑に営むことができるようにするための援助を行うこと。
2　関係機関等は、前項に規定する子ども・若者に対する支援に寄与するため、当該子ども・若者の家族その他子ども・若者が円滑な社会生活を営むことに関係する者に対し、相談及び助言その他の援助を行うよう努めるものとする。

（関係機関等の責務）
第一六条　関係機関等は、必要な支援が早期かつ円滑に行われるよう、次に掲げる措置をとるとともに、必要な支援を継続的に行うよう努めるものとする。
一　前条第一項に規定する子ども・若者の状況を把握すること。
二　相互に連携を図るとともに、前条第一項に規定する子ども・若者又は当該子ども・若者の家族その他子ども・若者が円滑な社会生活を営むことに関係する者を必要に応じて速やかに適切な関係機関等に誘導すること。
三　関係機関等が行う支援について、地域住民に周知すること。

（調査研究の推進）
第一七条　国及び地方公共団体は、第十五条第一項に規定する子ども・若者が社会生活を円

滑に営む上での困難を有することとなった原因の究明、支援の方法等に関する必要な調査研究を行うよう努めるものとする。

（人材の養成等）

第一八条　国及び地方公共団体は、支援が適切に行われるよう、必要な知見を有する人材の養成及び資質の向上並びに第十五条第一項各号に掲げる支援を実施するための体制の整備に必要な施策を講ずるよう努めるものとする。

（子ども・若者支援地域協議会）

第一九条　地方公共団体は、関係機関等が行う支援を適切に組み合わせることによりその効果的かつ円滑な実施を図るため、単独で又は共同して、関係機関等により構成される子ども・若者支援地域協議会（以下「協議会」という。）を置くよう努めるものとする。

2　地方公共団体の長は、協議会を設置したときは、内閣府令で定めるところにより、その旨を公示しなければならない。

（協議会の事務等）

第二〇条　協議会は、前条第一項の目的を達するため、必要な情報の交換を行うとともに、支援の内容に関する協議を行うものとする。

2　協議会を構成する関係機関等（以下「構成機関等」という。）は、前項の協議の結果に基づき、支援を行うものとする。

3　協議会は、第一項に規定する情報の交換及び協議を行うため必要があると認めるとき、又は構成機関等による支援の実施に関し他の構成機関等から要請があった場合において必要があると認めるときは、構成機関等（構成機関等に該当しない子ども・若者総合相談センターとしての機能を担う者を含む。）に対し、支援の対象となる子ども・若者に関する情報の提供、意見の開陳その他の必要な協力を求めることができる。

（子ども・若者支援調整機関）

第二一条　協議会を設置した地方公共団体の長は、構成機関等のうちから一の機関又は団体を限り子ども・若者支援調整機関（以下「調整機関」という。）として指定することができる。

2　調整機関は、協議会に関する事務を総括するとともに、必要な支援が適切に行われるよう、協議会の定めるところにより、構成機関等が行う支援の状況を把握しつつ、必要に応じて他の構成機関等が行う支援を組み合わせるなど構成機関等相互の連絡調整を行うものとする。

（子ども・若者指定支援機関）

第二二条　協議会を設置した地方公共団体の長は、当該協議会において行われる支援の全般について主導的な役割を果たす者を定めることにより必要な支援が適切に行われることを確保するため、構成機関等（調整機関を含む。）のうちから一の団体を限り子ども・若者指定支援機関（以下「指定支援機関」という。）として指定することができる。

2　指定支援機関は、協議会の定めるところにより、調整機関と連携し、構成機関等が行う支援の状況を把握しつつ、必要に応じ、第十五条第一項第一号に掲げる支援その他の支援を実施するものとする。

（指定支援機関への援助等）

第二三条　国及び地方公共団体は、指定支援機関が前条第二項の業務を適切に行うことができるようにするため、情報の提供、助言その他必要な援助を行うよう努めるものとする。

2　国は、必要な支援があまねく全国において効果的かつ円滑に行われるよう、前項に掲げるもののほか、指定支援機関の指定を行っていない地方公共団体（協議会を設置していない地方公共団体を含む。）に対し、情報の提供、助言その他必要な援助を行うものとする。

3　協議会及び構成機関等は、指定支援機関に対し、支援の対象となる子ども・若者に関する情報の提供その他必要な協力を行うよう努めるものとする。

（秘密保持義務）

第二四条　協議会の事務（調整機関及び指定支援機関としての事務を含む。以下この条において同じ。）に従事する者又は協議会の事務に従事していた者は、正当な理由なく、協議会の事務に関して知り得た秘密を漏らしてはならない。

（協議会の定める事項）

第二五条　第十九条から前条までに定めるもののほか、協議会の組織及び運営に関し必要な事項は、協議会が定める。

第四章　子ども・若者育成支援推進本部

（設置）

第二六条　内閣府に、特別の機関として、子ども・若者育成支援推進本部（以下「本部」という。）を置く。

（所掌事務等）

第二七条　本部は、次に掲げる事務をつかさどる。

一　子ども・若者育成支援推進大綱を作成し、及びその実施を推進すること。

二　前号に掲げるもののほか、子ども・若者育成支援に関する重要な事項について審議すること。

三　前二号に掲げるもののほか、他の法令の規定により本部に属させられた事務

2　本部は、前項第一号に掲げる事務を遂行するため、必要に応じ、地方公共団体又は協議会の意見を聴くものとする。

（組織）

第二八条　本部は、子ども・若者育成支援推進本部長、子ども・若者育成支援推進副本部長及び子ども・若者育成支援推進本部員をもって組織する。

（子ども・若者育成支援推進本部長）

第二九条　本部の長は、子ども・若者育成支援推進本部長（以下「本部長」という。）とし、内閣総理大臣をもって充てる。

2　本部長は、本部の事務を総括し、所部の職員を指揮監督する。

（子ども・若者育成支援推進副本部長）

第三〇条　本部に、子ども・若者育成支援推進副本部長（以下「副本部長」という。）を置き、内閣官房長官並びに内閣府設置法（平成十一年法律第八十九号）第九条第一項に規定する特命担当大臣であって同項の規定により命を受けて同法第四条第一項第二十五号に掲げる事項に関する事務及びこれに関連する同条第三項に規定する事務を掌理するものをもって充てる。

2　副本部長は、本部長の職務を助ける。

（子ども・若者育成支援推進本部員）

第三一条　本部に、子ども・若者育成支援推進本部員（次項において「本部員」という。）を置く。

2　本部員は、次に掲げる者をもって充てる。

一　国家公安委員会委員長

二　総務大臣

三　法務大臣

四　文部科学大臣

五　厚生労働大臣

六　経済産業大臣

七　前各号に掲げるもののほか、本部長及び副本部長以外の国務大臣のうちから、内閣総理大臣が指定する者

（資料提出の要求等）

第三二条　本部は、その所掌事務を遂行するために必要があると認めるときは、関係行政機関の長に対し、資料の提出、意見の開陳、説明その他必要な協力を求めることができる。

2　本部は、その所掌事務を遂行するために特に必要があると認めるときは、前項に規定する者以外の者に対しても、必要な協力を依頼することができる。

（政令への委任）

第三三条　第二十六条から前条までに定めるもののほか、本部の組織及び運営に関し必要な事項は、政令で定める。

第五章　罰則

第三四条　第二十四条の規定に違反した者は、一年以下の懲役又は五十万円以下の罰金に処する。

附　則（省略）

●児童虐待の防止等に関する法律〔抄〕

（平成一二年五月二四日　法律第八二号）

施行、平一二・一一・二〇
最終改正、令二―法四一

（注）本書では、次の改正は織り込まず、本法末尾に改正規定を掲載した。
・平三〇法五九　施行＝平三四・四・一

（目的）
第一条　この法律は、児童虐待が児童の人権を著しく侵害し、その心身の成長及び人格の形成に重大な影響を与えるとともに、我が国における将来の世代の育成にも懸念を及ぼすことにかんがみ、児童に対する虐待の禁止、児童虐待の予防及び早期発見その他の児童虐待の防止に関する国及び地方公共団体の責務、児童虐待を受けた児童の保護及び自立の支援のための措置等を定めることにより、児童虐待の防止等に関する施策を促進し、もって児童の権利利益の擁護に資することを目的とする。

（児童虐待の定義）
第二条　この法律において、「児童虐待」とは、保護者（親権を行う者、未成年後見人その他の者で、児童を現に監護するものをいう。以下同じ。）がその監護する児童（十八歳に満たない者をいう。以下同じ。）について行う次に掲げる行為をいう。
一　児童の身体に外傷が生じ、又は生じるおそれのある暴行を加えること。
二　児童にわいせつな行為をすること又は児童をしてわいせつな行為をさせること。
三　児童の心身の正常な発達を妨げるような著しい減食又は長時間の放置、保護者以外の同居人による前二号又は次号に掲げる行為と同様の行為の放置その他の保護者としての監護を著しく怠ること。
四　児童に対する著しい暴言又は著しく拒絶的な対応、児童が同居する家庭における配偶者に対する暴力（配偶者（婚姻の届出をしていないが、事実上婚姻関係と同様の事情にある者を含む。）の身体に対する不法な攻撃であって生命又は身体に危害を及ぼすもの及びこれに準ずる心身に有害な影響を及ぼす言動をいう。第十六条において同じ。）その他の児童に著しい心理的外傷を与える言動を行うこと。

（児童に対する虐待の禁止）
第三条　何人も、児童に対し、虐待をしてはならない。

（国及び地方公共団体の責務等）
第四条　国及び地方公共団体は、児童虐待の予防及び早期発見、迅速かつ適切な児童虐待を受けた児童の保護及び自立の支援（児童虐待を受けた後十八歳となった者に対する自立の支援を含む。第三項及び次条第二項において同じ。）並びに児童虐待を行った保護者に対する親子の再統合の促進への配慮その他の児童虐待を受けた児童が家庭（家庭における養育環境と同様の養育環境及び良好な家庭的環境を含む。）で生活するために必要な配慮をした適切な指導及び支援を行うため、関係省庁相互間又は関係地方公共団体相互間、市町村、児童相談所、福祉事務所、配偶者からの暴力の防止及び被害者の保護等に関する法律（平成十三年法律第三十一号）第三条第一項に規定する配偶者暴力相談支援センター（次条第一項において単に「配偶者暴力相談支援センター」という。）、学校及び医療機関の間その他関係機関及び民間団体の間の連携の強化、民間団体の支援、医療の提供体制の整備その他児童虐待の防止等のために必要な体制の整備に努めなければならない。
2　国及び地方公共団体は、児童相談所等関係機関の職員及び学校の教職員、児童福祉施設の職員、医師、歯科医師、保健師、助産師、看護師、弁護士その他児童の福祉に職務上関係のある者が児童虐待を早期に発見し、その他児童虐待の防止に寄与することができるよう、研修等必要な措置を講ずるものとする。
3　国及び地方公共団体は、児童虐待を受けた児童の保護及び自立の支援を専門的知識に基づき適切に行うことができるよう、児童相談所等関係機関の職員、学校の教職員、児童福祉施設の職員その他児童虐待を受けた児童の保護及び自立の支援の職務に携わる者の人材の確保及び資質の向上を図るため、研修等必要な措置を講ずるものとする。
4　国及び地方公共団体は、児童虐待の防止に資するため、児童の人権、児童虐待が児童に及ぼす影響、児童虐待に係る通告義務等について必要な広報その他の啓発活動に努めなければならない。
5　国及び地方公共団体は、児童虐待を受けた児童がその心身に著しく重大な被害を受けた事例の分析を行うとともに、児童虐待の予防及び早期発見のための方策、児童虐待を受けた児童のケア並びに児童虐待を行った保護者の指導及び支援のあり方、学校の教職員及び児童福祉施設の職員が児童虐待の防止に果たすべき役割その他児童虐待の防止等のために必要な事項についての調査研究及び検証を行うものとする。
6　児童相談所の所長は、児童虐待を受けた児童が住所又は居所を当該児童相談所の管轄区域外に移転する場合においては、当該児童の家庭環境その他の環境の変化による影響に鑑み、当該児童及び当該児童虐待を行った保護者について、その移転の前後において指導、助言その他の必要な支援が切れ目なく行われるよう、移転先の住所又は居所を管轄する児童相談所の所長に対し、速やかに必要な情報の提供を行うものとする。この場合において、当該情報の提供を受けた児童相談所長は、児童福祉法（昭和二十二年法律第百六十四号）第二十五条の二第一項に規定する要保護児童対策地域協議会が速やかに当該情報の交換を行うことができるための措置その他の緊密な連携を図るために必要な措置を講ずるものとする。
7　児童の親権を行う者は、児童を心身ともに健やかに育成することについて第一義的責任を有するものであって、親権を行うに当たっては、できる限り児童の利益を尊重するよう努めなければならない。
8　何人も、児童の健全な成長のために、家庭（家庭における養育環境と同様の養育環境及び良好な家庭的環境を含む。）及び近隣社会の連帯が求められていることに留意しなければならない。

（児童虐待の早期発見等）
第五条　学校、児童福祉施設、病院、都道府県警察、婦人相談所、教育委員会、配偶者暴力相談支援センターその他児童の福祉に業務上関係のある団体及び学校の教職員、児童福祉施設の職員、医師、歯科医師、保健師、助産師、看護師、弁護士、警察官、婦人相談員その他児童の福祉に職務上関係のある者は、児童虐待を発見しやすい立場にあることを自覚し、児童虐待の早期発見に努めなければならない。
2　前項に規定する者は、児童虐待の予防その他の児童虐待の防止並びに児童虐待を受けた児童の保護及び自立の支援に関する国及び地方公共団体の施策に協力するよう努めなければならない。
3　第一項に規定する者は、正当な理由がなく、その職務に関して知り得た児童虐待を受けたと思われる児童に関する秘密を漏らしてはならない。
4　前項の規定その他の守秘義務に関する法律の規定は、第二項の規定による国及び地方公共団体の施策に協力するように努める義務の遵守を妨げるものと解釈してはならない。
5　学校及び児童福祉施設は、児童及び保護者に対して、児童虐待の防止のための教育又は啓発に努めなければならない。

（児童虐待に係る通告）
第六条　児童虐待を受けたと思われる児童を発見した者は、速やかに、これを市町村、都道府県の設置する福祉事務所若しくは児童相談所又は児童委員を介して市町村、都道府県の設置する福祉事務所若しくは児童相談所に通告しなければならない。

2　前項の規定による通告は、児童福祉法第二十五条第一項の規定による通告とみなして、同法の規定を適用する。

3　刑法（明治四十年法律第四十五号）の秘密漏示罪の規定その他の守秘義務に関する法律の規定は、第一項の規定による通告をする義務の遵守を妨げるものと解釈してはならない。

第七条　市町村、都道府県の設置する福祉事務所又は児童相談所が前条第一項の規定による通告を受けた場合においては、当該通告を受けた市町村、都道府県の設置する福祉事務所又は児童相談所の所長、所員その他の職員及び当該通告を仲介した児童委員は、その職務上知り得た事項であって当該通告をした者を特定させるものを漏らしてはならない。

（通告又は送致を受けた場合の措置）

第八条　市町村又は都道府県の設置する福祉事務所が第六条第一項の規定による通告を受けたときは、市町村又は福祉事務所の長は、必要に応じ近隣住民、学校の教職員、児童福祉施設の職員その他の者の協力を得つつ、当該児童との面会その他の当該児童の安全の確認を行うための措置を講ずるとともに、必要に応じ次に掲げる措置を採るものとする。

一　児童福祉法第二十五条の七第一項第一号若しくは第二項第一号又は第二十五条の八第一号の規定により当該児童を児童相談所に送致すること。

二　当該児童のうち次条第一項の規定による出頭の求め及び調査若しくは質問、第九条第一項の規定による立入り及び調査若しくは質問又は児童福祉法第三十三条第一項若しくは第二項の規定による一時保護の実施が適当であると認めるものを都道府県知事又は児童相談所長へ通知すること。

2　児童相談所が第六条第一項の規定による通告又は児童福祉法第二十五条の七第一項若しくは第二項第一号若しくは第二十五条の八第一号の規定による送致を受けたときは、児童相談所長は、必要に応じ近隣住民、学校の教職員、児童福祉施設の職員その他の者の協力を得つつ、当該児童との面会その他の当該児童の安全の確認を行うための措置を講ずるとともに、必要に応じ次に掲げる措置を採るものとする。

一　児童福祉法第三十三条第一項の規定により当該児童の一時保護を行い、又は適当な者に委託して、当該一時保護を行わせること。

二　児童福祉法第二十六条第一項第三号の規定により当該児童のうち第六条第一項の規定による通告を受けたものを市町村に送致すること。

三　当該児童のうち児童福祉法第二十五条の八第三号に規定する保育の利用等（以下この号において「保育の利用等」という。）が適当であると認めるものをその保育の利用等に係る都道府県又は市町村の長へ報告し、又は通知すること。

四　当該児童のうち児童福祉法第六条の三第二項に規定する放課後児童健全育成事業、同条第三項に規定する子育て短期支援事業、同条第五項に規定する養育支援訪問事業、同条第六項に規定する地域子育て支援拠点事業、同条第十四項に規定する子育て援助活動支援事業、子ども・子育て支援法（平成二十四年法律第六十五号）第五十九条第一号に掲げる事業その他市町村が実施する児童の健全な育成に資する事業の実施が適当であると認めるものをその事業の実施に係る市町村の長へ通知すること。

3　前二項の児童の安全の確認を行うための措置、市町村若しくは児童相談所への送致又は一時保護を行う者は、速やかにこれを行うものとする。

（出頭要求等）

第八条の二　都道府県知事は、児童虐待が行われているおそれがあると認めるときは、当該児童の保護者に対し、当該児童を同伴して出頭することを求め、児童委員又は児童の福祉に関する事務に従事する職員をして、必要な調査又は質問をさせることができる。この場合においては、その身分を証明する証票を携帯させ、関係者の請求があったときは、これを提示させなければならない。

2　都道府県知事は、前項の規定により当該児童の保護者の出頭を求めようとするときは、厚生労働省令で定めるところにより、当該保護者に対し、出頭を求める理由となった事実の内容、出頭を求める日時及び場所、同伴すべき児童の氏名その他必要な事項を記載した書面により告知しなければならない。

3　都道府県知事は、第一項の保護者が同項の規定による出頭の求めに応じない場合は、次条第一項の規定による児童委員又は児童の福祉に関する事務に従事する職員の立入り及び調査又は質問その他の必要な措置を講ずるものとする。

（立入調査等）

第九条　都道府県知事は、児童虐待が行われているおそれがあると認めるときは、児童委員又は児童の福祉に関する事務に従事する職員をして、児童の住所又は居所に立ち入り、必要な調査又は質問をさせることができる。この場合においては、その身分を証明する証票を携帯させ、関係者の請求があったときは、これを提示させなければならない。

2　前項の規定による児童委員又は児童の福祉に関する事務に従事する職員の立入り及び調査又は質問は、児童福祉法第二十九条の規定による児童委員又は児童の福祉に関する事務に従事する職員の立入り及び調査又は質問とみなして、同法第六十一条の五の規定を適用する。

（再出頭要求等）

第九条の二　都道府県知事は、第八条の二第一項の保護者又は前条第一項の児童の保護者が正当な理由なく同項の規定による児童委員又は児童の福祉に関する事務に従事する職員の立入り又は調査を拒み、妨げ、又は忌避した場合において、児童虐待が行われているおそれがあると認めるときは、当該保護者に対し、当該児童を同伴して出頭することを求め、児童委員又は児童の福祉に関する事務に従事する職員をして、必要な調査又は質問をさせることができる。この場合においては、その身分を証明する証票を携帯させ、関係者の請求があったときは、これを提示させなければならない。

2　第八条の二第二項の規定は、前項の規定による出頭の求めについて準用する。

（臨検、捜索等）

第九条の三　都道府県知事は、第八条の二第一項の保護者又は第九条第一項の児童の保護者が正当な理由なく同項の規定による児童委員又は児童の福祉に関する事務に従事する職員の立入り又は調査を拒み、妨げ、又は忌避した場合において、児童虐待が行われている疑いがあるときは、当該児童の安全の確認を行い、又はその安全を確保するため、児童の福祉に関する事務に従事する職員をして、当該児童の住所又は居所の所在地を管轄する地方裁判所、家庭裁判所又は簡易裁判所の裁判官があらかじめ発する許可状により、当該児童の住所若しくは居所に臨検させ、又は当該児童を捜索させることができる。

2　都道府県知事は、前項の規定による臨検又は捜索をさせるときは、児童の福祉に関する事務に従事する職員をして、必要な調査又は質問をさせることができる。

3　都道府県知事は、第一項の許可状（以下「許可状」という。）を請求する場合においては、児童虐待が行われている疑いがあると認められる資料、臨検させようとする住所又は居所に当該児童が現在すると認められる資料及び当該児童の保護者が第九条第一項の規定による立入り又は調査を拒み、妨げ、又は忌避したことを証する資料を提出しなければならない。

4　前項の請求があった場合においては、地方裁判所、家庭裁判所又は簡易裁判所の裁判官は、臨検すべき場所又は捜索すべき児童の氏名並びに有効期間、その期間経過後は執行に着手することができずこれを返還しなければならない旨、交付の年月日及び裁判所名を記載し、自己の記名押印した許可状を都道府県知事に交付しなければならない。

5　都道府県知事は、許可状を児童の福祉に関する事務に従事する職員に交付して、第一項の規定による臨検又は捜索をさせるものとする。

6　第一項の規定による臨検又は捜索に係る制度は、児童虐待が保護者がその監護する児童に対して行うものであるために他人から認知されること及び児童がその被害から自ら逃れることが困難である等の特別の事情から児童の生命又は身体に重大な危険を生じさせるおそれがあることにかんがみ特に設けられたものであることを十分に踏まえた上で、適切に運用されなければならない。

（臨検又は捜索の夜間執行の制限）

第九条の四　前条第一項の規定による臨検又は捜索は、許可状に夜間でもすることができる旨の記載がなければ、日没から日の出までの間には、してはならない。

2　日没前に開始した前条第一項の規定による臨検又は捜索は、必要があると認めるときは、日没後まで継続することができる。

（許可状の提示）

第九条の五　第九条の三第一項の規定による臨検又は捜索の許可状は、これらの処分を受ける者に提示しなければならない。

（身分の証明）

第九条の六　児童の福祉に関する事務に従事する職員は、第九条の三第一項の規定による臨検若しくは捜索又は同条第二項の規定による調査若しくは質問（以下「臨検等」という。）をするときは、その身分を示す証票を携帯し、関係者の請求があったときは、これを提示しなければならない。

（臨検又は捜索に際しての必要な処分）

第九条の七　児童の福祉に関する事務に従事する職員は、第九条の三第一項の規定による臨検又は捜索をするに当たって必要があるときは、錠をはずし、その他必要な処分をすることができる。

（臨検等をする間の出入りの禁止）

第九条の八　児童の福祉に関する事務に従事する職員は、臨検等をする間は、何人に対しても、許可を受けないでその場所に出入りすることを禁止することができる。

（責任者等の立会い）

第九条の九　児童の福祉に関する事務に従事する職員は、第九条の三第一項の規定による臨検又は捜索をするときは、当該児童の住所若しくは居所の所有者若しくは管理者（これらの者の代表者、代理人その他これらの者に代わるべき者を含む。）又は同居の親族で成年に達した者を立ち会わせなければならない。

2　前項の場合において、同項に規定する者を立ち会わせることができないときは、その隣人で成年に達した者又はその地の地方公共団体の職員を立ち会わせなければならない。

（警察署長に対する援助要請等）

第一〇条　児童相談所長は、第八条第二項の児童の安全の確認を行おうとする場合、又は同項第一号の一時保護を行おうとし、若しくは行わせようとする場合において、これらの職務の執行に際し必要があると認めるときは、当該児童の住所又は居所の所在地を管轄する警察署長に対し援助を求めることができる。都道府県知事が、第九条第一項の規定による立入り及び調査若しくは質問をさせ、又は臨検等をさせようとする場合についても、同様とする。

2　児童相談所長又は都道府県知事は、児童の安全の確認及び安全の確保に万全を期する観点から、必要に応じ迅速かつ適切に、前項の規定により警察署長に対し援助を求めなければならない。

3　警察署長は、第一項の規定による援助の求めを受けた場合において、児童の生命又は身体の安全を確認し、又は確保するため必要と認めるときは、速やかに、所属の警察官に、同項の職務の執行を援助するために必要な警察官職務執行法（昭和二十三年法律第百三十六号）その他の法令の定めるところによる措置を講じさせるよう努めなければならない。

（調書）

第一〇条の二　児童の福祉に関する事務に従事する職員は、第九条の三第一項の規定による臨検又は捜索をしたときは、これらの処分をした年月日及びその結果を記載した調書を作成し、立会人に示し、当該立会人とともにこれに署名押印しなければならない。ただし、立会人が署名押印をせず、又は署名押印することができないときは、その旨を付記すれば足りる。

（都道府県知事への報告）

第一〇条の三　児童の福祉に関する事務に従事する職員は、臨検等を終えたときは、その結果を都道府県知事に報告しなければならない。

（行政手続法の適用除外）

第一〇条の四　臨検等に係る処分については、行政手続法（平成五年法律第八十八号）第三章の規定は、適用しない。

（審査請求の制限）

第一〇条の五　臨検等に係る処分については、審査請求をすることができない。

（行政事件訴訟の制限）

第一〇条の六　臨検等に係る処分については、行政事件訴訟法（昭和三十七年法律第百三十九号）第三十七条の四の規定による差止めの訴えを提起することができない。

（児童虐待を行った保護者に対する指導等）

第一一条　都道府県知事又は児童相談所長は、児童虐待を行った保護者について児童福祉法第二十七条第一項第二号又は第二十六条第一項第二号の規定により指導を行う場合は、当該保護者について、児童虐待の再発を防止するため、医学的又は心理学的知見に基づく指導を行うよう努めるものとする。

2　児童虐待を行った保護者について児童福祉法第二十七条第一項第二号の規定により行われる指導は、親子の再統合への配慮その他の児童虐待を受けた児童が家庭（家庭における養育環境と同様の養育環境及び良好な家庭的環境を含む。）で生活するために必要な配慮の下に適切に行われなければならない。

3　児童虐待を行った保護者について児童福祉法第二十七条第一項第二号の措置が採られた場合においては、当該保護者は、同号の指導を受けなければならない。

4　前項の場合において保護者が同項の指導を受けないときは、都道府県知事は、当該保護者に対し、同項の指導を受けるよう勧告することができる。

5　都道府県知事は、前項の規定による勧告を受けた保護者が当該勧告に従わない場合において必要があると認めるときは、児童相談所長をして児童虐待を受けた児童の一時保護を行わせ、又は適当な者に当該一時保護を行うことを委託させ、同法第二十七条第一項第三号又は第二十八条第一項の規定による措置を採る等の必要な措置を講ずるものとする。

6　児童相談所長は、第四項の規定による勧告を受けた保護者が当該勧告に従わず、その監護する児童に対し親権を行わせることが著しく当該児童の福祉を害する場合には、必要に応じて、適切に、児童福祉法第三十三条の七の規定による請求を行うものとする。

7　都道府県は、保護者への指導（第二項の指導及び児童虐待を行った保護者に対する児童福祉法第十一条第一項第二号ニの規定による指導をいう。以下この項において同じ。）を効果的に行うため、同法第十三条第五項に規定する指導教育担当児童福祉司に同項に規定する指導及び教育のほか保護者への指導を行う者に対する専門的技術に関する指導及び教育を行わせるとともに、第八条の二第一項の規定による調査若しくは質問、第九条第一項の規定による立入り及び調査若しくは質問、第九条の二第一項の規定による調査若しくは質問、第九条の三第一項の規定による臨検若しくは捜索又は同条第二項の規定による調査若しくは質問をした児童の福祉に関する事務に従事する職員並びに同法第三十三条第一項又は第二項の規定による児童の一時保護を行った児童福祉司以外の者に当該児童に係る保護者への指導を行わせることその他の必要な措置を講じなければならない。

（面会等の制限等）

第一二条　児童虐待を受けた児童について児童福祉法第二十七条第一項第三号の措置（以下

「施設入所等の措置」という。）が採られ、又は同法第三十三条第一項若しくは第二項の規定による一時保護が行われた場合において、児童虐待の防止及び児童虐待を受けた児童の保護のため必要があると認めるときは、児童相談所長及び当該児童について施設入所等の措置が採られている場合における当該施設入所等の措置に係る同号に規定する施設の長は、厚生労働省令で定めるところにより、当該児童虐待を行った保護者について、次に掲げる行為の全部又は一部を制限することができる。

一　当該児童との面会

二　当該児童との通信

2　前項の施設の長は、同項の規定による制限を行った場合又は行わなくなった場合は、その旨を児童相談所長に通知するものとする。

3　児童虐待を受けた児童について施設入所等の措置（児童福祉法第二十八条の規定によるものに限る。）が採られ、又は同法第三十三条第一項若しくは第二項の規定による一時保護が行われた場合において、当該児童虐待を行った保護者に対し当該児童の住所又は居所を明らかにしたとすれば、当該保護者が当該児童を連れ戻すおそれがある等再び児童虐待が行われるおそれがあり、又は当該児童の保護に支障をきたすと認めるときは、児童相談所長は、当該保護者に対し、当該児童の住所又は居所を明らかにしないものとする。

第十二条の二　児童虐待を受けた児童について施設入所等の措置（児童福祉法第二十八条の規定によるものを除く。以下この項において同じ。）が採られた場合において、当該児童虐待を行った保護者に当該児童を引き渡した場合には再び児童虐待が行われるおそれがあると認められるにもかかわらず、当該保護者が当該児童の引渡しを求めること、当該保護者が前条第一項の規定による制限に従わないことその他の事情から当該児童について当該施設入所等の措置を採ることが当該保護者の意に反し、これを継続することが困難であると認めるときは、児童相談所長は、次項の報告を行うに至るまで、同法第三十三条第一項の規定により当該児童の一時保護を行い、又は適当な者に委託して、当該一時保護を行わせることができる。

2　児童相談所長は、前項の一時保護を行った、又は行わせた場合には、速やかに、児童福祉法第二十六条第一項第一号の規定に基づき、同法第二十八条の規定による施設入所等の措置を要する旨を都道府県知事に報告しなければならない。

第十二条の三　児童相談所長は、児童福祉法第三十三条第一項の規定により、児童虐待を受けた児童について一時保護を行っている、又は適当な者に委託して、一時保護を行わせている場合（前条第一項の一時保護を行っている、又は行わせている場合を除く。）において、当該児童について施設入所等の措置を要すると認めるときであって、当該児童虐待を行った保護者に当該児童を引き渡した場合には再び児童虐待が行われるおそれがあると認められるにもかかわらず、当該保護者が当該児童の引渡しを求めること、当該保護者が第十二条第一項の規定による制限に従わないことその他の事情から当該児童について施設入所等の措置を採ることが当該保護者の意に反すると認めるときは、速やかに、同法第二十六条第一項第一号の規定に基づき、同法第二十八条の規定による施設入所等の措置を要する旨を都道府県知事に報告しなければならない。

第十二条の四　都道府県知事又は児童相談所長は、児童虐待を受けた児童について施設入所等の措置が採られ、又は児童福祉法第三十三条第一項若しくは第二項の規定による一時保護が行われ、かつ、第十二条第一項の規定により、当該児童虐待を行った保護者について、同項各号に掲げる行為の全部が制限されている場合において、児童虐待の防止及び児童虐待を受けた児童の保護のため特に必要があると認めるときは、厚生労働省令で定めるところにより、六月を超えない期間を定めて、当該保護者に対し、当該児童の住所若しくは居所、就学する学校その他の場所において当該児童の身辺につきまとい、又は当該児童の住所若しくは居所、就学する学校その他その通常所在する場所（通学路その他の当該児童が日常生活又は社会生活を営むために通常移動する経路を含む。）の付近をはいかいしてはならないことを命ずることができる。

2　都道府県知事又は児童相談所長は、前項に規定する場合において、引き続き児童虐待の防止及び児童虐待を受けた児童の保護のため特に必要があると認めるときは、六月を超えない期間を定めて、同項の規定による命令に係る期間を更新することができる。

3　都道府県知事又は児童相談所長は、第一項の規定による命令をしようとするとき（前項の規定により第一項の規定による命令に係る期間を更新しようとするときを含む。）は、行政手続法第十三条第一項の規定による意見陳述のための手続の区分にかかわらず、聴聞を行わなければならない。

4　第一項の規定による命令をするとき（第二項の規定により第一項の規定による命令に係る期間を更新するときを含む。）は、厚生労働省令で定める事項を記載した命令書を交付しなければならない。

5　第一項の規定による命令が発せられた後に施設入所等の措置が解除され、停止され、若しくは他の措置に変更された場合、児童福祉法第三十三条第一項若しくは第二項の規定による一時保護が解除された場合又は第十二条第一項の規定による制限の全部若しくは一部が行われなくなった場合は、当該命令は、その効力を失う。同法第二十八条第三項の規定により引き続き施設入所等の措置が採られ、又は同法第三十三条第六項の規定により引き続き一時保護が行われている場合において、第一項の規定による命令が発せられたときであって、当該命令に係る期間が経過する前に同法第二十八条第二項の規定による当該施設入所等の措置の期間の更新に係る承認の申立てに対する審判又は同法第三十三条第五項本文の規定による引き続いての一時保護に係る承認の申立てに対する審判が確定したときも、同様とする。

6　都道府県知事又は児童相談所長は、第一項の規定による命令をした場合において、その必要がなくなったと認めるときは、厚生労働省令で定めるところにより、その命令を取り消さなければならない。

（施設入所等の措置の解除等）

第十三条　都道府県知事は、児童虐待を受けた児童について施設入所等の措置が採られ、及び当該児童の保護者について児童福祉法第二十七条第一項第二号の措置が採られた場合において、当該児童について採られた施設入所等の措置を解除しようとするときは、当該児童の保護者について同号の指導を行うこととされた児童福祉司等の意見を聴くとともに、当該児童の保護者に対し採られた当該指導の効果、当該児童に対し再び児童虐待が行われることを予防するために採られる措置について見込まれる効果、当該児童の家庭環境その他厚生労働省令で定める事項を勘案しなければならない。

2　都道府県知事は、児童虐待を受けた児童について施設入所等の措置が採られ、又は児童福祉法第三十三条第二項の規定による一時保護が行われた場合において、当該児童について採られた施設入所等の措置又は行われた一時保護を解除するときは、当該児童の保護者に対し、親子の再統合の促進その他の児童虐待を受けた児童が家庭で生活することを支援するために必要な助言を行うことができる。

3　都道府県知事は、前項の助言に係る事務の全部又は一部を厚生労働省令で定める者に委託することができる。

4　前項の規定により行われる助言に係る事務に従事する者又は従事していた者は、正当な理由がなく、その事務に関して知り得た秘密を漏らしてはならない。

（施設入所等の措置の解除時の安全確認等）

第十三条の二　都道府県は、児童虐待を受けた児童について施設入所等の措置が採られ、又は児童福祉法第三十三条第二項の規定による一時保護が行われた場合において、当該児童について採られた施設入所等の措置若しくは行われた一時保護を解除するとき又は当該児童が一時的に帰宅するときは、必要と認める期間、市町村、児童福祉施設その他の関係機関との緊密な連携を図りつつ、当該児童の家庭を継続的に訪問することにより当該児童の安全の確認を行うとともに、当該児童の保護者からの相談に応じ、当該児童の養育に関する指導、助言その他の必要な支援を行うものとする。

（児童虐待を受けた児童等に対する支援）

第一三条の三　市町村は、子ども・子育て支援法第二十七条第一項に規定する特定教育・保育施設（次項において「特定教育・保育施設」という。）又は同法第四十三条第二項に規定する特定地域型保育事業（次項において「特定地域型保育事業」という。）の利用について、同法第四十二条第一項若しくは第五十四条第一項の規定により相談、助言若しくはあっせん若しくは要請を行う場合又は児童福祉法第二十四条第三項の規定により調整若しくは要請を行う場合には、児童虐待の防止に寄与するため、特別の支援を要する家庭の福祉に配慮をしなければならない。

2　特定教育・保育施設の設置者又は子ども・子育て支援法第二十九条第一項に規定する特定地域型保育事業者は、同法第三十三条第二項又は第四十五条第二項の規定により当該特定教育・保育施設を利用する児童（同法第十九条第一項第二号又は第三号に該当する児童に限る。以下この項において同じ。）又は当該特定地域型保育事業者に係る特定地域型保育事業を利用する児童を選考するときは、児童虐待の防止に寄与するため、特別の支援を要する家庭の福祉に配慮をしなければならない。

3　国及び地方公共団体は、児童虐待を受けた児童がその年齢及び能力に応じ充分な教育が受けられるようにするため、教育の内容及び方法の改善及び充実を図る等必要な施策を講じなければならない。

4　国及び地方公共団体は、居住の場所の確保、進学又は就業の支援その他の児童虐待を受けた者の自立の支援のための施策を講じなければならない。

（資料又は情報の提供）

第一三条の四　地方公共団体の機関及び病院、診療所、児童福祉施設、学校その他児童の医療、福祉又は教育に関係する機関（地方公共団体の機関を除く。）並びに医師、歯科医師、保健師、助産師、看護師、児童福祉施設の職員、学校の教職員その他児童の医療、福祉又は教育に関連する職務に従事する者は、市町村長、都道府県の設置する福祉事務所の長又は児童相談所長から児童虐待に係る児童又はその保護者の心身の状況、これらの者の置かれている環境その他児童虐待の防止等に係る当該児童、その保護者その他の関係者に関する資料又は情報の提供を求められたときは、当該資料又は情報について、当該市町村長、都道府県の設置する福祉事務所の長又は児童相談所長が児童虐待の防止等に関する事務又は業務の遂行に必要な限度で利用し、かつ、利用することに相当の理由があるときは、これを提供することができる。ただし、当該資料又は情報を提供することによって、当該資料又は情報に係る児童、その保護者その他の関係者又は第三者の権利利益を不当に侵害するおそれがあると認められるときは、この限りでない。

第一三条の五（省略）

（親権の行使に関する配慮等）

第一四条　児童の親権を行う者は、児童のしつけに際して、体罰を加えることその他民法（明治二十九年法律第八十九号）第八百二十条の規定による監護及び教育に必要な範囲を超える行為により当該児童を懲戒してはならず、当該児童の親権の適切な行使に配慮しなければならない。

2　児童の親権を行う者は、児童虐待に係る暴行罪、傷害罪その他の犯罪について、当該児童の親権を行う者であることを理由として、その責めを免れることはない。

（親権の喪失の制度の適切な運用）

第一五条　民法に規定する親権の喪失の制度は、児童虐待の防止及び児童虐待を受けた児童の保護の観点からも、適切に運用されなければならない。

（延長者等の特例）

第一六条　児童福祉法第三十一条第四項に規定する延長者（以下この条において「延長者」という。）、延長者の親権を行う者、未成年後見人その他の者で、延長者を現に監護する者（以下この項において「延長者の監護者」という。）及び延長者の監護者がその監護する延長者について行う次に掲げる行為（以下この項において「延長者虐待」という。）については、延長者を児童と、延長者の監護者を保護者と、延長者虐待を児童虐待と、同法第三十一条第二項から第四項までの規定による措置を同法第二十七条第一項第一号から第三号まで又は第二項の規定による措置とみなして、第十一条第一項から第四項まで及び第六項、第十二条の四並びに第十三条第一項の規定を適用する。

一　延長者の身体に外傷が生じ、又は生じるおそれのある暴行を加えること。

二　延長者にわいせつな行為をすること又は延長者をしてわいせつな行為をさせること。

三　延長者の心身の正常な発達を妨げるような著しい減食又は長時間の放置、延長者の監護者以外の同居人による前二号又は次号に掲げる行為と同様の行為の放置その他の延長者の監護者としての監護を著しく怠ること。

四　延長者に対する著しい暴言又は著しく拒絶的な対応、延長者が同居する家庭における配偶者に対する暴力その他の延長者に著しい心理的外傷を与える言動を行うこと。

2　延長者又は児童福祉法第三十三条第十項に規定する保護延長者（以下この項において「延長者等」という。）、延長者等の親権を行う者、未成年後見人その他の者で、延長者等を現に監護する者（以下この項において「延長者等の監護者」という。）及び延長者等の監護者がその監護する延長者等について行う次に掲げる行為（以下この項において「延長者等虐待」という。）については、延長者等を児童と、延長者等の監護者を保護者と、延長者等虐待を児童虐待と、同法第三十一条第二項から第四項までの規定による措置を同法第二十七条第一項第一号から第三号まで又は第二項の規定による措置と、同法第三十三条第八項から第十一項までの規定による一時保護を同条第一項又は第二項の規定による一時保護とみなして、第十一条第五項、第十二条から第十二条の三まで、第十三条第二項から第四項まで、第十三条の二、第十三条の四及び第十三条の五の規定を適用する。

一　延長者等の身体に外傷が生じ、又は生じるおそれのある暴行を加えること。

二　延長者等にわいせつな行為をすること又は延長者等をしてわいせつな行為をさせること。

三　延長者等の心身の正常な発達を妨げるような著しい減食又は長時間の放置、延長者等の監護者以外の同居人による前二号又は次号に掲げる行為と同様の行為の放置その他の延長者等の監護者としての監護を著しく怠ること。

四　延長者等に対する著しい暴言又は著しく拒絶的な対応、延長者等が同居する家庭における配偶者に対する暴力その他の延長者等に著しい心理的外傷を与える言動を行うこと。

第一七条（省略）

（罰則）

第一八条　第十二条の四第一項（第十六条第一項の規定によりみなして適用する場合を含む。以下この条において同じ。）の規定による命令（第十二条の四第二項（第十六条第一項の規定によりみなして適用する場合を含む。）の規定により第十二条の四第一項の規定による命令に係る期間が更新された場合における当該命令を含む。）に違反した者は、一年以下の懲役又は百万円以下の罰金に処する。

第一九条　第十三条第四項（第十六条第二項の規定によりみなして適用する場合を含む。）の規定に違反した者は、一年以下の懲役又は五十万円以下の罰金に処する。

附　則（省略）

附　則（抄）（平成三〇年六月二〇日法律第五九号）

（施行期日）

第一条　この法律は、平成三十四年四月一日から施行する。（後略）

（児童虐待の防止等に関する法律の一部改正）

第二二条　児童虐待の防止等に関する法律（平成十二年法律第八十二号）の一部を次のように改正する。

第二条第四号中「。第十六条において同じ」を削る。

第十六条を削り、第十七条を第十六条とする。

第十八条の前の見出しを削り、同条中「（第十六条第一項の規定によりみなして適用する場合を含む。以下この条において同じ。）」を削り、「第十二条の四第二項（第十六条第一項の規定によりみなして適用する場合を含む。）の規定により第十二条の四第一項」を「同条第二項の規定により同条第一項」に改め、同条を第十七条とし、同条の前に見出しとして「（罰則）」を付する。

第十九条中「（第十六条第二項の規定によりみなして適用する場合を含む。）」を削り、同条を第十八条とする。

附　則（抄）（令和元年六月二六日法律第四六号）

施行、令二・四・一

（検討等）

第七条（省略）

2から8まで（省略）

9　政府は、この法律の施行後五年を目途として、この法律による改正後の児童福祉法及び児童虐待の防止等に関する法律の規定の施行の状況を勘案し、児童虐待の予防及び早期発見のための方策、児童虐待を受けた児童の保護及び自立の支援並びに保護者に対する指導及び支援の在り方その他の児童虐待の防止等に関する施策の在り方について検討を加え、その結果に基づいて必要な措置を講ずるものとする。

附　則（抄）（令和二年六月一〇日法律第四一号）

（施行期日）

第一条　この法律は、公布の日から起算して三月を経過した日から施行する。（後略）

●東京都子供への虐待の防止等に関する条例

（平成三一年三月二九日東京都条例第五〇号）

施行、平三一・四・一

子供は、大いなる可能性を秘めたかけがえのない存在であり、あらゆる場面において権利の主体として尊重される必要がある。

子供への虐待は、子供の心に深い傷を残し、否応なくその輝きを奪い、時に、将来の可能性をも奪うものであり、何人も子供への虐待を行ってはならないことは、論をまたない。

しかしながら、核家族化、地域社会の人間関係の希薄化などを背景に、家庭や地域社会における養育力が低下することにより、保護者が子育てに困難を抱え、その結果虐待行為に至ることがある事実も受け止めなければならない。

そのため、都、区市町村及び関係機関等は、一層連携しながら子供と家庭を支援し、子供が家庭で健やかに成長できる環境づくりを進める不断の努力が求められている。

こうした認識の下、社会全体で虐待の防止に関する理解を深め、その防止に関する取組を推進し、虐待から子供を断固として守ることを目指し、この条例を制定する。

第一章　総則

（目的）

第一条　この条例は、子供を虐待から守ることに関し基本理念を定め、東京都（以下「都」という。）、都民、保護者及び関係機関等の責務を明らかにするとともに、児童虐待の防止等に関する法律（平成十二年法律第八十二号。以下「法」という。）第四条第一項から第五項までに規定する地方公共団体の責務を踏まえ、子供を虐待から守ることに関する施策の基本となる事項を定めることにより、子供を虐待から守る環境整備を進め、子供の権利利益の擁護と健やかな成長に寄与することを目的とする。

（定義）

第二条　この条例において、次の各号に掲げる用語の意義は、それぞれ当該各号に定めるところによる。

一　子供　十八歳に満たない者をいう。

二　保護者　親権を行う者、未成年後見人その他の者で、子供を現に監護するものをいう。

三　虐待　法第二条に規定する児童虐待をいう。

四　関係機関等　学校、児童福祉施設、病院、保健機関その他子供の福祉に業務上関係のある団体及び学校の教職員、児童福祉施設の職員、医師、歯科医師、保健師、助産師、看護師、弁護士その他子供の福祉に職務上関係のある者をいう。

五　子供家庭支援センター　子供と家庭に関する総合相談、子供家庭在宅サービス等の提供・調整、地域組織化等の事業を行う特別区及び市町村（以下「区市町村」という。）が設置する機関をいう。

六　事業者　都の区域内（以下「都内」という。）で事業を行う法人その他の団体若しくは事業を行う場合における個人又は都内の建物の所有者及び管理者であって、第四号に規定する関係機関等以外のものをいう。

七　子供の品位を傷つける罰　保護者が、しつけに際し、子供に対して行う、肉体的苦痛又は精神的苦痛を与える行為（当該子供が苦痛を感じていない場合を含む。）であって、子供の利益に反するものをいう。

2　前項に掲げるもののほか、この条例で使用する用語の意義は、児童福祉法（昭和二十二年法律第百六十四号）で使用する用語の例による。

（基本理念）

第三条　虐待は、子供への重大な権利侵害であり、心身の健やかな成長を阻害するものであるとの認識の下、社会全体でその防止が図られなければならない。

2　虐待の防止に当たっては、子供の年齢及び発達の程度に応じて、その意見を尊重するとともに、子供の安全及び安心の確保並びに最善の利益が最優先されなければならない。

（**都の責務**）

第四条　都は、法第四条第一項から第五項までの規定及び前条の基本理念にのっとり、虐待の防止に必要な体制整備その他必要な施策を行うものとする。

2　都は、虐待の防止に関し区市町村（子供家庭支援センターを含む。第七条第二項及び第十三条第二項において同じ。）及び関係機関等と連携するとともに、区市町村が実施する虐待の防止に関する施策への支援を行うものとする。

3　都は、法第四条第四項の規定に基づき虐待の防止、虐待を受けた子供の成長及び自立に対する理解並びに体罰等によらない子育ての推進に資する広報その他の啓発活動を行うものとする。

（**都民等の責務**）

第五条　都民及び事業者（以下「都民等」という。）は、子供を虐待から守ることに関する理解を深めるよう努めなければならない。

2　都民等は、法第八条第一項及び第二項の規定により区市町村長又は都の児童相談所若しくは都の福祉事務所（以下「児童相談所等」という。）の長が行う子供の安全の確認を行うための措置（以下「子供の安全確認措置」という。）に協力するよう努めなければならない。

3　都民等は、虐待を受けた子供（社会的養護の下で育った子供を含む。第十四条第二項において同じ。）が、地域社会において等しく愛護され、円滑に社会的自立ができるよう、虐待等に関する理解を深め、当該子供（当該子供が十八歳以上になった場合を含む。）に対して配慮するよう努めなければならない。

（**保護者等の責務**）

第六条　保護者は、子供の養育に係る第一義的な責任を負っていることを踏まえ、虐待が子供に与える重大な影響を認識し、子供の健全な成長を図らなければならない。

2　保護者は、体罰その他の子供の品位を傷つける罰を与えてはならない。

3　妊娠した者及び乳児又は幼児の保護者は、母子保健法（昭和四十年法律第百四十一号）第四条の規定を踏まえ、同法第十二条及び第十三条の規定に基づき区市町村が行う妊産婦又は乳児若しくは幼児に対する健康診査の受診勧奨に応じるよう努めなければならない。

4　保護者及びその同居人は、法第八条第一項及び第二項の規定により区市町村長又は児童相談所等の長が行う子供の安全確認措置に協力しなければならない。

5　保護者は、第十三条第二項の規定に基づく都の児童相談所による指導又は支援を受けた場合は、当該指導又は支援に従って必要な改善等を行わなければならない。

（**関係機関等の責務等**）

第七条　関係機関等は、虐待を発見しやすい立場にあることを自覚し、虐待の早期発見に努めなければならない。

2　関係機関等は、都、区市町村及び他の民間団体と連携し、虐待の防止に関する施策の推進に積極的に協力するよう努めなければならない。

3　関係機関等は、法第八条第一項及び第二項の規定により区市町村長又は児童相談所等の長が行う子供の安全確認措置に協力するよう努めなければならない。

第二章　虐待の未然防止

（**虐待の未然防止**）

第八条　都は、虐待を未然に防止するため、妊娠、出産及び子育てについて相談しやすい環境の整備その他の区市町村が実施する切れ目ない母子保健及び子育て支援に関する施策（障害児支援に関する施策を含む。）について、必要な支援を行うものとする。

2　都は、学校、学校の授業の終了後又は休業日における子供の活動場所等において、子供に対し、自身が守られるべき存在であることを認識するための啓発活動及び権利侵害に関する相談先等の情報提供を行うものとする。

3　都は、若年者に対し、予期しない妊娠に至らないための啓発活動及び妊娠、出産等に関する相談先等の情報提供を行うものとする。

4　都は、医療機関及び区市町村と連携し、予期しない妊娠をした者又は医療機関を受診していない妊婦に対し、必要な支援及び医療を受ける機会を確保させるための啓発活動及び情報提供を行うものとする。

第三章　虐待の早期発見及び早期対応

（**通告しやすい環境づくり**）

第九条　虐待を受けたと思われる子供を発見した者は、法第六条第一項の規定に基づき、速やかに、子供家庭支援センターその他の区市町村の通告受理機関又は児童相談所等に通告しなければならない。

2　都は、都民等及び関係機関等に対し、子供を守ること及び家庭への支援の契機である虐待通告を法第六条第一項の規定に基づき行わなければならないことを周知するとともに、虐待を受けたと思われる子供を発見した者が通告しやすい、又は虐待を受けた子供が自ら相談しやすい環境及び体制を整備するものとする。

3　児童相談所等の職員は、法第六条第一項の通告を受けた場合において、法第七条の規定に基づき、その職務上知り得た事項であって当該通告をした者を特定させるものを漏らしてはならない。

（**子供の安全確認措置等**）

第一〇条　児童相談所等の長は、次に掲げる場合は、法第八条第一項及び第二項の規定に基づき、速やかに子供の安全確認措置を講じなければならない。

一　法第六条第一項に規定する通告を受けた場合

二　子供本人、家族、親族等から虐待に係る相談があった場合

三　児童相談所等の長が虐待が発生しているおそれがあると自ら判断した場合

四　他の児童相談所から虐待に係る事案の移管を受けた場合又は区市町村からの送致を受けた場合若しくは都の福祉事務所からの送致を受けた場合

2　都の児童相談所長は、法第八条第二項第一号の規定による一時保護、法第八条の二第一項の規定による出頭要求、法第九条第一項の規定による立入りによる調査又は質問並びに法第九条の三第一項の規定による臨検又は捜索及び同条第二項の規定による調査又は質問（以下「臨検等」という。）について権限を行使する必要がある場合は、関係機関等の協力を得て、速やかに当該権限を行使しなければならない。

3　都は、虐待事案に的確に対応するため、警察と必要な情報を共有するものとする。

4　第一項又は第二項の規定により、都の児童相談所長は、子供の安全確認措置を行おうとする場合、一時保護を行おうとし、又は行わせようとする場合、立入りによる調査又は質問をさせようとする場合及び臨検等をさせようとする場合にあっては、法第十条第一項の規定に基づき、当該子供の住所又は居所の所在地を管轄する警察署長に対し援助を求めることができる。

5　都の児童相談所長は、前項の規定による援助を求める場合は、子供の安全の確認及び安全の確保に万全を期する観点から、法第十条第二項の規定に基づき、必要に応じ迅速かつ適切にこれを行わなければならない。

（**児童相談所等の調査等**）

第一一条　児童相談所等の長は、次に掲げるものに対し、虐待に係る子供又はその保護者の心身の状況、これらの者の置かれている環境その他虐待の防止等に係る当該子供、その保護者その他の関係者に関する情報の提供を求めることができる。この場合において、情報の提供を求められた者は、当該情報について、児童相談所等の長が虐待の防止等に関する事務又は業務の遂行に必要な限度で利用

し、かつ、利用することに相当の理由があるときは、これを提供することができる。ただし、当該情報を提供することによって、当該情報に係る子供、その保護者その他の関係者又は第三者の権利利益を不当に侵害するおそれがあると認められるときは、この限りでない。

一　都及び区市町村の機関
二　関係機関等（前号に掲げるものを除く。）
三　事業者

2　児童相談所等の長は、前項の規定により情報を収集する場合において、虐待又はその防止等の対応の目的のために特に行うものであることを十分に踏まえ、その収集並びに当該情報の管理及び利用を適切に行わなければならない。

（連携及び情報共有等）

第一二条　都の児童相談所は、他の児童相談所から事案の移管を受け又は他の児童相談所に対し事案の移管を行う場合には、その緊急性又は重症度に応じ、的確な引継ぎを行わなければならない。

2　都の児童相談所は、児童相談所が専門的な知識及び技術を必要とする対応、一時保護又は施設入所若しくは里親等委託の措置等を行うこと並びに子供家庭支援センターが地域社会で子供と家庭への相談支援、子育て支援サービスの提供等を行うことを踏まえ、子供家庭支援センターその他の区市町村の機関と、密接に連携又は協働を進めるものとする。

3　都及び都の児童相談所は、虐待の早期発見及び早期対応並びに虐待を受けた子供とその保護者への支援のため、要保護児童対策地域協議会（以下「要対協」という。）を積極的に活用し、子供家庭支援センター、関係機関等その他虐待事案に関係する団体と、子供と家庭に関する必要な情報の共有を図るものとする。

4　都は、区市町村が設置する要対協の円滑な運営の確保及び活性化のため、必要な助言その他の支援を行うものとする。

第四章　虐待を受けた子供とその保護者への支援等

（虐待を受けた子供とその保護者への支援等）

第一三条　都は、虐待を受けた子供に対し、心身の健やかな成長を図るため、年齢、心身の状況等を十分考慮した支援及び教育を行うものとする。

2　都の児童相談所は、区市町村及び関係機関等と連携し、子供の心身の健やかな成長にとって良好な家庭環境の形成若しくは適切な親子関係の構築又は再び虐待を行わないことについて、必要な指導及び支援を行うものとする。

第五章　社会的養護等

（社会的養護及び自立支援）

第一四条　都は、虐待を受けた子供の社会的養護の充実を図るため、里親制度の啓発活動、里親の育成及び里親等への委託の推進並びに乳児院、児童養護施設等の施設及び自立援助ホームその他社会的養護に関する事業の充実に努めるものとする。

2　都は、虐待を受けた子供の円滑な社会的自立のため、必要な支援及び広報その他の啓発活動を行うものとする。

第六章　人材育成等

（人材育成）

第一五条　都は、虐待に的確に対応するため、虐待の早期発見及び早期対応その他の虐待の防止に関する専門的な知識及び技術を有する職員を育成し、都の児童相談所の運営体制を適切に確保しなければならない。

2　都は、区市町村及び関係機関等における人材の育成を図るため、専門的な知識及び技術の修得に資する研修等を実施するものとする。

3　都は、地域社会で子育て支援や虐待の防止に取り組む民間団体への支援に努めるものとする。

（虐待死亡事例等の検証）

第一六条　都は、法第四条第五項の規定に基づく検証の結果を、児童相談所、子供家庭支援センターその他の子供の福祉に業務上関係のある機関において職務に従事する者の研修等に十分活用するなど、虐待による死亡事例等の重大事例の再発防止に関する取組を積極的に進めるものとする。

2　都は、法第四条第五項の規定に基づく検証を行うに当たっては、第十一条第一項の規定を準用する。この場合において、同項中「児童相談所等の長」とあるのは「都」と、「虐待に係る子供又はその保護者の心身の状況、これらの者の置かれている環境その他虐待の防止等に係る当該子供、その保護者その他の関係者に関する情報の提供」とあるのは「必要な情報の提供」と、「虐待の防止等に関する事務又は業務の遂行」とあるのは「検証」と、「情報に係る」とあるのは「事例に係る」と読み替えるものとする。

（公表）

第一七条　都は、毎年度、虐待の防止に関する施策の実施状況をインターネットの利用その他の方法により公表するものとする。

附　則（省略）

●配偶者からの暴力の防止及び被害者の保護等に関する法律（抄）

（平成一三年四月一三日　法律第三一号）

施行、平一三・一〇・一三、平一四・四・一
最終改正、令一—法四六

第一章　総則

（定義）

第一条　この法律において「配偶者からの暴力」とは、配偶者からの身体に対する暴力（身体に対する不法な攻撃であって生命又は身体に危害を及ぼすものをいう。以下同じ。）又はこれに準ずる心身に有害な影響を及ぼす言動（以下この項及び第二十八条の二において「身体に対する暴力等」と総称する。）をいい、配偶者からの身体に対する暴力等を受けた後に、その者が離婚をし、又はその婚姻が取り消された場合にあっては、当該配偶者であった者から引き続き受ける身体に対する暴力等を含むものとする。

2　この法律において「被害者」とは、配偶者からの暴力を受けた者をいう。

3　この法律にいう「配偶者」には、婚姻の届出をしていないが事実上婚姻関係と同様の事情にある者を含み、「離婚」には、婚姻の届出をしていないが事実上婚姻関係と同様の事情にあった者が、事実上離婚したと同様の事情に入ることを含むものとする。

（国及び地方公共団体の責務）

第二条　国及び地方公共団体は、配偶者からの暴力を防止するとともに、被害者の自立を支援することを含め、その適切な保護を図る責務を有する。

第一章の二　基本方針及び都道府県基本計画等（省略）

第二章　配偶者暴力相談支援センター等

（配偶者暴力相談支援センター）

第三条　都道府県は、当該都道府県が設置する婦人相談所その他の適切な施設において、当該各施設が配偶者暴力相談支援センターとしての機能を果たすようにするものとする。

2　市町村は、当該市町村が設置する適切な施設において、当該各施設が配偶者暴力相談支援センターとしての機能を果たすようにするよう努めるものとする。

3　配偶者暴力相談支援センターは、配偶者からの暴力の防止及び被害者の保護のため、次に掲げる業務を行うものとする。

一　被害者に関する各般の問題について、相談に応ずること又は婦人相談員若しくは相談を行う機関を紹介すること。

二　被害者の心身の健康を回復させるため、医学的又は心理学的な指導その他の必要な指導を行うこと。

三　被害者（被害者がその家族を同伴する場合にあっては、被害者及びその同伴する家族。次号、第六号、第五条、第八条の三及び第九条において同じ。）の緊急時における安全の確保及び一時保護を行うこと。

四　被害者が自立して生活することを促進するため、就業の促進、住宅の確保、援護等に関する制度の利用等について、情報の提供、助言、関係機関との連絡調整その他の援助を行うこと。

五　第四章に定める保護命令の制度の利用について、情報の提供、助言、関係機関への連絡その他の援助を行うこと。

六　被害者を居住させ保護する施設の利用について、情報の提供、助言、関係機関との連絡調整その他の援助を行うこと。

4　前項第三号の一時保護は、婦人相談所が、自ら行い、又は厚生労働大臣が定める基準を満たす者に委託して行うものとする。

5　配偶者暴力相談支援センターは、その業務を行うに当たっては、必要に応じ、配偶者からの暴力の防止及び被害者の保護を図るための活動を行う民間の団体との連携に努めるものとする。

（婦人相談員による相談等）

第四条　婦人相談員は、被害者の相談に応じ、必要な指導を行うことができる。

（婦人保護施設における保護）

第五条　都道府県は、婦人保護施設において被害者の保護を行うことができる。

第三章　被害者の保護

（配偶者からの暴力の発見者による通報等）

第六条　配偶者からの暴力（配偶者又は配偶者であった者からの身体に対する暴力に限る。以下この章において同じ。）を受けている者を発見した者は、その旨を配偶者暴力相談支援センター又は警察官に通報するよう努めなければならない。

2　医師その他の医療関係者は、その業務を行うに当たり、配偶者からの暴力によって負傷し又は疾病にかかったと認められる者を発見したときは、その旨を配偶者暴力相談支援センター又は警察官に通報することができる。この場合において、その者の意思を尊重するよう努めるものとする。

3　刑法（明治四十年法律第四十五号）の秘密漏示罪の規定その他の守秘義務に関する法律の規定は、前二項の規定により通報することを妨げるものと解釈してはならない。

4　医師その他の医療関係者は、その業務を行うに当たり、配偶者からの暴力によって負傷し又は疾病にかかったと認められる者を発見したときは、その者に対し、配偶者暴力相談支援センター等の利用について、その有する情報を提供するよう努めなければならない。

（配偶者暴力相談支援センターによる保護についての説明等）

第七条　配偶者暴力相談支援センターは、被害者に関する通報又は相談を受けた場合には、必要に応じ、被害者に対し、第三条第三項の規定により配偶者暴力相談支援センターが行う業務の内容について説明及び助言を行うとともに、必要な保護を受けることを勧奨するものとする。

（警察官による被害の防止）

第八条　警察官は、通報等により配偶者からの暴力が行われていると認めるときは、警察法（昭和二十九年法律第百六十二号）、警察官職務執行法（昭和二十三年法律第百三十六号）その他の法令の定めるところにより、暴力の制止、被害者の保護その他の配偶者からの暴力による被害の発生を防止するために必要な措置を講ずるよう努めなければならない。

第八条の二（省略）

（福祉事務所による自立支援）

第八条の三　社会福祉法（昭和二十六年法律第四十五号）に定める福祉に関する事務所（次条において「福祉事務所」という。）は、生活保護法（昭和二十五年法律第百四十四号）、児童福祉法（昭和二十二年法律第百六十四号）、母子及び父子並びに寡婦福祉法（昭和三十九年法律第百二十九号）その他の法令の定めるところにより、被害者の自立を支援するために必要な措置を講ずるよう努めなければならない。

（被害者の保護のための関係機関の連携協力）

第九条　配偶者暴力相談支援センター、都道府県警察、福祉事務所、児童相談所その他の都道府県又は市町村の関係機関その他の関係機関は、被害者の保護を行うに当たっては、その適切な保護が行われるよう、相互に連携を図りながら協力するよう努めるものとする。

（苦情の適切かつ迅速な処理）

第九条の二　前条の関係機関は、被害者の保護に係る職員の職務の執行に関して被害者から苦情の申出を受けたときは、適切かつ迅速にこれを処理するよう努めるものとする。

第四章　保護命令

（保護命令）

第一〇条　被害者（配偶者からの身体に対する暴力又は生命等に対する脅迫（被害者の生命又は身体に対し害を加える旨を告知してする脅迫をいう。以下この章において同じ。）を受けた者に限る。以下この章において同じ。）が、配偶者からの身体に対する暴力を受けた者である場合にあっては配偶者からの更なる身体に対する暴力（配偶者からの身体に対する暴力を受けた後に、被害者が離婚をし、又はその婚姻が取り消された場合にあっては、当該配偶者であった者から引き続き受ける身体に対する暴力。第十二条第一項第二号において同じ。）により、配偶者からの生命等に対する脅迫を受けた者である場合にあっては配偶者から受ける身体に対する暴力（配偶者からの生命等に対する脅迫を受けた後に、被害者が離婚をし、又はその婚姻が取り消された場合にあっては、当該配偶者であった者から引き続き受ける身体に対する暴力。同号において同じ。）により、その生命又は身体に重大な危害を受けるおそれが大きいときは、裁判所は、被害者の申立てにより、その生命又は身体に危害が加えられることを防止するため、当該配偶者（配偶者からの身体に対する暴力又は生命等に対する脅迫を受けた後に、被害者が離婚をし、又はその婚姻が取り消された場合にあっては、当該配偶者であった者。以下この条、同項第三号及び第四号並びに第十八条第一項において同じ。）に対し、次の各号に掲げる事項を命ずるものとする。ただし、第二号に掲げる事項については、申立ての時において被害者及び当該配偶者が生活の本拠を共にする場合に限る。

一　命令の効力が生じた日から起算して六月間、被害者の住居（当該配偶者と共に生活の本拠としている住居を除く。以下この号において同じ。）その他の場所において被害者の身辺につきまとい、又は被害者の住居、勤務先その他その通常所在する場所の付近をはいかいしてはならないこと。

二　命令の効力が生じた日から起算して二月間、被害者と共に生活の本拠としている住居から退去すること及び当該住居の付近をはいかいしてはならないこと。

2　前項本文に規定する場合において、同項第一号の規定による命令を発する裁判所又は発した裁判所は、被害者の申立てにより、その生命又は身体に危害が加えられることを防止するため、当該配偶者に対し、命令の効力が生じた日以後、同号の規定による命令の効力が生じた日から起算して六月を経過する日までの間、被害者に対して次の各号に掲げるいずれの行為もしてはならないことを命ずるものとする。

一　面会を要求すること。

二　その行動を監視していると思わせるような事項を告げ、又はその知り得る状態に置くこと。

三　著しく粗野又は乱暴な言動をすること。

四　電話をかけて何も告げず、又は緊急やむを得ない場合を除き、連続して、電話をかけ、ファクシミリ装置を用いて送信し、若しくは電子メールを送信すること。

五　緊急やむを得ない場合を除き、午後十時から午前六時までの間に、電話をかけ、ファクシミリ装置を用いて送信し、又は電子メールを送信すること。

六　汚物、動物の死体その他の著しく不快又は嫌悪の情を催させるような物を送付し、又はその知り得る状態に置くこと。

七　その名誉を害する事項を告げ、又はその知り得る状態に置くこと。

八　その性的羞恥心を害する事項を告げ、若しくはその知り得る状態に置き、又はその性的羞恥心を害する文書、図画その他の物を送付し、若しくはその知り得る状態に置くこと。

3　第一項本文に規定する場合において、被害者がその成年に達しない子（以下この項及び次項並びに第十二条第一項第三号において単に「子」という。）と同居しているときであって、配偶者が幼年の子を連れ戻すと疑うに足りる言動を行っていることその他の事情があることから被害者がその同居している子に関して配偶者と面会することを余儀なくされることを防止するため必要があると認めるときは、第一項第一号の規定による命令を発する裁判所又は発した裁判所は、被害者の申立てにより、その生命又は身体に危害が加えられることを防止するため、当該配偶者に対し、命令の効力が生じた日以後、同号の規定による命令の効力が生じた日から起算して六月を経過する日までの間、当該子の住居（当該配偶者と共に生活の本拠としている住居を除く。以下この項において同じ。）、就学する学校その他の場所において当該子の身辺につきまとい、又は当該子の住居、就学する学校その他その通常所在する場所の付近をはいかいしてはならないことを命ずるものとする。ただし、当該子が十五歳以上であるときは、その同意がある場合に限る。

4　第一項本文に規定する場合において、配偶者が被害者の親族その他被害者と社会生活において密接な関係を有する者（被害者と同居している子及び配偶者と同居している者を除く。以下この項及び次項並びに第十二条第一項第四号において「親族等」という。）の住居に押し掛けて著しく粗野又は乱暴な言動を行っていることその他の事情があることから被害者がその親族等に関して配偶者と面会することを余儀なくされることを防止するため必要があると認めるときは、第一項第一号の規定による命令を発する裁判所又は発した裁判所は、被害者の申立てにより、その生命又は身体に危害が加えられることを防止するため、当該配偶者に対し、命令の効力が生じた日以後、同号の規定による命令の効力が生じた日から起算して六月を経過する日までの間、当該親族等の住居（当該配偶者と共に生活の本拠としている住居を除く。以下この項において同じ。）その他の場所において当該親族等の身辺につきまとい、又は当該親族等の住居、勤務先その他その通常所在する場所の付近をはいかいしてはならないことを命ずるものとする。

5　前項の申立ては、当該親族等（被害者の十五歳未満の子を除く。以下この項において同じ。）の同意（当該親族等が十五歳未満の者又は成年被後見人である場合にあっては、その法定代理人の同意）がある場合に限り、することができる。

（管轄裁判所）

第十一条　前条第一項の規定による命令の申立てに係る事件は、相手方の住所（日本国内に住所がないとき又は住所が知れないときは居所）の所在地を管轄する地方裁判所の管轄に属する。

2　前条第一項の規定による命令の申立ては、次の各号に掲げる地を管轄する地方裁判所にもすることができる。

一　申立人の住所又は居所の所在地

二　当該申立てに係る配偶者からの身体に対する暴力又は生命等に対する脅迫が行われた地

（保護命令の申立て）

第十二条　第十条第一項から第四項までの規定による命令（以下「保護命令」という。）の申立ては、次に掲げる事項を記載した書面でしなければならない。

一　配偶者からの身体に対する暴力又は生命等に対する脅迫を受けた状況

二　配偶者からの更なる身体に対する暴力又は配偶者からの生命等に対する脅迫を受けた後の配偶者から受ける身体に対する暴力により、生命又は身体に重大な危害を受けるおそれが大きいと認めるに足りる申立ての時における事情

三　第十条第三項の規定による命令の申立てをする場合にあっては、被害者が当該同居している子に関して配偶者と面会することを余儀なくされることを防止するため当該命令を発する必要があると認めるに足りる申立ての時における事情

四　第十条第四項の規定による命令の申立てをする場合にあっては、被害者が当該親族等に関して配偶者と面会することを余儀なくされることを防止するため当該命令を発する必要があると認めるに足りる申立ての時における事情

五　配偶者暴力相談支援センターの職員又は警察職員に対し、前各号に掲げる事項について相談し、又は援助若しくは保護を求めた事実の有無及びその事実があるときは、次に掲げる事項

イ　当該配偶者暴力相談支援センター又は当該警察職員の所属官署の名称

ロ　相談し、又は援助若しくは保護を求めた日時及び場所

ハ　相談又は求めた援助若しくは保護の内容

ニ　相談又は申立人の求めに対して執られた措置の内容

2　前項の書面（以下「申立書」という。）に同項第五号イからニまでに掲げる事項の記載がない場合には、申立書には、同項第一号から第四号までに掲げる事項についての申立人の供述を記載した書面で公証人法（明治四十一年法律第五十三号）第五十八条ノ二第一項の認証を受けたものを添付しなければならない。

（迅速な裁判）

第十三条　裁判所は、保護命令の申立てに係る事件については、速やかに裁判をするものとする。

（保護命令事件の審理の方法）

第十四条　保護命令は、口頭弁論又は相手方が立ち会うことができる審尋の期日を経なければ、これを発することができない。ただし、その期日を経ることにより保護命令の申立ての目的を達することができない事情があるときは、この限りでない。

2　申立書に第十二条第一項第五号イからニまでに掲げる事項の記載がある場合には、裁判所は、当該配偶者暴力相談支援センター又は当該所属官署の長に対し、申立人が相談し又は援助若しくは保護を求めた際の状況及びこれに対して執られた措置の内容を記載した書面の提出を求めるものとする。この場合において、当該配偶者暴力相談支援センター又は当該所属官署の長は、これに速やかに応ずるものとする。

3　裁判所は、必要があると認める場合には、

前項の配偶者暴力相談支援センター若しくは所属官署の長又は申立人から相談を受け、若しくは援助若しくは保護を求められた職員に対し、同項の規定により書面の提出を求めた事項に関して更に説明を求めることができる。

（保護命令の申立てについての決定等）

第一五条　保護命令の申立てについての決定には、理由を付さなければならない。ただし、口頭弁論を経ないで決定をする場合には、理由の要旨を示せば足りる。

2　保護命令は、相手方に対する決定書の送達又は相手方が出頭した口頭弁論若しくは審尋の期日における言渡しによって、その効力を生ずる。

3　保護命令を発したときは、裁判所書記官は、速やかにその旨及びその内容を申立人の住所又は居所を管轄する警視総監又は道府県警察本部長に通知するものとする。

4　保護命令を発した場合において、申立人が配偶者暴力相談支援センターの職員に対し相談し、又は援助若しくは保護を求めた事実があり、かつ、申立書に当該事実に係る第十二条第一項第五号イからニまでに掲げる事項の記載があるときは、裁判所書記官は、速やかに、保護命令を発した旨及びその内容を、当該申立書に名称が記載された配偶者暴力相談支援センター（当該申立書に名称が記載された配偶者暴力相談支援センターが二以上ある場合にあっては、申立人がその職員に対し相談し、又は援助若しくは保護を求めた日時が最も遅い配偶者暴力相談支援センター）の長に通知するものとする。

5　保護命令は、執行力を有しない。

第一六条（省略）

（保護命令の取消し）

第一七条　保護命令を発した裁判所は、当該保護命令の申立てをした者の申立てがあった場合には、当該保護命令を取り消さなければならない。第十条第一項第一号又は第二項から第四項までの規定による命令にあっては同号の規定による命令が効力を生じた日から起算して三月を経過した後において、同条第一項第二号の規定による命令にあっては当該命令が効力を生じた日から起算して二週間を経過した後において、これらの命令を受けた者が申し立て、当該裁判所がこれらの命令の申立てをした者に異議がないことを確認したときも、同様とする。

2・3（省略）

（第十条第一項第二号の規定による命令の再度の申立て）

第一八条　第十条第一項第二号の規定による命令が発せられた後に当該発せられた命令の申立ての理由となった身体に対する暴力又は生命等に対する脅迫と同一の事実を理由とする同号の規定による命令の再度の申立てがあったときは、裁判所は、配偶者と共に生活の本拠としている住居から転居しようとする被害者がその責めに帰することのできない事由により当該発せられた命令の効力が生ずる日から起算して二月を経過する日までに当該住居からの転居を完了することができないことその他の同号の規定による命令を再度発する必要があると認めるべき事情があるときに限り、当該命令を発するものとする。ただし、当該命令を発することにより当該配偶者の生活に特に著しい支障を生ずると認めるときは、当該命令を発しないことができる。

2　前項の申立てをする場合における第十二条の規定の適用については、同条第一項各号列記以外の部分中「次に掲げる事項」とあるのは「第一号、第二号及び第五号に掲げる事項並びに第十八条第一項本文の事情」と、同項第五号中「前各号に掲げる事項」とあるのは「第一号及び第二号に掲げる事項並びに第十八条第一項本文の事情」と、同条第二項中「同項第一号から第四号までに掲げる事項」とあるのは「同項第一号及び第二号に掲げる事項並びに第十八条第一項本文の事情」とする。

（事件の記録の閲覧等）

第一九条　保護命令に関する手続について、当事者は、裁判所書記官に対し、事件の記録の閲覧若しくは謄写、その正本、謄本若しくは抄本の交付又は事件に関する事項の証明書の交付を請求することができる。ただし、相手方にあっては、保護命令の申立てに関し口頭弁論若しくは相手方を呼び出す審尋の期日の指定があり、又は相手方に対する保護命令の送達があるまでの間は、この限りでない。

第二〇条から第二二条まで（省略）

第五章・第五章の二（省略）

第六章　罰則

第二九条　保護命令（前条において読み替えて準用する第十条第一項から第四項までの規定によるものを含む。次条において同じ。）に違反した者は、一年以下の懲役又は百万円以下の罰金に処する。

第三〇条　第十二条第一項（第十八条第二項の規定により読み替えて適用する場合を含む。）又は第二十八条の二において読み替えて準用する第十二条第一項（第二十八条の二において準用する第十八条第二項の規定により読み替えて適用する場合を含む。）の規定により記載すべき事項について虚偽の記載のある申立書により保護命令の申立てをした者は、十万円以下の過料に処する。

附　則（省略）

附　則（抄）（令和元年六月二六日法律第四六号）

（施行期日）

第一条　この法律は、令和二年四月一日から施行する。ただし、次の各号に掲げる規定は、当該各号に定める日から施行する。

一　附則（中略）第八条の規定　公布の日

二・三（省略）

（検討等）

第八条　政府は、附則第一条第一号に掲げる規定の施行後三年を目途に、配偶者からの暴力の防止及び被害者の保護等に関する法律第六条第一項及び第二項の通報の対象となる同条第一項に規定する配偶者からの暴力の形態並びに同法第十条第一項から第四項までの規定による命令の申立てをすることができる同条第一項に規定する被害者の範囲の拡大について検討を加え、その結果に基づいて必要な措置を講ずるものとする。

2　政府は、附則第一条第一号に掲げる規定の施行後三年を目途に、配偶者からの暴力の防止及び被害者の保護等に関する法律第一条第一項に規定する配偶者からの暴力に係る加害者の地域社会における更生のための指導及び支援の在り方について検討を加え、その結果に基づいて必要な措置を講ずるものとする。

●青少年の雇用の促進等に関する法律（抄）

（昭和四五年五月二五日 法律第九八号）

施行、昭四五・五・二五
最終改正、平二九―法一四

第一章　総則

（目的）

第一条　この法律は、青少年について、適性並びに技能及び知識の程度にふさわしい職業（以下「適職」という。）の選択並びに職業能力の開発及び向上に関する措置等を総合的に講ずることにより、雇用の促進等を図ることを通じて青少年がその有する能力を有効に発揮することができるようにし、もって福祉の増進を図り、あわせて経済及び社会の発展に寄与することを目的とする。

（基本的理念）

第二条　全て青少年は、将来の経済及び社会を担う者であることに鑑み、青少年が、その意欲及び能力に応じて、充実した職業生活を営むとともに、有為な職業人として健やかに成育するように配慮されるものとする。

第三条　青少年である労働者は、将来の経済及び社会を担う者としての自覚を持ち、自ら進んで有為な職業人として成育するように努めなければならない。

（事業主等の責務）

第四条　事業主は、青少年について、その有する能力を正当に評価するための募集及び採用の方法の改善、職業の選択に資する情報の提供並びに職業能力の開発及び向上に関する措置等を講ずることにより、雇用機会の確保及び職場への定着を図り、青少年がその有する能力を有効に発揮することができるように努めなければならない。

2　特定地方公共団体（職業安定法（昭和二十二年法律第百四十一号）第四条第八項に規定する特定地方公共団体をいう。以下同じ。）並びに職業紹介事業者（同条第九項に規定する職業紹介事業者をいう。第十四条において同じ。）、募集受託者（同法第三十九条に規定する募集受託者をいう。第十三条において同じ。）、労働者の募集に関する情報を提供することを業として行う者並びに青少年の職業能力の開発及び向上の支援を業として行う者（以下「職業紹介事業者等」という。）は、青少年の雇用機会の確保及び職場への定着が図られるよう、相談に応じ、及び必要な助言その他の措置を適切に行うように努めなければならない。

（国及び地方公共団体の責務）

第五条　国は、青少年について、適職の選択を可能とする環境の整備、職業能力の開発及び向上その他福祉の増進を図るために必要な施策を総合的かつ効果的に推進するように努めなければならない。

2　地方公共団体は、前項の国の施策と相まって、地域の実情に応じ、適職の選択を可能とする環境の整備、職業能力の開発及び向上その他青少年の福祉の増進を図るために必要な施策を推進するように努めなければならない。

（関係者相互の連携及び協力）

第六条　国、地方公共団体（特定地方公共団体を含む。）、事業主、職業紹介事業者等、教育機関その他の関係者は、第二条及び第三条の基本的理念にのっとり、青少年の福祉の増進を図るために必要な施策が効果的に実施されるよう、相互に連携を図りながら協力するように努めなければならない。

（指針）

第七条　厚生労働大臣は、第四条及び前条に定める事項について必要な措置に関し、事業主、特定地方公共団体、職業紹介事業者等その他の関係者が適切に対処するために必要な指針を定め、これを公表するものとする。

第二章　青少年雇用対策基本方針

第八条　厚生労働大臣は、青少年の福祉の増進を図るため、適職の選択並びに職業能力の開発及び向上に関する措置等に関する施策の基本となるべき方針（以下この条及び第三十条において「青少年雇用対策基本方針」という。）を定めるものとする。

2　青少年雇用対策基本方針に定める事項は、次のとおりとする。

一　青少年の職業生活の動向に関する事項

二　青少年について適職の選択を可能とする環境の整備並びに職業能力の開発及び向上を図るために講じようとする施策の基本となるべき事項

三　前二号に掲げるもののほか、青少年の福祉の増進を図るために講じようとする施策の基本となるべき事項

3　青少年雇用対策基本方針は、青少年の労働条件、意識並びに地域別、産業別及び企業規模別の就業状況等を考慮して定められなければならない。

4　厚生労働大臣は、青少年雇用対策基本方針を定めるに当たっては、あらかじめ、労働政策審議会の意見を聴くほか、都道府県知事の意見を求めるものとする。

5　厚生労働大臣は、青少年雇用対策基本方針を定めたときは、遅滞なく、その概要を公表するものとする。

6　（省略）

第三章　青少年の適職の選択に関する措置

第一節　公共職業安定所による職業指導等

（職業指導等）

第九条　公共職業安定所は、青少年が適職を選択することを可能とするため、青少年その他関係者に対して雇用情報、職業に関する調査研究の成果等を提供し、職業経験がないこと、学校教育法（昭和二十二年法律第二十六号）第一条に規定する学校（以下「学校」という。）を退学したこと、不安定な就業を繰り返していることその他青少年の状況に応じた職業指導及び職業紹介を行う等必要な措置を講ずるものとする。

第一〇条　公共職業安定所は、青少年が職業に適応することを容易にするため、その就職後においても、青少年その他関係者に対して、相談に応じ、及び必要な指導を行うものとする。

（求人の不受理）

第一一条　公共職業安定所は、求人者が学校（小学校及び幼稚園を除く。）その他厚生労働省令で定める施設の学生又は生徒であって卒業することが見込まれる者その他厚生労働省令で定める者（第十三条及び第十四条において「学校卒業見込者等」という。）であることを条件とした求人（同条において「学校卒業見込者等求人」という。）の申込みをする場合において、その求人者がした労働に関する法律の規定であって政令で定めるものの違反に関し、法律に基づく処分、公表その他の措置が講じられたとき（厚生労働省令で定める場合に限る。）は、職業安定法第五条の五第一項の規定にかかわらず、その申込みを受理しないことができる。

（国と地方公共団体の連携）

第一二条　国及び地方公共団体は、青少年が希望する地域において適職を選択することを可能とするため、相互に連携を図りつつ、地域における青少年の希望を踏まえた求人に関する情報の収集及び提供その他必要な措置を講ずるように努めなければならない。

第二節　労働者の募集を行う者等が講ずべき措置

（青少年雇用情報の提供）

第一三条　労働者の募集を行う者及び募集受託者は、学校卒業見込者等であることを条件とした労働者の募集（次項において「学校卒業見込者等募集」という。）を行うときは、学校卒業見込者等に対し、青少年の募集及び採用の状況、職業能力の開発及び向上並びに職場への定着の促進に関する取組の実施状況そ

の他の青少年の適職の選択に資するものとして厚生労働省令で定める事項（同項及び次条において「青少年雇用情報」という。）を提供するように努めなければならない。

2　労働者の募集を行う者及び募集受託者は、学校卒業見込者等募集に当たり、当該学校卒業見込者等募集に応じ、又は応じようとする学校卒業見込者等の求めに応じ、青少年雇用情報を提供しなければならない。

第一四条　求人者は、学校卒業見込者等求人の申込みに当たり、その申込みに係る公共職業安定所、特定地方公共団体又は職業紹介事業者に対し、青少年雇用情報を提供するように努めなければならない。

2　公共職業安定所、特定地方公共団体又は職業紹介事業者に学校卒業見込者等求人の申込みをした求人者は、その申込みをした公共職業安定所、特定地方公共団体若しくは職業紹介事業者又はこれらの紹介を受け、若しくは受けようとする学校卒業見込者等の求めに応じ、青少年雇用情報を提供しなければならない。

第三節　基準に適合する事業主の認定等

（基準に適合する事業主の認定）

第一五条　厚生労働大臣は、事業主（常時雇用する労働者の数が三百人以下のものに限る。）からの申請に基づき、当該事業主について、青少年の募集及び採用の方法の改善、職業能力の開発及び向上並びに職場への定着の促進に関する取組に関し、その実施状況が優良なものであることその他の厚生労働省令で定める基準に適合するものである旨の認定を行うことができる。

（表示等）

第一六条　前条の認定を受けた事業主（次条及び第十八条において「認定事業主」という。）は、商品、役務の提供の用に供する物、商品又は役務の広告又は取引に用いる書類その他の厚生労働省令で定めるもの（次項において「商品等」という。）に厚生労働大臣の定める表示を付することができる。

2　何人も、前項の規定による場合を除くほか、商品等に同項の表示又はこれと紛らわしい表示を付してはならない。

第一七条から第一九条まで　〔省略〕

第四章　青少年の職業能力の開発及び向上に関する措置

（職業能力の開発及び向上に関する啓発活動等）

第二〇条　国、都道府県及び独立行政法人高齢・障害・求職者雇用支援機構は、青少年がその職業能力の開発及び向上を図ることを促進するため、青少年その他関係者に対して、職業能力の開発及び向上に関する啓発活動を行う等必要な措置を講ずるように努めなければならない。

（職業訓練等の措置）

第二一条　国は、青少年の職業能力の開発及び向上を図るため、地方公共団体その他の関係者と連携し、青少年に対して、職業訓練の推進、職業能力検定の活用の促進、職業能力開発促進法（昭和四十四年法律第六十四号）第三十条の三に規定するキャリアコンサルタントによる相談の機会の付与、同法第十五条の四第一項に規定する職務経歴等記録書の普及の促進その他必要な措置を総合的かつ効果的に講ずるように努めなければならない。

（職業訓練又は教育を受ける青少年に対する配慮）

第二二条　事業主は、その雇用する青少年が職業能力開発促進法第二十七条第一項に規定する準則訓練又は学校教育法第四条第一項に規定する高等学校（中等教育学校の後期課程を含む。）の定時制の課程若しくは通信制の課程等で行う教育を受ける場合は、当該青少年が職業訓練又は教育を受けるために必要な時間を確保することができるような配慮をするように努めなければならない。

第五章　職業生活における自立促進のための措置

（職業生活における自立の促進）

第二三条　国は、就業、修学及び職業訓練の受講のいずれもしていない青少年であって、職業生活を円滑に営む上での困難を有するもの（次条及び第二十五条において「無業青少年」という。）に対し、その特性に応じた適職の選択その他の職業生活に関する相談の機会の提供、職業生活における自立を支援するための施設の整備その他の必要な措置を講ずるように努めなければならない。

第二四条　地方公共団体は、前条の国の措置と相まって、地域の実情に応じ、無業青少年の職業生活における自立を促進するために必要な措置を講ずるように努めなければならない。

（求人者等に対する指導及び援助）

第二五条　公共職業安定所は、無業青少年に適職を紹介するため必要があるときは、求人者に対して、職業経験その他の求人の条件について指導するものとする。

2　公共職業安定所は、無業青少年を雇用し、又は雇用しようとする者に対して、配置その他の無業青少年の雇用に関する事項について、必要な助言その他の援助を行うことができる。

第六章　雑則

（労働に関する法令に関する知識の付与）

第二六条　国は、学校と協力して、その学生又は生徒に対し、職業生活において必要な労働に関する法令に関する知識を付与するように努めなければならない。

（事業主等に対する援助）

第二七条　国は、青少年の福祉の増進を図るため、事業主、特定地方公共団体、職業紹介事業者等その他の関係者に対して、必要な助言、指導その他の援助を行うように努めなければならない。

（報告の徴収並びに助言、指導及び勧告）

第二八条　厚生労働大臣は、この法律の施行に関し必要があると認めるときは、事業主、職業紹介事業者等、求人者及び労働者の募集を行う者に対して、報告を求め、又は助言、指導若しくは勧告をすることができる。

（相談及び援助）

第二九条　公共職業安定所は、この法律に定める事項について、青少年の相談に応じ、及び必要な助言その他の援助を行うことができる。

第三〇条から第三三条まで　〔省略〕

（適用除外）

第三四条　第四条第一項、第六条、第七条、第十五条から第十九条まで、第二十二条、第二十七条及び第二十八条の規定は、国家公務員及び地方公務員に関しては、適用しない。

第七章　罰則

第三五条　第十八条第五項において準用する職業安定法第四十一条第二項の規定による業務の停止の命令に違反して、労働者の募集に従事した者は、一年以下の懲役又は百万円以下の罰金に処する。

第三六条　次の各号のいずれかに該当する者は、六月以下の懲役又は三十万円以下の罰金に処する。

一　第十八条第四項の規定による届出をしないで、労働者の募集に従事した者

二　第十八条第五項において準用する職業安定法第三十七条第二項の規定による指示に従わなかった者

三　第十八条第五項において準用する職業安定法第三十九条又は第四十条の規定に違反した者

第三七条　次の各号のいずれかに該当する者は、三十万円以下の罰金に処する。

一　第十六条第二項の規定に違反した者

二　第十八条第五項において準用する職業安定法第五十条第一項の規定による報告をせず、又は虚偽の報告をした者

三　第十八条第五項において準用する職業安

定法第五十条第二項の規定による立入り若しくは検査を拒み、妨げ、若しくは忌避し、又は質問に対して答弁をせず、若しくは虚偽の陳述をした者

四　第十八条第五項において準用する職業安定法第五十一条第一項の規定に違反して秘密を漏らした者

第三八条　法人の代表者又は法人若しくは人の代理人、使用人その他の従業者が、その法人又は人の業務に関し、前三条の違反行為をしたときは、行為者を罰するほか、その法人又は人に対しても、各本条の罰金刑を科する。

第三九条　第二十八条の規定による報告をせず、又は虚偽の報告をした者は、二十万円以下の過料に処する。

附　則（省略）

●就業が認められるための最低年齢に関する条約（ILO第一三八号）（抜粋）

（平成一二年六月八日　条約第五号）

効力発生、平一三・六・五

第一条　自国についてこの条約の効力が生じている加盟国は、児童労働の実効的な廃止を確保すること及び就業が認められるための最低年齢を年少者の心身の十分な発達が確保される水準まで漸進的に引き上げることを目的とする国内政策の遂行を約束する。

第二条　1　この条約を批准する加盟国は、その批准に際して付する宣言において、自国の領域内及びその領域内で登録された輸送手段における就業が認められるための最低年齢を明示する。この最低年齢に達していない者については、第四条から第八条までの規定が適用される場合を除くほか、いかなる職業における就業も認められない。

2　この条約を批准した加盟国は、その後において、新たな宣言を行うことにより、既に明示した最低年齢を上回る最低年齢を明示する旨を国際労働事務局長に通報することができる。

3　1の規定に従って明示する最低年齢は、義務教育が終了する年齢を下回ってはならず、また、いかなる場合にも十五歳を下回ってはならない。

4・5　（省略）

第三条　1　年少者の健康、安全若しくは道徳を損なうおそれのある性質を有する業務又はそのようなおそれのある状況下で行われる業務については、就業が認められるための最低年齢は、十八歳を下回ってはならない。

2　1の規定が適用される業務の種類は、関係のある使用者団体及び労働者団体が存在する場合にはこれらの団体と協議した上で、国内法令又は権限のある機関によって決定される。

3　1の規定にかかわらず、関係のある使用者団体及び労働者団体が存在する場合にはこれらの団体と協議した上で、年少者がその健康、安全及び道徳について十分に保護されること並びに関係する活動部門に係る適切なかつ特定の指導又は職業訓練を受けたことを条件として、十六歳からの就業については、これを国内法令又は権限のある機関により認めることができる。

第六条　この条約は、一般教育、職業教育若しくは技術教育のための学校若しくは訓練施設において児童及び年少者が行う労働又は企業において十四歳以上の者が行う労働であって、権限のある機関が定める条件（関係のある使用者団体及び労働者団体が存在する場合にあっては、これらの団体と協議した上で定める条件とする。）に従って行われ、かつ、次のいずれかの課程の不可分の一部であるものについては、適用しない。

(a)　学校又は訓練施設が第一義的な責任を有する教育又は訓練の課程

(b)　主として又は全面的に企業において実施される訓練課程であって、権限のある機関が認めたもの

(c)　職業又は訓練科目の選択を容易にするための職業指導の課程

第七条　1　次の要件を満たす軽易な労働については、国内法令において、十三歳以上十五歳未満の者による就業を認める旨を定めることができる。

(a)　これらの者の健康又は発達に有害となるおそれがないこと。

(b)　これらの者の登校若しくは権限のある機関が認めた職業指導若しくは訓練課程への参加又はこれらの者による教育、職業指導若しくは訓練内容の習得を妨げるものでないこと。

2　1(a)及び(b)に定める要件を満たしている労働については、国内法令において、十五歳に達しているが義務教育を終了していない者による就業を認める旨を定めることができる。

3　権限のある機関は、1及び2の規定に基づいて就業が認められる活動を決定するとともに、その就業の時間数及び条件を定める。

4　第二条4の規定を適用する加盟国は、その適用を継続する間、1の規定中「十三歳以上十五歳未満」とあるのは「十二歳以上十四歳未満」とし、2の規定中「十五歳」とあるのは「十四歳」として、1又は2の規定を適用することができる。

第八条　1　権限のある機関は、関係のある使用者団体及び労働者団体が存在する場合にはこれらの団体と協議した上で、芸術的な演劇への出演その他これに類することを目的とする就業については、個々の事案について与える許可書により、第二条に規定する就業の禁止に対する例外を認めることができる。

2　1の許可書においては、就業が認められる時間数を限定するとともに、就業が認められる条件を定める。

第九条　1　権限のある機関は、この条約の効果的な実施を確保するため、すべての必要な措置（適当な制裁を定めることを含む。）をとる。

2　国内法令又は権限のある機関は、この条約を実施するための規定の遵守について責任を負う者を定める。

3　国内法令又は権限のある機関は、使用者が保管し及び利用に供すべき名簿その他の書類について定める。当該名簿その他の書類には、使用者が使用し又は使用者のために労働する十八歳未満の者の氏名及び年齢又は生年月日（可能な場合には正当に証明されたもの）を含める。

●生活保護法（抜粋）（昭和二五年五月四日 法律第一四四号）

施行、昭二五・五・四
最終改正、令二—法四一

第一章　総則

（**この法律の目的**）
第一条　この法律は、日本国憲法第二十五条に規定する理念に基き、国が生活に困窮するすべての国民に対し、その困窮の程度に応じ、必要な保護を行い、その最低限度の生活を保障するとともに、その自立を助長することを目的とする。

（**無差別平等**）
第二条　すべて国民は、この法律の定める要件を満たす限り、この法律による保護（以下「保護」という。）を、無差別平等に受けることができる。

（**最低生活**）
第三条　この法律により保障される最低限度の生活は、健康で文化的な生活水準を維持することができるものでなければならない。

（**保護の補足性**）
第四条　保護は、生活に困窮する者が、その利用し得る資産、能力その他あらゆるものを、その最低限度の生活の維持のために活用することを要件として行われる。
2　民法（明治二十九年法律第八十九号）に定める扶養義務者の扶養及び他の法律に定める扶助は、すべてこの法律による保護に優先して行われるものとする。
3　前二項の規定は、急迫した事由がある場合に、必要な保護を行うことを妨げるものではない。

（**この法律の解釈及び運用**）
第五条　前四条に規定するところは、この法律の基本原理であつて、この法律の解釈及び運用は、すべてこの原理に基いてされなければならない。

（**用語の定義**）
第六条　この法律において「被保護者」とは、現に保護を受けている者をいう。
2　この法律において「要保護者」とは、現に保護を受けているといないとにかかわらず、保護を必要とする状態にある者をいう。
3　この法律において「保護金品」とは、保護として給与し、又は貸与される金銭及び物品をいう。
4　この法律において「金銭給付」とは、金銭の給与又は貸与によつて、保護を行うことをいう。
5　この法律において「現物給付」とは、物品の給与又は貸与、医療の給付、役務の提供その他金銭給付以外の方法で保護を行うことをいう。

第二章　保護の原則

（**申請保護の原則**）
第七条　保護は、要保護者、その扶養義務者又はその他の同居の親族の申請に基いて開始するものとする。但し、要保護者が急迫した状況にあるときは、保護の申請がなくても、必要な保護を行うことができる。

（**基準及び程度の原則**）
第八条　保護は、厚生労働大臣の定める基準により測定した要保護者の需要を基とし、そのうち、その者の金銭又は物品で満たすことのできない不足分を補う程度において行うものとする。
2　前項の基準は、要保護者の年齢別、性別、世帯構成別、所在地域別その他保護の種類に応じて必要な事情を考慮した最低限度の生活の需要を満たすに十分なものであつて、且つ、これをこえないものでなければならない。

（**必要即応の原則**）
第九条　保護は、要保護者の年齢別、性別、健康状態等その個人又は世帯の実際の必要の相違を考慮して、有効且つ適切に行うものとする。

（**世帯単位の原則**）
第一〇条　保護は、世帯を単位としてその要否及び程度を定めるものとする。但し、これによりがたいときは、個人を単位として定めることができる。

第三章　保護の種類及び範囲

（**種類**）
第一一条　保護の種類は、次のとおりとする。
一　生活扶助
二　教育扶助
三　住宅扶助
四　医療扶助
五　介護扶助
六　出産扶助
七　生業扶助
八　葬祭扶助
2　前項各号の扶助は、要保護者の必要に応じ、単給又は併給として行われる。

（**生活扶助**）
第一二条　生活扶助は、困窮のため最低限度の生活を維持することのできない者に対して、左に掲げる事項の範囲内において行われる。
一　衣食その他日常生活の需要を満たすために必要なもの
二　移送

（**教育扶助**）
第一三条　教育扶助は、困窮のため最低限度の生活を維持することのできない者に対して、左に掲げる事項の範囲内において行われる。
一　義務教育に伴つて必要な教科書その他の学用品
二　義務教育に伴つて必要な通学用品
三　学校給食その他義務教育に伴つて必要なもの

（**住宅扶助**）
第一四条　住宅扶助は、困窮のため最低限度の生活を維持することのできない者に対して、左に掲げる事項の範囲内において行われる。
一　住居
二　補修その他住宅の維持のために必要なもの

（**医療扶助**）
第一五条　医療扶助は、困窮のため最低限度の生活を維持することのできない者に対して、左に掲げる事項の範囲内において行われる。
一　診察
二　薬剤又は治療材料
三　医学的処置、手術及びその他の治療並びに施術
四　居宅における療養上の管理及びその療養に伴う世話その他の看護
五　病院又は診療所への入院及びその療養に伴う世話その他の看護
六　移送

（**介護扶助**）
第一五条の二　介護扶助は、困窮のため最低限度の生活を維持することのできない要介護者（介護保険法（平成九年法律第百二十三号）第七条第三項に規定する要介護者をいう。第三項において同じ。）に対して、第一号から第四号まで及び第九号に掲げる事項の範囲内において行われ、困窮のため最低限度の生活を維持することのできない要支援者（同条第四項に規定する要支援者をいう。以下この項及び第六項において同じ。）に対して、第五号から第九号までに掲げる事項の範囲内において行われ、困窮のため最低限度の生活を維持することのできない居宅要支援被保険者等（同法第百十五条の四十五第一項第一号に規定する居宅要支援被保険者等をいう。）に相当する者（要支援者を除く。）に対して、第八号及び第九号に掲げる事項の範囲内において行われる。
一　居宅介護（居宅介護支援計画に基づき行うものに限る。）
二　福祉用具
三　住宅改修
四　施設介護
五　介護予防（介護予防支援計画に基づき行うものに限る。）
六　介護予防福祉用具

七　介護予防住宅改修
八　介護予防・日常生活支援（介護予防支援計画又は介護保険法第百十五条の四十五第一項第一号ニに規定する第一号介護予防支援事業による援助に相当する援助に基づき行うものに限る。）
九　移送
2から7まで（省略）

（出産扶助）
第一六条　出産扶助は、困窮のため最低限度の生活を維持することのできない者に対して、左に掲げる事項の範囲内において行われる。
一　分べんの介助
二　分べん前及び分べん後の処置
三　脱脂綿、ガーゼその他の衛生材料

（生業扶助）
第一七条　生業扶助は、困窮のため最低限度の生活を維持することのできない者又はそのおそれのある者に対して、左に掲げる事項の範囲内において行われる。但し、これによつて、その者の収入を増加させ、又はその自立を助長することのできる見込のある場合に限る。
一　生業に必要な資金、器具又は資料
二　生業に必要な技能の修得
三　就労のために必要なもの

（葬祭扶助）
第一八条　葬祭扶助は、困窮のため最低限度の生活を維持することのできない者に対して、左に掲げる事項の範囲内において行われる。
一　検案
二　死体の運搬
三　火葬又は埋葬
四　納骨その他葬祭のために必要なもの
2（省略）

第四章　保護の機関及び実施

（申請による保護の開始及び変更）
第二四条　保護の開始を申請する者は、厚生労働省令で定めるところにより、次に掲げる事項を記載した申請書を保護の実施機関に提出しなければならない。ただし、当該申請書を作成することができない特別の事情があるときは、この限りでない。
一　要保護者の氏名及び住所又は居所
二　申請者が要保護者と異なるときは、申請者の氏名及び住所又は居所並びに要保護者との関係
三　保護を受けようとする理由
四　要保護者の資産及び収入の状況（生業若しくは就労又は求職活動の状況、扶養義務者の扶養の状況及び他の法律に定める扶助の状況を含む。以下同じ。）
五　その他要保護者の保護の要否、種類、程度及び方法を決定するために必要な事項として厚生労働省令で定める事項
2　前項の申請書には、要保護者の保護の要否、種類、程度及び方法を決定するために必要な書類として厚生労働省令で定める書類を添付しなければならない。ただし、当該書類を添付することができない特別の事情があるときは、この限りでない。
3　保護の実施機関は、保護の開始の申請があつたときは、保護の要否、種類、程度及び方法を決定し、申請者に対して書面をもつて、これを通知しなければならない。
4　前項の書面には、決定の理由を付さなければならない。
5　第三項の通知は、申請のあつた日から十四日以内にしなければならない。ただし、扶養義務者の資産及び収入の状況の調査に日時を要する場合その他特別な理由がある場合には、これを三十日まで延ばすことができる。
6　保護の実施機関は、前項ただし書の規定により同項本文に規定する期間内に第三項の通知をしなかつたときは、同項の書面にその理由を明示しなければならない。
7　保護の申請をしてから三十日以内に第三項の通知がないときは、申請者は、保護の実施機関が申請を却下したものとみなすことができる。
8　保護の実施機関は、知れたる扶養義務者が民法の規定による扶養義務を履行していないと認められる場合において、保護の開始の決定をしようとするときは、厚生労働省令で定めるところにより、あらかじめ、当該扶養義務者に対して書面をもつて厚生労働省令で定める事項を通知しなければならない。ただし、あらかじめ通知することが適当でない場合として厚生労働省令で定める場合は、この限りでない。
9　第一項から第七項までの規定は、第七条に規定する者からの保護の変更の申請について準用する。
10　保護の開始又は変更の申請は、町村長を経由してすることもできる。町村長は、申請を受け取つたときは、五日以内に、その申請に、要保護者に対する扶養義務者の有無、資産及び収入の状況その他保護に関する決定をするについて参考となるべき事項を記載した書面を添えて、これを保護の実施機関に送付しなければならない。

（職権による保護の開始及び変更）
第二五条　保護の実施機関は、要保護者が急迫した状況にあるときは、すみやかに、職権をもつて保護の種類、程度及び方法を決定し、保護を開始しなければならない。
2　保護の実施機関は、常に、被保護者の生活状態を調査し、保護の変更を必要とすると認めるときは、速やかに、職権をもつてその決定を行い、書面をもつて、これを被保護者に通知しなければならない。前条第四項の規定は、この場合に準用する。
3　町村長は、要保護者が特に急迫した事由により放置することができない状況にあるときは、すみやかに、職権をもつて第十九条第六項に規定する保護を行わなければならない。

（保護の停止及び廃止）
第二六条　保護の実施機関は、被保護者が保護を必要としなくなつたときは、速やかに、保護の停止又は廃止を決定し、書面をもつて、これを被保護者に通知しなければならない。第二十八条第五項又は第六十二条第三項の規定により保護の停止又は廃止をするときも、同様とする。

（指導及び指示）
第二七条　保護の実施機関は、被保護者に対して、生活の維持、向上その他保護の目的達成に必要な指導又は指示をすることができる。
2　前項の指導又は指示は、被保護者の自由を尊重し、必要の最少限度に止めなければならない。
3　第一項の規定は、被保護者の意に反して、指導又は指示を強制し得るものと解釈してはならない。

（相談及び助言）
第二七条の二　保護の実施機関は、第五十五条の七第一項に規定する被保護者就労支援事業及び第五十五条の八第一項に規定する被保護者健康管理支援事業を行うほか、要保護者から求めがあつたときは、要保護者の自立を助長するために、要保護者からの相談に応じ、必要な助言をすることができる。

（報告、調査及び検診）
第二八条　保護の実施機関は、保護の決定若しくは実施又は第七十七条若しくは第七十八条（第三項を除く。次項及び次条第一項において同じ。）の規定の施行のため必要があると認めるときは、要保護者の資産及び収入の状況、健康状態その他の事項を調査するために、厚生労働省令で定めるところにより、当該要保護者に対して、報告を求め、若しくは当該職員に、当該要保護者の居住の場所に立ち入り、これらの事項を調査させ、又は当該要保護者に対して、保護の実施機関の指定する医師若しくは歯科医師の検診を受けるべき旨を命ずることができる。
2　保護の実施機関は、保護の決定若しくは実施又は第七十七条若しくは第七十八条の規定の施行のため必要があると認めるときは、保護の開始又は変更の申請書及びその添付書類の内容を調査するために、厚生労働省令で定めるところにより、要保護者の扶養義務者若しくはその他の同居の親族又は保護の開始若しくは変更の申請の当時要保護者若しくはこれらの者であつた者に対して、報告を求めることができる。

3　第一項の規定によつて立入調査を行う当該職員は、厚生労働省令の定めるところにより、その身分を示す証票を携帯し、かつ、関係人の請求があるときは、これを提示しなければならない。

4　第一項の規定による立入調査の権限は、犯罪捜査のために認められたものと解してはならない。

5　保護の実施機関は、要保護者が第一項の規定による報告をせず、若しくは虚偽の報告をし、若しくは立入調査を拒み、妨げ、若しくは忌避し、又は医師若しくは歯科医師の検診を受けるべき旨の命令に従わないときは、保護の開始若しくは変更の申請を却下し、又は保護の変更、停止若しくは廃止をすることができる。

（資料の提供等）

第二九条　保護の実施機関及び福祉事務所長は、保護の決定若しくは実施又は第七十七条若しくは第七十八条の規定の施行のために必要があると認めるときは、次の各号に掲げる者の当該各号に定める事項につき、官公署、日本年金機構若しくは国民年金法（昭和三十四年法律第百四十一号）第三条第二項に規定する共済組合等（次項において「共済組合等」という。）に対し、必要な書類の閲覧若しくは資料の提供を求め、又は銀行、信託会社、次の各号に掲げる者の雇主その他の関係人に、報告を求めることができる。

一　要保護者又は被保護者であつた者　氏名及び住所又は居所、資産及び収入の状況、健康状態、他の保護の実施機関における保護の決定及び実施の状況その他政令で定める事項（被保護者であつた者にあつては、氏名及び住所又は居所、健康状態並びに他の保護の実施機関における保護の決定及び実施の状況を除き、保護を受けていた期間における事項に限る。）

二　前号に掲げる者の扶養義務者　氏名及び住所又は居所、資産及び収入の状況その他政令で定める事項（被保護者であつた者の扶養義務者にあつては、氏名及び住所又は居所を除き、当該被保護者であつた者が保護を受けていた期間における事項に限る。）

2　別表第一の上欄に掲げる官公署の長、日本年金機構又は共済組合等は、それぞれ同表の下欄に掲げる情報につき、保護の実施機関又は福祉事務所長から前項の規定による求めがあつたときは、速やかに、当該情報を記載し、若しくは記録した書類を閲覧させ、又は資料の提供を行うものとする。

第五章　保護の方法

（生活扶助の方法）

第三〇条　生活扶助は、被保護者の居宅において行うものとする。ただし、これによることができないとき、これによつては保護の目的を達しがたいとき、又は被保護者が希望したときは、被保護者を救護施設、更生施設、日常生活支援住居施設（社会福祉法第二条第三項第八号に規定する事業の用に供する施設その他の施設であつて、被保護者に対する日常生活上の支援の実施に必要なものとして厚生労働省令で定める要件に該当すると都道府県知事が認めたものをいう。第六十二条第一項及び第七十条第一号ハにおいて同じ。）若しくはその他の適当な施設に入所させ、若しくはこれらの施設に入所を委託し、又は私人の家庭に養護を委託して行うことができる。

2　前項ただし書の規定は、被保護者の意に反して、入所又は養護を強制することができるものと解釈してはならない。

3　保護の実施機関は、被保護者の親権者又は後見人がその権利を適切に行わない場合においては、その異議があつても、家庭裁判所の許可を得て、第一項但書の措置をとることができる。

第三一条　生活扶助は、金銭給付によつて行うものとする。但し、これによることができないとき、これによることが適当でないとき、その他保護の目的を達するために必要があるときは、現物給付によつて行うことができる。

2　生活扶助のための保護金品は、一月分以内を限度として前渡するものとする。但し、これによりがたいときは、一月分をこえて前渡することができる。

3　居宅において生活扶助を行う場合の保護金品は、世帯単位に計算し、世帯主又はこれに準ずる者に対して交付するものとする。但し、これによりがたいときは、被保護者に対して個々に交付することができる。

4　地域密着型介護老人福祉施設（介護保険法第八条第二十二項に規定する地域密着型介護老人福祉施設をいう。以下同じ。）、介護老人福祉施設、介護老人保健施設（同条第二十八項に規定する介護老人保健施設をいう。以下同じ。）又は介護医療院（同条第二十九項に規定する介護医療院をいう。以下同じ。）であつて第五十四条の二第一項の規定により指定を受けたもの（同条第二項本文の規定により同条第一項の指定を受けたものとみなされたものを含む。）において施設介護を受ける被保護者に対して生活扶助を行う場合の保護金品を前項に規定する者に交付することが適当でないときその他保護の目的を達するために必要があるときは、同項の規定にかかわらず、当該地域密着型介護老人福祉施設若しくは介護老人福祉施設の長又は当該介護老人保健施設若しくは介護医療院の管理者に対して交付することができる。

5　前条第一項ただし書の規定により生活扶助を行う場合の保護金品は、被保護者又は施設の長若しくは養護の委託を受けた者に対して交付するものとする。

（教育扶助の方法）

第三二条　教育扶助は、金銭給付によつて行うものとする。但し、これによることができないとき、これによることが適当でないとき、その他保護の目的を達するために必要があるときは、現物給付によつて行うことができる。

2　教育扶助のための保護金品は、被保護者、その親権者若しくは未成年後見人又は被保護者の通学する学校の長に対して交付するものとする。

（住宅扶助の方法）

第三三条　住宅扶助は、金銭給付によつて行うものとする。但し、これによることができないとき、これによることが適当でないとき、その他保護の目的を達するために必要があるときは、現物給付によつて行うことができる。

2　住宅扶助のうち、住居の現物給付は、宿所提供施設を利用させ、又は宿所提供施設にこれを委託して行うものとする。

3　第三十条第二項の規定は、前項の場合に準用する。

4　住宅扶助のための保護金品は、世帯主又はこれに準ずる者に対して交付するものとする。

（医療扶助の方法）

第三四条　医療扶助は、現物給付によつて行うものとする。但し、これによることができないとき、これによることが適当でないとき、その他保護の目的を達するために必要があるときは、金銭給付によつて行うことができる。

2　前項に規定する現物給付のうち、医療の給付は、医療保護施設を利用させ、又は医療保護施設若しくは第四十九条の規定により指定を受けた医療機関にこれを委託して行うものとする。

3　前項に規定する医療の給付のうち、医療を担当する医師又は歯科医師が医学的知見に基づき後発医薬品（医薬品、医療機器等の品質、有効性及び安全性の確保等に関する法律（昭和三十五年法律第百四十五号）第十四条又は第十九条の二の規定による製造販売の承認を受けた医薬品のうち、同法第十四条の四第一項各号に掲げる医薬品と有効成分、分量、用法、用量、効能及び効果が同一性を有すると認められたものであつて厚生労働省令で定めるものをいう。以下この項において同じ。）を使用することができると認めたものについては、原則として、後発医薬品によりその給付を行うものとする。

4　第二項に規定する医療の給付のうち、あん摩マッサージ指圧師、はり師、きゆう師等に関する法律（昭和二十二年法律第二百十七号）又は柔道整復師法（昭和四十五年法律第十九号）の規定によりあん摩マッサージ指圧師、はり師、きゆう師又は柔道整復師（以下「施術者」という。）が行うことのできる範囲の施術については、第五十五条第一項の規定により指定を受けた施術者に委託してその給付を行うことを妨げない。

5　急迫した事情その他やむを得ない事情がある場合においては、被保護者は、第二項及び前項の規定にかかわらず、指定を受けない医療機関について医療の給付を受け、又は指定を受けない施術者について施術の給付を受けることができる。

6　医療扶助のための保護金品は、被保護者に対して交付するものとする。

（介護扶助の方法）

第三四条の二　介護扶助は、現物給付によつて行うものとする。ただし、これによることができないとき、これによることが適当でないとき、その他保護の目的を達するために必要があるときは、金銭給付によつて行うことができる。

2　前項に規定する現物給付のうち、居宅介護、福祉用具の給付、施設介護、介護予防、介護予防福祉用具及び介護予防・日常生活支援（第十五条の二第七項に規定する介護予防・日常生活支援をいう。第五十四条の二第一項において同じ。）の給付は、介護機関（その事業として居宅介護を行う者及びその事業として居宅介護支援計画（第十五条の二第三項に規定する居宅介護支援計画をいう。第五十四条の二第一項及び別表第二において同じ。）を作成する者、その事業として介護保険法第八条第十三項に規定する特定福祉用具販売を行う者（第五十四条の二第一項及び別表第二において「特定福祉用具販売事業者」という。）、地域密着型介護老人福祉施設、介護老人福祉施設、介護老人保健施設及び介護医療院、その事業として介護予防を行う者及びその事業として介護予防支援計画（第十五条の二第六項に規定する介護予防支援計画をいう。第五十四条の二第一項及び別表第二において同じ。）を作成する者、その事業として同法第八条の二第十一項に規定する特定介護予防福祉用具販売を行う者（第五十四条の二第一項及び別表第二において「特定介護予防福祉用具販売事業者」という。）並びに介護予防・日常生活支援事業者（その事業として同法第百十五条の四十五第一項第一号に規定する第一号事業を行う者をいう。以下同じ。）をいう。以下同じ。）であつて、第五十四条の二第一項の規定により指定を受けたもの（同条第二項本文の規定により同条第一項の指定を受けたものとみなされたものを含む。）にこれを委託して行うものとする。

3　前条第五項及び第六項の規定は、介護扶助について準用する。

（出産扶助の方法）

第三五条　出産扶助は、金銭給付によつて行うものとする。但し、これによることができないとき、これによることが適当でないとき、その他保護の目的を達するために必要があるときは、現物給付によつて行うことができる。

2　前項ただし書に規定する現物給付のうち、助産の給付は、第五十五条第一項の規定により指定を受けた助産師に委託して行うものとする。

3　第三十四条第五項及び第六項の規定は、出産扶助について準用する。

（生業扶助の方法）

第三六条　生業扶助は、金銭給付によつて行うものとする。但し、これによることができないとき、これによることが適当でないとき、その他保護の目的を達するために必要があるときは、現物給付によつて行うことができる。

2　前項但書に規定する現物給付のうち、就労のために必要な施設の供用及び生業に必要な技能の授与は、授産施設若しくは訓練を目的とするその他の施設を利用させ、又はこれらの施設にこれを委託して行うものとする。

3　生業扶助のための保護金品は、被保護者に対して交付するものとする。但し、施設の供用又は技能の授与のために必要な金品は、授産施設の長に対して交付することができる。

（葬祭扶助の方法）

第三七条　葬祭扶助は、金銭給付によつて行うものとする。但し、これによることができないとき、これによることが適当でないとき、その他保護の目的を達するために必要があるときは、現物給付によつて行うことができる。

2　葬祭扶助のための保護金品は、葬祭を行う者に対して交付するものとする。

第六章　保護施設

（種類）

第三八条　保護施設の種類は、左の通りとする。

一　救護施設
二　更生施設
三　医療保護施設
四　授産施設
五　宿所提供施設

2　救護施設は、身体上又は精神上著しい障害があるために日常生活を営むことが困難な要保護者を入所させて、生活扶助を行うことを目的とする施設とする。

3　更生施設は、身体上又は精神上の理由により養護及び生活指導を必要とする要保護者を入所させて、生活扶助を行うことを目的とする施設とする。

4　医療保護施設は、医療を必要とする要保護者に対して、医療の給付を行うことを目的とする施設とする。

5　授産施設は、身体上若しくは精神上の理由又は世帯の事情により就業能力の限られている要保護者に対して、就労又は技能の修得のために必要な機会及び便宜を与えて、その自立を助長することを目的とする施設とする。

6　宿所提供施設は、住居のない要保護者の世帯に対して、住宅扶助を行うことを目的とする施設とする。

第八章　就労自立給付金及び進学準備給付金

（進学準備給付金の支給）

第五五条の五　都道府県知事、市長及び福祉事務所を管理する町村長は、その管理に属する福祉事務所の所管区域内に居住地を有する（居住地がないか、又は明らかでないときは当該所管区域内にある）被保護者（十八歳に達する日以後の最初の三月三十一日までの間にある者その他厚生労働省令で定める者に限る。）であつて教育訓練施設のうち教育訓練の内容その他の事情を勘案して厚生労働省令で定めるもの（次条において「特定教育訓練施設」という。）に確実に入学すると見込まれるものに対して、厚生労働省令で定めるところにより、進学準備給付金を支給する。

2　（省略）

第十章　被保護者の権利及び義務

（不利益変更の禁止）

第五六条　被保護者は、正当な理由がなければ、既に決定された保護を、不利益に変更されることがない。

（公課禁止）

第五七条　被保護者は、保護金品及び進学準備給付金を標準として租税その他の公課を課せられることがない。

（差押禁止）

第五八条　被保護者は、既に給与を受けた保護金品及び進学準備給付金又はこれらを受ける権利を差し押さえられることがない。

（譲渡禁止）

第五九条　保護又は就労自立給付金若しくは進学準備給付金の支給を受ける権利は、譲り渡すことができない。

（生活上の義務）

第六〇条　被保護者は、常に、能力に応じて勤労に励み、自ら、健康の保持及び増進に努め、収入、支出その他生計の状況を適切に把握するとともに支出の節約を図り、その他生活の維持及び向上に努めなければならない。

（届出の義務）

第六一条　被保護者は、収入、支出その他生計の状況について変動があつたとき、又は居住地若しくは世帯の構成に異動があつたときは、すみやかに、保護の実施機関又は福祉事務所長にその旨を届け出なければならない。

（指示等に従う義務）

第六二条　被保護者は、保護の実施機関が、第三十条第一項ただし書の規定により、被保護者を救護施設、更生施設、日常生活支援住居施設若しくはその他の適当な施設に入所させ、若しくはこれらの施設に入所を委託し、若しくは私人の家庭に養護を委託して保護を行うことを決定したとき、又は第二十七条の規定により、被保護者に対し、必要な指導又は指示をしたときは、これに従わなければならない。

2　保護施設を利用する被保護者は、第四十六条の規定により定められたその保護施設の管理規程に従わなければならない。

3　保護の実施機関は、被保護者が前二項の規定による義務に違反したときは、保護の変更、停止又は廃止をすることができる。

4　保護の実施機関は、前項の規定により保護の変更、停止又は廃止の処分をする場合には、当該被保護者に対して弁明の機会を与えなければならない。この場合においては、あらかじめ、当該処分をしようとする理由、弁明をすべき日時及び場所を通知しなければならない。

5　第三項の規定による処分については、行政手続法第三章（第十二条及び第十四条を除く。）の規定は、適用しない。

（費用返還義務）

第六三条　被保護者が、急迫の場合等において資力があるにもかかわらず、保護を受けたときは、保護に要する費用を支弁した都道府県又は市町村に対して、すみやかに、その受けた保護金品に相当する金額の範囲内において保護の実施機関の定める額を返還しなければならない。

第十一章　不服申立て

（審査庁）

第六四条　第十九条第四項の規定により市町村長が保護の決定及び実施に関する事務の全部又は一部をその管理に属する行政庁に委任した場合における当該事務に関する処分並びに第五十五条の四第二項（第五十五条の五第二項において準用する場合を含む。第六十六条第一項において同じ。）の規定により市町村長が就労自立給付金又は進学準備給付金の支給に関する事務の全部又は一部をその管理に属する行政庁に委任した場合における当該事務に関する処分についての審査請求は、都道府県知事に対してするものとする。

（裁決をすべき期間）

第六五条　厚生労働大臣又は都道府県知事は、保護の決定及び実施に関する処分又は就労自立給付金若しくは進学準備給付金の支給に関する処分についての審査請求がされたときは、当該審査請求がされた日（行政不服審査法（平成二十六年法律第六十八号）第二十三条の規定により不備を補正すべきことを命じた場合にあつては、当該不備が補正された日）から次の各号に掲げる場合の区分に応じそれぞれ当該各号に定める期間内に、当該審査請求に対する裁決をしなければならない。

一　行政不服審査法第四十三条第一項の規定による諮問をする場合　七十日

二　前号に掲げる場合以外の場合　五十日

2　審査請求人は、審査請求をした日（行政不服審査法第二十三条の規定により不備を補正すべきことを命じられた場合にあつては、当該不備を補正した日。第一号において同じ。）から次の各号に掲げる場合の区分に応じそれぞれ当該各号に定める期間内に裁決がないときは、厚生労働大臣又は都道府県知事が当該審査請求を棄却したものとみなすことができる。

一　当該審査請求をした日から五十日以内に行政不服審査法第四十三条第三項の規定により通知を受けた場合　七十日

二　前号に掲げる場合以外の場合　五十日

（再審査請求）

第六六条　市町村長がした保護の決定及び実施に関する処分若しくは第十九条第四項の規定による委任に基づいて行政庁がした処分に係る審査請求についての都道府県知事の裁決又は市町村長がした就労自立給付金若しくは進学準備給付金の支給に関する処分若しくは第五十五条の四第二項の規定による委任に基づいて行政庁がした処分に係る審査請求についての都道府県知事の裁決に不服がある者は、厚生労働大臣に対して再審査請求をすることができる。

2　前条第一項（各号を除く。）の規定は、再審査請求の裁決について準用する。この場合において、同項中「当該審査請求」とあるのは「当該再審査請求」と、「第二十三条」とあるのは「第六十六条第一項において読み替えて準用する同法第二十三条」と、「次の各号に掲げる場合の区分に応じそれぞれ当該各号に定める期間内」とあるのは「七十日以内」と読み替えるものとする。

（審査請求と訴訟との関係）

第六九条　この法律の規定に基づき保護の実施機関又は支給機関がした処分の取消しの訴えは、当該処分についての審査請求に対する裁決を経た後でなければ、提起することができない。

●生活保護法による保護の基準（抜粋）

（昭和三八年四月一日厚生省告示第一五八号）

施行、昭三八・四・一（適用）
最終改正、令二—厚労告三〇二

一　生活扶助、教育扶助、住宅扶助、医療扶助、介護扶助、出産扶助、生業扶助及び葬祭扶助の基準はそれぞれ別表第1から別表第8までに定めるところによる。

二　要保護者に特別の事由があつて、前項の基準によりがたいときは、厚生労働大臣が特別の基準を定める。

別表第2　教育扶助基準

学校別／区分	次に掲げる学校 一　小学校 二　義務教育学校の前期課程 三　特別支援学校の小学部	次に掲げる学校 一　中学校 二　義務教育学校の後期課程 三　中等教育学校の前期課程（保護の実施機関が就学を認めた場合に限る。） 四　特別支援学校の中学部
基準額（月額）	2,600円	5,100円
教材代	正規の教材として学校長又は教育委員会が指定するものの購入に必要な額	
学校給食費	保護者が負担すべき給食費の額	
通学のための交通費	通学に必要な最小限度の額	
学習支援費（年間上限額）	16,000円以内	59,800円以内

●児童手当法（昭和四六年五月二七日 法律第七三号）

施行、昭四七・一・一
最終改正、平三〇—法四四

第一章　総則

（目的）

第一条　この法律は、子ども・子育て支援法（平成二十四年法律第六十五号）第七条第一項に規定する子ども・子育て支援の適切な実施を図るため、父母その他の保護者が子育てについての第一義的責任を有するという基本的認識の下に、児童を養育している者に児童手当を支給することにより、家庭等における生活の安定に寄与するとともに、次代の社会を担う児童の健やかな成長に資することを目的とする。

（受給者の責務）

第二条　児童手当の支給を受けた者は、児童手当が前条の目的を達成するために支給されるものである趣旨にかんがみ、これをその趣旨に従つて用いなければならない。

（定義）

第三条　この法律において「児童」とは、十八歳に達する日以後の最初の三月三十一日までの間にある者であつて、日本国内に住所を有するもの又は留学その他の内閣府令で定める理由により日本国内に住所を有しないものをいう。

2　この法律にいう「父」には、母が児童を懐胎した当時婚姻の届出をしていないが、その母と事実上婚姻関係と同様の事情にあつた者を含むものとする。

3　この法律において「施設入所等児童」とは、次に掲げる児童をいう。

一　児童福祉法（昭和二十二年法律第百六十四号）第二十七条第一項第三号の規定により同法第六条の三第八項に規定する小規模住居型児童養育事業（以下「小規模住居型児童養育事業」という。）を行う者又は同法第六条の四に規定する里親（以下「里親」という。）に委託されている児童（内閣府令で定める短期間の委託をされている者を除く。）

二　児童福祉法第二十四条の二第一項の規定により障害児入所給付費の支給を受けて若しくは同法第二十七条第一項第三号の規定により同法第四十二条に規定する障害児入所施設（以下「障害児入所施設」という。）に入所し、若しくは同法第六条の二の二第三項に規定する指定発達支援医療機関（次条第一項第四号において「指定発達支援医療機関」という。）に入院し、又は同法第二十七条第一項第三号若しくは第二十七条の二第一項の規定により入所措置が採られて同法第三十七条に規定する乳児院、同法第四十一条に規定する児童養護施設、同法第四十三条の二に規定する児童心理治療施設若しくは同法第四十四条に規定する児童自立支援施設（以下「乳児院等」という。）に入所している児童（当該児童心理治療施設又は児童自立支援施設に通う者及び内閣府令で定める短期間の入所をしている者を除く。）

三　障害者の日常生活及び社会生活を総合的に支援するための法律（平成十七年法律第百二十三号）第二十九条第一項若しくは第三十条第一項の規定により同法第十九条第一項に規定する介護給付費等の支給を受けて又は身体障害者福祉法（昭和二十四年法律第二百八十三号）第十八条第二項若しくは知的障害者福祉法（昭和三十五年法律第三十七号）第十六条第一項第二号の規定により入所措置が採られて障害者支援施設（障害者の日常生活及び社会生活を総合的に支援するための法律第五条第十一項に規定する障害者支援施設をいう。以下同じ。）又はのぞみの園（独立行政法人国立重度知的障害者総合施設のぞみの園法（平成十四年法律第百六十七号）第十一条第一号の規定により独立行政法人国立重度知的障害者総合施設のぞみの園が設置する施設をいう。以下同じ。）に入所している児童（内閣府令で定める短期間の入所をしている者を除き、児童のみで構成する世帯に属している者（十五歳に達する日以後の最初の三月三十一日を経過した児童である父又は母がその子である児童と同一の施設に入所している場合における当該父又は母及びその子である児童を除く。）に限る。）

四　生活保護法（昭和二十五年法律第百四十四号）第三十条第一項ただし書の規定により同法第三十八条第二項に規定する救護施設（以下「救護施設」という。）、同条第三項に規定する更生施設（以下「更生施設」という。）若しくは同法第三十条第一項ただし書に規定する日常生活支援住居施設（次条第一項第四号において「日常生活支援住居施設」という。）に入所し、又は売春防止法（昭和三十一年法律第百十八号）第三十六条に規定する婦人保護施設（以下「婦人保護施設」という。）に入所している児童（内閣府令で定める短期間の入所をしている者を除き、児童のみで構成する世帯に属している者（十五歳に達する日以後の最初の三月三十一日を経過した児童である父又は母がその子である児童と同一の施設に入所している場合における当該父又は母及びその子である児童を除く。）に限る。）

第二章　児童手当の支給

（支給要件）

第四条　児童手当は、次の各号のいずれかに該当する者に支給する。

一　次のイ又はロに掲げる児童（以下「支給要件児童」という。）を監護し、かつ、これと生計を同じくするその父又は母（当該支給要件児童に係る未成年後見人があるときは、その未成年後見人とする。以下この項において「父母等」という。）であつて、日本国内に住所（未成年後見人が法人である場合にあつては、主たる事務所の所在地とする。）を有するもの

イ　十五歳に達する日以後の最初の三月三十一日までの間にある児童（施設入所等児童を除く。以下この章及び附則第二条第二項において「中学校修了前の児童」という。）

ロ　中学校修了前の児童を含む二人以上の児童（施設入所等児童を除く。）

二　日本国内に住所を有しない父母等がその生計を維持している支給要件児童と同居し、これを監護し、かつ、これと生計を同じくする者（当該支給要件児童と同居することが困難であると認められる場合にあつては、当該支給要件児童を監護し、かつ、これと生計を同じくする者とする。）のうち、当該支給要件児童の生計を維持している父母等が指定する者であつて、日本国内に住所を有するもの（当該支給要件児童の父母等を除く。以下「父母指定者」という。）

三　父母等又は父母指定者のいずれにも監護されず又はこれらと生計を同じくしない支給要件児童を監護し、かつ、その生計を維持する者であつて、日本国内に住所を有するもの

四　十五歳に達する日以後の最初の三月三十一日までの間にある施設入所等児童（以下「中学校修了前の施設入所等児童」という。）が委託されている小規模住居型児童養育事業を行う者若しくは里親又は中学校修了前の施設入所等児童が入所若しくは入院をしている障害児入所施設、指定発達支援医療機関、乳児院等、障害者支援施設、のぞみの園、救護施設、更生施設、日常生活支援住居施設若しくは婦人保護施設（以下「障害児入所施設等」という。）の設置者

2　前項第一号の場合において、児童を監護し、かつ、これと生計を同じくするその未成年後見人が数人あるときは、当該児童は、当該未成年後見人のうちいずれか当該児童の生

計を維持する程度の高い者によつて監護され、かつ、これと生計を同じくするものとみなす。

3　第一項第一号又は第二号の場合において、父及び母、未成年後見人並びに父母指定者のうちいずれか二以上の者が当該父及び母の子である児童を監護し、かつ、これと生計を同じくするときは、当該児童は、当該父若しくは母、未成年後見人又は父母指定者のうちいずれか当該児童の生計を維持する程度の高い者によつて監護され、かつ、これと生計を同じくするものとみなす。

4　前二項の規定にかかわらず、児童を監護し、かつ、これと生計を同じくするその父若しくは母、未成年後見人又は父母指定者のうちいずれか一の者が当該児童と同居している場合（当該いずれか一の者が当該児童を監護し、かつ、これと生計を同じくするその他の父若しくは母、未成年後見人又は父母指定者と生計を同じくしない場合に限る。）は、当該児童は、当該同居している父若しくは母、未成年後見人又は父母指定者によつて監護され、かつ、これと生計を同じくするものとみなす。

第五条　児童手当（施設入所等児童に係る部分を除く。）は、前条第一項第一号から第三号までのいずれかに該当する者の前年の所得（一月から五月までの月分の児童手当については、前々年の所得とする。）が、その者の所得税法（昭和四十年法律第三十三号）に規定する同一生計配偶者及び扶養親族（施設入所等児童を除く。以下「扶養親族等」という。）並びに同項第一号から第三号までのいずれかに該当する者の扶養親族等でない児童で同項第一号から第三号までのいずれかに該当する者が前年の十二月三十一日において生計を維持したものの有無及び数に応じて、政令で定める額以上であるときは、支給しない。ただし、同項第一号に該当する者が未成年後見人であり、かつ、法人であるときは、この限りでない。

2　前項に規定する所得の範囲及びその額の計算方法は、政令で定める。

（児童手当の額）

第六条　児童手当は、月を単位として支給するものとし、その額は、一月につき、次の各号に掲げる児童手当の区分に応じ、それぞれ当該各号に定める額とする。

一　児童手当（中学校修了前の児童に係る部分に限る。）　次のイからハまでに掲げる場合の区分に応じ、それぞれイからハまでに定める額

イ　次条の認定を受けた受給資格に係る支給要件児童の全てが三歳に満たない児童（施設入所等児童を除き、月の初日に生まれた児童については、出生の日から三年を経過しない児童とする。以下この号において同じ。）、三歳以上の児童（月の初日に生まれた児童については、出生の日から三年を経過した児童とする。）であつて十二歳に達する日以後の最初の三月三十一日までの間にある者（施設入所等児童を除く。以下この号において「三歳以上小学校修了前の児童」という。）又は十二歳に達する日以後の最初の三月三十一日を経過した児童であつて十五歳に達する日以後の最初の三月三十一日までの間にある者（施設入所等児童を除く。以下この号において「小学校修了後中学校修了前の児童」という。）である場合（ハに掲げる場合に該当する場合を除く。）　次の(1)から(3)までに掲げる場合の区分に応じ、それぞれ(1)から(3)までに定める額

(1)　当該支給要件児童の全てが三歳に満たない児童又は三歳以上小学校修了前の児童である場合　次の(i)から(iii)までに掲げる場合の区分に応じ、それぞれ(i)から(iii)までに定める額

(i)　当該支給要件児童の全てが三歳に満たない児童である場合　一万五千円に当該三歳に満たない児童の数を乗じて得た額

(ii)　当該三歳以上小学校修了前の児童が一人又は二人いる場合　一万五千円に当該三歳に満たない児童の数を乗じて得た額と、一万円に当該三歳以上小学校修了前の児童の数を乗じて得た額とを合算した額

(iii)　当該三歳以上小学校修了前の児童が三人以上いる場合　一万五千円に当該三歳に満たない児童の数を乗じて得た額と、一万五千円に当該三歳以上小学校修了前の児童の数を乗じて得た額から一万円を控除して得た額とを合算した額

(2)　当該小学校修了後中学校修了前の児童が一人いる場合　次の(i)又は(ii)に掲げる場合の区分に応じ、それぞれ(i)又は(ii)に定める額

(i)　当該支給要件児童の全てが三歳に満たない児童又は小学校修了後中学校修了前の児童である場合　一万五千円に当該三歳に満たない児童の数を乗じて得た額と、一万円に当該小学校修了後中学校修了前の児童の数を乗じて得た額とを合算した額

(ii)　当該支給要件児童のうちに三歳以上小学校修了前の児童がいる場合　一万五千円に当該三歳に満たない児童の数を乗じて得た額、一万五千円に当該三歳以上小学校修了前の児童の数を乗じて得た額から五千円を控除して得た額及び一万円に当該小学校修了後中学校修了前の児童の数を乗じて得た額を合算した額

(3)　当該小学校修了後中学校修了前の児童が二人以上いる場合　一万五千円に当該三歳に満たない児童の数を乗じて得た額、一万五千円に当該三歳以上小学校修了前の児童の数を乗じて得た額及び一万円に当該小学校修了後中学校修了前の児童の数を乗じて得た額を合算した額

ロ　次条の認定を受けた受給資格に係る支給要件児童のうちに十五歳に達する日以後の最初の三月三十一日を経過した児童がいる場合（ハに掲げる場合に該当する場合を除く。）　次の(1)又は(2)に掲げる場合の区分に応じ、それぞれ(1)又は(2)に定める額

(1)　当該十五歳に達する日以後の最初の三月三十一日を経過した児童が一人いる場合　次の(i)又は(ii)に掲げる場合の区分に応じ、それぞれ(i)又は(ii)に定める額

(i)　当該支給要件児童の全てが三歳に満たない児童、三歳以上小学校修了前の児童又は十五歳に達する日以後の最初の三月三十一日を経過した児童である場合　一万五千円に当該三歳に満たない児童の数を乗じて得た額と、一万五千円に当該三歳以上小学校修了前の児童の数を乗じて得た額から五千円を控除して得た額（当該支給要件児童のうちに三歳以上小学校修了前の児童がいない場合には、零とする。）とを合算した額

(ii)　当該支給要件児童のうちに小学校修了後中学校修了前の児童がいる場合　一万五千円に当該三歳に満たない児童の数を乗じて得た額、一万五千円に当該三歳以上小学校修了前の児童の数を乗じて得た額及び一万円に当該小学校修了後中学校修了前の児童の数を乗じて得た額を合算した額

(2)　当該十五歳に達する日以後の最初の三月三十一日を経過した児童が二人以上いる場合　一万五千円に当該三歳に満たない児童の数を乗じて得た額、一万五千円に当該三歳以上小学校修了前の児童の数を乗じて得た額及び一万円に当該小学校修了後中学校修了前の児童の数を乗じて得た額を合算した額

ハ　児童手当の支給要件に該当する者（第四条第一項第一号に係るものに限る。）が未成年後見人であり、かつ、法人であ

る場合　一万五千円に次条の認定を受けた受給資格に係る三歳に満たない児童の数を乗じて得た額、一万円に当該受給資格に係る三歳以上小学校修了前の児童の数を乗じて得た額及び一万円に当該受給資格に係る小学校修了後中学校修了前の児童の数を乗じて得た額を合算した額

二　児童手当（中学校修了前の施設入所等児童に係る部分に限る。）　一万五千円に次条の認定を受けた受給資格に係る三歳に満たない施設入所等児童（月の初日に生まれた施設入所等児童については、出生の日から三年を経過しない施設入所等児童とする。）の数を乗じて得た額と、一万円に当該受給資格に係る三歳以上の施設入所等児童（月の初日に生まれた施設入所等児童については、出生の日から三年を経過した施設入所等児童とする。）であつて十五歳に達する日以後の最初の三月三十一日までの間にある者の数を乗じて得た額とを合算した額

2　児童手当の額は、国民の生活水準その他の諸事情に著しい変動が生じた場合には、変動後の諸事情に応ずるため、速やかに改定の措置が講ぜられなければならない。

（認定）

第七条　児童手当の支給要件に該当する者（第四条第一項第一号から第三号までに係るものに限る。以下「一般受給資格者」という。）は、児童手当の支給を受けようとするときは、その受給資格及び児童手当の額について、内閣府令で定めるところにより、住所地（一般受給資格者が未成年後見人であり、かつ、法人である場合にあつては、主たる事務所の所在地とする。）の市町村長（特別区の区長を含む。以下同じ。）の認定を受けなければならない。

2　児童手当の支給要件に該当する者（第四条第一項第四号に係るものに限る。以下「施設等受給資格者」という。）は、児童手当の支給を受けようとするときは、その受給資格及び児童手当の額について、内閣府令で定めるところにより、次の各号に掲げる者の区分に応じ、当該各号に定める者の認定を受けなければならない。

一　小規模住居型児童養育事業を行う者　当該小規模住居型児童養育事業を行う住居の所在地の市町村長

二　里親　当該里親の住所地の市町村長

三　障害児入所施設等の設置者　当該障害児入所施設等の所在地の市町村長

3　前二項の認定を受けた者が、他の市町村（特別区を含む。以下同じ。）の区域内に住所（一般受給資格者が未成年後見人であり、かつ、法人である場合にあつては主たる事務所の所在地とし、施設等受給資格者が小規模住居型児童養育事業を行う者である場合にあつては当該小規模住居型児童養育事業を行う住居の所在地とし、障害児入所施設等の設置者である場合にあつては当該障害児入所施設等の所在地とする。次条第三項において同じ。）を変更した場合において、その変更後の期間に係る児童手当の支給を受けようとするときも、前二項と同様とする。

（支給及び支払）

第八条　市町村長は、前条の認定をした一般受給資格者及び施設等受給資格者（以下「受給資格者」という。）に対し、児童手当を支給する。

2　児童手当の支給は、受給資格者が前条の規定による認定の請求をした日の属する月の翌月から始め、児童手当を支給すべき事由が消滅した日の属する月で終わる。

3　受給資格者が住所を変更した場合又は災害その他やむを得ない理由により前条の規定による認定の請求をすることができなかつた場合において、住所を変更した後又はやむを得ない理由がやんだ後十五日以内にその請求をしたときは、児童手当の支給は、前項の規定にかかわらず、受給資格者が住所を変更した日又はやむを得ない理由により当該認定の請求をすることができなくなつた日の属する月の翌月から始める。

4　児童手当は、毎年二月、六月及び十月の三期に、それぞれの前月までの分を支払う。ただし、前支払期月に支払うべきであつた児童手当又は支給すべき事由が消滅した場合におけるその期の児童手当は、その支払期月でない月であつても、支払うものとする。

（児童手当の額の改定）

第九条　児童手当の支給を受けている者につき、児童手当の額が増額することとなるに至つた場合における児童手当の額の改定は、その者がその改定後の額につき認定の請求をした日の属する月の翌月から行う。

2　前条第三項の規定は、前項の改定について準用する。

3　児童手当の支給を受けている者につき、児童手当の額が減額することとなるに至つた場合における児童手当の額の改定は、その事由が生じた日の属する月の翌月から行う。

（支給の制限）

第一〇条　児童手当は、受給資格者が、正当な理由がなくて、第二十七条第一項の規定による命令に従わず、又は同項の規定による当該職員の質問に応じなかつたときは、その額の全部又は一部を支給しないことができる。

第一一条　児童手当の支給を受けている者が、正当な理由がなくて、第二十六条の規定による届出をせず、又は同条の規定による書類を提出しないときは、児童手当の支払を一時差しとめることができる。

（未支払の児童手当）

第一二条　児童手当の一般受給資格者が死亡した場合において、その死亡した者に支払うべき児童手当（その者が監護していた中学校修了前の児童であつた者に係る部分に限る。）で、まだその者に支払つていなかつたものがあるときは、当該中学校修了前の児童であつた者にその未支払の児童手当を支払うことができる。

2　中学校修了前の施設入所等児童が第三条第三項各号に掲げる児童に該当しなくなつた場合において、当該中学校修了前の施設入所等児童が委託されていた施設等受給資格者又は当該中学校修了前の施設入所等児童が入所若しくは入院をしていた障害児入所施設等に係る施設等受給資格者に支払うべき児童手当（当該中学校修了前の施設入所等児童であつた者に係る部分に限る。）で、まだその者に支払つていなかつたものがあるときは、当該中学校修了前の施設入所等児童であつた者にその未支払の児童手当を支払うことができる。

3　前項の規定による支払があつたときは、当該施設等受給資格者に対し当該児童手当の支給があつたものとみなす。

（支払の調整）

第一三条　児童手当を支給すべきでないにもかかわらず、児童手当の支給としての支払が行なわれたときは、その支払われた児童手当は、その後に支払うべき児童手当の内払とみなすことができる。児童手当の額を減額して改定すべき事由が生じたにもかかわらず、その事由が生じた日の属する月の翌月以降の分として減額しない額の児童手当が支払われた場合における当該児童手当の当該減額すべきであつた部分についても、同様とする。

（不正利得の徴収）

第一四条　偽りその他不正の手段により児童手当の支給を受けた者があるときは、市町村長は、地方税の滞納処分の例により、受給額に相当する金額の全部又は一部をその者から徴収することができる。

2　前項の規定による徴収金の先取特権の順位は、国税及び地方税に次ぐものとする。

（受給権の保護）

第一五条　児童手当の支給を受ける権利は、譲り渡し、担保に供し、又は差し押えることができない。

（公課の禁止）

第一六条　租税その他の公課は、児童手当として支給を受けた金銭を標準として、課することができない。

（公務員に関する特例）

第一七条　次の表の上欄に掲げる者（以下「公務員」という。）である一般受給資格者についてこの章の規定を適用する場合において

は、第七条第一項中「住所地（一般受給資格者が未成年後見人であり、かつ、法人である場合にあつては、主たる事務所の所在地とする。）の市町村長（特別区の区長を含む。以下同じ。）」とあり、第八条第一項中「市町村長」とあるのは、それぞれ同表の下欄のように読み替えるものとする。

一　常時勤務に服することを要する国家公務員その他政令で定める国家公務員（独立行政法人通則法（平成十一年法律第百三号）第二条第四項に規定する行政執行法人に勤務する者を除く。）	当該国家公務員の所属する各省各庁（財政法（昭和二十二年法律第三十四号）第二十一条に規定する各省各庁をいう。以下同じ。）の長（裁判所にあつては、最高裁判所長官とする。以下同じ。）又はその委任を受けた者
二　常時勤務に服することを要する地方公務員その他政令で定める地方公務員（地方独立行政法人法（平成十五年法律第百十八号）第二条第二項に規定する特定地方独立行政法人に勤務する者を除く。）	当該地方公務員の所属する都道府県若しくは市町村の長又はその委任を受けた者（市町村立学校職員給与負担法（昭和二十三年法律第百三十五号）第一条又は第二条に規定する職員にあつては、当該職員の給与を負担する都道府県の長又はその委任を受けた者）

2　第七条第三項の規定は、前項の規定によつて読み替えられる同条第一項の認定を受けた者が当該認定をした者を異にすることとなつた場合について準用する。

3　第一項の規定によつて読み替えられる第七条第一項の認定を受けた者については、第八条第三項中「住所を変更した」とあるのは、「当該認定をした者を異にすることとなつた」と読み替えるものとする。

第三章　費用

（児童手当に要する費用の負担）

第一八条　被用者（子ども・子育て支援法第六十九条第一項各号に掲げる者が保険料を負担し、又は納付する義務を負う被保険者であつて公務員でない者をいう。以下同じ。）に対する児童手当の支給に要する費用（三歳に満たない児童（月の初日に生まれた児童については、出生の日から三年を経過しない児童とする。以下この章において同じ。）に係る児童手当の額に係る部分に限る。）は、その十五分の七に相当する額を同項に規定する拠出金をもつて充て、その四十五分の十六に相当する額を国庫が負担し、その四十五分の四に相当する額を都道府県及び市町村がそれぞれ負担する。

2　被用者に対する児童手当の支給に要する費用（三歳以上の児童（月の初日に生まれた児童については、出生の日から三年を経過した児童とする。）であつて十五歳に達する日以後の最初の三月三十一日までの間にある者（次条において「三歳以上中学校修了前の児童」という。）に係る児童手当の額に係る部分に限る。）は、その三分の二に相当する額を国庫が負担し、その六分の一に相当する額を都道府県及び市町村がそれぞれ負担する。

3　被用者等でない者（被用者又は公務員（施設等受給資格者である公務員を除く。）でない者をいう。以下同じ。）に対する児童手当の支給に要する費用（当該被用者等でない者が施設等受給資格者である公務員である場合にあつては、中学校修了前の施設入所等児童に係る児童手当の額に係る部分に限る。）は、その三分の二に相当する額を国庫が負担し、その六分の一に相当する額を都道府県及び市町村がそれぞれ負担する。

4　次に掲げる児童手当の支給に要する費用は、それぞれ当該各号に定める者が負担する。

一　各省各庁の長又はその委任を受けた者が前条第一項の規定によつて読み替えられる第七条の認定（以下この項において単に「認定」という。）をした国家公務員に対する児童手当の支給に要する費用（当該国家公務員が施設等受給資格者である場合にあつては、中学校修了前の施設入所等児童に係る児童手当の額に係る部分を除く。）　国

二　都道府県知事又はその委任を受けた者が認定をした地方公務員に対する児童手当の支給に要する費用（当該地方公務員が施設等受給資格者である場合にあつては、中学校修了前の施設入所等児童に係る児童手当の額に係る部分を除く。）　当該都道府県

三　市町村長又はその委任を受けた者が認定をした地方公務員に対する児童手当の支給に要する費用（当該地方公務員が施設等受給資格者である場合にあつては、中学校修了前の施設入所等児童に係る児童手当の額に係る部分を除く。）　当該市町村

5　国庫は、毎年度、予算の範囲内で、児童手当に関する事務の執行に要する費用（市町村長が第八条第一項の規定により支給する児童手当の事務の処理に必要な費用を除く。）を負担する。

6　第一項から第三項までの規定による費用の負担については、第七条の規定による認定の請求をした日の属する月の翌月からその年又は翌年の五月までの間（第二十六条第一項又は第二項の規定による届出をした者にあつては、その年の六月から翌年の五月までの間）は、当該認定の請求をした際（第二十六条第一項又は第二項の規定による届出をした者にあつては、六月一日）における被用者又は被用者等でない者の区分による。

（市町村に対する交付）

第一九条　政府は、政令で定めるところにより、市町村に対し、市町村長が第八条第一項の規定により支給する児童手当の支給に要する費用のうち、被用者に対する費用（三歳に満たない児童に係る児童手当の額に係る部分に限る。）についてはその四十五分の三十七に相当する額を、被用者に対する費用（三歳以上中学校修了前の児童に係る児童手当の額に係る部分に限る。）についてはその三分の二に相当する額を、被用者等でない者に対する費用（当該被用者等でない者が施設等受給資格者である公務員である場合にあつては、中学校修了前の施設入所等児童に係る児童手当の額に係る部分に限る。）についてはその三分の二に相当する額を、それぞれ交付する。

第四章　雑則

（児童手当に係る寄附）

第二〇条　受給資格者が、次代の社会を担う児童の健やかな成長を支援するため、当該受給資格者に児童手当を支給する市町村に対し、当該児童手当の支払を受ける前に、内閣府令で定めるところにより、当該児童手当の額の全部又は一部を当該市町村に寄附する旨を申し出たときは、当該市町村は、内閣府令で定めるところにより、当該寄附を受けるため、当該受給資格者が支払を受けるべき児童手当の額のうち当該寄附に係る部分を、当該受給資格者に代わつて受けることができる。

2　市町村は、前項の規定により受けた寄附を、次代の社会を担う児童の健やかな成長を支援するために使用しなければならない。

（受給資格者の申出による学校給食費等の徴収等）

第二一条　市町村長は、受給資格者が、児童手当の支払を受ける前に、内閣府令で定めるところにより、当該児童手当の額の全部又は一部を、学校給食法（昭和二十九年法律第百六十号）第十一条第二項に規定する学校給食費（次項において「学校給食費」という。）その他の学校教育に伴つて必要な内閣府令で定める費用又は児童福祉法第五十六条第二項の規定により徴収する費用（同法第五十一条第四号又は第五号に係るものに限る。）その他これに類するものとして内閣府令で定める費用

のうち当該受給資格者に係る十五歳に達する日以後の最初の三月三十一日までの間にある児童（次項において「中学校修了前の児童」という。）に関し当該市町村に支払うべきものの支払に充てる旨を申し出た場合には、内閣府令で定めるところにより、当該受給資格者に児童手当の支払をする際に当該申出に係る費用を徴収することができる。

2　市町村長は、受給資格者が、児童手当の支払を受ける前に、内閣府令で定めるところにより、当該児童手当の額の全部又は一部を、学校給食費、児童福祉法第五十六条第七項各号又は第八項各号に定める費用その他これらに類するものとして内閣府令で定める費用のうち当該受給資格者に係る中学校修了前の児童に関し支払うべきものの支払に充てる旨を申し出た場合には、内閣府令で定めるところにより、当該児童手当の額のうち当該申出に係る部分を、当該費用に係る債権を有する者に支払うことができる。

3　前項の規定による支払があつたときは、当該受給資格者に対し当該児童手当（同項の申出に係る部分に限る。）の支給があつたものとみなす。

第二二条　市町村長は、児童福祉法第五十六条第二項の規定により費用（同法第五十一条第四号又は第五号に係るものに限る。）を徴収する場合又は同法第五十六条第七項若しくは第八項の規定により地方税の滞納処分の例により処分することができる費用を徴収する場合において、第七条（第十七条第一項において読み替えて適用する場合を含む。）の認定を受けた受給資格者が同法第五十六条第二項の規定により徴収する費用（同法第五十一条第四号又は第五号に係るものに限る。）を支払うべき扶養義務者又は同法第五十六条第七項若しくは第八項の規定により地方税の滞納処分の例により処分することができる費用を支払うべき保護者である場合には、政令で定めるところにより、当該扶養義務者又は保護者に児童手当の支払をする際に保育料（同条第二項の規定により徴収する費用（同法第五十一条第四号又は第五号に係るものに限る。）又は同法第五十六条第七項若しくは第八項の規定により地方税の滞納処分の例により処分することができる費用をいう。次項において同じ。）を徴収することができる。

2　市町村長は、前項の規定による徴収（以下この項において「特別徴収」という。）の方法によつて保育料を徴収しようとするときは、特別徴収の対象となる者（以下この項において「特別徴収対象者」という。）に係る保育料を特別徴収の方法によつて徴収する旨、当該特別徴収対象者に係る特別徴収の方法によつて徴収すべき保育料の額その他内閣府令で定める事項を、あらかじめ特別徴収対象者に通知しなければならない。

（施設等受給資格者が国又は地方公共団体である場合の児童手当の取扱い）

第二二条の二　市町村長は、施設等受給資格者が国又は地方公共団体である場合においては、内閣府令で定めるところにより、当該施設等受給資格者に委託され、又は当該施設等受給資格者に係る障害児入所施設等に入所している中学校修了前の施設入所等児童に対し児童手当を支払うこととする。この場合において、当該施設等受給資格者は、内閣府令で定めるところにより、当該中学校修了前の施設入所等児童が児童手当として支払を受けた現金を保管することができる。

2　前項の規定による支払があつたときは、当該施設等受給資格者に対し当該児童手当の支給があつたものとみなす。

（時効）

第二三条　児童手当の支給を受ける権利及び第十四条第一項の規定による徴収金を徴収する権利は、これらを行使することができる時から二年を経過したときは、時効によつて消滅する。

2　児童手当の支給に関する処分についての審査請求は、時効の完成猶予及び更新に関しては、裁判上の請求とみなす。

3　第十四条第一項の規定による徴収金の納入の告知又は督促は、時効の更新の効力を有する。

（期間の計算）

第二四条　この法律又はこの法律に基づく命令に規定する期間の計算については、民法（明治二十九年法律第八十九号）の期間に関する規定を準用する。

第二五条　削除（平二六法六九）

（届出）

第二六条　第八条第一項の規定により児童手当の支給を受けている一般受給資格者（個人である場合に限る。）は、内閣府令で定めるところにより、市町村長に対し、前年の所得の状況及びその年の六月一日における被用者又は被用者等でない者の別を届け出なければならない。

2　第八条第一項の規定により児童手当の支給を受けている施設等受給資格者（個人である場合に限る。）は、内閣府令で定めるところにより、市町村長に対し、その年の六月一日における被用者又は被用者等でない者の別を届け出なければならない。

3　児童手当の支給を受けている者は、内閣府令で定めるところにより、前二項の規定による届出をする場合を除くほか、市町村長（第十七条第一項の規定によつて読み替えられる第七条の認定をする者を含む。以下同じ。）に対し、内閣府令で定める事項を届け出、かつ、内閣府令で定める書類を提出しなければならない。

（調査）

第二七条　市町村長は、必要があると認めるときは、受給資格者に対して、受給資格の有無、児童手当の額及び被用者又は被用者等でない者の区分に係る事項に関する書類を提出すべきことを命じ、又は当該職員をしてこれらの事項に関し受給資格者その他の関係者に質問させることができる。

2　前項の規定によつて質問を行なう当該職員は、その身分を示す証票を携帯し、かつ、関係者の請求があるときは、これを提示しなければならない。

（資料の提供等）

第二八条　市町村長は、児童手当の支給に関する処分に関し必要があると認めるときは、官公署に対し、必要な書類の閲覧若しくは資料の提供を求め、又は銀行、信託会社その他の機関若しくは受給資格者の雇用主その他の関係者に対し、必要な事項の報告を求めることができる。

（報告等）

第二九条　第十七条第一項の規定によつて読み替えられる第七条の認定をする者は、内閣府令で定めるところにより、児童手当の支給の状況につき、内閣総理大臣に報告するものとする。

2　都道府県知事及び市町村長は、前項の報告に際し、この法律の規定により都道府県又は市町村が処理することとされている事務を円滑に行うために必要な事項について、地域の実情を踏まえ、内閣総理大臣に対して意見を申し出ることができる。

（事務の区分）

第二九条の二　この法律（第二十条から第二十二条の二まで及び第二十九条を除く。）の規定により市町村が処理することとされている事務（第十七条第一項の規定により読み替えられた第七条第一項、第八条第一項及び第十四条第一項の規定により都道府県又は市町村が処理することとされている事務を含む。）は、地方自治法（昭和二十二年法律第六十七号）第二条第九項第一号に規定する第一号法定受託事務とする。

（実施命令）

第三〇条　この法律に特別の規定があるものを除くほか、この法律の実施のための手続その他その執行について必要な細則は、内閣府令で定める。

（罰則）

第三一条　偽りその他不正の手段により児童手当の支給を受けた者は、三年以下の懲役又は三十万円以下の罰金に処する。ただし、刑法（明治四十年法律第四十五号）に正条があるときは、刑法による。

附　則（省略）

●子どもの貧困対策の推進に関する法律

（平成二五年六月二六日 法律第六四号）

施行、平二六・一・一七
最終改正、令一―法四一

第一章　総則

（目的）
第一条　この法律は、子どもの現在及び将来がその生まれ育った環境によって左右されることのないよう、全ての子どもが心身ともに健やかに育成され、及びその教育の機会均等が保障され、子ども一人一人が夢や希望を持つことができるようにするため、子どもの貧困の解消に向けて、児童の権利に関する条約の精神にのっとり、子どもの貧困対策に関し、基本理念を定め、国等の責務を明らかにし、及び子どもの貧困対策の基本となる事項を定めることにより、子どもの貧困対策を総合的に推進することを目的とする。

（基本理念）
第二条　子どもの貧困対策は、社会のあらゆる分野において、子どもの年齢及び発達の程度に応じて、その意見が尊重され、その最善の利益が優先して考慮され、子どもが心身ともに健やかに育成されることを旨として、推進されなければならない。
2　子どもの貧困対策は、子ども等に対する教育の支援、生活の安定に資するための支援、職業生活の安定と向上に資するための就労の支援、経済的支援等の施策を、子どもの現在及び将来がその生まれ育った環境によって左右されることのない社会を実現することを旨として、子ども等の生活及び取り巻く環境の状況に応じて包括的かつ早期に講ずることにより、推進されなければならない。
3　子どもの貧困対策は、子どもの貧困の背景に様々な社会的な要因があることを踏まえ、推進されなければならない。
4　子どもの貧困対策は、国及び地方公共団体の関係機関相互の密接な連携の下に、関連分野における総合的な取組として行われなければならない。

（国の責務）
第三条　国は、前条の基本理念（次条において「基本理念」という。）にのっとり、子どもの貧困対策を総合的に策定し、及び実施する責務を有する。

（地方公共団体の責務）
第四条　地方公共団体は、基本理念にのっとり、子どもの貧困対策に関し、国と協力しつつ、当該地域の状況に応じた施策を策定し、及び実施する責務を有する。

（国民の責務）
第五条　国民は、国又は地方公共団体が実施する子どもの貧困対策に協力するよう努めなければならない。

（法制上の措置等）
第六条　政府は、この法律の目的を達成するため、必要な法制上又は財政上の措置その他の措置を講じなければならない。

（子どもの貧困の状況及び子どもの貧困対策の実施の状況の公表）
第七条　政府は、毎年一回、子どもの貧困の状況及び子どもの貧困対策の実施の状況を公表しなければならない。

第二章　基本的施策

（子どもの貧困対策に関する大綱）
第八条　政府は、子どもの貧困対策を総合的に推進するため、子どもの貧困対策に関する大綱（以下「大綱」という。）を定めなければならない。
2　大綱は、次に掲げる事項について定めるものとする。
一　子どもの貧困対策に関する基本的な方針
二　子どもの貧困率、一人親世帯の貧困率、生活保護世帯に属する子どもの高等学校等進学率、生活保護世帯に属する子どもの大学等進学率等子どもの貧困に関する指標及び当該指標の改善に向けた施策
三　教育の支援、生活の安定に資するための支援、保護者に対する職業生活の安定と向上に資するための就労の支援、経済的支援その他の子どもの貧困対策に関する事項
四　子どもの貧困に関する調査及び研究に関する事項
五　子どもの貧困対策に関する施策の実施状況についての検証及び評価その他の子どもの貧困対策に関する施策の推進体制に関する事項
3　内閣総理大臣は、大綱の案につき閣議の決定を求めなければならない。
4　内閣総理大臣は、前項の規定による閣議の決定があったときは、遅滞なく、大綱を公表しなければならない。
5　前二項の規定は、大綱の変更について準用する。
6　第二項第二号の「子どもの貧困率」、「一人親世帯の貧困率」、「生活保護世帯に属する子どもの高等学校等進学率」及び「生活保護世帯に属する子どもの大学等進学率」の定義は、政令で定める。

（都道府県計画等）
第九条　都道府県は、大綱を勘案して、当該都道府県における子どもの貧困対策についての計画（次項及び第三項において「都道府県計画」という。）を定めるよう努めるものとする。
2　市町村は、大綱（都道府県計画が定められているときは、大綱及び都道府県計画）を勘案して、当該市町村における子どもの貧困対策についての計画（次項において「市町村計画」という。）を定めるよう努めるものとする。
3　都道府県又は市町村は、都道府県計画又は市町村計画を定め、又は変更したときは、遅滞なく、これを公表しなければならない。

（教育の支援）
第一〇条　国及び地方公共団体は、教育の機会均等が図られるよう、就学の援助、学資の援助、学習の支援その他の貧困の状況にある子どもの教育に関する支援のために必要な施策を講ずるものとする。

（生活の安定に資するための支援）
第一一条　国及び地方公共団体は、貧困の状況にある子ども及びその保護者に対する生活に関する相談、貧困の状況にある子どもに対する社会との交流の機会の提供その他の貧困の状況にある子どもの生活の安定に資するための支援に関し必要な施策を講ずるものとする。

（保護者に対する職業生活の安定と向上に資するための就労の支援）
第一二条　国及び地方公共団体は、貧困の状況にある子どもの保護者に対する職業訓練の実施及び就職のあっせんその他の貧困の状況にある子どもの保護者の所得の増大その他の職業生活の安定と向上に資するための就労の支援に関し必要な施策を講ずるものとする。

（経済的支援）
第一三条　国及び地方公共団体は、各種の手当等の支給、貸付金の貸付けその他の貧困の状況にある子どもに対する経済的支援のために必要な施策を講ずるものとする。

（調査研究）
第一四条　国及び地方公共団体は、子どもの貧困対策を適正に策定し、及び実施するため、子どもの貧困に関する指標に関する研究その他の子どもの貧困に関する調査及び研究その他の必要な施策を講ずるものとする。

第三章　子どもの貧困対策会議

（設置及び所掌事務等）
第一五条　内閣府に、特別の機関として、子どもの貧困対策会議（以下「会議」という。）を置く。
2　会議は、次に掲げる事務をつかさどる。
一　大綱の案を作成すること。
二　前号に掲げるもののほか、子どもの貧困対策に関する重要事項について審議し、及び子どもの貧困対策の実施を推進すること。

3 文部科学大臣は、会議が前項の規定により大綱の案を作成するに当たり、第八条第二項各号に掲げる事項のうち文部科学省の所掌に属するものに関する部分の素案を作成し、会議に提出しなければならない。

4 厚生労働大臣は、会議が第二項の規定により大綱の案を作成するに当たり、第八条第二項各号に掲げる事項のうち厚生労働省の所掌に属するものに関する部分の素案を作成し、会議に提出しなければならない。

5 内閣総理大臣は、会議が第二項の規定により大綱の案を作成するに当たり、関係行政機関の長の協力を得て、第八条第二項各号に掲げる事項のうち前二項に規定するもの以外のものに関する部分の素案を作成し、会議に提出しなければならない。

6 会議は、第二項の規定により大綱の案を作成するに当たり、貧困の状況にある子ども及びその保護者、学識経験者、子どもの貧困対策に係る活動を行う民間の団体その他の関係者の意見を反映させるために必要な措置を講ずるものとする。

（組織等）

第一六条 会議は、会長及び委員をもって組織する。

2 会長は、内閣総理大臣をもって充てる。

3 委員は、会長以外の国務大臣のうちから、内閣総理大臣が指定する者をもって充てる。

4 会議の庶務は、内閣府において文部科学省、厚生労働省その他の関係行政機関の協力を得て処理する。

5 前各項に定めるもののほか、会議の組織及び運営に関し必要な事項は、政令で定める。

附　則（省略）

附　則（抄）（令和元年六月一九日法律第四一号）

施行、令一・九・七

（検討）

2 政府は、この法律の施行後五年を目途として、この法律による改正後の子どもの貧困対策の推進に関する法律（以下この項において「新法」という。）の施行の状況を勘案し、必要があると認めるときは、新法の規定について検討を加え、その結果に基づいて必要な措置を講ずるものとする。

●障害者基本法（昭和四五年五月二一日法律第八四号）

施行、昭四五・五・二一
最終改正、平二五―法六五

第一章　総則

（目的）

第一条 この法律は、全ての国民が、障害の有無にかかわらず、等しく基本的人権を享有するかけがえのない個人として尊重されるものであるとの理念にのつとり、全ての国民が、障害の有無によつて分け隔てられることなく、相互に人格と個性を尊重し合いながら共生する社会を実現するため、障害者の自立及び社会参加の支援等のための施策に関し、基本原則を定め、及び国、地方公共団体等の責務を明らかにするとともに、障害者の自立及び社会参加の支援等のための施策の基本となる事項を定めること等により、障害者の自立及び社会参加の支援等のための施策を総合的かつ計画的に推進することを目的とする。

（定義）

第二条 この法律において、次の各号に掲げる用語の意義は、それぞれ当該各号に定めるところによる。

一 障害者　身体障害、知的障害、精神障害（発達障害を含む。）その他の心身の機能の障害（以下「障害」と総称する。）がある者であつて、障害及び社会的障壁により継続的に日常生活又は社会生活に相当な制限を受ける状態にあるものをいう。

二 社会的障壁　障害がある者にとつて日常生活又は社会生活を営む上で障壁となるような社会における事物、制度、慣行、観念その他一切のものをいう。

（地域社会における共生等）

第三条 第一条に規定する社会の実現は、全ての障害者が、障害者でない者と等しく、基本的人権を享有する個人としてその尊厳が重んぜられ、その尊厳にふさわしい生活を保障される権利を有することを前提としつつ、次に掲げる事項を旨として図られなければならない。

一 全て障害者は、社会を構成する一員として社会、経済、文化その他あらゆる分野の活動に参加する機会が確保されること。

二 全て障害者は、可能な限り、どこで誰と生活するかについての選択の機会が確保され、地域社会において他の人々と共生することを妨げられないこと。

三 全て障害者は、可能な限り、言語（手話を含む。）その他の意思疎通のための手段についての選択の機会が確保されるとともに、情報の取得又は利用のための手段についての選択の機会の拡大が図られること。

（差別の禁止）

第四条 何人も、障害者に対して、障害を理由として、差別することその他の権利利益を侵害する行為をしてはならない。

2 社会的障壁の除去は、それを必要としている障害者が現に存し、かつ、その実施に伴う負担が過重でないときは、それを怠ることによつて前項の規定に違反することとならないよう、その実施について必要かつ合理的な配慮がされなければならない。

3 国は、第一項の規定に違反する行為の防止に関する啓発及び知識の普及を図るため、当該行為の防止を図るために必要となる情報の収集、整理及び提供を行うものとする。

（国際的協調）

第五条 第一条に規定する社会の実現は、そのための施策が国際社会における取組と密接な関係を有していることに鑑み、国際的協調の下に図られなければならない。

（国及び地方公共団体の責務）

第六条 国及び地方公共団体は、第一条に規定する社会の実現を図るため、前三条に定める基本原則（以下「基本原則」という。）にのつとり、障害者の自立及び社会参加の支援等のための施策を総合的かつ計画的に実施する責務を有する。

（国民の理解）
第七条　国及び地方公共団体は、基本原則に関する国民の理解を深めるよう必要な施策を講じなければならない。

（国民の責務）
第八条　国民は、基本原則にのつとり、第一条に規定する社会の実現に寄与するよう努めなければならない。

（障害者週間）
第九条　国民の間に広く基本原則に関する関心と理解を深めるとともに、障害者が社会、経済、文化その他あらゆる分野の活動に参加することを促進するため、障害者週間を設ける。

2　障害者週間は、十二月三日から十二月九日までの一週間とする。

3　国及び地方公共団体は、障害者の自立及び社会参加の支援等に関する活動を行う民間の団体等と相互に緊密な連携協力を図りながら、障害者週間の趣旨にふさわしい事業を実施するよう努めなければならない。

（施策の基本方針）
第一〇条　障害者の自立及び社会参加の支援等のための施策は、障害者の性別、年齢、障害の状態及び生活の実態に応じて、かつ、有機的連携の下に総合的に、策定され、及び実施されなければならない。

2　国及び地方公共団体は、障害者の自立及び社会参加の支援等のための施策を講ずるに当たつては、障害者その他の関係者の意見を聴き、その意見を尊重するよう努めなければならない。

（障害者基本計画等）
第一一条　政府は、障害者の自立及び社会参加の支援等のための施策の総合的かつ計画的な推進を図るため、障害者のための施策に関する基本的な計画（以下「障害者基本計画」という。）を策定しなければならない。

2　都道府県は、障害者基本計画を基本とするとともに、当該都道府県における障害者の状況等を踏まえ、当該都道府県における障害者のための施策に関する基本的な計画（以下「都道府県障害者計画」という。）を策定しなければならない。

3　市町村は、障害者基本計画及び都道府県障害者計画を基本とするとともに、当該市町村における障害者の状況等を踏まえ、当該市町村における障害者のための施策に関する基本的な計画（以下「市町村障害者計画」という。）を策定しなければならない。

4　内閣総理大臣は、関係行政機関の長に協議するとともに、障害者政策委員会の意見を聴いて、障害者基本計画の案を作成し、閣議の決定を求めなければならない。

5　都道府県は、都道府県障害者計画を策定するに当たつては、第三十六条第一項の合議制の機関の意見を聴かなければならない。

6　市町村は、市町村障害者計画を策定するに当たつては、第三十六条第四項の合議制の機関を設置している場合にあつてはその意見を、その他の場合にあつては障害者その他の関係者の意見を聴かなければならない。

7　政府は、障害者基本計画を策定したときは、これを国会に報告するとともに、その要旨を公表しなければならない。

8　第二項又は第三項の規定により都道府県障害者計画又は市町村障害者計画が策定されたときは、都道府県知事又は市町村長は、これを当該都道府県の議会又は当該市町村の議会に報告するとともに、その要旨を公表しなければならない。

9　第四項及び第七項の規定は障害者基本計画の変更について、第五項及び前項の規定は都道府県障害者計画の変更について、第六項及び前項の規定は市町村障害者計画の変更について準用する。

（法制上の措置等）
第一二条　政府は、この法律の目的を達成するため、必要な法制上及び財政上の措置を講じなければならない。

（年次報告）
第一三条　政府は、毎年、国会に、障害者のために講じた施策の概況に関する報告書を提出しなければならない。

第二章　障害者の自立及び社会参加の支援等のための基本的施策

（医療、介護等）
第一四条　国及び地方公共団体は、障害者が生活機能を回復し、取得し、又は維持するために必要な医療の給付及びリハビリテーションの提供を行うよう必要な施策を講じなければならない。

2　国及び地方公共団体は、前項に規定する医療及びリハビリテーションの研究、開発及び普及を促進しなければならない。

3　国及び地方公共団体は、障害者が、その性別、年齢、障害の状態及び生活の実態に応じ、医療、介護、保健、生活支援その他自立のための適切な支援を受けられるよう必要な施策を講じなければならない。

4　国及び地方公共団体は、第一項及び前項に規定する施策を講ずるために必要な専門的技術職員その他の専門的知識又は技能を有する職員を育成するよう努めなければならない。

5　国及び地方公共団体は、医療若しくは介護の給付又はリハビリテーションの提供を行うに当たつては、障害者が、可能な限りその身近な場所においてこれらを受けられるよう必要な施策を講ずるものとするほか、その人権を十分に尊重しなければならない。

6　国及び地方公共団体は、福祉用具及び身体障害者補助犬の給付又は貸与その他障害者が日常生活及び社会生活を営むのに必要な施策を講じなければならない。

7　国及び地方公共団体は、前項に規定する施策を講ずるために必要な福祉用具の研究及び開発、身体障害者補助犬の育成等を促進しなければならない。

（年金等）
第一五条　国及び地方公共団体は、障害者の自立及び生活の安定に資するため、年金、手当等の制度に関し必要な施策を講じなければならない。

（教育）
第一六条　国及び地方公共団体は、障害者が、その年齢及び能力に応じ、かつ、その特性を踏まえた十分な教育が受けられるようにするため、可能な限り障害者である児童及び生徒が障害者でない児童及び生徒と共に教育を受けられるよう配慮しつつ、教育の内容及び方法の改善及び充実を図る等必要な施策を講じなければならない。

2　国及び地方公共団体は、前項の目的を達成するため、障害者である児童及び生徒並びにその保護者に対し十分な情報の提供を行うとともに、可能な限りその意向を尊重しなければならない。

3　国及び地方公共団体は、障害者である児童及び生徒と障害者でない児童及び生徒との交流及び共同学習を積極的に進めることによつて、その相互理解を促進しなければならない。

4　国及び地方公共団体は、障害者の教育に関し、調査及び研究並びに人材の確保及び資質の向上、適切な教材等の提供、学校施設の整備その他の環境の整備を促進しなければならない。

（療育）
第一七条　国及び地方公共団体は、障害者である子どもが可能な限りその身近な場所において療育その他これに関連する支援を受けられるよう必要な施策を講じなければならない。

2　国及び地方公共団体は、療育に関し、研究、開発及び普及の促進、専門的知識又は技能を有する職員の育成その他の環境の整備を促進しなければならない。

（職業相談等）
第一八条　国及び地方公共団体は、障害者の職業選択の自由を尊重しつつ、障害者がその能力に応じて適切な職業に従事することができるようにするため、障害者の多様な就業の機会を確保するよう努めるとともに、個々の障害者の特性に配慮した職業相談、職業指導、職業訓練及び職業紹介の実施その他必要な施策を講じなければならない。

2　国及び地方公共団体は、障害者の多様な就業の機会の確保を図るため、前項に規定する施策に関する調査及び研究を促進しなければならない。

3　国及び地方公共団体は、障害者の地域社会における作業活動の場及び障害者の職業訓練のための施設の拡充を図るため、これに必要な費用の助成その他必要な施策を講じなければならない。

（雇用の促進等）

第一九条　国及び地方公共団体は、国及び地方公共団体並びに事業者における障害者の雇用を促進するため、障害者の優先雇用その他の施策を講じなければならない。

2　事業主は、障害者の雇用に関し、その有する能力を正当に評価し、適切な雇用の機会を確保するとともに、個々の障害者の特性に応じた適正な雇用管理を行うことによりその雇用の安定を図るよう努めなければならない。

3　国及び地方公共団体は、障害者を雇用する事業主に対して、障害者の雇用のための経済的負担を軽減し、もつてその雇用の促進及び継続を図るため、障害者が雇用されるのに伴い必要となる施設又は設備の整備等に要する費用の助成その他必要な施策を講じなければならない。

（住宅の確保）

第二〇条　国及び地方公共団体は、障害者が地域社会において安定した生活を営むことができるようにするため、障害者のための住宅を確保し、及び障害者の日常生活に適するような住宅の整備を促進するよう必要な施策を講じなければならない。

（公共的施設のバリアフリー化）

第二一条　国及び地方公共団体は、障害者の利用の便宜を図ることによつて障害者の自立及び社会参加を支援するため、自ら設置する官公庁施設、交通施設（車両、船舶、航空機等の移動施設を含む。次項において同じ。）その他の公共的施設について、障害者が円滑に利用できるような施設の構造及び設備の整備等の計画的推進を図らなければならない。

2　交通施設その他の公共的施設を設置する事業者は、障害者の利用の便宜を図ることによつて障害者の自立及び社会参加を支援するため、当該公共的施設について、障害者が円滑に利用できるような施設の構造及び設備の整備等の計画的推進に努めなければならない。

3　国及び地方公共団体は、前二項の規定により行われる公共的施設の構造及び設備の整備等が総合的かつ計画的に推進されるようにするため、必要な施策を講じなければならない。

4　国、地方公共団体及び公共的施設を設置する事業者は、自ら設置する公共的施設を利用する障害者の補助を行う身体障害者補助犬の同伴について障害者の利用の便宜を図らなければならない。

（情報の利用におけるバリアフリー化等）

第二二条　国及び地方公共団体は、障害者が円滑に情報を取得し及び利用し、その意思を表示し、並びに他人との意思疎通を図ることができるようにするため、障害者が利用しやすい電子計算機及びその関連装置その他情報通信機器の普及、電気通信及び放送の役務の利用に関する障害者の利便の増進、障害者に対して情報を提供する施設の整備、障害者の意思疎通を仲介する者の養成及び派遣等が図られるよう必要な施策を講じなければならない。

2　国及び地方公共団体は、災害その他非常の事態の場合に障害者に対しその安全を確保するため必要な情報が迅速かつ的確に伝えられるよう必要な施策を講ずるものとするほか、行政の情報化及び公共分野における情報通信技術の活用の推進に当たつては、障害者の利用の便宜が図られるよう特に配慮しなければならない。

3　電気通信及び放送その他の情報の提供に係る役務の提供並びに電子計算機及びその関連装置その他情報通信機器の製造等を行う事業者は、当該役務の提供又は当該機器の製造等に当たつては、障害者の利用の便宜を図るよう努めなければならない。

（相談等）

第二三条　国及び地方公共団体は、障害者の意思決定の支援に配慮しつつ、障害者及びその家族その他の関係者に対する相談業務、成年後見制度その他の障害者の権利利益の保護等のための施策又は制度が、適切に行われ又は広く利用されるようにしなければならない。

2　国及び地方公共団体は、障害者及びその家族その他の関係者からの各種の相談に総合的に応ずることができるようにするため、関係機関相互の有機的連携の下に必要な相談体制の整備を図るとともに、障害者の家族に対し、障害者の家族が互いに支え合うための活動の支援その他の支援を適切に行うものとする。

（経済的負担の軽減）

第二四条　国及び地方公共団体は、障害者及び障害者を扶養する者の経済的負担の軽減を図り、又は障害者の自立の促進を図るため、税制上の措置、公共的施設の利用料等の減免その他必要な施策を講じなければならない。

（文化的諸条件の整備等）

第二五条　国及び地方公共団体は、障害者が円滑に文化芸術活動、スポーツ又はレクリエーションを行うことができるようにするため、施設、設備その他の諸条件の整備、文化芸術、スポーツ等に関する活動の助成その他必要な施策を講じなければならない。

（防災及び防犯）

第二六条　国及び地方公共団体は、障害者が地域社会において安全にかつ安心して生活を営むことができるようにするため、障害者の性別、年齢、障害の状態及び生活の実態に応じて、防災及び防犯に関し必要な施策を講じなければならない。

（消費者としての障害者の保護）

第二七条　国及び地方公共団体は、障害者の消費者としての利益の擁護及び増進が図られるようにするため、適切な方法による情報の提供その他必要な施策を講じなければならない。

2　事業者は、障害者の消費者としての利益の擁護及び増進が図られるようにするため、適切な方法による情報の提供等に努めなければならない。

（選挙等における配慮）

第二八条　国及び地方公共団体は、法律又は条例の定めるところにより行われる選挙、国民審査又は投票において、障害者が円滑に投票できるようにするため、投票所の施設又は設備の整備その他必要な施策を講じなければならない。

（司法手続における配慮等）

第二九条　国又は地方公共団体は、障害者が、刑事事件若しくは少年の保護事件に関する手続その他これに準ずる手続の対象となつた場合又は裁判所における民事事件、家事事件若しくは行政事件に関する手続の当事者その他の関係人となつた場合において、障害者がその権利を円滑に行使できるようにするため、個々の障害者の特性に応じた意思疎通の手段を確保するよう配慮するとともに、関係職員に対する研修その他必要な施策を講じなければならない。

（国際協力）

第三〇条　国は、障害者の自立及び社会参加の支援等のための施策を国際的協調の下に推進するため、外国政府、国際機関又は関係団体等との情報の交換その他必要な施策を講ずるように努めるものとする。

第三章　障害の原因となる傷病の予防に関する基本的施策

第三一条　国及び地方公共団体は、障害の原因となる傷病及びその予防に関する調査及び研究を促進しなければならない。

2　国及び地方公共団体は、障害の原因となる傷病の予防のため、必要な知識の普及、母子保健等の保健対策の強化、当該傷病の早期発見及び早期治療の推進その他必要な施策を講じなければならない。

3　国及び地方公共団体は、障害の原因となる難病等の予防及び治療が困難であることに鑑み、障害の原因となる難病等の調査及び研究を推進するとともに、難病等に係る障害者に対する施策をきめ細かく推進するよう努めなければならない。

第四章　障害者政策委員会等

（障害者政策委員会の設置）

第三十二条　内閣府に、障害者政策委員会（以下「政策委員会」という。）を置く。

2　政策委員会は、次に掲げる事務をつかさどる。

一　障害者基本計画に関し、第十一条第四項（同条第九項において準用する場合を含む。）に規定する事項を処理すること。

二　前号に規定する事項に関し、調査審議し、必要があると認めるときは、内閣総理大臣又は関係各大臣に対し、意見を述べること。

三　障害者基本計画の実施状況を監視し、必要があると認めるときは、内閣総理大臣又は内閣総理大臣を通じて関係各大臣に勧告すること。

四　障害を理由とする差別の解消の推進に関する法律（平成二十五年法律第六十五号）の規定によりその権限に属させられた事項を処理すること。

3　内閣総理大臣又は関係各大臣は、前項第三号の規定による勧告に基づき講じた施策について政策委員会に報告しなければならない。

（政策委員会の組織及び運営）

第三十三条　政策委員会は、委員三十人以内で組織する。

2　政策委員会の委員は、障害者、障害者の自立及び社会参加に関する事業に従事する者並びに学識経験のある者のうちから、内閣総理大臣が任命する。この場合において、委員の構成については、政策委員会が様々な障害者の意見を聴き障害者の実情を踏まえた調査審議を行うことができることとなるよう、配慮されなければならない。

3　政策委員会の委員は、非常勤とする。

第三十四条　政策委員会は、その所掌事務を遂行するため必要があると認めるときは、関係行政機関の長に対し、資料の提出、意見の表明、説明その他必要な協力を求めることができる。

2　政策委員会は、その所掌事務を遂行するため特に必要があると認めるときは、前項に規定する者以外の者に対しても、必要な協力を依頼することができる。

第三十五条　前二条に定めるもののほか、政策委員会の組織及び運営に関し必要な事項は、政令で定める。

（都道府県等における合議制の機関）

第三十六条　都道府県（地方自治法（昭和二十二年法律第六十七号）第二百五十二条の十九第一項の指定都市（以下「指定都市」という。）を含む。以下同じ。）に、次に掲げる事務を処理するため、審議会その他の合議制の機関を置く。

一　都道府県障害者計画に関し、第十一条第五項（同条第九項において準用する場合を含む。）に規定する事項を処理すること。

二　当該都道府県における障害者に関する施策の総合的かつ計画的な推進について必要な事項を調査審議し、及びその施策の実施状況を監視すること。

三　当該都道府県における障害者に関する施策の推進について必要な関係行政機関相互の連絡調整を要する事項を調査審議すること。

2　前項の合議制の機関の委員の構成については、当該機関が様々な障害者の意見を聴き障害者の実情を踏まえた調査審議を行うことができることとなるよう、配慮されなければならない。

3　前項に定めるもののほか、第一項の合議制の機関の組織及び運営に関し必要な事項は、条例で定める。

4　市町村（指定都市を除く。）は、条例で定めるところにより、次に掲げる事務を処理するため、審議会その他の合議制の機関を置くことができる。

一　市町村障害者計画に関し、第十一条第六項（同条第九項において準用する場合を含む。）に規定する事項を処理すること。

二　当該市町村における障害者に関する施策の総合的かつ計画的な推進について必要な事項を調査審議し、及びその施策の実施状況を監視すること。

三　当該市町村における障害者に関する施策の推進について必要な関係行政機関相互の連絡調整を要する事項を調査審議すること。

5　第二項及び第三項の規定は、前項の規定により合議制の機関が置かれた場合に準用する。

附　則（省略）

●障害を理由とする差別の解消の推進に関する法律（抄）

（平成二五年六月二六日　法律第六五号）

施行、平二八・四・一

第一章　総則

（目的）

第一条　この法律は、障害者基本法（昭和四十五年法律第八十四号）の基本的な理念にのっとり、全ての障害者が、障害者でない者と等しく、基本的人権を享有する個人としてその尊厳が重んぜられ、その尊厳にふさわしい生活を保障される権利を有することを踏まえ、障害を理由とする差別の解消の推進に関する基本的な事項、行政機関等及び事業者における障害を理由とする差別を解消するための措置等を定めることにより、障害を理由とする差別の解消を推進し、もって全ての国民が、障害の有無によって分け隔てられることなく、相互に人格と個性を尊重し合いながら共生する社会の実現に資することを目的とする。

（定義）

第二条　この法律において、次の各号に掲げる用語の意義は、それぞれ当該各号に定めるところによる。

一　障害者　身体障害、知的障害、精神障害（発達障害を含む。）その他の心身の機能の障害（以下「障害」と総称する。）がある者であって、障害及び社会的障壁により継続的に日常生活又は社会生活に相当な制限を受ける状態にあるものをいう。

二　社会的障壁　障害がある者にとって日常生活又は社会生活を営む上で障壁となるような社会における事物、制度、慣行、観念その他一切のものをいう。

三から七まで（省略）

（国及び地方公共団体の責務）

第三条　国及び地方公共団体は、この法律の趣旨にのっとり、障害を理由とする差別の解消の推進に関して必要な施策を策定し、及びこれを実施しなければならない。

（国民の責務）

第四条　国民は、第一条に規定する社会を実現する上で障害を理由とする差別の解消が重要であることに鑑み、障害を理由とする差別の解消の推進に寄与するよう努めなければならない。

（社会的障壁の除去の実施についての必要かつ合理的な配慮に関する環境の整備）

第五条　行政機関等及び事業者は、社会的障壁の除去の実施についての必要かつ合理的な配慮を的確に行うため、自ら設置する施設の構造の改善及び設備の整備、関係職員に対する研修その他の必要な環境の整備に努めなければならない。

第二章　障害を理由とする差別の解消の推進に関する基本方針

第六条　政府は、障害を理由とする差別の解消の推進に関する施策を総合的かつ一体的に実施するため、障害を理由とする差別の解消の推進に関する基本方針（以下「基本方針」という。）を定めなければならない。

2　基本方針は、次に掲げる事項について定めるものとする。

一　障害を理由とする差別の解消の推進に関する施策に関する基本的な方向

二　行政機関等が講ずべき障害を理由とする差別を解消するための措置に関する基本的な事項

三　事業者が講ずべき障害を理由とする差別を解消するための措置に関する基本的な事項

四　その他障害を理由とする差別の解消の推進に関する施策に関する重要事項

3　内閣総理大臣は、基本方針の案を作成し、閣議の決定を求めなければならない。

4　内閣総理大臣は、基本方針の案を作成しようとするときは、あらかじめ、障害者その他の関係者の意見を反映させるために必要な措置を講ずるとともに、障害者政策委員会の意見を聴かなければならない。

5　内閣総理大臣は、第三項の規定による閣議の決定があったときは、遅滞なく、基本方針を公表しなければならない。

6　（省略）

第三章　行政機関等及び事業者における障害を理由とする差別を解消するための措置

（行政機関等における障害を理由とする差別の禁止）

第七条　行政機関等は、その事務又は事業を行うに当たり、障害を理由として障害者でない者と不当な差別的取扱いをすることにより、障害者の権利利益を侵害してはならない。

2　行政機関等は、その事務又は事業を行うに当たり、障害者から現に社会的障壁の除去を必要としている旨の意思の表明があった場合において、その実施に伴う負担が過重でないときは、障害者の権利利益を侵害することとならないよう、当該障害者の性別、年齢及び障害の状態に応じて、社会的障壁の除去の実施について必要かつ合理的な配慮をしなければならない。

（事業者における障害を理由とする差別の禁止）

第八条　事業者は、その事業を行うに当たり、障害を理由として障害者でない者と不当な差別的取扱いをすることにより、障害者の権利利益を侵害してはならない。

2　事業者は、その事業を行うに当たり、障害者から現に社会的障壁の除去を必要としている旨の意思の表明があった場合において、その実施に伴う負担が過重でないときは、障害者の権利利益を侵害することとならないよう、当該障害者の性別、年齢及び障害の状態に応じて、社会的障壁の除去の実施について必要かつ合理的な配慮をするように努めなければならない。

（国等職員対応要領）

第九条　国の行政機関の長及び独立行政法人等は、基本方針に即して、第七条に規定する事項に関し、当該国の行政機関及び独立行政法人等の職員が適切に対応するために必要な要領（以下この条及び附則第三条において「国等職員対応要領」という。）を定めるものとする。

2　国の行政機関の長及び独立行政法人等は、国等職員対応要領を定めようとするときは、あらかじめ、障害者その他の関係者の意見を反映させるために必要な措置を講じなければならない。

3　国の行政機関の長及び独立行政法人等は、国等職員対応要領を定めたときは、遅滞なく、これを公表しなければならない。

4　（省略）

（地方公共団体等職員対応要領）

第一〇条　地方公共団体の機関及び地方独立行政法人は、基本方針に即して、第七条に規定する事項に関し、当該地方公共団体の機関及び地方独立行政法人の職員が適切に対応するために必要な要領（以下この条及び附則第四条において「地方公共団体等職員対応要領」という。）を定めるよう努めるものとする。

2　地方公共団体の機関及び地方独立行政法人は、地方公共団体等職員対応要領を定めようとするときは、あらかじめ、障害者その他の関係者の意見を反映させるために必要な措置を講ずるよう努めなければならない。

3　地方公共団体の機関及び地方独立行政法人は、地方公共団体等職員対応要領を定めたときは、遅滞なく、これを公表するよう努めなければならない。

4　国は、地方公共団体の機関及び地方独立行政法人による地方公共団体等職員対応要領の作成に協力しなければならない。

5　（省略）

（事業者のための対応指針）

第一一条　主務大臣は、基本方針に即して、第八条に規定する事項に関し、事業者が適切に対応するために必要な指針（以下「対応指針」という。）を定めるものとする。

2　（省略）

（報告の徴収並びに助言、指導及び勧告）

第一二条　主務大臣は、第八条の規定の施行に関し、特に必要があると認めるときは、対応指針に定める事項について、当該事業者に対し、報告を求め、又は助言、指導若しくは勧告をすることができる。

（事業主による措置に関する特例）

第一三条　行政機関等及び事業者が事業主としての立場で労働者に対して行う障害を理由とする差別を解消するための措置については、障害者の雇用の促進等に関する法律（昭和三十五年法律第百二十三号）の定めるところによる。

第四章　障害を理由とする差別を解消するための支援措置

（相談及び紛争の防止等のための体制の整備）

第一四条　国及び地方公共団体は、障害者及びその家族その他の関係者からの障害を理由とする差別に関する相談に的確に応ずるとともに、障害を理由とする差別に関する紛争の防止又は解決を図ることができるよう必要な体制の整備を図るものとする。

（啓発活動）

第一五条　国及び地方公共団体は、障害を理由とする差別の解消について国民の関心と理解を深めるとともに、特に、障害を理由とする差別の解消を妨げている諸要因の解消を図るため、必要な啓発活動を行うものとする。

（情報の収集、整理及び提供）

第一六条　国は、障害を理由とする差別を解消するための取組に資するよう、国内外における障害を理由とする差別及びその解消のための取組に関する情報の収集、整理及び提供を行うものとする。

（障害者差別解消支援地域協議会）

第一七条　国及び地方公共団体の機関であって、医療、介護、教育その他の障害者の自立と社会参加に関連する分野の事務に従事するもの（以下この項及び次条第二項において「関係機関」という。）は、当該地方公共団体の区域において関係機関が行う障害を理由とする差別に関する相談及び当該相談に係る事例を踏まえた障害を理由とする差別を解消するための取組を効果的かつ円滑に行うため、関係機関により構成される障害者差別解消支援地域協議会（以下「協議会」という。）を組織することができる。

2　前項の規定により協議会を組織する国及び地方公共団体の機関は、必要があると認めるときは、協議会に次に掲げる者を構成員として加えることができる。

一　特定非営利活動促進法（平成十年法律第七号）第二条第二項に規定する特定非営利活動法人その他の団体

二　学識経験者

三　その他当該国及び地方公共団体の機関が必要と認める者

（協議会の事務等）

第一八条　協議会は、前条第一項の目的を達するため、必要な情報を交換するとともに、障害者からの相談及び当該相談に係る事例を踏まえた障害を理由とする差別を解消するための取組に関する協議を行うものとする。

2　関係機関及び前条第二項の構成員（次項において「構成機関等」という。）は、前項の協議の結果に基づき、当該相談に係る事例を踏まえた障害を理由とする差別を解消するための取組を行うものとする。

3　協議会は、第一項に規定する情報の交換及び協議を行うため必要があると認めるとき、又は構成機関等が行う相談及び当該相談に係る事例を踏まえた障害を理由とする差別を解消するための取組に関し他の構成機関等から要請があった場合において必要があると認めるときは、構成機関等に対し、相談を行った障害者及び差別に係る事案に関する情報の提供、意見の表明その他の必要な協力を求めることができる。

4　協議会の庶務は、協議会を構成する地方公共団体において処理する。

5　協議会が組織されたときは、当該地方公共団体は、内閣府令で定めるところにより、その旨を公表しなければならない。

（秘密保持義務）

第一九条　協議会の事務に従事する者又は協議会の事務に従事していた者は、正当な理由なく、協議会の事務に関して知り得た秘密を漏らしてはならない。

（協議会の定める事項）

第二〇条　前三条に定めるもののほか、協議会の組織及び運営に関し必要な事項は、協議会が定める。

第五章　雑則

（主務大臣）

第二一条　この法律における主務大臣は、対応指針の対象となる事業者の事業を所管する大臣又は国家公安委員会とする。

（地方公共団体が処理する事務）

第二二条　第十二条に規定する主務大臣の権限に属する事務は、政令で定めるところにより、地方公共団体の長その他の執行機関が行うこととすることができる。

（権限の委任）

第二三条　この法律の規定により主務大臣の権限に属する事項は、政令で定めるところにより、その所属の職員に委任することができる。

（政令への委任）

第二四条　この法律に定めるもののほか、この法律の実施のため必要な事項は、政令で定める。

第六章　罰則

第二五条　第十九条の規定に違反した者は、一年以下の懲役又は五十万円以下の罰金に処する。

第二六条　第十二条の規定による報告をせず、又は虚偽の報告をした者は、二十万円以下の過料に処する。

附　則（省略）

●視覚障害者等の読書環境の整備の推進に関する法律（抄）

（令和元年六月二八日法律第四九号）

施行、令一・六・二八

第一章　総則

（目的）

第一条　この法律は、視覚障害者等の読書環境の整備の推進に関し、基本理念を定め、並びに国及び地方公共団体の責務を明らかにするとともに、基本計画の策定その他の視覚障害者等の読書環境の整備の推進に関する施策の基本となる事項を定めること等により、視覚障害者等の読書環境の整備を総合的かつ計画的に推進し、もって障害の有無にかかわらず全ての国民が等しく読書を通じて文字・活字文化（文字・活字文化振興法（平成十七年法律第九十一号）第二条に規定する文字・活字文化をいう。）の恵沢を享受することができる社会の実現に寄与することを目的とする。

（定義）

第二条　この法律において「視覚障害者等」とは、視覚障害、発達障害、肢体不自由その他の障害により、書籍（雑誌、新聞その他の刊行物を含む。以下同じ。）について、視覚による表現の認識が困難な者をいう。

2　この法律において「視覚障害者等が利用しやすい書籍」とは、点字図書、拡大図書その他の視覚障害者等がその内容を容易に認識することができる書籍をいう。

3　この法律において「視覚障害者等が利用しやすい電子書籍等」とは、電子書籍その他の書籍に相当する文字、音声、点字等の電磁的記録（電子的方式、磁気的方式その他人の知覚によっては認識することができない方式で作られる記録をいう。第十一条第二項及び第十二条第二項において同じ。）であって、電子計算機等を利用して視覚障害者等がその内容を容易に認識することができるものをいう。

（**基本理念**）

第三条　視覚障害者等の読書環境の整備の推進は、次に掲げる事項を旨として行われなければならない。

一　視覚障害者等が利用しやすい電子書籍等が視覚障害者等の読書に係る利便性の向上に著しく資する特性を有することに鑑み、情報通信その他の分野における先端的な技術等を活用して視覚障害者等が利用しやすい電子書籍等の普及が図られるとともに、視覚障害者等の需要を踏まえ、引き続き、視覚障害者等が利用しやすい書籍が提供されること。

二　視覚障害者等が利用しやすい書籍及び視覚障害者等が利用しやすい電子書籍等（以下「視覚障害者等が利用しやすい書籍等」という。）の量的拡充及び質の向上が図られること。

三　視覚障害者等の障害の種類及び程度に応じた配慮がなされること。

（**国の責務**）

第四条　国は、前条の基本理念にのっとり、視覚障害者等の読書環境の整備の推進に関する施策を総合的に策定し、及び実施する責務を有する。

（**地方公共団体の責務**）

第五条　地方公共団体は、第三条の基本理念にのっとり、国との連携を図りつつ、その地域の実情を踏まえ、視覚障害者等の読書環境の整備の推進に関する施策を策定し、及び実施する責務を有する。

（**財政上の措置等**）

第六条　政府は、視覚障害者等の読書環境の整備の推進に関する施策を実施するため必要な財政上の措置その他の措置を講じなければならない。

第二章　基本計画等

（**基本計画**）

第七条　文部科学大臣及び厚生労働大臣は、視覚障害者等の読書環境の整備の推進に関する施策の総合的かつ計画的な推進を図るため、視覚障害者等の読書環境の整備の推進に関する基本的な計画（以下この章において「基本計画」という。）を定めなければならない。

2　基本計画は、次に掲げる事項について定めるものとする。

一　視覚障害者等の読書環境の整備の推進に関する施策についての基本的な方針

二　視覚障害者等の読書環境の整備の推進に関し政府が総合的かつ計画的に講ずべき施策

三　前二号に掲げるもののほか、視覚障害者等の読書環境の整備の推進に関する施策を総合的かつ計画的に推進するために必要な事項

3　文部科学大臣及び厚生労働大臣は、基本計画を策定しようとするときは、あらかじめ、経済産業大臣、総務大臣その他の関係行政機関の長に協議しなければならない。

4　文部科学大臣及び厚生労働大臣は、基本計画を策定しようとするときは、あらかじめ、視覚障害者等その他の関係者の意見を反映させるために必要な措置を講ずるものとする。

5　文部科学大臣及び厚生労働大臣は、基本計画を策定したときは、遅滞なく、これをインターネットの利用その他適切な方法により公表しなければならない。

6　前三項の規定は、基本計画の変更について準用する。

（**地方公共団体の計画**）

第八条　地方公共団体は、基本計画を勘案して、当該地方公共団体における視覚障害者等の読書環境の整備の状況等を踏まえ、当該地方公共団体における視覚障害者等の読書環境の整備の推進に関する計画を定めるよう努めなければならない。

2　地方公共団体は、前項の計画を定めようとするときは、あらかじめ、視覚障害者等その他の関係者の意見を反映させるために必要な措置を講ずるよう努めるものとする。

3　地方公共団体は、第一項の計画を定めたときは、遅滞なく、これを公表するよう努めなければならない。

4　前二項の規定は、第一項の計画の変更について準用する。

第三章　基本的施策

（**視覚障害者等による図書館の利用に係る体制の整備等**）

第九条　国及び地方公共団体は、公立図書館、大学及び高等専門学校の附属図書館並びに学校図書館（以下「公立図書館等」という。）並びに国立国会図書館について、各々の果たすべき役割に応じ、点字図書館とも連携して、視覚障害者等が利用しやすい書籍等の充実、視覚障害者等が利用しやすい書籍等の円滑な利用のための支援の充実その他の視覚障害者等によるこれらの図書館の利用に係る体制の整備が行われるよう、必要な施策を講ずるものとする。

2　国及び地方公共団体は、点字図書館について、視覚障害者等が利用しやすい書籍等の充実、公立図書館等に対する視覚障害者等が利用しやすい書籍等の利用に関する情報提供その他の視覚障害者等が利用しやすい書籍等を視覚障害者が十分かつ円滑に利用することができるようにするための取組の促進に必要な施策を講ずるものとする。

（**インターネットを利用したサービスの提供体制の強化**）

第一〇条　国及び地方公共団体は、視覚障害者等がインターネットを利用して全国各地に存する視覚障害者等が利用しやすい書籍等を十分かつ円滑に利用することができるようにするため、次に掲げる施策その他の必要な施策を講ずるものとする。

一　点字図書館等から著作権法（昭和四十五年法律第四十八号）第三十七条第二項又は第三項本文の規定により製作される視覚障害者等が利用しやすい電子書籍等（以下「特定電子書籍等」という。）であってインターネットにより送信することができるもの及び当該点字図書館等の有する視覚障害者等が利用しやすい書籍等に関する情報の提供を受け、これらをインターネットにより視覚障害者等に提供する全国的なネットワークの運営に対する支援

二　視覚障害者等が利用しやすい書籍等に係るインターネットを利用したサービスの提供についての国立国会図書館、前号のネットワークを運営する者、公立図書館等、点字図書館及び特定電子書籍等の製作を行う者の間の連携の強化

（**特定書籍及び特定電子書籍等の製作の支援**）

第一一条　国及び地方公共団体は、著作権法第三十七条第一項又は第三項本文の規定により製作される視覚障害者等が利用しやすい書籍（以下「特定書籍」という。）及び特定電子書籍等の製作を支援するため、製作に係る基準の作成等のこれらの質の向上を図るための取組に対する支援その他の必要な施策を講ずるものとする。

2　国は、特定書籍及び特定電子書籍等の効率的な製作を促進するため、出版を行う者（次条及び第十八条において「出版者」という。）からの特定書籍又は特定電子書籍等の製作を行う者に対する書籍に係る電磁的記録の提供を促進するための環境の整備に必要な支援その他の必要な施策を講ずるものとする。

（**視覚障害者等が利用しやすい電子書籍等の販売等の促進等**）

第一二条　国は、視覚障害者等が利用しやすい電子書籍等の販売等が促進されるよう、技術の進歩を適切に反映した規格等の普及の促進、著作権者と出版者との契約に関する情報提供その他の必要な施策を講ずるものとする。

2　国は、書籍を購入した視覚障害者等からの求めに応じて出版者が当該書籍に係る電磁的記録の提供を行うことその他の出版者からの視覚障害者等に対する書籍に係る電磁的記録の提供を促進するため、その環境の整備に関

する関係者間における検討に対する支援その他の必要な施策を講ずるものとする。

（外国からの視覚障害者等が利用しやすい電子書籍等の入手のための環境の整備）

第一三条　国は、視覚障害者等が、盲人、視覚障害者その他の印刷物の判読に障害のある者が発行された著作物を利用する機会を促進するためのマラケシュ条約の枠組みに基づき、視覚障害者等が利用しやすい電子書籍等であってインターネットにより送信することができるものを外国から十分かつ円滑に入手することができるよう、その入手に関する相談体制の整備その他のその入手のための環境の整備について必要な施策を講ずるものとする。

（端末機器等及びこれに関する情報の入手の支援）

第一四条　国及び地方公共団体は、視覚障害者等が利用しやすい電子書籍等を利用するための端末機器等及びこれに関する情報を視覚障害者等が入手することを支援するため、必要な施策を講ずるものとする。

第一五条から**第一七条**まで〔省略〕

第四章　協議の場等〔省略〕

附　則〔省略〕

●障害者虐待の防止、障害者の養護者に対する支援等に関する法律

（平成二三年六月二四日　法律第七九号）

施行、平二四・一〇・一
最終改正、平二八—法六五

第一章　総則

（目的）

第一条　この法律は、障害者に対する虐待が障害者の尊厳を害するものであり、障害者の自立及び社会参加にとって障害者に対する虐待を防止することが極めて重要であること等に鑑み、障害者に対する虐待の禁止、障害者虐待の予防及び早期発見その他の障害者虐待の防止等に関する国等の責務、障害者虐待を受けた障害者に対する保護及び自立の支援のための措置、養護者の負担の軽減を図ること等の養護者に対する養護者による障害者虐待の防止に資する支援（以下「養護者に対する支援」という。）のための措置等を定めることにより、障害者虐待の防止、養護者に対する支援等に関する施策を促進し、もって障害者の権利利益の擁護に資することを目的とする。

（定義）

第二条　この法律において「障害者」とは、障害者基本法（昭和四十五年法律第八十四号）第二条第一号に規定する障害者をいう。

2　この法律において「障害者虐待」とは、養護者による障害者虐待、障害者福祉施設従事者等による障害者虐待及び使用者による障害者虐待をいう。

3　この法律において「養護者」とは、障害者を現に養護する者であって障害者福祉施設従事者等及び使用者以外のものをいう。

4　この法律において「障害者福祉施設従事者等」とは、障害者の日常生活及び社会生活を総合的に支援するための法律（平成十七年法律第百二十三号）第五条第十一項に規定する障害者支援施設（以下「障害者支援施設」という。）若しくは独立行政法人国立重度知的障害者総合施設のぞみの園法（平成十四年法律第百六十七号）第十一条第一号の規定により独立行政法人国立重度知的障害者総合施設のぞみの園が設置する施設（以下「のぞみの園」という。）（以下「障害者福祉施設」という。）又は障害者の日常生活及び社会生活を総合的に支援するための法律第五条第一項に規定する障害福祉サービス事業、同条第十八項に規定する一般相談支援事業若しくは特定相談支援事業、同条第二十六項に規定する移動支援事業、同条第二十七項に規定する地域活動支援センターを経営する事業若しくは同条第二十八項に規定する福祉ホームを経営する事業その他厚生労働省令で定める事業（以下「障害福祉サービス事業等」という。）に係る業務に従事する者をいう。

5　この法律において「使用者」とは、障害者を雇用する事業主（当該障害者が派遣労働者（労働者派遣事業の適正な運営の確保及び派遣労働者の保護等に関する法律（昭和六十年法律第八十八号）第二条第二号に規定する派遣労働者をいう。以下同じ。）である場合において当該派遣労働者に係る労働者派遣（同条第一号に規定する労働者派遣をいう。）の役務の提供を受ける事業主その他これに類するものとして政令で定める事業主を含み、国及び地方公共団体を除く。以下同じ。）又は事業の経営担当者その他その事業の労働者に関する事項について事業主のために行為をする者をいう。

6　この法律において「養護者による障害者虐待」とは、次のいずれかに該当する行為をいう。

一　養護者がその養護する障害者について行う次に掲げる行為

イ　障害者の身体に外傷が生じ、若しくは生じるおそれのある暴行を加え、又は正当な理由なく障害者の身体を拘束すること。

ロ　障害者にわいせつな行為をすること又は障害者をしてわいせつな行為をさせること。

ハ　障害者に対する著しい暴言又は著しく拒絶的な対応その他の障害者に著しい心理的外傷を与える言動を行うこと。

ニ　障害者を衰弱させるような著しい減食又は長時間の放置、養護者以外の同居人によるイからハまでに掲げる行為と同様の行為の放置等養護を著しく怠ること。

二　養護者又は障害者の親族が当該障害者の財産を不当に処分することその他当該障害者から不当に財産上の利益を得ること。

7　この法律において「障害者福祉施設従事者等による障害者虐待」とは、障害者福祉施設従事者等が、当該障害者福祉施設に入所し、その他当該障害者福祉施設を利用する障害者又は当該障害福祉サービス事業等に係るサービスの提供を受ける障害者について行う次のいずれかに該当する行為をいう。

一　障害者の身体に外傷が生じ、若しくは生じるおそれのある暴行を加え、又は正当な理由なく障害者の身体を拘束すること。

二　障害者にわいせつな行為をすること又は障害者をしてわいせつな行為をさせること。

三　障害者に対する著しい暴言、著しく拒絶的な対応又は不当な差別的言動その他の障害者に著しい心理的外傷を与える言動を行うこと。

四　障害者を衰弱させるような著しい減食又は長時間の放置、当該障害者福祉施設に入所し、その他当該障害者福祉施設を利用する他の障害者又は当該障害福祉サービス事業等に係るサービスの提供を受ける他の障害者による前三号に掲げる行為と同様の行為の放置その他の障害者を養護すべき職務上の義務を著しく怠ること。

五　障害者の財産を不当に処分することその他障害者から不当に財産上の利益を得ること。

8　この法律において「使用者による障害者虐待」とは、使用者が当該事業所に使用される障害者について行う次のいずれかに該当する行為をいう。

一　障害者の身体に外傷が生じ、若しくは生じるおそれのある暴行を加え、又は正当な理由なく障害者の身体を拘束すること。

二　障害者にわいせつな行為をすること又は障害者をしてわいせつな行為をさせること。

三　障害者に対する著しい暴言、著しく拒絶的な対応又は不当な差別的言動その他の障害者に著しい心理的外傷を与える言動を行うこと。

四　障害者を衰弱させるような著しい減食又は長時間の放置、当該事業所に使用される他の労働者による前三号に掲げる行為と同様の行為の放置その他これらに準ずる行為を行うこと。

五　障害者の財産を不当に処分することその他障害者から不当に財産上の利益を得ること。

（障害者に対する虐待の禁止）

第三条　何人も、障害者に対し、虐待をしてはならない。

（国及び地方公共団体の責務等）

第四条　国及び地方公共団体は、障害者虐待の予防及び早期発見その他の障害者虐待の防止、障害者虐待を受けた障害者の迅速かつ適切な保護及び自立の支援並びに適切な養護者に対する支援を行うため、関係省庁相互間その他関係機関及び民間団体の間の連携の強化、民間団体の支援その他必要な体制の整備に努めなければならない。

2　国及び地方公共団体は、障害者虐待の防止、障害者虐待を受けた障害者の保護及び自立の支援並びに養護者に対する支援が専門的知識に基づき適切に行われるよう、これらの職務に携わる専門的知識及び技術を有する人材その他必要な人材の確保及び資質の向上を図るため、関係機関の職員の研修等必要な措置を講ずるよう努めなければならない。

3　国及び地方公共団体は、障害者虐待の防止、障害者虐待を受けた障害者の保護及び自立の支援並びに養護者に対する支援に資するため、障害者虐待に係る通報義務、人権侵犯事件に係る救済制度等について必要な広報その他の啓発活動を行うものとする。

（国民の責務）

第五条　国民は、障害者虐待の防止、養護者に対する支援等の重要性に関する理解を深めるとともに、国又は地方公共団体が講ずる障害者虐待の防止、養護者に対する支援等のための施策に協力するよう努めなければならない。

（障害者虐待の早期発見等）

第六条　国及び地方公共団体の障害者の福祉に関する事務を所掌する部局その他の関係機関は、障害者虐待を発見しやすい立場にあることに鑑み、相互に緊密な連携を図りつつ、障害者虐待の早期発見に努めなければならない。

2　障害者福祉施設、学校、医療機関、保健所その他障害者の福祉に業務上関係のある団体並びに障害者福祉施設従事者等、学校の教職員、医師、歯科医師、保健師、弁護士その他障害者の福祉に職務上関係のある者及び使用者は、障害者虐待を発見しやすい立場にあることを自覚し、障害者虐待の早期発見に努めなければならない。

3　前項に規定する者は、国及び地方公共団体が講ずる障害者虐待の防止のための啓発活動並びに障害者虐待を受けた障害者の保護及び自立の支援のための施策に協力するよう努めなければならない。

第二章　養護者による障害者虐待の防止、養護者に対する支援等

（養護者による障害者虐待に係る通報等）

第七条　養護者による障害者虐待（十八歳未満の障害者について行われるものを除く。以下この章において同じ。）を受けたと思われる障害者を発見した者は、速やかに、これを市町村に通報しなければならない。

2　刑法（明治四十年法律第四十五号）の秘密漏示罪の規定その他の守秘義務に関する法律の規定は、前項の規定による通報をすることを妨げるものと解釈してはならない。

第八条　市町村が前条第一項の規定による通報又は次条第一項に規定する届出を受けた場合においては、当該通報又は届出を受けた市町村の職員は、その職務上知り得た事項であって当該通報又は届出をした者を特定させるものを漏らしてはならない。

（通報等を受けた場合の措置）

第九条　市町村は、第七条第一項の規定による通報又は障害者からの養護者による障害者虐待を受けた旨の届出を受けたときは、速やかに、当該障害者の安全の確認その他当該通報又は届出に係る事実の確認のための措置を講ずるとともに、第三十五条の規定により当該市町村と連携協力する者（以下「市町村障害者虐待対応協力者」という。）とその対応について協議を行うものとする。

2　市町村は、第七条第一項の規定による通報又は前項に規定する届出があった場合には、当該通報又は届出に係る障害者に対する養護者による障害者虐待の防止及び当該障害者の保護が図られるよう、養護者による障害者虐待により生命又は身体に重大な危険が生じているおそれがあると認められる障害者を一時的に保護するため迅速に当該市町村の設置する障害者支援施設又は障害者の日常生活及び社会生活を総合的に支援するための法律第五条第六項の厚生労働省令で定める施設（以下「障害者支援施設等」という。）に入所させる等、適切に、身体障害者福祉法（昭和二十四年法律第二百八十三号）第十八条第一項若しくは第二項又は知的障害者福祉法（昭和三十五年法律第三十七号）第十五条の四若しくは第十六条第一項第二号の規定による措置を講ずるものとする。この場合において、当該障害者が身体障害者福祉法第四条に規定する身体障害者（以下「身体障害者」という。）及び知的障害者福祉法にいう知的障害者（以下「知的障害者」という。）以外の障害者であるときは、当該障害者を身体障害者又は知的障害者とみなして、身体障害者福祉法第十八条第一項若しくは第二項又は知的障害者福祉法第十五条の四若しくは第十六条第一項第二号の規定を適用する。

3　市町村長は、第七条第一項の規定による通報又は第一項に規定する届出があった場合には、当該通報又は届出に係る障害者に対する養護者による障害者虐待の防止並びに当該障害者の保護及び自立の支援が図られるよう、適切に、精神保健及び精神障害者福祉に関する法律（昭和二十五年法律第百二十三号）第五十一条の十一の二又は知的障害者福祉法第二十八条の規定により審判の請求をするものとする。

（居室の確保）

第一〇条　市町村は、養護者による障害者虐待を受けた障害者について前条第二項の措置を採るために必要な居室を確保するための措置を講ずるものとする。

（立入調査）

第一一条　市町村長は、養護者による障害者虐待により障害者の生命又は身体に重大な危険が生じているおそれがあると認めるときは、障害者の福祉に関する事務に従事する職員をして、当該障害者の住所又は居所に立ち入り、必要な調査又は質問をさせることができる。

2　前項の規定による立入り及び調査又は質問を行う場合においては、当該職員は、その身分を示す証明書を携帯し、関係者の請求があるときは、これを提示しなければならない。

3　第一項の規定による立入り及び調査又は質問を行う権限は、犯罪捜査のために認められたものと解釈してはならない。

（警察署長に対する援助要請等）

第一二条　市町村長は、前条第一項の規定による立入り及び調査又は質問をさせようとする場合において、これらの職務の執行に際し必要があると認めるときは、当該障害者の住所

又は居所の所在地を管轄する警察署長に対し援助を求めることができる。

2　市町村長は、障害者の生命又は身体の安全の確保に万全を期する観点から、必要に応じ適切に、前項の規定により警察署長に対し援助を求めなければならない。

3　警察署長は、第一項の規定による援助の求めを受けた場合において、障害者の生命又は身体の安全を確保するため必要と認めるときは、速やかに、所属の警察官に、同項の職務の執行を援助するために必要な警察官職務執行法（昭和二十三年法律第百三十六号）その他の法令の定めるところによる措置を講じさせるよう努めなければならない。

（面会の制限）

第一三条　養護者による障害者虐待を受けた障害者について第九条第二項の措置が採られた場合においては、市町村長又は当該措置に係る障害者支援施設等若しくはのぞみの園の長若しくは当該措置に係る身体障害者福祉法第十八条第二項に規定する指定医療機関の管理者は、養護者による障害者虐待の防止及び当該障害者の保護の観点から、当該養護者による障害者虐待を行った養護者について当該障害者との面会を制限することができる。

（養護者の支援）

第一四条　市町村は、第三十二条第二項第二号に規定するもののほか、養護者の負担の軽減のため、養護者に対する相談、指導及び助言その他必要な措置を講ずるものとする。

2　市町村は、前項の措置として、養護者の心身の状態に照らしその養護の負担の軽減を図るため緊急の必要があると認める場合に障害者が短期間養護を受けるために必要となる居室を確保するための措置を講ずるものとする。

第三章　障害者福祉施設従事者等による障害者虐待の防止等

（障害者福祉施設従事者等による障害者虐待の防止等のための措置）

第一五条　障害者福祉施設の設置者又は障害福祉サービス事業等を行う者は、障害者福祉施設従事者等の研修の実施、当該障害者福祉施設に入所し、その他当該障害者福祉施設を利用し、又は当該障害福祉サービス事業等に係るサービスの提供を受ける障害者及びその家族からの苦情の処理の体制の整備その他の障害者福祉施設従事者等による障害者虐待の防止等のための措置を講ずるものとする。

（障害者福祉施設従事者等による障害者虐待に係る通報等）

第一六条　障害者福祉施設従事者等による障害者虐待を受けたと思われる障害者を発見した者は、速やかに、これを市町村に通報しなければならない。

2　障害者福祉施設従事者等による障害者虐待を受けた障害者は、その旨を市町村に届け出ることができる。

3　刑法の秘密漏示罪の規定その他の守秘義務に関する法律の規定は、第一項の規定による通報（虚偽であるもの及び過失によるものを除く。次項において同じ。）をすることを妨げるものと解釈してはならない。

4　障害者福祉施設従事者等は、第一項の規定による通報をしたことを理由として、解雇その他不利益な取扱いを受けない。

第一七条　市町村は、前条第一項の規定による通報又は同条第二項の規定による届出を受けたときは、厚生労働省令で定めるところにより、当該通報又は届出に係る障害者福祉施設従事者等による障害者虐待に関する事項を、当該障害者福祉施設従事者等による障害者虐待に係る障害者福祉施設又は当該障害者福祉施設従事者等による障害者虐待に係る障害福祉サービス事業等の事業所の所在地の都道府県に報告しなければならない。

第一八条　市町村が第十六条第一項の規定による通報又は同条第二項の規定による届出を受けた場合においては、当該通報又は届出を受けた市町村の職員は、その職務上知り得た事項であって当該通報又は届出をした者を特定させるものを漏らしてはならない。都道府県が前条の規定による報告を受けた場合における当該報告を受けた都道府県の職員についても、同様とする。

（通報等を受けた場合の措置）

第一九条　市町村が第十六条第一項の規定による通報若しくは同条第二項の規定による届出を受け、又は都道府県が第十七条の規定による報告を受けたときは、市町村長又は都道府県知事は、障害者福祉施設の業務又は障害福祉サービス事業等の適正な運営を確保することにより、当該通報又は届出に係る障害者に対する障害者福祉施設従事者等による障害者虐待の防止並びに当該障害者の保護及び自立の支援を図るため、社会福祉法（昭和二十六年法律第四十五号）、障害者の日常生活及び社会生活を総合的に支援するための法律その他関係法律の規定による権限を適切に行使するものとする。

（公表）

第二〇条　都道府県知事は、毎年度、障害者福祉施設従事者等による障害者虐待の状況、障害者福祉施設従事者等による障害者虐待があった場合に採った措置その他厚生労働省令で定める事項を公表するものとする。

第四章　使用者による障害者虐待の防止等

（使用者による障害者虐待の防止等のための措置）

第二一条　障害者を雇用する事業主は、労働者の研修の実施、当該事業所に使用される障害者及びその家族からの苦情の処理の体制の整備その他の使用者による障害者虐待の防止等のための措置を講ずるものとする。

（使用者による障害者虐待に係る通報等）

第二二条　使用者による障害者虐待を受けたと思われる障害者を発見した者は、速やかに、これを市町村又は都道府県に通報しなければならない。

2　使用者による障害者虐待を受けた障害者は、その旨を市町村又は都道府県に届け出ることができる。

3　刑法の秘密漏示罪の規定その他の守秘義務に関する法律の規定は、第一項の規定による通報（虚偽であるもの及び過失によるものを除く。次項において同じ。）をすることを妨げるものと解釈してはならない。

4　労働者は、第一項の規定による通報又は第二項の規定による届出（虚偽であるもの及び過失によるものを除く。）をしたことを理由として、解雇その他不利益な取扱いを受けない。

第二三条　市町村は、前条第一項の規定による通報又は同条第二項の規定による届出を受けたときは、厚生労働省令で定めるところにより、当該通報又は届出に係る使用者による障害者虐待に関する事項を、当該使用者による障害者虐待に係る事業所の所在地の都道府県に通知しなければならない。

第二四条　都道府県は、第二十二条第一項の規定による通報、同条第二項の規定による届出又は前条の規定による通知を受けたときは、厚生労働省令で定めるところにより、当該通報、届出又は通知に係る使用者による障害者虐待に関する事項を、当該使用者による障害者虐待に係る事業所の所在地を管轄する都道府県労働局に報告しなければならない。

第二五条　市町村又は都道府県が第二十二条第一項の規定による通報又は同条第二項の規定による届出を受けた場合においては、当該通報又は届出を受けた市町村又は都道府県の職員は、その職務上知り得た事項であって当該通報又は届出をした者を特定させるものを漏らしてはならない。都道府県が第二十三条の規定による通知を受けた場合における当該通知を受けた都道府県の職員及び都道府県労働局が前条の規定による報告を受けた場合における当該報告を受けた都道府県労働局の職員についても、同様とする。

（報告を受けた場合の措置）

第二六条　都道府県労働局が第二十四条の規定による報告を受けたときは、都道府県労働局長又は労働基準監督署長若しくは公共職業安定所長は、事業所における障害者の適正な労働条件及び雇用管理を確保することにより、当該報告に係る障害者に対する使用者による障害者虐待の防止並びに当該障害者の保護及び自立の支援を図るため、当該報告に係る都道府県との連携を図りつつ、労働基準法（昭和二十二年法律第四十九号）、障害者の雇用の促進等に関する法律（昭和三十五年法律第百二十三号）、個別労働関係紛争の解決の促進に関する法律（平成十三年法律第百十二号）その他関係法律の規定による権限を適切に行使するものとする。

（船員に関する特例）

第二七条　船員法（昭和二十二年法律第百号）の適用を受ける船員である障害者について行われる使用者による障害者虐待に係る前三条の規定の適用については、第二十四条中「厚生労働省令」とあるのは「国土交通省令又は厚生労働省令」と、「当該使用者による障害者虐待に係る事業所の所在地を管轄する都道府県労働局」とあるのは「地方運輸局その他の関係行政機関」と、第二十五条中「都道府県労働局」とあるのは「地方運輸局その他の関係行政機関」と、前条中「都道府県労働局が」とあるのは「地方運輸局その他の関係行政機関が」と、「都道府県労働局長又は労働基準監督署長若しくは公共職業安定所長」とあるのは「地方運輸局その他の関係行政機関の長」と、「労働基準法（昭和二十二年法律第四十九号）」とあるのは「船員法（昭和二十二年法律第百号）」とする。

（公表）

第二八条　厚生労働大臣は、毎年度、使用者による障害者虐待の状況、使用者による障害者虐待があった場合に採った措置その他厚生労働省令で定める事項を公表するものとする。

第五章　就学する障害者等に対する虐待の防止等

（就学する障害者に対する虐待の防止等）

第二九条　学校（学校教育法（昭和二十二年法律第二十六号）第一条に規定する学校、同法第百二十四条に規定する専修学校又は同法第百三十四条第一項に規定する各種学校をいう。以下同じ。）の長は、教職員、児童、生徒、学生その他の関係者に対する障害及び障害者に関する理解を深めるための研修の実施及び普及啓発、就学する障害者に対する虐待に関する相談に係る体制の整備、就学する障害者に対する虐待に対処するための措置その他の当該学校に就学する障害者に対する虐待を防止するため必要な措置を講ずるものとする。

（保育所等に通う障害者に対する虐待の防止等）

第三〇条　保育所等（児童福祉法（昭和二十二年法律第百六十四号）第三十九条第一項に規定する保育所若しくは同法第五十九条第一項に規定する施設のうち同法第三十九条第一項に規定する業務を目的とするもの（少数の乳児又は幼児を対象とするものその他の厚生労働省令で定めるものを除く。）又は就学前の子どもに関する教育、保育等の総合的な提供の推進に関する法律（平成十八年法律第七十七号）第二条第六項に規定する認定こども園をいう。以下同じ。）の長は、保育所等の職員その他の関係者に対する障害及び障害者に関する理解を深めるための研修の実施及び普及啓発、保育所等に通う障害者に対する虐待に関する相談に係る体制の整備、保育所等に通う障害者に対する虐待に対処するための措置その他の当該保育所等に通う障害者に対する虐待を防止するため必要な措置を講ずるものとする。

（医療機関を利用する障害者に対する虐待の防止等）

第三一条　医療機関（医療法（昭和二十三年法律第二百五号）第一条の五第一項に規定する病院又は同条第二項に規定する診療所をいう。以下同じ。）の管理者は、医療機関の職員その他の関係者に対する障害及び障害者に関する理解を深めるための研修の実施及び普及啓発、医療機関を利用する障害者に対する虐待に関する相談に係る体制の整備、医療機関を利用する障害者に対する虐待に対処するための措置その他の当該医療機関を利用する障害者に対する虐待を防止するため必要な措置を講ずるものとする。

第六章　市町村障害者虐待防止センター及び都道府県障害者権利擁護センター

（市町村障害者虐待防止センター）

第三二条　市町村は、障害者の福祉に関する事務を所掌する部局又は当該市町村が設置する施設において、当該部局又は施設が市町村障害者虐待防止センターとしての機能を果たすようにするものとする。

2　市町村障害者虐待防止センターは、次に掲げる業務を行うものとする。

一　第七条第一項、第十六条第一項若しくは第二十二条第一項の規定による通報又は第九条第一項に規定する届出若しくは第十六条第二項若しくは第二十二条第二項の規定による届出を受理すること。

二　養護者による障害者虐待の防止及び養護者による障害者虐待を受けた障害者の保護のため、障害者及び養護者に対して、相談、指導及び助言を行うこと。

三　障害者虐待の防止及び養護者に対する支援に関する広報その他の啓発活動を行うこと。

（市町村障害者虐待防止センターの業務の委託）

第三三条　市町村は、市町村障害者虐待対応協力者のうち適当と認められるものに、前条第二項各号に掲げる業務の全部又は一部を委託することができる。

2　前項の規定による委託を受けた者若しくはその役員若しくは職員又はこれらの者であった者は、正当な理由なしに、その委託を受けた業務に関して知り得た秘密を漏らしてはならない。

3　第一項の規定により第七条第一項、第十六条第一項若しくは第二十二条第一項の規定による通報又は第九条第一項に規定する届出若しくは第十六条第二項若しくは第二十二条第二項の規定による届出の受理に関する業務の委託を受けた者が第七条第一項、第十六条第一項若しくは第二十二条第一項の規定による通報又は第九条第一項に規定する届出若しくは第十六条第二項若しくは第二十二条第二項の規定による届出を受けた場合には、当該通報若しくは届出を受けた者又はその役員若しくは職員は、その職務上知り得た事項であって当該通報又は届出をした者を特定させるものを漏らしてはならない。

（市町村等における専門的に従事する職員の確保）

第三四条　市町村及び前条第一項の規定による委託を受けた者は、障害者虐待の防止、障害者虐待を受けた障害者の保護及び自立の支援並びに養護者に対する支援を適切に実施するために、障害者の福祉又は権利の擁護に関し専門的知識又は経験を有し、かつ、これらの事務に専門的に従事する職員を確保するよう努めなければならない。

（市町村における連携協力体制の整備）

第三五条　市町村は、養護者による障害者虐待の防止、養護者による障害者虐待を受けた障害者の保護及び自立の支援並びに養護者に対する支援を適切に実施するため、社会福祉法に定める福祉に関する事務所（以下「福祉事務所」という。）その他関係機関、民間団体等との連携協力体制を整備しなければならない。この場合において、養護者による障害者虐待にいつでも迅速に対応することができるよう、特に配慮しなければならない。

（都道府県障害者権利擁護センター）

第三六条　都道府県は、障害者の福祉に関する事務を所掌する部局又は当該都道府県が設置する施設において、当該部局又は施設が都道府県障害者権利擁護センターとしての機能を果たすようにするものとする。

2　都道府県障害者権利擁護センターは、次に掲げる業務を行うものとする。

一　第二十二条第一項の規定による通報又は同条第二項の規定による届出を受理すること。
二　この法律の規定により市町村が行う措置の実施に関し、市町村相互間の連絡調整、市町村に対する情報の提供、助言その他必要な援助を行うこと。
三　障害者虐待を受けた障害者に関する各般の問題及び養護者に対する支援に関し、相談に応ずること又は相談を行う機関を紹介すること。
四　障害者虐待を受けた障害者の支援及び養護者に対する支援のため、情報の提供、助言、関係機関との連絡調整その他の援助を行うこと。
五　障害者虐待の防止及び養護者に対する支援に関する情報を収集し、分析し、及び提供すること。
六　障害者虐待の防止及び養護者に対する支援に関する広報その他の啓発活動を行うこと。
七　その他障害者に対する虐待の防止等のために必要な支援を行うこと。

（都道府県障害者権利擁護センターの業務の委託）

第三七条　都道府県は、第三十九条の規定により当該都道府県と連携協力する者（以下「都道府県障害者虐待対応協力者」という。）のうち適当と認められるものに、前条第二項第一号又は第三号から第七号までに掲げる業務の全部又は一部を委託することができる。

2　前項の規定による委託を受けた者若しくはその役員若しくは職員又はこれらの者であった者は、正当な理由なしに、その委託を受けた業務に関して知り得た秘密を漏らしてはならない。

3　第一項の規定により第二十二条第一項の規定による通報又は同条第二項に規定する届出の受理に関する業務の委託を受けた者が同条第一項の規定による通報又は同条第二項に規定する届出を受けた場合には、当該通報若しくは届出を受けた者又はその役員若しくは職員は、その職務上知り得た事項であって当該通報又は届出をした者を特定させるものを漏らしてはならない。

（都道府県等における専門的に従事する職員の確保）

第三八条　都道府県及び前条第一項の規定による委託を受けた者は、障害者虐待の防止、障害者虐待を受けた障害者の保護及び自立の支援並びに養護者に対する支援を適切に実施するために、障害者の福祉又は権利の擁護に関し専門的知識又は経験を有し、かつ、これらの事務に専門的に従事する職員を確保するよう努めなければならない。

（都道府県における連携協力体制の整備）

第三九条　都道府県は、障害者虐待の防止、障害者虐待を受けた障害者の保護及び自立の支援並びに養護者に対する支援を適切に実施するため、福祉事務所その他関係機関、民間団体等との連携協力体制を整備しなければならない。

第七章　雑則

（周知）

第四〇条　市町村又は都道府県は、市町村障害者虐待防止センター又は都道府県障害者権利擁護センターとしての機能を果たす部局又は施設及び市町村障害者虐待対応協力者又は都道府県障害者虐待対応協力者の名称を明示すること等により、当該部局又は施設及び市町村障害者虐待対応協力者又は都道府県障害者虐待対応協力者を周知させなければならない。

（障害者虐待を受けた障害者の自立の支援）

第四一条　国及び地方公共団体は、障害者虐待を受けた障害者が地域において自立した生活を円滑に営むことができるよう、居住の場所の確保、就業の支援その他の必要な施策を講ずるものとする。

（調査研究）

第四二条　国及び地方公共団体は、障害者虐待を受けた障害者がその心身に著しく重大な被害を受けた事例の分析を行うとともに、障害者虐待の予防及び早期発見のための方策、障害者虐待があった場合の適切な対応方法、養護者に対する支援の在り方その他障害者虐待の防止、障害者虐待を受けた障害者の保護及び自立の支援並びに養護者に対する支援のために必要な事項についての調査及び研究を行うものとする。

（財産上の不当取引による被害の防止等）

第四三条　市町村は、養護者、障害者の親族、障害者福祉施設従事者等及び使用者以外の者が不当に財産上の利益を得る目的で障害者と行う取引（以下「財産上の不当取引」という。）による障害者の被害について、相談に応じ、若しくは消費生活に関する業務を担当する部局その他の関係機関を紹介し、又は市町村障害者虐待対応協力者に、財産上の不当取引による障害者の被害に係る相談若しくは関係機関の紹介の実施を委託するものとする。

2　市町村長は、財産上の不当取引の被害を受け、又は受けるおそれのある障害者について、適切に、精神保健及び精神障害者福祉に関する法律第五十一条の十一の二又は知的障害者福祉法第二十八条の規定により審判の請求をするものとする。

（成年後見制度の利用促進）

第四四条　国及び地方公共団体は、障害者虐待の防止並びに障害者虐待を受けた障害者の保護及び自立の支援並びに財産上の不当取引による障害者の被害の防止及び救済を図るため、成年後見制度の周知のための措置、成年後見制度の利用に係る経済的負担の軽減のための措置等を講ずることにより、成年後見制度が広く利用されるようにしなければならない。

第八章　罰則

第四五条　第三十三条第二項又は第三十七条第二項の規定に違反した者は、一年以下の懲役又は百万円以下の罰金に処する。

第四六条　正当な理由がなく、第十一条第一項の規定による立入調査を拒み、妨げ、若しくは忌避し、又は同項の規定による質問に対して答弁をせず、若しくは虚偽の答弁をし、若しくは障害者に答弁をさせず、若しくは虚偽の答弁をさせた者は、三十万円以下の罰金に処する。

附　則（省略）

●発達障害者支援法（平成一六年一二月一〇日 法律第一六七号）

施行、平一七・四・一
最終改正、平二八―法六四

第一章　総則

（目的）

第一条　この法律は、発達障害者の心理機能の適正な発達及び円滑な社会生活の促進のために発達障害の症状の発現後できるだけ早期に発達支援を行うとともに、切れ目なく発達障害者の支援を行うことが特に重要であることに鑑み、障害者基本法（昭和四十五年法律第八十四号）の基本的な理念にのっとり、発達障害者が基本的人権を享有する個人としての尊厳にふさわしい日常生活又は社会生活を営むことができるよう、発達障害を早期に発見し、発達支援を行うことに関する国及び地方公共団体の責務を明らかにするとともに、学校教育における発達障害者への支援、発達障害者の就労の支援、発達障害者支援センターの指定等について定めることにより、発達障害者の自立及び社会参加のためのその生活全般にわたる支援を図り、もって全ての国民が、障害の有無によって分け隔てられることなく、相互に人格と個性を尊重し合いながら共生する社会の実現に資することを目的とする。

（定義）

第二条　この法律において「発達障害」とは、自閉症、アスペルガー症候群その他の広汎性発達障害、学習障害、注意欠陥多動性障害その他これに類する脳機能の障害であってその症状が通常低年齢において発現するものとして政令で定めるものをいう。

2　この法律において「発達障害者」とは、発達障害がある者であって発達障害及び社会的障壁により日常生活又は社会生活に制限を受けるものをいい、「発達障害児」とは、発達障害者のうち十八歳未満のものをいう。

3　この法律において「社会的障壁」とは、発達障害がある者にとって日常生活又は社会生活を営む上で障壁となるような社会における事物、制度、慣行、観念その他一切のものをいう。

4　この法律において「発達支援」とは、発達障害者に対し、その心理機能の適正な発達を支援し、及び円滑な社会生活を促進するため行う個々の発達障害者の特性に対応した医療的、福祉的及び教育的援助をいう。

（基本理念）

第二条の二　発達障害者の支援は、全ての発達障害者が社会参加の機会が確保されること及びどこで誰と生活するかについての選択の機会が確保され、地域社会において他の人々と共生することを妨げられないことを旨として、行われなければならない。

2　発達障害者の支援は、社会的障壁の除去に資することを旨として、行われなければならない。

3　発達障害者の支援は、個々の発達障害者の性別、年齢、障害の状態及び生活の実態に応じて、かつ、医療、保健、福祉、教育、労働等に関する業務を行う関係機関及び民間団体相互の緊密な連携の下に、その意思決定の支援に配慮しつつ、切れ目なく行われなければならない。

（国及び地方公共団体の責務）

第三条　国及び地方公共団体は、発達障害者の心理機能の適正な発達及び円滑な社会生活の促進のために発達障害の症状の発現後できるだけ早期に発達支援を行うことが特に重要であることに鑑み、前条の基本理念（次項及び次条において「基本理念」という。）にのっとり、発達障害の早期発見のため必要な措置を講じるものとする。

2　国及び地方公共団体は、基本理念にのっとり、発達障害児に対し、発達障害の症状の発現後できるだけ早期に、その者の状況に応じて適切に、就学前の発達支援、学校における発達支援その他の発達支援が行われるとともに、発達障害者に対する就労、地域における生活等に関する支援及び発達障害者の家族その他の関係者に対する支援が行われるよう、必要な措置を講じるものとする。

3　国及び地方公共団体は、発達障害者及びその家族その他の関係者からの各種の相談に対し、個々の発達障害者の特性に配慮しつつ総合的に応ずることができるようにするため、医療、保健、福祉、教育、労働等に関する業務を行う関係機関及び民間団体相互の有機的連携の下に必要な相談体制の整備を行うものとする。

4　発達障害者の支援等の施策が講じられるに当たっては、発達障害者及び発達障害児の保護者（親権を行う者、未成年後見人その他の者で、児童を現に監護するものをいう。以下同じ。）の意思ができる限り尊重されなければならないものとする。

5　国及び地方公共団体は、発達障害者の支援等の施策を講じるに当たっては、医療、保健、福祉、教育、労働等に関する業務を担当する部局の相互の緊密な連携を確保するとともに、発達障害者が被害を受けること等を防止するため、これらの部局と消費生活、警察等に関する業務を担当する部局その他の関係機関との必要な協力体制の整備を行うものとする。

（国民の責務）

第四条　国民は、個々の発達障害の特性その他発達障害に関する理解を深めるとともに、基本理念にのっとり、発達障害者の自立及び社会参加に協力するように努めなければならない。

第二章　児童の発達障害の早期発見及び発達障害者の支援のための施策

（児童の発達障害の早期発見等）

第五条　市町村は、母子保健法（昭和四十年法律第百四十一号）第十二条及び第十三条に規定する健康診査を行うに当たり、発達障害の早期発見に十分留意しなければならない。

2　市町村の教育委員会は、学校保健安全法（昭和三十三年法律第五十六号）第十一条に規定する健康診断を行うに当たり、発達障害の早期発見に十分留意しなければならない。

3　市町村は、児童に発達障害の疑いがある場合には、適切に支援を行うため、当該児童の保護者に対し、継続的な相談、情報の提供及び助言を行うよう努めるとともに、必要に応じ、当該児童が早期に医学的又は心理学的判定を受けることができるよう、当該児童の保護者に対し、第十四条第一項の発達障害者支援センター、第十九条の規定により都道府県が確保した医療機関その他の機関（次条第一項において「センター等」という。）を紹介し、又は助言を行うものとする。

4　市町村は、前三項の措置を講じるに当たっては、当該措置の対象となる児童及び保護者の意思を尊重するとともに、必要な配慮をしなければならない。

5　都道府県は、市町村の求めに応じ、児童の発達障害の早期発見に関する技術的事項についての指導、助言その他の市町村に対する必要な技術的援助を行うものとする。

（早期の発達支援）

第六条　市町村は、発達障害児が早期の発達支援を受けることができるよう、発達障害児の保護者に対し、その相談に応じ、センター等を紹介し、又は助言を行い、その他適切な措置を講じるものとする。

2　前条第四項の規定は、前項の措置を講じる場合について準用する。

3　都道府県は、発達障害児の早期の発達支援のために必要な体制の整備を行うとともに、発達障害児に対して行われる発達支援の専門性を確保するため必要な措置を講じるものとする。

（保育）

第七条　市町村は、児童福祉法（昭和二十二年法律第百六十四号）第二十四条第一項の規定により保育所における保育を行う場合又は同条第二項の規定による必要な保育を確保するための措置を講じる場合は、発達障害児の健全な発達が他の児童と共に生活することを通じて図られるよう適切な配慮をするものとする。

（教育）

第八条　国及び地方公共団体は、発達障害児（十八歳以上の発達障害者であって高等学校、中等教育学校及び特別支援学校並びに専修学校の高等課程に在学する者を含む。以下この項において同じ。）が、その年齢及び能力に応じ、かつ、その特性を踏まえた十分な教育を受けられるようにするため、可能な限り発達障害児が発達障害児でない児童と共に教育を受けられるよう配慮しつつ、適切な教育的支援を行うこと、個別の教育支援計画の作成（教育に関する業務を行う関係機関と医療、保健、福祉、労働等に関する業務を行う関係機関及び民間団体との連携の下に行う個別の長期的な支援に関する計画の作成をいう。）及び個別の指導に関する計画の作成の推進、いじめの防止等のための対策の推進その他の支援体制の整備を行うことその他必要な措置を講じるものとする。

2　大学及び高等専門学校は、個々の発達障害者の特性に応じ、適切な教育上の配慮をするものとする。

（放課後児童健全育成事業の利用）

第九条　市町村は、放課後児童健全育成事業について、発達障害児の利用の機会の確保を図るため、適切な配慮をするものとする。

（情報の共有の促進）

第九条の二　国及び地方公共団体は、個人情報の保護に十分配慮しつつ、福祉及び教育に関する業務を行う関係機関及び民間団体が医療、保健、労働等に関する業務を行う関係機関及び民間団体と連携を図りつつ行う発達障害者の支援に資する情報の共有を促進するため必要な措置を講じるものとする。

（就労の支援）

第一〇条　国及び都道府県は、発達障害者が就労することができるようにするため、発達障害者の就労を支援するため必要な体制の整備に努めるとともに、公共職業安定所、地域障害者職業センター（障害者の雇用の促進等に関する法律（昭和三十五年法律第百二十三号）第十九条第一項第三号の地域障害者職業センターをいう。）、障害者就業・生活支援センター（同法第二十七条第一項の規定による指定を受けた者をいう。）、社会福祉協議会、教育委員会その他の関係機関及び民間団体相互の連携を確保しつつ、個々の発達障害者の特性に応じた適切な就労の機会の確保、就労の定着のための支援その他の必要な支援に努めなければならない。

2　都道府県及び市町村は、必要に応じ、発達障害者が就労のための準備を適切に行えるようにするための支援が学校において行われるよう必要な措置を講じるものとする。

3　事業主は、発達障害者の雇用に関し、その有する能力を正当に評価し、適切な雇用の機会を確保するとともに、個々の発達障害者の特性に応じた適正な雇用管理を行うことによりその雇用の安定を図るよう努めなければならない。

（地域での生活支援）

第一一条　市町村は、発達障害者が、その希望に応じて、地域において自立した生活を営むことができるようにするため、発達障害者に対し、その性別、年齢、障害の状態及び生活の実態に応じて、社会生活への適応のために必要な訓練を受ける機会の確保、共同生活を営むべき住居その他の地域において生活を営むべき住居の確保その他必要な支援に努めなければならない。

（権利利益の擁護）

第一二条　国及び地方公共団体は、発達障害者が、その発達障害のために差別され、並びにいじめ及び虐待を受けること、消費生活における被害を受けること等権利利益を害されることがないようにするため、その差別の解消、いじめの防止等及び虐待の防止等のための対策を推進すること、成年後見制度が適切に行われ又は広く利用されるようにすることその他の発達障害者の権利利益の擁護のために必要な支援を行うものとする。

（司法手続における配慮）

第一二条の二　国及び地方公共団体は、発達障害者が、刑事事件若しくは少年の保護事件に関する手続その他これに準ずる手続の対象となった場合又は裁判所における民事事件、家事事件若しくは行政事件に関する手続の当事者その他の関係人となった場合において、発達障害者がその権利を円滑に行使できるようにするため、個々の発達障害者の特性に応じた意思疎通の手段の確保のための配慮その他の適切な配慮をするものとする。

（発達障害者の家族等への支援）

第一三条　都道府県及び市町村は、発達障害者の家族その他の関係者が適切な対応をすることができるようにすること等のため、児童相談所等関係機関と連携を図りつつ、発達障害者の家族その他の関係者に対し、相談、情報の提供及び助言、発達障害者の家族が互いに支え合うための活動の支援その他の支援を適切に行うよう努めなければならない。

第三章　発達障害者支援センター等

（発達障害者支援センター等）

第一四条　都道府県知事は、次に掲げる業務を、社会福祉法人その他の政令で定める法人であって当該業務を適正かつ確実に行うことができると認めて指定した者（以下「発達障害者支援センター」という。）に行わせ、又は自ら行うことができる。

一　発達障害の早期発見、早期の発達支援等に資するよう、発達障害者及びその家族その他の関係者に対し、専門的に、その相談に応じ、又は情報の提供若しくは助言を行うこと。

二　発達障害者に対し、専門的な発達支援及び就労の支援を行うこと。

三　医療、保健、福祉、教育、労働等に関する業務を行う関係機関及び民間団体並びにこれに従事する者に対し発達障害についての情報の提供及び研修を行うこと。

四　発達障害に関して、医療、保健、福祉、教育、労働等に関する業務を行う関係機関及び民間団体との連絡調整を行うこと。

五　前各号に掲げる業務に附帯する業務

2　前項の規定による指定は、当該指定を受けようとする者の申請により行う。

3　都道府県は、第一項に規定する業務を発達障害者支援センターに行わせ、又は自ら行うに当たっては、地域の実情を踏まえつつ、発達障害者及びその家族その他の関係者が可能な限りその身近な場所において必要な支援を受けられるよう適切な配慮をするものとする。

（秘密保持義務）

第一五条　発達障害者支援センターの役員若しくは職員又はこれらの職にあった者は、職務上知ることのできた個人の秘密を漏らしてはならない。

（報告の徴収等）

第一六条　都道府県知事は、発達障害者支援センターの第十四条第一項に規定する業務の適正な運営を確保するため必要があると認めるときは、当該発達障害者支援センターに対し、その業務の状況に関し必要な報告を求め、又はその職員に、当該発達障害者支援センターの事業所若しくは事務所に立ち入り、その業務の状況に関し必要な調査若しくは質問をさせることができる。

2　前項の規定により立入調査又は質問をする職員は、その身分を示す証明書を携帯し、関係者の請求があるときは、これを提示しなければならない。

3　第一項の規定による立入調査及び質問の権限は、犯罪捜査のために認められたものと解釈してはならない。

（改善命令）

第一七条　都道府県知事は、発達障害者支援センターの第十四条第一項に規定する業務の適正な運営を確保するため必要があると認めるときは、当該発達障害者支援センターに対し、その改善のために必要な措置をとるべきことを命ずることができる。

（指定の取消し）

第一八条　都道府県知事は、発達障害者支援センターが第十六条第一項の規定による報告をせず、若しくは虚偽の報告をし、若しくは同項の規定による立入調査を拒み、妨げ、若しくは忌避し、若しくは質問に対して答弁をせず、若しくは虚偽の答弁をした場合において、その業務の状況の把握に著しい支障が生じたとき、又は発達障害者支援センターが前条の規定による命令に違反したときは、その指定を取り消すことができる。

（専門的な医療機関の確保等）

第一九条　都道府県は、専門的に発達障害の診断及び発達支援を行うことができると認める病院又は診療所を確保しなければならない。

2　国及び地方公共団体は、前項の医療機関の相互協力を推進するとともに、同項の医療機関に対し、発達障害者の発達支援等に関する情報の提供その他必要な援助を行うものとする。

（発達障害者支援地域協議会）

第一九条の二　都道府県は、発達障害者の支援の体制の整備を図るため、発達障害者及びその家族、学識経験者その他の関係者並びに医療、保健、福祉、教育、労働等に関する業務を行う関係機関及び民間団体並びにこれに従事する者（次項において「関係者等」という。）により構成される発達障害者支援地域協議会を置くことができる。

2　前項の発達障害者支援地域協議会は、関係者等が相互の連絡を図ることにより、地域における発達障害者の支援体制に関する課題について情報を共有し、関係者等の連携の緊密化を図るとともに、地域の実情に応じた体制の整備について協議を行うものとする。

第四章　補則

（民間団体への支援）

第二〇条　国及び地方公共団体は、発達障害者を支援するために行う民間団体の活動の活性化を図るよう配慮するものとする。

（国民に対する普及及び啓発）

第二一条　国及び地方公共団体は、個々の発達障害の特性その他発達障害に関する国民の理解を深めるため、学校、地域、家庭、職域その他の様々な場を通じて、必要な広報その他の啓発活動を行うものとする。

（医療又は保健の業務に従事する者に対する知識の普及及び啓発）

第二二条　国及び地方公共団体は、医療又は保健の業務に従事する者に対し、発達障害の発見のため必要な知識の普及及び啓発に努めなければならない。

（専門的知識を有する人材の確保等）

第二三条　国及び地方公共団体は、個々の発達障害者の特性に応じた支援を適切に行うことができるよう発達障害に関する専門的知識を有する人材の確保、養成及び資質の向上を図るため、医療、保健、福祉、教育、労働等並びに捜査及び裁判に関する業務に従事する者に対し、個々の発達障害の特性その他発達障害に関する理解を深め、及び専門性を高めるため研修を実施することその他の必要な措置を講じるものとする。

（調査研究）

第二四条　国は、性別、年齢その他の事情を考慮しつつ、発達障害者の実態の把握に努めるとともに、個々の発達障害の原因の究明及び診断、発達支援の方法等に関する必要な調査研究を行うものとする。

（大都市等の特例）

第二五条　この法律中都道府県が処理することとされている事務で政令で定めるものは、地方自治法（昭和二十二年法律第六十七号）第二百五十二条の十九第一項の指定都市（以下「指定都市」という。）においては、政令で定めるところにより、指定都市が処理するものとする。この場合においては、この法律中都道府県に関する規定は、指定都市に関する規定として指定都市に適用があるものとする。

附　則（省略）

●少年法

（昭和二三年七月一五日 法律第一六八号）

施行、昭二四・一・一
最終改正、令一―法四六

第一章　総則

（この法律の目的）

第一条　この法律は、少年の健全な育成を期し、非行のある少年に対して性格の矯正及び環境の調整に関する保護処分を行うとともに、少年の刑事事件について特別の措置を講ずることを目的とする。

（少年、成人、保護者）

第二条　この法律で「少年」とは、二十歳に満たない者をいい、「成人」とは、満二十歳以上の者をいう。

2　この法律で「保護者」とは、少年に対して法律上監護教育の義務ある者及び少年を現に監護する者をいう。

第二章　少年の保護事件

第一節　通則

（審判に付すべき少年）

第三条　次に掲げる少年は、これを家庭裁判所の審判に付する。

一　罪を犯した少年

二　十四歳に満たないで刑罰法令に触れる行為をした少年

三　次に掲げる事由があつて、その性格又は環境に照して、将来、罪を犯し、又は刑罰法令に触れる行為をする虞のある少年

イ　保護者の正当な監督に服しない性癖のあること。

ロ　正当の理由がなく家庭に寄り附かないこと。

ハ　犯罪性のある人若しくは不道徳な人と交際し、又はいかがわしい場所に出入すること。

ニ　自己又は他人の徳性を害する行為をする性癖のあること。

2　家庭裁判所は、前項第二号に掲げる少年及び同項第三号に掲げる少年で十四歳に満たない者については、都道府県知事又は児童相談所長から送致を受けたときに限り、これを審判に付することができる。

（判事補の職権）

第四条　第二十条の決定以外の裁判は、判事補が一人でこれをすることができる。

（管轄）

第五条　保護事件の管轄は、少年の行為地、住所、居所又は現在地による。

2　家庭裁判所は、保護の適正を期するため特に必要があると認めるときは、決定をもつて、事件を他の管轄家庭裁判所に移送することができる。

3　家庭裁判所は、事件がその管轄に属しないと認めるときは、決定をもつて、これを管轄家庭裁判所に移送しなければならない。

（被害者等による記録の閲覧及び謄写）

第五条の二　裁判所は、第三条第一項第一号又は第二号に掲げる少年に係る保護事件について、第二十一条の決定があつた後、最高裁判所規則の定めるところにより当該保護事件の被害者等（被害者又はその法定代理人若しくは被害者が死亡した場合若しくはその心身に重大な故障がある場合におけるその配偶者、直系の親族若しくは兄弟姉妹をいう。以下同じ。）又は被害者等から委託を受けた弁護士から、その保管する当該保護事件の記録（家庭裁判所が専ら当該少年の保護の必要性を判断するために収集したもの及び家庭裁判所調査官が家庭裁判所による当該少年の保護の必要性の判断に資するよう作成し又は収集したものを除く。）の閲覧又は謄写の申出があるときは、閲覧又は謄写を求める理由が正当でないと認める場合及び少年の健全な育成に対する影響、事件の性質、調査又は審判の状況その他の事情を考慮して閲覧又は謄写をさせることが相当でないと認める場合を除き、申出をした者にその閲覧又は謄写をさせるものとする。

2　前項の申出は、その申出に係る保護事件を終局させる決定が確定した後三年を経過したときは、することができない。

3　第一項の規定により記録の閲覧又は謄写をした者は、正当な理由がないのに閲覧又は謄写により知り得た少年の氏名その他少年の身上に関する事項を漏らしてはならず、かつ、閲覧又は謄写により知り得た事項をみだりに用いて、少年の健全な育成を妨げ、関係人の名誉若しくは生活の平穏を害し、又は調査若しくは審判に支障を生じさせる行為をしてはならない。

（閲覧又は謄写の手数料）

第五条の三　前条第一項の規定による記録の閲覧又は謄写の手数料については、その性質に反しない限り、民事訴訟費用等に関する法律（昭和四十六年法律第四十号）第七条から第十条まで及び別表第二の一の項の規定（同項上欄中「（事件の係属中に当事者等が請求するものを除く。）」とある部分を除く。）を準用する。

第二節　通告、警察官の調査等

（通告）

第六条　家庭裁判所の審判に付すべき少年を発見した者は、これを家庭裁判所に通告しなければならない。

2　警察官又は保護者は、第三条第一項第三号に掲げる少年について、直接これを家庭裁判所に送致し、又は通告するよりも、先づ児童福祉法（昭和二十二年法律第百六十四号）による措置にゆだねるのが適当であると認めるときは、その少年を直接児童相談所に通告することができる。

（警察官等の調査）

第六条の二　警察官は、客観的な事情から合理的に判断して、第三条第一項第二号に掲げる少年であると疑うに足りる相当の理由のある者を発見した場合において、必要があるときは、事件について調査をすることができる。

2　前項の調査は、少年の情操の保護に配慮しつつ、事案の真相を明らかにし、もつて少年の健全な育成のための措置に資することを目的として行うものとする。

3　警察官は、国家公安委員会規則の定めるところにより、少年の心理その他の特性に関する専門的知識を有する警察職員（警察官を除く。）に調査（第六条の五第一項の処分を除く。）をさせることができる。

（調査における付添人）

第六条の三　少年及び保護者は、前条第一項の調査に関し、いつでも、弁護士である付添人を選任することができる。

（呼出し、質問、報告の要求）

第六条の四　警察官は、調査をするについて必要があるときは、少年、保護者又は参考人を呼び出し、質問することができる。

2　前項の質問に当たつては、強制にわたることがあつてはならない。

3　警察官は、調査について、公務所又は公私の団体に照会して必要な事項の報告を求めることができる。

（押収、捜索、検証、鑑定嘱託）

第六条の五　警察官は、第三条第一項第二号に掲げる少年に係る事件の調査をするについて必要があるときは、押収、捜索、検証又は鑑定の嘱託をすることができる。

2　刑事訴訟法（昭和二十三年法律第百三十一号）中、司法警察職員の行う押収、捜索、検証及び鑑定の嘱託に関する規定（同法第二百二十四条を除く。）は、前項の場合に、これを準用する。この場合において、これらの規定中「司法警察員」とあるのは「司法警察員たる警察官」と、「司法巡査」とあるのは「司法巡査たる警察官」と読み替えるほか、同法第四百九十九条第一項中「検察官」とあるのは「警視総監若しくは道府県警察本部長又は警察署長」と、「政令」とあるのは「国家公安委員会規則」と、同条第三項中「国庫」とあるのは「当該都道府県警察又は警察署の属する都道府県」と読み替えるものとする。

（警察官の送致等）

第六条の六　警察官は、調査の結果、次の各号のいずれかに該当するときは、当該調査に係る書類とともに事件を児童相談所長に送致しなければならない。

一　第三条第一項第二号に掲げる少年に係る事件について、その少年の行為が次に掲げる罪に係る刑罰法令に触れるものであると思料するとき。

イ　故意の犯罪行為により被害者を死亡させた罪

ロ　イに掲げるもののほか、死刑又は無期若しくは短期二年以上の懲役若しくは禁錮に当たる罪

二　前号に掲げるもののほか、第三条第一項第二号に掲げる少年に係る事件について、家庭裁判所の審判に付することが適当であると思料するとき。

2　警察官は、前項の規定により児童相談所長に送致した事件について、児童福祉法第二十七条第一項第四号の措置がとられた場合において、証拠物があるときは、これを家庭裁判所に送付しなければならない。

3　警察官は、第一項の規定により事件を送致した場合を除き、児童福祉法第二十五条第一項の規定により調査に係る少年を児童相談所に通告するときは、国家公安委員会規則の定めるところにより、児童相談所に対し、同法による措置をとるについて参考となる当該調査の概要及び結果を通知するものとする。

（都道府県知事又は児童相談所長の送致）

第六条の七　都道府県知事又は児童相談所長は、前条第一項（第一号に係る部分に限る。）の規定により送致を受けた事件については、児童福祉法第二十七条第一項第四号の措置をとらなければならない。ただし、調査の結果、その必要がないと認められるときは、この限りでない。

2　都道府県知事又は児童相談所長は、児童福祉法の適用がある少年について、たまたま、その行動の自由を制限し、又はその自由を奪うような強制的措置を必要とするときは、同法第三十三条、第三十三条の二及び第四十七条の規定により認められる場合を除き、これを家庭裁判所に送致しなければならない。

（家庭裁判所調査官の報告）

第七条　家庭裁判所調査官は、家庭裁判所の審判に付すべき少年を発見したときは、これを裁判官に報告しなければならない。

2　家庭裁判所調査官は、前項の報告に先だち、少年及び保護者について、事情を調査することができる。

第三節　調査及び審判

（事件の調査）

第八条　家庭裁判所は、第六条第一項の通告又は前条第一項の報告により、審判に付すべき少年があると思料するときは、事件について調査しなければならない。検察官、司法警察員、警察官、都道府県知事又は児童相談所長から家庭裁判所の審判に付すべき少年事件の送致を受けたときも、同様とする。

2　家庭裁判所は、家庭裁判所調査官に命じて、少年、保護者又は参考人の取調その他の必要な調査を行わせることができる。

（調査の方針）

第九条　前条の調査は、なるべく、少年、保護者又は関係人の行状、経歴、素質、環境等について、医学、心理学、教育学、社会学その他の専門的智識特に少年鑑別所の鑑別の結果を活用して、これを行うように努めなければならない。

（被害者等の申出による意見の聴取）

第九条の二　家庭裁判所は、最高裁判所規則の定めるところにより第三条第一項第一号又は第二号に掲げる少年に係る事件の被害者等から、被害に関する心情その他の事件に関する意見の陳述の申出があるときは、自らこれを聴取し、又は家庭裁判所調査官に命じてこれを聴取させるものとする。ただし、事件の性質、調査又は審判の状況その他の事情を考慮して、相当でないと認めるときは、この限りでない。

（付添人）

第一〇条　少年及び保護者は、家庭裁判所の許可を受けて、付添人を選任することができる。ただし、弁護士を付添人に選任するには、家庭裁判所の許可を要しない。
2　保護者は、家庭裁判所の許可を受けて、付添人となることができる。

（呼出、同行）
第一一条　家庭裁判所は、事件の調査又は審判について必要があると認めるときは、少年又は保護者に対して、呼出状を発することができる。
2　家庭裁判所は、正当の理由がなく前項の呼出に応じない者に対して、同行状を発することができる。

（緊急の場合の同行）
第一二条　家庭裁判所は、少年が保護のため緊急を要する状態にあつて、その福祉上必要であると認めるときは、前条第二項の規定にかかわらず、その少年に対して、同行状を発することができる。
2　裁判長は、急速を要する場合には、前項の処分をし、又は合議体の構成員にこれをさせることができる。

（同行状の執行）
第一三条　同行状は、家庭裁判所調査官がこれを執行する。
2　家庭裁判所は、警察官、保護観察官又は裁判所書記官をして、同行状を執行させることができる。
3　裁判長は、急速を要する場合には、前項の処分をし、又は合議体の構成員にこれをさせることができる。

（証人尋問・鑑定・通訳・翻訳）
第一四条　家庭裁判所は、証人を尋問し、又は鑑定、通訳若しくは翻訳を命ずることができる。
2　刑事訴訟法中、裁判所の行う証人尋問、鑑定、通訳及び翻訳に関する規定は、保護事件の性質に反しない限り、前項の場合に、これを準用する。

（検証、押収、捜索）
第一五条　家庭裁判所は、検証、押収又は捜索をすることができる。
2　刑事訴訟法中、裁判所の行う検証、押収及び捜索に関する規定は、保護事件の性質に反しない限り、前項の場合に、これを準用する。

（援助、協力）
第一六条　家庭裁判所は、調査及び観察のため、警察官、保護観察官、保護司、児童福祉司（児童福祉法第十二条の三第二項第六号に規定する児童福祉司をいう。第二十六条第一項において同じ。）又は児童委員に対して、必要な援助をさせることができる。
2　家庭裁判所は、その職務を行うについて、公務所、公私の団体、学校、病院その他に対して、必要な協力を求めることができる。

（観護の措置）
第一七条　家庭裁判所は、審判を行うため必要があるときは、決定をもつて、次に掲げる観護の措置をとることができる。
一　家庭裁判所調査官の観護に付すること。
二　少年鑑別所に送致すること。
2　同行された少年については、観護の措置は、遅くとも、到着のときから二十四時間以内に、これを行わなければならない。検察官又は司法警察員から勾留又は逮捕された少年の送致を受けたときも、同様である。
3　第一項第二号の措置においては、少年鑑別所に収容する期間は、二週間を超えることができない。ただし、特に継続の必要があるときは、決定をもつて、これを更新することができる。
4　前項ただし書の規定による更新は、一回を超えて行うことができない。ただし、第三条第一項第一号に掲げる少年に係る死刑、懲役又は禁錮に当たる罪の事件でその非行事実（犯行の動機、態様及び結果その他の当該犯罪に密接に関連する重要な事実を含む。以下同じ。）の認定に関し証人尋問、鑑定若しくは検証を行うことを決定したもの又はこれを行つたものについて、少年を収容しなければ審判に著しい支障が生じるおそれがあると認めるに足りる相当の理由がある場合には、その更新は、更に二回を限度として、行うことができる。
5　第三項ただし書の規定にかかわらず、検察官から再び送致を受けた事件が先に第一項第二号の措置がとられ、又は勾留状が発せられた事件であるときは、収容の期間は、これを更新することができない。
6　裁判官が第四十三条第一項の請求により、第一項第一号の措置をとつた場合において、事件が家庭裁判所に送致されたときは、その措置は、これを第一項第一号の措置とみなす。
7　裁判官が第四十三条第一項の請求により第一項第二号の措置をとつた場合において、事件が家庭裁判所に送致されたときは、その措置は、これを第一項第二号の措置とみなす。この場合には、第三項の期間は、家庭裁判所が事件の送致を受けた日から、これを起算する。
8　観護の措置は、決定をもつて、これを取り消し、又は変更することができる。
9　第一項第二号の措置については、収容の期間は、通じて八週間を超えることができない。ただし、その収容の期間が通じて四週間を超えることとなる決定を行うときは、第四項ただし書に規定する事由がなければならない。
10　裁判長は、急速を要する場合には、第一項及び第八項の処分をし、又は合議体の構成員にこれをさせることができる。

（異議の申立て）
第一七条の二　少年、その法定代理人又は付添人は、前条第一項第二号又は第三項ただし書の決定に対して、保護事件の係属する家庭裁判所に異議の申立てをすることができる。ただし、付添人は、選任者である保護者の明示した意思に反して、異議の申立てをすることができない。
2　前項の異議の申立ては、審判に付すべき事由がないことを理由としてすることはできない。
3　第一項の異議の申立てについては、家庭裁判所は、合議体で決定をしなければならない。この場合において、その決定には、原決定に関与した裁判官は、関与することができない。
4　第三十二条の三、第三十三条及び第三十四条の規定は、第一項の異議の申立てがあつた場合について準用する。この場合において、第三十三条第二項中「取り消して、事件を原裁判所に差し戻し、又は他の家庭裁判所に移送しなければならない」とあるのは、「取り消し、必要があるときは、更に裁判をしなければならない」と読み替えるものとする。

（特別抗告）
第一七条の三　第三十五条第一項の規定は、前条第三項の決定について準用する。この場合において、第三十五条第一項中「二週間」とあるのは、「五日」と読み替えるものとする。
2　前条第四項及び第三十二条の二の規定は、前項の規定による抗告があつた場合について準用する。

（少年鑑別所送致の場合の仮収容）
第一七条の四　家庭裁判所は、第十七条第一項第二号の措置をとつた場合において、直ちに少年鑑別所に収容することが著しく困難であると認める事情があるときは、決定をもつて、少年を仮に最寄りの少年院又は刑事施設の特に区別した場所に収容することができる。ただし、その期間は、収容した時から七十二時間を超えることができない。
2　裁判長は、急速を要する場合には、前項の処分をし、又は合議体の構成員にこれをさせることができる。
3　第一項の規定による収容の期間は、これを第十七条第一項第二号の措置により少年鑑別所に収容した期間とみなし、同条第三項の期間は、少年院又は刑事施設に収容した日から、これを起算する。
4　裁判官が第四十三条第一項の請求のあつた事件につき、第一項の収容をした場合において、事件が家庭裁判所に送致されたときは、その収容は、これを第一項の規定による収容とみなす。

（児童福祉法の措置）

第一八条　家庭裁判所は、調査の結果、児童福祉法の規定による措置を相当と認めるときは、決定をもつて、事件を権限を有する都道府県知事又は児童相談所長に送致しなければならない。

2　第六条の七第二項の規定により、都道府県知事又は児童相談所長から送致を受けた少年については、決定をもつて、期限を付して、これに対してとるべき保護の方法その他の措置を指示して、事件を権限を有する都道府県知事又は児童相談所長に送致することができる。

（審判を開始しない旨の決定）

第一九条　家庭裁判所は、調査の結果、審判に付することができず、又は審判に付するのが相当でないと認めるときは、審判を開始しない旨の決定をしなければならない。

2　家庭裁判所は、調査の結果、本人が二十歳以上であることが判明したときは、前項の規定にかかわらず、決定をもつて、事件を管轄地方裁判所に対応する検察庁の検察官に送致しなければならない。

（検察官への送致）

第二〇条　家庭裁判所は、死刑、懲役又は禁錮に当たる罪の事件について、調査の結果、その罪質及び情状に照らして刑事処分を相当と認めるときは、決定をもつて、これを管轄地方裁判所に対応する検察庁の検察官に送致しなければならない。

2　前項の規定にかかわらず、家庭裁判所は、故意の犯罪行為により被害者を死亡させた罪の事件であつて、その罪を犯すとき十六歳以上の少年に係るものについては、同項の決定をしなければならない。ただし、調査の結果、犯行の動機及び態様、犯行後の情況、少年の性格、年齢、行状及び環境その他の事情を考慮し、刑事処分以外の措置を相当と認めるときは、この限りでない。

（審判開始の決定）

第二一条　家庭裁判所は、調査の結果、審判を開始するのが相当であると認めるときは、その旨の決定をしなければならない。

（審判の方式）

第二二条　審判は、懇切を旨として、和やかに行うとともに、非行のある少年に対し自己の非行について内省を促すものとしなければならない。

2　審判は、これを公開しない。

3　審判の指揮は、裁判長が行う。

（検察官の関与）

第二二条の二　家庭裁判所は、第三条第一項第一号に掲げる少年に係る事件であつて、死刑又は無期若しくは長期三年を超える懲役若しくは禁錮に当たる罪のものにおいて、その非行事実を認定するための審判の手続に検察官が関与する必要があると認めるときは、決定をもつて、審判に検察官を出席させることができる。

2　家庭裁判所は、前項の決定をするには、検察官の申出がある場合を除き、あらかじめ、検察官の意見を聴かなければならない。

3　検察官は、第一項の決定があつた事件において、その非行事実の認定に資するため必要な限度で、最高裁判所規則の定めるところにより、事件の記録及び証拠物を閲覧し及び謄写し、審判の手続（事件を終局させる決定の告知を含む。）に立ち会い、少年及び証人その他の関係人に発問し、並びに意見を述べることができる。

（国選付添人）

第二二条の三　家庭裁判所は、前条第一項の決定をした場合において、少年に弁護士である付添人がないときは、弁護士である付添人を付さなければならない。

2　家庭裁判所は、第三条第一項第一号に掲げる少年に係る事件であつて前条第一項に規定する罪のもの又は第三条第一項第二号に掲げる少年に係る事件であつて前条第一項に規定する罪に係る刑罰法令に触れるものについて、第十七条第一項第二号の措置がとられており、かつ、少年に弁護士である付添人がない場合において、事案の内容、保護者の有無その他の事情を考慮し、審判の手続に弁護士である付添人が関与する必要があると認めるときは、弁護士である付添人を付することができる。

3　前二項の規定により家庭裁判所が付すべき付添人は、最高裁判所規則の定めるところにより、選任するものとする。

4　前項（第二十二条の五第四項において準用する場合を含む。）の規定により選任された付添人は、旅費、日当、宿泊料及び報酬を請求することができる。

（被害者等による少年審判の傍聴）

第二二条の四　家庭裁判所は、最高裁判所規則の定めるところにより第三条第一項第一号に掲げる少年に係る事件であつて次に掲げる罪のもの又は同項第二号に掲げる少年（十二歳に満たないで刑罰法令に触れる行為をした少年を除く。次項において同じ。）に係る事件であつて次に掲げる罪に係る刑罰法令に触れるもの（いずれも被害者を傷害した場合にあつては、これにより生命に重大な危険を生じさせたときに限る。）の被害者等から、審判期日における審判の傍聴の申出がある場合において、少年の年齢及び心身の状態、事件の性質、審判の状況その他の事情を考慮して、少年の健全な育成を妨げるおそれがなく相当と認めるときは、その申出をした者に対し、これを傍聴することを許すことができる。

一　故意の犯罪行為により被害者を死傷させた罪

二　刑法（明治四十年法律第四十五号）第二百十一条（業務上過失致死傷等）の罪

三　自動車の運転により人を死傷させる行為等の処罰に関する法律（平成二十五年法律第八十六号）第四条、第五条又は第六条第三項若しくは第四項の罪

2　家庭裁判所は、前項の規定により第三条第一項第二号に掲げる少年に係る事件の被害者等に審判の傍聴を許すか否かを判断するに当たつては、同号に掲げる少年が、一般に、精神的に特に未成熟であることを十分考慮しなければならない。

3　家庭裁判所は、第一項の規定により審判の傍聴を許す場合において、傍聴する者の年齢、心身の状態その他の事情を考慮し、その者が著しく不安又は緊張を覚えるおそれがあると認めるときは、その不安又は緊張を緩和するのに適当であり、かつ、審判を妨げ、又はこれに不当な影響を与えるおそれがないと認める者を、傍聴する者に付き添わせることができる。

4　裁判長は、第一項の規定により審判を傍聴する者及び前項の規定によりこの者に付き添う者の座席の位置、審判を行う場所における裁判所職員の配置等を定めるに当たつては、少年の心身に及ぼす影響に配慮しなければならない。

5　第五条の二第三項の規定は、第一項の規定により審判を傍聴した者又は第三項の規定によりこの者に付き添つた者について、準用する。

（弁護士である付添人からの意見の聴取等）

第二二条の五　家庭裁判所は、前条第一項の規定により審判の傍聴を許すには、あらかじめ、弁護士である付添人の意見を聴かなければならない。

2　家庭裁判所は、前項の場合において、少年に弁護士である付添人がないときは、弁護士である付添人を付さなければならない。

3　少年に弁護士である付添人がない場合であつて、最高裁判所規則の定めるところにより少年及び保護者がこれを必要としない旨の意思を明示したときは、前二項の規定は適用しない。

4　第二十二条の三第三項の規定は、第二項の規定により家庭裁判所が付すべき付添人について、準用する。

（被害者等に対する説明）

第二二条の六　家庭裁判所は、最高裁判所規則の定めるところにより第三条第一項第一号又は第二号に掲げる少年に係る事件の被害者等から申出がある場合において、少年の健全な育成を妨げるおそれがなく相当と認めるときは、最高裁判所規則の定めるところにより、その申出をした者に対し、審判期日における

審判の状況を説明するものとする。

2　前項の申出は、その申出に係る事件を終局させる決定が確定した後三年を経過したときは、することができない。

3　第五条の二第三項の規定は、第一項の規定により説明を受けた者について、準用する。

（審判開始後保護処分に付しない場合）

第二三条　家庭裁判所は、審判の結果、第十八条又は第二十条にあたる場合であると認めるときは、それぞれ、所定の決定をしなければならない。

2　家庭裁判所は、審判の結果、保護処分に付することができず、又は保護処分に付する必要がないと認めるときは、その旨の決定をしなければならない。

3　第十九条第二項の規定は、家庭裁判所の審判の結果、本人が二十歳以上であることが判明した場合に準用する。

（保護処分の決定）

第二四条　家庭裁判所は、前条の場合を除いて、審判を開始した事件につき、決定をもつて、次に掲げる保護処分をしなければならない。ただし、決定の時に十四歳に満たない少年に係る事件については、特に必要と認める場合に限り、第三号の保護処分をすることができる。

一　保護観察所の保護観察に付すること。

二　児童自立支援施設又は児童養護施設に送致すること。

三　少年院に送致すること。

2　前項第一号及び第三号の保護処分においては、保護観察所の長をして、家庭その他の環境調整に関する措置を行わせることができる。

（没取）

第二四条の二　家庭裁判所は、第三条第一項第一号及び第二号に掲げる少年について、第十八条、第十九条、第二十三条第二項又は前条第一項の決定をする場合には、決定をもつて、次に掲げる物を没取することができる。

一　刑罰法令に触れる行為を組成した物

二　刑罰法令に触れる行為に供し、又は供しようとした物

三　刑罰法令に触れる行為から生じ、若しくはこれによつて得た物又は刑罰法令に触れる行為の報酬として得た物

四　前号に記載した物の対価として得た物

2　没取は、その物が本人以外の者に属しないときに限る。但し、刑罰法令に触れる行為の後、本人以外の者が情を知つてその物を取得したときは、本人以外の者に属する場合であつても、これを没取することができる。

（家庭裁判所調査官の観察）

第二五条　家庭裁判所は、第二十四条第一項の保護処分を決定するため必要があると認めるときは、決定をもつて、相当の期間、家庭裁判所調査官の観察に付することができる。

2　家庭裁判所は、前項の観察とあわせて、次に掲げる措置をとることができる。

一　遵守事項を定めてその履行を命ずること。

二　条件を附けて保護者に引き渡すこと。

三　適当な施設、団体又は個人に補導を委託すること。

（保護者に対する措置）

第二五条の二　家庭裁判所は、必要があると認めるときは、保護者に対し、少年の監護に関する責任を自覚させ、その非行を防止するため、調査又は審判において、自ら訓戒、指導その他の適当な措置をとり、又は家庭裁判所調査官に命じてこれらの措置をとらせることができる。

（決定の執行）

第二六条　家庭裁判所は、第十七条第一項第二号、第十七条の四第一項、第十八条、第二十条及び第二十四条第一項の決定をしたときは、家庭裁判所調査官、裁判所書記官、法務事務官、法務教官、警察官、保護観察官又は児童福祉司をして、その決定を執行させることができる。

2　家庭裁判所は、第十七条第一項第二号、第十七条の四第一項、第十八条、第二十条及び第二十四条第一項の決定を執行するため必要があるときは、少年に対して、呼出状を発することができる。

3　家庭裁判所は、正当の理由がなく前項の呼出しに応じない者に対して、同行状を発することができる。

4　家庭裁判所は、少年が保護のため緊急を要する状態にあつて、その福祉上必要であると認めるときは、前項の規定にかかわらず、その少年に対して、同行状を発することができる。

5　第十三条の規定は、前二項の同行状に、これを準用する。

6　裁判長は、急速を要する場合には、第一項及び第四項の処分をし、又は合議体の構成員にこれをさせることができる。

（少年鑑別所収容の一時継続）

第二六条の二　家庭裁判所は、第十七条第一項第二号の措置がとられている事件について、第十八条から第二十条まで、第二十三条第二項又は第二十四条第一項の決定をする場合において、必要と認めるときは、決定をもつて、少年を引き続き相当期間少年鑑別所に収容することができる。但し、その期間は、七日を超えることはできない。

（同行状の執行の場合の仮収容）

第二六条の三　第二十四条第一項第三号の決定を受けた少年に対して第二十六条第三項又は第四項の同行状を執行する場合において、必要があるときは、その少年を仮に最寄の少年鑑別所に収容することができる。

（保護観察中の者に対する措置）

第二六条の四　更生保護法（平成十九年法律第八十八号）第六十七条第二項の申請があつた場合において、家庭裁判所は、審判の結果、第二十四条第一項第一号の保護処分を受けた者がその遵守すべき事項を遵守せず、同法第六十七条第一項の警告を受けたにもかかわらず、なお遵守すべき事項を遵守しなかつたと認められる事由があり、その程度が重く、かつ、その保護処分によつては本人の改善及び更生を図ることができないと認めるときは、決定をもつて、第二十四条第一項第二号又は第三号の保護処分をしなければならない。

2　家庭裁判所は、前項の規定により二十歳以上の者に対して第二十四条第一項第三号の保護処分をするときは、その決定と同時に、本人が二十三歳を超えない期間内において、少年院に収容する期間を定めなければならない。

3　前項に定めるもののほか、第一項の規定による保護処分に係る事件の手続は、その性質に反しない限り、第二十四条第一項の規定による保護処分に係る事件の手続の例による。

（競合する処分の調整）

第二七条　保護処分の継続中、本人に対して有罪判決が確定したときは、保護処分をした家庭裁判所は、相当と認めるときは、決定をもつて、その保護処分を取り消すことができる。

2　保護処分の継続中、本人に対して新たな保護処分がなされたときは、新たな保護処分をした家庭裁判所は、前の保護処分をした家庭裁判所の意見を聞いて、決定をもつて、いずれかの保護処分を取り消すことができる。

（保護処分の取消し）

第二七条の二　保護処分の継続中、本人に対し審判権がなかつたこと、又は十四歳に満たない少年について、都道府県知事若しくは児童相談所長から送致の手続がなかつたにもかかわらず、保護処分をしたことを認め得る明らかな資料を新たに発見したときは、保護処分をした家庭裁判所は、決定をもつて、その保護処分を取り消さなければならない。

2　保護処分が終了した後においても、審判に付すべき事由の存在が認められないにもかかわらず保護処分をしたことを認め得る明らかな資料を新たに発見したときは、前項と同様とする。ただし、本人が死亡した場合は、この限りでない。

3　保護観察所、児童自立支援施設、児童養護施設又は少年院の長は、保護処分の継続中の者について、第一項の事由があることを疑うに足りる資料を発見したときは、保護処分をした家庭裁判所に、その旨の通知をしなければならない。

4　第十八条第一項及び第十九条第二項の規定は、家庭裁判所が、第一項の規定により、保護処分を取り消した場合に準用する。

5　家庭裁判所は、第一項の規定により、少年院に収容中の者の保護処分を取り消した場合において、必要があると認めるときは、決定をもつて、その者を引き続き少年院に収容することができる。但し、その期間は、三日を超えることはできない。

6　前三項に定めるもののほか、第一項及び第二項の規定による保護処分の取消しの事件の手続は、その性質に反しない限り、保護事件の例による。

（報告と意見の提出）

第二八条　家庭裁判所は、第二十四条又は第二十五条の決定をした場合において、施設、団体、個人、保護観察所、児童福祉施設又は少年院に対して、少年に関する報告又は意見の提出を求めることができる。

（委託費用の支給）

第二九条　家庭裁判所は、第二十五条第二項第三号の措置として、適当な施設、団体又は個人に補導を委託したときは、その者に対して、これによつて生じた費用の全部又は一部を支給することができる。

（証人等の費用）

第三〇条　証人、鑑定人、翻訳人及び通訳人に支給する旅費、日当、宿泊料その他の費用の額については、刑事訴訟費用に関する法令の規定を準用する。

2　参考人は、旅費、日当、宿泊料を請求することができる。

3　参考人に支給する費用は、これを証人に支給する費用とみなして、第一項の規定を適用する。

4　第二十二条の三第四項の規定により付添人に支給すべき旅費、日当、宿泊料及び報酬の額については、刑事訴訟法第三十八条第二項の規定により弁護人に支給すべき旅費、日当、宿泊料及び報酬の例による。

第三〇条の二　家庭裁判所は、第十六条第一項の規定により保護司又は児童委員をして、調査及び観察の援助をさせた場合には、最高裁判所の定めるところにより、その費用の一部又は全部を支払うことができる。

（費用の徴収）

第三一条　家庭裁判所は、少年又はこれを扶養する義務のある者から証人、鑑定人、通訳人、翻訳人、参考人、第二十二条の三第三項（第二十二条の五第四項において準用する場合を含む。）の規定により選任された付添人及び補導を委託された者に支給した旅費、日当、宿泊料その他の費用並びに少年鑑別所及び少年院において生じた費用の全部又は一部を徴収することができる。

2　前項の費用の徴収については、非訟事件手続法（平成二十三年法律第五十一号）第百二十一条の規定を準用する。

（被害者等に対する通知）

第三一条の二　家庭裁判所は、第三条第一項第一号又は第二号に掲げる少年に係る事件を終局させる決定をした場合において、最高裁判所規則の定めるところにより当該事件の被害者等から申出があるときは、その申出をした者に対し、次に掲げる事項を通知するものとする。ただし、その通知をすることが少年の健全な育成を妨げるおそれがあり相当でないと認められるものについては、この限りでない。

一　少年及びその法定代理人の氏名及び住居（法定代理人が法人である場合においては、その名称又は商号及び主たる事務所又は本店の所在地）

二　決定の年月日、主文及び理由の要旨

2　前項の申出は、同項に規定する決定が確定した後三年を経過したときは、することができない。

3　第五条の二第三項の規定は、第一項の規定により通知を受けた者について、準用する。

第四節　抗告

（抗告）

第三二条　保護処分の決定に対しては、決定に影響を及ぼす法令の違反、重大な事実の誤認又は処分の著しい不当を理由とするときに限り、少年、その法定代理人又は付添人から、二週間以内に、抗告をすることができる。ただし、付添人は、選任者である保護者の明示した意思に反して、抗告をすることができない。

（抗告裁判所の調査の範囲）

第三二条の二　抗告裁判所は、抗告の趣意に含まれている事項に限り、調査をするものとする。

2　抗告裁判所は、抗告の趣意に含まれていない事項であつても、抗告の理由となる事由に関しては、職権で調査をすることができる。

（抗告裁判所の事実の取調べ）

第三二条の三　抗告裁判所は、決定をするについて必要があるときは、事実の取調べをすることができる。

2　前項の取調べは、合議体の構成員にさせ、又は家庭裁判所の裁判官に嘱託することができる。

（抗告受理の申立て）

第三二条の四　検察官は、第二十二条の二第一項の決定がされた場合においては、保護処分に付さない決定又は保護処分の決定に対し、同項の決定があつた事件の非行事実の認定に関し、決定に影響を及ぼす法令の違反又は重大な事実の誤認があることを理由とするときに限り、高等裁判所に対し、二週間以内に、抗告審として事件を受理すべきことを申し立てることができる。

2　前項の規定による申立て（以下「抗告受理の申立て」という。）は、申立書を原裁判所に差し出してしなければならない。この場合において、原裁判所は、速やかにこれを高等裁判所に送付しなければならない。

3　高等裁判所は、抗告受理の申立てがされた場合において、抗告審として事件を受理するのを相当と認めるときは、これを受理することができる。この場合においては、その旨の決定をしなければならない。

4　高等裁判所は、前項の決定をする場合において、抗告受理の申立ての理由中に重要でないと認めるものがあるときは、これを排除することができる。

5　第三項の決定は、高等裁判所が原裁判所から第二項の申立書の送付を受けた日から二週間以内にしなければならない。

6　第三項の決定があつた場合には、抗告があつたものとみなす。この場合において、第三十二条の二の規定の適用については、抗告受理の申立ての理由中第四項の規定により排除されたもの以外のものを抗告の趣意とみなす。

（抗告審における国選付添人）

第三二条の五　前条第三項の決定があつた場合において、少年に弁護士である付添人がないときは、抗告裁判所は、弁護士である付添人を付さなければならない。

2　抗告裁判所は、第二十二条の三第二項に規定する事件（家庭裁判所において第十七条第一項第二号の措置がとられたものに限る。）について、少年に弁護士である付添人がなく、かつ、事案の内容、保護者の有無その他の事情を考慮し、抗告審の審理に弁護士である付添人が関与する必要があると認めるときは、弁護士である付添人を付することができる。

（準用）

第三二条の六　第三十二条の二、第三十二条の三及び前条に定めるもののほか、抗告審の審理については、その性質に反しない限り、家庭裁判所の審判に関する規定を準用する。

（抗告審の裁判）

第三三条　抗告の手続がその規定に違反したとき、又は抗告が理由のないときは、決定をもつて、抗告を棄却しなければならない。

2　抗告が理由のあるときは、決定をもつて、原決定を取り消して、事件を原裁判所に差し戻し、又は他の家庭裁判所に移送しなければならない。

（執行の停止）

第三四条　抗告は、執行を停止する効力を有しない。但し、原裁判所又は抗告裁判所は、決定をもつて、執行を停止することができる。

（再抗告）

第三五条　抗告裁判所のした第三十三条の決定に対しては、憲法に違反し、若しくは憲法の解釈に誤りがあること、又は最高裁判所若しくは控訴裁判所である高等裁判所の判例と相反する判断をしたことを理由とする場合に限り、少年、その法定代理人又は付添人から、最高裁判所に対し、二週間以内に、特に抗告をすることができる。ただし、付添人は、選任者である保護者の明示した意思に反して、抗告をすることができない。

2　第三十二条の二、第三十二条の三、第三十二条の五第二項及び第三十二条の六から前条までの規定は、前項の場合に、これを準用する。この場合において、第三十三条第二項中「取り消して、事件を原裁判所に差し戻し、又は他の家庭裁判所に移送しなければならない」とあるのは、「取り消さなければならない。この場合には、家庭裁判所の決定を取り消して、事件を家庭裁判所に差し戻し、又は他の家庭裁判所に移送することができる」と読み替えるものとする。

（その他の事項）

第三六条　この法律で定めるものの外、保護事件に関して必要な事項は、最高裁判所がこれを定める。

第三七条から第三九条まで　削除（平二〇法七一）

第三章　少年の刑事事件

第一節　通則

（準拠法例）

第四〇条　少年の刑事事件については、この法律で定めるものの外、一般の例による。

第二節　手続

（司法警察員の送致）

第四一条　司法警察員は、少年の被疑事件について捜査を遂げた結果、罰金以下の刑にあたる犯罪の嫌疑があるものと思料するときは、これを家庭裁判所に送致しなければならない。犯罪の嫌疑がない場合でも、家庭裁判所の審判に付すべき事由があると思料するときは、同様である。

（検察官の送致）

第四二条　検察官は、少年の被疑事件について捜査を遂げた結果、犯罪の嫌疑があるものと思料するときは、第四十五条第五号本文に規定する場合を除いて、これを家庭裁判所に送致しなければならない。犯罪の嫌疑がない場合でも、家庭裁判所の審判に付すべき事由があると思料するときは、同様である。

2　前項の場合においては、刑事訴訟法の規定に基づく裁判官による被疑者についての弁護人の選任は、その効力を失う。

（勾留に代る措置）

第四三条　検察官は、少年の被疑事件においては、裁判官に対して、勾留の請求に代え、第十七条第一項の措置を請求することができる。但し、第十七条第一項第一号の措置は、家庭裁判所の裁判官に対して、これを請求しなければならない。

2　前項の請求を受けた裁判官は、第十七条第一項の措置に関して、家庭裁判所と同一の権限を有する。

3　検察官は、少年の被疑事件においては、やむを得ない場合でなければ、裁判官に対して、勾留を請求することはできない。

（勾留に代る措置の効力）

第四四条　裁判官が前条第一項の請求に基いて第十七条第一項第一号の措置をとつた場合において、検察官は、捜査を遂げた結果、事件を家庭裁判所に送致しないときは、直ちに、裁判官に対して、その措置の取消を請求しなければならない。

2　裁判官が前条第一項の請求に基いて第十七条第一項第二号の措置をとるときは、令状を発してこれをしなければならない。

3　前項の措置の効力は、その請求をした日から十日とする。

（検察官へ送致後の取扱い）

第四五条　家庭裁判所が、第二十条の規定によつて事件を検察官に送致したときは、次の例による。

一　第十七条第一項第一号の措置は、その少年の事件が再び家庭裁判所に送致された場合を除いて、検察官が事件の送致を受けた日から十日以内に公訴が提起されないときは、その効力を失う。公訴が提起されたときは、裁判所は、検察官の請求により、又は職権をもつて、いつでも、これを取り消すことができる。

二　前号の措置の継続中、勾留状が発せられたときは、その措置は、これによつて、その効力を失う。

三　第一号の措置は、その少年が満二十歳に達した後も、引き続きその効力を有する。

四　第十七条第一項第二号の措置は、これを裁判官のした勾留とみなし、その期間は、検察官が事件の送致を受けた日から、これを起算する。この場合において、その事件が先に勾留状の発せられた事件であるときは、この期間は、これを延長することができない。

五　検察官は、家庭裁判所から送致を受けた事件について、公訴を提起するに足りる犯罪の嫌疑があると思料するときは、公訴を提起しなければならない。ただし、送致を受けた事件の一部について公訴を提起するに足りる犯罪の嫌疑がないか、又は犯罪の情状等に影響を及ぼすべき新たな事情を発見したため、訴追を相当でないと思料するときは、この限りでない。送致後の情況により訴追を相当でないと思料するときも、同様である。

六　少年又は保護者が選任した弁護士である付添人は、これを弁護人とみなす。

七　第四号の規定により第十七条第一項第二号の措置が裁判官のした勾留とみなされた場合には、勾留状が発せられているものとみなして、刑事訴訟法中、裁判官による被疑者についての弁護人の選任に関する規定を適用する。

第四五条の二　前条第一号から第四号まで及び第七号の規定は、家庭裁判所が、第十九条第二項又は第二十三条第三項の規定により、事件を検察官に送致した場合に準用する。

（訴訟費用の負担）

第四五条の三　家庭裁判所が、先に裁判官により被疑者のため弁護人が付された事件について第二十三条第二項又は第二十四条第一項の決定をするときは、刑事訴訟法中、訴訟費用の負担に関する規定を準用する。この場合において、同法第百八十一条第一項及び第二項中「刑の言渡」とあるのは、「保護処分の決定」と読み替えるものとする。

2　検察官は、家庭裁判所が少年に訴訟費用の負担を命ずる裁判をした事件について、その裁判を執行するため必要な限度で、最高裁判所規則の定めるところにより、事件の記録及び証拠物を閲覧し、及び謄写することができる。

（保護処分等の効力）

第四六条　罪を犯した少年に対して第二十四条第一項の保護処分がなされたときは、審判を経た事件について、刑事訴追をし、又は家庭裁判所の審判に付することができない。

2　第二十二条の二第一項の決定がされた場合において、同項の決定があつた事件につき、審判に付すべき事由の存在が認められないこと又は保護処分に付する必要がないことを理由とした保護処分に付さない旨の決定が確定したときは、その事件についても、前項と同様とする。

3　第一項の規定は、第二十七条の二第一項の規定による保護処分の取消しの決定が確定した事件については、適用しない。ただし、当該事件につき同条第六項の規定によりその例によることとされる第二十二条の二第一項の決定がされた場合であつて、その取消しの理由が審判に付すべき事由の存在が認められないことであるときは、この限りでない。

（時効の停止）

第四七条　第八条第一項前段の場合においては第二十一条の決定があつてから、第八条第一項後段の場合においては送致を受けてから、保護処分の決定が確定するまで、公訴の時効は、その進行を停止する。

2　前項の規定は、第二十一条の決定又は送致の後、本人が満二十歳に達した事件についても、これを適用する。

（勾留）

第四八条　勾留状は、やむを得ない場合でなければ、少年に対して、これを発することはできない。

2　少年を勾留する場合には、少年鑑別所にこれを拘禁することができる。

3　本人が満二十歳に達した後でも、引き続き前項の規定によることができる。

（取扱いの分離）

第四九条　少年の被疑者又は被告人は、他の被疑者又は被告人と分離して、なるべく、その接触を避けなければならない。

2　少年に対する被告事件は、他の被告事件と関連する場合にも、審理に妨げない限り、その手続を分離しなければならない。

3　刑事施設、留置施設及び海上保安留置施設においては、少年（刑事収容施設及び被収容者等の処遇に関する法律（平成十七年法律第五十号）第二条第四号の受刑者（同条第八号の未決拘禁者としての地位を有するものを除く。）を除く。）を成人と分離して収容しなければならない。

（審理の方針）

第五〇条　少年に対する刑事事件の審理は、第九条の趣旨に従つて、これを行わなければならない。

第三節　処分

（死刑と無期刑の緩和）

第五一条　罪を犯すとき十八歳に満たない者に対しては、死刑をもつて処断すべきときは、無期刑を科する。

2　罪を犯すとき十八歳に満たない者に対しては、無期刑をもつて処断すべきときであつても、有期の懲役又は禁錮を科することができる。この場合において、その刑は、十年以上二十年以下において言い渡す。

（不定期刑）

第五二条　少年に対して有期の懲役又は禁錮をもつて処断すべきときは、処断すべき刑の範囲内において、長期を定めるとともに、長期の二分の一（長期が十年を下回るときは、長期から五年を減じた期間。次項において同じ。）を下回らない範囲内において短期を定めて、これを言い渡す。この場合において、長期は十五年、短期は十年を超えることはできない。

2　前項の短期については、同項の規定にかかわらず、少年の改善更生の可能性その他の事情を考慮し特に必要があるときは、処断すべき刑の短期の二分の一を下回らず、かつ、長期の二分の一を下回らない範囲内において、これを定めることができる。この場合においては、刑法第十四条第二項の規定を準用する。

3　刑の執行猶予の言渡をする場合には、前二項の規定は、これを適用しない。

（少年鑑別所収容中の日数）

第五三条　第十七条第一項第二号の措置がとられた場合においては、少年鑑別所に収容中の日数は、これを未決勾留の日数とみなす。

（換刑処分の禁止）

第五四条　少年に対しては、労役場留置の言渡をしない。

（家庭裁判所への移送）

第五五条　裁判所は、事実審理の結果、少年の被告人を保護処分に付するのが相当であると認めるときは、決定をもつて、事件を家庭裁判所に移送しなければならない。

（懲役又は禁錮の執行）

第五六条　懲役又は禁錮の言渡しを受けた少年（第三項の規定により少年院において刑の執行を受ける者を除く。）に対しては、特に設けた刑事施設又は刑事施設若しくは留置施設内の特に分界を設けた場所において、その刑を執行する。

2　本人が満二十歳に達した後でも、満二十六歳に達するまでは、前項の規定による執行を継続することができる。

3　懲役又は禁錮の言渡しを受けた十六歳に満たない少年に対しては、刑法第十二条第二項又は第十三条第二項の規定にかかわらず、十六歳に達するまでの間、少年院において、その刑を執行することができる。この場合において、その少年には、矯正教育を授ける。

（刑の執行と保護処分）

第五七条　保護処分の継続中、懲役、禁錮又は拘留の刑が確定したときは、先に刑を執行する。懲役、禁錮又は拘留の刑が確定してその執行前保護処分がなされたときも、同様である。

（仮釈放）

第五八条　少年のとき懲役又は禁錮の言渡しを受けた者については、次の期間を経過した後、仮釈放をすることができる。

一　無期刑については七年

二　第五十一条第二項の規定により言い渡した有期の刑については、その刑期の三分の一

三　第五十二条第一項又は同条第一項及び第二項の規定により言い渡した刑については、その刑の短期の三分の一

2　第五十一条第一項の規定により無期刑の言渡しを受けた者については、前項第一号の規定は適用しない。

（仮釈放期間の終了）

第五九条　少年のとき無期刑の言渡しを受けた者が、仮釈放後、その処分を取り消されないで十年を経過したときは、刑の執行を受け終わつたものとする。

2　少年のとき第五十一条第二項又は第五十二条第一項若しくは同条第一項及び第二項の規定により有期の刑の言渡しを受けた者が、仮釈放後、その処分を取り消されないで仮釈放前に刑の執行を受けた期間と同一の期間又は第五十一条第二項の刑期若しくは第五十二条第一項の長期を経過したときは、そのいずれか早い時期において、刑の執行を受け終わつたものとする。

（人の資格に関する法令の適用）

第六〇条　少年のとき犯した罪により刑に処せられてその執行を受け終り、又は執行の免除を受けた者は、人の資格に関する法令の適用については、将来に向つて刑の言渡を受けなかつたものとみなす。

2　少年のとき犯した罪について刑に処せられた者で刑の執行猶予の言渡を受けた者は、その猶予期間中、刑の執行を受け終つたものとみなして、前項の規定を適用する。

3　前項の場合において、刑の執行猶予の言渡を取り消されたときは、人の資格に関する法令の適用については、その取り消されたとき、刑の言渡があつたものとみなす。

第四章　雑則

（記事等の掲載の禁止）

第六一条　家庭裁判所の審判に付された少年又は少年のとき犯した罪により公訴を提起された者については、氏名、年齢、職業、住居、容ぼう等によりその者が当該事件の本人であることを推知することができるような記事又は写真を新聞紙その他の出版物に掲載してはならない。

附　則（省略）

●少年院法（抜粋）

（平成二六年六月一一日法律第五八号）
施行、平二七・六・一
最終改正、令二―法三三

第一章　総則

（目的）
第一条　この法律は、少年院の適正な管理運営を図るとともに、在院者の人権を尊重しつつ、その特性に応じた適切な矯正教育その他の在院者の健全な育成に資する処遇を行うことにより、在院者の改善更生及び円滑な社会復帰を図ることを目的とする。

第二章　少年院の運営

（少年院）
第三条　少年院は、次に掲げる者を収容し、これらの者に対し矯正教育その他の必要な処遇を行う施設とする。
一　保護処分の執行を受ける者
二　少年院において懲役又は禁錮の刑（国際受刑者移送法第十六条第一項各号の共助刑を含む。以下単に「刑」という。）の執行を受ける者

（少年院の種類）
第四条　少年院の種類は、次の各号に掲げるとおりとし、それぞれ当該各号に定める者を収容するものとする。
一　第一種　保護処分の執行を受ける者であって、心身に著しい障害がないおおむね十二歳以上二十三歳未満のもの（次号に定める者を除く。）
二　第二種　保護処分の執行を受ける者であって、心身に著しい障害がない犯罪的傾向が進んだおおむね十六歳以上二十三歳未満のもの
三　第三種　保護処分の執行を受ける者であって、心身に著しい障害があるおおむね十二歳以上二十六歳未満のもの
四　第四種　少年院において刑の執行を受ける者
2　法務大臣は、各少年院について、一又は二以上の前項各号に掲げる少年院の種類を指定する。

第三章　処遇の原則等

（処遇の原則）
第一五条　在院者の処遇は、その人権を尊重しつつ、明るく規則正しい環境の下で、その健全な心身の成長を図るとともに、その自覚に訴えて改善更生の意欲を喚起し、並びに自主、自律及び協同の精神を養うことに資するよう行うものとする。
2　在院者の処遇に当たっては、医学、心理学、教育学、社会学その他の専門的知識及び技術を活用するとともに、個々の在院者の性格、年齢、経歴、心身の状況及び発達の程度、非行の状況、家庭環境、交友関係その他の事情を踏まえ、その者の最善の利益を考慮して、その者に対する処遇がその特性に応じたものとなるようにしなければならない。

第五章　矯正教育

第一節　矯正教育の目的等

第二三条　矯正教育は、在院者の犯罪的傾向を矯正し、並びに在院者に対し、健全な心身を培わせ、社会生活に適応するのに必要な知識及び能力を習得させることを目的とする。
2　矯正教育を行うに当たっては、在院者の特性に応じ、次節に規定する指導を適切に組み合わせ、体系的かつ組織的にこれを行うものとする。

第二節　矯正教育の内容

（生活指導）
第二四条　少年院の長は、在院者に対し、善良な社会の一員として自立した生活を営むための基礎となる知識及び生活態度を習得させるため必要な生活指導を行うものとする。
2　将来の進路を定めていない在院者に対し前項の生活指導を行うに当たっては、その特性に応じた将来の進路を選択する能力の習得に資するよう特に配慮しなければならない。
3　次に掲げる事情を有する在院者に対し第一項の生活指導を行うに当たっては、その事情の改善に資するよう特に配慮しなければならない。
一　犯罪又は刑罰法令に触れる行為により害を被った者及びその家族又は遺族の心情を理解しようとする意識が低いこと。
二　麻薬、覚醒剤その他の薬物に対する依存があること。
三　その他法務省令で定める事情

（職業指導）
第二五条　少年院の長は、在院者に対し、勤労意欲を高め、職業上有用な知識及び技能を習得させるため必要な職業指導を行うものとする。
2　前項の職業指導の実施による収入があるときは、その収入は、国庫に帰属する。
3　少年院の長は、第一項の職業指導を受けた在院者に対しては、出院の際に、法務大臣が定める基準に従い算出した金額の範囲内で、職業上有用な知識及び技能の習得の状況その他の事情を考慮して相当と認められる金額の報奨金（次項において「職業能力習得報奨金」という。）を支給することができる。
4　少年院の長は、在院者がその出院前に職業能力習得報奨金の支給を受けたい旨の申出をした場合において、その使用の目的が、第六十七条第一項第一号に規定する自弁物品等の購入その他相当なものであると認めるときは、前項の規定にかかわらず、法務省令で定めるところにより、その時に出院したとするならばその在院者に支給することができる職業能力習得報奨金に相当する金額の範囲内で、申出の額の全部又は一部の金額を支給することができる。この場合には、その支給額に相当する金額を同項の規定により支給することができる職業能力習得報奨金の金額から減額する。

（教科指導）
第二六条　少年院の長は、学校教育法（昭和二十二年法律第二十六号）に定める義務教育を終了しない在院者その他の社会生活の基礎となる学力を欠くことにより改善更生及び円滑な社会復帰に支障があると認められる在院者に対しては、教科指導（同法による学校教育の内容に準ずる内容の指導をいう。以下同じ。）を行うものとする。
2　少年院の長は、前項に規定するもののほか、学力の向上を図ることが円滑な社会復帰に特に資すると認められる在院者に対し、その学力の状況に応じた教科指導を行うことができる。

（学校の教育課程に準ずる教育の教科指導）
第二七条　教科指導により学校教育法第一条に規定する学校（以下単に「学校」という。）のうち、いずれかの学校の教育課程に準ずる教育の全部又は一部を修了した在院者は、その修了に係る教育の範囲に応じて当該教育課程の全部又は一部を修了したものとみなす。
2　少年院の長は、学校の教育課程に準ずる教育について教科指導を行う場合には、当該教科指導については、文部科学大臣の勧告に従わなければならない。

（体育指導）
第二八条　少年院の長は、在院者に対し、善良な社会の一員として自立した生活を営むための基礎となる健全な心身を培わせるため必要な体育指導を行うものとする。

（特別活動指導）
第二九条　少年院の長は、在院者に対し、その情操を豊かにし、自主、自律及び協同の精神を養うことに資する社会貢献活動、野外活動、運動競技、音楽、演劇その他の活動の実施に関し必要な指導を行うものとする。

第三節　矯正教育の計画等

（矯正教育課程）
第三〇条　法務大臣は、在院者の年齢、心身の障害の状況及び犯罪的傾向の程度、在院者が

社会生活に適応するために必要な能力その他の事情に照らして一定の共通する特性を有する在院者の類型ごとに、その類型に該当する在院者に対して行う矯正教育の重点的な内容及び標準的な期間（以下「矯正教育課程」という。）を定めるものとする。

（各少年院における矯正教育課程の指定）

第三一条　法務大臣は、各少年院について、その少年院において実施すべき矯正教育課程を指定するものとする。

（少年院矯正教育課程）

第三二条　少年院の長は、その少年院が前条の規定により実施すべき矯正教育課程の指定を受けたときは、法務省令で定めるところにより、当該矯正教育課程ごとに、少年院矯正教育課程を定めるものとする。

2　前項の少年院矯正教育課程には、第十六条に規定する処遇の段階ごとに、当該少年院における矯正教育の目標、内容、実施方法及び期間その他矯正教育の実施に関し必要な事項を定めるものとする。

（在院者の矯正教育課程の指定）

第三三条　少年院の長は、在院者がその少年院に入院したときは、できる限り速やかに、家庭裁判所及び少年鑑別所の長の意見を踏まえ、その在院者が履修すべき矯正教育課程を指定するものとする。

2　少年院の長は、必要があると認めるときは、少年鑑別所の長の意見を聴いて、在院者に係る前項の矯正教育課程を変更するものとする。

（個人別矯正教育計画）

第三四条　少年院の長は、前条第一項の規定により在院者が履修すべき矯正教育課程を指定したときは、その者に対する矯正教育の計画（以下「個人別矯正教育計画」という。）を策定するものとする。

2　個人別矯正教育計画には、第三十二条第一項の少年院矯正教育課程に即して、在院者の特性に応じて行うべき矯正教育の目標、内容、実施方法及び期間その他矯正教育の実施に関し必要な事項を定めるものとする。

3　少年院の長は、個人別矯正教育計画を策定しようとするときは、家庭裁判所又は少年鑑別所の長の意見があるときはこれらの意見を踏まえるとともに、できる限り在院者及びその保護者その他相当と認める者の意向を参酌しつつ、在院者との面接その他の適当な方法による調査の結果に基づき、これを策定するものとする。

4　少年院の長は、第一項の規定により個人別矯正教育計画を策定したときは、速やかに、その内容を、在院者に告知し、及びその保護者その他相当と認める者に通知するものとする。

5　少年院の長は、必要があると認めるときは、在院者に係る第一項の個人別矯正教育計画を変更するものとする。

6　第二項から第四項までの規定は、前項の規定による個人別矯正教育計画の変更について準用する。

（成績の評価及び告知等）

第三五条　少年院の長は、在院者について、矯正教育の効果を把握するため、法務省令で定めるところにより、成績の評価を行うものとする。

2　前項の成績の評価は、法務省令で定めるところにより、個人別矯正教育計画において定められた矯正教育の目標の達成の程度その他の法務省令で定める事項に関し、総合的に行うものとする。

3　少年院の長は、第一項の成績の評価を行ったときは、速やかに、その結果を、在院者に告知し、及びその保護者その他相当と認める者に通知するものとする。

4　少年院の長は、前項に規定する通知をする場合その他適当と認める場合には、在院者の保護者その他相当と認める者に対し、その在院者の生活及び心身の状況を通知するものとする。

（鑑別のための少年鑑別所への収容）

第三六条　少年院の長は、在院者について、第三十三条第一項の規定により指定された矯正教育課程（同条第二項の規定による変更があったときは、その変更後のもの。第百三十四条第二項において「指定矯正教育課程」という。）又は第三十四条第一項の規定により策定された個人別矯正教育計画（同条第五項の規定による変更があったときは、その変更後のもの）がその者にとって適切なものであるかどうかを確認するためその他必要があると認めるときは、その者に少年鑑別所の長による鑑別を受けさせることができる。

2　前項の規定により少年院の長が在院者に少年鑑別所の長による鑑別を受けさせる場合において、当該少年鑑別所に収容して鑑別を行うことが必要である旨の少年鑑別所の長の意見があるときは、七日間を超えない範囲内で、その在院者を少年鑑別所に収容することができる。ただし、やむを得ない事由があるときは、通じて十四日間を超えない範囲内で、その収容を継続することができる。

第四節　矯正教育の実施

（在院者の日課）

第三七条　少年院の長は、法務省令で定めるところにより、在院者の日課（食事、就寝その他の起居動作をすべき時間帯、矯正教育の時間帯及び余暇に充てられるべき時間帯を定めたものをいう。次項及び第八十四条第二項第九号において同じ。）を定め、これを在院者に励行させるものとする。

2　少年院の長は、必要と認めるときは、日課に定められた矯正教育の時間帯以外の時間帯においても、矯正教育を行うことができる。

3　少年院の長は、法務省令で定めるところにより、在院者に対し、学習、娯楽、運動競技その他の余暇に充てられるべき時間帯における活動について、援助を与えるものとする。

（集団の編成）

第三八条　矯正教育は、その効果的な実施を図るため、在院者が履修すべき矯正教育課程、第十六条に規定する処遇の段階その他の事情を考慮し、在院者を適切な集団に編成して行うものとする。

2　少年院の長は、矯正教育を行うに当たり、在院者の心身の状況に照らしてその者が集団生活に適応することが困難であるとき、その他在院者に対して個別に矯正教育を行う必要があると認めるときは、前項の規定にかかわらず、在院者を集団に編成しないことができる。

（矯正教育の院外実施）

第三九条　矯正教育は、その効果的な実施を図るため必要な限度において、少年院の外の適当な場所で行うことができる。

（矯正教育の援助）

第四〇条　少年院の長は、矯正教育の効果的な実施を図るため、その少年院の所在地を管轄する矯正管区の長の承認を得て、事業所の事業主、学校の長、学識経験のある者その他適当と認める者に委嘱して、矯正教育の援助を行わせることができる。

2　少年院の長は、在院者（刑法（明治四十年法律第四十五号）第二十八条、少年法第五十八条又は国際受刑者移送法第二十二条の規定により仮釈放を許すことができる期間を経過していない受刑在院者を除く。以下この条において同じ。）の円滑な社会復帰を図るため必要があると認める場合であって、その者の改善更生の状況その他の事情を考慮し、相当と認めるときは、少年院の職員の同行なしに、その在院者を少年院の外の場所に通わせて、前項の規定による援助として在院者に対する指導を行う者（次項及び第五項第四号において「嘱託指導者」という。）による指導を受けさせることができる。

3　在院者に前項の指導（以下「院外委嘱指導」という。）を受けさせる場合には、少年院の長は、法務省令で定めるところにより、当該嘱託指導者との間において、在院者が受ける院外委嘱指導の内容及び時間、在院者の安全及び衛生を確保するため必要な措置その他院外委嘱指導の実施に関し必要な事項について、取決めを行わなければならない。

4　少年院の長は、在院者に院外委嘱指導を受けさせる場合には、あらかじめ、その在院者が院外委嘱指導に関し遵守すべき事項（以下この条において「特別遵守事項」という。）を定め、これをその在院者に告知するものとする。

5　特別遵守事項は、次に掲げる事項を具体的に定めるものとする。

一　指定された経路及び方法により移動しなければならないこと。

二　指定された時刻までに少年院に帰着しなければならないこと。

三　正当な理由なく、院外委嘱指導を受ける場所以外の場所に立ち入ってはならないこと。

四　嘱託指導者による指導上の指示に従わなければならないこと。

五　正当な理由なく、犯罪性のある者その他接触することにより矯正教育の適切な実施に支障を生ずるおそれがある者と接触してはならないこと。

6　少年院の長は、院外委嘱指導を受ける在院者が第八十四条第一項に規定する遵守事項又は特別遵守事項を遵守しなかった場合その他院外委嘱指導を不適当とする事由があると認める場合には、これを中止することができる。

（在院者の安全及び衛生の確保）

第四一条　少年院の長は、矯正教育を受ける在院者の安全及び衛生を確保するため必要な措置を講じなければならない。

2　在院者は、前項の規定により少年院の長が講ずる措置に応じて、必要な事項を守らなければならない。

3　第二十五条第一項の職業指導について、第一項の規定により少年院の長が講ずべき措置及び前項の規定により在院者が守らなければならない事項は、労働安全衛生法（昭和四十七年法律第五十七号）その他の法令に定める労働者の安全及び衛生を確保するため事業者が講ずべき措置及び労働者が守らなければならない事項に準じて、法務大臣が定める。

（手当金）

第四二条　少年院の長は、在院者が矯正教育を受けたことに起因して死亡した場合には、法務省令で定めるところにより、その遺族等（法務省令で定める遺族その他の者をいう。以下同じ。）に対し、死亡手当金を支給することができる。

2　少年院の長は、矯正教育を受けたことに起因して負傷し、又は疾病にかかった在院者が治った場合において、身体に障害が残ったときは、法務省令で定めるところにより、その者に障害手当金を支給することができる。

3　少年院の長は、矯正教育を受けたことに起因して負傷し、又は疾病にかかった在院者が出院の時になお治っていない場合において、その傷病の性質、程度その他の状況を考慮して相当と認められるときは、法務省令で定めるところにより、その者に特別手当金を支給することができる。

（損害賠償との調整等）

第四三条　国が国家賠償法（昭和二十二年法律第百二十五号）、民法（明治二十九年法律第八十九号）その他の法律による損害賠償の責任を負う場合において、前条の手当金を支給したときは、同一の事由については、国は、その価額の限度においてその損害賠償の責任を免れる。

2　前条の手当金として支給を受けた金銭を標準として、租税その他の公課を課してはならない。

●未成年者喫煙禁止法（明治三三年三月七日法律第三三号）

施行、明三三・四・一
最終改正、平三〇—法五九

（注）本書では、次の改正は織り込まず、必要な箇所に当該施行日から有効となる規定または注記を付した。
・平三〇法五九（題名は「二十歳未満ノ者ノ喫煙ノ禁止ニ関スル法律」となる）　施行＝平三四・四・一

第一条［**未成年者の喫煙禁止**］満二十年ニ至ラサル者ハ煙草ヲ喫スルコトヲ得ス

> **第一条**（「満二十年ニ至ラザル者」は、平三四・四・一からは「二十歳未満ノ者」）

第二条［**没収**］前条ニ違反シタル者アルトキハ行政ノ処分ヲ以テ喫煙ノ為ニ所持スル煙草及器具ヲ没収ス

第三条［**親権者等の処罰**］未成年者ニ対シテ親権ヲ行フ者情ヲ知リテ其ノ喫煙ヲ制止セサルトキハ科料ニ処ス

②　親権ヲ行フ者ニ代リテ未成年者ヲ監督スル者亦前項ニ依リテ処断ス

第四条［**販売者の義務**］煙草又ハ器具ヲ販売スル者ハ満二十年ニ至ラザル者ノ喫煙ノ防止ニ資スル為年齢ノ確認其ノ他ノ必要ナル措置ヲ講ズルモノトス

> **第四条**（「満二十年ニ至ラザル者」は、平三四・四・一からは「二十歳未満ノ者」）

第五条［**販売者の処罰**］満二十年ニ至ラサル者ニ其ノ自用ニ供スルモノナルコトヲ知リテ煙草又ハ器具ヲ販売シタル者ハ五十万円以下ノ罰金ニ処ス

> **第五条**（「満二十年ニ至ラザル者」は、平三四・四・一からは「二十歳未満ノ者」）

第六条［**両罰規定**］法人ノ代表者又ハ法人若ハ人ノ代理人、使用人其ノ他ノ従業者ガ其ノ法人又ハ人ノ業務ニ関シ前条ノ違反行為ヲ為シタルトキハ行為者ヲ罰スルノ外其ノ法人又ハ人ニ対シ同条ノ刑ヲ科ス

附　則（省略）

附　則（抄）（平成三〇年六月二〇日法律第五九号）

（施行期日）

第一条　この法律は、平成三十四年四月一日から施行する。（後略）

●未成年者飲酒禁止法

（大正一一年三月三〇日 法律第二〇号）

施行、大一一・四・一
最終改正、平三〇—法五九

〔注〕本書では、次の改正は織り込まず、必要な箇所に当該施行日から有効となる規定または注記を付した。
・**平三〇法五九**〔題名は「二十歳未満ノ者ノ飲酒ノ禁止ニ関スル法律」となる〕　施行＝平三四・四・一

第一条〔**未成年者の飲酒禁止**〕満二十年ニ至ラサル者ハ酒類ヲ飲用スルコトヲ得ス

② 未成年者ニ対シテ親権ヲ行フ者若ハ親権者ニ代リテ之ヲ監督スル者未成年者ノ飲酒ヲ知リタルトキハ之ヲ制止スヘシ

③ 営業者ニシテ其ノ業態上酒類ヲ販売又ハ供与スル者ハ満二十年ニ至ラサル者ノ飲用ニ供スルコトヲ知リテ酒類ヲ販売又ハ供与スルコトヲ得ス

④ 営業者ニシテ其ノ業態上酒類ヲ販売又ハ供与スル者ハ満二十年ニ至ラザル者ノ飲酒ノ防止ニ資スル為年齢ノ確認其ノ他ノ必要ナル措置ヲ講ズルモノトス

> **第一条**〔二項・三項・四項中「満二十年ニ至ラザル者」は、平三四・四・一からは「二十歳未満ノ者」〕

第二条〔**没収・廃棄**〕満二十年ニ至ラサル者カ其ノ飲用ニ供スル目的ヲ以テ所有又ハ所持スル酒類及其ノ器具ハ行政ノ処分ヲ以テ之ヲ没収シ又ハ廃棄其ノ他ノ必要ナル処置ヲ為サシムルコトヲ得

> **第二条**〔「満二十年ニ至ラザル者」は、平三四・四・一からは「二十歳未満ノ者」〕

第三条〔**罰則**〕第一条第三項ノ規定ニ違反シタル者ハ五十万円以下ノ罰金ニ処ス

② 第一条第二項ノ規定ニ違反シタル者ハ科料ニ処ス

第四条〔**両罰規定**〕法人ノ代表者又ハ法人若ハ人ノ代理人、使用人其ノ他ノ従業者ガ其ノ法人又ハ人ノ業務ニ関シ前条第一項ノ違反行為ヲ為シタルトキハ行為者ヲ罰スルノ外其ノ法人又ハ人ニ対シ同項ノ刑ヲ科ス

附　則〔省略〕

附　則〔抄〕（平成三〇年六月二〇日法律第五九号）

（施行期日）

第一条　この法律は、平成三十四年四月一日から施行する。〔後略〕

●風俗営業等の規制及び業務の適正化等に関する法律〔抜粋〕

（昭和二三年七月一〇日 法律第一二二号）

施行、昭二三・九・一
最終改正、令一—法三七

第一章　総則

（目的）

第一条　この法律は、善良の風俗と清浄な風俗環境を保持し、及び少年の健全な育成に障害を及ぼす行為を防止するため、風俗営業及び性風俗関連特殊営業等について、営業時間、営業区域等を制限し、及び年少者をこれらの営業所に立ち入らせること等を規制するとともに、風俗営業の健全化に資するため、その業務の適正化を促進する等の措置を講ずることを目的とする。

（用語の意義）

第二条　この法律において「風俗営業」とは、次の各号のいずれかに該当する営業をいう。

一　キャバレー、待合、料理店、カフエーその他設備を設けて客の接待をして客に遊興又は飲食をさせる営業

二　喫茶店、バーその他設備を設けて客に飲食をさせる営業で、国家公安委員会規則で定めるところにより計つた営業所内の照度を十ルクス以下として営むもの（前号に該当する営業として営むものを除く。）

三　喫茶店、バーその他設備を設けて客に飲食をさせる営業で、他から見通すことが困難であり、かつ、その広さが五平方メートル以下である客席を設けて営むもの

四　まあじやん屋、ぱちんこ屋その他設備を設けて客に射幸心をそそるおそれのある遊技をさせる営業

五　スロットマシン、テレビゲーム機その他の遊技設備で本来の用途以外の用途として射幸心をそそるおそれのある遊技に用いることができるもの（国家公安委員会規則で定めるものに限る。）を備える店舗その他これに類する区画された施設（旅館業その他の営業の用に供し、又はこれに随伴する施設で政令で定めるものを除く。）において当該遊技設備により客に遊技をさせる営業（前号に該当する営業を除く。）

2　この法律において「風俗営業者」とは、次条第一項の許可又は第七条第一項、第七条の二第一項若しくは第七条の三第一項の承認を受けて風俗営業を営む者をいう。

3　この法律において「接待」とは、歓楽的雰囲気を醸し出す方法により客をもてなすことをいう。

4　この法律において「接待飲食等営業」とは、第一項第一号から第三号までのいずれかに該当する営業をいう。

5　この法律において「性風俗関連特殊営業」とは、店舗型性風俗特殊営業、無店舗型性風俗特殊営業、映像送信型性風俗特殊営業、店舗型電話異性紹介営業及び無店舗型電話異性紹介営業をいう。

6　この法律において「店舗型性風俗特殊営業」とは、次の各号のいずれかに該当する営業をいう。

一　浴場業（公衆浴場法（昭和二十三年法律第百三十九号）第一条第一項に規定する公衆浴場を業として経営することをいう。）の施設として個室を設け、当該個室において異性の客に接触する役務を提供する営業

二　個室を設け、当該個室において異性の客の性的好奇心に応じてその客に接触する役務を提供する営業（前号に該当する営業を除く。）

三　専ら、性的好奇心をそそるため衣服を脱いだ人の姿態を見せる興行その他の善良の風俗又は少年の健全な育成に与える影響が著しい興行の用に供する興行場（興行場法（昭和二十三年法律第百三十七号）第一条第一項に規定するものをいう。）として政

令で定めるものを経営する営業

四　専ら異性を同伴する客の宿泊（休憩を含む。以下この条において同じ。）の用に供する政令で定める施設（政令で定める構造又は設備を有する個室を設けるものに限る。）を設け、当該施設を当該宿泊に利用させる営業

五　店舗を設けて、専ら、性的好奇心をそそる写真、ビデオテープその他の物品で政令で定めるものを販売し、又は貸し付ける営業

六　前各号に掲げるもののほか、店舗を設けて営む性風俗に関する営業で、善良の風俗、清浄な風俗環境又は少年の健全な育成に与える影響が著しい営業として政令で定めるもの

7　この法律において「無店舗型性風俗特殊営業」とは、次の各号のいずれかに該当する営業をいう。

一　人の住居又は人の宿泊の用に供する施設において異性の客の性的好奇心に応じてその客に接触する役務を提供する営業で、当該役務を行う者を、その客の依頼を受けて派遣することにより営むもの

二　電話その他の国家公安委員会規則で定める方法による客の依頼を受けて、専ら、前項第五号の政令で定める物品を販売し、又は貸し付ける営業で、当該物品を配達し、又は配達させることにより営むもの

8　この法律において「映像送信型性風俗特殊営業」とは、専ら、性的好奇心をそそるため性的な行為を表す場面又は衣服を脱いだ人の姿態の映像を見せる営業で、電気通信設備を用いてその客に当該映像を伝達すること（放送又は有線放送に該当するものを除く。）により営むものをいう。

9　この法律において「店舗型電話異性紹介営業」とは、店舗を設けて、専ら、面識のない異性との一時の性的好奇心を満たすための交際（会話を含む。次項において同じ。）を希望する者に対し、会話（伝言のやり取りを含むものとし、音声によるものに限る。以下同じ。）の機会を提供することにより異性を紹介する営業で、その一方の者からの電話による会話の申込みを電気通信設備を用いて当該店舗内に立ち入らせた他の一方の者に取り次ぐことによつて営むもの（その一方の者が当該営業に従事する者である場合におけるものを含む。）をいう。

10　この法律において「無店舗型電話異性紹介営業」とは、専ら、面識のない異性との一時の性的好奇心を満たすための交際を希望する者に対し、会話の機会を提供することにより異性を紹介する営業で、その一方の者からの電話による会話の申込みを電気通信設備を用いて他の一方の者に取り次ぐことによつて営むもの（その一方の者が当該営業に従事する者である場合におけるものを含むものとし、前項に該当するものを除く。）をいう。

11　この法律において「特定遊興飲食店営業」とは、ナイトクラブその他設備を設けて客に遊興をさせ、かつ、客に飲食をさせる営業（客に酒類を提供して営むものに限る。）で、午前六時後翌日の午前零時前の時間においてのみ営むもの以外のもの（風俗営業に該当するものを除く。）をいう。

12　この法律において「特定遊興飲食店営業者」とは、第三十一条の二十二の許可又は第三十一条の二十三において準用する第七条第一項、第七条の二第一項若しくは第七条の三第一項の承認を受けて特定遊興飲食店営業を営む者をいう。

13　この法律において「接客業務受託営業」とは、専ら、次に掲げる営業を営む者から委託を受けて当該営業の営業所において客に接する業務の一部を行うこと（当該業務の一部に従事する者が委託を受けた者及び当該営業を営む者の指揮命令を受ける場合を含む。）を内容とする営業をいう。

一　接待飲食等営業

二　店舗型性風俗特殊営業

三　特定遊興飲食店営業

四　飲食店営業（設備を設けて客に飲食をさせる営業で食品衛生法（昭和二十二年法律第二百三十三号）第五十五条第一項の許可を受けて営むものをいい、前三号に掲げる営業に該当するものを除く。以下同じ。）のうち、バー、酒場その他客に酒類を提供して営む営業（営業の常態として、通常主食と認められる食事を提供して営むものを除く。以下「酒類提供飲食店営業」という。）で、午前六時から午後十時までの時間においてのみ営むもの以外のもの

第三章　風俗営業者の遵守事項等

（年少者の立入禁止の表示）

第一八条　風俗営業者は、国家公安委員会規則で定めるところにより、十八歳未満の者がその営業所に立ち入つてはならない旨（第二条第一項第五号の営業に係る営業所にあつては、午後十時以後の時間において立ち入つてはならない旨（第二十二条第二項の規定に基づく都道府県の条例で、午前六時後午後十時前の時間における十八歳未満の者の立入りの禁止又は制限を定めたときは、午後十時以後の時間において立ち入つてはならない旨及び当該禁止又は制限の内容））を営業所の入口に表示しなければならない。

（禁止行為等）

第二二条　風俗営業を営む者は、次に掲げる行為をしてはならない。

一　当該営業に関し客引きをすること。

二　当該営業に関し客引きをするため、道路その他公共の場所で、人の身辺に立ちふさがり、又はつきまとうこと。

三　営業所で、十八歳未満の者に客の接待をさせること。

四　営業所で午後十時から翌日の午前六時までの時間において十八歳未満の者を客に接する業務に従事させること。

五　十八歳未満の者を営業所に客として立ち入らせること（第二条第一項第五号の営業に係る営業所にあつては、午後十時から翌日の午前六時までの時間において客として立ち入らせること。）。

六　営業所で二十歳未満の者に酒類又はたばこを提供すること。

2　都道府県は、少年の健全な育成に障害を及ぼす行為を防止するため必要があるときは、条例により、第二条第一項第五号の営業を営む者が午前六時後午後十時前の時間において十八歳未満の者を営業所に客として立ち入らせることを禁止し、又は当該営業を営む風俗営業者が当該時間において十八歳未満の者を営業所に客として立ち入らせることについて、保護者の同伴を求めなければならないものとすることその他必要な制限を定めることができる。

第六章　雑則

（少年指導委員）

第三八条　公安委員会は、次に掲げる要件を満たしている者のうちから、少年指導委員を委嘱することができる。

一　人格及び行動について、社会的信望を有すること。

二　職務の遂行に必要な熱意及び時間的余裕を有すること。

三　生活が安定していること。

四　健康で活動力を有すること。

2　少年指導委員は、風俗営業及び性風俗関連特殊営業等（性風俗関連特殊営業、特定遊興飲食店営業、飲食店営業、興行場営業、特定性風俗物品販売等営業及び接客業務受託営業をいう。第二号において同じ。）に関し、次に掲げる職務を行う。

一　飲酒若しくは喫煙をしている少年、風俗営業、店舗型性風俗特殊営業、店舗型電話異性紹介営業若しくは特定遊興飲食店営業の営業所若しくは第二条第七項第一号の営業の受付所に客として出入りし、又はこれらの営業所若しくは受付所の付近をはいかいしている十八歳未満の者その他少年の健全な育成の観点から障害があると認められる行為を行つている少年の補導を行うこと。

二　風俗営業若しくは性風俗関連特殊営業等を営む者又はその代理人等に対し、少年の健全な育成に障害を及ぼす行為を防止するために必要な助言を行うこと。
三　少年の健全な育成に障害を及ぼす行為により被害を受けた少年に対し、助言及び指導その他の援助を行うこと。
四　少年の健全な育成に資するための地方公共団体の施策及び民間団体の活動への協力を行うこと。
五　前各号に掲げるもののほか、少年の健全な育成に障害を及ぼす行為を防止し、又は少年の健全な育成に資するための活動で国家公安委員会規則で定めるものを行うこと。

3　少年指導委員又は少年指導委員であつた者は、職務に関して知り得た秘密を漏らしてはならない。

4　少年指導委員は、名誉職とする。

5　公安委員会は、少年指導委員に対し、その職務の遂行に必要な研修を行うものとする。

6　公安委員会は、少年指導委員が次の各号のいずれかに該当するときは、これを解嘱することができる。
一　第一項各号のいずれかの要件を欠くに至つたとき。
二　職務上の義務に違反し、又はその職務を怠つたとき。
三　少年指導委員たるにふさわしくない非行のあつたとき。

第三八条の二　公安委員会は、少年の健全な育成に障害を及ぼす行為を防止するため必要があると認めるときは、この法律の施行に必要な限度において、少年指導委員に、第三十七条第二項各号に掲げる場所に立ち入らせることができる。ただし、同項第一号、第二号又は第四号から第七号までに掲げる営業所に設けられている個室その他これに類する施設で客が在室するものについては、この限りでない。

2　公安委員会は、前項の規定による立入りをさせるときは、少年指導委員に対し、当該立入りの場所その他必要な事項を示してこれを実施すべきことを指示するものとする。

3　少年指導委員は、前項の指示に従つて第一項の規定による立入りをしたときは、その結果を公安委員会に報告しなければならない。

4　第一項の規定による立入りをする少年指導委員は、その身分を示す証明書を携帯し、関係者に提示しなければならない。

5　第一項の規定による権限は、犯罪捜査のために認められたものと解してはならない。

第三九条（都道府県風俗環境浄化協会）　公安委員会は、善良の風俗の保持及び風俗環境の浄化並びに少年の健全な育成を図ることを目的とする一般社団法人又は一般財団法人であつて、次項に規定する事業を適正かつ確実に行うことができると認められるものを、その申出により、都道府県に一を限つて、都道府県風俗環境浄化協会（以下「都道府県協会」という。）として指定することができる。

2　都道府県協会は、当該都道府県の区域内において、次に掲げる事業を行うものとする。
一　風俗環境に関する苦情を処理すること。
二　この法律に違反する行為を防止するための啓発活動を行うこと。
三　少年指導委員の活動を助けること。
四　善良の風俗の保持及び風俗環境の浄化並びに少年の健全な育成に資するための民間の自主的な組織活動を助けること。
五　公安委員会の委託を受けて第二十四条第六項（第三十一条の二十三において準用する場合を含む。）の講習を行うこと。
六　公安委員会の委託を受けて第三条第一項又は第三十一条の二十二の許可の申請に係る営業所に関し、第四条第二項第一号若しくは第二号又は同条第三項第二号から第四号まで（これらの規定を第三十一条の二十三において準用する場合を含む。）に該当する事由の有無について調査すること。
七　公安委員会の委託を受けて第九条第一項（第三十一条の二十三において準用する場合を含む。）の承認又は第十条の二第一項（第三十一条の二十三において準用する場合を含む。）の認定の申請に係る営業所の構造及び設備が第四条第二項第一号（第三十一条の二十三において準用する場合を含む。）の技術上の基準に適合しているか否かについて調査すること。
八　前各号の事業に附帯する事業

3　公安委員会は、都道府県協会の財産の状況又はその事業の運営に関し改善が必要であると認めるときは、都道府県協会に対し、その改善に必要な措置を採るべきことを命ずることができる。

4　公安委員会は、都道府県協会が前項の規定による命令に違反したときは、第一項の指定を取り消すことができる。

5　都道府県協会の役員若しくは職員又はこれらの職にあつた者は、第二項第六号又は第七号の規定による調査の業務（次項において「調査業務」という。）に関して知り得た秘密を漏らしてはならない。

6　調査業務に従事する都道府県協会の役員又は職員は、刑法その他の罰則の適用に関しては、法令により公務に従事する職員とみなす。

7　都道府県協会の指定の手続その他都道府県協会に関し必要な事項は、国家公安委員会規則で定める。

第四〇条（全国風俗環境浄化協会）　国家公安委員会は、都道府県協会の健全な発達を図るとともに、善良の風俗の保持及び風俗環境の浄化並びに少年の健全な育成を図ることを目的とする一般社団法人又は一般財団法人であつて、次項に規定する事業を適正かつ確実に行うことができると認められるものを、その申出により、全国に一を限つて、全国風俗環境浄化協会（以下「全国協会」という。）として指定することができる。

2　全国協会は、次に掲げる事業を行うものとする。
一　風俗環境に関する苦情の処理に係る業務を担当する者その他都道府県協会の業務を行う者に対する研修を行うこと。
二　この法律に違反する行為を防止するための二以上の都道府県の区域における啓発活動を行うこと。
三　少年の健全な育成に及ぼす風俗環境の影響に関する調査研究を行うこと。
四　都道府県協会の事業について、連絡調整を図ること。
五　前各号の事業に附帯する事業

3　前条第三項、第四項及び第七項の規定は、全国協会について準用する。この場合において、同条第三項中「公安委員会」とあるのは「国家公安委員会」と、同条第四項中「公安委員会」とあるのは「国家公安委員会」と、「第一項」とあるのは「次条第一項」と読み替えるものとする。

●児童買春、児童ポルノに係る行為等の規制及び処罰並びに児童の保護等に関する法律

（平成一一年五月二六日　法律第五二号）

施行、平一一・一一・一
最終改正、平二六—法七九

第一章　総則

（目的）

第一条　この法律は、児童に対する性的搾取及び性的虐待が児童の権利を著しく侵害することの重大性に鑑み、あわせて児童の権利の擁護に関する国際的動向を踏まえ、児童買春、児童ポルノに係る行為等を規制し、及びこれらの行為等を処罰するとともに、これらの行為等により心身に有害な影響を受けた児童の保護のための措置等を定めることにより、児童の権利を擁護することを目的とする。

（定義）

第二条　この法律において「児童」とは、十八歳に満たない者をいう。

2　この法律において「児童買春」とは、次の各号に掲げる者に対し、対償を供与し、又はその供与の約束をして、当該児童に対し、性交等（性交若しくは性交類似行為をし、又は自己の性的好奇心を満たす目的で、児童の性器等（性器、肛門又は乳首をいう。以下同じ。）を触り、若しくは児童に自己の性器等を触らせることをいう。以下同じ。）をすることをいう。

一　児童
二　児童に対する性交等の周旋をした者
三　児童の保護者（親権を行う者、未成年後見人その他の者で、児童を現に監護するものをいう。以下同じ。）又は児童をその支配下に置いている者

3　この法律において「児童ポルノ」とは、写真、電磁的記録（電子的方式、磁気的方式その他人の知覚によっては認識することができない方式で作られる記録であって、電子計算機による情報処理の用に供されるものをいう。以下同じ。）に係る記録媒体その他の物であって、次の各号のいずれかに掲げる児童の姿態を視覚により認識することができる方法により描写したものをいう。

一　児童を相手方とする又は児童による性交又は性交類似行為に係る児童の姿態
二　他人が児童の性器等を触る行為又は児童が他人の性器等を触る行為に係る児童の姿態であって性欲を興奮させ又は刺激するもの
三　衣服の全部又は一部を着けない児童の姿態であって、殊更に児童の性的な部位（性器等若しくはその周辺部、臀部又は胸部をいう。）が露出され又は強調されているものであり、かつ、性欲を興奮させ又は刺激するもの

（適用上の注意）

第三条　この法律の適用に当たっては、学術研究、文化芸術活動、報道等に関する国民の権利及び自由を不当に侵害しないように留意し、児童に対する性的搾取及び性的虐待から児童を保護しその権利を擁護するとの本来の目的を逸脱して他の目的のためにこれを濫用するようなことがあってはならない。

（児童買春、児童ポルノの所持その他児童に対する性的搾取及び性的虐待に係る行為の禁止）

第三条の二　何人も、児童買春をし、又はみだりに児童ポルノを所持し、若しくは第二条第三項各号のいずれかに掲げる児童の姿態を視覚により認識することができる方法により描写した情報を記録した電磁的記録を保管することその他児童に対する性的搾取又は性的虐待に係る行為をしてはならない。

第二章　児童買春、児童ポルノに係る行為等の処罰等

（児童買春）

第四条　児童買春をした者は、五年以下の懲役又は三百万円以下の罰金に処する。

（児童買春周旋）

第五条　児童買春の周旋をした者は、五年以下の懲役若しくは五百万円以下の罰金に処し、又はこれを併科する。

2　児童買春の周旋をすることを業とした者は、七年以下の懲役及び千万円以下の罰金に処する。

（児童買春勧誘）

第六条　児童買春の周旋をする目的で、人に児童買春をするように勧誘した者は、五年以下の懲役若しくは五百万円以下の罰金に処し、又はこれを併科する。

2　前項の目的で、人に児童買春をするように勧誘することを業とした者は、七年以下の懲役及び千万円以下の罰金に処する。

（児童ポルノ所持、提供等）

第七条　自己の性的好奇心を満たす目的で、児童ポルノを所持した者（自己の意思に基づいて所持するに至った者であり、かつ、当該者であることが明らかに認められる者に限る。）は、一年以下の懲役又は百万円以下の罰金に処する。自己の性的好奇心を満たす目的で、第二条第三項各号のいずれかに掲げる児童の姿態を視覚により認識することができる方法により描写した情報を記録した電磁的記録を保管した者（自己の意思に基づいて保管するに至った者であり、かつ、当該者であることが明らかに認められる者に限る。）も、同様とする。

2　児童ポルノを提供した者は、三年以下の懲役又は三百万円以下の罰金に処する。電気通信回線を通じて第二条第三項各号のいずれかに掲げる児童の姿態を視覚により認識することができる方法により描写した情報を記録した電磁的記録その他の記録を提供した者も、同様とする。

3　前項に掲げる行為の目的で、児童ポルノを製造し、所持し、運搬し、本邦に輸入し、又は本邦から輸出した者も、同項と同様とする。同項に掲げる行為の目的で、同項の電磁的記録を保管した者も、同様とする。

4　前項に規定するもののほか、児童に第二条第三項各号のいずれかに掲げる姿態をとらせ、これを写真、電磁的記録に係る記録媒体その他の物に描写することにより、当該児童に係る児童ポルノを製造した者も、第二項と同様とする。

5　前二項に規定するもののほか、ひそかに第二条第三項各号のいずれかに掲げる児童の姿態を写真、電磁的記録に係る記録媒体その他の物に描写することにより、当該児童に係る児童ポルノを製造した者も、第二項と同様とする。

6　児童ポルノを不特定若しくは多数の者に提供し、又は公然と陳列した者は、五年以下の懲役若しくは五百万円以下の罰金に処し、又はこれを併科する。電気通信回線を通じて第二条第三項各号のいずれかに掲げる児童の姿態を視覚により認識することができる方法により描写した情報を記録した電磁的記録その他の記録を不特定又は多数の者に提供した者も、同様とする。

7　前項に掲げる行為の目的で、児童ポルノを製造し、所持し、運搬し、本邦に輸入し、又は本邦から輸出した者も、同項と同様とする。同項に掲げる行為の目的で、同項の電磁的記録を保管した者も、同様とする。

8　第六項に掲げる行為の目的で、児童ポルノを外国に輸入し、又は外国から輸出した日本国民も、同項と同様とする。

（児童買春等目的人身売買等）

第八条　児童を児童買春における性交等の相手方とさせ又は第二条第三項各号のいずれかに掲げる児童の姿態を描写して児童ポルノを製造する目的で、当該児童を売買した者は、一年以上十年以下の懲役に処する。

2　前項の目的で、外国に居住する児童で略取され、誘拐され、又は売買されたものをその居住国外に移送した日本国民は、二年以上の有期懲役に処する。

3　前二項の罪の未遂は、罰する。

（児童の年齢の知情）

第九条　児童を使用する者は、児童の年齢を知らないことを理由として、第五条、第六条、第七条第二項から第八項まで及び前条の規定による処罰を免れることができない。ただし、過失がないときは、この限りでない。

（国民の国外犯）

第一〇条　第四条から第六条まで、第七条第一項から第七項まで並びに第八条第一項及び第三項（同条第一項に係る部分に限る。）の罪は、刑法（明治四十年法律第四十五号）第三条の例に従う。

（両罰規定）

第一一条　法人の代表者又は法人若しくは人の代理人、使用人その他の従業者が、その法人又は人の業務に関し、第五条、第六条又は第七条第二項から第八項までの罪を犯したときは、行為者を罰するほか、その法人又は人に対して各本条の罰金刑を科する。

（捜査及び公判における配慮等）

第一二条　第四条から第八条までの罪に係る事件の捜査及び公判に職務上関係のある者（次項において「職務関係者」という。）は、その職務を行うに当たり、児童の人権及び特性に配慮するとともに、その名誉及び尊厳を害しないよう注意しなければならない。

2　国及び地方公共団体は、職務関係者に対し、児童の人権、特性等に関する理解を深めるための訓練及び啓発を行うよう努めるものとする。

（記事等の掲載等の禁止）

第一三条　第四条から第八条までの罪に係る事件に係る児童については、その氏名、年齢、職業、就学する学校の名称、住居、容貌等により当該児童が当該事件に係る者であることを推知することができるような記事若しくは写真又は放送番組を、新聞紙その他の出版物に掲載し、又は放送してはならない。

（教育、啓発及び調査研究）

第一四条　国及び地方公共団体は、児童買春、児童ポルノの所持、提供等の行為が児童の心身の成長に重大な影響を与えるものであることに鑑み、これらの行為を未然に防止することができるよう、児童の権利に関する国民の理解を深めるための教育及び啓発に努めるものとする。

2　国及び地方公共団体は、児童買春、児童ポルノの所持、提供等の行為の防止に資する調査研究の推進に努めるものとする。

第三章　心身に有害な影響を受けた児童の保護のための措置

（心身に有害な影響を受けた児童の保護）

第一五条　厚生労働省、法務省、都道府県警察、児童相談所、福祉事務所その他の国、都道府県又は市町村の関係行政機関は、児童買春の相手方となったこと、児童ポルノに描写されたこと等により心身に有害な影響を受けた児童に対し、相互に連携を図りつつ、その心身の状況、その置かれている環境等に応じ、当該児童がその受けた影響から身体的及び心理的に回復し、個人の尊厳を保って成長することができるよう、相談、指導、一時保護、施設への入所その他の必要な保護のための措置を適切に講ずるものとする。

2　前項の関係行政機関は、同項の措置を講ずる場合において、同項の児童の保護のため必要があると認めるときは、その保護者に対し、相談、指導その他の措置を講ずるものとする。

（心身に有害な影響を受けた児童の保護のための体制の整備）

第一六条　国及び地方公共団体は、児童買春の相手方となったこと、児童ポルノに描写されたこと等により心身に有害な影響を受けた児童について専門的知識に基づく保護を適切に行うことができるよう、これらの児童の保護に関する調査研究の推進、これらの児童の保護を行う者の資質の向上、これらの児童が緊急に保護を必要とする場合における関係機関の連携協力体制の強化、これらの児童の保護を行う民間の団体との連携協力体制の整備等必要な体制の整備に努めるものとする。

（心身に有害な影響を受けた児童の保護に関する施策の検証等）

第一六条の二　社会保障審議会及び犯罪被害者等施策推進会議は、相互に連携して、児童買春の相手方となったこと、児童ポルノに描写されたこと等により心身に有害な影響を受けた児童の保護に関する施策の実施状況等について、当該児童の保護に関する専門的な知識経験を有する者の知見を活用しつつ、定期的に検証及び評価を行うものとする。

2　社会保障審議会又は犯罪被害者等施策推進会議は、前項の検証及び評価の結果を勘案し、必要があると認めるときは、当該児童の保護に関する施策の在り方について、それぞれ厚生労働大臣又は関係行政機関に意見を述べるものとする。

3　厚生労働大臣又は関係行政機関は、前項の意見があった場合において必要があると認めるときは、当該児童の保護を図るために必要な施策を講ずるものとする。

第四章　雑則

（インターネットの利用に係る事業者の努力）

第一六条の三　インターネットを利用した不特定の者に対する情報の発信又はその情報の閲覧等のために必要な電気通信役務（電気通信事業法（昭和五十九年法律第八十六号）第二条第三号に規定する電気通信役務をいう。）を提供する事業者は、児童ポルノの所持、提供等の行為による被害がインターネットを通じて容易に拡大し、これにより一旦国内外に児童ポルノが拡散した場合においてはその廃棄、削除等による児童の権利回復は著しく困難になることに鑑み、捜査機関への協力、当該事業者が有する管理権限に基づき児童ポルノに係る情報の送信を防止する措置その他インターネットを利用したこれらの行為の防止に資するための措置を講ずるよう努めるものとする。

（国際協力の推進）

第一七条　国は、第三条の二から第八条までの規定に係る行為の防止及び事件の適正かつ迅速な捜査のため、国際的な緊密な連携の確保、国際的な調査研究の推進その他の国際協力の推進に努めるものとする。

附　則（省略）

●インターネット異性紹介事業を利用して児童を誘引する行為の規制等に関する法律

（平成一五年六月一三日 法律第八三号）

施行、平一五・九・一三
最終改正、令一—法三七

〔注〕本書では、次の改正は織り込まず、必要な箇所に当該施行日から有効となる規定または注記を付した。
・**平三〇法五九**（令一—法三七）　施行＝平三四・四・一

第一章　総則

（**目的**）
第一条　この法律は、インターネット異性紹介事業を利用して児童を性交等の相手方となるように誘引する行為等を禁止するとともに、インターネット異性紹介事業について必要な規制を行うこと等により、インターネット異性紹介事業の利用に起因する児童買春その他の犯罪から児童を保護し、もって児童の健全な育成に資することを目的とする。

（**定義**）
第二条　この法律において、次の各号に掲げる用語の意義は、それぞれ当該各号に定めるところによる。
一　児童　十八歳に満たない者をいう。
二　インターネット異性紹介事業　異性交際（面識のない異性との交際をいう。以下同じ。）を希望する者（以下「異性交際希望者」という。）の求めに応じ、その異性交際に関する情報をインターネットを利用して公衆が閲覧することができる状態に置いてこれに伝達し、かつ、当該情報の伝達を受けた異性交際希望者が電子メールその他の電気通信（電気通信事業法（昭和五十九年法律第八十六号）第二条第一号に規定する電気通信をいう。以下同じ。）を利用して当該情報に係る異性交際希望者と相互に連絡することができるようにする役務を提供する事業をいう。
三　インターネット異性紹介事業者　インターネット異性紹介事業を行う者をいう。
四　登録誘引情報提供機関　第十八条第一項の登録を受けた者をいう。

（**インターネット異性紹介事業者等の責務**）
第三条　インターネット異性紹介事業者は、その行うインターネット異性紹介事業に関しこの法律その他の法令の規定を遵守するとともに、児童によるインターネット異性紹介事業の利用の防止に努めなければならない。
2　インターネット異性紹介事業に必要な電気通信役務（電気通信事業法第二条第三号に規定する電気通信役務をいう。）を提供する事業者（次項において「役務提供事業者」という。）は、児童の使用に係る通信端末機器による電気通信についてインターネット異性紹介事業を利用するための電気通信の自動利用制限（電気通信を自動的に選別して制限することをいう。以下この項及び次条において同じ。）を行う役務又は当該電気通信の自動利用制限を行う機能を有するソフトウェアを提供することその他の措置により児童によるインターネット異性紹介事業の利用の防止に資するよう努めなければならない。
3　前二項に定めるもののほか、インターネット異性紹介事業者及び役務提供事業者は、児童の健全な育成に配慮するよう努めなければならない。

（**保護者の責務**）
第四条　児童の保護者（親権を行う者又は後見人をいう。）は、児童の使用に係る通信端末機器による電気通信についてインターネット異性紹介事業を利用するための電気通信の自動利用制限を行う役務又は当該電気通信の自動利用制限を行う機能を有するソフトウェアを利用することその他の児童によるインターネット異性紹介事業の利用を防止するために必要な措置を講ずるよう努めなければならない。

（**国及び地方公共団体の責務**）
第五条　国及び地方公共団体は、児童によるインターネット異性紹介事業の利用の防止に関する国民の理解を深めるための教育及び啓発に努めるとともに、児童によるインターネット異性紹介事業の利用の防止に資する技術の開発及び普及を推進するよう努めるものとする。
2　国及び地方公共団体は、事業者、国民又はこれらの者が組織する民間の団体が自発的に行うインターネット異性紹介事業に係る活動であって、児童の健全な育成に障害を及ぼす行為を防止するためのものが促進されるよう必要な施策を講ずるものとする。

第二章　児童に係る誘引の禁止

第六条　何人も、インターネット異性紹介事業を利用して、次に掲げる行為（以下「禁止誘引行為」という。）をしてはならない。
一　児童を性交等（性交若しくは性交類似行為をし、又は自己の性的好奇心を満たす目的で、他人の性器等（性器、肛門又は乳首をいう。以下同じ。）を触り、若しくは他人に自己の性器等を触らせることをいう。以下同じ。）の相手方となるように誘引すること。
二　人（児童を除く。第五号において同じ。）を児童との性交等の相手方となるように誘引すること。
三　対償を供与することを示して、児童を異性交際（性交等を除く。次号において同じ。）の相手方となるように誘引すること。
四　対償を受けることを示して、人を児童との異性交際の相手方となるように誘引すること。
五　前各号に掲げるもののほか、児童を異性交際の相手方となるように誘引し、又は人を児童との異性交際の相手方となるように誘引すること。

第三章　インターネット異性紹介事業の規制

（**インターネット異性紹介事業の届出**）
第七条　インターネット異性紹介事業を行おうとする者は、国家公安委員会規則で定めるところにより、次に掲げる事項を事業の本拠となる事務所（事務所のない者にあっては、住居。第三号を除き、以下「事務所」という。）の所在地を管轄する都道府県公安委員会（以下「公安委員会」という。）に届け出なければならない。この場合において、届出には、国家公安委員会規則で定める書類を添付しなければならない。
一　氏名又は名称及び住所並びに法人にあっては、その代表者の氏名
二　当該事業につき広告又は宣伝をする場合に当該事業を示すものとして使用する呼称（当該呼称が二以上ある場合にあっては、それら全部の呼称）
三　事業の本拠となる事務所の所在地
四　事務所の電話番号その他の連絡先であって国家公安委員会規則で定めるもの
五　法人にあっては、その役員の氏名及び住所
六　第十一条の規定による異性交際希望者が児童でないことの確認の実施の方法その他の業務の実施の方法に関する事項で国家公安委員会規則で定めるもの
2　前項の規定による届出をした者は、当該インターネット異性紹介事業を廃止したとき、又は同項各号に掲げる事項に変更があったときは、国家公安委員会規則で定めるところにより、その旨を公安委員会（公安委員会の管轄区域を異にして事務所を変更したときは、変更した後の事務所の所在地を管轄する公安委員会）に届け出なければならない。この場合において、届出には、国家公安委員会規則で定める書類を添付しなければならない。

（**欠格事由**）
第八条　次の各号のいずれかに該当する者は、インターネット異性紹介事業を行ってはなら

ない。

一　破産手続開始の決定を受けて復権を得ない者

二　禁錮以上の刑に処せられ、又はこの法律、児童福祉法（昭和二十二年法律第百六十四号）第六十条第一項若しくは児童買春、児童ポルノに係る行為等の規制及び処罰並びに児童の保護等に関する法律（平成十一年法律第五十二号）に規定する罪を犯して罰金の刑に処せられ、その執行を終わり、又は執行を受けることがなくなった日から起算して五年を経過しない者

三　最近五年間に第十四条又は第十五条第二項第二号の規定による命令に違反した者

四　暴力団員による不当な行為の防止等に関する法律（平成三年法律第七十七号）第二条第六号に規定する暴力団員（以下この号において単に「暴力団員」という。）である者又は暴力団員でなくなった日から五年を経過しない者

五　心身の故障によりインターネット異性紹介事業を適正に行うことができない者として国家公安委員会規則で定めるもの

六　未成年者（児童でない未成年者にあっては、営業に関し成年者と同一の行為能力を有する者並びにインターネット異性紹介事業者の相続人でその法定代理人が前各号及び次号のいずれにも該当しないものを除く。）

七　法人で、その役員のうちに次のいずれかに該当する者のあるもの

イ　第一号から第五号までに掲げる者

ロ　児童

第八条〔六号は、平三四・四・一からは「六　未成年者」〕

（名義貸しの禁止）

第九条　第七条第一項の規定による届出をした者は、自己の名義をもって、他人にインターネット異性紹介事業を行わせてはならない。

（利用の禁止の明示等）

第一〇条　インターネット異性紹介事業者は、その行うインターネット異性紹介事業について広告又は宣伝をするときは、国家公安委員会規則で定めるところにより、児童が当該インターネット異性紹介事業を利用してはならない旨を明らかにしなければならない。

2　前項に規定するもののほか、インターネット異性紹介事業者は、国家公安委員会規則で定めるところにより、その行うインターネット異性紹介事業を利用しようとする者に対し、児童がこれを利用してはならない旨を伝達しなければならない。

（児童でないことの確認）

第一一条　インターネット異性紹介事業者は、次に掲げる場合は、国家公安委員会規則で定めるところにより、あらかじめ、これらの異性交際希望者が児童でないことを確認しなければならない。ただし、第二号に掲げる場合にあっては、第一号に規定する異性交際希望者が当該インターネット異性紹介事業者の行う氏名、年齢その他の本人を特定する事項の確認（国家公安委員会規則で定める方法により行うものに限る。）を受けているときは、この限りでない。

一　異性交際希望者の求めに応じ、その異性交際に関する情報をインターネットを利用して公衆が閲覧することができる状態に置いて、これに伝達するとき。

二　他の異性交際希望者の求めに応じ、前号に規定する異性交際希望者からの異性交際に関する情報をインターネットを利用して公衆が閲覧することができる状態に置いて、当該他の異性交際希望者に伝達するとき。

三　前二号の規定によりその異性交際に関する情報の伝達を受けた他の異性交際希望者が、電子メールその他の電気通信を利用して、当該情報に係る第一号に規定する異性交際希望者と連絡することができるようにするとき。

四　第一号に規定する異性交際希望者が、電子メールその他の電気通信を利用して、第一号又は第二号の規定によりその異性交際に関する情報の伝達を受けた他の異性交際希望者と連絡することができるようにするとき。

（児童の健全な育成に障害を及ぼす行為の防止措置）

第一二条　インターネット異性紹介事業者は、その行うインターネット異性紹介事業を利用して禁止誘引行為が行われていることを知ったときは、速やかに、当該禁止誘引行為に係る異性交際に関する情報をインターネットを利用して公衆が閲覧することができないようにするための措置をとらなければならない。

2　前項に定めるもののほか、インターネット異性紹介事業者は、その行うインターネット異性紹介事業を利用して行われる禁止誘引行為その他の児童の健全な育成に障害を及ぼす行為を防止するための措置を講ずるよう努めなければならない。

（指示）

第一三条　インターネット異性紹介事業者がその行うインターネット異性紹介事業に関しこの法律若しくはこの法律に基づく命令又は他の法令の規定に違反したと認める場合において、当該違反行為が児童の健全な育成に障害を及ぼすおそれがあると認めるときは、当該違反行為が行われた時における当該インターネット異性紹介事業者の事務所の所在地を管轄する公安委員会は、当該インターネット異性紹介事業者に対し、児童の健全な育成に障害を及ぼす行為を防止するため必要な指示をすることができる。

（事業の停止等）

第一四条　インターネット異性紹介事業者がその行うインターネット異性紹介事業に関し第八条第二号に規定する罪（この法律に規定する罪にあっては、第三十一条の罪及び同条の罪に係る第三十五条の罪を除く。）その他児童の健全な育成に障害を及ぼす罪で政令で定めるものに当たる行為をしたと認めるときは、当該行為が行われた時における当該インターネット異性紹介事業者の事務所の所在地を管轄する公安委員会は、当該インターネット異性紹介事業者に対し、六月を超えない範囲内で期間を定めて、当該インターネット異性紹介事業の全部又は一部の停止を命ずることができる。

2　インターネット異性紹介事業者が第八条各号のいずれかに該当することが判明したときは、当該インターネット異性紹介事業者の事務所の所在地を管轄する公安委員会は、当該インターネット異性紹介事業者に対し、当該インターネット異性紹介事業の廃止を命ずることができる。

（処分移送通知）

第一五条　公安委員会は、インターネット異性紹介事業者に対し第十三条の規定による指示又は前条第一項の規定による命令をしようとする場合において、当該インターネット異性紹介事業者がその事務所を他の公安委員会の管轄区域内に変更していたときは、当該処分に係る事案に関する弁明の機会の付与又は聴聞を終了している場合を除き、速やかに、現に当該インターネット異性紹介事業者の事務所の所在地を管轄する公安委員会に国家公安委員会規則で定める処分移送通知書を送付しなければならない。

2　前項（次項において準用する場合を含む。）の規定により処分移送通知書が送付されたときは、当該処分移送通知書の送付を受けた公安委員会は、次の各号に掲げる場合の区分に従い、それぞれ当該各号に定める処分をすることができるものとし、当該処分移送通知書を送付した公安委員会は、第十三条及び前条第一項の規定にかかわらず、当該事案について、これらの規定による処分をすることができないものとする。

一　当該インターネット異性紹介事業者がその行うインターネット異性紹介事業に関しこの法律若しくはこの法律に基づく命令又は他の法令の規定に違反したと認める場合において、当該違反行為が児童の健全な育成に障害を及ぼすおそれがあると認めるとき　児童の健全な育成に障害を及ぼす行為を防止するため必要な指示をすること。

二　当該インターネット異性紹介事業者がその行うインターネット異性紹介事業に関し前条第一項に規定する行為をしたと認めるとき　六月を超えない範囲内で期間を定めて、当該インターネット異性紹介事業の全部又は一部の停止を命ずること。

3　第一項の規定は、公安委員会が前項の規定により処分をしようとする場合について準用する。

（報告又は資料の提出）

第一六条　公安委員会は、第七条から前条まで（第十二条第二項を除く。）の規定の施行に必要な限度において、インターネット異性紹介事業者に対し、その行うインターネット異性紹介事業に関し報告又は資料の提出を求めることができる。

（国家公安委員会への報告等）

第一七条　公安委員会は、次の各号のいずれかに該当するときは、国家公安委員会規則で定める事項を国家公安委員会に報告しなければならない。この場合において、国家公安委員会は、当該報告に係る事項を各公安委員会に通報するものとする。

一　第七条の規定による届出を受けた場合

二　第十三条、第十四条第一項又は第十五条第二項の規定による処分をした場合

2　公安委員会は、インターネット異性紹介事業者が前項第二号に規定する処分の事由となる違反行為をしたと認めるとき、又は同号に規定する処分に違反したと認めるときは、当該違反行為が行われた時における当該インターネット異性紹介事業者の事務所の所在地を管轄する公安委員会に対し、国家公安委員会規則で定める事項を通報しなければならない。

第四章　登録誘引情報提供機関

（登録誘引情報提供機関の登録）

第一八条　インターネット異性紹介事業者による第十二条第一項に規定する措置の実施の確保を目的としてインターネット異性紹介事業を利用して行われる禁止誘引行為に係る異性交際に関する情報を収集し、これを当該インターネット異性紹介事業者に提供する業務（以下「誘引情報提供業務」という。）を行う者は、国家公安委員会の登録を受けることができる。

2　前項の登録（以下単に「登録」という。）を受けようとする者は、国家公安委員会規則で定めるところにより、国家公安委員会に申請をしなければならない。

3　次の各号のいずれかに該当する者は、登録を受けることができない。

一　禁錮以上の刑に処せられ、又はこの法律、児童福祉法第六十条第一項若しくは児童買春、児童ポルノに係る行為等の規制及び処罰並びに児童の保護等に関する法律に規定する罪を犯して罰金の刑に処せられ、その執行を終わり、又は執行を受けることがなくなった日から起算して二年を経過しない者

二　第二十五条の規定により登録を取り消され、その取消しの日から起算して二年を経過しない者

三　法人で、その役員のうちに前二号のいずれかに該当する者があるもの

4　国家公安委員会は、第二項の申請をした者が次に掲げる要件の全てに適合しているときは、登録をしなければならない。

一　インターネットの利用を可能とする機能を有する通信端末機器を有し、かつ、次のいずれかに該当する二人以上の者が誘引情報提供業務を行うものであること。

イ　学校教育法（昭和二十二年法律第二十六号）による大学において学士の学位（同法第百四条第二項に規定する文部科学大臣の定める学位（同法による専門職大学を卒業した者に対して授与されるものに限る。）を含む。）を得るのに必要な一般教養科目の単位を修得した者又は同法による短期大学若しくは高等専門学校を卒業した者（同法による専門職大学の前期課程を修了した者を含む。）であって、誘引情報提供業務に通算して六月以上従事した経験を有するもの

ロ　イに掲げる者と同等以上の知識及び経験を有する者

二　誘引情報提供業務を適正に行うための次に掲げる措置がとられていること。

イ　誘引情報提供業務を行う部門に専任の管理者が置かれていること。

ロ　誘引情報提供業務の適正な実施の確保に関する業務方法書その他の文書が作成されていること。

5　登録は、登録誘引情報提供機関登録簿に次に掲げる事項を記載してするものとする。

一　登録年月日及び登録番号

二　登録誘引情報提供機関の氏名又は名称及び住所並びに法人にあっては、その代表者の氏名

三　登録誘引情報提供機関が誘引情報提供業務を行う事務所の所在地

6　登録誘引情報提供機関は、前項第二号又は第三号に掲げる事項を変更しようとするときは、国家公安委員会規則で定めるところにより、その旨を国家公安委員会に届け出なければならない。

（表示の制限）

第一九条　登録誘引情報提供機関でない者は、誘引情報提供業務を行うに際し、登録を受けている旨の表示又はこれと紛らわしい表示をしてはならない。

（情報提供）

第二〇条　国家公安委員会又は公安委員会は、登録誘引情報提供機関の求めに応じ、登録誘引情報提供機関が誘引情報提供業務を適正に行うために必要な限度において、インターネット異性紹介事業者に係る第七条第一項第一号から第四号までに掲げる事項に関する情報を提供することができる。

（誘引情報提供業務の方法）

第二一条　登録誘引情報提供機関は、第十八条第四項各号に掲げる要件及び誘引情報提供業務を適正に行うための国家公安委員会規則で定める基準に適合する方法により誘引情報提供業務を行わなければならない。

（秘密保持義務）

第二二条　登録誘引情報提供機関の役員若しくは職員又はこれらの職にあった者は、誘引情報提供業務に関して知り得た秘密を漏らしてはならない。

（業務の休廃止）

第二三条　登録誘引情報提供機関は、誘引情報提供業務を休止し、又は廃止したときは、国家公安委員会規則で定めるところにより、その旨を国家公安委員会に届け出なければならない。

2　前項の規定により誘引情報提供業務を廃止した旨の届出があったときは、当該登録誘引情報提供機関に係る登録は、その効力を失う。

（改善命令）

第二四条　国家公安委員会は、登録誘引情報提供機関が第二十一条の規定に違反していると認めるときは、当該登録誘引情報提供機関に対し、誘引情報提供業務の方法を改善するため必要な措置をとるべきことを命ずることができる。

（登録の取消し）

第二五条　国家公安委員会は、登録誘引情報提供機関が次の各号のいずれかに該当するときは、登録を取り消すことができる。

一　第十八条第三項第一号又は第三号に該当するに至ったとき。

二　第十八条第六項又は第二十三条第一項の規定に違反したとき。

三　前条の規定による命令に違反したとき。

四　不正の手段により登録を受けたとき。

五　次条の規定による報告若しくは資料の提出をせず、又は虚偽の報告若しくは資料の提出をしたとき。

（報告又は資料の提出）

第二六条　国家公安委員会は、誘引情報提供業務の適正な運営を確保するために必要な限度において、登録誘引情報提供機関に対し、その業務の状況に関し報告又は資料の提出を求

めることができる。

（公示等）

第二七条　国家公安委員会は、次に掲げる場合には、その旨を官報に公示しなければならない。

一　登録をしたとき。

二　第十八条第六項の規定による届出があったとき。

三　第二十三条第一項の規定による届出があったとき。

四　第二十五条の規定により登録を取り消したとき。

2　国家公安委員会は、前項の規定による公示をしたときは、当該公示の日付及び内容をインターネットの利用その他の方法により公表するものとする。

第五章　雑則

（方面公安委員会への権限の委任）

第二八条　この法律の規定により道公安委員会の権限に属する事務は、政令で定めるところにより、方面公安委員会に委任することができる。

（経過措置）

第二九条　この法律の規定に基づき政令又は国家公安委員会規則を制定し、又は改廃する場合においては、それぞれ政令又は国家公安委員会規則で、その制定又は改廃に伴い合理的に必要とされる範囲内において、所要の経過措置（罰則に関する経過措置を含む。）を定めることができる。

（国家公安委員会規則への委任）

第三〇条　この法律に定めるもののほか、この法律の実施のための手続その他この法律の施行に関し必要な事項は、国家公安委員会規則で定める。

第六章　罰則

第三一条　第十四条又は第十五条第二項第二号の規定による命令に違反した者は、一年以下の懲役若しくは百万円以下の罰金に処し、又はこれを併科する。

第三二条　次の各号のいずれかに該当する者は、六月以下の懲役又は百万円以下の罰金に処する。

一　第七条第一項の規定による届出をしないでインターネット異性紹介事業を行った者

二　第九条の規定に違反した者

三　第十三条又は第十五条第二項第一号の規定による指示に違反した者

第三三条　第六条（第五号を除く。）の規定に違反した者は、百万円以下の罰金に処する。

第三四条　次の各号のいずれかに該当する者は、三十万円以下の罰金に処する。

一　第七条第一項の規定による届出に関し虚偽の届出をし、又は同項の添付書類であって虚偽の記載のあるものを提出した者

二　第七条第二項の規定に違反して届出をせず、若しくは虚偽の届出をし、又は同項の添付書類であって虚偽の記載のあるものを提出した者

三　第十六条の規定による報告若しくは資料の提出をせず、又は虚偽の報告若しくは資料の提出をした者

第三五条　法人の代表者又は法人若しくは人の代理人、使用人その他の従業者が、その法人又は人の業務に関し、第三十一条、第三十二条又は前条の違反行為をしたときは、行為者を罰するほか、その法人又は人に対しても、各本条の罰金刑を科する。

第三六条　第二十二条の規定に違反した者は、二十万円以下の過料に処する。

第三七条　第十九条の規定に違反した者は、十万円以下の過料に処する。

附　則〔省略〕

附　則〔抄〕（平成三〇年六月二〇日法律第五九号）

（施行期日）

第一条　この法律は、平成三十四年四月一日から施行する。〔後略〕

●青少年が安全に安心してインターネットを利用できる環境の整備等に関する法律

（抄）（平成二〇年六月一八日法律第七九号）

施行、平二一・四・一
最終改正、平二九―法七五

第一章　総則

（目的）

第一条　この法律は、インターネットにおいて青少年有害情報が多く流通している状況にかんがみ、青少年のインターネットを適切に活用する能力の習得に必要な措置を講ずるとともに、青少年有害情報フィルタリングソフトウェアの性能の向上及び利用の普及その他の青少年がインターネットを利用して青少年有害情報を閲覧する機会をできるだけ少なくするための措置等を講ずることにより、青少年が安全に安心してインターネットを利用できるようにして、青少年の権利の擁護に資することを目的とする。

（定義）

第二条　この法律において「青少年」とは、十八歳に満たない者をいう。

2　この法律において「保護者」とは、親権を行う者若しくは後見人又はこれらに準ずる者をいう。

3　この法律において「青少年有害情報」とは、インターネットを利用して公衆の閲覧（視聴を含む。以下同じ。）に供されている情報であって青少年の健全な成長を著しく阻害するものをいう。

4　前項の青少年有害情報を例示すると、次のとおりである。

一　犯罪若しくは刑罰法令に触れる行為を直接的かつ明示的に請け負い、仲介し、若しくは誘引し、又は自殺を直接的かつ明示的に誘引する情報

二　人の性行為又は性器等のわいせつな描写その他の著しく性欲を興奮させ又は刺激する情報

三　殺人、処刑、虐待等の場面の陰惨な描写その他の著しく残虐な内容の情報

5　この法律において「インターネット接続役務」とは、インターネットへの接続を可能とする電気通信役務（電気通信事業法（昭和五十九年法律第八十六号）第二条第三号に規定する電気通信役務をいう。以下同じ。）をいう。

6　この法律において「インターネット接続役務提供事業者」とは、インターネット接続役務を提供する電気通信事業者（電気通信事業法第二条第五号に規定する電気通信事業者をいう。以下同じ。）をいう。

7　この法律において「携帯電話インターネット接続役務」とは、専ら携帯電話端末等（その一端が携帯電話端末又はＰＨＳ端末と接続されるための伝送路設備に接続される移動端末設備（電気通信事業法第十二条の二第四項第二号ロに規定する移動端末設備をいう。）であって、インターネットを利用して公衆の閲覧に供されている情報をその利用者の選択に応じ閲覧することができるものをいう。以下同じ。）からのインターネットへの接続を可能とする電気通信役務であって青少年がこれを利用して青少年有害情報の閲覧をする可能性が高いものとして政令で定めるものをいう。

8　この法律において「携帯電話インターネット接続役務提供事業者」とは、携帯電話インターネット接続役務を提供する電気通信事業者をいう。

9　この法律において「青少年有害情報フィルタリングソフトウェア」とは、インターネットを利用して公衆の閲覧に供されている情報を一定の基準に基づき選別した上インターネットを利用する者の青少年有害情報の閲覧を制限するためのプログラム（電子計算機に対する指令であって、一の結果を得ることがで

きるように組み合わされたものをいう。第十六条及び第十九条において同じ。）をいう。

10　この法律において「青少年有害情報フィルタリングサービス」とは、インターネットを利用して公衆の閲覧に供されている情報を一定の基準に基づき選別した上インターネットを利用する者の青少年有害情報の閲覧を制限するための役務又は青少年有害情報フィルタリングソフトウェアによって青少年有害情報の閲覧を制限するために必要な情報を当該青少年有害情報フィルタリングソフトウェアを作動させる者に対しインターネットにより継続的に提供する役務をいう。

11　この法律において「特定サーバー管理者」とは、インターネットを利用した公衆による情報の閲覧の用に供されるサーバー（以下「特定サーバー」という。）を用いて、他人の求めに応じ情報をインターネットを利用して公衆による閲覧ができる状態に置き、これに閲覧をさせる役務を提供する者をいう。

12　この法律において「発信」とは、特定サーバーに、インターネットを利用して公衆による閲覧ができるように情報を入力することをいう。

（基本理念）

第三条　青少年が安全に安心してインターネットを利用できるようにするための施策は、青少年自らが、主体的に情報通信機器を使い、インターネットにおいて流通する情報を適切に取捨選択して利用するとともに、適切にインターネットによる情報発信を行う能力（以下「インターネットを適切に活用する能力」という。）を習得することを旨として行われなければならない。

2　青少年が安全に安心してインターネットを利用できる環境の整備に関する施策の推進は、青少年有害情報フィルタリングソフトウェアの性能の向上及び利用の普及、青少年のインターネットの利用に関係する事業を行う者による青少年が青少年有害情報の閲覧をすることを防止するための措置等により、青少年がインターネットを利用して青少年有害情報の閲覧をする機会をできるだけ少なくすることを旨として行われなければならない。

3　青少年が安全に安心してインターネットを利用できる環境の整備に関する施策の推進は、自由な表現活動の重要性及び多様な主体が世界に向け多様な表現活動を行うことができるインターネットの特性に配慮し、民間における自主的かつ主体的な取組が大きな役割を担い、国及び地方公共団体はこれを尊重することを旨として行われなければならない。

（国及び地方公共団体の責務）

第四条　国及び地方公共団体は、前条の基本理念にのっとり、青少年が安全に安心してインターネットを利用することができるようにするための施策を策定し、及び実施する責務を有する。

（関係事業者の責務）

第五条　青少年のインターネットの利用に関係する事業を行う者は、その事業の特性に応じ、青少年がインターネットを利用して青少年有害情報の閲覧をする機会をできるだけ少なくするための措置を講ずるとともに、青少年のインターネットを適切に活用する能力の習得に資するための措置を講ずるよう努めるものとする。

（保護者の責務）

第六条　保護者は、インターネットにおいて青少年有害情報が多く流通していることを認識し、自らの教育方針及び青少年の発達段階に応じ、その保護する青少年について、インターネットの利用の状況を適切に把握するとともに、青少年有害情報フィルタリングソフトウェアの利用その他の方法によりインターネットの利用を適切に管理し、及びその青少年のインターネットを適切に活用する能力の習得の促進に努めるものとする。

2　保護者は、携帯電話端末等からのインターネットの利用が不適切に行われた場合には、青少年の売春、犯罪の被害、いじめ等様々な問題が生じることに特に留意するものとする。

（連携協力体制の整備）

第七条　国及び地方公共団体は、青少年が安全に安心してインターネットを利用できるようにするための施策を講ずるに当たり、関係機関、青少年のインターネットの利用に関係する事業を行う者及び関係する活動を行う民間団体相互間の連携協力体制の整備に努めるものとする。

第二章　基本計画

第八条　子ども・若者育成支援推進法（平成二十一年法律第七十一号）第二十六条に規定する子ども・若者育成支援推進本部（第三項において「本部」という。）は、青少年が安全に安心してインターネットを利用できるようにするための施策に関する基本的な計画（以下「基本計画」という。）を定め、及びその実施を推進するものとする。

2　基本計画は、次に掲げる事項について定めるものとする。

一　青少年が安全に安心してインターネットを利用できるようにするための施策についての基本的な方針

二　インターネットの適切な利用に関する教育及び啓発活動の推進に係る施策に関する事項

三　青少年有害情報フィルタリングソフトウェアの性能の向上及び利用の普及等に係る施策に関する事項

四　青少年のインターネットの適切な利用に関する活動を行う民間団体等の支援その他青少年が安全に安心してインターネットを利用できるようにするための施策に関する重要事項

3　本部は、第一項の規定により基本計画を定めたときは、遅滞なく、基本計画を公表しなければならない。

4　前項の規定は、基本計画の変更について準用する。

第三章　インターネットの適切な利用に関する教育及び啓発活動の推進等

（インターネットの適切な利用に関する教育の推進等）

第九条　国及び地方公共団体は、青少年がインターネットを適切に活用する能力を習得することができるよう、学校教育、社会教育及び家庭教育におけるインターネットの適切な利用に関する教育の推進に必要な施策を講ずるものとする。

2　国及び地方公共団体は、青少年のインターネットを適切に活用する能力の習得のための効果的な手法の開発及び普及を促進するため、研究の支援、情報の収集及び提供その他の必要な施策を講ずるものとする。

（家庭における青少年有害情報フィルタリングソフトウェアの利用の普及）

第一〇条　国及び地方公共団体は、家庭において青少年によりインターネットが利用される場合における青少年有害情報フィルタリングソフトウェアの利用の普及を図るため、必要な施策を講ずるものとする。

（インターネットの適切な利用に関する広報啓発）

第一一条　前二条に定めるもののほか、国及び地方公共団体は、青少年の健全な成長に資するため、青少年有害情報フィルタリングソフトウェアによる青少年有害情報の閲覧の制限等のインターネットの適切な利用に関する事項について、広報その他の啓発活動を行うものとする。

（関係者の努力義務）

第一二条　青少年のインターネットの利用に関係する事業を行う者その他の関係者は、その事業等の特性に応じ、インターネットを利用する際における青少年のインターネットを適切に活用する能力の習得のための学習の機会の提供、青少年有害情報フィルタリングソフトウェアの利用の普及のための活動その他の啓発活動を行うよう努めるものとする。

第四章　青少年が青少年有害情報の閲覧をすることを防止するための措置

（携帯電話インターネット接続役務提供事業者等の青少年確認義務）

第一三条　携帯電話インターネット接続役務提供事業者及び携帯電話インターネット接続役務提供事業者の携帯電話インターネット接続役務の提供に関する契約（以下「役務提供契約」という。）の締結の媒介、取次ぎ又は代理を業として行う者（以下「携帯電話インターネット接続役務提供事業者等」という。）は、役務提供契約（既に締結されている役務提供契約（以下この項において「既契約」という。）の変更を内容とする契約又は既契約の更新を内容とする契約にあっては、当該既契約の相手方又は当該既契約に係る携帯電話端末等の変更を伴うものに限る。以下この条及び次条において同じ。）の締結又はその媒介、取次ぎ若しくは代理をしようとするときは、あらかじめ、当該役務提供契約を締結しようとする相手方が青少年であるかどうかを確認しなければならない。

2　携帯電話インターネット接続役務提供事業者等は、前項の規定により役務提供契約を締結しようとする相手方が青少年でないことを確認したときは、当該相手方に対し、当該役務提供契約に係る携帯電話端末等の使用者が青少年であるかどうかを確認しなければならない。

3　携帯電話端末等を青少年に使用させるために役務提供契約を締結しようとする者は、携帯電話インターネット接続役務提供事業者等が前項の規定による確認を行う場合において、当該携帯電話インターネット接続役務提供事業者等に対し、その旨を申し出なければならない。

第一四条（省略）

（携帯電話インターネット接続役務提供事業者の青少年有害情報フィルタリングサービスの提供義務）

第一五条　携帯電話インターネット接続役務提供事業者は、役務提供契約の相手方又は役務提供契約に係る携帯電話端末等の使用者が青少年である場合には、青少年有害情報フィルタリングサービスの利用を条件として、携帯電話インターネット接続役務を提供しなければならない。ただし、その青少年の保護者が、青少年有害情報フィルタリングサービスを利用しない旨の申出をした場合は、この限りでない。

（携帯電話インターネット接続役務提供事業者等の青少年有害情報フィルタリング有効化措置実施義務）

第一六条　携帯電話インターネット接続役務提供事業者等は、携帯電話端末等（青少年有害情報フィルタリング有効化措置（インターネットを利用する者の青少年有害情報の閲覧を制限するため、インターネットと接続する機能を有する機器に組み込まれたプログラムの機能を制限する措置をいう。以下この条及び第十九条において同じ。）を講ずる必要性が低いものとして総務省令・経済産業省令で定めるものを除く。）であって、その販売が携帯電話インターネット接続役務の提供と関連性を有するものとして総務省令・経済産業省令で定めるもの（以下この条において「特定携帯電話端末等」という。）を販売する場合において、当該特定携帯電話端末等に係る役務提供契約の相手方又は当該特定携帯電話端末等の使用者が青少年であるときは、当該特定携帯電話端末等について、青少年有害情報フィルタリング有効化措置を講じなければならない。ただし、その青少年の保護者が、青少年有害情報フィルタリング有効化措置を講ずることを希望しない旨の申出をした場合は、この限りでない。

（インターネット接続役務提供事業者の義務）

第一七条　インターネット接続役務提供事業者は、インターネット接続役務の提供を受ける者から求められたときは、青少年有害情報フィルタリングソフトウェア又は青少年有害情報フィルタリングサービスを提供しなければならない。ただし、青少年による青少年有害情報の閲覧に及ぼす影響が軽微な場合として政令で定める場合は、この限りでない。

（インターネット接続機器の製造事業者の義務）

第一八条　インターネットと接続する機能を有する機器であって青少年により使用されるもの（以下この条及び次条において「インターネット接続機器」という。）を製造する事業者は、青少年有害情報フィルタリングソフトウェアを組み込むことその他の方法により青少年有害情報フィルタリングソフトウェア又は青少年有害情報フィルタリングサービスの利用を容易にする措置を講じた上で、インターネット接続機器を販売しなければならない。ただし、青少年による青少年有害情報の閲覧に及ぼす影響が軽微な場合として政令で定める場合は、この限りでない。

第一九条から第二三条まで（省略）

第五章　インターネットの適切な利用に関する活動を行う民間団体等（省略）

第六章　雑則（省略）

附　則（省略）

子どもの権利・自治体立法編

―目　次―

子どもの権利・自治体立法編　解説

国連・子ども（児童）の権利条約の国内批准（一九九四年）を受けて、国レベルだけでなく、自治体・地域レベルで子どもの権利条約が活かされ、子ども施策のなかに取り入れられてきている。それらは、条約の広報、子ども計画の策定、子ども支援、たとえば子どもの参加支援、いじめ・虐待などからの相談・救済、子どもの居場所づくりなど、多様な形で取り組まれている。その自治体動向について、詳しくは、喜多明人・荒牧重人・森田明美編『子どもにやさしいまちづくり』（日本評論社、二〇〇四年）及び同書第二集（二〇一三年）が参考となる。なお、最近では、これらの子ども施策を条例の制定によりさらに促進していこうとする自治体もみられるようになってきた。本書では、各地における条例の制定を踏まえ、以下に示す分類に基づいて、基本的な条例を収録した。なお、詳しくは、本書と姉妹編となる荒牧重人・喜多明人・半田勝久編『解説子ども条例』（三省堂、二〇一二年）を参照されたい。

子どもの権利の視点に立った子どもに関する条例の制定は、子どもの権利に対しての誤解や偏見・反発などがみられる社会状況のなかで、子どもに身近な地域・生活の場での子どもの権利の定着をはかる試みでもある。また、これらの条例は、地方分権への移行期にあって、従来のような縦割り行政に基づく青少年健全育成、教育施策、子育て支援等の個別的な実施を根拠づける条例とは異なり、地域における独自の子ども施策を総合的に企画、推進、評価・検証していくことを根拠づける条例でもある。

そのような特徴や性質を持つ条例の全国的な制定状況に関して、条例の形式や内容等を考慮して整理すれば、以下の通りとなる。

1　子どもの権利保障をはかる総合的な条例

川崎市の条例を皮切りとして、子どもの権利を総合的な施策・制度のもとで保障しようとする総合的な条例が、北海道札幌市、北広島市、奈井江町、幕別町、芽室町、士別市、青森県青森市、宮城県石巻市、岩手県遠野市、奥州市、栃木県日光市、市貝町、那須塩原市、長野県、長野県松本市、岐阜県多治見市、岐阜市、東京都目黒区、豊島区、世田谷区、小金井市、西東京市、神奈川県相模原市、新潟県上越市、富山県魚津市、射水市、石川県白山市、内灘町、三重県名張市、東員町、愛知県名古屋市、豊田市、岩倉市、日進市、幸田町、知立市、知多市、東郷町、津島市、大阪府泉南市、福岡県志免町、筑前町、筑紫野市、宗像市、川崎町など47の自治体で制定された。これらの総合的な条例のなかには、従来型の健全育成や子育て支援の理念・政策を含んでいるものも見られるが、そのような従来型を超えて子どもの権利についての理念、家庭・学校・施設・地域など子どもの居場所・生活の場での関係づくり、子どもの参加や救済のしくみ、子ども施策の推進や検証のあり方などを規定するものが多く、子どもの権利保障を総合的にとらえ、理念、制度・しくみ、施策などが相互に補完し合うような内容になるように努力のあとが見られる。

2　子ども施策を推進していく原則条例

上記の条例は具体的な施策や制度の実施を念頭においた条例であるが、施策や制度の実施がすぐには困難な自治体においては、子ども施策を推進するための原則・理念等を定め、条例制定後にその具体化を促す、いわゆる子ども施策の原則条例を制定する傾向がある。

⑴　子どもの権利に基づく施策推進条例

箕面市、高知県などでは、具体的な施策や制度まで規定しないが、子どもの権利の視点に立ち、今後の子ども施策の推進をはかる条例が制定されてきた。これらの条例は「子どもの権利条例」の範疇にはいるものといってよく、基本となる理念や政策を示し、その推進計画の策定や推進体制のあり方などが定められる傾向にある。基本的な施策としては、子どもの居場所づくり、子どもの参加、虐待の禁止・いじめへの対応、相談・権利擁護などがあげられる。そのなかには、文言上は子どもの権利だけでなく、保護や責任が強調されているところもある。

⑵　子育て支援・次世代育成、健全育成のための施策推進条例

調布市、池田市、大阪府、熊本県など、子育て支援の推進、次世代育成の施策を意識して制定されてきた条例、あるいは青少年の健全育成の考え方が強く反映してきた条例がある。秋田県のように、「子どもの権利擁護委員会」を設置し、従来の子育て支援にとどまらず、子どもの権利救済を含んだ内容にしているところもある。

3　子どもの権利を個別的な施策・制度で実現していく個別条例

地域や子どもの実状や行財政事情などから、総合的な施策を前提とした条例ではなく、個別の問題・課題、重点課題に対応していくことを目的とした個別条例がある。

⑴　子ども相談・救済

子どもからの相談や現状をふまえて、緊急の課題として子どもの権利救済をはかることを目的とした条例がある。川西市の条例は、オンブズパーソンを子ども固有の相談・救済制度として条例で設置した点に意義がある。条例の目的に子どもの権利条約の積極的な普及と子どもの人権の確保を掲げ、オンブズパーソンを「子どもの利益の擁護者」「代弁者」「公的良心の喚起者」と位置づけ、その職務として子どもの権利救済、権利侵害の防止、子どもの権利擁護のために必要な制度改善の提言などをあげている。

このような相談救済を目的とした個別条例のほか、総合条例の一角を占める条例（多治見市、志免町、目黒区ほか）を合わせると33自治体にのぼる。

⑵　子どもの安全・防犯

子どもが安全に、安心して生きていけるよう、学校災害（さいたま市等）、いじめ（兵庫県小野市、岐阜県可児市、滋賀県大津市の「いじめ防止条例」）、学校防犯（奈良県、長浜市、東京都荒川区等）、子どもの虐待防止（東京都、武蔵野市、三重県、埼玉県行田市、東大阪市、和歌山県等）などに関する条例が制定されている。東京都の虐待防止条例は、二〇一八年三月に起きた五歳女子虐待死事件をうけて世論のあと押しもあり成立したものであり、「体罰その他の子供の品位を傷つける罰を与えてはならない」（六条二項）と精神的暴力の禁止にふみ込んでいる。

⑶　学校以外の多様な学び

一〇年以上前から学校復帰を目的としない町営フリースペースを設置してきた栃木県高根沢町は、二〇二〇年三月、「町は、不登校の子どもが学校外においても学ぶことができる場所及び機会を確保するほか、子どもの多様な学びの機会の充実を図るものとする。」（七条＝学びの支援）と定めた子ども条例を制定した。

4　その他、多様な課題の条例化

その他、千葉県の障害者差別禁止条例には、差別の定義、県知事への勧告、障害のある者への公的助成などが具体的に定められている。他にも、子どもの意見表明・参加支援に関連する条例（東京都中野区、埼玉県鶴ヶ島市、神奈川県大和市等）や、地方自治として教育委員会改革を推進していく犬山市教育委員会基本条例などがある。

●川崎市子どもの権利に関する条例

（平成一二年一二月二一日　川崎市条例第七二号）

施行、平一三・四・一
最終改正、平一七—市条例七

子どもは、それぞれが一人の人間である。子どもは、かけがえのない価値と尊厳を持っており、個性や他の者との違いが認められ、自分が自分であることを大切にされたいと願っている。

子どもは、権利の全面的な主体である。子どもは、子どもの最善の利益の確保、差別の禁止、子どもの意見の尊重などの国際的な原則の下で、その権利を総合的に、かつ、現実に保障される。子どもにとって権利は、人間としての尊厳をもって、自分を自分として実現し、自分らしく生きていく上で不可欠なものである。

子どもは、その権利が保障される中で、豊かな子ども時代を過ごすことができる。子どもの権利について学習することや実際に行使することなどを通して、子どもは、権利の認識を深め、権利を実現する力、他の者の権利を尊重する力や責任などを身に付けることができる。また、自分の権利が尊重され、保障されるためには、同じように他の者の権利が尊重され、保障されなければならず、それぞれの権利が相互に尊重されることが不可欠である。

子どもは、大人とともに社会を構成するパートナーである。子どもは、現在の社会の一員として、また、未来の社会の担い手として、社会の在り方や形成にかかわる固有の役割があるとともに、そこに参加する権利がある。そのためにも社会は、子どもに開かれる。

子どもは、同時代を生きる地球市民として国内外の子どもと相互の理解と交流を深め、共生と平和を願い、自然を守り、都市のより良い環境を創造することに欠かせない役割を持っている。

市における子どもの権利を保障する取組は、市に生活するすべての人々の共生を進め、その権利の保障につながる。私たちは、子ども最優先などの国際的な原則も踏まえ、それぞれの子どもが一人の人間として生きていく上で必要な権利が保障されるよう努める。

私たちは、こうした考えの下、平成元年十一月二十日に国際連合総会で採択された「児童の権利に関する条約」の理念に基づき、子どもの権利の保障を進めることを宣言し、この条例を制定する。

第一章　総則

（目的）

第一条　この条例は、子どもの権利に係る市等の責務、人間としての大切な子どもの権利、家庭、育ち・学ぶ施設及び地域における子どもの権利の保障等について定めることにより、子どもの権利の保障を図ることを目的とする。

（定義）

第二条　この条例において、次の各号に掲げる用語の意義は、それぞれ当該各号に定めるところによる。

(1) 子ども　市民をはじめとする市に関係のある十八歳未満の者その他これらの者と等しく権利を認めることが適当と認められる者

(2) 育ち・学ぶ施設　児童福祉法（昭和二十二年法律第百六十四号）に規定する児童福祉施設、学校教育法（昭和二十二年法律第二十六号）に規定する学校、専修学校、各種学校その他の施設のうち、子どもが育ち、学ぶために入所し、通所し、又は通学する施設

(3) 親に代わる保護者　児童福祉法に規定する里親その他の親に代わり子どもを養育する者

（責務）

第三条　市は、子どもの権利を尊重し、あらゆる施策を通じてその保障に努めるものとする。

2　市民は、子どもの権利の保障に努めるべき場において、その権利が保障されるよう市との協働に努めなければならない。

3　育ち・学ぶ施設の設置者、管理者及び職員（以下「施設関係者」という。）のうち、市以外の施設関係者は、市の施策に協力するよう努めるとともに、その育ち・学ぶ施設における子どもの権利が保障されるよう努めなければならない。

4　事業者は、雇用される市民が養育する子ども及び雇用される子どもの権利の保障について市の施策に協力するよう努めなければならない。

（国等への要請）

第四条　市は、子どもの権利が広く保障されるよう国、他の公共団体等に対し協力を要請し、市外においてもその権利が保障されるよう働きかけを行うものとする。

（かわさき子どもの権利の日）

第五条　市民の間に広く子どもの権利についての関心と理解を深めるため、かわさき子どもの権利の日を設ける。

2　かわさき子どもの権利の日は、十一月二十日とする。

3　市は、かわさき子どもの権利の日の趣旨にふさわしい事業を実施し、広く市民の参加を求めるものとする。

（広報）

第六条　市は、子どもの権利に対する市民の理解を深めるため、その広報に努めるものとする。

（学習等への支援等）

第七条　市は、家庭教育、学校教育及び社会教育の中で、子どもの権利についての学習等が推進されるよう必要な条件の整備に努めるものとする。

2　市は、施設関係者及び医師、保健師等の子どもの権利の保障に職務上関係のある者に対し、子どもの権利についての理解がより深まるよう研修の機会を提供するものとする。

3　市は、子どもによる子どもの権利についての自主的な学習等の取組に対し、必要な支援に努めるものとする。

（市民活動への支援）

第八条　市は、子どもの権利の保障に努める市民の活動に対し、その支援に努めるとともに、子どもの権利の保障に努める活動を行うものとの連携を図るものとする。

第二章　人間としての大切な子どもの権利

（子どもの大切な権利）

第九条　この章に規定する権利は、子どもにとって、人間として育ち、学び、生活をしていく上でとりわけ大切なものとして保障されなければならない。

（安心して生きる権利）

第一〇条　子どもは、安心して生きることができる。そのためには、主として次に掲げる権利が保障されなければならない。

(1) 命が守られ、尊重されること。

(2) 愛情と理解をもって育まれること。

(3) あらゆる形態の差別を受けないこと。

(4) あらゆる形の暴力を受けず、又は放置されないこと。

(5) 健康に配慮がなされ、適切な医療が提供され、及び成長にふさわしい生活ができること。

(6) 平和と安全な環境の下で生活ができること。

（ありのままの自分でいる権利）

第一一条　子どもは、ありのままの自分でいることができる。そのためには、主として次に掲げる権利が保障されなければならない。

(1) 個性や他の者との違いが認められ、人格が尊重されること。

(2) 自分の考えや信仰を持つこと。

(3) 秘密が侵されないこと。

(4) 自分に関する情報が不当に収集され、又は利用されないこと。

(5) 子どもであることをもって不当な取扱いを受けないこと。

(6) 安心できる場所で自分を休ませ、及び余暇を持つこと。

（自分を守り、守られる権利）

第一二条 子どもは、自分を守り、又は自分が守られることができる。そのためには、主として次に掲げる権利が保障されなければならない。

(1) あらゆる権利の侵害から逃れられること。

(2) 自分が育つことを妨げる状況から保護されること。

(3) 状況に応じた適切な相談の機会が、相談にふさわしい雰囲気の中で確保されること。

(4) 自分の将来に影響を及ぼすことについて他の者が決めるときに、自分の意見を述べるのにふさわしい雰囲気の中で表明し、その意見が尊重されること。

(5) 自分を回復するに当たり、その回復に適切でふさわしい雰囲気の場が与えられること。

（自分を豊かにし、力づけられる権利）

第一三条 子どもは、その育ちに応じて自分を豊かにし、力づけられることができる。そのためには、主として次に掲げる権利が保障されなければならない。

(1) 遊ぶこと。

(2) 学ぶこと。

(3) 文化芸術活動に参加すること。

(4) 役立つ情報を得ること。

(5) 幸福を追求すること。

（自分で決める権利）

第一四条 子どもは、自分に関することを自分で決めることができる。そのためには、主として次に掲げる権利が保障されなければならない。

(1) 自分に関することを年齢と成熟に応じて決めること。

(2) 自分に関することを決めるときに、適切な支援及び助言が受けられること。

(3) 自分に関することを決めるために必要な情報が得られること。

（参加する権利）

第一五条 子どもは、参加することができる。そのためには、主として次に掲げる権利が保障されなければならない。

(1) 自分を表現すること。

(2) 自分の意見を表明し、その意見が尊重されること。

(3) 仲間をつくり、仲間と集うこと。

(4) 参加に際し、適切な支援が受けられること。

（個別の必要に応じて支援を受ける権利）

第一六条 子どもは、その置かれた状況に応じ、子どもにとって必要な支援を受けることができる。そのためには、主として次に掲げる権利が保障されなければならない。

(1) 子ども又はその家族の国籍、民族、性別、言語、宗教、出身、財産、障害その他の置かれている状況を原因又は理由とした差別及び不利益を受けないこと。

(2) 前号の置かれている状況の違いが認められ、尊重される中で共生できること。

(3) 障害のある子どもが、尊厳を持ち、自立し、かつ、社会への積極的な参加が図られること。

(4) 国籍、民族、言語等において少数の立場の子どもが、自分の文化等を享受し、学習し、又は表現することが尊重されること。

(5) 子どもが置かれている状況に応じ、子どもに必要な情報の入手の方法、意見の表明の方法、参加の手法等に工夫及び配慮がなされること。

第三章　家庭、育ち・学ぶ施設及び地域における子どもの権利の保障

第一節　家庭における子どもの権利の保障

（親等による子どもの権利の保障）

第一七条 親又は親に代わる保護者（以下「親等」という。）は、その養育する子どもの権利の保障に努めるべき第一義的な責任者である。

2 親等は、その養育する子どもが権利を行使する際に子どもの最善の利益を確保するため、子どもの年齢と成熟に応じた支援に努めなければならない。

3 親等は、子どもの最善の利益と一致する限りにおいて、その養育する子どもに代わり、その権利を行使するよう努めなければならない。

4 親等は、育ち・学ぶ施設及び保健、医療、児童福祉等の関係機関からその子どもの養育に必要な説明を受けることができる。この場合において、子ども本人の情報を得ようとするときは、子どもの最善の利益を損なわない限りにおいて行うよう努めなければならない。

（養育の支援）

第一八条 親等は、その子どもの養育に当たって市から支援を受けることができる。

2 市は、親等がその子どもの養育に困難な状況にある場合は、その状況について特に配慮した支援に努めるものとする。

3 事業者は、雇用される市民が安心してその子どもを養育できるよう配慮しなければならない。

（虐待及び体罰の禁止）

第一九条 親等は、その養育する子どもに対して、虐待及び体罰を行ってはならない。

（虐待からの救済及びその回復）

第二〇条 市は、虐待を受けた子どもに対する迅速かつ適切な救済及びその回復に努めるものとする。

2 前項の救済及びその回復に当たっては、二次的被害が生じないようその子どもの心身の状況に特に配慮しなければならない。

3 市は、虐待の早期発見及び虐待を受けた子どもの迅速かつ適切な救済及びその回復のため、関係団体等との連携を図り、その支援に努めるものとする。

第二節　育ち・学ぶ施設における子どもの権利の保障

（育ち・学ぶ環境の整備等）

第二一条 育ち・学ぶ施設の設置者及び管理者（以下「施設設置管理者」という。）は、その子どもの権利の保障が図られるよう育ち・学ぶ施設において子どもが自ら育ち、学べる環境の整備に努めなければならない。

2 前項の環境の整備に当たっては、その子どもの親等その他地域の住民との連携を図るとともに、育ち・学ぶ施設の職員の主体的な取組を通して行われるよう努めなければならない。

（安全管理体制の整備等）

第二二条 施設設置管理者は、育ち・学ぶ施設の活動における子どもの安全を確保するため、災害の発生の防止に努めるとともに、災害が発生した場合にあっても被害の拡大を防げるよう関係機関、親等その他地域の住民との連携を図り、安全管理の体制の整備及びその維持に努めなければならない。

2 施設設置管理者は、その子どもの自主的な活動が安全の下で保障されるようその施設及び設備の整備等に配慮しなければならない。

（虐待及び体罰の禁止等）

第二三条 施設関係者は、その子どもに対し、虐待及び体罰を行ってはならない。

2 施設設置管理者は、その職員に対し、子どもに対する虐待及び体罰の防止に関する研修等の実施に努めなければならない。

3 施設設置管理者は、子どもに対する虐待及び体罰に関する相談をその子どもが安心して行うことができる育ち・学ぶ施設における仕組みを整えるよう努めなければならない。

4 施設関係者は、虐待及び体罰に関する子どもの相談を受けたときは、子どもの最善の利益を考慮し、その相談の解決に必要な者、関係機関等と連携し、子どもの救済及びその回復に努めなければならない。

（いじめの防止等）

第二四条 施設関係者は、いじめの防止に努めなければならない。

2 施設関係者は、いじめの防止を図るため、その子どもに対し、子どもの権利が理解され

るよう啓発に努めなければならない。

3 施設設置管理者は、その職員に対し、いじめの防止に関する研修等の実施に努めなければならない。

4 施設設置管理者は、いじめに関する相談をその子どもが安心して行うことができる育ち・学ぶ施設における仕組みを整えるよう努めなければならない。

5 施設関係者は、いじめに関する子どもの相談を受けたときは、子どもの最善の利益を考慮し、その相談の解決に必要な者、関係機関等と連携し、子どもの救済及びその回復に努めなければならない。この場合において、施設関係者は、いじめを行った子どもに対しても必要な配慮を行った上で適切な対応を行うよう努めなければならない。

（子ども本人に関する文書等）

第二五条 育ち・学ぶ施設における子ども本人に関する文書は、適切に管理され、及び保管されなければならない。

2 前項の文書のうち子どもの利害に影響するものにあっては、その作成に当たり、子ども本人又はその親等の意見を求める等の公正な文書の作成に対する配慮がなされなければならない。

3 育ち・学ぶ施設においては、その目的の範囲を超えてその子ども本人に関する情報が収集され、又は保管されてはならない。

4 前項の情報は、育ち・学ぶ施設のその目的の範囲を超えて利用され、又は外部に提供されてはならない。

5 第一項の文書及び第三項の情報に関しては、子どもの最善の利益を損なわない限りにおいてその子ども本人に提示され、又は提供されるよう文書及び情報の管理等に関する事務が行われなければならない。

6 育ち・学ぶ施設において子どもに対する不利益な処分等が行われる場合には、その処分等を決める前に、その子ども本人から事情、意見等を聴く場を設ける等の配慮がなされなければならない。

第三節 地域における子どもの権利の保障

（子どもの育ちの場等としての地域）

第二六条 地域は、子どもの育ちの場であり、家庭、育ち・学ぶ施設、文化、スポーツ施設等と一体となってその人間関係を豊かなものとする場であることを考慮し、市は、地域において子どもの権利の保障が図られるよう子どもの活動が安全の下で行うことができる子育て及び教育環境の向上を目指したまちづくりに努めるものとする。

2 市は、地域において、子ども、その親等、施設関係者その他住民がそれぞれ主体となって、地域における子育て及び教育環境に係る協議その他の活動を行う組織の整備並びにその活動に対し支援に努めるものとする。

（子どもの居場所）

第二七条 子どもには、ありのままの自分でいること、休息して自分を取り戻すこと、自由に遊び、若しくは活動すること又は安心して人間関係をつくり合うことができる場所（以下「居場所」という。）が大切であることを考慮し、市は、居場所についての考え方の普及並びに居場所の確保及びその存続に努めるものとする。

2 市は、子どもに対する居場所の提供等の自主的な活動を行う市民及び関係団体との連携を図り、その支援に努めるものとする。

（地域における子どもの活動）

第二八条 地域における子どもの活動が子どもにとって豊かな人間関係の中で育つために大切であることを考慮し、市は、地域における子どもの自治的な活動を奨励するとともにその支援に努めるものとする。

第四章 子どもの参加

（子どもの参加の促進）

第二九条 市は、子どもが市政等について市民として意見を表明する機会、育ち・学ぶ施設その他活動の拠点となる場でその運営等について構成員として意見を表明する機会又は地域における文化・スポーツ活動に参加する機会を諸施策において保障することが大切であることを考慮して、子どもの参加を促進し、又はその方策の普及に努めるものとする。

（子ども会議）

第三〇条 市長は、市政について、子どもの意見を求めるため、川崎市子ども会議（以下「子ども会議」という。）を開催する。

2 子ども会議は、子どもの自主的及び自発的な取組により運営されるものとする。

3 子ども会議は、その主体である子どもが定める方法により、子どもの総意としての意見等をまとめ、市長に提出することができる。

4 市長その他の執行機関は、前項の規定により提出された意見等を尊重するものとする。

5 市長その他の執行機関は、子ども会議にあらゆる子どもの参加が促進され、その会議が円滑に運営されるよう必要な支援を行うものとする。

（参加活動の拠点づくり）

第三一条 市は、子どもの自主的及び自発的な参加活動を支援するため、子どもが子どもだけで自由に安心して集うことができる拠点づくりに努めるものとする。

（自治的活動の奨励）

第三二条 施設設置管理者は、その構成員としての子どもの自治的な活動を奨励し、支援するよう努めなければならない。

2 前項の自治的な活動による子どもの意見等については、育ち・学ぶ施設の運営について配慮されるよう努めなければならない。

（より開かれた育ち・学ぶ施設）

第三三条 施設設置管理者は、子ども、その親等その他地域の住民にとってより開かれた育ち・学ぶ施設を目指すため、それらの者に育ち・学ぶ施設における運営等の説明等を行い、それらの者及び育ち・学ぶ施設の職員とともに育ち・学ぶ施設を支え合うため、定期的に話し合う場を設けるよう努めなければならない。

（市の施設の設置及び運営に関する子どもの意見）

第三四条 市は、子どもの利用を目的とした市の施設の設置及び運営に関し、子どもの参加の方法等について配慮し、子どもの意見を聴くよう努めるものとする。

第五章 相談及び救済

（相談及び救済）

第三五条 子どもは、川崎市人権オンブズパーソンに対し、権利の侵害について相談し、又は権利の侵害からの救済を求めることができる。

2 市は、川崎市人権オンブズパーソンによるもののほか、子どもの権利の侵害に関する相談又は救済については、関係機関、関係団体等との連携を図るとともに子ども及びその権利の侵害の特性に配慮した対応に努めるものとする。

第六章 子どもの権利に関する行動計画

（行動計画）

第三六条 市は、子どもに関する施策の推進に際し子どもの権利の保障が総合的かつ計画的に図られるための川崎市子どもの権利に関する行動計画（以下「行動計画」という。）を策定するものとする。

2 市長その他の執行機関は、行動計画を策定するに当たっては、市民及び第三十八条に規定する川崎市子どもの権利委員会の意見を聴くものとする。

（子どもに関する施策の推進）

第三七条 市の子どもに関する施策は、子どもの権利の保障に資するため、次に掲げる事項に配慮し、推進しなければならない。

(1) 子どもの最善の利益に基づくものであること。

(2) 教育、福祉、医療等との連携及び調整が図られた総合的かつ計画的なものであること。

(3) 親等、施設関係者その他市民との連携を通して一人一人の子どもを支援するものであること。

第七章　子どもの権利の保障状況の検証

（権利委員会）

第三八条　子どもに関する施策の充実を図り、子どもの権利の保障を推進するため、川崎市子どもの権利委員会（以下「権利委員会」という。）を置く。

2　権利委員会は、第三十六条第二項に定めるもののほか、市長その他の執行機関の諮問に応じて、子どもに関する施策における子どもの権利の保障の状況について調査審議する。

3　権利委員会は、委員十人以内で組織する。

4　委員は、人権、教育、福祉等の子どもの権利にかかわる分野において学識経験のある者及び市民のうちから、市長が委嘱する。

5　委員の任期は、三年とする。ただし、補欠の委員の任期は、前任者の残任期間とする。

6　委員は、再任されることができる。

7　第四項の委員のほか、特別の事項を調査審議させるため必要があるときは、権利委員会に臨時委員を置くことができる。

8　委員及び臨時委員は、職務上知ることができた秘密を漏らしてはならない。その職を退いた後も同様とする。

9　前各項に定めるもののほか、権利委員会の組織及び運営に関し必要な事項は、市長が定める。

（検証）

第三九条　権利委員会は、前条第二項の諮問があったときは、市長その他の執行機関に対し、その諮問に係る施策について評価等を行うべき事項について提示するものとする。

2　市長その他の執行機関は、前項の規定により権利委員会から提示のあった事項について評価等を行い、その結果を権利委員会に報告するものとする。

3　権利委員会は、前項の報告を受けたときは、市民の意見を求めるものとする。

4　権利委員会は、前項の規定により意見を求めるに当たっては、子どもの意見が得られるようその方法等に配慮しなければならない。

5　権利委員会は、第二項の報告及び第三項の意見を総合的に勘案して、子どもの権利の保障の状況について調査審議するものとする。

6　権利委員会は、前項の調査審議により得た検証の結果を市長その他の執行機関に答申するものとする。

（答申に対する措置等）

第四〇条　市長その他の執行機関は、権利委員会からの答申を尊重し、必要な措置を講ずるものとする。

2　市長は、前条の規定による答申及び前項の規定により講じた措置について公表するものとする。

第八章　雑則

（委任）

第四一条　この条例の施行に関し必要な事項は、市長その他の執行機関が定める。

附　則（省略）

●〔東京都〕西東京市子ども条例

（平成三〇年九月一九日西東京市条例第二八号）

施行、平三〇・一〇・一、平三一・四・一

わたしたちは、まち全体で子どもの育ちを支える、子どもにやさしい西東京をともにつくっていきます。

わたしたちは、子どもが失敗や間違いをしてもやり直し、成長できるまちにしていきます。

わたしたちは、子どもが家庭・園・学校・地域の一員、西東京の一員として位置づけられ、その役割が果たせるまちにしていきます。

わたしたちは、とりわけ困難な状況にある子どもや多様な背景をもつ子どもの尊厳や参加を大切にするまちにしていきます。

子どもは、一人ひとりが人間として、その人格や権利が大切にされます。乳幼児は、特別な保護の対象であるとともに、その発達しつつある能力に応じて自分の権利を行使する資格をもっています。

子どもは、いじめ、虐待、貧困等の困難な状況について、まち全体で取り組まれ、そのいのちが大切に守られます。

子どもは、一人ひとりの違いが認められ、自分らしく育つことができます。

子どもは、その最善の利益が第一義的に考慮されます。

子どもは、自分の意見を自由に表明することができ、自分にかかわることやまちづくり等に参加することができます。

おとなは、子どもに寄り添いながら、子どもが遊び、学び、その他の活動ができるよう、子どもの育ちを支えます。

おとなは、子どもが安心して自分の思いや考えを十分に伝えられるよう、子どもと向き合って意見を聴きます。

地域は、子どもの育ちを支えることで、子どもと市民のふれ合いをすすめ、子どもが安心して生きていくことができるよう支援していきます。

市は、子どもが生まれてからの切れ目のない支援をすすめます。

わたしたちは、世界の約束事である児童の権利に関する条約、そして、日本国憲法・児童福祉法等の趣旨を踏まえ、この条例を定めます。

第一章　総則

（目的）

第一条　この条例は、今と未来を生きる全ての子どもが健やかに育つ環境を整えるため、その理念を共有し、制度を整え、西東京市（以下「市」といいます。）全体で子どもの育ちを支えていくことを目的とします。

（言葉の意味）

第二条　この条例において、次の各号に掲げる言葉の意味は、当該各号に定めるところによります。

(1)　子ども　市内に在住、在勤、在学その他市内で活動する一八歳未満の全ての者をいいます。ただし、これらの者と同等にこの条例が適用されることがふさわしいと認められる者を含みます。

(2)　保護者　親、里親その他親に代わり養育する者をいいます。

(3)　市民　市内に在住、在勤若しくは在学をする者又は市内で市民活動を行う団体をいいます。

(4)　育ち学ぶ施設　児童福祉法（昭和二二年法律第一六四号）に定める児童福祉施設、学校教育法（昭和二二年法律第二六号）に定める学校その他の子どもが育ち、学び、活動するために利用する施設をいいます。

（市等の役割）

第三条　市は、全ての子どもがその命を大切にされ、健やかに育つことができるよう、子どもの意見を尊重し、その最善の利益を考慮して、子どもに関わる施策を総合的に実施しなければなりません。

2　保護者は、子育てについて、児童の権利に関する条約（平成六年条約第二号。以下「条約」といいます。）に規定する第一義的な責任を負うことを自覚し、必要に応じて市、育ち学ぶ施設の関係者等の支援を活用しながら、子どもが健やかに育つよう努めるものとします。

3　育ち学ぶ施設の関係者は、子どもが主体性を持ち、学び、成長するよう支援に努めるものとします。

4　市民は、地域の中で子どもが育つことを認識し、子どもの健やかな育ちのために協力するよう努めるものとします。

5　事業者は、事業活動を行う中で、子どもが健やかに育つことができ、保護者が子育てに取り組むことができる環境を作るため、配慮するよう努めるものとします。

（連携）

第四条　市、保護者、育ち学ぶ施設の関係者、市民及び事業者は、お互いに連携・協働して子どもの育ちを支援するものとします。

2　市は、国、東京都、他の地方公共団体等と協力して、子どもに関する施策を実施し、子どもの育ちを支援するものとします。

第二章　子どもの生活の場における支援と支援者への支援

（保護者と家庭への支援）

第五条　保護者は、家庭において安心して子育てができるよう、及び子どもの健やかな育ちのために市等から必要な支援を受けることができます。

2　市は、子どもが健やかに養育されるように、保護者が第三条第二項に規定する役割を認識し、安心して子育てに取り組むことができるよう必要な支援に努めなければなりません。

3　育ち学ぶ施設の関係者及び市民は、保護者が家庭において安心して子育てができるよう、協力して、支援に努めなければなりません。

（育ち学ぶ施設とその職員への支援）

第六条　育ち学ぶ施設の関係者は、子どもの健やかな育ちに取り組むために必要な支援を受けることができます。

2　市並びに育ち学ぶ施設の設置者及び管理者は、育ち学ぶ施設の職員が子どもの健やかな育ちに取り組むことができるよう必要な支援に努めなければなりません。

3　保護者及び市民は、育ち学ぶ施設の関係者が第三条第三項に規定する役割を果たすことができるよう対等な立場で協力するよう努めなければなりません。

（地域と市民への支援）

第七条　市民は、地域において子どもが健やかに育つよう必要な支援を受けることができます。

2　市、市民及び事業者は、第三条第一項、第四項及び第五項に規定する役割を認識し、地域において、子どもが安全に安心して過ごし、地域の一員として生活できる地域づくりに努めなければなりません。

3　市は、市民が行う子どもの健やかな育ちのための活動に対して必要な支援に努めなければなりません。

第三章　子ども施策と子どもにやさしいまちづくりの推進

（虐待の防止）

第八条　市、育ち学ぶ施設の関係者、市民及び事業者は、子どもが虐待を受けることなく、健やかに育ち、安心して暮らせるよう努めるものとします。

2　市は、子どもに対する虐待の予防及び早期発見に取り組むものとします。

3　育ち学ぶ施設の関係者、市民及び事業者は、子どもが虐待を受けないよう配慮するとともに、虐待を受けていると思われる子どもを発見したときは、直ちに市その他関係機関に通報しなければなりません。

4　市は、虐待を受けた子どもを迅速かつ適切に救済するために、関係機関と協力して、必要な支援を行うものとします。

（いじめその他の権利侵害への対応）

第九条　市、育ち学ぶ施設の関係者、市民及び事業者は、子どもがいじめその他の権利侵害を受けることなく、安心して生活し学ぶことができるよう努めるものとします。

2　市は、子どもに対するいじめその他の権利侵害の予防及び早期発見に取り組むものとします。

3　市及び育ち学ぶ施設の関係者は、いじめその他の権利侵害を受けた子どもを迅速かつ適切に救済するために、関係機関と協力して、必要な支援を行うものとします。

4　市及び育ち学ぶ施設の関係者は、いじめその他の権利侵害に関わった子ども等が再びいじめその他の権利侵害に関わらないよう取り組むものとします。

（子どもの貧困の防止）

第一〇条　市は、育ち学ぶ施設の関係者、市民、事業者等と連携・協働して、子どもが安心して過ごし、学び、健やかに育つために、子どもの貧困問題に総合的に取り組むよう努めなければなりません。

（健康と環境）

第一一条　市は、子どもの心身の健康の維持及び増進を図るよう努めなければなりません。

2　市は、子どもが安全で良好な環境のもとで生きていくことができるよう努めなければなりません。

（子どもの居場所）

第一二条　市は、子どもが安心して過ごし、遊び、学び、及び活動するために必要な居場所作りの推進に努めなければなりません。

2　市、育ち学ぶ施設の関係者、市民及び事業者は、子どもの居場所作りについて、子どもが考え及び意見を表明し、参加する機会を設けるよう努めるものとします。

（子どもの意見表明や参加）

第一三条　市は、子どもが育ち学ぶ施設や社会の一員として自らの考えや意見を表明し、参加する機会及び制度を設けるよう努めなければなりません。

2　市、保護者、育ち学ぶ施設の関係者、市民及び事業者は、子どもの意見表明及び参加を促進するために、子どもの考え及び意見を尊重し、主体的な活動を支援するよう努めるものとします。

3　市及び育ち学ぶ施設の関係者は、子どもの意見表明及び参加を促進するため、子どもが、その意義及び方法について学び、情報を得ることができるよう努めるものとします。

（子どもの権利の普及）

第一四条　市は、この条例及び条約に規定する子どもの権利について、子どもその他の市民が学び、理解し、子ども自身が身に付けることができるよう普及に努めなければなりません。

2　育ち学ぶ施設の関係者は、子どもが権利を学び、理解し、身に付け、さらに自己及び他者の権利を尊重し合うことができるよう必要な支援に努めるものとします。

3　市は、保護者、育ち学ぶ施設の関係者その他の子どもの育ちに関わる者が子どもの権利について学び、理解することができるよう必要な支援に努めなければなりません。

第四章　子どもの相談・救済

（子どもの権利擁護委員の設置）

第一五条　子どもの権利の侵害について、速やかに救済することを目的として、市長の附属機関として、西東京市子どもの権利擁護委員（以下「擁護委員」といいます。）を設置します。

（定数と委嘱の基準）

第一六条　擁護委員の定数は、三人以内とします。

2　擁護委員は、人格が優れ、子どもの権利について見識を有する者の中から市長が委嘱します。

（任期）

第一七条　擁護委員の任期は三年とし、再任を妨げません。ただし、特別の事情があるときは、その任期中であっても解職することができます。

（相談・調査に関する専門員の設置）
第一八条　市長は、擁護委員の職務を補佐するため、相談・調査に関する専門員を置きます。

（擁護委員の職務）
第一九条　擁護委員は、相談又は申立てにより、次に掲げる職務を行います。
(1) 子どもの権利の侵害についての相談に応じ、必要な助言及び支援をすること。
(2) 子どもの権利の侵害についての調査をすること。
(3) 子どもの権利の侵害を救済するための調整及び要請をすること。
(4) 子どもの権利の侵害を防ぐための意見を述べること。
(5) 子どもの権利の侵害を救済するための要請、子どもの権利の侵害を防ぐための意見等の内容を公表すること。
(6) 子どもの権利擁護についての必要な理解を広め、連携を推進すること。
2　擁護委員及び相談・調査に関する専門員は、職務上知り得た秘密を漏らしてはなりません。その職を退いた後も同様とします。

（要請や意見表明の尊重）
第二〇条　市は、擁護委員からの要請及び意見表明を受けた場合は、これを尊重し、必要な措置をとるものとします。
2　市以外の者は、要請及び意見表明を受けた場合は、これを尊重し、必要な措置をとるよう努めるものとします。

（擁護委員の独立性の確保と活動への協力）
第二一条　市は、擁護委員の独立性を尊重しなければなりません。
2　保護者、育ち学ぶ施設の関係者、市民及び事業者は、擁護委員の職務に協力するよう努めるものとします。
3　市、保護者、育ち学ぶ施設の関係者、市民及び事業者は、子どもが擁護委員への相談等を活用しやすい環境を整えるよう努めるものとします。

（見守り等の支援）
第二二条　擁護委員は、子どもの権利の侵害を救済するための要請等を行った後も、必要に応じて関係機関等と協力しながら、子どもの見守り等の支援を行うことができます。

（活動の報告と公表）
第二三条　擁護委員は、毎年度、その活動の内容を市長に報告します。
2　市長は、前項の報告を受けたときは、その内容を公表します。

第五章　子ども施策の推進と検証

（推進計画）
第二四条　市は、条例に基づいて子どもに関わる施策を進めていくための基本となる計画（以下「推進計画」といいます。）を策定します。この場合において、既存の計画であって、推進計画となりえるものがある場合は、これを推進計画に位置付けることができます。
2　市は、推進計画を策定する場合には、子どもその他の市民の意見を反映させるよう努めなければなりません。
3　市は、推進計画を策定した場合には、速やかにこれを公表し、普及に努めなければなりません。

（推進体制）
第二五条　市は、子どもに関わる施策を推進していくため、子ども施策推進本部を設置します。
2　子ども施策推進本部は、子どもに関わる施策について対応すべき事項の方向性を決定し、及び調整を図ります。
3　市は、特に市民と連携・協働して、子どもに関わる施策を効果的に推進するものとします。

（検証）
第二六条　市は、子どもに関する施策を着実に進めていくため、推進計画の実施状況について検証する制度を作り、検証するものとします。この場合において、必要に応じて子どもその他の市民から意見を求めるものとします。
2　市は、前項の検証の結果について報告を受けたときは、その内容を尊重し、必要な措置をとるものとします。

第六章　雑則

（委任）
第二七条　この条例に定めるもののほか必要な事項は、市長が別に定めます。

附　則（省略）

●（東京都）世田谷区子ども条例

（平成一三年一二月一〇日　世田谷区条例第六四号）

施行、平一四・四・一
最終改正、令二―区条例一一

子どもは、未来への「希望」です。将来へ向けて社会を築いていく役割を持っています。
子どもは、それぞれ一人の人間として、いかなる差別もなくその尊厳と権利が尊重されます。そして、心も身体も健康で過ごし、個性と豊かな人間性がはぐくまれる中で、社会の一員として成長に応じた責任を果たしていくことが求められています。
平成六年、国は、「児童の権利に関する条約」を結びました。そして、世田谷区も平成一一年に「子どもを取り巻く環境整備プラン」を定め、子どもがすこやかに育つことのできる環境をつくるよう努めてきました。
子どもは、自分の考えで判断し、行動していくことができるよう、社会における役割や責任を自覚し、自ら学んでいく姿勢を持つことが大切です。大人は、子どもが能力を発揮することができるよう、学ぶ機会を確保し、理解を示すとともに、愛情と厳しさをもって接することが必要です。
このことは、私たち世田谷区民が果たさなければならない役割であると考え、子どもが育つことに喜びを感じることができる社会を実現するため、世田谷区は、すべての世田谷区民と力を合わせ、子どもがすこやかに育つことのできるまちをつくることを宣言して、この条例を定めます。

第一章　総則

（条例制定の理由）
第一条　この条例は、子どもがすこやかに育つことができるよう基本となることがらを定めるものです。

（言葉の意味）
第二条　この条例で「子ども」とは、まだ一八歳になっていないすべての人のことをいいます。
（条例の目標）
第三条　この条例が目指す目標は、次のとおりとします。
(1) 子ども一人ひとりが持っている力を思い切り輝かせるようにする。
(2) 子どもがすこやかに育つことを手助けし、子どものすばらしさを発見し、理解して、子育ての喜びや育つ喜びを分かち合う。
(3) 子どもが育っていく中で、子どもと一緒に地域の社会をつくる。
（保護者の務め）
第四条　保護者は、子どもの養育と成長について責任があることを自覚し、ふれあいの機会を大切にして、子どもがすこやかに育つよう全力で努めなければなりません。
（学校の務め）
第五条　学校は、子どもが人間性を豊かにし、将来への可能性を開いていくため、地域の社会と一体となって、活動をしていくよう努めなければなりません。
（区民の務め）
第六条　区民は、地域の中で、子どもがすこやかに育つことができ、また、子育てをしやすい環境をつくっていくため、積極的に役割を果たすよう努めなければなりません。
（事業者の務め）
第七条　事業者は、その活動を行う中で、子どもがすこやかに育つことができ、また、子育てをしやすい環境をつくっていくため、配慮するよう努めなければなりません。
（区の務め）
第八条　区は、子どもについての政策を総合的に実施します。
2　区は、子どもについての政策を実施するときは、保護者、学校、区民、事業者などと連絡をとり、協力しながら行います。

第二章　基本となる政策

（健康と環境づくり）
第九条　区は、子どもの健康を保持し、増進していくとともに、子どもがすこやかに育つための安全で良好な環境をつくっていくよう努めていきます。
（場の確保など）
第一〇条　区は、子どもが遊び、自分を表現し、安らぐための場を自分で見つけることができるよう必要な支援に努めていきます。
2　区は、子どもが個性をのばし、人間性を豊かにするための体験や活動について必要な支援に努めていきます。
（子どもの参加）
第一一条　区は、子どもが参加する会議をつくるなどしていろいろな意見をきき、子どもが自主的に地域の社会に参加することができる仕組みをつくるよう努めていきます。
（虐待の禁止など）
第一二条　だれであっても、子どもを虐待してはなりません。
2　区は、虐待を防止するため、地域の人たちと連絡をとり、協力しながら、子育てをしている家庭に対し、必要なことを行うよう努めていきます。
3　区は、虐待を早期に発見し、子どもの命と安全を守るため、児童相談所と子ども家庭支援センターの強力な連携のもと、子どもや子育てをしている家庭に対する適切な支援と的確な子どもの保護に努めていきます。また、すべての区民に必要な理解が広まるよう努めていくとともに、子どもや子育てに係る関係機関、自主活動をしている団体などと連絡をとり、協力しながら、虐待の防止に努めていきます。
（いじめへの対応）
第一三条　だれであっても、いじめをしてはなりません。
2　区は、いじめを防止するため、すべての区民に必要な理解が広まるよう努めていくとともに、いじめがあったときに、すみやかに解決するため、保護者や地域の人たちと連絡をとり、協力するなど必要な仕組みをつくるよう努めていきます。
（子育てへの支援）
第一四条　区は、地域の中での助け合いや連絡を強め、子育てをしている人たちのために必要なことを行うよう努めていきます。

第三章　子どもの人権擁護

（世田谷区子どもの人権擁護委員の設置）
第一五条　区は、子どもの人権を擁護し、子どもの権利の侵害をすみやかに取り除くことを目的として、区長と教育委員会の附属機関として世田谷区子どもの人権擁護委員（以下「擁護委員」といいます。）を設置します。
2　擁護委員は、三人以内とします。
3　擁護委員は、人格が優れ、子どもの人権について見識のある人のうちから区長と教育委員会が委嘱します。
4　擁護委員の任期は三年とします。ただし、再任することができるものとします。
5　区長と教育委員会は、擁護委員が心身の故障によりその仕事ができないと判断したときや、擁護委員としてふさわしくない行いがあると判断したときは、その職を解くことができます。
（擁護委員の仕事）
第一六条　擁護委員は、次の仕事を行います。
(1) 子どもの権利の侵害についての相談に応じ、必要な助言や支援をすること。
(2) 子どもの権利の侵害についての調査をすること。
(3) 子どもの権利の侵害を取り除くための調整や要請をすること。
(4) 子どもの権利の侵害を防ぐための意見を述べること。
(5) 子どもの権利の侵害を取り除くための要請、子どもの権利の侵害を防ぐための意見などの内容を公表すること。
(6) 子どもの権利の侵害を防ぐための見守りなどの支援をすること。
(7) 活動の報告をし、その内容を公表すること。
(8) 子どもの人権の擁護についての必要な理解を広めること。
（擁護委員の務めなど）
第一七条　擁護委員は、子どもの人権を擁護し、子どもの権利の侵害を取り除くため、区長、教育委員会、保護者、区民、事業者など（以下「関係機関など」といいます。）と連絡をとり、協力しながら、公正かつ中立に仕事をしなければなりません。
2　擁護委員は、その地位を政党や政治的目的のために利用してはなりません。
3　擁護委員は、仕事をする上で知った他人の秘密をもらしてはなりません。擁護委員を辞めた後も同様とします。
（擁護委員への協力）
第一八条　区は、擁護委員の設置の目的をふまえ、その仕事に協力しなければなりません。
2　保護者、区民、事業者などは、擁護委員の仕事に協力するよう努めなければなりません。
（相談と申立て）
第一九条　子ども（次に定めるものとします。）は、擁護委員に、自分の権利への侵害について相談することやその侵害を取り除くための申立てをすることができます。また、だれであっても、擁護委員に、次に定めるものの権利の侵害について相談することやその侵害を取り除くための申立てをすることができます。
(1) 区内に住所を有する子ども
(2) 区内にある事業所で働いている子ども
(3) 区内にある学校、児童福祉施設などに、通学、通所や入所している子ども
(4) 子どもに準ずるものとして規則で定めるもの
（調査と調整）
第二〇条　擁護委員は、子どもの権利の侵害を取り除くための申立てに基づき、また、必要に応じて、子どもの権利の侵害についての調査をするものとします。ただし、擁護委員が

特別の事情があると認めるときを除き、規則で定める場合においては、調査をしないことができます。

2　擁護委員は、関係機関などに対し調査のために必要な書類を提出するよう求めることや、その職員などに対し調査のために質問することができるものとします。

3　擁護委員は、調査の結果、必要と認めるときは、子どもと関係機関などとの仲介をするなど、子どもの権利の侵害を取り除くための調整をすることができます。

（要請と意見など）

第二一条　擁護委員は、調査や調整の結果、子どもの権利の侵害を取り除くため必要と認めるときは、関係機関などに対してそのための要請をすることができます。

2　擁護委員は、子どもの権利の侵害を防ぐため必要と認めるときは、関係機関などに対してそのための意見を述べることができます。

3　要請や意見を受けた区長や教育委員会は、その要請や意見を尊重し、適切に対応しなければなりません。

4　要請や意見を受けた区長と教育委員会以外の関係機関などは、その要請や意見を尊重し、対応に努めなければなりません。

5　擁護委員は、区長や教育委員会に対して要請をしたときや意見を述べたときは、その対応についての報告を求めることができます。

6　擁護委員は、必要と認めるときは、要請、意見、対応についての報告の内容を公表することができます。この場合においては、個人情報の保護について十分に配慮しなければなりません。

7　擁護委員は、その協議により要請をし、意見を述べ、また、この要請や意見の内容を公表するものとします。

（見守りなどの支援）

第二二条　擁護委員は、子どもの権利の侵害を取り除くための要請などをした後も、必要に応じて、関係機関などと協力しながら、その子どもの見守りなどの支援をすることができます。

（活動の報告と公表）

第二三条　擁護委員は、毎年、区長と教育委員会に活動の報告をし、その内容を公表するものとします。

（擁護委員の庶務など）

第二四条　擁護委員の庶務は、子ども・若者部で行います。

2　擁護委員の仕事を補佐するため、相談・調査専門員を置きます。

3　擁護委員に準じて、第一七条の規定は、相談・調査専門員に適用します。

第四章　推進計画と評価

（推進計画）

第二五条　区長は、子どもについての政策を進めていくための基本となる計画（以下「推進計画」といいます。）をつくります。

2　区長は、推進計画をつくるときは、区民の意見が生かされるよう努めなければなりません。

3　区長は、推進計画をつくったときは、すみやかに公表します。

（評価）

第二六条　区長は、子どもについての政策を有効に進めていくため、推進計画に沿って行った結果について評価をします。

2　区長は、推進計画に沿って行った結果について評価をするときは、区民の意見が生かされるよう努めなければなりません。

3　区長は、推進計画に沿って行った結果について評価をしたときは、すみやかにその評価の内容を公表します。

第五章　推進体制など

（推進体制）

第二七条　区長は、子どもについての政策を計画的に進めていくため、推進体制を整備します。

（国、東京都などとの協力）

第二八条　区は、子どもがすこやかに育つための環境をつくっていくため、国、東京都などに協力を求めていきます。

（雇い主の協力）

第二九条　雇い主は、職場が従業員の子育てに配慮したものであるよう努めていくものとします。

2　雇い主は、子どもがすこやかに育つことに関わる活動や子育てを支える活動へ従業員が参加することについて配慮するよう努めていくものとします。

（地域の中での助け合い）

第三〇条　区は、子どもがすこやかに育つことのできるまちをつくっていくため、地域の中での助け合いに必要なことを行うとともに、自発的な活動がなされるよう必要な取組を行います。

（啓発）

第三一条　区は、この条例の意味や内容について、すべての区民に理解してもらうよう努めなければなりません。

第六章　雑則

（委任）

第三二条　この条例を施行するために必要なことは、区長が定めます。

附　則（省略）

附　則（令和二年三月四日　世田谷区条例第一一号）

この条例は、令和二年四月一日から施行します。

自治

●（長野県）松本市子どもの権利に関する条例

（平成二五年三月二五日　松本市条例第五号）

施行、平二五・四・一、平二五・六・二四

わたしたちは、「すべての子どもにやさしいまち」をめざします。

1　どの子もいのちと健康が守られ、本来もっている生きる力を高めながら、社会の一員として成長できるまち

2　どの子も愛され、大切に育まれ、認められ、家庭や学校、地域などで安心して生きることができるまち

3　どの子も松本の豊かな美しい自然と文化のなかで、のびのびと育つまち

4　どの子も地域のつながりのなかで、遊び、学び、活動することができるまち

5　どの子も自由に学び、そのための情報が得られ、支援が受けられ、自分の考えや意見を表現でき、尊重されるまち

6　どの子もいろいろなことに挑戦し、例え失敗しても再挑戦できるまち

子どもの権利は、子どもが成長するために欠くことのできない大切なものです。

日本は、世界の国々と子どもの権利に関して条約を結び、子どもがあらゆる差別を受けることなく、子どもにとって最も良いことは何かを第一に考え、安心して生き、思いや願いが尊重されるなど、子どもにとって大切な権利を保障することを約束しています。

子どもは、生まれながらにして、一人の人間として尊重されるかけがえのない存在です。

子どもは、赤ちゃんのときから思いを表現し、生きる力をもっています。

子どもは、障がい、国籍、性別などにかかわらず、また、貧困、病気、不登校などどんな困難な状況にあっても、尊い存在として大切にされます。

子どもは、一人ひとりの違いを「自分らし

さ」として認められ、虐待やいじめ、災害などから守られ、いのちを育み健やかに成長していくことができます。また、子どもは、感じたこと、考えたことを自由に表現することができ、自分にかかわるさまざまな場に参加することができます。

子どもは、自分の権利が大切にされるなかで、他の人の権利も考え、自他のいのちを尊び、子どもどうし、子どもとおとなのいい人間関係をつくることができるようになります。

おとなは、子どもの思いを受け止め、子どもの声に耳を傾け、子どもの成長と向き合います。おとなは、それぞれの役割と責任を自覚しながら、お互いに力を合わせ、子どもの育ちを支援します。そして、おとなも、家庭や学校、地域などで子どもと共に歩むことができるよう支援されます。

松本には、四季折々の豊かで美しい自然と子どもの育ちを支える地域のつながりがあり、ふるさと松本を愛する人たちがいます。そんな松本で、子どもの権利を保障し、すべての子どもにやさしいまちづくりをめざして、日本国憲法及び児童の権利に関する条約（以下「子どもの権利条約など」といいます。）の理念をふまえ、ここに松本市子どもの権利に関する条例を制定します。

第一章　総則

（目的）

第一条　この条例は、子どもの健やかな育ちを支援し、子どもの権利を実現していくために、市やおとなの役割を明らかにするとともに、子どもにかかわるすべてのおとなが連携し、協働して、すべての子どもにやさしいまちづくりを進めることを目的とします。

（言葉の意味）

第二条　この条例で「子ども」とは、松本市に住んでいたり、学んでいたり、活動をしたりしている一八歳未満の人をいいます。ただし、これらの人と等しく権利を認めることがふさわしい人も含みます。

2　この条例で「育ち学ぶ施設」とは、児童福祉法（昭和二二年法律第一六四号）に定める児童福祉施設、学校教育法（昭和二二年法律第二六号）に定める学校その他の子どもが育ち、学び、活動するために利用する施設をいいます。

3　この条例で「保護者」とは、親や児童福祉法に定める里親その他親に代わり子どもを養育する人をいいます。

（市やおとなの役割）

第三条　市は、子どもの権利を尊重し、あらゆる施策を通じてその権利の保障に努めます。

2　保護者は、家庭が子どもの人格形成や健やかな成長の基礎となる大切な場であること、そして子育てに第一に責任を負うことを認識し、年齢や成長に応じた支援を行い、子どもの権利の保障に努めます。

3　育ち学ぶ施設の設置者、管理者や職員（以下「育ち学ぶ施設関係者」といいます。）は、育ち学ぶ施設が子どもの健やかな成長にとって重要な役割を果たすことを認識し、子どもが主体的に考え、学び、活動することができるよう支援を行い、子どもの権利の保障に努めます。

4　市民は、地域が子どもの育つ大切な場であることを認識し、子どもの健やかな成長を支援するよう努め、子どもの権利の保障に努めます。

5　市、保護者、育ち学ぶ施設関係者、市民、事業者（以下「市など」といいます。）は、子どもにとって最も良いことは何かを第一に考え、お互いに連携し、協働して子どもの育ちを支援します。

6　市は、国、県その他の地方公共団体などと協力して子どもに関する施策を実施するとともに、保護者、育ち学ぶ施設関係者、市民、事業者がその役割を果たせるよう必要な支援に努めます。

第二章　子どもにとって大切な権利と普及

（大切な権利）

第四条　子どもは、子どもの権利条約などに定められている権利が保障されます。市などは、子どもが成長していくため、特に次に掲げる権利を大切にしていきます。

(1)　かけがえのない自分が大切で尊い存在であることを実感でき、主体的に成長していくことができるよう支援されること。

(2)　平和や安全が確保されるなかで、あらゆる差別や虐待、いじめなどを受けずに安心して生きていくことができること。

(3)　自分の考えや意見が受け止められ、年齢や成熟に応じて尊重され、自分らしく生きていくことができること。

(4)　遊びや学びや活動を通して仲間や人間関係づくりができ、また、適切な情報提供などの支援を受けて社会に参加することができること。

2　子どもは、自分の権利が尊重されるのと同じように、他人の権利を尊重します。

（子どもの権利の普及と学習への支援）

第五条　市は、子どもの権利について、子どもにもわかりやすくその普及に努めます。

2　市は、育ち学ぶ施設や家庭、地域などにおいて、子どもが権利を学び、自分と他人の権利を尊重し合うことができるよう必要な支援に努めます。

3　市は、育ち学ぶ施設関係者その他子どもにかかわる仕事や事業をするうえで関係のある人に対して子どもの権利についての理解を深めることができるよう研修の機会の提供などに努めます。

4　市は、市民が子どもの権利について学び、理解することができるよう必要な支援に努めます。

（子どもの権利の日）

第六条　市は、子どもの権利について、子どもをはじめ市民の関心を高めるため、松本子どもの権利の日（以下「権利の日」といいます。）を設けます。

2　権利の日は、一一月二〇日とします。

3　市は、権利の日にふさわしい事業を市民と連携し、協働して実施します。

自治

第三章　子どもの生活の場での権利の保障と子ども支援者の支援

（子どもの安全と安心）

第七条　子どもは、あらゆる差別や虐待、いじめなどを受けることなく、いのちが守られ、平和で安全な環境のもとで、安心して生きる権利が尊重されます。

2　市などは、子どもの思いを受け止め、相談に応じ、これにこたえ、子どもが安心できる生活環境を守るよう努めます。

3　市などは、連携し、協働して差別や虐待、いじめなどの早期発見、適切な救済、回復のための支援に努めます。

（家庭における権利の保障と支援）

第八条　保護者は、家庭において安心して子育てをし、子どもの権利を保障していくために必要な支援を受けることができます。

2　市は、保護者がその役割を認識し、安心して子育てをすることができるよう必要な支援に努めます。

3　育ち学ぶ施設関係者や市民は、保護者が家庭において安心して子育てができるようお互いに連携し、協働して支援するよう努めます。

（育ち学ぶ施設における権利の保障と支援）

第九条　育ち学ぶ施設関係者は、育ち学ぶ施設において子どもの権利を保障していくために必要な支援を受けることができます。

2　市、育ち学ぶ施設の管理者や設置者は、その役割を認識し、施設の職員が適切な子ども支援ができるよう必要な支援に努めます。

3　育ち学ぶ施設の設置者や管理者は、保護者や市民に対して育ち学ぶ施設の運営などの情報提供を行い、お互いに連携し、協働して施設を運営するよう努めます。

（地域における権利の保障と支援）

第一〇条　市民は、地域において子どもの権利を保障していくために必要な支援を受けることができます。

2　市民、事業者、市は、その役割を認識し、地域において、子どもを見守り、子どもが安全に安心して過ごすことができる地域づくりに努めます。

3　市は、市民が子どもの権利を保障するための活動に対して必要な支援に努めます。

第四章　子どもにやさしいまちづくりの推進

（意見表明や参加の促進）

第一一条　市は、子どもが育ち学ぶ施設や社会の一員として自分の考えや意見を表明し、参加する機会やしくみを設けるよう努めます。

2　市は、子どもが利用する施設の設置や運営さらには子どもにかかわることがらを検討するときなどは、子どもが考えや意見を自由に表明したり、参加したりすることができるよう必要な支援に努めます。

3　育ち学ぶ施設関係者や市民は、子どもが施設の運営又は地域での活動などについて考えや意見を表明し、参加できるよう機会の提供に努めるとともに、子どもの視点を大切にした主体的な活動を支援します。

4　市などは、子どもの意見表明や参加を促進するため、子どもの考えや意見を尊重するとともに、子どもの主体的な活動を支援するよう努めます。

（情報の提供）

第一二条　市や育ち学ぶ施設関係者は、子どもの意見表明や参加の促進を図るため、市の子ども施策や育ち学ぶ施設の取組みなどについて、子どもが理解を深められるよう子どもの視点に立った分かりやすい情報の提供に努めます。

（子どもの居場所）

第一三条　市などは、子どもが安心して過ごし、遊び、学び、活動したり文化にふれたりしていくために必要な居場所づくりの推進に努めます。

（環境の保護）

第一四条　市などは、豊かで美しい自然が子どもの育ちを支えるために大切であることを認識し、子どもと共にその環境を守り育てるよう努めます。

2　市などは、災害から子どもを守るために、日頃から防災や減災に努めるとともに、子どもが自分を守る力をつけることができるよう支援します。

第五章　子どもの相談・救済

（相談と救済）

第一五条　子どもは、差別や虐待、いじめその他権利侵害を受けたとき、又は受けそうな状況に置かれたとき、その子ども自身が必要としている相談や救済を受けることができます。

2　市は、子どもの権利の侵害に関する相談や救済について、関係機関等と相互に連携し、協働するとともに、子どもとその権利の侵害の特性に配慮した対応に努めます。

（子どもの権利擁護委員）

第一六条　市は、子どもの権利侵害に対して、速やかで効果的な救済に取り組み、回復を支援するために、松本市子どもの権利擁護委員（以下「擁護委員」といいます。）を置きます。

2　擁護委員の定数は、三人以内とします。

3　擁護委員は、子どもの権利に関し、理解や優れた見識がある人のなかから、市長が委嘱します。

4　擁護委員の任期は、二年とします。ただし、補欠の擁護委員の任期は、前任者の残りの期間とします。なお、再任を妨げるものではありません。

5　市は、擁護委員の職務を補佐するため、調査相談員を置きます。

（擁護委員の職務）

第一七条　擁護委員の職務は、次のとおりとします。

(1)　子どもの権利の侵害に関する相談に応じ、その子どもの救済や回復のために、助言や支援を行います。

(2)　子どもの権利の侵害にかかわる救済の申立てを受け、又は必要があるときには自らの判断で、子どもの救済や回復にむけて調査、調整、勧告・是正要請、意見表明を行います。

(3)　前号の勧告・是正要請や意見表明を受けてとられた措置の報告を求めます。

（公表）

第一八条　擁護委員は、必要と認めるときは、勧告・是正要請、意見表明、措置の報告を公表することができます。

2　擁護委員は、毎年その活動状況などを市長に報告するとともに、広く市民にも公表します。

（尊重と連携）

第一九条　市の機関は、擁護委員の独立性を尊重し、その活動を積極的に支援します。

2　保護者、育ち学ぶ施設関係者や市民は、擁護委員の活動に協力するよう努めます。

3　擁護委員は、子どもの権利侵害について、子どもの救済や回復のために関係機関や関係者と連携し、協働します。

（勧告などの尊重）

第二〇条　勧告・是正要請や意見表明を受けたものは、これを尊重し、必要な措置をとるよう努めます。

第六章　子ども施策の推進と検証

（施策の推進）

第二一条　市は、子どもにやさしいまちづくりを推進するため、子どもの権利を尊重した施策を推進します。

2　市は、施策を推進するために必要な行政体制を整備します。

（推進計画）

第二二条　市は、施策を推進するにあたり、子どもの状況を把握し、現状認識を共通にし、市などが連携し、協働できるよう子どもに関する資料をまとめ、検証するとともに、子どもの権利を保障し、子どもにやさしいまちづくりを総合的に、そして継続的に推進するため、子どもの権利に関する推進計画（以下「推進計画」といいます。）をつくります。

2　市は、推進計画をつくるときには、子どもをはじめ市民や、第二三条に定める松本市子どもにやさしいまちづくり委員会の意見を聴きます。

3　市は、推進計画及びその進行状況について、広く市民に公表します。

（子どもにやさしいまちづくり委員会）

第二三条　市は、子どもにやさしいまちづくりを総合的に、そして継続的に推進するとともに、この条例による施策の実施状況を検証するため、松本市子どもにやさしいまちづくり委員会（以下「委員会」といいます。）を置きます。

2　委員会の委員は、一五人以内とします。

3　委員は、人権、健康、福祉、教育などの子どもの権利にかかわる分野において学識のある者や市民のなかから市長が委嘱します。

4　委員の任期は、二年とします。ただし、補欠の委員の任期は、前任者の残りの期間とします。なお、再任を妨げるものではありません。

（委員会の職務）

第二四条　委員会は、市長の諮問を受けて、又は委員会の判断で、次のことについて調査や審議を行います。

(1)　推進計画に関すること。

(2)　子どもに関する施策の実施状況に関すること。

(3)　その他子どもにやさしいまちづくりの推進に関すること。

2　委員会は、調査や審議を行うにあたって、必要に応じて子どもをはじめ市民から意見を求めることができます。

（提言やその尊重）

第二五条　委員会は、調査や審議の結果を市長その他執行機関に報告し、提言します。

2　市長その他執行機関は、委員会からの報告や提言を尊重し、必要な措置をとります。

第七章　雑則

（委任）
第二六条　この条例で定めることがら以外で必要なことがらは、市長が別に定めます。

附　則（省略）

●（兵庫県）川西市子どもの人権オンブズパーソン条例

（平成一〇年一二月二二日　川西市条例第二四号）

施行、平一一・三・二三、平一一・六・一

第一章　総則

（目的）
第一条　この条例は、すべての子どもが人間として尊ばれる社会を実現することが子どもに対するおとなの責務であるとの自覚にたち、かつ、次代を担う子どもの人権の尊重は社会の発展に不可欠な要件であることを深く認識し、本市における児童の権利に関する条約（以下「子どもの権利条約」という。）の積極的な普及に努めるとともに、川西市子どもの人権オンブズパーソン（以下「オンブズパーソン」という。）を設置し、もって一人一人の子どもの人権を尊重し、及び確保することを目的とする。

（子どもの人権の尊重）
第二条　すべての子どもは、権利行使の主体者として尊重され、いかなる差別もなく子どもの最善の利益を主として考慮し、子どもの権利条約に基づく権利及び自由を保障される。

2　本市及び市民は、子どもの権利条約に基づき、子どもに係るすべての活動において子どもの最善の利益を主として考慮し、子どもの人権が正当に擁護されるよう不断に努めなければならない。

3　本市は、子どもの権利条約に基づき、子どもの教育についての権利及び教育の目的を深く認識し、すべての人の基本的人権と自由を尊重して自己の権利を正当に行使することができる子どもの育成を促進するとともに、子どもの人権の侵害に対しては、適切かつ具体的な救済に努めるものとする。

（定義）
第三条　この条例において「子ども」とは、子どもの権利条約第一条本文に規定する十八歳未満のすべての者及び規則で定める者をいう。

2　この条例において「子どもの人権案件」とは、本市内に在住、在学又は在勤する子どもの人権に係る事項（以下「本市内の子どもの人権に係る事項」という。）のうち、本市内に在住、在学又は在勤する子ども又はおとな（以下「本市内の子ども又はおとな」という。）から擁護及び救済の申立てを受けてオンブズパーソンが調査し、処理する案件並びにオンブズパーソンが自己の発意により擁護及び救済が必要と判断して調査し、処理する案件をいう。

3　この条例において「市の機関」とは、市長その他の執行機関その他法律の規定に基づき本市に置かれる機関（議会を除く。）若しくはこれらに置かれる機関又はこれらの機関の職員であって法令により独立に権限を行使することを認められたものをいう。

第二章　オンブズパーソンの設置等

（オンブズパーソンの設置）
第四条　地方自治法（昭和二十二年法律第六十七号）第百三十八条の四第三項の規定に基づく市長の付属機関として、オンブズパーソンを置く。

（オンブズパーソンの組織等）
第五条　オンブズパーソンの定数は、三人以上五人以下とする。

2　オンブズパーソンのうち一人を代表オンブズパーソンとし、オンブズパーソンの互選によりこれを定める。

3　オンブズパーソンは、人格が高潔で、社会的信望が厚く、子どもの人権問題に関し優れた識見を有する者で、次条に規定するオンブズパーソンの職務の遂行について利害関係を有しないもののうちから、市長が委嘱する。

4　オンブズパーソンの任期は、二年とする。

5　オンブズパーソンは、再任されることができる。ただし、連続して六年を超えて再任されることはできない。

6　市長は、オンブズパーソンが心身の故障のため職務の遂行ができないと認められる場合又は職務上の義務違反その他オンブズパーソンとして明らかにふさわしくない行為があると認められる場合を除いては、そのオンブズパーソンを解職することができない。

（オンブズパーソンの職務）
第六条　オンブズパーソンは、次に掲げる事項を所掌し、子どもの人権案件の解決に当たる。

(1)　子どもの人権侵害の救済に関すること。
(2)　子どもの人権の擁護及び人権侵害の防止に関すること。
(3)　前二号に掲げるもののほか、子どもの人権の擁護のため必要な制度の改善等の提言に関すること。

（オンブズパーソンの責務）
第七条　オンブズパーソンは、子どもの利益の擁護者及び代弁者として、並びに公的良心の喚起者として、本市内の子どもの人権に係る事項についての相談に応じ、又は子どもの人権案件を調査し、公平かつ適切にその職務を遂行しなければならない。

2　オンブズパーソンは、その職務の遂行に当たっては、関係する市の機関との連携を図り、相互の職務の円滑な遂行に努めなければならない。

3　オンブズパーソンは、その地位を政党又は政治的目的のために利用してはならない。

4　オンブズパーソンは、職務上知り得た秘密を漏らしてはならない。その職を退いた後も、また、同様とする。

（市の機関の責務）
第八条　市の機関は、オンブズパーソンの職務の遂行に関し、その独立性を尊重し、積極的に協力、援助しなければならない。

（兼職等の禁止）
第九条　オンブズパーソンは、衆議院議員若しくは参議院議員、地方公共団体の議会の議員若しくは長又は政党その他の政治団体の役員と兼ねることができない。

2　オンブズパーソンは、本市に対し請負をする企業その他これに準ずる団体の役員又はオンブズパーソンの職務の遂行について利害関係を有する職業等と兼ねることができない。

第三章　救済の申立て及び処理等

（救済の申立て等）

第一〇条　子ども及びおとなは、何人も本市内の子どもの人権に係る事項についてオンブズパーソンに相談することができる。

2　本市内の子ども又はおとなは、個人の資格において、本市内の子どもの人権に係る事項について、オンブズパーソンに擁護及び救済を申し立てることができる。

3　前項の申立ては、口頭又は文書ですることができる。

4　第二項の申立ては、代理人によってすることができる。

（調査等）

第一一条　オンブズパーソンは、前条第二項の申立てを審査し、当該申立てが本市内の子ども又はおとなから行われ、その内容が本市内の子どもの人権に係る事項であって、かつ、第六条各号のいずれかに該当すると認める場合は、当該申立てに係る調査を実施することができる。

2　オンブズパーソンは、前条第二項の申立てが擁護及び救済に係る子ども又はその保護者以外の者から行われた場合においては、当該子ども又は保護者の同意を得て調査しなければならない。ただし、当該子どもが置かれている状況等を考慮し、オンブズパーソンが特別の必要があると認めるときは、この限りでない。

3　オンブズパーソンは、本市内の子どもの人権に係る事項についての相談又は匿名の擁護及び救済の申立てその他の独自に入手した情報等が第六条各号のいずれかに関するものであると認める場合は、当該情報等に係る調査を自己の発意により実施することができる。

4　オンブズパーソンは、前条第二項の申立て又は独自に入手した情報等の内容が次の各号のいずれかに該当すると認める場合は、当該申立てに係る調査又は当該情報等に係る調査を実施することができない。

(1)　重大な虚偽があることが明らかである場合

(2)　オンブズパーソンの身分に関する事項である場合

(3)　議会の権限に属する事項である場合

(4)　前三号に掲げるもののほか、調査の実施が相当でないことが明らかである場合

5　オンブズパーソンは、第一項又は第三項の調査を開始した後においても、その必要がないと認めるときは、当該調査を中止し、又は打ち切ることができる。

（調査の方法）

第一二条　オンブズパーソンは、必要があると認めるときは関係する市の機関に説明を求め、その保有する関係書類その他の記録を閲覧し、又はその写しの提出を求めることができる。

2　オンブズパーソンは、必要があると認めるときは、市民等に対し、資料の提出、説明その他の必要な協力を求めることができる。

3　オンブズパーソンは、必要があると認めるときは、専門的又は技術的な事項について、専門的機関に対し調査、鑑定、分析等の依頼をすることができる。この場合において、オンブズパーソンは、依頼した事項の秘密の保持に必要な措置を講じなければならない。

（申立人への通知）

第一三条　オンブズパーソンは、第十一条第一項に規定する審査の結果について、これを速やかに第十条第二項の申立てをした者（以下「申立人」という。）に通知しなければならない。

2　オンブズパーソンは、第十条第二項の申立てについて、第十一条第一項の規定により実施した調査を中止し、又は打ち切るときは、その旨を申立人に通知しなければならない。

3　オンブズパーソンは、第十条第二項の申立てを受け、第十一条第一項の規定により調査を実施した子どもの人権案件について、これを第十五条から第十八条までの規定により処理したときは、その概要を申立人に通知しなければならない。

4　前三項に規定する通知は、申立人にとって最も適切な方法により行うものとする。

（市の機関への通知）

第一四条　オンブズパーソンは、子どもの人権案件の調査を開始するときは、関係する市の機関に対し、その旨を通知するものとする。

2　オンブズパーソンは、第十一条第五項の規定により、子どもの人権案件の調査を中止し、又は打ち切ったときは、前項の規定により通知した関係する市の機関に対し、その旨を通知するものとする。

3　オンブズパーソンは、次条から第十八条までの規定による子どもの人権案件の処理を行ったときは、その概要を必要と認める市の機関に通知するものとする。

（勧告、意見表明等）

第一五条　オンブズパーソンは、子どもの人権案件の調査の結果、擁護及び救済の必要があると認めるときは、関係する市の機関に対し、是正等の措置を講ずるよう勧告し、又は是正等申入書を提出することができる。

2　オンブズパーソンは、子どもの人権案件の調査の結果、制度の見直しの必要があると認めるときは、関係する市の機関に対し、当該制度の見直し等を図るよう意見表明し、又は改善等申入書を提出することができる。

3　前二項の規定により勧告、意見表明等を受けた市の機関は、これを尊重しなければならない。

（是正等の要望及び結果通知）

第一六条　オンブズパーソンは、子どもの人権案件の調査の結果、必要があると認めるときは、市民等に対し、是正等の要望を行うことができる。

2　オンブズパーソンは、子どもの人権案件の調査の結果、前条に規定する勧告、意見表明等又は前項に規定する是正等の要望の必要がないと認める場合においても、第十三条の規定による申立人への通知のほかに、関係機関及び関係人に対し、判断所見を付した調査結果を文書で通知することができる。

（報告）

第一七条　オンブズパーソンは、第十五条に規定する勧告、意見表明等を行ったときは、当該勧告、意見表明等を行った市の機関に対し、是正等の措置等について報告を求めることができる。

2　前項の規定により報告を求められた市の機関は、第十五条第一項に規定する勧告等に係る報告については当該報告を求められた日から四十日以内に、同条第二項に規定する意見表明等に係る報告については当該報告を求められた日から六十日以内に、オンブズパーソンに対し是正等の措置等について報告するものとする。

3　市の機関は、前項に規定する報告を行う場合において、是正等の措置等を講ずることができないときは、オンブズパーソンに対し、理由を示さなければならない。

（公表）

第一八条　オンブズパーソンは、その総意において必要があると認めるときは、第十五条に規定する勧告、意見表明等の内容を公表することができるものとする。

2　オンブズパーソンは、その総意において必要があると認めるときは、前条第二項の報告及び同条第三項の理由を公表することができるものとする。

3　オンブズパーソンは、前二項に規定する公表を行う場合においては、個人情報の保護について最大限の配慮をしなければならない。

第四章　補則

（事務局等）

第一九条　オンブズパーソンに関する事務を処理するため、事務局を置く。

2　オンブズパーソンの命を受け、その職務の遂行を補助するため、調査相談専門員を置く。

（運営状況等の報告及び公表）

第二〇条　オンブズパーソンは、毎年、この条例の運営状況等について、市長に文書で報告するとともに、これを公表するものとする。

（子ども及び市民への広報等）

第二一条　市の機関は、子ども及び市民にこの条例の趣旨及び内容を広く知らせるとともに、子どもがオンブズパーソンへの相談並びに擁護及び救済の申立てを容易に行うことができるため必要な施策の推進に努めるものとする。

（委任）

第二二条　この条例の施行に関し必要な事項は、市長が定める。

附　則（省略）

●さいたま市学校災害救済給付金条例

（平成一三年五月一日　さいたま市条例第一一八号）

施行、平一三・五・一
最終改正、平三一—市条例六

（目的）

第一条　この条例は、さいたま市立の小学校、中学校、中等教育学校の前期課程並びに特別支援学校の小学部及び中学部に在籍する児童・生徒（以下「児童・生徒」という。）が学校管理下における災害により負傷し、疾病にかかり、若しくは障害が残り、又は死亡した場合に、学校災害救済給付金（以下「給付金」という。）を児童・生徒に支給することにより、災害を受けた児童・生徒の救済を図り、もって学校教育の円滑な実施に資することを目的とする。

（定義）

第二条　この条例において、次の各号に掲げる用語の意義は、当該各号に定めるところによる。

(1) 学校災害　独立行政法人日本スポーツ振興センター法施行令（平成十五年政令第三百六十九号）第五条第一項に規定するものをいう。

(2) 保護者　学校教育法（昭和二十二年法律第二十六号）第十六条に規定する保護者又は児童福祉法（昭和二十二年法律第百六十四号）第六条の四に規定する里親をいう。

（給付金の種類）

第三条　給付金の種類は、次のとおりとする。

(1) 学校災害被災者見舞金

(2) 学校災害被災者医療費助成金

(3) 学校災害被災障害者修学助成金

（学校災害被災者見舞金の支給）

第四条　学校災害被災者見舞金（以下「被災者見舞金」という。）は、次に定めるとおりとする。

(1) 死亡見舞金　児童・生徒が学校災害により死亡した場合に支給する。

(2) 障害見舞金　児童・生徒が学校災害により負傷し、又は疾病にかかり、治った場合において別表第一に定める障害が存するときに支給する。

(3) 歯牙特別見舞金　児童・生徒が学校災害により負傷し、一本以上の歯に歯冠補綴を加えた場合に支給する。ただし、前号の障害見舞金に該当する場合を除く。

(4) 特別見舞金　前三号に掲げるもののほか市教育委員会（以下「委員会」という。）が必要と認めた場合に支給する。

（被災者見舞金の額）

第五条　被災者見舞金の額は、次に定めるとおりとする。

(1) 死亡見舞金　一、〇〇〇、〇〇〇円

(2) 障害見舞金　別表第一に定める額

(3) 歯牙特別見舞金

ア　一本の歯に歯冠補綴を加えた場合
三〇、〇〇〇円

イ　二本の歯に歯冠補綴等を加えた場合
五〇、〇〇〇円

(4) 特別見舞金　一〇〇、〇〇〇円の範囲内で委員会が定める額

（学校災害被災者医療費助成金の支給）

第六条　学校災害被災者医療費助成金（以下「医療費助成金」という。）は、児童・生徒が学校災害により負傷し、又は疾病にかかった場合に、その療養に要する費用の一部を支給する。

2　医療費助成金は、同一の負傷又は疾病に係る療養が継続し、初めて医師等の診療を受けた日から起算して十年を経過してもなお療養を要する場合に、当該期間の経過後七年を限度として支給する。

（医療費助成金の額）

第七条　医療費助成金の額は、健康保険法（大正十一年法律第七十号）第六十三条第一項に規定する療養に要する費用の十分の四に相当する額とする。

（学校災害被災障害者修学助成金の支給）

第八条　学校災害被災障害者修学助成金（以下「修学助成金」という。）は、児童・生徒が学校災害により負傷し、身体障害者福祉法（昭和二十四年法律第二百八十三号）第十五条第四項に規定する身体障害者手帳の交付を受け、身体障害者福祉法施行規則（昭和二十五年厚生省令第十五号）別表第五号の一級又は二級に該当する場合であって、別表第二に定める高等学校等又は大学等に進学したときに、修学年限支給する。

（修学助成金の額）

第九条　前条の修学助成金の額は、次に定めるとおりとする。

(1) 高等学校等　年額六〇、〇〇〇円

(2) 大学等　年額一二〇、〇〇〇円

（申請）

第一〇条　給付金の支給を受けようとする児童・生徒又は保護者（以下「受給者」という。）は、委員会に対し申請しなければならない。

2　委員会は、前項の申請があったときは、その内容を審査し、給付金の支給を決定したときは、その旨を当該申請者に通知するものとする。

（申請期間）

第一一条　前条の申請は、その支給事由が生じた日から二年とする。ただし、委員会が特に必要と認めた受給者については、この限りでない。

（給付金の支給範囲）

第一二条　委員会は、受給者が独立行政法人日本スポーツ振興センター法施行令第三条に規定する災害共済給付を受ける範囲において、第三条に規定する給付金を支給するものとする。

（審査委員会の設置）

第一三条　給付金の支給及び災害の程度について審査するため、さいたま市学校災害救済給付金審査委員会（以下「審査委員会」という。）を設置する。

2　審査委員会は、委員九人以内で組織する。

3　委員の任期は、二年とする。ただし、再任

を妨げない。

4　委員が欠けた場合の補欠委員の任期は、前任者の残任期間とする。

5　審査委員会について必要な事項は、教育委員会規則で定める。

（学校災害救済相談員の設置）

第一四条　受給者に対し、学校災害の救済に関する情報を提供し、相談、助言等を行うため、学校災害救済相談員を置く。

（委任）

第一五条　この条例の施行に関し必要な事項は、教育委員会規則で定める。

附　則〔省略〕

別表第一（第四条、第五条関係）

等級	障害の程度	金額
第一級	第一級又は第二級の障害（独立行政法人日本スポーツ振興センターに関する省令（平成十五年文部科学省令第五十一号）別表に規定する障害をいう。以下同じ。）	一、八〇〇、〇〇〇円
第二級	第三級又は第四級の障害	一、二〇〇、〇〇〇円
第三級	第五級又は第六級の障害	八〇〇、〇〇〇円
第四級	第七級又は第八級の障害	五三〇、〇〇〇円
第五級	第九級又は第十級の障害	三五〇、〇〇〇円
第六級	第十一級又は第十二級の障害	二三〇、〇〇〇円
第七級	第十三級又は第十四級の障害	一五〇、〇〇〇円

別表第二（第八条関係）

区分	学校の範囲
高等学校等	高等学校（中等教育学校の後期課程及び特別支援学校の高等部を含む。）　高等専門学校　高等専修学校
大学等	大学　短期大学　専門学校

●（滋賀県）大津市子どものいじめの防止に関する条例

（平成二五年二月一九日大津市条例第一号）

施行　平二五・四・一
最終改正　平二七―市条例五二

全ての子どもは、かけがえのない存在であり、一人一人の心と体は大切にされなければなりません。子どもの心と体に深刻な被害をもたらすいじめは、子どもの尊厳を脅かし、基本的人権を侵害するものです。しかしながら、いじめはいつでもどこにおいても起こり得ると同時に、どの子どももいじめの対象として被害者にも加害者にもなり得ることがあります。このようないじめを防止し、次代を担う子どもが健やかに成長し、安心して学ぶことができる環境を整えることは、全ての市民の役割であり責務です。一人一人の尊厳を大切にし、相互に尊重しあう社会の実現のため、いじめを許さない文化と風土を社会全体でつくり、いじめの根絶に取り組まなければなりません。ここに、いじめの防止についての基本理念を明らかにして、いじめの防止のための施策を推進し、その対策を具現化するためにこの条例を制定します。

（目的）

第一条　この条例は、子どもに対するいじめの防止に係る基本理念を定め、市、学校、保護者、市民及び事業者等の責務及び役割を明らかにするとともに、いじめの防止に関する施策の基本となる事項を定めることにより、子どもが安心して生活し、学ぶことができる環境をつくることを目的とする。

（基本理念）

第二条　いじめは、子どもの尊厳を脅かし、重大な人権侵害であるとの認識の下、市、学校、保護者、市民及び事業者等は、子どもが安心して生活し、学ぶことができる環境を整え、一人一人の尊厳を大切にし、相互に尊重しあう社会の実現のため、それぞれの責務及び役割を自覚し、主体的かつ積極的に相互に連携して、いじめの防止に取り組まなければならない。

（用語の定義）

第三条　この条例において、次の各号に掲げる用語の意義は、それぞれ当該各号に定めるところによる。

(1)　いじめ　子どもに対し、当該子どもと一定の人間関係のある者が行う心理的又は物理的な影響を与える行為（インターネットを通じて行われるものを含む。）であって、当該行為の対象となった子どもが心身の苦痛を感じているものをいう。ただし、児童虐待の防止等に関する法律（平成一二年法律第八二号）第二条に規定する児童虐待に該当するものは除く。

(2)　子ども　第四号に規定する学校に通学する児童及び生徒その他これらの者と等しくいじめの防止の対象と認めることが適当と認められる者をいう。

(3)　市立学校　大津市立学校の設置に関する条例（昭和三九年条例第二八号）別表に掲げる小学校及び中学校をいう。

(4)　学校　前号に規定する市立学校並びに本市の区域内にある市立学校以外の小学校、中学校、高等学校及び特別支援学校をいう。

(5)　保護者　親権を有する者、未成年後見人その他の子どもを現に監護する者をいう。

(6)　市民　本市の区域内に居住し、通勤し、又は通学する者（第四号に規定する学校に通学する者を除く。）をいう。

(7)　事業者等　本市の区域内で営利を目的とする事業を行う個人及び法人並びにスポーツ、文化及び芸術その他の各種の事業又は活動を行う個人及び団体をいう。

(8)　関係機関等　警察、子ども家庭相談センターその他子どものいじめの問題に関係する機関及び団体をいう。

（市の責務）

第四条　市は、子どもをいじめから守るため、必要な施策を総合的に講じ、必要な体制を整備しなければならない。

2　市は、子どもをいじめから守るため、関係機関等と緊密な連携を図らなければならない。

3　市は、誰もがいじめを許さない社会の実現に向けて、いじめに関する必要な啓発を行わなければならない。

（市立学校の責務）

第五条　市立学校は、教育活動を通して、子どもの自他の生命を大切にする心、自他の人権を守ろうとする心、公共心及び道徳的実践力を育成しなければならない。

2　市立学校は、いじめを予防し、及び早期にいじめを発見するための体制を整えるとともに、子どもが安心して相談することができるよう環境を整えなければならない。

3　市立学校は、当該学校に在籍する子どもの保護者及び関係機関等と連携を図りつつ、いじめの防止に取り組むとともに、いじめを把握した場合には、その解決に向け速やかに、当該学校全体で組織対応を講じ、その内容を市に報告しなければならない。

4　市立学校は、子ども自身がいじめについて主体的に考え行動できるよう、子どもとともに当該学校及び各学年に応じた環境づくりに取り組まなければならない。

5　市立学校は、子どもがより良い人間関係を構築できるよう必要な取組を行わなければならない。

（保護者の責務）

第六条　保護者は、子どもの心情の理解に努め、子どもが心身ともに安心し、安定して過ごせるよう子どもを愛情をもって育むものとする。

2　保護者は、いじめが許されない行為であることを子どもに十分理解させるものとする。

3　前二項において、保護者は必要に応じて、市又は学校に相談その他の支援を求めることができる。

4　保護者は、いじめを発見し、又はいじめの疑いを認めた場合には、速やかに市、学校又は関係機関等に相談又は通報をするものとする。

5　保護者は、学校が行ういじめの防止に対する取組に協力するよう努めるものとする。

（子どもの役割）

第七条　子どもは、互いに思いやり共に支え合い、いじめのない明るい学校生活に努めるものとする。

2　子どもは、いじめを受けた場合には、一人で悩まず家族、学校、友だち又は関係機関等に相談することができる。

3　子どもは、いじめを発見した場合（いじめの疑いを認めた場合を含む。）及び友だちからいじめの相談を受けた場合には、家族、学校又は関係機関等に相談することができる。

（市民及び事業者等の役割）

第八条　市民及び事業者等は、それぞれの地域において子どもに対する見守り、声かけ等を行うとともに、地域が連携して子どもが安心して過ごすことができる環境づくりに努めるものとする。

2　市民及び事業者等は、いじめを発見し、又はいじめの疑いを認めた場合には、市、学校又は関係機関等に情報を提供するよう努めるものとする。

（行動計画の策定）

第九条　市は、基本理念にのっとり、子どもが安心して生活し、学ぶことができるいじめのない社会の構築を総合的かつ計画的に推進するため、いじめの防止に関する行動計画（以下「行動計画」という。）を策定するものとする。

2　前項に規定する行動計画は、次に掲げる事項について定めるものとする。

(1)　いじめのない学校づくりに向けた子どもの主体的な参画に関すること。

(2)　いじめの防止に向けた教育及び人づくりに関すること。

(3)　いじめの防止に向けた普及啓発活動に関すること。

(4)　次条に規定するいじめ防止啓発月間に関すること。

(5)　いじめを早期に発見するための施策に関すること。

(6)　いじめを防止し、及び解決するための施策に関すること。

(7)　いじめに関する相談体制等に関すること。

(8)　いじめを受けた子ども及びいじめを行った子ども並びにその家庭に対する支援に関すること。

(9)　前各号に掲げるもののほか、いじめのない社会を実現するために必要なこと。

3　市は、第一項の規定により行動計画を策定したときは、これを公表するものとする。

（いじめ防止啓発月間）

第一〇条　子どもをいじめから守り、社会全体でいじめの防止への取組を推進するために、毎年六月及び一〇月をいじめ防止啓発月間（以下「啓発月間」という。）とする。

2　市は、啓発月間において、その趣旨にふさわしい広報啓発活動を実施するものとする。

3　市立学校は、啓発月間において、人権及び道徳に係る教育を実施するとともに、子どもが主体的にいじめの防止に向けた活動を展開できるよう支援及び指導を行うものとする。

（相談、通報又は情報の提供）

第一一条　何人も、子どものいじめ（疑いのある場合を含む。）に関し、市に相談、通報又は情報の提供（以下「相談等」という。）をすることができる。

（相談体制等の整備）

第一二条　市は、いじめに関する相談等に速やかに対応するとともに、全ての子ども、保護者その他いじめの防止に関わる者が安心して相談等ができるよういじめに関する相談体制を整備するものとする。

2　市は、いじめを未然に防止し、いじめから子どもを守るため、いじめに係る情報の一元化を図り、関係機関等との相互の連携及び迅速かつ適切な対応ができるよう組織体制を強化するものとする。

3　市は、市立学校におけるいじめに係る相談体制の充実のため、スクールソーシャルワーカー、スクールカウンセラー等の配置に努めるものとする。

（財政的措置等）

第一三条　市は、この条例の目的を達成するため、適切な財政的措置を講ずるものとする。

2　市長は、この条例の目的を達成するため、必要に応じて国及び滋賀県に対して適切な措置を講ずるよう要請するものとする。

（大津の子どもをいじめから守る委員会）

第一四条　市は、相談等を受けたいじめ（いじめの疑いを認めた場合として相談等をされたものを含む。以下この条において同じ。）について、必要な調査、調整等を行うため、市長の附属機関として、大津の子どもをいじめから守る委員会（以下「委員会」という。）を置く。

2　委員会は、市長の諮問に応じるほか、相談等のあったいじめについて、その事実確認及び解決を図るために必要な調査、審査又は関係者との調整（以下「調査等」という。）を行うものとする。

3　委員会は、必要に応じて市長に対し、再発防止及びいじめ問題の解決を図るための方策の提言等を行うことができる。

4　委員会は、特に必要があると認めるときは、関係者に対して資料の提出、説明その他必要な協力を求めることができる。

5　委員会は、市長の諮問に加えて、教育委員会からの協議に応じるとともに、必要に応じ、いじめに関して教育委員会と協議することができる。

（委員会の組織等）

第一五条　委員会は、委員五人以内をもって組織する。

2　委員会の委員は、次に掲げる者のうちから市長が委嘱し、又は任命する。

(1)　臨床心理士等子どもの発達及び心理等についての専門的知識を有する者

(2)　学識経験を有する者

(3)　弁護士

3　委員の任期は、二年とする。ただし、委員が欠けた場合における補欠の委員の任期は、前任者の残任期間とする。

4　委員は、再任されることができる。

5　前各項に定めるほか、委員会の組織等に関して必要な事項は、規則で定める。

（是正の要請）

第一六条　市長は、委員会からの調査等の結果の報告を受け、当該報告を踏まえて必要があると認めるときは、関係者（調査等の結果により、いじめを行ったと認められる子どもを除く。）に対して是正の要請を行うことができる。

2　市長は、是正の要請をしたときは、その後の経過の確認を行い、その結果を委員会に報告するものとする。

3　是正の要請を受けた者は、これを尊重し、必要な措置を執るよう努めるものとする。

4　是正の要請を受けた者は、当該是正の要請に係る対応状況を市長に報告するよう努めるものとする。

5　前二項において、当該是正の要請を受けた者が、国又は滋賀県の所管に属する場合は、この限りでない。

（委員会への協力）

第一七条　市立学校、保護者、市民、子ども及び事業者等は、委員会の調査等に協力するものとする。この場合において、子どもへの調査等の協力については、子どもに過度な負担が生じないよう最大限配慮されなければならない。

（活動状況の報告及び公表）

第一八条　委員会は、毎年の活動状況を市長に報告するものとする。

2　市長は、前項の規定による報告の内容を、市議会に報告し、及び市民に公表しなければならない。

3　市議会は、前項の規定による報告に加えて、必要があると認めるときは、市長に対して委員会の活動状況について報告を求めることができる。

4　市長は、前項の規定による報告を求められた場合は、委員会に対して第一項に規定する活動状況の報告のほか、必要な報告を求めるものとする。

5　市長は、必要と認めるときは、是正の要請及びその対応状況の内容を公表することができる。

（個人情報に対する取扱い）

第一九条　市は、この条例の施行に当たって知り得た個人情報の保護及び取扱いに万全を期するものとし、当該個人情報をいじめの防止に関する業務の遂行以外に用いてはならない。

2　委員会の委員は、正当な理由なく、職務上知り得た秘密を漏らしてはならない。その職を退いた後も同様とする。

3　いじめに関する相談等に関係した者は、正当な理由なく、その際に知り得た個人情報を他人に漏らしてはならない。

（市立学校以外の学校への協力要請）

第二〇条　市長は、市立学校を除く学校の設置者又は管理者に対して、第五条及び第一〇条第三項に規定する市立学校に係る規定について、それぞれ実施されるよう協力を求めることができる。

2　委員会は、市立学校を除く学校の設置者又は管理者に対して、第一七条に規定する市立学校に係る規定について、協力を求めることができる。

（委任）

第二一条　この条例の施行について必要な事項は、規則で定める。

附　則（省略）

●障害のある人もない人も共に生きる平和な長崎県づくり条例

（平成二五年五月三一日長崎県条例第二五号）

施行、平二六・四・一、平二五・五・三一
最終改正、平二八―県条例二

私たちが住む長崎県は、美しい自然に恵まれ、歴史と文化に育まれた県として、また、被爆地を有する県として、平和の大切さを何よりも重く受け止め、その実現に寄与する役割を担っている。

平和の実現のためには、単に争いをなくすというばかりでなく、誰もが基本的人権を有する個人として尊重され、共に生きていくことのできる社会を作り上げていく必要がある。しかしながら、現状は、社会的に弱い立場にある障害のある人が、依然として、物理的な障壁、偏見や誤解といった意識上の障壁など、様々な社会的障壁による制約を受け、その自立と社会参加を十分に果たせていない。

私たちは、障害のある人が合理的配慮により自らの力を十分に発揮することができ、障害のある人と障害のない人とが互いに優しく接し合うことができる社会環境を整えることによって、障害のある人と障害のない人とが対等な関係となり、誰もが排除されることなく安心して共に生きていくことのできる平和な社会を作り上げていくことができる。

ここに、私たちは、障害及び障害のある人に対する理解を深め、障害のある人に対する差別をなくすことを通じて、共生社会を実現することにより、もって平和を目指すことを決意し、この条例を制定する。

第一章　総則

（目的）

第一条　この条例は、障害及び障害のある人に対する県民の理解を深め、障害のある人に対する差別を禁止し、差別をなくすための施策の基本となる事項等を定めることにより、障害の有無にかかわらず、誰もが住み慣れた地域で、社会を構成する一員として、あらゆる社会活動に参加することができる共生社会の実現に寄与することを目的とする。

（定義）

第二条　この条例において「障害のある人」とは、身体障害、知的障害、精神障害、発達障害、難病を原因とする障害その他の心身の機能の障害（以下「障害」と総称する。）がある者であって、障害及び社会的障壁により継続的又は断続的に日常生活又は社会生活に相当な制限を受ける状態にあるものをいう。

2　この条例において「社会的障壁」とは、障害がある者にとって日常生活又は社会生活を営む上で障壁となるような社会における事物、制度、慣行、観念その他一切のものをいう。

3　この条例において「差別」とは、客観的に正当かつやむを得ないと認められる特別な事情なしに、不均等待遇を行うこと又は合理的配慮を怠ることをいう。

4　この条例において「不均等待遇」とは、障害又は障害に関連する事由を理由として区別、排除若しくは制限し、又はこれに条件を課し、その他の異なる取扱いをすることをいう。

5　この条例において「合理的配慮」とは、障害のある人の求め又はその家族等の求め（障害のある人がその意思の表明を行うことが困難である場合に限る。）に応じて、障害のある人が障害のない人と同等の権利を行使するため又は障害のない人と同等の機会及び待遇を確保するために必要かつ適切な現状の変更又は調整を行うことをいう。ただし、社会通念上相当と認められる範囲を超えた人的負担、物的負担又は経済的負担その他の過度な負担になるものを除く。

（基本理念）

第三条　第一条に規定する共生社会の実現は、次に掲げる事項を旨として図られなければならない。

(1) 障害のある人は、障害のない人と同等の権利を有しており、合理的配慮により社会の様々な分野に参加し貢献できること。

(2) 障害のある人は、どこで誰と生活するかについての選択の機会が確保され、地域社会において他の人々と共生することを妨げられないこと。

(3) 誰もが障害を有することとなる可能性があることから、障害を障害のある人だけの問題としてではなく、障害のない人も含めた全ての人の問題として認識し、障害のある人と障害のない人とが共に学び合い理解を深める必要があること。

(4) 差別する側と差別される側とに分けて相手側を一方的に非難し制裁を加えようとするものであってはならないこと。

（県の責務）

第四条　県は、前条に規定する基本理念（以下「基本理念」という。）にのっとり、障害者基本法（昭和四十五年法律第八十四号）その他の法令（条例及び規則を含む。以下同じ。）との調和を図りつつ、障害のある人に対する理解を深め差別をなくすための施策を総合的かつ主体的に策定し、及び実施するものとする。

（県と市又は町との連携）

第五条　県は、市又は町がその地域の特性に応じた、障害及び障害のある人に対する理解を深め差別をなくすための施策を実施する場合にあっては、当該市又は町と連携するとともに、当該市又は町に対して、情報の提供、技術的な助言その他の必要な措置を講ずるものとする。

（市及び町の役割）

第六条　市及び町は、基本理念にのっとり、県との適切な役割分担を踏まえて、その地域の特性に応じた、障害及び障害のある人に対する理解を深め差別をなくすための施策を策定し、及び実施するよう努めるものとする。

（県民等の役割）

第七条　県民、事業者及び関係団体は、基本理念にのっとり、障害及び障害のある人に対する理解を深めるよう努めるとともに、障害のある人及びその家族その他の関係者が障害による生活上の困難を軽減するための支援を周囲に気兼ねなく求めることができる社会環境の実現に寄与するよう努めるものとする。

2　県民、事業者及び関係団体は、基本理念にのっとり、県又は市若しくは町が実施する障害及び障害のある人に対する理解を深め差別をなくすための施策に協力するよう努めるものとする。

（財政上の措置）

第八条　知事は、障害及び障害のある人に対する理解を深め差別をなくすための施策を推進するため、必要な財政上の措置を講ずるものとする。

第二章　障害のある人に対する差別の禁止

（差別の禁止）

第九条　何人も、次条から第十九条までに定めるもののほか、あらゆる分野において、障害のある人に対して、差別をしてはならない。

（福祉サービスの提供における差別の禁止）

第一〇条　障害福祉サービス、介護保険サービスその他の福祉サービス（以下「福祉サービス」という。）の提供を行う者は、障害のある人に対して、障害を理由として、福祉サービスの利用に関する適切な相談及び支援を行うことなく、障害のある人の意思又はその家族等の意思（障害のある人の意思を確認することが困難である場合に限る。）に反して、障害者支援施設その他福祉サービスを行う施設への入所（入居を含む。）又は通所を強制してはならない。

2　福祉サービスの提供を行う者は、障害のある人に対して、障害のある人の生命又は身体の安全の確保のためやむを得ない場合その他の客観的に正当かつやむを得ないと認められる特別な事情がある場合を除き、福祉サービスの提供に関し、不均等待遇を行ってはならず、又は合理的配慮を怠ってはならない。

（医療の提供における差別の禁止）

第一一条　医師その他の医療従事者は、障害のある人に対して、障害を理由として、法令に別段の定めがある場合その他の客観的に正当かつやむを得ないと認められる特別な事情がある場合を除き、障害のある人の意思又はその家族等の意思（障害のある人の意思を確認することが困難である場合に限る。）に反して、医療を受けるよう強制してはならない。

2　医師その他の医療従事者は、障害のある人に対して、障害のある人の生命又は身体の安全の確保のためやむを得ない場合その他の客観的に正当かつやむを得ないと認められる特別な事情がある場合を除き、医療の提供に関し、不均等待遇を行ってはならず、又は合理的配慮を怠ってはならない。

（商品及びサービスの提供における差別の禁止）

第一二条　商品及びサービス（第十条の福祉サービスを除く。以下同じ。）の提供を行う者は、障害のある人に対して、サービスの本質を著しく損なうこととなる場合その他の客観的に正当かつやむを得ないと認められる特別な事情がある場合を除き、商品及びサービスの提供に関し、不均等待遇を行ってはならず、又は合理的配慮を怠ってはならない。

（労働及び雇用における差別の禁止）

第一三条　事業主は、障害のある人に対して、当該障害のある人が合理的配慮をなされてもなおその業務を適切に遂行することができない場合その他の客観的に正当かつやむを得ないと認められる特別な事情がある場合を除き、労働者の募集若しくは採用に関し、不均等待遇を行ってはならず、又は合理的配慮を怠ってはならない。

2　事業主は、障害のある人に対して、当該障害のある人が合理的配慮をなされてもなおその業務を適切に遂行することができない場合その他の客観的に正当かつやむを得ないと認められる特別な事情がある場合を除き、次に掲げる事項について不均等待遇を行ってはならず、又は合理的配慮を怠ってはならない。

(1) 賃金

(2) 労働時間、休憩、休日及び年次有給休暇

(3) 昇進、配置転換、休職及び復職

(4) 訓練及び研修

(5) 福利厚生

(6) その他の労働条件

3　事業主は、障害のある人が合理的配慮をなされてもなおその業務を適切に遂行することができない場合その他の客観的に正当かつやむを得ないと認められる特別な事情がある場合を除き、障害を理由として、当該障害のある人を解雇してはならない。

（教育における差別の禁止）

第一四条　教育委員会及び校長、教員その他の教育関係職員は、就学に関して、法令等の趣旨に反し、障害を理由として、次の各号に掲げる行為を行ってはならない。

(1) 障害のある人及びその保護者（学校教育法（昭和二十二年法律第二十六号）第十六条に規定する保護者又は就学に要する経費を負担する者をいう。以下同じ。）に対して必要な情報提供を行わないこと。

(2) 障害のある人及びその保護者の意見を尊重せず、障害のある人及びその保護者との間で学校教育の場において必要な支援等について合意形成を図ろうとしないこと。

2　教育委員会及び校長、教員その他の教育関係職員は、学校教育の場において、障害のある人が、その年齢及び能力に応じ、かつ、その特性を踏まえた十分な教育を受けられるよう、障害のある人に対して、客観的に正当かつやむを得ないと認められる特別な事情なしに、不均等待遇を行ってはならず、又は合理的配慮を怠ってはならない。

（建築物の利用における差別の禁止）

第一五条　多数の者の利用に供される建築物の所有者、管理者又は占有者は、障害のある人に対して、当該建築物の構造上やむを得ない場合その他の客観的に正当かつやむを得ないと認められる特別な事情がある場合を除き、当該建築物の利用に関し、不均等待遇を行っ

てはならず、又は合理的配慮を怠ってはならない。

（交通機関の利用における差別の禁止）
第一六条　公共交通事業者等（高齢者、障害者等の移動等の円滑化の促進に関する法律（平成十八年法律第九十一号）第二条第四号に規定する公共交通事業者等をいう。）は、障害のある人に対して、その管理する旅客施設及び車両等の構造上やむを得ない場合その他の客観的に正当かつやむを得ないと認められる特別な事情がある場合を除き、当該旅客施設及び車両等の利用に関し、不均等待遇を行ってはならず、又は合理的配慮を怠ってはならない。

（不動産取引における差別の禁止）
第一七条　不動産の売買、交換又は賃貸借その他の不動産取引（以下「不動産取引」という。）を行おうとする者は、障害のある人に対して、法令に別段の定めがある場合その他の客観的に正当かつやむを得ないと認められる特別な事情がある場合を除き、不動産取引契約の締結に関し、不均等待遇を行ってはならず、又は合理的配慮を怠ってはならない。

（情報の提供等における差別の禁止）
第一八条　多数の者に対して情報の提供又は発信を行う者は、障害のある人に対して、障害のある人が受けることができる手段による情報の提供又は発信を行うことに著しい支障がある場合その他の客観的に正当かつやむを得ないと認められる特別な事情がある場合を除き、当該情報の提供又は発信に関し、不均等待遇を行ってはならず、又は合理的配慮を怠ってはならない。

（意思表示の受領における差別の禁止）
第一九条　障害のある人が用いることができる手段による意思表示ではその意思を確認することに著しい支障がある場合その他の客観的に正当かつやむを得ないと認められる特別な事情がある場合を除き、当該意思表示を受けることに関し、不均等待遇を行ってはならず、又は合理的配慮を怠ってはならない。

第三章　障害のある人に対する差別をなくすための施策

第一節　障害のある人の相談に関する調整委員会

（委員会の設置）
第二〇条　障害のある人に対する差別をなくすための施策を推進し、障害のある人に対する差別に該当する事案（以下「対象事案」という。）を解決するため、障害のある人の相談に関する調整委員会（以下「委員会」という。）を置く。

（所掌事務）
第二一条　委員会は、次に掲げる事務をつかさどる。
(1)　対象事案について、助言又はあっせんを行うこと。
(2)　次節に規定する相談体制に関する重要事項を調査審議すること。
(3)　第三十条第二項及び第三十一条第二項の規定により、知事に意見を述べること。

（委員会の組織）
第二二条　委員会は、委員二十名以内をもって組織する。

（委員会の委員の任命等）
第二三条　委員会の委員は、知事が任命する。
2　委員会の委員は、次に掲げる者で構成する。
(1)　医療、保健、福祉、教育及び雇用に関する業務を行う関係機関及び民間団体を代表する者
(2)　障害のある人又はその家族その他の関係者が組織する団体を代表する者
(3)　学識経験者
(4)　その他知事が必要と認める者
3　委員会の委員の任期は、三年とする。ただし、補欠の委員の任期は、前任者の残任期間とする。
4　委員会の委員は、再任されることができる。
5　知事は、委員会の委員が心身の故障のため職務の執行ができないと認める場合又は委員会の委員に職務上の義務違反その他委員会の委員たるに適しない非行があると認める場合においては、これを罷免することができる。

（委員長及び副委員長）
第二四条　委員会に委員長及び副委員長を置き、委員会の委員の互選によってこれを定める。
2　委員長は、委員会の会務を総理し、委員会を代表する。
3　副委員長は、委員長を補佐し、委員長に事故があるときは、その職務を代理する。

（会議）
第二五条　委員会は、委員長が招集する。
2　委員会は、委員長及び過半数の委員の出席がなければ、会議を開き、議決をすることができない。
3　委員会の議事は、出席者の過半数でこれを決し、可否同数のときは、委員長の決するところによる。
4　委員長に事故がある場合の第二項の規定の適用については、副委員長は、委員長とみなす。
5　委員会の委員は、自己、配偶者若しくは三親等内の親族の一身上に関する事案又は自己若しくはこれらの者の従事する業務に直接の利害関係のある事案については、その議事に参与することができない。ただし、委員会の同意があるときは、会議に出席し、発言することができる。

（守秘義務）
第二六条　委員会の委員は、この条例に基づき職務上知ることのできた秘密を漏らしてはならない。その職を退いた後も、同様とする。

（小委員会）
第二七条　委員会は、委員会における付議事項中特定の事項について事実の調査をし、又は細目にわたる審議を行うため、小委員会を設けることができる。

（庶務）
第二八条　委員会の庶務は、福祉保健部障害福祉課において処理する。

第二節　相談体制

（特定相談）
第二九条　何人も、県に対し、障害のある人に対する差別に関する相談（以下「特定相談」という。）をすることができる。
2　県は、特定相談があったときは、次に掲げる業務を行うものとする。
(1)　特定相談に応じ、必要な助言及び情報提供を行うこと。
(2)　特定相談に係る関係者間の調整を行うこと。
(3)　関係行政機関への通告、通報その他の通知を行うこと。
(4)　第三十二条第一項又は第二項の申立てに関する援助を行うこと。

（地域相談員）
第三〇条　知事は、次に掲げる者に、前条第二項各号に掲げる業務の全部又は一部を委託することができる。
(1)　身体障害者福祉法（昭和二十四年法律第二百八十三号）第十二条の三第三項に規定する身体障害者相談員
(2)　知的障害者福祉法（昭和三十五年法律第三十七号）第十五条の二第三項に規定する知的障害者相談員
(3)　精神保健及び精神障害者福祉に関する法律（昭和二十五年法律第百二十三号）第四十八条第一項に規定する精神保健福祉相談員
(4)　前三号に掲げる者のほか、社会的信望があり、かつ、障害のある人の福祉の増進に熱意と識見を持っている者であって、知事が特に適当と認めるもの
2　知事は、前項の委託を行うに当たっては、あらかじめ、委員会の意見を聴かなければならない。ただし、前項第一号、第二号又は第三号に掲げる者に委託する場合は、この限りでない。
3　第一項の規定により委託を受けた者は、地域相談員と称する。
4　地域相談員は、この条例に基づき職務上知

ることのできた秘密を漏らしてはならない。その職を退いた後も、同様とする。

（広域専門相談員）

第三一条　知事は、次に掲げる業務を適正かつ確実に行うことのできる者を、広域専門相談員として委嘱することができる。

(1)　地域相談員に対する指導及び助言

(2)　特定相談のあった事例の調査研究

(3)　第二十九条第二項各号に掲げる業務

(4)　第三十三条第三項の規定による調査

2　知事は、前項の委嘱を行うに当たっては、あらかじめ、委員会の意見を聴かなければならない。

3　広域専門相談員は、この条例に基づき職務上知ることのできた秘密を漏らしてはならない。その職を退いた後も、同様とする。

第三節　対象事案の解決のための手続

（助言又はあっせんの申立て）

第三二条　障害のある人は、自己に対する対象事案の解決を図るため、知事に対して、当該対象事案の解決のための助言又はあっせんの手続の申立てをすることができる。

2　障害のある人の家族その他の関係者は、当該障害のある人の権利利益を保護するため必要な場合に限り、知事に対して、当該障害のある人に対する対象事案の解決のための助言又はあっせんの手続の申立てをすることができる。

3　前二項の申立ては、行政不服審査法（平成二十六年法律第六十八号）その他の法令に基づく不服申立て又は苦情申立てをすることができる行政庁の処分又は職務執行については、することができない。

（事実の調査）

第三三条　知事は、前条第一項又は第二項の申立てがあったときは、当該申立てに係る事実の調査を行うものとする。

2　地域相談員及び広域専門相談員は、知事からの要請があったときは、前項の規定による調査に協力しなければならない。

3　知事は、必要があると認めるときは、広域専門相談員に、第一項の規定による調査の全部又は一部を行わせることができる。

4　地域相談員は、前項の規定による調査に関し、広域専門相談員からの要請があったときは、当該調査に協力しなければならない。

5　前条第一項又は第二項の申立てがなされた対象事案に関係する者（当該申立てを行った者を含む。以下「対象事案関係者」という。）は、正当な理由がある場合を除き、第一項又は第三項の規定による調査に協力しなければならない。

6　第一項の規定による調査を担当する県職員又は第三項の規定による調査を担当する広域専門相談員は、その調査をする場合には、その身分を示す証明書を携帯し、関係人の請求があったときは、これを提示しなければならない。

7　第一項又は第三項の規定による調査の権限は、犯罪捜査のために認められたものと解してはならない。

（助言又はあっせん）

第三四条　知事は、第三十二条第一項又は第二項の申立てがあったときは、委員会に対して、当該申立てに係る事実の調査の結果を通知するとともに、助言又はあっせんの手続を開始するよう求めるものとする。

2　委員会は、前項の求めがあったときは、次に掲げる場合を除き、助言又はあっせんを行うものとする。

(1)　助言又はあっせんの必要がないと認めるとき。

(2)　対象事案がその性質上助言又はあっせんをするのに適当でないと認めるとき。

3　委員会は、前項の規定による助言又はあっせんを行わないときは、知事に対して、その旨を報告するものとする。

4　委員会は、助言又はあっせんのために必要があると認めるときは、対象事案関係者に対して、その出席を求めて説明若しくは意見を聴き、又は資料の提出を求めることができる。

（勧告）

第三五条　委員会は、対象事案関係者が助言案又はあっせん案を受諾しない場合、知事に対して、当該対象事案関係者に対する当該助言案又は当該あっせん案の受諾の勧告を行うよう求めることができる。

2　知事は、前項の求めがあった場合において、必要があると認めるときは、勧告を行うものとする。

（公表）

第三六条　知事は、前条の勧告を受けた者が、正当な理由がなく、当該勧告に従わないときは、その旨を公表することができる。

（意見の聴取）

第三七条　知事は、第三十五条の勧告又は前条の公表をしようとする場合には、あらかじめ、期日、場所及び対象事案の内容を示して、対象事案関係者又はその代理人の出席を求めて、意見の聴取を行わなければならない。ただし、当該対象事案関係者又はその代理人が正当な理由なく意見の聴取に応じないときは、意見の聴取を行わないで勧告又は公表することができる。

（助言又はあっせんの手続の終了）

第三八条　助言又はあっせんの手続は、次に掲げる事由のいずれかが生じたときに、終了する。

(1)　全ての対象事案関係者が助言案又はあっせん案を受諾したとき。

(2)　その他助言又はあっせんを行う必要がなくなったとき。

2　委員会は、助言又はあっせんの手続が終了したときは、知事に対して、その結果を報告するものとする。

第四章　障害及び障害のある人に対する理解を深めるための施策

（表彰）

第三九条　知事は、障害及び障害のある人に対する理解を深め差別をなくすための取組に関し顕著な功績があると認められる者に対して、表彰を行うことができる。

（県民の理解と関心の増進）

第四〇条　県は、障害及び障害のある人に対する理解を深め差別をなくすことの重要性に関する県民の理解と関心の増進が図られるよう、障害及び障害のある人に関する知識の普及啓発のための広報活動、障害のある人と障害のない人との交流の機会の提供その他必要な施策を講ずるものとする。

第五章　障害のある人もない人も共に生きる平和な長崎県づくり推進会議

（推進会議の設置）

第四一条　障害及び障害のある人に対する理解を深め差別をなくすための取組を推進するため、障害のある人もない人も共に生きる平和な長崎県づくり推進会議（以下「推進会議」という。）を置く。

（建議）

第四二条　推進会議は、次に掲げる事項に関し、知事の諮問に応じ自ら調査審議し、必要と認められる事項を知事に建議することができる。

(1)　対象事案の発生の原因及び背景となっている社会的障壁に関する事項

(2)　障害及び障害のある人に対する理解を深め差別をなくすための取組を担う人材の育成に関する事項

(3)　この条例の施行の状況に関する事項

(4)　その他障害及び障害のある人に対する理解を深め差別をなくすために必要な事項

2　知事は、前項の規定により推進会議が述べた意見を尊重しなければならない。

（推進会議の組織）

第四三条　推進会議は、委員三十五名以内をもって組織する。

（推進会議の委員の任命等）

第四四条　推進会議の委員は、知事が任命する。

2　推進会議の委員は、次に掲げる者で構成する。
(1)　医療、保健、福祉、教育及び雇用に関する業務を行う関係機関及び民間団体を代表する者
(2)　障害のある人又はその家族その他の関係者が組織する団体を代表する者
(3)　学識経験者
(4)　その他知事が必要と認める者
3　推進会議の委員の任期は、三年とする。ただし、補欠の委員の任期は、前任者の残任期間とする。

（座長及び副座長）
第四五条　推進会議に座長及び副座長を置き、推進会議の委員の互選によってこれを定める。

（分科会）
第四六条　推進会議に、特定の分野における第四十二条第一項各号に掲げる事項を調査審議するため、分科会を置く。
2　前項の分科会の開催、構成及び運営に関し必要な事項は、座長が推進会議に諮って定める。

（長崎県障害者施策推進協議会等との連携）
第四七条　推進会議は、第四十二条第一項各号に掲げる事項を調査審議するに当たっては、必要に応じ、長崎県障害者施策推進協議会、長崎県精神保健福祉審議会等と連携を図るものとする。

（準用）
第四八条　第二十三条第四項及び第五項の規定は推進会議の委員について、第二十四条第二項及び第三項の規定は座長及び副座長について、第二十五条の規定は推進会議の会議について、第二十六条の規定は推進会議の委員の守秘義務について、第二十八条の規定は推進会議の庶務について準用する。

第六章　雑則

（規則への委任）
第四九条　この条例に定めるもののほか、この条例の施行に関し必要な事項は、規則で定める。

（罰則）
第五〇条　第二十六条（第四十八条において準用する場合を含む。）又は第三十一条第三項の規定に違反して秘密を漏らした者は、一年以下の懲役又は五十万円以下の罰金に処する。

附　則（省略）

●（愛知県）犬山市教育委員会基本条例

（平成二九年三月二七日　犬山市条例第二号）

施行、平二九・三・二七

教育は、人格の完成を目指し、生涯にわたって自ら学び続けようとする資質や能力を備えた、心身ともに健康な市民の育成を期して行われなければなりません。

犬山市教育委員会は、「生涯にわたって自ら学び続ける感性豊かなひとづくり」を基本理念とし、学校、家庭及び地域の連携及び協働により、特色ある教育及び保育、生涯学習並びにスポーツ活動を推進するとともに、犬山の豊富な地域資源及び伝統文化を活かし、後世に継承していくことで、犬山らしい学びのまちづくりを目指します。

こうした方向性を踏まえ、教育の政治的中立性及び継続性を確保しつつ、教育に対する市民の信頼と期待に応え、より開かれた教育行政を推進するため、積極的に思考し行動する教育委員会として、ここに「犬山市教育委員会基本条例」を制定します。

（目的）
第一条　この条例は、教育委員会の運営に関して基本となる事項を定めることにより、教育委員会の果たす役割及び責任を明確にするとともに、教育基本法（平成一八年法律第一二〇号）の理念のもと、学びの心を育み、深め、及び広げる学びのまちづくりの推進に寄与することを目的とします。

（教育委員会の役割と活動原則）
第二条　教育委員会は、教育に関する大綱（地方教育行政の組織及び運営に関する法律（昭和三一年法律第一六二号。以下「地教行法」という。）第一条の三第一項に規定する大綱をいう。以下同じ。）を踏まえ、市の実情に応じた教育に関する基本的な計画となる教育振興基本計画（教育基本法第一七条第二項に規定する計画をいう。）を策定し、その実現に向け、推進していきます。
2　教育委員会は、教育の振興を図るため、次に掲げる原則に基づき施策を実施します。
(1)　子どもの健やかな成長のために適切な環境が等しく確保できるよう、子育て環境の整備に努めます。
(2)　質の高い教育及び保育を推進するための良好な教育環境の整備に努めます。
(3)　文化、スポーツ及び芸術に親しむ機会の提供等生涯学習の礎を築く社会教育の推進を図ります。
(4)　犬山固有の歴史と文化を守り、地域を愛し、郷土に誇りを持てる市民の育成を図ります。

（教育長及び教育委員会の委員の身分と責務）
第三条　教育長は、執行機関である教育委員会を代表します。
2　教育委員会の委員は、様々な分野から幅広く人材を得ることとし、任期は二期八年を目安とします。
3　教育長及び教育委員会の委員になろうとする者は、任命について議会の同意を得るに当たり、所信を表明することとします。
4　教育長は、教育長職務代理者（地教行法第一三条第二項の規定により教育長があらかじめ指名する委員をいう。以下同じ。）の指名に際しては、教育委員会の委員の総意を尊重することとします。
5　教育長及び教育委員会の委員は、教育行政を担う重要な職責を自覚して、高い倫理観を持ち、常に良心に従い、誠実かつ公正にその職務を行います。

（教育長及び教育委員会の委員の役割）
第四条　教育長は、次に掲げる教育委員会の会務について総理します。
(1)　教育委員会の会議を主宰すること。
(2)　教育委員会の権限に属するすべての事務をつかさどること。
(3)　教育委員会の事務局の事務を統括し、所属の職員を指揮監督すること。

(4) 教育委員会の委員へ迅速に情報提供すること。

2 教育委員会の委員は、教育委員会における審議の活性化に努めるとともに、教育長及び教育委員会事務局の事務執行に対する検証及び提言を適切に行います。

3 教育長及び教育委員会の委員は、犬山市社会教育委員設置条例（昭和二九年条例第二九号）に規定する社会教育委員、スポーツ基本法（平成二三年法律第七八号）第三二条第一項に規定するスポーツ推進委員等の教育委員会が委嘱する附属機関等の委員及び犬山市子ども・子育て会議条例（平成二六年条例第二号）第三条第二項に規定する犬山市子ども・子育て会議の委員と連携を図り、教育施策についての論議を深めます。

4 教育長職務代理者は、教育長及び教育委員会の委員のまとめ役として、教育長及び教育委員会事務局に教育委員会の委員の意向等を集約して伝え、調整する役割を担います。

（教育委員会の会議の議決事件）

第五条　教育委員会は、次に掲げる事項の決定にあたっては、付議事件として審議し、採決を行います。

(1) 教育に関する事務の管理及び執行の基本的な方針に関すること。

(2) 教育委員会規則その他教育委員会の定める規程の制定又は改廃に関すること。

(3) 教育委員会の所管に属する学校その他の教育機関（地教行法第三〇条に規定する教育機関をいう。）及び児童福祉施設（児童福祉法（昭和二二年法律第一六四号）第七条第一項に規定する児童福祉施設をいう。）の設置及び廃止に関すること。

(4) 教育委員会の所管に属する学校（犬山市立学校設置条例第二条第二項に規定する学校をいう。）の職員の任免その他の人事に関すること。

(5) 教育委員会の事務の管理及び執行の状況についての点検及び評価に関すること。

(6) 前各号に掲げる事項のほか、教育行政についての基本方針及び重要事項に関すること。

2 教育長は、前項に規定する付議事件を提案するときは、提案の目的、内容、経緯、効果等について、わかりやすく説明します。

（討議の促進）

第六条　教育長は、前条第一項の審議にあたっては、教育委員会の委員間の自由な討議を通じて論点を明らかにし、合意形成に努めます。

2 教育長は、いじめ（いじめ防止対策推進法（平成二五年法律第七一号）第二条第一項に規定するいじめをいう。）事件等の児童生徒及び教育機関の職員（地教行法第三四条に規定する職員をいう。）に関わる事件及び事故について速やかに調査し、教育委員会の委員に遅滞なく、かつ、包み隠すことなく報告を行い、迅速に事後措置を協議します。

（政策等の形成手続き）

第七条　教育委員会の委員は、教育委員会事務局の補助を受け、教育政策等の立案及び形成に主体的かつ積極的に関わります。

2 教育委員会の委員は、校長等関係者との意見交換を行い、幼児、児童及び生徒、学校等の運営、施設等の状況把握に努め、積極的な課題の抽出につなげます。

3 教育委員会は、教育長及び教育委員会の委員の政策形成能力等の資質の向上のため、研修機会の充実に努めます。

4 教育委員会は、地教行法第二六条第一項に規定する事務の管理及び執行の状況について点検及び評価を行い、その結果に関する報告書を作成し、これを議会に報告するとともに、市ホームページへの掲載等の方法により公表します。

5 教育委員会は、前項の点検及び評価の結果に基づき、教育委員会の会議において、必要な改善措置について協議します。

（市長との関係）

第八条　市長及び教育委員会は、教育の政治的中立性、継続性及び安定性を確保しつつ、地教行法第二一条から第二三条までの規定による職務権限に基づく適切な役割分担のもと、本市における教育の振興のため連携して教育施策の充実を図るものとします。

（総合教育会議における協議と調整）

第九条　総合教育会議（地教行法第一条の四第一項に規定する総合教育会議をいう。以下同じ。）は、市長と教育委員会が教育に関する大綱、講ずべき教育施策について協議及び調整を行う場であり、教育の課題及びあるべき姿を共有して、教育行政の推進を図るため、十分な意思の疎通を図ります。

2 総合教育会議において協議及び調整を図り、市長及び教育委員会の双方が合意した事項については、互いにその結果を尊重し、教育施策に活かしていきます。

（市民への情報公開と意見集約）

第一〇条　教育委員会は、市民に対する説明責任を果たし、教育の振興に資するため、多様な広報媒体を活用して、教育委員会の活動状況及び教育施策の実施状況について積極的に情報の公開及び発信を行い、市民との情報共有に努めます。

2 教育委員会は、子どもの権利を守り最善の利益を実現するために、子どもの思い及び市民の意見を的確に把握し、教育施策に適切に反映させるよう努めます。

3 教育委員会は、教育行政に対する市民の意見を聞くため、議会、保護者、教育関係の各種団体等との懇談の場を設けるよう努めます。

（市民からの政策提案）

第一一条　教育委員会は、請願、陳情及び施策等の提案があった場合には、その内容を精査することとし、当該請願等の提出者が希望した場合は、意見を述べる機会を保障します。

（教育委員会事務局の体制整備）

第一二条　地教行法第一七条の規定に基づき、教育委員会に事務局を置きます。

2 教育委員会は、教育施策の円滑な実施のため、教育委員会事務局の体制整備に必要な措置が講じられるよう、市長との協議及び調整を行います。

（見直し手続き）

第一三条　市長及び教育委員会は、総合教育会議において、この条例の趣旨及び目的の達成状況について検証します。

2 市長及び教育委員会は、前項による検証の結果、改善が必要な場合は、適切な措置を講じます。

附　則（省略）

教育関連法編

—— 目　次 ——

●法の適用に関する通則法（抜粋）

（平成一八年六月二一日法律第七八号）

施行、平一九・一・一

法例（明治三十一年法律第十号）の全部を改正する。

第一章　総則

（趣旨）

第一条　この法律は、法の適用に関する通則について定めるものとする。

第二章　法律に関する通則

（法律の施行期日）

第二条　法律は、公布の日から起算して二十日を経過した日から施行する。ただし、法律でこれと異なる施行期日を定めたときは、その定めによる。

（法律と同一の効力を有する慣習）

第三条　公の秩序又は善良の風俗に反しない慣習は、法令の規定により認められたもの又は法令に規定されていない事項に関するものに限り、法律と同一の効力を有する。

●年齢計算ニ関スル法律

（明治三五年一二月二日法律第五〇号）

施行、明三五・一二・二二

①　年齢ハ出生ノ日ヨリ之ヲ起算ス

②　民法第百四十三条ノ規定ハ年齢ノ計算ニ之ヲ準用ス

③　明治六年第三十六号布告ハ之ヲ廃止ス

●民　法（抜粋）

（明治二九年四月二七日法律第八九号）

施行、明三一・七・一六
最終改正、令一―法三四

（注）本書では、次の改正は織り込まず、本法末尾に改正規定を掲載した。
・平三〇法五九　施行＝平三四・四・一

第一編　総則

第一章　通則

（基本原則）

第一条　私権は、公共の福祉に適合しなければならない。

2　権利の行使及び義務の履行は、信義に従い誠実に行わなければならない。

3　権利の濫用は、これを許さない。

（解釈の基準）

第二条　この法律は、個人の尊厳と両性の本質的平等を旨として、解釈しなければならない。

第二章　人

第一節　権利能力

第三条　私権の享有は、出生に始まる。

2　外国人は、法令又は条約の規定により禁止される場合を除き、私権を享有する。

第二節　意思能力

第三条の二　法律行為の当事者が意思表示をした時に意思能力を有しなかったときは、その法律行為は、無効とする。

第三節　行為能力

（成年）

第四条　年齢二十歳をもって、成年とする。

（未成年者の法律行為）

第五条　未成年者が法律行為をするには、その法定代理人の同意を得なければならない。ただし、単に権利を得、又は義務を免れる法律行為については、この限りでない。

2　前項の規定に反する法律行為は、取り消すことができる。

3　第一項の規定にかかわらず、法定代理人が目的を定めて処分を許した財産は、その目的の範囲内において、未成年者が自由に処分することができる。目的を定めないで処分を許した財産を処分するときも、同様とする。

（未成年者の営業の許可）

第六条　一種又は数種の営業を許された未成年者は、その営業に関しては、成年者と同一の行為能力を有する。

2　前項の場合において、未成年者がその営業に堪えることができない事由があるときは、その法定代理人は、第四編（親族）の規定に従い、その許可を取り消し、又はこれを制限することができる。

第五章　法律行為

第一節　総則

（公序良俗）

第九〇条　公の秩序又は善良の風俗に反する法律行為は、無効とする。

第二節　意思表示

（錯誤）

第九五条　意思表示は、次に掲げる錯誤に基づくものであって、その錯誤が法律行為の目的及び取引上の社会通念に照らして重要なものであるときは、取り消すことができる。

一　意思表示に対応する意思を欠く錯誤

二　表意者が法律行為の基礎とした事情についてのその認識が真実に反する錯誤

2　前項第二号の規定による意思表示の取消しは、その事情が法律行為の基礎とされていることが表示されていたときに限り、することができる。

3　錯誤が表意者の重大な過失によるものであった場合には、次に掲げる場合を除き、第一項の規定による意思表示の取消しをすることができない。

一　相手方が表意者に錯誤があることを知り、又は重大な過失によって知らなかったとき。

二　相手方が表意者と同一の錯誤に陥っていたとき。

4　第一項の規定による意思表示の取消しは、善意でかつ過失がない第三者に対抗することができない。

（**詐欺又は強迫**）

第九六条　詐欺又は強迫による意思表示は、取り消すことができる。

2　相手方に対する意思表示について第三者が詐欺を行った場合においては、相手方がその事実を知り、又は知ることができたときに限り、その意思表示を取り消すことができる。

3　前二項の規定による詐欺による意思表示の取消しは、善意でかつ過失がない第三者に対抗することができない。

（**意思表示の受領能力**）

第九八条の二　意思表示の相手方がその意思表示を受けた時に意思能力を有しなかったとき又は未成年者若しくは成年被後見人であったときは、その意思表示をもってその相手方に対抗することができない。ただし、次に掲げる者がその意思表示を知った後は、この限りでない。

一　相手方の法定代理人

二　意思能力を回復し、又は行為能力者となった相手方

第三節　代理

（**代理行為の要件及び効果**）

第九九条　代理人がその権限内において本人のためにすることを示してした意思表示は、本人に対して直接にその効力を生ずる。

2　前項の規定は、第三者が代理人に対してした意思表示について準用する。

（**自己契約及び双方代理等**）

第一〇八条　同一の法律行為について、相手方の代理人として、又は当事者双方の代理人としてした行為は、代理権を有しない者がした行為とみなす。ただし、債務の履行及び本人があらかじめ許諾した行為については、この限りでない。

2　前項本文に規定するもののほか、代理人と本人との利益が相反する行為については、代理権を有しない者がした行為とみなす。ただし、本人があらかじめ許諾した行為については、この限りでない。

（**代理権授与の表示による表見代理等**）

第一〇九条　第三者に対して他人に代理権を与えた旨を表示した者は、その代理権の範囲内においてその他人が第三者との間でした行為について、その責任を負う。ただし、第三者が、その他人が代理権を与えられていないことを知り、又は過失によって知らなかったときは、この限りでない。

2　第三者に対して他人に代理権を与えた旨を表示した者は、その代理権の範囲内においてその他人が第三者との間で行為をしたとすれば前項の規定によりその責任を負うべき場合において、その他人が第三者との間でその代理権の範囲外の行為をしたときは、第三者がその行為についてその他人の代理権があると信ずべき正当な理由があるときに限り、その行為についての責任を負う。

（**権限外の行為の表見代理**）

第一一〇条　前条第一項本文の規定は、代理人がその権限外の行為をした場合において、第三者が代理人の権限があると信ずべき正当な理由があるときについて準用する。

（**代理権消滅後の表見代理等**）

第一一二条　他人に代理権を与えた者は、代理権の消滅後にその代理権の範囲内においてその他人が第三者との間でした行為について、代理権の消滅の事実を知らなかった第三者に対してその責任を負う。ただし、第三者が過失によってその事実を知らなかったときは、この限りでない。

2　他人に代理権を与えた者は、代理権の消滅後に、その代理権の範囲内においてその他人が第三者との間で行為をしたとすれば前項の規定によりその責任を負うべき場合において、その他人が第三者との間でその代理権の範囲外の行為をしたときは、第三者がその行為についてその他人の代理権があると信ずべき正当な理由があるときに限り、その行為についての責任を負う。

（**無権代理**）

第一一三条　代理権を有しない者が他人の代理人としてした契約は、本人がその追認をしなければ、本人に対してその効力を生じない。

2　追認又はその拒絶は、相手方に対してしなければ、その相手方に対抗することができない。ただし、相手方がその事実を知ったときは、この限りでない。

第四節　無効及び取消し

（**無効な行為の追認**）

第一一九条　無効な行為は、追認によっても、その効力を生じない。ただし、当事者がその行為の無効であることを知って追認をしたときは、新たな行為をしたものとみなす。

（**取消権者**）

第一二〇条　行為能力の制限によって取り消すことができる行為は、制限行為能力者（他の制限行為能力者の法定代理人としてした行為にあっては、当該他の制限行為能力者を含む。）又はその代理人、承継人若しくは同意をすることができる者に限り、取り消すことができる。

2　錯誤、詐欺又は強迫によって取り消すことができる行為は、瑕疵ある意思表示をした者又はその代理人若しくは承継人に限り、取り消すことができる。

（**取消しの効果**）

第一二一条　取り消された行為は、初めから無効であったものとみなす。

（**原状回復の義務**）

第一二一条の二　無効な行為に基づく債務の履行として給付を受けた者は、相手方を原状に復させる義務を負う。

2　前項の規定にかかわらず、無効な無償行為に基づく債務の履行として給付を受けた者は、給付を受けた当時その行為が無効であること（給付を受けた後に前条の規定により初めから無効であったものとみなされた行為にあっては、給付を受けた当時その行為が取り消すことができるものであること）を知らなかったときは、その行為によって現に利益を受けている限度において、返還の義務を負う。

3　第一項の規定にかかわらず、行為の時に意思能力を有しなかった者は、その行為によって現に利益を受けている限度において、返還の義務を負う。行為の時に制限行為能力者であった者についても、同様とする。

（**暦による期間の計算**）

第一四三条　週、月又は年によって期間を定めたときは、その期間は、暦に従って計算する。

2　週、月又は年の初めから期間を起算しないときは、その期間は、最後の週、月又は年においてその起算日に応当する日の前日に満了する。ただし、月又は年によって期間を定めた場合において、最後の月に応当する日がないときは、その月の末日に満了する。

第三編　債権

第一章　総則

第二節　債権の効力

第一款　債務不履行の責任等

（**債務不履行による損害賠償**）

第四一五条　債務者がその債務の本旨に従った履行をしないとき又は債務の履行が不能であるときは、債権者は、これによって生じた損害の賠償を請求することができる。ただし、その債務の不履行が契約その他の債務の発生原因及び取引上の社会通念に照らして債務者の責めに帰することができない事由によるものであるときは、この限りでない。

2　前項の規定により損害賠償の請求をすることができる場合において、債権者は、次に掲

げるときは、債務の履行に代わる損害賠償の請求をすることができる。
一　債務の履行が不能であるとき。
二　債務者がその債務の履行を拒絶する意思を明確に表示したとき。
三　債務が契約によって生じたものである場合において、その契約が解除され、又は債務の不履行による契約の解除権が発生したとき。

（損害賠償の範囲）
第四一六条　債務の不履行に対する損害賠償の請求は、これによって通常生ずべき損害の賠償をさせることをその目的とする。
2　特別の事情によって生じた損害であっても、当事者がその事情を予見すべきであったときは、債権者は、その賠償を請求することができる。

（損害賠償の方法）
第四一七条　損害賠償は、別段の意思表示がないときは、金銭をもってその額を定める。

（中間利息の控除）
第四一七条の二　将来において取得すべき利益についての損害賠償の額を定める場合において、その利益を取得すべき時までの利息相当額を控除するときは、その損害賠償の請求権が生じた時点における法定利率により、これをする。
2　将来において負担すべき費用についての損害賠償の額を定める場合において、その費用を負担すべき時までの利息相当額を控除するときも、前項と同様とする。

（過失相殺）
第四一八条　債務の不履行又はこれによる損害の発生若しくは拡大に関して債権者に過失があったときは、裁判所は、これを考慮して、損害賠償の責任及びその額を定める。

（賠償額の予定）
第四二〇条　当事者は、債務の不履行について損害賠償の額を予定することができる。
2　賠償額の予定は、履行の請求又は解除権の行使を妨げない。
3　違約金は、賠償額の予定と推定する。

第五章　不法行為

（不法行為による損害賠償）
第七〇九条　故意又は過失によって他人の権利又は法律上保護される利益を侵害した者は、これによって生じた損害を賠償する責任を負う。

（財産以外の損害の賠償）
第七一〇条　他人の身体、自由若しくは名誉を侵害した場合又は他人の財産権を侵害した場合のいずれであるかを問わず、前条の規定により損害賠償の責任を負う者は、財産以外の損害に対しても、その賠償をしなければならない。

（近親者に対する損害の賠償）
第七一一条　他人の生命を侵害した者は、被害者の父母、配偶者及び子に対しては、その財産権が侵害されなかった場合においても、損害の賠償をしなければならない。

（責任能力）
第七一二条　未成年者は、他人に損害を加えた場合において、自己の行為の責任を弁識するに足りる知能を備えていなかったときは、その行為について賠償の責任を負わない。
第七一三条　精神上の障害により自己の行為の責任を弁識する能力を欠く状態にある間に他人に損害を加えた者は、その賠償の責任を負わない。ただし、故意又は過失によって一時的にその状態を招いたときは、この限りでない。

（責任無能力者の監督義務者等の責任）
第七一四条　前二条の規定により責任無能力者がその責任を負わない場合において、その責任無能力者を監督する法定の義務を負う者は、その責任無能力者が第三者に加えた損害を賠償する責任を負う。ただし、監督義務者がその義務を怠らなかったとき、又はその義務を怠らなくても損害が生ずべきであったときは、この限りでない。
2　監督義務者に代わって責任無能力者を監督する者も、前項の責任を負う。

（使用者等の責任）
第七一五条　ある事業のために他人を使用する者は、被用者がその事業の執行について第三者に加えた損害を賠償する責任を負う。ただし、使用者が被用者の選任及びその事業の監督について相当の注意をしたとき、又は相当の注意をしても損害が生ずべきであったときは、この限りでない。
2　使用者に代わって事業を監督する者も、前項の責任を負う。
3　前二項の規定は、使用者又は監督者から被用者に対する求償権の行使を妨げない。

（注文者の責任）
第七一六条　注文者は、請負人がその仕事について第三者に加えた損害を賠償する責任を負わない。ただし、注文又は指図についてその注文者に過失があったときは、この限りでない。

（土地の工作物等の占有者及び所有者の責任）
第七一七条　土地の工作物の設置又は保存に瑕疵があることによって他人に損害を生じたときは、その工作物の占有者は、被害者に対してその損害を賠償する責任を負う。ただし、占有者が損害の発生を防止するのに必要な注意をしたときは、所有者がその損害を賠償しなければならない。
2　前項の規定は、竹木の栽植又は支持に瑕疵がある場合について準用する。
3　前二項の場合において、損害の原因について他にその責任を負う者があるときは、占有者又は所有者は、その者に対して求償権を行使することができる。

（動物の占有者等の責任）
第七一八条　動物の占有者は、その動物が他人に加えた損害を賠償する責任を負う。ただし、動物の種類及び性質に従い相当の注意をもってその管理をしたときは、この限りでない。
2　占有者に代わって動物を管理する者も、前項の責任を負う。

（共同不法行為者の責任）
第七一九条　数人が共同の不法行為によって他人に損害を加えたときは、各自が連帯してその損害を賠償する責任を負う。共同行為者のうちいずれの者がその損害を加えたかを知ることができないときも、同様とする。
2　行為者を教唆した者及び幇助した者は、共同行為者とみなして、前項の規定を適用する。

（正当防衛及び緊急避難）
第七二〇条　他人の不法行為に対し、自己又は第三者の権利又は法律上保護される利益を防衛するため、やむを得ず加害行為をした者は、損害賠償の責任を負わない。ただし、被害者から不法行為をした者に対する損害賠償の請求を妨げない。
2　前項の規定は、他人の物から生じた急迫の危難を避けるためその物を損傷した場合について準用する。

（損害賠償請求権に関する胎児の権利能力）
第七二一条　胎児は、損害賠償の請求権については、既に生まれたものとみなす。

（損害賠償の方法、中間利息の控除及び過失相殺）
第七二二条　第四百十七条及び第四百十七条の二の規定は、不法行為による損害賠償について準用する。
2　被害者に過失があったときは、裁判所は、これを考慮して、損害賠償の額を定めることができる。

（名誉毀損における原状回復）
第七二三条　他人の名誉を毀損した者に対しては、裁判所は、被害者の請求により、損害賠償に代えて、又は損害賠償とともに、名誉を回復するのに適当な処分を命ずることができる。

（不法行為による損害賠償請求権の消滅時効）
第七二四条　不法行為による損害賠償の請求権は、次に掲げる場合には、時効によって消滅する。
一　被害者又はその法定代理人が損害及び加害者を知った時から三年間行使しないとき。
二　不法行為の時から二十年間行使しないとき。

（**人の生命又は身体を害する不法行為による損害賠償請求権の消滅時効**）
第七二四条の二　人の生命又は身体を害する不法行為による損害賠償請求権の消滅時効についての前条第一号の規定の適用については、同号中「三年間」とあるのは、「五年間」とする。

第四編　親族

第一章　総則

（**親族の範囲**）
第七二五条　次に掲げる者は、親族とする。
一　六親等内の血族
二　配偶者
三　三親等内の姻族

（**親等の計算**）
第七二六条　親等は、親族間の世代数を数えて、これを定める。
2　傍系親族の親等を定めるには、その一人又はその配偶者から同一の祖先にさかのぼり、その祖先から他の一人に下るまでの世代数による。

（**縁組による親族関係の発生**）
第七二七条　養子と養親及びその血族との間においては、養子縁組の日から、血族間におけるのと同一の親族関係を生ずる。

（**離婚等による姻族関係の終了**）
第七二八条　姻族関係は、離婚によって終了する。
2　夫婦の一方が死亡した場合において、生存配偶者が姻族関係を終了させる意思を表示したときも、前項と同様とする。

（**離縁による親族関係の終了**）
第七二九条　養子及びその配偶者並びに養子の直系卑属及びその配偶者と養親及びその血族との親族関係は、離縁によって終了する。

（**親族間の扶け合い**）
第七三〇条　直系血族及び同居の親族は、互いに扶け合わなければならない。

第二章　婚姻

第一節　婚姻の成立

第一款　婚姻の要件

（**婚姻適齢**）
第七三一条　男は、十八歳に、女は、十六歳にならなければ、婚姻をすることができない。

（**再婚禁止期間**）
第七三三条　女は、前婚の解消又は取消しの日から起算して百日を経過した後でなければ、再婚をすることができない。
2　前項の規定は、次に掲げる場合には、適用しない。
一　女が前婚の解消又は取消しの時に懐胎していなかった場合
二　女が前婚の解消又は取消しの後に出産した場合

（**未成年者の婚姻についての父母の同意**）
第七三七条　未成年の子が婚姻をするには、父母の同意を得なければならない。
2　父母の一方が同意しないときは、他の一方の同意だけで足りる。父母の一方が知れないとき、死亡したとき、又はその意思を表示することができないときも、同様とする。

第二節　婚姻の効力

（**婚姻による成年擬制**）
第七五三条　未成年者が婚姻をしたときは、これによって成年に達したものとみなす。

第四節　離婚

第一款　協議上の離婚

（**協議上の離婚**）
第七六三条　夫婦は、その協議で、離婚をすることができる。

（**離婚後の子の監護に関する事項の定め等**）
第七六六条　父母が協議上の離婚をするときは、子の監護をすべき者、父又は母と子との面会及びその他の交流、子の監護に要する費用の分担その他の子の監護について必要な事項は、その協議で定める。この場合においては、子の利益を最も優先して考慮しなければならない。
2　前項の協議が調わないとき、又は協議をすることができないときは、家庭裁判所が、同項の事項を定める。
3　家庭裁判所は、必要があると認めるときは、前二項の規定による定めを変更し、その他子の監護について相当な処分を命ずることができる。
4　前三項の規定によっては、監護の範囲外では、父母の権利義務に変更を生じない。

第三章　親子

第一節　実子

（**嫡出の推定**）
第七七二条　妻が婚姻中に懐胎した子は、夫の子と推定する。
2　婚姻の成立の日から二百日を経過した後又は婚姻の解消若しくは取消しの日から三百日以内に生まれた子は、婚姻中に懐胎したものと推定する。

（**認知**）
第七七九条　嫡出でない子は、その父又は母がこれを認知することができる。

（**準正**）
第七八九条　父が認知した子は、その父母の婚姻によって嫡出子の身分を取得する。
2　婚姻中父母が認知した子は、その認知の時から、嫡出子の身分を取得する。
3　前二項の規定は、子が既に死亡していた場合について準用する。

第二節　養子

第一款　縁組の要件

（**養親となる者の年齢**）
第七九二条　成年に達した者は、養子をすることができる。

（**十五歳未満の者を養子とする縁組**）
第七九七条　養子となる者が十五歳未満であるときは、その法定代理人が、これに代わって、縁組の承諾をすることができる。
2　法定代理人が前項の承諾をするには、養子となる者の父母でその監護をすべき者であるものが他にあるときは、その同意を得なければならない。養子となる者の父母で親権を停止されているものがあるときも、同様とする。

（**未成年者を養子とする縁組**）
第七九八条　未成年者を養子とするには、家庭裁判所の許可を得なければならない。ただし、自己又は配偶者の直系卑属を養子とする場合は、この限りでない。

第五款　特別養子

（**特別養子縁組の成立**）
第八一七条の二　家庭裁判所は、次条から第八百十七条の七までに定める要件があるときは、養親となる者の請求により、実方の血族との親族関係が終了する縁組（以下この款において「特別養子縁組」という。）を成立させることができる。
2　前項に規定する請求をするには、第七百九十四条又は第七百九十八条の許可を得ることを要しない。

（**養親の夫婦共同縁組**）
第八一七条の三　養親となる者は、配偶者のある者でなければならない。
2　夫婦の一方は、他の一方が養親とならないときは、養親となることができない。ただし、夫婦の一方が他の一方の嫡出である子（特別養子縁組以外の縁組による養子を除く。）の養親となる場合は、この限りでない。

（**養親となる者の年齢**）
第八一七条の四　二十五歳に達しない者は、養親となることができない。ただし、養親となる夫婦の一方が二十五歳に達していない場合においても、その者が二十歳に達しているときは、この限りでない。

（**養子となる者の年齢**）
第八一七条の五　第八百十七条の二に規定する請求の時に十五歳に達している者は、養子となることができない。特別養子縁組が成立するまでに十八歳に達した者についても、同様とする。

2　前項前段の規定は、養子となる者が十五歳に達する前から引き続き養親となる者に監護されている場合において、十五歳に達するまでに第八百十七条の二に規定する請求がされなかったことについてやむを得ない事由があるときは、適用しない。

3　養子となる者が十五歳に達している場合においては、特別養子縁組の成立には、その者の同意がなければならない。

（父母の同意）

第八一七条の六　特別養子縁組の成立には、養子となる者の父母の同意がなければならない。ただし、父母がその意思を表示することができない場合又は父母による虐待、悪意の遺棄その他養子となる者の利益を著しく害する事由がある場合は、この限りでない。

（子の利益のための特別の必要性）

第八一七条の七　特別養子縁組は、父母による養子となる者の監護が著しく困難又は不適当であることその他特別の事情がある場合において、子の利益のため特に必要があると認めるときに、これを成立させるものとする。

（監護の状況）

第八一七条の八　特別養子縁組を成立させるには、養親となる者が養子となる者を六箇月以上の期間監護した状況を考慮しなければならない。

2　前項の期間は、第八百十七条の二に規定する請求の時から起算する。ただし、その請求前の監護の状況が明らかであるときは、この限りでない。

（実方との親族関係の終了）

第八一七条の九　養子と実方の父母及びその血族との親族関係は、特別養子縁組によって終了する。ただし、第八百十七条の三第二項ただし書に規定する他の一方及びその血族との親族関係については、この限りでない。

（特別養子縁組の離縁）

第八一七条の一〇　次の各号のいずれにも該当する場合において、養子の利益のため特に必要があると認めるときは、家庭裁判所は、養子、実父母又は検察官の請求により、特別養子縁組の当事者を離縁させることができる。

一　養親による虐待、悪意の遺棄その他養子の利益を著しく害する事由があること。

二　実父母が相当の監護をすることができること。

2　離縁は、前項の規定による場合のほか、これをすることができない。

（離縁による実方との親族関係の回復）

第八一七条の一一　養子と実父母及びその血族との間においては、離縁の日から、特別養子縁組によって終了した親族関係と同一の親族関係を生ずる。

第四章　親権

第一節　総則

（親権者）

第八一八条　成年に達しない子は、父母の親権に服する。

2　子が養子であるときは、養親の親権に服する。

3　親権は、父母の婚姻中は、父母が共同して行う。ただし、父母の一方が親権を行うことができないときは、他の一方が行う。

（離婚又は認知の場合の親権者）

第八一九条　父母が協議上の離婚をするときは、その協議で、その一方を親権者と定めなければならない。

2　裁判上の離婚の場合には、裁判所は、父母の一方を親権者と定める。

3　子の出生前に父母が離婚した場合には、親権は、母が行う。ただし、子の出生後に、父母の協議で、父を親権者と定めることができる。

4　父が認知した子に対する親権は、父母の協議で父を親権者と定めたときに限り、父が行う。

5　第一項、第三項又は前項の協議が調わないとき、又は協議をすることができないときは、家庭裁判所は、父又は母の請求によって、協議に代わる審判をすることができる。

6　子の利益のため必要があると認めるときは、家庭裁判所は、子の親族の請求によって、親権者を他の一方に変更することができる。

第二節　親権の効力

（監護及び教育の権利義務）

第八二〇条　親権を行う者は、子の利益のために子の監護及び教育をする権利を有し、義務を負う。

（居所の指定）

第八二一条　子は、親権を行う者が指定した場所に、その居所を定めなければならない。

（懲戒）

第八二二条　親権を行う者は、第八百二十条の規定による監護及び教育に必要な範囲内でその子を懲戒することができる。

（職業の許可）

第八二三条　子は、親権を行う者の許可を得なければ、職業を営むことができない。

2　親権を行う者は、第六条第二項の場合には、前項の許可を取り消し、又はこれを制限することができる。

（財産の管理及び代表）

第八二四条　親権を行う者は、子の財産を管理し、かつ、その財産に関する法律行為についてその子を代表する。ただし、その子の行為を目的とする債務を生ずべき場合には、本人の同意を得なければならない。

（父母の一方が共同の名義でした行為の効力）

第八二五条　父母が共同して親権を行う場合において、父母の一方が、共同の名義で、子に代わって法律行為をし又は子がこれをすることに同意したときは、その行為は、他の一方の意思に反したときであっても、そのためにその効力を妨げられない。ただし、相手方が悪意であったときは、この限りでない。

（利益相反行為）

第八二六条　親権を行う父又は母とその子との利益が相反する行為については、親権を行う者は、その子のために特別代理人を選任することを家庭裁判所に請求しなければならない。

2　親権を行う者が数人の子に対して親権を行う場合において、その一人と他の子との利益が相反する行為については、親権を行う者は、その一方のために特別代理人を選任することを家庭裁判所に請求しなければならない。

（財産の管理における注意義務）

第八二七条　親権を行う者は、自己のためにするのと同一の注意をもって、その管理権を行わなければならない。

（財産の管理の計算）

第八二八条　子が成年に達したときは、親権を行った者は、遅滞なくその管理の計算をしなければならない。ただし、その子の養育及び財産の管理の費用は、その子の財産の収益と相殺したものとみなす。

（子に代わる親権の行使）

第八三三条　親権を行う者は、その親権に服する子に代わって親権を行う。

第三節　親権の喪失

（親権喪失の審判）

第八三四条　父又は母による虐待又は悪意の遺棄があるときその他父又は母による親権の行使が著しく困難又は不適当であることにより子の利益を著しく害するときは、家庭裁判所は、子、その親族、未成年後見人、未成年後見監督人又は検察官の請求により、その父又は母について、親権喪失の審判をすることができる。ただし、二年以内にその原因が消滅する見込みがあるときは、この限りでない。

（親権停止の審判）

第八三四条の二　父又は母による親権の行使が困難又は不適当であることにより子の利益を害するときは、家庭裁判所は、子、その親族、未成年後見人、未成年後見監督人又は検察官の請求により、その父又は母について、親権停止の審判をすることができる。

2　家庭裁判所は、親権停止の審判をするときは、その原因が消滅するまでに要すると見込まれる期間、子の心身の状態及び生活の状況その他一切の事情を考慮して、二年を超えない範囲内で、親権を停止する期間を定める。

（管理権喪失の審判）

第八百三十五条　父又は母による管理権の行使が困難又は不適当であることにより子の利益を害するときは、家庭裁判所は、子、その親族、未成年後見人、未成年後見監督人又は検察官の請求により、その父又は母について、管理権喪失の審判をすることができる。

（親権喪失、親権停止又は管理権喪失の審判の取消し）

第八百三十六条　第八百三十四条本文、第八百三十四条の二第一項又は前条に規定する原因が消滅したときは、家庭裁判所は、本人又はその親族の請求によって、それぞれ親権喪失、親権停止又は管理権喪失の審判を取り消すことができる。

（親権又は管理権の辞任及び回復）

第八百三十七条　親権を行う父又は母は、やむを得ない事由があるときは、家庭裁判所の許可を得て、親権又は管理権を辞することができる。

2　前項の事由が消滅したときは、父又は母は、家庭裁判所の許可を得て、親権又は管理権を回復することができる。

第五章　後見

第一節　後見の開始

第八百三十八条　後見は、次に掲げる場合に開始する。

一　未成年者に対して親権を行う者がないとき、又は親権を行う者が管理権を有しないとき。

二　後見開始の審判があったとき。

第二節　後見の機関

第一款　後見人

（未成年後見人の指定）

第八百三十九条　未成年者に対して最後に親権を行う者は、遺言で、未成年後見人を指定することができる。ただし、管理権を有しない者は、この限りでない。

2　親権を行う父母の一方が管理権を有しないときは、他の一方は、前項の規定により未成年後見人の指定をすることができる。

（未成年後見人の選任）

第八百四十条　前条の規定により未成年後見人となるべき者がないときは、家庭裁判所は、未成年被後見人又はその親族その他の利害関係人の請求によって、未成年後見人を選任する。未成年後見人が欠けたときも、同様とする。

2　未成年後見人がある場合においても、家庭裁判所は、必要があると認めるときは、前項に規定する者若しくは未成年後見人の請求により又は職権で、更に未成年後見人を選任することができる。

3　未成年後見人を選任するには、未成年被後見人の年齢、心身の状態並びに生活及び財産の状況、未成年後見人となる者の職業及び経歴並びに未成年被後見人との利害関係の有無（未成年後見人となる者が法人であるときは、その事業の種類及び内容並びにその法人及びその代表者と未成年被後見人との利害関係の有無）、未成年被後見人の意見その他一切の事情を考慮しなければならない。

（父母による未成年後見人の選任の請求）

第八百四十一条　父若しくは母が親権若しくは管理権を辞し、又は父若しくは母について親権喪失、親権停止若しくは管理権喪失の審判があったことによって未成年後見人を選任する必要が生じたときは、その父又は母は、遅滞なく未成年後見人の選任を家庭裁判所に請求しなければならない。

（後見人の辞任）

第八百四十四条　後見人は、正当な事由があるときは、家庭裁判所の許可を得て、その任務を辞することができる。

（辞任した後見人による新たな後見人の選任の請求）

第八百四十五条　後見人がその任務を辞したことによって新たに後見人を選任する必要が生じたときは、その後見人は、遅滞なく新たな後見人の選任を家庭裁判所に請求しなければならない。

（後見人の解任）

第八百四十六条　後見人に不正な行為、著しい不行跡その他後見の任務に適しない事由があるときは、家庭裁判所は、後見監督人、被後見人若しくはその親族若しくは検察官の請求により又は職権で、これを解任することができる。

（後見人の欠格事由）

第八百四十七条　次に掲げる者は、後見人となることができない。

一　未成年者

二　家庭裁判所で免ぜられた法定代理人、保佐人又は補助人

三　破産者

四　被後見人に対して訴訟をし、又はした者並びにその配偶者及び直系血族

五　行方の知れない者

第三節　後見の事務

（未成年被後見人の身上の監護に関する権利義務）

第八百五十七条　未成年後見人は、第八百二十条から第八百二十三条までに規定する事項について、親権を行う者と同一の権利義務を有する。ただし、親権を行う者が定めた教育の方法及び居所を変更し、営業を許可し、その許可を取り消し、又はこれを制限するには、未成年後見監督人があるときは、その同意を得なければならない。

（未成年後見人が数人ある場合の権限の行使等）

第八百五十七条の二　未成年後見人が数人あるときは、共同してその権限を行使する。

2　未成年後見人が数人あるときは、家庭裁判所は、職権で、その一部の者について、財産に関する権限のみを行使すべきことを定めることができる。

3　未成年後見人が数人あるときは、家庭裁判所は、職権で、財産に関する権限について、各未成年後見人が単独で又は数人の未成年後見人が事務を分掌して、その権限を行使すべきことを定めることができる。

4　家庭裁判所は、職権で、前二項の規定による定めを取り消すことができる。

5　未成年後見人が数人あるときは、第三者の意思表示は、その一人に対してすれば足りる。

（後見監督人の同意を要する行為）

第八百六十四条　後見人が、被後見人に代わって営業若しくは第十三条第一項各号に掲げる行為をし、又は未成年被後見人がこれをすることに同意するには、後見監督人があるときは、その同意を得なければならない。ただし、同項第一号に掲げる元本の領収については、この限りでない。

（未成年被後見人に代わる親権の行使）

第八百六十七条　未成年後見人は、未成年被後見人に代わって親権を行う。

2　第八百五十三条から第八百五十七条まで及び第八百六十一条から前条までの規定は、前項の場合について準用する。

（財産に関する権限のみを有する未成年後見人）

第八百六十八条　親権を行う者が管理権を有しない場合には、未成年後見人は、財産に関する権限のみを有する。

（委任及び親権の規定の準用）

第八百六十九条　第六百四十四条及び第八百三十条の規定は、後見について準用する。

第四節　後見の終了

（後見の計算）

第八百七十条　後見人の任務が終了したときは、後見人又はその相続人は、二箇月以内にその管理の計算（以下「後見の計算」という。）をしなければならない。ただし、この期間

は、家庭裁判所において伸長することができる。

（未成年被後見人と未成年後見人等との間の契約等の取消し）
第八七二条　未成年被後見人が成年に達した後後見の計算の終了前に、その者と未成年後見人又はその相続人との間でした契約は、その者が取り消すことができる。その者が未成年後見人又はその相続人に対してした単独行為も、同様とする。
2　第二十条及び第百二十一条から第百二十六条までの規定は、前項の場合について準用する。

第五編　相続

第一章　総則

（相続開始の原因）
第八八二条　相続は、死亡によって開始する。

第二章　相続人

（相続に関する胎児の権利能力）
第八八六条　胎児は、相続については、既に生まれたものとみなす。
2　前項の規定は、胎児が死体で生まれたときは、適用しない。

（子及びその代襲者等の相続権）
第八八七条　被相続人の子は、相続人となる。
2　被相続人の子が、相続の開始以前に死亡したとき、又は第八百九十一条の規定に該当し、若しくは廃除によって、その相続権を失ったときは、その者の子がこれを代襲して相続人となる。ただし、被相続人の直系卑属でない者は、この限りでない。
3　前項の規定は、代襲者が、相続の開始以前に死亡し、又は第八百九十一条の規定に該当し、若しくは廃除によって、その代襲相続権を失った場合について準用する。

（直系尊属及び兄弟姉妹の相続権）
第八八九条　次に掲げる者は、第八百八十七条の規定により相続人となるべき者がない場合には、次に掲げる順序の順位に従って相続人となる。
一　被相続人の直系尊属。ただし、親等の異なる者の間では、その近い者を先にする。
二　被相続人の兄弟姉妹
2　第八百八十七条第二項の規定は、前項第二号の場合について準用する。

（配偶者の相続権）
第八九〇条　被相続人の配偶者は、常に相続人となる。この場合において、第八百八十七条又は前条の規定により相続人となるべき者があるときは、その者と同順位とする。

第三章　相続の効力

第二節　相続分

（法定相続分）
第九〇〇条　同順位の相続人が数人あるときは、その相続分は、次の各号の定めるところによる。
一　子及び配偶者が相続人であるときは、子の相続分及び配偶者の相続分は、各二分の一とする。
二　配偶者及び直系尊属が相続人であるときは、配偶者の相続分は、三分の二とし、直系尊属の相続分は、三分の一とする。
三　配偶者及び兄弟姉妹が相続人であるときは、配偶者の相続分は、四分の三とし、兄弟姉妹の相続分は、四分の一とする。
四　子、直系尊属又は兄弟姉妹が数人あるときは、各自の相続分は、相等しいものとする。ただし、父母の一方のみを同じくする兄弟姉妹の相続分は、父母の双方を同じくする兄弟姉妹の相続分の二分の一とする。

（代襲相続人の相続分）
第九〇一条　第八百八十七条第二項又は第三項の規定により相続人となる直系卑属の相続分は、その直系尊属が受けるべきであったものと同じとする。ただし、直系卑属が数人あるときは、その各自の直系尊属が受けるべきであった部分について、前条の規定に従ってその相続分を定める。
2　前項の規定は、第八百八十九条第二項の規定により兄弟姉妹の子が相続人となる場合について準用する。

（遺言による相続分の指定）
第九〇二条　被相続人は、前二条の規定にかかわらず、遺言で、共同相続人の相続分を定め、又はこれを定めることを第三者に委託することができる。
2　被相続人が、共同相続人中の一人若しくは数人の相続分のみを定め、又はこれを第三者に定めさせたときは、他の共同相続人の相続分は、前二条の規定により定める。

第九章　遺留分

（遺留分の帰属及びその割合）
第一〇四二条　兄弟姉妹以外の相続人は、遺留分として、次条第一項に規定する遺留分を算定するための財産の価額に、次の各号に掲げる区分に応じてそれぞれ当該各号に定める割合を乗じた額を受ける。
一　直系尊属のみが相続人である場合　三分の一
二　前号に掲げる場合以外の場合　二分の一
2　相続人が数人ある場合には、前項各号に定める割合は、これらに第九百条及び第九百一条の規定により算定したその各自の相続分を乗じた割合とする。

民法の一部を改正する法律（抄）

（平成三〇年六月二〇日　法律第五九号）

民法（明治二十九年法律第八十九号）の一部を次のように改正する。
第四条中「二十歳」を「十八歳」に改める。
第七百三十一条を次のように改める。
（婚姻適齢）
第七三一条　婚姻は、十八歳にならなければ、することができない。
第七百三十七条を次のように改める。
第七三七条　削除
（中略）
第七百五十三条を次のように改める。
第七五三条　削除
第七百九十二条中「成年」を「二十歳」に改める。
（後略）

附　則

（施行期日）
第一条　この法律は、平成三十四年四月一日から施行する。〔後略〕

●刑　法（抜粋）

（明治四〇年四月二四日
法律第四五号）

施行、明四一・一〇・一
最終改正、平三〇―法七二

第一編　総則

第二章　刑

（刑の種類）
第九条　死刑、懲役、禁錮、罰金、拘留及び科料を主刑とし、没収を付加刑とする。

（刑の軽重）
第一〇条　主刑の軽重は、前条に規定する順序による。ただし、無期の禁錮と有期の懲役とでは禁錮を重い刑とし、有期の禁錮の長期が有期の懲役の長期の二倍を超えるときも、禁錮を重い刑とする。
2　同種の刑は、長期の長いもの又は多額の多いものを重い刑とし、長期又は多額が同じであるときは、短期の長いもの又は寡額の多いものを重い刑とする。
3　二個以上の死刑又は長期若しくは多額及び短期若しくは寡額が同じである同種の刑は、犯情によってその軽重を定める。

（死刑）
第一一条　死刑は、刑事施設内において、絞首して執行する。
2　死刑の言渡しを受けた者は、その執行に至るまで刑事施設に拘置する。

（懲役）
第一二条　懲役は、無期及び有期とし、有期懲役は、一月以上二十年以下とする。
2　懲役は、刑事施設に拘置して所定の作業を行わせる。

（禁錮）
第一三条　禁錮は、無期及び有期とし、有期禁錮は、一月以上二十年以下とする。
2　禁錮は、刑事施設に拘置する。

（罰金）
第一五条　罰金は、一万円以上とする。ただし、これを減軽する場合においては、一万円未満に下げることができる。

（拘留）
第一六条　拘留は、一日以上三十日未満とし、刑事施設に拘置する。

（科料）
第一七条　科料は、千円以上一万円未満とする。

（労役場留置）
第一八条　罰金を完納することができない者は、一日以上二年以下の期間、労役場に留置する。
2　科料を完納することができない者は、一日以上三十日以下の期間、労役場に留置する。
3から6まで〔省略〕

（没収）
第一九条　次に掲げる物は、没収することができる。
一　犯罪行為を組成した物
二　犯罪行為の用に供し、又は供しようとした物
三　犯罪行為によって生じ、若しくはこれによって得た物又は犯罪行為の報酬として得た物
四　前号に掲げる物の対価として得た物
2　没収は、犯人以外の者に属しない物に限り、これをすることができる。ただし、犯人以外の者に属する物であっても、犯罪の後にその者が情を知って取得したものであるときは、これを没収することができる。

第四章　刑の執行猶予

（刑の全部の執行猶予）
第二五条　次に掲げる者が三年以下の懲役若しくは禁錮又は五十万円以下の罰金の言渡しを受けたときは、情状により、裁判が確定した日から一年以上五年以下の期間、その刑の全部の執行を猶予することができる。
一　前に禁錮以上の刑に処せられたことがない者
二　前に禁錮以上の刑に処せられたことがあっても、その執行を終わった日又はその執行の免除を得た日から五年以内に禁錮以上の刑に処せられたことがない者
2　前に禁錮以上の刑に処せられたことがあってもその刑の全部の執行を猶予された者が一年以下の懲役又は禁錮の言渡しを受け、情状に特に酌量すべきものがあるときも、前項と同様とする。ただし、次条第一項の規定により保護観察に付せられ、その期間内に更に罪を犯した者については、この限りでない。

（刑の全部の執行猶予中の保護観察）
第二五条の二　前条第一項の場合においては猶予の期間中保護観察に付することができ、同条第二項の場合においては猶予の期間中保護観察に付する。
2　前項の規定により付せられた保護観察は、行政官庁の処分によって仮に解除することができる。
3〔省略〕

（刑の全部の執行猶予の必要的取消し）
第二六条　次に掲げる場合においては、刑の全部の執行猶予の言渡しを取り消さなければならない。ただし、第三号の場合において、猶予の言渡しを受けた者が第二十五条第一項第二号に掲げる者であるとき、又は次条第三号に該当するときは、この限りでない。
一　猶予の期間内に更に罪を犯して禁錮以上の刑に処せられ、その刑の全部について執行猶予の言渡しがないとき。
二　猶予の言渡し前に犯した他の罪について禁錮以上の刑に処せられ、その刑の全部について執行猶予の言渡しがないとき。
三　猶予の言渡し前に他の罪について禁錮以上の刑に処せられたことが発覚したとき。

（刑の全部の執行猶予の裁量的取消し）
第二六条の二　次に掲げる場合においては、刑の全部の執行猶予の言渡しを取り消すことができる。
一　猶予の期間内に更に罪を犯し、罰金に処せられたとき。
二　第二十五条の二第一項の規定により保護観察に付せられた者が遵守すべき事項を遵守せず、その情状が重いとき。
三　猶予の言渡し前に他の罪について禁錮以上の刑に処せられ、その刑の全部の執行を猶予されたことが発覚したとき。

（刑の全部の執行猶予の取消しの場合における他の刑の執行猶予の取消し）
第二六条の三　前二条の規定により禁錮以上の刑の全部の執行猶予の言渡しを取り消したときは、執行猶予中の他の禁錮以上の刑についても、その猶予の言渡しを取り消さなければならない。

（刑の全部の執行猶予の猶予期間経過の効果）
第二七条　刑の全部の執行猶予の言渡しを取り消されることなくその猶予の期間を経過したときは、刑の言渡しは、効力を失う。

（刑の一部の執行猶予）
第二七条の二　次に掲げる者が三年以下の懲役又は禁錮の言渡しを受けた場合において、犯情の軽重及び犯人の境遇その他の情状を考慮して、再び犯罪をすることを防ぐために必要であり、かつ、相当であると認められるときは、一年以上五年以下の期間、その刑の一部の執行を猶予することができる。
一　前に禁錮以上の刑に処せられたことがない者
二　前に禁錮以上の刑に処せられたことがあっても、その刑の全部の執行を猶予された者
三　前に禁錮以上の刑に処せられたことがあっても、その執行を終わった日又はその執行の免除を得た日から五年以内に禁錮以上の刑に処せられたことがない者
2　前項の規定によりその一部の執行を猶予された刑については、そのうち執行が猶予されなかった部分の期間を執行し、当該部分の期間の執行を終わった日又はその執行を受けることがなくなった日から、その猶予の期間を起算する。
3　前項の規定にかかわらず、その刑のうち執行が猶予されなかった部分の期間の執行を終わり、又はその執行を受けることがなくなった時において他に執行すべき懲役又は禁錮が

あるときは、第一項の規定による猶予の期間は、その執行すべき懲役若しくは禁錮の執行を終わった日又はその執行を受けることがなくなった日から起算する。

（刑の一部の執行猶予中の保護観察）

第二十七条の三　前条第一項の場合においては、猶予の期間中保護観察に付することができる。

２　前項の規定により付せられた保護観察は、行政官庁の処分によって仮に解除することができる。

３　前項の規定により保護観察を仮に解除されたときは、第二十七条の五第二号の規定の適用については、その処分を取り消されるまでの間は、保護観察に付せられなかったものとみなす。

（刑の一部の執行猶予の必要的取消し）

第二十七条の四　次に掲げる場合においては、刑の一部の執行猶予の言渡しを取り消さなければならない。ただし、第三号の場合において、猶予の言渡しを受けた者が第二十七条の二第一項第三号に掲げる者であるときは、この限りでない。

一　猶予の言渡し後に更に罪を犯し、禁錮以上の刑に処せられたとき。

二　猶予の言渡し前に犯した他の罪について禁錮以上の刑に処せられたとき。

三　猶予の言渡し前に他の罪について禁錮以上の刑に処せられ、その刑の全部について執行猶予の言渡しがないことが発覚したとき。

（刑の一部の執行猶予の裁量的取消し）

第二十七条の五　次に掲げる場合においては、刑の一部の執行猶予の言渡しを取り消すことができる。

一　猶予の言渡し後に更に罪を犯し、罰金に処せられたとき。

二　第二十七条の三第一項の規定により保護観察に付せられた者が遵守すべき事項を遵守しなかったとき。

（刑の一部の執行猶予の取消しの場合における他の刑の執行猶予の取消し）

第二十七条の六　前二条の規定により刑の一部の執行猶予の言渡しを取り消したときは、執行猶予中の他の禁錮以上の刑についても、その猶予の言渡しを取り消さなければならない。

（刑の一部の執行猶予の猶予期間経過の効果）

第二十七条の七　刑の一部の執行猶予の言渡しを取り消されることなくその猶予の期間を経過したときは、その懲役又は禁錮を執行が猶予されなかった部分の期間を刑期とする懲役又は禁錮に減軽する。この場合においては、当該部分の期間の執行を終わった日又はその執行を受けることがなくなった日において、刑の執行を受け終わったものとする。

第六章　刑の時効及び刑の消滅

（刑の時効）

第三十一条　刑（死刑を除く。）の言渡しを受けた者は、時効によりその執行の免除を得る。

（時効の期間）

第三十二条　時効は、刑の言渡しが確定した後、次の期間その執行を受けないことによって完成する。

一　無期の懲役又は禁錮については三十年

二　十年以上の有期の懲役又は禁錮については二十年

三　三年以上十年未満の懲役又は禁錮については十年

四　三年未満の懲役又は禁錮については五年

五　罰金については三年

六　拘留、科料及び没収については一年

第七章　犯罪の不成立及び刑の減免

（正当行為）

第三十五条　法令又は正当な業務による行為は、罰しない。

（正当防衛）

第三十六条　急迫不正の侵害に対して、自己又は他人の権利を防衛するため、やむを得ずにした行為は、罰しない。

２　防衛の程度を超えた行為は、情状により、その刑を減軽し、又は免除することができる。

（緊急避難）

第三十七条　自己又は他人の生命、身体、自由又は財産に対する現在の危難を避けるため、やむを得ずにした行為は、これによって生じた害が避けようとした害の程度を超えなかった場合に限り、罰しない。ただし、その程度を超えた行為は、情状により、その刑を減軽し、又は免除することができる。

２　前項の規定は、業務上特別の義務がある者には、適用しない。

（故意）

第三十八条　罪を犯す意思がない行為は、罰しない。ただし、法律に特別の規定がある場合は、この限りでない。

２　重い罪に当たるべき行為をしたのに、行為の時にその重い罪に当たることとなる事実を知らなかった者は、その重い罪によって処断することはできない。

３　法律を知らなかったとしても、そのことによって、罪を犯す意思がなかったとすることはできない。ただし、情状により、その刑を減軽することができる。

（心神喪失及び心神耗弱）

第三十九条　心神喪失者の行為は、罰しない。

２　心神耗弱者の行為は、その刑を減軽する。

第四〇条　［瘖唖］削除〔平七法九一〕

（責任年齢）

第四十一条　十四歳に満たない者の行為は、罰しない。

（自首等）

第四十二条　罪を犯した者が捜査機関に発覚する前に自首したときは、その刑を減軽することができる。

２　告訴がなければ公訴を提起することができない罪について、告訴をすることができる者に対して自己の犯罪事実を告げ、その措置にゆだねたときも、前項と同様とする。

第八章　未遂罪

（未遂減免）

第四十三条　犯罪の実行に着手してこれを遂げなかった者は、その刑を減軽することができる。ただし、自己の意思により犯罪を中止したときは、その刑を減軽し、又は免除する。

第十一章　共犯

（共同正犯）

第六〇条　二人以上共同して犯罪を実行した者は、すべて正犯とする。

（教唆）

第六一条　人を教唆して犯罪を実行させた者には、正犯の刑を科する。

２　教唆者を教唆した者についても、前項と同様とする。

（幇助）

第六二条　正犯を幇助した者は、従犯とする。

２　従犯を教唆した者には、従犯の刑を科する。

第二編　罪

第一章　［皇室に対する罪］削除

〔昭二二法一二四〕

第五章　公務の執行を妨害する罪

（公務執行妨害及び職務強要）

第九五条　公務員が職務を執行するに当たり、これに対して暴行又は脅迫を加えた者は、三年以下の懲役若しくは禁錮又は五十万円以下の罰金に処する。

２　公務員に、ある処分をさせ、若しくはさせないため、又はその職を辞させるために、暴行又は脅迫を加えた者も、前項と同様とする。

第十三章　秘密を侵す罪

（信書開封）

第一三三条　正当な理由がないのに、封をしてある信書を開けた者は、一年以下の懲役又は二十万円以下の罰金に処する。

（秘密漏示）

第一三四条　医師、薬剤師、医薬品販売業者、

助産師、弁護士、弁護人、公証人又はこれらの職にあった者が、正当な理由がないのに、その業務上取り扱ったことについて知り得た人の秘密を漏らしたときは、六月以下の懲役又は十万円以下の罰金に処する。

2　宗教、祈禱若しくは祭祀の職にある者又はこれらの職にあった者が、正当な理由がないのに、その業務上取り扱ったことについて知り得た人の秘密を漏らしたときも、前項と同様とする。

（親告罪）

第一三五条　この章の罪は、告訴がなければ公訴を提起することができない。

第二十二章　わいせつ、強制性交等及び重婚の罪

（公然わいせつ）

第一七四条　公然とわいせつな行為をした者は、六月以下の懲役若しくは三十万円以下の罰金又は拘留若しくは科料に処する。

（わいせつ物頒布等）

第一七五条　わいせつな文書、図画、電磁的記録に係る記録媒体その他の物を頒布し、又は公然と陳列した者は、二年以下の懲役若しくは二百五十万円以下の罰金若しくは科料に処し、又は懲役及び罰金を併科する。電気通信の送信によりわいせつな電磁的記録その他の記録を頒布した者も、同様とする。

2　有償で頒布する目的で、前項の物を所持し、又は同項の電磁的記録を保管した者も、同項と同様とする。

（強制わいせつ）

第一七六条　十三歳以上の者に対し、暴行又は脅迫を用いてわいせつな行為をした者は、六月以上十年以下の懲役に処する。十三歳未満の者に対し、わいせつな行為をした者も、同様とする。

（強制性交等）

第一七七条　十三歳以上の者に対し、暴行又は脅迫を用いて性交、肛門性交又は口腔性交（以下「性交等」という。）をした者は、強制性交等の罪とし、五年以上の有期懲役に処する。十三歳未満の者に対し、性交等をした者も、同様とする。

（準強制わいせつ及び準強制性交等）

第一七八条　人の心神喪失若しくは抗拒不能に乗じ、又は心神を喪失させ、若しくは抗拒不能にさせて、わいせつな行為をした者は、第百七十六条の例による。

2　人の心神喪失若しくは抗拒不能に乗じ、又は心神を喪失させ、若しくは抗拒不能にさせて、性交等をした者は、前条の例による。

（監護者わいせつ及び監護者性交等）

第一七九条　十八歳未満の者に対し、その者を現に監護する者であることによる影響力があることに乗じてわいせつな行為をした者は、第百七十六条の例による。

2　十八歳未満の者に対し、その者を現に監護する者であることによる影響力があることに乗じて性交等をした者は、第百七十七条の例による。

（強制わいせつ等致死傷）

第一八一条　第百七十六条、第百七十八条第一項若しくは第百七十九条第一項の罪又はこれらの罪の未遂罪を犯し、よって人を死傷させた者は、無期又は三年以上の懲役に処する。

2　第百七十七条、第百七十八条第二項若しくは第百七十九条第二項の罪又はこれらの罪の未遂罪を犯し、よって人を死傷させた者は、無期又は六年以上の懲役に処する。

（淫行勧誘）

第一八二条　営利の目的で、淫行の常習のない女子を勧誘して姦淫させた者は、三年以下の懲役又は三十万円以下の罰金に処する。

（重婚）

第一八四条　配偶者のある者が重ねて婚姻をしたときは、二年以下の懲役に処する。その相手方となって婚姻をした者も、同様とする。

第二十六章　殺人の罪

（殺人）

第一九九条　人を殺した者は、死刑又は無期若しくは五年以上の懲役に処する。

第二〇〇条　【尊属殺人】削除〔平七法九一〕

（予備）

第二〇一条　第百九十九条の罪を犯す目的で、その予備をした者は、二年以下の懲役に処する。ただし、情状により、その刑を免除することができる。

（自殺関与及び同意殺人）

第二〇二条　人を教唆し若しくは幇助して自殺させ、又は人をその嘱託を受け若しくはその承諾を得て殺した者は、六月以上七年以下の懲役又は禁錮に処する。

第二十七章　傷害の罪

（傷害）

第二〇四条　人の身体を傷害した者は、十五年以下の懲役又は五十万円以下の罰金に処する。

（傷害致死）

第二〇五条　身体を傷害し、よって人を死亡させた者は、三年以上の有期懲役に処する。

（暴行）

第二〇八条　暴行を加えた者が人を傷害するに至らなかったときは、二年以下の懲役若しくは三十万円以下の罰金又は拘留若しくは科料に処する。

（凶器準備集合及び結集）

第二〇八条の二　二人以上の者が他人の生命、身体又は財産に対し共同して害を加える目的で集合した場合において、凶器を準備して又はその準備があることを知って集合した者は、二年以下の懲役又は三十万円以下の罰金に処する。

2　前項の場合において、凶器を準備して又はその準備があることを知って人を集合させた者は、三年以下の懲役に処する。

第二十八章　過失傷害の罪

（過失傷害）

第二〇九条　過失により人を傷害した者は、三十万円以下の罰金又は科料に処する。

2　前項の罪は、告訴がなければ公訴を提起することができない。

（過失致死）

第二一〇条　過失により人を死亡させた者は、五十万円以下の罰金に処する。

（業務上過失致死傷等）

第二一一条　業務上必要な注意を怠り、よって人を死傷させた者は、五年以下の懲役若しくは禁錮又は百万円以下の罰金に処する。重大な過失により人を死傷させた者も、同様とする。

第三十二章　脅迫の罪

（脅迫）

第二二二条　生命、身体、自由、名誉又は財産に対し害を加える旨を告知して人を脅迫した者は、二年以下の懲役又は三十万円以下の罰金に処する。

2　親族の生命、身体、自由、名誉又は財産に対し害を加える旨を告知して人を脅迫した者も、前項と同様とする。

（強要）

第二二三条　生命、身体、自由、名誉若しくは財産に対し害を加える旨を告知して脅迫し、又は暴行を用いて、人に義務のないことを行わせ、又は権利の行使を妨害した者は、三年以下の懲役に処する。

2　親族の生命、身体、自由、名誉又は財産に対し害を加える旨を告知して脅迫し、人に義務のないことを行わせ、又は権利の行使を妨害した者も、前項と同様とする。

3　前二項の罪の未遂は、罰する。

第三十三章　略取、誘拐及び人身売買の罪

（未成年者略取及び誘拐）

第二二四条　未成年者を略取し、又は誘拐した者は、三月以上七年以下の懲役に処する。

（営利目的等略取及び誘拐）

第二二五条　営利、わいせつ、結婚又は生命若しくは身体に対する加害の目的で、人を略取

し、又は誘拐した者は、一年以上十年以下の懲役に処する。

（身の代金目的略取等）

第二二五条の二　近親者その他略取され又は誘拐された者の安否を憂慮する者の憂慮に乗じてその財物を交付させる目的で、人を略取し、又は誘拐した者は、無期又は三年以上の懲役に処する。

2　人を略取し又は誘拐した者が近親者その他略取され又は誘拐された者の安否を憂慮する者の憂慮に乗じて、その財物を交付させ、又はこれを要求する行為をしたときも、前項と同様とする。

（所在国外移送目的略取及び誘拐）

第二二六条　所在国外に移送する目的で、人を略取し、又は誘拐した者は、二年以上の有期懲役に処する。

（人身売買）

第二二六条の二　人を買い受けた者は、三月以上五年以下の懲役に処する。

2　未成年者を買い受けた者は、三月以上七年以下の懲役に処する。

3　営利、わいせつ、結婚又は生命若しくは身体に対する加害の目的で、人を買い受けた者は、一年以上十年以下の懲役に処する。

4　人を売り渡した者も、前項と同様とする。

5　所在国外に移送する目的で、人を売買した者は、二年以上の有期懲役に処する。

（被略取者等所在国外移送）

第二二六条の三　略取され、誘拐され、又は売買された者を所在国外に移送した者は、二年以上の有期懲役に処する。

第三十四章　名誉に対する罪

（名誉毀損）

第二三〇条　公然と事実を摘示し、人の名誉を毀損した者は、その事実の有無にかかわらず、三年以下の懲役若しくは禁錮又は五十万円以下の罰金に処する。

2　死者の名誉を毀損した者は、虚偽の事実を摘示することによってした場合でなければ、罰しない。

（公共の利害に関する場合の特例）

第二三〇条の二　前条第一項の行為が公共の利害に関する事実に係り、かつ、その目的が専ら公益を図ることにあったと認める場合には、事実の真否を判断し、真実であることの証明があったときは、これを罰しない。

2　前項の規定の適用については、公訴が提起されるに至っていない人の犯罪行為に関する事実は、公共の利害に関する事実とみなす。

3　前条第一項の行為が公務員又は公選による公務員の候補者に関する事実に係る場合には、事実の真否を判断し、真実であることの証明があったときは、これを罰しない。

（侮辱）

第二三一条　事実を摘示しなくても、公然と人を侮辱した者は、拘留又は科料に処する。

（親告罪）

第二三二条　この章の罪は、告訴がなければ公訴を提起することができない。

2　告訴をすることができる者が天皇、皇后、太皇太后、皇太后又は皇嗣であるときは内閣総理大臣が、外国の君主又は大統領であるときはその国の代表者がそれぞれ代わって告訴を行う。

第三十六章　窃盗及び強盗の罪

（窃盗）

第二三五条　他人の財物を窃取した者は、窃盗の罪とし、十年以下の懲役又は五十万円以下の罰金に処する。

（不動産侵奪）

第二三五条の二　他人の不動産を侵奪した者は、十年以下の懲役に処する。

（強盗）

第二三六条　暴行又は脅迫を用いて他人の財物を強取した者は、強盗の罪とし、五年以上の有期懲役に処する。

2　前項の方法により、財産上不法の利益を得、又は他人にこれを得させた者も、同項と同様とする。

（強盗予備）

第二三七条　強盗の罪を犯す目的で、その予備をした者は、二年以下の懲役に処する。

（強盗致死傷）

第二四〇条　強盗が、人を負傷させたときは無期又は六年以上の懲役に処し、死亡させたときは死刑又は無期懲役に処する。

（強盗・強制性交等及び同致死）

第二四一条　強盗の罪若しくはその未遂罪を犯した者が強制性交等の罪（第百七十九条第二項の罪を除く。以下この項において同じ。）若しくはその未遂罪をも犯したとき、又は強制性交等の罪若しくはその未遂罪を犯した者が強盗の罪若しくはその未遂罪をも犯したときは、無期又は七年以上の懲役に処する。

2　前項の場合のうち、その犯した罪がいずれも未遂罪であるときは、人を死傷させたときを除き、その刑を減軽することができる。ただし、自己の意思によりいずれかの犯罪を中止したときは、その刑を減軽し、又は免除する。

3　第一項の罪に当たる行為により人を死亡させた者は、死刑又は無期懲役に処する。

（他人の占有等に係る自己の財物）

第二四二条　自己の財物であっても、他人が占有し、又は公務所の命令により他人が看守するものであるときは、この章の罪については、他人の財物とみなす。

（親族間の犯罪に関する特例）

第二四四条　配偶者、直系血族又は同居の親族との間で第二百三十五条の罪、第二百三十五条の二の罪又はこれらの罪の未遂罪を犯した者は、その刑を免除する。

2　前項に規定する親族以外の親族との間で犯した同項に規定する罪は、告訴がなければ公訴を提起することができない。

3　前二項の規定は、親族でない共犯については、適用しない。

（電気）

第二四五条　この章の罪については、電気は、財物とみなす。

第三十七章　詐欺及び恐喝の罪

（詐欺）

第二四六条　人を欺いて財物を交付させた者は、十年以下の懲役に処する。

2　前項の方法により、財産上不法の利益を得、又は他人にこれを得させた者も、同項と同様とする。

（電子計算機使用詐欺）

第二四六条の二　前条に規定するもののほか、人の事務処理に使用する電子計算機に虚偽の情報若しくは不正な指令を与えて財産権の得喪若しくは変更に係る不実の電磁的記録を作り、又は財産権の得喪若しくは変更に係る虚偽の電磁的記録を人の事務処理の用に供して、財産上不法の利益を得、又は他人にこれを得させた者は、十年以下の懲役に処する。

（背任）

第二四七条　他人のためにその事務を処理する者が、自己若しくは第三者の利益を図り又は本人に損害を加える目的で、その任務に背く行為をし、本人に財産上の損害を加えたときは、五年以下の懲役又は五十万円以下の罰金に処する。

（準詐欺）

第二四八条　未成年者の知慮浅薄又は人の心神耗弱に乗じて、その財物を交付させ、又は財産上不法の利益を得、若しくは他人にこれを得させた者は、十年以下の懲役に処する。

（恐喝）

第二四九条　人を恐喝して財物を交付させた者は、十年以下の懲役に処する。

2　前項の方法により、財産上不法の利益を得、又は他人にこれを得させた者も、同項と同様とする。

第三十八章　横領の罪

（横領）

第二五二条　自己の占有する他人の物を横領した者は、五年以下の懲役に処する。

2　自己の物であっても、公務所から保管を命ぜられた場合において、これを横領した者も、前項と同様とする。

（業務上横領）

第二五三条　業務上自己の占有する他人の物を横領した者は、十年以下の懲役に処する。

（遺失物等横領）

第二五四条　遺失物、漂流物その他占有を離れた他人の物を横領した者は、一年以下の懲役又は十万円以下の罰金若しくは科料に処する。

●国家賠償法（昭和二二年一〇月二七日 法律第一二五号）

施行、昭二二・一〇・二七

第一条［公務員の加害行為に基づく損害賠償責任］国又は公共団体の公権力の行使に当る公務員が、その職務を行うについて、故意又は過失によつて違法に他人に損害を加えたときは、国又は公共団体が、これを賠償する責に任ずる。

② 前項の場合において、公務員に故意又は重大な過失があつたときは、国又は公共団体は、その公務員に対して求償権を有する。

第二条［営造物の瑕疵に基づく損害の賠償責任］道路、河川その他の公の営造物の設置又は管理に瑕疵があつたために他人に損害を生じたときは、国又は公共団体は、これを賠償する責に任ずる。

② 前項の場合において、他に損害の原因について責に任ずべき者があるときは、国又は公共団体は、これに対して求償権を有する。

第三条［費用負担者の損害賠償責任］前二条の規定によつて国又は公共団体が損害を賠償する責に任ずる場合において、公務員の選任若しくは監督又は公の営造物の設置若しくは管理に当る者と公務員の俸給、給与その他の費用又は公の営造物の設置若しくは管理の費用を負担する者とが異なるときは、費用を負担する者もまた、その損害を賠償する責に任ずる。

② 前項の場合において、損害を賠償した者は、内部関係でその損害を賠償する責任ある者に対して求償権を有する。

第四条［民法の適用］国又は公共団体の損害賠償の責任については、前三条の規定によるの外、民法の規定による。

第五条［他の法律の適用］国又は公共団体の損害賠償の責任について民法以外の他の法律に別段の定があるときは、その定めるところによる。

第六条［相互保証主義］この法律は、外国人が被害者である場合には、相互の保証があるときに限り、これを適用する。

附　則〔省略〕

●行政事件訴訟法（抄）（昭和三七年五月一六日 法律第一三九号）

施行、昭三七・一〇・一
最終改正、平二八―法八九

第一章　総則

（この法律の趣旨）

第一条　行政事件訴訟については、他の法律に特別の定めがある場合を除くほか、この法律の定めるところによる。

（行政事件訴訟）

第二条　この法律において「行政事件訴訟」とは、抗告訴訟、当事者訴訟、民衆訴訟及び機関訴訟をいう。

（抗告訴訟）

第三条　この法律において「抗告訴訟」とは、行政庁の公権力の行使に関する不服の訴訟をいう。

2　この法律において「処分の取消しの訴え」とは、行政庁の処分その他公権力の行使に当たる行為（次項に規定する裁決、決定その他の行為を除く。以下単に「処分」という。）の取消しを求める訴訟をいう。

3　この法律において「裁決の取消しの訴え」とは、審査請求その他の不服申立て（以下単に「審査請求」という。）に対する行政庁の裁決、決定その他の行為（以下単に「裁決」という。）の取消しを求める訴訟をいう。

4　この法律において「無効等確認の訴え」とは、処分若しくは裁決の存否又はその効力の有無の確認を求める訴訟をいう。

5　この法律において「不作為の違法確認の訴え」とは、行政庁が法令に基づく申請に対し、相当の期間内に何らかの処分又は裁決をすべきであるにかかわらず、これをしないことについての違法の確認を求める訴訟をいう。

6　この法律において「義務付けの訴え」とは、次に掲げる場合において、行政庁がその処分又は裁決をすべき旨を命ずることを求める訴訟をいう。
一　行政庁が一定の処分をすべきであるにかかわらずこれがされないとき（次号に掲げる場合を除く。）。
二　行政庁に対し一定の処分又は裁決を求める旨の法令に基づく申請又は審査請求がされた場合において、当該行政庁がその処分又は裁決をすべきであるにかかわらずこれがされないとき。
7　この法律において「差止めの訴え」とは、行政庁が一定の処分又は裁決をすべきでないにかかわらずこれがされようとしている場合において、行政庁がその処分又は裁決をしてはならない旨を命ずることを求める訴訟をいう。

（当事者訴訟）
第四条　この法律において「当事者訴訟」とは、当事者間の法律関係を確認し又は形成する処分又は裁決に関する訴訟で法令の規定によりその法律関係の当事者の一方を被告とするもの及び公法上の法律関係に関する確認の訴えその他の公法上の法律関係に関する訴訟をいう。

（民衆訴訟）
第五条　この法律において「民衆訴訟」とは、国又は公共団体の機関の法規に適合しない行為の是正を求める訴訟で、選挙人たる資格その他自己の法律上の利益にかかわらない資格で提起するものをいう。

（機関訴訟）
第六条　この法律において「機関訴訟」とは、国又は公共団体の機関相互間における権限の存否又はその行使に関する紛争についての訴訟をいう。

（この法律に定めがない事項）
第七条　行政事件訴訟に関し、この法律に定めがない事項については、民事訴訟の例による。

第二章　抗告訴訟

第一節　取消訴訟

（処分の取消しの訴えと審査請求との関係）
第八条　処分の取消しの訴えは、当該処分につき法令の規定により審査請求をすることができる場合においても、直ちに提起することを妨げない。ただし、法律に当該処分についての審査請求に対する裁決を経た後でなければ処分の取消しの訴えを提起することができない旨の定めがあるときは、この限りでない。
2　前項ただし書の場合においても、次の各号の一に該当するときは、裁決を経ないで、処分の取消しの訴えを提起することができる。
一　審査請求があつた日から三箇月を経過しても裁決がないとき。
二　処分、処分の執行又は手続の続行により生ずる著しい損害を避けるため緊急の必要があるとき。
三　その他裁決を経ないことにつき正当な理由があるとき。
3　第一項本文の場合において、当該処分につき審査請求がされているときは、裁判所は、その審査請求に対する裁決があるまで（審査請求があつた日から三箇月を経過しても裁決がないときは、その期間を経過するまで）、訴訟手続を中止することができる。

（原告適格）
第九条　処分の取消しの訴え及び裁決の取消しの訴え（以下「取消訴訟」という。）は、当該処分又は裁決の取消しを求めるにつき法律上の利益を有する者（処分又は裁決の効果が期間の経過その他の理由によりなくなつた後においてもなお処分又は裁決の取消しによつて回復すべき法律上の利益を有する者を含む。）に限り、提起することができる。
2　裁判所は、処分又は裁決の相手方以外の者について前項に規定する法律上の利益の有無を判断するに当たつては、当該処分又は裁決の根拠となる法令の規定の文言のみによることなく、当該法令の趣旨及び目的並びに当該処分において考慮されるべき利益の内容及び性質を考慮するものとする。この場合において、当該法令の趣旨及び目的を考慮するに当たつては、当該法令と目的を共通にする関係法令があるときはその趣旨及び目的をも参酌するものとし、当該利益の内容及び性質を考慮するに当たつては、当該処分又は裁決がその根拠となる法令に違反してされた場合に害されることとなる利益の内容及び性質並びにこれが害される態様及び程度をも勘案するものとする。

（取消しの理由の制限）
第一〇条　取消訴訟においては、自己の法律上の利益に関係のない違法を理由として取消しを求めることができない。
2　処分の取消しの訴えとその処分についての審査請求を棄却した裁決の取消しの訴えとを提起することができる場合には、裁決の取消しの訴えにおいては、処分の違法を理由として取消しを求めることができない。

（被告適格等）
第一一条　処分又は裁決をした行政庁（処分又は裁決があつた後に当該行政庁の権限が他の行政庁に承継されたときは、当該他の行政庁。以下同じ。）が国又は公共団体に所属する場合には、取消訴訟は、次の各号に掲げる訴えの区分に応じてそれぞれ当該各号に定める者を被告として提起しなければならない。
一　処分の取消しの訴え　当該処分をした行政庁の所属する国又は公共団体
二　裁決の取消しの訴え　当該裁決をした行政庁の所属する国又は公共団体
2　処分又は裁決をした行政庁が国又は公共団体に所属しない場合には、取消訴訟は、当該行政庁を被告として提起しなければならない。
3　前二項の規定により被告とすべき国若しくは公共団体又は行政庁がない場合には、取消訴訟は、当該処分又は裁決に係る事務の帰属する国又は公共団体を被告として提起しなければならない。
4　第一項又は前項の規定により国又は公共団体を被告として取消訴訟を提起する場合には、訴状には、民事訴訟の例により記載すべき事項のほか、次の各号に掲げる訴えの区分に応じてそれぞれ当該各号に定める行政庁を記載するものとする。
一　処分の取消しの訴え　当該処分をした行政庁
二　裁決の取消しの訴え　当該裁決をした行政庁
5　第一項又は第三項の規定により国又は公共団体を被告として取消訴訟が提起された場合には、被告は、遅滞なく、裁判所に対し、前項各号に掲げる訴えの区分に応じてそれぞれ当該各号に定める行政庁を明らかにしなければならない。
6　処分又は裁決をした行政庁は、当該処分又は裁決に係る第一項の規定による国又は公共団体を被告とする訴訟について、裁判上の一切の行為をする権限を有する。

（管轄）
第一二条　取消訴訟は、被告の普通裁判籍の所在地を管轄する裁判所又は処分若しくは裁決をした行政庁の所在地を管轄する裁判所の管轄に属する。
2　土地の収用、鉱業権の設定その他不動産又は特定の場所に係る処分又は裁決についての取消訴訟は、その不動産又は場所の所在地の裁判所にも、提起することができる。
3　取消訴訟は、当該処分又は裁決に関し事案の処理に当たつた下級行政機関の所在地の裁判所にも、提起することができる。
4　国又は独立行政法人通則法（平成十一年法律第百三号）第二条第一項に規定する独立行政法人若しくは別表（略）に掲げる法人を被告とする取消訴訟は、原告の普通裁判籍の所在地を管轄する高等裁判所の所在地を管轄する地方裁判所（次項において「特定管轄裁判所」という。）にも、提起することができる。
5　前項の規定により特定管轄裁判所に同項の取消訴訟が提起された場合であつて、他の裁判所に事実上及び法律上同一の原因に基づいてされた処分又は裁決に係る抗告訴訟が係属している場合においては、当該特定管轄裁判所は、当事者の住所又は所在地、尋問を受けるべき証人の住所、争点又は証拠の共通性その他の事情を考慮して、相当と認めるときは、申立てにより又は職権で、訴訟の全部又は一部について、当該他の裁判所又は第一項から第三項までに定める裁判所に移送することができる。

第一三条（省略）

（出訴期間）

第一四条　取消訴訟は、処分又は裁決があつたことを知つた日から六箇月を経過したときは、提起することができない。ただし、正当な理由があるときは、この限りでない。

2　取消訴訟は、処分又は裁決の日から一年を経過したときは、提起することができない。ただし、正当な理由があるときは、この限りでない。

3　処分又は裁決につき審査請求をすることができる場合又は行政庁が誤つて審査請求をすることができる旨を教示した場合において、審査請求があつたときは、処分又は裁決に係る取消訴訟は、その審査請求をした者については、前二項の規定にかかわらず、これに対する裁決があつたことを知つた日から六箇月を経過したとき又は当該裁決の日から一年を経過したときは、提起することができない。ただし、正当な理由があるときは、この限りでない。

（被告を誤つた訴えの救済）

第一五条　取消訴訟において、原告が故意又は重大な過失によらないで被告とすべき者を誤つたときは、裁判所は、原告の申立てにより、決定をもつて、被告を変更することを許すことができる。

2　前項の決定は、書面でするものとし、その正本を新たな被告に送達しなければならない。

3　第一項の決定があつたときは、出訴期間の遵守については、新たな被告に対する訴えは、最初に訴えを提起した時に提起されたものとみなす。

4　第一項の決定があつたときは、従前の被告に対しては、訴えの取下げがあつたものとみなす。

5　第一項の決定に対しては、不服を申し立てることができない。

6　第一項の申立てを却下する決定に対しては、即時抗告をすることができる。

7　上訴審において第一項の決定をしたときは、裁判所は、その訴訟を管轄裁判所に移送しなければならない。

第一六条から第二〇条まで（省略）

（国又は公共団体に対する請求への訴えの変更）

第二一条　裁判所は、取消訴訟の目的たる請求を当該処分又は裁決に係る事務の帰属する国又は公共団体に対する損害賠償その他の請求に変更することが相当であると認めるときは、請求の基礎に変更がない限り、口頭弁論の終結に至るまで、原告の申立てにより、決定をもつて、訴えの変更を許すことができる。

2　前項の決定には、第十五条第二項の規定を準用する。

3　裁判所は、第一項の規定により訴えの変更を許す決定をするには、あらかじめ、当事者及び損害賠償その他の請求に係る訴えの被告の意見をきかなければならない。

4　訴えの変更を許す決定に対しては、即時抗告をすることができる。

5　訴えの変更を許さない決定に対しては、不服を申し立てることができない。

（第三者の訴訟参加）

第二二条　裁判所は、訴訟の結果により権利を害される第三者があるときは、当事者若しくはその第三者の申立てにより又は職権で、決定をもつて、その第三者を訴訟に参加させることができる。

2　裁判所は、前項の決定をするには、あらかじめ、当事者及び第三者の意見をきかなければならない。

3　第一項の申立てをした第三者は、その申立てを却下する決定に対して即時抗告をすることができる。

4　第一項の規定により訴訟に参加した第三者については、民事訴訟法第四十条第一項から第三項までの規定を準用する。

5　第一項の規定により第三者が参加の申立てをした場合には、民事訴訟法第四十五条第三項及び第四項の規定を準用する。

（行政庁の訴訟参加）

第二三条　裁判所は、処分又は裁決をした行政庁以外の行政庁を訴訟に参加させることが必要であると認めるときは、当事者若しくはその行政庁の申立てにより又は職権で、決定をもつて、その行政庁を訴訟に参加させることができる。

2　裁判所は、前項の決定をするには、あらかじめ、当事者及び当該行政庁の意見をきかなければならない。

3　第一項の規定により訴訟に参加した行政庁については、民事訴訟法第四十五条第一項及び第二項の規定を準用する。

（釈明処分の特則）

第二三条の二　裁判所は、訴訟関係を明瞭にするため、必要があると認めるときは、次に掲げる処分をすることができる。

一　被告である国若しくは公共団体に所属する行政庁又は被告である行政庁に対し、処分又は裁決の内容、処分又は裁決の根拠となる法令の条項、処分又は裁決の原因となる事実その他処分又は裁決の理由を明らかにする資料（次項に規定する審査請求に係る事件の記録を除く。）であつて当該行政庁が保有するものの全部又は一部の提出を求めること。

二　前号に規定する行政庁以外の行政庁に対し、同号に規定する資料であつて当該行政庁が保有するものの全部又は一部の送付を嘱託すること。

2　裁判所は、処分についての審査請求に対する裁決を経た後に取消訴訟の提起があつたときは、次に掲げる処分をすることができる。

一　被告である国若しくは公共団体に所属する行政庁又は被告である行政庁に対し、当該審査請求に係る事件の記録であつて当該行政庁が保有するものの全部又は一部の提出を求めること。

二　前号に規定する行政庁以外の行政庁に対し、同号に規定する事件の記録であつて当該行政庁が保有するものの全部又は一部の送付を嘱託すること。

（職権証拠調べ）

第二四条　裁判所は、必要があると認めるときは、職権で、証拠調べをすることができる。ただし、その証拠調べの結果について、当事者の意見をきかなければならない。

（執行停止）

第二五条　処分の取消しの訴えの提起は、処分の効力、処分の執行又は手続の続行を妨げない。

2　処分の取消しの訴えの提起があつた場合において、処分、処分の執行又は手続の続行により生ずる重大な損害を避けるため緊急の必要があるときは、裁判所は、申立てにより、決定をもつて、処分の効力、処分の執行又は手続の続行の全部又は一部の停止（以下「執行停止」という。）をすることができる。ただし、処分の効力の停止は、処分の執行又は手続の続行の停止によつて目的を達することができる場合には、することができない。

3　裁判所は、前項に規定する重大な損害を生ずるか否かを判断するに当たつては、損害の回復の困難の程度を考慮するものとし、損害の性質及び程度並びに処分の内容及び性質をも勘案するものとする。

4　執行停止は、公共の福祉に重大な影響を及ぼすおそれがあるとき、又は本案について理由がないとみえるときは、することができない。

5　第二項の決定は、疎明に基づいてする。

6　第二項の決定は、口頭弁論を経ないですることができる。ただし、あらかじめ、当事者の意見をきかなければならない。

7　第二項の申立てに対する決定に対しては、即時抗告をすることができる。

8　第二項の決定に対する即時抗告は、その決定の執行を停止する効力を有しない。

（事情変更による執行停止の取消し）

第二六条　執行停止の決定が確定した後に、その理由が消滅し、その他事情が変更したときは、裁判所は、相手方の申立てにより、決定をもつて、執行停止の決定を取り消すことができる。
2　前項の申立てに対する決定及びこれに対する不服については、前条第五項から第八項までの規定を準用する。

（内閣総理大臣の異議）
第二七条　第二十五条第二項の申立てがあつた場合には、内閣総理大臣は、裁判所に対し、異議を述べることができる。執行停止の決定があつた後においても、同様とする。
2　前項の異議には、理由を附さなければならない。
3　前項の異議の理由においては、内閣総理大臣は、処分の効力を存続し、処分を執行し、又は手続を続行しなければ、公共の福祉に重大な影響を及ぼすおそれのある事情を示すものとする。
4　第一項の異議があつたときは、裁判所は、執行停止をすることができず、また、すでに執行停止の決定をしているときは、これを取り消さなければならない。
5　第一項後段の異議は、執行停止の決定をした裁判所に対して述べなければならない。ただし、その決定に対する抗告が抗告裁判所に係属しているときは、抗告裁判所に対して述べなければならない。
6　内閣総理大臣は、やむをえない場合でなければ、第一項の異議を述べてはならず、また、異議を述べたときは、次の常会において国会にこれを報告しなければならない。

第二八条・第二九条　（省略）

（裁量処分の取消し）
第三〇条　行政庁の裁量処分については、裁量権の範囲をこえ又はその濫用があつた場合に限り、裁判所は、その処分を取り消すことができる。

（特別の事情による請求の棄却）
第三一条　取消訴訟については、処分又は裁決が違法ではあるが、これを取り消すことにより公の利益に著しい障害を生ずる場合において、原告の受ける損害の程度、その損害の賠償又は防止の程度及び方法その他一切の事情を考慮したうえ、処分又は裁決を取り消すことが公共の福祉に適合しないと認めるときは、裁判所は、請求を棄却することができる。この場合には、当該判決の主文において、処分又は裁決が違法であることを宣言しなければならない。
2　裁判所は、相当と認めるときは、終局判決前に、判決をもつて、処分又は裁決が違法であることを宣言することができる。
3　終局判決に事実及び理由を記載するには、前項の判決を引用することができる。

（取消判決等の効力）
第三二条　処分又は裁決を取り消す判決は、第三者に対しても効力を有する。
2　前項の規定は、執行停止の決定又はこれを取り消す決定に準用する。

第三三条　処分又は裁決を取り消す判決は、その事件について、処分又は裁決をした行政庁その他の関係行政庁を拘束する。
2　申請を却下し若しくは棄却した処分又は審査請求を却下し若しくは棄却した裁決が判決により取り消されたときは、その処分又は裁決をした行政庁は、判決の趣旨に従い、改めて申請に対する処分又は審査請求に対する裁決をしなければならない。
3　前項の規定は、申請に基づいてした処分又は審査請求を認容した裁決が判決により手続に違法があることを理由として取り消された場合に準用する。
4　第一項の規定は、執行停止の決定に準用する。

（第三者の再審の訴え）
第三四条　処分又は裁決を取り消す判決により権利を害された第三者で、自己の責めに帰することができない理由により訴訟に参加することができなかつたため判決に影響を及ぼすべき攻撃又は防御の方法を提出することができなかつたものは、これを理由として、確定の終局判決に対し、再審の訴えをもつて、不服の申立てをすることができる。
2　前項の訴えは、確定判決を知つた日から三十日以内に提起しなければならない。
3　前項の期間は、不変期間とする。
4　第一項の訴えは、判決が確定した日から一年を経過したときは、提起することができない。

第三五条　（省略）

第二節　その他の抗告訴訟

（無効等確認の訴えの原告適格）
第三六条　無効等確認の訴えは、当該処分又は裁決に続く処分により損害を受けるおそれのある者その他当該処分又は裁決の無効等の確認を求めるにつき法律上の利益を有する者で、当該処分若しくは裁決の存否又はその効力の有無を前提とする現在の法律関係に関する訴えによつて目的を達することができないものに限り、提起することができる。

（不作為の違法確認の訴えの原告適格）
第三七条　不作為の違法確認の訴えは、処分又は裁決についての申請をした者に限り、提起することができる。

（義務付けの訴えの要件等）
第三七条の二　第三条第六項第一号に掲げる場合において、義務付けの訴えは、一定の処分がされないことにより重大な損害を生ずるおそれがあり、かつ、その損害を避けるため他に適当な方法がないときに限り、提起することができる。
2　裁判所は、前項に規定する重大な損害を生ずるか否かを判断するに当たつては、損害の回復の困難の程度を考慮するものとし、損害の性質及び程度並びに処分の内容及び性質をも勘案するものとする。
3　第一項の義務付けの訴えは、行政庁が一定の処分をすべき旨を命ずることを求めるにつき法律上の利益を有する者に限り、提起することができる。
4　前項に規定する法律上の利益の有無の判断については、第九条第二項の規定を準用する。
5　義務付けの訴えが第一項及び第三項に規定する要件に該当する場合において、その義務付けの訴えに係る処分につき、行政庁がその処分をすべきであることがその処分の根拠となる法令の規定から明らかであると認められ又は行政庁がその処分をしないことがその裁量権の範囲を超え若しくはその濫用となると認められるときは、裁判所は、行政庁がその処分をすべき旨を命ずる判決をする。

第三七条の三　第三条第六項第二号に掲げる場合において、義務付けの訴えは、次の各号に掲げる要件のいずれかに該当するときに限り、提起することができる。
一　当該法令に基づく申請又は審査請求に対し相当の期間内に何らの処分又は裁決がされないこと。
二　当該法令に基づく申請又は審査請求を却下し又は棄却する旨の処分又は裁決がされた場合において、当該処分又は裁決が取り消されるべきものであり、又は無効若しくは不存在であること。
2　前項の義務付けの訴えは、同項各号に規定する法令に基づく申請又は審査請求をした者に限り、提起することができる。
3　第一項の義務付けの訴えを提起するときは、次の各号に掲げる区分に応じてそれぞれ当該各号に定める訴えをその義務付けの訴えに併合して提起しなければならない。この場合において、当該各号に定める訴えに係る訴訟の管轄について他の法律に特別の定めがあるときは、当該義務付けの訴えに係る訴訟の管轄は、第三十八条第一項において準用する第十二条の規定にかかわらず、その定めに従う。
一　第一項第一号に掲げる要件に該当する場合　同号に規定する処分又は裁決に係る不作為の違法確認の訴え
二　第一項第二号に掲げる要件に該当する場合　同号に規定する処分又は裁決に係る取消訴訟又は無効等確認の訴え
4　前項の規定により併合して提起された義務

付けの訴え及び同項各号に定める訴えに係る弁論及び裁判は、分離しないでしなければならない。

5　義務付けの訴えが第一項から第三項までに規定する要件に該当する場合において、同項各号に定める訴えに係る請求に理由があると認められ、かつ、その義務付けの訴えに係る処分又は裁決につき、行政庁がその処分若しくは裁決をすべきであることがその処分若しくは裁決の根拠となる法令の規定から明らかであると認められ又は行政庁がその処分若しくは裁決をしないことがその裁量権の範囲を超え若しくはその濫用となると認められるときは、裁判所は、その義務付けの訴えに係る処分又は裁決をすべき旨を命ずる判決をする。

6　第四項の規定にかかわらず、裁判所は、審理の状況その他の事情を考慮して、第三項各号に定める訴えについてのみ終局判決をすることがより迅速な争訟の解決に資すると認めるときは、当該訴えについてのみ終局判決をすることができる。この場合において、裁判所は、当該訴えについてのみ終局判決をしたときは、当事者の意見を聴いて、当該訴えに係る訴訟手続が完結するまでの間、義務付けの訴えに係る訴訟手続を中止することができる。

7　第一項の義務付けの訴えのうち、行政庁が一定の裁決をすべき旨を命ずることを求めるものは、処分についての審査請求がされた場合において、当該処分に係る処分の取消しの訴え又は無効等確認の訴えを提起することができないときに限り、提起することができる。

（差止めの訴えの要件）

第三七条の四　差止めの訴えは、一定の処分又は裁決がされることにより重大な損害を生ずるおそれがある場合に限り、提起することができる。ただし、その損害を避けるため他に適当な方法があるときは、この限りでない。

2　裁判所は、前項に規定する重大な損害を生ずるか否かを判断するに当たつては、損害の回復の困難の程度を考慮するものとし、損害の性質及び程度並びに処分又は裁決の内容及び性質をも勘案するものとする。

3　差止めの訴えは、行政庁が一定の処分又は裁決をしてはならない旨を命ずることを求めるにつき法律上の利益を有する者に限り、提起することができる。

4　前項に規定する法律上の利益の有無の判断については、第九条第二項の規定を準用する。

5　差止めの訴えが第一項及び第三項に規定する要件に該当する場合において、その差止めの訴えに係る処分又は裁決につき、行政庁がその処分若しくは裁決をすべきでないことがその処分若しくは裁決の根拠となる法令の規定から明らかであると認められ又は行政庁がその処分若しくは裁決をすることがその裁量権の範囲を超え若しくはその濫用となると認められるときは、裁判所は、行政庁がその処分又は裁決をしてはならない旨を命ずる判決をする。

（仮の義務付け及び仮の差止め）

第三七条の五　義務付けの訴えの提起があつた場合において、その義務付けの訴えに係る処分又は裁決がされないことにより生ずる償うことのできない損害を避けるため緊急の必要があり、かつ、本案について理由があるとみえるときは、裁判所は、申立てにより、決定をもつて、仮に行政庁がその処分又は裁決をすべき旨を命ずること（以下この条において「仮の義務付け」という。）ができる。

2　差止めの訴えの提起があつた場合において、その差止めの訴えに係る処分又は裁決がされることにより生ずる償うことのできない損害を避けるため緊急の必要があり、かつ、本案について理由があるとみえるときは、裁判所は、申立てにより、決定をもつて、仮に行政庁がその処分又は裁決をしてはならない旨を命ずること（以下この条において「仮の差止め」という。）ができる。

3　仮の義務付け又は仮の差止めは、公共の福祉に重大な影響を及ぼすおそれがあるときは、することができない。

4　第二十五条第五項から第八項まで、第二十六条から第二十八条まで及び第三十三条第一項の規定は、仮の義務付け又は仮の差止めに関する事項について準用する。

5　前項において準用する第二十五条第七項の即時抗告についての裁判又は前項において準用する第二十六条第一項の決定により仮の義務付けの決定が取り消されたときは、当該行政庁は、当該仮の義務付けの決定に基づいてした処分又は裁決を取り消さなければならない。

第三八条　（省略）

第三章　当事者訴訟

（出訴の通知）

第三九条　当事者間の法律関係を確認し又は形成する処分又は裁決に関する訴訟で、法令の規定によりその法律関係の当事者の一方を被告とするものが提起されたときは、裁判所は、当該処分又は裁決をした行政庁にその旨を通知するものとする。

（出訴期間の定めがある当事者訴訟）

第四〇条　法令に出訴期間の定めがある当事者訴訟は、その法令に別段の定めがある場合を除き、正当な理由があるときは、その期間を経過した後であつても、これを提起することができる。

2　第十五条の規定は、法令に出訴期間の定めがある当事者訴訟について準用する。

第四一条　（省略）

第四章　民衆訴訟及び機関訴訟

（訴えの提起）

第四二条　民衆訴訟及び機関訴訟は、法律に定める場合において、法律に定める者に限り、提起することができる。

第四三条　（省略）

第五章　補則

（仮処分の排除）

第四四条　行政庁の処分その他公権力の行使に当たる行為については、民事保全法（平成元年法律第九十一号）に規定する仮処分をすることができない。

（処分の効力等を争点とする訴訟）

第四五条　私法上の法律関係に関する訴訟において、処分若しくは裁決の存否又はその効力の有無が争われている場合には、第二十三条第一項及び第二項並びに第三十九条の規定を準用する。

2　前項の規定により行政庁が訴訟に参加した場合には、民事訴訟法第四十五条第一項及び第二項の規定を準用する。ただし、攻撃又は防御の方法は、当該処分若しくは裁決の存否又はその効力の有無に関するものに限り、提出することができる。

3　第一項の規定により行政庁が訴訟に参加した後において、処分若しくは裁決の存否又はその効力の有無に関する争いがなくなつたときは、裁判所は、参加の決定を取り消すことができる。

4　第一項の場合には、当該争点について第二十三条の二及び第二十四条の規定を、訴訟費用の裁判について第三十五条の規定を準用する。

（取消訴訟等の提起に関する事項の教示）

第四六条　行政庁は、取消訴訟を提起することができる処分又は裁決をする場合には、当該処分又は裁決の相手方に対し、次に掲げる事項を書面で教示しなければならない。ただし、当該処分を口頭でする場合は、この限りでない。

一　当該処分又は裁決に係る取消訴訟の被告とすべき者

二　当該処分又は裁決に係る取消訴訟の出訴期間

三　法律に当該処分についての審査請求に対する裁決を経た後でなければ処分の取消しの訴えを提起することができない旨の定めがあるときは、その旨

2　行政庁は、法律に処分についての審査請求に対する裁決に対してのみ取消訴訟を提起す

ることができる旨の定めがある場合において、当該処分をするときは、当該処分の相手方に対し、法律にその定めがある旨を書面で教示しなければならない。ただし、当該処分を口頭でする場合は、この限りでない。

3　行政庁は、当事者間の法律関係を確認し又は形成する処分又は裁決に関する訴訟で法令の規定によりその法律関係の当事者の一方を被告とするものを提起することができる処分又は裁決をする場合には、当該処分又は裁決の相手方に対し、次に掲げる事項を書面で教示しなければならない。ただし、当該処分を口頭でする場合は、この限りでない。

一　当該訴訟の被告とすべき者

二　当該訴訟の出訴期間

附　則（省略）

別表（省略）

●行政手続法（抜粋）

（平成五年一一月一二日　法律第八八号）

施行、平六・一〇・一
最終改正、平二九－法四

第一章　総則

（目的等）

第一条　この法律は、処分、行政指導及び届出に関する手続並びに命令等を定める手続に関し、共通する事項を定めることによって、行政運営における公正の確保と透明性（行政上の意思決定について、その内容及び過程が国民にとって明らかであることをいう。第四十六条において同じ。）の向上を図り、もって国民の権利利益の保護に資することを目的とする。

2　処分、行政指導及び届出に関する手続並びに命令等を定める手続に関しこの法律に規定する事項について、他の法律に特別の定めがある場合は、その定めるところによる。

（定義）

第二条　この法律において、次の各号に掲げる用語の意義は、当該各号に定めるところによる。

一　法令　法律、法律に基づく命令（告示を含む。）、条例及び地方公共団体の執行機関の規則（規程を含む。以下「規則」という。）をいう。

二　処分　行政庁の処分その他公権力の行使に当たる行為をいう。

三　申請　法令に基づき、行政庁の許可、認可、免許その他の自己に対し何らかの利益を付与する処分（以下「許認可等」という。）を求める行為であって、当該行為に対して行政庁が諾否の応答をすべきこととされているものをいう。

四　不利益処分　行政庁が、法令に基づき、特定の者を名あて人として、直接に、これに義務を課し、又はその権利を制限する処分をいう。ただし、次のいずれかに該当するものを除く。

イ　事実上の行為及び事実上の行為をするに当たりその範囲、時期等を明らかにするために法令上必要とされている手続としての処分

ロ　申請により求められた許認可等を拒否する処分その他申請に基づき当該申請をした者を名あて人としてされる処分

ハ　名あて人となるべき者の同意の下にすることとされている処分

ニ　許認可等の効力を失わせる処分であって、当該許認可等の基礎となった事実が消滅した旨の届出があったことを理由としてされるもの

五　行政機関　次に掲げる機関をいう。

イ　法律の規定に基づき内閣に置かれる機関若しくは内閣の所轄の下に置かれる機関、宮内庁、内閣府設置法（平成十一年法律第八十九号）第四十九条第一項若しくは第二項に規定する機関、国家行政組織法（昭和二十三年法律第百二十号）第三条第二項に規定する機関、会計検査院若しくはこれらに置かれる機関又はこれらの機関の職員であって法律上独立に権限を行使することを認められた職員

ロ　地方公共団体の機関（議会を除く。）

六　行政指導　行政機関がその任務又は所掌事務の範囲内において一定の行政目的を実現するため特定の者に一定の作為又は不作為を求める指導、勧告、助言その他の行為であって処分に該当しないものをいう。

七　届出　行政庁に対し一定の事項の通知をする行為（申請に該当するものを除く。）であって、法令により直接に当該通知が義務付けられているもの（自己の期待する一定の法律上の効果を発生させるためには当該通知をすべきこととされているものを含む。）をいう。

八　命令等　内閣又は行政機関が定める次に掲げるものをいう。

イ　法律に基づく命令（処分の要件を定める告示を含む。次条第二項において単に「命令」という。）又は規則

ロ　審査基準（申請により求められた許認可等をするかどうかをその法令の定めに従って判断するために必要とされる基準をいう。以下同じ。）

ハ　処分基準（不利益処分をするかどうか又はどのような不利益処分とするかについてその法令の定めに従って判断するために必要とされる基準をいう。以下同じ。）

ニ　行政指導指針（同一の行政目的を実現するため一定の条件に該当する複数の者に対し行政指導をしようとするときにこれらの行政指導に共通してその内容となるべき事項をいう。以下同じ。）

（適用除外）

第三条　次に掲げる処分及び行政指導については、次章から第四章の二までの規定は、適用しない。

一　国会の両院若しくは一院又は議会の議決によってされる処分

二　裁判所若しくは裁判官の裁判により、又は裁判の執行としてされる処分

三　国会の両院若しくは一院若しくは議会の議決を経て、又はこれらの同意若しくは承認を得た上でされるべきものとされている処分

四　検査官会議で決すべきものとされている処分及び会計検査の際にされる行政指導

五　刑事事件に関する法令に基づいて検察官、検察事務官又は司法警察職員がする処分及び行政指導

六　国税又は地方税の犯則事件に関する法令（他の法令において準用する場合を含む。）に基づいて国税庁長官、国税局長、税務署長、国税庁、国税局若しくは税務署の当該職員、税関長、税関職員又は徴税吏員（他の法令の規定に基づいてこれらの職員の職務を行う者を含む。）がする処分及び行政指導並びに金融商品取引の犯則事件に関する法令（他の法令において準用する場合を

含む。）に基づいて証券取引等監視委員会、その職員（当該法令においてその職員とみなされる者を含む。）、財務局長又は財務支局長がする処分及び行政指導

七　学校、講習所、訓練所又は研修所において、教育、講習、訓練又は研修の目的を達成するために、学生、生徒、児童若しくは幼児若しくはこれらの保護者、講習生、訓練生又は研修生に対してされる処分及び行政指導

八　刑務所、少年刑務所、拘置所、留置施設、海上保安留置施設、少年院、少年鑑別所又は婦人補導院において、収容の目的を達成するためにされる処分及び行政指導

九　公務員（国家公務員法（昭和二十二年法律第百二十号）第二条第一項に規定する国家公務員及び地方公務員法（昭和二十五年法律第二百六十一号）第三条第一項に規定する地方公務員をいう。以下同じ。）又は公務員であった者に対してその職務又は身分に関してされる処分及び行政指導

十　外国人の出入国、難民の認定又は帰化に関する処分及び行政指導

十一　専ら人の学識技能に関する試験又は検定の結果についての処分

十二　相反する利害を有する者の間の利害の調整を目的として法令の規定に基づいてされる裁定その他の処分（その双方を名宛人とするものに限る。）及び行政指導

十三　公衆衛生、環境保全、防疫、保安その他の公益に関わる事象が発生し又は発生する可能性のある現場において警察官若しくは海上保安官又はこれらの公益を確保するために行使すべき権限を法律上直接に与えられたその他の職員によってされる処分及び行政指導

十四　報告又は物件の提出を命ずる処分その他その職務の遂行上必要な情報の収集を直接の目的としてされる処分及び行政指導

十五　審査請求、再調査の請求その他の不服申立てに対する行政庁の裁決、決定その他の処分

十六　前号に規定する処分の手続又は第三章に規定する聴聞若しくは弁明の機会の付与の手続その他の意見陳述のための手続において法令に基づいてされる処分及び行政指導

2　次に掲げる命令等を定める行為については、第六章の規定は、適用しない。

一　法律の施行期日について定める政令

二　恩赦に関する命令

三　命令又は規則を定める行為が処分に該当する場合における当該命令又は規則

四　法律の規定に基づき施設、区間、地域その他これらに類するものを指定する命令又は規則

五　公務員の給与、勤務時間その他の勤務条件について定める命令等

六　審査基準、処分基準又は行政指導指針であって、法令の規定により若しくは慣行として、又は命令等を定める機関の判断により公にされるもの以外のもの

3　第一項各号及び前項各号に掲げるもののほか、地方公共団体の機関がする処分（その根拠となる規定が条例又は規則に置かれているものに限る。）及び行政指導、地方公共団体の機関に対する届出（前条第七号の通知の根拠となる規定が条例又は規則に置かれているものに限る。）並びに地方公共団体の機関が命令等を定める行為については、次章から第六章までの規定は、適用しない。

第三章　不利益処分

第一節　通則

（処分の基準）

第十二条　行政庁は、処分基準を定め、かつ、これを公にしておくよう努めなければならない。

2　行政庁は、処分基準を定めるに当たっては、不利益処分の性質に照らしてできる限り具体的なものとしなければならない。

（不利益処分をしようとする場合の手続）

第十三条　行政庁は、不利益処分をしようとする場合には、次の各号の区分に従い、この章の定めるところにより、当該不利益処分の名あて人となるべき者について、当該各号に定める意見陳述のための手続を執らなければならない。

一　次のいずれかに該当するとき　聴聞

イ　許認可等を取り消す不利益処分をしようとするとき。

ロ　イに規定するもののほか、名あて人の資格又は地位を直接にはく奪する不利益処分をしようとするとき。

ハ　名あて人が法人である場合におけるその役員の解任を命ずる不利益処分、名あて人の業務に従事する者の解任を命ずる不利益処分又は名あて人の会員である者の除名を命ずる不利益処分をしようとするとき。

ニ　イからハまでに掲げる場合以外の場合であって行政庁が相当と認めるとき。

二　前号イからニまでのいずれにも該当しないとき　弁明の機会の付与

2　次の各号のいずれかに該当するときは、前項の規定は、適用しない。

一　公益上、緊急に不利益処分をする必要があるため、前項に規定する意見陳述のための手続を執ることができないとき。

二　法令上必要とされる資格がなかったこと又は失われるに至ったことが判明した場合に必ずすることとされている不利益処分であって、その資格の不存在又は喪失の事実が裁判所の判決書又は決定書、一定の職に就いたことを証する当該任命権者の書類その他の客観的な資料により直接証明されたものをしようとするとき。

三　施設若しくは設備の設置、維持若しくは管理又は物の製造、販売その他の取扱いについて遵守すべき事項が法令において技術的な基準をもって明確にされている場合において、専ら当該基準が充足されていないことを理由として当該基準に従うべきことを命ずる不利益処分であってその不充足の事実が計測、実験その他客観的な認定方法によって確認されたものをしようとするとき。

四　納付すべき金銭の額を確定し、一定の額の金銭の納付を命じ、又は金銭の給付決定の取消しその他の金銭の給付を制限する不利益処分をしようとするとき。

五　当該不利益処分の性質上、それによって課される義務の内容が著しく軽微なものであるため名あて人となるべき者の意見をあらかじめ聴くことを要しないものとして政令で定める処分をしようとするとき。

（不利益処分の理由の提示）

第十四条　行政庁は、不利益処分をする場合には、その名あて人に対し、同時に、当該不利益処分の理由を示さなければならない。ただし、当該理由を示さないで処分をすべき差し迫った必要がある場合は、この限りでない。

2　行政庁は、前項ただし書の場合においては、当該名あて人の所在が判明しなくなったときその他処分後において理由を示すことが困難な事情があるときを除き、処分後相当の期間内に、同項の理由を示さなければならない。

3　不利益処分を書面でするときは、前二項の理由は、書面により示さなければならない。

第二節　聴聞

（聴聞の通知の方式）

第十五条　行政庁は、聴聞を行うに当たっては、聴聞を行うべき期日までに相当な期間をおいて、不利益処分の名あて人となるべき者に対し、次に掲げる事項を書面により通知しなければならない。

一　予定される不利益処分の内容及び根拠となる法令の条項

二　不利益処分の原因となる事実

三　聴聞の期日及び場所

四　聴聞に関する事務を所掌する組織の名称及び所在地

2　前項の書面においては、次に掲げる事項を教示しなければならない。

一　聴聞の期日に出頭して意見を述べ、及び証拠書類又は証拠物（以下「証拠書類等」という。）を提出し、又は聴聞の期日への出頭に代えて陳述書及び証拠書類等を提出することができること。
二　聴聞が終結する時までの間、当該不利益処分の原因となる事実を証する資料の閲覧を求めることができること。

3　行政庁は、不利益処分の名あて人となるべき者の所在が判明しない場合においては、第一項の規定による通知を、その者の氏名、同項第三号及び第四号に掲げる事項並びに当該行政庁が同項各号に掲げる事項を記載した書面をいつでもその者に交付する旨を当該行政庁の事務所の掲示場に掲示することによって行うことができる。この場合においては、掲示を始めた日から二週間を経過したときに、当該通知がその者に到達したものとみなす。

（代理人）

第一六条　前条第一項の通知を受けた者（同条第三項後段の規定により当該通知が到達したものとみなされる者を含む。以下「当事者」という。）は、代理人を選任することができる。

2　代理人は、各自、当事者のために、聴聞に関する一切の行為をすることができる。

3　代理人の資格は、書面で証明しなければならない。

4　代理人がその資格を失ったときは、当該代理人を選任した当事者は、書面でその旨を行政庁に届け出なければならない。

（参加人）

第一七条　第十九条の規定により聴聞を主宰する者（以下「主宰者」という。）は、必要があると認めるときは、当事者以外の者であって当該不利益処分の根拠となる法令に照らし当該不利益処分につき利害関係を有するものと認められる者（同条第二項第六号において「関係人」という。）に対し、当該聴聞に関する手続に参加することを求め、又は当該聴聞に関する手続に参加することを許可することができる。

2　前項の規定により当該聴聞に関する手続に参加する者（以下「参加人」という。）は、代理人を選任することができる。

3　前条第二項から第四項までの規定は、前項の代理人について準用する。この場合において、同条第二項及び第四項中「当事者」とあるのは、「参加人」と読み替えるものとする。

●行政機関の保有する情報の公開に関する法律

（平成一一年五月一四日　法律第四二号）

施行、平一三・四・一
最終改正、平二八―法五一

第一章　総則

（目的）

第一条　この法律は、国民主権の理念にのっとり、行政文書の開示を請求する権利につき定めること等により、行政機関の保有する情報の一層の公開を図り、もって政府の有するその諸活動を国民に説明する責務が全うされるようにするとともに、国民の的確な理解と批判の下にある公正で民主的な行政の推進に資することを目的とする。

（定義）

第二条　この法律において「行政機関」とは、次に掲げる機関をいう。
一　法律の規定に基づき内閣に置かれる機関（内閣府を除く。）及び内閣の所轄の下に置かれる機関
二　内閣府、宮内庁並びに内閣府設置法（平成十一年法律第八十九号）第四十九条第一項及び第二項に規定する機関（これらの機関のうち第四号の政令で定める機関が置かれる機関にあっては、当該政令で定める機関を除く。）
三　国家行政組織法（昭和二十三年法律第百二十号）第三条第二項に規定する機関（第五号の政令で定める機関が置かれる機関にあっては、当該政令で定める機関を除く。）
四　内閣府設置法第三十九条及び第五十五条並びに宮内庁法（昭和二十二年法律第七十号）第十六条第二項の機関並びに内閣府設置法第四十条及び第五十六条（宮内庁法第十八条第一項において準用する場合を含む。）の特別の機関で、政令で定めるもの
五　国家行政組織法第八条の二の施設等機関及び同法第八条の三の特別の機関で、政令で定めるもの
六　会計検査院

2　この法律において「行政文書」とは、行政機関の職員が職務上作成し、又は取得した文書、図画及び電磁的記録（電子的方式、磁気的方式その他人の知覚によっては認識することができない方式で作られた記録をいう。以下同じ。）であって、当該行政機関の職員が組織的に用いるものとして、当該行政機関が保有しているものをいう。ただし、次に掲げるものを除く。
一　官報、白書、新聞、雑誌、書籍その他不特定多数の者に販売することを目的として発行されるもの
二　公文書等の管理に関する法律（平成二十一年法律第六十六号）第二条第七項に規定する特定歴史公文書等
三　政令で定める研究所その他の施設において、政令で定めるところにより、歴史的若しくは文化的な資料又は学術研究用の資料として特別の管理がされているもの（前号に掲げるものを除く。）

第二章　行政文書の開示

（開示請求権）

第三条　何人も、この法律の定めるところにより、行政機関の長（前条第一項第四号及び第五号の政令で定める機関にあっては、その機関ごとに政令で定める者をいう。以下同じ。）に対し、当該行政機関の保有する行政文書の開示を請求することができる。

（開示請求の手続）

第四条　前条の規定による開示の請求（以下「開示請求」という。）は、次に掲げる事項を記載した書面（以下「開示請求書」という。）を行政機関の長に提出してしなければならない。
一　開示請求をする者の氏名又は名称及び住所又は居所並びに法人その他の団体にあっては代表者の氏名

二　行政文書の名称その他の開示請求に係る行政文書を特定するに足りる事項

2　行政機関の長は、開示請求書に形式上の不備があると認めるときは、開示請求をした者（以下「開示請求者」という。）に対し、相当の期間を定めて、その補正を求めることができる。この場合において、行政機関の長は、開示請求者に対し、補正の参考となる情報を提供するよう努めなければならない。

（行政文書の開示義務）

第五条　行政機関の長は、開示請求があったときは、開示請求に係る行政文書に次の各号に掲げる情報（以下「不開示情報」という。）のいずれかが記録されている場合を除き、開示請求者に対し、当該行政文書を開示しなければならない。

一　個人に関する情報（事業を営む個人の当該事業に関する情報を除く。）であって、当該情報に含まれる氏名、生年月日その他の記述等（文書、図画若しくは電磁的記録に記載され、若しくは記録され、又は音声、動作その他の方法を用いて表された一切の事項をいう。次条第二項において同じ。）により特定の個人を識別することができるもの（他の情報と照合することにより、特定の個人を識別することができることとなるものを含む。）又は特定の個人を識別することはできないが、公にすることにより、なお個人の権利利益を害するおそれがあるもの。ただし、次に掲げる情報を除く。

イ　法令の規定により又は慣行として公にされ、又は公にすることが予定されている情報

ロ　人の生命、健康、生活又は財産を保護するため、公にすることが必要であると認められる情報

ハ　当該個人が公務員等（国家公務員法（昭和二十二年法律第百二十号）第二条第一項に規定する国家公務員（独立行政法人通則法（平成十一年法律第百三号）第二条第四項に規定する行政執行法人の役員及び職員を除く。）、独立行政法人等（独立行政法人等の保有する情報の公開に関する法律（平成十三年法律第百四十号。以下「独立行政法人等情報公開法」という。）第二条第一項に規定する独立行政法人等をいう。以下同じ。）の役員及び職員、地方公務員法（昭和二十五年法律第二百六十一号）第二条に規定する地方公務員並びに地方独立行政法人（地方独立行政法人法（平成十五年法律第百十八号）第二条第一項に規定する地方独立行政法人をいう。以下同じ。）の役員及び職員をいう。）である場合において、当該情報がその職務の遂行に係る情報であるときは、当該情報のうち、当該公務員等の職及び当該職務遂行の内容に係る部分

一の二　行政機関の保有する個人情報の保護に関する法律（平成十五年法律第五十八号）第二条第九項に規定する行政機関非識別加工情報（同条第十項に規定する行政機関非識別加工情報ファイルを構成するものに限る。以下この号において「行政機関非識別加工情報」という。）若しくは行政機関非識別加工情報の作成に用いた同条第五項に規定する保有個人情報（他の情報と照合することができ、それにより特定の個人を識別することができることとなるもの（他の情報と容易に照合することができ、それにより特定の個人を識別することができることとなるものを除く。）を除く。）から削除した同条第二項第一号に規定する記述等若しくは同条第三項に規定する個人識別符号又は独立行政法人等の保有する個人情報の保護に関する法律（平成十五年法律第五十九号）第二条第九項に規定する独立行政法人等非識別加工情報（同条第十項に規定する独立行政法人等非識別加工情報ファイルを構成するものに限る。以下この号において「独立行政法人等非識別加工情報」という。）若しくは独立行政法人等非識別加工情報の作成に用いた同条第五項に規定する保有個人情報（他の情報と照合することができ、それにより特定の個人を識別することができることとなるもの（他の情報と容易に照合することができ、それにより特定の個人を識別することができることとなるものを除く。）を除く。）から削除した同条第二項第一号に規定する記述等若しくは同条第三項に規定する個人識別符号

二　法人その他の団体（国、独立行政法人等、地方公共団体及び地方独立行政法人を除く。以下「法人等」という。）に関する情報又は事業を営む個人の当該事業に関する情報であって、次に掲げるもの。ただし、人の生命、健康、生活又は財産を保護するため、公にすることが必要であると認められる情報を除く。

イ　公にすることにより、当該法人等又は当該個人の権利、競争上の地位その他正当な利益を害するおそれがあるもの

ロ　行政機関の要請を受けて、公にしないとの条件で任意に提供されたものであって、法人等又は個人における通例として公にしないこととされているものその他の当該条件を付することが当該情報の性質、当時の状況等に照らして合理的であると認められるもの

三　公にすることにより、国の安全が害されるおそれ、他国若しくは国際機関との信頼関係が損なわれるおそれ又は他国若しくは国際機関との交渉上不利益を被るおそれがあると行政機関の長が認めることにつき相当の理由がある情報

四　公にすることにより、犯罪の予防、鎮圧又は捜査、公訴の維持、刑の執行その他の公共の安全と秩序の維持に支障を及ぼすおそれがあると行政機関の長が認めることにつき相当の理由がある情報

五　国の機関、独立行政法人等、地方公共団体及び地方独立行政法人の内部又は相互間における審議、検討又は協議に関する情報であって、公にすることにより、率直な意見の交換若しくは意思決定の中立性が不当に損なわれるおそれ、不当に国民の間に混乱を生じさせるおそれ又は特定の者に不当に利益を与え若しくは不利益を及ぼすおそれがあるもの

六　国の機関、独立行政法人等、地方公共団体又は地方独立行政法人が行う事務又は事業に関する情報であって、公にすることにより、次に掲げるおそれその他当該事務又は事業の性質上、当該事務又は事業の適正な遂行に支障を及ぼすおそれがあるもの

イ　監査、検査、取締り、試験又は租税の賦課若しくは徴収に係る事務に関し、正確な事実の把握を困難にするおそれ又は違法若しくは不当な行為を容易にし、若しくはその発見を困難にするおそれ

ロ　契約、交渉又は争訟に係る事務に関し、国、独立行政法人等、地方公共団体又は地方独立行政法人の財産上の利益又は当事者としての地位を不当に害するおそれ

ハ　調査研究に係る事務に関し、その公正かつ能率的な遂行を不当に阻害するおそれ

ニ　人事管理に係る事務に関し、公正かつ円滑な人事の確保に支障を及ぼすおそれ

ホ　独立行政法人等、地方公共団体が経営する企業又は地方独立行政法人に係る事業に関し、その企業経営上の正当な利益を害するおそれ

（部分開示）

第六条　行政機関の長は、開示請求に係る行政文書の一部に不開示情報が記録されている場合において、不開示情報が記録されている部分を容易に区分して除くことができるときは、開示請求者に対し、当該部分を除いた部分につき開示しなければならない。ただし、当該部分を除いた部分に有意の情報が記録されていないと認められるときは、この限りでない。

2　開示請求に係る行政文書に前条第一号の情報（特定の個人を識別することができるものに限る。）が記録されている場合において、

当該情報のうち、氏名、生年月日その他の特定の個人を識別することができることとなる記述等の部分を除くことにより、公にしても、個人の権利利益が害されるおそれがないと認められるときは、当該部分を除いた部分は、同号の情報に含まれないものとみなして、前項の規定を適用する。

（公益上の理由による裁量的開示）

第七条　行政機関の長は、開示請求に係る行政文書に不開示情報（第五条第一号の二に掲げる情報を除く。）が記録されている場合であっても、公益上特に必要があると認めるときは、開示請求者に対し、当該行政文書を開示することができる。

（行政文書の存否に関する情報）

第八条　開示請求に対し、当該開示請求に係る行政文書が存在しているか否かを答えるだけで、不開示情報を開示することとなるときは、行政機関の長は、当該行政文書の存否を明らかにしないで、当該開示請求を拒否することができる。

（開示請求に対する措置）

第九条　行政機関の長は、開示請求に係る行政文書の全部又は一部を開示するときは、その旨の決定をし、開示請求者に対し、その旨及び開示の実施に関し政令で定める事項を書面により通知しなければならない。

2　行政機関の長は、開示請求に係る行政文書の全部を開示しないとき（前条の規定により開示請求を拒否するとき及び開示請求に係る行政文書を保有していないときを含む。）は、開示をしない旨の決定をし、開示請求者に対し、その旨を書面により通知しなければならない。

（開示決定等の期限）

第一〇条　前条各項の決定（以下「開示決定等」という。）は、開示請求があった日から三十日以内にしなければならない。ただし、第四条第二項の規定により補正を求めた場合にあっては、当該補正に要した日数は、当該期間に算入しない。

2　前項の規定にかかわらず、行政機関の長は、事務処理上の困難その他正当な理由があるときは、同項に規定する期間を三十日以内に限り延長することができる。この場合において、行政機関の長は、開示請求者に対し、遅滞なく、延長後の期間及び延長の理由を書面により通知しなければならない。

（開示決定等の期限の特例）

第一一条　開示請求に係る行政文書が著しく大量であるため、開示請求があった日から六十日以内にそのすべてについて開示決定等をすることにより事務の遂行に著しい支障が生ずるおそれがある場合には、前条の規定にかかわらず、行政機関の長は、開示請求に係る行政文書のうちの相当の部分につき当該期間内に開示決定等をし、残りの行政文書については相当の期間内に開示決定等をすれば足りる。この場合において、行政機関の長は、同条第一項に規定する期間内に、開示請求者に対し、次に掲げる事項を書面により通知しなければならない。

一　本条を適用する旨及びその理由

二　残りの行政文書について開示決定等をする期限

（事案の移送）

第一二条　行政機関の長は、開示請求に係る行政文書が他の行政機関により作成されたものであるときその他他の行政機関の長において開示決定等をすることにつき正当な理由があるときは、当該他の行政機関の長と協議の上、当該他の行政機関の長に対し、事案を移送することができる。この場合においては、移送をした行政機関の長は、開示請求者に対し、事案を移送した旨を書面により通知しなければならない。

2　前項の規定により事案が移送されたときは、移送を受けた行政機関の長において、当該開示請求についての開示決定等をしなければならない。この場合において、移送をした行政機関の長が移送前にした行為は、移送を受けた行政機関の長がしたものとみなす。

3　前項の場合において、移送を受けた行政機関の長が第九条第一項の決定（以下「開示決定」という。）をしたときは、当該行政機関の長は、開示の実施をしなければならない。この場合において、移送をした行政機関の長は、当該開示の実施に必要な協力をしなければならない。

（独立行政法人等への事案の移送）

第一二条の二　行政機関の長は、開示請求に係る行政文書が独立行政法人等により作成されたものであるときその他独立行政法人等において独立行政法人等情報公開法第十条第一項に規定する開示決定等をすることにつき正当な理由があるときは、当該独立行政法人等と協議の上、当該独立行政法人等に対し、事案を移送することができる。この場合においては、移送をした行政機関の長は開示請求者に対し、事案を移送した旨を書面により通知しなければならない。

2　前項の規定により事案が移送されたときは、当該事案については、行政文書を移送を受けた独立行政法人等が保有する独立行政法人等情報公開法第二条第二項に規定する法人文書と、開示請求を移送を受けた独立行政法人等に対する独立行政法人等情報公開法第四条第一項に規定する開示請求とみなして、独立行政法人等情報公開法の規定を適用する。この場合において、独立行政法人等情報公開法第十条第一項中「第四条第二項」とあるのは「行政機関の保有する情報の公開に関する法律（平成十一年法律第四十二号）第四条第二項」と、独立行政法人等情報公開法第十七条第一項中「開示請求をする者又は法人文書」とあるのは「法人文書」と、「により、それぞれ」とあるのは「により」と、「開示請求に係る手数料又は開示」とあるのは「開示」とする。

3　第一項の規定により事案が移送された場合において、移送を受けた独立行政法人等が開示の実施をするときは、移送をした行政機関の長は、当該開示の実施に必要な協力をしなければならない。

（第三者に対する意見書提出の機会の付与等）

第一三条　開示請求に係る行政文書に国、独立行政法人等、地方公共団体、地方独立行政法人及び開示請求者以外の者（以下この条、第十九条第二項及び第二十条第一項において「第三者」という。）に関する情報が記録されているときは、行政機関の長は、開示決定等をするに当たって、当該情報に係る第三者に対し、開示請求に係る行政文書の表示その他政令で定める事項を通知して、意見書を提出する機会を与えることができる。

2　行政機関の長は、次の各号のいずれかに該当するときは、開示決定に先立ち、当該第三者に対し、開示請求に係る行政文書の表示その他政令で定める事項を書面により通知して、意見書を提出する機会を与えなければならない。ただし、当該第三者の所在が判明しない場合は、この限りでない。

一　第三者に関する情報が記録されている行政文書を開示しようとする場合であって、当該情報が第五条第一号ロ又は同条第二号ただし書に規定する情報に該当すると認められるとき。

二　第三者に関する情報が記録されている行政文書を第七条の規定により開示しようとするとき。

3　行政機関の長は、前二項の規定により意見書の提出の機会を与えられた第三者が当該行政文書の開示に反対の意思を表示した意見書を提出した場合において、開示決定をするときは、開示決定の日と開示を実施する日との間に少なくとも二週間を置かなければならない。この場合において、行政機関の長は、開示決定後直ちに、当該意見書（第十九条において「反対意見書」という。）を提出した第三者に対し、開示決定をした旨及びその理由並びに開示を実施する日を書面により通知しなければならない。

（開示の実施）

第一四条　行政文書の開示は、文書又は図画については閲覧又は写しの交付により、電磁的記録についてはその種別、情報化の進展状況等を勘案して政令で定める方法により行う。ただし、閲覧の方法による行政文書の開示にあっては、行政機関の長は、当該行政文書の保存に支障を生ずるおそれがあると認めるときその他正当な理由があるときは、その写しにより、これを行うことができる。

2　開示決定に基づき行政文書の開示を受ける者は、政令で定めるところにより、当該開示決定をした行政機関の長に対し、その求める開示の実施の方法その他の政令で定める事項を申し出なければならない。

3　前項の規定による申出は、第九条第一項に規定する通知があった日から三十日以内にしなければならない。ただし、当該期間内に当該申出をすることができないことにつき正当な理由があるときは、この限りでない。

4　開示決定に基づき行政文書の開示を受けた者は、最初に開示を受けた日から三十日以内に限り、行政機関の長に対し、更に開示を受ける旨を申し出ることができる。この場合においては、前項ただし書の規定を準用する。

（他の法令による開示の実施との調整）

第一五条　行政機関の長は、他の法令の規定により、何人にも開示請求に係る行政文書が前条第一項本文に規定する方法と同一の方法で開示することとされている場合（開示の期間が定められている場合にあっては、当該期間内に限る。）には、同項本文の規定にかかわらず、当該行政文書については、当該同一の方法による開示を行わない。ただし、当該他の法令の規定に一定の場合には開示をしない旨の定めがあるときは、この限りでない。

2　他の法令の規定に定める開示の方法が縦覧であるときは、当該縦覧を前条第一項本文の閲覧とみなして、前項の規定を適用する。

（手数料）

第一六条　開示請求をする者又は行政文書の開示を受ける者は、政令で定めるところにより、それぞれ、実費の範囲内において政令で定める額の開示請求に係る手数料又は開示の実施に係る手数料を納めなければならない。

2　前項の手数料の額を定めるに当たっては、できる限り利用しやすい額とするよう配慮しなければならない。

3　行政機関の長は、経済的困難その他特別の理由があると認めるときは、政令で定めるところにより、第一項の手数料を減額し、又は免除することができる。

（権限又は事務の委任）

第一七条　行政機関の長は、政令（内閣の所轄の下に置かれる機関及び会計検査院にあっては、当該機関の命令）で定めるところにより、この章に定める権限又は事務を当該行政機関の職員に委任することができる。

第三章　審査請求等

（審理員による審理手続に関する規定の適用除外等）

第一八条　開示決定等又は開示請求に係る不作為に係る審査請求については、行政不服審査法（平成二十六年法律第六十八号）第九条、第十七条、第二十四条、第二章第三節及び第四節並びに第五十条第二項の規定は、適用しない。

2　開示決定等又は開示請求に係る不作為に係る審査請求についての行政不服審査法第二章の規定の適用については、同法第十一条第二項中「第九条第一項の規定により指名された者（以下「審理員」という。）」とあるのは「第四条（行政機関の保有する情報の公開に関する法律（平成十一年法律第四十二号）第二十条第二項の規定に基づく政令を含む。）の規定により審査請求がされた行政庁（第十四条の規定により引継ぎを受けた行政庁を含む。以下「審査庁」という。）」と、同法第十三条第一項及び第二項中「審理員」とあるのは「審査庁」と、同法第二十五条第七項中「あったとき、又は審理員から第四十条に規定する執行停止をすべき旨の意見書が提出されたとき」とあるのは「あったとき」と、同法第四十四条中「行政不服審査会等」とあるのは「情報公開・個人情報保護審査会（審査庁が会計検査院の長である場合にあっては、別に法律で定める審査会。第五十条第一項第四号において同じ。）」と、「受けたとき（前条第一項の規定による諮問を要しない場合（同項第二号又は第三号に該当する場合を除く。）にあっては審理員意見書が提出されたとき、同項第二号又は第三号に規定する議を経たとき）」とあるのは「受けたとき」と、同法第五十条第一項第四号中「審理員意見書又は行政不服審査会等若しくは審議会等」とあるのは「情報公開・個人情報保護審査会」とする。

（審査会への諮問）

第一九条　開示決定等又は開示請求に係る不作為について審査請求があったときは、当該審査請求に対する裁決をすべき行政機関の長は、次の各号のいずれかに該当する場合を除き、情報公開・個人情報保護審査会（審査請求に対する裁決をすべき行政機関の長が会計検査院の長である場合にあっては、別に法律で定める審査会）に諮問しなければならない。

一　審査請求が不適法であり、却下する場合

二　裁決で、審査請求の全部を認容し、当該審査請求に係る行政文書の全部を開示することとする場合（当該行政文書の開示について反対意見書が提出されている場合を除く。）

2　前項の規定により諮問をした行政機関の長は、次に掲げる者に対し、諮問をした旨を通知しなければならない。

一　審査請求人及び参加人（行政不服審査法第十三条第四項に規定する参加人をいう。以下この項及び次条第一項第二号において同じ。）

二　開示請求者（開示請求者が審査請求人又は参加人である場合を除く。）

三　当該審査請求に係る行政文書の開示について反対意見書を提出した第三者（当該第三者が審査請求人又は参加人である場合を除く。）

（第三者からの審査請求を棄却する場合等における手続等）

第二〇条　第十三条第三項の規定は、次の各号のいずれかに該当する裁決をする場合について準用する。

一　開示決定に対する第三者からの審査請求を却下し、又は棄却する裁決

二　審査請求に係る開示決定等（開示請求に係る行政文書の全部を開示する旨の決定を除く。）を変更し、当該審査請求に係る行政文書を開示する旨の裁決（第三者である参加人が当該行政文書の開示に反対の意思を表示している場合に限る。）

2　開示決定等又は開示請求に係る不作為についての審査請求については、政令で定めるところにより、行政不服審査法第四条の規定の特例を設けることができる。

（訴訟の移送の特例）

第二一条　行政事件訴訟法（昭和三十七年法律第百三十九号）第十二条第四項の規定により同項に規定する特定管轄裁判所に開示決定等の取消しを求める訴え又は開示決定等若しくは開示請求に係る不作為に係る審査請求に対する裁決の取消しを求める訴え（次項及び附則第二項において「情報公開訴訟」という。）が提起された場合においては、同法第十二条第五項の規定にかかわらず、他の裁判所に同一又は同種若しくは類似の行政文書に係る開示決定等又は開示決定等若しくは開示請求に係る不作為に係る審査請求に対する裁決に係る抗告訴訟（同法第三条第一項に規定する抗告訴訟をいう。次項において同じ。）が係属しているときは、当該特定管轄裁判所は、当事者の住所又は所在地、尋問を受けるべき証人の住所、争点又は証拠の共通性その他の事情を考慮して、相当と認めるときは、申立てにより又は職権で、訴訟の全部又は一部について、当該他の裁判所又は同法第十二条第一項から第三項までに定める裁判所に移送することができる。

2　前項の規定は、行政事件訴訟法第十二条第四項の規定により同項に規定する特定管轄裁判所に開示決定等又は開示決定等若しくは開示請求に係る不作為に係る審査請求に対する裁決に係る抗告訴訟で情報公開訴訟以外のも

のが提起された場合について準用する。

第四章　補則

（開示請求をしようとする者に対する情報の提供等）

第二二条　行政機関の長は、開示請求をしようとする者が容易かつ的確に開示請求をすることができるよう、公文書等の管理に関する法律第七条第二項に規定するもののほか、当該行政機関が保有する行政文書の特定に資する情報の提供その他開示請求をしようとする者の利便を考慮した適切な措置を講ずるものとする。

2　総務大臣は、この法律の円滑な運用を確保するため、開示請求に関する総合的な案内所を整備するものとする。

（施行の状況の公表）

第二三条　総務大臣は、行政機関の長に対し、この法律の施行の状況について報告を求めることができる。

2　総務大臣は、毎年度、前項の報告を取りまとめ、その概要を公表するものとする。

（行政機関の保有する情報の提供に関する施策の充実）

第二四条　政府は、その保有する情報の公開の総合的な推進を図るため、行政機関の保有する情報が適時に、かつ、適切な方法で国民に明らかにされるよう、行政機関の保有する情報の提供に関する施策の充実に努めるものとする。

（地方公共団体の情報公開）

第二五条　地方公共団体は、この法律の趣旨にのっとり、その保有する情報の公開に関し必要な施策を策定し、及びこれを実施するよう努めなければならない。

（政令への委任）

第二六条　この法律に定めるもののほか、この法律の実施のため必要な事項は、政令で定める。

附　則（省略）

●個人情報の保護に関する法律（抄）

（平成一五年五月三〇日法律第五七号）

施行、平一五・五・三〇
最終改正、令二―法四四

〔注〕本書では、次の改正は織り込まず、必要な箇所に当該施行日から有効な規定または注記を付した。

・令二法四四＝一部施行＝令二・六・一二から起算して二年を超えない範囲内において政令で定める日（以下本文注記中「令二法四四施行日」と記す）

第一章　総則

（目的）

第一条　この法律は、高度情報通信社会の進展に伴い個人情報の利用が著しく拡大していることに鑑み、個人情報の適正な取扱いに関し、基本理念及び政府による基本方針の作成その他の個人情報の保護に関する施策の基本となる事項を定め、国及び地方公共団体の責務等を明らかにするとともに、個人情報を取り扱う事業者の遵守すべき義務等を定めることにより、個人情報の適正かつ効果的な活用が新たな産業の創出並びに活力ある経済社会及び豊かな国民生活の実現に資するものであることその他の個人情報の有用性に配慮しつつ、個人の権利利益を保護することを目的とする。

（定義）

第二条　この法律において「個人情報」とは、生存する個人に関する情報であって、次の各号のいずれかに該当するものをいう。

一　当該情報に含まれる氏名、生年月日その他の記述等（文書、図画若しくは電磁的記録（電磁的方式（電子的方式、磁気的方式その他人の知覚によっては認識することができない方式をいう。次項第二号において同じ。）で作られる記録をいう。第十八条第二項において同じ。）に記載され、若しくは記録され、又は音声、動作その他の方法を用いて表された一切の事項（個人識別符号を除く。）をいう。以下同じ。）により特定の個人を識別することができるもの（他の情報と容易に照合することができ、それにより特定の個人を識別することができることとなるものを含む。）

二　個人識別符号が含まれるもの

2　この法律において「個人識別符号」とは、次の各号のいずれかに該当する文字、番号、記号その他の符号のうち、政令で定めるものをいう。

一　特定の個人の身体の一部の特徴を電子計算機の用に供するために変換した文字、番号、記号その他の符号であって、当該特定の個人を識別することができるもの

二　個人に提供される役務の利用若しくは個人に販売される商品の購入に関し割り当てられ、又は個人に発行されるカードその他の書類に記載され、若しくは電磁的方式により記録された文字、番号、記号その他の符号であって、その利用者若しくは購入者又は発行を受ける者ごとに異なるものとなるように割り当てられ、又は記載され、若しくは記録されることにより、特定の利用者若しくは購入者又は発行を受ける者を識別することができるもの

3　この法律において「要配慮個人情報」とは、本人の人種、信条、社会的身分、病歴、犯罪の経歴、犯罪により害を被った事実その他本人に対する不当な差別、偏見その他の不利益が生じないようにその取扱いに特に配慮を要するものとして政令で定める記述等が含まれる個人情報をいう。

4　この法律において「個人情報データベース等」とは、個人情報を含む情報の集合物であって、次に掲げるもの（利用方法からみて個人の権利利益を害するおそれが少ないものとして政令で定めるものを除く。）をいう。

一　特定の個人情報を電子計算機を用いて検索することができるように体系的に構成したもの

二　前号に掲げるもののほか、特定の個人情報を容易に検索することができるように体系的に構成したものとして政令で定めるもの

5　この法律において「個人情報取扱事業者」とは、個人情報データベース等を事業の用に供している者をいう。ただし、次に掲げる者を除く。

一　国の機関

二　地方公共団体

三　独立行政法人等（独立行政法人等の保有する個人情報の保護に関する法律（平成十五年法律第五十九号）第二条第一項に規定する独立行政法人等をいう。以下同じ。）

四　地方独立行政法人（地方独立行政法人法（平成十五年法律第百十八号）第二条第一項に規定する地方独立行政法人をいう。以下同じ。）

6　この法律において「個人データ」とは、個人情報データベース等を構成する個人情報をいう。

7　この法律において「保有個人データ」とは、個人情報取扱事業者が、開示、内容の訂正、追加又は削除、利用の停止、消去及び第三者への提供の停止を行うことのできる権限を有する個人データであって、その存否が明らかになることにより公益その他の利益が害されるものとして政令で定めるもの又は一年以内の政令で定める期間以内に消去することとなるもの以外のものをいう。

8　この法律において個人情報について「本人」とは、個人情報によって識別される特定の個人をいう。

9　この法律において「匿名加工情報」とは、次の各号に掲げる個人情報の区分に応じて当該各号に定める措置を講じて特定の個人を識別することができないように個人情報を加工して得られる個人に関する情報であって、当該個人情報を復元することができないようにしたものをいう。

一　第一項第一号に該当する個人情報　当該個人情報に含まれる記述等の一部を削除す

ること（当該一部の記述等を復元することのできる規則性を有しない方法により他の記述等に置き換えることを含む。）。

二　第一項第二号に該当する個人情報　当該個人情報に含まれる個人識別符号の全部を削除すること（当該個人識別符号を復元することのできる規則性を有しない方法により他の記述等に置き換えることを含む。）。

10　この法律において「匿名加工情報取扱事業者」とは、匿名加工情報を含む情報の集合物であって、特定の匿名加工情報を電子計算機を用いて検索することができるように体系的に構成したものその他特定の匿名加工情報を容易に検索することができるように体系的に構成したものとして政令で定めるもの（第三十六条第一項において「匿名加工情報データベース等」という。）を事業の用に供している者をいう。ただし、第五項各号に掲げる者を除く。

> **第二条**（一号中「第十八条第二項」は、令二法四四施行日からは「第十八条第二項及び第二十八条第一項」）
>
> 2から6まで（同）
>
> 7（「もの又は一年以内の政令で定める期間以内に消去することとなるもの以外」は、令二法四四施行日からは「もの以外」）
>
> 8（同）
>
> 9　この法律において「仮名加工情報」とは、次の各号に掲げる個人情報の区分に応じて当該各号に定める措置を講じて他の情報と照合しない限り特定の個人を識別することができないように個人情報を加工して得られる個人に関する情報をいう。
>
> 一　第一項第一号に該当する個人情報　当該個人情報に含まれる記述等の一部を削除すること（当該一部の記述等を復元することのできる規則性を有しない方法により他の記述等に置き換えることを含む。）。
>
> 二　第一項第二号に該当する個人情報　当該個人情報に含まれる個人識別符号の全部を削除すること（当該個人識別符号を復元することのできる規則性を有しない方法により他の記述等に置き換えることを含む。）。
>
> 10　この法律において「仮名加工情報取扱事業者」とは、仮名加工情報を含む情報の集合物であって、特定の仮名加工情報を電子計算機を用いて検索することができるように体系的に構成したものその他特定の仮名加工情報を容易に検索することができるように体系的に構成したものとして政令で定めるもの（第三十五条の二第一項において「仮名加工情報データベース等」という。）を事業の用に供している者をいう。ただし、第五項各号に掲げる者を除く。
>
> 11・12（9・10を繰下げ）（本条の施行は、令二法四四施行日）

（基本理念）

第三条　個人情報は、個人の人格尊重の理念の下に慎重に取り扱われるべきものであることにかんがみ、その適正な取扱いが図られなければならない。

第二章　国及び地方公共団体の責務等

（国の責務）

第四条　国は、この法律の趣旨にのっとり、個人情報の適正な取扱いを確保するために必要な施策を総合的に策定し、及びこれを実施する責務を有する。

（地方公共団体の責務）

第五条　地方公共団体は、この法律の趣旨にのっとり、その地方公共団体の区域の特性に応じて、個人情報の適正な取扱いを確保するために必要な施策を策定し、及びこれを実施する責務を有する。

（法制上の措置等）

第六条　政府は、個人情報の性質及び利用方法に鑑み、個人の権利利益の一層の保護を図るため特にその適正な取扱いの厳格な実施を確保する必要がある個人情報について、保護のための格別の措置が講じられるよう必要な法制上の措置その他の措置を講ずるとともに、国際機関その他の国際的な枠組みへの協力を通じて、各国政府と共同して国際的に整合のとれた個人情報に係る制度を構築するために必要な措置を講ずるものとする。

第三章　個人情報の保護に関する施策等

第一節　個人情報の保護に関する基本方針

第七条　政府は、個人情報の保護に関する施策の総合的かつ一体的な推進を図るため、個人情報の保護に関する基本方針（以下「基本方針」という。）を定めなければならない。

2　基本方針は、次に掲げる事項について定めるものとする。

一　個人情報の保護に関する施策の推進に関する基本的な方向

二　国が講ずべき個人情報の保護のための措置に関する事項

三　地方公共団体が講ずべき個人情報の保護のための措置に関する基本的な事項

四　独立行政法人等が講ずべき個人情報の保護のための措置に関する基本的な事項

五　地方独立行政法人が講ずべき個人情報の保護のための措置に関する基本的な事項

六　個人情報取扱事業者及び匿名加工情報取扱事業者並びに第五十条第一項に規定する認定個人情報保護団体が講ずべき個人情報の保護のための措置に関する基本的な事項

七　個人情報の取扱いに関する苦情の円滑な処理に関する事項

八　その他個人情報の保護に関する施策の推進に関する重要事項

3　内閣総理大臣は、個人情報保護委員会が作成した基本方針の案について閣議の決定を求めなければならない。

4　内閣総理大臣は、前項の規定による閣議の決定があったときは、遅滞なく、基本方針を公表しなければならない。

5　前二項の規定は、基本方針の変更について準用する。

> **第七条**（二項六号中「及び」は、令二法四四施行日からは「、仮名加工情報取扱事業者及び」）

第二節　国の施策

（地方公共団体等への支援）

第八条　国は、地方公共団体が策定し、又は実施する個人情報の保護に関する施策及び国民又は事業者等が個人情報の適正な取扱いの確保に関して行う活動を支援するため、情報の提供、事業者等が講ずべき措置の適切かつ有効な実施を図るための指針の策定その他の必要な措置を講ずるものとする。

（苦情処理のための措置）

第九条　国は、個人情報の取扱いに関し事業者と本人との間に生じた苦情の適切かつ迅速な処理を図るために必要な措置を講ずるものとする。

（個人情報の適正な取扱いを確保するための措置）

第一〇条　国は、地方公共団体との適切な役割分担を通じ、次章に規定する個人情報取扱事業者による個人情報の適正な取扱いを確保するために必要な措置を講ずるものとする。

第三節　地方公共団体の施策

（地方公共団体等が保有する個人情報の保護）

第一一条　地方公共団体は、その保有する個人情報の性質、当該個人情報を保有する目的等を勘案し、その保有する個人情報の適正な取扱いが確保されるよう必要な措置を講ずることに努めなければならない。

2　地方公共団体は、その設立に係る地方独立行政法人について、その性格及び業務内容に応じ、その保有する個人情報の適正な取扱いが確保されるよう必要な措置を講ずることに努めなければならない。

（区域内の事業者等への支援）

第一二条　地方公共団体は、個人情報の適正な取扱いを確保するため、その区域内の事業者及び住民に対する支援に必要な措置を講ずるよう努めなければならない。

（苦情の処理のあっせん等）

第一三条　地方公共団体は、個人情報の取扱いに関し事業者と本人との間に生じた苦情が適切かつ迅速に処理されるようにするため、苦情の処理のあっせんその他必要な措置を講ずるよう努めなければならない。

第四節　国及び地方公共団体の協力

第一四条　国及び地方公共団体は、個人情報の保護に関する施策を講ずるにつき、相協力するものとする。

第四章　個人情報取扱事業者の義務等

第一節　個人情報取扱事業者の義務

> 第一節　個人情報取扱事業者等の義務（本節名の施行は、令二法四四施行日）

（利用目的の特定）

第一五条　個人情報取扱事業者は、個人情報を取り扱うに当たっては、その利用の目的（以下「利用目的」という。）をできる限り特定しなければならない。

2　個人情報取扱事業者は、利用目的を変更する場合には、変更前の利用目的と関連性を有すると合理的に認められる範囲を超えて行ってはならない。

（利用目的による制限）

第一六条　個人情報取扱事業者は、あらかじめ本人の同意を得ないで、前条の規定により特定された利用目的の達成に必要な範囲を超えて、個人情報を取り扱ってはならない。

2　個人情報取扱事業者は、合併その他の事由により他の個人情報取扱事業者から事業を承継することに伴って個人情報を取得した場合は、あらかじめ本人の同意を得ないで、承継前における当該個人情報の利用目的の達成に必要な範囲を超えて、当該個人情報を取り扱ってはならない。

3　前二項の規定は、次に掲げる場合については、適用しない。

一　法令に基づく場合

二　人の生命、身体又は財産の保護のために必要がある場合であって、本人の同意を得ることが困難であるとき。

三　公衆衛生の向上又は児童の健全な育成の推進のために特に必要がある場合であって、本人の同意を得ることが困難であるとき。

四　国の機関若しくは地方公共団体又はその委託を受けた者が法令の定める事務を遂行することに対して協力する必要がある場合であって、本人の同意を得ることにより当該事務の遂行に支障を及ぼすおそれがあるとき。

> **（不適正な利用の禁止）**
> **第一六条の二**　個人情報取扱事業者は、違法又は不当な行為を助長し、又は誘発するおそれがある方法により個人情報を利用してはならない。（本条の施行は、令二法四四施行日）

（適正な取得）

第一七条　個人情報取扱事業者は、偽りその他不正の手段により個人情報を取得してはならない。

2　個人情報取扱事業者は、次に掲げる場合を除くほか、あらかじめ本人の同意を得ないで、要配慮個人情報を取得してはならない。

一　法令に基づく場合

二　人の生命、身体又は財産の保護のために必要がある場合であって、本人の同意を得ることが困難であるとき。

三　公衆衛生の向上又は児童の健全な育成の推進のために特に必要がある場合であって、本人の同意を得ることが困難であるとき。

四　国の機関若しくは地方公共団体又はその委託を受けた者が法令の定める事務を遂行することに対して協力する必要がある場合であって、本人の同意を得ることにより当該事務の遂行に支障を及ぼすおそれがあるとき。

五　当該要配慮個人情報が、本人、国の機関、地方公共団体、第七十六条第一項各号に掲げる者その他個人情報保護委員会規則で定める者により公開されている場合

六　その他前各号に掲げる場合に準ずるものとして政令で定める場合

（取得に際しての利用目的の通知等）

第一八条　個人情報取扱事業者は、個人情報を取得した場合は、あらかじめその利用目的を公表している場合を除き、速やかに、その利用目的を、本人に通知し、又は公表しなければならない。

2　個人情報取扱事業者は、前項の規定にかかわらず、本人との間で契約を締結することに伴って契約書その他の書面（電磁的記録を含む。以下この項において同じ。）に記載された当該本人の個人情報を取得する場合その他本人から直接書面に記載された当該本人の個人情報を取得する場合は、あらかじめ、本人に対し、その利用目的を明示しなければならない。ただし、人の生命、身体又は財産の保護のために緊急に必要がある場合は、この限りでない。

3　個人情報取扱事業者は、利用目的を変更した場合は、変更された利用目的について、本人に通知し、又は公表しなければならない。

4　前三項の規定は、次に掲げる場合については、適用しない。

一　利用目的を本人に通知し、又は公表することにより本人又は第三者の生命、身体、財産その他の権利利益を害するおそれがある場合

二　利用目的を本人に通知し、又は公表することにより当該個人情報取扱事業者の権利又は正当な利益を害するおそれがある場合

三　国の機関又は地方公共団体が法令の定める事務を遂行することに対して協力する必要がある場合であって、利用目的を本人に通知し、又は公表することにより当該事務の遂行に支障を及ぼすおそれがあるとき。

四　取得の状況からみて利用目的が明らかであると認められる場合

（データ内容の正確性の確保等）

第一九条　個人情報取扱事業者は、利用目的の達成に必要な範囲内において、個人データを正確かつ最新の内容に保つとともに、利用する必要がなくなったときは、当該個人データを遅滞なく消去するよう努めなければならない。

（安全管理措置）

第二〇条　個人情報取扱事業者は、その取り扱う個人データの漏えい、滅失又はき損の防止その他の個人データの安全管理のために必要かつ適切な措置を講じなければならない。

> 第二〇条〔「き損」は、令二法四四施行日からは「毀損」〕

（従業者の監督）

第二一条　個人情報取扱事業者は、その従業者に個人データを取り扱わせるに当たっては、当該個人データの安全管理が図られるよう、当該従業者に対する必要かつ適切な監督を行わなければならない。

（委託先の監督）

第二二条　個人情報取扱事業者は、個人データの取扱いの全部又は一部を委託する場合は、その取扱いを委託された個人データの安全管理が図られるよう、委託を受けた者に対する必要かつ適切な監督を行わなければならない。

> **（漏えい等の報告等）**
> **第二二条の二**　個人情報取扱事業者は、その取り扱う個人データの漏えい、滅失、毀損その他の個人データの安全の確保に係る事態であって個人の権利利益を害するおそれが大きいものとして個人情報保護委員会規則で定めるものが生じたときは、個人情報保護委員会規則で定めるところにより、当該事態が生じた旨を個人情報保護委員会に報告しなければならない。ただし、当該個人情報取扱事業者が、他の個人情報取扱事業者から当該個人データの取扱いの全部又は一部の委託を受けた場合であって、個人情報保護委員会規則で定めるところにより、当該事態が生じた旨を当該他の個人情報取扱事業者に通知したときは、この限りでない。
>
> 2　前項に規定する場合には、個人情報取扱事業者（同項ただし書の規定による通知をした者を除く。）は、本人に対し、個人情報保護委員会規則で定めるところにより、

当該事態が生じた旨を通知しなければならない。ただし、本人への通知が困難な場合であって、本人の権利利益を保護するため必要なこれに代わるべき措置をとるときは、この限りでない。〔本条の施行は、令二法四四施行日〕

（第三者提供の制限）

第二三条　個人情報取扱事業者は、次に掲げる場合を除くほか、あらかじめ本人の同意を得ないで、個人データを第三者に提供してはならない。

一　法令に基づく場合

二　人の生命、身体又は財産の保護のために必要がある場合であって、本人の同意を得ることが困難であるとき。

三　公衆衛生の向上又は児童の健全な育成の推進のために特に必要がある場合であって、本人の同意を得ることが困難であるとき。

四　国の機関若しくは地方公共団体又はその委託を受けた者が法令の定める事務を遂行することに対して協力する必要がある場合であって、本人の同意を得ることにより当該事務の遂行に支障を及ぼすおそれがあるとき。

2　個人情報取扱事業者は、第三者に提供される個人データ（要配慮個人情報を除く。以下この項において同じ。）について、本人の求めに応じて当該本人が識別される個人データの第三者への提供を停止することとしている場合であって、次に掲げる事項について、個人情報保護委員会規則で定めるところにより、あらかじめ、本人に通知し、又は本人が容易に知り得る状態に置くとともに、個人情報保護委員会に届け出たときは、前項の規定にかかわらず、当該個人データを第三者に提供することができる。

一　第三者への提供を利用目的とすること。

二　第三者に提供される個人データの項目

三　第三者への提供の方法

四　本人の求めに応じて当該本人が識別される個人データの第三者への提供を停止すること。

五　本人の求めを受け付ける方法

3　個人情報取扱事業者は、前項第二号、第三号又は第五号に掲げる事項を変更する場合は、変更する内容について、個人情報保護委員会規則で定めるところにより、あらかじめ、本人に通知し、又は本人が容易に知り得る状態に置くとともに、個人情報保護委員会に届け出なければならない。

4　個人情報保護委員会は、第二項の規定による届出があったときは、個人情報保護委員会規則で定めるところにより、当該届出に係る事項を公表しなければならない。前項の規定による届出があったときも、同様とする。

5　次に掲げる場合において、当該個人データの提供を受ける者は、前各項の規定の適用については、第三者に該当しないものとする。

一　個人情報取扱事業者が利用目的の達成に必要な範囲内において個人データの取扱いの全部又は一部を委託することに伴って当該個人データが提供される場合

二　合併その他の事由による事業の承継に伴って個人データが提供される場合

三　特定の者との間で共同して利用される個人データが当該特定の者に提供される場合であって、その旨並びに共同して利用される個人データの項目、共同して利用する者の範囲、利用する者の利用目的及び当該個人データの管理について責任を有する者の氏名又は名称について、あらかじめ、本人に通知し、又は本人が容易に知り得る状態に置いているとき。

6　個人情報取扱事業者は、前項第三号に規定する利用する者の利用目的又は個人データの管理について責任を有する者の氏名若しくは名称を変更する場合は、変更する内容について、あらかじめ、本人に通知し、又は本人が容易に知り得る状態に置かなければならない。

第二三条〔同〕

一から四まで〔同〕

2　個人情報取扱事業者は、第三者に提供される個人データについて、本人の求めに応じて当該本人が識別される個人データの第三者への提供を停止することとしている場合であって、次に掲げる事項について、個人情報保護委員会規則で定めるところにより、あらかじめ、本人に通知し、又は本人が容易に知り得る状態に置くとともに、個人情報保護委員会に届け出たときは、前項の規定にかかわらず、当該個人データを第三者に提供することができる。ただし、第三者に提供される個人データが要配慮個人情報又は第十七条第一項の規定に違反して取得されたもの若しくは他の個人情報取扱事業者からこの項本文の規定により提供されたもの（その全部又は一部を複製し、又は加工したものを含む。）である場合は、この限りでない。

一　第三者への提供を行う個人情報取扱事業者の氏名又は名称及び住所並びに法人にあっては、その代表者（法人でない団体で代表者又は管理人の定めのあるものにあっては、その代表者又は管理人。以下この条、第二十六条第一項第一号及び第二十七条第一項第一号において同じ。）の氏名

二・三〔一・二を繰下げ〕

四　第三者に提供される個人データの取得の方法

五から七まで〔三から五までを繰下げ〕

八　その他個人の権利利益を保護するために必要なものとして個人情報保護委員会規則で定める事項

3　個人情報取扱事業者は、前項第一号に掲げる事項に変更があったとき又は同項の規定による個人データの提供をやめたときは遅滞なく、同項第三号から第五号まで、第七号又は第八号に掲げる事項を変更しようとするときはあらかじめ、その旨について、個人情報保護委員会規則で定めるところにより、本人に通知し、又は本人が容易に知り得る状態に置くとともに、個人情報保護委員会に届け出なければならない。

4　〔同〕

5　〔三号中「利用目的及び」「名称」は、令二法四四施行日からはそれぞれ「並びに」「名称及び住所並びに法人にあっては、その代表者の氏名」〕

6　個人情報取扱事業者は、前項第三号に規定する個人データの管理について責任を有する者の氏名、名称若しくは住所又は法人にあっては、その代表者の氏名に変更があったときは遅滞なく、同号に規定する利用する者の利用目的又は当該責任を有する者を変更しようとするときはあらかじめ、その旨について、本人に通知し、又は本人が容易に知り得る状態に置かなければならない。〔本条の施行は、令二法四四施行日〕

（外国にある第三者への提供の制限）

第二四条　個人情報取扱事業者は、外国（本邦の域外にある国又は地域をいう。以下同じ。）（個人の権利利益を保護する上で我が国と同等の水準にあると認められる個人情報の保護に関する制度を有している外国として個人情報保護委員会規則で定めるものを除く。以下この条において同じ。）にある第三者（個人データの取扱いについてこの節の規定により個人情報取扱事業者が講ずべきこととされている措置に相当する措置を継続的に講ずるために必要なものとして個人情報保護委員会規則で定める基準に適合する体制を整備している者を除く。以下この条において同じ。）に個人データを提供する場合には、前条第一項各号に掲げる場合を除くほか、あらかじめ外国にある第三者への提供を認める旨の本人の同意を得なければならない。この場合においては、同条の規定は、適用しない。

第二四条　個人情報取扱事業者は、外国（本邦の域外にある国又は地域をいう。以下同じ。）（個人の権利利益を保護する上で我が国と同等の水準にあると認められる個人情報の保護に関する制度を有している外国として個人情報保護委員会規則で定めるものを除く。以下この条及び第二十六条の二第一項第二号において同じ。）にある第三者（個人データの取扱いについてこの節の規定により個人情報取扱事業者が講ずべきこととされている措置に相当する措置（第三項において「相当措置」という。）を継続的に講ずるために必要なものとして個人情報保護委員会規則で定める基準に適合する体制を整備している者を除く。以下この項及び次項並びに同号において同じ。）に個人データを提供する場合には、前条第一項各号に掲げる場合を除くほか、あらかじめ外国にある第三者への提供を認める旨の本人の同意を得なければならない。この場合においては、同条の規定は、適用しない。

2　個人情報取扱事業者は、前項の規定により本人の同意を得ようとする場合には、個人情報保護委員会規則で定めるところにより、あらかじめ、当該外国における個人情報の保護に関する制度、当該第三者が講ずる個人情報の保護のための措置その他当該本人に参考となるべき情報を当該本人に提供しなければならない。

3　個人情報取扱事業者は、個人データを外国にある第三者（第一項に規定する体制を整備している者に限る。）に提供した場合には、個人情報保護委員会規則で定めるところにより、当該第三者による相当措置の継続的な実施を確保するために必要な措置を講ずるとともに、本人の求めに応じて当該必要な措置に関する情報を当該本人に提供しなければならない。（本条の施行は、令二法四四施行日）

（第三者提供に係る記録の作成等）

第二五条　個人情報取扱事業者は、個人データを第三者（第二条第五項各号に掲げる者を除く。以下この条及び次条において同じ。）に提供したときは、個人情報保護委員会規則で定めるところにより、当該個人データを提供した年月日、当該第三者の氏名又は名称その他の個人情報保護委員会規則で定める事項に関する記録を作成しなければならない。ただし、当該個人データの提供が第二十三条第一項各号又は第五項各号のいずれか（前条の規定による個人データの提供にあっては、第二十三条第一項各号のいずれか）に該当する場合は、この限りでない。

2　個人情報取扱事業者は、前項の記録を、当該記録を作成した日から個人情報保護委員会規則で定める期間保存しなければならない。

第二五条（一項中「次条」は、令二法四四施行日からは「次条（第二十六条の二第三項において読み替えて準用する場合を含む。）」。同項但書中「前条」は、令二法四四施行日からは「前条第一項」）

（第三者提供を受ける際の確認等）

第二六条　個人情報取扱事業者は、第三者から個人データの提供を受けるに際しては、個人情報保護委員会規則で定めるところにより、次に掲げる事項の確認を行わなければならない。ただし、当該個人データの提供が第二十三条第一項各号又は第五項各号のいずれかに該当する場合は、この限りでない。

一　当該第三者の氏名又は名称及び住所並びに法人にあっては、その代表者（法人でない団体で代表者又は管理人の定めのあるものにあっては、その代表者又は管理人）の氏名

二　当該第三者による当該個人データの取得の経緯

2　前項の第三者は、個人情報取扱事業者が同項の規定による確認を行う場合において、当該個人情報取扱事業者に対して、当該確認に係る事項を偽ってはならない。

3　個人情報取扱事業者は、第一項の規定による確認を行ったときは、個人情報保護委員会規則で定めるところにより、当該個人データの提供を受けた年月日、当該確認に係る事項その他の個人情報保護委員会規則で定める事項に関する記録を作成しなければならない。

4　個人情報取扱事業者は、前項の記録を、当該記録を作成した日から個人情報保護委員会規則で定める期間保存しなければならない。

第二六条（一項一号中「代表者（法人でない団体で代表者又は管理人の定めのあるものにあっては、その代表者又は管理人）」は、令二法四四施行日からは「代表者」）

（個人関連情報の第三者提供の制限等）

第二六条の二　個人関連情報取扱事業者（個人関連情報データベース等（個人関連情報（生存する個人に関する情報であって、個人情報、仮名加工情報及び匿名加工情報のいずれにも該当しないものをいう。以下同じ。）を含む情報の集合物であって、特定の個人関連情報を電子計算機を用いて検索することができるように体系的に構成したものその他特定の個人関連情報を容易に検索することができるように体系的に構成したものとして政令で定めるものをいう。以下この項において同じ。）を事業の用に供している者であって、第二条第五項各号に掲げる者を除いたものをいう。以下同じ。）は、第三者が個人関連情報（個人関連情報データベース等を構成するものに限る。以下同じ。）を個人データとして取得することが想定されるときは、第二十三条第一項各号に掲げる場合を除くほか、次に掲げる事項について、あらかじめ個人情報保護委員会規則で定めるところにより確認することをしないで、当該個人関連情報を当該第三者に提供してはならない。

一　当該第三者が個人関連情報取扱事業者から個人関連情報の提供を受けて本人が識別される個人データとして取得することを認める旨の当該本人の同意が得られていること。

二　外国にある第三者への提供にあっては、前号の本人の同意を得ようとする場合において、個人情報保護委員会規則で定めるところにより、あらかじめ、当該外国における個人情報の保護に関する制度、当該第三者が講ずる個人情報の保護のための措置その他当該本人に参考となるべき情報が当該本人に提供されていること。

2　第二十四条第三項の規定は、前項の規定により個人関連情報取扱事業者が個人関連情報を提供する場合について準用する。この場合において、同条第三項中「講ずるとともに、本人の求めに応じて当該必要な措置に関する情報を当該本人に提供し」とあるのは、「講じ」と読み替えるものとする。

3　前条第二項から第四項までの規定は、第一項の規定により個人関連情報取扱事業者が確認する場合について準用する。この場合において、同条第三項中「の提供を受けた」とあるのは、「を提供した」と読み替えるものとする。（本条の施行は、令二法四四施行日）

（保有個人データに関する事項の公表等）

第二七条　個人情報取扱事業者は、保有個人データに関し、次に掲げる事項について、本人の知り得る状態（本人の求めに応じて遅滞なく回答する場合を含む。）に置かなければならない。

一　当該個人情報取扱事業者の氏名又は名称

二　全ての保有個人データの利用目的（第十八条第四項第一号から第三号までに該当する場合を除く。）

三　次項の規定による求め又は次条第一項、第二十九条第一項若しくは第三十条第一項若しくは第三項の規定による請求に応じる手続（第三十三条第二項の規定により手数料の額を定めたときは、その手数料の額を含む。）

四　前三号に掲げるもののほか、保有個人データの適正な取扱いの確保に関し必要な事項として政令で定めるもの

2　個人情報取扱事業者は、本人から、当該本人が識別される保有個人データの利用目的の通知を求められたときは、本人に対し、遅滞なく、これを通知しなければならない。ただし、次の各号のいずれかに該当する場合は、この限りでない。

一　前項の規定により当該本人が識別される保有個人データの利用目的が明らかな場合

二　第十八条第四項第一号から第三号までに該当する場合

3　個人情報取扱事業者は、前項の規定に基づき求められた保有個人データの利用目的を通知しない旨の決定をしたときは、本人に対し、遅滞なく、その旨を通知しなければならない。

第二七条（一項一号中「名称」は、令二法四四施行日からは「名称及び住所並びに法人にあっては、その代表者の氏名」。同項三号中「次条第一項」「若しくは第三項」は、令二法四四施行日からはそれぞれ「次条第一項（同条第五項において準用する場合を含む。）」「、第三項若しくは第五項」）

（開示）

第二八条　本人は、個人情報取扱事業者に対し、当該本人が識別される保有個人データの開示を請求することができる。

2　個人情報取扱事業者は、前項の規定による請求を受けたときは、本人に対し、政令で定める方法により、遅滞なく、当該保有個人データを開示しなければならない。ただし、開示することにより次の各号のいずれかに該当する場合は、その全部又は一部を開示しないことができる。

一　本人又は第三者の生命、身体、財産その他の権利利益を害するおそれがある場合

二　当該個人情報取扱事業者の業務の適正な実施に著しい支障を及ぼすおそれがある場合

三　他の法令に違反することとなる場合

3　個人情報取扱事業者は、第一項の規定による請求に係る保有個人データの全部又は一部について開示しない旨の決定をしたとき又は当該保有個人データが存在しないときは、本人に対し、遅滞なく、その旨を通知しなければならない。

4　他の法令の規定により、本人に対し第二項本文に規定する方法に相当する方法により当該本人が識別される保有個人データの全部又は一部を開示することとされている場合には、当該全部又は一部の保有個人データについては、第一項及び第二項の規定は、適用しない。

> **第二八条**〔「開示」は、令二法四四施行日からは「電磁的記録の提供による方法その他の個人情報保護委員会規則で定める方法による開示」〕
>
> 2〔「政令で定める方法」は、令二法四四施行日からは「同項の規定により当該本人が請求した方法（当該方法による開示に多額の費用を要する場合その他の当該方法による開示が困難である場合にあっては、書面の交付による方法）」〕
>
> 3　個人情報取扱事業者は、第一項の規定による請求に係る保有個人データの全部若しくは一部について開示しない旨の決定をしたとき、当該保有個人データが存在しないとき、又は同項の規定により本人が請求した方法による開示が困難であるときは、本人に対し、遅滞なく、その旨を通知しなければならない。
>
> 4〔同〕
>
> 5　第一項から第三項までの規定は、当該本人が識別される個人データに係る第二十五条第一項及び第二十六条第三項の記録（その存否が明らかになることにより公益その他の利益が害されるものとして政令で定めるものを除く。第三十二条第二項において「第三者提供記録」という。）について準用する。〔本条の施行は、令二法四四施行日〕

（訂正等）

第二九条　本人は、個人情報取扱事業者に対し、当該本人が識別される保有個人データの内容が事実でないときは、当該保有個人データの内容の訂正、追加又は削除（以下この条において「訂正等」という。）を請求することができる。

2　個人情報取扱事業者は、前項の規定による請求を受けた場合には、その内容の訂正等に関して他の法令の規定により特別の手続が定められている場合を除き、利用目的の達成に必要な範囲内において、遅滞なく必要な調査を行い、その結果に基づき、当該保有個人データの内容の訂正等を行わなければならない。

3　個人情報取扱事業者は、第一項の規定による請求に係る保有個人データの内容の全部若しくは一部について訂正等を行ったとき、又は訂正等を行わない旨の決定をしたときは、本人に対し、遅滞なく、その旨（訂正等を行ったときは、その内容を含む。）を通知しなければならない。

（利用停止等）

第三〇条　本人は、個人情報取扱事業者に対し、当該本人が識別される保有個人データが第十六条の規定に違反して取り扱われているとき又は第十七条の規定に違反して取得されたものであるときは、当該保有個人データの利用の停止又は消去（以下この条において「利用停止等」という。）を請求することができる。

2　個人情報取扱事業者は、前項の規定による請求を受けた場合であって、その請求に理由があることが判明したときは、違反を是正するために必要な限度で、遅滞なく、当該保有個人データの利用停止等を行わなければならない。ただし、当該保有個人データの利用停止等に多額の費用を要する場合その他の利用停止等を行うことが困難な場合であって、本人の権利利益を保護するため必要なこれに代わるべき措置をとるときは、この限りでない。

3　本人は、個人情報取扱事業者に対し、当該本人が識別される保有個人データが第二十三条第一項又は第二十四条の規定に違反して第三者に提供されているときは、当該保有個人データの第三者への提供の停止を請求することができる。

4　個人情報取扱事業者は、前項の規定による請求を受けた場合であって、その請求に理由があることが判明したときは、遅滞なく、当該保有個人データの第三者への提供を停止しなければならない。ただし、当該保有個人データの第三者への提供の停止に多額の費用を要する場合その他の第三者への提供を停止することが困難な場合であって、本人の権利利益を保護するため必要なこれに代わるべき措置をとるときは、この限りでない。

5　個人情報取扱事業者は、第一項の規定による請求に係る保有個人データの全部若しくは一部について利用停止等を行ったとき若しくは利用停止等を行わない旨の決定をしたとき、又は第三項の規定による請求に係る保有個人データの全部若しくは一部について第三者への提供を停止したとき若しくは第三者への提供を停止しない旨の決定をしたときは、本人に対し、遅滞なく、その旨を通知しなければならない。

> **第三〇条**〔「第十六条」「とき又は」は、令二法四四施行日からはそれぞれ「第十六条若しくは第十六条の二」「とき、又は」〕
>
> 2から4まで〔同〕
>
> 5　本人は、個人情報取扱事業者に対し、当該本人が識別される保有個人データを当該個人情報取扱事業者が利用する必要がなくなった場合、当該本人が識別される保有個人データに係る第二十二条の二第一項本文に規定する事態が生じた場合その他当該本人が識別される保有個人データの取扱いにより当該本人の権利又は正当な利益が害されるおそれがある場合には、当該保有個人データの利用停止等又は第三者への提供の停止を請求することができる。
>
> 6　個人情報取扱事業者は、前項の規定による請求を受けた場合であって、その請求に理由があることが判明したときは、本人の権利利益の侵害を防止するために必要な限度で、遅滞なく、当該保有個人データの利用停止等又は第三者への提供の停止を行わなければならない。ただし、当該保有個人データの利用停止等又は第三者への提供の停止に多額の費用を要する場合その他の利用停止等又は第三者への提供の停止を行うことが困難な場合であって、本人の権利利益を保護するため必要なこれに代わるべき措置をとるときは、この限りでない。
>
> 7〔「第一項」「第三項」は、令二法四四施行日からはそれぞれ「第一項若しくは第五項」「第三項若しくは第五項」〕（5を繰下げ）〔本条の施行は、令二法四四施行日〕

（理由の説明）

第三一条　個人情報取扱事業者は、第二十七条第三項、第二十八条第三項、第二十九条第三項又は前条第五項の規定により、本人から求められ、又は請求された措置の全部又は一部について、その措置をとらない旨を通知する場合又はその措置と異なる措置をとる旨を通知する場合は、本人に対し、その理由を説明するよう努めなければならない。

> **第三一条**　個人情報取扱事業者は、第二十七条第三項、第二十八条第三項（同条第五項において準用する場合を含む。）、第二十九条第三項又は前条第七項の規定により、本人から求められ、又は請求された措置の全部又は一部について、その措置をとらない旨を通知する場合又はその措置と異なる措置をとる旨を通知する場合には、本人に対し、その理由を説明するよう努めなければならない。〔本条の施行は、令二法四四施行日〕

（開示等の請求等に応じる手続）

第三二条　個人情報取扱事業者は、第二十七条第二項の規定による求め又は第二十八条第一項、第二十九条第一項若しくは第三十条第一項若しくは第三項の規定による請求（以下この条及び第五十三条第一項において「開示等の請求等」という。）に関し、政令で定めるところにより、その求め又は請求を受け付ける方法を定めることができる。この場合において、本人は、当該方法に従って、開示等の請求等を行わなければならない。

2　個人情報取扱事業者は、本人に対し、開示等の請求等に関し、その対象となる保有個人データを特定するに足りる事項の提示を求めることができる。この場合において、個人情報取扱事業者は、本人が容易かつ的確に開示等の請求等をすることができるよう、当該保有個人データの特定に資する情報の提供その他本人の利便を考慮した適切な措置をとらなければならない。

3　開示等の請求等は、政令で定めるところにより、代理人によってすることができる。

4　個人情報取扱事業者は、前三項の規定に基づき開示等の請求等に応じる手続を定めるに当たっては、本人に過重な負担を課するものとならないよう配慮しなければならない。

> **第三二条**〔二項中「第二十八条第一項」「若しくは第三項」は、令二法四四施行日からはそれぞれ「第二十八条第一項（同条第五項において準用する場合を含む。次条第一項及び第三十四条において同じ。）」「、第三項若しくは第五項」。二項中「を特定する」「の特定」は、令二法四四施行日からはそれぞれ「又は第三者提供記録を特定する」「又は当該第三者提供記録の特定」〕

（手数料）

第三三条　個人情報取扱事業者は、第二十七条第二項の規定による利用目的の通知を求められたとき又は第二十八条第一項の規定による開示の請求を受けたときは、当該措置の実施に関し、手数料を徴収することができる。

2　個人情報取扱事業者は、前項の規定により手数料を徴収する場合は、実費を勘案して合理的であると認められる範囲内において、その手数料の額を定めなければならない。

（事前の請求）

第三四条　本人は、第二十八条第一項、第二十九条第一項又は第三十条第一項若しくは第三項の規定による請求に係る訴えを提起しようとするときは、その訴えの被告となるべき者に対し、あらかじめ、当該請求を行い、かつ、その到達した日から二週間を経過した後でなければ、その訴えを提起することができない。ただし、当該訴えの被告となるべき者がその請求を拒んだときは、この限りでない。

2　前項の請求は、その請求が通常到達すべきであった時に、到達したものとみなす。

3　前二項の規定は、第二十八条第一項、第二十九条第一項又は第三十条第一項若しくは第三項の規定による請求に係る仮処分命令の申立てについて準用する。

> **第三四条**〔一項・三項中「若しくは第三項」は、令二法四四施行日からは「、第三項若しくは第五項」〕

（個人情報取扱事業者による苦情の処理）

第三五条　個人情報取扱事業者は、個人情報の取扱いに関する苦情の適切かつ迅速な処理に努めなければならない。

2　個人情報取扱事業者は、前項の目的を達成するために必要な体制の整備に努めなければならない。

> **第二節**　仮名加工情報取扱事業者等の義務〔本節の施行は、令二法四四施行日〕
>
> （仮名加工情報の作成等）
>
> **第三五条の二**　個人情報取扱事業者は、仮名加工情報（仮名加工情報データベース等を構成するものに限る。以下同じ。）を作成するときは、他の情報と照合しない限り特定の個人を識別することができないようにするために必要なものとして個人情報保護委員会規則で定める基準に従い、個人情報を加工しなければならない。
>
> 2　個人情報取扱事業者は、仮名加工情報を作成したとき、又は仮名加工情報及び当該仮名加工情報に係る削除情報等（仮名加工情報の作成に用いられた個人情報から削除された記述等及び個人識別符号並びに前項の規定により行われた加工の方法に関する情報をいう。以下この条及び次条第三項において読み替えて準用する第七項において同じ。）を取得したときは、削除情報等の漏えいを防止するために必要なものとして個人情報保護委員会規則で定める基準に従い、削除情報等の安全管理のための措置を講じなければならない。
>
> 3　仮名加工情報取扱事業者（個人情報取扱事業者である者に限る。以下この条において同じ。）は、第十六条の規定にかかわらず、法令に基づく場合を除くほか、第十五条第一項の規定により特定された利用目的の達成に必要な範囲を超えて、仮名加工情報（個人情報であるものに限る。以下この条において同じ。）を取り扱ってはならない。
>
> 4　仮名加工情報についての第十八条の規定の適用については、同条第一項及び第三項中「、本人に通知し、又は公表し」とあるのは「公表し」と、同条第四項第一号から第三号までの規定中「本人に通知し、又は公表する」とあるのは「公表する」とする。
>
> 5　仮名加工情報取扱事業者は、仮名加工情報である個人データ及び削除情報等を利用する必要がなくなったときは、当該個人データ及び削除情報等を遅滞なく消去するよう努めなければならない。この場合においては、第十九条の規定は、適用しない。
>
> 6　仮名加工情報取扱事業者は、第二十三条第一項及び第二項並びに第二十四条第一項の規定にかかわらず、法令に基づく場合を除くほか、仮名加工情報である個人データを第三者に提供してはならない。この場合において、第二十三条第五項中「前各項」とあるのは「第三十五条の二第六項」と、同項第三号中「、本人に通知し、又は本人が容易に知り得る状態に置いて」とあるのは「公表して」と、同条第六項中「、本人に通知し、又は本人が容易に知り得る状態に置かなければ」とあるのは「公表しなければ」と、第二十五条第一項ただし書中「第二十三条第一項各号又は第五項各号のいずれか（前条第一項の規定による個人データの提供にあっては、第二十三条第一項各号のいずれか）」とあり、及び第二十六条第一項ただし書中「第二十三条第一項各号又は第五項各号のいずれか」とあるのは「法令に基づく場合又は第二十三条第五項各号のいずれか」とする。
>
> 7　仮名加工情報取扱事業者は、仮名加工情報を取り扱うに当たっては、当該仮名加工情報の作成に用いられた個人情報に係る本人を識別するために、当該仮名加工情報を他の情報と照合してはならない。
>
> 8　仮名加工情報取扱事業者は、仮名加工情報を取り扱うに当たっては、電話をかけ、郵便若しくは民間事業者による信書の送達に関する法律（平成十四年法律第九十九号）第二条第六項に規定する一般信書便事業者若しくは同条第九項に規定する特定信書便事業者による同条第二項に規定する信書便により送付し、電報を送達し、ファクシミリ装置若しくは電磁的方法（電子情報処理組織を使用する方法その他の情報通信の技術を利用する方法であって個人情報保護委員会規則で定めるものをいう。）を用いて送信し、又は住居を訪問するために、当該仮名加工情報に含まれる連絡先その他の情報を利用してはならない。
>
> 9　仮名加工情報、仮名加工情報である個人データ及び仮名加工情報である保有個人データについては、第十五条第二項、第二十二条の二及び第二十七条から第三十四条までの規定は、適用しない。〔本条の施行は、令二法四四施行日〕
>
> （仮名加工情報の第三者提供の制限等）
>
> **第三五条の三**　仮名加工情報取扱事業者は、法令に基づく場合を除くほか、仮名加工情報（個人情報であるものを除く。次項及び第三項において同じ。）を第三者に提供してはならない。
>
> 2　第二十三条第五項及び第六項の規定は、仮名加工情報の提供を受ける者について準用する。この場合において、同条第五項中「前各項」とあるのは「第三十五条の三第一項」と、同項第一号中「個人情報取扱事業者」とあるのは「仮名加工情報取扱事業者」と、同項第三号中「、本人に通知し、又は本人が容易に知り得る状態に置いて」とあるのは「公表して」と、同条第六項中「個人情報取扱事業者」とあるのは「仮名加工情報取扱事業者」と、「、本人に通知し、又は本人が容易に知り得る状態に置かなければ」とあるのは「公表しなければ」と読み替えるものとする。
>
> 3　第二十条から第二十二条まで、第三十五条並びに前条第七項及び第八項の規定は、仮名加工情報取扱事業者による仮名加工情報の取扱いについて準用する。この場合において、第二十条中「漏えい、滅失又は毀損」とあるのは「漏えい」と、前条第七項中「ために、」とあるのは「ために、削除情報等を取得し、又は」と読み替えるものとする。〔本条の施行は、令二法四四施行日〕

第三節　匿名加工情報取扱事業者等の義務

第三節　匿名加工情報取扱事業者等の義務（本節名の施行は、令二法四四施行日）

（匿名加工情報の作成等）

第三六条　個人情報取扱事業者は、匿名加工情報（匿名加工情報データベース等を構成するものに限る。以下同じ。）を作成するときは、特定の個人を識別すること及びその作成に用いる個人情報を復元することができないようにするために必要なものとして個人情報保護委員会規則で定める基準に従い、当該個人情報を加工しなければならない。

2　個人情報取扱事業者は、匿名加工情報を作成したときは、その作成に用いた個人情報から削除した記述等及び個人識別符号並びに前項の規定により行った加工の方法に関する情報の漏えいを防止するために必要なものとして個人情報保護委員会規則で定める基準に従い、これらの情報の安全管理のための措置を講じなければならない。

3　個人情報取扱事業者は、匿名加工情報を作成したときは、個人情報保護委員会規則で定めるところにより、当該匿名加工情報に含まれる個人に関する情報の項目を公表しなければならない。

4　個人情報取扱事業者は、匿名加工情報を作成して当該匿名加工情報を第三者に提供するときは、個人情報保護委員会規則で定めるところにより、あらかじめ、第三者に提供される匿名加工情報に含まれる個人に関する情報の項目及びその提供の方法について公表するとともに、当該第三者に対して、当該提供に係る情報が匿名加工情報である旨を明示しなければならない。

5　個人情報取扱事業者は、匿名加工情報を作成して自ら当該匿名加工情報を取り扱うに当たっては、当該匿名加工情報の作成に用いられた個人情報に係る本人を識別するために、当該匿名加工情報を他の情報と照合してはならない。

6　個人情報取扱事業者は、匿名加工情報を作成したときは、当該匿名加工情報の安全管理のために必要かつ適切な措置、当該匿名加工情報の作成その他の取扱いに関する苦情の処理その他の当該匿名加工情報の適正な取扱いを確保するために必要な措置を自ら講じ、かつ、当該措置の内容を公表するよう努めなければならない。

（匿名加工情報の提供）

第三七条　匿名加工情報取扱事業者は、匿名加工情報（自ら個人情報を加工して作成したものを除く。以下この節において同じ。）を第三者に提供するときは、個人情報保護委員会規則で定めるところにより、あらかじめ、第三者に提供される匿名加工情報に含まれる個人に関する情報の項目及びその提供の方法について公表するとともに、当該第三者に対して、当該提供に係る情報が匿名加工情報である旨を明示しなければならない。

（識別行為の禁止）

第三八条　匿名加工情報取扱事業者は、匿名加工情報を取り扱うに当たっては、当該匿名加工情報の作成に用いられた個人情報に係る本人を識別するために、当該個人情報から削除された記述等若しくは個人識別符号若しくは第三十六条第一項、行政機関の保有する個人情報の保護に関する法律（平成十五年法律第五十八号）第四十四条の十第一項（同条第二項において準用する場合を含む。）若しくは独立行政法人等の保有する個人情報の保護に関する法律第四十四条の十第一項（同条第二項において準用する場合を含む。）の規定により行われた加工の方法に関する情報を取得し、又は当該匿名加工情報を他の情報と照合してはならない。

（安全管理措置等）

第三九条　匿名加工情報取扱事業者は、匿名加工情報の安全管理のために必要かつ適切な措置、匿名加工情報の取扱いに関する苦情の処理その他の匿名加工情報の適正な取扱いを確保するために必要な措置を自ら講じ、かつ、当該措置の内容を公表するよう努めなければならない。

第三節　監督

第四節　監督（本節名の施行は、令二法四四施行日）

（報告及び立入検査）

第四〇条　個人情報保護委員会は、前二節及びこの節の規定の施行に必要な限度において、個人情報取扱事業者又は匿名加工情報取扱事業者（以下「個人情報取扱事業者等」という。）に対し、個人情報又は匿名加工情報（以下「個人情報等」という。）の取扱いに関し、必要な報告若しくは資料の提出を求め、又はその職員に、当該個人情報取扱事業者等の事務所その他必要な場所に立ち入らせ、個人情報等の取扱いに関し質問させ、若しくは帳簿書類その他の物件を検査させることができる。

2　前項の規定により立入検査をする職員は、その身分を示す証明書を携帯し、関係人の請求があったときは、これを提示しなければならない。

3　第一項の規定による立入検査の権限は、犯罪捜査のために認められたものと解釈してはならない。

第四〇条　個人情報保護委員会は、前三節及びこの節の規定の施行に必要な限度において、個人情報取扱事業者、個人関連情報取扱事業者、仮名加工情報取扱事業者又は匿名加工情報取扱事業者（以下「個人情報取扱事業者等」という。）その他の関係者に対し、個人情報、個人関連情報、仮名加工情報又は匿名加工情報（以下「個人情報等」という。）の取扱いに関し、必要な報告若しくは資料の提出を求め、又はその職員に、当該個人情報取扱事業者等その他の関係者の事務所その他必要な場所に立ち入らせ、個人情報等の取扱いに関し質問させ、若しくは帳簿書類その他の物件を検査させることができる。

2・3〔同〕（本条の施行は、令二法四四施行日）

（指導及び助言）

第四一条　個人情報保護委員会は、前二節の規定の施行に必要な限度において、個人情報取扱事業者等に対し、個人情報等の取扱いに関し必要な指導及び助言をすることができる。

第四一条〔「前二節」は、令二法四四施行からは「前三節」〕

（勧告及び命令）

第四二条　個人情報保護委員会は、個人情報取扱事業者が第十六条から第十八条まで、第二十条から第二十二条まで、第二十三条（第四項を除く。）、第二十四条、第二十五条、第二十六条（第二項を除く。）、第二十七条、第二十八条（第一項を除く。）、第二十九条第二項若しくは第三項、第三十条第二項、第四項若しくは第五項、第三十三条第二項若しくは第三十六条（第六項を除く。）の規定に違反した場合又は匿名加工情報取扱事業者が第三十七条若しくは第三十八条の規定に違反した場合において個人の権利利益を保護するため必要があると認めるときは、当該個人情報取扱事業者等に対し、当該違反行為の中止その他違反を是正するために必要な措置をとるべき旨を勧告することができる。

2　個人情報保護委員会は、前項の規定による勧告を受けた個人情報取扱事業者等が正当な理由がなくてその勧告に係る措置をとらなかった場合において個人の重大な権利利益の侵害が切迫していると認めるときは、当該個人情報取扱事業者等に対し、その勧告に係る措置をとるべきことを命ずることができる。

3　個人情報保護委員会は、前二項の規定にかかわらず、個人情報取扱事業者が第十六条、第十七条、第二十条から第二十二条まで、第二十三条第一項、第二十四条若しくは第三十六条第一項、第二項若しくは第五項の規定に違反した場合又は匿名加工情報取扱事業者が第三十八条の規定に違反した場合において個人の重大な権利利益を害する事実があるため緊急に措置をとる必要があると認めるときは、当該個人情報取扱事業者等に対し、当該違反行為の中止その他違反を是正するために必要な措置をとるべきことを命ずることができる。

第四二条　個人情報保護委員会は、個人情報

取扱事業者が第十六条から第十七条まで、第十八条（第一項、第三項及び第四項の規定を第三十五条の二第四項の規定により読み替えて適用する場合を含む。）、第二十条から第二十二条の二まで、第二十三条（第四項を除き、第五項及び第六項の規定を第三十五条の二第六項の規定により読み替えて適用する場合を含む。）、第二十四条、第二十五条（第一項ただし書の規定を第三十五条の二第六項の規定により読み替えて適用する場合を含む。）、第二十六条（第二項を除き、第一項ただし書の規定を第三十五条の二第六項の規定により読み替えて適用する場合を含む。）、第二十七条、第二十八条（第一項（第五項において準用する場合を含む。）を除く。）、第二十九条第二項若しくは第三項、第三十条（第一項、第三項及び第五項を除く。）、第三十三条第二項、第三十五条の二（第四項及び第五項を除く。）若しくは第三十六条（第六項を除く。）の規定に違反した場合、個人関連情報取扱事業者が第二十六条の二第一項若しくは同条第二項において読み替えて準用する第二十四条第三項若しくは第二十六条の二第三項において読み替えて準用する第二十六条第三項若しくは第四項の規定に違反した場合、仮名加工情報取扱事業者が第三十五条の三第一項若しくは同条第二項において読み替えて準用する第二十三条第五項若しくは第六項若しくは第三十五条の三第三項において読み替えて準用する第二十条から第二十二条まで若しくは第三十五条の二第七項若しくは第八項の規定に違反した場合又は匿名加工情報取扱事業者が第三十七条若しくは第三十八条の規定に違反した場合において個人の権利利益を保護するため必要があると認めるときは、当該個人情報取扱事業者等に対し、当該違反行為の中止その他違反を是正するために必要な措置をとるべき旨を勧告することができる。

2 〔同〕

3 個人情報保護委員会は、前二項の規定にかかわらず、個人情報取扱事業者が第十六条から第十七条まで、第二十条から第二十二条の二まで、第二十三条第一項、第二十四条第一項若しくは第三項、第三十五条の二第一項から第三項まで若しくは第六項から第八項まで若しくは第三十六条第一項、第二項若しくは第五項の規定に違反した場合、個人関連情報取扱事業者が第二十六条の二第一項若しくは同条第二項において読み替えて準用する第二十四条第三項の規定に違反した場合、仮名加工情報取扱事業者が第三十五条の三第一項若しくは同条第二項において読み替えて準用する第二十条から第二十二条まで若しくは第三十五条の二第七項若しくは第八項の規定に違反した場合又は匿名加工情報取扱事業者が第三十八条の規定に違反した場合において個人の重大な権利利益を害する事実があるため緊急に措置をとる必要があると認めるときは、当該個人情報取扱事業者等に対し、当該違反行為の中止その他違反を是正するために必要な措置をとるべきことを命ずることができる。

4 個人情報保護委員会は、前二項の規定による命令をした場合において、その命令を受けた個人情報取扱事業者等がその命令に違反したときは、その旨を公表することができる。〔本条の施行は、令二法四四施行日〕

（個人情報保護委員会の権限の行使の制限）

第四三条 個人情報保護委員会は、前三条の規定により個人情報取扱事業者等に対し報告若しくは資料の提出の要求、立入検査、指導、助言、勧告又は命令を行うに当たっては、表現の自由、学問の自由、信教の自由及び政治活動の自由を妨げてはならない。

2 前項の規定の趣旨に照らし、個人情報保護委員会は、個人情報取扱事業者等が第七十六条第一項各号に掲げる者（それぞれ当該各号に定める目的で個人情報等を取り扱う場合に限る。）に対して個人情報等を提供する行為については、その権限を行使しないものとする。

第四四条〔省略〕

（事業所管大臣の請求）

第四五条 事業所管大臣は、個人情報取扱事業者等に前二節の規定に違反する行為があると認めるときその他個人情報取扱事業者等による個人情報等の適正な取扱いを確保するために必要があると認めるときは、個人情報保護委員会に対し、この法律の規定に従い適当な措置をとるべきことを求めることができる。

第四五条〔「前二節」は、令二法四四施行日からは「前三節」〕

（事業所管大臣）

第四六条 この節の規定における事業所管大臣は、次のとおりとする。

一 個人情報取扱事業者等が行う個人情報等の取扱いのうち雇用管理に関するものについては、厚生労働大臣（船員の雇用管理に関するものについては、国土交通大臣）及び当該個人情報取扱事業者等が行う事業を所管する大臣、国家公安委員会又はカジノ管理委員会（次号において「大臣等」という。）

二 個人情報取扱事業者等が行う個人情報等の取扱いのうち前号に掲げるもの以外のものについては、当該個人情報取扱事業者等が行う事業を所管する大臣等

第四節〔省略〕

第五節・第六節〔省略〕〔本節名の施行は、令二法四四施行日〕

第五章 個人情報保護委員会

（設置）

第五九条 内閣府設置法第四十九条第三項の規定に基づいて、個人情報保護委員会（以下「委員会」という。）を置く。

2 委員会は、内閣総理大臣の所轄に属する。

第六章 雑則

（適用範囲）

第七五条 第十五条、第十六条、第十八条（第二項を除く。）、第十九条から第二十五条まで、第二十七条から第三十六条まで、第四十一条、第四十二条第一項、第四十三条及び次条の規定は、国内にある者に対する物品又は役務の提供に関連してその者を本人とする個人情報を取得した個人情報取扱事業者が、外国において当該個人情報又は当該個人情報を用いて作成した匿名加工情報を取り扱う場合についても、適用する。

（適用範囲）

第七五条 この法律は、個人情報取扱事業者等が、国内にある者に対する物品又は役務の提供に関連して、国内にある者を本人とする個人情報、当該個人情報として取得されることとなる個人関連情報又は当該個人情報を用いて作成された仮名加工情報若しくは匿名加工情報を、外国において取り扱う場合についても、適用する。〔本条の施行は、令二法四四施行日〕

（適用除外）

第七六条 個人情報取扱事業者等のうち次の各号に掲げる者については、その個人情報等を取り扱う目的の全部又は一部がそれぞれ当該各号に規定する目的であるときは、第四章の規定は、適用しない。

一 放送機関、新聞社、通信社その他の報道機関（報道を業として行う個人を含む。） 報道の用に供する目的

二 著述を業として行う者 著述の用に供する目的

三 大学その他の学術研究を目的とする機関若しくは団体又はそれらに属する者 学術研究の用に供する目的

四 宗教団体 宗教活動（これに付随する活動を含む。）の用に供する目的

五 政治団体 政治活動（これに付随する活動を含む。）の用に供する目的

2 前項第一号に規定する「報道」とは、不特定かつ多数の者に対して客観的事実を事実として知らせること（これに基づいて意見又は見解を述べることを含む。）をいう。

3 第一項各号に掲げる個人情報取扱事業者等は、個人データ又は匿名加工情報の安全管理のために必要かつ適切な措置、個人情報等の取扱いに関する苦情の処理その他の個人情報等の適正な取扱いを確保するために必要な措置を自ら講じ、かつ、当該措置の内容を公表するよう努めなければならない。

第七六条〔三項中「又は」「の取扱い」は、令二法四四施行日からはそれぞれ「、仮名加工情報又は」「（個人関連情報を除く。以下この項において同じ。）の取扱い」〕

第七条から第八一条まで（省略）

第七章　罰則

第八二条（省略）

第八三条　第四十二条第二項又は第三項の規定による命令に違反した場合には、当該違反行為をした者は、一年以下の懲役又は百万円以下の罰金に処する。

第八四条　個人情報取扱事業者（その者が法人（法人でない団体で代表者又は管理人の定めのあるものを含む。第八十七条第一項において同じ。）である場合にあっては、その役員、代表者又は管理人）若しくはその従業者又はこれらであった者が、その業務に関して取り扱った個人情報データベース等（その全部又は一部を複製し、又は加工したものを含む。）を自己若しくは第三者の不正な利益を図る目的で提供し、又は盗用したときは、一年以下の懲役又は五十万円以下の罰金に処する。

第八五条　次の各号のいずれかに該当する場合には、当該違反行為をした者は、五十万円以下の罰金に処する。

一　第四十条第一項の規定による報告若しくは資料の提出をせず、若しくは虚偽の報告をし、若しくは虚偽の資料を提出し、又は当該職員の質問に対して答弁をせず、若しくは虚偽の答弁をし、若しくは検査を拒み、妨げ、若しくは忌避したとき。

二　第五十六条の規定による報告をせず、又は虚偽の報告をしたとき。

第八六条（省略）

第八七条　法人の代表者又は法人若しくは人の代理人、使用人その他の従業者が、その法人又は人の業務に関して、次の各号に掲げる違反行為をしたときは、行為者を罰するほか、その法人に対して当該各号に定める罰金刑を、その人に対して各本条の罰金刑を科する。

一　第八十三条及び第八十四条　一億円以下の罰金刑

二　第八十五条　同条の罰金刑

2　法人でない団体について前項の規定の適用がある場合には、その代表者又は管理人が、その訴訟行為につき法人でない団体を代表するほか、法人を被告人又は被疑者とする場合の刑事訴訟に関する法律の規定を準用する。

第八八条（省略）

附　則（省略）

附　則（抄）（令和二年六月一二日法律第四四号）

（施行期日）

第一条　この法律は、公布の日から起算して二年を超えない範囲内において政令で定める日から施行する。ただし、次の各号に掲げる規定は、当該各号に定める日から施行する。

一　附則第九条から第十一条までの規定　公布の日

二　第一条中個人情報の保護に関する法律第八十四条を削り、同法第八十三条を同法第八十四条とし、同法第八十二条の次に一条を加える改正規定、同法第八十五条の改正規定、同法第八十六条の改正規定及び同法第八十七条の改正規定（中略）並びに附則第八条の規定　公布の日から起算して六月を経過した日

三　次条（中略）の規定　公布の日から起算して一年六月を超えない範囲内において政令で定める日

（通知等に関する経過措置）

第二条　第一条の規定による改正後の個人情報の保護に関する法律（以下「新個人情報保護法」という。）第二十三条第二項の規定により個人データを第三者に提供しようとする者は、この法律の施行の日（以下「施行日」という。）前においても、個人情報保護委員会規則で定めるところにより、同項第一号、第四号及び第八号に掲げる事項に相当する事項について、本人に通知するとともに、個人情報保護委員会に届け出ることができる。この場合において、当該通知及び届出は、施行日以後は、同項の規定による通知及び届出とみなす。

第三条　新個人情報保護法第二十三条第五項第三号に規定する個人データの管理について責任を有する者の住所及び法人にあっては、その代表者の氏名に相当する事項について、施行日前に、本人に通知されているときは、当該通知は、同号の規定により行われたものとみなす。

（外国にある第三者への提供に係る情報提供等に関する経過措置）

第四条　新個人情報保護法第二十四条第二項の規定は、個人情報取扱事業者が施行日以後に同条第一項の規定により本人の同意を得る場合について適用する。

2　新個人情報保護法第二十四条第三項の規定は、個人情報取扱事業者が施行日以後に個人データを同項に規定する外国にある第三者に提供した場合について適用する。

（個人関連情報の第三者提供に係る本人の同意等に関する経過措置）

第五条　施行日前になされた本人の個人関連情報の取扱いに関する同意がある場合において、その同意が新個人情報保護法第二十六条の二第一項の規定による個人関連情報の第三者への提供を認める旨の同意に相当するものであるときは、同項第一号の同意があったものとみなす。

2　新個人情報保護法第二十六条の二第二項において読み替えて準用する新個人情報保護法第二十四条第三項の規定は、個人関連情報取扱事業者が施行日以後に個人関連情報を同項に規定する外国にある第三者に提供した場合について適用する。

（認定個人情報保護団体の対象事業者に関する経過措置）

第六条　この法律の施行の際現に認定個人情報保護団体の構成員である個人情報取扱事業者等については、施行日において新個人情報保護法第五十一条第一項の同意があったものとみなして、同項の規定を適用する。

（罰則の適用に関する経過措置）

第八条　この法律（附則第一条第二号に掲げる規定にあっては、当該規定）の施行前にした行為に対する罰則の適用については、なお従前の例による。

（検討）

第一〇条　政府は、この法律の施行後三年ごとに、個人情報の保護に関する国際的動向、情報通信技術の進展、それに伴う個人情報を活用した新たな産業の創出及び発展の状況等を勘案し、新個人情報保護法の施行の状況について検討を加え、必要があると認めるときは、その結果に基づいて所要の措置を講ずるものとする。

●行政機関の保有する個人情報の保護に関する法律（抜粋）

（平成一五年五月三〇日 法律第五八号）

施行、平一七・四・一
最終改正、令一―法三七

第一章　総則

（目的）

第一条　この法律は、行政機関において個人情報の利用が拡大していることに鑑み、行政機関における個人情報の取扱いに関する基本的事項及び行政機関非識別加工情報（行政機関非識別加工情報ファイルを構成するものに限る。）の提供に関する事項を定めることにより、行政の適正かつ円滑な運営を図り、並びに個人情報の適正かつ効果的な活用が新たな産業の創出並びに活力ある経済社会及び豊かな国民生活の実現に資するものであることその他の個人情報の有用性に配慮しつつ、個人の権利利益を保護することを目的とする。

（定義）

第二条　この法律において「行政機関」とは、次に掲げる機関をいう。

一　法律の規定に基づき内閣に置かれる機関（内閣府を除く。）及び内閣の所轄の下に置かれる機関

二　内閣府、宮内庁並びに内閣府設置法（平成十一年法律第八十九号）第四十九条第一項及び第二項に規定する機関（これらの機関のうち第四号の政令で定める機関が置かれる機関にあっては、当該政令で定める機関を除く。）

三　国家行政組織法（昭和二十三年法律第百二十号）第三条第二項に規定する機関（第五号の政令で定める機関が置かれる機関にあっては、当該政令で定める機関を除く。）

四　内閣府設置法第三十九条及び第五十五条並びに宮内庁法（昭和二十二年法律第七十号）第十六条第二項の機関並びに内閣府設置法第四十条及び第五十六条（宮内庁法第十八条第一項において準用する場合を含む。）の特別の機関で、政令で定めるもの

五　国家行政組織法第八条の二の施設等機関及び同法第八条の三の特別の機関で、政令で定めるもの

六　会計検査院

2　この法律において「個人情報」とは、生存する個人に関する情報であって、次の各号のいずれかに該当するものをいう。

一　当該情報に含まれる氏名、生年月日その他の記述等（文書、図画若しくは電磁的記録（電磁的方式（電子的方式、磁気的方式その他人の知覚によっては認識することができない方式をいう。次項第二号において同じ。）で作られる記録をいう。以下同じ。）に記載され、若しくは記録され、又は音声、動作その他の方法を用いて表された一切の事項（個人識別符号を除く。）をいう。以下同じ。）により特定の個人を識別することができるもの（他の情報と照合することができ、それにより特定の個人を識別することができることとなるものを含む。）

二　個人識別符号が含まれるもの

3　この法律において「個人識別符号」とは、次の各号のいずれかに該当する文字、番号、記号その他の符号のうち、政令で定めるものをいう。

一　特定の個人の身体の一部の特徴を電子計算機の用に供するために変換した文字、番号、記号その他の符号であって、当該特定の個人を識別することができるもの

二　個人に提供される役務の利用若しくは個人に販売される商品の購入に関し割り当てられ、又は個人に発行されるカードその他の書類に記載され、若しくは電磁的方式により記録された文字、番号、記号その他の符号であって、その利用者若しくは購入者又は発行を受ける者ごとに異なるものとなるように割り当てられ、又は記載され、若しくは記録されることにより、特定の利用者若しくは購入者又は発行を受ける者を識別することができるもの

4　この法律において「要配慮個人情報」とは、本人の人種、信条、社会的身分、病歴、犯罪の経歴、犯罪により害を被った事実その他本人に対する不当な差別、偏見その他の不利益が生じないようにその取扱いに特に配慮を要するものとして政令で定める記述等が含まれる個人情報をいう。

5　この法律において「保有個人情報」とは、行政機関の職員が職務上作成し、又は取得した個人情報であって、当該行政機関の職員が組織的に利用するものとして、当該行政機関が保有しているものをいう。ただし、行政文書（行政機関の保有する情報の公開に関する法律（平成十一年法律第四十二号。以下「行政機関情報公開法」という。）第二条第二項に規定する行政文書をいう。以下同じ。）に記録されているものに限る。

6　この法律において「個人情報ファイル」とは、保有個人情報を含む情報の集合物であって、次に掲げるものをいう。

一　一定の事務の目的を達成するために特定の保有個人情報を電子計算機を用いて検索することができるように体系的に構成したもの

二　前号に掲げるもののほか、一定の事務の目的を達成するために氏名、生年月日、その他の記述等により特定の保有個人情報を容易に検索することができるように体系的に構成したもの

7　この法律において個人情報について「本人」とは、個人情報によって識別される特定の個人をいう。

8　この法律において「非識別加工情報」とは、次の各号に掲げる個人情報（他の情報と照合することができ、それにより特定の個人を識別することができることとなるもの（他の情報と容易に照合することができ、それにより特定の個人を識別することができることとなるものを除く。）を除く。以下この項において同じ。）の区分に応じて当該各号に定める措置を講じて特定の個人を識別することができない（個人に関する情報について、当該個人に関する情報に含まれる記述等により、又は当該個人に関する情報が他の情報と照合することができる個人に関する情報である場合にあっては他の情報（当該個人に関する情報の全部又は一部を含む個人情報その他の個人情報保護委員会規則で定める情報を除く。）と照合することにより、特定の個人を識別することができないことをいう。第四十四条の十第一項において同じ。）ように個人情報を加工して得られる個人に関する情報であって、当該個人情報を復元することができないようにしたものをいう。

一　第二項第一号に該当する個人情報　当該個人情報に含まれる記述等の一部を削除すること（当該一部の記述等を復元することのできる規則性を有しない方法により他の記述等に置き換えることを含む。）。

二　第二項第二号に該当する個人情報　当該個人情報に含まれる個人識別符号の全部を削除すること（当該個人識別符号を復元することのできる規則性を有しない方法により他の記述等に置き換えることを含む。）。

9　この法律において「行政機関非識別加工情報」とは、次の各号のいずれにも該当する個人情報ファイルを構成する保有個人情報（他の情報と照合することができ、それにより特定の個人を識別することができることとなるもの（他の情報と容易に照合することができ、それにより特定の個人を識別することができることとなるものを除く。）を除く。以下この項において同じ。）の全部又は一部（これらの一部に行政機関情報公開法第五条に規定する不開示情報（同条第一号に掲げる情報を除く。以下この項において同じ。）が含まれているときは、当該不開示情報に該当する部分を除く。）を加工して得られる非識別加工情報をいう。

一　第十一条第二項各号のいずれかに該当

るもの又は同条第三項の規定により同条第一項に規定する個人情報ファイル簿に掲載しないこととされるものでないこと。

二　行政機関情報公開法第三条に規定する行政機関の長に対し、当該個人情報ファイルを構成する保有個人情報が記録されている行政文書の同条の規定による開示の請求があったとしたならば、当該行政機関の長が次のいずれかを行うこととなるものであること。

イ　当該行政文書に記録されている保有個人情報の全部又は一部を開示する旨の決定をすること。

ロ　行政機関情報公開法第十三条第一項又は第二項の規定により意見書の提出の機会を与えること。

三　行政の適正かつ円滑な運営に支障のない範囲内で、第四十四条の十第一項の基準に従い、当該個人情報ファイルを構成する保有個人情報を加工して非識別加工情報を作成することができるものであること。

10　この法律において「行政機関非識別加工情報ファイル」とは、行政機関非識別加工情報を含む情報の集合物であって、次に掲げるものをいう。

一　特定の行政機関非識別加工情報を電子計算機を用いて検索することができるように体系的に構成したもの

二　前号に掲げるもののほか、特定の行政機関非識別加工情報を容易に検索することができるように体系的に構成したものとして政令で定めるもの

11　この法律において「行政機関非識別加工情報取扱事業者」とは、行政機関非識別加工情報ファイルを事業の用に供している者をいう。ただし、次に掲げる者を除く。

一　国の機関

二　独立行政法人等（独立行政法人等の保有する個人情報の保護に関する法律（平成十五年法律第五十九号。以下「独立行政法人等個人情報保護法」という。）第二条第一項に規定する独立行政法人等をいう。以下同じ。）

三　地方公共団体

四　地方独立行政法人（地方独立行政法人法（平成十五年法律第百十八号）第二条第一項に規定する地方独立行政法人をいう。以下同じ。）

第二章　行政機関における個人情報の取扱い

（個人情報の保有の制限等）

第三条　行政機関は、個人情報を保有するに当たっては、法令の定める所掌事務を遂行するため必要な場合に限り、かつ、その利用の目的をできる限り特定しなければならない。

2　行政機関は、前項の規定により特定された利用の目的（以下「利用目的」という。）の達成に必要な範囲を超えて、個人情報を保有してはならない。

3　行政機関は、利用目的を変更する場合には、変更前の利用目的と相当の関連性を有すると合理的に認められる範囲を超えて行ってはならない。

（利用目的の明示）

第四条　行政機関は、本人から直接書面（電磁的記録を含む。）に記録された当該本人の個人情報を取得するときは、次に掲げる場合を除き、あらかじめ、本人に対し、その利用目的を明示しなければならない。

一　人の生命、身体又は財産の保護のために緊急に必要があるとき。

二　利用目的を本人に明示することにより、本人又は第三者の生命、身体、財産その他の権利利益を害するおそれがあるとき。

三　利用目的を本人に明示することにより、国の機関、独立行政法人等、地方公共団体又は地方独立行政法人が行う事務又は事業の適正な遂行に支障を及ぼすおそれがあるとき。

四　取得の状況からみて利用目的が明らかであると認められるとき。

（正確性の確保）

第五条　行政機関の長（第二条第一項第四号及び第五号の政令で定める機関にあっては、その機関ごとに政令で定める者をいう。以下同じ。）は、利用目的の達成に必要な範囲内で、保有個人情報（行政機関非識別加工情報（行政機関非識別加工情報ファイルを構成するものに限る。次条第二項において同じ。）及び削除情報（第四十四条の二第三項に規定する削除情報をいう。次条第二項及び第十条第二項第五号の三において同じ。）に該当するものを除く。次条第一項、第八条及び第十二条第一項において同じ。）が過去又は現在の事実と合致するよう努めなければならない。

（安全確保の措置）

第六条　行政機関の長は、保有個人情報の漏えい、滅失又は毀損の防止その他の保有個人情報の適切な管理のために必要な措置を講じなければならない。

2　前項の規定は、行政機関から個人情報（行政機関非識別加工情報及び削除情報に該当するものを除く。次条、第三十八条、第四十八条、第五十条及び第五十一条において同じ。）の取扱いの委託を受けた者が受託した業務を行う場合について準用する。

（従事者の義務）

第七条　個人情報の取扱いに従事する行政機関の職員若しくは職員であった者又は前条第二項の受託業務に従事している者若しくは従事していた者は、その業務に関して知り得た個人情報の内容をみだりに他人に知らせ、又は不当な目的に利用してはならない。

（利用及び提供の制限）

第八条　行政機関の長は、法令に基づく場合を除き、利用目的以外の目的のために保有個人情報を自ら利用し、又は提供してはならない。

2　前項の規定にかかわらず、行政機関の長は、次の各号のいずれかに該当すると認めるときは、利用目的以外の目的のために保有個人情報を自ら利用し、又は提供することができる。ただし、保有個人情報を利用目的以外の目的のために自ら利用し、又は提供することによって、本人又は第三者の権利利益を不当に侵害するおそれがあると認められるときは、この限りでない。

一　本人の同意があるとき、又は本人に提供するとき。

二　行政機関が法令の定める所掌事務の遂行に必要な限度で保有個人情報を内部で利用する場合であって、当該保有個人情報を利用することについて相当な理由のあるとき。

三　他の行政機関、独立行政法人等、地方公共団体又は地方独立行政法人に保有個人情報を提供する場合において、保有個人情報の提供を受ける者が、法令の定める事務又は業務の遂行に必要な限度で提供に係る個人情報を利用し、かつ、当該個人情報を利用することについて相当な理由のあるとき。

四　前三号に掲げる場合のほか、専ら統計の作成又は学術研究の目的のために保有個人情報を提供するとき、本人以外の者に提供することが明らかに本人の利益になるとき、その他保有個人情報を提供することについて特別の理由のあるとき。

3　前項の規定は、保有個人情報の利用又は提供を制限する他の法令の規定の適用を妨げるものではない。

4　行政機関の長は、個人の権利利益を保護するため特に必要があると認めるときは、保有個人情報の利用目的以外の目的のための行政機関の内部における利用を特定の部局又は機関に限るものとする。

（保有個人情報の提供を受ける者に対する措置要求）

第九条　行政機関の長は、前条第二項第三号又は第四号の規定に基づき、保有個人情報を提供する場合において、必要があると認めるときは、保有個人情報の提供を受ける者に対し、提供に係る個人情報について、その利用の目的若しくは方法の制限その他必要な制限を付し、又はその漏えいの防止その他の個人情報の適切な管理のために必要な措置を講ず

ることを求めるものとする。

第三章　個人情報ファイル

（個人情報ファイルの保有等に関する事前通知）

第一〇条　行政機関（会計検査院を除く。以下この条、第五十条、第五十一条及び第五十一条の五から第五十一条の七までにおいて同じ。）が個人情報ファイルを保有しようとするときは、当該行政機関の長は、あらかじめ、総務大臣に対し、次に掲げる事項を通知しなければならない。通知した事項を変更しようとするときも、同様とする。

一　個人情報ファイルの名称

二　当該行政機関の名称及び個人情報ファイルが利用に供される事務をつかさどる組織の名称

三　個人情報ファイルの利用目的

四　個人情報ファイルに記録される項目（以下この章において「記録項目」という。）及び本人（他の個人の氏名、生年月日その他の記述等によらないで検索し得る者に限る。次項第九号において同じ。）として個人情報ファイルに記録される個人の範囲（以下この章において「記録範囲」という。）

五　個人情報ファイルに記録される個人情報（以下この章において「記録情報」という。）の収集方法

五の二　記録情報に要配慮個人情報が含まれるときは、その旨

六　記録情報を当該行政機関以外の者に経常的に提供する場合には、その提供先

七　次条第三項の規定に基づき、記録項目の一部若しくは第五号若しくは前号に掲げる事項を個人情報ファイル簿に記載しないこととするとき、又は個人情報ファイルを個人情報ファイル簿に掲載しないこととするときは、その旨

八　第十二条第一項、第二十七条第一項又は第三十六条第一項の規定による請求を受理する組織の名称及び所在地

九　第二十七条第一項ただし書又は第三十六条第一項ただし書に該当するときは、その旨

十　その他政令で定める事項

2　前項の規定は、次に掲げる個人情報ファイルについては、適用しない。

一　国の安全、外交上の秘密その他の国の重大な利益に関する事項を記録する個人情報ファイル

二　犯罪の捜査、租税に関する法律の規定に基づく犯則事件の調査又は公訴の提起若しくは維持のために作成し、又は取得する個人情報ファイル

三　行政機関の職員又は職員であった者に係る個人情報ファイルであって、専らその人事、給与若しくは福利厚生に関する事項又はこれらに準ずる事項を記録するもの（行政機関が行う職員の採用試験に関する個人情報ファイルを含む。）

四　専ら試験的な電子計算機処理の用に供するための個人情報ファイル

五　前項の規定による通知に係る個人情報ファイルに記録されている記録情報の全部又は一部を記録した個人情報ファイルであって、その利用目的、記録項目及び記録範囲が当該通知に係るこれらの事項の範囲内のもの

五の二　行政機関非識別加工情報ファイルに該当する個人情報ファイル

五の三　記録情報に削除情報が含まれる個人情報ファイル

六　一年以内に消去することとなる記録情報のみを記録する個人情報ファイル

七　資料その他の物品若しくは金銭の送付又は業務上必要な連絡のために利用する記録情報を記録した個人情報ファイルであって、送付又は連絡の相手方の氏名、住所その他の送付又は連絡に必要な事項のみを記録するもの

八　職員が学術研究の用に供するためその発意に基づき作成し、又は取得する個人情報ファイルであって、記録情報を専ら当該学術研究の目的のために利用するもの

九　本人の数が政令で定める数に満たない個人情報ファイル

十　第三号から前号までに掲げる個人情報ファイルに準ずるものとして政令で定める個人情報ファイル

十一　第二条第六項第二号に係る個人情報ファイル

3　行政機関の長は、第一項に規定する事項を通知した個人情報ファイルについて、当該行政機関がその保有をやめたとき、又はその個人情報ファイルが前項第九号に該当するに至ったときは、遅滞なく、総務大臣に対しその旨を通知しなければならない。

（個人情報ファイル簿の作成及び公表）

第一一条　行政機関の長は、政令で定めるところにより、当該行政機関が保有している個人情報ファイルについて、それぞれ前条第一項第一号から第六号まで、第八号及び第九号に掲げる事項その他政令で定める事項を記載した帳簿（以下「個人情報ファイル簿」という。）を作成し、公表しなければならない。

2　前項の規定は、次に掲げる個人情報ファイルについては、適用しない。

一　前条第二項第一号から第十号までに掲げる個人情報ファイル

二　前項の規定による公表に係る個人情報ファイルに記録されている記録情報の全部又は一部を記録した個人情報ファイルであって、その利用目的、記録項目及び記録範囲が当該公表に係るこれらの事項の範囲内のもの

三　前号に掲げる個人情報ファイルに準ずるものとして政令で定める個人情報ファイル

3　第一項の規定にかかわらず、行政機関の長は、記録項目の一部若しくは前条第一項第五号若しくは第六号に掲げる事項を個人情報ファイル簿に記載し、又は個人情報ファイルを個人情報ファイル簿に掲載することにより、利用目的に係る事務の性質上、当該事務の適正な遂行に著しい支障を及ぼすおそれがあると認めるときは、その記録項目の一部若しくは事項を記載せず、又はその個人情報ファイルを個人情報ファイル簿に掲載しないことができる。

第四章　開示、訂正及び利用停止

第一節　開示

（開示請求権）

第一二条　何人も、この法律の定めるところにより、行政機関の長に対し、当該行政機関の保有する自己を本人とする保有個人情報の開示を請求することができる。

2　未成年者又は成年被後見人の法定代理人は、本人に代わって前項の規定による開示の請求（以下「開示請求」という。）をすることができる。

（開示請求の手続）

第一三条　開示請求は、次に掲げる事項を記載した書面（以下「開示請求書」という。）を行政機関の長に提出してしなければならない。

一　開示請求をする者の氏名及び住所又は居所

二　開示請求に係る保有個人情報が記録されている行政文書の名称その他の開示請求に係る保有個人情報を特定するに足りる事項

2　前項の場合において、開示請求をする者は、政令で定めるところにより、開示請求に係る保有個人情報の本人であること（前条第二項の規定による開示請求にあっては、開示請求に係る保有個人情報の本人の法定代理人であること）を示す書類を提示し、又は提出しなければならない。

3　行政機関の長は、開示請求書に形式上の不備があると認めるときは、開示請求をした者（以下「開示請求者」という。）に対し、相当の期間を定めて、その補正を求めることができる。この場合において、行政機関の長は、開示請求者に対し、補正の参考となる情報を提供するよう努めなければならない。

（保有個人情報の開示義務）

第一四条　行政機関の長は、開示請求があったときは、開示請求に係る保有個人情報に次の各号に掲げる情報（以下「不開示情報」という。）のいずれかが含まれている場合を除き、開示請求者に対し、当該保有個人情報を開示しなければならない。

一　開示請求者（第十二条第二項の規定により未成年者又は成年被後見人の法定代理人が本人に代わって開示請求をする場合にあっては、当該本人をいう。次号及び第三号、次条第二項並びに第二十三条第一項において同じ。）の生命、健康、生活又は財産を害するおそれがある情報

二　開示請求者以外の個人に関する情報（事業を営む個人の当該事業に関する情報を除く。）であって、当該情報に含まれる氏名、生年月日その他の記述等により開示請求者以外の特定の個人を識別することができるもの（他の情報と照合することにより、開示請求者以外の特定の個人を識別することができることとなるものを含む。）若しくは個人識別符号が含まれるもの又は開示請求者以外の特定の個人を識別することはできないが、開示することにより、なお開示請求者以外の個人の権利利益を害するおそれがあるもの。ただし、次に掲げる情報を除く。

イ　法令の規定により又は慣行として開示請求者が知ることができ、又は知ることが予定されている情報

ロ　人の生命、健康、生活又は財産を保護するため、開示することが必要であると認められる情報

ハ　当該個人が公務員等（国家公務員法（昭和二十二年法律第百二十号）第二条第一項に規定する国家公務員（独立行政法人通則法（平成十一年法律第百三号）第二条第四項に規定する行政執行法人の役員及び職員を除く。）、独立行政法人等の役員及び職員、地方公務員法（昭和二十五年法律第二百六十一号）第二条に規定する地方公務員並びに地方独立行政法人の役員及び職員をいう。）である場合において、当該情報がその職務の遂行に係る情報であるときは、当該情報のうち、当該公務員等の職及び当該職務遂行の内容に係る部分

三　法人その他の団体（国、独立行政法人等、地方公共団体及び地方独立行政法人を除く。以下この号において「法人等」という。）に関する情報又は開示請求者以外の事業を営む個人の当該事業に関する情報であって、次に掲げるもの。ただし、人の生命、健康、生活又は財産を保護するため、開示することが必要であると認められる情報を除く。

イ　開示することにより、当該法人等又は当該個人の権利、競争上の地位その他正当な利益を害するおそれがあるもの

ロ　行政機関の要請を受けて、開示しないとの条件で任意に提供されたものであって、法人等又は個人における通例として開示しないこととされているものその他の当該条件を付することが当該情報の性質、当時の状況等に照らして合理的であると認められるもの

四　開示することにより、国の安全が害されるおそれ、他国若しくは国際機関との信頼関係が損なわれるおそれ又は他国若しくは国際機関との交渉上不利益を被るおそれがあると行政機関の長が認めることにつき相当の理由がある情報

五　開示することにより、犯罪の予防、鎮圧又は捜査、公訴の維持、刑の執行その他の公共の安全と秩序の維持に支障を及ぼすおそれがあると行政機関の長が認めることにつき相当の理由がある情報

六　国の機関、独立行政法人等、地方公共団体及び地方独立行政法人の内部又は相互間における審議、検討又は協議に関する情報であって、開示することにより、率直な意見の交換若しくは意思決定の中立性が不当に損なわれるおそれ、不当に国民の間に混乱を生じさせるおそれ又は特定の者に不当に利益を与え若しくは不利益を及ぼすおそれがあるもの

七　国の機関、独立行政法人等、地方公共団体又は地方独立行政法人が行う事務又は事業に関する情報であって、開示することにより、次に掲げるおそれその他当該事務又は事業の性質上、当該事務又は事業の適正な遂行に支障を及ぼすおそれがあるもの

イ　監査、検査、取締り、試験又は租税の賦課若しくは徴収に係る事務に関し、正確な事実の把握を困難にするおそれ又は違法若しくは不当な行為を容易にし、若しくはその発見を困難にするおそれ

ロ　契約、交渉又は争訟に係る事務に関し、国、独立行政法人等、地方公共団体又は地方独立行政法人の財産上の利益又は当事者としての地位を不当に害するおそれ

ハ　調査研究に係る事務に関し、その公正かつ能率的な遂行を不当に阻害するおそれ

ニ　人事管理に係る事務に関し、公正かつ円滑な人事の確保に支障を及ぼすおそれ

ホ　独立行政法人等、地方公共団体が経営する企業又は地方独立行政法人に係る事業に関し、その企業経営上の正当な利益を害するおそれ

（部分開示）

第一五条　行政機関の長は、開示請求に係る保有個人情報に不開示情報が含まれている場合において、不開示情報に該当する部分を容易に区分して除くことができるときは、開示請求者に対し、当該部分を除いた部分につき開示しなければならない。

2　開示請求に係る保有個人情報に前条第二号の情報（開示請求者以外の特定の個人を識別することができるものに限る。）が含まれている場合において、当該情報のうち、氏名、生年月日その他の開示請求者以外の特定の個人を識別することができることとなる記述等及び個人識別符号の部分を除くことにより、開示しても、開示請求者以外の個人の権利利益が害されるおそれがないと認められるときは、当該部分を除いた部分は、同号の情報に含まれないものとみなして、前項の規定を適用する。

（裁量的開示）

第一六条　行政機関の長は、開示請求に係る保有個人情報に不開示情報が含まれている場合であっても、個人の権利利益を保護するため特に必要があると認めるときは、開示請求者に対し、当該保有個人情報を開示することができる。

（保有個人情報の存否に関する情報）

第一七条　開示請求に対し、当該開示請求に係る保有個人情報が存在しているか否かを答えるだけで、不開示情報を開示することとなるときは、行政機関の長は、当該保有個人情報の存否を明らかにしないで、当該開示請求を拒否することができる。

（開示請求に対する措置）

第一八条　行政機関の長は、開示請求に係る保有個人情報の全部又は一部を開示するときは、その旨の決定をし、開示請求者に対し、その旨、開示する保有個人情報の利用目的及び開示の実施に関し政令で定める事項を書面により通知しなければならない。ただし、第四条第二号又は第三号に該当する場合における当該利用目的については、この限りでない。

2　行政機関の長は、開示請求に係る保有個人情報の全部を開示しないとき（前条の規定により開示請求を拒否するとき、及び開示請求に係る保有個人情報を保有していないときを含む。）は、開示請求者に対し、開示をしない旨の決定をし、書面により通知しなければならない。

（開示決定等の期限）

第一九条　前条各項の決定（以下「開示決定等」という。）は、開示請求があった日から三十日以内にしなければならない。ただし、第十三条第三項の規定により補正を求めた場合にあっては、当該補正に要した日数は、当該期間に算入しない。

2　前項の規定にかかわらず、行政機関の長は、事務処理上の困難その他正当な理由があるときは、同項に規定する期間を三十日以内に限り延長することができる。この場合において、行政機関の長は、開示請求者に対し、遅滞なく、延長後の期間及び延長の理由を書面により通知しなければならない。

（開示の実施）

第二四条　保有個人情報の開示は、当該保有個人情報が、文書又は図画に記録されているときは閲覧又は写しの交付により、電磁的記録に記録されているときはその種別、情報化の進展状況等を勘案して行政機関が定める方法により行う。ただし、閲覧の方法による保有個人情報の開示にあっては、行政機関の長は、当該保有個人情報が記録されている文書又は図画の保存に支障を生ずるおそれがあると認めるとき、その他正当な理由があるときは、その写しにより、これを行うことができる。

2　行政機関は、前項の規定に基づく電磁的記録についての開示の方法に関する定めを一般の閲覧に供しなければならない。

3　開示決定に基づき保有個人情報の開示を受ける者は、政令で定めるところにより、当該開示決定をした行政機関の長に対し、その求める開示の実施の方法その他の政令で定める事項を申し出なければならない。

4　前項の規定による申出は、第十八条第一項に規定する通知があった日から三十日以内にしなければならない。ただし、当該期間内に当該申出をすることができないことにつき正当な理由があるときは、この限りでない。

第二節　訂正

（訂正請求権）

第二七条　何人も、自己を本人とする保有個人情報（次に掲げるものに限る。第三十六条第一項において同じ。）の内容が事実でないと思料するときは、この法律の定めるところにより、当該保有個人情報を保有する行政機関の長に対し、当該保有個人情報の訂正（追加又は削除を含む。以下同じ。）を請求することができる。ただし、当該保有個人情報の訂正に関して他の法律又はこれに基づく命令の規定により特別の手続が定められているときは、この限りでない。

一　開示決定に基づき開示を受けた保有個人情報

二　第二十二条第一項の規定により事案が移送された場合において、独立行政法人等個人情報保護法第二十一条第三項に規定する開示決定に基づき開示を受けた保有個人情報

三　開示決定に係る保有個人情報であって、第二十五条第一項の他の法令の規定により開示を受けたもの

2　未成年者又は成年被後見人の法定代理人は、本人に代わって前項の規定による訂正の請求（以下「訂正請求」という。）をすることができる。

3　訂正請求は、保有個人情報の開示を受けた日から九十日以内にしなければならない。

（訂正請求の手続）

第二八条　訂正請求は、次に掲げる事項を記載した書面（以下「訂正請求書」という。）を行政機関の長に提出してしなければならない。

一　訂正請求をする者の氏名及び住所又は居所

二　訂正請求に係る保有個人情報の開示を受けた日その他当該保有個人情報を特定するに足りる事項

三　訂正請求の趣旨及び理由

2　前項の場合において、訂正請求をする者は、政令で定めるところにより、訂正請求に係る保有個人情報の本人であること（前条第二項の規定による訂正請求にあっては、訂正請求に係る保有個人情報の本人の法定代理人であること）を示す書類を提示し、又は提出しなければならない。

3　行政機関の長は、訂正請求書に形式上の不備があると認めるときは、訂正請求をした者（以下「訂正請求者」という。）に対し、相当の期間を定めて、その補正を求めることができる。

（保有個人情報の訂正義務）

第二九条　行政機関の長は、訂正請求があった場合において、当該訂正請求に理由があると認めるときは、当該訂正請求に係る保有個人情報の利用目的の達成に必要な範囲内で、当該保有個人情報の訂正をしなければならない。

（訂正請求に対する措置）

第三〇条　行政機関の長は、訂正請求に係る保有個人情報の訂正をするときは、その旨の決定をし、訂正請求者に対し、その旨を書面により通知しなければならない。

2　行政機関の長は、訂正請求に係る保有個人情報の訂正をしないときは、その旨の決定をし、訂正請求者に対し、その旨を書面により通知しなければならない。

（訂正決定等の期限）

第三一条　前条各項の決定（以下「訂正決定等」という。）は、訂正請求があった日から三十日以内にしなければならない。ただし、第二十八条第三項の規定により補正を求めた場合にあっては、当該補正に要した日数は、当該期間に算入しない。

2　前項の規定にかかわらず、行政機関の長は、事務処理上の困難その他正当な理由があるときは、同項に規定する期間を三十日以内に限り延長することができる。この場合において、行政機関の長は、訂正請求者に対し、遅滞なく、延長後の期間及び延長の理由を書面により通知しなければならない。

第三節　利用停止

（利用停止請求権）

第三六条　何人も、自己を本人とする保有個人情報が次の各号のいずれかに該当すると思料するときは、この法律の定めるところにより、当該保有個人情報を保有する行政機関の長に対し、当該各号に定める措置を請求することができる。ただし、当該保有個人情報の利用の停止、消去又は提供の停止（以下「利用停止」という。）に関して他の法律又はこれに基づく命令の規定により特別の手続が定められているときは、この限りでない。

一　当該保有個人情報を保有する行政機関により適法に取得されたものでないとき、第三条第二項の規定に違反して保有されているとき、又は第八条第一項及び第二項の規定に違反して利用されているとき　当該保有個人情報の利用の停止又は消去

二　第八条第一項及び第二項の規定に違反して提供されているとき　当該保有個人情報の提供の停止

2　未成年者又は成年被後見人の法定代理人は、本人に代わって前項の規定による利用停止の請求（以下「利用停止請求」という。）をすることができる。

3　利用停止請求は、保有個人情報の開示を受けた日から九十日以内にしなければならない。

（利用停止請求の手続）

第三七条　利用停止請求は、次に掲げる事項を記載した書面（以下「利用停止請求書」という。）を行政機関の長に提出してしなければならない。

一　利用停止請求をする者の氏名及び住所又は居所

二　利用停止請求に係る保有個人情報の開示を受けた日その他当該保有個人情報を特定するに足りる事項

三　利用停止請求の趣旨及び理由

2　前項の場合において、利用停止請求をする者は、政令で定めるところにより、利用停止請求に係る保有個人情報の本人であること（前条第二項の規定による利用停止請求にあっては、利用停止請求に係る保有個人情報の本人の法定代理人であること）を示す書類を提示し、又は提出しなければならない。

3　行政機関の長は、利用停止請求書に形式上の不備があると認めるときは、利用停止請求をした者（以下「利用停止請求者」という。）

に対し、相当の期間を定めて、その補正を求めることができる。

（保有個人情報の利用停止義務）

第三八条　行政機関の長は、利用停止請求があった場合において、当該利用停止請求に理由があると認めるときは、当該行政機関における個人情報の適正な取扱いを確保するために必要な限度で、当該利用停止請求に係る保有個人情報の利用停止をしなければならない。ただし、当該保有個人情報の利用停止をすることにより、当該保有個人情報の利用目的に係る事務の性質上、当該事務の適正な遂行に著しい支障を及ぼすおそれがあると認められるときは、この限りでない。

（利用停止請求に対する措置）

第三九条　行政機関の長は、利用停止請求に係る保有個人情報の利用停止をするときは、その旨の決定をし、利用停止請求者に対し、その旨を書面により通知しなければならない。

2　行政機関の長は、利用停止請求に係る保有個人情報の利用停止をしないときは、その旨の決定をし、利用停止請求者に対し、その旨を書面により通知しなければならない。

（利用停止決定等の期限）

第四〇条　前条各項の決定（以下「利用停止決定等」という。）は、利用停止請求があった日から三十日以内にしなければならない。ただし、第三十七条第三項の規定により補正を求めた場合にあっては、当該補正に要した日数は、当該期間に算入しない。

2　前項の規定にかかわらず、行政機関の長は、事務処理上の困難その他正当な理由があるときは、同項に規定する期間を三十日以内に限り延長することができる。この場合において、行政機関の長は、利用停止請求者に対し、遅滞なく、延長後の期間及び延長の理由を書面により通知しなければならない。

第四節　審査請求

（審理員による審理手続に関する規定の適用除外等）

第四二条　開示決定等、訂正決定等、利用停止決定等又は開示請求、訂正請求若しくは利用停止請求に係る不作為に係る審査請求については、行政不服審査法（平成二十六年法律第六十八号）第九条、第十七条、第二十四条、第二章第三節及び第四節並びに第五十条第二項の規定は、適用しない。

2　開示決定等、訂正決定等、利用停止決定等又は開示請求、訂正請求若しくは利用停止請求に係る不作為に係る審査請求についての行政不服審査法第二章の規定の適用については、同法第十一条第二項中「第九条第一項の規定により指名された者（以下「審理員」という。）」とあるのは「第四条（行政機関の保有する個人情報の保護に関する法律（平成十五年法律第五十八号）第四十四条第二項の規定に基づく政令を含む。）の規定により審査請求がされた行政庁（第十四条の規定により引継ぎを受けた行政庁を含む。以下「審査庁」という。）」と、同法第十三条第一項及び第二項中「審理員」とあるのは「審査庁」と、同法第二十五条第七項中「あったとき、又は審理員から第四十条に規定する執行停止をすべき旨の意見書が提出されたとき」とあるのは「あったとき」と、同法第四十四条中「行政不服審査会等」とあるのは「情報公開・個人情報保護審査会（審査庁が会計検査院長である場合にあっては、別に法律で定める審査会。第五十条第一項第四号において同じ。）」と、「受けたとき（前条第一項の規定による諮問を要しない場合（同項第二号又は第三号に該当する場合を除く。）にあっては審理員意見書が提出されたとき、同項第二号又は第三号に該当する場合にあっては同項第二号又は第三号に規定する議を経たとき）」とあるのは「受けたとき」と、同法第五十条第一項第四号中「審理員意見書又は行政不服審査会等若しくは審議会等」とあるのは「情報公開・個人情報保護審査会」とする。

第五章　雑則

（適用除外等）

第四五条　第四章の規定は、刑事事件若しくは少年の保護事件に係る裁判、検察官、検察事務官若しくは司法警察職員が行う処分、刑若しくは保護処分の執行、更生緊急保護又は恩赦に係る保有個人情報（当該裁判、処分若しくは執行を受けた者、更生緊急保護の申出をした者又は恩赦の上申があった者に係るものに限る。）については、適用しない。

2　保有個人情報（行政機関情報公開法第五条に規定する不開示情報を専ら記録する行政文書に記録されているものに限る。）のうち、まだ分類その他の整理が行われていないもので、同一の利用目的に係るものが著しく大量にあるためその中から特定の保有個人情報を検索することが著しく困難であるものは、第四章（第四節を除く。）の規定の適用については、行政機関に保有されていないものとみなす。

第六章　罰則

第五三条　行政機関の職員若しくは職員であった者又は第六条第二項若しくは第四十四条の十五第二項の受託業務に従事している者若しくは従事していた者が、正当な理由がないのに、個人の秘密に属する事項が記録された第二条第六項第一号に係る個人情報ファイル（その全部又は一部を複製し、又は加工したものを含む。）を提供したときは、二年以下の懲役又は百万円以下の罰金に処する。

第五四条　前条に規定する者が、その業務に関して知り得た保有個人情報を自己若しくは第三者の不正な利益を図る目的で提供し、又は盗用したときは、一年以下の懲役又は五十万円以下の罰金に処する。

第五五条　行政機関の職員がその職権を濫用して、専らその職務の用以外の用に供する目的で個人の秘密に属する事項が記録された文書、図画又は電磁的記録を収集したときは、一年以下の懲役又は五十万円以下の罰金に処する。

●国民の祝日に関する法律

（昭和二三年七月二〇日　法律第一七八号）

施行、昭二三・七・二〇
最終改正、平三〇—法五七

第一条［意義］　自由と平和を求めてやまない日本国民は、美しい風習を育てつつ、よりよき社会、より豊かな生活を築きあげるために、ここに国民こぞって祝い、感謝し、又は記念する日を定め、これを「国民の祝日」と名づける。

第二条［祝日の内容］　「国民の祝日」を次のように定める。

元日　一月一日
年のはじめを祝う。

成人の日　一月の第二月曜日
おとなになったことを自覚し、みずから生き抜こうとする青年を祝いはげます。

建国記念の日　政令で定める日（二月十一日）
建国をしのび、国を愛する心を養う。

天皇誕生日　二月二十三日
天皇の誕生日を祝う。

春分の日　春分日
自然をたたえ、生物をいつくしむ。

昭和の日　四月二十九日
激動の日々を経て、復興を遂げた昭和の時代を顧み、国の将来に思いをいたす。

憲法記念日　五月三日
日本国憲法の施行を記念し、国の成長を期する。

みどりの日　五月四日
自然に親しむとともにその恩恵に感謝し、豊かな心をはぐくむ。

こどもの日　五月五日
こどもの人格を重んじ、こどもの幸福をはかるとともに、母に感謝する。

海の日　七月の第三月曜日
海の恩恵に感謝するとともに、海洋国日本の繁栄を願う。
山の日　八月十一日
山に親しむ機会を得て、山の恩恵に感謝する。
敬老の日　九月の第三月曜日
多年にわたり社会につくしてきた老人を敬愛し、長寿を祝う。
秋分の日　秋分日
祖先をうやまい、なくなつた人々をしのぶ。
スポーツの日　十月の第二月曜日
スポーツを楽しみ、他者を尊重する精神を培うとともに、健康で活力ある社会の実現を願う。
文化の日　十一月三日
自由と平和を愛し、文化をすすめる。
勤労感謝の日　十一月二十三日
勤労をたつとび、生産を祝い、国民たがいに感謝しあう。

第三条〔**休日**〕「国民の祝日」は、休日とする。
2 「国民の祝日」が日曜日に当たるときは、その日後においてその日に最も近い「国民の祝日」でない日を休日とする。
3 その前日及び翌日が「国民の祝日」である日（「国民の祝日」でない日に限る。）は、休日とする。

●元号法（昭和五四年六月一二日 法律第四三号）

施行、昭五四・六・一二

1 元号は、政令で定める。
2 元号は、皇位の継承があつた場合に限り改める。

附　則（抄）

2 昭和の元号は、本則第一項の規定に基づき定められたものとする。

●国旗及び国歌に関する法律（平成一一年八月一三日 法律第一二七号）

施行、平一一・八・一三

（**国旗**）
第一条 国旗は、日章旗とする。
2 日章旗の制式は、別記第一のとおりとする。

（**国歌**）
第二条 国歌は、君が代とする。
2 君が代の歌詞及び楽曲は、別記第二のとおりとする。

附　則（抄）

（**商船規則の廃止**）
2 商船規則（明治三年太政官布告第五十七号）は、廃止する。

（**日章旗の制式の特例**）
3 日章旗の制式については、当分の間、別記第一の規定にかかわらず、寸法の割合について縦を横の十分の七とし、かつ、日章の中心の位置について旗の中心から旗竿側に横の長さの百分の一偏した位置とすることができる。

別記第一（第一条関係）

日章旗の制式

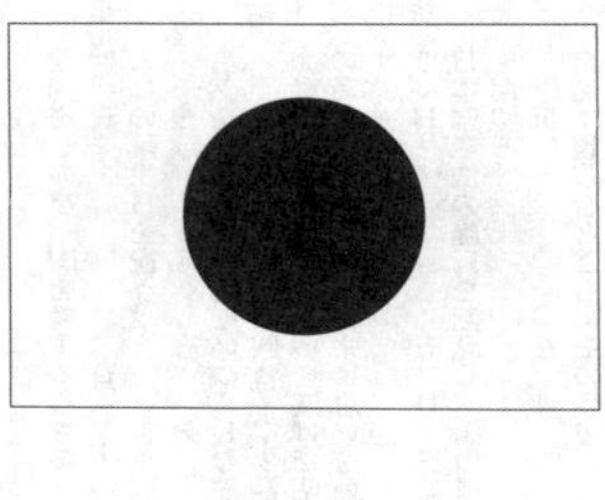

一 寸法の割合及び日章の位置
　縦　横の三分の二
　日章　直径　縦の五分の三
　　　　中心　旗の中心
二 彩色
　地　白色
　日章　紅色

別記第二（第二条関係）君が代の歌詞及び楽曲

一　歌詞

君が代は
千代に八千代に
さざれ石の
いわおとなりて
こけのむすまで

二　楽曲

古歌
林広守作曲

きみがーよーは　ちよにーーやちよに
さざれ　いしの　いわおと　なりて
こけの　むーすー　まーーで

●大阪府の施設における国旗の掲揚及び教職員による国歌の斉唱に関する条例

（平成二三年六月一三日大阪府条例第八三号）

施行、平二三・六・一三
最終改正、平二八—府条例六〇

（目的）

第一条　この条例は、国旗及び国歌に関する法律（平成十一年法律第百二十七号）、教育基本法（平成十八年法律第百二十号）及び学習指導要領の趣旨を踏まえ、府の施設における国旗の掲揚及び教職員による国歌の斉唱について定めることにより、府民、とりわけ次代を担う子どもが伝統と文化を尊重し、それらを育んできた我が国と郷土を愛する意識の高揚に資するとともに、他国を尊重し、国際社会の平和と発展に寄与する態度を養うこと並びに府立学校及び府内の市町村立学校における服務規律の厳格化を図ることを目的とする。

（定義）

第二条　この条例において「府の施設」とは、府の教育委員会の所管に属する学校の施設その他の府の事務又は事業の用に供している施設（府以外の者の所有する建物に所在する施設及び府の職員の在勤する公署でない施設を除く。）をいう。

2　この条例において「教職員」とは、府立学校及び府内の市町村立学校のうち、学校教育法（昭和二十二年法律第二十六号）第一条に規定する小学校、中学校、義務教育学校、高等学校及び特別支援学校に勤務する校長、教員その他の者をいう。

（国旗の掲揚）

第三条　府の施設においては、その執務時間（地方自治法（昭和二十二年法律第六十七号）第二百四十四条第一項に規定する公の施設にあっては、府民の利用に供する時間）において、その利用者の見やすい場所に国旗を掲げるものとする。

（国歌の斉唱）

第四条　府立学校及び府内の市町村立学校の行事において行われる国歌の斉唱にあっては、教職員は起立により斉唱を行うものとする。ただし、身体上の障がい、負傷又は疾病により起立、若しくは斉唱するのに支障があると校長が認める者については、この限りでない。

2　前項の規定は、市町村の教育委員会による服務の監督の権限を侵すものではない。

附　則（省略）

●男女共同参画社会基本法

（平成一一年六月二三日法律第七八号）

施行、平一一・六・二三
最終改正、平一一—法一六〇

我が国においては、日本国憲法に個人の尊重と法の下の平等がうたわれ、男女平等の実現に向けた様々な取組が、国際社会における取組とも連動しつつ、着実に進められてきたが、なお一層の努力が必要とされている。

一方、少子高齢化の進展、国内経済活動の成熟化等我が国の社会経済情勢の急速な変化に対応していく上で、男女が、互いにその人権を尊重しつつ責任も分かち合い、性別にかかわりなく、その個性と能力を十分に発揮することができる男女共同参画社会の実現は、緊要な課題となっている。

このような状況にかんがみ、男女共同参画社会の実現を二十一世紀の我が国社会を決定する最重要課題と位置付け、社会のあらゆる分野において、男女共同参画社会の形成の促進に関する施策の推進を図っていくことが重要である。

ここに、男女共同参画社会の形成についての基本理念を明らかにしてその方向を示し、将来に向かって国、地方公共団体及び国民の男女共同参画社会の形成に関する取組を総合的かつ計画的に推進するため、この法律を制定する。

第一章　総則

（目的）

第一条　この法律は、男女の人権が尊重され、かつ、社会経済情勢の変化に対応できる豊かで活力ある社会を実現することの緊要性にかんがみ、男女共同参画社会の形成に関し、基本理念を定め、並びに国、地方公共団体及び国民の責務を明らかにするとともに、男女共同参画社会の形成の促進に関する施策の基本となる事項を定めることにより、男女共同参画社会の形成を総合的かつ計画的に推進することを目的とする。

（定義）

第二条　この法律において、次の各号に掲げる用語の意義は、当該各号に定めるところによる。

一　男女共同参画社会の形成　男女が、社会の対等な構成員として、自らの意思によって社会のあらゆる分野における活動に参画する機会が確保され、もって男女が均等に政治的、経済的、社会的及び文化的利益を享受することができ、かつ、共に責任を担うべき社会を形成することをいう。

二　積極的改善措置　前号に規定する機会に係る男女間の格差を改善するため必要な範囲内において、男女のいずれか一方に対し、当該機会を積極的に提供することをいう。

（男女の人権の尊重）

第三条　男女共同参画社会の形成は、男女の個人としての尊厳が重んぜられること、男女が性別による差別的取扱いを受けないこと、男女が個人として能力を発揮する機会が確保されることその他の男女の人権が尊重されることを旨として、行われなければならない。

（社会における制度又は慣行についての配慮）

第四条　男女共同参画社会の形成に当たっては、社会における制度又は慣行が、性別による固定的な役割分担等を反映して、男女の社会における活動の選択に対して中立でない影響を及ぼすことにより、男女共同参画社会の形成を阻害する要因となるおそれがあることにかんがみ、社会における制度又は慣行が男女の社会における活動の選択に対して及ぼす影響をできる限り中立なものとするように配慮されなければならない。

（政策等の立案及び決定への共同参画）

第五条　男女共同参画社会の形成は、男女が、社会の対等な構成員として、国若しくは地方公共団体における政策又は民間の団体における方針の立案及び決定に共同して参画する機会が確保されることを旨として、行われなければならない。

（家庭生活における活動と他の活動の両立）

第六条　男女共同参画社会の形成は、家族を構成する男女が、相互の協力と社会の支援の下に、子の養育、家族の介護その他の家庭生活における活動について家族の一員としての役割を円滑に果たし、かつ、当該活動以外の活動を行うことができるようにすることを旨として、行われなければならない。

（国際的協調）

第七条　男女共同参画社会の形成の促進が国際社会における取組と密接な関係を有していることにかんがみ、男女共同参画社会の形成は、国際的協調の下に行われなければならない。

（国の責務）

第八条　国は、第三条から前条までに定める男女共同参画社会の形成についての基本理念（以下「基本理念」という。）にのっとり、男女共同参画社会の形成の促進に関する施策（積極的改善措置を含む。以下同じ。）を総合的に策定し、及び実施する責務を有する。

（地方公共団体の責務）

第九条　地方公共団体は、基本理念にのっとり、男女共同参画社会の形成の促進に関し、国の施策に準じた施策及びその他のその地方公共団体の区域の特性に応じた施策を策定し、及び実施する責務を有する。

（国民の責務）

第一〇条　国民は、職域、学校、地域、家庭その他の社会のあらゆる分野において、基本理念にのっとり、男女共同参画社会の形成に寄与するように努めなければならない。

（法制上の措置等）

第一一条　政府は、男女共同参画社会の形成の促進に関する施策を実施するため必要な法制上又は財政上の措置その他の措置を講じなければならない。

（年次報告等）

第一二条　政府は、毎年、国会に、男女共同参画社会の形成の状況及び政府が講じた男女共同参画社会の形成の促進に関する施策についての報告を提出しなければならない。

2　政府は、毎年、前項の報告に係る男女共同参画社会の形成の状況を考慮して講じようとする男女共同参画社会の形成の促進に関する施策を明らかにした文書を作成し、これを国会に提出しなければならない。

第二章　男女共同参画社会の形成の促進に関する基本的施策

（男女共同参画基本計画）

第一三条　政府は、男女共同参画社会の形成の促進に関する施策の総合的かつ計画的な推進を図るため、男女共同参画社会の形成の促進に関する基本的な計画（以下「男女共同参画基本計画」という。）を定めなければならない。

2　男女共同参画基本計画は、次に掲げる事項について定めるものとする。

一　総合的かつ長期的に講ずべき男女共同参画社会の形成の促進に関する施策の大綱

二　前号に掲げるもののほか、男女共同参画社会の形成の促進に関する施策を総合的かつ計画的に推進するために必要な事項

3　内閣総理大臣は、男女共同参画会議の意見を聴いて、男女共同参画基本計画の案を作成し、閣議の決定を求めなければならない。

4　内閣総理大臣は、前項の規定による閣議の決定があったときは、遅滞なく、男女共同参画基本計画を公表しなければならない。

5　前二項の規定は、男女共同参画基本計画の変更について準用する。

（都道府県男女共同参画計画等）

第一四条　都道府県は、男女共同参画基本計画を勘案して、当該都道府県の区域における男女共同参画社会の形成の促進に関する施策についての基本的な計画（以下「都道府県男女共同参画計画」という。）を定めなければならない。

2　都道府県男女共同参画計画は、次に掲げる事項について定めるものとする。

一　都道府県の区域において総合的かつ長期的に講ずべき男女共同参画社会の形成の促進に関する施策の大綱

二　前号に掲げるもののほか、都道府県の区域における男女共同参画社会の形成の促進に関する施策を総合的かつ計画的に推進するために必要な事項

3　市町村は、男女共同参画基本計画及び都道府県男女共同参画計画を勘案して、当該市町村の区域における男女共同参画社会の形成の促進に関する施策についての基本的な計画（以下「市町村男女共同参画計画」という。）を定めるように努めなければならない。

4　都道府県又は市町村は、都道府県男女共同参画計画又は市町村男女共同参画計画を定め、又は変更したときは、遅滞なく、これを公表しなければならない。

（施策の策定等に当たっての配慮）

第一五条　国及び地方公共団体は、男女共同参画社会の形成に影響を及ぼすと認められる施策を策定し、及び実施するに当たっては、男女共同参画社会の形成に配慮しなければならない。

（国民の理解を深めるための措置）

第一六条　国及び地方公共団体は、広報活動等を通じて、基本理念に関する国民の理解を深めるよう適切な措置を講じなければならない。

（苦情の処理等）

第一七条　国は、政府が実施する男女共同参画社会の形成の促進に関する施策又は男女共同参画社会の形成に影響を及ぼすと認められる施策についての苦情の処理のために必要な措置及び性別による差別的取扱いその他の男女共同参画社会の形成を阻害する要因によって人権が侵害された場合における被害者の救済を図るために必要な措置を講じなければならない。

（調査研究）

第一八条　国は、社会における制度又は慣行が男女共同参画社会の形成に及ぼす影響に関する調査研究その他の男女共同参画社会の形成の促進に関する施策の策定に必要な調査研究を推進するように努めるものとする。

（国際的協調のための措置）

第一九条 国は、男女共同参画社会の形成を国際的協調の下に促進するため、外国政府又は国際機関との情報の交換その他男女共同参画社会の形成に関する国際的な相互協力の円滑な推進を図るために必要な措置を講ずるように努めるものとする。

（地方公共団体及び民間の団体に対する支援）

第二〇条 国は、地方公共団体が実施する男女共同参画社会の形成の促進に関する施策及び民間の団体が男女共同参画社会の形成の促進に関して行う活動を支援するため、情報の提供その他の必要な措置を講ずるように努めるものとする。

第三章 男女共同参画会議

（設置）

第二一条 内閣府に、男女共同参画会議（以下「会議」という。）を置く。

（所掌事務）

第二二条 会議は、次に掲げる事務をつかさどる。

一 男女共同参画基本計画に関し、第十三条第三項に規定する事項を処理すること。

二 前号に掲げるもののほか、内閣総理大臣又は関係各大臣の諮問に応じ、男女共同参画社会の形成の促進に関する基本的な方針、基本的な政策及び重要事項を調査審議すること。

三 前二号に規定する事項に関し、調査審議し、必要があると認めるときは、内閣総理大臣及び関係各大臣に対し、意見を述べること。

四 政府が実施する男女共同参画社会の形成の促進に関する施策の実施状況を監視し、及び政府の施策が男女共同参画社会の形成に及ぼす影響を調査し、必要があると認めるときは、内閣総理大臣及び関係各大臣に対し、意見を述べること。

（組織）

第二三条 会議は、議長及び議員二十四人以内をもって組織する。

（議長）

第二四条 議長は、内閣官房長官をもって充てる。

2 議長は、会務を総理する。

（議員）

第二五条 議員は、次に掲げる者をもって充てる。

一 内閣官房長官以外の国務大臣のうちから、内閣総理大臣が指定する者

二 男女共同参画社会の形成に関し優れた識見を有する者のうちから、内閣総理大臣が任命する者

2 前項第二号の議員の数は、同項に規定する議員の総数の十分の五未満であってはならない。

3 第一項第二号の議員のうち、男女のいずれか一方の議員の数は、同号に規定する議員の総数の十分の四未満であってはならない。

4 第一項第二号の議員は、非常勤とする。

（議員の任期）

第二六条 前条第一項第二号の議員の任期は、二年とする。ただし、補欠の議員の任期は、前任者の残任期間とする。

2 前条第一項第二号の議員は、再任されることができる。

（資料提出の要求等）

第二七条 会議は、その所掌事務を遂行するために必要があると認めるときは、関係行政機関の長に対し、監視又は調査に必要な資料その他の資料の提出、意見の開陳、説明その他必要な協力を求めることができる。

2 会議は、その所掌事務を遂行するために特に必要があると認めるときは、前項に規定する者以外の者に対しても、必要な協力を依頼することができる。

（政令への委任）

第二八条 この章に定めるもののほか、会議の組織及び議員その他の職員その他会議に関し必要な事項は、政令で定める。

附　則（省略）

●構造改革特別区域法（抜粋）

（平成一四年一二月一八日 法律第一八九号）

施行、平一四・一二・一八
最終改正、令一―法六五

第一章 総則

（目的）

第一条 この法律は、地方公共団体の自発性を最大限に尊重した構造改革特別区域を設定し、当該地域の特性に応じた規制の特例措置の適用を受けて地方公共団体が特定の事業を実施し又はその実施を促進することにより、教育、物流、研究開発、農業、社会福祉その他の分野における経済社会の構造改革を推進するとともに地域の活性化を図り、もって国民生活の向上及び国民経済の発展に寄与することを目的とする。

（定義）

第二条 この法律において「構造改革特別区域」とは、地方公共団体が当該地域の活性化を図るために自発的に設定する区域であって、当該地域の特性に応じた特定事業を実施し又はその実施を促進するものをいう。

2 この法律において「特定事業」とは、地方公共団体が実施し又はその実施を促進する事業のうち、別表に掲げる事業で、規制の特例措置の適用を受けるものをいう。

3 この法律において「規制の特例措置」とは、法律により規定された規制についての第十二条、第十三条、第十五条、第十八条から第二十条まで及び第二十三条から第三十三条までに規定する法律の特例に関する措置並びに政令又は主務省令（以下この項において「政令等」という。）により規定された規制についての第三十四条の規定による政令等又は第三十五条の規定による条例で規定する政令等の特例に関する措置をいい、これらの措置の適用を受ける場合において当該規制の趣旨に照らし地方公共団体がこれらの措置と併せて実施し又はその実施を促進することが必要となる措置を含むものとする。

4 （省略）

（関連する施策との連携）

第二条の二 国及び地方公共団体は、構造改革特別区域において、経済社会の構造改革の推進及び地域の活性化（以下「構造改革の推進等」という。）に関する施策を推進するに当たっては、地域の活力の再生に関する施策、産業の国際競争力の強化に関する施策その他の関連する施策との連携を図るよう努めなければならない。

第二章 構造改革特別区域基本方針

第三条 内閣総理大臣は、構造改革特別区域において特定事業を実施し又はその実施を促進することによる構造改革の推進等に関する基本的な方針（以下「構造改革特別区域基本方針」という。）の案を作成し、閣議の決定を求めなければならない。

2 構造改革特別区域基本方針には、次に掲げる事項を定めるものとする。

一 構造改革の推進等の意義及び目標に関する事項

二 構造改革の推進等のために政府が実施すべき施策に関する基本的な方針

三 次条第一項に規定する構造改革特別区域計画の認定に関する基本的な事項

四 構造改革の推進等に関し政府が講ずべき措置についての計画

五 前各号に掲げるもののほか、構造改革の推進等のために必要な事項その他経済社会の構造改革の推進及び地域の活性化に関する事項

3 内閣総理大臣は、政令で定めるところにより、定期的に、新たな規制の特例措置の整備その他の構造改革の推進等に関し政府が講ずべき新たな措置に係る提案を募集するものとする。

4 内閣総理大臣は、前項の提案について検討を加え新たな措置を講ずる必要があると認め

るとき、又は情勢の推移により必要が生じたときは、構造改革特別区域基本方針の変更の案を作成し、閣議の決定を求めなければならない。

5 内閣総理大臣は、第一項又は前項の規定による閣議の決定があったときは、遅滞なく、構造改革特別区域基本方針を公表しなければならない。

第三章　構造改革特別区域計画の認定等

（構造改革特別区域計画の認定）

第四条　地方公共団体は、単独で又は共同して、構造改革特別区域基本方針に即して、当該地方公共団体の区域について、内閣府令で定めるところにより、構造改革特別区域として、教育、物流、研究開発、農業、社会福祉その他の分野における当該区域の活性化を図るための計画（以下「構造改革特別区域計画」という。）を作成し、内閣総理大臣の認定を申請することができる。

2 構造改革特別区域計画には、次に掲げる事項を定めるものとする。

一 構造改革特別区域の範囲

二 構造改革特別区域において実施し又はその実施を促進しようとする特定事業の内容、実施主体及び開始の日

三 構造改革特別区域において実施し又はその実施を促進しようとする特定事業ごとの規制の特例措置の内容

3 前項各号に掲げるもののほか、構造改革特別区域計画を定める場合には、次に掲げる事項を定めるよう努めるものとする。

一 構造改革特別区域の名称及び特性

二 構造改革特別区域計画の意義及び目標

三 構造改革特別区域計画の実施が構造改革特別区域に及ぼす経済的社会的効果

4 地方公共団体は、構造改革特別区域計画の案を作成しようとするときは、第二項第二号に掲げる実施主体（以下「実施主体」という。）の意見を聴くとともに、都道府県にあっては関係市町村の意見を聴かなければならない。

5 特定事業を実施しようとする者は、当該特定事業を実施しようとする地域をその区域に含む地方公共団体に対し、当該特定事業をその内容とする構造改革特別区域計画の案の作成についての提案をすることができる。

6から12まで（省略）

第四章　構造改革特別区域における規制の特例措置

（学校教育法の特例）

第一二条　地方公共団体が、その設定する構造改革特別区域において、地域の特性を生かした教育の実施の必要性、地域産業を担う人材の育成の必要性その他の特別の事情に対応するための教育又は研究を株式会社の設置する学校（学校教育法（昭和二十二年法律第二十六号）第一条に規定する学校をいう。以下この条及び別表第二号において同じ。）が行うことが適切かつ効果的であると認めて内閣総理大臣の認定を申請し、その認定を受けたときは、当該認定の日以後は、同法第二条第一項中「及び私立学校法（昭和二十四年法律第二百七十号）第三条に規定する学校法人（以下「学校法人」という。）」とあるのは「、私立学校法（昭和二十四年法律第二百七十号）第三条に規定する学校法人（以下「学校法人」という。）及び構造改革特別区域法（平成十四年法律第百八十九号）第十二条第二項に規定する特別の事情に対応するための教育又は研究を行い、かつ、同項各号に掲げる要件の全てに適合している株式会社（次項、第四条第一項第三号、第九十五条及び附則第六条において「学校設置会社」という。）」と、同条第二項中「学校法人」とあるのは「学校法人又は学校設置会社」と、同法第四条第一項第三号中「都道府県知事」とあるのは「都道府県知事（学校設置会社の設置するものにあっては、構造改革特別区域法第十二条第一項の認定を受けた地方公共団体の長。第十条、第十四条、第四十四条（第二十八条、第四十九条、第六十二条、第七十条第一項及び第八十二条において準用する場合を含む。）及び第五十四条第三項（第七十条第一項において準用する場合を含む。）において同じ。）」と、同法第九十五条（同法第百二十三条において準用する場合を含む。）中「諮問しなければならない」とあるのは「諮問しなければならない。学校設置会社の設置する大学について第四条第一項の規定による認可を行う場合（設置の認可を行う場合を除く。）及び学校設置会社の設置する大学に対し第十三条第一項の規定による命令を行う場合も、同様とする」と、同法附則第六条中「学校法人」とあるのは「学校法人又は学校設置会社」とする。

2 前項の規定により学校教育法第四条第一項の認可を受けて学校を設置することができる株式会社（以下この条及び第十九条第一項第一号並びに別表第二号において「学校設置会社」という。）は、その構造改革特別区域に設置する学校において、地域の特性を生かした教育の実施の必要性、地域産業を担う人材の育成の必要性その他の特別の事情に対応するための教育又は研究を行うものとし、次に掲げる要件のすべてに適合していなければならない。

一 文部科学省令で定める基準に適合する施設及び設備又はこれらに要する資金並びに当該学校の経営に必要な財産を有すること。

二 当該学校の経営を担当する役員が学校を経営するために必要な知識又は経験を有すること。

三 当該学校設置会社の経営を担当する役員が社会的信望を有すること。

3 学校設置会社は、文部科学省令で定めるところにより、当該学校設置会社の業務及び財産の状況を記載した書類（その作成に代えて電磁的記録（電子的方式、磁気的方式その他の人の知覚によっては認識することができない方式で作られる記録であって、電子計算機による情報処理の用に供されるものをいう。以下この項及び次項において同じ。）の作成がされている場合における当該電磁的記録を含む。次項、第十三項及び次条第五項において「業務状況書類等」という。）を作成し、その設置する学校に備えて置かなければならない。

4 学校設置会社の設置する学校に入学又は入園を希望する者その他の関係人は、学校設置会社の業務時間内は、いつでも、次に掲げる請求をすることができる。

一 業務状況書類等が書面をもって作成されているときは、当該書面の閲覧又は謄写の請求

二 業務状況書類等が電磁的記録をもって作成されているときは、当該電磁的記録に記録された事項を文部科学省令で定める方法により表示したものの閲覧又は謄写の請求

5 第一項の認定を受けた地方公共団体（以下この条において「認定地方公共団体」という。）は、学校設置会社の設置する学校（大学及び高等専門学校を除く。）の教育、組織及び運営並びに施設及び設備の状況について、毎年度、評価を行わなければならない。

6 前項の規定による評価を行った認定地方公共団体は、遅滞なく、その結果を当該学校に通知するとともに、これを公表しなければならない。

7 認定地方公共団体は、学校設置会社の経営の状況の悪化等によりその設置する学校の経営に現に著しい支障が生じ、又は生ずるおそれがあると認められる場合においては、当該学校に在学する者が適切な修学を維持することができるよう、転学のあっせんその他の必要な措置を講じなければならない。

8 認定地方公共団体の長は、第一項の規定により学校教育法第四条第一項の認可又は同法第十三条第一項若しくは第十四条の命令をするときは、あらかじめ、当該認定地方公共団体が設置するこれらの認可又は命令に係る事項を調査審議する審議会その他の合議制の機関の意見を聴かなければならない。

9　認定地方公共団体の長は、第一項の規定により学校教育法第四条第一項の認可をしたときは、遅滞なく、その旨を都道府県知事に通知しなければならない。

10　学校設置会社の設置する学校が大学又は高等専門学校である場合にあっては文部科学大臣、学校設置会社の設置する学校が大学及び高等専門学校以外の学校である場合にあっては認定地方公共団体の長は、当該学校に対して、教育の調査、統計その他に関し必要な報告書の提出を求めることができる。

11　学校設置会社に関する次の表の第一欄に掲げる法律の適用については、同表の第二欄に掲げる規定中同表の第三欄に掲げる字句は、それぞれ同表の第四欄に掲げる字句とする。

（本項の表につき法令末尾に掲載）

12　第三項又は第四項の規定に基づき文部科学省令を制定し、又は改廃する場合においては、当該文部科学省令で、その制定又は改廃に伴い合理的に必要と判断される範囲内において、所要の経過措置（罰則に関する経過措置を含む。）を定めることができる。

13　第三項の規定に違反して業務状況書類等を備えて置かず、業務状況書類等に記載すべき事項を記載せず、若しくは虚偽の記載をし、又は正当な理由がないのに第四項各号の規定による請求を拒んだ学校設置会社の取締役、執行役又は清算人は、二十万円以下の過料に処する。

第一三条　地方公共団体が、その設定する構造改革特別区域において、学校生活への適応が困難であるため相当の期間学校（学校教育法第一条に規定する学校をいい、大学及び高等専門学校を除く。以下この条及び別表第三号において同じ。）を欠席していると認められる児童、生徒若しくは幼児又は発達の障害により学習上若しくは行動上著しい困難を伴うため教育上特別の指導が必要であると認められる児童、生徒若しくは幼児（次項において「不登校児童等」という。）を対象として、当該構造改革特別区域に所在する学校の設置者による教育によっては満たされない特別の需要に応ずるための教育を特定非営利活動法人（特定非営利活動促進法（平成十年法律第七号）第二条第二項の特定非営利活動法人をいう。次項において同じ。）の設置する学校が行うことにより、当該構造改革特別区域における学校教育の目的の達成に資するものと認めて内閣総理大臣の認定を申請し、その認定を受けたときは、当該認定の日以後は、学校教育法第二条第一項中「設置することができる」とあるのは「設置することができる。ただし、構造改革特別区域法（平成十四年法律第百八十九号）第十三条第二項に規定する特別の需要に応ずるための教育を行い、かつ、同項各号に掲げる要件のすべてに適合している特定非営利活動促進法（平成十年法律第七号）第二条第二項の特定非営利活動法人（次項、第四条第一項第三号及び附則第六条において学校設置非営利法人という。）は、大学及び高等専門学校以外の学校を設置することができる」と、同条第二項中「学校法人」とあるのは「学校法人又は学校設置非営利法人」と、同法第四条第一項第三号中「都道府県知事」とあるのは「都道府県知事（学校設置非営利法人の設置するものにあつては、構造改革特別区域法第十三条第一項の認定を受けた地方公共団体の長。第十条、第十四条、第四十四条（第二十八条、第四十九条、第六十二条、第七十条第一項及び第八十二条において準用する場合を含む。）及び第五十四条第三項（第七十条第一項において準用する場合を含む。）において同じ。）」と、同法附則第六条中「学校法人」とあるのは「学校法人又は学校設置非営利法人」とする。

2　前項の規定により学校教育法第四条第一項の認可を受けて学校を設置することができる特定非営利活動法人（以下この条及び第十九条第一項第二号並びに別表第三号において「学校設置非営利法人」という。）は、その構造改革特別区域に設置する学校において、不登校児童等を対象として、当該構造改革特別区域に所在する学校の設置者による教育によっては満たされない特別の需要に応ずるための教育を行うものとし、次に掲げる要件のすべてに適合していなければならない。

一　文部科学省令で定める基準に適合する施設及び設備又はこれらに要する資金並びに当該学校の経営に必要な財産を有すること。

二　当該学校の経営を担当する役員が学校を経営するために必要な知識又は経験を有すること。

三　当該学校設置非営利法人の経営を担当する役員が社会的信望を有すること。

四　不登校児童等を対象として行う特定非営利活動促進法第二条第一項に規定する特定非営利活動の実績が相当程度あること。

3　前条第三項から第十項まで及び第十二項の規定は、学校設置非営利法人が学校を設置する場合について準用する。この場合において、同項中「第三項又は第四項」とあるのは、「次条第三項において準用する第三項又は第四項」と読み替えるものとする。

4　学校設置非営利法人に関する次の表の第一欄に掲げる法律の適用については、同表の第二欄に掲げる規定中同表の第三欄に掲げる字句は、それぞれ同表の第四欄に掲げる字句とする。

（本項の表につき法令末尾に掲載）

5　第三項において準用する前条第三項の規定に違反して業務状況書類等を備えて置かず、業務状況書類等に記載すべき事項を記載せず、若しくは虚偽の記載をし、又は正当な理由がないのに第三項において準用する同条第四項各号の規定による請求を拒んだ学校設置非営利法人の理事又は清算人は、二十万円以下の過料に処する。

（教育職員免許法の特例）

第一九条　市町村の教育委員会が、第十二条第一項に規定する特別の事情、第十三条第一項に規定する特別の需要その他当該市町村が設定する構造改革特別区域における教育上の特別の事情に対応するため、次に掲げる者に特別免許状（教育職員免許法第四条第一項に規定する特別免許状をいう。以下この条及び別表第九号において同じ。）を授与する必要があると認める場合において、当該市町村が内閣総理大臣の認定を申請し、その認定を受けたときは、当該認定の日以後は、同法第二条第二項中「免許状」とあるのは「免許状（構造改革特別区域法（平成十四年法律第百八十九号）第十九条第一項の規定による認定を受けた市町村の教育委員会が同項各号に掲げる者に授与する特別免許状（以下「特例特別免許状」という。）を除く。）」と、「教育委員会をいう」とあるのは「教育委員会をいい、当該免許状が特例特別免許状である場合にあつてはその免許状を授与した市町村の教育委員会をいう」と、同法第五条第七項中「教育委員会（」とあるのは「教育委員会（特例特別免許状にあつては、構造改革特別区域法第十九条第一項の規定による認定を受けた市町村の教育委員会。」と、同法第九条第二項中「有する」とあるのは「有する。ただし、特例特別免許状は、その免許状を授与した授与権者の置かれる市町村においてのみ効力を有する」と、同条第五項中「特別免許状」とあるのは「特別免許状（特例特別免許状を除く。）」と、「までとする」とあるのは「までとし、特例特別免許状（同一の授与権者により授与されたものに限る。）を二以上有する者の当該二以上の免許状の有効期間は、第二項並びに次条第四項及び第五項の規定にかかわらず、それぞれの免許状に係るこれらの規定による有効期間の満了の日のうち最も遅い日までとする」と、同法第二十条中「教育委員会規則」とあるのは「教育委員会規則（特例特別免許状にあつては、その免許状を授与した市町村の教育委員会規則）」と、同法別表第三中「特別免許状」とあるのは「特別免許状（特例特別免許状を除く。）」とする。

一　第十二条第一項の規定により内閣総理大臣の認定を受けている市町村の長が学校教育法第四条第一項の規定による設置の認可を行った学校を設置する学校設置会社が、当該学校の教育職員（教育職員免許法第二条第一項に規定する教育職員をいう。以下

この項において同じ。）に雇用しようとする者

二　第十三条第一項の規定により内閣総理大臣の認定を受けている市町村の長が学校教育法第四条第一項の規定による設置の認可を行った学校を設置する学校設置非営利法人が、当該学校の教育職員に雇用しようとする者

三　その設定する構造改革特別区域における教育上の特別の事情により、市町村がその給料その他の給与（市町村立学校職員給与負担法（昭和二十三年法律第百三十五号）第一条に規定する給料その他の給与をいう。）又は報酬等（同法第一条に規定する報酬等をいう。）を負担して、当該市町村の教育委員会が教育職員に任命しようとする者

2　前項において読み替えて適用する教育職員免許法第五条第七項の規定により、市町村の教育委員会が特別免許状を授与したときは、当該市町村の教育委員会は、遅滞なく、授与を受けた者の氏名及び職種並びに授与の目的、当該特別免許状に係る学校の種類及び教科その他文部科学省令で定める事項を当該市町村を包括する都道府県の教育委員会に通知しなければならない。

3　第九条第一項の規定により第一項の認定が取り消された場合であっても、同項において読み替えて適用する教育職員免許法第五条第七項の規定により市町村の教育委員会が授与した特別免許状に係る授与権者（同項に規定する授与権者をいう。）及び免許管理者（同法第二条第二項に規定する免許管理者をいう。）は、当該市町村の教育委員会とする。

（**私立学校法の特例**）

第二〇条　地方公共団体が、その設定する構造改革特別区域において、地域の特性に応じた高等学校又は幼稚園における教育の機会を提供するに当たり、その実現を図ろうとする教育の内容、当該教育に必要な教職員の編制並びに施設及び設備、地域における当該教育の需要の状況等に照らし、当該地方公共団体の協力により新たに設立される学校法人（私立学校法（昭和二十四年法律第二百七十号）第三条に規定する学校法人をいう。以下この条において同じ。）が高等学校又は幼稚園を設置して当該地方公共団体との連携及び協力に基づき当該教育を実施することが、他の方法により当該教育の機会を提供するよりも、教育効果、効率性等の観点から適切であると認めて内閣総理大臣の認定を申請し、その認定を受けたときは、当該認定の日以後は、当該教育を実施する高等学校又は幼稚園（以下この条及び別表第十号において「公私協力学校」という。）の設置及び運営を目的とする学校法人（以下この条において「協力学校法人」という。）を設立しようとする者であって第六項の指定を受けたもの（第三項において「指定設立予定者」という。）が、所轄庁（同法第四条に規定する所轄庁をいう。以下この条において同じ。）に対し、同法第三十条第一項の規定による寄附行為の認可を申請した場合においては、所轄庁は、同法第三十一条第一項の規定にかかわらず、当該寄附行為の認可を決定するに当たり、同法第二十五条第一項の要件に該当しているかどうかの審査を行わないものとする。

2　前項の寄附行為には、私立学校法第三十条第一項各号に掲げる事項のほか、当該寄附行為により設立する学校法人が協力学校法人である旨及びその設置する学校が公私協力学校である旨を定めなければならない。

3　第一項の認定を受けた地方公共団体（以下この条において「協力地方公共団体」という。）の長と協力学校法人の所轄庁とが異なる場合において、指定設立予定者又は協力学校法人が、所轄庁に対し、次に掲げる申請又は届出を行おうとするときは、協力地方公共団体の長を経由して行わなければならない。この場合において、協力地方公共団体の長は、当該申請又は届出に係る事項に関し意見を付すことができるものとし、所轄庁は、その意見に配慮しなければならない。

一　私立学校法第三十条第一項の規定による寄附行為の認可の申請

二　私立学校法第四十五条第一項又は第二項の規定による寄附行為の変更の認可の申請又は届出

三　私立学校法第五十条第二項の規定による解散についての認可又は認定の申請

四　学校教育法第四条第一項の規定による学校の設置廃止、設置者の変更及び同項に規定する政令で定める事項の認可の申請

4　協力地方公共団体の長は、公私協力学校の設置及び運営に関し、次に掲げる事項を定めた基本計画（以下この条において「公私協力基本計画」という。）を定め、これを公告しなければならない。

一　収容定員に関する事項

二　授業料等の納付金に関する事項

三　施設又は設備の整備及び運営に要する経費についての助成措置に関する事項

四　協力学校法人の解散に伴う残余財産の帰属に関する事項

5　公私協力基本計画においては、前項各号に掲げるもののほか、次に掲げる事項を定めるよう努めるものとする。

一　教育目標に関する事項

二　その他公私協力学校の設置及び運営に関する重要事項として文部科学省令で定めるもの

6　第四項の規定により公告された公私協力基本計画に基づき協力学校法人を設立しようとする者は、当該公告を行った協力地方公共団体の長に申し出て、その設立しようとする協力学校法人について、公私協力学校の設置及び運営を行うべき者としての指定を受けなければならない。

7　協力地方公共団体の長は、前項の申出に係る協力学校法人が、公私協力基本計画に基づく公私協力学校の設置を適正に行い、その運営を継続的かつ安定的に行うことができる能力を有するものであると認めるときでなければ、同項の指定をしてはならない。

8　協力地方公共団体の長は、地域における教育の需要の状況の変化その他の事情を考慮して必要があると認めるときは、協力学校法人に協議して、公私協力基本計画を変更することができる。

9　協力地方公共団体は、協力学校法人が公私協力学校の設置について学校教育法第四条第一項の規定による認可を受けた際に、当該協力学校法人が公私協力基本計画に基づき当該公私協力学校における教育を行うために施設又は設備の整備を必要とする場合には、当該公私協力基本計画に定めるところにより、当該協力学校法人に対し、当該施設若しくは設備を無償若しくは時価よりも低い対価で貸し付け、若しくは譲渡し、又は当該施設若しくは設備の整備に要する資金を出えんするものとする。

10　前項の規定は、地方自治法第九十六条及び第二百三十七条から第二百三十八条の五までの規定の適用を妨げない。

11　協力学校法人は、毎会計年度、文部科学省令で定めるところにより、公私協力基本計画に基づき、当該年度における公私協力学校の運営に関する計画（以下この条において「公私協力年度計画」という。）及び収支予算を作成し、協力地方公共団体の長の認可を受けなければならない。これを変更しようとするときも、同様とする。

12　協力地方公共団体は、協力学校法人が公私協力年度計画を実施するに当たり、公私協力基本計画で定める授業料等の納付金による収入の額では、他の得ることが見込まれる収入の額を合算しても、なおその収支の均衡を図ることが困難となると認められる場合には、公私協力基本計画に定めるところにより、当該協力学校法人に対し、当該公私協力年度計画の円滑かつ確実な実施のために必要な額の補助金を交付するものとする。

13　私立学校振興助成法（昭和五十年法律第六十一号）第十二条（第三号に係る部分を除く。）及び第十四条第一項の規定は、第九項又は前項の規定により協力地方公共団体が協力学校法人に対し助成を行う場合について準用する。この場合において、同法第十二条中

「所轄庁は、この法律の規定」とあるのは「協力地方公共団体（構造改革特別区域法（平成十四年法律第百八十九号）第二十条第三項に規定する協力地方公共団体をいう。以下同じ。）の長は、同条第九項又は第十二項の規定」と、「学校法人に」とあるのは「協力学校法人（同条第一項に規定する協力学校法人をいう。以下同じ。）に」と、同条第一号及び第二号中「学校法人」とあるのは「協力学校法人」と、同条第四号中「学校法人」とあるのは「協力学校法人」と、「所轄庁」とあるのは「協力地方公共団体の長」と、同法第十四条第一項中「第四条第一項又は第九条に規定する補助金の交付を受ける学校法人」とあるのは「構造改革特別区域法第二十条第九項又は第十二項の規定により助成を受ける協力学校法人」と、「作成しなければならない」とあるのは「作成し、協力地方公共団体の長に届け出なければならない」と読み替えるものとする。

14　協力地方公共団体の長と協力学校法人の所轄庁とが異なる場合において、協力地方公共団体の長及び協力学校法人の所轄庁は、相互に密接な連携を図りながら、協力学校法人に対し、前項において準用する私立学校振興助成法第十二条の規定による権限の行使その他の当該協力学校法人の業務の適切な運営を確保するための措置を講ずるものとする。

15　協力地方公共団体の長は、協力学校法人がその設置する公私協力学校の運営を公私協力基本計画に基づき適正かつ確実に実施することができなくなったと認める場合においては、当該協力学校法人に対し、当該公私協力学校に係る第六項の指定を取り消すことができる。

16　協力学校法人は、前項の規定による指定の取消しの処分を受けたときは、当該処分に係る公私協力学校について、学校教育法第四条第一項の規定による廃止の認可を所轄庁に申請しなければならない。

17　協力地方公共団体の長は、第四項の規定による公私協力基本計画の策定及び第八項の規定による公私協力基本計画の変更並びに第十一項の規定による公私協力年度計画及び収支予算の認可を行おうとするときは、あらかじめ、当該協力地方公共団体の教育委員会に協議しなければならない。

18　教育基本法（平成十八年法律第百二十号）第十五条第二項の規定は、公私協力学校について準用する。

（地方公務員法の特例）

第二四条　地方公共団体が、その設定する構造改革特別区域において、次の各号に掲げる場合のいずれかに該当し、又は該当すると見込まれるため臨時的任用を行うことが必要であると認めて内閣総理大臣の認定を申請し、その認定を受けたときは、当該認定の日以後は、当該認定に係る職について当該各号に掲げる場合に行う臨時的任用については、地方公務員法（昭和二十五年法律第二百六十一号）第二十二条の三第一項から第四項までの規定は、適用しない。

一　当該地方公共団体がその職務の遂行について資格要件を必要とする職について地方公務員法第二十二条の三第一項又は第四項の規定に基づく臨時的任用を行っている場合において、当該構造改革特別区域における人材の需給状況等に鑑み、同条第一項後段又は第四項後段の規定により更新された任用の期間の満了の際現に任用している職員以外の者をその職に任用することが困難であるとき。

二　当該地方公共団体が特定の分野に関する職務に職員を従事させることにより、当該職員の資質の向上が図られ、ひいては当該構造改革特別区域における当該特定の分野に係る人材の育成が図られると認められる場合において、当該職務に係る職について一年を超えて臨時的任用を行うことが必要であるとき。

三　当該構造改革特別区域における住民の生活の向上、行政の効率化等を図るために行う当該構造改革特別区域における当該地方公共団体の事務及び事業の見直しに応じた業務量の一時的な変化により生ずる職制又は定数の改廃等に効率的かつ機動的に対処する必要がある場合において、その職について一年を超えて臨時的任用を行うことが特に必要であるとき。

2　前項の認定を受けた地方公共団体であって人事委員会を置くものにおいては、任命権者（地方公務員法第六条第一項に規定する任命権者及びその委任を受けた者をいう。以下この条において同じ。）は、人事委員会規則で定めるところにより、当該認定に係る職について、人事委員会の承認を得て、六月を超えない期間で臨時的任用を行うことができる。この場合において、その任用は、人事委員会の承認を得て、採用した日（その職に同法第二十二条の三第一項の規定に基づき臨時的任用をされている職員をこの項の規定に基づき引き続き任用する場合にあっては、同条第一項の規定に基づき採用した日）から三年を超えない範囲内に限り、六月を超えない期間で更新することができる。ただし、前項各号に掲げる場合に該当しないときは、更新することはできない。

3　前項の場合において、人事委員会は、必要に応じ、臨時的任用につき、任用される者の資格要件を定めるものとする。

4　人事委員会は、前二項の規定に違反する臨時的任用を取り消すことができる。

5　第一項の認定を受けた地方公共団体であって人事委員会を置かないものにおいては、任命権者は、当該認定に係る職について、六月を超えない期間で臨時的任用を行うことができる。この場合において、その任用は、採用した日（その職に地方公務員法第二十二条の三第四項の規定に基づき臨時的任用をされている職員をこの項の規定に基づき引き続き任用する場合にあっては、同条第四項の規定に基づき採用した日）から三年を超えない範囲内に限り、六月を超えない期間で更新することができる。ただし、第一項各号に掲げる場合に該当しないときは、更新することはできない。

6　第一項の認定を申請する地方公共団体においては、任命権者は、第二項又は前項の規定による臨時的任用の適正な実施を確保するため、当該臨時的任用の状況の公表その他の必要な措置を講ずるものとする。

（地方教育行政の組織及び運営に関する法律の特例）

第二九条　地方公共団体が、その設定する構造改革特別区域において、当該地方公共団体の教育委員会の所管に属する学校（学校教育法第一条に規定する学校をいい、大学を除く。）及び社会教育機関（地方教育行政の組織及び運営に関する法律第三十条に規定する教育機関のうち社会教育に関するものをいう。）（以下この条において「学校等」という。）の校舎その他の施設（以下この条及び別表第十九号において「学校等施設」という。）並びに当該地方公共団体の長の所管に属する地方自治法第二百四十四条第一項に規定する公の施設（以下この項において単に「公の施設」という。）の利用及び配置の状況その他の地域の事情に照らし、当該地方公共団体の長が学校等施設の管理及び整備に関する事務の全部又は一部を管理し、及び執行することが、学校等施設及び公の施設の一体的な利用（学校等施設を学校教育及び社会教育の目的以外の目的に使用することを含む。）又はこれらの総合的な整備の促進を図るため必要であり、かつ、学校等における教育活動の適切な実施に支障を及ぼすおそれがないと認めて内閣総理大臣の認定を申請し、その認定を受けたときは、当該認定の日以後は、地方教育行政の組織及び運営に関する法律第二十一条及び第二十二条の規定にかかわらず、当該学校等施設の管理及び整備に関する事務の全部又は一部については、当該地方公共団体の長が管理し、及び執行する。この場合において、当該地方公共団体の長が管理する学校等施設については、同法第二十八条の規定は、適用しない。

2　前項の認定を受けた地方公共団体の長は、同項の規定により管理し、及び執行する学校等施設の管理及び整備に関する事務のうち学校等における教育活動と密接な関連を有するものとして当該地方公共団体の規則で定めるものを管理し、及び執行するに当たつては、当該地方公共団体の規則で定めるところにより、あらかじめ、当該地方公共団体の教育委員会の意見を聴かなければならない。

3　第一項の認定を受けた地方公共団体の長は、前項の規則を制定し、又は改廃しようとするときは、あらかじめ、当該地方公共団体の教育委員会の意見を聴かなければならない。

4　第一項の規定により地方公共団体の長が学校等施設の管理及び整備に関する事務の全部又は一部を管理し、及び執行する場合における社会教育法（昭和二十四年法律第二百七号）第四十四条第二項及び学校施設の確保に関する政令（昭和二十四年政令第三十四号）第二条第三項の規定の適用については、これらの規定中「教育委員会」とあるのは、「教育委員会（構造改革特別区域法（平成十四年法律第百八十九号）第二十九条第一項の規定により同項の認定を受けた地方公共団体の長がその施設を管理する公立学校にあつては、当該地方公共団体の長）」とする。

別表（第二条関係）（教育関係のみ）

番号	事業の名称	関係条項
二	学校設置会社による学校設置事業	第十二条
三	学校設置非営利法人による学校設置事業	第十三条
九	市町村教育委員会による特別免許状授与事業	第十九条
十	公私協力学校設置事業	第二十条
十四	地方公務員に係る臨時的任用事業	第二十四条
十九	地方公共団体の長による学校等施設の管理及び整備に関する事務の実施事業	第二十九条

〔第二条第二項の表〕

教育職員免許法（昭和二十四年法律第百四十七号）	第二条第三項	、当該指定都市等の長）	、当該指定都市等の長、学校設置会社（構造改革特別区域法（平成十四年法律第百八十九号）第十二条第二項に規定する学校設置会社をいう。以下同じ。）の設置する私立学校の教員にあつては同条第一項の規定による認定を受けた地方公共団体の長）
教育職員免許法施行法（昭和二十四年法律第百四十八号）	第二条第一項の表備考	理事長	理事長又は学校設置会社（構造改革特別区域法（平成十四年法律第百八十九号）第十二条第二項に規定する学校設置会社をいう。）の代表取締役若しくは代表執行役
地方交付税法（昭和二十五年法律第二百十一号）	第十二条第一項の表	私立の学校	私立の学校（構造改革特別区域法（平成十四年法律第百八十九号）第十二条第二項に規定する学校設置会社の設置するものを除く。以下同じ。）
	第十二条第三項の表	及び特別支援学校	及び特別支援学校（構造改革特別区域法第十二条第二項に規定する学校設置会社の設置するこれらのものを除く。）
旧軍港市転換法（昭和二十五年法律第二百二十号）	第四条第一項第一号	規定する学校	規定する学校（構造改革特別区域法（平成十四年法律第百八十九号）第十二条第二項に規定する学校設置会社の設置するものを除く。）
産業教育振興法（昭和二十六年法律第二百二十八号）	第十九条第一項	私立学校	私立学校（構造改革特別区域法（平成十四年法律第百八十九号）第十二条第二項に規定する学校設置会社の設置するものを除く。次項において同じ。）
理科教育振興法（昭和二十八年法律第百八十六号）	第九条第一項	私立の学校	私立の学校（構造改革特別区域法（平成十四年法律第百八十九号）第十二条第二項に規定する学校設置会社の設置するものを除く。以下この条において同じ。）
私立学校教職員共済法（昭和二十八年法律第二百四十五号）	附則第十項	設置する者	設置する者（構造改革特別区域法（平成十四年法律第百八十九号）第十二条第二項に規定する学校設置会社を除く。）
義務教育諸学校における教育の政治的中立の確保に関する臨時措置法（昭和二十九年法律第百五十七号）	第五条第一項第三号	都道府県知事	都道府県知事（構造改革特別区域法（平成十四年法律第百八十九号）第十二条第二項に規定する学校設置会社の設置するものにあつては、当該学校を所轄する同条第一項の規定による認定を受けた地方公共団体の長）
学校給食法（昭和二十九年法律第百六十号）	第十二条第一項	私立の義務教育諸学校の設置者	私立の義務教育諸学校の設置者（構造改革特別区域法（平成十四年法律第百八十九号）第十二条第二項に規定する学校設置会社を除く。）
夜間課程を置く高等学校における学校給食に関する法律（昭和三十一年法律第百五十七号）	第六条	私立の高等学校の設置者	私立の高等学校の設置者（構造改革特別区域法（平成十四年法律第百八十九号）第十二条第二項に規定する学校設置会社を除く。）
地方教育行政の組織及び運営に関する法律（昭和三十一年法律第百六十二号）	第二十七条の五	都道府県知事	都道府県知事（学校設置会社（構造改革特別区域法（平成十四年法律第百八十九号）第十二条第二項に規定する学校設置会社をいう。以下この条において同じ。）の設置する私立学校に関する事務にあつては、同法第十二条第一項の規定による認定を受けた地方公共団体の長）
		都道府県委員会	都道府県委員会（学校設置会社の設置する私立学校に関する事務にあつては、同項の規定による認定を受けた地方公共団体の教育委員会）

著作権法（昭和四十五年法律第四十八号）	第三十五条第一項	設置されているものを除く。	設置されているものを除き、学校設置会社（構造改革特別区域法（平成十四年法律第百八十九号）第十二条第二項に規定する学校設置会社をいう。第三十八条第一項において同じ。）の設置する学校を含む。
	第三十八条第一項	又は観衆	若しくは観衆
		受けない場合	受けない場合又は学校設置会社の設置する学校において聴衆若しくは観衆から料金を受けずにその教育若しくは研究を行う活動に利用する場合

〔第一三条第四項の表〕

教育職員免許法	第二条第三項	、当該指定都市等の長）	当該指定都市等の長、学校設置非営利法人（構造改革特別区域法（平成十四年法律第百八十九号）第十三条第二項に規定する学校設置非営利法人をいう。以下同じ。）の設置する私立学校の教員にあつては同条第一項の規定による認定を受けた地方公共団体の長）
教育職員免許法施行法	第二条第一項の表備考	理事長	理事長又は学校設置非営利法人（構造改革特別区域法（平成十四年法律第百八十九号）第十三条第二項に規定する学校設置非営利法人をいう。）の代表権を有する理事
地方交付税法	第十二条第一項の表	私立の学校	私立の学校（構造改革特別区域法（平成十四年法律第百八十九号）第十三条第二項に規定する学校設置非営利法人の設置するものを除く。以下同じ。）
	第十二条第三項の表	及び特別支援学校	及び特別支援学校（構造改革特別区域法第十三条第二項に規定する学校設置非営利法人の設置するこれらのものを除く。）
旧軍港市転換法	第四条第一項第一号	規定する学校	規定する学校（構造改革特別区域法（平成十四年法律第百八十九号）第十三条第二項に規定する学校設置非営利法人の設置するものを除く。）
産業教育振興法	第十九条第一項	私立学校	私立学校（構造改革特別区域法（平成十四年法律第百八十九号）第十三条第二項に規定する学校設置非営利法人の設置するものを除く。次項において同じ。）
理科教育振興法	第九条第一項	私立の学校	私立の学校（構造改革特別区域法（平成十四年法律第百八十九号）第十三条第二項に規定する学校設置非営利法人の設置するものを除く。以下この条において同じ。）
私立学校教職員共済法	附則第十項	設置する者	設置する者（構造改革特別区域法（平成十四年法律第百八十九号）第十三条第二項に規定する学校設置非営利法人を除く。）
義務教育諸学校における教育の政治的中立の確保に関する臨時措置法	第五条第一項第三号	都道府県知事	都道府県知事（構造改革特別区域法（平成十四年法律第百八十九号）第十三条第二項に規定する学校設置非営利法人の設置するものにあつては、当該学校を所轄する同条第一項の規定による認定を受けた地方公共団体の長）
学校給食法	第十二条第一項	私立の義務教育諸学校の設置者	私立の義務教育諸学校の設置者（構造改革特別区域法（平成十四年法律第百八十九号）第十三条第二項に規定する学校設置非営利法人を除く。）
夜間課程を置く高等学校における学校給食に関する法律	第六条	私立の高等学校の設置者	私立の高等学校の設置者（構造改革特別区域法（平成十四年法律第百八十九号）第十三条第二項に規定する学校設置非営利法人を除く。）
地方教育行政の組織及び運営に関する法律	第二十七条の五	都道府県知事	都道府県知事（学校設置非営利法人（構造改革特別区域法（平成十四年法律第百八十九号）第十三条第二項に規定する学校設置非営利法人をいう。以下この条において同じ。）の設置する私立学校に関する事務にあつては、同法第十三条第一項の規定による認定を受けた地方公共団体の長）
		都道府県委員会	都道府県委員会（学校設置非営利法人の設置する私立学校に関する事務にあつては、同項の規定による認定を受けた地方公共団体の教育委員会）

●環境基本法（抜粋）（平成五年一一月一九日 法律第九一号）

施行、平五・一一・一九
最終改正、平三〇―法五〇

第一章　総則

（目的）

第一条　この法律は、環境の保全について、基本理念を定め、並びに国、地方公共団体、事業者及び国民の責務を明らかにするとともに、環境の保全に関する施策の基本となる事項を定めることにより、環境の保全に関する施策を総合的かつ計画的に推進し、もって現在及び将来の国民の健康で文化的な生活の確保に寄与するとともに人類の福祉に貢献することを目的とする。

（定義）

第二条　この法律において「環境への負荷」とは、人の活動により環境に加えられる影響であって、環境の保全上の支障の原因となるおそれのあるものをいう。

2　この法律において「地球環境保全」とは、人の活動による地球全体の温暖化又はオゾン層の破壊の進行、海洋の汚染、野生生物の種の減少その他の地球の全体又はその広範な部分の環境に影響を及ぼす事態に係る環境の保全であって、人類の福祉に貢献するとともに国民の健康で文化的な生活の確保に寄与するものをいう。

3　この法律において「公害」とは、環境の保全上の支障のうち、事業活動その他の人の活動に伴って生ずる相当範囲にわたる大気の汚染、水質の汚濁（水質以外の水の状態又は水底の底質が悪化することを含む。第二十一条第一項第一号において同じ。）、土壌の汚染、騒音、振動、地盤の沈下（鉱物の掘採のための土地の掘削によるものを除く。以下同じ。）及び悪臭によって、人の健康又は生活環境（人の生活に密接な関係のある財産並びに人の生活に密接な関係のある動植物及びその生育環境を含む。以下同じ。）に係る被害が生ずることをいう。

（環境の恵沢の享受と継承等）

第三条　環境の保全は、環境を健全で恵み豊かなものとして維持することが人間の健康で文化的な生活に欠くことのできないものであること及び生態系が微妙な均衡を保つことによって成り立っており人類の存続の基盤である限りある環境が、人間の活動による環境への負荷によって損なわれるおそれが生じてきていることにかんがみ、現在及び将来の世代の人間が健全で恵み豊かな環境の恵沢を享受するとともに人類の存続の基盤である環境が将来にわたって維持されるように適切に行われなければならない。

（環境への負荷の少ない持続的発展が可能な社会の構築等）

第四条　環境の保全は、社会経済活動その他の活動による環境への負荷をできる限り低減することその他の環境の保全に関する行動がすべての者の公平な役割分担の下に自主的かつ積極的に行われるようになることによって、健全で恵み豊かな環境を維持しつつ、環境への負荷の少ない健全な経済の発展を図りながら持続的に発展することができる社会が構築されることを旨とし、及び科学的知見の充実の下に環境の保全上の支障が未然に防がれることを旨として、行われなければならない。

（国際的協調による地球環境保全の積極的推進）

第五条　地球環境保全が人類共通の課題であるとともに国民の健康で文化的な生活を将来にわたって確保する上での課題であること及び我が国の経済社会が国際的な密接な相互依存関係の中で営まれていることにかんがみ、地球環境保全は、我が国の能力を生かして、及び国際社会において我が国の占める地位に応じて、国際的協調の下に積極的に推進されなければならない。

（国の責務）

第六条　国は、前三条に定める環境の保全についての基本理念（以下「基本理念」という。）にのっとり、環境の保全に関する基本的かつ総合的な施策を策定し、及び実施する責務を有する。

（地方公共団体の責務）

第七条　地方公共団体は、基本理念にのっとり、環境の保全に関し、国の施策に準じた施策及びその他のその地方公共団体の区域の自然的社会的条件に応じた施策を策定し、及び実施する責務を有する。

（事業者の責務）

第八条　事業者は、基本理念にのっとり、その事業活動を行うに当たっては、これに伴って生ずるばい煙、汚水、廃棄物等の処理その他の公害を防止し、又は自然環境を適正に保全するために必要な措置を講ずる責務を有する。

2　事業者は、基本理念にのっとり、環境の保全上の支障を防止するため、物の製造、加工又は販売その他の事業活動を行うに当たって、その事業活動に係る製品その他の物が廃棄物となった場合にその適正な処理が図られることとなるように必要な措置を講ずる責務を有する。

3　前二項に定めるもののほか、事業者は、基本理念にのっとり、環境の保全上の支障を防止するため、物の製造、加工又は販売その他の事業活動を行うに当たって、その事業活動に係る製品その他の物が使用され又は廃棄されることによる環境への負荷の低減に資するように努めるとともに、その事業活動において、再生資源その他の環境への負荷の低減に資する原材料、役務等を利用するように努めなければならない。

4　前三項に定めるもののほか、事業者は、基本理念にのっとり、その事業活動に関し、これに伴う環境への負荷の低減その他環境の保全に自ら努めるとともに、国又は地方公共団体が実施する環境の保全に関する施策に協力する責務を有する。

（国民の責務）

第九条　国民は、基本理念にのっとり、環境の保全上の支障を防止するため、その日常生活に伴う環境への負荷の低減に努めなければならない。

2　前項に定めるもののほか、国民は、基本理念にのっとり、環境の保全に自ら努めるとともに、国又は地方公共団体が実施する環境の保全に関する施策に協力する責務を有する。

（環境の日）

第一〇条　事業者及び国民の間に広く環境の保全についての関心と理解を深めるとともに、積極的に環境の保全に関する活動を行う意欲を高めるため、環境の日を設ける。

2　環境の日は、六月五日とする。

3　国及び地方公共団体は、環境の日の趣旨にふさわしい事業を実施するように努めなければならない。

（法制上の措置等）

第一一条　政府は、環境の保全に関する施策を実施するため必要な法制上又は財政上の措置その他の措置を講じなければならない。

（年次報告等）

第一二条　政府は、毎年、国会に、環境の状況及び政府が環境の保全に関して講じた施策に関する報告を提出しなければならない。

2　政府は、毎年、前項の報告に係る環境の状況を考慮して講じようとする施策を明らかにした文書を作成し、これを国会に提出しなければならない。

第二章　環境の保全に関する基本的施策

第一節　施策の策定等に係る指針

第一四条　この章に定める環境の保全に関する施策の策定及び実施は、基本理念にのっとり、次に掲げる事項の確保を旨として、各種の施策相互の有機的な連携を図りつつ総合的かつ計画的に行わなければならない。

一　人の健康が保護され、及び生活環境が保全され、並びに自然環境が適正に保全されるよう、大気、水、土壌その他の環境の自然的構成要素が良好な状態に保持されること。

二　生態系の多様性の確保、野生生物の種の保存その他の生物の多様性の確保が図られるとともに、森林、農地、水辺地等における多様な自然環境が地域の自然的社会的条件に応じて体系的に保全されること。

三　人と自然との豊かな触れ合いが保たれること。

第二節　環境基本計画

第一五条　政府は、環境の保全に関する施策の総合的かつ計画的な推進を図るため、環境の保全に関する基本的な計画（以下「環境基本計画」という。）を定めなければならない。

2　環境基本計画は、次に掲げる事項について定めるものとする。

一　環境の保全に関する総合的かつ長期的な施策の大綱

二　前号に掲げるもののほか、環境の保全に関する施策を総合的かつ計画的に推進するために必要な事項

3　環境大臣は、中央環境審議会の意見を聴いて、環境基本計画の案を作成し、閣議の決定を求めなければならない。

4　環境大臣は、前項の規定による閣議の決定があったときは、遅滞なく、環境基本計画を公表しなければならない。

5　前二項の規定は、環境基本計画の変更について準用する。

●環境教育等による環境保全の取組の促進に関する法律

（抜粋）

（平成一五年七月二五日法律第一三〇号）

施行、平一五・一〇・一、平一六・一〇・一
最終改正、平二三—法六七

第一章　総則

（目的）

第一条　この法律は、健全で恵み豊かな環境を維持しつつ、環境への負荷の少ない健全な経済の発展を図りながら持続的に発展することができる社会（以下「持続可能な社会」という。）を構築する上で事業者、国民及びこれらの者の組織する民間の団体（以下「国民、民間団体等」という。）が行う環境保全活動並びにその促進のための環境保全の意欲の増進及び環境教育が重要であることに加え、これらの取組を効果的に進める上で協働取組が重要であることに鑑み、環境保全活動、環境保全の意欲の増進及び環境教育並びに協働取組について、基本理念を定め、並びに国民、民間団体等、国及び地方公共団体の責務を明らかにするとともに、基本方針の策定その他の環境保全活動、環境保全の意欲の増進及び環境教育並びに協働取組の推進に必要な事項を定め、もって現在及び将来の国民の健康で文化的な生活の確保に寄与することを目的とする。

（定義）

第二条　この法律において「環境保全活動」とは、地球環境保全、公害の防止、生物の多様性の保全等の自然環境の保護及び整備、循環型社会の形成その他の環境の保全（良好な環境の創出を含む。以下単に「環境の保全」という。）を主たる目的として自発的に行われる活動をいう。

2　この法律において「環境保全の意欲の増進」とは、環境の保全に関する情報の提供並びに環境の保全に関する体験の機会の提供及びその便宜の供与であって、環境の保全についての理解を深め、及び環境保全活動を行う意欲を増進するために行われるものをいう。

3　この法律において「環境教育」とは、持続可能な社会の構築を目指して、家庭、学校、職場、地域その他のあらゆる場において、環境と社会、経済及び文化とのつながりその他環境の保全についての理解を深めるために行われる環境の保全に関する教育及び学習をいう。

4　この法律において「協働取組」とは、国民、民間団体等、国又は地方公共団体がそれぞれ適切に役割を分担しつつ対等の立場において相互に協力して行う環境保全活動、環境保全の意欲の増進、環境教育その他の環境の保全に関する取組をいう。

（基本理念）

第三条　環境保全活動、環境保全の意欲の増進及び環境教育は、地球環境がもたらす恵みを持続的に享受すること、豊かな自然を保全し及び育成してこれと共生する地域社会を構築すること、循環型社会を形成し、環境への負荷を低減すること並びに地球規模の視点に立って環境の保全と経済及び社会の発展を統合的に推進することの重要性を踏まえ、国民、民間団体等の自発的意思を尊重しつつ、持続可能な社会の構築のために社会を構成する多様な主体がそれぞれ適切な役割を果たすとともに、対等の立場において相互に協力して行われるものとする。

2　環境保全活動、環境保全の意欲の増進及び環境教育は、森林、田園、公園、河川、湖沼、海岸、海洋等における自然体験活動その他の体験活動を通じて環境の保全についての理解と関心を深めることの重要性を踏まえ、生命を尊び、自然を大切にし、環境の保全に寄与する態度が養われることを旨として行われるとともに、地域住民その他の社会を構成する多様な主体の参加と協力を得るよう努め、透明性を確保しながら継続的に行われるものとする。

3　環境保全活動、環境保全の意欲の増進及び環境教育は、森林、田園、公園、河川、湖沼、海岸、海洋等における自然環境をはぐくみ、これを維持管理することの重要性について一般の理解が深まるよう、必要な配慮をするとともに、国土の保全その他の公益との調整に留意し、並びに農林水産業その他の地域における産業との調和、地域住民の生活の安定及び福祉の維持向上並びに地域における環境の保全に関する文化及び歴史の継承に配慮して行われるものとする。

第二章　基本方針等

（基本方針）

第七条　政府は、環境保全活動、環境保全の意欲の増進及び環境教育並びに協働取組の推進に関する基本的な方針（以下「基本方針」という。）を定めなければならない。

2　基本方針には、次に掲げる事項について、環境保全活動、環境保全の意欲の増進及び環境教育並びに協働取組の動向等を勘案して、定めるものとする。

一　環境保全活動、環境保全の意欲の増進及び環境教育並びに協働取組の推進に関する基本的な事項

二　環境保全活動、環境保全の意欲の増進及び環境教育並びに協働取組の推進に関し政府が実施すべき施策に関する基本的な方針

三　その他環境保全活動、環境保全の意欲の増進及び環境教育並びに協働取組の推進に関する重要な事項

3　基本方針を定めるに当たっては、環境保全活動、環境保全の意欲の増進及び環境教育並びに協働取組の推進に関する国際的な連携の確保並びに持続可能な社会の構築に資する経済的、社会的な取組の促進に配慮しなければならない。

4　環境大臣及び文部科学大臣は、基本方針の案を作成し、閣議の決定を求めなければならない。

5　環境大臣及び文部科学大臣は、基本方針の案の作成に関する事務のうち、農林水産省、経済産業省又は国土交通省の所掌に係るものについては、それぞれ、農林水産大臣、経済産業大臣又は国土交通大臣と共同して行うものとする。

6　環境大臣及び文部科学大臣は、基本方針の案を作成しようとするときは、広く一般の意見を聴かなければならない。

7　環境大臣及び文部科学大臣は、第四項の規定による閣議の決定があったときは、遅滞なく、基本方針を公表しなければならない。

8　第四項から前項までの規定は、基本方針の変更について準用する。

（都道府県及び市町村の行動計画）

第八条　都道府県及び市町村は、基本方針を勘案して、その都道府県又は市町村の区域の自然的社会的条件に応じた環境保全活動、環境保全の意欲の増進及び環境教育並びに協働取組の推進に関する行動計画（以下「行動計画」という。）を作成するよう努めるものとする。

2　行動計画には、おおむね次に掲げる事項について定めるものとする。

一　環境保全活動、環境保全の意欲の増進及び環境教育並びに協働取組の推進に関する基本的な事項

二　環境保全活動、環境保全の意欲の増進及び環境教育並びに協働取組の推進に関し実施すべき施策に関する事項

三　その他環境保全活動、環境保全の意欲の増進及び環境教育並びに協働取組の推進に関する重要な事項

3　都道府県及び市町村は、行動計画を作成しようとするときは、あらかじめ、住民その他の関係者の意見を反映させるために必要な措置を講ずるよう努めるものとする。

4　都道府県及び市町村は、行動計画を作成したときは、遅滞なく、これを公表するよう努めるものとする。

5　行動計画を作成した都道府県及び市町村は、毎年一回、行動計画に基づく施策の実施の状況を公表するよう努めるものとする。

6　前三項の規定は、行動計画の変更について準用する。

（環境教育等推進協議会）

第八条の二　行動計画を作成しようとする都道府県及び市町村は、行動計画の作成に関する協議及び行動計画の実施に係る連絡調整を行うための環境教育等推進協議会（以下この条において「協議会」という。）を組織することができる。

2　協議会は、次に掲げる者をもって構成する。

一　行動計画を作成しようとする都道府県又は市町村

二　当該都道府県又は市町村の教育委員会

三　学校教育及び社会教育の関係者

四　関係する国民、民間団体等、学識経験者その他の当該都道府県又は市町村が必要と認める者

3　都道府県及び市町村は、前項第四号に掲げる者を決定するに当たっては、公募の方法により行うよう努めるものとする。

4　協議会において協議が調った事項については、協議会の構成員は、その協議の結果を尊重するとともに、行動計画の実施に関し、相互に協力して、環境保全活動、環境保全の意欲の増進及び環境教育並びに協働取組の推進に努めるものとする。

5　主務大臣は、行動計画の作成及び実施が円滑に行われるように、協議会の構成員の求めに応じて、必要な助言をすることができる。

6　前各項に定めるもののほか、協議会の運営に関し必要な事項は、協議会が定める。

（行動計画の作成等の提案）

第八条の三　次に掲げる者は、都道府県又は市町村に対して、行動計画の作成又は変更をすることを提案することができる。この場合においては、基本方針に即して、当該提案に係る行動計画の素案を作成して、これを提示しなければならない。

一　学校教育及び社会教育の関係者

二　国民、民間団体等及び学識経験者で環境保全活動、環境保全の意欲の増進及び環境教育並びに協働取組の推進に関し関係を有するもの

2　前項の規定による提案を受けた都道府県又は市町村は、当該提案に基づき行動計画の作成又は変更をするか否かについて、遅滞なく、公表するよう努めるものとする。この場合において、行動計画の作成又は変更をしないこととするときは、その理由を明らかにするよう努めるものとする。

第三章　環境保全のための国民の取組の促進

第一節　環境保全の意欲の増進、環境教育等の推進

（学校教育等における環境教育に係る支援等）

第九条　国、都道府県及び市町村は、国民が、幼児期からその発達段階に応じ、あらゆる機会を通じて環境の保全についての理解と関心を深めることができるよう、学校教育及び社会教育における環境教育の推進に必要な施策を講ずるものとする。

2　国は、環境と人との関わりが総合的に理解できるよう、学校教育において各教科その他の教育活動を通じて発達段階に応じた体系的な環境教育を行うことを促進するため、環境の保全に関する体験学習等の学校教育における環境教育の充実のための措置、教育職員の研修の内容の充実その他の環境教育に係る教育職員の資質の向上のための措置、参考となる資料等の情報の提供、教材の開発その他の必要な措置を講ずるものとする。

3　国は、環境教育の教材として活用するとともに、環境への負荷を低減するため、校舎、運動場等の学校施設その他の施設の整備の際に適切な配慮を促進するとともに、当該施設を活用し、教育を通じた環境保全活動を促進するよう必要な措置を講ずるものとする。

4　都道府県及び市町村は、前二項に規定する国の施策に準じて、学校教育及び社会教育における環境教育の促進に必要な措置を講ずるよう努めるものとする。

5　国は、都道府県及び市町村に対し、第一項に規定する施策及び前項に規定する措置に関し必要な助言その他の措置を講ずるよう努めるものとする。

6　国は、前項の措置を講ずるに当たっては、都道府県及び市町村に対し、第十七条の規定による情報の提供（第十一条第七項に規定する登録人材認定等事業に関する情報の提供を含む。）その他の環境教育の推進に資する情報の提供等により、学校教育及び社会教育における環境教育の実施の際に、環境の保全に関する知識、経験等を有する人材等が広く活用されることとなるよう、適切な配慮をするものとする。

7　国、都道府県及び市町村は、環境教育の内容及び方法についての調査研究を行い、その結果に応じて、これらの改善に努めるものとする。

（職場における環境保全の意欲の増進及び環境教育）

第一〇条　事業者及び国民の組織する民間の団体（以下この条、第二十一条の三第一項、第二項及び第四項並びに第二十三条第一項において「民間団体」という。）、事業者、国並びに地方公共団体は、その雇用する者に対し、環境の保全に関する知識及び技能を向上させるために必要な環境保全の意欲の増進又は環境教育を行うよう努めるものとする。

2　国、都道府県及び市町村は、民間団体又は事業者であってその雇用する者に対して環境保全の意欲の増進又は環境教育を行うものに対し、環境の保全に関する指導を行うことができる人材、環境保全の意欲の増進又は環境教育に係る資料等に関する情報の提供その他の必要な支援を行うよう努めるものとする。

3　民間団体、事業者、国及び地方公共団体は、国民の環境の保全に関する知識及び技能を向上させるため、職場において学生の就業体験その他の必要な体験の機会の提供に努めるものとする。

（環境教育等支援団体）

第一〇条の二　主務大臣は、特定非営利活動促進法（平成十年法律第七号）第二条第二項の特定非営利活動法人その他の営利を目的としない民間の団体であって、次項に規定する事業（以下この条及び第二十五条第一項第一号において「支援事業」という。）に関し次に掲げる基準に適合すると認められるものを、その申請により、環境教育等支援団体（以下この条及び第二十五条第一項第一号において「支援団体」という。）として指定することができる。

一　支援事業を確実に行うに足りる経理的基礎及び技術的能力を有するものとして、主務省令で定める基準に適合するものであること。

二　前号に定めるもののほか、支援事業を公正かつ適確に実施することができるものとして、主務省令で定める基準に適合するものであること。

2　支援団体は、環境保全活動、環境保全の意欲の増進若しくは環境教育又は協働取組を行う国民、民間団体等を支援するため、次に掲げる事業の全部又は一部を行うものとする。

一　環境保全活動、環境保全の意欲の増進若しくは環境教育又は協働取組に関する情報及び資料の収集、整理及び提供を行うこと。

二　環境保全活動、環境保全の意欲の増進若しくは環境教育又は協働取組に関する調査研究（これらに関する政策に係るものを含む。）を行い、及びその成果を提供すること。

三　環境保全活動、環境保全の意欲の増進若しくは環境教育又は協働取組の手引その他の資料等を作成し、及び提供すること。

四　環境保全活動、環境保全の意欲の増進若しくは環境教育又は協働取組に関し、照会及び相談に応じ、並びに必要な助言を行うこと。

五　環境保全活動、環境保全の意欲の増進若しくは環境教育又は協働取組を行うに当たって必要な指導者等のあっせん又は紹介を行うこと。

六　前各号の事業に附帯する事業

3　主務大臣は、支援団体に対し、支援事業に関連する環境保全活動、環境保全の意欲の増進若しくは環境教育又は協働取組に関する情報の提供その他の措置を講ずるものとする。

4　支援団体は、支援事業の実施状況を踏まえ、環境保全活動、環境保全の意欲の増進若しくは環境教育又は協働取組の推進につき、主務大臣に対し必要な意見を述べることができる。

5　主務大臣は、支援団体の財産の状況又は支援事業の運営に関し改善が必要であると認めるときは、当該支援団体に対し、その改善に必要な措置をとるべきことを命ずることができる。

6　主務大臣は、支援団体が前項の規定による命令に違反したときは、第一項の指定を取り消すことができる。

7　前各項に定めるもののほか、第一項の指定の手続その他支援団体に関し必要な事項は、主務省令で定める。

（人材の育成のための手引その他の資料等の質の向上）

第一八条　主務大臣は、環境の保全に関する人材の育成のための手引その他の資料等の作成、提供等を行う国民、民間団体等の求めに応じ、必要な助言を行うものとする。

2　主務大臣は、前項の手引その他の資料等の質の向上を図るため、これらに関連する情報の収集、整理及び分析並びにその結果の提供を行うものとする。

（環境保全の意欲の増進等の拠点としての機能を担う体制の整備）

第一九条　国は、国民、民間団体等が行う環境保全活動、環境保全の意欲の増進及び環境教育並びに協働取組並びにこれらを推進する都道府県及び市町村の取組と相まって、国民、民間団体等の環境の保全のための取組を効果的に推進するため、次に掲げる拠点としての機能を担う体制の整備に努めるものとする。

一　国民、民間団体等が行う環境保全活動、環境保全の意欲の増進及び環境教育並びに協働取組に関する情報その他環境の保全に関する情報及び資料を収集し、及び提供すること。

二　環境の保全に関する人材の育成のための手引その他の資料等に係る助言を行うことその他環境の保全に関し、照会及び相談に応じ、並びに必要な助言を行うこと。

三　環境保全活動、環境保全の意欲の増進若しくは環境教育又は協働取組を行う国民、民間団体等相互間の情報交換及び交流に関し、その機会を提供することその他の便宜を供与すること。

四　その他環境保全活動、環境保全の意欲の増進及び環境教育並びに協働取組を推進すること。

2　都道府県及び市町村は、その都道府県又は市町村の区域の自然的社会的条件に応じ、国民、民間団体等が行う環境保全活動、環境保全の意欲の増進及び環境教育並びに協働取組並びにこれらを推進する国の取組と相まって、国民、民間団体等の環境の保全のための取組を効果的に推進するための拠点としての機能を担う体制の整備（次項において「拠点機能整備」という。）に努めるものとする。

3　国は、都道府県及び市町村が行う拠点機能整備について、必要な支援に努めるものとする。

●著作権法（抜粋）

（昭和四五年五月六日法律第四八号）

施行、昭四六・一・一
最終改正、令二―法四八

第一章　総則

第一節　通則

（目的）

第一条　この法律は、著作物並びに実演、レコード、放送及び有線放送に関し著作者の権利及びこれに隣接する権利を定め、これらの文化的所産の公正な利用に留意しつつ、著作者等の権利の保護を図り、もつて文化の発展に寄与することを目的とする。

（定義）

第二条　この法律において、次の各号に掲げる用語の意義は、当該各号に定めるところによる。

一　著作物　思想又は感情を創作的に表現したものであつて、文芸、学術、美術又は音楽の範囲に属するものをいう。

二　著作者　著作物を創作する者をいう。

三から十まで（省略）

十の二　プログラム　電子計算機を機能させて一の結果を得ることができるようにこれに対する指令を組み合わせたものとして表現したものをいう。

十の三　データベース　論文、数値、図形その他の情報の集合物であつて、それらの情報を電子計算機を用いて検索することができるように体系的に構成したものをいう。

十一　二次的著作物　著作物を翻訳し、編曲し、若しくは変形し、又は脚色し、映画化し、その他翻案することにより創作した著作物をいう。

十二　共同著作物　二人以上の者が共同して創作した著作物であつて、その各人の寄与を分離して個別的に利用することができないものをいう。

十三から二十四まで（省略）

2から9まで（省略）

（著作物の発行）

第三条　著作物は、その性質に応じ公衆の要求を満たすことができる相当程度の部数の複製物が、第二十一条に規定する権利を有する者又はその許諾（第六十三条第一項の規定による利用の許諾をいう。以下この項、次条第一項、第四条の二及び第六十三条を除き、以下この章及び次章において同じ。）を得た者若しくは第七十九条の出版権の設定を受けた者若しくはその複製許諾（第八十条第三項の規定による複製の許諾をいう。第三十七条第三項ただし書及び第三十七条の二ただし書において同じ。）を得た者によつて作成され、頒布された場合（第二十六条、第二十六条の二第一項又は第二十六条の三に規定する権利を有する者の権利を害しない場合に限る。）において、発行されたものとする。

2・3（省略）

（著作物の公表）

第四条　著作物は、発行され、又は第二十二条から第二十五条までに規定する権利を有する者若しくはその許諾（第六十三条第一項の規定による利用の許諾をいう。）を得た者若しくは第七十九条の出版権の設定を受けた者若しくはその公衆送信許諾（第八十条第三項の規定による公衆送信の許諾をいう。次項、第三十七条第三項ただし書及び第三十七条の二ただし書において同じ。）を得た者によつて上演、演奏、上映、公衆送信、口述若しくは展示の方法で公衆に提示された場合（建築の著作物にあつては、第二十一条に規定する権利を有する者又はその許諾（第六十三条第一項の規定による利用の許諾をいう。）を得た者によつて建設された場合を含む。）において、公表されたものとする。

2から5まで（省略）

第二節　適用範囲

（保護を受ける著作物）

第六条　著作物は、次の各号のいずれかに該当するものに限り、この法律による保護を受ける。

一　日本国民（わが国の法令に基づいて設立された法人及び国内に主たる事務所を有する法人を含む。以下同じ。）の著作物

二　最初に国内において発行された著作物（最初に国外において発行されたが、その発行の日から三十日以内に国内において発行されたものを含む。）

三　前二号に掲げるもののほか、条約によりわが国が保護の義務を負う著作物

第二章　著作者の権利

第一節　著作物

（著作物の例示）

第一〇条　この法律にいう著作物を例示すると、おおむね次のとおりである。

一　小説、脚本、論文、講演その他の言語の著作物

二　音楽の著作物

三　舞踊又は無言劇の著作物

四　絵画、版画、彫刻その他の美術の著作物

五　建築の著作物

六　地図又は学術的な性質を有する図面、図表、模型その他の図形の著作物

七　映画の著作物

八　写真の著作物

九　プログラムの著作物

2　事実の伝達にすぎない雑報及び時事の報道は、前項第一号に掲げる著作物に該当しない。

3　第一項第九号に掲げる著作物に対するこの法律による保護は、その著作物を作成するために用いるプログラム言語、規約及び解法に及ばない。この場合において、これらの用語の意義は、次の各号に定めるところによる。

一　プログラム言語　プログラムを表現する手段としての文字その他の記号及びその体系をいう。

二　規約　特定のプログラムにおける前号のプログラム言語の用法についての特別の約束をいう。

三　解法　プログラムにおける電子計算機に対する指令の組合せの方法をいう。

（二次的著作物）

第一一条　二次的著作物に対するこの法律による保護は、その原著作物の著作者の権利に影響を及ぼさない。

（編集著作物）

第一二条　編集物（データベースに該当するものを除く。以下同じ。）でその素材の選択又は配列によつて創作性を有するものは、著作物として保護する。

2　前項の規定は、同項の編集物の部分を構成する著作物の著作者の権利に影響を及ぼさない。

（データベースの著作物）

第一二条の二　データベースでその情報の選択又は体系的な構成によつて創作性を有するものは、著作物として保護する。

2　前項の規定は、同項のデータベースの部分を構成する著作物の著作者の権利に影響を及ぼさない。

（権利の目的とならない著作物）

第一三条　次の各号のいずれかに該当する著作物は、この章の規定による権利の目的となることができない。

一　憲法その他の法令

二　国若しくは地方公共団体の機関、独立行政法人（独立行政法人通則法（平成十一年法律第百三号）第二条第一項に規定する独立行政法人をいう。以下同じ。）又は地方独立行政法人（地方独立行政法人法（平成十五年法律第百十八号）第二条第一項に規定する地方独立行政法人をいう。以下同じ。）が発する告示、訓令、通達その他これらに類するもの

三　裁判所の判決、決定、命令及び審判並びに行政庁の裁決及び決定で裁判に準ずる手続により行われるもの

四　前三号に掲げるものの翻訳物及び編集物で、国若しくは地方公共団体の機関、独立行政法人又は地方独立行政法人が作成するもの

第三節　権利の内容

第一款　総則

（著作者の権利）

第一七条　著作者は、次条第一項、第十九条第一項及び第二十条第一項に規定する権利（以下「著作者人格権」という。）並びに第二十一条から第二十八条までに規定する権利（以下「著作権」という。）を享有する。

2　著作者人格権及び著作権の享有には、いかなる方式の履行をも要しない。

第二款　著作者人格権

（公表権）

第一八条　著作者は、その著作物でまだ公表されていないもの（その同意を得ないで公表された著作物を含む。以下この条において同じ。）を公衆に提供し、又は提示する権利を有する。当該著作物を原著作物とする二次的著作物についても、同様とする。

2　著作者は、次の各号に掲げる場合には、当該各号に掲げる行為について同意したものと推定する。

一　その著作物でまだ公表されていないものの著作権を譲渡した場合　当該著作物をその著作権の行使により公衆に提供し、又は提示すること。

二　その美術の著作物又は写真の著作物でまだ公表されていないものの原作品を譲渡した場合　これらの著作物をその原作品による展示の方法で公衆に提示すること。

三　第二十九条の規定によりその映画の著作物の著作権が映画製作者に帰属した場合　当該著作物をその著作権の行使により公衆に提供し、又は提示すること。

3　著作者は、次の各号に掲げる場合には、当該各号に掲げる行為について同意したものとみなす。

一　その著作物でまだ公表されていないものを行政機関（行政機関の保有する情報の公開に関する法律（平成十一年法律第四十二号。以下「行政機関情報公開法」という。）第二条第一項に規定する行政機関をいう。以下同じ。）に提供した場合（行政機関情報公開法第九条第一項の規定による開示する旨の決定の時までに別段の意思表示をした場合を除く。）　行政機関情報公開法の規定により行政機関の長が当該著作物を公衆に提供し、又は提示すること（当該著作物に係る歴史公文書等（公文書等の管理に関する法律（平成二十一年法律第六十六号。以下「公文書管理法」という。）第二条第六項に規定する歴史公文書等をいう。以下同じ。）が行政機関の長から公文書管理法第八条第一項の規定により国立公文書館等（公文書管理法第二条第三項に規定する国立公文書館等をいう。以下同じ。）に移管された場合（公文書管理法第十六条第一項の規定による利用をさせる旨の決定の時までに当該著作物の著作者が別段の意思表示をした場合を除く。）にあつては、公文書管理法第十六条第一項の規定により国立公文書館等の長（公文書管理法第十五条第一項に規定する国立公文書館等の長をいう。以下同じ。）が当該著作物を公衆に提供し、又は提示することを含む。）

二　その著作物でまだ公表されていないものを独立行政法人等（独立行政法人等の保有する情報の公開に関する法律（平成十三年法律第百四十号。以下「独立行政法人等情報公開法」という。）第二条第一項に規定する独立行政法人等をいう。以下同じ。）に提供した場合（独立行政法人等情報公開法第九条第一項の規定による開示する旨の決定の時までに別段の意思表示をした場合を除く。）　独立行政法人等情報公開法の規定により当該独立行政法人等が当該著作物を公衆に提供し、又は提示すること（当該著作物に係る歴史公文書等が当該独立行政法人等から公文書管理法第十一条第四項の規定により国立公文書館等に移管された場合（公文書管理法第十六条第一項の規定による利用をさせる旨の決定の時までに当該著作物の著作者が別段の意思表示をした場合を除く。）にあつては、公文書管理法第十六条第一項の規定により国立公文書館等の長が当該著作物を公衆に提供し、又は提示することを含む。）

三　その著作物でまだ公表されていないものを地方公共団体又は地方独立行政法人に提供した場合（開示する旨の決定の時までに別段の意思表示をした場合を除く。）　情報公開条例（地方公共団体又は地方独立行政法人の保有する情報の公開を請求する住民等の権利について定める当該地方公共団体の条例をいう。以下同じ。）の規定により当該地方公共団体の機関又は地方独立行政法人が当該著作物を公衆に提供し、又は提示すること（当該著作物に係る歴史公文書等が当該地方公共団体又は地方独立行政法人から公文書管理条例（地方公共団体又は地方独立行政法人の保有する歴史公文書等の適切な保存及び利用について定める当該地方公共団体の条例をいう。以下同じ。）に基づき地方公文書館等（歴史公文書等の適切な保存及び利用を図る施設として公文書管理条例が定める施設をいう。以下同じ。）に移管された場合（公文書管理条例の規定（公文書管理法第十六条第一項の規定に相当する規定に限る。以下この条において同じ。）による利用をさせる旨の決定の時までに当該著作物の著作者が別段の意思表示をした場合を除く。）にあつては、公文書管理条例の規定により地方公文書館等の長（地方公文書館等が地方公共団体の施設である場合にあつてはその属する地方公共団体の長をいい、地方公文書館等が地方独立行政法人の施設である場合にあつてはその施設を設置した地方独立行政法人をいう。以下同じ。）が当該著作物を公衆に提供し、又は提示することを含む。）

四　その著作物でまだ公表されていないものを国立公文書館等に提供した場合（公文書管理法第十六条第一項の規定による利用をさせる旨の決定の時までに別段の意思表示をした場合を除く。）　同項の規定により国立公文書館等の長が当該著作物を公衆に提供し、又は提示すること。

五　その著作物でまだ公表されていないものを地方公文書館等に提供した場合（公文書管理条例の規定による利用をさせる旨の決定の時までに別段の意思表示をした場合を除く。）　公文書管理条例の規定により地方公文書館等の長が当該著作物を公衆に提供し、又は提示すること。

4　第一項の規定は、次の各号のいずれかに該当するときは、適用しない。

一　行政機関情報公開法第五条の規定により行政機関の長が同条第一号ロ若しくはハ若しくは同条第二号ただし書に規定する情報が記録されている著作物でまだ公表されていないものを公衆に提供し、若しくは提示するとき、又は行政機関情報公開法第七条の規定により行政機関の長が著作物でまだ公表されていないものを公衆に提供し、若しくは提示するとき。

二　独立行政法人等情報公開法第五条の規定により独立行政法人等が同条第一号ロ若しくはハ若しくは同条第二号ただし書に規定する情報が記録されている著作物でまだ公表されていないものを公衆に提供し、若しくは提示するとき、又は独立行政法人等情報公開法第七条の規定により独立行政法人等が著作物でまだ公表されていないものを公衆に提供し、若しくは提示するとき。

三　情報公開条例（行政機関情報公開法第十三条第二項及び第三項の規定に相当する規定を設けているものに限る。第五号において同じ。）の規定により地方公共団体の機関又は地方独立行政法人が著作物でまだ公表されていないもの（行政機関情報公開法第五条第一号ロ又は同条第二号ただし書に規定する情報に相当する情報が記録されているものに限る。）を公衆に提供し、又は提示するとき。

四　情報公開条例の規定により地方公共団体の機関又は地方独立行政法人が著作物でまだ公表されていないもの（行政機関情報公開法第五条第一号ハに規定する情報に相当する情報が記録されているものに限る。）を公衆に提供し、又は提示するとき。

五　情報公開条例の規定で行政機関情報公開法第七条の規定に相当するものにより地方公共団体の機関又は地方独立行政法人が著作物でまだ公表されていないものを公衆に提供し、又は提示するとき。

六　公文書管理法第十六条第一項の規定により国立公文書館等の長が行政機関情報公開法第五条第一号ロ若しくはハ若しくは同条第二号ただし書に規定する情報又は独立行政法人等情報公開法第五条第一号ロ若しくはハ若しくは同条第二号ただし書に規定する情報が記録されている著作物でまだ公表されていないものを公衆に提供し、又は提示するとき。

七　公文書管理条例（公文書管理法第十八条第二項及び第四項の規定に相当する規定を設けているものに限る。）の規定により地方公文書館等の長が著作物でまだ公表されていないもの（行政機関情報公開法第五条第一号ロ又は同条第二号ただし書に規定する情報に相当する情報が記録されているものに限る。）を公衆に提供し、又は提示するとき。

八　公文書管理条例の規定により地方公文書館等の長が著作物でまだ公表されていないもの（行政機関情報公開法第五条第一号ハに規定する情報に相当する情報が記録されているものに限る。）を公衆に提供し、又は提示するとき。

（氏名表示権）

第一九条　著作者は、その著作物の原作品に、又はその著作物の公衆への提供若しくは提示に際し、その実名若しくは変名を著作者名として表示し、又は著作者名を表示しないこととする権利を有する。その著作物を原著作物とする二次的著作物の公衆への提供又は提示に際しての原著作物の著作者名の表示についても、同様とする。

2　著作物を利用する者は、その著作者の別段の意思表示がない限り、その著作物につきすでに著作者が表示しているところに従つて著作者名を表示することができる。

3　著作者名の表示は、著作物の利用の目的及び態様に照らし著作者が創作者であることを主張する利益を害するおそれがないと認められるときは、公正な慣行に反しない限り、省略することができる。

4　第一項の規定は、次の各号のいずれかに該当するときは、適用しない。

一　行政機関情報公開法、独立行政法人等情報公開法又は情報公開条例の規定により行政機関の長、独立行政法人等又は地方公共団体の機関若しくは地方独立行政法人が著作物を公衆に提供し、又は提示する場合において、当該著作物につき既にその著作者が表示しているところに従つて著作者名を表示するとき。

二　行政機関情報公開法第六条第二項の規定、独立行政法人等情報公開法第六条第二項の規定又は情報公開条例の規定で行政機関情報公開法第六条第二項の規定に相当するものにより行政機関の長、独立行政法人等又は地方公共団体の機関若しくは地方独立行政法人が著作物を公衆に提供し、又は提示する場合において、当該著作物の著作者名の表示を省略することとなるとき。

三　公文書管理法第十六条第一項の規定又は公文書管理条例の規定（同項の規定に相当する規定に限る。）により国立公文書館等の長又は地方公文書館等の長が著作物を公衆に提供し、又は提示する場合において、当該著作物につき既にその著作者が表示しているところに従つて著作者名を表示するとき。

（同一性保持権）

第二〇条　著作者は、その著作物及びその題号の同一性を保持する権利を有し、その意に反してこれらの変更、切除その他の改変を受けないものとする。

2　前項の規定は、次の各号のいずれかに該当する改変については、適用しない。

一　第三十三条第一項（同条第四項において準用する場合を含む。）、第三十三条の二第一項、第三十三条の三第一項又は第三十四条第一項の規定により著作物を利用する場合における用字又は用語の変更その他の改変で、学校教育の目的上やむを得ないと認められるもの

二から四まで（省略）

第三款　著作権に含まれる権利の種類

（複製権）

第二一条　著作者は、その著作物を複製する権利を専有する。

（上演権及び演奏権）

第二二条　著作者は、その著作物を、公衆に直接見せ又は聞かせることを目的として（以下「公に」という。）上演し、又は演奏する権利を専有する。

（上映権）

第二二条の二　著作者は、その著作物を公に上映する権利を専有する。

（公衆送信権等）

第二三条　著作者は、その著作物について、公衆送信（自動公衆送信の場合にあつては、送信可能化を含む。）を行う権利を専有する。

2　著作者は、公衆送信されるその著作物を受信装置を用いて公に伝達する権利を専有する。

（口述権）

第二四条　著作者は、その言語の著作物を公に口述する権利を専有する。

（展示権）

第二五条　著作者は、その美術の著作物又はまだ発行されていない写真の著作物をこれらの原作品により公に展示する権利を専有する。

（頒布権）

第二六条　著作者は、その映画の著作物をその複製物により頒布する権利を専有する。

2　著作者は、映画の著作物において複製されているその著作物を当該映画の著作物の複製物により頒布する権利を専有する。

（譲渡権）

第二六条の二　著作者は、その著作物（映画の著作物を除く。以下この条において同じ。）をその原作品又は複製物（映画の著作物において複製されている著作物にあつては、当該映画の著作物の複製物を除く。以下この条において同じ。）の譲渡により公衆に提供する権利を専有する。

2　前項の規定は、著作物の原作品又は複製物で次の各号のいずれかに該当するものの譲渡による場合には、適用しない。

一　前項に規定する権利を有する者又はその許諾を得た者により公衆に譲渡された著作物の原作品又は複製物

二　第六十七条第一項若しくは第六十九条の規定による裁定又は万国著作権条約の実施に伴う著作権法の特例に関する法律（昭和三十一年法律第八十六号）第五条第一項の規定による許可を受けて公衆に譲渡された著作物の複製物

三　第六十七条の二第一項の規定の適用を受けて公衆に譲渡された著作物の複製物

四　前項に規定する権利を有する者又はその承諾を得た者により特定かつ少数の者に譲渡された著作物の原作品又は複製物

五　国外において、前項に規定する権利に相当する権利を害することなく、又は同項に規定する権利に相当する権利を有する者若しくはその承諾を得た者により譲渡された著作物の原作品又は複製物

（貸与権）

第二六条の三　著作者は、その著作物（映画の著作物を除く。）をその複製物（映画の著作物において複製されている著作物にあつては、当該映画の著作物の複製物を除く。）の貸与により公衆に提供する権利を専有する。

（翻訳権、翻案権等）

第二七条　著作者は、その著作物を翻訳し、編曲し、若しくは変形し、又は脚色し、映画化し、その他翻案する権利を専有する。

（二次的著作物の利用に関する原著作者の権利）

第二八条　二次的著作物の原著作物の著作者は、当該二次的著作物の利用に関し、この款に規定する権利で当該二次的著作物の著作者が有するものと同一の種類の権利を専有する。

第五款　著作権の制限

（私的使用のための複製）

第三〇条　著作権の目的となつている著作物（以下この款において単に「著作物」という。）は、個人的に又は家庭内その他これに準ずる限られた範囲内において使用すること（以下「私的使用」という。）を目的とするときは、次に掲げる場合を除き、その使用する者が複製することができる。

一　公衆の使用に供することを目的として設置されている自動複製機器（複製の機能を有し、これに関する装置の全部又は主要な部分が自動化されている機器をいう。）を用いて複製する場合

二　技術的保護手段の回避（第二条第一項第二十号に規定する信号の除去若しくは改変その他の当該信号の効果を妨げる行為（記録又は送信の方式の変換に伴う技術的な制約によるものを除く。）を行うこと又は同号に規定する特定の変換を必要とするよう変換された著作物、実演、レコード若しくは放送若しくは有線放送に係る音若しくは影像の復元を行うことにより、当該技術的保護手段によつて防止される行為を可能とし、又は当該技術的保護手段によつて抑止される行為の結果に障害を生じないようにすること（著作権等を有する者の意思に基づいて行われるものを除く。）をいう。第百十三条第七項並びに第百二十条の二第一号及び第二号において同じ。）により可能

となり、又はその結果に障害が生じないようになつた複製を、その事実を知りながら行う場合

三　著作権を侵害する自動公衆送信（国外で行われる自動公衆送信であつて、国内で行われたとしたならば著作権の侵害となるべきものを含む。）を受信して行うデジタル方式の録音又は録画（以下この号及び次項において「特定侵害録音録画」という。）を、特定侵害録音録画であることを知りながら行う場合

四　著作権（第二十八条に規定する権利（翻訳以外の方法により創作された二次的著作物に係るものに限る。）を除く。以下この号において同じ。）を侵害する自動公衆送信（国外で行われる自動公衆送信であつて、国内で行われたとしたならば著作権の侵害となるべきものを含む。）を受信して行うデジタル方式の複製（録音及び録画を除く。以下この号において同じ。）（当該著作権に係る著作物のうち当該複製がされる部分の占める割合、当該部分が自動公衆送信される際の表示の精度その他の要素に照らし軽微なものを除く。以下この号及び次項において「特定侵害複製」という。）を、特定侵害複製であることを知りながら行う場合（当該著作物の種類及び用途並びに当該特定侵害複製の態様に照らし著作権者の利益を不当に害しないと認められる特別な事情がある場合を除く。）

2　前項第三号及び第四号の規定は、特定侵害録音録画又は特定侵害複製であることを重大な過失により知らないで行う場合を含むものと解釈してはならない。

3　私的使用を目的として、デジタル方式の録音又は録画の機能を有する機器（放送の業務のための特別の性能その他の私的使用に通常供されない特別の性能を有するもの及び録音機能付きの電話機その他の本来の機能に附属する機能として録音又は録画の機能を有するものを除く。）であつて政令で定めるものにより、当該機器によるデジタル方式の録音又は録画の用に供される記録媒体であつて政令で定めるものに録音又は録画を行う者は、相当な額の補償金を著作権者に支払わなければならない。

（付随対象著作物の利用）

第三〇条の二　写真の撮影、録音、録画、放送その他これらと同様に事物の影像又は音を複製し、又は複製を伴うことなく伝達する行為（以下この項において「複製伝達行為」という。）を行うに当たつて、その対象とする事物又は音（以下この項において「複製伝達対象事物等」という。）に付随して対象となる事物又は音（複製伝達対象事物等の一部を構成するものとして対象となる事物又は音を含む。以下この項において「付随対象事物等」という。）に係る著作物（当該複製伝達行為により作成され、又は伝達されるもの（以下この条において「作成伝達物」という。）のうち当該著作物の占める割合、当該作成伝達物における当該著作物の再製の精度その他の要素に照らし当該作成伝達物において当該著作物が軽微な構成部分となる場合における当該著作物に限る。以下この条において「付随対象著作物」という。）は、当該付随対象著作物の利用により利益を得る目的の有無、当該付随対象事物等の当該複製伝達対象事物等からの分離の困難性の程度、当該作成伝達物において当該付随対象著作物が果たす役割その他の要素に照らし正当な範囲内において、当該複製伝達行為に伴つて、いずれの方法によるかを問わず、利用することができる。ただし、当該付随対象著作物の種類及び用途並びに当該利用の態様に照らし著作権者の利益を不当に害することとなる場合は、この限りでない。

2　前項の規定により利用された付随対象著作物は、当該付随対象著作物に係る作成伝達物の利用に伴つて、いずれの方法によるかを問わず、利用することができる。ただし、当該付随対象著作物の種類及び用途並びに当該利用の態様に照らし著作権者の利益を不当に害することとなる場合は、この限りでない。

（検討の過程における利用）

第三〇条の三　著作権者の許諾を得て、又は第六十七条第一項、第六十八条第一項若しくは第六十九条の規定による裁定を受けて著作物を利用しようとする者は、これらの利用についての検討の過程（当該許諾を得、又は当該裁定を受ける過程を含む。）における利用に供することを目的とする場合には、その必要と認められる限度において、いずれの方法によるかを問わず、当該著作物を利用することができる。ただし、当該著作物の種類及び用途並びに当該利用の態様に照らし著作権者の利益を不当に害することとなる場合は、この限りでない。

（著作物に表現された思想又は感情の享受を目的としない利用）

第三〇条の四　著作物は、次に掲げる場合その他の当該著作物に表現された思想又は感情を自ら享受し又は他人に享受させることを目的としない場合には、その必要と認められる限度において、いずれの方法によるかを問わず、利用することができる。ただし、当該著作物の種類及び用途並びに当該利用の態様に照らし著作権者の利益を不当に害することとなる場合は、この限りでない。

一　著作物の録音、録画その他の利用に係る技術の開発又は実用化のための試験の用に供する場合

二　情報解析（多数の著作物その他の大量の情報から、当該情報を構成する言語、音、影像その他の要素に係る情報を抽出し、比較、分類その他の解析を行うことをいう。第四十七条の五第一項第二号において同じ。）の用に供する場合

三　前二号に掲げる場合のほか、著作物の表現についての人の知覚による認識を伴うことなく当該著作物を電子計算機による情報処理の過程における利用その他の利用（プログラムの著作物にあつては、当該著作物の電子計算機における実行を除く。）に供する場合

（図書館等における複製等）

第三一条　国立国会図書館及び図書、記録その他の資料を公衆の利用に供することを目的とする図書館その他の施設で政令で定めるもの（以下この項及び第三項において「図書館等」という。）においては、次に掲げる場合には、その営利を目的としない事業として、図書館等の図書、記録その他の資料（以下この条において「図書館資料」という。）を用いて著作物を複製することができる。

一　図書館等の利用者の求めに応じ、その調査研究の用に供するために、公表された著作物の一部分（発行後相当期間を経過した定期刊行物に掲載された個々の著作物にあつては、その全部。第三項において同じ。）の複製物を一人につき一部提供する場合

二　図書館資料の保存のため必要がある場合

三　他の図書館等の求めに応じ、絶版その他これに準ずる理由により一般に入手することが困難な図書館資料（以下この条において「絶版等資料」という。）の複製物を提供する場合

2　前項各号に掲げる場合のほか、国立国会図書館においては、図書館資料の原本を公衆の利用に供することによるその滅失、損傷若しくは汚損を避けるために当該原本に代えて公衆の利用に供するため、又は絶版等資料に係る著作物を次項の規定により自動公衆送信（送信可能化を含む。同項において同じ。）に用いるため、電磁的記録（電子的方式、磁気的方式その他人の知覚によつては認識することができない方式で作られる記録であつて、電子計算機による情報処理の用に供されるものをいう。以下同じ。）を作成する場合には、必要と認められる限度において、当該図書館資料に係る著作物を記録媒体に記録することができる。

3　国立国会図書館は、絶版等資料に係る著作物について、図書館等又はこれに類する外国の施設で政令で定めるものにおいて公衆に提示することを目的とする場合には、前項の規定により記録媒体に記録された当該著作物の複製物を用いて自動公衆送信を行うことがで

きる。この場合において、当該図書館等においては、その営利を目的としない事業として、当該図書館等の利用者の求めに応じ、その調査研究の用に供するために、自動公衆送信される当該著作物の一部分の複製物を作成し、当該複製物を一人につき一部提供することができる。

（引用）

第三十二条　公表された著作物は、引用して利用することができる。この場合において、その引用は、公正な慣行に合致するものであり、かつ、報道、批評、研究その他の引用の目的上正当な範囲内で行なわれるものでなければならない。

2　国若しくは地方公共団体の機関、独立行政法人又は地方独立行政法人が一般に周知させることを目的として作成し、その著作の名義の下に公表する広報資料、調査統計資料、報告書その他これらに類する著作物は、説明の材料として新聞紙、雑誌その他の刊行物に転載することができる。ただし、これを禁止する旨の表示がある場合は、この限りでない。

（教科用図書等への掲載）

第三十三条　公表された著作物は、学校教育の目的上必要と認められる限度において、教科用図書（学校教育法（昭和二十二年法律第二十六号）第三十四条第一項（同法第四十九条、第四十九条の八、第六十二条、第七十条第一項及び第八十二条において準用する場合を含む。）に規定する教科用図書をいう。以下同じ。）に掲載することができる。

2　前項の規定により著作物を教科用図書に掲載する者は、その旨を著作者に通知するとともに、同項の規定の趣旨、著作物の種類及び用途、通常の使用料の額その他の事情を考慮して文化庁長官が定める算出方法により算出した額の補償金を著作権者に支払わなければならない。

3　文化庁長官は、前項の算出方法を定めたときは、これをインターネットの利用その他の適切な方法により公表するものとする。

4　前三項の規定は、高等学校（中等教育学校の後期課程を含む。）の通信教育用学習図書及び教科用図書に係る教師用指導書（当該教科用図書を発行する者の発行に係るものに限る。）への著作物の掲載について準用する。

（教科用図書代替教材への掲載等）

第三十三条の二　教科用図書に掲載された著作物は、学校教育の目的上必要と認められる限度において、教科用図書代替教材（学校教育法第三十四条第二項又は第三項（これらの規定を同法第四十九条、第四十九条の八、第六十二条、第七十条第一項及び第八十二条において準用する場合を含む。以下この項において同じ。）の規定により教科用図書に代えて使用することができる同法第三十四条第二項に規定する教材をいう。以下この項及び次項において同じ。）に掲載し、及び教科用図書代替教材の当該使用に伴つていずれの方法によるかを問わず利用することができる。

2　前項の規定により教科用図書に掲載された著作物を教科用図書代替教材に掲載しようとする者は、あらかじめ当該教科用図書を発行する者にその旨を通知するとともに、同項の規定の趣旨、同項の規定による著作物の利用の態様及び利用状況、前条第二項に規定する補償金の額その他の事情を考慮して文化庁長官が定める算出方法により算出した額の補償金を著作権者に支払わなければならない。

3　文化庁長官は、前項の算出方法を定めたときは、これをインターネットの利用その他の適切な方法により公表するものとする。

（教科用拡大図書等の作成のための複製等）

第三十三条の三　教科用図書に掲載された著作物は、視覚障害、発達障害その他の障害により教科用図書に掲載された著作物を使用することが困難な児童又は生徒の学習の用に供するため、当該教科用図書に用いられている文字、図形等の拡大その他の当該児童又は生徒が当該著作物を使用するために必要な方式により複製することができる。

2　前項の規定により複製する教科用の図書その他の複製物（点字により複製するものを除き、当該教科用図書に掲載された著作物の全部又は相当部分を複製するものに限る。以下この項において「教科用拡大図書等」という。）を作成しようとする者は、あらかじめ当該教科用図書を発行する者にその旨を通知するとともに、営利を目的として当該教科用拡大図書等を頒布する場合にあつては、第三十三条第二項に規定する補償金の額に準じて文化庁長官が定める算出方法により算出した額の補償金を当該著作物の著作権者に支払わなければならない。

3　文化庁長官は、前項の算出方法を定めたときは、これをインターネットの利用その他の適切な方法により公表するものとする。

4　障害のある児童及び生徒のための教科用特定図書等の普及の促進等に関する法律（平成二十年法律第八十一号）第五条第一項又は第二項の規定により教科用図書に掲載された著作物に係る電磁的記録の提供を行う者は、その提供のために必要と認められる限度において、当該著作物を利用することができる。

（学校教育番組の放送等）

第三十四条　公表された著作物は、学校教育の目的上必要と認められる限度において、学校教育に関する法令の定める教育課程の基準に準拠した学校向けの放送番組又は有線放送番組において放送し、若しくは有線放送し、又は当該放送を受信して同時に専ら当該放送に係る放送対象地域（放送法（昭和二十五年法律第百三十二号）第九十一条第二項第二号に規定する放送対象地域をいい、これが定められていない放送にあつては、電波法（昭和二十五年法律第百三十一号）第十四条第三項第二号に規定する放送区域をいう。以下同じ。）において受信されることを目的として自動公衆送信（送信可能化のうち、公衆の用に供されている電気通信回線に接続している自動公衆送信装置に情報を入力することによるものを含む。）を行い、及び当該放送番組用又は有線放送番組用の教材に掲載することができる。

2　前項の規定により著作物を利用する者は、その旨を著作者に通知するとともに、相当な額の補償金を著作権者に支払わなければならない。

（学校その他の教育機関における複製等）

第三十五条　学校その他の教育機関（営利を目的として設置されているものを除く。）において教育を担任する者及び授業を受ける者は、その授業の過程における利用に供することを目的とする場合には、その必要と認められる限度において、公表された著作物を複製し、若しくは公衆送信（自動公衆送信の場合にあつては、送信可能化を含む。以下この条において同じ。）を行い、又は公表された著作物であつて公衆送信されるものを受信装置を用いて公に伝達することができる。ただし、当該著作物の種類及び用途並びに当該複製の部数及び当該複製、公衆送信又は伝達の態様に照らし著作権者の利益を不当に害することとなる場合は、この限りでない。

2　前項の規定により公衆送信を行う場合には、同項の教育機関を設置する者は、相当な額の補償金を著作権者に支払わなければならない。

3　前項の規定は、公表された著作物について、第一項の教育機関における授業の過程において、当該授業を直接受ける者に対して当該著作物をその原作品若しくは複製物を提供し、若しくは提示して利用する場合又は当該著作物を第三十八条第一項の規定により上演し、演奏し、上映し、若しくは口述して利用する場合において、当該授業が行われる場所以外の場所において当該授業を同時に受ける者に対して公衆送信を行うときには、適用しない。

（試験問題としての複製等）

第三十六条　公表された著作物については、入学試験その他人の学識技能に関する試験又は検定の目的上必要と認められる限度において、当該試験又は検定の問題として複製し、又は公衆送信（放送又は有線放送を除き、自動公衆送信の場合にあつては送信可能化を含む。次項において同じ。）を行うことができる。ただし、当該著作物の種類及び用途並びに当該公衆送信の態様に照らし著作権者の利益を不当に害することとなる場合は、この限りでない。

2　営利を目的として前項の複製又は公衆送信を行う者は、通常の使用料の額に相当する額の補償金を著作権者に支払わなければならない。

（視覚障害者等のための複製等）

第三七条　公表された著作物は、点字により複製することができる。

2・3（省略）

（聴覚障害者等のための複製等）

第三七条の二　聴覚障害者その他聴覚による表現の認識に障害のある者（以下この条及び次条第五項において「聴覚障害者等」という。）の福祉に関する事業を行う者で次の各号に掲げる利用の区分に応じて政令で定めるものは、公表された著作物であつて、聴覚によりその表現が認識される方式（聴覚及び他の知覚により認識される方式を含む。）により公衆に提供され、又は提示されているもの（当該著作物以外の著作物で、当該著作物において複製されているものその他当該著作物と一体として公衆に提供され、又は提示されているものを含む。以下この条において「聴覚著作物」という。）について、専ら聴覚障害者等で当該方式によつては当該聴覚著作物を利用することが困難な者の用に供するために必要と認められる限度において、それぞれ当該各号に掲げる利用を行うことができる。ただし、当該聴覚著作物について、著作権者又はその許諾を得た者若しくは第七十九条の出版権の設定を受けた者若しくはその複製許諾若しくは公衆送信許諾を得た者により、当該聴覚障害者等が利用するために必要な方式による公衆への提供又は提示が行われている場合は、この限りでない。

一　当該聴覚著作物に係る音声について、これを文字にすることその他当該聴覚障害者等が利用するために必要な方式により、複製し、又は自動公衆送信（送信可能化を含む。）を行うこと。

二　専ら当該聴覚障害者等向けの貸出しの用に供するため、複製すること（当該聴覚著作物に係る音声を文字にすることその他当該聴覚障害者等が利用するために必要な方式による当該音声の複製と併せて行うものに限る。）。

（営利を目的としない上演等）

第三八条　公表された著作物は、営利を目的とせず、かつ、聴衆又は観衆から料金（いずれの名義をもつてするかを問わず、著作物の提供又は提示につき受ける対価をいう。以下この条において同じ。）を受けない場合には、公に上演し、演奏し、上映し、又は口述することができる。ただし、当該上演、演奏、上映又は口述について実演家又は口述を行う者に対し報酬が支払われる場合は、この限りでない。

2　放送される著作物は、営利を目的とせず、かつ、聴衆又は観衆から料金を受けない場合には、有線放送し、又は専ら当該放送に係る放送対象地域において受信されることを目的として自動公衆送信（送信可能化のうち、公衆の用に供されている電気通信回線に接続している自動公衆送信装置に情報を入力することによるものを含む。）を行うことができる。

3　放送され、又は有線放送される著作物（放送される著作物が自動公衆送信される場合の当該著作物を含む。）は、営利を目的とせず、かつ、聴衆又は観衆から料金を受けない場合には、受信装置を用いて公に伝達することができる。通常の家庭用受信装置を用いてする場合も、同様とする。

4　公表された著作物（映画の著作物を除く。）は、営利を目的とせず、かつ、その複製物の貸与を受ける者から料金を受けない場合には、その複製物（映画の著作物において複製されている著作物にあつては、当該映画の著作物の複製物を除く。）の貸与により公衆に提供することができる。

5　映画フィルムその他の視聴覚資料を公衆の利用に供することを目的とする視聴覚教育施設その他の施設（営利を目的として設置されているものを除く。）で政令で定めるもの及び聴覚障害者等の福祉に関する事業を行う者で前条の政令で定めるもの（同条第二号に係るものに限り、営利を目的として当該事業を行うものを除く。）は、公表された映画の著作物を、その複製物の貸与を受ける者から料金を受けない場合には、その複製物の貸与により頒布することができる。この場合において、当該頒布を行う者は、当該映画の著作物又は当該映画の著作物において複製されている著作物につき第二十六条に規定する権利を有する者（第二十八条の規定により第二十六条に規定する権利と同一の権利を有する者を含む。）に相当な額の補償金を支払わなければならない。

（時事問題に関する論説の転載等）

第三九条　新聞紙又は雑誌に掲載して発行された政治上、経済上又は社会上の時事問題に関する論説（学術的な性質を有するものを除く。）は、他の新聞紙若しくは雑誌に転載し、又は放送し、若しくは有線放送し、若しくは当該放送を受信して同時に専ら当該放送に係る放送対象地域において受信されることを目的として自動公衆送信（送信可能化のうち、公衆の用に供されている電気通信回線に接続している自動公衆送信装置に情報を入力することによるものを含む。）を行うことができる。ただし、これらの利用を禁止する旨の表示がある場合は、この限りでない。

2　前項の規定により放送され、若しくは有線放送され、又は自動公衆送信される論説は、受信装置を用いて公に伝達することができる。

（政治上の演説等の利用）

第四〇条　公開して行われた政治上の演説又は陳述及び裁判手続（行政庁の行う審判その他裁判に準ずる手続を含む。第四十二条第一項において同じ。）における公開の陳述は、同一の著作者のものを編集して利用する場合を除き、いずれの方法によるかを問わず、利用することができる。

2　国若しくは地方公共団体の機関、独立行政法人又は地方独立行政法人において行われた公開の演説又は陳述は、前項の規定によるものを除き、報道の目的上正当と認められる場合には、新聞紙若しくは雑誌に掲載し、又は放送し、若しくは有線放送し、若しくは当該放送を受信して同時に専ら当該放送に係る放送対象地域において受信されることを目的として自動公衆送信（送信可能化のうち、公衆の用に供されている電気通信回線に接続している自動公衆送信装置に情報を入力することによるものを含む。）を行うことができる。

3　前項の規定により放送され、若しくは有線放送され、又は自動公衆送信される演説又は陳述は、受信装置を用いて公に伝達することができる。

（行政機関情報公開法等による開示のための利用）

第四二条の二　行政機関の長、独立行政法人等又は地方公共団体の機関若しくは地方独立行政法人は、行政機関情報公開法、独立行政法人等情報公開法又は情報公開条例の規定により著作物を公衆に提供し、又は提示することを目的とする場合には、それぞれ行政機関情報公開法第十四条第一項（同項の規定に基づく政令の規定を含む。）に規定する方法、独立行政法人等情報公開法第十五条第一項に規定する方法（同項の規定に基づき当該独立行政法人等が定める方法（行政機関情報公開法第十四条第一項の規定に基づく政令で定める方法以外のものを除く。）を含む。）又は情報公開条例で定める方法（行政機関情報公開法第十四条第一項（同項の規定に基づく政令の規定を含む。）に規定する方法以外のものを除く。）により開示するために必要と認められる限度において、当該著作物を利用することができる。

（公文書管理法等による保存等のための利用）

第四二条の三　国立公文書館等の長又は地方公文書館等の長は、公文書管理法第十五条第一項の規定又は公文書管理条例の規定（同項の規定に相当する規定に限る。）により歴史公文書等を保存することを目的とする場合には、必要と認められる限度において、当該歴史公文書等に係る著作物を複製することができる。

2　国立公文書館等の長又は地方公文書館等の長は、公文書管理法第十六条第一項の規定又は公文書管理条例の規定（同項の規定に相当する規定に限る。）により著作物を公衆に提供し、又は提示することを目的とする場合には、それぞれ公文書管理法第十九条（同条の規定に基づく政令の規定を含む。以下この項において同じ。）に規定する方法又は公文書管理条例で定める方法（同条に規定する方法以外のものを除く。）により利用をさせるために必要と認められる限度において、当該著作物を利用することができる。

（国立国会図書館法によるインターネット資料及びオンライン資料の収集のための複製）

第四三条　国立国会図書館の館長は、国立国会図書館法（昭和二十三年法律第五号）第二十五条の三第一項の規定により同項に規定するインターネット資料（以下この条において「インターネット資料」という。）又は同法第二十五条の四第三項の規定により同項に規定するオンライン資料を収集するために必要と認められる限度において、当該インターネット資料又は当該オンライン資料に係る著作物を国立国会図書館の使用に係る記録媒体に記録することができる。

2　次の各号に掲げる者は、当該各号に掲げる資料を提供するために必要と認められる限度において、当該各号に掲げる資料に係る著作物を複製することができる。

一　国立国会図書館法第二十四条及び第二十四条の二に規定する者　同法第二十五条の三第三項の求めに応じ提供するインターネット資料

二　国立国会図書館法第二十四条及び第二十四条の二に規定する者以外の者　同法第二十五条の四第一項の規定により提供する同項に規定するオンライン資料

（美術の著作物等の原作品の所有者による展示）

第四五条　美術の著作物若しくは写真の著作物の原作品の所有者又はその同意を得た者は、これらの著作物をその原作品により公に展示することができる。

2　前項の規定は、美術の著作物の原作品を街路、公園その他一般公衆に開放されている屋外の場所又は建造物の外壁その他一般公衆の見やすい屋外の場所に恒常的に設置する場合には、適用しない。

（公開の美術の著作物等の利用）

第四六条　美術の著作物でその原作品が前条第二項に規定する屋外の場所に恒常的に設置されているもの又は建築の著作物は、次に掲げる場合を除き、いずれの方法によるかを問わず、利用することができる。

一　彫刻を増製し、又はその増製物の譲渡により公衆に提供する場合

二　建築の著作物を建築により複製し、又はその複製物の譲渡により公衆に提供する場合

三　前条第二項に規定する屋外の場所に恒常的に設置するために複製する場合

四　専ら美術の著作物の複製物の販売を目的として複製し、又はその複製物を販売する場合

（美術の著作物等の展示に伴う複製等）

第四七条　美術の著作物又は写真の著作物の原作品により、第二十五条に規定する権利を害することなく、これらの著作物を公に展示する者（以下この条において「原作品展示者」という。）は、観覧者のためにこれらの展示する著作物（以下この条及び第四十七条の六第二項第一号において「展示著作物」という。）の解説若しくは紹介をすることを目的とする小冊子に当該展示著作物を掲載し、又は次項の規定により当該展示著作物を上映し、若しくは当該展示著作物について自動公衆送信（送信可能化を含む。同項及び同号において同じ。）を行うために必要と認められる限度において、当該展示著作物を複製することができる。ただし、当該展示著作物の種類及び用途並びに当該複製の部数及び態様に照らし著作権者の利益を不当に害することとなる場合は、この限りでない。

2　原作品展示者は、観覧者のために展示著作物の解説又は紹介をすることを目的とする場合には、その必要と認められる限度において、当該展示著作物を上映し、又は当該展示著作物について自動公衆送信を行うことができる。ただし、当該展示著作物の種類及び用途並びに当該上映又は自動公衆送信の態様に照らし著作権者の利益を不当に害することとなる場合は、この限りでない。

3　原作品展示者及びこれに準ずる者として政令で定めるものは、展示著作物の所在に関する情報を公衆に提供するために必要と認められる限度において、当該展示著作物について複製し、又は公衆送信（自動公衆送信の場合にあつては、送信可能化を含む。）を行うことができる。ただし、当該展示著作物の種類及び用途並びに当該複製又は公衆送信の態様に照らし著作権者の利益を不当に害することとなる場合は、この限りでない。

（美術の著作物等の譲渡等の申出に伴う複製等）

第四七条の二　美術の著作物又は写真の著作物の原作品又は複製物の所有者その他のこれらの譲渡又は貸与の権原を有する者が、第二十六条の二第一項又は第二十六条の三に規定する権利を害することなく、その原作品又は複製物を譲渡し、又は貸与しようとする場合には、当該権原を有する者又はその委託を受けた者は、その申出の用に供するため、これらの著作物について、複製又は公衆送信（自動公衆送信の場合にあつては、送信可能化を含む。）（当該複製により作成される複製物を用いて行うこれらの著作物の複製又は当該公衆送信を受信して行うこれらの著作物の複製を防止し、又は抑止するための措置その他の著作権者の利益を不当に害しないための措置として政令で定める措置を講じて行うものに限る。）を行うことができる。

（プログラムの著作物の複製物の所有者による複製等）

第四七条の三　プログラムの著作物の複製物の所有者は、自ら当該著作物を電子計算機において実行するために必要と認められる限度において、当該著作物を複製することができる。ただし、当該実行に係る複製物の使用につき、第百十三条第五項の規定が適用される場合は、この限りでない。

2　前項の複製物の所有者が当該複製物（同項の規定により作成された複製物を含む。）のいずれかについて滅失以外の事由により所有権を有しなくなつた後には、その者は、当該著作権者の別段の意思表示がない限り、その他の複製物を保存してはならない。

（翻訳、翻案等による利用）

第四七条の六　次の各号に掲げる規定により著作物を利用することができる場合には、当該著作物について、当該規定の例により当該各号に定める方法による利用を行うことができる。

一　第三十条第一項、第三十三条第一項（同条第四項において準用する場合を含む。）、第三十四条第一項、第三十五条第一項又は前条第二項　翻訳、編曲、変形又は翻案

二　第三十一条第一項第一号若しくは第三項後段、第三十二条、第三十六条第一項、第三十七条第一項若しくは第二項、第三十九条第一項、第四十条第二項、第四十一条又は第四十二条　翻訳

三　第三十三条の二第一項、第三十三条の三第一項又は第四十七条　変形又は翻案

四　第三十七条第三項　翻訳、変形又は翻案

五　第三十七条の二　翻訳又は翻案

六　第四十七条の三第一項　翻案

2　前項の規定により創作された二次的著作物は、当該二次的著作物の原著作物を同項各号に掲げる規定（次の各号に掲げる二次的著作物にあつては、当該各号に定める規定を含む。以下この項及び第四十八条第三項第二号において同じ。）により利用することができる場合には、原著作物の著作者その他の当該二次的著作物の利用に関して第二十八条に規定する権利を有する者との関係においては、

当該二次的著作物を前項各号に掲げる規定に規定する著作物に該当するものとみなして、当該各号に掲げる規定による利用を行うことができる。

一　第四十七条第一項の規定により同条第二項の規定による展示著作物の上映又は自動公衆送信を行うために当該展示著作物を複製することができる場合に、前項の規定により創作された二次的著作物　同条第二項

二　前条第二項の規定により公衆提供等著作物について複製、公衆送信又はその複製物による頒布を行うことができる場合に、前項の規定により創作された二次的著作物　同条第一項

（出所の明示）

第四八条　次の各号に掲げる場合には、当該各号に規定する著作物の出所を、その複製又は利用の態様に応じ合理的と認められる方法及び程度により、明示しなければならない。

一　第三十二条、第三十三条第一項（同条第四項において準用する場合を含む。）、第三十三条の二第一項、第三十三条の三第一項、第三十七条第一項、第四十二条又は第四十七条第一項の規定により著作物を複製する場合

二　第三十四条第一項、第三十七条第三項、第三十七条の二、第三十九条第一項、第四十条第一項若しくは第二項、第四十七条第二項若しくは第三項又は第四十七条の二の規定により著作物を利用する場合

三　第三十二条の規定により著作物を複製以外の方法により利用する場合又は第三十五条第一項、第三十六条第一項、第三十八条第一項、第四十一条、第四十六条若しくは第四十七条の五第一項の規定により著作物を利用する場合において、その出所を明示する慣行があるとき。

2　前項の出所の明示に当たつては、これに伴い著作者名が明らかになる場合及び当該著作物が無名のものである場合を除き、当該著作物につき表示されている著作者名を示さなければならない。

3　次の各号に掲げる場合には、前二項の規定の例により、当該各号に規定する二次的著作物の原著作物の出所を明示しなければならない。

一　第四十条第一項、第四十六条又は第四十七条の五第一項の規定により創作された二次的著作物をこれらの規定により利用する場合

二　第四十七条の六第一項の規定により創作された二次的著作物を同条第二項の規定の適用を受けて同条第一項各号に掲げる規定により利用する場合

（著作者人格権との関係）

第五〇条　この款の規定は、著作者人格権に影響を及ぼすものと解釈してはならない。

第四節　保護期間

（保護期間の原則）

第五一条　著作権の存続期間は、著作物の創作の時に始まる。

2　著作権は、この節に別段の定めがある場合を除き、著作者の死後（共同著作物にあつては、最終に死亡した著作者の死後。次条第一項において同じ。）七十年を経過するまでの間、存続する。

（無名又は変名の著作物の保護期間）

第五二条　無名又は変名の著作物の著作権は、その著作物の公表後七十年を経過するまでの間、存続する。ただし、その存続期間の満了前にその著作者の死後七十年を経過していると認められる無名又は変名の著作物の著作権は、その著作者の死後七十年を経過したと認められる時において、消滅したものとする。

2　前項の規定は、次の各号のいずれかに該当するときは、適用しない。

一　変名の著作物における著作者の変名がその者のものとして周知のものであるとき。

二　前項の期間内に第七十五条第一項の実名の登録があつたとき。

三　著作者が前項の期間内にその実名又は周知の変名を著作者名として表示してその著作物を公表したとき。

（団体名義の著作物の保護期間）

第五三条　法人その他の団体が著作の名義を有する著作物の著作権は、その著作物の公表後七十年（その著作物がその創作後七十年以内に公表されなかつたときは、その創作後七十年）を経過するまでの間、存続する。

2　前項の規定は、法人その他の団体が著作の名義を有する著作物の著作者である個人が同項の期間内にその実名又は周知の変名を著作者名として表示してその著作物を公表したときは、適用しない。

3　第十五条第二項の規定により法人その他の団体が著作者である著作物の著作権の存続期間に関しては、第一項の著作物に該当する著作物以外の著作物についても、当該団体が著作の名義を有するものとみなして同項の規定を適用する。

（映画の著作物の保護期間）

第五四条　映画の著作物の著作権は、その著作物の公表後七十年（その著作物がその創作後七十年以内に公表されなかつたときは、その創作後七十年）を経過するまでの間、存続する。

2　映画の著作物の著作権がその存続期間の満了により消滅したときは、当該映画の著作物の利用に関するその原著作物の著作権は、当該映画の著作物の著作権とともに消滅したものとする。

3　前二条の規定は、映画の著作物の著作権については、適用しない。

第六節　著作権の譲渡及び消滅

（著作権の譲渡）

第六一条　著作権は、その全部又は一部を譲渡することができる。

2　著作権を譲渡する契約において、第二十七条又は第二十八条に規定する権利が譲渡の目的として特掲されていないときは、これらの権利は、譲渡した者に留保されたものと推定する。

（相続人の不存在の場合等における著作権の消滅）

第六二条　著作権は、次に掲げる場合には、消滅する。

一　著作権者が死亡した場合において、その著作権が民法（明治二十九年法律第八十九号）第九百五十九条（残余財産の国庫への帰属）の規定により国庫に帰属すべきこととなるとき。

二　著作権者である法人が解散した場合において、その著作権が一般社団法人及び一般財団法人に関する法律（平成十八年法律第四十八号）第二百三十九条第三項（残余財産の国庫への帰属）その他これに準ずる法律の規定により国庫に帰属すべきこととなるとき。

2　第五十四条第二項の規定は、映画の著作物の著作権が前項の規定により消滅した場合について準用する。

第七節　権利の行使

（著作物の利用の許諾）

第六三条　著作権者は、他人に対し、その著作物の利用を許諾することができる。

2　前項の許諾を得た者は、その許諾に係る利用方法及び条件の範囲内において、その許諾に係る著作物を利用することができる。

3　利用権（第一項の許諾に係る著作物を前項の規定により利用することができる権利をいう。次条において同じ。）は、著作権者の承諾を得ない限り、譲渡することができない。

4　著作物の放送又は有線放送についての第一項の許諾は、契約に別段の定めがない限り、当該著作物の録音又は録画の許諾を含まないものとする。

5　著作物の送信可能化について第一項の許諾を得た者が、その許諾に係る利用方法及び条件（送信可能化の回数又は送信可能化に用いる自動公衆送信装置に係るものを除く。）の範囲内において反復して又は他の自動公衆送信装置を用いて行う当該著作物の送信可能化

については、第二十三条第一項の規定は、適用しない。

（利用権の対抗力）

第六三条の二　利用権は、当該利用権に係る著作物の著作権を取得した者その他の第三者に対抗することができる。

（共同著作物の著作者人格権の行使）

第六四条　共同著作物の著作者人格権は、著作者全員の合意によらなければ、行使することができない。

2　共同著作物の各著作者は、信義に反して前項の合意の成立を妨げることができない。

3　共同著作物の著作者は、そのうちからその著作者人格権を代表して行使する者を定めることができる。

4　前項の権利を代表して行使する者の代表権に加えられた制限は、善意の第三者に対抗することができない。

（共有著作権の行使）

第六五条　共同著作物の著作権その他共有に係る著作権（以下この条において「共有著作権」という。）については、各共有者は、他の共有者の同意を得なければ、その持分を譲渡し、又は質権の目的とすることができない。

2　共有著作権は、その共有者全員の合意によらなければ、行使することができない。

3　前二項の場合において、各共有者は、正当な理由がない限り、第一項の同意を拒み、又は前項の合意の成立を妨げることができない。

4　前条第三項及び第四項の規定は、共有著作権の行使について準用する。

第四章　著作隣接権

第一節　総則

（著作隣接権）

第八九条　実演家は、第九十条の二第一項及び第九十条の三第一項に規定する権利（以下「実演家人格権」という。）並びに第九十一条第一項、第九十二条第一項、第九十二条の二第一項、第九十五条の二第一項及び第九十五条の三第一項に規定する権利並びに第九十四条の二及び第九十五条の三第三項に規定する報酬並びに第九十五条第一項に規定する二次使用料を受ける権利を享有する。

2　レコード製作者は、第九十六条、第九十六条の二、第九十七条の二第一項及び第九十七条の三第一項に規定する権利並びに第九十七条第一項に規定する二次使用料及び第九十七条の三第三項に規定する報酬を受ける権利を享有する。

3　放送事業者は、第九十八条から第百条までに規定する権利を享有する。

4　有線放送事業者は、第百条の二から第百条の五までに規定する権利を享有する。

5　前各項の権利の享有には、いかなる方式の履行をも要しない。

6　第一項から第四項までの権利（実演家人格権並びに第一項及び第二項の報酬及び二次使用料を受ける権利を除く。）は、著作隣接権という。

第二節　実演家の権利

（氏名表示権）

第九〇条の二　実演家は、その実演の公衆への提供又は提示に際し、その氏名若しくはその芸名その他氏名に代えて用いられるものを実演家名として表示し、又は実演家名を表示しないこととする権利を有する。

2　実演を利用する者は、その実演家の別段の意思表示がない限り、その実演につき既に実演家が表示しているところに従つて実演家名を表示することができる。

3　実演家名の表示は、実演の利用の目的及び態様に照らし実演家がその実演の実演家であることを主張する利益を害するおそれがないと認められるとき又は公正な慣行に反しないと認められるときは、省略することができる。

4　（省略）

（録音権及び録画権）

第九一条　実演家は、その実演を録音し、又は録画する権利を専有する。

2　前項の規定は、同項に規定する権利を有する者の許諾を得て映画の著作物において録音され、又は録画された実演については、これを録音物（音を専ら影像とともに再生することを目的とするものを除く。）に録音する場合を除き、適用しない。

（放送権及び有線放送権）

第九二条　実演家は、その実演を放送し、又は有線放送する権利を専有する。

2　前項の規定は、次に掲げる場合には、適用しない。

一　放送される実演を有線放送する場合

二　次に掲げる実演を放送し、又は有線放送する場合

イ　前条第一項に規定する権利を有する者の許諾を得て録音され、又は録画されている実演

ロ　前条第二項の実演で同項の録音物以外の物に録音され、又は録画されているもの

（送信可能化権）

第九二条の二　実演家は、その実演を送信可能化する権利を専有する。

2　前項の規定は、次に掲げる実演については、適用しない。

一　第九十一条第一項に規定する権利を有する者の許諾を得て録画されている実演

二　第九十一条第二項の実演で同項の録音物以外の物に録音され、又は録画されているもの

第七章　権利侵害

（差止請求権）

第一一二条　著作者、著作権者、出版権者、実演家又は著作隣接権者は、その著作者人格権、著作権、出版権、実演家人格権又は著作隣接権を侵害する者又は侵害するおそれがある者に対し、その侵害の停止又は予防を請求することができる。

2　著作者、著作権者、出版権者、実演家又は著作隣接権者は、前項の規定による請求をするに際し、侵害の行為を組成した物、侵害の行為によつて作成された物又は専ら侵害の行為に供された機械若しくは器具の廃棄その他の侵害の停止又は予防に必要な措置を請求することができる。

（侵害とみなす行為）

第一一三条　次に掲げる行為は、当該著作者人格権、著作権、出版権、実演家人格権又は著作隣接権を侵害する行為とみなす。

一　国内において頒布する目的をもつて、輸入の時において国内で作成したとしたならば著作者人格権、著作権、出版権、実演家人格権又は著作隣接権の侵害となるべき行為によつて作成された物を輸入する行為

二　著作者人格権、著作権、出版権、実演家人格権又は著作隣接権を侵害する行為によつて作成された物（前号の輸入に係る物を含む。）を、情を知つて、頒布し、頒布の目的をもつて所持し、若しくは頒布する旨の申出をし、又は業として輸出し、若しくは業としての輸出の目的をもつて所持する行為

2から4まで（省略）

5　プログラムの著作物の著作権を侵害する行為によつて作成された複製物（当該複製物の所有者によつて第四十七条の三第一項の規定により作成された複製物並びに第一項第一号の輸入に係るプログラムの著作物の複製物及び当該複製物の所有者によつて同条第一項の規定により作成された複製物を含む。）を業務上電子計算機において使用する行為は、これらの複製物を使用する権原を取得した時に情を知つていた場合に限り、当該著作権を侵害する行為とみなす。

6　技術的利用制限手段の回避（技術的利用制限手段により制限されている著作物等の視聴を当該技術的利用制限手段の効果を妨げることにより可能とすること（著作権者等の意思に基づいて行われる場合を除く。）をいう。次項並びに第百二十条の二第一号及び第二号

において同じ。）を行う行為は、技術的利用制限手段に係る研究又は技術の開発の目的上正当な範囲内で行われる場合その他著作権者等の利益を不当に害しない場合を除き、当該技術的利用制限手段に係る著作権、出版権又は著作隣接権を侵害する行為とみなす。

7　技術的保護手段の回避又は技術的利用制限手段の回避を行うことをその機能とする指令符号（電子計算機に対する指令であつて、当該指令のみによつて一の結果を得ることができるものをいう。）を公衆に譲渡し、若しくは貸与し、公衆への譲渡若しくは貸与の目的をもつて製造し、輸入し、若しくは所持し、若しくは公衆の使用に供し、又は公衆送信し、若しくは送信可能化する行為は、当該技術的保護手段に係る著作権等又は当該技術的利用制限手段に係る著作権、出版権若しくは著作隣接権を侵害する行為とみなす。

8　次に掲げる行為は、当該権利管理情報に係る著作者人格権、著作権、出版権、実演家人格権又は著作隣接権を侵害する行為とみなす。

一　権利管理情報として虚偽の情報を故意に付加する行為

二　権利管理情報を故意に除去し、又は改変する行為（記録又は送信の方式の変換に伴う技術的な制約による場合その他の著作物又は実演等の利用の目的及び態様に照らしやむを得ないと認められる場合を除く。）

三　前二号の行為が行われた著作物若しくは実演等の複製物を、情を知つて、頒布し、若しくは頒布の目的をもつて輸入し、若しくは所持し、又は当該著作物若しくは実演等を情を知つて公衆送信し、若しくは送信可能化する行為

9から11まで（省略）

（損害の額の推定等）

第一一四条　著作権者等が故意又は過失により自己の著作権、出版権又は著作隣接権を侵害した者に対しその侵害により自己が受けた損害の賠償を請求する場合において、その者がその侵害の行為によつて作成された物を譲渡し、又はその侵害の行為を組成する公衆送信（自動公衆送信の場合にあつては、送信可能化を含む。）を行つたときは、その譲渡した物の数量又はその公衆送信が公衆によつて受信されることにより作成された著作物若しくは実演等の複製物（以下この項において「受信複製物」という。）の数量（以下この項において「譲渡等数量」という。）に、著作権者等がその侵害の行為がなければ販売することができた物（受信複製物を含む。）の単位数量当たりの利益の額を乗じて得た額を、著作権者等の当該物に係る販売その他の行為を行う能力に応じた額を超えない限度において、著作権者等が受けた損害の額とすることができる。ただし、譲渡等数量の全部又は一部に相当する数量を著作権者等が販売することができないとする事情があるときは、当該事情に相当する数量に応じた額を控除するものとする。

2　著作権者、出版権者又は著作隣接権者が故意又は過失によりその著作権、出版権又は著作隣接権を侵害した者に対しその侵害により自己が受けた損害の賠償を請求する場合において、その者がその侵害の行為により利益を受けているときは、その利益の額は、当該著作権者、出版権者又は著作隣接権者が受けた損害の額と推定する。

3　著作権者、出版権者又は著作隣接権者は、故意又は過失によりその著作権、出版権又は著作隣接権を侵害した者に対し、その著作権、出版権又は著作隣接権の行使につき受けるべき金銭の額に相当する額を自己が受けた損害の額として、その賠償を請求することができる。

4　著作権者又は著作隣接権者は、前項の規定によりその著作権又は著作隣接権を侵害した者に対し損害の賠償を請求する場合において、その著作権又は著作隣接権が著作権等管理事業法（平成十二年法律第百三十一号）第二条第一項に規定する管理委託契約に基づき同条第三項に規定する著作権等管理事業者が管理するものであるときは、当該著作権等管理事業者が定める同法第十三条第一項に規定する使用料規程のうちその侵害の行為に係る著作物等の利用の態様について適用されるべき規定により算出したその著作権又は著作隣接権に係る著作物等の使用料の額（当該額の算出方法が複数あるときは、当該複数の算出方法によりそれぞれ算出した額のうち最も高い額）をもつて、前項に規定する金銭の額とすることができる。

5　第三項の規定は、同項に規定する金額を超える損害の賠償の請求を妨げない。この場合において、著作権、出版権又は著作隣接権を侵害した者に故意又は重大な過失がなかつたときは、裁判所は、損害の賠償の額を定めるについて、これを参酌することができる。

（名誉回復等の措置）

第一一五条　著作者又は実演家は、故意又は過失によりその著作者人格権又は実演家人格権を侵害した者に対し、損害の賠償に代えて、又は損害の賠償とともに、著作者又は実演家であることを確保し、又は訂正その他著作者若しくは実演家の名誉若しくは声望を回復するために適当な措置を請求することができる。

（著作者又は実演家の死後における人格的利益の保護のための措置）

第一一六条　著作者又は実演家の死後においては、その遺族（死亡した著作者又は実演家の配偶者、子、父母、孫、祖父母又は兄弟姉妹をいう。以下この条において同じ。）は、当該著作者又は実演家について第六十条又は第百一条の三の規定に違反する行為をする者又はするおそれがある者に対し第百十二条の請求を、故意又は過失により著作者人格権又は実演家人格権を侵害する行為又は第六十条若しくは第百一条の三の規定に違反する行為をした者に対し前条の請求をすることができる。

2　前項の請求をすることができる遺族の順位は、同項に規定する順序とする。ただし、著作者又は実演家が遺言によりその順位を別に定めた場合は、その順序とする。

3　著作者又は実演家は、遺言により、遺族に代えて第一項の請求をすることができる者を指定することができる。この場合において、その指定を受けた者は、当該著作者又は実演家の死亡の日の属する年の翌年から起算して七十年を経過した後（その経過する時に遺族が存する場合にあつては、その存しなくなつた後）においては、その請求をすることができない。

附　則（抄）（令和二年六月一二日法律第四八号）

（施行期日）

第一条　この法律は、令和三年一月一日から施行する。ただし、次の各号に掲げる規定は、当該各号に定める日から施行する。

一（前略）次条並びに附則第三条、第六条、第七条、第十二条（中略）の規定　公布の日

二　第一条（中略）の規定　令和二年十月一日

三（省略）

（国民に対する啓発等）

第二条　国及び地方公共団体は、国民が、私的使用（第二条の規定による改正後の著作権法（以下「第二条改正後著作権法」という。）第三十条第一項に規定する私的使用をいう。）の目的をもって、特定侵害複製（同項第四号に規定する特定侵害複製をいう。以下この項において同じ。）を、特定侵害複製であることを知りながら行って著作権を侵害する行為（以下「特定侵害行為」という。）の防止の重要性に対する理解を深めることができるよう、特定侵害行為の防止に関する啓発その他の必要な措置を講じなければならない。

2　国及び地方公共団体は、未成年者があらゆる機会を通じて特定侵害行為の防止の重要性に対する理解を深めることができるよう、学校その他の様々な場を通じて特定侵害行為の防止に関する教育の充実を図らなければならない。

（関係事業者の措置）

第三条　著作物（著作権の目的となっているものに限る。）を公衆に提供し、又は提示する事業者は、特定侵害行為を防止するための措置を講ずるよう努めなければならない。

●部落差別の解消の推進に関する法律

（平成二八年一二月一六日法律第一〇九号）

施行、平二八・一二・一六

（目的）

第一条　この法律は、現在もなお部落差別が存在するとともに、情報化の進展に伴って部落差別に関する状況の変化が生じていることを踏まえ、全ての国民に基本的人権の享有を保障する日本国憲法の理念にのっとり、部落差別は許されないものであるとの認識の下にこれを解消することが重要な課題であることに鑑み、部落差別の解消に関し、基本理念を定め、並びに国及び地方公共団体の責務を明らかにするとともに、相談体制の充実等について定めることにより、部落差別の解消を推進し、もって部落差別のない社会を実現することを目的とする。

（基本理念）

第二条　部落差別の解消に関する施策は、全ての国民が等しく基本的人権を享有するかけがえのない個人として尊重されるものであるとの理念にのっとり、部落差別を解消する必要性に対する国民一人一人の理解を深めるよう努めることにより、部落差別のない社会を実現することを旨として、行われなければならない。

（国及び地方公共団体の責務）

第三条　国は、前条の基本理念にのっとり、部落差別の解消に関する施策を講ずるとともに、地方公共団体が講ずる部落差別の解消に関する施策を推進するために必要な情報の提供、指導及び助言を行う責務を有する。

2　地方公共団体は、前条の基本理念にのっとり、部落差別の解消に関し、国との適切な役割分担を踏まえて、国及び他の地方公共団体との連携を図りつつ、その地域の実情に応じた施策を講ずるよう努めるものとする。

（相談体制の充実）

第四条　国は、部落差別に関する相談に的確に応ずるための体制の充実を図るものとする。

2　地方公共団体は、国との適切な役割分担を踏まえて、その地域の実情に応じ、部落差別に関する相談に的確に応ずるための体制の充実を図るよう努めるものとする。

（教育及び啓発）

第五条　国は、部落差別を解消するため、必要な教育及び啓発を行うものとする。

2　地方公共団体は、国との適切な役割分担を踏まえて、その地域の実情に応じ、部落差別を解消するため、必要な教育及び啓発を行うよう努めるものとする。

（部落差別の実態に係る調査）

第六条　国は、部落差別の解消に関する施策の実施に資するため、地方公共団体の協力を得て、部落差別の実態に係る調査を行うものとする。

●人権教育及び人権啓発の推進に関する法律

（平成一二年一二月六日法律第一四七号）

施行、平一二・一二・六

（目的）

第一条　この法律は、人権の尊重の緊要性に関する認識の高まり、社会的身分、門地、人種、信条又は性別による不当な差別の発生等の人権侵害の現状その他人権の擁護に関する内外の情勢にかんがみ、人権教育及び人権啓発に関する施策の推進について、国、地方公共団体及び国民の責務を明らかにするとともに、必要な措置を定め、もって人権の擁護に資することを目的とする。

（定義）

第二条　この法律において、人権教育とは、人権尊重の精神の涵養を目的とする教育活動をいい、人権啓発とは、国民の間に人権尊重の理念を普及させ、及びそれに対する国民の理解を深めることを目的とする広報その他の啓発活動（人権教育を除く。）をいう。

（基本理念）

第三条　国及び地方公共団体が行う人権教育及び人権啓発は、学校、地域、家庭、職域その他の様々な場を通じて、国民が、その発達段階に応じ、人権尊重の理念に対する理解を深め、これを体得することができるよう、多様な機会の提供、効果的な手法の採用、国民の自主性の尊重及び実施機関の中立性の確保を旨として行われなければならない。

（国の責務）

第四条　国は、前条に定める人権教育及び人権啓発の基本理念（以下「基本理念」という。）にのっとり、人権教育及び人権啓発に関する施策を策定し、及び実施する責務を有する。

（地方公共団体の責務）

第五条　地方公共団体は、基本理念にのっとり、国との連携を図りつつ、その地域の実情を踏まえ、人権教育及び人権啓発に関する施策を策定し、及び実施する責務を有する。

（国民の責務）

第六条　国民は、人権尊重の精神の涵養に努めるとともに、人権が尊重される社会の実現に寄与するよう努めなければならない。

（基本計画の策定）

第七条　国は、人権教育及び人権啓発に関する施策の総合的かつ計画的な推進を図るため、人権教育及び人権啓発に関する基本的な計画を策定しなければならない。

（年次報告）

第八条　政府は、毎年、国会に、政府が講じた人権教育及び人権啓発に関する施策についての報告を提出しなければならない。

（財政上の措置）

第九条　国は、人権教育及び人権啓発に関する施策を実施する地方公共団体に対し、当該施策に係る事業の委託その他の方法により、財政上の措置を講ずることができる。

附　則（省略）

●本邦外出身者に対する不当な差別的言動の解消に向けた取組の推進に関する法律

（平成二八年六月三日法律第六八号）

施行、平二八・六・三

我が国においては、近年、本邦の域外にある国又は地域の出身であることを理由として、適法に居住するその出身者又はその子孫を、我が国の地域社会から排除することを煽動する不当な差別的言動が行われ、その出身者又はその子孫が多大な苦痛を強いられるとともに、当該地域社会に深刻な亀裂を生じさせている。

もとより、このような不当な差別的言動はあってはならず、こうした事態をこのまま看過することは、国際社会において我が国の占める地位に照らしても、ふさわしいものではない。

ここに、このような不当な差別的言動は許されないことを宣言するとともに、更なる人権教育と人権啓発などを通じて、国民に周知を図り、その理解と協力を得つつ、不当な差別的言動の解消に向けた取組を推進すべく、この法律を制定する。

第一章　総則

（目的）

第一条　この法律は、本邦外出身者に対する不当な差別的言動の解消が喫緊の課題であることに鑑み、その解消に向けた取組について、基本理念を定め、及び国等の責務を明らかにするとともに、基本的施策を定め、これを推進することを目的とする。

（定義）

第二条　この法律において「本邦外出身者に対する不当な差別的言動」とは、専ら本邦の域外にある国若しくは地域の出身である者又はその子孫であって適法に居住するもの（以下この条において「本邦外出身者」という。）に対する差別的意識を助長し又は誘発する目的で公然とその生命、身体、自由、名誉若しくは財産に危害を加える旨を告知し又は本邦外出身者を著しく侮蔑するなど、本邦の域外にある国又は地域の出身であることを理由として、本邦外出身者を地域社会から排除することを煽動する不当な差別的言動をいう。

（基本理念）

第三条　国民は、本邦外出身者に対する不当な差別的言動の解消の必要性に対する理解を深めるとともに、本邦外出身者に対する不当な差別的言動のない社会の実現に寄与するよう努めなければならない。

（国及び地方公共団体の責務）

第四条　国は、本邦外出身者に対する不当な差別的言動の解消に向けた取組に関する施策を実施するとともに、地方公共団体が実施する本邦外出身者に対する不当な差別的言動の解消に向けた取組に関する施策を推進するために必要な助言その他の措置を講ずる責務を有する。

2　地方公共団体は、本邦外出身者に対する不当な差別的言動の解消に向けた取組に関し、国との適切な役割分担を踏まえて、当該地域の実情に応じた施策を講ずるよう努めるものとする。

第二章　基本的施策

（相談体制の整備）

第五条　国は、本邦外出身者に対する不当な差別的言動に関する相談に的確に応ずるとともに、これに関する紛争の防止又は解決を図ることができるよう、必要な体制を整備するものとする。

2　地方公共団体は、国との適切な役割分担を踏まえて、当該地域の実情に応じ、本邦外出身者に対する不当な差別的言動に関する相談に的確に応ずるとともに、これに関する紛争の防止又は解決を図ることができるよう、必要な体制を整備するよう努めるものとする。

（教育の充実等）

第六条　国は、本邦外出身者に対する不当な差別的言動を解消するための教育活動を実施するとともに、そのために必要な取組を行うものとする。

2　地方公共団体は、国との適切な役割分担を踏まえて、当該地域の実情に応じ、本邦外出身者に対する不当な差別的言動を解消するための教育活動を実施するとともに、そのために必要な取組を行うよう努めるものとする。

（啓発活動等）

第七条　国は、本邦外出身者に対する不当な差別的言動の解消の必要性について、国民に周知し、その理解を深めることを目的とする広報その他の啓発活動を実施するとともに、そのために必要な取組を行うものとする。

2　地方公共団体は、国との適切な役割分担を踏まえて、当該地域の実情に応じ、本邦外出身者に対する不当な差別的言動の解消の必要性について、住民に周知し、その理解を深めることを目的とする広報その他の啓発活動を実施するとともに、そのために必要な取組を行うよう努めるものとする。

附　則（抄）

（不当な差別的言動に係る取組についての検討）

2　不当な差別的言動に係る取組については、この法律の施行後における本邦外出身者に対する不当な差別的言動の実態等を勘案し、必要に応じ、検討が加えられるものとする。

●東京都オリンピック憲章にうたわれる人権尊重の理念の実現を目指す条例

（平成三〇年一〇月一五日　東京都条例第九三号）

施行、平三〇・一〇・一五、平三一・四・一

東京は、首都として日本を牽引するとともに、国の内外から多くの人々が集まる国際都市として日々発展を続けている。また、一人一人に着目し、誰もが明日に夢をもって活躍できる都市、多様性が尊重され、温かく、優しさにあふれる都市の実現を目指し、不断の努力を積み重ねてきた。

東京都は、人権尊重に関して、日本国憲法その他の法令等を遵守し、これまでも東京都人権施策推進指針に基づき、総合的に施策を実施してきた。今後さらに、国内外の趨勢を見据えることはもとより、東京二〇二〇オリンピック・パラリンピック競技大会の開催を契機として、いかなる種類の差別も許されないというオリンピック憲章にうたわれる理念が、広く都民に浸透した都市を実現しなければならない。

東京に集う多様な人々の人権が、誰一人取り残されることなく尊重され、東京が、持続可能なより良い未来のために人権尊重の理念が実現した都市であり続けることは、都民全ての願いである。

東京都は、このような認識の下、誰もが認め合う共生社会を実現し、多様性を尊重する都市をつくりあげるとともに、様々な人権に関する不当な差別を許さないことを改めてここに明らかにする。そして、人権が尊重された都市であることを世界に向けて発信していくことを決意し、この条例を制定する。

第一章　オリンピック憲章にうたわれる人権尊重の理念の実現

（目的）

第一条　この条例は、東京都（以下「都」という。）が、啓発、教育等（以下「啓発等」という。）の施策を総合的に実施していくことにより、いかなる種類の差別も許されないという、オリンピック憲章にうたわれる人権尊重の理念が広く都民等に一層浸透した都市となることを目的とする。

（都の責務等）

第二条　都は、人権尊重の理念を東京の隅々にまで浸透させ、多様性を尊重する都市をつくりあげていくため、必要な取組を推進するものとする。

2　都は、国及び区市町村（特別区及び市町村をいう。以下同じ。）が実施する人権尊重のための取組について協力するものとする。

3　都民は、人権尊重の理念について理解を深めるとともに、都がこの条例に基づき実施する人権尊重のための取組の推進に協力するよう努めるものとする。

4　事業者は、人権尊重の理念について理解を深め、その事業活動に関し、人権尊重のための取組を推進するとともに、都がこの条例に基づき実施する人権尊重のための取組の推進に協力するよう努めるものとする。

第二章　多様な性の理解の推進

（趣旨）

第三条　都は、性自認（自己の性別についての認識のことをいう。以下同じ。）及び性的指向（自己の恋愛又は性愛の対象となる性別についての指向のことをいう。以下同じ。）を理由とする不当な差別の解消（以下「差別解消」という。）並びに性自認及び性的指向に関する啓発等の推進を図るものとする。

（性自認及び性的指向を理由とする不当な差別的取扱いの禁止）

第四条　都、都民及び事業者は、性自認及び性的指向を理由とする不当な差別的取扱いをしてはならない。

（都の責務）

第五条　都は、第三条に規定する差別解消並びに性自認及び性的指向に関する啓発等の推進を図るため、基本計画を定めるとともに、必要な取組を推進するものとする。

2　都は、前項の基本計画を定めるに当たっては、都民等から意見を聴くものとする。

3　都は、国及び区市町村が実施する差別解消並びに性自認及び性的指向に関する啓発等の取組について協力するものとする。

（都民の責務）

第六条　都民は、都がこの条例に基づき実施する差別解消の取組の推進に協力するよう努めるものとする。

（事業者の責務）

第七条　事業者は、その事業活動に関し、差別解消の取組を推進するとともに、都がこの条例に基づき実施する差別解消の取組の推進に協力するよう努めるものとする。

第三章　本邦外出身者に対する不当な差別的言動の解消に向けた取組の推進

（趣旨）

第八条　都は、本邦外出身者に対する不当な差別的言動の解消に向けた取組の推進に関する法律（平成二十八年法律第六十八号。以下「法」という。）第四条第二項に基づき、都の実情に応じた施策を講ずることにより、不当な差別的言動（法第二条に規定するものをいう。以下同じ。）の解消を図るものとする。

（定義）

第九条　この章において、次の各号に掲げる用語の意義は、それぞれ当該各号に定めるところによる。

一　公の施設　地方自治法（昭和二十二年法律第六十七号）第二百四十四条の二の規定に基づき、都条例で設置する施設をいう。

二　表現活動　集団行進及び集団示威運動並びにインターネットによる方法その他手段により行う表現行為をいう。

（啓発等の推進）

第一〇条　都は、不当な差別的言動を解消するための啓発等を推進するものとする。

（公の施設の利用制限）

第一一条　知事は、公の施設において不当な差別的言動が行われることを防止するため、公の施設の利用制限について基準を定めるものとする。

（拡散防止措置及び公表）

第一二条　知事は、次に掲げる表現活動が不当な差別的言動に該当すると認めるときは、事案の内容に即して当該表現活動に係る表現の内容の拡散を防止するために必要な措置を講ずるとともに、当該表現活動の概要等を公表するものとする。ただし、公表することにより第八条の趣旨を阻害すると認められるときその他特別の理由があると認められるときは、公表しないことができる。

一　都の区域内で行われた表現活動

二　都の区域外で行われた表現活動（都の区域内で行われたことが明らかでないものを含む。）で次のいずれかに該当するもの

ア　都民等に関する表現活動

イ　アに掲げる表現活動以外のものであって、都の区域内で行われた表現活動に係る表現の内容を都の区域内に拡散するもの

2　前項の規定による措置及び公表は、都民等の申出又は職権により行うものとする。

3　知事は、第一項の規定による公表を行うに当たっては、当該不当な差別的言動の内容が拡散することのないよう十分に留意しなければならない。

4　第一項の規定による公表は、インターネットを利用する方法その他知事が認める方法により行うものとする。

（審査会の意見聴取）

第一三条　知事は、前条第一項各号に定める表現活動が不当な差別的言動に該当するおそれがあると認めるとき又は同条第二項の規定による申出があったときは、次に掲げる事項について、審査会の意見を聴かなければならない。ただし、同項の規定による申出に係る表現活動が同

条第一項各号のいずれにも該当しないと明らかに認められるときは、この限りでない。

一　当該表現活動が前条第一項各号のいずれかに該当するものであること。

二　当該表現活動が不当な差別的言動に該当するものであること。

2　知事は、前項ただし書の場合には、速やかに審査会に報告しなければならない。この場合において、審査会は知事に対し、当該報告に係る事項について意見を述べることができる。

3　知事は、前条第一項の規定による措置又は公表を行おうとするときは、あらかじめ審査会の意見を聴かなければならない。

（審査会の設置）

第一四条　前条各項の規定によりその権限に属するものとされた事項について調査審議し、又は報告に対して意見を述べさせるため、知事の附属機関として、審査会を置く。

2　審査会は、前項に定めるもののほか、この章の施行に関する重要な事項について調査審議するとともに、知事に意見を述べることができる。

（審査会の組織）

第一五条　審査会は、委員五人以内で組織する。

2　審査会の委員は、知事が、学識経験者その他適当と認める者のうちから委嘱する。

3　委員の任期は二年とし、補欠の委員の任期は前任者の残任期間とする。ただし、再任を妨げない。

（審査会の調査審議手続）

第一六条　審査会は、知事又は第十三条第一項若しくは第三項の規定により調査審議の対象となっている表現活動に係る第十二条第二項の規定による申出を行った都民等に意見書又は資料の提出を求めること、適当と認める者にその知っている事実を述べさせることその他必要な調査を行うことができる。

2　審査会は、前項の表現活動を行った者に対し、相当の期間を定めて、書面により意見を述べる機会を与えることができる。

3　審査会は、必要があると認めるときは、その指名する委員に第一項の規定による調査を行わせることができる。

（審査会の規定に関する委任）

第一七条　前三条に定めるもののほか、審査会の組織及び運営並びに調査審議の手続に関し必要な事項は、知事が別に定める。

（表現の自由等への配慮）

第一八条　この章の規定の適用に当たっては、表現の自由その他の日本国憲法の保障する国民の自由と権利を不当に侵害しないように留意しなければならない。

附　則（省略）

●消費者教育の推進に関する法律（抄）

（平成二四年八月二二日法律第六一号）

施行、平二四・一二・一三
最終改正、平二六―法七一

第一章　総則

（目的）

第一条　この法律は、消費者教育が、消費者と事業者との間の情報の質及び量並びに交渉力の格差等に起因する消費者被害を防止するとともに、消費者が自らの利益の擁護及び増進のため自主的かつ合理的に行動することができるようその自立を支援する上で重要であることに鑑み、消費者教育の機会が提供されることが消費者の権利であることを踏まえ、消費者教育に関し、基本理念を定め、並びに国及び地方公共団体の責務等を明らかにするとともに、基本方針の策定その他の消費者教育の推進に関し必要な事項を定めることにより、消費者教育を総合的かつ一体的に推進し、もって国民の消費生活の安定及び向上に寄与することを目的とする。

（定義）

第二条　この法律において「消費者教育」とは、消費者の自立を支援するために行われる消費生活に関する教育（消費者が主体的に消費者市民社会の形成に参画することの重要性について理解及び関心を深めるための教育を含む。）及びこれに準ずる啓発活動をいう。

2（省略）

（基本理念）

第三条　消費者教育は、消費生活に関する知識を修得し、これを適切な行動に結び付けることができる実践的な能力が育まれることを旨として行われなければならない。

2（省略）

3　消費者教育は、幼児期から高齢期までの各段階に応じて体系的に行われるとともに、年齢、障害の有無その他の消費者の特性に配慮した適切な方法で行われなければならない。

4　消費者教育は、学校、地域、家庭、職域その他の様々な場の特性に応じた適切な方法により、かつ、それぞれの場における消費者教育を推進する多様な主体の連携及び他の消費者政策（消費者の利益の擁護及び増進に関する総合的な施策をいう。第九条第二項第三号において同じ。）との有機的な連携を確保しつつ、効果的に行われなければならない。

5　消費者教育は、消費者の消費生活に関する行動が現在及び将来の世代にわたって内外の社会経済情勢及び地球環境に与える影響に関する情報その他の多角的な視点に立った情報を提供することを旨として行われなければならない。

6　消費者教育は、災害その他非常の事態においても消費者が合理的に行動することができるよう、非常の事態における消費生活に関する知識と理解を深めることを旨として行われなければならない。

7　消費者教育に関する施策を講ずるに当たっては、環境教育、食育、国際理解教育その他の消費生活に関連する教育に関する施策との有機的な連携が図られるよう、必要な配慮がなされなければならない。

（国の責務）

第四条　国は、自らの利益の擁護及び増進のため自主的かつ合理的に行動することができる自立した消費者の育成が極めて重要であることに鑑み、前条の基本理念（以下この章において「基本理念」という。）にのっとり、消費者教育の推進に関する総合的な施策を策定し、及び実施する責務を有する。

2　内閣総理大臣及び文部科学大臣は、前項の施策が適切かつ効率的に策定され、及び実施されるよう、相互に又は関係行政機関の長との間の緊密な連携協力を図りつつ、それぞれの所掌に係る消費者教育の推進に関する施策を推進しなければならない。

（地方公共団体の責務）

第五条　地方公共団体は、基本理念にのっとり、消費生活センター（消費者安全法（平成二十一年法律第五十号）第十条の二第一項第一号に規定する消費生活センターをいう。第十三条第二項及び第二十条第一項において同じ。）、教育委員会その他の関係機関相互間の緊密な連携の下に、消費者教育の推進に関し、国との適切な役割分担を踏まえて、その地方公共団体の区域の社会的、経済的状況に応じた施策を策定し、及び実施する責務を有する。

第六条から第八条まで（省略）

第二章　基本方針等

（基本方針）

第九条　政府は、消費者教育の推進に関する基本的な方針（以下この章及び第四章において「基本方針」という。）を定めなければならない。

2　基本方針においては、次に掲げる事項を定めるものとする。

一　消費者教育の推進の意義及び基本的な方向に関する事項

二　消費者教育の推進の内容に関する事項

三　関連する他の消費者政策との連携に関する基本的な事項

四　その他消費者教育の推進に関する重要事項

3から8まで（省略）

（都道府県消費者教育推進計画等）

第一〇条　都道府県は、基本方針を踏まえ、その都道府県の区域における消費者教育の推進に関する施策についての計画（以下この条及び第二十条第二項第二号において「都道府県消費者教育推進計画」という。）を定めるよう努めなければならない。

2　市町村は、基本方針（都道府県消費者教育推進計画が定められているときは、基本方針及び都道府県消費者教育推進計画）を踏まえ、その市町村の区域における消費者教育の推進に関する施策についての計画（以下この条及び第二十条第二項第二号において「市町村消費者教育推進計画」という。）を定めるよう努めなければならない。

3から6まで（省略）

第三章　基本的施策

（学校における消費者教育の推進）

第一一条　国及び地方公共団体は、幼児、児童及び生徒の発達段階に応じて、学校（学校教育法（昭和二十二年法律第二十六号）第一条に規定する学校をいい、大学及び高等専門学校を除く。第三項において同じ。）の授業その他の教育活動において適切かつ体系的な消費者教育の機会を確保するため、必要な施策を推進しなければならない。

2　国及び地方公共団体は、教育職員に対する消費者教育に関する研修を充実するため、教育職員の職務の内容及び経験に応じ、必要な措置を講じなければならない。

3　国及び地方公共団体は、学校において実践的な消費者教育が行われるよう、その内外を問わず、消費者教育に関する知識、経験等を有する人材の活用を推進するものとする。

（大学等における消費者教育の推進）

第一二条　国及び地方公共団体は、大学等（学校教育法第一条に規定する大学及び高等専門学校並びに専修学校、各種学校その他の同条に規定する学校以外の教育施設で学校教育に類する教育を行うものをいう。以下この条及び第十六条第二項において同じ。）において消費者教育が適切に行われるようにするため、大学等に対し、学生等の消費生活における被害を防止するための啓発その他の自主的な取組を行うよう促すものとする。

2　国及び地方公共団体は、大学等が行う前項の取組を促進するため、関係団体の協力を得つつ、学生等に対する援助に関する業務に従事する教職員に対し、研修の機会の確保、情報の提供その他の必要な措置を講じなければならない。

（地域における消費者教育の推進）

第一三条　国、地方公共団体及び独立行政法人国民生活センター（以下この章において「国民生活センター」という。）は、地域において高齢者、障害者等に対する消費者教育が適切に行われるようにするため、民生委員法（昭和二十三年法律第百九十八号）に定める民生委員、社会福祉法（昭和二十六年法律第四十五号）に定める社会福祉主事、介護福祉士その他の高齢者、障害者等が地域において日常生活を営むために必要な支援を行う者に対し、研修の実施、情報の提供その他の必要な措置を講じなければならない。

2　国、地方公共団体及び国民生活センターは、公民館その他の社会教育施設等において消費生活センター等の収集した情報の活用による実例を通じた消費者教育が行われるよう、必要な措置を講じなければならない。

第一四条（省略）

（教材の充実等）

第一五条　国及び地方公共団体は、消費者教育に使用される教材の充実を図るとともに、学校、地域、家庭、職域その他の様々な場において当該教材が有効に活用されるよう、消費者教育に関連する実務経験を有する者等の意見を反映した教材の開発及びその効果的な提供に努めなければならない。

第一六条（省略）

（調査研究等）

第一七条　国及び地方公共団体は、消費者教育に関する調査研究を行う大学、研究機関その他の関係機関及び関係団体と協力を図りつつ、諸外国の学校における総合的、体系的かつ効果的な消費者教育の内容及び方法その他の国の内外における消費者教育の内容及び方法に関し、調査研究並びにその成果の普及及び活用に努めなければならない。

（情報の収集及び提供等）

第一八条　国、地方公共団体及び国民生活センターは、学校、地域、家庭、職域その他の様々な場において行われている消費者教育に関する先進的な取組に関する情報その他の消費者教育に関する情報について、年齢、障害の有無その他の消費者の特性に配慮しつつ、これを収集し、及び提供するよう努めなければならない。

2　国は、消費生活における被害の防止を図るため、年齢、障害の有無その他の消費者の特性を勘案して、その収集した消費生活に関する情報が消費者教育の内容に的確かつ迅速に反映されるよう努めなければならない。

第四章　消費者教育推進会議等（第一九条・第二〇条省略）

資　料　編

―― 目　次 ――

第0節　新型コロナウイルス感染症関連

●新型コロナウイルス感染症（COVID-19）に関する声明

（二〇二〇年四月八日 国連子どもの権利委員会）

子どもの権利委員会は、COVID-19パンデミックが子どもたちに及ぼす重大な身体的、情緒的および心理的影響について警告するとともに、各国に対し、子どもたちの権利を保護するよう求める。

子どもの権利委員会は、COVID-19パンデミックの影響による世界中の子どもたち（とくに、脆弱な状況に置かれている子どもたち）の状況について懸念を表明する。とくに緊急事態および義務的ロックダウンを宣言した国々において、多くの子どもたちが身体的、情緒的および心理的に重大な影響を受けている。

一〇の人権条約機関が発した宣言に加えて、委員会はさらに、各国に対し、COVID-19パンデミックが突きつける公衆衛生上の脅威に対処するための措置をとるうえで子どもの権利を尊重するよう促すものである。とくに委員会は、各国に対し、以下の措置をとるよう求める。

1．今回のパンデミックが子どもの権利に及ぼす健康面、社会面、情緒面、経済面およびレクリエーション面の影響を考慮すること。当初は短期のものとして宣言されたとはいえ、各国の緊急事態宣言および（または）災害宣言がより長期間維持され、人権の享受に対するさらに長期間の制限につながる可能性があることは明らかになっている。委員会は、危機の状況にあっては、公衆衛生を保護するため、一部の人権の享受の制限につながる可能性がある措置が国際人権法において例外的に許容されていることを認識するものである。しかしながら、このような制限は必要な場合にのみ課され、比例性を有しており、かつ最小限のものに限られなければならない。加えて、COVID-19パンデミックのために財源の利用可能性に相当の悪影響が生じる可能性があることは認知しながらも、これらの困難は条約実施を阻害するものとみなされるべきではない。このような困難にもかかわらず、各国は、パンデミックへの対応（資源の配分の制約および資源の配分に関する決定を含む）が子どもの最善の利益の原則を反映したものになることを確保するべきである。

2．子どもたちが休息、余暇、レクリエーションおよび文化的・芸術的活動に対する権利を享受できるようにするための、オルタナティブかつ創造的な解決策を模索すること。このような解決策には、社会的距離を保つための要領およびその他の衛生基準を尊重する監督下での野外活動（少なくとも一日一回）、ならびに、テレビ、ラジオおよびオンラインにおける子どもにやさしい文化的・芸術的活動が含まれるべきである。

3．オンライン学習が、すでに存在する不平等を悪化させ、または生徒・教員間の相互交流に置き換わることがないようにすること。オンライン学習は、教室における学習に代わる創造的な手段ではあるが、テクノロジーもしくはインターネットへのアクセスが限られているもしくはまったくない子ども、または親による十分な支援が得られない子どもにとっては、課題を突きつけるものでもある。このような子どもたちが教員による指導および支援を享受できるようにするための、オルタナティブな解決策が利用可能とされるべきである。

4．緊急事態、災害またはロックダウンの期間中、子どもたちに栄養のある食事が提供されるようにするための即時的措置を起動させること。学校給食制度を通じてしか栄養のある食事を得られない子どもたちも多いためである。

5．子どもたちへの、保健ケア、水、衛生および出生登録を含む基礎的サービスの提供を維持すること。保健制度への圧力の高まりおよび資源の欠乏にもかかわらず、子どもたちは保健ケアへのアクセス（検査および将来開発される可能性があるワクチン、COVID-19関連の治療およびCOVID-19とは関係のない治療、精神保健サービスならびに既存疾患の治療へのアクセスを含む）を否定されるべきではない。子どもたちはまた、緊急事態、災害またはロックダウンの期間中、清潔な水および衛生設備にもアクセスできるべきである。出生登録サービスは停止されるべきではない。

6．子どもの保護のための中核的サービスを必須サービスに位置づけ、これらのサービス（必要な場合の家庭訪問を含む）が機能し続けかつ利用可能とされ続けることを確保するとともに、ロックダウン下で暮らしている子どもたちに対し、専門家による精神保健サービスを提供すること。子どもたちは、外出制限により、家庭におけるいっそうの身体的および心理的暴力にさらされ、または過密でありかつ最低限の居住適正条件を欠いた家庭で過ごすことを余儀なくされる可能性がある。障害および行動上の問題がある子どもたちおよびその家族は、密室においてさらなる困難に直面しかねない。各国は、電話およびオンラインによる通報・付託制度ならびにテレビ、ラジオおよびオンライン経路を通じた注意喚起・意識啓発活動を強化するべきである。COVID-19パンデミックの経済的および社会的影響を緩和するための戦略にも、子どもたち（とくに貧困下で暮らしている子どもおよび十分な住居にアクセスできていない子ども）を保護するための具体的措置を含めることが求められる。

7．パンデミックが引き起こす例外的状況によって脆弱性がいっそう高まる子どもたちを保護すること。これには、障害のある子ども、貧困下で暮らしている子ども、路上の状況にある子ども、移住者・庇護申請者・難民・国内避難民である子ども、マイノリティおよび先住民族の子ども、HIV／AIDSを含む基礎疾患がある子ども、自由を奪われている子どもまたは警察の留置場、刑事施設、閉鎖養護施設、移住者拘禁施設もしくはキャンプに収容されている子どもならびに施設で暮らしている子どもが含まれる。各国は、COVID-19パンデミックに対処するための措置において差別を受けないすべての子どもの権利を尊重するとともに、脆弱な状況に置かれている子どもたちを保護するための焦点化された措置をとるべきである。

8．あらゆる形態の拘禁下に置かれている子どもたちを可能な場合には常に解放するとともに、解放することのできない子どもたちに対し、家族との定期的接触を維持するための手段を提供すること。多くの国は、施設で暮らしている子どもまたは自由を奪われている子ども（警察施設、刑事施設、閉鎖施設、移住者拘禁施設もしくはキャンプに収容されている子どもを含む）との面会および接触の機会を制限する措置をとっている。これらの制限は短期的には必要な措置とみなされうるものの、長期に及べば子どもたちに著しい悪影響をもたらすことになろう。子どもたちは常に、家族との定期的接触を、直接ではないにせよ電子的通信または電話を通じて維持することを認められるべきである。緊急事態、災害宣言または国の命令による外出制限の期間が延長される場合、このような面会を禁止する措置の再評価を考慮することが求められる。移住の状況下にある子どもたちは拘禁されるべきではなく、また親がいっしょにいる場合には親から引き離されるべきでもない。

9．COVID-19に関連する国の指導および指示に違反したことを理由とする子どもの逮捕または拘禁を行なわないようにするとともに、逮捕または拘禁されたいかなる子どもも直ちに家族のもとに帰されるようにすること。

10．COVID-19および感染予防法に関する正確な情報を、子どもにやさしく、かつすべての子ども（障害のある子ども、移住者である子どもおよびインターネットへのアクセスが限られている子どもを含む）にとってアクセス可能な言語および形式で普及すること。

11．今回のパンデミックに関する意思決定プロセスにおいて子どもたちの意見が聴かれかつ考慮される機会を提供すること。子どもたちは、現在起きていることを理解し、かつパンデミックへの対応の際に行われる決定に参加していると感じることができるべきである。

（平野裕二訳）

●COVID-19後の世界における教育：公的行動のための九つの意見（要旨）

（二〇二〇年六月二二日　ユネスコ　教育の未来に関する国際委員会）

〔注〕〔　〕内は訳者による補足

COVID-19との関係で今日行われる決定は、教育の未来にとって長期的な影響を及ぼすことになろう。政策立案者、教育者およびコミュニティは、大きな賭けとなる選択を今日行わなければならない――これらの決定においては、共同の未来の望ましいあり方に関する共有された原則とビジョンが指針とされるべきである。

COVID-19はさまざまな脆弱性を露わにした。同時に、人間の著しい臨機応変さと潜在的可能性も浮き彫りになった。いまこそ現実主義に立った迅速な行動が求められているが、これまで以上に科学的エビデンスを手放すことのできない時期でもある。また、原理原則なしに事を進めていくわけにもいかない。選択は、人本主義的な教育ビジョンと、開発および人権の枠組みに基づいて行われなければならない。

「持続可能な開発のための二〇三〇アジェンダ」には必要な道標と指針の多くが掲げられている。本報告書で、教育の未来に関する国際委員会――ユネスコによって二〇一九年に設置され、学界、科学、政府、企業および教育の世界の有識者から構成される委員会――は、今日とられるべき、明日の教育の前進につながるであろう具体的行動に関する九つの意見を提示する。

1．共通善としての教育の強化に傾注する。教育は不平等に抗する砦である。保健の場合と同じように教育においても、私たちが安全でいられるのはすべての人が安全なときであり、私たちが豊かに生きられるのはすべての人が豊かに生きるときである。

2．教育に対する権利の定義を拡大し、コネクティビティ（インターネットや情報通信技術へのアクセス等）および知識・情報の重要性を取り上げるようにする。委員会は、教育に対する権利をどのように拡大しなければならないかについてのグローバルな――とくにあらゆる年齢の学習者を含めた――公的討議を呼びかける。

3．教職者と、教職員の協働を大切にする。COVID-19危機に対する教育者の対応においては注目すべき革新的取り組みが行われてきており、家族およびコミュニティともっともよく連携するシステムが最大のレジリエンス（柔軟な適応・回復力）を発揮している。最前線の教育者が協働のための自律性と柔軟性を持てるような条件を促進していかなければならない。

4．生徒・若者・子どもの参加および権利を促進する。世代間の公正および民主主義的原則により、私たちは、望ましい変革をともに構築していく作業への生徒および若者の幅広い参加に、優先的に取り組んでいかなければならない。

5．教育の変革に取り組む過程で、学校が提供する社会的空間を保護する。物理的空間としての学校はなくてはならないものである。伝統的な学級のあり方は、多種多様な方法による「やってみることによる学び」（doing school）に道を譲らなければならないものの、特有の、そして他の学習空間とは異なる独立した共同生活空間―時間としての学校は維持されなければならない。

6．教職員と生徒が無償かつオープンソースの技術を利用できるようにする。オープンな教育資源と、デジタルツールへのオープンなアクセスが支援されなければならない。教育学的空間の外で、教職員と児童との人間的関係から切り離されたまま作成された出来合いのコンテンツでは、豊かな教育を行うことはできない。また、民間企業によって統制されるデジタルプラットフォームに教育が依存することもできない。

7．カリキュラムにおける科学リテラシーを確保する。とくに、私たちが科学的知識の否定に懸命に対抗し、ミスインフォメーション（誤情報）と積極的に闘っているいまこそ、カリキュラムについて深く再考すべきときである。

8．国内的および国際的な公教育財政を保護する。今回のパンデミックは、この数十年間の前進を台無しにしてしまいかねない。各国政府、国際機関およびすべての教育・開発パートナーは、公衆衛生および社会サービスの強化の必要性を認識しなければならないが、同時に、公教育および公教育財政の保護のために結集しなければならない。

9．現状の不平等に終止符を打つためのグローバルな連帯を前進させる。COVID-19は、私たちの社会がいかに力の不均衡につけこんでいるか、またグローバルなシステムがいかに不平等につけこんでいるかを明らかにした。委員会は、共感および共通の人間性への理解を中核とするグローバルな連帯の再活性化とともに、国際協力および多国間主義へのコミットメントを新たにするよう呼びかける。

私たちは、COVID-19によって真の課題と真の責任を突きつけられている。以上の意見は、政府、国際機関、市民社会、教育専門家ならびにあらゆるレベルの学習者およびステークホルダーによる討議、関与および行動を促すものである。

（平野裕二訳）

●新型コロナウイルス感染症についての国内の主な教育関連資料

▼新型コロナウイルス感染症に対応した持続的な学校運営のためのガイドライン（令和二年六月五日／二文科初三八二／文部科学事務次官通知）

※持続的に児童生徒等の教育を受ける権利を保障しながら、学校での感染・拡大のリスクを低減させ、学校運営を継続していくための学校運営の指針。

⇩https://www.mext.go.jp/a_menu/coronavirus/mext_00049.html

▼学校における新型コロナウイルス感染症に関する衛生管理マニュアル～「学校の新しい生活様式」～（文部科学省初等中等教育局健康教育・食育課）

※前出の令和二年六月五日文部科学事務次官通知のガイドラインに基づく、学校衛生管理のマニュアル。最新の知見を反映させ随時バージョンアップされる。

⇩https://www.mext.go.jp/a_menu/coronavirus/mext_00029.html

▼新型コロナウイルス感染症の影響を踏まえた学校教育活動等の実施における「学びの保障」の方向性について（令和二年五月一五日／二文科初二六五／初等中等教育局長通知）

※感染症対策と子どもたちの健やかな学びを保障することとの両立を図るための基本的な考え方と特例的な対応など取組の方向性をまとめたもの。

⇩https://www.mext.go.jp/content/20200515-mxt_kouhou01-000004520_5.pdf

▼学校の授業における学習活動の重点化に係る留意事項について（令和二年六月五日／二初教課五／教育課程課長・教科書課長）

※授業で行うことが望ましい学習内容と、家庭など授業以外の場でも行える学習内容の分け方に関する考え方を通知。

⇩https://www.mext.go.jp/content/20200605-mxt_kouhou01-000004520_

1.pdf

▼**新型コロナウイルス感染症対策に伴う児童生徒の「学びの保障」総合対策パッケージ**（令和二年六月五日／文部科学省初等中等教育局）

※感染対策と児童生徒の様々な場所や方法での学びを実現するための考え方（教育課程見直し、入試配慮等）と、それに必要な各種支援の実施をまとめたもの。

⇩https://www.mext.go.jp/content/20200605-mxt_syoto01-000007688_1.pdf

⇩https://www.mext.go.jp/content/20200605-mxt_syoto01-000007688_2.pdf（詳細版）

▼**特別支援学校等における新型コロナウイルス感染症対策に関する考え方と取組について**（令和二年六月一九日／二文科初四五一／初等中等教育局長通知）

※新型コロナウイルス感染症対策や学びの保障のための取組について、障害のある幼児児童生徒へ指導等を行う際の「基本的な考え方」「考えられる取組」「取組例」等をまとめたもの。

⇩https://www.mext.go.jp/content/20200619-mxt_kouhou01-000004520_1.pdf

▼**大学等における新型コロナウイルス感染症への対応ガイドラインについて**（周知）（令和二年六月五日／二文科高二三八／高等教育局長）

※学生への情報提供・経済的支援策、留学生対応、研究活動の維持といった小学校から高等学校までと異なる点にも言及しつつ、感染拡大防止と学生の学修機会確保を図る方策をまとめたもの。

⇩https://www.mext.go.jp/content/20200605-mxt_kouhou01-000004520_5.pdf

▼**大学等における新型コロナウイルス感染症対策の徹底について**（周知）（令和二年一一月一九日／事務連絡／文部科学省高等教育局高等教育企画課）

※授業よりも寮生活や課外活動等でクラスターが発生しているという認識の下、学生・教職員に対する情報提供と注意喚起を図り、学内外での感染対策と質の高い学修機会の確保を求めたもの。

⇩https://www.mext.go.jp/content/20201120-mxt_kouhou01-000004520_1.pdf

▼**大学における新型コロナウイルス感染症対策の好事例について**（令和二年八月一一日／文部科学省HP）

※感染予防対策と学修機会の保障との両立を図るための取組として、対面授業と遠隔授業、実技授業の持ち方や構内管理の工夫について、全国の各大学の好事例を紹介したもの。

⇩https://www.mext.go.jp/content/20200811-mxt_kouhou01-000004520_3.pdf

▼**日本に留学中の外国人学生の皆さんへ〈外国人留学生向けの利用可能な制度一覧〉**（文部科学省高等教育局学生・留学生課留学生交流室）

⇩https://www.mext.go.jp/a_menu/koutou/ryugaku/1405561_00006.htm

▼**To All International Students Studying in Japan〈List of Programs Available to International Students〉**（文部科学省高等教育局学生・留学生課留学生交流室）

⇩https://www.mext.go.jp/a_menu/koutou/ryugaku/1405561_00007.htm

※日本に在留している外国人留学生に向けて、生活上の困難などが生じた際の各種支援制度や窓口をまとめたもの。

【業種別ガイドライン】

※令和二年五月四日に改訂された「新型コロナウイルス感染症対策の基本的対処方針」（新型コロナウイルス感染症対策本部決定）等により、各関係団体等は、業種や施設の種別毎にガイドラインを作成するなど、自主的な感染予防のための取組を進めることとされた。

　ここでは図書館・公民館・博物館の各関係団体が作成したものを挙げるが、これ以外にも教育・文化・スポーツ・芸術などの関係団体が、各々に特有の事情を踏まえたガイドラインを作成し、公表・改訂・更新している。

▼**図書館における新型コロナウイルス感染拡大予防ガイドライン**（令和二年五月一四日／公益社団法人日本図書館協会）

⇩http://www.jla.or.jp/Portals/0/data/content/information/corona0526.pdf（五月二六日更新版）

▼**公民館における新型コロナウイルス感染拡大予防ガイドライン**（令和二年五月一四日／公益社団法人全国公民館連合会）

⇩https://www.kominkan.or.jp/file/all/2020/20201002_02guide_ver03.pdf（一〇月二日改訂版）

▼**博物館における新型コロナウイルス感染拡大予防ガイドライン**（令和二年五月一四日／公益財団法人日本博物館協会）

⇩https://www.j-muse.or.jp/02program/pdf/200918setgaid3.pdf（九月一八日改定版）

第1節　教育政策・教育制度

資料

●中央教育審議会答申（教育政策・教育制度関係）（太字は本書収録）

A　中央教育審議会答申（平成一四年から）

1、**青少年の奉仕活動・体験活動の推進方策等について**…（平成一四年七月二九日）
2、新しい時代にふさわしい教育基本法と教育振興基本計画の在り方について……（平成一五年三月二〇日）
3、新たな留学生政策の展開について……（平成一五年一二月一六日）
4、**新しい時代の義務教育を創造する**……（平成一七年一〇月二六日）
5、**特別支援教育を推進するための制度の在り方について**（平成一七年一二月八日）
6、次代を担う自立した青少年の育成に向けて（平成一九年一月三〇日）
7、教育基本法の改正を受けて緊急に必要とされる教育制度の改正について……（平成一九年三月一〇日）
8、今後の教員給与の在り方について……（平成一九年三月二九日）
9、教育振興基本計画について～「教育立国」の実現に向けて～……（平成二〇年四月一八日）
10、今後の学校におけるキャリア教育・職業教育の在り方について……（平成二三年一月三一日）
11、今後の青少年の体験活動の推進について……（平成二五年一月二一日）
12、第二期教育振興基本計画について……（平成二五年四月二五日）
13、今後の地方教育行政の在り方について……（平成二五年一二月一三日）
14、**新しい時代の教育や地方創生の実現に向けた学校と地域の連携・協働の在り方と今後の推進方策について**…（平成二七年一二月二一日）
15、第三期教育振興基本計画について……（平成三〇年三月八日）

B　旧中央教育審議会答申（平成一二年まで）

1、義務教育に関する答申……（昭和二八年七月二五日）
2、社会科教育の改善に関する答申……（昭和二八年八月八日）
3、教員の政治的中立性維持に関する答申……（昭和二九年一月一八日）
4、義務教育学校教員給与に関する答申……（昭和二九年八月二三日）
5、特殊教育ならびにへき地教育振興に関する答申……（昭和二九年一二月六日）
6、かなの教え方についての答申……（昭和二九年一二月二〇日）
7、私立学校教育の振興についての答申……（昭和三〇年九月一二日）
8、教科書制度の改善方策についての答申……（昭和三〇年一二月五日）
9、教育・学術・文化に関する国際交流の促進についての答申……（昭和三一年七月九日）
10、公立小・中学校の統合方策についての答申……（昭和三一年一一月五日）
11、育英奨学および援護に関する事業の振興方策について…（昭和三四年三月二日）
12、特殊教育の充実振興について……（昭和三四年一二月七日）
13、**期待される人間像**……（昭和四一年一〇月三一日）
14、**今後における学校教育の総合的な拡充整備のための基本的施策について**……（昭和四六年六月一一日）
15、教育・学術・文化における国際交流について……（昭和四九年五月二七日）
16、教科書の在り方について……（昭和五八年六月三〇日）
17、新しい時代に対応する教育の諸制度の改革について……（平成三年四月一九日）
18、**二一世紀を展望した我が国の教育の在り方について**……（平成八年七月一九日）
19、**二一世紀を展望した我が国の教育の在り方について（第二次答申）**……（平成九年六月二六日）
20、新しい時代を拓く心を育てるために—次世代を育てる心を失う危機—……（平成一〇年六月三〇日）
21、**今後の地方教育行政の在り方について**……（平成一〇年九月二一日）
22、**初等中等教育と高等教育との接続の改善について**…（平成一一年一二月一六日）

〔参考〕
○臨時教育審議会答申
・**教育改革に関する第四次答申**……（昭和六二年八月七日）

●期待される人間像

（昭和四一年一〇月三一日　中央教育審議会答申「後期中等教育の拡充整備について」の別記）

まえがき

この「期待される人間像」は、「第1部　当面する日本人の課題」と「第2部　日本人にとくに期待されるもの」から成つている。

この「期待される人間像」は、「1　後期中等教育の理念」の「2　人間形成の目標としての期待される人間像」において述べたとおり、後期中等教育の理念を明らかにするため、主体としての人間のあり方について、どのような理想像を描くことができるかを検討したものである。

以下に述べるところのものは、すべての日本人、とくに教育者その他人間形成の任に携わる人々の参考とするためのものである。

それについて注意しておきたい二つのことがある。

(1)　ここに示された諸徳性のうち、どれをとつて青少年の教育の目標とするか、またその表現をどのようにするか、それはそれぞれの教育者あるいは教育機関の主体的な決定に任せられていることである。しかし、日本の教育の現状をみるとき、日本人としての自覚をもつた国民であること、職業の尊さを知り、勤労の徳を身につけた社会人であること、強い意志をもつた自主独立の個人であることなどは、教育の目標として、じゅうぶんに留意されるべきものと思われる。ここに示したのは人間性のうちにおける諸徳性の分布地図である。その意味において、これは一つの参考になるであろう。

(2)　古来、徳はその根源において一つであるとも考えられてきた。それは良心が一つであるのと同じである。以下に述べられた徳性の数は多いが、重要なことはその名称を暗記させることではない。むしろその一つでも二つでも、それを自己の身につけようと努力させることである。そうすれば他の徳もそれとともに呼びさまされてくるであろう。

第1部　当面する日本人の課題

「今後の国家社会における人間像はいかにあ

るべきか」という課題に答えるためには、第一に現代文明はどのような傾向を示しつつあるか、第二に今日の国際情勢はどのような姿を現わしているか、第三に日本のあり方はどのようなものであるべきかという三点からの考察が必要である。

一　現代文明の特色と第一の要請

現代文明の一つの特色は自然科学のぼつ興にある。それが人類に多くの恩恵を与えたことはいうまでもない。医学や産業技術の発展はその恩恵のほどを示している。そして今日は原子力時代とか、宇宙時代とか呼ばれるにいたつている。これは何人も否定することができない。これは現代文明のすぐれた点であるが、それとともに忘れられてはならないことがある。それは産業技術の発達は人間性の向上を伴わなければならないということである。もしその面が欠けるならば、現代文明は跛行的となり、産業技術の発達が人類の福祉に対して、それにふさわしい貢献をなしがたいことになろう。社会学者や文明批評家の多くが指摘するように、人間が機械化され、手段化される危険も生ずるのである。

またその原因は複雑であるが、現代文明の一部には利己主義や享楽主義の傾向も認められる。それは人類の福祉と自己の幸福に資することができないばかりでなく、人間性をゆがめる結果にもなろう。

ここから、人間性の向上と人間能力の開発という第一の要請が現われる。

今日は技術革新の時代である。今後の日本人は、このような時代にふさわしく自己の能力を開発しなければならない。

日本における戦後の経済的復興は世界の驚異とされている。しかし、経済的繁栄とともに一部に利己主義と享楽主義の傾向が現われている。他方、敗戦による精神的空白と精神的混乱はなお残存している。このように、物質的欲望の増大だけがあつて精神的理想の欠けた状態がもし長く続くならば、長期の経済的繁栄も人間生活の真の向上も期待することはできない。

日本の工業化は人間能力の開発と同時に人間性の向上を要求する。けだし、人間性の向上なくしては人間能力の開発はその基盤を失うし、人間を単に生産手段の一つとする結果になるからである。

この際、日本国憲法および教育基本法が、平和国家、民主国家、福祉国家、文化国家という国家理想を掲げている意味を改めて考えてみなければならない。福祉国家となるためには、人間能力の開発によつて経済的に豊かになると同時に、人間性の向上によつて精神的、道徳的にも豊かにならなければならない。また、文化国家となるためには、高い学問と芸術とをもち、それらが人間の教養として広く生活文化の中に浸透するようにならなければならない。

これらは、いずれも、公共の施策に深く関係しているが、その基礎としては、国民ひとりひとりの自覚がたいせつである。

人間性の向上と人間能力の開発、これが当面要請される第一の点である。

二　今日の国際情勢と第二の要請

以上は現代社会に共通する課題であるが、今日の日本人には特殊な事情が認められる。第二次世界大戦の結果、日本の国家と社会のあり方および日本人の思考法に重大な変革がもたらされた。戦後新しい理想が掲げられはしたものの、とかくそれは抽象論にとどまり、その理想実現のために配慮すべき具体的方策の検討はなおじゆうぶんではない。とくに敗戦の悲惨な事実は、過去の日本および日本人のあり方がことごとく誤つたものであつたかのような錯覚を起こさせ、日本の歴史および日本人の国民性は無視されがちであつた。そのため新しい理想が掲げられはしても、それが定着すべき日本人の精神的風土のもつ意義はそれほど留意されていないし、日本民族が持ち続けてきた特色さえ無視されがちである。

日本および日本人の過去には改められるべき点も少なくない。しかし、そこには継承され、発展させられるべきすぐれた点も数多くある。もし日本人の欠点のみを指摘し、それを除去するのに急であつて、その長所を伸ばす心がけがないならば、日本人の精神的風土にふさわしい形で新たな理想を実現することはできないであろう。われわれは日本人であることを忘れてはならない。

今日の世界は文化的にも政治的にも一種の危機の状態にある。たとえば、平和ということばの異なつた解釈、民主主義についての相対立する理解の並存にそれが示されている。

戦後の日本人の目は世界に開かれたという。しかしその見るところは、とかく一方に偏しがちである。世界政治と世界経済の中におかれている今日の日本人は、じゆうぶんに目を世界に見開き、その複雑な情勢に対処することができなければならない。日本は西と東、北と南の対立の間にある。日本人は世界に通用する日本人となるべきである。しかしそのことは、日本を忘れた世界人であることを意味するのではない。日本の使命を自覚した世界人であることがたいせつなのである。真によき日本人であることによつて、われわれは、はじめて真の世界人となることができる。単に抽象的、観念的な世界人というものは存在しない。

ここから、世界に開かれた日本人であることという第二の要請が現われる。

今日の世界は必ずしも安定した姿を示していない。局地的にはいろいろな紛争があり、拡大化するおそれもなしとしない。われわれは、それに冷静に対処できる知恵と勇気をもつとともに世界的な法の秩序の確立に努めなければならない。

同時に、日本は強くたくましくならなければならない。それによつて日本ははじめて平和国家となることができる。もとより、ここでいう強さ、たくましさとは、人間の精神的、道徳的な強さ、たくましさを中心とする日本の自主独立に必要なすべての力を意味している。

日本は与えられる国ではなく、すでに与える国になりつつある。日本も平和を受け取るだけではなく、平和に寄与する国にならなければならない。

世界に開かれた日本人であることという第二の要請は、このような内容を含むものである。

三　日本のあり方と第三の要請

今日の日本について、なお留意しなければならない重要なことがある。戦後の日本は民主主義国家として新しく出発した。しかし民主主義の概念に混乱があり、民主主義はなおじゆうぶんに日本人の精神的風土に根をおろしていない。

それについて注意を要する一つのことがある。それは、民主主義を考えるにあたつて、自主的な個人の尊厳から出発して民主主義を考えようとするものと、階級闘争的な立場から出発して民主主義を考えようとするものとの対立があることである。民主主義の史的発展を考えるならば、それが個人の法的自由を守ることから出発して、やがて大衆の経済的平等の要素を多分に含むようになつた事実が指摘される。しかし民主主義の本質は、個人の自由と責任を重んじ、法的秩序を守りつつ漸進的に大衆の幸福を樹立することにあつて、法的手続きを無視し一挙に理想境を実現しようとする革命主義でもなく、それと関連する全体主義でもない。性急に後者の方向にかたよるならば、個人の自由と責任、法の尊重から出発したはずの民主主義の本質は破壊されるにいたるであろう。今日の日本は、世界が自由主義国家群と全体主義国家群の二つに分かれている事情に影響され、民主主義の理解について混乱を起こしている。

また、注意を要する他の一つのことがある。由来日本人には民族共同体的な意識は強かつたが、その反面、少数の人々を除いては、個人の自由と責任、個人の尊厳に対する自覚が乏しかつた。日本の国家、社会、家庭において封建的残滓と呼ばれるものがみられるのもそのためである。また日本の社会は、開かれた社会のように見えながら、そこには閉ざされた社会の一面が根強く存在している。そのことが日本人の道徳は縦の道徳であつて横の道徳に欠けているとの批判を招いたのである。確固たる個人の自覚を樹立し、かつ、日本民族としての共同の責任をになうことが重要な課題の一つである。

ここから、民主主義の確立という第三の要請が現われる。

この第三の要請は、具体的には以下の諸内容を含む。

民主主義国家の確立のために何よりも必要なことは、自我の自覚である。一個の独立した人間であることである。かつての日本人は、古い封建性のため自我を失いがちであつた。その封建性のわくはすでに打ち破られたが、それに代わつて今日のいわゆる大衆社会と機械文明は、形こそ異なつているが、同じく真の自我を喪失させる危険を宿している。

つぎに留意されるべきことは社会的知性の開発である。由来日本人はこまやかな情緒の面においてすぐれていた。寛容と忍耐の精神にも富んでいた。豊かな知性にも欠けていない。ただその知性は社会的知性として、人間関係の面においてじゆうぶんに伸ばされていなかつた。

ここで社会的知性というのは、他人と協力し他人と正しい関係にはいることによつて真の自己を実現し、法の秩序を守り、よい社会生活を営むことができるような実践力をもつた知性を意味する。それは他人のために尽くす精神でもある。しいられた奉仕ではなく、自発的な奉仕ができる精神である。

さらに必要なことは、民主主義国家においては多数の原理が支配するが、その際、多数を占めるものが専横にならないことと、少数のがわにたつものが卑屈になつたり、いたずらに反抗的になつたりしないことである。われわれはだれも完全ではないが、だれでもそれぞれになにかの長所をもつている。お互いがその長所を出しあうことによつて社会をよりよくするのが、民主主義の精神である。

以上が民主主義の確立という第三の要請の中で、とくに留意されるべき諸点である。

以上述べてきたことは、今日の日本人に対してひとしく期待されることである。世界は平和を求めて努力しているが、平和への道は長くかつ険しい。世界平和は、人類無限の道標である。国内的には経済の発展や技術文明の進歩のかげに多くの問題を蔵している。今日の青少年が歩み入る明日の世界情勢、社会情勢は、必ずしも楽観を許さない。新たな問題も起こるであろう。これに対処できる人間となることが、わけても今日の青少年に期待されるのである。

以上、要するに人間としての、また個人としての深い自覚をもち、種々の国民的、社会的問題に対処できるすぐれた知性をそなえ、かつ、世界における日本人としての確固たる自覚をもつた人間になること、これが「当面する日本人の課題」である。

第2部　日本人にとくに期待されるもの

以上が今日の日本人に対する当面の要請である。われわれは、これらの要請にこたえる人間となることを期さなければならない。

しかしそのような人間となることは、それにふさわしい恒常的かつ普遍的な諸徳性と実践的な規範とを身につけることにほかならない。つぎに示すものが、その意味において、今後の日本人にとくに期待されるものである。

第1章　個人として

1　自由であること

人間が人間として単なる物と異なるのは、人間が人格を有するからである。物は価格をもつが、人間は品位をもち、不可侵の尊厳を有する。基本的人権の根拠もここに存する。そして人格の中核をなすものは、自由である。それは自発性といつてもよい。

しかし、自由であり、自発的であるということは、かつて気ままにふるまうことでもなく、本能や衝動のままに動くことでもない。それでは本能や衝動の奴隷であつて、その主人でもなく、自由でもない。人格の本質をなす自由は、みずから自分自身を律することができるところにあり、本能や衝動を純化し向上させることができるところにある。これが自由の第一の規定である。

自由の反面には責任が伴う。単なる物には責任がなく、人間にだけ責任が帰せられるというのは、人間は、みずから自由に思慮し、判別し、決断して行為することができるからである。権利と義務とが相関的なのもこれによる。今日、自由だけが説かれて責任は軽視され、権利だけが主張されて義務が無視される傾きがあることは、自由の誤解である。自由の反面は責任である。これが自由の第一の規定である。

人間とは、このような意味での自由の主体であり、自由であることがさまざまな徳性の基礎である。

2　個性を伸ばすこと

人間は単に人格をもつだけでなく、同時に個性をもつ。人間がそれぞれ他の人と代わることができない一つの存在であるとされるのは、この個性のためである。

人格をもつという点では人間はすべて同一であるが、個性の面では互いに異なる。そこに個人の独自性がある。それは天分の相違その他によるであろうが、それを生かすことによつて自己の使命を達することができるのである。したがつて、われわれはまた他人の個性をも尊重しなければならない。

人間性のじゆうぶんな開発は、自己だけでなされるのではなく、他人の個性の開発をまち、相伴つてはじめて達成される。ここに、家庭、社会、国家の意義もある。家庭、社会、国家は、経済的その他の意味をもつことはもとよりであるが、人間性の開発という点からみても基本的な意味をもち、それらを通じて人間の諸徳性は育成されてゆくのである。

人間は以上のような意味において人格をもち個性をもつが、それは育成されることによつてはじめて達成されるのである。

3　自己をたいせつにすること

人間には本能的に自己を愛する心がある。われわれはそれを尊重しなければならない。しかし重要なことは、真に自己をたいせつにすることである。

真に自己をたいせつにするとは、自己の才能や素質をじゆうぶんに発揮し、自己の生命をそまつにしないことである。それによつてこの世に生をうけたことの意義と目的とが実現される。単に享楽を追うことは自己を滅ぼす結果になる。単なる享楽は人を卑俗にする。享楽以上に尊いものがあることを知ることによつて、われわれは自己を生かすことができるのである。

まして、享楽に走り、怠惰になつて、自己の健康をそこなうことがあつてはならない。健全な身体を育成することは、われわれの義務である。そしてわれわれの一生の幸福も、健康な身体に依存することが多い。われわれは、進んでいつそう健全な身体を育成するように努めなければならない。古来、知育、徳育と並んで体育に重要な意味がおかれてきたことを忘れてはならない。

4　強い意志をもつこと

頼もしい人、勇気ある人とは、強い意志をもつ人のことである。付和雷同しない思考の強さと意志の強さをもつ人である。和して動じないだけの勇気をもつ人である。しかも他人の喜びを自己の喜びとし、他人の悲しみを自己の悲しみとする愛情の豊かさをもち、かつそれを実行に移すことができる人である。

近代人は合理性を主張し、知性を重んじた。それは重要なことである。しかし人間には情緒があり、意志がある。人の一生にはいろいろと不快なことがあり、さまざまな困難に遭遇する。とくに青年には、一時の失敗や思いがけない困難に見舞われても、それに屈することなく、つねに創造的に前進しようとするたくましい意志をもつことを望みたい。不撓不屈の意志をもつことを要求したい。しかし、だからといつて、他人に対する思いやりを失つてはならないことはいうまでもない。頼もしい人とは依託できる人のことである。信頼できる人のことである。互いに不信をいだかなければならない人々からなる社会ほど不幸な社会はない。近代人の危機は、人間が互いに人間に対する信頼を失つている点にある。

頼もしい人とは誠実な人である。おのれに誠実であり、また他人にも誠実である人こそ、人間性を尊重する人なのである。このような人こそ同時に、精神的にも勇気のある人であり、強い意志をもつ人といえる。

5　畏敬の念をもつこと

以上に述べてきたさまざまなことに対し、その根底に人間として重要な一つのことがある。それは生命の根源に対して畏敬の念をもつことである。人類愛とか人間愛とかいわれるものもそれに基づくものである。

すべての宗教的情操は、生命の根源に対する畏敬の念に由来する。われわれはみずから自己の生命をうんだのではない。われわれの生命の根源には父母の生命があり、民族の生命があり、人類の生命がある。ここにいう生命とは、もとより単に肉体的な生命だけをさすのではない。われわれには精神的な生命がある。このような生命の根源すなわち聖なるものに対する畏敬の念が真の宗教的情操であり、人間の尊厳と愛もそれに基づき、深い感謝の念もそこからわき、真の幸福もそれに基づく。

しかもそのことは、われわれに天地を通じて一貫する道があることを自覚させ、われわれに人間としての使命を悟らせる。その使命により、われわれは真に自主独立の気魄をもつことができるのである。

第2章　家庭人として

1　家庭を愛の場とすること

婚姻は法律的には、妻たり夫たることの合意によつて成立する。しかし家庭の実質をなすものは、互いの尊敬を伴う愛情である。種々の法的な規定は、それを守り育てるためのものともいえる。また家庭は夫婦の関係から出発するにしても、そこにはやがて親子の関係、兄弟姉妹の関係が現われるのが普通である。そして、それらを一つの家庭たらしめているのは愛情である。

家庭は愛の場である。われわれは愛の場としての家庭の意義を実現しなければならない。夫婦の愛、親子の愛、兄弟姉妹の愛、すべては愛の特定の現われにほかならない。それらの互いに性格を異にする種々の愛が集まつて一つの愛の場を構成するところに家庭の本質がある。家庭はまことに個人存立の基盤といえる。

愛は自然の情である。しかしそれらが自然の情にとどまる限り、盲目的であり、しばしばゆがめられる。愛情が健全に育つためには、それは純化され、鍛えられなければならない。家庭に関する種々の道徳は、それらの愛情の体系を清めつつ伸ばすためのものである。道を守らなくては愛は育たない。古い日本の家族制度はいろいろと批判されたが、そのことは愛の場としての家庭を否定することであつてはならない。愛の場としての家庭を守り、育てるための家庭の否定であつてはならない。

2　家庭をいこいの場とすること

戦後経済的その他さまざまな理由によつて、家庭生活に混乱が生じ、その意義が見失われた。家庭は経済共同体の最も基本的なものであるが、家庭のもつ意義はそれに尽きない。初めに述べたように、家庭は基本的には愛の場である。愛情の共同体である。

今日のあわただしい社会生活のなかにおいて、健全な喜びを与え、清らかないこいの場所となるところは、わけても家庭であろう。大衆社会、大衆文化のうちにおいて、自分自身を取りもどし、いわば人間性を回復できる場所も家庭であろう。そしてそのためには、家庭は清らかないこいの場所とならなければならない。

家庭が明るく、清く、かつ楽しいいこいの場所であることによつて、われわれの活力は日々に新たになり、それによつて社会や国家の生産力も高まるであろう。社会も国家も、家庭が健康な楽しいいこいの場所となるように、またすべての人が家庭的な喜びを享受できるように配慮すべきである。

3　家庭を教育の場とすること

家庭はいこいの場であるだけではない。家庭はまた教育の場でもある。しかしその意味は、学校が教育の場であるのとは当然に異なる。学校と家庭とは協力しあうべきものであるが、学校における教育が主として意図的であるのに対し、家庭における教育の特色は、主として無意図的に行なわれる点に認められる。家庭のふんい気がおのずからこどもに影響し、健全な成長を可能にするのである。子は親の鏡であるといわれる。そのことを思えば、親は互いに身をつつしむであろう。親は子を育てることによつて自己を育てるのであり、自己を成長させるのである。また、こどもは成長の途上にあるものとして、親の導きに耳を傾けなければならない。親の愛とともに親の権威が忘れられてはならない。それはしつけにおいてとくに重要である。こどもを正しくしつけることは、こどもを正しく愛することである。

4　開かれた家庭とすること

家庭は社会と国家の重要な基盤である。今日、家庭の意義が世界的に再確認されつつあるのは、そのためである。

またそれだけに、家庭の構成員は、自家の利害得失のうちに狭く閉ざされるべきではなく、広く社会と国家にむかつて開かれた心をもつていなければならない。

家庭における愛の諸相が展開して、社会や国家や人類に対する愛ともなるのである。

第3章　社会人として

1　仕事に打ち込むこと

社会は生産の場であり、種々の仕事との関連において社会は成立している。われわれは社会の生産力を高めなければならない。それによつてわれわれは、自己を幸福にし、他人を幸福にすることができるのである。

そのためには、われわれは自己の仕事を愛し、仕事に忠実であり、仕事に打ち込むことができる人でなければならない。また、相互の協力と和合が必要であることはいうまでもない。そして、それが他人に奉仕することになることをも知らなければならない。仕事を通じてわれわれは、自己を生かし、他人を生かすことができるのである。

社会が生産の場であることを思えば、そこからしてもわれわれが自己の能力を開発しなければならないことがわかるであろう。社会人としてのわれわれの能力を開発することは、われわれの義務であり、また社会の責任である。

すべての職業は、それを通じて国家、社会に寄与し、また自己と自家の生計を営むものとして、いずれも等しく尊いものである。職業に貴賤の別がないといわれるのも、そのためである。われわれは自己の素質、能力にふさわしい職業を選ぶべきであり、国家、社会もそのために配慮すべきであるが、重要なのは職業の別ではなく、いかにその仕事に打ち込むかにあることを知るべきである。

2　社会福祉に寄与すること

科学技術の発達は、われわれの社会に多くの恩恵を与えてきた。そのことによつて、かつては人間生活にとつて避けがたい不幸と考えられたことも、技術的には解決が可能となりつつある。

しかし、同時に近代社会は、それ自体の新しい問題をうみだしつつある。工業の発展、都市の膨張、交通機関の発達などは、それらがじゆうぶんな計画と配慮を欠くときは、人間の生活環境を悪化させ、自然美を破壊し、人間の生存をおびやかすことさえまれでない。また、社会の近代化に伴う産業構造や人間関係の変化によつてうみだされる不幸な人々も少なくない。しかも、今日の高度化された社会においては、それを構成するすべての人が互いに深い依存関係にあつて、社会全体との関係を離れては、個人の福祉は成り立ちえない。

民主的で自由な社会において、真に社会福祉を実現するためには、公共の施策の必要なことはいうまでもないが、同時にわれわれが社会の福祉に深い関心をもち、進んでそれらの問題の解決に寄与しなければならない。

近代社会の福祉の増進には、社会連帯の意識に基づく社会奉仕の精神が要求される。

3　創造的であること

現代はまた大衆化の時代である。文化が大衆化し、一般化することはもとより望ましい。しかし、いわゆる大衆文化には重要な問題がある。それは、いわゆる大衆文化はとかく享楽文化、消費文化となりがちであるということである。われわれは単に消費のための文化ではなく、生産に寄与し、また人間性の向上に役だつような文化の建設に努力すべきである。そしてそのためには、勤労や節約が美徳とされてきたことを忘れてはならない。

そのうえ、いわゆる大衆文化には他の憂うべき傾向が伴いがちである。それは文化が大衆化するとともに文化を卑俗化させ、価値の低迷化をもたらすということである。多くの人々が文化を享受できるようにするということは、その文化の価値が低俗であつてよいということを意味しない。文化は、高い方向にむかつて一般化されなければならない。そのためにわれわれは、高い文化を味わいうる能力を身につけるよう努力すべきである。

現代は大衆化の時代であるとともに、一面、組織化の時代である。ここにいわゆる組織内人間たる現象を生じた。組織が生産と経営にとつて重要な意味をもつことはいうまでもないが、組織はえてして個人の創造性、自主性をまひさせる。われわれは組織のなかにおいて、想像力、企画力、創造的知性を伸ばすことを互いにくふうすべきである。

生産的文化を可能にするものは、建設的かつ批判的な人間である。

建設的な人間とは、自己の仕事を愛し、それを育て、それに自己をささげることができる人である。ここにいう仕事とは、農場や工場に働くことでもよく、会社の事業を経営することでもよく、学問、芸術などの文化的活動に携わることでもよい。それによつて自己を伸ばすことができ、他の人々に役だつことができる。このようにしてはじめて文化の発展が可能となる。

批判的な人間とは、いたずらに古い慣習などにこだわることなく、不正を不正として、不備を不備とし、いろいろな形の圧力や権力に屈することなく、つねによりよいものを求めて前進しようとする人である。社会的不正が少なくない今日、批判的精神の重要性が説かれるのも、単に否定と破壊のためではなく、建設と創造のためである。

4　社会規範を重んずること

日本の社会の大きな欠陥は、社会的規範力の弱さにあり、社会秩序が無視されるところにある。それが混乱をもたらし、社会を醜いものとしている。

日本人は社会的正義に対して比較的鈍感であるといわれる。それが日本の社会の進歩を阻害している。社会のさまざまな弊害をなくすため、われわれは勇気をもつて社会的正義を守らなければならない。

社会規範を重んじ社会秩序を守ることによつて、われわれは日本の社会を美しい社会にすることができる。そしてその根本に法秩序を守る精神がなければならない。法秩序を守ることによつて外的自由が保証され、それを通じて内的自由の領域も確保されるのである。

また、われわれは、日本の社会をより美しい社会とし、われわれのうちに正しい社会性を養うことによつて、同時によい個人となり、よい家庭人ともなることができるのである。社会と家庭と個人の相互関連を忘れてはならない。

日本人のもつ社会道徳の水準は遺憾ながら低い。しかも民主化されたはずの戦後の日本においてその弊が著しい。これを正すためには公共心をもち、公私の別を明らかにし、また公共物をだいじにしなければならない。このように社会道徳を守ることによつて、明るい社会を築くことに努めなければならない。

第4章　国民として

1　正しい愛国心をもつこと

今日世界において、国家を構成せず国家に所属しないいかなる個人もなく、民族もない。国家は世界において最も有機的であり、強力な集団である。個人の幸福も安全も国家によるところがきわめて大きい。世界人類の発展に寄与する道も国家を通じて開かれているのが普通である。国家を正しく愛することが国家に対する忠誠である。正しい愛国心は人類愛に通ずる。

真の愛国心とは、自国の価値をいつそう高めようとする心がけであり、その努力である。自国の存在に無関心であり、その価値の向上に努めず、ましてその価値を無視しようとすることは、自国を憎むこともなろう。われわれは正しい愛国心をもたなければならない。

2　象徴に敬愛の念をもつこと

日本の歴史をふりかえるならば、天皇は日本国および日本国民統合の象徴として、ゆるがぬものをもつていたことが知られる。日本国憲法はそのことを、「天皇は、日本国の象徴であり日本国民統合の象徴であつて、この地位は、主権の存する日本国民の総意に基く。」という表現で明確に規定したのである。もともと象徴とは象徴されるものが実体としてあつてはじめて象徴としての意味をもつ。そしてこの際、象徴としての天皇の実体をなすものは、日本国および日本国民の統合ということである。しかも象徴するものは象徴されるものを表現する。もしそうであるならば、日本国を愛するものが、日本国の象徴を愛するということは、論理上当然である。

天皇への敬愛の念をつきつめていけば、それは日本国への敬愛の念に通ずる。けだし日本国の象徴たる天皇を敬愛することは、その実体たる日本国を敬愛することに通ずるからである。このような天皇を日本の象徴として自国の上にいただいてきたところに、日本国の独自な姿がある。

3　すぐれた国民性を伸ばすこと

世界史上およそ人類文化に重要な貢献をしたほどの国民は、それぞれに独自な風格をそなえていた。それは、今日の世界を導きつつある諸国民についても同様である。すぐれた国民性と呼ばれるものは、それらの国民のもつ風格にほかならない。

明治以降の日本人が、近代史上において重要な役割を演ずることができたのは、かれらが近代日本建設の気力と意欲にあふれ、日本の歴史と伝統によつてつちかわれた国民性を発揮したからである。

このようなたくましさとともに、日本の美しい伝統としては、自然と人間に対するこまやかな愛情や寛容の精神をあげることができる。われわれは、このこまやかな愛情に、さらに広さと深さを与え、寛容の精神の根底に確固たる自主性をもつことによつて、たくましく、美しく、おおらかな風格ある日本人となることができるのである。

また、これまで日本人のすぐれた国民性として、勤勉努力の性格、高い知能水準、すぐれた技能的素質などが指摘されてきた。われわれは、これらの特色を再認識し、さらに発展させることによつて、狭い国土、貧弱な資源、増大する人口という恵まれない条件のもとにおいても、世界の人々とともに、平和と繁栄の道を歩むことができるであろう。

現代は価値体系の変動があり、価値観の混乱があるといわれる。しかし、人間に期待される諸徳性という観点からすれば、現象形態はさまざまに変化するにしても、その本質的な面においては一貫するものが認められるのである。それをよりいつそう明らかにし、あるいはよりいつそう深めることによつて、人間をいつそう人間らしい人間にすることが、いわゆる人道主義のねらいであろう。そしてまた人間歴史の進むべき方向であろう。人間として尊敬に値する人は、職業、地位などの区別を越えて共通のものをもつのである。

●今後における学校教育の総合的な拡充整備のための基本的施策について（答申）（抄）

（昭和四六年六月一一日　中央教育審議会）

前文

（前略）

この諮問は、戦後の学制改革以来二〇年の実績を反省するとともに、技術革新の急速な進展と国内的にも国際的にも急激な変動が予想される今後の時代における教育のあり方を展望し、長期の見通しに立った基本的な文教施策について答申を求めたものである。これまでわが国では、明治初年と第二次大戦後の激動期に教育制度の根本的な改革が行なわれたが、今日の時代は、それらとは別の意味において、国家・社会の未来をかけた第三の教育改革に真剣に取り組むべき時であると思われる。本審議会が、四年という異例の長期間にわたって慎重に審議を行なったのは、まさにそのためである。

（中略）

わが国の学校教育は、これまでも急激な膨張を遂げてきたが、さらに今後一〇年以内に、個人および国家・社会の要請にもとづき、後期中等教育の普及率は九〇％を突破し、高等教育も三〇％を越えることが予想される。しかも今日の社会は、人間の可能性の開発をますます重視し、自主的・創造的な人間の育成を要求する方向に発展しつつある。今後の学校教育は、そのような量的な拡張に伴う教育の質的な変化に適切に対処するとともに、家庭・学校・社会を通ずる教育体系の整備によって、新しい時代をになう青少年の育成にとってのいっそう本質的な教育の課題に取り組まなければならない。この答申は、そのような観点から、今後実現に努力すべき学校教育の改革について提案したものである。

およそどのような改革も、それに伴う障害を克服する熱意と勇気なしには、その実現を期しうるものではない。当面の利害から現状維持を固執したり、現実に目をおおって観念的な反対だけを唱えたり、実行を伴わない改革論議に時を移したりして、教育がますます時代の推移から取り残されるようになる危険を深く考慮し、この改革の実現に対して、教育関係者が積極的な努力を開始し、国民的な支持の盛り上がることを心から期待する。また、この教育の改革と拡充整備は、国家的に巨大な資源を必要とするが、わが国の今後における社会経済発展の見通しを考慮すればけっして実現困難なものではなく、それを実行できるかどうかは、もっぱら政府の決意と努力のいかんにかかっている。政府の勇断を切望するものである。

第一編　学校教育の改革に関する基本構想

〔前文省略〕

第一章　今後の社会における学校教育の役割

一　今後の社会における人間形成の根本問題

〔省略〕

二　教育体系の総合的な再検討と学校教育の役割〔省略〕

第二章　初等・中等教育の改革に関する基本構想

初等・中等教育については、これまでいろいろな角度から改革の必要性が論じられてきたが、問題の取り上げ方やその由来するところについては、かならずしも共通の理解ができあがっている状態ではない。そこで、改革を考える前提として、今日の学校教育がどんな事情のもとにいかなる問題を包蔵しているかについて、本審議会の見解を明らかにしたいと考えた。それが「第一　初等・中等教育の根本問題」である。

わが国の近代的な学校教育は、百年の歴史をもち、先人の努力によって諸外国にもひけをとらない内容を具備してきたとみることもできる。しかし、その伝統の上に安住して将来への積極的な努力を怠るときは、学校教育は時代の進展の原動力となりえないばかりでなく、その重大な障害ともなるであろう。また、敗戦後の占領下という特殊な事情のもとに取り急いで行なわれた学制改革によって生み出されたものを、いつまでも唯一の望ましい学校教育として維持すべきであると考えることは、教育を生々発展する社会的機能の一環としてとらえることを拒むものといえよう。今日われわれが直面しつつある問題は、人間社会がこれまで経験したことのない新しい時代からの挑戦であるともみられる。教育が百年の計であるとすれば、今日指摘されている問題だけでなく、これからの問題を予測し、それらに対して弾力的に対応できるような態度をもって、積極的な改革にいまから着手しなければならない。そのための提案が「第二　初等・中等教育改革の基本構想」である。

第一　初等・中等教育の根本問題

さきに第一章で述べた人間形成の根本問題は、今日の時代がひとりひとりの人間によりいっそう自主的、自律的に生きる力をもつことを要求しつつあることを示している。そのような力は、いろいろな知識・技術を修得することだけから生まれるものではなく、さまざまな資質・能力を統合する主体としての人格の育成にまたなければならない。そのための教育がめざすべき目標は、自主的に充実した生活を営む能力、実践的な社会性と創造的な課題解決の能力とを備えた健康でたくましい人間でなければならない。また、さまざまな価値観に対して幅広い理解力をもつとともに、民主社会の規範と民族的な伝統を基礎とする国民的なまとまりを実現し、個性的で普遍的な文化の創造を通じて世界の平和と人類の福祉に貢献できる日本人でなければならない。

戦後の学制改革によって九か年の義務教育が定着し、教育の機会均等が大きく促進されて国民の教育水準はめざましく向上した。このことがそれまでの長年にわたる教育の蓄積とあいまって、わが国の社会・経済の発展に重要な貢献をしたことは疑いない。しかし、今日の学校教育は、量の増大に伴う質の変化にいかに対応するかという問題に直面している。また、敗戦という特殊な事情のもとに学制改革を急激に推し進めたことによる混乱やひずみも残っている。

このような過去への反省と新しい課題への対応という立場から学校教育の課題を考えれば、初等・中等教育の改革に関する中心的な目標は、次のように要約することができる。

一　初等・中等教育は、人間の一生を通じての成長と発達の基礎づくりとして、国民の教育として不可欠なものを共通に修得させるとともに、豊かな個性を伸ばすことを重視しなければならない。そのためには、人間の発達過程に応じた学校体系において、精選された教育内容を人間の発達段階に応じ、また、個人の特性に応じた教育方法によって、指導できるように改善されなければならない。

〔説明〕　教育は、人間の豊かな個性を伸ばし、望ましい目標に向かって個人の可能性を最高度に発揮させると同時に、教育基本法にも明示されているように、平和的な国家・社会の形成者の育成をめざすものである。人間は本来国家・社会を離れて生きるものではなく、個性の伸長や創造力の発揮もその文化の伝統の上にはじめて達成されるものである。このことを軽視すれば、文化の断絶と混乱を拡大する結果になるであろう。また、多様な価値観を追求する自由が保障されるためには、民主社会の規範が確立されなければならない。このような伝統の継承と規範の体得という共通の基盤の上に、個人の可能性の豊かな開花をめざすことが公教育の任務である。そして、このような豊かな個性の伸長こそ、国家・社会の新しい文化を創造する源泉である。

教育制度は、それぞれの時代の諸要請を反映したものであって、ある時代において適切と考えられた制度も人間の潜在的な可能性をよりいっそう豊かに開発することをめざして不断の改良が加えられなければならない。学校体系も教育内容も、人間の発達に関する探究の成果にもとづいて改善されなければならない。

また、すべての個人は生得的にも後天的にもひとりひとり特性を異にし、同じことを修得させるためにも同じ教育方法でよいとは限らず、まして、個性的な発達をはかるべき時期には教育の内容・方法については画一をさけ、慎重なくふうが必要である。しかし、現実には形式的な平等を強調するあまり、かえって基礎的な能力もしっかり身につかなかったり、形式的な履修だけで学校を終わる者が多くなる傾向がみられる。このことは近年就学率がいちじるしく増加した高等学校においてとくに顕著である。

二　公教育の内容・程度について水準の維持向上をはかり、教育の機会均等を徹底し、国民的要請に即応して学校教育の普及充実に努めることは政府の任務であって、そのためには広く国民の理解と支持を得て、長期にわたる見通しのもとに計画的に適切な施策の推進をはからなければならない。

〔説明〕　戦前、国が学校教育の内容に深く関与したことが国民の考え方を偏狭な国家主義に導いた原因であるとして、教育行政の役割を外的な教育条件の整備や単なる指導助言だけにとどめるべきだという考え方が、戦後の学制改革のころから主張され、その考え方を今日でも強調する人々がある。しかし、日本国憲法のめざす国家理想の実現のために国民の教育として不可欠なものを共通に確保するとともに、つねに新たなくふうによって改善された標準的な内容・程度の教育をすべての国民に保障することは、政府の国民に対する重要な責務である。

また、すべての国民に対して公平に学校教育の機会を保障し、教育に対する社会各層の正当な要請にこたえる措置をとることも政府の重大な任務である。

これらの任務を遂行するにあたって、政府は、広く国民一般の教育に期待するところが直接行政施策に反映するようくふうをこらすとともに、長期の計画にもとづいて適切な施策を推進する必要がある。

三　とくに初等・中等教育においては、教育の実質に大きな影響を与えるものは教育者である。これからの時代が教育に期待するところがきわめて重いにもかかわらず、すぐれた教員を確保することはますます困難となりつつあることを考慮し、高度の専門性を備えた教員が教職に自信と誇りをもっていきいきと活動できるようにするため、総合的かつ抜本的な施策を講ずる必要がある。

第二　初等・中等教育改革の基本構想

一　人間の発達過程に応じた学校体系の開発

現在の学校体系について指摘されている問題の的確な解決をはかる方法を究明し、漸進的な学制改革を推進するため、その第一歩として次のようなねらいをもった先導的な試行に着手する必要がある。

(1)　四、五歳児から小学校の低学年の児童までを同じ教育機関で一貫した教育を行なうことによって、幼年期の教育効果を高めること。

(2)　中等教育が中学校と高等学校とに分割されていることに伴う問題を解決するため、これらを一貫した学校として教育を行ない、幅広い資質と関心をもつ生徒の多様なコース別、能力別の教育を、教育指導によって円滑かつ効果的に行なうこと。

(3)　前二項のほか、小学校と中学校、中学校と高等学校のくぎり方を変えることによって、各学校段階の教育を効果的に行なうこと。

(4)　現在の高等専門学校のように中等教育から前期の高等教育まで一貫した教育を行なうことを、その他の目的または専門分野の教育にまで拡張すること。

〔**説明**〕　昭和四四年六月の中央教育審議会の中間報告は、現在の学校体系には人間の発達過程からみて、次のような問題があることを指摘している。すなわち、幼稚園と小学校の低学年、小学校高学年と中学校の間には、それぞれ児童・生徒の発達段階において近似したものが認められること、中等教育が中学校と高等学校とに細かく分割されているのは、青年期の内面的な成熟に好ましくない影響を及ぼすおそれがあることなどである。同時に学校段階のくぎり方は、その学校を構成する異なった発達段階の児童・生徒の相互作用にも教育上重要な意味のあることを指摘している。

このような教育制度上の各種の問題を学校体系の抜本的な改革によって一挙に解決しようとするいろいろな提案があるが、いずれもその改革の効果については仮説的なものであり、その実効を保障する具体的な条件の検討が必要である。これまでわが国では、諸外国の実例を参考としながら一挙に学制改革を行なったこともあるが、上記のような学校制度上の諸問題については、今日いずれの国でも適切な解決の方途を一歩一歩探究中である。したがって、改革に伴う混乱を最小限にとどめるとともに、積極的にわが国の実情に適合した学校体系を開発するためには、新しい方式をくふうしなければならない。

先導的な試行という方式は、学問的に根拠のある見通しに立って、現行の学校体系の中ではじゅうぶんに検証することのできない人間の発達過程に応じた新しい学校体系の有効性を明らかにするため、学校制度上特例を設けて、将来の学制改革の基礎となる新しい試行を積み重ねようとするものである。このような試行は、その成果を見きわめるために必要な期間としてほぼ十年程度にわたり実施するものとし、その学校体系を全国的な学制改革にまで拡大するか、現行制度と並列的なものとして制度化するかなどについては、その間における成果と各種の事情とを考慮してあらためて判断すべきものである。

なお、先導的な試行の実施にあたっては、次の点に留意しなければならない。まず、綿密な準備調査による科学的な実験計画を立案するとともに、その成果については、教育者・研究者・行政担当者の協力による専門的な組織によって継続的に厳正な評価が行なわれるような体制を整備する必要がある。また、その実施校が特定の地域だけにかたよったり、特別な生徒だけを収容したりしないこと、その実施校の修了者が現行制度の学校に円滑に移行できること、公立の実施校を設ける場合には、その学区内で入学を希望しない者は通常の学校を選択できるようにすることなどがたいせつである。

(1)のねらいは、幼年期の集団施設教育のさまざまな可能性を究明するためであって、現在の幼稚園と小学校の教育の連続性に問題のあること、幼年期のいわゆる早熟化に対応する就学の始期の再検討、早期教育による才能開発の可能性の検討などの提案について、具体的な結論を得ようとするものである。

(2)については、中学校と高等学校が中等教育を短く分割しているため、青年前期の内面的な成熟が妨げられ、じゅうぶんな観察と指導による適切な進路の決定にも問題があることが指摘されている。また、入学試験による選別によらず教育指導によって個人の特性に応じた教育を徹底するため、具体的な方法をくわしく検討する必要がある。

(3)は、上記の(1)、(2)とは別の観点から、小学校高学年と中学校、中学校高学年と高等学校を接続する新しい学校のくぎり方をとって、それぞれの学校が生徒の発達段階に応じてよりいっそうまとまった教育を行なうための具体的な方法を究明するためである。中学校、高等学校をそれぞれ四年とすることなどいろいろな提案はあるが、(1)、(2)の試行との関連や現行制度の学校との対応など実施上の問題について慎重な検討を行なう必要がある。

(4)については、これまでの高等専門学校の成果にかんがみ、さらに多くの専門分野にもこれを拡張すべきこと、大学入学試験の弊害を排除して青年期の人間形成に重点をおく別種の学校として特色を発揮すべきことなどがいわれている。前者の拡張については高等学校職業科との関係について、後者の先導的試行については高等学校制度との関係について慎重に配慮しながら新しい可能性を開発する必要がある。

二　学校段階の特質に応じた教育課程の改善

学校教育は、そのすべての段階を通じて一貫した教育課程をもち、国民として必要な共通の基本的な資質を養うとともに、創造的な個性の伸長をめざすものでなければならない。また、その教育課程は、標準的かつ基本的なものとして精選された教育内容をしっかり身につけさせることに重点をおく段階を経て、個人の能力・適性などの分化に応じて多様なコースを選択履修させる段階に移るべきである。そのような観点から、とくに次の諸点について改善方策を検討すべきである。

(1)　小学校から高等学校までの教育課程の一貫性をいっそう徹底するとともに、とくに小学校段階における基礎教育の徹底をはかるため、教育内容の精選と履修教科の再検討を行なうこと。また、中学校においては、前期中等教育の段階として基礎的、共通的なものをより深く修得させる教育課程を履修させながら、個人の特性の分化にじゅうぶん配慮して将来の進路を選択する準備段階としての観察・指導を徹底すること。

(2)　生徒の能力・適性・希望などの多様な分化に応じ、高等学校の教育内容について適切な多様化を行なうこと。この場合、コースの多様化と同時に、個人の可能性の発揮と志望の変化に応じてコースの転換を容易にし、また、さまざまなコースからの進学の機会を確保すること。

三　多様なコースの適切な選択に対する指導の徹底

教育は、個人の可能性の発揮について不断の希望をもちながら、しかもできるかぎり客観的に個人の特性を見きわめて、教育の適当な段階ごとに適切なコースを本人が選択できるよう指導するという重要で困難な仕事を担当しなければならない。しかもそれを効果的に行なうためには、家庭や社会の理解と協力が欠くことのできない条件である。

四　個人の特性に応じた教育方法の改善

教育の成果は、形式的に何を履修したかではなく、実質的に何を修得したかによって決まるものであり、それは教育の内容・程度の適否とともに教育方法の良否が大きく影響する。したがって、すべての学校段階を通じて、個人の特性に応じた教育方法を活用して、教育目標の達成をいっそう確実なものとする必要がある。そのため、とくに次の諸点について適切な実施方策を検討すべきである。

(1)　教育の目標と個人の特性に応じて教育を効果的にするため、グループ別指導など弾力的な学級経営を行なうこと。

(2)　個人の特性に応じてもっとも合理的な勉学ができるような個別学習の機会を設けること。

(3)　生徒の指導を学年別に行なうことを固定化せず、弾力的な指導のしかたを認めること。

(4)　一定の成熟度に達した上級の段階では、能力に応じて進級・進学に例外的な措置を認めること。

五　公教育の質的水準の維持向上と教育の機会均等

国は、すべての国民に対して適切な内容と程度の教育を受ける機会を均等に保障するため、とくに次の諸点について行政上・財政上の措置を整備充実する必要がある。

(1) 教育課程の基準その他の教育条件を適当な水準に維持するとともに、時代の進展に応じて絶えず再検討しながら改善充実すること。

(2) 公教育の重要な役割を分担する私立学校の公共性を確保するとともに、そこにおける教育条件の整備と修学上の経済的負担の軽減をはかること。

(3) 勤労条件の多様化に応じて勤労者の修学条件を弾力的に改めること。

六　幼稚園教育の積極的な普及充実

幼児教育の重要性と幼稚園教育に対する国民の強い要請にかんがみ、国は当面の施策として次のような幼稚園教育の振興方策を強力に推進する必要がある。

(1) 幼稚園に入園を希望するすべての五歳児を就園させることを第一次の目標として幼稚園の拡充をはかるため、市町村に対して必要な収容力をもつ幼稚園を設置する義務を課するとともに、これに対する国および府県の財政援助を強化すること。

(2) 前項の措置と並行して、公・私立の幼稚園が公教育としての役割を適切に分担するよう、地域配置について必要な調整を行なうとともに、教育の質的な充実と修学上の経済的負担の軽減をはかるため、必要な財政上の措置を講ずること。

(3) 幼児教育に関する研究の成果にもとづいて、幼稚園の教育課程の基準を改善すること。

(4) 個人立の幼稚園は、できるだけすみやかに法人立へ転換を促進すること。

七　特殊教育の積極的な拡充整備

すべての国民にひとしく能力に応ずる教育の機会を保障することは国の重要な任務であって、通常の学校教育の指導方法や就学形態には適応できないさまざまな心身の障害をもつ者に対し、それにふさわしい特殊教育の機会を確保するため、国は、次のような施策の実現について、すみやかに行政上、財政上の措置を講ずる必要がある。

(1) これまで延期されてきた養護学校における義務教育を実施に移すとともに、市町村に対して必要な収容力をもつ精神薄弱児のための特殊学級を設置する義務を課すること。

(2) 療養などにより通学困難な児童・生徒に対して教員の派遣による教育を普及するなど、心身障害児のさまざまな状況に応じて教育形態の多様化をはかること。

(3) 重度の重複障害児のための施設を設置するなど、特殊教育施設の整備充実について国がいっそう積極的な役割をになうこと。

(4) 心身障害児の早期発見と早期の教育・訓練、義務教育以後の教育の充実、特殊教育と医療・保護・社会的自立のための施策との緊密な連携など、心身障害児の処遇の改善をはかること。

八　学校内の管理組織と教育行政体制の整備

各学校が公教育の目的の実現に向かってまとまった活動を展開し、その結果について国民に対して責任を負うことができるような体制を整備するため、とくに次の諸点について適切な改善方策を検討すべきである。

(1) 各学校が、校長の指導と責任のもとにいきいきとした教育活動を組織的に展開できるよう、校務を分担する必要な職制を定めて校内管理組織を確立すること。

(2) 公立学校と私立学校に関する地方教育行政の一元化をはかること。

(3) 国の教育施策の結果について広く国民一般の批判と要望を聞き、それを行政施策の改善に直接反映させることができるくふうを行なうこと。

〔説明〕　教育の具体的な活動を営む者は個々の教員であり、その自発性と創意を正しく生かすことが教育をいきいきとしたものとする重要な要素である。そのような状態を実現するためには、まず、学校全体の教育方針と教育計画が確立され、その実現に向かって教員各個人が積極的に連携協力できる態勢を作りあげる必要がある。このような学校全体のまとまりを維持し、その内容を高めていくために適切な指導性を発揮することは、校長の重要な任務である。

また、今後における教育方法の刷新を進めるためには、個々の教員の特性に応じた役割分担と組織的な協力体制を取り入れた新しい学校経営の方式が必要とされる。

これらの必要に応ずるためには、学校の種類や規模およびそれぞれの職務の性格に応じて、校長を助けて校務を分担する教頭・教務主任・学年主任・教科主任・生徒指導主任などの管理上、指導上の職制を確立しなければならない。

私立学校は、さきに述べたとおり、公立学校とともに公教育の重要な役割を分担するものであり、地域住民に対する教育の機会を均等に保障するためには、地域配置の適正化と教育水準の維持向上について必要な行政上、財政上の施策を、公・私立学校を一体として総合的・計画的に推進しなければならない。そこで、現在都道府県教育委員会と知事とに分かれている公・私立学校に関する地方教育行政を一元化する必要がある。さしあたり、双方の機関の間の連絡調整を緊密にするための措置を講ずるとともに、教育委員会のがわに私立学校に対する適切な指導と援助を与えるのにふさわしい体制を整備して、行政組織としても一元化することを検討すべきである。

なお、地方教育行政の組織としてすべての町村に原則として教育委員会を置くことには、実質的に充実した行政機能を発揮できないことなど、いろいろな問題のあることが指摘されている。このことは、地方自治体の単位として現在の町村の区画が適当かどうかという問題と関連しているが、教育行政の広域化については積極的に検討すべきである。

教育に関する国の行政施策は、きわめて広範囲の国民の子弟の教育にかかわる重大な問題であって、それをよりよいものとするためには、つねに特別な配慮が必要である。すなわち、限られた教育関係者だけでなく、広く国民一般がどのように評価し、どんな批判・要望をもっているかを的確にとらえ、それを施策の改善に反映させるくふうがたいせつである。

九　教員の養成確保とその地位の向上のための施策

今後ますます重要な役割をになう学校教育にすぐれた教員を確保するとともに、その教育活動の質的な水準と教員の社会的・経済的地位の向上をはかるため、次のような施策を総合的に実施する必要がある。

(1) 初等教育の教員は、主として、その目的にふさわしい特別な教育課程をもつ高等教育機関（以下「教員養成大学」という。）において養成をはかり、中等教育の教員のある割合は、その目的に応じた教員養成大学において養成をはかるものとすること。他方、一般の高等教育機関卒業者で一定の要件を具備したもののうちから広く人材を誘致して、すぐれた教員の確保をはかること。この場合、教員の全国的、地域的な需給の調整を円滑にする方策を講ずること。

(2) 国は前項の教員養成大学の整備充実に力を注ぐとともに、とくに義務教育諸学校の教員を確保するため、その計画的な養成と奨学制度の拡充について適切な措置を講ずること。また、一般の高等教育機関で教員としての資格を得るための基準についても、適切な改善をはかること。

(3) 教員としての自覚を高め、実際的な指導能力の向上をはかるため、まず新任教員の現職教育を充実するとともに、その的確な実施を保障するため、特別な身分において一年程度の期間任命権者の計画のもとに実地修練を行なわせ、その成績によって教諭に採用する制度を検討すること。

(4) 一般社会人で学識経験において学校教育へ招致するにふさわしい人材を受け入れるため、検定制度を拡大すること。

(5) 教員のうち、高度の専門性をもつ者に対し、特別の地位と給与を与える制度を創設すること。そのための一つの方法として、教育に関する高度の研究と現職の教員研修を目的とする高等教育機関（「高等教育の改革に関する基本構想」第二―一の第四種（「大学院」）に属する。）を設けること。

(6) 教員の給与は、すぐれた人材が進んで教職を志望することを助長するにたる高い水準とし、同時により高い専門性と管理指導上の責任に対応するじゅうぶんな給与が受けられるように給与体系を改めること。

なお、国民は、教育を尊重し、教員に大きな期待をよせている。したがって、教員の地位が高い専門性と職業倫理によって裏づけられた特別の専門的職業として、一般社会の尊敬と信頼を集めるためには、教員が自主的に専門的な職能団体を組織し、相互にその研さんに努めることが必要である。教員自身が、そのような教育研修活動を通じ、不断にその資質の向上に努めるならば、その建設的な意見は社会的に評価され、国民の期待するところにこたえることになろう。

十　教育改革のための研究推進措置

時代の変化はきわめて急速であり、教育の質的な発展に対する要請はますます切迫していることを考慮し、教育の専門的な水準の向上と実践的な教育方法の開発によって前述のような改革を実質的に推進するために、これと関連のある教育に関する研究を総合的かつ集約的に促進するためのセンターと協力組織を整備する必要がある。

第三章　高等教育の改革に関する基本構想

この基本構想をまとめるにあたって、本審議会がとくに留意したのは、今日および今後の社会において、高等教育の伝統的な理想と社会的な現実とをいかに調和し、高等教育全体として、その役割と使命をじゅうぶんに果たすことができるような制度上のわく組みをどのように構成するかという問題であった。これまで大学は、高度の学術の研究と教育を通じて文化の継承とその批判・創造に寄与することを最高の使命としてきた。同時に、大学に対しては、人間性の尊厳に根ざした豊かな教養をつちかい、高度の知識・技術を身につけた人材を育成して国家社会の発展と人類の福祉に貢献することが要請され、さらに今日では、国民的・時代的な要請から、より多様な教育的機能が期待されている。このようなさまざまな要請を今日の高等教育全体の機能の中に生かすためには、複雑高度化した現代社会に対応する新しい制度的なくふうが必要である。とくに、学問研究の自由に対する保障は、あくまで人間理性の自由な活動から生まれる提言と批判を通じて大学が社会に貢献するための基本的な条件である。しかし同時に、大学は、進んで歴史的・社会的な現実に直面し、そこから研究と教育を発展させる創造的な契機をくみとることができるような社会との新しい関係を作ることによって、その社会的な役割をじゅうぶんに果たすことに努めるべきであろう。

第一　高等教育改革の中心的な課題

近年における大学紛争を契機として、高等教育の制度を根本的に再検討する必要のあることが広く一般に認められるようになった。大学紛争の問題は、昭和四四年四月の本審議会の答申に述べられたとおり、さまざまな政治的、社会的な要因と関連があり、高等教育の制度自体の問題とは一応区別して考える必要はあるが、同時に、制度上の基本的な課題が未解決であることによって、紛争の根本的な解決が困難になっていることも事実である。

高等教育の改革についてはすでに多くの提案がある。しかしながら、改革について建設的な論議を進めるためには、まず、その提案が解決しようとしている中心的な課題が何であるかについて、共通の理解を深め、国民的合意を作り出すことが必要である。そこで、この点についての本審議会の考え方を明らかにしておきたい。

本審議会としては、これまでの高等教育に対する考え方やその制度的なわく組みが、高等教育の普及と社会の複雑高度化に伴って、次のような複合した要素を含んだ要請に適切に対応できなくなったため、これに対する新しい解決策を見つけることがこの基本構想の中心的な課題であると考える。

一　高等教育の大衆化と学術研究の高度化の要請

これからの高等教育機関は、全体として、一方では多数の国民のさまざまな要求に応ずる教育を効果的に提供するとともに、他方では学術研究の水準を高め、あわせてそれを継承発展させる教育・研究者を育成するという役割を果たすことができるよう整備充実されなければならない。

二　高等教育の内容に対する専門化と総合化の要請

これからの高等教育は、中等教育と緊密な関連を保ちながら、将来の社会的進路に応じた高度の専門性を身につけるのに役だつとともに、時代の進展に即応して複雑な課題の解決に取り組む総合的な能力と基礎的な教養を養うものでなければならない。

〔説明〕　高等教育の普及とともに、大多数の進学者が期待するものは、特殊な学問的な修練によって高度の研究者となることだけではなく、将来の職業生活に必要な準備としてできるだけ高度の専門性を身につけることである。しかもその場合、伝統的な学問体系の専門的な分化に即応するよりも、本人の将来の社会的な進路を中心として総合された専門的な教養が重視されなければならない。

他方、科学技術の急速な進歩と経済の高度成長によって急激に変化し、複雑高度化していく今後の社会においては、さまざまな知識を人間の進歩に役だてるために、専門的な深さとともに、それらの研究成果を広く総合する力が必要とされる。また、このような時代にみずから生きる目標を正しく選び、すぐれた社会人として充実した人生を送るためには、人間観・価値観にかかわる基礎的な教養がとくに重視されなければならない。

これまでの大学教育では、一般教育と専門教育とを積み重ねる方法をとってきたが、ともすれば、両者が遊離して専門化にも総合化にもじゅうぶんの効果を収めていない。その欠陥を改めるとともに、多様な進路に応じた新しい教育課程を設計することが、これからの重要な課題である。

三　教育・研究活動の特質とその効率的な管理の必要性

高等教育機関においては、教育・研究活動に対してそれぞれの専門的な判断を尊重する自由なふんい気が保障されなければならないが、同時に、その専門の細分化によって組織がしだいに複雑化し、規模も巨大化する傾向にかんがみ、組織・編制を合理化するとともに効率的な管理機能を確立して全体としてのまとまりを確保することがいっそう重視されなければならない。

四　高等教育機関の自主性の確保とその閉鎖性の排除の必要性

学術の教授と研究を重要な使命とする高等教育機関においては、その研究と教育の活動を自主的に行なうための制度的な保障が必要であるが、同時に、その自主性を強調するあまり、社会から遊離してその社会的な使命をじゅうぶんに果たさなくなったり、閉鎖的な独善に陥る傾向がみられる。今後は開かれた大学として、教育・研究活動が内部から衰退しないような制度上のくふうが必要である。

五　高等教育機関の自発性の尊重と国全体としての計画的な援助・調整の必要性

高等教育機関の整備充実を進めるにあたっては、当事者の自発的な創意と努力が尊重され、それが生かされるような制度的配慮を加えるとともに、国民全体の立場から計画性をもって調整と援助を行なうことが必要である。

第二　高等教育改革の基本構想

上記のような中心的な課題を解決するための具体的な方策は、いろいろな角度から慎重に検討すべきであろう。しかしながら、新しい変化と発展の要請にこたえるような改革は、まず、大局的な問題のはあくと、それに対応する基本方針の確立とを必要とするものである。本審議会はそのような観点から、次の各項目に述べるものを高等教育の改革に関する基本構想として提案する。

一　高等教育の多様化

今後におけるわが国の高等教育の多様化を図るため、次に示すとおり、教育を受ける者の資格および標準的な履修に必要な年数によって高等教育機関を種別化するとともに、教育の目的・性格に応じて教育課程の類型を設けることが望ましい。同時に、それらの種別および類型の間では、学生が、必要に応じて、容易に転学できるような体制が用意されるべきである。

(1)　第一種の高等教育機関（仮称「大学」）

後期中等教育を修了した者に対して、三～四年程度の教育を行なう高等教育機関であって、その中に、おおむね次のような教育課程の類型を設けるものとする。

(A) 将来の社会的進路のあまり細分化されない区分に応じて、総合的な教育課程により、専門的な教養を身につけさせようとするもの（総合領域型）。

(B) 専攻分野の学問体系に即した教育課程により、基礎的な学術または専門的な技術を系統的に修得させようとするもの（専門体系型）。

(C) 特定の専門的な職業に従事する資格または能力を得させるため、その目的にふさわしい特色のある教育課程と特別な修練により、職業上必要な学理と技術を身につけさせようとするもの（目的専修型）。

(2) 第二種の高等教育機関（仮称「短期大学」）

後期中等教育を修了した者に対して、原則として二年の教育を行なう短期の高等教育機関であって、その中に次のような教育課程の類型を設けるものとする。

(A) 将来の社会的進路のあまり細分化されない区分に応じて、総合的な教育課程により、一般社会人として必要な教養を深めさせようとするもの（教養型）。

(B) 専門的な職業に従事する資格または能力を得させるため、その目的にふさわしい特色のある教育課程により、職業上必要な知識と技術を身につけさせようとするもの（職業型）。

(3) 第三種の高等教育機関（仮称「高等専門学校」）

前期中等教育を修了した者に対して、将来、特定の専門的な職業に従事するための資格または能力を得させるため、または他の特別な目的のため、後期中等教育の段階を含めて五年程度の一貫教育を行なう高等教育機関

(4) 第四種の高等教育機関（仮称「大学院」）

第一種の高等教育機関を修了した者またはこれと同等以上の能力のある者に対し、特定の専門分野について、二～三年程度の高度の学術の教授を行なうとともに、一般社会人に対し同じ程度の再教育を行なう高等教育機関

(5) 第五種の高等教育機関（仮称「研究院」）

博士の学位を受けるにふさわしい高度の学術研究を行なう者に対し、研究修練の場を提供するとともに、その研究に指導を与える高等教育機関

二　教育課程の改善の方向

上記のような第一種および第二種の高等教育機関（「大学」および「短期大学」）における教育課程は、その目的・性格に即して総合的な専門教育または特殊な専門教育を行なうにふさわしく編成されなければならない。その場合、これまでの大学の一般教育のねらいとしたものは、次のような改善によって、その効果的な目的達成をはかることが望ましい。

(1) これまでの一般教育科目の教育がねらいとした諸学の総合理解、学問的方法の自覚、文化史的な問題や人間観・価値観のはあくなどの目標については、それぞれの教育課程の中に含めて総合的にその実現をはかる。

(2) 専門のための基礎教育として必要なものは、それぞれの専門教育の中に統合する。

(3) 外国語教育は、とくに国際交流の場での活用能力の育成に努めることとし、必要に応じて学内に設けた語学研修施設によって実施し、その結果について能力の検定を行なう。（外国語・外国文学を専攻する者については別途考慮する。）

(4) 保健体育については、課外の体育活動に対する指導と全学生に対する保健管理の徹底によってその充実をはかる。

三　教育方法の改善の方向

高等教育における教育方法は、その指導形態に応じて次のように改善することが望ましい。

(1) 講義による体系的な学理の教授は、放送、ＶＴＲ（ビデオ・テープレコーダー）その他の教育工学的な方法を積極的に活用して、その質的な水準の向上と効率化をはかる。

(2) 同時に、少人数ごとの演習・実験・実習などを増強し、講義内容の消化と実際的な応用能力の増進をはかる。

(3) 学園における体育的、文化的な活動については、そのための指導センターに専門家を置いて充実した学生生活を享受できるよう指導と援助を与える。

四　高等教育の開放と資格認定制度の必要

急激に変化する今後の社会に生きる国民に対して、適時その必要とする教育を受ける機会を提供するため、高等教育は、一定年齢層の学生や特定の基礎学歴のある者だけではなく、広く国民一般に対して開放される必要がある。そのためには、すべての高等教育機関において再教育のための受け入れを容易にするとともに、学校教育の伝統的な履修形態以外の方法による教育の機会も拡充する必要がある。また、各種の高等教育機関で認定された個別的な単位が一定の基準に達した者は、高等教育に関する資格が取得できるようにすべきである。

なお、これまでの学士の称号および修士・博士の学位については、それぞれについて現に設けられている種別を廃止し、または簡素化することについて検討する必要がある。

五　教育組織と研究組織の機能的な分離

高等教育機関における教員の教育と研究の活動の調和をはかるため、すべての高等教育機関の教員組織は、まず、学生の教育を実施するための組織として整備されなければならない。同時にすべての教員に対しては、その高等教育機関の目的・性格にふさわしい研究の環境が用意されるべきである。この場合、第四種および第五種の高等教育機関（「大学院」および「研究院」）では、教育上の組織と研究上の組織とを区別して、それぞれ合理的に編成されることが望ましい。それによって教員の任務が具体的な場面に即して明確にされ、教育と研究のそれぞれの目的に応じた協力体制が確立される必要がある。

〔説明〕　これまでの大学における学部・学科は、学生の教育上の組織であると同時に教員の研究上の組織でもあった。しかし、一般には、教員の研究活動を中心として組織が細分化し、独立化する傾向が強かった。そのために、教員相互の連携協力が不完全となり、教育課程の適切な編成とその効果的な実施について、総合的な力を発揮することが困難であった。

また、これまでの学部・学科の組織においては、ともすれば教員は研究面に関心を払って、教育指導への努力を最小限にとどめようとする傾向を生じやすく、また、教員の選考にあたっても、教育者としての適格性よりも研究業績を重んずる風潮があった。

そこで、個人としての教員はつねに教育と研究の両面の活動に従事すべきものであるが、組織のあり方としては、高等教育機関の目的・性格に応じて教育と研究の機能の調和をはかるため、両方の組織を区別して考え、それぞれの目的に即した教員構成となるよう人事の運用をはかる必要がある。その場合、ひとりの教員は、ある期間一方の組織に専属したのち他方の組織に移る場合もあろう。このような組織間の教員の交流は、同じ学校内にある別種の機関の間はもとより、学校間にまたがって行なわれることも考えられる。いずれにしても、教員の任務が具体的な場面に即して明確にされ、教育と研究の組織的な活動がそれぞれ機能を発揮できるようにするのがそのねらいであって、教員を教育者と研究者とに区分したり、学問研究の裏付けのない教育を考えたりするものでないことはいうまでもない。また、このように教育上と研究上の組織を区別することによって、それぞれの組織の望ましい人員構成と適切な予算配分などが確保され合理的な運営が容易になるであろう。

なお、このような組織についての具体的な検討は、今後、高等教育機関の種類ごとに行なう必要があるが、その場合、伝統的な教員の職制である教授・助教授・講師・助手などの区分を再検討し、とくに助手の位置づけを明らかにすることがたいせつであると考える。現在、助手が行なっている仕事の中には、教育的・研究的なものと、教務的・技術的・事務的なものとが含まれており、これらを完全に再整理することは困難であるが、少なくとも次のような方策をとることを検討すべきである。すなわち、助手は教育的・研究的な職務に従事する者としては、恒久的な任用を行なわず、教育・研究者としてじゅうぶんな資質を有すると認められる者は、むしろ講師に任用すべきである。なお、講師に採用する候補者を確保するためには、「研

究院」の在学者またはその卒業者を対象とする奨励研究生制度（フェローシップ）を活用することが望ましい。

六　第五種の高等教育機関（「研究院」）のあり方

「研究院」は、博士の学位を受けるにふさわしい高度の学術研究を行なう者の研究修練のための指導・管理組織であり、通常、それは、専任の教員を含む教員組織をもつものとする。したがってこれを他の機関に併置する場合には、それを置くにふさわしいすぐれた研究指導体制を備えた第四種の高等教育機関（「大学院」）または研究所のいくつかに置かれるものとする。そこで研究修練に従事することを認められた者のうち、「研究院」またはその他の高等教育機関の教育・研究活動の補助者として選ばれた者に対しては、適当な処遇を与えることが望ましい。

七　高等教育機関の規模と管理運営体制の合理化

高等教育機関は、学校経営上の必要だけから巨大化したり、それ自体が完結した研究機関になろうとすることを避け、教育機関としてまとまった活動を行なうのに適した規模のものとすべきである。研究上の必要のためには、高等教育機関や研究所の間に連携協力の関係を結んで活発に交流できるようにすべきである。

高等教育機関の管理運営については、その内部組織の割拠を避けるとともに、学の内外におけるさまざまな影響力によって、その教育・研究の一体的・効率的な活動が妨げられることなく、自主的・自律的に運営できる体制を確立すべきである。そのためには、教務・財務・人事・学生指導などの全学的な重要事項については、学長・副学長を中心とする中枢的な管理機関による計画・調整・評価の機能を重視するように改善を加える必要がある。また、そのための適当な機関に学外の有識者を加えたり、適当な領域の問題について学生の声を聞いたりして、管理運営を積極的に改善する契機とすることもくふうすべきである。

八　教員の人事・処遇の改善

高等教育機関は、その目的・性格と教育または研究の組織上の地位とにふさわしい者を教員として確保するとともに、人事の閉鎖性から教育・研究活動の停滞が生じることを防止するため、教員の選考や業績評価については学外の専門家の参与を求め、同じ地位にとどまる場合にはその任期に限度を設け、同じ学校の出身者を採用する場合の数を制限するなど、人事の取扱いに特別のくふうが必要である。

同時に、優秀な人材を高等教育機関に吸収するとともに、広く学外との人物交流を容易にするため、教員の給与および処遇を抜本的に改善する必要がある。なおその場合、教員の教育的努力を助長するような給与制度とすることが望ましい。

九　国・公立大学の設置形態に関する問題の解決の方向

高等教育機関のうち、とくに国・公立の大学は、現在の制度では広義の行政機関としての性格をもつものとされながら、その運営に特別な配慮が必要なため、その設置者である国または地方公共団体の管理権との関係において問題を生じやすい状態にある。また、そのような設置形態のためにかえって大学が制度上の保障の上に安住し、自律性と自己責任をもって管理運営されるようになることが妨げられているともみられる。そこで今後は、それらの大学が設置者との関係を明らかにするとともに、真に自律性と自己責任をもって運営されるものとなるためには、次に掲げる二つの方法があり、それぞれの大学の目的・性格にふさわしい方向に改革することが望ましい。

(1)　現行の設置形態を改め、一定額の公費の援助を受けて自主的に運営し、それに伴う責任を直接負担する公的な性格をもつ新しい形態の法人とする。

(2)　大学の管理運営の責任体制を確立するとともに、設置者との関係を明確化するため、大学の管理組織に抜本的な改善を加える。

十　国の財政援助方式と受益者負担および奨学制度の改善

高等教育の発展とその水準の維持向上のため、国は、長期にわたる教育計画にもとづき、適当な私立の高等教育機関に対して、その目的・性格に応じて合理的に積算された標準教育費の一定の割合を助成金として交付するとともに、その弾力的、効率的な使用を認めることが望ましい。このような方式は、国・公立の高等教育機関に対する財源交付についても準用することを検討する必要がある。この場合、授業料などの受益者負担額が妥当な程度の金額となるよう配慮するとともに、設置者や専攻分野の違いによって極端な差異が生じないようにすべきである。

これらに関する国の施策を検討する場合には、教育の機会均等をはかるとともに、必要な分野に人材を誘致するため、国家的な奨学制度のあり方についてもあわせて根本的に検討を加える必要がある。

なお、高等教育機関の社会的な役割にかんがみ、国以外の一般社会からも大幅な資金的援助が得られるようにすることが望ましい。

十一　高等教育の整備充実に関する国の計画的な調整

今日および今後の社会において充実した高等教育機関の設置経営には、国費の援助が不可欠であることを考慮すれば、一定の財源によってその援助の効果を最大限に発揮するためには、高等教育の全体規模、教育機関の目的・性格による区別、専門分野別の収容力の割合、地域的配置などについて長期の見通しに立った国としての計画がなければならない。そこで、国民全体の立場に立ってそのような計画を立案し、その実現を推進する公的な新しい体制を確立し、この基本構想による高等教育の改革と整備充実をはかる必要がある。

十二　学生の生活環境の改善充実

高等教育機関における教育を真に実りあるものとするためには、以上のような改革と並行して、課外活動の充実や生活環境の整備によって豊かな学生生活を保障し、学生の人間形成を助長するための方策を促進することが必要である。とくに学寮は、従来このような面で重要な役割を果たしてきたものであり、これをさらに改善充実していくことは、高等教育機関の重要な仕事である。しかし、今日および今後の社会においては、すべての高等教育機関がそのような学寮を持ち得ない場合もあろう。したがって、一般的には、これまで学寮に期待された共同生活の教育的意義は他の方法によって生かすことを考えるとともに、勉学中の多数の学生に対し、相互の人間的な交流を深めたり、適当な食・住の便宜を供与したりするための生活環境を整備することを別途に検討すべきである。そのことが高等教育機関だけではじゅうぶんになしえないとすれば、国としても別に適当な方策を考える必要がある。

十三　大学入学者選抜制度の改善の方向

大学入学者選抜制度がわが国の学校教育全般に及ぼす重大な影響にかんがみ、今後は、中等教育の段階で、その本来の目的に応じた勉学に専念した者の学習成果が公正に評価され、選抜に合格することだけを目的とした特別な学習をしないでも、能力・適性に応じた大学に入学できるようにすることを目標として、大学入学者選抜制度の改善をはかる必要がある。その場合、選抜方法の改善については、次のような考え方をとるべきである。

(1)　高等学校の学習成果を公正に表示する調査書を選抜の基礎資料とすること。

(2)　広域的な共通テストを開発し、高等学校間の評価水準の格差を補正するための方法として利用すること。

(3)　大学がわが必要とする場合には、進学しようとする専門分野においてとくに重視される特定の能力についてテストを行ない、または論文テストや面接を行なってそれらの結果を総合的な判定の資料に加えること。

●二一世紀を展望した我が国の教育の在り方について（第一次答申）

（平成八年七月一九日　中央教育審議会）

―子供に［生きる力］と［ゆとり］を―

〈骨　子〉

第1部　今後における教育の在り方

［子供たちの生活の現状等］

○積極面もある一方、ゆとりのない生活、社会性の不足や倫理観の問題、自立の遅れ、健康・体力の問題などの問題が存在。

○家庭や地域社会の教育力は低下の傾向。

○これからの社会は、国際化、情報化、科学技術の発展などが一層進展。変化の激しい時代、先行き不透明な時代。

［今後の教育の基本的方向］

○豊かな人間性など時代を超えて変わらない価値のあるものを大切にするとともに、社会の変化に的確かつ迅速に対応する教育が必要。

○これから求められる資質や能力は、変化の激しい社会を［生きる力］。

・自分で課題を見つけ、自ら学び、自ら考え、主体的に判断し、行動し、よりよく問題を解決する能力

・自らを律しつつ、他人と協調し、他人を思いやる心や感動する心など豊かな人間性とたくましく生きるための健康や体力

○今後の教育では学校・家庭・地域社会全体を通して、［生きる力］をはぐくむことを重視。

［生きる力］をはぐくむためにも、個性尊重の考え方は一層推進されるべき。

〈［生きる力］をはぐくむ視点〉

・学校・家庭・地域社会の連携とこれらのバランスのとれた教育の推進、家庭や地域社会における教育の充実

・子供たちの生活体験・自然体験等の機会の増加

・［生きる力］の育成を重視した学校教育の展開

・子供と社会全体の［ゆとり］の確保（子供に［生きる力］をはぐくむためには、子供たちをはじめ、社会全体に［ゆとり］をもたせることが必要）

［特に重要な課題］

○過度の受験競争の緩和（今後、本審議会において引き続き検討）

○いじめ・登校拒否の問題

・いじめ・登校拒否の問題は、深く現代社会の在り方にかかわる、社会全体に投げかけられた課題。その背景についての一つの見方として我々の社会が「同質にとらわれる社会」であるということ。

・同質志向を排除して、個を大切にし、個性を尊重する態度や、その基礎となる価値観の育成。

〈取　組〉

・家庭・学校・地域社会が緊密に連携した取組

・家庭での基本的倫理観の涵養、地域ぐるみの子供の育成

・存在感や自己実現の喜びを実感できるような一人一人を大切にした学校づくり

・学校の一丸となった対応、いじめは絶対に許さないという毅然とした姿勢の確立

・専門家の協力を得た学校の教育相談体制の充実と学校外の教育相談体制の整備

・家庭等と連携した開かれた学校運営（子供の「転学」の一層の弾力化、適応指導教室の積極的活用、登校拒否の子供のためのバイパスとして「中学校卒業程度認定試験」の有効活用について検討など）

・登校拒否の子供の指導に当たっては、もとの仲間や生活に戻ることのみにこだわることなく、子供が登校拒否を克服する過程でどのように個性を伸ばし、成長していくかという視点を重視し、ゆっくり時間をかけて取り組むことも重要

第2部　学校・家庭・地域社会の役割と連携の在り方

第1章　これからの学校教育の在り方

○［生きる力］の育成を基本とし、知識を教え込むことになりがちであった教育から、自ら学び、自ら考える教育への転換を目指す。学校はその実現のため、［ゆとり］のある教育環境で、一人一人の子供を大切にした［ゆとり］のある教育活動を展開。

［次の教育課程の改訂に当たって］

○教育内容の厳選と基礎・基本の徹底

・教育内容を基礎・基本に厳選し、授業時数を縮減する（単なる知識や暗記に陥りがちな内容、学校段階・学年間・教科間で重複する内容などを精選）。

・新たな社会的要請に対応する内容を学校教育で扱うこととすることについては、その必要性を十分吟味し、新たな内容を取り入れる場合には、必要性が相対的に低下した内容を厳選。

○一人一人の個性を生かすための教育の推進

（教育課程の弾力化、指導方法の改善、特色ある学校づくりの一層の推進）

・中学校－各教科等の授業時数の選択幅の拡大など。

・高等学校－必修教科・科目の内容及びその単位数の削減、生徒の選択の一層の拡大。ボランティア、大学の単位などについて、各校の措置により、単位認定の道を開くことを積極的に検討。総合学科を当面通学範囲に必ず用意されるよう整備を推進するなど。

○豊かな人間性とたくましい体をはぐくむための教育の改善

・道徳教育、特別活動や各教科などあらゆる教育活動を通じて豊かな人間性をはぐくむための教育を一層充実。その際、特にボランティア活動、自然体験、職場体験などの体験活動を充実。

・心身の健康増進活動や日常的スポーツ活動の実践を促し、生涯にわたり健康な生活を送るための基礎を培う。

○横断的・総合的な指導を一層推進するため、各教科の教育内容を厳選することにより時間を生み出し、一定のまとまった時間（「総合的な学習の時間」）を設ける。この時間における学習活動としては、国際理解、情報、環境、ボランティア、自然体験などについての総合的な学習や課題学習、体験的な学習等が考えられるが、子供たちの発達段階や学校段階、学校や地域の実態等に応じて、各学校の判断により、その創意工夫を生かして展開。その際、試験の成績によって数値的に評価は行わない。

［将来における教育課程の改訂のために］

○教科の再編・統合を含めた将来の教科等の構成の在り方について、早急に検討に着手することが必要。このため、教育課程審議会にそれらの在り方を継続的に調査審議する常設の委員会を設け、その審議の成果を施策に反映する。

［新しい学校教育の実現のための条件整備］

新しい学校教育の実現のため、種々の条件整備を図る。

○教員配置の改善（教員一人当たりの児童生徒数を欧米並の水準に近づける）

○教員の資質・能力の向上（教員養成・研修の改善充実、教員採用の改善。特に、教員養成については、教育相談を含めた教職科目の履修の在り方、教育実習の在り方、修士課程を活用した養成の在り方等、その改善充実について検討することが必要。また、教員養成大学の教育・研究の改善を図る。）

○学校外の社会人の活用（特別非常勤講師制度の活用、ALT、SEの増員等）

○学校施設など教育環境の整備（ゆとりと潤いのある環境、情報ネットワーク環境の整備等）

○関係機関や専門家（スクールカウンセラー等）との連携、スクールカウンセラーの配置の一層の充実・促進

○幼児教育の充実（幼稚園の地域における幼児教育センターとしての機能の充実など幼児期の教育について幅広い観点から検討することが必要）

○障害等に配慮した教育の充実（障害のある子供に［生きる力］を培い、可能な限りの社会

的自立や参加を実現させる観点に立った、教育内容・方法の改善充実、教育条件の整備、交流教育の推進、幼稚部・高等部の整備、職業教育の充実、教員の養成・研修の充実等）

第2章　これからの家庭教育の在り方

○子供の教育や人格形成に対し、最終的な責任を負うのは家庭。家庭教育は、家族との触れ合いを通じ、［生きる力］の基礎的な資質・能力を育成する、すべての教育の出発点。

○家族が一緒に過ごす時間を確保することが重要。このため、社会全体における［ゆとり］を確保するための条件整備を推進。

○父親の家庭教育に対する責任と企業へ協力を呼びかけ。

［家庭教育の充実方策］

○家庭教育に関する学習機会の充実（新しいメディアを活用した学習機会の提供など）

○日常的な生活圏の中での子育て支援ネットワークづくりの推進

○親子の共同体験（ボランティア活動など）の機会の充実

○父親の家庭教育参加の支援・促進（職場における家庭教育の学習機会の提供など）

第3章　これからの地域社会における教育の在り方

○子供たちに［生きる力］を育成するため、地域における様々な生活体験、社会体験、自然体験を活発化。

［地域社会における教育の充実方策］

○社会全体に［ゆとり］を確保し、地域社会の主体的・自主的活動を活発にするという視点に立って条件整備を推進。

○活動の場の充実（遊び場の確保、学校施設の活用、社会教育・文化施設の整備充実と新たな事業展開、新たなスポーツ環境の創造）

○活動の機会の充実

・地域ぐるみの活動の推進、祭りや伝統芸能の継承・復活など

・ボランティア活動の促進

・都市部と過疎地域等との交流活動の推進

・長期間の自然体験活動の充実

○青少年団体等の活動の振興

○指導者の養成・確保

○情報提供の充実

○「第4の領域」の育成（地縁的な結びつきによるものだけでなく、同じ目的や興味・関心に応じて結びつき、子供たちを育てる教育の場の積極的な育成）

［地域社会における教育を充実させるための体制の整備］

○日常生活圏における子供たちの教育の充実のため、市町村教育委員会の活性化。

○地域社会における教育の充実を地域ぐるみで行う方策として、「地域教育連絡協議会」（市町村教育委員会等が核となり、地域の様々な機関が参加して連絡・協議を行う）や「地域教育活性化センター」（公益法人等として、連絡・協議のほか、事業を実施）の設置を提唱。

○国・都道府県・市町村の連携・協力の下、体系的な施策を推進。民間教育事業者による文化・スポーツ等の活動との連携の推進。

第4章　学校・家庭・地域社会の連携

○学校・家庭・地域社会相互の連携の一層の促進。

○社会に対して［開かれた学校づくり］の推進（開かれた学校運営、地域の人々や父母の非常勤講師・学校ボランティアとしての参加の促進、学校施設の開放と管理運営体制の整備、余裕教室の活用、学校と社会教育施設等との複合化についての検討等）。

○学校のスリム化

・本来家庭や地域社会で担うべきものを学校が担っている現状の改善（日常生活におけるしつけや、学校外での巡回補導指導などは、家庭や地域社会が担っていく）。

・部活動については、教育活動の一環としての意義を持つことは評価しつつ、勝利至上主義の一部の行き過ぎは改善を図る必要。また、学校や地域の実態を踏まえて、地域社会にゆだねることが適切かつ可能なものはゆだねていくことも必要

・行事や会議等の精選。

○学校外活動を学校においても評価する方法などを検討。

○PTA活動の活性化（夜間・休日での開催、OB・OGの参加・協力等）

○教育委員会の活性化（教育長への適材の確保、小規模市町村教委の体制充実等について検討）

○マスメディアや企業に対し子供の育成に積極的に協力していくことを要請。

第5章　完全学校週五日制の実施について

○学校週五日制は、子供たちに［ゆとり］を確保し、［生きる力］をはぐくむという今後の教育の在り方と軌を一にするものであり、教育改革の一環として二一世紀初頭を目途に完全実施を目指す。

○教育内容を厳選するなど学習指導要領を改訂する際には、学校週五日制の円滑な実施に資するよう、全体として授業時数の縮減を図る。

○学力の評価は、単なる知識の量の多少でなく、［生きる力］を身に付けているかどうかによってとらえる。

［完全実施に当たって特に留意すべき事項］

○学校外活動の充実と家庭や地域社会の教育力の充実

・完全学校週五日制の実施に向け、文部省が関係省庁と連携し、学校外活動を提供する体制整備についての指針を作成し、それを参考に市町村教育委員会が実施プランを作成。その際に、幼稚園や小学校低学年で土曜日に保護者が家庭にいない子供、障害等のある子供に対する配慮が必要。

○過度の受験競争の緩和と［ゆとり］の確保

・過度の受験競争の緩和のための方策については、本審議会において引き続き検討。

・土曜日の塾通いについて、親の理解や塾関係者の節度ある行動を要望。

・土曜日などの部活動について、行き過ぎのないよう、適切な指導を要望。

○国公私立の各学校種について、全国的に統一して実施することが望ましい（国公立学校と歩調を合わせた導入を私立学校に対して強く要望）。

第3部　国際化、情報化、科学技術の発展等社会の変化に対応する教育の在り方

第1章　社会の変化に対応する教育の在り方

○（基本的な視点）

・［生きる力］の育成の重視。

・教育内容の厳選、ゆとりのある教育活動の展開。

・子供たちの感動を覚え、疑問を感じ、推論するなどの過程を大切にした指導の重視。

・各教科、道徳、特別活動などの相互の連携の強化、カリキュラム全体を工夫した教育活動の展開。

・教科の枠を超えた横断的・総合的な教育活動の展開。

第2章　国際化と教育

○国際理解教育の充実

・広い視野とともに、異文化に対する理解や、異なった文化を持つ人々と共に協調して生きていく態度の育成。

・我が国の歴史や伝統文化などへの理解を深め、日本人としての自己の確立を重視。

・各教科、道徳、特別活動などの関連を図った国際理解教育の推進と体験的な学習や課題学習の重視。

・外国の学校との姉妹校提携や留学など多様な国際交流活動の実施やインターネットなどを活用した国際交流の推進。

・教員の海外派遣の拡充など養成・研修の充実による教員の指導力の向上。

○外国語教育の改善

・リスニングやスピーキングなどのコミュニケーション能力の育成を重視した外国語教育の改善（カリキュラム・指導方法の改善、教員の指導力の向上、入学者選抜の改善など）。

・小学校における外国語教育については、教科として一律に実施する方法は採らないが、国際理解教育の一環として、「総合的な学習の時間」や特別活動などで、地域や

学校の実態等に応じて、英会話等に触れる機会や外国の生活・文化に慣れ親しむ機会を持たせることができるようにする。その際は、ネイティブ・スピーカーなどの活用を図ることが望まれる。

○海外に在留している子供たちや帰国した子供たち、日本に在留している外国人の子供たちに対する教育の改善・充実

第3章　情報化と教育

○情報教育の体系的な実施
・情報や情報機器を主体的に選択・活用し、情報を積極的に発信していくための基礎的な資質や能力「高度情報通信社会における情報リテラシー」の育成
・小・中・高等学校を通じ系統的・体系的な情報教育の推進
・コンピュータやソフトウェアの整備・充実

○情報通信ネットワークの活用による学校教育の質的改善
・情報通信ネットワークを本格的に活用して、学校をはじめ様々な機関とネットワークを形成し、教育活動の改善・充実、へき地や病気療養児への学習への積極的な活用などを図る。
・近い将来、すべての学校がインターネットに接続することを目指し、インターネット利用の実践研究などを進める。

○高度情報通信社会に対応する「新しい学校」の構築
・学校の情報通信関連施設・設備全体の高機能化・高度化、様々な機関等とのネットワークの形成等を通じ、自らの情報を積極的に発信していく開かれた学校を構築
・教員の養成・研修の充実と情報処理技術者等の専門家の活用の推進
・教育における中長期的なマルチメディアに関する総合推進プログラムの策定
・教育等に関する情報を収集し、データベース化し、全国に提供する教育情報のナショナルセンター機能の整備

○人間関係の希薄化や自然体験の不足など情報化の「影」の部分を克服しつつ、心身ともに調和のとれた人間の育成、情報モラルの育成に努める。

第4章　科学技術の発展と教育

○科学的素養の育成に関する教育の改善
・子供たちの自由な発想を大切にし、子供たちの「発見する喜び」や「創る喜び」などの体験を通して、科学に関する興味・関心を高め、子供たちに科学的なものの見方や考え方などの豊かな科学的素養を育成。
・理科だけでなく、他の教科との関連を図りながら、科学と人間や自然とのかかわりなどについての指導を推進。
・教員の養成・研修の充実など教員の指導力の向上や研究者・技術者など社会人の活用。
・観察・実験用設備の整備や「科学学習センター」の整備など学習環境を整備。
・科学的なものの見方や考え方を適切に評価できるような入学者選抜の改善。

○地域社会における様々な学習機会の提供
・子供たちが直接物に触れ、動かすなどの五感を使った体験ができるよう、科学博物館などを整備。
・子供たちが科学の面白さや魅力に触れることができるよう、大学・企業等の施設の見学機会の提供やセミナーの開催の促進。
・様々な学習機会についての情報提供体制の整備。

第5章　環境問題と教育

○環境教育の改善・充実
・「環境から学ぶ」「環境について学ぶ」「環境のために学ぶ」という視点に立った環境教育の推進。
・各教科、道徳、特別活動などの関連を図った環境教育の推進と体験的な学習の重視。
・環境や自然を大切にする心をはぐくみ、環境保全やよりよい環境を創造するために主体的に行動する実践的な態度や資質・能力を育成。
・教員の養成・研修の充実など教員の指導力の向上や自然保護関係者など社会人の活用。

○地域社会における様々な学習機会の提供
・自然観察や野外活動など自然に親しむ機会の充実。
・少年自然の家等での環境学習教室の開催など多様な体験的な学習機会の充実。
・大学・企業等による環境問題の学習機会の提供。
・様々な学習機会についての情報提供体制の整備。
・一人一人が身の回りのできることから環境問題に取り組むためにもボランティア活動を奨励。

今後の検討課題

○第一次答申後、高等学校教育の改革・大学教育の改革、大学・高等学校における入学者選抜の改善、いわゆる中高一貫教育の導入や教育上の例外措置などをはじめ「一人一人の能力・適性に応じた教育と学校間の接続の改善」についての審議を開始するとともに、国際社会で活躍する人材の育成や創造性の涵養などを含め「国際化、情報化、科学技術の発展等社会の変化に対応する教育の在り方」について、引き続き審議。

●二一世紀を展望した我が国の教育の在り方について

（第二次答申）

（平成九年六月二六日
中央教育審議会）

〈骨　子〉

第1章　一人一人の能力・適性に応じた教育の在り方

（一人一人の能力・適性に応じた教育の必要性と基本的な考え方）

○今後の我が国は、個性が尊重され、真に豊かな成熟社会の実現を目指していくことが必要であり、そのために教育の改革が必要。また、同質志向や横並び意識、さらには過度に年齢にとらわれた価値観からの転換が必要。

○国際化、情報化、科学技術の発展、高齢化や少子化などの社会の変化へ適切に対応し、個性的な人材や創造的な人材の育成が不可欠。

○「ゆとり」の中で「生きる力」をはぐくむためには、個性尊重の考え方を一層推し進めていくことが必要。これからの教育は、「ゆとり」の中で「生きる力」をはぐくむことを目指し、個性尊重という基本的な考え方に立って、一人一人の能力・適性に応じた教育を展開していくことが必要。

「生きる力」＝・自分で課題を見つけ、自ら学び、自ら考え、主体的に判断し、行動し、よりよく問題を解決する能力
・自らを律しつつ、他人と協調し、他人を思いやる心や感動する心など豊かな人間性
とたくましく生きるための健康や体力

○一人一人の能力・適性に応じた教育を実現する上で、子どもたちの選択の機会を拡大していくことが必要。学校や地方公共団体等の裁量の範囲を拡大していくことが重要。

○思いやりや社会性、倫理観、正義感等の豊かな人間性の育成や、伝統と文化を尊重する心を培うなど、時代を超えて価値のあるもの（不易）を大切にしていくことが必要。個性尊重の理念には、他者尊重や社会との調和の理念が伴う。

（教育における形式的な平等の重視から個性の尊重への転換）

○これまでの我が国の教育は、総じて大きな成果を挙げてきたが、教育システムを画一的に構築したり、硬直的に運用する傾向があった。こうした在り方を見直し、形式的な平等の重視から、個性の尊重へと転換していくべき。

○今後、子どもたちの個性や能力に応じた取組を進めていくに当たって、優れた才能を持った子どもたちの学習の充実について考えると同時に、じっくりと学んでいく子どもたちへ十分な配慮をしていくことが必要。

○一人一人の能力・適性に応じた教育を展開するためには、学校間の接続の改善が必要であり、大学・高等学校の入学者選抜の改善、中高一貫教育、教育上の例外措置が特に重要な課題。

第２章　大学・高等学校の入学者選抜の改善

第１節　過度の受験競争の状況

○受験競争は、少子化が進む中で、長期的に見ると、大学・高等学校の全体の収容力という観点からは緩和する（大学の収容力は平成二一年に一〇〇％に達すると推定。また、高等学校への進学率は平成八年度現在で九七％）。しかし、特定の大学・高等学校をめぐる受験競争は依然厳しく、「ゆとり」の中で「生きる力」をはぐくむ教育を実現するためには、入学者選抜の改善や学（校）歴偏重社会の是正等の取組を通じて、その緩和を図ることが必要。

○これまで様々な入学者選抜に関する改善の努力（選抜方法の多様化や評価尺度の多元化、受験機会の複数化、推薦入学の改善など）がなされてきているが、更に一層の改善が必要。

第２節　大学入学者選抜の改善

○大学入学者選抜は、改善が進められつつあるが、なお、専らペーパーテストによる学力試験が偏重されており、自ら学び、自ら考える力に対する評価や、多様な個性への対応が不十分。このため、次の五つの基本方向に沿った改善が必要。

［１］選抜方法の多様化、評価尺度の多元化
［２］初等中等教育の改善の方向を尊重した入学者選抜の改善
［３］影響力のある特定の大学における率先した改善
［４］入学者選抜の改善のための様々な条件整備や関連施策の推進
［５］高等教育全体を柔らかなシステムへ

○学力試験を偏重する入学者選抜から、選抜方法の多様化や評価尺度の多元化へ一層の転換を図ることが必要。

・調査書、小論文、面接、実技検査、推薦文などを組み合わせ、総合的かつ多面的な評価など丁寧な選抜へ
・様々な活動経験や学習の成果などの評価を推進
―社会人入学について、高等学校卒業後、一定の職業体験・ボランティア活動経験を積んだ上で進学を志す者に対して更に門戸を拡大
―専門高校や総合学科の卒業生への配慮として、特別選抜の拡大、推薦入学の枠の設定・拡大など。更に進んで、学校を指定した推薦入学の枠の設定
―文化・スポーツ活動やボランティア活動の積極的評価
―海外帰国生徒に対する特別選抜の推進
・地域を重視する観点から、入学定員の一部に地域を指定した枠を設定したり、地域を指定した推薦入学を実施する取組を導入・拡大
・障害のある者への一層の配慮
・同一大学の同一学部・学科における、複数の選抜基準の導入の一層の推進
・影響力のある特定の大学における工夫改善が不可欠。また、多肢選択式のペーパーテストに依存する一部の私立大学に対して、一層の改善を特に要請

○受験機会の拡大を図ることが重要。特に、４月入学を基本とする一方で、秋季入学を拡大。海外帰国生徒・留学生や社会人以外に、一般の学生を対象とする場合は、学力試験以外の方法による丁寧な選抜を行うなど、多様な選抜方法を採る。

○「ゆとり」の中で「生きる力」を育成するという初等中等教育の改善の方向を尊重し、高等学校での生徒の学習や活動を的確に評価することなどが必要。

・高等学校の調査書の一層の活用（調査書の有効性を高める取組の推進、大学による履修科目等指定制の導入、学力試験における受験科目数の減）
・学力試験の内容・方法の一層の工夫（高校教育の趣旨を逸脱しない出題、思考力を問う出題、総合問題の出題など）
・個別教科の学力試験の改善（英語におけるリスニングの導入・拡大や英検の活用、理科における観察・実験等の活用など）

○推薦入学の改善を推進。

・推薦入学の実施大学・学部の増、入学定員に対する割合の拡大
・自己推薦制度や学校以外の団体からの推薦の活用を推進

○大学入試センター試験の多様な利活用を推進するとともに、個別試験の在り方を改善。

・試験問題の作成を含め、高校関係者の協力を得ながらセンター試験を企画・実施・評価する体制づくり
・個別試験において学力試験をできるだけ少なくする
・学力試験によって一点差刻みで合否を決める選抜の在り方の見直し（例えば、センター試験が一定水準に達していれば、学力試験以外の資料で選抜する取組、センター試験の結果をＡ・Ｂ・Ｃ・Ｄ等の概括的な段階別にまとめ、他の資料と組み合わせて選抜する取組などを推進）
・例えば芸術関係の大学のように実技検査を重視する大学において、センター試験の結果を複数年度にわたって利用することも可（センター試験の年度内における複数回実施は今後の検討課題）
・「分離・分割方式」における後期日程の募集人員の比率の適正化（影響力のある特定の大学にあってはその拡大）

○入学者選抜の改善のための条件整備などを推進。

・丁寧な選抜を行うため、我が国の大学の特性を踏まえたアドミッション・オフィスを格段に整備
・丁寧な選抜を行うためには、ゆったりとした入試日程を確保する必要があることから、選抜の実施時期の終期を繰り下げ（場合によっては、四月にかかることも可）
・進路指導の改善と大学に関する情報提供の充実
・大学入学者選抜に関する外部評価の導入（参与会等を活用しながら、地域の有識者、地域産業の関係者、高等学校関係者、保護者等の外部の意見を取り入れる）
・各大学等において入学者の追跡調査などを推進。大学入試センターについては、実証研究の実施、各大学の研究成果の収集などの機能を強化

○高等教育全体を柔らかなシステムへ。

・単位互換や大学外における学習成果の単位認定の推進
・同一大学における学部・学科の変更への柔軟な対応、編入学・転入学の拡充（他の大学・学部を卒業した者の受入れを含む）、復学・休学への弾力的な対応
・社会人入学の一層の推進（特別枠の設定・拡大など）
・大学教育の充実（カリキュラム改革、教育方法の改善）と学業成績の評価の厳格化

第３節　高等学校入学者選抜の改善

○現在の高等学校入学者選抜は、改善が進められつつあるが、未だ評価の在り方に画一的な点が多く、多様な個性への対応が不十分。このため、次の六つの基本方向に沿った改善が必要。

［１］中学校・高等学校間のハードルをより低くする
［２］選抜方法の多様化、評価尺度の多元化
［３］中学校以下の教育の改善の方向を尊重した入学者選抜の改善
［４］普通科における取組が重要
［５］入学者選抜の改善のための様々な条件整備や関連施策の推進
［６］高等学校教育全体を柔らかなシステムへ

○大部分の子どもたちが高校へ進学するという現状を踏まえ、中学校・高等学校間のハードルをより低くする。

・一点差刻みで合否を決するのではなく、学力試験で一定以上の点数を得ていれば、他の資料により選抜を行ったり、一定水準に達していれば、入学定員の取り扱いにおいて弾力的に取り扱う
・学力試験の実施教科の取り扱い（教科数や教科の指定）の多様化
・受験機会の複数化の推進

○生徒の多様な能力・適性を評価するため、選

抜方法の多様化や評価尺度の多元化を推進。

・調査書と学力試験の比重の置き方の弾力化

・小論文・面接・実技検査の実施、各種の技能審査や文化・スポーツ活動・ボランティア活動等の評価を適切に組み合わせた選抜の実施

・同一高校の同一学科における複数の選抜基準の導入

・生徒や保護者が進学動機や学校外の活動状況などを自己申告する書類を活用するなど、選抜資料を多様化（登校拒否の子どもについても、学ぶ意欲や能力をより適切に評価していく上で有効）

・障害のある者への一層の配慮

・公立については、一定の範囲で具体的な選抜方法を各高等学校の判断に委ねる

○「生きる力」の育成を目指し、自ら学び、自ら考える教育へ転換を図ろうとしている中学校以下の教育の改善の方向を尊重した改善を推進。

・調査書の適切な活用の推進（活動記録の積極的な評価など）

・思考力を問う出題の工夫、総合問題に関する研究の推進

・一部の国私立高等学校における中学校教育の趣旨を逸脱した出題の是正

○推薦入学を推進。

・ボランティア活動など学校外活動に対する積極的な評価、社会教育関係団体等からの中学校への主体的な情報提供の推進

・推薦入学に際して学力試験を課さない等のルールの遵守

○入学者選抜の改善を進めるための条件整備などを推進。

・高校・中学校の連絡協議体制の整備と入学者選抜時期の適正化

・進路指導の改善と学校や入試に関する情報提供体制の整備

○高等学校教育の多様化と柔らかなシステムの実現。

・高校の教育内容の個性化・多様化、単位制高校・総合学科の整備

・編入学や転入学の枠の拡大、休学や復学の弾力的運用、学校間連携の推進

第4節　学（校）歴偏重社会の問題

○学（校）歴偏重社会の問題の是正のためには、学校・企業・親などがそれぞれの立場で取組を進めることが必要。

○企業や官公庁の採用や昇進の在り方の改革が必要（指定校の完全撤廃、学校名にこだわらない採用、新卒一括採用の見直し、能力主義に基づく昇進など）。既に改革の動きは生じており、その推進を要請。

○親を含む国民の意識（横並び意識、同質志向、過度に年齢にとらわれた価値観等）の改革が必要。親は、現実の社会の動きを見据え、子どもたちの個性を尊重し、その「自分さがしの旅」を扶けていくことが重要。

○過度の塾通いの是正を要請（親の側の配慮、塾関係者の節度ある対応）。

○文部省が中心となって、教育界の枠に閉じこもらず、関係省庁の協力を得ながら、幅広い国民の理解と協力を得つつ取組を推進することが必要。

第3章　中高一貫教育

（中高一貫教育の意義と選択的導入）

○中高一貫教育には、様々な利点あるが、特に、「ゆとり」ある学校生活を送ることを可能にするということの意義は大（子どもたちは、様々な試行錯誤をしたり、体験を積み重ねること等を通じて、豊かな学習をし、個性や創造性を伸ばすことがより可能に。その中で、じっくり学ぶことを希望する子どもへの十分な指導がより可能に）。このため、中高一貫教育を享受する機会をより広く提供していくことが適当。

〈利　点〉

[1]高等学校入学者選抜の影響を受けずに「ゆとり」のある安定的な学校生活が送れること

[2]六年間の計画的・継続的な教育指導が展開でき効果的な一貫した教育が可能

[3]六年間にわたり生徒を継続的に把握することにより生徒の個性を伸長したり、優れた才能の発見がよりできること

[4]中学校一年生から高校三年生までの異年齢集団による活動が行えることにより、社会性や豊かな人間性をより育成できること

○なお、中高一貫教育には様々な利点がある一方で、留意すべき点もあり、それらに適切に対処していくことが必要。

〈留意すべき点とそれらへの対処に関する考え方〉

[1]受験競争の低年齢化につながることのないよう、公立学校では学力試験を行わない等、入学者を定める方法などについて適切な配慮が必要

[2]受験準備に偏した教育が行われることのないよう、普通科タイプの場合には特に配慮が必要

[3]心身発達の差異の大きい生徒を対象に円滑な学校運営を行うよう、日常の指導や学校運営に当たって、教員が緊密に連携し、きめ細かな配慮をしていくことが必要

[4]生徒集団が長期間同一メンバーで固定されることにより学習環境になじめない生徒が生じることのないよう、「ゆとり」の中で、様々な試行錯誤をしたり、体験を積み重ねること等を通じて豊かな学習を行えるようにすることが必要。また、途中で転学を希望する生徒に対して十分に配慮していくことが必要

○中高一貫教育の導入に当たっては、子どもたちや保護者などの選択の幅を広げ、学校制度の複線化構造を進める観点から、中高一貫教育の選択的導入を行うことが適当（従来の中学校・高等学校に区分された中等教育も大きな利点や意義を持っており、中高一貫教育の利点と問題点の軽重を総合的に判断するのは子どもたちや保護者）。

○中高一貫教育の選択的導入は、地方公共団体や学校法人などの学校設置者が、自らの創意工夫によって特色ある教育を展開する裁量の範囲を拡大することに資する。

（中高一貫教育の導入の具体的な在り方）

○中高一貫教育の具体的な在り方については、学校設置者の主体的な判断を尊重することが適当。国の役割は、そのための制度上の隘路を取り除くことを含めて、制度改革を行うこと。

○中高一貫教育の実施形態については、次のような類型が考えられ、中高一貫教育の円滑な導入を図るためには、学校設置者がそのいずれも選択できるよう、所要の制度改革を行うことが必要。

[1]同一の設置者が中学校・高等学校を併設する

(a)　独立した中学校・高等学校を併設

(b)　一つの六年制の学校（いわゆる六年制中等学校）として設置・運営

[2]市町村立中学校と都道府県立高等学校を連携する

○教育内容については、「ゆとり」の中で子どもたちの個性や創造性を大いに伸ばしていくものとすべき。その類型としては、普通科タイプ、総合学科タイプ、専門学科タイプなどが考えられ、そのいずれを採るかは学校設置者の選択に委ねていくべき。ただし、普通科タイプの場合は、受験準備に偏した教育を行わないよう強く要請。

○中高一貫校においては、特色ある教育を提供していくことが望まれるが、例えば、次のような特色を六年間の一貫した軸に据えて教育活動を展開していくことが有意義。

[1]体験学習を重視する学校

・ボランティア体験、社会体験、勤労体験、自然体験などを積極的に導入

[2]地域に関する学習を重視する学校

・地域の歴史や文化、自然、産業を活かした指導内容、地域の人材の活用など

[3]国際化に対応する教育を重視する学校

・コミュニケーション能力の育成、国際交流活動や国際理解教育の推進など

[4]情報化に対応する教育を重視する学校

・インターネット等の活用、情報リテラシーや情報モラルの育成など

[5]環境に関する学習を重視する学校

・自然体験活動の充実、環境や自然を大切にする心の育成など

[6]伝統文化等の継承のための教育を重視する学校

・伝統工芸や伝統産業の技術の伝承、伝統

技能の技の伝授、後継者の養成など

[7]じっくり学びたい子どもたちの希望に応える学校

・個別のきめ細かな教育計画を立て子どもたちを指導。学習のつまずきを的確に把握し、基礎・基本を確実に学ばせ、じっくりと問題を克服

○入学者を定める方法については、受験競争の低年齢化を招くことのないような適切な配慮が必要。特に、地方公共団体が設置する学校にあっては、学力試験を行わず、学校の個性や特色に応じて、抽選、面接、推薦等の多様な方法を適切に組み合わせることが適当。また、現在、学力試験を偏重する選抜や小学校教育の趣旨を逸脱した出題を行っている一部の国私立中学校に対しては、改善を要請。

○高等学校段階に進む時点での入退学等についての配慮が必要（進路変更を希望する生徒の他の高校への進学への配慮、高校段階での入学をある程度の数認めること、六年制の学校の第三年次修了者を中学校卒業者と同等に扱うことなど）

第4章　教育上の例外措置

（一人一人の能力・適性に応じた教育の様々な取組と学習の進度の遅い子どもへの配慮）

○一人一人の能力・適性に応じた教育の様々な取組が進められることが必要。形式的な平等を重視するあまり画一的な指導をするのでなく、個に応じた指導を進めることが必要。

○学習の進度の遅い子どもに対して十分配慮し、その学習への適切な支援を行うことが必要（個別指導や補充学習、ティーム・ティーチング、教材の工夫、選択履修の時間における反復学習など）。

（特定の分野について優れた能力や意欲を有する生徒に対する多様な教育機会の充実）

○文部省の「教育上の例外措置に関するパイロット事業」では、高校生を対象に、大学や民間団体が科目等履修生の受入れ、公開講座やセミナーの開催などを実施。子どもたちの才能を伸ばす大きな契機として意義が大。

○パイロット事業だけでなく、大学や民間団体が自主的に科目等履修生の受入れ、公開講座やセミナーの開催などに取り組み、特定の分野について優れた能力や意欲を有する高等学校の生徒に対する多様な教育機会を充実すべき。

（大学入学年齢の特例）

○諸外国の状況やパイロット事業の実施状況などを踏まえると、稀有な才能を有するごく少数の者については、現在の制度内の措置だけでは不十分。更に進んで、その能力・適性に応じ、才能を一層伸長し、個性を最大限引き出す観点から、教育上の例外措置として、一八歳未満であっても特定の分野について稀有な才能を有する者については大学入学資格を認めるよう、制度改革を行うことが適当。

○大学入学年齢の特例は、いわゆる「受験エリート」を対象とするものではなく、受験競争に影響を及ぼすことのないようなものとして構想。

○対象分野については、次のような理由により、当面、数学と物理に限ることが適当。

・稀有な才能を比較的発見しやすく、かつ比較的早い年齢段階で才能が伸びる分野であること

・学校教育と関連を持ちながら、才能を伸ばす必要がある分野であること

・パイロット事業で対象としており、その成果も報告されてきている分野であること

○なお、芸術・スポーツ分野については、学校外の活動においても才能を伸ばすことができることを重視し、学校教育の分野での特別な措置は取らないことが適当（将来的には、答申の実施状況を踏まえつつ、対象分野の拡大について検討することが必要）。

○対象者については、一分野で突出した才能を保持し、早い時期に専門家から適切な指導を受けることが望まれる者で、将来、学問のフロンティアを開拓する可能性のある者を想定（全国的にごく少数）。当面、高等学校に二年以上在学した一七歳以上の者とすることが適当（将来的には、例えば年齢制限を一六歳以上の者とすることなどについて、答申の実施状況を踏まえつつ、検討することが必要）。

○受入方法については、推薦などに基づき、大学において様々な資料を基に丁寧な選考を行っていくことが適当。

○早期入学を実施するかどうかは、各大学の自主的な判断によるものとすべき。ただし、受入大学は、博士課程を有する等の一定の条件を充たすことが必要。また、受入れ後は、履修指導の充実、進路変更への対応などについて一定の配慮が必要。

○受入大学における対象者の選抜方法等の具体的な実施方法については、自主的なガイドラインを策定し、その実施状況等を公表し外部評価を受けることが適当。

○いわゆる「飛び級」（小・中・高等学校の各学校段階内において学年を飛び越すこと）については、受験競争を激化させるおそれが強いことなどから、実施しないことが適当。

第5章　高齢社会に対応する教育の在り方

（高齢社会の展望と高齢社会に対応する教育の基本的な考え方）

○今後の我が国は、長寿化の進展等により更に高齢化が進行し、未だ世界が経験したことのない超高齢社会に突入。高齢社会を生きていく子どもたちをどう育てていくかは、社会にとっても、子どもたち自身にとっても重要な問題。

○高齢社会に対応する教育の在り方として、次の3点を基本的な考え方とすべき。

[1]子どもたちが、高齢者をはじめ、立場や価値観が異なる人間と共に生きていくという考え方をしっかりと持つことが重要。特に、他者を尊重する態度や尊敬する気持ち、他人を思いやる気持ち等の豊かな人間性をはぐくむとともに、実際に高齢者のために行動する意欲や実践的態度をはぐくむことが重要。

[2]長寿化する社会の中で、生涯にわたって学んでいく態度や、生涯にわたり健康な生活を送るための基礎的な健康や体力をはぐくんでいくことが重要。

[3]高齢者が子どもたちの教育に積極的に参加し、子どもたちが生きた知識や人間の生き方を学ぶことができるようにすることが重要。

（学校における取組）

○豊かな人間性を育成するため、幼稚園から高等学校までの各学校段階で、あらゆる教育活動において取組を進めることが必要。「総合的な学習の時間」の活用も有意義。

○高齢社会に関する基礎的理解や、介護・福祉の問題など高齢社会の課題に関する理解を深めさせるため、教科間で関連付けを図りつつ、指導の一層の充実を図ることが必要。

○各学校段階で、子どもたちが実際に高齢者と交流し、触れ合う活動や、介護・福祉に関するボランティア活動を体験することを重視すべき（幼稚園・小学校における高齢者との触れ合いプログラムの導入、中学校・高校での介護体験など）。その際、地域社会や関係施設との連携が重要。

○体験活動の実施に当たっては、子どもたちと高齢者が心の交流をすること、具体的な実施方法については柔軟に考えること、子どもたちが「高齢者から学んでいる」という気持ちを培うようにすること、に特に留意することが必要。

○教員の資質・能力の向上を図るため、養成や研修の段階で介護・福祉のボランティア活動等を体験することが重要。採用においてもそうした活動実績を評価すべき。

○豊かな経験と知識を有する高齢者を学校教育の場で積極的に活用することは重要であり、高齢者にとっても意義のあること。そのため、教育委員会における人材バンクの整備等が有意義。

○学校施設と高齢者福祉施設の連携を進めるべき（施設の複合化や余裕教室の転用の検討など）。

（家庭や地域社会における取組）

○豊かな人間性をはぐくむためには家庭教育の果たす役割が重要であり、そのための支援策を展開していくことが必要。

○地域社会において、子どもたちと高齢者が触れ合う機会を積極的に設けるべき（社会教育団体等による交流活動や、社会教育施設によ

る交流プログラムの積極的な展開、福祉施設等による介護体験の機会の設定、博物館・美術館等での高齢者の活用など。

○市町村教育委員会が、地域の幅広い協力を得つつ、地域社会における交流活動に関する情報提供を充実させていくことが必要。学校や家庭がそれらの情報を活用し、子どもたちの参加を促していくことを期待。

○国民一人一人が助け合う気持ちを持つことが必要であることからも、子どもたちのボランティア活動の促進を図ることは極めて重要。

●今後の地方教育行政の在り方について（答申）

（平成一〇年九月二一日　中央教育審議会）

〈要　旨〉

1　教育行政における国、都道府県及び市町村の役割分担の在り方について

［主な具体的方策］

(1)　国の役割及び国と地方公共団体との関係の見直し

（国の役割の明確化）

○学校の設置基準等の基準設定に関する事務の監督庁について「当分の間、これを文部大臣とする」としている学校教育法の規定を、国の役割を明らかにする観点から見直す。

（地方分権の推進の観点からの見直し）

○教育課程の基準を大綱化・弾力化。また、教育課程の基準の改善のための研究開発を都道府県等において主体的に実施。

○学級編制及び教職員定数の仕組みの改善

・学級編制及び教職員定数の標準は、国が財政的支援等を行う際の基準であることを明確にし、都道府県、市町村の裁量による弾力的な運用ができるよう義務標準法について必要な法的整備を図る。

・小・中学校等においても教職員定数を用いて非常勤講師を配置できるようにし、その報酬を国が負担できるよう義務標準法等を見直す。

（国の事務等の減量・効率化を図る観点からの見直し）

○教育課程に関する国の事務を基準の設定等基本的なものに精選するとともに、専門的研究や助言等を行うナショナルカリキュラムセンターの設置を検討。

(2)　都道府県の役割及び都道府県と市町村との関係の見直し

（すべての市町村に係るもの）

○都道府県教育委員会が市町村立学校の組織編制等に関する基準を設定できるとしている地教行法の規定を廃止の方向で見直す。

○市町村立学校の学級編制について、義務標準法に基づく都道府県教育委員会の認可を事前協議制あるいは届出制に改める方向で見直す。

（高等学校を設置する市町村に係るもの）

○公立高等学校の設置について、市町村がその行財政能力に応じて積極的な役割を果たすことができるよう高校標準法の規定を見直す。

○市町村立高等学校の通学区域の設定について、都道府県教育委員会の調整の必要性に配慮しつつ市町村の主体的判断を尊重する観点から地教行法の規定を見直す。

（政令指定都市又は中核市に係るもの）

○中核市立幼稚園、政令指定都市・中核市立高等学校の設置廃止等について、都道府県教育委員会の認可を届出制に改める方向で学校教育法の規定を見直す。

○中核市教育委員会に教職員の研修等に関する権限委譲を図るため、地教行法の関係規定の整備を行う。

(3)　国及び都道府県の行う指導、助言、援助等の在り方の見直し

（指導等に係る法律上の規定の見直し）

○「指導、助言又は援助を行うものとする」として国及び都道府県に市町村等への指導等を義務付けている地教行法の規定を改め、必要に応じて行うこととする。

○国の地方公共団体に対する措置要求制度に関して規定している地教行法の規定について、地方自治法の見直しに合わせ、要件・手続等を見直す。

（指導通知等の見直し）

○国、都道府県の指導通知等を真に必要なものに限定するとともに、過去に発出した通知を廃止・統合。

（指導等についての認識や意識の変革）

○教育関係者において、指導等の意義等について適切な理解を深め意識変革を図る。

（情報の提供等の重視）

○指導等に当たり、国や都道府県における教育内容・方法等に関する実証研究の成果や内外の情報の提供等の役割を重視し、これに必要な国、都道府県の研究研修機関の機能を充実。

(4)　国、都道府県、市町村、学校等の間の情報網の整備

○指導等を適切かつ効果的に行うため、国、都道府県、市町村、学校、社会教育施設等を相互に結ぶ情報網による、全国的な教育情報総合システムを構築し、情報提供事業や研修事業等を充実。

2　教育委員会制度の在り方について

［主な具体的方策］

(1)　教育委員の選任の在り方等の見直し

（教育委員の選任の在り方）

○知事又は市町村長が教育委員を選考し、また議会に同意を求めるに際し、教育委員の構成分野をより広範にする観点、教育委員の選任の基準や理由、経過等を地域住民に明らかにする観点等から工夫を講じる。

（教育委員の数の弾力化等）

○地教行法の規定を見直し、都道府県及び市の教育委員の数を条例で定めるところにより増員（例えば七人）することも可能とする。

（教育委員への情報提供等）

○新任教育委員に対し、教育施策の状況等を情報提供したり、研究協議の機会を提供。

(2)　教育長の任命承認制度の廃止と適材確保方策

（教育長の任命承認制の廃止と議会同意の導入）

○地教行法の規定を見直し、地方分権推進委員会の勧告を踏まえ、教育長の任命承認制度を廃止し、地方公共団体の責任において教育長に適材を選任する観点から議会同意制を導入。

（教育長にふさわしい人材の育成・確保）

○教育長にふさわしい人材を幅広く確保できるよう、地方公共団体内部における人材育成方策にも配慮。

（市町村教育委員会の教育長と教育委員との兼任の見直し）

○地教行法の規定を見直し、市町村（政令指定都市以外）の教育委員会の教育長については、教育委員の中から選ぶこととしている兼任制を改める。

（教育長への情報提供等）
○新任教育長に対し、教育施策の状況等を情報提供したり、研究協議の機会を提供。

(3) 市町村教育委員会の事務処理体制の充実

（事務処理の広域化を促進するための方策）
○都道府県と市町村で構成される広域連合に教育委員会を設置できるよう地教行法の規定を見直す。

（専門的職員の充実と地域の多様な人材の活用）
○教育委員会の機能の充実のため、非常勤職員の活用を図るなどの工夫とともに、退職教職員の活用方策を検討。

（小規模な市町村教育委員会における事務処理体制の在り方の見直し）
○市町村の規模や状況に応じて、専門的事務を都道府県の教育事務所や隣接する市に委託することなどを工夫。

(4) 地域住民の意向の積極的な把握・反映と教育行政への参画・協力

（地域住民の意向の把握・反映）
○小・中学校の通学区域の設定や就学する学校の指定等に当たって、保護者や地域住民の意向に十分配慮し、教育の機会均等に留意しつつ地域の実情に即した弾力的運用に努める。

（地域住民の教育行政への参画の促進等）
○地域住民への積極的な情報提供とともに、教育委員会会議の公開・傍聴の推進や特に住民の関心が高い事項についての説明会や意見交換会の開催などに努める。
○学校、社会教育施設や教育委員会が行う事業への積極的なボランティア受入れ体制の整備とともに、ボランティアコーディネーターの養成、配置に努める。

3 学校の自主性・自律性の確立について

［主な具体的方策］

(1) 教育委員会と学校の関係の見直しと学校裁量権限の拡大

（学校管理規則の見直し）
○学校管理規則を見直し、地域の状況や学校の種類、目的等に応じた内容にするとともに、教育委員会の許可・承認・届け出・報告等の縮減など学校の裁量を拡大する方向で見直す。

（学校に対する指示・命令と指導・助言との峻別）
○責任の明確化及び学校の主体性の尊重の観点から、教育委員会の学校に対する指示・命令と指導・助言を明確に区別して運用。

（教職員人事等の在り方の見直し）
○教職員人事についての校長の意見具申ができる限りとり入れられるよう人事異動の方法・手続等について工夫を講じるとともに、特別非常勤講師等の採用について具体的な人選を委ねるなどできる限り校長に実質的な責任を持たせるよう工夫。

（学校予算の在り方の見直し）
○学校関係予算の編成に際してヒアリングを実施したり、また、校長の裁量で執行できる予算を措置するなど、学校の意向が反映されるよう工夫。

（教育委員会の支援機能の拡大）
○学校に緊急事態が生じた場合、教育委員会が直接保護者や地域住民への説明、関係機関との連絡調整等に当たったり、学校に責任者を派遣することなどにより学校を積極的に支援。

(2) 校長・教頭への適材の確保と教職員の資質向上

（校長・教頭の任用資格の見直し等）
○教員免許状を所有しなくても、一〇年以上教育に関する職に就いた経験がある者やこれと同等と認められる者に校長の任用資格を認める。
○校長・教頭の選考の在り方をより人物・識見重視の観点から見直すとともに、校長・教頭にふさわしい資質と意欲を持った若手教員を積極的に任用。また、校長の在職期間の長期化を図るなど人事異動の在り方を見直す。

（教職員の人事の在り方の見直し）
○教職員の帰属意識を高め意欲的に学校づくりに参画できるよう、例えば、拠点的な勤務校という考え方を採り入れるなどの工夫を講じる。

（教職員の研修の見直しと研修休業制度の創設）
○国内外における大学院での学修や研究機関等での研修、ボランティア活動への参加などを推進するため、新たに研修休業制度の創設を検討。

（適格性を欠く教員等への対応）
○教員としての適格性を欠く者等が子どもの指導に当たることのないよう、適切な人事上の措置と、非常勤講師の任用など学校に対する支援措置を講じる。

(3) 学校運営組織の見直し

学校運営が校長の教育方針の下に組織的、機動的に行われるよう、主任制、職員会議の法令上の位置付け、在り方等を含め学校運営組織の適正化を図る。

（主任制の在り方）
○主任制について、校長を支えるスタッフとして全国共通に置くことが適当なものと、学校の種類や規模、地域の状況等に応じて各学校ごとに置くことが適当なものとを改めて整理し、その在り方を抜本的に検討。

（職員会議の在り方）
○学校に、設置者の定めるところにより、職員会議を置くことができることとするとともに、職員会議は、校長の職務の円滑な執行に資するため、学校の教育方針等に関する教職員間の意思疎通、共通理解の促進、意見交換などを行うものであること及び校長が主宰するものであることを明確化。

（企画委員会等の活用）
○各学校の実態に応じて企画委員会や運営委員会等を積極的に活用。

(4) 学校の事務・業務の効率化

（学校事務・業務等に係る負担軽減）
○国、都道府県、関係機関による各種の業務の委嘱、照会事務の精選。また、授業時間内に実施する研修の可能な限りの削減。

（学校の事務・業務の共同実施）
○地域全体の教育力の向上を図るため、地域内の小学校、中学校、高等学校が共同して学校行事や野外体験活動、部活動などの教育活動を実施するなどの工夫。
○地域の状況や学校の実態に応じて教職員の兼務を積極的に推進し、小・中、中・高なども含めて学校間の連携を推進。

（専門的人材の活用）
○養護教諭、学校栄養職員、学校事務職員などの職務上の経験や専門的な能力を本務以外の教育活動等に積極的に活用するとともに、学校教育相談や進路相談などに学校外の専門的知識を有する者を活用するなど、学校内外の多様な人材を積極的に活用。

(5) 地域住民の学校運営への参画

（教育計画等の保護者、地域住民に対する説明）
○各学校において、教育目標や教育計画、その達成状況等に関する自己評価を保護者や地域住民に説明。

（学校評議員）
○地域住民の意向を把握し反映し、その協力を得て学校運営を行うため、「学校評議員」制度を地域の実情に応じて導入。
・学校に、設置者の定めるところにより、「学校評議員」を置くことができることとする。
・「学校評議員」は、校長の推薦に基づき教育委員会が委嘱。
・「学校評議員」は、校長の求めに応じ、校長の行う学校運営に関し意見を述べ、助言を行う。
・「学校評議員」は、学校の種類や目的等に応じて学校区内外の有識者、関係機関・青少年団体等の代表者、保護者など、できる限り幅広い分野から委嘱。
・校長は、必要に応じ、「学校評議員」が一堂に会して意見を述べ、意見交換をする機会を設けるなど運営を工夫。

4 地域の教育機能の向上と地域コミュニティの育成及び地域振興に教育委員会の果たすべき役割について

［主な具体的方策］

(1) 地域の教育機能の向上

（地域の教育機能の向上）
○学校など関係機関・団体が連携協力し地域全体の教育力の向上を図る観点から、様々な機関・団体により実施される芸術文化やスポーツ、社会教育などの事業・活動に関するコーディネーターを教育委員会に配置。
○地域全体の教育機能向上のため、幼稚園に地域の子育て支援の拠点としての相談・情報提供機能を付加するなど、教育機関や文化・スポーツ施設を活用。

（学校・家庭・地域社会の連携の推進等）

○地域教育連絡協議会の構成員に「学校評議員」を加えるなどにより、学校区単位での教育行政に対する要望の把握とそれに基づく地域社会とのきめ細かな連携の促進に努める。
○学校と家庭・地域社会を結ぶＰＴＡの活動を一層活性化。

（学校の教育活動への地域の活力の導入・活用）

○高校在学中の就業体験（インターンシップ）の積極的推進、技能連携制度の一層の活用など地域の関係機関との連携の推進。
○地域におけるスポーツ指導者や伝統文化継承者などの住民の協力を得て、教科指導、道徳指導、特別活動、部活動などの学校の教育活動の多彩な展開に努める。

(2)　地域コミュニティの育成と地域振興における教育委員会の役割

○教育委員会においても、広く地域コミュニティの育成、地域振興の観点から、様々な財政手法や制度を活用して、教育、文化、スポーツに関連する総合的な施策を推進。
○産業構造の変化等に対応した人材育成などの観点も踏まえ、学校の持つ様々な機能を公開講座等として提供していくよう努める。

（地域コミュニティの拠点の整備等）

○学校の施設を活用した住民の交流・学習スペースの整備等を進める。また、地域コミュニティの拠点として学校等を活用するため、校舎の設計等に際して地域住民や学校の意見を参考にする。
○地域コミュニティの拠点として、社会教育施設等に新たな情報手段の整備を進めるとともに、衛星通信を利用した公民館等への子ども向け番組の提供やテレビ会議システムやインターネット等を活用した大学等との連携による多様な公開講座等の提供を促進。

(3)　教育委員会と首長部局、関係機関・団体等との関係

○首長部局や関係行政機関などと積極的に連携するとともに、首長部局が行う都市政策や産業振興等の地域振興等について積極的な対応に努める。
○大学等との恒常的な協議の場の設定など積極的な連携協力体制の整備とともに、公民館などにおける地域の複数の大学等による公開講座の定期的実施などを工夫。
○私立学校に対し教育委員会が積極的に情報提供し、その専門的機能を私立学校が利用できるようにするとともに、私立学校の経営手法や教育実践を公立学校において活用できるようにする。
○地域に根差した多彩な学習活動が活発となるよう、学校や公民館等の施設の提供などの取組を積極的に推進。
○民間教育事業者との協議の場の設定、これとの連携協力による公民館等での学習講座の実施などの取組を積極的に推進。

(4)　学校以外の教育機関の運営の在り方

○公民館等に関する規制や基準等をできるだけ廃止・緩和するとともに、施設運営に一層の住民参加を求め、住民の意向を的確に把握・反映できる仕組を検討。
○ボランティア登録システムや研修体制を充実し、ボランティア受入れ体制を積極的に整備。

●初等中等教育と高等教育との接続の改善について（答申）

（平成一一年一二月一六日　中央教育審議会）

〈要　旨〉

第一章　検討の視点

戦後の単線型の教育制度の下に、高等学校は国民皆教育機関とも言うべきものとなり、高等教育への進学率も大幅に上昇した。一方でそれに伴い受験競争の激化や「学(校)歴偏重」社会の問題なども生じた。

今後、高等学校の多様化が進むとともに、大学進学率の一層の上昇が見込まれる中、これまで以上に多様な能力、履修歴等を有する学生が大学に進学してくることが予想される。このような状況を踏まえ、初等中等教育と高等教育との接続の改善を図るのが本答申の目的。

その際の検討の視点は次のとおり。

(1)　「自ら学び、自ら考える力」と「課題探求能力」の育成を軸にした教育

(2)　後期中等教育段階における多様性と高等教育段階における多様性との「接続」

(3)　大学と学生のより良い相互選択を目指して

(4)　主体的な進路選択

第二章　初等中等教育の役割

(1)　初等中等教育の役割

初等中等教育では、基礎・基本を習得した上で、その後の学習や職業・社会生活の基盤を形成し、「自ら学び、自ら考える力」などの「生きる力」を育成する。

(2)　学力の現状

我が国の小・中学校段階の児童・生徒の学力の現状は、全体としてはおおむね良好であると考えられるが、一般的には、進学率の上昇に伴い大学進学者の平均的学力の低下といった状況が今後進むことが予想されるため、初等中等教育の改善、高等学校と大学との接続の改善、大学教育の改善を通じて対応していくことが必要。

(3)　各学校段階ごとの到達度評価

各学校段階において、児童・生徒が当該学校段階の教育目標を達成しているかどうかを修了時等に評価することは、各学校が教育上の責務として適切に行うべき。

各学校における評価の参考とできるような評価基準や評価方法について国立教育研究所等において研究、開発を行うことが必要。

(4)　高等学校入学者選抜

高等学校の入学者選抜は、飽くまで設置者及び学校の責任と判断で行うものであり、各高等学校、学科等の特色に配慮しつつ、その教育を受けるに足る能力・適性等を判定して行うものであるという趣旨が更に徹底され、後期中等教育機関への進学希望者を盲・聾・養護学校高等部も含めた後期中等教育機関全体で受け入れられるよう適切な受験機会の提供や条件整備に努めることが必要。

第三章　高等教育の役割

(1)　高等教育の役割

学部段階においては、初等中等教育における「自ら学び、自ら考える力」の育成を基礎に豊かな教養と高い倫理観をはぐくみ、「主体的に変化に対応し、自ら将来の課題を探求し、その課題に対して幅広い視野から柔軟かつ総合的な判断を下すことのできる力」（課題探求能力）の育成を重視するとともに、専門的素養のある人材として活躍できる基礎的能力等を培う。

専門性の向上は大学院で行うことを基本とし、大学院段階においては、研究者養成に加え、高度専門職業人の養成をも重視する。

(2)　大学入学における能力・適性等の判定

社会の要請にこたえる人材の養成などの観点から、大学においては、大学教育に必要とされる能力・適性を入学者に対して求めることが必要。

第四章　初等中等教育と高等教育との接続の改善のための連携の在り方

(1) 入学者選抜だけではなく、カリキュラムや教育方法などを含め、全体の接続を考えていくべきであり、高等学校と大学の両者がいかにして、それぞれの責任を果たしていくかという観点から、両者の教育上の連携を拡大することが必要。

(2) 具体的な教育上の連携方策

1 高等教育を受けるのに十分な能力と意欲を有する高等学校の生徒が大学レベルの教育を履修する機会の拡大方策

科目等履修生の活用等大学レベルの教育を生徒が履修する機会を積極的に拡大。

2 大学がその求める学生像や教育内容等の情報を的確に周知するための方策

大学入学者受入方針（アドミッション・ポリシー）をはじめ、教育の理念と目標、教育指導体制、成績評価の方法、就職・進学状況などについて積極的に情報を公開。マルチメディアやインターネットも積極的に活用。

(3) 高等学校における生徒の能力・適性・意欲・関心等に応じた進路指導や学習指導の充実

高等学校においては、将来の進路や職業選択を見通した進路指導や学習指導を実施。それぞれの生徒が進路に応じた科目を履修するための適切なガイダンス等も必要。また、大学の教員や企業の協力を得て、高等教育の具体的な内容や、将来の職業選択との関係、企業の在り方や職業生活について、実際的・体験的な情報を提供してもらったり、体験入学や就業体験の機会の拡充を図る。

(4) 入学者の履修歴等の多様化に対応して大学教育への円滑な導入を図る工夫

大学においては、指導教官制（チューター）の導入、学習ガイダンスの充実、インターネットを利用した履修相談の実施など、入学してくる学生の履修歴等の多様化が一層進むことに対応した様々な工夫を図ることが必要。

(5) 高等学校関係者と大学関係者の相互理解の促進

都道府県単位で高等学校関係者と高等教育関係者が一堂に会し、情報交換し理解を深める「連携協議会」等の開催を推進。

大学の教員が高等学校において、学問の紹介や講義を行うことや、逆に、高等学校等の教員が大学での補習授業に協力することなどの試みを一層推進。

第五章　初等中等教育と高等教育との接続を重視した入学者選抜の改善

(1) 入学者選抜の現状と改善の方向

既に大学受験は「過度の競争」ではなくなっており、さらに、全体として見れば大学進学希望者がいずれかの大学に入学できるようになる状況が到来することが予想される中で、入学者選抜の改善で目指すのは、単に誰もが希望する大学に入れるようにすることではなく、大学と学生とのより良い相互選択を図り、学生の大学教育への円滑な移行を実現することにある。

(2) これからの選抜の在り方

1 大学と学生とのより良い相互選択を目指して

今後は、大学側のそれぞれの教育理念等にふさわしい能力・資質を持った学生（求める学生）を見いだそうとする取組と、学生側の自らの能力・適性等に基づく主体的な大学選択という相互の選択をいかに適切に組み合わせるかが重要。

高等学校での教育、大学入学者選抜、大学入学後の教育の在り方を一貫したものとしてとらえる中で、入学者選抜の在り方も各大学の役割、教育理念、目標の多様化に応じて多様なものとなるべきである。

2 入学者受入方針（アドミッション・ポリシー）の明示

それぞれの大学（学部・学科）の教育理念、目的、特色等に応じて受験生に求める能力、適性等についての考え方をまとめた入学者受入方針（アドミッション・ポリシー）を大学が確立し、対外的に明示するとともに、選抜方法や出題内容等に反映させることが重要。その上で、受験生は大学（学部・学科）の教育理念、特色等に応じ選択を行うことが必要。

3 「公平」の概念の多元化

各大学がそれぞれの教育理念等にふさわしい学生を見出すための選抜を行うためには、何が公平かについて、多元的な尺度を取り入れることが必要。例えば、学力検査のみの選抜の実施、それ以外の多様な方法による選抜の実施など様々な選抜を行うことを許容することが必要。

4 受験教科・科目数の考え方

「学校生活における『ゆとり』を確保するためには、学力試験における受験教科・科目数をできるだけ少なくしていくべきである」との方針については、当然必要な学習負担の軽減までを求めるものではなく、受験教科・科目数の削減を一律に求めているものではない。どのような科目を課すか、何科目課すかは、各大学がそれぞれの教育理念等に照らして自主的に設定すべき。

(3) 入学者選抜そのものの具体的な改善方策

1 各大学が多様な進学希望者の能力・適性等を適切に評価するための選抜方法の開発

受験生を多面的かつ丁寧に見るためのきめ細かな選抜方法とされているアドミッション・オフィス入試の在り方（目的、特色等）や発展・定着させるための条件等について検討することが必要。

また、評価尺度の多元化に対応した評価方法の研究を進めることが必要。

2 丁寧な入学者選抜を行うための体制の整備等

入学者選抜等についての高い専門性を有するスタッフを備えたアドミッション・オフィスの設置等、丁寧な入学者選抜を行うための体制を整えることが必要。

3 適切な出題

学習指導要領のねらいに沿った適切な出題を行うためにも、高等学校関係者の参画を拡大。また、良質な問題を出題するという観点から、適切な問題であれば、再利用できるようにすることも必要。

4 高等学校での学習成果を多面的に評価する入学者選抜

高等学校における調査書、詳細な推薦書、学習活動、文化・スポーツ活動の記録等を活用するなど、高等学校での学習成果を多面的に評価。

5 大学入試センター試験の改善

各大学は、入学者受入方針に基づき、入学者選抜全体の中で、どのような能力を受験生に求めるのか、どのような選抜方法を行うかを十分に吟味した上で、大学入試センター試験と個別試験との組み合わせを考えていくことが必要。

その際、素点による選抜だけでなく、大学入試センター試験の成績を概括的にまとめ、それぞれのグループに応じ異なった個別試験を実施するなど、いわば資格試験的な取扱いを含め、各大学の多様な利用方法が推進されることが必要。

また、リスニングテストの実施に向けて高等学校との協力体制も含めて検討を行うことや、教科・科目横断型の総合的な問題等の在り方の研究を進めることが必要。

(4) 入学者選抜の改善を促すための具体的方策

1 入学者選抜についての評価の実施

各大学の選抜方法についての自己点検・評価の実施やその結果の公表の推進が必要。

2 入学者選抜についての情報の公開・提供

入学者選抜の在り方についての基本的な考え方、理念等を自主的に公表していくことが必要。

3 初等中等教育における進路指導の充実

自分の能力、適性等を見極めさせ、自分の将来の進路に対し、明確な目的意識を持つようにすることが必要。

4 高等教育システムの柔構造化

大学入学について社会人特別選抜や編入学制度など多様な道が開かれ、いつでも学習ができるシステムに転換することにより、受験者の入試に対する過剰な意識を弱め、適切な進路選択を実現。

5 意識の変革

大学入学者選抜の改善に当たっては、生徒の進路選択や企業の採用等を取り巻く状況が変化していることなどについて国民に正確な理解を求めていくことが必要。

第六章　学校教育と職業生活との接続

(1) 学校教育と職業生活の接続の改善のための具体的方策

中等教育修了後の進路の選択肢が多様化するなかで、生徒が自己の個性を理解した上で、主体的に進路選択を行っていけるよう、キャリア教育を小学校段階から発達段階に応じて実施。また、インターンシップの促進等による体験的活動を重視。さらに、企業経営者によるキャリアアドバイザーの配置等によるガイダンス、カウンセリング機能を充実。

(2) 企業等における採用の改善

採用に当たっては学生に求める能力・知識・技術を具体的に示した上で、個人の能力・知識・技術や資質に加え、学生の属する大学（研究科、学部・学科）の教育目標、教育内容、教育方法の特色を考慮。その前提として大学は評価基準を明示した上で厳格な成績評価を実施。

(3) 生涯学習の視点に立った高等教育

1　社会人の学習機会の拡充

高等教育機関において、社会人を対象とする大学院の履修形態や修業年限等の弾力化や、高度な専門職業人の養成を目的とする専門大学院の整備充実などにより一層の社会人受入れ体制の拡充を図る。

2　生涯学習の成果の活用

ボランティア活動やインターンシップ等の学外の様々な学習成果を授業科目の中に位置付け単位認定を行うなど、各大学における一層の取組を推進。

●青少年の奉仕活動・体験活動の推進方策等について（答申）

（平成一四年七月二九日　中央教育審議会）

〈要　旨〉

はじめに

中央教育審議会は、昨年四月一一日に文部科学大臣から「青少年の奉仕活動・体験活動の推進方策等について」諮問を受けた。その際、具体的審議事項として、①初等中等教育段階までの青少年に対し、学校内外を通じて様々な奉仕活動・体験活動を充実する方策について、②初等中等教育を修了した一八歳以降の青年が様々な分野において奉仕活動を行える社会の仕組みづくりについて、③社会人が生涯にわたって奉仕活動等を行うことができる環境づくりについての三つの検討事項が挙げられている。

今日、いじめ、暴力行為、ひきこもり、凶悪犯罪の増加など青少年をめぐり様々な問題が発生し、深刻な社会的問題となっている。こうした問題の背景には、様々な要因が考えられるが、思いやりの心や社会性など豊かな人間性が青少年にはぐくまれていない現実とともに、他者を省みない自己中心的な大人の意識や生き方、さらには様々な社会的課題に対し行政だけでは適切に対処できないという状況等が深くかかわっている。

社会の形成者となる青少年に自信を持って未来を託すためには、今こそ、こうした問題に正面から向き合い、手立てを講じないと取返しがつかなくなる状況にあると言える。

中央教育審議会では、こうした認識に立って、諮問事項について検討し、「奉仕活動・体験活動」が、我々が直面する問題を解く糸口となると考えた。「奉仕活動・体験活動」は、人、社会、自然とかかわる直接的な体験を通じて、青少年の望ましい人格形成に寄与する。大人にとっても、家族や周囲の人々、地域や社会のために何かをすることで喜びを感じるという人間としてごく自然な暖かい感情を湧き起こし、個人が生涯にわたって、「より良く生き、より良い社会を作る」ための鍵となる。国民一人一人が「奉仕活動・体験活動」を日常生活の中で身近なものととらえ、相互に支え合う意識を共有し活動を重ねていくことができるような環境を、皆で協力して作り上げていくことが不可欠であると考える。

今回の答申では、「奉仕活動・体験活動」が個人や社会にとってどのような意味を持ち、社会においてなぜ推進する必要があるのか、「奉仕活動・体験活動」の範囲をどのようにとらえるのか等について整理し、その上で、初等中等教育段階までの青少年、一八歳以降の青年や勤労者等の個人の「奉仕活動・体験活動」の奨励・支援のための方策、「奉仕活動・体験活動」を社会全体で推進していくための社会的仕組みの在り方や社会的気運を醸成していくための方策等についてまとめた。

本答申をきっかけとして、個人がごく自然に、日常的に「奉仕活動・体験活動」を行い自立した個人が社会に参加し、相互に支え合うような社会の実現に向けての取組を推し進める気運が高まることを切に願うものである。

I　今なぜ「奉仕活動・体験活動」を推進する必要があるのか

1　奉仕活動・体験活動を推進する必要性及び意義

～個人の豊かな人生と新たな「公共」による社会を目指して～

都市化や核家族化・少子化等の進展により、地域の連帯感、人間関係の希薄化が進み、個人が主体的に地域や社会のために活動することが少なくなっている。個人と社会との関わりが薄らぐ中で、青少年の健全育成、地域の医療・福祉、環境保全など社会が直面する様々な課題に適切に対応することが難しくなっている。

このような社会状況の中にあって、個人や団体が地域社会で行うボランティア活動やNPO活動など、互いに支え合う互恵の精神に基づき、利潤追求を目的とせず、社会的課題の解決に貢献する活動が、従来の「官」と「民」という二分法では捉えきれない、新たな「公共」のための活動とも言うべきものとして評価されるようになってきている。

本答申では、このような、個人が経験や能力を生かし、個人や団体が支え合う、新たな「公共」を創り出すことに寄与する活動を幅広く「奉仕活動」として捉え、社会全体として推進する必要があると考えた。

また、青少年の時期には、学校内外における奉仕活動・体験活動を推進する等、多様な体験活動の機会を充実し、豊かな人間性や社会性などを培っていくことが必要である。そのような機会の充実を図ることが、社会に役立つ活動に主体的に取り組む、新たな「公共」を支える人間に成長していく基盤にもなると期待される。

2　奉仕活動・体験活動のとらえ方

～奉仕活動・体験活動を幅広くとらえる～

○「奉仕活動」を、自分の能力や経験などを生かし、個人や団体が支えあう、新たな「公共」に寄与する活動、具体的には、「自分の時間を提供し、対価を目的とせず、自分を含め地域や社会のために役立つ活動」としてできる限り幅広く考える。

「体験活動」については、特に初等中等教育段階の青少年がその成長段階において必要な体験をすることの教育的側面に注目し、社会、自然などに積極的に関わる様々な活動ととらえることとする。

○奉仕活動には、活動に必要な物品やコーディネートに係る費用など一定の社会的なコストが生じるものであり、個々の事例により、適切に分担することも認められる。

○個人の自発性は奉仕活動の重要な要素であるが、様々なきっかけから活動を始め活動を通じてその意義を深く認識し、活動を続けるというかかわり方も認められてよい。

II　奉仕活動・体験活動をどのように推進していくのか

1　奉仕活動・体験活動に関する現状

我が国の国民は、奉仕活動、ボランティア活動に興味・関心は持つものの、それらの活動の経験は総じて少なく、情報不足、技術力・知識不足、相談体制の未整備、時間的制約などの理由から、参加することを思いとどまっている人がかなり多いということが伺える。また、子どもについては、現在、活動に参加している割合は低くなっているが、一方で、ふだん地域の人たちとふれあいのある子どもほど、ボランティア活動等の地域活動に関心を持っているという傾向がある。

これらを踏まえ、興味・関心を持っている人に「もう一歩を踏み出すきっかけ」や「もう一歩を踏み出す後押し」となるような仕組みづくりを行うとともに、大人が率先して活動に取り組み、子どもたちが活動に参加しやすいような環境を作ることが必要である。

2　初等中等教育段階の青少年の学校内外における奉仕活動・体験活動の推進

～多様な体験を重ね、豊かな人間形成と将来の社会参加の基盤作りを～

初等中等教育段階のすべての青少年に対し多様な奉仕活動・体験活動の機会が与えられるように、学校内外を通じて質量共に充実した活動の機会を拡充していく必要があり、小・中・高等学校、専修学校高等課程など、初等中等教育段階の時期における発達段階に応じたふさわしい活動を行うことが重要である。

学校においては、①活動の連絡調整の窓口を明らかにするとともに、すべての教職員が協力して取り組むための校内推進体制の整備、②地域の協力を得るための学校サポート（学校協力）委員会（仮称）を設けるなど体制作りに努める必要がある。また、実施に際しては、発達段階に応じた活動の実施、興味関心を引き出し自発性を高める工夫や、自発的なボランティア活動等の高校における単位認定など、活動の適切な評価などに配慮して取り組む必要がある。
また、教育委員会においては、各学校における取組が円滑に行われるよう、学校での具体の活動の実施のために必要な支援措置を講じるなど様々な措置を行う必要がある。

教育委員会においては、地域の関係団体や関係行政機関等と連携しつつ、支援センターなどの推進体制を整備し、学校の教育活動と地域の活動の効果的な連携に留意しながら、①教材・プログラムの開発、指導者の養成・確保とともに、②ボランティア活動等を積極的に評価する高校入試の工夫や「ヤング・ボランティア・パスポート（仮称）」の作成、活用などによる地域における活動の促進等に努める必要がある。
また、企業においても、社会を担う主要な構成者として、学校や地域における様々な体験活動に対する施設の開放や、社員の指導者としての派遣、青少年の受入れなど、青少年の奉仕活動・体験活動に対する積極的協力を求めたい。

国においては、こうした学校や地域における取組を支援するため、推進体制の整備や教職員研修等に対する支援、参考となるプログラムの開発や事例集の作成等を行うとともに、すべての青少年が発達段階に応じて、奉仕活動・体験活動を着実に経験できるようにするため、①奉仕活動・体験活動の実施状況の全国調査、②学校や地域を通じた活動の目標の検討、③ボランティア活動等と関連付けた大学入試の推進が求められる。

3　一八歳以降の個人が行う奉仕活動等の奨励・支援

～奉仕活動を日常生活の一部として気軽に行う～

Ⅱの1で見たように、我が国では、多くの人が奉仕活動等について興味を抱いてはいるが、一歩を踏み出せないという状況にある。大学等の学生も含め、一八歳以降の個人が日常的に奉仕活動等に取り組むことができるように、以下のような奨励・支援の方策を検討することが求められる。

(1)　学生に対する奨励・支援等

大学、短期大学、高等専門学校、専門学校などにおいては、学生が行うボランティア活動等を積極的に奨励するため、正規の教育活動として、ボランティア講座やサービスラーニング科目、ＮＰＯに関する専門科目等の開設やインターンシップを含め学生の自主的なボランティア活動等の単位認定等を積極的に進めることが適当である。

また、学生の自主的な活動を奨励・支援するため、大学ボランティアセンターの開設など学内のサポート体制の充実、セメスター制度や、ボランティア休学制度など活動を行いやすい環境の整備、学内におけるボランティア活動等の機会の提供などに取り組むことが望ましい。こうした大学等や学生の取組を支援するため、国においてボランティア教育や活動を積極的に推進する大学等に対する支援措置を講じることが適当である。さらに、公務員や民間企業の採用に当たって、学生のボランティア活動等を通じて得られた経験、能力等を一層重視することが期待される。

(2)　企業、社会人に対する奨励・支援

国、地方公共団体、企業や労働組合などにおいては、気軽に参加できる職場環境作り、柔軟な勤務形態の導入など社会人が参加しやすい環境の整備や、地域での諸活動への参加を含め勤労者が行う幅広いボランティア活動等を奨励するための支援が期待される。

国においても、こうした取組を支援するため、取組の事例紹介など情報提供を積極的に行うとともに、社会人に適した活動の機会の充実を図ることが適当である。また公務員や教員の活動を奨励するため、研修の一環として活動を位置付けることや、公務員や教員の経験を生かした活動のプログラムの開発等を検討することが望ましい。

(3)　個人が参加できる多彩なプログラム等の開発・支援

奉仕活動・体験活動は、基本的には個人が自らプログラムを立て、自主的に活動を行うことが望まれるが、奉仕活動・体験活動を気軽に行うことができるようにするためには、様々な魅力的な活動の受け皿やプログラムを用意することが必要である。そこで、そのような取組の一例として、(a)青年、勤労者向けの長期の社会参加プログラム、(b)公共施設等におけるボランティアの受入れの促進、(c)ボランティア・パスポートなどボランティア活動等の実績に応じて、活動を行う個人一般や団体に対する支援を行う仕組み作り、(d)国際ボランティアの裾野（すその）の拡大などを提案したい。

4　国民の奉仕活動・体験活動を支援する社会的仕組みの整備

奉仕活動・体験活動を支援していくためには、個人、ボランティア団体、企業、学校及び行政などが共に協力して、推進体制をつくっていく必要がある。

そのため、国、都道府県、市区町村のそれぞれのレベルで、関係者による連携協力関係を構築するための協議の場（協議会）や、活動に関する情報提供、相談・仲介などを通じて個人、学校、関係団体等が行う奉仕活動・体験活動を支援する拠点（センター）を設ける必要がある。

また、こうした推進体制が有効に機能していくためには、(a)だれもがいつでも容易に必要な情報を得ることができる国及び地方を通じた情報システムの構築、(b)地域におけるボランティア団体、受入施設、送出施設など関係機関・団体等が日常的に連絡・交流する市区町村のセンター等を中心とした地域ネットワークの形成、(c)センター等において活動が円滑に実施されるために必要な連絡調整等を担うコーディネーターの養成・確保が求められる。

5　社会的気運の醸成

～皆が参加したくなる雰囲気づくりを～

国民一人一人が奉仕活動・体験活動の意義を理解し、身近なものとしてとらえ、日常生活の一部として継続して取り組んでいくためには、社会全体でこれらの活動を推進していく気運を醸成していくことが不可欠である。このため、奉仕活動・体験活動に関する年次報告など奉仕活動・体験活動に関する積極的な広報・啓発、ボランティア活動推進月間など活動に気軽に参加できる雰囲気作り、活動を継続して取り組む者に対する顕彰の工夫などに取り組む必要がある。

また、奉仕活動・体験活動の推進の上で果たすべき役割が大きい企業等の取組を促す方策として、積極的に取り組む企業の社会的奨励や関係府省と経済団体等との協議の場の設置などについても検討する必要がある。

おわりに（省略）

●新しい時代の義務教育を創造する（答申）

（平成一七年一〇月二六日 中央教育審議会）

〈概　要〉

第Ⅰ部　総論

(1)　義務教育の目的・理念
・変革の時代であり、混迷の時代であり、国際競争の時代である。
・このような時代だからこそ、一人一人の国民の人格形成と国家・社会の形成者の育成を担う義務教育の役割は重い。
・国は、その責務として、義務教育の根幹（①機会均等、②水準確保、③無償制）を保障し、国家・社会の存立基盤がいささかも揺らぐことのないようにしなければならない。

(2)　新しい義務教育の姿
・学ぶ意欲や生活習慣の未確立、後を絶たない問題行動など義務教育をめぐる状況には深刻なものがある。公立学校に対する不満も少なくない。
・我々の願いは、子どもたちがよく学びよく遊び、心身ともに健やかに育つことである。
・そのために、質の高い教師が教える学校、生き生きと活気あふれる学校を実現したい。
・学校の教育力、すなわち「学校力」を強化し、「教師力」を強化し、それを通じて、子どもたちの「人間力」を豊かに育てることが改革の目標である。

(3)　義務教育の構造改革
・今こそ、義務教育の構造改革が必要である。
・義務教育システムについて、①目標設定とその実現のための基盤整備を国の責任で行った上で、②市区町村・学校の権限と責任を拡大する分権改革を進めるとともに、③教育の結果の検証を国の責任で行い、義務教育の質を保証する構造に改革すべきである。

(4)　国、都道府県、市区町村の役割の明確化と協力関係の強化
・義務教育の中心的な担い手は、学校である。
・国、都道府県、市区町村の協力で、学校を支えなければならない。
・国は義務教育の根幹保障の責任を、また、都道府県は域内の広域調整の責任を十全に果たした上で、市区町村、学校が、義務教育の実施主体として、より大きな権限と責任を担うシステムに改革する必要がある。

(5)　義務教育の基盤整備の重要性
・義務教育を支える基盤整備は確固たるものでなければならない。
・そのため財源措置を含め、国・都道府県・市区町村がそれぞれの役割と責任を果たすことが必要である。
・とりわけ重要なのは教職員である。
・教育の成否は、資質能力を備えた教職員を確実に確保できるか否かにかかっている。
・教職員の養成、配置、給与負担の在り方は、教育基盤の中で最も重要なものである。

(6)　義務教育の費用負担の在り方
・義務教育の構造改革を推進すると同時に、義務教育制度の根幹を維持し、国の責任を引き続き堅持するためには、国と地方の負担により義務教育の教職員給与費の全額が保障されるという意味で、現行の負担率二分の一の国庫負担制度は優れた保障方法であり、今後も維持されるべきである。その上で、地方の裁量を拡大するための総額裁量制の一層の改善を求めたい。
・教材購入費や図書購入費など教育環境整備に不可欠な経費も、その総額が確実に確保されるよう努める必要がある。
・公立学校施設の整備についても、地方の自由度を拡大した上で国として目的を特定した財源を保障する必要がある。特に、子どもの生命の安全を守るため、耐震化は国が責任を持って推進すべきである。

第Ⅱ部　各論

第一章　教育の目標を明確にして結果を検証し質を保証する―義務教育の使命の明確化及び教育内容の改善―

(1)　義務教育の使命の明確化
・「確かな学力」、「豊かな心」、「健やかな体」のバランスのとれた育成
・義務教育の内容・水準の保障
・学校・家庭・地域の連携と適切な役割分担

(2)　教育内容の改善
①　学習指導要領の見直し
・学ぶ意欲の向上、学習習慣の確立
・各教科の到達目標の明確化
・国語力の育成、理数教育の充実
・小学校段階における英語教育の充実
・総合的な学習の時間の重要性を踏まえた改善や支援策の充実
・学校図書館、読書活動の充実
・習熟度別指導や少人数指導などの積極的な実施
・豊かな心と健やかな体の育成
・自然体験や奉仕体験などの体験活動の推進、職業観や勤労観の育成などのキャリア教育の推進
・幼児教育と小学校教育の連携
②　学習到達度・理解度の把握のための全国的な学力調査の実施
・客観的なデータに基づく指導方法の改善により、子どもたちの学習に還元
・学習意欲の向上に向けた動機付けとともに、学校間の序列化や過度の競争等につながらないよう十分に配慮

(3)　義務教育に関する制度の見直し
・学校種間の連携・接続の改善
・幼児教育の充実、幼稚園への就園の推進、就学前の教育・保育を一体とした総合施設
・不登校児童生徒について、学校外の教育施設での学習を義務教育とみなす仕組みの検討
・LDやADHD等の児童生徒への支援の充実

第二章　教師に対する揺るぎない信頼を確立する―教師の質の向上―

(1)　あるべき教師像の明示
・教職に対する強い情熱
・教育の専門家としての確かな力量
・総合的な人間力

(2)　信頼される教師の養成・確保
・学部段階における教員養成の着実な改善・充実
・教員養成の専門職大学院の活用
・教員免許更新制の導入
・教員採用の工夫・改善、教員研修の充実
・スーパーティーチャーなどの職種の導入も含めた教員評価の改善・充実
・退職者、企業人など多様な人材の積極的登用、校長に加え教頭への民間人の登用

第三章　地方・学校の主体性と創意工夫で教育の質を高める―学校・教育委員会の改革―

(1)　学校の組織運営の見直し
・人事、予算、学級編制などの学校・校長の権限を拡大
・学校運営を支える機能の充実のため、管理職を補佐し一定の権限をもつ主幹などの職を置くことができる仕組みを検討
・学校教育の質を保証するため、自己評価の実施・公表を義務化、外部評価を充実、学校評価充実のための国による支援
・保護者・地域住民の学校運営への参画と協力の推進

(2)　教育委員会制度の見直し
・教育委員会がそれぞれの自治体の実情にあわせた行政が行えるよう、現在の基本的な枠組みの下で、制度（委員数、権限分担等）をできるだけ弾力化
・首長と教育委員会の連携の強化、教育委員会の機能の強化

(3)　国と地方、都道府県と市区町村の関係・役割
・国は、ナショナル・スタンダードを設定しそれが履行されるための諸条件を担保する観点から学校制度の基本的な枠組みの制定や教育内容に関する全国的な基準を設定。
・地方は、それぞれの地域の実情に応じ、主体的に教育の質を高め、ローカル・オプティマム（それぞれの地域において最適な状態）を実現する。
・国、都道府県、市区町村それぞれが必要な財源を措置。
・都道府県から市区町村へ、教育委員会から学校への分権改革を推進。
・教職員の人事権については、市区町村に移譲

する方向で見直し。当面、中核市等に移譲し、その状況を踏まえつつ、その他の市区町村への人事権移譲について検討。（都市部と離島・山間部等が協力し、広域で人材が確保されるような仕組みを導入）
・少人数教育を一層推進するため次期定数改善計画を策定。地域や学校の実情に合わせた指導形態がとれるよう、学校と市区町村教育委員会の学級編制に係る権限と責任を拡大。その際、各都道府県に対し教育上の特別な事情に基づきさらに必要とされて加えられる定数（いわゆる教職員定数の加配定数）について、その配分と運用ルールの見直しを検討。

第四章　確固とした教育条件を整備する—教育の質の向上、財源確保の確実性・予見可能性、地方の自由度の拡大—

(1)　教育条件整備に関する共通理解
①義務教育は、国全体を通じての最重要事項であること
②義務教育に必要な財源を確実に確保する必要があること

(2)　義務教育費国庫負担制度の在り方
ア　制度の基本的役割
⇩憲法の要請に基づき、義務教育の根幹（機会均等、水準確保、無償制）を国が責任をもって支える制度
イ　現行制度の概要
・市区町村が小中学校の設置・運営。都道府県が教職員を任命し給与を負担。
・国は教職員給与費の二分の一を負担。
⇩公立義務教育諸学校の教職員（約七〇万人）の給与費
都道府県＝二分の一負担。国＝二分の一負担（約二・五兆円＝平成十六年度予算）
ウ　政府・与党合意で、「活かす方策を検討」することとされている「国庫補助負担金等に関する改革案」で、義務教育国庫負担金については、第二期改革（平成一九年度～）までに全額を廃止・税源移譲、第一期改革（～平成一八年度）には中学校教職員の給与分（〇・八兆円）を廃止・税源移譲するとしている。
⇩「都道府県間において教育費の水準に著しい格差が生ずることのないよう法令に明記」、「小中学校の設置者である市町村の意向を十分に尊重するとともに、市町村の義務教育に関する権限と役割の拡大を推進」、「企業から寄せられる教育・文化等に係る寄付金について、非課税措置を拡大」すること。

(3)　公立学校施設整備費負担金・補助金の在り方
ア　現行制度の概要
・公立義務教育諸学校の施設整備については、教育の機会均等等の担保と全国的な教育水準の維持向上を図る観点から、国は所要経費の一定割合の負担をしなければならず、必要な補助を行っている。
↓地方六団体の意見
・学校施設整備は全国的経常的に行われるものであり、廃止・一般財源化すべき。
・耐震化が進んでいないことについては、一般財源化すれば地方自治体の判断による計画的な施設整備が進むはず。
⇩中央教育審議会の審議の結果
・地方自治体の自主財源が教育関係に回っていない実態があること。
・地方自治体間の格差を是正する必要があること等の理由から、地方の自由度を拡大する改革を行った上で、国が公立学校施設の整備に目的を特定した財源を保障し、耐震化は国が責任を持って推進することが適当。

(4)　地方案を活かす方策の検討結果
ア　三つの観点から検討
↓地方六団体の意見（中学校分八千五百億円の一般財源化）
〇教育の質の向上
・一般財源化により、児童生徒・保護者や、教職員の自覚が高まり、教育の質が向上
〇財源確保の確実性・予見可能性
・一般財源化しても、教育費は適切に確保されている。（教育費を削減する首長はいない。地域ごとの不足額は地方交付税で適切に調整される）
〇地方の自由度の拡大
・一般財源化により、外部人材の活用等の裁量が拡大する。（学級編制や教職員配置等に関して多様な取組みが促進される）
⇩中央教育審議会の審議の結果
〇教育の質の向上
・学校の組織運営の見直しや教員の質の向上など具体的な改革を、答申で提言。（費用負担の問題ではない）
〇財源確保の確実性・予見可能性
・国庫負担金は必ず予算措置されることが法定されており、一般財源確保の確実性・予見可能性が高い（地方交付税は総額抑制の方向。教職員人件費の増額が見込まれる中、教育費が確保される懸念）
〇地方の自由度の拡大
・人事権の移譲や学級編制の弾力化など具体的な改革を、答申で提言。（費用負担の問題ではない）
イ　地方・現場における多数意見
・全国の三分の二の市区町村議会が国庫負担制度の堅持を求める意見書を提出。
・地方六団体が真に求めているのは、国に陳情して配分を求めるような補助金の地方への移譲であり、義務的経費である義務教育費国庫負担金の一般財源化ではない。
ウ　結論
・義務教育費を一般財源化しても、地方六団体の提案する教育の自由度の拡大（「学級編制の弾力化」等）は実現しない（実現するのは、教育費を「減らす自由」だけ）
・地方六団体の提案する教育は、学校と市区町村の自由度拡大により実現（本答申で提言）
・中学校分の一般財源化は、小中学校の取扱いを分けることになり、合理性がなく不適当

●特別支援教育を推進するための制度の在り方について（答申）

（平成一七年一二月八日 中央教育審議会）

〈概　要〉

第一章　障害のある幼児児童生徒に対する教育の現状と課題

〇養護学校や特殊学級に在籍している児童が増加する傾向にあり、通級による指導を受ける児童生徒の比率は近年増加している。特殊教育の対象となる幼児児童生徒は約二二万五千人（全体の約一・四％）、義務教育段階は約一七万九千人（全学齢児童生徒数の約一・六％）。
〇障害の重度・重複化に伴い、盲・聾・養護学校においては、福祉・医療・労働などの関係機関等と密接に連携した対応が求められ、また、特殊学級に在籍する児童生徒や通級による指導の対象となっている児童生徒についても、関係機関と連携した学校全体での適切な対応や、障害のない児童生徒との交流及び共同学習の促進、担当教員の専門性向上などが課題。さらに、ＬＤ・ＡＤＨＤ・高機能自閉症により学習や生活の面で特別な教育的支援を必要としている児童生徒が約六％程度の割合で存在する可能性が示されており、これらの児童生徒に対する適切な指導及び必要な支援は、学校教育における喫緊の課題。

第二章　特別支援教育の理念と基本的な考え方

〇障害のある幼児児童生徒の教育の基本的な考え方について、特別な場で教育を行う従来の「特殊教育」から、一人一人のニーズに応じた適切な指導及び必要な支援を行う「特別支援教育」に転換。
〇「特別支援教育」とは、障害のある幼児児童生徒の自立や社会参加に向けた主体的な取組を支援するという視点に立ち、幼児児童生徒一人一人の教育的ニーズを把握し、その持てる力を高め、生活や学習上の困難を改善又は

克服するため、適切な指導及び必要な支援を行うもの。

第三章　盲・聾・養護学校制度の見直しについて

○幼児児童生徒の障害の重度・重複化に対応し、一人一人の教育的ニーズに応じて適切な指導及び必要な支援を行うことができるよう、盲・聾・養護学校を、障害種別を超えた学校制度（「特別支援学校（仮称）」）に転換。

○「特別支援学校（仮称）」の機能として、小・中学校等に対する支援を行う地域の特別支援教育のセンターとしての機能を明確に位置付ける。

第四章　小・中学校における制度的見直しについて

○小・中学校において特別支援教育を推進すべきことを、関係法令において明確に位置付ける。

○「特別支援教室（仮称）」の構想が目指しているシステムの実現に向け、①小・中学校における総合的な体制整備、②LD・ADHDの児童生徒を新たに「通級による指導」の対象とするなど、現行の特殊学級や「通級による指導」等に関する制度の弾力化、③研究開発学校やモデル校における実践研究などの取組を推進。

（注）「特別支援教室（仮称）」とは、LD・ADHD・高機能自閉症等も含め障害のある児童生徒が通常の学級に在籍した上で、一人一人の障害に応じた特別な指導を必要な時間のみ特別の場で行う形態。

○上記の取組の実施状況も踏まえ、特殊学級が有する機能の維持、教職員配置との関連や教員の専門性の確保等に留意しつつ、「特別支援教室（仮称）」の構想が目指しているシステムの法令上の位置づけの明確化等について今後検討。

第五章　教員免許制度の見直しについて

○盲・聾・養護学校の「特別支援学校」（仮称）への転換に伴い、学校の種別ごとに設けられている教員免許状を、障害の種類に対応した専門性を確保しつつ、LD・ADHD・高機能自閉症等を含めた総合的な専門性を担保する「特別支援学校教員免許状（仮称）」に転換。

○「当分の間、盲・聾・養護学校の教員は特殊教育免許の保有を要しない」としている経過措置を、時限を設けて廃止。

第六章　関連する諸課題について

○個別の教育支援計画及び個別の指導計画、特別支援教育コーディネーター、学校内外の人材の活用と関係機関等の連携協力、障害のある児童生徒の就学の在り方、特別支援教育の普及啓発、就学前及び後期中等教育等における特別支援教育、法令上の用語の見直し、国の役割等の諸課題がある。

●共生社会の形成に向けたインクルーシブ教育システム構築のための特別支援教育の推進（報告）

（平成二四年七月二三日　中央教育審議会初等中等教育分科会）

〈概　要〉

1　共生社会の形成に向けて

(1)　共生社会の形成に向けたインクルーシブ教育システムの構築

・「共生社会」とは、これまで必ずしも十分に社会参加できるような環境になかった障害者等が、積極的に参加・貢献していくことができる社会である。それは、誰もが相互に人格と個性を尊重し支え合い、人々の多様な在り方を相互に認め合える全員参加型の社会である。このような社会を目指すことは、我が国において最も積極的に取り組むべき重要な課題である。

・障害者の権利に関する条約第二四条によれば、「インクルーシブ教育システム」（inclusive education system、署名時仮訳：包容する教育制度）とは、人間の多様性の尊重等の強化、障害者が精神的及び身体的な能力等を可能な最大限度まで発達させ、自由な社会に効果的に参加することを可能とするとの目的の下、障害のある者と障害のない者が共に学ぶ仕組みであり、障害のある者が「general education system」（署名時仮訳：教育制度一般）から排除されないこと、自己の生活する地域において初等中等教育の機会が与えられること、個人に必要な「合理的配慮」が提供される等が必要とされている。

・共生社会の形成に向けて、障害者の権利に関する条約に基づくインクルーシブ教育システムの理念が重要であり、その構築のため、特別支援教育を着実に進めていく必要があると考える。

・インクルーシブ教育システムにおいては、同じ場で共に学ぶことを追求するとともに、個別の教育的ニーズのある幼児児童生徒に対して、自立と社会参加を見据えて、その時点で教育的ニーズに最も的確に応える指導を提供できる、多様で柔軟な仕組みを整備することが重要である。小・中学校における通常の学級、通級による指導、特別支援学級、特別支援学校といった、連続性のある「多様な学びの場」を用意しておくことが必要である。

(2)　インクルーシブ教育システム構築のための特別支援教育の推進

・特別支援教育は、共生社会の形成に向けて、インクルーシブ教育システム構築のために必要不可欠なものである。そのため、以下の①から③までの考え方に基づき、特別支援教育を発展させていくことが必要である。このような形で特別支援教育を推進していくことは、子ども一人一人の教育的ニーズを把握し、適切な指導及び必要な支援を行うものであり、この観点から教育を進めていくことにより、障害のある子どもにも、障害があることが周囲から認識されていないものの学習上又は生活上の困難のある子どもにも、更にはすべての子どもにとっても、良い効果をもたらすことができるものと考えられる。

①　障害のある子どもが、その能力や可能性を最大限に伸ばし、自立し社会参加することができるよう、医療、保健、福祉、労働等との連携を強化し、社会全体の様々な機能を活用して、十分な教育が受けられるよう、障害のある子どもの教育の充実を図ることが重要である。

②　障害のある子どもが、地域社会の中で積極的に活動し、その一員として豊かに生きることができるよう、地域の同世代の子どもや人々の交流等を通して、地域での生活基盤を形成することが求められている。このため、可能な限り共に学ぶことができるよう配慮することが重要である。

③　特別支援教育に関連して、障害者理解を推進することにより、周囲の人々が、障害のある人や子どもと共に学び合い生きる中で、公平性を確保しつつ社会の構成員としての基礎を作っていくことが重要である。次代を担う子どもに対し、学校において、これを率先して進めていくことは、インクルーシブな社会の構築につながる。

・基本的な方向性としては、障害のある子どもと障害のない子どもが、できるだけ同じ場で共に学ぶことを目指すべきである。その場合には、それぞれの子どもが、授業内容が分かり学習活動に参加している実感・達成感を持ちながら、充実した時間を過ごしつつ、生きる力を身に付けていけるかどうか、これが最も本質的な視点であり、そのための環境整備が必要である。

(3)　共生社会の形成に向けた今後の進め方

・今後の進め方については、施策を短期（「障害者の権利に関する条約」批准まで）と中長期（同条約批准後の一〇年間程度）に整理した上で、段階的に実施していく必要がある。

短期：就学相談・就学先決定の在り方に係る制度改革の実施、教職員の研修等の充実、当面必要な環境整備の実施。「合理的配慮」の充実のための取組。それらに必要な財源を確保して順次実施。

中長期：短期の施策の進捗状況を踏まえ、追加的な環境整備や教職員の専門性向上のための方策を検討していく。最終的には、条約の理念が目指す共生社会の形成に向けてインクルーシブ教育システムを構築していくことを目指す。

2　就学相談・就学先決定の在り方について

(1) 早期からの教育相談・支援

・子ども一人一人の教育的ニーズに応じた支援を保障するためには、乳幼児期を含め早期からの教育相談や就学相談を行うことにより、本人・保護者に十分な情報を提供するとともに、幼稚園等において、保護者を含め関係者が教育的ニーズと必要な支援について共通理解を深めることにより、保護者の障害受容につなげ、その後の円滑な支援にもつなげていくことが重要である。また、本人・保護者と市町村教育委員会、学校等が、教育的ニーズと必要な支援について合意形成を図っていくことが重要である。

・乳児期から幼児期にかけて、子どもが専門的な教育相談・支援が受けられる体制を医療、保健、福祉等との連携の下に早急に確立することが必要であり、それにより、高い教育効果が期待できる。

(2) 就学先決定の仕組み

・就学基準に該当する障害のある子どもは特別支援学校に原則就学するという従来の就学先決定の仕組みを改め、障害の状態、本人の教育的ニーズ、本人・保護者の意見、教育学、医学、心理学等専門的見地からの意見、学校や地域の状況等を踏まえた総合的な観点から就学先を決定する仕組みとすることが適当である。その際、市町村教育委員会が、本人・保護者に対し十分情報提供をしつつ、本人・保護者の意見を最大限尊重し、本人・保護者と市町村教育委員会、学校等が教育的ニーズと必要な支援について合意形成を行うことを原則とし、最終的には市町村教育委員会が決定することが適当である。

・現在、多くの市町村教育委員会に設置されている「就学指導委員会」については、早期からの教育相談・支援や就学先決定時のみならず、その後の一貫した支援についても助言を行うという観点から、「教育支援委員会」（仮称）といった名称とすることが適当である。「教育支援委員会」（仮称）については、機能を拡充し、一貫した支援を目指す上で重要な役割を果たすことが期待される。

・就学時に決定した「学びの場」は固定したものではなく、それぞれの児童生徒の発達の程度、適応の状況等を勘案しながら柔軟に転学ができることを、すべての関係者の共通理解とすることが重要である。

・就学相談の初期の段階で、就学先決定についての手続の流れや就学先決定後も柔軟に転学できることなどについて、本人・保護者にあらかじめ説明を行うことが必要である（就学に関するガイダンス）。

・本人・保護者と市町村教育委員会、学校等の意見が一致しない場合については、例えば、本人・保護者の要望を受けた市町村教育委員会からの依頼に基づき、都道府県教育委員会が、市町村教育委員会への指導・助言の一環として、都道府県教育委員会の「教育支援委員会」（仮称）に第三者的な有識者を加えて活用することも考えられる。

(3) 一貫した支援の仕組み

・可能な限り早期から成人に至るまでの一貫した指導・支援ができるように、子どもの成長記録や指導内容等に関する情報を、その扱いに留意しつつ、必要に応じて関係機関が共有し活用することが必要である。

(4) 就学先相談、就学先決定に係る国・都道府県教育委員会の役割

・都道府県教育委員会の就学先決定に関わる相談・助言機能を強化する必要がある。

・就学相談については、それぞれの自治体の努力に任せるだけでは限界があることから、国において、何らかのモデル的な取組を示すとともに、具体例の共有化を進めることが必要である。

3　障害のある子どもが十分に教育を受けられるための合理的配慮及びその基礎となる環境整備

(1) 「合理的配慮」について

・条約の定義に照らし、本特別委員会における「合理的配慮」とは、「障害のある子どもが、他の子どもと平等に「教育を受ける権利」を享有・行使することを確保するために、学校の設置者及び学校が必要かつ適当な変更・調整を行うことであり、障害のある子どもに対し、その状況に応じて、学校教育を受ける場合に個別に必要とされるもの」であり、「学校の設置者及び学校に対して、体制面、財政面において、均衡を失した又は過度の負担を課さないもの」、と定義した。なお、障害者の権利に関する条約において、「合理的配慮」の否定は、障害を理由とする差別に含まれるとされていることに留意する必要がある。

・障害のある子どもに対する支援については、法令に基づき又は財政措置により、国は全国規模で、都道府県は各都道府県内で、市町村は各市町村内で、教育環境の整備をそれぞれ行う。これらは、「合理的配慮」の基礎となる環境整備であり、それを「基礎的環境整備」と呼ぶこととする。これらの環境整備は、その整備の状況により異なるところではあるが、これらを基に、設置者及び学校が、各学校において、障害のある子どもに対し、その状況に応じて、「合理的配慮」を提供する。

・「合理的配慮」の決定に当たっては、障害者の権利に関する条約第二四条第一項にある、人間の多様性の尊重等の強化、障害者が精神的及び身体的な能力等を可能な最大限度まで発達させ、自由な社会に効果的に参加することを可能とするといった目的に合致するかどうかの観点から検討が行われることが重要である。

・「合理的配慮」は、一人一人の障害の状態や教育的ニーズ等に応じて決定されるものであり、設置者・学校と本人・保護者により、発達の段階を考慮しつつ、「合理的配慮」の観点を踏まえ、「合理的配慮」について可能な限り合意形成を図った上で決定し、提供されることが望ましく、その内容を個別の教育支援計画に明記することが望ましい。なお、設置者・学校と本人・保護者の意見が一致しない場合には、「教育支援委員会」（仮称）の助言等により、その解決を図ることが望ましい。また、学校・家庭・地域社会における教育が十分に連携し、相互に補完しつつ、一体となって営まれることが重要であることを共通理解とすることが重要である。さらに、「合理的配慮」の決定後も、幼児児童生徒一人一人の発達の程度、適応の状況等を勘案しながら柔軟に見直しができることを共通理解とすることが重要である。

・移行時における情報の引継ぎを行い、途切れることのない支援を提供することが必要である。

(2) 「基礎的環境整備」について

・「合理的配慮」の充実を図る上で、「基礎的環境整備」の充実は欠かせない。そのため、必要な財源を確保し、国、都道府県、市町村は、インクルーシブ教育システムの構築に向けた取組として、「基礎的環境整備」の充実を図っていく必要がある。

・共生社会の形成に向けた国民の共通理解を一層進め、インクルーシブ教育システム構築のための施策の優先順位を上げていくことが必要である。

(3) 学校における「合理的配慮」の観点

・「合理的配慮」の観点について整理するとともに、障害種別の「合理的配慮」は、その代表的なものと考えられるものを例示している。示されているもの以外は提供する必要がないということではなく、一人一人の障害の状態や教育的ニーズ等に応じて決定されることが望ましい。

・現在必要とされている「合理的配慮」は何か、何を優先して提供するかなどについて、関係者間で共通理解を図る必要がある。

・複数の種類の障害を併せ有する場合には、各障害種別の「合理的配慮」を柔軟に組み合わせることが適当である。

(4) 「合理的配慮」の充実

・これまで学校においては、障害のある児童生徒等への配慮は行われてきたものの、「合理的配慮」は新しい概念であり、現在、その確保についての理解は不十分であり、学校・教

育委員会、本人・保護者の双方で情報が不足していると考えられる。そのため、早急に「合理的配慮」の充実に向けた調査研究事業を行い、それに基づく国としての「合理的配慮」のデータベースを整備し、各教育委員会の参考に供することが必要である。また、中長期的には、それらを踏まえて、「合理的配慮」、「基礎的環境整備」を充実させていくことが重要であり、必要に応じて、学校における「合理的配慮」の観点や代表的なものと考えられる例を見直していくことが考えられる。

・「合理的配慮」は、その障害のある子どもが十分な教育が受けられるために提供できているかという観点から評価することが重要であり、それについても研究していくことが重要である。例えば、個別の教育支援計画、個別の指導計画について、各学校において計画に基づき実行した結果を評価して定期的に見直すなど、PDCAサイクルを確立させていくことが重要である。

4　多様な学びの場の整備と学校間連携等の推進

(1)　多様な学びの場の整備と教職員の確保

・多様な学びの場として、通常の学級、通級による指導、特別支援学級、特別支援学校それぞれの環境整備の充実を図っていくことが必要である。

・通常の学級においては、少人数学級の実現に向けた取組や複数教員による指導など指導方法の工夫改善を進めるべきである。

・特別支援教育により多様な子どものニーズに的確に応えていくためには、教員だけの対応では限界がある。校長のリーダーシップの下、校内支援体制を確立し、学校全体で対応する必要があることは言うまでもないが、その上で、例えば、公立義務教育諸学校の学級編制及び教職員定数の標準に関する法律に定める教職員に加えて、特別支援教育支援員の充実、さらには、スクールカウンセラー、スクールソーシャルワーカー、ST（言語聴覚士）、OT（作業療法士）、PT（理学療法士）等の専門家の活用を図ることにより、障害のある子どもへの支援を充実させることが必要である。

・医療的ケアの観点からの看護師等の専門家についても、必要に応じ確保していく必要がある。

・通級による指導を行うための教職員体制の充実が必要である。

・幼稚園、高等学校における環境整備の充実のため、特別支援学校のセンター的機能の活用等により教員の研修を行うなど、各都道府県教育委員会が環境を整えていくことが重要である。

(2)　学校間連携の推進

・域内の教育資源の組合せ（スクールクラスター）により、域内のすべての子ども一人一人の教育的ニーズに応え、各地域におけるインクルーシブ教育システムを構築することが必要である。

・特別支援学校は、小・中学校等の教員への支援機能、特別支援教育に関する相談・情報提供機能、障害のある児童生徒等への指導・支援機能、関係機関等との連絡・調整機能、小・中学校等の教員に対する研修協力機能、障害のある児童生徒等への施設設備等の提供機能といったセンター的機能を有している。今後、域内の教育資源の組合せ（スクールクラスター）の中でコーディネーター機能を発揮し、通級による指導など発達障害をはじめとする障害のある児童生徒等への指導・支援機能を拡充するなど、インクルーシブ教育システムの中で重要な役割を果たすことが求められる。そのため、センター的機能の一層の充実を図るとともに、専門性の向上にも取り組む必要がある。

・域内の教育資源の組合せ（スクールクラスター）や特別支援学校のセンター的機能を効果的に発揮するため、各特別支援学校の役割分担を、地域別や機能別といった形で、明確化しておくことが望ましく、そのための特別支援学校ネットワークを構築することが必要である。

(3)　交流及び共同学習の推進

・特別支援学校と幼・小・中・高等学校等との間、また、特別支援学級と通常の学級との間でそれぞれ行われる交流及び共同学習は、特別支援学校や特別支援学級に在籍する障害のある児童生徒等にとっても、障害のない児童生徒等にとっても、共生社会の形成に向けて、経験を広め、社会性を養い、豊かな人間性を育てる上で、大きな意義を有するとともに、多様性を尊重する心を育むことができる。

・特別支援学校と幼・小・中・高等学校等との間で行われる交流及び共同学習については、双方の学校における教育課程に位置付けたり、年間指導計画を作成したりするなど交流及び共同学習の更なる計画的・組織的な推進が必要である。その際、関係する都道府県教育委員会、市町村教育委員会等との連携が重要である。また、特別支援学級と通常の学級との間で行われる交流及び共同学習についても、各学校において、ねらいを明確にし、教育課程に位置付けたり、年間指導計画を作成したりするなど計画的・組織的な推進が必要である。

(4)　関係機関等との連携

・医療、保健、福祉、労働等の関係機関等との適切な連携が重要である。このためには、関係行政機関等の相互連携の下で、広域的な地域支援のための有機的なネットワークが形成されることが有効である。

5　特別支援教育を充実させるための教職員の専門性向上等

(1)　教職員の専門性の確保

・インクルーシブ教育システム構築のため、すべての教員は、特別支援教育に関する一定の知識・技能を有していることが求められる。特に発達障害に関する一定の知識・技能は、発達障害の可能性のある児童生徒の多くが通常の学級に在籍していることから必須である。これについては、教員養成段階で身に付けることが適当であるが、現職教員については、研修の受講等により基礎的な知識・技能の向上を図る必要がある。

・すべての教員が多岐にわたる専門性を身に付けることは困難なことから、必要に応じて、外部人材の活用も行い、学校全体としての専門性を確保していくことが必要である。

(2)　各教職員の専門性、養成・研修制度等の在り方

・学校全体としての専門性を確保していく上で、校長等の管理職のリーダーシップは欠かせない。また、各学校を支援する、教育委員会の指導主事等の役割も大きい。このことから、校長等の管理職や教育委員会の指導主事等を対象とした研修を実施していく必要がある。

・特別支援学校教員の特別支援学校教諭免許状（当該障害種又は自立教科の免許状）取得率は約七割となっており、特別支援学校における教育の質の向上の観点から、取得率の向上による担当教員としての専門性を早急に担保することが必要である。このため、養成、採用においては、その取得について留意すべきである。特に現職教員については、免許法認定講習の受講促進等の取組を進めるとともに、その後も研修を通じた専門性の向上を図ることが必要である。

・特別支援学級や通級による指導の担当教員は、特別支援教育の重要な担い手であり、その専門性が校内の他の教員に与える影響も極めて大きい。このため、専門的な研修の受講等により、担当教員としての専門性を早急に担保するとともに、その後も研修を通じた専門性の向上を図ることが必要である。

(3)　教職員への障害のある者の採用・人事配置

・「共生社会」とは、これまで必ずしも十分に社会参加できるような環境になかった障害のある者等が、積極的に参加・貢献していくことができる社会であり、学校においても、障害のある者が教職員という職業を選択することができるよう環境整備を進めていくことが必要である。

●新しい時代の教育や地方創生の実現に向けた学校と地域の連携・協働の在り方と今後の推進方策について（答申）

（平成二七年一二月二一日 中央教育審議会）

〈骨　子〉

第1章　時代の変化に伴う学校と地域の在り方について

第1節　教育改革、地方創生等の動向から見る学校と地域の連携・協働の必要性

◆地域社会のつながりや支え合いの希薄化等による地域社会の教育力の低下や、家庭教育の充実の必要性が指摘されている。また、子供たちの規範意識等に関する課題に加え、学校が抱える課題は複雑化・困難化している状況。

◆「社会に開かれた教育課程」の実現に向けた学習指導要領の改訂や、「チームとしての学校」の実現、教員の資質能力の向上等、昨今の学校教育を巡る改革の方向性や地方創生の動向において、学校と地域の連携・協働の重要性が指摘されている。

◆これからの厳しい時代を生き抜く力の育成、地域から信頼される学校づくり、社会的な教育基盤の構築等の観点から、学校と地域はパートナーとして相互に連携・協働していく必要があり、そのことを通じ、社会総掛かりでの教育の実現を図る必要。

第2節　これからの学校と地域の連携・協働の在り方

◆これからの学校と地域の連携・協働の姿として、以下の姿を目指す。

○地域住民等と目標やビジョンを共有し、地域と一体となって子供たちを育む「地域とともにある学校」への転換

○地域の様々な機関や団体等がネットワーク化を図りながら、学校、家庭及び地域が相互に協力し、地域全体で学びを展開していく「子供も大人も学び合い育ち合う教育体制」の構築

○学校を核とした協働の取組を通じて、地域の将来を担う人材を育成し、自立した地域社会の基盤の構築を図る「学校を核とした地域づくり」の推進

◆上記の姿を具現化していくためには、学校と地域の双方で連携・協働を推進するための組織的・継続的な仕組みの構築が必要。

第2章　これからのコミュニティ・スクールの在り方と総合的な推進方策について

第1節　コミュニティ・スクールの意義・理念等

◆平成一六年に学校運営協議会制度が導入されて以降、コミュニティ・スクールが広がり、地域住民や保護者等が力を合わせて学校の運営に取り組む動きが進展。

◆地域との連携による学校運営の改善が図られるほか、教職員の意識改革や学力・学習意欲の向上、生徒指導上の課題の解決等の成果認識がある一方、取組が保護者や地域に余り知られていない、管理職等の負担が大きいなどの課題もあり、制度面の改善や推進方策の検討に当たっては、課題認識も踏まえた検討を進める必要。

第2節　これからのコミュニティ・スクールの仕組みの在り方

◆コミュニティ・スクールの仕組みとしての学校運営協議会制度の基本的方向性

○学校運営協議会の目的として、学校を応援し、地域の実情を踏まえた特色ある学校づくりを進めていく役割を明確化する必要。

○現行の学校運営協議会の機能は引き続き備えることとした上で、教職員の任用に関する意見に関しては、柔軟な運用を確保する仕組みを検討。

○学校運営協議会において、地域住民や保護者等による学校支援に関する総合的な企画・立案を行い、学校とこれらの人々との連携・協力を促進していく仕組みとする必要。

○校長のリーダーシップの発揮の観点から、学校運営協議会委員の任命において、校長の意見を反映する仕組みとする必要。

○小中一貫教育など学校間の教育の円滑な接続に資するため、複数校について一つの学校運営協議会を設置できる仕組みとする必要。

◆制度的位置付けに関する検討

○学校が抱える複雑化・困難化した課題を解決し、子供たちの生きる力を育むためには、地域住民や保護者等の参画を得た学校運営が求められており、コミュニティ・スクールの仕組みの導入により、地域との連携・協働体制が組織的・継続的に確立される。

○このため、全ての公立学校がコミュニティ・スクールを目指すべきであり、学校運営協議会の制度的位置付けの見直しも含めた方策が必要。その際、基本的には学校又は教育委員会の自発的な意志による設置が望ましいこと等を勘案しつつ、教育委員会が、積極的にコミュニティ・スクールの推進に努めていくよう制度的位置付けを検討。

第3節　コミュニティ・スクールの総合的な推進方策

◆国として、コミュニティ・スクールの一層の推進を図るため、財政的支援を含めた条件整備や質の向上を図るための以下の方策を総合的に講じていく必要。

○様々な類似の仕組みを取り込んだコミュニティ・スクールの裾野の拡大

○学校の組織としての総合的なマネジメント力の強化

○学校運営協議会の委員となる人材の確保と資質の向上

○地域住民や保護者等の多様な主体の参画の促進

○コミュニティ・スクールの導入に伴う体制面・財政面の支援等の充実

○幅広い普及・啓発の推進

◆都道府県の教育委員会は、都道府県としてのビジョンと推進目標の明確化、知事部局との連携・協働、全県的な推進体制の構築、教職員等の研修機会・内容の充実、都道府県立学校におけるコミュニティ・スクールの推進等を図ることが求められる。

◆市町村の教育委員会は、市町村としてのビジョンと推進目標の明確化、首長部局との連携・協働、コミュニティ・スクール未指定の学校における導入等の推進等を図ることが求められる。

第3章　地域の教育力の向上と地域における学校との協働体制の在り方について

第1節　地域における学校との連携・協働の意義

◆厳しい教育環境の中、子供を軸として、次代を担う子供たちの成長に向けての目標を共有し、地域社会と学校が協働して取り組むことが必要。

◆地域と学校が連携・協働することで、新しい人と人とのつながりも生まれ、地域の教育力の向上につながる。

◆地域の教育力の向上は、地域の課題解決や地域振興、さらには、持続可能な地域社会の源となり、「生涯学習社会」の構築にも資する。

第2節　地域における学校との連携の現状等

◆これまでの、学校支援地域本部や放課後子供教室等の取組を通じ、学校と地域の関係構築につながるなど、一定の成果を上げてきたことを評価。

◆一方で、現状の活動に関しては、更なる取組の充実と普及が必要であり、以下のような課題がある。

・それぞれの活動が個別に行われ、必ずしも活動間の連携が十分でない

・コーディネート機能を特定の個人に依存し、持続可能な体制が作られていない

・地域から学校への一方向の活動内容にとどまっている場合がある

・地域の活性化に向けた取組はなお発展途上にある

◆地域住民等が学校のパートナーとしてより主体的に参画し、地域における学校との関係を新たな関係（連携・協働）に発展させることが必要。

第3節　地域における学校との協働体制の今後の方向性

◆「支援」から「連携・協働」、「個別の活動」から「総合化・ネットワーク化」へ

◆地域と学校がパートナーとして、共に子供た

ちを育て、共に地域を創る。
◆地域と学校が連携・協働して、地域全体で未来を担う子供たちの成長を支えていく活動を「地域学校協働活動」として、その取組を積極的に推進。
◆従来の学校支援地域本部、放課後子供教室等の活動を基盤に、「支援」から「連携・協働」、個別の活動から総合化・ネットワーク化を目指す新たな体制としての「地域学校協働本部」へ発展。
◆地域学校協働本部には、①コーディネート機能、②多様な活動、③持続的な活動の三要素が必須。
◆地域学校協働本部の実施を通じて、教職員と地域住民等との信頼関係が醸成され、コミュニティ・スクールの導入につながっていく効果も期待される。
◆地域学校協働活動の全国的な推進に向けて、地域学校協働本部が、早期に全小・中学校区をカバーして構築されることを目指す。

第4節　地域における学校との協働のための取組の推進

◆地域住民や学校との連絡調整を行う「地域コーディネーター」及び複数のコーディネーターとの連絡調整等を行う「統括的なコーディネーター」の配置や機能強化が必要。
◆地域コーディネーターの持続可能な体制の整備、人材の育成・確保、質の向上が重要。
◆統括的なコーディネーターの役割や資質・能力を明確化し、その配置を促進。
◆地域学校協働活動の内容の充実、活動場所の確保、幼稚園、高等学校、特別支援学校等の特性を踏まえた取組の推進、家庭教育支援の充実や安心して子育てできる環境の整備や福祉等との連携を推進。

第5節　国、都道府県、市町村による推進方策

◆国は、全国的に質の高い地域学校協働活動が継続的に行われるよう、以下のような、制度面・財政面を含めた条件整備や質の向上に向けた方策を実施。
○活動推進のための体制整備及びコーディネーターの役割・資質等についての明確化
○各都道府県・市町村における地域学校協働活動の推進に対する体制面・財政面の支援
○都道府県、市町村、コーディネーター間の情報共有、ネットワーク化の支援
◆都道府県の教育委員会は、地域や学校の特色や実情を踏まえつつ、首長部局との連携・協働の下、ビジョンの明確化・計画の策定、市町村における推進活動の支援、域内の住民等に対する情報提供・理解促進活動、都道府県立学校等に係る活動の推進等を実施。
◆市町村の教育委員会は、地域や学校の特色や実情を踏まえつつ、首長部局との連携・協働の下、域内のビジョンの明確化・計画の策定、体制の整備、コーディネーターの配置、研修の充実、地域の住民等への情報提供・理解促進等を実施。

第4章　コミュニティ・スクールと地域学校協同本部の一体的・効果的な推進の在り方について

◆地域とともにある学校に転換するための仕組みとしてのコミュニティ・スクールと、社会教育の体制としての地域学校協働本部が、相互に補完し、高め合う存在として、両輪となって相乗効果を発揮していくことが必要であり、当該学校や地域の置かれた実情、両者の有機的な接続の観点等を踏まえた体制の構築が重要。
◆普段からの情報の共有や、地域コーディネーターと地域連携の推進を担当する教職員との連携の強化を図るとともに、国は、一体的・効果的な推進のイメージや両者が円滑に機能している実例の発信等により、取組を促進。

●教育振興基本計画（第3期）

（平成三〇年六月一五日 閣議決定）

〈概　要〉

※教育振興基本計画：教育基本法第一七条第一項に基づき政府が策定する、教育の振興に関する総合計画（第3期計画期間：二〇一八〜二〇二二年度）

第1部　我が国における今後の教育政策の方向性

I　**教育の普遍的な使命**
改正教育基本法に規定する教育の目的である「人格の完成」、「平和で民主的な国家及び社会の形成者として必要な資質を備えた心身ともに健康な国民の育成」と、教育の目標を達成すべく、「教育立国」の実現に向け更なる取組が必要

II　**教育をめぐる現状と課題**
1　これまでの取組の成果
○初等中等教育段階における世界トップレベルの学力の維持
○給付型奨学金制度、所得連動返還型奨学金制度の創設
○学校施設の耐震化の進展　等
2　社会の現状や二〇三〇年以降の変化等を踏まえ、取り組むべき課題
(1)社会状況の変化
人口減少・高齢化、技術革新、グローバル化、子供の貧困、地域間格差　等
(2)教育をめぐる状況変化
○子供や若者の学習・生活面の課題
○地域や家庭の状況変化
○教師の負担
○高等教育の質保証等の課題
(3)教育をめぐる国際的な政策の動向
ＯＥＣＤによる教育政策レビュー　等

III　**二〇三〇年以降の社会を展望した教育政策の重点事項**
第2期計画の「自立」「協働」「創造」の方向性を継承し、以下の姿を目指す
《個人と社会の目指すべき姿》
（個人）自立した人間として、主体的に判断し、多様な人々と協働しながら新たな価値を創造する人材の育成
（社会）一人一人が活躍し、豊かで安心して暮らせる社会の実現、社会（地域・国・世界）の持続的な成長・発展
《教育政策の重点事項》
○「超スマート社会（Society 5.0）」の実現に向けた技術革新が進展するなか「人生一〇〇年時代」を豊かに生きていくためには、「人づくり革命」、「生産性革命」の一環として、若年期の教育、生涯にわたる学習や能力向上が必要
○教育を通じて生涯にわたる一人一人の「可能性」と「チャンス」を最大化することを今後の教育政策の中心に据えて取り組む

IV　**今後の教育政策に関する基本的な方針**
1　夢と志を持ち、可能性に挑戦するために必要となる力を育成する
2　社会の持続的な発展を牽引するための多様な力を育成する
3　生涯学び、活躍できる環境を整える
4　誰もが社会の担い手となるための学びのセーフティネットを構築する
5　教育政策推進のための基盤を整備する

V　**今後の教育政策の遂行に当たって特に留意すべき視点**
1　客観的な根拠を重視した教育政策の推進
・教育政策においてＰＤＣＡサイクルを確立し、十分に機能させることが必要
企画・立案段階：政策目標、施策を総合的・体系的に示す［ロジックモデルの活用、指標設定］
実施段階：毎年、各施策のフォローアップ等を踏まえ着実に実施［職員の育成、先進事例の共有］
評価・改善段階：政策評価との連携、評価結

果を踏まえた施策・次期計画の改善

・客観的な根拠に基づく政策立案（ＥＢＰＭ（Evidence-Based Policy Making））を推進する体制を文部科学省に構築、多様な分野の研究者との連携強化、データの一元化、提供体制等の改革を推進

2　教育投資の在り方（第3期計画期間における教育投資の方向）

・人材への投資の抜本的な拡充を行うため、「新しい経済政策パッケージ」等を着実に実施し、教育費負担を大幅に軽減

・各教育段階における教育の質の向上のための教育投資の確保

◇学校指導体制・指導環境整備、チーム学校

◇学校施設の安全性確保（防災・老朽化対策）

◇大学改革の徹底・教育研究の質的向上

◇社会人のリカレント教育の環境整備

◇若手研究者安定的雇用、博士課程学生支援

◇大学施設の改修　など

・ＯＥＣＤ諸国と諸外国における公財政支出など教育投資の状況を参考とし、必要な予算を財源措置し、真に必要な教育投資を確保

・その際、客観的な根拠に基づくＰＤＣＡサイクルを徹底し、国民の理解を醸成

3　新時代の到来を見据えた次世代の教育の創造

・超スマート社会（Society 5.0）の実現など、社会構造の急速な変革が見込まれる中、次世代の学校の在り方など、未来志向の研究開発を不断に推進

・人口減少・高齢化などの、地域課題の解決に向け、「持続可能な社会教育システム」の構築に向けた新たな政策を展開

・次世代の教育の創造に向けた研究開発と先導的な取組を推進

第2部　今後五年間の教育政策の目標と施策群

第1部（Ⅳ）で示した五つの基本的な方針（次の1～5）ごとに、

①教育政策の目標

②目標の進捗状況を把握するための測定指標及び参考指標

③目標を実現するために必要となる施策群

を整理

【基本的な方針】

1　夢と志を持ち、可能性に挑戦するために必要となる力を育成する

①教育政策の目標

(1)確かな学力の育成（主として初等中等教育段階）

(2)豊かな心の育成（〃）

(3)健やかな体の育成（〃）

(4)問題発見・解決能力の修得（主として高等教育段階）

(5)社会的・職業的自立に向けた能力・態度の育成（生涯の各段階）

(6)家庭・地域の教育力の向上、学校との連携・協働の推進（〃）

②測定指標・参考指標（例）

○知識・技能、思考力・判断力・表現力等、学びに向かう力・人間性等の資質・能力の調和がとれた個人を育成し、ＯＥＣＤのＰＩＳＡ調査等の各種国際調査を通じて世界トップレベルを維持

○自分にはよいところがあると思う児童生徒の割合の改善

○いじめの認知件数に占める、いじめの解消しているものの割合の改善　など

③施策群（例）

○新学習指導要領の着実な実施等

○子供たちの自己肯定感・自己有用感の育成

○いじめ等への対応の徹底、人権教育　など

【基本的な方針】

2　社会の持続的な発展を牽引するための多様な力を育成する

①教育政策の目標

(7)グローバルに活躍する人材の育成

(8)大学院教育の改革等を通じたイノベーションを牽引する人材の育成

(9)スポーツ・文化等多様な分野の人材の育成

②測定指標・参考指標（例）

○外国人留学生数三〇万人を引き続き目指していくとともに、外国人留学生の日本国内での就職率を五割とする

○修士課程修了者の博士課程への進学率の増加　など

③施策群（例）

○日本人生徒・学生の海外留学支援

○大学院教育改革の推進　など

【基本的な方針】

3　生涯学び、活躍できる環境を整える

①教育政策の目標

(10)人生一〇〇年時代を見据えた生涯学習の推進

(11)人々の暮らしの向上と社会の持続的発展のための学びの推進

(12)職業に必要な知識やスキルを生涯を通じて身に付けるための社会人の学び直しの推進

(13)障害者の生涯学習の推進

②測定指標・参考指標（例）

○これまでの学習を通じて身に付けた知識・技能や経験を地域や社会での活動に生かしている者の割合の向上

○大学・専門学校等での社会人受講者数を一〇〇万人にする　など

③施策群（例）

○新しい地域づくりに向けた社会教育の振興方策の検討

○社会人が働きながら学べる環境の整備　など

【基本的な方針】

4　誰もが社会の担い手となるための学びのセーフティネットを構築する

①教育政策の目標

(14)家庭の経済状況や地理的条件への対応

(15)多様なニーズに対応した教育機会の提供

②測定指標・参考指標（例）

○生活保護世帯に属する子供、ひとり親家庭の子供、児童養護施設の子供の高等学校等進学率、大学等進学率の改善　など

③施策群（例）

○教育へのアクセスの向上、教育費負担の軽減に向けた経済的支援　など

【基本的な方針】

5　教育政策推進のための基盤を整備する

①教育政策の目標

(16)新しい時代の教育に向けた持続可能な学校指導体制の整備等

(17)ＩＣＴ利活用のための基盤の整備

(18)安全・安心で質の高い教育研究環境の整備

(19)児童生徒等の安全の確保

(20)教育研究の基盤強化に向けた高等教育のシステム改革

(21)日本型教育の海外展開と我が国の教育の国際化

②測定指標・参考指標（例）

○小中学校の教諭の一週間当たりの学内総勤務時間の短縮

○学習者用コンピュータを三クラスに一クラス分程度整備

○緊急的に老朽化対策が必要な公立小中学校施設の未改修面積の計画的な縮減

○私立学校の耐震化等の推進（早期の耐震化、天井等落下防止対策の完了）

○学校管理下における障害や重度の負傷を伴う事故等の発生件数の改善　など

③施策群（例）

○教職員指導体制・指導環境の整備

○学校のＩＣＴ環境整備の促進

○安全・安心で質の高い学校施設等の整備の推進

○学校安全の推進　など

●教育改革に関する第四次答申（抄）

（昭和六二年八月七日　臨時教育審議会）

はじめに

明治の近代学校制度の導入と戦後の教育改革は、国家社会体制の大きな政治的変革に伴うものであったが、今次教育改革は、このような要素を伴わない、いわば平時の改革である。しかし、今、明治以来一〇〇年にわたる追い付き型近代化の時代をこえて、日本人と人類がこれまで経験したことのない新しい国際化、情報化、成熟化の時代に向かうという大きな文明史的な転換期にさしかかっていることを考えると、平時とはいえ、今次の教育改革が上記二回の改革に匹敵する画期的な意義をもつものであることを痛感する。本審議会はこのような認識に立って、近代教育一〇〇年の成果と限界を改めて冷静に評価、反省するとともに、二一世紀の社会が教育にもたらすであろう可能性と問題点を見据えながら、教育の在り方を根本的に見直し、新たな観点から必要な改革の方策を提言してきた。

（中略）

第一章　教育改革の必要性

一　改革の時代的要請

我が国は今日、二一世紀に向かって社会の成熟化への展開、情報中心の科学技術への転換、新しい国際化への移行の時期にさしかかっている。これらがもたらす可能性と問題点を見定めるとともに、日本文化・社会の特質と変動を十分に認識することが、今次教育改革の出発点でなければならない。

(1) 成熟化の進展

我が国は、明治以来の追い付き型近代化の時代を終えて、先進工業国として成長から成熟の段階に入りつつある。この変化に対応して、従来の教育・研究の在り方を見直さなければならない。

まず、生活文化面では、生活水準の上昇、自由時間の増大、社会保障の整備、高学歴化の進展等を背景として、国民のニーズの多様化、個性化、高度化が進展しており、日本人の求める生活の豊かさの内容は、物の豊かさから心の豊かさへ、量の豊かさから質の豊かさへ、ハード重視からソフト重視へ、画一・均質から多様性・選択の自由の拡大などの方向へと向かっている。

また、産業経済面では、経済の情報化、ソフト化、サービス化の傾向が急速に進展し、産業構造、就業構造は大きな変化を遂げつつある。

さらに、我が国は、今日、急速に高齢化社会に移行しつつあり、適切な対応がなされない場合、社会的活力を喪失することが懸念されている。また、女子の職場進出や勤労者の意識の多様化等の変化が進行している。

現在の都市化の進展は、人間のつながりを失ったばらばらな個人から成る大衆社会状況を生み出し、このため、価値意識の多様化が進み、コミュニティ意識や伝統的な各種の社会規範が弱まってきている。家庭における子どもの数の減少、核家族化の傾向、生活様式や父母の就業形態の変化、父親の影響力の減退など家庭の役割や機能の変化も、様々な教育問題と複雑に結びついている。

また、豊かさ、便利さ、自由の増大は、成熟化への過渡期において、ともすれば人間の心身の健康に問題を投げかけ、人間の精神的、身体的能力の退行、自我の形成の遅れをもたらし、また、社会連帯や責任意識の低下、俗悪な文化の氾濫などを生じさせる危険を伴っている。

しかし、長い歴史と伝統、近代国家一〇〇年の歩みと戦後四〇年の歴史的経験を基礎として、国民世論と社会意識が成熟し、落ち着いた平衡感覚が定着しつつあることにも注目しておく必要がある。

(2) 科学技術の進展

今日の科学技術の進展は、それ自体、人類が達成した偉大な歴史的成果であり、将来にわたって人類の進歩・発展を担う原動力を形成するものである。

今後の科学技術は、経済・社会からの要求の高度化、多様化に対応して、そのほぼ全分野において、緻密化、高機能化の傾向を強めるとともに、ハードウェア中心から、情報化を中心とするソフトウェアの比重を高めた科学技術へ移行しつつあるなど、科学技術の新しい発展が期待されている。同時に、生命科学、情報科学等に見られる科学技術の高度な発展が科学技術と人間とのかかわりあいを強め、遺伝や精神活動などに関する研究開発の面で人間存在そのものに迫っており、人間や社会にいろいろな問題をもたらしている状況のなかで、人間および社会と調和のとれた科学技術の展開が真剣に求められるに至っている。

このような動向は、相互にからみあいながら、教育・研究の在り方、知識・技術・社会システムの在り方に大きな影響を与えている。さらに、我が国は、今後、国際社会との積極的な交流と協力を促進しながら、創造性豊かな科学技術を開発していくことが強く求められており、その基礎となる研究の重要性が一段と高まっている。

このため、知的・文化的生産能力の高い個性的・創造的で感性豊かな人間が一層求められている。また、こうした新しい科学や技術の展開に対応できる体制の急速な整備が必要であり、とくに高等教育の充実、自然科学、人文・社会科学を通じた基礎科学の振興を図ることが急務となっている。

しかし、科学技術の発達は、人類に大きな物質的豊かさと便利さを与えた反面において、人間をとりまく環境の変化等をもたらし、自然との触れ合いの減少、映像等による間接経験の肥大と直接経験の減少、便利さの代償として人間のもつ様々な資質の退行や人間相互の触れ合い、思いやりの心等の希薄化などがみられるようになった。このことに関連して、科学技術の発達をもたらす重要な要因となった近代的合理主義の流れのなかには、人間の心情的なものへの配慮がおろそかにされてきた側面があることは否定できない。

このような科学技術が人間性にもたらす深刻な影響については、今後の科学技術の進展の動向自体の中にもこれを克服するための意識的な努力がみられるようになっているが、とくに、新しい科学技術の時代に生きる子どもの教育においては、科学技術と人間の心情や感性との調和を図る視点が重要である。

このことは、先進工業諸国に共通の問題点であり、長年にわたって東西文化を吸収し、発展してきた我が国も、自らの経験を踏まえ、この問題の克服に努力を傾注する必要がある。

(3) 国際化の進展

交通・通信手段の発達、経済・文化交流の拡大に伴い、地球は急速に小さくなり、国際社会はますます相互依存の度合を深めている。世界有数の先進工業国となった我が国は、資源、エネルギー、産業、教育、文化などいずれの分野をとってみても、国際社会の中で孤立して生きていくことはできない。我が国は、国際社会の中でその地位にふさわしい国際的責任を分担することなしには、発展を続けていくことができないという新しい国際化の時代に入っている。

これまでの我が国は欧米先進工業国からの科学技術の導入・移植に努力を集中し、教育・研究・文化・スポーツの諸領域における国際的交流と貢献が必ずしも十分ではなかった。

これからの新しい国際化は、これまでの追い付き型近代化時代における国際化とは認識や対応を異にするものでなければならず、教育・研究・文化・スポーツや科学技術などの諸領域において相互交流を推進するという均衡のとれた国際交流に転換していかなければならない。また、これらの分野における国際的貢献を果たしていくことが重要となってくる。

国際社会で生きるためには、先進諸国の一員としての国際的な責任を果たすとともに、人と人との交流、心の触れ合いを深めることが重要であるが、人的交流が拡大してくると、いわゆる文化摩擦が生じてくる。これをむしろ国際社会の常態と考えて、これからの日本社会の国際化のためのエネルギーに変えていくような新しい積極的な生き方が求められている。このような努力を通じて、我が国の個性豊かな伝統・文化の特質と普遍性が改めて再発見、再認識されることとなり、多様な文化と多元的な制度の共存と協調による平和と繁栄の国際社会の形成のために、我が国文化が寄与し得ることともなるであろう。

二　教育の歴史と現状

明治の近代学校制度の導入以来一世紀をこえる我が国近代教育の歴史のなかで、戦後教育の占める期間はすでに四〇年をこえているが、この間、教育の機会均等の理念の下に、教育の著しい普及、量的拡大と教育水準の維持向上が図られた。このような我が国近代教育の発展が、社会経済の発展の原動力となり、また国民生活や文化の向上に大きく寄与した点は高く評価されなければならない。反面、時代の進展とともに、我が国の教育は今日様々な問題点や限界を指摘されるに至っている。

① 戦後改革で強調された人格の完成や個性の尊重、自由の理念などが、必ずしも十分に定着していない面を残していること。

また、個性豊かな我が国の伝統・文化についての正しい認識や国家社会の形成者としての自覚に欠け、しつけや徳育がおろそかにされたり、権利と責任の均衡が見失われたりした面も現れたこと。

② 教育が画一的になり、極端に形式的な平等が主張される傾向が強く、各人の個性、能力、適性を発見し、それを開発し、伸ばしていくという面に欠けていること。

また、受験競争が過熱し、教育が偏差値偏重、知識偏重となり、創造性・考える力・表現力よりも記憶力を重視するものとなっていること。

いじめ、登校拒否、校内暴力などの教育荒廃の現象が目立ち始め、画一的、硬直的、閉鎖的な学校教育の体質の弊害が現れてきたこと。

③ 大学教育が個性的でなく、また、教育・研究には国際的に評価されるものが多くないこと。学術研究は、従来ともすれば科学の応用とその技術化に関心が傾き、世界的視野でみれば純粋の科学や基礎的な研究への寄与に乏しかったこと。

大学は概して閉鎖的であり、機能が硬直化し、社会的および国際的要請に十分こたえていないこと。

④ 学歴偏重の社会的風潮は、教育にいわゆる有名校、有名企業等を目指す学歴獲得競争の弊害を生んでいること。

⑤ 教育行政が画一的、硬直的となっており、教育の活性化を妨げている面があること。また、これまでの教育行政には学校外における教育活動の広がりなど新しい教育需要に柔軟かつ積極的に対応する姿勢に欠けている状況がみられること。

⑥ 戦後、一部の教職員団体が政治的闘争や教育内容への不当な介入などを行ったこともあって、教育界に不信と対立が生じたこと。

三　教育の基本的在り方（省略）

第二章　教育改革の視点

一　個性重視の原則

今次教育改革において最も重要なことは、これまでの我が国の根深い病弊である画一性、硬直性、閉鎖性を打破して、個人の尊厳、個性の尊重、自由・自律、自己責任の原則、すなわち「個性重視の原則」を確立することである。この「個性重視の原則」に照らし、教育の内容、方法、制度、政策など教育の全分野について抜本的に見直していかなければならない。

① 我が国の教育は、明治以来の近代化の過程において、効率性を重視し、継続性と安定性を求める傾向の強い教育制度の特質もあって、ともすれば画一的、硬直的なものとなり、個人の尊厳、個性の尊重、自主的精神の涵養がなされず、個の確立、自由の精神の尊重等が十分でなかったことを反省しなければならない。しかし、同時に自由は重い自己責任を伴うものであるので、選択の自由の増大する社会にあって、これからの教育は個人の尊厳、個性の尊重を基礎として、この自由の重み、責任の増大に耐え得る能力を育成することが重要である。

② さらに、二一世紀に向けて社会の変化に積極的かつ柔軟に対応していくために、芸術、科学、技術等のあらゆる分野においてとくに必要とされる資質、能力として、「創造性・考える力・表現力」の育成が重要である。今後における科学技術の発展や産業構造、就業構造などの変化に対応するためには、個性的で創造的な人材が求められている。これまでの教育は、どちらかといえば記憶力中心の詰め込み教育という傾向があったが、これからの社会においては、知識・情報を単に獲得するだけではなく、それを適切に使いこなし、自分で考え、創造し、表現する能力が一層重視されなければならない。創造性は、個性と密接な関係をもっており、個性が生かされてこそ真の創造性が育つものである。また、豊かで、多様な個性は「基礎・基本」の土台の上に初めて築き上げられるものであることを認識する必要がある。

③ また、個性を伸ばし、創造的で豊かな心を育てる上で、子どもをとりまく学校や日常の様々な環境条件を改善していくことが必要である。このため、自然環境のなかで心身を鍛えることができるような教育の仕組みを導入すること、子どもの豊かな心を育て、たくましい体を作り上げるための教育条件の整備を図ること、教師が子どもの心や体を理解する能力を高めることなど「教育環境の人間化」を積極的に推進する視点も極めて重要である。

④ 今日、社会の成熟化の進展に伴い、人々の意識は個性化・多様化するとともに、選択の自由への要請が大きくなっている。教育においても、国民の教育に対する要求の高度化、多様化に柔軟に対応し、これまでの教育の画一性、閉鎖性の弊害を打破する上で、「選択の機会の拡大」を図ることが極めて重要である。このためには、教育行政や制度もまた柔軟で分権的でなければならず、関連する諸規制の緩和が必要である。

二　生涯学習体系への移行

我が国が今後、社会の変化に主体的に対応し、活力ある社会を築いていくためには、学歴社会の弊害を是正するとともに、学習意欲の新たな高まりと多様な教育サービス供給体系の登場、科学技術の進展などに伴う新たな学習需要の高まりにこたえ、学校中心の考え方を改め、生涯学習体系への移行を主軸とする教育体系の総合的再編成を図っていかなければならない。

① 我が国の近代化の過程で、学校教育は量的に拡大し、普及した。一方、学校教育の期間の長期化や過度の依存などに伴う弊害、とくに学歴社会の弊害が大きくなっている。

この弊害を是正するため、学校教育の自己完結的な考え方から脱却し、人間の評価が形式的な学歴に偏っている状況を改め、どこで学んでも、いつ学んでも、その成果が適切に評価され、多元的に人間が評価されるよう、人々の意識を社会的に形成していく必要がある。また、若いときに希望する学校や職場に進めなかった人々が、その後の人生で、それらに挑戦する機会が得られるように教育や社会の仕組みを改善していく必要がある。

② 所得水準の向上や自由時間の増大、高齢化の進展などにより、生涯の各時期、各領域において、人々の学習意欲が高まり、学習需要は高度化、多様化している。これからの学習は、学校教育の基盤の上に各人の責任において自由に選択し、生涯を通じて行われるべきものである。このような認識に立って、学校教育、社会教育、職業能力開発などの振興を図るとともに、さらに、民間における学習、文化、スポーツ、情報産業等による教育活動を含め、総合的なネットワークを形成していかなければならない。

③ 科学技術の高度化、情報化や国際化、経済のソフト化などの社会の変化は、知識、技術、情報体系の発展と再編成を促し、産業構造、就業構造を絶えず変化させており、こうしたなかで、新たな学習需要が生まれてきている。今後、人々が希望する新たな知識、技術を習得できるよう、学校や研究機関などが時代の進展に応じた新しい学問体系を形成し、教育・研究施設と企業など社会との相互の緊密な連携・協力を図っていくことが必要である。

④ 都市化の進展や家庭の機能が変化するなかで、今日、家庭や地域社会の教育力が低下している。このため、子どもの立場を中心に、

家庭・学校・地域社会の役割と限界を明確にし、それぞれの教育機能を活性化するとともに相互の連携を図ることが重要である。とくに乳幼児期に親と子の基本的な信頼関係（親と子の絆）を形成するとともに、適時・適切なしつけを行うことは、家庭が果たすべき重大な責務である。この観点から、家庭を学校、地域社会と並ぶ生涯学習の場としてとらえ、その教育力の回復を図る必要がある。

三　変化への対応

今後、我が国が創造的で活力ある社会を築いていくためには、教育は時代や社会の絶えざる変化に積極的かつ柔軟に対応していくことが必要である。なかでも、教育が直面している最も重要な課題は国際化ならびに情報化への対応である。

(1) 国際社会への貢献

これからの新しい国際化は、これまでの近代化時代における国際化とは異なり、全人類的かつ地球的視点に立って、人類の平和と繁栄のために様々な分野において積極的に貢献し、国際社会の一員としての責任を果たしていくものでなければならない。

このような観点に立って、我が国社会の国際化を全体として推進させる努力を払いながら、新しい国際化に対応できる教育の実現を期することは我が国の存立と発展にかかわる重要な課題である。

① 我が国が教育・学術・文化等あらゆる面で国際的に貢献し、責任を果たすためには、まず、国際社会の中に生きるよき日本人、ひいてはよき一人の人間の育成を期した教育の在り方を考えていかなければならない。

また、我が国の教育機関、とくに大学の教育と学術研究の水準を高めることや、日本人のためだけの教育機関という従来の閉鎖的な発想を改めていくことが必要である。

② 教育における国際化への対応は、制度面のみならず関係者の意識を含め日本における教育を広く開放していくことが重要となる。そのためには、教育のあらゆる機会を通じて、たえず異なるものへの関心と寛容を培うとともに、今後とも変化してやまない国際関係に柔軟に対応し、自らを不断に改める自己革新力を備えた教育システムを形成していかなければならない。

③ 新しい国際化を実現する主体となるのは、国民のひとりひとりである。それぞれが問題意識をもち課題解決に努力するという草の根レベルからの芽生えが必要であり、さらにその芽生えが国民的な運動へと盛り上がっていって、初めて国際化に向けての改革は実を結ぶといえよう。それだけに、改革の即効は望むべきではなく、その具体化は長期的展望に立ち持続的かつ着実に進められることが重要である。

(2) 情報社会への対応

二一世紀に向けて情報化という新しい時代を迎えつつある。我が国が今後情報化の絶えざる進展に柔軟に対応し、物質的にも精神的にも豊かな社会を築いていくためには、教育自体をそれに積極的に対応できるよう改革を図っていかなければならない。

① 新しい情報手段は、情報選択の余地を飛躍的に拡大するとともに、双方向の情報伝達を可能にし、情報および情報手段の主体的な活用への道を格段に広げるものである。このような本格的な情報化は、教育において、教える者と学ぶ者との双方向の情報伝達を大幅に拡充するとともに、情報のネットワークを中心とした新しい学習空間をつくりだすという基本的な効用をもっている。しかし、その際にも、これまでの「読・書・算」のもつ教育としての基礎的・基本的な部分をしっかりと身に付けさせることが重要である。

反面、情報化の進展は、間接経験の肥大と直接経験の減少、情報への過度の依存、情報過多に伴う各種の不適応症状など、情報化への対応いかんによっては、様々な弊害を生み出す可能性もあることを忘れてはならない。

したがって、情報化に対応した教育を進めるに当たっては、情報化の光と影を明確に踏まえ、新しい情報手段がもつ人間の精神的、文化的発展の可能性を最大限に引き出しつつ、影の部分を補うような取組みが必要である。

② 教育と情報化の関係については、社会の情報化に対応して教育がどのような機能、役割を担っていくべきかという面と、情報化の進展の成果を教育・研究・文化等の活動自体にどのように活用していくべきかという面の二つの側面があり、次のように、一体的に対応を進めていくことが重要である。

ア 学校をはじめ様々な教育機関において情報活用能力の育成に本格的に取り組む。

イ 指導の個別化、指導形態の柔軟化を可能にし、双方向の意思疎通、とくに学習者からの発信機能を強化させるとともに、学習の時間的・空間的制約を緩和させる技術的可能性を有している情報手段の潜在力を、すべての教育機関の活性化のために最大限に活用する。

ウ 情報化の進展が与える身体的、精神的、文化的影響に関する教育的見地からの分析・評価を進め、情報化の影の部分を補うための教育を拡充するとともに、教育環境の人間化を支援するような形で情報手段を教育の場に組み込む。

第三章　改革のための具体的方策

第一節　生涯学習体制の整備

これからの学習は、学校教育の基盤の上に各人の自発的意思に基づき、必要に応じて、自己に適した手段・方法を自らの責任において自由に選択し、生涯を通じて行われるべきものである。

生涯学習体系への移行を目指し、従来の学校教育に偏っていた状況を改め、人生の各段階の要請にこたえ、新たな観点から、家庭、学校、地域など社会の各分野の広範な教育・学習の体制や機会を総合的に整備する必要がある。

1 学歴社会の弊害の是正と評価の多元化

学歴社会の弊害を是正するとともに、学校における偏差値偏重、社会における学歴偏重の評価の在り方を根本的に改め、評価の多元化を図る必要がある。

(1) 学歴社会の弊害の是正

学歴社会の弊害の是正策は、三つの方向から総合的に展開されなければならない。①二一世紀に向けて生涯学習社会の建設を目指す、②学校教育の改革を積極的に進める、③企業・官公庁における採用などの改善に一層積極的に努力する。

(2) 評価の多元化

① 評価の基本的方向

人々の能力の様々な側面に着目し、特定の側面における秀でた能力を積極的に評価する。また、異なる価値観や文化を受け入れる姿勢が大切である。さらに、編入学、転学、転職、中途採用などヨコへの移動を円滑にし、学校・職場・地域の間の交流を促進する。

なお、評価の多元化に当たっては、これまでの学歴に偏重した評価の反省の上に、特定の評価指標を過度に重視することによって生じる弊害に十分留意する。

② 公的職業資格制度の改革

評価の多元化の一環として、公的職業資格制度の見直しを行う。

ア 資格の受験等に必要な要件を見直し、原則として学歴要件を除去する。

イ 高等学校職業科、専修学校、職業訓練校などで専門的な教育・訓練を受ける者に対し、公的職業資格取得の道を拡大する。

ウ 時代の変化に対応し、資格の更新の検討や、整理統合、改善等を図る。

(3) 企業・官公庁の採用等の改善

企業・官公庁においては、学歴社会の弊害の是正および評価の多元化の観点から、採用人事や人事管理の改善を図る必要がある。

このため、新規採用に当たっての青田買いの自粛、指定校制の撤廃など就職の機会均等の確保、特定の学校に過度に偏らない、多様な学校からの採用や能力をより重視した人事管理などに向けて、さらに一層努力する。また、新規学卒者に偏ることなく、多様な人材に門戸を開放し、中途採用を円滑化する。このため、専門職・技術職を中心に、より多様で優秀な人材の確保や産・官・学の交流が促進されるよう、業績や職歴、学習歴を適切に評価することに配慮すべきである。

専修学校卒業者の採用や処遇等に当たって、相当する後期中等教育機関・高等教育機関としての取扱いがなされるよう改善に努める。

2　家庭・学校・社会の諸機能の活性化と連携

(1)　家庭の教育力の回復

家庭が自らの役割や責任を自覚するとともに、家庭基盤の整備の推進、家庭・学校・地域の連携などにより、乳幼児期における親子の絆の形成や社会生活に必要な基本的な生活習慣を身に付けさせることなど、家庭の教育力の回復を図る必要がある。

このため、親となるための学習の充実、家庭科の見直し、子どもの心をめぐるカウンセリングの普及、育児休業制度や新井戸端会議などを推進する。また、生命や自然への畏敬などの情操を養い、心身の健康を育むため、自然体験学習、都市と農山漁村との交流を推進するほか地域の教育力の活用と活性化を図る。さらに、ＰＴＡ活動の活性化、学校教育活動への地域住民の積極的参加の推進、学校給食の見直しなどにより家庭・学校・地域が一体となって子どもを育てるための環境をつくる。

(2)　生涯学習のための機関としての学校教育の役割

初等中等教育段階においては、基礎・基本の徹底、自己教育力の育成、教育の適時性等に配慮し、高等教育段階においては、専門分野の知識・技術の習得の徹底、幅広い思考力の育成等に留意する。

また、社会や経済の諸変化に対応して、大学、高等学校等を、社会人が学習できる場として整備する。このため、入学資格の自由化・弾力化の方向に沿って、システムの柔軟化などを検討する。

さらに、学校の機能や場の地域への開放、公開講座の単位認定など学習に対する奨励措置、学校五日制への移行、産業振興に関する地域センターの設置などを検討する。

(3)　社会の教育諸機能の活性化

①　自主的な学習活動の促進

自主的な学習活動は、人々の生きがいや充実した生活につながるものであり、個人学習や団体・サークルへの参加など種々の形態により、各人がそのニーズに応じて主体的に学習を進めることは、生涯学習の基本である。

このため、学習情報のネットワーク化、情報提供・相談体制の整備、民間の教育・スポーツ・文化事業の支援、学習活動を通じての地域連帯の育成、研修プログラムの準備等によるボランティア活動の振興などにより社会参加の機会を拡大するとともに、社会教育指導者の確保と資質の向上、新しいメディアの活用を図る。また、学習機会の拡充等の観点から放送大学について、その特性を生かした新しい学習形態の開発などを行うとともに、いわゆる第三セクター方式の活用を含め、その将来構想を多角的に検討する。

なお、社会教育行政について、生涯学習体系への移行という観点から、社会教育に関連する法令を含め総合的に見直す。

②　生涯職業能力開発の総合的推進

四〇余年と長期化した職業生涯にわたり、職業能力開発が段階的かつ体系的に行われるようにする。その際、仕事を通じての教育訓練を基本としつつ、仕事を離れて行う教育訓練の比重を高めていくことが重要である。

このため、企業における教育訓練の振興に合わせて、大学・大学院等を社会人が学習する場として整備するとともに、職業訓練施設の体制整備を図り、さらにこれらのネットワーク化などについて検討する。また、これら教育訓練の成果の適切な評価を進めること等を通じ、昇進・昇格等の経路の多様化を促進する。さらに、勤労者の自己啓発を促進するため、労働時間の短縮や有給教育訓練休暇制度の普及を図る。

3　スポーツの振興

(1)　生涯スポーツの振興（省略）

(2)　競技スポーツの向上（省略）

(3)　スポーツ医・科学の研究の推進とスポーツ基盤の整備（省略）

4　生涯学習の基盤整備

(1)　生涯学習を進めるまちづくり

生涯学習社会にふさわしい、本格的な学習基盤を整備し、地域特性を生かした魅力ある、活力ある地域づくりを進める。このため、人々が充実した生活を目指して、多様な活動を主体的に行えるよう、まち全体で生涯学習に取り組む体制（生涯学習を進めるまちづくり）を全国に整備していく。

生涯学習を進めるまちづくりは、生涯学習プログラムの開発、自主的な学習活動を活発化する環境づくり、民間施設を含めた各施設の相互利用の促進と各分野の人材の有効活用、人々の多様な学習活動を支える社会生活基盤の整備といった観点を踏まえつつ進める。

国および地方においては、生涯学習の多様なまちづくりを推進するため、生涯学習に取り組む市町村の中から、特色あるものをモデル地域に指定する。

(2)　教育・研究・文化・スポーツ施設のインテリジェント化

教育・研究・文化・スポーツ施設を社会共通の学習基盤として有機的に活用する。このため、高度通信機能と快適な学習・生活空間を備えた本格的な環境として施設を整備するとともに、地域共通の生涯学習、情報活動の拠点として、その機能を最大限有効に活用する方策（インテリジェント化）を地域の状況に応じて進めていく。

その際、情報化が人々に及ぼす影響に配慮し、自然や文化とのかかわりを重視する。インテリジェント化により、既存施設の積極的活用を含め、地域の教育・研究・文化・スポーツ施設の再編・整備を図る。整備に当たっては、民間活力を活用することや制度面・財政面での配慮について検討する。また、施設の管理・運営の在り方を見直し、施設の特性に応じて設置者が直接管理するほか、第三者に委託する方法を検討する。さらに、施設の活用に伴う利益を、自主財源として教育活動等に還元する方法を検討する。

第二節　高等教育の多様化と改革

二一世紀に向けて、国民や社会の様々な要請に応じ、人材の育成および学術研究の創造と発展に資するとともに、生涯学習の場として重要な役割を果たしていくため、高等教育の個性化、多様化、高度化、社会との連携、開放を進め、また、学術研究を積極的に振興する。これらを裏付ける条件として、組織・運営における自主・自律の確立、教職員の資質向上、経済的基盤の整備を図る。

1　高等教育の個性化・高度化

(1)　大学教育の充実と個性化

大学教育を充実し、個々の大学がそれぞれ特色ある教育を実現するため、一般教育と専門教育の内容や在り方を検討するとともに、教育研究組織の構成についてこれまでの枠組みにとらわれない個性的な設計を可能にする。また、現行の単位の在り方を再検討し、単位制の長所を生かし得るよう学期や学年の取扱いを弾力化し、編入学、転学・転学部の可能性を拡大する。これらの改革を実現するため、大学設置基準等を根本的に見直し、その大綱化、簡素化を図る。

(2)　高等教育機関の多様化と連携

高等教育機関の多様な発展を促し、その相互の連携・交流を推進するため、短期大学の学科や教育課程の多様化、教育内容の弾力化、高等専門学校の工業、商船以外の分野への拡大や名称変更を検討する。

放送大学の将来構想について多角的に検討するとともに、通信教育については、新しい情報手段の活用を新たな視野で検討する必要がある。

生涯学習体系への移行の観点からも、単位累積加算制度の導入、学位授与機関の創設について検討する。

(3)　大学院の飛躍的充実と改革

大学院の飛躍的充実と改革は緊要の課題であり、修士課程、博士課程の役割の明確化と修業年限の標準の検討や優れた学生の学部三年修了時での大学院への進学を認める措置を考慮する。大学院の形態については、独立研究科等その多様化を促進し、また、固有の教員組織、施設・設備を強化する。学位制度の在り方についても検討する。

(4)　大学の評価と大学情報の公開

大学がその社会的使命や責任を自覚し、絶えず自己の教育、研究および社会的寄与について検証し、評価を明らかにするとともに、教育、研究等の状況についてその情報を広く国の内外に公開することを要請する。

2　大学入学者選抜制度の改革

偏差値偏重の受験競争の弊害を是正するために、各大学はそれぞれ自由にして個性的な入学選抜を行うよう入試改革に取り組むことを要請する。

また、現行の国公立大学共通一次試験に代えて、新しく国公私立を通じて各大学が自由に利用できる「共通テスト」を創設する。この共通テストの実施のため、大学入試センターの設置形態や機能について検討し、その改革を進める。これとともに、各大学の入試担当機能の強化、進路指導の改善、国立大学の受験機会の複数化、高等学校職業科卒業生などへの配慮についてもその推進を図る。

3　大学入学資格の自由化・弾力化

高等教育の門は可能な限り多様で幅広くすべきであるとの基本的認識の下に、修業年限三年以上の高等専修学校の卒業者などに対し、大学入学資格を付与する。

さらに、大学入学資格については、自由化・弾力化の方向に沿って検討を進める。

4　学術研究の積極的振興

(1)　大学における基礎的研究の推進

国際的評価に耐え得る基礎的な学術の振興のため、大学における弾力的な研究組織の整備、共同利用研究所等の点検や改善、若手研究者育成のためのポスト・ドクトラル・フェロー制度の拡充、研究支援体制の抜本的な見直し・強化、研究費の拡充等を図る。人文・社会科学の振興にも格段の配慮を払う。

(2)　大学と社会の連携の強化

大学と社会の連携の強化を図るため、非常勤講師の活用、客員教授の在り方の検討を進めるとともに、大学教員が民間等との研究協力に従事し得る措置を講ずるなど人材交流の促進、大学院修士課程の弾力化、研究成果の公開や学術情報体制の充実、産・官・学の共同研究制度等の一層の拡大、寄附講座など大学への民間資金の円滑な導入等を図る。

(3)　学術の国際交流の推進

学術の国際交流を推進するため、若手研究者を中心とする研究者の国際交流の積極的拡大、大学間協定の促進、国際的な学術の共同研究への積極的参加等を図り、大学等における国際学術交流事業推進組織の強化を図る。

5　ユニバーシティ・カウンシル（大学審議会―仮称）の創設

我が国の高等教育の在り方を基本的に審議し、大学に必要な助言や援助を提供し、文部大臣に対する勧告権をもつ恒常的な機関として「ユニバーシティ・カウンシル（大学審議会―仮称）」を創設する。

6　高等教育財政

高等教育の質的向上を図るためには、高等教育の在り方を見直しつつ、公財政支出の一層の充実が不可欠である。同時に、高等教育機関への資金の多元的導入を促し、その自主的な財政基盤を強化し、充実する必要がある。

ア　公財政支出の一層の充実に当たっては、基礎的、創造的な学術研究の振興、国際性の発展にかかわる諸活動、大学院の充実とその活性化等の諸課題に重点を置く。私学振興については、経常費補助を基本的に維持・充実しつつ、特色ある教育研究プロジェクトに対する補助の大幅な拡充を図る。

イ　地域社会と高等教育機関との連携を深め、とくに地域の大学等と地方公共団体が、財政的にもそれぞれの発意により、協力関係を実現し得る方策を講ずる。

ウ　高等教育機関に対する寄附金の増大を促すため、寄附受入れの諸条件を改善する。

エ　国立大学の財政自主性を拡大し、大学が自己の経営に積極性を発揮し得る条件を整備するため、予算、会計の弾力化を図り、各大学に諸種の自己基金や附置財団の設立を促す。また、国立大学資産の社会への開放利用ならびに土地信託など資産の活用を図る方策を検討する。

オ　今後の高等教育の発展を踏まえ、育英奨学制度の在り方を改善し、その充実を検討すべきである。

7　大学の組織と運営

(1)　大学における自主・自律の確立

大学の組織・運営における自主・自律体制の確立は不可欠な要素である。国立大学については、管理・運営の自主的責任体制の確立、学長、学部長等のリーダーシップの発揮、私立大学については、学長を中心とする教学の管理運営組織と教授会の責務を明確にし、教学側と理事会が協調して、大学を含めて学校法人が一体として、社会的責任を果たすべきである。公立大学は、その教育と研究を社会に開かれたものとし、地域社会の発展に寄与すべく、斬新な構想を展開することが期待される。

(2)　教員と職員

ア　教員に広く人材を求め、社会人、外国人の任用を拡大し得るよう適格条件の弾力化の措置を進める。

イ　人事の閉鎖性を排除し、その流動性を促すべく、教員に任期制を導入し得る道を開く。その際、処遇、研究条件等について検討する。

ウ　研究者養成、後継者育成の在り方について積極的な施策を進め、助手の職務内容、処遇、職名等について検討する。

エ　大学自身が教員の教育・研究上の業績評価に積極的に取り組み、また教員相互に自己努力を重ねることが望まれる。

オ　教育・研究の活性化のため、事務組織の再編成、機能の改善、職員の体系的、専門的な研修を充実してその資質の向上を図る。

(3)　開かれた大学

大学は、自らを広く社会に開放し、社会の要請を受けとめ、公共的な寄与を果たす責任を負う。学外者の参加を得た諮問の機関ないし組織の設置と活用、公開講座、市民講座等への協力、大学諸施設の市民への開放、大学への社会人の受入れ等を積極化する。さらに情報システムの普及に対応する体制を整備する。

8　大学の設置形態

将来に向かって、国・公立大学の設置形態そのものについても抜本的な検討を加え、あるべき大学の在り方、それにかかわる国の関与の仕組みを創造することが望まれる。国および大学関係者がこの課題に積極的に取り組むことを要請する。

第三節　初等中等教育の充実と改革

初等中等教育は、生涯学習の基礎となるものであり、人間形成の基礎として必要な資質を養うとともに、豊かな個性や社会性を培うための基礎的・基本的事項を修得させ、真の学力とすこやかな体、ひろい心、さらに、自らが主体的に学習する意志・態度を育てるという重要な役割を担っている。こうした観点から、初等中等教育の充実と必要な改革を図っていく。

1　教育内容の改善

(1)　徳育の充実

基本的な生活習慣のしつけ、自己抑制力、日常の社会規範を守る態度の育成、人間としての「生き方」の教育を重視する。また、自然体験学習の促進、特設「道徳」の内容の見直し・重点化、適切な道徳教育用補助教材の使用の奨励、教員養成・現職研修の改善などを通じて徳育の充実を図る。

(2)　基礎・基本の徹底と個性の伸長

①　教育内容の改善の基本方向

生涯にわたる人間形成の基礎を培うために必要な基礎的・基本的な内容の修得の徹底、自己教育力の育成を図る。このため学校段階ごとに、その教育内容の重点化と精選を図り、その際、創造力・思考力・判断力・表現力の育成、我が国の伝統・文化の理解と日本人としての自覚の涵養、体力の増進と健康教育の充実などを重視する。

とくに、小学校段階では、読・書・算の基礎の修得と社会性や情操などの涵養を重視し、中等教育においては、個性の伸長を目指して教育内容の多様化を図る。社会参加等の導入、高等学校における技能連携、成人学習の機会等の拡大を図る。指導方法を多様化するとともに評価の在り方を改善する。

②　教科等の内容、構成

小学校低学年においては、教科の総合化を進め、中等教育段階における社会科の構成の在り方、家庭科の内容と取扱いを検討する。

健康教育を充実するため、道徳・特別活動、保健体育など関連する教科の内容、在り方を検討する。

③　教育内容にかかわる制度の運用上の改善

学習指導要領については、多様な創意工夫ができるよう、より大綱化を図るとともに、基礎・基本の明確化・充実化、選択の拡大、例外の許容についても配慮する。

2　教科書制度の改革

(1)　改革の基本方向

個性を尊重した多様な教育・学習を推進する観点に立って、教科書の在り方や利用の仕方を見直す。この際、とくに児童・生徒が使用する学習材としての性格を重視する。

(2)　教科書の著作・編集機能の向上と研究開発体制の確立

民間における教科書研究等の拡充を図るとともに、カリキュラム、教科書、指導方法、教材等の研究・開発・評価を総合的に行う民間、官民協力あるいは国立の研究センター等を拡充・整備する。

(3)　新しい検定制度

適切な教育内容を確保し、個性豊かで多様な教科書が発行されるようにするとともに、教科書制度および教科書の内容に対する信頼を高めるため、検定基準の見直し、重点化・簡素化、審査手続の見直し、審査過程の簡略化（現行の原稿本、内閲本、見本本による三段階審査の一本化）、教科用図書検定調査審議会、教科書調査官等の制度と構成の見直し、適当な方法による審査過程の概要・合否判定の理由等の公開、検定の周期の長期化を図るなど検定制度の改革を図る。高等学校の教科書については、教科によっては、検定の対象としないことについても、教科書をめぐる環境条件の成熟状況等を勘案しながら検討していく必要がある。なお、高等学校教科書の定価については、規制緩和の方向でその認可の在り方を見直す。

(4)　採択・供給

採択組織・手続、採択理由の周知などの一層の改善を図るとともに、教科書供給体制をより開放的なものとする。

(5)　無償給与制度

義務教育段階の教科書の無償給与制については、義務教育無償の理念をより広く実現するなどの考え方に基づいて、無償給与制を維持すべきであるという考えがある。同時に、保護者の負担能力や経済的効率性の観点、また教科書観や指導方法に与える影響、教科書の質の向上等の教育的観点から、有償論、貸与論、一部有償論、一部貸与論など様々な考え方がある。

今後、社会・経済や国民の意識・教育観の変化、教科書の在り方をはじめ初等中等教育全体の在り方の動向との関連において検討を続けることとし、当面、義務教育段階の無償給与制を継続する。

(6)　教科書制度改革の長期的課題

教科書制度の在り方については、長期的には自由発行・自由採択に移行できるよう努力することが望ましいという主張と、検定の廃止や自由発行への移行には十分慎重であるべきであるという主張とがある。よりよい教科書を作る観点から、将来もこの教科書制度の在り方についての調査研究を引き続いて行うことが肝要である。

3　教員の資質向上

(1)　教員養成・免許制度、採用の改善

児童・生徒の状況や教育内容の変化等に対応して、教員養成・免許制度の在り方の見直しを行うとともに、教員に広く人材を求める観点から、教員免許制度の柔軟化を図る。

また、教員の選考方法の多様化と採用スケジュールの早期化を図る。

(2)　初任者研修制度の創設

新任教員に対して、実践的指導力と使命感を養うとともに、幅広い知見を得させるため、採用後一年間の初任者研修制度を導入する。これに伴い、教員の条件附採用期間を六か月から一年に延長する。

(3)　現職研修の体系化

教員に対して、専門職としての職責の重大性を自覚し不断の研鑽に努めることを求めたい。教員の現職研修を組織的、計画的に行うようにするため、国、都道府県、市町村の役割分担の明確化と、研修を有機的に組み合わせた研修体系の整備を図る。また、教職生活の一定年限ごとの研修制度の整備を図る。

4　教育条件の改善

教育環境の人間化の観点に立ち、過大規模校の解消を図るとともに、当面四〇人学級を円滑に実施し、その後は欧米主要国における教員と児童・生徒数の比率を参考としつつ、児童・生徒数の推移等を勘案しながら、教員配置をさらに改善する。施設・設備については、豊かな人間性の育成、教育方法の多様化等への対応の観点から改善する。

5　後期中等教育の構造の柔軟化

(1)　六年制中等学校

現行の中学校教育と高等学校教育を統合し、これを青年期の教育として一貫して行うことにより、継続的、発展的に生徒の個性を伸長することを目指す新しい学校として、地方公共団体、学校法人などの判断により、六年制中等学校を設置できるようにする。

(2)　単位制高等学校

学習者の希望、学習歴、生活環境などに応じて高等学校の教育が容易に受けられるようにするため、個別的な教科・科目の単位取得の認定、単位の累積加算により卒業資格の認定を行う新しいタイプの高等学校（単位制高等学校）を設置できるようにする。

(3)　高等学校の修業年限の弾力化等

高等学校の修業年限は、三年以上とする方向で弾力化することを検討するとともに、単位制の利点の活用を図る。

高等学校職業科の卒業生については、大学入学者選抜において、特段の配慮をするようにする。

(4)　後期中等教育の多様化

高等学校入学者選抜方法については、各学校の個性化・特色化を推進するため、選抜方法・選抜基準の多様化・個性化を図る。

後期中等教育の構造を柔軟なものにするとともに、多様な教育の機会を提供する方策を進めるため、後期中等教育制度の再編の可能性や必要性を含めて、不断に専門的、多角的な調査研究を進め、改めて検討する必要がある。

6　就学前の教育の振興および障害者教育の振興

(1)　就学前の教育の振興

幼稚園・保育所は、その目的は異なるが、幼児教育において重要な役割を果たしており、就園希望、保育ニーズに適切に対応できるよう、それぞれの制度の中で整備充実を進める。この際、保育所が整備されていない地域などでの幼稚園の時間延長、臨時的要請に対応する保育所の私的契約など、両施設の運用の弾力化を進める。また、幼稚園の学級定員の引下げ、園長の専任制や教頭の配置を検討する。

(2)　障害者教育の振興

障害者が、家庭や地域社会から孤立しないで、障害の種類と程度に応じた適切な教育が受けられるようにすることを基本とする。医療・福祉・教育が一体として機能する地域センターの設置の推進、就学相談等の充実など障害者教育を充実する。また、障害者の社会参加・自立の促進のため、障害者の利用に配慮した施設の在り方の工夫、職業教育や職業能力開発の充実など雇用、生涯学習の機会の拡大を図る。

7　開かれた学校と管理・運営の確立

(1)　学校活性化のための新しい課題

学校は地域社会共通の財産との観点から、学校・家庭・地域の協力関係を確立する。このため、施設の開放を進めるとともに、学校の運営への家庭・地域社会の建設的な意見の反映、インテリジェント化など地域との連携、自然学校等とのネットワーク、国際的にも開かれた学校へとより広く発展していくための管理・運営の在り方が模索されなければならない。

(2)　自然学校の推進

児童・生徒が自然環境の中で生活する機会を増大させ、その生命力、活力の維持・向上、生命や自然への畏敬の念や豊かな情操の涵養を図っていくため、学校教育全体の中で「自然学校」を積極的に推進していく。

(3)　通学区域の在り方の見直し

現行の市町村教育委員会の学校指定の権限は維持しつつ、保護者の希望を生かすための工夫を行う方向で改革するとともに、様々な改革プログラムの総合的検討を進める。学校選択の機会を漸進的に拡大していくため、当面、具体的には、調整区域の設定の拡大、学校指定の変更・区域外就学の一層の弾力的運用、親の意向の事前聴取・不服申立ての仕組みの整備など多様な方法を工夫すべきである。

(4)　学校の管理・運営の確立

学校が活力と規律を維持するため、校長の在職期間の長期化と若手の管理職登用の促進、校長を中心とする責任体制の確立等を図る。学校の適正な運営を阻害する違法・不当な行為については、関係者の自覚と反省を求めたい。過度に形式主義的・瑣末主義的な管理教育や体罰等を改める必要がある。

また、生命の尊厳を基盤とし、教育環境の人間化や健康教育の観点から、飲酒、喫煙、性などの問題に、学校教育全体として積極的に取り組む。

第四節　国際化への対応のための改革

我が国の教育を国際的に広く開放し、国際社会の中に生きるよき日本人、よき一人の人間の育成を期して、国際化に対応した教育の在り方を絶えず反すうしつつ、日常的な実践を積み重ねなければならない。そのため、それぞれの分野・レベルでの実験、種々の創意工夫を積極的に行うことが望まれる。国や地方の関係機関は、これらを可能ならしめ、かつ、助長するよう、自ら率先して新機軸を打ち出す必要がある。また、国際理解のための教育の教材センター的な機能の強化、それぞれの場における具体的な国際化の試みに関する情報の交換・普及を促進する。

以上を集大成し、国としての政策方向をも盛った「教育の国際化白書」を作成する。

1　帰国子女・海外子女教育への対応と国際的に開かれた学校（省略）

2　留学生受入れ体制の整備・充実（省略）

3　外国語教育の見直し（省略）

4　日本語教育の充実（省略）

5　国際的視野における高等教育の在り方（省略）

6　主体性の確立と相対化（省略）

第五節　情報化への対応のための改革

情報化は、従来の予想をはるかに上回るほど速く、かつ、広範に進んでおり、今後、社会システムが全体として根本的な変化を遂げる可能性が高く、職業生活ばかりでなく、日常生活にも大きな影響が生じることが予想される。今後、情報化のもたらす光と影の部分を十分に踏まえ、自然環境や伝統文化との融合を図りながら、豊かな人間性が発揮される情報化社会の構築を目指す必要がある。

1　情報モラルの確立（省略）

2　情報化社会型システムの構築（省略）

3　情報手段の活用（省略）

4　情報環境の整備（省略）

第六節　教育行財政の改革

教育行財政の改革は、大胆かつ細心な規制緩和、教育における自由・自律、自己責任の原則の確立および多様な選択の機会の拡大という基本的な考え方に立って進めなければならない。

また、官・民の総力を結集して、教育・研究、文化・スポーツの分野の飛躍的振興を図るため、多様な資金が効果的に流入してくるよう適切な方策を講ずる必要がある。

1　基準・認可制度の改革

(1)　大学設置基準および学習指導要領等国の基準の見直し

国が定める教育に係る諸基準については、一定の水準の確保や質の維持・向上等を基本としながら、各教育機関の創意工夫が発揮されるような在り方が望まれる。

ア　大学設置基準等については、高等教育機関の高度化・個性化・多様化の推進、高等教育機関の柔軟性・開放性の確立の視点に立ち、科学技術の進展、知識システムの再編・統合、学際化・情報化・国際化等の進展に積極的、創造的に対応し得るよう、その大綱化、簡素化を図る。

イ　学習指導要領については、各学校や各地域における教育課程の編成に多様な創意工夫が発揮できるよう、内容の大綱化、重点の明確化を図るとともに、選択の幅の拡大、例外の許容に配慮する。

(2)　私立小・中学校設置の促進

それぞれの建学の精神に基づいて設置される私立学校の役割は、今後一層重視される必要がある。

この観点から、私立の小学校・中学校については、その設置が促進されるよう、適切な諸方策を検討する必要がある。

2　地方分権の推進

(1)　国・地方の役割分担の見直し

教育における地方分権を推進し、各地域や各学校の多様な個性、自主性、創造性がのびのびと発揮できるようにし、また、自律性と自己責任、当事者能力の強化を図る必要がある。

ア　国の定める最低限度の教育上の基準を満たすことを前提に、都道府県、市町村等の各地方公共団体が、それぞれの地域の実情に応じて、その自主的判断と責任において、多様な制度や仕組みを作ることを許容し、新しい試みを行うことを積極的に奨励する。

イ　六年制中等学校や単位制高等学校の設置・運用、初任者研修制度の具体的実施方法、苦情処理の仕組み等については、各都道府県、市町村の裁量の範囲を広く認める方向で検討する。

ウ　各都道府県と市町村との間においても、市町村の自主性等が一層発揮され、責任体制が確立される方向で、両者の権限の配分について再検討する必要がある。このこととの関連で、東京都の特別区の教育に関する権限については、特別区に市町村と同様の権限をもたせる方向で検討する必要がある。

(2)　教育委員会の使命の遂行と活性化

教育委員会制度の本来の目的と精神に立ち返り、この制度に期待されている役割と機能を正しく発揮するためには、教育委員会の権限と重い責任を再確認し、いきいきとした活動を続けている教育委員会の優れた経験を交流し合い、一部の非活性化してしまっている体質を根本的に改善していくことが不可欠である。

このような観点に立ち、①教育委員の人選、研修、②教育長の任期制、専任制（市町村）の導入、③苦情処理の責任体制の確立、④適格性を欠く教員への対応、⑤小規模市町村の事務処理体制の広域化、⑥知事部局等との連携など、について具体的な改革を進めることを通じ教育委員会の活性化を図る。

3　塾など民間教育産業への対応

(1)　民間教育産業の新しい役割

二一世紀に向けての展望のなかで、多様な民間教育産業の新たな発展とその新しい役割や影響を認識し、その基本的な在り方を検討していく必要がある。

ア　学校教育ならびに教育行政は、いわゆる「ダブル・スクール現象」の実態を踏まえるとともに、それを通じて現在の学校教育の在り方を反省し、学校教育の改革に生かすよう努力すべきである。また、学校と塾など民間教育産業の関係のあるべき姿や教育行政の対応の仕方等についても、基本的な検討を行うべきである。

イ　民間教育産業の成長・発展の可能性ならびに望ましい発展の方向はどのようなものなのかを、教育における民間活力の導入との関連も含めて、長期的な教育産業政策の観点から十分慎重に検討する必要がある。

ウ　「生涯学習体系への移行」等の中に、民間教育産業の役割・機能分担をどう積極的に位置付けるべきか、そのためには民間教育産業の側でどのような体質改善や対応が迫られるかを検討する必要がある。

(2)　正確な実態把握と情報提供

各教育委員会をはじめ教育行政当局は、民間教育産業の実態を正確に調査、把握するように努め、その実態と問題点に関する情報を各学校、家庭、地域社会に提供することにより、教育関係者の認識を深め、判断力の向上に資するとともに、問題点の克服に努めながら、民間教育産業と各学校、家庭、地域社会との適切な新しい関係が形成されていくことを間接的に促すよう対応すべきである。

(3) 学習塾通いの過熱化への対応

小学生・中学生の学習塾通いの過熱化については、子どもの心身の発達への悪影響など弊害が多いので、その克服のため真剣な努力を払う必要がある。

4 教育費・教育財政の在り方

(1) 教育・研究、文化・スポーツへの重点的な資源配分

二一世紀に向けての我が国の①国際社会への新しい貢献、②内需主導型の産業構造への転換、③知識集約型の高付加価値産業の新しい成長、④余暇ならびに選択の自由の増大に伴う生活の質の向上、⑤グローバルな視点からの国際相互理解の深化と日本文化の個性の再発見の必要性などの時代の要請を考慮に入れ、官・民を含め国民経済全体の中で、今後の我が国の諸投資の重点を教育・研究、文化・スポーツの振興に置き、その実現のために必要な資源が積極的かつ効果的に配分されていくよう最善の努力をすることを提言する。

(2) 官・民の新しい役割分担と協力体制

公共サービスの形態と自由な競争と選択を前提とする民間サービスの形態との新しい次元での効果的な協力体制と官・民の役割分担の再構築に着手する必要があり、この観点から教育行財政の関与すべき分野と基本的に民間の活力に委ねるべき分野とを明確に整理し、教育費負担と受益の在り方、公財政支出教育費等の在り方について抜本的な検討を引き続き行う必要がある。

(3) 教育財政の充実と重点配分

政府は、行財政改革との関連に留意しつつ、すでに述べてきたような基本的な考え方に立って、本審議会が提言する教育改革の円滑な実現のために最善の努力をすべきである。

教育改革の推進に当たって、本審議会は教育改革の方向に即し、資金の重点的・効率的配分に努めつつ、国家財政全般との関連において、適切な財政措置を講じていく必要があるとの基本的な考え方を一貫して示している。今後、内外の情勢の変化に対応しつつ、基礎研究の充実、高等教育の質的充実、心身の健康の充実など教育・研究水準の質的向上のために、資金の思い切った重点配分に努めなければならない。

(4) 教育財政の合理化・効率化

教育にかかわる既存の制度・施策の全般にわたり、国と地方の役割分担と費用負担の見直し、業務の運営の合理化、受益者負担の適正化、資産の活用等の観点から見直しを行い、教育財政の合理化・効率化を図る必要がある。このような考え方に立って、義務教育費国庫負担の在り方、学校給食の在り方、資産の活用等について見直しを行う必要がある。

(5) 民間活力の導入

高度化、多様化した国民の教育上のニーズに適切に対応し、教育の活性化、合理化を促進する観点から、規制の緩和等により民間活力の積極的導入を図っていく必要がある。

このような観点から、学校の設置、管理・運営に関する規制の緩和、寄附等について、税制上の措置の活用、要件・手続の簡素化、第三セクターの活用による大学や研究機関の設置、社会教育・社会体育施設にかかる非常勤職員、ボランティアの活用、施設の民間委託等を図っていく必要がある。

(6) 家計の教育費負担の軽減

学校教育に関連する費用の過度の上昇は、教育の機会均等の確保という観点からも問題であり、教育費負担の軽減を図るための方策について検討する必要がある。このため、

ア　税制改革においては、高校生、大学生を抱える中高年齢層など教育費負担の重い層への配慮がなされる必要がある。

イ　優秀な大学院学生および高度の研究に従事する研究者への貸与制・給費制の併用などの検討を含め、奨学制度の一層の充実・改善を図ることが必要である。

第四章　文教行政、入学時期に関する提言

第一節　文教行政

〔前略〕時代の進展や社会の変化に柔軟に対応できるよう、次のような観点に立って、今後、文教行政の改革を図ることが不可欠である。

(1) 「画一よりも多様を、硬直よりも柔軟を、集権よりも分権を、統制よりも自由・自律を重んじる」という教育行財政改革の方向に即し、文教行政を担う各関係機関の自律性と自己責任、当事者能力の強化の観点に立った文教行政を展開する必要がある。

(2) 学校教育体系の肥大化に伴う弊害を是正するとともに、生涯にわたる国民の多様かつ高度な学習需要にこたえ得る生涯学習体系への移行を目指した文教行政を展開する必要がある。

(3) 国際化、情報化、高齢化を含む社会全体の成熟化など二一世紀へ向けての経済・社会の急激な変化に積極的に対応し得る文教行政を展開する必要がある。

これらの点を踏まえ、以下において文教行政についての具体的な提言を行うこととする。

1 政策官庁としての機能の強化

文部省は、今後、政策官庁としての比重を高めることを行政の基本に据えながら、併せて、時代の進展に積極的に対応し、自らを外に開き発想の柔軟性を育んでいくという基本的姿勢を確立していかなければならない。

(1) 文教政策に関する調査研究・分析、政策立案、情報提供などの機能を強化するため、文部省の組織機構の見直しを行う必要がある。

国際化、情報化などの時代の変化や新しい学習需要に積極的に対応できるよう、政策立案を強化する観点から組織の活性化と整備を図るべきである。

教育・学術・情報・文化・スポーツ関係の専門家の育成・登用・活用を推進するとともに、所轄研究所や他省庁との職員の人事交流を積極的に進めていく必要がある。

教育白書を毎年刊行するなど、その時々の文教行政の概況と政策に関する情報を、積極的に社会に提供し、国民の理解と協力を得るなど開かれた文教行政の方向を目指すべきである。

(2) 所轄研究所の調査研究機能を充実・強化し、本省との連携を強め、文教政策展開のために活用する必要がある。とくに、国立教育研究所については、文部省の政策立案に資するための調査研究機能を強化するとともに、併せてカリキュラム、教材、指導方法等に関する調査研究のセンター的機能の充実も図る必要があり、その観点から改組・再編するなど整備を図る必要がある。

教育課程行政や教科書行政については、充実した所轄研究所との連携の強化等によって一層科学的・実証的なものとなることが期待される。なお、これに関連して、中長期的には、本省の関係部局の組織・人的構成等についても見直しの必要が生じよう。

(3) 文部省に設置されている各種審議会などの在り方について、次のように改善を進める必要がある。

① 法令による審議会といえども、時代の進展に合わせてその必要性や機能を見直す必要がある。

② 法令に基づかない協議会、研究協力者会議などは、広く衆知を集め、かつ機動性をもって諸般の状況に対応する上で必要な面もあるが、今後極力減らすように努力すべきである。

③ 委員や協力者については、中央中心にならないよう地方の人材に配慮して全国的視野に立って人選を進めるとともに、関連する行政分野の学識者も含め、経済・産業界やマスコミ関係者など、広く人材を登用することが重要である。また、委員などの主体的判断に基づく自由かつ達な審議が確保されるように努力すべきである。

(4) 文教行政のうち、学術行政、国際交流・協力事業、文化行政等は他省庁の行政と密接に関係しており、文部省においては、これらの行政をめぐる状況が激動し変化していることを明確に認識し、関係省庁とも相互の連携・協力を密にしながら、これらの行政課題に積極的に取り組むことが重要である。

2　生涯学習体系への移行への積極的対応

(1)　生涯学習体系への移行に積極的に対応するという観点から、社会教育局を生涯学習を専ら担当する局に改組・再編するなど文部省の組織体制の整備を図ることが不可欠である。

(2)　これからの文教行政は学校外における教育の広がりなど新しい時代の状況に積極的に対応できるよう、社会教育に関連する法令も含め総合的に見直し、生涯学習振興の見地から新しい法体制の整備を検討するなどの必要がある。また、教育・文化・スポーツを含め、広範な分野に見られる民間の教育事業について、実態を把握し、その情報を各学校、家庭、地域社会に提供するとともに、民間の教育事業と学校、家庭、地域社会との適切な新しい関係が形成されていくことを間接的に促すよう対応すべきである。さらに、この面での指導者等の専門性を高めることが肝要である。

(3)　なお、スポーツ行政については、第三次答申で提言したとおり、スポーツ活動の飛躍的な振興の推進に資するため、官民一体となったハイレベルの「スポーツ振興推進懇談会」(仮称)を設け、スポーツ行政の在り方を含め積極的な対応を進める必要がある。

(4)　生涯学習社会を実現していくためには、文部省と各省庁の施策・事業との連携・調整の強化を図る必要があり、この課題に最も責任を持つ省庁は文部省であることを自覚して、各方面に積極的対応を行うべきである。

また、各省庁においても、この観点から文部省との連携・協力を進めていく必要がある。

3　許認可行政と指導助言の見直し

(1)　文部省の許認可等の数は、他省庁と比較して少ない状況にはあるが、厳しい許認可行政が行われているとの印象が強いのは、基本的に文部省の行政対象が教育・研究・文化・スポーツという本来自由を尊重する、規制になじみにくい分野であるためと思われる。しかし、政策官庁への脱皮を図る観点からも、国として必要な基本的・共通的な水準の維持確保に配慮しつつ、許認可、各種基準等の整理合理化、権限委譲など必要な規制緩和をさらに進める必要がある。

なお、行政の遂行に当たって、国や地方教育行政当局、とりわけその窓口部門において「権力的姿勢」や「不親切な態度」が見かけられる面もあるので、その点を改善していくことが求められる。

(2)　①大学設置基準および学習指導要領等国の基準については、第二次答申において、それらの見直しを提言したが、このうち、大学設置基準等については、提言の趣旨に沿って、引き続き全体として大綱化・簡素化を図るとともにその運用の改善を進める必要がある。

②学習指導要領は、全国的な教育の水準の維持向上、共通性の確保等を図るために必要な国の基準であり、教育課程はこれに基づいて編成、実施されるべきものであることは言うまでもない。

しかし、学習指導要領については、第二次答申で指摘したように、「内容の大綱化、重点の明確化を図るとともに、選択の幅の拡大、例外の許容に配慮する」ことも必要である。なお、第二次答申では、「教育課程の改善に資する研究を行うため、各都道府県が教育課程編成の特例を先導的な試みとして承認することを可能にする制度の確立」を提言している点にも留意する必要がある。

(3)　指導助言は各省庁がその所管事項について必要があると認める場合は、地方公共団体または事業者などに対し行うもので、文部省だけが行うものではない。しかし、文教行政において従来の指導助言が本来の機能以上に指揮監督的にとられている場合があり、また、過度に形式的な法律解釈論や通達に依拠する傾向があったこともあり、瑣末にわたりしかも強制的影響が強い感は免れない。文部省や地方教育行政当局はこの点を反省する必要がある。文教行政において瑣末な助言が多くなるのは、一面において、教育界において瑣末な事項にまで行政の見解を求めてくることにもよるものであり、関係者の自戒が必要である。

(4)　また、勤務条件の改善を図ることを目的とする教職員団体は、その本来の任務を自覚し、違法な争議行為を行わないことや教育の中立性を守ることはもとより、いわゆる教育課程の自主編成の主張などにみられる教育内容や学校運営に対する不当な介入を厳に慎むべきである。

教員は、その職務が社会的信頼と尊敬の基盤に立って、子どもの心身の発達にかかわる活動に携わる専門的職業であることを自覚し、使命感と教育的情熱をもって、その職責の遂行に努め、国民の負託にこたえなければならない。

教育行政においては、自らの責任を自覚して、学校運営の適正を期するとともに、学校において、子どもを中心にいきいきとした教育が展開されるような環境づくりに配慮する必要がある。

4　教育委員会の活性化

(1)　教育委員会は、教育における地方自治の精神に基づき、当該地域の教育行政全般に関して最も重い責任を直接に負うところの機関である。したがって、教育委員会制度の本来の目的と精神に立ち返り、この制度に期待されている役割と機能を正しく発揮することが不可欠である。

このような観点に立って、第二次答申において提言したように、①教育委員の人選、研修、②教育長の任期制、専任制(市町村)の導入、③苦情処理の責任体制の確立、④適格性を欠く教員への対応、⑤小規模市町村の事務処理体制の広域化、⑥知事部局等との連携などを図る必要がある。

(2)　地域における教育は、学校教育はもちろん社会教育、文化・スポーツ活動、各種の民間教育事業等種々の形態で行われているが、ますます多様化・高度化しつつある国民の学習需要にこたえるため、今後、専修学校、各種学校や各種の民間教育事業など民間部門での活動の果たす役割が一層増大することが予測される。

したがって、これからの教育委員会の行政は、生涯学習体系への移行に積極的に対応し、地域全体の教育・文化・スポーツ活動の振興を図る観点から、民間部門における各種の教育・文化・スポーツ活動の助長に努め、地域における教育行政として、知事部局等とも連携しつつ、公共部門とそれらの一体的・総合的な展開を図る必要がある。

5　私学行政の推進

(1)　第二次答申も指摘しているように、個性重視の原則、選択の機会の拡大、国際化、情報化への対応等を考慮するとき、それぞれの建学の精神に基づいて設置され、高い公共的役割を担うべき私立学校の教育は、今後一層重視されなければならない。

(2)　行政当局は、個性豊かな学校づくりのための新しい試みへの取組みなど、学校教育全体の質的充実と活性化のために意欲的な教育活動を展開する私立学校が、公立学校と併存して我が国教育全体の向上に寄与していることの意義を認識し、その振興に努める必要がある。

また、この観点から、第二次答申で提言したように、私立の小・中学校の設置が促進される諸方策を検討する必要がある。

(3)　地域の学校教育全体の発展を図るためには、公立学校と私立学校の緊密な連携を確保していく必要がある。この観点に立って、教育委員会と知事部局は、一層連携を強化しつつ公立学校と私立学校に関する教育行政が総合的に展開されるよう努め、地方公共団体として、教育行政に対する住民の期待にこたえることが重要である。

なお、公立学校行政と私立学校行政の総合的展開をさらに推進するためには、地方教育行政の組織体制の在り方を将来の問題として検討する必要がある。

6　高等教育および学術行政の推進

(1)　第三次答申で指摘した国立大学の設置形態の在り方について引き続き検討するとともに、文部省における高等教育全体の政策形成機能と国立大学の管理事務との組織的な分担の在り方について検討する必要がある。

(2)　今後の文教行政においては、人材の育成とともに、基礎的・創造的な学術研究の振興を一層重視する必要がある。

このため、内外の学術研究の動向の的確な把握、学術研究振興のための長期的かつ総合的な政策形成をさらに推進するとともに、科学技術行政との関連においても、人材の養成や基礎的研究については、文部省が中心的な役割を担っていることを十分認識して、関係省庁との相互の連携・協力を積極的に図る必要がある。

7　文化行政の推進

今後の文教行政においては、芸術・文化の普及・振興や歴史的な文化遺産の継承・保存・活用のほか、社会の成熟化に伴う国民の文化的活動の多様な広がりに対応し、心豊かな国民生活の実現に資するよう、より幅広い視野に立って文化の振興を図る方向で行政を展開する必要がある。

8　教育関係諸団体の自主性の確立

教育研究・教育行政に関係する各種団体は、基盤とする組織の自主性、主体性を尊重しながら、職能団体として調査研究、提言などの活動が積極的に展開できるようにしなければならない。そのため、各団体が組織の在り方、運営方法の見直しなどについて十分検討することを期待する。

第二節　入学時期

1　秋季入学制への移行

現行の四月入学制は、長年にわたり、国民の間に定着してきた制度であるが、秋季入学制は、今後の我が国の教育にとって、以下のとおり、大きな意義が認められる。

このため、今後の社会全体の変化を踏まえ、国民世論の動向に配慮しつつ、将来、我が国の学校教育を秋季入学制に移行すべく、関連する諸条件の整備に努めるべきである。

①　より合理的な学年暦への移行と学校運営上の利点の視点（省略）

②　国際的に開かれた教育システムの視点（省略）

③　生涯学習体系への移行の視点（省略）

2　国民的合意の形成と条件整備（省略）

3　移行の方式等の検討（省略）

第五章　教育改革の推進（省略）

おわりに（省略）

●人権尊重の理念に関する国民相互の理解を深めるための教育及び啓発に関する施策の総合的な推進に関する基本的事項について（答申）（抜粋）

（平成一一年七月二九日　人権擁護推進審議会）

第1　人権及び人権教育・啓発に関する現状について（省略）

第2　人権教育・啓発の基本的在り方について

1　人権尊重の理念

人権とは、すべての人間が、人間の尊厳に基づいて持っている固有の権利である。人権は、社会を構成するすべての人々が個人としての生存と自由を確保し、社会において幸福な生活を営むために、欠かすことのできない権利であるが、それは人間固有の尊厳に由来する。

日本国憲法において、人権は、人類の多年にわたる自由獲得の努力の成果であり、侵すことのできない永久の権利として現在及び将来の国民に与えられたものであるとされている（九七条・一一条）。また、昨年、第三回国際連合総会で採択されてから五〇周年を迎えた世界人権宣言においては、人類社会のすべての構成員の固有の尊厳と平等で譲ることのできない権利とを承認することは、世界における自由、正義及び平和の基礎であるとされている（前文）。人権は何よりも大切なものであり、人権の尊重が政府及び人々の行動基準とされなければならないことは、一九九三年（平成五年）のウィーンにおける世界人権会議などにおいても確認されている。

このように普遍的な意義を持つ人権の内容は、日本国憲法においても、個人の尊重、生命、自由、幸福追求の権利の尊重（一三条）と法の下の平等及び差別の禁止（一四条）という二つの包括的な規定と、様々な人権の個別・具体的な保障規定の中に明文で示されている。

これらの人権が不可侵であるということは、歴史的には、主として、公権力によって侵されないという意味で理解されてきたが、人間はどのような関係においても人間として尊重されるべきものであるということにかんがみれば、人権は、国や地方公共団体といった公権力の主体との関係においてだけでなく、国民相互の関係においても尊重されるべきものであることは言うまでもない。

我が国においては、一方で、本来、正当に主張すべき場面での権利主張が必ずしも十分に行われていないという問題があり、他方で、自分の権利を主張する上で、他人の権利にも十分配慮することができない者も少なくないという問題があるが、これは、詰まるところ、人権についての正しい理解がいまだ不十分であるからにほかならない。今日、人権の尊重が世界共通の行動基準とされるすう勢にあることからしても、今後の我が国社会においては、一人一人が、自分の人権のみならず他人の人権についても正しい理解を持つとともに、権利の行使に伴う責任を自覚し、人権を相互に尊重し合い、その共存を図っていくことが重要である。日本国憲法一二条も、この趣旨をうたっている。

すべての人は、人間として皆同じように大切な人権を有しているのであり、すべての個人が自律した存在としてそれぞれの幸福を最大限に追求することができる平和で豊かな社会は、国民相互の人権が共に尊重されてこそ初めて実現されるものである。

このような認識に立ち、本審議会は、人権尊重の理念を、自分の人権のみならず他人の人権についても正しく理解し、その権利の行使に伴う責任を自覚して、人権を相互に尊重し合うこと、すなわち、人権の共存の考え方ととらえるものである。

2　人権教育・啓発の基本的在り方

人権が共存する人権尊重社会を実現するためには、国民一人一人が人権尊重の理念について正しく理解することが重要である。このため、人権尊重の理念について国民相互の理解を深めることを目的として行われる人権教育・啓発の果たす役割は極めて大きい。

人権教育・啓発に当たっては、国民一人一人に、人権の意義やその重要性が知識として確実に身に付き、人権問題を直感的にとらえる感性や日常生活において人権への配慮がその態度や行動に現れるような人権感覚が十分身に付くよう、対象者の発達段階に応じながら、その対象者の家庭、学校、地域社会などにおける日常生活の経験などを具体的に取り上げるなど、創意工夫を凝らしていく必要がある。その際、人格が形成される早い時期から、人権尊重の精神の芽生えが感性としてはぐくまれるよう配慮する必要がある。また、人権教育・啓発は、国民一人一人の心の在り方に密接にかかわる問題であることから、その性質上、押し付けにならないように留意する必要がある。

人権教育・啓発は、国民一人一人の生涯の中で、様々な機会を通して実施されることにより効果を上げるものと言える。そのため、人権教育・啓発の実施主体は相互に十分な連携をとり、その総合的な推進に努めることが必要である。

人権教育・啓発の手法については、法の下の平等、個人の尊重といった人権一般の普遍的な視点からのアプローチと、具体的な人権課題に即した個別的な視点からのアプローチとがあり、この両者があいまって人権尊重の理念についての理解が深まっていくものと考えられる。

この両者に十分配慮しながら、人権教育・啓発を進めていく必要があるが、個別的な視点からのアプローチに当たっては、地域の実情等を踏まえるとともに、人権課題に関して正しく理解し、物事を合理的に判断する精神を身に付けることができるように働きかける必要がある。その際、同和問題など様々な人権課題に関してこれまで取り組まれてきた教育・啓発活動の成果と手法への評価を踏まえる必要がある。

さらに、人権教育・啓発がその効果を十分に発揮するには、その内容はもとより、実施の方法等においても国民から幅広く理解と共感を得られるものであることが必要である。

この観点からすると、人権教育・啓発は、その内容・方法等において、国民からあまねく受け入れられるものであることが望まれ、また、これを担当する行政は、主体性を確保することが重要である。一方、人権教育・啓発にかかわるすべての人は、国民の間には人権問題や人権教育・啓発の内容・手法等に関し多様な意見が存在していることにも十分配意し、異なった意見に対する寛容の精神に立って、人権問題等に関して自由な意見の交換を行うことができる環境づくりに努めることが求められる。これに関連して言えば、人権上問題のある行為をしたとされる者に対する行き過ぎた追及行為は、国民に人権問題に関する自由な意見交換を差し控えさせることになるなど、上記環境づくりの上で好ましくないものと言える。人権上問題のあるような行為をした者に対しては、人権擁護に当たる公的機関が迅速かつ適正に対応することが重要である。

なお、人権問題を口実とした不当な利益等の要求行為の横行も、人権問題に対する国民の理解を妨げ、ひいては人権教育・啓発の効果をくつがえすものであるから、その排除に努める必要がある。

(1)　人権教育

人権教育は、生涯学習の視点に立って、幼児期からの発達段階を踏まえ、地域の実情等に応じて、学校教育、社会教育及び家庭教育のそれぞれが互いの主体性を尊重しつつ、相互の連携を図ってこれを実施する必要がある。人権教育をより効果的に推進するためには、今後とも、学習機会の一層の充実、指導方法や学習教材の開発・提供、指導者の養成・確保等を図っていく必要がある。

人権教育を進めるに当たっては、政治運動や社会運動との関係を明確に区別し、それらの運動そのものも教育であるといったようなことがないよう、教育の中立性が守られるように留意しなければならない。

ア　学校教育

幼児期は、人間形成の基礎が培われる極めて大切な時期であるため、幼児の発達の特性を踏まえ、身近な動植物に親しみ、生命の大切さに気付かせ、豊かな心情を育てるなど、人権尊重の精神の芽生えが感性としてはぐくまれるように努める必要がある。

小学校、中学校及び高等学校においては、児童生徒の発達段階に即しながら、各教科等の特質に応じ、学校の教育活動全体を通じて人権尊重の理念について理解を促し、一人一人を大切にする教育を推進していく必要がある。

このために、生命を大切にし、自他の人格を尊重し、お互いの個性を認め合う心、他人の痛みが分かる、他人の気持ちが理解でき、行動できるなどの他人を思いやる心、正義感や公正さを重んじる心などの豊かな人間性を育成することが重要である。そのためには、ボランティア活動などの社会体験や自然体験、高齢者や障害者等との交流などの豊かな体験の機会の充実が大切である。

これとともに、人間尊重の考え方が基本的人権を中心に正しく身に付くようにする必要がある。その際、他人の自由や権利を大切にすること、自分の行動には責任を持たなければならないことなどについて指導していくことが必要である。また、人間尊重の考え方を指導するに当たっては、児童生徒が発達途上にあることに十分配慮することが望まれる。

大学等においては、人権尊重の理念についての理解を更に深め、それまでの教育の成果を確かなものとすることが重要である。なお、大学等は、社会の様々な分野での人材養成を担っているという観点からも人権教育の一層の充実が望まれる。

イ　社会教育

社会教育においては、生涯学習の振興のための各種の施策を通じて人権に関する学習を一層推進していくことが必要である。

幼児から高齢者に至る幅広い層を対象に、それぞれのライフサイクルにおける学習活動に対応して、生涯にわたって人権に関する多様な学習機会の一層の充実を図る必要がある。学習意欲を喚起する学習プログラムを開発・提供していくことも重要である。具体的な展開においては、参加型学習などの体験活動や身近な課題等を取り上げるなど日常生活において態度や行動に現れるような人権感覚が身に付くように創意工夫していくことが考えられる。また、人権に関し幅広い識見のある人材を活用するなど、指導者層の充実を図る必要がある。

ウ　家庭教育

家庭教育は、本来、各家庭における価値観等に基づき行われるものであるが、教育の原点と言われるように、幼児期から豊かな情操や思いやり、善悪の判断など人間形成の基礎をはぐくむ上で家庭の果たす役割は極めて重要である。このため、家庭の教育力の向上を図るとともに、親自身が偏見を持たず、差別をしないことなどを日常生活を通じて自らの姿をもって子どもに示していくことが必要である。このため、今後とも親に対する学習機会の提供など家庭教育に対する支援の一層の充実を図っていくことが重要である。

第3　人権教育・啓発の総合的かつ効果的な推進のための方策について

第1で述べたように、我が国においては、なお様々な人権課題が存在する。そして、これは、国民一人一人において、人権に関する正しい知識、日常生活の中で生かされるような直感的な感性や人権感覚が十分身に付いていないため、人権尊重の理念についての正しい理解がいまだ十分に定着していないからであると言える。また、人権教育・啓発の現状においても、なお様々な課題がある。

このような状況に照らすと、今後、第2で述べたような人権教育・啓発の基本的な在り方を踏まえて、人権教育・啓発をより一層推進し、国民一人一人に人権尊重の理念についての正しい理解が十分定着するよう努めることが極めて重要である。「人権の世紀」と言われる二一世紀を目前に控える今日、我が国においてすべての人々の人権が尊重される平和で豊かな社会が実現することを目指し、人権教育・啓発に関する施策をより総合的かつ効果的に推進するための方策を策定の上、人権教育・啓発に関する施策を推進する責務を負う国や、その他の実施主体が相互に連携しつつ、これを速やかに実施していくことが重要である。

1　人権教育・啓発の実施主体の役割

すべての人々の人権が尊重される平和で豊かな社会が実現されるためには、まず、国民一人一人が自分自身の課題として人権尊重の理念についての理解を深めるよう努めることが求められる。人権教育・啓発の各実施主体は、国民のそのような努力を促すという面からも、人権教育・啓発の基本的な在り方を踏まえた上、それぞれの役割を明確にし、その役割に応じて相互に連携協力して総合的かつ効果的に人権教育・啓発を推進していく必要がある。なお、各実施主体の枢要な立場にある人はもとより、人権教育・啓発を担当する人も、上記のような自己啓発に努めるべきであることは言うまでもない。

(3) 学校

子どもたちの人間形成に当たって、学校の果たす役割は重要である。

幼稚園においては、人権尊重の精神の芽生えが感性としてはぐくまれるように指導していくことが求められる。義務教育段階である小学校及び中学校においては、他人を思いやる心、お互いの個性を認め合う心、自分や他人の生命を重んじる心などの豊かな人間性を体験活動等を生かした取組の工夫などにより育成するように努めるとともに、高等学校においては、義務教育の基礎の上に立って人権課題等について正しく理解し、これを広い見地から考えることのできる力が身に付くように指導していくことが求められる。

このため、学校の運営に当たっては、児童生徒がそれぞれ人格を持った一人の人間として尊重されるよう、一人一人を大切にするという教育方針の下でこれにふさわしい学習環境を作っていくことが大切である。また、教員一人一人について指導方法の改善・充実が図られるよう、校内研修の充実等に取り組む必要がある。

さらに、日々の学校生活の場面で人権にかかわる問題が実際起こった場合、すべての教員が人権尊重の理念に立って、児童生徒が発達途上にあることに十分配慮しながら適時適切に指導することが大切である。このような問題の解決に当たっては、学校が主体的に取り組むとともに、日頃から学校の指導方針や課題等を積極的に家庭、地域、関係機関などに情報提供するなど、開かれた学校運営に努めていく必要がある。この場合、学校の主体性を失い、外部からの教育に対する不当な介入であるとの批判を招くことのないように留意するなど、教育の中立性が確保されなければならない。

大学等は、個々の大学等の実情、方針等に応じて学内における自主的な取組により人権に関する教育の一層の充実に配慮することが求められる。

(4) 社会教育施設

学習者のニーズや地域の実情に応じた多様な学習機会を提供する上で、地域住民にとって身近な公民館等社会教育施設の果たす役割は重要である。公民館等社会教育施設においては、学級・講座の開設等を通じて人権に関する学習機会の一層の充実を図る必要がある。また、学習ニーズに対応し、学習意欲を高めるような魅力ある手法を用いるとともに、学級・講座等の指導においては、教育関係者だけでなく、人権に関し幅広い識見のある人材を活用していく必要がある。このほか、ボランティア団体をはじめとするNPOを含めた関係機関との連携の下で、人権教育に関する指導者や学習機会等についての様々な情報を収集し、地域住民に提供していくなど、地域における人権教育を推進するための中核的役割を担っていくことが望まれる。なお、学校同様に教育の中立性が確保される必要がある。

(7) 民間団体

人権擁護の分野においては、公益法人やボランティア団体などが多種多様な活動を行っており、今後とも様々な分野で人権教育・啓発の実施主体として重要な一翼を担っていくことが期待される。このように重要な役割を担うことからすれば、各民間団体は、自己研鑽を積むとともに、国民から理解され共感されるような取組を心掛けることが求められる。

なお、㈶人権教育啓発推進センターは、前記のような活動の位置付けから見て、今後、中立公正な立場で、民間団体としての特質を生かした人権教育・啓発活動を総合的に行うナショナルセンターとしての役割を果たすことが求められる。

(8) マスメディア

人権教育・啓発の推進に当たって、教育・啓発の媒体としてのマスメディアの果たす役割は大きい。

一方、マスメディアは人々の人間形成や社会の風潮にも大きな影響力を持っているので、番組や雑誌等を製作・提供する側にも適切な配慮が求められる。また、子どもの豊かな人間性を育成するという観点からの取組や広く人権意識の高揚が図られるような取組など、自主的かつ積極的な役割を担っていくことが期待される。

人権問題についての報道は、国民の人権問題に対する関心を呼び起こし、人権尊重の理念についての理解を深めることに寄与するので、マスメディアにはどのような人権問題についても積極的に取り組む報道姿勢が望まれる。

2 人権教育・啓発の総合的かつ効果的な推進のための施策

(3) 人権教育・啓発の効果的な推進のための施策

ア　人権教育

(ア) 学校教育においては、国は、各学校等での人権教育に係る取組に資するため、（1）適切かつ効果的な指導方法や学習教材等について資料の収集、調査・研究をし、その成果を学校等に対して提供すること、（2）ボランティア活動などの社会体験や自然体験、高齢者や障害者等との交流などの豊かな体験の機会の充実等を図っていくこと、（3）教員が人権尊重の理念について十分な認識を持つことができるように研修等の一層の充実を図っていくとともに、現行のいわゆる同和加配教員制度を人権教育を推進するための教職員配置等に発展的に見直していくなど指導体制の充実について検討していくことが必要である。

(イ) 社会教育においては、国は、（1）地域の実情や学習者のニーズに応じた多様な学習機会の一層の充実を図ること、（2）学習意欲を高めるような参加体験型の学習プログラムを開発するとともに、広く関係機関に、その成果を提供すること、（3）社会教育指導者に対する研修の一層の充実を図るとともに、指導者として、人権に関して幅広い識見のある人材を多方面から活用するなど指導体制の一層の充実を図ること、（4）公民館等の社会教育施設を中心に、人権教育に関する指導者や学習機会等、様々な情報を地域住民に提供できるよう、関係機関等との連携を図ることが必要である。

(ウ) 家庭教育に関しては、幼児期から豊かな情操や思いやり、善悪の判断など人間形成の基礎をはぐくむことができるよう家庭の教育力の向上を図るとともに、親自身が偏見を持たず、差別をしないことなどを日常生活を通じて身をもって子どもに示していく必要がある。このため、国は、家庭教育に関する親に対する学習機会の充実を図るとともに、これらの学習機会、相談窓口、関係機関などについての情報の提供や子育てに関する相談体制の整備など、家庭教育を支援する取組の一層の充実を図る必要がある。

第2節　学校運営・教育内容

●中央教育審議会答申（学校運営・教育内容関係）（太字は本書収録）

A　中央教育審議会答申（平成一四年から）

1、**新しい時代における教養教育の在り方について**……（平成一四年二月二一日）
2、子どもの体力向上のための総合的な方策について……（平成一四年九月三〇日）
3、初等中等教育における当面の教育課程及び指導の充実・改善方策について……（平成一五年一〇月七日）
4、食に関する指導体制に整備について……（平成一六年一月二〇日）
5、**今後の学校の管理運営の在り方について**……（平成一六年三月四日）
6、**子どもを取り巻く環境の変化を踏まえた今後の幼児教育の在り方について**……（平成一七年一月二八日）
7、**子どもの心身の健康を守り、安全・安心を確保するために学校全体としての取組を進めるための方策について**（平成二〇年一月一七日）
8、幼稚園、小学校、中学校、高等学校及び特別支援学校の学習指導要領等の改善について……（平成二〇年一月一七日）
9、高等専門学校教育の充実について……（平成二〇年一二月二四日）
10、学校安全の推進に関する計画の策定について……（平成二四年三月二一日）
11、道徳に係る教育課程の改善等について……（平成二六年一〇月二一日）
12、**新しい時代にふさわしい高大接続の実現に向けた高等学校教育、大学教育、大学入学者選抜の一体的改革について**……（平成二六年一二月二二日）
13、**子供の発達や学習者の意欲・能力等に応じた柔軟かつ効果的な教育システムの構築について**……（平成二六年一二月二二日）
14、**チームとしての学校の在り方と今後の改善方策について**……（平成二七年一二月二一日）
15、幼稚園、小学校、中学校、高等学校及び特別支援学校の学習指導要領等の改善及び必要な方策等について……（平成二八年一二月二一日）
16、第2次学校安全の推進に関する計画の策定について……（平成二九年二月三日）
17、**新しい時代の教育に向けた持続可能な学校指導・運営体制の構築のための学校における働き方改革に関する総合的な方策について**……（平成三一年一月二五日）

B　旧教育課程審議会答申（平成一二年まで）

1、幼稚園、小学校、中学校、高等学校、盲学校、聾学校及び養護学校の教育課程の基準の改善について……（平成一〇年七月二九日）
2、児童生徒の学習と教育課程の実施状況の評価の在り方について……（平成一二年一二月四日）

●新しい時代における教養教育の在り方について（答申）

（平成一四年二月二一日　中央教育審議会）

〈要　旨〉

1　今なぜ「教養」なのか

○冷戦構造崩壊後のグローバル化、少子・高齢化、都市化、情報化、科学技術の進展など大きな社会的変動の中で、既存の価値観が揺らぎ、社会に共通の目的や目標が見失われ、個人も社会も自信や将来への展望を持ちにくい状態。社会全体に学ぶことや努力することの意義を軽んじる風潮が広がり、幼・少年期や青年期の若者に自ら学ぼうとする意欲が薄れている。

○このような時代においてこそ、自らの立脚点を確認し、今後の目標を見定め、その実現に向けて主体的に行動する力＝新しい時代の教養が必要。

○一人一人が広く深い教養を持ち、互いの生き方を認め合い、高め合うことのできる社会を築くことは、国際社会において尊重され尊敬される「品格ある社会」の実現につながる。

2　新しい時代に求められる教養とは何か

○教養とは、個人が社会とかかわり、経験を積み、体系的な知識や知恵を獲得する過程で身に付ける、ものの見方、考え方、価値観の総体。中教審では、変化の激しいこれからの新しい時代に求められる教養の要素として次の五点を重視。

①社会とのかかわりの中で自己を位置付け、律していく力、向上心や志を持って生き、より良い新しい時代の創造に向かって行動する力

②我が国の伝統や文化、歴史等に対する理解を深めるとともに、異文化やその背景にある宗教を理解する資質・態度

③科学技術の著しい発展や情報化の進展に対応し、論理的に対処する能力や、これらのもたらす功罪両面についての正確な理解力、判断力

④日常生活を営むための言語技術、論理的思考力や表現力の根源、日本人としてのアイデンティティ、豊かな情緒や感性、すべての知的活動の基盤としての国語の力

⑤礼儀・作法など型から入り、身体感覚として身に付けられる「修養的教養」

○これらを総合的にとらえて総括すれば、新しい時代の教養の全体像は、地球規模の視野、歴史的な視点、多元的な視点で物事を考え、未知の事態や新しい状況に的確に対応していく力。こうした教養を獲得する過程やその結果として、品性や品格などの徳性も身に付く。

3　どのように教養を培っていくのか

○生涯にわたって教養を培う上で次の三点を重視すべき。

①学ぶことやより良く生きることへの主体的な態度や何事にも真摯に取り組む意欲を身に付けること

②「知識社会」の中で、膨大な情報の中から自らに必要な情報を見付け、獲得し、それを新たな知識へと統合していく知的な技能を身に付けること

③異文化との接触を通じて、自己を考え、確立するとともに、自らとは異なるものを理解し、尊重し合いながら共に生きる姿勢を身に付けること

(1)　幼・少年期における教養教育

○幼児期からおおむね一二、一三歳ごろまでの「幼・少年期」は、一人一人の成長のための「受容体」ともいうべき基盤を培うべき時期。

○核家族化、少子化、都市化などに伴い、家庭や地域の教育力が低下。我が国の伝統的な生活習慣などの「生活文化のかたち」を積極的に子どもたちに伝え、基本的な社会道徳、豊かな情緒等をはぐくむことが必要。

○生涯にわたる教養の基盤の形成に向けて、基礎的・基本的な知識や技能、自ら進んで学び考え、物事に挑戦していこうとする意欲や態度、社会の一員としての規範意識や豊かな人間性などを培うことが必要。

①家庭や地域で子どもたちの豊かな知恵を育

てる

・家庭での絵本や昔話の読み聞かせ、年中行事や地域行事への参加、テレビやゲームの時間の制限などの「我が家の決まり」づくり

・善悪を区別する力や我慢する心、社会の中で生きていくための基本的な決まりなどを身に付けさせるしつけの充実

・美術館や博物館での子供向けの館内ツアー、参加・体験プログラム、学校図書館の土日開放

②確かな基礎学力を育てる

・基本的な事項の徹底のための反復練習、個別の家庭学習課題の設定、放課後の個別指導、社会人や大学生等のティーチングアシスタントの活用、中学校・高校の教員の小学校・中学校での指導への参加

・国語教育における素読や暗唱、朗読など言葉のリズムや美しさを体で覚えさせるような指導、「朝の一〇分間読書」等の読書指導

・学校の教育活動の自己点検・評価、全国的な学力調査の実施とその結果を踏まえた改善策の実施

③学ぶ意欲や態度を育てる

・実験やものづくりの実習、各種の体験活動、地域の人材の活用、地域の学習資源の活用、メディアの活用の推進など子どもの知的好奇心を高める取組の推進

・発展的な学習や補充的な学習の充実、発展的な学習の指導方法の開発、子どもがつまずきやすい事項を分析し指導の改善に生かすための実践的研究、子どもの長所を見付け適切に褒める指導の重視

④豊かな人間性の基盤を作る

・豊かな人生経験を持つ社会人、一つの道を究めた専門家の参加による道徳教育の充実、文学作品や映像作品の活用、自然体験や社会奉仕体験などの体験活動の推進

・音楽や演劇などの文化芸術活動や様々なスポーツ活動等を通じた、豊かな感性、たくましく生きるための体力・精神力など知・徳・体の調和のとれた育成

⑤教員の力量を高める

・研究活動や読書を通じた教員の自己研鑽の奨励、教員用の図書や映像資料の充実

・社会体験研修、ボランティア体験研修、青年海外協力隊等への派遣の大幅拡充など教員研修の抜本的充実

・保護者や地域住民への授業公開、勤務評定方法等の工夫、表彰制度や特別昇給の実施など評価の推進

(2) 青年期における教養教育

○おおむね一四、一五歳から社会に出るまでの「青年期」は、自らのアイデンティティを確立するとともに、自然や人間、文化、社会とのかかわりを深める中で、人生観、世界観の基礎を培うべき時期。

ア　高等学校における教養教育

○高等学校においては、生徒の多様な進路を前提とした特色ある教育を推進するとともに、将来の職業や学問の基礎となる知識・技能や自らの人生に向き合う態度や能力をすべての生徒に身に付けさせることが必要。

①論理的に粘り強く考える訓練を行う

・「思索の記録」、「卒業論文」のように生徒が特定の課題について情報を集め、論理的に考え、表現する一貫した学習の機会の充実

・各高等学校で学校としての「必読書三〇冊」を選定

・科学技術の最新の研究成果も生かした教材の開発や、科学者等による指導の機会の充実など科学への関心を高め、科学的なものの見方や考え方の基礎を身に付ける教育の充実

②「将来」との結びつきから学ぶ意欲を引き出す

・進路指導におけるガイダンス機能の充実、インターンシップの推進、「高大連携」の推進、専門高校における職業教育の充実

・死や病、挫折など喪失感をもたらすような人生の側面を学び、考える機会の充実

③「体験」を通じて大人となる基礎を培う

・学校内外でのボランティア活動、多様な芸術文化活動やスポーツ活動など地域や社会での体験活動の推進

・高校での海外留学の奨励、宗教を含めた諸外国の文化を理解するための指導事例集の作成、高校卒業時点で外国人と日常の会話ができる程度の力を身に付けることを目指した外国語教育の指導の充実

イ　大学入学者選抜の在り方

○大学生の学力問題にも、大学入試は大きな影響。大学入試の在り方を、高等学校段階までの生徒一人一人の教養の涵養を促進し、大学で学ぶ姿勢や意欲を引き出すものへと改善することが必要。例えば、論文試験においてあらかじめ課題図書を指定し、それらの読書を前提に出題することや、面接試験において高等学校時代の課題研究や地域活動等を踏まえた討論をさせるなどの工夫を行うべき。

○社会人の積極的な受け入れを進めるため、各大学が入試において、社会人として培ってきた能力や意欲を適切に評価するための方法を工夫すべき。

○様々な評価機関による評価等を通じて、入試改善の取組を促していくことが重要。

ウ　大学における教養教育

○専門性の向上は大学院を主体に行うという今後の高等教育の方向を踏まえれば、学部では教養教育と専門基礎教育を中心に行うことが基本。各大学は、グローバル化や科学技術の進展など社会の激しい変化に対応し得る統合された知の基盤を学生に培うことを目指し、教養教育の再構築に取り組むことが必要。

○国内外でのボランティア活動、インターンシップなどの職業体験、留学や長期の旅行などを通じて得られる教養も重要。大学を休学しての長期間のボランティア活動や職業経験後に大学に入学し直すなどの「寄り道」の意義を積極的に評価すべき。

①カリキュラム改革や指導方法の改善により「感銘と感動を与え知的好奇心を喚起する授業」を生み出す

・各大学における教育理念・目的に基づく教養教育のカリキュラムの構築、教養教育の理念の教職員・学生への明確な提示

・学際的なテーマを複数教員で担当する、実験や実習を取り入れる、和漢洋の古典を中心とした「グレートブックス」の読破を求める、五〇分授業を週に複数回実施するなどの授業内容・方法の改善

・新入生に対する導入教育、科目履修時の詳細なガイダンス、チューター制度などきめ細やかな指導の推進

②大学や教員の積極的な取組を促す仕組みを整備する

・国公私立大学を通じて教養教育の改善充実に先導的に取り組む「教養教育重点大学(仮称)」への重点的支援

・授業内容や指導方法の改善の調査研究に取り組む教員に対する支援の充実、教育面での実績評価の学内経費配分や人事への反映、新任教員等に対する研修の実施

・複数の大学の共同による教育プロジェクトへの積極的な支援

③各大学において教養教育の責任ある実施体制を確立する。

・全学的な教養教育の実施・運営に当たるセンター等の強化

・リベラル・アーツ・カレッジのような教養教育を中心とした大学や地域との連携協力を重視した短期大学等への改組転換の促進

・放送大学を含めた複数の大学間の単位互換等、大学間の連携・協力の促進

④学生の社会や異文化との交流を促進する

・社会貢献活動やボランティア活動のカリキュラム化、長期間のインターンシップの奨励、留学や海外派遣等の機会の充実、このような活動の促進のための窓口の大学への設置

・各大学において、留学や休学、転学等の制度をより柔軟なものとし、やり直しのきく教育システムづくりを推進。「寄り道」による「履歴書の空白」を企業をはじめ社会全体で積極的に評価

(3) 成人の教養の涵養

○子どもたちの学ぶことや将来への意欲の低さには、大人社会の現状が反映。

○今後の高齢化社会において、だれもが一生の間「完成」を目指して研鑽を積むという生涯

学習の考え方が一層重要。大人自身が生涯にわたって学び自己実現に努めるような社会であってはじめて、子どもたちは目指すべき目標を得ることができ、社会としての品格も生まれる。

①教養を尊重する社会の実現に向けた気運を醸成する

・大人自身が自らの責任を自覚し、生涯にわたって教養を高める努力を実践

・社員の学習活動や地域貢献活動を支援するための各企業の休暇制度の整備や勤務形態の柔軟化等の促進、インターンシップの受入れや学校への講師派遣など企業の教育への積極的な協力を奨励

・書評や論壇時評などの評論機能の重視、専門的な内容を分かりやすく解説した新書の発刊などマスコミにおける取組の要請。多様な主体による優れた書籍、雑誌、映像作品等への助成や顕彰の奨励

②大人が教養を高めるために学ぶ機会を充実する

・親としての心構えや役割を学ぶ、老いや死などについて学ぶ、地域活動の在り方について学ぶ、社会生活に必要な経済知識を身に付ける、社会人が学位取得を目指して学ぶなどの多様な学習機会の充実

・大学や専修学校等における社会人の受入れの大幅な拡充や情報通信技術の活用、奨学金事業の充実などだれもが学びやすい環境の整備、情報提供の仕組みの整備

・学習の成果を生かして、住民がまちづくりや学校の教育活動の支援などに取り組むことを奨励、学校や公民館等を地域の学習グループやＮＰＯの活動拠点として積極的に位置付け

●今後の学校の管理運営の在り方について（答申）

（平成一六年三月四日　中央教育審議会）

〈概　要〉

学校の管理運営をめぐる課題と検討の基本的視点

○検討の背景

・学校教育に対する国民の要請の多様化・高度化

→既存の公立学校が国民の期待に十分応えられていないとの批判

→新しい制度の導入も含め、公立学校の管理運営全体の活性化を図る必要性

○学校教育・義務教育の本来的役割

・学校教育（公教育）は、教育の基本的な使命である、人格の完成を目指し、個人の能力を伸長し、自立した人間を育てること、国家・社会の形成者としての資質を育成することの達成に中心的役割を果たす存在。

・義務教育は、国民が共通に身に付けるべき公教育の基礎的部分を、誰もが等しく享受し得るよう制度的に保障。個人の幸福の実現と、民主国家の存立という国家・社会の要請の双方にとって必須な国の根幹的教育制度。

○学校の管理運営の原則と改革の方向

・学校は「公の性質」をもつものであり、公平性・中立性の確保を前提としつつ、国民に一定水準の教育を安定的・継続的に保障することが必要。このため、「設置者管理主義」及び「設置者負担主義」が原則。

・近年、学校の管理運営に関して、自主的・自発的な取組を促進し、開かれた学校づくりを推進する観点から、「学校の裁量の拡大」、「地域との積極的な連携・協力」、「学校外の活力の導入」などの取組が進展。

○検討の基本的な視点

・近年の改革の流れを加速し、各学校が国民の期待に応えて、創意工夫を生かし、学校の担うべき役割を十分に果たすことができるよう、学校の管理運営の在り方をより柔軟で弾力的なものとする視点から検討。

地域が運営に参画する新しいタイプの公立学校（地域運営学校）の在り方について

○地域が公立学校の運営に参画する意義

・公立学校の管理運営に保護者や地域住民が参画することにより、学校の教育方針の決定や教育活動の実践に、地域のニーズを的確かつ機動的に反映させるとともに、地域の創意工夫を活かした、特色ある学校づくりが進むことを期待。

○制度化に当たっての基本的考え方

・地域運営学校は、学校運営の在り方の選択肢を拡大する一つの手段として、学校を設置する地方公共団体の教育委員会の判断により設置。

・保護者や地域住民の学校運営への参画を制度的に保障するため、保護者等を含めた学校運営に関する協議組織（学校運営協議会）を設置。

・学校運営協議会は、教育計画、予算計画の方針などの学校運営の基本的事項について承認。

・学校運営協議会は、校長や教職員の人事について任命権を有する教育委員会に対して意見を述べ、教育委員会は、その意見を尊重して人事を行う。

・学校の創意工夫を活かした様々な取組が可能となるよう、校長の裁量権の拡大が重要。

・地域運営学校自身による自己評価に加え、教育委員会による不断の点検・評価が重要。必要に応じて指導、指定取消等の是正措置を行う。

公立学校の管理運営の包括的な委託の在り方について

○公立学校の管理運営を委託する意義・懸念

・学校は、「設置者管理主義」が原則。

一方、地方公共団体の様々な業務が民間に委託される中で、多様なニーズに応じた特色ある教育を実現すること等を目的として、公立学校の管理運営を委託することについても検討すべきとの提案。

・公立学校の管理運営を委託することは、例えば、経費の削減等による教育の質の低下、契約解除等による学校の閉鎖による教育を受ける機会の侵害等の懸念も指摘。

・このため、十分なセーフティーネットの構築を前提に、構造改革特区における特例として検討することが適当。公立学校の基本的な性格に照らし、法制上の課題等を踏まえつつ制度設計を進めることが必要。

○制度検討に当たっての基本的考え方

・当面、幼稚園と高等学校を対象とすべき。

・委託が可能な活動範囲について、公立学校の法的性格にかんがみ、検討。

・委託先は、学校法人など、安定的経営基盤と実績等を踏まえることが必要。

・委託された学校自身による自己評価に加え、教育の質を担保するため、教育委員会による不断の点検・評価が重要。必要に応じて指導、委託の取消等の是正措置を行う。

●子どもを取り巻く環境の変化を踏まえた今後の幼児教育の在り方について（答申）（抄）

（平成一七年一月二八日　中央教育審議会）

第1章　子どもを取り巻く環境の変化を踏まえた今後の幼児教育の方向性

第1節　幼児期における教育の重要性（省略）

第2節　幼児教育の意義及び役割（省略）

第3節　幼児教育の振興に係るこれまでの取組（省略）

第4節　子どもの育ちの現状と背景（省略）

第5節　今後の幼児教育の取組の方向性

具体的には、以下の二つの方向性から取組を進めることを提唱する。

1　家庭・地域社会・幼稚園等施設の三者による総合的な幼児教育の推進

幼稚園等施設に家庭・地域社会を加えた三者が連携しながら総合的に幼児教育を推進していく方向性である。

この場合、幼稚園等施設においては、これまでの役割に加え、

①家庭や地域社会における教育力を補完する役割（「失われた育ちの機会」を補完する役割）、

②家庭や地域社会が、自らその教育力を再生、向上していく取組を支援する役割（「幼児教育の牽（けん）引力」として家庭や地域社会を支援する役割）

を担うことが求められる。

また、家庭や地域社会についても、幼稚園等施設による取組に加え、生涯学習振興施策等を通じて、その教育力を向上させていくことが必要である。

2　幼児の生活の連続性及び発達や学びの連続性を踏まえた幼児教育の充実

家庭・地域社会・幼稚園等施設におけるそれぞれの教育機能が連携することにより、幼児の日々の生活の連続性及び発達や学びの連続性を確保するとともに、その成果を円滑に小学校に引き継ぐ（幼児教育の成果の連続性を確保する）ために、幼児教育の充実を図る方向性である。

家庭・地域社会・幼稚園等施設の三者の連携は、「子どもの健やかな成長」を保障するという視点に立って、以下の観点から進められることが必要である。

①幼児の「日々の生活」という観点からは、幼稚園等施設での生活と家庭や地域社会における生活の連続性が確保されていることが必要。

②幼児の「発達や学び」という観点からは、幼稚園等施設への就園前における家庭や地域社会での生活を通した発達から、幼稚園等施設の教育を通した学び、さらには小学校以上の学習へと連続的につながっていくことが必要。

こうした「生活」や「発達や学び」の連続性の確保に向けて、幼児教育全体を充実していくことが求められている。

第2章　幼児教育の充実のための具体的方策

第1節　幼稚園等施設の教育機能の強化・拡大

1　すべての幼児に対する幼児教育の機会の提供

従来からの幼児教育の成果を踏まえ、幼稚園を中心として幼児教育の機会の拡大に努めるとともに、幼児教育振興プログラム（平成十三～十七年度の五か年計画）について引き続き推進していく。

(1)　幼児教育の機会の拡大

○幼稚園教育の地域的偏在の問題等を踏まえ、入園を希望するすべての満三歳児から五歳児の就園を目標に幼稚園の整備を進めることなど、幼児教育の機会の拡大について、総合施設（次章参照）に関する検討状況も踏まえながら、更に検討し、推進、充実する必要がある。

その際、障害のある幼児等への対応についても配慮することが必要である。また、発達障害者支援法の成立を踏まえ、発達障害の早期発見及び発達支援に留意する必要がある。

(2)　幼児教育振興プログラムの着実な推進と検証等

○幼児教育振興プログラムにおける幼稚園教育の条件整備に関する施策について、引き続き着実な推進を図るとともに、適切な検証を行う。

具体的には、例えば、子どもの育ちをめぐる今日的課題を踏まえ、基本的な生活習慣や態度、人とかかわる力などが幼児期に確実に育まれるよう、幼稚園教育要領の趣旨や内容についての関係者等の理解を深める事業を更に推進する必要がある。

加えて、効果的・効率的な幼児教育の施策の在り方について、新たなプログラムの策定も含め、検討することが望まれる。

(3)　次世代育成支援対策推進法に基づく行動計画への位置付け

○地方公共団体や事業主が、次世代育成支援対策推進法に基づく行動計画を策定し実施するに当たっては、幼児教育の充実について十分配慮することが望まれる。

2　発達や学びの連続性を踏まえた幼児教育の充実

子どもの育ちに係る今日的な課題を受け、幼児教育と小学校教育との連携・接続の強化・改善や三歳未満の幼稚園未就園児の幼稚園教育への円滑な接続など、幼児の発達や学びの連続性を踏まえた幼児教育の充実を図っていく。

(1)　小学校教育との連携・接続の強化・改善

遊びを通して学ぶ幼児期の教育活動から教科学習が中心の小学校以降の教育活動への円滑な移行を目指し、幼稚園等施設と小学校との連携を強化する。特に、子どもの発達や学びの連続性を確保する観点から、連携・接続を通じた幼児教育と小学校教育双方の質の向上を図る。

具体的には、幼児教育における教育内容、指導方法等の改善等を通じて生きる力の基礎となる幼児教育の成果を小学校教育に効果的に取り入れる方策を実施する。

その際、例えば幼稚園においては園児の八割近くが私立幼稚園に在園していることなどを踏まえ、市町村教育委員会が積極的役割を果たすなどして、公立・私立の連携を図りつつ実施することが必要である。

4　幼稚園等施設による家庭や地域社会の教育力の再生・向上

幼稚園等施設において行われている子育て支援や幼稚園における預かり保育の取組を、家庭の教育力の再生・向上、「親と子が共に育つ」という教育的視点から改めて整理し、充実を図る。また、幼稚園等施設が地域社会の一員として地域社会の教育力の再生・向上に資する役割を果たしていく。

第2節　家庭や地域社会の教育力の再生・向上（省略）

第3節　幼児教育を支える基盤等の強化（省略）

第4節　その他の課題（省略）

第3章　幼稚園と保育所の連携の推進及び総合施設の在り方

○第1章では、子どもを取り巻く環境の変化を踏まえた上で、今後の幼児教育の方向性について、第2章では、その方向性を受けて、今後の幼児教育の充実のための具体的な方策について提言した。一方、本章では、第2章の提言に加え、特に幼稚園と保育所の連携など幼稚園等施設どうしの連携の在り方や、平成十八年度からの本格実施を目指している「就学前の教育・保育を一体として捉（とら）えた総合施設（仮称）」（以下「総合施設」と言う。）での教育・保育の在り方に関して提言する。

第1節　幼稚園と保育所の連携の推進

○学校である幼稚園と児童福祉施設である保育所には、その目的や機能において違いがある。

従来から、幼稚園は、希望するすべての三歳以上の幼児を対象とした教育施設として、保育所は、保護者の就労等で「保育に欠ける」〇～五歳児を対象とした児童福祉施設として、異なった目的・機能等を持つ施設として、それぞれの整備・充実を図ってきた。

○一方、両施設とも、小学校就学前の幼児を対象に教育・保育を行う施設であり、近年は少子化の進行、共働き世帯の一般化などに伴う

保育ニーズの多様化を背景として、文部科学省と厚生労働省では、両施設の連携を進めてきた。

具体的には、施設の共用化、教育内容・保育内容の整合性の確保、幼稚園教諭・保育士の資格の併有の促進、合同研修などを実施してきた。また、構造改革特別区域における幼稚園児と保育所児等の合同活動のための特例等の措置を行ってきた。

○第1章及び第2章で述べたとおり、今後の幼児教育の在り方として、幼稚園等施設が家庭や地域社会と連携して総合的に幼児教育を推進するため、また、幼児の生活の連続性及び発達や学びの連続性を踏まえた幼児教育の充実を図るためには、小学校就学前の子どもの育ちを、幼稚園と保育所とで区別することなく保障していく必要がある。この意味においても、今後とも、幼稚園と保育所の連携を進める必要がある。

第2節　総合施設の在り方〔省略〕

●子どもの心身の健康を守り、安全・安心を確保するために学校全体としての取組を進めるための方策について（答申）

（平成二〇年一月一七日　中央教育審議会）

〈概　要〉

I　子どもの健康・安全を守るための基本的な考え方について

○学校は、心身の成長発達段階にある子どもが集い、人格を形成していく場であり、子どもの健康や安全の確保が保障されることが不可欠の前提となるもの。

○学校において、子どもが自らの健康をはぐくみ、安全を確保することのできる基礎的な素養を育成することが必要。

○子どもの健康と安全を確保する方策は、家庭や地域との連携の下に効果的に実施されることが必要。

○健康・安全に係る連携は、学習指導面及び生徒指導面において必要となる家庭や地域との協力関係の基礎を形成するものとして取り組まれるべきもの。

II　学校保健の充実を図るための方策について

生活習慣の乱れ、メンタルヘルスに関する課題、アレルギー疾患、感染症など多様な健康課題に適切に対応しつつ、子どもの健康を保持増進することが求められている。

保健体育科等における保健教育を実施するとともに、養護教諭の専門性を活用しつつ、学校保健を重視した学校経営がなされることが喫緊の課題であり、子どもの健康課題に対応した学校の管理運営がなされるよう関係法制の整備に向けて検討を行うとともに、保健主事等の教職員の資質能力の向上、学校医等との協力関係の充実、教育委員会による指導・支援体制の強化等を図る必要がある。また、子どもの健康の保持増進を図る上で、学校と家庭との連携、地域の医療機関等との協力関係を確立することが重要である。

○養護教諭の専門性を学校保健活動全体に生かす環境整備

・養護教諭を中核として、担任教諭等及び医療機関など学校内外の関係者と連携・協力しつつ、学校保健も重視した学校経営がなされることを担保するような法制度の整備について検討することが必要。

・養護教諭が、学級担任や学校医等、地域の関係機関等との連携を図りつつ、保健指導を適切に行い得る体制の確立が必要。

・保健学習等を含めた養護教諭の資質能力の向上を図るため、教員養成段階における教育及び現職研修の充実が必要。

・保健室来室者の増加傾向等にかんがみ、養護教諭の複数配置の促進、退職養護教諭の活用等の推進が必要。

○学校保健活動の調整的役割を担う保健主事の機能の充実

・保健主事の資質能力の向上のための実践的研修プログラム開発が必要。

○学級担任等による日常的な健康観察の充実

・子どもの心身の変化について早期発見・早期対応を図る上で、学級担任等による日常的な健康観察は特に重要。

　そのため、教員養成段階における教育及び現職研修において、学校保健に係る知識や指導方法を習得する機会を確保・充実することが必要。

○学校保健を重視した学校経営の実現

・管理職研修において、子どもの現代的な健康課題に係る内容を設定するなど、学校保健に係る内容の充実が必要。

○学校医等の専門的知見を学校保健活動に有効に活用

・子どもの様々な健康課題に対応して、学校医・学校歯科医・学校薬剤師による効果的な保健指導の実施が必要。

・スクールカウンセラーの効果的な活用によるメンタルヘルス問題への対応の充実が必要。

○学校保健に係る教育委員会の指導体制の充実

・各学校における地域学校保健委員会等の組織づくり及びその活動の活性化に対する教育委員会の取組の充実が必要。

○子どもの健やかな学校生活を保障する学校環境衛生の実現

・全ての学校における環境衛生の水準を確保するための全国的基準として「学校環境衛生の基準」の法制度上の位置づけを検討することが必要。

○学校と家庭・地域社会との連携による学校保健活動の実現

・学校保健について地域との連携組織となる学校保健委員会の活性化の促進が必要。

・健康上の課題が指摘されている子どもの健康診断に基づく事後措置の結果の把握や学校生活管理指導表による子どもの健康状態の把握などの取組を充実し、的確な健康情報に基づく保健指導の実現が必要。

・地域ぐるみでの子どもの健康課題に対応するため、市町村教育委員会に「学校地域保健連携推進協議会（仮称）」を設置するなどの取組が必要。

III　学校における食育の推進を図るための方策について

食は健康な生活を送るための基礎となるものであり、子どもの健やかな成長発達のためにも、また、生活習慣病等への対応など生涯にわたる健康な生活を築く上でも、食に関する正しい知識と実践力を子どもに身に付けさせることが、今日、極めて重要な課題となっている。

栄養教諭の配置促進を進めるとともに、学校の教育活動全体として、系統的・組織的に食育を推進する体制を整備し、また、各教職員の指導力を高める必要がある。

学校給食を活用した食育の推進を図るため、学校給食の目的の見直しや栄養教諭の果たすべき役割の明確化など、関係法制の整備に向けて検討を行うとともに、地場産物の活用による地域への理解の深化、郷土の食文化の継承等の取組を行う必要がある。

また、家庭や地域社会と連携を強化し、地域全体として食育を推進する体制を確立することが重要である。

○「生きた教材」としての学校給食の充実

・学校給食は、食育を進める上で極めて有効な教材であり、給食の時間のみならず、各教科等の学習における活用を推進。

・学校給食法における学校給食の目的について食育の観点から見直すとともに、全国的な学校給食の水準を確保するため、「学校給食実施基準」を法制度上位置付けることについて検討することが必要。

・学校給食に地場産物を活用することは、子どもが食材を通して地域の自然や文化、産業等に対する理解、郷土への愛着などを深める教育的意義を有することから、学校給食法においてもその趣旨の明確化を図ることを検討することが必要。

○学校全体での食育の推進

・学校において組織的・体系的に食育を進めるため、学校給食を「生きた教材」として活用しつつ、食に関する指導の全体計画を作成することが肝要であり、学校給食法においてその趣旨を明確に位置付けることについて検討することが必要。

・「食育推進委員会」など、学校全体で食育を進めるための組織体制を整備することが必要。

・栄養教諭のみならず、校長等管理職を含め全ての教職員が食育に対する理解を深めるため、教員養成段階や現職研修において、食育についての知識や指導方法を修得する機会を確保・充実することが必要。

○栄養教諭の配置促進及びその専門性を活用した食育の実現

・栄養教諭の配置促進を図るとともに、資質能力の向上のため研修の充実を図ることが必要。

・学校において栄養教諭が食育の中核的な役割を的確に果たすことができるよう、その基本的な職務内容を法制度上より明確に位置付けることについて検討することが必要。

○安全・安心な学校給食のための衛生管理の徹底

・安全・安心な学校給食の実施がなされるよう、「学校給食衛生管理の基準」について学校給食法上、明確に位置付けることを検討することが必要。

○家庭・地域社会と連携した食育の推進の実現

・子どもの望ましい食習慣の形成は、家庭を中心としつつ、学校や地域社会が連携して取り組むことが重要。

そのため、学校から家庭に対して食に関する情報提供を積極的に行うとともに、家庭からの食に係る情報の収集にも努め、栄養や食事に関する指導助言を行うなど、相互の連携の強化を図ることが必要。

・市町村において、教育委員会を中心として、保健部局や農政部局等との連携を図りつつ、地域全体で食育を推進していくための「地域食育推進委員会（仮称）」などの組織を設置することが重要。

Ⅳ　学校安全の充実を図るための方策について

事件・事故や自然災害などから子どもの安全を守るため、学校における危機管理は不可欠の課題となっている。

全ての行政分野の連携を図りつつ犯罪の起こりにくい安全・安心なまちづくりを進めるとともに、子どもの安全確保のため、学校、家庭、地域社会それぞれの役割を明確にして、取り組むことが重要である。

学校における安全管理体制に関して、総合的な安全計画や緊急時における対処要領の策定など子どもの安全確保を重視した学校の管理運営がなされるよう関係法制の整備に向けて検討を行う必要がある。また、学校安全に関する教職員の研修等を充実する必要がある。

家庭や地域社会、防犯の専門機関等との連携を図りつつ、学校の安全管理体制を確立する必要がある。

○総合的に子どもの安全を確保する学校安全計画の策定

・子どもの身の回りの事件・事故、自然災害などに対応して安全教育・安全管理が行われることが重要。そのため、学校保健安全計画において日常生活における事件・事故や自然災害に対応した安全点検がなされ、また、通学路の安全点検を行うことについて的確に位置づけられるよう検討することが必要。

○学校施設の安全性の確保

・防犯監視システムの整備等を行うとともに、学校施設設備の定期的又は随時の安全点検を行うことが必要。

・学校施設の耐震化を推進するとともに、安全上問題のある老朽施設の解消を図ることが必要。

○学校における安全管理体制の整備充実

・学校安全に関して、関係職員の連携の核となる教職員を明確にするなど学校内の安全管理体制を確立することが必要。

・警備員の配置、地域のボランティアによる学校内巡回等、多様な人材の活用により学校安全体制の強化を図ることが必要。

○緊急時に的確な対応ができる学校内の体制の確立

・危険発生時に円滑かつ的確に所要の対応ができるよう、教職員がとるべき措置の具体的内容、手順等を記載した危機対処要領を各学校において策定することが重要であり、学校保健法においてその旨を明確に位置付けることについて検討が必要。

○学校安全に関する教職員の資質能力の向上

・事前・発生時・事後の三段階の危機管理に対応した教職員の安全に関する知識・技能の向上を図るため、教員養成段階における教育及び現職研修において、安全についての知識や指導方法を修得する機会の確保・充実を図ることが必要。

・具体的な事件・事故事例の分析を含め、実践的・効果的な教材開発を進めることが必要。

○家庭・地域社会との連携による安全管理体制の強化

・学校、家庭、地域社会が連携した取組を進めるために、日常的に学校と家庭や地域とがお互いの顔が分かる関係づくりを進めるとともに、ＰＴＡ、ボランティア、自治会、警察等の関係機関などからなる「地域学校安全委員会（仮称）」の設置などの取組が必要。

・スクールガード・リーダーなど専門的な知見を有する者を活用し、学校安全ボランティア活動の充実・強化を図ることが必要。

・学校における安全管理・安全教育を実施するに当たり、警察、交通安全団体、消防署等の地域の関係機関の専門的知見を活用する取組を進めることが必要。

●子供の発達や学習者の意欲・能力等に応じた柔軟かつ効果的な教育システムの構築について（答申）

（平成二六年一二月二二日　中央教育審議会）

〈骨子〉

第1章　小中一貫教育の制度化及び総合的な推進方策について

第1節　小中一貫教育が取り組まれている背景

○全国各地で地域の実情に応じた小中一貫教育の取組が進められているが、それには以下のような背景があると考えられる。

・教育基本法、学校教育法の改正による義務教育の目的・目標規定の新設

・近年の教育内容の量的・質的充実への対応

・児童生徒の発達の早期化等に関わる現象

・中学校進学時の不登校、いじめ等の急増など、「中一ギャップ」への対応

・少子化等に伴う学校の社会性育成機能の強化の必要性

第2節　小中一貫教育の現状と課題

○小中一貫教育の取組は全国的に広がり、今後更なる増加が見込まれる

○現在行われている小中一貫教育の取組の内容や進捗状況は、教育課程の連続性や、教員の指導体制、施設形態、校長の体制等の点において極めて多様である。

○小中一貫教育の実施校のほとんどが顕著な成果を認識しており、その内容は学力向上、「中一ギャップ」緩和、教職員の意識・指導力の向上など多岐にわたる。その一方、教職員の負担軽減など解消を図るべき課題も存在

する。

○小中一貫教育の取組の多様性を尊重しつつ優れた取組が展開されるような環境整備が必要となる。

第3節　小中一貫教育の制度化の意義

○小中一貫教育の制度化には以下のような意義がある。

・運用上の取組では小中一貫教育を効果的・継続的に実施していく上での一定の限界が存在するため、制度化により教育主体・教育活動・学校マネジメントの一貫性を確保した総合的かつ効果的な取組の実施が可能となる。

・設置者の判断で教育課程の特例を認め、柔軟な教育課程編成を可能とすることにより、地域の実態に対応した多様な取組の選択肢を提供する。

・小中一貫教育の制度的基盤が整備されることにより、国・県による支援の充実が行いやすくなる。

・人間関係の固定化や転出入への対応などの小中一貫教育に指摘されている課題について、制度化に伴い積極的な指導助言や好事例の普及を行うことなどにより、課題の速やかな解消に資する手立てが講じられるようにする。

第4節　小中一貫教育の制度設計の基本的方向性

○小中一貫教育の制度化の目的は、一体的な組織体制の下、九年間一貫した系統的な教育課程を編成することができる学校種を新たに設けるなどして、設置者が地域の実情を踏まえて小中一貫教育が有効と判断した場合に、円滑かつ効果的に導入できる環境を整えることである。これにより、小中一貫教育の優れた取組の全国展開と既存の小・中学校における小中連携の高度化が促進され、義務教育全体の質向上が期待される。

○小中一貫教育が各地域の主体的な取組によって多様な形で発展してきた経緯に鑑み、地域の実情に応じた柔軟な取組を可能とする必要があることから、下記の二つの形態を制度化すべきである。

①一人の校長の下、一つの教職員集団が九年間一貫した教育を行う新たな学校種を学校教育法に位置付ける（小中一貫教育学校（仮称））。

②独立した小・中学校が小中一貫教育学校（仮称）に準じた形で一貫した教育を施すことができるようにする（小中一貫型小学校・中学校（仮称））。

○小中一貫型小学校・中学校（仮称）においては、九年間の教育目標の明確化、九年間一貫した教育課程の編成・実施とともに、これらを実現するための学校間の意思決定の調整システムの整備を要件として求めることが適当である。

○小中一貫教育学校（仮称）については、既存の小・中学校と同様に、市町村の学校設置義務の履行対象とするとともに、就学指定の対象とし、市町村立の場合、入学者選抜は実施しないこととすべきである。

○小中一貫教育学校（仮称）の小学校段階を終えた後、希望する場合には他の学校への転校が円滑に行えるよう配慮することも必要であり、小中一貫教育学校（仮称）の修業年限の九年間を小学校段階と中学校段階の二つの課程に区分し、六学年修了の翌年度から中学校等への入学を認めるべきである。

○小中一貫教育学校（仮称）においては、原則として小・中学校教員免許状を併有した教員を配置することとするが、当面は小学校教員免許状で小学校課程、中学校教員免許状で中学校課程を指導可能としつつ、免許状の併有を促進すべきである。

○小中一貫教育学校（仮称）及び小中一貫型小学校・中学校（仮称）においては、現行の小・中学校の学習指導要領に基づくことを基本とした上で、独自教科の設定、指導内容の入替え・移行など、一定の範囲で教育課程の特例を認めるべきである。

○小中一貫教育学校（仮称）及び小中一貫型小学校・中学校（仮称）においては、小・中学校学習指導要領における内容項目を全て取り扱う形で教育が行われるものであり、小・中学校とこれらの学校が併存することで義務教育の機会均等が果たされなくなる事態は想定されない。小中一貫教育を全域実施するか一部実施するかなど、導入の形態については、児童生徒の実態や地域・保護者のニーズを踏まえ、設置者が適切に判断すべきである。

第5節　小中一貫教育の総合的な推進方策について

○国としては、小中一貫教育の実施を希望する設置者の積極的な取組を促すため、財政的支援を含めた条件整備や小中一貫教育の取組の質の向上を図るための方策を総合的に講じていく必要がある。

○具体的には、以下のような方策が求められる。

・小中一貫教育の制度化および推進に当たっての適切な教職員定数の算定

・小中一貫教育に必要な施設・設備の整備への支援

・小中一貫教育と学校運営協議会の一体的な導入推進など、義務教育の九年間の学びを地域ぐるみで支える仕組み作り

・モデル事業等を通じた小中一貫教育の好事例の収集・分析・周知

・小中一貫教育に応じた学校評価の充実と市町村における評価・検証

・都道府県教育委員会による現場のニーズを踏まえた積極的な指導・助言・援助

・教職員の負担軽減の取組の推進

・九年間の系統性・連続性の更なる強化による小中一貫教育の取組の質向上

第2章　意欲や能力に応じた学びの発展のための制度の柔軟化について

第1節　飛び入学者に対する高等学校の卒業程度認定制度の創設

○現在、高等学校中途退学扱いとなっている大学への飛び入学者については、大学入学後の進路変更等に対応できるよう、大学での一定の単位の修得状況を基に、文部科学大臣が高等学校卒業と同等以上の学力を有することを認定する制度を創設し、高等学校卒業と同等の法的地位、社会的評価が得られるようにする。

○具体的には、高等学校での五〇単位以上の修得及び大学での一六単位以上の修得と、それぞれ修得した単位の分野が著しく偏っていないことを確認することにより、文部科学大臣が認定を行う。

第2節　国際化に対応した大学・大学院入学資格の見直し

○文部科学省において、当該国における教育課程について確認の上、対象国を指定することにより、一二年に満たない教育課程の国からの留学生等であっても、我が国の大学への入学が可能となるように措置する。

○外国における教育課程が一六年に満たない場合でも、学位の質保証の観点から一定の要件を満たす学士の学位を有している場合には我が国の大学院への入学資格を認める。

第3節　高等教育機関における編入学の柔軟化

○一定の要件を満たす高等学校専攻科については、当該高等学校専攻科における学修を大学における単位認定の対象とするとともに、当該高等学校専攻科の修了者に対し、大学への編入学の途を開く。

○職業能力開発施設については、平成二六年九月に文部科学省告示を改正し、当該施設における学修が大学における単位として認定できることとなったところ。今後の各大学の単位認定状況を踏まえ、必要に応じて、職業能力開発施設における教育内容の見直しを実施する。

●新しい時代にふさわしい高大接続の実現に向けた高等学校教育、大学教育、大学入学者選抜の一体的改革について～すべての若者が夢や目標を芽吹かせ、未来に花開かせるために～（答申）

（平成二六年一二月二二日　中央教育審議会）

〈ポイント〉

本答申は、教育改革における最大の課題でありながら実現が困難であった「高大接続」改革を、初めて現実のものにするための方策として、高等学校教育、大学教育及びそれらを接続する大学入学者選抜の抜本的な改革を提言するものである。

(1)　若者の多様な夢や目標を支える高等学校教育、大学教育、大学入学者選抜への刷新

（目指す未来の姿）

○将来に向かって夢を描き、その実現に向けて努力している少年少女一人ひとりが、自信に溢れた、実り多い、幸福な人生を送れるようにすること。

これからの時代に社会に出て、国の内外で仕事をし、人生を築いていく、今の子供たちやこれから生まれてくる子供たちが、十分な知識と技能を身に付け、十分な思考力・判断力・表現力を磨き、主体性を持って多様な人々と協働することを通して、喜びと糧を得ていくことができるようにすること。

彼らが、国家と社会の形成者として十分な素養と行動規範を持てるようにすること。

我が国は今後、未来を見据えたこうした目標が達成されるよう、教育改革に最大限の力を尽くさなければならない。

○生産年齢人口の急減、労働生産性の低迷、グローバル化・多極化の荒波に挟まれた厳しい時代を迎えている我が国においても、世の中の流れは大人が予想するよりもはるかに速く、将来は職業の在り方も様変わりしている可能性が高い。そうした変化の中で、これまでと同じ教育を続けているだけでは、これからの時代に通用する力を子供たちに育むことはできない。

この厳しい時代を乗り越え、子供や孫の世代に至る国民と我が国が、希望に満ちた未来を歩めるようにするため、国は、新たな時代を見据えた教育改革を「待ったなし」で進めなければならない。

（克服すべき課題）

○高大接続を実現するための方策は、上に述べた未来の姿を実現するための一環とみなされるべきものである。しかしながら、現状の高等学校教育、大学教育、大学入学者選抜は、知識の暗記・再生に偏りがちで、思考力・判断力・表現力や、主体性を持って多様な人々と協働する態度など、真の「学力」が十分に育成・評価されていない。

○また、特定の分野に強い関心をもち、その向上に夢を賭けて卓越した力を磨いている高校生や、「世界にトビタテ！」の精神でグローバルな課題に積極的に向き合う活力のある高校生、身近な地域の課題に徹底的に向き合い考え抜いて行動する高校生などが評価されずに切り捨てられがちである。

こうした状況では、それぞれの夢を育み、その中で自らを鍛えるとともに、秘められた才能などを伸ばすことはできず、未来のエジソンやアインシュタインとなる道や、世界を舞台に活躍する潜在力、地方創生の鍵となる問題の発見や解決を生み出す可能性の芽なども摘まれてしまう。

（高等学校教育、大学教育、大学入学者選抜の一体的改革）

○この状況を、高等学校教育、大学教育、大学入学者選抜の改革による新しい仕組みによって克服し、少年少女一人ひとりが、高等学校教育を通じて様々な夢や目標を芽吹かせ、その実現に向けて努力した積み重ねを、大学入学者選抜においてしっかりと受け止めて評価し、大学教育や社会生活を通じて花開かせるようにする必要がある。

○そのため、以下の改革に一体的に取り組む。

◆高等学校教育については、生徒が、国家と社会の形成者となるための教養と行動規範を身に付けるとともに、自分の夢や目標を持って主体的に学ぶことのできる環境を整備する。

そのために、高大接続改革と歩調を合わせて学習指導要領を抜本的に見直し、育成すべき資質・能力の観点からその構造、目標や内容を見直すとともに、課題の発見と解決に向けた主体的・協働的な学習・指導方法であるアクティブ・ラーニングへの飛躍的充実を図る。

また、教育の質の確保・向上を図り、生徒の学習改善に役立てるため、新テスト「高等学校基礎学力テスト（仮称）」を導入する。

◆大学教育については、学生が、高等学校教育までに培った力を更に発展・向上させるため、個々の授業科目等を越えた大学教育全体としてのカリキュラム・マネジメントを確立する（ナンバリングの導入等）とともに、主体性を持って多様な人々と協力して学ぶことのできるアクティブ・ラーニングへと質的に転換する。

◆大学入学者選抜においては、現行の大学入試センター試験を廃止し、大学で学ぶための力のうち、特に「思考力・判断力・表現力」を中心に評価する新テスト「大学入学希望者学力評価テスト（仮称）」を導入し、各大学の活用を推進する。

◆個別選抜については、学力の三要素を踏まえた多面的な選抜方法をとるものとし、特定分野において卓越した能力を有する者の選抜や、年齢、性別、国籍、文化、障害の有無、地域の違い、家庭環境等にかかわらず多様な背景を持った学生の受け入れが促進されるよう、具体的な選抜方法等に関する事項を、各大学がその特色等に応じたアドミッション・ポリシーにおいて明確化する。このために、アドミッション・ポリシー等の策定を法令上位置付けるとともに、大学入学者選抜実施要項を改正する。

○さらに、各大学が、新たな大学入学者選抜実施要項に基づく新たなルールに則って改革を進めることができるよう、大学にとって改革のインセンティブとなるような財政措置等の支援を行う。

(2)　グローバル化に対応したコミュニケーション力の育成・評価

○グローバル化の進展の中で、言語や文化が異なる人々と主体的に協働していくため、国際共通語である英語の能力の向上と、我が国の伝統文化に関する深い理解、異文化への理解や躊躇せず交流する態度などが求められることにも留意が必要である。

○なかでも、真に使える英語を身に付けるため、単に受け身で「読む」「聞く」ができるというだけではなく、積極的に英語の技能を活用し、主体的に考えを表現することができるよう、「書く」「話す」も含めた四技能を総合的に育成・評価することが重要である。

「大学入学希望者学力評価テスト（仮称）」においては、四技能を総合的に評価できる問題の出題（例えば記述式問題など）や民間の資格・検定試験の活用を行う。また、高等学校における英語教育の目標についても、小学校から高等学校までを通じて達成を目指すべき教育目標を、「英語を使って何ができるようになるか」という観点から、四技能に係る一貫した具体的な指標の形で設定するよう、学習指導要領を改訂する。

(3)　学習指導要領の改訂も含めた高等学校教育改革の実現

○高等学校の学習指導要領は、多様な若者の夢や目標を支援できる高等学校教育の実現を目指し、①「何を教えるか」ではなく「どのような力を身に付けるか」の観点に立って、②そうした力を確実に育むため、指導内容に加えて、学習方法や学習環境についても明確にしていく観点から抜本的に見直す。

○具体的には、高等学校の学習指導要領を通じて、どのような資質・能力を育成しようとしているのかをより明確化するとともに、例えば、以下のような見直しを行う。

なお、育成すべき資質・能力の明確化に当たっては、教育基本法や学校教育法の目的・目標のほか、ＯＥＣＤのキー・コンピテンシーや、国際バカロレアが目指す論理的思考力や表現力、探究心等の育成などの考え方も参考にしつつ検討する。

◆「思考力・判断力・表現力」を育成するための、課題の発見と解決に向けた主体的・協働的な学習・指導方法の飛躍的充実

◆国家や社会の形成者となるための教養と行動規範、また自立して社会生活を営むために必要な力を、実践的に身に付けるためのカリキュラムを充実させること

◆高度な思考力・判断力・表現力を育成・評価するための新たな教科・科目を検討すること

◆大学の卒業論文のような課題探究を行う「総合的な学習の時間」の一層の充実に向けた見直し

◆特別支援教育の充実のための見直し

(4)　「公平性」をめぐる社会の意識改革

○現在の大学入試、特に一斉にかつ画一的に実施される試験で、あらかじめ設定された正答に関する知識の再生を一点刻みに問い、その結果の点数のみによる選抜を「公平」であると捉える既存の意識を改革し、それぞれの若者が、自分の夢や目標を持ち、その実現に必要な能力を身に付けることができるよう、それぞれの学びを支援する観点から、一人ひとりが積み上げてきた多様な力を多様な方法で「公正」に評価し選抜することが必要であるという意識を醸成するため、社会的な議論を深めることが必要である。

(5)　改革実現のための「高大接続改革実行プラン（仮称）」の策定

○国は、本答申をもとに、改革の具体策やスケジュールの詳細を「高大接続改革実行プラン（仮称）」としてまとめ、すみやかに策定・公表し、強力に推進する。

　プランにおいては、アドミッション・オフィスの強化、アドミッション・ポリシーの明確化を含む、各大学における個別選抜の改革と教育の質的転換を実現するための実効的な政策手段や、新テストの制度設計と実施主体の在り方、高等学校学習指導要領の在り方を含めた高等学校教育改革、評価方法の改革等について、中央教育審議会において進行している議論の状況も踏まえつつ、可能な具体策と、今後の検討スケジュールを示す。

○新しい時代に求められる教育の在り方を踏まえ、更なる検討が必要な点については、プランに示されたスケジュールに基づき検討を進め、成果を得たものから順次公表するものとする。

【学力評価のための新たなテスト（仮称）】

（実施主体）

○大学入試センターを、「学力評価のための新たなテスト（仮称）」の実施・方法開発や評価に関する方法開発などの支援を一体的に行う組織に抜本的に改組。

【高等学校基礎学力テスト（仮称）】

（目的・活用方策）

○生徒が、自らの高等学校教育における学習の達成度の把握及び自らの学力を客観的に提示することができるようにし、それらを通じて生徒の学習意欲の喚起、学習の改善を図る。

（上記以外の活用方策）

○結果を高等学校での指導改善にも生かす。

○進学時や就職時に基礎学力の証明や把握の方法の一つとして、その結果を大学等が用いることも可能とする。

※進学時の活用は、調査書にその結果を記入するなど、高等学校段階の学習成果把握のための参考資料の一部として使用。

（対象者）

○希望参加型（※できるだけ多くの生徒が参加することを可能とするための方策を検討。）

（内容）

○実施当初は「国語総合」「数学Ｉ」「世界史」「現代社会」「物理基礎」「コミュニケーション英語Ｉ」等の高校の必履修科目を想定（選択受検も可能）

○高等学校で育成すべき「確かな学力」を踏まえ、「思考力・判断力・表現力」を評価する問題を含めるが、学力の基礎となる知識・技能の質と量を確保する観点から、特に「知識・技能」の確実な習得を重視。

※高難度から低難度まで広範囲の難易度。

○各学校・生徒に対し、成績を段階で表示

※各自の正答率等も併せて表示

（解答方式）

○多肢選択方式が原則、記述式導入を目指す。

（検討体制）

○ＣＢＴの導入や両テストの難易度・範囲の在り方、問題の蓄積方法、作問の方法、記述式問題の導入方法、成績表示の具体的な在り方等について一体的に検討。

（実施方法）

○在学中に複数回（例えば年間二回程度）、高校二・三年での受験を可能とする。

○実施時期は、夏～秋を基本として、学校現場の意見を聴取しながら検討。

○ＣＢＴ方式での実施を前提に開発を行う。

○英語等については、民間の資格・検定試験も積極的に活用。

（作問のイメージ）

全国学力・学習状況調査のＡ問題（主として知識に関する問題）及びＢ問題（主として活用に関する問題）の高校教育レベルの問題を想定

【大学入学希望者学力評価テスト（仮称）】

（目的・活用方策）

○大学入学希望者が、これからの大学教育を受けるために必要な能力について把握する。

　「確かな学力」のうち「知識・技能」を単独で評価するのではなく、「知識・技能」を活用して、自ら課題を発見し、その解決に向けて探究し成果等を表現するために必要な思考力・判断力・表現力等の能力（「思考力・判断力・表現力」）を中心に評価。

（対象者）

○大学入学希望者（※大学で学ぶ力を確認したい者は、社会人等を含め、誰でも受験可能。）

（内容）

○「教科型」に加えて、教科・科目の枠を超えた思考力・判断力・表現力を評価するため、「合教科・科目型」「総合型」の問題を組み合わせて出題。

※将来は「合教科・科目型」「総合型」のみによる「知識・技能」と「思考力・判断力・表現力」の総合的な評価を目指す。

※広範囲の難易度。特に、選抜性の高い大学が入学者選抜の評価の一部として十分活用できる水準の高難易度の出題を含む。

○大学及び大学入学希望者に対し、段階別表示による成績提供

（解答方式）

○多肢選択方式だけでなく、記述式を導入。

（検討体制）

○ＣＢＴの導入や両テストの難易度・範囲の在り方、問題の蓄積方法、作問の方法、記述式問題の導入方法、成績表示の具体的な在り方等について一体的に検討。

（実施方法）

○年複数回実施。

○実施回数や実施時期は、入学希望者が自ら考え自ら挑戦することを第一義とした上で、高校教育への影響を考慮しつつ、高校・大学関係者を含めて協議。

○ＣＢＴ方式での実施を前提に開発を行う。

○特に英語は、四技能を総合的に評価できる問題の出題や民間の資格・検定試験を活用。

※他の教科・科目や「合教科・科目型」「総合型」についても、民間の資格・検定試験の開発・活用も見据えて検討。

（作問のイメージ）

知識・技能を活用して、自ら課題を発見し、その解決に向けて探究し成果等を表現するための力を評価する、ＰＩＳＡ型の問題を想定

●チームとしての学校の在り方と今後の改善方策について（答申）

（平成二七年一二月二一日　中央教育審議会）

〈骨子〉

１「チームとしての学校」が求められる背景

（教育活動の更なる充実の必要性）

我が国の教員は、学習指導、生徒指導等、幅広い業務を担い、子供たちの状況を総合的に把握して指導し、高い成果を上げている。一方で、新しい時代の子供たちに必要な資質・能力を育むためには、教育活動の更なる充実が求められている。

（学習指導要領改訂の理念を実現するための組織の在り方）

子供たちに、必要な資質・能力を育むためには、学校が、社会や世界と接点を持ちつつ、多様な人々とつながりを保ちながら学ぶことができる開かれた環境となることが不可欠であり、これからの教育課程には、教育が普遍的に目指す根幹を堅持しつつ、社会の変化に目を向け、柔軟に受け止めていく「社会に開かれた教育課程」としての役割が期待されている。

この理念を実現していくためには、各学校において、「アクティブ・ラーニング」の視点を踏まえた不断の授業方法の見直し等による授業改善と「カリキュラム・マネジメント」を通した組織運営の改善に一体的に取り組むことが重要である。

さらに、「コミュニティ・スクール」や多様な地域人材等と連携・協働して、家庭や地域社会を巻き込み、教育活動を充実していくことが大切である。

（複雑化・多様化した課題）

その一方で、社会や経済の変化に伴い、子供や家庭、地域社会も変容し、生徒指導や特別支援教育等に関わる課題が複雑化・多様化しており、学校や教員だけが課題を抱えて対応するのでは、十分に解決することができない課題も増えている。

また、我が国の子供の貧困の状況が先進国の中でも厳しいということも明らかとなっており、学校における対応が求められている。

（我が国の学校や教員の勤務実態）

国際調査等によると、我が国の教員は、授業に関する業務が大半を占めている欧米の教員と比較すると、授業や生徒指導など様々な業務を行っていることが明らかとなっており、勤務時間も国際的に見て、長いという結果が出ている。

（「チームとしての学校」の必要性）

学校が、複雑化・多様化した課題を解決し、子供に必要な資質・能力を育んでいくためには、学校のマネジメントを強化し、組織として教育活動に取り組む体制を創り上げるとともに、必要な指導体制を整備することが必要である。

その上で、生徒指導や特別支援教育等を充実していくために、学校や教員が心理や福祉等の専門スタッフ等と連携・分担する体制を整備し、学校の機能を強化していくことが重要である。

このような「チームとしての学校」の体制を整備することによって、教職員一人一人が自らの専門性を発揮するとともに、心理や福祉等の専門スタッフ等の参画を得て、課題の解決に求められる専門性や経験を補い、子供の教育活動を充実していくことが期待できる。

学校において、子供が成長していく上で、教員に加えて、多様な価値観や経験を持った大人と接したり、議論したりすることは、より厚みのある経験を積むことができ、「生きる力」を定着させることにつながる。

２「チームとしての学校」の在り方

(1)「チームとしての学校」を実現するための三つの視点

「チームとしての学校」を実現するためには、次の三つの視点に沿って施策を講じていくことが重要である。なお、本答申は、幼稚園から高等学校等の学校を対象としているが、具体の在り方については、学校種や学校の実態等を踏まえ検討する必要がある。

１　専門性に基づくチーム体制の構築

教員が、学校や子供たちの実態を踏まえ、学習指導や生徒指導等に取り組むため、指導体制の充実が必要である。加えて、心理や福祉等の専門スタッフについて、学校の職員として、職務内容等を明確化し、質の確保と配置の充実を進めるべきである。

２　学校のマネジメント機能の強化

専門性に基づく「チームとしての学校」が機能するためには、校長のリーダーシップが重要であり、学校のマネジメント機能を今まで以上に強化していくことが求められる。そのためには、優秀な管理職を確保するための取組や、主幹教諭の配置の促進や事務機能の強化など校長のマネジメント体制を支える仕組みを充実することが求められる。

３　教職員一人一人が力を発揮できる環境の整備

教職員がそれぞれの力を発揮し、伸ばしていくことができるようにするためには、人材育成の充実や業務改善の取組を進めることが重要である。

(2)「チームとしての学校」と家庭、地域、関係機関との関係

我が国の学校や教員は、多くの役割を担うことを求められており、子供に対して総合的な指導が可能であるという利点がある反面、役割や業務を際限なく担うことにもつながりかねない側面がある。

学校と教員の役割は、子供に必要な資質・能力を育むことであることから、学校と家庭や地域との連携・協働により、共に子供の成長を支えていく体制を作り、学校や教員が、必要な資質・能力を子供に育むための教育活動に重点を置いて、取り組むことができるようにしていくことが重要である。

(3) 国立学校や私立学校における「チームとしての学校」

「チームとしての学校」を国・私立学校において推進するに当たっては、その位置付け等に配慮し、各学校の取組に対する必要な支援を行うことが重要である。

３「チームとしての学校」を実現するための具体的な改善方策

(1) 教職員の指導体制の充実

１　教職員の指導体制の充実

・国、教育委員会は、教員が自らの専門性を発揮するとともに、授業準備や研修等に時間を充てることにより、その資質を高めることができるよう、教員の業務を見直し、事務職員や専門スタッフの活用を推進する。

・国、教育委員会は、「アクティブ・ラーニング」の視点を踏まえた不断の授業方法の見直し等による授業改善や、いじめ、特別支援教育等に対応するため、必要な教職員定数の拡充を図る。

２　教員以外の専門スタッフの参画

①　心理や福祉に関する専門スタッフ

・国は、スクールカウンセラーやスクールソーシャルワーカーを学校等において必要とされる標準的な職として、職務内容等を法令上、明確化することを検討する。

・国は、教育委員会や学校の要望等も踏まえ、日常的に相談できるよう、スクールカウンセラーやスクールソーシャルワーカーの配置の拡充、資質の確保を検討する。

②　授業等において教員を支援する専門スタッフ

・国、教育委員会はＩＣＴ活用のスキルを持った専門人材等の確保、活用を図りつつ、ＩＣＴ支援員を養成し、学校への配置の充実を図る。

・国、教育委員会は、資格・養成の在り方の検討や研修の実施など、学校司書の専門性を確保する方策を検討・実施するとともに、その配置の充実を図る。

・国、教育委員会は、効果的なティーム・ティーチングが可能となるよう外国語指導助手の指導力向上のために必要な研修を実施する。

・国は、ＪＥＴプログラムによる外国語指導助手の配置について、所要の地方財政措置を講じる。地方公共団体は、ＪＥＴプログラムの積極的活用を図るとともに、学校や教職員をサポートする英語の専門人材に対する支援の充実を検討する。

・国は、多彩な人材の積極的参加による地域ぐるみの教育を推進するため、学校や教職員をサポートするスタッフを配置する地方公共団体に対する支援の充実を検討する。

③　部活動に関する専門スタッフ

・国は、学校が、地域や学校の実態に応じ、部活動等の指導体制を整えることができるよう、教員に加え、部活動等の指導・助言や各部活動の指導、顧問、単独での引率等を行うことを職務とする職員を部活動指導員（仮称）として、法令上に位置付けることを検討する。

・教育委員会等は、部活動指導員（仮称）の任用に際して、指導技術に加え、学校全体や各部の活動の目標や方針、生徒の発達段階に応じた科学的な指導等について理解させるなど必要な研修を実施することを検討する。

④　特別支援教育に関する専門スタッフ

・国は、医療的ケアを必要とする児童生徒の増加に対応するため、特別支援学校における看護師等配置に係る補助事業を拡充し、配置人数を増加させる。

・国は、特別支援教育支援員について、配置実績に応じた所要の地方財政措置を講じる。

3　地域との連携体制の整備

・国は、地域の力を生かした学校教育の充実や学校全体の負担軽減、マネジメント力の向上を図るため、学校内において地域との連携の推進を担当する教職員を地域連携担当教職員（仮称）として法令上明確化することを検討する。

(2)　学校のマネジメント機能の強化

1　管理職の適材確保

・国、教育委員会は、校長がリーダーシップを発揮し、学校の教育力を向上させていくため、副校長の配置や教頭の複数配置など、校長の補佐体制を強化するための取組を検討する。

・国、教育委員会は、副校長及び教頭が力を発揮することができるよう、教頭と事務職員の分担の見直しなど事務体制の整備や、主幹教諭の配置等の取組を進める。

・国は、教育委員会が実施する管理職研修の充実のため、プログラムの開発など必要な支援を行う。

2　主幹教諭制度の充実

・国は、主幹教諭が本来、期待される役割を十分に担い、校長、副校長、教頭を補佐するため、また、主幹教諭のさらなる配置を促進するため、加配措置を拡充することを検討する。

3　事務体制の強化

・国は、事務職員の職務規定等を見直し、事務職員が、学校における総務・財務等の専門性等を生かし、学校運営に関わる職員であることについて法令上、明確化することを検討する。

・学校事務体制の強化を図るための定数措置など、事務体制の一層の充実を図る。

・国は、事務機能の強化を推進するため、事務の共同実施組織について、法令上、明確化することを検討する。

・国は、事務職員が、管理職を補佐して学校運営に関わる職として、自らの専門性を伸ばしていくことができるよう、事務職員を対象とした研修プログラムを教育委員会や事務職員の関係団体等と協力して開発するとともに、開発したプログラムをもとにした各教育委員会における研修の実施を支援する。

(3)　教職員一人一人が力を発揮できる環境の整備

1　人材育成の推進

・教育委員会は、評価者研修を実施するとともに、地方公務員法の趣旨を踏まえ、人事評価の結果を任用・給与などの処遇や研修に適切に反映させることによって、教職員一人一人の成長を促していく取組を進める。

・国は、文部科学大臣優秀教職員表彰について、教職員個人だけでなく、学校単位、分掌単位等の取組を表彰することを検討する。あわせて、表彰された教職員の実践や指導力を活用する方策を検討する。

2　業務環境の改善

・国は、「学校現場における業務改善のためのガイドライン」（平成二七年七月二七日文部科学省）等を活用した研修を実施することなどにより、教育委員会の業務改善を支援する。

・教育委員会、学校は、「教職員のメンタルヘルス対策について（最終まとめ）」（平成二五年三月二九日教職員のメンタルヘルス対策検討会議）等も参考に、メンタルヘルスに係る一次予防や復職支援等に取り組む。

3　教育委員会等による学校への支援の充実

・国、都道府県は、小規模の市町村において指導主事の配置が進むよう引き続き支援する。

・国は、学校の教職員が、保護者や地域からの要望等に対応するため、弁護士等の専門家から支援を受けたり、専門的な知見を直接聞いたりすることができるような仕組みを教育委員会が構築することを支援する。

・国、教育委員会は、警察や弁護士会等の関係機関、関係団体と連携し、不当な要望等への対応について、実例等に基づいた研修を実施する。

●新しい時代の教育に向けた持続可能な学校指導・運営体制の構築のための学校における働き方改革に関する総合的な方策について（答申）

（平成三一年一月二五日　中央教育審議会）

〈概　要〉

第1章　学校における働き方改革の目的

○これまでの我が国の学校教育の蓄積はSociety 5.0においても有効であり、浮足立つことなく充実を図る必要。これまで高い成果を挙げてきた我が国の学校教育を維持・向上させ、持続可能なものとするには、学校における働き方改革が急務。

○「子供のためであればどんな長時間勤務も良しとする」という働き方の中で、教師が疲弊していくのであれば、それは「子供のため」にはならない。学校における働き方改革の目的は、教師のこれまでの働き方を見直し、自らの授業を磨くとともに日々の生活の質や教職人生を豊かにすることで、自らの人間性や創造性を高め、子供たちに対して効果的な教育活動を行うことができるようになること。

○志ある教師の過労死等の事態は決してあってはならないものであり、そのためにも、学校における働き方改革の実現が必要。

○学校における働き方改革を進めるに当たっては、地域と学校の連携・協働や家庭との連携強化により、学校内外を通じた子供の生活の充実や活性化を図ることが大切。

第2章　学校における働き方改革の実現に向けた方向性

○教員勤務実態調査（平成二八年度）においても、小・中学校教師の勤務時間は、一〇年前の調査と比較しても増加。主な要因は、①若手教師の増加、②総授業時間数の増加、③中学校における部活動指導時間の増加。

○働き方改革の実現には、文部科学省・教育委員会・管理職等がそれぞれの権限と責任を果たすことが不可欠。特に、文部科学省には、学校と社会の連携の起点・つなぎ役としての機能を前面に立って果たすことが求められる。

※特別支援学校・高等学校については、学校間の多様性などの特徴を踏まえた支援を行うことが重要。

※私立学校・国立学校については、固有の存在意義や位置付け、適用される法制の違いなどに配慮した支援が重要。以下（第3章以下）の施策の一体的な推進が必要。

第3章　勤務時間管理の徹底と勤務時間・健康管理を意識した働き方改革の促進

○勤務時間管理の徹底と上限ガイドライン

・勤務時間管理は、労働法制上、校長や服務監督権者である教育委員会等に求められる責務。さらに今般の労働安全衛生法の改正によりその責務が改めて法令上明確化。

・学校現場においては、まず勤務時間管理の徹底が必要。その際、ＩＣＴやタイムカードなどにより客観的に把握すること。

・文部科学省の作成した上限ガイドライン（月四五時間、年三六〇時間等）の実効性を高めることが重要であり、文部科学省は、その根拠を法令上規定するなどの工夫を図り、学校現場で確実に遵守されるように取り組むべき。

○労働安全衛生管理の必要性

・労働安全衛生法に義務付けられた労働安全衛生管理体制の整備が求められるほか、義務の課されていない学校においても、可能な限り法令上の義務がある学校に準じた体制の充実に努めるべき。

・特に、ストレスチェックは、全ての学校において適切に実施されるよう、教育委員会の実態を調査し、市町村ごとに実施状況を公表すべき。

・産業医の選任義務のない規模の学校に関しては、教育委員会として産業医を選任して域内の学校の教職員の健康管理を行わせる等の工夫により、教職員の健康の確保に努めるべき。

○教職員一人一人の働き方に関する意識改革

・管理職のマネジメント能力向上や、教職員の勤務時間を意識した働き方の浸透のため、研修の充実を図るべき。

・管理職登用等の際にも、教師や子供たちにとって重要なリソースである時間を最も効果的に配分し、可能な限り短い在校等時間で教育の目標を達成する成果を上げられるかどうかの能力や働き方改革への取組状況を適正に評価することが重要。

・管理職以外の教職員も含め、働き方改革の観点を踏まえて人事評価を実施すべき。

・学校評価や教育委員会の自己点検・評価も活用すべき。

第4章　学校及び教師が担う業務の明確化・適正化

○これまで学校・教師が担ってきた代表的な業務の在り方に関する考え方を以下の三つに整理。

●基本的には学校以外が担うべき業務

①登下校に関する対応

②放課後から夜間などにおける見回り、児童生徒が補導された時の対応

③学校徴収金の徴収・管理

④地域ボランティアとの連絡調整

※その業務の内容に応じて地方公共団体や教育委員会、保護者、地域学校協働活動推進委員や地域ボランティア等が担うべき。

●学校の業務だが、必ずしも教師が担う必要がない業務

⑤調査・統計等への回答（事務職員等）

⑥児童生徒の休み時間における対応（輪番、地域ボランティア等）

⑦校内清掃（輪番、地域ボランティア等）

⑧部活動（部活動指導員等）

※部活動の設置・運営は法令上の義務ではないが、ほとんどの中学・高校で設置。多くの教師が顧問を担わざるを得ない実態。

●教師の業務だが、負担軽減が可能な業務

⑨給食時の対応（学級担任と栄養教諭等との連携等）

⑩授業準備（補助的業務へのサポートスタッフの参画等）

⑪学習評価や成績処理（補助的業務へのサポートスタッフの参画等）

⑫学校行事の準備・運営（事務職員等との連携、一部外部委託等）

⑬進路指導（事務職員や外部人材との連携・協力等）

⑭支援が必要な児童生徒・家庭への対応（専門スタッフとの連携・協力等）

○業務の明確化・適正化は、社会に対して学校を閉ざしたり、内容を問わず一律に業務を削減したりするものではなく、社会との連携を重視・強化するもの。学校として何を重視し、どのように時間を配分するかという考え方を明確にし、地域や保護者に伝え、理解を得ることが求められる。

○業務の役割分担・適正化を確実に実施するため、以下の仕組みを構築することが必要。

●文部科学省

・学校における働き方改革の趣旨等をわかりやすくまとめた明確で力強いメッセージの発出

・関係機関や社会全体に対して何が学校や教師の役割か明確にメッセージを発出するなど、社会と学校との連携の起点・つなぎ役としての役割を前面に立って果たすことを徹底

・業務改善状況調査を見直し、在校等時間の可視化などを把握の上、市区町村別に公表

・今後学校へ新たな業務を付加するような制度改正等の際にはスクラップ・アンド・ビルドの原則を徹底

・業務の役割分担・適正化を実施するための条件整備　等

●教育委員会等

・業務改善方針の策定及びフォローアップ、ＩＣＴの活用推進等の取組を学校や地域の実情に応じて推進

・学校や地域で発生した業務について、仕分けを実施し、他の主体に対応の要請、教師以外の担い手の確保、スクラップ・アンド・ビルドによる負担軽減

・学校が保護者や地域住民と教育目標を共有し、理解・協力を得ながら学校運営を行える体制の構築　等

●学校

・教職員間で削減する業務を洗い出す機会を設定

・校長は校内の分担を見直すとともに、自らの権限と責任で学校の伝統として続いているが、必ずしも適切といえない又は本来は家庭や地域社会が担うべき業務を大胆に削減

（例）夏休み期間のプール指導、勝利至上主義の早朝練習の指導、内発的な研究意欲がない形式的な研究指定校としての業務、運動会等の過剰な準備　等

○代表的な業務については、過去の裁判例（※）等を見ても、学校や教師が法的にその全ての責任を負うものではなく、学校への過剰要求は認められないことについて、文部科学省がメッセージを発出することが必要。

※学校・教師が担うべき安全配慮義務の範囲は、児童生徒の発達段階に応じても異なり、個別の事案ごとに判断されるが、予見可能性がある場合に限られるとした判例や、教師に責任があるとしたうえで、両親も監督義務を怠ったとして連帯して責任を負うとした判例がある。

○学校が作成する計画等についても、個別の計画を詳細に作成するのではなく、複数の計画を一つにまとめて体系的に作成するなど、文部科学省は真に効果的な計画の在り方について示すべき。

○教育課程の編成・実施においても、総合的な学習の時間の一定割合は、学校外での学習について授業として位置づけられるようにすることや、学習評価において、指導要録の大幅な簡素化などといった、大胆な見直しを行う

ことが必要。

第5章　学校の組織運営体制の在り方

○学校が組織として効果的に運営されるために、主に以下の取組が必要。
・校長や副校長・教頭に加え、主幹教諭、指導教諭、事務職員等のミドルリーダーがリーダーシップを発揮できる組織運営。
・ミドルリーダーが若手の教師を支援・指導できるような環境整備。
・事務職員やサポートスタッフ等との役割分担や、事務職員の質の向上、学校事務の適正化と事務処理の効率化。

第6章　教師の勤務の在り方を踏まえた勤務時間制度の改革

○給特法の今後の在り方
・給特法の誤解の下で勤務時間管理の意識が希薄化し、時間外勤務縮減の取組が進まない実態。この点については、上限ガイドラインにおいて、超勤四項目以外の業務のための時間についても勤務時間管理の対象とし、その縮減を図ることが必要。
・教師は、子供たちの発達段階に応じて、言語や指導方法を場面ごとに選択しながら教育活動に当たらなくてはならないという、専門職としての専門性とも言える教師の職務の特徴を踏まえた検討が必要。
・給特法を見直して労基法を原則とすべき、という意見に対して、教育の成果は必ずしも勤務時間の長さのみに基づくものではなく、人確法も含めた教師の給与制度も考慮した場合、必ずしも教師の処遇改善にはつながらない、との懸念。
・教師の専門性や職務の特徴を認識した上で検討した場合、超勤四項目の廃止や三六協定を要するとすることは、現状を追認する結果になり、働き方の改善につながらない、また、学校において現実的に対応可能ではない。
・したがって、給特法の基本的な枠組みを前提に、働き方改革を確実に実施する仕組みを確立し成果を出すことが求められる。
・なお、教職調整額が「四%」とされていることについては、在校等時間縮減のための施策を総合的に実施することを優先すべきであり、必要に応じ中長期的な課題として検討すべき。

○一年単位の変形労働時間制の導入
・かつて行われていた「休日のまとめ取り」のような一定期間に集中した休日の確保は、教職の魅力を高める制度として有効であり、週休日の振替や年次有給休暇に加え、選択肢の一つとして検討。
・教師の勤務態様として、授業等を行う期間と長期休業期間とで繁閑の差が実際に存在していることから、地方公共団体の条例やそれに基づく規則等に基づき、適用できるよう法制度上措置すべき。
・導入の前提として、文部科学省等は①長期休業期間中の部活動指導時間の縮減や大会の在り方の見直しの検討要請、研修の精選等に取り組むべき、②学期中の勤務が現在より長時間化しないようにすることが必要であり、所定の勤務時間を延長した日に授業時間や児童生徒の活動時間を延長することがあってはならない、③育児や介護等の事情により配慮が必要な教師には適用しない選択も確保できるよう措置すべき。

○中長期的な検討
・労働法制や教師の専門性の在り方、公務員法制の動向も踏まえつつ、教師に関する労働環境について給特法や教育公務員特例法、地方教育行政の組織及び運営に関する法律といった法制的な枠組みを含め、必要に応じて中長期的に検討。

第7章　学校における働き方改革の実現に向けた環境整備

○教職員及び専門スタッフ等、学校指導・運営体制の効果的な強化・充実
・小学校の英語専科を担当する教師の充実や、中学校の生徒指導を担当する教師の充実、通級による指導や日本語指導のための教員定数の義務標準法に基づく着実な改善をはじめとする学校指導体制の充実
・校長や副校長・教頭等の事務関係業務の軽減に有効な、共同学校事務体制の強化のための事務職員の充実
・平成三一年度までのスクールカウンセラーの全公立小中学校配置及びスクールソーシャルワーカーの全中学校区配置並びに課題を抱える学校への重点配置、質の向上及び常勤化に向けた調査研究
・部活動ガイドラインの遵守を条件とした部活動指導員の配置促進
・多様なニーズのある児童生徒に応じた指導等の支援スタッフ、授業準備や学習評価等の補助業務を担うサポートスタッフ、理科の観察実験補助員の配置促進
・スクールロイヤーの活用促進　等

○勤務時間管理の適正化や業務改善・効率化への支援
□以下のような実態が文部科学省の調査により明らか。
・登下校の対応などについて地域人材の協力体制整備が不十分
・都道府県単位で共通の校務支援システムの導入が必要
・業務改善方針等の策定や学校宛ての調査・照会の精選などについて市区町村での取組が不十分
・部活動数の適正化や地域クラブとの連携が一層必要
・学校給食費や学校徴収金の公会計化が不十分
□これに関し、文部科学省は以下の取組を推進すべき。
・業務削減時間を示した好事例展開
・関係者の共通理解・協力を得ながら取り組むためのポイントや具体的なプロセスを示す
・専門家や地方公共団体の担当者、文部科学省職員が教育委員会や学校を訪問しアドバイスする　等

○今後さらに検討を要する事項
・小学校の教科担任制の充実、年間授業時数や標準的な授業時間等の在り方を含む教育課程の在り方の見直し
・免許更新制がより教師の資質能力向上に実質的に資するようにするなど養成・免許・採用・研修全般にわたる改善・見直し
・新時代の学びにおける先端技術の効果的な活用
・教育的観点からの小規模校の在り方の検討
・人事委員会等の効果的な活用方法の検討　等

第8章　学校における働き方改革の確実な実施のための仕組みの確立とフォローアップ等

○文部科学省は、業務改善状況調査等を通じて、学校における働き方改革の進展状況を市区町村ごとに把握し、公表することで、各地域の取組を促すべき。
○また、教員勤務実態調査（平成二八年度）と比較できる形で、三年後を目途に勤務実態の調査を行うべき。

今回の学校における働き方改革は、我々の社会が、子供たちを最前線で支える教師たちがこれからも自らの時間を犠牲にして長時間勤務を続けていくことを望むのか、心身ともに健康にその専門性を十二分に発揮して質の高い授業や教育活動を担っていくことを望むのか、その選択が問われている。

〔学校における働き方改革に関する総合的な方策パッケージ工程表―省略〕

●学校における働き方改革に関する取組の徹底について（通知）

（平成三一年三月一八日　30文科初一四九七号　事務次官）

学校における業務の改善については、各学校の校長、各学校を設置する各地方公共団体及び服務監督権者である各教育委員会において、その推進に向けて取り組まれてきたところですが、文部科学省が平成二八年度に実施した教員勤務実態調査においては、教師の厳しい勤務の実態が改めて明らかとなりました。

これを受けて、文部科学省では、平成二九年六月二二日に、新しい時代の教育に向けた持続可能な学校指導・運営体制の構築のための学校における働き方改革に関する総合的な方策について中央教育審議会に諮問を行い、同年一二月二六日に「学校における働き方改革に関する緊急対策」を取りまとめ、取組を進めてきたところですが、本年一月二五日、中央教育審議会において「新しい時代の教育に向けた持続可能な学校指導・運営体制の構築のための学校における働き方改革に関する総合的な方策について（答申）」（以下「答申」という。）が取りまとめられました。

学校における働き方改革の目的は、現在の教師の厳しい勤務実態を踏まえ、教師のこれまでの働き方を見直し、教師が我が国の学校教育の蓄積と向かい合って自らの授業を磨くとともに日々の生活の質や教職人生を豊かにすることで、自らの人間性や創造性を高め、子供たちに対して効果的な教育活動を行うことができるようになることです。

このため、答申においては、「特に、文部科学省には、働き方改革に必要な制度改正や教職員定数の改善などの条件整備などはもちろんのこと、学校と社会の連携の起点・つなぎ役としての機能を、前面に立って十二分に果たすことを求めたい」と指摘されており、文部科学省では、学校における働き方改革を強力に推進するため、文部科学大臣を本部長とする「学校における働き方改革推進本部」を設置し、文部科学省が今後取り組むべき事項について工程表（別添1（省略）参照）を作成しました。文部科学省としては、今後、答申の具体化に向け、当該工程表に基づき、必要な制度改正や条件整備をはじめとして、学校と社会の連携の起点・つなぎ役として前面に立ち、取組を進めてまいります。

また、答申においては、学校における働き方改革を進めるために、文部科学省、都道府県・指定都市教育委員会、市町村教育委員会、学校の設置者、校長などの管理職、一人一人の教職員が、自らの権限と責任に基づきそれぞれの立場で取り組むべきことが指摘されています。これを踏まえ、文部科学省として、各教育委員会及び各学校において取り組むことが重要と考えられる方策について、下記のとおり整理しました。

各教育委員会におかれては、学校における業務改善及び勤務時間管理等に係る取組については、これまでも「学校における働き方改革に関する緊急対策の策定並びに学校における業務改善及び勤務時間管理等に係る取組の徹底について（通知）」（平成三〇年二月九日付け29文科初第一四三七号文部科学事務次官通知）等により、取組の徹底をお願いしているところですが、今後の対応に当たっては、下記の事項に留意の上、学校や地域、教職員や児童生徒等の実情に応じて、順次適切に取組を進められるようお願いします。その際には、幼稚園、高等学校、特別支援学校等の学校種の違いにも配慮しつつ、学校種による業務の性質の違いについても十分に考慮の上、必要な取組の徹底をお願いします。

各地方公共団体の長におかれては、各教育委員会が進める取組について、積極的な御支援をお願いします。

このほか、学校における働き方改革の取組を進めるに当たっては、答申を参考とされるようお願いします。

今後、文部科学省では、「教育委員会における学校の業務改善のための取組状況調査」をはじめとした既存の調査等を活用しつつ、各教育委員会における取組の状況を把握し、公表することとしておりますので、御協力くださるようお願いします。

各都道府県教育委員会におかれては、域内の市町村（指定都市を除く。以下同じ。）町村長及び市町村教育委員会に対して、本件について周知を図るとともに、十分な指導・助言に努めていただくようお願いします。

また、各都道府県教育委員会及び各指定都市教育委員会におかれては、所管の学校に対して、本件について周知を図るとともに、学校における働き方改革を進める上では校長の役割も大きいことから、校長がその権限と責任を踏まえて適切に対応できるよう、必要な指示や支援等に努めていただくようお願いします。

さらに、各都道府県教育委員会におかれては、本件について域内の市町村が設置する学校に対して周知が図られ、校長がその権限と責任を踏まえて適切に対応できるよう配慮をお願いします。

なお、「学校における働き方改革に関する緊急対策の策定並びに学校における業務改善及び勤務時間管理等に係る取組の徹底について（通知）」（平成三〇年二月九日付け29文科初第一四三七号文部科学事務次官通知）は廃止します。

記

1　勤務時間管理の徹底と勤務時間・健康管理を意識した働き方の推進

(1)　勤務時間管理の徹底と勤務時間の上限に関するガイドラインに係る取組

①労働安全衛生法の改正により、校長や服務監督権者である教育委員会に求められる勤務時間管理の責務が改めて明確化されたことを踏まえ、教職員の勤務時間管理を徹底すること。勤務時間管理に当たっては、事務負担が極力かからないよう、服務監督権者である教育委員会は、自己申告方式ではなく、ＩＣＴの活用やタイムカードなどにより勤務時間を客観的に把握し、集計するシステムを直ちに構築するよう努めること。

なお、タイムカードの設置等、教師の勤務時間の把握等に当たっては、簡素なタイムレコーダーの設置に限らず、「教育のＩＣＴ化に向けた環境整備五か年計画（二〇一八～二〇二二年度）」に基づき統合型校務支援システムを整備する際に勤務時間を管理するシステムとの連携や一体的な運用を行うなど、効果的な地方財政措置の活用が考えられ、文部科学省としても今後、全国市長会や全国町村会等にその活用を呼びかける予定であり、服務監督権者である教育委員会においては、これを前提に、首長部局とも連携しつつ、必要な措置を講ずること。

②勤務時間管理に関して、文部科学省が一月二五日に策定した「公立学校の教師の勤務時間の上限に関するガイドライン」に係る取組について、「公立学校の教師の勤務時間の上限に関するガイドラインの策定について（通知）」（平成三一年一月二五日付け30文科初第一四二四号文部科学省初等中等教育局長通知）（別添2（省略）参照）を踏まえた取組を進めること。

なお、当該ガイドラインについては、その実効性を高めるため、答申において「文部科学省は、その根拠を法令上規定するなどの工夫を図り、学校現場で確実に遵守されるよう」取り組むべきとされていることを踏まえ、今後、文部科学省として更に検討を続けていくこととしており、当該ガイドラインの根拠が法令上規定された場合には、各地方公共団体においても、所管内の公立学校の教師の勤務時間の上限に関する方針等を条例や規則等で根拠づけることが考えられることから、各教育委員会においては、この点にも留意して取組を進めること。

(2)　適正な勤務時間の設定

①児童生徒等の登下校時刻や、部活動、学校の諸会議等については、教職員が適正な時間に休憩時間を確保できるようにすることを含め、教職員の勤務時間を考慮した時間設定を行うこと。特に登下校時刻については、文部科学省が実施した平成二八年度教

員勤務実態調査において、小中学校の教師は正規の勤務開始時刻よりも平均で四五分程度早く出勤していることが明らかとなっているが、これを一年間で合計すると約一五〇時間にも上り、教師の所定の勤務時間を意識した登下校時刻の設定が急務であることから、適切に設定して保護者に周知すること。部活動については、スポーツ庁が作成した「運動部活動の在り方に関する総合的なガイドライン」及び文化庁が作成した「文化部活動の在り方に関する総合的なガイドライン」を踏まえた適切な活動時間や休養日の設定を行うこと。

②「超勤四項目」以外の業務について、早朝や夜間等、通常の勤務時間以外の時間帯にやむを得ず命じざるを得ない場合には、服務監督権者は、正規の勤務時間の割り振りを適正に行うなどの措置を講ずるよう徹底すること。

③教職員が確実に休日を確保できるよう、例えば、各地方公共団体の条例に基づく週休日の振替の期間を長期休業期間にかからしめるようにするといった工夫や、長期休業期間における一定期間の学校閉庁日の設定などの工夫を行うこと。

④非常災害の場合や児童生徒等の指導に関し緊急の必要性がある場合を除き、教師が保護者や外部からの問合せ等への対応を理由に時間外勤務をすることのないよう、緊急時の連絡に支障が生じないように教育委員会事務局等への連絡方法を確保した上で、留守番電話の設置やメールによる連絡対応等の体制整備に向けた方策を講ずること。

⑤適正な勤務時間の設定に係る取組について、各学校において学校運営協議会の場等を活用しながら保護者や地域の理解を得るとともに、各教育委員会は、地域学校協働本部やPTA等の協力も得ながら、そのために必要な支援を行うこと。

(3)労働安全衛生管理の徹底

①労働安全衛生法により義務付けられている労働安全衛生管理体制の未整備は法令違反であり、未整備の学校が域内に存在する場合、学校の設置者は速やかに法令上求められている体制の整備を行う責務があることを踏まえ、必要な措置を行うこと。また、答申において、法令上の義務が課されていない学校においても、学校の設置者は可能な限り法令上の義務が課されている学校に準じた労働安全衛生管理体制の充実に努めることとされていることを踏まえ、各教育委員会は適切な措置を行うこと。

②労働安全衛生法に定めるいわゆるストレスチェックについて、常時使用する教職員が五〇人未満の規模の学校においては努力義務とされているが、学校の規模にかかわらず、全ての学校において適切に実施されるよう取り組み、メンタル不調の未然防止に努めること。なお、今後、文部科学省において、全ての学校において適切にストレスチェックが実施されるよう教育委員会の実態を調査し、市町村ごとにその実施状況を公表する予定であること。

③上記のほか、学校の労働安全衛生管理の充実に当たっては、労働安全衛生管理の充実に係る教育委員会の施策例、公立学校共済組合が実施している電話相談窓口等に関する資料と併せて別途通知を発出する予定であるとともに、教育委員会と医師会等との連携が一層図られるよう、日本医師会に対しても引き続きの協力を依頼する予定としており、これを踏まえて適切に対応されたいこと。

(4)研修・人事評価等を活用した教職員の意識改革及び学校評価等

①各教育委員会においては、管理職の育成に当たって、教職員の組織管理や勤務時間（教師については、文部科学省が策定した「公立学校の教師の勤務時間の上限に関するガイドライン」における在校等時間）の管理、労働安全衛生管理等をはじめとしたマネジメント能力をこれまで以上に重視すること。管理職の登用等の際には、次代を担う児童生徒等にとって何を優先すべきかを見定め、時間を最も効果的に配分し、可能な限り短い在校等時間で教育の目標を達成する成果を上げられるかどうかの能力や働き方改革への取組状況を適正に評価するとともに、そのマネジメント能力を高めていくため、働き方に関する研修の充実を図り、学校の教職員の働き方を変えていく意識を強く持たせること。

②管理職以外も含めた全ての教職員に勤務時間を意識した働き方を浸透させるため、教員研修施設等において実施される校外研修の精選やオンラインによる研修の実施など、学校や教師に過度な負担にならないよう必要な体制を整えるなどの配慮を行いつつ、各種研修等に学校における働き方改革の目的や勤務時間を意識した働き方等に関する講義・演習を取り入れるなど、必要な研修を実施すること。

③学校の経営方針等において、時間配分に当たって優先すべき業務を示すとともに、教職員の働き方に関する視点を盛り込み、管理職がその目標・方針に沿って学校経営を行う意識を持つよう所管の学校に対して指導すること。また、学校の教職員一人一人が業務改善の意識を持つために、人事評価について、働き方も含めた目指すべき教師の姿を提示しつつ、一つ一つの業務について在校等時間という観点からより効果的・効率的に進めることにも配慮すること。

④学校評価の重点的な評価項目の一つとして、業務改善や教職員の働き方に関する項目を明確に位置付け、学校評価のプロセスを積極的に活用していくこととともに、学校評価と連動した業務改善の点検・評価の取組を推進することについて、所管の学校に対して指導すること。また、教育委員会が策定する業務改善方針・計画や、実施する業務改善の取組について、どれだけ長時間勤務を削減したかという実効性の観点から、教育委員会の自己点検・評価の中で取り上げること。

2　学校及び教師が担う業務の明確化・適正化

(1)基本的な考え方

学校における働き方改革を確実に進めるためには、都道府県教育委員会と市町村教育委員会が、それぞれの役割についてこれまで以上に本気で取り組むことが必要である。特に、服務監督権者である教育委員会においては、学校を支援する立場から、教育委員会の職員一人一人が学校における働き方改革の必要性を認識した上で、教育委員会として域内の学校における働き方改革に係る方針・計画等を示し、自ら学校現場に課している業務負担を見直すこと。また、学校及び教師が担う業務の明確化・適正化に当たっては、文部科学省はウェブサイト（参考URL参照）に動画を掲載するなど、何が教師本来の役割であるかのメッセージを社会全体に対して発信していくこととしており、服務監督権者である教育委員会においては、こうしたメッセージも活用しながら、地域社会と学校の連携の起点・つなぎ役として前面に立って、所管の学校において何を重視し、どのように時間配分を行うかについて地域社会に理解されるような取組を積極的に行い、学校に課されている過度な負担を軽減することに尽力することが求められること。

業務の役割分担を進めるに当たっては、学校運営協議会等の場において、保護者や地域住民等の理解・協力を得ながら学校運営を行うことができるよう議論を深め、適切な役割分担を進めること。また、文部科学省の実施する専門スタッフ等の配置に係る支援や、地域学校協働活動等への支援も活用しつつ、地方公共団体や教育委員会が、学校以外で業務を担う受皿を整備し、そこでこれまでの学校が担ってきた機能を十分果たすことができるよう特に留意すべきであること。

(2)業務の役割分担・適正化のために教育委員会等が取り組むべき方策

①域内の学校における働き方改革に係る方針・計画等を策定するに当たっては、調査・依頼事項を含め、教育委員会が課している業務の内容を精査した上で業務量の削減に関する数値目標（KPI）を決めるなど明確な業務改善目標を定め、業務改善の取組を促進し、フォローアップすることで、業務改善のPDCAサイクルを構築す

ること。その際、数値目標を形式的に達成することを目的化させないよう、文部科学省が示す先進的な事例も参考にしながら、どのような取組がどの程度の削減につながるか丁寧に確認をしながら取組を進めること。また、各学校でデータ・資料の取扱いや様式をはじめとした業務実施に当たる統一的な方針を示すこと。

②現在各学校が担っている業務や今後発生する業務について、服務監督権者である教育委員会においては、教師が専門性を発揮できる業務であるか否か、児童生徒等の生命・安全に関わる業務であるか否かといった観点から、中心となる担い手を学校・教師以外の者に積極的に移行していくという視点に立って、その業務が㋐学校以外が担うべき業務、㋑学校の業務だが必ずしも教師が担う必要のない業務、㋒教師の業務のいずれであるかを仕分けること。㋐については、本来教育委員会が担うべき業務については責任を持って対応するとともに、それ以外の業務については、本来担うべき主体（家庭、地域住民等）の自立的な対応を原則としつつ必要に応じて他の主体に対応を要請し、㋑については教師以外の担い手を確保し、㋒についてはスクラップ・アンド・ビルドを原則とすることで、学校・教師に課されている過度な負担を軽減すること。そもそもの必要性が低下し、慣習的に行われている業務は、業務の優先順位をつける中で思い切って廃止していくこと。この際、文部科学省からのメッセージ（別添3―1～3―4（省略）参照）を適宜活用されたいこと。

③答申の「別紙2」（別添4（省略）参照）において、これまで学校・教師が担ってきた一四の業務の在り方に関する考え方が示されたところであり、文部科学省としては、「別紙2」において「文部科学省に求める取組」とされた事項について、積極的に対応していくこととしている。各教育委員会においては、「別紙2」で示された考え方に基づき、文部科学省の取組を参考としつつ、一四の業務の役割分担・適正化のために必要な取組を実施すること。その際、特に以下の事項について留意すること。

ア　地域ボランティアとの連絡調整

教育委員会においては、学校教育担当と社会教育担当が連携を深め、双方が学校と地域の連携・協働の重要性を認識するとともに、地域住民等と学校との情報共有や、地域学校協働活動を行う地域住民等に対する助言や援助を行う地域学校協働活動推進員の委嘱（社会教育法第九条の七に規定）等により、学校と地域ボランティアとの円滑かつ効果的な連絡調整を推進すること。

また、地域連携担当教職員について、学校における地域連携の窓口として、校務分掌上位置付けるよう促進し、学校管理規則や標準職務例に規定すること。

イ　調査・統計等への回答等

教育委員会による学校への調査・照会について、調査の対象・頻度・時期・内容・様式等の精査や、調査項目の工夫による複数の調査の一元化を行うこと。また、首長部局においても、学校を対象とした調査を行う場合についても、調査項目の重複排除等、報告者負担の軽減に向けた不断の見直しを行うよう配慮を働きかけるとともに、調査結果が調査対象校に共有されるよう取組を進めること。

首長部局や地域の研究機関、民間団体が実施する学校宛ての調査や出展依頼、配布依頼等への対応業務を軽減する観点から、当該団体等に対して、教育委員会経由での連絡や学校によらない児童生徒等への周知方法の検討などの協力を要請すること。また、民間団体等からの依頼等について、教育委員会から学校に連絡する際は、真に効果的で必要なものに精選すること。

ウ　部活動

部活動に過度に注力してしまう教師も存在するところであり、教師の側の意識改革を行うため、採用や人事配置等においては、質の高い授業を行う能力や生徒指導に関する知見や経験等を評価し、教師の部活動の指導力は飽くまでその付随的なものとして位置づけるよう留意すること。

一部の保護者による部活動への過度の期待が見られることも踏まえ、高等学校等の入学者選抜における部活動に対する評価の在り方の見直し等に取り組むこと。

文部科学省が、公益財団法人日本中学校体育連盟等、学校の部活動が参加する大会等の主催者に対して、合同チームや学校と連携した地域団体等が大会等に参加できるような関係規定の整備を要請することとしていることを踏まえ、各教育委員会は、学校に設置する部活動の数について、生徒や教師の数、部活動指導員の参画状況を考慮して適正化するとともに、生徒がスポーツ・文化活動等を行う機会が失われることのないよう複数の学校による合同部活動や民間団体も含めた地域のクラブ等との連携等を積極的に進めること。

答申においては、学校や地域住民と意識共有を図りつつ、地域で部活動に代わり得る質の高い活動の機会を確保できる十分な体制を整える取組を進め、環境を整えた上で、将来的には、部活動を学校単位から地域単位の取組にし、学校以外が担うことも積極的に進めることが提言されており、文部科学省の取組状況を踏まえつつ、各教育委員会においても検討を進めること。

エ　給食時の対応

給食指導においては、学校における食に関する指導の中核を担う栄養教諭がその役割を一層果たすことが求められることから、学級担任と栄養教諭との連携により、学級担任一人一人の負担を軽減すること。また、ランチルームなどで複数学年が一斉に給食をとったり、教師の補助として地域人材等の参画・協力を得たりすることにより、教師一人一人の負担を軽減するための運営上の工夫を図ること。

学校給食における食物アレルギー対応については、事故防止を最優先とし、学校給食調理場の施設設備や人員等に鑑み、過度で複雑な対応は行わないこと。

こうした対応等について、児童生徒や保護者に対し、理解を求めていくこと。

オ　学校行事等の準備・運営

学校行事の精選や内容の見直し、準備の簡素化を進めるとともに、地域や学校等の実情に応じて、地域行事と学校行事の合同開催等、行事の効果的・効率的な実施や、教育活動としての要素よりも地域の記念行事としての要素が大きい行事の地域行事への移行を検討すること。

カリキュラム・マネジメントの観点から学校行事と教科等の関連性を見直し、従来学校行事とされてきた活動のうち、教科等の指導と位置づけることが適切なものについては、積極的に当該教科等の授業時数に含めること。

カ　進路指導

進学や就職の際に作成する書類について、校務支援システムの導入や様式の簡素化、都道府県や市町村における様式の統一化のほか、学校における集中処理期間の設定等、作業をより効果的に進める工夫を行うこと。

④「チームとしての学校」として、事務職員に加え、スクールカウンセラー、スクールソーシャルワーカー、特別支援教育を支援する外部専門家等の専門スタッフや、部活動指導員、スクール・サポート・スタッフやその他の外部人材について、役割分担を明確にした上で参画を進め、専門スタッフ等が学校に対して理解を深め、必要な資質・能力を備えることができるような研修等を実施するとともに、人員が確保できるよう所管の学校に対して必要な支援を行うよう努めること。

⑤これまで学校が担ってきた業務について、域内で統一的に実施できるものについては、できる限り地方公共団体や教育委員会が担っていくこと。

また、児童生徒等の命と安全を守ることは学校教育の大前提であり、そのためには、保護者や地域、関係機関との間で法的な整理を踏まえた役割分担・連携を図ることが重要である。さらに、学校と保護者・地域住民の間でのトラブル等の課題に直面した際には学校に対する支援を教育委員会が積極的に進めることや、スクールロイヤー等の専門家の配置等により学校が法的アドバイスを受けられるようにすることなど、業務改善の観点からも、児童生徒等を取り巻く問題について各学校が組織的・継続的に対応し、教育活動に専念することができるような支援体制を構築するよう努めること。

⑥学校が直面してきた課題に関係があると思われる福祉部局・警察等関係機関との連携を促進するために教育委員会が主導して連携・協力体制を構築すること。

⑦保護者や地域住民等との適切な役割分担を進める観点からも、コミュニティ・スクール（学校運営協議会制度）の導入や地域学校協働本部の整備により、学校が保護者や地域住民等と児童生徒等に育むべき資質・能力等の教育目標を共有し、その理解・協力を得ながら児童生徒等の資質・能力を高めるための学校運営を行うことができる体制を構築すること。

学校施設の地域開放に当たっては、地域の実態に応じ、コミュニティ・スクール（学校運営協議会制度）等の活用、教育委員会による一元的な管理運営、業務委託や指定管理者制度による民間事業者等も活用した官民連携等の工夫により、管理事務における学校や教師の負担軽減を図りつつ、地域の財産である学校施設の地域開放を推進すること。

⑧文部科学省において、初等中等教育局財務課が教職員の勤務時間や人的配置、業務改善の取組等の状況を踏まえて教職員の業務量を一元的に管理し、文部科学省内において今後学校へ新たな業務を付加するような制度改正等を行う際にはスクラップ・アンド・ビルドを原則とし、財務課との相談を経て実施することとしたことを参考に、教育委員会において、正規の勤務時間や人的配置等を踏まえ、教職員の業務量について俯瞰し、学校に対して新たな業務を付加する場合には積極的に調整を図る体制を構築すること。

⑨統合型校務支援システムの導入等のＩＣＴ環境整備により、指導要録への記載など学習評価をはじめとした業務の電子化による効率化などを図るとともに、ＩＣＴを活用し、教材の共有化を積極的に進めること。その際、都道府県と域内の市町村との連携により、都道府県単位での統合型校務支援システムの共同調達・運用に向けた取組を進めること。このほか、様々な作業を効率的に行うため、「教育のＩＣＴ化に向けた環境整備五か年計画（二〇一八～二〇二二年度）」や「義務教育諸学校における教材整備計画（二〇一二～二〇二一年度）」に基づき講じられた地方財政措置を活用し、ＩＣＴ設備やコピー機等のＯＡ機器の導入・更新を積極的に行うこと。

⑩教師の研修については、教師の資質能力の向上を図る上で大変重要であるが、都道府県と市町村の教育委員会間等で重複した内容の研修の整理・精選を行うとともに、研修報告書等についても、過度な負担とならないよう研修内容に応じて簡素化を図ること。また、文部科学省としても今後、夏季休業期間中の業務としての研修の精選がなされるよう通知の見直しに取り組むこととしており、各教育委員会においても、実施時期の調整など工夫をすることにより、教職員がまとまった休暇を取りやすい環境にも配慮すること。

⑪教育委員会の学校指定による先導的な研究や、各種研究会により事実上割り当てられたようなものなどの学校における研究事業については、その必要性について精査・精選するとともに、研究テーマの精選や書類の簡素化、報告書の形式を含めた成果発表の在り方の見直しなど、教師の負担面にも配慮すること。

⑶業務の役割分担・適正化のために各学校が取り組むべき方策

服務監督権者である教育委員会は、所管の学校に対して以下の取組を促し、必要な支援を行うこと。

・教職員一人一人が、自らの業務一つ一つについて、より効果的に行うことができないか、適正化の観点から見直すこと。

・教職員間で業務の在り方、見直しについて話し合う機会を設け、その話合いも参考にしながら、管理職は校内の業務の在り方の適正化を図ることができるような学校現場の雰囲気づくりに取り組むこと。

・各学校において、管理職が学校の重点目標や経営方針を明確化し、その目標達成のために真に必要な業務に注力できるようにすること。

・校長は、一部の教職員に業務が偏ることのないように校内の分担を見直すとともに、自らの権限と責任で、学校としての伝統だからとして続いているが、児童生徒等の学びや健全な発達の観点からは必ずしも適切とは言えない業務又は本来は家庭や地域社会が担うべき業務（例えば、夏休み期間の高温時のプール指導や、試合やコンクールに向けた勝利至上主義の下で早朝等所定の勤務時間外に行う練習の指導、内発的な研究意欲がないにもかかわらず形式的に続けられる研究指定校としての業務、地域や保護者の期待に過度に応えることを重視した運動会等の過剰な準備、本来家庭が担うべき休日の地域行事への参加の取りまとめや引率等）を大胆に削減すること。

・地域・保護者や福祉部局・警察等関係機関との情報共有を緊密に行いつつ、適切な役割分担を図るよう努めること。

・保護者や地域住民、関係機関との学校経営方針をはじめとした情報共有を緊密に行い、適切な役割分担を図ること。地域・保護者、関係機関との連携に当たっては、コミュニティ・スクール（学校運営協議会制度）の活用や地域学校協働活動を推進するとともに、文部科学省からのメッセージ（別添３―１～３―４（省略）参照）を適宜活用されたいこと。

・児童生徒等の命と安全を守る観点からも、保護者や地域、関係機関との間で法的な整理を踏まえた役割分担・連携を図ること。

⑷学校が作成する計画等の見直し

①学校単位で作成される計画については、業務の適正化の観点や、計画の機能性を高めカリキュラム・マネジメントの充実を図る観点から、計画の統合も含め、計画の内容や学校の実情に応じて真に効果的な計画の作成を推進すること。

②各教科等の指導計画や、支援が必要な児童生徒等のための個別の指導計画・教育支援計画等の有効な活用を図るためにも、計画の内容の見直しや学校の実情に応じて複数の教師が協力して作成し共有化するなどの取組を推進すること。

③教育委員会において、学校に作成を求めている計画等を網羅的に把握した上で、スクラップ・アンド・ビルドの視点に立ち、その計画の必要性を含め、整理・合理化をしていくとともに、教育委員会において計画等のひな形を提示する際には、過度に複雑なものとせず、ＰＤＣＡサイクルの中で活用されやすいものになるよう取り組むこと。各学校に対し、新たな課題に対応した計画の作成を求める場合には、まずは既存の各種計画の見直しの範囲内での対応を基本とすること。

⑸教師の働き方改革に配慮した教育課程の編成・実施

各学校の指導体制を整えないまま標準授業時数を大きく上回った授業時数を実施することは教師の負担増加に直結するものであることから、このような教育課程の編成・実施は行うべきではない。仮に標準授業時数を大きく上回った授業時数を計画している場合には、指導体制の整備状況を踏まえて精査して教師の時間外勤務の増加につながらないようにすることとし、教育課程の編成・実施に当たっても教師の働き方改革に十分配慮するよう各学校を指導すること。

なお、標準授業時数を踏まえて教育課程を編成したものの災害や流行性疾患による学級閉鎖等の不測の事態により当該授業時数を下回った場合、下回ったことのみをもって学校教育法施行規則に反するとされるものではないこと。

3　学校の組織運営体制の在り方

(1)服務監督権者である教育委員会は、所管の学校に対して以下の取組を促し、必要な支援を行うこと。

①各学校における委員会等の組織や担当について、法令で義務付けられたものを除き、類似の内容を扱う委員会等の合同設置や構成員の統一など、整理・統合を積極的に図り、会議の開催回数削減等の業務効率化を進めるとともに、校務分掌について、細分化を避け包括的・系統的なグループに分ける形で整理すること。

②一部の教師に業務が集中し、その教師の長時間勤務が常態化することのないよう、全ての教師の能力向上に努めながら、業務の偏りを平準化するよう、状況に応じて校務分掌の在り方を適時柔軟に見直すこと。

③主幹教諭が組織のミドルリーダーとしての役割を発揮できるよう、主幹教諭の配置充実による学校マネジメント機能強化のための教員の配置状況を踏まえつつ、主幹教諭の授業時数等の軽減措置を講じること。現在、主幹教諭や指導教諭が配置されていない場合には、各主任等がミドルリーダーとして活躍するよう、単に持ち回りで分掌するのではなく、適材適所で主任を命じることを所管の学校の校長に対して徹底すること。

④特に長時間勤務の傾向がある若手教師について、学校組織全体の中で支えていくことが重要であり、若手教師が得意とする分野の能力を積極的に生かしながら、若手教師が一人で仕事を抱えていたり、悩んでいたりする場合には、管理職等がそれをいち早く把握し、すぐに声掛け等を行って、学校内外のリソースやネットワークを生かして優れた教材や指導案等の様々な蓄積を共有して支援するなど、若手教師が孤立することのないようにすること。

⑤総務・財務等に通じる専門職である事務職員は、その学校運営事務に関する専門性を生かしつつ、より広い視点に立って、学校運営について副校長・教頭とともに校長を補佐する役割を果たすことが期待されており、事務職員の校務運営への参画を一層拡大すること。

(2)各教育委員会においては、以下の取組を推進すること。

①時間を軸にした総合的な学校組織マネジメントが確立されるよう、各都道府県教育委員会等は校長をはじめとした管理職について、教育公務員特例法第二二条の三に規定する「校長及び教員としての資質の向上に関する指標」において、学校組織マネジメントの観点から求められる能力を明確化し、その能力の育成に努めるとともに、培われた能力が十分に発揮されているかどうか適確に評価し、評価を基に改善が行われるように取り組むこと。また、服務監督権者である教育委員会等は、学校が抱える課題を校長と共有し、必要な情報提供を行う等、校長とともに学校組織マネジメントの向上に取り組むこと。

②学校単位を超えて地域で若手教師が悩みを共有できるよう、指導主事等が、指揮命令する立場としてというよりも支援する立場として、働き方改革の観点からアドバイスできるような機会を設けるなどの工夫を講じること。

③権限と責任をもった事務長をはじめとした事務職員の配置の充実を図るとともに、勤務の実情を踏まえつつ、事務職員に過度に業務が集中することにならないよう、庶務事務システムの導入や共同学校事務室の設置・活用などを推進し、事務職員の質の向上や学校事務の適正化と効率的な処理、事務機能の強化を進めること。学校に配属される事務職員の人材の採用と採用後の職能成長については、任命権者である各教育委員会が将来的な見通しを立てて、その在り方を検討し、事務職員の資質・能力、意欲の向上のための取組を進めること。

④学校が、多様な主体と連携したり必要な人材を確保したりするに当たり、当該関連業務のため副校長・教頭など一部の教職員に過度な負担がかかることがないよう、学校の求めに応じて人材を配置するための人材バンクを整えること。

4　学校における働き方改革の確実な実施のための仕組みの確立とフォローアップ等

今回の答申を踏まえた取組を一過性のものとすることのないよう、文部科学省においては、業務改善状況調査等を通じて、学校における働き方改革の進展状況を市区町村ごとに把握し、その結果を公表することとしている。各教育委員会においても、それぞれの地域での学校における働き方改革の方針を策定し、定期的に教育委員会会議や総合教育会議の議題として扱うことで、学校や教師がおかれている状況について首長をはじめとした行政部局とも共有して共通理解を深め、教育委員会組織内の体制整備や業務の精選を図りつつ、各学校の取組の進展状況を踏まえながら、随時必要な施策に取り組むこと。

別添1から4まで（省略）

●幼稚園教育要領（抄）

（平成二九年三月三一日　文部科学省告示第六二号）

施行、平三〇・四・一

（前文省略）

第一章　総　則

第一　幼稚園教育の基本

幼児期の教育は、生涯にわたる人格形成の基礎を培う重要なものであり、幼稚園教育は、学校教育法に規定する目的及び目標を達成するため、幼児期の特性を踏まえ、環境を通して行うものであることを基本とする。

このため教師は、幼児との信頼関係を十分に築き、幼児が身近な環境に主体的に関わり、環境との関わり方や意味に気付き、これらを取り込もうとして、試行錯誤したり、考えたりするようになる幼児期の教育における見方・考え方を生かし、幼児と共によりよい教育環境を創造するように努めるものとする。これらを踏まえ、次に示す事項を重視して教育を行わなければならない。

1　幼児は安定した情緒の下で自己を十分に発揮することにより発達に必要な体験を得ていくものであることを考慮して、幼児の主体的な活動を促し、幼児期にふさわしい生活が展開されるようにすること。

2　幼児の自発的な活動としての遊びは、心身の調和のとれた発達の基礎を培う重要な学習であることを考慮して、遊びを通しての指導を中心として第二章に示すねらいが総合的に達成されるようにすること。

3　幼児の発達は、心身の諸側面が相互に関連し合い、多様な経過をたどって成し遂げられていくものであること、また、幼児の生活経験がそれぞれ異なることなどを考慮して、幼児一人一人の特性に応じ、発達の課題に即した指導を行うようにすること。その際、教師は、幼児の主体的な活動が確保されるよう幼児一人一人の行動の理解と予想に基づき、計画的に環境を構成しなければならない。この場合において、教師は、幼児と人やものとの関わりが重要であることを踏まえ、教材を工夫し、物的・空間的環境を構成しなければならない。また、幼児一人一人の活動の場面に応じて、様々な役割を果たし、その活動を豊かにしなければならない。

第二　幼稚園教育において育みたい資質・能力及び「幼児期の終わりまでに育ってほしい姿」

1　幼稚園においては、生きる力の基礎を育むため、この章の第一に示す幼稚園教育の基本を踏まえ、次に掲げる資質・能力を一体的に育むよう努めるものとする。

(1) 豊かな体験を通じて、感じたり、気付いたり、分かったり、できるようになったりする「知識及び技能の基礎」

(2) 気付いたことや、できるようになったことなどを使い、考えたり、試したり、工夫したり、表現したりする「思考力、判断力、表現力等の基礎」

(3) 心情、意欲、態度が育つ中で、よりよい生活を営もうとする「学びに向かう力、人間性等」

2　1に示す資質・能力は、第二章に示すねらい及び内容に基づく活動全体によって育むものである。

3　次に示す「幼児期の終わりまでに育ってほしい姿」は、第二章に示すねらい及び内容に基づく活動全体を通して資質・能力が育まれている幼児の幼稚園修了時の具体的な姿であり、教師が指導を行う際に考慮するものである。

(1) 健康な心と体
幼稚園生活の中で、充実感をもって自分のやりたいことに向かって心と体を十分に働かせ、見通しをもって行動し、自ら健康で安全な生活をつくり出すようになる。

(2) 自立心
身近な環境に主体的に関わり様々な活動を楽しむ中で、しなければならないことを自覚し、自分の力で行うために考えたり、工夫したりしながら、諦めずにやり遂げることで達成感を味わい、自信をもって行動するようになる。

(3) 協同性
友達と関わる中で、互いの思いや考えなどを共有し、共通の目的の実現に向けて、考えたり、工夫したり、協力したりし、充実感をもってやり遂げるようになる。

(4) 道徳性・規範意識の芽生え
友達と様々な体験を重ねる中で、してよいことや悪いことが分かり、自分の行動を振り返ったり、友達の気持ちに共感したりし、相手の立場に立って行動するようになる。また、きまりを守る必要性が分かり、自分の気持ちを調整し、友達と折り合いを付けながら、きまりをつくったり、守ったりするようになる。

(5) 社会生活との関わり
家族を大切にしようとする気持ちをもつとともに、地域の身近な人と触れ合う中で、人との様々な関わり方に気付き、相手の気持ちを考えて関わり、自分が役に立つ喜びを感じ、地域に親しみをもつようになる。また、幼稚園内外の様々な環境に関わる中で、遊びや生活に必要な情報を取り入れ、情報に基づき判断したり、情報を伝え合ったり、活用したりするなど、情報を役立てながら活動するようになるとともに、公共の施設を大切に利用するなどして、社会とのつながりなどを意識するようになる。

(6) 思考力の芽生え
身近な事象に積極的に関わる中で、物の性質や仕組みなどを感じ取ったり、気付いたりし、考えたり、予想したり、工夫したりするなど、多様な関わりを楽しむようになる。また、友達の様々な考えに触れる中で、自分と異なる考えがあることに気付き、自ら判断したり、考え直したりするなど、新しい考えを生み出す喜びを味わいながら、自分の考えをよりよいものにするようになる。

(7) 自然との関わり・生命尊重
自然に触れて感動する体験を通して、自然の変化などを感じ取り、好奇心や探究心をもって考え言葉などで表現しながら、身近な事象への関心が高まるとともに、自然への愛情や畏敬の念をもつようになる。また、身近な動植物に心を動かされる中で、生命の不思議さや尊さに気付き、身近な動植物への接し方を考え、命あるものとしていたわり、大切にする気持ちをもって関わるようになる。

(8) 数量や図形、標識や文字などへの関心・感覚
遊びや生活の中で、数量や図形、標識や文字などに親しむ体験を重ねたり、標識や文字の役割に気付いたりし、自らの必要感に基づきこれらを活用し、興味や関心、感覚をもつようになる。

(9) 言葉による伝え合い
先生や友達と心を通わせる中で、絵本や物語などに親しみながら、豊かな言葉や表現を身に付け、経験したことや考えたことなどを言葉で伝えたり、相手の話を注意して聞いたりし、言葉による伝え合いを楽しむようになる。

(10) 豊かな感性と表現
心を動かす出来事などに触れ感性を働かせる中で、様々な素材の特徴や表現の仕方などに気付き、感じたことや考えたことを自分で表現したり、友達同士で表現する過程を楽しんだりし、表現する喜びを味わい、意欲をもつようになる。

第三　教育課程の役割と編成等

1　教育課程の役割
各幼稚園においては、教育基本法及び学校教育法その他の法令並びにこの幼稚園教育要領の示すところに従い、創意工夫を生かし、幼児の心身の発達と幼稚園及び地域の実態に即応した適切な教育課程を編成するものとする。

また、各幼稚園においては、6に示す全体的な計画にも留意しながら、「幼児期の終わりまでに育ってほしい姿」を踏まえ教育課程を編成すること、教育課程の実施状況を評価してその改善を図っていくこと、教育課程の実施に必要な人的又は物的な体制を確保するとともにその改善を図っていくことなどを通して、教育課程に基づき組織的かつ計画的に各幼稚園の教育活動の質の向上を図っていくこと（以下「カリキュラム・マネジメント」という。）に努めるものとする。

2　各幼稚園の教育目標と教育課程の編成
教育課程の編成に当たっては、幼稚園教育において育みたい資質・能力を踏まえつつ、各幼稚園の教育目標を明確にするとともに、教育課程の編成についての基本的な方針が家庭や地域とも共有されるよう努めるものとする。

3　教育課程の編成上の基本的事項

(1) 幼稚園生活の全体を通して第二章に示すねらいが総合的に達成されるよう、教育課程に係る教育期間や幼児の生活経験や発達の過程などを考慮して具体的なねらいと内容を組織するものとする。この場合においては、特に、自我が芽生え、他者の存在を意識し、自己を抑制しようとする気持ちが生まれる幼児期の発達の特性を踏まえ、入園から修了に至るまでの長期的な視野をもって充実した生活が展開できるように配慮するものとする。

(2) 幼稚園の毎学年の教育課程に係る教育週数は、特別の事情のある場合を除き、三九週を下ってはならない。

(3) 幼稚園の一日の教育課程に係る教育時間は、四時間を標準とする。ただし、幼児の心身の発達の程度や季節などに適切に配慮するものとする。

4　教育課程の編成上の留意事項
教育課程の編成に当たっては、次の事項に留意するものとする。

(1) 幼児の生活は、入園当初の一人一人の遊びや教師との触れ合いを通して幼稚園生活に親しみ、安定していく時期から、他の幼児との関わりの中で幼児の主体的な活動が深まり、幼児が互いに必要な存在であるこ

とを認識するようになり、やがて幼児同士や学級全体で目的をもって協同して幼稚園生活を展開し、深めていく時期などに至るまでの過程を様々に経ながら広げられていくものであることを考慮し、活動がそれぞれの時期にふさわしく展開されるようにすること。

(2) 入園当初、特に、三歳児の入園については、家庭との連携を緊密にし、生活のリズムや安全面に十分配慮すること。また、満三歳児については、学年の途中から入園することを考慮し、幼児が安心して幼稚園生活を過ごすことができるよう配慮すること。

(3) 幼稚園生活が幼児にとって安全なものとなるよう、教職員による協力体制の下、幼児の主体的な活動を大切にしつつ、園庭や園舎などの環境の配慮や指導の工夫を行うこと。

5 小学校教育との接続に当たっての留意事項

(1) 幼稚園においては、幼稚園教育が、小学校以降の生活や学習の基盤の育成につながることに配慮し、幼児期にふさわしい生活を通して、創造的な思考や主体的な生活態度などの基礎を培うようにするものとする。

(2) 幼稚園教育において育まれた資質・能力を踏まえ、小学校教育が円滑に行われるよう、小学校の教師との意見交換や合同の研究の機会などを設け、「幼児期の終わりまでに育ってほしい姿」を共有するなど連携を図り、幼稚園教育と小学校教育との円滑な接続を図るよう努めるものとする。

6 全体的な計画の作成

各幼稚園においては、教育課程を中心に、第三章に示す教育課程に係る教育時間の終了後等に行う教育活動の計画、学校保健計画、学校安全計画などとを関連させ、一体的に教育活動が展開されるよう全体的な計画を作成するものとする。

第四　指導計画の作成と幼児理解に基づいた評価

1 指導計画の考え方

幼稚園教育は、幼児が自ら意欲をもって環境と関わることによりつくり出される具体的な活動を通して、その目標の達成を図るものである。

幼稚園においてはこのことを踏まえ、幼児期にふさわしい生活が展開され、適切な指導が行われるよう、それぞれの幼稚園の教育課程に基づき、調和のとれた組織的、発展的な指導計画を作成し、幼児の活動に沿った柔軟な指導を行わなければならない。

2 指導計画の作成上の基本的事項

(1) 指導計画は、幼児の発達に即して一人一人の幼児が幼児期にふさわしい生活を展開し、必要な体験を得られるようにするために、具体的に作成するものとする。

(2) 指導計画の作成に当たっては、次に示すところにより、具体的なねらい及び内容を明確に設定し、適切な環境を構成することなどにより活動が選択・展開されるようにするものとする。

ア　具体的なねらい及び内容は、幼稚園生活における幼児の発達の過程を見通し、幼児の生活の連続性、季節の変化などを考慮して、幼児の興味や関心、発達の実情などに応じて設定すること。

イ　環境は、具体的なねらいを達成するために適切なものとなるように構成し、幼児が自らその環境に関わることにより様々な活動を展開しつつ必要な体験を得られるようにすること。その際、幼児の生活する姿や発想を大切にし、常にその環境が適切なものとなるようにすること。

ウ　幼児の行う具体的な活動は、生活の流れの中で様々に変化するものであることに留意し、幼児が望ましい方向に向かって自ら活動を展開していくことができるよう必要な援助をすること。

その際、幼児の実態及び幼児を取り巻く状況の変化などに即して指導の過程についての評価を適切に行い、常に指導計画の改善を図るものとする。

3 指導計画の作成上の留意事項

指導計画の作成に当たっては、次の事項に留意するものとする。

(1) 長期的に発達を見通した年、学期、月などにわたる長期の指導計画やこれとの関連を保ちながらより具体的な幼児の生活に即した週、日などの短期の指導計画を作成し、適切な指導が行われるようにすること。特に、週、日などの短期の指導計画については、幼児の生活のリズムに配慮し、幼児の意識や興味の連続性のある活動が相互に関連して幼稚園生活の自然な流れの中に組み込まれるようにすること。

(2) 幼児が様々な人やものとの関わりを通して、多様な体験をし、心身の調和のとれた発達を促すようにしていくこと。その際、幼児の発達に即して主体的・対話的で深い学びが実現するようにするとともに、心を動かされる体験が次の活動を生み出すことを考慮し、一つ一つの体験が相互に結び付き、幼稚園生活が充実するようにすること。

(3) 言語に関する能力の発達と思考力等の発達が関連していることを踏まえ、幼稚園生活全体を通して、幼児の発達を踏まえた言語環境を整え、言語活動の充実を図ること。

(4) 幼児が次の活動への期待や意欲をもつことができるよう、幼児の実態を踏まえながら、教師や他の幼児と共に遊びや生活の中で見通しをもったり、振り返ったりするよう工夫すること。

(5) 行事の指導に当たっては、幼稚園生活の自然の流れの中で生活に変化や潤いを与え、幼児が主体的に楽しく活動できるようにすること。なお、それぞれの行事についてはその教育的価値を十分検討し、適切なものを精選し、幼児の負担にならないようにすること。

(6) 幼児期は直接的な体験が重要であることを踏まえ、視聴覚教材やコンピュータなど情報機器を活用する際には、幼稚園生活では得難い体験を補完するなど、幼児の体験との関連を考慮すること。

(7) 幼児の主体的な活動を促すためには、教師が多様な関わりをもつことが重要であることを踏まえ、教師は、理解者、共同作業者など様々な役割を果たし、幼児の発達に必要な豊かな体験が得られるよう、活動の場面に応じて、適切な指導を行うようにすること。

(8) 幼児の行う活動は、個人、グループ、学級全体などで多様に展開されるものであることを踏まえ、幼稚園全体の教師による協力体制を作りながら、一人一人の幼児が興味や欲求を十分に満足させるよう適切な援助を行うようにすること。

4 幼児理解に基づいた評価の実施

幼児一人一人の発達の理解に基づいた評価の実施に当たっては、次の事項に配慮するものとする。

(1) 指導の過程を振り返りながら幼児の理解を進め、幼児一人一人のよさや可能性などを把握し、指導の改善に生かすようにすること。その際、他の幼児との比較や一定の基準に対する達成度についての評定によって捉えるものではないことに留意すること。

(2) 評価の妥当性や信頼性が高められるよう創意工夫を行い、組織的かつ計画的な取組を推進するとともに、次年度又は小学校等にその内容が適切に引き継がれるようにすること。

第五　特別な配慮を必要とする幼児への指導

1 障害のある幼児などへの指導

障害のある幼児などへの指導に当たっては、集団の中で生活することを通して全体的な発達を促していくことに配慮し、特別支援学校などの助言又は援助を活用しつつ、個々の幼児の障害の状態などに応じた指導内容や指導方法の工夫を組織的かつ計画的に行うものとする。また、家庭、地域及び医療や福祉、保健等の業務を行う関係機関との連携を図り、長期的な視点で幼児への教育的支援を行うために、個別の教育支援計画を作成し活用することに努めるとともに、個々の幼児の実態を的確に把握し、個別の指導計画を作成し活用することに努めるものとする。

2　海外から帰国した幼児や生活に必要な日本語の習得に困難のある幼児の幼稚園生活への適応

海外から帰国した幼児や生活に必要な日本語の習得に困難のある幼児については、安心して自己を発揮できるよう配慮するなど個々の幼児の実態に応じ、指導内容や指導方法の工夫を組織的かつ計画的に行うものとする。

第六　幼稚園運営上の留意事項

1　各幼稚園においては、園長の方針の下に、園務分掌に基づき教職員が適切に役割を分担しつつ、相互に連携しながら、教育課程や指導の改善を図るものとする。また、各幼稚園が行う学校評価については、教育課程の編成、実施、改善が教育活動や幼稚園運営の中核となることを踏まえ、カリキュラム・マネジメントと関連付けながら実施するよう留意するものとする。

2　幼児の生活は、家庭を基盤として地域社会を通じて次第に広がりをもつものであることに留意し、家庭との連携を十分に図るなど、幼稚園における生活が家庭や地域社会と連続性を保ちつつ展開されるようにするものとする。その際、地域の自然、高齢者や異年齢の子供などを含む人材、行事や公共施設などの地域の資源を積極的に活用し、幼児が豊かな生活体験を得られるように工夫するものとする。また、家庭との連携に当たっては、保護者との情報交換の機会を設けたり、保護者と幼児との活動の機会を設けたりなどすることを通じて、保護者の幼児期の教育に関する理解が深まるよう配慮するものとする。

3　地域や幼稚園の実態等により、幼稚園間に加え、保育所、幼保連携型認定こども園、小学校、中学校、高等学校及び特別支援学校などとの間の連携や交流を図るものとする。特に、幼稚園教育と小学校教育の円滑な接続のため、幼稚園の幼児と小学校の児童との交流の機会を積極的に設けるようにするものとする。また、障害のある幼児児童生徒との交流及び共同学習の機会を設け、共に尊重し合いながら協働して生活していく態度を育むよう努めるものとする。

第七　教育課程に係る教育時間終了後等に行う教育活動など

幼稚園は、第三章に示す教育課程に係る教育時間の終了後等に行う教育活動について、学校教育法に規定する目的及び目標並びにこの章の第一に示す幼稚園教育の基本を踏まえ実施するものとする。また、幼稚園の目的の達成に資するため、幼児の生活全体が豊かなものとなるよう家庭や地域における幼児期の教育の支援に努めるものとする。

第二章　ねらい及び内容　〔省略〕

第三章　教育課程に係る教育時間の終了後等に行う教育活動などの留意事項

1　地域の実態や保護者の要請により、教育課程に係る教育時間の終了後等に希望する者を対象に行う教育活動については、幼児の心身の負担に配慮するものとする。また、次の点にも留意するものとする。

(1)　教育課程に基づく活動を考慮し、幼児期にふさわしい無理のないものとなるようにすること。その際、教育課程に基づく活動を担当する教師と緊密な連携を図るようにすること。

(2)　家庭や地域での幼児の生活も考慮し、教育課程に係る教育時間の終了後等に行う教育活動の計画を作成するようにすること。その際、地域の人々と連携するなど、地域の様々な資源を活用しつつ、多様な体験ができるようにすること。

(3)　家庭との緊密な連携を図るようにすること。その際、情報交換の機会を設けたりするなど、保護者が、幼稚園と共に幼児を育てるという意識が高まるようにすること。

(4)　地域の実態や保護者の事情とともに幼児の生活のリズムを踏まえつつ、例えば実施日数や時間などについて、弾力的な運用に配慮すること。

(5)　適切な責任体制と指導体制を整備した上で行うようにすること。

2　幼稚園の運営に当たっては、子育ての支援のために保護者や地域の人々に機能や施設を開放して、園内体制の整備や関係機関との連携及び協力に配慮しつつ、幼児期の教育に関する相談に応じたり、情報を提供したり、幼児と保護者との登園を受け入れたり、保護者同士の交流の機会を提供したりするなど、幼稚園と家庭が一体となって幼児と関わる取組を進め、地域における幼児期の教育のセンターとしての役割を果たすよう努めるものとする。その際、心理や保健の専門家、地域の子育て経験者等と連携・協働しながら取り組むよう配慮するものとする。

●小学校学習指導要領〔抄〕

（平成二九年三月三一日　文部科学省告示第六三号）

施行、平三二・四・一

〔前文省略〕

第一章　総　則

第一　小学校教育の基本と教育課程の役割

1　各学校においては、教育基本法及び学校教育法その他の法令並びにこの章以下に示すところに従い、児童の人間として調和のとれた育成を目指し、児童の心身の発達の段階や特性及び学校や地域の実態を十分考慮して、適切な教育課程を編成するものとし、これらに掲げる目標を達成するよう教育を行うものとする。

2　学校の教育活動を進めるに当たっては、各学校において、第三の1に示す主体的・対話的で深い学びの実現に向けた授業改善を通して、創意工夫を生かした特色ある教育活動を展開する中で、次の(1)から(3)までに掲げる事項の実現を図り、児童に生きる力を育むことを目指すものとする。

(1)　基礎的・基本的な知識及び技能を確実に習得させ、これらを活用して課題を解決するために必要な思考力、判断力、表現力等を育むとともに、主体的に学習に取り組む態度を養い、個性を生かし多様な人々との協働を促す教育の充実に努めること。その際、児童の発達の段階を考慮して、児童の言語活動など、学習の基盤をつくる活動を充実するとともに、家庭との連携を図りながら、児童の学習習慣が確立するよう配慮すること。

(2)　道徳教育や体験活動、多様な表現や鑑賞の活動等を通して、豊かな心や創造性の涵養を目指した教育の充実に努めること。

学校における道徳教育は、特別の教科である道徳（以下「道徳科」という。）を要として学校の教育活動全体を通じて行うものであり、道徳科はもとより、各教科、外国語活動、総合的な学習の時間及び特別活動のそれぞれの特質に応じて、児童の発達の段階を考慮して、適切な指導を行うこと。

道徳教育は、教育基本法及び学校教育法に定められた教育の根本精神に基づき、自己の生き方を考え、主体的な判断の下に行動し、自立した人間として他者と共によりよく生きるための基盤となる道徳性を養うことを目標とすること。

道徳教育を進めるに当たっては、人間尊重の精神と生命に対する畏敬の念を家庭、学校、その他社会における具体的な生活の中に生かし、豊かな心をもち、伝統と文化を尊重し、それらを育んできた我が国と郷土を愛し、個性豊かな文化の創造を図るとともに、平和で民主的な国家及び社会の形成者として、公共の精神を尊び、社会及び国家の発展に努め、他国を尊重し、国際社会の平和と発展や環境の保全に貢献し未来を拓く主体性のある日本人の育成に資することとなるよう特に留意すること。

(3) 学校における体育・健康に関する指導を、児童の発達の段階を考慮して、学校の教育活動全体を通じて適切に行うことにより、健康で安全な生活と豊かなスポーツライフの実現を目指した教育の充実に努めること。特に、学校における食育の推進並びに体力の向上に関する指導、安全に関する指導及び心身の健康の保持増進に関する指導については、体育科、家庭科及び特別活動の時間はもとより、各教科、道徳科、外国語活動及び総合的な学習の時間などにおいてもそれぞれの特質に応じて適切に行うよう努めること。また、それらの指導を通して、家庭や地域社会との連携を図りながら、日常生活において適切な体育・健康に関する活動の実践を促し、生涯を通じて健康・安全で活力ある生活を送るための基礎が培われるよう配慮すること。

3 2の(1)から(3)までに掲げる事項の実現を図り、豊かな創造性を備え持続可能な社会の創り手となることが期待される児童に、生きる力を育むことを目指すに当たっては、学校教育全体並びに各教科、道徳科、外国語活動、総合的な学習の時間及び特別活動（以下「各教科等」という。ただし、第二の3の(2)のア及びウにおいて、特別活動については学級活動（学校給食に係るものを除く。）に限る。）の指導を通してどのような資質・能力の育成を目指すのかを明確にしながら、教育活動の充実を図るものとする。その際、児童の発達の段階や特性等を踏まえつつ、次に掲げることが偏りなく実現できるようにするものとする。

(1) 知識及び技能が習得されるようにすること。

(2) 思考力、判断力、表現力等を育成すること。

(3) 学びに向かう力、人間性等を涵養すること。

4 各学校においては、児童や学校、地域の実態を適切に把握し、教育の目的や目標の実現に必要な教育の内容等を教科等横断的な視点で組み立てていくこと、教育課程の実施状況を評価してその改善を図っていくこと、教育課程の実施に必要な人的又は物的な体制を確保するとともにその改善を図っていくことなどを通して、教育課程に基づき組織的かつ計画的に各学校の教育活動の質の向上を図っていくこと（以下「カリキュラム・マネジメント」という。）に努めるものとする。

第二 教育課程の編成

1 各学校の教育目標と教育課程の編成

教育課程の編成に当たっては、学校教育全体や各教科等における指導を通して育成を目指す資質・能力を踏まえつつ、各学校の教育目標を明確にするとともに、教育課程の編成についての基本的な方針が家庭や地域とも共有されるよう努めるものとする。その際、第五章総合的な学習の時間の第二の1に基づき定められる目標との関連を図るものとする。

2 教科等横断的な視点に立った資質・能力の育成

(1) 各学校においては、児童の発達の段階を考慮し、言語能力、情報活用能力（情報モラルを含む。）、問題発見・解決能力等の学習の基盤となる資質・能力を育成していくことができるよう、各教科等の特質を生かし、教科等横断的な視点から教育課程の編成を図るものとする。

(2) 各学校においては、児童や学校、地域の実態及び児童の発達の段階を考慮し、豊かな人生の実現や災害等を乗り越えて次代の社会を形成することに向けた現代的な諸課題に対応して求められる資質・能力を、教科等横断的な視点で育成していくことができるよう、各学校の特色を生かした教育課程の編成を図るものとする。

3 教育課程の編成における共通的事項

(1) 内容等の取扱い

ア 第二章以下に示す各教科、道徳科、外国語活動及び特別活動の内容に関する事項は、特に示す場合を除き、いずれの学校においても取り扱わなければならない。

イ 学校において特に必要がある場合には、第二章以下に示していない内容を加えて指導することができる。また、第二章以下に示す内容の取扱いのうち内容の範囲や程度等を示す事項は、全ての児童に対して指導するものとする内容の範囲や程度等を示したものであり、学校において特に必要がある場合には、この事項にかかわらず加えて指導することができる。ただし、これらの場合には、第二章以下に示す各教科、道徳科、外国語活動及び特別活動の目標や内容の趣旨を逸脱したり、児童の負担過重となったりすることのないようにしなければならない。

ウ 第二章以下に示す各教科、道徳科、外国語活動及び特別活動の内容に掲げる事項の順序は、特に示す場合を除き、指導の順序を示すものではないので、学校においては、その取扱いについて適切な工夫を加えるものとする。

エ 学年の内容を二学年まとめて示した教科及び外国語活動の内容は、二学年間かけて指導する事項を示したものである。各学校においては、これらの事項を児童や学校、地域の実態に応じ、二学年間を見通して計画的に指導することとし、特に示す場合を除き、いずれかの学年に分けて、又はいずれの学年においても指導するものとする。

オ 学校において二以上の学年の児童で編制する学級について特に必要がある場合には、各教科及び道徳科の目標の達成に支障のない範囲内で、各教科及び道徳科の目標及び内容について学年別の順序によらないことができる。

カ 道徳科を要として学校の教育活動全体を通じて行う道徳教育の内容は、第三章特別の教科道徳の第二に示す内容とし、その実施に当たっては、第六に示す道徳教育に関する配慮事項を踏まえるものとする。

(2) 授業時数等の取扱い

ア 各教科等の授業は、年間三五週（第一学年については三四週）以上にわたって行うよう計画し、週当たりの授業時数が児童の負担過重にならないようにするものとする。ただし、各教科等や学習活動の特質に応じ効果的な場合には、夏季、冬季、学年末等の休業日の期間に授業日を設定する場合を含め、これらの授業を特定の期間に行うことができる。

イ 特別活動の授業のうち、児童会活動、クラブ活動及び学校行事については、それらの内容に応じ、年間、学期ごと、月ごとなどに適切な授業時数を充てるものとする。

ウ 各学校の時間割については、次の事項を踏まえ適切に編成するものとする。

(ア) 各教科等のそれぞれの授業の一単位時間は、各学校において、各教科等の年間授業時数を確保しつつ、児童の発達の段階及び各教科等や学習活動の特質を考慮して適切に定めること。

(イ) 各教科等の特質に応じ、一〇分から一五分程度の短い時間を活用して特定の教科等の指導を行う場合において、教師が、単元や題材など内容や時間のまとまりを見通した中で、その指導内容の決定や指導の成果の把握と活用等を責任を持って行う体制が整備されているときは、その時間を当該教科等の年間授業時数に含めることができること。

(ウ) 給食、休憩などの時間については、各学校において工夫を加え、適切に定めること。

(エ) 各学校において、児童や学校、地域の実態、各教科等や学習活動の特質等に応じて、創意工夫を生かした時間割を弾力的に編成できること。

エ 総合的な学習の時間における学習活動により、特別活動の学校行事に掲げる各行事の実施と同様の成果が期待できる場合においては、総合的な学習の時間における学習活動をもって相当する特別活動の学校行事に掲げる各行事の実施に替えることができる。

(3) 指導計画の作成等に当たっての配慮事項

各学校においては、次の事項に配慮しながら、学校の創意工夫を生かし、全体として、調和のとれた具体的な指導計画を作成するものとする。

ア　各教科等の指導内容については、(1)のアを踏まえつつ、単元や題材など内容や時間のまとまりを見通しながら、そのまとめ方や重点の置き方に適切な工夫を加え、第三の1に示す主体的・対話的で深い学びの実現に向けた授業改善を通して資質・能力を育む効果的な指導ができるようにすること。

イ　各教科等及び各学年相互間の関連を図り、系統的、発展的な指導ができるようにすること。

ウ　学年の内容を二学年まとめて示した教科及び外国語活動については、当該学年間を見通して、児童や学校、地域の実態に応じ、児童の発達の段階を考慮しつつ、効果的、段階的に指導するようにすること。

エ　児童の実態等を考慮し、指導の効果を高めるため、児童の発達の段階や指導内容の関連性等を踏まえつつ、合科的・関連的な指導を進めること。

4　学校段階等間の接続

教育課程の編成に当たっては、次の事項に配慮しながら、学校段階等間の接続を図るものとする。

(1) 幼児期の終わりまでに育ってほしい姿を踏まえた指導を工夫することにより、幼稚園教育要領等に基づく幼児期の教育を通して育まれた資質・能力を踏まえて教育活動を実施し、児童が主体的に自己を発揮しながら学びに向かうことが可能となるようにすること。

また、低学年における教育全体において、例えば生活科において育成する自立し生活を豊かにしていくための資質・能力が、他教科等の学習においても生かされるようにするなど、教科等間の関連を積極的に図り、幼児期の教育及び中学年以降の教育との円滑な接続が図られるよう工夫すること。特に、小学校入学当初においては、幼児期において自発的な活動としての遊びを通して育まれてきたことが、各教科等における学習に円滑に接続されるよう、生活科を中心に、合科的・関連的な指導や弾力的な時間割の設定など、指導の工夫や指導計画の作成を行うこと。

(2) 中学校学習指導要領及び高等学校学習指導要領を踏まえ、中学校教育及びその後の教育との円滑な接続が図られるよう工夫すること。特に、義務教育学校、中学校連携型小学校及び中学校併設型小学校においては、義務教育九年間を見通した計画的かつ継続的な教育課程を編成すること。

第三　教育課程の実施と学習評価

1　主体的・対話的で深い学びの実現に向けた授業改善

各教科等の指導に当たっては、次の事項に配慮するものとする。

(1) 第一の3の(1)から(3)までに示すことが偏りなく実現されるよう、単元や題材など内容や時間のまとまりを見通しながら、児童の主体的・対話的で深い学びの実現に向けた授業改善を行うこと。

特に、各教科等において身に付けた知識及び技能を活用したり、思考力、判断力、表現力等や学びに向かう力、人間性等を発揮させたりして、学習の対象となる物事を捉え思考することにより、各教科等の特質に応じた物事を捉える視点や考え方（以下「見方・考え方」という。）が鍛えられていくことに留意し、児童が各教科等の特質に応じた見方・考え方を働かせながら、知識を相互に関連付けてより深く理解したり、情報を精査して考えを形成したり、問題を見いだして解決策を考えたり、思いや考えを基に創造したりすることに向かう過程を重視した学習の充実を図ること。

(2) 第二の2の(1)に示す言語能力の育成を図るため、各学校において必要な言語環境を整えるとともに、国語科を要としつつ各教科等の特質に応じて、児童の言語活動を充実すること。あわせて、(7)に示すとおり読書活動を充実すること。

(3) 第二の2の(1)に示す情報活用能力の育成を図るため、各学校において、コンピュータや情報通信ネットワークなどの情報手段を活用するために必要な環境を整え、これらを適切に活用した学習活動の充実を図ること。また、各種の統計資料や新聞、視聴覚教材や教育機器などの教材・教具の適切な活用を図ること。

あわせて、各教科等の特質に応じて、次の学習活動を計画的に実施すること。

ア　児童がコンピュータで文字を入力するなどの学習の基盤として必要となる情報手段の基本的な操作を習得するための学習活動

イ　児童がプログラミングを体験しながら、コンピュータに意図した処理を行わせるために必要な論理的思考力を身に付けるための学習活動

(4) 児童が学習の見通しを立てたり学習したことを振り返ったりする活動を、計画的に取り入れるように工夫すること。

(5) 児童が生命の有限性や自然の大切さ、主体的に挑戦してみることや多様な他者と協働することの重要性などを実感しながら理解することができるよう、各教科等の特質に応じた体験活動を重視し、家庭や地域社会と連携しつつ体系的・継続的に実施できるよう工夫すること。

(6) 児童が自ら学習課題や学習活動を選択する機会を設けるなど、児童の興味・関心を生かした自主的、自発的な学習が促されるよう工夫すること。

(7) 学校図書館を計画的に利用しその機能の活用を図り、児童の主体的・対話的で深い学びの実現に向けた授業改善に生かすとともに、児童の自主的、自発的な学習活動や読書活動を充実すること。また、地域の図書館や博物館、美術館、劇場、音楽堂等の施設の活用を積極的に図り、資料を活用した情報の収集や鑑賞等の学習活動を充実すること。

2　学習評価の充実

学習評価の実施に当たっては、次の事項に配慮するものとする。

(1) 児童のよい点や進歩の状況などを積極的に評価し、学習したことの意義や価値を実感できるようにすること。また、各教科等の目標の実現に向けた学習状況を把握する観点から、単元や題材など内容や時間のまとまりを見通しながら評価の場面や方法を工夫して、学習の過程や成果を評価し、指導の改善や学習意欲の向上を図り、資質・能力の育成に生かすようにすること。

(2) 創意工夫の中で学習評価の妥当性や信頼性が高められるよう、組織的かつ計画的な取組を推進するとともに、学年や学校段階を越えて児童の学習の成果が円滑に接続されるように工夫すること。

第四　児童の発達の支援

1　児童の発達を支える指導の充実

教育課程の編成及び実施に当たっては、次の事項に配慮するものとする。

(1) 学習や生活の基盤として、教師と児童との信頼関係及び児童相互のよりよい人間関係を育てるため、日頃から学級経営の充実を図ること。また、主に集団の場面で必要な指導や援助を行うガイダンスと、個々の児童の多様な実態を踏まえ、一人一人が抱える課題に個別に対応した指導を行うカウンセリングの双方により、児童の発達を支援すること。

あわせて、小学校の低学年、中学年、高学年の学年の時期の特長を生かした指導の工夫を行うこと。

(2) 児童が、自己の存在感を実感しながら、よりよい人間関係を形成し、有意義で充実した学校生活を送る中で、現在及び将来における自己実現を図っていくことができるよう、児童理解を深め、学習指導と関連付けながら、生徒指導の充実を図ること。

(3) 児童が、学ぶことと自己の将来とのつながりを見通しながら、社会的・職業的自立に向けて必要な基盤となる資質・能力を身に付けていくことができるよう、特別活動を要としつつ各教科等の特質に応じて、キャリア教育の充実を図ること。

(4) 児童が、基礎的・基本的な知識及び技能の習得も含め、学習内容を確実に身に付けることができるよう、児童や学校の実態に応じ、個別学習やグループ別学習、繰り返し学習、学習内容の習熟の程度に応じた学習、児童の興味・関心等に応じた課題学習、補充的な学習や発展的な学習などの学習活動を取り入れることや、教師間の協力による指導体制を確保することなど、指導方法や指導体制の工夫改善により、個に応じた指導の充実を図ること。その際、第三の1の(3)に示す情報手段や教材・教具の活用を図ること。

2　特別な配慮を必要とする児童への指導

(1) 障害のある児童などへの指導

ア　障害のある児童などについては、特別支援学校等の助言又は援助を活用しつつ、個々の児童の障害の状態等に応じた指導内容や指導方法の工夫を組織的かつ計画的に行うものとする。

イ　特別支援学級において実施する特別の教育課程については、次のとおり編成するものとする。

(ア) 障害による学習上又は生活上の困難を克服し自立を図るため、特別支援学校小学部・中学部学習指導要領第七章に示す自立活動を取り入れること。

(イ) 児童の障害の程度や学級の実態等を考慮の上、各教科の目標や内容を下学年の教科の目標や内容に替えたり、各教科を、知的障害者である児童に対する教育を行う特別支援学校の各教科に替えたりするなどして、実態に応じた教育課程を編成すること。

ウ　障害のある児童に対して、通級による指導を行い、特別の教育課程を編成する場合には、特別支援学校小学部・中学部学習指導要領第七章に示す自立活動の内容を参考とし、具体的な目標や内容を定め、指導を行うものとする。その際、効果的な指導が行われるよう、各教科等と通級による指導との関連を図るなど、教師間の連携に努めるものとする。

エ　障害のある児童などについては、家庭、地域及び医療や福祉、保健、労働等の業務を行う関係機関との連携を図り、長期的な視点で児童への教育的支援を行うために、個別の教育支援計画を作成し活用することに努めるとともに、各教科等の指導に当たって、個々の児童の実態を的確に把握し、個別の指導計画を作成し活用することに努めるものとする。特に、特別支援学級に在籍する児童や通級による指導を受ける児童については、個々の児童の実態を的確に把握し、個別の教育支援計画や個別の指導計画を作成し、効果的に活用するものとする。

(2) 海外から帰国した児童などの学校生活への適応や、日本語の習得に困難のある児童に対する日本語指導

ア　海外から帰国した児童などについては、学校生活への適応を図るとともに、外国における生活経験を生かすなどの適切な指導を行うものとする。

イ　日本語の習得に困難のある児童については、個々の児童の実態に応じた指導内容や指導方法の工夫を組織的かつ計画的に行うものとする。特に、通級による日本語指導については、教師間の連携に努め、指導についての計画を個別に作成することなどにより、効果的な指導に努めるものとする。

(3) 不登校児童への配慮

ア　不登校児童については、保護者や関係機関と連携を図り、心理や福祉の専門家の助言又は援助を得ながら、社会的自立を目指す観点から、個々の児童の実態に応じた情報の提供その他の必要な支援を行うものとする。

イ　相当の期間小学校を欠席し引き続き欠席すると認められる児童を対象として、文部科学大臣が認める特別の教育課程を編成する場合には、児童の実態に配慮した教育課程を編成するとともに、個別学習やグループ別学習など指導方法や指導体制の工夫改善に努めるものとする。

第五　学校運営上の留意事項

1　教育課程の改善と学校評価等

ア　各学校においては、校長の方針の下に、校務分掌に基づき教職員が適切に役割を分担しつつ、相互に連携しながら、各学校の特色を生かしたカリキュラム・マネジメントを行うよう努めるものとする。また、各学校が行う学校評価については、教育課程の編成、実施、改善が教育活動や学校運営の中核となることを踏まえ、カリキュラム・マネジメントと関連付けながら実施するよう留意するものとする。

イ　教育課程の編成及び実施に当たっては、学校保健計画、学校安全計画、食に関する指導の全体計画、いじめの防止等のための対策に関する基本的な方針など、各分野における学校の全体計画等と関連付けながら、効果的な指導が行われるように留意するものとする。

2　家庭や地域社会との連携及び協働と学校間の連携

教育課程の編成及び実施に当たっては、次の事項に配慮するものとする。

ア　学校がその目的を達成するため、学校や地域の実態等に応じ、教育活動の実施に必要な人的又は物的な体制を家庭や地域の人々の協力を得ながら整えるなど、家庭や地域社会との連携及び協働を深めること。また、高齢者や異年齢の子供など、地域における世代を越えた交流の機会を設けること。

イ　他の小学校や、幼稚園、認定こども園、保育所、中学校、高等学校、特別支援学校などとの間の連携や交流を図るとともに、障害のある幼児児童生徒との交流及び共同学習の機会を設け、共に尊重し合いながら協働して生活していく態度を育むようにすること。

第六　道徳教育に関する配慮事項

道徳教育を進めるに当たっては、道徳教育の特質を踏まえ、前項までに示す事項に加え、次の事項に配慮するものとする。

1　各学校においては、第一の2の(2)に示す道徳教育の目標を踏まえ、道徳教育の全体計画を作成し、校長の方針の下に、道徳教育の推進を主に担当する教師（以下「道徳教育推進教師」という。）を中心に、全教師が協力して道徳教育を展開すること。なお、道徳教育の全体計画の作成に当たっては、児童や学校、地域の実態を考慮して、学校の道徳教育の重点目標を設定するとともに、道徳科の指導方針、第三章特別の教科道徳の第二に示す内容との関連を踏まえた各教科、外国語活動、総合的な学習の時間及び特別活動における指導の内容及び時期並びに家庭や地域社会との連携の方法を示すこと。

2　各学校においては、児童の発達の段階や特性等を踏まえ、指導内容の重点化を図ること。その際、各学年を通じて、自立心や自律性、生命を尊重する心や他者を思いやる心を育てることに留意すること。また、各学年段階においては、次の事項に留意すること。

(1) 第一学年及び第二学年においては、挨拶などの基本的な生活習慣を身に付けること、善悪を判断し、してはならないことをしないこと、社会生活上のきまりを守ること。

(2) 第三学年及び第四学年においては、善悪を判断し、正しいと判断したことを行うこと、身近な人々と協力し助け合うこと、集団や社会のきまりを守ること。

(3) 第五学年及び第六学年においては、相手の考え方や立場を理解して支え合うこと、法やきまりの意義を理解して進んで守ること、集団生活の充実に努めること、伝統と文化を尊重し、それらを育んできた我が国と郷土を愛するとともに、他国を尊重すること。

3　学校や学級内の人間関係や環境を整えるとともに、集団宿泊活動やボランティア活動、自然体験活動、地域の行事への参加などの豊かな体験を充実すること。また、道徳教育の指導内容が、児童の日常生活に生かされるようにすること。その際、いじめの防止や安全の確保等にも資することとなるよう留意すること。

4　学校の道徳教育の全体計画や道徳教育に関する諸活動などの情報を積極的に公表したり、道徳教育の充実のために家庭や地域の人々の積極的な参加や協力を得たりするなど、家庭や地域社会との共通理解を深め、相互の連携を図ること。

第二章　各教科（省略）

第三章　特別の教科　道徳

第一　目　標

第一章総則の第一の2の(2)に示す道徳教育の目標に基づき、よりよく生きるための基盤となる道徳性を養うため、道徳的諸価値についての理解を基に、自己を見つめ、物事を多面的・多角的に考え、自己の生き方についての考えを深める学習を通して、道徳的な判断力、心情、実践意欲と態度を育てる。

第二　内　容

学校の教育活動全体を通じて行う道徳教育の要である道徳科においては、以下に示す項目について扱う。

A　主として自分自身に関すること

〔善悪の判断、自律、自由と責任〕

〔第一学年及び第二学年〕
よいことと悪いこととの区別をし、よいと思うことを進んで行うこと。

〔第三学年及び第四学年〕
正しいと判断したことは、自信をもって行うこと。

〔第五学年及び第六学年〕
自由を大切にし、自律的に判断し、責任のある行動をすること。

〔正直、誠実〕

〔第一学年及び第二学年〕
うそをついたりごまかしをしたりしないで、素直に伸び伸びと生活すること。

〔第三学年及び第四学年〕
過ちは素直に改め、正直に明るい心で生活すること。

〔第五学年及び第六学年〕
誠実に、明るい心で生活すること。

〔節度、節制〕

〔第一学年及び第二学年〕
健康や安全に気を付け、物や金銭を大切にし、身の回りを整え、わがままをしないで、規則正しい生活をすること。

〔第三学年及び第四学年〕
自分でできることは自分でやり、安全に気を付け、よく考えて行動し、節度のある生活をすること。

〔第五学年及び第六学年〕
安全に気を付けることや、生活習慣の大切さについて理解し、自分の生活を見直し、節度を守り節制に心掛けること。

〔個性の伸長〕

〔第一学年及び第二学年〕
自分の特徴に気付くこと。

〔第三学年及び第四学年〕
自分の特徴に気付き、長所を伸ばすこと。

〔第五学年及び第六学年〕
自分の特徴を知って、短所を改め長所を伸ばすこと。

〔希望と勇気、努力と強い意志〕

〔第一学年及び第二学年〕
自分のやるべき勉強や仕事をしっかりと行うこと。

〔第三学年及び第四学年〕
自分でやろうと決めた目標に向かって、強い意志をもち、粘り強くやり抜くこと。

〔第五学年及び第六学年〕
より高い目標を立て、希望と勇気をもち、困難があってもくじけずに努力して物事をやり抜くこと。

〔真理の探究〕

〔第五学年及び第六学年〕
真理を大切にし、物事を探究しようとする心をもつこと。

B　主として人との関わりに関すること

〔親切、思いやり〕

〔第一学年及び第二学年〕
身近にいる人に温かい心で接し、親切にすること。

〔第三学年及び第四学年〕
相手のことを思いやり、進んで親切にすること。

〔第五学年及び第六学年〕
誰に対しても思いやりの心をもち、相手の立場に立って親切にすること。

〔感謝〕

〔第一学年及び第二学年〕
家族など日頃世話になっている人々に感謝すること。

〔第三学年及び第四学年〕
家族など生活を支えてくれている人々や現在の生活を築いてくれた高齢者に、尊敬と感謝の気持ちをもって接すること。

〔第五学年及び第六学年〕
日々の生活が家族や過去からの多くの人々の支え合いや助け合いで成り立っていることに感謝し、それに応えること。

〔礼儀〕

〔第一学年及び第二学年〕
気持ちのよい挨拶、言葉遣い、動作などに心掛けて、明るく接すること。

〔第三学年及び第四学年〕
礼儀の大切さを知り、誰に対しても真心をもって接すること。

〔第五学年及び第六学年〕
時と場をわきまえて、礼儀正しく真心をもって接すること。

〔友情、信頼〕

〔第一学年及び第二学年〕
友達と仲よくし、助け合うこと。

〔第三学年及び第四学年〕
友達と互いに理解し、信頼し、助け合うこと。

〔第五学年及び第六学年〕
友達と互いに信頼し、学び合って友情を深め、異性についても理解しながら、人間関係を築いていくこと。

〔相互理解、寛容〕

〔第三学年及び第四学年〕
自分の考えや意見を相手に伝えるとともに、相手のことを理解し、自分と異なる意見も大切にすること。

〔第五学年及び第六学年〕
自分の考えや意見を相手に伝えるとともに、謙虚な心をもち、広い心で自分と異なる意見や立場を尊重すること。

C　主として集団や社会との関わりに関すること

〔規則の尊重〕

〔第一学年及び第二学年〕
約束やきまりを守り、みんなが使う物を大切にすること。

〔第三学年及び第四学年〕
約束や社会のきまりの意義を理解し、それらを守ること。

〔第五学年及び第六学年〕
法やきまりの意義を理解した上で進んでそれらを守り、自他の権利を大切にし、義務を果たすこと。

〔公正、公平、社会正義〕

〔第一学年及び第二学年〕
自分の好き嫌いにとらわれないで接すること。

〔第三学年及び第四学年〕
誰に対しても分け隔てをせず、公正、公平な態度で接すること。

〔第五学年及び第六学年〕
誰に対しても差別をすることや偏見をもつことなく、公正、公平な態度で接し、正義の実現に努めること。

〔勤労、公共の精神〕

〔第一学年及び第二学年〕
働くことのよさを知り、みんなのために働くこと。

〔第三学年及び第四学年〕
働くことの大切さを知り、進んでみんなのために働くこと。

〔第五学年及び第六学年〕

働くことや社会に奉仕することの充実感を味わうとともに、その意義を理解し、公共のために役に立つことをすること。

[家族愛、家庭生活の充実]

〔第一学年及び第二学年〕
父母、祖父母を敬愛し、進んで家の手伝いなどをして、家族の役に立つこと。

〔第三学年及び第四学年〕
父母、祖父母を敬愛し、家族みんなで協力し合って楽しい家庭をつくること。

〔第五学年及び第六学年〕
父母、祖父母を敬愛し、家族の幸せを求めて、進んで役に立つことをすること。

[よりよい学校生活、集団生活の充実]

〔第一学年及び第二学年〕
先生を敬愛し、学校の人々に親しんで、学級や学校の生活を楽しくすること。

〔第三学年及び第四学年〕
先生や学校の人々を敬愛し、みんなで協力し合って楽しい学級や学校をつくること。

〔第五学年及び第六学年〕
先生や学校の人々を敬愛し、みんなで協力し合ってよりよい学級や学校をつくるとともに、様々な集団の中での自分の役割を自覚して集団生活の充実に努めること。

[伝統と文化の尊重、国や郷土を愛する態度]

〔第一学年及び第二学年〕
我が国や郷土の文化と生活に親しみ、愛着をもつこと。

〔第三学年及び第四学年〕
我が国や郷土の伝統と文化を大切にし、国や郷土を愛する心をもつこと。

〔第五学年及び第六学年〕
我が国や郷土の伝統と文化を大切にし、先人の努力を知り、国や郷土を愛する心をもつこと。

[国際理解、国際親善]

〔第一学年及び第二学年〕
他国の人々や文化に親しむこと。

〔第三学年及び第四学年〕
他国の人々や文化に親しみ、関心をもつこと。

〔第五学年及び第六学年〕
他国の人々や文化について理解し、日本人としての自覚をもって国際親善に努めること。

D　主として生命や自然、崇高なものとの関わりに関すること

[生命の尊さ]

〔第一学年及び第二学年〕
生きることのすばらしさを知り、生命を大切にすること。

〔第三学年及び第四学年〕
生命の尊さを知り、生命あるものを大切にすること。

〔第五学年及び第六学年〕
生命が多くの生命のつながりの中にあるかけがえのないものであることを理解し、生命を尊重すること。

[自然愛護]

〔第一学年及び第二学年〕
身近な自然に親しみ、動植物に優しい心で接すること。

〔第三学年及び第四学年〕
自然のすばらしさや不思議さを感じ取り、自然や動植物を大切にすること。

〔第五学年及び第六学年〕
自然の偉大さを知り、自然環境を大切にすること。

[感動、畏敬の念]

〔第一学年及び第二学年〕
美しいものに触れ、すがすがしい心をもつこと。

〔第三学年及び第四学年〕
美しいものや気高いものに感動する心をもつこと。

〔第五学年及び第六学年〕
美しいものや気高いものに感動する心や人間の力を超えたものに対する畏敬の念をもつこと。

[よりよく生きる喜び]

〔第五学年及び第六学年〕
よりよく生きようとする人間の強さや気高さを理解し、人間として生きる喜びを感じること。

第三　指導計画の作成と内容の取扱い

1　各学校においては、道徳教育の全体計画に基づき、各教科、外国語活動、総合的な学習の時間及び特別活動との関連を考慮しながら、道徳科の年間指導計画を作成するものとする。なお、作成に当たっては、第二に示す各学年段階の内容項目について、相当する各学年において全て取り上げることとする。その際、児童や学校の実態に応じ、二学年間を見通した重点的な指導や内容項目間の関連を密にした指導、一つの内容項目を複数の時間で扱う指導を取り入れるなどの工夫を行うものとする。

2　第二の内容の指導に当たっては、次の事項に配慮するものとする。

(1)　校長や教頭などの参加、他の教師との協力的な指導などについて工夫し、道徳教育推進教師を中心とした指導体制を充実すること。

(2)　道徳科が学校の教育活動全体を通じて行う道徳教育の要としての役割を果たすことができるよう、計画的・発展的な指導を行うこと。特に、各教科、外国語活動、総合的な学習の時間及び特別活動における道徳教育としては取り扱う機会が十分でない内容項目に関わる指導を補うことや、児童や学校の実態等を踏まえて指導をより一層深めること、内容項目の相互の関連を捉え直したり発展させたりすることに留意すること。

(3)　児童が自ら道徳性を養う中で、自らを振り返って成長を実感したり、これからの課題や目標を見付けたりすることができるよう工夫すること。その際、道徳性を養うことの意義について、児童自らが考え、理解し、主体的に学習に取り組むことができるようにすること。

(4)　児童が多様な感じ方や考え方に接する中で、考えを深め、判断し、表現する力などを育むことができるよう、自分の考えを基に話し合ったり書いたりするなどの言語活動を充実すること。

(5)　児童の発達の段階や特性等を考慮し、指導のねらいに即して、問題解決的な学習、道徳的行為に関する体験的な学習等を適切に取り入れるなど、指導方法を工夫すること。その際、それらの活動を通じて学んだ内容の意義などについて考えることができるようにすること。また、特別活動等における多様な実践活動や体験活動も道徳科の授業に生かすようにすること。

(6)　児童の発達の段階や特性等を考慮し、第二に示す内容との関連を踏まえつつ、情報モラルに関する指導を充実すること。また、児童の発達の段階や特性等を考慮し、例えば、社会の持続可能な発展などの現代的な課題の取扱いにも留意し、身近な社会的課題を自分との関係において考え、それらの解決に寄与しようとする意欲や態度を育てるよう努めること。なお、多様な見方や考え方のできる事柄について、特定の見方や考え方に偏った指導を行うことのないようにすること。

(7)　道徳科の授業を公開したり、授業の実施や地域教材の開発や活用などに家庭や地域の人々、各分野の専門家等の積極的な参加や協力を得たりするなど、家庭や地域社会との共通理解を深め、相互の連携を図ること。

3　教材については、次の事項に留意するものとする。

(1)　児童の発達の段階や特性、地域の実情等を考慮し、多様な教材の活用に努めること。特に、生命の尊厳、自然、伝統と文化、先人の伝記、スポーツ、情報化への対応等の現代的な課題などを題材とし、児童が問題意識をもって多面的・多角的に考えたり、感動を覚えたりするような充実した教材の開発や活用を行うこと。

(2)　教材については、教育基本法や学校教育法その他の法令に従い、次の観点に照らし適切と判断されるものであること。

ア　児童の発達の段階に即し、ねらいを達成するのにふさわしいものであること。

イ　人間尊重の精神にかなうものであっ

て、悩みや葛藤等の心の揺れ、人間関係の理解等の課題も含め、児童が深く考えることができ、人間としてよりよく生きる喜びや勇気を与えられるものであること。

ウ　多様な見方や考え方のできる事柄を取り扱う場合には、特定の見方や考え方に偏った取扱いがなされていないものであること。

4　児童の学習状況や道徳性に係る成長の様子を継続的に把握し、指導に生かすよう努める必要がある。ただし、数値などによる評価は行わないものとする。

第四章　外国語活動（省略）

第五章　総合的な学習の時間（省略）

第六章　特別活動

第一　**目標**（省略）

第二　**各活動・学校行事の目標及び内容**（省略）

第三　**指導計画の作成と内容の取扱い**

1・2（省略）

3　入学式や卒業式などにおいては、その意義を踏まえ、国旗を掲揚するとともに、国歌を斉唱するよう指導するものとする。

●中学校学習指導要領（抄）

（平成二九年三月三一日　文部科学省告示第六四号）

施行、平三三・四・一

〔注〕本告示の施行は平三三・四・一であるため、後掲「中学校学習指導要領の特例」参照。

（前文省略）

第一章　総　則

第一　中学校教育の基本と教育課程の役割

1　各学校においては、教育基本法及び学校教育法その他の法令並びにこの章以下に示すところに従い、生徒の人間として調和のとれた育成を目指し、生徒の心身の発達の段階や特性及び学校や地域の実態を十分考慮して、適切な教育課程を編成するものとし、これらに掲げる目標を達成するよう教育を行うものとする。

2　学校の教育活動を進めるに当たっては、各学校において、第三の1に示す主体的・対話的で深い学びの実現に向けた授業改善を通して、創意工夫を生かした特色ある教育活動を展開する中で、次の(1)から(3)までに掲げる事項の実現を図り、生徒に生きる力を育むことを目指すものとする。

(1)　基礎的・基本的な知識及び技能を確実に習得させ、これらを活用して課題を解決するために必要な思考力、判断力、表現力等を育むとともに、主体的に学習に取り組む態度を養い、個性を生かし多様な人々との協働を促す教育の充実に努めること。その際、生徒の発達の段階を考慮して、生徒の言語活動など、学習の基盤をつくる活動を充実するとともに、家庭との連携を図りながら、生徒の学習習慣が確立するよう配慮すること。

(2)　道徳教育や体験活動、多様な表現や鑑賞の活動等を通して、豊かな心や創造性の涵養を目指した教育の充実に努めること。

学校における道徳教育は、特別の教科である道徳（以下「道徳科」という。）を要として学校の教育活動全体を通じて行うものであり、道徳科はもとより、各教科、総合的な学習の時間及び特別活動のそれぞれの特質に応じて、生徒の発達の段階を考慮して、適切な指導を行うこと。

道徳教育は、教育基本法及び学校教育法に定められた教育の根本精神に基づき、人間としての生き方を考え、主体的な判断の下に行動し、自立した人間として他者と共によりよく生きるための基盤となる道徳性を養うことを目標とすること。

道徳教育を進めるに当たっては、人間尊重の精神と生命に対する畏敬の念を家庭、学校、その他社会における具体的な生活の中に生かし、豊かな心をもち、伝統と文化を尊重し、それらを育んできた我が国と郷土を愛し、個性豊かな文化の創造を図るとともに、平和で民主的な国家及び社会の形成者として、公共の精神を尊び、社会及び国家の発展に努め、他国を尊重し、国際社会の平和と発展や環境の保全に貢献し未来を拓く主体性のある日本人の育成に資することとなるよう特に留意すること。

(3)　学校における体育・健康に関する指導を、生徒の発達の段階を考慮して、学校の教育活動全体を通じて適切に行うことにより、健康で安全な生活と豊かなスポーツライフの実現を目指した教育の充実に努めること。特に、学校における食育の推進並びに体力の向上に関する指導、安全に関する指導及び心身の健康の保持増進に関する指導については、保健体育科、技術・家庭科及び特別活動の時間はもとより、各教科、道徳科及び総合的な学習の時間などにおいてもそれぞれの特質に応じて適切に行うよう努めること。また、それらの指導を通して、家庭や地域社会との連携を図りながら、日常生活において適切な体育・健康に関する活動の実践を促し、生涯を通じて健康・安全で活力ある生活を送るための基礎が培われるよう配慮すること。

3　2の(1)から(3)までに掲げる事項の実現を図り、豊かな創造性を備え持続可能な社会の創り手となることが期待される生徒に、生きる力を育むことを目指すに当たっては、学校教育全体並びに各教科、道徳科、総合的な学習の時間及び特別活動（以下「各教科等」という。ただし、第二の3の(2)のア及びウにおいて、特別活動については学級活動（学校給食に係るものを除く。）に限る。）の指導を通してどのような資質・能力の育成を目指すのかを明確にしながら、教育活動の充実を図るものとする。その際、生徒の発達の段階や特性等を踏まえつつ、次に掲げることが偏りなく実現できるようにするものとする。

(1)　知識及び技能が習得されるようにすること。

(2)　思考力、判断力、表現力等を育成すること。

(3)　学びに向かう力、人間性等を涵養すること。

4　各学校においては、生徒や学校、地域の実態を適切に把握し、教育の目的や目標の実現に必要な教育の内容等を教科等横断的な視点で組み立てていくこと、教育課程の実施状況を評価してその改善を図っていくこと、教育課程の実施に必要な人的又は物的な体制を確保するとともにその改善を図っていくことなどを通して、教育課程に基づき組織的かつ計画的に各学校の教育活動の質の向上を図っていくこと（以下「カリキュラム・マネジメント」という。）に努めるものとする。

第二　教育課程の編成

1　**各学校の教育目標と教育課程の編成**

教育課程の編成に当たっては、学校教育全体や各教科等における指導を通して育成を目指す資質・能力を踏まえつつ、各学校の教育目標を明確にするとともに、教育課程の編成についての基本的な方針が家庭や地域とも共有されるよう努めるものとする。その際、第四章総合的な学習の時間の第二の1に基づき定められる目標との関連を図るものとする。

2　**教科等横断的な視点に立った資質・能力の育成**

(1) 各学校においては、生徒の発達の段階を考慮し、言語能力、情報活用能力（情報モラルを含む。）、問題発見・解決能力等の学習の基盤となる資質・能力を育成していくことができるよう、各教科等の特質を生かし、教科等横断的な視点から教育課程の編成を図るものとする。

(2) 各学校においては、生徒や学校、地域の実態及び生徒の発達の段階を考慮し、豊かな人生の実現や災害等を乗り越えて次代の社会を形成することに向けた現代的な諸課題に対応して求められる資質・能力を、教科等横断的な視点で育成していくことができるよう、各学校の特色を生かした教育課程の編成を図るものとする。

3 教育課程の編成における共通的事項

(1) 内容等の取扱い

ア 第二章以下に示す各教科、道徳科及び特別活動の内容に関する事項は、特に示す場合を除き、いずれの学校においても取り扱わなければならない。

イ 学校において特に必要がある場合には、第二章以下に示していない内容を加えて指導することができる。また、第二章以下に示す内容の取扱いのうち内容の範囲や程度等を示す事項は、全ての生徒に対して指導するものとする内容の範囲や程度等を示したものであり、学校において特に必要がある場合には、この事項にかかわらず加えて指導することができる。ただし、これらの場合には、第二章以下に示す各教科、道徳科及び特別活動の目標や内容の趣旨を逸脱したり、生徒の負担過重となったりすることのないようにしなければならない。

ウ 第二章以下に示す各教科、道徳科及び特別活動の内容に掲げる事項の順序は、特に示す場合を除き、指導の順序を示すものではないので、学校においては、その取扱いについて適切な工夫を加えるものとする。

エ 学校において二以上の学年の生徒で編制する学級について特に必要がある場合には、各教科の目標の達成に支障のない範囲内で、各教科の目標及び内容について学年別の順序によらないことができる。

オ 各学校においては、生徒や学校、地域の実態を考慮して、生徒の特性等に応じた多様な学習活動が行えるよう、第二章に示す各教科や、特に必要な教科を、選択教科として開設し生徒に履修させることができる。その場合にあっては、全ての生徒に指導すべき内容との関連を図りつつ、選択教科の授業時数及び内容を適切に定め選択教科の指導計画を作成し、生徒の負担加重となることのないようにしなければならない。また、特に必要な教科の名称、目標、内容などについては、各学校が適切に定めるものとする。

カ 道徳科を要として学校の教育活動全体を通じて行う道徳教育の内容は、第三章特別の教科道徳の第二に示す内容とし、その実施に当たっては、第六に示す道徳教育に関する配慮事項を踏まえるものとする。

(2) 授業時数等の取扱い

ア 各教科等の授業は、年間三五週以上にわたって行うよう計画し、週当たりの授業時数が生徒の負担過重にならないようにするものとする。ただし、各教科等や学習活動の特質に応じ効果的な場合には、夏季、冬季、学年末等の休業日の期間に授業日を設定する場合を含め、これらの授業を特定の期間に行うことができる。

イ 特別活動の授業のうち、生徒会活動及び学校行事については、それらの内容に応じ、年間、学期ごと、月ごとなどに適切な授業時数を充てるものとする。

ウ 各学校の時間割については、次の事項を踏まえ適切に編成するものとする。

(ア) 各教科等のそれぞれの授業の一単位時間は、各学校において、各教科等の年間授業時数を確保しつつ、生徒の発達の段階及び各教科等や学習活動の特質を考慮して適切に定めること。

(イ) 各教科等の特質に応じ、一〇分から一五分程度の短い時間を活用して特定の教科等の指導を行う場合において、当該教科等を担当する教師が、単元や題材など内容や時間のまとまりを見通した中で、その指導内容の決定や指導の成果の把握と活用等を責任を持って行う体制が整備されているときは、その時間を当該教科等の年間授業時数に含めることができること。

(ウ) 給食、休憩などの時間については、各学校において工夫を加え、適切に定めること。

(エ) 各学校において、生徒や学校、地域の実態、各教科等や学習活動の特質等に応じて、創意工夫を生かした時間割を弾力的に編成できること。

エ 総合的な学習の時間における学習活動により、特別活動の学校行事に掲げる各行事の実施と同様の成果が期待できる場合においては、総合的な学習の時間における学習活動をもって相当する特別活動の学校行事に掲げる各行事の実施に替えることができる。

(3) 指導計画の作成等に当たっての配慮事項

各学校においては、次の事項に配慮しながら、学校の創意工夫を生かし、全体として、調和のとれた具体的な指導計画を作成するものとする。

ア 各教科等の指導内容については、(1)のアを踏まえつつ、単元や題材など内容や時間のまとまりを見通しながら、そのまとめ方や重点の置き方に適切な工夫を加え、第三の1に示す主体的・対話的で深い学びの実現に向けた授業改善を通して資質・能力を育む効果的な指導ができるようにすること。

イ 各教科等及び各学年相互間の関連を図り、系統的、発展的な指導ができるようにすること。

4 学校段階間の接続

教育課程の編成に当たっては、次の事項に配慮しながら、学校段階間の接続を図るものとする。

(1) 小学校学習指導要領を踏まえ、小学校教育までの学習の成果が中学校教育に円滑に接続され、義務教育段階の終わりまでに育成することを目指す資質・能力を、生徒が確実に身に付けることができるよう工夫すること。特に、義務教育学校、小学校連携型中学校及び小学校併設型中学校においては、義務教育九年間を見通した計画的かつ継続的な教育課程を編成すること。

(2) 高等学校学習指導要領を踏まえ、高等学校教育及びその後の教育との円滑な接続が可能となるよう工夫すること。特に、中等教育学校、連携型中学校及び併設型中学校においては、中等教育六年間を見通した計画的かつ継続的な教育課程を編成すること。

第三 教育課程の実施と学習評価

1 主体的・対話的で深い学びの実現に向けた授業改善

各教科等の指導に当たっては、次の事項に配慮するものとする。

(1) 第一の3の(1)から(3)までに示すことが偏りなく実現されるよう、単元や題材など内容や時間のまとまりを見通しながら、生徒の主体的・対話的で深い学びの実現に向けた授業改善を行うこと。

特に、各教科等において身に付けた知識及び技能を活用したり、思考力、判断力、表現力等や学びに向かう力、人間性等を発揮させたりして、学習の対象となる物事を捉え思考することにより、各教科等の特質に応じた物事を捉える視点や考え方（以下「見方・考え方」という。）が鍛えられていくことに留意し、生徒が各教科等の特質に応じた見方・考え方を働かせながら、知識を相互に関連付けてより深く理解したり、情報を精査して考えを形成したり、問題を見いだして解決策を考えたり、思いや考えを基に創造したりすることに向かう過程を重視した学習の充実を図ること。

(2) 第二の2の(1)に示す言語能力の育成を図るため、各学校において必要な言語環境を整えるとともに、国語科を要としつつ各教科等の特質に応じて、生徒の言語活動を充実すること。あわせて、(7)に示すとおり読書活動を充実すること。

(3) 第二の2の(1)に示す情報活用能力の育成を図るため、各学校において、コンピュータや情報通信ネットワークなどの情報手段を活用するために必要な環境を整え、これらを適切に活用した学習活動の充実を図ること。また、各種の統計資料や新聞、視聴覚教材や教育機器などの教材・教具の適切な活用を図ること。

(4) 生徒が学習の見通しを立てたり学習したことを振り返ったりする活動を、計画的に取り入れるように工夫すること。

(5) 生徒が生命の有限性や自然の大切さ、主体的に挑戦してみることや多様な他者と協働することの重要性などを実感しながら理解することができるよう、各教科等の特質に応じた体験活動を重視し、家庭や地域社会と連携しつつ体系的・継続的に実施できるよう工夫すること。

(6) 生徒が自ら学習課題や学習活動を選択する機会を設けるなど、生徒の興味・関心を生かした自主的、自発的な学習が促されるよう工夫すること。

(7) 学校図書館を計画的に利用しその機能の活用を図り、生徒の主体的・対話的で深い学びの実現に向けた授業改善に生かすとともに、生徒の自主的、自発的な学習活動や読書活動を充実すること。また、地域の図書館や博物館、美術館、劇場、音楽堂等の施設の活用を積極的に図り、資料を活用した情報の収集や鑑賞等の学習活動を充実すること。

2 学習評価の充実

学習評価の実施に当たっては、次の事項に配慮するものとする。

(1) 生徒のよい点や進歩の状況などを積極的に評価し、学習したことの意義や価値を実感できるようにすること。また、各教科等の目標の実現に向けた学習状況を把握する観点から、単元や題材など内容や時間のまとまりを見通しながら評価の場面や方法を工夫して、学習の過程や成果を評価し、指導の改善や学習意欲の向上を図り、資質・能力の育成に生かすようにすること。

(2) 創意工夫の中で学習評価の妥当性や信頼性が高められるよう、組織的かつ計画的な取組を推進するとともに、学年や学校段階を越えて生徒の学習の成果が円滑に接続されるように工夫すること。

第四 生徒の発達の支援

1 生徒の発達を支える指導の充実

教育課程の編成及び実施に当たっては、次の事項に配慮するものとする。

(1) 学習や生活の基盤として、教師と生徒との信頼関係及び生徒相互のよりよい人間関係を育てるため、日頃から学級経営の充実を図ること。また、主に集団の場面で必要な指導や援助を行うガイダンスと、個々の生徒の多様な実態を踏まえ、一人一人が抱える課題に個別に対応した指導を行うカウンセリングの双方により、生徒の発達を支援すること。

(2) 生徒が、自己の存在感を実感しながら、よりよい人間関係を形成し、有意義で充実した学校生活を送る中で、現在及び将来における自己実現を図っていくことができるよう、生徒理解を深め、学習指導と関連付けながら、生徒指導の充実を図ること。

(3) 生徒が、学ぶことと自己の将来とのつながりを見通しながら、社会的・職業的自立に向けて必要な基盤となる資質・能力を身に付けていくことができるよう、特別活動を要としつつ各教科等の特質に応じて、キャリア教育の充実を図ること。その中で、生徒が自らの生き方を考え主体的に進路を選択することができるよう、学校の教育活動全体を通じ、組織的かつ計画的な進路指導を行うこと。

(4) 生徒が、基礎的・基本的な知識及び技能の習得も含め、学習内容を確実に身に付けることができるよう、生徒や学校の実態に応じ、個別学習やグループ別学習、繰り返し学習、学習内容の習熟の程度に応じた学習、生徒の興味・関心等に応じた課題学習、補充的な学習や発展的な学習などの学習活動を取り入れることや、教師間の協力による指導体制を確保することなど、指導方法や指導体制の工夫改善により、個に応じた指導の充実を図ること。その際、第三の1の(3)に示す情報手段や教材・教具の活用を図ること。

2 特別な配慮を必要とする生徒への指導

(1) 障害のある生徒などへの指導

ア 障害のある生徒などについては、特別支援学校等の助言又は援助を活用しつつ、個々の生徒の障害の状態等に応じた指導内容や指導方法の工夫を組織的かつ計画的に行うものとする。

イ 特別支援学級において実施する特別の教育課程については、次のとおり編成するものとする。

(ア) 障害による学習上又は生活上の困難を克服し自立を図るため、特別支援学校小学部・中学部学習指導要領第七章に示す自立活動を取り入れること。

(イ) 生徒の障害の程度や学級の実態等を考慮の上、各教科の目標や内容を下学年の教科の目標や内容に替えたり、各教科を、知的障害者である生徒に対する教育を行う特別支援学校の各教科に替えたりするなどして、実態に応じた教育課程を編成すること。

ウ 障害のある生徒に対して、通級による指導を行い、特別の教育課程を編成する場合には、特別支援学校小学部・中学部学習指導要領第七章に示す自立活動の内容を参考とし、具体的な目標や内容を定め、指導を行うものとする。その際、効果的な指導が行われるよう、各教科等と通級による指導との関連を図るなど、教師間の連携に努めるものとする。

エ 障害のある生徒などについては、家庭、地域及び医療や福祉、保健、労働等の業務を行う関係機関との連携を図り、長期的な視点で生徒への教育的支援を行うために、個別の教育支援計画を作成し活用することに努めるとともに、各教科等の指導に当たって、個々の生徒の実態を的確に把握し、個別の指導計画を作成し活用することに努めるものとする。特に、特別支援学級に在籍する生徒や通級による指導を受ける生徒については、個々の生徒の実態を的確に把握し、個別の教育支援計画や個別の指導計画を作成し、効果的に活用するものとする。

(2) 海外から帰国した生徒などの学校生活への適応や、日本語の習得に困難のある生徒に対する日本語指導

ア 海外から帰国した生徒などについては、学校生活への適応を図るとともに、外国における生活経験を生かすなどの適切な指導を行うものとする。

イ 日本語の習得に困難のある生徒については、個々の生徒の実態に応じた指導内容や指導方法の工夫を組織的かつ計画的に行うものとする。特に、通級による日本語指導については、教師間の連携に努め、指導についての計画を個別に作成することなどにより、効果的な指導に努めるものとする。

(3) 不登校生徒への配慮

ア 不登校生徒については、保護者や関係機関と連携を図り、心理や福祉の専門家の助言又は援助を得ながら、社会的自立を目指す観点から、個々の生徒の実態に応じた情報の提供その他の必要な支援を行うものとする。

イ 相当の期間中学校を欠席し引き続き欠席すると認められる生徒を対象として、文部科学大臣が認める特別の教育課程を編成する場合には、生徒の実態に配慮した教育課程を編成するとともに、個別学習やグループ別学習など指導方法や指導体制の工夫改善に努めるものとする。

(4) 学齢を経過した者への配慮

ア 夜間その他の特別の時間に授業を行う

課程において学齢を経過した者を対象として特別の教育課程を編成する場合には、学齢を経過した者の年齢、経験又は勤労状況その他の実情を踏まえ、中学校教育の目的及び目標並びに第二章以下に示す各教科等の目標に照らして、中学校教育を通じて育成を目指す資質・能力を身に付けることができるようにするものとする。

イ　学齢を経過した者を教育する場合には、個別学習やグループ別学習など指導方法や指導体制の工夫改善に努めるものとする。

第五　学校運営上の留意事項

1　教育課程の改善と学校評価、教育課程外の活動との連携等

ア　各学校においては、校長の方針の下に、校務分掌に基づき教職員が適切に役割を分担しつつ、相互に連携しながら、各学校の特色を生かしたカリキュラム・マネジメントを行うよう努めるものとする。また、各学校が行う学校評価については、教育課程の編成、実施、改善が教育活動や学校運営の中核となることを踏まえつつ、カリキュラム・マネジメントと関連付けながら実施するよう留意するものとする。

イ　教育課程の編成及び実施に当たっては、学校保健計画、学校安全計画、食に関する指導の全体計画、いじめの防止等のための対策に関する基本的な方針など、各分野における学校の全体計画等と関連付けながら、効果的な指導が行われるように留意するものとする。

ウ　教育課程外の学校教育活動と教育課程の関連が図られるように留意するものとする。特に、生徒の自主的、自発的な参加により行われる部活動については、スポーツや文化、科学等に親しませ、学習意欲の向上や責任感、連帯感の涵養等、学校教育が目指す資質・能力の育成に資するものであり、学校教育の一環として、教育課程との関連が図られるよう留意すること。その際、学校や地域の実態に応じ、地域の人々の協力、社会教育施設や社会教育関係団体等の各種団体との連携などの運営上の工夫を行い、持続可能な運営体制が整えられるようにするものとする。

2　家庭や地域社会との連携及び協働と学校間の連携

教育課程の編成及び実施に当たっては、次の事項に配慮するものとする。

ア　学校がその目的を達成するため、学校や地域の実態等に応じ、教育活動の実施に必要な人的又は物的な体制を家庭や地域の人々の協力を得ながら整えるなど、家庭や地域社会との連携及び協働を深めること。また、高齢者や異年齢の子供など、地域における世代を越えた交流の機会を設けること。

イ　他の中学校や、幼稚園、認定こども園、保育所、小学校、高等学校、特別支援学校などとの間の連携や交流を図るとともに、障害のある幼児児童生徒との交流及び共同学習の機会を設け、共に尊重し合いながら協働して生活していく態度を育むよう努めること。

第六　道徳教育に関する配慮事項

道徳教育を進めるに当たっては、道徳教育の特質を踏まえ、前項までに示す事項に加え、次の事項に配慮するものとする。

1　各学校においては、第一の2の(2)に示す道徳教育の目標を踏まえ、道徳教育の全体計画を作成し、校長の方針の下に、道徳教育の推進を主に担当する教師（以下「道徳教育推進教師」という。）を中心に、全教師が協力して道徳教育を展開すること。なお、道徳教育の全体計画の作成に当たっては、生徒や学校、地域の実態を考慮して、学校の道徳教育の重点目標を設定するとともに、道徳科の指導方針、第三章特別の教科道徳の第二に示す内容との関連を踏まえた各教科、総合的な学習の時間及び特別活動における指導の内容及び時期並びに家庭や地域社会との連携の方法を示すこと。

2　各学校においては、生徒の発達の段階や特性等を踏まえ、指導内容の重点化を図ること。その際、小学校における道徳教育の指導内容を更に発展させ、自立心や自律性を高め、規律ある生活をすること、生命を尊重する心や自らの弱さを克服して気高く生きようとする心を育てること、法やきまりの意義に関する理解を深めること、自らの将来の生き方を考え主体的に社会の形成に参画する意欲と態度を養うこと、伝統と文化を尊重し、それらを育んできた我が国と郷土を愛するとともに、他国を尊重すること、国際社会に生きる日本人としての自覚を身に付けることに留意すること。

3　学校や学級内の人間関係や環境を整えるとともに、職場体験活動やボランティア活動、自然体験活動、地域の行事への参加などの豊かな体験を充実すること。また、道徳教育の指導内容が、生徒の日常生活に生かされるようにすること。その際、いじめの防止や安全の確保等にも資することとなるよう留意すること。

4　学校の道徳教育の全体計画や道徳教育に関する諸活動などの情報を積極的に公表したり、道徳教育の充実のために家庭や地域の人々の積極的な参加や協力を得たりするなど、家庭や地域社会との共通理解を深め、相互の連携を図ること。

第二章　各教科〔省略〕

第三章　特別の教科　道徳

第一　目標

第一章総則の第一の2の(2)に示す道徳教育の目標に基づき、よりよく生きるための基盤となる道徳性を養うため、道徳的諸価値についての理解を基に、自己を見つめ、物事を広い視野から多面的・多角的に考え、人間としての生き方についての考えを深める学習を通して、道徳的な判断力、心情、実践意欲と態度を育てる。

第二　内容

学校の教育活動全体を通じて行う道徳教育の要である道徳科においては、以下に示す項目について扱う。

A　主として自分自身に関すること

［自主、自律、自由と責任］

自律の精神を重んじ、自主的に考え、判断し、誠実に実行してその結果に責任をもつこと。

［節度、節制］

望ましい生活習慣を身に付け、心身の健康の増進を図り、節度を守り節制に心掛け、安全で調和のある生活をすること。

［向上心、個性の伸長］

自己を見つめ、自己の向上を図るとともに、個性を伸ばして充実した生き方を追求すること。

［希望と勇気、克己と強い意志］

より高い目標を設定し、その達成を目指し、希望と勇気をもち、困難や失敗を乗り越えて着実にやり遂げること。

［真理の探究、創造］

真実を大切にし、真理を探究して新しいものを生み出そうと努めること。

B　主として人との関わりに関すること

［思いやり、感謝］

思いやりの心をもって人と接するとともに、家族などの支えや多くの人々の善意により日々の生活や現在の自分があることに感謝し、進んでそれに応え、人間愛の精神を深めること。

［礼儀］

礼儀の意義を理解し、時と場に応じた適切な言動をとること。

［友情、信頼］

友情の尊さを理解して心から信頼できる友達をもち、互いに励まし合い、高め合うとともに、異性についての理解を深め、悩みや葛藤も経験しながら人間関係を深めていくこと。

［相互理解、寛容］

自分の考えや意見を相手に伝えるとともに、それぞれの個性や立場を尊重し、いろいろなものの見方や考え方があることを理解し、寛容の心をもって謙虚に他に学び、自らを高めていくこと。

C　主として集団や社会との関わりに関すること

[遵法精神、公徳心]

法やきまりの意義を理解し、それらを進んで守るとともに、そのよりよい在り方について考え、自他の権利を大切にし、義務を果たして、規律ある安定した社会の実現に努めること。

[公正、公平、社会正義]

正義と公正さを重んじ、誰に対しても公平に接し、差別や偏見のない社会の実現に努めること。

[社会参画、公共の精神]

社会参画の意識と社会連帯の自覚を高め、公共の精神をもってよりよい社会の実現に努めること。

[勤労]

勤労の尊さや意義を理解し、将来の生き方について考えを深め、勤労を通じて社会に貢献すること。

[家族愛、家庭生活の充実]

父母、祖父母を敬愛し、家族の一員としての自覚をもって充実した家庭生活を築くこと。

[よりよい学校生活、集団生活の充実]

教師や学校の人々を敬愛し、学級や学校の一員としての自覚をもち、協力し合ってよりよい校風をつくるとともに、様々な集団の意義や集団の中での自分の役割と責任を自覚して集団生活の充実に努めること。

[郷土の伝統と文化の尊重、郷土を愛する態度]

郷土の伝統と文化を大切にし、社会に尽くした先人や高齢者に尊敬の念を深め、地域社会の一員としての自覚をもって郷土を愛し、進んで郷土の発展に努めること。

[我が国の伝統と文化の尊重、国を愛する態度]

優れた伝統の継承と新しい文化の創造に貢献するとともに、日本人としての自覚をもって国を愛し、国家及び社会の形成者として、その発展に努めること。

[国際理解、国際貢献]

世界の中の日本人としての自覚をもち、他国を尊重し、国際的視野に立って、世界の平和と人類の発展に寄与すること。

D　主として生命や自然、崇高なものとの関わりに関すること

[生命の尊さ]

生命の尊さについて、その連続性や有限性なども含めて理解し、かけがえのない生命を尊重すること。

[自然愛護]

自然の崇高さを知り、自然環境を大切にすることの意義を理解し、進んで自然の愛護に努めること。

[感動、畏敬の念]

美しいものや気高いものに感動する心をもち、人間の力を超えたものに対する畏敬の念を深めること。

[よりよく生きる喜び]

人間には自らの弱さや醜さを克服する強さや気高く生きようとする心があることを理解し、人間として生きることに喜びを見いだすこと。

第三　指導計画の作成と内容の取扱い

1　各学校においては、道徳教育の全体計画に基づき、各教科、総合的な学習の時間及び特別活動との関連を考慮しながら、道徳科の年間指導計画を作成するものとする。なお、作成に当たっては、第二に示す内容項目について、各学年において全て取り上げることとする。その際、生徒や学校の実態に応じ、三学年間を見通した重点的な指導や内容項目間の関連を密にした指導、一つの内容項目を複数の時間で扱う指導を取り入れるなどの工夫を行うものとする。

2　第二の内容の指導に当たっては、次の事項に配慮するものとする。

(1)　学級担任の教師が行うことを原則とするが、校長や教頭などの参加、他の教師との協力的な指導などについて工夫し、道徳教育推進教師を中心とした指導体制を充実すること。

(2)　道徳科が学校の教育活動全体を通じて行う道徳教育の要としての役割を果たすことができるよう、計画的・発展的な指導を行うこと。特に、各教科、総合的な学習の時間及び特別活動における道徳教育としては取り扱う機会が十分でない内容項目に関わる指導を補うことや、生徒や学校の実態等を踏まえて指導をより一層深めること、内容項目の相互の関連を捉え直したり発展させたりすることに留意すること。

(3)　生徒が自ら道徳性を養う中で、自らを振り返って成長を実感したり、これからの課題や目標を見付けたりすることができるよう工夫すること。その際、道徳性を養うことの意義について、生徒自らが考え、理解し、主体的に学習に取り組むことができるようにすること。また、発達の段階を考慮し、人間としての弱さを認めながら、それを乗り越えてよりよく生きようとすることのよさについて、教師が生徒と共に考える姿勢を大切にすること。

(4)　生徒が多様な感じ方や考え方に接する中で、考えを深め、判断し、表現する力などを育むことができるよう、自分の考えを基に討論したり書いたりするなどの言語活動を充実すること。その際、様々な価値観について多面的・多角的な視点から振り返って考える機会を設けるとともに、生徒が多様な見方や考え方に接しながら、更に新しい見方や考え方を生み出していくことができるよう留意すること。

(5)　生徒の発達の段階や特性等を考慮し、指導のねらいに即して、問題解決的な学習、道徳的行為に関する体験的な学習等を適切に取り入れるなど、指導方法を工夫すること。その際、それらの活動を通じて学んだ内容の意義などについて考えることができるようにすること。また、特別活動等における多様な実践活動や体験活動も道徳科の授業に生かすようにすること。

(6)　生徒の発達の段階や特性等を考慮し、第二に示す内容との関連を踏まえつつ、情報モラルに関する指導を充実すること。また、例えば、科学技術の発展と生命倫理との関係や社会の持続可能な発展などの現代的な課題の取扱いにも留意し、身近な社会的課題を自分との関係において考え、その解決に向けて取り組もうとする意欲や態度を育てるよう努めること。なお、多様な見方や考え方のできる事柄について、特定の見方や考え方に偏った指導を行うことのないようにすること。

(7)　道徳科の授業を公開したり、授業の実施や地域教材の開発や活用などに家庭や地域の人々、各分野の専門家等の積極的な参加や協力を得たりするなど、家庭や地域社会との共通理解を深め、相互の連携を図ること。

3　教材については、次の事項に留意するものとする。

(1)　生徒の発達の段階や特性、地域の実情等を考慮し、多様な教材の活用に努めること。特に、生命の尊厳、社会参画、自然、伝統と文化、先人の伝記、スポーツ、情報化への対応等の現代的な課題などを題材とし、生徒が問題意識をもって多面的・多角的に考えたり、感動を覚えたりするような充実した教材の開発や活用を行うこと。

(2)　教材については、教育基本法や学校教育法その他の法令に従い、次の観点に照らし適切と判断されるものであること。

ア　生徒の発達の段階に即し、ねらいを達成するのにふさわしいものであること。

イ　人間尊重の精神にかなうものであって、悩みや葛藤等の心の揺れ、人間関係の理解等の課題も含め、生徒が深く考えることができ、人間としてよりよく生きる喜びや勇気を与えられるものであること。

ウ　多様な見方や考え方のできる事柄を取り扱う場合には、特定の見方や考え方に偏った取扱いがなされていないものであること。

4　生徒の学習状況や道徳性に係る成長の様子を継続的に把握し、指導に生かすよう努める必要がある。ただし、数値などによる評価は行わないものとする。

第四章　総合的な学習の時間（省略）

第五章　特別活動

第一　目標（省略）

第二　各活動・学校行事の目標及び内容（省略）

第三　指導計画の作成と内容の取扱い

1・2（省略）

3　入学式や卒業式などにおいては、その意義を踏まえ、国旗を掲揚するとともに、国歌を斉唱するよう指導するものとする。

●中学校学習指導要領の特例（平成三〇年四月一日から平成三三年三月三一日まで）（抄）

（平成二九年七月七日文部科学省告示第九四号）

施行、平三〇・四・一

学校教育法施行規則（昭和二十二年文部省令第十一号）第七十四条の規定に基づき、平成三十年四月一日から平成三十三年三月三十一日までの間における中学校学習指導要領の特例を次のように定め、平成三十年四月一日から施行する。

〔後略〕

1　総則

平成三〇年四月一日から平成三一年三月三一日まで（以下「平成三〇年度」という。）、平成三一年四月一日から平成三二年三月三一日まで（以下「平成三一年度」という。）及び平成三二年四月一日から平成三三年三月三一日まで（以下「平成三二年度」という。）の教育課程の編成に当たっては、中学校学習指導要領（平成二〇年文部科学省告示第二八号）（平成三一年度及び平成三二年度にあっては、中学校学習指導要領の一部を改正する告示（平成二七年文部科学省告示第六一号）による改正後の中学校学習指導要領をいう。）（以下「現行中学校学習指導要領」という。）第一章の規定にかかわらず、次のとおりとする。

(1)　平成三〇年度の教育課程の編成に当たっては、次のア及びイのとおりとする。

ア　中学校学習指導要領（平成二九年文部科学省告示第六四号）（以下「新中学校学習指導要領」という。）第一章第一から第五までの規定（第一の2(2)及び第二の3(1)カの規定を除く。）によるものとする。

イ　新中学校学習指導要領第一章第一の2(2)、第二の3(1)カ及び第六の規定によることができる。

(2)　平成三一年度及び平成三二年度の教育課程の編成に当たっては、現行中学校学習指導要領第一章の規定にかかわらず、新中学校学習指導要領第一章の規定によるものとする。

2から10まで（省略）

11　道徳及び特別の教科道徳

(1)　平成三〇年度の第一学年から第三学年までの道徳の指導に当たっては、現行中学校学習指導要領第三章の規定にかかわらず、その全部又は一部について新中学校学習指導要領第三章の規定によることができる。

(2)　平成三一年度及び平成三二年度の第一学年から第三学年までの特別の教科である道徳の指導に当たっては、現行中学校学習指導要領第三章の規定にかかわらず、新中学校学習指導要領第三章の規定によるものとする。

12（省略）

13　特別活動

平成三〇年度から平成三二年度までの第一学年から第三学年までの特別活動の指導に当たっては、現行中学校学習指導要領第五章の規定にかかわらず、新中学校学習指導要領第五章の規定によるものとする。

●高等学校学習指導要領（抜粋）

（平成三〇年三月三〇日文部科学省告示第六八号）

施行、平三四・四・一
最終改正、令一―文科告一八

〔注〕本告示の施行は平三四・四・一であるため、後掲「高等学校学習指導要領の特例」参照。

第一章　総則

第一款　高等学校教育の基本と教育課程の役割

1　各学校においては、教育基本法及び学校教育法その他の法令並びにこの章以下に示すところに従い、生徒の人間として調和のとれた育成を目指し、生徒の心身の発達の段階や特性、課程や学科の特色及び学校や地域の実態を十分考慮して、適切な教育課程を編成するものとし、これらに掲げる目標を達成するよう教育を行うものとする。

2　学校の教育活動を進めるに当たっては、各学校において、第三款の1に示す主体的・対話的で深い学びの実現に向けた授業改善を通して、創意工夫を生かした特色ある教育活動を展開する中で、次の(1)から(3)までに掲げる事項の実現を図り、生徒に生きる力を育むことを目指すものとする。

(1)　基礎的・基本的な知識及び技能を確実に習得させ、これらを活用して課題を解決するために必要な思考力、判断力、表現力等を育むとともに、主体的に学習に取り組む態度を養い、個性を生かし多様な人々との協働を促す教育の充実に努めること。その際、生徒の発達の段階を考慮して、生徒の言語活動など、学習の基盤をつくる活動を充実するとともに、家庭との連携を図りながら、生徒の学習習慣が確立するよう配慮すること。

(2)　道徳教育や体験活動、多様な表現や鑑賞の活動等を通して、豊かな心や創造性の涵養を目指した教育の充実に努めること。

学校における道徳教育は、人間としての在り方生き方に関する教育を学校の教育活動全体を通じて行うことによりその充実を図るものとし、各教科に属する科目（以下「各教科・科目」という。）、総合的な探究の時間及び特別活動（以下「各教科・科目等」という。）のそれぞれの特質に応じて、適切な指導を行うこと。

道徳教育は、教育基本法及び学校教育法に定められた教育の根本精神に基づき、生徒が自己探求と自己実現に努め国家・社会の一員としての自覚に基づき行為しうる発達の段階にあることを考慮し、人間としての在り方生き方を考え、主体的な判断の下に行動し、自立した人間として他者と共によりよく生きるための基盤となる道徳性を養うことを目標とすること。

道徳教育を進めるに当たっては、人間尊重の精神と生命に対する畏敬の念を家庭、学校、その他社会における具体的な生活の中に生かし、豊かな心をもち、伝統と文化を尊重し、それらを育んできた我が国と郷土を愛し、個性豊かな文化の創造を図るとともに、平和で民主的な国家及び社会の形成者として、公共の精神を尊び、社会及び国家の発展に努め、他国を尊重し、国際社会の平和と発展や環境の保全に貢献し未来を拓く主体性のある日本人の育成に資することとなるよう特に留意すること。

(3)　学校における体育・健康に関する指導を、生徒の発達の段階を考慮して、学校の教育活動全体を通じて適切に行うことにより、健康で安全な生活と豊かなスポーツライフの実現を目指した教育の充実に努めること。特に、学校における食育の推進並びに体力の向上に関する指導、安全に関する指導及び心身の健康の保持増進に関する指導については、保健体育科、家庭科及び特別活動の時間はもとより、各教科・科目及び総合的な探究の時間などにおいてもそれぞれの特質に応じて適切に行うよう努めること。また、それらの指導を通して、家庭や地域社会との連携を図りながら、日常生活において適切な体育・健康に関する活動の実践を促し、生涯を通じて健康・安全で活力ある生活を送るための基礎が培われるよう配慮すること。

3　2の(1)から(3)までに掲げる事項の実現を図り、豊かな創造性を備え持続可能な社会の創り手となることが期待される生徒に、生きる力を育むことを目指すに当たっては、学校教育全体及び各教科・科目等の指導を通してどのような資質・能力の育成を目指すのかを明確にしながら、教育活動の充実を図るものとする。その際、生徒の発達の段階や特性等を踏まえつつ、次に掲げることが偏りなく実現できるようにするものとする。

(1)　知識及び技能が習得されるようにすること。

(2)　思考力、判断力、表現力等を育成すること。

(3)　学びに向かう力、人間性等を涵養すること。

4　学校においては、地域や学校の実態等に応じて、就業やボランティアに関わる体験的な学習の指導を適切に行うようにし、勤労の尊さや創造することの喜びを体得させ、望ましい勤労観、職業観の育成や社会奉仕の精神の涵養に資するものとする。

5　各学校においては、生徒や学校、地域の実態を適切に把握し、教育の目的や目標の実現に必要な教育の内容等を教科等横断的な視点で組み立てていくこと、教育課程の実施状況を評価してその改善を図っていくこと、教育課程の実施に必要な人的又は物的な体制を確保するとともにその改善を図っていくことなどを通して、教育課程に基づき組織的かつ計画的に各学校の教育活動の質の向上を図っていくこと（以下「カリキュラム・マネジメント」という。）に努めるものとする。

第二款　教育課程の編成

3　教育課程の編成における共通的事項

(1)　各教科・科目及び単位数等

ア　卒業までに履修させる単位数等

各学校においては、卒業までに履修させるイからオまでに示す各教科・科目及びその単位数、総合的な探究の時間の単位数並びに特別活動及びその授業時数に関する事項を定めるものとする。この場合、各教科・科目及び総合的な探究の時間の単位数の計は、(2)のア、イ及びウの(ア)に掲げる各教科・科目の単位数並びに総合的な探究の時間の単位数を含めて七四単位以上とする。

単位については、一単位時間を五〇分とし、三五単位時間の授業を一単位として計算することを標準とする。ただし、通信制の課程においては、5に定めるところによるものとする。

イ　各学科に共通する各教科・科目及び総合的な探究の時間並びに標準単位数

各学校においては、教育課程の編成に当たって、次の表に掲げる各教科・科目及び総合的な探究の時間並びにそれぞれの標準単位数を踏まえ、生徒に履修させる各教科・科目及び総合的な探究の時間並びにそれらの単位数について適切に定めるものとする。ただし、生徒の実態等を考慮し、特に必要がある場合には、標準単位数の標準の限度を超えて単位数を増加して配当することができる。

教科等	科目	標準単位数
国語	現代の国語	2
	言語文化	2
	論理国語	4
	文学国語	4
	国語表現	4
	古典探究	4
地理歴史	地理総合	2
	地理探究	3
	歴史総合	2
	日本史探究	3
	世界史探究	3
公民	公共	2
	倫理	2
	政治・経済	2
数学	数学Ⅰ	3
	数学Ⅱ	4
	数学Ⅲ	3
	数学A	2
	数学B	2
	数学C	2
理科	科学と人間生活	2
	物理基礎	2
	物理	4
	化学基礎	2
	化学	4
	生物基礎	2
	生物	4
	地学基礎	2
	地学	4
保健体育	体育	7～8
	保健	2
芸術	音楽Ⅰ	2
	音楽Ⅱ	2
	音楽Ⅲ	2
	美術Ⅰ	2
	美術Ⅱ	2
	美術Ⅲ	2
	工芸Ⅰ	2
	工芸Ⅱ	2
	工芸Ⅲ	2
	書道Ⅰ	2
	書道Ⅱ	2
	書道Ⅲ	2
外国語	英語コミュニケーションⅠ	3
	英語コミュニケーションⅡ	4
	英語コミュニケーションⅢ	4
	論理・表現Ⅰ	2
	論理・表現Ⅱ	2
	論理・表現Ⅲ	2
家庭	家庭基礎	2
	家庭総合	4
情報	情報Ⅰ	2
	情報Ⅱ	2
理数	理数探究基礎	1
	理数探究	2～5
総合的な探究の時間		3～6

第四款　単位の修得及び卒業の認定

1　各教科・科目及び総合的な探究の時間の単位の修得の認定

(1)　学校においては、生徒が学校の定める指導計画に従って各教科・科目を履修し、その成果が教科及び科目の目標からみて満足できると認められる場合には、その各教科・科目について履修した単位を修得したことを認定しなければならない。

(2)　学校においては、生徒が学校の定める指導計画に従って総合的な探究の時間を履修し、その成果が第四章の第二の1に基づき定められる目標からみて満足できると認められる場合には、総合的な探究の時間について履修した単位を修得したことを認定しなければならない。

(3)　学校においては、生徒が一科目又は総合的な探究の時間を二以上の年次にわたって履修したときは、各年次ごとにその各教科・科目又は総合的な探究の時間について履修した単位を修得したことを認定することを原則とする。また、単位の修得の認定を学期の区分ごとに行うことができる。

2　卒業までに修得させる単位数

学校においては、卒業までに修得させる単位数を定め、校長は、当該単位数を修得した者で、特別活動の成果がその目標からみて満足できると認められるものについて、高等学校の全課程の修了を認定するものとする。この場合、卒業までに修得させる単位数は、七四単位以上とする。なお、普通科においては、卒業までに修得させる単位数に含めることができる学校設定科目及び学校設定教科に関する科目に係る修得単位数は、合わせて二〇単位を超えることができない。

3　各学年の課程の修了の認定

学校においては、各学年の課程の修了の認定については、単位制が併用されていることを踏まえ、弾力的に行うよう配慮するものとする。

第五章　特別活動

第三　指導計画の作成と内容の取扱い

３　入学式や卒業式などにおいては、その意義を踏まえ、国旗を掲揚するとともに、国歌を斉唱するよう指導するものとする。

●高等学校学習指導要領の特例（平成三一年四月一日から新高等学校学習指導要領が適用されるまで）（抜粋）

（平成三〇年八月三一日文部科学省告示第一七二号）

施行、平三一・四・一
最終改正、平三一―文科告五五

学校教育法施行規則（昭和二十二年文部省令第十一号）第八十四条及び第九十六条の規定に基づき、平成三十一年四月一日から高等学校学習指導要領（平成三十年文部科学省告示第六十八号）が適用されるまでの間における高等学校学習指導要領（平成二十一年文部科学省告示第三十四号）の特例を次のように定める。

１　総則

（高等学校教育の基本と教育課程の役割等）

(1)　高等学校学習指導要領（平成二一年文部科学省告示第三四号）（以下「現行高等学校学習指導要領」という。）第一章第一款、第四款、第五款（３の(4)を除く。）及び第六款の規定にかかわらず、高等学校学習指導要領（平成三〇年文部科学省告示第六八号）（以下「新高等学校学習指導要領」という。）第一章第一款から第六款まで（第二款の３の(1)、(2)、及び(3)のコ並びに５（３の(2)のアの(ウ)を除く。）を除く。）の規定によるものとする。

（福祉に属する科目）

(2)　福祉に属する科目については、現行高等学校学習指導要領第一章第二款の３の表福祉の欄中「福祉情報活用」とあるのは、「福祉情報活用、福祉情報」とする。

（総合的な探究の時間）

(3)　現行高等学校学習指導要領第二款及び第三款中「総合的な学習の時間」とあるのは、「総合的な探究の時間」とする。

２　各教科等

（特別活動）

(11)　特別活動の指導に当たっては、現行高等学校学習指導要領第五章の規定にかかわらず、新高等学校学習指導要領第五章の規定によるものとする。

附　則

１　この告示は平成三一年四月一日から施行する。ただし、（中略）第１項の(3)（中略）の規定は、施行日以降高等学校に入学した生徒（学校教育法施行規則第九一条の規定により入学した生徒で同日前に入学した生徒に係る教育課程により履修するものを除く。）に係る教育課程及び全課程の修了の認定から適用（中略）する。

２　平成三一年三月三一日以前に高等学校に入学した生徒（学校教育法施行規則第九一条の規定により同日後に入学した生徒で同日以前に入学した生徒に係る教育課程により履修するものを含む。）に係る教育課程及び全課程の修了の認定については、新高等学校学習指導要領第一章第一款、第二款及び第四款並びに第五章中「総合的な探究の時間」とあるのは、「総合的な学習の時間」と読み替えるものとする。

●学習指導要領の変遷

	改訂・実施の経過	主な内容と特徴
一九四七年（昭22）	▼47年3月20日小学校・中学校・高校「学習指導要領一般編（試案）」「各教科編（試案）」発行 ・47年4月から小学校実施 ・47年4月から中学校実施 ・48年4月から高校実施 ▼49年小学校・中学校・高校一部改訂	憲法・教育基本法に基づく新しい教育課程の指針として、アメリカのコースオブスタディを参考にしつつ、作成される。そこでは、「試案」と表示され、これまでの「教師用書」のように一つの動かしがたいものではなく、教師の「手引き」として位置づけられる。「修身」「公民」「歴史」「地理」に変わり、「社会科」「家庭科」「自由研究」などが登場する。
一九五一年（昭26）	▼51年7月1日小学校・中学校・高校全面改訂 ・51年から小学校・中学校・高校実施	四七年の学習指導要領が緊急に作成されたこともあり、それらの不備を補う目的で改訂される。四七年と同様に、「試案」として性格づけがなされる。 各教科に全国一律の時間を定めることが困難であるとして、教科を四つの大きな経験領域に分け、時間を全体の時間に対する比率で示すなどした。 「自由研究」がなくなる。
一九五五年（昭30）	▼55年小学校、56年中学校の「社会科編」改訂 ▼55年10月5日高校「一般編」「社会科編」改訂	地理・歴史教育が重視され、小学校で「天皇の地位」が登場する。 中学校社会科の指導事項が、地理的分野、歴史的分野、政治・経済・社会的分野の三つとされる。 高校社会科で学習指導要領から「試案」という表現が削除される。「時事問題」も消える。
一九五八年（昭33）	▼58年10月1日小・中学校全面改訂 ・61年4月から小学校実施 ・62年4月から中学校実施 ▼60年10月15日高校全面改訂 ・63年4月から実施	官報に「文部省告示」として公示し、学習指導要領に法的拘束力があるという解釈を打ち出し、教育課程の国家基準とする。 道徳の時間を特設し、教育課程編成を、教科・特別教育活動・道徳・学校行事の四領域とする。 学校行事や儀式などで国旗掲揚・君が代斉唱が望ましいと指導する。 科学技術教育、教科の系統性重視、コース制、多様化を謳い、能力に応じた教育を展開する。

一九六八年（昭43）	▼68年7月11日小学校全面改訂 ・71年4月から実施 ▼69年4月14日中学校全面改訂 ・72年4月から実施 ▼70年10月15日高校全面改訂 ・73年4月から実施	教育課程編成において、学校行事と特別教育活動をまとめて特別活動とし、教科、道徳の三領域にする。 教育内容の「現代化」を掲げ、小学校から集合など導入し、教科内容が増える。学校制度の多様化、能力・適性に応じた教育を進めることがいっそう強調される。 神話が「再」登場、国家を守る自覚など「愛国心」教育が強調される。
一九七七年（昭52）	▼77年7月23日小学校全面改訂 ・80年4月から実施 ▼77年7月23日中学校全面改訂 ・81年4月から実施 ▼78年8月30日高校全面改訂 ・82年4月から実施	「ゆとり」「精選」が強調され、学習指導要領の内容および授業時間が削減される。中学校で選択教科、高校で習熟度別学級編成が導入される。 「知、徳、体の調和のとれた人間形成」が謳われ、教科、特別活動での道徳教育が強化される。社会奉仕・勤労体験学習などが打ち出される。 君が代が「国歌」と規定され、「国旗を掲揚し、国歌を斉唱することが望ましい」とされる。
一九八九年（平元）	▼89年3月15日小学校・中学校・高校全面改訂 ・92年4月から小学校実施 ・93年4月から中学校実施 ・94年4月から高校実施	小学校低学年の社会・理科を統合して「生活科」を新設、高校社会科を廃止して「地歴科」「公民科」を新設する。 中学校の選択教科をすべての教科に拡大する。単位制高校など高校の多様化・細分化を推進する。コンピュータ教育など情報化社会への対応も強調する。 道徳教育を「学校教育の基本に関わる問題」と重視する。中学校の保健体育の「格技」を「武道」に変更する。 君が代・日の丸を「国歌・国旗」とし、従来の「望ましい」から「指導するものとする」に変更して義務付けを強化する。
一九九八年（平10）	▼98年12月14日小学校・中学校全面改訂 ・02年4月から小学校実施 ・02年4月から中学校実施 ・99年3月29日高校全面改訂 ・03年4月から実施	学校週五日制を全面実施し、「ゆとり」のなかで「特色ある教育」を打ち出す。授業時数を週あたり二単位時間削減し、小・中学校の教育内容を三割程度減らす。 教育課程に「総合的な学習の時間」を加える。必修教科に外国語を加える（中学校・高校）。 「生きる力」をはぐくむことを強調する。道徳をいっそう強調する。ボランティア体験や自然体験学習を強化する。
二〇〇三年（平15）	▼03年12月26日小学校・中学校・高校一部改訂 ・04年4月から実施	学習指導要領に示していない内容を加えて指導することができることを明確化、学習指導要領の最低基準としての位置づけを強調。 各学校において総合的な学習の時間の目標および内容を定める必要があることを規定。
二〇〇八年（平20）	▼08年3月28日幼稚園・小学校・中学校全面改訂 ・09年4月から幼稚園実施 ・11年4月から小学校実施（09年4月から11年3月まで必要な移行措置の特例あり） ・12年4月から中学校実施（09年4月から12年3月まで必要な移行措置の特例あり）	教育基本法の改正等を踏まえた改訂。基礎的・基本的な知識・技能の習得、思考力・判断力・表現力等の育成および学習意欲の向上のために授業時数の増加、言語活動・理数教育を充実させる。 「豊かな心」「健やかな体」の調和を図るためとして伝統や文化に関する教育・道徳教育・体験活動・外国語教育を充実させる。 「外国語活動」（小学校）、「総合的な学習の時間」（小・中学校）の章が設けられる。 部活動についての留意事項が規定される（中学校）。夏期、冬期、学年末等の休業日の授業実施について言及。
二〇〇九年（平21）	▼09年3月9日高校全面改訂 ・13年度入学生から年次進行で実施 ・総則、総合的な学習の時間、特別活動は10年度から実施 ・数学及び理科は12年度入学生から年次進行で実施 ・その他特例措置あり	改正教育基本法・学校教育法の趣旨が反映される。 思考力・判断力・表現力等の育成のバランスが重視される。 道徳教育の全体計画を作成することを規定。 職業教育で、産業現場での長期の実習を取り入れる。 外国語授業は英語で指導することを基本とする。 社会奉仕・就業体験の充実。 部活動について意義や留意点を規定。はどめ規定の削除。
二〇一五年（平27）	▼15年3月27日小学校・中学校一部改訂 ・18年4月から小学校実施（15年4月から18年3月までの特例あり） ・19年4月から中学校実施（15年4月から19年3月までの特例あり）	「道徳」を「特別の教科　道徳」とし、学校の教育活動全体を通じて行うこととする。 校長の方針の下に、「道徳教育推進教師」を中心に、全教師が協力し、家庭や地域社会との共通理解を深め、相互の連携を図ることとする。
二〇一七年（平29）	▼17年3月31日幼稚園・小学校・中学校全面改訂 ・18年4月から幼稚園実施 ・20年4月から小学校実施	冒頭で教育基本法一条、二条をあげ、その目的・目標を強調する。 学習指導要領が教育課程の基準を大綱的に定めるものであることが明記される。

年	事項	内容
	（18年4月から20年3月までの移行措置の特例あり） ・21年4月から中学校実施（18年4月から21年3月までの移行措置の特例あり）	持続可能な社会の創り手となることを求める。 社会に開かれた教育課程の実現を重要とする。組織的かつ計画的に各学校の教育活動の質の向上を図っていくこと（カリキュラム・マネジメント）に努めるとされる。 資質・能力の三つの柱として、知識及び技能の習得、思考力・判断力・表現力等の育成、学びに向かう力・人間性等の涵養が設定される。 小学校でプログラミング教育の実施が記載される。 キャリア教育の充実が記載される。 学習評価の充実が記載される。 日本語の習得に困難のある児童生徒の教育、不登校児童生徒への配慮が記載される。 学齢を経過した者への配慮が記載される（中学校）。
二〇一八年（平30）	▼18年3月30日高校全面改訂 ・22年度入学生から年次進行で実施（19年4月から移行措置の特例あり）	（17年小学校・中学校学習指導要領の諸原則が踏襲される） 道徳教育に関する配慮事項が記載される。 外国の高校に留学していた生徒の履修認定が記載される。 「総合的な学習の時間」が「総合的な探究の時間」となる。 共通教科で「理数」が新設され、「国語」「地理歴史」「公民」「数学」「外国語」「家庭」「情報」で科目が改訂される。 「現代社会」が「公共」（必修）となり、道徳教育の目標に基づいて適切な指導をすることとされる。 領土問題について取り上げ、特に尖閣諸島に領有権の問題は存在していないことを取りあげることとされる。

●小学校、中学校、高等学校及び特別支援学校等における児童生徒の学習評価及び指導要録の改善等について（通知）

（平成三一年三月二九日　文科初第一八四五号　初等中等教育局長）

この度、中央教育審議会初等中等教育分科会教育課程部会において、「児童生徒の学習評価の在り方について（報告）」（平成三一年一月二一日）（以下「報告」という。）がとりまとめられました。

報告においては、新学習指導要領の下での学習評価の重要性を踏まえた上で、その基本的な考え方や具体的な改善の方向性についてまとめられています。

文部科学省においては、報告を受け、新学習指導要領の下での学習評価が適切に行われるとともに、各設置者による指導要録の様式の決定や各学校における指導要録の作成の参考となるよう、学習評価を行うに当たっての配慮事項、指導要録に記載する事項及び各学校における指導要録作成に当たっての配慮事項等を別紙1～5及び参考様式（いずれも省略）のとおりとりまとめました。

ついては、下記に示す学習評価を行うに当たっての配慮事項及び指導要録に記載する事項の見直しの要点並びに別紙について十分に御了知の上、各都道府県教育委員会におかれては、所管の学校及び域内の市区町村教育委員会に対し、各指定都市教育委員会におかれては、所管の学校に対し、各都道府県知事及び小中高等学校を設置する学校設置会社を所轄する構造改革特別区域法第一二条第一項の認定を受けた各地方公共団体の長におかれては、所轄の学校及び学校法人等に対し、附属学校を置く各国公立大学長におかれては、その管下の学校に対し、新学習指導要領の下で、報告の趣旨を踏まえた学習指導及び学習評価並びに指導要録の様式の設定等が適切に行われるよう、これらの十分な周知及び必要な指導等をお願いします。さらに、幼稚園、特別支援学校幼稚部、保育所及び幼保連携型認定こども園（以下「幼稚園等」という。）と小学校（義務教育学校の前期課程を含む。以下同じ。）及び特別支援学校小学部との緊密な連携を図る観点から、幼稚園等においてもこの通知の趣旨の理解が図られるようお願いします。

なお、平成二二年五月一一日付け二二文科初第一号「小学校、中学校、高等学校及び特別支援学校等における児童生徒の学習評価及び指導要録の改善等について」のうち、小学校及び特別支援学校小学部に関する部分は二〇二〇年三月三一日をもって、中学校（義務教育学校の後期課程及び中等教育学校の前期課程を含む。以下同じ。）及び特別支援学校中学部に関する部分は二〇二一年三月三一日をもって廃止することとし、また高等学校（中等教育学校の後期課程を含む。以下同じ。）及び特別支援学校高等部に関する部分は二〇二二年四月一日以降に高等学校及び特別支援学校高等部に入学する生徒（編入学による場合を除く。）について順次廃止することとします。

なお、本通知に記載するところのほか、小学校、中学校及び特別支援学校小学部・中学部における特別の教科である道徳（以下「道徳科」という。）の学習評価等については、引き続き平成二八年七月二九日付け二八文科初第六〇四号「学習指導要領の一部改正に伴う小学校、中学校及び特別支援学校小学部・中学部における児童生徒の学習評価及び指導要録の改善等について」によるところとし、特別支援学校（知的障害）高等部における道徳科の学習評価等については、同通知に準ずるものとします。

記

1　学習評価についての基本的な考え方

(1)カリキュラム・マネジメントの一環としての指導と評価

「学習指導」と「学習評価」は学校の教育活動の根幹であり、教育課程に基づいて組織的かつ計画的に教育活動の質の向上を図る「カリキュラム・マネジメント」の中核的な役割を担っていること。

(2) 主体的・対話的で深い学びの視点からの授業改善と評価

指導と評価の一体化の観点から、新学習指導要領で重視している「主体的・対話的で深い学び」の視点からの授業改善を通して各教科等における資質・能力を確実に育成する上で、学習評価は重要な役割を担っていること。

(3) 学習評価について指摘されている課題

学習評価の現状としては、(1)及び(2)で述べたような教育課程の改善や授業改善の一連の過程に学習評価を適切に位置付けた学校運営の取組がなされる一方で、例えば、学校や教師の状況によっては、

・学期末や学年末などの事後での評価に終始してしまうことが多く、評価の結果が児童生徒の具体的な学習改善につながっていない、
・現行の「関心・意欲・態度」の観点について、挙手の回数や毎時間ノートをとっているかなど、性格や行動面の傾向が一時的に表出された場面を捉える評価であるような誤解が払拭しきれていない、
・教師によって評価の方針が異なり、学習改善につなげにくい、
・教師が評価のための「記録」に労力を割かれて、指導に注力できない、
・相当な労力をかけて記述した指導要録が、次の学年や学校段階において十分に活用されていない、

といった課題が指摘されていること。

(4) 学習評価の改善の基本的な方向性

(3)で述べた課題に応えるとともに、学校における働き方改革が喫緊の課題となっていることも踏まえ、次の基本的な考え方に立って、学習評価を真に意味のあるものとすることが重要であること。

[1] 児童生徒の学習改善につながるものにしていくこと
[2] 教師の指導改善につながるものにしていくこと
[3] これまで慣行として行われてきたことでも、必要性・妥当性が認められないものは見直していくこと

これに基づく主な改善点は次項以降に示すところによること。

2 学習評価の主な改善点について

(1) 各教科等の目標及び内容を「知識及び技能」、「思考力、判断力、表現力等」、「学びに向かう力、人間性等」の資質・能力の三つの柱で再整理した新学習指導要領の下での指導と評価の一体化を推進する観点から、観点別学習状況の評価の観点についても、これらの資質・能力に関わる「知識・技能」、「思考・判断・表現」、「主体的に学習に取り組む態度」の三観点に整理して示し、設置者において、これに基づく適切な観点を設定することとしたこと。その際、「学びに向かう力、人間性等」については、「主体的に学習に取り組む態度」として観点別学習状況の評価を通じて見取ることができる部分と観点別学習状況の評価にはなじまず、個人内評価等を通じて見取る部分があることに留意する必要があることを明確にしたこと。

(2) 「主体的に学習に取り組む態度」については、各教科等の観点の趣旨に照らし、知識及び技能を獲得したり、思考力、判断力、表現力等を身に付けたりすることに向けた粘り強い取組の中で、自らの学習を調整しようとしているかどうかを含めて評価することとしたこと（各教科等の観点の趣旨は、本通知の別紙4及び別紙5（共に省略）に示している）。

(3) 学習評価の結果の活用に際しては、各教科等の児童生徒の学習状況を観点別に捉え、各教科等における学習状況を分析的に把握することが可能な観点別学習状況の評価と、各教科等の児童生徒の学習状況を総括的に捉え、教育課程全体における各教科等の学習状況を把握することが可能な評定の双方の特長を踏まえつつ、その後の指導の改善等を図ることが重要であることを明確にしたこと。

(4) 特に高等学校及び特別支援学校（視覚障害、聴覚障害、肢体不自由又は病弱）高等部における各教科・科目の評価について、学習状況を分析的に捉える観点別学習状況の評価と、これらを総括的に捉える評定の両方について、学習指導要領に示す各教科・科目の目標に基づき学校が地域や生徒の実態に即して定めた当該教科・科目の目標や内容に照らし、その実現状況を評価する、目標に準拠した評価として実施することを明確にしたこと。

3 指導要録の主な改善点について

指導要録の改善点は以下に示すほか、別紙1から別紙3まで及び参考様式（いずれも省略）に示すとおりであること。設置者や各学校においては、それらを参考に指導要録の様式の設定や作成に当たることが求められること。

(1) 小学校及び特別支援学校（視覚障害、聴覚障害、肢体不自由又は病弱）小学部における「外国語活動の記録」については、従来、観点別に設けていた文章記述欄を一本化した上で、評価の観点に即して、児童の学習状況に顕著な事項がある場合にその特徴を記入することとしたこと。

(2) 高等学校及び特別支援学校（視覚障害、聴覚障害、肢体不自由又は病弱）高等部における「各教科・科目等の学習の記録」については、観点別学習状況の評価を充実する観点から、各教科・科目の観点別学習状況を記載することとしたこと。

(3) 高等学校及び特別支援学校（視覚障害、聴覚障害、肢体不自由又は病弱）高等部における「特別活動の記録」については、教師の勤務負担軽減を図り、観点別学習状況の評価を充実する観点から、各学校が設定した観点を記入した上で、各活動・学校行事ごとに、評価の観点に照らして十分満足できる活動の状況にあると判断される場合に、○印を記入することとしたこと。

(4) 特別支援学校（知的障害）各教科については、特別支援学校の新学習指導要領において、小・中・高等学校等との学びの連続性を重視する観点から小・中・高等学校の各教科と同様に育成を目指す資質・能力の三つの柱で目標及び内容が整理されたことを踏まえ、その学習評価においても観点別学習状況を踏まえて文章記述を行うこととしたこと。

(5) 教師の勤務負担軽減の観点から、[1]「総合所見及び指導上参考となる諸事項」については、要点を箇条書きとするなど、その記載事項を必要最小限にとどめるとともに、[2] 通級による指導を受けている児童生徒について、個別の指導計画を作成しており、通級による指導に関して記載すべき事項が当該指導計画に記載されている場合には、その写しを指導要録の様式に添付することをもって指導要録への記入に替えることも可能とするなど、その記述の簡素化を図ることとしたこと。

4 学習評価の円滑な実施に向けた取組について

(1) 各学校においては、教師の勤務負担軽減を図りながら学習評価の妥当性や信頼性が高められるよう、学校全体としての組織的かつ計画的な取組を行うことが重要であること。具体的には、例えば以下の取組が考えられること。

・評価規準や評価方法を事前に教師同士で検討し明確化することや評価に関する実践事例を蓄積し共有すること。
・評価結果の検討等を通じて評価に関する教師の力量の向上を図ること。
・教務主任や研究主任を中心として学年会や教科等部会等の校内組織を活用すること。

(2) 学習評価については、日々の授業の中で児童生徒の学習状況を適宜把握して指導の改善に生かすことに重点を置くことが重要であること。したがって観点別学習状況の評価の記録に用いる評価については、毎回の授業ではなく原則として単元や題材など内容や時間のまとまりごとに、それぞれの実現状況を把握できる段階で行うなど、その場面を精選することが重要であること。

(3) 観点別学習状況の評価になじまず個人内評価の対象となるものについては、児童生徒が学習したことの意義や価値を実感できるよう、日々の教育活動等の中で児童生徒に伝えることが重要であること。特に「学びに向かう力、人間性等」のうち「感性や思いやり」な

ど児童生徒一人一人のよい点や可能性、進歩の状況などを積極的に評価し児童生徒に伝えることが重要であること。

(4) 言語能力、情報活用能力や問題発見・解決能力など教科等横断的な視点で育成を目指すこととされた資質・能力は、各教科等における「知識・技能」、「思考・判断・表現」、「主体的に学習に取り組む態度」の評価に反映することとし、各教科等の学習の文脈の中で、これらの資質・能力が横断的に育成・発揮されることが重要であること。

(5) 学習評価の方針を事前に児童生徒と共有する場面を必要に応じて設けることは、学習評価の妥当性や信頼性を高めるとともに、児童生徒自身に学習の見通しをもたせる上で重要であること。その際、児童生徒の発達の段階等を踏まえ、適切な工夫が求められること。

(6) 全国学力・学習状況調査や高校生のための学びの基礎診断の認定を受けた測定ツールなどの外部試験や検定等の結果は、児童生徒の学習状況を把握するために用いることで、教師が自らの評価を補完したり、必要に応じて修正したりしていく上で重要であること。

　このような外部試験や検定等の結果の利用に際しては、それらが学習指導要領に示す目標に準拠したものでない場合や、学習指導要領に示す各教科の内容を網羅的に扱うものではない場合があることから、これらの結果は教師が行う学習評価の補完材料であることに十分留意が必要であること。

(7) 法令に基づく文書である指導要録について、書面の作成、保存、送付を情報通信技術を用いて行うことは現行の制度上も可能であり、その活用を通して指導要録等に係る事務の改善を推進することが重要であること。特に、統合型校務支援システムの整備により文章記述欄などの記載事項が共通する指導要録といわゆる通知表のデータの連動を図ることは教師の勤務負担軽減に不可欠であり、設置者等においては統合型校務支援システムの導入を積極的に推進すること。仮に統合型校務支援システムの整備が直ちに困難な場合であっても、校務用端末を利用して指導要録等に係る事務を電磁的に処理することも効率的であること。

　これらの方法によらない場合であっても、域内の学校が定めるいわゆる通知表の記載事項が、当該学校の設置者が様式を定める指導要録の「指導に関する記録」に記載する事項を全て満たす場合には、設置者の判断により、指導要録の様式を通知表の様式と共通のものとすることが現行の制度上も可能であること。その際、例えば次のような工夫が考えられるが、様式を共通のものとする際には、指導要録と通知表のそれぞれの役割を踏まえることも重要であること。

・通知表に、学期ごとの学習評価の結果の記録に加え、年度末の評価結果を追記することとすること。
・通知表の文章記述の評価について、指導要録と同様に、学期ごとにではなく年間を通じた学習状況をまとめて記載することとすること。
・指導要録の「指導に関する記録」の様式を、通知表と同様に学年ごとに記録する様式とすること。

(8) 今後、国においても学習評価の参考となる資料を作成することとしているが、都道府県教育委員会等においても、学習評価に関する研究を進め、学習評価に関する参考となる資料を示すとともに、具体的な事例の収集・提示を行うことが重要であること。特に高等学校については、今般の指導要録の改善において、観点別学習状況の評価が一層重視されたこと等を踏まえ、教員研修の充実など学習評価の改善に向けた取組に一層、重点を置くことが求められること。国が作成する高等学校の参考資料についても、例えば、定期考査や実技など現在の高等学校で取り組んでいる学習評価の場面で活用可能な事例を盛り込むなど、高等学校の実態や教師の勤務負担軽減に配慮しつつ学習評価の充実を図ることを可能とする内容とする予定であること。

5　学習評価の改善を受けた高等学校入学者選抜、大学入学者選抜の改善について

「1　学習評価についての基本的な考え方」に示すとおり、学習評価は、学習や指導の改善を目的として行われているものであり、入学者選抜に用いることを一義的な目的として行われるものではないこと。したがって、学習評価の結果を入学者選抜に用いる際には、このような学習評価の特性を踏まえつつ適切に行うことが重要であること。

(1) 高等学校入学者選抜の改善について

　報告を踏まえ、高等学校及びその設置者において今般の学習評価の改善を受けた入学者選抜の在り方について検討を行う際には、以下に留意すること。

・新学習指導要領の趣旨を踏まえた各高等学校の教育目標の実現に向け、入学者選抜の質的改善を図るため、改めて入学者選抜の方針や選抜方法の組合せ、調査書の利用方法、学力検査の内容等について見直すこと。
・調査書の利用に当たっては、そのねらいを明らかにし、学力検査の成績との比重や、学年ごとの学習評価の重み付け等について検討すること。例えば都道府県教育委員会等において、所管の高等学校に一律の比重で調査書の利用を義務付けているような場合には、各高等学校の入学者選抜の方針に基づいた適切な調査書の利用となるよう改善を図ること。
・入学者選抜の改善に当たっては、新学習指導要領の趣旨等も踏まえつつ、学校における働き方改革の観点から、調査書の作成のために中学校の教職員に過重な負担がかかったり、生徒の主体的な学習活動に悪影響を及ぼしたりすることのないよう、入学者選抜のために必要な情報の整理や市区町村教育委員会及び中学校等との情報共有・連携を図ること。

(2) 大学入学者選抜の改善について

　国においては新高等学校学習指導要領の下で学んだ生徒に係る「二〇二五年度大学入学者選抜実施要項」の内容について二〇二一年度に予告することとしており、予告に向けた検討に際しては、報告及び本通知の趣旨を踏まえ以下に留意して検討を行う予定であること。

・各大学において、特に学校外で行う多様な活動については、調査書に過度に依存することなく、それぞれのアドミッション・ポリシーに基づいて、生徒一人一人の多面的・多角的な評価が行われるよう、各学校が作成する調査書や志願者本人の記載する資料、申告等を適切に組み合わせるなどの利用方法を検討すること。
・学校における働き方改革の観点から、指導要録を基に作成される調査書についても、観点別学習状況の評価の活用を含めて、入学者選抜で必要となる情報を整理した上で検討すること。

〔別紙一覧・参考一覧―省略〕

●学習指導要領の一部改正に伴う小学校、中学校及び特別支援学校小学部・中学部における児童生徒の学習評価及び指導要録の改善等について（通知）〔抜粋〕

（平成二八年七月二九日　文科初第六〇四号　初等中等教育局長）

1　道徳科の学習評価に関する基本的な考え方について

道徳科の評価を行うに当たっては、小・中学校学習指導要領等第三章の児童生徒の「学習状況や道徳性に係る成長の様子を継続的に把握し、指導に生かすよう努める必要がある。ただし、数値などによる評価は行わないものとする」との規定の趣旨や、「道徳に係る教育課程の改善等について（答申）」（平成二六年一〇月二一日中央教育審議会）の「道徳性の評価の基盤には、教員と児童生徒との人格的な触れ合いによる共感的な理解が存在することが重要」であり、道徳性の評価は「児童生徒が自らの成長を実感し、更に意欲的に取り組もうとするきっかけとなるような評価を目指すべき」との評価に当たっての考え方等を十分に踏まえる必要がある。

具体的には以下の点に留意し、学習活動における児童生徒の「学習状況や道徳性に係る成長の様子」を、観点別評価ではなく個人内評価として丁寧に見取り、記述で表現することが適切である。

① 児童生徒の人格そのものに働きかけ、道徳性を養うことを目標とする道徳科の評価としては、育むべき資質・能力を観点別に分節し、学習状況を分析的に捉えることは妥当ではないこと。

② このため、道徳科については、「道徳的諸価値についての理解を基に、自己を見つめ、物事を（広い視野から）多面的・多角的に考え、自己（人間として）の生き方についての考えを深める」という学習活動における児童生徒の具体的な取組状況を、一定のまとまりの中で、児童生徒が学習の見通しをもって振り返る場面を適切に設定しつつ見取ることが求められること。

③ 他の児童生徒との比較による評価ではなく、児童生徒がいかに成長したかを積極的に受け止めて認め、励ます個人内評価として記述式で行うこと。

④ 個々の内容項目ごとではなく、大くくりなまとまりを踏まえた評価とすること。

⑤ その際、特に道徳教育の質的転換を図るという今回の道徳の特別教科化の趣旨を踏まえれば、特に、学習活動において児童生徒がより多面的・多角的な見方へと発展しているか、道徳的価値の理解を自分自身との関わりの中で深めているかといった点を重視することが求められること。

4　入学者選抜における取扱について

道徳科における学習状況や道徳性に係る成長の様子の把握については、

・児童生徒の人格そのものに働きかけ、道徳性を養うという道徳科の目標に照らし、その児童生徒がいかに成長したかを積極的に受け止め、励ます観点から行うものであり、個人内評価であるとの趣旨がより強く要請されること。

・児童生徒自身が、入学者選抜や調査書などを気にすることなく、真正面から自分のこととして道徳的価値に多面的・多角的に向き合うことこそ道徳教育の質的転換の目的であることから、「各教科の評定」や「出欠の記録」、「行動の記録」、「総合所見及び指導上参考となる諸事項」などとは基本的な性格が異なるものであり、調査書に記載せず、入学者選抜の合否判定に活用することのないようにすること。

●学校評価ガイドライン〔平成二八年改訂〕〔抜粋〕

（平成二八年三月二二日　文部科学省）

1　学校評価の目的、定義と流れ

①　学校評価の目的

学校評価の必要性と目的

○学校の裁量が拡大し、自主性・自律性が高まる上で、その教育活動等の成果を検証し、必要な支援・改善を行うことにより、児童生徒がより良い教育活動等を享受できるよう学校運営の改善と発展を目指し、教育の水準の向上と保証を図ることが重要である。また、学校の運営の質に対する保護者等の関心が高まる中で、学校が適切に説明責任を果たすとともに、学校の状況に関する共通理解を持つことにより相互の連携協力の促進が図られることが期待される。

これらのことから、学校の教育活動その他の学校運営の状況について評価を行い、その結果に基づき学校及び設置者等が学校運営の改善を図ること、及び、評価結果等を広く保護者等に公表していくことが求められる。

○このことから、学校評価は、以下の三つを目的として実施するものであり、これにより児童生徒がより良い教育活動等を享受できるよう学校運営の改善と発展を目指すための取組と整理する。

①各学校が、自らの教育活動その他の学校運営について、目指すべき目標を設定し、その達成状況や達成に向けた取組の適切さ等について評価することにより、学校として組織的・継続的な改善を図ること。

②各学校が、自己評価及び保護者など学校関係者等による評価の実施とその結果の公表・説明により、適切に説明責任を果たすとともに、保護者、地域住民等から理解と参画を得て、学校・家庭・地域の連携協力による学校づくりを進めること。

③各学校の設置者等が、学校評価の結果に応じて、学校に対する支援や条件整備等の改善措置を講じることにより、一定水準の教育の質を保証し、その向上を図ること。

学校評価に関する規定

○学校評価については、学校教育法に次のように規定されている。

〔学校教育法四二条参照〕

○「文部科学大臣の定めるところ」の内容については、学校教育法施行規則に次のように規定されている。

〔学校教育法施行規則六六条～六八条参照〕

○これにより、各学校は法令上、

①教職員による自己評価を行い、その結果を公表すること、

②保護者などの学校の関係者による評価（「学校関係者評価」）を行うとともにその結果を公表するよう努めること、

③自己評価の結果・学校関係者評価の結果を設置者に報告すること、

が必要となる。〔後略〕

②　学校評価の定義及び留意点

○本ガイドラインでは、上記法令の規定を踏まえて、学校評価の実施手法を以下の三つの形態に整理している。

(1)各学校の教職員が行う評価【自己評価】

(2)保護者、地域住民等の学校関係者などにより構成された評価委員会等が、自己評価の結果について評価することを基本として行う評価【学校関係者評価】

(3)学校とその設置者が実施者となり、学校運営に関する外部の専門家を中心とした評価者により、自己評価や学校関係者評価の実施状況も踏まえつつ、教育活動その他の学校運営の状況について専門的視点から行う評価【第三者評価】

自己評価

○自己評価は、学校評価の最も基本となるものであり、校長のリーダーシップの下で、当該学校の全教職員が参加し、設定した目標や具体的計画等に照らして、その達成状況や達成

に向けた取組の適切さ等について評価を行うものである。

学校関係者評価

○学校関係者評価は、保護者、学校評議員、地域住民、青少年健全育成関係団体の関係者、接続する学校（小学校に接続する中学校など）の教職員その他の学校関係者などにより構成された委員会等が、その学校の教育活動の観察や意見交換等を通じて、自己評価の結果について評価することを基本として行うものである。

○教職員による自己評価と保護者等による学校関係者評価は、学校運営の改善を図る上で不可欠のものとして、有機的・一体的に位置付けるべきものである。

第三者評価

○第三者評価は、学校とその設置者が実施者となり、学校運営に関する外部の専門家を中心とした評価者により、自己評価や学校関係者評価の実施状況も踏まえつつ、教育活動その他の学校運営の状況について、専門的視点から評価を行うものである。

○第三者評価は、実施者の責任の下で、第三者評価が必要であると判断した場合に行うものであり、法令上、実施義務や実施の努力義務を課すものではない。

児童生徒・保護者対象のアンケート（外部アンケート等）

○自己評価を行う上で、児童生徒や保護者、地域住民を対象とするアンケートによる評価や、保護者等との懇談会を通じて、授業の理解度や保護者・児童生徒がどのような意見や要望を持っているかを把握することが重要である。

○従前、このようなアンケートや懇談会の実施を「外部評価」ととらえてきた例もみられたが、現在はそれに留まらず、「学校関係者評価」としての保護者等による評価の実施に努めることが法令上求められている。アンケート等については、学校の自己評価を行う上で、目標等の設定・達成状況や取組の適切さ等について評価するためのものととらえることが適当であり、学校関係者評価とは異なることに留意する。

　本ガイドラインにおいては、これを「外部アンケート等」と称する。

「外部評価」の用語

○従来広く用いられてきた「外部評価」の用語は、狭くは保護者や地域住民による評価を、広くは第三者評価も含めて学校外の有識者等による評価を指す用語として使われており、同じ語を用いながらその具体的内容は様々であった。

○このことから本ガイドラインでは、「外部評価」を構成する要素やその性質に鑑み、これを保護者や地域住民など学校と密接な関係を有する者による「学校関係者評価」と、学校運営に関する外部の専門家等による「第三者評価」の二つに、概念上分けて整理している。

○なお、「学校関係者評価」の用語について、略して「関係者評価」、または「保護者等による評価」、あるいは自己評価に対するものとして単に「外部評価」など、適宜わかりやすい用語を用いることも考えられる。

学校評価の実施形態

○上記のように、自己評価（及び外部アンケート等）とその結果について評価する学校関係者評価の実施と、それらの結果の公表が、学校における学校評価を進める上での基本となる。これらに加えて、第三者評価を導入し、学校評価全体の充実を図ることが有効である。

　なお、これらは必ずしもこの通り行われなければならないものではなく、法令に反しない範囲で例えば二つ以上の要素を併せ持つ取組を同時に行うことも考えられる。

　例えば、教職員と保護者・地域住民が一つの組織を設けて評価を行うことや、保護者・地域住民の他に大学教員等の有識者を加えて専門的な視点を加えた評価を実施することなども考えられる。

③　学校評価により期待される取組と効果

○学校評価の結果を踏まえ、各学校が自らその改善に取り組むとともに、評価の結果を学校の設置者等に報告することにより課題意識を共有することが重要である。これを踏まえ、設置者等は予算・人事上の措置や指導主事の派遣を行うなどの適切な支援を行うことが必要である。

○学校関係者評価の取組を通じて、教職員や保護者、地域住民等が学校運営について意見交換し、学校の現状や取組を知り課題意識を共有することにより、相互理解を深めることが重要である。学校評価を学校・家庭・地域間のコミュニケーション・ツールとして活用することにより、保護者・地域住民の学校運営への参画を促進し、共通理解に立ち家庭や地域に支えられる開かれた学校づくりを進めていくことが期待される。

　さらに、学校評価を軸とした情報の共有と連携協力の促進を通じて、学校・家庭・地域それぞれの教育力が高められていくことが期待できる。

○また、第三者評価の取組を通じて、学校が自らの状況を客観的に見ることができるようになるとともに、専門的な分析や助言によって学校の優れた取組や、学校の課題とこれに対する改善方策が明確となる。さらに、学校運営が適切になされているかどうかが確認される。これらの結果、学校の活性化や信頼される魅力ある学校づくりにつながることが期待される。

○学校評価は、限られた時間や人員を、必要度・緊急度の高い活動や教育効果の高い活動に集中するといった、学校の教育活動の精選・重点化を進める上で重要な役割を果たすものである。学校評価の取組を通じて、学校として組織的に、今、重点的に取り組むべきことは何かを把握し、その伸長・改善に取り組むようになることが期待される。

○学校評価は、あくまでも学校運営の改善による教育水準の向上を図るための手段であり、それ自体が目的ではない。学校評価の実施そのものが自己目的化してしまわないよう、地域の実情も踏まえた実効性のある学校評価を実施していくことが何よりも重要である。

④　教職員評価との関係

目標管理型の評価制度としての共通性と相違点

○一般に、教職員評価では、各学校の目標等をもとに、教職員一人一人が目標設定を行い、その目標の達成度を評価する目標管理型の評価制度を目指すものが多い。各学校の目標設定を出発点とする点で、このような教職員評価は学校評価と共通している。

○しかしながら、教職員評価が適切な人事管理や個々の教職員の職能の開発を目的とし、その結果は公表になじまないものであるのに対し、学校評価では、組織的活動としての学校運営の改善を目的とし、その結果を公表し、説明責任を果たすこととしているため、両者は、その目的が大きく異なる。

外部アンケート等の活用

○「教職員評価」の用語は多義的であるが、例えば、

①地方公務員法等に基づき法律上の義務として行われる教職員の人事評価であって、その評価の結果に基づき人事・給与等の処遇が行われるようなもの、

②授業観察を通じて教員がわかりやすい授業に取り組んでいるかどうかや、割り当てられた校務分掌を適切に処理しているかなどの教職員の取組を検証することにより、教職員が抱える課題の発見や今後の改善につなげるためのもの、

など、様々な類型があり得る。

○学校評価は、学校という機関の、組織としての教育活動やマネジメントの状況を評価して、教職員の気づきを喚起し学校運営の改善を促すために行うものである。その一環として、例えば授業の理解度等について児童生徒等の状況を把握し、その結果を踏まえ、学校全体として授業法に関する研修等の取組や適切な校務分掌等を促すなど、評価結果を組織

の活性化のために適切に活用することが期待される。更に、場合によっては特定された個々の教職員の取組の改善に向けて学校として組織的にサポートしていくことも考えられる。

同時に、この点において、学校評価と教職員評価等はその手法や内容の一部について共通する面を有している。

○一方、人事評価としての教職員の評価は、個々の教職員について多面的な評価を行い、その結果を日ごろの服務監督や人事権者による人事・給与などの処遇に反映することを目的としており、学校の組織としての状況の把握や改善を目指すものではない。

○このことから、例えば、学校評価の一環として行われた外部アンケート等の結果について、前に述べた学校における取組のみならず、学校から報告を受けた教育委員会において、教職員の研修の必要性の判断や指導を行う際などに活用することも考えられる。しかし、学校評価と教職員の評価はそもそも目的が異なっており、手法や内容等についても異なる面が多いことから、教職員の人事評価として用いることを前提にその一人一人に至るまで保護者・児童生徒による厳密な授業評価等を行うことは、それは教職員の人事評価として行うものと切り分けて整理することが適当である。

2　学校評価の実施・公表

(1) 自己評価

ポイント

重点化された具体的な目標の設定

重点化された目標設定が自己評価の始まりであり、重点目標は学校の課題に即した具体的で明確なものとすること、総花的な設定を避けて精選することが重要

PDCAサイクルによる自己評価

重点目標に基づく評価（評価項目の設定）、評価結果に基づく改善方策の立案が重要

(2) 学校関係者評価

ポイント

自己評価を踏まえた学校関係者評価

学校関係者評価には、自己評価の結果を評価することを通じて、

①自己評価の客観性・透明性を高めること、

②学校・家庭・地域が共通理解を持ち、その連携協力により学校運営の改善に当たること

が期待されており、学校・家庭・地域を結ぶ「コミュニケーション・ツール」としての活用を図ることが重要

主体的・能動的な評価活動

外部アンケート等の実施で学校関係者評価に代えることは適当ではない。

アンケートへの回答や自己評価結果についての単なる意見聴取などの受動的な評価ではなく、評価者の主体的・能動的な評価活動が重要

(3) 自己評価及び学校関係者評価の評価結果の公表・説明

ポイント

改善方策の公表

評価結果を公表する際には、併せて、その結果を踏まえた今後の改善方策について公表することにより、保護者・地域からの理解と連携を促す工夫が重要

広く公表

公表に当たっては、一部の者にのみ説明するのではなく、広く一般の保護者等が知ることができる方法により、「学校の自己評価の結果」等であることを明示して行うことが重要

(4) 自己評価及び学校関係者評価の設置者への報告と支援・改善

ポイント

設置者による支援・改善

設置者においては、学校から評価結果の提出を受け、それを踏まえた予算措置等の学校の支援・改善が重要

評価者研修の充実

学校評価に関する教職員の研修や、学校関係者評価の評価者の研修の充実が重要

(5) 第三者評価

ポイント

学校評価全体を充実する観点からの評価

第三者評価では、自己評価や学校関係者評価に加え、学校評価全体を充実する観点から評価を行い、学校の優れた取組や今後の学校運営の改善につなげるための課題や改善の方向性等を提示する

地域や学校の実情等に応じた柔軟な実施体制

学校関係者評価と第三者評価の両方の性格を併せ持つ評価を行うなど、地域や学校の実情等に応じて、評価の実施体制は柔軟に対応する

3　積極的な情報提供（省略）

4　高等学校、特別支援学校の特性（省略）

●保育所保育指針（抄）

（平成二九年三月三一日　厚生労働省告示第一一七号）

施行、平三〇・四・一（適用）

第一章　総則

この指針は、児童福祉施設の設備及び運営に関する基準（昭和二三年厚生省令第六三号。以下「設備運営基準」という。）第三五条の規定に基づき、保育所における保育の内容に関する事項及びこれに関連する運営に関する事項を定めるものである。各保育所は、この指針において規定される保育の内容に係る基本原則に関する事項等を踏まえ、各保育所の実情に応じて創意工夫を図り、保育所の機能及び質の向上に努めなければならない。

1　保育所保育に関する基本原則

(1) 保育所の役割

ア　保育所は、児童福祉法（昭和二二年法律第一六四号）第三九条の規定に基づき、保育を必要とする子どもの保育を行い、その健全な心身の発達を図ることを目的とする児童福祉施設であり、入所する子どもの最善の利益を考慮し、その福祉を積極的に増進することに最もふさわしい生活の場でなければならない。

イ　保育所は、その目的を達成するために、保育に関する専門性を有する職員が、家庭との緊密な連携の下に、子どもの状況や発達過程を踏まえ、保育所における環境を通して、養護及び教育を一体的に行うことを特性としている。

ウ　保育所は、入所する子どもを保育するとともに、家庭や地域の様々な社会資源との連携を図りながら、入所する子どもの保護者に対する支援及び地域の子育て家庭に対する支援等を行う役割を担うものである。

エ　保育所における保育士は、児童福祉法第一八条の四の規定を踏まえ、保育所の役割及び機能が適切に発揮されるように、倫理観に裏付けられた専門的知識、技術及び判断をもっ

て、子どもを保育するとともに、子どもの保護者に対する保育に関する指導を行うものであり、その職責を遂行するための専門性の向上に絶えず努めなければならない。

(2) 保育の目標

ア　保育所は、子どもが生涯にわたる人間形成にとって極めて重要な時期に、その生活時間の大半を過ごす場である。このため、保育所の保育は、子どもが現在を最も良く生き、望ましい未来をつくり出す力の基礎を培うために、次の目標を目指して行わなければならない。

(ア)　十分に養護の行き届いた環境の下に、くつろいだ雰囲気の中で子どもの様々な欲求を満たし、生命の保持及び情緒の安定を図ること。

(イ)　健康、安全など生活に必要な基本的な習慣や態度を養い、心身の健康の基礎を培うこと。

(ウ)　人との関わりの中で、人に対する愛情と信頼感、そして人権を大切にする心を育てるとともに、自主、自立及び協調の態度を養い、道徳性の芽生えを培うこと。

(エ)　生命、自然及び社会の事象についての興味や関心を育て、それらに対する豊かな心情や思考力の芽生えを培うこと。

(オ)　生活の中で、言葉への興味や関心を育て、話したり、聞いたり、相手の話を理解しようとするなど、言葉の豊かさを養うこと。

(カ)　様々な体験を通して、豊かな感性や表現力を育み、創造性の芽生えを培うこと。

イ　保育所は、入所する子どもの保護者に対し、その意向を受け止め、子どもと保護者の安定した関係に配慮し、保育所の特性や保育士等の専門性を生かして、その援助に当たらなければならない。

(3) 保育の方法

保育の目標を達成するために、保育士等は、次の事項に留意して保育しなければならない。

ア　一人一人の子どもの状況や家庭及び地域社会での生活の実態を把握するとともに、子どもが安心感と信頼感をもって活動できるよう、子どもの主体としての思いや願いを受け止めること。

イ　子どもの生活のリズムを大切にし、健康、安全で情緒の安定した生活ができる環境や、自己を十分に発揮できる環境を整えること。

ウ　子どもの発達について理解し、一人一人の発達過程に応じて保育すること。その際、子どもの個人差に十分配慮すること。

エ　子ども相互の関係づくりや互いに尊重する心を大切にし、集団における活動を効果あるものにするよう援助すること。

オ　子どもが自発的・意欲的に関われるような環境を構成し、子どもの主体的な活動や子ども相互の関わりを大切にすること。特に、乳幼児期にふさわしい体験が得られるように、生活や遊びを通して総合的に保育すること。

カ　一人一人の保護者の状況やその意向を理解、受容し、それぞれの親子関係や家庭生活等に配慮しながら、様々な機会をとらえ、適切に援助すること。

(4) 保育の環境

保育の環境には、保育士等や子どもなどの人的環境、施設や遊具などの物的環境、更には自然や社会の事象などがある。保育所は、こうした人、物、場などの環境が相互に関連し合い、子どもの生活が豊かなものとなるよう、次の事項に留意しつつ、計画的に環境を構成し、工夫して保育しなければならない。

ア　子ども自らが環境に関わり、自発的に活動し、様々な経験を積んでいくことができるよう配慮すること。

イ　子どもの活動が豊かに展開されるよう、保育所の設備や環境を整え、保育所の保健的環境や安全の確保などに努めること。

ウ　保育室は、温かな親しみとくつろぎの場となるとともに、生き生きと活動できる場となるように配慮すること。

エ　子どもが人と関わる力を育てていくため、子ども自らが周囲の子どもや大人と関わっていくことができる環境を整えること。

(5) 保育所の社会的責任

ア　保育所は、子どもの人権に十分配慮するとともに、子ども一人一人の人格を尊重して保育を行わなければならない。

イ　保育所は、地域社会との交流や連携を図り、保護者や地域社会に、当該保育所が行う保育の内容を適切に説明するよう努めなければならない。

ウ　保育所は、入所する子ども等の個人情報を適切に取り扱うとともに、保護者の苦情などに対し、その解決を図るよう努めなければならない。

2　養護に関する基本的事項

(1) 養護の理念

保育における養護とは、子どもの生命の保持及び情緒の安定を図るために保育士等が行う援助や関わりであり、保育所における保育は、養護及び教育を一体的に行うことをその特性とするものである。保育所における保育全体を通じて、養護に関するねらい及び内容を踏まえた保育が展開されなければならない。

(2) 養護に関わるねらい及び内容

ア　生命の保持

(ア)　ねらい

①　一人一人の子どもが、快適に生活できるようにする。

②　一人一人の子どもが、健康で安全に過ごせるようにする。

③　一人一人の子どもの生理的欲求が、十分に満たされるようにする。

④　一人一人の子どもの健康増進が、積極的に図られるようにする。

(イ)　内容

①　一人一人の子どもの平常の健康状態や発育及び発達状態を的確に把握し、異常を感じる場合は、速やかに適切に対応する。

②　家庭との連携を密にし、嘱託医等との連携を図りながら、子どもの疾病や事故防止に関する認識を深め、保健的で安全な保育環境の維持及び向上に努める。

③　清潔で安全な環境を整え、適切な援助や応答的な関わりを通して子どもの生理的欲求を満たしていく。また、家庭と協力しながら、子どもの発達過程等に応じた適切な生活のリズムがつくられていくようにする。

④　子どもの発達過程等に応じて、適度な運動と休息を取ることができるようにする。また、食事、排泄、衣類の着脱、身の回りを清潔にすることなどについて、子どもが意欲的に生活できるよう適切に援助する。

イ　情緒の安定

(ア)　ねらい

①　一人一人の子どもが、安定感をもって過ごせるようにする。

②　一人一人の子どもが、自分の気持ちを安心して表すことができるようにする。

③　一人一人の子どもが、周囲から主体として受け止められ、主体として育ち、自分を肯定する気持ちが育まれていくようにする。

④　一人一人の子どもがくつろいで共に過ごし、心身の疲れが癒されるようにする。

(イ)　内容

①　一人一人の子どもの置かれている状態や発達過程などを的確に把握し、子どもの欲求を適切に満たしながら、応答的な触れ合いや言葉がけを行う。

②　一人一人の子どもの気持ちを受容し、共感しながら、子どもとの継続的な信頼関係を築いていく。

③　保育士等との信頼関係を基盤に、一人一人の子どもが主体的に活動し、自発性や探索意欲などを高めるとともに、自分への自信をもつことができるよう成長の過程を見守り、適切に働きかける。

④　一人一人の子どもの生活のリズム、発達過程、保育時間などに応じて、活動内容のバランスや調和を図りながら、適切な食事や休息が取れるようにする。

3　保育の計画及び評価

(1) 全体的な計画の作成

ア　保育所は、1の(2)に示した保育の目標を達成するために、各保育所の保育の方針や目標に基づき、子どもの発達過程を踏まえて、保育の内容が組織的・計画的に構成され、保育所の生活の全体を通して、総合的に展開されるよう、全体的な計画を作成しなければならない。

イ　全体的な計画は、子どもや家庭の状況、地域の実態、保育時間などを考慮し、子どもの育ちに関する長期的見通しをもって適切に作成されなければならない。

ウ　全体的な計画は、保育所保育の全体像を包括的に示すものとし、これに基づく指導計画、保健計画、食育計画等を通じて、各保育所が創意工夫して保育できるよう、作成されなければならない。

(2)　指導計画の作成

ア　保育所は、全体的な計画に基づき、具体的な保育が適切に展開されるよう、子どもの生活や発達を見通した長期的な指導計画と、それに関連しながら、より具体的な子どもの日々の生活に即した短期的な指導計画を作成しなければならない。

イ　指導計画の作成に当たっては、第二章及びその他の関連する章に示された事項のほか、子ども一人一人の発達過程や状況を十分に踏まえるとともに、次の事項に留意しなければならない。

(ア)　三歳未満児については、一人一人の子どもの生育歴、心身の発達、活動の実態等に即して、個別的な計画を作成すること。

(イ)　三歳以上児については、個の成長と、子ども相互の関係や協同的な活動が促されるよう配慮すること。

(ウ)　異年齢で構成される組やグループでの保育においては、一人一人の子どもの生活や経験、発達過程などを把握し、適切な援助や環境構成ができるよう配慮すること。

ウ　指導計画においては、保育所の生活における子どもの発達過程を見通し、生活の連続性、季節の変化などを考慮し、子どもの実態に即した具体的なねらい及び内容を設定すること。また、具体的なねらいが達成されるよう、子どもの生活する姿や発想を大切にして適切な環境を構成し、子どもが主体的に活動できるようにすること。

エ　一日の生活のリズムや在園時間が異なる子どもが共に過ごすことを踏まえ、活動と休息、緊張感と解放感等の調和を図るよう配慮すること。

オ　午睡は生活のリズムを構成する重要な要素であり、安心して眠ることのできる安全な睡眠環境を確保するとともに、在園時間が異なることや、睡眠時間は子どもの発達の状況や個人によって差があることから、一律とならないよう配慮すること。

カ　長時間にわたる保育については、子どもの発達過程、生活のリズム及び心身の状態に十分配慮して、保育の内容や方法、職員の協力体制、家庭との連携などを指導計画に位置付けること。

キ　障害のある子どもの保育については、一人一人の子どもの発達過程や障害の状態を把握し、適切な環境の下で、障害のある子どもが他の子どもとの生活を通して共に成長できるよう、指導計画の中に位置付けること。また、子どもの状況に応じた保育を実施する観点から、家庭や関係機関と連携した支援のための計画を個別に作成するなど適切な対応を図ること。

(3)　指導計画の展開

指導計画に基づく保育の実施に当たっては、次の事項に留意しなければならない。

ア　施設長、保育士など、全職員による適切な役割分担と協力体制を整えること。

イ　子どもが行う具体的な活動は、生活の中で様々に変化することに留意して、子どもが望ましい方向に向かって自ら活動を展開できるよう必要な援助を行うこと。

ウ　子どもの主体的な活動を促すためには、保育士等が多様な関わりをもつことが重要であることを踏まえ、子どもの情緒の安定や発達に必要な豊かな体験が得られるよう援助すること。

エ　保育士等は、子どもの実態や子どもを取り巻く状況の変化などに即して保育の過程を記録するとともに、これらを踏まえ、指導計画に基づく保育の内容の見直しを行い、改善を図ること。

(4)　保育内容等の評価

ア　保育士等の自己評価

(ア)　保育士等は、保育の計画や保育の記録を通して、自らの保育実践を振り返り、自己評価することを通して、その専門性の向上や保育実践の改善に努めなければならない。

(イ)　保育士等による自己評価に当たっては、子どもの活動内容やその結果だけでなく、子どもの心の育ちや意欲、取り組む過程などにも十分配慮するよう留意すること。

(ウ)　保育士等は、自己評価における自らの保育実践の振り返りや職員相互の話し合い等を通じて、専門性の向上及び保育の質の向上のための課題を明確にするとともに、保育所全体の保育の内容に関する認識を深めること。

イ　保育所の自己評価

(ア)　保育所は、保育の質の向上を図るため、保育の計画の展開や保育士等の自己評価を踏まえ、当該保育所の保育の内容等について、自ら評価を行い、その結果を公表するよう努めなければならない。

(イ)　保育所が自己評価を行うに当たっては、地域の実情や保育所の実態に即して、適切に評価の観点や項目等を設定し、全職員による共通理解をもって取り組むよう留意すること。

(ウ)　設備運営基準第三六条の趣旨を踏まえ、保育の内容等の評価に関し、保護者及び地域住民等の意見を聴くことが望ましいこと。

(5)　評価を踏まえた計画の改善

ア　保育所は、評価の結果を踏まえ、当該保育所の保育の内容等の改善を図ること。

イ　保育の計画に基づく保育、保育の内容の評価及びこれに基づく改善という一連の取組により、保育の質の向上が図られるよう、全職員が共通理解をもって取り組むことに留意すること。

4　幼児教育を行う施設として共有すべき事項

(1)　育みたい資質・能力

ア　保育所においては、生涯にわたる生きる力の基礎を培うため、1の(2)に示す保育の目標を踏まえ、次に掲げる資質・能力を一体的に育むよう努めるものとする。

(ア)　豊かな体験を通じて、感じたり、気付いたり、分かったり、できるようになったりする「知識及び技能の基礎」

(イ)　気付いたことや、できるようになったことなどを使い、考えたり、試したり、工夫したり、表現したりする「思考力、判断力、表現力等の基礎」

(ウ)　心情、意欲、態度が育つ中で、よりよい生活を営もうとする「学びに向かう力、人間性等」

イ　アに示す資質・能力は、第二章に示すねらい及び内容に基づく保育活動全体によって育むものである。

(2)　幼児期の終わりまでに育ってほしい姿

次に示す「幼児期の終わりまでに育ってほしい姿」は、第二章に示すねらい及び内容に基づく保育活動全体を通して資質・能力が育まれている子どもの小学校就学時の具体的な姿であり、保育士等が指導を行う際に考慮するものである。

ア　健康な心と体

保育所の生活の中で、充実感をもって自分のやりたいことに向かって心と体を十分に働かせ、見通しをもって行動し、自ら健康で安全な生活をつくり出すようになる。

イ　自立心

身近な環境に主体的に関わり様々な活動を楽しむ中で、しなければならないことを自覚し、自分の力で行うために考えたり、工夫したりしながら、諦めずにやり遂げることで達成感を味わい、自信をもって行動するようになる。

ウ　協同性

友達と関わる中で、互いの思いや考えなどを共有し、共通の目的の実現に向けて、考えたり、工夫したり、協力したりし、充実感をもってやり遂げるようになる。

エ　道徳性・規範意識の芽生え

友達と様々な体験を重ねる中で、してよいことや悪いことが分かり、自分の行動を振り返ったり、友達の気持ちに共感したりし、相手の立場に立って行動するようになる。また、きまりを守る必要性が分かり、自分の気持ちを調整し、友達と折り合いを付けながら、きまりをつくったり、守ったりするようになる。

オ　社会生活との関わり
家族を大切にしようとする気持ちをもつとともに、地域の身近な人と触れ合う中で、人との様々な関わり方に気付き、相手の気持ちを考えて関わり、自分が役に立つ喜びを感じ、地域に親しみをもつようになる。また、保育所内外の様々な環境に関わる中で、遊びや生活に必要な情報を取り入れ、情報に基づき判断したり、情報を伝え合ったり、活用したりするなど、情報を役立てながら活動するようになるとともに、公共の施設を大切に利用するなどして、社会とのつながりなどを意識するようになる。

カ　思考力の芽生え
身近な事象に積極的に関わる中で、物の性質や仕組みなどを感じ取ったり、気付いたりし、考えたり、予想したり、工夫したりするなど、多様な関わりを楽しむようになる。また、友達の様々な考えに触れる中で、自分と異なる考えがあることに気付き、自ら判断したり、考え直したりするなど、新しい考えを生み出す喜びを味わいながら、自分の考えをよりよいものにするようになる。

キ　自然との関わり・生命尊重
自然に触れて感動する体験を通して、自然の変化などを感じ取り、好奇心や探究心をもって考え言葉などで表現しながら、身近な事象への関心が高まるとともに、自然への愛情や畏敬の念をもつようになる。また、身近な動植物に心を動かされる中で、生命の不思議さや尊さに気付き、身近な動植物への接し方を考え、命あるものとしていたわり、大切にする気持ちをもって関わるようになる。

ク　数量や図形、標識や文字などへの関心・感覚
遊びや生活の中で、数量や図形、標識や文字などに親しむ体験を重ねたり、標識や文字の役割に気付いたりし、自らの必要感に基づきこれらを活用し、興味や関心、感覚をもつようになる。

ケ　言葉による伝え合い
保育士等や友達と心を通わせる中で、絵本や物語などに親しみながら、豊かな言葉や表現を身に付け、経験したことや考えたことなどを言葉で伝えたり、相手の話を注意して聞いたりし、言葉による伝え合いを楽しむようになる。

コ　豊かな感性と表現
心を動かす出来事などに触れ感性を働かせる中で、様々な素材の特徴や表現の仕方などに気付き、感じたことや考えたことを自分で表現したり、友達同士で表現する過程を楽しんだりし、表現する喜びを味わい、意欲をもつようになる。

第二章　保育の内容〔省略〕

第三章　健康及び安全〔省略〕

第四章　子育て支援

保育所における保護者に対する子育て支援は、全ての子どもの健やかな育ちを実現することができるよう、第一章及び第二章等の関連する事項を踏まえ、子どもの育ちを家庭と連携して支援していくとともに、保護者及び地域が有する子育てを自ら実践する力の向上に資するよう、次の事項に留意するものとする。

1　保育所における子育て支援に関する基本的事項
(1)　保育所の特性を生かした子育て支援
ア　保護者に対する子育て支援を行う際には、各地域や家庭の実態等を踏まえるとともに、保護者の気持ちを受け止め、相互の信頼関係を基本に、保護者の自己決定を尊重すること。
イ　保育及び子育てに関する知識や技術など、保育士等の専門性や、子どもが常に存在する環境など、保育所の特性を生かし、保護者が子どもの成長に気付き子育ての喜びを感じられるように努めること。
(2)　子育て支援に関して留意すべき事項
ア　保護者に対する子育て支援における地域の関係機関等との連携及び協働を図り、保育所全体の体制構築に努めること。
イ　子どもの利益に反しない限りにおいて、保護者や子どものプライバシーを保護し、知り得た事柄の秘密を保持すること。

2　保育所を利用している保護者に対する子育て支援
(1)　保護者との相互理解
ア　日常の保育に関連した様々な機会を活用し子どもの日々の様子の伝達や収集、保育所保育の意図の説明などを通じて、保護者との相互理解を図るよう努めること。
イ　保育の活動に対する保護者の積極的な参加は、保護者の子育てを自ら実践する力の向上に寄与することから、これを促すこと。
(2)　保護者の状況に配慮した個別の支援
ア　保護者の就労と子育ての両立等を支援するため、保護者の多様化した保育の需要に応じ、病児保育事業など多様な事業を実施する場合には、保護者の状況に配慮するとともに、子どもの福祉が尊重されるよう努め、子どもの生活の連続性を考慮すること。
イ　子どもに障害や発達上の課題が見られる場合には、市町村や関係機関と連携及び協力を図りつつ、保護者に対する個別の支援を行うよう努めること。
ウ　外国籍家庭など、特別な配慮を必要とする家庭の場合には、状況等に応じて個別の支援を行うよう努めること。
(3)　不適切な養育等が疑われる家庭への支援
ア　保護者に育児不安等が見られる場合には、保護者の希望に応じて個別の支援を行うよう努めること。
イ　保護者に不適切な養育等が疑われる場合には、市町村や関係機関と連携し、要保護児童対策地域協議会で検討するなど適切な対応を図ること。また、虐待が疑われる場合には、速やかに市町村又は児童相談所に通告し、適切な対応を図ること。

3　地域の保護者等に対する子育て支援
(1)　地域に開かれた子育て支援
ア　保育所は、児童福祉法第四八条の四の規定に基づき、その行う保育に支障がない限りにおいて、地域の実情や当該保育所の体制等を踏まえ、地域の保護者等に対して、保育所保育の専門性を生かした子育て支援を積極的に行うよう努めること。
イ　地域の子どもに対する一時預かり事業などの活動を行う際には、一人一人の子どもの心身の状態などを考慮するとともに、日常の保育との関連に配慮するなど、柔軟に活動を展開できるようにすること。
(2)　地域の関係機関等との連携
ア　市町村の支援を得て、地域の関係機関等との積極的な連携及び協働を図るとともに、子育て支援に関する地域の人材と積極的に連携を図るよう努めること。
イ　地域の要保護児童への対応など、地域の子どもを巡る諸課題に対し、要保護児童対策地域協議会など関係機関等と連携及び協力して取り組むよう努めること。

第五章　職員の資質向上

第一章から前章までに示された事項を踏まえ、保育所は、質の高い保育を展開するため、絶えず、一人一人の職員についての資質向上及び職員全体の専門性の向上を図るよう努めなければならない。

1　職員の資質向上に関する基本的事項
(1)　保育所職員に求められる専門性
子どもの最善の利益を考慮し、人権に配慮した保育を行うためには、職員一人一人の倫理観、人間性並びに保育所職員としての職務及び責任の理解と自覚が基盤となる。

各職員は、自己評価に基づく課題等を踏まえ、保育所内外の研修等を通じて、保育士・看護師・調理員・栄養士等、それぞれの職務内容に応じた専門性を高めるため、必要な知識及び技術の修得、維持及び向上に努めなければならない。
(2)　保育の質の向上に向けた組織的な取組
保育所においては、保育の内容等に関する自己評価等を通じて把握した、保育の質の向上に向けた課題に組織的に対応するため、保育内容の改善や保育士等の役割分担の見直し等に取り組むとともに、それぞれの職位や職務内容等に応じて、各職員が必要な知識及び技能を身につけられるよう努めなければならない。

2　施設長の責務
(1)　施設長の責務と専門性の向上
施設長は、保育所の役割や社会的責任を遂行するために、法令等を遵守し、保育所を取り巻

く社会情勢等を踏まえ、施設長としての専門性等の向上に努め、当該保育所における保育の質及び職員の専門性向上のために必要な環境の確保に努めなければならない。

(2) 職員の研修機会の確保等

施設長は、保育所の全体的な計画や、各職員の研修の必要性等を踏まえて、体系的・計画的な研修機会を確保するとともに、職員の勤務体制の工夫等により、職員が計画的に研修等に参加し、その専門性の向上が図られるよう努めなければならない。

3 職員の研修等

(1) 職場における研修

職員が日々の保育実践を通じて、必要な知識及び技術の修得、維持及び向上を図るとともに、保育の課題等への共通理解や協働性を高め、保育所全体としての保育の質の向上を図っていくためには、日常的に職員同士が主体的に学び合う姿勢と環境が重要であり、職場内での研修の充実が図られなければならない。

(2) 外部研修の活用

各保育所における保育の課題への的確な対応や、保育士等の専門性の向上を図るためには、職場内での研修に加え、関係機関等による研修の活用が有効であることから、必要に応じて、こうした外部研修への参加機会が確保されるよう努めなければならない。

4 研修の実施体制等

(1) 体系的な研修計画の作成

保育所においては、当該保育所における保育の課題や各職員のキャリアパス等も見据えて、初任者から管理職員までの職位や職務内容等を踏まえた体系的な研修計画を作成しなければならない。

(2) 組織内での研修成果の活用

外部研修に参加する職員は、自らの専門性の向上を図るとともに、保育所における保育の課題を理解し、その解決を実践できる力を身に付けることが重要である。また、研修で得た知識及び技能を他の職員と共有することにより、保育所全体としての保育実践の質及び専門性の向上につなげていくことが求められる。

(3) 研修の実施に関する留意事項

施設長等は保育所全体としての保育実践の質及び専門性の向上のために、研修の受講は特定の職員に偏ることなく行われるよう、配慮する必要がある。また、研修を修了した職員については、その職務内容等において、当該研修の成果等が適切に勘案されることが望ましい。

●学校における国旗及び国歌に関する指導について（通知）

（平成一一年九月一七日　文初小第一四五号　初等中等教育局長・高等教育局長）

本年八月一三日に国旗及び国歌に関する法律（平成一一年法律第一二七号）が公布され、即日施行されました。

このことについては、先に、去る八月一三日付け文総審第一一三号をもってお知らせしたところですが、この法律は、長年の慣行により、国民の間に国旗及び国歌として定着していた「日章旗」及び「君が代」について、成文法でその根拠を定めたものです。

学校（小学校、中学校、高等学校、中等教育学校、盲学校、聾（ろう）学校及び養護学校をいう。以下同じ。）における国旗及び国歌の指導については、児童生徒に我が国の国旗と国歌の意義を理解させ、これを尊重する態度を育てるとともに、諸外国の国旗と国歌も同様に尊重する態度を育てるために、学習指導要領に基づいて行われているところであり、この法律の施行に伴って、このような学校におけるこれまでの国旗及び国歌に関する指導の取扱いを変えるものではありません。学校における国旗及び国歌の指導については、これまでも適切な指導が行われるようお願いしてきたところですが、この法律の制定を機に、国旗及び国歌に対する正しい理解が一層促進されるようお願いします。

また、公立の小学校、中学校及び高等学校における平成一〇年度卒業式及び平成一一年度入学式での国旗掲揚及び国歌斉唱の実施状況についての調査結果が別添のとおりまとまりましたのでお知らせします。本調査によれば、前回の平成一〇年春の調査に比べて全体としては実施率が上昇していますが、一部の都道府県及び指定都市において依然として実施率が低い状況にあります。各都道府県教育委員会及び各指定都市教育委員会にあっては、貴管下の学校における実施状況等を的確に把握し、各学校の卒業式及び入学式における国旗及び国歌に関する指導が一層適切に行われるよう引き続きご指導をお願いします。

学校における国旗及び国歌に関する指導について（通知）

（平成一五年一二月一八日　文科初第九〇五号　初等中等教育局長）

（本文省略）

（別添）公立小・中・高等学校における平成一四年度卒業式及び平成一五年度入学式での国旗掲揚及び国歌斉唱に関する調査結果の概要

一 実施校数

卒業式実施校（平成一四年度）

小学校　二二、七五一校
中学校　一〇、二七七校
高等学校　三、九四三校

入学式実施校（平成一五年度）

小学校　二二、四五〇校
中学校　一〇、二三二校
高等学校　三、八六六校

二 国旗掲揚及び国歌斉唱の実施状況

(1) 平成一四年度卒業式

・国旗掲揚の実施状況

（括弧内は平成一三年度の実施率）

小学校　一〇〇%（九九・九%）
中学校　一〇〇%（九九・九%）
高等学校　一〇〇%（一〇〇%）

なお、実施率は、全都道府県・指定都市の小・中・高等学校において一〇〇%である。

・国歌斉唱の実施状況

（括弧内は平成一三年度の実施率）

小学校　九九・八%（九九・三%）
中学校　九九・八%（九九・二%）
高等学校　九九・九%（九九・八%）

なお、実施率が一〇〇%であったのは、小学校五四都県・指定都市、中学校五四都県・指定都市、高等学校五七都府県・指定都市である。

(2) 平成一五年度入学式

・国旗掲揚の実施状況
（括弧内は平成一四年度の実施率）
小学校　一〇〇％（九九・九％）
中学校　九九・九％（九九・九％）
高等学校　一〇〇％（一〇〇％）
なお、実施率が一〇〇％であったのは、小学校全都道府県・指定都市、中学校五九都道府県・指定都市、高等学校全都道府県・指定都市である。

・国歌斉唱の実施状況
（括弧内は平成一四年度の実施率）
小学校　九九・八％（九九・二％）
中学校　九九・八％（九九・三％）
高等学校　九九・九％（九九・八％）
なお、実施率が一〇〇％であったのは、小学校五四都県・指定都市、中学校五四都県・指定都市、高等学校五九都道府県・指定都市である。

●（東京都）入学式、卒業式等における国旗掲揚及び国歌斉唱の実施について（通達）

（平成一五年一〇月二三日
東京都一五教指企第五六九号）

東京都教育委員会は、児童・生徒に国旗及び国歌に対して一層正しい認識をもたせ、それらを尊重する態度を育てるために、学習指導要領に基づき入学式及び卒業式を適正に実施するよう各学校を指導してきた。

これにより、平成十二年度卒業式から、すべての都立高等学校及び都立盲・ろう・養護学校で国旗掲揚及び国歌斉唱が実施されているが、その実施態様には様々な課題がある。このため、各学校は、国旗掲揚及び国歌斉唱の実施について、より一層の改善・充実を図る必要がある。

ついては、下記により、各学校が入学式、卒業式等における国旗掲揚及び国歌斉唱を適正に実施するよう通達する。

なお、「入学式及び卒業式における国旗掲揚及び国歌斉唱の指導について」（平成十一年十月十九日付十一教指高第二百三号、平成十一年十月十九日付十一教指心第六十三号）並びに「入学式及び卒業式などにおける国旗掲揚及び国歌斉唱の指導の徹底について」（平成十年十一月二十日付十教指高第百六十一号）は、平成十五年十月二十二日限り廃止する。

記

1　学習指導要領に基づき、入学式、卒業式等を適正に実施すること。

2　入学式、卒業式等の実施に当たっては、別紙「入学式、卒業式等における国旗掲揚及び国歌斉唱に関する実施指針」のとおり行うものとすること。

3　国旗掲揚及び国歌斉唱の実施に当たり、教職員が本通達に基づく校長の職務命令に従わない場合は、服務上の責任を問われることを、教職員に周知すること。

別紙

入学式、卒業式等における国旗掲揚及び国歌斉唱に関する実施指針

1　国旗の掲揚について
入学式、卒業式等における国旗の取扱いは、次のとおりとする。
(1) 国旗は、式典会場の舞台壇上正面に掲揚する。
(2) 国旗とともに都旗を併せて掲揚する。この場合、国旗にあっては舞台壇上正面に向かって左、都旗にあっては右に掲揚する。
(3) 屋外における国旗の掲揚については、掲揚塔、校門、玄関等、国旗の掲揚状況が児童・生徒、保護者その他来校者が十分認知できる場所に掲揚する。
(4) 国旗を掲揚する時間は、式典当日の児童・生徒の始業時刻から終業時刻とする。

2　国歌の斉唱について
入学式、卒業式等における国歌の取扱いは、次のとおりとする。
(1) 式次第には、「国歌斉唱」と記載する。
(2) 国歌斉唱に当たっては、式典の司会者が、「国歌斉唱」と発声し、起立を促す。
(3) 式典会場において、教職員は、会場の指定された席で国旗に向かって起立し、国歌を斉唱する。
(4) 国歌斉唱は、ピアノ伴奏等により行う。

3　会場設営等について
入学式、卒業式等における会場設営等は、次のとおりとする。
(1) 卒業式を体育館で実施する場合には、舞台壇上に演台を置き、卒業証書を授与する。
(2) 卒業式をその他の会場で行う場合には、会場の正面に演台を置き、卒業証書を授与する。
(3) 入学式、卒業式等における式典会場は、児童・生徒が正面を向いて着席するように設営する。
(4) 入学式、卒業式等における教職員の服装は、厳粛かつ清新な雰囲気の中で行われる式典にふさわしいものとする。

●学校経営の適正化について（通知）（抄）

（平成一八年四月一三日
一七教学高第一三三六号
東京都教育委員会教育長）

1　**企画調整会議を中心とした学校経営**

企画調整会議は、東京都立学校の管理運営に関する規則第十二条の六及び都立学校管理運営規程（標準規程）第九の一により学校全体の業務に関する企画立案及び連絡調整を行う学校経営の中枢機関として位置づけられている。

特に主幹制度が定着してきた現段階においては、主幹が中心となって、校務分掌組織での教職員の建設的な意見を十分に把握して、学校経営計画を踏まえ、管理職と学校経営の方向性を議論する重要な場となっている。

企画調整会議がこのような機能を十分に果たすことが出来ない場合は、教職員の意見が学校経営に関する方針決定に反映されないことになり、結果として職員会議において挙手等により教職員の意向を確認せざるをえないことになる。

企画調整会議の機能を活性化させ、教職員の経営参画を図り適正な学校経営を進めていくためには、次の(1)から(5)により改善を図ることが必要である。

(1)　企画調整会議を学校経営の中枢機関とし、単に職員会議の議題整理に終始することなく、各分掌や委員会での議論を踏まえた十分な議論を行う場とすること。

(2)　企画調整会議は、都立学校管理運営規程（標準規程）第九の三により、原則として週一回定例会を開催し、企画立案のために十分な議論の時間を確保すること。

(3)　企画調整会議の構成員は、東京都立学校の管理運営に関する規則第十二条の六第三項及び都立学校管理運営規程（標準規程）第九の二により、校長、副校長、経営企画室長（以下、「経営企画室（課）長」という）、主幹、各部主任、各学年主任、各学科主任及び経営企画室各

係長とし、主幹以下の構成員については教職員の互選等によることなく、校長が選任すること。

(4)　企画調整会議の会議録を、教職員に配布するなど教職員が閲覧できるようにし、校内で情報の共有を図ること。また、各分掌の会議録を企画調整会議の資料とするとともに、企画調整会議の会議録とともに供覧して、情報の共有を図ること。

(5)　企画調整会議での資料とした各分掌の会議録を含めて、企画調整会議の会議録は、情報公開の対象となる文書である。そのため、保護者及び都民等が閲覧した際に、概要が把握できるように整備を図ること。なお、企画調整会議録の作成要領及び記載例（別紙11）(省略) を参考に、より適切な記載方式を確立すること。

2　職員会議の適正な運営

職員会議は、東京都立学校の管理運営に関する規則第百二十一条の七及び都立学校管理運営規程（標準規程）第十の一の規定により、校長の職務を補助するための機関として明確に位置づけており、その機能は、教職員に対する報告、意見聴取及び連絡に限定している。

したがって、本来企画調整会議において議論されるべき学校経営に関わる事項を、企画調整会議で十分に議論せずに職員会議の場で議論し、教職員の意向を挙手等で確認するような学校運営は許されない。

主幹を中心として分掌部会、委員会を活性化させ、教職員の意見を企画調整会議の場で反映させることにより、職員会議を中心とした学校運営から脱却することが不可欠であり、そのためには、次の(1)から(7)により、職員会議の運営を早急に改善する必要がある。

(1)　職員会議において、本来、校長の責任で決定する事項を不当に制約するような運営や議決により校長の意思決定権を拘束するといった運営は認められないこと。

(2)　校長が校務に関する決定等を行うに当たって、職員会議において所属職員等の意見を聞くことが必要な場合においても、「挙手」、「採決」等の方法を用いて職員の意向をはかることは、企画調整会議の機能を否定することになりかねないばかりでなく、校長が自らの責任で決すべき意思決定に少なからず影響を与え、同会議が実質的な議決機関となりかねない。このため、職員会議において「挙手」、「採決」等の方法を用いて職員の意向を確認するような運営は不適切であり、行わないこと。

(3)　職員会議で取り扱う報告、意見聴取及び連絡に関する事項は、すべて企画調整会議を経た上で、事前に資料を添付し副校長に提出すること。

(4)　職員会議の司会者及び記録者については、職員会議の適正な運営を確保するため、輪番等によることなく、適格な司会者及び記録者を校長が選任すること。なお、司会者に代えて議長を置いている学校、あるいは会議録に司会者を議長として記載している学校は、直ちに改めること。

職員会議における校長の発言内容（伝達内容・判断・意見等）は、会議録に明確に記載すること。

(5)　記録者は、職員会議終了後、会議録を副校長及び経営企画室（課）長の確認を受けた後で、校長に提出し承認を受けること。

(6)　職員会議録は、情報公開の対象となる文書であり、保護者及び都民等が閲覧した際には、概要を把握できるように整備を図ること。なお、職員会議録の作成要領及び記載例（別紙2）(省略) を参考に、より適切な記載方法を確立されたい。

(7)　児童・生徒の成績、進路判定または卒業認定等については、教務部、学年、学部等を中心として検討を十分行った上で、企画調整会議で議論を行うか、または、管理職及び関係主幹に報告し指示を受けた後、職員会議、成績会議等で必要に応じて報告等を行うことが望ましく、その場合でも、「挙手」「採決」等の方法を用いて職員の意向を確認するような運営は不適切であり、行わないこと。

3　委員会の整備と適正な運営

都立学校管理運営規程（標準規程）第七の七に規定する校務分掌組織の一部を形成する委員会は、校長が必要とする委員会に限定される。校務に関する分掌組織や校内人事等を検討する委員会等を設置したり、委員会等から分掌組織や校内人事案に関する調整をすることは許されない。翌年度の組織、校内人事等の検討に当たっては、人事考課制度に基づく面接等を通じて、校長が教職員の意向を適切に把握するとともに、主幹、主任からも意見を聴いて参考にするなど管理職が中心となって調整を図り、校長の責任と権限で委員等を任命すること。また、「委員会運営規定」において委員会の設置目的や校長、企画調整会議への報告方法等必要事項を明確に規定するとともに、毎年度見直しを図り、最新の校内規定を整備して、都民の閲覧等に努めるなど、次の(1)から(10)により改善を図る必要がある。

(1)　校務分掌組織の一部を形成する委員会については、校長が必要と判断するものに限り設置できる。人事案件等を扱う委員会を置いてはならない。

また、学校の将来構想等の学校全体に関わる案件を扱う委員会については、目的や期間を明確にするとともに、教育系管理職を委員長として運営し、企画調整会議に必ず報告を行うこと。

(2)　恒常的な委員会については、原則として全て管理運営規程に登載すること。ただし、経営企画室機能の一部と見なされる委員会（業者選定委員会等）については、この限りではない。

(3)　恒常的な委員会に関する「委員会運営規定」を策定し、設置目的、所掌事務、構成員、委員長の選任及び校長、企画調整会議への報告方法等の必要条項を定めること。

なお、すでに校内規定等で、都立学校管理運営規程（標準規程）に反するような委員会を設けている場合は直ちにこれを廃し、新たに適正な委員会運営規定を設けること。また、委員会の設置について見直しを行う場合は、その都度委員会運営規定を改めること。

(4)　委員会所掌事務については、教務部、生活指導部などの分掌が本来担うべき事務と重複しないように、役割分担を明確にしておくこと。

(5)　委員会構成員の任命は校長専管事項である。公選方式は、法令に特段の定めがある場合を除き、校長の権限を侵害することになるので認められない。

ただし、法令あるいは要綱等で設置規定が定められている委員会（安全衛生委員会、開放事業運営委員会等）については、この限りではない。

(6)　委員長については、委員の互選方式は行わないこと（法令に特段の定めのある場合を除く）。

(7)　委員会は校長の補助機関であるので、委員長は検討内容について校長に報告し、指示を受けるとともに、会議録を提出すること（校長が委員長である場合を除く）。また、委員会の検討結果は、企画調整会議で報告するとともに、必要に応じて職員会議に報告すること。

(8)　校長判断により臨時的あるいは緊急的な委員会を設置する場合は、管理運営規程の改正を要するものではない。この場合、上記の主旨を踏まえて、必ず文書による事案決定を行うこと。

(9)　委員会の会議録を、教職員が閲覧できるようにしたり、会議録を教職員に配布したりすることで供覧し、校内で情報の共有を図ること。

(10)　委員会の会議録は、情報公開の対象となる文書である。そのため、保護者及び都民等が概要を把握できるように整備を図ること。なお、委員会の会議録の作成要領及び記載例（別紙3）(省略) を参考に、より適切な記載方法を確立されたい。

4　その他校内規定の整備 (省略)

5　校内規定集の開示 (省略)

●高等学校等における政治的教養の教育と高等学校等の生徒による政治的活動等について（通知）

（平成二七年一〇月二九日　文科初第九三三号　初等中等教育局長）

日本国憲法の改正手続に関する法律の一部を改正する法律（平成二六年法律第七五号）により、施行後四年を経過した日（平成三〇年六月二一日）以後にその期日がある国民投票から、国民投票の期日の翌日以前に一八歳の誕生日を迎える者は、投票権を有することになりました。また、公職選挙法等の一部を改正する法律（平成二七年法律第四三号）（以下「改正法」という。）により、施行日（平成二八年六月一九日）後に初めて行われる国政選挙（衆議院議員の総選挙又は参議院議員の通常選挙）の公示日以後にその期日を公示され又は告示される選挙から改正法が適用されることとなり、適用される選挙期日の翌日以前に一八歳の誕生日を迎える等の公職選挙法（昭和二五年法律第一〇〇号）第九条の各項に規定する要件を満たす者は、国政選挙及び地方選挙において選挙権を有し、同法第一三七条の二により、選挙運動を行うことが認められることとなりました。

これらの法改正に伴い、今後は、高等学校、中等教育学校及び高等部を置く特別支援学校（以下「高等学校等」という。）にも、国民投票の投票権や選挙権を有する生徒が在籍することとなります。

高等学校等においては、教育基本法（平成一八年法律第一二〇号）第一四条第一項を踏まえ、これまでも平和で民主的な国家・社会の形成者を育成することを目的として政治的教養を育む教育（以下「政治的教養の教育」という。）を行ってきたところですが、改正法により選挙権年齢の引下げが行われたことなどを契機に、習得した知識を活用し、主体的な選択・判断を行い、他者と協働しながら様々な課題を解決していくという国家・社会の形成者としての資質や能力を育むことが、より一層求められます。このため、議会制民主主義など民主主義の意義、政策形成の仕組みや選挙の仕組みなどの政治や選挙の理解に加えて現実の具体的な政治的事象も取り扱い、生徒が国民投票の投票権や選挙権を有する者（以下「有権者」という。）として自らの判断で権利を行使することができるよう、具体的かつ実践的な指導を行うことが重要です。その際、法律にのっとった適切な選挙運動が行われるよう公職選挙法等に関する正しい知識についての指導も重要です。

他方で、学校は、教育基本法第一四条第二項に基づき、政治的中立性を確保することが求められるとともに、教員については、学校教育に対する国民の信頼を確保するため公正中立な立場が求められており、教員の言動が生徒に与える影響が極めて大きいことなどから法令に基づく制限などがあることに留意することが必要です。

また、現実の具体的な政治的事象を扱いながら政治的教養の教育を行うことと、高等学校等の生徒が、実際に、特定の政党等に対する援助、助長や圧迫等になるような具体的な活動を行うことは、区別して考える必要があります。

こうしたことを踏まえ、高等学校等における政治的教養の教育と高等学校等の生徒による政治的活動等についての留意事項等を、下記のとおり取りまとめましたので、通知します。

また、このことについて、各都道府県教育委員会におかれては、所管の高等学校等及び域内の市区町村教育委員会に対して、各指定都市教育委員会におかれては、所管の高等学校等に対して、各都道府県知事及び構造改革特別区域法第一二条第一項の認定を受けた地方公共団体の長におかれては、所轄の高等学校等及び学校法人等に対して、附属学校を置く各国立大学法人学長におかれては、設置する附属高等学校等に対して、御周知くださるようお願いします。

なお、この通知の発出に伴い、昭和四四年一〇月三一日付け文初高第四八三号「高等学校における政治的教養と政治的活動について」は廃止します。

記

第1　高等学校等における政治的教養の教育

教育基本法第一四条第一項には「良識ある公民として必要な政治的教養は、教育上尊重されなければならない。」とある。このことは、国家・社会の形成者として必要な資質を養うことを目標とする学校教育においては、当然要請されていることであり、日本国憲法の下における議会制民主主義など民主主義を尊重し、推進しようとする国民を育成するに当たって欠くことのできないものであること。

また、この高等学校等における政治的教養の教育を行うに当たっては、「特定の政党を支持し、又はこれに反対するための政治教育その他政治的活動」は禁止されていることに留意することが必要であること。

第2　政治的教養の教育に関する指導上の留意事項

1　政治的教養の教育は、学習指導要領に基づいて、校長を中心に学校として指導のねらいを明確にし、系統的、計画的な指導計画を立てて実施すること。また、教科においては公民科での指導が中心となるが、総合的な学習の時間や特別活動におけるホームルーム活動、生徒会活動、学校行事なども活用して適切な指導を行うこと。

指導に当たっては、教員は個人的な主義主張を述べることは避け、公正かつ中立な立場で生徒を指導すること。

2　政治的教養の教育においては、議会制民主主義など民主主義の意義とともに、選挙や投票が政策に及ぼす影響などの政策形成の仕組みや選挙の具体的な投票方法など、政治や選挙についての理解を重視すること。あわせて、学校教育全体を通じて育むことが求められる、論理的思考力、現実社会の諸課題について多面的・多角的に考察し、公正に判断する力、現実社会の諸課題を見いだし、協働的に追究し解決する力、公共的な事柄に自ら参画しようとする意欲や態度を身に付けさせること。

3　指導に当たっては、学校が政治的中立性を確保しつつ、現実の具体的な政治的事象も取り扱い、生徒が有権者として自らの判断で権利を行使することができるよう、より一層具体的かつ実践的な指導を行うこと。

また、現実の具体的な政治的事象については、種々の見解があり、一つの見解が絶対的に正しく、他のものは誤りであると断定することは困難である。加えて、一般に政治は意見や信念、利害の対立状況から発生するものである。そのため、生徒が自分の意見を持ちながら、異なる意見や対立する意見を理解し、議論を交わすことを通して、自分の意見を批判的に検討し、吟味していくことが重要である。したがって、学校における政治的事象の指導においては、一つの結論を出すよりも結論に至るまでの冷静で理性的な議論の過程が重要であることを理解させること。

さらに、多様な見方や考え方のできる事柄、未確定な事柄、現実の利害等の対立のある事柄等を取り上げる場合には、生徒の考えや議論が深まるよう様々な見解を提示することなどが重要であること。

その際、特定の事柄を強調しすぎたり、一面的な見解を十分な配慮なく取り上げたりするなど、特定の見方や考え方に偏った取扱いにより、生徒が主体的に考え、判断することを妨げることのないよう留意すること。また、補助教材の適切な取扱いに関し、同様の観点から発出された平成二七年三月四日付け二六文科初第一二五七号「学校における補助教材の適正な取扱いについて」にも留意すること。

4　生徒が有権者としての権利を円滑に行使することができるよう、選挙管理委員会との連携などにより、具体的な投票方法など実際の選挙の際に必要となる知識を得たり、模擬選挙や模擬議会など現実の政治を素材とした実践的な教育活動を通して理解を深めたりすることができるよう指導すること。

なお、多様な見解があることを生徒に理解させることなどにより、指導が全体として特定の政治上の主義若しくは施策又は特定の政党や政治的団体等を支持し、又は反対することとならないよう留意すること。

5　教員は、公職選挙法第一三七条及び日本国憲法の改正手続に関する法律（平成一九年法律第五一号）第一〇三条第二項においてその地位を利用した選挙運動及び国民投票運動が禁止されており、また、その言動が生徒の人格形成に与える影響が極めて大きいことに留意し、学校の内外を問わずその地位を利用して特定の政治的立場に立って生徒に接することのないよう、また不用意に地位を利用した結果とならないようにすること。

第3　高等学校等の生徒の政治的活動等

今回の法改正により、一八歳以上の高等学校等の生徒は、有権者として選挙権を有し、また、選挙運動を行うことなどが認められることとなる。このような法改正は、未来の我が国を担っていく世代である若い人々の意見を、現在と未来の我が国の在り方を決める政治に反映させていくことが望ましいという意図に基づくものであり、今後は、高等学校等の生徒が、国家・社会の形成に主体的に参画していくことがより一層期待される。

他方で、(1)学校は、教育基本法第一四条第二項に基づき、政治的中立性を確保することが求められていること、(2)高等学校等は、学校教育法（昭和二二年法律第二六号）第五〇条及び第五一条並びに学習指導要領に定める目的・目標等を達成するべく生徒を教育する公的な施設であること、(3)高等学校等の校長は、各学校の設置目的を達成するために必要な事項について、必要かつ合理的な範囲内で、在学する生徒を規律する包括的な権能を有するとされていることなどに鑑みると、高等学校等の生徒による政治的活動等は、無制限に認められるものではなく、必要かつ合理的な範囲内で制約を受けるものと解される。

これらを踏まえ、高等学校等は、生徒による選挙運動及び政治的活動について、以下の事項に十分留意する必要がある。

なお、地方自治法（昭和二二年法律第六七号）等の法律に基づき、公職選挙法中普通地方公共団体の選挙に関する規定が準用される住民投票において、投票運動を高等学校等の生徒が行う場合は、選挙運動に準じて指導等を行うこととし、日本国憲法の改正手続に関する法律第一〇〇条の二に規定する国民投票運動を高等学校等の生徒が行う場合は、政治的活動に準じて指導等を行うこととする。

【この通知の第3以下における用語の定義について】

「選挙運動」とは、特定の選挙について、特定の候補者の当選を目的として、投票を得又は得させるために直接又は間接に必要かつ有利な行為をすることをいい、有権者である生徒が行うものをいう。

「政治的活動」とは、特定の政治上の主義若しくは施策又は特定の政党や政治的団体等を支持し、又はこれに反対することを目的として行われる行為であって、その効果が特定の政治上の主義等の実現又は特定の政党等の活動に対する援助、助長、促進又は圧迫、干渉になるような行為をすることをいい、選挙運動を除く。

「投票運動」とは、特定の住民投票について、特定の投票結果となることを目的として、投票を得又は得させるために直接又は間接に必要かつ有利な行為をすることをいう。

1　教科・科目等の授業のみならず、生徒会活動、部活動等の授業以外の教育活動も学校の教育活動の一環であり、生徒がその本来の目的を逸脱し、教育活動の場を利用して選挙運動や政治的活動を行うことについて、教育基本法第一四条第二項に基づき政治的中立性が確保されるよう、高等学校等は、これを禁止することが必要であること。

2　放課後や休日等であっても、学校の構内での選挙運動や政治的活動については、学校施設の物的管理の上での支障、他の生徒の日常の学習活動等への支障、その他学校の政治的中立性の確保等の観点から教育を円滑に実施する上での支障が生じないよう、高等学校等は、これを制限又は禁止することが必要であること。

3　放課後や休日等に学校の構外で行われる生徒の選挙運動や政治的活動については、以下の点に留意すること。

(1)　放課後や休日等に学校の構外で生徒が行う選挙運動や政治的活動については、違法なもの、暴力的なもの、違法若しくは暴力的な政治的活動等になるおそれが高いものと認められる場合には、高等学校等は、これを制限又は禁止することが必要であること。また、生徒が政治的活動等に熱中する余り、学業や生活などに支障があると認められる場合、他の生徒の学業や生活などに支障があると認められる場合、又は生徒間における政治的対立が生じるなどして学校教育の円滑な実施に支障があると認められる場合には、高等学校等は、生徒の政治的活動等について、これによる当該生徒や他の生徒の学業等への支障の状況に応じ、必要かつ合理的な範囲内で制限又は禁止することを含め、適切に指導を行うことが求められること。

(2)　改正法により選挙権年齢の引下げが行われ、満一八歳以上の生徒が選挙運動をできるようになったことに伴い、高等学校等は、これを尊重することとなること。

その際、生徒が公職選挙法等の法令に違反することがないよう、高等学校等は、生徒に対し、選挙運動は一八歳の誕生日の前日以降可能となることなど公職選挙法上特に気を付けるべき事項などについて周知すること。

(3)　放課後や休日等に学校の構外で行われる選挙運動や政治的活動は、家庭の理解の下、生徒が判断し、行うものであること。

その際、生徒の政治的教養が適切に育まれるよう、学校・家庭・地域が十分連携することが望ましいこと。

第4　インターネットを利用した政治的活動等

インターネットを利用した選挙運動や政治的活動については、様々な意見・考え方についての情報発信や情報共有などの観点から利便性、有用性が認められる一方で、送られてきた選挙運動用の電子メールを他人に転送するなどの公職選挙法上認められていない選挙運動を生徒が行ってしまうといった問題が生じ得ることから、政治的教養の教育や高等学校等の生徒による政治的活動等に係る指導を行うに当たっては、こうしたインターネットの特性についても十分留意すること。

第5　家庭や地域の関係団体等との連携・協力

本通知の趣旨にのっとり、現実の政治を素材とした実践的な教育活動をより一層充実させるとともに、高等学校等の生徒による政治的活動等に関して指導するに当たっては、学校としての方針を保護者やPTA等に十分説明し、共有すること等を通じ、家庭や地域の関係団体等との連携・協力を図ること。

●教育勅語を道徳教育に用いようとする動きに関する質問に対する答弁書（抜粋）

（平成二九年四月二一日　内閣衆質一九三第二二三号）

学校における教科用図書以外の教材の使用については、教育基本法等の趣旨に従っていること等の留意事項を踏まえた有益適切なものである限り、校長や学校の設置者の責任と判断で使用できる。

教育に関する勅語を教育において用いることが憲法や教育基本法等に違反するか否かについては、まずは、学校の設置者や所轄庁において、教育を受ける者の心身の発達等の個別具体的な状況に即して、国民主権等の憲法の基本理念や教育基本法の定める教育の目的等に反しないような適切な配慮がなされているか等の様々な事情を総合的に考慮して判断されるべきものであるが、教育に関する勅語を、これが教育における唯一の根本として位置付けられていた戦前の教育において用いられていたような形で、教育に用いることは不適切であると考えている。

教育に関する勅語については、〔衆議院・参議院〕において、〔排除・失効〕決議されたと承知しているところ、政府としては、森戸文部大臣（当時）が、「敗戦後の日本は、国民教育の指導理念として民主主義と平和主義とを高く掲げましたが、同時に、これと矛盾せる教育勅語に対しましては、教育上の指導原理たる性格を否定してきたのであります。このことは、新憲法の制定、それに基く教育基本法並びに学校教育法の制定によつて、法制上明確にされました」等と答弁しているとおりであると考えている。

第3節　教員養成

●中央教育審議会答申（教育職員養成関係）（太字は本書収録）

A　中央教育審議会答申（平成一四年から）

1、今後の教員免許制度の在り方について……（平成一四年二月二一日）
2、今後の教員養成・免許制度の在り方について……（平成一八年七月一一日）
3、教職生活の全体を通じた教員の資質能力の総合的な向上方策について……（平成二四年八月二八日）
4、これからの学校教育を担う教員の資質能力の向上について～学び合い、高め合う教員育成コミュニティの構築に向けて～……（平成二七年一二月二一日）

B　旧中央教育審議会答申（平成一二年まで）

1、教員養成制度の改善方策について……（昭和三三年七月二八日）
2、教員の資質能力の向上について……（昭和五三年六月一六日）

C　旧教育職員養成審議会答申（平成一一年まで）

1、新たな時代に向けた教員養成の改善方策について（第一次答申）……（平成九年七月二八日）
2、修士課程を積極的に活用した教員養成の在り方について――現職教員の再教育の推進――（第二次答申）……（平成一〇年一〇月二九日）
3、養成と採用・研修との連携の円滑化について（第三次答申）……（平成一一年一二月一〇日）

●新たな時代に向けた教員養成の改善方策について（第一次答申）

（平成九年七月二八日　教育職員養成審議会）

〈概　要〉

I　教員に求められる資質能力と教職課程の役割

1　教員に求められる資質能力

・昭和六二年答申に掲げられた資質能力はいつの時代にあっても一般的に求められるもの。

（六二年答申「教員については、教育者としての使命感、人間の成長・発達についての深い理解、幼児・児童・生徒に対する教育的愛情、教科等に関する専門的知識、広く豊かな教養、そしてこれらを基盤とした実践的指導力が必要である。」）

・変化の激しい時代の中で、子どもたちの［生きる力］を育むため、今後特に教員に求められる能力は、

①地球や人類の在り方を自ら考え、幅広い視野を教育活動に積極的に生かす能力、

②変化の時代を生きる社会人に必要な資質能力、

③教職に直接関わる多様な資質能力。

・すべての教員に一律にこれら多様な資質能力を高度に身に付けることを期待することは現実的ではない。画一的な教員像を避け、生涯にわたり資質能力の向上を図るという前提に立って、全教員に共通に求められる基本的な資質能力の確保とともに、各人の得意分野づくりや個性の伸長を図るという観点に立つことが大切。

2　大学の教職課程の役割

・大学での養成と現職研修の分担について、養成段階で修得すべき水準は「採用当初から教科指導、生徒指導等の職務を著しい支障が生じることなく実践できる資質能力」。

　他方、初任者研修は「採用当初から学級や教科を担任させつつ、養成段階で修得した『最小限必要な資質能力』を、円滑に職務を実施し得るレベルにまで高めることを目的とするもの」。

・養成段階で特に教授・指導すべき内容は、「教職への志向と一体感の形成」、「教職に必要な知識及び技能の形成」、「教科等に関する専門的知識及び技能の形成」。

・「教職への志向と一体感の形成」や「教職に必要な知識及び技能の形成」のうち基礎的な知識や方法論は、原則として養成段階で確実に修得すべき。他方、「教科等に関する専門的知識及び技能の形成」については、教職に就いた後も自立的に学習を進める基礎的な能力を養うことが必要。

II　教員養成カリキュラムの改善

1　教員養成カリキュラムの基本構造の転換

・現行の免許基準は、修得すべき科目が詳細に規定されている結果、大学の創意工夫の余地が少ないとの指摘。また「教科に関する科目」と「教職に関する科目」のバランスについて、特に中学校について、「教職に関する科目」の比重を高めるべきとの声。

・教員を志願する者に最小限必要な資質能力を確実に身につけさせるとともに、さらに積極的に得意分野づくりや個性の伸長を進める観点から、教員養成カリキュラムの基本構造を転換するため、新たに「教科又は教職に関する科目」を設け、選択履修方式を導入することを提言（一種及び二種免許状）。

・これにより以下の改善が期待。

①大学での授業科目開設の自由度が高まり各大学の特色の発揮が容易化

②教員志願者がすべて同じような科目を履修している現状も改められ、得意分野づくりや個性の伸長が促進

③都道府県教育委員会など教員を採用する側も、各人の履修分野を丹念に評価するなど、きめ細かな採用選考が促進

2　教職課程の教育内容の改善

(1)　教育内容に係る問題点

①国際化・情報化の進展、いじめ・登校拒否など学校教育を巡る課題への対応という教員に対する社会的要請と教職課程の教育内容の実態との乖離

② 「教科に関する科目」と「教職に関する科目」の比重や修得単位の細かい規定の在り方等、免許制度の画一性・硬直性

③ 学問分野の専門性の過度の重視と教職の専門性の軽視、授業科目の包括性・体系性や実践性の欠如等、不十分な教育内容・方法

(2) 教育内容を改善するための基本的視点

① 今日求められる資質能力の形成

(a) 地球的視野に立って行動する能力を育てる

・二一世紀を生きる子どもたちは日本国民であるとともに「地球市民」であることが求められる。教員にはこれに相応しい能力が不可欠。

・人権尊重の精神等人類共通の課題や、少子・高齢化と福祉等我が国社会全体に関わる課題について、教員志願者が理解し、子どもたちに教えられる資質能力が重要。

・教員志願者自身が思いやりの心やボランティア精神を身につけることが大切。授業や各種ふれあい体験の機会を得られるよう、大学は配慮すべき。

(b) 変化の時代を生きる能力を涵養する

教員は、優れた資質能力を備えた社会人であるべき。この観点から求められるのは、

ⓐ 創造力や応用力などに裏付けられた課題解決能力、それを生涯にわたり高めていく自己教育力

ⓑ 人間関係を円滑に保つ能力

ⓒ 国際化、情報化等社会の変化に対応する、外国語によるコミュニケーション能力やコンピュータの基礎的な活用能力

(c) 実践的指導力につながる資質能力を形成する

教員の職務内容に具体的・直接的に関わる資質能力として必要なのは、

ⓐ 子どもや教育に関する適切な理解

ⓑ 教職に関する情熱・使命感、子どもに対する責任感、興味・関心

ⓒ 教科指導や生徒指導を適切に行うための実践的指導力の基礎

② 現行制度等をより柔軟で効果的なものにする視点

・教育内容の改善を実現するため、大学設置基準の大綱化や社会の規制緩和の流れを踏まえ、画一性・硬直性が指摘される教員養成カリキュラムを柔軟化。

・教職課程の内容の充実を図るため、教育内容・方法の実践性の向上を促進。

(3) 具体的改善方策　〔◎：法令改正（うち法律改正を含むものは●）、○：運用の改善〕

① 時代の要請を踏まえた改善

(a) 地球的視野に立って行動する能力を育てる

◎ 国際化、情報化、地球環境問題など人類に共通するテーマ、少子・高齢化と福祉、家庭の在り方など我が国の社会全体に関わるテーマについて、教員の理解を深め視野を広げるとともに、これら諸課題に関し子どもを指導できる力を育成するため、ディスカッションや実地調査等による「総合演習」（仮称、二単位）を新設。

(b) 変化の時代を生きる能力を育てる

◎ 国際化・情報化の進展を踏まえ、科目「外国語コミュニケーション」及び「情報機器の操作」（仮称、各二単位）を義務づけ。

(c) 実践的指導力の基礎を強固にする

ア　教職への志向と一体感の形成に関する科目の新設

◎ 「教師とは何か、教職とは何か」について考察し、使命感を育む「教職への志向と一体感の形成に関する科目」（仮称、二単位）を新設。

イ　教育実習の充実

◎ 中学校の「教育実習」の最低履修単位数を三単位（うち事前・事後指導一単位）から五単位に改める。また、取得免許に対応する学校以外の学校、盲・聾・養護学校、特殊学級での教育実習も奨励。

○ 各大学において休業土曜日を活用した学生と子どもたちのふれあいの機会の設定等を積極的に推進。さらに養成カリキュラムへの位置づけについて検討。

○ 大学と実習協力校との連携協力体制の強化が必要。

ウ　教育相談（カウンセリングを含む。）に係る内容の充実

◎ 「生徒指導、教育相談及び進路指導に関する科目」の最低修得単位数を二単位から四単位に改める。併せて「カウンセリング」を含めることを制度上明記。

◎ 幼稚園についても、幼児理解及びカウンセリングを含む教育相談に関する内容に係る科目（二単位）を新設。

◎ 小学校についても、児童の発達段階等に相応しい進路に関する指導について、適宜教授。

エ　特殊教育に係る内容の必修化

◎ 障害のある子どもたちの心身の発達及び学習の過程に係る内容を、「幼児、児童又は生徒の心身の発達及び学習の過程に関する科目」に含める。

オ　理科教育の充実

○ 「教科に関する科目」及び教科教育法に関する科目において、実験や観察を重視するよう大学は配慮。

カ　各教科の指導法に関する科目の重視

◎ 中学校・高等学校の一種免許状について、教科教育法に関する科目の単位数（現行実質二単位程度）をそれぞれ八単位、四単位程度確保。

キ　教育内容の一貫性等の確保等

◎ 大学の、「教職に関する科目」の各科目内容の整合性・連続性の確保、及び効果的な教育方法の工夫の必要を制度上明記。

○ 大学関係者を中心に、授業内容・方法のモデル研究開発。

◎ 教科教育法、道徳教育及び特別活動に関する各科目については、学習指導要領に即して包括的な内容を教授する必要を制度上明確化。

◎ 発達段階全体を見通した子どもたちに対する適切な理解を促進するため、「幼児、児童又は生徒の心身の発達及び学習の過程に関する科目」を「幼児、児童及び生徒の心身の発達及び学習の過程に関する科目」と改める。

ク　効果的な教育方法の導入

○ 理論中心で実践との連続性が十分でないとされる教職課程の内容について、各大学・教員は、より具体的・実際的で理解しやすい授業内容・方法を工夫する必要。

○ 「人との豊かなふれあいの機会」の重要性に鑑み、教職課程において福祉体験・ボランティア体験、自然体験等を重視。

② 現行制度の改善

● 教員を志願する者の得意分野づくりや個性の伸長を進める観点から、新たな科目区分として「教科又は教職に関する科目」を設け、選択履修方式を導入。併せて「教科に関する科目」の単位数を現行の半分以下に削減し、「教職に関する科目」の単位数を増加。

○ 現状では運用上一般大学・学部において卒業要件に付加されている「教職に関する科目」について、大学の判断により卒業要件に含めることを可能にする。また課程認定にあたり、いわゆる他学部等聴講の許容範囲を大学間協定の締結等を前提に他大学にも拡大するとともに、「教職に関する科目」の専任教員数の基準を緩和。

III　カリキュラム以外の免許制度の弾力化

1　社会人の活用促進

● 小学校及び特殊教育諸学校の特別非常勤講師制度及び特別免許状制度の対象を全教科に拡大。

● 特別非常勤講師制度の手続きについて、都道府県教育委員会の許可を届出に緩和。

● 特別免許状制度の有効期間を「三年以上一〇年以内」から「五年以上一〇年以内」に延長。普通免許状への上進制度を創設。

2　盲・聾・養護学校に係る免許制度の弾力化

◎ 特殊教育の免許状の複数取得を容易にする観点から、「特殊教育に関する科目」のうち、一部について、盲・聾・養護学校教諭の免許状取得に当たり共通に認められる科目とする。

● 精神薄弱者及び精神薄弱を併せもつ重複障害者に係る一般教科の扱いについて、基礎免許状による担当部・教科の制約を撤廃。

3　その他の弾力的措置

◎ 異なる学校種の免許状の複数取得を容易に

する観点からの制度の弾力化。

◎編入学、単位互換等に伴う免許状取得に必要な単位の読み替えについて、基準を規定。

●学位授与機構の認定に係る短期大学の専攻科において一種免許状（高等学校を除く。）を取得できるようにする。

●修士課程を積極的に活用した教員養成の在り方について―現職教員の再教育の推進―（第二次答申）

（平成一〇年一〇月二九日　教育職員養成審議会）

〈骨　子〉

基本的考え方

現職教員の資質能力の向上を図るため、可能な限り多くの現職教員が多様な形態で修士レベルの教育を受けることができるよう、条件整備を進めるとともに、修士号・専修免許状取得者に対し所要の処遇改善を行う。

具体的施策

1　修士課程の改善等に関する措置

(1)　修士課程の修業年限の弾力化

大学審議会の答申を踏まえ、大学の判断により、現職教員対象の二年未満の修業年限のコースや長期在学のコースの開設を検討することが必要。

(2)　校務に従事しながら修士課程に在学する機会の整備

現職教員が、校務に従事しつつ、夜間、週末、長期休業期間等を活用して、修士課程に在学する機会を積極的に拡充。遠隔教育や通信教育も活用。

(3)　修士課程への入学前における適切な指導等

現職教員対象の広報活動、オリエンテーション的な事前指導、入学者選抜方法の改善について、任命権者と協力しつつ大学は適切に対応。

(4)　修士課程における教育研究の充実

履修指導の充実、授業へのディスカッション、ケース・スタディ等の採用などにより、修士課程の教育研究内容を充実。

(5)　カリキュラム開発研究の推進等

教職・教科等の各分野の専門教育の改善等を図るための教員養成カリキュラムの開発研究等を積極的に推進。

(6)　修士課程での学修修了後の連携の確保

校務に復帰した現職教員との交流・連携の確保、現職教員の大学教員としての活用など、大学と教育現場との協力関係を維持・発展。

(7)　大学と任命権者との連携協力

大学と任命権者との連携により、大学の教員養成カリキュラム等の評価や学校教育に係る共同調査・共同研究の実施などを積極的に推進。

2　上進制度の改善等

(1)　上進制度の改善

多様な形態での修士課程在学が可能となることを踏まえ、専修免許状の質の確保を図るため、在職六年で六単位まで逓減する専修免許状への現行の上進制度を見直し、最低一二単位程度に改善。

(2)　専修免許状に係る免許法認定講習の見直し

専修免許状に係る認定講習については、その主催を大学に委ねるなど計画・実施に大学を適切に関与させ、質を確保。

3　修士課程への在学を容易にするための支援措置

(1)　修士課程へのフルタイム在学を容易にするための措置

研修等定数の充実に加え、現職教員の意欲と自発性を尊重しつつ修士課程への在学を促進する観点から、現職教員が修士課程にフルタイムで在学する場合についての新たな休業制度の創設など適切な措置を検討。

(2)　修士課程への長期在学を容易にするための条件整備

今後、夜間、週末、長期休業期間等や通信制の活用により現職教員が長期にわたり在学することを支援するため、勤務校における授業時数の軽減等のための非常勤講師の配置など、所要の条件整備を推進。

4　修士レベルの教育機会の計画的・重点的な提供

学校の設置者、学校種、年齢等にかかわらず可能な限り多くの現職教員が多様な形態で修士レベルの教育を受けることができるよう、意欲ある教員や若手教員を中心に、規模の試算も行いつつ、計画的・重点的に機会を提供。

［試算についての考え方］

対象者を公立の小・中・高等学校の現職教員で平成一二年度末に四〇歳未満の者とし、平成一三年度当初からその一〇年後の平成二二年度末までの間に対象者の一五～二五％が修士の学位又は専修免許状を取得（二〇年後の平成三二年までには三〇～五〇％が取得）するものとした場合、この一〇年間の前半五年間で毎年平均五千～九千人、後半五年間で毎年平均八千人～一万三千人程度と試算。

5　修士レベルの教育を受けた者を対象とした処遇改善

現職教員のうち、修士レベルの教育を受け、専修免許状を取得した者については、給与上の措置など適切な処遇改善を検討。

6　その他修士課程を活用した教員養成の改善のための施策

(1)　六年一貫による教員養成教育

六年一貫の養成教育は今後の検討課題であるが、学部と大学院の六年一貫したカリキュラム開発研究などは意義ある試み。

(2)　教員養成教育を受けていない者の修士課程への受入れ

学部で教員養成教育を受けていない者で教職に意欲を持つものの大学院受入れについても、各大学の判断により検討。

(3)　専修免許状取得に当たっての履修内容の免許状への反映

履修内容と免許教科との関係は中・長期的に検討。当面、重点履修領域が免許状に表記され、採用試験や人事異動で評価されるよう適切に措置。

●養成と採用・研修との連携の円滑化について（第三次答申）

（平成一一年一二月一〇日　教育職員養成審議会）

〈概　要〉

1　採用の改善

（改善の方向）

○教員の採用については、多面的な人物評価を積極的に行う選考に一層移行する。

○採用側において、採用選考に当たり重視する視点を公表することにより、求める教員像を明確化する。

○条件附採用制度の一層の運用の改善を図る。

（具体的方策）

(1) 採用選考の多面化

新規学卒者、教職経験者、民間企業等勤務経験者等について、それぞれに応じた採用選考の方法及び評価基準を設定することを検討するなど採用選考の一層の多面化を図る。

今後の国際化・情報化社会で必要とされる資質能力を有する者の採用を促進するための実技試験等の実施を検討する。

(2) 採用選考の内容・基準の公表

教育委員会が求める教員像を明らかにするとともに、採用選考の透明性を高めて公教育への信頼性を確保するため、学力試験問題等の公表、採用選考基準の公表を検討する。

(3) 良質な学力試験問題の研究開発

良質な学力試験問題をより効率的に研究開発するため、都道府県教育委員会等が共同して学力試験問題の研究開発を行う方策について検討する。

(4) 条件附採用制度等の運用の改善

条件附採用期間中の勤務成績の評価を適正に行うため、評価の内容・方法・手続等の評価システムを研究する。

条件附採用期間経過後に教員としての適格性を欠くと認められるに至った者については、継続的に観察、指導、研修を行う体制を整えるとともに、他に適切な職種があれば本人の希望も踏まえて転職について配慮することも検討し、必要に応じて分限制度の的確な運用に努める。

2　研修の見直し

（見直しの方向）

○研修を行うに当たっては、積極的に各人の得意分野づくりや個性の伸長を図るようにしていくことが大切。

○個々の教員の自発的・主体的な研修意欲に基づいた研修を奨励し、そのための支援体制の整備を図る。

○初任者研修については、校内研修及び校外研修の方法及び内容の見直しを図るとともに、その運用の改善を図ることが必要。

○職務研修については、学校が現在直面している課題に適切に対処しこれからの時代に求められる学校教育を実現する上で必要な教員の資質能力の向上を図る内容等に精選するとともに、研修の実施方法についても、選択制の導入、参加型の研修の導入等を基本的な視点として見直しを図る。

（具体的方策）

(1) 教員の自主的・主体的研修活動の奨励・支援

○都道府県、市町村においては、教育センターを中心に勤務時間外の研修機会の提供、研修に関する情報提供、指導者の派遣等により教員の自主的・主体的研修活動を奨励・支援するよう努めることが必要。

○国においても、研修休業制度の創設、衛星通信やインターネットを活用し研修の機会を提供するシステムの構築を行うことが必要。

(2) 初任者研修の見直し

○初任者研修の校内研修及び校外研修の方法及び内容については、次のような見直しを図ることが必要。

・授業実践について指導教員等がきめ細かく初任者を指導していく時間を確保する。

・参加型・体験型研修、課題解決的な研修を多く取り入れるなど、研修カリキュラムをより魅力あるものとするよう工夫する。

・異なる規模の学校での研修や他校種での研修機会の確保を図る。

・初任者研修に関する拠点校を設置し、当該拠点校において初任者に対する校外研修を実施したり、当該拠点校に勤務する研修担当教員を初任者が配置されている学校に派遣することについて検討する。

○学校においては、初任者研修の実施のために措置されている指導教員が指導事務に専念できるよう、制度本来の趣旨を十分認識し、その適切な運用に努めること、任命権者においては、適切かつ計画的に初任者を配置するとともに、初任者に対する指導について、再任用教員や非常勤講師の活用を図るなど、よりきめ細かく指導を行えるような工夫を講じることが必要。

○養護教諭の新規採用者研修については、現在の学校を取り巻く問題に対応できるようその内容の専門性を高めるとともに初任者研修の改善の方向を可能な限り適用しつつ条件整備に努める。

(3) 教職経験者研修等の見直し

○教職経験者研修については、今後必要となる資質能力を有する教員を確保する観点から研修内容の精選を図り、研修参加者のニーズや学校の課題等に応じて多様な選択ができるようにするなどの改善を図る。

○中堅教員の研修については、より一層職務に関する専門知識や教養を身に付け、学校経営を行うために必要な人事管理、企画立案、事務処理等の資質能力を高めることができるよう研修の内容・方法を見直す。

○管理職研修については、一般に組織体の経営に必要とされる専門知識や教養を身に付け、学校事務を含め総合的なマネジメント能力を高めることができるよう研修の内容・方法を見直す。また、管理職研修と任用とを関連付ける方策を検討するとともに、管理職試験についても、事前又は事後の研修の在り方と関連して、校長、教頭それぞれの職責に応じてその在り方を見直す。

(4) 社会体験研修の充実

○できる限り多くの教員に対して一年、半年又は一学期間の長期の社会体験研修の機会を拡充するため、研修等定数の一層の充実や非常勤講師活用による支援等の方策を検討する。

派遣先については、民間企業をはじめ学校とは全く異なる勤務環境で、例えば顧客の対応等社会の幅広い人々との接触により対人関係能力等を高め、社会の構成員としての視野を一層広げるような経験を得ることのできるところを選定することが必要。対象教員については、義務教育段階、特に小学校の教員から重点的・段階的に研修を実施していくことが望まれる。

○広く全教員が教職経験の節目ごとに短期間の研修を受けることができるようにするため、初任者研修の校外研修や教職経験者研修において現在実施している社会体験研修を更に充実し、長期休業期間中に一週間から一か月程度の社会体験研修を実施することが望まれる。

(5) 学校栄養職員の研修

児童・生徒の食の指導に関する現代的諸課題に適切に対処できるよう専門性を高め、学校運営に積極的に参画していく意欲や態度を培うとともに、職場外研修を受けやすくするなどの環境整備に努める。

(6) 学校事務職員の研修

学校の機能的運営に資するための資質向上の観点から改善を図る。

(7) 国が行う研修の見直し

今後国が行う研修については、各都道府県等の研修において中心的な役割を果たすような教員等を対象とする研修の実施、学校教育に係る喫緊の課題を中心とした内容の研修の実施の観点から更に精選・見直しを行う。

3　大学と教育委員会等との連携方策の充実

（今後の連携の方向）

○大学と教育委員会等とのこれまで以上の連携を進めるため、大学と教育委員会等との間で、組織的・継続的・相互的交流を含めて体制づくりを図ることが必要。

○大学と教育委員会等との連携のための協議会等については、これまでの情報交換を中心とした連携を更に進めて、教員の養成・採用・

研修の改善を図るための具体策を策定・実施する取組を通じて一層連携を深める方策を、都道府県段階等で検討することが必要。

（具体的方策）

(1) 養成に関する連携

大学での教員養成カリキュラムを現場のニーズに応じたものに改善するよう、大学、教育委員会、学校の間で定期的に協議するなどの方策や、教員を希望する学生が日常的に学校現場を体験できるような学校の受入れ体制を整備することなどを検討する。

(2) 現職教員の大学教員としての活用等

現職教員を大学の教員として積極的に受け入れることが可能となるような人事交流の在り方や、大学教員を学校の非常勤講師として活用するなどの方策を検討する。

(3) 採用に関する連携

新規学卒者の採用選考における大学の推薦等の選考資料としての活用、良質な学力試験問題の研究開発に当たっての連携を図ることを検討する。

(4) 研修に関する連携

大学において教員研修プログラムの研究開発を行い、教育委員会等に提供するなどの方策や、大学において現職教員の相談に応じることができる相談体制などの整備を検討する。

(5) 学校のカリキュラム研究等に関する連携

カリキュラム研究・指導方法に関する大学と学校の共同研究・調査の実施や、大学教員と大学院修士課程での研修教員との協力を検討する。

4　教職課程の充実と教員養成に携わる大学教員の指導力の向上

（基本的考え方）

○それぞれの大学が養成しようとする教員像を明確にもち、それを達成するための組織を構成してカリキュラムを編成することが必要。

○教員養成に携わる大学教員は、自分の専門の授業と教員養成とのかかわりを考えた授業を行っていくこと、学生が課題探求能力を身に付けることができる授業を行っていくことが必要。

○大学の教育について実効ある自己点検・評価を実施し、併せて外部評価を積極的に導入していくことが必要。

○附属学校と連携して実験的・実証的研究を行ったり、現職教員と交流を行うことが必要。

○教員養成を直接の目的とする学部の大学院において、教科教育学を担当する大学教員や教員養成大学・学部において教員養成に携わる大学教員の養成を進めていくことを一層期待。

（具体的方策）

(1) カリキュラムの体系性の確保と大学教員の果たす役割

大学が養成しようとする教員像を実現するためには各大学において教員養成カリキュラムの体系的な編成が必要であり、このため「教員養成カリキュラム委員会」の設置、教職課程のモデルカリキュラムの開発研究、シラバスの作成を行うことが必要。

(2) 大学の教授法の研究開発

課題探求をする授業を組織する観点から、ファカルティ・ディベロップメント（FD）を積極的に実施することが必要。

(3) 教育活動に関する外部評価等の導入

自己点検・評価や外部評価を行うことにより、授業をより優れたものにすることが必要。また、学生による授業評価を実施することも有効。

(4) 教育業績に関する評価システムの研究・開発等

大学教員が学生の教育に一層力を注ぐようにするため、教育業績の評価基準や評価システムの検討を行うことが必要。

(5) 附属学校との積極的な連携

附属学校と連携して教育の実践場面における実験的・実証的研究を行うとともに、大学教員が附属学校の教育活動に積極的に参加していくことが必要。

(6) 現職教員との交流

現職教員を教職課程を担当する常勤・非常勤の大学教員として活用することが必要。

(7) 教育実践に関する研究会等の組織化

各地方大学が核になり学校の教員、一般企業や地域の住民も参加した研究会の推進を図ることが必要。

(8) 教育養成を担当する大学教員の養成のための大学院の充実

教員養成大学・学部において教員養成に携わる大学教員の中に、教員養成を主たる目的とする学部の大学院において養成された者が加わることが、教員養成の実践性を高め、教職課程について指摘されてきた問題点を改善する上で重要であり、中でも各教科の指導法を担当する教員の養成の充実が必要。国立の教員養成大学の大学院博士課程にはこうした役割をより一層果たしていくことを期待。

●今後の教員養成・免許制度の在り方について（答申）

（平成一八年七月一一日　中央教育審議会）

〈概　要〉

I　教員養成・免許制度の改革の基本的な考え方

1　これからの社会と教員に求められる資質能力

社会の大きな変動に対応し、国民の学校教育に対する期待に応えるためには、教員に対する揺るぎない信頼を確立し、国際的にも教員の資質能力がより一層高いものとなるようにすることが極めて重要である。

変化の激しい時代だからこそ、教員に求められる資質能力を確実に身に付けることの重要性が高まっている。また、教員には、不断に最新の専門的知識や指導技術等を身に付けていくことが重要となっており、「学びの精神」がこれまで以上に強く求められている。

2　教員をめぐる現状

大多数の教員は、教員としての使命感や誇り、教育的愛情等を持って教育活動に当たり、研究と修養に努めてきた。そのような教員の真摯な姿勢は、広く社会から尊敬され、高い評価を得てきた。

しかしながら、現在、教員をめぐる状況は大きく変化しており、教員の資質能力が改めて問い直されている。

3　教員養成・免許制度の改革の重要性

現在、教員に最も求められていることは、広く国民や社会から尊敬と信頼を得られる存在となること。このためには、養成、採用、現職研修等の改革を総合的に進めることが必要であるが、とりわけ教員養成・免許制度の改革は、他の改革の出発点に位置付けられるものであり、重要。

4　教員養成・免許制度の現状と課題

①　教員養成に対する明確な理念の追求・確立がなされていない大学があるなど、学生に身に

付けさせるべき資質能力についての理解が十分でないこと。
②教職課程が専門職業人たる教員の養成を目的とするという認識が、大学教員の間に共有されていないため、教職課程の組織編成やカリキュラム編成が、十分整備されていないこと。
③学校現場が抱える課題に十分対応した授業ではない、指導方法が講義中心、教職経験者が授業に当たっている例も少ないなど、実践的指導力の育成が十分でないこと。特に修士課程に、これらの課題が見られること。

5　教員養成・免許制度の改革の方向

「大学における教員養成」及び「開放制の教員養成」の原則を尊重しつつ、現在を我が国の教員養成の大きな転換期と捉え、以下の方向で改革を推進。
①大学の教職課程を、教員として最小限必要な資質能力を確実に身に付けさせるものに改革する。
②教員免許状を、教職生活の全体を通じて、教員として最小限必要な資質能力を確実に保証するものに改革する。

II　教員養成・免許制度の改革の具体的方策

序　教員に対する揺るぎない信頼を確立するための総合的な改革の推進（省略）

1　教職課程の質的水準の向上

(1)　**基本的な考え方**

・学部段階の教職課程が、教員として必要な資質能力を確実に身に付けさせるものとなるために、大学自身の教職課程の改善・充実に向けた主体的な取組が重要。
・今後は、課程認定大学のすべての教員が教員養成に携わっているという自覚を持ち、各大学の教員養成に対する理念等に基づき指導を行うことにより、大学全体としての組織的な指導体制を整備することが重要。

(2)　**「教職実践演習（仮称）」の新設・必修化**

・今後、教職課程の履修を通じて、教員として最小限必要な資質能力の全体について、確実に身に付けさせるとともに、その資質能力の全体を明示的に確認するため、教職課程の中に、新たな必修科目（「教職実践演習（仮称）」）を設定することが適当。
・当該科目には、教員として求められる事項（①使命感や責任感、教育的愛情等に関する事項②社会性や対人関係能力に関する事項③幼児児童生徒理解や学級経営に関する事項④教科・保育内容等の指導力に関する事項）を含めることが適当。
・役割演技（ロールプレーイング）やグループ討議、事例研究、模擬授業等により実施することや、教科に関する科目と教職に関する科目の担当教員が、共同して実施に責任を持つこと、学生の状況等に応じて、個別に補完的な指導を行うこと、全ての科目を履修済み、あるいは履修見込みの時期に設定するなど、履修方法等を工夫。
・最低修得単位数は二単位程度が適当。科目区分は、現行の科目区分とは異なる新たな区分（「教職総合実践に関する科目（仮称）」）を設けることが適当。

(3)　**教育実習の改善・充実**

・大学は、教育実習の全般にわたり、学校や教育委員会と連携して、責任を持って指導に当たることが重要。
・実習内容については、個々の学生の履修履歴等に応じて、内容の重点化も考慮。その場合でも、十分な授業実習の機会の確保に努めることが必要。
・大学の教員と実習校の教員が連携して指導に当たる機会を積極的に取り入れること、また、実習校においては、複数の教員が協力して指導に当たることが必要。
・大学は、教育実習の円滑な実施に努めることを、法令上明確にすることが必要。教育実習の履修に際して満たすべき到達目標をより明確に示すとともに、事前に学生の能力や適性、意欲等を適切に確認することが必要。教育実習に出さないという対応や、実習の中止も含め、適切な対応に努めることが必要。
・いわゆる母校実習については、できるだけ避ける方向で、見直しを行うことが適当。
・各都道府県ごとに、教育実習連絡協議会を設置し、実習内容等について共通理解を図るとともに、実習生を円滑に受け入れていく具体的な仕組みについて検討。

(4)　**「教職指導」の充実**

・学生が主体的に教員として必要な資質能力を統合・形成していくことができるよう、今後は、どの大学においても、教職指導の充実に努めることが必要。法令上も、教職指導の実施を明確化。
・学生が教職課程の履修を円滑に行うことができるよう、入学時のガイダンスを工夫するとともに、履修期間中のアドバイス機能を充実することが必要。
・同学年や異学年の学生による集団学習の機会を充実するとともに、インターンシップや、子どもとの触れ合いの機会、現職教員との意見交換の機会等を積極的に提供することが必要。

(5)　**教員養成カリキュラム委員会の機能の充実・強化**

・教職課程の運営や教職指導を全学的に責任を持って行う体制を構築するため、教員養成カリキュラム委員会（平成九年の教養審第一次答申等で提言）の機能の充実・強化を図ることが必要。
・学校現場や社会のニーズを取り入れた教職課程の改善を不断に行っていくシステムを構築することが必要。

(6)　**教職課程に係る事後評価機能や認定審査の充実**

・大学の教職課程について、専門的な見地から事後評価を行い、問題が認められた場合には、是正勧告や認定取り消し等を可能とするような仕組みを整備することが必要。
・引き続き、各大学の自己点検・評価や学外者による検証を促進することが必要。
・教職課程の認定に係る審査の充実を図るとともに、実地視察の一層の充実や課程認定委員会の体制整備を図ることが必要。

2　「教職大学院」制度の創設

(1)　**「教職大学院」制度の創設の基本的な考え方**

・①「教職大学院」制度の必要性及び意義
・様々な専門的職種や領域において、大学院段階で養成されるより高度な専門的職業能力を備えた人材が求められていることを踏まえ、教員養成の分野についても、専門職大学院制度を活用した教員養成教育の改善・充実を図るため、教員養成に特化した専門職大学院としての枠組み（「教職大学院」制度）を創設することが必要。
・力量ある教員の養成のためのモデルを制度的に提示することにより、学部段階をはじめとする教員養成に対してより効果的な教員養成のための取組を促すことを期待。
・②主な目的・機能
・教職大学院は当面、次の二つの目的・機能とする。
i　学部段階での資質能力を修得した者の中から、さらにより実践的な指導力・展開力を備え、新しい学校づくりの有力な一員となり得る新人教員の養成
ii　現職教員を対象に、地域や学校における指導的役割を果たし得る教員等として不可欠な確かな指導理論と優れた実践力・応用力を備えたスクールリーダー（中核的中堅教員）の養成
・これ以外の幅広く教員の資質能力の向上に関連する目的・機能については、各大学の主体的な検討により、一般の専門職大学院としての設置も含め、先導的・意欲的な取組を期待。

(2)　**制度設計の基本方針**

①教職に求められる高度な専門性の育成への特化
②「理論と実践の融合」の実現
③確かな「授業力」と豊かな「人間力」の育成
④学校現場など養成された教員を受け入れる側（デマンド・サイド）との連携の重視
⑤第三者評価等による不断の検証・改善システムの確立

(3)　**具体的な制度設計（主として設置基準に関連する事項について）**

・①課程の目的
・「専ら教員の養成又は研修のための教育を行うことを目的とする」などの共通的な目

的規定を整理することが適当。

②標準修業年限

・一般の専門職大学院と同様、二年とすることが適当。

③修了要件

・必要修得単位数は、四五単位以上とすることが適当。そのうち一〇単位以上は学校における実習によることとし、一〇単位の範囲内で、大学の判断により、教職経験をもって当該実習とみなすことができるようにすることが適当。

④入学者選抜

・各教職大学院の責任において、入学者受入方針（アドミッション・ポリシー）を明確にし、将来の中核的・指導的な教員に相応しい資質能力を適確に判断し得るような工夫等を行うことが重要。

⑤教育課程

・理論と実践の融合を強く意識した体系的な教育課程を編成すべきことを明確にすることが必要。

・具体的には、(i)教育課程の編成・実施に関する領域、(ii)教科等の実践的な指導方法に関する領域、(iii)生徒指導、教育相談に関する領域、(iv)学級経営、学校経営に関する領域、(v)学校教育と教員の在り方に関する領域のすべての領域にわたり授業科目を開設することが適当。

⑥教育方法・授業形態

・少人数で密度の濃い授業を基本としつつ、理論と実践との融合を強く意識した事例研究、模擬授業、授業観察・分析等の教育方法を積極的に開発・導入することが必要。

・授業形態として、単なる講義にとどまらず、ワークショップ、事例研究、フィールドワーク等の新しい教育方法を中心としたものとして展開されることが必要。

⑦履修形態

・現職教員が職務に従事しながら履修できるよう、昼夜開講制、夜間大学院など、弾力的な履修形態を可能とすることが適当。

⑧教員免許状を保有しないで入学する学生の扱い

・教職大学院在学中に所定履修単位のほか、一種免許状の取得に必要な所要単位を修得することが必要。学部での開設科目の履修のほか、教職特別課程（教職に関する科目の単位を修得させるために大学が設置する修業年限を一年とする課程）での履修も可能。

⑨教員組織

・最低限必要な専任教員数は一一人とするとともに、うち実務家教員の比率はおおむね四割以上とすることが適当。実務家教員の範囲は、学校教育関係者・経験者を中心に想定されるが、医療機関や福祉施設など教育隣接分野の関係者、民間企業関係者など、幅広く考えられる。

・実務家教員の要件は、一定の勤務経験を有することにより優れた教育実践を有する者であるとともに、高度の教育上の指導能力を有すると認められる者とすることが必要。

⑩連携学校等

・附属学校の積極的活用は当然の前提としつつ、附属学校以外の一般校の中から、連携協力校を設定することを義務付けることが適当。

⑪大学院の形態

・連合大学院制度や連携大学院制度などの仕組みを活用することが考えられる。また、従来とは異なる新しい教育方法を中心に展開されることから、いわゆる通信制の課程は想定されない。

⑫学位の種類

・「教職修士（専門職）」等の専門職学位を学位規則において定めることが適当。

⑬認証評価等

・中核的・指導的な教員の養成・研修の場としての水準の維持・向上を図るため、大学としての自己点検・評価や認証評価が重要。大学関係者、学校関係者、地方教育行政担当者等による認証評価機関を創設し、不断の改善を促すシステムを構築。

(4) **その他（設置基準以外の関連事項等について）**

・教職大学院の整備に当たっては、各大学の主体的な設置構想の検討が前提となるが、国立大学については、特に優れた実績を有し、意欲的で、真に他大学のモデルとなる設置構想と計画を実現し得る大学から整備を行うことが必要。

・修了者に授与する教員免許状の種類については、現行の専修免許状とすることが適当。

・任命権者の判断により、初任者研修の全部又は一部を免除することができることとすることが適当。

・修了者の給与面の処遇については、修了者の実績等を勘案しつつ、各任命権において検討。新人教員の採用についても、都道府県教育委員会等の責任で適切に検討することを期待。

3　教員免許更新制の導入

(1) 導入の基本的な考え方

①導入の必要性及び意義

・教員として必要な資質能力は、本来的に、時代の進展に応じて更新が図られるべき性格を有しており、教員免許制度を恒常的に変化する教員として必要な資質能力を担保する制度として、再構築することが必要。

・教員免許状に一定の有効期限を付し、その時々で求められる教員として必要な資質能力が保持されるよう、必要な刷新（リニューアル）を行うことが必要であり、このため、教員免許更新制の導入が必要。

・更新制導入の意義としては、すべての教員が必要な資質能力を確実に修得することで、公教育の改善・充実と信頼の確立。また、専門性向上の促進も期待。

②更新制の基本的性格

・更新制は、いわゆる不適格教員の排除を直接の目的とするものではなく、教員が、更新後の一〇年間を保証された状態で、自信と誇りを持って教壇に立ち、社会の尊敬と信頼を得ていくという前向きな制度。

・免許更新講習の受講により、教員としての専門性の向上も期待。また、講習を修了できない者は、免許状は失効するため、問題のある者は教壇に立つことがないようにするという効果。

・更新制を導入し、専門性の向上や適格性の確保に関わる他の教員政策と一体的に推進することは、教員全体の資質能力の向上に寄与するとともに、教員に対する信頼を確立する上で、大きな意義。

(2) 具体的な制度設計

①基本的な考え方

・更新の要件は、必要最小限のものとし、客観性を担保するとともに、更新のための負担も合理的な範囲内のものとすることが必要。

②教員免許状の有効期限

・一律に一〇年間とすることが適当。

③更新の要件と免許更新の実施主体

・教員免許状の有効期限内に、免許更新講習を受講し、修了の認定を受けることとすることが適当。免許の更新は、免許管理者である都道府県教育委員会が行うこととすることが適当。

④免許更新講習の在り方

ⅰ　講習の開設主体と国による認定

・課程認定大学のほか、大学の関与や大学との連携協力のもとに都道府県教育委員会等も開設可能とする。一定水準が維持されるよう、あらかじめ国が認定基準を定めて認定するとともに、認定後も定期的にチェックを行うことが必要。

ⅱ　講習内容と修了の認定

・講習内容については、

＊教職実践演習（仮称）に含めることが必要な事項と同様の内容を含むものであること

＊その時々で求められる教員として必要な資質能力に確実に刷新（リニューアル）する内容を含むものであることが必要。また、学校種や教科種に関わらず、およそ教員として共通に求められる内容を中心とすることが適当。

・修了の認定は、あらかじめ修了目標を定め、受講者の資質能力を適切に判定した上で、修了の可否を決定することが適当。

ⅲ　受講時期と講習時間

・有効期限の満了前の直近二年間程度の間

に、最低三〇時間程度、受講することが適当。

iv 講習の受講の免除等

・教員としての研修実績や勤務実績等が講習に代替しうるものと評価できる場合には、受講の一部又は全部の免除を可能とすることが適当。

⑤教員免許状の失効と再授与の在り方

・更新の要件を満たさない場合、教員免許状は更新されず、失効する。ただし、免許更新講習と同様の講習（回復講習）を受講・修了すれば、再授与の申請を可能とすることが適当。

⑥教員免許状の種類ごとの更新制の取扱い

・更新制は、すべての普通免許状に、同等に適用することが適当。

⑦複数の教員免許状を有する者の取扱い

・複数免許状の保有者については、原則として、一の免許状について更新の要件を満たせば、他の免許状の更新も可能とすることが適当。

⑧教員となる者及びペーパーティーチャーの取扱い

・更新制は、制度導入後に教員となる者を主たる対象者として想定した制度。ペーパーティーチャーは、免許状の再取得が必要となった時点で、回復講習を受講・修了することが必要。

(3) 現職教員を含む現に教員免許状を有する者への適用

①適用についての基本的な考え方

・現に教員免許状を有する者についても、一定期間（一〇年間）ごとに免許更新講習と同様の講習（定期講習）の受講を法的に義務付け、当該講習を修了しない場合は、免許状が失効することとすることは、必要性と合理性があり、更新制の基本的な枠組みを適用することが適当。

②現職教員及びペーパーティーチャーの取扱い

・現職教員は、定期講習を受講・修了しなければ、免許状が失効し、失職となることから、一〇年ごとに定期講習を受講・修了することが必要。

・ペーパーティーチャーは、免許状の再取得が必要となった時点で、回復講習を受講・修了することが必要。

(4) 更新制等の円滑な実施のために

・現職教員が計画的に定期講習を受講できるよう諸準備を進めるとともに、「免許管理システム」の整備を速やかに行うことが必要。

4 教員養成・免許制度に関するその他の改善方策

・小学校の教員養成について、教員養成を主たる目的とする学科等以外の学科等においても、可能とすること等について、検討。

・我が国の教員養成システムを、将来的に大学院修士レベルまで含めた養成へとシフトしていくことについては、今後の課題として、検討。

・上進制度について、免許法別表第三の「良好な成績で勤務」の評価がより適切に行われるよう、適切な運用に努めることが必要。

・二種免許状を保有する教員に係るいわゆる一二年指定制度については、今後は、幼稚園の教員も対象とすることが適当。

・二種免許状については、当面は存続させることが適当。ただし、一種免許状の早期取得が強く求められている近年の状況等も踏まえ、引き続き検討課題とすることが適当。

・分限免職処分を受けた者について、明らかに教員としての資質能力に問題がある場合には、免許状の取上げを可能とすることが適当。

5 採用、研修及び人事管理等の改善・充実

・中長期的な視点から退職者数の推移等を分析・把握して、計画的な採用・人事を行うことが重要。採用スケジュールの早期化、受験年齢制限の緩和・撤廃、社会人経験者の登用促進等、多様な人材登用のための一層の改善・工夫が必要。

・一〇年経験者研修は、法定研修として引き続き存続させるものの、更なる指導力の向上や、得意分野づくりに重点を置いた研修としての性格を明確にするとともに、実施時期や研修内容を柔軟化の方向で見直すことが必要。

・問題のある教員が教壇に立つことのないよう、引き続き、条件附採用期間制度の厳格な運用や、指導力不足教員に対する人事管理システムの活用による分限制度の厳格な適用等に努める。

・新しい教員評価システムの構築を一層推進するとともに、評価の結果を任用や給与上の措置などの処遇に適切に反映することが重要。

6 教員に対する信頼の確立に向けて（省略）

●教職生活の全体を通じた教員の資質能力の総合的な向上方策について（答申）

（平成二四年八月二八日　中央教育審議会）

〈概　要〉

現状と課題

◆グローバル化など社会の急速な進展の中で人材育成像が変化しており、二一世紀を生き抜くための力を育成するため、思考力・判断力・表現力等の育成など新たな学びに対応した指導力を身に付けることが必要

◆学校現場における諸課題の高度化・複雑化により、初任段階の教員が困難を抱えており、養成段階における実践的指導力の育成強化が必要

改革の方向性

教育委員会と大学との連携・協働による教職生活の全体を通じた一体的な改革、新たな学びを支える教員の養成と、学び続ける教員を支援する仕組みの構築（「学び続ける教員像」の確立）が必要

☆**教員養成の改革の方向性**：教員養成を修士レベル化し、高度専門職業人として位置付け

☆**教員免許制度の改革の方向性**：「一般免許状（仮称）」、「基礎免許状（仮称）」、「専門免許状（仮称）」の創設

・一般免許状（仮称）：探究力、新たな学びを展開できる実践的指導力、コミュニケーション力等を保証する、標準的な免許状。学部四年に加え、一年から二年程度の修士レベルの課程での学修を標準。

・基礎免許状（仮称）：教職に関する基礎的な知識・技能を保証。学士課程修了レベル。

・専門免許状（仮称）：特定分野に関し高い専門性を証明。（分野は、学校経営、生徒

指導、教科指導 等）

※「基礎免許状（仮称）」取得者が「一般免許状（仮称）」を取得する段階は、(i)採用前に取得、(ii)採用後の初任者研修と連携した修士レベルの課程の修了により取得、(iii)採用後一定期間のうちに修士レベルの課程等での学修により取得を想定

◆多様な人材の登用の促進

◆授業料減免や奨学金の活用等による学生の経済的負担の軽減について留意

◆教員免許更新制については、詳細な制度設計の際に更に検討

◆詳細な制度設計の際は、幼稚園教諭等、学校種や職種の特性に配慮するとともに、国公私の設置形態に留意

当面の改善方策～教育委員会・学校と大学の連携・協働による高度化

修士レベル化に向け、修士レベルの課程の質と量の充実、教育委員会と大学との連携・協働等、段階的に取組を推進。主要な取組は、教育振興基本計画に盛り込む。

☆養成段階

（学部レベル）

◆学校現場での体験機会の充実等によるカリキュラムの改善、いじめ等の生徒指導に係る実践力の向上

（修士レベル）

◆課程認定の厳格化等質保証の改革

◆教職大学院制度を発展・拡充し、全ての都道府県に設置を推進（現状：二五大学（二〇都道府県）八一五人）

◆いじめ等の生徒指導に係る事例やノウハウの集積等、教育研究の充実

◆大学院設置基準の大括り化等

◆専修免許状の在り方の見直し（一定の実践的科目の必修化推進等）

◆学習科学等実践的な教育学研究の推進

◆柔軟かつ多様な大学間連携の推進

☆採用段階

◆大学での学習状況の評価の反映等選考方法の一層の改善

☆多様な人材の登用

◆社会人、理数系、英語力のある人材等多様な人材が教職を志す仕組みの検討

☆初任段階

◆教育委員会と大学との連携・協働による初任段階の研修の高度化

◆初任段階の教員を複数年にわたり支援する仕組みの構築

☆現職段階及び管理職の段階

（現職段階）

◆教育委員会と大学との連携・協働による現職研修のプログラム化・単位化の推進

（管理職段階）

◆マネジメント力を有する管理職の職能開発のシステム化の推進

☆グローバル化への対応

◆教員を志望する学生の海外留学を促進

☆特別支援教育の専門性向上

◆免許法認定講習の受講促進等の取組により、特別支援学校教諭免許状の取得率の向上

☆学校が魅力ある職場となるための支援、改善を進める上での留意事項

◆教員に優れた人材が得られるよう、教員給与等の処遇の在り方の検討や教職員配置など教育条件を整備

◆先導的な取組を支援するための事業の実施、大学院への派遣の促進や初任者研修をはじめとした教員研修のより一層効果的な取組を推進するための研修等定数の改善、効果的な活用等の支援が必要

●これからの学校教育を担う教員の資質能力の向上について～学び合い、高め合う教員育成コミュニティの構築に向けて～（答申）

（平成二七年一二月二一日　中央教育審議会）

〈骨　子〉

1　検討の背景

〈教員政策の重要性〉

◆新たな知識や技術の活用により社会の進歩や変化のスピードが速まる中、教員の資質能力向上は我が国の最重要課題であり、世界の潮流でもある。

〈学校を取り巻く環境変化〉

◆近年の教員の大量退職、大量採用の影響等により、教員の経験年数の均衡が顕著に崩れ始め、かつてのように先輩教員から若手教員への知識・技能の伝承をうまく図ることのできない状況があり、継続的な研修を充実させていくための環境整備を図るなど、早急な対策が必要である。

〈学び続ける教員〉

◆学ぶ意欲の高さなど、我が国の教員の強みを最大限に生かしつつ、子供に慕われ、保護者に敬われ、地域に信頼される存在として更なる飛躍が図られる仕組みの構築が必要である。

〈社会に開かれた教育課程とチーム学校〉

◆教育課程の改善に向けた検討と歩調を合わせながら、各教科等の指導に関する専門知識を備えた教えの専門家としての側面や、教科等を越えたカリキュラム・マネジメントのために必要な力、アクティブ・ラーニングの視点から学習・指導方法を改善していくために必要な力、学習評価の改善に必要な力などを備えた学びの専門家としての側面も備えることが必要である。

◆教員が多様な専門性を持つ人材等と連携・分担してチームとして職務を担うことにより、学校の教育力・組織力を向上させることが必要であり、その中心的役割を担う教員一人一人がスキルアップを図り、その役割に応じて活躍できるようにすることとそのための環境整備を図ることが重要である。

〈教員改革のチャンス〉

◆我が国の教員の強みを生かしつつ、教員制度を改革し、新たな学びを支える新しい教員像を打ち出すことができれば学校教育の質を高め世界に発信できるチャンスであり、教員の養成・採用・研修の一体的改革を推し進めるべきである。

2　これからの時代の教員に求められる資質能力

◆これまで教員として不易とされてきた資質能力に加え、自律的に学ぶ姿勢を持ち、時代の変化や自らのキャリアステージに応じて求められる資質能力を生涯にわたって高めていくことのできる力や、情報を適切に収集し、選択し、活用する能力や知識を有機的に結びつけ構造化する力などが必要である。

◆アクティブ・ラーニングの視点からの授業改善、道徳教育の充実、小学校における外国語教育の早期化・教科化、ICTの活用、発達障害を含む特別な支援を必要とする児童生徒等への対応などの新たな課題に対応できる力量を高めることが必要である。

◆「チーム学校」の考えの下、多様な専門性を持つ人材と効果的に連携・分担し、組織的・協働的に諸課題の解決に取り組む力の醸成が必要である。

3　教員の養成・採用・研修に関する課題

(1)　教員研修に関する課題

◆国、教育委員会、学校、その他の関係者等が一体となって、学校における業務の精選や効率化、教職員の役割分担の見直しや専門家の活用、組織体制の強化、地域との連携などチームとしての学校の力の向上を図る措置を講じることによって、研修のための機会を確保することが不可欠である。

◆国、都道府県、市町村、学校等研修の実施主体が大学等を含めた関係機関との有機的連携

を図りながら、教員のキャリアステージに応じ、教員のニーズも踏まえた研修を効果的・効率的に行う必要がある。

◆法定研修である初任者研修、一〇年経験者研修については、実施状況や教育委員会・学校現場のニーズを把握し、制度や運用の見直しを図ることが必要である。

◆研修そのものの在り方や手法も見直し、主体的・協働的な学びの要素を含んだ研修への転換を図る必要がある。

◆新たな教育課題に対応した研修プログラムの開発・普及、研修指導者の育成、教育センターや学校内での研修体制の充実など、特に校内研修の充実・活性化を図りつつ、学校内外の研修を一層効果的・効率的に行うための体制整備が必要である。

◆教員が学び続けるモチベーションを維持するため、教員の主体的な学びが適正に評価され、学びによって得られた能力や専門性の成果が見える形で実感できる取組や制度構築を進めることが必要である。

◆研修の充実のため、独立行政法人教員研修センターがこれまで以上に積極的に役割を果たしていく必要がある。

(2) **教員採用に関する課題**

◆豊かな知識や識見、幅広い視野を持ち個性豊かでたくましい人材や特定の教科や指導法についてより高い専門性を持った人材を教員として確保する必要がある。

◆多様で多面的な選考方法を促進するため、各教育委員会が実施する採用選考試験への支援方策が必要である。

◆教員の採用に当たって、学校内における年齢構成の均衡に配慮し検討することが必要である。

(3) **教員養成に関する課題**

◆養成段階は「教員となる際に必要な最低限の基礎的・基盤的な学修」を行う段階であることを認識する必要がある。

◆実践的指導力の基礎の育成に資することに、教職課程の学生に自らの教員としての適性を考えさせる機会として、学校現場や教職を体験させる機会を充実させることが必要である。

◆教職課程の質保証・向上のため、教職課程に対する外部評価制度の導入や全学的に教職課程を統括する組織の整備を促進する必要がある。

◆教員養成カリキュラムについて、学校現場の要望に柔軟に対応できるよう、教職課程の大くくり化や大学の独自性が発揮されやすい制度とするための検討が必要である。

(4) **教員の養成・採用・研修を通じた課題**

◆教員の養成・採用・研修の各段階において教職大学院を含む大学等と教育委員会の連携が必要であり、そのための具体的な制度的枠組みが必要である。

◆教員のキャリアステージに応じた学びや成長を支えていくため、養成・研修を計画実施する際の基軸となる教員の育成指標を教育委員会と大学等が協働して作成するなど、連携強化を図る具体的な制度を構築することが必要である。

◆ICTの利活用、特別支援教育、外国語教育、道徳など新たな教育課題や、アクティブ・ラーニングの視点からの授業改善などに対応した教員養成・研修が必要である。

(5) **教員免許制度に関する課題**

◆義務教育学校制度の創設や学校現場における多様な人材の確保に対応した免許制度改革が必要である。

◆学校種横断的な免許状の創設等免許状制度の総合的な在り方については今後検討する。

4 改革の具体的な方向性

(1) **教員研修に関する改革の具体的な方向性**

◆「教員は学校で育つ」ものであり、同僚の教員とともに支え合いながらOJTを通じて日常的に学び合う校内研修の充実や、自ら課題を持って自律的、主体的に行う研修に対する支援のための方策を講じる。

(2) **教員採用に関する改革の具体的な方向性**

◆国及び各都道府県の教育委員会等は、後述する教員育成協議会（仮称）における協議等を踏まえ、採用前の円滑な入職や最低限の実践力獲得のための取組を普及・推進する。

◆国は、教員採用試験の共通問題の作成について、各都道府県の採用選考の内容分析やニーズの把握等、必要な検討に着手する。

◆国は、後述のように特別免許状授与の手続の改善を図るなど活用を促進する。

◆国は、特別免許状以外にも、教員免許を有しない有為な外部人材を教員として確保するための方策について検討する。

(3) **教員養成に関する改革の具体的な方向性**

◆教員免許状の取得に必要な単位数は増加させないことを前提として、新たな教育課題に対応できるよう教職課程の内容を精選・重点化する。

◆国立の教員養成を目的とする大学・学部は、地域のニーズを踏まえつつ、新たな教育課題に対応した取組を率先して実施し、他大学・学部におけるモデルを提示して、その取組を普及・啓発する。

◆教職課程については、学校種ごとの特性を踏まえつつ、「教科に関する科目」と「教職に関する科目」等の科目区分を撤廃し、新たな教育課題等に対応できるよう見直す。

◆国は、学校インターンシップの実施について、教育実習との役割分担を明確化しつつ、受入れ校、教育委員会、大学との連携体制の構築、大学による学生への適切な指導などの環境整備について検討する。

◆学校インターンシップについては、教職課程において義務化はせず各大学の判断により教育実習の一部に充ててもよいこととする。

(4) **新たな教育課題に対応した教員研修・養成**

◆概要

▽新たな課題　アクティブ・ラーニングの視点からの授業改善

▽研修

・特定の教科ではなく学校全体の取組としてアクティブ・ラーニングの視点に資する校内研修を推進

・免許状更新講習の選択必修領域として主体的・協働的な学びの実現に関する事項を追加

▽養成

・児童生徒の深い理解を伴う学習過程の理解や各教科の指導法の充実

・教職課程における授業そのものをアクティブ・ラーニングの視点から改善

▽新たな課題　ICTを用いた指導法

▽研修

・ICTを利活用した授業力の育成や、児童生徒のICTの実践的活用や情報活用能力の育成に資する指導のための研修を充実

▽養成

・ICTの操作方法はもとより、ICTを用いた効果的な授業や適切なデジタル教材の開発・活用の基礎力の養成

▽新たな課題　道徳教育の充実

▽研修

・「特別の教科」としての道徳科の趣旨を踏まえ、道徳科の目標や内容を理解し、児童生徒が議論する問題解決的な学習への一層の転換を図るなど計画的な研修の充実

・道徳教育に関する校内研究や地域研究の充実、「道徳教育推進リーダー教師（仮称）」の育成

▽養成

・「特別の教科」としての道徳科の趣旨を踏まえ、教職課程における理論面、実践面、実地経験面からの改善・充実

▽新たな課題　外国語教育の充実

▽研修

・各地域の指導者となる「英語教育推進リーダー」の養成を推進し、小中高の接続を意識した指導計画の作成や学習到達目標を活用した授業改善などについて指導・助言を実施

・免許法認定講習の開設支援等による小中免許状の併有促進

▽養成

・大学、教育委員会等が参画して教員養成に必要なコアカリキュラムを開発し、課程認定や教職課程の改善・充実に活用

・専門性を高める教科及び指導法に関する科目を教職課程に位置付け

▽新たな課題　特別支援教育の充実

▽研修

・全ての教員を対象とした基礎的な知識・技能を身に付ける研修の実施

・校長等管理職や特別支援学級の担任、特別支

援学校教員等の職に応じた専門性向上のための研修の実施

・(独)国立特別支援教育総合研究所と(独)教員研修センターとの連携による研修の推進

▽養成

・発達障害を含む特別な支援を必要とする幼児、児童、生徒に関する理論及び指導法について、教職課程に独立した科目として位置付け

(5) 教員の養成・採用・研修を通じた改革の具体的な方向性

〈学び続ける教員を支えるキャリアシステムの構築〉

〈教員育成協議会（仮称）の創設〉

◆国は、教育委員会と大学等が相互に議論し、養成や研修の内容を調整するための制度として「教員育成協議会」（仮称）を創設する。

◆当該協議会においては、教育委員会と大学その他の関係者が教員の育成ビジョンを共有するため教員育成指標（後述）を協議し共有する。

◆当該協議会は、地域の実情に応じたものとするとともに、各主体の自主性・自律性が生かされる仕組みとする。

◆当該協議会は、養成・採用・研修における教員の主体的な「学び」を積極的に進めるための協議・調整に取り組むべきであり、国はそのための支援を総合的に実施する。

〈教員育成指標の策定〉

◆高度専門職業人として教職キャリア全体を俯瞰しつつ、教員がキャリアステージに応じて身に付けるべき資質や能力の明確化のため、各都道府県等は教員育成指標を整備する。

◆その際、教員を支援する視点から、現場の教員が研修を受けることで自然と目安となるような指標とする。

◆教員育成指標は教員の経験や能力、適性等を考慮しつつ、各地域の実情に応じて策定されるものとする。

◆それぞれの学校種における教員の専門性を十分に踏まえつつ、必要に応じ学校種ごとに教員育成指標を策定することとする。

◆各地域における教員育成指標の策定のため、国は各地域の自主性、自律性に配慮しつつ、整備のための大綱的指針を示す。

〈教員研修計画の策定〉

◆各都道府県等の教育委員会において、地域ごとの教員育成指標を踏まえ、体系的な教員研修計画を策定し研修を実施する。

◆各都道府県等は、それぞれの学校種における教員の専門性を十分に踏まえつつ、必要に応じ学校種ごとに教員育成指標を策定する。

◆国は、教員育成指標や教員研修計画の策定・更新のため、各地域における情報を集約し、恒常的に調査・研究する全国的な拠点を整備する。

(6) 教員免許制度に関する改革の具体的な方向性

◆国は、義務教育学校制度の導入に伴い、教科に関する高い専門性を持つ中学校等の教員を小学校の教員として活用しやすくするため、中学校の免許状所持者が義務教育学校の前期課程において教科等に加えて学級担任も可能にするよう制度改正を行う。

◆国は、現職教員の他校種免許状の併有を促進するため、取得しようとする免許状に関係する学校における勤務年数を新たな免許状取得の際の単位数に換算できるようにする。

◆国は、特別免許状授与の際、授与権者が意見聴取する対象者の弾力化を行う。

◆国は、平成三二年までにおおむね全ての特別支援学校教員が当該学校教諭等免許状を保有することを目指し、現職教員に対する免許法認定講習の開設支援、独立行政法人国立特別支援教育総合研究所による免許法認定通信教育の実施、養成段階での免許状取得促進等の取組を推進する。

(7) 教員の資質能力の高度化に関する改革の具体的な方向性

◆教職大学院については、量的な整備を行いながら、高度専門職業人としての教員養成モデルから、その中心に位置付けることとし、現職教員の再教育の場としての役割に重点を置きつつ、学部新卒学生についても実践力を身につける場として質的・量的充実を図る。

◆教職大学院は独立行政法人教員研修センターとも連携し、大学と教育委員会・学校との連携・協働のハブとなり、学部段階も含めた大学全体の教員養成の抜本的な強化や現職教員の研修への参画など地域への貢献の充実を図る。

◆新任教員の任用に当たり、教職大学院修了者向けの採用試験の実施、名簿登載期間の延長や初任者研修免除などのインセンティブを付与することの検討を行う。また、現職教員については教職生活全体のキャリアの中に教職大学院での学びを位置付け、管理職コースの設置や教育委員会との連携による管理職研修の開発・実施を行う。

◆教職大学院について、履修証明制度や科目等履修制度の活用等により現職教員が学びやすい仕組みのための環境を整備するとともに、学校現場を基軸とした教育課程の編成・管理を行い、地域性を踏まえ、各教職大学院の強み・特色を示していく。

◆国は、教員の資質能力の高度化を図るため、「教員育成協議会」（仮称）における協議において教職大学院における授業履修や研修の成果を専修免許状の取得や能力証明に結びつける方策について検討する。

◆国公私立大学の教員養成系以外の大学院における教員養成の取組について一層の充実を図る。

5 今後の検討について

本答申で提言した内容は、教員制度全般に及ぶ広範囲なものであり、全ての施策が遂行されるまでにはある程度の時間が掛かるかもしれないが、国、教育委員会、国公私を通じた大学、その他の学校等、様々な関係者が相互に連携しつつ、多忙化の解消による研修機会等の確保や財源の確保などの環境整備も含め、自ら学び続ける教員の支援となる施策の具体化が図られることを期待する。その際には、国民やそれぞれの地域社会等の幅広い理解や協力が不可欠であり、こうしたことも意識しつつ、着実に施策が実行に移されることが重要である。

第4節　高等教育

●中央教育審議会答申（大学関係）（太字は本書収録）

A　主な中央教育審議会答申（平成一四年から）

1、大学等における社会人受入れの推進方策について……（平成一四年二月二一日）
2、法科大学院の設置基準等について……（平成一四年八月五日）
3、大学院における高度専門職業人養成について……（平成一四年八月五日）
4、大学の質の保証に係る新たなシステムの構築について…（平成一四年八月五日）
5、構造改革特別区域における大学設置基準等の特例措置について……（平成一六年一月一四日）
6、文部科学大臣が認証評価機関になろうとする者を認証する基準を適用するに際して必要な細目を定める省令の制定について……（平成一六年二月六日）
7、薬学教育の改善・充実について……（平成一六年二月一八日）
8、**我が国の高等教育の将来像**……（平成一七年一月二八日）
9、新時代の大学院教育——国際的に魅力ある大学院教育の構築に向けて……（平成一七年九月五日）
10、**学士課程教育の構築に向けて**……（平成二〇年一二月二四日）
11、グローバル化社会の大学院教育～世界の多様な分野で大学院修了者が活躍するために～……（平成二三年一月三一日）
12、新たな未来を築くための大学教育の質的転換に向けて～生涯学び続け、主体的に考える力を育成する大学へ～……（平成二四年八月二八日）
13、国家戦略特別区域法に基づく国家戦略特別区域内の平成二十九年度に開設する医学部を置く大学に係る大学設置基準の特例に関する省令の制定について……（平成二八年一月二六日）
14、個人の能力と可能性を開花させ、全員参加による課題解決社会を実現するための教育の多様化と質保証の在り方について（第一部）……（平成二八年五月三〇日）
15、専門職大学設置基準の制定等について……（平成二九年八月二三日）
16、**二〇四〇年に向けた高等教育のグランドデザイン**…（平成三〇年一一月二六日）

B　旧中央教育審議会答申（平成一二年まで）

1、医学および歯学の教育に関する答申……（昭和二九年二月八日）
2、大学入学者選考およびこれに関連する事項についての答申……（昭和二九年一一月一五日）
3、短期大学制度の改善についての答申……（昭和三一年一二月一〇日）
4、科学技術教育の振興方策について……（昭和三二年一一月一一日）
5、大学教育の改善について……（昭和三八年一月二八日）
6、当面する大学教育の課題に対応するための方策について……（昭和四四年四月三〇日）

C　主な旧大学審議会答申（平成一二年まで）

1、大学院制度の弾力化について……（昭和六三年一二月一九日）
2、大学教育の改善について……（平成三年二月八日）
3、学位制度の見直し及び大学院の評価について……（平成三年二月八日）
4、学位授与機関の創設について……（平成三年二月八日）
5、短期大学教育の改善について……（平成三年二月八日）
6、高等専門学校教育の改善について……（平成三年二月八日）
7、平成五年度以降の高等教育の計画的整備について……（平成三年五月一七日）
8、大学院の整備充実について……（平成三年五月一七日）
9、大学院の量的整備について……（平成三年一一月二五日）
10、夜間に教育を行う博士課程等について……（平成五年九月一六日）
11、教員採用の改善について……（平成六年六月二八日）
12、大学運営の円滑化について……（平成七年九月一八日）
13、大学教員の任期制について……（平成八年一〇月二九日）
14、平成一二年度以降の高等教育の将来構想について……（平成九年一月二九日）
15、高等教育の一層の改善について……（平成九年一二月一八日）
16、「遠隔授業」の大学設置基準における取扱い等について……（平成九年一二月一八日）
17、通信制の大学院について……（平成九年一二月一八日）
18、**二一世紀の大学像と今後の改革方策について——競争的環境の中で個性が輝く大学——**……（平成一〇年一〇月二六日）
19、大学院入学者選抜の改善について……（平成一一年八月九日）
20、大学入試の改善について……（平成一二年一一月二二日）
21、グローバル化時代に求められる高等教育の在り方について……（平成一二年一一月二二日）

●二一世紀の大学像と今後の改革方策について—競争的環境の中で個性が輝く大学—（答申）

（平成一〇年一〇月二六日　大学審議会）

第1章　二一世紀初頭の社会状況と大学像

1　二一世紀初頭の社会状況の展望と高等教育

(1)　高等教育を取り巻く二一世紀初頭の社会状況の展望等—「知」の再構築が求められる時代

○多様で新しい価値観や文明観の提示等が強く求められる時代。このため、大学等がより幅広い視点から「知」を総合的に捉え直し、知的活動の一層の強化のための改革が強く求められる。

(2)　我が国の発展と高等教育

○大学等がその知的活動によって社会をリードし社会の発展を支えていくという重要な役割を十分に果たしてこそ、二一世紀の国際社会において我が国が発展していくことが可能。

2　高等教育改革進展の現状と課題

○大学改革は着実に進められているが、教育研究面、組織運営面等について未だ多くの問題点が指摘されており、二一世紀に向け更に積極的な改革推進が必要。

3　二一世紀初等の大学像

○各大学等が教育研究の不断の維持向上を図り切磋琢磨する状況が創出され、それぞれの個性が輝く大学等として発展していくことが必要。

(1)　高等教育機関の多様な展開

○社会の多様な期待や要請等に適切にこたえていくためには、各大学等の多様化・個性化の推進が不可欠。また、国公私立大学が、それぞれの機能を発揮し特色ある教育研究を展開していくことが必要。果たすべき機能を十分果たしていない国立大学については、適切な評価に基づき大学等の実情に応じた改組転換を検討することも必要。

(2)　高等教育規模の展望

○大学・短大の規模については、一八歳人口が一二〇万人規模の場合（平成二一年度以降約二〇年間）に七〇万人程度の大学・短大の入学規模を想定。これは、進学率上昇と学生の多様化を伴うため、教育機能の強化と厳格な成績評価の実施など学生の質の確保のための取組の抜本的充実が必要。

○大学院については、修士課程における高度専門職業人要請に留意し量的拡大を図るとともに、大学院全体の質の維持向上と教育研究条件の充実が必要。国立大学については、今後大学院の規模の拡大に重点を置く必要があるが、関連して状況に応じ学部段階の規模の縮小も検討していくことが必要。

(3)　大学改革の基本理念—個性が輝く大学

○大学の自律性に基づく多様化・個性化、国際的通用性・共通性の確保、大学の社会的責任等を重視しつつ、次の四つの基本理念に沿って、現行制度を大胆に見直し、改革を推進することが必要。

①課題探求能力の育成を目指した教育研究の質の向上

②教育研究システムの柔構造化による大学の自律性の確保

③責任ある意思決定と実行を目指した組織運営体制の整備

④多元的な評価システムの確立による大学の個性化と教育研究の不断の改善

○独立行政法人化をはじめとする国立大学の設置形態の在り方については、二一世紀の新しい大学像を構築しようとするこれらの改革の進捗状況を見極めつつ、長期的視野に立って検討することが必要。

第2章　大学の個性化を目指す改革方策

1　課題探求能力の育成—教育研究の質の向上

(1)　学部教育の再構築

[1]教育内容の在り方—課題探求能力の育成

○課題探求能力（主体的に変化に対応し、自ら将来の課題を探求し、その課題に対して幅広い視野から柔軟かつ総合的に判断を下すことのできる力）の育成を重視するとともに、専門的素養のある人材として活躍できる基礎的能力等を培うことを基本とする。

①教養教育の重視、教養教育と専門教育の有機的連携の確保（教養教育の理念・目標の実現のためのカリキュラム改善や全学的な実施・運営体制の整備等）

②専門教育における基礎・基本の重視（基礎・基本の重視、細分化された狭い知識の教育ではなく教養教育の理念・目標を踏まえた教育の展開が重要等）

③高等学校教育から学部教育への円滑な移行（学生の履修歴の多様化に対応し、入試における履修科目指定、入学後の大学教育における基礎教育の充実等を考慮。高校生が大学教育にふれる機会を提供）

④国際舞台で活躍できる能力の育成等（外国語教育充実、海外留学推進等）

[2]教育方法等の改善—責任ある授業運営と厳格な成績評価の実施

○単位制度の実質化のための教育方法等の改善を推進し、学生の卒業時の質を確保

①授業の事前学習等の指示の徹底、教員の教育責任の徹底による責任ある授業運営

②成績評価基準の明示と厳格な成績評価

③学生の履修科目登録単位数に上限設定

④教育内容・授業方法の改善のための組織的取組の実施を大学の責務として明確化

⑤教育活動の評価の実施（学生や外部者の意見聴取と改善への反映等）

⑥学生の就職・採用活動に当たっての大学及び産業界の取組の改善

(2)　大学院の教育研究の高度化・多様化

[1]大学院の組織編制の在り方

①大学院を中心とした大学の組織体制を整備（大学院研究科の制度上の位置付けの明確化等）

②一定規模以上の学生を擁する大学院は、専任教員、専用施設・設備を必須化

[2]大学院の課程の目的・役割の明確化（研究者養成に加え、高度専門職業人養成をもより重視した多様で活力あるシステムへ）

[3]高度専門職業人養成に特化した実践的教育を行う大学院修士課程の設置促進（例えば、経営管理、法律実務、ファイナンス、国際開発・協力、公共政策、公衆衛生などの分野）

[4]卓越した教育研究拠点としての大学院の形成、支援（客観的で公正な評価に基づく、資源の集中的・重点的配分）

2　教育研究システムの柔構造化—大学の自律性の確保

(1)　多様な学習需要に対応する柔軟化・弾力化—学生の主体的学習意欲とその成果の積極的評価

[1]学部段階

①四年未満の在学で学部を卒業できる例外措置の導入（厳格な成績評価の下、優れた成績を修めた学生が卒業希望する場合、三年以上四年未満の在学で学部を卒業できる道を新たに開く）

②秋季（九月）入学の拡大（学年途中の入学に関する省令を改正し、柔軟化）

③単位互換及び大学以外の教育施設等における学修の単位認定の拡大（現行は入学前・後各々三〇単位が上限→入学前・後にかかわらず合わせて六〇単位まで拡大。認定できる範囲も拡大）

④単位累積加算制度の創設の検討

[2]大学院段階

①修士課程一年制コースの制度化（社会人対象を原則として、履修形態やカリキュラムの工夫により、一年以上二年未満で修了できる修士課程コースの設定）

②修士課程長期在学コースの制度化（あらかじめ標準修業年限を超える期間を在学予定期間として在学できる修士課程コースの設定）

(2)　大学の主体的・機動的な取組を可能とするための措置

①国立大学の講座・学科目の編制の柔軟化、公私立大学の学科設置等の審査の弾力化

②国立大学の人事、会計等の柔軟性の向上（教育研究経費の使途や繰越の取扱、大学教員の給与決定や兼職兼業等について柔軟性を向上）

③公私立大学に係る設置認可手続き等の簡素化（教員審査及び申請書類の見直し、電子化による負担軽減など）

(3)　地域社会や産業界との連携・交流の推進、

国際交流の推進

①企業と大学との共同による教育プログラムの開発・実施、リフレッシュ教育の実施など

②大学院と企業等の研究所との連携大学院方式や共同研究等の一層の推進など

③留学生交流、教員・研究者交流の一層の推進など

3 責任ある意思決定と実行―組織運営体制の整備

(1) 責任ある運営体制の確立

①開放的で積極的な新しい自主・自律体制構築のため、法改正を含め必要な改革を推進

②学内の機能分担の明確化（学長を中心とする大学執行部の機能、全学と学部の各機関の機能、執行機関と審議機関の機能分担と連携協力、審議機関の運営の基本等を明確化）

・学長補佐体制の整備（例えば、大学運営の企画立案等を行う運営会議（仮称）の整備）

・学部長の職務の明確化

・評議会、教授会の審議事項・手続きの明確化

・教員人事に関する意思決定への学長・学部長の関与の在り方の明確化など

③外部有識者により構成され助言・勧告機能を有する大学運営協議会（仮称）を設置（国立大学に設置。公私立大学については設置者の判断にゆだねる）

(2) 大学情報の積極的な提供

○各大学が教育研究に関する情報を広く国民に対して提供することを制度化

○大学の財務状況に関する情報についても公表を促進

4 多元的な評価システムの確立―大学の個性化と教育研究の不断の改善

①自己点検・評価の実施と結果公表の義務化、学外者による検証の努力義務化

②第三者評価システムの導入

○透明性の高い第三者評価を行うとともに、大学評価情報の収集提供、評価の有効性等の調査研究を推進するための第三者機関（大学共同利用機関と同様の位置付けの機関）を設置

・評価の主たる対象は国立大学。公私立大学は設置者の判断にゆだねる

・個性や特色が十二分に発揮できるよう複数の評価手法に基づく多面的な評価の実施

・評価結果の国民への公表と被評価者の意見提出機会の確保

③様々な評価情報に基づき適切な公的資源配分を実施

・配分の基本的な方針・基準の策定・公表

・第三者機関による評価は、国立大学の予算配分に際して参考資料の一部として活用

5 高等教育改革を進めるための基盤の確立等

○以上の高等教育改革の継続的推進には、国による条件整備のための財政的措置の裏付けが不可欠

○授業料は、学生や親の家計負担があまり重くならないよう努力することが必要

○奨学金は、経済的困難度を重視する観点から事業の抜本的拡充を図ることが必要

○私学助成は、社会的要請の強い特色ある教育研究プロジェクトへの重点的配分を一層図ることが必要。財源多様化のための税制改正を図ることも重要

参考Ⅰ 学部段階の具体的改革方策

1 課題探求能力の育成―教育研究の質の向上

◎学部教育の再構築

[1] 教育内容の在り方―課題探求能力の育成

①教養教育の重視、教養教育と専門教育の有機的連携の確保

○課題探求能力の育成が重要との観点に立ち、教養教育の理念・目標の実現のためのカリキュラム改善や全学的な実施・運営体制の整備等

②専門教育の見直し

○基礎・基本の重視、細分化された狭い知識の教育ではなく教養教育の理念・目標を踏まえた教育の展開が重要等

③学部教育と高等学校教育との関係

○高等学校教育から学部教育への円滑な移行を図るため、学生の履修歴の多様化に対応し、入学者選抜における履修科目指定、入学後の大学教育における基礎教育の充実等を考慮。高校生が大学教育に触れる機会を提供

④国際舞台で活躍できる能力の育成等

○外国語教育充実、海外留学推進、我が国の歴史や文化への深い理解、討論、口頭による意見発表や報告、プレゼンテーション等の訓練等

[2] 教育方法等の改善―責任ある授業運営と厳格な成績評価の実施―

①授業の設計と教員の教育責任

○授業の事前学習等の指示の徹底、教員の教育責任の徹底による責任ある授業運営

②成績評価基準の明示と厳格な成績評価の実施

○授業の方法及び計画とともに、成績評価基準を明示した上で、厳格な成績評価を実施等

③履修科目登録の上限設定と指導

○学生の履修科目登録単位数に上限設定、履修指導を行う指導教員等の配置等

④教員の教育内容・授業方法の改善

○教育内容・授業方法の改善のための組織的取組（ファカルティ・ディベロップメント）の実施を大学の責務として明確化等

⑤教育活動の評価の実施

○組織及び個々の教員の両面からの評価の実施、学生や外部者の意見聴取と改善への反映等

⑥学生の就職・採用活動に当たっての大学及び産業界の取組

○大学における就職指導の充実等、産業界における過度に早期の採用活動の自粛、人物・能力本位の採用の一層の推進、女子学生の雇用の機会均等等の確保を期待。又、大学と産業界は、適時の情報交換や連絡協議の実施が必要。

2 教育研究システムの柔構造化―大学の自律性の確保

(1) 多様な学習需要に対応する柔軟化・弾力化―学生の主体的学習意欲とその成果の積極的評価

①四年未満の在学で学部を卒業できる例外措置の導入

○厳格な成績評価の下、優れた成績を修めた学生が卒業希望する場合、三年以上四年未満の在学で学部を卒業できる例外措置を新たに導入

②秋季（九月）入学の拡大等

○秋季（九月）入学をより柔軟に導入できるようにするため、学年途中の入学に関する規定を改正等

③単位互換及び大学以外の教育施設等における学修の単位認定の拡大

○現行入学前と入学後それぞれ三〇単位とされている上限を入学前、入学後にかかわらず合わせて六〇単位まで拡大。また大学が認定できる範囲も拡大。「遠隔授業」についても、同様に現行三〇単位から上限を六〇単位まで拡大

④単位累積加算制度の創設の検討

○学位授与機構における調査研究の成果を踏まえ検討

(2) 地域社会や産業界との連携・交流の推進

○企業と大学との共同による教育プログラムの開発・実施、リフレッシュ教育の実施

○マルチメディア等の活用による多様な学習機会の提供拡充

○インターンシップの拡大など

(3) 国際交流の推進

○留学生交流、教員・研究者交流の一層の推進など

参考Ⅱ 大学院の具体的改革方策

1 課題探求能力の育成―教育研究の質の向上

◎大学院の教育研究の高度化・多様化

[1] 大学院の組織編制の在り方

①大学院の制度上の位置付けの明確化

○大学院研究科と学部とを同等の基本的な組織とし得ることを法令上明確化

②一定規模以上の学生を擁する大学院の専任教員等

○専任教員や専用施設・設備を備えるべきことを大学院設置基準上明確化

[2] 大学院の課程の目的・役割の明確化

○研究者養成に加え、高度専門職業人養成をも

より重視した多様で活力あるシステムへ

[3]高度専門職業人養成に特化した実践的教育を行う大学院の設置促進

○経営管理などの分野における高度専門職業人の養成に特化した実践的教育を行う大学院修士課程設置促進のため、大学院設置基準等を整備

[4]卓越した教育研究拠点としての大学院の形成、支援

○客観的で公正な評価に基づき、一定期間、研究費や施設・設備費等の資源を集中的・重点的に配分

2　教育研究システムの柔構造化―大学の自律性の確保

(1)　多様な学習需要に対応する柔軟化・弾力化―学生の主体的学習意欲とその成果の積極的評価

○①修士課程一年制コースの制度化

○社会人対象を原則として履修形態やカリキュラムの工夫により、一年以上二年未満の修業年限でも修了が可能な修士課程コースの設定

○②修士課程長期在学コースの制度化

○あらかじめ標準修業年限を超える期間を在学予定期間として在学できる修士課程長期在学コースの設定

(2)　地域社会や産業界との連携・交流の推進

○企業と大学との共同による教育プログラムの開発・実施

○マルチメディア等の活用による多様な学習機会の提供拡充

○大学院と企業等の研究所との連携大学院方式や共同研究等の一層の推進など

(3)　国際交流の推進

○留学生交流、教員・研究者交流の一層の推進など

●我が国の高等教育の将来像（答申）

（平成一七年一月二八日　中央教育審議会）

〈要　旨〉

第一章　新時代の高等教育と社会

二十一世紀は、新しい知識・情報・技術が政治・経済・文化をはじめ社会のあらゆる領域での活動の基盤として飛躍的に重要性を増す、いわゆる「知識基盤社会」（knowledge-based society）の時代であると言われる。

これからの「知識基盤社会」においては、高等教育は、個人の人格の形成の上でも、社会・経済・文化の発展・振興や国際競争力の確保等の国家戦略の上でも、極めて重要である。国際競争が激化する今後の社会では、国の高等教育システムないし高等教育政策そのものの総合力が問われることとなる。国は、将来にわたって高等教育につき責任を負うべきである。

特に、人々の知的活動・創造力が最大の資源である我が国にとって、優れた人材の養成と科学技術の振興は不可欠であり、高等教育の危機は社会の危機でもある。我が国社会が活力ある発展を続けるためには、高等教育を時代の牽引車として社会の負託に十分にこたえるものへと変革し、社会の側がこれを積極的に支援するという双方向の関係の構築が不可欠である。

第二章　新時代における高等教育の全体像

1　「高等教育の将来像」についての基本的考え方：高等教育計画から将来像へ

十八歳人口が減少して約百二十万人規模で推移する一方で、大学・学部等の設置に関する抑制方針が基本的に撤廃されたこと等により、「進学率」の指標としての有用性は減少し、主として十八歳人口の増減に依拠した高等教育政策の手法はその使命を終え、「高等教育計画の策定と各種規制」の時代から「将来像の提示と政策誘導」の時代へと移行する。

国の今後の役割は、①高等教育の在るべき姿や方向性等の提示、②制度的枠組みの設定・修正、③質の保証システムの整備、④高等教育機関・社会・学習者に対する各種の情報提供、⑤財政支援等が中心となろう。

2　高等教育の量的変化の動向

[全体規模等に関する考え方]

十八歳人口が減少を続ける中、大学・短期大学の収容力（入学者数÷志願者数）は平成十九（二〇〇七）年には百％に達するものと予測される（従前の試算よりも二年前倒し）。

様々な変化を背景に、全体規模の面のみからすれば、高等教育についての量的側面での需要はほぼ充足されてきており、同年齢の若年人口の過半数が高等教育を受けるというユニバーサル段階の高等教育が既に実現しつつあると言える。しかし、今後は、分野や水準の面においても、誰もがいつでも自らの選択により学ぶことのできる高等教育の整備、すなわち、学習機会に着目した「ユニバーサル・アクセス」の実現が重要な課題である。

今後、少子化の影響等により、在籍者数が大幅に減少して経営が困難となる機関も生ずることが予想される。中には、学校の存続自体が不可能となることもあり得る。その際には、特に在学生の就学機会の確保を最優先に対応策が検討されるべきであり、そのための関係機関の協力体制が必要である。

[地域配置に関する考え方]

大都市部における過当競争や地域間格差の拡大によって教育条件の低下や学習機会に関する格差の増大等を招くことのないような方策を講ずることは重要な課題である。その際、人材の流動性や遠隔教育の普及等とともに、地方の高等教育機関は地域社会の知識・文化の中核として、また、次代に向けた地域活性化の拠点としての役割をも担っていることに留意する必要がある。

[今後の人材養成の分野別構成等に関する考え方]

今後の様々な人材需要に対しては、各高等教育機関が、幅広い基礎的な教育を充実すること、柔軟に教育組織を改組すること、社会人の再教育を充実させること等により対応を図ることが基本である。国は、高等教育機関の自主的・自律的努力を支援するとともに、人材需要見込み等を的確に把握して情報提供する仕組みを整えるべきである。

抑制方針が維持されている医師、歯科医師、獣医師、教員及び船舶職員の五分野の取扱いについては、人材需給見通し等の政策的要請を十分に見極めながら、抑制の必要性、程度や具体的方策について、必要に応じて個別に検討する必要がある。

3　高等教育の多様な機能と個性・特色の明確化

新時代の高等教育は、全体として多様化して学習者の様々な需要に的確に対応するため、大学・短期大学、高等専門学校、専門学校が各学校種ごとにそれぞれの位置付けや期待される役割・機能を十分に踏まえた教育や研究を展開するとともに、各学校種においては、個々の学校が個性・特色を一層明確にしていかなければならない。

特に大学は、全体として

①世界的研究・教育拠点、②高度専門職業人養成、③幅広い職業人養成、④総合的教養教育、⑤特定の専門的分野（芸術、体育等）の教育・研究、⑥地域の生涯学習機会の拠点、⑦社会貢献機能（地域貢献、産学官連携、国際交流等）

等の各種の機能を併有するが、各大学ごとの選択により、保有する機能や比重の置き方は異なる。その比重の置き方が各機関の個性・特色の表れとなり、各大学は緩やかに機能別に分化していくものと考えられる。（例えば、大学院に重点を置く大学やリベラル・アーツ・カレッジ型大学等）

十八歳人口が約百二十万人規模で推移する時期にあって、各大学は教育・研究組織としての経営戦略を明確化していく必要がある。

[学習機会全体の中での高等教育の位置付けと各高等教育機関の個性・特色]

高等教育の将来像を考える際には、初等中等教育との接続にも十分留意する必要がある。その際、入学者選抜の問題だけでなく、教育内容・方法等を含め、全体の接続を考えていくことが必要であり、初等中等教育から高等教育ま

でそれぞれが果たすべき役割を踏まえて一貫した考え方で改革を進めていく視点が重要である。また、より良い教員養成の在り方についても検討していく必要がある。

　このため、各大学は、入学者受入方針（アドミッション・ポリシー）を明確にし、選抜方法の多様化や評価尺度の多元化の観点を踏まえ、適切に入学者選抜を実施していく必要がある。また、教育の実施や卒業認定・学位授与に関する方針（カリキュラム・ポリシーやディプロマ・ポリシー）を明確にし、教育課程の改善や「出口管理」の強化を図ることも求められる。

　生涯学習との関連でも、高等教育機関は履修形態の多様化等により、重要な役割を果たすことが期待される。

［高等教育を取り巻く環境の変化と各高等教育機関の個性・特色］

　国内外の高等教育機関の国際展開等の国際化の進展や情報通信技術の発達、e-Learningの普及等の中で、各高等教育機関は個性・特色の明確化を一層進める必要がある。

4　高等教育の質の保証

　高等教育の量的側面での需要がほぼ充足されてくる一方、特に大学設置に関する抑制方針の撤廃や準則主義化等もあり、大学等の新設や量的拡大も引き続き予想され、また、各高等教育機関が個性・特色を明確にしながら、大学が自律的選択に基づいて機能別に分化するなど全体として多様化が一層進むにつれて、学習者の保護や国際的通用性の保持のため、高等教育の質の保証が重要な課題となる。

　個々の高等教育機関は、教育・研究活動の改善と充実に向けて不断に努力することが大切である。また、高等教育の質の保証の仕組みを整えて効果的に運用することは、国としての基本的な責務である。

　高等教育の質の保証の仕組みとしては、事後評価のみでは十分ではなく、事前・事後の評価の適切な役割分担と協調を確保することが重要である。設置認可制度の位置付けを一層明確化して的確に運用するとともに、認証機関による第三者評価のシステムを充実させるべきである。個々の高等教育機関が質の維持・向上を図るためには、自己点検・評価がまずもって大切である。

　また、教育内容・方法や財務状況等に関する情報や設置審査、認証評価、自己点検・評価により明らかとなった課題や情報を当該機関が積極的に学習者に提供するなど、社会に対する説明責任を果たすことが求められる。

第三章　新時代における高等教育機関の在り方

1　各高等教育機関の教育・研究の質の向上に関する考え方

［大学］

　大学は、学術の中心として深く真理を探求し専門の学芸を教授研究することを本質とするものであり、その活動を十全に保障するため、伝統的に一定の自主性・自律性が承認されていることが基本的な特質である。

　このような特質を持つ大学は、今後の知識基盤社会において、公共的役割を担っており、その社会的責任を深く自覚する必要がある。

　国際的通用性のある大学教育または大学院教育の課程の修了に係る知識・能力の証明としての学位の本質を踏まえつつ、今後は、教育の充実の観点から、学部や大学院といった組織に着目した整理を、学士・修士・博士・専門職学位といった学位を与える課程中心の考え方に再整理していく必要があると考えられる。

　大学が、人材育成と学術研究の両面において、本来の使命と役割をより積極的かつ効果的に果たしていくためには、常に教員組織の在り方が最も適切なものとなるよう努力していくことが必要である。現行制度では、大学教員の基本的な職として、教育・研究を主たる職務とする職である教授及び助教授とともに、主たる職務が教育・研究か教育・研究の補助かが必ずしも明瞭でない助手の職が定められている。今後はこれを見直し、教育・研究を主たる職務とする職としては、教授、准教授のほかに新しい職として「助教」を設けて三種類とするとともに、助手は、教育・研究の補助を主たる職務とする職として定めることが適当である。また、大学設置基準の講座制や学科目制に関する規定を削除して、教員組織の基本となる一般的な在り方を規定し、具体的な教員組織の編制は、各大学が自ら教育・研究の実施上の責任を明らかにしつつ、より自由に設計できるようにすべきである。

　学士課程について、各大学には、大学における「教養教育」や「専門教育」等の在り方を総合的に見直して再構築することにより、現状よりさらに充実した教育を展開することが強く求められる。

　学士課程は、「二十一世紀型市民」の育成・充実を目的としつつ、教養教育と専門基礎教育を中心に主専攻・副専攻を組み合わせた「総合的教養教育型」や「専門教育完成型」など、様々な個性・特色を持つものに分化し、多様で質の高い教育を展開することが期待される。教育の充実のため、分野ごとにコア・カリキュラムが作成されることが望ましい。また、コア・カリキュラムの実施状況は機関別・分野別の大学評価と有機的に結び付けられることが期待される。

　修業年限については、従前どおり学士課程を四年かけて卒業する経路のほか、修士・博士・専門職学位課程との関係では、学習経路が多様化し、特に総合的教養教育型において学士課程三年修了による大学院進学という制度が積極的に活用されることが考えられる。

　企業採用に向けた就職活動は、大学と産業界の連携の下、学士課程教育に実質的に支障のないよう配慮が必要である。また、修了・卒業直後の一年間での様々な活動体験や短期在外経験等を重視することも期待される。

　大学院教育については、課程制大学院制度の趣旨を踏まえて、それぞれの課程の目的・役割を明確にした上で、大学院における教育の課程の組織的展開の強化（大学院教育の実質化）を図る必要がある。

　修士課程は、研究者等養成（の第一段階）、高度専門職業人養成及び「二十一世紀型市民」の高度な学習需要への対応の三つの機能を担うものであり、これに沿った体系的な教育課程を編成する必要がある。

　博士課程は、創造性豊かな優れた研究・開発能力を持ち、産学官を通じたあらゆる研究・教育機関の中核を担う研究者等及び確かな教育能力と研究能力を兼ね備えた大学教員を養成する。このため、体系的な教育課程を編成する必要がある。

　今後の知識基盤社会にあっては、博士号取得者が、研究・教育機関ばかりではなく企業経営、ジャーナリズム、行政機関、国際機関等の多様な場で中核的人材として活躍することが期待される。

　専門職学位課程は、多様な分野（例えば、法曹、ＭＢＡ・ＭＯＴ、公共政策、教員養成等）での創設・拡充等が必要である。

　短期大学の課程は、ユニバーサル段階の身近な高等教育の一つとして、また、地域と連携協力して多様な学習機会を提供する、知識基盤社会での土台づくりの場として、新時代にふさわしい位置付けが期待され、短期大学の課程の積極的な改革が期待される。これらの点を踏まえつつ、短期大学における教育の課程修了を学位取得に結び付けるよう制度改正を行うことが適切である。

［高等専門学校］

　高等専門学校は、五年一貫の実践的・創造的技術者等の養成という教育目的や、早期からの体験重視型の専門教育等の特色を一層明確にしつつ、今後とも応用力に富んだ実践的・創造的技術者等を養成する教育機関として重要な役割を果たすことが期待される。

　現在、高等専門学校の単位については、教室内における三十時間の履修を一単位として計算されているが、授業形態・指導方法の多様性や自学自習による教育効果も考慮した単位計算方法を導入することが適切である。

［専門学校］

　知識・技術等の高度化や専門特化した技術者養成等のため、修業年限の長期化・多様化に伴い、専門学校の高等教育機関としての性格も短期から長期まで様々なものに拡大してきている。一方で、実践的な職業教育・専門技術教育機関としての専門学校の性格を明確化し、その機能を充実することが期待される。

　誰もがアクセスしやすい柔軟な高等教育シス

テムを構築し、学習者の立場に立って相互の接続の円滑化を図る一環として、一定の要件を満たすと認められた専門学校を卒業した者に対して大学院入学資格を付与することが適切である。

2　国公私立大学の特色ある発展に関する考え方

国公私立大学がそれぞれ特色ある教育・研究を展開していくことは、二十一世紀初頭における社会の多様な要請等に国公私立大学全体で適切にこたえていくというだけでなく、高等教育全体の活性化の上からも重要である。

各大学ごとの個性・特色は、国公私を問わず、各大学自らの選択に基づくものであるが、国公私それぞれを全体として見た場合の特色を意識しておくことは、高等教育の発展と国公私それぞれへの支援の在り方を考える上で、今日でもなお十分に意義を有するものと考えられる。

3　高等教育機関の設置形態の多様化に関する考え方

現在、構造改革特区において認められている株式会社立大学の今後の位置付け等については、「高等教育の質」の保証や株式会社の特性といった観点を念頭に置きつつ、特区における実施状況に関し、公共性・継続性・安定性等についての検証・評価を十分に時間をかけて慎重に行った上で、改めて検討する必要がある。

第四章　高等教育の発展を目指した社会の役割

1　高等教育の発展を目指した支援の在り方

国は、教育・研究条件の維持・向上や学生支援の充実等により学習者の学習機会の保障に努めるべきである。また、学生個人のみならず現在及び将来の社会も高等教育の受益者である。このため、高等教育への公財政支出の拡充とともに民間企業や個人等からの資金の積極的導入に努めることが必要である。

今後、我が国においては、高等教育に対する公的支出を欧米諸国並みに近づけていくよう最大限の努力が払われる必要がある。その際、厳しい財政状況や高等教育への社会の負託をも踏まえつつ、すべての関係者が、国民（納税者）の理解を得られるよう説明責任を十分果たしていく必要がある。

高等教育への財政的支援は、国内的のみならず国際的な競争的環境の中にあって、高等教育機関が持つ多様な機能に応じた形に移行し、機関補助と個人補助の適切なバランス、基盤的経費助成と競争的資源配分を有効に組み合わせることにより、多元的できめ細やかなファンディング・システムが構築されることが必要である。これにより、国公私それぞれの特色ある発展と緩やかな役割分担、質の高い教育・研究に向けた適正な競争が目指されるべきである。

具体的には、国立大学については、教育・研究の特性に配慮しつつ、それぞれの経営努力を踏まえて、政策的課題（地域再生への貢献、新たな需要を踏まえた人材養成、大規模基礎研究等）への各大学の個性・特色に応じた取組を支援すること、私立大学については、基盤的経費の助成を進める。その際、国公私にわたる適正な競争を促すという観点を踏まえ、各大学の個性・特色に応じた多様な教育・研究・社会貢献の諸活動を支援すること、公立大学については、地域における知の拠点としての機能を発揮できるよう支援すること、国公私を通じた競争的・重点的支援の拡充により、積極的に改革に取り組む大学等をきめ細やかに支援すること、民間企業を含めた研究開発のための公的資源配分を大学等にも開放すること、競争的資源配分の間接経費の充実により、機動的・戦略的な機関運営を支援すること、奨学金等の学生支援を充実すること等が重要である。

2　高等教育の発展を目指した各方面の取組

国の今後の役割は、高等教育の在るべき姿や方向性等の提示、制度的枠組みの設定・修正、質の保証システムの整備、高等教育機関・社会・学習者に対する各種の情報提供、財政支援等が中心となろう（再掲）。その際、大学の自律性に十分配慮し簡素で効率的な高等教育行政となるよう留意する必要がある。

今後、教育基本法及び教育振興の在り方が検討される際には、このような高等教育の振興方策についての考え方を十分に踏まえることが期待される。

地方公共団体と国公私立を通じた地域の大学全体との関係については、委託研究等の産学官（公）連携の推進や学校教員の養成、公開講座の実施等につき、有機的な連携を図ることが期待される。地方公共団体が公立大学を設置し管理運営を行う場合には、例えば公立大学法人制度を活用するなどして、大学の自律性を十分に尊重しながら、より一層の教育・研究機能の強化に向けた改革努力を支援することが期待される。

産業界は、学士・修士・博士等の学位取得者の採用・処遇に関し、それぞれの学位の種類に応じた取扱いがなされるよう、十分に配慮することが期待される。

また、人材の流動化を一層促進し我が国社会の活性化を図るためには、産業界が社会人の大学院等への進学・再入学を積極的に支援することが重要である。

さらに、研究開発を自社内部で完結させる「自前主義」には効率性や競争力確保の上でも限界があることから、各企業の経営・研究開発戦略において、大学との共同研究や技術移転等の産学官連携を柱の一つとして明確に位置付け、国内の大学を一層積極的に評価・活用することが期待される。

このような産業界の取組を促進するため、高等教育機関側と産業界側の情報交換の場を設けることは極めて重要である。

第五章　「高等教育の将来像」に向けて取り組むべき施策

将来像を念頭に、その内容の実現に向けて取り組むべき施策を「早急に取り組むべき重点施策」等として提言することとする。国は、これらの提言を踏まえて施策の具体化を図るべきである。また、各高等教育機関においても、これらの提言の趣旨を踏まえた努力が求められる。

［早急に取り組むべき重点施策（「十二の提言」）］

①高等教育の量的変化の動向についての関連施策
―人材養成に関する社会のニーズへの対応
―各高等教育機関の経営の改善
②高等教育の多様な機能と個性・特色の明確化についての関連施策
―入学者選抜・教育課程の改善、「出口管理」の強化
―留学生交流の促進・充実
③高等教育の質の保証についての関連施策
―大学等の設置認可や認証評価等における審査内容や視点の明確化
④各高等教育機関の在り方についての関連施策
―教養教育や専門教育等の総合的な充実
―大学院教育の実質化
―世界トップクラスの大学院の形成
―助教授・助手の位置付けを含めた教員組織の活性化
⑤高等教育の発展を目指した社会の役割についての関連施策
―高等教育への支援の拡充
―多元的できめ細やかなファンディング・システムの構築
―学生支援の充実・体系化等

●学士課程教育の構築に向けて（答申）

（平成二〇年一二月二四日　中央教育審議会）

〈概　要〉

1　基本的な認識

○グローバル化する知識基盤社会において、学士レベルの資質能力を備える人材養成は重要な課題である。
○他方、目先の学生確保が優先される傾向がある中、大学や学位の水準が曖昧になったり、学位の国際的通用性が失われたりしてはならない。
○各大学の自主的な改革を通じ、学士課程教育における三つの方針の明確化等を進める

必要がある。

2　主な内容

(1) 学位授与の方針について

【現状・課題】

・他の先進国では「何を教えるか」より「何ができるようになるか」を重視した取組が進展

・一方、我が国の大学が掲げる教育研究の目的等は総じて抽象的

・学位授与の方針が、教育課程の編成や学修評価の在り方を律するものとなっていない

・大学の多様化は進んだが、学士課程を通じた最低限の共通性が重視されていない

【改善方策の例】

・大学は、卒業に当たっての学位授与の方針を具体化・明確化し積極的に公開

・国は学士力に関し、参考指針を提示

〔学士力に関する主な内容〕

1、知識・理解（文化、社会、自然　等）

2、汎用的技能（コミュニケーションスキル、数量的スキル、問題解決能力　等）

3、態度・志向性（自己管理力、チームワーク、倫理観、社会的責任　等）

4、総合的な学習経験と創造的思考力

(2) 教育課程編成・実施の方針について

【現状・課題】

・学修の系統性・順次性が配慮されていないとの指摘

・学生の学習時間が短く、授業時間外の学修を含めて四五時間で一単位とする考え方が徹底されていない

・成績評価が教員の裁量に依存しており、組織的な取組が弱いとの指摘

【改善方策の例】

・順次性のある体系的な教育課程を編成

・国は分野別のコア・カリキュラム作成を支援

・学生の学習時間の実態を把握した上で、単位制度を実質化

・成績評価基準を策定し、GPA等の客観的な評価基準を適用

(3) 入学者受入れの方針について

【現状・課題】

・大学全入時代を迎え、入試によって高校の質保証や大学の入口管理を行うことが困難

・特定の大学をめぐる過度の競争

・総じて、学生の学習意欲の低下や目的意識が希薄化

【改善方策の例】

・大学は、大学と受験生のマッチングの観点から入学者受入れ方針を明確化

・入試方法を点検し、適切な見直し

・初年次教育の充実や高大連携を推進

(4) その他

【現状・課題】

・ファカルティ・ディベロップメント（FD）は普及したが、教育力向上に十分つながっていない

・設置認可は弾力化されたが、質保証の観点から懸念すべき状況も見られる

・これらの活動に係る財政支援が不可欠

【改善方策の例】

・教員・大学職員への研修の活性化と、教員業績評価での教育面の重視

・自己点検・評価の確実な実施、分野別質保証の枠組みづくりのため日本学術会議への審議依頼等の質保証の仕組みを強化

・財政支援の強化と説明責任の徹底

●国立大学法人等の組織及び業務全般の見直しについて（通知）

（平成二七年六月八日 文科高第二六九号 文部科学大臣）

〈骨　子〉

《見直しの考え方・方向性》

○中期目標の実際上の作成主体である国立大学法人等に対して文部科学大臣が組織・業務全般にかかる見直し内容を提示

○第三期中期目標期間においては、各法人が、一層の質的向上を図るため、自らの強み・特色や高い到達目標・実現手段・検証指標を明示した、戦略性が高く意欲的な中期目標・中期計画を設定することを要請

《見直し内容》

【組織・業務全般】

○「ミッションの再定義」を踏まえた組織改革

「ミッションの再定義」で明らかにされた各大学の強み・特色・社会的役割を踏まえた速やかな組織改革に努めることとする。特に教員養成系学部・大学院、人文社会科学系学部・大学院については、一八歳人口の減少や人材需要、教育研究水準の確保、国立大学としての役割等を踏まえた組織見直し計画を策定し、組織の廃止や社会的要請の高い分野への転換に積極的に取り組むよう努めることとする。

○各地域における知の拠点として社会貢献・地域貢献の推進

○国境を越えた教育連携・共同研究の実施や学生の交流等、グローバル化の推進

○学長・機構長を補佐する体制の強化等、ガバナンス改革の充実

○年俸制・混合給与の積極的な導入など人事・給与システム改革の推進

○法令遵守体制の充実と研究の健全化

特に、国立大学法人について

○アクティブ・ラーニングの導入等、大学教育の質的転換

○多面的・総合的な入学者選抜への転換

特に、大学共同利用機関法人について

○異分野融合・新分野創成に資する拠点機能の強化・研究環境の向上を図るとともに、大学の機能強化に貢献

【運営費交付金の配分方法】

○機能強化の方向性に応じた取組をきめ細かく支援するため、予算上、三つの重点支援の枠組みを新設

○組織の自己変革や新陳代謝を促進するため、学長・機構長のリーダーシップを予算面で強化

●二〇四〇年に向けた高等教育のグランドデザイン（答申）

（平成三〇年一一月二六日 中央教育審議会）

〈概　要〉

Ⅰ　二〇四〇年の展望と高等教育が目指すべき姿――学修者本位の教育への転換――

【必要とされる人材像と高等教育の目指すべき姿】

○予測不可能な時代を生きる人材像

・普遍的な知識・理解と汎用的技能を文理横断的に身に付けていく

・時代の変化に合わせて積極的に社会を支え、論理的思考力を持って社会を改善していく資質を有する人材

○学修者本位の教育への転換

・「何を学び、身に付けることができたのか」＋個々人の学修成果の可視化（個々の教員の教育手法や研究を中心にシステムを構築する教育からの脱却）

・学修者が生涯学び続けられるための多様で柔軟な仕組みと流動性

・国連が提唱する持続可能な開発のための目標（SDGs）は、全ての人が平和と豊かさを享受できる社会

【高等教育と社会の関係】

○「知識の共通基盤」

・教育と研究を通じて、新たな社会・経済システムを提案、成果を還元

○研究力の強化

・多様で卓越した「知」はイノベーションの創出や科学技術の発展にも寄与

○産業界との協力・連携

・雇用の在り方や働き方改革と高等教育が提供する学びのマッチング

○地域への貢献

・「個人の価値観を尊重する生活環境を提供できる社会」に貢献

Ⅱ　教育研究体制――多様性と柔軟性の確保

【多様な学生】
○一八歳で入学する日本人を主な対象として想定する従来のモデルから脱却し、社会人や留学生を積極的に受け入れる体質転換
→リカレント教育、留学生交流の推進、高等教育の国際展開

【多様な教員】
○実務家、若手、女性、外国籍などの様々な人材を登用できる仕組みの在り方の検討
→教員が不断に多様な教育研究活動を行うための仕組みや環境整備（研修、業績評価等）

【多様で柔軟な教育プログラム】
○文理横断・学修の幅を広げる教育、時代の変化に応じた迅速かつ柔軟なプログラム編成
→学位プログラムを中心とした大学制度、複数の大学等の人的・物的資源の共有、ICTを活用した教育の促進

【多様性を受け止める柔軟なガバナンス等】
○各大学のマネジメント機能や経営力を強化し、大学等の連携・統合を円滑に進められる仕組みの検討
→国立大学の一法人複数大学制の導入、経営改善に向けた指導強化・撤退を含む早期の経営判断を促す指導、国公私立の枠組みを越えて、各大学の「強み」を活かした連携を可能とする「大学等連携推進法人（仮称）」制度の導入、学外理事の登用

【大学の多様な「強み」の強化】
○人材養成の観点から各機関の「強み」や「特色」をより明確化し、更に伸長

III　教育の質の保証と情報公表――「学び」の質保証の再構築――
○全学的な教学マネジメントの確立
→各大学の教学面での改善・改革に資する取組に係る指針の作成
○学修成果の可視化と情報公表の促進
→・単位や学位の取得状況、学生の成長実感・満足度、学修に対する意欲等の情報
・教育成果や大学教育の質に関する情報の把握・公表の義務付け
→全国的な学生調査や大学調査により整理・比較・一覧化

【教育の質保証システムの確立】
○設置基準の見直し
（定員管理、教育手法、施設設備等について、時代の変化や情報技術、教育研究の進展等を踏まえた抜本的な見直し）
○認証評価制度の充実
（法令違反等に対する厳格な対応）

IV　一八歳人口の減少を踏まえた高等教育機関の規模や地域配置――あらゆる世代が学ぶ「知の基盤」――

【高等教育機関への進学者数とそれを踏まえた規模】
○将来の社会変化を見据えて、社会人、留学生を含めた「多様な価値観が集まるキャンパス」の実現
○学生の可能性を伸ばす教育改革のための適正な規模を検討し、教育の質を保証できない機関への厳しい評価
（参考）二〇四〇年の推計
・一八歳人口：一二〇万人（二〇一七年）
→八八万人（現在の七四％の規模）
・大学進学者数：六三万人（二〇一七年）
→五一万人（現在の八〇％の規模）

【地域における高等教育】
○複数の高等教育機関と地方公共団体、産業界が各地域における将来像の議論や具体的な連携・交流等の方策について議論する体制として「地域連携プラットフォーム（仮称）」を構築

【国公私の役割】
○歴史的経緯と、再整理された役割を踏まえ、地域における高等教育の在り方を再構築し高等教育の発展に国公私全体で取り組む
○国立大学の果たす役割と必要な分野・規模に関する一定の方向性を検討

V　各高等教育機関の役割等――多様な機関による多様な教育の提供――
○各学校種（大学、専門職大学・専門職短期大学、短期大学、高等専門学校、専門学校、大学院）における特有の課題の検討・
○転入学や編入学などの各高等教育機関の間の接続を含めた流動性を高め、より多様なキャリアパスを実現

VI　高等教育を支える投資――コストの可視化とあらゆるセクターからの支援の拡充――
○国力の源である高等教育には、引き続き、公的支援の充実が必要

○社会のあらゆるセクターが経済的効果を含めた効果を享受することを踏まえた民間からの投資や社会からの寄附等の支援も重要（財源の多様化）

←

○教育・研究コストの可視化
○高等教育全体の社会的・経済的効果を社会へ提示

←

公的支援も含めた社会の負担への理解を促進
→必要な投資を得られる機運の醸成

第5節　社会教育・生涯学習

●中央教育審議会答申（生涯学習・社会教育関係）（太字は本書収録）

A　中央教育審議会答申（平成一四年から）

1、大学入学資格検定の見直しについて～社会において広く通用する「高等学校卒業程度認定試験」～……（平成一六年八月六日）
2、**新しい時代を切り拓く生涯学習の振興方策について～知の循環型社会の構築を目指して～**……（平成二〇年二月一九日）
3、スポーツ基本計画の策定について……（平成二四年三月二一日）
4、通信教育の認定及び廃止等について……（平成二六年三月一七日）
5、通信教育の認定及び条件の変更について……（平成二六年七月一〇日）
6、通信教育の認定及び廃止等について……（平成二七年一月三〇日）
7、個人の能力と可能性を開花させ、全員参加による課題解決社会を実現するための教育の多様化と質保証の在り方について（第二部）……（平成二八年五月三〇日）
8、**人口減少時代の新しい地域づくりに向けた社会教育の振興方策について**……（平成三〇年一二月二一日）

B　旧中央教育審議会答申（平成一二年まで）

1、勤労青少年教育の振興方策について……（昭和三三年四月二八日）
2、地域社会と文化について……（昭和五四年六月八日）
3、**生涯教育について**……（昭和五六年六月一一日）
4、生涯学習の基礎整備について……（平成二年一月三〇日）

C　旧生涯学習審議会答申（平成四年から平成一二年まで）

1、**今後の社会の動向に対応した生涯学習の振興方策について**……（平成四年七月二九日）
2、**地域における生涯学習機会の充実方策について**……（平成八年四月二四日）
3、社会の変化に対応した今後の社会教育行政の在り方について……（平成一〇年九月一七日）
4、学習の成果を幅広く生かす——生涯学習の成果を生かすための方策について……（平成一一年六月九日）
5、生活体験・自然体験が日本の子どもの心をはぐくむ——「青少年の『生きる力』をはぐくむ地域社会の環境の充実方策について」……（平成一一年六月九日）
6、新しい情報通信技術を活用した生涯学習の推進方策について——情報化で広がる生涯学習の展望……（平成一二年一一月二八日）

D　旧社会教育審議会答申（昭和二九年から昭和五六年まで）

1、社会教育施設振興の方策はいかにすべきか……（昭和二九年三月一六日）
2、青少年教育上特に配慮を要する事項は何か……（昭和三〇年三月一八日）
3、青少年団体の育成の方策はいかにすべきか……（昭和三〇年三月一八日）
4、青年学級振興上の方策はいかにすべきか……（昭和三〇年三月一八日）
5、社会教育の立場から新生活運動をいかにして展開してゆくべきか……（昭和三〇年三月一八日）
6、社会教育関係団体の健全な発達を図るための具体策はいかにすべきか……（昭和三〇年三月一八日）
7、学校開放講座の実施運営はどうあるべきか……（昭和三〇年三月一八日）
8、公民館の充実振興方策について……（昭和三二年一二月一〇日）
9、青少年向図書の選定について……（昭和三三年八月二五日）
10、社会教育における青少年の人格形成のための実施要項について……（昭和三三年一二月一六日）
11、社会教育関係団体の助成について……（昭和三四年一二月九日）
12、公民館の設置及び運営上必要な基準について……（昭和三四年一二月一九日）
13、社会通信教育の拡充の諸方策について……（昭和三六年七月五日）
14、映像放送及びFM放送による教育専門放送のあり方について……（昭和四四年三月二九日）
15、急激な社会構造の変化に対処する社会教育のあり方について……（昭和四六年四月三〇日）
16、市町村における社会教育指導者の充実強化のための施策について……（昭和四九年六月二四日）
17、青少年の徳性と社会教育……（昭和五六年五月九日）

〔参考〕

○生涯学習審議会　社会教育分科審議会報告
・家庭の教育力の充実等のための社会教育行政の体制整備について（報告）……（平成一二年一一月二八日）
○社会教育審議会建議
・在学青少年に対する社会教育のあり方について—家庭教育、学校教育と社会教育との連携—……（昭和四九年四月二六日）
○通商産業省産業構造審議会生涯学習振興部会中間報告
・生涯学習社会及び生涯学習の振興方策の在り方について……（平成四年九月八日）

●生涯教育について（答申）（抄）

（昭和五六年六月一一日 中央教育審議会）

前文（省略）

第一章　我が国における生涯教育の意義

1　生涯教育の意義

人間は、その自然的、社会的、文化的環境とのかかわり合いの中で自己を形成していくものであるが、教育は、人間がその生涯を通じて資質・能力を伸ばし、主体的な成長・発達を続けていく上で重要な役割を担っている。（中略）

今日、変化の激しい社会にあって、人々は、自己の充実・啓発や生活の向上のため、適切かつ豊かな学習の機会を求めている。これらの学習は、各人が自発的意思に基づいて行うことを基本とするものであり、必要に応じ、自己に適した手段・方法は、これを自ら選んで、生涯を通じて行うものである。その意味では、これを生涯学習と呼ぶのがふさわしい。

この生涯学習のために、自ら学習する意欲と能力を養い、社会の様々な教育機能を相互の関連性を考慮しつつ総合的に整備・充実しようとするのが生涯教育の考え方である。言い換えれば、生涯教育とは、国民の一人一人が充実した人生を送ることを目指して生涯にわたって行う学習を助けるために、教育制度全体がその上に打ち立てられるべき基本的な理念である。

このような生涯教育の考え方は、ユネスコが提唱し、近年、国際的な大きな流れとして、多数の国々において広く合意を得つつある。また、ＯＥＣＤが、義務教育終了後における就学の時期や方法を弾力的なものとし、生涯にわたって、教育を受けることと労働などの諸活動とを交互に行えるようにする、いわゆる“リカレント教育”を提唱したのも、この生涯教育の考え方によるものである。

我が国にあっては、人々の教育・学習のための機会は、公的あるいは民間諸部門の努力や活力によって豊富に存在するが、生涯教育の観点からみれば、なお吟味・改善を要する部分や、相互の連携・協力をより適切に進めるべき点が少なくない。

また、我が国には、個人が人生の比較的早い時期に得た学歴を社会がややもすれば過大に評価する、いわゆる学歴偏重の社会的風潮があり、そのため過度の受験競争をもたらすなど、教育はもとより社会の諸分野に種々のひずみを生じている。今後、このような傾向を改め、広く社会全体が生涯教育の考え方に立って、人々の生涯を通ずる自己向上の努力を尊び、それを正当に評価する、いわゆる学習社会の方向を目指すことが望まれる。

2　生涯教育と現代社会

このような認識の下に、近年なぜ我が国においても生涯教育が重視されるようになってきたかを、我が国の社会・経済的な状況に即して考えてみたい。

第一に、社会・経済の急速な変化そのものが、人々に様々な知識・技術等の習得を迫っている。すなわち、目覚ましい科学技術の進歩や経済の発展は、技術革新と産業構造の変化をもたらすとともに、社会の都市化や情報化を進めており、このような状況の下で、多くの人々が新たな知識・技術の習得や主体的な情報選択能力の涵養、都市生活への適応など種々の対応を迫られている。また、特に、国際関係が一層深まりつつある今日、我が国が将来にわたって各国との協調の下に発展していくために人々が豊かな国際性を身につけることが求められている。

第二に、人々の教育的、文化的な要求そのものが増大しつつある。我が国においては、従来から教育に対する関心は強く、また、学問をはじめ教養や趣味、技芸等を身につけることも盛んである。これに加えて、近年、物質的生活の豊かさが増し、また、国民の教育水準が向上するにつれて精神的な豊かさに対する要求は一層高まりつつあり、これに伴い個人あるいはグループによる種々の学習活動がとみに活発になってきている。

また、これらの活動の内容は、職業的技術・知識の習得や資格の取得、芸術・趣味・スポーツ等に関するものから、信仰・修養など深く人間の内面にかかわるものなど多種多様である。このことは、種々の変化に対応し、あるいは不変の価値を求める人々の学習意欲の現れである。

第三に、人々の多様な学習活動を可能ならしめる経済的、社会的な条件が整いつつある。すなわち、我が国においては、近年における経済成長の結果、国民の所得水準は逐年向上し、家計にゆとりをもたらし、それによって種々の教育的、文化的な要求が増大する一方、その充足を可能ならしめるに至ったのである。

また、家庭における子供の数の減少や家事労働の軽減、職場における労働時間の短縮あるいは寿命の延長などに伴い、自由時間が増大しているが、このことも多様な学習活動を可能にしてきた理由の一つである。

第四に、以上述べたような人々の個人的な学習上の必要性ないし可能性と並んで、今後、我が国が自由な生き生きとした社会を維持し、その一層の発展を図る上からも、適切な社会的な対応が求められている。

今日、青少年の生活意識に見られる著しい個人生活への志向は、しばしば社会に対する無関心に連なり、また、人々の公共心、地域社会における連帯意識の希薄化が指摘されるに至っている。加えて、急速な高齢化社会への進行に伴う種々の課題が生じている。このような状況に対処し、今後、人々が自由に自立しつつ、しかも広い社会性を身につけ、相互の思いやりと生きがいに満ちた、活力ある社会を築いていく上において、適切な教育的対応が要請されているのである。

第二章～第五章（省略）

●今後の社会の動向に対応した生涯学習の振興方策について（答申）（抄）

（平成四年七月二九日 生涯学習審議会）

第1部　生涯学習についての基本的な考え方

1　これまでの経緯（省略）

2　生涯学習の必要性にsazsついて

今日、人生八〇年時代を迎え、また社会が複雑化・成熟化したことにより、人々は社会生活を送っていく上で、学校教育修了後も引き続き、絶えず新たな知識・技術を習得していく必要性を強く感じており、豊かで充実した人生を送るためには、生涯学習に取り組むことが不可欠となってきている。また、人々は学習することで新しい可能性を見付け、新たな自己を発見する喜びを体験することもでき、生涯学習に取り組むことで、自らを豊かにすることができるのである。

3　豊かな生涯学習社会を築いていくために

本審議会としては、来るべき二一世紀に向けて、人々の生涯学習をより充実したものにし、一人一人の生涯学習への熱意を高め、生涯学習社会を築いていくためには、更に次のような視点が必要であると考える。

(1)　**人々が生涯にわたって学習に取り組むというライフスタイルを確立することが重要である**（省略）

(2)　**人々の様々な潜在的学習需要を顕在化し、具体的な学習行動にまで高める必要がある**（省略）

(3)　**学校その他の教育機関等と密接な連携を図り、専門的な学習需要にこたえる必要がある**（省略）

(4)　**学習の成果を職場、地域や社会において生かすことのできる機会や場を確保する必要がある**（省略）

4　当面重点的に充実・振興方策を考えるべき四つの課題について（省略）

第2部　当面重点を置いて取り組むべき四つの課題

第1章　社会人を対象としたリカレント教育の推進について（省略）

第2章　ボランティア活動の支援・推進について（省略）

第3章　青少年の学校外活動の充実について（省略）

第4章　現代的課題に関する学習機会の充実について（省略）

第3部　四つの課題についての充実・振興方策

1　適切な学習機会の拡充

生涯学習の振興において、人々の学習活動を支援するためには、適切な学習機会の拡充を図ることが大切である。その際、心身に障害のある人や病気がちな人などが生涯学習に取り組むことができるよう、適切な配慮が望まれる。また、週休二日制の普及や学校週五日制の導入など、近年の休日の拡大傾向に伴って、土曜日や休日等における学習機会の提供へのニーズが高まっており、生涯学習の機会を提供する各種の施設や機関等において、この点を十分考慮に入れる必要がある。

(1)　リカレント教育の学習機会の拡充

①　大学等におけるリカレント教育（省略）

②　リカレント教育の実施体制・方法

リカレント教育の推進のため、公開講座の充実、出張講座の開設など、大学等が地域や産業界と連携・協力しながら広く学習機会を提供することが必要である。その際、大学等でリカレント教育に当たる教員組織や事務体制等の充実が望まれる。

(2)　ボランティア活動に関する学習機会の拡充

ボランティア活動を希望する人のために、ボランティアの精神、ボランティア活動の理念等について学習する機会を、様々な形で拡充することが重要である。

(3)　青少年の学校外活動における学習機会の拡充

子供の発達段階に応じて、自然や社会への基礎的な興味・関心を養う観点から、次のような学習機会の拡充や活動の充実を促進する必要がある。

①　自然環境や社会環境など環境とのかかわりや、科学技術への興味・関心を培う活動

②　地域の生活に密着した国際交流活動など、国際化社会に生きるための素養を身に付ける活動

③　地域社会におけるボランティア活動、高齢者や障害者との交流活動、勤労体験活動など、多様な社会参加を経験する活動

④　身近な地域において、異年齢の仲間作りを促進し、自発的な活動意欲を育てる活動

(4)　現代的課題に関する学習機会の拡充

教育委員会や社会教育施設は、人々の学習ニーズの高度化を考慮し、現代的課題に関する学級・講座等を充実することが必要である。

2　学習情報の提供と学習相談体制の整備充実

人々の学習活動を支援するためには、最も適した学習機会を選択することができるよう、学習機会を提供する機関、指導者などに関する情報を収集・整理し、適切な情報を提供する情報提供体制や、学習者をその求めに適した学習機会等に結び付けるための学習相談体制を、各地域で整備することが必要である。また、公的施設だけでなく、人々の身近なところで必要な情報が入手できることが望ましい。

その際、コンピュータ等の活用により、人々の学習ニーズに迅速かつ的確に対応する、生涯学習情報提供システムなどのネットワークの整備が重要である。この場合、都道府県においては生涯学習推進センター等が、市町村においては中央公民館等が、それぞれの圏域の中心となることが望ましい。

さらに、大学等を含めた教育機関や生涯学習関連施設等との連携を図り、民間の諸活動との関連も考慮しつつ、都道府県域を越えたネットワークを整備し、将来的にはネットワークを全国化することが期待される。

(1)　リカレント教育に関する情報の提供と学習相談体制の整備充実（省略）

(2)　ボランティア活動に関する情報の提供と相談体制の整備充実（省略）

(3)　青少年の学校外活動に関する情報の提供の充実（省略）

(4)　現代的課題に関する学習情報の提供と学習相談体制の整備充実

教育委員会、社会教育施設、大学等、首長部局や民間団体等を含め、幅広い範囲から学習情報を収集し、その整理、提供体制を整備するとともに、住民に対して、現代的課題の学習に関し、分かりやすく、きめ細かな相談に応じることが必要である。

現代的課題について分かりやすいビデオ、パンフレット等を作成・提供し、様々な機会を通じて啓発活動を行うことも重要である。

3　関係機関等の連携・協力の推進

生涯学習の振興のためには、文部省、関係省庁、教育委員会、首長部局、大学等の高等教育機関、社会教育関係団体・スポーツ・文化関係団体、民間教育事業者、産業界等の関係者による、相互の幅広くかつ密接な連携・協力が必要である。

特に、国においては、文部省及び関係省庁が生涯学習の振興のための協議の場を設け、施策の推進等について十分な連携・協力を図っていく必要がある。

4　人材の育成及び活用等

生涯学習の振興のためには、人材の育成・活用及び関係団体の育成が重要である。特に、生涯学習に関する専門的職員、指導者の養成や、メディアを有効に活用できるような資質を持った職員の養成が必要である。

施設の長や社会教育主事、学芸員、司書、公民館主事等の専門的職員の研修の一層の充実を図るとともに、大学等における高度の資質向上のための研修プログラムについて検討する必要がある。また、このような専門的職員の資格の在り方について検討することが望ましい。

5　生涯学習関連施設の整備充実

人々に多様な学習機会を提供するために、生涯学習関連施設の整備充実が重要である。

公民館、博物館、図書館、婦人教育会館等の社会教育施設、学校施設、スポーツ・文化施設や複合的多機能型生涯学習関連施設の整備充実や運営の改善を進めるとともに、都道府県において生涯学習の振興に資するための事業を一体的に行う生涯学習推進センターの整備が必要である。また、他の行政部局等が所管する関係施設も含めて、生涯学習関連施設が総合的・計画的に整備されることが望ましい。

特に、生涯学習関連施設の整備に当たっては、障害者や高齢者への配慮とともに、保育室を設けるなど人々が利用しやすいような配慮が望まれる。

6　多様なメディアの活用

学習機会や学習情報には、地域間の格差があったり、時間・場所等の制約があるので、人々の生涯学習を支援する上で、多様なメディアの果たす役割は大きい。

その役割として、第一に、人々が個人で学習に取り組む場合に必要となる、多様な情報や学習のための教材・資料を人々に提供すること、第二に、地域的な事情により学習機会に恵まれない人々や学習時間を確保できない人々に対して、多様なメディアを導入することにより、時間や場所の制約の克服を可能とする学習の方法・手段を提供することなどが挙げられる。

7　学習者等に対する経済的支援

生涯学習は、基本的に人々が自発的意思に基づいて行うものであるが、必要がある場合には、その活動に対して経済的支援が行われることが望ましい。

(1)　社会人の学習に対する経済的な支援

リカレント教育の学習者に対する支援や、リカレント教育を行う大学等の高等教育機関に対する、国、地方公共団体、企業等の支援の充実を図ることが望まれる。

(2)　ボランティア活動を行う個人・団体に対する経済的な支援

ボランティア活動は、無償性の理念に基づくものであるが、継続的で充実した活動を行うことができるよう、ボランティア活動を行う個人・団体に対して、活動のための連絡・通信、運営等に必要な資金などを支援することは有意義である。

また、ボランティア活動に伴う経済的な負担の軽減のため、ボランティア活動の実費補償の

在り方を検討する必要がある。

特に、事故等に適切に対処し、負担等を軽減するため、ボランティア保険の充実と普及を積極的に推進する必要がある。

8 企業等の役割とそれに対する支援

(1) 企業等による支援

企業等において、勤労者の生涯学習を支援するため、有給教育訓練休暇制度などを活用したリカレント教育休暇や、ボランティア休暇・休職制度の積極的な導入・普及が期待される。

(2) 企業等に対する支援

企業等のニーズに適切に対応する学習コースの開発や実施を含め、リカレント教育の推進のためには、国や関係機関が先導的な役割を果たしていくことが必要である。

また、リカレント教育のため学校に勤労者を派遣する企業等に対する、その負担軽減のための経済的な支援などが考えられる。

9 評価

(1) リカレント教育における評価

リカレント教育による学習成果を、大学等において学校の正規の単位として認定する方向が広がることが期待される。

また、科目等履修生制度などにより修得した単位を積み重ねて学士の学位を取得する、単位累積加算制度の検討が進められることも期待される。

(2) ボランティア活動に対する社会的評価

〔省略〕

10 その他

(3) 現代的課題に関する学習機会の充実のための行政の役割

現代的課題に関する学習機会の提供については、特に行政の果たすべき役割が大きい。

現代的課題に関する学習機会の充実に当たっては、市町村、都道府県、国がそれぞれの主たる役割を考慮しながら、緊密に連携を取って進める必要がある。

なお、生涯学習は、自発的意思に基づいて行われるものであり、現代的課題に関しても、人々の学習意欲の啓発を図りつつ、自発的に学習活動に参加するよう奨励・援助することが基本である。行政においては、現代的課題についての学習の奨励・援助が学習者への押し付けにならないよう、十分留意する必要がある。

第4部　生涯学習の振興に向けて—豊かな生涯学習社会を築いていくために—

(1) 学歴より生涯にわたる学習の蓄積の重視を〔省略〕

(2) 身近なところから自発的に生涯学習を〔省略〕

(3) 学習する人に暖かい励ましを〔省略〕

(4) 地域の生涯学習の振興を〔省略〕

(5) 本審議会は国民各界各層に、生涯学習社会の建設に向けて、生涯学習の意義と大切さを訴え、理解と協力を求めるものである。

●地域における生涯学習機会の充実方策について（答申）（抄）

（平成八年四月二四日　生涯学習審議会）

はじめに

本審議会は、平成七年五月一五日、文部大臣から「地域における諸施設の生涯学習機能の充実方策について」及び「学習成果の活用方策について」審議要請を受け、その後、前者のテーマについてワーキング・グループを編成し、論点を整理しつつ、総会において審議してきた。このたび、その結果を、「地域における生涯学習機会の充実方策について」答申として取りまとめた。

生涯学習の振興については、本審議会は平成四年七月に「今後の社会の動向に対応した生涯学習の振興方策について」答申を行った。この答申では、生涯学習社会を「人々が生涯のいつでも、自由に学習の機会を選択して学ぶことができ、その成果が適切に評価される」ような社会と定義している。そして、当面重点を置いて取り組むべき課題として、①社会人を対象としたリカレント教育の推進、②ボランティア活動の支援・推進、③青少年の学校外活動の充実、④現代的課題に対する学習機会の充実、の四つを挙げるとともに、学習者の立場に立って、生涯学習全般にわたる振興方策を提言している。

これまで、この答申を踏まえ、国・地方を通じて生涯学習振興のための関連施策が積極的に展開され、かなりの進展を見るに至った。しかし生涯学習社会の実現という大きな目標に照らしてみるとき、なお、改善すべき点が多く残されている。どこに問題があり、今後何をなすべきか。現状を見ると、既に生涯学習の意義については多くの人々の理解が得られつつある。学習意欲も高まってきている。当面の課題は、このように高まりつつある学習意欲にこたえる学習機会をいかに拡充するかということであろう。多くの人が所得水準の向上、自由時間の増大、高齢化の進行などの社会の成熟化に伴って、学習に生きがいや楽しみを見いだしたいと願っている。また、科学技術の高度化、情報化・国際化の著しい進展、産業構造や雇用形態の変化などに伴い、新たな知識・技術を習得したいと考える人も増えている。こうした学習者に対して、適切な学習機会を提供する必要がある。学習活動の機会を提供する側の工夫改善の努力が望まれている。

したがって、本答申では、地域社会の中で様々な学習機会を提供している機関や施設の生涯学習機能の充実という視点から検討を加え、提言を取りまとめることにした。取りまとめに当たっては、機関や施設を四つの類型に分け、それぞれがどのような課題を抱えているか、現状を改善するためにとるべき方策は何かということを検討し、具体的な施策を提言した。四つの類型とそれぞれの審議の観点は以下のとおりである。

第一は、大学をはじめとする高等教育機関である。高等教育機関は高度で体系的かつ継続的な学習機会の提供者として、生涯学習社会の中で重要な役割を果たすことが期待されている。高等教育機関においては、既に生涯学習機能を十分に発揮しているところや、様々な改革努力を行ってきているところも見られるが、生涯学習の推進という観点から社会の期待に十分にこたえるには、更に全体として広く社会に開かれなければならない。年齢に関係なく人生のいつでも必要な時に必要な学習ができる場として高等教育機関が自ら変わっていかなければ、真の生涯学習社会は実現しないと言ってよい。また、社会人学生を受け入れることに加えて、施設の開放などによる地域社会への貢献も一層期待される。したがって、ここでは「社会に開かれた高等教育機関」という観点から課題を整理し、「社会人の受入れの促進」及び「地域社会への貢献」を進めるため必要な施策を提言した。

第二は、小・中・高等学校など初等中等教育の諸学校である。これらの学校は、人間形成の基礎を培う場であるとともに、生涯学習の基礎を身に付ける場でもある。すなわち、自分で考え、判断し、行動する力を養い、生涯にわたって学習を続けるための意欲と能力を培う場である。また、子どもは地域社会の中で様々な教育的な影響を受けて育っており、学校がその機能を十分に発揮するためには、地域社会と良好な連携・協力関係を維持し、地域社会とともに発展するように努める必要がある。特に、学校週五日制が導入され、またいじめ問題への対応が課題となっている今日、学校と家庭や地域社会との連携の必要性はますます大きくなっている。さらに、学校の施設は地域住民の学習活動の場として活用され、それを通じて地域社会づくりや人々の連帯感をはぐくむことにも役立つものであり、地域社会への一層の開放が求められる。したがって、ここでは「地域社会に根ざした小・中・高等学校」という観点から課題を整理し、「地域社会の教育力の活用」、「地域社会への貢献」を進めるため必要な施策を提言した。

第三は、社会教育・文化・スポーツ施設である。これらの施設においては、既に地域の人々の活発な学習活動が展開されている。これらの施設は本来、地域住民の多様な学習ニーズにこたえるために整備されたものであり、生涯学習機会を提供する場として最も基本的な役割を担っている。地域住民にとって、これらの施設は今後とも生活の質を高める上で欠かすことのできない存在である。さらに、学習を通じて人間関係を深め地域意識を涵養し、豊かな地域づくりを進めていく上でも一層重要なものとなっていくであろう。特に青少年の学校外活動をより豊かで充実したものにするために、これらの施設の果たすべき役割は大きい。今後の課題は、ますます多様化し高度化する地域住民の学習ニーズにいかに柔軟、迅速、的確にこたえていくかということであろう。したがって、ここでは「地域住民のニーズにこたえる社会教育・文化・スポーツ施設」という観点から課題を整理し、「多様化・高度化する学習ニーズへの対応」、「組織運営の活性化」を進めるため必要な施策を提言した。

第四は、各省庁や企業の研究・研修のための施設である。もとより、これらの施設は、それぞれの専門分野に関する研究・研修を目的に設置されているものであり、教育活動を本来の業務とするものではない。しかし、それらが有する専門的で高度な人的資源、施設設備、知識、情報、技術などは、生涯学習という観点から見て、貴重な学習機会を提供し得る可能性を持っている。これらの施設は様々な資源を活用して、人々の多様化し高度化する学習ニーズにこたえ、これからの生涯学習社会の中で重要な役割を果たすことが期待されている。したがって、ここでは「生涯学習に貢献する研究・研修施設」という観点から課題を整理し、「多様な学習機会の提供」、「地域社会との連携」を進めるため必要な施策を提言した。

なお、これら四つの類型を超えて、横断的、総合的に取り組むべき課題については、「おわりに」で必要な施策を改めて提言した。

関係する機関や施設においては、本答申に盛り込まれた提言に沿った取組を積極的に展開し、地域住民の期待にこたえる生涯学習機能を一層充実強化されるよう強く望みたい。また、行政あるいは企業などにおいてはこれらの提言に沿って適切な対応策を講じるよう要望する。

●新しい時代を切り拓く生涯学習の振興方策について～知の循環型社会の構築を目指して～（答申）

（平成二〇年二月一九日　中央教育審議会）

〈概　要〉

第1部　今後の生涯学習の振興方策について

1　生涯学習の振興への要請――高まる必要性と重要性

○総合的な「知」が求められる時代―社会の変化による要請

社会の変化に対応していくためには、自ら課題を見つけ考える力、柔軟な思考力、身に付けた知識や技能を活用して複雑な課題を解決する力及び他者との関係を築く力に加え、豊かな人間性等を含む総合的な「知」が必要となる。また、その他、自立した個人やコミュニティ（地域社会）の形成への要請、持続可能な社会の構築への要請等を踏まえ、生涯学習振興の必要性が高まっている。

2　社会の変化や要請に対応するために必要な力

○次代を担う子どもたちに必要な「生きる力」

子どもたちに必要とされる「生きる力」は学校教育のみならず、実社会における多様な体験等と相まって伸長していくもの。子どもたちが学校の内外で、その発達段階に応じて「生きる力」を育むことができるような環境づくりが求められている。

○成人に必要な変化の激しい時代を生き抜くために必要な力

成人についても、変化の激しい社会を、自立した一人の人間として力強く生きていくための総合的な力を身に付けることができるよう、生涯にわたって学習を継続でき、その成果を適切に生かせる環境づくりが求められている。

3　目指すべき施策の方向性

○国民一人一人の生涯を通じた学習の支援―国民の「学ぶ意欲」を支える～「個人の要望」を踏まえるとともに「社会の要請」を重視～

・今後必要とされる力を身に付けるための学習機会の在り方についての検討

子どもたちの学校教育外の学習の在り方について、「生きる力」を身に付ける上で、より効果的・効率的な社会教育のプログラムの在り方等について検討。成人についても、社会の変化に対応できる総合的な力について検討。

・多様な学習機会の提供及び再チャレンジが可能な環境の整備

「学び直し」や新たな学びへの挑戦、学習成果を生かすことが可能な環境を整備。

・学習成果の評価の社会的通用性の向上

民間事業者が提供する学習機会について、その学習内容や学習成果等の質の保証や評価を行う方策や、行政と民間事業者との連携方策等について検討。

○社会全体の教育力の向上―学校・家庭・地域が連携するための仕組みづくり

・社会全体の教育力向上の必要性

子どもの「生きる力」や、変化の激しい社会を生き抜くための成人の力を育成するための環境づくりに社会全体で取り組むことが必要。

・地域社会全体での目標の共有化

どのような仕組みをつくってその教育力を向上させていくのか等について、地域社会の各関係者が、当該地域社会におけるニーズを踏まえ目標を共有化することが必要。

・連携・ネットワークと行政機能に着目した新たな行政の展開

ネットワークを構築することにより、必要としている者に行き届くきめ細かい対応をすること及び必要とされるところに「出向いていく」行政を推進することが必要。

4　具体的方策

○国民一人一人の生涯を通じた学習の支援―国民の「学ぶ意欲」を支える

①今後必要とされる力を身に付けるための学習機会の在り方についての検討

・子どもの学校教育外の学習や活動プログラム等の在り方の検討

②多様な学習機会の提供、再チャレンジが可能な環境の整備
・社会教育施設等を活用した多用な学習の場の充実　・相談体制の充実　・情報通信技術の活用　・再チャレンジ支援　・学習成果を生かす機会の充実
③学習成果の評価の社会的通用性の向上
・履修証明制度等の活用　・多様な教育サービスの在り方やそのための質保証の在り方の検討
○社会全体の教育力の向上―学校・家庭・地域が連携するための仕組みづくり
・身近な地域における家庭教育支援基盤の形成等　・家庭教育を支援する人材の養成　・学校を地域の拠点として社会全体で支援する取組の推進（学校支援地域本部、放課後子どもプラン）　・学校・家庭・地域を結ぶＰＴＡ活動の充実　・地域の教育力向上のための社会教育施設の活用　・大学等の高等教育機関と地域の連携

５　施策を推進する際の留意点
○「個人の要望」と「社会の要請」のバランスの視点
○「継承」と「創造」等を通じた持続可能な社会の発展を目指す視点
○連携・ネットワークを構築して施策を推進する視点

第２部　施策を推進するに当たっての行政の在り方

１　基本的な考え方
○これまでの生涯学習の振興方策等について―基本的な検討課題
・生涯学習、社会教育、学校教育の関係等について概念の整理が必要
・社会教育行政の大きな役割等に応えていくためには、社会教育を専門とする人材や施設等の在り方について検討が必要
・「社会の要請」について検討が必要
・学習成果の評価の方策について検討が必要
・改正教育基本法を踏まえた生涯学習振興行政・社会教育行政の見直しについて検討が必要
○生涯学習の理念等についての基本的考え方
・社会教育行政や学校教育行政、首長部局において実施される生涯学習に資する施策等を総合的に調和・統合させるための行政が、生涯学習の理念を実現させるための生涯学習振興行政の固有の領域であること
・生涯学習振興行政において社会教育行政は中核的な役割を担うこと　等

２　今後の行政の在り方―生涯学習振興行政・社会教育行政の再構築
○国、都道府県及び市町村の任務の在り方等
教育基本法の改正を踏まえ、教育委員会の新たな役割の明確化（学校支援活動や家庭教育支援等）
○社会教育を推進する地域の拠点施設の在り方
公民館・図書館・博物館の運営状況に関する評価及び改善、情報提供に関する規定の整備等に関する機能の活性化
○生涯学習・社会教育の推進を支える人材の在り方
司書及び学芸員等の資格要件の見直しと研修に関する規定の整備等による社会教育に係る専門職員の資質向上
○ＮＰＯ、民間事業者等と行政の連携の在り方
地域の実態等に応じた積極的な連携、民間団体の情報収集や活動内容に関するデータベースの整備
○地方公共団体における体制について
教育委員会と首長との関係、社会教育関係団体に対する補助金交付に関する地域の実情に応じた手続きの弾力化
○国の教育行政の在り方
全国的な観点からの基本的な方針等の策定、横断的な「機能」に対応して柔軟に連携を支援する仕組みの検討　等

●人口減少時代の新しい地域づくりに向けた社会教育の振興方策について（答申）

（平成三〇年一二月二一日　中央教育審議会）

〈概　要〉

第１部　今後の地域における社会教育の在り方

第１章　地域における社会教育の目指すもの

１　地域における社会教育の意義と果たすべき役割～「社会教育」を基盤とした、人づくり・つながりづくり・地域づくり～

［多様化し複雑化する課題と社会の変化への対応の要請］
・人口減少、高齢化、グローバル化、貧困、つながりの希薄化、社会的孤立、地方財政の悪化、SDGsに向けた取組等
⇩持続可能な社会づくりを進めるために、住民自らが担い手として地域運営主体的に関わっていくことが重要
・人生百年時代の到来、Society5.0実現の提唱等
⇩誰もが生涯にわたり必要な学習を行い、その成果を生かすことのできる生涯学習社会の実現へ向けた取組が必要
【社会教育：個人の成長と地域社会の発展の双方に重要な意義と役割】
学びと活動の好循環
〈人づくり：自主的・自発的な学びによる知的欲求の充足、自己実現・成長〉
〈つながりづくり：住民の相互学習を通じ、つながり意識や住民同士の絆の強化〉
〈地域づくり：地域に対する愛着や帰属意識、地域の将来像を考え取り組む意欲の喚起及び住民の主体的参画による地域課題解決〉

２　新たな社会教育の方向性～開かれ、つながる社会教育の実現～
〈住民の主体的な参加のためのきっかけづくり：社会的に孤立しがちな人々を含め、より多くの住民の主体的な参加を得られるような方策を工夫し強化〉
〈ネットワーク型行政の実質化：社会教育行政担当部局で完結させず、首長、ＮＰＯ、大学、企業等と幅広く連携・協働〉
〈地域の学びと活動を活性化する人材の活躍：学びや活動と参加者をつなぎ、地域の学びと活動を活性化する多様な人材の活躍を後押し〉
⇧
開かれ、つながる社会教育へ

第２章　「社会教育」を基盤とした、人づくり・つながりづくり・地域づくりに向けた具体的な方策

１　学びへの参加のきっかけづくりの推進
・楽しさをベースとした学びや地域防災、健康長寿など、関心の高い学び等、学びや活動のきっかけづくりを工夫
・子供・若者の参画を促し、地域との関わりの動機付けとなり得る成功体験づくり
・社会で孤立しがちな人に対して、福祉部局等との連携により、アウトリーチの取組を強化
・各地における具体的な取組の収集・共有、地域における活動の事例分析と周知

２　多様な主体との連携・協働の推進
・首長部局との連携を効果的に図るため、総合教育会議の活用や部局間の人事交流を推進
・ＮＰＯ、企業、大学等と行政関係者との積極的な意見交換・協議
・地域学校協働活動を核にした社会教育と学校教育の一層の連携・協働

３　多様な人材の幅広い活躍の促進
・地域の課題解決等に熱意を持って取り組む多様な人材を社会教育の活動に巻き込み、連携
・教育委員会における社会教育主事の確実な配置、多様な主体による「社会教育士」の取得推奨

４　社会教育の基盤整備と多様な資金調達手法

の活用等
・各地方公共団体における十分な社会教育費の確保を含めた基盤整備
・クラウドファンディング等の多様な資金調達手法の活用

第2部　今後の社会教育施設の在り方

第1章　今後の社会教育施設に求められる役割

社会教育施設には、地域の学習拠点としての役割に加え、以下のような役割も期待
・公民館：地域コミュニティの維持と持続的な発展を推進するセンター的役割、地域の防災拠点
・図書館：他部局と連携した個人のスキルアップや就業等の支援、住民のニーズに対応できる情報拠点
・博物館：学校における学習内容に即した展示・教育事業の実施、観光振興や国際交流の拠点

第2章　今後の社会教育施設の所管の在り方

このような中、地方公共団体から、地方公共団体の判断により、地方公共団体の長が公立社会教育施設を所管することができる仕組み（以下「特例」という。）を導入すべきとの意見が提出。これについて検討し、必要な措置を講ずる必要（「平成二九年の地方からの提案等に関する対応方針」（平成二九年一二月二六日閣議決定））。

⬇生涯学習社会の実現に向けた横断的・総合的な教育行政の展開に向け、社会教育に関する事務については今後とも教育委員会の所管を基本とすべき。

一方、地方の実情等を踏まえ、より効果的と判断される場合には、地方公共団体の判断により地方公共団体の長が公立社会教育施設を所管できる特例を設けることについて、社会教育の適切な実施の確保に関する制度的担保が行われることを条件に、可とすべき。

◆1　特例を設けることについて
（他行政分野との一体的運営による質の高い行政の実現の可能性）
・社会教育施設の事業と、まちづくりや観光等の他の行政分野の社会教育に関連する事業等とを一体的に推進することで、より充実したサービス等を実現できる可能性。
・福祉、労働、産業、観光、まちづくり、青少年健全育成等の他の行政分野における人的・物的資源や専門知識、ノウハウ、ネットワーク等の活用により、社会教育行政全体を活性化できる可能性。
・社会教育の新たな担い手として、まちづくりや課題解決に熱意を持って取り組んでいるがこれまで社会教育と関わりがなかった人材を育成・発掘できる可能性。
（施設の効果的・効率的な整備・運営の可能性）
・首長部局が中心となって行っている社会資本整備計画等を通じた施設の戦略的な整備や、様々な分野が複合した施設の所管を一元化することによる、当該施設の効率的な運営の可能性。

◆2　社会教育の適切な実施の確保の在り方について
同時に、社会教育の適切な実施の確保（政治的中立性の確保、住民の意向の反映、社会教育施設としての専門性の確保、社会教育と学校教育の連携等）のためには、本件特例を設けるに当たり、教育委員会による関与など一定の担保措置（※）を講ずる必要がある。
※担保措置については、例えば、地方公共団体において所管の特例についての条例を定める際に、教育委員会の意見を聴くこととする、といった例が議論されたが、具体的な在り方については、国において、法制化のプロセスにおいて具体的に検討すべき。

◆3　地方公共団体において特例措置を活用する場合に留意が求められる点
・特例が活用される場合でも、当該施設は引き続き社会教育施設であり、法令の規定を踏まえた専門的職員の配置・研修、運営審議会等を活用した評価・情報発信等が重要。
・教育委員会は社会教育振興の牽引役として引き続き積極的な役割を果たしていくことが重要（総合教育会議等の活用、首長部局やNPO等との連携・調整等）。地方行政全体の中に、社会教育を基盤とした、学びを通じた人づくり・つながりづくり・地域づくりの視点を明確に組み込んでいくことが重要。

●成人の学習に関するハンブルク宣言（抄）

（一九九七年七月一四日―一八日
ユネスコ第五回国際成人教育会議）

1　自由ハンザ同盟都市ハンブルクに集い、第五回国際成人教育会議に参加したわたしたちは、人権への全面的敬意にもとづいた、人間中心の開発と参加型社会だけが、持続可能で公正な発展に導くと再確認する。人間性が持続し、未来への挑戦に応ずるためには、情報に通じた、効果的な、男性と女性の、生活のあらゆる局面での参加が必要となる。

2　したがって成人教育は一つの権利以上のものになる。つまり成人教育は二一世紀への鍵となる。成人教育は行動的な市民性が生み出したものであり、また社会における完全な参加のための条件でもある。自然環境上持続可能な発展を強化するために、民主主義、正義、男女間の公正さを、そして科学と社会と経済の発展を促進するために、さらに、暴力的対立が対話と正義にもとづく平和文化に置きかえられる世界を築くために、成人教育は強力な概念である。成人の学習は主体性をつくり、人生に意味を与えることができる。生涯を通した学習は、年齢、男女間の平等、障害、言語、文化、経済的不均衡の要素を反映した内容について再考することを伴う。

3　成人教育は、学校形式のものであろうとなかろうと、学習の過程全体を意味する。その人が所属している社会から成人とみなされている人びとは、この成人教育によって、自分の能力を発達させ、知識を増やし、技術や職業上の資格を高め、あるいは、彼ら自身の要求や、彼らの社会の要求に適合するように、能力・技術等を新しい方向に変化させる。成人の学習はフォーマルな継続教育も、ノン・フォーマルな学習も、また多文化学習社会で可能なイン・フォーマルで偶然的学習の範囲をも含んでおり、そこでは理論にもとづく取り組みや、実践にもとづいた取り組みが行わ

れている。

4　成人の学習と子ども・青年のための教育の内容は、経済的、社会的、環境的、文化的背景と、学習・教育が行われている社会の人びとの必要に応じて変化する。そして学習が真に生涯にわたるものとなる新しい教育観にとって、これらはともに不可欠な要素である。生涯を通しての学習の展望は、このような相補性と継続性とを要求する。成人・継続教育が、情報に通じた寛容な市民性と、経済的社会的発展と、識字の促進と、貧困の緩和と、環境保全とを創造することに対してもっているその潜在的な貢献力は巨大であり、したがって、その力を現実に築きあげねばならない。

5　生涯にわたる過程であると考えられている青年・成人教育の目的は次のとおりである。すなわちそれは、人びとと地域社会の自律性及び責任感を発達させることであり、また経済・文化・社会全体のなかで生じている変化に対処する能力を強化することであり、さらに、共生、寛容、そして情報に通じ、しかも積極的な参加を創造することである。つまり簡潔にいえば、それは、人びとと地域社会が、挑戦に立ちあがるために、自分たちの運命と社会を統御することができるようにするということである。だいじなことは、成人教育への取り組みが、人びとのもつ伝統、文化、諸価値、それまでの経験にもとづいたものであること、また市民の行動的なかかわりと表現を容易にし、刺激する多様な方法がこの取り組みのなかにあるということである。

6　この会議は、政治、経済、社会体制と支配構造が、加盟国の間で多様であることを認めている。その多様さをふまえ、また人権と基本的自由を全面的に保障する以上、この会議は、各国政府がわたしたちの目的の精神を推し進めるため、加盟国それぞれの独自の状況が施策を決めるであろうと認識している。

7　第五回成人教育国際会議に参加した政府と組織の代表は、生涯学習という枠組みのなかで広くダイナミックに考えられている成人の学習の可能性と未来を開拓することを共に決意した。

8　この一〇年間に、成人の学習は本質的に変化し、その範囲と規模において、巨大な成長を経験してきた。世界中に登場しつつある知識依存社会において、成人・継続教育は、地域社会で、また職場で、緊要なものになってきた。社会と職業生活からの新しい要求は、あらゆる個人それぞれに、その人生全体にわたって、知識と技術を改善し続けるよう求める、そうした期待を高めている。この変化のなかで、国家の新しい役割と、幅広いパートナーシップの出現による新しい役割は、市民社会のなかでの成人の学習に捧げられる。国家は、すべての人のための教育への、とくに社会のなかの、例えばマイノリティーや先住民のような最も傷つきやすいグループのための教育への権利を保障するために、また、総合的な政策枠組みを提供するために、なお依然としてなくてはならない推進役である。しかし公的部門、私的部門、地域社会部門との間で新しい協力関係が生まれつつあるなかでは、国家の役割は変化しつつある。国家は成人教育サービスの提供者であるだけでなく、助言者、資金提供者、調査と評価を行う機関でもある。行政と民間の協力者は、諸個人が自分たちの教育上の要求と熱意を表現することと、また彼らが生涯を通して教育の機会に接近することとを援助するために、必要な施策を講じなければならない。政府のなかでは、成人教育は文部省に限定されない。すべての省庁が成人の学習の促進に取り組んでいるのであり、省庁間の協力が不可欠である。さらに、雇用主、労働組合、非政府組織と地域組織、先住民グループ、女性グループも、承認と信頼の姿勢で協力し、互いに影響を与えあい、生涯学習のための機会をつくる責任を負っているのである。

9　すべての人のための基礎教育とは、人びとが、どのような年齢であろうとも、個人として、また集団として、その潜在的能力を実現化する機会をもつことを意味する。それは権利であるのみならず、他者に対する、また、社会全体に対する義務であり、責任でもある。だいじなことは、生涯を通した教育への権利の承認が、この権利を行使するために必要な諸条件をつくる施策を伴っているということである。二一世紀への挑戦は、政府、団体、教育機関だけで対処することはできない。人びとのもつエネルギー、想像力、才能、また人びととの、人生のあらゆる側面での、完全で、自由で、活発な参加も必要なのである。青年・成人の学習は、創造性と生産性を、それらの言葉のもっとも広い意味において、すばらしく増大させる主要な手段の一つであり、また、この創造性と生産性は、加速する変化と高度化する複雑さおよび危険とに取り囲まれている世界の、複雑で相互に絡み合った諸問題に対処するために不可欠なものである。

10　青年・成人教育という新しい概念は既存の実践に対する一つの挑戦を提起している。なぜならこの新しい概念は、フォーマルな、またノン・フォーマルなシステムのなかに効果的なネットワークをつくることを求め、また、革新とより高い創造性および柔軟性とを求めるからである。このような挑戦は、生涯を通した学習という概念のなかでの、成人教育に対する新しい取り組みによって対処されるべきである。学習を促進するため、マスメディアと地方ごとの伝達手段を活用し、公平に手引きを提供することは、行政と民間の協力者および提供者の負うべき責務である。その究極の目標は、社会正義と普遍的な福祉とが結びついた学習社会の創造でなければならない。

11　成人の識字　識字は広範に、急激に変化する世界のなかで、すべての人が必要とする基礎的な知識および技術として考えられており、この識字は基本的人権である。あらゆる社会において、識字はそれ自体必要な技術であるし、また他の生活技術の基盤の一つでもある。学ぶ機会をもたないか、あるいは学ぶ権利の主張を可能にするしかたを十分に知らない人びとは、何百万人もおり、その大部分は女性である。ここでの挑戦は、それらの人びとが学習する権利を主張できるようにすることである。その挑戦には、多くの場合、意識を高め、力づけることを通して、学習の前提条件をつくることが含まれる。識字はまた、社会的、文化的、政治的、経済的諸活動に参加するための、また生涯を通しての学習のための、触媒でもある。したがってわたしたちは、すべての人が識字技術を獲得し、保持し続けるための機会を保障することに努め、また、すべての参加国において、口承文化を支える識字環境をつくることに努める。学習機会に接していない人びとや学習機会から排除されている人びとも含めて、すべての人びとに対して学習機会を提供することは、もっとも緊急な関心事である。この会議は、パウロ・フレイレに敬意を表して、識字の一〇年が一九九八年に開始されることを歓迎する。

12　生涯を通した教育権と学習権の承認は、これまで以上に必要なものとなっている。それは、読み書きの権利であり、質問し分析する権利であり、教育機会に接する権利であり、個人および集団の技術と能力を発達させ、生かす権利である。

13　女性の統合とエンパワーメント　女性は平等な機会への権利をもっている。社会もまた、仕事のすべての分野と生活上の諸局面において女性たちの全面的な貢献に依存している。青年・成人学習政策は、多様性を尊重し、また、偏見とステレオタイプとを排除し、地方文化に対応して、すべての女性のための教育機会の拡大を優先すべきである。この偏見とステレオタイプによって、女性は青年・成人教育に接することを制限され、またそこから得られる利益を限定されてしまうのである。識字、教育、訓練に対する女性の権利を制限するいかなる試みも受け入れられるべきではない。実践と評価はそのような試みを是正するために行われるべきである。

14　平和文化と、市民性及び民主主義のための教育　われわれの時代のもっとも主要な挑戦の一つは、暴力文化を排除し、正義と寛容にもとづいた平和文化を築くことである。そこでは、対話、相互承認、話し合いが、家庭と地域のなかで、民族の間で、国家間で、暴力にとって代わるであろう。

15 多様性と平等　成人の学習は文化の多様性のもつ豊かさを反映すべきであり、伝統的な、また先住民の知識と学習システムを尊重しなければならない。すなわち、母語で学習する権利が尊重され、実施されなければならない。成人教育はマイノリティー・グループと、先住民と、遊牧民のもつ口承の知恵を保存し、記録として残す、さしせまった挑戦に直面している。他方また、多文化間教育は、平和、人権および基本的自由、民主主義、正義、解放、共存、多様性を支持しながら、異なる文化間の、また異なる文化についての学習を強化すべきである。

16 健康　健康は基礎的な人権である。教育に対する投資とは健康に対する投資でもある。生涯学習は健康を促進し、病気をふせぐために重要な貢献をすることができる。成人教育は、健康に関する知識への適切で、正当で、持続的な接近を可能にする重要な機会を提供する。

17 環境の持続　環境持続のための教育は、自然環境上の問題が社会経済的、政治的、文化的関連のなかに存在しているという認識をすすめる生涯学習過程でなければならない。持続する未来は、環境問題と現行の開発パラダイムとの間の関係を取りあげることなしには達成されない。成人の環境教育は、地域や政策決定者を、持続する環境のための活動に対して、敏感にさせ、行動的にさせることにおいて、重要な役割を果たすことができる。

18 先住民の教育と文化　先住民と遊牧民は国家が提供するあらゆるレベルと形態の教育に接する権利をもっている。しかしながら彼らは、自分たち自身の文化を楽しみ、自分たち自身の言語を使用する権利を否定されるべきではない。先住民と遊牧民に対する教育は、言語的にも文化的にも、彼らの要求に適合すべきであり、また、より進んだ教育と訓練への接近を容易にすべきである。

19 経済の変換　グローバリゼーション、生産様式の変化、増加する失業、安定した生活の確保の難しさは、男性と女性が労働市場や収入を生む活動に参加できるようにするのに必要な技術の発達のため、より積極的な労働政策と投資の増加を求めている。

20 情報への接近　情報および通信の新しい技術の発展は、この状況についていけない諸個人の集団にとっては、またこの状況についていけない経済分野にとっても、社会的、職業的排除となる新しい危険を伴っている。したがって今後の成人教育の役割の一つは、このような排除の危険を制限して、情報化社会が人間性の次元を見失わないようにすべきである。

21 高齢化社会　今や世界には、人口数でみれば、これまでよりずっと多くの高齢者が存在し、またその人口の割合はなお増え続けている。これらの高齢の成人は社会の発展に大変貢献している。したがって、彼らが、平等の条件で、適切な方法で学ぶ機会をもつことは重要である。彼らの技術と能力が認められ、評価され、活用されねばならない。

22 サラマンカ声明に従い、障害をもつ人びとのための統合と接近が促進されなければならない。障害者たちは、彼らの教育上の要求と目的を認識し、これにこたえる公正な学習機会を得る権利をもっており、このような学習機会において、彼らの特別な学習要求が適切な学習技術と一致するのである。

23 わたしたちは、青年・成人学習への国家的、国際的投資と、青年・成人学習に私的および地域的人材がかかわっていくことを拡大し、保障していくために、最も急いで行動しなければならない。わたしたちがここで採択した「未来への課題」は、この目的を達成するために立案されている。

24〜27（省略）

（藤田秀雄・荒井容子訳）

●生存可能な将来のための成人教育の力と可能性の利用行動のためのベレン・フレームワーク（ブラジル宣言）（抄）

（二〇〇九年一二月四日　ユネスコ第六回国際成人教育会議）

序文

1 ユネスコ加盟国の一五六カ国、市民団体、社会的パートナー、国連機関、政府間機関、民間部門の代表は、第六回国際成人教育会議（CONFINTEA VI）の参加者として、CONFINTEA V 以降の成人教育の進展を評価するために、二〇〇九年一二月にブラジルのベレンに集まった。成人教育は教育を受ける権利にとって不可欠な要素と認識されており、我々はすべての若者と成人がこの権利を行使できるよう新たな一連の緊急の措置を計画する必要がある。

2 我々は一九四九年から行われている五回の国際成人教育会議（CONFINTEA Ⅰ－Ⅴ）で定めた成人教育の基本的役割を繰り返し、緊急の問題として、より速度を速めて成人教育問題の議題に取り組んで行くことを全会一致で約束する。

3 我々は一九七六年成人教育の発展に関するナイロビ勧告（Nairobi Recommendation on the Development of Adult Education of 1976）において最初に定められ、一九九七年のハンブルグ宣言においてさらに発展した成人教育の定義を支持する。これは、成人教育が「自らが所属する社会において成人とみなされる人々が、公か否かを問わずその能力を開発し知識を深め、技術的または専門的資質を向上させ、自身および社会のニーズに応えることのできるように自らを変えることのできる継続的な学習プロセス全体」を意味している。

4 識字能力は、若者にとっても成人にとっても、総合的、包括的、統合的な生涯および生活全体にわたる学習を積み上げるための最も重要な基礎である。世界的な識字能力に関する課題の大きさを考慮し、我々は、万人のための教育（Education for All）（EFA）、国連識字の十年（United Nations Literacy Decade）（UNLD）およびエンパワーメントのための識字事業（Literacy Initiative for Empowerment）（LIFE）に正式に記されている現在の成人における識字能力に関する目標と優先順位が、可能な限りの、あらゆる手段を用いて必ず達成されるよう、たゆまぬ努力を続けることが不可欠だとみなしている。

5 若者と成人の教育は、個人、特に女性が複数の社会的、経済的、政治的危機および気候変動への対処を可能にする。したがって我々は、男女共同参画（gender equality）女性差別撤廃委員会（CEDAW）や北京行動綱領（the Beijing Platform for Action など）を含む、ミレニアム開発目標（Millennium Development Goals）、万人のための教育（EFA）、および持続可能な人的、社会的、経済的、文化的、環境的開発において国連が議題を達成するよう、成人教育が重要な役割を果たすことを認識している。

6 したがって、我々は、すべての人々が生きていけるような将来のために、成人教育の力と可能性を利用する指針とすべく、このベレン・フレームワークを採択する。

生涯学習に向かって

7 生涯学習は、世界的な教育問題とその困難な状況に対処するための不可欠な役割を担っている。「ゆりかごから墓場まで」の生涯学習は、包括的、人道的で人々の開放に役立つ民主的価値を基盤とするあらゆる様式の教育哲学であり、概念的な枠組みであり、組織化の原則である。それは知識を基盤とした社会のビジョンのすべてを網羅する統合的なものである。我々は、二一世紀教育国際委員会が推奨する学習の四つの柱である「知るための学習」「行うための学習」「なるための学習」「共に生きるための学習」を再確認する。

8 成人教育は生涯学習プロセスの重要な構成

部分であり、公式から非公式、略式の学習に至るすべてを包含するものと認識している。

成人教育は、若者、成人、年配者の学習ニーズを満たすものである。成人教育は、一般的問題、職業的問題、家族の識字能力および家庭教育、市民権その他多くの隣接分野など広範囲にわたる内容をカバーしており、優先順位は国や個人のニーズによっても異なる。

9 我々は、世界的な問題や教育上の問題への対応において生涯学習が重大な役割を果たすことを確信しており、それによって鼓舞されている。また、成人教育によって人々がその権利を行使し、さらに高め、運命を決めるために必要な知識や才能、スキル、能力、価値を身につけることができると確信している。成人教育はまた、貧困を軽減し、平等で許容可能、持続可能な、知識に基づく社会を構築するための公平さと包括性を達成するためにも不可欠である。

勧告

10 CONFINTEA V 以降の達成と進展を認識している一方で、いまだに対峙している問題があることも熟知している。付属の調書に概説されているように、成人と若者が教育を受ける権利を実現することは、政策、統治、資金調達、参加、包括性、公平さ、質に関する考慮で左右されることを認識し、以下の勧告を遂行することを決意している。識字能力によって直面する課題を鑑み、成人の識字能力に関する勧告を前面に置くこととした。

成人の識字能力

11 識字能力は、若者と成人があらゆる段階で学習することを可能にする、欠くことのできない基盤である。識字能力を身につける権利は、教育を受ける権利に内在しており、個人的、社会的、経済的、政治的な力を持つためにも、欠くことのできない要素である。識字能力は生活、文化、経済、社会において、発展し、複雑化する問題に対応する能力を構築するための欠かせない手段である。

識字能力の問題の規模と持続性、および識字能力の欠如によって人的資源や可能性が共に無駄になることを考慮すると、識字率低下のサイクルに陥ることを防ぎ、そのサイクルを打ち破って識字率一〇〇％の世界を作ることを最終的な目標とし、二〇一五年までに文盲率を二〇〇〇年の水準から五〇パーセント減少させる（EFAの第四の目標およびその他の国際公約）ための努力を強化することが不可欠である。

(a)〜(h)〔省略〕

政策

12 成人教育に関する政策と法的手段は部門全体および部門を超えたアプローチに基づき、生涯学習の観点から学習と教育におけるすべての構成部分を対象とする。それらをつなぐ総合的、包括的かつ統合的なものとする必要がある。

(a)〜(e)〔省略〕

統治

13 優れた統治は、効果的で透明性が高く、説明責任が明確かつ平等な方法によって成人教育の実施を促進する。すべての利害関係者が参加し、その意見を示すことは、すべての学習者、特に最も不利な状況にある学習者のニーズへの対応を保証するために不可欠である。

(a)〜(d)〔省略〕

資金調達

14 成人教育は、より民主的、平和的、包括的、生産的、健康的かつ持続可能な社会を創造することにより社会的利益をもたらす、価値のある投資である。質の高い成人教育の提供を保証するためには重要な財務投資が不可欠である。

(a)〜(e)〔省略〕

これらの戦略の支援において、国際的な開発パートナーに以下を呼びかける。

(f) EFAにおけるすべての目標の達成、特に目標三と目標四（若者と成人の学習、成人の識字能力向上）を妨げる財政的なギャップを埋めるための確約を果たす。

(g) 成人の識字能力向上、学習、教育のための資金と技術的な支援を増加し、債務スワップや解約など、代替金融メカニズムを用いることの実現可能性を探る。

(h) 教育部門に対し、成人の識字能力についての信頼性の高い行動と投資を含むファストトラック・イニシアチブ（FTI）に計画を提出するよう要求する。

15 包括的教育は、人的、社会的、経済的発展実現の基礎である。すべての個人が自分の可能性を開発できるようにすることにより、共に調和し、尊厳をもって生きることが大きく奨励される。年齢、性別、民族、移民資格、言語、宗教、身体障害、都市から離れた地方に住んでいること、性的同一性または性的指向、貧困、移動、投獄などによる排除があってはならない。複数の不利な条件による累積的影響と闘うことは特に重要である。すべての人々の意欲を高め、権利を手に入れることのできるような手段を講じるべきである。目標を達成するために、我々は以下を表明する。

(a) 学習する文化を高め、参加しにくい環境を排除することにより、成人教育へのより平等なアクセスと参加を推進し、容易にする。

(b) 念入りに計画され、目標の定められたガイダンスや情報、成人学習者週間や学習フェスティバルなどの活動やプログラムを通じて、成人教育へのより平等な利用と参加を促進し支援する。

(c) 特に、成人になったばかりの時期に複数の不利な条件が重なることが予想される集団を特定し、対応する。

(d) 複数の目的を持ったコミュニティ・ラーニング・スペースやラーニング・センターを創り、女性特有の需要を考慮した女性向けのすべての種類の成人教育プログラムの利用と参加を促進する。

(e) 現地の文化、知識、方法論を認識し、その価値を評価する関連のプログラム、方法、資料を開発することにより、様々な現地言語の読み書き能力の開発を支援すると同時に、より広いコミュニケーションのために第二言語の教育を十分に発達させる。

(f) すべての教育政策とアプローチにおいて不利な状況にいる集団（たとえば、先住民、移民、特別なニーズのある人々や農村に住んでいる人々）に系統的に焦点をあてることを財政的に支援する。無料の、または政府が補助金を出すプログラムや奨励金、手数料免除、勉強のための有給休暇のような奨励策のあるプログラムも含まれる。

(g) 刑務所内において、適切なレベルの成人教育を提供する。

(h) 市民社会組織、労働市場の利害関係者、学習者および教育者とのパートナーシップにおける、利害関係者と責任を識別するメカニズムを含む、相対的なかつ統合されたアプローチを採用する。

(i) 開発の取り組みを重要な焦点として、移民と難民に対する効果的な教育対応策を開発する。

質

16 学習と教育の質は、継続的な注意と開発を要する、相対的かつ多次元的な概念であり、取組みである。成人学習の質を高める文化を醸成するには、関連するコンテンツとそれを届ける手段、学習者を主体としたニーズの査定、複数の能力と知識の取得、教育者の専門化、学習環境の充実、個人やコミュニティへの権限付与などが必要である。

(a)〜(f)〔省略〕

行動のためのベレン・フレームワークの実行を観察

17 我々は、国内外の両方で成人教育を新たに活気づかせようとする全体の意思を強みとして、以下について説明責任を負い、観察することを表明する。我々はまた、成人教育の政策決定者に向けた、有効で信頼性が高く、かつ十分な量と質を備えたデータが必要であることを認識している。行動のためのベレン・フレームワークの実現には、パートナーと協力して、国家レベルまたは国際的レベルで定期的な記録と追跡のメカニズムを設計し実行することが最も重要である。

付属資料

(a)〜(m)〔省略〕

〔文部科学省仮訳〕

●図書館の自由に関する宣言

（一九七九年五月三〇日 日本図書館協会総会決議）

図書館は、基本的人権のひとつとして知る自由をもつ国民に、資料と施設を提供することを、もっとも重要な任務とする。

1 日本国憲法は主権が国民に存するとの原理にもとづいており、この国民主権の原理を維持し発展させるためには、国民ひとりひとりが思想・意見を自由に発表し交換すること、すなわち表現の自由の保障が不可欠である。

知る自由は、表現の送り手に対して保障されるべき自由と表裏一体をなすものであり、知る自由の保障があってこそ表現の自由は成立する。

知る自由は、また、思想・良心の自由をはじめとして、いっさいの基本的人権と密接にかかわり、それらの保障を実現するための基礎的な要件である。それは、憲法が示すように、国民の不断の努力によって保持されなければならない。

2 すべての国民は、いつでもその必要とする資料を入手し利用する権利を有する。この権利を社会的に保障することは、すなわち知る自由を保障することである。図書館は、まさにこのことに責任を負う機関である。

3 図書館は、権力の介入または社会的圧力に左右されることなく、自らの責任にもとづき、図書館間の相互協力をふくむ図書館の総力をあげて、収集した資料と整備された施設を国民の利用に供するものである。

4 わが国においては、図書館が国民の知る自由を保障するのではなく、国民に対する「思想善導」の機関として、国民の知る自由を妨げる役割さえ果たした歴史的事実があることを忘れてはならない。図書館は、この反省の上に、国民の知る自由を守り、ひろげていく責任を果たすことが必要である。

5 すべての国民は、図書館利用に公平な権利をもっており、人種、信条、性別、年齢やそのおかれている条件等によっていかなる差別もあってはならない。

外国人にも、その権利は保障される。

6 ここに掲げる「図書館の自由」に関する原則は、国民の知る自由を保障するためであって、すべての図書館に基本的に妥当するものである。

この任務を果たすため、図書館は次のことを確認し実践する。

第一 図書館は資料収集の自由を有する。

1 図書館は、国民の知る自由を保障する機関として、国民のあらゆる資料要求にこたえなければならない。

2 図書館は、自らの責任において作成した収集方針にもとづき資料の選択および収集を行う。その際、

(1) 多様な、対立する意見のある問題については、それぞれの観点に立つ資料を幅広く収集する。

(2) 著者の思想的、宗教的、党派的立場にとらわれて、その著作を排除することはしない。

(3) 図書館員の個人的な関心や好みによって選択をしない。

(4) 個人・組織・団体からの圧力や干渉によって収集の自由を放棄したり、紛糾をおそれて自己規制したりはしない。

(5) 寄贈資料の受入れにあたっても同様である。

図書館の収集した資料がどのような思想や主張をもっていようとも、それを図書館および図書館員が支持することを意味するものではない。

3 図書館は、成文化された収集方針を公開して、広く社会からの批判と協力を得るようにつとめる。

第二 図書館は資料提供の自由を有する。

1 国民の知る自由を保障するため、すべての図書館資料は、原則として国民の自由な利用に供されるべきである。

図書館は、正当な理由がないかぎり、ある種の資料を特別扱いしたり、資料の内容に手を加えたり、書架から撤去したり、廃棄したりはしない。

提供の自由は、次の場合にかぎって制限されることがある。これらの制限は、極力限定して適用し、時期を経て再検討されるべきものである。

(1) 人権またはプライバシーを侵害するもの。

(2) わいせつ出版物であるとの判決が確定したもの。

(3) 寄贈または寄託資料のうち、寄贈者または寄託者が公開を否とする非公刊資料。

2 図書館は、将来にわたる利用に備えるため、資料を保存する責任を負う。図書館の保存する資料は、一時的な社会的要請、個人・組織・団体からの圧力や干渉によって廃棄されることはない。

3 図書館の集会室等は、国民の自主的な学習や創造を援助するために、身近にいつでも利用できる豊富な資料が組織されている場にあるという特徴をもっている。

図書館は、集会室等の施設を、営利を目的とする場合を除いて、個人、団体を問わず公平な利用に供する。

4 図書館の企画する集会や行事等が、個人・組織・団体からの圧力や干渉によってゆがめられてはならない。

第三 図書館は利用者の秘密を守る。

1 読者が何を読むかはその人のプライバシーに属することであり、図書館は、利用者の読書事実を外部に漏らさない。ただし、憲法第三十五条にもとづく令状を確認した場合は例外とする。

2 図書館は、読書記録以外の図書館の利用事実に関しても、利用者のプライバシーを侵さない。

3 利用者の読書事実、利用事実は、図書館が業務上知り得た秘密であって、図書館活動に従事するすべての人びとは、この秘密を守らなければならない。

第四 図書館はすべての検閲に反対する。

1 検閲は、権力が国民の思想・言論の自由を抑圧する手段として常用してきたものであって、国民の知る自由を基盤とする民主主義とは相容れない。

検閲が、図書館における資料収集を事前に制約し、さらに、収集した資料の書架からの撤去、廃棄に及ぶことは、内外の苦渋にみちた歴史と経験により明らかである。

したがって、図書館はすべての検閲に反対する。

2 検閲と同様の結果をもたらすものとして、個人・組織・団体からの圧力や干渉がある。図書館は、これらの思想・言論の抑圧に対しても反対する。

3 それらの抑圧は、図書館における自己規制を生みやすい。しかし図書館は、そうした自己規制におちいることなく、国民の知る自由を守る。

図書館の自由が侵されるとき、われわれは団結して、あくまで自由を守る。

1 図書館の自由の状況は、一国の民主主義の進展をはかる重要な指標である。図書館の自由が侵されようとするとき、われわれ図書館にかかわるものは、その侵害を排除する行動を起こす。このためには、図書館の民主的な運営と図書館員の連帯の強化を欠かすことができない。

2 図書館の自由を守る行動は、自由と人権を守る国民のたたかいの一環である。われわれは、図書館の自由を守ることで共通の立場に立つ団体・機関・人びとと提携して、図書館の自由を守りぬく責任をもつ。

3 図書館の自由に対する国民の支持と協力は、国民が、図書館活動を通じて図書館の自由の尊さを体験している場合にのみ得られる。われわれは、図書館の自由を守る努力を不断に続けるものである。

4 図書館の自由を守る行動において、これにかかわった図書館員が不利益をうけることがあってはならない。これを未然に防止し、万一そのような事態が生じた場合にその救済につとめることは、日本図書館協会の重要な責務である。

●科学者憲章

（昭和五五年四月二四日 日本学術会議 第七九回総会で採択）

科学は合理と実証をむねとして真理を探究し、また、その成果を応用することによって人間の生活を豊かにする。科学における真理の探究とその成果の応用は、人間の最も高度に発達した知的活動に属し、これに携わる科学者は真実を尊重し、独断を排し、真理に対する純粋にして厳正な精神を堅持するよう努めなければならない。

科学の健全な発達を図り、有益な応用を推進することは社会の要請であるとともに、科学者の果たすべき任務である。科学者はその任務を遂行するため、次の五項目を遵守する。

1　自己の研究の意義と目的を自覚し、人類の福祉と世界の平和に貢献する。

2　学問の自由を擁護し、研究における創意を尊重する。

3　諸科学の調和ある発展を重んじ、科学の精神と知識の普及を図る。

4　科学の無視と乱用を警戒し、その危険を排除するよう努力する。

5　科学の国際性を重んじ、世界の科学者との交流に努める。

●科学者の行動規範（改訂版）

（平成一八年一〇月三日制定 平成二五年一月二五日改訂 日本学術会議）

科学は、合理と実証を旨として営々と築かれる知識の体系であり、人類が共有するかけがえのない資産でもある。また、科学研究は、人類が未踏の領域に果敢に挑戦して新たな知識を生み出す行為といえる。

一方、科学と科学研究は社会と共に、そして社会のためにある。したがって、科学の自由と科学者の主体的な判断に基づく研究活動は、社会からの信頼と負託を前提として、初めて社会的認知を得る。ここでいう「科学者」とは、所属する機関に関わらず、人文・社会科学から自然科学までを包含するすべての学術分野において、新たな知識を生み出す活動、あるいは科学的な知識の利活用に従事する研究者、専門職業者を意味する。

このような知的活動を担う科学者は、学問の自由の下に、特定の権威や組織の利害から独立して自らの専門的な判断により真理を探究するという権利を享受すると共に、専門家として社会の負託に応える重大な責務を有する。特に、科学活動とその成果が広大で深遠な影響を人類に与える現代において、社会は科学者が常に倫理的な判断と行動を為すことを求めている。また、政策や世論の形成過程で科学が果たすべき役割に対する社会的要請も存在する。

平成二三年三月一一日に発生した東日本大震災及び東京電力福島第一原子力発電所事故は、科学者が真に社会からの信頼と負託に応えてきたかについて反省を迫ると共に、被災地域の復興と日本の再生に向けて科学者が総力をあげて取り組むべき課題を提示した。さらに、科学がその健全な発達・発展によって、より豊かな人間社会の実現に寄与するためには、科学者が社会に対する説明責任を果たし、科学と社会、そして政策立案・決定者との健全な関係の構築と維持に自覚的に参画すると同時に、その行動を自ら厳正に律するための倫理規範を確立する必要がある。科学者の倫理は、社会が科学への理解を示し、対話を求めるための基本的枠組みでもある。

これらの基本的認識の下に、日本学術会議は、科学者個人の自律性に依拠する、すべての学術分野に共通する必要最小限の行動規範を以下のとおり示す。これらの行動規範の遵守は、科学的知識の質を保証するため、そして科学者個人及び科学者コミュニティが社会から信頼と尊敬を得るために不可欠である。

Ⅰ　科学者の責務

1　**（科学者の基本的責任）**
科学者は、自らが生み出す専門知識や技術の質を担保する責任を有し、さらに自らの専門知識、技術、経験を活かして、人類の健康と福祉、社会の安全と安寧、そして地球環境の持続性に貢献するという責任を有する。

2　**（科学者の姿勢）**
科学者は、常に正直、誠実に判断、行動し、自らの専門知識・能力・技芸の維持向上に努め、科学研究によって生み出される知の正確さや正当性を科学的に示す最善の努力を払う。

3　**（社会の中の科学者）**
科学者は、科学の自律性が社会からの信頼と負託の上に成り立つことを自覚し、科学・技術と社会・自然環境の関係を広い視野から理解し、適切に行動する。

4　**（社会的期待に応える研究）**
科学者は、社会が抱く真理の解明や様々な課題の達成へ向けた期待に応える責務を有する。研究環境の整備や研究の実施に供される研究資金の使用にあたっては、そうした広く社会的な期待が存在することを常に自覚する。

5　**（説明と公開）**
科学者は、自らが携わる研究の意義と役割を公開して積極的に説明し、その研究が人間、社会、環境に及ぼし得る影響や起こし得る変化を評価し、その結果を中立性・客観性をもって公表すると共に、社会との建設的な対話を築くように努める。

6　**（科学研究の利用の両義性）**
科学者は、自らの研究の成果が、科学者自身の意図に反して、破壊的行為に悪用される可能性もあることを認識し、研究の実施、成果の公表にあたっては、社会に許容される適切な手段と方法を選択する。

Ⅱ　公正な研究

7　**（研究活動）**
科学者は、自らの研究の立案・計画・申請・実施・報告などの過程において、本規範の趣旨に沿って誠実に行動する。科学者は研究成果を論文などで公表することで、各自が果たした役割に応じて功績の認知を得るとともに責任を負わなければならない。研究・調査データの記録保存や厳正な取扱いを徹底し、ねつ造、改ざん、盗用などの不正行為を為さず、また加担しない。

8　**（研究環境の整備及び教育啓発の徹底）**
科学者は、責任ある研究の実施と不正行為の防止を可能にする公正な環境の確立・維持も自らの重要な責務であることを自覚し、科学者コミュニティ及び自らの所属組織の研究環境の質的向上、ならびに不正行為抑止の教育啓発に継続的に取り組む。また、これを達成するために社会の理解と協力が得られるよう努める。

9　**（研究対象などへの配慮）**
科学者は、研究への協力者の人格、人権を尊重し、福利に配慮する。動物などに対しては、真摯な態度でこれを扱う。

10　**（他者との関係）**
科学者は、他者の成果を適切に批判すると同時に、自らの研究に対する批判には謙虚に耳を傾け、誠実な態度で意見を交える。他者の知的成果などの業績を正当に評価し、名誉や知的財産権を尊重する。また、科学者コミュニティ、特に自らの専門領域における科学者相互の評価に積極的に参加する。

Ⅲ　社会の中の科学

11　**（社会との対話）**
科学者は、社会と科学者コミュニティとのより良い相互理解のために、市民との対話と交流に積極的に参加する。また、社会の様々な課題の解決と福祉の実現を図るために、政策立案・決定者に対して政策形成に有効な科学的助言の提供に努める。その際、科学者の合意に基づく助言を目指し、意見の相違が存在するときはこれを解り易く説明する。

（**科学的助言**）

12　科学者は、公共の福祉に資することを目的として研究活動を行い、客観的で科学的な根拠に基づく公正な助言を行う。その際、科学者の発言が世論及び政策形成に対して与える影響の重大さと責任を自覚し、権威を濫用しない。また、科学的助言の質の確保に最大限努め、同時に科学的知見に係る不確実性及び見解の多様性について明確に説明する。

（**政策立案・決定者に対する科学的助言**）

13　科学者は、政策立案・決定者に対して科学的助言を行う際には、科学的知見が政策形成の過程において十分に尊重されるべきものであるが、政策決定の唯一の判断根拠ではないことを認識する。科学者コミュニティの助言とは異なる政策決定が為された場合、必要に応じて政策立案・決定者に社会への説明を要請する。

IV　法令の遵守など

（**法令の遵守**）

14　科学者は、研究の実施、研究費の使用等にあたっては、法令や関係規則を遵守する。

（**差別の排除**）

15　科学者は、研究・教育・学会活動において、人種、ジェンダー、地位、思想・信条、宗教などによって個人を差別せず、科学的方法に基づき公平に対応して、個人の自由と人格を尊重する。

（**利益相反**）

16　科学者は、自らの研究、審査、評価、判断、科学的助言などにおいて、個人と組織、あるいは異なる組織間の利益の衝突に十分に注意を払い、公共性に配慮しつつ適切に対応する。

●児童虐待防止に向けた学校等における適切な対応の徹底について（通知）

（平成二二年一月二六日　初児生第二九号　初中局児童生徒課長）

　児童虐待については、児童相談所への児童虐待に関する相談件数が年々増加の一途をたどっていること、重大な児童虐待事件があとを絶たないこと、及び医療的ケアが必要となるような困難な事例の増加など依然として深刻な社会問題となっており、これまでも児童虐待の早期発見・対応、被害を受けた児童の適切な保護等、児童虐待防止に向けた学校等における適切な対応についてお願いしているところです。

　しかしながら、今般、東京都江戸川区における事件の発生から、文部科学省としては、児童虐待防止に向けた学校等における対応を改めて緊急かつ徹底して行う必要があると考えております。

記

1　児童虐待の防止等に関する法律等の趣旨の徹底

　各教育委員会等においては、学校等に対して、「児童虐待の防止等に関する法律の施行について（通知）」（平成一二年一一月二〇日。文生参第三五二号。）及び「児童虐待の防止等に関する法律の一部を改正する法律の施行について（通知）」（平成一六年八月一三日。文科生第三一三号。）等を参考にして、改めて、以下の点についての周知徹底を図ること。

(1)　児童虐待の早期発見等：児童虐待の防止等に関する法律上、学校及び学校の教職員は、①児童虐待を発見しやすい立場にあることを自覚し、児童虐待の早期発見に努めなければならないこと（同法第五条第一項）、②児童虐待の予防その他の児童虐待の防止並びに児童虐待を受けた児童の保護及び自立の支援に関する国及び地方公共団体の施策に協力するよう努めなければならないこと（同条第二項）、③児童及び保護者に対して、児童虐待の防止のための教育又は啓発に努めなければならないこと（同条第三項）などの役割が課されていること。

(2)　児童虐待に係る通告：児童虐待を受けたと思われる児童を発見した者は、速やかに、これを市町村、都道府県の設置する福祉事務所若しくは児童相談所又は児童委員を介して市町村、都道府県の設置する福祉事務所若しくは児童相談所に通告しなければならないこと（同法第六条第一項）。

2　児童虐待防止に向けた学校等における適切な対応

　各教育委員会等においては、学校等に対して、「児童虐待防止に向けた学校における適切な対応について（通知）」（平成一六年一月三〇日。初児生第一八号。）、「学校等における児童虐待防止に向けた取組の推進について」（平成一八年六月五日。初児生第一一号。）等を参考にして、改めて、以下の点についての指導を行うこと。

(1)　学校の教職員は、職務上、児童虐待を発見しやすい立場にあることを再確認し、学校生活のみならず、幼児児童生徒の日常生活面について十分な観察、注意を払いながら教育活動をする中で、児童虐待の早期発見・対応に努める必要があること。そのために、学級担任、生徒指導担当教員、養護教諭、スクールカウンセラーなど教職員等が協力して、日頃から幼児児童生徒の状況の把握に努めるとともに、幼児児童生徒がいつでも相談できる雰囲気を醸成すること。

(2)　虐待を受けた幼児児童生徒を発見した場合には、速やかに児童相談所又は市町村、都道府県の設置する福祉事務所へ通告すること。児童虐待の疑いがある場合には、確証がないときであっても、早期発見の観点から、児童相談所等の関係機関へ連絡、相談をするなど、日頃からの連携を十分に行うこと。関係機関への通告又は相談を行った後においても、継続的に当該機関と緊密に連絡を取り合うなどして児童虐待の防止上必要な対応を図ること。

(3)　上記の対応に当たっては、管理職への報告、連絡及び相談を徹底するなど、学校として組織的に取り組むとともに、教育委員会への連絡、又は必要に応じて相談を行うこと。

3　教育委員会等の責務

　各教育委員会等においては、児童福祉部局等や関係機関と連携しながら、地域の実情に応じて、以下の点に関する取組の推進を図ること。

(1)　児童虐待の予防及び早期発見並びに迅速かつ適切な児童虐待を受けた児童の保護及び自立の支援等を行うため、関係機関との連携の強化等のために必要な体制の整備に努めること。

(2)　学校の教職員が、児童虐待の早期発見・早期通告等児童虐待の防止に寄与するとともに児童虐待を受けた幼児児童生徒の自立の支援等について適切に対応できるようにするため、研修等必要な措置を講ずること。

(3)　児童虐待の防止に資するため、幼児児童生徒の人権、児童虐待が幼児児童生徒に及ぼす影響及び児童虐待に係る通告義務等について、必要な広報その他の啓発活動に努めること。

(4)　児童虐待の予防及び早期発見のための方策、児童虐待を受けた幼児児童生徒のケア、並びに学校の教職員等が児童虐待の防止に果たすべき役割等についての調査研究及び検証を行うこと。

(5)　児童虐待を受けた幼児児童生徒が、その年齢及び能力に応じ充分な教育が受けられるようにするため、教育の内容及び方法の改善及び充実を図る等必要な施策を講じること。

4　教職員用研修教材の適切な活用

　文部科学省においては、平成二一年五月に学校等における児童虐待防止のための取組の一層の充実を図るため、最近の制度改正等の内容を盛り込み、教職員用研修教材「児童虐待防止と学校」を作成、配付している。

　学校、教育委員会においては、本教材の積極的な活用を図るなどして、虐待対応に関する教職員研修の充実を図り、学校等における児童虐待防止の取組を一層適切に推進すること。

●体罰の禁止及び児童生徒理解に基づく指導の徹底について（通知）

（平成二五年三月一三日　二四文科初第一二六九号　文部科学省初等中等教育局長　スポーツ・青少年局長）

　昨年末、部活動中の体罰を背景とした高校生の自殺事案が発生するなど、教職員による児童生徒への体罰の状況について、文部科学省としては、大変深刻に受け止めております。体罰は、学校教育法で禁止されている、決して許されない行為であり、平成二五年一月二三日初等中等教育局長、スポーツ・青少年局長通知「体罰禁止の徹底及び体罰に係る実態把握について」においても、体罰禁止の徹底を改めてお願いいたしました。

　懲戒、体罰に関する解釈・運用については、平成一九年二月に、裁判例の動向等も踏まえ、「問題行動を起こす児童生徒に対する指導について」（一八文科初第一〇一九号文部科学省初等中等教育局長通知）別紙「学校教育法第一一条に規定する児童生徒の懲戒・体罰に関する考え方」を取りまとめましたが、懲戒と体罰の区別等についてより一層適切な理解促進を図るとともに、教育現場において、児童生徒理解に基づく指導が行われるよう、改めて本通知において考え方を示し、別紙において参考事例を示しました。懲戒、体罰に関する解釈・運用については、今後、本通知によるものとします。

　また、部活動は学校教育の一環として行われるものであり、生徒をスポーツや文化等に親しませ、責任感、連帯感の涵養（かんよう）等に資するものであるといった部活動の意義をもう一度確認するとともに、体罰を厳しい指導として正当化することは誤りであるという認識を持ち、部活動の指導に当たる教員等は、生徒の心身の健全な育成に資するよう、生徒の健康状態等の十分な把握や、望ましい人間関係の構築に留意し、適切に部活動指導をすることが必要です。

貴職におかれましては、本通知の趣旨を理解の上、児童生徒理解に基づく指導が徹底されるよう積極的に取り組むとともに、都道府県・指定都市教育委員会にあっては所管の学校及び域内の市区町村教育委員会等に対して、都道府県知事にあっては所轄の私立学校に対して、国立大学法人学長にあっては附属学校に対して、構造改革特別区域法第一二条第一項の認定を受けた地方公共団体の長にあっては認可した学校に対して、本通知の周知を図り、適切な御指導をお願いいたします。

記

1　体罰の禁止及び懲戒について

体罰は、学校教育法第一一条において禁止されており、校長及び教員（以下「教員等」という。）は、児童生徒への指導に当たり、いかなる場合も体罰を行ってはならない。体罰は、違法行為であるのみならず、児童生徒の心身に深刻な悪影響を与え、教員等及び学校への信頼を失墜させる行為である。

体罰により正常な倫理観を養うことはできず、むしろ児童生徒に力による解決への志向を助長させ、いじめや暴力行為などの連鎖を生む恐れがある。もとより教員等は指導に当たり、児童生徒一人一人をよく理解し、適切な信頼関係を築くことが重要であり、このために日頃から自らの指導の在り方を見直し、指導力の向上に取り組むことが必要である。懲戒が必要と認める状況においても、決して体罰によることなく、児童生徒の規範意識や社会性の育成を図るよう、適切に懲戒を行い、粘り強く指導することが必要である。

ここでいう懲戒とは、学校教育法施行規則に定める退学（公立義務教育諸学校に在籍する学齢児童生徒を除く。）、停学（義務教育諸学校に在籍する学齢児童生徒を除く。）、訓告のほか、児童生徒に肉体的苦痛を与えるものでない限り、通常、懲戒権の範囲内と判断されると考えられる行為として、注意、叱責、居残り、別室指導、起立、宿題、清掃、学校当番の割当て、文書指導などがある。

2　懲戒と体罰の区別について

(1)　教員等が児童生徒に対して行った懲戒行為が体罰に当たるかどうかは、当該児童生徒の年齢、健康、心身の発達状況、当該行為が行われた場所的及び時間的環境、懲戒の態様等の諸条件を総合的に考え、個々の事案ごとに判断する必要がある。この際、単に、懲戒行為をした教員等や、懲戒行為を受けた児童生徒・保護者の主観のみにより判断するのではなく、諸条件を客観的に考慮して判断すべきである。

(2)　(1)により、その懲戒の内容が身体的性質のもの、すなわち、身体に対する侵害を内容とするもの（殴る、蹴る等）、児童生徒に肉体的苦痛を与えるようなもの（正座・直立等特定の姿勢を長時間にわたって保持させる等）に当たると判断された場合は、体罰に該当する。

3　正当防衛及び正当行為について

(1)　児童生徒の暴力行為等に対しては、毅然とした姿勢で教職員一体となって対応し、児童生徒が安心して学べる環境を確保することが必要である。

(2)　児童生徒から教員等に対する暴力行為に対して、教員等が防衛のためにやむを得ずした有形力の行使は、もとより教育上の措置たる懲戒行為として行われたものではなく、これにより身体への侵害又は肉体的苦痛を与えた場合は体罰には該当しない。また、他の児童生徒に被害を及ぼすような暴力行為に対して、これを制止したり、目前の危険を回避したりするためにやむを得ずした有形力の行使についても、同様に体罰に当たらない。これらの行為については、正当防衛又は正当行為等として刑事上又は民事上の責めを免れうる。

4　体罰の防止と組織的な指導体制について

(1)　体罰の防止

①　教育委員会は、体罰の防止に向け、研修の実施や教員等向けの指導資料の作成など、教員等が体罰に関する正しい認識を持つよう取り組むことが必要である。

②　学校は、指導が困難な児童生徒の対応を一部の教員に任せきりにしたり、特定の教員が抱え込んだりすることのないよう、組織的な指導を徹底し、校長、教頭等の管理職や生徒指導担当教員を中心に、指導体制を常に見直すことが必要である。

③　校長は、教員が体罰を行うことのないよう、校内研修の実施等により体罰に関する正しい認識を徹底させ、「場合によっては体罰もやむを得ない」などといった誤った考え方を容認する雰囲気がないか常に確認するなど、校内における体罰の未然防止に恒常的に取り組むことが必要である。また、教員が児童生徒への指導で困難を抱えた場合や、周囲に体罰と受け取られかねない指導を見かけた場合には、教員個人で抱え込まず、積極的に管理職や他の教員等へ報告・相談できるようにするなど、日常的に体罰を防止できる体制を整備することが必要である。

④　教員は、決して体罰を行わないよう、平素から、いかなる行為が体罰に当たるかについての考え方を正しく理解しておく必要がある。また、機会あるごとに自身の体罰に関する認識を再確認し、児童生徒への指導の在り方を見直すとともに、自身が児童生徒への指導で困難を抱えた場合や、周囲に体罰と受け取られかねない指導を見かけた場合には、教員個人で抱え込まず、積極的に管理職や他の教員等へ報告・相談することが必要である。

(2)　体罰の実態把握と事案発生時の報告の徹底

①　教育委員会は、校長に対し、体罰を把握した場合には教育委員会に直ちに報告するよう求めるとともに、日頃から、主体的な体罰の実態把握に努め、体罰と疑われる事案があった場合には、関係した教員等からの聞き取りのみならず、児童生徒や保護者からの聞き取りや、必要に応じて第三者の協力を得るなど、事実関係の正確な把握に努めることが必要である。あわせて、体罰を行ったと判断された教員等については、体罰が学校教育法に違反するものであることから、厳正な対応を行うことが必要である。

②　校長は、教員に対し、万が一体罰を行った場合や、他の教員の体罰を目撃した場合には、直ちに管理職へ報告するよう求めるなど、校内における体罰の実態把握のために必要な体制を整備することが必要である。

また、教員や児童生徒、保護者等から体罰や体罰が疑われる事案の報告・相談があった場合は、関係した教員等からの聞き取りや、児童生徒や保護者からの聞き取り等により、事実関係の正確な把握に努めることが必要である。

加えて、体罰を把握した場合、校長は直ちに体罰を行った教員等を指導し、再発防止策を講じるとともに、教育委員会へ報告することが必要である。

③　教育委員会及び学校は、児童生徒や保護者が、体罰の訴えや教員等との関係の悩みを相談することができる体制を整備し、相談窓口の周知を図ることが必要である。

5　部活動指導について

(1)　部活動は学校教育の一環であり、体罰が禁止されていることは当然である。成績や結果を残すことのみに固執せず、教育活動として逸脱することなく適切に実施されなければならない。

(2)　他方、運動部活動においては、生徒の技術力・身体的能力、又は精神力の向上を図ることを目的として、肉体的、精神的負荷を伴う指導が行われるが、これらは心身の健全な発達を促すとともに、活動を通じて達成感や、仲間との連帯感を育むものである。ただし、その指導は学校、部活動顧問、生徒、保護者の相互理解の下、年齢、技能の習熟度や健康状態、場所的・時間的環境等を総合的に考えて、適切に実施しなければならない。

指導と称し、部活動顧問の独善的な目的を持って、特定の生徒たちに対して、執拗かつ過度に肉体的・精神的負荷を与える指導は教育的指導とは言えない。

(3)　部活動は学校教育の一環であるため、校長、教頭等の管理職は、部活動顧問に全て委ねることなく、その指導を適宜監督し、教育活動としての使命を守ることが求められる。

別紙（省略）

●学校事故対応に関する指針（抜粋）

（平成二八年三月　文部科学省）

はじめに

学校の危機管理の目的は、児童生徒等や教職員の生命や心身等の安全を確保することにあります。学校において、児童生徒等が生き生きと学習や運動等の活動を行うためには、児童生徒等の安全の確保が保障されることが最優先されるべき不可欠の前提です。

しかし、学校の管理下における様々な事故や不審者による児童生徒等の切りつけ事件、自然災害に起因する死亡事故など、全国の学校においては、重大事件・事故災害が依然として発生しています。

学校の管理下において事件・事故災害が発生した際、学校及び学校の設置者は、児童生徒等の生命と健康を最優先に迅速かつ適切な対応を行うとともに、発生原因の究明やこれまでの安全対策の検証はもとより、児童生徒等に対する心のケアや保護者への十分な説明、再発防止などの取組が求められます。

平成二一年四月に施行された学校保健安全法においては、各学校において安全に係る取組が確実に実施されるようにするため、地方公共団体の責務（第三条）及び学校の設置者の責務（第二六条）について明記し、地方公共団体及び学校の設置者は、財政上の措置を含め、当該学校の施設及び設備並びに管理運営体制の整備充実その他の必要な措置を講ずるように努めることを求めています。

また、各学校においては、同法第二九条に基づき、危険等発生時対処要領（危機管理マニュアル）を策定し、マニュアルに基づいた訓練等の実施により明らかとなった課題を基に改善・改良を図り、全教職員の共通認識の基で、より実効性のあるマニュアルに見直し、活用していく必要があります。

文部科学省では、平成二六年度から「学校事故対応に関する調査研究」有識者会議を設置し、これまで発生した学校の管理下での事件・事故災害における学校及び学校の設置者の対応について実態を把握するための調査を行うとともに、学校の危機管理の在り方、再発防止を含む事故を未然に防ぐ取組、第三者委員会など調査組織の必要性や在り方等について、ヒアリング等により御意見をいただき、学校事故対応の在り方について指針を取りまとめました。

学校、学校の設置者、各地方公共団体等においては、それぞれの学校の実情に応じ、本指針を参考として、危機管理マニュアルの見直し・改善を図り、事件・事故災害の未然防止とともに、事故発生時の適切な対応が行われるよう、事故対応に関する共通理解と体制整備を図ることが必要です。

（注1）　「子ども・子育て支援新制度」の開始に伴い、内閣府・文部科学省・厚生労働省の三府省による「教育・保育施設等における重大事故の再発防止策に関する検討会」が設置され、施設・事業者及び地方公共団体向けに「教育・保育施設等における事故の発生防止（予防）及び事故発生時の対応のためのガイドライン」（以下「保育事故ガイドライン」という。）が示されています。幼稚園及び認定こども園（幼保連携型、幼稚園型）については、必要に応じて、保育事故ガイドラインも踏まえた対応を行ってください。

（注2）　児童生徒等の自殺が起きたときについては、「子供の自殺が起きたときの背景調査の指針（改訂版）」に基づき、また、いじめが背景に疑われる場合の自殺については、「いじめ防止対策推進法」に規定する「重大事態」として、法律に基づいた対応を行ってください。

1　事故発生の未然防止及び事故発生に備えた事前の取組

(1)　教職員の資質の向上（研修の実施）

○教職員が、事故等の発生を未然に防ぎ、万が一事故が発生しても、児童生徒等の安全を確保し、被害を最小限にとどめるためには、教職員一人一人に、状況に応じた的確な判断力や機敏な行動力等が求められており、教職員の危機管理に関する研修を充実するなど、対応能力を高めることが必要である。

○各学校においては、学校安全計画の校内研修に、危機管理についての研修等を位置付け、「事前」、「発生時」、「事後」の三段階の危機管理※に対応した校内研修を行うことが求められる。なお、危機管理に対応した校内研修を行う際には、本指針を踏まえ、この内容の共通理解を図るため、事件・事故災害発生時の対処方法や救急及び緊急連絡体制の整備等について、対応能力の向上に努める。

※危機管理に当たっては、危険をいち早く発見して事件・事故の発生を未然に防ぐこと（事前の危機管理）、万が一事件・事故が発生した場合に、適切かつ迅速に対処し、被害を最小限に抑えること（発生時の危機管理）、そして、保護者等への説明や児童生徒等の心のケアを行うとともに、発生した事故等をしっかりと検証し、得られた教訓から再発防止に向けた対策を講じること（事後の危機管理）が重要。

2　事故発生後の取組

2―2　初期対応時（事故発生直後～事故後一週間程度）の取組

(4)　保護者への説明

○保護者間に臆測に基づく誤った情報が広がることを防ぐために、被害児童生徒等以外の保護者に対しても、状況に応じて、学校から速やかに正確な情報を伝えることが必要であり、事故・事件の深刻さ等を勘案し、状況に応じて、保護者説明会等の開催など、必要な情報共有を行う。

○情報を発信する際には、外部に出せる情報を明確にし、①発生事実の概要、②対応経過、③今後の取組・方向性などに整理して説明する。

○保護者説明会の開催等、被害児童生徒等以外の保護者への説明の際には、あらかじめ被害児童生徒等の保護者の意向を確認し、説明の内容について承諾を得た上で行う。

(5)　記者会見を含む情報の公表及び関係機関との調整

○情報の公表のためには、正確な情報の把握が必要となる。事故に対し、警察の捜査が行われている場合は、警察が公表している情報などにより事実確認を行うなど、関係機関等からも情報を収集しつつ整理を行う。

○報道などの外部への対応については、学校と学校の設置者で調整の上、対応窓口を一本化し、情報の混乱が生じないよう、事実を正確に発信する。
○状況によっては、報道対応窓口を学校ではなく学校の設置者に一本化し、学校は事故直後の対応（児童生徒等・保護者対応）に専念できるように考慮する。
○記者会見を含む情報の公表の際には、あらかじめ被害児童生徒等の保護者の意向を確認し、説明の内容について承諾を得た上で行う。

3　調査の実施

3−1　調査の目的及び目標

(1)　調査の目的

○調査は、事実関係を整理する「基本調査」と得られた情報に基づく、事故に至る過程や原因の分析を行う「詳細調査」で構成されるものであり、その「目的」は事故の状況によって異なる可能性もあるが、下記のことなどが挙げられる。
・日頃の安全管理の在り方等、事故の原因と考えられることを広く集めて検証し、今後の事故防止に生かすため
・被害児童生徒等の保護者や児童生徒等及びその保護者の事実に向き合いたいなどの希望に応えるため
○この調査は、民事・刑事上の責任追及やその他の訴訟等への対応を直接の目的とするものではなく、学校とその設置者として、上記目的を踏まえて事実に向き合うものである。

(2)　調査の目標

○調査を実施することによって到達すべき「目標」についても、事案によって異なるが、下記のことが挙げられる。
①事故の兆候（ヒヤリハットを含む）なども含め、当該事故に関係のある事実を可能な限り明らかにする
②事故当日の過程（①で明らかになった事実の影響を含む）を可能な限り明らかにする
③上記①②を踏まえ今後の再発防止への課題を考え、学校での事故防止の取組の在り方を見直す

3−2　学校による基本調査の実施

「基本調査」とは、調査対象となる事案の発生後、速やかに着手する調査であり、学校がその時点で持っている情報及び基本調査の期間中に得られた情報を迅速に整理するものである。

(3)　基本調査の実施

○基本調査において、学校の教職員や児童生徒等に聴き取りを行う際には、聴き取りの目的を明らかにした上で、（中略）聴き取り対象者の負担を軽減するよう努める。
○事故に関係する教職員や事故現場に居合わせた児童生徒等への対応では、「心のケア」と「事実関係の確認」の両立を図ることに努める。
○聴き取り調査を行うに当たっては、聴取・記録・心のケアへの配慮という各観点が必要であり、スクールカウンセラー等の専門家の支援を受けて実施の判断を行い、実施の際には、必ず複数の教職員で対応するとともに、状況に応じてスクールカウンセラーを同席させることも必要であると考えられる。

〈関係する全教職員からの聴き取り〉

○原則として三日以内を目途に、関係する全ての教職員から聴き取りを実施する。
○事故後速やかに、関係する全ての教職員に記録用紙を配布し、事故に関する事実を記録する。なお、事故発生直後にメモ等の記録を残していた教職員は、記録用紙を提出する際に、メモ等の記録も併せて提出する。
○あらかじめ決めてあった役割分担を踏まえ、記録の内容を基に、聴き取り担当とされている者（校長や副校長・教頭等）が聴き取りを実施し、記録を行う。教職員が話しやすいかどうかも考慮し、状況に応じて、支援を行う学校の設置者及び都道府県等担当課が聴き取ることも考えられる。
○記録担当の教職員は、聴き取り担当及び関係する教職員が記載した記録用紙の情報を集約し、発生状況や事故後の対応について、時系列で整理する。
○関係する教職員自身が強いストレスを受けている可能性にも留意し、必要な場合は医療機関を受診させる。
○部活動指導員等、外部人材が学校に派遣・配置されている場合には、当該外部人材からも聴き取りを実施する。

〈事故現場に居合わせた児童生徒等への聴き取り調査〉

○事故現場に児童生徒等が居合わせたりするなど、事故発生時の事実関係を整理する上で関係する児童生徒等に対して聴き取りを行う必要がある場合には児童生徒等への聴き取り調査の実施を検討する。ただし、多数の児童生徒等から聴き取りを行う必要があるなど、短期間での実施が難しい場合は、基本調査では聴き取れる範囲で実施し、詳細調査の中で引き続き実施することも検討する。
○事故現場に居合わせた児童生徒等は、精神的に大きなショックを受けていることから、調査実施に当たっては児童生徒等・保護者の理解・協力、心のケア体制が整っていることが前提である。聴き取りの前には、保護者に連絡して理解・協力を依頼するとともに、保護者と連携してケア体制を万全に整える。
○学級担任や養護教諭などがあらかじめ定められた役割分担に従って聴き取りをすることが考えられるが、その他の部活動顧問や担任外の教諭など児童生徒等が話しやすい教職員が別にいる場合には、聴き取る主体を限定することなく柔軟に対応することが望ましい。
○心のケアの中で、何か気になっていることがあれば自然と語れる雰囲気をつくるよう工夫する。
○事故現場に居合わせた児童生徒等が話しやすい雰囲気を作り出すことが困難な状況においては、教職員からの聴き取りと同様に、当該児童生徒等に対し、記録用紙を配布し、事故に関する事実を記録してもらう方法を取ることも考えられる。

3−3　詳細調査への移行の判断

(1)　詳細調査への移行の判断

○「詳細調査」とは、基本調査等を踏まえ必要な場合に、学校事故対応の専門家など外部専門家が参画した調査委員会において行われる詳細な調査であり、事実関係の確認のみならず、事故に至る過程を丁寧に探り、事故が発生した原因を解明するとともに、事故後に行われた対応についても確認し、それによって再発防止策を打ち立てることを目指すものである。
○詳細調査への移行の判断は、基本調査の報告を受けた学校の設置者が行う。その際、私立・株式会社立学校については、必要に応じて、都道府県等担当課が支援・助言を行うこととする。
○詳細調査に移行するかどうかの判断については、「(2) 詳細調査に移行すべき事案の考え方」を参考としながら、例えば外部専門家等の意見を求めたりして、その意見を尊重する体制とすることが望ましい。
○詳細調査の移行の判断に当たっては、学校の設置者は被害児童生徒等の保護者の意向に十分配慮する。

(2)　詳細調査に移行すべき事案の考え方

○原則全ての事案について詳細調査を行うことが望ましいが、これが難しい場合は、少なくとも次の場合に、詳細調査に移行する。
ア　教育活動自体に事故の要因があると考えられる場合
イ　被害児童生徒等の保護者の要望がある場合
ウ　その他必要な場合
○教育活動とは、体育をはじめとした各教科活動、運動会などの学校行事、部活動などの課外活動等である。

3−4　詳細調査の実施

(1)　調査の実施主体

○調査の実施主体（調査委員会を立ち上げその事務を担う）は、学校、学校の設置者又は都道府県等担当課が考えられる。
○市区町村教育委員会、都道府県等担当課が調査を実施する場合は、その求めに応じて都道府県教育委員会が支援を行うことが望まれる。

(2)　調査委員会の設置

○死亡事故等の詳細調査は、外部の委員で構成する調査委員会を設置して行う。なお、地方公共団体によって、首長部局に常設の調査機関を有している場合には、当該機関を活用することも考えられる。また、調査委員会にお

ける調査に当たっては、必要に応じて、関係者の参加を求める。

○詳細調査は原因究明及び再発防止のための取組について検討するためのものであって、責任追及や処罰等を目的としたものではないが、事故に至る過程や原因を調査するには高い専門性が求められるため、中立的な立場の外部専門家が参画した調査委員会とすることが必要であり、調査の公平性・中立性を確保することが求められる。

〈組織の構成〉

○調査委員会の構成については、学識経験者や医師、弁護士、学校事故対応の専門家等の専門的知識及び経験を有する者であって、調査対象となる事案の関係者と直接の人間関係又は特別の利害関係を有しない者（第三者）について、職能団体や大学、学会からの推薦等により参加を図ることにより、当該調査の公平性・中立性を確保することが求められる。

○調査委員会の構成員について、守秘義務を課すこと、氏名は特別な事情がない限り公表することが望ましい。

○調査委員会の構成員は、先入観を排除し、公平・中立な立場から、その専門的知識を生かし、可能な限り、多角的な視点から調査を行う。

○小規模の地方公共団体など、設置が困難な地域も想定されることを踏まえ、都道府県教育委員会においては、これらの地域を支援するため、職能団体や大学、学会等の協力を得られる体制を平常時から整えておくことが望ましい。

○なお、基本調査の結果等を踏まえ、詳細調査において、関係者に対し再度聴き取り調査を行う場合、多数の児童生徒等からの聴き取り調査等を外部専門家が直接全て行うのはかなりの時間的制約があると予想される。このため、例えば、聴き取り調査等を行い、事実関係を整理するための補助者を、調査委員会の構成員とは別に置いておくなどが考えられる。補助者については、児童生徒等の聴き取り調査等を行う関係上、当該学校の教職員や学校の設置者の担当職員その他委嘱を受けた外部有識者等が想定される。その役割については調査委員会の指示の下、聴き取り調査等を行い、事実関係を整理することにとどめるものとする。

(3)　詳細調査の計画・実施

○調査委員会において、詳細調査の計画と見通しを立て、調査の実施主体との間で共通理解を図る。具体的には、調査の趣旨等の確認と、調査方法や期間、被害児童生徒等の保護者への説明時期（経過説明を含む）、調査後の児童生徒等・保護者などへの説明の見通し等を検討する。

○プライバシー保護の観点から、委員会は非公開とすることができる。公開／非公開の範囲については、プライバシー保護及び保護者の意向に十分配慮した上で、個別事例ごとに関係者を含めて十分に協議する。関係者ヒアリングのみ非公開とするなど、「一部非公開」等の取扱いも考えられる。なお、委員会を非公開とした際には、調査委員会の内容については、報告を受けた学校の設置者が被害児童生徒等の保護者に適切に情報共有を行うものとする。

○調査委員会においては、以下のような手順で情報収集・整理を進めることが想定される。

①基本調査の確認

基本調査の経過、方法、結果の把握、関係する教職員や児童生徒等に対する追加調査実施の必要性の有無を確認

②学校以外の関係機関への聴き取り

警察や医療機関等、これまで対応していた行政機関等があれば聴き取りを依頼（守秘義務が課されていることが前提）

③状況に応じ、事故が発生した場所等における実地調査（安全点検）

④被害児童生徒等の保護者からの聴き取り

○上記の情報収集においては、事故に至る過程の調査及び問題点・課題の抽出ができるよう、必要な情報を明確にして行うこととする。例えば、下記のような情報が必要であると考えられる。

・事故当日の健康状態など、児童生徒等の状況
・死亡事故に至った経緯、事故発生直後の対応状況（ＡＥＤの使用状況、救急車の出動情報、救急搬送した医療機関の情報等）
・教育活動の内容、危機管理マニュアルの整備、研修の実施、職員配置等に関すること（ソフト面）
・設備状況に関すること（ハード面）
・教育活動が行われていた状況（環境面）
・担当教諭（担任、部活動顧問等）の状況（人的面）
・事故が発生した場所の見取図、写真、ビデオ等

(4)　被害児童生徒等の保護者からの聴き取りにおける留意事項

○被害児童生徒等の保護者に調査への協力を求める場合は、信頼関係の醸成と配慮が必要であり、必要に応じて、被害児童生徒等の保護者の心情を理解し、被害児童生徒等の保護者、調査委員会、学校や学校の設置者をつなぐ役割を担うコーディネーターを確保する。

○客観性を保つ意味から、複数で聴き取りを行う。

(5)　事故に至る過程や原因の調査（分析評価）と再発防止・学校事故予防への提言

○事故に至る過程や原因の調査（分析評価）は、目的と目標に基づいて客観的に行われることが必要であり、調査委員会の構成員は常に中立的な視点を保つことが必要である。

○事故が起きた後の時間の経過等に伴う制約の下で、可能な限り、偏りのない資料や情報を多く収集、整理し、それらの信頼性の吟味を含めて、客観的に、特定の資料や情報にのみ依拠することなく総合的に分析評価を行うよう努める。

○基本的にはある程度委員間で一致した見解を取りまとめる方向での調整が必要だが、それぞれの委員の専門性の違いなどがある場合には、複数の視点からの分析評価を取りまとめることも想定しうる。

○事故に至る過程や原因の調査で、複雑な要因が様々に重なったことが明らかになる場合もあると思われるが、それぞれの要因ごとに、児童生徒等の事故を防げなかったことの考察などを踏まえて課題を見つけ出すとともに、児童生徒等を直接対象とする安全教育の実施を含め、当該地域・学校における児童生徒等の事故の再発防止・事故予防のために何が必要かという視点から、今後の改善策を、可能な範囲でまとめる。

(6)　報告書の取りまとめ

④被害児童生徒等の保護者への適切な情報提供

○調査委員会での調査結果について、調査委員会又は学校の設置者が被害児童生徒等の保護者に説明する。なお、調査の経過についても適宜適切な情報提供を行うとともに、被害児童生徒等の保護者の意向を確認する。

⑤報告書の調査資料の保存

○調査結果の報告を受けた学校の設置者又は都道府県等担当課は、報告書に係る調査資料を、学校の設置者等の文書管理規定に基づき適切に管理する。

4　再発防止策の策定・実施

(1)　調査委員会の報告書の活用

○調査の目標・目的に照らし、今後の学校事故予防・再発防止に調査結果を役立てることが必要である。

○学校又は学校の設置者は、報告書の提言を受けて、当該校の教職員や同地域の学校の教職員間等で報告書の内容について共通理解を図るなどし、速やかに具体的な措置を講ずるとともに、講じた措置及びその実施状況について、適時適切に点検・評価する。その際、その求めに応じて、都道府県教育委員会は域内の市区町村教育委員会に対して、都道府県等担当課は所轄の学校に対して必要な支援・助言を行う。

○学校又は学校の設置者は、報告書の提言を受けて、被害児童生徒等の保護者の意見も聴取するなどして、より具体的、実践的な再発防止策を策定し、それを実践するよう努める。

○調査委員会から調査結果の報告を受けた学校の設置者は、調査の実施主体が報告書を公表した後、公立学校における市区町村立学校（指定都市立学校を除く。）の場合は、都道府県教育委員会に報告書を提出し、都道府県教育委員会は国にも報告書を提出する。国立学

校の場合は、学校の設置者は国にも報告書を提出する。私立・株式会社立学校の場合は、学校の設置者が調査の実施主体となった場合は、都道府県等担当課は国にも報告書を提出し、都道府県等担当課は国にも報告書を提出する。

○国においては、報告された調査報告書の概要を基に事故情報を蓄積し、教訓とすべき点を整理した上で学校、学校の設置者及び都道府県等担当課に周知することにより、類似の事故の発生防止に役立てる。

5　被害児童生徒等の保護者への支援

(1) 被害児童生徒等の保護者への関わり

被害児童生徒等の保護者への支援に当たっては、被害児童生徒等の保護者の心情に配慮した対応を行う。

【参考例】「子どもの自殺が起きたときの緊急対応の手引き」

○被害児童生徒等の保護者への説明は対応窓口を一本化し、説明が矛盾することなく、事実を正確に伝えるようにする。

○被害児童生徒等の保護者への支援は、継続的に行う必要がある。人事異動で学校又は学校の設置者の対応窓口が変わる場合も、継続的な支援が行えるよう、情報共有と引継ぎの体制を構築する。

○事故にあった児童生徒等の兄弟姉妹へのサポートは学校の大切な役割となる。兄弟姉妹が他校にいれば、他校と連携し、継続的なサポートを行う。

〈被害児童生徒等が死亡した場合〉

○被害児童生徒等の保護者の意向を確認の上、学校として通夜や葬儀にどう対応するか方針を定める。

○葬儀が終わった後も、被害児童生徒等の保護者への関わりは継続して行い、学校との関わりの継続を求める被害児童生徒等の保護者に対しては、他の児童生徒等の気持ちにも配慮しつつ、クラスに居場所を作る等の工夫をする。

○被害児童生徒等の保護者の意向も確認し、卒業式への参列等も検討する。

○被害児童生徒等の保護者の感情に配慮し、専門的なケアの希望が出た場合には、信頼できる専門機関等を紹介又は情報提供を行う。

〈被害児童生徒等に重度の障害が残った場合〉

○長期の入院等から復学した際の当該児童生徒等の学校生活を支援する（学校施設の改修、安全管理、学習体制、学力の保障等）とともに、医療、福祉、心理等の信頼できる専門機関等を紹介したり支援チームを組織したりするなど、家族への継続的なサポートを行う。

〈被害児童生徒等が複数の場合〉

○複数の児童生徒等に被害が生じている場合は、当該学校で重大な事故が発生している可能性が高い。事故の報告を受けた学校の設置者等は、当該学校に対し、必要な人員の派遣や助言等の支援を行う。なお、学校が行う被害児童生徒等の保護者に対する支援もサポートする。

○それぞれの被害児童生徒等の保護者に担当者を決め、被害児童生徒等の保護者一人一人に丁寧な支援を行うとともに、担当者同士が連携して情報を共有し、被害児童生徒等の保護者間の対応に差が生じないようにする。

○学校や学校の設置者に対する被害児童生徒等の保護者の要望が異なる場合は、それぞれの被害児童生徒等の保護者の意向を十分に踏まえながら、コーディネーター等を活用し、調整を図るよう努める。

○被害児童生徒等の保護者同士が連携し、家族会等の団体を立ち上げている場合は、団体の代表者を窓口にする等、団体の意向も確認しつつ必要な支援を行う。

被害児童生徒等の保護者への支援は、段階に応じた対応が必要であり、以下のように継続的な支援を行っていくことが必要である。

（以下、指針内に既出の内容を再掲）

〈事故発生直後〉

○被害児童生徒等の保護者に対し、事故の発生（第一報）を可能な限り早く連絡する。なお、その際には、事故の概況、けがの程度など、最低限必要とする情報を整理した上で行う。

○被害の詳細や搬送先の医療機関名等、ある程度の情報が整理できた段階で、第二報の連絡を行う。

〈初期対応時〉

○応急手当等の事故発生直後の対応終了後は、できる限り迅速かつ確実に事実確認を行い、学校側が知り得た事実は、被害児童生徒等の保護者に対し正確に伝える等、責任のある対応を行う。

○学校は、被害児童生徒等の保護者に寄り添った対応を行い、その求めに応じて、信頼できる第三者（スクールカウンセラーやスクールソーシャルワーカー等）を紹介し、相談・支援が受けられるようにする。

〈基本調査〉

○学校及び学校の設置者は、取りまとめられた基本調査の経過及び整理した情報等について適切に被害児童生徒等の保護者に説明する。

○事実関係の整理に時間を要することもあり得るが、必要に応じて適時適切な方法で経過説明があることが望ましく、基本調査における最初の説明は、調査着手からできるだけ一週間以内を目安に行う。

○説明に矛盾が生じないよう、原則として、被害児童生徒等の保護者への説明窓口は一本化する。

○今後の調査についての学校及び学校の設置者の考えを被害児童生徒等の保護者に伝えて、被害児童生徒等の保護者の意向を確認する。

〈詳細調査への移行の判断〉

○詳細調査の移行の判断に当たっては、学校の設置者は被害児童生徒等の保護者の意向に十分配慮する。

〈詳細調査〉

○被害児童生徒等の保護者に調査への協力を求める場合は、信頼関係の醸成と配慮が必要であり、必要に応じて、被害児童生徒等の保護者の心情を理解し、被害児童生徒等の保護者、調査委員会、学校や学校の設置者をつなぐ役割を担うコーディネーターを確保する。

○客観性を保つ意味から、複数で聴き取りを行う。

○学校の設置者は、調査の経過についても適宜適切な情報提供を行うとともに、被害児童生徒等の保護者の意向を確認する。

〈最終報告〉

○調査委員会での調査結果について、調査委員会又は学校の設置者が被害児童生徒等の保護者に説明する。

(2) 児童生徒等の心のケア

【参考例】「子どもの心のケアのために―災害や事件・事故発生時を中心に―」「学校における子供の心のケア―サインを見逃さないために―」

○災害等に遭遇すると、恐怖や喪失体験などの心理的ストレスによって、心の症状だけでなく、腹痛や頭痛、眠れない、食欲不振などの身体の症状も現れやすいことが児童生徒等のストレス症状の特徴であることを理解する。

○災害や事件・事故発生時における児童生徒等のストレス反応は誰でも起こり得ることであり、ストレスが強くない場合には、心身に現れる症状は悪化せず数日以内で消失することが多いが、激しいストレスにさらされた場合は、「急性ストレス障害（ＡＳＤ）」や「外傷後ストレス障害（ＰＴＳＤ）」を発症することがある。

○災害や事件・事故発生時におけるストレス症状のある児童生徒等への対応は、基本的には平常時と同じであり、健康観察等により速やかに児童生徒等の異変に気付き、問題の性質を見極め、必要に応じて保護者や主治医等と連携を密に取り、学級担任や養護教諭をはじめ、校内組織と連携して組織的に支援に当たることである。

○危機発生時の児童生徒等の心身の健康問題を把握するための方法としては、児童生徒等の様子の直接的な観察、保護者との話合いによる間接的観察及び質問紙を使った調査等の方法があるが、いずれも記録に残すことが大切である。

○心のケアを必要としているのは児童生徒等だけではないことを理解し、被害児童生徒等の保護者や教職員に対しても継続的な心のケアを行う。

○教職員は、児童生徒等のために、自分の心身の不調のケアが後回しになっていないか、早めに自分の心身の不調に気付き、休息したり、相談したりすることが児童生徒等の支援にとっても重要であることを理解する。

(3) 災害共済給付の請求

○学校は、学校の管理下で発生した児童生徒等の災害（負傷、疾病、障害又は死亡）に対しては、独立行政法人日本スポーツ振興センター法の規定による「災害共済給付制度」により、医療費、障害見舞金又は死亡見舞金が給付されることを説明する（制度に加入していない場合を除く。）。ただし、給付対象外となる災害治療もあるため、事前に独立行政法人日本スポーツ振興センターに確認し、給付制度について正しく理解した上で説明する。

○死亡事故の場合は、災害共済給付制度により死亡見舞金が支給されるが、その請求に当たっては、被害児童生徒等の保護者の感情に十分配慮し、適切な時期に被害児童生徒等の保護者に連絡し、説明を行う。

(4) コーディネーターによる事故対応支援

○被害児童生徒等の保護者への対応においては、学校に連絡窓口となる教職員を置き、窓口を一元化することにより、学校と被害児童生徒等の保護者間の連絡を円滑にできるようにすることが望ましい。

○他方、学校の設置者等は、被害児童生徒等の保護者と学校の二者間ではコミュニケーションがうまく図れず、関係がこじれてしまうおそれがあると判断したときは、被害児童生徒等の保護者と学校、双方にコミュニケーションを取ることができ、中立の立場で現場対応を支援するコーディネーターを派遣することも考えられる。

○コーディネーターは、被害児童生徒等の保護者と学校では立場が異なることを理解した上で、中立的な視点で被害児童生徒等の保護者と教職員双方の話を丁寧に聴き、情報を整理し、当事者間の合意形成を促す等、常に公平な態度で双方の支援を行うことで、両者が良好な関係を築けるよう促すことを主な役割とする。

○コーディネーターは、事故対応の知見を有する都道府県又は市区町村の職員が想定される。また、地域の実情によっては、学校の設置者が事故対応に精通した学識経験者（大学教授・元教員その他これらに準ずる者）にコーディネーター役を委嘱する等も考えられる。

○人口規模の小さな地方公共団体や、都道府県等担当課において、コーディネーター役に適した者を選定することが難しい場合、都道府県教育委員会は、市区町村教育委員会や都道府県等担当課の求めに応じ、コーディネーター役に適した者を推薦する等、支援を行うことが望まれる。

○コーディネーターは、独立行政法人日本スポーツ振興センターの「学校事故事例検索データベース」等を活用するなど、過去の事故事例を参照しながら事故対応の知見を広めるよう努める。

●不登校児童生徒への支援の在り方について（通知）

（令和元年一〇月二五日　元文科初第六九八号　初等中等教育局長）

不登校児童生徒への支援につきましては、関係者において様々な努力がなされ、児童生徒の社会的自立に向けた支援が行われてきたところですが、不登校児童生徒数は依然として高水準で推移しており、生徒指導上の喫緊の課題となっております。

こうした中、「義務教育の段階における普通教育に相当する教育の機会の確保等に関する法律」（以下「法」という。）が平成二八年一二月一四日に公布され、平成二九年二月一四日に施行されました（ただし、法第四章は公布の日から施行。）。

これを受け、文部科学省におきましては、法第七条に基づき、平成二九年三月三一日、教育機会の確保等に関する施策を総合的に推進するための基本的な指針（以下「基本指針」という。）を策定したところです。

さらに、法の附則に基づき、平成三〇年一二月から「不登校に関する調査研究協力者会議」及び「フリースクール等に関する検討会議」において法の施行状況について検討を行い、令和元年六月二一日に議論をとりまとめました。

本通知は、今回の議論のとりまとめの過程等において、過去の不登校施策に関する通知における不登校児童生徒の指導要録上の出席扱いに係る記述について、法や基本指針の趣旨との関係性について誤解を生じるおそれがあるとの指摘があったことから、当該記述を含め、これまでの不登校施策に関する通知について改めて整理し、まとめたものです。文部科学省としては、今回の議論のとりまとめを踏まえ、今後更に施策の充実に取り組むこととしておりますが、貴職におかれましても、教職員研修等を通じ、全ての教職員が法や基本指針の理解を深め、個々の不登校児童生徒の状況に応じた支援等を行うことができるよう努めるとともに、下記により不登校児童生徒に対する教育機会の確保等に関する施策の推進を図っていただくようお願いします。

また、都道府県・指定都市教育委員会にあっては所管の学校及び域内の市区町村教育委員会に対して、都道府県知事にあっては所轄の学校法人及び私立学校に対して、附属学校を置く国公立大学法人の長にあっては附属学校に対して、構造改革特別区域法第一二条第一項の認定を受けた地方公共団体の長にあっては認可した学校に対して、この趣旨について周知を図るとともに、適切な対応がなされるよう御指導をお願いします。

なお、「登校拒否問題への対応について」（平成四年九月二四日付け文部省初等中等教育局長通知）、「不登校への対応の在り方について」（平成一五年五月一六日付け文部科学省初等中等教育局長通知）、「不登校児童生徒が自宅においてIT等を活用した学習活動を行った場合の指導要録上の出欠の取扱い等について」（平成一七年七月六日付け文部科学省初等中等教育局長通知）及び「不登校児童生徒への支援の在り方について」（平成二八年九月一四日付け文部科学省初等中等教育局長通知）については本通知をもって廃止します。

記

1　不登校児童生徒への支援に対する基本的な考え方

(1)　支援の視点

不登校児童生徒への支援は、「学校に登校する」という結果のみを目標にするのではなく、児童生徒が自らの進路を主体的に捉えて、社会的に自立することを目指す必要があること。また、児童生徒によっては、不登校の時期が休養や自分を見つめ直す等の積極的な意味を持つことがある一方で、学業の遅れや進路選択上の不利益や社会的自立へのリスクが存在することに留意すること。

(2)　学校教育の意義・役割

特に義務教育段階の学校は、各個人の有する能力を伸ばしつつ、社会において自立的に生きる基礎を養うとともに、国家・社会の形成者として必要とされる基本的な資質を培うことを目的としており、その役割は極めて大きいことから、学校教育の一層の充実を図るための取組が重要であること。また、不登校児童生徒への支援については児童生徒が不登校となった要因を的確に把握し、学校関係者や家庭、必要に応じて関係機関が情報共有し、組織的・計画的な、個々の児童生徒に応じたきめ細やかな支援策を策定することや、社会的自立へ向けて進路の選択肢を広げる支援をすることが重要であること。さらに、既存の学校教育になじめない児童生徒については、学校としてどのように受け入れていくかを検討し、なじめない要因の解消に努める必要があること。

また、児童生徒の才能や能力に応じて、それぞれの可能性を伸ばせるよう、本人の希望を尊重した上で、場合によっては、教育支援センターや不登校特例校、ICTを活用した学習支援、フリースクール、中学校夜間学級（以下、「夜間中学」という。）での受入れなど、様々な関係機関等を活用し社会的自立への支援を行うこと。

その際、フリースクールなどの民間施設やNPO等と積極的に連携し、相互に協力・補完することの意義は大きいこと。

(3) 不登校の理由に応じた働き掛けや関わりの重要性

不登校児童生徒が、主体的に社会的自立や学校復帰に向かうよう、児童生徒自身を見守りつつ、不登校のきっかけや継続理由に応じて、その環境づくりのために適切な支援や働き掛けを行う必要があること。

(4) 家庭への支援

家庭教育は全ての教育の出発点であり、不登校児童生徒の保護者の個々の状況に応じた働き掛けを行うことが重要であること。また、不登校の要因・背景によっては、福祉や医療機関等と連携し、家庭の状況を正確に把握した上で適切な支援や働き掛けを行う必要があるため、家庭と学校、関係機関の連携を図ることが不可欠であること。その際、保護者と課題意識を共有して一緒に取り組むという信頼関係をつくることや、訪問型支援による保護者への支援等、保護者が気軽に相談できる体制を整えることが重要であること。

2 学校等の取組の充実

(1) 「児童生徒理解・支援シート」を活用した組織的・計画的支援

不登校児童生徒への効果的な支援については、学校及び教育支援センターなどの関係機関を中心として組織的・計画的に実施することが重要であり、また、個々の児童生徒ごとに不登校になったきっかけや継続理由を的確に把握し、その児童生徒に合った支援策を策定することが重要であること。その際、学級担任、養護教諭、スクールカウンセラー、スクールソーシャルワーカー等の学校関係者が中心となり、児童生徒や保護者と話し合うなどして、「児童生徒理解・支援シート（参考様式）」（別添1）（以下「シート」という。）を作成することが望ましいこと。これらの情報は関係者間で共有されて初めて支援の効果が期待できるものであり、必要に応じて、教育支援センター、医療機関、児童相談所等、関係者間での情報共有、小・中・高等学校間、転校先等との引継ぎが有効であるとともに、支援の進捗状況に応じて、定期的にシートの内容を見直すことが必要であること。また、校務効率化の観点からシートの作成に係る業務を効率化するとともに、引継ぎに当たって個人情報の取扱いに十分留意することが重要であること。

なお、シートの作成及び活用に当たっては、「児童生徒理解・支援シートの作成と活用について」（別添2）を参照すること。

(2) 不登校が生じないような学校づくり

1．魅力あるよりよい学校づくり

児童生徒が不登校になってからの事後的な取組に先立ち、児童生徒が不登校にならない、魅力ある学校づくりを目指すことが重要であること。

2．いじめ、暴力行為等問題行動を許さない学校づくり

いじめや暴力行為を許さない学校づくり、問題行動への毅然とした対応が大切であること。また教職員による体罰や暴言等、不適切な言動や指導は許されず、教職員の不適切な言動や指導が不登校の原因となっている場合は、懲戒処分も含めた厳正な対応が必要であること。

3．児童生徒の学習状況等に応じた指導・配慮の実施

学業のつまずきから学校へ通うことが苦痛になる等、学業の不振が不登校のきっかけの一つとなっていることから、児童生徒が学習内容を確実に身に付けることができるよう、指導方法や指導体制を工夫改善し、個に応じた指導の充実を図ることが望まれること。

4．保護者・地域住民等の連携・協働体制の構築

社会総掛かりで児童生徒を育んでいくため、学校、家庭及び地域等との連携・協働体制を構築することが重要であること。

5．将来の社会的自立に向けた生活習慣づくり

児童生徒が将来の社会的自立に向けて、主体的に生活をコントロールする力を身に付けることができるよう、学校や地域における取組を推進することが重要であること。

(3) 不登校児童生徒に対する効果的な支援の充実

1．不登校に対する学校の基本姿勢

校長のリーダーシップの下、教員だけでなく、様々な専門スタッフと連携協力し、組織的な支援体制を整えることが必要であること。また、不登校児童生徒に対する適切な対応のために、各学校において中心的かつコーディネーター的な役割を果たす教員を明確に位置付けることが必要であること。

2．早期支援の重要性

不登校児童生徒の支援においては、予兆への対応を含めた初期段階からの組織的・計画的な支援が必要であること。

3．効果的な支援に不可欠なアセスメント

不登校の要因や背景を的確に把握するため、学級担任の視点のみならず、スクールカウンセラー及びスクールソーシャルワーカー等によるアセスメント（見立て）が有効であること。また、アセスメントにより策定された支援計画を実施するに当たっては、学校、保護者及び関係機関等で支援計画を共有し、組織的・計画的な支援を行うことが重要であること。

4．スクールカウンセラーやスクールソーシャルワーカーとの連携協力

学校においては、相談支援体制の両輪である、スクールカウンセラー及びスクールソーシャルワーカーを効果的に活用し、学校全体の教育力の向上を図ることが重要であること。

5．家庭訪問を通じた児童生徒への積極的支援や家庭への適切な働き掛け

学校は、プライバシーに配慮しつつ、定期的に家庭訪問を実施して、児童生徒の理解に努める必要があること。また、家庭訪問を行う際は、常にその意図・目的、方法及び成果を検証し適切な家庭訪問を行う必要があること。

なお、家庭訪問や電話連絡を繰り返しても児童生徒の安否が確認できない等の場合は、直ちに市町村又は児童相談所への通告を行うほか、警察等に情報提供を行うなど、適切な対処が必要であること。

6．不登校児童生徒の学習状況の把握と学習の評価の工夫

不登校児童生徒が教育支援センターや民間施設等の学校外の施設において指導を受けている場合には、当該児童生徒が在籍する学校がその学習の状況等について把握することは、学習支援や進路指導を行う上で重要であること。学校が把握した当該学習の計画や内容がその学校の教育課程に照らし適切と判断される場合には、当該学習の評価を適切に行い指導要録に記入したり、また、評価の結果を通知表その他の方法により、児童生徒や保護者、当該施設に積極的に伝えたりすることは、児童生徒の学習意欲に応え、自立を支援する上で意義が大きいこと。

7．不登校児童生徒の登校に当たっての受入体制

不登校児童生徒が登校してきた場合は、温かい雰囲気で迎え入れられるよう配慮するとともに、保健室、相談室及び学校図書館等を活用しつつ、徐々に学校生活への適応を図っていけるような指導上の工夫が重要であるこ

と。

8．児童生徒の立場に立った柔軟な学級替えや転校等の対応

いじめが原因で不登校となっている場合等には、いじめを絶対に許さないき然とした対応をとることがまずもって大切であること。また、いじめられている児童生徒の緊急避難としての欠席が弾力的に認められてもよく、そのような場合には、その後の学習に支障がないよう配慮が求められること。そのほか、いじめられた児童生徒又はその保護者が希望する場合には、柔軟に学級替えや転校の措置を活用することが考えられること。

また、教員による体罰や暴言等、不適切な言動や指導が不登校の原因となっている場合は、不適切な言動や指導をめぐる問題の解決に真剣に取り組むとともに、保護者等の意向を踏まえ、十分な教育的配慮の上で学級替えを柔軟に認めるとともに、転校の相談に応じることが望まれること。

保護者等から学習の遅れに対する不安により、進級時の補充指導や進級や卒業の留保に関する要望がある場合には、補充指導等の実施に関して柔軟に対応するとともに、校長の責任において進級や卒業を留保するなどの措置をとるなど、適切に対応する必要があること。また、欠席日数が長期にわたる不登校児童生徒の進級や卒業に当たっては、あらかじめ保護者等の意向を確認するなどの配慮が重要であること。

(4) 不登校児童生徒に対する多様な教育機会の確保

不登校児童生徒の一人一人の状況に応じて、教育支援センター、不登校特例校、フリースクールなどの民間施設、ICTを活用した学習支援など、多様な教育機会を確保する必要があること。また、夜間中学において、本人の希望を尊重した上での受入れも可能であること。

義務教育段階の不登校児童生徒が学校外の公的機関や民間施設において、指導・助言等を受けている場合の指導要録上の出席扱いについては、別記1によるものとし、高等学校における不登校生徒が学校外の公的機関や民間施設において、指導・助言等を受けている場合の指導要録上の出席扱いについては、「高等学校における不登校生徒が学校外の公的機関や民間施設において相談・指導を受けている場合の対応について」（平成二一年三月一二日付け文部科学省初等中等教育局長通知）によるものとすること。また、義務教育段階の不登校児童生徒が自宅においてICT等を活用した学習活動を行った場合の指導要録上の出席扱いについては、別記2によるものとすること。その際、不登校児童生徒の懸命の努力を学校として適切に判断すること。

なお、不登校児童生徒が民間施設において相談・指導を受ける際には、「民間施設についてのガイドライン（試案）」（別添3）を参考として、判断を行う際の何らかの目安を設けておくことが望ましいこと。

また、体験活動においては、児童生徒の積極的態度の醸成や自己肯定感の向上等が期待されることから、青少年教育施設等の体験活動プログラムを積極的に活用することが有効であること。

(5) 中学校等卒業後の支援

1．高等学校入学者選抜等の改善

高等学校入学者選抜について多様化が進む中、高等学校で学ぶ意欲や能力を有する不登校生徒について、これを適切に評価することが望まれること。

また、国の実施する中学校卒業程度認定試験の活用について、やむを得ない事情により不登校となっている生徒が在学中に受験できるよう、不登校生徒や保護者に対して適切な情報提供を行うことが重要であること。

2．高等学校等における長期欠席・中途退学への取組の充実

就労支援や教育的ニーズを踏まえた特色ある高等学校づくり等も含め、様々な取組や工夫が行われることが重要であること。

3．中学校等卒業後の就学・就労や「ひきこもり」への支援

中学校時に不登校であり、中学校卒業後に進学も就労もしていない者、高等学校へ進学したものの学校に通えない者、中途退学した者等に対しては、多様な進学や職業訓練等の機会等について相談できる窓口や社会的自立を支援するための受皿が必要であること。また、関係行政機関等が連携したり、情報提供を行うなど、社会とのつながりを絶やさないための適切な対応が必要であること。

4．改めて中学校等で学び直すことを希望する者への支援

不登校等によって実質的に義務教育を十分に受けられないまま中学校等を卒業した者のうち、改めて中学校等で学び直すことを希望する者については、「義務教育修了者が中学校夜間学級への再入学を希望した場合の対応に関する考え方について」（平成二七年七月三〇日付け文部科学省初等中等教育局初等中等教育企画課長通知）に基づき、一定の要件の下、夜間中学での受入れを可能とすることが適当であることから、夜間中学が設置されている地域においては、卒業時に夜間中学の意義や入学要件等について生徒及び保護者に説明しておくことが考えられること。

3　教育委員会の取組の充実

(1) 不登校や長期欠席の早期把握と取組

教育委員会においては、学校等の不登校への取組に関する意識を更に高めるとともに、学校が家庭や関係機関等と効果的に連携を図り、不登校児童生徒に対する早期の支援を図るための体制の確立を支援することが重要であること。

(2) 学校等の取組を支援するための教育条件等の整備等

1．教員の資質向上

教育委員会における教員の採用・研修を通じた資質向上のための取組は不登校への適切な対応に資する重要な取組であり、初任者研修を始めとする教職経験に応じた研修、生徒指導・教育相談といった専門的な研修、管理職や生徒指導主事を対象とする研修などの体系化とプログラムの一層の充実を図り、不登校に関する知識や理解、児童生徒に対する理解、関連する分野の基礎的な知識などを身に付けさせていくことが必要であること。また、指導的な教員を対象にカウンセリングなどの専門的な能力の育成を図るとともに、スクールカウンセラー及びスクールソーシャルワーカー等の専門性と連動した学校教育への更なる理解を図るといった観点からの研修も重要であること。

2．きめ細やかな指導のための適切な人的措置

不登校が生じないための魅力ある学校づくり、「心の居場所」としての学校づくりを進めるためには、児童生徒一人一人に対してきめ細やかな指導が可能となるよう、適切な教員配置を行うことが必要であること。また、異校種間の人事交流や兼務などを進めていくことも重要であること。

不登校児童生徒が多く在籍する学校については、教員の加配等、効果的かつ計画的な人的配置に努める必要があること。そのためにも日頃より各学校の実情を把握し、また加配等の措置をした後も、この措置が効果的に活用されているか等の検証を十分に行うこと。

3．保健室、相談室や学校図書館等の整備

養護教諭の果たす役割の大きさに鑑み、養護教諭の複数配置や研修機会の充実、保健室、相談室及び学校図書館等の環境整備、情報通信機器の整備等が重要であること。

4．転校のための柔軟な措置

いじめや教員による不適切な言動や指導等が不登校の原因となっている場合には、市区町村教育委員会においては、児童生徒又は保護者等が希望する場合、学校と連携した適切な教育的配慮の下に、就学すべき学校の指定変更や区域外就学を認めるなどといった対応も重要であること。また、他の児童生徒を不登校に至らせるような深刻ないじめや暴力行為があった場合は、必要に応じて出席停止措置を講じるなど、き然とした対応の必要があること。

5．義務教育学校設置等による学校段階間の接続の改善

義務教育学校等において9年間を見通した生徒指導の充実等により不登校を生じさせない取組を推進することが重要であること。また、小中一貫教育を通じて蓄積される優れた不登校への取組事例を広く普及させることが必要であること。

6．アセスメント実施のための体制づくり

不登校の要因・背景が多様・複雑化していることから、初期の段階での適切なアセスメントを行うことが極めて重要であること。そのためには、児童生徒の状態によって、専門家の協力を得る必要があり、スクールカウンセラー及びスクールソーシャルワーカーの配置・派遣など学校をサポートしていく体制の検討が必要であること。

(3) 教育支援センターの整備充実及び活用

1．教育支援センターを中核とした体制整備

今後、教育支援センターは通所希望者に対する支援だけでなく、これまでに蓄積された知見や技能を生かし、通所を希望しない者への訪問型支援、シートのコンサルテーションの担当など、不登校児童生徒への支援の中核となることが期待されること。

また、不登校児童生徒の無償の学習機会を確保し、不登校児童生徒への支援の中核的な役割を果たしていくため、未設置地域への教育支援センターの設置又はこれに代わる体制整備が望まれること。そのため、都道府県教育委員会は、域内の市区町村教育委員会と緊密な連携を図りつつ、未整備地域を解消して不登校児童生徒や保護者が利用しやすい環境づくりを進め、「教育支援センター整備指針（試案）」（別添4）を参考に、地域の実情に応じた指針を作成し必要な施策を講じていくことが求められること。

市区町村教育委員会においては、主体的に教育支援センターの整備充実を進めていくことが必要であり、教育支援センターの設置促進に当たっては、例えば、自治体が施設を設置し、民間の協力の下に運営する公民協営型の設置等も考えられること。もとより、市区町村教育委員会においても、「教育支援センター整備指針」を策定することも考えられること。その際には、教育支援センターの運営が不登校児童生徒及びその保護者等のニーズに沿ったものとなるよう留意すること。

なお、不登校児童生徒への支援の重要性に鑑み、私立学校等の児童生徒の場合でも、在籍校と連携の上、教育支援センターの利用を認めるなど柔軟な運用がなされることが望ましいこと。

2．教育支援センターを中核とした支援ネットワークの整備

教育委員会は、積極的に、福祉・保健・医療・労働部局等とのコーディネーターとしての役割を果たす必要があり、各学校が関係機関と連携しやすい体制を構築する必要があること。また、教育支援センター等が関係機関や民間施設等と連携し、不登校児童生徒やその保護者を支援するネットワークを整備することが必要であること。

(4) 訪問型支援など保護者への支援の充実

教育委員会においては、保護者に対し、不登校のみならず子育てや家庭教育についての相談窓口を周知し、不登校への理解や不登校となった児童生徒への支援に関しての情報提供や相談対応を行うなど、保護者に寄り添った支援の充実が求められること。また、プライバシーに配慮しつつも、困難を抱えた家庭に対する訪問型支援を積極的に推進することが重要であること。

(5) 民間施設との連携協力のための情報収集・提供等

不登校児童生徒への支援については、民間施設やNPO等においても様々な取組がなされており、学校、教育支援センター等の公的機関は、民間施設等の取組の自主性や成果を踏まえつつ、より積極的な連携を図っていくことが望ましいこと。そのために、教育委員会においては、日頃から積極的に情報交換や連携に努めること。

（別記1）義務教育段階の不登校児童生徒が学校外の公的機関や民間施設において相談・指導を受けている場合の指導要録上の出欠の取扱いについて

1 趣旨

不登校児童生徒の中には、学校外の施設において相談・指導を受け、社会的な自立に向け懸命の努力を続けている者もおり、このような児童生徒の努力を学校として評価し支援するため、我が国の義務教育制度を前提としつつ、一定の要件を満たす場合に、これらの施設において相談・指導を受けた日数を指導要録上出席扱いとすることができることとする。

2 出席扱い等の要件

不登校児童生徒が学校外の施設において相談・指導を受けるとき、下記の要件を満たすとともに、当該施設における相談・指導が不登校児童生徒の社会的な自立を目指すものであり、かつ、不登校児童生徒が現在において登校を希望しているか否かにかかわらず、不登校児童生徒が自ら登校を希望した際に、円滑な学校復帰が可能となるよう個別指導等の適切な支援を実施していると評価できる場合、校長は指導要録上出席扱いとすることができる。

(1)から(3)まで（省略）

(4) 学校外の公的機関や民間施設における学習の計画や内容がその学校の教育課程に照らし適切と判断される場合には、当該学習の評価を適切に行い指導要録に記入したり、また、評価の結果を通知表その他の方法により、児童生徒や保護者、当該施設に積極的に伝えたりすることは、児童生徒の学習意欲に応え、自立を支援する上で意義が大きいこと。なお、評価の指導要録への記載については、必ずしもすべての教科・観点について観点別学習状況及び評定を記載することが求められるのではないが、児童生徒のおかれている多様な学習環境を踏まえ、その学習状況を文章記述するなど、次年度以降の児童生徒の指導の改善に生かすという観点に立った適切な記載に努めることが求められるものであること。

3・4（省略）

（別記2）不登校児童生徒が自宅においてICT等を活用した学習活動を行った場合の指導要録上の出欠の取扱いについて

1 趣旨

不登校児童生徒の中には、学校への復帰を望んでいるにもかかわらず、家庭にひきこもりがちであるため、十分な支援が行き届いているとは言えなかったり、不登校であることによる学習の遅れなどが、学校への復帰や中学校卒業後の進路選択の妨げになっていたりする場合がある。このような児童生徒を支援するため、我が国の義務教育制度を前提としつつ、一定の要件を満たした上で、自宅において教育委員会、学校、学校外の公的機関又は民間事業者が提供するICT等を活用した学習活動を行った場合、校長は、指導要録上出席扱いとすること及びその成果を評価に反映することができることとする。

2 出席扱い等の要件

義務教育段階における不登校児童生徒が自宅においてICT等を活用した学習活動を行うとき、当該児童生徒が在籍する学校の長は、下記の要件を満たすとともに、その学習活動が、当該児童生徒が現在において登校を希望しているか否かにかかわらず、自ら登校を希望した際に、円滑な学校復帰が可能となるような学習活動であり、かつ、当該児童生徒の自立を助けるうえで有効・適切であると判断する場合に、指導要録上出席扱いとすること及びその成果を評価に反映することができる。

(1)から(7)まで（省略）

3・4（省略）

（別添1から4まで省略）

●少年警察活動規則（抜粋）

（平成一四年九月二七日 国家公安委員会規則第二〇号）

施行、平一五・一・一
最終改正、平三〇—公安規一一

第一章　総則

（趣旨）

第一条　この規則は、少年の非行の防止及び保護を通じて少年の健全な育成を図るための警察活動（以下「少年警察活動」という。）に関し、必要な事項を定めるものとする。

2　少年警察活動に関しては、警察法（昭和二十九年法律第百六十二号）、警察官職務執行法（昭和二十三年法律第百三十六号）、少年法（昭和二十三年法律第百六十八号）、刑事訴訟法（昭和二十三年法律第百三十一号）、児童福祉法（昭和二十二年法律第百六十四号）、犯罪捜査規範（昭和三十二年国家公安委員会規則第二号）その他の法令（地方公共団体の条例又は規則を含む。）によるほか、この規則の定めるところによる。

（定義）

第二条　この規則において、次の各号に掲げる用語の意義は、それぞれ当該各号に定めるところによる。

一　少年　少年法第二条第一項に規定する少年をいう。

二　犯罪少年　少年法第三条第一項第一号に規定する少年をいう。

三　触法少年　少年法第三条第一項第二号に規定する少年をいう。

四　ぐ犯少年　少年法第三条第一項第三号に規定する少年をいう。

五　非行少年　犯罪少年、触法少年及びぐ犯少年をいう。

六　不良行為少年　非行少年には該当しないが、飲酒、喫煙、深夜はいかいその他自己又は他人の徳性を害する行為（以下「不良行為」という。）をしている少年をいう。

七　被害少年　犯罪その他少年の健全な育成を阻害する行為により被害を受けた少年をいう。

八　要保護少年　児童虐待を受けた児童、保護者のない少年その他の児童福祉法による福祉のための措置又はこれに類する保護のための措置が必要と認められる少年（非行少年に該当する場合を除く。）をいう。

九　低年齢少年　十四歳に満たない者をいう。

十　保護者　少年法第二条第二項に規定する者をいう。

十一　少年補導職員　少年相談（少年の非行の防止及び保護に関する相談をいう。以下同じ。）、継続補導（第八条第二項（第十三条第三項及び第十四条第二項において準用する場合を含む。）の規定により行う継続的な補導をいう。以下同じ。）、被害少年に対する継続的な支援その他の特に専門的な知識及び技能を必要とする少年警察活動を行わせるため、当該活動に必要な知識及び技能を有する都道府県警察の職員（警察官を除く。）のうちから警察本部長（警視総監及び道府県警察本部長をいう。以下同じ。）が命じた者をいう。

十二　少年サポートセンター　警視庁、道府県警察本部又は方面本部の内部組織のうち、少年補導職員又は前号に規定する知識及び技能を有する警察官（以下「少年補導職員等」という。）を配置し、専門的な知識及び技能を必要とし、又は継続的に実施することを要する少年警察活動について中心的な役割を果たすための組織として警察本部長及び方面本部長が定めるものをいう。

（少年警察活動の基本）

第三条　少年警察活動を行うに際しては、次の各号に掲げる事項を基本とするものとする。

一　少年の健全な育成を期する精神をもって当たるとともに、その規範意識の向上及び立直りに資するよう配意すること。

二　少年の心理、生理その他の特性に関する深い理解をもって当たること。

三　少年の性行及び環境を深く洞察し、非行の原因の究明や犯罪被害等の状況の把握に努め、その非行の防止及び保護をする上で最も適切な処遇の方法を講ずるようにすること。

四　秘密の保持に留意して、少年その他の関係者が秘密の漏れることに不安を抱かないように配意すること。

五　少年の非行の防止及び保護に関する国際的動向に十分配慮すること。

第二章　一般的活動

（街頭補導）

第七条　街頭補導（道路その他の公共の場所、駅その他の多数の客の来集する施設又は風俗営業の営業所その他の少年の非行が行われやすい場所において、第二条第五号から第八号までに掲げる少年を発見し、必要に応じその場で、これらに第十三条第一項、第十四条第一項、第三十六条第一項又は第三十八条第一項に規定する措置をとる活動をいう。以下同じ。）は、自らの身分を明らかにし、その他相手方の権利を不当に害することのないよう注意して行うものとする。

2　第二条第五号から第八号までに掲げる少年を早期に発見するため必要があるときは、街頭補導の実施に当たり、学校その他の関係機関、少年の健全な育成のための活動を行うボランティアその他の関係者の協力を求めるものとする。

（少年相談）

第八条　少年又は保護者その他の関係者から少年相談を受けたときは、懇切を旨として、当該事案の内容に応じ、指導又は助言、関係機関への引継ぎその他適切な処理を行うものとする。

2　少年相談に係る少年について、その非行の防止を図るため特に必要と認められる場合には、保護者の同意を得た上で、家庭、学校、交友その他の環境について相当の改善が認められるまでの間、本人に対する助言又は指導その他の補導を継続的に実施するものとする。

3　前項の規定による補導は、少年サポートセンターに配置された少年補導職員等（やむを得ない理由がある場合には、少年サポートセンターの指導の下、少年警察部門に属するその他の警察職員）が実施するものとする。

4　少年サポートセンターにおいては、第二項の規定による補導の適切な実施のため必要があるときは、保護者の同意を得た上で、これを学校関係者その他の適当な者と協力して実施するものとする。

（少年の規範意識の向上等に資する活動）

第九条　広く少年の参加を得て行うボランティア活動等の社会奉仕体験活動、柔道、剣道等のスポーツ活動その他の少年の規範意識の向上又は社会の一員としての意識の涵養に資するための体験活動については、学校その他の関係機関等が実施する少年の健全な育成のための活動との適切な役割分担の下、少年警察活動に関する知見、警察職員の能力その他警察業務の専門性を生かして、効果的に実施するものとする。

第三章　少年の非行の防止のための活動

第一節　通則

（捜査又は調査を行う部門）

第一二条　警察本部長又は警察署長は、犯罪少年に係る事件の捜査又は触法少年に係る事件の調査（以下「触法調査」という。）若しくはぐ犯少年に係る事件の調査（以下「ぐ犯調査」という。）を少年警察部門に属する警察官に行わせるものとする。ただし、事件の内容及び当該警察本部又は警察署の実情にかんがみ、適切な捜査又は調査の実施のため必要と認められるときは、この限りでない。

2　警察本部長又は警察署長は、前項ただし書の場合においても、少年の特性に配慮した捜査又は調査が行われるよう、少年警察部門に属する警察官に捜査又は調査の経過について常に把握させ、捜査又は調査を行う警察官に対する必要な支援を行わせるものとする。

（非行少年についての活動）

第一三条　非行少年については、当該少年に係る事件の捜査又は調査のほか、その適切な処遇に資するため必要な範囲において、時機を失することなく、本人又はその保護者に対する助言、学校その他の関係機関への連絡その他の必要な措置をとるものとする。

2　触法調査又はぐ犯調査を行うに当たっては、特に家庭裁判所及び児童相談所との連携を密にしつつ、これを進めなければならない。

3　触法少年であって少年法第六条の六第一項の規定により送致すべき者若しくは児童福祉法第二十五条第一項の規定により通告すべき者に該当しないもの又は十四歳未満のぐ犯少年であって同項の規定により通告すべき者に該当しないものの処遇については、第一項に定めるもののほか、第八条第二項から第四項までの規定を準用する。

（不良行為少年についての活動）

第一四条　不良行為少年を発見したときは、当該不良行為についての注意、その後の非行を防止するための助言又は指導その他の補導を行い、必要に応じ、保護者（学校又は職場の関係者に連絡することが特に必要であると認めるときは、保護者及び当該関係者）に連絡するものとする。

2　第八条第二項から第四項までの規定は、不良行為少年について準用する。

第二節　触法調査

（触法調査の基本）

第一五条　触法調査については、少年法及び児童福祉法に基づく措置に資することを念頭に置き、少年の健全な育成を期する精神をもって、これに当たらなければならない。

2　触法調査を行うに当たっては、特に低年齢少年が精神的に未成熟であり、可塑性に富むこと、迎合する傾向にあること等の特性を有することにかんがみ、特に他人の耳目に触れないようにし、少年に対する言動に注意する等温情と理解をもって当たり、少年の心情と早期の立直りに配慮しなければならない。

（調査すべき事項）

第一六条　触法調査においては、事件の事実、原因及び動機並びに当該少年の性格、行状、経歴、教育程度、環境、家庭の状況、交友関係等について調査するものとする。

第三節　ぐ犯調査

（ぐ犯調査の基本）

第二七条　犯罪の捜査、触法調査、少年相談その他の活動において、ぐ犯少年と認められる者を発見した場合は、少年法及び児童福祉法に基づく措置に資することを念頭に置き、少年の健全な育成を期する精神をもって、当該少年に係る事件の調査に当たるものとする。

2　ぐ犯調査を行うに当たっては、少年の心理、生理その他の特性にかんがみ、特に他人の耳目に触れないようにし、少年に対する言動に注意する等温情と理解をもって当たり、その心情を傷つけないよう努めなければならない。

（ぐ犯調査を行うことができる警察職員）

第二八条　少年法第六条の二第三項の規定に基づく警察職員の職務等に関する規則第一条の規定により警察本部長が指定した警察職員は、上司である警察官の命を受け、ぐ犯調査を行うことができる。

（調査すべき事項）

第二九条　ぐ犯調査においては、事件の事実、原因及び動機並びに当該少年の性格、行状、経歴、教育程度、環境、家庭の状況、交友関係等について調査するものとする。

第四節　雑則（省略）

第四章　少年の保護のための活動

（被害少年についての活動）

第三六条　被害少年については、適切な助言を行う等必要な支援を実施するものとする。

2　前項に定めるもののほか、被害少年について、その精神的打撃の軽減を図るため特に必要と認められるときは、保護者の同意を得た上で、カウンセリングの実施、関係者への助言その他の継続的な支援を実施するものとする。

3　前項に規定する継続的な支援について、その適切な実施のため必要があるときは、保護者の同意を得た上で、これを学校関係者その他の適当な者と協力して実施するものとする。

（福祉犯の被害少年についての活動）

第三七条　福祉犯（児童買春に係る犯罪、児童にその心身に有害な影響を与える行為をさせる犯罪その他の少年の福祉を害する犯罪であって長官が定めるものをいう。以下同じ。）の被害少年については、当該福祉犯に係る捜査、前条に規定する支援のほか、当該少年が再び被害にあうことを防止するため保護者その他の関係者に配慮を求め、及び関係行政機関への連絡その他の同種の犯罪の発生を防止するため必要な措置をとるものとする。

（要保護少年についての活動）

第三八条　要保護少年については、児童福祉法第二十五条第一項に基づく児童相談所への通告又は同法第三十三条第一項若しくは第二項の規定による委託を受けて行う一時保護の適切な実施のため、本人又はその保護者に対する助言、学校その他の関係機関への連絡その他の必要な措置をとるものとする。

2　要保護少年について、少年に保護者がないとき又は保護者に監護させることが不適当であると認められるときは、長官が定める様式の児童通告書により児童相談所に通告するものとする。

（児童虐待を受けている児童等についての活動）

第三九条　児童虐待を受け、又は受けているおそれのある児童については、児童相談所その他の関係機関との緊密な連携の下、当該児童に対するカウンセリング、保護者に対する助言又は指導その他の当該児童に対する支援を的確に実施するほか、児童虐待の防止等に関する法律（平成十二年法律第八十二号）第十条に基づく援助の求めがあった場合においては、その求めをした者との適切な役割分担の下、必要な措置をとるものとする。

附　則（省略）

●都市公園における遊具の安全確保に関する指針（改訂版）（抄）

（平成二〇年八月　国土交通省）

まえがき

I　本指針の位置づけ

本指針は、都市公園において子どもにとって安全で楽しい遊び場を確保するため、子どもが遊びを通して心身の発育発達や自主性、創造性、社会性などを身につけてゆく「遊びの価値」を尊重しつつ、子どもの遊戯施設の利用における安全確保に関して、公園管理者が配慮すべき事項を示すものである。

II　対象と適用範囲

本指針の対象は、都市公園法施行令第五条に規定する遊戯施設のうち、主として子どもの利用に供することを目的として、地面に固定されているものとする（以下、「遊具」という）。

ただし、管理者などが常駐し施設の管理だけでなく遊びを指導し見守っている遊び場に設置された遊具や特別な利用を目的として製造又は改造された遊具については、一般の遊具とは利用形態が異なり、個別に安全確保を行うべき遊具であることから、本指針の対象としない。

本指針の対象となる遊具の利用者は、幼児から小学生（おおむね三歳から一二歳）を基準とし、このうち幼児の利用については、保護者が同伴していることを前提とする。

1　子どもの遊び

1－1　子どもと遊びの重要性

子どもは、遊びを通して自らの限界に挑戦し、身体的、精神的、社会的な面などが成長するものであり、また、集団の遊びの中での自分の役割を確認するなどのほか、遊びを通して、自らの創造性や主体性を向上させてゆくものと考えられる。このように、遊びは、すべての子どもの成長にとって必要不可欠なものである。

1－2　子どもの遊びの特徴

子どもが遊びを通して冒険や挑戦をすることは自然な行為であり、子どもは予期しない遊びをすることがある。また、子どもは、ある程度の危険性を内在している遊びに惹かれ、こうした遊びに挑戦することにより自己の心身の能力を高めてゆくものであり、子どもの発育発達段階によって、遊びに対するニーズや求める冒険、危険に関する予知能力や事故の回避能力に違いがみられる。

1−3 子どもの遊びと遊具

遊具は、多様な遊びの機会を提供し、子どもの遊びを促進させる。このように遊具は、子どもにとって魅力的であるばかりかその成長に役立つものでもある。また、子どもは、さまざまな遊び方を思いつくものであり、遊具を本来の目的とは異なる遊びに用いることもある。

2 子どもの遊びにおける危険性と事故

2−1 リスクとハザード

(1) 遊びにおけるリスクとハザード

子どもは、遊びを通して冒険や挑戦をし、心身の能力を高めていくものであり、それは遊びの価値のひとつであるが、冒険や挑戦には危険性も内在している。子どもの遊びにおける安全確保に当たっては、子どもの遊びに内在する危険性が遊びの価値のひとつでもあることから、事故の回避能力を育む危険性あるいは子どもが判断可能な危険性であるリスクと、事故につながる危険性あるいは子どもが判断不可能な危険性であるハザードとに区分するものとする。

(2) 遊具に関連するリスクとハザード

遊具に関連するリスクとハザードは、それぞれ物的な要因、人的な要因とに分けることができる。例えば、通常子どもが飛び降りることができる遊具の高さは物的リスクであり、落下防止柵を越えて飛び降りようとする行為は人的リスクである。一方、遊具の不適切な配置や構造、不十分な維持管理による遊具の不良は物的ハザードであり、不適切な行動や遊ぶのには不適切な服装や持ち物は人的ハザードである。

2−2 遊具に関連する事故

遊具に関連する事故には、衝突、接触、落下、挟み込み、転倒などがあり、裂傷、打撲、骨折などの傷害をもたらすことになる。事故の状態としては、①生命に危険があるか重度あるいは恒久的な障害をもたらすもの、②重大であるが恒久的でない傷害をもたらすもの、③軽度の傷害をもたらすものの三段階に大別することができる。特に、頭部の傷害は重度の障害につながることがあるので十分な配慮が必要である。

3 遊具における事故と安全確保の基本的な考え方

3−1 遊具の安全確保に関する基本的な考え方

遊具の安全確保に当たっては、子どもが冒険や挑戦のできる施設としての機能を損なわないよう、遊びの価値を尊重して、リスクを適切に管理するとともにハザードの除去に努めることを基本とする。公園管理者は、リスクを適切に管理するとともに、生命に危険があるか重度あるいは恒久的な障害をもたらす事故（以下、「重大な事故」という）につながるおそれのある物的ハザードを中心に除去し、子ども・保護者等との連携により人的ハザードの除去に努める。子どもと保護者は、遊びには一定の自己責任が伴うものであることを認識する必要があり、保護者は、特に、自己判断が十分でない年齢の子どもの安全な利用に十分配慮する必要がある。公園管理者と保護者・地域住民は、連携し、子どもの遊びを見守り、ハザードの発見や事故の発生などに対応することが望まれる。

3−2 安全確保における公園管理者の役割

(1) 公園管理者の役割

公園管理者は、遊具の安全確保の基本的な考え方に従って、計画・設計段階、製造・施工段階、維持管理段階、利用段階の各段階で遊具の安全が確保されるよう適切な対策を講ずるものとする。公園管理者が各段階毎の業務を外部に委託・請負する場合には、受託者・請負者に対し同様の対応を求め、適切な指示、承諾、協議などを行う。また、事故が発生した場合は、事故の再発防止のための措置を講ずるとともに事故の発生状況を記録し、各段階における安全対策に反映させる。

(2) 保護者・地域住民との連携

遊具の安全確保に当たっては、公園管理者のみで行うことは難しく、遊具の安全確保に関する基本的な考え方を踏まえ、保護者・地域住民と連携することが不可欠である。このため公園管理者は、保護者・地域住民との間において、安全点検、子どもの遊びを見守ること、危険な行動への注意、事故発生時の連絡などについて、都市公園の管理を通して協力関係を醸成していくことが必要である。また、子どもの遊び場に関わる民間団体との連携を図り、子どもと保護者・地域住民に対し、遊具の安全確保についての普及啓発を行うことが望まれる。

4 各段階での安全対策の考え方

4−1 計画・設計段階 （省略）

4−2 製造・施工段階 （省略）

4−3 維持管理段階

(1) 点検手順に従った確実な安全点検

遊具の維持管理については、遊具そのものの性能確保に関する点検・修理を行うにとどまらず、子どもにとって安全で楽しい遊び場であるかという視点を持って行うことが必要である。遊具の構造や劣化などを要因とする物的ハザードの発見・除去を中心に確実な安全点検を行うとともに、定期的な補修などの維持管理を行うため、維持管理計画を策定・実行し、維持管理の履歴を記録・保管する。安全点検は、維持管理全体の中で最も基本的な作業である。安全点検には、初期の動作確認のために製造・施工者が行う初期点検、公園管理者が行う日常点検及び定期点検、公園管理者から委託された専門技術者が行う精密点検があり、これらの安全点検を確実に行うものとする。特に、日常点検においては、腐食・腐朽、変形、摩耗、部材の消失などに注意し、必要に応じて専門技術者による安全点検を行うものとする。

(2) 発見されたハザードの適切な処理

発見された物的ハザードについては、その程度に応じて遊具の使用中止、補修などの応急措置を講ずるとともに、修理、改良、移設、更新、撤去などの本格的な措置の方針を迅速に定めて実施する。なお、応急措置を講ずる際には、本格的な措置を講ずるまでの間に、事故が発生しないよう現場の管理に留意する。

(3) 遊具履歴書の作成と保管等

遊具の維持管理に当たっては、遊具の名称、設置場所、設置年月、製造者、施工者、標準使用期間等を記載する遊具履歴書を遊具ごとに作成する。遊具履歴書には、点検記録書を活用して遊具の安全点検の実施状況や点検結果、遊具の修理・部材の交換、塗装の実施状況等、遊具の維持管理上必要な情報について定期的に記載し、履歴として保管する。

(4) 事故への対応

事故が発生した場合、負傷者への対応や再発防止対策を速やかに講ずる必要があるため、遊び場には関係官署や公園管理者の連絡先を掲示することが望ましい。事故後の対応としては、事故のあった遊具への迅速な応急措置及び本格的な措置、事故原因の調査などを行い再発防止に努める。

(5) 事故に関する情報の収集と活用

事故については、発生状況の記録と分析を行い、事故の再発防止、遊具の改善などに反映させることが必要である。事故の発生状況などの情報については、遊び場や遊具に関わる者が共有・交換し、相互に役立てることが望まれる。特に、遊具において三〇日以上の治療を要する重傷者又は死者の発生した事故が起きた場合には、関係機関が速やかに情報を共有できるよう報告などの必要な措置を行うものとする。

4−4 利用段階 （省略）

第7節　国際・各国の動向

●軍縮教育世界会議最終文書（一九八〇年六月九―一三日ユネスコ、パリ）

―A―

軍縮教育はつぎの諸原則と考察にしたがってなされるべきである、と確信する。

(1) **教育と軍縮の関係**

平和教育の本質的構成要素である軍縮教育は、軍縮に関する教育と軍縮のための教育の両者を含む。教育または報道に従事するすべての人は、兵器の生産と取得の条件となっている諸要因、軍拡競争の社会的・政治的・経済的・文化的影響、核兵器の存在とその使用の可能性が人類の存続に対してもっている深刻な危険を自覚することによって、またこの自覚を生み出すことによって、軍縮教育に貢献することができる。

(2) **軍縮の定義**

軍縮教育の目標にとって、軍縮とは、一方的軍縮のイニシアチブを含めて、軍備の制限、管理、削除、そして究極的には、効果的な国際管理のもとでの全般的で完全な軍備撤廃をめざす一切の行動形態と理解することができる。軍縮はまた、戦争がもはや国家の政策の手段ではなくなり、したがって諸国民が自分自身の未来を決定し、正義と連帯にもとづく安全の中で生存するところの、計画的な非武装平和の新世界秩序へと、現在の武装民族国家のシステムを、転換させることを企図する過程である、と理解することができる。

(3) **情報の役割**

軍縮教育の要請は、情報の、自由でより均衡のとれた国際的流れにそって、もっとも客観性の高いニュース・ソースから信頼できる情報を集め、普及することである。軍縮教育は、意見・表現・情報の自由をもっとも厳格に尊重して、学習者が戦争煽動、軍国主義宣伝および軍国主義一般に抵抗できるよう準備しなければならない。

(4) **経済的・政治的現実に対する関係**

しかしながら、軍縮教育は、軍縮計画やその展望に関する資料や情報の普及に限定されえないし、また、軍縮計画と展望に生気を与える希望と理想についての説明にとどまりえないのである。軍縮教育は、軍縮が国際的安全の達成および開発の実現にとって有している関係を十分に認識しなければならない。この点で効果的であるためには、軍縮教育は、学習者の生活と関心、およびその中で軍縮が追求されている政治的現実と関係づけられるべきであり、そして、人民の安全の基礎となりうる政治的・経済的・社会的要因に対する洞察を与えなければならない。

(5) **研究と政策決定**

一般大衆に対してなされることに加えて、軍縮教育は、政策決定者を導くことができ、不完全ないし不正確な情報にもとづく潜在的軍縮教育反対者の意識の誤りを可能なかぎりただすことができるような、自立した科学研究にもとづいて、軍縮に役立つ理性的主張を提供するという、一般大衆への軍縮教育よりは特殊であるが、それと同等にきわめて重要な任務をもっている。

(6) **実体的アプローチ**

国際平和と安全に対するアプローチとして、軍縮教育は、国連憲章にもとづく国際法の諸原則、特に、諸国の領土保全ないし政治的独立に対する武力による威嚇ないし武力の行使をつつしむこと、紛争の平和的解決、内政不干渉および人民の自決を十分に考慮に入れるべきである。

軍縮教育はまた、人権の国際法および武力紛争時に適用される国際人道法を活用すべきであり、そして非暴力的市民行動のような非軍事的防衛システムを含む、安全のための代替アプローチを検討すべきである。信頼形成の諸措置、平和維持、紛争の非暴力的解決、国際的暴力を統制するその他の方法など、国連の努力についての学習は、この点で、特別に重要である。軍縮教育のプログラムの中で、良心的兵役拒否の権利および殺人を拒否する権利に適正な注意がむけられるべきである。

軍縮教育は、個人的・集団的暴力の根本原因と軍縮とのかかわり、ならびに不平等と不正の諸要因を反映して現在の国家的・国際的構造を特徴づけているところの緊張、危機、紛争、対立の客観的・主観的原因を、偏見にとらわれずに、探究する機会を与えるべきである。

(7) **人権および開発との関連**

平和、人権、開発という三つの言葉の中の一つは、それぞれ、他の二つの言葉と関係づけて定義されなければならないから、そのかぎりで、平和教育の不可欠の構成部分としての軍縮教育は、人権教育および開発教育と本質的な関連がある。そのうえ、軍縮教育は、人間の物質的および非物質的な必要の充足を基礎とするところの、平和に対する個人的・集団的権利および開発に対する個人的・集団的権利といった、生成中の概念を説明する機会を提供する。

(8) **教育学的目標**

軍縮の精神における教育ととらえるにせよ、現存する学科に関連教材を組み入れるものと考えるにせよ、あるいは独自の学習分野の発展としてとらえるにせよ、軍縮教育は、もっとも想像力にあふれた教育方法の実施であるべきであり、とりわけ、それぞれの特殊な文化的・社会的状況および教育水準に合致した、参加の学習方法を適用すべきである。軍縮教育は、軍縮について何を考えるべきかよりも、それについていかに考えるべきかを教えることをめざす。それゆえ、軍縮教育は、問題中心であるべきであって、受け入れうる国際的行動としての軍備の削減と戦争の廃絶へむけての実際的措置を検討・評価する分析的・批判的能力を発展させるようなものでなければならない。

(9) **価値**

軍縮教育は、国際理解、イデオロギー的・文化的多様性についての寛容、社会正義と人間的連帯への誓約といった諸価値に基礎をおくべきである。

(10) **関連する社会分野**

軍縮教育は、すべての社会分野と世論の関心事でなければならない。実際、学校とか、家庭、地域組織、職場のような非公式な教育の場とか、大学その他の研究センターとか、さらに情報メディアなどは、すべてこの任務において果たすべき役割分担をもっている。教育者とマスコミ関係者は、それぞれの情況に応じて、もっとも適切で効果的な言葉と教育方法を発展させるよう努力すべきである。この挑戦は、賭っているものがきわめて高価であるだけに、いっそう重要である。

―B―

軍縮教育世界会議は、第二次軍縮の一〇年の最初の年にさいし、軍縮教育の発展を特に推進すべきであると考え、したがって、ユネスコ事務局長に以下の点を要請する。

(a) 上記の諸原則と考察にもとづき、「一九八〇年代を第二次軍縮の一〇年とする宣言」にもられるべきであって、かつ軍縮教育をこの一〇年の諸目標を達成するのに不可欠の手段のひとつとするような諸要素を詳述して、国連事務総長を通じて第三四回国連総会に提出すること。

(b) 軍事支出の一パーセントの十分の一を、軍縮教育と情報を含む軍縮のための一国的・国際的努力へむけるという国連事務総長の提案を特に支持して、軍縮教育の大きな発展のための適切な資金をつくるイニシアチブを奨励すること。

(c) 軍縮、平和、国際関係にかんする社会科学研究活動を強化して、特に、これらの分野における教育と情報のプログラムを、国連、特に軍縮センターおよび軍縮研究所、そして各国および国際研究機関、適当な非政府組織と協力して、改善すること。

(d) 軍備管理ないし軍備制限協定の参加国が、一方でその協定の普及を促進し、他方で、最大限、そして適切な方法で、軍縮教育一般を推進するような、標準的条項を起草する可能性を検討すること。

(e) 国連の目標を推進し、特に軍縮、人権、開発にかんする情報を伝えるような、国連＝ユネスコ・ラジオ放送局を設置する可能性を、国連事務総長と協力して、検討すること。

(f) 当会議の討論を基礎にして、詳細な、段階ごとの行動計画をたてること。なお、この計画はユネスコの次の中期計画と合致するものと理解する。

●特別ニーズ教育における原則、政策および実践に関するサラマンカ宣言および行動のための枠組み〔抄〕

（一九九四年六月一〇日ユネスコ・特別ニーズ教育に関する世界会議で採択）

1　われわれ、九二か国の政府および二五の国際機関を代表し、一九九四年六月七日から一〇日にかけてここスペインのサラマンカに集まって特別ニーズ教育に関する世界会議に参加した代表は、教育上の特別なニーズを有する子ども、青少年および成人に対して普通教育制度のなかで教育を提供することの必要性と緊急性を認識し、ここに万人のための教育に対する決意を再確認するとともに、その規定と勧告の精神が政府および諸機関の指導原理となる「特別ニーズ教育に関する行動のための枠組み」への支持をここに表明する。

2　われわれは次のことを信じ、かつ宣明するものである。

*すべての子どもは教育への基本的権利を有しており、満足できる水準の学習を達成しかつ維持する機会を与えられなければならない。

*すべての子どもは独自の特性、関心、能力および学習上のニーズを有している。

*教育制度の計画および教育プログラムの実施にあたっては、このような特性とニーズの広範な多様性が考慮に入れられるべきである。

*教育上の特別なニーズを有する者は普通学校にアクセスできなければならず、普通学校はそのようなニーズを満たしうる子ども中心の教育のなかへそのような者を受け入れるべきである。

*このようなインクルーシブな志向を持つ普通学校は、差別的な態度と闘い、誰もが受け入れられる地域を創造し、インクルーシブな社会を構築し、かつ万人のための教育を達成するもっとも効果的な手段である。のみならず、このような学校は大多数の子どもたちに対して効果的な教育を提供し、かつ教育制度全体の効率およびひいては費用対効果を改善する。

3　われわれは、あらゆる政府に対し、次のような行動をとるよう呼びかけ、かつ強く促す。

*個人の違いまたは困難に関わりなくあらゆる子どもを包含できるよう教育制度を改善することに、政策上および予算上の最高の優先順位を与えること。

*法律または政策の問題としてインクルーシブな教育の原則を採択し、他の手段をとらなければならないやむをえない理由がある場合を除いて、あらゆる子どもを普通学校に就学させること。

*実証となるプロジェクトを発展させ、かつインクルーシブな学校の経験を有する国々との交流を奨励すること。

*教育上の特別なニーズを有する子どもと成人を対象とした教育の提供の計画、監視および評価のために、地方分権化されたかつ参加型の機構を確立すること。

*教育上の特別なニーズへの対応に関わる計画および意思決定過程に対する、親、地域および障害者組織の参加を奨励しかつ促進すること。

*早期発見と早期介入の戦略およびインクルーシブな教育の職業指導の側面にさらなる努力を払うこと。

*体系的な変革の文脈のなかで、教員志望者と現職者のいずれを対象にした教員教育プログラムにおいても、インクルーシブな学校における特別ニーズ教育の提供の問題が取り扱われることを確保すること。

特別ニーズ教育に関する行動のための枠組み〔抄〕

序

1　この特別ニーズ教育に関する行動のための枠組みは、スペイン政府がユネスコの協力のもとに主催し、一九九四年六月七日から一〇日にかけてサラマンカで開かれた特別ニーズ教育に関する世界会議で採択された。その目的は、特別ニーズ教育における原則、政策および実践に関するサラマンカ宣言の実施における、政府、国際機関、国内援助機関、非政府組織その他の機関の政策の理念および行動の指針となることである。枠組みは、参加国の国内の経験ならびに国際連合システムその他の政府機関の決議、勧告および刊行物、とりわけ障害者の機会均等化に関する標準規則（注1）を相当に参考にしている。また、世界会議の準備のために開催された五つの地域セミナーから生まれた提案、指針および勧告も考慮に入れている。

（注1）障害者の機会均等化に関する国際連合標準規則、A/RES/48/96、第四八会期総会が一九九三年一二月二〇日に採択した国際連合決議。

2　すべての子どもの教育への権利は世界人権宣言で宣明され、かつ万人のための教育に関する世界宣言で力強く再確認された。すべての障害者は、教育に関する自己の希望を表明する権利を、そのことが確かめられうるかぎり有している。親は、その子どものニーズ、状況および希望にもっともふさわしい教育の形態に関して協議の対象とされる固有の権利を有している。

3　この枠組みの理念となっている指導原則は、学校は子どもの身体的、知的、社会的、情緒的、言語的その他の条件に関わらず、すべての子どもたちを受け入れるべきであるというものである。これには、障害児や英才児、ストリート・チルドレンや働く子ども、僻地出身のまたは遊牧民の子ども、言語的、民族的または文化的マイノリティの子ども、ならびに不利な立場にあるまたは社会の周縁に追いやられたその他の地域または集団の子どもが含まれなければならない。このような条件は、学校制度にとって多種多様な課題を生み出すものである。この枠組みにおいて、「教育上の特別なニーズ」という用語は障害または学習上の困難から派生するニーズを有するあらゆる子どもと青少年を指す。学校教育を受けているさい、いずれかの時点で学習上の困難を経験し、そのことによって教育上の特別なニーズを有するようになる子どもは少なくない。学校は、深刻な不利益や障害を有する子どもも含め、あらゆる子どもの教育を成功させる方法を見つけなければならない。教育上の特別なニーズを有する子どもと青少年は大多数の子どもを対象とする教育体制のなかに含まれるべきであるという合意が生まれつつある。このことが、インクルーシブな学校という考え方につながってきた。インクルーシブな学校が直面する課題は、深刻な不利益や障害を有する子どもも含め、あらゆる子どもの教育を成功させうる子ども中心の教育方法を発展させるというところにある。そのような学校の利点は、あらゆる子どもに質の高い教育を提供できるというところに留まらない。そのような学校を確立することは、差別的な態度を変える一助とし、誰もが受け入れられる地域を創造し、かつインクルーシブな社会を発展させていくうえできわめて重要な一歩なのである。社会の見方の変革は避けられない。障害者の問題は、あまりにも長い間、障害者の可能性よりも損傷のほうに焦点を当てる、障害を生み出す社会によって悪化させられてきた。

4　特別ニーズ教育は、あらゆる子どもが利益を受ける正当な教育方法の、すでにその正しさが証明されている原則を取り入れる。その考え方に従えば、人がそれぞれ違うのは当たり前のことであり、学習過程の速さや性質に関してあらかじめ定められた前提に子どもが適応させられるのではなく、学習のほうが子どものニーズにあわせて適合させられなければならない。子ども中心の教育方法はあらゆる生徒にとって、ひいては社会全体にとって有益となるものである。このような教育方法により、より高い平均達成水準を確保するとともに、多くの教育制度の抜きがたい一部となっている中退や留年を相当に減らせることが経験上実証されてきた。子ども中心の教育方法は、質の低い指導、および教育に対する「サイズひとつで誰にでも合う」というものの見方の結果として、あまりにも頻繁に生じている、資源の浪費と希望の粉砕を回避する一助ともなりうる。子ども中心の学校は、さらに、あらゆる人間の違いと尊厳の両方を尊重する、人間中心の社会に向けた訓練の場でもあるのである。

I　特別ニーズ教育における新しい考え方

6　ここ二〇年の社会政策の流れは、統合と参加を促進しかつ排除と闘うことであった。インクルージョンと参加は、人間の尊厳ならびに人権の享受と行使にとって必要不可欠である。このことは、教育の分野においては、真の機会均等化をもたらそうとする戦略の発展に反映されている。多くの国々での経験によれば、教育上の特別なニーズを有する子どもと青少年の統合は、地域のあらゆる子どもを対象とするインクルーシブな学校においてもっともよく達成できることが実証されているところである。このような流れにおいてこそ、教育上の特別なニーズを有する者は教育上の進歩と社会的統合を最大限に達成することができる。インクルーシブな学校は平等な機会と完全参加の達成に望ましい環境を提供するが、その成功のためには、教員と学校職員のみならず他の子ども、親、家族およびボランティアによる一致した努力が必要である。社会制度の改革は技術的な課題には留まらない。それは、とりわけ、社会を構成する個人の確信、決意および善意にかかっている。

7　インクルーシブな学校の基本原則は、可能な場合には常に、いかなる困難または違いを有しているかに関わらずあらゆる子どもがともに学ぶべきであるというものである。インクルーシブな学校は、さまざまな学習スタイルと学習速度の双方を受け入れ、かつ適切な教育課程、組織編成、授業戦略、資源の活用および地域とのパートナーシップを通じてすべての生徒に質の高い教育を確保することにより、生徒の多様なニーズを認識しかつそれに対応しなければならない。一連の支援やサービスは、すべての学校が直面する一連の特別なニーズに適合する形で行われるべきである。

8　インクルーシブな学校においては、教育上の特別なニーズを有する子どもは、効果的な教育を確保するために必要とするいかなる特別な支援も受けられなければならない。インクルーシブな学校教育は、特別なニーズを有する子どもとその他の子どもとの間に連帯を構築する、もっとも効果的な手段である。子どもを特別学校に措置すること——または学校内の特別学級または特別編成単位に恒久的に措置すること——は例外であるべきであり、普通学級での教育では子どもの教育上または特別なニーズを満たすことができないことがはっきりと実証される、または子どもの福祉またはその他の子どもの福祉のために必要とされる稀な場合にのみ勧告されうる。

9　特別ニーズ教育に関わる状況は国によって非常にさまざまである。たとえば、国によっては、特定の損傷を有する者を対象とした特別学校制度がよく整備されている。そのような特別学校は、インクルーシブな学校の発展のための貴重な資源になることが可能である。このような特別施設の職員は、障害児の早期スクリーニングや早期発見に必要とされる専門的能力を有している。特別学校は、普通学校の職員のための研修センターやリソースセンターとしても機能しうる。最後に、特別学校またはインクルーシブな学校内の特別編成単位は、引き続き、普通学級または普通学校では充分な対応ができない比較的少数の障害児を対象として、もっともふさわしい教育を提供することができるかもしれない。既存の特別学校への投資は、普通学校が教育上の特別なニーズを満たすさいの専門的支援を提供するという、新たなかつ拡大された役割に向けられるべきである。特別学校の職員が普通学校に対して行ないうる重要な貢献としては、教育課程の内容と方法を生徒の個別のニーズに適合させることが挙げられる。

13　ジェンダーに基づく偏見が障害から生ずる困難を倍加させることにより、女性がしばしば二重に不利な立場に置かれてきたことを認識することは、とくに重要である。女性と男性は教育プログラムの立案に平等な影響力を有するべきであり、かつ教育計画の利益を享受する平等な機会を持てなければならない。障害を持った女子と女性の教育プログラムへの参加を奨励するために、特別な努力が行われるべきである。

II　国レベルの行動の指針

A　政策および組織

15　統合教育および地域基盤型リハビリテーションは、特別なニーズを有する人々にサービスを提供することに対する、相互に補完しかつ支えあうアプローチである。いずれも、インクルージョン、統合および参加の原則に基づいており、かつ、万人のための教育を達成することを目的とした全国規模の戦略の一環として教育上の特別なニーズを有する人々のアクセスの平等を促進することに対する、豊富な検証がなされておりかつ費用対効果の高いアプローチとなっている。各国は、その教育制度の政策と組織に関わる次のような行動を検討するよう求められる。

16　立法は、可能なかぎり統合された環境で行われる初等、中等および高等教育における、障害を持った子ども、青少年および成人の機会の平等の原則を認めるべきである。

17　教育立法を支えかつ全面的に実施するため、保健、社会福祉、職業訓練および雇用の分野でそれに並行しかつそれを補完する立法措置がとられるべきである。

18　国レベルから地方レベルに至るあらゆる段階の教育政策は、障害児はその子どもが居住する地域の学校、すなわち障害を持っていなければ出席することになるであろう学校に出席すべきであると規定するべきである。この原則に対する例外は、特別学校または特別施設における教育によってしかその子ども個人のニーズを満たすことができないと示されうる場合にのみ、ケースバイケースで検討されなければならない。

19　障害児の「メインストリーミング」の実践は、万人のための教育を達成するための国内計画の不可欠な一部となるべきである。子どもが特別学校に措置される例外的場合においてさえ、その教育が完全に分離される必要はない。普通学校への時間制の出席が奨励されるべきである。障害を持った青少年や成人の、中等教育、高等教育および訓練プログラムへのインクルージョンを確保するためにも必要な対応がとられるべきである。障害を持った女子と女性のアクセスおよび機会の平等を確保することに、特別な注意が向けられなければならない。

20　重度または重複障害を持った子どもと青少年のニーズに特別な注意が払われるべきである。彼らは、成人として最大限の自立を達成する、地域の他の人々と同じ権利を有しているのであり、その目的に向け、その可能性を最大限活かして教育されなければならない。

21　教育政策は個人の違いと状況を全面的に考慮するべきである。たとえば、聴覚障害者同士のコミュニケーション手段である手話の重要性が認識されなければならず、あらゆる聴覚障害者がその国の手話による教育にアクセスできることを確保するための対応が行われなければならない。聴覚障害者および聴覚・視覚障害者の特別なコミュニケーション上のニーズにより、その教育は特別学校、またはメインストリームの学校における特別学級および特別編成単位におけるほうが適切に提供されるかもしれない。

22　教育上の特別なニーズを有する人々を対象とした費用対効果の高い教育と訓練を支援する総合的戦略の一環として、地域基盤型リハビリテーションが発展させられるべきである。地域基盤型リハビリテーションは、あらゆる障害者のリハビリテーション、機会均等化および社会的統合を目的とした地域発展における、ひとつの具体的なアプローチととらえられなければならない。その実施は、障害者、その家族および地域が力を合わせること、および教育、保健、職業および福祉に関わる適切なサービスを通じて行われるべきである。

23　政策および財政上の取決めの双方においてインクルーシブな学校の発展を奨励しかつ促進するべきである。特別学校から普通学校への移行を阻害する障壁は取り除かれなければならず、かつ共通の運営体制が組織されなければならない。インクルージョンの方向への進展は、特別ニーズ教育のための資源、専門知識および設備の利益を享受する障害を持った生徒の人数および普通学校に就学している教育上の特別なニーズを有する生徒の人数を明らかにしうる統計を収集することを通じ、注意深く監視されなければならない。

B　学校関係の要素

26　都市部と非都市部の双方で多種多様な生徒にサービスを提供するインクルーシブな学校を発展させるためには、充分な財政的対応をともなった、インクルージョンに関する明確なかつ力強い政策、偏見と闘い、かつ見識のある肯定的な態度を喚起するための効果的な広報の努力、オリエンテーションおよび職員研修の広範なプログラム、および必要な支援サービスの提供を統合することが必要である。インクルーシブな学校の成功に寄与するためには、他の多くの側面とともに学校教育の次のような側面における変革が必要とされる。すなわち、教育課程、校舎、学校組織、教育方法、評価、職員配置、校風および課外活動である。

27　必要とされている変革のほとんどは、教育上の特別なニーズを有する子どものインクルージョンにのみ関わっているわけではない。それは、教育の質と関連性を向上させ、かつあらゆる生徒の学習達成水準の引上げを促進するために必要とされている、より幅広い教育改革の一環なのである。万人のための教育に関する世界宣言は、あらゆる子どもの学校教育が成功することの確保を目的とした、子ども中心のアプローチの必要性を強調した。子どものさまざまなニーズをより全面的に考慮することのできる、より柔軟でかつ適合させやすいシステムを採用することは、教育上の成功およびインクルージョンの双方に貢献することになろう。以下に掲げる指針では、教育上の特別なニーズを有する子どもをインクルーシブな学校に統合するさいに検討しなければならない点に焦点を当てる。

教育課程の柔軟性

28　教育課程は子どものニーズに適合させられるべきであり、その逆であってはならない。したがって学校は、さまざまな能力と関心を有する子どもにふさわしい教育課程の機会を提供するべきである。

29　特別なニーズを有する子どもは、異なる教育課程ではなく普通教育課程のなかで追加的な指導上の支援を受けられるべきである。指導原理は、追加的な援助と支援を必要とする子どもにそれを提供することにより、あらゆる子どもに同じ教育を提供することでなければならない。

30　知識の獲得は正式なかつ理論的な指導のみの問題ではない。教育内容は、個人が自分自身の発達に全面的に参加できるようにすることを目的として、個人の高い水準とニーズに適合させられるべきである。授業は、生徒の動機づけを高めるために、生徒自身の経験や実際的な関心と関連づけられていなければならない。

31　子ども一人ひとりの進展を追跡するために評価手続が再検討されるべきである。達成された学習習熟度を生徒と教員が常に知り、かつ、困難を特定しかつ生徒がそれを克服する援助をするために、絶対評価が普通教育過程に組み入れられなければならない。

32　教育上の特別なニーズを有する子どものために、一連の支援サービスが提供されるべきである。そのようなサービスは、普通学級における最低限の援助から学校における追加的な学習支援プログラムにまで及び、かつ、必要な場合には専門教員および外部支援職員の援助の提供にまで拡大される。

学校運営

35　地方行政職員と校長は、必要な権威と充分な訓練を与えられれば、教育上の特別なニーズを持った子どもに対して学校がよりきめの細かい対応をできるようにするうえで主要な役割を果たしうる。彼らに対し、より柔軟な運営手続を発展させること、指導のための資源の配分転換を行なうこと、学習の選択肢を多様化すること、子ども同士の援助を動員すること、および親と地域との緊密な関係を発展させることが促されるべきである。学校運営の成功は、教員と職員の積極的かつ創造的な関与、および生徒のニーズを満たすための効果的な協力とチームワークの発展にかかっている。

37　各学校は、すべての生徒の成功または失敗に対して集団責任を負う共同体であるべきである。特別なニーズを持った子どもの教育については、個々の教員ではなく教育チームが責任を分担しなければならない。親とボランティアに対し、学校の活動に積極的に参加するよう促すべきである。しかし教員は、学級内外の利用可能な資源を用いることを通じて子どもを支援することにより、教育過程の管理者として中心的な役割を果たす。

情報および調査研究

38　優れた実践例を普及することは教育と学習の改善に役立ちうる。関連の調査の知見に関する情報も貴重なものとなるであろう。経験の蓄積と資料センターの発展が国レベルで支援されるべきであり、かつ情報源へのアクセスが拡大されるべきである。

C　教育職員の採用および訓練

40　あらゆる教育職員に適切な準備を行わせることは、インクルーシブな学校へ向けた進展を促進するうえで鍵となる要素としてきわめて重要である。さらに、障害児の役割モデルとなることのできる、障害を持った教員を採用することの重要性がますます認識されるようになっている。

41　養成プログラムにおいては、初等学校と中等学校のいずれを志望しているかを問わず、教職課程のすべての学生に対して障害に対する肯定的な指向を提供することを通じ、地域で利用可能な支援サービスを用いることにより学校で何ができるかに関する理解を深めさせるべきである。必要とされる知識と技能は主として優れた授業に関わるものであり、かつ、特別なニーズを評価すること、教育課程の内容を適合させること、支援技術を活用すること、より幅広い範囲の能力にふさわしいものになるよう授業手続を個別化することなどを含む。教員養成実習学校においては、自律的に活動し、かつ、生徒のニーズを満たすことおよび専門家や親と協力することを目的として教育課程および指導法を適合させるために自らの技能を応用できるようすべての教員に準備させることに、具体的に注意が向けられるべきである。

42　教育上の特別なニーズに対応するために必要な技能が、学習の評価および教員資格の授与にあたって考慮されるべきである。

43　地方行政職員、指導主事、校長および上級教員を対象として、この分野で指導力を発揮し、かつ経験の少ない教育職員の支援と訓練を行なう能力を高めるための資料の作成とセミナーの開催が優先的に行われるべきである。

44　最大の課題は、多様な、かつ困難であることが多い勤務条件を考慮に入れつつ、すべての教員に対して現職者研修を提供するところにある。現職者研修は、可能な場合には常に、講師との相互交流によって学校レベルで発展させられるべきであり、かつ、通信教育その他の自己学習技術によって支えられるべきである。

47　大学には、とくに調査研究、評価、教員を対象とした講師の養成、および訓練プログラムと教材の開発に関わって、特別ニーズ教育を発展させる過程で果たすべき、助言機関としての重要な役割がある。先進国と発展途上国における大学と高等教育機関のネットワークづくりが促進されるべきである。このような形で調査研究と訓練を結びつけることには大きな意義がある。また、調査研究や訓練の役割に障害者を積極的に関与させることも、障害者の視点が全面的に考慮されることを確保するため、重要である。

48 障害を持った生徒に対してすばらしい教育サービスを提供している教育制度においてさえ繰り返し生じている問題は、そのような生徒の役割モデルが存在しないということである。特別なニーズを有する生徒は、現実的な期待に基づいて自分自身のライフスタイルと志望を形成できるよう、成功を収めた成人の障害者と交流する機会を必要とする。加えて、障害を持った生徒は、その後の人生で自己に影響を与える政策形成の援助ができるよう、訓練を与えられ、かつ障害者のエンパワーメントやリーダーシップの実例を提供されるべきである。したがって、教育制度においては、資格のある教員その他の教育職員を障害者のなかから採用するよう努めなければならず、かつ、特別なニーズを有する子どもの教育にあたって地域の成功した障害者個人を関与させるようにも努めなければならない。

D 外部の支援サービス（省略）

E 優先領域

52 教育上の特別なニーズを持った子どもと青少年の統合は、教育開発計画のなかで次の対象領域に特別な考慮が払われれば、さらに効果的かつうまくいくものになるだろう。すなわち、あらゆる子どもの教育可能性を高めるための幼児期教育、女子の教育および教育から成人の職業生活への移行である。

幼児期教育

53 インクルーシブな学校の成功は、かなりの程度、教育上の特別なニーズを持った幼児の早期の発見、評価および刺激にかかっている。六歳までの子どもを対象とした幼児期のケアおよび教育プログラムは、身体的、知的および社会的発達と学校教育の準備形成を促進するために開発されかつ（または）再編成されるべきである。このようなプログラムは、障害をもたらす条件の悪化を防止するうえで個人、家族および社会にとって重要な経済的価値を持つ。この段階のプログラムは、インクルージョンの原則を認め、かつ、就学前の活動と幼児期保健を組み合わせることにより包括的な形で開発されるべきである。

成人生活への準備

56 教育上の特別なニーズを持った青少年は、学校から成人の職業生活へ効果的に移行する手助けをされるべきである。学校は、成人生活における社会的なおよびコミュニケーション上の要求と期待に応じた技能に関する訓練を提供することにより、彼らが経済活動に携わるようになるのを援助し、かつ日常生活に必要な技能を身につけさせなければならない。そのためには、学校外の実生活の状況における直接体験を含む、適切な訓練技術が求められる。教育上の特別なニーズを持った上級学年の生徒を対象とした教育課程には、具体的な移行プログラム、可能な場合には常に高等教育に進むための支援、および、卒業後に自立したかつ貢献できる地域の構成員として活動できるようにするためのその後の職業訓練が含まれるべきである。このような活動は、職業指導相談員、措置事務所、労働組合、地方行政機関ならびに関連のさまざまなサービスと機関を積極的に関与させながら実施されなければならない。

成人教育および継続教育

57 成人教育および継続教育のプログラムの立案と実施にあたっては、障害者に特別な注意が向けられるべきである。障害者はそのようなプログラムに対する優先的なアクセスを与えられなければならない。さまざまな成人障害者グループのニーズと条件にふさわしい特別コースも立案されるべきである。

F 地域共同体の視点

58 教育上の特別なニーズを持った子どもの教育を成功させるという目標の実現は、教育省と学校だけの課題ではない。それには、家族の協力、地域共同体やボランティア組織の動員および公衆一般の支援が必要である。教育上の特別なニーズを持った子どもと青少年の教育機会を均等化するうえで進展が見られた国または地域の経験は、いくつかの有益な教訓を示唆してくれている。

親とのパートナーシップ

59 教育上の特別なニーズを持った子どもの教育は、親と専門家が共同で担う課題である。親が積極的な態度を有することは、学校および社会的統合に有利に働く。親には、特別のニーズを持った子どもの親としての役割を担うための支援が必要である。家族と親の役割は、必要な情報を簡潔かつ明確な言葉で提供することにより強化することができる。親としてのスキルに関わる情報と訓練のニーズに対応することは、学校教育の伝統がほとんどない文化的環境にあってはとりわけ重要な課題である。親と教職員の双方が、対等のパートナーとしてともに活動することを学ぶさいに支援や奨励を必要とする場合もある。

60 親は、自分の子どもが持つ教育上の特別なニーズに関しては特権的な地位にあるパートナーであり、自分の子どもにどのような種類の教育が提供されることを望むかについて、可能なかぎりの選択権が与えられるべきである。

61 学校管理者、教職員および親とのあいだで協力的なかつたがいに支えあうようなパートナーシップが発展させられるべきであり、かつ、親は意思決定における積極的なパートナーと見なされるべきである。親は、家庭と学校における教育活動（親は学校において効果的な技法を観察し、かつ課外活動の組織のしかたを学ぶことができる）ならびに子どもの学習の監督と支援に参加するよう奨励されなければならない。

62 政府は、親の権利に関する政策表明と立法のいずれの手段をも通じて、親とのパートナーシップを促進する先導役を務めるべきである。親の組織の発展が促進されなければならず、かつ、自分の子どもの教育の増進を目的としたプログラムの立案と実施に親の代表が参加しなければならない。障害者組織もプログラムの立案と実施に関して協議の対象とされるべきである。

地域共同体の関与

63 地方分権化および地域基盤型の計画策定は、教育上の特別なニーズを持った者の教育と訓練に地域共同体がますます関与するようにするうえで有利に働く。地方行政官は、代表的な組織に支援を与え、かつそのような組織に対して意思決定への参加を要請することにより、地域共同体の参加を奨励するべきである。そのため、地方の一般行政機関、教育機関、保健機関、開発機関、地域共同体の指導者やボランティア組織から構成される動員および監視のための機構が、地域共同体による意味のある参加を確保するのに充分な地理的範囲に設置されなければならない。

ボランティア組織の役割

66 ボランティア組織および国内の非政府組織はより大きな行動の自由を有しており、かつ明らかにされたニーズにより即応しやすいため、新たな考え方を発展させかつ革新的なサービス提供手段を開拓するさいに支援を与えられるべきである。このような組織は創意工夫の主導者および触媒の役割を果たし、かつ地域共同体が利用可能なプログラムの幅を拡大することができる。

67 障害者組織、すなわち障害者自身が決定的な影響力を有している組織に対し、ニーズの特定、優先順位に関する見解の表明、サービスの運営、サービスの遂行状況の評価および変革の提唱に関して積極的な役割を果たすよう要請が行われるべきである。

公衆の意識啓発

68 学校レベルを含むあらゆるレベルの政策策定者は、インクルージョンに対する決意を定期的に再確認し、かつ、教育上の特別なニーズを持った者に対する前向きな態度を、子ども、教職員および公衆一般のあいだで促進するべきである。

69 マスメディアは、障害者の社会への統合に対する前向きな態度を促進し、偏見や誤った情報を克服し、かつ障害者の能力に関する楽観的な見方と想像力を拡大するうえで強力な役割を果たすことができる。メディアはまた、使用者が障害者の雇用に対して前向きな態度を持つことを促進することも可能である。メディアは、優れた実践や成功した経験の例を普及することにより、とくに普通学校における特別ニーズ教育の提供との関係で、教育における新しいアプローチを公衆に知らせるために用いられなければならない。

G　資源の要件

70　万人のための教育を達成するもっとも効果的な手段としてのインクルーシブな学校の発展は、政府の枢要な政策として認識され、かつ国の発展のための課題において特別な位置を占めなければならない。このようにしてはじめて、充分な資源を獲得することが可能となる。政策や優先順位の変更は、充分な資源の要件が満たされなければ効果的なものとはなりえない。充分な資源を獲得するためにも、既存の資源を移転するためにも、国と地域共同体の双方のレベルで政治的決意が存在することが必要である。インクルーシブな学校を発展させるうえで鍵となる役割を果たすのは地域共同体であるが、効果的かつ費用負担の可能な解決策を立案するさいには政府による奨励と支援も欠かせない。

（平野裕二訳）

●少年非行の防止のための国際連合指針（リヤド・ガイドライン）（抄）

（一九九〇年一二月一四日　国際連合総会で採択）

I　基本的原則

1　少年非行の防止は社会における犯罪防止の不可欠な部分である。合法的で社会的に有益な活動に携わり、かつ人間主義的な社会指向および人生観を身につけることにより、青少年は犯罪につながらないような態度を発達させることができる。

2　少年非行の防止を成功させるためには、青少年の調和のとれた発達を確保するために、幼児期からの人格およびその促進を重視しながら社会全体が努力することが必要とされる。

3　この指針を解釈するにあたっては、子ども中心の方向性が追求されるべきである。青少年は社会のなかにあって積極的な役割およびパートナーシップを担うべきであり、単に社会化または統制の対象と見なされるべきではない。

4　国内法体系に従ってこの指針を実施するにあたっては、幼児期からの青少年の福祉があらゆる防止プログラムの焦点とされるべきである。

5　進歩的な非行防止政策、ならびに措置の体系的研究および策定の必要性および重要性が認識されるべきである。これらの政策および措置は、子ども本人の発達に深刻な害とならないまたは他者を傷つけないような行動について子どもを犯罪者扱いして処罰することを避けるものでなければならない。そのような政策および措置には次のようなものがともなうべきである。

(a)　青少年の多様なニーズを満たし、かつ、あらゆる青少年、とくに、目に見えて危険にさらされておりまたは社会的に危機的状況にあって特別なケアおよび保護を必要とする青少年の人格的発達を危険から守る支えとなるような枠組みとして機能する機会、とくに教育上の機会の提供

(b)　違反を犯す動機、必要および機会、または違反を生じさせる原因を除去することを目的とした法律、過程、制度、施設およびサービス提供ネットワークを基盤とする、非行防止のための専門的な理念およびアプローチ

(c)　第一義的には青少年の総合的利益に基づいて追求され、かつ公正および公平を指導原理とする公的介入

(d)　あらゆる青少年の福祉、発達、権利および利益の保護

(e)　社会の全体的な規範および価値観に一致しない青少年の行動または行為は、成熟および成長の過程の一環であることが多く、かつほとんどの個人の場合、おとなの生活への移行とともに自然に消滅する傾向にあるという考慮

(f)　専門家の支配的見解によれば、青少年に「逸脱者」、「非行少年」または「非行予備軍」というラベリングを行うことは、青少年による望ましくない行動の一貫したパターンを発達させることに寄与することが多いという認識

6　少年非行の防止のための、地域社会を基盤とするサービスおよびプログラムが、とくにいかなる機関も設置されていない地域において、発展させられるべきである。社会統制のための公式機関は最後の手段としてのみ利用されなければならない。

II　指針が視野に入れる対象

7　この指針は、世界人権宣言、経済的、社会的及び文化的権利に関する国際規約、市民的及び政治的権利に関する国際規約、子どもの権利に関する宣言および子どもの権利に関する条約の幅広い枠組みのなかで、かつ、少年司法の運営に関する国際連合最低基準規則（北京規則）ならびにあらゆる子どもおよび青少年の権利、利益および福祉に関係する他の文書および規範の文脈に照らして、解釈されかつ実施されるべきである。

III　一般的防止

9　包括的な防止計画がすべての行政レベルで制定されるべきである。そのような計画には次のものが含まれなければならない。

(a)　問題の徹底的な分析、および利用可能なプログラム、サービス、施設および資源の詳細

(b)　防止の努力に携わる、資格のある機関、制度および職員の責任の詳細な定義

(c)　政府機関および非政府機関の間で防止の努力を適切に調整するための機構

(d)　徴候の研究に基づいた政策、プログラムおよび戦略、および実施の過程におけるその継続的な監視および慎重な評価

(e)　非行行為を犯す機会を効果的に減少させるための方法

(f)　幅広いサービスおよびプログラムを通じた地域社会の関与

(g)　少年非行および青少年犯罪を防止するために調和のとれた行動をとる際の、国、州および地方の各政府の間の緊密な分野横断的協力、および、民間部門、対象となっている地域社会の市民代表、労働、子どものケアおよび保健教育に携わる機関、社会事業機関、法執行機関および司法機関の、そのような協力に対する関与

(h)　地域社会の資源、青少年による自助ならびに被害者のための補償プログラムおよび援助プログラムの活用を含む、非行防止の政策および過程への青少年の参加

(i)　あらゆるレベルにおける専門職員

IV　社会化の過程

10　とくに家族、地域社会、仲間集団、学校、職業訓練および仕事の世界ならびにボランティア組織を通じた、あらゆる子どもおよび青少年の社会化および統合の成功を促進するような防止政策に重点が置かれるべきである。子どもおよび青少年の適切な人格的発達が正当に重視されるべきであり、かつ、彼らが社会化および統合の過程で全面的かつ対等なパートナーとして受け入れられなければならな

い。

A 家族

12 家族は子どもの社会化の初期段階に責任を負う中心的単位であるから、拡大家族を含む家族の一体性を保持するための政府および社会による努力が追求されるべきである。社会は、家族がケアおよび保護を提供し、かつ子どもの身体的および精神的福祉を確保するさいに援助する責任を負う。保育を含む充分な態勢が整えられなければならない。

13 政府は、安定しかつ落ちついた家族環境における子育てに貢献するような政策を確立すべきである。不安定な環境または紛争の環境を解決するにあたって援助を必要とする家族には、必要なサービスが提供されなければならない。

14 安定しかつ落ちついた家族環境が欠けており、この点に関して親を援助しようとする地域社会の努力がうまくいかず、かつ拡大家族がこの役割を充足できない場合、里親託置または養子縁組を含む代替的措置が検討されるべきである。そのような措置は、安定しかつ落ちついた家族環境を可能な範囲で再現しつつ、同時に、子どもにとっての永続感を確立することにより「里親漂流」にともなう問題を回避しなければならない。

15 急速かつ不均等な経済的、社会的および文化的変化によってもたらされる問題に影響を受けている家族の子ども、とくに先住民、移民および難民の家族の子どもに、特別な注意が向けられるべきである。そのような変化は、しばしば役割葛藤および文化葛藤の結果として、伝統的な子どもの養育を確保する家族の社会的能力を崩壊させることがあるので、子どもの社会化のための、革新的かつ社会的に建設的な方策が創案されなければならない。

16 家族に対し、子どもの発達およびケアに関わる親の役割および義務を学習する機会を提供するための措置がとられ、かつそのためのプログラムが発展させられるべきである。そのような措置およびプログラムは、前向きな親子関係を促進し、子どもおよび青少年の問題に対する親の感受性を高め、かつ、家族の活動および地域社会を基盤とした活動への親の関与を奨励するようなものでなければならない。

17 政府は、家族の結合および調和を促進し、かつ、子どもの福祉および将来に影響を与える状況により現実に可能な代替策がない場合を除き、親からの子どもの分離を抑止するための措置をとるべきである。

18 家族および拡大家族が担う社会化の機能を強調することが重要である。青少年が社会において将来担う役割、責任、参加およびパートナーシップを認識することも同様に重要である。

B 教育

20 政府は、あらゆる青少年が公教育にアクセスできるようにする義務を負う。

21 教育制度は、学業活動および職業訓練活動に加えて、次の点に特段の注意を向けるべきである。

(a) 基本的価値観を教え、かつ、子ども自身の文化的アイデンティティおよび文化様式、子どもが暮らしている国の社会的価値観、子ども自身の文明とは異なる文明、ならびに人権および基本的自由への尊重を発展させること。

(b) 青少年の人格、才能および精神的および身体的能力を最大限可能なまで促進しかつ発展させること。

(c) 青少年を、単なる客体としてではなく積極的かつ効果的な参加主体として教育過程に関与させること。

(d) 学校および地域社会との一体感およびそれへの帰属意識を促進するような活動を行うこと。

(e) 青少年に対し、多様な見解および意見ならびに文化的その他の違いを理解しかつ尊重するよう奨励すること。

(f) 職業訓練、雇用機会およびキャリア開発に関する情報および指導を提供すること。

(g) 青少年に対して前向きな情緒面での支援を提供し、かつ心理的虐待を行わないこと。

(h) 規律の維持のための苛酷な手段、とくに体罰を行わないこと。

22 教育制度は、親、地域社会の組織、および青少年の活動に関係する機関と協働するよう努めるべきである。

23 青少年およびその家族は、法律、法律に基づくその権利および責任、ならびに国際連合文書を含む普遍的な価値体系について知らされるべきである。

24 教育制度は、社会的に危機的状況にある青少年に対して特段の配慮および注意を向けるべきである。専門の防止プログラムならびに教材、教育課程、教育上のアプローチおよび手段が開発され、かつ全面的に活用されなければならない。

25 青少年によるアルコール、薬物その他の有害物質の濫用を防止するための包括的な政策および戦略に、特段の注意が向けられるべきである。教員その他の専門家は、これらの問題を防止しかつそれに対応する備えをし、かつそのための訓練を受けなければならない。アルコールを含む薬物の使用および濫用に関する情報は、生徒機関が利用できるようにされるべきである。

26 学校は、青少年、とりわけ特別なニーズを有する青少年および虐待、放任、被害および搾取に苦しむ青少年に対して医療サービス、カウンセリング・サービスその他のサービスを提供するための資源・照会センターとなるべきである。

27 教員その他のおとなおよび生徒機関は、多様な教育プログラムを通じて、青少年、とりわけ通常の権利を享受できない集団、不利な立場に置かれた集団、民族的その他のマイノリティ集団および低所得層に属する青少年の問題、ニーズおよび物の見方に対する感受性を高められるべきである。

28 学校制度は、教育課程、教授および学習の方法およびアプローチならびに資格のある教員の採用および訓練に関して、最高の専門的および教育的水準を満たしかつ促進するよう努力するべきである。適切な職能組織および公的機関による、職務遂行の定期的な監視および評価が確保されなければならない。

29 学校制度は、地域社会のグループとの協力により、青少年の利益となる課外活動を計画し、発展させかつ実施するべきである。

30 出席に関する規則を遵守するのが困難な子どもおよび青少年ならびに「落ちこぼれ」に対し、特別な援助が与えられるべきである。

31 学校は、公平かつ公正な方針および規則を促進するべきである。規律の維持に関する方針を含む学校方針の策定および実施、ならびに意思決定には、生徒の代表が出席していなければならない。

C 地域社会

32 青少年の特別なニーズ、問題、利益および関心に対応し、かつ青少年およびその家族に対して適切なカウンセリングおよび指導を提供する、地域社会を基盤とするサービスおよびプログラムが発展させられ、またはすでに存在する場合は強化されるべきである。

33 地域社会は、青少年のための、地域社会を基盤とする広範な支援措置を提供し、またはすでに存在する場合は強化するべきである。このような支援措置には、地域開発センター、レクリエーション施設、および社会的に危機的状況にある子どもの特別な問題に対応するためのサービスが含まれる。このような援助措置を提供するにあたっては、個人の権利の尊重が確保されなければならない。

34 もはや家庭で生活することのできない青少年または生活する家を持たない青少年に充分な生活の場を提供するため、特別施設が設立されるべきである。

35 おとなの生活への移行期に青少年が経験する困難に対処するため、広範なサービスおよび援助措置が提供されるべきである。そのようなサービスには、ケア、カウンセリング、援助および治療中心の介入に重点を置いた、青少年の薬物濫用者のための特別プログラムが含まれなければならない。

36 青少年にサービスを提供するボランティア組織に対し、政府その他の機関による財政上その他の支援が提供されるべきである。

37 地域レベルで青少年組織が創設されまたは

強化されるべきであり、かつ、そのような組織に対し、地域社会の諸事項の運営に全面的に参加できる地位が与えられるべきである。このような組織は、青少年に対し、集団による自発的な事業、とくに援助を必要とする青少年を助けることを目的とした事業を組織するよう奨励しなければならない。

38　政府機関は、ホームレスの子どもまたはストリート・チルドレンに対して特別な責任を負い、かつ必要なサービスを提供するべきである。地域の施設、宿泊所、雇用その他の援助形態および援助提供先に関する情報を、青少年が容易に利用できるようにされなければならない。

39　青少年にとくに利益となる広範なレクリエーション施設およびサービスが設置され、かつ青少年が容易にアクセスできるようにされなければならない。

D　マスメディア

40　マスメディアは、多様な国内的および国際的情報源からの情報および資料に青少年がアクセスできることを確保するよう、奨励されるべきである。

41　マスメディアは、青少年が社会に対して行う前向きな貢献を描くよう奨励されるべきである。

42　マスメディアは、社会における青少年のためのサービス、施設および機会に関する情報を普及するよう奨励されるべきである。

43　マスメディア一般ならびにとくにテレビおよび映像メディアは、ポルノグラフィー、薬物および暴力の描写水準を最低限に留め、かつ暴力および搾取を好ましくないものとして描くとともに、とくに子ども、女性および対人関係について品位を傷つけかつ侮辱的な表現を行わないようにし、かつ平等主義的な原則および役割を促進するよう奨励されるべきである。

44　マスメディアは、青少年による薬物およびアルコールの濫用に関わる情報伝達において、広範な社会的役割および責任ならびに影響力を有していることを自覚するべきである。マスメディアは、バランスのとれたアプローチを通じて一貫したメッセージを伝達することにより、その力を薬物濫用の防止のために用いなければならない。薬物に関する効果的な意識啓発キャンペーンがあらゆるレベルで促進されるべきである。

V　社会政策

45　政府機関は、青少年のための計画およびプログラムに高い優先順位を置くべきであり、かつ、充分な保健、精神保健、栄養、住居およびその他の関連サービス（薬物およびアルコールの濫用防止および治療を含む）のためのサービス、施設および職員を効果的に供給するために充分な財源その他の資源を提供し、そのような資源が青少年のもとに届きかつ実際に青少年の利益となることを確保するべきである。

46　青少年の施設措置は最後の手段としてかつ必要最低限の期間で行われるべきであり、かつ青少年の最善の利益が何よりも重視されるべきである。この種の公的介入を認める基準は厳格に定義され、かつ次の状況に限定されなければならない。

(a)　子どもまたは青少年が親または保護者によって加えられる危害をこうむっている場合

(b)　子どもまたは青少年が親または保護者から性的、身体的または情緒的虐待を受けている場合

(c)　子どもまたは青少年が親または保護者から放任され、遺棄されまたは搾取されている場合

(d)　子どもまたは青少年が親または保護者の行動により身体的または道徳的危険に脅かされている場合

(e)　子どもまたは青少年に対する深刻な身体的または心理的危険が本人自身の行動のなかに明白に認められ、かつ、施設措置以外の手段では、親、保護者または少年自身もしくは居住施設措置をともなわないコミュニティ・サービスのいずれによっても危険に対応できない場合

47　政府機関は、青少年に対し、親または保護者が青少年を金銭的に支援できない場合には国が資金を拠出するフルタイムの教育を継続する機会、および労働の経験を積む機会を提供するべきである。

48　非行防止プログラムは、信頼できる科学的研究の知見に基づいて計画されかつ発展させられるべきであり、かつ、定期的な監視、評価およびそれに応じた調整の対象とされるべきである。

49　青少年が身体的および心理的な被害、危害および虐待ならびに搾取を受けていることを示す、またはそのような結果をもたらす可能性がある行動または状況の類型について、専門家集団および一般公衆に対して科学的情報が普及されるべきである。

50　一般に、計画およびプログラムへの参加は任意であるべきである。その策定、開発および実施には青少年自身が関与するようにされなければならない。

51　政府は、青少年に対するおよび青少年に影響を与える家族間暴力を防止し、かつこのような家族間暴力の被害者の公正な取扱いを確保するための政策、措置および戦略を、刑事司法制度の内外において模索し、発展させかつ実施することを開始しまたは継続するべきである。

VI　立法および少年司法の運営

52　政府は、あらゆる青少年の権利および福祉の促進および保護をとくに目的とした法律および手続を制定しかつ執行するべきである。

53　子どもおよび青少年の被害、虐待、搾取、および犯罪活動のための利用を防止する立法が制定されかつ執行されるべきである。

54　いかなる子どもまたは青少年も、家庭、学校または他のいかなる施設においても、過酷なまたは品位を傷つける矯正措置または処罰措置の対象とされるべきではない。

55　いかなる種類の武器であれ、子どもおよび青少年がそれらにアクセスする可能性を制限しかつ統制することを目的とした立法および法執行が追求されるべきである。

56　青少年がさらなるスティグマ、被害および犯罪者扱いの対象となることを防止するため、成人が行った場合には犯罪と見なされないまたは処罰されないいかなる行為も、青少年が行った場合に犯罪と見なされないまたは処罰されないことを確保するため、立法が制定されるべきである。

57　青少年の地位、権利および利益が擁護され、かつ利用可能なサービスへの適切な付託がなされることを確保する機関として、オンブズマン事務所または類似の独立機関の設置が考慮されるべきである。選任されたオンブズマンまたはその他の機関は、リヤド・ガイドライン、北京規則および自由を奪われた少年の保護のための規則の実施の監督も行う。オンブズマンまたはその他の機関は、これらの文書の実施にあたって達成された進展および直面した困難についての報告書を定期的に刊行する。子どもの擁護のためのサービスも設置されるべきである。

58　法執行官その他の関連の職員は、男女とも、青少年の特別なニーズに対応する訓練を受けるべきであり、かつ、青少年を司法制度によって取り扱わないようにするためのプログラムおよび付託の可能性を最大限可能なかぎり熟知しかつ活用するべきである。

59　薬物濫用および薬物の売人から子どもおよび青少年を保護するための立法が制定されかつ厳格に執行されるべきである。

VII　調査研究、政策の発展および調整

60　経済、社会事業、教育および保健に携わる機関およびサービス、司法制度、青少年機関、地域社会機関および開発機関ならびにその他の関連機関の間の交流および調整を、多分野にまたがるものと特定分野内におけるもののいずれも促進するための努力が行われるべきであり、かつそのための機構が設置されるべきである。

●全教による申立に対する「教員の地位勧告」の適用に関するＩＬＯ・ユネスコ共同専門家委員会報告〔抜粋〕

（二〇〇八年一一月承認）

経緯

1　全日本教職員組合（全教）は、共同専門家委員会事務局書記に宛てて二〇〇二年六月二八日付け書簡を送付し、教員（の指導力）を評価する制度の導入と実施形態及び新たな勤務評定制度の導入とその運用において、日本政府は一九六六年「教員の地位に関する勧告」の諸条項を遵守していないとする申し立てを行った。

3　共同専門家委員会は日本政府の所轄官庁に対し、全教の申し立て及び補足資料に対する見解を示すよう求めた。

検討結果

9　「勧告」九項は、指導的原則として、教員団体は教育の進歩に大きく寄与しうるものであり、したがって教育政策の決定に関与すべき勢力として認められなければならないことをうたっている。これを受けて、さらに一〇項(k)は「教育政策とその明確な目標を決定するためには、権限ある当局と（その他の団体等とならんで）教員団体の間で緊密な協力がなければならない」と述べている。こうした主張は七五項、四九項、四四項、一二四項においても展開されているところである。すなわち、これらの諸項は以下の諸原則を示している。

(a)　教員がその責任を果たすことができるようにするため、当局は教育政策、学校組織、および教育事業の新しい発展等の問題について教員団体と協議するための承認された手段を確立し、かつ、定期的にこれを運用しなければならない。

(b)　教員団体は、懲戒問題を扱う機関の設置にあたって、協議にあずからなければならない。

(c)　昇格は、教員団体との協議により定められた、厳密に専門職上の基準に照らし、新しいポストに対する教員の資格の客観的な評価にもとづいて行われなければならない。

(d)　給与決定を目的としたいかなる勤務評定制度も、関係教員団体との事前協議及びその承認なしに採用し、あるいは適用されてはならない。

12　上記の事情から、「勧告」が予定しているようには協議が行われなかったという申立ては妥当であるというのが共同専門家委員会の結論である。この点について、ある事項が管理運営事項にあたると分類することをもって、機械的に「勧告」の適用を免れるとの主張は無益である。「勧告」は教育当局と教員団体の間の「交渉」と「協議」を区別している。争点になっている事項のなかには、（交渉ではなく）協議が求められているものがある。（しかし）共同専門家委員会は、（交渉ではなく）協議が求められるべき性質のものではあっても、教員の労働環境と専門職的責任そして究極的には教員の地位に重要な影響を及ぼす、実に多様な事項にも「勧告」が現に言及していることを強調する。一九六六年「勧告」は管理当局が評価を行うことを否定していないが、教員団体はどのように評価を行い、評価結果をどう用いるかを確定するのに関与すべきものである。二つの制度の導入と現実の運用に上に引用した「勧告」の諸条項がまさしく適用されるものであることについては、まったく疑いの余地がない。

教員の指導力

17　「勧告」の一連の諸条項が上記の状況に適用される。それらの諸条項は全体として考えられるものであり、その趣旨は次のとおりである。

(a)　四五項及び四六項は、教職における雇用の安定と身分保障は教育の利益と個々の教員の利益の双方にとって不可欠であり、また教員はその専門職としての身分とキャリアに影響する専断的な行為から十分に保護されなければならないとしている。

(b)　六四項は、いかなる形であれ教員の仕事を直接評価することが必要な場合、その評価は客観的なものでなければならず、その内容は教員本人に知らされなくてはならないと規定している。さらに、教員は不当と思われる評価に対して不服を申し立てる権利を持たなければならないとはっきり述べている。

(c)　五〇項は、六四項とあわせて読めば、（教員の指導力に関する）報告・申請においてなされた評価の結果、専門職的行為に対する違反とみなされることから生じる解雇のような、懲戒的性質を伴う措置がとられうることを意味している。同時に、作成された報告・申請書の内容について十分に知らされること、意見を述べる十分な機会、実効的な不服申し立ての権利などの適正手続き（デュープロセス）を予定している。

18　共同専門家委員会は、文部科学省が叙述するような現行制度では「勧告」の水準を到底満たし得ないと考える。文部科学省が主張するように、上記の過程（指導力不足教員の認定）の当事者となる教員の数は限られているということが事実であっても、それでこの結論が覆されるものではない。現行制度では（指導力不足教員の認定）申請の具体的な内容が教員本人に知らされることが保障されていない。したがって、教員は申請内容について疑義を呈し、反論する実効的な機会も保障されていない。判定委員会に出席して意見を述べる権利はなく、きわめて限定的な範囲でしか、不服申し立てを行う権利が与えられていない。県教育委員会が判定委員会の委員名を明らかにしていない以上、判定の過程は開かれた透明性の高いものであるとはけっして言えない。

19　さらに、共同専門家委員会委員の経験に照らすと、専門職としての教員の指導や能力に関するような非常に重要な決定を行う機関から現職教員が排除されているのは不可解であり、通常認められているやり方に反する。直接的経験を持つ人物が排除されていると、意思決定過程の妥当性が疑問視されることになりかねない。（指導力不足教員の）判定委員会の委員名を非公開とする理由が十分に説得的であるとは言えない。何よりこうしたやり方（非公開）は他国では見られないからである。

20　以上のことから、共同専門家委員会は指導力不足教員の判定と措置に関する制度が「勧告」の諸規定に合致するよう再検討されるべきことを強く勧告する。共同専門家委員会は、これらのことは地方行政の管理運営事項であり、「勧告」の適用対象外であるという主張を認めることはできない。

勤務評定

21　「勧告」は使用者当局が公正で適切な教員の勤務評定制度を発展させ実施しうること、また評定を昇給の基礎として用いうることを認めていることは明らかである。しかし、すでに引用したとおり、一二四項は給与決定を目的としたいかなる勤務評定制度も関係教員団体との事前協議及びその承認なしに採用され、または適用されてはならないと明確に述べている。これもすでに引用した「勧告」六四項もこのような評定に適用される。同項は客観的基準と明確な不服申し立ての権利を予定している。

22　共同専門家委員会が知りうる範囲において、過去に実施された多くの勤務評定制度は公正かつ有効に運用されず、結局は廃止されている。これは上記原則の根拠を示すものである。成功の鍵は真に客観的な基準をきわめて慎重に定義することと誰から見ても透明性の高い公正な運用制度を確立することにある。適切な構成員からなる独立した機関に審査を請求し、不服を申し立てることのできる実効的権利など、恣意に対する適切な防禦の保障はその一部である。

30　共同専門家委員会は、相対評価の目的が「評価結果を給与、昇任その他人事管理に適切に反映させるため」とされているにも関わらず、新たな勤務評定制度は給与決定を目的とするものではないと文部科学省が主張していることに当惑を覚える。しかも、文部科学省は最近の回答において「優れた業績をあげている教員が適切に認められ、その評価結果が給与を含む処遇に適切に反映されること」が望ましいと、明確に述べているのである。文部科学省は、全教が教員評価に基づく新たな差別的な業績主義給与と人事制度が東京都と香川県で既に導入されていると明確に述べていることに対して具体的な言及をしていない。この事の真偽はおくとしても、少なくとも、現在の制度はまぎれもなく六四項の適用対象であることを断言しなくてはならない。その理由がまったくの管理的事項であるというものであれ、他の何であれ、この事案について「勧告」は適用されないとの考えを共同専門家委員会は認めることができない。「勧告」の表現は他の解釈の余地を与えるものではない。

31　全教と文部科学省の提出した意見から、共同専門家委員会は新たな教員評価制度の導入と実施は以下の点で「勧告」に抵触していると結論する。

(a)　「勧告」が予定している教員団体との十分な協議の過程を欠いていた。

(b)　重大な影響をもたらす主観的評価が行われることが明らかである。

(c)　教員は行われた評価の詳細とその根拠を知る権利を与えられていない。(この点、個別面接において話し合いが行われていると文部科学省は言っているが、それでは上記事項に関する詳細な情報が提供されていることの保障にはまったくならない。教員本人は評価者がどのような最終的評価を行ったかとその根拠について知らされていない。さらに、東京都教育委員会の言う「保障」は個人の評価内容の本人開示についてではなく、基準に対する不服申し立てについてのことであるように思われる。東京都教育委員会は「東京都教育委員会は、教員本人に対する評価結果の開示は原則的に必要であると考えている。現在、本人開示の時期と範囲について検討が行われている。」と別のところで述べており、このことは現在本人開示が実施されていないことを明示している。)

(d)　勤務評定の過程に公開性と透明性が欠如していること、また評価の基準と実施方法に関してはともかく、評価自体に関する審査または不服申し立ての明確な権利がまったく存在しないことは明らかである。

勧告

33　共同専門家委員会はILO理事会とユネスコ執行機関に対して次のとおり勧告する。

(a)　上記の状況に対して注意を払うこと。

(b)　上記の検討結果を日本政府及び全教に伝え、「勧告」が遵守されていない領域について建設的な対応を行うために対話を行うことを双方に要求すること。

(c)　日本政府及び全教に対し、これらの諸問題の今後の展開についての情報を共同専門家委員会に常に提供するよう要求すること。これらの情報は定められた手続きにしたがい適切な時期に検討されることとなるだろう。

(全日本教職員組合訳)

●国際的な子の奪取の民事上の側面に関する条約（ハーグ条約）（抜粋）

（平成二六年一月二九日 条約第二号）

この条約の署名国は、

子の監護に関する事項において子の利益が最も重要であることを深く確信し、

不法な連れ去り又は留置によって生ずる有害な影響から子を国際的に保護すること並びに子が常居所を有していた国への当該子の迅速な返還を確保する手続及び接触の権利の保護を確保する手続を定めることを希望し、

このための条約を締結することを決定して、次のとおり協定した。

第一章　条約の適用範囲

第一条　この条約は、次のことを目的とする。

a　いずれかの締約国に不法に連れ去られ、又はいずれかの締約国において不法に留置されている子の迅速な返還を確保すること。

b　一の締約国の法令に基づく監護の権利及び接触の権利が他の締約国において効果的に尊重されることを確保すること。

第二条　締約国は、自国の領域内においてこの条約の目的の実現を確保するため、全ての適当な措置をとる。このため、締約国は、利用可能な手続のうち最も迅速なものを用いる。

第三条　①　子の連れ去り又は留置は、次のa及びbに該当する場合には、不法とする。

a　当該連れ去り又は留置の直前に当該子が常居所を有していた国の法令に基づいて個人、施設又は他の機関が共同又は単独で有する監護の権利を侵害していること。

b　当該連れ去り若しくは留置の時にaに規定する監護の権利が共同若しくは単独で現実に行使されていたこと又は当該連れ去り若しくは留置がなかったならば当該権利が共同若しくは単独で現実に行使されていたであろうこと。

②　aに規定する監護の権利は、特に、法令の適用により、司法上若しくは行政上の決定により、又はaに規定する国の法令に基づいて法的効果を有する合意により生ずるものとする。

第四条　この条約は、監護の権利又は接触の権利が侵害される直前にいずれかの締約国に常居所を有していた子について適用する。この条約は、子が十六歳に達した場合には、適用しない。

第五条　この条約の適用上、

a　「監護の権利」には、子の監護に関する権利、特に、子の居所を決定する権利を含む。

b　「接触の権利」には、一定の期間子をその常居所以外の場所に連れて行く権利を含む。

第二章　中央当局

第七条　①　中央当局は、子の迅速な返還を確保し、及びこの条約の他の目的を達成するため、相互に協力し、及びそれぞれの国内における権限のある当局の間の協力を促進する。

②　特に、中央当局は、直接に又は仲介者を通じて、次の事項を目的として、全ての適当な措置をとる。

a　不法に連れ去られ、又は留置されている子の所在を特定すること。

b　暫定措置をとり、又はとらせることによって、子に対する更なる害悪又は利害関係者に対する不利益を防止すること。

c　子の任意の返還を確保し、又は問題の友好的な解決をもたらすこと。

d　望ましい場合には、子の社会的背景に関する情報を交換すること。

e　この条約の適用に関連する自国の法令につき一般的な情報を提供すること。

f　子の返還を得るための司法上若しくは行政上の手続を開始し、又は当該手続の開始について便宜を与えること、及び適当な場合には接触の権利について内容を定め、又は効果的な行使を確保するように取り計らうこと。

g　状況により必要とされる場合には、法

律に関する援助及び助言（弁護士その他法律に関する助言者の参加を含む。）を提供し、又はこれらの提供について便宜を与えること。

h　子の安全な返還を確保するための必要かつ適当な行政上の措置をとること。

i　この条約の実施に関する情報を常に相互に通報し、及びこの条約の適用に対する障害を可能な限り除去すること。

第三章　子の返還

第八条　①　監護の権利が侵害されて子が連れ去られ、又は留置されたと主張する個人、施設又は他の機関は、当該子の常居所の中央当局又は他の締約国の中央当局に対し、当該子の返還を確保するための援助の申請を行うことができる。

②　当該申請には、次のものを含める。

a　申請者、子及び当該子を連れ去り、又は留置しているとされる者の特定に関する情報

b　可能な場合には、子の生年月日

c　申請者が子の返還を請求する根拠

d　子の所在及び子と共に所在すると推定される者の特定に関する全ての入手可能な情報

③　当該申請に次のものを添付し、又は当該申請を次のものにより補足することができる。

e　関係する決定又は合意の写しであって、証明を受けたもの

f　子が常居所を有していた国の関係法令に関する証明書又は宣誓供述書であって、当該国の中央当局その他の権限のある当局又は資格を有する者が作成したもの

g　その他の関係文書

第一一条　①　締約国の司法当局又は行政当局は、子の返還のための手続を迅速に行う。

②　関係する司法当局又は行政当局が当該手続の開始の日から六週間以内に決定を行うことができない場合には、申請者は、遅延の理由を明らかにするよう要求する権利を有するものとし、要請を受けた国の中央当局は、自己の職権により又は要請を行った国の中央当局が求めるときは、遅延の理由を明らかにするよう要求する権利を有する。要請を受けた国の中央当局は、その要求への回答を受領したときは、当該回答を要請を行った国の中央当局又は申請者に転送する。

第一二条　①　子が第三条の規定の意味において不法に連れ去られ、又は留置されている場合において、当該子が現に所在する締約国の司法当局又は行政当局が手続を開始した日において当該子の不法な連れ去り又は留置の日から一年が経過していないときは、当該司法当局又は行政当局は、直ちに、当該子の返還を命ずる。

②　司法当局又は行政当局は、前項に規定する一年が経過した後に手続を開始した場合においても、子が新たな環境に適応していることが証明されない限り、当該子の返還を命ずる。

③　要請を受けた国の司法当局又は行政当局は、子が他の国に連れ出されたと信ずるに足りる理由がある場合には、当該子の返還のための手続を中止し、又は当該子の返還の申請を却下することができる。

第一三条　①　前条の規定にかかわらず、要請を受けた国の司法当局又は行政当局は、子の返還に異議を申し立てる個人、施設又は他の機関が次のいずれかのことを証明する場合には、当該子の返還を命ずる義務を負わない。

a　子を監護していた個人、施設又は他の機関が、連れ去り若しくは留置の時に現実に監護の権利を行使していなかったこと、連れ去り若しくは留置の時以前にこれに同意していたこと又は連れ去り若しくは留置の後にこれを黙認したこと。

b　返還することによって子が心身に害悪を受け、又は他の耐え難い状態に置かれることとなる重大な危険があること。

②　司法当局又は行政当局は、子が返還されることを拒み、かつ、その意見を考慮に入れることが適当である年齢及び成熟度に達していると認める場合には、当該子の返還を命ずることを拒むことができる。

③　司法当局又は行政当局は、この条に規定する状況について検討するに当たり、子の社会的背景に関する情報であって当該子の常居所の中央当局その他の権限のある当局により提供されるものを考慮に入れる。

第二〇条　第十二条の規定に基づく子の返還については、要請を受けた国における人権及び基本的自由の保護に関する基本原則により認められないものである場合には、拒むことができる。

第四章　接触の権利

第二一条　①　接触の権利について内容を定め、又は効果的な行使を確保するように取り計らうことを求める申請は、締約国の中央当局に対して、子の返還を求める申請と同様の方法によって行うことができる。

②　中央当局は、接触の権利が平穏に享受されること及び接触の権利の行使に当たり従うべき条件が満たされることを促進するため、第七条に定める協力の義務を負う。中央当局は、接触の権利の行使に対するあらゆる障害を可能な限り除去するための措置をとる。

③　中央当局は、接触の権利について内容を定め、又は保護するため及び接触の権利の行使に当たり従うべき条件が尊重されることを確保するため、直接に又は仲介者を通じて、手続を開始し、又はその開始について援助することができる。

第五章　一般規定

第二六条　①　各中央当局は、この条約を適用するに当たり要する自己の費用を負担する。

②　中央当局その他締約国の公の当局は、この条約に基づいて行われた申請に係るいかなる手数料も徴収してはならない。これらの当局は、特に、手続の費用及び弁護士その他法律に関する助言者が参加した場合にはその参加により生ずる費用の支払を申請者に要求することができない。ただし、これらの当局は、子の返還の実施のために要した費用又は将来要する費用の支払については、要求することができる。

第二九条　この条約は、第三条又は第二十一条の規定の意味における監護の権利又は接触の権利の侵害があったと主張する個人、施設又は他の機関が、締約国の司法当局又は行政当局に直接に申請（この条約に基づくものであるか否かを問わない。）を行うことを妨げるものではない。

●国際的な子の奪取の民事上の側面に関する条約の実施に関する法律（抜粋）

（平成二五年六月一九日　法律第四八号）

最終改正、令一―法二

第一章　総則

（目的）

第一条　この法律は、不法な連れ去り又は不法な留置がされた場合において子をその常居所を有していた国に返還すること等を定めた国際的な子の奪取の民事上の側面に関する条約（以下「条約」という。）の的確な実施を確保するため、我が国における中央当局を指定し、その権限等を定めるとともに、子をその常居所を有していた国に迅速に返還するために必要な裁判手続等を定め、もって子の利益に資することを目的とする。

（定義）

第二条　この法律において、次の各号に掲げる用語の意義は、当該各号に定めるところによる。

一　条約締約国　日本国及び日本国との間で条約が効力を有している条約の締約国（当該締約国が条約第三十九条第一項又は第四十条第一項の規定による宣言をしている場合にあっては、当該宣言により条約が適用される当該締約国の領域の一部又は領域内の地域）をいう。

二　子　父母その他の者に監護される者をいう。

三　連れ去り　子をその常居所を有する国か

ら離脱させることを目的として当該子を当該国から出国させることをいう。

四　留置　子が常居所を有する国からの当該子の出国の後において、当該子の当該国への渡航が妨げられていることをいう。

五　常居所地国　連れ去りの時又は留置の開始の直前に子が常居所を有していた国（当該国が条約の締約国であり、かつ、条約第三十九条第一項又は第四十条第一項の規定による宣言をしている場合にあっては、当該宣言により条約が適用される当該国の領域の一部又は領域内の地域）をいう。

六　不法な連れ去り　常居所地国の法令によれば監護の権利を有する者の当該権利を侵害する連れ去りであって、当該連れ去りの時に当該権利が現実に行使されていたもの又は当該連れ去りがなければ当該権利が現実に行使されていたと認められるものをいう。

七　不法な留置　常居所地国の法令によれば監護の権利を有する者の当該権利を侵害する留置であって、当該留置の開始の時に当該権利が現実に行使されていたもの又は当該留置がなければ当該権利が現実に行使されていたと認められるものをいう。

八　子の返還　子の常居所地国である条約締約国への返還をいう。

第二章　子の返還及び子との面会その他の交流に関する援助

第一節　中央当局の指定

第三条　我が国の条約第六条第一項の中央当局は、外務大臣とする。

第二節　子の返還に関する援助

第一款　外国返還援助

（外国返還援助申請）

第四条　日本国への連れ去りをされ、又は日本国において留置をされている子であって、その常居所地国が条約締約国であるものについて、当該常居所地国の法令に基づき監護の権利を有する者は、当該連れ去り又は留置によって当該監護の権利が侵害されていると思料する場合には、日本国からの子の返還を実現するための援助（以下「外国返還援助」という。）を外務大臣に申請することができる。

2から4まで（省略）

第二款　日本国返還援助

（日本国返還援助申請）

第十一条　日本国以外の条約締約国への連れ去りをされ、又は日本国以外の条約締約国において留置をされている子であって、その常居所地国が日本国であるものについて、日本国の法令に基づき監護の権利を有する者は、当該連れ去り又は留置によって当該監護の権利が侵害されていると思料する場合には、日本国への子の返還を実現するための援助（以下「日本国返還援助」という。）を外務大臣に申請することができる。

2（省略）

●各国憲法の教育関係条項

（注）各国の現行憲法が明文で定めている教育関係条項を掲げた。国名は略称を使用し、五十音順に配列した。（　）内には各国憲法の制定年もしくは当該規定が大きく改正された年を示した。

◆アイルランド（一九三七年／二〇一五年）

第四二条ａ　①　国は、すべての子どもの自然かつ法律で取り消すことのできない権利を承認しおよび確認し、ならびに、実際上可能なかぎり、法律によってこれらの権利を保護しおよび擁護する。

②(1)　親が、その婚姻上の地位にかかわらず、いずれかの子どもの安全または福祉に有害な影響が生じる可能性が高いほどに子どもに対する義務を果たさない例外的な場合には、国は、共通善の守護者として、法律が定める均衡のとれた手段により、ただし子どもの自然なかつ法律で取り消すことのできない権利を常に正当に顧慮しながら、親の代わりとなるよう努める。

(2)　親が法律で定める期間を超えて子どもに対する義務を果たさない場合または子どもの最善の利益の観点から要求される場合における子どもの養子縁組については、法律により定める。

③　養子縁組のための子どもの任意的措置および子どもの養子縁組については、法律により定める。

④(1)　(i)国が、共通善の守護者として、子どもの安全および福祉に有害な影響が生じることを防止するために提起するすべての手続、または(ii)子どもの養子縁組、後見もしくは監護または子どもへのアクセスに関わるすべての手続の解決に際しては、子どもの最善の利益が最高の考慮事項とされる旨、法律により定める。

(2)　前号に掲げたすべての手続において、自己の意見を形成する力のある子どもについてその意見が確認され、かつその年齢および成熟度を顧慮しながら当該意見が正当に重視されることを実行可能なかぎり確保する旨、法律により定める。

◆イタリア（一九四七年）

第三三条　芸術及び学問は自由であり、その教授も自由である。

②　共和国は、教育に関する一般的規定を定め、すべての種類及び段階の国立学校を設ける。

③　団体及び私人は、国の負担を伴うことなしに、学校及び教育施設を設ける権利を有する。

④　法律は、均等を要求する私立学校の権利及び義務を定めるに当たり、それに対して完全な自由を保障し、及びその学生に対して、国立学校の学生のそれにひとしい修学上の取扱いを保障しなければならない。

⑤　各種類および各程度の学校への入学を許可し、またはそれを卒業させるために、ならびに職業に就く資格を附与するために、国家試験が定められる。

⑥　高等文化施設、大学及び学術団体は、国の法律の定める限界内において、自主的秩序を定める権利を有する。

第三四条　学校は、すべての人に開かれる。

②　少なくとも八年間与えられる初等教育は、義務的でかつ無償である。

③　能力があり、成績のすぐれた者は、貧しい者であっても、進級し、上位の学校にすすむ権利を有する。

④　共和国は、試験によって与えられるべき奨学金、家庭手当その他の措置により、この権利を実効的なものとする。

◆インド（一九四九年）

第三〇条　宗教又は言語を基礎とする少数民族は、その欲する教育施設を創立し、及び管理する権利を有する。

①A　第一項の少数民族が創立および管理する教育施設の財産の義務的取得に関する法律を定めるにあたっては、国は、当該財産の取得に関して当該法律が定めまたは決定する額が、第一項で保障された権利を制限しまたは廃止するようなものとならないことを確保する。

②　国家は、教育施設に補助を行うに当り、宗

教又は言語を基礎とする少数民族が管理するものであることを理由として差別を附してはならない。

第四五条　国家は、この憲法の施行後十年以内に、十四歳までの全児童に対し無償の義務教育を行うように努めなければならない。

◆カナダ（一九八二年）

第二三条　(a)最初に学び、かつ今なお理解している言語で、居住する州において少数人口の言語である英語又は仏語を使用するカナダ国民は、又は、(b)英語又は仏語でカナダの初等学校教育を受け、かつ初等学校教育を受けた州において、英語又は仏語がその州の中で少数人口の言語である州に居住するカナダ国民は、自己の子女が自己の使用する言語で初等及び中等教育を受ける権利を有する。

②　英語又は仏語で初等若しくは中等学校教育を過去に受け、現在も受けている子女をもつカナダ国民は、自己の子女が同一の言語で初等及び中等学校教育を受ける権利を有する。

（後略）

◆韓国（一九八七年）

第二二条　すべての国民は学問と芸術の自由を有する。

②　著作者、発明家及び芸術家の権利は法律により保護される。

第三一条　すべての国民は能力に応じて、等しく教育を受ける権利を有する。

②　すべての国民は、その保護する子女に、少なくとも初等教育及び法律が定める教育を受けさせる義務を負う。

③　義務教育は無償とする。

④　教育の自主性・専門性ならびに政治的中立性は、法律の定めるところにより保護される。

⑤　国家は生涯教育を振興しなければならない。

⑥　学校教育及び生涯教育を含む教育制度とその運営、教育財政及び教員の地位に関する基本的な事項は法律によって定める。

◆ケニア（二〇一〇年）

第五三条　①すべての子どもは、次の権利を有する。

(a)　出生時からの名前および国籍に対する権利。

(b)　無償の義務的基礎教育に対する権利。

(c)　基礎的栄養、住居および保健ケアに対する権利。

(d)　虐待、ネグレクト、有害な文化的慣行、あらゆる形態の暴力、非人道的な扱いおよび処罰ならびに有害なまたは搾取的な労働から保護される権利。

(e)　親によるケアおよび保護に対する権利（婚姻しているか否かに関わらず子どもを扶養する母および父の平等の責任を含む）。

(f)　最後の手段としてでなければ身柄を拘束されず、かつ身柄を拘束されるときは次の条件を満たされる権利。

(i)　拘束が最も短い適当な期間で行なわれること。

(ii)　成人から分離され、かつ子どもの性別および年齢を考慮した環境で身柄を拘束されること。

②　子どもに関わるすべての事柄において、子どもの最善の利益が至高の重要性を有する。

◆スイス（一九九九年）

第一五条（信仰および良心の自由）　③　何人も、宗教団体に加入または所属する権利、および、宗教教育を受ける権利を有する。

第一八条（言語の自由）　言語の自由は、これを保障する。

第一九条（初等学校教育への請求権）　充分かつ無償の初等学校教育を請求する権利は、これを保障する。

第二〇条（科学の自由）　科学の教育および研究の自由は、これを保障する。

第二一条（技芸の自由）　技芸の自由は、これを保障する。

◆中国（一九八二年）

第四六条　中華人民共和国公民は、教育を受ける権利および義務を有する。

②　国家は、青年、少年、児童の品性、知力、体質などの全面的な発達をはかる。

第四七条　中華人民共和国公民は、科学研究、文学・芸術創作およびその他の文化活動をおこなう自由を有する。国家は、教育、科学、技術、文学、芸術およびその他の文化事業にたずさわる公民の、人民に有益な創造的活動を奨励し、援助する。

◆ドイツ（一九四九年）

第五条　③　芸術及び学問、研究及び教授は、自由である。教授の自由は、憲法に対する忠誠を免除するものではない。

第七条　すべての学校制度は、国（ラント）の監督の下におかれる。

②　親権者は、子どもを宗教教育に参加させるかどうかを決定する権利を有する。

③　宗教教育は、公立学校においては、宗教に関係のない学校を除いて、正規の教科目とする。宗教教育は、宗教団体の教義に従って行われるが、国の監督権を妨げない。いかなる教員も、その意思に反して宗教教育を行うべき義務を負わされることがない。

④　私立学校を設置する権利は、これを保障する。公立学校の代用としての私立学校は、国の認可を要し、かつラントの法律に従うことを要する。この認可は、その私立学校の目的および設備ならびにその教員の学問的教養が公立学校に劣ることなく、かつ生徒を両親の資産によって選別するものでないときに、与えられる。教職員の経済上および法律上の地位が十分に保障されないときは、この認可は与えられない。

（後略）

◆ネパール（二〇一五年）

第三一条　①　すべての市民は、基礎教育にアクセスする権利を有する。

②　すべての市民は、義務的かつ無償の基礎教育および中等段階までの無償教育に対する権利を有する。

③　身体障害者および金銭的に貧困下にある市民は、法律の定めるところにしたがい、無償の高等教育に対する権利を有する。

④　視覚障害者は、点字媒体を用いた無償教育に対する権利を有する。

⑤　ネパールに住むすべてのネパール人共同体は、中等段階まで母語で教育を受ける権利、ならびに、法律の定めるところにしたがい、学校および教育機関を開設しおよび運営する権利を有する。

第三九条　①　子ども一人ひとりは、姓をともなうアイデンティティに対する権利および出生登録に対する権利を有する。

②　すべての子どもは、家族および国による教育、保健ケア、適切な養育、スポーツ、レクリエーションおよび全般的な人格発達に対する権利を有する。

③　すべての子どもは、人格形成的な子どもの発達に対する権利および子ども参加の権利を有する。

④　いかなる子どもも、工場、鉱山または他のいかなる危険な労働においても雇用されない。

⑤　いかなる子どもも、児童婚、違法な人身取引もしくは誘拐の対象または人質とされない。

⑥　いかなる子どもも、宗教的または文化的慣習を名目として、軍隊、警察または武装集団において徴募されもしくはいかなる形でも使用されず、ネグレクトもしくは不道徳な使用または身体的、精神的もしくは性的虐待の対象とされず、または他のいかなる手段による搾取も受けない。

⑦　いかなる子どもも、家庭、学校または他のいかなる場所もしくは状況においても、身体的、精神的または他のいかなる形態の拷問も受けない。

（後略）

◆ブラジル（一九八八年）

第二〇五条　すべての者の権利であり、かつ国および家族の義務である教育は、個人の全面的発達、公民権を行使することの準備および労働のための資質の獲得を目的として、社会の協力を得て促進および奨励されなければならない。

◆フランス第五（一九五八年）

第三四条　③　法律は次の基本的原理を定める。

――教育。

◆フランス第四（一九四六年）

前文　⑬　国は、児童及び成年者の、教育、職業的訓練並びに教養に対する機会の均等を保障する。あらゆる段階の無償で非宗教的な公の教育組織は、国の義務である。

◆ベルギー（一九九四年）

第二四条　教育は、自由である。これに対するすべての抑圧措置は、これを禁ずる。教育に伴う犯罪の処罰は、法律またはデクレによってのみ規定される。（後略）

③　1　何人も、自由および基本権の尊重において、教育への権利を有する。教育は、義務教育の終了まで無料である。

2　義務教育に服するすべての生徒は、共同体の負担により、精神的または宗教的教育への権利を有する。

④　すべての生徒または学生、両親、教職員、教育機関は、法律またはデクレの前に平等である。法律およびデクレは、場合に応じた取扱いを正当化する客観的相違、とくに各組織権者に固有の特徴、を考慮するものとする。

⑤　共同体による教育の組織、承認または助成金付与は、法律またはデクレをもって定める。

◆ポーランド（一九九七年）

第七〇条［教育を受ける権利］①　各人は、教育を受ける権利を有する。一八歳未満の教育は、義務的である。学校教育を受ける義務を履行する方法は、法律がこれを定める。

②　公立学校における教育は、無償である。法律は、公立大学が若干の教育サービスを有償で提供することを認める。

③　親は、自らの子どものために、公立学校以外の学校を選択する自由を有する。市民および団体は、基礎学校、中等学校、大学および保育施設を設立する権利を有する。公立学校以外の学校の設立および活動ならびにそれに対する資金提供への公的権力の関与の条件、ならびに学校および保育施設に対する教育内容上の監督の原則は、法律がこれを定める。

④　公的権力は、教育への普遍的で平等なアクセスを市民に保障する。公的権力は、この目的のために、生徒および学生のための個別的な財政的および組織的な援助の制度を創設し、支援する。援助を与える条件は、法律がこれを定める。

⑤　法律において定められた原則に基づいて、大学の自治が保障される。

第七二条［子どもの権利］①　ポーランド共和国は、子どもの権利擁護を保障する。各人は、暴力、虐待、搾取および退廃から子どもを保護するよう、公的機関に求める権利を有する。

②　親の保護を奪われた子どもは、公的権力の監護と援助を受ける権利を有する。

③　公的機関および子どもに責任を負う者は、子どもの権利を確保する過程で、子どもの意見を聴き、できる限りそれを考慮する義務を負う。

④　法律は、子どもの権利オンブズマンの権限および選任方法を定める。

◆ロシア連邦（一九九三年）

第四三条［教育権］①　各人は、教育を受ける権利を有する。

②　国もしくは地方自治体の教育施設および企業の教育施設で行なわれる就学前教育、普通基礎教育、および中等技術教育は、誰もが入学でき、かつ無料であることが保障される。

③　各人は、競争原理に基づき、国もしくは地方公共団体の教育施設および企業の教育施設で行なわれる高等教育を無料で受ける権利を有する。

④　普通基礎教育は、義務制である。親またはその代理人は、子どもが普通基礎教育を受けることを保障する。

⑤　ロシア連邦は、連邦の国民教育基準を定め、教育および独学のさまざまの形態を支持する。

第四四条［創造活動の権利］①　各人に、文学、芸術、学術およびその他の創造活動の自由が保障される。知的所有権は、法律によって保護される。

②　各人は、文化的生活に参加する権利、文化の施設を利用する権利、および文化的価値に接する権利を有する。

③　各人は、歴史的および文化的遺産に配慮し、ならびに歴史的および文化的記念を大切にしなければならない。

●各国の体罰等禁止法

◆アイスランド（二〇〇三年「子ども法」二八条）

子の監護には、精神的および身体的暴力その他の品位を傷つける行動から子を保護する監護者の義務が含まれる。

◆アルゼンチン（二〇一四年「民商法」六四七条）

あらゆる形態の体罰、不当な取扱い、および、子どもおよび青少年を身体的にまたは精神的に傷つけまたは損なういかなる行為も、禁じられる。（後略）

◆アンドラ（二〇一四年「刑法」四七六条改正）

いずれかの者を軽度に虐待しまたは身体的危害を加えたいかなる者も、禁固刑または六〇〇ユーロ以下の罰金に処す。当該虐待が体罰に当たるときは、禁固刑を科すものとする。

◆イギリス（一部）

スコットランド（二〇一九年「子ども（暴行からの平等な保護）（スコットランド）法」）

(1)　親の権利または子どもの監督もしくは監護から派生する権利の行使における子どもの体罰は正当と認められ、したがって暴行ではない旨の法の規則は、その効力を失う。

(2)　二〇〇三年刑事司法（スコットランド）法第五一条（子どもの体罰）は廃止される。（以上、一条）

スコットランド諸閣僚は、第一条の効力に関する公衆の意識および理解を促進するために適切と考える措置をとらなければならない。（二条）

ウェールズ（二〇二〇年「子ども（合理的処罰の抗弁の廃止）（ウェールズ）法」一条）

(1)　コモンロー上の合理的処罰の抗弁は、ウェールズで行われる子どもの体罰との関連では、これを廃止する。

(2)　これにともない、ウェールズで行われる子どもの体罰は、いかなる民事上または刑事上の手続においても、合理的処罰にあたるという理由で、これを正当化することはできない。

(3)　同様に、ウェールズで行われる子どもの体罰は、いかなる民事上または刑事上の手続においても、他のいずれかのコモンロー上の規則の適用上認められた行為であったという理由で、これを正当化することはできない。

(4)　本条の適用上、「体罰」とは、処罰として行われるすべての殴打をいう。

◆ウクライナ（二〇〇四年「家族法」一五〇条七項）

親による子どもの体罰およびその他の非人道的なまたは品位を傷つける取扱いまたは処罰は禁じられる。

◆ウルグアイ（二〇〇七年「民法」一二条bis）

親、保護者、および、子どもおよび青少年の養育、処遇、教育または監督に責任を負う他のすべての者が、子どもまたは青少年の矯正または規律の一形態として、体罰または他のいずれかの屈辱的な罰を用いることは禁じられる。

◆エストニア（二〇一四年「児童福祉法」二四条）

(1)　子どもをネグレクトし、子どもを精神的、情緒的、身体的または性的に虐待し（子どもに屈辱を与え、脅かし、もしくは身体的に罰することを含む）、かつ、子どもの精神的、情緒的または身体的健康を危うくする他のいずれかの方法によって子どもを罰することは、禁じられる。

（中略）

(4)　本法の適用上、有形力の使用が認められるのは、子どもを脅かす危険または子どもが及ぼす危険を回避する目的に照らして比例性および必要性を有する限度で子どもの動作を制限する場合のみである。罰を目的とする有形力の使用は、認められない。

◆オーストリア（一九八九年「民法」一四六条(a)

未成年の子どもは親の命令に従わなければならない。親は、命令およびその実施において、子どもの年齢、発達および人格を考慮しなければならない。有形力を用いることおよび身体的または精神的危害を加えることは許されない。

◆オランダ（二〇〇七年「民法」二四七条）

1　親の権限には、未成年の子どもをケアしおよび養育する親の義務および権利が含まれる。

2　子のケアおよび養育には子どもの情緒的および身体的福祉、子どもの安全ならびに子どもの人格の発達の促進への配慮および責任が含まれる。子どものケアおよび養育において、親は、情緒的もしくは身体的暴力または他のいかなる屈辱的な取扱いも用いない。

◆キプロス（一九九四年「家庭における暴力の防止および被害者の保護について定める法」三条一項（二〇〇〇年改正））

この法律の適用上、暴力とは、いずれかの不法な行為、不作為または行動であって、家族のいずれかの構成員に対して家族の他の構成員が身体的、性的または精神的損傷を直接加える結果に至ったものを意味し、かつ、被害者の同意を得ずに性交を行うことおよび被害者の自由を制限することを目的として用いられる暴力を含む。

◆ギリシア（二〇〇六年「家族間暴力禁止法」四条）

子どもの養育の文脈における、しつけのための措置としての子どもに対する身体的暴力に対しては、（親の権限の濫用に対する対応を定めた）民法第一五三二条の対応が適用される。

◆クロアチア（一九九八年「家族法」八八条（旧八七条、二〇〇三年に条文番号変更））

親その他の家族構成員は、子どもを、品位を傷つける取扱い、精神的または身体的処罰および虐待の対象としてはならない。

◆コスタリカ（二〇〇八年「家族法」一四三条）

親の権威は、子どもを導き、教育し、養育し、監督しおよび規律する権利を与えかつ義務を課すものであって、いかなる場合にも、未成年者に対する体罰の使用または他のいずれかの形態の品位を傷つける取扱いを公認するものではない。

◆コソボ（二〇一九年「子ども保護法」二四条）

1　体罰および子どもの尊厳を害しかつ低減させる懲戒措置（諸形態の身体的および精神的暴力ならびに子どもの品位を傷つけ、子どもを辱めかつ子どもを不適切な状況に置く諸行動を含む）は、家庭、教育施設、子どものケアのための施設、法典および司法制度、職場ならびにコミュニティのそれぞれの環境において、禁じられる。

2　いかなる者も、子どもを拷問、非人道的なおよび品位を傷つける取扱いならびに体罰および品位を傷つける取扱いの対象とすることを禁じられる。

3　教育関係者および学校関係者は、懲戒および支配の手段として体罰を用いるべきではなく、尊重および正義を基礎として職務を遂行しかつ実践を積み重ねるべきである。

4（省略）

◆サンマリノ（二〇一四年「家族法」五七条改正）

子どもは、保護および安全に対する権利を有し、体罰または子どもの身体的および心理的不可侵性にとって害となるその他の取扱いを受けない。

◆ジョージア（二〇一九年「子どもの権利に関する法律」）

親または子どもの養育に責任を負う者が、子どもの養育または教育の過程で、子どもに対する体罰または他の残虐な、品位を傷つけるまたは非人道的な取扱いおよび／もしくは処罰を含むやり方を適用することは、これを認めない。（二四・五条）

子どもの体罰、拷問または他のいずれかの残虐な、品位を傷つけるもしくは非人道的な取扱いもしくは処罰は、家庭、就学前教育施設または一般教育施設、代替的養護サービス、医療施設および／または精神医療施設、刑事施設ならびに他のいかなる場所においても、これを禁止する。このような行為の実行は、ジョージアで施行されている法律に基づいて処罰される。（五三・二条）

◆スウェーデン（一九七九年「子どもと親法」六章一条（一九八三年改正））

子どもはケア、安全および良質な養育に対する権利を有する。子どもは、その人格および個性を尊重して扱われ、体罰または他のいかなる屈辱的な扱いも受けない。

◆スロベニア（二〇一六年「家族内暴力の防止に関する法律」改正三条a）

(1)　子どもの体罰は、これを禁ずる。

(2)　子どもの体罰とは、子どもに対するあらゆる身体的な、残虐なもしくは品位を傷つける取扱いまたは子どもを罰する意図で行われる他のあらゆる行為であって、教育の手段としての身体的、心理的もしくは性的暴力またはネグレクトの要素を有するものをいう。

◆セーシェル（二〇〇〇年改正「子ども法」七〇・B条）

(1)　他のいかなる法律の規定にかかわらず、いかなる子どもも体罰の対象とされない。

(2)　前項の規定に違反したいかなる者も、犯罪を行ったものとし、有罪判決とともに罰金……もしくは二年以下の収監を科しまたはこれを併科する。ただし、その前に裁判所が、当該犯罪者と子どもとの関係を考慮しながら、当該案件を処理する他の適切な手段を検討することを条件とする。

◆デンマーク（一九九七年「親の監護権・権限ならびに面接交渉権法改正法」一条）

子どもはケアおよび安全に対する権利を有する。子どもは、その人格を尊重して扱われ、かつ、体罰または他のいかなる侮辱的な扱いも受けない。

◆ドイツ（二〇〇〇年「養育における有形力追放法（民法）」一六三一条二項）

子どもは、有形力の行使を受けずに養育される権利を有する。体罰、心理的被害の生起その他の品位を傷つける措置は禁じられる。

◆ニカラグア（二〇一四年「家族法」二八〇条）

父、母その他の家族構成員、保護者、または息子もしくは娘に法的に責任を負う他の者は、子どもの健康、身体的不可侵性ならびに心理的および人格的尊厳を危険にさらすことなく、かつ、いかなる状況下においても矯正またはしつけの形態として体罰またはいずれかの態様の屈辱的取扱いを用いることなく、子どもに対し、子どもの発達しつつある能力に一致する形で適切な指示および指導を与える責任、権利および義務を有する。

（中略）

家族・若者・子ども省は、他の国家機関および社会との調整を図りながら、体罰およびその他の形態の屈辱的しつけに代わる手段としての積極的な、参加型のかつ非暴力的な諸形態のしつけを促進する。

◆ニュージーランド（二〇〇七年「刑法」五九条）

(1)　子どもを持つすべての親およびこれに代わる立場にあるすべての者による有形力の行使は、当該有形力が情況に照らして合理的であり、かつ次のいずれかの目的のために用いられる場合には、正当と認められる。

(a)　子どもまたは他の者に対する危害を防止し、もしくは最小限に留めるため。

(b)　子どもが犯罪に相当する行為に携わり、もしくは携わり続けることを防止するため。

(c)　子どもが攻撃的なまたは破壊的な行動に携わり、もしくは携わり続けることを防止するため。

(d)　望ましいケアおよび子育てに付随する通常の日常的職務を遂行するため。

(2)　第一項のいかなる規定またはコモンローのいかなる規則も、矯正を目的とする有形力の行使を正当化するものではない。

(3)　第二項は第一項に優越する。

(4)　子どもに対する有形力の行使をともなう犯罪との関わりで行われた、子どもの親またはこれに代わる立場にある者に対する告発について、当該犯罪がきわめて瑣末であることから起訴することに何の公益もないと考えられるときは、警察にはこれを起訴しない裁量権があることを、疑いを回避するために確認する。

◆ネパール（二〇一八年「子ども法」七条五項）

すべての子どもは、その父、母、その他の家族構成員もしくは保護者、教員または他のいずれかの者によって行われる、あらゆる態様の身体的または精神的暴力および処罰、ネグレクト、非人道的な振舞い、ジェンダーに基づくまたは差別的な虐待、性的虐待ならびに搾取から保護される権利を有する。

◆ノルウェー（一九八七年「親子法」三〇条三項）

子どもは、身体的暴力、またはその身体的もしくは精神的健康を害する可能性がある取扱いの対象とされない。

◆パラグアイ（二〇一六年「子どもおよび青少年の望ましい取扱い、建設的な子育ておよび矯正またはしつけの手段としての体罰もしくはあらゆる態様の暴力からの保護の促進に関する法律」一条）

すべての子どもおよび青少年は、望ましい取扱いに対する権利ならびに自己の身体的、心理的および情緒的不可侵性を尊重される権利を有する。この権利には、自己のイメージ、アイデンティティ、自律、考え方、気持ち、尊厳および価値観の保護を含む。

矯正およびしつけの一形態としての子どもおよび青少年への体罰および屈辱的な取扱いは、とくにそれが親、指導者、保護者または子どもおよび青少年の教育、ケア、指導もしくは何らかの取扱いに責任を負ういずれかの者によって行われるときは、これを禁ずる。

（後略）

◆ハンガリー（二〇〇五年「子どもの保護および後見運営法」六条五項）

子どもは、その尊厳を尊重され、かつ虐待（身体的、性的および精神的暴力、ケアの懈怠ならびにいずれかの情報によって引き起こされる被害）から保護される権利を有する。子どもは、拷問、体罰およびいずれかの残虐な、非人道的なまたは品位を傷つける処罰または取扱いを受けない。

◆フィンランド（一九八三年「子どもの監護およびアクセス権法」一章一条三項）

子どもは理解、安全および優しさのもとで育てられる。子どもは抑圧、体罰またはその他の辱めの対象とされない。独立、責任およびおとなとしての生活に向けた子どもの成長が支援され、かつ奨励される。

◆ブラジル（二〇一四年「改正子ども・青少年法」一八－A条）

子どもおよび青少年は、その親もしくは拡大家族の構成員、当該子ども等について責任を負う者、社会的および教育的措置を実施する公務員、または当該子ども等のケアまたは処遇、教育もしくは保護を委託された他のいずれかの者によって行われる、矯正、しつけ、教育または他のいずれかの名目の形態としての体罰または残酷なもしくは品位を傷つける取扱いを利用されることなく、教育されかつケアされる権利を有する。（後略）

◆フランス（二〇一九年「民法」三七一－一条三項）

親の権威は、いかなる身体的または心理的暴力も用いることなく行使される。

◆ブルガリア（二〇〇〇年「子ども保護法」一一条二項）

すべての子どもは、その尊厳を害するあらゆる養育手段、身体的、精神的その他の態様の暴力、（ならびに）その利益に反するあらゆる形態の影響から保護される権利を有する。

◆ベナン（二〇一五年「子ども法」）

親、または子どもに法的責任を負う他の者は、子どもが人道的にかつその人間の尊厳を尊重しながら扱われることを確保するような方法でしつけが実行されることを確保する。いかなる場合にも、子どもの身体的不可侵性の侵害または拷問もしくは非人道的なもしくは品位を傷つける取扱いに相当する罰が行われてはならない。いかなる罰も、教育的意図を有し、かつ説明をともなうものでなければならない。（三九条）

国は、家庭、学校および他の官民の施設におけるしつけおよび規律維持にあって、体罰または他のいかなる形態の残虐なもしくは品位を傷つける取扱いも行われないことを確保する。（同一三〇条）

◆ベネズエラ（二〇〇七年「子ども・青少年保護法」三五八条）

子どもの養育責任には、子どもの尊厳、権利、諸保障または全般的発達を侵害しない適切な矯正措置を用いながら、自己の子どもを養育し、しつけ、教育しおよび世話しならびに金銭的、道徳的および情緒的に支えおよび援助する、父および母の共有の義務および権利（この義務および権利は平等でありかつ逸脱不可能である）を含む。したがって、あらゆる形態の体罰、心理的暴力および屈辱的な取扱いは、子どもおよび若者を害するものであり、禁じられる。

◆ペルー（二〇一五年「子どもおよび青少年に対する体罰その他の屈辱的な罰の使用を禁止する法律」一条）

子どもおよび青少年に対する体罰その他の屈辱的な罰の使用を禁止すること。当該禁止は、家庭、学校、地域、職場およびその他の関連の場所を含む、子どもおよび青少年が存在するすべての場所で適用される。

◆ポーランド（二〇一〇年「家族法」九六条）

未成年者に対して親の配慮、養育または代替的養護を行う者が、体罰を用い、心理的苦痛を与え、かつ他のいずれかの形態で子どもに屈辱を与えることは禁じられる。

◆ボリビア（二〇一四年「改正子ども・青少年法」一四六条）

1　子どもおよび青少年は、相互の尊重および連帯を基礎とする、非暴力的な養育および教育から構成される良好な取扱いについて権利を有する。

2　母、父、保護者、家族構成員および教育者の権威を行使するにあたっては、子育て、教育および教育において非暴力的な手法が用いられるべきである。身体的な、暴力的なおよび屈辱的ないかなる罰も、禁じられる。

◆ポルトガル（二〇〇七年「刑法」一五二条）

何人も、身体的または心理的な不当な取扱い（体罰を含む）、自由の剥奪および性犯罪を行なったときは、当該行為を繰り返し行なったか否かに関わらず、一年から五年の収監刑に処す。

◆ホンジュラス（二〇一三年「改正家族法」一九一条（政令三五－二〇一三号五条による改正））

（前略）親、および、一時的か恒久的かにかかわらず（子どもおよび青少年の）ケア、養育、教育、処遇および監督に責任を負うすべての者は、体罰を用い、または子どもまたは青少年の矯正またはしつけの形態としていかなる態様の屈辱的な、品位を傷つける、残虐なもしくは非人道的な取扱いを用いることも、禁じられる。（後略）

◆マルタ（二〇一四年「改正刑法」三三九条一項）

以下のいずれかに該当するすべての者は、人身に対する侵害の罪で有罪となる。（中略）

(h) 他のいずれかの者を矯正する権限を有する者が節度の限界を超えたとき。

ただし、いかなる疑念も回避するため、いかなる種類の体罰も、常に節度の限界を超えたものとみなされるものとする。

◆南スーダン（二〇一一年「暫定憲法」一七条一項）

すべての子どもは、次の権利を有する。

（中略）

f　親、学校管理者その他の施設管理者を含むいかなる者による体罰ならびに残虐なおよび非人道的な取扱いも受けないこと。

（後略）

◆モルドバ（二〇〇八年「家族法」五三条四項）

未成年者は、親または親に代わる者による体罰を含む虐待から保護される権利を有する。

◆モンゴル（二〇一六年「子どもの権利法」七条一項）

子どもは、あらゆる社会的場面における犯

罪またはいかなる形態の暴力、体罰、心理的虐待、ネグレクトおよび搾取からも保護される権利を有する。

（二〇一六年「子ども保護法」二条六項）

親、保護者ならびに子どもおよび青少年のケア、処遇、指導および教育に責任を負う第三者が子どもの養育および子どもの誤った行動の懲戒の際に行なうあらゆる態様の身体的および屈辱的な罰は、これを禁ずる。

◆モンテネグロ（二〇一六年「家族法」改正九条a）

(1) 子どもは、体罰または他のいかなる残虐な、非人道的なもしくは品位を傷つける取扱いの対象にもされない。

(2) 第一項の禁止は、親、保護者および子どもをケアしまたは子どもと接触する他のすべての者に対して及ぶ。

(3) 第二項に掲げられた者は、第一項に掲げられたいかなる取扱いからも子どもを保護する義務を負う。

◆ラトビア（一九九八年「子どもの権利保護法」九条二項）

子どもは、残虐に扱われ、拷問されまたは体罰を受けず、かつ、その尊厳または名誉を侵害されない。

◆リトアニア（二〇一七年「子どもの権利の保護の基本原則に関する法律」）

国は、子どもが、親、その他の子どもの法的代理人または子どもの世話をする他のいずれかの者から受けるおそれのあるあらゆる形態の暴力（体罰を含む）から保護されることを確保するため、あらゆる適切な立法上、行政上、社会上、教育上その他の措置をとる。（六条九項）

子どもは、その親、その他の法的代理人、子どもと同居している者またはその他の者によるあらゆる形態の暴力（体罰を含む）から保護される権利を有する。（同一〇条二項）

◆リヒテンシュタイン（二〇〇八年「子ども・若者法」三条）

1 子どもおよび若者は、子どもの権利に関する条約に掲げられた権利および次の措置に対する権利を有する。……b 暴力のない教育／養育。体罰、心理的危害その他の品位を傷つける取扱いは認められない。

（後略）

◆ルーマニア（二〇〇四年「子どもの権利保護促進法」）

子どもは、その人格および個性を尊重される権利を有し、体罰またはその他の屈辱的なもしくは品位を傷つける取扱いを受けない。子どものしつけのための措置は、その子どもの尊厳にしたがってのみとることができ、体罰または子どもの身体的および精神的発達にかかわる罰もしくは子どもの情緒的状況に影響を及ぼす可能性のある罰は、いかなる状況下においても認められない。（二八条）

いずれかの種類の体罰を実行すること、または子どもからその権利を剥奪することは、子どもの生命、身体的、精神的、霊的、道徳的および社会的発達、身体的不可侵性ならびに身体的および精神的健康を脅かすことにつながるおそれがあるので、家庭においても、子どもの保護、ケアおよび教育を確保するいずれかの施設においても、禁じられる。（同九〇条）

◆ルクセンブルグ（二〇〇八年「子ども・家族法」二条）

家庭および教育共同体において、身体的および性的暴力、世代間の侵犯、非人道的なおよび品位を傷つける取扱いならびに性器切除は禁じられる。

（平野裕二・荒牧重人訳）

●学校法（ドイツ／ノルトライン・ヴェストファーレン州）（抜粋）

（二〇〇五年二月一五日制定　二〇一二年二月一四日最終改正）

第七部　学校組織

第一章　一般的事項

第六二条（協働の原則） (1) 教員、父母、生徒は学校の教育活動での信頼関係にもとづく協力活動において協働し、それにより学校での自己責任の遂行を支援する。学校制度の形成において教員、父母、生徒は、本法のこの部の規定にもとづいて、学校制度に関与している他の組織と同様に団体により協働する。

(2) 学校制度の形成に関する州の責任は協働権によっては制限されない。学校制度に関する州の監督、地方自治体の自己管理権ならびに職員協議会、重度障害者代表、労働組合および職業団体の上部組織の権利は守られる。

(3) 協働に関与する者は協働委員会での活動において、法規命令および管理命令を遵守することを義務とする。

(4) 本法のこの部の規定において挙げられている協働委員会は、その権限の範囲内において、学校でのあらゆる案件に関して意見を表明することができ、提案を行うことができる。協働委員会は必要な情報を請求する権利を有している。協働委員会は学校の経営者に対して、情報を請求する権利、不服の申立てをする権利を有し、理由に関する文書での回答を請求する権利を有している。

(5) 協働委員会の構成員は委任の行使の際に委任や指図には拘束されない。構成員は信頼ある取扱いを必要とする重要な案件に関しては、職務期間が終了しても守秘義務を保持しなければならない。教員、父母、生徒、学校の教授活動に関与していない職員の各個人にかかわる案件は、信頼ある取扱いを求める。

(6) 協働委員会における父母、生徒の活動は名誉職的活動であり、費用は支払われない。教員にとって協働委員会での活動は職務上の任務に属する。

(7) 協働委員会は一般に通常の授業時間以外に開催される。例外として、とくに全日制学校の場合には学校監督官庁が決定する。さらに会議日程の確定に際しては、構成員の職務活動ならびに参加する生徒の年齢が考慮されなければならない。生徒会（第七四条第三項）は通常の授業時間の中で開催することができ、その際、授業の実施は考慮されなければならない。

(8) 移民家庭の生徒およびその父母は協働委員会において相応に代表とならなければならない。

(9) 試補教員は本法のこの部の精神に則って教員とみなされる。

(10) 学校は協働委員会に必要な備品および資金を提供する。

第六三条（手続） (1) 議長は必要の際には協働委員会を招集する。構成員の三分の一がこれを求める場合、協働委員会は直ちに招集される。構成員は議事日程や必要書類を添付した文書により時宜を得て招集される。

(2) 協働委員会の会議は公開されない。出席した投票権のある構成員の三分の二以上の同意により、個別の案件に関しては公開することができるが、これは人事案件には適用されない。学校監督官庁の代表者は会議体の諸会議に参加することができる。校長は学校会議の全会議に学校設置者を招待する。学校設置者はその際に提案する権利を有する。

(3) 協働委員会の構成員には投票権が与えられる。審議権を有した構成員も提案することができる。協働委員会には七学年以上の生徒が選出される。教員は当該学校の父母代表としては選出され得ない。

(4) 他の規定がない限り、付与された投票権の過半数によって決議がなされる。棄権は過半数の算出の際、票数には入れられない。同数の場合には議長の票によって決定する。第六六条第六項の権利は守られる。各回の会議に関して、少なくとも決議の文言および決議がなされた票数を記載した議事録が作成される。記録に対する異議申立は記載されなければならない。議事録は構成員ならびに会議に参加する権利のある各協働委員会の関係者が閲覧できるよう用意されなければならない。

(5) 協働委員会は議決権を持つ構成員の過半数が出席している場合に決議することができる。決議が不可能であることが確定されない限り、協働委員会は決議が可能であると見なされる。決議が不可能なために同じ対象の審議に関して協働委員会が新たに招集される場合には、協働委員会は出席した構成員数を考慮することなしに決議することができる。新たな招集に際しては、このことへの注意が喚起されなければならない。

(6) 学校会議は追加の手続規程を決議することができる。

第六四条（選出） (1) 協働委員会の議長および議長代理ならびに学校会議の構成員は秘密投票において選出される。他のすべての選挙は、議決権のある出席者の五分の一が秘密投票への提案に同意しない限り、公開される。この場合、さまざまな職務の選挙を一回の投票で実施できる。最も票を得た者が選出される。得票が同数の場合には決選投票で決定し、さらに得票が同数の場合にはくじ引きで決定する。

(2) 選挙は一年度ごとに行われる。協働委員会は、次の年度に新しく選出された協働委員会の最初の会合まで存続する。学校会議あるいは教員審議会から選出された構成員が辞任した場合、代替の構成員が任命される。構成員が一時的に出席できない場合にも、代替の構成員が任命される。

(3) 被選挙権の要件を満たさなくなった場合、あるいは議決権を有する出席者の三分の二以上により各選挙機関によって後任者が選出された場合、構成員資格は終了する。父母および生徒の代表においては、代表を辞任した場合にも構成員資格は終了する。さらに子どもが成人するかあるいは学校を修了した場合、その父母の構成員資格は終了する。学校会議の構成員、学級父母会の議長および議長代理の場合、第二項に規定された期限になり次第、委任は終了する。

(4) 校長の異議申立権（第五九条第一〇項）とは別に、投票する権利を持つ者は選挙結果の公表後二週間以内に、学校経営における選挙の妥当性について文書で異議を申し立てることができる。その異議は、

(a) 被選挙権の要件が満たされていない場合、

(b) 選挙の準備もしくは選挙管理行為に際して、選挙結果に関する重大な不正が明らかになった場合、

のみ、依拠される。異議が聞き届けられない場合には、学校監督官庁が決定を下す。

(5) 学校会議は追加の選挙規程を決議することができる。

第二章　学校での協働

第六五条（学校会議の任務） (1) 学校会議はすべての学校に設置される。学校会議は学校における最高の協働委員会であり、学校の教育活動に関与する関係者全員が学校会議において協働する。学校会議は学校の原理的な案件について審議を行い、学校内での対立を調停する。学校会議は学校設置者や学校監督官庁に対して提案を行うことができる。

(2) 学校会議は法規命令および管理命令の範囲内において以下の案件について決定することができる。

1 学校プログラム（第三条第二項）
2 質の開発および質の確保に関する措置（第三条第三項）
3 学校間での協力および他の協力者との協力活動に関する協定の締結（第四条第三項、第五条、第九条第三項）
4 年によって変わる休日の確定（第七条第二項）
5 週六日間の授業日の割り振り（第八条第一項）
6 授業以外の全日制の教育内容および活動内容の調整（第九条第二項）ならびに授業以外の学校行事の大綱的計画
7 就学の初期段階の組織化（第一一条第二項および第三項）
8 共同授業の調整に関する提案（第二〇条第七項および第八項）
9 新しい授業形態の試行および導入（第二九条第二項）
10 教材の導入（第三〇条第三項）および自校負担の枠内で調達される教材の決定（第九六条）
11 宿題および学級活動の範囲および割当てに関する原則
12 一般的な教育上の困難への対処ならびに教育に関する協定の締結に関する原則（第四二条第五項）
13 情報提供および相談（第四四条）
14 生徒集団による活動に関する原則（第四五条第四項）
15 作業活動および社会的活動の成績証明書への記載に関する原則（第四九条第二項）
16 経済的活動、資金集め（第五五条）および後援活動（第九九条第一項）
17 学校財政（第五九条第九項）
18 校長選挙（第六一条第一項および第二項）
19 追加の手続規程および選挙規程（第六三条第六項および第六四条第五項）
20 教科会議の調整および構成もしくは信任者の選任（第七〇条第五項）、部分会議および信任委員会の選任（第六七条第一項および第二項）
21 協働の特別な形式（第七五条）
22 学校設置者における協働（第七六条）
23 学校規程の公布
24 アルコール禁止の例外（第五四条第五項）
25 教科会議および教育段階会議における父母代表数の引上げ（第七〇条第一項）
26 統一された制服の着用に関する勧告（第四二条第八項）

(3) 州文部省は法規命令により、学校の教育活動に関する他の案件についての決定を学校会議に委ねることができる。

第六六条（学校会議の構成） (1) 学校会議の構成員は、

(a) 生徒数が二〇〇名までの学校では六名、職業コレークでは一二名、

(b) 生徒数が五〇〇名までの学校では一二名、

(c) 生徒数が五〇〇名を超える学校では一八名、中等教育段階ⅠとⅡを持つ学校では二〇名

である。

(2) 学校会議は構成員の三分の二の票により構成員数を引き上げる決定を行うことができる。その際、構成員の比率は第三項にもとづき遵守される。

(3) 学校会議の構成員は校長ならびに教員、父母、生徒の各代表であり、その比率は以下のとおりである。

教員：父母：生徒

1 初等教育段階の学校では
一：一：〇
2 中等教育段階Ⅰならびに初等教育段階と中等教育段階Ⅰを持つ学校および中等教育段階ⅠとⅡを持つ学校では
一：一：一
3 中等教育段階Ⅱの学校では
三：一：二
4 継続教育コレークと移住者のためのコレークでは
一：〇：一

(4) 生徒数が五〇〇名までの職業コレークでは、養成者側および被養成者側の代表者一名ずつが議決権を有して、ならびに一名ずつが審議権を有して学校会議の構成員となる。生徒数が五〇〇名を超える職業コレークでは、養成者側および被養成者側の代表者二名ずつが議決権を有して学校会議の構成員となる。議決権を有する構成員は第一項および第三項にもとづいて父母および生徒の代表の数に算入される。養成者側の代表者には職業教育法第七一条にもとづいて権限のある地位が与えられる。地域で権限のある立場にある労働組合および社会福祉、職業政策に関連した目的を有する企業の独立団体は、被養成者側の代表として招集される。

(5) 学校父母会および生徒会の議長は学校会議の構成員が否決しない限り、第一項および第三項にもとづいて父母および生徒の代表数へ算入され、その都度、学校会議の構成員となる。

(6) 校長は学校会議において司会を行う。校長は、支障があった際に代理となる教頭と同様に議決権を持たない。このこととは別に、票が同数の場合には校長の票で決定する。教頭と連絡教員は学校会議に審議権を持ち参加する。

(7)　学校会議は、学校が補足的に行う活動の代表者や学校の近隣の住民を審議権を持つ構成員として招集することができる。

第七四条（生徒代表制）(1)　生徒代表制は生徒の利益を代表する。生徒代表制はとくに学校の教育活動の形成において生徒の利益を代表し、教科、文化、スポーツに関する生徒の利益、政治的、社会的な生徒の利益を支援する。生徒代表制は委員会での協働をとおして学校の決定に関与し、学校の任務の範囲内において委ねられた任務および自己選択した任務を遂行し、学校政策上の利益を代表する。

(2)　学級、コース、学年段階において生徒は教育活動の領域で協働する。五学年以上の生徒が生徒代表および代表代理を選出する。全日制学校の生徒は月に一時間、定時制学校の生徒は四半期に一時間、生徒代表制にかかわる案件のための時間（SV時間）を通常の授業時間の中で要求することができる。

(3)　生徒会は当該学校の全生徒を代表し、提案を学校会議に差し向ける。生徒会の構成員は学級および学年段階の代表ならびに審議権を有した代表代理である。一つの学年段階が二〇名以上の場合、その学年段階は二〇名ごとに一名の代表をさらに生徒会のために選出する。生徒会は議長一名（生徒代表）および三名までの代表代理を選出する。全生徒の五分の一の要望がある場合、生徒代表は生徒集会で選出される。生徒会は学校会議、学校父母会、教科会議、地域を超えた生徒代表制への派遣代表としての生徒の代表を選出する。

(4)　生徒会は、校長との話し合いにより全生徒による集会（生徒集会）を招集することができる。生徒集会は学校の重要な案件についての情報を与えられ、それについて審議する。生徒集会は生徒の五分の一の要望があれば招集される。生徒集会は年に二回まで通常の授業時間の中で開催することができる。学級および学年段階の生徒による集会については第四段があてはまる。

(5)　校内での生徒の協働委員会による集会ならびにSV時間は学校行事である。校内もしくは校外での生徒代表制のその他の行事は、校長が事前に承認した場合、学校行事である。

(6)　生徒は協働委員会での活動により、優遇されたり不利益を受けたりすることがあってはならない。要望があれば、活動は成績証明書に記載されなければならない。

(7)　連絡教員は生徒代表制の活動を支援する。生徒会は学校規模にもとづいて連絡教員を三名まで選出する。

(8)　生徒代表制は当該地域および当該地域を超えて協働することができ、学校設置者や学校監督に対して利益を代表する。

（柳澤良明訳）

第8節　教育判例

●主要教育判例

（注）判決原文またはその要旨を段落ごとに「」で括って表記している。

◆学校の設置・廃止等

［1］富山県立山町立立山小学校廃校処分事件（小学校廃止処分執行停止申立却下決定に対する抗告事件）

抗告人（一審申請人）：保護者ら　**相手方**：立山町教育委員会

町立小学校の廃止及び統合小学校への就学指定処分の執行停止申請　**一部取消し・一部却下**

名古屋高金沢支決昭51・6・18（昭五一（行ス）一）判時八四二－七〇

「右廃校処分と右抗告人らに対する統合小学校への就学通知による処分によって、抗告人らの児童がその居宅から統合小学校まで片道九キロメートルないし一〇キロメートルを通学のため往復しなければならず、旧小学校への通学距離よりは著しく増大することになる。もっとも立山町当局は統合小学校への往復に通学用バスを用意する旨言明し、また、徒歩と右バスによる以外に電車その他の交通手段がないわけではない。しかし、右廃校処分によって右児童らことに低学年児童らにとっての旧小学校への徒歩通学による居住地域の自然との接触、それについての理解、また、右抗告人らと右児童らにとっての旧小学校と家庭との親密感、近距離感等旧小学校への就学によって維持される人格形成上、教育上の良き諸条件を失うこととなり、それは右抗告人らにとって回復の困難な損害といわねばならない。」

［2］千代田区立永田町小学校廃校処分事件（小学校廃校処分取消、損害賠償請求事件）

上告人（一審原告）：保護者ら　**被上告人**：千代田区、千代田区議会、千代田区長、千代田区教委

区立小学校廃止等条例の取消、損害賠償請求　**棄却（確定）**

最一小判平14・4・25（平九（行ツ）六〇）判例地方自治二二九－五二

「本件条例は、東京都千代田区内に設置されていたすべての区立小学校を廃止し、新たに区立小学校八校を設置すること等をその内容とするものであるところ、原審が適法に確定した事実関係によれば、上告人らの子らが通学していた区立小学校の廃止後に新たに設置され就学校として指定を受けた区立小学校は、上告人らの子らにとって社会生活上通学することができる範囲内にないものとは認められないというのである。これによれば、本件条例は一般的規範にほかならず、上告人らは、被上告人東京都千代田区が社会生活上通学可能な範囲内に設置する小学校においてその子らに法定年限の普通教育を受けさせる権利ないし法的利益を有するが、具体的に特定の区立小学校で教育を受けさせる権利ないし法的利益を有するとはいえないとし、本件条例が抗告訴訟の対象となる処分に当たらないとした原審の判断は、正当として是認することができる。」

［3］大阪市立貝塚養護学校廃校処分事件（執行停止申立事件）

申立人：児童生徒及び保護者ら　**相手方**：大阪市

市立養護学校廃止処分の執行停止申立　**却下（即時抗告）**

大阪地決平21・1・30（平二〇（行ウ）八九）判タ一三〇〇－一三三

「条例制定行為は、原則として抗告訴訟の対象たる行政処分には該当せず、他に行政庁の具体的な処分を経ることなく当該条例自体によって、その適用を受ける特定の個人の具体的な権利義務ないし法的利益に直接影響を及ぼすような例外的な場合にのみ行政処分に該当するから、市が、養護学校を条例の改正により廃止した場合、当該養護学校に在学する児童及びその保護者は、当該養護学校で教育を受けたり受けさせる権利ないし法的利益を有し、当該条例が施行されれば、教育委員会の児童に対する具体的な処分を待つまでもなく児童と市との間の在学関係は終了し、かかる権利ないし法的利益が具体的に侵害されることになるため、同改正条例の制定行為は抗告訴訟の対象たる行政処分に該当する。」

［4］横浜市立保育所廃止・民営化事件（横浜市立保育園廃止処分取消請求事件）

上告人（一審原告）：児童及び保護者ら　**被上告人**：横浜市

市立保育所廃止条例の取消等請求　**上告棄却**

最一小判平21・11・26（平二一（行ヒ）七五）判時二〇六三－三

⇨教基一一条

◆入学等

［5］尼崎市立尼崎高校入学不許可事件（入学不許可処分取消等請求事件）

原告：生徒及び保護者　**被告**：市立高校校長、尼崎市

障害を理由とする市立高校入学不許可処分の取消請求　**一部認容・一部棄却（確定）**

神戸地判平4・3・13（平三（行ウ）二〇）判時一四一四－二六

「高等学校への入学について、その許否処分自体はもちろん、どのような入学選抜の方法をとるかについても、前記高等学校における教育目的実現のための教育的見地からする学校長の裁量的判断に任されているものと解することができる。」「入学者の選抜において、調査書に記載されている学習評定の記録とともに、学習評定以外の記録を資料として用いることが禁じられていると解することはできず、学力とは直接関係のない学習評定の記録をどのように扱うかについては、合否判定の権限を有する各高等学校長の裁量に委ねられていると解せられる。」「学校教育法施行規則二六条は、小学校の児童が心身の状況によって履修することが困難な各教科は、その児童の心身の状況に適合するように課されなければならないと規定し、同規則六五条は、高等学校の生徒についても右二六条を準用しているので、身体障害などのため体育などの履修が困難であっても障害の程度に応じて柔軟に履修方法を工夫すべきであり、障害児の高校受け入れに当たっては障害のため単位認定が困難というだけの理由でその受け入れを拒否することのないようにすべきであるとの障害児教育に関する国としての指針を示しているものと解され、」「『高等学校の全課程を履修する見通しがある』ことを合否判定の基準とすることができるとしても、身体に障害を有する受験者について右のような基準を適用し、障害のため単位認定が困難という理由で不合格の判断をするなど、障害者に対する不当な差別を招来することのないよう留意しなければならない。」

［6］大阪市立墨江小学校不登校事件（損害賠償等請求事件）

原告：児童及び保護者　**被告**：大阪市

教育環境整備不十分による不登校に対する損害賠償請求　**棄却（控訴）**

大阪地判平12・2・17（平九（ワ）八七〇四）判時一七四一－一〇一

「親の教育の自由については、主として家庭教育にとどまり、学校等の選択に関する自由を有するにとどまるものであるところ、特別支援学級に入級させるか否かの判断は、科学的、教育的、心理学的、医学的見地からの専門的判断を要するから、親には、子どもを特別支援学級に入級させるか否かを選択する自由まではないと解するのが相当であり、小学校長が、この教育環境整備義務を懈怠した場合、子どもの教育を受ける権利を侵害することはあっても、親の教育の自由を侵害することはない。」

［7］徳島県藍住町立幼稚園障害児就園不許可事件（仮の義務付け申立事件）

原告：子ども本人　**被告**：藍住町

障害を有する幼児の町立幼稚園への就園を認める仮の義務付け申立　**認容（確定）**

徳島地決平17・6・7（平一七（行ク）四）判例地方自治二七〇－四八

「幼稚園の入園に関する事項については、学校教育法等に規定がないことからすれば、幼稚園長又は教育委員会は、公立幼稚園への入園申請を許可するか否かについて裁量権を有するというべきである。」「幼稚園教育は、義務教育や普通教育ではないものの、幼児の心身の成長、発達のために重要な教育として位置づけられるべきものということができる。そうだとすれば、

地方公共団体としては、幼児の保護者から公立幼稚園への入園の申請があった場合には、これを拒否する合理的な理由がない限り、同申請を許可すべきであり、合理的な理由がなく不許可としたような場合には、その裁量権を逸脱又は濫用したものとして、その不許可処分は違法となると解するのが相当である。」「障害を有する幼児に対し、一定の人的、物的な配慮をすることは、社会全体の責務であり、公立幼稚園を設置する地方公共団体においてもこのような配慮をすることが期待されるものというべきである。心身に障害を有する幼児の公立幼稚園への就園の申請に対する許否の決定をするに当たっては、当該幼児に障害があり、就園を困難とする事情があるということから、直ちに就園を不許可とすることは許されず、当該幼児の心身の状況、その就園を困難とする事情の程度等の個別の事情を考慮して、その困難を克服する手段がないかどうかについて十分に検討を加えた上で、当該幼児の就園を許可するのが真に困難であるか否かについて、慎重に検討した上で柔軟に判断する必要があるというべきであ〔る〕」

[8] 大阪市立貝塚養護学校就学指定事件（仮の義務付け申立事件）

申立人：保護者（親権者）　**相手方**：大阪市

「病弱者」である子どもを市立特別支援学校に就学させる通知（就学校指定通知）の仮の義務付け申立　**認容**

大阪地決平19・8・10〈平一九（行ク）四〇〉判例集未登載、裁判所ウェブサイト

[9] 京都市立中学校外国籍生徒退学届受理事件（損害賠償請求事件）

原告：外国人である子ども及び保護者　**被告**：京都市

外国人である子どもの保護者が提出した退学届の受理に対する損害賠償請求　**一部認容（控訴）**

大阪地判平20・9・26〈平一八（ワ）一八八三〉判時二〇二七—四二

「憲法二六条の規定する教育を受ける権利が外国人に及ぶかという問題は措くとしても、原告太郎は、引き続き甲野中学校に在籍し続け、あるいは、転学にあたっては指導要録等の引き継ぎを受けるなどして、卒業の際には卒業認定を受けるべき法的利益を有していたと認めるのが相当」「丙川校長としては、原告花子による退学届の提出が原告太郎の意に反しないものであるか否か、原告太郎が退学と転学の違い及び退学によって被る不利益について十分理解していたかを直接確認すべき義務を負っていたものと考えられる。しかるに、丙川校長が、原告太郎に対して、直接、これらの確認を行うことなく退学届を受理したことは、原告太郎の上記法的利益を侵害するものであり、違法であると言わざるを得ない。」

[10] 奈良県下市町肢体不自由児中学校就学指定事件（仮の義務付け申立事件）

申立人：生徒　**相手方**：下市町

障害を有する生徒の就学すべき学校を町立中学校とする仮の義務付け申立　**認容（抗告）**

奈良地決平21・6・26〈平二一（行ク）四〉判例地方自治三二八—二一

⇩教基四条

◆進級

[11] 明訓高校進級判定事件（生徒の留年決定の効力停止仮処分申請事件）

原告：生徒　**被告**：学校法人

高校生に対する原級留置決定の効力停止仮処分申請**（認容）**

新潟地決昭47・4・27〈昭四七（ヨ）六五〉教育判例百選〔第三版〕

「原級に留置かれることが生徒にとっていかに重大事であるかは多言を要しないところ、その結果の重大性に鑑みると、原級留め置きの決定をなすにあたっては、大多数の教員が出席した職員会議で審議を行うことが教育条理と考えられるところ、右事実によると、三月一七日の進級判定会議には半数の教員が出席したに過ぎないというのであるから、かかる会議における審議の結果なされた申請人に対する前記原級留め置きの決定は、適正手続に違反してなされたものと認めるのが相当である。」

[12] 神戸市立菅の台小学校長欠児童進級処分事件（進級処分取消等請求事件）

原告：児童　**被告**：市立小学校長

出席日数の足りない児童の第六学年への進級処分の取消請求　**一部棄却、一部却下（確定）**

神戸地判平5・8・30〈平五（行ウ）九〉判タ八三三—一七七

「小学校における進級認定の判断基準について考えるに、小学校の各学年の課程の修了認定は、児童の平素の成績を評価して行う（学校教育法施行規則二七条）とされているが、その判断は、高度に技術的な教育的判断であるから、学校長の裁量に委ねられていると解せられる。そして、その認定は、義務教育であり、かつ心身の発達に応じた初等普通教育を施す小学校にあっては、単純な学業成績の評価や出席日数の多少だけでなく、児童本人の性格・資質・能力・健康状態・生活態度・今後の発展性を考慮した教育的配慮の下で総合的判断により決せられなければならない。仮に、学業成績や出席日数のみに基づき、進級をさせないとした場合、小学校の段階では年齢により、体格・精神年齢・運動能力に顕著な差があり、一学年遅れると次学年の児童の間に溶け込むのに大変な努力が必要となるし、社会的な違和感に堪える必要があるという著しい不利益を被ることを考慮すべきである。したがって、進級認定の可否を単純な成績評価や出席日数のみで判断するのは妥当ではない。」

[13] エホバの証人剣道拒否事件（進級拒否処分、退学命令処分等取消請求事件）

上告人（一審被告）：神戸市立工業高専校長

被上告人（一審原告）：学生

信仰上の理由による剣道実技拒否を理由とする原級留置処分、退学処分の取消請求　**棄却（確定）**

最二小判平8・3・8〈平七（行ツ）七四〉判時一五六四—三

⇩憲二〇条、学教施規二六条

[14] 私立学校原級留置処分事件（原級留置処分無効確認等請求事件）

原告：生徒　**被告**：学校法人

出席日数不足を理由とする原級留置処分の無効確認請求　**棄却（確定）**

東京地判平19・3・26〈平一八（ワ）一六五七七〉判時一九六八—一四八

「出席時数不足（欠課時数三分の一超）を理由に単位不認定とするのは、通常はやむを得ないところである。そして、四教科をはるかに上回る多くの教科で出席時数不足が原因で単位不認定となったことに伴い留年させる（第二学年に進級させない措置をとる）ことも、通常はやむを得ないところである。たとえ定期試験の成績が単位認定に必要な水準に達している場合であっても、出席時数が十分にあることを単位認定や進級の要件とすることは、全日制高等学校の教育運営の基本的な事項であると考えられるからである。」「出席時数不足の原因となるべき学校設置者側の落ち度があり、これが出席時数不足の主要な原因となっている場合には、条理に照らして、出席時数不足を理由とする単位不認定の又は留年の措置が在学契約上許されないこともあり得るところではある。しかしながら、当裁判所は、学校設置者である被告には、原告の出席時数不足の原因となるべき落ち度があるとまではいえないものと判断する。」「本件高校は原告が登校できるようにそれなりの措置を講じていたものというべきであり、それでも原告が集団生活への不慣れを克服できなかったのであれば、進級できないという不利益が原告に生じても、やむを得ないところである。」

◆教育内容

[15] 江戸川学園論語教育廃止変更事件（教育債務履行等請求控訴事件）

控訴人（一審原告）：保護者ら　**被控訴人**：学校法人

教育内容の変更による学校選択の自由の侵害に対する慰謝料請求等　**一部変更、一部棄却　上告（破棄自判）**

東京高判平19・10・31〈平一八（ネ）五三〇八〉判時二〇〇九—九一

「被控訴人らは、江戸川学園取手中・高校（以下「江戸取」）に在学する子の親として、親の子に対する支配権に由来する、学校選択の自由を有しているのであり、このような学校選択の自由は、教育の自由を実現するための重要な権能であって、法的保護に値するものというべきであるから、これに対する違法な侵害に対して

は、損害賠償を請求することができるものと解するのが相当である。そして、控訴人らが、学校選択の際に考慮した事項が事後的に変更された場合には、学校選択の自由は実質的に無意味なものとなるから、被控訴人が、控訴人らの子である生徒が江戸取に入学後に控訴人らが子の入学する学校として江戸取を選択した際に考慮した事項を変更した場合には、これについて正当な事由がある等の特段の事情がある場合を除き、控訴人らの学校選択の自由を違法に侵害するものとして、被控訴人には、不法行為責任が成立するものというべきである。」

［16］都立七生養護学校事件（損害賠償請求事件）

原告：養護学校教員及び保護者ら　**被告**：東京都、東京都教委、東京都議ら、産経新聞

養護学校における性教育に関する都議らの批判等による教育の自由の侵害に対する損害賠償請求　**一部認容、一部棄却、一部却下（控訴）**

東京地判平21・3・12〈平一七（ワ）九三二五、二二四二二〉判例集未登載（控訴審＝東京高判平23・9・16）

「被告都議らは、本件養護学校に通う児童生徒らの保護者とは異なり、本件養護学校の教育の内容や方針について個別的、具体的な権利関係を有する立場にはなく、本件養護学校の教員がその児童生徒らに対する教育の内容及び方針を検討する上で、被告都議らによる一方的な批判や非難を保護者らのそれと同様に受忍しなければならない理由はないというべきである。以上の点を考慮すると、被告都議らの上記行為は、上記原告らに対する侮辱によって上記原告らの名誉感情を侵害したものであり、被告都議らは、上記原告らに対して、民法七〇九条の不法行為責任を負う。」「被告都議らが本件視察の際に保健室において原告A及び原告Bを批判し、非難した行為は政治家である被告都議らがその政治的な主義、信条に基づき、本件養護学校の性教育に介入・干渉するものであり、本件養護学校における教育の自主性を阻害しこれを歪める危険のある行為として、旧教基法一〇条一項の『不当な支配』に当たる。被告都議らの視察に同行した被告都教委の職員らには、このような被告都議らによる『不当な支配』から本件養護学校の個々の教員を保護する義務があった。ところが、本件視察に同行した被告都教委の職員らは、視察の対象となった保健室に主文第二項記載の原告らがいるままの状態で被告都議らによる保健室の視察を開始させ、途中、被告都議らが直接原告らに対して本件性教育の内容の批判や非難を始めたのに、これを制止したり、同原告らを保健室から退室させたりすることもなく、被告都議らが同原告らに対して批判や非難をするのに任せたもので、被告都教委は、上記保護義務に違反したものである。」

◆教育評価

［17］麴町中学校内申書事件（損害賠償請求事件）

上告人（一審原告）：生徒　**被上告人**：東京都、千代田区

公立中学校長内申書（調査書）に生徒の政治的活動について記載したことに対する損害賠償請求　**上告棄却**

最二小判昭63・7・15〈昭五七（オ）九一五〉判時一二八七―六五

「表現の自由といえども公共の福祉によって制約を受けるものであるが（中略）（最高裁昭和五七年（行ツ）第一五六号同五九年一二月一二日大法廷判決・民集三八巻一二号一三〇八頁参照）、前記の上告人の行為は、原審の適法に確定したところによれば、いずれも中学校における学習とは全く関係のないものというのであり、かかるビラ等の文書の配付及び落書きを自由とすることは、中学校における教育環境等に悪影響を及ぼし、学習効果の減殺等学習効果を上げるうえにおいて放置できない弊害を発生させる相当の蓋然性があるものということができるのであるから、かかる弊害を未然に防止するため、右のような行為をしないよう指導説得することはもちろん、前記生徒会規則において生徒の校内における文書の配付を学校当局の許可にかからしめ、その許可のない文書の配付を禁止することは、必要かつ合理的な範囲の制約であって、憲法二一条に違反するものでないことは、当裁判所昭和五二年（オ）第九二七号同五八年六月二二日大法廷判決（民集三七巻五号七九三頁）の趣旨に徴して明らかである。従って、仮に、義務教育課程にある中学生について一般人と同様の表現の自由があるものとしても、前記一の2において説示したとおり、調査書には、入学者の選抜の資料の一とされる目的に適合するよう生徒の性格、行動に関しても、これを把握し得る客観的事実を公正に記載すべきものである以上、上告人右生徒会規則に違反する前記行為をいずれも上告人の性格、行動を把握し得る客観的事実としてこれらを本件調査書に記載し、入学者選抜の資料に供したからといって、上告人の表現の自由を侵し又は違法に制約するものとすることはできず、所論は採用できない。」

［18］町立小学校教員通信表修正指示違反等戒告処分事件（懲戒処分取消等請求事件）

原告：町立小学校教諭　**被告**：県教育委員会

町立小学校教諭が通信表作成に際し校長の指示に従わなかったこと等を理由とする戒告処分の取消請求　**棄却**

仙台地判平23・1・20〈平二〇（行ウ）一七〉裁判所ウェブサイト

「教師の教育活動は、教育の創造性、専門性、自主性という本質に照らし、その裁量が十分に尊重されなければならないことから、個別具体的な教育活動の性質によっては、不当な上司の職務命令や公権力行使から法的に保護されるべき領域があるものと解される。」「以上のような、教師による教育評価の重要性及び通信表の機能などを考慮すれば、通信表所見欄に児童の学習状況や生活状況を記載する権利ないし自由（以下「原告主張の権利」という。）は、不当な上司の職務命令や公権力行使から法的に保護されるべきものであると解するのが相当である。」「また、原告主張の権利は、児童がその学習要求を充足するための教育を自己に対して施すことを大人一般に対して要求する権利（以下「子供の学習権」という。最高裁判所昭和五一年五月二一日大法廷判決・刑集三〇巻五号六一五頁参照）を充足することを目的として法的に保護されるものということができるから、原告主張の権利が子供の学習権と矛盾、対立するような場合には、本件小学校校長らが、子供の学習権を充足することを目的として合理的な手段、方法をもって原告の上記権利ないし自由に対する制約を加えることも、原告主張の権利に内在する制約として許容されるというべきである。」「しかしながら、上記アで説示したとおり、教師には教育の本質に照らしてその自主性が尊重されるべきであり、とりわけ原告主張の権利は教育活動の中でも重要なものであることにかんがみれば、本件通信表の記載に関して、本件小学校校長らと原告を一般的な公務員関係と同視して、上命下服の指揮指令体系にあると解することは、原告主張の権利を損なうことになり相当でないから、被告の主張は採用できない。」

◆児童・生徒・学生の懲戒、校則

［19］熊本県玉東町立玉東中学校「丸刈り」校則事件（校則一部無効確認等請求・服装規定無効確認等請求事件）

原告：生徒、保護者　**被告**：玉東町、玉東中学校長

町立中学校の丸刈り校則の無効確認請求　**一部棄却、一部却下（確定）**

熊本地判昭60・11・13〈昭五八（行ウ）四〉判時一一七四―四八

⇩憲一一条

［20］バイク校則（損害賠償請求事件）

上告人（一審原告）：生徒　**被上告人（一審被告）**：学校法人

バイクに関するいわゆる三ない原則（免許をとらない、乗らない、買わない）を定めた校則違反を理由とする自主退学勧告を違法としてする損害賠償請求　**棄却（確定）**

最三小判平3・9・3〈平一（オ）八〇五〉判時一四〇一―五六

⇩憲一一条

［21］小野市立小野中学校生徒心得事件（学校規則違法確認等請求、同参加、公法上の義務不存在確認等追加的併合申立事件）

上告人（原告）：小学生とその両親　**被上告人**：中学校長、市教委

進学予定の中学校校則の無効確認と取消請求

上告棄却（請求却下）

最一小判平8・2・22〈平七（行ツ）五〇〉判時一五六〇―七二

「本件の『中学校生徒心得』は、『次にかかげる心得は、大切にして守ろう。』などの前文に続けて諸規定を掲げているものであり、その中に、『男子の制服は、次のとおりとする。』とした上で、別図（省略）において『頭髪・丸刈りとする。』とする定めや、校外生活に関して、『外出のときは、制服又は体操服を着用し（公共施設又は大型店舗等を除く校区内は私服でもよい。）、行き先・目的・時間等を保護者に告げてから外出し、帰宅したら保護者に報告する。』との定めが置かれているが、これに違反した場合の処分等の定めは置かれていないというのである。右事実関係の下において、これらの定めは、生徒の守るべき一般的な心得を示すにとどまり、それ以上に、個々の生徒に対する具体的な権利義務を形成するなどの法的効果を生ずるものではないとした原審の判断は、首肯するに足りる。これによれば、右の『中学校生徒心得』にこれらの定めを置く行為は、抗告訴訟の対象となる処分に当たらないものというべきであるから、本件訴えを不適法とした原審の判断は、正当として是認することができる。」

［22］修徳高校パーマ校則自主退学事件（卒業認定請求事件）

上告人（一審原告）：生徒　**被上告人**：学校法人

校則に違反してパーマをかけたこと等を理由としてなされた自主退学勧告の違法及び卒業認定請求　**棄却（確定）**

最一小判平8・7・18〈平五（オ）三四〇〉判時一五九九―五三

「私立学校は、建学の精神に基づく独自の伝統ないし校風と教育方針によって教育活動を行うことを目的とし、生徒もそのような教育を受けることを希望して入学するものである。㈠修徳高校は、清潔かつ質素で流行を追うことなく華美に流されない態度を保持することを教育方針とし、それを具体化するものの一つとして校則を定めている、㈡修徳高校が、本件校則により、運転免許の取得につき、一定の時期以降で、かつ、学校に届け出た場合にのみ教習の受講及び免許の取得を認めることとしているのは、交通事故から生徒の身体生命を守り、非行化を防止し、もって勉学に専念する時間を確保するためである、㈢同様に、パーマをかけることを禁止しているのも、高校生にふさわしい髪形を維持し、非行を防止するためである、というのであるから、本件校則は社会通念上不合理なものとはいえず、生徒に対してその遵守を求める本件校則は、民法一条、九〇条に違反するものではない。」

◆いじめ

［23］いわき市立小川中学校生徒自殺事件（損害賠償請求事件）

原告：死亡生徒の保護者、兄弟、祖母　**被告**：いわき市

いじめによる中学生の自殺に対する損害賠償請求　**一部認容（確定）**

福島地いわき支判平2・12・26〈昭六一（ワ）一三八〉判時一三七二―二七

「そもそも学校側の安全保持義務違反の有無を判断するに際しては、悪質かつ重大ないじめはそれ自体で必然的に被害生徒の心身に重大な被害をもたらし続けるものであるから、本件いじめがBの心身に重大な被害をもたらすような悪質重大ないじめであることの認識が可能であれば足り、必ずしもBが自殺することまでの予見可能性があったことを要しないというべきである。」

［24］中野区立富士見中学校生徒自殺事件（損害賠償請求事件）

原告：死亡生徒の両親　**被告**：東京都、中野区、加害生徒の両親ら

いじめによる生徒の自殺に対する損害賠償請求　**一部認容、一部棄却（控訴）**

東京地判平3・3・27〈昭六一（ワ）七八二六〉判時一三七八―二六

「これらのいじめをなくすことが学校教育の実現すべきひとつの理想であることはいうまでもないけれども、あたかも犯罪のない社会がないのと同様に、その根絶自体は不可能であって、むしろ、子供は、家庭に次ぐ仲間集団である学校という世の中のありようを投影した小社会において、異なった存在や主張を持つ他者とめぐりあい、正邪、強弱、その他もろもろの体験を通して自我を確立していく中で、社会の価値や規範を体得し、社会化を遂げていくものである。したがって、そこでの学校教育の課題や学校当局者の責務は、およそいじめのない学校社会を実現することは不可能であることを前提として、生徒らがいじめの克服を通して主体的に自我を確立し、他者に対する思いやりの精神を身につけていくことに向けられるべきものである。」「これに対して、学校設置者の負う安全保持義務は、右のような学校教育の課題とは一応別個の観点に立ち、むしろいじめの根絶という学校教育のひとつの理想の達成が現実的には不可能であるという前提に立ったうえで、個々的な学校教育の場又はこれと密接に関連する生活場面において、生徒の生命、身体等に対する被害の発生を防止し生徒の安全を確保すべき義務にほかならないのであって、そこからは必ずしも生徒間のいかなる態様によるいじめをも阻止し禁圧すべき義務が導かれるというものではない。言い換えれば、学校設置者は、いじめの具体的態様又は程度、被害生徒と加害生徒の年齢、性別、性格、家庭環境等の諸般の具体的状況に照らして、そのまま放置したのでは生命若しくは身体への重要な危険又は社会通念上許容できないような深刻な精神的・肉体的苦痛を招来することが具体的に予見されるにもかかわらず、故意又は過失によって、これを阻止するためにとることのできた実効的な方策をとらなかったとき、初めて安全保持義務違背の責めを負うに至るものである。」「本件事案は、先にいじめの不可視性として指摘したところがそのまま妥当するような事実に関するものであって、一郎が本件グループとの関係につきどのような心理的・精神的反応を示していたかを外部から判断することは著しく困難であり、また、他に一郎が明白に自殺念慮を表白していたなどの特段の事情もみられないのであって、右のような意味での予見可能性ないし相当因果関係の有無の問題としてみる限り、中野富士見中学校の教員等として、一郎の自殺を予見することはできなかったものと解するのが相当である。」

［25］富山市立奥田中学校生徒自殺事件（損害賠償請求事件）

原告：死亡生徒の保護者　**被告**：富山市

いじめによる中学生の自殺に対する損害賠償請求　**棄却（控訴）**

富山地判平13・9・5〈平八（ワ）二七八〉判タ一一五一―一九六

「公立中学校の設置者と生徒の親権者とは、一定の法的関係（公立中学校の在学関係）にあり、そのような関係に付随して、設置者は、信義則に基づき、学校やこれに密接に関連する生活関係における生徒の行状やそれに対する指導内容などについて、親権者の求めに対し、あるいは学校側から、教育的配慮の下、必要に応じて、親権者に対して報告すべき義務を負うというべきである。報告義務の前提もしくはそれを補充するものとして調査を必要とする場合があり、必要な調査をしないため報告の内容や程度が不十分と評される場合があるのは別としても、被告が、生徒の親権者である原告らに対する法的義務として、報告義務とは独立した積極的な調査義務を負っているとまで認めるに足りる根拠を見いだすことはできない。また、生徒が死亡した場合には、在学関係は解消されることとなるが、先にみたような公立中学校の設置者と生徒の親権者との法的関係については、直ちに解消されるものとみるのは相当ではなく、なお一定限度存続するものというのが相当であり、前記の報告義務も存続するということができる。」「しかし、先にみたとおり被告が法的義務としての調査義務を負うものと解することはできないし、報告義務についても、その根拠や、被告としては教育的配慮も要求されることからすると、その内容や程度については、必ずしも事実関係等について逐一詳細な説明や報告が要求されるものではないと解するのが相当である。そうすると、本件事故報告書は、甲4に対するいじめの原因やその後の経過、学校での指導の経過などを内容としているのであるから、同報告書の大部分を報告することによって原告らに対する報告義務は尽くされたものといえる。」

［26］私立中学・高校いじめ自殺事件（損害賠

償請求事件）
原告：死亡生徒の保護者　**被告**：学校法人、クラス担任教員、職員・部活顧問
いじめによる中学生の自殺に対する損害賠償請求　**一部認容、一部棄却（控訴）**
高知地判平24・6・5〈平二二（ワ）五九三〉判タ一三八四—二四六
「学校法人（私立学校）の経営主体は、在学契約に基づき、保護者に対して、預かった生徒の学校生活上の安全に配慮して、無事に学校生活を送ることができるように教育・指導をすべき立場にあるのであるから、信義則上、在学契約に付随して、生徒が自殺し、それが学校生活上の問題に起因する疑いがある場合には、その原因が学校内のいじめや嫌がらせであるか否かを解明するために、他の生徒の健全な成長やプライバシーに配慮した上で、必要かつ相当な範囲で、適時に事実関係の調査をして、保護者に対しその結果を報告する義務を負うというべきである。」

[27] 私立高校いじめ加害生徒自宅待機事件
（損害賠償請求事件）
原告：生徒ら　**被告**：学校法人
いじめに関与したとされる高校生になされた通学拒否・自宅待機に対する損害賠償請求　**一部認容、一部棄却（控訴）**
広島地判平27・3・27〈平二六（ワ）四五三〉判例集未登載
「被告高校に在籍する生徒が他の生徒に対していじめなどの社会的相当性を欠いた行為を行う蓋然性が高い場合には、被告は被害生徒の生命、身体の安全を確保するために、加害生徒に対して、学則の規定によることなく、通学を拒否することができると解する余地があるとしても、前記認定のとおり、一一月二日当時、原告が再びAに対するいじめを助長する行為に及ぶ蓋然性が高かったとまでは認められないから、被告が被告高校の運営上の裁量に基づき原告の通学を拒否することはできないということができる。」「原告両名は、それぞれ、被告から自宅待機を指示された一一月一日から退学処分を受けた平成○○年四月一六日まで、五か月間にわたって通学を拒否され、学校生活を送ることができなかっただけでなく、高校○年生の二学期の期末試験及び三学期の期末試験を受けることができず、その結果、平成○○年四月からの高校○年生への進級が認められなかったこと、かように重大な影響を及ぼす措置であるにもかかわらず、これを決定するに際し、被告高校において行われた調査は不十分なものであったことが認められる。その一方で、原告両名は、Aに対するいじめを助長する行為を行っていることが認められる。」「以上によれば、本件の自宅待機措置によって原告両名が被った精神的苦痛に対する慰謝料は、一五〇万円と認めるのが相当である。」

◆学校事故

[28] 湯河原町立湯河原小学校サッカー授業中事故事件（損害賠償請求事件）
控訴人（一審原告）：児童　**被控訴人**：湯河原町
体育授業中の事故につき保護者への通知義務懈怠に対する損害賠償請求　**棄却（上告）**
東京高判昭58・12・12〈昭五七（ネ）九二二〉判時一〇九六—七二
「学校教育、とりわけ、小学校における初等教育は、未成熟な成長発達の途上にある児童を学校という集団生活の場を通して知的、身体的の両面にわたって鍛練し、その人格形成の基礎となる心身の健全な発展を促進することを目的とするものであるが、このような教育には未成熟な成長発達の途上にある児童に未知の体験をさせることによってその能力を開発していくという側面が本来的に伴うわけであるから、時として児童の身体、健康等が教育活動の過程で危険にさらされる事態が生ずることもあり得ないことではない。したがって、このような教育に携わる教師は一般にその職務に必然的に伴うものとして、学校教育の場において教育活動から生ずる危険に対して生徒の安全を保持する義務を負うのであり、この義務は未然に事故の発生を防止することはもとより、万一、事故が発生した場合には、これによる被害の発生若しくはその拡大を阻止するという事後措置義務をも含むものと解すべきである。他面において、学校生活は児童の生活部面の一部を形成するに過ぎず、その全部ではないことからすれば、この事後措置義務は学校ないし教師のみによって全うし得るものではなく、そのためには学校生活を離れた一般生活関係の側面における保護者の児童に対する監護養育義務との緊密なかかわり合いをないがしろにすることはできない。そうだとすれば、万一、学校における教育活動の過程で事故が発生し、現に児童の身体、健康等に被害が生じ、あるいは被害の発生が予見できる場合は言うに及ばず、現在被害の発生は予見できなくても、事故の状況からして後刻何らかの被害が生ずることを否定し得ない場合には、学校ないし教師はその事後措置義務の一つとして、児童の保護者に対し事態に則して速やかに事故の状況等を通知し、保護者の側からの対応措置を要請すべきであると解するのが相当である。」

[29] 横浜市立中山中学校水泳授業中事故事件
（損害賠償請求事件）
上告人（一審原告）：横浜市　**被上告人**：生徒、保護者、弟
水泳授業中の事故に対する損害賠償請求　**棄却（確定）**
最二小判昭62・2・6〈昭五九（オ）一〇五八〉判時一二三二—一〇〇
「学校の教師は、学校における教育活動により生ずるおそれのある危険から生徒を保護すべき義務を負っており、危険を伴う技術を指導する場合には、事故の発生を防止するために十分な措置を講じるべき注意義務があることはいうまでもない。」「助走して飛び込む方法、ことに助走してスタート台に上がってから行う方法は、踏み切りに際してのタイミングの取り方及び踏み切る位置の設定が難しく、踏み切る角度を誤った場合には、極端に高く上がった身体の平行を失い、空中での身体の制御が不可能となり、水中深く進入しやすくなるのであって、このことは、飛び込みの指導にあたるA教諭にとって十分予見しうるところであったというのであるから、スタート台上に静止した状態で飛び込む方法をさせることは、極めて危険であるから、原判示のような措置、配慮をすべきであったのに、それをしなかった点において、A教諭には注意義務違反があったといわなければならない。」

[30] 福岡県立早良高校人間ピラミッド事故事件（損害賠償請求事件）
原告：生徒、保護者　**被告**：福岡県
体育大会中の事故に対する損害賠償請求　**一部認容、一部棄却（控訴）**
福岡地判平5・5・11〈平三（ワ）一一八一〉判時一四六一—一二一
「本件事故は、教諭らにおいて、八段ピラミッドが極めて成功が困難で、危険性のあることを十分に認識せず、これを安易に採用し、生徒らの危険回避の方法等を工夫することなく、また、ピラミッド組立てのための段階的な練習、指導をすることなく、一気に実践の組立てに入り、練習二日目で五段以上の高段を目指したことにより生じたものであり、指導に当たった教諭らの注意義務の違反によるものであるから、被告県はこれにより原告らが被った損害を賠償する責任がある。」

[31] 下関市立江浦小学校回転シーソー事故事件（損害賠償請求事件）
原告：児童　**被告**：下関市
小学校校庭内の遊具による事故に対する損害賠償請求　**一部認容（確定）**
山口地下関支判平9・3・17〈平六（ワ）三七六〉判時一六三七—一〇四
「国家賠償法二条一項にいう『公の営造物の設置又は管理に瑕疵があ』るとは、公の営造物が通常備えるべき安全性を欠く場合をさし、その判断は、公の営造物の構造、用法、場所的環境及び利用状況等諸般の事情を総合考慮して具体的個別的に判断すべきものであるから、本件のように、危険状態に対する判断力、適応能力が低い児童を多数収容教育する小学校においては、それに相当する高度の安全性が要求されると解すべきである。」「好奇心・冒険心のおう盛な小学校の児童は、本来の用法に反する危険な方法で遊具を使用することが多く、回転シーソーについても、本件事故と同様に、一人の児童がはしご部分や握り棒部分に腰を掛けて遊ぶなどの用い方が多いことは、類似の事故報告例などから公知のことであり、そのような用い方を

した場合には〈中略〉、完全に制動の方法を失って危険性が急激に増すことは、経験則上明らかな事実である。そして、教師が、口頭で特定の遊具の使用を禁じたり、危険な遊具には不用意に近づかないよう注意を与えていたとしても、その指導に意図的に従わず、あるいは遊びに夢中になるうちに、そのような注意を失念したり危険性の認識自体を欠いたりして、危険な遊具に不用意に近づく児童が少数ではあるが存在することもまた経験則上明らかな事実である。とりわけ、低学年の児童は、いまだ危険状態に対する判断能力や適応能力が十分でないため、その危険性は高いというべきである。」

[32] 富谷町立中学校生徒間受傷事故事件（損害賠償請求事件）

原告：生徒　**被告**：加害生徒、富谷町

中学生が同級生からほうきを投げつけられ後遺障害を負った事故に対する損害賠償請求　**一部認容、一部棄却（確定）**

仙台地判平20・7・31〈平一七（ワ）一六三一〉判時二〇二八―九〇

「被告学校の教員には、被告竹夫の自己抑制力を高めるべく適切な指導を行なう義務を怠った過失があり、それにより被告竹夫の自己抑制力の乏しさに伴う危険性の発現として本件事故が生じたのであるから、原告に対する安全配慮義務に違反したことは明らかである。」「被告梅夫ら〔注　親権者〕は、常日頃から、被告竹夫の動静を注意深く見守り、その動静の中で度を超した悪ふざけをするなどの自己抑制力の不足が見られた場合には、そのつど指導し、自己抑制力を高めるべき適切な指導を行なうとともに、被告竹夫自身と生活状況について話をしたり、被告学校の教員と連絡を密にとって被告竹夫の学校での生活状況について、様子を把握すべき義務を負っていたと言うべきである。」

[33] 須賀川市立中学校柔道部暴行事故事件（損害賠償請求事件）

原告：生徒、保護者ら　**被告**：市、県、加害生徒及びその保護者

部活動中の事故に対する損害賠償請求　**一部認容、一部棄却（確定）**

福島地郡山支判平21・3・27〈平一八（ワ）二八三〉判時二〇四八―七八

「①丁原及び戊田は、日ごろから必ずしも十分に本件柔道部の練習に立ち会っておらず、部員の個々の技量に応じた安全対策も講じておらず、さらに、八月に被告竹夫が本件柔道部の部長になってから、部長自ら本件柔道部の秩序を乱す行動をとっていたのに、これに適切に対処せず、②丁原は、〈中略〉原告花子が脳内出血という、柔道の指導者であれば当然、今後の指導方針について十分に配慮を払うべき障害を負ったことを認識したにもかかわらず、〈中略〉原告花子の安全に特に配慮を払わないまま、漫然と通常の練習に復帰させ、〈中略〉③丁原及び戊田は、本件当日の練習にもほとんど立ち会わなかったという過失があり、これらの過失を総合すればその程度は極めて重大なものといえる。」「本件中学校の管理職は、本件事故について責任逃れをしようとした疑いが強く、この点は慰謝料増額事由となる。」

[34] 大分県立竹田高校剣道部死亡事故事件（**損害賠償請求事件**）

原告：保護者　**被告**：大分県、豊後大野市、剣道部顧問及び副顧問（教諭）、救急搬送先の医師

高校剣道部練習中の死亡事故に対する損害賠償請求　**一部認容、一部棄却（控訴）**

大分地判平25・3・21〈平二二（ワ）二二二〉判時二一九七―八九

「被告C（顧問・教諭）は、剣道場内において練習の進行順序を決定するなどその全体を把握し、練習開始から部員らの動向を見ており、E〔死亡した生徒〕が竹刀を落としたのにこれに気が付かず竹刀を構える仕草を続けるという行動を取った時点において、Eが異常な行動を取っていることを容易に認識し得たといえる。被告Cには、Eの行動を認識した時点で、直ちに練習を中止させ、救急車の出動を要請するなどして医療機関へ搬送し、それまでの応急措置を取るべき注意義務があったと認められる。」「被告Cはこれを怠り、Eに意識障害が生じた後も、打ち込み稽古を続けさせようとした。その後にEがふらふらと歩いて壁に額を打ち付けて倒れた際にも、それがEによる『演技』であるとして、何らの処置も取らなかった。この点において、被告Cには過失があったと認められる。」「公務員関係については、国又は公共団体が国家賠償責任を負う場合には、公務員個人は民法上の不法行為責任を負わないと解すべきである。」

[35] 石巻市日和幼稚園園児津波死亡事故事件（損害賠償請求事件）

原告：死亡園児らの保護者ら　**被告**：幼稚園設置者学院、園長

送迎バスが東日本大震災の津波・火災に被災したことによる園児らの死亡に対する損害賠償請求　**一部認容、一部棄却（控訴後和解）**

仙台地判平25・9・17〈平二三（ワ）一二七四〉判時二二〇四―五七

「被告B_2園長は、巨大地震の発生を体感した後にも津波の発生を心配せず、ラジオや防災行政無線により津波警報等の情報を積極的に収集しようともせず、保護者らに対する日頃の送迎ルートの説明に反して、本来は海側ルートへ行くはずのない本件小さいバスの三便目の陸側ルートを送迎される本件被災園児ら五名を二便目の海側ルートを送迎する同バスに同乗させ、海岸堤防から約二〇〇ないし六〇〇メートルの範囲内付近に広がる標高〇ないし三メートル程度の低地帯である門脇町・南浜町地区に向けて同バスを高台から発車させるよう指示したというのであるから、被告B_2園長には情報収集義務の懈怠があったというべきである。」

[36] 佐伯市立中学校生徒転倒事故事件（損害賠償請求事件）

控訴人（一審原告）：生徒　**被控訴人**：佐伯市、加害生徒及びその保護者

公立中学校の廊下での転倒事故に対する損害賠償請求　**変更　一部認容、一部棄却（確定）**

福岡高判平25・12・5〈平二五（ネ）五二七〉判時二二一七―四五

「本件現場の廊下は、多湿な立地条件及び熱的に結露が長時間にわたり発生する造りであることから壁面の結露が床面に溜まるという状況にあり、その状況に適した床材が使用されていないため、滑りやすく危険であると認められる。」「その対策としては、結露の発生を防止するために、建物の断熱性能を強化すること、より防滑性能の高い床材を使用すること、水に濡れた状態を保持しないように管理すること、濡れても滑りにくいエンボス状のシート等を床に張ること、危険箇所を明示すること、床に植木鉢等を設置するなどして滑り遊びをしにくくすることなどが考えられる。」「以上の事実を総合すると、本件現場の廊下が中学校生徒の多様な行動を踏まえた転倒防止対策が施されたものとはいえず、本件現場の廊下は通常有すべき安全性を備えていなかったといわざるを得ない。」

[37] 兵庫県立高校テニス部熱中症事故事件（損害賠償請求控訴事件）

控訴人（一審原告）：生徒、両親　**被控訴人**：兵庫県

高校テニス部の練習中に倒れ重度の障害が残った事故に対する損害賠償請求　**変更（訴えを一部認容　上告不受理）**

大阪高判平27・1・22〈平二六（ネ）六六八〉（原審＝神戸地判平26・1・22）判時二二五四―二七

「公立学校の教育活動に伴う事故については、国家賠償法一条の「公権力」に学校教育活動も含まれるものと解されるので、同法一条の適用が認められることは当然である。また、課外のクラブ活動であっても、それが公立学校の教育活動の一環として行われるものである以上、その実施について、顧問の教諭には、生徒を指導監督し、事故の発生を防止すべき一般的な注意義務がある。もっとも、高校の課外クラブ活動は、生徒の成長の程度からみて、本来的には生徒の自主的活動であるというべきである。そして、その練習内容についても、部員である生徒の意思や体力等を無視して顧問が練習を強制するような性質のものではなく、各部員の自主的な判断によって定められているのが通常であると考えられるから、注意義務の程度も軽減されてしかるべきである。しかしながら、顧問が練習メニュー、練習時間等を各部員に指示しており、各部員が習慣的にその指示に忠実に従い、練習を実施しているような場合には、顧問としては、練習メニュー、練習時間等を指示・指導するに当たり、各部員の健康状態に支障を来す

具体的な危険性が生じないよう指示・指導すべき義務があると解するのが相当である。前記認定の事実によれば、本件テニス部では、顧問であるM教諭が練習メニュー、練習時間等を各部員に指示し、各部員は、これに忠実に従った練習を行っていたことが認められる。そうである以上、本件において、M教諭には、本件練習メニューを指示するに際して、各部員の健康状態に支障を来す具体的な危険性が生じないように指導しなければならない義務があったというべきである。」「以上の各事情を踏まえると、本件練習に立ち会うことができず、部員の体調の変化に応じて時宜を得た監督や指導ができない以上、M教諭においては、控訴人X_1を含めた部員らの健康状態に配慮し、本件事故当日の練習としては、通常よりも軽度の練習にとどめたり、その他休憩時間をもうけて十分な水分補給をする余裕を与えたりするなど、熱中症に陥らないように、予め指示・指導すべき義務があったといえる。」

[38] 大川小学校児童津波被災国家賠償事件
（損害賠償等請求控訴事件）
一審原告：死亡児童の保護者ら　**一審被告**：市、県
児童が東日本大震災の津波により死亡したことに対する損害賠償請求　**原判決一部変更自判（上告棄却）**
仙台高判平30・4・26〈平二八（ネ）三八一〉判時二三八七―三一

「市教委は、市が処理する教育に関する事務を管理・執行する者（地方教育行政法二三条）として、校長、教頭及び教務主任は大川小の運営に当たっていた市の公務員として、学校保健安全法二六条ないし二九条に基づき、津波の危険から、在籍していた児童の生命・身体の安全を確保すべき義務を負っていた。」「学校保健安全法二六条ないし二九条が校長等の義務として明文で規定した作為義務は、児童の在学関係においては、その在学関係成立の前提となる中心的義務であって、ある法律関係の付随義務として信義則上一般的に認められるに過ぎない安全配慮義務とはその性質を異にするから、上記作為義務が、在籍児童の在学関係成立の前提となる中心的義務として成立する（安全確保義務）。」「学校保健安全法上の作為義務が法的義務として求められることがあり得るとすれば、校長等において津波が到達することについての具体的な予見可能性があったことが、最低限の前提とされなければならない。」「校長等の津波の予見可能性は、校長等の上記作為義務違反の違法性を判断する前提として、その存否が問題とされるものであるから、校長等が市における公教育を円滑に運営するための本件安全確保義務を遺漏なく履行するために必要とされる知識及び経験は、地区の地域住民が有していた平均的な知識及び経験よりも遥かに高いレベルのものでなければならないところ、校長等は、市の公務員として、安全確保義務を履行するための知識と経験を収集、蓄積できる職務上の立場にあったといえるから、校長等の津波に対する予見可能性の有無は、そのような立場にあった者を前提として判断されなければならない。」「学校保健安全法二九条一項に基づき、校長は、大川小の実情に応じた危機管理マニュアルを作成する責任者としてその作成義務を有していたものであり、教頭は、校長を助け、校務を整理すべき職務を有する立場で大川小における危機管理マニュアルを作成すべき義務を有していたものであり、教務主任は、校長の監督を受け、教育計画の立案について連絡調整及び指導、助言に当たる職務を有する立場で大川小における危機管理マニュアルを作成すべき義務を有していた。」「校長等は、危機管理マニュアル中の第三次避難に係る部分に、本件想定地震によって発生した津波による浸水から児童を安全に避難させるのに適した第三次避難場所を定め、かつ避難経路及び避難方法を記載するなどして改訂すべき安全確保義務を懈怠したものと認める。」「校長等が、危機管理マニュアル中の第三次避難に係る部分に適切な場所を定め、かつ避難経路及び避難方法について、適切な経由地を経て徒歩で向かうと記載して安全確保義務を履行していれば、児童が本件津波による被災で死亡するという結果を回避することができたと認められるから、本件安全確保義務の懈怠と本件結果との間に因果関係を認めることができる。」

[39] 大分県立竹田高校剣道部事故求償請求事件（求償権行使懈怠違法確認等請求事件）
原告：保護者　**被告**：大分県、竹田市
部活動中の高校生の死亡に対する損害賠償請求の判決が確定したことにつき、教員に対する求償権の行使を怠る事実の違法確認等請求　**一部認容、一部棄却（控訴）**
大分地判平28・12・22〈平二七（行ウ）六〉判例地方自治四三四―六六

「国賠法一条二項に基づく求償権は、不法行為に基づく損害賠償請求権と同様に、債権の存否自体が必ずしも明らかでない場合が多いことからすると、その不行使が違法な怠る事実に当たるというためには、少なくとも、客観的にみて求償権の発生を認定するに足りる証拠資料を地方公共団体の長が入手し、または入手し得たことを要するものというべきである（最三判平21・4・28参照）。」「前訴に提出されたとみられる証拠や前訴判決等からすれば、客観的に見て参加人e（顧問・教諭）に重過失があり、求償権の発生を認めることは可能であるから、遅くとも本件訴訟が提起された時点までには、被告において、求償権を行使することにつき、格別の支障がなかったものといえる。」「他方、地方公共団体の長において、求償権を行使せず、その行使を見合わせることとした判断に合理性があると認められるような例外的な場合には、違法な怠る事実があるとはいえないとする余地はあるというべきである。しかしながら、前訴に提出されたとみられる証拠や前訴判決等からすれば、客観的にみて参加人eに重過失があると認めることは可能であり、そのような判断に合理性がないことは明らかである。」「被告において、参加人eに対する求償権行使を違法に怠っている事実があるといえる。」

[40] 東松島市立野蒜小学校津波死亡事故事件
（損害賠償請求控訴事件）
一審原告：保護者ら、住民　**一審被告**：東松島市
大規模災害時において、校長らが災害時児童引取責任者として登録されていない者に児童を引き渡した結果児童らが死亡したことに対する損害賠償請求　**棄却**
仙台高判平29・4・27〈平二八（ネ）一五三〉判例地方自治四三一―四三

「本件小学校における災害時児童引取責任者の登録制度は、大規模災害発生時における児童の保護者への確実な引渡しを実現し、もって児童の安全を図るために、あらかじめ保護者又は保護者から引取りを託された者を登録しておくことによって、保護者に引き渡したのと同視し得るものであることを、校長または引渡しにあたる教職員において、容易かつ明確に判断できるようにした制度ということができる。」「したがって、災害時児童引取責任者として登録されていない者に引き渡すことが保護者の意に適うことが確認できたとか、その者に引き渡す方が、本件小学校において保護を継続するよりも安全であることが明らかであるといった特段の事情がない限り、災害時児童引取責任者の引取りがない間は、本件小学校において責任をもってE（死亡した児童）の保護を継続すべき義務を負っていたというべきである。」「以上によれば、本件校長は、大規模地震が発生し、大きな余震が続く緊急事態下において、当時九歳の子供であり、未だ判断能力が十分とはいえず、自らの判断で不測の危難から自分の身を守ることができないEを、災害時児童引取責任者ではない者に引き渡した場合には、大規模災害発生時に発生し得る様々な危難に対して適切な避難行動をとることができず、Eの生命または身体に危険が及ぶことを予見し得たにもかかわらず、このことを考慮せずに、L教諭らに対し、災害時児童引渡し用の名簿を使用しなくとも、児童らの引渡しを受ける者の名前と関係が確認できれば児童らを引き渡してよい旨の児童引渡しについての一般的指示を出し、同指示を受けたL教諭を通じて、Eを災害時児童引取責任者ではないKに引き渡した本件校長には、特段の事情がない限り、災害時児童引取責任者以外の者にEを引き渡すことは許されず、災害時児童引取責任者の引き取りがない間は、本件小学校においてEの保護を継続すべき義務に違反した過失が認められるというべきである。」

◆教育費

[41] 私学訴訟（私立高校生超過負担学費返還請求事件）
原告：保護者ら三六名　**被告**：国
私立高校と公立高校の学費差額の返還請求　**棄却（控訴）**
大阪地判昭55・5・14〈昭五〇（ワ）三九三九〉判時九七二—七九
「憲法二六条一項の『法律の定めるところにより』とは、憲法一七条、四〇条と同様な規定の仕方を採用しているところからすると、法律によらなければ、個々の国民に具体的な請求権が発生しないことを意味するとともにそのために必要な法律の制定を被告国に義務づけた規定と解すべきである。」「高校教育における社会的要求が著しく増大しているにもかかわらず現行の私立高校の入学金、授業料がはなはだ高額であることが認められるけれども、前記四に説示したように、高校教育にかかる教育諸条件の整備について、国会、内閣の有する裁量権の範囲が極めて広いことに鑑みると、（中略）国会、内閣が、被告国や大阪府が現に行っている前記諸施策のほか、これ以上に立法措置、予算措置等を講じていないことが右裁量権の範囲を超え又はこれを濫用するものである（すなわち違憲である）とまでは認められない。」「公立高校生の入学者選抜方法に不合理な差別の認められない本件においては、（中略）国会、内閣が高校入学希望者数に見合う公立高校を設置するとの施策をとらず、しかも私立高校の学費を公立高校のそれと同額にする施策をとっていないことをもって、それが恣意に基づく等教育の機会均等に反することの明白な場合にあたるとはいえないところである。」

[42] 学資保険訴訟（保護変更決定処分取消、損害賠償請求事件）
上告人（一審被告）：福岡市東福祉事務所長、国、福岡市　**被上告人（一審原告）**：生活保護受給者ら及びその子ら
生活保護受給者が加入した学資保険の満期返戻金に対する収入認定による生活保護額減額変更処分の取消請求　**棄却**
最三小判平16・3・16〈平一一（行ツ）三八〉判時一八五四—二六
「生活保護法の主旨目的にかなった目的と態様で保護金品等を原資としてされた貯蓄等は、収入認定の対象とすべき資産には当たらないというべきである。生活保護法上、被保護世帯の子弟の義務教育に伴う費用は、教育扶助として保護の対象とされているが、高等学校修学に要する費用は保護の対象とはされていない。しかし、近時においては、ほとんどの者が高等学校に進学する状況であり、高等学校に進学することが自立のために有用であるとも考えられるところであって、生活保護世帯においても、前記のとおり、世帯内修学を認める運用がなされるようになってきているというのであるから、被保護世帯において、最低限度の生活を維持しつつ、子弟の高等学校修学のための費用を貯える努力をすることは、同法の主旨目的に反するものではないというべきである。」

[43] 広島朝鮮学校授業料無償化事件（朝鮮学校無償化不指定処分取消等請求事件）
原告：広島朝鮮初中高級学校を設置・運営する学校法人、本件学校高級部在籍者及び過去在籍者　**被告**：文科大臣
公立高等学校に係る授業料の不徴収及び高等学校等就学支援金の支給申請に対する不指定処分の取消し及び当該指定の義務付け及び損害賠償請求　**一部棄却、一部却下**
広島地判平29・7・19〈平二五（行ウ）二七〉裁判所ウェブサイト
「本件規程（高校就学支援金支給法施行規則一条一項二号ハの指定に関する規程）一三条の要件が求められたのは、高等学校の課程に類する課程であることが、当該外国の大使館等を通じて、あるいは、当該団体の認定を受けているという事実を通じて制度的に担保されていると考えられる『我が国の高等学校に対応する本国の学校と同等の課程であると公的に認められること』、『国際的に実績のある評価機関による客観的な認定を受けていること』の要件を満たさない学校が、それを満たすための要件として求められたことが認められ、合理的な理由ということができ、不合理な差別に該当せず、憲法一四条に違反するものとはいえない。」「高等学校の課程に類する課程を有することについて制度的に担保がない学校に対して本件規程一三条の要件を改めて確認する必要があると考えることも理由がある。」「被告は、（本件学校に対する）北朝鮮や朝鮮総連の影響力は否定できず、その関係性が教育基本法一六条一項で禁じる『不当な支配』に当たらないことや適正な学校運営がされていることについて十分な確証を得ることができず、就学支援金を支給したとしても、授業料に係る債権に充当されないことが懸念され、原告法人が設置する本件学校を含む朝鮮高級学校について、本件規程一三条に定める基準に適合するものとは認めるに至らないと判断したと主張する。当該事実は、証拠により、認めることができる。本件学校について、本件規程一三条が定める『債権の弁済への確実な充当』が適正に行われると認めるに至らないとの文科大臣の判断に、裁量の範囲の逸脱、濫用が認められるとはいえない。」

[44] 大阪朝鮮学校授業料無償化事件（高等学校等就学支援金支給校指定義務付等請求事件）
原告：朝鮮高級学校を設置、運営する準学校法人　**被告**：文科大臣
公立高等学校に係る授業料の不徴収及び高等学校等就学支援金の支給申請に対する不指定処分の取消し及び当該指定の義務付け請求　**認容**
大阪地判平29・7・28〈平二五（行ウ）一四〉訟務月報六六—三—三三五
「支給法は、国の財政的負担において高等学校等における教育に係る経済的負担の軽減を図り後期中等教育段階における教育の機会均等に寄与することを目的とするものである。支給法二条一項五号が支給法の適用対象となる各種学校を『高等学校の課程に類する課程を置くもの』に限っているのは、全ての各種学校が上記のような支給法の目的に適うものではないことから、後期中等教育段階における教育の機会均等の確保の見地から妥当と認められる各種学校のみを支給法の適用対象とするためであると解される。そして、いかなる各種学校が上記のような各種学校に該当するかの判断には教育上の観点からの専門的、技術的検討を要することから、同号は、『高等学校に類する課程を置くもの』と認められる各種学校の範囲の確定を上記の専門的、技術的検討をすることができる文科大臣に委ね、同大臣の制定する文部科学省令に委任したものと解される。そうすると、文科大臣が文部科学省令において同号所定の「高等学校の課程に類する課程を置くもの」に該当する各種学校の範囲をどのように定めるかは同号の委任の趣旨を逸脱しない範囲内においてのみ許されるものである。」「文科大臣は、外交的、政治的意見に基づき、朝鮮高級学校を支給法の適用対象から除外するため、本件省令を制定し本件規定を削除したものであると認められ、後期中等教育段階の教育の機会均等の確保とは無関係な外交的、政治的判断に基づいて本件省令を制定して本件規定を削除したものというべきであるから、文科大臣が本件省令を制定して本件規定を削除したことは同号による委任の趣旨を逸脱するものとして違法、無効と解すべきである。」「次に、本件規程（高校就学支援金支給法施行規則一条一項二号ハの指定に関する規程）一三条の規定内容のうち、教基法一六条一項の「不当な支配」とは、教育が国民の信託に応えて自主的に行われることをゆがめるような支配をいうものと解される（最大判昭51・5・21参照）。上記のような『不当な支配』の内容に照らせば、教育への関与等の行為が同項の『不当な支配』に該当するか否かは、教育の自主性を侵害するものか否かによって客観的に判断され得るものであり、必ずしも教育上の観点からの専門的、技術的判断を要するものではない。以上の諸点に照らせば、同項の『不当な支配』の有無についても文科大臣の裁量権が認められるものと解することはできない。」「以上のとおりであるから、本件規程一三条に規定された要件のうち、当該各種学校において就学支援金が授業料に係る債権の弁済に確実に充当されること及び教基法一六条一項の『不当な支配』を受けていないことについては文科大臣の裁量に委ねられるべきものということはできない。」「教基法一六条一項は、教育が国民から信託されたものであることから、教育が不当な支配によってゆがめられることなく専ら教育本来の目的に従って行われるべきことを示したものであり、上記のような支配と認められる限り、その主体の

如何は問うところでないと解するのが相当である（前記昭51大法廷判決）。したがって、高級学校の教育が北朝鮮や朝鮮総連から影響を受けていることもそれが教育の自主性をゆがめるようなものであれば同項の『不当な支配』に当たり得るというべきであ〔る〕。」

◆個人情報保護

［45］町田市立つくし野中学校作文開示請求事件（情報非公開処分取消請求事件）
原告：死亡生徒の保護者　**被告**：町田市教育委員会
いじめに関する作文の非開示処分の取消請求　**一部棄却、一部却下（控訴）**
東京地判平9・5・9〈平五（行ウ）二六〉判時一六一三—九七
「自我の萌芽がない幼児を除き、子の個人情報は親の個人情報と区別されるべきであり、しかし、子が親の監護、養育の下に置かれ、社会的にも親が監護、養育の権利を行使することが期待される場合においては、子の対外的言動は監護、養育を行う親に対する評価の基礎となる親の個人情報という側面をも有するのであり、また、子の交友関係等は、本来的には子の判断に委ねられつつも、なお監護、養育権者として当然に認識しておくべき事項というべきであり、また、子の固有の情報であっても、子の死亡によって当然にその個人情報の主体が消滅するものと解すべきではなく、子の個人情報が当該家族共同体の社会的評価の基礎資料となるものはもとより、家族共同体の一員として関心を持ち、その情報を管理することが社会通念上も当然と認められる情報については、家族共同体構成員の固有情報と同視することができる場合があるというべきである。」

［46］埼玉県立上尾南高校内申書事件（行政情報非公開決定処分取消請求事件）
原告：保護者　**被告**：埼玉県総務部県政情報センター所長
子の高校入学志願書調査書（内申書）の非公開処分の取消請求　**棄却（控訴）**
浦和地判平9・8・18〈平四（行ウ）七〉判タ九六二—一一〇
「少なくとも子が自己の情報公開請求権を行使するかどうかを判断しうる年齢に達した場合には、未成年の子の親であるといえども、親が子のプライバシーにかかる情報を独自の権利として公開請求できると解することは、子のプライバシーを軽視するものであって許されないというべきである。」

［47］西宮市内申書・指導要録開示請求事件（指導要録非開示処分取消請求、調査書非開示処分取消請求各控訴事件）
控訴人（一審原告）：本人　**被控訴人**：西宮市教育委員会
自己の中学校指導要録、内申書等の非開示処分の取消請求　**変更、認容（確定）**
大阪高判平11・11・25〈平一〇（行コ）一八〉判タ一〇五〇—一一一
⇩学教施規二四条・七八条

［48］大田区立小学校指導要録開示請求事件（公文書開示決定処分取消請求事件）
上告人（一審原告）：本人　**被上告人**：大田区教育委員会教育長
自己の小学校指導要録の開示請求に対する非開示決定処分の取消請求　**一部破棄自判、一部棄却**
最三小判平15・11・11〈平一一（行ヒ）一二〉判時一八四六—三
⇩学教施規二四条

◆情報公開

［49］福岡教育情報公開訴訟事件（教育行政情報非公開決定処分取消請求事件）
原告：福岡県居住者（研究者）　**被告**：福岡県教育委員会
県情報公開条例に基づく県立高校中途退学者及び原級留置者数の非公開処分の取消請求　**一部認容、一部却下（控訴）**
福岡地判平2・3・14〈昭六三（行ウ）二〉判時一三六〇—九二
「被告は、本件情報が学校教育にする情報であることを理由として、他の一般的な行政情報とは異なった配慮の下に開示の適否を判断すべきものと主張するのであるが、情報の開示を原則とする条例の解釈にあたっては、ことさら、九条各号に示された非開示事由以外に当該情報の開示を拒否できる場合を認めることは許されず、また、右非開示事由該当性の判断においても、特に条例で認められたものの他には、その情報の性質等を理由として、特別に緩やかに判断することが容認されるわけではない。」「以上によれば、本件情報が開示されたとしても、被告ないし県立高校の行う事務事業の実施の目的が失われ、その公正かつ適正な執行に著しい支障を生ずるおそれがあるものとは解されない。」

［50］高知県公立学校教員採用候補者選考筆記審査問題等公開請求事件（公文書非開示決定処分取消請求事件）
上告人（一審原告）：高知県教育委員会　**被上告人**：県内に事務所を有する権利能力なき社団（子どもと教育を守る高知県連合会）
公立学校教員採用候補者選考審査のうち、教職教養問題及び解答の非開示決定の取消請求　**上告棄却（請求認容）**
最二小判平14・10・11〈平一一（行ヒ）二八〉判時一八〇五—三八
「原審の適法に確定した事実関係等によれば、(1)教職教養筆記審査の択一式問題の出題範囲及び傾向が予測されやすいのは、その解答形式等からある程度やむを得ないことであり、受審者の間では、従来から、過去の教職教養筆記審査の出題例を編集した市販の問題集等を用いた受審準備が行なわれているのであるから、教職教養筆記審査の択一式問題とその解答が開示されたからといって、受審者の受審準備状況が変わり、教員にふさわしい受審者を採用することが困難になるとはいい難いこと、(2)過去に出題された問題との重複を避け、審査にふさわしい問題を作成するという問題作成者の負担は、問題及び解答の開示の有無によって変化が生ずるものではないから、問題とその解答の開示により問題作成者の負担が増大し、問題作成者の確保が困難になるということはできないこと、(3)本件条例には公文書の開示を受けた者に対して当該公文書に記録された情報を具体的に制限する規定はなく、前記(1)の受審準備の状況等に照らせば、県内受審者と県外受審者との間に本件条例に基づく公文書の開示請求権の有無に差異があるからといって、これにより教員採用選考の公正又は円滑な執行に著しい支障を生ずるということはできないことという状況にあり、これらにかんがみれば、本件文書が本件条例六条八号に該当する情報が記録されているものとはいえないこととした原審の判断は是認することができる。」

［51］枚方市平成一九年度全国学力調査非公開決定処分取消請求事件（公文書非公開決定処分取消請求事件）
原告：枚方市内に住所を有する者　**被告**：枚方市
全国学力・学習状況調査における各中学校平均点の情報非公開決定の取消請求　**棄却（控訴後取下げ）**
大阪地判平21・5・15〈平二〇（行ウ）一二〉判時二〇六五—三一
「学校別調査結果である本件情報については、文部科学省が参加主体（各都道府県教育委員会及び市町村教育委員会等）に対し実施要領等を通じて個々の学校名を明らかにした公表をしないよう求めており、枚方市教育委員会も実施要領の内容を前提として本件調査に参加したものであることに加えて、上記のような態様で学校別調査結果を公にすることについては学力の特定の一部分についての調査結果のみに基づいた序列化や過度な競争の発生等の様々な弊害の発生が危惧されており、教育現場の反対も根強いため、本件情報を非公開としなければ、全国学力調査につき他の参加主体の協力が得られなくなるおそれがあるほか、過度な競争の結果として全国学力調査の結果に児童生徒の学力・学習状況が正確に反映されない事態が生ずるおそれがあり、これらのおそれは十分に根拠のあるものということができる」「そうであるとすれば、被告と国等との間における当面の又は将来にわたる包括的な協力関係を継続的に維持するため本件情報を非公開とすべき相当の根拠があるということができるから、本件情報は、本件条例六条四号にいう『公開することにより、市と国等との協力関係を著しく損なうと認められるもの』に該当するというべきである。」

◆教科書

[52] **福岡県立伝習館高校事件**（行政処分取消請求事件）
上告人（一審被告）：福岡県教育委員会　**被上告人**：教員ら
授業で教科書を使用せず学習指導要領を逸脱した指導を行った等の理由による懲戒免職処分の取消請求　**破棄自判（確定）**
最一小判平2・1・18（昭五九（行ツ）四六）判時一三三七―三
「思うに、高等学校の教育は、高等普通教育及び専門教育を施すことを目的とするものではあるが、中学校の教育の基礎の上に立って、所定の修業年限の間にその目的を達成しなければならず（学校教育法四一条、四六条参照）、また、高等学校においても、教師が依然生徒に相当な影響力、支配力を有しており生徒の側には、いまだ教師の教育内容を批判する十分な能力は備わっておらず、教師を選択する余地も大きくないのである。これらの点からして、国が、教育の一定水準を維持しつつ、高等学校教育の目的達成に資するために、高等学校教育の内容及び方法について遵守すべき基準を定立する必要があり、特に法規によってそのような基準が定立されている事柄については、教育の具体的内容及び方法につき高等学校の教師に認められるべき裁量にも自ずから制約が存するのである。本件における前記事実関係によれば、懲戒事由に該当する上告人らの前記各行為は、高等学校における教育活動の中で枢要な部分を占める日常の教科の授業、考査ないし生徒の評価に関して行われたものであるところ、教育の具体的内容及び方法につき高等学校の教師に認められるべき裁量を前提としてもなお、明らかにその範囲を逸脱して、日常の教育のあり方を律する学校教育法の規定や学習指導要領の定め等に明白に違反するものである。」

[53] **石垣市立中学校教科書無償給付請求事件**（教科用図書の無償給付を受ける地位確認請求事件）
原告：生徒及び親権者ら　**被告**：石垣市
新たに採択された公民教科書採択を無効として、従来の教科書の無償給付を受ける法的地位の確認等請求　**一部棄却、一部却下**
那覇地判平25・12・10（平二四（行ウ）三二）判例集未登載
「原告aは、被告が設置する中学校の第三学年に在学する生徒であり、無償措置法一三条の採択に係る公民の教科用図書を使用する学年の生徒であることが認められるから、同採択に係る教科用図書の給与を受けることのできる法的地位を有する者として、その法的地位の確認を求める利益を有するといえる。したがって、原告aの訴えのうち、東京書籍版の給与を受ける地位の確認を求める部分については、訴えの利益が認められる。」「しかし、憲法二六条の規定が、教育委員会による教科用図書の採択が違法・無効であった場合に、当該採択を拒絶して当該教科用図書を使用する生徒に対し、当該採択を拒絶する具体的な権利を保障したものとはいえず、無償措置法や地教行法等の規定に照らしても、当該採択を拒絶する権利があるとする法的根拠は認められない。」「したがって、原告aの訴えのうち、育鵬社版の無償による給与を受けない地位の確認を求める部分については、訴えの利益を欠く不適法な訴えである。」

◆学校運営（職員会議、校務分掌等）

[54] **宮崎大宮第二高校事件**（行政処分取消請求事件）
原告：教員ら一七名　**被告**：宮崎県教育委員会
定時制課程の分離をめぐる紛争における校長等排斥等の行為を理由とする懲戒処分（停職）の取消請求　**棄却（控訴）**
宮崎地判昭63・4・28（昭四七（行ウ）三）判タ六八〇―六五
⇨学教三七条、学教施規四八条

[55] **広島県佐伯町立津田小学校教諭担任外し事件**（懲戒処分等取消・研修命令取消請求控訴事件）
控訴人（一審原告）：教員　**被控訴人**：広島県教育委員会
校長がした学級担任解除、研修命令等の職務命令及び県教委がした懲戒処分（停職）の取消請求　**棄却（上告）**
広島高判平2・9・13（昭六一（行コ）四）労判五七二―八五（同旨＝最二判平3・4・26労判五八七―六）
「教諭の具体的な職務の内容は、校務をつかさどり所属職員を監督する（学教法二八条三項）校長が発する職務命令によってはじめて定まるものであって、教諭は特定の学級を担任することを法的に保障された地位にあるものではなく、またこれを請求する権利をも有していない。したがって、本件の控訴人の学級担任を外すとの被控訴人校長の行為は、特定の学級担任を解くという校長の職務命令であって、これによって、学教法等によって規定されている控訴人の教諭としての地位や給与その他その法的地位又は利益に対して何らの変更を生ぜしめるものではないというべきである。そうだとすると、本件担任解除命令は、抗告訴訟の対象となる行政処分には当たらないというべきである。」

[56] **東京都教委挙手・採決禁止通知等損害賠償請求事件**（損害賠償請求事件）
原告：都立高校長であった者　**被告**：東京都教育委員会
教育委員会による校長への違憲・違法な指導、退職後の非常勤教員採用不合格に対する損害賠償請求　**棄却（控訴）**
東京地判平24・1・30（平二一（ワ）一八五八七）判タ一四〇二―八五
「教育委員会は、高校の管理機関であり、高校の運営に関して指揮監督、指導助言を行う権限を有しており、また、校長に対して指揮監督権を有しているから、一般的にいえば、教育委員会が、高校の運営に関して、それを適正化するための通知を発する権限を有しているといえる。そして、本件適正化通知の一部である本件挙手・採決禁止通知は、後記のとおり、原告主張の法規範に反するものとはいえない。また、そもそも本件挙手・採決禁止通知は、その性質等からみて原告の個人的な権利を対象とするものではなく、その意味で原告の前記「法律上保護された権利・利益」を侵害するものということはできず、国賠法上違法と評価することはできない。」「本件挙手・採決禁止通知は校長が主宰すべき職員会議の運営方法の一部を具体的に禁止するものを内容としているところ、一般的にいえば、会議の運営方法については、特段の定めがなければ、主宰者の合理的な裁量に任されているといえるのであって、教育委員会において、このような会議の運営方法に関する個別具体的な事項についてまで制限を課することが当該会議の主宰者である校長の裁量権を侵害するものであるとの評価も考えられないではない。しかし、一方、校務についての意思決定は校長の権限とされており、職員会議は、校長の職務の円滑な執行に資するために置くことができるとされている任意設置の補助機関にすぎない（学校教育法施行規則一〇四条一項、四八条一項）のであるから、職員会議が校長の意思決定権を不当に制約したり拘束したりする事態は、上記規定に反するものであり、そのような事態が生じていた場合には、教育委員会としてこれを改善すべき措置をとること自体はその目的において不当なこととはいえない。」

◆任用等

[57] **京都大学教授再任拒否事件**（再任拒否処分取消請求控訴事件）
控訴人（一審原告）：国立大学教授　**被控訴人**：京都大学
五年任期で任用された大学教授に対する任期満了による失職処分の取消請求　**棄却（上告）**
大阪高判平17・12・28（平一六（行コ）五四）判タ一二二三―一四五
「憲法二三条は、『学問の自由は、これを保障する。』と規定しており、そのために、大学の教員、研究者による大学の自治が認められ、この具体的内容として、大学の教員、研究者の選任や免職等は大学の自主的判断に基づいてされなければならないということが指摘できる。教育公務員特例法二条四項、五条、九条等は、この趣旨に基づき定められたものであると解される。」「しかし、憲法の規定やその趣旨から、個々の大学の教員・研究者の選任を、任期法の前記各規定に従って、教員らの自由意思に基づいて一定の任期付きで任用することが禁止されていると解することはできない。」「上記のとおり、任期法は、大学の自治を尊重し、これを保障する立場から、任期制の採用自体や再任に関する事項を大学の自主的判断に委ね、かつ、任期付きで任用される者の同意を任用の要件としているものである。したがって、再任に関する手続や再任基準等の事項を法律で定めていないことを理由として、任期法による任期制度が憲法二三条に違反するとすることはできない。」「また、京都大学は、その自主的判断により、再生研の任期付き教員の任用制度を採用し、かつ、同大学の自主的判断により再任の可否を決定する制度として、再生研の任期制度を構築しているものであるから、この再生研の任期制度が、大学の自治ひいては学問の自由の保障に反する制度であるとはいえない。」「大学の自治を尊重し、これを保障するとの点からすると、各学部の自治あるいは教育研究組織の自治も許されるというべきである。そうすると、個別の教育組織とその職についての再任に関する事項については、大学の評議会（教授会）でなく、当該学部や教育研究組織の判断に委ねて、その自主的判断によりこれを定めることは、むしろ、憲法の趣旨により合致するものであるといえる。したがって、任期法は、任期制による任用を採用した大学が、当該学部や教育研究組織に対して、上記の『その他再任に関する事項』を定めることを委任することまで排除しているとは考えられない。」

[58] 中野区立保育園非常勤保育士雇い止め事件（地位確認等請求控訴事件）
控訴人（一審原告）：非常勤保育士ら　**被控訴人**：中野区
非常勤保育士の雇い止めに対する慰謝料請求　**一部変更、一部棄却（確定）**
東京高判平19・11・28〈平一八（ネ）三四五四〉判時二〇〇二—一四九
⇩教基九条

[59] 京都市条件附採用分限免職事件（分限免職処分取消請求控訴事件）
控訴人（一審被告）：京都市　**被控訴人**：市立小学校教員
指導力欠如等を理由とする条件附き採用期間中の分限免職処分の取消請求　**控訴棄却（請求認容）**
大阪高判平21・6・4〈平二〇（行コ）六二〉判例集未登載（一審＝京都地判平20・2・28、上告審＝平22・2・25）

「確かに、教員は、次代を担う児童の学校教育を担当する者であるから、児童や保護者との関係で信頼を得る必要があり、教員としての指導力や適性を有することが高い水準で期待されるといえる。そして、教育という専門的な分野における適性判断であることからすれば、任命権者の判断には相当に広い裁量が認められるといえる。しかし、一方、条件附採用期間中の教員は、教員として十分な経験を経た者ではなく、今後研さん等に努めて成長していく過程の者であるから、当該期間中の職務成績が経験のある教員と比した場合、必ずしも十分でなかったとしても、直ちに、分限免職の対象となるとはいえず、教員として将来成長していくだけの資質・能力を有するか否かという観点から判断するべきである。」「そこで、検討するに、条件附採用期間中の教員に対する分限免職の趣旨については、上記のとおりであるが、具体的な事実関係において、裁量の範囲内にあるかどうかは、結局、処分行政庁の処分の前提として、職場で教員の指導・評価に当たる管理者等が、条件附採用期間の推移をみても当該教員が教員としての適格性を欠き、職務の円滑な遂行に支障を来すといわざるを得ず、それが、今後の、経験、研さんによっても改善される可能性が薄いと判断し、その判断が客観的で合理的なものであることが必要といえる。また、そのためには、被控訴人が新採の教員であることから、職場における適切な指導・支援態勢の存在と本人が改善に向けて努力をする機会を付与されたこと、ある程度の整合的・統一的な評価基準の存在が前提となるといえる（もっとも、これらの点は、具体的な事実関係に照らした総合判断的要素の面がある。）。その場合、個々の事象の評価に過度に拘るのではなく、一定の時間の経緯の中で評価すべきであり、また、教員の児童に対する指導方法については、裁量的な余地があることは否定できないから、主観的な評価の入る余地のある出来事を評価対象とすることはできるだけ避け、できる限り客観的で安定した方針の下で、今後の経験、研さんによっても、教員としての適性が備わることが困難であるかどうかを検討するのが相当である。原判決も基本的に同様の観点から、被控訴人には児童の指導や教員としての職務遂行、学級運営などについて不十分であった点は認められるが、児童や保護者らが被控訴人に対する信頼を失ったとすれば、その一因は、管理職や学校の被控訴人に対する態度にもあり、学級崩壊の原因も被控訴人の能力不足が主たる原因であるとは即断できず、管理職らの指導・支援態勢も必ずしも十分ではなかったなどの事情からすれば、被控訴人には簡単に矯正することのできない持続性を有する資質、能力、性格等に起因してその職務の円滑な遂行に支障を生ずる高度の蓋然性があるといえないし、管理職等の被控訴人に対する評価が客観的に合理性を有するものか否かが疑わしいと判断したものであり、前提となる事実関係の認定・評価と総合して是認できるものである。」

[60] 熊本県立高校教諭再任用拒否事件（国家賠償請求控訴、同附帯控訴事件）
控訴人（一審被告）：熊本県　**被控訴人**：県立高校教諭であった者
県公立学校再任用職員選考審査不合格決定に対する損害賠償請求　**棄却（確定　請求認容）**
福岡高判平25・9・27〈平二五（ネ）三九八・六一〇〉判時二二〇七—三九（原審＝熊本地判平25・3・13判例集未登載）

「再任用制度の趣旨は前述のとおりであり、職員が定年退職後の生活に不安を覚えることなく職務に専念できるよう雇用と年金の連携を図るとともに、職員の経験や実績を有効に活用することにあることから、任命権者は、再任用を希望する定年退職者については、できる限り採用するように努めることが求められていることに留意しなければならない（人事院事務総長通達平成一一年一〇月二五日管高—九七八号）。そうすると、任命権者に広範な裁量権があるとしても、再任用職員選考手続の合理性や採否の判断に関し、制度趣旨を考慮に入れた合理的な解釈をすることは許されるものといわねばならない。」「本件選考審査は、従前の勤務評定等と面接審査を総合的に判断するというものであったが、被控訴人に関しては、面接審査に誤りや著しく不適切ないし不公正な記載があったから、公平、公正な面接審査をしたと認めることができない。県教委において、再任用の合否判断に広範な裁量権があるとしても、自ら選考審査手続を定めて実施した面接審査において、著しく不適切ないし公正を欠く評価がされた場合、これを判断基礎とすることが選考審査として許されないことは自明であり、裁量権を著しく逸脱するものである。」

[61] 東京都立高校・中学校条件附採用免職処分事件（免職処分取消等請求事件）
原告：都立中・高校教員　**被告**：東京都教育委員会
正式採用の所見を「否」とされ、その後受けた免職処分の取消請求　**一部認容、一部棄却（控訴後棄却・確定）**
東京地判平26・12・8〈平二四（行ウ）六六八〉判時二二五九—一二五

「（地方公務員法二二条一項及び教特法一二条一項の）定めの趣旨は、一旦採用された職員の中に適格性を欠く職員が存在する場合、その職員を排除しようとする趣旨にあると考えられることからすれば、教員としての通常の能力を欠くと判断される場合に分限免職されるべきものである。そして、この判断に当たっては、任命権者に相応の裁量権があるが、前記のとおり、条件附の職員といえども、競争試験又は選考の過程を経て勤務しており、正式採用になることの期待を有するのであるから、上記裁量も純然たる自由裁量ではなく、その処分が合理性をもつものとして許容される限度を超えた不当なものであるときは裁量権の行使を誤ったものとして違法となる。したがって、上記処分のもととなる任命権者の判断が客観性を欠き、不合理な場合においては、裁量権の逸脱、濫用があるものとして分限免職処分が違法となると解せられる。」「教特法一二条一項において、一年間の条件附採用期間を設けた理由については、同法二三条で一年間の初任者研修を受けることと平仄をあわせたところにあるから、教員としての適格性を判断するにあたっても、本来、初任者研修による初任者への教育効果を踏まえて判断することが予定されているはずである。しかるに、十分な初任者研修が行われていないにもかかわらず、単なる原告の未熟な人格態度をもって、直ちに原告に教員としての適格性を欠くと判断することは相当ではない。特に、原告の協調性を高める研修効果があると思われる授業以外の研修（当該研修では生活指導力・進路指導力、外部との連携・折衝力、学校運営力・組織貢献力に関する研修が予定されている。）が、本来必要とされる六〇時間のうち七時間しか実施されておらず、そのことには、前記した平成二三年九月以降の指導教員不在が大きく影響していると思われる。かかる研修が十分なされない中で原告が協調性等に欠けると即断することには多大な疑問がある。校長の前記総合評価は、生活指導・進路指導に関する不合理な評価を含むほか、不十分な初任者研修にとどまった弊害に留意することなく判断したものとして、客観性を欠き、かつ不合理なものであったといわざるを得ない。」「本件処分は、校長の判断、それに依拠した都教委教育長の判断に依拠しているものと考えられるところ、前記に述べたところからして、任命権者の判断は客観性を欠き、不合理なものであって、裁量権の逸脱、濫用があるものと認められるから、本件処分は違法であって取消しを免れない。」

◆勤務条件

[62] 愛知県立松蔭高校時間外勤務手当支払等措置要求事件（措置要求に対する判定の取消請求事件）

原告：高校教員　**被告**：愛知県人事委員会

勤務条件に対する措置要求を認めないとする判定の取消請求　**棄却（確定）**

名古屋地判昭63・1・29〈昭六〇（行ウ）二五〉判時一二八六―四五

「給特法、給特条例の立法の趣旨、経緯、文言に照らすと、給特条例三条一項所定の教職調整額の支給は、前叙のような特殊性を持った教職員の総ての教育活動を業務ないし職務としたうえで、これに対する必要にして十分な代償措置（対価）としてなされたものと認めるには困難が伴うところである。」「しかして、当裁判所は給特条例七条に限定的に列挙された事項を超えて職務命令が発せられ、教職員が当該職務に従事した場合について、給特条例三条によって教職員の時間外勤務手当等に関する給与条例の規定の適用が当然に排除されるということはできず、そのような時間外勤務が命ぜられるに至った経緯、従事した職務の内容、勤務の実態等に照らして、それが当該教職員の自由意志を極めて強く拘束するような形態でなされ、しかもそのような勤務が常態化しているなど、かかる時間外勤務等の実情を放置することが同条例七条が時間外勤務を命じ得る場合を限定列挙して制限を加えた趣旨にもとるような事情のみ認められる場合には、給特条例三条によっても時間外勤務手当等に関する給与条例の規定の適用は排除されないと解するものである。」

[63] 高知県立幡多農業高校教諭社会教育主事転任処分事件（教諭の地位確認請求事件）

原告：県立高校教員　**被告**：高知県

県立高校教諭から県立青少年の家職員・社会教育主事への異動につき、県立高校教諭の地位の確認請求　**棄却（確定）**

高知地判平5・3・22〈平四（行ウ）七〉労判六二八―二三

「職としての社会教育主事制度は、現行法に反することはなく、その設置目的のうち、学校教員等から社会教育施設への専門的職員への転職を容易にし、よって社会教育施設の専門的職員の人材を学校教員等から確保しようという点には必要性、合理性があり、その制度内容にもその目的との一応の関連性も認められ、制度の具体的運用も設置目的に適合したものであると認められるから、社会教育法等の脱法であり違法であるとは認められない。」「公立学校の教員は地方公務員の外の教育公務員という特殊の身分にあるものではないことに照らすと、高知県立高校教諭は県教委に任命権がある高知県の地方公務員であり、その点では本件社会教育主事と同じであるので、教員から本件社会教育主事への異動は、県教委という同一任命権者の下での地位の変更にとどまり、教員の地位は失われるものの、高知県の地方公務員としての身分は失われないものと解される。したがって、本件異動は地方公務員法一七条一項にいう転任（前記規則にいう『転職』）であって、免職には該当しない。」

[64] 京都市立小・中学校時間外勤務手当事件（損害賠償請求控訴事件）（[65]の原審）

控訴人兼被控訴人（一審原告）：市立小中学校教員ら九名　**被控訴人**：各校長、京都市

公立学校教員の例外的時間外勤務以外の時間外勤務に対する損害賠償及び時間外勤務手当の請求等　**一部取消し、一部認容、一部棄却**

大阪高判平21・10・1〈平二〇（ネ）一五六四〉労判九九三―二五

「J校長は、一審原告Cの時間外勤務が極めて長時間に及んでいたことを認識、予見できたことが窺われるが、それに対して、改善等の措置を特に講じていない点において、適切さを欠いた部分があるというべきであり、一審原告Cの時間外勤務の時間からすると、配慮を欠くと評価せざるを得ないような常態化した時間外勤務が存在したことが推認でき、J校長は、同一の職場で日々業務を遂行していた以上、そうした状況を認識、予見できたといえるから、事務の分配等を適正にする等して一審原告Cの勤務が加重にならないように管理する義務があったにもかかわらず、必要な措置をとったとは認められないから上記義務違反があるというべきである。」

[65] 京都市立小・中学校時間外勤務手当請求事件（損害賠償等請求事件）（[64]の上告審）

上告人：京都市　**被上告人**：京都市立小、中学校教員

公立学校教員の例外的時間外勤務以外の時間外勤務に対する損害賠償及び時間外勤務手当の請求等　**破棄自判（被告敗訴部分を破棄）**

最三小判平23・7・12〈平二二（受）九〉判時二一三〇―一三九

「本件期間中、被上告人らはいずれも勤務時間外に職務に関連する事務等に従事していたが、勤務校における上司である各校長は、被上告人らに対して時間外勤務を命じたことはない上、被上告人らの授業の内容や進め方、学級の運営等を含めて個別の事柄について具体的な指示をしたこともなかったというのである。そうすると、勤務校の各校長が被上告人らに対して明示的に時間外勤務を命じてはいないことは明らかであるし、また、黙示的に時間外勤務を命じたと認めることもできず、他にこれを認めるに足りる事情もうかがわれない。」「したがって、勤務校の各校長は、本件期間中、教育職員に原則として時間外勤務をさせないものとしている給特法及び給与条例に違反して被上告人らに時間外勤務をさせたということはできないから、上記各校長の行為が、国家賠償法一条一項の適用上、給特法及び給与条例との関係で違法の評価を受けるものではない。」

◆研修等

[66] 北海道白老町立白老小学校校外自主研修事件（賃金請求本訴並びに不当利得返還請求反訴控訴事件）

控訴人（一審原告）：町立小学校教員　**被控訴人**：北海道

教研集会参加のため勤務しなかったことに対する給与減額の返還請求　**棄却（確定）**

札幌高判昭52・2・10〈昭四六（行コ）三〉判時八六五―九七

⇩教特二二条

[67] 名古屋市立小中学校研修不承認措置要求事件（措置要求に対する判定等の取消請求上告事件）

上告人（一審原告）：名古屋市人事委員会　**被上告人**：市立小学校教員

外国研修旅行を研修として承認するよう求める措置要求を取り上げない判定の取消請求　**棄却（請求認容）**

最三小判平6・9・13〈平一（行ツ）一三二〉労判六五六―一三

「上告人は、被上告人の本件措置要求に対し、これは勤務条件に関するものには該当しないから取り上げない旨の判定をしたというのである。しかしながら、本件措置要求が職員の勤務条件に関する側面を有することは否定できないから、上告人は、これを受理した上、措置要求に応ずることができるものかどうか、あるい

は、執ることができる適当な措置があるかどうかなどの点につき、審理すべきものである。そうすると、上告人が、当初から、本件措置要求を取り上げることができないと判定したことは、前記の地方公務員法四六条の趣旨に徴して、被上告人の手続的な権利ないし法的利益を害するものといわなければならない。

［68］多賀城市立小学校教諭長期特別研修事件（研修命令取消請求事件）

原告：公立小学校教諭　**被告**：多賀城市教育委員会

長期特別研修命令（二年間）の取消請求　**棄却（控訴）**

仙台地判平15・2・17〈平一四（行ウ）一五〉判タ一一四八－二〇四

「本件要綱に基づく長期特別研修命令は、その教員の職務に対する主体的意欲と児童生徒に対する指導力の伸長を促すことを目的として研修を命じるものであるから、本件命令は職務命令としての性質を有するものである。もっとも、本件命令による研修期間が一年間という長期間であること、勤務場所が原告の所属機関である多賀城市立A小学校からKセンターへと変更されること、勤務内容が学校における児童生徒への教育活動からそれ以外での研修活動へと変更されることに照らせば、本件命令は実質的には転任処分としての性格を有するというべきであるから、行政処分性を有するものである。」

◆公務災害

［69］豊橋市立学校教員公務災害事件（公務外認定処分取消請求事件）

原告：市立中学校教員　**被告**：地方公務災害補償基金　愛知県支部長

中学校教員の脳出血発症・後遺症に対する公務外認定処分の取消請求　**認容（控訴）**

名古屋地判平23・6・29〈平二〇（行ウ）一〇一〉判例集未登載、裁判所ウェブサイト

「教育職員が従事した勤務時間外の勤務が公務といえるためには、当該勤務が当該教育職員の職務の範囲に属するものであることを前提に、当該勤務が指揮命令権者である校長の指揮命令下に置かれた職務の遂行と評価できることが必要であるが、その指揮命令は黙示的なものでも足り、指揮命令権者の事実上の拘束力下に置かれたものと評価できるものであれば公務にあたるというべきである。」「もっとも、教育職員の勤務は、（中略）、非常に広範囲で、かつ、千差万別であるところ、教育職員の職務として義務付けられた職務遂行の範囲が明確ではなく、かつ、教科指導など、職務遂行のために事前に相当程度の準備行為を必要とする職務が少なくないこともあって、教育職員の職務遂行による業務量を定量的に捕捉することにはそもそも困難が伴う上、各教育職員にはその職務の特殊性から自主性、自発性、創造性に基づく職務遂行とそれによる成果の発揮が期待されており、その面からも、教育職員の勤務については、どこまでが職務命令に基づいた拘束下にある職務遂行であるのかの区別があいまいであることなどから、一般の行政事務職員と同様の勤務時間の管理をすることが非常に困難な側面があり、」「教育職員が所定勤務時間内に職務遂行の時間が得られなかったため、その勤務時間内に職務を終えられず、やむを得ずその職務を勤務時間外に遂行しなければならなかったときは、勤務時間外に勤務を命ずる旨の個別的な指揮命令がなかったとしても、それが社会通念上必要と認められるものである限り、包括的な職務命令に基づいた勤務時間外の職務遂行と認められ（給特法による包括的な手当で想定されている職務遂行にあたるといえよう。）、指揮命令権者の事実上の拘束力下に置かれた公務にあたるというべきであり、それは、準備行為などの職務遂行に必要な付随事務についても同様というべきである。」

［70］磐田市立小学校教員自殺事件（公務外認定処分取消請求事件）

原告：死亡小学校教員の父　**被告**：地方公務災害補償基金　静岡県支部長

小学校教員の死亡（自殺）に対する公務外認定処分の取消請求　**認容（控訴）**

静岡地判平23・12・15〈平二〇（行ウ）一二〉労判一〇四三－三二

「このように、Aが担当した四年二組では、指導に困難を要する複数の児童らの問題が当初から顕在化し、数々の問題行動が発生していたというべきである。」「これらは、個々の問題ごとにみれば、教師として経験するものであったとしても、Aの教師が経験するものであったとしても、Aの場合は、着任してわずか一か月半程度の期間に、数々の問題が解決する間もなく立て続けに生じた点に特徴があるのであり、かかる状況は改善される兆しもなかったことからすれば、新規採用教員であったAにとり、上記公務は、緊張感、不安感、挫折感等を継続して強いられる、客観的にみて強度な心理的負荷を与えるものであったと理解するのが相当である。」「Aは、平成一六年四月に着任して以降、立て続けに公務により強いストレスにさらされ、これに対する適切な支援も受けられなかったところ、かかる心理的負荷は、新規採用教員として初めてクラスを担任することになった者を基準とすると、相当に強度のものであったということができ、他方で、Aには公務外の心理的負荷や精神障害を発症させるような個体側の要因も認められない。」「これらの事情を総合すると、Aの精神障害（うつ病）は、公務による心理的負荷が、社会通念上、客観的にみて精神障害を発症させる程度に過重であった結果発生したものというべきであって、公務に内在ないし随伴する危険の現実化として発症したものということができる。」「Aの精神障害（うつ病）の発症は、その公務の中で、同種の公務に従事する労働者にとって、一般的に精神障害を発症させる危険性を有する心理的負荷を受けたことに起因して生じ、増悪したものとみるのが相当であり、Aの自殺は、上記精神障害の結果、正常の認識、行為選択能力が著しく阻害され、また、自殺行為を思い止まる精神的な抑制力が著しく阻害されている状態で行われたものというべきである。」「そうすると、Aの公務と同人の精神障害の発症及び自殺との間に相当因果関係を肯定することができるから、本件自殺を公務外の災害と認定した本件処分は違法であり、取消しを免れない。」

［71］広島市立高校教諭自死事件（公務外認定処分取消請求控訴事件）

控訴人（一審被告）：地方公務災害補償基金広島県支部長　**被控訴人**：死亡県立高校教員妻

高校教員の死亡（うつ病　自殺）に対する公務外認定処分の取消請求　**棄却（確定　一審請求認容）**

広島高判平25・9・27〈平二五（行コ）六〉労判一〇八八－六〇

「本件自殺が公務に起因するか否かは、本件精神疾患の発症後に（職場復帰により）従事した公務のみでなく、本件精神疾患の発病前に従事した公務も併せて判断すべきである。そして、上記の認定事実によれば、Eは、公務に起因して本件精神疾患を発症した上、平成一三年一一月二六日に職場復帰した後も、本件精神疾患のため正常でない精神状態において、生徒から以前と同様に暴言を吐かれたり、反抗的態度をとられたりすることがあり、同年一二月には、校舎内で数名の女子生徒に囲まれて『死ね』『キモい』『学校に来るな』等の暴言を受けて、精神的な衝撃を受け、本件精神疾患が増悪した状況で本件自殺に至った（なお、控訴人が主張するように、Eが病気休暇をとることなく職場復帰した理由が病気休職による給与の減額を避けるためであったとしても、Eの公務と自殺との間の上記因果関係の判断を妨げる理由はない。）。すなわち、Eの公務と自殺との間には相当因果関係があると認めるのが相当である。」

［72］福井県・若狭町（町立中学校教員）事件（損害賠償請求事件）

原告：死亡した中学校教員の相続人　**被告**：福井県、若狭町

中学校教員の死亡（自殺）に対する損害賠償請求　**一部認容（確定）**

福井地判令1・7・10〈平二九（ワ）三七〉判時二四三三－九八

「本件校長は、亡Cの業務遂行に関し、精神的に余裕がなく、在校時間も非常に長く、身体的にも疲労を感じていることをうかがわせる情報を得ていたのであるから、亡C又は他の教員に対する聞き取りなどにより、亡Cの所定勤務時間外の業務時間やその正確な内容把握を行えば、遅くとも九月までには、亡Cの所定勤務時間外の業務時間及び業務内容が、通常の一般労働者にとっても過重なものとなっており（これ

は教員であったとしても変わることはない。）、亡Cの心身の健康状態を悪化させ得るものであったことを認識可能であったと認められる。それにもかかわらず、本件校長は、亡Cに対し、早期帰宅を促す等の口頭指導をするにとどまり、これらの事項についての把握を行った上で、亡Cの業務内容変更などの措置をとらなかったのであるから、本件校長は、亡Cに対する安全配慮義務の履行を怠ったものといわざるを得ない。」「亡Cは業務の過重性に起因する何らかの精神疾患を発症し、これにより自殺に至ったことが認められるところ、業務の過重性は本件校長の安全配慮義務違反によりもたらされたものであるから、同義務違反と亡Cの死亡との間に相当因果関係が認められる。」「被告らは、亡Cが、メンタルヘルスの相談を利用していなかったこと（中略）を指摘し、これらの事情から過失相殺をすべきであると主張している。」「しかし、被告らが設けていたメンタルヘルス対策制度は、一般的なものにとどまる上、亡Cの勤務状況に鑑みれば、本人からの積極的な利用が期待できたともいえないから、同制度を利用しなかったことに過失があるとは認められない。」

◆セクシュアル・ハラスメント等

[73] 東北大学大学院セクハラ事件（損害賠償請求事件）

控訴人（一審被告）：大学教員　**被控訴人**：大学院生

指導教員である大学教員からの性的関係の強要等に対する損害賠償請求　**棄却（一審請求認容）**

仙台高判平12・7・7〈平一一（ネ）二七八〉判例集未登載、裁判所ウェブサイト

「被控訴人と控訴人との関係は、次第に教育上の支配従属関係が強化されていったものであり、それといわば比例するような形で控訴人の被控訴人に対する性的行動がエスカレートしていった。」「被控訴人は、不安神経症に罹患し、控訴人の行為の真の意味を自覚し、適切な対応措置を講ずることができずに、控訴人による認定の諸行為をいわばなす術もないままに受け続けざるを得ないでいたものである。」「そして、被控訴人は、交際相手と別れることを余儀なくされ、控訴人と三回目の肉体関係を持ったことで、惨めな気分に陥っていた被控訴人に対し、控訴人が非情な言葉を吐いたことなどがきっかけとなって、次第に右行為の真の意味と自らの立場を認識し始め、組合を通じてセクハラ被害を理由とする控訴人の懲戒要求をするに至ったものと理解でき、また、セクハラ行為があった期間は、論文作成や研究発表等の被控訴人の業績ができあがった時期と重なっており、被控訴人にとって、自己の研究者としての将来を左右し兼ねない論文作成や研究発表を控えていたので、被控訴人としては、これらの作業や評価につき影響力をもつ控訴人の意思に逆らえなかったし、これに加えて、被控訴人は不安神経症に罹患しており、控訴人の行為に対し適切な対応措置をとり難い心的状態にあったことが認められる。」「控訴人は、控訴人が認定のような行為に出たのは、被控訴人が控訴人に対し恋愛感情を抱いているとの誤信に基づくもので、控訴人がそう誤信したことについては被控訴人にも責任があるから、これを慰謝料額の算定において考慮すべきである旨主張するけれども、認定の事実関係からすれば、被控訴人が博士課程に進学した平成七年四月まで被控訴人が自己の指導に当たってくれた控訴人に恩義を感じ、かつ師弟間における信頼関係の形成を望んでいたことが明らかではあるものの、それ以上の感情や態度をもって接していたとまでは認められないし、被控訴人が博士課程に進学後もこの基本的姿勢には変わりがなかったものであるところ、控訴人において、被控訴人が不安神経症に罹患していることを知ってからは、これを奇貨として、被控訴人をして控訴人の意思に逆らえないように仕向けた挙げ句、肉体関係を結ばせるまでに至っているのであって、被控訴人が控訴人に対して恋愛感情を抱いているものと誤信したものとは到底認められず、控訴人の主張は採用できない。」「本訴に至る経緯、控訴人の応訴態度、本件の難易性の程度、慰謝料認容額等の事情を考慮すると控訴人の被控訴人にかかる弁護士費用負担は相当であり、被控訴人の慰謝料請求は正当として認容すべきである。」

[74] 秋田県立高校部活動セクハラ事件（準強制わいせつ被告事件）

被告人：県立高校教員・部活動顧問兼監督　生徒ら四名に対するわいせつ行為　**有罪（控訴）**

秋田地判平25・2・20〈平二四（わ）四〇他〉判例集未登載

「本件各行為はいずれも部活動での宿泊時等に行われ、被告人の被害者らへの影響力が及びうる状況下であった。さらに、恋愛感情等の性的行為を受け入れる積極的事情がないのに被害者らが被告人の行為を抵抗もなく甘受したのであれば、被害者らが被告人には逆らいえないとの心理状態にあったことを推認させるといいうる。本件各行為につき被害者らは心理的に抵抗することが著しく困難であり抗拒不能の状態にあったものであるから、準強制わいせつ罪の成立が認められる。」

[75] 福井県立高校教員セクハラ事件（国家賠償請求控訴事件）

控訴人（一審原告）：県立高校教員　**被控訴人**：福井県

同僚教員からのセクハラ及び校長、教委担当者の対応等により退職を余儀なくされたことに対する損害賠償請求　**変更（請求一部認容）**

名古屋高金沢支判平25・9・4〈平二四（ネ）二〇七〉判例集未登載（原審＝福井地判平24・7・18判例集未登載）

「本件忘年会や本件卒業祝賀会は、本件高校の職員が多く参加する行事として設定されたものであり、その懇親会等に職員の大多数が出席することが想定され、その目的が職員相互の親睦を深め円滑な職務遂行の基礎を形成することにある場合に該当し、本件旧教職員指針にいう『職場の人間関係がそのまま持続する歓送迎会等の酒席の場』にも当たることが明らかであるから、本件忘年会や本件卒業祝賀会においてされた本件セクハラ発言は、『職務を行うについて』されたものと認められる。よって、被控訴人は、控訴人に対し、被控訴人の公務員であるC教諭が行った本件セクハラ発言により控訴人に生じた損害を賠償する義務を負う。」「学校教育課からセクハラ発言への対応を依頼されたD校長としても、セクハラ被害を申告した控訴人が求めるものは何であるか、すなわち、今回は話を聞いてほしいだけであるのか、加害者からの事実関係の聴取に進んでよいか等の確認を取るべきであったものである。しかるに、D校長は、本件旧指針の内容をそもそも把握していなかったため、控訴人がセクハラ被害の申告をしたことをC教諭に知られたくないとの意思を明示し、C教諭からの事実関係の聴取に同意していないのに、控訴人の名前を出さなくても、C教諭にセクハラと受け取られるような発言をしたことはないかと質問をすれば、控訴人がセクハラ被害を申告したとC教諭が推測することが十分予想される状況下で、E教頭をして、セクハラと受け取られるような発言をしたことはないかと確認させたものである。なお、D校長は、E教頭をしてC教諭から事実関係を聴取させながら、同教諭の返答内容を控訴人に伝えず、控訴人の意見を聴いて第三者から事情聴取することもしなかったため、控訴人が二次被害の発生を予想した行動をとることを困難にさせ、かつ、本件セクハラ発言の有無の事実確認も困難にするなどの事態を招いているが、D校長の上記行為も、本件旧相談指針の趣旨に反する行為であるといわざるを得ない。D校長の対応は、本件旧相談指針及びその趣旨とするところに照らし、国家賠償法上違法なものであり、D校長に過失もあったといわざるを得ない。」

◆教職員の懲戒・分限

[76] 福岡県教組内申抜き処分事件（懲戒処分取消請求事件）

上告人（一審原告）：福岡県公立高校教員、福岡県教職員組合組合員　**被上告人**：福岡県教委

公立小中学校教員らのストライキ参加につき県教委が市町村教委の内申を経ずに行った懲戒処分の取消請求　**棄却（確定）**

最一小判昭61・3・13〈昭五七（行ツ）七八〉判時一一八七－二四

⇩地教行三八条

[77] 東京都教育委員会事件（懲戒処分取消及び損害賠償請求控訴事件）

控訴人（一審被告）：東京都教育委員会　**被控訴人（一審原告）**：東京都公立高校教員
六か月の停職処分の取消しを認めた原判決を**一部棄却、一部取消し**
東京高判平30・10・24〈平三〇（行コ）一七七〉労働判例ジャーナル八三—四八
「被控訴人は、都立高校の教員であり、非違行為を理由として、懲戒免職の懲戒処分（本件免職処分）を受け、懲戒免職処分取消訴訟の結果、本件免職処分を取り消す判決が確定したが、その後、ほぼ同じ理由により改めて停職六月の懲戒処分を受けた。」「本件は、被控訴人が、控訴人に対し、停職処分の取消しを求めるとともに、違法な公権力の行使により精神的苦痛を受けたとして損害賠償を請求した事案である。原審（東京地判平30・4・25）は、被控訴人の本件停職処分取消請求を認容する一方、損害賠償請求を棄却した。これに対し、控訴人が控訴した。」「被控訴人は、勤務校の女子生徒であった生徒Aに対し、約七か月半にわたり、合計八四五通もの私的なメールを送信しており、その中には、職務専念義務違反に該当する行為を約三週間にわたり行ったことが含まれ、しかもその中には性的な内容や恋愛感情の表現を含む多数のメールが含まれていた。また、被控訴人は、生徒Aに対し、ネックレスを買い与え、別の同高生徒に不快感を与える事態を招くとともに、生徒Aに対して携帯電話の充電器、化粧水等を買い与えた。」「被控訴人のこれらの非違行為（以下「本件非違行為」という。）は、教員として生徒と適正な関係を保つという基本的なルールに反するものであり、いずれも不適切で常軌を逸したものであった。したがって、被控訴人の本件非違行為は、教育公務員としての職の信用を傷つけ、職全体の不名誉となるものであり、地公法三二条及び三三条に違反し、同法二九条一項各号の懲戒事由に該当する。」「本件非違行為の重大悪質性や本件非違行為の及ぼした影響等に鑑みると、本件停職処分を科した都教委の判断は、処分の選択が重きに失するものとして社会通念上著しく妥当を欠くものとはいえず、本件停職処分は懲戒権者としての裁量権の範囲を超え又はこれを濫用したものとして違法であるとはいえない。」「なお、懲戒処分の取消判決が確定すると、懲戒処分がされていない状態に戻るのであるから、都教委は、懲戒権者として、改めて本件非違行為に対する懲戒処分をすることができる。したがって、本件停職処分は都教委の懲戒権の正当な行使であって、これをもって実質的な二重処罰に当たるとか一事不再理の精神に反するなどということはできない。」

[78] **埼玉県教委事件**（懲戒免職処分取消請求事件）
控訴人（一審被告）：埼玉県、埼玉県教委　**被控訴人（一審原告）**：町立中学校教諭
非違行為を理由に懲戒免職処分に付された被控訴人が懲戒権の濫用を理由として処分の取消しを求めた事案　**原判決取消自判（請求棄却）、上告審　棄却・不受理**
東京高判平30・9・20〈平二九（行コ）三九二〉判時二四一三・二四一四—三〇
「本件は、被控訴人である町立中学校の教諭が学外の一五歳の女子と交際し、キスをするなどの非違行為（本件非違行為）があったとして、控訴人によって地公法二九条一項一号及び三号の規定にもとづき懲戒免職処分に付されたことについて、本件処分は、社会通念上著しく妥当性を欠き、裁量権の範囲を逸脱した違法なものであるとして、本件処分の取消しを求める事案である。」「一審判決（さいたま地判平29・11・24）は、本件非違行為が地公法三三条に違反し、同法二九条一項一号及び三号の懲戒事由に該当すると認められるが、両者が将来を見据えて真剣に交際をしており、非違行為の態様として著しく悪質であるとはいえない等の事情の下では、被控訴人に対し、懲戒免職処分とすることは、社会観念上著しく妥当を欠き、その裁量権の範囲を逸脱しこれを濫用したものとして違法であるとしたため、控訴人が控訴したものである。」「被控訴人は、一五歳の本件女子生徒と本件保護者の同意を得ないまま交際し、自身の居住する本件アパートの合鍵を渡し、入室させ、キスや抱擁を相当回数行い、午後一〇時頃、本件アパートに一緒に帰宅した際には、本件女子生徒を宿泊させた上、同じベッドで就寝したなどというものであるから、単発的・偶発的な行為ではなく、多数回にわたり継続的に行われたものであるし、本件条例の刑事罰の規定（二一条二項、一九条一号）に抵触する行為も含み、外形的に見ると、本件女子生徒との間で性的関係を持ったものと受け取られかねないものでもあるから、その程度としても深刻、重大というべきである。」「なお、本件女子生徒が自校の生徒でないとしても、教育公務員の立場にある者が自校の生徒と同じ年代の教え子であった女子生徒と交際することによって自校の関係者等に生じる影響は、自校の女子生徒と交際する場合と異なることはないということができる。」「そうすると、他に軽減できるような特段の考慮要素は見当たらないから、本件処分において停職より重い処分である免職が選択されたことが不合理であるとは到底いえず、処分権者である県教委の裁量の範囲内の処分量定であるというべきである。」

[79] **都教委懲戒免職等取消請求事件**（懲戒免職処分取消等請求事件）
原告：公立中学校教諭　**被告**：東京都・都教委
非違行為を理由に懲戒免職処分及び退職手当全額不支給処分に付された原告がその取消しを求めた事案　**請求をいずれも棄却**
東京地判平29・6・26〈平二八（行ウ）一一九〉労働判例ジャーナル七〇—三四
「原告は、スーパーマーケット等において複数回にわたり万引きを繰り返し、反省の機会を与えられていたにもかかわらず、平成二六年一〇月二三日、窃盗の容疑で逮捕、勾留された。その後、略式起訴され、罰金三〇万円を支払って釈放された。都教委は、この非違行為を理由に、原告に対して本件免職処分及び本件不支給処分を行った。これに対して原告が両処分の取消しを求めた事案である。」「教育公務員は、生徒に模範を示し生徒を健全に育成すべき職責を有する者として高度の倫理性の保持を求められるところ、中学校教諭である原告は、本件各非違行為に限っても三回の窃盗（万引き）を繰り返したものであり、特に本件非違行為については、逮捕・勾留されて罰金三〇万円を命じられた上、全校生徒及び保護者への説明が行われており、本件各非違行為によって教職員及び公立学校の学校運営等に係る信用を著しく傷つけられたものといえ、その結果は重大である。本件各非違行為について、それ自体の態様が悪質、被害重大とまではいえないこと、原告の勤務態度に特段問題は認められないこと、原告に懲戒処分歴はないことなど、原告に酌むべき事情を考慮しても、本件免職処分は、裁量権を濫用し、又はその範囲を逸脱したとは認められない。」「原告は教育公務員として高度の倫理性が求められる職務を担当する、責任ある立場であるにもかかわらず、本件各非違行為を含め多数回の同種の窃盗（万引き）行為に及んでおり、本件各非違行為は公務に対する都民の信頼を大きく損ない、かつ、公立学校並びにその教職員及び学校運営に係る信用をも著しく失墜させたという意味において、公務に及ぼす影響も重大であることを勘案すれば、原告の勤続年数が三四年余りであり、その間原告の勤務態度に特段問題が認められないこと、原告に本件以外の懲戒処分歴がないことなど、原告にとって有利な事情を斟酌しても、本件不支給処分をした都教委の判断に裁量権の範囲の逸脱又はその濫用があったとは認められないというべきである。」

[80] **佐賀県立唐津南高校分限免職処分事件**（損害賠償請求事件（甲事件）、分限免職処分取消請求事件（乙事件））
原告：県立高校教員　**被告**：佐賀県教育委員会
指導力不足教員と認定され、研修を受けたにもかかわらずなされた分限免職処分の取消請求　**棄却（控訴）**
佐賀地判平25・10・18〈平一九（ワ）六七一、平二〇（行ウ）一〇〉労働判例ジャーナル二二—三
「原告は、平成一五年度認定以前から、通常の教員が有する指導力を有していなかったところ、本件各研修を経たにもかかわらず、①教科に関する専門的知識、技術等が不足しており、②指導方法が不適切であるため、学習指導を適切に行うことができず、児童・生徒の心を理解する能力及び意欲に欠け、学級経営、生徒指導等を適切に行うことができない状況にあり、③生徒、保護者及び地域に、教育に対する不信を

与えると同時に、所属校の校務運営上、重大な支障を与える状況が続いていたといわざるを得ない。」「したがって、原告については、遅くとも平成二〇年三月の時点において、今後研修を継続したとしても、もはや指導力不足が解消する見込みはなく、原告の簡単に矯正することのできない持続性を有する素質、能力、性格等に基因して、その職務の円滑な遂行に支障があり、少なくとも支障を生ずる高度の蓋然性があったと認めるのが相当である。以上検討したところを踏まえて総合的に考慮すると、本件分限免職処分が原告の公務員たる地位を失わせるという重大な結果を招来するものであることに照らして、原告に有利な事情を最大限斟酌し、特に厳密、慎重に判断したとしても、佐賀県教育委員会が、教員という職責の重大性を踏まえて、原告の指導力不足の内容及び程度、今後指導力不足が解消する見込みの有無等の諸事情を考慮の上、原告について勤務実績が良くない場合に当たり、かつ、その職に必要な適格性を欠くとして、本件分限免職処分をしたことは、社会観念上著しく妥当を欠くものとはいえず、その裁量権の範囲を逸脱し、又はそれを濫用したものとは認められないから、適法というべきである。」

[81] 羽村市立中学校分限免職取消請求事件
(分限免職処分取消請求事件)
原告：市立中学校教員　**被告**：東京都
指導力不足を理由とする分限免職処分の取消請求　**棄却**
東京地判平26・9・10〈平二四(行ウ)二一八〉判例集未登載

「地教行法四七条の二は、県費負担教職員について、地公法二七条二項及び二八条一項(分限処分事由)の規定にかかわらず、一定の要件を満たす場合には地教行法上の免職・採用をすることができる旨を規定しているところ、その趣旨は、県費負担教職員が分限処分事由に該当しない場合であっても、地教行法四七条の二第一項各号の要件(1)児童又は生徒に対する指導が不適切であり、かつ、(2)研修等必要な措置が講じられたとしてもなお児童又は生徒に対する指導を適切に行うことができないと認められること。)を満たす場合には、都道府県委員会においてより適切な対応を可能にするべく、当該県費負担教職員を都道府県の教員等以外の職に異動させることを可能にしたものと解される。したがって、地教行法上の免職・採用の制度は、地公法が規定する分限免職の制度とは目的の異なる別個の制度というべきである。以上によれば、原告が、指導力不足等教員の決定、ステップアップ研修(長期コース)の受講という人事上の措置を経て、なお児童等に対する指導を適切に行うことができないとの認定を受けたものの、本件採用選考に不合格となったことを受け、地教行法上の免職・採用の制度が適用されなくなったことの一事をもって、直ちに、地公法が規定する分限免職の要件を充足するというものではないというべきである。」「そこで、本件処分が地公法の規定する分限免職の要件を充足するか否かを検討するに、本件処分は、原告が地公法二八条一項三号に該当することを理由としてなされたものであるところ、同号にいう『その職に必要な適格性を欠く場合』とは、当該職員の簡単に矯正することのできない持続性を有する素質、能力、性格等に基因してその職務の円滑な遂行に支障があり、又は支障を生ずる高度の蓋然性が認められる場合をいうものと解される。そして、この意味における適格性の有無は、当該職員の外部に表れた行動、態度に徴してこれを判断すべきであり、その場合、個々の行動、態度につき、その性質、態様、背景、状況等の諸般の事情に照らして評価すべきであることはもちろん、それら一連の行動、態度については相互に有機的に関連付けて評価すべきであり、さらに、当該職員の経歴や性格、社会環境等の一般的要素をも考慮する必要があり、これら諸般の要素を総合的に検討した上、当該職に要求される一般的な適格性の要件との関連においてこれを判断しなければならない。当該分限処分が免職である場合には、当該職員が現に就いている職に限らず、転職の可能な他の職をも含めてこれらすべての職についての適格性を欠くものかどうかを特に厳密、慎重に判断する必要があるものと解するのが相当であり、職員分限条例三条三項もまた、同旨を規定するものと解するのが相当である。」「以上の諸事情を総合的に考慮すれば、原告は、学習指導、学級経営、生活指導等の教員としての職務の円滑な遂行に支障があり、又は支障を生ずる高度の蓋然性が認められるというべきであって、かつ、このことは、原告に対しこれまで繰り返し行われた様々な指導によっても改善されず、再度の研修等により、これを改めることは極めて困難と評価するほかない。これらの問題点は、原告の簡単に改めることのできない持続性を有する素質、能力、性格等に基因するものと認めるのが相当である。」

◆組合活動

[82] 広島県教組呉教研集会会場使用拒否事件
(損害賠償請求上告事件)
上告人(一審被告)：呉市　**被上告人**：広島県教職員組合
教育研究集会のための市立学校体育館等学校施設の使用申出拒否に対する損害賠償請求　**棄却**
(確定　一審請求一部認容)
最三小判平18・2・7〈平一五(受)二〇〇一〉判時一九三六―六三
⇩憲二一条

[83] 大阪市教組教研集会会場使用拒否事件
(会場使用許可処分義務付等請求事件(第一事件)、会場使用許可処分の義務付け等請求事件(第二事件))
原告：大阪市教員組合　**被告**：大阪市、市立小学校長ら
教育研究集会のための市立学校の目的外使用許可申請不許可処分の取消及び損害賠償請求　**一部認容、一部棄却、一部却下(控訴)**
大阪地判平26・11・26〈平二四(行ウ)一六四、平二五(行ウ)一五六〉判時二二五九―一一四

「教研集会は、原告の労働運動としての側面を有するものの、教員らによる自主的研修としての側面をも有しており、その側面に関する限りは、自主的で自律的な研修を奨励する教育公務員特例法二一条、二二条の趣旨にかなうものである。そして、証拠(原告代表者)によれば、原告が、遅くとも平成一九年以降、本件条例の施行前まで、年一回、教研集会の会場として被告の学校施設を使用することを許可されていたことが認められ、この事実は、教研集会を目的として学校施設を使用することが相当なものであることを強く窺わせる事情である。そして、証拠及び弁論の全趣旨によれば、原告が、これまで被告の学校施設を教研集会の会場として使用したことによって、学校教育上の支障が生じたことはなかったことが認められる。また、前記の認定事実のとおり、第三者調査チームによって作成された本件調査報告においても、学校施設の目的外使用については何ら触れられていないし、本件全証拠を検討してみても、本件各不許可処分がなされた時点において、原告と被告との関係が不適正又は不健全な労使関係にあったことや、学校施設を教研集会の会場として使用することが原告の自主性を阻害していることを窺わせるような証拠も見出せない。そうすると、本件各不許可処分は、前述のとおり考慮すべきでない考慮要素(本件条例一二条の存在)のみを考慮している点において判断が明らかに合理性を欠いており、他方、当然考慮すべき事項(教研集会の意義、学校教育上の支障のないこと、原告の自主性を阻害しないこと)を十分考慮しておらず、その結果、社会通念に照らし著しく妥当性を欠いたものといえ、学校長の裁量権を逸脱・濫用したもので、その余の点を判断するまでもなく違法というべきである。」「確かに、被告が主張するとおり、地方公務員である両校長は、条例に従う義務があるが(地方公務員法三二条)、同時に当然のことながら条例の上位規範たる憲法を尊重・擁護する義務を負っているのであって(憲法九九条)、本件各申請を行った職員団体である原告は憲法二八条によって団結権等を保障されている以上、本件条例一二条を本件各申請に適用して本件各不許可処分を行ったことが原告の団結権等を違法に侵害すると評価される場合には、本件条例一二条は憲法二八条に違反するものとして効力を有しないことになるのであるから(憲法九八条一項)、両校長は、本件各不許可処分を行うに当たっては、本件条例一二条を適用して本件不許可処分とすることが原告の団結

権等を侵害するものではなく適法であるといえるか否かについて、慎重な検討を行うべき職務上の注意義務があったというべきである。したがって、両校長においても、本件条例施行とほぼ同時にされた平成二四年度の許可申請を含む本件各申請に本件条例一二条を適用して本件各不許可処分を行うことが、原告に保障されている団結権等を違法に侵害するおそれはないか否かを検討するなど、その職務上通常尽くすべき注意義務を尽くしていれば、当然に原告の団結権等を違法に侵害することを認識し得たというべきである。そうすると、両校長が、本件各申請に本件条例一二条を適用して本件各不許可処分を行ったことは、国家賠償法上も違法の評価を免れないものといわざるを得ない。」

◆日の丸・君が代

[84] 阿倍野高校事件（公務執行妨害被告事件）

被告人：大阪府立高校教職員組合副執行委員長

高校における日の丸掲揚問題についての団体交渉の際の暴行を理由とする公務執行妨害　**無罪**

大阪地判昭47・4・28〈昭四〇（わ）六一一〇〉判タ二八三―二五六

「国旗掲揚の問題は、国旗を掲揚するという物理的な側面と愛国心の涵養を目的とする教育的な側面を持ち、前者は学校の管理、運営の問題ということができるが、その教育的な側面と切り離し得ない不可分の関係にあって、教育的側面を抜きにしてこの問題を論ずることはできない。そしてこの教育的側面は、主に愛国心涵養の是非、国旗掲揚の方法によることの当否というすぐれて教育的な性格を有する問題である。ところで、一般的には、愛国心の涵養を目的とする国旗掲揚の是非については、各人の持つ感情、経験、価値観等によってそれぞれ異なる考え方があり、本件においても校長と職員との間に鋭く意見が対立していたことは前説示のとおりであるが、一概にその教育効果の是非を結論づけることはできないと思われるので、校長の考え方にも一理あるが、被告人の考え方にも相当の理由があるという判断に止めることとする。唯言えることは、このようないずれの見解が是か非か容易に決めがたい教育内容に関する問題については校長が、教職員と良く話し合って、納得の上で実施することが望ましいということである。」「府高教は実質的には労働組合であるとはいいながら、一面において教員の組織体としての専門職能団体たる性格を兼ね備えていることは否定できないから、国旗掲揚の是非という教育内容に関して、校長に話し合いを求めても違法・不当とは言えない。」

[85] 宗像市立自由が丘小学校君が代斉唱計画事件（君が代斉唱計画処分取消請求事件）

原告：児童の保護者　**被告**：市立小学校長

卒業式における君が代斉唱処分計画の取消請求　**却下（控訴後棄却）**

福岡地判昭55・6・20〈昭五五（行ウ）五〉判時九九七―一〇三

「行訴法三条二項によれば、処分の取消しの訴えとは、行政庁の処分その他公権力の行使に当たる行為の取消しを求める訴訟をいうのであるが、ここに『行政庁の公権力の行使に当たる行為』とは、それがなされることにより、当該行為の相手方ないし第三者の権利義務又は法律上の地位に対して何らかの法的効果を及ぼすものでなければならないと解されるところ、本件訴えの対象となっている君が代斉唱計画なるものは、原告の主張を前提としてみても、小、中、高等学校のいずれを問わず、そこで挙行される入学式、卒業式等の式典における式次第の一部にすぎないものであって、それ自体はもとより、これに基づいて計画どおり斉唱がなされても、そのことによって、原告を始め、当該式典に参列する児童生徒、父兄、教職員、その他の関係者らのいずれの権利義務に何らの変動を生ずるものでないことは、明白なところである。」「そうすると、原告の本件訴えは、処分の取消しの訴えの対象となし得るところの、『行政庁の公権力の行使に当たる行為』以外の事項につき訴えを提起していることになるから、行訴法三条二項の要件を充足しているとは、とうてい認め難い。」

[86] 大阪市立鯰江中学校日の丸掲揚慰謝料請求事件（損害賠償請求事件）

原告：市立中学校教員　**被告**：大阪市教育委員会

卒業式での日の丸掲揚に対する抗議発言等を理由とする訓告処分に対する損害賠償請求　**棄却（控訴）**

大阪地判平8・3・29〈平四（ワ）五七六八〉労判七〇一―六一

「現在においては、日の丸を日本国国旗とする慣行と国民的確信が既に形成されており、それは一種の慣習法となっていると認められる。」「したがって、国家や地方公共団体が、教師に、日の丸を掲揚される卒業式等に出席し、その式典の事務運営をする義務を課しても、それは、右教師の内心の世界観等の告白を強制するものではなく、これをもって、思想及び良心の自由を侵害する強制行為があったということはできない。」「国旗掲揚条項の右趣旨は、憲法を受けた教育基本法一条にいう教育の目的に反するものとは言い難く、その性質上、全国的になされることが望ましいものであるから、これを学習指導要領の一条項として規定することは、教育における機会均等の確保と全国的な一定の水準の維持という目的のために、必要なものということができる。」

[87] 福岡市立長尾小学校卒業式ゲルニカ事件（戒告処分取消請求事件）

原告：市立小学校教諭　**被告**：福岡市教育委員会

卒業式中の担任児童の国歌斉唱拒否発言等に呼応するようにこぶしを挙げたことに対する戒告処分の取消請求　**棄却（控訴）**

福岡地判平10・2・24〈平六（行ウ）三〉判タ九六五―二七七

「本件挙手が本件卒業式の卒業生退場時に行われたものであること、その態様も生徒を引率しながらうつむき加減に右手こぶしをかかげるというもので、むしろ卒業生らに向けられたものとは捉えにくいものであったこと、及び、本件卒業式においては、児童の君が代斉唱拒否の発言、君が代斉唱時の多数の卒業生の着席、児童の意見表明時における来賓と保護者の大声でのやり取りという混乱があったことを考慮すれば、本件挙手は来賓や保護者に対する抗議ないし勝利の意思表示と評価すべきものと認められる。」「本件卒業式における卒業証書授与の際の決意表明は、六年間の小学校生活の思い出を踏まえ、中学校生活をはじめとする将来に向けて期するところを保護者及び来賓等に対して表明し、各卒業生に自らの決意を新たにしてもらう趣旨で設けられたものと思われ、児童の発言は右趣旨に沿うものではなく、小学校生活の締めくくりとしての卒業式の場に相応しいものではないという意味で、常識的にみて適切なものとはいえない。」「例示とはいえ、被告が処分理由中に児童の発言を摘示したことは、教育的立場からの児童への配慮を欠いた憾みがあるし、児童の発言のみならず来賓等の野次も卒業式混乱の一因となっていたことを考えると、本件処分理由中の表現は舌足らずなものであるというべきであるが、そのことの故に前記のとおり原告に対するものであることが明らかな本件処分が事実を誤認した違法なものと評価されることにはならない。」「本件処分に重大な事実誤認は存在せず、本件着席及び挙手という原告の各行為は、教育公務員としての職の信用を傷つけたと認められるから、地公法三三条の信用失墜行為に該当する。」「本件処分理由中に掲げられた事実のほか、本件着席が原告の意思に基づくものであると認められること、本件挙手が来賓や保護者に対する抗議ないしは勝利の意思表示と認められることを考慮すれば、戒告処分という、懲戒処分としては最も軽い形式による本件処分が、社会観念上著しく妥当を欠くものとはいえず、懲戒権の濫用によるものと判断することはできない。」

[88] 北九州市立学校君が代斉唱拒否処分事件（戒告処分取消等請求事件）

原告：公立学校教員ら　**被告**：北九州市教委

卒業式・入学式における国歌斉唱の際に起立せず斉唱しなかったことを理由とする懲戒処分の取消及び損害賠償請求　**一部認容、一部棄却**

福岡地判平17・4・26〈平八（行ウ）二二、平一二（行ウ）四〉判例集未登載

⇩教基一六条

[89] 東京都君が代予防訴訟事件（国歌斉唱義務不存在確認等請求事件）

原告：都立学校教員ら　**被告**：東京都教育委員

会
入学式・卒業式において国旗に対し起立し国歌を斉唱する義務のないことの確認請求　**一部認容、一部棄却（控訴）**
東京地判平18・9・21〈平一六（行ウ）五〇、二二三、四九六、平一七（行ウ）二三五〉判時一九五二—四四
⇩教基一六条

[90] 日野市立南小学校君が代ピアノ伴奏職務命令拒否戒告処分事件（戒告処分取消請求事件）
上告人（一審原告）：市立小学校教員　**被上告人**：東京都教育委員会
小学校音楽専科教員が卒業式で君が代ピアノ伴奏を命じる職務命令に違反したことを理由とする懲戒処分の取消請求　**棄却**
最三小判平19・2・27〈平一六（行ツ）三二八〉判時一九六二—三
⇩憲一九条、地公三二条

[91] 都立高校教員再雇用拒否事件（再雇用拒否処分取消等請求事件）
上告人（一審原告）：都立高校教員であった者　**被上告人**：東京都教育委員会
卒業式国歌斉唱の際起立せず懲戒処分を受けた教員が定年退職後再雇用選考で不合格となったことの取消請求　**棄却（確定）**
最二小判平23・5・30〈平二二（行ツ）五四〉判時二一二三—三
⇩憲一九条

[92] 国旗・国歌懲戒処分事件（懲戒処分取消請求事件）
上告人（一審原告）：都立高校、都立養護学校教員ら　**被上告人**：東京都教育委員会
卒業式・入学式における国旗に対する起立、国歌斉唱を行わなかったことを理由とする懲戒処分の取消及び損害賠償請求　**一部破棄自判、一部棄却**
最一小判平24・1・16〈平二三（行ツ）二六三〉判時二一四七—一二七
⇩憲一九条、地公二九条

[93] 国旗・国歌戒告処分事件（戒告処分取消等請求控訴事件）
控訴人（一審原告）：大阪府立学校教員ら　**被控訴人（一審被告）**：大阪府教育委員会
入学式・卒業式の国歌斉唱時に起立して斉唱すべき旨を命ずる職務命令に違反したことなどを理由とする戒告処分の取消請求　**一部原判決変更、一部控訴棄却**
大阪高判令1・5・23〈平三〇（行コ）五〇〉判例集未登載、裁判所ウェブサイト
「本件戒告処分G当時、入学式等における国歌斉唱時の起立斉唱に関する府教委の指導方針ないし運用は、府立学校の教職員に対し、本件通達による職務命令のほかにこれを踏まえた校長等の発する職務命令が存する場合において、これらに従わないときに初めて懲戒処分を受けるものであるとの認識ないし予測を抱かせるものであった」。「h校長は、控訴人gに対して本件職務命令Gを発しなかったばかりでなく、かえって、入学式の四日前の校長室における同控訴人との面談の際には、国歌の起立斉唱をするかどうか悩んでいる旨返答した同控訴人に対し、実際にどうするかは任せる旨や職員会議では『職務命令』の文言を使用しない予定である旨を伝えており、実際に、入学式前日の職員会議では、府教委の指導内容とは異なって、『職務命令』との文言を使用せず、本件通達の写しや役割分担表の配布もしなかったものである」。「さらに、府教委は、校長及び准校長に対し、起立斉唱をしないことが予想される教職員がいるなどの指導状況に応じて、府教委に相談し、教職員個人宛てに校長又は准校長から『職務命令書』及び『座席表』を手交することも指導していたが（中略）、h校長は、起立斉唱に対して異論を唱える控訴人gについて府教委への相談も職務命令書の手交もしなかった。」「以上によれば、本件戒告処分Gは、懲戒事由の一部に誤りがあるばかりでなく、当時の府教委の指導方針ないし運用にも沿わないものであり、また、懲戒事由に関する被処分者の認識・予測とも異なっているものといわざるを得ない。そうすると、本件戒告処分Gは、府教委の裁量権を逸脱・濫用してされた違法なものと認めるのが相当であり、取り消されるべきである。」

◆公務員法が適用されない教育職員に関する雇用関係判例

〈労働契約の成立〉

[94] 神戸弘陵学園事件（地位確認等請求事件）
上告人：高等学校常勤講師　**被上告人**：学校法人神戸弘陵学園
破棄差戻し
最三小判平2・6・5〈平一（オ）八五四〉判時一三五五—一四八
「使用者が労働者を新規に採用するにあたり、その雇用契約に期間を設けた場合において、その設けた趣旨・目的が労働者の適性を評価・判断するためのものであるときは、右期間満了により右雇用契約が当然に終了する旨の明確な合意が当事者間に成立しているなどの特段の事情が認められる場合を除き、右期間は契約の存続期間ではなく、試用期間であると解するのが相当である。」「試用期間付雇用契約により雇用された労働者が、試用期間の付いていない労働者と同じ職場で同じ職務に従事し、使用者の取扱いにも格段変わったところがなく、また試用期間満了時に本採用に関する契約書作成手続がとられていない場合には、これを解約権留保付雇用契約と解するのが相当である。」「本件において、学校法人が運営する高等学校の社会科担当の常勤講師として採用された職員が、面接に際し、学校法人理事長により契約期間は『一応』一年とすること及び『一年間の勤務の状況をみて再雇用するか否かを判定する。』との説明を受けたこと等の事情を考慮すると、両当事者間に一年の契約期間の満了により本件雇用契約が当然に終了する旨の明確な合意が成立しているなどの特段の事情が認められるとすることには疑問が残る。」

[95] 福原学園（九州女子短期大学）事件（労働契約上の地位確認等請求事件）
上告人：学校法人福原学園　**被上告人**：短期大学講師（有期雇用契約）
一部破棄、一部棄却
最一小判平28・12・1〈平二七（受）五八九〉判時二三三〇—八四
「本件労働契約は、学校法人が運営する短期大学の講師について期間一年の有期労働契約として締結されたものであるところ、その内容となる本件学校法人の職員規程によれば、契約期間の更新限度が三年であり、その満了時に労働契約を期間の定めのないものとすることができるのは、これを希望する契約職員の勤務成績を考慮して学校法人が必要であると認めた場合である旨が明確に定められていたのであり、本件契約職員もこのことを十分に認識した上で本件労働契約を締結したものとみることができる。また、大学教員の雇用については一般に流動性のあることが想定されていること等に照らせば、本件労働契約が三年の更新限度期間の満了時に当然に無期契約となることを内容とするものであったと解することはできない。」

[96] 東京純心女子学園（東京純心大学）事件（損害賠償等請求事件）
原告：看護学部設置準備室特任教授　**被告**：学校法人東京純心女子学園
一部認容、一部棄却
東京地判平29・4・21〈平二七（ワ）二四三〇六〉労判一一七二—七〇
「大学を運営する学校法人が新学部設置のために教員予定者に提出を求めた教員就任承諾書は、文科省による学部設置認可の教員審査のために作成された書類に過ぎず、作成後の教員審査における指摘やその他の事由によって採否や労働条件に変動があることが予定されているのであるから、教員予定者に設置計画が完成するまでの勤務を義務づけたり、大学に教員としての雇用を義務づけたりする効力があるとは認められない。したがって、教員就任承諾書の作成をもって内定が成立したとの主張に採用できず、学校法人には採用内定取消を理由とする不法行為責任は認められない。」「他方において、当該教員予定者は教員審査において教員として採用しない旨の指摘を受けていないことから、新学部設置が認可された後、教授としての労働契約が確実に締結されるであろうと期待することは法的保護に値する。しかるに、学校法人は、予定者の勤務ぶりを理由に採用しないことを決定し、面接等の採用手続すら執らず、当該

予定者を採用しなかったことは、労働契約締結過程における信義則に反し、当該採用予定者の期待を侵害するものとして不法行為を構成するから、学校法人は損害を賠償すべき責任を負う。」

〈就労請求権〉

[97] **栴檀学園（東北福祉大学）事件**（地位確認等請求事件、雇用関係存続確認等請求事件）

原告：私立大学専任講師　**被告**：学校法人栴檀学園（東北福祉大学）

一部認容、一部棄却、一部却下

仙台地判平9・7・15〈昭六一（ワ）七二二、平二（ワ）三九五〉労判七二四―三四

「本件の争点の一つは、私立大学専任講師に対する講義担当停止処分が大学の自治を担う中枢機関である教授会の決議に基づく措置であるがゆえに、裁判所がその当否を判断する余地があるか否かである。」「労働者が提供する労務は、雇用契約上の義務であって、必ずしも雇用契約上の権利であるということはできないが、就業規則等の定めをもって、雇用者と労働者との間に特段の合意がある場合には、労働者の就労は、雇用契約上の義務にとどまらず、雇用契約上の権利ともなり得るところ、本件大学の就業規則では、教員が本件大学において学問研究を行うことが明確に予定されていること、大学は学術の中心として深く真理を探究することを本質とする場であり、大学の教員が大学において学問研究を行うことは一般にも当然のことと考えられていることにかんがみると、本件大学の就業規則の定めは、少なくとも教員が本件大学において学問研究を行うことについては、それを単なる義務とする合意だけでなく、雇用契約上の権利とする旨の黙示の合意をも含むものと解釈すべきである。したがって、裁判所が大学の自治を尊重すべき場合があるとしても、大学の自治にも一定の限界があるのであって、右に述べたとおり当該専任講師の雇用契約上の法的利益にかかわる問題である以上、その裁判を受ける権利にかんがみると、裁判所は一定の範囲及び限度において、実体審査を行うのが相当というべきである。」「ところで、本件大学における講義の編成（講義の科目、講義の時間数、教員らのそれらの分担）は、毎年度ごとに、教務委員会が原案を作成し、教授会の審議を経て、最終的には学長が決定している。そうすると、当該専任講師が、各年度において、具体的にどのような講義を、どれだけの時間数、どのような時間割で担当するかは、右に述べた手続を経た上で決定されるべきものであるということができるから、本件講義担当停止処分以降の各年度における講義について、右の手続がなされていない以上、原告が、各講義を担当する地位を当然に有すると認めることはできない。以上によれば、当該講師が各講義を担当する地位の確認及び同講義担当の妨害禁止を求める理由はない。」

[98] **私立大学講義担当地位確認等請求事件**（地位確認等請求事件、懲戒処分無効確認等請求事件）

原告：私立大学准教授　**被告**：学校法人

大学准教授の講義を行う地位の確認等請求　**一部認容、一部棄却、一部却下（控訴）**

東京地判平24・5・31〈平二三（ワ）三七七六七、一七二四二〉労判一〇五一―五

「使用者である大学は、雇用する教員に対し、大学の管理運営上、必要な事項について、人事権・業務命令権の行使としての職務上の命令を発する権限を有しており、その対象は、カリキュラムの編成、具体的な講義担当者の選定、卒研生等を配属する研究室の決定等に及んでおり、その行使に当たっては、大学の研究・教育方針のほか、講義を担当し、卒研生等の配属を受ける教員の専門性・能力、施設の状況等に照らしての広範な裁量が認められるものと解するのが相当である。」「もっとも、大学教員が講義を担当して学生に教授したり、研究室に配属された卒研生等を指導したり大学運営に参画したりすることは、労働契約上の労務提供義務という側面のほか、自らの研究成果を発表し、学生等との意見を交わすことなどによって、学問研究を深め、発展させることを意味し、大学教員の権利としての側面を有するから、人事上の措置とはいえ、当該権利を制限するためには、これを正当とするだけの合理的理由が必要であり、このような合理的理由が認められない場合には、当該人事上の措置は、人事権の濫用として違法、無効となるというべきである。」「本件懲戒処分は、一回限りの本件業務命令違反を理由にされたものであり、本件懲戒規程六条八号の要件を欠き、同条九号を適用するのも相当ではない上、その必要性にも乏しかったというべきであるから、それが戒告という最も軽い懲戒処分であって、被告大学の裁量の下に行使されるものであることを考慮しても、客観的に合理的理由を欠き社会通念上相当であるとは認められず、権利の濫用として無効であるというべきである。」

〈就業規則の不利益変更〉

[99] **学校法人札幌大学（給与支給内規変更）事件**（賃金等請求事件、債務不存在確認反訴請求事件）

原告：私立大学教員ら　**被告**：学校法人札幌大学

一部認容、一部棄却、一部却下

札幌地判平29・3・30〈平二五（ワ）一三七六〉判時二三六三―九一（控訴審＝札幌高判平29・10・4労判一一七四―五）

「使用者は、労働者と合意することなく、就業規則を変更することによって労働者の不利益に労働条件を変更することは原則として許されないが、労働条件の集合的処理、特にその統一的かつ画一的な決定を建前とする就業規則の性質からいって、労働者の受ける不利益の程度、労働条件の変更の必要性、変更後の就業規則の内容の相当性、労働組合等との交渉の状況や代償措置そのほか関連する他の労働条件の改善状況、同種事項に関する我が国社会における一般的状況等の事情に照らし、当該変更が合理的なものである場合には、当該変更によって労働者の労働条件を不利益に変更することができる。」「本件では、学校法人が大学財政のひっ迫を理由として内規（就業規則）を一方的に不利益変更し、定年退職後の勤務延長者に対する年俸額を大幅に引き下げる措置をとったものであるが、学校法人側にはこのような措置を行う高度な必要性があったものの、他方で、勤務延長者らが最大四割もの大幅な年俸減額を強いられるのみならず、数年前にも約一二〇〇万円から八〇〇万円への大幅な減額がなされたこと及びこのような重大な不利益を緩和する経過措置や代償措置が全く講じられていないことからすると、本件の不利益変更が合理的なものであったと認めることができない。」

〈業務命令〉

[100] **須磨学園ほか事件**（地位確認等請求事件）

原告：私立高等学校教員　**被告**：学校法人須磨学園

一部認容、一部棄却

神戸地判平28・5・26〈平二六（ワ）八九〇〉労判一一四二―二二

「一般に業務命令とは、使用者が業務遂行のために労働者に対して行う指示又は命令を意味する。使用者がその雇用する労働者に対して業務命令をなしうる根拠は、労働者がその労働力の処分を使用者にゆだねることを約する労働契約にある。もっとも、この業務命令にも限界があり、業務上の必要性を欠いていたり、不当な目的をもって行われたり、目的との関係で合理性ないし相当性を欠いていたりするなど、社会通念上著しく合理性を欠く場合には、権利の濫用として違法無効になると解せられる。」「私立高等学校の教諭に対し、その勤務成績が悪いこと等を理由として担当授業からはずし、教材研究のみに従事することを命ずる本件業務命令は、業務上の必要性が認められない上、当該教諭を自主退職に追い込むという不当な動機・目的のために行われたもので、社会通念上著しく合理性を欠き、業務命令権の濫用として違法無効である。」

〈配転命令〉

[101] **越原学園事件**（懲戒処分無効確認等請求控訴、同附帯控訴事件）

控訴人：私立大学教授　**被控訴人**：学校法人越原学園

原判決一部変更、控訴棄却

名古屋高判平26・7・4〈平二六（ネ）二二

三・三六三）労判一一〇一―六五

「職種が限定されている職員を他の異職種へ配転する場合には、原則として同職員の同意が必要というべきであるし、そのような場合でなくとも、配転命令に業務上の必要性が存しない場合、配転命令が不当な動機・目的をもってなされた場合、若しくは労働者に対し通常甘受すべき程度を著しく超える不利益を負わせる場合には、当該配転命令は権利の濫用となる。」「本件において、女子大学を運営する学校法人が同大学の教職員で組織された労働組合の組合員である教授に対して教職員研修室への配転を命じた行為は、同研修室の業務が大学業務との関連性が希薄であり、目的もはっきりしないものといわざるをえず、業務上の目的・必要性に疑問がある。また、その異動命令の目的は、組合活動を封じ込め、あるいは、あえて無意味・手間のかかる単純作業に従事させるなどして自尊心を傷つけ、心理的圧迫・苦痛を与え、これに反発する者については最終的には解雇処分にすることにあると認めるのが相当であるから、不当労働行為にも該当するというべきである。」

【102】追手門学院大学事件（地位確認等請求事件）

原告：私立大学教授　**被告**：学校法人追手門学院

一部認容、一部棄却

大阪地判平27・11・18（平二五（ワ）三一九七）労判一一三四―三三

「本件は、私立大学教授に対する配転命令の可否が争点の一つとなっているが、本件学校法人は、本件教授が長年にわたり認知発達心理学を専門とする教授として、本件大学及び大学院において教育・研究に従事してきたことを知りながら、就業規則や労働契約に、このような大学教授の同意なしに、その専門分野に対応する配置を転換する権限が定められていないにもかかわらず、本件配転を行って、当該教授の培ってきた専門的な技能を十分に生かすことのできない環境に置き、その結果、当該教授は、認知発達心理学の専門家としての実質的な研究・教育・実践の機会の相当部分を奪われ、これらによって、相当程度の精神的苦痛を受けたものと認められる。そうすると、本件各配転は違法・無効であり、法人はこれを行ったことにつき過失が認められるから、法人は、不法行為に基づき、本件各配転により当該教授に生じた損害を賠償する責任を負うものというべきである。」

〈事業譲渡〉

【103】東京日新学園事件（雇用関係不存在確認等本訴請求、雇用関係存在確認等反訴請求控訴事件）

控訴人：学校法人東京日新学園（本訴原告・反訴被告）　**被控訴人**：旧学校法人教員（本訴被告・反訴原告）

一部取消し、一部認容、一部棄却

東京高判平17・7・13（平一七（ネ）五六九）労経速一九一三―三二

「本件は、経営が破綻した学校法人訴外A学園が設置運営していた専修学校の経営を、新しく設立された学校法人であるB学園（控訴人）が引き継いだ際、A学園に専任教員として雇用されていた者二九名が採用されなかったが、そこには労働組合員三名（被控訴人）が含まれていた。本件では、組合活動に従事していた組合員らをB学園が雇用（採用）しなかったことが不当労働行為に該当するか否かが争点となっている。」「企業者は、経済活動の一環としてする契約締結の自由を有し、自己の営業のために労働者を雇用するに当たり、いかなる者を雇い入れるか、いかなる条件でこれを雇うかについて、法律その他による特別の制限がない限り、原則として自由にこれを決定することができるのであって、企業者が特定の思想、信条を有する者をそのゆえをもって雇い入れることを拒んでも、それを当然に違法とすることはできない。この理は、私立専修学校の教育事業を営む学校法人についても妥当する。そして、労働組合法七条一号本文は、雇入れの段階と雇入れ後の段階とに区別を設けたものと解されるから、雇入れの拒否は、それが従前の雇用契約関係における不利益な取扱いにほかならないとして不当労働行為の成立を肯定することができる場合に当たるなどの特段の事情がない限り、労働組合法七条一号本文にいう不利益な取扱いに当たらないと解するのが相当である。」「学校法人訴外A学園とB学園との間には、実質的同一性もなく、その他B学園がA学園の教職員の雇用契約関係を承継しているとみる余地は全くない上、B学園による組合員らの不採用は、B学園の発起人会代表の面接官による面接の結果、情報系学科の応募者三五名中最下位であり、授業の面でも不採用として特に不都合はないことが考慮されたものであって、仮に組合員らのA学園当時の雇用契約関係をB学園との関係で従前の雇用契約関係と考えるとしても、組合員らが不採用となったことが、従前の雇用契約関係における不利益な取扱いにほかならないと認めることはできないのであるから、その不採用について不当労働行為が成立すると認めることはできない。」

〈休職〉

【104】国立大学法人大阪大学事件（地位確認等請求控訴事件）

控訴人（一審原告）：国立大学法人の助教　**被控訴人（一審被告）**：国立大学法人大阪大学

控訴棄却

大阪高判平30・4・19（平二九（ネ）二二五五九）労経速二三五〇―二二

「起訴休職制度は、起訴により、物理的又は事実上労務の提供ができない状態に至った労働者につき、短期間でその状態が解消される可能性もあることから、直ちに労働契約を終了させることなく、一定期間、休職とすることで、使用者の不利益を回避しつつ、解雇を猶予して労働者を保護することを目的とするものと解されるところ、このような起訴休職制度の趣旨及び目的に鑑みれば、使用者は、労務の提供ができない状態が短期間で解消されない場合についてまで、当該労働者との労働契約の継続を余儀なくされる理由はないから、不当に短い期間でない限り、就業規則において、起訴休職期間に上限を設けることができると解される。」「本件就業規則の起訴休職規定は、前記の起訴休職制度の趣旨及び目的に沿うものであり、起訴休職期間の上限を二年間とする本件上限規定が不当に短い期間であるとはいい難い上、被控訴人は、人件費の多くを国から支給される運営交付金で賄い、その財源に応じて雇用すべき教員数を部局毎に設定、管理しており、また、起訴休職期間の上限を二年間と定めている国立大学法人が少なくないことに鑑みると、本件上限規定は、合理的な内容（労契法七条所定の『合理的な労働条件』に該当するもの）であると認められる。」

〈いやがらせ・ハラスメント〉

【105】松蔭学園事件（損害賠償請求控訴・同附帯控訴事件）

控訴人・附帯被控訴人：学校法人松蔭学園　**被控訴人・附帯控訴人**：高等学校教諭

一部変更、一部棄却

東京高判平5・11・12（平四（ネ）二二七九・四三一九）判時一四八四―一三五

「短期大学、高等学校、中学校等を有する学校法人（控訴人）が高等学校の教諭（被控訴人）に対し、仕事外し、職員室内隔離、第三職員室隔離、自宅研修という過酷な処遇を行い、さらに、賃金等の差別をしてきた原因については、被控訴人が二度にわたって産休をとったこと及びその後の態度が気にくわないという多分に感情的な校長の嫌悪感に端を発し、その後些細なことについての行き違いから、控訴人側が感情に走った言動に出て、執拗とも思える程始末書の提出を被控訴人に要求し続け、これに被控訴人が応じなかったため依怙地になったことにあると認められるのであって、その経過において、被控訴人のとった態度にも反省すべき点がなかったわけではないが、この点を考慮しても、控訴人側の行った言動あるいは業務命令等を正当づける理由とはならず、その行為は、業務命令権の濫用として違法、無効であることは明らかであって、控訴人側の責任は極めて重大である。」「そして、被控訴人に対する控訴人の措置は、見せしめ的ともいえるほどに次々にエスカレートし、一三年間の長きにわたって被控訴人の職務を一切奪ったうえ、その間に職場復帰のための機会等も与えずに放置し、しかも、今後も職場復帰も解雇も全く考えておらず、このままの状態で退職を待つという態度に終始しているのであって、見方によっては懲戒解雇以上に過酷な処遇といわざるを得ない。」「そして、このような控訴人の行為により、被控訴人は、長年、何らの仕事も与えられずに、職員室内で一日中机の前に座っていることを強制されたり、他の教職員からも隔絶されてきたばかりでなく、自宅研修の名目で職場からも完全に排除され、かつ、賃金も昭和五四年度のまま据え置かれ、一時金は一切支給されず、物心両面にわたって重大な不利益を受けてきたものであり、被控訴人の被った精神的苦痛は誠に甚大であると認められる。」「被控訴人の精神的苦痛を慰謝すべき賠償額は、本件一連の措置を一体の不法行為として全体的に評価・算定すべきであり、前記のとおりの控訴人の責任の重大さにかんがみると金六〇〇万円をもって相当とする。」

【106】国立大学法人兵庫教育大学事件（損害賠償請求事件）

原告：国立大学法人の大学院生　**被告**：国立大学法人の教授、国立大学法人兵庫教育大学

一部認容

神戸地姫路支判平29・11・27〈平二七（ワ）四八九〉判タ一四四九—二〇五

「被告Yの原告に対するアカデミックハラスメント行為は、大学内のゼミや講義だけでなく、M会やサッカー教室など大学外での活動の際にも行われているが、これらも被告Yの教育、研究活動と密接に関連し、その延長線で行われたものであり、それを離れた純粋に私的な活動とはいえないことから、被告Yの教育、研究活動において発生したものと解するのが相当である。」「そして、被告Yは、当時、国立大学法人である被告大学の教授の立場にあり、そのような被告Yによる国立大学法人の教育、研究活動は、国家賠償法一条一項の『公権力の行使』に当たるものである。そうすると、国家賠償法一条一項により、被告大学に損害賠償責任が発生するところ、同責任が代位責任であるとすれば、被告大学の責任の他に被告Y個人の責任が認められるかどうかが問題となる。」「国立大学法人法は、独立行政法人通則法五一条を準用しておらず、国立大学法人法一九条の適用のある場合を除けば、国立大学法人の教職員は、みなし公務員ではないとされていることに加え、国立大学の設置主体が国から国立大学法人に変更されたことにより、私立大学と学生との間の在学契約と、国立大学法人と学生との間の在学契約には何らの差異を見出すこともできないということができる。そして、大学教授が大学において、教育、研究活動を行うこと自体は、公権力の作用ではなく、警察官や消防士のように公権力を行使するに当たっての萎縮効果といったリスクを考慮する必要もない。そうすると、このような関係においては、国家賠償法一条一項の損害賠償責任は使用者責任と同様に考えることができるから、公務員個人の不法行為責任を否定する理由はなく、被告Y個人も、民法七〇九条に基づく不法行為責任を負うと解すべきである。」また、「被告大学としては、安全配慮義務の具体的内容として、アカデミックハラスメント行為が発生する以前においては、①アカデミックハラスメント行為の防止のために教職員に対する教育・研修を実施する義務があり、また、実際にアカデミックハラスメント行為が発生した後においては、②被害を申告してきた被害者の言い分に耳を傾けて誠実に対応し、③被害者の学習環境が損なわれることのないように配慮をし、④事実関係を調査して適切な時期に被害者に報告するとともに、⑤加害者によるさらなる加害行為を防止する義務を負っていると解するのが相当である。」

【107】学校法人近畿大学（講師・昇給等）事件（損害賠償請求事件）

原告：私立大学教員　**被告**：学校法人近畿大学

一部認容

大阪地判平31・4・24〈平二八（ワ）九八五九〉労判一二〇二—三九

「〔近畿大学〕給与規程一二条に基づく定期昇給は、昇給停止事由がない限り在籍年数の経過に基づき一律に実施されるものであって、いわゆる年功賃金的な考え方を原則としたものと認めるのが相当である。しかるに、〔近畿大学〕旧育休規程八条は、昇給基準日（通常毎年四月一日）前の一年間のうち一部でも育児休業をした職員に対し、残りの期間の就労状況如何にかかわらず当該年度に係る昇給の機会を一切与えないというものであり、これは定期昇給の上記趣旨とは整合しないといわざるを得ない。そして、この点に加えて、かかる昇給不実施による不利益は、上記した年功賃金的な被告の昇給制度においては将来的にも昇給の遅れとして継続し、その程度が増大する性質を有することをも併せ鑑みると、少なくとも、定期昇給日の前年度のうち一部の期間のみ育児休業をした職員に対し、旧育休規程八条及び給与規程一二条をそのまま適用して定期昇給させないこととする取扱いは、当該職員に対し、育児休業をしたことを理由に、当該休業期間に不就労であったことによる効果以上の不利益を与えるものであって、育児介護休業法一〇条の『不利益な取扱い』に該当すると解するのが相当である。」

〈懲戒(1)—ビラ配布活動〉

【108】倉田学園事件（不当労働行為救済命令取消請求事件）

上告人：香川県地方労働委員会　**参加人**：高等（中）学校教職員組合　**被上告人**：学校法人倉田学園

一部破棄自判、一部破棄差戻し

最三小判平6・12・20〈平三（行ツ）一五五〉民集四八—八—一四九六

「本件ビラ配布は、許可を得ないで学校内で行われたものであるから、形式的には就業規則所定の禁止事項に該当する。しかしながら、右規定は学校内の職場規律の維持及び生徒に対する教育的配慮を目的としたものと解されるから、ビラの内容、ビラ配布の態様等に照らして、その配布が学校内の職場規律を乱すおそれがなく、また、生徒に対する教育的配慮に欠けることとなるおそれのない特別の事情が認められるときは、実質的には右規定の違反になるとはいえず、したがって、これを理由として就業規則所定の懲戒処分をすることは許されないというべきである。」「本件ビラ配布について検討すると、本件各ビラは、違法不当な行為をあおり又はそのかす等の内容を含むものではない。また、本件ビラ配布の態様をみると、職員室内において就業時間前に、教員の机の上に置くという方法でされたものであって、業務に支障を来したことを窺わせる事情はない。また、教育的配慮という観点からすれば、本件ビラ配布は、始業時刻より一五分以上も前の、通常生徒が職員室に入室する頻度の少ない時間帯に行われたものである。したがって、本件ビラ配布については、学校内の職場規律を乱すおそれがなく、また、生徒に対する教育的配慮に欠けることとなるおそれのない特別の事情が認められるものということができ、これに対する本件懲戒処分は、就業規則上の根拠を欠く違法な処分というべきである。そして、本件各懲戒処分の経緯等に徴すれば、本件各懲戒処分は、労働組合法七条一号及び三号の不当労働行為を構成するものというに帰する。」

〈懲戒(2)—職務上の義務違反〉

【109】関西大学事件（停職処分無効確認等請求控訴事件）

控訴人：私立高等学校教諭　**被控訴人**：学校法人関西大学

一部取消し、一部認容、一部棄却

大阪高判平20・11・14〈平二〇（ネ）二一三〉労判九八七—七九

「宿泊を伴う生徒引率中の私立高校教員が、夕食時に飲酒をしたことは、高校教諭として不適切なものであり、職員懲戒規程『職務上の義務に違反し、又は職務を怠ったとき』に該当し、また、保護者からの批判に対して飲酒を正当化するなどして教諭として不適切な対応をしたことは、『本学の信用を傷つけ又は名誉を汚したとき』に該当する。」「しかしながら、飲酒量は少量であり、飲酒がなされた状況も必ずしも緊急事態中というものではなく、実際に業務に支障を来したわけでもないこと、保護者らとの対応においても、全面的にとは評しにくいものの、一定の謝罪と反省の意を表していたこと、従来教師として特に問題視されることもなかったこと、本件停職処分を除いて懲戒処分を受けたことを示す証拠が全くないこと等の事情を総合して考慮すれば、本件停職処分は、懲戒処分として、著しく重きに失し、相当性を欠くものであり、裁量権を著しく逸脱したものであるといわざるを得ない。」

〈懲戒(3)―アカハラ・セクハラ・パワハラ〉

[110] 国立大学法人B大学事件（懲戒処分等無効確認および損害賠償請求控訴事件）

控訴人：国立大学法人准教授　**被控訴人**：国立大学法人B大学

棄却

東京高判平25・11・13〈平二五（ネ）三八六四〉労判一一〇一―一二二

「本件は、国立大学法人（被控訴人）が雇用する大学の国際法等担当の准教授（原告）に対し、学部生及び院生にアカデミック・ハラスメント行為をしたとして、自宅待機を命じた後、出勤停止三か月の懲戒処分に付した事案であるが、本件准教授は、学部及び大学院生の指導におけるアカデミック・ハラスメント行為（度を超えた叱責、威圧的な指導、インターンシップへの参加妨害等）を繰り返し、複数の学生に精神的損害を与えた等の行為は、いずれも、准教授の職務に対する基本的姿勢から生じているものであり、大学の就業規則の定める服務紀律に反するものである。そして、准教授の一連の懲戒対象行為は、長期間に及んでいる上、多くの学生の研究環境や人生設計に多大な悪影響を与えるものであり、教員として不適切なものといわざるを得ない。そうすると、これらの懲戒対象行為について、出勤停止三か月とした本件懲戒処分は相当である。」

[111] 国立大学法人群馬大学事件（従業員地位確認等請求事件）

原告：国立大学准教授　**被告**：国立大学法人

一部認容、一部棄却、一部却下

前橋地判平29・10・4〈平二六（ワ）六三二〉労判一一七五―七一

「本件は、国立大学法人（被告）の教授（原告）が、教室の構成員である講師、助教等に対するパワー・ハラスメントやセクシュアル・ハラスメントを理由に懲戒解雇された事案である。」「本件教授は、教室の構成員であるE講師、M助教、N助教に対し、複数回にわたってパワー・ハラスメント及びセクシュアル・ハラスメントを行ったものであり、これらの行為は、教授としての職務上の義務に違反し、大学内の秩序又は風紀を乱し、セクシュアル・ハラスメントの防止を定める就業規則の規定に違反し、懲戒事由に該当する。その他にも当該教授のD講師ら五名に対する言動は、直ちに懲戒事由に該当するものではないとしても不適切といわざるを得ないものが相当程度含まれている。原告が本件教室に着任してから本件懲戒解雇がなされるまで、一人の研究員を除く全ての構成員が退職ないし異動をしており、D講師、E講師、M助教及びN助教が何らかの精神疾患に罹患する結果に至っていることは決して軽視できるものではない。」「しかし、原告の懲戒事由に該当するハラスメントの内容及び回数は限定的である。その上、原告のパワー・ハラスメントはいずれも業務の適正な範囲を超えるものであるものの業務上の必要性を全く欠くものとはいい難いし、また、原告のセクシュアル・ハラスメントが殊更に嫌がらせをする目的に基づいてなされたものとはいえないことからすれば、原告のハラスメント等の悪質性が高いとはいい難い。さらに、原告は、過去に懲戒処分を受けたことがあることをうかがわせる事情はないし、ハラスメントの一部を認め、反省の意思を示していたことも認められる。」「そうすると、教職員に対する懲戒処分として最も重い処分であり、即時に労働者としての地位を失い、大きな経済的及び社会的損失を伴う懲戒解雇とすることは、上記懲戒事由との関係では均衡を欠き、社会通念上相当性を欠くといわざるを得ない。」

〈解雇(1)―経歴詐称〉

[112] 学校法人D学園事件（地位確認等請求事件）（[127]の原審）

原告：私立中学校・高等学校教員　**被告**：学校法人D学園

一部認容、一部棄却

さいたま地判平29・4・6〈平二六（ワ）二三三二〉労判一一七六―二七

「私立女子中・高等学校を運営するD学校法人の就業規則における即時解除事由としての『採用に関し提出する書類に重大な虚偽の申告があったとき』とは、即時解雇が労働者にとって重大な不利益になることを考慮すれば、今後の雇用契約の継続を不可能とするほどに、法人との信頼関係を大きく破壊するに足る重大な経歴を詐称した場合に限られるというべきである。」「本件において、上記学校法人に雇用されていた数学科教師が、実際にはボランティア活動に近いコーチ業務であったにもかかわらず、採用時の履歴書に『中学校バレーコーチ勤務』と表記したことは、事実と異なる記載であったというべきであるが、その記述が採否を決定するための重大な要素となったと認めることは困難であることを考えると、かかる虚偽供述が、当事者間の今後の雇用契約の継続を不可能にする程に法人との信頼関係を破壊するに足る、重大な経歴詐称であると認めることはできない。」

〈解雇(2)―整理解雇〉

[113] あさひ保育園事件（雇用関係存在確認等請求上告事件）

上告人：社会福祉法人あさひ事業協会　**被上告人**：私立保育園保育士（保母）

棄却

最一小判昭58・10・27〈昭五五（オ）一〇三〉判時一一〇〇―四八

「保育園を運営する社会福祉法人において、園児の減少に対応し保母二名を人員整理することを決定すると同時に、当該保母のほか一名の保母を指名解雇して右人員整理を実施することを決定し、事前に、当該保母を含む社会福祉法人の職員に対し、人員整理がやむをえない事情などを説明して協力を求める努力を一切せず、かつ、希望退職者募集の措置をとることもなく、解雇日の六日前になって突如通告した本件解雇は、労使間の信義則に反し、解雇権の濫用として無効である。」

[114] 泉州学園事件（従業員地位確認等請求控訴事件）

控訴人：私立高等学校教員　**被控訴人**：学校法人泉州学園

一部取消し、一部認容、一部棄却

大阪高判平23・7・15〈平二二（ネ）一三六〉労判一〇三五―一二四

「学校法人は、財政上の理由に基づき七名の高等学校専任教員を整理解雇したが、この段階においてすでに一一名の退職者が予定されており、これにより財務状況は相当程度改善されると予測されたこと等から本件整理解雇の必要性があったとは認め難いのみならず、本件整理解雇は解雇回避努力義務が尽くされておらず、さらに、組合ないし労働者との間で説明や交渉の機会を持つべきであるのにこれを持とうとしなかったことが認められる。したがって、本件整理解雇は、全体として客観的に合理的な理由を欠いた社会通念上不相当なものというべきである。」

〈解雇(3)―私傷病による解雇〉

[115] J学園（うつ病・解雇）事件（地位確認等請求事件）

原告：私立中学校・高等学校教員　**被告**：学校法人J学園

一部認容、一部棄却

東京地判平22・3・24〈平二〇（ワ）三六四四九〉判タ一三三三―一五三

「本件は、学校法人J学園の経営する中高一貫校で国語科の教員が、うつ病を発症して、心身の故障のため職務の遂行に支障があるなどの理由で解雇された事案である。しかし、当該教員は、教員としての資質、能力、実績等に問題がなかったのであるから、うつ病を発症しなければ、この時期に解雇されることはなかったということができる。そうだとすると、学園側は、本件解雇に当たって、当該教員の回復可能性について相当の熟慮のうえで、これを行うべきであったと考えられる。しかし、学園側は、当該教員に対し、休職期間について誤った通知をしたうえ、回復可能性が認められるにもかかわらず、メンタルヘルス対策の不備もあってこれをないものと断定して、再検討の交渉にも応じることなく、本件解雇に踏み切った。以上によれば、当該教員を退職させるとの意思決定に基づく本件解雇は、やや性急なものであったといわざるを得ず、本件解雇は、客観的に合理的な理由を欠き、社会通念上相当であると認められないものというべきである。」

〈解雇(4)―退職勧奨と不法行為〉

[116] 須磨学園事件（地位確認等請求事件）

原告：私立高等学校教員　**被告**：学校法人須磨学園
一部認容、一部棄却
神戸地判平28・5・26〈平二六（ワ）八九〇〉労判一一四二―二二
「使用者は労働者との労働契約を合意解約することができるから、労働者に対して退職を促すことは、合意解約の申入れ、その誘因、あるいは退職意思の形成に向けた準備行為であり、一方、労働者には退職に応じない自由がある。したがって、退職勧奨することは一般には違法とならないが、合意解約は双方の自由な意思により行われなければならないから、退職勧奨するにあたっての説得の手段や方法が社会通念上相当と認められる範囲を超え、労働者の自由な意思形成を不当に妨げるような態様でなされた場合には、その人格権を侵害するものとして不法行為となりうる。」「私立高等学校の教諭に対し、たびたび退職を求める発言をし、退職を約束させるかのような文書を提出させ、授業担当をはずして教材研究の業務命令を出す等の学校法人理事長らの言動は、退職勧奨の手段として社会通念上相当と認められる範囲を超えるものであり、不法行為を構成する。」

〈合意解約〉
[117]　昭和女子大学事件（地位保全仮処分申立事件）
債権者：私立大学短期大学部教授　**債務者**：学校法人昭和女子大学
一部認容、一部却下
東京地決平4・2・6〈平三（ヨ）二二九〇〉労経速一四五三―二五
「本件は、短期大学部教授が退職願を提出し、学校法人がこれを受理することにより退職の合意が成立したか否かが争点の一つとなっている。」「当該教授は、同僚と学生指導のことで意見を相違したことを原因として、学長に呼び出しを受け、『詫び状』などの提出を求められたので作成の上提出したが、受取りを拒否され、休職を命じられたため、当該教授は反省の意を強調する意味で退職願を提出したが、実際に退職する意思を有していなかったものである。そして、右退職願は勤務継続の意思があるならばそれなりの文書を用意せよとの学長の指示に従い提出されたものであること、当該教授は右退職願を提出した際に学長らに勤務継続の意思があることを表明していること等の事実によれば、大学法人側は当該教授に退職の意思がなく右退職願による退職の意思表示が教授の真意に基づくものではないことを知っていたものと推認することができる。そうすると当該教授の退職の意思表示は心裡留保により無効であるから（民法九三条ただし書）、学校法人がこれに対し承諾の意思表示をしても退職の合意は成立せず、退職の効果は生じないものというべきである。」

〈定年後再雇用〉
[118]　学校法人南山学園（南山大学）事件（懲戒処分無効確認等請求事件）
原告：私立大学教員　**被告**：学校法人南山学園（南山大学）
一部認容
名古屋地判令1・7・30〈平二九（ワ）六三六〉判時二四三四―一〇〇（控訴審＝名古屋高判令2・1・23労判一二二四―九八、上告審＝最決令二・一〇・二判例集未登載）
「労働者において定年時、定年後も再雇用契約を新たに締結することで雇用が継続されるものと期待することについて合理的な理由があると認められる場合、使用者において再雇用基準を満たしていないものとして再雇用をすることなく定年により労働者の雇用が終了したものとすることは、他にこれをやむを得ないものとみるべき特段の事情がない限り、客観的に合理的な理由を欠き、社会通念上相当であると認められず、この場合、使用者と労働者との間に、定年後も就業規則等に定めのある再雇用規程に基づき再雇用されたのと同様の雇用関係が存続しているものとみるのが相当である。」「平成二四年度から平成二八年度まで、六五歳定年時に再雇用を希望した原告を除く四三名全員が再雇用されていること、平成二四年度から平成二八年度まで、六五歳定年時に再雇用を希望しなかった教授は三名であり、うち一名は懲戒処分を受けた者であること、平成二五年度から平成二八年度までをみると、再雇用された教員三〇名のうち、本人の希望により一年間の再雇用であった一名を除く二九名全員が満六八歳の属する年度末まで再雇用が継続されたことが認められること、原告には別紙1の役職歴があることや平成二六年四月から平成二八年三月まで専攻主任という役職にあったことも加味すれば、本件処分がされた点を除いては、原告において、定年時、再雇用契約を締結し、満六八歳の属する年度末まで雇用が継続すると期待することが合理的であると認められる。」「そして、本件処分は、懲戒事由該当性すら欠き無効であることは前示判断のとおりであり、（南山大学教育職員）再任用規程三条三号の欠格事由には当たら」ない。「これらによれば、被告による原告の再雇用の拒否は、客観的に合理的な理由を欠き、社会通念上相当であると認められないから、前記のとおり、被告と原告との間に、定年後も再任用規程に基づき再雇用されたのと同様の雇用関係が存続しているものとみるのが相当である。」「原告の再雇用後の給与面での待遇については、原則として、定年年齢時の俸給（中略）は少なくとも支給され、雇用期間については、原告が満六八歳に達する年の学年度末である令和二年三月三一日までになるものと解される。」

〈有期雇用契約〉
[119]　東奥義塾事件（地位確認等請求控訴事件）
控訴人：学校法人東奥義塾　**被控訴人**：元塾長
棄却
仙台高秋田支判平24・1・25〈平二三（ネ）八五〉労判一〇四六―二二
「労働契約法一七条一項は、やむを得ない事由がある場合でなければ、期間の定めのある労働契約について、契約期間が満了するまでの間において解雇ができない旨規定する。同項にいうやむを得ない事由とは、客観的に合理的な理由及び社会通念上相当である事情に加えて、当該雇用を終了させざるを得ない特段の事情と解するのが相当である。」「本件は、学校の運営などを行う管理職である塾長として不適格だとして四年任期の満了前に理事会決定にもとづき解職されたものであるが、当該塾長は、四年の任期の初年度において、その活動により職員会議への職員の出席率が向上し、学生の態度に良好な変化があったと認められ、すでに、塾長として一定の成果を出していたことに照らすと、塾長として、教職員らからの一定の信頼を得ていたと認められる。これに加え、この塾長には、そもそも管理職経験はおろか国内における一般的な教職経験もなかったものであり、理事長をはじめとする理事会がこれを承知であえて塾長として採用したと認められるのであって、各理事、理事会においても、これを踏まえて、塾長の経験不足の点を補完すべきであったと解されるところ、理事会がこれを全うしたとは認められない。以上の諸事情を勘案すると、本件解職処分には、法一七条一項にいうやむを得ない事由があったとは認め難い。」

[120]　旭川大学事件（仮処分控訴事件）
控訴人：学校法人旭川大学　**被控訴人**：私立大学専任講師（有期雇用）
棄却
札幌高判昭56・7・16〈昭五三（ネ）四〇一〉労民集三二―三・四―五〇二
「一年を超える期間を定めた労働契約は、労働基準法一四条（平成一五年の改正前）、一三条により、一定の事業の完了に必要な期間を定めるもののほかは、期間が一年に短縮されるが、その期間満了後労働者が引き続き労務に従事し、使用者がこれを知りながら異議を述べないときは、民法六二九条一項により、黙示の更新がされ、以後期間の定めのない契約として継続されるものと解すべきである。」「本件契約は、二年間を予定して、被控訴人が専任講師として日本経済史の講義を担当することを目的として締結されたもので、本件契約の期間は、一年に短縮されたものというべきである。そして、学校法人が、本件契約締結後一年間を経過した後も、引き続き学校法人の教員及び旭川大学経済学部嘱託専任講師としてその労務に従事し、学校法人が、これを知りながら異議を述べなかったと認められるから、本件契約は、前同日以降、期間の定めのない契約として更新されたものというべきである。」

[121] 立教女学院事件（地位確認等請求事件）

原告：私立短大職員　**被告**：学校法人立教女学院

一部認容、一部棄却

東京地判平20・12・25〈平二九（ワ）二七四〇三〉労判九八一—六三

「本件は、短期大学事務部総務課に勤務する私立大学職員が約二年一一か月にわたり派遣労働者として就労した後、一年の雇用期間の定めのある嘱託雇用契約を締結することにより嘱託職員として学園に直接雇用され、その後二度にわたって同様の雇用契約を締結した後、雇止めになった事案である。本件では、この雇止めに解雇権濫用の法理の適用があるか否かが争点の一つである。」「本件の嘱託雇用契約はもともと更新が予定されていたほか、当該職員が嘱託職員として担当すべき業務は、短大総務課の恒常的な事務であった。さらに、当該嘱託雇用契約を締結するに際し、学校法人からその更新が二回に限られる等更新の上限に関する説明をされることがなかったのであるから、当該嘱託雇用契約がある程度更新されると職員が期待することは自然である。」「さらに、一回目の更新時に締結された嘱託雇用契約書には、更新に関する条項が追加され、『一年後毎の契約更新とする。その後の更新については、契約期間満了時の業務量および従事している業務の進捗状況により判断する。』、『当該職員の勤務成績・態度により判断する。』と明示されていたのであるから、両当事者の間では、当該嘱託雇用契約の後に複数回の更新があり得ること、さらに、その更新が専ら当該職員が担当する業務の量の推移と原告の勤務態度とによって判断されるという合意があったということができる。」「そうすると、職員において、短大総務課の業務が減少したり、自らの勤務態度に問題がある等の事情がない限り、嘱託雇用契約の締結から三年が経過した後も、本件雇用契約がなお数回にわたって更新されるという期待利益に合理的なものであるといわなければならない。そうすると、職員側には、本件雇用契約が締結された時点において、本件雇用契約がなお数回にわたって継続されることに対する合理的な期待利益があるといわなければならず、本件雇止めについては、解雇権濫用法理の適用がある。」

[122] 学校法人中央学院（非常勤講師）事件（損害賠償請求事件）

原告：大学非常勤講師　**被告**：学校法人中央学園

労契法二〇条に違反する賃金等の相違を理由とする損害賠償請求　**棄却**

東京地判令1・5・30〈平二八（ワ）三六九九九〉労判一二一一—五九

「本件は、中央学院大学等を設置し、運営する学校法人である被告との間で期間の定めのある労働契約を締結し、非常勤講師として現に就労している原告が、被告との間で期間の定めのない労働契約を締結している本件大学の専任教員との間に、本俸の額等の支給に関して、労働契約法二〇条の規定に違反する労働条件の相違がある旨を主張して、被告に対し、不法行為に基づく損害賠償等を請求した事案である。」「労働契約法二〇条の規定は、有期労働契約を締結している労働者（以下『有期契約労働者』という。）に係る労働条件が期間の定めがあることにより同一の使用者と無期労働契約を締結している労働者（以下『無期契約労働者』という。）に係る労働条件と相違する場合においては、当該労働条件の相違が、労働者の業務の内容及び当該業務に伴う責任の程度（以下『職務の内容』という。）、当該職務の内容及び配置の変更の範囲その他の事情（以下『職務の内容等』という。）を考慮して、不合理と認められるものであってはならない旨を定めている。同条の規定は、有期契約労働者と無期契約労働者の労働条件に相違があり得ることを前提に、職務の内容等を考慮して、その相違が不合理と認められるものであってはならないとするものであり、職務の内容等の違いに応じた均衡のとれた処遇を求める規定であると解される。そして、同条に規定する『期間の定めがあることにより』とは、有期労働契約者と無期労働契約者との労働条件の相違が期間の定めの有無に関連して生じたものであることをいうものと解される。」「ところで、原告と専任教員との間には、本俸額について約三倍の差があったものと解されるが、そもそも、非常勤講師である原告と専任教員との間には、その職務の内容に数々の大きな違いがあるものである。このことに加え、一般的に経営状態が好調であるとはいえない多くの私立大学において教員の待遇を検討するに際しては、国からの補助金額も大きな考慮要素となると考えられるところ、専任教員と非常勤教員とでは補助金の基準額の算定方法が異なり、その額に相当大きな開きがあることや原告を含む本件大学の非常勤講師の賃金水準が他の大学と比較しても特に低いものであるということができないところ、本件大学においては、団体交渉における労働組合との間の合意により、非常勤講師の年俸額を随時増額するのみならず、廃止されたコマについても給与額の八割の支給を補償する内容の本件非常勤講師給与規則三条五項を新設したり、原告のように週五コマ以上の授業を担当する非常勤講師について私学共済への加入手続を行ったりするなど、非常勤講師の待遇についてより高水準となる方向で見直しを続けており、原告の待遇はこれらの見直しの積み重ねの結果であることからすると、原告が本件大学においてこれまで長年にわたり専任教員とほぼ遜色ないコマ数の授業を担当し、その中に原告の専門外である科目も複数含まれていたことなどといった原告が指摘する諸事情を考慮しても、原告と本件大学の専任教員との本俸額の相違が不合理であると評価することはできないというべきである。」「なお、本件大学の専任教員の本俸額は、当該専任教員がその業務に要する時間を直接の根拠として定められたものとは解し難いから、原告と専任教員との本俸額の差がそれぞれの業務に要する時間の差と比例しないものであることをもって、直ちに、原告と本件大学の専任教員との本俸額の相違が不合理であると評価することはできない。」

[123] 学校法人X事件（損害賠償等請求事件）

原告：元X大学嘱託講師　**被告**：学校法人X

債務不履行若しくは不法行為にもとづく損害賠償請求　**棄却**

京都地判平31・2・28〈平二八（ワ）二〇八五〉労経速報二三七六—三

「大学等を運営する学校法人Xの嘱託講師（有期雇用）であった原告が、夜間の授業を担当したにもかかわらず、同大学の専任教員には支給されている『大学夜間担当手当』（以下『本件手当』という。）が支給されなかったのは、労働契約法（以下『労契法』という。）二〇条又は短時間労働者の雇用管理の改善等に関する法律（以下『パートタイム労働法』という。）八条に違反すると主張し、損害賠償を求めている事案である。」「原告は、平成一〇年四月一日より被告に一年契約の嘱託講師として雇用され、被告X大学Y学部において、Z語担当の教員として勤務し、平成二八年三月三一日に被告を退職したものである。」「労契法二〇条にいう『期間の定めがあることにより』とは、有期契約労働者と無期契約労働者との労働条件の相違が期間の定めの有無に関連して生じたものであることをいい、『不合理と認められるもの』とは、有期契約労働者と無期契約労働者との労働条件の相違が不合理であると評価することができるものであることをいうものと解するのが相当である。」「また、労働者の賃金が複数の賃金項目から構成されている場合、個々の賃金項目に係る賃金は、通常、賃金項目ごとにその趣旨を異にするものであるということができるから、有期契約労働者と無期契約労働者の個々の賃金項目に係る労働条件の相違が『不合理と認められるもの』といえるか否かを判断するに当たっては、両者の賃金の総額を比較するのみではなく、当該賃金項目の趣旨を個別に考慮すべきものと解するのが相当である。」「X大学における教員としては、嘱託講師、客員教員、任期付教員及び専任教員が予定されているが、平成二七年当時、本件学部には、客員教員はおらず、任期付教員も嘱託講師及び専任教員と比較してごく少数であったことからすると、有期契約労働者かつ短時間労働者（以下『有期契約労働者等』という。）である嘱託講師の労働条件と比較するのは、無期契約労働者かつ長時間労働者（以下『無期契約労働者等』という。）である専任教員の労働条件と解するのが相当である。そして、有期契約労働者等である嘱託講師に対し、無期契約労働者等である専任教員には支給され得る本件手当を支給しないとの相違が生じているのは、専任教員に適用されているX就業規則及びX給与規程が嘱託講師には適用されず、本件嘱託講師規程及び本件嘱託講師給支給基準が適用されること並びにこれらの規定に則った労働契約がなされることによるものであるから、上記相違は、期間の定めの有無に関連して生じたものであるということができる。」「本件手当の不支給が不合理な差異かを検討するに、被告との間の労働契約に基づき提供すべき労務は、嘱託講師が、自らの希望を踏まえて被告から割り当てられる授業及びその準備に限られるのに対し、専任教員の場合は、授業及びその準備に加え、学生への教育、研究、学内行政と幅広い労務の提供が求められ、それに伴い、事実上の場所的時間的な拘束が生じることが予定されている上、勤怠管理がされていないとはいえ、勤務時間等の定めの対象とされる専任教員は、当然に兼業等はできないとの拘束もあると解されるが、嘱託講師は他大学での講師との兼業は当然に可能であると解される。そして、嘱託講師は、希望した業務以外の従事は予定されていないが、専任教員は、担当する授業につき希望を聴取されることもなく、学内行政における委員や役職、入試の担当の有無や勤務地なども含め、被告から命じられた労務を正当な理由なく拒否することはできないものとされている上、配置ないし労務内容の転換が予定されており、嘱託講師と専任教員との間ではその職務内容と配置の変更の範囲において大きな相違が認められる。」「本件手当は、少なくとも、被告が主張するような趣旨、すなわち、専任教員が日中に多岐に亘る業務を担当しつつ、さらに夜間の授業を担当することの負担に配慮する趣旨の手当としての性格も有していることが首肯できる。」「夜間授業をしている大学又は短大において、本件手当と同趣旨の手当をそもそも支給していない大学又は短大の割合が一番高く、支給している大学又は短大においても専任教員のみに支給している大学も一定割合存在することも考慮すると、本件手当を専任教員のみに支給し、嘱託講師のこれを支給しないとの労働条件の差異が不合理であるとまで評価することはできず、嘱託講師への本件手当の不支給は、労契法二〇条及びパートタイム労働法八条にいう『不合理と認められるもの』に当たらないと解するのが相当である。」

〈賃金〉

［124］立命館事件（未払一時金請求事件）

原告：私立大学教職員等　**被告**：学校法人立命館

一部認容、一部棄却

京都地判平24・3・29〈平一九（ワ）三七〇二・三七八〇、平二〇（ワ）三八九九、平二一（ワ）四八八七〉労判一〇五三―三八

「労使間で慣行として行われている労働条件等に関する取扱いである労使慣行は、①同種の行為又は事実が一定の範囲において長期間反復継続して行われていたこと、②労使双方が明示的に当該慣行によることを排除・排斥しておらず、当該労働条件を決定し得る権限を有する者（特に使用者側においては、当該労働条件についてその取扱いについて一定の裁量を有する者）の規範意識に支えられていることが認められる場合には、事実たる慣習として、労働契約の内容を構成して当事者間に法的拘束力を生ずるというべきである。」「本件において、大学等を運営する学校法人と教職員組合との団体交渉によって一四年間もの間、六・一か月＋一〇万円という基準額で一時金が支給されてきたこと及び毎年の団体交渉等における言動等に照らし、学校法人側は一時金を六か月以上とする規範意識を有していたと認めることができ、両当事者間で、少なくとも年六か月の一時金を支給することが労働契約の内容になっていたものと認められる。」

［125］福岡雙葉学園事件（賃金請求事件）

上告人：学校法人福岡雙葉学園　**被上告人**：学校法人教職員

破棄自判

最三小判平19・12・18〈平一七（受）二〇四四〉判時一九九六―一三七

「本件学校法人においては、長年にわたり、学校法人教職員の四月分以降の年間給与の総額について人事院勧告を踏まえて調整するという方針をとり、これを踏まえて各期末勤勉手当の支給額については、各年度とも、五月理事会における議決で、算定基礎額及び乗率が一応決定されるものの、人事院勧告を受けて一一月理事会で正式に決定する方式がとられてきた。ところが、本件期末勤勉手当の算定に際しては、人事院勧告がいわゆるマイナス勧告となったことにともない当該年の支給額が前年度に比して減額された。本件における争点の一つは、五月の理事会決議によって期末勤勉手当の請求権が発生したか否かである。」「本件においては、期末勤勉手当の支給については、給与規程に『その都度理事会が定める金額を支給する。』との定めがあるにとどまり、具体的な支給額又はその算定方法の定めを欠いているのみならず、前年度の支給実績を下回らない期末勤勉手当を支給する旨の労使慣行が存したなどの事情もうかがわれないこと、そして、五月理事会における議決で、期末勤勉手当の算定基礎額と乗率が一応決定されたものの、人事院勧告を受けて後に理事会で正式に決定する旨の留保が付されていたことなどの事情の下では、一一月の理事会における調整の決定は、既に発生した具体的権利である期末勤勉手当の請求権を処分し又は変更するものであるとはいえず、この観点から効力を否定されることはない。」

［126］福井大学職員給与等減額事件（未払賃金等請求事件）

原告：国立大学法人職員・元職員　**被告**：国立大学法人

棄却

福井地判平29・2・22〈平成二六（ワ）三七〉判例集未登載（控訴審＝名古屋高金沢支判平29・8・30判例集未登載）

「本件給与減額措置は、原告らを含む被告職員の生活に大きな影響を及ぼしたのみならず、その就労意欲や職場内の意識にも少なからぬ影響を及ぼしたものと認められる。本件給与規程変更によって被告職員が受けた不利益は、相当に大きいものというべきである。」「政府が、国立大学法人を含む公的機関全体で東日本大震災の復興財源の確保に協力する姿勢を示すことが社会的にも要請されていたことが背景にあったものといえ、運営費交付金の削減を前提に、給特法に準ずる給与減額措置も含めた協力が求められるという社会情勢があったと認めるのが相当である。公的機関全体に向けられた社会的な要請は、社会一般の情勢として被告職員の給与を定めるに当たって考慮されるべきものといえ、被告職員の給与を社会一般の情勢に適合したものとする観点から、給特法に準じる形で本件給与規程変更を行う必要性があったことは否定できない。」「被告が社会的な要請をも背景とする政府による給与減額の要請に応じず、運営費交付金の削減にもかかわらず人件費の捻出を優先し、結果的に国民から負託を受けて実施すべき被告の本来的な事業に実施できない部分が生じたとすれば、被告の経営自体に大きな支障を生じさせる事態となる可能性もあながち否定できないというべきである。したがって、本件給与規程変更の必要性を直ちに否定することはできない。」「本件給与減額措置は、国立大学法人の職員の給与を社会一般の情勢に適合したものとなるように定めることを求める法の趣旨に沿うものであり、かつ、被告の財政上の必要性も認められるのであって、被告が国立大学法人として存続するために必要やむを得ない措置であったというべきである。」

〈労働時間〉

［127］学校法人D学園事件（地位確認等請求控訴事件）（［112］の控訴審）

控訴人兼被控訴人：学校法人D学園　**被控訴人兼控訴人**：私立中学校・高等学校教員

一部取消し、一部棄却

東京高判平29・10・18〈平二九（ネ）二一〇八〉労判一一七六―一八

「学校法人の就業規則において、週五日制とし、一日の所定労働時間を七・五時間、週あたり三六・二五時間と定めつつも、校長が法定労働時間の範囲内において所定労働時間を延長することができる旨を定め、賃金に関しては、所定労働時間を超えるものの、法定労働時間内の労務提供には既払いの給与以外の賃金を支給しないことを予定することは、最大で週四〇時間勤務を前提とした対価を支払う一方で、勤務の

必要がなければ労働時間を短縮することができる働き方を定めたものと考えることができ、特段不当なものとはいえない。法内残業に対する残業代の支払いを義務づけていない現行労基法下においては、上記のような就業規則の定めは、当然に無効になるとはいえない。」

◆社会教育

【128】津市四つ葉子ども会ハイキング事故刑事訴訟事件（過失致死被告事件）

被告人：子ども会指導者

子ども会ハイキング川遊び中の児童死亡事故につき引率にあたったボランティアの過失責任

破棄自判　無罪（確定）

名古屋高判昭59・2・28〈昭五五（う）一二一〉判時一一一四—三

「以上認定の事情に徴すると、育成会総会、同役員会又は役員らから直接間接に指示あるいは委託を受けたがために、右役員らの下にあつて同人らの意を体し、あれこれ現実に行動した関係上、特に外見上その動きが目立つ被告人の言動のみをことさら重視するのは相当でなく、本件ハイキングの計画からその実施に至る全体の経緯のなかでの各人の地位・役割を総合考察するとき、前記e及びfの両名は被告人以上に実質的に重要な立場にあったことが窺知されるのであって、これに対し原判決のように右e及びfが被告人の補佐役に過ぎず、被告人こそ本件ハイキングに際し参加児童らを保護監督する直接かつ最高の総括的引率責任者であったと断ずるのは、右e及びfの両名の地位・役割を過小評価し、その反面被告人のそれを過大視するものであって、原判決の右認定判断には到底左袒するわけにいかない。原判決の右認定には事実の誤認があるものといわざるを得ない。」「これを前記に説示した注意義務に関し、本件結果発生の面からみれば、被告人のなした監視が完璧ではなかったといえるけれども、前記に認定した本件事故発生に至るまでの被告人の工作現場における行動あるいは参加児童らの川遊びの状況、ひいて、前認定の本件渓谷の情況から推認される危険発生についての蓋然性及び前記bの水没した位置などの面から考察すると、本件において、被告人に前記の注意義務の違反があったとまで断定するのはいささか苛酷に過ぎると思料される。したがって、被告人には右注意義務違反の事実を認めることもできない。」

【129】船橋市西図書館職員図書廃棄処分事件（損害賠償請求事件）

上告人（一審原告）：権利能力なき社団（新しい教科書の作成等を目的とする団体）　**被上告人**：公立図書館司書、船橋市

公立図書館司書が上告人らの執筆に係る書籍を廃棄したことに対する慰謝料請求事件　**破棄差戻し**

最一小判平17・7・14〈平一六（受）九三〇〉判時一九一〇—九四

⇩憲二一条、教基一二条

●教科書裁判経過一覧

	提訴	第一審	第二審	第三審	差戻審
▼**第一次訴訟**（国家賠償請求事件）	一九六五（昭和四〇）年六月一二日提訴	一九七四（昭和四九）年七月一六日 ●東京地裁「高津判決」（一部認容、一部棄却（原告控訴））（判時七五一—四七）	一九八六（昭和六一）年三月一九日 ●東京高裁「鈴木判決」（控訴棄却、一部取消（控訴人上告））（判時一一八八—一）	一九九三（平成五）年三月一六日 ●最高裁三小判決「可部判決」（上告棄却）（判時一四五六—六二）——終結——	
▼**第二次訴訟**（行政処分取消請求事件）	一九六七（昭和四二）年六月二三日提訴	一九七〇（昭和四五）年七月一七日 ●東京地裁「杉本判決」（認容（被告控訴））（判時六〇四—二九）	一九七五（昭和五〇）年一二月二〇日 ●東京高裁「畔上判決」（控訴棄却（控訴人上告））（判時八〇〇—一九）	一九八二（昭和五七）年四月八日 ●最高裁一小判決（破棄差戻し）（判時一〇四〇—三）	一九八九（平成元）年六月二七日 ●東京高裁「丹野判決」（原判決（第一審判決）取消、却下）（判時一三二一—三六）——終結——
▼**第三次訴訟**（国家賠償請求事件）	一九八四（昭和五九）年一月一九日提訴	一九八九（平成元）年一〇月三日 ●東京地裁「加藤判決」（一部認容（原告控訴））（判タ七〇九—六三）	一九九三（平成五）年一〇月二〇日 ●東京高裁「川上判決」（一部認容（控訴人上告））（判時一四七三—三）	一九九七（平成九）年八月二九日 ●最高裁三小判決（一部認容）（判時一六二三—四九）——終結——	

●第二次教科書裁判（検定不合格処分取消訴訟事件）第一審判決（抄）

（昭和四五年七月一七日　東京地方裁判所民事第二部）

第四　本案の判断

一　教科書検定制度の違憲、違法性の有無

1　教育を受ける権利および教育の自由を侵害するとの主張について

(一)　**教育を受ける権利**

(1)　憲法二六条……の規定は、憲法二五条をうけて、いわゆる生存権的基本権のいわば文化的側面として、国民の一人一人にひとしく教育を受ける権利を保障し、その反面として、国に対し右の教育を受ける権利を実現するための立法その他の措置を講ずべき責務を負わせたものであつて、国民とくに子どもについて教育を受ける権利を保障したものということができる。

ところで、憲法がこのように国民ことに子どもに教育を受ける権利を保障するゆえんのものは、民主主義国家が一人一人の自覚的な国民の存在を前提とするものであり、また、教育が次代をになう新しい世代を育成するという国民全体の関心事であることにもよるが、同時に、教育が何よりも子ども自らの要求する権利であるからだと考えられる。すなわち、……子どもは未来における可能性を持つ存在であることを本質とするから、将来においてその人間性を十分に開花させるべく自ら学習し、事物を知り、これによつて自らを成長させることが子どもの生来的権利であり、このような子どもの学習する権利を保障するために教育を授けることは国民的課題であるからにほかならないと考えられる。

そして、ここにいう教育の本質は、このような子どもの学習する権利を充足し、その人間性を開発して人格の完成をめざすとともに、このことを通じて、国民が今日まで築きあげられた文化を次の世代に継承し、民主的、平和的な国家の発展ひいては世界の平和をになう国民を育成する精神的、文化的ないとなみであるというべきである。

このような教育の本質にかんがみると、前記の子どもの教育を受ける権利に対応して子どもを教育する責務をになうものは親を中心として国民全体であると考えられる。すなわち、国民は自らの子どもはもとより、次の世代に属するすべての者に対し、その人間性を開発し、文化を伝え、健全な国家および世界の担い手を育成する責務を負うものと考えられるのであつて、家庭教育、私立学校の設置などはこのような親をはじめとする国民の自然的責務に由来するものというべきものである。このような国民の教育の責務は、いわゆる国家教育権に対する概念として国民の教育の自由とよばれるが、その実体は右のような責務であると考えられる。……

してみれば、国家は、右のような国民の教育責務の遂行を助成するためにもつぱら責任を負うものであつて、その責任を果たすために国家に与えられる権能は、教育内容に対する介入を必然的に要請するものではなく、教育を育成するための諸条件を整備することであると考えられ、国家が教育内容に介入することは基本的には許されないというべきである。

この点に関し、義務教育に関する憲法二六条二項の反面から、国家もまた教育する権利を有する旨の見解があるが、しかし、同条項に「すべて国民は、法律の定めるところにより、その保護する子女に普通教育を受けさせる義務を負ふ」というのは、上記のような親の子どもに対する教育の責務の遂行を保障したものと解するのが相当であつて、この規定の反面から国にいわゆる教育権があるとするのは相当でないというべきである。

(2)　……憲法二六条は、前示のとおり教育を受ける権利を実質的に保障するために国が立法その他の積極的な施策を講ずべき旨を定め、また、戦前におけるごとく勅令主義あるいは法律に基づかない恣意的な教育行政を否定し、国の行う教育行政が法律によるべき旨を定めたものではあるが、法律によりさえすればどのような教育内容への介入をしてもよい、とするものではなく、また、教育の外的な事項については、一般の政治と同様に代議制を通じて実現されてしかるべきものであるが、教育の内的事項については、すでに述べたようなその特質からすると、一般の政治とは別個の側面をもつというべきであるから、一般の政治のように政党政治を背景とした多数決によつて決せられることに本来的にしたしまず、教師が児童、生徒との人間的なふれあいを通じて、自らの研鑽と努力とによつて国民全体の合理的な教育意思を実現すべきものであり、また、このような教師自らの教育活動を通じて直接に国民全体に責任を負い、その信託にこたえるべきものと解せられる（教育基本法一〇条）。

被告は、……現代国家が福祉国家としてすべての国民に対し健康で文化的な生活を保障すべき責務を負い、教育がこのために欠くことのできない重要な役割をになうものであることはいうまでもない。しかしながら、現代国家の理念とするところは、人間の価値は本来多様であり、また多様であるべきであつて、国家は人間の内面的価値に中立であり、個人の内面に干渉し価値判断を下すことをしない、すなわち国家の権能には限りがあり人間のすべてを統制することはできない、とするにあるのであつて、福祉国家もその本質は右の国家理念をふまえたうえで、それを実質的に十全ならしめるための措置を講ずべきことであるから、国家は教育のような人間の内面的価値にかかわる精神活動については、できるだけその自由を尊重してこれに介入するを避け、児童、生徒の心身の発達段階に応じ、必要かつ適切な教育を施し、教育の機会均等の確保と、教育水準の維持向上のための諸条件の整備確立に努むべきことこそ福祉国家としての責務であると考えられる。

(3)　（省略）

(二)　**教育の自由**

(1)・(2)　（省略）

(3)　……教師の教育ないし教授の自由は、教育思想としての自由または教育政策上認められる自由にとどまるものであるのか、あるいはわが実定法上保障されている自由であるのか。結論的にいえば、教師の教育ないし教授の自由は学問の自由を定めた憲法二三条によつて保障されていると解せられる。

けだし、教育は、すでに述べたように、発達可能態としての児童、生徒に対し、主としてその学習する権利（教育を受ける権利）を充足することによつて、子どもの全面的な発達を促す精神的活動であり、それを通じて健全な次の世代を育成し、また、文化を次代に継承するいとなみであるが、児童、生徒の学び、知ろうとする権利を正しく充足するためには、必然的に何よりも真理教育が要請される（教育基本法前文、一条参照）。……下級教育機関において教育を受ける児童、生徒は、いずれも年少であつて、大学における学生のように高度の理解能力を有せず、また教えられたところを批判的に摂取する力もないから、これらの児童、生徒に対して、学問研究の結果をそのままに与えることは妥当でなく、したがつて、教育は児童、生徒の心身の発達段階に応じ、児童が真に教えられたところを理解し、自らの人間性を開発していくことができるような形でなされなければならず、また、子どもが事物を批判的に考察し、全体として正しい知識を得、真実に近づくような方法がなされなければならないわけであるが、いわゆる教育的配慮は右の点を内容とするものでなければならない。そして、このような教育的配慮が正しくなされるためには、児童、生徒の心身の発達、心理、社会環境との関連等について科学的な知識が不可欠であり、教育学はまさにこのような科学である。すなわち、こうした教育的配慮をなすこと自体が一の学問的実践であり、学問と教育とは本質的に不可分一体というべきである。してみれば、憲法二三条は、教師に対し、学問研究の自由はもちろんのこと学問研究の結果自らの正当とする学問的見解を教授する自由をも保障していると解するのが相当である。（後略）

(4)　（省略）

(三)　**教科書検定制度と教育を受ける権利および教育の自由**（省略）

2　憲法二一条および同二三条違反の主張について

(一)　**学問の自由と表現の自由**（省略）

(二)　**教科書検定制度と憲法二一条二項**

（検閲禁止）

(1)（前略）

(イ)　憲法二一条二項は「検閲は、これをしてはならない。」と定め、「検閲」を禁止しているが、ここに「検閲」とは、これを表現の自由についていえば公権力によつて外に発表されるべき思想の内容を予じめ審査し、不適当と認めるときは、その発表を禁止するいわゆる事前審査を意味し、また、「検閲」は、思想内容の審査に関する限り、一切禁止されていると解すべきである。……

(ロ)　ところで、すでに述べたように、学校教育法二一条は「小学校においては、文部大臣の検定を経た教科用図書……を使用しなければならない」と定めており、その趣旨は検定を経ない教科書の使用を禁止するにあると解せられるところ、教科書検定の法的性格について争いがあるので、案ずるに、教科書検定は、申請に係る図書が教科書として適切であるか否かを客観的基準に照らして審査し、それがその基準に合致しているかどうかを公の権威をもつて認定する行為であると解せられるから、それ自体の法的性格としてはいわゆる確認行為の範ちゆうに属する行為であるというべきであろうが、しかし、学校教育法二一条は上記のとおり検定を経ない教科書の使用を禁止する（なお、昭和二三年八月二四日教科書局長通達は検定不合格図書は教科書以外の教材としても使用を禁止している。）という法的効果を付与し、さらにこれによつて実際上、検定を経ない教科書を教科書として発行することを禁止する機能を果しているというべきである（教科書として使用が禁止されるものを教科書として発行することは実際上あり得ない）から、かような機能にかんがみ、同条にいう教科書検定は実質的には事前の許可たる性格のものと解するを相当とする。（後略）

(ハ)（前略）

教科書検定は、叙上のとおり、国の行政機関である文部大臣が教科書の発行に先だち、申請教科書について審査を加え、その結果検定において不合格とされた図書を教科書として出版することを禁止するものであつて、その法的性格は事前の許可と解せられるのであるが、しかし出版に関する事前許可制がすべて検閲に該当するわけでないことはいうまでもない。してみると、右の審査が思想内容に及ぶものでない限り、教科書検定は検閲に該当しないものというべきである。（後略）

(2)（省略）

(三)　教科書検定制度と憲法二一条一項

(1)　憲法二一条一項は、「集会、結社及び言論、出版その他一切の表現の自由はこれを保障する。」と定め、教科書執筆、出版の自由も同条項によつて保障されていることはすでに述べたとおりであるが、表現の自由も無制約なものでなく、公共の福祉の見地からの必要かつ合理的制限に服するものなることはいうまでもない。ところで教科書検定は、国が福祉国家として、小学校、中学校、高等学校において児童、生徒の心身の発達段階に応じ、必要かつ適切な教育を施し、教育の機会均等と教育水準の維持向上を図るというその責任を果たすために、その一環として行なうことをその趣旨とするものであるから、その限度において教科書執筆、出版の自由が制約を受けてもそれは公共の福祉の見地からする必要かつ合理的な制限というべきであつて、表現の自由の侵害にならないと解するを相当とする。

(2)（省略）

(四)（省略）

3　憲法三一条違反および法治主義の原則違反の主張について（省略）

4　教育基本法一〇条違反の主張について

(一)　戦後の教育改革と教育基本法の成立事情（省略）

(二)　教育基本法一〇条の趣旨

(1)（省略）

(2)　叙上のとおり、教育基本法一〇条の趣旨は、その一、二項を通じて、教育行政ことに国の教育行政は教育の外的事項について条件整備の責務を負うけれども、教育の内的事項については、指導、助言等は別として、教育課程の大綱を定めるなど一定の限度を超えてこれに権力的に介入することは許されず、このような介入は不当な支配に当たると解すべきであるから、これを教科書に関する行政である教科書検定についてみるに、教科書検定における審査は教科書の誤記、誤植その他の客観的に明らかな誤り、教科書の造本その他教科書についての技術的事項および教科書内容が教育課程の大綱的基準の枠内にあるかの諸点にとどめられるべきものであつて、審査が右の限度を超えて、教科書の記述内容の当否にまで及ぶときには、検定は教育基本法一〇条に違反するというべきである。

(三)　教科書検定制度と教育基本法一〇条（省略）

二　本件各検定不合格処分の違憲、違法性の有無

1　教科書検定制度が違憲または違法であるから、本件各検定不合格処分は違憲または違法であるとの主張について（省略）

2　本件各検定不合格処分が違憲または違法であるとの主張について

(一)　本件各検定不合格処分の処分理由との関係について（省略）

(二)　本件改訂検定の各改訂箇所について

(1)　改訂箇所番号五、六、一四、一八（各編の扉「歴史をささえる人々」）

……右の各改訂箇所は、その文言のみからしても、日本史における基本的な歴史の見方あるいは日本史における教育的な配慮に係るものであり、また、すでに論じたように、ある記述が生徒に理解が困難であるかどうかも、基本的には著者ないし発行者の権限および責任において判断すべき事項であると考えられるのみならず、原告が、「新日本史」において右のような記述をした点について、原告本人尋問の中で……と述べ、右のような趣旨で前記各記述をなしたことが認められ、これに反する証拠はないから、右各箇所に対する被告の主張は、いずれも原告の右のような著者としての歴史の見方、歴史教育のあり方を否定するものというべきである。（後略）

(2)　改訂箇所番号一二（古事記、日本書紀に関する記述）

……記紀の評価とその歴史教育上の取扱いについてはさまざまな見方、考え方があるのであつて、これらによつてみるとき、記紀に関する右改訂箇所の記述が断定にすぎ、明らかに誤りであるとは認められないのみならず、原告が、このような記述をなした点につき、原告本人尋問の中で……と述べており、右改訂箇所の記述が原告の学者としての右のような記紀についての認識、評価と教育者としての配慮に基づくものであることを認めることができ、これを左右するに足る証拠はないから、右改訂箇所に対する被告の主張は、原告の史実の認識、教育的配慮を否定するに帰するというべきである。（後略）

(3)　改訂箇所番号一九（日ソ中立条約に関する記述）

……被告の主張は右の一句を挿入しないことが歴史的事実として客観的に明白な誤りとなるというのではなく、この改訂箇所が全体として日ソ中立条約締結の際の日本の立場に対する評価ないし見方が妥当でない、というにあつて、歴史的事象の評価とそれに基づいた叙述に関するものであるのみならず、原告が、この点につき、原告本人尋問中で、……と述べ、この箇所の記述が右の趣旨で記述されたものと認めることができ、これに反する証拠はないから、右改訂箇所に対する被告の主張は原告の右のような歴史事象の認識、評価および教育的配慮を国の立場において否定するものであるというべきである。（後略）

(三)　結　語

以上の次第で、本件各検定不合格処分は、いずれも憲法二一条二項および教育基本法一〇条の各規定に違反し、違憲、違法であるから、原告のその余の主張について判断をすすめるまでもなく、取消しを免れない。

●学力テスト旭川事件最高裁判決（抄）

（昭和五一年五月二一日 最高裁判所大法廷）

理由

三 本件学力調査と地教行法五四条二項（手続上の適法性）

(一) 原判決は、本件学力調査は、教育的価値判断にかかわり、教育活動としての実質を有し、行政機関による調査（行政調査）のわくを超えるものであるから、地教行法五四条二項を根拠としてこれを実施することはできない、と判示している。

（中略）本件学力調査が……行政調査として行われたものであることは、前記実施要綱に徴して明らかであるところ、原判決は、右調査が試験問題によつて生徒を試験するという方法をとつている点をとらえて、それは調査活動のわくを超えた固有の教育活動であるとしている。しかしながら、本件学力調査においてとられた右の方法が、教師の行う教育活動の一部としての試験とその形態を同じくするものであることは確かであるとしても、学力調査としての試験は、あくまでも全国中学校の生徒の学力の程度が一般的にどのようなものであるかを調査するためにされるものであつて、教育活動としての試験の場合のように、個々の生徒に対する教育の一環としての成績評価のためにされるものではなく、両者の間には、その趣旨と性格において明らかに区別があるのである。それ故、本件学力調査が生徒に対する試験という方法で行われたことの故をもつて、これを行政調査というよりはむしろ固有の教育活動としての性格をもつものと解し、したがつて地教行法五四条二項にいう調査には含まれないとすることは、相当でない。もつとも、行政調査といえども、無制限に許されるものではなく、許された目的のために必要とされる範囲において、その方法につき法的な制約が存する場合にはその制約の下で、行われなければならず、これに違反するときは、違法となることを免れない。原判決の指摘する上記の点は、むしろ本件学力調査の右の意味における適法性の問題に帰し、このような問題として論ずれば足りるのであつて、これについては、後に**四**で詳論する。

(二)（前略）地教行法五四条二項が、同法五三条との対比上、文部大臣において本件学力調査のような調査の実施を要求する権限までをも認めたものと解し難いことは、原判決の説くとおりである。しかしながら、このことは、地教行法五四条二項によつて求めることができない文部大臣の調査要求に対しては、地教委においてこれに従う法的義務がないということを意味するだけであつて、右要求に応じて地教委が行つた調査行為がそのために当然に手続上違法となるわけのものではない。地教委は、前述のように、地教行法二三条一七号により当該地方公共団体の教育にかかる調査をする権限を有しており、各市町村教委による本件学力調査の実施も、当該市町村教委が文部大臣の要求に応じその所掌する中学校の教育にかかる調査として、右法条に基づいて行つたものであつて、文部大臣の要求によつてはじめて法律上根拠づけられる調査権限を行使したというのではないのである。その意味において、文部大臣の要求は、法手続上は、市町村教委による調査実施の動機をなすものであるにすぎず、その法的要件をなすものではない。それ故、本件において旭川市教委が旭川市立の各中学校につき実施した調査行為は、たとえそれが地教行法五四条二項の規定上文部大臣又は北海道教委の要求に従う義務がないにもかかわらずその義務があるものと信じてされたものであつても、少なくとも手続法上は権限なくしてされた行為として違法であるということはできない。そして、市町村教委は、市町村立の学校を所管する行政機関として、その管理権に基づき、学校の教育課程の編成について基準を設定し、一般的な指示を与え、指導、助言を行うとともに、特に必要な場合には具体的な命令を発することもできると解するのが相当であるから、旭川市教委が、各中学校長に対し、授業計画を変更し、学校長をテスト責任者としてテストの実施を命じたことも、手続的には適法な権限に基づくものというべく、要するに、本件学力調査の実施には手続上の違法性はないというべきである。

もつとも、右のように、旭川市教委による調査実施行為に手続上の違法性はないとしても、それが地教行法五四条二項による文部大臣の要求に応じてされたという事実がその実質上の適法性の問題との関連においてどのように評価、判断されるべきかは、おのずから別個の観点から論定されるべき問題であり、この点については、**四**で検討する。

四 本件学力調査と教育法制（実質上の適法性）

原判決は、本件学力調査は、その目的及び経緯に照らし、全体として文部大臣を実質上の主体とする調査であり、市町村教委の実施行為はその一環をなすものにすぎず、したがつてその実質上の適否は、右の全体としての調査との関連において判断されなければならないとし、文部大臣の右調査は、教基法一〇条を初めとする現行教育法秩序に違反する実質的違法性をもち、ひいては旭川市教委による調査実施行為も違法であることを免れない、と断じている。本件学力調査は文部大臣において企画、立案し、その要求に応じて実施されたものであり、したがつて、当裁判所も、右調査実施行為の実質上の適法性、特に教基法一〇条との関係におけるそれは、右の全体としての調査との関連において検討、判断されるべきものとする原判決の見解は、これを支持すべきものと考える。（後略）

1 子どもの教育と教育権能の帰属の問題

(一) 子どもの教育は、子どもが将来一人前の大人となり、共同社会の一員としてその中で生活し、自己の人格を完成、実現していく基礎となる能力を身につけるために必要不可欠な営みであり、それはまた、共同社会の存続と発展のためにも欠くことのできないものである。この子どもの教育は、その最も始源的かつ基本的な形態としては、親が子との自然的関係に基づいて子に対して行う養育、監護の作用の一環としてあらわれるのであるが、しかしこのような私事としての親の教育及びその延長としての私的施設による教育をもつてしては、近代社会における経済的、技術的、文化的発展と社会の複雑化に伴う教育要求の質的拡大及び量的増大に対応しきれなくなるに及んで、子どもの教育が社会における重要な共通の関心事となり、子どもの教育をいわば社会の公共的課題として公共の施設を通じて組織的かつ計画的に行ういわゆる公教育制度の発展をみるに至り、現代国家においては、子どもの教育は、主としてこのような公共施設としての国公立の学校を中心として営まれるという状態になつている。

ところで、右のような公教育制度の発展に伴つて、教育全般に対する国家の関心が高まり、教育に対する国家の支配ないし介入が増大するに至つた一方、教育の本質ないしはそのあり方に対する反省も深化し、その結果、子どもの教育は誰が支配し、決定すべきかという問題との関連において、上記のような子どもの教育に対する国家の支配ないし介入の当否及びその限界が極めて重要な問題として浮かびあがるようになつた。……本件における教基法一〇条の解釈に関する前記の問題の背景には右のような事情があり、したがつて、この問題を考察するにあたつては、広く、わが国において憲法以下の教育関係法制が右の基本的問題に対していかなる態度をとつているかという全体的な観察の下で、これを行わなければならない。

(二) ところで、わが国の法制上子どもの教育の内容を決定する権能が誰に帰属するとされているかについては、二つの極端に対立する見解があり、そのそれぞれが検察官及び弁護人の主張の基底をなしているようにみうけられる。すなわち、一の見解は、子どもの教育は、親を含む国民全体の共通関心事であり、公教育制度は、このような国民の期待と要求に応じて形成、実施されるものであつて、そこにおいて支配し、実現されるべきものは国民全体の教育意思であるが、この国民全体の教育意思は、憲法の採用する議会制民主主義の下においては、国民全体の意思の決定の唯一のルートである国会の法律制定を通じて具体化されるべきものであるから、法律は、当然に、公教育における教育の内容及び方法についても包括的にこれを定めることができ、また、教育行政機関も、法律の授権に基づく限り、広くこれらの事項について決定権限を有する、と主張する。これに対し、他の見解は、子どもの教育は、憲法二六条の保障する子どもの教育を受ける権利に対する責務として行われるべきもので、このような責務をになう者は、親を中心とする国民全体であり、公教育としての子どもの教育は、いわば親の教育義務の共同化ともいうべき性格をもつのであつて、それ故にまた、教基法一〇条一項も、教育は、国民全体の信託の下に、これに対して直接に責任を負うように行われなければならないとしている。したがつて、権力主体としての国の子どもの教育に対するかかわり合いは、右のような国民の教育義務の遂行を側面から助成するための諸条件の整備に限られ、子どもの教育の内容及び方法については、国は原則として介入権能をもたず、教育は、その実施にあたる教師が、その教育専門家としての立場から、国民全体に対して教育的、文化的責任を負うような形で、その内容及び方法を決定、遂行すべきものであり、このことはまた、憲法二三条における学問の自由の保障が、学問研究の自由ばかりでなく、教授の自由をも含み、教授の自由は、教育の本質上、高等教育のみならず、普通教育におけるそれにも及ぶと解すべきによつても裏付けられる、と主張するのである。

当裁判所は、右の二つの見解はいずれも極端かつ一方的であり、そのいずれをも全面的に採用することはできないと考える。以下に、その理由と当裁判所の見解を述べる。

2　憲法と子どもに対する教育権能

(一)　憲法中教育そのものについて直接の定めをしている規定は憲法二六条であるが、……この規定は、福祉国家の理念に基づき、国が積極的に教育に関する諸施設を設けて国民の利用に供する責務を負うことを明らかにするとともに、子どもに対する基礎的教育である普通教育の絶対的必要性にかんがみ、親に対し、その子女に普通教育を受けさせる義務を課し、かつ、その費用を国において負担すべきことを宣言したものであるが、この規定の背後には、国民各自が、一個の人間として、また、一市民として、成長、発達し、自己の人格を完成、実現するために必要な学習をする固有の権利を有すること、特に、みずから学習することのできない子どもは、その学習要求を充足するための教育を自己に施すことを大人一般に対して要求する権利を有するとの観念が存在していると考えられる。換言すれば、子どもの教育は、教育を施す者の支配的権能ではなく、何よりもまず、子どもの学習をする権利に対応し、その充足をはかりうる立場にある者の責務に属するものとしてとらえられているのである。

しかしながら、このように、子どもの教育が、専ら子どもの利益のために、教育を与える者の責務として行われるべきものであるということからは、このような教育の内容及び方法を、誰がいかにして決定すべく、また、決定することができるかという問題に対する一定の結論は、当然には導き出されない。……

(二)　次に、学問の自由を保障した憲法二三条により、学校において現実に子どもの教育の任にあたる教師は、教授の自由を有し、公権力による支配、介入を受けないで自由に子どもの教育内容を決定することができるとする見解も、採用することができない。確かに、憲法の保障する学問の自由は、単に学問研究の自由ばかりでなく、その結果を教授する自由をも含むと解されるし、更にまた、専ら自由な学問的探求と勉学を旨とする大学教育に比してむしろ知識の伝達と能力の開発を主とする普通教育の場においても、例えば教師が公権力によつて特定の意見のみを教授することを強制されないという意味において、また、子どもの教育が教師と子どもとの間の直接の人格的接触を通じ、その個性に応じて行われなければならないという本質的要請に照らし、教授の具体的内容及び方法につきある程度自由な裁量が認められなければならないという意味においては、一定の範囲における教授の自由が保障されるべきことを肯定できないではない。しかし、大学教育の場合には、学生が一応教授内容を批判する能力を備えていると考えられるのに対し、普通教育においては、児童生徒にこのような能力がなく、教師が児童生徒に対して強い影響力、支配力を有することを考え、また、普通教育においては、子どもの側に学校や教師を選択する余地が乏しく、教育の機会均等をはかる上からも全国的に一定の水準を確保すべき強い要請があること等に思いをいたすときは、普通教育における教師に完全な教授の自由を認めることは、とうてい許されないところといわなければならない。……

(三)　思うに、子どもはその成長の過程において他からの影響によつて大きく左右されるいわば可塑性をもつ存在であるから、子どもにどのような教育を施すかは、その子どもが将来どのような大人に育つかに対して決定的な役割をはたすものである。それ故、子どもの教育の結果に利害と関心をもつ関係者が、それぞれその教育の内容及び方法につき深甚な関心を抱き、それぞれの立場からその決定、実施に対する支配権ないしは発言権を主張するのは、極めて自然な成行きということができる。子どもの教育は、前述のように、専ら子どもの利益のために行われるべきものであり、本来的には右の関係者らがその目的の下に一致協力して行うべきものであるけれども、何が子どもの利益であり、また、そのために何が必要であるかについては、意見の対立が当然に生じうるのであつて、そのために教育内容の決定につき矛盾、対立する主張の衝突が起こるのを免れることができない。憲法がこのような矛盾対立を一義的に解決すべき一定の基準を明示的に示していないことは、上に述べたとおりである。そうであるとすれば、憲法の次元におけるこの問題の解釈としては、右の関係者らのそれぞれの主張のよつて立つ憲法上の根拠に照らして各主張の妥当すべき範囲を画するのが、最も合理的な解釈態度というべきである。

そして、この観点に立つて考えるときは、まず親は、子どもに対する自然的関係により、子どもの将来に対して最も深い関心をもち、かつ、配慮をすべき立場にある者として、子どもの教育に対する一定の支配権、すなわち子女の教育の自由を有すると認められるが、このような親の教育の自由は、主として家庭教育等学校外における教育や学校選択の自由にあらわれるものと考えられるし、また、私学教育における自由や前述した教師の教授の自由も、それぞれ限られた一定の範囲においてこれを肯定するのが相当であるけれども、それ以外の領域においては、一般に社会公共的な問題について国民全体の意思を組織的に決定、実現すべき立場にある国は、国政の一部として広く適切な教育政策を樹立、実施すべく、また、しうる者として、憲法上は、あるいは子ども自身の利益の擁護のため、あるいは子どもの成長に対する社会公共の利益と関心にこたえるため、必要かつ相当と認められる範囲において、教育内容についてもこれを決定する権能を有するものと解さざるをえず、これを否定すべき理由ないし根拠は、どこにもみいだせないのである。もとより、政党政治の下で多数決原理によつてされる国政上の意思決定は、さまざまな政治的要因によつて左右されるものであるから、本来人間の内面的価値に関する文化的な営みとして、党派的な政治的観念や利害によつて支配されるべきでない教育にそのような政治的影響が深く入り込む危険があることを考えるときは、教育内容に対する右のごとき国家的介入についてはできるだけ抑制的であることが要請されるし、殊に個人の基本的自由を認め、その人格の独立を国政上尊重すべきものとしている憲法の下においては、子どもが自由かつ独立の人格として成長することを妨げるような国家的介入、例えば、誤つた知識や一方的な観念を子どもに植えつけるような内容の教育を施すことを強制するようなことは、憲法二六条、一三条の規定上からも許されないと解することができるけれども、これらのことは、前述のような子どもの教育内容に対する国の正当な理由に基づく合理的な決定権能を否定する理由となるものではないといわなければならない。

3　教基法一〇条の解釈

次に、憲法における教育に対する国の権能及び親、教師等の教育の自由についての上記のような理解を背景として、教基法一〇条の規定をいかに解釈すべきかを検討する。

(一)　教基法は、憲法において教育のあり方の基本を定めることに代えて、わが国の教育及び教育制度全体を通じる基本理念と基本原理を宣明することを目的として制定されたものであつて、戦後のわが国の政治、社会、文化の各方面における諸改革中最も重要な問題の一つとされていた教育の根本的改革を目途として制定された諸立法の中で中心的地位を占める法律であり、このことは、同法の前文の文言及び各規定の内容に徴しても、明らかである。それ故、同法における定めは、形式的には通常の法律規定として、これと矛盾する他の法律規定を無効にする効力をもつものではないけれども、一般に教育関係法令の解釈及び運用については、法律自体に別段の規定がない限り、できるだけ教基法の規定及び同法の趣旨、目的に沿うように考慮が払われなければならないというべきである。

ところで、教基法は、その前文の示すように、憲法の精神にのつとり、民主的で文化的な国家を建設して世界の平和と人類の福祉に貢献するためには、教育が根本的重要性を有するとの認識の下に、個人の尊厳を重んじ、真理と平和を希求する人間の育成を期するとともに、普遍的で、しかも個性豊かな文化の創造をめざす教育が今後におけるわが国の教育の基本理念であるとしている。これは、戦前のわが国の教育が、国家による強い支配の下で形式的、画一的に流れ、時に軍国主義的又は極端な国家主義的傾向を帯びる面があつたことに対する反省によるものであり、右の理念は、これを更に具体化した同法の各規定を解釈するにあたつても、強く念頭に置かれるべきものであることは、いうまでもない。

(二)　本件で問題とされている教基法一〇条は、教育と教育行政との関係についての基本原理を明らかにした極めて重要な規定であ……る。この規定の解釈については、検察官の主張と原判決が大筋において採用したと考えられる弁護人の主張との間に顕著な対立があるが、その要点は、(1)　第一に、教育行政機関が法令に基づいて行政を行う場合は右教基法一〇条一項にいう「不当な支配」に含まれないと解すべきかどうかであり、(2)　第二に、同条二項にいう教育の目的を遂行するに必要な諸条件の整備確立とは、主として教育施設の設置管理、教員配置等のいわゆる教育の外的事項に関するものを指し、教育課程、教育方法等のいわゆる内的事項については、教育行政機関の権限は原則としてごく大綱的な基準の設定に限られ、その余は指導、助言的作用にとどめられるべきものかどうかである、と考えられる。

(三)　まず、(1)の問題について考えるのに、前記教基法一〇条一項は、その文言からも明らかなように、教育が国民から信託されたものであり、したがつて教育は、右の信託にこたえて国民全体に対して直接責任を負うように行われるべく、その間において不当な支配によつてゆがめられることがあつてはならないとして、教育が専ら教育本来の目的に従つて行われるべきことを示したものと考えられる。これによつてみれば、同条項が排斥しているのは、教育が国民の信託にこたえて右の意味において自主的に行われることをゆがめるような「不当な支配」であつて、そのような支配と認められる限り、その主体のいかんは問うところでないと解しなければならない。それ故、論理的には、教育行政機関が行う行政でも、右にいう「不当な支配」にあたる場合がありうることを否定できず、問題は、教育行政機関が法令に基づいてする行為が「不当な支配」にあたる場合がありうるかということに帰着する。思うに、憲法に適合する有効な他の法律の命ずるところをそのまま執行する教育行政機関の行為がここにいう「不当な支配」となりえないことは明らかであるが、上に述べたように、他の教育関係法律は教基法の規定及び同法の趣旨、目的に反しないように解釈されなければならないのであるから、教育行政機関がこれらの法律を運用する場合においても、当該法律規定が特定的に命じていることを執行する場合を除き、教基法一〇条一項にいう「不当な支配」とならないように考慮しなければならない拘束を受けているものと解されるのであり、その意味において、教基法一〇条一項は、いわゆる法令に基づく教育行政機関の行為にも適用があるものといわなければならない。

(四)　そこで、次に、上記(2)の問題について考えるのに、原判決は、教基法一〇条の趣旨は、教育が「国民全体のものとして自主的に行われるべきものとするとともに」、「教育そのものは人間的な信頼関係の上に立つてはじめてその成果をあげうることにかんがみ、教育の場にあつて被教育者に接する教員の自由な創意と工夫とに委ねて教育行政機関の支配介入を排し、教育行政機関としては、右の教育の目的達成に必要な教育条件の整備確立を目標とするところにその任務と任務の限界があることを宣明」したところにあるとし、このことから、「教育内容及び教育方法等への（教育行政機関の）関与の程度は、教育機関の種類等に応じた大綱的基準の定立のほかは、法的拘束力を伴わない指導、助言、援助を与えることにとどまると解すべきである。」と判示している。

思うに、子どもの教育が、教師と子どもとの間の直接の人格的接触を通じ、子どもの個性に応じて弾力的に行われなければならず、そこに教師の自由な創意と工夫の余地が要請されることは原判決の説くとおりであるし、また、教基法が前述のように戦前における教育に対する過度の国家的介入、統制に対する反省から生まれたものであることに照らせば、同法一〇条が教育に対する権力的介入、特に行政権力によるそれを警戒し、これに対して抑制的態度を表明したものと解することは、それなりの合理性を有するけれども、このことから、教育内容に対する行政の権力的介入が一切排除されているものであるとの結論を導き出すことは、早計である。さきにも述べたように、憲法上、国は、適切な教育政策を樹立、実施する権能を有し、……国会が教基法においてこのような権限の行使を自己限定したものと解すべき根拠はない。むしろ教基法一〇条は、国の教育統制権能を前提としつつ、教育行政の目標を教育の目的の遂行に必要な諸条件の整備確立に置き、その整備確立のための措置を講ずるにあたつては、教育の自主性尊重の見地から、これに対する「不当な支配」となることのないようにすべき旨の限定を付したところにその意味があり、したがつて、教育に対する行政権力の不当、不要の介入は排除されるべきであるとしても、許容される目的のために必要かつ合理的と認められるそれは、たとえ教育の内容及び方法に関するものであつても、必ずしも同条の禁止するところではないと解するのが、相当である。

もつとも、原判決も、教育の内容及び方法に対する教育行政機関の介入が一切排除されていると解しているわけではなく、前述のように、権力的介入としては教育機関の種類等に応じた大綱的基準の設定を超えることができないとするにとどまつている。……原判決のいう大綱的基準とは、弁護人の主張するように、教育課程の構成要素、教科名、授業時数等のほか、教科内容、教育方法については、性質上全国的画一性を要する度合が強く、指導助言行政その他国家立法以外の手段ではまかないきれない、ごく大綱的な事項を指しているもののように考えられる。

思うに、国の教育行政機関が法律の授権に基づいて義務教育に属する普通教育の内容及び方法について遵守すべき基準を設定する場合には、教師の創意工夫の尊重等教基法一〇条に関してさきに述べたところのほか、後述する教育に関する地方自治の原則をも考慮し、右教育における機会均等の確保と全国的な一定の水準の維持という目的のために必要かつ合理的と認められる大綱的なそれにとどめられるべきものと解しなければならないけれども、右の大綱的基準の範囲に関する原判決の見解は、狭きに失し、これを採用することはできないと考える。これを前記学習指導要領についていえば、文部大臣は、学校教育法三八条、一〇六条による中学校の教科に関する事項を定める権限に基づき、普通教育に属する中学校における教育の内容及び方法につき、上述のような教育の機会均等の確保等の目的のために必要かつ合理的な基準を設定することができるものと解すべきところ、本件当時の中学校学習指導要領の内容を通覧するのに、おおむね、中学校において地域差、学校差を超えて全国的に共通なものとして教授されることが必要な最小限度の基準と考えても必ずしも不合理とはいえない事項が、その根幹をなしていると認められるのであり、かつ、その中には、ある程度細目にわたり、かつ、詳細に過ぎ、また、必ずしも法的拘束力をもつて地方公共団体を制約し、又は教師を強制するのに適切でなく、また、はたしてそのように制約し、ないしは強制する趣旨であるかどうか疑わしいものが幾分含まれているとしても、右指導要領の下における教師による創造的かつ弾力的な教育の余地や、地方ごとの特殊性を反映した個別化の余地が十分に残されており、全体としてはなお全国的な大綱的基準としての性格をもつものと認められるし、また、その内容においても、教師に対し一方的な一定の理論ないしは観念を生徒に教え込むことを強制するような点は全く含まれていないのである。それ故、上記指導要領は、全体としてみた場合、教育政策上の当否はともかくとして、少なくとも法的見地からは、上記目的のために必要かつ合理的な基準の設定として是認することができるものと解するのが、相当である。

4　本件学力調査と教基法一〇条

そこで、以上の解釈に基づき、本件学力調査が教基法一〇条一項にいう教育に対する「不当な支配」として右規定に違反するかどうかを検討する。

〔中略〕

(一)　まず、本件学力調査の目的についてみるのに、右調査の実施要綱には、前記**二**の1の(1)で述べたように、調査目的として四つの項目が挙げられている。このうち、……(イ)……、(ハ)……、(ニ)……についていえば、文部大臣が学校教育等の振興及び普及を図ることを任務とし、これらの事項に関する国の行政事務を一体的に遂行する責任を負う行政機関（文部省設置法四条）として、全国中学校における教育の機会均等の確保、教育水準の維持、向上に努め、教育施設の整備、充実をはかる責務と権限を有することに照らし、これらの権限と合理的関連性を有するものと認めることができるし、右目的に附随して、地教委をしてそれぞれの所掌する事項に調査結果を利用させようとすることも、文部大臣の地教委に対する指導、助言的性格のものとして不当ということはできない。また、右四項目中(ロ)……は、それが文部大臣固有の行政権限に直接関係せず、中学校における教育実施上の目的に資するためのものである点において、調査目的として正当性を有するかどうか問題であるけれども、右は、本件学力調査全体の趣旨、目的からいえば、単に副次的な意義をもつものでしかないと認めるのが相当であるのみならず、調査結果を教育活動上利用すべきことを強制するものではなく、指導、助言的性格のものにすぎず、これをいかに利用するかは教師の良識ある判断にまかされるべきものと考えられるから、右の(ロ)が調査目的の一つに掲げられているからといつて、調査全体の目的を違法不当のものとすることはできないというべきである。

(二)　次に、本件学力調査は、原判決の認定するところによれば、文部省が当時の中学校学習指導要領によつて試験問題を作成し、**二**の1で述べたように、全国の中学校の全部において一せいに右問題による試験を行い、各地教委にその結果を集計、報告させる等の方法によつて行われたものであつて、このような方法による調査が前記の調査目的のために必要と認めることができるかどうか、及び教育に対する不当な支配の要素をもつものでないかどうかは、慎重な検討を要する問題である。

まず、必要性の有無について考えるのに、全国の中学校における生徒の学力の程度がどの程度のものであり、そこにどのような不足ないしは欠陥があるかを知ることは、上記の(イ)、(ハ)、(ニ)に掲げる諸施策のための資料として必要かつ有用であることは明らかであり、また、このような学力調査の方法としては、結局試験によつてその結果をみるよりほかにはないのであるから、文部大臣が全国の中学校の生徒の学力をできるだけ正確かつ客観的に把握するためには、全国の中学校の生徒に対し同一試験問題によつて同一調査日に同一時間割で一せいに試験を行うことが必要であると考えたとしても、決して不合理とはいえない。それ故、本件学力調査は、その必要性の点において欠けるところはないというべきである。

(三)　問題となるのは、上記のような方法による調査が、……文部大臣の教育に対する「不当な支配」となるものではないか、ということである。

これにつき原判決は、右のような方法による本件学力調査は教基法一〇条にいう教育に対する「不当な支配」にあたるとし、その理由として、(1)　右調査の実施のためには、各中学校において授業計画の変更を必要とするが、これは実質上各学校の教育内容の一部を強制的に変更させる意味をもつものであること、また、(2)　右調査は、生徒を対象としてその学習の到達度と学校の教育効果を知るという性質のものである点において、教師が生徒に対する学習指導の結果を試験によつて把握するのと異なるところがなく、教育的価値判断にかかわる教育活動としての実質をもつていること、更に、(3)　前記の方法による調査を全国の中学校のすべての生徒を対象として実施することは、これらの学校における日常の教育活動を試験問題作成者である文部省の定めた学習指導要領に盛られている方針ないしは意向に沿つて行わせる傾向をもたらし、教師の自由な創意と工夫による教育活動を妨げる一般的危険性をもつものであり、現に一部においてそれが現実化しているという現象がみられること、を挙げている。

そこでまず、右(1)及び(2)の点について考えるのに、本件学力調査における生徒に対する試験という方法が、あくまでも生徒の一般的な学力の程度を把握するためのものであつて、個々の生徒の成績評価を目的とするものではなく、教育活動そのものとは性格を異にするものであることは、さきに述べたとおりである。もつとも、試験という形態をとる以上、前者の目的でされたものが後者の目的に利用される可能性はあり、現に本件学力調査においても、試験の結果を生徒指導要録に記録させることとしている点からみれば、両者の間における一定の結びつきの存在を否定することはできないけれども、この点は、せつかく実施した試験の結果を生徒に対する学習指導にも利用させようとする指導、助言的性格のものにすぎないとみるべきであるから、以上の点をもつて、文部省自身が教育活動を行つたものであるとすることができないのはもちろん、教師に対して一定の成績評価を強制し、教育に対する実質的な介入をしたものとすることも、相当ではない。また、試験実施のために試験当日限り各中学校における授業計画の変更を余儀なくされることになるとしても、右変更が年間の授業計画全体に与える影響についてみるとき、それは、実質上各学校の教育内容の一部を強制的に変更させる意味をもつほどのものではなく、前記のような本件学力調査の必要性によつて正当化することができないものではないのである。

次に、(3)の点について考えるのに、原判決は、本件学力調査の結果として、全国の中学校及びその教師の間に、学習指導要領の指示するところに従つた教育を行う風潮を生じさせ、教師の教育の自由が阻害される危険性があることをいうが、もともと右学習指導要領自体が全体としてみて中学校の教育課程に関する基準の設定として適法なものであり、これによつて必ずしも教師の教育の自由を不当に拘束するものとは認められないことはさきに述べたとおりであるのみならず、本件学力調査は、生徒の一般的な学力の実態調査のために行われたもので、学校及び教師による右指導要領の遵守状況を調査し、その結果を教師の勤務評定にも反映させる等して、間接にその遵守を強制ないしは促進するために行われたものではなく、右指導要領は、単に調査のための試験問題作成上の基準として用いられたにとどまつているのである。もつとも、右調査の実施によつて、原判決の指摘するように、中学校内の各クラス間、各中学校間、更には市町村又は都道府県間における試験成績の比較が行われ、それがはねかえつてこれらのものの間の成績競争の風潮を生み、教育上必ずしも好ましくない状況をもたらし、また、教師の真に自由で創造的な教育活動を畏縮させるおそれが絶無であるとはいえず、教育政策上はたして適当な措置であるかどうかについては問題がありうべく、更に、前記のように、試験の結果を生徒指導要録の標準検査の欄に記録させることとしている点については、特にその妥当性に批判の余地があるとしても、本件学力調査においては、試験問題の程度は全体として平易なものとし、特別の準備を要しないものとすることとされ、また、個々の学校、生徒、市町村、都道府県についての調査結果は公表しないこととされる等一応の配慮が加えられていたことや、原判決の指摘する危険性も、教師自身を含めた教育関係者、父母、その他社会一般の良識を前提とする限り、それが全国的に現実化し、教育の自由が阻害されることとなる可能性がそれほど強いとは考えられないこと（原判決の挙げている一部の県における事例は、むしろ例外的現象とみるべきである。）等を考慮するときは、法的見地からは、本件学力調査を目して、前記目的のための必要性をもつてしては正当化することができないほどの教育に対する強い影響力、支配力をもち、教基法一〇条にいう教育に対する「不当な支配」にあたるものとすることは、相当ではなく、結局、本件学力調査は、その調査の方法において違法であるということはできない。

㈣　以上説示のとおりであつて、本件学力調査には、教育そのものに対する「不当な支配」として教基法一〇条に違反する違法があるとすることはできない。

5　本件学力調査と教育の地方自治

なお、原判決は、文部大臣が地教委をして本件のような調査を実施させたことは、現行教育法制における教育の地方自治の原則に反するものを含むとして、この点からも本件学力調査の適法性を問題としているので、最後にこの点について判断を加える。

㈠　思うに、現行法制上、学校等の教育に関する施設の設置、管理及びその他教育に関する事務は、普通地方公共団体の事務とされ（地方自治法二条三項五号）、公立学校における教育に関する権限は、当該地方公共団体の教育委員会に属するとされる（地教行法二三条、三二条、四三条等）等、教育に関する地方自治の原則が採用されているが、……このような地方自治の原則が現行教育法制における重要な基本原理の一つをなすものであることは、疑いをいれない。そして、右の教育に関する地方自治の原則からすれば、地教委の有する教育に関する固有の権限に対する国の行政機関である文部大臣の介入、監督の権限に一定の制約が存することも、原判決の説くとおりである。このような制限は、さまざまの関係において問題となりうべく、前記中学校学習指導要領の法的効力に関する問題もその一つであるが、この点については、すでに触れたので、以下においては、本件学力調査において、文部大臣が地教行法五四条二項によつては地教委にその調査の実施を要求することができないにもかかわらずこれを要求し、地教委をしてその実施に至らせたことが、教育に関する地方自治の原則に反するものとして実質的違法性を生じさせるものであるかどうかを、検討する。

㈡　文部大臣は、地教行法五四条二項によつては地教委に対し本件学力調査の実施をその義務として要求することができないことは、さきに三において述べたとおりであり、このような要求をすることが教育に関する地方自治の原則に反することは、これを否定することができない。しかしながら、文部大臣の右要求行為が法律の根拠に基づかないものであるとしても、そのために右要求に応じて地教委がした実施行為が地方自治の原則に違反する行為として違法となるかどうかは、おのずから別個の問題である。思うに、文部大臣が地教行法五四条二項によつて地教委に対し本件学力調査の実施を要求することができるとの見解を示して、地教委にその義務の履行を求めたとしても、地教委は必ずしも文部大臣の右見解に拘束されるものではなく、文部大臣の右要求に対し、これに従うべき法律上の義務があるかどうか、また、法律上の義務はないとしても、右要求を一種の協力要請と解し、これに応ずるのを妥当とするかどうかを、独自の立場で判断し、決定する自由を有するのである。それ故、地教委が文部大臣の要求に応じてその要求にかかる事項を実施した場合には、それは、地教委がその独自の判断に基づきこれに応ずべきものと決定して実行に踏み切つたことに帰着し、したがつて、たとえ右要求が法律上の根拠をもたず、当該地教委においてこれに従う義務がない場合であつたとしても、地教委が当該地方公共団体の内部において批判を受けることは格別、窮極的にはみずからの判断と意見に基づき、その有する権限の行使としてした実施行為がそのために実質上違法となるべき理はないというべきである。それ故、本件学力調査における調査の実施には、教育における地方自治の原則に反する違法があるとすることはできない。

五　結び

以上の次第であつて、本件学力調査には、手続上も実質上も違法はない。

そうすると、齋藤校長の本件学力調査の実施は適法な公務の執行であつて、同校長がこのような職務を執行するにあたりこれに対して暴行を加えた本件行為は公務執行妨害罪を構成すると解するのが、相当である。これと異なる見地に立ち、被告人松橋、同濱埜、同外崎の齋藤校長に対する暴行につき公務執行妨害罪の成立を認めず、共同暴行罪の成立のみを認めた第一審判決及びこれを維持した原判決は、地教行法五四条二項、二三条一七号、教基法一〇条の解釈を誤り、ひいては刑法九五条一項の適用を誤つたものであつて、その誤りは判決に影響を及ぼし、かつ、原判決及び第一審判決を破棄しなければ著しく正義に反するものと認める。

1　学校数・在学者数〈国・公・私立合計〉(2019年5月1日現在)〔文部科学統計要覧〕

区分	学校数	在学者数		
		計	男	女
計	**56912**	**18678598**	**9613826**	**9064772**
幼稚園	10070	1145576	580269	565307
幼保連携型認定こども園	5276	695214	356471	338743
小学校	19738	6368550	3258343	3110207
中学校	10222	3218137	1645095	1573042
義務教育学校	94	40747	20805	19942
高等学校	4887	3168369	1601977	1566392
中等教育学校	54	32153	15967	16186
特別支援学校	1146	144434	94823	49611
高等専門学校	57	57124	45803	11321
短期大学	326	113013	13147	99866
大学	786	2918668	1625573	1293095
(再掲) 大学院	(642)	(254621)	(172194)	(82427)
専修学校	3137	659693	292891	366802
各種学校	1119	116920	62662	54258
(別掲) 通信制				
高等学校	253	197696	101974	95722
短期大学	11	20860	4497	16363
大学	44	207796	93975	113821
大学院	27	7784	4524	3260

(注)　1　「学校数」は，本校と分校の合計数である。

2　「在学者数」は，①特別支援学校は，それぞれ幼稚部・小学部・中学部及び高等部の合計数である。②高等学校は，本科・専攻科・別科の合計数である。③中等教育学校は前期課程と後期課程の合計数である。④大学，短期大学，高等専門学校は，学部，本科のほか大学院・専攻科・別科・その他の合計数である。

3　「大学院」は，大学の再掲で，学校数欄は大学院を設置する大学数，在学者数欄は大学院（修士課程・博士課程・専門職学位課程）の学生数である。

4　「(別掲) 通信制」において，①通信教育を行う高等学校253校のうち，113校は通信教育のみ行う学校である。②短期大学11校のうち2校は通信教育のみ行う学校である。③大学，大学院で通信教育を行う大学は53校（大学と大学院の両方で通信教育を行う大学は18校）あり，そのうち6校は通信教育のみ行う学校である。

2　教職員数〈国・公・私立合計〉(2019年5月1日現在)〔文部科学統計要覧〕

区分	教員数					職員数(本務者)
	計	本務者			兼務者	
		計	男	女		
計	**1993410**	**1444067**	**675606**	**768461**	**549343**	**470131**
幼稚園	114403	93579	6193	87386	20824	16709
幼保連携型認定こども園	126487	109515	5787	103728	16972	21958
小学校	468743	421935	159658	262277	46808	66057
中学校	290909	246825	139346	107479	44084	29480
義務教育学校	3881	3520	1651	1869	361	448
高等学校	304607	231319	156633	74686	73288	44940
中等教育学校	3388	2642	1724	918	746	397
特別支援学校	91456	85336	32748	52588	6120	14082
高等専門学校	6055	4169	3703	466	1886	2647
短期大学	23953	7440	3524	3916	16513	4131
大学	384882	187862	140244	47618	197020	249345
(再掲) 大学院	(…)	(105184)	(85383)	(19801)	(…)	(…)
専修学校	156751	41104	19409	21695	115647	16069
各種学校	17895	8821	4986	3835	9074	3868
(別掲) 通信制						
高等学校	6642	4880	3062	1818	1762	1236
短期大学	3345	201	76	125	3144	68
大学	11510	546	422	124	10964	1278
大学院	1833	117	91	26	1716	45

(注)　「大学院」は，大学の再掲で，教員数の本務者欄は大学院担当者（大学院を本務とする教員を含む。）数である。

4　都道府県別社会教育施設数

（2018年10月1日現在）

区　分	公民館	図書館	博物館	青少年教育施設
計	**13 632**	**3 360**	**1 286**	**891**
北海道	381	152	64	71
青森	246	35	5	8
岩手	176	47	21	5
宮城	439	35	18	12
秋田	342	48	11	16
山形	430	40	17	12
福島	374	68	17	24
茨城	252	64	26	12
栃木	188	55	26	13
群馬	222	57	20	19
埼玉	489	172	25	20
千葉	288	144	43	37
東京	79	398	103	40
神奈川	162	85	55	36
新潟	405	79	38	19
富山	300	57	37	10
石川	290	40	30	16
福井	207	37	19	10
山梨	282	53	26	14
長野	1 802	126	83	28
岐阜	273	71	20	20
静岡	64	96	43	21
愛知	352	98	42	26
三重	323	47	20	9
滋賀	90	50	18	13
京都	154	68	41	19
大阪	199	147	37	75
兵庫	283	107	44	45
奈良	364	33	22	12
和歌山	253	26	10	5
鳥取	175	30	7	11
島根	196	40	22	8
岡山	401	70	32	15
広島	269	84	30	25
山口	170	55	23	12
徳島	321	28	11	6
香川	156	30	12	8
愛媛	433	45	24	13
高知	201	41	14	13
福岡	310	114	31	30
佐賀	127	30	13	11
長崎	188	38	16	11
熊本	311	52	17	14
大分	245	33	13	12
宮崎	91	32	8	7
鹿児島	244	63	17	17
沖縄	85	40	15	11

〔平成30年度社会教育調査〕

3　都道府県別進学率

（2019年度）

都道府県名	高等学校等進学率	大学等進学率
	%	%
平均	98.8	54.7
北海道	98.8	46.2
青森	99.2	46.2
岩手	99.5	43.7
宮城	99.1	49.6
秋田	98.8	45.4
山形	99.5	44.6
福島	98.5	45.8
茨城	99.0	50.5
栃木	99.0	52.3
群馬	99.0	51.2
埼玉	99.1	57.4
千葉	98.8	55.1
東京	98.7	65.1
神奈川	99.1	60.7
新潟	99.6	46.9
富山	99.2	52.7
石川	99.4	54.9
福井	99.3	56.0
山梨	98.8	55.5
長野	99.0	47.6
岐阜	99.0	55.3
静岡	98.5	52.0
愛知	98.4	58.1
三重	98.9	49.6
滋賀	99.2	54.7
京都	99.2	65.9
大阪	98.5	59.6
兵庫	98.8	60.9
奈良	99.0	59.4
和歌山	99.3	48.6
鳥取	98.3	43.3
島根	99.0	46.0
岡山	98.8	52.2
広島	98.7	60.6
山口	98.4	43.1
徳島	99.3	52.2
香川	98.7	51.7
愛媛	98.8	52.2
高知	98.9	49.3
福岡	98.3	53.8
佐賀	98.4	44.2
長崎	99.1	45.4
熊本	99.2	46.5
大分	98.9	47.4
宮崎	98.1	44.5
鹿児島	98.9	43.3
沖縄	97.3	39.6

〔令和元年度学校基本調査〕

第10節　教育法制の歴史的展開

●学事奨励に関する被仰出書（明治五年八月二日太政官布告第二一四号）

人々自ら其身を立て其産を治め其業を昌にして以て其生を遂るゆゑんのものは他なし身を脩め智を開き才芸を長ずるによるなり而て其身を脩め智を開き才芸を長ずるは学にあらざれば能はず是れ学校の設あるゆゑんにして日用常行言語書算を初め士官農商百工技芸及び法律政治天文医療等に至る迄凡人の営むところの事学あらざるはなし人能く其才のあるところに応じ勉励して之に従事ししかして後初て生を治め産を興し業を昌にするを得べしされば学問は身を立るの財本ともいふべきものにして人たるもの誰か学ばずして可ならんや夫の道路に迷ひ飢餓に陥り家を破り身を喪の徒の如きは畢竟不学よりしてかゝる過ちを生ずるなり従来学校の設ありてより年を歴ること久しといへども或は其道を得ざるよりして人其方向を誤り学問は士人以上の事とし農工商及び婦女子に至つては之を度外におき学問の何物たるを弁ぜず又士人以上の稀に学ぶものも動もすれば国家の為にすと唱へ身を立るの基たるを知ずして或は詞章記誦の末に趨り空理虚談の途に陥り其論高尚に似たりといへども之を身に行ひ事に施すこと能ざるもの少からず是すなはち沿襲の習弊にして文明普ねからず才芸の長ぜずして貧乏破産喪家の徒多きゆゑんなり是故に人たるものは学ばずんばあるべからず之を学ぶには宜しく其旨を誤るべからず之に依て今般文部省に於て学制を定め追々教則をも改正し布告に及ぶべきにつき自今以後一般の人民華士族卒農工商及婦女子必ず邑に不学の戸なく家に不学の人なからしめん事を期す人の父兄たるもの宜しく此意を体認し其愛育の情を厚くし其子弟をして必ず学に従事せしめざるべからざるものなり高上の学に至ては其人の材能に任かすといへども幼童の子弟は男女の別なく小学に従事せしめざるものは其父兄の越度たるべき事

但従来沿襲の弊学問は士人以上の事とし国家の為にすと唱ふるを以て学費及其衣食の用に至る迄多く官に依頼し之を給するに非ざれば学ざる事と思ひ一生を自棄するもの少からず是皆惑へるの甚しきものなり自今以後此等の弊を改め一般の人民他事を抛ち自ら奮て必ず学に従事せしむべき様心得べき事

右之通被　仰出候条地方官ニ於テ辺隅小民ニ至ル迄不洩様便宜解訳ヲ加ヘ精細申諭文部省規則ニ随ヒ学問普及致候様方法ヲ設可施行事

明治五年壬申七月　太政官

●大日本帝国憲法（明治憲法）

告文

皇朕レ謹ミ畏ミ
皇祖
皇宗ノ神霊ニ誥ケ白サク皇朕レ天壌無窮ノ宏謨ニ循ヒ惟神ノ宝祚ヲ承継シ旧図ヲ保持シテ敢テ失墜スルコト無シ顧ミルニ世局ノ進運ニ膺リ人文ノ発達ニ随ヒ宜ク
皇祖
皇宗ノ遺訓ヲ明徴ニシ典憲ヲ成立シ条章ヲ昭示シ内ハ以テ子孫ノ率由スル所ト為シ外ハ以テ臣民翼賛ノ道ヲ広メ永遠ニ遵行セシメ益〻国家ノ丕基ヲ鞏固ニシ八洲民生ノ慶福ヲ増進スヘシ茲ニ皇室典範及憲法ヲ制定ス惟フニ此レ皆
皇祖
皇宗ノ後裔ニ貽シタマヘル統治ノ洪範ヲ紹述スルニ外ナラス而シテ朕カ躬ニ逮テ時ト倶ニ挙行スルコトヲ得ルハ洵ニ
皇祖
皇宗及我カ
皇考ノ威霊ニ倚藉スルニ由ラサルハ無シ皇朕レ仰テ
皇祖
皇宗及
皇考ノ神祐ヲ禱リ併セテ朕カ現在及将来ニ臣民ニ率先シ此ノ憲章ヲ履行シテ愆ラサラムコ

トヲ誓フ庶幾クハ
神霊此レヲ鑒ミタマヘ

憲法発布勅語

朕国家ノ隆昌ト臣民ノ慶福トヲ以テ中心ノ欣栄トシ朕カ祖宗ニ承クルノ大権ニ依リ現在及将来ノ臣民ニ対シ此ノ不磨ノ大典ヲ宣布ス

惟フニ我カ祖我カ宗ハ我カ臣民祖先ノ協力輔翼ニ倚リ我カ帝国ヲ肇造シ以テ無窮ニ垂レタリ此レ我カ神聖ナル祖宗ノ威徳ト並ニ臣民ノ忠実勇武ニシテ国ヲ愛シ公ニ殉ヒ以テ此ノ光輝アル国史ノ成跡ヲ貽シタルナリ朕我カ臣民ハ即チ祖宗ノ忠良ナル臣民ノ子孫ナルヲ回想シ其ノ朕カ意ヲ奉体シ朕カ事ヲ奨順シ相与ニ和衷協同シ益々我カ帝国ノ光栄ヲ中外ニ宣揚シ祖宗ノ遺業ヲ永久ニ鞏固ナラシムルノ希望ヲ同クシ此ノ負担ヲ分ツニ堪フルコトヲ疑ハサルナリ

朕祖宗ノ遺烈ヲ承ケ万世一系ノ帝位ヲ践ミ朕カ親愛スル所ノ臣民ハ即チ朕カ祖宗ノ恵撫慈養シタマヒシ所ノ臣民ナルヲ念ヒ其ノ康福ヲ増進シ其ノ懿徳良能ヲ発達セシメムコトヲ願ヒ又其ノ翼賛ニ依リ与ニ倶ニ国家ノ進運ヲ扶持セムコトヲ望ミ乃チ明治十四年十月十二日ノ詔命ヲ履践シ茲ニ大憲ヲ制定シ朕カ率由スル所ヲ示シ朕カ後嗣及臣民及臣民ノ子孫タル者ヲシテ永遠ニ循行スル所ヲ知ラシム

国家統治ノ大権ハ朕カ之ヲ祖宗ニ承ケテ之ヲ子孫ニ伝フル所ナリ朕及朕カ子孫ハ将来此ノ憲法ノ条章ニ循ヒ之ヲ行フコトヲ愆ラサルヘシ

朕ハ我カ臣民ノ権利及財産ノ安全ヲ貴重シ及之ヲ保護シ此ノ憲法及法律ノ範囲内ニ於テ其ノ享有ヲ完全ナラシムヘキコトヲ宣言ス

帝国議会ハ明治二十三年ヲ以テ之ヲ召集シ議会開会ノ時（明二三・一一・二九）ヲ以テ此ノ憲法ヲシテ有効ナラシムルノ期トスヘシ

将来若此ノ憲法ノ或ル条章ヲ改定スルノ必要ナル時宜ヲ見ルニ至ラハ朕及朕カ継統ノ子孫ハ発議ノ権ヲ執リ之ヲ議会ニ付シ議会ハ此ノ憲法ニ定メタル要件ニ依リ之ヲ議決スルノ外朕カ子孫及臣民ハ敢テ之カ紛更ヲ試ミルコトヲ得サルヘシ

朕カ在廷ノ大臣ハ朕カ為ニ此ノ憲法ヲ施行スルノ責ニ任スヘク朕カ現在及将来ノ臣民ハ此ノ憲法ニ対シ永遠ニ従順ノ義務ヲ負フヘシ

御名御璽

明治二十二年二月十一日

内閣総理大臣　伯爵　黒田清隆
枢密院議長　伯爵　伊藤博文
外務大臣　伯爵　大隈重信
海軍大臣　伯爵　西郷従道
農商務大臣　伯爵　井上馨
司法大臣　伯爵　山田顕義
大蔵大臣兼内務大臣　伯爵　松方正義
陸軍大臣　伯爵　大山巌
文部大臣　子爵　森有礼
逓信大臣　子爵　榎本武揚

大日本帝国憲法

第一章　天皇

第一条　大日本帝国ハ万世一系ノ天皇之ヲ統治ス

第二条　皇位ハ皇室典範ノ定ムル所ニ依リ皇男子孫之ヲ継承ス

第三条　天皇ハ神聖ニシテ侵スヘカラス

第四条　天皇ハ国ノ元首ニシテ統治権ヲ総攬シ此ノ憲法ノ条規ニ依リ之ヲ行フ

第五条　天皇ハ帝国議会ノ協賛ヲ以テ立法権ヲ行フ

第六条　天皇ハ法律ヲ裁可シ其ノ公布及執行ヲ命ス

第七条　天皇ハ帝国議会ヲ召集シ其ノ開会閉会停会及衆議院ノ解散ヲ命ス

第八条　天皇ハ公共ノ安全ヲ保持シ又ハ其ノ災厄ヲ避クル為緊急ノ必要ニ由リ帝国議会閉会ノ場合ニ於テ法律ニ代ルヘキ勅令ヲ発ス

② 此ノ勅令ハ次ノ会期ニ於テ帝国議会ニ提出スヘシ若議会ニ於テ承諾セサルトキハ政府ハ将来ニ向テ其ノ効力ヲ失フコトヲ公布スヘシ

第九条　天皇ハ法律ヲ執行スル為ニ又ハ公共ノ安寧秩序ヲ保持シ及臣民ノ幸福ヲ増進スル為ニ必要ナル命令ヲ発シ又ハ発セシム但シ命令ヲ以テ法律ヲ変更スルコトヲ得ス

第一〇条　天皇ハ行政各部ノ官制及文武官ノ俸給ヲ定メ及文武官ヲ任免ス但シ此ノ憲法又ハ他ノ法律ニ特例ヲ掲ケタルモノハ各々其ノ条項ニ依ル

第一一条　天皇ハ陸海軍ヲ統帥ス

第一二条　天皇ハ陸海軍ノ編制及常備兵額ヲ定ム

第一三条　天皇ハ戦ヲ宣シ和ヲ講シ及諸般ノ条約ヲ締結ス

第一四条　天皇ハ戒厳ヲ宣告ス

② 戒厳ノ要件及効力ハ法律ヲ以テ之ヲ定ム

第一五条　天皇ハ爵位勲章及其ノ他ノ栄典ヲ授与ス

第一六条　天皇ハ大赦特赦減刑及復権ヲ命ス

第一七条　摂政ヲ置クハ皇室典範ノ定ムル所ニ依ル

② 摂政ハ天皇ノ名ニ於テ大権ヲ行フ

第二章　臣民権利義務

第一八条　日本臣民タルノ要件ハ法律ノ定ムル所ニ依ル

第一九条　日本臣民ハ法律命令ノ定ムル所ノ資格ニ応シ均ク文武官ニ任セラレ及其ノ他ノ公務ニ就クコトヲ得

第二〇条　日本臣民ハ法律ノ定ムル所ニ従ヒ兵役ノ義務ヲ有ス

第二一条　日本臣民ハ法律ノ定ムル所ニ従ヒ納税ノ義務ヲ有ス

第二二条　日本臣民ハ法律ノ範囲内ニ於テ居住及移転ノ自由ヲ有ス

第二三条　日本臣民ハ法律ニ依ルニ非スシテ逮捕監禁審問処罰ヲ受クルコトナシ

第二四条　日本臣民ハ法律ニ定メタル裁判官ノ裁判ヲ受クルノ権ヲ奪ハルヽコトナシ

第二五条　日本臣民ハ法律ニ定メタル場合ヲ除ク外其ノ許諾ナクシテ住所ニ侵入セラレ及捜索セラルヽコトナシ

第二六条　日本臣民ハ法律ニ定メタル場合ヲ除ク外信書ノ秘密ヲ侵サルヽコトナシ

第二七条　日本臣民ハ其ノ所有権ヲ侵サルヽコトナシ

② 公益ノ為必要ナル処分ハ法律ノ定ムル所ニ依ル

第二八条　日本臣民ハ安寧秩序ヲ妨ケス及臣民タルノ義務ニ背カサル限ニ於テ信教ノ自由ヲ有ス

第二九条　日本臣民ハ法律ノ範囲内ニ於テ言論著作印行集会及結社ノ自由ヲ有ス

第三〇条　日本臣民ハ相当ノ敬礼ヲ守リ別ニ定ムル所ノ規程ニ従ヒ請願ヲ為スコトヲ得

第三一条　本章ニ掲ケタル条規ハ戦時又ハ国家事変ノ場合ニ於テ天皇大権ノ施行ヲ妨クルコトナシ

第三二条　本章ニ掲ケタル条規ハ陸海軍ノ法令又ハ紀律ニ牴触セサルモノニ限リ軍人ニ準行ス

第三章　帝国議会

第三三条　帝国議会ハ貴族院衆議院ノ両院ヲ以テ成立ス

第三四条　貴族院ハ貴族院令ノ定ムル所ニ依リ皇族華族及勅任セラレタル議員ヲ以テ組織ス

第三五条　衆議院ハ選挙法ノ定ムル所ニ依リ公選セラレタル議員ヲ以テ組織ス

第三六条　何人モ同時ニ両議院ノ議員タルコトヲ得ス

第三七条　凡テ法律ハ帝国議会ノ協賛ヲ経ルヲ要ス

第三八条　両議院ハ政府ノ提出スル法律案ヲ議決シ及各〻法律案ヲ提出スルコトヲ得

第三九条　両議院ノ一ニ於テ否決シタル法律案ハ同会期中ニ於テ再ヒ提出スルコトヲ得ス

第四〇条　両議院ハ法律又ハ其ノ他ノ事件ニ付各〻其ノ意見ヲ政府ニ建議スルコトヲ得但シ其ノ採納ヲ得サルモノハ同会期中ニ於テ再ヒ建議スルコトヲ得ス

第四一条　帝国議会ハ毎年之ヲ召集ス

第四二条　帝国議会ハ三箇月ヲ以テ会期トス必要アル場合ニ於テハ勅命ヲ以テ之ヲ延長スルコトアルヘシ

第四三条　臨時緊急ノ必要アル場合ニ於テ常会ノ外臨時会ヲ召集スヘシ

②　臨時会ノ会期ヲ定ムルハ勅命ニ依ル

第四四条　帝国議会ノ開会閉会会期ノ延長及停会ハ両院同時ニ之ヲ行フヘシ

②　衆議院解散ヲ命セラレタルトキハ貴族院ハ同時ニ停会セラルヘシ

第四五条　衆議院解散ヲ命セラレタルトキハ勅命ヲ以テ新ニ議員ヲ選挙セシメ解散ノ日ヨリ五箇月以内ニ之ヲ召集スヘシ

第四六条　両議院ハ各〻其ノ総議員三分ノ一以上出席スルニ非サレハ議事ヲ開キ議決ヲ為スコトヲ得ス

第四七条　両議院ノ議事ハ過半数ヲ以テ決ス可否同数ナルトキハ議長ノ決スル所ニ依ル

第四八条　両議院ノ会議ハ公開ス但シ政府ノ要求又ハ其ノ院ノ決議ニ依リ秘密会ト為スコトヲ得

第四九条　両議院ハ各〻天皇ニ上奏スルコトヲ得

第五〇条　両議院ハ臣民ヨリ呈出スル請願書ヲ受クルコトヲ得

第五一条　両議院ハ此ノ憲法及議院法ニ掲クルモノ、外内部ノ整理ニ必要ナル諸規則ヲ定ムルコトヲ得

第五二条　両議院ノ議員ハ議院ニ於テ発言シタル意見及表決ニ付院外ニ於テ責ヲ負フコトナシ但シ議員自ラ其ノ言論ヲ演説刊行筆記又ハ其ノ他ノ方法ヲ以テ公布シタルトキハ一般ノ法律ニ依リ処分セラルヘシ

第五三条　両議院ノ議員ハ現行犯罪又ハ内乱外患ニ関ル罪ヲ除ク外会期中其ノ院ノ許諾ナクシテ逮捕セラル、コトナシ

第五四条　国務大臣及政府委員ハ何時タリトモ各議院ニ出席シ及発言スルコトヲ得

第四章　国務大臣及枢密顧問

第五五条　国務各大臣ハ天皇ヲ輔弼シ其ノ責ニ任ス

②　凡テ法律勅令其ノ他国務ニ関ル詔勅ハ国務大臣ノ副署ヲ要ス

第五六条　枢密顧問ハ枢密院官制ノ定ムル所ニ依リ天皇ノ諮詢ニ応ヘ重要ノ国務ヲ審議ス

第五章　司法

第五七条　司法権ハ天皇ノ名ニ於テ法律ニ依リ裁判所之ヲ行フ

②　裁判所ノ構成ハ法律ヲ以テ之ヲ定ム

第五八条　裁判官ハ法律ニ定メタル資格ヲ具フル者ヲ以テ之ニ任ス

②　裁判官ハ刑法ノ宣告又ハ懲戒ノ処分ニ由ルノ外其ノ職ヲ免セラル、コトナシ

③　懲戒ノ条規ハ法律ヲ以テ之ヲ定ム

第五九条　裁判ノ対審判決ハ之ヲ公開ス但シ安寧秩序又ハ風俗ヲ害スルノ虞アルトキハ法律ニ依リ又ハ裁判所ノ決議ヲ以テ対審ノ公開ヲ停ムルコトヲ得

第六〇条　特別裁判所ノ管轄ニ属スヘキモノハ別ニ法律ヲ以テ之ヲ定ム

第六一条　行政官庁ノ違法処分ニ由リ権利ヲ傷害セラレタリトスルノ訴訟ニシテ別ニ法律ヲ以テ定メタル行政裁判所ノ裁判ニ属スヘキモノハ司法裁判所ニ於テ受理スルノ限ニ在ラス

第六章　会計

第六二条　新ニ租税ヲ課シ及税率ヲ変更スルハ法律ヲ以テ之ヲ定ムヘシ

②　但シ報償ニ属スル行政上ノ手数料及其ノ他ノ収納金ハ前項ノ限ニ在ラス

③　国債ヲ起シ及予算ニ定メタルモノヲ除ク外国庫ノ負担トナルヘキ契約ヲ為スハ帝国議会ノ協賛ヲ経ヘシ

第六三条　現行ノ租税ハ更ニ法律ヲ以テ之ヲ改メサル限ハ旧ニ依リ之ヲ徴収ス

第六四条　国家ノ歳出歳入ハ毎年予算ヲ以テ帝国議会ノ協賛ヲ経ヘシ

②　予算ノ款項ニ超過シ又ハ予算ノ外ニ生シタル支出アルトキハ後日帝国議会ノ承諾ヲ求ムルヲ要ス

第六五条　予算ハ前ニ衆議院ニ提出スヘシ

第六六条　皇室経費ハ現在ノ定額ニ依リ毎年国庫ヨリ之ヲ支出シ将来増額ヲ要スル場合ヲ除ク外帝国議会ノ協賛ヲ要セス

第六七条　憲法上ノ大権ニ基ツケル既定ノ歳出及法律ノ結果ニ由リ又ハ法律上政府ノ義務ニ属スル歳出ハ政府ノ同意ナクシテ帝国議会之ヲ廃除シ又ハ削減スルコトヲ得ス

第六八条　特別ノ須要ニ因リ政府ハ予メ年限ヲ定メ継続費トシテ帝国議会ノ協賛ヲ求ムルコトヲ得

第六九条　避クヘカラサル予算ノ不足ヲ補フ為ニ又ハ予算ノ外ニ生シタル必要ノ費用ニ充ツル為ニ予備費ヲ設クヘシ

第七〇条　公共ノ安全ヲ保持スル為緊急ノ需用アル場合ニ於テ内外ノ情形ニ因リ政府ハ帝国議会ヲ召集スルコト能ハサルトキハ勅令ニ依リ財政上必要ノ処分ヲ為スコトヲ得

②　前項ノ場合ニ於テハ次ノ会期ニ於テ帝国議会ニ提出シ其ノ承諾ヲ求ムルヲ要ス

第七一条　帝国議会ニ於テ予算ヲ議定セス又ハ予算成立ニ至ラサルトキハ政府ハ前年度ノ予算ヲ施行スヘシ

第七二条　国家ノ歳出歳入ノ決算ハ会計検査院之ヲ検査確定シ政府ハ其ノ検査報告ト倶ニ之ヲ帝国議会ニ提出スヘシ

②　会計検査院ノ組織及職権ハ法律ヲ以テ之ヲ定ム

第七章　補則

第七三条　将来此ノ憲法ノ条項ヲ改正スルノ必要アルトキハ勅命ヲ以テ議案ヲ帝国議会ノ議ニ付スヘシ

②　此ノ場合ニ於テ両議院ハ各〻其ノ総員三分ノ二以上出席スルニ非サレハ議事ヲ開クコトヲ得ス出席議員三分ノ二以上ノ多数ヲ得ルニ非サレハ改正ノ議決ヲ為スコトヲ得ス

第七四条　皇室典範ノ改正ハ帝国議会ノ議ヲ経ルヲ要セス

②　皇室典範ヲ以テ此ノ憲法ノ条規ヲ変更スルコトヲ得ス

第七五条　憲法及皇室典範ハ摂政ヲ置クノ間之ヲ変更スルコトヲ得ス

第七六条　法律規則命令又ハ何等ノ名称ヲ用ヰタルニ拘ラス此ノ憲法ニ矛盾セサル現行ノ法令ハ総テ遵由ノ効力ヲ有ス

②　歳出上政府ノ義務ニ係ル現在ノ契約又ハ命令ハ総テ第六十七条ノ例ニ依ル

●教育ニ関スル勅語（明治二三年一〇月三〇日）

朕惟フニ我カ皇祖皇宗國ヲ肇ムルコト宏遠ニ徳ヲ樹ツルコト深厚ナリ我カ臣民克ク忠ニ克ク孝ニ億兆心ヲ一ニシテ世世厥ノ美ヲ濟セルハ此レ我カ國體ノ精華ニシテ教育ノ淵源亦實ニ此ニ存ス爾臣民父母ニ孝ニ兄弟ニ友ニ夫婦相和シ朋友相信シ恭儉己レヲ持シ博愛衆ニ及ホシ學ヲ修メ業ヲ習ヒ以テ知能ヲ啓發シ德器ヲ成就シ進テ公益ヲ廣メ世務ヲ開キ常ニ國憲ヲ重シ國法ニ遵ヒ一旦緩急アレハ義勇公ニ奉シ以テ天壤無窮ノ皇運ヲ扶翼スヘシ是ノ如キハ獨リ朕カ忠良ノ臣民タルノミナラス又以テ爾祖先ノ遺風ヲ顯彰スルニ足ラン

斯ノ道ハ實ニ我カ皇祖皇宗ノ遺訓ニシテ子孫臣民ノ俱ニ遵守スヘキ所之ヲ古今ニ通シテ謬ラス之ヲ中外ニ施シテ悖ラス朕爾臣民ト俱ニ拳々服膺シテ咸其德ヲ一ニセンコトヲ庶幾フ

●小学校祝日大祭日儀式規程（明治二四年六月一七日 文部省令第四号）

第一条 紀元節、天長節、元始祭、神嘗祭及新嘗祭ノ日ニ於テハ学校長、教員及生徒一同式場ニ参集シテ左ノ儀式ヲ行フヘシ

一 学校長教員及生徒 天皇陛下及 皇后陛下ノ 御影ニ対シ奉リ最敬礼ヲ行ヒ且 両陛下ノ万歳ヲ奉祝ス

但未タ 御影ヲ拝戴セサル学校ニ於テハ本文前段ノ式ヲ省ク

二 学校長若クハ教員、教育ニ関スル 勅語ヲ奉読ス

三 学校長若クハ教員、恭シク教育ニ関スル 勅語ニ基キ 聖意ノ在ル所ヲ誨告シ又ハ歴代天皇ノ盛徳鴻業ヲ叙シ若クハ祝日大祭日ノ由来ヲ叙スル等其日大祭日ニ相応スル演説ヲ為シ忠君愛国ノ志気ヲ涵養センコトヲ務ム

四 学校長、教員及生徒、其祝日大祭日ニ相応スル唱歌ヲ合唱ス

第二条 孝明天皇祭、春季皇霊祭、神武天皇祭及秋季皇霊祭ノ日ニ於テハ学校長、教員及生徒一同式場ニ参集シテ第一条第三款及第四款ノ儀式ヲ行フヘシ

第三条 一月一日ニ於テハ学校長、教員及生徒一同式場ニ参集シテ第一条第一款及第四款ノ儀式ヲ行フヘシ

第四条 第一条ニ掲クル祝日大祭日ニ於テハ便宜ニ従ヒ学校長及教員、生徒ヲ率ヰテ体操場ニ臨ミ若クハ野外ニ出テ遊戯体操ヲ行フ等生徒ノ心情ヲシテ快活ナラシメンコトヲ務ムヘシ

第五条 市町村長其他学事ニ関係アル市町村吏員ハ成ルヘク祝日大祭日ノ儀式ニ列スヘシ

第六条 式場ノ都合ヲ計リ生徒ノ父母親戚及其他市町村住民ヲシテ祝日大祭日ノ儀式ヲ参観スルコトヲ得セシムヘシ

第七条 祝日大祭日ニ於テ生徒ニ茶菓又ハ教育上ニ裨益アル絵画等ヲ与フルハ妨ナシ

第八条 祝日大祭日ノ儀式ニ関スル次第等ハ府県知事之ヲ規定スヘシ

●国民学校令（抄）（昭和一六年二月二八日 勅令第一四八号）

（注）本令は、学校教育法（昭二二法二六）附則九四条により昭二二・三・三一をもって廃止。

第一章 目的

第一条 国民学校ハ皇国ノ道ニ則リテ初等普通教育ヲ施シ国民ノ基礎的錬成ヲ為スヲ以テ目的トス

第二章 課程及編制

第二条 国民学校ニ初等科及高等科ヲ置ク但シ土地ノ情況ニ依リ初等科又ハ高等科ノミヲ置クコトヲ得

第三条 初等科ノ修業年限ハ六年トシ高等科ノ修業年限ハ二年トス

第六条 国民学校ノ教科用図書ハ文部省ニ於テ著作権ヲ有スルモノタルベシ但シ郷土ニ関スル図書、歌詞、楽譜等ニ関シ文部大臣ニ於テ別段ノ規定ヲ設ケタル場合ハ此ノ限ニ非ラズ

第七条 国民学校ノ教則及編制ニ関スル規定ハ文部大臣之ヲ定ム

第三章 就学

第八条 保護者（児童ニ対シ親権ヲ行フ者、親権ヲ行フ者ナキトキハ後見人又ハ後見人ノ職務ヲ行フ者ヲ謂フ以下同ジ）ハ児童ノ満六歳ニ達シタル日ノ翌日以降ニ於ケル最初ノ学年ノ始ヨリ満十四歳ニ達シタル日ノ属スル学年ノ終迄之ヲ国民学校ニ就学セシムルノ義務ヲ負フ

第一三条 国民学校長ハ伝染病ニ罹リ若ハ其ノ虞アル児童又ハ性行不良ニシテ他ノ児童ノ教育ニ妨アリト認ムル児童ノ国民学校ニ出席スルヲ停止スルコトヲ得

第四章 職員

第一五条 国民学校ニハ学校長及訓導ヲ置クベシ

② 国民学校ニハ教頭、養護訓導及准訓導ヲ置クコトヲ得

第一六条 学校長及教頭ハ其ノ学校ノ訓導ノ中ヨリ之ヲ補ス
② 学校長ハ地方長官ノ命ヲ承ケ校務ヲ掌理シ所属職員ヲ監督ス
③ 教頭ハ学校長ヲ輔佐シ校務ヲ掌ル
第一七条 訓導及養護訓導ハ判任官ノ待遇トス但シ学校長又ハ教頭タル訓導ハ奏任官ノ待遇ト為スコトヲ得
② 訓導ハ学校長ノ命ヲ承ケ児童ノ教育ヲ掌ル
③ 養護訓導ハ学校長ノ命ヲ承ケ児童ノ養護ヲ掌ル
④ 准訓導ハ学校長ノ命ヲ承ケ訓導ノ職務ヲ助ク

第五章　設置

第二四条 市町村ハ其ノ区域内ノ学齢児童ヲ就学セシムルニ必要ナル国民学校ヲ設置スベシ

第六章　設備

第三〇条 国民学校ニ於テハ校舎、校地、校具及体操場ヲ備フベシ
第三一条 校舎、校地、校具及体操場ハ国民学校ノ目的以外ニ之ヲ使用スルコトヲ得ズ但シ非常変災ノ場合又ハ教育、兵事、産業、衛生、慈善等ノ目的ノ為特別ノ必要アル場合ハ此ノ限ニ在ラズ

第七章　経費負担及授業料

第三六条① 国民学校ニ於テハ授業料ヲ徴収スルコトヲ得ズ但シ特修科ニ付テハ此ノ限ニ在ラズ

第八章　管理及監督

第三七条 市町村長、市町村学校組合管理者又ハ町村学校組合管理者ハ市町村、市町村学校組合又ハ町村学校組合ニ属スル国ノ国民学校ニ関スル教育事務ヲ管掌シ国民学校ヲ管理ス

附　則

第四六条 本令ハ昭和十六年四月一日ヨリ之ヲ施行ス〔後略〕

●中等学校令

（昭和一八年一月二〇日 勅令第三六号）

〔注〕本令は、学校教育法（昭二二法二六）附則九四条により昭二二・三・三一をもって廃止。

第一条 中等学校ハ皇国ノ道ニ則リテ高等普通教育又ハ実業教育ヲ施シ国民ノ錬成ヲ為ス以テ目的トス
第二条 中等学校ヲ分チテ中学校、高等女学校及実業学校トス
② 中学校ニ於テハ男子ニ、高等女学校ニ於テハ女子ニ高等普通教育ヲ施シ実業学校ニ於テハ実業教育ヲ施スモノトス
③ 実業学校ノ種類ハ農業学校、工業学校、商業学校、商船学校、水産学校、拓殖学校其ノ他実業教育ヲ施ス学校トス
第三条 北海道及府県ハ中学校、高等女学校及実業学校ヲ設置スベシ
② 文部大臣ハ北海道及府県ニ対シ中等学校ノ増設、拡張及整理ニ関シ必要ナル命令ヲ為スコトヲ得
③ 前二項ノ中等学校ノ経費ハ北海道地方費又ハ府県ノ負担トス
第四条 市町村、市町村学校組合、町村学校組合及町村制ヲ施行セザル地域ニ於ケル此等ニ準ズベキモノハ土地ノ情況ニ依リ須要ニシテ其ノ区域内ノ義務教育ノ施設上妨ナキ場合ニ限リ中等学校ヲ設置スルコトヲ得
第五条 私人ハ中等学校ヲ設置スルコトヲ得
② 商工会議所、農会其ノ他之ニ準ズベキ公共団体ハ実業学校ヲ設置スルコトヲ得
③ 前項ノ規定ニ依リ設置シタル実業学校ハ私立トス
第六条 公立及私立ノ中等学校ノ設置及廃止ハ文部大臣ノ認可ヲ受クベシ
② 前項ノ中等学校ノ設置及廃止ニ関スル規程ハ文部大臣之ヲ定ム
第七条 中等学校ノ修業年限ハ四年トス但シ土地ノ状況ニ依リ高等女学校ニ在リテハ二年、実業学校ニ在リテハ男子ニ付テハ三年、女子ニ付テハ二年ト為スコトヲ得
第八条 中等学校ニ入学スルコトヲ得ル者ハ修業年限四年ノ課程ニ在リテハ国民学校初等科ヲ修了シタル者又ハ文部大臣ノ定ムル所ニ依リ之ト同等以上ノ学力有リト認メラレタル者トシ修業年限二年又ハ三年ノ課程ニ在リテハ国民学校高等科ヲ修了シタル者又ハ文部大臣ノ定ムル所ニ依リ之ト同等以上ノ学力アリト認メラレタル者トス
第九条 中等学校ニハ特別ノ必要アルトキハ夜間ニ於テ授業ヲ行フ課程ヲ置キ又ハ之ノミヲ置クコトヲ得
② 前項ノ課程ニ付テハ前二条ノ規定ニ拘ラズ其ノ修業年限ハ中学校及高等女学校ニ在リテハ三年、実業学校ニ在リテハ男子ニ付テハ四年、女子ニ付テハ三年トシ其ノ入学資格ハ国民学校高等科修了程度トス
第一〇条 商船学校ノ修業年限及入学資格ニ付テハ前三条ノ規定ニ拘ラズ文部大臣ニ於テ別段ノ定ヲ為スコトヲ得
第一一条 中学校ニハ中学校ヲ卒業シタル者ノ為ニ主トシテ実務ニ関スル教育ヲ施ス為実務科ヲ置クコトヲ得
② 高等女学校ニハ高等女学校ヲ卒業シタル者ノ為ニ精深ナル程度ニ於テ女子ニ須要ナル高等普通教育ヲ施ス為高等科ヲ、特定ノ教科ヲ専攻セシムル為専攻科ヲ置クコトヲ得
③ 実業学校ニハ実業学校ヲ卒業シタル者ノ為ニ実業ニ関スル特定ノ事項ヲ専攻セシムル為専攻科ヲ、国民学校高等科を修了シタル者ノ為ニ簡易ナル課程ニ依リ特定ノ学課ヲ履修セシムル為専修科ヲ置クコトヲ得
④ 実務科、高等科、専攻科及専修科ニ関スル規程ハ文部大臣之ヲ定ム
第一二条 中等学校ニ於テハ文部省ニ於テ著作権ヲ有スル教科用図書ヲ使用スベシ但シ特別ノ必要アル場合ニ於テ文部大臣別段ノ定ヲ為シタルトキハ此ノ限ニ在ラズ
第一三条 中等学校ノ設備、編制、教科、教授訓練、生徒ノ入学、退学、転学及懲戒等ニ関スル規程並ニ実業学校ノ学科ニ関スル規程ハ文部大臣之ヲ定ム
第一四条 中等学校ニ於テハ授業料其ノ他ノ費用ヲ徴収スルコトヲ得
② 授業料其ノ他ノ費用ノ徴収ニ関スル規程ハ文部大臣之ヲ定ム
第一五条 中学校ニ非ザル学校ハ中学校ノ名称ヲ、高等女学校ニ非ザル学校ハ高等女学校ノ名称ヲ、実業学校ニ非ザル学校ハ実業学校、農業学校、工業学校、商業学校、商船学校、水産学校又ハ拓殖学校ノ名称ヲ用フルコトヲ得ズ但シ官立ノ学校ニ於テ此等ノ学校ノ課程ニ相当スル課程ヲ履修セシムル部分ニ関シテハ此ノ限ニ在ラズ

附　則〔抄〕

第一六条 本令ハ昭和十八年四月一日ヨリ之ヲ施行ス
第一七条 中学校令、高等女学校令及実業学校令ハ之ヲ廃止ス

●帝国大学令

（明治一九年三月二日 勅令第三号）

（注）本令は、大正八年に新令公布、昭和二二年に改題後、国立学校設置法（昭二四法一五〇）附則二項により昭二四・五・三一をもって廃止。

第一条 帝国大学ハ国家ノ須要ニ応スル学術技芸ヲ教授シ及其蘊奥ヲ攻究スルヲ以テ目的トス

第二条 帝国大学ハ大学院及分科大学ヲ以テ構成ス大学院ハ学術技芸ノ蘊奥ヲ攻究シ分科大学ハ学術技芸ノ理論及応用ヲ教授スル所トス

第三条 分科大学ノ学科ヲ卒ヘ定規ノ試験ヲ経タル者ニハ卒業証書ヲ授与ス

第四条 分科大学ノ卒業生若クハ之ト同等ノ学力ヲ有スル者ニシテ大学院ニ入リ学術技芸ノ蘊奥ヲ攻究シ定規ノ試験ヲ経タル者ニハ学位ヲ授与ス

第五条 帝国大学職員ヲ置ク左ノ如シ

総長　勅任
評議官
書記官　奏任
書記　判任

第六条 帝国大学総長ハ文部大臣ノ命ヲ承ケ帝国大学ヲ総轄シ其職掌ノ要領ヲ定ムルコト左ノ如シ

第一　帝国大学ノ秩序ヲ保持スル事
第二　帝国大学ノ状況ヲ監視シ改良ヲ加フルノ必要アリト認ムル事項ハ案ヲ具ヘテ文部大臣ニ提出スル事
第三　評議会ノ議長トナリテ其議事ヲ整理シ及議事ノ顛末ヲ文部大臣ニ報告スル事
第四　法科大学長ノ職務ニ当ル事

第七条 評議会ハ便宜ニ従ヒ帝国大学若クハ文部省ニ於テ開設ス

評議会ノ議ニ付スヘキ事項左ノ如シ
第一　学科課程ニ関スル事項
第二　大学院及分科大学ノ利害ノ銷長ニ関スル事項

第八条 評議官ハ文部大臣各分科大学教授ヨリ各二人ヲ特選シテ之ニ充ツ

第九条 評議官ハ五箇年ヲ以テ任期トス任期満ツルノ後時宜ニ依リ更ニ勤続ヲ命スルコトアルヘシ

第一〇条 分科大学ハ法科大学医科大学工科大学文科大学及理科大学トス

法科大学ヲ分テ法律学科及政治学科ノ二部トス

第一一条 各分科大学職員ヲ置ク左ノ如シ

長　奏任
教頭　奏任
教授　奏任
助教授　奏任
舎監　奏任
書記　判任

第一二条 分科大学長ハ教授ヨリ特選シテ之ニ兼任ス

分科大学長ハ帝国大学総長ノ命令ノ範囲内ニ於テ主管科大学ノ事務ヲ掌理ス

第一三条 各分科大学ノ教頭ハ教授ヨリ特選シテ之ニ兼任ス

教頭ハ教授及助教授ノ職務ヲ監督シ及教室ノ秩序ヲ保持スルコトヲ掌ル

第一四条 各分科大学ノ教授助教授ノ人員ハ其学科ノ軽重及学生ノ員数ニ応シテ別ニ文部大臣ノ定ムル所ニ依ル

●教育基本法制定の要旨について（訓令）

（昭和二二年五月三日 文部省訓令第四号）

① このたび法律第二十五号をもつて、教育基本法が公布せられた。

② さきに、憲法の画期的な改正が断行され、民主的な平和的な国家再建の基礎が確立せられたのであるが、この理想の実現は、根本において教育の力にまつべきものである。

③ 思うに、教育は、真理を尊重し、人格の完成を目標として行われるべきものである。しかるに、従来は、ややもすればこの目標が見失われがちであつた。新日本の建設に当つて、この弊害を除き、新しい教育の理念と基本原則を打ち立てることは、今日当面の急務といわなければならない。

④ 教育基本法は、かかる理念と基本原則を確立するため、国民の総意を表わす議会の協賛を経て制定せられたものである。即ち、この法律においては、教育が、何よりもまず人格の完成をめざして行われるべきものであることを宣言した。人格の完成とは、個人の価値と尊厳との認識に基き、人間の具えるあらゆる能力を、できるかぎり、しかも調和的に発展せしめることである。しかし、このことは、決して国家及び社会への義務と責任を軽視するものではない。教育は、平和的な国家及び社会の形成者として心身ともに健康な国民の育成を期して行われなければならない。又、あらゆる機会に、あらゆる場所において行われなければならないのである。次に、この法律は、日本国憲法と関連して教育上の基本原則を明示し、新憲法の精神を徹底するとともに、教育本来の目的の達成を期した。

⑤ かくて、この法律によつて、新しい日本の教育の基本は確立せられた。今後のわが国の教育は、この精神に則つて行われるべきものであり、又、教育法令もすべてこれに基いて制定せられなければならない。この法律の精神に基いて、学校教育法は、画期的な新学制を定め、すでに実施の運びとなつた。

⑥ 然しながら、この教育基本法を運用し、真にこれを活かすものは、教育者自身の自覚と努力である。教育に当る者は、国民全体に対する深い責任に思いを致し、この法律の精神を体得し、相共に熱誠を傾けてその使命の達成に遺憾なきを期すべきである。

●教育勅語等排除に関する決議

（昭和二三年六月一九日 衆議院決議）

民主平和国家として世界史的建設途上にあるわが国の現実は、その精神内容において未だ決定的な民主化を確認するを得ないのは遺憾である。これが徹底に最も緊要なことは教育基本法に則り、教育の革新と振興とをはかることにある。しかるに既に過去の文書となつている教育勅語並びに陸海軍軍人に賜わりたる勅諭その他の教育に関する諸詔勅が、今日もなお国民道徳の指導原理としての性格を持続しているかの如く誤解されるのは、従来の行政上の措置が不十分であつたがためである。

思うに、これらの詔勅の根本理念が主権在君並びに神話的国体観に基いている事実は、明かに基本的人権を損い、且つ国際信義に対して疑点を残すもととなる。よつて憲法第九十八条の本旨に従い、ここに衆議院は院議を以て、これらの詔勅を排除し、その指導原理的性格を認めないことを宣言する。政府は直ちにこれらの詔勅の謄本を回収し、排除の措置を完了すべきである。

右決議する。

●教育勅語等の失効確認に関する決議

（昭和二三年六月一九日　参議院決議）

われらは、さきに日本国憲法の人類普遍の原理に則り、教育基本法を制定して、わが国家及びわが民族を中心とする教育の誤りを徹底的に払拭し、真理と平和とを希求する人間を育成する民主主義的教育理念をおごそかに宣明した。その結果として、教育勅語は、軍人に賜はりたる勅諭、戊申詔書、青少年学徒に賜はりたる勅語その他の諸詔勅とともに、既に廃止せられその効力を失つている。

しかし教育勅語等が、あるいは従来の如き効力を今日なお保有するかの疑いを懐く者あるをおもんばかり、われらはとくに、それらが既に効力を失つている事実を明確にするとともに、政府をして教育勅語その他の諸詔書の謄本をもれなく回収せしめる。

われらはここに、教育の真の権威の確立と国民道徳の振興のために、全国民が一致して教育基本法の明示する新教育理念の普及徹底に努力を致すべきことを期する。

右決議する。

●教育委員会法（旧法）（抄）

（昭和二三年七月一五日　法律第一七〇号）

〔注〕本法は、地方教育行政の組織及び運営に関する法律（昭三一法一六二）附則一条・二条により昭三一・九・三〇に失効。

第一章　総則

（この法律の目的）

第一条　この法律は、教育が不当な支配に服することなく、国民全体に対し直接に責任を負つて行われるべきであるという自覚のもとに、公正な民意により、地方の実情に即した教育行政を行うために、教育委員会を設け、教育本来の目的を達成することを目的とする。

第二条　教育委員会の組織、権限及び職務は、この法律の定めるところによる。

（設置）

第三条　教育委員会は、都道府県及び市町村（特別区を含む。以下同じ。）にこれを設置する。但し、町村は、必要がある場合には、一部事務組合を設けて、その組合に教育委員会を設置することができる。

2　前項の一部事務組合の教育委員会に関し必要な事項は、政令でこれを定めることができる。

3　この法律で「都道府県委員会」とは、都道府県に設置する教育委員会を、「地方委員会」とは、市町村に設置する教育委員会をいう。

（権限）

第四条　教育委員会は、従来都道府県若しくは都道府県知事又は市町村若しくは市町村長（特別区の区長を含む。以下同じ。）の権限に属する教育、学術及び文化（教育という。以下同じ。）に関する事務、並びに将来法律又は政令により当該地方公共団体及び教育委員会の権限に属すべき教育事務を管理し、及び執行する。

2　大学及び私立学校は、法律に別段の定がある場合を除いては、教育委員会の所管に属しない。

（経費の負担）

第五条　教育委員会に要する経費は、当該地方公共団体の負担とする。

（経費の補助）

第六条　教育委員会に要する経費及びその所掌に係る経費は、国庫からこれを補助することができる。

第二章　教育委員会の組織

第一節　教育委員会の委員

（委員）

第七条　都道府県委員会は七人の委員で、地方委員会は五人の委員で、これを組織する。

2　第三項に規定する委員を除く委員は、日本国民たる都道府県又は市町村の住民が、これを選挙する。

3　委員のうち一人は、当該地方公共団体の議会の議員のうちから、議会において、これを選挙する。

（任期）

第八条　選挙による委員の任期は四年とし、二年ごとにその半数を改選する。但し、補欠委員は、前任者の残任期間在任する。

2　前項の任期は、通常選挙の日から、これを起算する。

3　議会において選挙する委員の任期は、議員の任期中とする。

（選挙）

第九条　都道府県又は市町村の議会の議員の選挙権又は被選挙権を有する者は、都道府県委員会又は地方委員会の委員の選挙権又は被選挙権を有する。

第一〇条　国会の議員、地方公共団体の議会の議員（第七条第三項の委員たる議員を除く。）、国家公務員及び地方公共団体の有給の職員は、教育委員会の委員を兼ねることができない。

2　都道府県委員会の委員と、地方委員会の委員とは、これを兼ねることができない。

第一一条　通常選挙は、二年ごとに、選挙による委員の定数の半数についてこれを行う。

第一二条　委員の選挙においては、選挙区を設けない。

第一三条　委員の選挙に関する事務は、当該地方公共団体の選挙管理委員会が、これを管理する。

第一四条　都道府県委員会の委員の選挙と、地方委員会の委員の選挙とは、これを同時に行うことができる。

第一五条　委員の選挙は、市町村の議会の議員の選挙に関する選挙人名簿により、これを行う。

第一六条　委員の候補者は、選挙人の推薦によるものでなければならない。

2　前項の推薦は、選挙人が本人の承諾を得て、六十人以上の連署をもつて、その代表者から選挙長に届け出なければならない。

第一七条　委員の被選挙権を有する者は、同時に二つの教育委員会の委員の候補者となることができない。

第一八条　委員の候補者の届出には、供託金を要しない。

第一九条　教育委員会の委員の選挙においては、有効票の最多数を得た者をもつて当選人とする。

2　当選人を定めるに当り得票数が同じであるときは、選挙会において、選挙長が、くじでこれを定める。

第二〇条　在任期間を異にする委員の選挙を合併して行つた場合においては、得票数の多い者から、在任期間の長い当選人を選ばなければならない。

2　得票数が同じである者のうち、任期の長短を定める必要がある場合には、選挙会において、選挙長がくじでこれを定めなければならない。

第二一条から**第二七条**まで（省略）

第二八条　委員の選挙については、この法律又はこれに基く政令に別段の定がある場合を除いては、地方自治法に定める普通地方公共団体の議会の議員の選挙に関する規定を準用する。

（委員の解職の請求）

第二九条　委員の選挙権を有する者は、委員の解職の請求をすることができる。

2　前項の解職の請求に関しては、地方自治法に定める普通地方公共団体の議会の議員の解職の請求の例による。

（委員の辞職及び資格の決定）

第三〇条　委員の辞職及び資格の決定については、地方自治法第六章第八節の規定（第百二十六条但書の規定を除く。）を準用する。但し、「普通地方公共団体の議会」とあるのは、「教育委員会」と、「議員」とあるのは「委員」と読み替えるものとする。

（委員の報酬及び費用弁償）

第三一条　地方公共団体は、当該教育委員会の委員に対し報酬を支給しなければならない。但し、給料は支給しない。

2　委員は、職務を行うために要する費用の弁償を受けることができる。

3　報酬及び費用弁償の額並びにその支給方法は、当該地方公共団体の条例でこれを定めなければならない。

（委員の服務等）

第三二条　委員の宣誓、法令等に従う義務及び服務に関しては、別に地方公共団体の職員に関して規定する法律で、これを定める。

第二節　教育委員会の会議

（委員長及び副委員長）

第三三条　教育委員会は、委員のうちから委員長及び副委員長各一人を選挙しなければならない。

2　委員長及び副委員長の任期は、一年とする。但し、再選されることができる。

3　委員長は、教育委員会の会議を主宰する。

4　副委員長は、委員長を助け、委員長に事故があるとき又は委員長が欠けたときは、その職務を行う。

（会議の招集）

第三四条　教育委員会の会議は、委員長が、これを招集する。

2　委員二人以上の者から、書面で会議に付議すべき事件を示して、臨時会の招集の請求があるときは、委員長は、これを招集しなければならない。

3　会議開催の場所及び日時は、会議に付議すべき事件とともに、委員長が、あらかじめこれを告示しなければならない。

4　招集は、開会の日前、都道府県委員会にあつては七日、地方委員会にあつては三日までに、これを告示しなければならない。但し、急施を要する場合は、この限りでない。

（定例会及び臨時会）

第三五条　教育委員会の会議は、定例会及び臨時会とする。

2　定例会は、毎月一回これを招集しなければならない。

3　臨時会は、必要がある場合において、その事件に限り、これを招集する。

4　会議招集の告示後に急施を要する事件があるときは、前条第三項及び前項の規定にかかわらず、直ちに、これを会議に付議することができる。

（会議の定足数）

第三六条　教育委員会の会議は、在任委員の半数以上が出席しなければ、これを開くことができない。但し、同一の事件につき再度招集しても、なお半数に達しないときは、この限りでない。

（会議の公開）

第三七条　教育委員会の会議は、これを公開する。但し、委員の発議により、出席委員の三分の二以上の多数で議決したときは、秘密会を開くことができる。

2　前項の委員の発議は、討論を行わないで、その可否を決しなければならない。

（議決の方法）

第三八条　教育委員会の議事は、出席委員の過半数で、これを決する。

（議事参与の制限）

第三九条　教育委員会の委員は自己又は、配偶者若しくは三親等以内の親族の一身上に関する事件については、その議事に参与することができない。但し、会議に出席し、発言することができる。

（会議規則）

第四〇条　教育委員会は、会議規則及び傍聴人規則を設けなければならない。

2　この法律に別段の定がある場合を除いては、教育委員会の会議に関する事項は、会議規則でこれを定めることができる。

第三節　教育長及び事務局

（教育長）

第四一条　教育委員会に、教育長を置く。

2　教育長は、別に教育職員の免許に関して規定する法律の定める教育職員の免許状を有する者のうちから、教育委員会が、これを任命する。

3　教育長の任期は、四年とする。但し、再任することができる。

第四二条　教育長は、教育委員会の指揮監督を受け、教育委員会の処理するすべての教育事務をつかさどる。

（事務局）

第四三条　教育委員会の職務権限に属する事項に関する事務を処理させるため、教育委員会に事務局を置く。

（事務局の部課）

第四四条　都道府県委員会の事務局には、教育委員会規則の定めるところにより、必要な部課（会計及び土木建築に関する部課を除く。）を置く。但し、教育の調査及び統計に関する部課並びに教育指導に関する部課は、これを置かなければならない。

2　地方委員会の事務局には、教育委員会規則の定めるところにより、必要な部課を置くことができる。

（事務局の職員）

第四五条　都道府県委員会の事務局に、指導主事、教科用図書の検定又は採択、教科内容及びその取扱、建築その他必要な事項に関する専門職員並びにその他必要な事務職員を置く。

2　地方委員会の事務局には、都道府県委員会の事務局に準じて必要な職員を置く。

3　前二項に規定する職員の定数は、当該地方公共団体の条例でこれを定めなければならない。

4　第一項及び第二項の職員並びに学校の事務職員は、教育長の推薦により、教育委員会が、これを任命する。

第四六条　指導主事は、教員に助言と指導を与える。但し、命令及び監督をしてはならない。

第四七条　教科用図書の検定又は採択、教科内容及びその取扱、その他特殊な事項に関する専門職員には、教員をもつて、これに充てることができる。但し、その期間中は、教員の職務を行わないことができる。

第三章　教育委員会の職務権限

（教育委員会の所管）

第四八条　都道府県委員会は、都道府県の設置する学校その他の教育機関を、地方委員会は、当該地方公共団体の設置する学校その他の教育機関をそれぞれ所管する。

2　当該教育委員会は、その協議により都道府県の設置する高等学校を市町村に、又は市町村の設置する高等学校を都道府県に移管することができる。

（教育委員会の事務）

第四九条　教育委員会は左の事務を行う。但し、この場合において教育長に対し、助言と推薦を求めることができる。

一　学校その他の教育機関の設置及び廃止に関すること。

二　学校その他の教育機関の運営及び管理に関すること。

三　教科内容及びその取扱に関すること。

四　教科用図書の採択に関すること。

五　別に教育公務員の任免等に関して規定する法律の規定に基き、校長及び教員の任免その他の人事に関すること。

六　教育委員会及び学校その他の教育機関の職員の任免その他の人事に関すること。

七　教員その他教育関係職員の組織する労働組合に関すること。

八　学校その他の教育機関の敷地の設定及び変更並びに校舎その他建物の営繕、保全の計画及びその実施の指導に関すること。

九　教具その他の設備の整備計画に関すること。

十　教育委員会規則の制定又は改廃に関すること。

十一　教育委員会の所掌に係る歳入歳出予算に関すること。

十二　教育目的のための基本財産及び積立金の管理に関すること。
十三　教育事務のための契約に関すること。
十四　社会教育に関すること。
十五　校長、教員その他教育職員の研修に関すること。
十六　証書及び公文書類を保管すること。
十七　教育の調査及び統計に関すること。
十八　その他法律に別段の定のない、その所轄地域の教育事務に関すること。

第五〇条　都道府県委員会は、前条各号に掲げる事務を行う外、左の事務を行う。但し、この場合において、教育長に対し、助言と推薦を求めることができる。
一　別に教育職員の免許に関して規定する法律の定めるところに従い、教育職員の免許状を発行すること。
二　文部大臣の定める基準に従い、都道府県内のすべての学校の教科用図書の検定を行うこと。
三　地方委員会に対し、技術的、専門的な助言と指導を与えること。
四　高等学校の通学区域の設定又は変更に関すること。
五　その他法令により、その職務権限に属する事項。

第五一条　校長及び教員の任免、給与等の人事その他共通する必要な事項を決定するために、都道府県内の地方委員会と都道府県委員会が連合して協議会を設けることができる。
2　前項の協議会の決議は、全員一致によらなければならない。
3　協議会に関して必要な事項は、当該教育委員会の協議によつて、これを定めなければならない。

第五二条　特別区の教育委員会については、第四十九条第一項第三号及び第四号の規定は、これを適用せず、都の教育委員会が、これを行う。

（教育委員会規則）
第五三条　教育委員会は、法令に違反しない限りにおいて、その権限に属する事務に関し教育委員会規則を制定することができる。
2　教育委員会規則は、一定の公告式により、これを告示しなければならない。

（通学区域の設定）
第五四条　都道府県委員会は、高等学校の教育の普及及びその機会均等を図るため、その所轄の地域を数箇の通学区域に分ける。但し、必要がある場合には、生徒の就学につきこれを調整することができる。

（報告書の提出）
第五五条　都道府県委員会は、地方委員会に対し、文部大臣は、都道府県委員会及び地方委員会に対し、各所轄区域の教育に関する年報その他必要な報告書を提出させることができる。
2　法律に別段の定がある場合の外、文部大臣は、都道府県委員会及び地方委員会に対し、都道府県委員会は、地方委員会に対して行政上及び運営上指揮監督をしてはならない。

（予算の編成）
第五六条　教育委員会は、毎会計年度、その所掌に係る歳入歳出の見積に関する書類を作成し、これを地方公共団体における予算の統合調整に供するため、地方公共団体の長に送付しなければならない。

第五七条　地方公共団体の長は、毎会計年度、歳入歳出予算を作成するに当つて、教育委員会の送付に係る歳出見積を減額しようとするときは、あらかじめ教育委員会の意見を求めなければならない。

第五八条　地方公共団体の長は、教育委員会の歳出見積を減額した場合においては、教育委員会の送付に係る歳出見積について、その詳細を歳入歳出予算に附記するとともに、地方公共団体の議会が教育委員会の送付に係る歳出額を修正する場合における必要な財源についても明記しなければならない。

（予算の執行）
第五九条　地方公共団体の議会において予算を議決したときは、地方公共団体の長は、教育委員会の所掌に係る予算を、当該教育委員会に配当しなければならない。

第六〇条　教育委員会は、その所掌に係る予算について、その配当の範囲内で、支出を出納長又は収入役に命令する。

（議会の議決を経るべき事件）
第六一条　教育委員会は、法令により地方公共団体の議決を経るべき事件のうち、左のものに関する議案の原案を地方公共団体の長に送付する。
一　教育目的のための基本財産及び積立金の設置、管理及び処分に関すること。
二　教育事業のための地方債に関すること。
三　授業料その他教育に関する使用料及び手数料に関すること。
四　第三十一条第三項、第四十五条第三項及び第六十六条第二項に規定する条例の制定又は改廃に関すること。

第六二条　地方公共団体の長は、前条各号の事件につきその議案を地方公共団体の議会の議決に付するに当つて、教育委員会の送付に係る原案を修正しようとするときは、あらかじめ教育委員会の意見を求めなければならない。

第六三条　地方公共団体の長は、教育委員会の送付に係る原案を修正した場合においては、その議案に教育委員会の送付に係る原案及び教育委員会の意見を附記しなければならない。

第六四条および**第六五条**　（省略）

第四章　雑則

（学校その他教育機関の職員）
第六六条　都道府県及び市町村に校長、教員及び学校の事務職員を置く。
2　校長、教員及び学校の事務職員の定数は、法律又は政令に別段の定がある場合の外、当該地方公共団体の条例で、これを定めなければならない。
3　校長及び教員の身分に関しては、この法律に別段の定があるものを除く外、別に教育公務員の任免等に関して規定する法律の定めるところによる。
4　教育委員会の所管に属する学校以外の教育機関に、必要な職員を置く。

第六七条および**第六八条**　（省略）

附　則（抄）

第七〇条　大阪市、京都市、名古屋市、神戸市及び横浜市（五大市という。以下同じ。）を除く市町村の教育委員会の設置は、昭和二十五年十一月一日までに、これを行わなければならない。但しその設置に関し必要な事項は、政令でこれを定めることができる。

第七一条　この法律施行後、都道府県又は五大市の教育委員会が成立するまでの間、この法律により教育委員会が行うべき事務は、なお従前の例により、各相当機関がこれを行う。

第七二条　この法律により初めて行う都道府県又は五大市の教育委員会の委員の選挙は、昭和二十三年十月五日に、任期四年の委員の選挙と、任期二年の委員の選挙とをそれぞれ一つの選挙で合併して、これを行う。

第七三条　前条第一項の選挙が行われたときは、都道府県知事又は五大市の市長は、二十日以内に、教育委員会の会議を招集しなければならない。
2　都道府県及び五大市の教育委員会は、昭和二十三年十一月一日に成立するものとする。

第八六条　教科用図書は、第四十九条第四号及び第五十条第二号の規定にかかわらず、用紙割当制が廃止されるまで、文部大臣の検定を経た教科用図書又は文部大臣において著作権を有する教科用図書のうちから、都道府県委員会が、これを採択する。

●教師の倫理綱領

（一九五二（昭和二七）年六月一六日　日本教職員組合）

〔注〕この綱領は一九六一（昭和三六）年に「まえがき」を含む解説部分を部分的に書きかえ、これを日本教職員組合第二三回大会（一九六一年六月一九～二三日、七月二一～二四日）に報告している。

私たちの組合は、昭和二十七年に「教師の倫理綱領」を決定しました。決定されるまでの約一年間、全国の各職場では倫理綱領の草案をめぐつて検討をつづけました。「自分たちの倫理綱領を、自分たちの討論のなかからつくろう」これが、私たちの考え方でした。

私たちが、綱領草案をめぐつて話しあいを行なつていた昭和二十六年という年は全面講和か、単独講和か、これからの日本の歩む途をめぐつて国論が二つにわかれてたたかわされていた時期です。私たちは、敗戦という大きな代償を払つて、やつと手中にした「民主主義と平和」を危機におとしいれる心配の濃い「単独講和」に反対してきました。平和憲法に対する理由のない攻撃も、この時からはじめられました。

このような時代を背景に、私たちの討論はつづけられました。そして「平和と民主主義を守りぬくために、今日の教師はいかにあるべきか」「望ましい教師の姿勢はどうあるべきか」、私たちの倫理綱領草案の討論には、以上のような考え方が基礎になつていました。

ですから、これはたんなる「標語」ではなく、私たち自身の古さをのりこえ、新らしい時代を見きわめて、真理を追究する者のきびしさ、正義を愛する熱情に支えられた生きた倫理、民族のもつ課題に正しく応える倫理という考え方が、私たちの倫理綱領の基調になつています。つまり、荒木文相などが理由のないいいがかりなどつけても微動もしない倫理綱領であるということがいえます。

以下、私たちの倫理綱領各項についてかんたんにふれたいと思います。

1　教師は日本社会の課題にこたえて青少年とともに生きる

平和を守り、民族の完全な独立をかちとり、憲法にしめされた民主的な社会をつくりだすことは教師に与えられた課題といえます。私たちは自ら深い反省にたち努力することによつて、この課題に応える教師となるとともに、青少年がこの課題解決のための有能な働き手となるよう育成されなければならないことをしめしました。

2　教師は教育の機会均等のためにたたかう

青少年は各人のおかれた社会的、経済的条件によつて教育を受ける機会を制限され、憲法の条項は空文に終つています。とくに、勤労青年、特殊児童（盲・ろう・肢体不自由児など）の教育はすてかえりみられていません。教師は教育の機会均等の原則が守られるよう、社会的措置をとらせるよう努力しなければならないことをしめしました。

3　教師は平和を守る

平和は人類の理想であるとともに、日本の繁栄と民主主義も、平和なくしては達成できません。教師は人類愛の鼓吹者、生活改造の指導者、人権尊重の先達として生き、いつさいの戦争挑発者と勇敢にたたかわなければならないことを明らかにしました。

4　教師は科学的真理に立つて行動する

社会の進歩は、科学的真理にたつてこそ達成されます。科学の無視は人間性の抑圧に通じます。教師は人間性を尊重し、自然と社会を科学的に探究し、青少年の成長のために合理的環境をつくりだすために、学者、専門家と協力しあうことをしめしました。

5　教師は教育の自由の侵害を許さない

教育研究、教育活動の自由はしばしば不当な力でおさえられています。言論、思想、学問、集会の自由は憲法で保障されていますが、実際には制限され、圧迫されています。

教育の自由の侵害は、青少年の学習の自由をさまたげるばかりではなく、自主的な活動をはばみ、民族の将来をあやまらせるものであります。以上のことから、私たちが自由の侵害とあくまでもたたかうことをここで明らかにしました。

6　教師は正しい政治をもとめる

これまで教師は、政治的中立という美名で時の政治権力に一方的に奉仕させられてきました。戦後、私たちは団結して正しい政治のためにたたかつてきました。政治を全国民のねがいにこたえるものとするため、ひろく働く人とともに正しい政治をもとめて、今後もつよくたたかうことをしめしました。

7　教師は親たちとともに社会の頽廃とたたかい、新しい文化をつくる

あらゆる種類の頽廃が青少年をとりまいています。私たち教師は、マス・コミ等を通じて流される頽廃から青少年を守ると同時に、新しい健康的な文化をつくるために、親たちと力をあわせてすすむことをしめしました。

8　教師は労働者である

教師は学校を職場として働く労働者であります。しかし、教育を一方的に支配しようとする人びとは、「上から押しつけた聖職者意識」を、再び教師のものにしようと、「労働者である」という私たちの宣言に、さまざまないいがかりをつけています。私たちは、人類社会の進歩は働く人たちを中心とした力によつてのみ可能であると考えています。私たちは自らが労働者であることの誇りをもつて人類進歩の理想に生きることを明らかにしました。

9　教師は生活権を守る

私たちはこれまで、清貧にあまんずる教育者の名のもとに、最低の生活を守ることすら口にすることをはばかつてきましたが、正しい教育を行なうためには、生活が保障されていなくてはなりません。

労働に対する正当な報酬を要求することは、教師の権利であり、また義務であることをしめしました。

10　教師は団結する

教師の歴史的任務は、団結を通じてのみ達成することができます。教師の力は、組織と団結によつて発揮され、組織と団結はたえず教師の活動に勇気と力をあたえています。私たちは自らが団結を強め行動するとともに、国民のための教育を一部の権力による支配から守るため、世界の教師、すべての働く人びとと協力しあつていくことが、私たちの倫理であることを明らかにしました。

第11節　近代教育法制史年表

（作成：村元宏行）

一八七一年（明治四年）

7・18文部省創設

一八七二年（明治五年）

8・2「学事奨励に関する被仰出書」　8・3「学制」頒布

一八七九年（明治一二年）

9・29「学制」を廃止して「教育令」を公布（公選学務員制）

一八八〇年（明治一三年）

12・28「教育令」改正（教育費の国庫補助を廃止）

一八八五年（明治一八年）

8・12「教育令」再改正（小学校で授業料徴収）

一八八六年（明治一九年）

3・2「帝国大学令」公布

4・10「師範学校令」「小学校令」「中学校令」「諸学校通則」公布

一八八九年（明治二二年）

2・11「大日本帝国憲法」発布

一八九〇年（明治二三年）

10・7第二次「小学校令」公布（小学校経費は市町村の負担の原則、学齢児童の教育は公立小学校で行うの原則）　10・30「教育ニ関スル勅語」発布

一八九二年（明治二五年）

7・11師範学校に関する諸規則一括改正

一八九三年（明治二六年）

8・11「帝国大学令」改正

一八九五年（明治二八年）

1・29「高等女学校規程」制定

一八九六年（明治二九年）

3・24「市町村立小学校教員年功加俸国庫補助法」公布

一八九七年（明治三〇年）

10・9「師範教育令」公布

一八九九年（明治三二年）

2・7「中学校令」改正（尋常中学校を中学校に改称）「実業学校令」公布　2・8「高等女学校令」公布

3・22「教育基金特別会計法」公布

8・3「私立学校令」公布

10・20「小学校教育費国庫補助法」公布

一九〇〇年（明治三三年）

3・16「市町村立小学校教育費国庫補助法」公布

8・20第三次「小学校令」公布（尋常小学校の授業料が原則廃止）

一九〇三年（明治三六年）

3・27「専門学校令」公布

4・13「小学校令」改正（国定教科書制度確立）

一九〇七年（明治四〇年）

3・21「小学校令」改正（義務教育年限を六年に延長）

一九一一年（明治四四年）

7・31「小学校令」改正（高等小学校随意科（農業・商業）の一を必修科目）

一九一五年（大正四年）

1・27「公立学校職員分限令」公布（公立学校職員の身分保障）

一九一八年（大正七年）

3・27「市町村義務教育費国庫負担法」公布（小学校教員の給与の一部を国庫負担）

一九一九年（大正八年）

2・7「小学校令」「中学校令」改正（国民道徳の養成重視）、「帝国大学令」改正（分科大学を学部に）

一九二六年（大正一五年、昭和元年）

3・30「市町村義務教育費国庫負担法」改正（国庫負担金を増額）

一九三二年（昭和七年）

9・6「市町村立尋常小学校費臨時国庫補助法」公布（貧困町村に補助金）

一九三九年（昭和一四年）

3・24「青年学校教育費国庫補助法」公布

4・26「青年学校令」改正（男子の就学義務制）

一九四〇年（昭和一五年）

3・29「義務教育費国庫負担法」公布（教員給与半額国庫負担）

一九四一年（昭和一六年）

3・1「国民学校令」公布

一九四三年（昭和一八年）

10・18大日本育英会設立

一九四五年（昭和二〇年）

8・14ポツダム宣言受諾　8・15日本降伏により第二次世界大戦終了　8・18前田多門文相就任

9・15文部省「新日本建設ノ教育方針」発表

10・5「戦時教育令」廃止　10・22総司令部「日本教育制度ニ対スル管理政策」　10・30総司令部「教員及ビ教育関係官ノ調査・除外・許可ニ関スル件」

12・1全日本教員組合結成　12・15総司令部「国家神道、神社神道ニ対スル政府ノ保証、支援、保全、監督並ニ弘布ノ廃止ニ関スル件」　12・31総司令部「修身・日本歴史及ビ地理停止ニ関スル件」

一九四六年（昭和二一年）

1・13安倍能成文相就任

3・5第一次米国教育使節団来日　3・31第一次米国教育使節団報告書提出（4・7発表）

5・15文部省「新教育指針」第一分冊配布（一九四七年二月第五分冊まで）　5・22田中耕太郎文相就任

8・10教育刷新委員会設置

9・5文部省「くにのあゆみ 下」発行（10日上巻）

10・8文部省通牒「勅語及び詔書等の取扱いについて」（奉読廃止）

11・3「日本国憲法」公布

一九四七年（昭和二二年）

1・31高橋誠一郎文相就任

3・20文部省「学習指導要領一般編―試案」発行　3・31「教育基本法」「学校教育法」公布

4・1新学制に基づく小学校・新制中学校発足

5・3「日本国憲法」施行、文部省訓令「教育基本法制定の要旨について」

6・1森戸辰男文相就任　6・8日本教職員組合結成

7・8大学基準協会設立

8・22総司令部、教員追放で一一万名発表

11・11文部省、視学制度を廃止して指導主事設置を通告

12・12「児童福祉法」公布

一九四八年（昭和二三年）

1・15「大学設置委員会官制」公布　1・27「高等学校設置基準」制定

4・30「教科用図書検定規則」制定

6・19衆議院「教育勅語等排除に関する決議」、参議院「教育勅語等の失効確認に関する決議」

7・10「日本学術会議法」「市町村立学校職員給与負担法」「教科書の発行に関する臨時措置法」公布　7・15「教育委員会法」「少年法」公布　7・31政令二〇一号公布（公務員の争議行為禁止）

10・5第一回教育委員選挙　10・19下条康麿文相就任

12・10「世界人権宣言」採択

一九四九年（昭和二四年）

1・12「教育公務員特例法」公布

2・16高瀬荘太郎文相就任

4・12大学基準協会「大学院基準」決定

5・31「教育職員免許法」「文部省設置法」「文部省著作教科書の出版権等に関する法律」「国立学校設置法」公布

6・10「社会教育法」公布、新制国立大学六九校発足

8・30大学設置審議会「短期大学設置基準」決定

9・15総司令部「シャウプ勧告」
12・15「私立学校法」公布

一九五〇年（昭和二五年）
2・13都教育庁、レッドパージで二四六人整理
3・31「盲学校及びろう学校の就学義務に関する政令」公布
4・1「生活保護法」改正（教育費扶助を実施） 4・30「図書館法」公布
5・6天野貞祐文相就任 5・30「文化財保護法」「地方財政平衡交付金法」公布
6・25朝鮮戦争勃発
8・10「警察予備隊令」公布
9・22第二次米国教育使節団報告書提出（30日発表）
10・17文部省、国旗掲揚・君が代斉唱を通達
11・7天野文相、修身科復活を発言 11・10第二回教育委員選挙

一九五一年（昭和二六年）
3・7「国・公立大学管理法案」国会提出（廃案）
5・5「児童憲章」制定
6・11「産業教育振興法」公布
7・1文部省「学習指導要領一般編―試案」改訂 7・4二九八人第一次教職員追放解除
9・8「サンフランシスコ対日平和条約」「日米安全保障条約」調印
11・14天野文相「国民実践要領」の大綱発表
11・16政令改正諮問委員会「教育制度の改革に関する答申」
12・1「博物館法」公布

一九五二年（昭和二七年）
3・27「私立学校振興法」公布 3・31「新たに入学する児童に対する教科用図書の給与に関する法律」公布
5・21「幼稚園基準」通達
6・6「中央教育審議会令」制定 6・21「ユネスコ活動に関する法律」公布
8・8「義務教育費国庫負担法」公布 8・12岡野清豪文相就任
10・5第三回教育委員選挙 10・16日経連「新教育制度の再検討に関する要望」

一九五三年（昭和二八年）
1・21中央教育審議会第一回総会
3・26「国立学校設置法」一部改正（一二国立大に大学院設置）
5・21大達茂雄文相就任
7・25中教審「義務教育に関する答申」
8・5「学校教育法」一部改正（文部大臣の検定を経た教科書の使用） 8・8「学校図書館法」「理科教育振興法」公布 8・14「青年学級振興法」公布 8・18「一般職の職員の給与に関する法律」一部改正（大学、高校、小中学校の三本建給与） 8・21「私立学校教職員共済組合法」公布 8・27「公立学校施設費国庫負担法」「危険校舎改築促進臨時措置法」公布
10・30池田・ロバートソン会談
11・17教育勅語合憲確認請求事件最高裁第三小法廷判決（棄却、訴え不適法）

一九五四年（昭和二九年）
1・18中教審「教員の政治的中立性維持に関する答申」
3・3文部省「偏向教育の事例」国会提出
6・1「へき地教育振興法」「盲学校、聾学校及び養護学校への就学奨励に関する法律」公布 6・3「義務教育諸学校における教育の政治的中立の確保に関する臨時措置法」「教育公務員特例法の一部改正」（教育二法）「学校給食法」公布
8・10「世界教員憲章」採択 8・23中教審「義務教育学校教員給与に関する答申」
12・10安藤正純文相就任 12・23日経連「当面の教育制度改革に関する要望」発表

一九五五年（昭和三〇年）
3・19松村謙三文相就任
8・5「女子教育職員の産前産後の休暇中における学校教育の正常な実施の確保に関する法律」公布 8・8「公立小学校不正常授業解消促進臨時措置法」「日本学校給食会法」公布 8・13日本民主党「うれうべき教科書の問題」発行（第一集、第二集10・7、第三集11・13）
11・22清瀬一郎文相就任
12・5高等学校学習指導要領改訂（「試案」の文字消える）。中教審「教科書制度の改善に関する答申」

一九五六年（昭和三一年）
2・7文部省「幼稚園教育要項」制定
3・24「日本学士院法」公布 3・30「就学困難な児童のための教科用図書の給与に関する法律」公布
6・30「地方教育行政の組織及び運営に関する法律」公布
10・1任命制教育委員会発足 10・10「文部省設置法施行規則」一部改正（教科書調査官新設）
11・1愛媛県教委、勤評実施決定 11・5中教審「公立小・中学校の統合方策についての答申」 11・9日経連「新時代の要請に対応する技術教育に関する意見」
12・13「幼稚園設置基準」公布 12・18日本が国連に加盟 12・23灘尾弘吉文相就任

一九五七年（昭和三二年）
3・30「私立大学の研究設備に対する国の補助に関する法律」公布
5・20「盲学校、聾学校及び養護学校の幼稚部及び高等部における学校給食に関する法律」「国立及び公立の学校の事務職員の休職の特例に関する法律」公布
7・10松永東文相就任
9・19男女共学反対事件最高裁第一小法廷決定（共学反対父親有罪）
12・4「学校教育法施行規則」一部改正（教頭職制化）

一九五八年（昭和三三年）
3・18文部省「小中学校『道徳』の実施要領」通達
4・10「学校保健法」公布 4・25「義務教育諸学校施設費国庫負担法」公布
5・1「公立義務教育諸学校の学級編成及び教職員定数の標準に関する法律」公布
6・12灘尾弘吉文相就任
8・28文部省告示「小中学校学習指導要領道徳編」
9・11米国「国防教育法」公布
10・1文部省告示「小中学校学習指導要領」
11・10「文部省設置法施行規則」一部改正（視学委員新設）
12・12文部省告示「教科用図書検定基準」
12・31橋本龍伍文相就任

一九五九年（昭和三四年）
2・20「科学技術会議設置法」公布
4・30「社会教育法」一部改正（官僚統制強化）
6・18松田竹千代文相就任
11・20国連総会「児童の権利宣言」採択
12・17「日本学校安全会法」公布

一九六〇年（昭和三五年）
4・1教頭に管理職手当を支給
6・19「新安保条約」自然承認
7・19荒木万寿夫文相就任
8・19荒木文相、教育基本法再検討発言
10・15文部省告示「高等学校学習指導要領」
12・24「公立の中学校の校舎の新築等に要する経費についての国の負担に関する臨時措置法」公布

一九六一年（昭和三六年）
4・1「小学校新学習指導要領」全面実施
4・27文部省通達「昭和三六年度全国中学校一斉学力調査実施要綱」
5・19「国立工業教員養成所の設置等に関する臨時措置法」公布
6・16「スポーツ振興法」公布 6・17「学校教育法」一部改正（高等専門学校設置）
10・26文部省、全国一斉学力テスト（中学二・三年生）実施
11・6「公立高等学校の設置、適正配置及び教職員定数の標準等に関する法律」公布

一九六二年（昭和三七年）
3・31「義務教育諸学校教科用図書無償に関する法律」公布
4・1「中学校新学習指導要領」全面実施

4・18東京勤評事件東京地裁判決（無罪）
5・25池田勇人首相「人づくり政策」演説
10・15中教審答申「大学の管理運営について」

一九六三年（昭和三八年）
1・14経済審議会答申「経済発展における人的能力開発の課題と対策」 1・28中教審答申「大学教育の改善について」
4・1「高等学校新学習指導要領」全面実施
5・22東大ポポロ座事件最高裁大法廷判決（破棄差戻し）
7・18灘尾弘吉文相就任
12・21「義務教育諸学校の教科用図書の無償措置に関する法律」公布

一九六四年（昭和三九年）
2・26教科書代金国庫負担請求事件最高裁大法廷判決（教科書代金徴収は合憲）
3・16学力テスト事件福岡地裁小倉支部判決（学テ実施は違法）
4・3「国立学校特別会計法」公布
6・1「国立教育会館法」公布 6・19「学校教育法」一部改正（短期大学の恒久化）
7・3憲法調査会、首相に報告書提出 7・18愛知揆一文相就任

一九六五年（昭和四〇年）
3・31「国立養護教諭養成所設置法」公布
6・3中村梅吉文相就任 6・12家永教科書訴訟（第一次）提訴
8・11同和対策審議会答申

一九六六年（昭和四一年）
8・1有田喜一文相就任
10・4「教員の地位に関する勧告」採択
10・31中教審答申「後期中等教育の拡充整備について」（別記「期待される人間像」）
11・22文部省、一九六七年度から全国一斉学力調査中止を決定
12・3剱木亨弘文相就任

一九六七年（昭和四二年）
6・23家永教科書訴訟（第二次）提訴
11・25灘尾弘吉文相就任

一九六八年（昭和四三年）
4・17美濃部都知事が朝鮮大学校を各種学校として認可
6・15「文部省設置法」一部改正（文化庁設置）
7・11文部省告示「小学校学習指導要領」
11・30坂田道太文相就任

一九六九年（昭和四四年）
4・2都教組勤評事件最高裁大法廷判決（無罪） 4・30中教審答申「当面する大学教育の課題に対応するための方策」
8・7「大学の運営に関する臨時措置法」公布
10・31文部省通知「高等学校における政治的教養と政治的活動について」

一九七〇年（昭和四五年）
1・1国連「国際教育年」
5・18「日本私学振興財団法」公布
7・17家永教科書第二次訴訟東京地裁判決（杉本判決・適用違憲）
8・27日本教育法学会設立
10・15文部省告示「高等学校学習指導要領」

一九七一年（昭和四六年）
3・23佐賀・福岡教組地公法違反事件最高裁第三小法廷判決（上告棄却・無罪）
4・1小学校教育課程全面改正
5・28「国立及び公立の義務教育諸学校等の教育職員の給与等に関する特別措置法」公布
6・11中教審答申「今後における学校教育の総合的な拡充整備のための基本的施策について」
7・5高見三郎文相就任

一九七二年（昭和四七年）
3・31目黒高校隠しマイク事件東京地裁判決（一部認容）
4・1中学校新教育課程全面実施
7・7稲葉修文相就任
9・5「学制」発布百年
12・20保健体育審議会答申「体育・スポーツの普及振興に関する基本方策」「児童生徒等の健康の保持増進に関する基本施策について」 12・22奥野誠亮文相就任

一九七三年（昭和四八年）
3・20大阪学芸大学事件最高裁第一小法廷判決（棄却・無罪） 3・22東大ポポロ座事件再上告審第一小法廷判決（有罪）
8・9「教育職員免許法施行規則」一部改正（憲法必修を削除）
9・14勤務評定提出遅延校長処分取消請求事件最高裁第二小法廷判決（原判決破棄・差戻し） 9・29「国立学校設置法」一部改正（筑波大設置）

一九七四年（昭和四九年）
2・25「教員人材確保法」公布
5・27中教審答申「教育・学術・文化における国際交流について」
6・1「学校教育法」一部改正（教頭職法制化）
7・16家永教科書第一次訴訟東京地裁判決（高津判決・家永一部勝訴） 7・19昭和女子大事件最高裁第三小法廷判決（棄却、学生敗訴）
11・11三原朝雄文相就任
12・9永井道雄文相就任 12・10京都旭丘中学校事件差戻上告審最高裁第三小法廷判決（棄却・一部破棄差戻し）

一九七五年（昭和五〇年）
7・11「学校教育法」一部改正（専修学校創設）。「私立学校振興助成法」「義務教育諸学校等の女子教育職員及び医療施設、社会福祉施設等の看護婦、保母等の育児休業に関する法律」公布
12・20家永教科書第二次訴訟東京高裁判決（畔上判決・控訴棄却） 12・26「学校教育法施行規則」一部改正（学校主任制度化）

一九七六年（昭和五一年）
5・21旭川学力テスト事件・岩手県教組学力テスト事件上告審最高裁大法廷判決（有罪） 5・25「学校教育法」一部改正（独立大学院制度等）
12・24海部俊樹文相就任

一九七七年（昭和五二年）
3・15富山大学単位不認定事件第三小法廷判決（上告棄却・原告学生敗訴）
5・2大学入試センター発足
7・23文部省告示「小学校学習指導要領」「中学校学習指導要領」
9・22「教科用図書検定規則」全部改正（学習指導要領改訂対応）
11・28砂田重民文相就任

一九七八年（昭和五三年）
3・31「日本学校安全会法」「学校保健法」一部改正（災害共済給付改善）
6・9「女子教育職員の出産に際しての補助教育職員の確保に関する法律」一部改正（学校栄養職員・事務職員対象） 6・16中教審答申「教員の資質能力の向上について」 6・17「国立学校設置法」一部改正（上越教育大学・兵庫教育大学）
8・30文部省告示「高等学校学習指導要領」
11・14伊藤校長勤評不提出事件最高裁第三小法廷判決（処分適法）
12・7内藤誉三郎文相就任

一九七九年（昭和五四年）
1・13国公立大学共通一次学力試験初実施（～14）
4・1養護学校義務教育制実施
5・25「中野区教育委員候補者選定に関する区民投票条例」公布
7・2文部省告示「盲聾養護学校学習指導要領」
9・21「国際人権規約」（社会権規約）（自由権規約）国内発効
11・9第二次大平内閣で文相を首相兼任
11・20谷垣専一文相就任

一九八〇年（昭和五五年）
4・1小学校新教育課程全面実施 4・24日本学術会議「科学者憲章」採択
5・22「義務教育標準法」一部改正（四〇人学級）
7・17田中龍夫文相就任

一九八一年（昭和五六年）

4・1中学校新教育課程全面実施
5・9社会教育審議会答申「青少年の徳性と社会教育」
6・11中教審答申「生涯教育について」。「放送大学学園法」公布
11・30小川平二文相就任

一九八二年（昭和五七年）

4・1「高校新学習指導要領」実施　4・8家永教科書第二次訴訟最高裁第一小法廷判決（中村判決・破棄差戻し）
6・22「日本学校健康会法」公布　6・24青少年問題審議会答申「青少年の非行等問題行動への対応について」
7・20教科書検定結果が中国、韓国などで問題となる
8・26教科書検定結果について政府が見解発表
9・1「国立又は公立の大学における外国人教員の任用等に関する特別措置法」公布
11・16教科用図書検定調査審議会答申「歴史教科書の記述に関する検定の在り方について」　11・27瀬戸山三男文相就任

一九八三年（昭和五八年）

4・1放送大学開学
6・30中教審答申「教科書の在り方について」
11・28「日本学術会議法」一部改正（学会・協会推薦制）
12・10中曽根康弘首相「教育改革七つの構想」　12・27森喜朗文相就任

一九八四年（昭和五九年）

1・19家永教科書第三次訴訟提訴
3・13世界を考える京都座会「学校活性化のための七つの提言」
8・7「日本育英会法」全部改正（利子付貸与金制度導入）　8・8「臨時教育審議会設置法」公布
9・5臨時教育審議会初総会
11・1松永光文相就任

一九八五年（昭和六〇年）

6・26臨教審「教育改革に関する第一次答申」
8・28文部省通知「公立小・中・高等学校における特別活動の実施状況に関する調査について」（国旗・国歌の扱い）
9・19文部省告示一部改正（専修学校修了生の大学入学資格付与）
12・6「日本体育・学校健康センター法」公布　12・28海部俊樹文相就任

一九八六年（昭和六一年）

3・13福岡県教組内申抜き処分事件最高裁第一小法廷判決（処分適法）　3・19家永教科書第一次訴訟東京高裁判決（鈴木判決・家永全面敗訴）　3・20日曜日訴訟東京地裁判決（原告敗訴）
4・23臨教審「教育改革に関する第二次答申」
7・22藤尾正行文相就任
9・9藤尾文相罷免に伴い塩川正十郎文相就任

一九八七年（昭和六二年）

4・1臨教審「教育改革に関する第三次答申」
8・7臨教審「教育改革に関する第四次答申」（20日臨教審解散）
9・10「学校教育法」「私立学校法」一部改正（大学審議会設置）
11・6中島源太郎文相就任

一九八八年（昭和六三年）

4・1単位制高校発足
5・31「教育公務員特例法」「地方教育行政法」改正（初任者研修制度化）
7・1文部省機構改革で生涯学習局設置　7・15内申書裁判最高裁第二小法廷判決（生徒側敗訴）
12・27西岡武夫文相就任　12・28「教育職員免許法」一部改正（免許状の種別化）

一九八九年（昭和六四年、平成元年）

3・15文部省告示「小学校学習指導要領」「中学校学習指導要領」「高等学校学習指導要領」「幼稚園教育要領」　3・28高石邦男前文部事務次官収賄容疑で逮捕（リクルート事件）
4・4「教科用図書検定規則」全部改正（審査基準の簡素化）
6・27家永教科書第二次訴訟差戻控訴審東京高裁判決（丹野判決・却下）
8・10石橋一弥文相就任
9・1「学校教育法施行規則」「大学院設置基準」一部改正（大学院制度弾力化）
11・20国連総会「子どもの権利に関する条約」採択
12・18日教組・都教組四・一一スト事件最高裁第一小法廷判決（上告棄却、有罪）

一九九〇年（平成二年）

1・18伝習館高校事件最高裁第一小法廷判決（懲戒処分適法）　1・30中教審答申「生涯学習の基盤整備について」
2・28保利耕輔文相就任
4・1「幼稚園新教育要領」実施、小・中・高移行措置開始
6・29「生涯学習振興整備法」公布
9・2国連「子どもの権利に関する条約」発効
12・29井上裕文相就任

一九九一年（平成三年）

4・2「学校教育法」一部改正（準学士制度の創設）。「国立学校設置法」「学校教育法」一部改正（学位授与機関の創設、学士の学位化）　4・19中教審答申「新しい時代に対応する教育の諸制度の改革について」
9・3バイク三ない規則退学勧告事件最高裁第三小法廷判決（生徒側敗訴）
11・5鳩山邦夫文相就任　11・25大学審議会答申「大学院の量的整備について」

一九九二年（平成四年）

3・23「学校教育法施行規則」一部改正（学校週五日制実施）
4・1「小学校新学習指導要領」全面実施
6・12箕面市教委、指導要録の全面開示を決定
7・29生涯学習審議会答申「今後の社会の動向に対応した生涯学習の振興方策について」
12・12森山真弓文相就任

一九九三年（平成五年）

1・28「学校教育法施行規則」一部改正（障害児の通級指導）
2・6川崎市教委、指導要録全面開示方針決定
3・16家永教科書第一次訴訟最高裁第三小法廷判決（可部判決・家永敗訴）
4・1「中学校新学習指導要領」全面実施
7・29文部省通知「高校指導要録改訂」
8・9赤松良子文相就任
10・20家永教科書第三次訴訟東京高裁判決（川上判決・家永一部勝訴）

一九九四年（平成六年）

4・1「高等学校新学習指導要領」実施移行
5・20文部省通知「児童の権利に関する条約について」　5・22「子どもの権利に関する条約」国内発効
6・21「専修学校設置基準」一部改正（専門士の称号）　6・30与謝野馨文相就任
7・1法務省「子どもの人権専門委員設置運営要領」
11・24「学校教育法施行規則」一部改正（学校週五日制月二回実施）

一九九五年（平成七年）

5・20川崎市教委、中学校卒業生に内申書全面開示
8・8島村宜伸文相就任

一九九六年（平成八年）

1・11奥田幹生文相就任
3・8エホバの証人剣道実技拒否退学事件最高裁第二小法廷判決（退学処分違法）
7・19中教審答申「21世紀を展望した我が国の教育の在り方について（第一次答申）」
10・29大学審議会答申「大学教員の任期制について」
11・7小杉隆文相就任

一九九七年（平成九年）

1・1橋本龍太郎首相、教育を加えた「六大改革」提唱

6・11中教審答申「21世紀を展望した我が国の教育の在り方について（第二次答申）」
6・13「大学の教員等の任期に関する法律」公布　6・18「小学校及び中学校の教諭の普通免許状授与に係る教育職員免許法の特例等に関する法律」公布
7・31「学校教育法施行規則」一部改正（大学の飛び入学制度化）
8・29家永教科書第三次訴訟最高裁第三小法廷判決（大野判決・家永一部勝訴）
9・11町村信孝文相就任
10・9地方分権推進委員会第四次勧告
11・11ユネスコ総会「高等教育の教育職員の地位に関する勧告」採択

一九九八年（平成一〇年）

5・20「スポーツ振興投票の実施等に関する法律」公布
6・5国連子どもの権利委員会「総括所見」
6・10「教育職員免許法」一部改正（教職科目の増加）　6・12「学校教育法」一部改正（中等教育学校創設）
7・9東京都教委「学校管理運営規則」改正（職員会議補助機関明確化）　7・30有馬朗人文相就任
9・21中教審答申「今後の地方教育行政の在り方について」
10・26大学審議会答申「21世紀の大学像と今後の改革方策について」
12・14文部省告示「小学校学習指導要領」「中学校学習指導要領」「幼稚園教育要領」

一九九九年（平成一一年）

1・13「教科書検定規則」一部改正（検定意見文書化）
2・23広島県教委、校長に国旗・国歌の完全実施について職務命令　2・28広島県立高校校長が日の丸・君が代をめぐる対立で自殺
3・29文部省告示「高等学校学習指導要領」「盲学校、聾学校及び養護学校小学部・中学部学習指導要領」「盲学校、聾学校及び養護学校高等部学習指導要領」
5・26「児童買春、児童ポルノに係る行為等の処罰及び児童の保護等に関する法律」公布
7・16「地方分権一括法」公布
8・13「国旗及び国歌に関する法律」公布
9・14「大学設置基準」「大学院設置基準」改正（学部に年間単位上限、大学院に一年コース）
10・5中曽根弘文文相就任

二〇〇一年（平成一三年）

1・6文部省と科学技術庁が統合し文部科学省発足、町村信孝文科相就任　1・25文科省「21世紀教育新生プラン」発表
3・31「義務教育標準法」一部改正（学級編成基準の弾力化）
4・26遠山敦子文科相就任
6・11遠山文科相、大学の構造改革についてプランまとめる　6・14地方分権推進委員会最終報告
7・11「地方教育行政法」一部改正（公立校通学区域撤廃）、「学校教育法」一部改正（奉仕活動、大学・大学院への飛び入学）、「社会教育法」一部改正（家庭教育の向上）

二〇〇二年（平成一四年）

1・17遠山文科相「学びのすすめ」発表
2・21中教審答申「今後の教員免許制度の在り方について」（教員免許更新制度導入見送り）
3・26文科省調査検討会議最終報告「新しい『国立大学法人』像について」
4・1小・中学校新学習指導要領移行、完全学校週五日制導入
5・31「教育職員免許法」一部改正（免許状失効の基準）
6・12「教育公務員特例法」一部改正（一〇年経験者研修）
8・5中教審答申「大学の質の保証に係る新たなシステムの構築について」「大学院における高度専門職業人養成について」「法科大学院の設置基準等について」　8・30遠山文科相「人間力戦略ビジョン」
10・2文科省「21世紀COEプログラム」五〇大学一一三件決定　10・30地方分権改革推進会議「事務・事業の在り方に関する意見」（義務教育国庫負担縮減）
11・29「学校教育法」一部改正（専門職大学院、第三者機関による大学評価）
12・6「法科大学院の教育と司法試験等との連携等に関する法律」公布　12・18「構造改革特別区域法」公布

二〇〇三年（平成一五年）

3・20米英がイラク攻撃開始。中教審答申「新しい時代にふさわしい教育基本法と教育振興基本計画の在り方について」　3・31「義務教育費国庫負担法」一部改正（国庫負担削減）。「学校教育法施行規則」一部改正（公立小中学校の選択制）。「専門職大学院設置基準」制定
4・1新高等学校学習指導要領学年進行で実施　4・23「国立学校設置法」一部改正（国立大学一〇組統合）
5・11長野県平谷村市町村合併の住民投票で中学生が全国で初めて投票
6・6地方分権改革推進会議「三位一体の改革についての意見」（義務教育国庫負担金の一般財源化）　6・13「インターネット異性紹介事業を利用して児童を誘引する行為の規制等に関する法律」公布　6・18「著作権法」一部改正（教育上の無許諾利用範囲を拡大）　6・27「骨太の方針」（第三弾）閣議決定（義務教育費国庫負担金削減）
7・16「国立大学法人法」等関係法公布、「次世代育成支援対策推進法」公布、「児童福祉法」一部改正（市町村による子育て支援事業）　7・30「少子化社会対策基本法」公布
9・22河村建夫文科相就任
10・23都教委通達「入学式、卒業式等における国旗掲揚及び国歌斉唱の実施について」
11・11東京都大田区指導要録開示訴訟最高裁第三小法廷判決（成績開示、所見欄非開示が相当）
12・9「青少年育成施策大綱」策定

二〇〇四年（平成一六年）

1・30国連子どもの権利委員会「総括所見（第二回）」
3・4中教審答申「今後の学校の管理運営の在り方について」（地域運営学校の創設など）　3・31「児童福祉法」一部改正（公立保育所保育費用を国庫負担の対象外に）、「義務教育費国庫負担法」一部改正（国庫負担削減）
4・1国立大学法人化。義務教育費国庫負担金に総額裁量制導入　4・14「児童虐待防止法」一部改正（虐待の早期発見）
5・21「学校教育法」一部改正（栄養教諭）
6・9「地方教育行政法」一部改正（地域運営学校）
7・14群馬県立桐生工業高校生徒会誌寄稿文切り取り事件最高裁第一小法廷判決（教諭側敗訴）
8・10河村文科相「義務教育の改革案」発表
9・27中山成彬文科相就任
12・17文科省に「義務教育改革推進本部」設置

二〇〇五年（平成一七年）

6・17「食育基本法」公布
7・15「学校教育法」一部改正（准教授等）
10・26中教審答申「新しい時代の義務教育を創造する」　10・31小坂憲次文科相就任
12・1横浜教科書訴訟最高裁第一小法廷判決（高嶋敗訴）

二〇〇六年（平成一八年）

1・18文科省「教育改革のための重点行動計画」
2・7広島県教組教研集会会場使用不許可取消請求事件最高裁第三小法廷判決（不許可処分違法）
3・30文科省「義務教育諸学校における学校評価ガイドライン」策定　3・31「義務教育費国庫負担法」一部改正（負担率引き下げ）

4・13与党、教育基本法改正に関する協議会が最終報告。都教委通知「学校経営の適正化について」　4・28教育基本法全部改正案を閣議決定

6・14自民党学校教育特別委員会「国家戦略としての教育改革」　6・15「就学前の子どもに関する教育、保育等の総合的な提供の推進に関する法律」公布　6・21「学校教育法」一部改正（特別支援学校）

7・11中教審答申「今後の教員養成・免許制度の在り方について」（教職大学院の創設、教員免許更新制）

9・21東京都日の丸・君が代予防訴訟東京地裁判決（強制は違憲、国歌斉唱義務なし）　9・26安倍晋三内閣発足、伊吹文明文科相就任、教育担当首相補佐官に山谷えり子氏就任

10・1「認定こども園」制度発足

11・9内閣府が「教育改革タウンミーティング」でのやらせ質問についての内部調査まとめる　11・17伊吹文科相がいじめ根絶アピール発表　11・27学納金返還訴訟最高裁第二小法廷判決（入学金の返還は認めず、授業料は全額返還）　11・29教育再生会議がいじめ問題で緊急提言発表

12・15「改正教育基本法」成立

二〇〇七年（平成一九年）

1・24教育再生会議「社会総がかりで教育再生を」（第一次報告）

2・2文科相「問題行動を起こす児童生徒に対する指導について」別紙で、体罰についての解釈を約六〇年ぶりに見直す　2・5教育再生会議第一分科会「教育委員会の抜本的見直しについて」　2・15規制改革会議「教育委員会制度の抜本的見直しに関する規制改革会議の見解」　2・27君が代ピアノ伴奏拒否処分事件最高裁第三小法廷判決（懲戒処分適法）

3・10中教審答申「教育基本法の改正を受けて緊急に必要とされる教育制度の改正について」

4・1「独立行政法人国立博物館法」一部改正（国立文化財機構の設立）　4・24「全国学力・学習状況調査」実施

5・11規制改革会議「教育と研究の質の向上に向けた大学・大学院改革に関する基本的考え方」

6・1「少年法」「児童虐待防止法」「児童福祉法」一部改正、教育再生会議「社会総がかりで教育再生を（第二次報告）」　6・27「学校教育法」「地教行法」「教育職員免許法」「教特法」一部改正

9・26福田康夫内閣発足、渡海紀三朗文科相就任

11・15文科省「児童生徒の問題行動等生徒指導上の諸問題に関する調査」を発表（いじめの調査方法等を見直す）

12・25教育再生会議「社会総がかりで教育再生を（第三次報告）」　12・26文科相談話「高等学校日本史教科書に関する訂正申請について」（沖縄戦関係）

二〇〇八年（平成二〇年）

1・31教育再生会議「社会総がかりで教育再生を（最終報告）」

3・25文科省「幼稚園における学校評価ガイドライン」策定。「規制改革推進のための三か年計画（改定）」閣議決定　3・28文科省「幼稚園教育要領」「小学校学習指導要領」「中学校学習指導要領」告示　3・31「義務教育標準法」一部改正（主幹教諭を置く場合の教員加算）

4・1教職大学院制度が始まる　4・18中教審答申「教育振興基本計画について」。小学生朝自習中の受傷事件最高裁第二小法廷判決（教師の過失を否定）

5・26教育再生懇談会第一次報告

6・6「インターネット異性紹介事業を利用して児童を誘引する行為の規制等に関する法律」一部改正（規制強化）　6・11「社会教育法」「図書館法」「博物館法」一部改正（教基法改正を踏まえた規定）　6・18「青少年が安全に安心してインターネットを利用できる環境の整備等に関する法律」公布、「障害のある児童及び生徒のための教科用特定図書等の普及の促進等に関する法律」公布、「学校保健法」一部改正（「学校保健安全法」と改題、学校保健・安全に関する責務）、「学校給食法」一部改正（給食を利用した食に関する指導）、「少年法」一部改正（少年審判における被害者配慮）

7・1「教育振興基本計画」閣議決定

8・2福田改造内閣発足、鈴木恒夫文科相就任

9・24麻生太郎内閣発足、塩谷立文科相就任

11・12「教育職員免許法施行規則」一部改正（総合演習が教職実践演習に）　11・13「大学設置基準」等一部改正（共同教育課程）

12・3「児童福祉法」一部改正（新たな子育て支援事業）　12・12青少年育成施策大綱決定。「国籍法」一部改正（婚外子差別是正）　12・18教育再生懇談会第二次報告

二〇〇九年（平成二一年）

2・9教育再生懇談会第三次報告

3・9「高等学校学習指導要領」「特別支援学校教育要領・学習指導要領」告示　3・23愛知県犬山市教委が全国学テの参加決定　3・31「独立行政法人に係る改革を推進するための文部科学省関係法律の整備等に関する法律」公布（文科省所管独立行政法人の再編）

4・28公立小学校「体罰」訴訟最高裁第三小法廷判決（本件有形力行使は体罰に該当せず）　4・30文科省「博物館実習ガイドライン」策定

5・28教育再生懇談会第四次報告

6・19「著作権法」一部改正（デジタルコンテンツの流通促進）　6・26「独立行政法人日本学術振興会法」一部改正（基金設立）

7・8「子ども・若者育成支援推進法」公布　7・10「沖縄科学技術大学院大学学園法」公布

9・16鳩山由紀夫内閣発足、川端達夫文科相就任

11・17閣議で教育再生懇談会などの廃止を決定

12・10江戸川学園道徳教育履行請求事件最高裁第一小法廷判決（親側の請求棄却）

二〇一〇年（平成二二年）

2・25人事評価自己申告票等の非公開決定取消請求事件最高裁第一小法廷判決（非公開決定肯定）

3・31「公立高等学校に係る授業料の不徴収及び高等学校等就学支援金の支給に関する法律」公布

4・1内閣府に「子ども・若者育成支援推進本部」設置（青少年育成推進本部廃止）　4・2生徒指導提要の作成に関する協力者会議「生徒指導提要」

5・27姫路獨協大学が法科大学院としては初めて学生募集の停止を発表

6・8菅直人内閣発足、川端達夫文科相就任　6・11国連子どもの権利委員会「総括所見（第三回）」　6・15「学校教育法施行規則」一部改正（大学の情報公表）

7・14文科省「学校等の柔道における安全指導について（依頼）」　7・20「学校評価ガイドライン」改訂　7・23子ども・若者育成支援推進本部「子ども・若者ビジョン」（青少年育成施策大綱廃止）

8・26文科省「スポーツ立国戦略」

9・16文科省「教員免許更新制について」　9・17菅改造内閣発足、高木義明文科相就任

12・15「東京都青少年の健全な育成に関する条例」一部改正（性描写のある漫画・アニメ規制の改正）

二〇一一年（平成二三年）

3・11東日本大震災発生

4・8閣議決定「規制・制度改革に係る方針」　4・22「公立義務教育諸学校の学級編制及び教職員定数の標準に関する法律」「地方教育行政の組織及び運営に関する法

律」一部改正（三五人以下学級の推進、市町村教委の学級編制の柔軟化、東日本大震災被災児童生徒に関する特別措置）

5・30東京都立高校日の丸・君が代不起立再雇用拒否処分取消等請求事件最高裁第二小法廷判決（職務命令合憲）

6・3「民法」一部改正（児童虐待した父母の親権停止）。大阪府で公立学校教員に国歌斉唱時の起立・斉唱義務づけの条例が成立　6・6東京都立高校日の丸・君が代不起立再雇用拒否損害賠償請求事件最高裁第一小法廷判決（職務命令合憲）　6・14東京都公立中学校日の丸・君が代不起立処分取消請求事件最高裁第三小法廷判決（職務命令合憲）　6・21広島県立高校日の丸・君が代不起立処分取消請求事件最高裁第三小法廷判決（職務命令合憲）　6・24「津波対策の推進に関する法律」公布（津波に関する防災教育）、「スポーツ基本法」全部改正

7・7君が代斉唱時着席呼びかけによる威力業務妨害事件最高裁第一小法廷判決（有罪）

9・2野田佳彦内閣発足、中川正春文科相就任

12・16大阪府の教育基本条例案は地教行法に抵触するとの見解を閣議決定

二〇一二年（平成二四年）

1・13野田改造内閣発足、平野博文文科相就任　1・16日の丸・君が代懲戒処分取消等請求訴訟最高裁第一小法廷判決（処分は戒告まで）

2・9君が代斉唱義務不存在確認等請求訴訟最高裁第一小法廷判決（職務命令合憲）　2・28大阪市議会で教員に君が代斉唱を義務付ける条例が可決

3・23大阪府議会「教育行政基本条例」「府立学校条例」「子どもを性犯罪から守る条例」可決

4・27「学校安全推進計画」閣議決定

5・25大阪市議会「教育行政基本条例」可決

6・4野田第二次改造内閣発足、平野博文文科相留任　6・27「著作権法」一部改正（著作物利用の円滑化、違法ダウンロードの刑事罰化等）、「劇場、音楽堂等の活性化に関する法律」公布

7・27大阪市議会「市立学校活性化条例」可決

8・1文科省「子ども安全対策支援室」設置　8・22「消費者教育の推進に関する法律」公布

9・5「古典の日に関する法律」公布。文科省「いじめ、学校安全等に関する総合的な取組方針」策定

10・1野田第三次改造内閣発足、田中眞紀子文科相就任

12・26安倍晋三内閣発足、下村博文文科相就任

二〇一三年（平成二五年）

1・24警察庁通達「学校におけるいじめ問題への的確な対応について」　1・31大津市いじめ自殺事件で第三者委員会が最終報告まとめる

2・26教育再生実行会議第一次提言「いじめの問題等への対応について」

3・13文科省通知「体罰の禁止及び児童生徒理解に基づく指導の徹底について」（別紙で懲戒・体罰についての新基準示す）　3・29「大学設置基準」「短期大学設置基準」一部改正（授業期間の弾力化）

4・15教育再生実行会議第二次提言「教育委員会制度等の在り方について」　4・17神奈川県教委による君が代不起立教員情報収集事件最高裁第二小法廷判決（収集は適法）　4・24「全国学力・学習状況調査」実施（四年ぶりの悉皆調査）

5・22「国際的な子の奪取の民事上の側面に関する条約（ハーグ条約）」締結承認　5・16文科省通知「早期に警察へ相談・通報すべきいじめ事案について」　5・28教育再生実行会議第三次提言「これからの大学教育等の在り方について」

6・7「科学技術イノベーション総合戦略」閣議決定　6・14「教育振興基本計画」「世界最先端IT国家創造宣言」「規制改革実施計画」「日本再興戦略」閣議決定　6・19「国際的な子の奪取の民事上の側面に関する条約の実施に関する法律」公布　6・26「子どもの貧困対策の推進に関する法律」「障害を理由とする差別の解消の推進に関する法律」公布　6・27東京都教委が一部の高校教科書について使用は不適切との見解を議決　6・28「いじめ防止対策推進法」公布

8・7文科省「学校施設における天井等落下防止対策のための手引」策定　8・9文科省通知「体罰根絶に向けた取組の徹底について」

9・4非嫡出子法定相続差別訴訟で最高裁大法廷が民法九〇〇条四号は違憲と判決

10・11文科大臣決定「いじめ防止基本方針」　10・18教科書採択問題で、沖縄県竹富町に是正要求をするよう県教委に指示　10・31教育再生実行会議第四次提言「高等学校教育と大学教育との接続・大学入学者選抜の在り方について」

11・15文科省「教科書改革実行プラン」発表　11・26文科省「国立大学改革プラン」発表　11・28都立七生養護学校性教育訴訟最高裁第一小法廷決定（都議・都教委の違法確定）

12・11「民法」一部改正（非嫡出子の法定相続差別削除）　12・13「国家戦略特別区域法」公布（公設民営学校の設置）

二〇一四年（平成二六年）

1・17「義務教育諸学校教科用図書検定基準」「高等学校教科用図書検定基準」一部改正（政府見解の尊重規定）　1・28文科省通知「『中学校学習指導要領解説』及び『高等学校学習指導要領解説』の一部改訂について」（尖閣諸島と竹島を我が国固有の領土と明記）

2・14文科省道徳教育用教材「私たちの道徳」公表

3・1東日本大震災津波被害で石巻市立大川小学校の検証委員会が最終報告書　3・12総合科学技術会議「特定国立研究開発法人（仮称）の考え方について」

4・16「義務教育諸学校の教科用図書の無償措置に関する法律」一部改正（共同採択地区の協議方法に関する規定の整備）　4・18「少年法」一部改正（刑罰の強化）

5・14「著作権法」一部改正（電子書籍への対応）　5・21沖縄県教委が、採択地区と異なる教科書使用の竹富町について採択地区協議会からの分離を決定　5・22全国高校体育連盟「体罰根絶全国共通ルール」

6・9文科省「生活扶助基準の見直しに伴う就学援助制度への影響等について」　6・11「少年院法」「少年鑑別所法」公布（これに伴い旧少年院法は廃止）　6・20「地教行法」一部改正（総合教育会議の設置、首長の大綱策定）　6・25「児童買春、児童ポルノに係る行為等の処罰及び児童の保護等に関する法律」一部改正（児童ポルノの単純所持も禁止）　6・27「学校教育法」「国立大学法人法」一部改正（学長権限の強化、副学長の職務）。「学校図書館法」一部改正（学校司書配置の努力義務）。「アレルギー疾患対策基本法」公布（アレルギー疾患への学校設置者の責務）。文科省通知「校内人事の決定及び職員会議に係る学校内の規程等の状況について」

7・3教育再生実行会議「今後の学制等の在り方について」

8・26文科大臣決定「研究活動における不正行為への対応等に関するガイドライン」　8・29閣議決定「子供の貧困対策に関する大綱」

9・3第二次安倍改造内閣発足、下村博文文科相留任　9・4静岡県知事が教委の同意を得ずに全国学力テストの成績上位校の校長名等を公表

12・11日本学術会議、国立大学協会、公立大

学協会、日本私立大学団体連合会「科学研究の健全性向上のための共同声明」　12・22「人を対象とする医学系研究に関する倫理指針」告示　12・23青森県教委の第三者機関が高校生自殺についての報告書まとめる（いじめ認定、自殺の直接原因否定）　12・24第三次安倍晋三内閣発足、下村博文文科相就任

二〇一五年（平成二七年）

2・2長崎市の外部調査委員会が小学生自殺についての報告書まとめる（いじめと自殺の関係認める）　2・5公立中学校柔道部練習中の死亡事件最高裁第一小法廷判決（顧問教諭個人への賠償責任認めず）

3・4教育再生実行会議「『学び続ける』社会、全員参加型社会、地方創生を実現する教育の在り方について（第六次提言）」。文科省通知「学校における補助教材の適正な取扱いについて」　3・17大津市中学生いじめ自殺事件で市と遺族との和解が成立（大津地裁）　3・25岩手県滝沢市の第三者委員会が中学生自殺についての報告書まとめる（いじめとの関連認める）　3・27小学校・中学校学習指導要領の一部改訂を告示（道徳の教科化）

4・1改正「地教行法」施行、新教育委員会制度が始まる　4・9子どもが蹴ったボールに起因する死亡事件の損害賠償請求最高裁第一小法廷判決（保護者の監督責任を限定）　4・23奈良県橿原市教委の第三者委員会が中学生自殺で報告書まとめる（いじめ認定、自殺との因果関係否定）　4・30文科省「性同一性障害に係る児童生徒に対するきめ細かな対応の実施等について」

5・12自民党教育再生実行本部第四次提言

5・14教育再生実行会議「これからの時代に求められる資質・能力と、それを培う教育、教師の在り方について（第七次提言）」

5・20「文部科学省設置法」一部改正（スポーツ庁の設置）

6・8文科省が国立大学に人文社会科学系学部・大学院の廃止や見直しの検討を求める通知　6・16下村文科相が国立大学長会議で入学式・卒業式における国旗掲揚と国歌斉唱を求める　6・19「公職選挙法」一部改正（選挙権が一八歳に）　6・24「学校教育法」等一部改正（小中一貫教育）

7・8教育再生実行会議「教育立国実現のための教育投資・教育財源の在り方について（第八次提言）」　7・27文科省「学校現場における業務改善のためのガイドライン～子供と向き合う時間の確保を目指して～」

7・30文科省通知「義務教育修了者が中学校夜間学級への再入学を希望した場合の対応に関する考え方について」

9・30「教科用図書検定規則」「義務教育諸学校の教科用図書の無償措置に関する法律施行規則」一部改正、「義務教育諸学校教科用図書検定基準」一部改正（道徳教科書の検定基準）

10・1スポーツ庁発足、初代長官に鈴木大地氏就任　10・7第三次安倍改造内閣発足、馳浩文科相就任　10・28中教審「教職員定数に係る緊急提言」「高等教育予算の充実・確保に係る緊急提言」　10・29文科省通知「高等学校等における政治的教養の教育と高等学校等の生徒による政治的活動等について」（昭和四四年一〇月三一日「高等学校における政治的教養と政治的活動について」は廃止）

12・15公立高校熱中症傷害事件最高裁第三小法廷判決（二億三〇〇〇万円支払確定）

12・21中教審答申「チームとしての学校の在り方と今後の改善方策について」「これからの学校教育を担う教員の資質能力の向上について」「新しい時代の教育や地方創生の実現に向けた学校と地域の連携・協働の在り方と今後の推進方策について」

二〇一六年（平成二八年）

1・6長崎県新上五島町の中学生自殺事件で第三者委員会が報告書まとめる（いじめが自殺の主因）　1・21徳島県立高校野球部員熱中症死亡事件最高裁第一小法廷判決（四五〇〇万円支払確定）　1・25文科省『次世代の学校・地域』創生プラン」策定

2・9「子ども・若者育成支援推進大綱」閣議決定　2・16「学校管理下における重大事故を考える議員連盟」発足　2・22福島県立高校自殺事件で県教委の第三者委員会が調査結果発表（いじめ認定、自殺との因果関係否定）

3・11文科省通知「不登校重大事態に係る調査の指針について」　3・14東京都教委の検討委員会が組み体操を各学校の判断に任せる方針まとめる　3・18「第三次食育基本推進計画」策定　3・25スポーツ庁、組み体操について通知　3・29文科大臣決定「第四次国立大学法人等施設整備五か年計画」　3・31文科大臣決定「第三次大学院教育振興施策要綱」

5・10馳浩文科相「教育の強靱化に向けて」発表。大阪市小学校での不登校で第三者委員会がいじめ認定　5・20教育再生実行会議「全ての子供たちの能力を伸ばし可能性を開花させる教育へ（第九次提言）」

5・30中教審答申「個人の能力と可能性を開花させ、全員参加による課題解決社会を実現するための教育の多様化と質保証の在り方について」　5・31日の丸・君が代停職処分取消訴訟最高裁第三小法廷判決（停職処分取消確定）

6・1文科省通知「教職員等の選挙運動の禁止等について」　6・3「児童福祉法」一部改正（子どもの権利条約の理念盛り込み）　6・17文科省通知「学校現場における業務の適正化に向けて」

7・29文科省「教育の情報化加速化プラン」策定。文科省通知「学習指導要領の一部改正に伴う小学校、中学校及び特別支援学校小学部・中学部における児童生徒の学習評価及び指導要録の改善等について」（道徳の評価について）

8・3第三次安倍第二次改造内閣発足、松野博一文科相就任

9・2名古屋市中学生自殺で市教委の検証委員会が報告書をまとめる（自殺はいじめが原因のひとつ）　9・7「独立行政法人日本スポーツ振興センター法施行令」一部改正（高校生のいじめ自殺に見舞金を給付）

9・30文科省「高等学校通信教育の質の確保・向上のためのガイドライン」策定

10・26東日本大震災大川小訴訟仙台地裁判決（認容）

11・3広島市府中町教委第三者委員会が中学生指導死についての報告書まとめる（誤った記録による進路指導が一つの要因）

11・9横浜市教委第三者委員会が原発避難生徒いじめについての報告書まとめる（いじめ認定）　11・18文科相メッセージ「いじめに正面から向き合う『考え、議論する道徳』への転換に向けて」　11・24東京都教委「水泳授業等における『スタート』の取扱いについて」（スタートは水中からとする）　11・28「教育公務員特例法」一部改正（研修規定の整備）

12・5新潟県教委が高校生自殺事件の調査結果公表（いじめ認定）　12・14「義務教育の段階における普通教育に相当する教育の機会の確保等に関する法律」公布　12・16「部落差別解消推進法」公布（国、自治体による差別解消の教育）　12・21中教審答申「幼稚園、小学校、中学校、高等学校及び特別支援学校の学習指導要領等の改善及び必要な方策等について」　12・22文科省「高等教育進学サポートプラン」公表

12・23岩手県矢巾町教委第三者委員会が中学生自殺についての報告書まとめる（いじめ認定）　12・26青森県東北町教委いじめ防止対策審議会が中学生自殺事件の報告書まとめる（いじめが自殺の一因）

二〇一七年（平成二九年）

1・20再就職等監視委員会が文科省の天下り問題の報告書を公表

3・10森友学園問題で、学園側が小学校設置

認可申請を取り下げ　3・14「学校教育法施行規則」一部改正（部活動指導員の創設）。「いじめの防止等のための基本的な方針」改定　3・24「学校安全推進計画」閣議決定。日本学術会議「軍事的安全保障研究に関する声明」　3・28文科省通知「不登校児童生徒による学校以外の場での学習等に対する支援の充実について」　3・31「幼稚園教育要領」「小学校学習指導要領」「中学校学習指導要領」告示、「学校教育法」一部改正（事務職員の職務規定見直し）、「義務教育標準法」一部改正（通級指導、外国人児童生徒指導などの教職員定数の基礎定数化）、「義務教育費国庫負担法」一部改正（不登校児童生徒を対象にする学校を国庫負担に追加）、「社会教育法」一部改正（地域学校協働活動）、「地教行法」一部改正（学校運営協議会設置の努力義務、共同学校事務室）、「日本学生支援機構法」一部改正（給付型奨学金制度の創設）、「独立行政法人日本スポーツ振興センター法」一部改正（高等専修学校、保育施設を災害共済給付に追加）、「学校教育法施行規則」一部改正（新学習指導要領に伴う改正、スクールカウンセラー、スクールソーシャルワーカーの規定追加）、「大学設置基準」一部改正（教員と職員の連携確保）。東京都「特定異性接客営業等の規制に関する条例」公布（いわゆるＪＫビジネスの規制）　4・21教育勅語について教材として用いることを否定しないが促す考えはないとの答弁書を閣議決定　4・25文科省「地域学校協働活動の推進に向けたガイドライン」策定　4・28「特別支援学校幼稚部教育要領」「特別支援学校小学部・中学部学習指導要領」告示　5・12「都市公園法」一部改正（都市公園での保育所設置が可能に）　5・19「福島復興再生特別措置法」一部改正（避難している子どものいじめ対策）　5・29文科省通知「体育館の床板の剥離による負傷事故の防止について」　5・30取手市教委が中学生女子の自殺でいじめはなかったとした議決を撤回　5・31「学校教育法」一部改正（専門職大学の創設）　6・2「民法」一部改正（債権規定の大幅改正）　6・9「経済財政運営の基本方針（骨太の方針）」閣議決定（二三区内の大学定員増抑制）　6・16教育学関係学会会長ら「政府の教育勅語使用容認答弁に関する声明」（教育勅語を肯定的に扱う余地は全くない）　6・21「児童福祉法」「児童虐待の防止等に関する法律」一部改正（子ども保護への司法関与強化）　6・23「文化芸術振興基本法」一部改正（「文化芸術基本法」に改題）、「青少年が安全に安心してインターネットを利用できる環境の整備等に関する法律」一部改正（スマートフォンの規制強化）、「刑法」一部改正（監護者わいせつ及び監護者性交等規定追加）　7・7「学校教育法施行規則」一部改正（新学習指導要領移行期間に関する規定）　8・3第三次安倍第三次改造内閣発足、林芳正文科相就任　9・13「学校教育法施行令」「同施行規則」一部改正（学校休業日の分散化）　10・2大分県立高校部活動熱中症死亡にかかる求償請求事件福岡高裁判決（認容）　10・13「東京都子どもを受動喫煙から守る条例」公布　10・15福井県池田町教委調査委員会、中学生指導死に関する報告書公表　10・18文科省「教育情報セキュリティポリシーに関するガイドライン」策定　10・30宮崎市教委第三者委員会、中学生自殺についての最終報告公表（いじめ認定）　11・1第四次安倍晋三内閣発足、林芳正文科相再任　11・17文科省検討会「教職課程コアカリキュラム」公表　12・19保育園の騒音訴訟最高裁第三小法廷決定（騒音認めず）　12・23兵庫県加古川市教委の第三者委員会、中学生自殺について発表（いじめが原因）　12・25福島県須賀川市教委の第三者委員会、中学生自殺について調査結果公表（いじめが一因）　12・26文科省「学校における働き方改革に関する緊急対策」

二〇一八年（平成三〇年）

2・5広島市の第三者委員会、中学生転落死で中間報告公表（いじめの存在認定）　2・16桜宮高校体罰自殺事件求償事件大阪地裁判決（市の求償認容）　2・19福島県南相馬市教委の第三者委員会、中学生自殺の報告書公表（いじめが自殺の主原因）　3・9青森県東北町の中学生自殺再調査委員会が報告書を公表（学校対応不適切）　3・19文科省通知「学校における通学用服等の学用品等の適正な取扱いについて」「運動部活動の在り方に関する総合的なガイドラインの策定及び運動部活動の適切な運営等に係る取組の徹底について（依頼）」　3・27埼玉県鶴ヶ島市教委の第三者委員会、小学生死亡事件の報告書答申（いじめが原因で自殺）　3・30「高等学校学習指導要領」公示。「学校教育法施行規則」一部改正（高校の「総合的な学習の時間」が「総合的な探究の時間」に）。「学校環境衛生基準」一部改正（望ましい温度の基準を「一七℃以上、二八℃以下」に）。部活動中の転落受傷事件広島地裁判決（約一億一〇〇〇万円賠償命令）。沖縄県豊見城市教委の第三者委員会、小学生自殺について報告書公表（いじめが自殺の主因の一つ）　4・18国歌斉唱拒否にかかる懲戒処分事件東京高裁判決（停職、減給処分取消支持）　4・20第四次「子どもの読書活動の推進に関する基本的な計画」閣議決定　4・26東日本大震災大川小学校事件控訴審判決（約一四億円賠償命令）　5・1「学校教育法施行規則」一部改正（大学の国際共同利用・共同研究拠点）　5・15文科省通知「熱中症事故の防止について（依頼）」　5・17自民党教育再生実行本部、第十次提言　5・25「著作権法」一部改正（公表著作物を利用した教材のネット配信）　5・30東日本大震災野蒜小学校事件最高裁第二小法廷決定（学校側一部敗訴確定）　6・1「地域における大学の振興及び若者の雇用機会の創出による若者の修学及び就業の促進に関する法律」公布。「学校教育法」一部改正（デジタル教科書）。経済同友会「私立大学の撤退・再編に関する意見」　6・8「地教行法」一部改正（条例で文化財保護を首長所管に）　6・13「国際文化交流の祭典の実施の推進に関する法律」「障害者による文化芸術活動の推進に関する法律」公布　6・15第3期「教育振興基本計画」閣議決定。「文部科学省設置法」一部改正（文部科学省・文化庁の任務・所掌事務の改正）。文科省通知「大学の部活動における安全確保等について（依頼）」。スポーツ庁「スポーツ・インテグリティの確保について（依頼）」　6・19経団連「今後のわが国の大学改革のあり方に関する提言」　6・20「民法」一部改正（成人年齢が一八歳に）。「スポーツにおけるドーピングの防止活動の推進に関する法律」公布。「スポーツ基本法」一部改正（「体育」名称を「スポーツ」に）　6・26文科省通知「初任者研修の弾力的実施について」　7・2兵庫県多可町教委の第三者委員会、小学生自殺で報告書公表（いじめが自殺の原因）　7・3青梅市教委の第三者委員会、中学生死亡でいじめ防止提言公表　7・4文科省科学技術・学術政策局長が受託収賄容疑で逮捕される　7・5文科省通知「子ども食堂の活動に関する福祉部局との連携について」　7・17「高等学校学習指導要領解説」公表　7・19君が代斉唱拒否による再任用拒否事件最高裁第一小法廷判決（教員側が逆転敗訴）　7・20スポーツ庁通知「運動部活動における熱中症事故の防止等について（依頼）」　7・23文科省通知「成年年齢引下げ等を見据えた環境整備について」　7・25「健康増進法」一部改正（学校の敷地内禁煙）　7・26文科省通知「平成32年東京オリンピック競技大会・東京パラリンピック競技大会特別措置法及び平成31年ラグビーワールドカップ大会特別措置法の一部を改正する法律による国民の祝日に関する法律の特例措置等を踏まえた対応について」。文科省国際統括官が収賄容疑で逮捕される

8・2青森市教委の審議会、中学生自殺で報告書を答申（いじめが自殺の原因）　8・3文科省「科学技術改革タスクフォース報告～みんなで創る未来社会に向けた科学技術システム改革～」公表　8・22文科省通知「第3期教育振興基本計画等を踏まえた夜間中学校の設置・充実に向けた取組の一層の推進について（依頼）」　8・27「学校教育法施行規則」一部改正（特別支援学校での個別教育支援計画）　8・29文科省「宿題代行」への対応について公表

9・6文科省通知「児童生徒の携行品に係る配慮について」　9・11新潟県教委の第三者委員会、高校生自殺で報告書公表（いじめ認定）　9・14文科省・厚労省「新・放課後子ども総合プラン」策定。文科省「遠隔教育の推進に向けた施策方針」公表　9・18「高等学校教科用図書検定基準」公布。「義務教育諸学校教科用図書検定基準」一部改正　9・27朝鮮学校無償化訴訟大阪高裁判決（無償化不指定は違法でない）　9・28文科省通知「文部科学省設置法の一部を改正する法律等の施行（文化庁の組織再編）及び文部科学省組織令の一部を改正する政令の施行（総合教育政策局及び文教施設企画・防災部の設置）について」

10・1「文部科学省組織令」一部改正（「生涯学習政策局」を「総合教育政策局」に）。文科省通知「生活困窮者自立支援制度に関する学校や教育委員会等と福祉関係機関との連携について」　10・2第四次安倍改造内閣発足、柴山昌彦文科相就任　10・5柴山文科相、教育勅語「検討に値する」発言について釈明（復活考えず）。新潟県新発田市教委の第三者委員会、中学生自殺で報告書答申（いじめと自殺の因果関係推察できる）　10・30文科大臣決定で「文部科学省創生実行本部」設置

11・14青梅市教委の第三者委員会、男子中学生自殺で報告書公表（いじめ認定、自殺との因果関係否定）　11・18鹿児島県の調査委員会、高校生自殺で中間まとめ公表（県教委第三者委員会と異なりいじめ認定）　11・22「新時代の学びを支える先端技術のフル活用に向けて～柴山・学びの革新プラン～」公表　11・26中教審答申「二〇四〇年に向けた高等教育のグランドデザイン」　11・28大阪朝鮮学校補助金不支給事件最高裁第二小法廷決定（不支給適法確定）

12・9奄美市の第三者委員会、男子中学生自殺で報告書公表（いじめ加害者と誤認して指導したことが自殺の原因）　12・14「成育過程にある者及びその保護者並びに妊産婦に対し必要な成育医療等を切れ目なく提供するための施策の総合的な推進に関する法律」公布。文科省が医学部不正入試問題で緊急調査の結果を公表　12・18児童虐待防止対策に関する関係府省庁連絡会議決定「児童虐待防止対策体制総合強化プラン」　12・20九条俳句の公民館便り掲載拒否事件最高裁第一小法廷決定（掲載拒否の違法確定）　12・21中教審答申「人口減少時代の新しい地域づくりに向けた社会教育の振興方策について」。仙台市の再調査委員会、男子中学生自殺で報告書を市長に手渡す（いじめと自殺の強い因果関係認定）　12・26「教育職員免許法施行規則」一部改正（認定在外教育施設を教育実習先に追加）　12・27文化庁「文化部活動の在り方に関する総合的なガイドライン」策定　12・28広島市教委の第三者委員会、女子中学生自殺で最終報告（いじめが自殺の原因）

二〇一九年（平成三一年、令和元年）

1・11文科省通知「大学等の授業科目として行う企業内実習等の実施に係る労働法上の留意事項について」　1・25中教審答申「新しい時代の教育に向けた持続可能な学校指導・運営体制の構築のための学校における働き方改革に関する総合的な方策について」

2・1国連子どもの権利委員会、第四・五回日本政府報告への総括所見採択　2・4「特別支援学校高等部学習指導要領」改訂　2・5山口県の第三者委員会、男子高校生自殺で報告書公表（教員によるいじめ類似行為認定）　2・26甲南大法科大学院が一九年秋入学以降の学生募集の停止を発表（三九校目）

3・1「特定胚の取扱いに関する指針」（文科省告示）「ヒトに関するクローン技術等の規制に関する法律施行規則」全部改正　3・15文科省通知「外国人の子供の就学の促進及び就学状況の把握等について」　3・18尼崎市教委の第三者委員会、女子中学生自殺で報告書公表（いじめと教員の対応が自殺に影響）　3・20茨城県の第三者委員会、女子中学生自殺で報告書を知事に提出（担任の指導がいじめを助長）　3・22学校施設の在り方に関する調査研究協力者会議報告「これからの小・中学校施設の在り方について」　3・26熊本県教委の第三者委員会、女子高校生自殺で最終報告書を教育長に提出（いじめと自殺の因果関係認定）　3・27福岡県教委の第三者委員会、男子高校生自殺で報告書まとめる（いじめと自殺の因果関係認定）。鹿児島県の調査委員会、男子高校生自殺で報告書を知事に提出（県教委第三者委員会と異なりいじめが自殺に影響）　3・28文科省通知「高等学校学習指導要領における家庭科の履修学年に関する改正について」（成年年齢引下げを踏まえた措置）　3・29東京都「東京都子供への虐待の防止等に関する条例」公布。文科省・厚労省「障害者による文化芸術活動の推進に関する基本的な計画」策定。文科大臣決定「文部科学省創生実行計画」。文科省通知「小学校、中学校、高等学校及び特別支援学校等における児童生徒の学習評価及び指導要録の改善等について」

4・1「文部科学省改革実行本部」設置。文科省・厚労省告示「ヒト受精胚に遺伝情報改変技術等を用いる研究に関する倫理指針」公布、「ヒトES細胞の樹立に関する指針」全部改正、「ヒトES細胞の使用に関する指針」公布、「ヒトES細胞の分配機関に関する指針」公布　4・3経済同友会「自ら学ぶ力を育てる初等・中等教育の実現に向けて」　4・15経済同友会「主権者教育の充実で、あるべき民主主義の実現を」。多可町の第三者委員会、女子小学生自殺で再調査報告書公表（いじめが自殺の要因）　4・16神戸市の再調査委員会、女子中学生自殺で報告書を市に提出（市教委の第三者委員会と異なりいじめが自殺の要因と認定）　4・18「全国学力・学習状況調査」実施　4・26「文部科学省における障害者雇用推進プラン」「障害者の生涯学習推進プラン」「障害者による文化芸術活動推進プラン」「教育委員会における障害者雇用推進プラン」公表

5・1新天皇即位。元号が「令和」に　5・17「大学等における修学の支援に関する法律」公布、「子ども・子育て支援法」一部改正。教育再生実行会議「技術の進展に応じた教育の革新、新時代に対応した高等学校改革について（第十一次提言）」　5・24「学校教育法」「国立大学法人法」「私立学校法」「独立行政法人大学改革支援・学位授与機構法」一部改正（大学の管理運営規定の改正）

6・12吹田市の第三者委員会、女子小学生いじめで報告書公表（対応を放置していたと認定。市教委は第三者委員会設置せず）

6・14泉佐野市教委、女子中学生自殺で調査結果を公表（いじめ認定）　6・19「子どもの貧困対策の推進に関する法律」一部改正　6・26「法科大学院の教育と司法試験等との連携等に関する法律」一部改正（五年制法曹コースの創設）。「児童福祉法」「児童虐待の防止等に関する法律」一部改正（家庭での体罰禁止）　6・28「学校教育の情報化の推進に関する法律」「日本語教育の推進に関する法律」公布

7・19経営系大学院機能強化検討協力者会議報告「我が国の経済社会を牽引する高度経営人材養成の在り方について」

8・7文科省通知「学校施設におけるブロック塀等の安全対策等状況調査の結果及び早急な安全対策の完了について」　8・9仙台市教委の第三者委員会、男子中学生自殺で報告書提出（いじめや体罰が自殺につながった）　8・13「学校教育法施行規則」「大学設置基準」「大学院設置基準」「短期大学設置基準」「専門職大学設置基準」「専門職短期大学設置基準」一部改正（学修証明書、学部等連係等）　8・21「学校教育法施行規則」一部改正、「遠隔教育特例校制度実施要項」（文科大臣決定）　8・27朝鮮学校就学支援金対象除外事件最高裁第三小法廷決定（除外適法確定）　8・30「学校教育法施行規則」「大学院設置基準」一部改正（大学院での三つのポリシー策定義務、博士課程でのプレFD等）。八王子市教委の第三者委員会、女子中学生自殺で報告書まとめる（いじめ認定、自殺の直接的原因ではない）

9・10全国高等学校長協会が大学入学共通テストでの民間試験活用の延期を求める

9・11第四次安倍第二次改造内閣発足、萩生田光一文科相就任

10・10東日本大震災大川小学校事件最高裁第一小法廷決定（学校側の過失認定確定）

10・31神戸市立小学校教員間いじめで、加害者とされる教員について条例改正で無給の分限休職に

11・1萩生田文科相が大学入学共通テストでの英語民間試験活用について二〇二〇年度からの導入見送りを発表　11・29閣議決定「子供の貧困対策に関する大綱」

12・5閣議決定「安心と成長の未来を拓く総合経済対策」（GIGAスクール構想）

12・11「公立の義務教育諸学校等の教育職員の給与等に関する特別措置法」改正（変形時間労働制、教育職員の業務量の適切な管理等に関する指針の策定）。神戸市教委の第三者委員会が高校生飛び降り受傷事件で報告書まとめる（不適切な指導が主な要因）　12・17文科省事務連絡「成年年齢に達した生徒に係る在学中の手続等に関する留意事項について」　12・19文科省「GIGAスクール実施推進本部」設置　12・23岐阜市教委の第三者委員会が中学生自殺事件で報告書提出（いじめが自殺の主因）

二〇二〇年（令和二年）

1・18取手市教委の第三者委員会、中学生いじめ自殺で再発防止提言　1・24文科省事務連絡「新型コロナウイルスに関連した感染症対策に関する対応について（依頼）」　1・28新型コロナウイルスを指定感染症とする政令公布（二月一日施行）。文科省事務連絡「新型コロナウイルス感染症の『指定感染症』への指定を受けた学校保健安全法上の対応について」

2・7新型コロナで文科相メッセージ　2・18「児童生徒等に新型コロナウイルス感染症が発生した場合の対応について」（教育委員会宛）（衛生主管部局宛）。萩生田文科相、卒業式等の学校行事一律中止を求めることは現段階では考えていないと表明　2・22千葉市で教員で初めての新型コロナ感染発表　2・25政府対策本部「新型コロナウイルス感染症対策の基本方針」策定。文科省事務連絡「学校の卒業式・入学式等の開催に関する考え方について（令和二年二月二五日時点）」「児童生徒等に新型コロナウイルス感染症が発生した場合の対応について（第二報）（令和二年二月二五日時点）」　2・26北海道教委、新型コロナで公立小中学校の臨時休業を市町村教委に要請　2・27安倍首相、新型コロナで全国の小中高特別支援学校を三月二日から春休みまで臨時休業するよう要請　2・28文科省通知「新型コロナウイルス感染症対策のための小学校、中学校、高等学校及び特別支援学校等における一斉臨時休業について」（三月二日から春休みまで休業要請）。文科省事務連絡「新型コロナウイルス感染症防止のための学校の臨時休業に関連しての幼稚園の対応について」「新型コロナウイルス感染症対策に関する地域学校協働活動の取扱について」「新型コロナウイルス感染症対策のための小学校、中学校、高等学校及び特別支援学校等における一斉臨時休業に関するQ&Aの送付について（二月二八日時点）」「新型コロナウイルス感染症対策のための小学校、中学校、高等学校及び特別支援学校等における臨時休業に伴う教育課程関係の参考情報について（二月二八日時点）」

3・2文科省・厚労省「新型コロナウイルス感染症防止のための小学校等の臨時休業に関連した放課後児童クラブ等の活用による子どもの居場所の確保について（依頼）」。文科省事務連絡「新型コロナウイルス感染症対策のための小学校、中学校、高等学校及び特別支援学校等における一斉臨時休業の要請に係る留意事項について（周知）」　3・4文科省事務連絡「新型コロナウイルス感染症対策のための小学校、中学校、高等学校及び特別支援学校等における一斉臨時休業中の児童生徒の外出について（三月四日時点）」　3・5文科省通知「新型コロナウイルス感染症への対応を踏まえた業務体制の確保について」　3・6消費者団体による東京医科大不正入試訴訟東京地裁判決（受験料返還義務肯定）。文科省事務連絡「新型コロナウイルス感染症への対応を踏まえた私立学校における業務体制の確保について」。厚労省・文科省事務連絡「新型コロナウイルス感染症防止のための学校の臨時休業に関連しての重症心身障害児や医療的ケア児等の受入れについて」　3・13「新型インフルエンザ等対策特別措置法」改正（新型コロナへの適用）　3・19文科省事務連絡「新型コロナウイルス感染症の状況を踏まえた学校保健安全法に基づく児童生徒等及び職員の健康診断の実施等に係る対応について」　3・24文科省通知「令和二年度における小学校、中学校、高等学校及び特別支援学校等における教育活動の再開等について」　3・26文科省通知「新型コロナウイルス感染症に起因して海外から帰国した児童生徒等への対応について（三／二六現在）」。文科省「新型コロナウイルス感染症に対応した小学校、中学校、高等学校及び特別支援学校等における教育活動の再開等に関するQ&A」（以降更新重ねる）　3・31文科省通知「新型コロナウイルス感染症への対応に関する免許状更新講習の実施における留意事項及び実施方法の特例等について」

4・1小学校学習指導要領全面実施。文科省事務連絡「『Ⅱ．新型コロナウイルス感染症に対応した臨時休業の実施に関するガイドライン』の改訂について」　4・3文科省通知「令和二年度における教育実習の実施に当たっての留意事項について」　4・7政府が七都府県に特措法に基づいて緊急事態宣言を発出。文科省通知「『Ⅱ．新型コロナウイルス感染症に対応した臨時休業の実施に関するガイドライン』の改訂について」　4・10文科省通知「新型コロナウイルス感染症対策のための臨時休業等に伴い学校に登校できない児童生徒の学習指導について」　4・16政府が特措法に基づく緊急事態宣言を全国に拡大。文科省通知「新型コロナウイルス感染症の感染者等に

対する偏見や差別の防止等の徹底について」　4・17「全国学力・学習状況調査」の中止を決定。「文化観光拠点施設を中核とした地域における文化観光の推進に関する法律」公布。文科省通知「『Ⅱ．新型コロナウイルス感染症に対応した臨時休業の実施に関するガイドライン』の変更について」　4・28「著作権法」改正施行（授業での著作物の公衆送信）。文科省通知「新型コロナウイルス感染症への対応に関する免許状更新講習の実施方法の特例等の延長及び拡充について」

5・1文科省通知「新型コロナウイルス感染症対策としての学校の臨時休業に係る学校運営上の工夫について」「令和二年度における教育実習の実施期間の弾力化について」。学校における新型コロナウイルス感染症の対策に関する懇談会「新型コロナウイルス感染症対策の現状を踏まえた学校教育活動に関する提言」　5・4政府が緊急事態宣言を五月三一日まで延長　5・7文科省事務連絡「新型コロナウイルス感染症対策に伴う児童生徒の学びの保障のためのICTを活用した著作物の円滑な利用のための対応について」　5・11文科省通知「令和二年度における教職大学院の実習の実施方法の弾力化及び留意事項について」。日本教育学会、学校の九月入学について拙速な導入を決定しないよう求める声明　5・13「独立行政法人日本スポーツ振興センター法施行令」（新型コロナ関係の特例）。文科省通知「中学校等の臨時休業の実施等を踏まえた令和三年度高等学校入学者選抜等における配慮事項について」　5・15文科省通知「新型コロナウイルス感染症の影響を踏まえた学校教育活動等の実施における『学びの保障』の方向性等について」　5・22文科省事務連絡「学校における新型コロナウイルス感染症に関する衛生管理マニュアル～『学校の新しい生活様式』～について」（以下「衛生管理マニュアル」）　5・25政府が五都道県の緊急事態宣言を解除　5・27文科省通知「熱中症事故の防止について（依頼）」「新型コロナウイルス感染症に対応した小学校、中学校、高等学校及び特別支援学校等における教育活動の再開後の児童生徒に対する生徒指導上の留意事項について」　5・29閣議決定「少子化社会対策大綱」

6・1各地の学校が約三ヶ月ぶりに再開　6・5文科省通知「新型コロナウイルス感染症に対応した持続的な学校運営のためのガイドライン及び新型コロナウイルス感染症対策に伴う児童生徒の『学びの保障』総合対策パッケージについて」（これまでの通知等〈一部〉をまとめる）「学校の授業における学習活動の重点化に係る留意事項等について」　6・16衛生管理マニュアル改訂　6・17経済同友会「小・中学校の子供の学びを止めないために～遠隔教育の推進に向けた意見～」　6・22文科省通知「令和三年度高等学校入学者選抜等の実施に当たっての留意事項について」　6・23閣議決定「日本語教育の推進に関する施策を総合的かつ効果的に推進するための基本的な方針」　6・24「科学技術基本法」改正（「科学技術・イノベーション基本法」に）　6・26文科省通知「新型コロナウイルス感染症への対応に伴う教職員のメンタルヘルス対策等について（通知）」　6・30萩生田文科相が北海道大学長の解任を発表（国立大学法人化後初）

7・2全国知事会、全国市長会、全国町村会「新しい時代の学びの環境整備に向けた緊急提言」　7・13「新型コロナウイルス感染症の発生又はまん延に伴う教育職員免許法第九条の二第三項及び教育職員免許法及び教育公務員特例法の一部を改正する法律附則第二条第二項に規定する文部科学省令で定める期間の特例に関する省令」公布施行　7・14文科省・厚労省「視覚障害者等の読書環境の整備の推進に関する基本的な計画」決定。経団連「Society5.0に向けて求められる初等中等教育改革第一次提言～withコロナ時代の教育に求められる取組み～」　7・17閣議決定「まち・ひと・しごと創生基本方針２０２０」（地方国立大の定員増）　7・21文科省「新しい仕事の仕方・働き方改革の検討に関するタスクフォース報告～ピンチをチャンスに。どんな環境でも働き続けられる職場環境への転換～」（コロナ禍での文科省の働き方改革）　7・31文科省通知「学校における携帯電話の取扱い等について」

8・6文科省通知「小学校、中学校及び高等学校等にかかる感染事例等を踏まえて今後求められる対策等について」。衛生管理マニュアル改訂。文科省が新型コロナの感染状況を初公表（六月一日から七月末までに児童生徒が二四二人、教職員が五一人）　8・11「教育職員免許法施行規則」「小学校及び中学校の教諭の普通免許状授与に係る教育職員免許法の特例等に関する法律施行規則」改正（新型コロナウイルスによる教育実習の特例等）　8・13文科省、新型コロナによる学習指導要領の特例を告示

9・3文科省通知「運動部活動に参加する学生等の集団における新型コロナウイルス感染症対策の徹底について」。文科省が新型コロナの感染状況を公表（六月一日から八月末までに小学校四二八人、中学校二六六人、高校四六三人、特別支援学校九人、教職員一九四人、学校クラスター一八件）　9・8文科省「魅力ある学校づくり検討チーム」報告書　9・16菅義偉内閣発足、萩生田光一文科相就任（再任）　9・18菅首相、教育再生実行会議の継続を指示。文科省調査研究協力者会議「学校施設におけるバリアフリー化の加速に向けた緊急提言」

10・1日本学術会議の新会員について菅首相が推薦者六人の任命を拒否。室伏広治スポーツ庁長官就任　10・30文科省事務連絡「令和三年度高等学校入学者選抜等における無症状の濃厚接触者の取扱いについて」

ま　行

奨学　教基4③，学教19，就学奨励，特別支援学校奨励，学生支援
奨学金　→学資（金）
奨学制度　教基4③，学教19
小学校　学教1・29-44，同施規40-68，小学校基準
　中学校併設型——　学教施規79の9-79の12
　中学校連携型——　学教施規52の2-52の4
昇給の基準　地公25③
条件付任用　教特12，地教行40，地公22
小中一貫教育　→一貫教育
小・中学校の設置義務　学教38・49
昇任　地公17，教特3・11・15
少年　少1・2，児福4
　——に対する刑事処分　少20・3章
　——に対する調査・審判　少6-32の6
　——の刑事事件　少40-60
少年院　少年院
　——の矯正教育　少年院5章
少年鑑別所　少17-17の4・26の2
情報公開　情報公開，個人情報保護
情報の提供　学教24・43，同施規119
条例　憲94，地自14・96
助教　学教92①⑧，大学基準16の2，短大基準25の2，高専基準13の2
助教授　→准教授
助教諭　学教37⑮⑱・49・60⑤・62・69④・70・82，免許4，高校基準8②
食育　食育基本法
職員　国公1・2，学教27・37・49・60・62・69・70・82・90・120，高校基準9・11
職員会議　学教施規48
職員団体　地公52-56，教特18，ILO87号条約，ILO98号条約
職員の健康診断　学保健安全15①
職業科　高校基準5・6②
職業指導　地教行21⑸
触法少年　少3①⑵
職務上の上司　地教行43
職務専念義務　地公35，国公101，教特17①
職務命令　地公32，国公98①，地教行43②
助手　学教92①⑨，大学基準17，短大基準26，高専基準14
所掌事務
　地方公共団体の長の——　地教行22
初等教育　文部科学省設置4①⑺-⑼
初任者研修　教特23，地教行47の3
処分事由説明書　地公49
書面による協定　地公55⑨
私立学校　教基8，学教2②，私学，私学助成
私立大学の設置　学教98，私学
進学　学教施規24②・78
　——準備給付金　生保55の5
信教の自由　憲20
親権　民818-837，学教16・17
　——喪失　民834
　——停止　民834の2
　——代行　児福33の2・47
人権教育　人権教育及び人権啓発の推進に関する法律
人事委員会　地公7-12，地自180の5・202の2
　——の勧告　地公26
人事評価　地教行44，教特5の2，地公23
審判に付すべき少年　少3・6-8
信用失墜行為の禁止　地公33，国公99
進路指導主事　学教施規71・104・135④⑤
スクールカウンセラー　学教施規65の2
スクールソーシャルワーカー　学教施規65の3
スポーツ　スポーツ，文部科学省設置4①(69)-(76)
スポーツ行事　スポーツ22
スポーツ推進委員　スポーツ32
スポーツ推進審議会　スポーツ31
スポーツ庁　文部科学省設置14-16
スポーツの日　スポーツ23，祝日2
税外負担の禁止　地財27の3
生活保護　生保
性行不良児童　学教35
政治教育　教基14①
　党派的——の禁止　教基14②，中立確保3
政治的行為　地公36，教特18，国公102，政治的行為（人規14-7）
政治的中立　教基14，中立確保1，地公36
成人教育　社教2
成績評価基準　大学基準25の2，短大基準11の2，高専基準17の3
生徒　学教11・12・17②
生徒指導　地教行21，学教施規70
生徒指導主事　学教施規70
生徒数　定数標準3②，高校定数標準6，各種学校規程5
生徒懲戒　→懲戒（学生生徒の）
生理休暇　労基68
設置者管理主義　学教5
設備・授業等の変更命令　学教14
　——の不適用　私学5
選考　教特3・11・15，地公17の2・18・21の2・21の4
専攻科
　——の修業年限　学教58②・91②
　——の設置　学教58①・91①，同施規11
　——の入学資格　学教58②・91②，同施規155
　——の編制　高校基準2②
　——の目的　学教58②・91②
専修学校　学教124-133，私学施規10，専修学校基準
全体の奉仕者　憲15②，旧教基6②，国公96，地公30，教特1

——の保存　学教施令31
——の保存場所と期間　学教施規28②
進学の場合の——　学教施規24②
転学の場合の——　学教施規24③
事務主任　学教施規46・79
事務職員　学教37①⑭・49・60①・69①・82・92①・120①，地教行18-20・31・47の4，幼稚園基準6
——の定数と標準　定数標準6・9・14，高校定数標準12・21
教員と——等の連携・協働　大学基準2の3，大学院設置基準1の4，短大基準2の3，高専基準3の3
事務長　学教施規46・82・135
事務の委任　地教行25・37②，地公6②
事務の臨時代理　地教行25
社会教育　文部科学省設置4①(32)，教基2・12，社教2・48
——としての通信教育　社教49-57
——に関する国・地方公共団体の任務　教基12，社教3・4
——の学校施設利用　学教137，社教43-48
——の原則　教基12
——の定義　社教2
社会教育委員　社教15-18，地公3③
社会教育関係事務　地教行21，社教5
社会教育関係団体　社教10-14
社会教育行政　教基12
社会教育講座　社教5・48
社会教育主事（補）　社教9の2-9の6
社会教育職員　→社会教育主事・主事補
社会教育の自由　社教12
社会奉仕体験活動　学教31
舎監　学教施規124
就学援助　教基4③，学教19，就学奨励，特別支援学校奨励，高等学校等就学支援金の支給に関する法律，学生支援
就学義務　憲26②，教基5①，学教16・17・144
——の履行手続　学教施令5-22
——の履行の督促　学教施令19-21
就学義務の終了時期
保護者の——　学教17②
就学義務の終了者
——の通知　学教施令22
就学義務の猶予・免除　学教17・18
——手続の添付書類　学教施規34
就学時の健康診断による——措置　学保健安全12
就学義務不履行の罰則　学教144
就学時の健康診断　学保健安全11・12
——の実施時期　学保健安全施令1
——の実施要領の通知　学保健安全施令3
就学奨励　教基4③，学教19，就学奨励，特別支援学校奨励
就学すべき学校の変更　学教施令8・9
就学予定者　学教施令5
修学旅行費の支給　就学奨励2，同施令3
宗教教育　憲20③・89，教基15，社教23②
私立学校の——　学教施規50②・79
修業期間
各種学校の——　各種学校規程3
修業年限
小学校の——　学教32
中学校の——　学教47
義務教育学校の——　学教49の4
高等学校の——　学教56
中等教育学校の——　学教65
高等専門学校の——　学教117
短期大学の——　学教108②
大学の——　学教87
特別支援学校の——　学教82
専修学校の——　学教124(1)
就業保護年齢　労基56・118-120
修士　学教104，学位規則3・6
——課程　大学院設置基準3
——課程の修了要件　大学院設置基準16
住所地変更の届出　学教施令4
収容定員　学教施規4①(5)，大学基準18
修了　学教施規57・79・104・133・150・155・179
主幹教諭　学教27②⑦・37②⑨・49・60②・62・69②・70・82，教特2，免許2・3
授業　学教13・14，同施規2・63，私学5
授業科目　大学基準10・19-23
授業時数　学教施規51・73
授業日数　大学基準22，短大基準8，高専基準15
授業の終始時刻　学教施規60
授業料　学教6，教基5④
——の徴収　学教6
——の不徴収　教基5④，学教6
祝日　祝日2
宿日直手当　給与負担1
出席停止　学教35・49，学保健安全19，同施令5-7
出席停止期間　学保健安全施令6②，同施規19
出席の督促　学教施令20・21
出席簿　学教施規25・28①②
主任制　学教施規44-47・70・71・79・81・104・113・125・135
準学士　学教121
准教授　学教92①⑦，大学基準15，短大基準24，高専基準12
生涯教育・生涯学習　生涯学習，同施令，中央教育審議会令5
障害児入所施設　児福24の11・42
障害児福祉計画　児福33の19-33の25
障害者　障害基2，障害者の権利に関する条約
障害者政策委員会　障害基32-35

さ　行

教職員の種類と組織　学教27・37・49・60・69・76・82・92・114・120
教職員の人事　地教行21⑶・35
教職員の政治活動　教基14②
教職員の地位と権利　地公36・37・52・53・55②・61⑷
教職員の分限・懲戒　教基9②，地公27・28・29，教特25の2
教職員の労働基本権　憲28，地公37・52・53・55・61⑷
教職修士　学位規則5の2
教職大学院　専門職大学院設置基準26-31
行政処分・指導・届出　行手
行政文書　情報公開2・5
教頭　学教27・37・49・60・61・69，同施規23
共同学校事務室　地教行47の4，同施令7の2・7の3
共同教育課程　大学基準11章，大学院設置基準10章，短大基準11章，専門職大学院設置基準8章
——の学位授与　学位規則10の2
教務　学教施規44
教務主事　学教施規175
教務主任　学教施規44・79・104・113・135
業務命令　→職務命令
教諭　→教員
教諭をもって充てる職員　学教施規44・45・70・71・104・113・124，学図5
禁錮　学教9，免許5①⑶，地公16，刑9・13
勤務時間　地公24④⑤，労基32
勤務条件　地公24⑤，地教行42
——の基準　憲27②，労基，国公28・106，地公24
——の保護　地公46・55
区域外就学　学教施令9・13の2・17
虞犯少年　少3①⑶
組合　学教39
——の教育委員会　地教行2・60
訓告　学教施規26
経費の負担
学校設置の——　学教5，地自232
契約
教育事務の——　地教行22
欠格条項　学教9，免許5①，地公16
検閲　憲21②
減給　地公29
研究科　学教100-102，大学院設置基準5-7の2
研究施設　学教施規143の3
健康診断　学教12，学保健安全5・7・11-18・32②，同施令1-4，同施規3-17
児童生徒等の——　学保健安全13
就学時の——　学保健安全11
職員の——　学保健安全15
健康診断票　学保健安全施令4，同施規4・8・15
健康相談　学保健安全8-10
研修　地公39，教特21-25の2，地教行21⑻・45
初任者——　教特22の4・23
指導改善——　教特25・25の2
中堅教諭等資質向上——　教特22の4・24
研修休業制度　→大学院修学休業制度
兼職　地公38，教特17，地教行6
現職教育　理振3，産振3
県費負担教職員　地教行37①
——の給与・勤務条件　地教行42
——の任用・定数　地教行40・41
——の服務監督　地教行43
——の身分取扱　地教行37-47の2
言論の自由　憲21①
公開講座　学教107，同施規165
降給　地公28③
高校就学支援　高等学校等就学支援金の支給に関する法律
講師　学教92②⑩・120②⑧，同施規39・64・79・104・113，大学基準16，短大基準25，高専基準13
校舎　学教3，地教行21⑺，大学基準36，短大基準28・31，専修学校基準46，高専基準23，高校基準13・15，各種学校規程9②・10
厚生制度　地公42
校則　学教施規3・4
校地　学教3，大学基準34，短大基準27・30，専修学校基準45，高専基準22，各種学校規程9②
校長
——の義務　学教施令19・20
——の欠格条項　学教9
——の資格　学教8，同施規20・21
——の資質向上　教特22の2-22の5
——の職務　学教37④・49・60・62・70・82・120③
——の設置　学教7・37①④-⑨・49・60①・69①・82・120①
高等学校　学教1・50-62，同施規80-104，高校基準
併設型——　学教施規114-117
連携型——　学教施規87・88
口頭審理
措置要求の——　地公47
不利益処分の——　地公50
免許状取上処分の——　免許12
高等専門学校　学教115-123，同施規174-179，高専基準
高度な普通教育　学教50
降任　地公15の2①⑶・17①・28①，教特5
公平委員会　地公7-12
公民館　社教5・6・20-42，同施令2・3，教基12②，地教行48②⑹，公民館基準
公民館運営審議会　社教29-31

総合事項索引

はんれい

1．法令名の略記は，法令略称表（うら見返し）によった。施行令，施行規則はそれぞれ「施令」，「施規」であらわした。

2．1，2，3…は条，①，②，③…は項，(1)，(2)，(3)…は号を示す。

3．「→×××」はこの索引の項目×××で検索できることを示す。

あ　行

ILO　ILO87号条約，ILO98号条約，ILO100号条約，ILO140号条約，ILO156号条約
充て指導主事　地教行18④，同施令4・5
安全基準　学保健安全，憲13・25・26，児童権利3③
育児介護休業制度　地公育児休業，育児介護
育児時間　労基67
意見具申権　地教行36・39
意見聴取
　教育委員会の──　地教行29
いじめ防止　いじめ防止対策推進法
一貫教育
　小中──　学教49の2，同施規52の2・74の2・75・79の9・79の11
　中高──　学教63・71，同施規87・115
一般職に属する職員　地公3②，国公2②
　──に対する地方公務員法の適用　地公4①
医療費
　──の地方公共団体の援助　学保健安全24，同施令8・9
　──の国の補助　学保健安全25，同施令10
インクルージョン　障害者の権利に関する条約
インターネットでの異性紹介　出会い系サイト規制法，青少年有害サイト規制法
運動場　高校基準14，大学基準35，幼稚園基準8，高専基準22②，学教施規1
栄養教諭　学教37⑬
営利企業への従事等の制限　地公38，国公103，教特17
NPO　特定非営利活動促進法
園舎　幼稚園基準8・別表第一
園長　学教27①④
園務　学教27
公の支配　憲89，社教10
親の教育権　教基10，民820
オンブズパーソン制度　兵庫県川西市子どもの人権オンブズパーソン条例

か　行

会計年度任用職員　地公22の2
介護休暇（業）　育児介護2(2)
戒告　地公29①
外国
　──で授与された免許状　免許18
　──における学校教育修了者の資格　学教施規95(1)・150(1)・155①(2)-(4)②(3)-(5)
外国語活動（小学校）　学教施規別表第一
外国人教員任用制度　公立の大学における外国人教員の任用等に関する特別措置法
解職　地教行8
科学技術　科学技術基本法
科学研究費補助金　科学研究費補助金取扱規程
夏季休業日　学教施令29
学位　学教104，同施規145，学位規則
学士　学教104，学位規則2-2の3・6
学資（金）　学生支援
学習指導要領　学教施規52・74・84・129
各種学校　学教134-136，私学2・64，各種学校規程
　──の教員　学教7，各種学校規程8
　──の設置　学教134・136・143，私学64
　──の設置者　私学64②
　──の設置認可申請勧告等　学教134・136・143
学術　文部科学省設置3・4①(46)・6・7，日本学術会議法
学生　学教92⑥-⑧・120④-⑥
学生主事　学教施規175
学則　学教施規3(4)・4
学則変更　学教施令26①(3)，同施規2(1)
学長　学教92③，教特3-10
学童保育　児福21の8-21の10
学年　学教施規39・59・79・104・135・163
学年主任　学教施規44・79・104・135
学部
　──の種類　学教施規142，大学基準3
　──の設置　学教85・86
学部長　教特3-7・9
学問の自由　憲23，教基2，教員の地位に関する勧告61
学齢　学教17・36
　──を経過した者　学教施規56の4
学齢児童・生徒　学教17-20
学齢児童・生徒使用者の義務　学教20・145，

2021 年 3 月 15 日 第 1 刷発行

解説教育六法 2021

令和3年版

二〇二一年三月一五日 第一刷発行

編 者 解説教育六法編修委員会

発行者 株式会社 三省堂 代表者 瀧本多加志

印刷者 三省堂印刷株式会社

(製版 大日本法令印刷株式会社)

発行所 株式会社 三省堂

〒一〇一—八三七一

東京都千代田区神田三崎町二丁目二十二番十四号

電話 編集 (〇三)三二三〇—九四一一

営業 (〇三)三二三〇—九四一二

〈21教育六法・1248pp.〉 https://www.sanseido.co.jp/

落丁本・乱丁本はお取り替えいたします。

ISBN978-4-385-15950-8

創刊にあたっての「はしがき」

教育が国民にとって重大関心事であるべき理は、昔も今も変わるはずはない。それにもかかわらず明治憲法の下においては、教育法制における勅令主義をとることにより、教育制度を国家目的に即応させうるようにすると同時に、国会や国民からの民主的関与をあえて遮断していたのであった。

日本国憲法は、自ら第二三条や第二六条で教育条項を設けて、その中で教育の法律主義を定めるとともに、憲法と並行して教育基本法が、教育の理念・目的・方針等を明示するに至った。そこでは、憲法の志向する民主的で文化的な平和国家の建設が根本において教育の力にまつべきものであるとし、また教育は国民全体に対し直接に責任を負って行なわれるべきものであるとされている。教育が正に国民の場において、基本的な問題であることが、法律によって宣明されたのである。

このような状況においては、教育法の法源を収める教育法規集の重要性もまた飛躍的に増大したことはいうまでもない。本書を編むに至った根本理由はここに求めることができる。

本書が活用されることによって、各方面に寄与したいという念願をもつ。たとえば、教育法学の樹立・発展に資することはその一である。近年わが国においては教育紛争が頻発し、教育裁判が世間の注目を集めるようになってきたため、教育法学の必要が痛感されている。その場合の教育法学とは、行政法学、教育学、労働法学、さらには家族法学等に深い関連をもちながら、教育法学自体としての固有性をもつものでなければならない。それは既存の学問分科から独立して構成されるべきものと思われる。幸い専門の研究者も次第にふえて成果も大きくなりつつあるが、新しい学問領域であるため、未来の科学であることも否定できない。かかるものとしての教育法学の発展のための一助に本書が役立てば幸いである。

法律の具体化には解釈が必要である。解釈には、判例を通じての裁判所の解釈、行政実例や通達の形をとる行政解釈、研究者を中心とした国民的解釈など種々のものがある。そのうち、権力を背景として第一次的に通用する解釈が行政解釈であることは好むと好まざるとにかかわらず否定することのできない現実である。その意味で行政解釈を知る必要は大きい。本書は、この要求を最大限に満たすよう努めたつもりである。ただし、行政解釈に力を入れたことは、行政解釈がすべて正しいことを理由とするものではないこと上述により明らかであろう。むしろ、これを素材とし、批判の対象として、正しい解釈に到達すべき場合が少なくないとさえいえるのである。もとより、研究者を中心とした国民的解釈は、それが正しいものであるとしても、直ちに通用するものではない。しかし、それゆえに正しい解釈の探求を断念することは、国民の中の教育とその法を研究する者、むしろ広く教育に関心をもつ国民のとるべき態度ではない。行政解釈が正当でないと信ずる場合には、自己の信ずる正当な解釈をもって対決し、行政解釈の是正に努めるのが当然の義務である。

ところで、本書の読者が行政実例を参考にしつつ、法規の正しい解釈を形成するために参考にしていただきたいのは、裁判所の「判例」と、執筆者の手になる「解説」とである。「判例」は紙面の都合上、網羅的ではないが、行政実例とは異なって第三者的立場にある裁判官の判断や思考を示すものとして貴重な価値をもつ。「解説」は、種々の都合から、収録法令の全部につけることができず、重要法律に限らざるをえなかったが、いずれも執筆者が心血をそそぎ、「正しさ」を求めてえられた成果である。ともに充分味読していただきたいと思う。

以上述べたことの対象は、どちらかといえば研究者や現場教師の人々、さらに本書の使用者一般であった。しかし、このほかに、教育法規の第一次的な解釈運用権を握る教育行政担当者にも一言したい。行政権力の行なう解釈は、上述のとおり、通用力を持っているだけに行政当局の責務は大きいといわなければならない。それだけに行政担当者の法規解釈は慎重になされなければならないと思う。とくに行政において、時に矛盾するその「能率性」と「民主性」の調整をどこに求めるか、前者のために後者を犠牲にする傾向がないかについてたえず反省していただきたいと考える。本書に載せた新しく豊富な行政実例は、行政の「能率化」のため役立つことを信じている。そして同時に、本書の執筆者の解説を行政の「民主性」の深化のために、虚心に参考にしてもらいたいのである。

一九七〇年三月一〇日

有倉遼吉

〔本書昭和四六年版～昭和五六年版の編修代表〕

おもな法令略称表

（ ）内は掲載ページ数

あ 行

育児介護	育児休業、介護休業等育児又は家族介護を行う労働者の福祉に関する法律（七一九）

か 行

学生支援	独立行政法人日本学生支援機構法（六四四）
学図	学校図書館法（六一九）
学保健安全	学校保健安全法（三六五）
学教	学校教育法（一五四）
学教施規	学校教育法施行規則（一九四）
学校給食	学校給食法（三八四）
環境基	環境基本法（九九六）
環境教育	環境教育等による環境保全の取組の促進に関する法律（九九七）
旧教基	教育基本法（旧法）（五四）
給食基準	学校給食実施基準（三八七）
給与負担	市町村立学校職員給与負担法（六〇四）
教育費負担	義務教育費国庫負担法（五九八）
教科書発行	教科書の発行に関する臨時措置法（三五八）
教科書無償	義務教育諸学校の教科用図書の無償に関する法律（三五三）
教科書無償措置	義務教育諸学校の教科用図書の無償措置に関する法律（三五三）
教基	教育基本法（三六）
教職給与	公立の義務教育諸学校等の教育職員の給与等に関する特別措置法（六八三）
行政個人情報保護	行政機関の保有する個人情報の保護に関する法律（九八〇）
行組	国家行政組織法（五六七）
行訴	行政事件訴訟法（九五九）
行手	行政手続法（九六四）
教特	教育公務員特例法（七四〇）
刑	刑法（九五五）
憲	日本国憲法（一四）
高校基準	高等学校設置基準（二五七）
高校通信規程	高等学校通信教育規程（二六六）
高校定数標準	公立高等学校の適正配置及び教職員定数の標準等に関する法律（二五八）
公選	公職選挙法
高専基準	高等専門学校設置基準（三一七）
公民館基準	公民館の設置及び運営に関する基準（四五八）
拷問等禁止	拷問及び他の残虐な、非人道的な又は品位を傷つける取扱い又は刑罰に関する条約（一四三）
国大法人	国立大学法人法（三一〇）
国賠	国家賠償法（九五九）
個人情報保護	個人情報の保護に関する法律（九七〇）
国公	国家公務員法（七六〇）
国旗国歌	国旗及び国歌に関する法律（九八六）
国公共済	国家公務員共済組合法
国公災害	国家公務員災害補償法
雇用均等	雇用の分野における男女の均等な機会及び待遇の確保等に関する法律（七一六）

さ 行

災害復旧	公立学校施設災害復旧費国庫負担法（六一一）
裁判所	裁判所法
産振	産業教育振興法（六二四）
自衛	自衛隊法
私学	私立学校法（三九〇）
私学事業団	日本私立学校振興・共済事業団法（四一四）
私学助成	私立学校振興助成法（四一一）
施設費負担	義務教育諸学校等の施設費の国庫負担等に関する法律（六〇五）
児童買春処罰	児童買春、児童ポルノに係る行為等の規制及び処罰並びに児童の保護等に関する法律（九一四）
児童権利	児童の権利に関する条約（八五）
児福	児童福祉法（八二〇）
社会権規約	経済的、社会的及び文化的権利に関する国際規約（社会権規約）（五九）
社教	社会教育法（四四四）
就学奨励	就学困難な児童及び生徒に係る就学奨励についての国の援助に関する法律（六三五）
自由権規約	市民的及び政治的権利に関する国際規約（自由権規約）（六六）
宗法	宗教法人法
祝日	国民の祝日に関する法律（九八五）
少	少年法（九〇〇）
生涯学習	生涯学習の振興のための施策の推進体制等の整備に関する法律（四六一）
障害基	障害者基本法（八八六）
小学校基準	小学校設置基準（二四六）
少年院	少年院法（九〇八）
情報公開	行政機関の保有する情報の公開に関する法律（九六六）
職安	職業安定法
女子差別撤廃	女子に対するあらゆる形態の差別の撤廃に関する条約（一三八）
振興センター	独立行政法人日本スポーツ振興センター法（三七三）
人材確保	学校教育の水準の維持向上のための義務教育諸学校の教育職員の人材確保に関する特別措置法（六八九）
人種差別撤廃	あらゆる形態の人種差別の撤廃に関する国際条約（一三六）